Autoatlas Skandinavien

Road atlas Scandinavia I Atlas routièr Scandinavie I Autoatlas Scandinavië I Autoatlas Ska
Veiatlas Skandinavia I Bilatlas Skandinavien I Autokartasto Skandinavia I Autoatlas Skand

CW00494929

ia

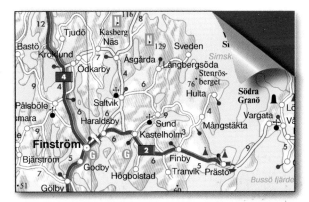

Kartenteil

Road map
Carte routière
Carta stradale
Autokaart
Mapa de rutas
Automapa
Automapa
Autótérkép
Mapa samochodowa

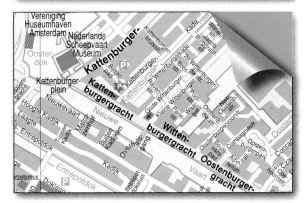

7171	Uldum 63 Qb 16	7600	Ven
6990	Ulfborg 62 Qa 13	5690	Vernin
4440	Ulkestrup 72 Qb 3 20b	4862	Verster
4780	Ullemarke 71 Ra 3 21c	9380	Vestbjer
5540	Ullerslev 59 Ra 18	4180	Vester Br
4900	Ullerslev 70 Rb 2 19c	4242	Vester Bø
6400	Ullerup 58 Rb 16		72 Ra 2
9640	Ullits 63 Pb 15	4700	Vester Egesborg 71 Ra 3 20c
4690	Ulse 73 Ra 2 21a	9310	Vester Hassing 67 Pa 17
4872	Ulslev 71 Rb 2 21a	9600	Vester Hornum 67 Pb 15
9370	Ulsted 67 Pa 17	7860	Vester Hærup 62 Pb 14
4682	Ulstrup/Algestrup	5672	Vester Hæsinge 58 Ra 17
	73 Ra 1 21a	4900	Vester Karleby 70 Rb 1 19c
4281	Ulstrup/Gørlev 72 Qb 3 19c	4500	Vester Lyng 77 Qb 1 20b
4400	Ulstrup/Kalundborg	6040	Vester Nebel/Egtved
	77 Qb 2 19b		58 Qb 15
8860	Ulstrup/Randers 63 Qa 16	6715	Vester Nebel/Esbjerg
4160	Ulstrup/Skelby 72 Ra 2 20b		57 Qb 14

Ortsregister

Index
Index
Indice
Plaatsnaamenregister
Indice
Rejstřík míst
Zoznam obcí
Névmutató
Indeks

Stadtpläne

City maps
Plans de ville
Piante delle città
Plattegronden
Planos de ciudad
Plány města
Plány miest
Várostérképek
Plany miasta

Stockholm

A		
	Birger (B.) Sjöbergs Väg	Di
Adlerbethsg. C 1	B/C 1	Dju on B 6
A. Fredriks Kyrkog. B 4	Birkag. B 3	Döbe sg. A 4
Akutv. B 2	Björngårdsg. D 5	Drakenbergsg. D 3
Alstaviksv. D 2/3	Blancheg. A 6	Drejarg. A/B 3
Alströmerg. B 2/3	Blasieholmsg. B/C 5	Drottn. Sofiasvag A 5
Amarentertrappan C 3	Blecktornsgr. D 4	Drottningg. C 5
Amiralsv. C 6	Blekeholmsbron B 4	Drottningholmsvägen
Anders (A.) Reimersvägen	Blekholmsg. B/C 4	B/C 1/2
D 2	Blekholmsterassen B/C 4	Duvogr. D 4
Ansgarrieg. D 3/4	Bolinderspl. C 4	
Apelbergsg. B 4/5	Bollhusgr. C 5	E
Armfeltsg. A 6	Bondeg. D 5/6	Eastmansv. A/B 3

Straßenverzeichnis

Street index
Index des rues
Indice stradale
Straatnamenregister
Callejero
Rejstřík ulic
Zoznam ulíc
Utcanévmutató
Skoro ulíc

freytag & berndt
www.freytagberndt.com
© FREYTAG-BERNDT u. ARTARIA KG, 1230 VIENNA, AUSTRIA, EUROPE

2017B - 14176 ◆ 2020
ISBN 978-3-7079-0424-6
Printed in Austria

Übersicht Europa

Map of Europe | Vue générale de l'Europe | Overzicht Europa | Přehled Evropa | Przeglądowa Europy
Oversikt Europa | Översikt Europa | Euroopan yleiskartta | Oversigtskort Europa

Reykjavik

Bodø
Trondheim
Ålesund
Lillehammer
Bergen
Oslo
Falun
Stavanger
Örebro
Kristiansand
Jönköpin
Göteborg
Steórnabhagh
Aalborg
Inverness
Aberdeen
Dundee
Århus
Glasgow
Edinburgh
København
Malmö
Belfast
Galway
Newcastle upon Tyne
Kiel
Lübeck
Rostock
Dublin
Blackpool
Bradford
Szczecin
Baile Átha Cliath
Manchester
Leeds
Hamburg
Tralee
Liverpool
Kingston upon Hull
Bremen
Berlin
Cork
Sheffield
Hannover
Magdeburg
Corcaigh
Birmingham
Coventry
Norwich
Amsterdam
Halle
Leipzig
Swansea
Rotterdam
Dortmund
Dresden
Cardiff
Bristol
London
Antwerpen
Essen
Köln
Praha
Plymouth
Southhampton
Gent
Lille
Bruxelles
Bonn
Wiesbaden
Frankfurt am Main
Würzburg
Brighton
Le Havre
Rouen
Nürnberg
Brno
Brest
Paris
Reims
Karlsruhe
Nancy
Wie
Rennes
Le Mans
Orléans
Strasbourg
Stuttgart
Augsburg
München
Linz
Salzburg
Graz
Nantes
Tours
Dijon
Mulhouse
Zürich
Innsbruck
Limoges
Bern
Lausanne
Ljubljana
Clermont-Ferrand
Genève
Lyon
Milano
Zagre
A Coruña
Gijón
Santander
Saint Étienne
Verona
Trieste
Rijeka
León
Bilbao
Torino
Venezia
Vigo
Bordeaux
Zadar
Porto
Burgos
Toulouse
Montpellier
Nîmes
Genova
Bologna
Split
Valladolid
Nice
Pisa
Salamanca
Zaragoza
Marseille
Firenze
Ancona
Madrid
Toulon
Lisboa
Barcelona
Badajoz
Roma
València
Foggia
Faro
Cordoba
Albacete
Palma de Mallorca
Napoli
Salerno
Sevilla
Murcia
Alicante
Sassari
Cádiz
Granada
Cartagena
Cagliari
Málaga
Almería
Tanger
Palermo
Messir
Tetouan
Catania
Alger
Siracusa
Meknès
Wahran
Annaba
Tunis
Casablanca
Fès
Oujda
Constantine
Dar al Beida
Ar Ribat
Taza
Valletta
Marrakech
Sfax

oHonningsvåg
oHammerfest   oVardø
oTromsø   oMurmansk
Narvik   Ivalo o
           oKiruna   oRovaniemi
                  Kuusamo o
Skellefteå o   oOulu   oKostomukša
oUmeå   oVaasa   Joensuu o
                                                oPetrozavodsk
oSundsvall   oTampere
                      Kotka   oVologda
Turku/Åbo o   ● Helsinki   oSankt Peterburg   oČerepovez   oBuj
-Uppsala   oKiriši   Rybinsk o
          ● Tallinn   Veliki Novgorod o   Jaroslavl o
● Stockholm   oBoroviči
-inköping   Tartu o   oStaraja Russa   oKimry
oVisby   oVentspils   oPskov   Tver' o   oRžev
Rīga ●   oVelikie Luki   ● Moskva
Liepāja o   oDaugavpils   Podols'k o   oKolomna
Klaipėda o oŠiauliai   oSmolensk   Serpuhov o
          Panevėžys   Vicebsk o   oTula
          Kaunas o   ● Vilnius   oMogilev   Brjansk o   oOrel
oGdańsk   ● Minsk   oLivny
          oHrodna   oHomeľ   oKursk
oznań- oBiałystok   oMazyr   oŠosťka
● Warszawa oBrest   oPinsk   oČernihiv   Sumy   oBelgorod
oŁódź   oCharkiv
-rocław oRadom oLublin   Luc'k o   ● Kyjiv   oPoltava   Luhans'k o
          oKraków   oRivne oŽytomyr   Kramators'k o
                     oĽviv   oČerkasy   oDonec'k
Bratislava oČernivci   oVinnycja   Dnipro o
Debrecen Ivano-Frankivs'k o   Kryvyj-Rih o oZaporižžja
          Iaşi o ● Chişinău   oMykolajiw   oMariupoľ
Budapest oCluj-Napoca   oOdesa
Szeged oArad   Izmajil o   oEvpatorija
oPécs oTimişoara oSibiu oBraşov   Kerč o
Osijek- oNovi Sad oPloieşti Brăila o oSimferopoľ
Banja Luka ● Beograd ● Bucureşti oSevastopoľ
Sarajevo   oCraiova oRuse oConstanţa
Prishtinë oNiš   oPleven   oVarna
Prishtina
Podgorica ● Sofija   oBurgas
● Skopje   oPlovdiv oEdirne
Tiranë   oKocaeli   İstanbul o
-ari   oThessaloniki   oBursa
Taranto   ● Athina   oÇanakkale oEskişehir
          oLarisa   oBalıkesir
Patra o   Peiraiás o   oİzmir   ● Ankara
          Athina ●   oUşak   oKonya
                  oAydın   oDenizli
                     oAntalya   oAdana oMersin
          oRódos   oAlanya
                Lefkosía   Al Lādhiqīyah o   oHamā
                Lefkoşa   oHoms
oGraphic flags placed on map

Staateninformation Europa

Information of states Europe I Information des États Europe I Informatie van de Staat Europa
Informace o státech Evropy I Informacje o państwach Europy I Opplysning om nasjonene Europa
Upplysning om nationerna Europa I Maatietoa Eurooppa I Landefakta Europa

			🛣	🚗	🛣❄	🚦	🍾	🔔
A	Österreich / Austria	🛣🚗	130 km/h	100 km/h	100 km/h	50 km/h	0,5 ‰	133, 144
AL	Albanien / Albania		110 km/h	90 km/h	80 km/h	40 km/h	0,0 ‰	00355/17, 19
AND	Andorra				50 km/h	40 km/h	0,5 ‰	110, 118
B	Belgien / Belgium		120 km/h	90 km/h	90 km/h	50 km/h	0,5 ‰	100, 101
BG	Bulgarien / Bulgaria	🛣🚗	130 km/h	90 km/h	90 km/h	50 km/h	0,5 ‰	166, 150
BiH	Bosnien-Herzegowina / Bosnia-Hercegovina	🛣	100 km/h	100 km/h	80 km/h	50 km/h	0,5 ‰	92, 94
BY	Weißrussland / Belarus	🛣	110 km/h	90 km/h	90 km/h	60 km/h	0,0 ‰	02
CH	Schweiz / Switzerland	🛣	120 km/h	100 km/h	80 km/h	50 km/h	0,5 ‰	117, 144
CY	Zypern / Cyprus	🛣	100 km/h	80 km/h	80 km/h	50 km/h	0,4 ‰	199
CZ	Tschechische Republik / Czech Republic	🛣🚗	130 km/h	130 km/h	90 km/h	50 km/h	0,0 ‰	112
D	Deutschland / Germany		–	–	100 km/h	50 km/h	0,5 ‰	110
DK	Dänemark / Denmark		130 km/h	80 km/h	60 km/h	50 km/h	0,5 ‰	112
E	Spanien / Spain	🛣	120 km/h	100 km/h	90 km/h	50 km/h	0,5 ‰	092, 112
EST	Estland / Estonia		110 km/h	110 km/h	90 km/h	50 km/h	0,0 ‰	110, 112
F	Frankreich / France	🛣	130 km/h	110 km/h	90 km/h	50 km/h	0,5 ‰	17, 15, 112
FIN	Finnland / Finland		120 km/h	100 km/h	80 km/h	50 km/h	0,5 ‰	112
FL	Liechtenstein			100 km/h	80 km/h	50 km/h	0,8 ‰	117, 144, 112
GB	Vereinigtes Königreich / United Kingdom		112 km/h	112 km/h	96 km/h	48 km/h	0,8 ‰	99, 112
GR	Griechenland / Greece	🛣🚗	120 km/h	110 km/h	90 km/h	50 km/h	0,5 ‰	100, 166 (Athina)
H	Ungarn / Hungary	🛣	130 km/h	110 km/h	90 km/h	50 km/h	0,0 ‰	107, 104
HR	Kroatien / Croatia	🛣	130 km/h	110 km/h	90 km/h	50 km/h	0,0 ‰	112
I	Italien / Italy	🛣	130 km/h	110 km/h	90 km/h	50 km/h	0,5 ‰	112, 118
IRL	Irland / Ireland		120 km/h	80 km/h	80 km/h	50 km/h	0,8 ‰	112, 999
IS	Island / Iceland			90 km/h	90 km/h	50 km/h	0,5 ‰	112
L	Luxemburg / Luxembourg		130 km/h	90 km/h	90 km/h	50 km/h	0,8 ‰	113, 112
LT	Litauen / Lithuania		110 km/h	110 km/h	90 km/h	50 km/h	0,49 ‰	112
LV	Lettland / Latvia		100-130 km/h	100-130 km/h	90 km/h	50 km/h	0,4 ‰	112
M	Malta				80 km/h	50 km/h	0,8 ‰	191, 196, 112
MC	Monaco		130 km/h	100 km/h	90 km/h	50 km/h	0,5 ‰	17, 15, 112
MD	Moldawien / Moldova		90 km/h	90 km/h	90 km/h	60 km/h	0,0 ‰	902, 903
MK	Mazedonien / Macedonia	🛣	120 km/h	100 km/h	80 km/h	60 km/h	0,5 ‰	192, 194
MNE	Montenegro	🛣	120 km/h	100 km/h	80 km/h	60 km/h	0,5 ‰	92, 94
N	Norwegen / Norway	🛣	90 km/h	80 km/h	80 km/h	50 km/h	0,2 ‰	112, 113
NL	Niederlande / The Netherlands		130 km/h	100 km/h	80 km/h	50 km/h	0,5 ‰	112
P	Portugal	🛣	120 km/h	100 km/h	90 km/h	50 km/h	0,5 ‰	112
PL	Polen / Poland	🛣	140 km/h	120 km/h	90 km/h	50 km/h	0,2 ‰	997, 999
RKS	Kosovo		–	100 km/h	80 km/h	60 km/h	0,5 ‰	–
RO	Rumänien / Romania	🛣🚗	120 km/h	90 km/h	90 km/h	50 km/h	0,0 ‰	955, 961
RSM	San Marino		130 km/h	110 km/h	90 km/h	50 km/h	0,5 ‰	113, 118, 112
RUS	Russische Föderation / Russian Federation		110 km/h	90 km/h	90 km/h	60 km/h	0,0 ‰	02, 03
S	Schweden / Sweden		110 km/h	110 km/h	70-90 km/h	50 km/h	0,2 ‰	112
SRB	Serbien / Serbia	🛣	120 km/h	100 km/h	80 km/h	60 km/h	0,5 ‰	92, 94
SK	Slowakei / Slovakia	🛣🚗	130 km/h	130 km/h	90 km/h	50 km/h	0,0 ‰	158, 155
SLO	Slowenien / Slovenia	🛣	130 km/h	100 km/h	90 km/h	50 km/h	0,5 ‰	113, 112
TR	Türkei / Turkey	🛣	130 km/h	90 km/h	90 km/h	50 km/h	0,0 ‰	155, 112
UA	Ukraine		130 km/h	110 km/h	90 km/h	60 km/h	0,0 ‰	112
V	Vatikanstadt / Vatican City					30 km/h	0,5 ‰	112, 113

Inhaltsverzeichnis
Content I Sommaire I Inhoud I Obsah I Treść I Innhold I Innehåll I Sisältö I Indhold

Verkehrsübersicht Europa

Road map of Europe | Principaux axes européens | Verkeersoverzicht Europa | Dopravní přehled Evropa
Przeglądowa komunikacyjna Europy | Oversiktskort Europa | Översiktskort Europa
Euroopan yleiskartta | Yleiskartta Europa

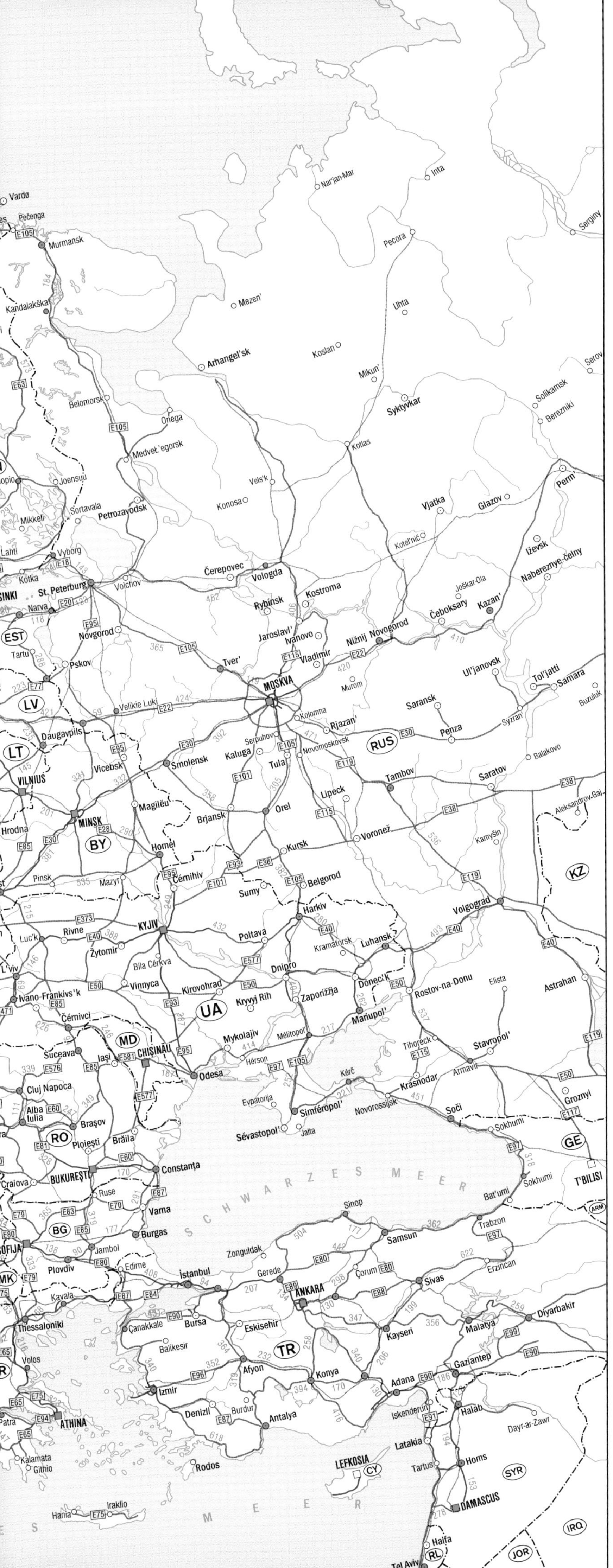

Autobahn
Motorway
Autoroute
Autosnelweg
Dálnice
Autostrada
Motorvei
Motorväg
Moottoritie
Motorvej

Fernverkehrsstraße
Primary route
Route à grande circulation
Autoweg
Dálková silnice
Drogi główne
Riksvei
Motortrafikled
Moottoriliikennetie
Fjerntrafikvej

Eisenbahn
Railway
Chemin de fer
Spoorweg
Železnic
Koleje
Jernbane
Järnväg
Rautatie
Jernbane

E05 **Europastraße mit Straßennummer**
European route with road numbers
Route européenne avec numérotation des routes
Europaweg met wegnummers
Silnice s mezinárodním označením
Droga europejska z numeracją dróg
Europavei med veinummer
Europaväg med vägnummer
Eurooppatie ja teiden numerot
Europavej med vejnummer

193 **Entfernungen in km**
Distances in kilometres
Distance en kilomètres (km)
Afstanden in km
Vzdálenosti v kmčč
Odległości w km
Avstand i km
Avstånd i km
Etäisyys kilometreinä
Afstand i km

Staatsgrenze
National boundary
Frontière d'État
Staatsgrens
Státní hranice
Granica państwa
Statsgrense
Statsgräns
Valtion raja
Statsgrænse

Berichtigungshinweise werden mit Dank entgegengenommen.
Hints for correction will be appreciated.
Indicazioni per le eventuali correzioni sono gradite.
Ontvangstbevestiging met dank ontvangen.
Opravy vezmeme s díky na vědomi.
Sprostowania i wskazómki bę dą chętnie uwzględnione.
Rettelser mottas med takk.
Vi tar tacksamt emot ev. rättelser.
Otamme kiitollisina vastaan parannusvinkkejä.
Korrekturhenvisninger modtages med tak.

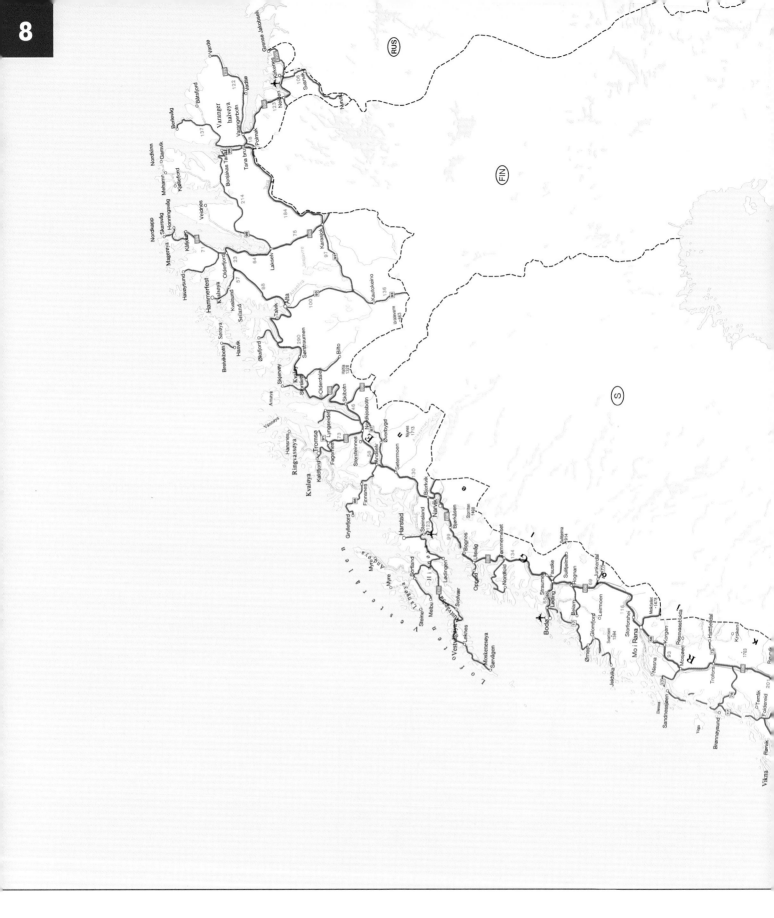

8

Autobahn	**Fernverkehrsstraße**	A10 E22 75 **Straßennummern**	135 **Entfernungen in km**
Motorway	Primary route	Road numbers	Distances in kilometres
Autoroute	Route à grande circulation	Numérotage des routes	Distance en kilomètres (km)
Autosnelweg	Autoweg	Wegnummer	Afstanden in km
Dálnice	Dálková silnice	Čísla silnic	Vzdálenosti v km
Autostrady	Drogi główne	Numeracja dróg	Odległości w km
Motorvei	Riksvei	Riksveinummer	Avstand i km
Motorväg	Motortrafikled	Vägnummer	Vägavstånd i km
Moottoritje	Moottoriliikennetie	Teiden numerot	Välimatkat km
Motorvej	Fjerntrafikvej	Vejnummer	Afstand i km

Fernverkehrsstraße, 4-spurig	**Hauptstraße**	**Staatsgrenze**	**Flughafen**
Dual carriageway	Main road	National boundary	Airport
Route à grande circulation, 4 chaussées séparées	Route principale	Frontière d'État	Aéroport
Autoweg, 4 rijstroken	Belangrijke verkeersader	Staatsgrens	Vliegveld
Dálková silnice, čtyřproudová	Hlavní silnice	Státní hranice	Letiště
Drogi dwujezdniowe	Drogi drugorzędne	Granica państwa	Lotniska
Riksvei 2	Hodevei	Statsgrense	Flyplass
Motortrafikled, 4 körbanor	Viktigare l änsväg	Riksgräns	Flyplats
Moottoriliikennetie, 4 kaistaa	Päätie	Valtakunnanraja	Lentoasema
Motortrafikvej	Vigtig hovedvej	Statsgrænse	Lufthavn

Verkehrsnetz Norwegen

Road network Norway | Réseau de communication Norvège | Verkeerswegennet Noorwegen | Dopravní sít' Norsko
Sieæ komunikacyjna Norwegia | Trafikknett Norge | Trafiknät Norge | Liikenneverkko Norja | Færdselnet Norge

Verkehrsnetz Schweden

Road network Sweden I Réseau de communication Suède I Verkeerswegennet Zweden I Dopravní sít' Švédsko
Sieæ komunikacyjna Szwecja I Trafikknett Sverige I Trafiknät Sverige I Liikenneverkko Ruotsi I Færdselnet Sverige

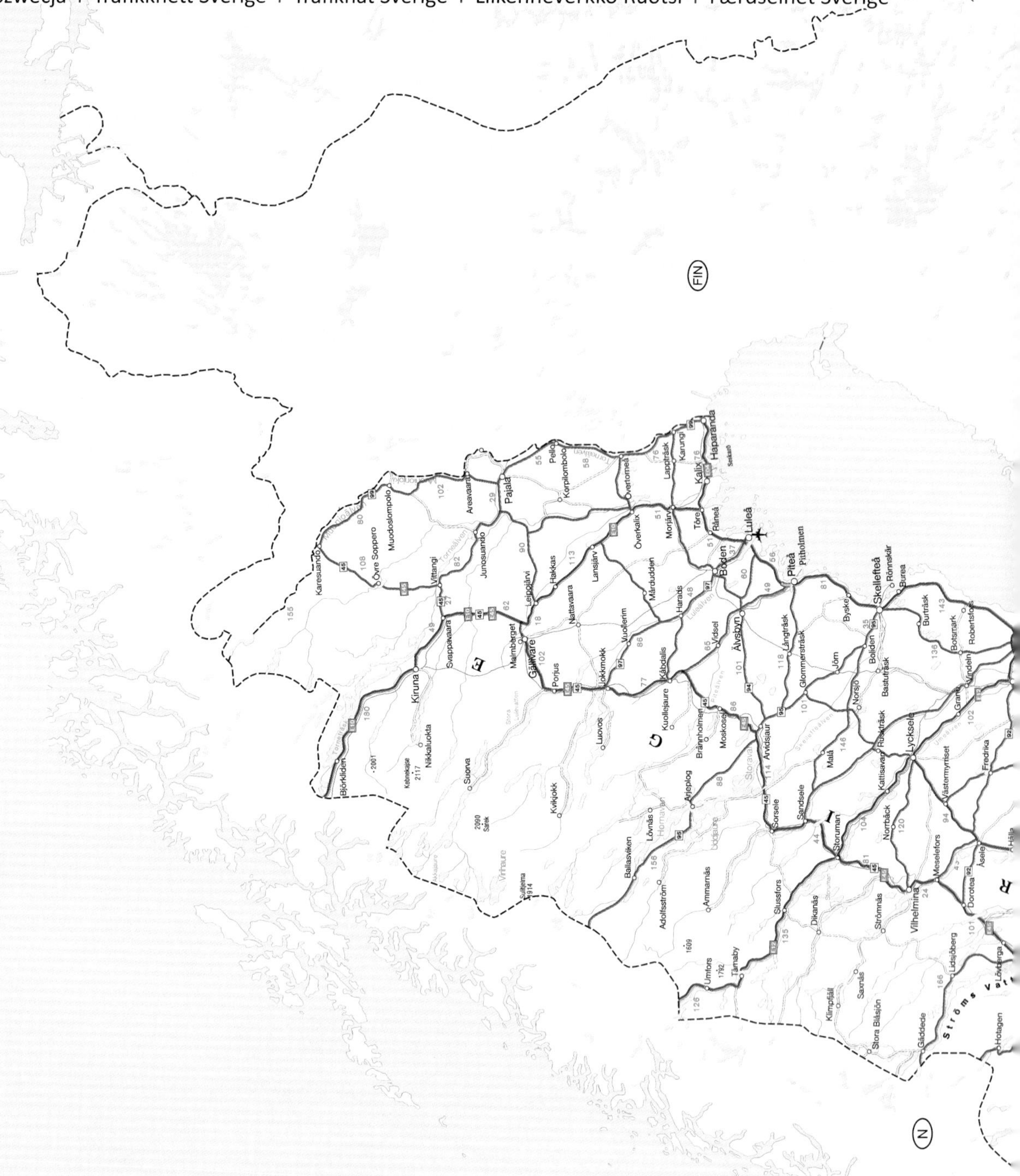

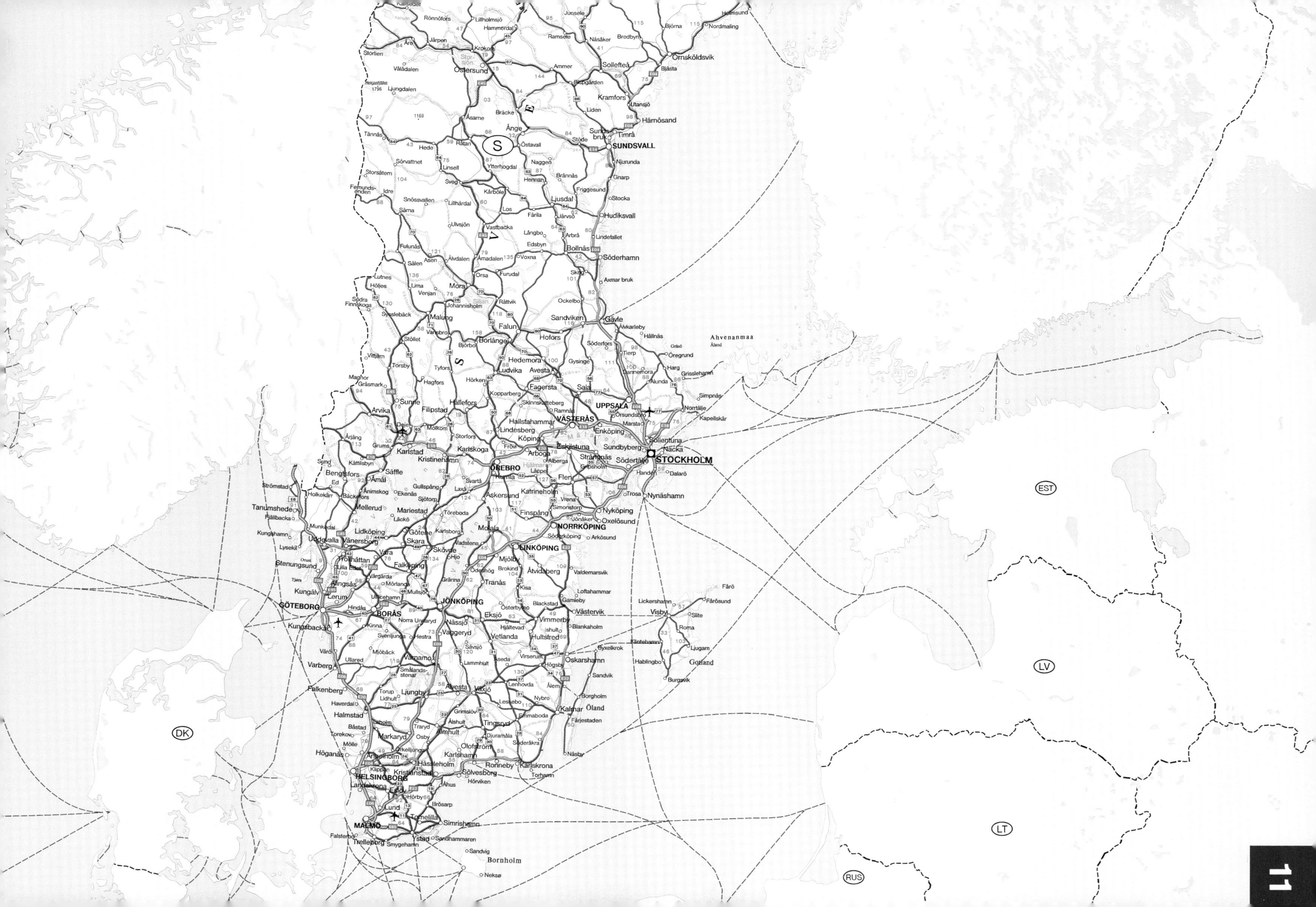
STOCKHOLM
GÖTEBORG
MALMÖ
UPPSALA
VÄSTERÅS
ÖREBRO
NORRKÖPING
LINKÖPING
JÖNKÖPING
BORÅS
HELSINGBORG
SUNDSVALL
Gävle
Falun
Östersund
Karlstad
Visby
Gotland
Öland
Bornholm
Ahvenanmaa
Åland
S
EST
LV
LT
RUS
DK

Verkehrsnetz Finnland

Road network Finland I Réseau de communication Finlande I Verkeerswegennet Finland I Dopravní síť Finsko
Sieæ komunikacyjna Finlandia I Trafikknett Finland I Trafiknät Finland I Liikenneverkko Suomi I Færdselnet Finland

RUS
FIN
EST
S
SUOMI
FINLAND
OULU
Kajaani
Kokkola
Jakobstad
Vaasa
Seinäjoki
Lapua
Kuopio
Joensuu
Iisalmi
Varkaus
Jyväskylä
Pieksämäki
Mikkeli
Savonlinna
Lappeenranta
Imatra
Kouvola
Kotka
Hamina
Porvoo
Lahti
Heinola
Hämeenlinna
TAMPERE
Pori
Rauma
TURKU
Salo
Lohja
Espoo
HELSINKI
HELSINGFORS
Hanko
Maarianhamina
Ahvenanmaa
Åland

Verkehrsnetz Dänemark

Road network Denmark | Réseau de communication Danemark | Verkeerswegennet Denemarken | Dopravní sít' Dánsko
Sieæ komunikacyjna Dania | Trafikknett Danmark | Trafiknät Danmark | Liikenneverkko Tanska | Færdselnet Danmark

Grenen Skagen
Hirtshals 40
Hjørring 55 597 Ålbæk
Løkken 79 35 Frederikshavn
63 55 E39 61 Sæby
Hanstholm Bierget Åbybro Hjallerup 180
11 E45 Læsø
Thisted 11 Fjerritslev AALBORG
Stenbjerg Hals
15 11 26 29 Års 507 Støvring
Hurup Nykøbing 541
Hadsund
Ferring 11 26 Skive 13 Hobro
181 Struer 51 16 507 Randers
Ulfborg Holstebro Viborg 16 Grenå
Ringkøbing 16 11 DK 26 65 Spørring 58
28 96 Silkeborg 15 ÅRHUS 21
Hvide Sande 12 18 Herning 52 E45 451 Gilleleje
Tarm Brande 100 Helsingør
181 28 Tørring 185 Gylling Samsø 6
Grindsted Horsens Tranebjerg Nykøbing 16 Hillerød
Vejers Strand D 30 A 23 52 Hundested Frederikssund 6 Søllerød
Blåvands Huk 431 11 Vejle Juelsminde 53 KØBENHAVN
Varde 12 11 Fredericia Bogense Kalundborg Holbæk 23 Roskilde Tårnby
Esbjerg 24 E20 Holsted Martofte Ugerløse 102
Ribe Kolding ODENSE 22 Sjælland 14 E47
24 Gram E45 92 Slagelse 21 E20 Køge
Lakolk 11 47 168 Assens Nyborg Korsør Ringsted 261 Falsterbo
25 Haderslev Kværndrup 22 74 151 154 92 Rødvig
Sylt 170 Aabenraa Nordborg 9 Lohals Næstved 22 Præstø
Tønder Fåborg Svendborg Vordingborg Møn
8 8 Spodsberg Falster
D Ærøskøbing Nakskov 9 Nykøbing
Bagenkop Lolland Maribo
E55 Gedser

S

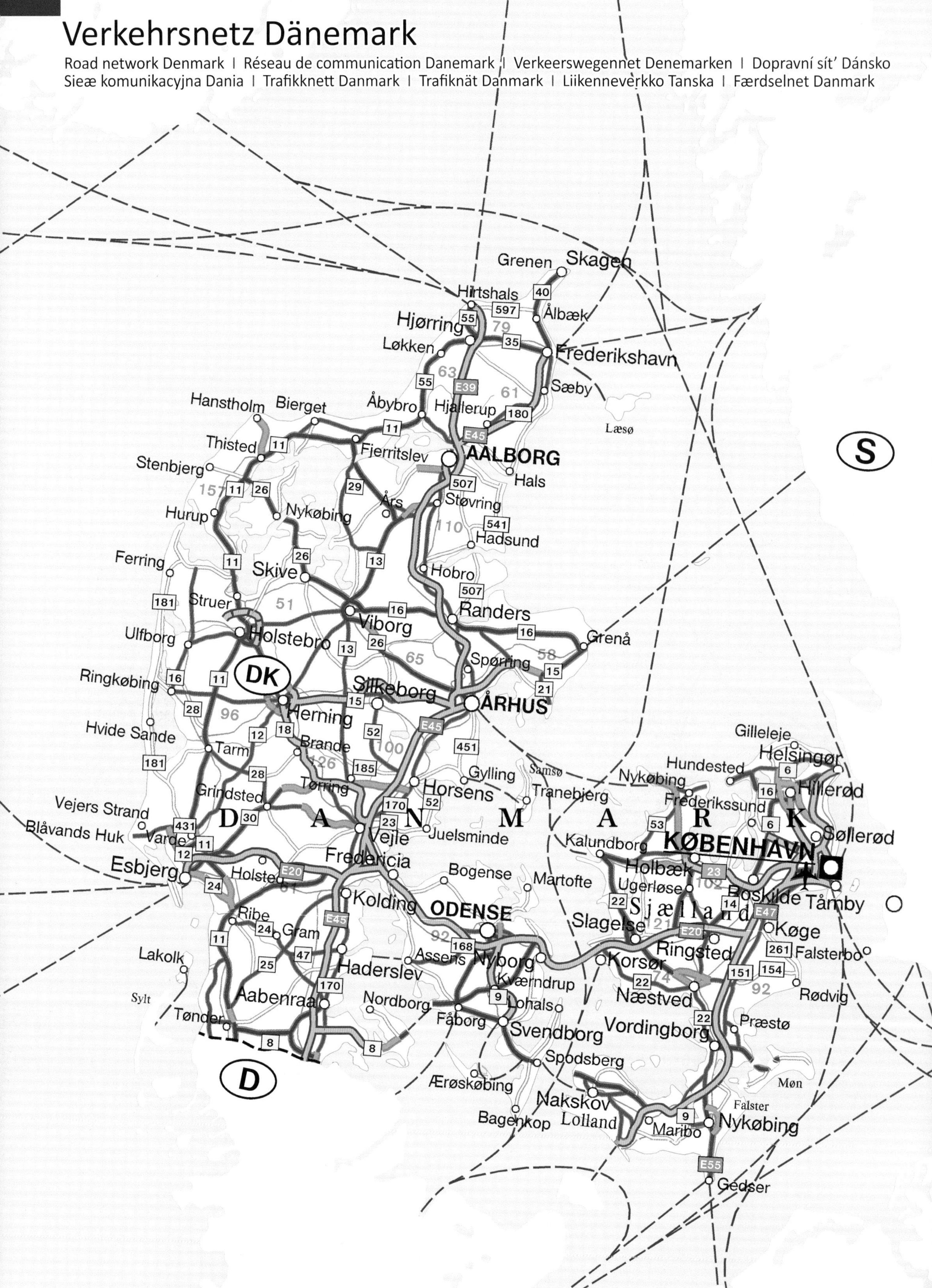

Verkehrsnetz Deutschland

Road network Germany | Réseau de communication Allemagne | Verkeerswegennet Duitsland | Dopravní sít' Německo
Sieæ komunikacyjna Niemcy | Trafikknett Tyskland | Trafiknät Tyskland | Liikenneverkko Saksa | Færdselnet Tyskland

Verkehrsnetz Benelux

Road network Benelux | Réseau de communication Benelux | Verkeerswegennet Benelux | Dopravní sít' Benelux
Sieæ komunikacyjna Benelux | Trafikknett Benelux | Trafiknät Benelux | Liikenneverkko Benelux | Færdselnet Benelux

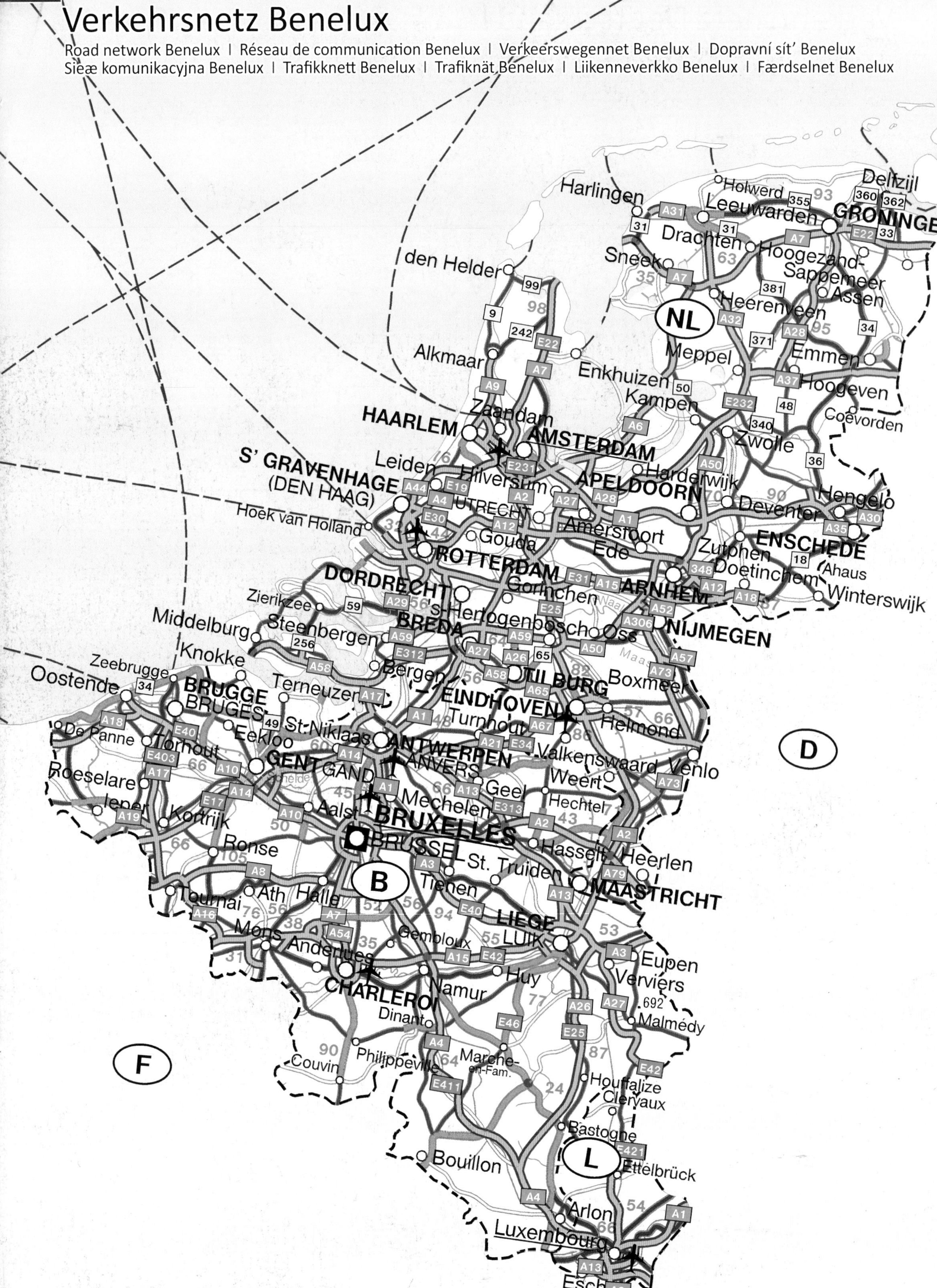

Skandinavien

Scandinavia
Scandinavie
Scandinavia Scandinavië
Skandinávie Skandynawia
Scandinavia
Skandinavien Skandinavia
Scandinavien

Sergij Figurnyj / Fotolia

Blattübersicht

Key Plan I Tableau d'assemblage I Bladoverzicht I Klad listů I Skorowidz arkuszy
Kartbladoversikt I Bladöversikt I Karttalehdet I Kortbladsoversigt

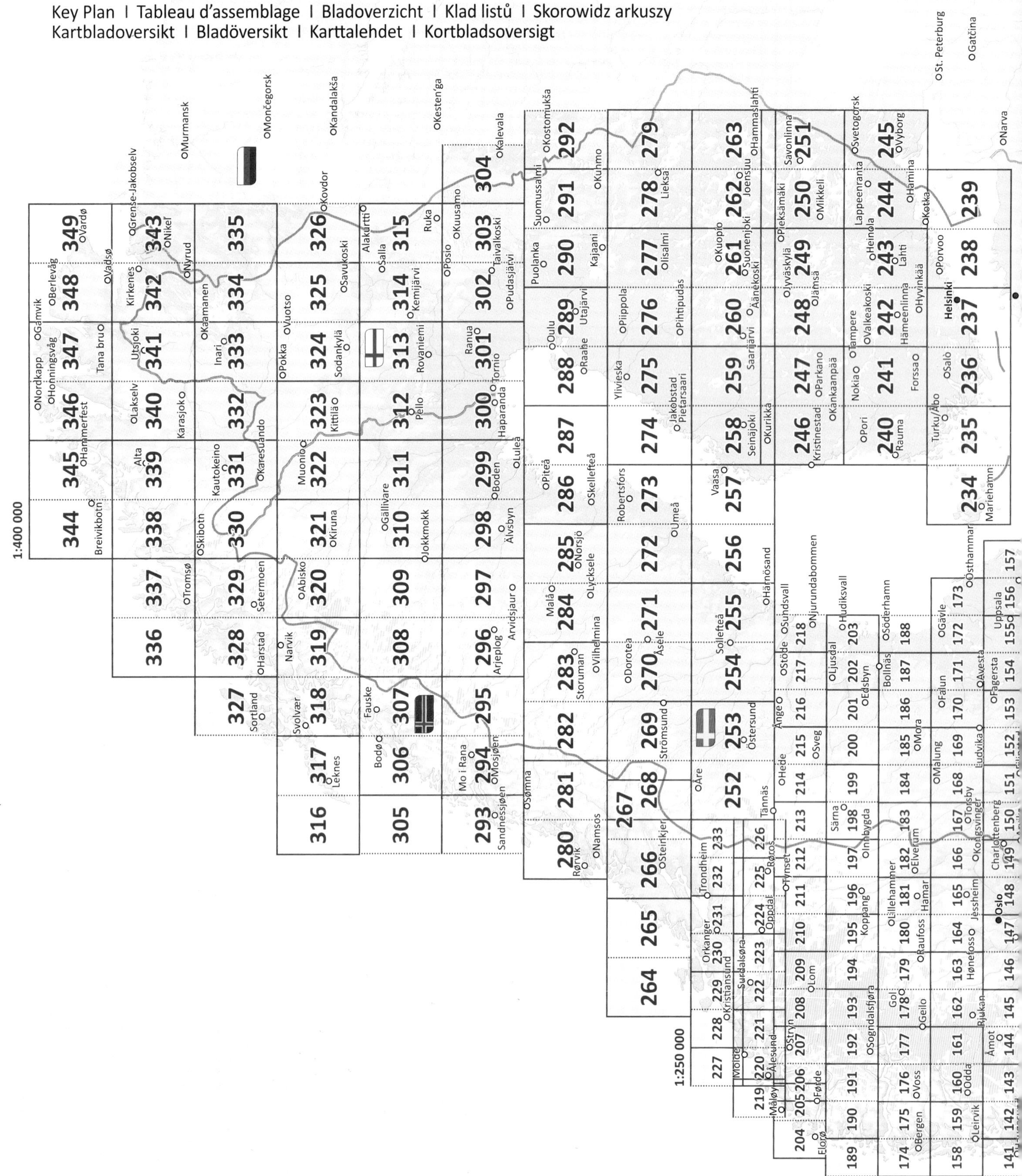

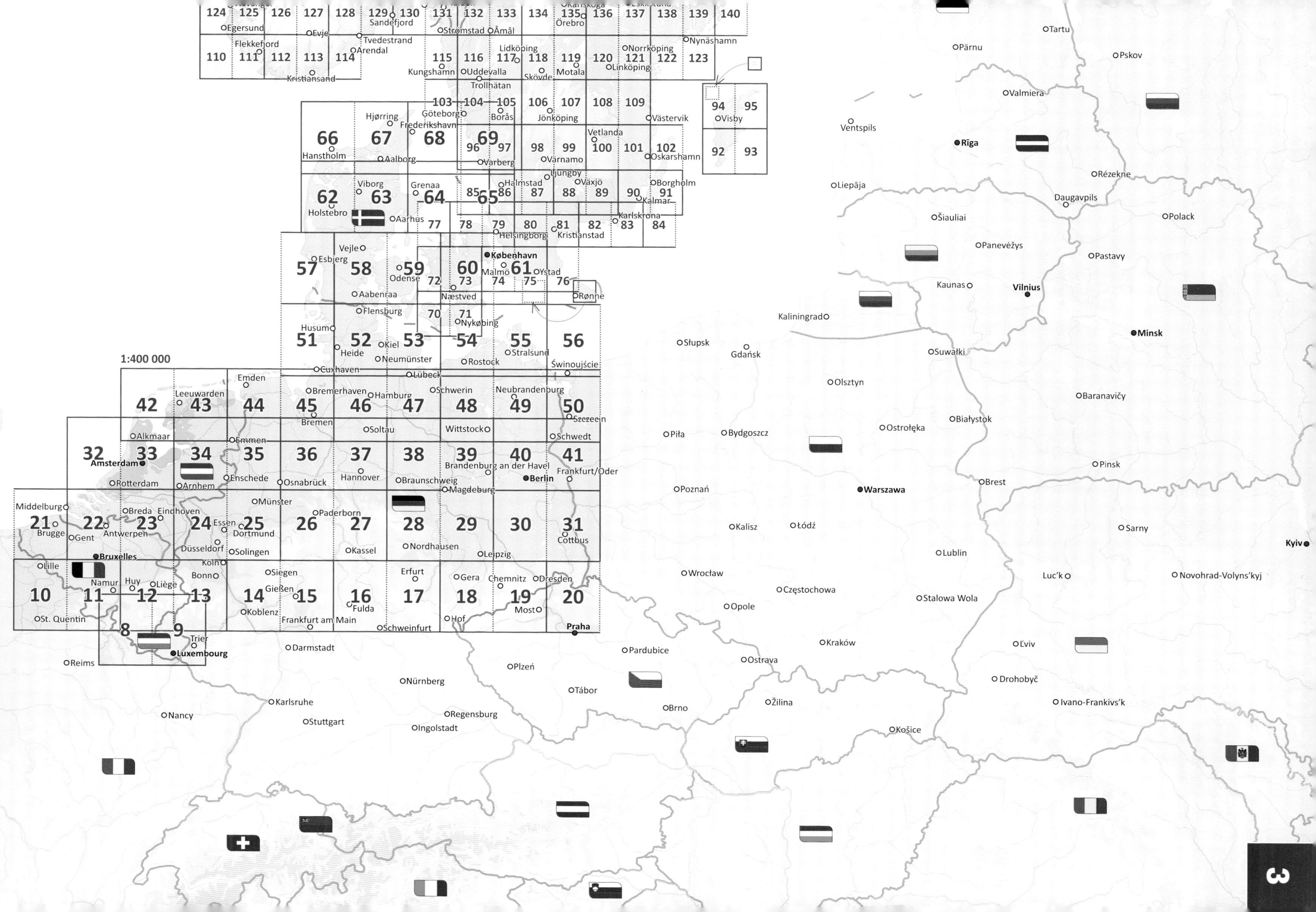

3
1:400 000
Egersund
Flekkefjord
Kristiansand
Evje
Arendal
Tvedestrand
Sandefjord
Strömstad
Åmål
Örebro
Nynäshamn
Norrköping
Linköping
Motala
Skövde
Lidköping
Uddevalla
Kungshamn
Trollhättan
Göteborg
Borås
Jönköping
Västervik
Visby
Vetlanda
Oskarshamn
Värnamo
Varberg
Ljungby
Växjö
Halmstad
Borgholm
Kalmar
Karlskrona
Kristianstad
Helsingborg
Hjørring
Frederikshavn
Hanstholm
Aalborg
Viborg
Grenaa
Holstebro
Aarhus
Vejle
Esbjerg
Odense
Aabenraa
Flensburg
København
Malmö
Ystad
Næstved
Rønne
Nykøbing
Husum
Heide
Kiel
Neumünster
Rostock
Stralsund
Świnoujście
Cuxhaven
Lübeck
Emden
Leeuwarden
Bremerhaven
Hamburg
Schwerin
Neubrandenburg
Szczecin
Bremen
Soltau
Wittstock
Schwedt
Alkmaar
Emmen
Amsterdam
Enschede
Osnabrück
Hannover
Braunschweig
Brandenburg an der Havel
Berlin
Frankfurt/Oder
Rotterdam
Arnhem
Magdeburg
Münster
Paderborn
Middelburg
Breda
Eindhoven
Brugge
Gent
Antwerpen
Essen
Dortmund
Düsseldorf
Solingen
Kassel
Nordhausen
Leipzig
Cottbus
Bruxelles
Köln
Bonn
Lille
Namur
Huy
Liège
Siegen
Gießen
Koblenz
Fulda
Erfurt
Gera
Chemnitz
Dresden
Most
St. Quentin
Frankfurt am Main
Schweinfurt
Hof
Praha
Trier
Luxembourg
Reims
Darmstadt
Nürnberg
Plzeň
Tábor
Pardubice
Brno
Karlsruhe
Nancy
Stuttgart
Regensburg
Ingolstadt
Tartu
Pärnu
Pskov
Valmiera
Ventspils
Rīga
Rēzekne
Liepāja
Daugavpils
Šiauliai
Panevėžys
Polack
Pastavy
Kaunas
Vilnius
Kaliningrad
Minsk
Słupsk
Gdańsk
Suwałki
Olsztyn
Baranavičy
Białystok
Piła
Bydgoszcz
Ostrołęka
Pinsk
Brest
Poznań
Warszawa
Kalisz
Łódź
Sarny
Kyiv
Lublin
Luc'k
Novohrad-Volyns'kyj
Wrocław
Częstochowa
Stalowa Wola
Opole
Kraków
Ostrava
Ľviv
Drohobyč
Žilina
Ivano-Frankivs'k
Košice

Legende

Legend l Légende l Legende l Vysvětlivky l Legenda
Tegnforklaring l Teckenförklaring l Merkkien selitykset l Signaturforklaring

Autobahn
Motorway
Autoroute
Autosnelweg
Dálnice
Autostrady
Motorvei
Motorväg
Moottoritie
Motorvej

Autobahnstation - mit Übernachtung, Parkplatz
Service area with overnight accomodation, parking - area
Relais routier - motel, parking
Wegrestaurant met overnachting, parkeerterrein
Dálniční odpočivadlo - s možnosti přenocování, Parkoviště
Miejsce obsługi podróżnych z noclegiem, Parking
Veikro, parkeringsplass
Motell med övernattning, parkeringsplats
Ravintola moottoritien varrella - majoitus, pysäköintialue
Motorvejsrestauration med hotel

Autobahn in Bau mit Fertigstellungstermin
Motorway under construction with scheduled opening date
Autoroute en construction avec date de mise en service
Autosnelweg in aanleg (datum openstelling bekend)
Dálnice ve stavbě s termínem dokončení
Autostrady w budowie z terminem otwarcia
Motorvei under bygging
Motorväg under byggnad, med öpningsdatum
Moottoritie rakenteilla, käyttöönottoajankohta
Motorvej under opførsel med datum for indvielse

Fernverkehrsstraße, 4-spurig
Dual carriageway
Route à grande circulation, 4 chaussées séparées
Autoweg, 4 rijstroken
Dálková silnice, čtyřproudová
Drogi dwujezdniowe
Riksvej 2
Motortrafikled, 4 spår
Moottoriliikennetie, 4 kaistaa
Motortrafikvej med 4 baner

Fernverkehrsstraße
Primary route
Route à grande circulation
Autoweg
Dálková silnice
Drogi główne
Riksvei
Motortrafikled
Moottoriliikennetje
Fjerntrafikvej

Hauptstraße 1. Ordnung
Class „A" road
Route principale
Belangrijke verkeersader
Hlavní silnice 1. třídy
Droga główna pierwszorzędna
Fylkesvei
Länsväg 1
Päätie
Viktigere hovedvej

Hauptstraße 2. Ordnung
Class „B" road
Route secondaire
Belangrijke hoofdweg
Hlavní silnice 2. třídy
Droga główna drugorzędna
Annen offentlig vei
Länsväg 2
Paikallistie
Hovedvej

Nebenstraße
Secondary road
Autre route
Secundaire weg
Vedlejší silnice
Koleje drugorzędne
Andre veier
Annan allmän väg
Muu maantie
Hovedvej

Privatweg
Privat road
Chemin privée
Particuliere weg, eigen weg
Soukromá - silnice
Droga prywatna
Privat vei
Enskild väg
Yksityistie
Privat vej

Karrenweg
Cart track
Chemin d'exploitation
Landweg
Úvoz
Droga gruntowa
Kjerrevei
Kärreväg
Maantie
Kørevej

Fußweg
Footpath
Sentier
Voetpad
Cesta pro pěší
Ścieżka
Sti
Led
Jalankulkutie
Gangsti

Autobahnentfernungen in km
Distances in kilometres on motorways
Autoroute: distances en km
Afstanden in km (op autosnelwegen)
Vzdálenosti v km na dálnici
Odległości na autostradach w km
Avstand i km, motorvei
Vägavstånd i km, motorväg
Välimatkat km, moottoritie
Afstand i km, motorvej

Entfernungen in km
Distances in kilometres
Distance en kilomètres (km)
Afstanden in km
Vzdálenosti v km
Odległości w km
Avstand i km
Vägavstånd i km
Välimatkat km
Afstand i km

Steigungen
Gradients
Montée
Stijging
Stoupání
Strome podjazdy
Stigning
Stigning
Kaltevuus
Stigning

Straße für Kfz gesperrt
Road closed to motor traffic
Route interdite aux véhicules á moteur
Weg, afgesloten voor automobilisten
Zákaz vjezdu motorových vozidel
Droga zamknięta dla ruchu samochowego
Stengt for Kfz
Förbjuda för bil
Suljettu moottoriajoneuvoilta
Vej særret for biler

Wintersperre (auf Fern- und Hauptstraßen)
Road closed during the cold season (Primary routes class "A" and "B" roads)
Route interdite en hiver (routes à grande circulation et routes principales)
In de winter afgesloten (auto- en hoofdwegen)
Zimní uzavírka (dálkových a hlavnich silnicich)
Drogi zamknięte zimą (główne i drugorzędne)
Stengt om vinteren (på riksveg og hodeveg)
Vinterlukket
Suljettu talvisin (valtaja päätiet)
Spærret om vinterem (fjerntrafikvej, hovedvej)

Mautstraße
Toll road
Route à péage
Tolweg
Silnice s poplatkem
Drogi płatne
Bomvei
Vejafgift
Maksullinen tie
Toldvej

Für Wohnanhänger gesperrt
Closed for caravans
Interdite aux caravanes
Afgesloten voor caravans
Zákaz pro obytné přívěsy
Drogi zamknięte dla przyczep
Stengt for campingvogn
Förbjuda för campingvagn
Suljettu asuntovaunuilta
Spærret for campingvogn

Straßennummern
Road numbers
Numérotage des routes
Wegnummer
Čísla silnic
Numeracja dróg
Riksveinummer
Riksvågnummer
Teiden numerot
Vejnummer

Eisenbahn, Bahnhof
Railway, station - stop
Chemin de fer, ligne secondaire, gare - station
Spoorweg met station
Železnic, Nádraži - Železniční stanice
Kolej, dworzec kolejowy - stacja kolejowa
Jernbane, stasjon
Järnväg, station
Rautatie, rautatieasema
Jernbarne, banegård

Autofähre, Personenfähre
Car - ferry, passenger - ferry
Bac pour autos, bac pour piétons
Veerdienst, ook voor auto´s
Trajekt pro automobily, převoz
Promy samochodowe, promy osobowe
Bilferje, ferje for person
Färja, ferje for person
Autolautta, henkllölautta
Bilfærge, personfærge

Truppenübungsplatz, Nationalpark
Military reservation, National park
Camp de manoeuvres, Parc national
Militair oefenterrein, Nationaal park
Vojenské cvičiště, Národní park
Poligon wojskowy, Park narodowy
Militaerforlegning, Nasjonalpark
Militärtövningsområde, Nationalpark
Sotilasalue, Kansallispuisto
Spærrat militærisk område, Nationalpark

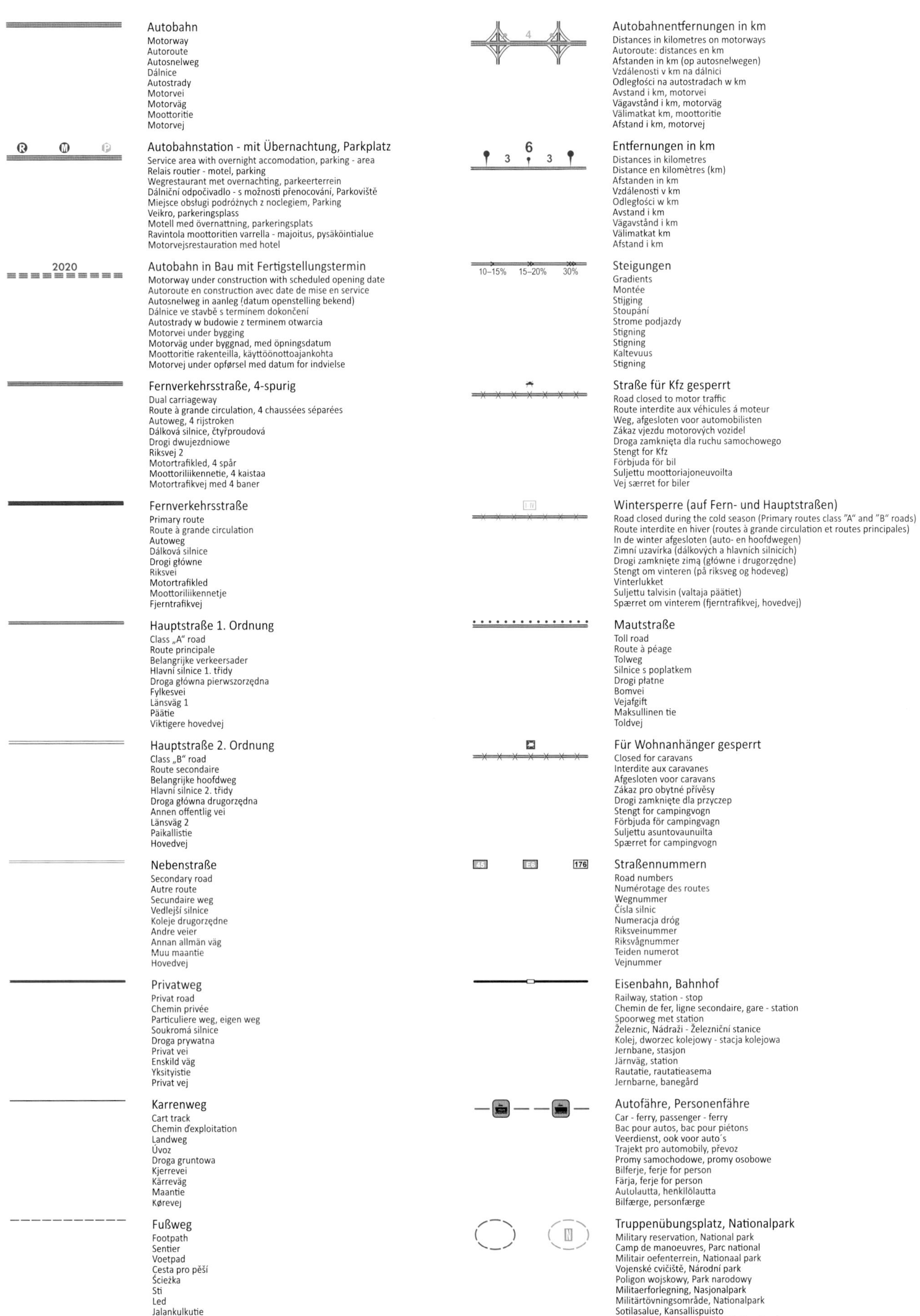

1:250 000

10 km ————— | 30 km —————————————————————————————

Landschaftlich besonders schöne Strecke, Wald
Scenic route, forest
Parcours pittoresque, forêt
Schilderachtig traject, bos
Trasa vedoucí obzvlášť krásnou krajinou, les
Drogi piękne widokowo, lasy
Vakker vei - skogsmark
Vacker turistväg - skog
Kaunis maisematie - metsä
Landskabelig smuk vejstrækning - skov

Schloss, Burg – Ruine, Kloster
Manor-house, castle – ruin, monastery
Château, château-fort, ruine, abbaye
Kasteel, burcht, ruïne, klooster
Zámek, hradu, zřícenina, klášter
Zamki, zamek – ruiny, klasztory
Slott, borg - ruin, kloster
Slott, borg - ruin, kloster
Linna, rauniot, kirrko
Slot, borgruin, kloster

Touristenstraße
Tourist route
Route touristique
Toeristische route
Turistická cesta
Droga turystyczna
Turistvei
Turist väg
Turistineitti
Turistrute

Antike Ruinenstätte, Höhle
Antique sites, cave
Site archéologique, grotte
Antieke ruïne, grot
Antické zříceniny, jeskyně (přístupná veřejnosti)
Ruiny antyczne, jaskinie
Antikken ruin, hule
Fornlämning, håla
Antiikkiset rauniot, luola
Ruiner, oldtidsminde, rule

Staatsgrenze, Internationaler Grenzübergang
National boundary, international border-crossing
Frontière d'État, bureau de douane
Staatsgrens, internationale grensovergang
Státní hranice, mezinárodní hraniční přechod
Granica państwa, Międzynarodowe przejścia graniczne
Statsgrense, internasjonal grenseovergang
Riksgräns, gränsövergang
Valtakunnanraja, rajanylityspaikka
Statsgrænse, international grænseovergangssted

Denkmal, Bergwerk
Monument, mine
Monument, mine
Gedenkteken, mijn
Pomník, důl
Pomniki, kopalnia
Minnesmerke, gruve
Monument, gruva
Muistomerkki, kaivos
Mindesmærke, bjergværk

Provinzgrenze
Provincial boundary
Frontière provinciale
Provinciegrens
Krajská hranice
Granice prowincji
Fylkesgrense
Länsgräns
Lääninraja
Amtsgrænse

Schutzhütte, Campingplatz
Mountain cabin, Camping site
Refuge de montagne, terrain de camping
Schuilhut, kampeerterrein
Horská chata, kempink
Schroniska górskie, campingi
Fjellstue, campingplass
Stuga, campingplass
Mökki, leirintäalue
Krog bjerghytte, campingplads

Gemeindegrenze
Boundary of the municipally
Frontière communale
Gemeentegrens
Hranice okresu
Granica gminy
Kommunegrense
Kommungräns
Kunnanraja
Kommunegrænse

Golfplatz, Tierpark
Golf - course, zoo
Terrain de golf, réserve à gibier
Golfterrein, dierentuin
Golfové hřiště, zoologická zahrada
Plac golfowy, zoo
Golfbane, zoo
Golfbana, zoologisk trädgård
Golfkenttä, eläintarha
Golfbane, zoo

Glommen

Malerisches Stadtbild
Picturesque town
Ville pittoresque
Schilderachtig stadsbeeld
Malebné panorama města
Malowniczy widok miasta
Malerisk by
Pittoreste stad
Maalauksellinen kaupunki
Malerisk by

Wanderheim, Museum
Youth hostel, museum
Auberge de jeunesse, musée
Trekkershut, museum
Hospoda, muzeum
Oberża, muzeum
Vandrerhjem, museum
Vandrarhem, museum
Retkeilymaja, museo
Vandrerhjem, museum

Ulleren

Besonders sehenswertes Objekt, Schöner Ausblick
Place of particular interest, Scenic viewpoint
Site remarquable, Panorama
Bijzondere bezienswaardigheden, Uitzichtpunt, panorama
Obzvlášť zajímavý objekt, Krásný výhled
Szczególnie ciekawy objekt, punkty widokowe
Severdighet, utsiktspunkt
Sevärdhet, uksiktspunkt
Nähtävyys, näköalapaikka
Seværdighed, udsigtspunkt

Heilbad, Leuchtturm, Marina
Spa, lighthouse, yacht supply station
Station thermale, phare, station d'approv de yachts
Kuurbad, vuurtoren, yachthaven
Lázně, maják, přístaviště
Uzdrowiska, latarnia morska, porty jachtowe
Kurbad, fyr, marine
Badhotell, fyr, marine
Terveyskylpylä, majakka, venesatama
Kurbad, fyrtårn, lystbådehavn

OSLO

Bundeshauptstadt
Seat of the federal government
Capitale
Hoofdstad
Spolkové hlavní město
Stolica
Hovedstad
Huvudstad
Pääkaupunki
Hovedstad

Wasserfall, Fischerhütte
Waterfall, fisherman's shack
Cascade, abri pour pêcheur
Waterval, vishut
Vodopád, rybářská chata
Wodospad, chata rybacka
Foss, rorbu
Vattenfall, fiskarestuga
Vesiputous, kalastajamökki
Vandfald, fiskerhytte

HALMSTAD

Provinzhauptstadt
Provincial capital
Cheflieu de province
Provinciehoofdstad
Sídlo provincie
Miasta wojewódzkie
Fylkestad
Länshuvudstad
Läänin pääkaupunki
Hovedstad af provins

Internationaler Flughafen
International airport
Aéroport international
Int. luchthaven,
Mezinárodní letiště
Porty lotnicze międzynarodowe
Int. Flyplass
Flygplats
Kainsainväl. Lentoasema
Intern. Lufthavn

Tingsryd

Sitz der Gemeinde
Seat of the municipality
Hôtel de Ville
Gemeentehuis
Sídlo okresu
Siedziba Urzędu Gminnego
Kommunehus
Kommunalhuus
Kuntakeskus
Kommunekontor

Flughafen, Sportflughafen
Airport, landing strip
Aéroport, aérodrome
Vliegveld, sportvliegveld
Letiště, Sportovní letiště pro větroně
Lotniska, port lotniczy sportowy
Flyplass, idrettflyplass
Flyplass med reguljärtrafik, sportflyplats
Lentoasema, lentokenttä
Lufthavn, flyveplads

Kirche, Kapelle, Einzelkirche
Church, chapel, church of considerable interest
Eglise, chapelle, eglise interessante
Kerk, kapel, bijzondere kerk
Kostel, kaple, historicky zajímavý kostel
Kościoły, kaplice, szczególnie interesujący kościół
Kirke, kapell, saerlig kirke
Kyrka, kapell, särskild kirka
Luostari, kappeli, kiinnostava kirkko
Kirke, kapel, særlig kirke

Touristeninformation
Tourist information
Infomation touristique
Toeristische informatie
Turistické informace
Informacja turystyczna
Turistinformatjon
Turistinformation
Matkailuneuvonta
Turistbureau

Legende

Legend I Légende I Legende I Vysvětlivky I Legenda
Tegnforklaring I Teckenförklaring I Merkkien selitykset I Signaturforklaring

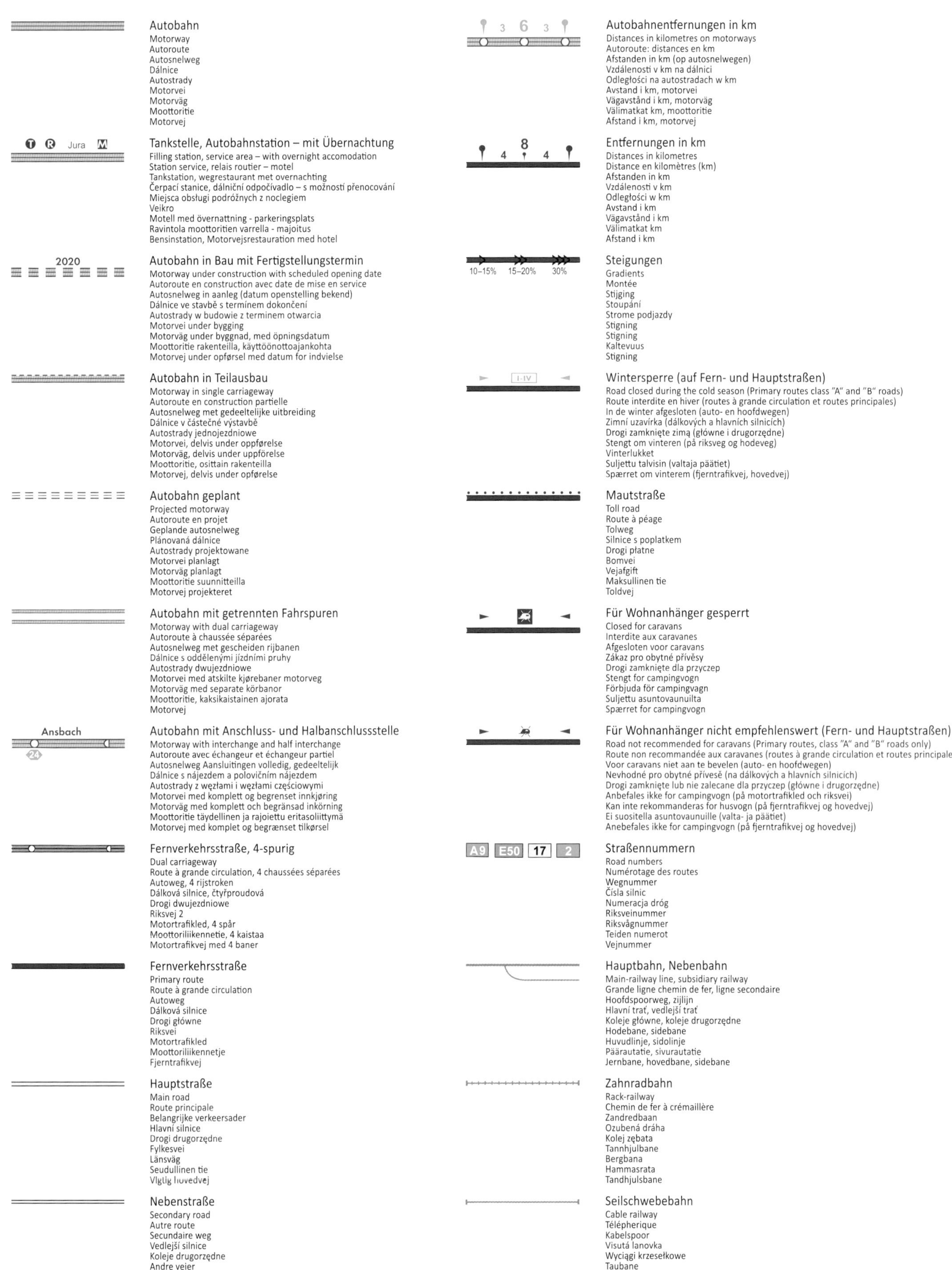

Autobahn
Motorway
Autoroute
Autosnelweg
Dálnice
Autostrady
Motorvei
Motorväg
Moottoritie
Motorvej

Tankstelle, Autobahnstation – mit Übernachtung
Filling station, service area – with overnight accomodation
Station service, relais routier – motel
Tankstation, wegrestaurant met overnachting
Čerpací stanice, dálniční odpočívadlo – s možností přenocování
Miejsca obsługi podróżnych z noclegiem
Veikro
Motell med övernattning - parkeringsplats
Ravintola moottoritien varrella - majoitus
Bensinstation, Motorvejsrestauration med hotel

Autobahn in Bau mit Fertigstellungstermin
Motorway under construction with scheduled opening date
Autoroute en construction avec date de mise en service
Autosnelweg in aanleg (datum openstelling bekend)
Dálnice ve stavbě s termínem dokončení
Autostrady w budowie z terminem otwarcia
Motorvei under bygging
Motorväg under byggnad, med öpningsdatum
Moottoritie rakenteilla, käyttöönottoajankohta
Motorvej under opførsel med datum for indvielse

Autobahn in Teilausbau
Motorway in single carriageway
Autoroute en construction partielle
Autosnelweg met gedeeltelijke uitbreiding
Dálnice v částečné výstavbě
Autostrady jednojezdniowe
Motorvei, delvis under oppførelse
Motorväg, delvis under uppförelse
Moottoritie, osittain rakenteilla
Motorvej, delvis under opførelse

Autobahn geplant
Projected motorway
Autoroute en projet
Geplande autosnelweg
Plánovaná dálnice
Autostrady projektowane
Motorvei planlagt
Motorväg planlagt
Moottoritie suunnitteilla
Motorvej projekteret

Autobahn mit getrennten Fahrspuren
Motorway with dual carriageway
Autoroute à chaussée séparées
Autosnelweg met gescheiden rijbanen
Dálnice s oddělenými jízdními pruhy
Autostrady dwujezdniowe
Motorvei med atskilte kjørebaner motorveg
Motorväg med separate körbanor
Moottoritie, kaksikaistainen ajorata
Motorvej

Autobahn mit Anschluss- und Halbanschlussstelle
Motorway with interchange and half interchange
Autoroute avec échangeur et échangeur partiel
Autosnelweg Aansluitingen volledig, gedeeltelijk
Dálnice s nájezdem a polovičním nájezdem
Autostrady z węzłami i węzłami częściowymi
Motorvei med komplett og begrenset innkjøring
Motorväg med komplett och begränsad inkörning
Moottoritie täydellinen ja rajoitettu eritasoliittymä
Motorvej med komplet og begrænset tilkørsel

Fernverkehrsstraße, 4-spurig
Dual carriageway
Route à grande circulation, 4 chaussées séparées
Autoweg, 4 rijstroken
Dálková silnice, čtyřproudová
Drogi dwujezdniowe
Riksvej 2
Motortrafikled, 4 spår
Moottoriliikennetie, 4 kaistaa
Motortrafikkvej med 4 baner

Fernverkehrsstraße
Primary route
Route à grande circulation
Autoweg
Dálková silnice
Drogi główne
Riksvei
Motortrafikled
Moottoriliikennetje
Fjerntrafikvej

Hauptstraße
Main road
Route principale
Belangrijke verkeersader
Hlavní silnice
Drogi drugorzędne
Fylkesvei
Länsväg
Seudullinen tie
Vigtig hovedvej

Nebenstraße
Secondary road
Autre route
Secundaire weg
Vedlejší silnice
Koleje drugorzędne
Andre veier
Annan allmän väg
Muu maantie
Hovedvej

Autobahnentfernungen in km
Distances in kilometres on motorways
Autoroute: distances en km
Afstanden in km (op autosnelwegen)
Vzdálenosti v km na dálnici
Odległości na autostradach w km
Avstand i km, motorvei
Vägavstånd i km, motorväg
Välimatkat km, moottoritie
Afstand i km, motorvej

Entfernungen in km
Distances in kilometres
Distance en kilomètres (km)
Afstanden in km
Vzdálenosti v km
Odległości w km
Avstand i km
Vägavstånd i km
Välimatkat km
Afstand i km

Steigungen
Gradients
Montée
Stijging
Stoupání
Strome podjazdy
Stigning
Stigning
Kaltevuus
Stigning

10–15% 15–20% 30%

Wintersperre (auf Fern- und Hauptstraßen)
Road closed during the cold season (Primary routes class "A" and "B" roads)
Route interdite en hiver (routes à grande circulation et routes principales)
In de winter afgesloten (auto- en hoofdwegen)
Zimní uzavírka (dálkových a hlavních silnicích)
Drogi zamknięte zimą (główne i drugorzędne)
Stengt om vinteren (på riksveg og hodeveg)
Vinterlukket
Suljettu talvisin (valtaja päätiet)
Spærret om vinterem (fjerntrafikvej, hovedvej)

I - IV

Mautstraße
Toll road
Route à péage
Tolweg
Silnice s poplatkem
Drogi płatne
Bomvei
Vejafgift
Maksullinen tie
Toldvej

Für Wohnanhänger gesperrt
Closed for caravans
Interdite aux caravanes
Afgesloten voor caravans
Zákaz pro obytné přívěsy
Drogi zamknięte dla przyczep
Stengt for campingvogn
Förbjuda för campingvagn
Suljettu asuntovaunuilta
Spærret for campingvogn

Für Wohnanhänger nicht empfehlenswert (Fern- und Hauptstraßen)
Road not recommended for caravans (Primary routes, class "A" and "B" roads only)
Route non recommandée aux caravanes (routes à grande circulation et routes principales)
Voor caravans niet aan te bevelen (auto- en hoofdwegen)
Nevhodné pro obytné přívesé (na dálkových a hlavních silnicích)
Drogi zamknięte lub nie zalecane dla przyczep (główne i drugorzędne)
Anbefales ikke for campingvogn (på motortrafikled och riksvei)
Kan inte rekommanderas for husvogn (på fjerntrafikvej og hovedvej)
Ei suositella asuntovaunuille (valta- ja päätiet)
Anebefales ikke for campingvogn (på fjerntrafikvej og hovedvej)

Straßennummern
Road numbers
Numérotage des routes
Wegnummer
Čísla silnic
Numeracja dróg
Riksveinummer
Riksvägnummer
Teiden numerot
Vejnummer

A9 E50 17 2

Hauptbahn, Nebenbahn
Main-railway line, subsidiary railway
Grande ligne chemin de fer, ligne secondaire
Hoofdspoorweg, zijlijn
Hlavní trať, vedlejší trať
Koleje główne, koleje drugorzędne
Hodebane, sidebane
Huvudlinje, sidolinje
Päärautatie, sivurautatie
Jernbane, hovedbane, sidebane

Zahnradbahn
Rack-railway
Chemin de fer à crémaillère
Zandredbaan
Ozubená dráha
Kolej zębata
Tannhjulbane
Bergbana
Hammasrata
Tandhjulsbane

Seilschwebebahn
Cable railway
Télépherique
Kabelspoor
Visutá lanovka
Wyciągi krzesełkowe
Taubane
Kabinbana
Köysirata
Tovbane

1:400 000

10 km
50 km

 Autoverladung
Motorrail
Train – auto
Autoinladen
Zeleznice
Przewóz samochodów koleją
Billasting
Billastning
Autokuljetus
Billadning

 Autofähre, Personenfähre
Car - ferry, passenger - ferry
Bac pour autos, bac pour piétons
Veerdienst, ook voor auto´s
Trajekt pro automobily, převoz
Promy samochodowe, promy osobowe
Bilferje, ferje for person
Färja, ferje for person
Autolautta, henkilölautta
Bilfærge, personfærge

 Kirche, Kloster, Kapelle
Church, monastery, chapel
Eglise, abbaye, chapelle
Kerk, klooster, kapel
Kostel, klášter, kaple
Kościoły, klasztory, kaplice
Kirke, kloster, kapell
Kyrka, kloster, kapell
Luostari, kirrko, kappeli
Kirke, kloster, kapel

 Schloss, Burg – Ruine
Manor–house, castle – ruin
Château, château–fort, ruine
Kasteel, burcht, ruïne
Zámek, hradu, zřícenina
Zamki, zamek – ruiny
Slott, borg - ruin
Slott, borg - ruin
Linna, rauniot
Slot. borgruin

 Antike Ruinenstätte, Höhle
Antique sites, cave
Site archéologique, grotte
Antieke ruïne, grot
Antické zříceniny, jeskyně (přístupná veřejnosti)
Ruiny antyczne, jaskinie
Antikken ruin, hule
Fornlämning, håla
Antiikkiset rauniot, luola
Ruiner, oldtidsminde, rule

 Denkmal, Aussichtswarte
Monument, look-out tower
Monument, tour avec vue panoramique
Gedenkteken, uitzichttoren
Pomnik, vyhlídkové místo
Pomniki, wieże widokowe
Minnesmerke, näkötorni
Monument, utsiktstorn
Muistomerkki, näkötorni
Mindesmærke, udsigtstårn

 Hotel, Gasthof, Schutzhütte
Hotel, inn, mountain cabin
Hôtel, auberge, refuge de montagne
Hotel, gasthuis, schuilhut
Hotel, hostinec, horská chata
Hotele, zajazdy, schroniska górskie
Hotel, vertshus, fjellstue
Hotel, gästigivargård, stuga
Hotelli, ravintola, mökki
Hotel, krog bjerghytte

 Campingplatz
Camping site
Terrain de camping
Kampeerterrein
Kempink
Campingi
Campingplass
Campingplass
Leirintäalue
Campingplads

 Heilbad
Spa
Station thermale
Kuurbad
Lázně
Uzdrowiska
Kurbad
Badhotell
Terveyskylpylä
Kurbad

Internationaler Flughafen, Flughafen
International airport, airport
Aéroport international, aéroport
Int. luchthaven, vliegveld
Mezinárodní letiště, letiště
Porty lotnicze międzynarodowe, lotniska
Int. Flyplass, flyplass
Flygplats, flyplass med reguljärtrafik
Kainsainväl. Lentoasema, lentoasema
Intern. Lufthavn, lufthavn

Marina
Yacht supply station
Station d'approv. de yacht
Yachthaven
Přístaviště
Porty jachtowe
Marine
Marine
Venesatama
Lystbådehavn

 Klosterkirche

Besonders sehenswertes Objekt
Place of particular interest
Site remarquable
Bijzondere bezienswaardigheden
Obzvlášť zajímavý objekt
Miejsca warte zwiedzenia
Severdighet
Sevärdhet
Nähtävyys
Sevaerdighed

 Nationalpark
National park
Parc national
Nationaal park
Národní park
Park narodowy
Nasjonalpark
Nationalpark
Kansallispuisto
Nationalpark

 Truppenübungsplatz
Military reservation
Camp de manoeuvres
Militair oefenterrein
Vojenské cvičiště
Poligon wojskowy
Militaerforlegning
Militärtövningsområde
Sotilasalue
Spærrat militærisk område

 Landschaftlich besonders schöne Strecke, Wald
Scenic route, forest
Parcours pittoresque, forêt
Schilderachting traject, bos
Trasa vedoucí obzvlášť krásnou krajinou, les
Drogi piękne widokowo, lasy
Vakker vei - skogsmark
Vacker turistväg - skog
Kaunis maisematie - metsä
Landskabelig smuk vejstrækning - skov

 Staatsgrenze, Internationaler –, Zwischenstaatlicher Grenzübergang
National boundary, international border-crossing, local border-crossing
Frontière d'État, bureau de douane, poste de douane
Staatsgrens, internationale grensovergang
Státní hranice, mezinárodní hraniční přechod, mezinárodní hraniční přechod
Granica państwa, przejścia graniczne lokalne
Statsgrense, internasjonal grenseovergang
Riksgräns, gränsövergang
Valtakunnanraja, rajanylityspaikka
Statsgrænse, international grænseovergangssted

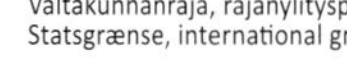

 Landesgrenze
Provincial boundary
Frontière d'État fédéré
Provinciegrens
Hranice země
Granice wojewódzłw
Fylkesgrense
Länsgräns
Lääninraja
Amtsgraense

KØBENHAVN **Bundeshauptstadt**
Seat of the federal government
Capitale
Hoofdstad
Spolkové hlavní město
Stolica
Hovedstad
Huvudstad
Pääkaupunki
Hovedstad

ODENSE **Landeshauptstadt**
Seat of provincial government
Chef-lieu de province
Provinciehoofdstad
Hlavní město zeme
Miasta wojewódzkie
Fylkesstad
Regions huvudstad
Maakuntapääkaupunki
Administrationssæde

 Fluss
River
Fleuve
Rivier
Řeka
Rzeki
Elv
Flod
Joki
Flod

 Kanal
Canal
Canal
Kanaal
Kanál
Kanały
Kanal
Kanal
Kanava
Kanal

 Staudamm, Sumpf
Barrage, swamp
Barrage, marécage
Stuwdam, moerasgebied
Přehradní hráz, bažina
Zapory wodne, bagna
Demning, myr
Fyllningsdamm, träsk
Pato, suo
Fangedæmning, Sump

8
B
Hanzinne
Mettet
6
Denée
Château d'Annevoie
Bioul
11
92
Yvoir
Château de Spontin
Spontin
30
Schaltin
Havelange
7
12
Hamois
Ocquier
Bomal
Durbuy
Barvaux
Barvaux-Condroz
Somme-Leuze
Heyd
Wéris
Stave
Ermeton
Anhée
Dorinne
Morialmé
Falaën
Loyl
Achêne
Ciney
Scy
Nettinne
Noiseux
Florennes
Rosée
Hemptinne
Dinant
Taviet
Leignon
Baillonville
Fronville
Soy
Erezée
Philippeville
Miavoye
Onhaye
Conjoux
Haversin
Hotton
Waillet
Amonines
Grottes de Hotton
Senzeille
Villers-le-Gambon
Hastière
Falmagne
Custinne
Buissonville
Aye
Marche-en-Famenne
Beffe
Sautour
Surice
Gochenée
Mesnil-St.Blaise
Houyet
Mont-Gauthier
Humain
Rendeux
Romerée
Doische
Heer
Rochefort
Marloie
Lignières
Matagne-la-Grande
Finnevaux
Hour
Harsin
La Roche-en-Ardenne
Fagnolle
Mazée
Givet
Jemelle
Mariembourg
Chooz
Focant
Genimont
Grottes de Rochefort
Forrières
Nassogne
Bande
Beauraing
Grottes de Han
Wellin
Ronchamp
Couvin
Olloy-sur-Viroin
Vireux-Wallerand
Landrichamps
Winenne
Masbourg
Erneuville
Ortho
Felenne
Tellin
Tenneville
Oignies-en-Thiérache
Vonêche
Awenne
Hargnies
Haybes
Bourseigne-Neuve
Vencimont
Mirwart
Lavacherie
Fumay
Revin
Willerzie
Rienne
Haut-Fays
Daverdisse
Gedinne
Gembes
Transinne
Hatrival
St.Hubert
Vesqueville
Tillet
Hubermont
Libin
Maissin
Freux
Remagne
Les Hauts Buttés
Houdremont
Graide
Bièvre
Linchamps
Villeroux
Morhet
Bourg-Fidèle
les Mazures
Monthermé
Naux
Nafraiture
Naomé
Paliseul
Ochamps
Laneuville
Libramont-Chevigny
les Hautes-Rivières
Baillamont
Jehonville
Rimogne
Sécheval
Tournavaux
Vresse
Carlsbourg
Offagne
Vaux-lez-Rosières
Bogny-sur-Meuse
Fays-les-Veneurs
Bercheaux
Nives
Lonny
Menuchenet
Libramont Chevigny
Longlier
Nouzonville
Gespunsart
Alle
Verlaine Neufchâteau
Juseret
Tournes
Rochehaut
Bertrix
Longlier
Neufchâteau
Sugny
Noirefontaine
Orgeo
Traimont
Haudrecy
CHARLEVILLE-MÉZIÈRES
St. Laurent
Corbion
Les Hayons
Gribômont
Bouillon
Dohan
Assenois
Léglise
Warcq
St. Marceau
Vivier-au-Court
Vrigne-aux-Bois
Cugnon
Herbeumont
Straimont
Warnécourt
St. Menges
La Chapelle
Les Fosses
Behême
Mellier
Anlier
Suxy
Sedan
Château Fort
Flize
Nouvion-sur-Meuse
Ste.Cécile
Boulzicourt
Donchery
Daigny
Villers-Cernay
Muno
Chiny
Rulles
Habay-la-Neuve
Yvernaumont
Balan
Francheval
Chassepierre
Rossignol
Marbehan
Poix-Terron
Escombres-et-le-Chesnois
Florenville
Douzy
Bazeilles
Sachy
Pure
Izel
Les Bulles
Jamoigne
Tintigny
Habay
Villers-le-Tilleul
Singly
Sapogne-et-Feuchères
Cheveuges
Remilly-Aillicourt
Hagnicourt
Vendresse
Chémery-sur-Bar
Bulson
Notre Dame
Carignan
Mogues
Abbaye d'Orval
Étalle
Bouvellemont
Raucourt-et-Flaba
Mouzon
La Hache
Buzenol
la Cassine
Aufiance
Limes
Parc Archéologique de Montauban
Fagny
Meix-devant-Virton
Tourteron
Sauville
F
la Besace
Yoncq
Moulins-Saint Hubert
Villy
Margut
St.Léger
Lametz
Stonne
Tannay
Inor
Thonnelle
Avioth
Basilique
Virton
Charbogne
le Chesne
Beaumont-en-Argonne
Nepvant
Ethe
Attigny
Semuy
Châtillon-sur-Bar
Oches
Chauvency-le-Château
Montmédy
Musson
Brieulles-sur-Bar
Sommauthe
Laneuville-sur-Meuse
Stenay
Iré-les-Prés
Lamorteau
Velosnes
Grandcourt
Coulonnes-et-Marqueny
Quatre-Champs
Authe
St.Pierremont
Baâlon
Allondrelle-la-Malmaison
Charency-Vezin
Tellancourt
Vandy
Boult-aux-Bois
Beauclair
Mouzay
Iré-le-Sec
Han-lès-Juvigny
Flassigny
Grivy Loisy
Nouart
Vouziers
St-Maurille
Buzancy
Thénorgues
Montigny-devant-Sassey
Sassey-s-Meuse
Remoiville
Viviers-sur-Chiers
Briquenay
Louppy-s-Loison
Jametz
Marville
Ugny
Contreuve
Falaise
Bayonville
Verpel
Rémonville
Notre Dame
Longuyon
Beuveille
Semide
St.Morel
Delut
Landres-et-St.Georges
Dun-sur-Meuse
Brandeville
Olizy-Primat
Grandpré
Bréhéville
St.Laurent-sur-Othain
Arrancy-sur-Crusne
St.Juvin
Banthcville
Merles-s-Loison
Pillon
Liry
Monthois
Romagne-sous-Montfaucon
Brieulles-sur-Meuse
Ecurey-en-Verdunois
St. Pierreville
Mangiennes
Montcheutin
Cornay
Exermont
Vilosnes-Haraumont
Damvillers
Billy-sous-Mangiennes
Nouillonpont
6
7
8

9
D
Malmedy
Waimes
Bütgenbach
Büllingen
Hollerath
Stavelot
Trois-Ponts
Vielsalm
Lierneux
St. Vith
Amel
Manderfeld
Schoenberg
Dahlem
Hallschlag
Jünkerath
Hillesheim
Gerolstein
Prüm
Burg-Reuland
Troisvierges
Clervaux
Houffalize
Bastogne
Wiltz
Vianden
Ettelbrück
Diekirch
Echternach
Bitburg
Speicher
Kyllburg
Welschbillig
Kordel
Newel
Trierweiler
Trier
Konz
Saarburg
Mettlach
Merzig
Losheim am See
Weiskirchen
Schmelz
Hüttersdorf
Mersch
Lorentzweiler
Walferdange
Steinsel
Kopstal
Strassen
LUXEMBOURG
Sandweiler
Schuttrange
Niederanven
Junglinster
Grevenmacher
Wormeldange
Remich
Mondorf les Bains
Schengen
Sierck-les-Bains
Hettange Grande
Thionville
Bettembourg
Esch-sur-Alzette
Differdange
Pétange
Bascharage
Athus
Messancy
Arlon
Steinfort
Rambrouch
Redange
Audun-le-Tiche
Villerupt
Rodemack
Perl
Naturpark Südeifel
Deutsch-Luxemburgischer Naturpark
Bitburger Land
Schwarzwälder Hochwald
Osburger Hochwald
Meulenwald

B
F
LILLE
ROUBAIX
TOURNAI
VALENCIENNES
Estaires
Lambersart
Lomme
Loos
Wasquehal
Hem
Templeuve
Leventie
Haubourdin
Wavrin
Wattignies
Ronchin
Lesquin
Seclin
Béthune
Beuvry
Auchy-les-Mines
la Bassée
Douvrin
Annœullin
Bauvin
Wingles
Carvin
Libercourt
Phalempin
Templeuve
Cysoing
Rumes
Orchies
Rongy
Péruwelz
Leuze-en-Hainaut
Frasnes-lez-Anvain
Belœil
Basècles
Nœux-les-Mines
Vermelles
Mazingarbe
Hulluch
Sains-en-Gohelle
Loos-en-Gohelle
Vendin-le-Vieil
Grenay
Lens
Bully-les-Mines
Liévin
Avion
Méricourt
Loison-sous-Lens
Noyelles-sous-Lens
Courrières
Oignies
Ostricourt
Dourges
Leforest
Hénin-Beaumont
Rouvroy
Auby
Roost-Warendin
Flines-lez-Râches
St.Amand-les-Eaux
Vieux-Condé
Hergnies
Bernissart
Condé-sur-l´Escaut
Escautpont
Bruay-sur-l´Escaut
Crespin
St.Ghislain
Quaregnon
Quiévrain
Quiévrechain
Onnaing
Vimy
Flers-en-Escrebieux
Waziers
Lallaing
Marchiennes
Hasnon
Raismes
Wallers
Hérin
Douai
Cuincy
Montigny-en-Ostrevent
Pecquencourt
Fenain
Somain
Haveluy
Denain
Dechy
Guesnain
Arras
Achicourt
Vitry-en-Artois
Brebières
Biache-Saint-Vaast
Aniche
Escaudain
Lourches
Rœulx
Bouchain
Douchy-les-Mines
Aulnoy-lez-Valenciennes
Maing
Cantin
Fampoux
Lécluse
Arleux
Fechain
Aubigny-au-Bac
Iwuy
Escaudœuvres
Avesnes-les-Aubert
Cambrai
Neuville-St.Rémy
Solesmes
Quiévy
le Quesnoy
Berlaimont
Bapaume
Marcoing
Masnières
Beauvois-en-Cambrésis
Caudry
Landrecies
le Cateau-Cambrésis
Bertry
Walincourt-Selvigny
Villers-Outréaux
Busigny
le Nouvion-en-Thiérache
Péronne
Bohain-en-Vermandois
Fresnoy-le-Grand
Vermand
St.Quentin
Guise
Ham
Nesle
Roye
Tergnier
Quessy
la Fère
Chauny

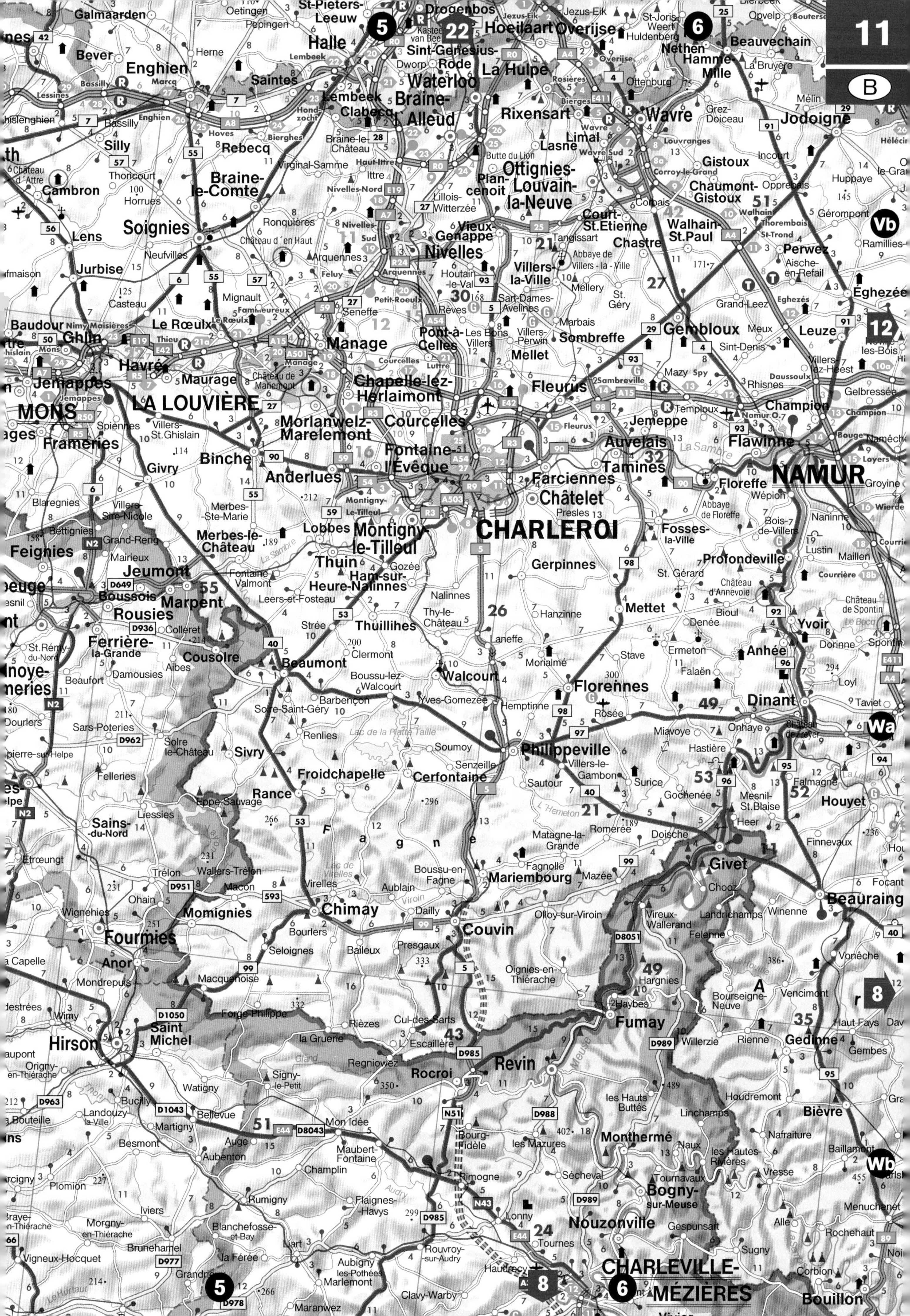

11
B
Galmaarden
Oetingen
Pepingen
St-Pieters-Leeuw
Drogenbos
Jezus-Eik
Hoeilaart
Overijse
St-Joris-Weert
Huldenberg
Opvelp
Beauvechain
Bever
Herne
Halle
Lembeek
Kasteel van Beersel
Sint-Genesius-Rode
Dworp
La Hulpe
Nethen
Hamme-Mille
La Bruyère
Enghien
Saintes
Waterloo
Braine-l'Alleud
Rixensart
Rosières
Ottenburg
Wavre
Grez-Doiceau
Mélin
Jodoigne
Bassilly
Marcq
Lessines
Clabecq
Hondzocht
Bierges
Limal
Wavre Sud
Louvranges
Ghislenghien
Hoves
Bierghes
Braine-le-Château
Lasne
Butte du Lion
Incourt
Silly
Rebecq
Ath
Château d'Attre
Cambron
Thoricourt
Horrues
Braine-le-Comte
Virginal-Samme
Haut-Ittre
Ittre
Nivelles-Nord
Plancenoit
Ottignies-Louvain-la-Neuve
Gistoux
Corroy-le-Grand
Chaumont-Gistoux
Opprebais
Huppaye
Lillois-Witterzée
Corbais
Walhain
Walhain-St.Paul
Géromont
Thorembais
St-Trond
Soignies
Lens
Ronquières
Château d'´en Haut
Nivelles Sud
Vieux-Genappe
Nivelles
Court-St.Etienne
Tangissart
Abbaye de Villers-la-Ville
Chastre
Perwez
Ramillies
Aische-en-Refail
Jurbise
Neufvilles
Arquennes
Houtain-le-Val
Villers-la-Ville
Mellery
St. Géry
Mignault
Castea
Feluy
Petit-Roeulx
Sart-Dames-Avelines
Grand-Leez
Eghezée
Baudour
Nimy
Maisières
Ghlin
Le Rœulx
Fammieureux
Seneffe
Reves
Pont-à-Celles
Les Bons Villers
Villers-Perwin
Marbais
Sombreffe
Gembloux
Meux
Leuze
Mons
Thieu
Havré
Manage
Courcelles
Luttre
Mellet
Sint-Denis
Villers-lez-Heest
Noville-les-Bois
Jemappes
Maurage
Château de Mariemont
Chapelle-lez-Herlaimont
Fleurus
Sambreville
Mazy
Spy
Rhisnes
Dausoulx
Gelbressée
MONS
LA LOUVIÈRE
Villers-St.Ghislain
Spiennes
Morlanwelz-Marelemont
Temploux
Champion
Frameries
Jemeppe
Auvelais
Flawinne
Namur
Binche
Givry
Anderlues
Fontaine-l'Évêque
Farciennes
Tamines
La Sambre
Floreffe
NAMUR
Loyers
Namêche
Groyine
Wépion
Blaregnies
Villers-Sire-Nicole
Merbes-Ste-Marie
Montigny-le-Tilleul
Châtelet
Presles
Abbaye de Floreffe
Bettignies
Grand-Reng
Lobbes
Merbes-le-Château
CHARLEROI
Fosses-la-Ville
Bois-de-Villers
Naninne
Feignies
Mairieux
Jeumont
Thuin
Gozée
Ham-sur-Heure-Nalinnes
Gerpinnes
St. Gérard
Profondeville
Lustin
Maillen
Boussois
Marpent
Fontaine-Valmont
Leers-et-Fosteau
Nalinnes
Château d'Annevoie
Château de Spontin
Rousies
Colleret
Strée
Thuillies
Thy-le-Château
Hanzinne
Mettet
Bioul
Yvoir
Denée
St.Rémy-du-Nord
Ferrière-la-Grande
Cousolre
Clermont
Laneffe
Ermeton
Anhée
Dorinne
Spontin
Aibes
Beaumont
Walcourt
Morialmé
Stave
Falaën
Beaufort
Damousies
Boussu-lez-Walcourt
Florennes
Loyl
Barbençon
Yves-Gomezée
Hemptinne
Rosée
Dinant
Taviet
Solre-Saint-Géry
Dourlers
Sars-Poteries
Renlies
Lac de la Platte Taille
Miavoye
Onhaye
Château de Freÿr
Solre-le-Château
Sivry
Soumoy
Philippeville
Hastière
Avesnes-sur-Helpe
Felleries
Senzeille
Villers-le-Gambon
Surice
Mesnil-St.Blaise
Froidchapelle
Cerfontaine
Sautour
Gochenée
Falmagne
Houyet
Rance
Eppe-Sauvage
Liessies
Sains-du-Nord
Fagne
L'Hermeton
Romerée
Doische
Heer
Finnevaux
Matagne-la-Grande
Étrœungt
Wallers-Trélon
Trélon
Lac de Virelles
Virelles
Aublain
Boussu-en-Fagne
Fagnolle
Mariembourg
Mazée
Givet
Chooz
Focant
Macon
Ohain
Wignehies
Momignies
Chimay
Dailly
Couvin
Olloy-sur-Viroin
Vireux-Wallerand
Landrichamps
Winenne
Beauraing
Fourmies
Bourlers
Seloignes
Baileux
Presgaux
Felenne
Anor
La Capelle
Mondrepuis
Macquenoise
Oignies-en-Thiérache
Hargnies
Vonêche
Bourseigne-Neuve
Vencimont
Wimy
Forge-Philippe
Haybes
Riezes
Cul-des-Sarts
Fumay
Haut-Fays
Hirson
Saint Michel
la Gruerie
L'Escaillère
Willerzie
Rienne
Gedinne
Gembes
Origny-en-Thiérache
Regniowez
Rocroi
Revin
Signy-le-Petit
Watigny
Bucilly
Les Hauts Buttés
Houdremont
Linchamps
Bièvre
Landouzy-la-Ville
Bellevue
Martigny
Mon Idée
Bourg-Fidèle
les Mazures
Monthermé
Nafraiture
Besmont
Auge
Aubenton
Maubert-Fontaine
Champlin
Naux
les Hautes-Rivières
Baillamont
Plomion
Rimogne
Sécheval
Tournavaux
Vresse
Rumigny
Bogny-sur-Meuse
Iviers
Flaignes-Havys
Lonny
Nouzonville
Gespunsart
Menuchenet
Morgny-en-Thiérache
Blanchefosse-et-Bay
Tournes
Alle
Rochehaut
Brunehamel
Liart
Aubigny les-Pothées
Rouvroy-sur-Audry
Sugny
Vigneux-Hocquet
la Férée
Grandrieu
Marlemont
Haudrecy
CHARLEVILLE-MÉZIÈRES
Corbion
Bouillon
Maranwez
Clavy-Warby
Le Hurtaut

12
B
Wommersom
Zoutleeuw
Wilderen
Sint-Truiden
Gussenhoven
Hakendover
Brustem
Laar-Neerwinden
Velm
Landen
Wellen
Hoepertingen
Borgloon
Overrepen
Bilzen-Hasselt
Vliermaal
's-Herenelderen
Veldwezelt
Kruisdonk
Mopertingen
Kasteel van Alden Biesen
Vlijtingen
Riemst
Herderen
Meerssen
Valkenburg
Voerendaal
Kunderberg
MAASTRICHT
Cadier en Keer
Simpelveld
Gronsveld
Margraten
Gulpen
Wittem
Neuborg
Eijsden
Mheer
Mechelen
Vijlen
Vaals
NL
Gravenvoeren
Slenaken
Warsage
Plombières
Helecine
Hélécine
Gingelom
Walshoutem
Mielen-boven-Aalst
Groot-Gelmer
Broekom
Heers
Tongeren
Mechelen-Bovelingen
Montenaken
Corswarem
Jodoigne
Orp-le-Grand
Lincent
Jauche
Huppaye
Oreye
Crisnée
Rutten
Othee
Juprelle
Bassenge
Boirs
Eisden
Houtain-St.Siméon
Visé
Oupeye
Fexhe-Slins
Trognée
Berloz
Waremme
Villers-L'Evêque
Xhendremael
Rocourt
Mortroux
Hombourg
Aubel
Hannut
Geer
Remicourt
Momalle
Fexhe-le-Haut-Clocher
Awans
Ans
Herstal
Cheratte
Mortier
Blégny
Henri-Chapelle
Ramillies-Offus
Wasseiges
Éghezée
Braives
Les Waleffes
Donceel
Wandre
Charneux
Welkenraedt
Thimister
Battice
LIEGE
Herve
Ville-en-Hesbaye
Warnant-Dreye
Verlaine
St.Georges-sur-Meuses
Mons
Flémalle-Grande
Flémalle-Haute
Seraing
Fléron
Micheroux
Thimister-Clermont
Baelen
Eupen
Forville
Huy Braives
Burdinne
Marneffe
Bouilet
Engis
Château de Jehay
Amay
Meuse
Chênée
Embourg
Soumagne
Dison
Lambermont
Olne
Limbourg
Noville-les-Bois
Héron
Hingeon
Andenne
Vinalmont
Wanze
Nessonvaux
Ensival
Trooz
Verviers
Gelbressée
Petit-Waret
Huy
Neupré
Tilff
Pepinster
Gomzé-Andoumont
Champion
Yernée-Fraineux
Rotheux-Rimière
Esneux
Louveigné
Theux
Jehanster
Jalhay
Spa
Nameche
Loyers
Andenne
Belle Maison
Stree
Nandrin
Sprimont
Tiège
Hautes Fagnes
Sart Jalhay
Groyine
Stru
Haillot
Marchin
Tinlot
Anthisnes
Comblain-au-Pont
Remouchamps
Valé de l'Amblève
La Reid
Nivezé
Ohey
Jallet
Château de Modave
Modave
Seny
Ouffet
Aywaille
Haute Desnié
Nonceveux
Francorchamps
Gesves
Courrière
Atrin
Hamoir
Harzé
Maillen
Assesse
Bârsy
Bois-et-Borsu
Clavier
Ocquier
Château de Logne
Bomal
Ferrières
La Lembrée
Lorcé
La Gleize
Stoumont
Stavelot
Malmedy
Château de Spontin
Schaltin
Havelange
Hamois
Maffe
Werbomont
Werbomont Ferrières
Trois-Ponts
Spontin
Barvaux-Condroz
Somme-Leuze
Durbuy
Barvaux
Heyd
Harre
Wéris
Chêne al Pierre
Bellevaux-Ligneuville
Ligneuville
Loyl
Achêne
Ciney
Scy
Nettinne
Taviet
Leignon
Noiseux
Baillonville
Fronville
Soy
Érezée
Bra
La Chapelle
Grand-Halleux
Wanne
Recht
Conjoux
Haversin
Waillet
Hotton
Amonines
Manhay
Goronne
Petit-Thier
Custinne
Buissonville
Aye
Grottes de Hotton
Beffe
Lierneux
Petit-Sart
Vielsalm
St. Vith
Rodt
Mont-Gauthier
Humain
Marloie
Marche-en-Famenne
Rendeux
Odeigne
Règné
Dochamps
Baraque de Fraiture
Ottré
Commanster
Crombach
Houyet
Rochefort
Harsin
Lignières
La Roche-en-Ardenne
Samrée
Tailles
Bovigny
Courtil
Hour
Jemelle
Bande
Bérismenil
Montleban
Beho
Grüfflingen
Focant
Genimont
Grottes de Rochefort
Forrières
Nassogne
Ronchamp
Nadrin
Dinez
Cherain
Gouvy
Deifeld
Burg-Reuland
Lengeler
Grottes de Han
Masbourg
Ortho
Fontenaille
Houffalize
Sommerain
Hautbellain
Beiler
Vonêche
Wellin
Tellin
Erneuville
Steinbach
Tenneville
Mabompré
Bertogne
Tavigny
Hoffelt
Troisvierges
Weiswampach
Ouren
Awenne
Mirwart
Lavacherie
Buret
Asselborn
Longchamps
Noville
Haut-Fays
Daverdisse
Transinne
St.Hubert
Hatrival
Vesqueville
Bourcy
Heinerscheid
Gembes
Maissin
Libin
Tillet
Hubermont
Bastogne
Hemroulle
Bizôry
Mageret
Wincrange
Clervaux
Marnach
L
Graide
Bièvre
Freux
Remagne
Villeroux
Eschweiler
Hosingen
Naomé
Paliseul
Ochamps
Libramont-Chevigny
Laneuville
Morhet
Assenois
Doncols
Wiltz
Winseler
Wilwerwiltz
Kautenbach
Luxembourg
Baillamont
Carlsbourg
Jehonville
Offagne
Fays-les-Veneurs
Vaux-lez-Rosières
Bercheaux
Nives
Nives-Vaux-S.-Sûre
Hollange
Lutrebois
Harlange
Bavigne
Kaundorf
Hochscheid
Menuchenet
Bertrix
Libramont Chevigny
Verlaine Neufchâteau
Longlier
Juseret
Boulaide
Esch-sur-Sûre
Goesdorf
Rochehaut
Noircfontaine
Orgeo
Neufchâteau
Traimont
Fauvillers
Warnach
Heiderscheid
Bastendorf
Les Hayons
Bouillon
Dohan
Cugnon
Assenois
Léglise
Martelange
Arsdorf
Rambrouch
Grevels
Feulen
Ettelbrück
Straimont
8
7
9
11
23

13
D
Baesweiler
Aldenhoven
Niederzier
Kerpen
Frechen
Köln
Herzogenrath
Würselen
Eschweiler
Inden
Langerwehe
Düren
Merzenich
Buir
Blatzheim
Hürth
Brühl
Wesseling
Troisdorf
Aachen
Stolberg
Nörvenich
Liblar
Erftstadt
Niederkassel
Kornelimünster
Mausbach
Kreuzau
Bliesheim
Walberbg.
Breinig
Zweifall
Nideggen
Vettweiß
Weilerswist
Bornheim
Metternich
Alfter
Beuel
Bonn
Walheim
Eynatten
Raeren
Roetgen
Hürtgenwald
Vossenack
Zülpich
Euskirchen
Swisttal
Heimerzheim
Lommersum
Simmerath
Steckenborn
Heimbach
Schwerfen
Bad Godesbg.
Imgenbroich
Kesternich
Rurberg
Kommern
Odendorf
Flamersheim
Rheinb.
Meckenhm.
Monschau
Eicherscheid
Mechernich
Wormersdorf
Wachtbg.
Grafschaft
Remagen
Kalterherberg
Höfen
Schleiden
Kall
Bad Münstereifel
Sinzig
Hellenthal
Nettersheim
Bad Neuenahr-Ahrweiler
Bütgenbach
Büllingen
Hollerath
Blankenheimerdorf
Blankenheim
Niederzissen
Amel
Dahlem
Adenau
Mendig
Manderfeld
Jünkerath
Ettringen
St. Vith
Kottenhm.
Hillesheim
Mayen
Prüm
Gerolstein
Daun
Kaisersesch
Ulmen
Karden
Cochem
Bitburg
Wittlich
Zeltingen-Rachtig
Traben-Trarbach
Zell (Mosel)
Speicher
Salmtal
Bernkastel-Kues
Zemmer

14
D
Overath
Bielstein
Wiehl
Reichshof
Wenden
Kreuztal
Hilchenbach
Rösrath
Much
Marienberghsn.
Brüchermühle
Denklingen
Friesenhagen
Nümbrecht
Morsbach
Freudenbg.
Netphen
Seelscheid
Lohmar
Waldbröl
Ruppichteroth
SIEGEN
TROISDORF
Siegburg
Eiserfd.
Birken-Honigsessen
Schladern
Kirchen (Sieg)
Mudersb.
Rudersdorf
ST. AUGUSTIN
Hennef
Windeck
Wissen
Betzdorf
Neunkirchen
Wilnsdorf
Eitorf
Herdorf
Uckerath
Hamm (Sieg)
Würgendorf
BONN
Burbach
Daaden
Haiger
Königswinter
Buchholz (Westerwald)
Asbach
Altenkirchen (Westerwald)
Bad Honnef
Hachenburg
Neustadt (Wied)
Bad Marienbg.
Driedorf
Rheinbreitb.
Unkel
Remagen
Erpel
St. Katherinen
Puderbach
Linz am Rhein
Herschbach
Sinzig
Westerburg
Bad Breisig
Bad Hönningen
Dierdorf
Selters (Westerwald)
Mengerskchn.
Rheinbrohl
Rengsdorf
Brohl-Lützing
NEUWIED
Großmaischeid
Ransb.-Baumb.
Frickhofen
Waldbrunn
Burgbrohl
Dornburg
Wirges
Andernach
Bendf.
Dernbach
Hadamar
Beselich
Mendig
Weißenthurm
Höhr-Grenzhsn.
Montabaur
Elz
Runkel
Vallendar
Kärlich
Mülheim-
KOBLENZ
Diez
Limburg
Villmar
Mayen
Ochtendung
Bad Ems
Altendiez
Brechen
Lahnstein
Nassau
Polch
Gondorf
Kobern
Hahnstätten
Braubach
Hünfelden
Münstermaifd.
Boppard
Aarbergen
Hünstetten
Karden
Cochem
Miehlen
Nastätten
Heidenrod
Laufenselden
Idstein
Emmelshsn.
St. Goar
Hohenst.
Taunusstein
Bad Schwalb.
Beltheim
Oberwesel
Kastellaun
Bacharach
Schlangenbad
WIESBADEN
Lorch
Eltville
Oestrich-Winkel
Simmern
Rheinböllen
Geisenheim
Budenheim
Kirchberg
Bingen am Rhein
Rüdeshm.
Heidesheim
Ingelheim
Bischofshm.
Stromberg
MAINZ

26
14
15
Battenberg (Eder)
Haina (Kloster)
Borken
Bad Laasphe
Hatzfeld (Eder)
Ernsthausen
Burgwald
Gemünden (Wohra)
Jesberg
Neuental
Feudigen
Wallau (Lahn)
Münchhausen
Rosenthal
Gilserberg
Frielendorf
Banfe
Breidenstein
Biedenkopf
Wohratal
Schwalmstadt
Treysa
Ziegenhain
Breidenbach
Eckelshsn.
Wetter
Schönstadt
Buchenau
Sterzhsn.
Rauschenbg.
Mandeln
Dautphe
Caldern
Cölbe
Bürgeln
Niedereisenhsn.
Dautphetal
Lahntal
Kirchhain
Stadtallendf.
Neustadt (Hessen)
Willingshsn.
Neukirchen
Eibelshsn.
Steffenbg.
MARBURG
Bottenhorn
Schrecksbach
Eschenberg
Amöneburg
Ottrau
Gladenb.
Schröck
Antrifttal
Alsfeld
Bad Endbach
Weimar
Kirtorf
Lohra
Niederwalgern
Ebsdorf
Ebsdorfergrund
Dreihausen
Homberg (Ohm)
Bischoffen
Herborn
Fronhausen
Kirchvers
Frankenbach
Allendorf (Lumda)
Londorf
Romrod
Mittenaar
Erda
Hohenahr
Sinn
Staufenbg.
Rabenau
Gemünden (Felda)
Schwalmtal
Lollar
Wettenbg.
Wißmar
Beuern
Biebertal
Buseck
Großen-Buseck
Grünberg
Mücke
Feldatal
Lauterbach (Hessen)
Aßlar
Heuchelhm.
Lahnau
WETZLAR
GIESSEN
Reiskirchen
Lautertal (Vogelsbg.)
Leun
Fernwald
Steinbach
Laubach
Ulrichstein
Herbstein
Wartenberg
Solms
Braunfels
Linden
Allendorf
Watzenborn
Garbenteich
Langgöns
Pohlhm.
Lich
Nonnenroth
Schotten
Hüttenbg.
Schöffengrund
Villingen
Hungen
Vogelsberg
Grebenhain
Hosenfeld
Oberwetz
Waldsolms
Niederkleen
Gambach
Münzenbg.
Butzbach
Rockenbg.
Berstadt
Brandoberndf.
Nieder-Weisel
Wölfersheim
Grävenwiesb.
Hoch-
Nidda
Gedern
Freiensteinau
Ob.-Mörlen
Bad Nauheim
Echzell
Hirzenhain
Eschbach
Weilrod
Pfaffenwiesb.
Reichelsheim (Wetterau)
Ranstadt
Ortenbg.
Usingen
Ockstadt
Friedbg.
Glauburg
Kefenrod
Birstein
Neu-Anspach
Wehrheim
Rosbach v.d.Höhe
Florstadt
Stammhm.
Brachttal
Schmitten
Wöllstadt
Assenhm.
Niddatal
Altenstadt
Büdingen
Bad Soden
Schlierb.
Steinau a.d. Str.
Friedrichsdf.
Rodheim
Ilbenstadt
Limeshain
Salmünster
BAD HOMBURG v.d.H.
Burgholzhsn.
Heldenbergen
Nidderau
Wächtersb.
Hain-Gründau
Oberursel (Taunus)
Nieder-Eschb.
Ob.-Erlenb.
Karben
Ostheim
Hammersb.
Gründau
Bad Orb
Königstein
Kalbach
Harheim
Schöneck
Marköbel
Ronneburg
Lieblos
Kassel
Kronberg
Bonames
Bad Vilbel
Kilianst.
Neuberg
Langenselbold
Gelnhsn.
Biebergemünd
Bad Soden a.T.
Steinbach
Maintal
Bruchköbel
Hasselroth
Linsengericht
Jossgrund
Kelkhm.
Sulzb.
Schwalb.
FRANKFURT AM MAIN
Erlensee
Liederb.
Eschborn
HANAU
Rodenbach
Freigericht
Kriftel
Mühlhm.
Hofhm. am Taunus
OFFENBACH A.M.
Großkrotzenbg.
Somborn
Geiselbach
Michelbach
Flörsbachtal
Hattershm.
Obertshsn.
Alzenau
Schöllkrippen
Kelsterb.
Hainburg
Seligenst.
Kahl a.Main
Mömbris
Frammersb.
Flörshm.
Neu-Isenburg
Heusenstamm
Raunheim
Dietzenb.
Karlstein a.Main
Johannesbg.
Heigenbrücken
RÜSSELSHM.
Walldf.
Dreieich
Mainhsn.
Hösbach
Laufach
Mörfelden
Langen
Rodgau
Zellhsn.
Kleinosthm.
Goldbach
Ober Roden
Vb
Wa
16

Heinebach
Rotenburg a.d.Fulda
Sontra
Ringgau
Creuzburg
Knüllwald
Nentershsn.
Herleshsn.
Bebra
Wildeck
Eisenach
Ludwigsau
Ronshausen
Gerstungen
Wutha Farnroda
Neuenstein
Berka (Werra)
Seebach
Bad Hersfeld
Friedewald
Heringen (Werra)
Oberaula
Ruhla
Tabarz
Kirchheim
Philippsthal (Werra)
Kieselbach
Tiefenort
Hauneck
Dorndorf
Moorgrund
Schweina
Breitenbach am Herzberg
Niederaula
Schenklengsfeld
Vacha
Bad Salzungen
Bad Liebenst.
Brotterode
Hohenroda
Unterbreizb.
Barchfeld
Haunetal
Stadtlengsfeld
Trusetal
Grebenau
Eiterfeld
Breitungen
Floh-Seligenthal
Fambach
Geisa
Schlitz
Burghaun
Hünfeld
Dermbach
Wernshausen
Schmalkalden
Lauterbach (Hessen)
Schwallungen
Nüsttal
Tann (Rhön)
Wasungen
Bad Salzschlirf
Kaltennordhm.
Wartenberg
Großenlüder
Hofbieber
Walldorf
Bimbach
FULDA
Petersbg.
Hilders
Dipperz
Meiningen
Künzell
Hosenfeld
Eichenzell
Poppenhausen (Wasserkuppe)
Ehrenberg
Fladungen
Neuhof
Ebersburg
Kalbach
Gersfeld (Rhön)
Ostheim vor der Rhön
Oberelsbach
Flieden
Mittelkalbach
Mellrichstadt
Bischofsheim an der Rhön
Bastheim
Schlüchtern
Wildflecken
Sandberg
Steinau a.d.Straße
Sterbfritz
Sinntal
Bad Neustadt a.d. Saale
Bad Brückenau
Zeitlofs
Burkardroth
Bad Bocklet
Münnerstadt
Nüdlingen
Oberthulba
Jossgrund
Wartmannsroth
Bad Kissingen
Stadtlauringen
Burgsinn
Maßbach
Ellershausen
Hofheim in Unterfranken
Flörsbachtal
Hammelburg
Oerlenbach
Rieneck
Poppenhausen
Frammersb.
Langenprozelten
Wasserlosen
Niederwerrn
Dittelbr.
Üchtelhsn.
Gemünden am Main
Partenstein
SCHWEINFURT
Euerbach
Geldershm.
Schonungen
Sennfeld
Haßfurt
Steinbach
Theres
Naturpark Hessische Rhön
Kuppenrhön
Rhön
Hohe Rhön
Schwarze Berge
Naturpark Bayerische Rhön
Landrücken
Spessart
Grabfeld
Haßberge
Naturpark Hessischer Spessart
Wasserkuppe 950
Kreuzberg 928
Milseburg 835
Stirnberg 899
Heidelstein 926
Dammskopf 521
Inselberg 916
Dolmar 739

D
GOTHA
ERFURT
WEIMAR
JENA
Apolda
Arnstadt
Ohrdruf
Ilmenau
Suhl
Zella-Mehlis
Rudolstadt
Saalfeld (Saale)
Pößneck
Kahla
Stadtroda
Bad Berka
Blankenhain
Kranichfeld
Stadtilm
Königsee
Bad Blankenburg
Neuhaus am Rennweg
Lauscha
Sonneberg
Neustadt b. Coburg
Coburg
Rödental
Hildburghausen
Schleusingen
Eisfeld
Bad Rodach
Lichtenfels
Bad Staffelstein
Kronach
Kulmbach
Naila
Bad Lobenstein
Lehesten
Ludwigsstadt
Burgkunstadt
Altenkunstadt
Ebern
Ebensfeld
Waltershausen
Friedrichroda
Tambach-Dietharz
Oberhof
Steinbach-Hallenberg
Schwarzenbach am Wald
Stadtsteinach
Marktleugast
Mainleus
Weismain
Michelau in Oberfranken
Ebersdorf bei Coburg
Seßlach
Maroldsweisach
Heldburg
Bad Colberg
Schalkau
Steinach
Sachsenbrunn
Gräfenthal
Probstzella
Wurzbach
Naturpark Thüringer Wald
Naturpark Frankenwald
Naturpark Thüringer Schiefergebirge / Obere Saale

18
D
Camburg
Eisenberg
Stadt Bürgel
Hermsdorf
Bad Klosterlausnitz
Lobeda
Stadtroda
Neustadt an der Orla
Triptis
Auma
Zeulenroda
Schleiz
Mühltroff
Pausa
Tanna
Bad Lobenstein
Hirschberg
Bad Steben
Naila
Selbitz
Helmbrechts
Schauenstein
Konradsreuth
Münchberg
Stammbach
Zell
Gefrees
Weißenstadt
Kirchenlamitz
Marktleuthen
Röslau
Schwarzenbach an der Saale
Oberkotzau
Rehau
Schönwald
Selb
HOF
Köditz
Regnitzlosau
Thierstein
Hohenberg
Thiersheim
Crossen a.d. Elster
Bad Köstritz
Langenberg
GERA
Ronneburg
Münchenbernsdorf
Wünschendorf/Elster
Weida
Berga/Elster
Teichwolframsdorf
Triebes
Langenwetzendorf
Greiz
Elsterberg
Netzschkau
Mylau
Reichenbach/Vogtland
Lengenfeld
Treuen
Rodewisch
Auerbach/Vogtland
Falkenstein/Vogtland
Ellefeld
Schöneck
Klingenthal
Zwota
Adorf
Markneukirchen
Bad Elster
Bad Brambach
PLAUEN
Oelsnitz
Pöhl
Theißen
ZEITZ
Tröglitz
Meuselwitz
Lucka
Altenburg
Rositz
Schmölln
Gößnitz
Meerane
Crimmitschau
Werdau
Neukirchen
Langenbernsdorf
Leubnitz
Fraureuth
Lichtentanne
Wilkau-Haßlau
ZWICKAU
Glauchau
Waldenburg
Hohenstein-Ernstthal
Oberlungwitz
Lichtenstein
Limbach-Oberfrohna
Mosel
Crossen
Mülsen-St. Jacob
Kirchberg
Hartenstein
Lößnitz
Bad Schlema
Aue
Schneeberg
Zschorlau
Lauter
Bockau
Eibenstock
Schönheide
Sosa
Johanngeorgenstadt
Wyhratal
Frohburg
Geithain
Kohren-Sahlis
Penig
Lunzenau
Langenleuba-Niederhain
Nobitz
Hranice
Aš
Františkovy Lázně
CHEB
Luby
Kraslice
Nejdek
Rotava
Chodov
Nové Sedlo
Habartov
SOKOLOV
Kynšperk nad Ohří
Březová

D
CZ
DRESDEN
CHEMNITZ
TEPLICE
MOST
CHOMUTOV
KARLOVY VARY
Hartha
Döbeln
Roßwein
Nossen
Waldheim
Geringswalde
Rochlitz
Mittweida
Hainichen
Frankenberg
Flöha
Oederan
Freiberg
Brand-Erbisdorf
Wilsdruff
Cossebaude
Radebeul
Klipphausen
Freital
Tharandt
Kesselsdf.
Heidenau
Pirna
Dohna
Kreischa
Rabenau
Possendorf
Dippoldiswalde
Glashütte
Schmiedeberg
Altenberg
Geising
Bad Gottleuba
Lauenstein
Frauenstein
Rechenberg-Bienenmühle
Lichtenberg
Mulda
Dorfchemnitz
Mittelsaida
Olbernhau
Seiffen
Neuhausen
Marienberg
Zöblitz
Pockau
Lengefeld
Zschopau
Augustusburg
Gornau
Einsiedel
Neukirchen
Burkhardtsdorf
Gelenau
Thum
Drebach
Ehrenfriedersdorf
Zwönitz
Geyer
Annaberg-Buchholz
Königswalde
Elterlein
Schlettau
Scheibenberg
Sehma
Cranzahl
Crottendorf
Bärenstein
Neudorf
Jöhstadt
Vejprty
Kurort Oberwiesenthal
Boží Dar
Klínovec
Jáchymov
Ostrov
Klášterec nad Ohří
Kadaň
Perštejn
Jirkov
Litvínov
Meziboří
Osek
Duchcov
Lom
Krupka
Dubí
Proboštov
Košťany
Bílina
Hrob
Moldava
Teplice
Obrnice
Louny
Postoloprty
Žatec
Podbořany
Rakovník
Nové Strašecí
Lubenec
Bochov
Toužim
Žlutice
Slavkov
Stará Role
Nová Role
Sadov
Hroznětín
Merklín
Abertamy
Kyselka
Hradiště
Doupovské hory
Vodní nádrž Nechranice
Krušné hory
České středohoří
Dolní Poohří
Zaháň
Erzgebirge
23
24
30
20
Vb
Wa

D
PL
CZ
Großharthau
Arnsdorf b. Dresden
Schmölln-Putzkau
Neukirch/Lausitz
Wilthen
Cunewalde
Löbau
Stolpen
Neustadt in Sachsen
Sebnitz
Langburkersdorf
Sohland a.d. Spree
Wehrsdorf
Schirgiswalde
Oppach
Neusalza-Spremberg
Ebersbach
Lawalde
Herrnhut
Bernstadt a.d. Eigen
Schönau-Berzdorf
Ostritz
Šluknov
Jiříkov
Rumburk
Neugersdorf
Leutersdorf
Eibau
Mikulášovice
Krásná Lípa
Seifhennersdorf
Varnsdorf
Großschönau
Zittau
Hirschfelde
Bogatynia
Oberoderwitz
Niederoderwitz
Olbersdorf
Hrádek nad Nisou
Chrastava
Graupa
Lohmen
Pirna
Struppen
Königstein
Gohrisch
Bad Schandau
Hohnstein
Sächsische Schweiz
Großer Winterberg
Hřensko
Bad Gottleuba
Bahratal
Rosenthal-Bielatal
Gr. Zschirnstein
Dolní Žleb
Děčínský Sněžník
DĚČÍN
Česká Kamenice
Kamenický Šenov
Nový Bor
Cvikov
Jablonné v Podještědí
Jílové
Benešov nad Ploučnicí
Česká Lípa
Stráž pod Ralskem
Český Dub
Mimoň
Chabařovice
ÚSTÍ nad Labem
Velké Březno
Zákupy
Doksy
Mnichovo Hradiště
Litoměřice
Lovosice
Terezín
Úštěk
Bělá pod Bezdězem
Bakov nad Jizerou
Kosmonosy
Mladá Boleslav
Roudnice nad Labem
Štětí
Libochovice
Mělník
Dobrovice
Benátky nad Jizerou
Neratovice
Kralupy nad Vltavou
Velvary
Slaný
Odolena Voda
Kostelec n. Labem
Stará Boleslav
Brandýs nad Labem
Lysá nad Labem
Libčice nad Vltavou
KLADNO
Stochov
Buštěhrad
Roztoky
Čelákovice
Sadská
PRAHA
Hostivice
Unhošť
Horní Počernice
Český Brod
Úvaly

N O O R D Z E E
Zeebrugge
Blankenberge
Wenduine
De Haan
OOSTENDE
Bredene
Middelkerke
Westende
Lombardsijde-Bad
Koksijde-Bad
De Panne
Nieuwpoort
Veurne
Oudenburg
Jabbeke
Gistel
Stalhille
Varsenare
BRUGGE
Knokke-Heist
Westkapelle
Sluis
Damme
Dudzele
Moerkerke
Sijsele
Maldegem
Oedelem
Beernem
Oostkamp
Zedelgem
Zuidwege
Eernegem
Aartrijke
Koekelare
Ichtegem
Veldegem
Ruddervoorde
Diksmuide
Werken
Kortemark
Wingene
Zwevezele
Lichtervelde
Houthulst
Staden
Hooglede
Ardooie
Pittem
Tielt
Aarsele
ROESELARE
Izegem
Meulebeke
Ingelmunster
Dentergem
Langemark
Westrozebeke
Moorslede
Poperinge
Vlamertinge
Ieper
Beselare
Ledegem
Dadizele
Gullegem
Menen
Wervik
Comines
Wevelgem
KORTRIJK
Kuurne
Harelbeke
Waregem
Zwevegem
Bellegem
MOUSCRON
TOURCOING
ROUBAIX
LILLE
Halluin
Roncq
Linselles
Armentières
Bailleul
Nieppe
Steenvoorde
Wattrelos
Lambersart
Lomme
Wambrechies
Pérenchies
Houplines
Estaires
Leventie
Celles
Pecq
Avelgem
Anzegem
Oudenaarde
Ronse
Petegem
Wortegem
Zingem
Gavere
Nazareth
Deinze
De Pinte
Drongen
Landegem
Lovendegem
Aalter
Lotenhulle
Ruiselede
Knesselare
Zomergem
Sleidinge
Eeklo
Waarschoot
Kaprijke
Adegem
St-Laureins
Aardenburg
Oostburg
Schoondijke
IJzendijke
Breskens
Vlissingen
Koudekerke
Middelburg
Westkapelle
Domburg
Oostkapelle
Walcheren
Zoutelande
Cadzand-Bad
NL
B
22

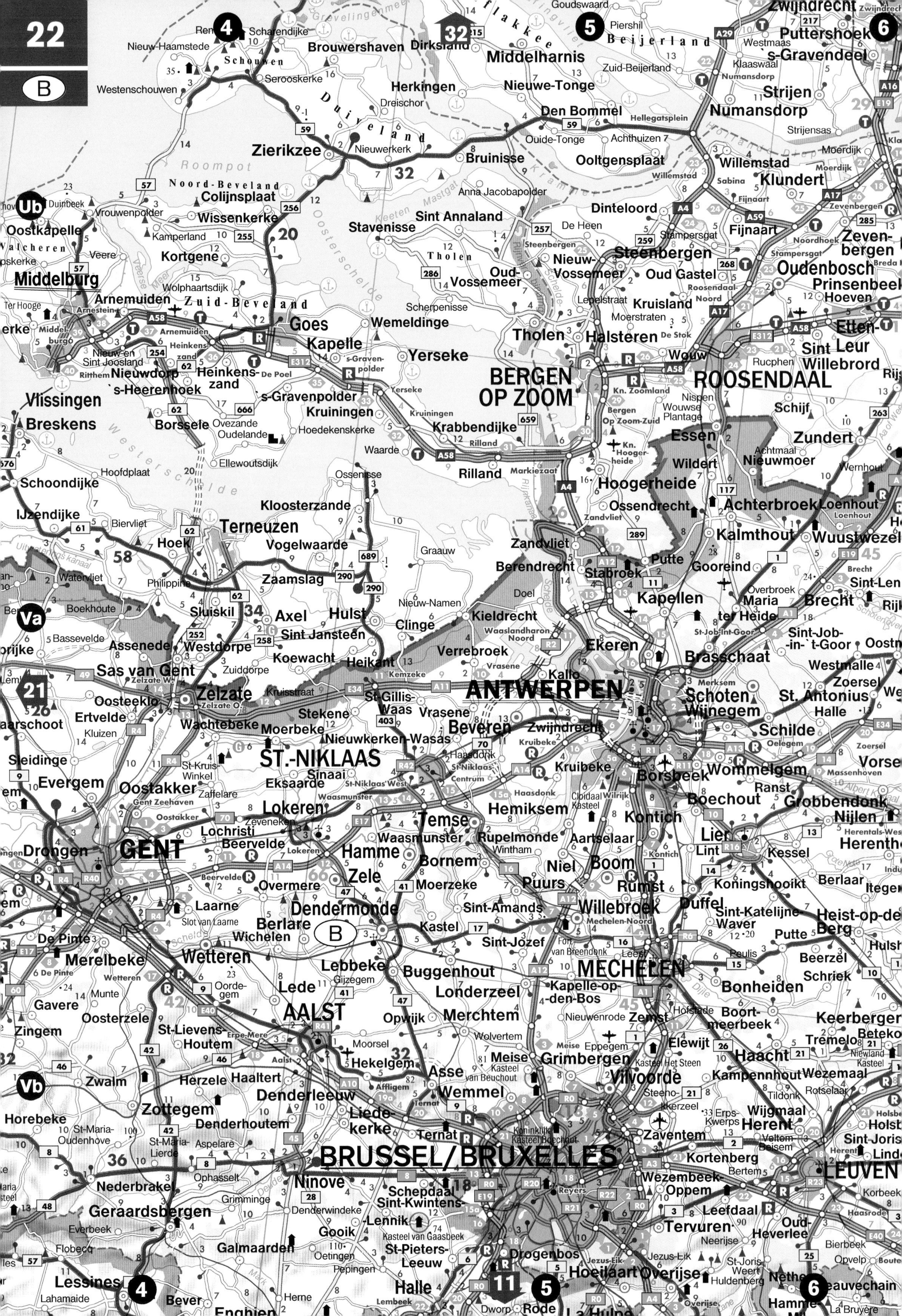
B
Nieuw-Haamstede
Scharendijke
Schouwen
Westenschouwen
Serooskerke
Brouwershaven
Dirksland
Middelharnis
Goudswaard
Flakkee
Piershil
Beijerland
Zwijndrecht
Puttershoek
's-Gravendeel
Westmaas
Klaaswaal
Zuid-Beijerland
Numansdorp
Strijen
Herkingen
Nieuwe-Tonge
Dreischor
Duiveland
Den Bommel
Hellegatsplein
Zierikzee
Nieuwerkerk
Bruinisse
Ouide-Tonge
Achthuizen
Ooltgensplaat
Strijensas
Moerdijk
Willemstad
Klundert
Roompot
Noord-Beveland
Colijnsplaat
Duinbeek
Vrouwenpolder
Oostkapelle
Walcheren
Wissenkerke
Kamperland
Veere
Kortgene
Anna Jacobapolder
Sint Annaland
Stavenisse
Tholen
Dinteloord
De Heen
Steenbergen
Fijnaart
Zevenbergen
Middelburg
Wolphaartsdijk
Zuid-Beveland
Arnemuiden
Goes
Kapelle
Wemeldinge
Scherpenisse
Oud-Vossemeer
Nieuw-Vossemeer
Oud Gastel
Oudenbosch
Prinsenbeek
Hoeven
Kruisland
Moerstraten
Halsteren
Tholen
Wouw
Etten-Leur
Sint Willebrord
Rucphen
Vlissingen
Nieuw- en Sint Joosland
Nieuwdorp
Heinkenszand
's-Heerenhoek
's-Gravenpolder
Yerseke
Kruiningen
BERGEN OP ZOOM
ROOSENDAAL
Nispen
Wouwse Plantage
Schijf
Breskens
Borssele
Ovezande
Oudelande
Hoedekenskerke
Krabbendijke
Essen
Zundert
Achtmaal
Nieuwmoer
Waarde
Rilland
Wildert
Wernhout
Ellewoutsdijk
Hoofdplaat
Westerschelde
Schoondijke
Ossenisse
Hoogerheide
Ossendrecht
Achterbroek
Loenhout
Kloosterzande
IJzendijke
Biervliet
Terneuzen
Hoek
Vogelwaarde
Zandvliet
Kalmthout
Wuustwezel
Graauw
Berendrecht
Putte
Gooreind
Stabroek
Brecht
Sint-Lenaarts
Waterlvliet
Philippine
Zaamslag
Doel
Kapellen
Overbroek
Maria ter Heide
Boekhoute
Sluiskil
Axel
Hulst
Nieuw-Namen
Kieldrecht
Clinge
Sint-Job-in-'t-Goor
Bassevelde
Assenede
Westdorpe
Sint Jansteen
Verrebroek
Ekeren
Brasschaat
Koewacht
Heikant
Vrasene
Westmalle
Sas van Gent
Zuiddorpe
Kallo
Zoersel
Zelzate
Kemzeke
ANTWERPEN
Oosteeklo
Ertvelde
Stekene
Sint-Gillis-Waas
Vrasene
Schoten
Wijnegem
St. Antonius
Halle
Kluizen
Wachtebeke
Moerbeke
Beveren
Zwijndrecht
Schilde
Nieuwkerken-Waas
ST.-NIKLAAS
Sleidinge
Haasdonk
Kruibeke
Borsbeek
Wommelgem
Vorselaar
Evergem
Oostakker
Zaffelare
Sinaai
Eksaarde
Ranst
Grobbendonk
Lokeren
Temse
Hemiksem
Kontich
Boechout
Nijlen
Lochristi
Beervelde
Waasmunster
Rupelmonde
Aartselaar
Lier
Drongen
GENT
Hamme
Bornem
Wintham
Niel
Boom
Lint
Kessel
Herenthout
Zele
Moerzeke
Puurs
Rumst
Koningshooikt
Berlaar
Overmere
Laarne
Dendermonde
Sint-Amands
Willebroek
Duffel
Sint-Katelijne-Waver
Heist-op-den-Berg
Berlare
Wichelen
Kastel
De Pinte
Sint-Jozef
Leest
Putte
Merelbeke
Wetteren
Lebbeke
Buggenhout
MECHELEN
Beerzel
Schriek
Oordegem
Lede
Gijzegem
Londerzeel
Kapelle-op-den-Bos
Bonheiden
Gavere
Munte
Oosterzele
AALST
Opwijk
Merchtem
Nieuwenrode
Zemst
Hofstade
Boortmeerbeek
Keerbergen
Zingem
St-Lievens-Houtem
Moorsel
Wolvertem
Meise
Eppegem
Elewijt
Tremelo
Hekelgem
Grimbergen
Haacht
Zwalm
Herzele
Haaltert
Asse
Affligem
Vilvoorde
Kampenhout
Wezemaal
Denderleeuw
Wemmel
Steenokkerzeel
Rotselaar
Zottegem
Liedekerke
Erps-Kwerps
Wijgmaal
Horebeke
St-Maria-Oudenhove
Denderhoutem
Herent
St-Maria-Lierde
Aspelare
Ternat
Zaventem
Sint-Joris
Nederbrakel
Ophasselt
BRUSSEL/BRUXELLES
Kortenberg
Bertem
LEUVEN
Ninove
Wezembeek-Oppem
Geraardsbergen
Grimminge
Schepdaal
Sint-Kwintens-Lennik
Leefdaal
Korbeek
Denderwindeke
Tervuren
Oud-Heverlee
Everbeek
Gooik
Neerijse
Flobecq
Galmaarden
Oetingen
St-Pieters-Leeuw
Drogenbos
Jezus-Eik
Bierbeek
Pepingen
Hoeilaart
Overijse
Huldenberg
Lessines
Halle
Lahamaide
Bever
Herne
Enghien
Rode
Dworp
La Hulpe
Beauvechain
La Bruyère
Hamme-Mille
4
5
6
32
Ub
Va
Vb
21
11

Sliedrecht
DORDRECHT
Gorinchem
Werkendam
Sleeuwijk
Herwijnen
Ophemert
Neerijnen
Dreumel
Beneden-Leeuwen
Brakel
Rossum
Zaltbommel
Nieuwendijk
Almkerk
Wijk en Aalburg
Ammerzoden
Kerkdriel
OSS
Berghem
Wijchen
Ravenstein
Hank
Dussen
Genderen
Hedel
Rosmalen
Heesch
Schaijk
Grave
Cuijk
Geertruidenberg
Vlijmen
Made
Raamsdonk
Drunen
'S-HERTOGENBOSCH
Oosterhout
Waalwijk
Nistelrode
Beers
Terheijden
Kaatsheuvel
Zeeland
Mill
Haps
BREDA
Dongen
Helvoirt
Den Dungen
Uden
Loon op Zand
Vught
Sint-Michielsgestel
Teteringen
Rijen
Udenhout
Dinther
Volkel
TILBURG
Berkel-Enschot
Haaren
Boxtel
Schijndel
Veghel
Sint Anthonis
Bavel
Oisterwijk
Erp
Sint-Oedenrode
Boekel
Gilze
Moergestel
Liempde
Gemert
Chaam
Riel
Goirle
Hilvarenbeek
Oirschot
Son
Beek en Donk
Best
Breugel
Aarle-Rixtel
Meerle
Alphen
Diessen
Oostelbeers
Middelbeers
Nuenen
HELMOND
Milheeze
Baarle-Nassau
Poppel
EINDHOVEN
Wortel
Weelde
De Straat
Lage Mierde
Netersel
Veldhoven
Deurne
Geldrop
Mierlo
Ravels
Merksplas
Vessem
Hooge Mierde
Bladel
Hoogeloon
Waalre
Aalst
Asten
Someren
Liessel
Turnhout
Beerse
Oud Turnhout
Reusel
Riethoven
Heeze
Leende
Vosselaar
Arendonk
Eersel
Valkenswaard
Bergeyk
Weebosch
Schoonbroek
Soerendonk
Maarheeze
Meijel
Gierle
Lille
Tielen
Kasterlee
Retie
Luyksgestel
Budel
Ospel
Lichtaart
Dessel
Witgoor
Lommel
Achel
Hamont
Nederweert
Herentals
Mol
Rouw
Neerpelt
Weert
Roggel
Sint-Jozef-Olen
Wezel
Sint-Huibrechts-Lille
Heythuysen
Geel
Balen
Overpelt
Kaulille
Oevel
Olen
Stramproy
Kerkhoven
Eksel
Bocholt
Heel
Meerhout
Leopoldsburg
Hechtel
Molenbeersel
Bree
Kinrooi
Thorn
Linne
Tongerlo
Eindhout
Peer
Maasbracht
Westerlo
Kwaadmechelen
Meeuwen
Opitter
Herselt
Veerle
Vorst
Tessenderlo
Beringen-Mijn
Gruitrode
Neeroeteren
Maaseik
Echt
Koersel
Beringen
Heusden
Helchteren
Opoeteren
Aarschot
Zichem
Paal
Houthalen
Opglabbeek
Elen
Susteren
Nieuw-Linburg
Scherpenheuvel
Diest
Dilsen
Born
Lummen
Waterschei
Tielt
Zondhoven
Maasmechelen
Bekkevoort
Halen
Herk-de-Stad
Stein
Sittard
HASSELT
GENK
Munstergeleen
Geleen
Elsloo
Lubbeek
Stevoort
Diepenbeek
Zutendaal
Geetbets
Rummen
Munsterbilzen
Rekem
Beek
Brunssum
Alken
Bunde
HEERLEN
Nieuwerkerken
Kortessem
Bilzen
Lanaken
Meerssen
Drieslinter
Sint-Truiden
Wellen
Veldwezelt
Wommersom
Wilderen
Hoeselt
Berg
Valkenburg
Voerendaal
MAASTRICHT
Hoepertingen
Vlijtingen

D
NL
Zevenaar
Bergh
Terborg
Silvolde
Aalten
Südlohn
Oeding
Ulft
's-Heerenberg
Millingen aan de Rijn
Pannerden
Elten
Tolkamer
Gendt
Zyfflich
Niel
Emmerich
Gendringen
Dinxperlo
Anholt
Isselburg
Barlo
Borken
Rhede
Ramsdorf
Malden
Kranenburg
Groesbeek
Kleve
Cuijk
Beers
Haps
Gennep
Asperden
Kessel
Bedburg-Hau
Kalkar
Louisendorf
Pfalzdorf
Marienbaum
Goch
Uedem
Xanten
Rees
Werth
BOCHOLT
Dingden
Hamminkeln
Brünen
Raesfeld
Heiden
Rhade
Wesel
Schermbeck
Boxmeer
Bergen
Hees
Weeze
Kervenheim
Bislich
Flüren
Ginderich
Büderich
Sonsbeck
Winnekendonk
Kevelaer
Twisteden
Wetten
Kapellen
Issum
Alpen
Borth
Spellen
Voerde
Friedrichsfeld
Hünxe
DORSTEN
Kirchhellen
Möllen
Ossenberg
Rheinberg
DINSLAKEN
Nieuw-Bergen
Vierlingsbeek
Overloon
Venray
Wanssum
Meerlo
Deurne
Walbeck
Geldern
Kamp-Lintfort
Orsoy
Baerl
BOTTROP
Arcen
Lottum
Pont
Straelen
Sevelen
Rheurdt
MOERS
DUISBURG
OBERHSN.
Horst
Sevenum
Grubbenvorst
Liessel
Kerken
Aldekerk
Wachtendonk
Neukirchen-Vluyn
Tönisberg
Rheinhsn.
MÜLHEIM A. D. RUHR
Maasbree
VENLO
Tegelen
Panningen
Kempen
Grefrath
Kapellen
Helden
Baarlo
Belfeld
Kessel
Beesel
Reuver
Nettetal
Lobberich
Tönisvorst
Vorst
KREFELD
Uerdingen
Kettwig
Roggel
Heythuysen
Bracht
Boisheim
Süchteln
Anrath
Lank-Latum
RATINGEN
Swalmen
Brüggen
Schwalmtal
Dülken
VIERSEN
Neersen
Willich
MEERBUSCH
DÜSSELDORF
Roermond
Elmpt
Heel
Linne
Melick
Niederkrüchten
MÖNCHENGLADBACH
Korschenbroich
Kleinenbroich
Kaarst
Büttgen
NEUSS
Erkrath
HILDEN
Echt
Herkenbosch
Vlodrop
Effeld
Posterholt
Rheindahlen
Arsbeck
Wickrath
Wegberg
Wildenrath
Myhl
Gerderath
Glehn
Holzheim
Neukirchen
Jüchen
Bedburdyck
Wassenberg
Heinsberg
Waldfeucht
Ratheim
Erkelenz
Keyenberg
Kückhoven
Nievenheim
Wevelinghoven
GREVENBROICH
DORMAGEN
LANGENFELD
Braunsrath
Dremmen
Hückelhoven
Holzweiler
Monheim
Selfkant
Birgden
Gangelt
Randerath
Baal
Brachelen
Frimmersdf.
Rommerskirchen
Stommeln
PULHEIM
Geilenkirchen
Linnich
Titz
Bedburg
Immendf.
Übach-Palenbg.
Frelenbg.
Brunssum
Landgraaf
Jülich
Welldorf
Rödingen
Niederaußem
Oberaußem
Brauweiler
Baesweiler
Alsdorf
Koslar
Elsdorf
BERGHEIM
Quadrath
Heppendorf
KERKRADE
Aldenhoven
Niederzier
Sindorf
Horrem
Frechen
Stetternich
Simpelveld

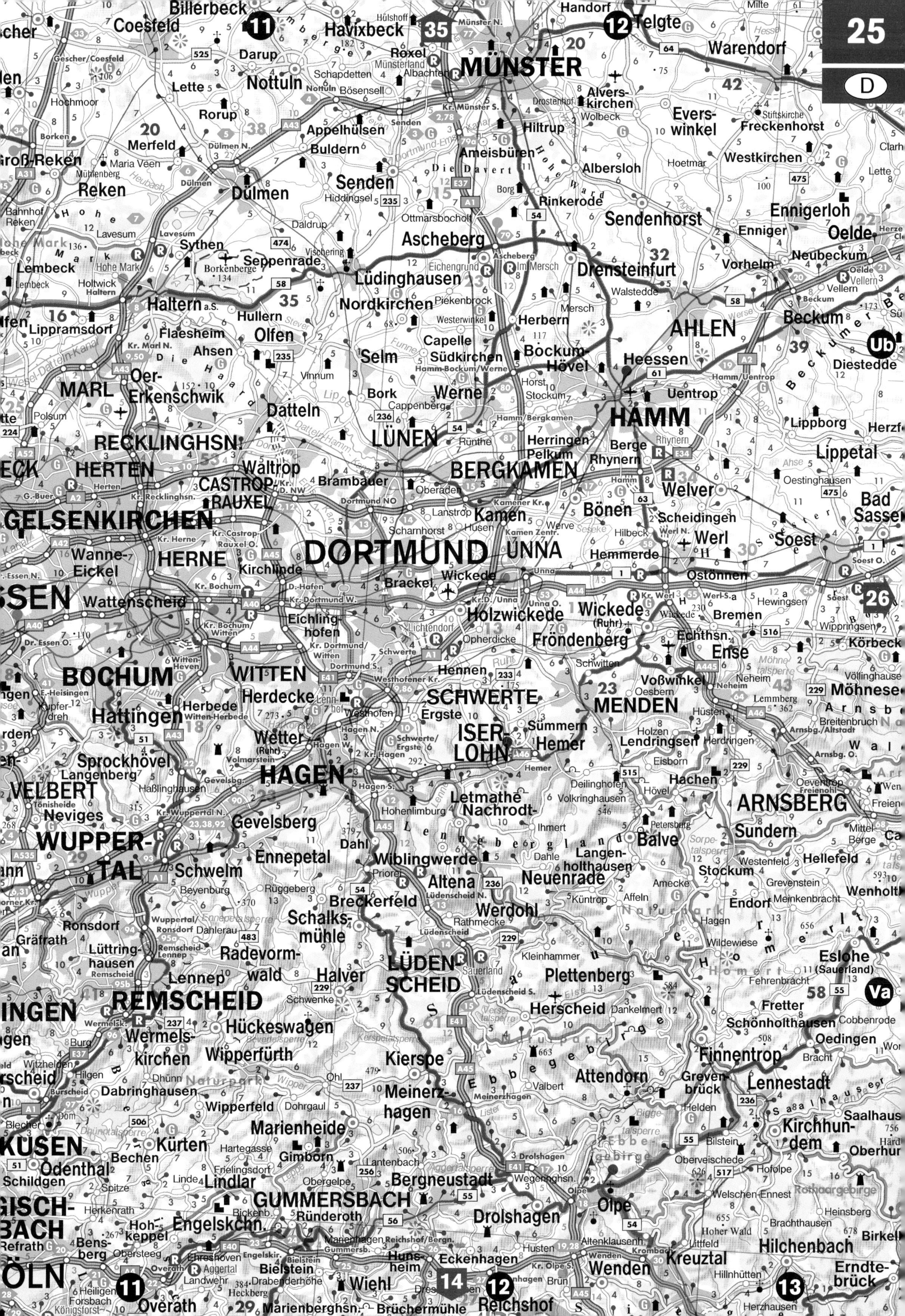
Billerbeck
Coesfeld
Havixbeck
Handorf
Telgte
Warendorf
MÜNSTER
Darup
Roxel
Nottuln
Schapdetten
Albachten
Bösensell
Lette
Alvers-kirchen
Everswinkel
Freckenhorst
Wolbeck
Hochmoor
Rorup
Appelhülsen
Hiltrup
Borken
Merfeld
Buldern
Amelsbüren
Westkirchen
Groß-Reken
Maria Veen
Albersloh
Hoetmar
Reken
Dülmen
Senden
Rinkerode
Ennigerloh
Oelde
Sendenhorst
Enniger
Hiddingsel
Ottmarsbocholt
Lavesum
Ascheberg
Neubeckum
Vorhelm
Lembeck
Sythen
Seppenrade
Lüdinghausen
Drensteinfurt
Vellern
Haltern a.S.
Hullern
Nordkirchen
Piekenbrock
Herbern
Walstedde
Beckum
Lippramsdorf
Flaesheim
Olfen
Capelle
Mersch
AHLEN
Ahsen
Selm
Südkirchen
Bockum-Hövel
Heessen
Diestedde
Oer-Erkenschwik
Vinnum
Werne
Horst
Stockum
Uentrop
MARL
Datteln
Bork
Cappenberg
HAMM
Lippborg
RECKLINGHSN.
LÜNEN
Rünthe
Herringen
Pelkum
Berge
Rhynern
Lippetal
HERTEN
Waltrop
BERGKAMEN
Welver
Oestinghausen
CASTROP-RAUXEL
Brambauer
Oberaden
Bad Sassendorf
GELSENKIRCHEN
Lanstrop
Kamen
Bönen
Scheidingen
Scharnhorst
Husen
Werve
Hilbeck
Werl
Soest
Wanne-Eickel
HERNE
Kirchlinde
DORTMUND
UNNA
Hemmerde
ESSEN
Wattenscheid
Brackel
Wickede
Ostönnen
Eichlinghofen
Holzwickede
Wickede (Ruhr)
Bremen
Hewingsen
Lichtendorf
Opherdicke
Fröndenberg
Echthsn.
Ense
Körbecke
Wippringsen
BOCHUM
WITTEN
Hennen
Schwitten
Voßwinkel
Neheim
Völlinghausen
Herdecke
SCHWERTE
Oesbern
MENDEN
Möhnesee
Hattingen
Herbede
Ergste
Westhofen
Hüsten
Lemmberg
Breitenbruch
Wetter (Ruhr)
ISER-LOHN
Sümmern
Hemer
Holzen
Lendringsen
Herdringen
Sprockhövel
Langenberg
HAGEN
Eisborn
VELBERT
Haßlinghausen
Deilinghofen
Hachen
Hövel
Oeventrop
ARNSBERG
Tönisheide
Neviges
Gevelsberg
Hohenlimburg
Letmathe
Nachrodt-
Volkringhausen
Sundern
WUPPER-TAL
Dahl
Ihmert
Balve
Mittel-Berge
Ennepetal
Wiblingwerde
Dahle
Langen-holthausen
Hellefeld
Schwelm
Priorei
Altena
Neuenrade
Stockum
Beyenburg
Rüggeberg
Breckerfeld
Amecke
Grevenstein
Wenholthausen
Schalks-mühle
Werdohl
Küntrop
Affeln
Endorf
Meinkenbracht
Ronsdorf
Dahlerau
Rathmecke
Hagen
Gräfrath
Lüttring-hausen
Radevorm-wald
Kleinhammer
Wildewiese
LÜDEN-SCHEID
Eslohe (Sauerland)
Lennep
Halver
Plettenberg
Fehrenbracht
REMSCHEID
Schwenke
Herscheid
Dankelmert
Fretter
Schönholthausen
Cobbenrode
Wermels-kirchen
Hückeswagen
Oedingen
Burg
Wipperfürth
Kierspe
Finnentrop
Bracht
Witzhelden
Hilgen
Ohl
Attendorn
Greven-brück
Lennestadt
Burscheid
Dabringhausen
Dhünn
Meinerz-hagen
Valbert
Helden
Saalhausen
Wipperfeld
Dohrgaul
Kirchhun-dem
Marienheide
Bilstein
Oberhundem
Bechen
Kürten
Hartegasse
Gimborn
Lantenbach
Drolshagen
Oberveischede
Hofolpe
Schildgen
Odenthal
Frielingsdorf
Lindlar
Obergelpe
Bergneustadt
Wegeringhsn.
Olpe
Welschen-Ennest
Spitze
Linde
GUMMERSBACH
Herkenrath
Bickenb.
Ründeroth
Heinsberg
Hoh-keppel
Engelskchn.
Drolshagen
Brachthausen
Refrath
Bens-berg
Obersteeg
Ehreshoven
Marienhagen
Altenklausenh.
Hoher Wald
Littfeld
Birkelbach
Hilchenbach
Aggertal
Bielstein
Huns-heim
Eckenhagen
Husten
Wenden
Krombach
Kreuztal
Landwehr
Drabenderhöhe
Wiehl
Brün
Hillnhütten
Erndte-brück
KÖLN
Heiligen
Forsbach
Overath
Heckberg
Marienberghsn.
Brüchermühle
Reichshof
Herzhausen
Königsforst
Ebbegebirge
Homert
Naturpark
Die Haard
Hohe Mark
Die Davert
Hohe Ward
Lenneberg-land
Rothaargebirge
Saalhauser Berge
Beckumer Berge
Arnsberger Wald

Steinhagen
Halle-Künsebeck
Kölkebeck
Brackwede
Leopoldshöhe
Waddenhausen
Dörentrup
Alverdissen
Harsewinkel
Brockhagen
Ummeln
Lemgo
Barntrup
Sonneborn
Bega
Marienfeld
Senne
Sennestadt
Hillegossen
Ubbedissen
Lage
Heiden
Donop
Bad Pyrmont
Isselhorst
Friedrichsdf.
Oerlinghsn.
Helpup
DETMOLD
Großenmarpe
GÜTERSLOH
Stukenbrock
Pivitsheide
Blomberg
Clarholz
Schloß Holte-
Augustdorf
Hiddesen
Diestelbruch
Herrentrup
Lette
Herzebrock-Clarholz
Verl
Berlebeck
Elbrinx
Oelde
Rheda-Wiedenbrück
Kaunitz
Horn-Bad Meinberg
Steinheim
Wöbbel
Stromberg
St. Vit
Neuenkirchen
Hövelhof
Vinsebeck
Marienmünster
Vellern
Bokel
Rietberg
Westerwiehe
Schlangen
Bergheim
Beckum
Sünninghausen
Langenberg
Lippling
Bad Lippspringe
Sandebeck
Nieheim
Bredenborn
Wadersloh
Westenholz
Delbrück
Sande
Langeland
Diestedde
Mastholte
Neuenbeken
Altenbeken
Bad Hermannsborn
Liesborn
Boke
Schl. Neuhaus
Bentfeld
Elsen
Buke
Bad Driburg
Lipperode
Thüle
PADERBORN
Herste
Brakel
Herzfeld
Hörste
Mantinghsn.
Wewer
Schwaney
Dahl
LIPPSTADT
Lippetal
Verne
Eickelborn
Benninghsn.
Salzkotten
Dörenhagen
Neuenbeerse
Dringenberg
Bad Westernkotten
Bökenförde
Borchen
Siddessen
Bad Sassendorf
Horn
Geseke
Oberntudorf
Etteln
Asseln
Willebadessen
Soest
Schmerlecke
Erwitte
Eikeloh
Wewelsburg
Ebbinghausen
Lichtenau
Niesen
Peckelsheim
Altengeseke
Berge
Oestereiden
Steinhausen
Brenken
Atteln
Anröchte
Haaren
Helmern
Kleinenberg
Bonenburg
Eissen
Dalheim
Borgentreich
Uelde
Büren
Körbecke
Menzel
Hemmern
Hegensdorf
Bad Wünnenberg
Fürstenberg
Scherfede
Lütgeneder
Sichtigvor
Rüthen
Harth
Meerhof
Marsberg
Menne
Daseburg
Völlinghausen
Allagen
Belecke
Essentho
Ossendorf
Möhnesee
Warburg
Kallenhardt
Bleiwäsche
Helminghsn.
Breitenbruch
Alme
Totenkopf
Marsberg
Rhoden
Hirschberg
Warstein
Diemelstadt
Madfeld
Thülen
Bredelar
Nuttlar Höhe
Schmillinghausen
Wennemer Höhe
Volkmarsen
Breuna
Altenbüren
Messinghsn.
Giershagen
Bad Arolsen
Freienohl
Eversberg
Nuttlar
Brilon
Helminghsn.
Massenhsn.
Malsburg
Calle
Antfeld
Heringhausen
Vasbeck
Wetterburg
Ehringen
Bestwig
Olsberg
Brilon-Wald
Bontkirchen
Adorf
Mengeringhausen
Hellefeld
Meschede
Diemelsee
Oberelsungen
Bruchhsn.
Giebringhausen
Flechtdorf
Landau
Wenholthausen
Ramsbeck
Wulmeringhsn.
Rattlar
Twiste
Remblinghausen
Twistetal
Wolfhagen
Goldener Strauch
Elpe
Wiemeringhausen
Willingen
Berndorf
Reiste
Westernbödefeld
Eslohe
Siedlinghausen
Niedersfeld
Usseln
Bömighausen
Lelbach
Höringhsn.
Ippinghausen
Bödefeld
Grönebach
Lengefeld
Korbach
Freienhagen
Balhorn
Silbach
Deifeld
Meineringhausen
Sachsenhausen
Dorlar
Bad Emstal
Hunau
Winterberg
Küstelberg
Hillershausen
Ober-Ense
Naumburg
Cobbenrode
Bad Fredeburg
Reetsberg
Thalitter
Vöhl
Nieder-Werbe
Netze
Oedingen
Wormbach
Altastenberg
Kahler Asten
Medebach
Goddelsheim
Waldeck
Bracht
Oberkirchen
Lichtenfels
Riede
Neuastenberg
Medelon
Rhadern
Kirchlotheim
Bringhausen
Edertal
Bergheim
Schmallenberg
Hesborn
Fleckenberg
Münden
Mehlen
Saalhausen
Ziegenhelle
Züschen
Hallenberg
Ederbringhsn.
Altenlotheim
Traddelkg.
Gellershsn.
Härdler
Wunderthausen
Sachsenberg
Wega
Oberhundem
Gr. Kopf
Frebershausen
Wingeshausen
Schüllar
Bromskirchen
Somplar
Schreufa
Frankenau
Bad Wildungen
Aue
Bad Berleburg
Frankenberg (Eder)
Geismar
Dainrode
Hundsdorf
Braunau
Heinsberg
Kerstenhsn.
Birkelbach
Berghausen
Raumland
Schwarzenau
Dodenau
Allendorf (Eder)
Röddenau
Löhlbach
Bad Zwesten
Römershausen
Schameder
Dotzlar
Elsoff
Bottendorf
Haina (Kloster)
Erndtebrück
Sassenhsn.
Beddelhsn.
Battenberg (Eder)
Sehlen
Richstein
Hatzfeld (Eder)
Ernsthausen
Burgwald
Dodenhausen
Jesberg
Zimmersrode
Arnsberger Wald
Naturpark
Lippischer Wald
Eggegebirge
Rothaargebirge
Kellerwald
Nationalpark

15
16
37
17
Emmern
Börry
Harderode
Thüster Berg
Banteln
Eitzum
Bad Salzdetfurth
Elbe
Hämelschenburg
Grohnde
Heyen
Wallensen
Weenzen
Duingen
Brüggen
Westfeld
Bodenburg
Schlewecke
Nette
Haverlah
Sehlde
Ringelheim
Welsede
Hehlen
Halle
Hoyershausen
Sack
Almstedt
Sehlem
Bockenem
Mahlum
Lichtenhagen
Bodenwerder
Dielmissen
Coppengrave
Alfeld (Leine)
Harbarnsen
Lutter am Barenberge
Lügde
Ottenstein
Kirchbrak
Lüerdissen
Grünenplan
Everode
Lamspringe
Bornum
Großesohl
Vahlbruch
Holzen
Delligsen
Freden (Leine)
Winzenburg
Rhüden
Hahausen
Jerstedt
Goslar
Pegestorf
Eschershsn.
Golmbach
Holenberg
Ammensen
Altgandersheim
Langelsheim
Brevörde
Polle
Rischenau
Negenborn
Bevern
Stadtoldendf.
Eimen
Naensen
Seesen
Wolfshagen
Wangelnstedt
Kreiensen
Bad Gandersheim
Lautenthal
Löwendorf
Deensen
Heinade
Lüthorst
Münchehof
Hahnenklee
Schalke
Fürstenau
Holzminden
Wiershausen
Wildemann
Einbeck
Clausthal-Zellerfeld
Lüchtringen
Dassel
Markoldendf.
Mühlenberg
Salzderhelden
Kalefeld
Gittelde
Bad Grund (Harz)
Altenau
Höxter
Corvey
Relliehausen
Große Blöße
Lauenberg
Echte
Badenhsn.
Windhausen
Boffzen
Solling
Neuhaus
Edemissen
Hohnstedt
Imbshausen
Eisdorf
Lerbach
Riefensbeek
Godelheim
Fürstenberg
Ahlsburg
Fredelsloh
Northeim N.
Nienstedt am Harz
Amelunxen
Derental
Vogler
Großer Steinberg
Moringen
Northeim
Osterode am Harz
Ottbergen
Schönhagen
Espol
Dorste
Beverungen
Lauenförde
Uslar
Volpriehausen
Northeim W.
Katlenburg-Lindau
Sudheim
Sieber
Großer Knollen
Bodenfelde
Bad Karlshafen
Hardegsen
Langfastberg
Hörden
Schoningen
Stehbergskopf
Sudershsn.
Gillersheim
Wulften
Hattorf am Harz
Herzberg am Harz
Lippoldsberg
Wahlsburg
Nörten-Hardenberg
Bilshausen
Langenthal
Gieselwerder
Oedelsheim
Lödingsen
Bodensee
Scharzfeld
Pöhlde
Deisel
Gottsbüren
Offensen
Bovenden
Billingshausen
Gieboldehausen
Barbis
Trendelburg
Gottstreu
Oberweser
Adelebsen
Lenglern
Krebeck
Ebergötzen
Rollshausen
Rhumspringe
28
Hümme
Göttingen N.
Göttinger Wald
Nikolausberg
Seeburg
Seulingen
Hilkerode
Bursfelde
Güntersen
Obernfeld
Zwinge
Heuberg
Beberbeck
GÖTTINGEN
Waake
Brochthausen
Schöneberg
Groß-Ellershausen
Landolfshausen
Duderstadt
Hofgeismar
Staufenberg
Hemeln
Bühren
Dransfeld
Klein-Lengden
Weißenborn
Lüderode
Reinhardshagen
Brunsberg
Rosdorf
Ecklingerode
Grebenstein
Udenhausen
Jühnde
Niedernjesa
Wöllmarshausen
Nesselröden
Holungen
Obermeiser
Immenhsn.
Scheden
Dramfeld
Reinhausen
Gleichen
Böseckendorf
Teistungen
Großbodungen
Calden
Holzhausen
Volkmarshausen
Meensen
Bremke
Ferna
Espenau
Hann. Münden
Deiderode
Groß-Schneen
Haynrode
Wilhelmshausen
Hann. Münden/Hedemünden
Friedland
Reiffenhsn.
Rohrberg
Bischhagen
Reinholterode
Worbis
Ahnatal
Rothwesten
Mollenfelde
Eichsfeld
Breitenworbis
Fuldatal
Lutterberg
Gertenbach
Neu-Eichenberg
Hebenhausen
Arenshausen
Heiligenstadt
Leinefelde
Vellmar
Ihringshausen
Staufenberg
Witzenhausen
Uder
Beuren
Gernrode
Sandershausen
Kleinalmerode
Gerbershausen
Heilbad Heiligenstadt
Geisleden
Niederorschel
Rüdigershagen
Heiligenrode
Nieste
Unterrieden
Hockelrain
Dingelstädt
KASSEL
Niestetal
Kaufungen
Wendershausen
Flinsberg
Hüpstedt
Oberrieden
Hundelshausen
Mackenrode
Dietzenrode
Lohfelden
Helsa
Trubenhsn.
Kammerbach
Bad Sooden-Allendorf
Martinfeld
Rüstungen
Küllstedt
Horsmar
Eigenrieden
Baunatal
Fuldabrück
Wellerode
Großalmerode
Rothestein
Bickenriede
Windeb
Dörnhagen
Eschenstruth
Laudenb.
Frankershausen
Berkatal
Hitzelrode
Geismar
Edermünde
Guxhagen
Söhrewald
Fürstenhagen
Rommerode
Abterode
Grebendorf
Meinhard
Lengenfeld unterm Stein
Mühlhausen (Thüringen)
Besse
Hessisch Lichtenau
Germerode
Niederhone
Frieda
Struth
Gudensberg
Deute
Körle
Walburg
Küchen
Meißner
Eschwege
Wanfried
Katharinenberg
Riede-Röhrenfurth
Pentersrück
Finkenberg
Schnellrode
Waldkappel
Wehretal
Schlierbachswald
Dörnerbg.
Heyerode
Niederdorla
Felsberg
Melsungen
Hetzerode
Bischhausen
Großburschla
Wendehausen
Treffurt
Langula
Mörshausen
Bischofferode
Spangenberg
Friemen
Weißenborn
Heldra
Malsfeld
Mosheim
Wichmannshsn.
Datterode
Ringgau
Falken
Nazza
Kammerforst
Landefeld
Herlefeld
Morschen
Eltmannsee
Netra
Schnellmannshsn.
Nationalpark Hainich
Homberg (Efze)
Hebel
Beiseförth
Obergude
Berneburg
Sontra
Werratal
Mihla
Niederbeisheim
Heinebach
Alheim
Altefeld
Ifta
Alter Berg
Wichte
Cornberg
Hasselberg
Baumbach
Erkshsn.
Weißenhasel
Willershausen
Berka v.d.Hainich
Knüllwald
Rotenburg
Nentershsn.
Nesselröden
Wommen
Krauthausen
Ub
Va
Kassel Wilhelmshöhe
Hohes Gras
Dr. Drammetal
Naturpark
Hainich
Harz

Börßum
Semmenstedt
Uehrde
Jerxheim
Ohrsleben
Ausleben
Seehausen
Klein Wanzleben
Rodensleben
Hohendodeleben
Flöthe
Heiningen
Hedeper
Gevensleben
Hamersleben
Stiftskirche
Ohlendorf
Achim
Winnigstedt
Gr. Graben
Gunsleben
Oschersleben
/Bode
Wanzleben
Gielde
Hornburg
Osterode
Dedeleben
Hornhausen
Bottmersdorf
Schladen
Hessen
Rohrsheim
Aderstedt
Othfresen
Großer Fallstein
Schlanstedt
Klein Oschersleben
Langenweddingen
Groß Döhren
Lengde
Wülperode
Deersheim
Dardesheim
Badersleben
Beuchte
Osterwieck
Großalsleben
Hadmersleben
Etgersleben
Immenrode
Vienenburg
Dingelstedt
Eilenstedt
Krottorf
Westeregeln
Jerstedt
Goslar
Osterwieck/Vienenburg O.
Zilly
Ham Huy
Huysburg
Schwanebeck
Wolmirsleben
Abbenrode
Athenstedt
Groß Quenstedt
Gröningen
Kroppenstedt
Egeln
Oker
Stapelburg
Wasserleben
Langeln
Ströbeck
Halberstadt
Unseburg
Bad Harzburg
Veckenstedt
Heudeber
Hakeborn
Bündheim
Schneidlingen
Groß Börnecke
Schalke
Zwißelkopf
Ilsenburg (Harz)
Derenburg
Harsleben
Wegeleben
Hakel
Cochstedt
Schulenberg im Oberharz
Drübeck
Silstedt
Benzingerode
Langenstein
Hedersleben
Löderburg
Clausthal-Zellerfeld
Wernigerode
Ditfurt
Hecklingen
Schadeleben
Winningen
Brocken
Torfhaus
Heimburg
Quedlinburg
Gatersleben
Neundorf
Altenau
Blankenburg (Harz)
Westerhausen
Nachterstedt
Bruchberg
Schierke
Elbingerode / Harz
Timmenrode
Frose
Nationalpark
Riefensbeek
Rübeland
Hüttenrode
Thale /Harz
Badeborn
Hoym
Wurmberg
Elend
Neinstedt
Gernrode
Ballenstedt
Aschersleben
St. Andreasberg
Braunlage
Roßtrappe
Bad Suderode
Ermsleben
Treseburg
Tanne
Meisdorf
Mehringen
Sieber
Großer Knollen
Hasselfelde
Friedrichsbrunn
Benneckenstein / Harz
Harkerode
Quenstedt
Herzberg am Harz
Bad Lauterberg im Harz
Hohegeiß
Stöberhai
Allrode
Stiege
Güntersberge
Pansfelde
Wiederstedt
Zorge
Großer Ehrenberg
Harzgerode
Stangerode
Scharzfeld
Wieda
Breitenstein
Greifenhagen
Barbis
Bad Sachsa
Straßberg
Abberode
Osterhagen
Walkenried
Ellrich
Poppenberg
Großer Auerberg
Königerode
Mansfeld
Zwinge
Ilfeld
Stolberg (Harz)
Dankerode
Klostermansfeld
Obersachswerfen
Hayn
Wippra
Mackenrode
Niedersachswerfen
Neustadt / Harz
Siebigerode
Helbra
Weißenborn-Lüderode
Günzerode
Buchholz
Wolfsberg
Ahlsdorf
Trebra
Haferungen
Rottleberode
Horla
Hergisdorf
Nordhausen
Obersdorf
Wimmelburg
Holungen
Großwechsungen
Nordhausen W.
Großleinungen
Riestedt
Blankenheim
Großbodungen
Kehmstedt
Werther
Sundhausen
Görsbach
Berga
Roßla
Wickerode
Bornstedt
Kraja
Wipperdorf
Wallhausen
Beyernaumburg
Haynrode
Bleicherode
Nordhausen S.
Heringen
Bennungen
Sangerhausen
Worbis
Wolkramshausen
Heringen (Helme)
Kelbra (Kyffhäuser)
Sangerhausen-Ost
Oberröblingen
Rohnetal
Breitenworbis
Sollstedt
Niedergebra
Auleben
Tilleda (Kyffhäuser)
Einsdorf
Gernrode
Kleinfurra
Badra
Riethnordhausen
Edersleben
Allstedt
Wolferstedt
Großfurra
Kyffhäuser
Galgenberg
Friedrichsrode
Kleinberndten
Sondershausen
Bendeleben
Bad Frankenhausen
Artern
Holzthaleben
Großberndten
Ringleben
Lodersleben
Keula
Helbedündorf
Schernberg
Oberspier
Kuhberg
Esperstedt
Reinsdorf
Toba
Gundersleben
Günserode
Schönewerda
Ziegelroda
Eigenrode
Menteroda
Oldisleben
Heldrungen
Roßleben
Windeberg
Obermehler
Ebeleben
Niederspier
Kirchengel
Sachsenburger Pforte
Donndorf
Forstberg
Schlotheim
Abtsbessingen
Wasserthaleben
Trebra
Hauteroda
Wiehe
Mühlhausen (Thüringen)
Grabe
Körner
Großenehrich
Kindelbrück
Etzleben
Memleben
Allmenhausen
Greußen
Schmücke
Issersheiligen
Rohnstedt
Günstedt
Beichlingen
Lossa
Haussömmern
Kutzleben
Leubingen
Bachra
Kirchheiligen
Bruchstedt
Gangloffsömmern
Weißensee
Kölleda
Billroda
Niederdorla
Backleben
Seebach
Großwelsbach
Bad Tennstedt
Straußfurt
Sömmerda O.
Rastenberg
Großengottern
Frohndorf
Großneuhausen
Braunsroda
Mülverstedt
Klettstedt
Sömmerda
Olbersleben
Kammerforst
Schönstädt
Herbsleben
Merxleben
Unstrut
Burgholzhausen
Bad Langensalza
Großvargula
Gebesee
Vogelsberg
Herrengosserstedt
Sömmerda S.
Schloßvippach
Großbrembach
Buttstädt
Tonna
Dachwig
Andisleben
Haßleben
Riethnordhausen
Craula
Döllstädt
Großrudestedt
Neumark
Rannstedt
Berka v.d.Hainich
Reichenbach
Henningsleben
Walschleben
Buttelstedt
Niedertrebra
Großfahner
Elxleben
Stotternheim
Udestedt
Berlstedt
Rohrbach
Pfiffelbach
Tüngeda
Kühnhausen

D
MAGDEBURG
20
Gommern
Vehlitz
39
Loburg
21
22
Schweinitz
Reetz
Wiesenburg
Hoher Fläming
Jeserig
Hobeck
Leitzkau
Nedlitz
Reuden
Medewitz
Grubo
Rädigke
Raben
Plötzky
Dornburg
Deetz
Lindau
Buhlendorf
Dobritz
Stackelitz
Kl. Marzehns
Klein Marzehns
Zeuden
Ostern-weddingen
Dodendorf
Schönebeck/Elbe
Welsleben
Bad Salzelmen
Gehrden
Klepzig
Görtz
Boßdorf
Biere
Pömmelte
Gnadau
Großmühlingen
Güterglück
Walternienburg
Moritz
Garitz
Jeber-Bergfrieden
Köselitz
Barby/Elbe
Eickendorf
Borne
Pulspforde
Zerbst
Thießen
Hundeluft
Cobbelsdorf
Kropstädt
Straach
Groß Rosenburg
Glöthe
Förderstedt
Atzendorf
Jütrichau
Streetz
Breitenhagen
Leps
Bias
Düben
Möllensdorf
Calbe/Saale
Brumby
Steckby
Rodleben
Roßlau/Elbe
Coswig/Anhalt
Reinsdorf
Trajuhn
Schwarz
Patzetz
Lödderitz
Steutz
Brambach
Klieken
Hohen-erxleben
Neugattersleben
Wedlitz
Gerbitz
DESSAU
Aken/Elbe
Vockerode
Wörlitz
LUTHERSTADT WITTENBERG
Staßfurt
Rathmannsdorf
Zuchau
Nienburg/Saale
Wulfen
Luisium
Dabrun
Latdorf
Drosa
Reppichau
Mildensee
Riesigk
Selbitz
Eutzsch
Ilberstedt
Bernburg
Osternienburg
Mosigkau
Oranienbaum
Rackith
Kleinpaschleben
Elsdorf
Kochstedt
Schleesen
Bergwitz
Bernburg/Saale
Baalberge
Mosigkauer Heide
Kemberg
Großpaschleben
Quellendorf
Sollnitz
Rotta
Preußen
Plötzkau
Merzien
Jüdenberg
Radis
Lubast
Schackenthal
Köthen/Anhalt
Hinsdorf
Möhlau
Gräfenhainichen
Meuro
Cörmigk
Würbzig
Baasdorf
Thurland
Raguhn
Schackstedt
Bebitz
Zschornewitz
Alsleben/Saale
Gerlebogk
Edderitz
Prosigk
Salzfurtkapelle
Dübener Heide
Bad Schmiedeberg
Belleben
Gnölbzig
Gröbzig
Piethen
Weißandt-Gölzau
Bobbau
Jeßnitz
Gröbern
Schköna
Muldenstein
Gossa
Sandersleben
Könnern
Plötzetal
Görzig
Radegast
Löberitz
Wolfen
Greppin
Krina
Friedersdorf
Rothenburg
Wieskau
Zörbig
Naturpark
Kirschberg
Domnitz
Löbejün
Fuhne
Bitterfeld/Wolfen
Sandersdf.
Tornau
Schwemsal
Söllichau
Kossa
Zabenstedt
Friedeburg/Saale
Ostrau
Pouch
Bitterfeld
Heiligenthal
Nauendorf
Stumsdorf
Großzöberitz
Holzweißig
Rösa
Bad Düben
Falkenberg
Unteres
Wettin
Kütten
Köckern
Glebitzsch
Roitzsch
Löbnitz
Polleben
Wallwitz
Brachstedt
Quetzdölsdorf
Wellaune
Schwittersdorf
Sausedlitz
Pressel
Hedersleben
Brehna
Prellheide
Reibitz
Lutherstadt Eisleben
Dederstedt
Teicha
Niemberg
Delitzsch
Laußig
30
Saaletal
Salzmünde
Brachwitz
Lettin
Seeben
Oppin
Landsberg
Hohenprießnitz
36
HALLE AN DER SAALE
Dölau
Hohenthurm
Doberstau
Brinnis
Lindenhayn
Doberschütz
Höhnstedt
Helfta
Neukyhna
Zschepplin
Erdeborn
Seeburg
Bennstedt
Peißen
Lissa
Schönwölkau
Naundorf
Röblingen
Langenbogen
Reideburg
Queis
Klitzschmar
Krensitz
Eilenburg
Zschortau
Krostitz
Pressen
Wansleben
Kanena
Wiedemar
Zwochau
Leipziger Tieflandsbucht
Teutschenthal
Angersdorf
Holleben
Dieskau
Gleisen
Rackwitz
Kospa
Schraplau
Steuden
Delitz am Berge
Gröbers
Radefeld
Liemehna
Thallwitz
Bad Lauchstädt
Großkugel
Schkeuditz
Wiederitzsch
Seehausen
Jesewitz
Obhausen
Döllnitz
Lützschena
Plaußig
Püchau
Nischwitz
Querfurt
Schafstädt
Schkopau
Raßnitz
Stahmeln
Lindenthal
Taucha
Milzau
Wallendorf
Böhlitz-Ehrenberg
Deuben
Nemsdorf-Göhrendorf
Merseburg
Bienitz
Machern
Bärnstädt
Wünsch
Leuna
Günthersdorf
Borsdorf
Brandis
Langeneichstädt
Geusa
Beuna
Kreypau
Miltitz
Engelsdf.
Beucha
Unstrut
Jüdendorf
Kötzschau
Groß-lehna
LEIPZIG
Steigra
Mücheln
Bad Dürrenberg
Völkerschlacht-denkmal
Holzhausen
Ammelshain
Reinsdorf
Krumpa
Großkayna
Markranstädt
Liebertwolkwitz
Karsdorf
Albersroda
Braunsbedra
Spergau
Tollwitz
Wengelsdf.
Knauthain
Wachau
Altenhain
Gleina
Großkorbetha
Rähitz
Naunhof
Kirch-scheidungen
Branderoda
Lunstädt
Lützen
Markkleeberg
Großpösna
Groß-steinberg
Zeuchfeld
Reichardtswerben
Knautnaundorf
Laucha
Freyburg/Unstrut
Burgwerben
Großdeuben
Belgershain
Pomßen
Grethen
Grimma
Markröhlitz
Uichteritz
Rippach
Kitzen
Zwenkau
Pötzschau
Bad Bibra
Balgstädt
Weißenfels
Starsiedel
Großgörschen
Otterwisch
Burkersroda
Muschwitz
Großdalzig
Böhlen
Rötha
Hainichen
Großbardau
Der Lange Berg
Granschütz
Espenhain
Leißling
Pegau
Naumburg/Saale
Großgrimma
Groitzsch
Lauterbach
Eula
Prittitz
Hohenmölsen
Kitzscher
Bad Lausick
Bad Kösen
Wethau
Neukieritzsch
Taugwitz
Mertendorf
Osterfeld
Teuchern
Deuben
Profen
Lobstädt
Eulatal
Deutzen
Regis-Breitingen
Borna
Ebersbach
Großheringen
Stößen
Wettaburg
Auligk
Prießnitz
Bad Sulza
Trebnitz
Meineweh
Lucka
Frankenhain
Leislau
Osterfeld
Theißen
Könderitz
Wyhratal
Schmiede-hausen
Aue
Tröglitz
Frohburg
Geithain
Ub
Va

D
Luckenwalde
Urstromtal
Jüterbog
Zahna
Jessen/Elster
Holzdorf
Annaburg
Herzberg/Elster
Pretzsch/Elbe
Bad Schmiedeberg
Prettin
Großtreben
Dommitzsch
Zwethau
Torgau
Beilrode
Falkenberg/Elster
Uebigau
Schlieben
Dahme
Luckau
Golßen
Sonnewalde
Finsterwalde
Kirchhain
Doberlug-
Bad Liebenwerda
Hohenleipisch
Lauchhammer
Elsterwerda
Plessa
Prösen
Gröditz
Röderaue
Mühlberg/Elbe
Belgern
Arzberg
Pflückuff
Audenhain
Gneisenaustadt Schildau
Hohburg
Wurzen
Dahlen
Cavertitz
Strehla
Zeithain
Riesa
Oschatz
Großenhain
Nünchritz
Meißen
Coswig
Radebeul
Radeburg
Ottendorf Okrilla
Weinböhla
Moritzburg
Grimma
Colditz
Leisnig
Döbeln
Mügeln
Lommatzsch
Hartha
Waldheim
Roßwein
Klipphausen
Wermsdorf
Trebsen
Nerchau
Mutzschen
Thümmlitzwalde
Großbothen
Zschadraß
Naunderf
Ostrau
Lüttewitz
Käbschütztal
Diesbar-Seußlitz
Niederer Fläming
Naturpark Niederlausitzer Landrücken
Naturpark Niederlausitzer Heidelandschaft
Annaburger Heide
Dübener Heide
Dahlener Heide
Großenhainer Pflege
Lommatzscher Pflege
Schraden

Alt Schadow
Kossenblatt
Friedland
Groß Briesen
Treppeln
Möbiskruge
Neuzelle
Bytomiec
Trebatsch
Neu Lübbenau
Kuschkow
Niewisch
Groß Muckrow
Ratzdorf
Wellmitz
Maszewo
Göhlen
Chlebowo
Schwielochsee
Speichrow
Naturpark
Schlaubetal
Steinsdorf
Żytowań
Wężyska
Krugau
Groß Leuthen
Goyatz-Guhlen
Wałowice
Brzózka
Biebersdorf
Groß Leine
Groß Liebitz-Lamsfeld
Lieberose
Jamlitz
Pinnow
Guben
Dycho
Schenkendöbern
Gubin
PL
Radensdorf
Bärenklau
Pole
Kaniów
Neu Zauche
Schlagsdorf
Gubinek
Strużka
Straupitz
Tauer
Drewitz
Czarnowice
Dobre
Lübbenau/Spreewald
Ober-spreewald
Byhleguhrer See
Groß Gastrose
Stargard Gubiński
Byhleguhre
Drachhausen
Turnow
Peitz
Jänschwalde
Grabice
Dąbrowa
Schmogrow
Fehrow
Grießen
Markosice
Starosiedle
Leipe
Boblitz
Dissen
Neuendorfer Teich
Brzozów
Kolo
Chocicza
Burg/Spreewald
Górzyn
Stara Woda
Gr. Lübbenau
Briesen
Döbbrick
Heinersbrück
Strzegów
Biecz
Lubsko
Vetschau
Werben
Sielow
Willmersdorf
Briesnig
Brody
Chełm Żarski
Ub
Groß Jehser
Papitz
COTTBUS
Grötsch
Sacro
Mulknitz
Dissenchen
Dłużek
Budziechów
Eichow
Haasow
Forst/Lausitz
Jasień
Calau
Kolkwitz
Branitz
Zasieki
Nowa Rola
Cottbus W.
Kiekebusch
Kahren
Groß Jamno
Kathlow
Bronice
Missen
Klein Gaglow
Cottbus S.
Roggosen
Forst
Grężawa
Ogrosen
Leuthen
Groß Gaglow
Gallinchen
Gablenz
Groß Schacksdorf
Bademeusel
Grabów
Pietrzyków
Casel
Groß Oßnig
Neuhausen
Tuplice
Bronkow
Schöllnitz
Groß Döbbern
Gahry
Jocksdorf
Olszyna
Chełmica
Drożków
Altdöbern
Drebkau
Altdöberner See
Bagenz
Preschen
Jagłowice
Dębinka
Lipinki Łużyckie
Neupetershain
Nord
Jehserig
Speicherbecken Spremberg
Hornow
Groß Kölzig
Trzebiel
Królów
Strzeszowice
Wadelsdorf
Jerischke
Vormlage
Neupetershain
Döbern
Olbrachów
Großräschen
Sellessen
Groß Luja
Friedrichshain
Żarki Wielkie
Grotów
Freienhufen
Spremberg
Reuthen
Tschernitz
Niwica
Welzow
Graustein
Groß Düben
Jämlitz
Żary
Freienhufener Eck
Lausitzring
Haidemühl
Halbendorf
Bad Muskau
Gablenz
Muskauer Park
Czaple
Mielno
Sedlitz
Lieske
Schwarze Pumpe
Schleife
Przewoźniki
Senftenberg
Trebendorf
Krauschwitz
Łęknica
Dobrochów
Rohne
Bluno
Terpe
Spreewitz
Weißwasser (Oberlausitz)
Sagar
Straszów
Großkoschen
Brieske
Tätschwitz
Mühlrose
Neustadt
Weißkeißel
Przewóz
Schwarzheide
Lauta
Laubusch
Burghammer
Muskauer Forst
Pechern
Podrosche
Klein Priebus
Hosena
Lautawerk
Burg
Schwarzbach
Schwarzkollm
HOYERSWERDA
Nochten
Guteborn
Hohenbocka
Bröthen
Dobrzyń
Grünewald
Leippe-Torno
Weißkollm
Boxberg
Viereichen
Daubitz
Sanice
Knappenrode
Speicherbecken Lohsa
Sobolice
Wittichenau
Lohsa
Bärwalder See
Rietschen
Lodenau
Wiednitz
Bernsdorf
Knappensee
Uhyst
Reichwalde
Hähnichen
Bremenhain
Grüngräbchen
Groß Särchen
Trebus
Spree
Großgrabe
Oßling
Mönau
Klitten
Kreba-Neudorf
Kosel
Rothenburg (Oberlausitz)
Straßgräbchen
Commerau
Steinitz
Schwepnitz
Petershain
Cunnewitz
Hermsdorf/Spree
Mücka
Nieder Neundorf
Schönteichen
Königswartha
Neudorf
Horka
Neukirch
Rosenthal
Milkel
Oppitz
Commerau
Förstgen
Speicherbecken Quitzdorf
See
Niesky
Kaltwasser
Königsbrück
Brauna
Kamenz
Neschwitz
Crosta
Groß-dubrau
Klix
Klein-saubernitz
Weigersdorf
Särichen
Deschka
Luppa
Guttau
Jänkendorf
Zodel
Laußnitz
Bischheim-Häslich
Crostwitz
Malschwitz
Diehsa
Reichenbach
Puschwitz
Radibor
Quatitz
Baruth
Groß Radisch
Kodersdorf
Groß Krauscha
Elstra
Panschwitz-Kuckau
Niedergurig
Nied.-Seifersdorf
Keulenberg
Ober-lichtenau
Gersdorf-Möhrsdorf
Kleinwelka
Talsperre Bautzen
Klein-bautzen
Gebelzig
Ludwigsdorf
Großnaundorf
Rauschwitz
Oberlausitz
Prischwitz
Bolbritz
Weißenbg.
Kodersdorf
Kunnersdorf
Görlitz
Lomnitz
Pulsnitz
Burkau
Uhyst
Uhyst am Taucher
Göda
Burk
Wurschen
Weißenberg
Nied. Seifersdorf
Arnsdorf
Ebersbach
Ohorn
Bautzen O.
Bautzen W.
Kötitz
Melaune
Königshain
Kubschütz
Klein radmeritz
Mengelsdorf
Zgorzelec
Lichtenberg
Rammenau
Burkau
Gnaschwitz-Doberschau
Bautzen
Hochkirch
Bretnig-Hauswalde
Liegau-Augustbad
Gr.-röhrsdorf
Demitz-Thumitz
Ebendörfel
Breitendorf
GÖRLITZ
Gaußig
Rachlau
Kittlitz
Reichenbach/Oberlausitz
Schlauroth
Radeberg
Bischofswerda
Obergurig
Großpostwitz
Löbau
Sohland a. Rotstein
Pfaffendorf
Großharthau
Arnsdorf b. Dresden
Schmölln-Putzkau
Neukirch/Lausitz
Wilthen
Cunewalde
Kleindehsa
Bischdorf
Friedersdorf
Weinhübel
Kirschau
Weigsdorf-Köblitz
Beiersdorf
Lawalde
Ebersdorf
Herwigsdorf
Jauernick-Buschbach
Deutsch Ossig
Großerkmannsdorf
Großdrebnitz
Ringenhain
Schirgiswalde
Oppach
Schönbach
Großschweidnitz
Kemnitz
Hagenwerder
Otten
Steinigtwolmsdorf
Schönau-Berzdorf
Radomierzyce

4
5
Tb
Ua
Ub
N O O R D Z E E
Zandvoort
Noordwijkerhout
Noordwijk
Katwijk
Rijnsburg
Leiden
Wassenaar
Voorschoten
Scheveningen
Huis ten Bosch
Leidschendam
'S-GRAVENHAGE
(DEN HAAG)
Voorburg
Monster
Rijswijk
Wateringen
Nootdorp
DELFT
'S-Gravenzande
Hoek van Holland
Naaldwijk
Pijnacker
Schipluiden
De Lier
Berkel en Rodenrijs
Bergschenhoek
Bleiswijk
Maassluis
Vlaardingen
Maasland
Maasvlakte
Oostvoorne
Rozenburg
Brielle
SCHIEDAM
ROTTERDAM
Pernis
Rockanje
Voorne
Hellevoetsluis
Heenvliet
Hoogvliet
Spijkenisse
Rhoon
Barendrecht
Ouddorp
Goeree
Goedereede
Stellendam
Oudenhoorn
Zuidland
Nieuw-Beijerland
Oud-Beijerland
Zwijndrecht
Goudswaard
Piershil
Beijerland
Westmaas
Puttershoek
's-Gravendeel
Klaaswaal
Numansdorp
Strijen
Zuid-Beijerland
Melissant
Dirksland
Overflakkee
Middelharnis
Brouwershaven
Renesse
Moermond
Scharendijke
Nieuw-Haamstede
Schouwen
Serooskerke
Westenschouwen
Herkingen
Dreischor
Den Bommel
Grevelingenmeer
Haringvliet
22

NL
IJsselmeer
Markermeer
Noordoostpolder
Flevoland
Schagen
Schagerbrug
Petten
Sint Maartensbrug
Kolhorn
Middenmeer
Medemblik
Andijk
Dirkshorn
Zijdewind
Winkel
Warmenhuizen
Lambertschaag
Aardswoud
Hoogwoud
Abbekerk
Twisk
Onderdijk
Groet
Schoorl
Bergen
Bergen aan Zee
De Nord
Wervershoof
Langedijk
Obdam
Wognum
Spanbroek
Nibbixwoud
Hauwert
Hoogkarspel
Westwoud
Stede Broec
Enkhuizen
ALKMAAR
Egmond aan Zee
Egmond-Binnen
Heerhugowaard
Spierdijk
Oosterblokker
Venhuizen
Hem
Oterleek
Ursem
Berkhout
HOORN
Schellinkhout
Wijdenes
Oosterleek
Heiloo
Stompetoren
Avenhorn
Limmen
Akersloot
Westbeemster
De Rijp
Middenbeemster
Oosthuizen
Warder
Castricum
Uitgeest
Graftdijk
Markenbinnen
Purmerend-Noord
Middelie
Heemskerk
PURMEREND
Wormer
Neck
Edam
Volendam
Assendelft
Zaandijk
Wijdewormer
Purmerend-Zuid
ZAANDAM
Oostzaan
Landsmeer
Ilpendam
Marken
Monnickendam
Broek in Waterland
Holysloot
Zunderdorp
Velsen
Zuideinde
Coenplein
AMSTERDAM
ALMERE
LELYSTAD
Lelystad-Noord
Swifterbant
Dronten
Emmeloord
Tollebeek
Urk
Creil
Ketelmeer
Oostvaardersplassen
Aalscholver
Lepelaar
Almere Buiten
Almere Haven
Almere Stad
Almere-Hout
Biddinghuizen
Trekkersveld
Nunspeet
Hendriksbos
Harderwijk
Zwanenburg
Vijfhuizen
Badhoevedorp
Watergraafsmeer
Muiderslot
Muiden
Muiderberg
Diemen
Hoofddorp
Nieuw-Vennep
Rozenburg
Rijsenhout
AMSTELVEEN
Ouderkerk aan de Amstel
Abcoude
Weesp
Naarden
Bussum
Huizen
Blaricum
Laren
Zeewolde
Ermelo
Aalsmeer
Uithoorn
Nederhorst den Berg
Ankeveen
Kortenhoef
Eemnes
Spakenburg
Bunschoten
Putten
Roelofarendsveen
Mijdrecht
Waverveen
Vinkeveen
HILVERSUM
Oud-Loosdrecht
Baarn
Nijkerk
Nijkerkerveen
Garderen
Nieuwveen
Wilnis
Zevenhoven
Ter Aar
Nieuwkoop
Breukelen
Nieuw-Loosdrecht
Soestdijk Paleis
Soest
Hoevelaken
Voorthuizen
ALPHEN a.d. Rijn
Noorden
Woerdense Verlaat
Nijenrode
Maarsseveen
Maartensdijk
Drakensteyn
Bilthoven
AMERSFOORT
Stroe
Kockengen
Maarssen
De Bilt
Soesterberg
Achterveld
Kootwijkerbroek
Boskoop
Bodegraven
Zegveld
De Haar
Vleuten
Harmelen
De Meern
UTRECHT
Leusden
Barneveld
Woerden
Nieuwerbrug
Waddinxveen
Reeuwijk
Driebruggen
Linschoten
Rijnsweerd
Zeist
Pyramide
Woudenberg
Scherpenzeel
Harskamp
Wekerom
GOUDA
Oudewater
Montfoort
Bunnik
Maarn
Lunteren
Odijk
Driebergen-Rijsenburg
Rensswoude
Veenendaal
EDE
Moordrecht
Haastrecht
IJsselstein
Benschop
Houten
Doorn
Maarsbergen
Nieuwerkerk a/d IJssel
Stolwijk
NIEUWEGEIN
Lopik
Vianen
Schalkwijk
Leersum
Amerongen
Elst
Schoonhoven
Ameide
Lexmond
Everdingen
Wijk bij Duurstede
Bennekom
Renkum
Oosterbeek
Nieuwpoort
Zijderveld
Culemborg
Rhenen
Wageningen
Groot-Ammers
Meerkerk
Schoonrewoerd
Beusichem
Asch
Lienden
Kesteren
Heteren
Doorwerth
Goudriaan
Gijbeland
Leerdam
Buren
Ommeren
Opheusden
Zetten
Alblasserdam
Noordeloos
Beesd
Geldermalsen
Kerk-Avezaath
Tiel
Echteld
Ochten
Dodewaard
Hendrik-Ido-Ambacht
Hoornaar
Giessenburg
Arkel
Deil
Druten
Andelst
Papendrecht
Sliedrecht
Gorinchem
Wadenoijen
Beneden-Leeuwen
Wamel
Winssen
Oosterhout
Beuningen
Weurt
DORDRECHT
Werkendam
Sleeuwijk
Brakel
Herwijnen
Ophemert
Neerijnen
Dreumel
Bergharen
Horssen
Nieuwendijk
Andel
Zaltbommel
Varik
Alphen
Lith
Megen
Batenburg
NIJMEGEN
Almkerk
Aalst
Kerkwijk
Maren
Macharen
Ravenstein

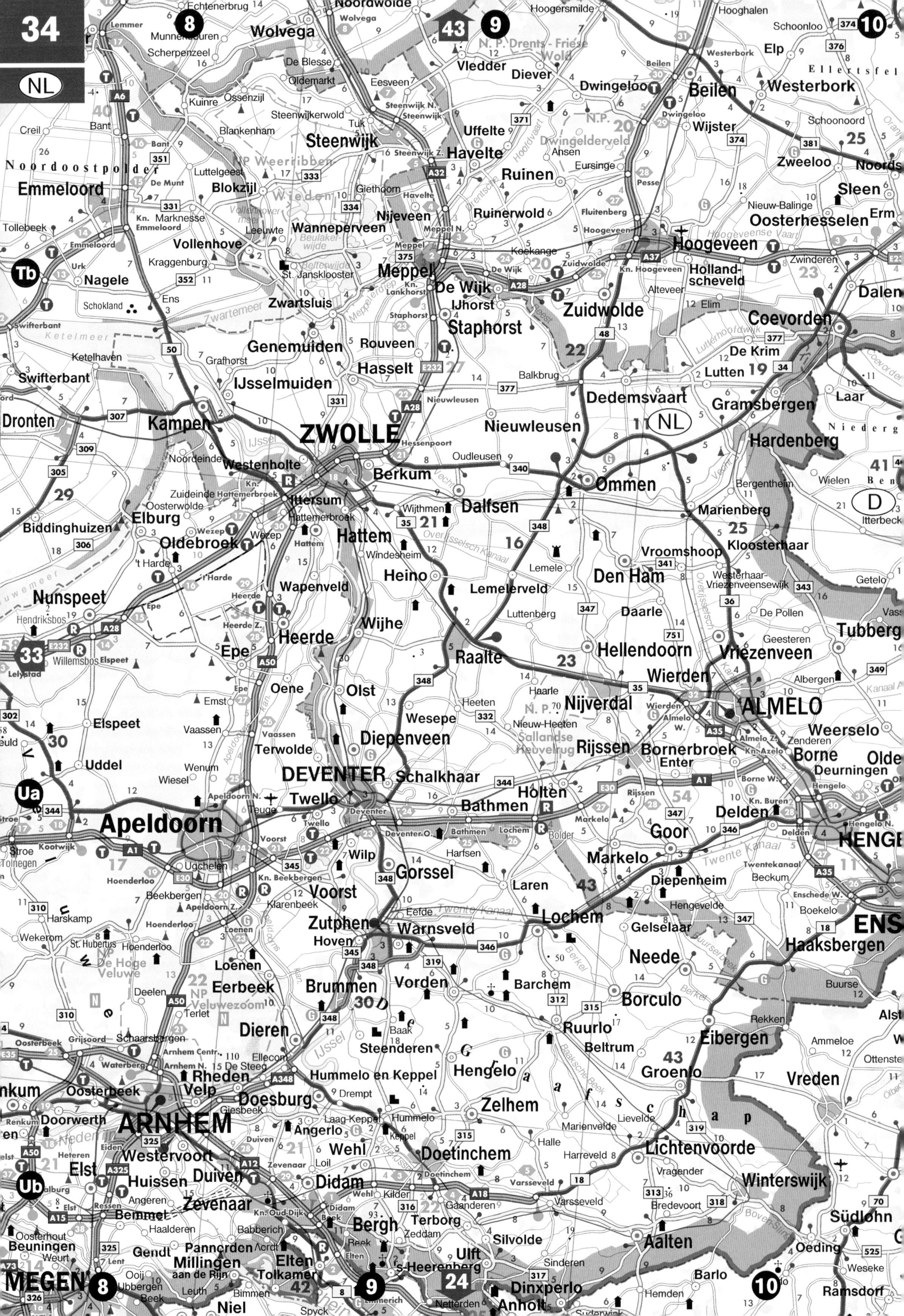
NL
Noordwolde
Wolvega
Hoogersmilde
Hooghalen
Schoonloo
Elp
Lemmer
Echtenerbrug
Munnekeburen
Scherpenzeel
De Blesse
Oldemarkt
Eesveen
N.P. Drents - Friese Wold
Vledder
Diever
Dwingeloo
Beilen
Westerbork
Ellertsfeld
Kuinre
Ossenzijl
Steenwijkerwold
Tuk
Uffelte
Wijster
Schoonoord
Creil
Bant
Blankenham
Steenwijk
Havelte
Dwingelderveld
Ansen
Eursinge
Zweeloo
Noordoostpolder
NP Weerribben
Luttelgeest
Ruinen
Pesse
Emmeloord
Blokzijl
Giethoorn
Nieuw-Balinge
Sleen
Marknesse
Nijeveen
Ruinerwold
Fluitenberg
Oosterhesselen
Erm
Tollebeek
Leeuwte
Wanneperveen
Hoogeveen
Vollenhove
Beulaker-wijde
Meppel
Koekange
Zwinderen
Kraggenburg
Belterwijde
De Wijk
Zuidwolde
Holland-scheveld
Urk
Nagele
St. Jansklooster
Dalen
Ens
Zwartsluis
Alteveer
Elim
Schokland
IJhorst
Zuidwolde
Coevorden
Swifterbant
Zwartemeer
Staphorst
Ketelmeer
Genemuiden
Rouveen
De Krim
Ketelhaven
Grafhorst
Hasselt
Lutten
Swifterbant
Balkbrug
IJsselmuiden
Dedemsvaart
Laar
Nieuwleusen
Gramsbergen
Dronten
Kampen
ZWOLLE
Nieuwleusen
Hardenberg
Noordeinde
Westenholte
Oudleusen
Berkum
Ommen
Zuideinde
Oosterwolde
Ittersum
Dalfsen
Bergentheim
Wielen
Biddinghuizen
Elburg
Hattemerbroek
Wijthmen
Marienberg
Itterbeck
Oldebroek
Wezep
Hattem
Kloosterhaar
't Harde
Windesheim
Vroomshoop
Lemele
Den Ham
Geteló
Heino
Lemelerveld
Westerhaar-Vriezenveensewijk
Wapenveld
Nunspeet
Heerde
Luttenberg
Daarle
De Pollen
Hendriksbos
Epe
Wijhe
Geesteren
Tubbergen
Willemsbos
Elspeet
Raalte
Hellendoorn
Vriezenveen
Lelystad
Wierden
Albergen
Oene
Olst
Haarle
Nijverdal
ALMELO
Emst
Heeten
Wesepe
Nieuw-Heeten
N. P. Sallandse Heuvelrug
Weerselo
Elspeet
Vaassen
Diepenveen
Rijssen
Bornerbroek
Zenderen
Borne
Olde
Terwolde
Enter
Deurningen
Uddel
Wenum
Wiesel
DEVENTER
Schalkhaar
Holten
Teuge
Twello
Bathmen
Delden
Apeldoorn
Markelo
Goor
HENGELO
Stroe
Kootwijk
Voorst
Wilp
Harfsen
Twentekanaal
Beckum
Ugchelen
Gorssel
Markelo
Diepenheim
Laren
Beekbergen
Klarenbeek
Voorst
Hengevelde
Enschede
Boekelo
Eefde
Harskamp
Zutphen
Lochem
ENS
Gelselaar
Warnsveld
Haaksbergen
Wekerom
Hoenderloo
St. Hubertus
Hoven
NP De Hoge Veluwe
Neede
Loenen
Barchem
Vorden
Buurse
Eerbeek
Brummen
Borculo
Deelen
NP Veluwezoom
Terlet
Rekken
Alst
Dieren
Ruurlo
Baak
Eibergen
Ammeloe
Oosterbeek
Schaarsbergen
Steenderen
Beltrum
Hengelo
Ottenstein
Groenlo
Rheden
De Steeg
Ellecom
Hummelo en Keppel
Vreden
Arnhem
Velp
Doesburg
Drempt
Zelhem
Giesbeek
Lievelde
Doorwerth
ARNHEM
Laag-Keppel
Hummelo
Angerlo
Marienvelde
Keppel
Halle
Lichtenvoorde
Westervoort
Wehl
Harreveld
Elst
Huissen
Duiven
Doetinchem
Vragender
Zevenaar
Didam
Winterswijk
Kilder
Varsseveld
Bemmel
Gaanderen
Bredevoort
Südlohn
Haalderen
Babberich
Bergh
Terborg
Zeddam
Oosterhout
Beuningen
Pannerden
Silvolde
Aalten
Oeding
Weurt
Gendt
Millingen aan de Rijn
Tolkamer
Elten
Ulft
Sinderen
Weseke
's-Heerenberg
NIJMEGEN
Ooij
Ubbergen
Beek
Leuth
Bimmen
Emmerich
Dinxperlo
Barlo
Anholt
Hemden
Ramsdorf
Niel
Spyck
Netterden
Suderwick

Buinerveen
Musselkanaal
Dersum
Kluse
Walchum
Surwold
Gehlenberg
Breddenberg
Börger
Lorup
Rasdorf
Markhausen
Thülsfelder Stausee
Tweede-Exloërmond
Exloo
Valthermond
Ter Apel
Sustrumermoor
Odoorn
Lathen
Renkenberge
Spahnharrenstätte
Vrees
Peheim
Varrelbusch
Rütenbrock
Niederlangen
Weerdinge
Nieuw-Weerdinge
Emmer-Compascuum
Emmer-Erfscheidenveen
Sögel
Wertle
Molbergen
Cloppenburg
Lindern (Oldenburg)
Ermke
Haren
Tinnen
Stavern
Lahn
EMMEN
Fehndorf
Groß Berßen
Hüven
Wachtum
Lastrup
Barger-Compascuum
Wesuwe
Klein Berßen
Ahmsen
Hemmelte
Klazienaveen
Apeldorn
Herßum
Lähden
Löningen
Nieuw Amsterdam
Erica
Zwartemeer
Schöningsdorf
Versen
Meppen
Brunnen
Bevern
Lüsche
Naturpark Bourtanger Moor
Schoonebeek
Nieuw Schoonebeek
Rühlerfeld
Twist
Rühle
Flechum
Herzlake
Essen (Oldenburg)
Quakenbrück
Menslage
Haselünne
Rühlertwist
Schwefingen
Dohren
Hahnenmoor
Kreuzberg
Twist
Emlichheim
Ringe
Groß Hesepe
Grafeld
Badbergen
Wehdel
Artland
Geeste
Dalum
Osterbrock
Bawinkel
Berge
Nortrup
Hoogstede
Georgsdorf
Wettrup
Bippen
Esche
Gersten
Kettenkamp
Holthausen
Eggermühlen
Wietmarschen
Gehrde
Gölenkamp
Veldhausen
LINGEN
Lengerich
Ankum
Bersenbrück
Langen
Neuenhaus
Ramsel
Fürstenau
Lohne
Thuine
Andervenne
Schwagstorf
Trillenberg
Neuenkirchen
Lingener Höhe
Klausheide
Alfhausen
Lage
Freren
Messingen
Rieste
Merzen
Elbergen
NORDHORN
Bramsche
Schale
Ootmarsum
Beesten
Ueffeln
Malgarten
Voltlage
Lünne
Schapen
Hesepe
Engden
Emsbüren
Neuenkirchen
Varenrode
Bramsche
Isterberg
Hopsten
Recke
Achmer
Spelle
Engter
De Lutte
Bentheim
Dreierwalde
Wallenhorst
Hollage
Gildehaus
Schüttorf
Salzbergen
Hörstel
Mettingen
Westerkappeln
Rulle
Bad Bentheim
Losser
Ohne
Ibbenbüren
Belm
RHEINE
Bevergern
Höveringhausen
Lotte
OSNABRÜCK
Overdinkel
Neuenkirchen
Surenburg
Riesenbeck
Laggenbeck
Gronau
Elte
Hasbergen
Ochtrup
Mesum
Teckleriburger Land
Sutthausen
Georgsmarienhütte
Epe
Wettringen
St. Arnold
Brochterbeck
Tecklenburg
Natrup
Hagen
Kloster Oesede
Sinningen
Burgsteinfurt
Metelen
Saerbeck
Nienborg
Steinfurt
Ahlintel
Buchenberg
Emsdetten
Lengerich
Hagen am Teutoburger Wald
Dörenberg
Borghorst
Heek
Leer
Reckenfeld
Flughafen Münster/Osnabrück
Ladbergen
Lienen
Bad Iburg
Hilter am Teutoburger Wald
Schöppinger B.
Scheddebrock
Schöppingen
Nordwalde
Ahaus
Horstmar
Greven
Kattenvenne
Bad Laer
Legden
Rosendahl
Laer
Altenberge
Brock
Glandorf
Darfeld
Ostbevern
Füchtorf
Osterwick
Beerlage
Holtwick
Westbevern
Versmold
Peckeloh
Musholt
Hohenholte
Handorf
Billerbeck
Telgte
Milte
Sassenberg
Coesfeld
Havixbeck
Hülshoff
Roxel
Warendorf
Greffen
Darup
Münsterland
MÜNSTER
Lette
Nottuln
Schapdetten
Albachten
Bösensell
Alverskirchen
Beelen
Hochmoor

Großenkneten
Dötlingen
Ahlhorn
Wildeshausen
Harpstedt
Cloppenburg
Emstek
Visbek
Cappeln (Oldenburg)
Goldenstedt
Twistringen
Bassum
Syke
Leeste
Weyhe
Achim
Langwedel
Riede
Thedinghausen
Bruchhausen-Vilsen
Hoya (Weser)
Martfeld
Bücken
Asendorf
Bakum
Vechta
Lohne (Oldenburg)
Quakenbrück
Dinklage
Barnstorf
Sulingen
Wietzen
Marklohe
Holdorf
Diepholz
Steinfeld (Oldenburg)
Neuenkirchen-Vörden
Damme
Wagenfeld
Liebenau
Steyerberg
Stolzenau
Uchte
Raddestorf
Rehburg-Loccum
Rahden
Warmsen
Diepenau
Lemförde
Dielingen
Bohmte
Ostercappeln
Rulle
Belm
OSNABRÜCK
Bad Essen
Preußisch Oldendorf
Espelkamp
Lübbecke
Hille
Petershagen
MINDEN
Stadthagen
Hüllhorst
Bissendorf
Georgsmarienhütte
Melle
Rödinghausen
Bünde
Kirchlengern
Bad Oeynhausen
Porta Westfalica
Bückeburg
Bad Eilsen
Obernkirchen
Hilter am Teutoburger Wald
Dissen am T. W.
Bad Laer
Bad Rothenfelde
Borgholzhausen
Spenge
Enger
Hiddenhausen
Löhne
Vlotho
Rinteln
HERFORD
Halle (Westfalen)
Werther (Westfalen)
BIELEFELD
BAD SALZUFLEN
Versmold
Sassenberg
Steinhagen
Harsewinkel
Leopoldshöhe
Lemgo
Dörentrup
Lage
Barntrup
Bad Pyrmont

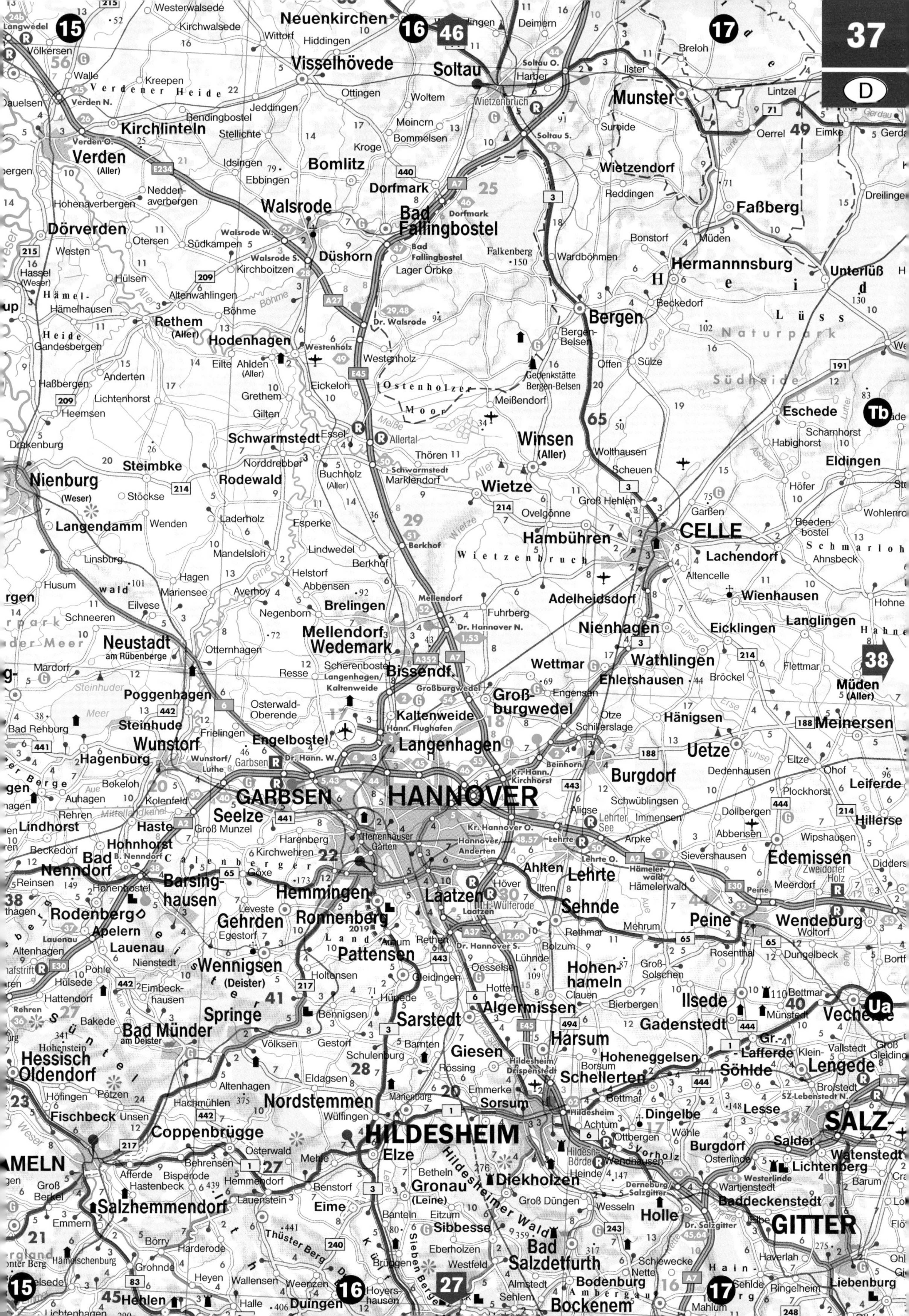
37
D
15
16
17
46
Neuenkirchen
Deimern
Breloh
Westerwalsede
Kirchwalsede
Langwedel
Wittorf
Hiddingen
Völkersen
Visselhövede
Soltau
Munster
Walle
Kreepen
Verdener Heide
Ilster
Lintzel
Verden N.
Jeddingen
Ottingen
Woltem
Wietzenbruch
Oerrel
Eimke
Gerdau
Dauelsen
Bendingbostel
Kirchlinteln
Stellichte
Moinern
Bommelsen
Soltau S.
Suroide
Verden O.
Verden
(Aller)
Kroge
Bomlitz
Idsingen
Ebbingen
Dorfmark
Wietzendorf
Hohenaverbergen
Nedden-averbergen
Walsrode
Reddingen
Faßberg
Dreilingen
Dörverden
Bad Fallingbostel
Walsrode W.
Ottersen
Südkampen
Walsrode S.
Kirchboitzen
Düshorn
Falkenberg
Lager Örbke
Wardböhmen
Bonstorf
Müden
Hermannnsburg
Unterlüß
Westen
Hassel
(Weser)
Hülsen
Altenwahlingen
Hämelhausen
Böhme
Bergen
Beckedorf
Rethem
(Aller)
Hodenhagen
Westenholz
Dr. Walsrode
Gandesbergen
Bergen-Belsen
Naturpark
Südheide
Lüss
Eilte
Ahlden
(Aller)
Offen
Sülze
Anderten
Haßbergen
Lichtenhorst
Grethem
Eickeloh
Ostenholzer Moor
Gedenkstätte Bergen-Belsen
Meißendorf
Eschede
Heemsen
Gilten
Scharnhorst
Habighorst
Drakenburg
Schwarmstedt
Essel
Allertal
Winsen
(Aller)
Wolthausen
Scheuen
Eldingen
Nienburg
(Weser)
Steimbke
Norddrebber
Thören
Buchholz
(Aller)
Marklendorf
Rodewald
Stöckse
Wietze
Groß Hehlen
Höfer
Wohlenrode
Langendamm
Wenden
Laderholz
Esperke
Ovelgönne
Garßen
Beedenbostel
Hambühren
CELLE
Lachendorf
Ahnsbeck
Schmarloh
Linsburg
Mandelsloh
Lindwedel
Berkhof
Wietzenbruch
Husum
Hagen
Mariensee
Helstorf
Abbensen
Altencelle
Wienhausen
Eilvese
Averhoy
Brelingen
Adelheidsdorf
Hohne
Schneeren
Negenborn
Mellendorf
Fuhrberg
Nienhagen
Eicklingen
Langlingen
Neustadt
am Rübenberge
Mellendorf
Wedemark
Dr. Hannover N.
Wathlingen
Mardorf
Otternhagen
Scherenbostel
Resse
Bissendorf
Wettmar
Ehlershausen
Bröckel
Flettmar
38
Müden
(Aller)
Poggenhagen
Langenhagen/Kaltenweide
Großburgwedel
Groß-burgwedel
Engensen
Steinhude
Osterwald-Oberende
Kaltenweide
Hann. Flughafen
Otze
Hänigsen
Meinersen
Bad Rehburg
Frielingen
Engelbostel
Schillerslage
Wunstorf
Hagenburg
Langenhagen
Uetze
Eltze
Garbsen
Dr. Hann. W.
Beinhorn
Burgdorf
Dedenhausen
Ohof
Leiferde
Bokeloh
Auhagen
Kolenfeld
Kr.-Hann./Kirchhorst
GARBSEN
HANNOVER
Schwüblingsen
Plockhorst
Seelze
Lehrter See
Immensen
Dollbergen
Hillerse
Lindhorst
Rehren
Haste
Groß Munzel
Aligse
Kr. Hannover O.
Abbensen
Wipshausen
Beckedorf
Hohnhorst
Harenberg
Herrenhäuser Gärten
Hannover/Anderten
Lehrte
Arpke
Sievershausen
Edemissen
Bad Nenndorf
Calenberger
Kirchwehren
Gōxe
Ahlten
Lehrte O.
Hämelerwald
Zweidorfer Holz
Didderse
Reinsen
Hohenbostel
Barsinghausen
Hemmingen
Laatzen
Höver
Ilten
Sehnde
Meerdorf
Rodenberg
Leveste
H-Wülferode
Peine
Wendeburg
Wolfort
Lauenau
Apelern
Gehrden
Egestorf
Ronnenberg
Arnum
Rethen
Rethmar
Mehrum
Altenhagen
Lauenau
Nienstedt
Pattensen
Dr. Hannover S.
Bolzum
Lühnde
Rosenthal
Dungelbeck
Pohle
Wennigsen
(Deister)
Holtensen
Oesselse
Hohen-hameln
Groß-Solschen
Bortfeld
Hülsede
Eimbeckhausen
Gleidingen
Hotteln
Ilsede
Bettmar
Hattendorf
Hüpede
Clauen
Bierbergen
Münstedt
Vechelde
Rehren
Springe
Bennigsen
Sarstedt
Algermissen
Gadenstedt
Bakede
Bad Münder
am Deister
Barnten
Harsum
Gr.-Lafferde
Vallstedt
Groß Gleidingen
Hohenstein
Hessisch Oldendorf
Völksen
Gestorf
Schulenburg
Giesen
Rössing
Hildesheim/Drispenstedt
Hoheneggelsen
Söhlde
Klein-Lafferde
Lengede
Borsum
Schellerten
Broistedt
Eldagsen
Emmerke
SZ-Lebenstedt N.
Höfingen
Pötzen
Altenhagen
Hachmühlen
Nordstemmen
Marienburg
Sorsum
Bettmar
Dingelbe
Lesse
Fischbeck
Unsen
Wülfingen
Hildesheim
Achtum
Wöhle
SALZ-
Coppenbrügge
HILDESHEIM
Ottbergen
Burgdorf
Salder
HAMELN
Osterwald
Mehle
Elze
Hildesheimer Börde
Wendhausen
Vorholz
Osterlinde
Watenstedt
Behrensen
Hemmendorf
Betheln
Diekholzen
Heinde
Westerlinde
Lichtenberg
Groß Berkel
Afferde
Hastenbeck
Bisperode
Benstorf
Gronau
(Leine)
Derneburg/Salzgitter
Wartjenstedt
Barum
Salzhemmendorf
Lauenstein
Eime
Hildesheimer Wald
Groß Düngen
Wesseln
Baddeckenstedt
Emmern
Banteln
Eitzum
Sibbesse
Holle
Dr. Salzgitter
GITTER
Börry
Thüster Berg
Siebenberge
Bad Salzdetfurth
Haverlah
Harderode
Eberholzen
Westfeld
Hämelschenburg
Grohnde
Brüggen
Schlewecke
Nette
Hain-berg
Heyen
Wallensen
Weenzen
Hoyershausen
Almstedt
Bodenburg
Sehlde
Ringelheim
Liebenburg
Hehlen
Halle
Duingen
Sehlen
Ambergau
Bockenem
Mahlum
27
Tb
Ua

38
D
Ebstorf
Uelzen
Rosche
Lüchow (Wendland)
Clenze
Suhlendorf
Holdenstedt
Suderburg
Wrestedt
Wieren
Wustrow
Salzwedel
Unterlüß
Bad Bodenteich
Hankensbüttel
Wittingen
Eldingen
Wahrenholz
Wesendorf
Brome
Klötze
Kalbe (Milde)
Langlingen
Müden (Aller)
Meinersen
Gifhorn
Westerbeck
Rühen
Gardelegen
Mieste
Isenbüttel
Weyhausen
WOLFSBURG
Oebisfelde
Leiferde
Hillerse
Calberlah
Velpke
Bahrdorf
Meine
Vordorf
Schwülper
Flechtorf
Groß Twülpstedt
Wenden
Waggum
Lehre
Weferlingen
Grasleben
BRAUNSCHWEIG
Volkmarode
Cremlingen
Vechelde
Broitzem
Königslutter am Elm
Mascherode
Sickte
Süpplingen
Helmstedt
Lengede
Stöckheim
Harbke
Wefensleben
SALZ-GITTER
WOLFENBÜTTEL
Büddenstedt
Schöppenstedt
Esbeck
Watenstedt
Denkte
Schöningen
Eilsleben
Hötensleben
Seehausen
Ausleben
Börßum
Klein Wanzleben
Hornburg
Schladen
Oschersleben /Bode
Haldensleben
Niederndodeleben

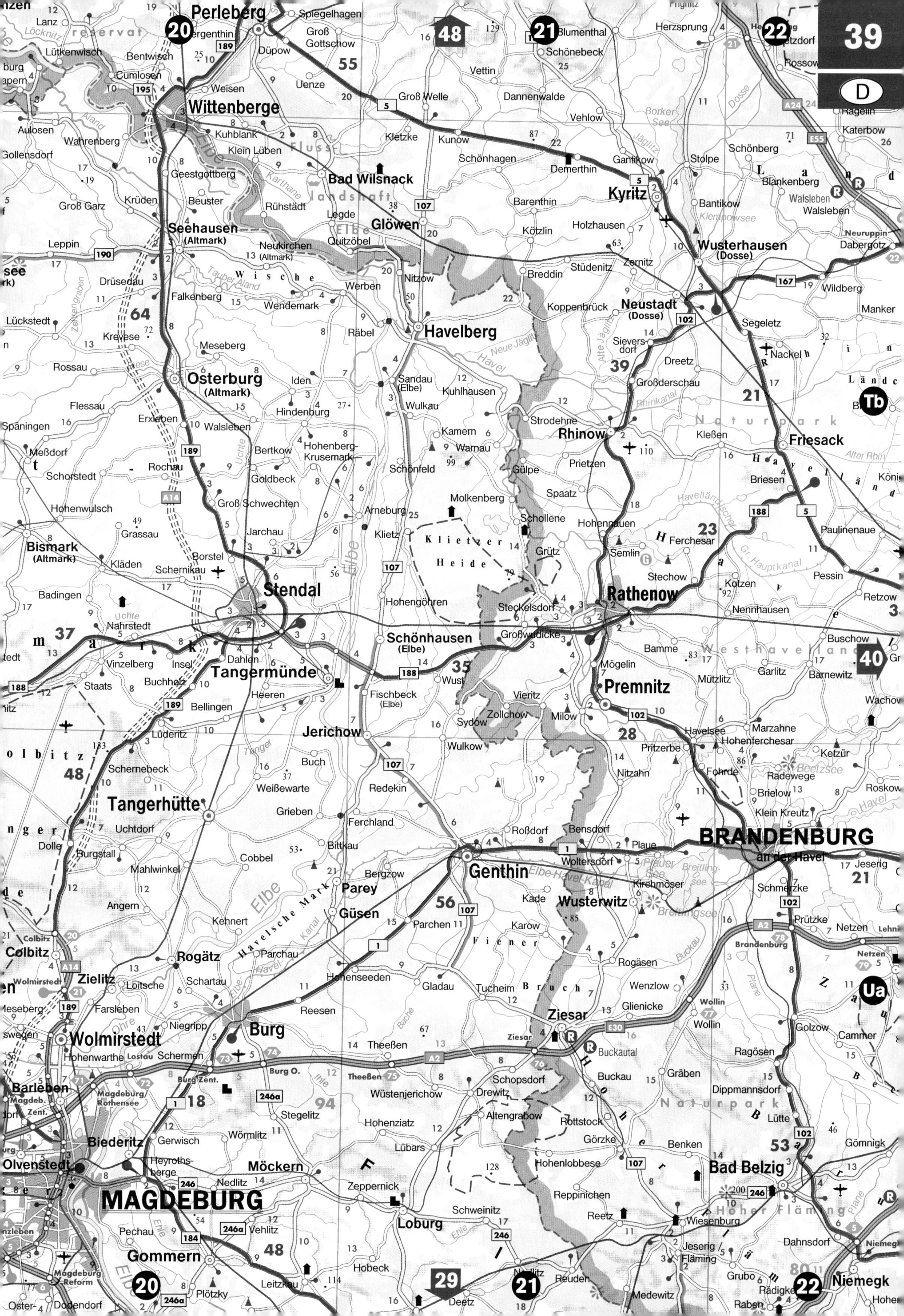

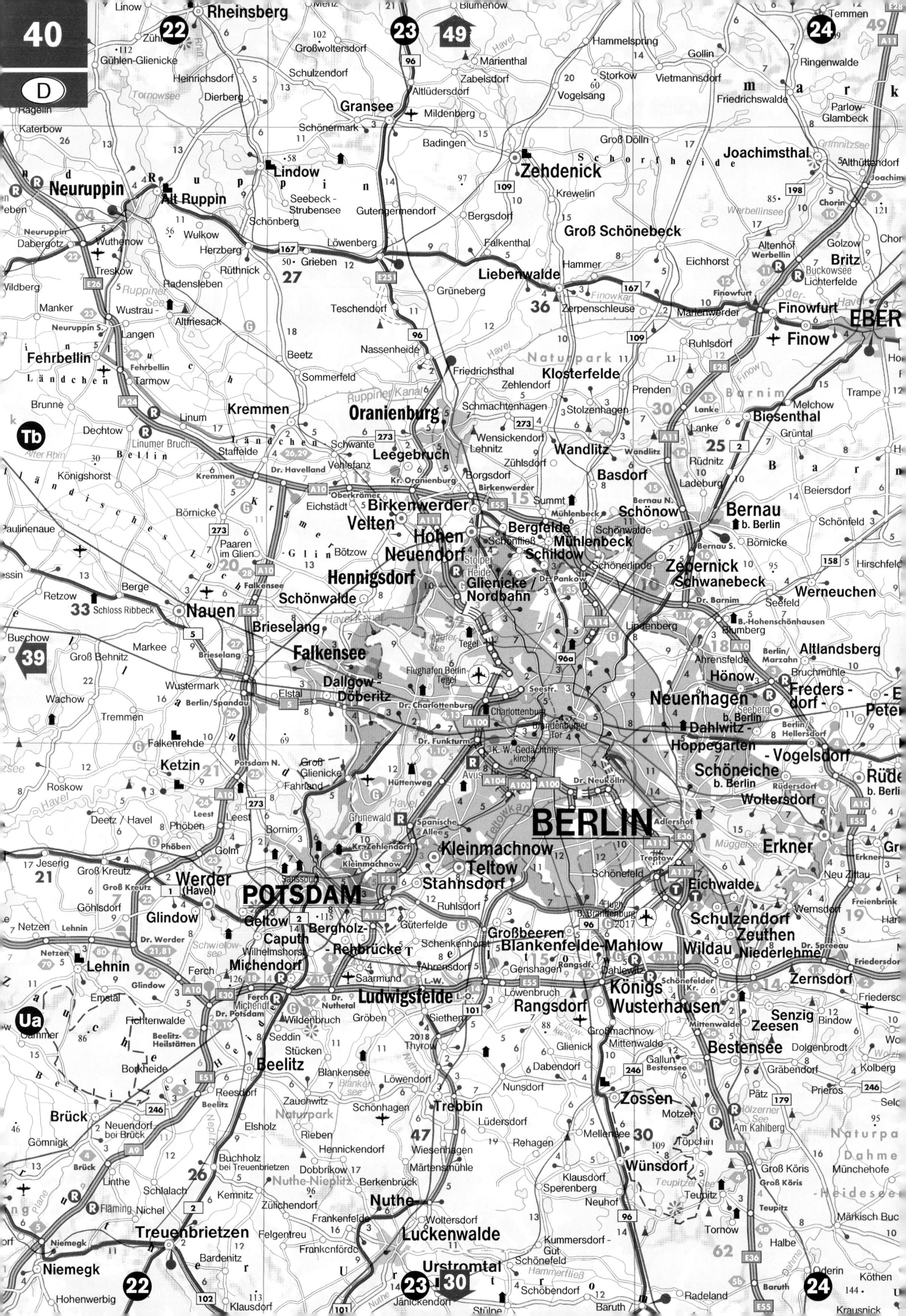
D
Rheinsberg
Gühlen-Glienicke
Großwoltersdorf
Blumenow
Marienthal
Hammelspring
Temmen
Ringenwalde
Gollin
Storkow
Vietmannsdorf
Friedrichswalde
Parlow-Glambeck
Heinrichsdorf
Dierberg
Schulzendorf
Zabelsdorf
Altlüdersdorf
Vogelsang
Gransee
Mildenberg
Schönermark
Badingen
Katerbow
Groß Dölln
Joachimsthal
Althüttendorf
Zehdenick
Lindow
Neuruppin
Alt Ruppin
Seebeck-Strubensee
Gutengermendorf
Bergsdorf
Krewelin
Schönberg
Wulkow
Herzberg
Löwenberg
Groß Schönebeck
Chorin
Dabergotz
Wuthenow
Treskow
Rüthnick
Grieben
Falkenthal
Hammer
Eichhorst
Altenhof
Golzow
Britz
Lichterfelde
Radensleben
Liebenwalde
Grüneberg
Zerpenschleuse
Marienwerder
Finowfurt
Eber
Manker
Wustrau-Altfriesack
Teschendorf
Langen
Finow
Nassenheide
Ruhlsdorf
Fehrbellin
Tarmow
Beetz
Sommerfeld
Friedrichsthal
Naturpark
Klosterfelde
Zehlendorf
Prenden
Trampe
Brunne
Kremmen
Oranienburg
Schmachtenhagen
Stolzenhagen
Melchow
Biesenthal
Linum
Dechtow
Schwante
Wensickendorf
Lehnitz
Wandlitz
Lanke
Grüntal
Staffelde
Leegebruch
Zühlsdorf
Rüdnitz
Königshorst
Vehlefanz
Borgsdorf
Basdorf
Ladeburg
Birkenwerder
Summt
Schönow
Bernau b. Berlin
Beiersdorf
Börnicke
Eichstädt
Velten
Hohen Neuendorf
Bergfelde
Mühlenbeck
Schönwalde
Schönfeld
Paulinenaue
Paaren im Glien
Bötzow
Schildow
Schönerlinde
Zepernick
Hirschfelde
Retzow
Berge
Hennigsdorf
Glienicke / Nordbahn
Schwanebeck
Werneuchen
Schloss Ribbeck
Nauen
Schönwalde
Seefeld
Brieselang
Lindenberg
Blumberg
Buschow
Markee
Groß Behnitz
Falkensee
Tegel
Ahrensfelde
Altlandsberg
Bruchmühle
Hönow
Dallgow-Döberitz
Flughafen Berlin-Tegel
Wustermark
Elstal
Neuenhagen
Fredersdorf
Wachow
Charlottenburg
Brandenburger Tor
Tremmen
Dahlwitz-Hoppegarten
Vogelsdorf
Falkenrehde
K.-W.-Gedächtniskirche
Ketzin
Groß Glienicke
Schöneiche b. Berlin
Rüdersdorf b. Berlin
Roskow
Fahrland
Hüttenweg
Woltersdorf
Deetz / Havel
Leest
Phöben
Grunewald
Spanische Allee
BERLIN
Adlershof
Erkner
Bornim
Golm
Kleinmachnow
Jeserig
Groß Kreutz
Werder (Havel)
Teltow
Schönefeld
Neu Zittau
POTSDAM
Stahnsdorf
Eichwalde
Göhlsdorf
Glindow
Geltow
Ruhlsdorf
Güterfelde
Schulzendorf
Wernsdorf
Netzen
Caputh
Bergholz-Rehbrücke
Großbeeren
Zeuthen
Wilhelmshorst
Schenkenhorst
Blankenfelde-Mahlow
Wildau
Niederlehme
Lehnin
Michendorf
Ferch
Saarmund
Ahrensdorf
Genshagen
Dahlewitz
Zernsdorf
Emstal
Ludwigsfelde
Löwenbruch
Rangsdorf
Königs Wusterhausen
Fichtenwalde
Nuthetal
Wildenbruch
Gröben
Siethen
Senzig
Bindow
Zeesen
Seddin
Thyrow
Glienick
Großmachnow
Mittenwalde
Bestensee
Dolgenbrodt
Stücken
Beelitz
Dabendorf
Gallun
Borkheide
Blankensee
Löwendorf
Gräbendorf
Kolberg
Reesdorf
Nunsdorf
Zossen
Prieros
Brück
Neuendorf bei Brück
Zauchwitz
Schönhagen
Trebbin
Motzen
Elsholz
Naturpark
Lüdersdorf
Pätz
Gömnigk
Rieben
Wiesenhagen
Rehagen
Mellensee
Töpchin
Am Kahlberg
Hennickendorf
Buchholz bei Treuenbrietzen
Dobbrikow
Märtensmühle
Wünsdorf
Groß Köris
Münchehofe
Linthe
Schlalach
Nuthe-Nieplitz
Berkenbrück
Klausdorf
Sperenberg
Teupitz
Kemnitz
Zülichendorf
Nuthe
Neuhof
Märkisch Buchholz
Fläming
Nichel
Frankenfelde
Woltersdorf
Tornow
Treuenbrietzen
Felgentreu
Luckenwalde
Kummersdorf-Gut
Halbe
Niemegk
Bardenitz
Frankenförde
Urstromtal
Schönefeld
Oderin
Köthen
Hohenwerbig
Klausdorf
Jänickendorf
Stülpe
Schöbendorf
Baruth
Radeland
Krausnick

D
PL
Schwedt / Oder
Angermünde
Chojna
Trzcińsko-Zdrój
Myślibórz
Lipiany
Cedynia
Moryń
Oderberg
Bad Freienwalde (Oder)
Mieszkowice
Dębno
Boleszkowice
Wriezen
Letschin
Neuhardenberg
Kostrzyn n. Odrą
Słońsk
Witnica
Strausberg
Seelow
Müncheberg
Górzyca
Ośno Lubuskie
Fürstenwalde (Spree)
FRANKFURT / ODER
Słubice
Rzepin
Bad Saarow
Storkow
Müllrose
Brieskow - Finkenheerd
Beeskow
Eisenhüttenstadt
Cybinka
Krzywin
Odra
Oder
Lebus
Märkische Schweiz
Naturpark

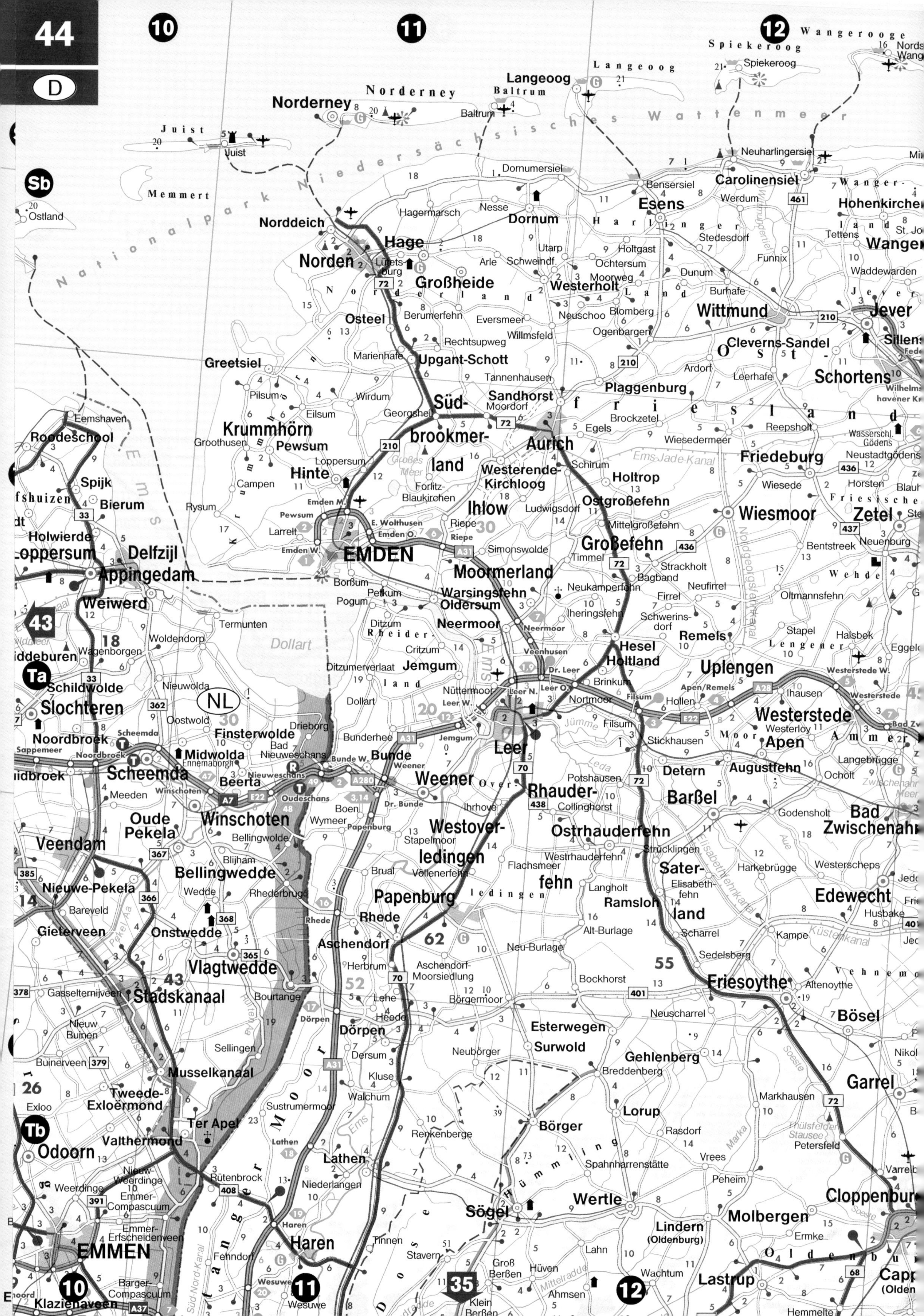
Wangerooge
Spiekeroog
Langeoog
Norderney
Baltrum
Juist
Memmert
Ostland
Nationalpark Niedersächsisches Wattenmeer
Neuharlingersiel
Dornumersiel
Bensersiel
Carolinensiel
Esens
Harlinger Land
Hohenkirchen
Tettens
Wangerland
Norddeich
Hagermarsch
Nesse
Dornum
Hage
Norden
Lütetsburg
Arle
Schweindorf
Utarp
Holtgast
Ochtersum
Stedesdorf
Funnix
Waddewarden
Großheide
Westerholt
Moorweg
Burhafe
Dunum
Werdum
Norderland
Osteel
Berumerfehn
Eversmeer
Neuschoo
Blomberg
Wittmund
Jever
Ogenbargen
Willmsfeld
Rechtsupweg
Cleverns-Sandel
Sillenstede
Marienhafe
Upgant-Schott
Tannenhausen
Ardorf
Leerhafe
Schortens
Ostfriesland
Greetsiel
Pilsum
Wirdum
Georgsheil
Südbrookmerland
Sandhorst
Moordorf
Plaggenburg
Brockzetel
Eemshaven
Eilsum
Krummhörn
Pewsum
Groothusen
Aurich
Egels
Wiesedermeer
Reepsholt
Roodeschool
Loppersum
Hinte
Großes Meer
Schirum
Ems-Jade-Kanal
Friedeburg
Neustadtgödens
Spijk
Campen
Forlitz-Blaukirchen
Westerende-Kirchloog
Holtrop
Wiesede
Horsten
Bierum
Rysum
Ihlow
Ludwigsdorf
Ostgroßefehn
Wiesmoor
Friesische Wehde
Zetel
Holwierde
Larrelt
Emden
Riepe
Simonswolde
Mittelgroßefehn
Großefehn
Timmel
Bentstreek
Neuenburg
Delfzijl
Appingedam
Borßum
Pogum
Petkum
Moormerland
Warsingsfehn
Oldersum
Strackholt
Bagband
Neukamperfehn
Neufirrel
Firrel
Oltmannsfehn
Weiwerd
Termunten
Dollart
Ditzum
Rheiderland
Neermoor
Iheringsfehn
Schwerinsdorf
Remels
Stapel
Halsbek
Lengener Meer
Woldendorp
Critzum
Jemgum
Veenhusen
Hesel
Holtland
Uplengen
Wagenborgen
Siddeburen
Ditzumerverlaat
Nüttermoor
Brinkum
Westerstede
Ihausen
Nieuwolda
Schildwolde
Slochteren
Oostwold
NL
Finsterwolde
Drieborg
Bunderhee
Bunde
Leer
Nortmoor
Filsum
Hollen
Stickhausen
Westerloy
Apen
Ammerland
Noordbroek
Sappemeer
Hoogezand
Scheemda
Midwolda
Ennemaborgh
Bad Nieuweschans
Weener
Detern
Augustfehn
Langebrügge
Ocholt
Zwischenahner Meer
Meeden
Beerta
Oudeschans
Potshausen
Rhauderfehn
Collinghorst
Barßel
Godensholt
Bad Zwischenahn
Oude Pekela
Winschoten
Boen
Wymeer
Ihrhove
Westoverledingen
Ostrhauderfehn
Veendam
Bellingwolde
Stapelmoor
Westrhauderfehn
Strücklingen
Saterland
Harkebrügge
Westerscheps
Blijham
Bellingwedde
Flachsmeer
Völlenerfehn
Nieuwe-Pekela
Wedde
Rhederbrug
Brual
Papenburg
Overledingen
Langholt
Ramsloh
Elisabethfehn
Edewecht
Bareveld
Rhede
Husbäke
Gieterveen
Onstwedde
Aschendorf
Alt-Burlage
Scharrel
Kampe
Küstenkanal
Neu-Burlage
Sedelsberg
Vlagtwedde
Herbrum
Aschendorf-Moorsiedlung
Friesoythe
Altenoythe
Stadskanaal
Gasselternijveen
Bourtange
Lehe
Börgermoor
Bockhorst
Neuscharrel
Bösel
Nieuw Buinen
Dörpen
Heede
Esterwegen
Surwold
Sellingen
Dersum
Neubörger
Gehlenberg
Breddenberg
Buinerveen
Musselkanaal
Kluse
Walchum
Garrel
Markhausen
Exloo
Tweede-Exloërmond
Sustrumermoor
Lorup
Ter Apel
Valthermond
Odoorn
Lathen
Renkenberge
Börger
Rasdorf
Thülsfelder Stausee
Petersfeld
Hümmling
Spahnharrenstätte
Vrees
Nieuw-Weerdinge
Weerdinge
Rütenbrock
Niederlangen
Peheim
Emmer-Compascuum
Wertle
Cloppenburg
Molbergen
Sögel
Emmer-Erscheidenveen
Haren
Tinnen
Lindern (Oldenburg)
Ermke
Emmen
Fehndorf
Stavern
Lahn
Oldenburger Münsterland
Groß Berßen
Hüven
Wachtum
Lastrup
Barger-Compascuum
Wesuwe
Ahmsen
Klein Berßen
Hemmelte
Klazienaveen
Dosenmoor
Tange Moor
Süd-Nord-Kanal
Mittelradde
Marka
Soeste
Aue
Leda
Jümme
Nordgeorgsfehnkanal
Elisabethfehnkanal
Ems
Dollart
Emden W.
Emden M.
Emden O.
E. Wolthusen
Leer N.
Leer O.
Leer W.
Dr. Leer
Neermoor
Jemgum
Weener
Dr. Bunde
Bunde W.
Nieuweschans
Papenburg
Rhede
Lathen
Haren
Dörpen
Wesuwe
Westerstede W.
Westerstede
Apen/Remels
Filsum
Riepe
A31
A28
A280
A7
A37
E22
72
210
461
436
437
438
401
70
68
33
362
367
366
368
365
385
378
379
391
408
43
35
10
11
12
Sb
Ta
Tb

Gr. Knechtsand
Niedersächsisches
Wattenmeer
Oldoog
Mellum
Jade
Jadebusen
Außenweser
Horumersiel
Hooksiel
Fedderwarden
Voslapp
Fedderwardergroden
WILHELMS-
HAVEN
Sande
Cäciliengroden
Dangast
Langwarden
Tossens
Burhave
Butjadingen
Waddens
Eckwarden
Stollhamm
Einswarden
Blexen
Nordenham
Abbehausen
Seefeld
Esenshamm
Kleinensiel
Stadland
Rodenkirchen
Schwei
Süderschweiburg
Borgstede
Varel/Bockhorn
Bockhorn
Varel
Obenstrohe
Varel/Obenstrohe
Altjührden
Jaderberg
Jade
Neustadt
Ovelgönne
Jaderaltendeich
Südbollenhagen
Brake
Mittelort
Spohle
Lehmden
Hahn/Lehmden
Wiefelstede
Rastede
Großenmeer
Niederhörne
Loy
Gristede
Borbeck
Bardenfleth
Elsfleth
Neuenkruge
Wehnen
Huntorf
Huntebrück
Berne
Oldenburg N.
Oldenburg/Ohmstede
Oldenbg.-Wechloy
Dr. Oldenburg W.
Petersfehn
OLDENBURG
Moslesfehn
Achternmeer
Wardenburg
Wüsting
Tweelbäke Ost
Hude
Altmoorhausen
Benthullen
Sandkrug
Hatten
Littel
Westerburg
Kirchhatten
Sandhatten
Huntlosen
Naturpark
Großenkneten
Dötlingen
Sage
Ahlhorn
Wildeshausen
Wildeshausen-W.
Wildeshausen N.
Hölinghausen
Ahlhorner Heide
Dr. Ahlhorner H.
Emstek
Visbek
Rechterfeld
Kleinenkneten
Cloppenburg
Schneiderkrug
Wöstendöllen
Langförden
Geest
Wildeshauser
Berensch
CUXHAVEN
Altenwalde
Altenbruch
Nordholz
Lüdingworth
Otterndorf
Belum
Neuhaus
Cadenberge
Oberndorf
Wingst
Dobrock
Osten
Hemmoor
Neuenkirchen
Nordleda
Bülkau
Ihlienworth
Wanna
Wanhöden
Cappel
Midlum
Dorum
Holßel
Krempel
Odisheim
Ahlenmoor
Neuenwalde
Sievern
Wremen
Langen
Debstedt
Flögeln
Stinstedt
Mittelstenahe
Bad Bederkesa
Lamstedt
Klint
Drangstedt
Elmlohe
Lintig
Kührstedt
Bremerhaven/Überseehäfen
Spaden
BREMERHAVEN
Bremerhaven M.
Schiffdorf
Brhvn./Geestemünde
Sellstedt
Großenhain
Ringstedt
Köhlen
Armstorf
Alfstedt
Ebersdorf
Nieder Ochtenhausen
Auf dem Löh
Bremerh./Wulsdf.
Bexhövede
Wehdel
Frelsdorf
Bremerh. S.
Dedesdorf
Loxstedt
Heerstedt
Hipstedt
Oerel
Bremervörde
Stotel
Lunestedt
Beverstedt
Basdahl
Kirchwistedt
Minstedt
Bevern
Hesedorf
Rechtenfleth
Bokel
Stubben
Hagen
Sandstedt
Hagen im Bremischen
Bramstedt
Oldendorf
Holste
Kuhstedt
Gnarrenburg
Selsingen
Ober Ochtenhausen
Axstedt
Lübberstedt
Karlshöfen
Osterstade
Rechtebe
Uthlede
Wulsbüttel
Hambergen
Ohlenstedt
Vollersode
Rhade
Meyenburg
Garlstedt
Teufelsmoor
Sandhausen
Ostersode
Breddorf
Ostereistedt
Rade
Osterholz-Scharmbeck
Hüttenbusch
Hepstedt
Badenstedt
Neuenkirchen
Schwanewede
Kirchtimke
Worpswede
Tarmstedt
Westertimke
Blumenthal
HB-Rönnebeck
Brundorf
Stendorf
Scharmbeckstotel
Weyerberg
Worphausen
Wilstedt
Steinfeld
Vegesack
Ihlpohl
HB-Nord
Ritterhude
Lesum
Lemwerder
Neuenkoop
Frankenburg
Trupermoor
Grasberg
Vorwerk
Dr. Bremen/Industriehäfen
Lilienthal
Taaken
Otterstedt
Bardewisch
Altenesch
BREMEN
HB-Burg-Grambke
Fischerhude
Ottersberg
Wümmewiesen
Stuckenborstel
Sottrum
Seehausen
HB-Seehausen
Bremen/Überseestadt
Bremen-Horn/Lehe
Deichhausen
Bookholzberg
Schierbrok
Kirchkimmen
Falkenburg
Hasbergen
DELMEN-HORST
Huchting
HB-Strom
Bremen/Vahr
Bremen/Sebaldsbrück
Oyten
Posthausen
Grundbergsee
Hasbruch
Ganderkesee
Ganderkesee-Ost
Stuhr
Arsten
Bremer Kr.
Bassen
Immer
Holzkamp
Dr. Delmenhorst
Brinkum
HB-Brinkum
Dreye
Uphusen
Achim
Achim N.
Etelsen
Völkersen
Neerstedt
Hengsterholtz
Gr. Ippener
Groß Mackenstedt
Dr.Stuhr
Seckenhausen
Leeste
Kirchweyhe
Riede
Thedinghausen
Langwedel
Goldbach
Morsum
Daulsen
Groß Ippener
Fahrenhorst
Weyhe
Horstedt
Barrien
Harpstedt
Ristedt
Dünsen
Okel
Emtinghausen
Blender
Verden (Aller)
Nordwohlde
Syke
Gödestorf
Heiligenfelde
Schwarme
Wahnebergen
Winkelsett
Reckum
Holzhausen
Beckeln
Colnrade
Bramstedt
Süstedt
Uenzen
Martfeld
Magelsen
Bassum
Neubruchhausen
Hilgermissen
Dörverden
Bruchhausen-Vilsen
Twistringen
Apelstedt
Natenstedt
Hoya (Weser)
Westen
Weser
Hunte

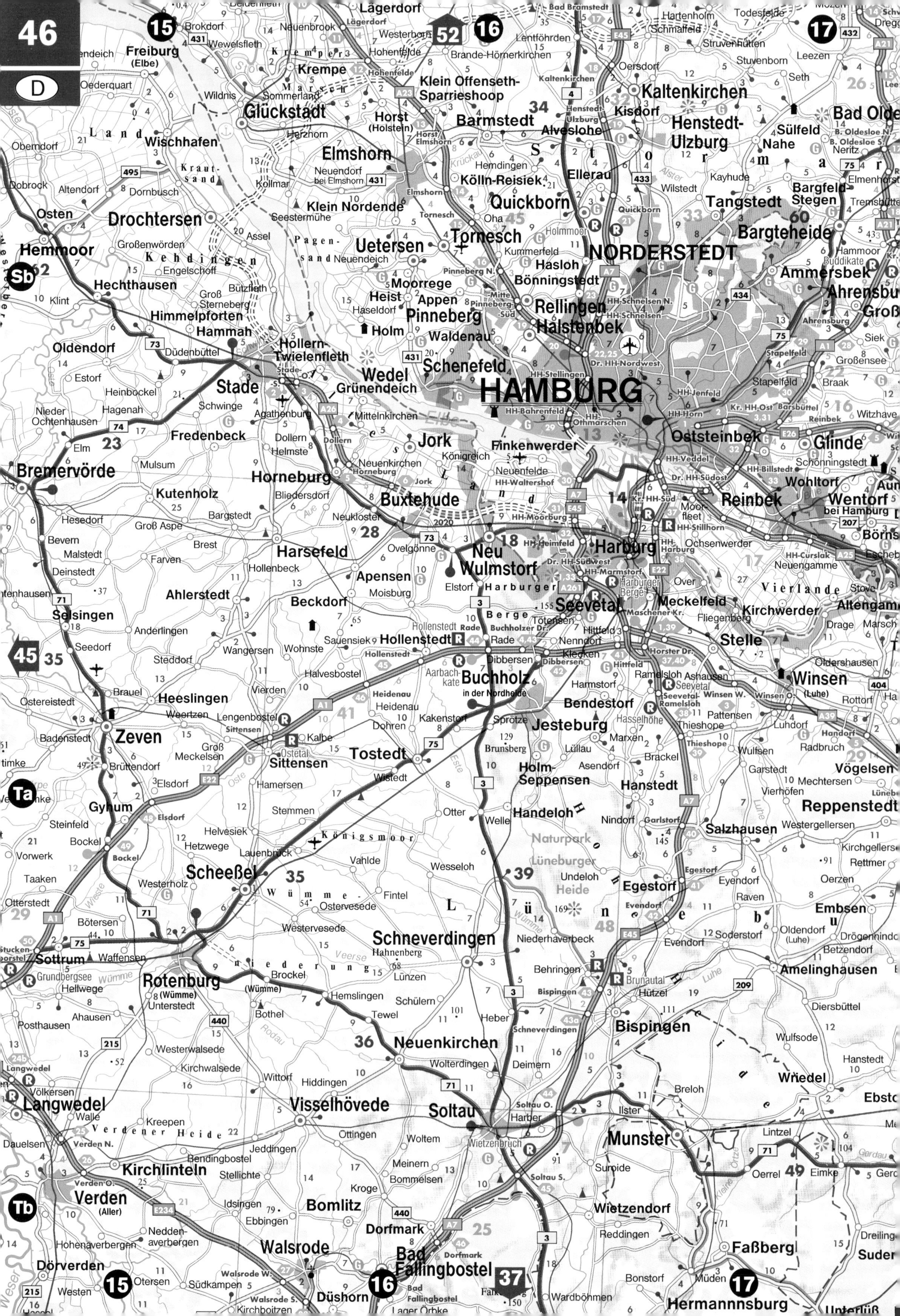
D
Brokdorf
Freiburg (Elbe)
Wewelsfleth
Neuenbrook
Lägerdorf
Westerhorn
Hohenfelde
Lentföhrden
Brande-Hörnerkirchen
Bad Bramstedt
Hartenholm
Schmalfeld
Struvenhütten
Todesfelde
Stuvenborn
Leezen
Krempe
Oersdorf
Seth
Oederquart
Wildnis
Sommerland
Glückstadt
Klein Offenseth-Sparrieshoop
Horst (Holstein)
Barmstedt
Kaltenkirchen
Kisdorf
Henstedt-Ulzburg
Alveslohe
Sülfeld
Nahe
Bad Oldesloe
Oberndorf
Wischhafen
Herzhorn
Elmshorn
Hemdingen
Ellerau
Neritz
Elmenhorst
Neuendorf bei Elmshorn
Kollmar
Kölln-Reisiek
Wilstedt
Kayhude
Bargfeld-Stegen
Dobrock
Altendorf
Dornbusch
Klein Nordende
Quickborn
Tangstedt
Tremsbüttel
Osten
Drochtersen
Seestermühe
Oha
Bargteheide
Hemmoor
Großenwörden
Assel
Uetersen
Tornesch
Holmmoor
Kummerfeld
Hasloh
NORDERSTEDT
Hammoor
Ammersbek
Engelschoff
Hechthausen
Neuendeich
Moorrege
Heist
Appen
Bönningstedt
Ahrensburg
Klint
Groß Sterneberg
Bützfleth
Haseldorf
Pinneberg
Rellingen
Halstenbek
Himmelpforten
Hammah
Holm
Waldenau
Siek
Oldendorf
Düdenbüttel
Hollern-Twielenfleth
Schenefeld
Großensee
Estorf
Stade
Wedel
Grünendeich
HAMBURG
Stapelfeld
Braak
Heinbockel
Schwinge
Agathenburg
Mittelnkirchen
Elbe
Witzhave
Nieder Ochtenhausen
Hagenah
Fredenbeck
Dollern
Jork
Finkenwerder
Oststeinbek
Glinde
Elm
Helmste
Königreich
Neuenfelde
Bremervörde
Mulsum
Horneburg
Neuenkirchen
Schönningstedt
Wohltorf
Kutenholz
Bliedersdorf
Buxtehude
Reinbek
Wentorf bei Hamburg
Hesedorf
Groß Aspe
Bargstedt
Neukloster
Moorfleet
Bevern
Malstedt
Brest
Harsefeld
Ovelgönne
Neu Wulmstorf
Harburg
Ochsenwerder
Börnsen
Deinstedt
Farven
Hollenbeck
Apensen
Elstorf
Neuengamme
Vierlande
Ahlerstedt
Beckdorf
Moisburg
Seevetal
Meckelfeld
Kirchwerder
Altengamme
Selsingen
Anderlingen
Sauensiek
Hollenstedt
Rade
Totensen
Hittfeld
Fliegenberg
Drage
Marschacht
Seedorf
Wangersen
Wohnste
Nenndorf
Stelle
Steddorf
Dibbersen
Klecken
Oldershausen
Winsen (Luhe)
Halvesbostel
Buchholz in der Nordheide
Ramelsloh
Ashausen
Brauel
Heeslingen
Vierden
Aarbachkate
Harmstorf
Ostereistedt
Weertzen
Lengenbostel
Heidenau
Bendestorf
Rottorf
Zeven
Kalbe
Dohren
Kakenstorf
Sprötze
Jesteburg
Pattensen
Thieshope
Luhdorf
Badenstedt
Groß Meckelsen
Sittensen
Tostedt
Brunsberg
Marxen
Lüllau
Wulfsen
Radbruch
Brüttendorf
Elsdorf
Hamersen
Wistedt
Holm-Seppensen
Asendorf
Brackel
Garstedt
Vögelsen
Gyhum
Hanstedt
Mechtersen
Vierhöfen
Reppenstedt
Steinfeld
Stemmen
Otter
Welle
Handeloh
Nindorf
Salzhausen
Westergellersen
Bockel
Helvesiek
Hetzwege
Königsmoor
Naturpark Lüneburger Heide
Vorwerk
Lauenbrück
Kirchgellersen
Rettmer
Taaken
Vahlde
Wesseloh
Undeloh
Eyendorf
Oerzen
Scheeßel
Westerholz
Egestorf
Raven
Otterstedt
Fintel
Embsen
Ostervesede
Bötersen
Westervesede
Niederhaverbeck
Soderstorf
Oldendorf (Luhe)
Drögennindorf
Sottrum
Waffensen
Schneverdingen
Hahnenberg
Evendorf
Betzendorf
Grundbergsee
Hellwege
Rotenburg (Wümme)
Brockel
Lünzen
Behringen
Amelinghausen
Unterstedt
Hemslingen
Schülern
Brunautal
Hützel
Ahausen
Bothel
Tewel
Heber
Diersbüttel
Posthausen
Bispingen
Westerwalsede
Kirchwalsede
Neuenkirchen
Wolterdingen
Deimern
Wulfsode
Hanstedt
Langwedel
Völkersen
Wittorf
Hiddingen
Breloh
Wriedel
Walle
Visselhövede
Soltau
Harber
Ilster
Kreepen
Verdener Heide
Ottingen
Woltem
Wietzenbruch
Munster
Lintzel
Dauelsen
Bendingbostel
Jeddingen
Kirchlinteln
Stellichte
Meinern
Bommelsen
Suroide
Oerrel
Eimke
Verden (Aller)
Kroge
Idsingen
Ebbingen
Bomlitz
Wietzendorf
Nedden-averbergen
Hohenaverbergen
Dorfmark
Reddingen
Dreilingen
Walsrode
Bad Fallingbostel
Faßberg
Suderburg
Dörverden
Otersen
Südkampen
Westen
Düshorn
Bonstorf
Müden
Wardböhmen
Hermannsburg
Unterlüß
Kirchboitzen

47
D
Lübeck
Stockelsdorf
Reinfeld (Holstein)
Wismar
Grevesmühlen
Lüdersdorf
Schönberg
Groß Grönau
Dorf Mecklenburg
Rehna
Bad Kleinen
Ratzeburg
Gadebusch
Schwerin
Mölln
Lauenburg
Zarrentin
Wittenburg
Hagenow
Schwarzenbek
Büchen
Geesthacht
Lauenburg (Elbe)
Boizenburg (Elbe)
Neustadt-Glewe
Ludwigslust
Lübtheen
Adendorf
Scharnebeck
Bleckede
Lüneburg
Neetze
Dahlenburg
Grabow
Bienenbüttel
Neu Kaliß
Dömitz
Hitzacker
Bad Bevensen
Dannenberg (Elbe)
Lenzen
Rosche
Lüchow (Wendland)
Uelzen
Clenze
Suhlendorf
Wustrow
Holdenstedt
Wrestedt
Wieren
Arendsee
Naturpark Lauenburgische Seen
Naturpark Elbufer-Drawehn
Griese Gegend
Wendland
Elbe
A24
A20
A14
A39
E22
E26

Zürow
Fuchsberg
Gnemern
Schwaan
Boddin
Dölitz
Benz
Neukloster
Sien
Bernitt
Penzin
Selow
Hohen Sprenz
Laage
Prebberede
Remlin
Zurow
Babst
Kurzen-Trechow
Mistorf
Weitendorf
Liessow
Neu-Heinde
Neukloster
Göllin
Bützow
Diekhof
Groß-Wüstenfelde
Jördenstorf
Reinstorf
Neukloster See
Katelbogen
Wolken
Kuhs
Recknitz-Niederung
Mecklenburgische Schweiz
Lelkendorf
Schimm
Qualitz
Gülzow
Glasewitz
Plaaz
Warnkenhagen
Thürkow
Jesendorf
Warin
Mankmoos
Rühn
Baumgarten
Dalkendorf
Alt Sührkow
Bibow
Naturpark
Zernin
Güstrow
Teterow
Ventschow
Blankenberg
Groß Labenz
Warnow
Tarnow
Klueß
Wattmannshagen
Bad Kleinen
Groß Görnow
Boitin
Bülow
Vietgest
Langen Jarchow
Sternberger
Prüzen
Gutow
Lalendorf
Retgendorf
Groß Raden
Groß Wokern
Brüel
Kuhlen
Hoppenrade
Lübsee
Hohen Demzin
Liessow
Weitendorf bei Brüel
Witzin
Zehna
Sternberg
Cambs
Seenland
Mustin
Charlottenthal
Burg Schlitz
Malchiner See
Basedow
Cambser See
Jülchendorf
Lohmen
Groß Tessin
Kuchelmiß
Langhagen
Ziddorf
Langen Brütz
Kobrow
Borkow
Krakow
Rothenmoor
Weberin
Dabel
Krakow am See
Krakower See
Moltzow
Schwinkendorf
Venzkow
Demen
Linstow
Vollrathsruhe
Gädebehn
Hohen Pritz
Dobbertin
Bossow
Hohen Wangelin
Pinnow
Barniner See
Prestin
Techentin
Goldberg
Goldberger See
Dobbin
Nossentiner
Schweriner See
Crivitz
Wessin
Groß Niendorf
Mestlin
Wendisch Waren
Alt Gaarz
Alt Schönau
Plate
Zölkow
Diestelow
Drewitzer See
Schwinzer Heide
Grabowhöfe
Sukow
Friedrichsruhe
Herzberg
Karow
Nossentiner Hütte
Tramm
Ruthenbeck
Benthen
Jabel
Banzkow
Grebbin
Granzin
Passow
Gallin
Alt Schwerin
Domsühl
Fleesensee
Kölpinsee
Goldenstädt
Raduhn
Darze
Lübz
Plauerhagen
Plau am See
Malchow
Göhren-Lebbin
Klink
Matzlow-Garwitz
Kritzow
Barkow
Plauer See
Friedrichsmoor
Rom
Waren
Grüssow
Roez
Damm
Parchim
Slate
Walow
Wöbbelin
Spornitz
Kreien
Gnevsdorf
Kogel
Neustadt-Glewe
Karbow-Vietlübbe
Stuer
Brenz
Stolpe
Groß Godems
Siggelkow
Redlin
Retzow
Ganzlin
Rogeez
Leizen
Röbel (Müritz)
Blievenstorf
Tessenow
Altenhof
Groß Laasch
Karrenzin
Jännersdorf
Wendisch Priborn
Ludwigslust
Herzfeld
Krempendorf
Jaebetz
Vipperow
Muchow
Marnitz
Stepenitz
Meyenburg
Massow
Wredenhagen
Ziegendorf
Suckow
Telschow-Weitgendorf
Freyenstein
Zierzow
Ruhner Berge
Frehne
Buchholz
Prislich
Brunow
Kieve
Grabow
Kremmin
Putlitz
Dambeck
Berge
Hülsebeck
Halenbeck
Wulfersdorf
Sewekow
Groß Warnow
Reckenzin
Preddöhl
Dadow
Triglitz
Dallmin
Lockstädt
Falkenhagen
Prignitz
Pröttlin
Gülitz
Zaatzke
Dranse
Garlin
Tacken
Steffenshagen
Maulbeerwalde
Biesen
Dargardt
Blüthen
Reetz
Sadenbeck
Steesow
Mellen
Karstädt
Kuhbier
Pritzwalk
Schweinrich
Wittstock /Dosse
Flecken Zechlin
Groß Buchholz
Wolfshagen
Kemnitz
Heiligengrabe
Mankmuß
Nausdorf
Premslin
Dossow
Rudower See
Laaslich
Groß Pankow
Blandikow
Ferbitz
Quitzow
Retzin
Mesendorf
Gadow
Perleberg
Spiegelhagen
Herzsprung
Lanz
Löcknitz
Dergenthin
Groß Gottschow
Blumenthal
Fretzdorf
Lütkenwisch
Bentwisch
Düpow
Schönebeck
Rossow
Kapern
Cumlosen
Vettin
Weisen
Uenze
Wittenberge
Groß Welle
Dannenwalde
Rägelin
Aulosen
Kuhblank
Vehlow
Borker See
Katerbow
Wahrenberg
Klein Lüben
Kletzke
Kunow
Schönberg
Gollensdorf
Geestgottberg
Schönhagen
Demerthin
Gantikow
Stolpe
Blankenberg
Bad Wilsnack
Walsleben
Beuster
Rühstädt
Barenthin
Kyritz
Bantikow
Krüden
Groß Garz
Legde
Glöwen
Holzhausen
Seehausen (Altmark)
Quitzöbel
Köllin
Wusterhausen (Dosse)
Leppin
Neukirchen (Altmark)
Stüdenitz
Zernitz

Dargun
Demmin
Jarmen
Gützkow
Anklam
Wotenick
Zarnekow
Vorwerk
Kletzin
Tutow
Siedenbrünzow
Völschow
Schmatzin
Groß Polzin
Stolpe
Liepen
Neetzow
Ziethen
Rubkow
Klein Bünzow
Murchin
Lassan
Buggenhagen
Zecherin
Gnevezin
Usedomer See
Naturpark
Peene
Verchen
Utzedel
Neukalen
Kummerower See
Meesiger
Beggerow
Hohenbrünzow
Hohenmocker
Borrentin
Golchen
Bartow
Krien
Medow
Postlow
Blesewitz
Pelsin
Neuenkirchen
Bugewitz
Leopoldshagen
Neu Kosenow
Breest
Japenzin
Spantekow
Großer Landgraben
Törpin
Kummerow
Malchin
Grammentin
Lindenberg
Altenhagen
Gültz
Kriesow
Tützpatz
Klatzow
Schwanbeck
Sarnow
Rathebur
Ducherow
Schwerinsburg
Boldekow
Löwitz
Altwigshagen
Werder
Altentreptow
Reuterstadt Stavenhagen
Wolde
Reinberg
Groß Teetzleben
Brunn
Roggenhagen
Salow
Friedland
Sandhagen
Schwichtenberg
Ferdinandshof
Friedländer Große Wiese
Jürgenstorf
Ritzerow
Faulenrost
Kittendorf
Briggow
Rosenow
Wildberg
Neddemin
Lübbersdorf
Wilhelmsburg
Heinrichsruh
Galenbecker See
Am Stettiner Haff
Wittenborn
Heinrichswalde
Zirzow
Neverin
Sadelkow
Varchentin
Möllen
Neubrandenburg
Warlin
Schönbeck
Brohmer Berge
Rothemühl
Jatznick
Groß Gievitz
Lehsten
Weitin
Wulkenzin
Groß Plasten
Klein Plasten
Möllenhagen
Pragsdorf
Cölpin
Neetzka
Groß Miltzow
Schönhausen
Blumenhagen
Belling
Pasewalk
Strasburg
Papendorf
Tollensesee
Penzlin
Dewitz
Leppin
Alt Käbelich
Helpter Berge
Groß Vielen
Burg Stargard
Woldegk
Mildenitz
Wilsickow
Ankershagen
Groß Nemerow
Teschendorf
Hinrichshagen
Fahrenholz
Werbelow
Prillwitz
Peckatel
Hohenzieritz
Kratzeburg
Usadel
Loitz
Quadenschönfeld
Wolfshagen
Jagow
Nationalpark
Blankensee
Göhren
Schlepkow
Göritz
Blumenholz
Bredenfelde
Bandelow
Boek
Müritz
Rollenhagen
Möllenbeck
Kraatz
Fürstenwerder
Schönwerder
Neustrelitz
Blankenförde
Naturpark
Dolgen
Schapow
Dedelow
Prenzlau
Carpin
Wittenhagen
Userin
Strelitz Alt
Goldenbaum
Feldberg
Schönermark
Grünow
Roggentin
Groß Quassow
Fürstensee
Feldberger Seenlandschaft
Carwitzer See
Gollmitz
Güstow
Triepkendorf
Mirow
Wesenberg
Wokuhl
Boitzenburg
Röpersdorf
Bietikow
Starsow
Zirtow
Peetsch
Ahrensberg
Hardenbeck
Beenz
Unteruckersee
Hohengüstow
Dabelow
Uckermark
Schwarz
Wustrow
Lychen
Naturpark
Uckermärkische Seen
Warthe
Haßleben
Potzlow
Blankenburg
Canow
Diemitz
Strasen-Priepert
Himmelpfort
Fürstenberg /Havel
Mittenwalde
Oberuckersee
Gandenitz
Petznick
Gerswalde
Zechlinerhütte
Neuglobsow
Densow
Flieth
Warnitz
Stechlin-Ruppiner Land
Bredereiche
Templin
Stegelitz
Milmersdorf
Biesenbrow
Pfingstberg
Wilmersdorf
Rheinsberg
Linow
Menz
Blumenow
Temmen
Greiffenberg
Zühlen
Gühlen-Glienicke
Großwoltersdorf
Dannenwalde
Hammelspring
Gollin
Ringenwalde
Marienthal
Heinrichsdorf
Schulzendorf
Storkow
Vietmannsdorf
Zabelsdorf
Altlüdersdorf
Vogelsang
Friedrichswalde
Parlow-Glambeck
Dierberg
Gransee
Mildenberg
Altkünkendorf
Schönermark
Badingen
Groß Dölln
Joachimsthal
Grimnitzsee
Althüttendorf
Groß Ziethen
Schorfheide
Lindow
Zehdenick
Neuruppin
Alt Ruppin
Seebeck-Strubensee
Gutengermendorf
Krewelin
Werbellinsee
Serwest
Wulkow
Schönberg
Bergsdorf
Chorin
Wuthenow
Herzberg
Löwenberg
Falkenthal
Groß Schönebeck
Altenhof
Werbellin
Golzow
Britz
Kloster Chorin
Grieben
Hammer
Eichhorst
Rüthnick
Treskow

D
Ahlbeck
Międzyzdroje
Świnoujście
Korswandt
Zirchow
Warnowo
Kodrąb
Ładzin
Wolin
Dargobądz
Łunowo
Lubin
Karsibór
Laska
Troszyn
Wiejkowo
Jarszewo
Rekowo
Chomino
Górki
Giżkowo
Mechowo
Kukań
Niemica
Świeszewo
Gadom
Upadły
Golczewo
Wysoka Kamieńska
Ościęcin
Uniborz
Stettiner Haff
Zalew Szczeciński
Usedemer See
Mönkebude
Grambin
Ueckermünde
Altwarp
Nowe Warpno
Liepgarten
Vogelsang
Meiersberg
Eggesin
Neuwarper See
J. Nowowarpieńskie
Warnołęka
Rzystonowo
Przybiernów
Żarnowo
Moracz
Grabin
Błotno
Dąbrowa Nowogardzka
Miętno
Czermnica
Łoźnica
Dzisna
Babigoszcz
Kopice
Gąsierzyno
Strzelewo
Karsk
Olchowo
Redostowo
Ahlbeck
Brzózki
Trzebież
Heinrichsruh
Torgelow
Hintersee
Stepnica
Wierzchosław
Miękowo
Kikorze
Osina
Długołęka
Glewice
Hammer an der Uecker
Dobieszczyn
Jasienica
Glashütte
Redło
Godowo
Goleniów
Święta
Stolec
Tanowo
Police
Mosty
Budzieszowce
Danowo
Belling
Viereck
Pampow
Borzysławiec
Pasewalk
Rothenklempenow
Skolwin
Tarnówko
Maszewo
Buk
Dobra
SZCZECIN
Jezioro Dąbie
Lubczyna
Rożnowo Nowogardzkie
Sokolniki
Zerrenthin
Boock
Kliniska Wielkie
Przemocze
Darż
Rollwitz
Wołczkowo
Löcknitz
Bismark
Łęczyca
Fahrenwalde
Dołuje
Ramin
Dąbie
Sowno
Małkocin
Schönfeld
Wollschow
Grambow
Zdroje
Wielgowo
Grabowo
Brüssow
Kijewo
Żarowo
Ladenthin
Reptowo
Klępino
Carmzow
Kołbaskowo
Podjuchy
Morzyczyn
Stargard
Płonia
Kobylanka
Wallmow
Krackow
Nadrensee
Klucz
Kołowo
Kunowo
Święte
Grünow
Penkun
Storkow
Rosow
Radziszewo
Binowo
Kołbacz
Żelewo
Schmölln
Damme
Tychowo
Pargowo
Czepino
Żelisławiec
Stare Czarnowo
Koszewo
Strzebielewo
Tantow
Weltyń
Gardno
Wartin
Gryfino
Jezioro Miedwie
Warnice
Barnim
Hohenreinkendorf
Chwarstnica
Babin
Giżyn
Wierzbno
Kolin
Gramzow
Gartz/Oder
Sobieradz
Parsów
Młyny
Kłęby
Casekow
Obryta
Żalęcino
Hohenselchow
Borzym
Bielice
Ryszewo
Str. Przylep
Zichow
Nowe Czarnowo
Żabów
Ukiernica
Meichow
Lubiatowo
Golm
Pacholęta
Passow
Babinek
PL
Pyrzyce
Stendell
Kunow
Widuchowa
Czarnówko
Lubanowo
Łozice
Kosin
Biesenbrow
Lubicz
Parnica
Brzesko
Wilmersdorf
Schönermark
Unteres
Krzywin
Banie
Obromino
Kozielice
Przelewice
Heinersdorf
Vierraden
Mielęcin
Bylice
Baniewice
Schwedt/Oder
Ognica
Jezioro Długie
Piaseczno
Krasne
Tetyń
Derczewo
Swobnica
Kerkow
Felchow
Flemsdorf
Lisie Pole
Nawodna
Sitno
Lipiany
Grzybno
Załęże
Angermünde
Grabowo
Rurka
Kierzków
Dzikowo
Stolpe/Oder
Krzymów
Strzeszów
Row
Otanów
Czółnów
Kunowo
Neukünkendorf
Piasek
Chojna
Góralice
Trzcińsko-Zdrój
Jezioro Myśliborskie
Golenice
Głazów
Rychnów
Czartoryja
Rosnowo
Parstein
Lunow
Bielinek
Stołeczna
Czerników
Myślibórz
Giżyn
Parsteiner See
Łukowice
Mętno
Piaseczno
Nawrocko
Brodowin
Godków
Gogolice
Chłopowo
Ławy
Nowogródek
Trzcinna
Orzechów
Hohensaaten
Prenzlau
Warnitz
Gramzow
Randowbruch
Puszcza Wkrzańska
Puszcza Goleniowska
Pojezierze Myśliborskie

57
D

Nordfriesische Inseln

Nationalpark

Horsbüll
Uphusum
Emme
Braderup
Klixbüll
Niebüll
Galmsbüll
Risum
Bökingharde
Lindholm
Leck
Sande
Enge
Stadum
199
Rodau
Hörnum
Föhr
Oldsum
Utersum
Alkersum
Wrixum
Wyk auf Föhr
Norddorf
Nieblum
Nebel
Amrum
Wittdün

Dagebüll
Fahretoft
Karrharde
Bargum
Langenhorn
Ockholm
Nordergoshar de
Goldelund
Bredstedt
Bordelum
Drelsdorf
Rb

Nordmarsch-Langeneß
Langeneß
Gröde-Appelland
Habel
Gröde
Hamburger Hallig

Die Halligen

Breklum
Struckum
96
Südergosha
Schobüll
Hattstedt
Husum
Japsand
Hooge
Hooge
Nordstrandischmoor
Nordermitteldeich
Westertilli
Nordstrand
Süderhafen
Mildstedt
Simonsberg
Rantrum

Norderoog
Pellworm
Norderoogsand
Alterkoog

Schleswig-Holsteinisches
Pellworm
Nordstrand
Süderoog
Südfall

Osterhever
Witzwort
Friedrichstedt
Eider
Süderoogsand
Oldenswort
Eiderstedt
Garding
202
Lehe
Süders St
Tating
202
Lunden
Sankt Annen
52
-Ording
Welt
Tönning
Rehm-
Bad St. Peter
Hemme
Flede-
Bargen
St. Peter-
Schülp
Sa
Helgoländer Bucht
Wesselburener Koog
Neuenkirchen **Weddingstedt**
Ostrohe
Wesselburen
Wesseln
Blauort
Reinsbüttel
Heide W.
Lohe
Wel
Wöhrden
Heide
Tertius
Rickelshof
Heide S.
203
Büsum
Hemmingstedt
Wattenmeer

Trischen
Meldorf
Nindorf
431
Elpersbüttel
Windbergen
Friedrichskoog
66
Schärhörn
Sankt
Michaelisdonn
Barlt
Neuwerk
Dieksanderkoog
Helse
Marne
Nationalpark
Kronprinzenkoog
Volsemenhusen
Duhnen
Marner
Eddelak
Neuenkoogsdeich
Ramhusen
Sahlenburg
Neufeld
Kattrepel
Gr. Knechtsand
Sb
CUXHAVEN Außenelbe
Brunsbüttel
Sank
Berensch
Cuxhaven
Belum
Hörne
Balje
Krummendei
Altenwalde
Altenbruch
45
Nordholz
Altenwald
Otterndorf
Niedersächsisches
Neuhaus
Geversdorf
Oldoog
Lüdingworth
Land
73

D
15
16
17
58
Padborg
Kruså
Kollund
Glücksburg (Ostsee)
Skelde
Sønderby
Kegnæs
Weesby
Medelby
Ellund
Harrislee
Wees
Munkbrarup
Westerholz
Langballig
Flensburger Förde
Wallsbüll
Flensburg/Harrislee
FLENSBURG
Schafflund
Handewitt
Stadum
Weding
Husby
Dollerup
Steinbergkirche
Nieby
Gelting
Hürup
Quern
Flensburg
Jarplund-
Angeln
Sterup
Gundelsby
Großenwiehe
Lindewitt
Goldelund
Wanderup
Oeversee
Großsolt
Sörup
Satrup
Esgrus
Maasholm
Oersberg
Kappeln
Tarp
Sieverstedt
Havetoftloit
Mohrkirch
Böel
Olpenitzdorf
Arnis
Schönhagen
Rb
Högel
Löwenstedt
Drelsdorf
Eggebek
Langstedt
Süderbrarup
Karby
Haselund
Böklund
Naturpark Schlei
Boren
Lindau
Winnemark
Idstedt
Bollingstedt
Steinfeld
Viöl
Tolk
Taarstedt
Ulsnis
Damp
Ostseebad Damp
Immenstedt
96
Südergoshárde
Jübek
Lürschau
Schaalby
Rieseby
Wester-Ohrstedt
Husum
Treia
Silberstedt
Schleswig/Schuby
Schleswig
Schwansen
Waabs
Schwesing
Schuby
Dom
Kleine Breite
Große Breite
Fahrdorf
Kosel
Barkelsby
Dannewerk
Busdorf
Mildstedt
Hollingstedt
Schleswig/Jagel
Selk
Fleckeby
Eckernförde
Dänisch Nienhof
Rantrum
Ostenfeld (Husum)
Windebyer Noor
Osterby
Surendorf
Noer
Winnert
Jagel
Groß Rheide
Naturpark Hüttener Berge
Ascheffel
43
Neudorf-Bornstein
Strande
Schwabstedt
Kropp
Owschlag
Brekendorf
Goosefeld
Dänischer Wohld
Osdorf
Schilksee
Treene
Friedrichstadt
Klein Bennebek
Groß Wittensee
Bornstein
Dänischenhagen
Laboe
Seeth
Norderstapel
Owschlag
Hüttener Berge
Wittensee
Holtsee
Gettorf
Altenholz
Süderstapel
Stapelholm
Meggerdorf
Tetenhusen
28
Alt Duvenstedt
Sehestedt
Neuwittenbek
Heikendorf
Sankt Annen
51
Rendsburg/Büdelsdorf
Schinkel
Suchsdf.
KIEL
Christiansholm
Büdelsdorf
20
Bredenbek
Achterwehr
Quarnbek
Kronshagen
Schönkirchen
Rehm-Flehde-Bargen
Hohn
Fockbek
Bovenau
Schacht-Audorf
Kr. Rendsburg
Felde
Westring
Kiel M.
Kr. Kiel W.
Dobersdorf
Hennstedt
Erfde
Rendsburg
Elsdorf-Westermühlen
Naturpark Westensee
Melsdorf
Pahlen
Osterrönfeld
Schacht-Audorf
Emkendorf
Raisdorf
Linden
Schalkholz
Eider
Bokelholm
Molfsee
Flintbek
Preetz
Sa
Weddingstedt
Tellingstedt
Hamdorf
Jevenstedt
Westensee
Blumenthal
Ostrohe
Welmbüttel
Wrohm
Breiholz
Groß Vollstedt
Bokel
Langwedel
Kirchbarkau
Honigsee
Heide
Nordhastedt
Warder
21
Nord-Ostsee-Kanal
Brahmsee
Bordesholm
Heide S.
Albersdorf
Bargstedt
Dätgen
Bordesholm
Hemmingstedt
Lüdjenwestedt
Nienborstel
Naturpark Aukrug
Nortorf
Dr. Bordesholm
Brügge
Nettelsee
Depenau
Sarzbüttel
Hanerau-Hademarschen
Gokels
Nindorf
Gnutz
Wattenbek
Todenbüttel
Timmaspe
Stolpe
Meldorf
Albersdorf
Beringstedt
Großharrie
Schillsdorf
48
Schafstedt
Hohenwestedt
Neumünster N.
Wankendorf
Nindorf
Aalbek
31
Aukrug
Puls
Hanerau/Hademarschen
Homfeld
Wasbek
NEUMÜNSTER
Windbergen
Süderhastedt
Reher
42
Bünzen
Neumünster M.
Bornhöved
66
Schenefeld
Padenstedt
Trappenkamp
Barlt
Hochdonn
Schenefeld
Wacken
Hennstedt
Aukrug
Neumünster S.
Burg (Dithmarschen)
Boostedt
25
Trappenkamp
Daldorf
Brokenlande
Rickling
Volsemenhusen
Kuden
Aebtissinwisch
Huje
Hohenaspe
Hohenlockstedt
Brokstedt
Großenaspe
Großenaspe
Itzehoe N.
Rosdorf
Schackendorf
Eddelak
Ecklak
Neuendorf bei Wilster
Itzehoe
Kellinghusen
Quarnstedt
Heidmühlen
Fehrenbötel
Wahlstedt
Ramhusen
Kudensee
Wilster
Heiligenstedten
Wittenbergen
Bad Bramstedt
Wahlstedt
Schackendorf
Oelixdorf
Wrist
Bimöhlen
B. Segeberg N.
Wittenborn
Büttel
Wellenkamp
Westermoor
24
Sb
Sankt Margarethen
Marsch
Itzehoe S.
Breitenburg
Weddelbrook
Hasenmoor
Mözen
Beidenfleth
Lägerdorf
Bad Bramstedt
Hartenholm
Todesfelde
Brokdorf
Neuenbrook
Lägerdorf
Westerhorn
Lentföhrden
Schmalfeld
Wewelsfleth
Struvenhütten
Balje
Krummendeich
Freiburg (Elbe)
Kremper Marsch
Hohenfelde
Brande-Hörnerkirchen
Oersdorf
Stuvenborn
Leezen
Oederquart
Krempe
Hohenfelde
46
Lutzhorn
Kaltenkirchen
Seth
Kaltenkirchen
26
Geversdorf
Wildnis
Sommerland
Sparrieshoop

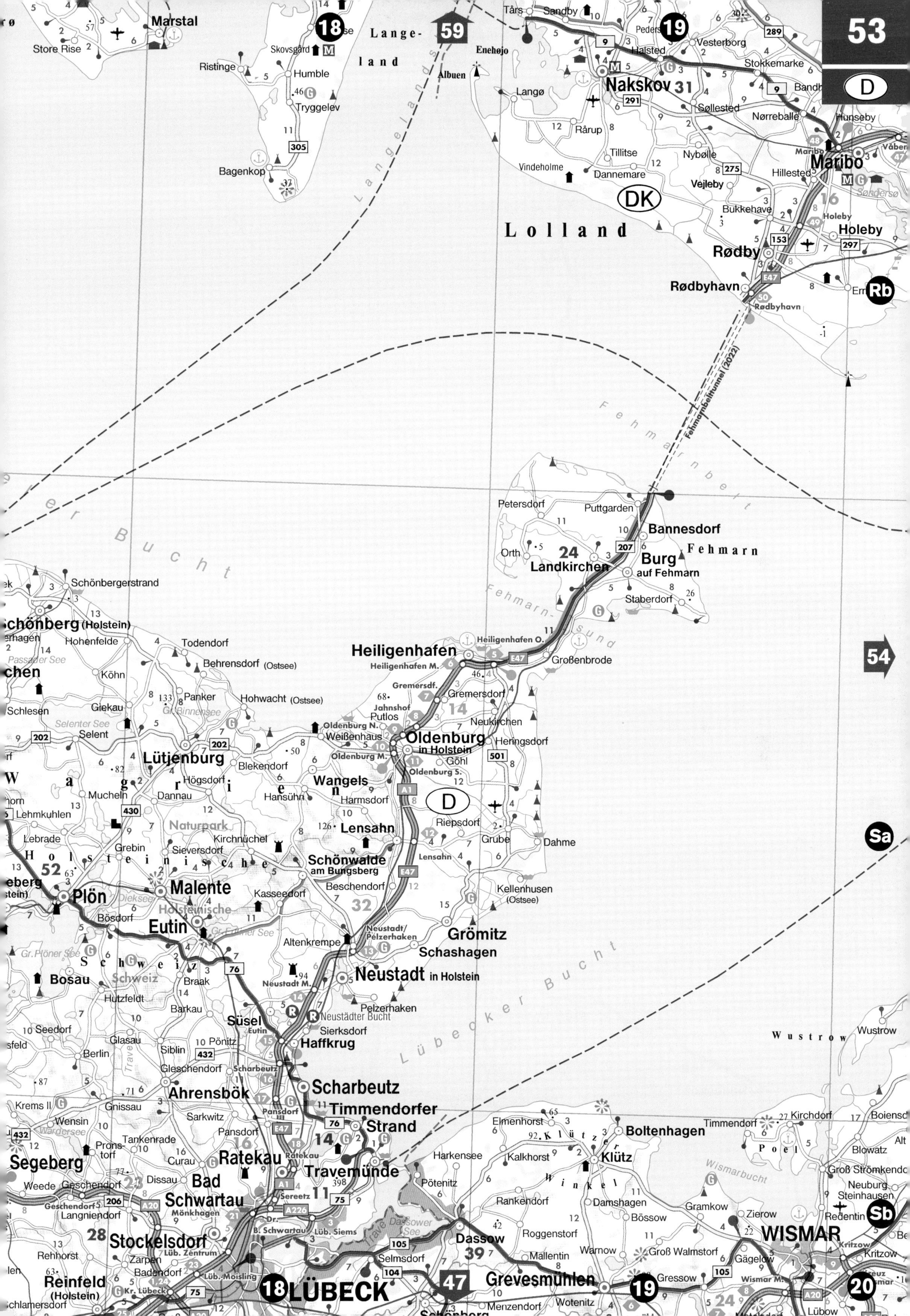
D
Marstal
Store Rise
Ristinge
Humble
Skovsgård
Tryggelev
Bagenkop
Langeland
Albuen
Enehøje
Tårs
Sandby
Vesterborg
Halsted
Stokkemarke
Nakskov
Langø
Søllested
Nørreballe
Hunseby
Rårup
Tillitse
Vindeholme
Dannemare
Nybølle
Vejleby
Maribo
Hillested
DK
Bukkehave
Lolland
Holeby
Rødby
Rødbyhavn
Fehmarnbelttunnel (2022)
Fehmarnbelt
Petersdorf
Puttgarden
Bannesdorf
Orth
Landkirchen
Burg auf Fehmarn
Fehmarn
Staberdorf
Fehmarnsund
Heiligenhafen
Heiligenhafen O.
Heiligenhafen M.
Großenbrode
Gremersdorf
Putlos
Neukirchen
Oldenburg in Holstein
Heringsdorf
Göhl
Wangels
Harmsdorf
Lensahn
Riepsdorf
Grube
Dahme
Schönwalde am Bungsberg
Beschendorf
Kellenhusen (Ostsee)
Grömitz
Schashagen
Altenkrempe
Neustadt in Holstein
Pelzerhaken
Neustädter Bucht
Sierksdorf
Haffkrug
Süsel
Scharbeutz
Timmendorfer Strand
Travemünde
Lübecker Bucht
Kieler Bucht
Schönbergerstrand
Schönberg (Holstein)
Hohenfelde
Todendorf
Behrensdorf (Ostsee)
Köhn
Panker
Hohwacht (Ostsee)
Giekau
Selent
Lütjenburg
Blekendorf
Högsdorf
Hansühn
Dannau
Mucheln
Lehmkuhlen
Lebrade
Naturpark Holsteinische Schweiz
Wagrien
Kirchnüchel
Grebin
Sieversdorf
Plön
Malente
Eutin
Kasseedorf
Bösdorf
Bosau
Braak
Hutzfeldt
Barkau
Seedorf
Glasau
Berlin
Siblin
Pönitz
Gleschendorf
Ahrensbök
Gnissau
Sarkwitz
Pansdorf
Wensin
Tankenrade
Curau
Ratekau
Segeberg
Dissau
Bad Schwartau
Geschendorf
Langniendorf
Stockelsdorf
Rehhorst
Zarpen
Badendorf
Reinfeld (Holstein)
LÜBECK
Selmsdorf
Dassow
Grevesmühlen
Menzendorf
Wotenitz
Harkensee
Pötenitz
Elmenhorst
Kalkhorst
Klütz
Klützer Winkel
Boltenhagen
Rankendorf
Damshagen
Bössow
Roggenstorf
Warnow
Mallentin
Groß Walmstorf
Gressow
Tarnewitz
Wismarbucht
Gramkow
Zierow
Gägelow
WISMAR
Kirchdorf
Poel
Timmendorf
Wustrow
Redentin
Groß Strömkendorf
Neuburg Steinhausen
Blowatz
Lübow
Rb
Sa
Sb
54
59
18
19
20
47

D
DK
Vigsnæs
Nørre Alslev
Gundslev
Stubbekøbing
Hårbølle
Fanefjordkirke
Torkilstrup
Eskilstrup
Maglebrænde
Vejringe
Grønsund
Tårs
Majbølle
Falkerslev
Horbelev
Hesnæs
Sakskøbing
Hunseby
Guldborg
Tingsted
Horreby
Sakskøbing Radsted
Våbensted
Nykøbing/ Falster
Karleby
Maribo
Sønder Kirkeby
Korselitse
Udstolpe
Søndersø
Idestrup
Nagelsti
Fuglsang
Ulslev
Falster
O
S
Holeby
Store Musse
Væggerløse
Øster Ulslev
Kettinge
Marielyst
Errindlev
Alholm
Nysted
Marrebæk
Guldborg Sund
Gedesby
Gedser
Rødsand
Kadetrinne
Mecklenburger Bucht
Vorpomm
Darß
Prerow
Wieck am Darß
Born am Darß
Ahrenshoop
Pruchten
Wustrow
Fuhlendorf
Saaler Bodden
Saal
Lüdershagen
Dierhagen
Bartelshagen II b. Barth
-Damgarten
Graal - Müritz
Klockenhagen
Rostocker Heide
Ribnitz-
Daskow
Schlemmin
Trinwillershagen
Hinrichshagen
Gelbensande
Kuhlrade
Warnemünde
Bartelshagen I b. R.-D.
Alt Guthendorf
Semlow
Kühlungsborn
Nienhagen
Elmenhorst
Rövershagen
Blankenhagen
Marlow
Heiligendamm
Lichtenhagen
Rostock/ Überseehafen
Poppendorf bei Rostock
Gresenhorst
Bastorf
Börgerende-Rethwisch
Rostock N.
Recknitz
Kühlung
Bargeshagen
Evershagen
Gehlsdorf
Dänschenburg
Rerik
Jennewitz
Reddelich
Dierkow
Bentwitsch
Thulendorf
Bad Sülze
Bad Doberan
Rostock O.
Reppelin
Wustrow
Kröpelin
Brinckmannsdorf
Sanitz
Hohenfelde
ROSTOCK
Rostock S.
Broderstorf
Groß Lüsewitz
Böhlendorf
Kessin
Zarnewanz
Grammow
Retschow
Kritzmow
Papendorf
Kr. Rostock
Neubukow
Altenhagen
Rostock W.
R. Südstadt
Gubkow
Tessin
Thelkow
Behren
Boiensdorf
Karin
Heiligenhagen
Bölkow
Dummerstorf
Kavelstorf
Alt Bukow
Kamin
Satow
Bad Doberan
Blowatz
Ziesendorf
Cammin
Woltow
Prisannewitz
Groß Strömkendorf
Radegast
Passee
Kröpelin
Jürgenshagen
Neuburg
Steinhausen
Kirch Mulsow
Klein Belitz
Kobrow
Walkendorf
Boddin
Dölitz
Schwaan
Züsow
Fuchsberg
Gnemern
Hohen Sprenz
Laage
Neukloster
Benz
WISMAR
Klein Sien
Bernitt
Penzin
Selow
Prebberede
Remlin
Kritzow
Kreuz Wismar
Zurow
Kurzen-Trechow
Weitendorf
Liessow
Neu Heinde
Dieckhof
Mistorf
Neukloster
Göllin
Warnow
Kuhs
Groß-Wüstenfelde
Jördenstorf
Lübow
Recknitz
53
48
60
Rb
Sa
Sb

22
23
61
24
T S E E
Rb
Putgarten
Wittow
Altenkirchen
Dranske
Wiek
Breege
Tromper
Wiek
Lohme
Stubbenkammer
Hidden-
Vitte
Ressower Strom
Glowe
Nationalpark
Jasmund
Hiddensee
Neuenkirchen
Neuendorf
see
Sagard
Jasmund
Trent
Schaprode
Rappin
Großer
Jasmunder
Bodden
Sassnitz
Nationalpark
sche Boddenlandschaft
Ummanz
Kluis
Lietzow
Kleiner
Ummanz
(Insel)
Gingst
Patzig
Prorer
Wiek
Zingst
Prora
Bergen
auf Rügen
Oie
Klausdorf
Kubitzer
Dreschwitz
Binz
Groß Mohrdorf
Libitz
Karow
Zirkow
Grabow
Bodden
R ü g e n
Sellin
Barth
Günz
Prohn
Sehlen
Parow
Rambin
Samtens
Putbus
Baabe
Lancken-
Granitz
Göhren
Altenpleen
Groß Kordshagen
Altefähr
Kasnevitz
Lauterbach
Vilm
Niepars
Gustow
Garz
(Rügen)
Karnin
Kummerow
Martensdorf
Poseritz
Rügischer
Bodden
Velgast
STRALSUND
Barthe
Bergwallsee
Zudar
Thiessow
Zarrendorf
Brandshagen
Greifswalder Oie
Jakobsdorf
Greifswalder
Sa
Steinhagen
Reinberg
Bodden
Milienhagen
Elmenhorst
Richtenberg
Ruden
Franzburg
Abtshagen
Miltzow
Wittenhagen
Koos
Buchholz
Drechow
Papenhagen
Mesekenhagen
Spandowerhagen
Bremerhagen
Horst
Peenemünde
Lehmhagen
Lubmin
Kröslin
Karlshagen
Gremersdorf
Bartmannshagen
Neuenkirchen
Grimmen
GREIFSWALD
Wieck
Loissin
Wusterhusen
Rubenow
Siemersdorf
Neuendorf
Trassenheide
Zinnowitz
Eldena
Griebenow
Ziesebruch
Neu Boltenhagen
Tribsees
Wendisch Baggendorf
Poggendorf
Kemnitz
Zemp
Dersekow
Katzow
Krummin
Wolgast
Grammendorf
Rakow
Diedrichshagen
Hanshagen
Glewitz
Sassen
Groß Kiesow
Hohendorf
Achter
Görmitz
Lütow
Wasser
Dargelin
Düvier
Lühmannsdorf
Görmin
Züssow
Wehrland
Warthe
Loitz
Trantow
Karlsburg
Trebel
Nossendorf
Stubbendorf
Zemitz
Rankwitz
Gützkow
Bentzin
Ranzin
Finkenthal
Wotenick
Rubkow
Lassan
Gützkow
Schmatzin
Klein Bünzow
Kletzin
Demmin
Jarmen
Zarnekow
Tutow
Murchin
Buggenhagen
Sb
Dargun
Vorwerk
Peene
Liepen
Groß Polzin
Peenestrom
Naturpark
Siedenbrünzow
Völschow
Ziethen
Stolpe
Neetzow
Anklam
Zecherin
Usedom
56

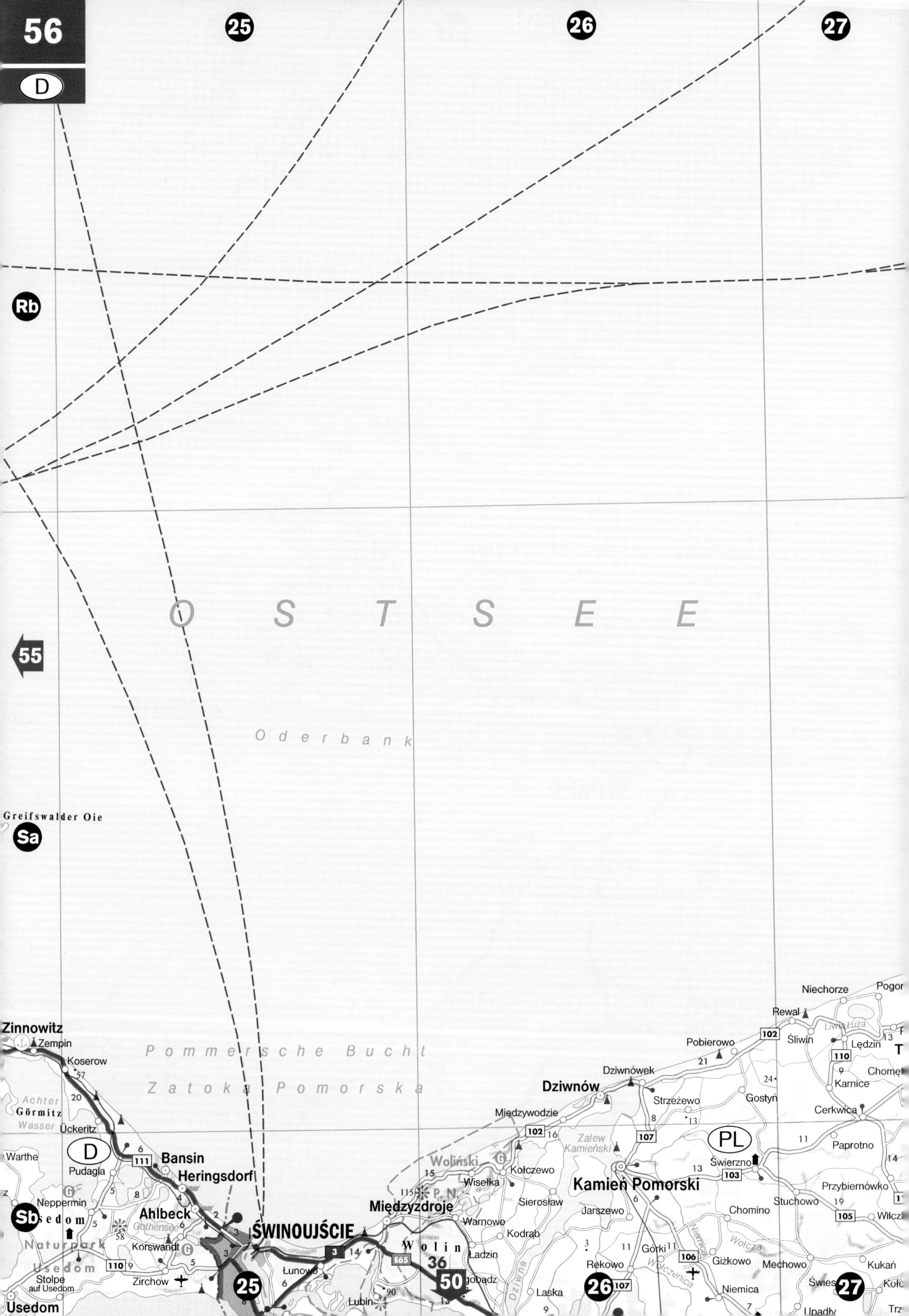

25

26

27

Rb

O S T S E E

55

Oderbank

Greifswalder Oie ·

Sa

Niechorze   Pogor

Rewal

Zinnowitz   Pobierowo   102   Śliwin   Lędzin

Zempin   110   Chomę

Koserow   *P o m m e r s c h e   B u c h t*   Dziwnówek   21   Karnice   9

57   *Z a t o k a   P o m o r s k a*   Dziwnów   Strzeżewo   24·   Gostyń   Cerkwica

Achter   20   Międzywodzie   107   13

Görmitz   Międzywodzie   102   16   Zalew   Paprotno
Wasser   Ückeritz   Kamieński   107   11

Warthe   D   6   Woliński   G   Kołczewo   Świerzno   PL   103   Przybiernówko   14
111   Bansin   15   Wisełka   Kamień Pomorski   13
Pudagla   Heringsdorf   115   P N   Sierosław   Jarszewo   Stuchowo   19   105   Wilcz
Neppermin   G   5   8   Międzyzdroje   Warnowo   Chomino

Sb   Usedom   Ahlbeck   2   ŚWINOUJŚCIE   Wolin   Kodrąb   Rekowo   3   Górki   11   Gilżkowo   106   Mechowo   Kukań
Gothensee   6   3   14   36   Ładzin   Niemica   Świes
Naturpark   Korswandt   G   3   Łunowo   50   gobadz   Laska
Usedom   110   9   Zirchow   90   13
Stolpe   Lubin   26   107   Niemica   27
auf Usedom
Usedom   **25**

12
13
14
Nørre Nebel
62
Kvong
Blåbjerg Plantage
Henne Strand
Grindsted
Grindsted Å
Ovtrup
Horne
Skovlund
Henne Stationsby
Filsø
Tistrup
Søvig Sund
Hodde
Ansager
Krogager
Hejnsvig
Norholm
Sig
Tinghøj
Langsø
Øster Vrøgum
Grærup
Oksbøl
Varde
Vejers Strand
Janderup
Billum
Minibyen Varde
Karlsgårde Sø
Nordenskov
Tofterup
Ansager Å
Holme Å
Vejers
Kallesmærsk Hede
Hesselmed
Varde Å
Næsbjerg
Alslev
Blåvands Huk
Blåvand
Oksby
Nørballe
Ho Bugt
Rovsthøje
Årre
Fåborg
Agerbæk
Hovborg
Lindknud
Vester Nebel
Rovst
Esbjerg Lufthavn
Glejbjerg
Skallingen
Wadden Sea
Hjerting
Tarp
Grimstrup
Endrup
Nørre Vejrup
Holsted
Esperance Bugt
ESBJERG
Esbjerg N.
Korskro
Esbjerg Ø.
Bramming
Gørding
Grådyb
Nordby
Tjæreborg
Holsted Å
Holsted Stationsby
Brørup
Fanø Vesterhavsbad
Store Darum
Jernved
Vilslev
Gredstedbro
Lintrup
Fanø
Fanø Bugt
Kongeå
Rødding
Sønder Hygum
Sønderho
Nationalpark
Ribe Å
Ribe
Brændstrup
Knudedyb
Mandø
Vester Vedsted
Fole
Gram
Egebæk
Roager
Tiset
Arnum
Vadehavet
Juvre Dyb
Rejsby
Frifelt
Brøns
Juvre
Toftlund
Lakolk
Kongsmark
Skærbæk
Arrild
Rømø
Døstrup
Havneby
Branderup
Husum-Ballum
Brede Å
Løgumgårde
Lister Dyb
Bredebro
Løgumkloster
List
Alslev
Visby
Øster Højst
Ravsted
Abild
Kampen
Højer
Schackenborg
Wenningstedt
Møgeltønder
Bylderup-Bov
Sylt
Westerland
Tønder
Vidå
Keitum
Sylt-Ost
Hindenburgdamm
Rodenäs
Autotransport Sylt-Niebüll
Morsum
Neukirchen
Süderlügum
Rantum
Klanxbüll
Wiedingharde
Humptrup
Horsbüll
Uphusum
Braderup
Ladelund
Emmelsbüll
Klixbüll
Nationalpark
Niebüll
Hörnum
51
Föhr
Galmsbüll
Lindholm
Leck
Bökingharde
15

58
DK
Grønbjerg
Givskud
Tørring
Ildved
Lindved
Kragelund
Ølsted
Løsning
Stenderup
Snaptun
Hjarnø
Glud
Sejet
Bjerre
Hedensted
Hornsyld
Rårup
Overby
As Vig
Palsgård
Hosby
Sandbjerg Vig
Juelsminde
Bjørnsknude
Stouby
Barrit
Rosenvold
Daugård
Bredal
Williamsborg
Jelling
Jelling Mounds, Runic Stones and Church
Gadbjerg
Sandvad
Grejs
Hornstrup
Vejle N.
Tirsbæk
VEJLE
Vejle C.
Vejle S.
Andkær
Brejning
Gårslev
Vejle Fjord
Bøgeskov
Trelde
Kasser Odde
Egeskov
Billund
Legoland
Billund Lufthavn
Vandel
Engelsholm
Ny Nørup
Bredsten
Hejnsvig
Randbøl
Randbøldal
Jerlev
Ny Højen
Randbøl Hede
Frederikshåb
Vorbasse
Egtvedpigens Grav
Ødsted
Skærup
Børkop
Vester Torsted
Egtved
Gravens
Smidstrup
Pjedsted
Bredstrup
Tragten
Lindknud
Bække
Viuf
Jordrup
Almind
Vester Nebel
Herslev
FREDERICIA
Erritsø
Strib
Bogense
Jersore
Gyldensteen
Hamdslevgaard
Skåstrup
Båring Vig
Særslev
Holsted
Brørup
Vejen
Vejen Ø.
Gesten
Lunderskov
Bramdrupdam
Kolding
Kolding Vest
Taulov
Taulov N.
Fredericia
Skærbæk
Kolding Fjord
Hindsgavl
Middelfart
Middelfart Ø
Vejlby
Lillebælt N.
Lillebælt S.
Båring
Brenderup
Harndrup
Kærsgaard
Hårslev
Gamby
Veflinge
Harte
Hylkedal
Lunderskov Ø.
Askov
Sønderskov
KOLDING
Kolding S.
Sønder Stenderup
Nørre Aaby
Ejby
Fjelsted
Vamdrup
Hjarup
Sønder Bjert
Bjert Strand
Fønsskov
Fons Vig
Kongeå
Lintrup
Skodborg
Ødis
Ødis-Bramdrup
Sjølund
Christiansfeld, Moravian Church Settlement
Hejls
Hejlsminde
Bredningen
Tybrind
Tybrind Vig
Grønnemose
Langesø
Aarup
Vissenbjerg
Erholm
Gelsted
Rødding
Sønder Hygum
Brændstrup
Jels
Stepping
Christiansfeld
Wedellsborg
Brandsø
Skydebjerg
Tommerup Stationsby
Fole
Gram
Gram Slot
Tiset
Øster Lindet
Mølby
Sommersted
Haderslev N.
Jegerup
Maugstrup
Fjelstrup
Ørby
Knudshoved
Sandager
Bågø
Ørsted
Turup
Tommerup
Krengerup
Glamsbjerg
Verninge
Nustrup
Vojens
Hammelev
Haderslev
Haderslev Fjord
Øsby
Årøsund
Årø
Assens
Brahesborg
Gels Å
Toftlund
Bevtoft
Over Jerstal
Marstrup
Ustrup
Vedsted
Starup
Hejsager
Torø Huse
Fangehul
Ebberup
Nørre Broby
Haarby
Brobyvad
Arrild
Agerskov
Rangstrup
Hoptrup
Kelstrup Strand
Sandvig Noret
Haderslev S.
Årø Sund
Lillebælt
Åkrog Bugt
Snave
Jordløse
Løgismose
Vester Hæsinge
Damsbo
Håstrup
Faldsled
Stensgård
Brandrup
Hovslund Stationsby
Genner
Dienæs Bugt
Sønderballe
Helnæs Bugt
Helnæs By
Helnæs
Millinge
Svanninge
Hærulfstenen
Barsø
Genner Bugt
Bøjden
Horne
Hvedholm
Horne Land
Bedsted
Hellevad
Rødekro
Aabenraa N.
Løjt Kirkeby
Løjt Skovby
Dyreborg
Lyø Krog
Lyø
Alslev
Hjordkær
Aabenraa
Aabenraa Fjord
Als Fjord
Nordborg
Holm
Mjels
Oksbøl
Svenstrup
Als
Ravsted
Vollerup
Bolderslev
Urnehoved
Stubbæk
Aabenraa S.
Årslev Ø.
Hostrupskov
Varnæs
Bovrup
Blans
Sandvig
Gammel Østerholm
Guderup
Augustenborg Fjord
Egen
Ketting
Notmark
Fynshav
Bylderup-Bov
Tinglev
Uge
Felsted
Hostrup Sø
Søgård
Gråsten
Kliplev
Kværs
Adsbøl
Avnbøl
Sundeved
Sanberg Slot
Vester Sottrup
Asserballe
Augustenborg
Blommeskobbel
Nybøl Nor
Nybøl
Dybbøl
Hørup
Over Tandslet
Mommark
Søby
Broderup
Bjerndrup
Rens
Holbøl
Rinkenæs
Egernsund
Broager
Sønderborg
Lysabild
Skoby
Kruså
Bov
Padborg
Ladelund
Weesby
Kollund
Glücksburg (Ostsee)
Broager Land
Skelde
Sønderby
Kegnæs
Medelby
Ellund
Harrislee
Wees
Munkbrarup
Westerholz
Flensburger Förde
Achtrup
Wallsbüll
FLENSBURG
D
Qb
Ra
Rb

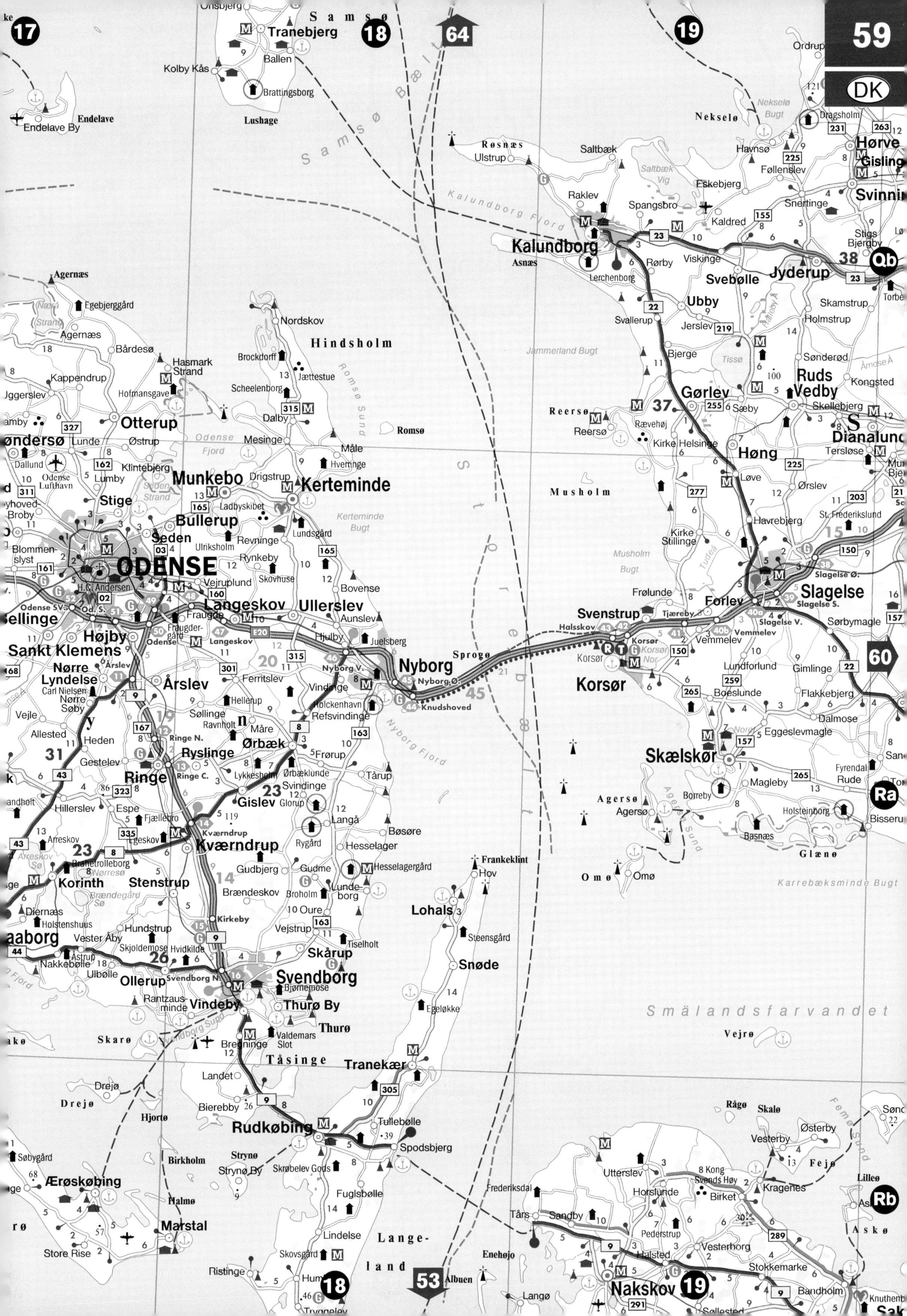
Samsø
Tranebjerg
Ballen
Kolby Kås
Brattingsborg
Lushage
Endelave
Endelave By
Samsø Bælt
Nekselø
Nekselø Bugt
Dragsholm
Hørve
Gisling
Svinninge
Rørsnæs
Ulstrup
Saltbæk
Saltbæk Vig
Havnsø
Føllenslev
Eskebjerg
Raklev
Spangsbro
Kaldred
Snertinge
Kalundborg Fjord
Kalundborg
Asnæs
Lerchenborg
Rørby
Viskinge
Svebølle
Jyderup
Stigs Bjerg
Skamstrup
Holmstrup
Ubby
Jerslev
Svallerup
Jammerland Bugt
Bjerge
Tissø
Sønderød
Ruds Vedby
Kongsted
Agernæs
Egebjerggård
Agernæs
Bårdesø
Hasmark Strand
Kappendrup
Hofmansgave
Nordskov
Hindsholm
Brockdorff
Jættestue
Scheelenborg
Romsø Sund
Dalby
Romsø
Reersø
Rævehøj
Kirke Helsinge
Gørlev
Sæby
Skellebjerg
Dianalund
Tersløse
Otterup
Lunde
Østrup
Odense Fjord
Mesinge
Måle
Hverringe
Dallund
Odense Lufthavn
Klintebjerg
Lumby
Stige
Seden Strand
Munkebo
Drigstrup
Kerteminde
Kerteminde Bugt
Musholm
Høng
Løve
Ørslev
Havrebjerg
St. Frederikslund
Ladbyskibet
Bullerup
Seden
Revninge
Lundsgård
Ulriksholm
Kirke Stillinge
Musholm Bugt
Blommenslyst
ODENSE
H.C. Andersen
Rynkeby
Skovhuse
Vejruplund
Bovense
Frølunde
Forlev
Slagelse
Slagelse Ø
Slagelse S.
Slagelse V.
Odense SV.
Od. S.
Bellinge
Langeskov
Fraugde
Fraugdegård
Ullerslev
Aunslev
Svenstrup
Tjæreby
Halsskov
Sørbymagle
Højby
Sankt Klemens
Odense
Langeskov
Hjulby
Juelsberg
Sprogø
Korsør
Vemmelev
Nørre Lyndelse
Carl Nielsen
Nørre Søby
Årslev
Ferritslev
Nyborg V.
Nyborg
Nyborg Ø
Vindinge
Knudshoved
Lundforlund
Gimlinge
Boeslunde
Flakkebjerg
Dalmose
Vejle
Allested
Heden
Hellerup
Søllinge
Ravnholt
Måre
Ørbæk
Holckenhavn
Refsvindinge
Nyborg Fjord
Storebælt
Eggeslevmagle
Skælskør
Magleby
Rude
Fyrendal
Gestelev
Ringe
Ringe N.
Ringe C.
Ryslinge
Lykkesholm
Ørbæklunde
Frørup
Tårup
Agersø
Borreby
Holsteinborg
Bisserup
Basnæs
Glænø
Hillerslev
Espe
Fjællebro
Gislev
Glorup
Svindinge
Langå
Bøsøre
Hesselager
Kværndrup
Egeskov
Arreskov
Brahetrolleborg
Nørresø
Rygård
Frankeklint
Hov
Omø
Karrebæksminde Bugt
Korinth
Stenstrup
Gudbjerg
Gudme
Hesselagergård
Broholm
Lundeborg
Brændeskov
Brændegård Sø
Lohals
Diernæs
Holstenshuus
Kirkeby
Oure
Vejstrup
Tiselholt
Steensgård
Faaborg
Vester Åby
Hundstrup
Skjoldemose
Hvidkilde
Skårup
Snøde
Nakkebølle
Astrup
Ulbølle
Ollerup
Svendborg N.
Svendborg
Bjørnemose
Rantzausminde
Vindeby
Thurø By
Thurø
Egeløkke
Smålandsfarvandet
Vejrø
Skarø
Svendborg Sund
Bregninge
Valdemars Slot
Tåsinge
Tranekær
Landet
Drejø
Drejø
Hjortø
Bierebby
Rudkøbing
Tullebølle
Spodsbjerg
Rågø
Skalø
Femø Sund
Vesterby
Østerby
Fejø
Søbygård
Birkholm
Strynø
Strynø By
Skrøbelev Gods
Utterslev
Kong Svends Høj
Birket
Horslunde
Kragenæs
Lilleø
Ærøskøbing
Halmø
Fuglsbølle
Frederiksdal
Tårs
Sandby
Pederstrup
Askø
Marstal
Lindelse
Langeland
Store Rise
Skovsgård
Enehøje
Halsted
Vesterborg
Stokkemarke
Ristinge
Hum
Tryggelev
Albuen
Langø
Nakskov
Bandholm
Knuthenborg
Søllested
Odense Fjord

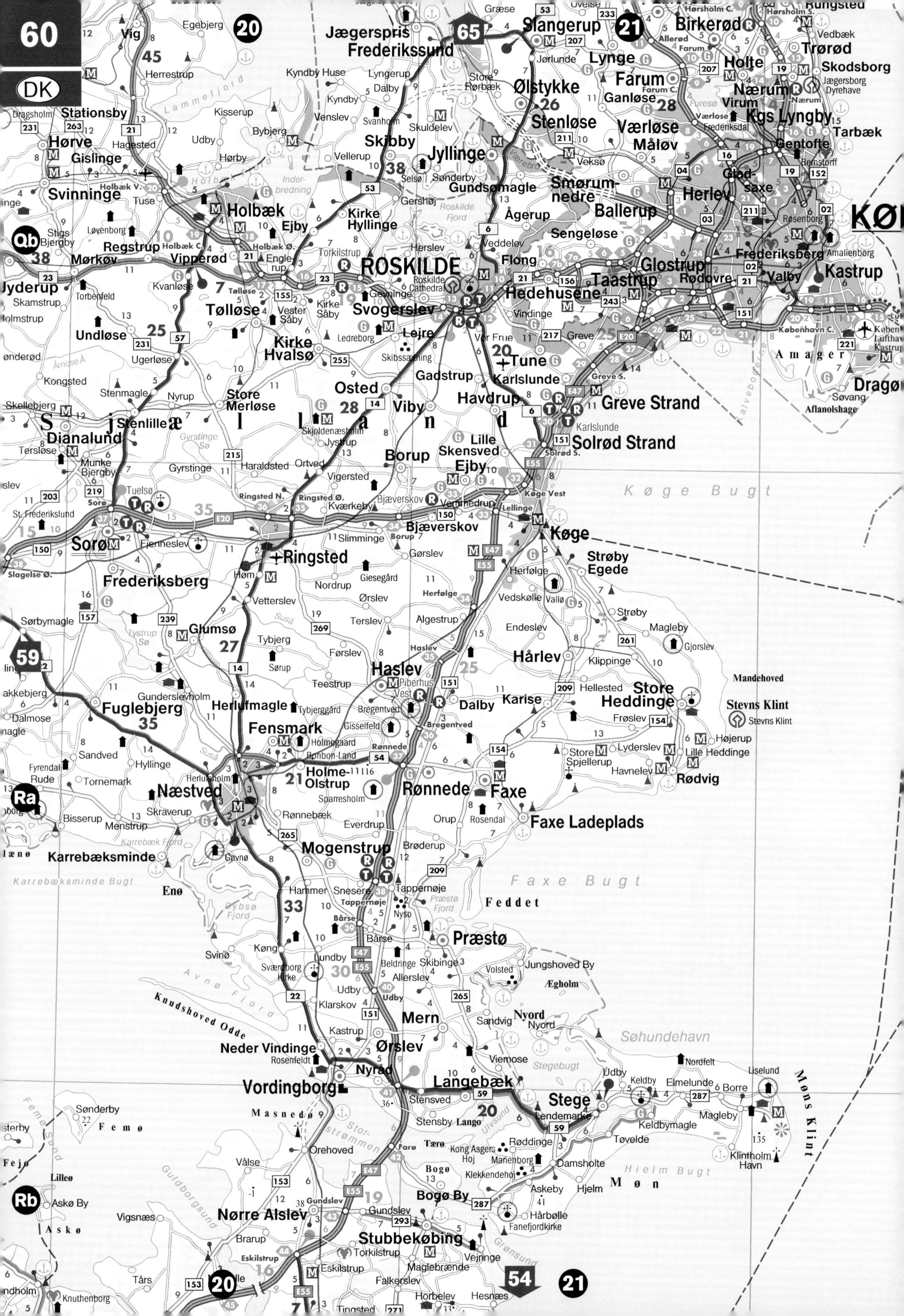
Jægerspris
Frederikssund
Slangerup
Birkerød
Trørød
Skodsborg
Holte
Lynge
Farum
Ølstykke
Nærum
Kgs Lyngby
Stenløse
Værløse
Måløv
Tarbæk
Gentofte
Skibby
Jyllinge
Gundsømagle
Smørum-nedre
Herlev
Gladsaxe
Ballerup
Holbæk
Ejby
Kirke Hyllinge
Ågerup
Sengeløse
Frederiksberg
Kastrup
Svinninge
Hørve
Gislinge
Stationsby
Regstrup
Mørkøv
Vipperød
ROSKILDE
Glostrup
Taastrup
Rødovre
Valby
Hedehusene
Svogerslev
Tølløse
Jyderup
Undløse
Kirke Hvalsø
Lejre
Tune
Karlslunde
Osted
Viby
Gadstrup
Havdrup
Greve Strand
Solrød Strand
Store Merløse
Dianalund
Sjælland
Borup
Lille Skensved
Ejby
Køge Bugt
Sorø
Ringsted
Bjæverskov
Køge
Strøby Egede
Frederiksberg
Glumsø
Haslev
Hårlev
Store Heddinge
Stevns Klint
Fuglebjerg
Herlufmagle
Fensmark
Karise
Dalby
Næstved
Holme-Olstrup
Rønnede
Faxe
Faxe Ladeplads
Karrebæksminde
Mogenstrup
Faxe Bugt
Feddet
Præstø
Jungshoved By
Knudshoved Odde
Mern
Nyord
Søhundehavn
Neder Vindinge
Ørslev
Nyråd
Vordingborg
Langebæk
Stege
Møn
Møns Klint
Bogø By
Nørre Alslev
Stubbekøbing
Rødvig
Sjolund

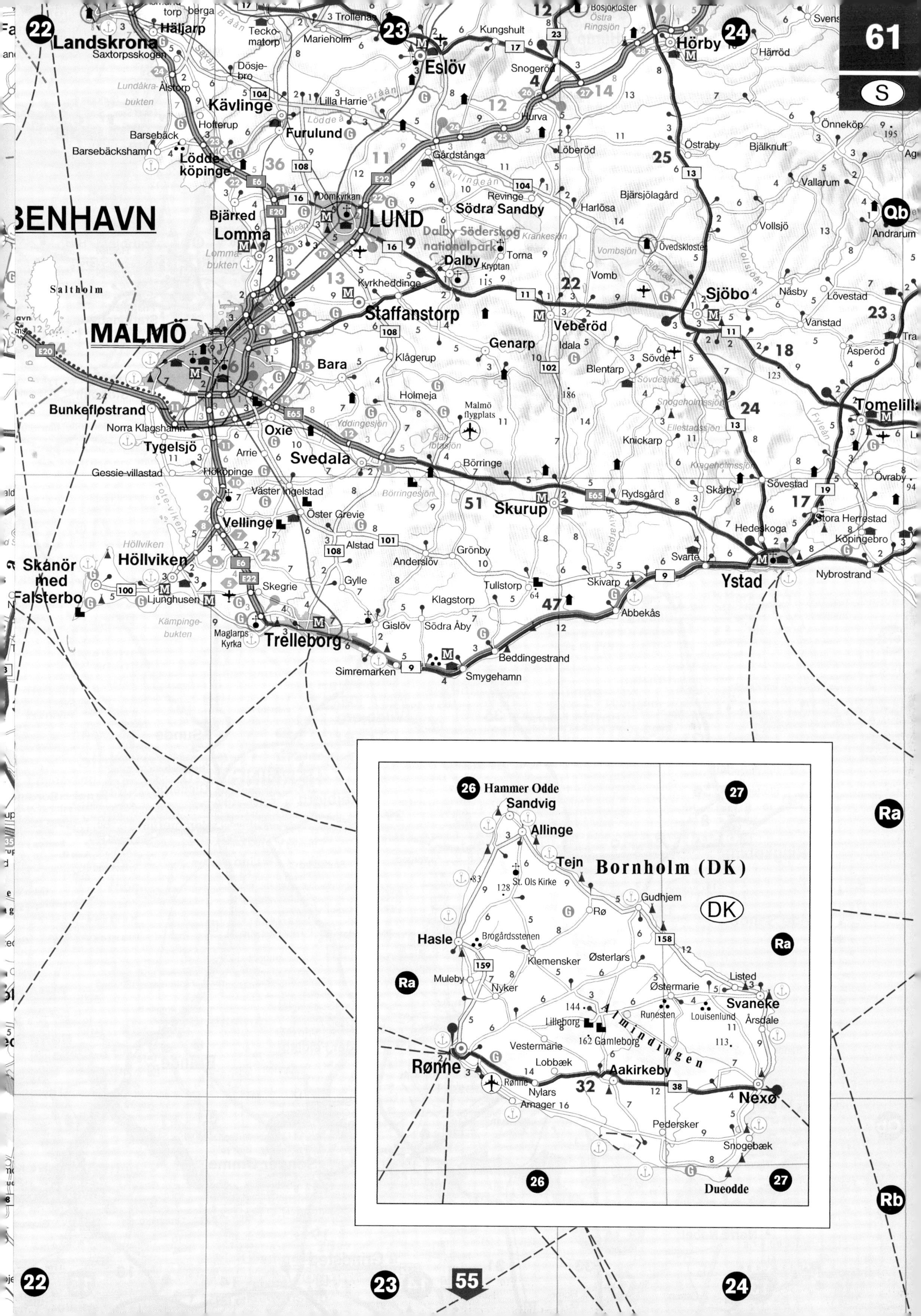
S
Landskrona
Saxtorpsskogen
Häljarp
Teckomatorp
Marieholm
Trollenäs
Eslöv
Kungshult
Snogeröd
Höör
Hörby
Härröd
Dösjebro
Lundåkrabukten
Ålstorp
Kävlinge
Lilla Harrie
Hofterup
Barsebäck
Barsebäckshamn
Furulund
Lödde å
Löddeköping
Hurva
Gårdstånga
Löberöd
Östraby
Bjälknult
Önneköp
Vallarum
Kävlingeån
Revinge
Harlösa
Bjärsjölagård
KØBENHAVN
Bjärred
Lomma
Lommabukten
Domkyrkan
LUND
Södra Sandby
Dalby Söderskog nationalpark
Krankesjön
Vombsjön
Övedskloster
Vollsjö
Andrarum
Qb
Saltholm
Torna
Dalby
Kryptan
Vomb
Kyrkheddinge
Staffanstorp
Sjöbo
Näsby
Lövestad
MALMÖ
Veberöd
Genarp
Idala
Vanstad
Ässperöd
Klågerup
Blentarp
Sövde
Sövdesjön
Bara
Bunkeflostrand
Holmeja
Malmö flygplats
Snogeholmssjön
Tomelilla
Norra Klagshamn
Oxie
Yddingesjön
Ellestadssjön
Knickarp
Tygelsjö
Arrie
Svedala
Börringe
Krageholmssjön
Gessie-villastad
Hököpinge
Rydsgård
Skårby
Sövestad
Övraby
Väster Ingelstad
Börringesjön
Skurup
Öster Grevie
Hedeskoga
Stora Herrestad
Vellinge
Köpingebro
Höllviken
Alstad
Anderslöv
Grönby
Svarte
Skanör med Falsterbo
Höllviken
Skegrie
Gylle
Tullstorp
Skivarp
Ystad
Nybrostrand
Ljunghusen
Kämpingebukten
Klagstorp
Abbekås
Maglarps Kyrka
Trelleborg
Gislöv
Södra Åby
Beddingestrand
Simremarken
Smygehamn
Hammer Odde
Sandvig
Allinge
Tejn
Bornholm (DK)
St. Ols Kirke
Gudhjem
Rø
DK
Hasle
Brogårdsstenen
Klemensker
Østerlars
Muleby
Nyker
Listed
Østermarie
Svaneke
Runesten
Louisenlund
Årsdale
Lilleborg
Gamleborg
Almindingen
Vestermarie
Rønne
Lobbæk
Aakirkeby
Nexø
Nylars
Arnager
Pedersker
Snogebæk
Dueodde
Ra
Rb
55

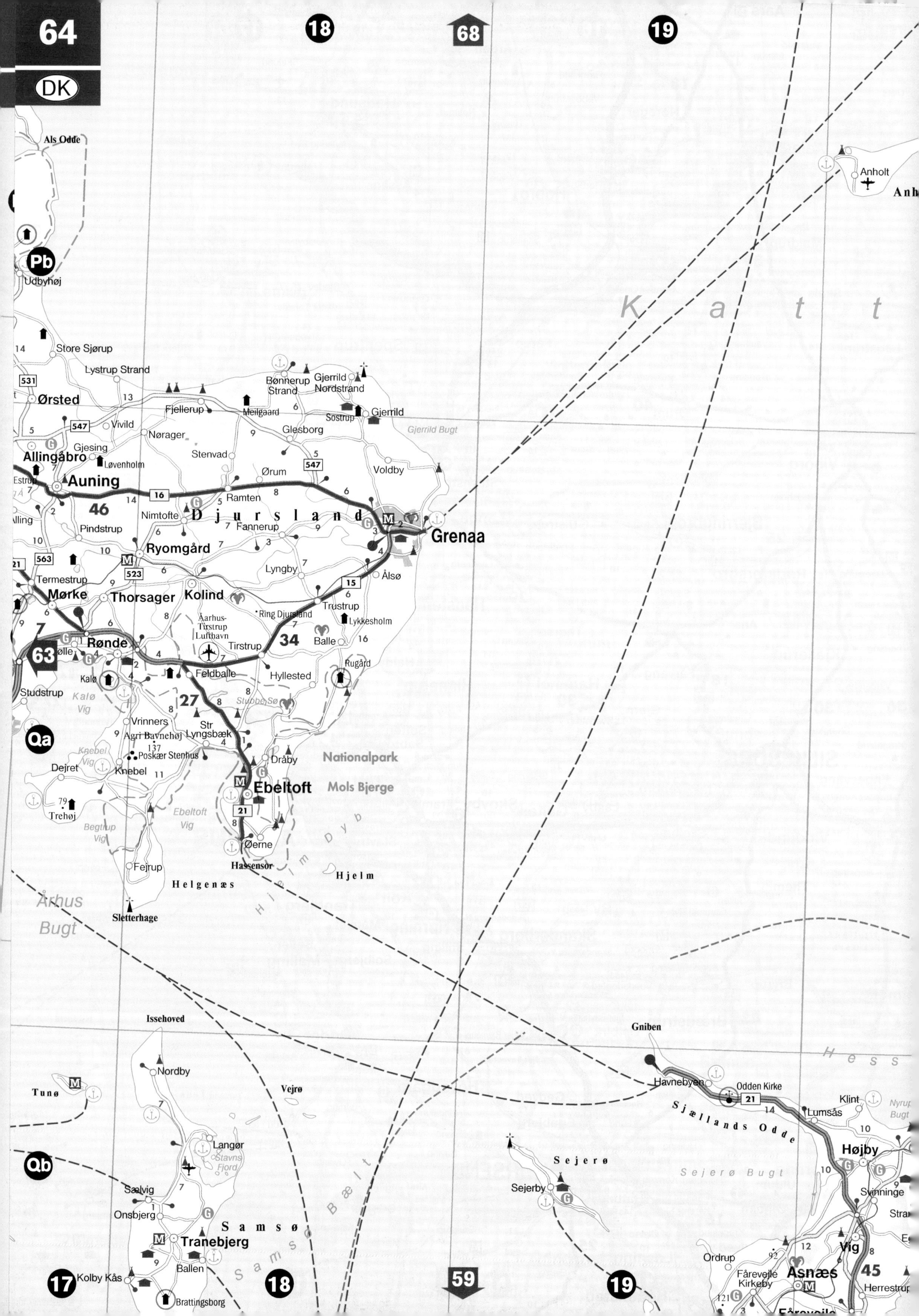

18

68

19

Als Odde

Anholt

Anh

K a t t

Pb
Udbyhøj

14
Store Sjørup
Lystrup Strand
531
Ørsted
13
Fjellerup
Meilgaard
Bønnerup Strand
Gjerrild Nordstrand
Søstrup
Gjerrild
Gjerrild Bugt
547
Vivild
Nørager
Glesborg
Gjesing
547
Stenvad
Ørum
Voldby
Allingåbro
Løvenholm
Estrup
Auning
16
Ramten
5
8
6
46
14
Nimtofte
D j u r s l a n d
Grenaa
Pindstrup
Ryomgård
Fannerup
9
3
Lyngby
563
Termestrup
523
15
Ålsø
Mørke
Thorsager
Kolind
6
7
Trustrup
Lykkesholm
Ring Djursland
Åarhus-Tirstrup Lufthavn
34
Balle
16
63
Rønde
Tirstrup
Rugård
Kalø
Feldballe
Hyllested
Studstrup
Kalø Vig
27
Stubbe Sø
Vrinners
Str Lyngsbæk
Qa
Agri Bavnehøj
137
Poskær Stenhus
Knebel Vig
Dejret
Knebel
11
Dråby
Nationalpark
79
Trehøj
Ebeltoft
Mols Bjerge
Ebeltoft Vig
Begtrup Vig
21
Fejrup
Øerne
Hassensør
H j e l m
Helgenæs
Århus Bugt
Sletterhage
Hjelm Dyb

Issehoved

Gniben

H e s s

Havnebyen
Odden Kirke
21
Klint
Nyrup
Lumsås
S j æ l l a n d s O d d e
Nordby
Vejrø
Tunø
Højby
Langør
Stavns Fjord
S e j e r ø
Qb
Sælvig
Sejerby
Sejerø Bugt
Onsbjerg
Skinninge
S a m s ø
Stra
Tranebjerg
Ballen
Vig
Ordrup
12
Kolby Kås
Fårevejle Kirkeby
Asnæs
45
Brattingsborg
Herretstrup
Fårevejle

17

18

59

19

20
21
69
22
Smörkullen
Getinge
Kvibi
Steninge
Harplinge
Haverdal
Holm
Åled
Skedala
Gullbrandstorp
Villshärad
Frösakull
Tylösand
HALMSTAD
Trönninge
Eldsbe
Laxvik
Gullbranna
Totten
Laholmsbukten
Mellbystrand
Hallands Väderö
Knösen
Båstad
Hov
Torekov
Bjärehalvön
Västra Karup
Östra Karup
Dagshög
Grevie
Ramsjö
Förslöv
Ranarp
Skälderviken
Vejbystrand
Hjärnarp
Kullen
Kullaberg
Stepparkroken
Mölle
Josephinenlustgrotten
Arild
Skäret
Svanshall
Nyhamnsläge
Ängelholm
Kullen
Jonstorp
Höganäs
Ingelsträde
Lerberget
Mjöhult
Strövelstorp
Hesselø
Viken
Domsten
Hasslarp
Kattarp
Allerum
Ödåkra
Åsto
Gilleleje
Smidstrup
Munkerup
Rågeleje
Søborg Slot
Dronningmølle
Hornbæk
Hittarp
Ålsgårde
Bjuv
Hyllinge
Blistrup
Græsted
Tisvilde
Vejby
Esrum
Hellebæk
Kronborg Castle
Esbønderup
Gurre Sø
Marienlyst
HELSINGBORG
Liseleje
Asserbo
Helsinge
Påarp
Ramløse
Tikøb
Esrum Sø
Melby
Annisse Nord
Gribskov
HELSINGØR
Espergærde
Kagerup
Fredensborg Slot
Bårslöv
Snekkersten
Hundested
Arresø
Annisse
Nødebo
Frederiksværk
Alsønderup
Fredensborg
Espergærde
Rydebäck
Sølager
Tulstrup
Vallåkra
Rørvig
Store Lyngby
Frederiksborg
Hillerød
Humlebæk
Halms
Kulhuse
Glumslöv
Roskilde Fjord
Ølsted
Meløse
The par force hunting landscape in North Zealand
Nivå
Härslöv
Nykøbing Sjælland
Skoven
Skævinge
Karlebo
Kokkedal
Ven
Nivå Bugt
Isefjord
Hørsholm
Gørløse
Landskrona
Jægerspris Slot
Uvelse
Lillerød
Rungsted
Asmundtorp
Billeberga
Græse
Citadellet
Hørsholm C.
Hørsholm S.
Jægerspris
Slangerup
Birkerød
Häljarp
Frederikssund
Vedbæk
Allerød
Trørød
Saxtorpsskogen
Jørlunde
Lynge
Farum
Holte
Skodsborg
Kyndby Huse
Lyngerup
Dalby
Store Rørbæk
Ølstykke
Nærum
Jægersborg Dyrehave
Lundåkrabukten
Ålstorp
60
DK
S

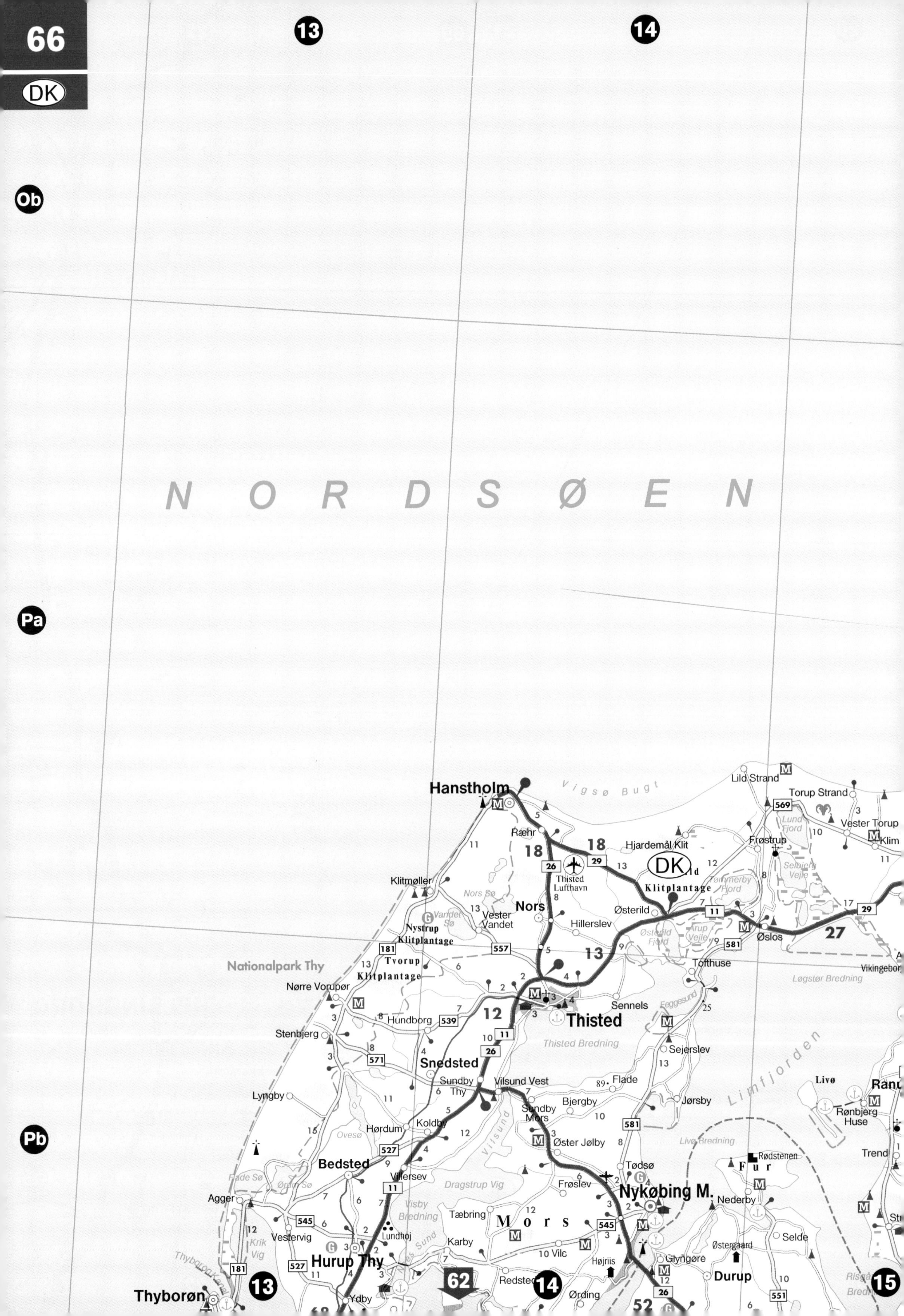

Ob

Pa

Pb

N O R D S Ø E N

Hanstholm
Vigsø Bugt
Lild Strand
Torup Strand
5
Ræhr
569
Vester Torup
Klim
11
18
18
Hjardemål Klit
Frøstrup
Lund Fjord
10
Klitmøller
26
29
13
DK
12
8
Thisted Lufthavn
Klitplantage
17
29
Nors Sø
Nors
Østerild
11
27
Vester Vandet
Hillerslev
Øslos
581
Nystrup Klitplantage
557
5
13
9
Tofthuse
Vikingebor
181
Tvorup Klitplantage
6
2
Løgstør Bredning
Nationalpark Thy
13
4
Sennels
25
Nørre Vorupør
2
Thisted
Feggesund
8
Hundborg
539
7
12
Livø
Ran
Stenbjerg
3
10
11
Sejerslev
Rønbjerg Huse
571
8
4
26
13
3
Snedsted
Livø Bredning
Lyngby
Sundby Thy
Vilsund Vest
7
89
Flade
Trend
11
6
Bjergby
Sundby Mors
10
581
Fur
Rødstenen
Hørdum
Koldby
12
Øster Jølby
8
527
4
Tødsø
Nederby
Bedsted
Vildersev
Dragstrup Vig
Frøslev
6
Nykøbing M.
Selde
11
Agger
545
Tæbring
12
Mors
545
Østergaard
12
Vestervig
3
Lundhøj
Karby
527
Glyngøre
10
Krik Vig
Thyborøn
181
527
Hurup Thy
11
62
14
Redsted
Ørding
26
52
Durup
551
Thyborøn
Ydby
7
Højriis
10 Vilc
Bredn

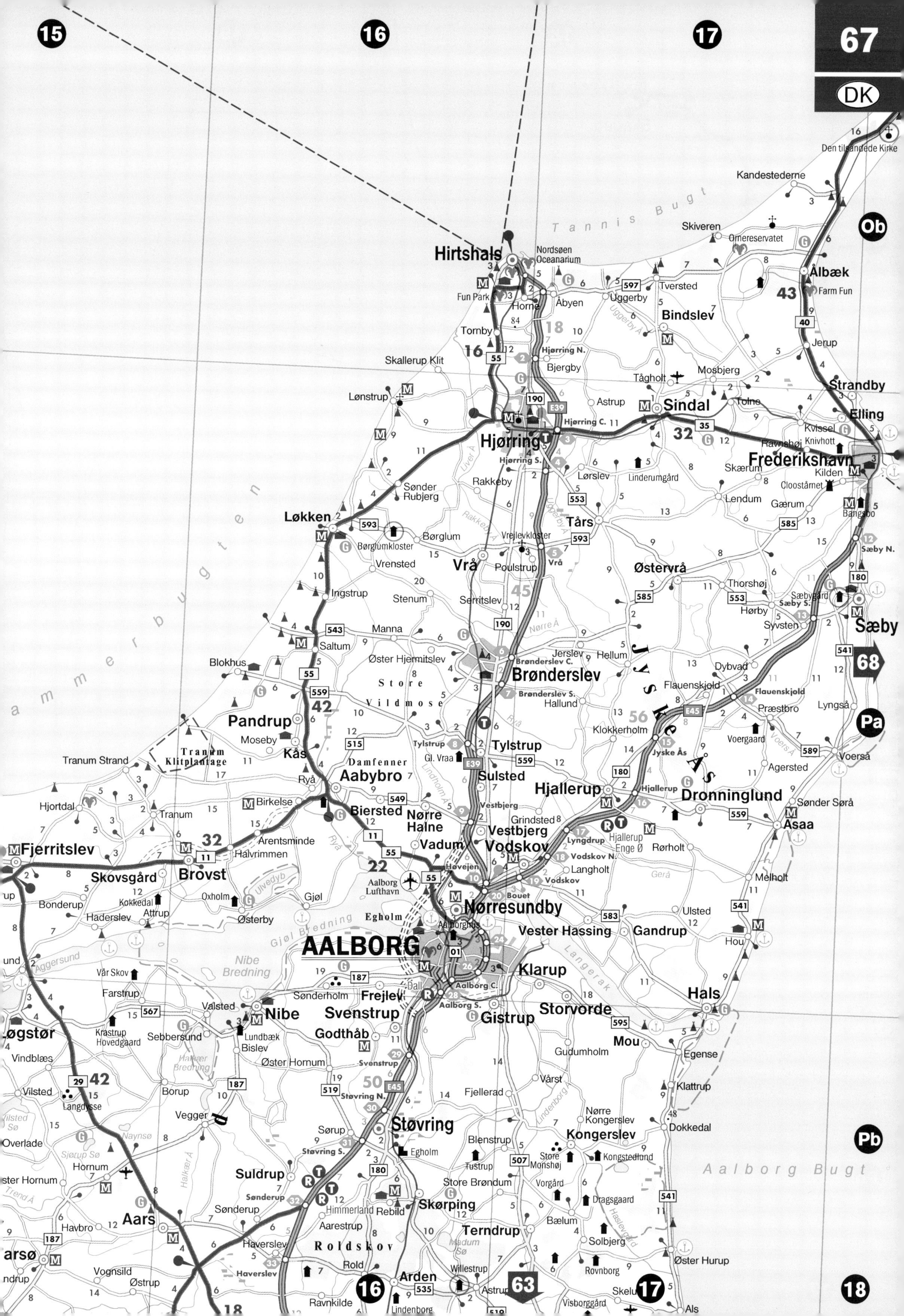
15
16
17
Hirtshals
Nordsøen Oceanarium
Tannis Bugt
Skiveren
Ålbæk
Farm Fun
Tversted
Uggerby
Bindslev
Åbyen
Horne
Fun Park
Tornby
Skallerup Klit
Hjørring N.
Bjergby
Tågholt
Mosbjerg
Jerup
Strandby
Elling
Lønstrup
Astrup
Sindal
Tolne
Hjørring C.
Hjørring
Hjørring S.
Frederikshavn
Kvissel
Knivholt
Ravnshøj
Skærum
Kilden
Cloostårnet
Bangsbo
Rakkeby
Lørslev
Linderumgård
Lendum
Gærum
Sønder Rubjerg
Løkken
Børglumkloster
Børglum
Vrejlevkloster
Tårs
Vrensted
Vrå
Poulstrup
Østervrå
Sæby N.
Ingstrup
Stenum
Serritslev
Thorshøj
Hørby
Sæbygård
Sæby S.
Syvsten
Sæby
Manna
Saltum
Øster Hjermitslev
Jerslev
Hellum
Blokhus
Brønderslev C.
Brønderslev
Store Vildmose
Dybvad
Flauenskjold
Brønderslev S.
Hallund
Jyske Ås
Pandrup
Præstbro
Lyngså
Moseby
Kås
Klokkerholm
Tylstrup
Voergaard
Tranum Klitplantage
Damfenner
Gl. Vraa
Sulsted
Voersa
Tranum Strand
Aabybro
Hjallerup
Agersted
Ryå
Dronninglund
Hjortdal
Birkelse
Biersted
Nørre Halne
Vestbjerg
Grindsted
Sønder Sørå
Tranum
Asaa
Arentsminde
Vadum
Vodskov
Lyngdrup
Hjallerup Enge Ø
Rørholt
Fjerritslev
Brovst
Halvrimmen
Vodskov N.
Langholt
Skovsgård
Aalborg Lufthavn
Hovejen
Melholt
Bonderup
Kokkedal
Oxholm
Gjøl
Nørresundby
Bouet
Haderslev
Attrup
Østerby
Egholm
Ulsted
Gjøl Bredning
Aalborghus
Vester Hassing
Gandrup
AALBORG
Hou
Aggersund
Nibe Bredning
Klarup
Vår Skov
Langerak
Farstrup
Sønderholm
Frejlev
Dall
Aalborg C.
Aalborg S.
Hals
Valsted
Nibe
Svenstrup
Gistrup
Storvorde
Løgstør
Krastrup Hovedgaard
Sebbersund
Lundbæk
Bislev
Godthåb
Mou
Egense
Vindblæs
Halkær Bredning
Øster Hornum
Gudumholm
Vilsted
Langdysse
Borup
Vårst
Fjellerad
Klattrup
Vilsted Sø
Vegger
Støvring N.
Nørre Kongerslev
Dokkedal
Overlade
Naynsø
Sørup
Støvring
Blenstrup
Kongerslev
Sjørup Sø
Støvring S.
Egholm
Store Brøndum
Store Ajonshøj
Kongstedlund
Tustrup
Hornum
Suldrup
Aalborg Bugt
Vorgård
Dragsgaard
Sønderup
Trend Å
Himmerland
Rebild
Skørping
Aars
Havbro
Aarestrup
Terndrup
Bælum
Solbjerg
Haverslev
Roldskov
Madum Sø
Øster Hurup
Farsø
Rold
Willestrup
Rovnborg
Vognsild
Østrup
Arden
Astrup
Skelund
Ravnkilde
Lindenborg
Visborggård
Als
Den tilsandede Kirke
Kandestederne
Omereservatet
Ob
Pa
Pb
68
63
16
17
18

Grenen

Drachmanns Grav

Højen

Skagen

16

Den tilsandede Kirke

Kandestederne

3

Ödo

Ob Ørnereservatet

7

8

Álbæk

43 Farm Fun

40

9

7

Jerup

3 5

Mosbjerg 2

2

Tolne

35

2 12

Skærum

8

Lendum

Gærum

6

585 13

8

Thorshøj

553

Hørby

Syvsten

67

ovad 13

enskjold 9

Pa 11

Præstbro

Voergaard

Agersted

11

Dronninglund

559

7

Åsaa

Melholt

11

Ulsted

541

12

Hou

Hals

5

Ålbæk Bugt

Strandby

Hirsholmene

Elling

Kvissel

Knivhott

Ravnshøj

Kilden

Cloostårnet

Frederikshavn

Bangsbo

15

Sæby N.

9 11

180

Sæbygård

Sæby S. **13**

DK

541

5 2

Lyngså

7

589

Voersá

Voersá

Sønder Sørá

Læsø Rende

Nodre Rønner

Østerby Havn

Vesterø Havn

13

5

Byrum

Læsø

Kattegat

Aalborg Bugt

Pb

Als

GÖTEBORG
Torslanda
Hjuvik
Mölndal
Angered
Olofstorp
Floda
Lerum
Jonsered
Öxeryd
Landvetter
Härryda
Mölnlycke
Göteborg-Landvetters flygplats
Hindås
Bollebygd
Sandared
Sjömarken
BORÅS
Olsfors
Hultafors
Rydboholm
Viskafors
Kållered
Lindome
Hällesåker
Billdal
Kullavik
Särö
Askim
Gundal
Hjälmared
Anneberg
Hjälm
Kungsbacka
Vallda
Backa
Onsala
Vickan
Rydet
Gottskär
Malön
Fjärås kyrkby
Förlanda
Tjolöholm
Åsa
Frillesås
Vendelsö
Löftaskog
Väröbacka
Bua
Veddige
Åsby
Sälistorp
Tångaberg
Balgö
Tofta
Trönninge
VARBERG
Södra Näs
Träslövsläge
Himle
Tvååker
Hunnestad
Morup
Långås
Bölse
Glommen
Skogstorp
Falkenberg
Skrea
Rinsegård
Smörkullen
Vinberg
Heberg
Årstad
Getinge
Oskarström
Sätila
Hyssna
Kinna
Skene
Örby
Berghem
Björketorp
Torestorp
Öxabäck
Horred
Älekulla
Kungsäter
Karl Gustav
Grimmared
Nösslinge
Källsjö
Fagered
Stamnared
Skällinge
Valinge
Rolfstorp
Ullared
Gällared
Krogsered
Ätran
Älvsered
Mjöbäck
Överlida
Angryd
Köinge
Dagsås
Okome
Sibbarp
Askome
Bergagård
Vessigebro
Moshult
Drängsered
Kinnarumma
Fritsla
Skephult
Seglora
Grönered
Björkhult
Hällingsjö
Rävlanda
St. Bugärde
Ubbhult
Eskilsby
Svansjökulle
Tostared
Idala
Texleberget
Tollered
Ödenäs
Hedared
Jordås
Rya
Björröd
Öjersjö
Styrsö
Donsö
Vrångo
Brännö
Asperö
Rörö
Björkö
Kärra
Säve
Mysterna
Göteborg City airport
Lerkil
Halla Heberg
Västra Hagen
Gathenhielmska gravkoret
Falkenberg
Fästumpelas
Sloinge
Kattegat

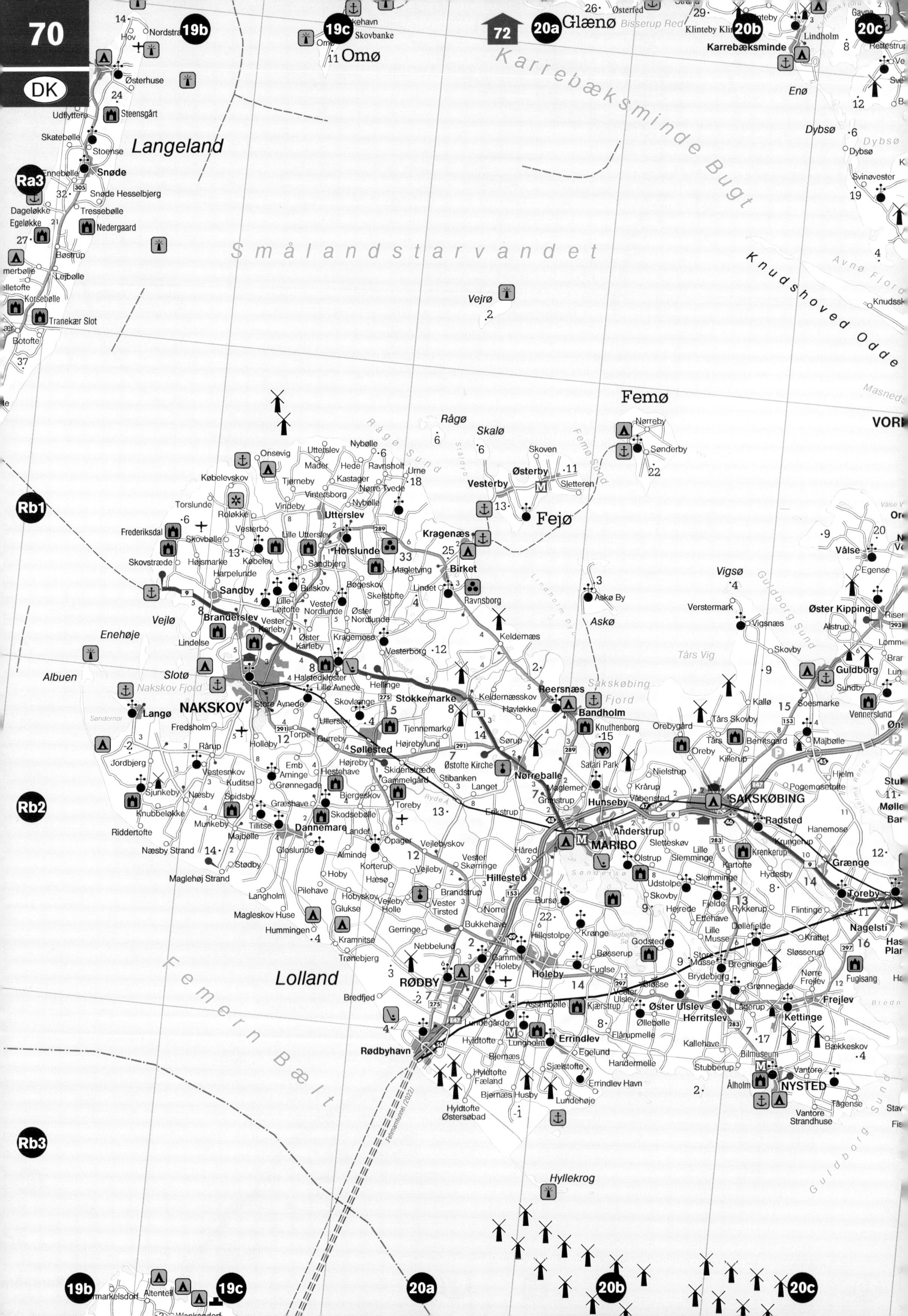
Langeland
Smålandstarvandet
Karrebæksminde Bugt
Knudshoved Odde
Omø
Glænø
Karrebæksminde
Enø
Dybsø
Vejrø
Femø
Fejø
Rågø
Skalø
Askø
Vigsø
Lolland
Femern Bælt
NAKSKOV
SAKSKØBING
MARIBO
RØDBY
Rødbyhavn
NYSTED
Hyllekrog
Albuen
Enehøje
Slotø
Langø
Søllested
Stokkemarke
Horslunde
Kragenæs
Birket
Reersnæs
Bandholm
Nørreballe
Hunseby
Holeby
Errindlev
Øster Ulslev
Herritslev
Kettinge
Frejlev
Toreby
Guldborg
Nagelsti
Grænge
Radsted
Dannemare
Branderslev
Sandby
Snøde
Tranekær Slot
Steensgård
Nedergaard
Knuthenborg
Safari Park
Øster Kipping
Vålse
Guldborg Sund
Nakskov Fjord
Sakskøbing Fjord
Tårs Vig
Ra3
Rb1
Rb2
Rb3
19b
19c
20a
20b
20c
72

Fakse Bugt
Præstø Fjord
Feddet
Faxe Ladeplads
PRÆSTØ
Nyord
Ulvshale
Stege Bugt
STEGE
Møn
Møns Klint
Hjemlbugt
Bogø
Stubbekøbing
Grønsund
Falster
Nykøbing F
Gedser
Gedser Odde
Vordingborg
Kalvehave
Lendemarke
Udby
Borre
Magleby
Damsholte
Hårbølle
Madses Klint
Store Klint
Dronningestolen
Store Stejlebjerg
Hylledals Klint
Liselund
Lille Klint
Hallehavns Nakke
Horbelev
Karleby
Væggerløse
Marielyst
Idestrup
Sønder Ørselv
Eskilstrup
Tingsted
Horreby
Gundslev
Allerslev
Skibinge
Tappernøje
Snesere
Everdrup
Mogenstrup
Lundby
Kastrup
Ørslev
Mern
Sandvig
Viemose
Langebæk
Stensved
Nyråd
Kulsbjerg
Ra3
Rb1
Rb2
Rb3
20c
21a
21b
21c
22a
22b
73

19b
19c
77
20a
20b
Qb2
Qb3
Ra1
Ra2
Ra3
70
19b
19c
20a
20b
20c
Røsnæs
Nekselø
Dragsholm
Fårevejle Stationsby
Grevinge
Ulstrup
Havnsø
Kalundborg Fjord
KALUNDBORG
Raklev
Spangsbro
Asnæs
Havnemark
Lerchenborg
Eskebjerg
Føllenslev
Snertinge
Svinninge
Kundby
Mårsø
Holbæk Fjord
HOLBÆK
Tuse
Lammefjord
Lindebjerg
Viskinge
Svebølle
Jyderup
Stigs Bjerby
Knabstrup
Regstrup
Mørkøv
Årby
Rørby
Jernløse
Vipperød
Kvanløse
Svallerup
Ubby
Jerslev
Jammerland Bugt
Romsø Tue
Store Mosten
Bjerge
Undløse
Tissø
Kløveshøj
Skellingsted
Tølløse
Ugerløse
Kirke Eskilstrup
Gørlev
Sæby
Reersø
Ruds Vedby
Skellebjerg
Vedde
Stenlille
Stenmagle
Nyrup
Store Merløse
Kirke Helsinge
Høng
Dianalund
Tersløse
Elmebakke
Munke Bjergby
Storebælt
Musholm
Musholm Bugt
Løve
Havrebjerg
Kirke Stillinge
Gyrstinge
Sorø
Fjenneslev
Frederiksberg
SLAGELSE
Broby Overdrev
Svenstrup
Forlev
Vagtbanke
Halsskov
Østerrenden
KORSØR
Sørbymagle
Gimlinge
Flakkebjerg
Boeslunde
Fuglebjerg
Glumsø
Eggeslevmagle
Dalmose
Skelby
Herlufmagle
Gelsted
Kolsbjerg
Sandved
Hyllinge
SKÆLSKØR
Agersø
Rude
Tornemark
Menstrup
Skraverup
NÆSTVED
Rønnebæk
Omø
Glænø
Karrebæksminde
Enø
Dybsø
Egholm
Fensmark

73
DK
KØBENHAVN
ROSKILDE
Roskilde Cathedral
HEDEHUSENE
TAASTRUP
BALLERUP
MÅLØV
SMØRUMNEDRE
STENLØSE
VÆRLØSE
FARUM
ØLSTYKKE
JYLLINGE
GREVE STRAND
SOLRØD STRAND
Jersie Strand
Ølby Lyng
KØGE
Køge Bugt
Strøby Egede
Køge Sønakke
Stevns Klint
Store Heddinge
Rødvig
Faxe Ladeplads
FAXE
HASLEV
Amager
DRAGØR
Søvang
Aflandshage
Store Magleby
Drogden
Københavns Lufthavn Kastrup
Trekroner
Christiansborg
Nationalmuseet
Eremitageslottet
Skodsborg
Taarbæk
Klampenborg
Skovshoved
Charlottenlund
Hellerup
Christianshavn
Sundbyerne
Kastrup
Tårnby
Advedøre Holme
Ishøj Landsby
Vallensbæk Landsby
Greve
Karlslunde
Tune
Havdrup
Jersie
Lille Skensved
Vindinge
Reerslev
Vor Frue
Kildebrønde
Herslev
Gevninge
Lejre
Osted
Viby
Gadstrup
Snoldelev
Borup
Ejby
Vemmedrup
Bjæverskov
Gørslev
Slimminge
Nordrup
Ørslev
Terslev
Algestrup
Endeslev
Vedskølle
Valløby
St Tårnby
Strøby
Magleby
Klippinge
Holtug
Hårlev
Hellested
Karise
Dalby
Rønnede
Toksværd
Everdrup
Orup
Store Spjellerup
Lyderslev
Havnelev
Højerup
Mardehoved
Falsterborev
Drogden
Tommestrup
Korsnæb
Herfølge
Qb2
Qb3
Ra1
Ra2
74
71
20c
21a
21b
21c
22a
22b
78

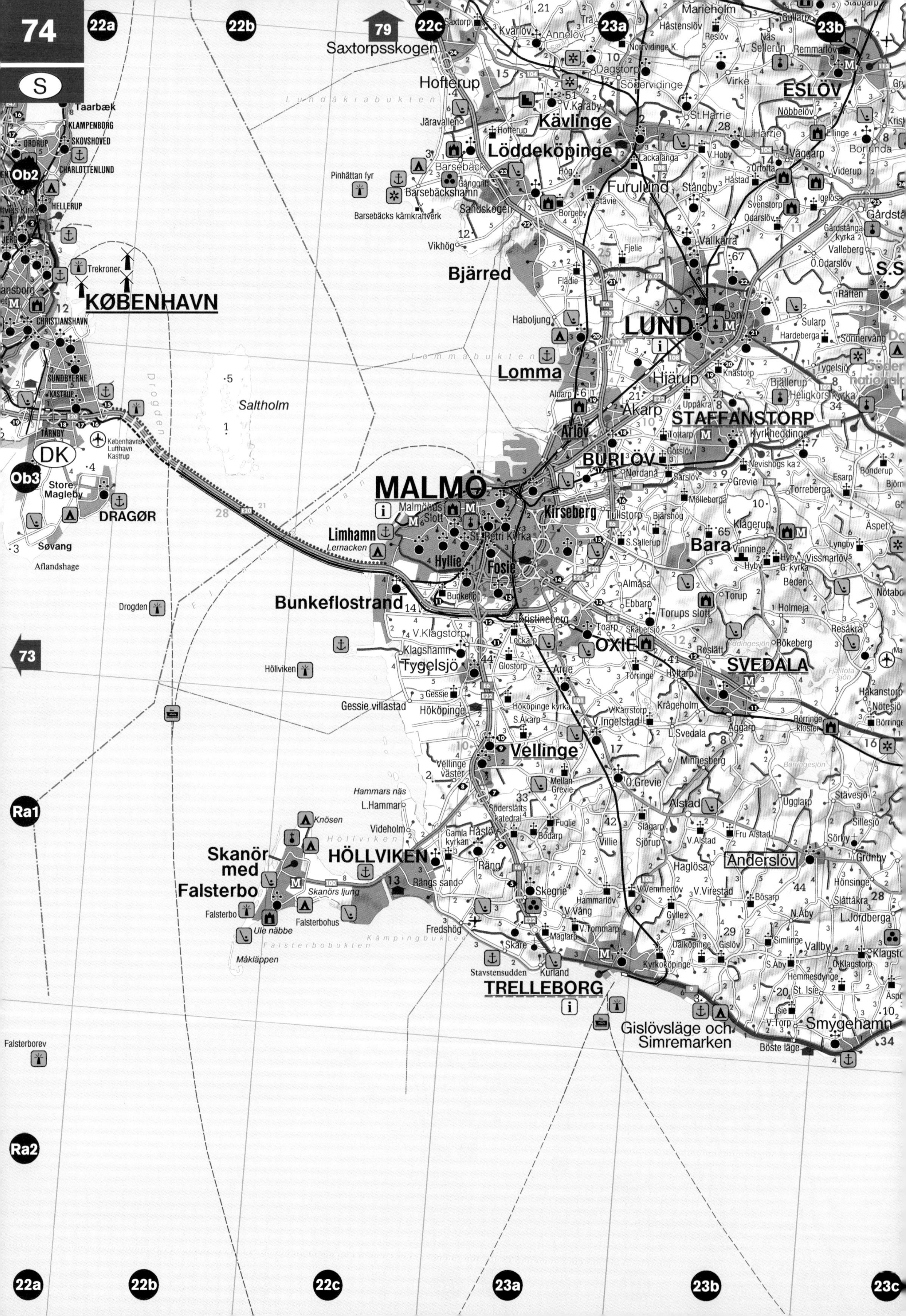
S
22a
22b
79
22c
23a
23b
Saxtorpsskogen
Saxtorp
Kvarlöv
Annelöv
Trä
Marieholm
Hästenslöv
Reslöv
Näs
V. Sallerup
Remmarlöv
Norrvidinge K.
Dagstorp
Södervidinge
Virke
ESLÖV
Hofterup
Lundåkrabukten
V.Karaby
Kävlinge
St.Harrie
Nöbbelöv
Järavallen
Löddeköpinge
L.Harrie
Ellinge
Borlunda
Lackalänga
V.Hoby
Väggarp
Barsebäck
Högs
Örtofta
Viderup
Pinhättan fyr
Gånggriff
Barsebäckshamn
Furulund
Stångby
Håstad
Igelösa
Barsebäcks kärnkraftverk
Sandskogen
Stävie
Borgeby
Svenstorp
Odarslöv
Gårdstånga kyrka
Vikhög
Fjelie
Vallkärra
Valleberg
Ö.Odarslöv
Bjärred
Flädie
Räften
Haboljung
LUND
Dom
Sularp
Hardeberga
Sönnervång
Lommabukten
Lomma
Hjärup
Knästorp
Tygelsjö
Bjällerup
Heligkors kyrka
Alnarp
Åkarp
Uppåkra
STAFFANSTORP
Kyrkheddinge
Arlöv
Tottarp
Görslöv
BURLÖV
Nordanå
Nevishögs ka
Bönderup
Särslöv
Grevie
Esarp
Torreberga
Mölleberga
MALMÖ
Malmöhus Slott
Kirseberg
Tullstorp
Bjärshög
Klågerup
Äspet
Limhamn
Lernacken
St.Petri Kyrka
S.Sallerup
Bara
Vinninge
Hyby
Lyngby
Vissmarlöv
G. kyrka
Hyllie
Fosie
Beden
Almåsa
Torup
Bunkefloställ
Ebbarp
Torups slott
Holmeja
Nötabo
Bunkeflostrand
Kristineberg
Toarp
Skabersjö
Resåkra
V.Klagstorp
Lockarp
OXIE
Roslätt
Bökeberg
Klagshamn
Tygelsjö
Glostorp
Arrie
Törringe
Hyltarp
SVEDALA
Gessie
Håkanstorp
Gessie villastad
Hököpinge
Hököpinge kyrka
V.Kärrstorp
Krågeholm
Nötesjö
S.Åkarp
V.Ingelstad
L.Svedala
Aggarp
Börringe kloster
Börringe
Vellinge
Minnesberg
Vellinge väster
Mellan Grevie
Ö.Grevie
Stävesjö
Hammars näs
L.Hammar
Söderslätts katedral
Alstad
Ugglarp
Sillesjö
Knösen
Videholm
Fuglie
Slågarp
Fru Alstad
Höllviken
Gamla kyrkan
Hassla
Bodarp
Villie
Sjörup
V.Alstad
Sörby
Skanör med Falsterbo
HÖLLVIKEN
Räng
Haglösa
Anderslöv
Grönby
Rängs sand
Skanörs ljung
Skegrie
V.Vemmerlöv
V.Virestad
Hönsinge
Falsterbo
Hammarlöv
Bösarp
Slättåkra
Ule näbbe
Falsterbohus
V.Vång
Gyllie
N.Åby
L.Jordberga
Fredshög
Kämpingbukten
V.Tommarp
Maglarp
Falsterbobukten
Skåre
Dalköpinge
Gislöv
Simlinge
Vallby
Klagstorp
Måkläppen
Stavstensudden
Kurland
Kyrkoköpinge
S.Åby
Ö.Klagstorp
Hemmesdynge
TRELLEBORG
St. Isie
L.Isie
V.Torp
Smygehamn
Gislövsläge och Simremarken
Böste läge
Taarbæk
KLAMPENBORG
SKOVSHOVED
ORDRUP
CHARLOTTENLUND
Ob2
HELLERUP
Trekroner
KØBENHAVN
CHRISTIANSHAVN
SUNDBYERNE
KASTRUP
TÅRNBY
Saltholm
Drogden
Københavns Lufthavn Kastrup
DK
Ob3
Store Magleby
DRAGØR
Søvang
Aflandshage
Drogden
Höllviken
73
Ra1
Falsterborev
Ra2
22a
22b
22c
23a
23b
23c

75
S
Hörby
Hurva
Löberöd
Hammarlunda
Harlösa
Veberöd
Genarp
Sjöbo
Lövestad
Tomelilla
Skurup
Rydsgård
Skivarp
Sövestad
YSTAD
Köpingebro
Löderup
Brösarp
Degeberga
Sankt Olof
Smedstorp
Hammenhög
Borrby
Österlen
Vombsjön
Övedskloster
Blentarp
Everlöv
Sövde
Anklam
Röddinge
Ljunghusen
Eriksdal
Fyledalen
Ellestad
Eneborg
Karlstorp
Hedeskoga
St.Herrestad
Svarte
Charlottenlund
Abbekås
Skateholm
Beddingestrand
Kåseberga
Ales stenar
Hagestad
Backåkra
Löderups strandbad
Sandhammaren
Kabusa
Nybrostrand
Glemmingebro
Spanska redden
Kristinetorp
Ö.Sönnarslöv
Östraby
Bjärsjölagård
Vollsjö
Tolånga
Tjörnerod
Andrarum
Sillaröd
Ravlunda
Vitaby
Kivik
Museijärnväg
23c
24a
24b
24c
25a
25b
80
76
Ob2
Ob3
Ra1
Ra2

76
S
25a
25b
81
25c
26a
26b
Lyngbygård
Härnestad
Yngsjö
Eskilstorp
Vittskövle
Yngsjö kapell
Nyehusen
Furuboda
Kärrfästorna
Kyllingaröd
Veback
Forsakar
Degeberga
Hanöbukten
Åhus kärr
Österlia
Ebbaröd
Olseröd
N.Lökaröd
Hörröd
Lillehem
Degeberga sommarby
Torasteröd
N.Björstorp
S.Lökaröd
Maglehem
Bonaröd
Östakra
Qb2
Glimmeboda
Lönhult
Brösarp
Havängsdösen
Brunsvik
Ravlunda
Torup
Tostaröd
Vitaby
Vitemölla
Eljaröd
Kivik
Kungagraven
Tjörneröd
Grevlunda
Esperöd
Tåghusa
Musei-järnväg
S.Mellby
Stenshuvuds nationalpark
Holmarna
Kronovalls slott
Attusa
Vitebro
Frörum
Sankt Olof
Tångdala
Knäbäckshusen
Brännorna
Maryd
Raskarum
St. Olof
Rörum
Skånsbäck
Almhult
Vik
Onslunda
Saxeriet
Rörums fur
Qb3
Tunbyholm
Gyllebo
Baskemölla
Tunby
Listarum
Ö.Vemmerlöv
Österlen
75
Smedstorp
Komstad
Gladsax
Tobisviken
Stiby
Karlaby
Smedstorp
Gärsnäs
Tågarp
Gröstorp
Simrishamn
Lunnarp
Järrestad
Kverrestad
Ö.Herrestad
Ö.Ingelstad
Ö.Tommarp
Simris
Ingelstad
Vranarp
Gnalöv
Ö.Nöbbelöv
Brantevik
Galgamöllan
Bolshögs kа
Hammenhög
Glimmingehus
Hannas
Bollerup
Vallby
Glivarp
Gislöv
Blästorp
Glattorna
Salarp
Henriksfält
Tullstorp
Hoby
Skillinge
Örum
Ö.Hoby
Hörup
Borrby
Borrbygård
Örnahusen
Ingelstorp
Löderup
Sandby
Ra1
Hedvigsdal
Hagestad
Mälarhusen
Valleberga
Järahusen
Hagestadborg
Backåkra
Löderups strandbad
Sandhammaren
Bornholmsgattet
Ra2
25a
25b
25c
26a
26b

Qa2

Qa3

78

Kattegat

Sjællands Rev N

Gniben
.16

Yderby
Odden Færgehavn   29   Havnebyen
Hulbjerg
Overby Lyng
Overby   .21
15   Ebbeløke   Klintebjerg   Nyrup Bugt
22   34   Sonnerup
53   Plumsås   Klint   Vester Lyng
Troldstuerne   Tengslemark   Nyrop   Næsholm

Sjællands Odde

Tengslemark
Lyng   Stenstrup   6   Qb1
51   Gudmindrup   M   NYKØBING
Skagelse Bjerg   .26   Højby   Højby   14
Lyng   Stårup
Sejerø   Korevle   Fundsted-Solvognen   Nørre   M
Asmindrup   7
Ellinge   Kildehuse
Lyng   2
Svinninge   Strandhuse
30   Honsinge   Brændt
Kongshøj   Lestrup
Høve   Lille Egebjerg   Vollekolla   Rode   Bøsserup
Strand   225
.12   Veddinge Bakker   Sidinge   Unnerud
Ordrup Næs   92   Jyderup   Vig   Prejlerup
Skamlebæk   Høve   21   Abildøre   Bråde
Strand   Brendeshøj   Veddinge   Astofte   -3
Ordrup   .95 14   225   Egebjeer
Ris   Asnæs   Snegleru   Holte   Hølkerup
Knarbos Klint   M   Lumtebjerg   Østrup
84   Frenderup
Elmebjerg   21   Fåreveile   Herrestrup   Atterup   Kongsøre
41   Kirkeby   Grevinge
Nekselø Bugt   Stübberup   19   -7   Lammefjord   Qb2
Nekselø   Dragsholm   Fåreveile   18   20
41   Vindekilde   Stationsby   Gundestrup   59   Kastrup
Snavshuse   -3   Løserup
Røsnæs   Nyby   231   8   11   20   Avdebo   Udby
16   Ågerup   Starreklinte   Bjergesø   Hagested   Gurede   23.
61   Bjørnstrup   Havnsø   53   Hørve   263   -3   62   Bavnehøj   Markeslev
Ulstrup   Overbjerg   Saltbæk   225   Sandby   Gisling   21
Røsnæs   Kongstrup   Vollerup   Lille Vrøj   Krageø   Vallekilde   Horby
Kalterup   Svenstrup   Illerup   .2   Saltbæk   Hørbygård   Kirsebært
Kalundborg   Nostrup   Alleshave Kirke   22   Holbæk Fjord
Nyrup   Alleshave   Føllenslev   Svinninge   Mårsø
64   Raklev   Kåstrup   Eskebjerg   Højsted   Kundby
Lerchenfeld   Istebjerg

20b
20c
21a
85
21b
21c
Qa2
Qa3
Qb1
Qb2
77
72
73
22a
Kullen
Kullagården
Mölle
Krapperup
Lerhamn
Nyhamnsläge
Kullens havsbad
HÖGANÄS
Svinbåda
Hesselø Bugt
Isefjord
Nyrup Bugt
Nykøbing Bugt
Roskilde Fjord
Arresø
Esrum Sø
Gilbjerg Hoved
GILLELEJE
Nakkehoved
Smidstrup Strand
Udsholt Strand
Store Orebjerg
Smidstrup
Rågeleje
Munkerup
Salgårdshøj
Blistrup
Villingebæk
Dronningmølle
Hornebæk
Tisvilde
Tibirke
Græsted
Stenstrup
Esrum
HELSINGE
Esbønderup
Liseleje
Naturmuseum
Asserbo
Bækkekrog
Melby
Ramløse
Skærød
Annisse Nord
Annisse
Kagerup
Tikøb
Gurre
The par force hunting landscape in North Zealand
Fredensborg Slot
Kvistgård
HUNDESTED
Nørrevang
Korshage
Vinderød
FREDERIKSVÆRK
Kregme
Alsønderup
Gadevang
Nødebo
FREDENSBORG
Humlebæk
Rørvig
Nykøbing S
Højby
Starup
Lille Lyngby
Tulstrup
Store Lyngby
Ølsted
Grævlingehøj
Meløse
HILLERØD
Nivå
Skævinge
Kokkedal
Strandhuse
Mikkelborg
Nørre Herlev
Hammersholt
USSERØD
Kongedyssen
Rungsted
LILLERØD
Blovstrød
HØRSHOLM
Grønholt
Gørløse
Uvelse
Græse Bakkeby
Julianehøj
Jægerspris
Færgelunden
SLANGERUP
Uggeløse
Lynge
BIRKERØD
FREDERIKSSUND
Landerslev
Jørlunde
Gerlev
Kyndby Huse
Kyndby
Orø
Lyngerup
Dalby
Store Rørbæk
ØLSTYKKE
Slagslunde
FARUM
Gammel Holte
Holte
Venslev
Skuldelev
Ganløse
Kirke Værløse
VÆRLØSE
STENLØSE
Bybjerg
Udby
Ferslev
Skibby
JYLLINGE
Egebjerg
Strandhuse
Svinninge
Kongsøre Næbbe
Lammefjord
Vesterløb
Holbæk Fjord
Bavnehøj
Kirsebærholmen
Selsø
Selsø Kirke
SMØRUMNEDRE

22a
85
22b
Båstad
22c
86
23a
23b
S
Östra Karup
Våxtorp
Hallandsåsen
Förslöv
Hjärnarp
Vejbystrand
Ängelholm
Munka-Ljungby
Örkelljunga
Arild
Kullen
Jonstorp
Skälderviken
Strövelstorp
Ö. Ljungby
Åstorp
Kvidinge
Klippan
Vedby
Ödåkra
Hittarp
Helsingborg
Bjuv
Ljungbyhed
Helsingør
Kronborg Castle
Mörarp
Påarp
Billesholm
Bårslöv
Ekeby
Söderåsen
Söderåsens nat. park
Kågeröd
Rydebäck
Glumslöv
Röstånga
Ven
Landskrona
Svalöv
Kävlinge
Löddeköpinge
Hofterup
Saxtorpsskogen
Eslöv
Öresund
Lundåkrabukten
Qa1
Qa2
Qa3
Qb1
Qb2
80
74
Museijärnväg

80
S
23b
86
23c
Markaryd
24a
24b
87
24c
25a
Handskholmen
Kornhult
Bögin
Hannabad
Elchsafari
Göshult
Högaholma
S.Århult
Sjöhult
Vägla
Kerberga
Hallaboke
Årbohult
Kalvshult
Björkerås
Kylen
Grimsmyr
Gräsljunga
Vesljunga
Visseltofta
Brönamyr
Kraxasjön
Göstorpshult
Trulsabygget
Yxenhult
Bökholm
Emmaljunga
Björstorp
Boalt
Stavshult
Bodarp
Möllegården
Svanshals
Simontorp
Röena
Pershult
Smedhult
Långalt
Flåssmyr
Frösboholma
Hyngarp
Qa1
Bjälkabygget
Sjöalt
Bolinge
Skånes Fagerhult
Snårshult
Lönsholma
Gundrastorp
Hörlinge
Skeinge sjön
Osby
Holmö
Böke
Höjaholm
Vemmentorp
Tockarp
Fasalt
Florshult
Bjärabygget
Vittsjö
Ubbalt
Malseröd
Verum
Tågarp
Gubbarp
Magnarp
Stavshult
Skeinge säten
Gullarp
Sönnarp
Sjöhultet
Skånes Värsjö
Vanås
Åsljunga
Skogen
Hojalen
Hästhult
Lehult
Kulleröd
Sibbarp
Ebbarp
Ö.Hyltan
Osby sjön
Genastorp
Tulatorp
Örkelljunga
Sjöholma
Stensmyr
Värsjön
Hemmeströ
Länekärr
Funnarp
Hagnarp
Lärkesholm
Ö.Spång
Hårsjö
Porrarp
Bjärnum
Mårnarp
Sparrarp
Olastorp
Ingelstorp
Åbuen
Kattarp
Brunnshult
Anglarp
Hagnarp
Slättaröd
Tågarp
Äskeberga
Boarp
Östana
Slättsjö
Fäjemyr
Hillarp
Ramsberga
Tofta
Tviggasjö
Farstorp
Högahult
Piparp
Hästveda
Njural
Ö.Ringarp
Qa2
Bälinge
Flinka
V.Ringarp
Algustorp
Harastorp
Önnarp
Lur
Tottarp
Glimminge
Fredskog
Bubbarp
Hörröd
Lursjön
Skärseröd
Ydingen
Humlesjö
Röshult
Aggarp
Matteröd
Ulvs
Dalshult
Örahult
Äljalt
Röke
Mala
Pålstorp
Tockarp
Ottarp
Rävninge
Haganäs
Öröd
Hagstad
Varshult
Skingeröd
Häljalt
Hulshult
Galthult
Källstorp
Florröd
Röe
Sjötorp
Sjömellet
Karlsnäs
Tryggaröd
Nöbbelöv
Karsholm
Oderljunga
Toarp
Skäggestorp
Hörja
Barkhult
Vedema
Gunnarstorp
Tullstorp
Ballingslöv
Näs
Lien
Ranseröd
Solberga
Strandböke
Månstorp
Kåshässle
Hörlinge gård
Vankiva
Rättelöv
Kungsgården
N.Sandby
Frännarp Hällristningar
Gryt
Linneröd
Köpinge
Rya
Rullabygget
Arkelstorp
Skea
Gumlösa kyrkan
Kvittinge
Vanås
Saxtorp
Tyringe
Oraholma
Finja
Hissmossa
Hönsholma
HÄSSLEHOLM
Almaån
Gumlösa
Tostarp
Perstorp
Ebbarp
Finja kyrka
Fjärlöv
Grantinge
Långaröd
Väster
79
Björstorp
Svenstorp
V.Torup
Mjölkalånga
Sjörröd
Brödåkra
Attarp
Sjunkaröd
Elesåkra
Kviinge
Skälsböke
Gustavsborg
Åstratorp
Storaryd
Tågeröd
Deleberga
Skyrup
Finjasjön
Gulastorp
Hultahagen
Sörby
Hörröd
St.Kampholma
Matteröd
L.Oberöd
Hovdala
Ignaberga
Boarp
Bjära
Smålanden
Övarp
Qa3
Attarp
Tormestorp
Tykarpsgrottan
Tykarp
Skälleberga
Åsen
Isakstorp
Maglehult
N.Strö
Bjärlöv
Riseberga
Guvarp
Oretorp
Myrarp
Lommarp
Vinslöv
Äraslöv
Kölleberga
Svenstorp
Brönnestad
Attarp
Vanneberga
Skuddarp
Horröd
Kialt
Skoglösa
Fårlöv
Ruggaröd
Klingstorp
Färingtofta
Svenstorp
Hjällaröd
Maglö
Bjärkeberga
Lunnahöja
Nävlinge
Rammen
Järseke
Ullstorp
Ljung
Aggarp
Forestad
Sösdala
Vannaröd
Trulstorp
Eket
Stavaröd
N.Mellby
Adseke
Bodarp
Krokaröd
Önnestad
Vinnö
Härsnäs
Anderstorp
Toftaröd
Ljungarum
Ö.Ejaröd
Bjärnhult
Röstånga
Vägasked
N.Rörum
Ella
Vätteryd
Maglehult
Källunda
Allarp
Länghult
Gunnarp
Store mosse
Bjärröd
Heljestad
Kuberup
Bassköp
Skepparslöv
Duveskog
Äsperöd
Broslätt
Tjörnarp
Nockarp
Klarröd
Ovesholms Slott
Öllsjö
Tibbaröd
Huttarp
Hallaröd
Långstorp
Ullstorp
Karlarp
Häglinge
Rickarum
Djurröd
Ovesholm
Billinge
Hultseröd
Frostavallen
Torup
Korsaröd
Äsphult
Venestad
Mansdala
Nyrup
Skånes Djurpark
Sjunnerup
Träne
Strömdalen
Stockamöllan
Vittseröd
Ekastiga
Munkarp
Jularp
Sjöberga
Brostorp
Harastorp
Tjörning
Qb1
Rönneholm
Klingstorp
Kärrarp
Åkersberg
Höör
Fundersed
Arröd
Hänninge
Lillasäte
Kvesarum
Bosarp
Liarum
Ullarp
Skättiljunga
Rya
Nöbbelöv
Hjortsås
Orrahus
Tollarp
Ry
Ormanäs
S.Rörum
Ekastorp
Oslövs Ry
Stehag
Sjöholmen
Sätofta
Västantorp
Ellinderöd
Kårestad
Lyngsjö
Oslöv
Stanstorp
Jägersbo
Gunnar
S.Pårup
Bjära
V.Vram
Ö.Vram
Östervång
Bosarp
Västra
Häggenäs
Ängsbyn
Ludvigsborg
Mannarp
Byrhult
Maa
Råröd
Kronekull
Ekeröd
Kylestorp
Satserup
Maltesholm
Värlinge
Bosjökloster
Nunnäs
Hulta
Everöd
Tabbarp
Ringsjön
Fulltofta
Satserups mosse
Ö.Sönnarslöv
ESLÖV
Klinta
Gamla Bo
Äspinge
Råset
Svenskop
Kung Borres hög
Kastberga
Kungshult
Östra
Hörby
Timan
Kristinetorp
Stiantderöd
Gryby
Snogeröd
Osbyholm
Viss mosse
Harphult
Borrestad
Qb2
Gudmuntorp
Orup
Fogdarp
Lyby
Köinge
Nyåkra
Boarp
Härröd
Böghult
Huaröd
Vittskö
Kristineberg
Ö.Strö
Lyby mosse
Raby
Kyllingaröd
23c
24a
75
24b
24c
25a
Borlunda
Skarhult
Söderto
Rolsberga
Åkarp
Granka
Bessinge
Elestorp
Fjällmossen
Veback
Ryet
Forsakar
Deget
Huaröd
Linderödsåsen
Nävlingeåsen
Sebbarp

S
25a
25b
87
25c
26a
88
26b
Östanböke
Hamsarp
Vysslemyr
Kräbbleboda
Norraryd
Övraryd
Ekeröd
Svenstorp
Boalt
Söndraryd
Kärraboda
Tranetorp
Böglarehult
Duvhult
Tosthult
Lönsboda
Hårdahult
Låkhult
Havhult
Trulsatorp
Rumpeboda
Spjutaretorp
Siggaboda
Torstenmåla
Ryd
Vrångaböke
Gässemåla
Kastensmåla
Bjällerhult
Farabol
Slättesmåla
Fridafors
Karsahult
Rimshult
Midingstorp
Björkebråten
Kornalycke
Yttra Källehult
Kompersmåla
Midingsbråte
Qa1
Skälmershult
Ubbaboda
Björkefall
Kåraboda
Dalanshult
Väghult
Fågleboda
Rönås
Letesmåla
Tranemåla
Hovmansbygd
Kullemåla
Hakafors
Bergfors
Ringamåla
Jularp
Östaröd
Tockarp
Simontorp
Vesslarp
S.Rågeboda
Kruseboda
Traneboda
Esseboda
Slagesnäs
Vilshult
Kyrkhult
Källeboda
Käringe-bygden
Brödhult
Snöfleboda
Levershult
Harnäs
Hemsjö
Månasken
Ekeryd
Grimsmåla
Bosarp
Glimåkra
Snarrarp
Björkeröd
Rolstorp
Gummarp
Häggeryda
Högsma
Kullaskogen
Björkhult
Björnvik
N.Näbbeboda
OLOFSTRÖM
Biskopsmåla
Komperskulla
Pieboda
Älmta
Möllehem
Orrarp
Sibbhult
Breanäs
Friggatofta
Broby
Feleberga
Filkesboda
Skärsnäs
Örsnäs
Alltidhult
Gaslunda
Åkeholm
Jeppshoka
Ämneboda
Öjavad
Svängsta
Bökemåla
Hoka
Elsebråne
Qa2
Angseröd
Hylta
Dönaberga
Mjönäs
Ströbyn
Hässlehult
B
Boamark
Norremark
Fähällen
Ryedal
Långasjönäs
Nötabråne
Boafall
Grönhult
Boafallsbacke
Håkantorp
Gränum
Emmislöv
Såboda
Hjärsås
Axeltorp
Knislinge
St.Byröna
Immeln
Staversvad
Blistorp
Korsamo
KARLSHAMN
Tararp
Asarum
Ryssberget
Boa
Östad
Brinkamåla
Mörrum
Värestorp
Bonnslätt
Kaffatorp
Vånga
Östremark
Kullen
Sibbarp
Näsum
Kylinge
Skörsemo
Galleryda
Bivaröd
Helgedal
Arkelstorp
Västanå
Drögsperyd
Torsabjörke
Björkenäs
Vekerum
Elleholm
82
Kopparp
Aplaka
Olastorp
Hanaskog
Röetved
Furestad
Klagstorp
Garnanäs
Bjäraryd
Agerum
Pukavik
Nabben
Stärnö
Oppmanna
Vångaberget
Äskekärra
Axeltorp
Ryssberget
Odersberga
Ekestad
Flackarp
Söndraby
Ivö klack
Hässelkärr
Fjälkestad
Torsebro
Karsholm
Råbelövsjön
Barum
Enö
Allarp
Örnavik
Ryedal
Norje
Balsberget
Österslöv
Oppmannasjön
Ivö
Råby
Paradise
Gammalstorp
Norjeboke
Fredriksdal
Råbelöv
Håstad
Hönedal
Bäckaskog
Håkanryd
Lörbykladd
Fårarp
Balsby
KRISTIANSTAD
Ivösjön
Bromölla
Jöckarp
Ysane
Lörbyskog
Qa3
Kiaby
Kjuge
Ynde
Välje
Lörby
Djupekås
Åraslöv
Fjälkinge
Gualöv
Sölve
Listerlandet
Pukaviksbukten
Helige
Bäckaskog
Åby
Sölvesborg
Mjällby
Krokås
Nymölla
Edenryd
Krogstorp
Hörvik
Trolle Ljungby
Gustav Adolf
Ljungby
Gruarna
Mörby
Listershuvud
Viby
Nymö
Ö.Ljungby
Möllefjorden
Istaby
Åsum
Vanneberga
Tosteberga
Sandviken
Stiby
Hanö sund
Hällevik
Rinkaby
Gälltofta
Bodarna
Grönslätt
Nogersund
Hanö
Hammarsjön
Torsö
Björkenabben
Skonabäck
Rakö
Vanneberga fure
Landön
Kalvaholm
Hovby
Fårabäck
Lägerholmen
Horna
Hornafure
Gärds Köpinge
ÅHUS
Kavrö
Qb1
Spanska redden
Härnestad
Yngsjö
Hanöbukten
Yngsjö kapell
Nyehusen
Furuboda
Åhus

26c
88
27a
27b
89
27c
28a
Övre Aramo
Flöxmåla
Elsemåla
Hensmåla
Konga
Dangebo
Kållebo
Stranganäs
Yxnanäs
Enkoneryd
Piggsmåla
Guttamåla
Eremitemåla
Yttre Aramo
Högagärde
Törnamåla
Elserås
Blötan
Flisehult
Fösingsmåla
Ulvsmåla
Älmtamåla
Djuramåla
Tattamåla
Gäddegöl
Buskahult
Saleboda
Midingstorp
Dockemåla
Tjurkhult
Strömmarna
Göljahult
Pålsmåla
Makrilla
Broddamåla
Skumpamåla
Eringsboda
Spetsamåla
Juvansmåla
Hunnamåla
Öljehult
Kolshult
Svarthövdaryd
Långasjö
Husgöl
Kornalycke
Yttra Källehult
Långasjömåla
Davramåla
Gökadal
Leryd
Spikahult
Holmsjö
Sillhövda
Midingsbräte
Hunnamåla
Hallabro
Abborramåla
Bergsmåla
Boasjö
Gädde-viksås
Bälganet
Ängsjömåla
Hjortseryd
Gnitteryd
Bredasjö
Staffansbygd
Hakafors
Skörje
Ekeby
Haraldsmåla
Stora Mo
Loppetorp
Stensjö
Nävragöl
Bergfors
Ljungsjömåla
Bökemåla
V. Hult
Hajan
Stockholm
Långgölsmåla
Gröngölsmåla
Ringamåla
Ire
Dalfors
Stengrepen
Backaryd
Måstadtorp
Grimsmåla
Traneräs
Ekeryd
Borvidsmåla
Smedamåla
Nabben
Jakobstorp
Alnaryd
Pieboda
Ojasjömåla
Raskamåla
Möljeryd
Tolseboda
Måstad
Älmta
Halahult
Fröjdadal
Bokön
Storemosse
Padderyd
Tving
V. Ryd
Ettebro
Pänseryd
Bråstorp
Bostorp
Jeppshoka
Harkniven
Hjärtonemåla
Gunnetorp
Höryda
Ämneboda
Hässeldalen
Silpinge
Värmansnäs
Hoka
Bökemåla
Elsebräne
Tararp
Hasselstad
Bygget
Hillerslätt
Jämsunda
Fridlevstad
Persgärde
Vasakull
Rödby
Tubbarp
Hässeldala port
Liatorp
Langehall
Hjälmsa
Bredåkra
Ryedal
Långasjönäs
Trofta
Möllerydj
Vång
Björkeryd
Nötabräne
Björkenäs
Bräkne-Hoby
RONNEBY
Kättorp
Åstorp
Tararp
Törneryd
Boahaga
Bräntekvnua
Djurtorp
Johannishus
Lycke
Asarum
KARLSHAMN
Evaryd
Björketorp
Hjortsberga
Marielund
Aryd
Mörtjuk
Kopparp
Hällaryd
Gredeby
Aplakärr
Rörvik
Köpegårda
Torp
Hakarp
Listerby
Varmbåsamon
Tränsum
Leråkra
Tokaryd
Väby
Ronneby hamn
Kartorp
Förkärla
Nättraby
Skärvagård
Boddestorp
Eriksberg
Safaripark
Järnavik
Vieryd
Yxnarum
Vambåsa
Vämö
Matvik
Dragsö
Tjärö
Väbynäs
Skönevik
Saxemara
Sandvik
Aspan
Kvalmsö
Skillingenäs
Vettekulla
V. Udden
Gyö
Garnanäs
Bökevik
Spjälkö
Karön
Bökenäs
Almö
Tromtö
Saltö
Stärnö
Saltärna
Ryd
Torkö
Jordö
Styrsö
Östra fjorden
St. Ekön
Nötanabben
Korsanäs
Kuggeboda
Gö
Danziger gatt
Styrsvik
Arpö
Tärnö
Tärnö fyr
Gåsfeten
Millegarne
Lindö
Aspö
Drottningskär
Hallarna
Tången
Hasslö
Ryd
Hasslö
Garpen
Kastell
Kungsholms
Bollö
Hanö
Ö S T E
Qa1
Qa2
Qa3
Qb1
81
l e k i n
26c
27a
27b
27c
28a

S
28b
28c
90
29a
29b
29c
Klätttorp
Klippingsbo
Hult
Medler
Kindbäcks-måla
106
Harstensbomåla
Rosatorp
Olsbo
Trottorp
Igelösa
Kolboda
Muggetorp
Krukö
Gajemåla
Karsjö
Strömby
Nättnerum
Ekenäs
Värnaby
Karlsnäs
Bockabo
Troxhult
Kallemåla
Torhult
Öster-gården
Karlshult
Yggesbo
Halltorp
Värnanäs
Ängelund
Degerhyltan
Glosebo
Ingebo
Hökatorpet
Norrbro
Fastlycke
Glasholm
Parismåla
115
111
34
Petamåla
Gullabo
Ryd
Skruvemåla
Kroksmåla
Bodhyltan
N. Gullabo
Söderåkra
Fulvik
61
Björkemåla
Hästmahult
Skörebo
Gunnarstorp
Bruatorp
Djursvik
Råbäcks-måla
Bidalite
Kvilla
Ledja
Fagerhyltan
70
Ilingetorp
Torsås
Påboda
Västerstad
38
Strömsberg
Kulebo
Bjurabygget
St. Hyltan
Tjärekulla
Ragnabo
Bränderås
Granemåla
91
Qa1
Buggamåla
Oxlehall
57
Gettnabo
Dynekärr
Garpens fyr
Bergkvara
Smedby
Gettlinge gravfält
Hammarby
44
Kopparemåla
Juanslycke
Kärrabo
116
89
Vetlycke
Dräglabo
Målen
Slätafly
Torestorp
Gate udde
Årsvik
Högsbergs-torpet
Kabbetorp
101
59
Väghyltan
Mästare-måla
Flymen
Fjärdsjö-måla
Rotavik
5
Degerhamn
Brändabo
Strömsberg
S. Kärr
Agricultural Landscape of Southern Öland
Karsbo
Lillö
Gullemåla
Bergtorp
Strågen
Gasamåla
Appleryd
Krogsnäs
Albrunna
98
Bromåla
Yasjö
Flyeryd
Skrävle
32
100
Trolleboda
Öland
Djäknemåla
Brömsebro
Mörbylilla
Eketorp
Mörtsjöåsen
Sälleryd
Kättils-måla
48
Rödeby
Fabbemåla
Stubbemåla
Ventlinge
g
e
Långaskär
Ekekärr
33
Biskopsberg
Milasten
Öljersjö
Rävsmåla
Granhult
Fågelmara
Rörsång
Kristianopel
Grönhögen
Lunda
Sibbamåla
Dragdö
Kättilsboda
Grettlinge
Ramshult
Nygärde
Qa2
Ekeryd
Törnåkra
17
Lyckeåborg
Sötevallsryd
Femmeryd
Ottenby Kungsgård
Ottenby
Augerum
KARLSKRONA
Stålemara
Krakerum
53
Ottenbylund
i
Stubbetorp
Klake-bäck
Hjälmseryd
N. Binga
Kropp
2
Berntorp
Svartskär
84
Ramdala
Jämjö
Orranäs
Fäjö
Långe Jan
Knösö
Gängletorp
Hallarum
26
Attanäs
Saljö
Säby
Torp
Trummenäs
Björkenäs
Möcklö
31
Hallarum
Bredäng
Långaskär
Västernäs
St. Hammar
Österrnäs
18
Sibbaboda
Ekenäs
Senoren
Bussevik
Stenerdy
Ljungås
Svanhalla
Möckleryd
Bredavik
Ekenabben
Sturkö
Truseryd
Sandhamn
Sturkö
13
Torhamn
Hästholmen
Maltkvarn
Öppenskär
Torhamns udde
Qa3
Inlängan
Långören
Källefjärden
Mellanskär
Utlängan
R S J Ö N
Qb1

29c

30a

30b

91

30c

31a

Qa1

Qa2

Qa3

Qb1

N. Kvinneby

Brunneby

Stenåsa

 rysinge

Mörbylånga

Bårby

Bårbyborg

Slagerstad

Risinge

33

Alby

Stora ören

Bredinge

St. Dalby

52

Triberga

Lunda

Kastlösa

Tribergaläge

Bjärby

Hulterstad

Västerstad

38

Alvlösa

Skärlöv

12

Öland

Smedby

Storåsen

Mellby

Gettlinge gravfält

Mellbyör

Hammarby

44

Klinta

Gårdstorp

Segerstad

Årsvik

7

S. Möckleby

Degerhamn

23

Träby

Seby

Agricultural
Landscape of
Southern Öland

Albrunna

Torngård

Gammalsby

Gräsgård

Mellstaby

Mörbylilla

Eketorps borg

M

Eketorp

Ventlinge

Össby

Lunda

Lindby

Grönhögen

Nygärde

Enetri

Karl X Gustafs mur

Näsby

Ås

Ottenby Kungsgård

Ottenby

Ottenbylund

83

Svartskär

Långe Jan

Ö S T E R S J Ö N

20c
21a
21b
21c
22a
22b

96

Björkäng
Borräs
26 Sotared
Morup
Långås
42
Stranninge
16
Bölse
Glommen
Ramsjö-holm
Olofsbo
Skogstorp
Stafsinge
St. Laurentius
Stafsingestrand
M
FALKENBERG
i
Skrea strand
53
Vesslunda
Grimsholmen

Sibbarp
Godeby Hösténa Hansa
139 Gisselse
Lastad
Hässlås
Hällerup
Töllstorp
100
Vessigebro
M
Bergagård
Vinberg
Bol
Vinbergs kyrkby
99
Sörby Hjuleberg
Allberg Årstad
Sannarp Abild
Blixtorp Ry 174
Grinnared
Skrea
117
Heberg
Hagbards Ga
Boberg
Hanarp
Säresta
Asige
121
Slöinge
100

Pb1

Långasand
132
Ugglarp
Svenstorp
M
Stensjö
Steninge
Bårarp
Steninge
Särdal
Harplinge
Nyårsåsen
Lynga
Villshärad
Fammarp
Ringenäs Onsjö
Frösakull
Söndrum
M
Tylösand
Tylögrund

Getinge
Råvinge
Täckinge
Brännarp
Margreteberg Marielund
Skintaby 105

Pb2

86

i

HALMSTAD

Pb3

Hovs Hallar
Segeltorp
153 Kattvik
Hallavara
Dejarp
Norrvikens trädgårdar
Sku
Hallands Väderö
Gröthögarna
Haga Troentorp
24
Hov 15 Karup
Torekov
Varan
Bjärehalvön
Boarp
M
Qa1
Påarp
Båstad
Solsidan Slättaröd Mäsinge V.Karup Häljarp
104

Rammsjö
Ängelsbäck Grevie
Öllöv
200
Böskestorp

S
22b
22c
97
23a
23b
23c
Rya
Bohult
Kindhult
Krakeryd
Nyarp
N.Ekeryd
Simmary
Yngered
Sjöbol
Drängsered
Kinnared
Äskebo
Nyby
Langaryd
Gässelia
Äskeryd
Amfrebo
Gassljunga
Lia
Björsered
Gohult
Hyltebruk
Mjälleryd
Ström
Sjönevad
Brännögård
Nissaryd
Ringshult
Ly
Borgen
Färgaryd
Almeliden
Kammarebo
Åker
Efshult
Mårenäs
Bexet
Hjuleberg
Sörby
Torup
Rydöbruk
Hästhult
Bockshult
Bälshult
Pb1
Sannarp
Abild
Grinnared
Moshult
Bästhult
Stora Färgen
Fjällan
Årstad
Blixtorp
Ry
Hölseböke
Sofieslätt
Eldshult
Gullanabba
Yaberg
Rangal
Nyebro
Halland
Rävsbo
Gårdshult
Dölhult
Hallaböke
Saraböke
Hagbards Galge
Särestad
Gräsås
Digeshult
Asige
Höghult
Kallarp
Örken
Uvekull
Mjälahult
Femsjö
Bäck
Bökeberg
Slöinge
Lindhult
Reastorp
Fröslida
Moshult
Ynnabo
Vallshult
Realsbo
Kärra
Uppnora
Mostorp
Spenshult
Eskelsbo
Steningsbo
Knalleberg
Saxnäs
Öxnalt
Johansfors
Alstorp
Karlstorp
Svenstorp
Getinge
Slättåkra
Nissaström
Svenshult
Oskarström
Skavböke
Högalt
Bökö
Lidhult
Ravinge
Bårarp
Frillinge
Bygget
Bassarås
Steninge
Täckinge
Kvibille
Brännarp
Fröböke
Margreteberg
Marielund
Amböke
Tavla
Ryaberg
Bäckalt
Åskilt
Bavra
Årshult
Lyngen
Sennan
Skintaby
Fastarp
Bohult
Harplinge
Ättarp
Marbäckshult
Rämebo
Timrilt
Håralt
Sutarebo
Kränkeboda
Ståhult
Pb2
Nannarp
Mahult
Holm
Spånstad
Åled
Böshult
Sävsered
Broddhult
Nyårsåsen
Lynga
Älvasjö
Hertered
Singeshult
Fotstad
Simlångsdalen
Bröda
Bjärsery
Agarp
Vapnö gård
Villshärad
Fammarp
Vapnö
Speslingsholm
Tofta
Mårbäck
Skärkered
Attavara
Esmared
Hilleshult
Glamshult
Vrå
Ljushult
85
Onsjö
HALMSTAD
Skedala
Tolarp
Hjortseryd
Frösakull
Snöstorp
Arnarp
Gårdshult
Roshult
Hyhult
Hästhult
Söndrum
Röinge
Hult
Öppinge
Getamossen
Ljunghult
Tylösand
Assarp
Torared
Emmeboda
Skiftery
Ulvered
Östra stranden
Bökhult
Abbeshult
Gashult
Långeby
Tönnersjö
Stjärnarp
Brunskog
Plingshult
Ormhult
Porsabygget
Ekebacken
Krontorp
Perstorp
Össjöhult
Trönninge
Allared
Mörkhult
Össjöa
Vännet
Påarp
Eldsberga
Mästocka
Bäckamot
Egernahult
Skinnersböke
Laxvik
Göstorp
Gullbranna
Öringe
Pb3
Spraxhult
Anderstorp
Veinge kyrka
Tönnersa
Vivljunga
Genevad
Bölarp
Torsakulla
Långhult
Veinge
L a h o l m s b u k t e n
Daggarp
Gretlands-gravfält
Kullstorp
Blankered
Körsveka
Älmhult
Lönshult
Kyrkhult
Tjärby
Restad
Köpinge
Arnaberga
Bränalt
Ebbarp
Skogaby
Uddared
Trälshult
Laholm
L.Tjärby
Knäred
Björkered
Mellbystrand
Ala
Lagered
Lejeby
Hjörnered
Mellby
Timmershult
Nyby
Ysby
Hallavara
Kattvik
Sommarbo
Kövlinge
Klägstorp
Hult
Tommared
Putsered
Majenfors
Haga
Norrvikens trädgårdar
Skummeslövsstrand
Vallberga
Edenberga
Tvärbäck
Perstorp
Svenshult
Ön
V.Haghult
Qa1
Troentorp
Skottorp
Ränneslöv
Ålstorp
Kåphult
Båstad
Karup
Sandvad
By
Stäme
Dansbygget
Handsholmen
Eskilstorp
Värestorp
Boarp
Skottorp
Vallen
Krogshult
Hishult
Kornhult
V.Karup
Häljarp
Östra Karup
St.Menlösa
Horsaback
Bögilt
N.Össjö
Hannabad
Lya
Lugnarohögen
Växtorp
Fäglasång
Axelstorp
Hassjöv
Kärr
Ollöv
Bjäred
Egla
Vindrarp
22b
22c
79
23a
23b
23c
80
Ängelsbäck
Böskestorp
Bränneslätt
Bastena
Göstorpshult
Trulsabygget

S
24a
24b
24c
25a
25b
25c
98
88
80
81
Pa3
Pb1
Pb2
Pb3
Qa1
Jälluntofta
Tursbo
Hjälmaryd
Törnestorp
Ryd
Hånger
Ed
Sporda
Yanäs
Näset
Dannäs
Väderås
Toftnäs
Hässlehult
Sunnaryd
Horn
Bolmsö
Skeda
St.Gavlö
Askenäset
Toftaholm
Erikstad
Ugglebo
Skinnebo
Bökhult
Färda
Boda
Åkebo
Unnaryd
Perstorp
Sunnerö
Jonsboda
Österås
Hov
Dörarp
Flattinge
Vittaryd
Feringe
Ingelstad
Hallsjö
Hult
Sävsås
Bolmstad
Skogen
Tannåker
Tira öar
Lida
Husaby
Hörset
Ekornarp
Hulje
Södragården
Kvänarp
Nässja
Järanäs
Hölminge
Bakarebo
Tjust
Guddarp
Domaryd
Vännaryd
Töttja
Lagan
Trotteslöv
Torlarp
Fallnaveka
Össlöv
Vret
Löckna
Ö. Röshult
Odensjö
Dyhult
Rået
Bolmstad
Bjärnaryd
Värmsjö
Källsjö
Rataryd
Hovdinge
Tofta
Tutaryd
Olofstorp
Ryssby
Östraby
Loshult
Norrlid
Åsen
Torarp
Torseryd
Bolmen
Angelstad
Kvänslöv
LJUNGBY
Näglinge
Dragaryd
Kärringe
Djurarp
Marsjö
Byholma
Grimshult
Viggåsa
Lillarp
Romborna
Berghem
Kvänjarp
Össjö
Kånna
Gölsjö-mossen
Hallarp
Annerstad
Kullagården
Färtorp
Skeen
Norrtorpa
K
r
o
n
Finnveden
Flymossen
Skäckarp
Stackarp
Mjäla
Skärvö
Torpa
Nöttja
Boda
Bäck
Bäckaryd
Runkarp
Boarp
S.Ljunga
Sommarsäte
Mjäryd
Grimarp
Agunnaryd
Ekeboda
Ryd
Stavhult
Årshult
Mäseboda
Balkarp
Västerhult
Hamneda
Bolmaryd
Elinge Älgpark
Ivla
Horsaberga
Älmtåsa
Vedåsa
Tjurkö
Groeryd
Bölminge
Björstorp
Visslemyr
Öjhult
Marsholm
Staverhult
Kärr
Bägaryd
Hå
Fothult
Stenshult
Möckeln
Ekön
Skararp
Tommaryd
Hallorna
Hornsborg
Grönelid
Pjätteryd
Möcklehult
Mattisholm
Hinneryd
Kloamosse
Hyltåkra
Askenäs
Fagerhult
Bårshult
Abborraslätt
Gunghult
Lidhult
Öshult
Käskhult
Tiakölna
Möckelsnäs
Boastad
Snällsböke
Grönö
Traryd
Strömsnäsbruk
Arveka
Göteryd
Sjuhult
Ekenäs
Rönnåsa
Strömmaköp
Ramnäs
Näs
Skateboda
Tånnsjö
Altaböke
Mjäryd
Bråna
Delary
Kölaboda
Sköldsbygd
Holmseryd
Brokhult
Älmhult
Lindhult
Käraboke
Åbogen
Fanhult
N.Haghult
Gällareböke
Tånneryd
Dotebygd
Sänna
Exhult
Ekhultamossen
Jämnhult
Gårdstaköp
Snärhult
Vägarås
Lindås
Långhult
Kängsleboda
Loshult
Älleböke
Linnefälla
Hallaryd
Kråkeryd
Torsholma
Stränghult
Timsfors
Ekhult
Gnubbefälle
Källstorp
Killeberg
Vägla
Kornberga
Brännhult
Årbohult
Kalvshult
Björkerås
Elchsafari
Göshult
Högaholma
Sjöhult
Hallaböke
Kylen
Karlhult
Östanböke
Höken
N.Rågeboda
Hamsarp
Vysslemyr
Bronamyr
Veslijunga
Boalt
Visseltofta
Gräsljunga
Rönna
Kärr
Tesås
Tuna
Ottersnäs
Boaryd
Sunnerå
Målaskog
Piggaboda
Tranhult
Långhult
Granhult
Åstakra
Röshult
Fagerhult
Värpeshult
Hörda
Ugnhult
Bölsnäs
Liatorp
Värpeshult
Diö
Bergön
Stenbrohult
Råshult
Borshult
Säganäs
Virestad
Holkya
Hormesta
Peaboda
Degersnäs
Bråthult
Barkhult
Höghult
Allamåla
Lakhult
Hörda
Borningarp
Hyggestorp
Yxkullssund
Löpaskog
Lökaryd
Gässhult
Rydaholm
Hjälmsånga
Torp
Hjortsjö
Hörda
Fylleskog
Klövaryd
Linnås
Skripe
Klintarp
Stora Slätten
Unnen
Bolmen
Mäen
Exen
Möcklemyr
Mölnbacka

S
25b
25c
26a
26b
26c
99
Pa3
Pb1
Pb2
Pb3
Qa1
87
81
82
27a
Söreskog
Nöbbele
Pila
Åboda
Skog
Vittery
Grönaberg
Berg
Tolg
Ödetofta
Böksholm
Lidnäs
Ramsås
Drev-Hornaryd ka
Drevs gamla ka
Skattarp
Bästerna
Moeboda
Hjulatorp
Borningarp
Klasentorp
Torpsbruk
Tjureda
Tolestorp
Norraby
Brittatorp
Kolvarp
Tagel
Kexås
Slätthög
Musteryd
Åby
Löpaskog
Lökaryd
Moheda
Rottne
Agnaryd
Sandsjö
Ormesberga
Eke
Rydaholm
Mistelås
Hössjö
Hult
Härlatorp
Ör
Ekna
Skärtaryd
Torp
Ryd
Innaren
Hjortsjö
Elofstorp
Gässlanda
Exhult
Härlöv
Helgasjön
Stojby
Norrgårda
Kvenneberga
Hägeryd
N. Åreda
Sköldstad
Gåvetorp
Helgö
Gårdsby
Linnås
Hult
Hissö
Skriperyd
Hjärtanäs
Lekaryd
Nöbbele
Kronoberg
Tofta
Tveta
Björnamo
Klintarna
Alvesta
Hjortsberga
Forsa
Mo
Lyngsåsa
Öjaby
VÄXJÖ
Glasmuseum
Åreda
Benestad
Bergkvara
Kårestad
Hollstorp
N. Vare
Gemla
Bergunda
Risinge
Piggaboda
Blädinge
Oja
Teleborg
Hemmesjö gamla ka
Bläckingeås
Marklanda
Furuby
Spånhult
Målaskog
Fällen
Faranäs
Näs
Os
Hemmesjö
Ellanda
Usteryd
Långhult
Lästad
Törnåkra
Madsjö
Åryd
Tegnaby
Högstorp
Nöbbele
Dänninge-landa
Torpa
Rinkaby
Västor
Vislanda
Hönetorp
Villtofta
Sjötorp
Röshult
Odenslanda
Vederslöv
Tofta
Huseby
Ströby
Odensjö
Hovmantorp
Lindås
Brohult
Hullingsved
Gamlarödjan
Skatelöv
Tävelsås
Nöbbele
Skogshill
Gåtahult
Trästen
Valeryd
Grimslöv
Lockarör
Hörda
Torsjö
Hermanstorp
Ingelinge högar
Allatorp
Skäggalösa
Sunnerö
Värpeshult
Torp
Stenslanda
Ingelstad
Askeberga
Hårestorp
Hunna
Fridslund
Gottåsa
Kalvshaga
Kalvsvik
Hörda
Eneryda
Kull
Vrankunge
Lövhult
Ulvahult
Torsåsby
Skulatorp
Nöbbele
Isnäs
Torne
Lindeberg
Skye
Orraryd
Långasten
Uråsa
Liatorp
Vare
Mörhult
Hagstad
Jätsberg
Jät
Vedkärr
Tvetaryd
Lönashult
Hössön
V. Torsås
Lycke
Klacklingen
Jäts gamla ka
Lidhem
Östad
Torhult
Gunnhult
Virestad
Öveshult
Hunshult
Väckelsång
Kåramåla
Horshult
Brommeshult
Hulevik
Fiskestad
Sirkön
Åsnen
Holkya
Stockhyltan
Munkanäs
Boaryd
Hormeshult
Grimsvik
Peaboda
Bohult
Getnö
Västerbotorp
Karatorp
Gatehult
Degersnäs
Söftestorp
Vashult
Vemboö
Esbjörna-måla
Kvarnamåla
Fliseryd
Linnefälle
Horgeboda
Ugglekull
Froaryd
Övre Källehult
Bråthult
Törnabygd
Brevik
Göljahult
Fanhult
Femlingehult
Rössmåla
Slättamåla
Åbogen
Klasamåla
Dunshult
Häradsbäck
Steglehylte
Holmen
Kampinge-måla
Darkhult
Uthövdan
Härlunda kyrka
Karsemåla
Älmehult
Degerhaga
Ålshult
Lönsbygd
Urshult
Tingsryd
Knoxhult
Drakamåla
Höghult
Sjöaryd
Långaryd
Veramåla
Idemåla
Rössm
Allamåla
Åbogen
Buskahult
Hultalycke
Lindehult
Övre Aramo
Hensmåla
Ulfsryd
Flöxmåla
Elsemåla
Lakhult
Hårdahult
Husjönäs
Norraryd
Havhult
Vrångaböke
Kong
Trulsatorp
Spjutaretorp
Bäckaskog
Törnamåla
Elserås
Tranetorp
Rumpebod
Torstenmåla
Ryd
Yttre Aramo
Blötan
Tjurken
Sjuramåla
Huaråsa

S
27a
27b
27c
28a
28b
100
Pa3
Pb1
Pb2
Pb3
Qa1
90
82
83
28c
Sandreda
Notteback
Skeda
Tvinnesheda
Svenshult
Uranäs
Århult
Björkå
Ekholma
Labbemåla
Bredhälla
Varshult
Galtabäck
Flyahult
Haga
Björkshult
Grönskåra
Braås
Mästreda
Vithult
Pikaböl
Marshult
Flöxhult
Flatehult
Älmeshult
Granhult
Marhult
Hökhult
Ängaholm
Hältekärr
Hovgård
Ideboås
rättinge
Dädesjö
Gamla kyrka
Lenhovda
Singelstorp
Arebro
Asby
Säsvjöström
Skåhus
Hageskruv
Älghult
Glasbruk
Vrånghult
Lindshult
Kråksmåla
Gödeshult
Ramnåsa
Näsby
Bostorp
Brändstorp
Ryd
Bockaskruv
Fagraskog
Fröskelås
Östraby
Trasket
Hökaskruv
Alstermo
Alsterfors
Skoghult
Fröseke
Krokshult
Bölemåla
Magseryd
Herråkra
Hult
Vägershult
Möcklehult
Uvahult
Skedsbygd
Gillbonderyd
Målerås
Råsa
Kylleskruv
Åhult
Tvärskog
Tokebo
Gullaskruv
Applaryd
Hälleberga kyrka
Storaryd
Björneke
Kosta
Gadderås
Bergdala
Grönåsens Älgpark
Muggehult
Flygsfors
Orrefors
Ravels
Råddemåla
Bengstorp
Källeskruv
Karlsmåla
Stengårdsholma
Flemmingeland
Flerohopp
Blomku
Torslund
Fagereke
Ulvaskog
Karsahult
N. Stamphult
Madesjö-Granö
Ljusaberg
Strömbergshyttan
Hässle
Fagerhult
Linneskruv
Transjö
Lindehult
Bokhultet
Resebo
Lessebo
Ö. Stamphult
Ropudden
Lunden
Tokelsmåla
Bälshult
Hermanstorp
Tjukahall
Ö. Bondetorp
Månsamåla
Ö. Månsamåla
V. Månsamåla
Jättingsholm
Vackamo
Lindås
NYBRO
Björnahult
Glasbruk
Rottnen
Ugnanäs
Tomeshult
Greveshult
Gustavsberg
Slätthult
Eriksmåle
Boda glasbruk
N. Sävsjö
Bäckebo
Linnehult
Skälholmsryd
Öjaströmma
Sävsjö
Fredriksberg
Spritsmåla
Algutsboda
Ö. Hällasjö
Malmen
Glasrikets Älgpark
Tjugosjö
Bökevara
Hägerhult
Sillamåla
S. Bondetorp
Knapanäs
Högahult
Johansfors
Orsjö
Otteskruv
Skogsryd
Ljuder
Skrämbohult
Broakulla
Vida
Skruv
Åby
Långerås
Orrabäck
Östermålen
Svalehult
Linneryd
Hammarsnäs
V. Hällasjö
Korpahult
Toresbo
Nättrabo
Rolsmo
Virsryd
Moshultamåla
Grimmagärde
Lisabomålen
Åkerby
Blötvik
Moshult
Agebo
Fryggestorp
Ryggamo
Björstorp
Kroksjö
Hästebäck
Sibbamåla
Emmaboda
Sandvik
Locketorp
Björnasjö
Lillaverke
Kaxgärd
Korrö
Eriksmåla
Rosenfors
Anebo
Flålycke
Guleboda
Brunamåla
Ödevata
Ödevatsmåla
Pukaberg
Långas
Stångsmåla
Trällebo
Äskeback
Bredalycke
Alsjö
Vinnamåla
Bågsjö
Harebo
Lindehult
Oskar
Barkaboda
Duvemålen
Hagalund
Ruveboda
Bjässebohult
Sibbahult
Grimsgöl
Stekaremåla
Runtorp
Älmeboda
Torsbo
Brinkabo
Kroksjö
Grevamåla
Bro
Fagrasjö
Högahult
Långasjö
Karamåla
Skräddaremåla
Kallamåla
Buggehult
Vänsjö
Karlslunda kyrka
Älmeboda
Rävemåla
Strängsmåla
Plaggebo
Kammarbo
Ugglebo
Påryd
Hemmingsmåla
Skurebo
Vissefjärda
Stolpabäck
Skärvsjölund
Holmahult
Kavsjömåla
Pellamåla
Förlångsö
Follsebo
Allgunnås
Bredasjö
Sävsjö
Boamåla
Fåglasjö
Fiddekulla
Vörehult
Kanagärde
Sandsjö
Rammsjö
Bläsemåla
Ellingsmåla
Klippingsbo
Dångebo
Strånganäs
Enkoneryd
Klätttorp
Kindbäcksmåla
Harstensbomåla
Källebo
Piggsmåla
Eremitemåla
Hult
Medlen
Kinnanäs
Yxnanäs
Guttamåla
Muggetorp
Flisehult
Kruko
Gajemåla
Karsjö
Strömby
Fösingsmåla
Ulvsmåla
Älmtamåla
Båldön
Kallemåla
Bockabo
Troxhult
Torh
Degerhyltan
Gelund
Buskahult
Salebo
Glosebo
Parismåla
Hökatorpet
Madkroken
Hjärtsjön
Alsteran
Möckeln
Sandsjön
Orranäsasjön
Yggersryd sjön
Vasen
Ojen
Viren
Loften
Ödevaten
Törn
Djupasjön
Östersjön
Varsjön
Hökasjön
Mocklasjön
Tämmen
Store Hindsjön
Skärsjön
Sandsjön

S
103
104
85
20b
20c
21a
21b
21c
22a
Ob3
Pa1
Pa2
Pa3
Pb1
LINDOME
Hällesåker
Hassungared
Kållered
Knipered
Greggered
Rannered
Eskilsberg
Hjorthall
Egypten
Smedstorp
Hällingsjö
Jäxviken
Hägnen
Bosgården
Vrångö
Amundö
Tornö
Billdal
Hällesås
Kyvik
Brattås
Kullavik
Berga
Älvsåker
Ryared
Rågdal
Sjöbo
Öjersbo
Ubbhult
Dukar
Hulta
Ryda
Häkankila
Flybacka
Sätila
Almered
Grimmered
Hjälmared
Anneberg
Tistlarna
Tistlarna fyr
Risö
SÄRÖ
Släp
Skårby
Voxlöv
Hultet
Svansjökulle
Karsjö
Kyrkobyn
Stallviken
KUNGSBACKA
Sandö
Fälared
Hjälm
Bobygd
Ramhulta
Flohult
Gåsevadholms Slott
Sundstorp
Dyrenäs
Dagsnäs
Lerbäck
Staborg
Valida
Backa
Fjärås kyrkby
Rygga
Lerkil
Oskarsberg
Halla Heberg
Onsala
Forsbäck
Hannäs
Askekärr
Sandryd
Kulla
Tostared
Fotskäl
Västra Hagen
Bueräs
Onsala Sandö
Vickan
Askatorp
Dal
Duvehed
Rydet
Kalvö
Kungsbacka-fjorden
Torpa
Förlanda
Rya
Surteby
Navåsen
Axtorp
Bassås
Viken
Gottskär
Draget
Tjolöholm Tudor stil
Dala
Gällinge
Gödatorp
Stockared
Öckerö
Sönnerbergen
Skaliagräs
Österbyn
Ölmanäs
Ölmevalla
Kläppa
Buared
Idala
Håfors
Vrå
Gallåsen
Letebo
Sundholmen
Hållsundsudde
Åsa
Breared
Landa
Malön
Vassbäck
Stuv
Stora Hornsjön
Skogsåkra
Horred
Broby
Öxnevalla
Frillesås
Almedal
Istorp
Nidingen
Löftaskog
Björkholm
Jonsjö
Ekarebo
Vendelsö
Kärra By
Ustö
Stråvallastrand
Stråvalla
Hult
Gårdshorn
Lingome
Veddige
Drared
Eskjöberg
Ringhals kärnkraftverk
Värö
Ambjörntorp
Videbergshamn
Väröbacka
Sunnvära
Torstorp
Svenstorp
Stackenäs
Bua
Grimmared
Karl Gustav
Bjurum
Åsby
Sällstorp
Nordskog
Jutatorp
Åsklostere
Klosterfjorden
V.Derome
Ö.Derome
Stamnared
Mäshult
Årnäs
Årnäshalvön
Kärradal
Torpa
Tofta
Rya
Ödgården
Bönarp
Brostorp
Ragnarp
Nösslinge
Balgö
Tångaberg
Valinge
Skällinge
Släne
Lindberg
Klåback
Lundby
Olofstorp
Säm
Balgöfjorden
Trönningenäs
Trönninge
Getterön
Gödestad
Rolfstorp
Hovgård
Obbhult
Varbergs fästning
VARBERG
Klastorp
Broåsen gravfält
Torstorp
Radiostationen i Grimeton
Grimetons kyrkby
Hunnestad
Valakärr
S.Kanäsen
Södra Näs
Vare
Spannarp
Himle
Nackhälle
Angryd
Träslövsläge
Dagsås
Åstad
Ås
Gamla Köpstad
Tvååker
Järnvirke
Galtabäck
Sibbarp
Björkäng
Borrås
Sotared
Gisselstad
Morup
Lastad
Långås
Bergagård
Hässlås
Stranninge

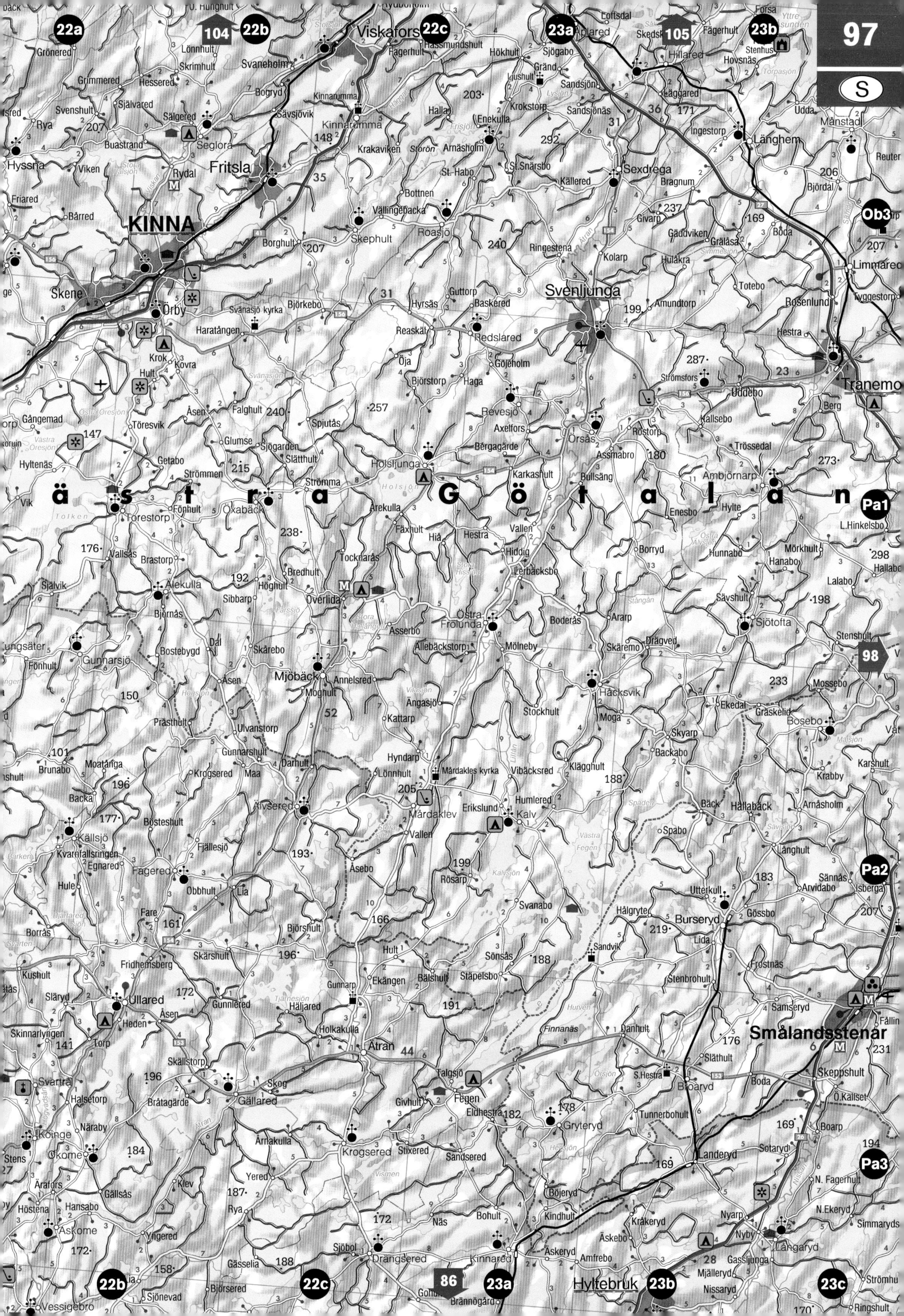

98
S
23c
Gällstad
105
24a
24b
106
24c
25a
Grönahög
Bohestra
Röksberg
Munkabo
Angerdshestra
Karshult
Taberg
Målskog
Finnekumla
Intorp
Lindrum
Algrena
Agutarem
Bosarp
Svensjö
Bengtsbryna
Månsarp
Slumsvik
Torsbo
Månstad
Gundlabo
Växtorp
Olsremma
Bråten
Unnefors
Ekåsen
Tranhult
Reutersberg
Hulared
Dalstorp
Hjärtared
N. Unnaryd
Kanshestra
Bet
Gettrabo
Skjutebo
Ekeryd
Ob3
Björdal
Gryttered
Nittorp
N. Björstorp
S. Björstorp
Bondstorp
Buddebo
Grälebo
S. Åsarp
Gölingstorp
Ljungsarp
Kocko
Brynsås
Trollamossen
Strängsbo
S. Kulhult
Bratteborg
Limmared
Nittorp
Askåkere
Lagmanshaga
Stengårdshult
Tunnabo
Styrshult
Palsbo
Hovsarp
Bosenlund
Tyggestorp
Algutstorp
Spolabo
Plombo
Tåbo
Mårtenstorp
Sandsebo
Lunden
Hestra
Moghult
Kättesjö mosse
Mosshult
Kvarnaberg
Tranemo
Grimsås
Fagerberg
Valdshult
Pung
Boarp
Hällhult
Öreryd
Virvhult
Öjhult
Tranhult
Berg
Ulvestorp
Ovdaskog
Mossebo
Fåglabo
Hjulvhult
Åsafors
Basseberg
Aspås
Hestra
Pålskog
Rydbo
Moose Park
Granstorp
Nyholm
Linnås
Pa1
Algustorp
Velebo
Ekhult
Skillingaryd
Bönabo
Flahult
Ljungberg
L.Hinkelsbo
Hult
Ålaryd
Addebo
Mörkhult
Nissafors
Källeryds kyrka
Åsenhöga
Håkentorp
Hallabo
Sprottebo
Götarp
Smedjebo
Skärvhult
Lalabo
Gynnås
Algebo
Hedenstorp
Hägelstorp
Bondarp
Marieholm
Mässeberg
Åker
Stenshult
Gnosjö
Flahult
Bockebo
Fryebo
97
Vika
Båraryd
Storebo
Norrebo
Mjögaryd
Uppebo
Galtås
Store mosse
Klevshult
Mossebo
Gnosjö ka
Söderby
Marås
Slungsås
Bosebo
Stret
Rudö
Håryd
Sunnerbo
Marsås
Stråkeved
Våthult
GISLAVED
Älgaren
Hillerstorp
Kävsjö
Väshult
Krabby
Karshult
Lundåkra
Anderstorp
Målskog
Törestorp
Häradsö
Arnåsholm
Pa2
Högshult
Tyngels mosse
Store mosse nationalpark
Hädinge
Åsen
Ryd
Ryd
Kulltorp
Hörle
Långhult
Lövås
Väset
Norrhyltan
Horshaga
Albo
Maramö
Sännås
Arvidabo
Isberga
Nennesmo
Risamossen
Eskilstorp
Lanna
Torp
Lindstad
Lidnäs
Villstad
Dye
Åslarp
Hakarp
Flymossen
Nederby
Vret
Smålandsstenar
Vä
Strand
Väboholm
Bredaryd
Fänestad
Herrestad
Nästa
VÄRNAMO
Hindsekind
Samseryd
Nöbbele
Reftele
Hamra
Forsheda
Kärda
Fällinge
Mållby
Draven
Väcklinge
St. Segerstad
Bröttjestad
Schedingsnäs
Skeppshult
Boaryd
Dravö
Draftinge
Frillsö mosse
Källunda
Helmershus
Hjälshammar
O. Kallset
Vimmelstorp
Horsöja
Ås
Rannäs
Åminne
Funtabo
Boarp
Kåringanäs
Källerstad
Torskinge
Äminne
Fröset
Voxtorp
Agnetaryd
Karaby
Brusås
Sjöbo
Pa3
N. Fagerhult
Tallberga
Svanaholm
Långe-mosse
Liljenäs
Hjälmaryd
Jonsbo
Tånnö
N. Ekeryd
Simmarydsnäs
Tursbo
Ryd
Hånger
Jällunttofta
Törnestorp
Dannäs
Långaryd
Näset
Sporda
Väderås
23c
Strömhult
24a
Yanås
24b
87
24c
25a
Hässlehult
Ringshult

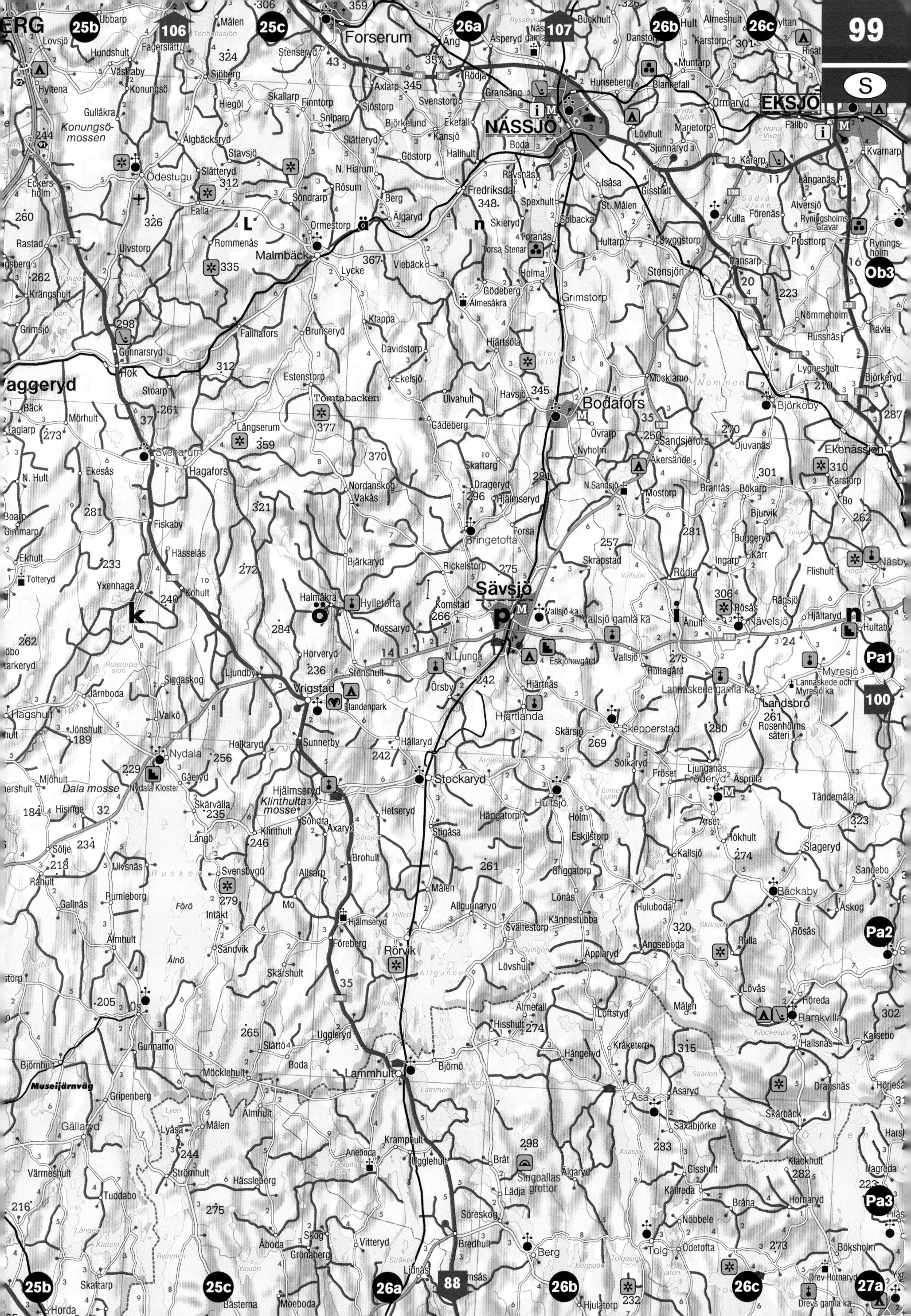
S
Forserum
NÄSSJÖ
EKSJÖ
Vaggeryd
Malmbäck
Bodafors
Sävsjö
Vrigstad
Stockaryd
Lammhult
Rörvik
Landsbro
Hultsjö
Nydala
Svenarum
Hagafors
Bringetofta
Skepperstad
Björköby
Ekenässjön
Ramkvilla
Bäckaby
Hjärtlanda
Singoallas grottor
Dala mosse
Klinthulta mosse
Museijärnväg
25b
25c
26a
26b
26c
27a
106
107
100
88
Ob3
Pa1
Pa2
Pa3

100
S
26c
27a
107
27b
27c
108
28a
28b
EKSJÖ
Eksjöholm
Högaskog
Skurugata
Kongseryd
Ägersgöl
Grevekulla
V. Ekås
Härstorp
Älvestorp
Haddås
Slammarp
Hornsved
Hamra
Sjösbo
Ventzelholm
Kulla
Katthult
Solbacka
Halsebo
Rumskulla
Brånhult
Fällbo
Kvarnarp
Björka
Nödjehult
Hult
Bruzaholm
Bygdas
Ingatorp
Linneryd
Fiefall
Björksnäs
Rökulla
Mossebo
Pelarne
Långanäs
Alversjö
Ryningsholms Gravar
Bonderyd
Höreda
Västraby
Östraby
Havik
Hjältevad
Vallnäs
Mariannelund
Prosttorp
Rynings-holm
Markestad
Gummarp
Förenäs
Marhult
Ryssebo
Jönköping
Bellö
Gynnesnöt
Hultna
Funghult
Fagerhult
Ölvedal
Rostorp
Kuarp
Nömmeholm
Russnäs
Rävla
Mellby
Solgen
Edshult
Mycklaflon
Åsa
Fagrabjörk
Ormanäs
Kråkshult
Katebo
Lyngeshult
Björkeryd
Värne
Stallarp
Kolstorp
Hög
Lönneberga
Björköby
Hytte
Månstorp
Solhester
Bjälkerum
Vimmarp
Högagård
Karlstorp
Ingelstorp
Åkarp
Ekenässjön
Ekekull
Buskebo
Frukullen
Karstorp
Bo
Tångerda
Eckerda
Skede
Lammåsa
Knivshult
Nyboda
Kullboarp
Högakult
Språklaretorp
Svenarp
Paulistrom
Flenshult
Boda
Äntsebo
Kullhult
Näsby
VETLANDA
Sjunnen
Holsbybrunn
Vagnhester
Björkholm
Åmjölkesbo
Flishult
Rågsjö
Hjältaryd
Hultaby
Aspö
Alseda
Ökna
Ämmaryd
Torpa
Klövdala
Adelfors
Nyboholm
Järnforsen
Östra Arena
Myresjö
Lannaskede och Myresjö ka
Hässle
Slättåkra
Kvillsfors
Jäнапример
Jäpp

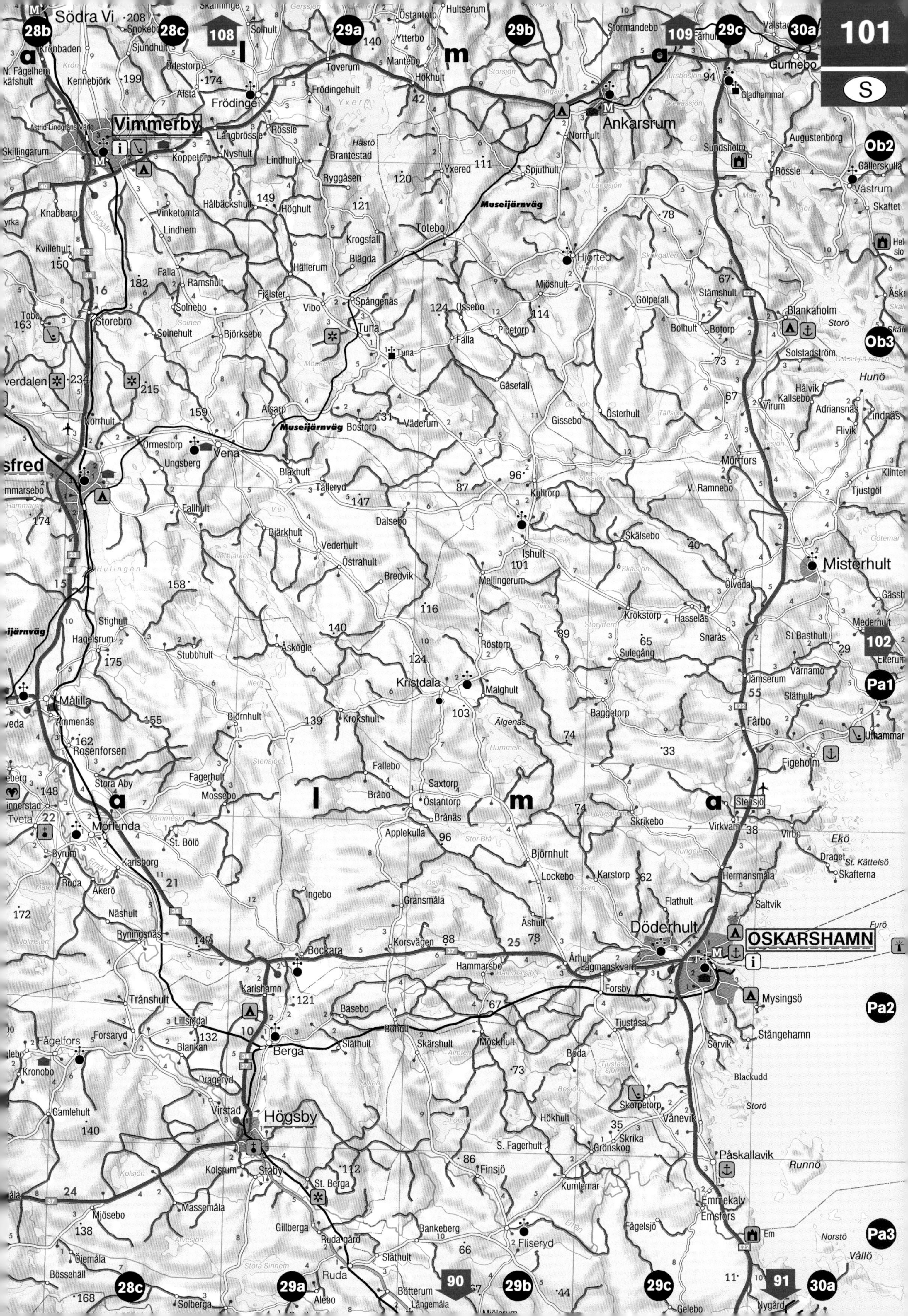
28b
Södra Vi
Snokebo
28c
108
Solhult
29a
Östantorp
Hultserum
29b
Stormandebo
109
Fårhult
29c
30a
Gunnebo
Krönbaden
Sjundhult
Ytterbo
Mantebo
N. Fägelhem
Kennebjörk
Ödestorp
Toverum
Hökhult
Alsta
Frödingehult
Frödinge
Ankarsrum
Gladhammar
Vimmerby
Astrid Lindgrens Värld
Långbrössle
Rössle
Norrhult
Sundsholm
Augustenborg
Ob2
Skillingarum
Koppetorp
Nyshult
Lindhult
Brantestad
Gällerskulla
Yxered
Spjuthult
Rössle
Västrum
Ryggåsen
Museijärnväg
Skaftet
Hålbäckshult
Höghult
Knabbarp
Vinketomta
Lindhem
Totebo
Krogsfall
Kvillehult
Blägda
Hjorted
Hällerum
Falla
Ramshult
Mjöshult
Stämshult
Fjälster
Spångenäs
Vibo
Solnebo
Ossebo
Gölpefall
Blankaholm
Storebro
Tuna
Bolhult
Botorp
Tobo
Solnehult
Björksebo
Tuna
Falla
Pipetorp
Ob3
Solstadström
verdalen
Hunö
Gåsefall
Hälvik
Kallsebo
Adriansnäs
Alsarp
Norrhult
Bostorp
Väderum
Gissebo
Österhult
Virum
Lindnäs
Flivik
Ormestorp
Vena
Museijärnväg
Mörtfors
sfred
Ungsberg
Blaxhult
mmarsebo
Tälleryd
Kulltorp
V. Ramnebo
Klinter
Tjustgöl
Fallhult
Dalsebo
Bjärkhult
Skälsebo
Vederhult
Ishult
Misterhult
Östrahult
Hulingen
Mellingerum
Bredvik
Ölvedal
Gässh
Stighult
Krokstorp
Hasselås
Mederhult
Hagelsrum
Åskögle
Röstorp
Sulegång
Snarås
St Basthult
102
Stubbhult
Ekerum
Kristdala
Malghult
Jämserum
Värnamo
Mälilla
Pa1
Ammenäs
Björnhult
Krokshult
Baggetorp
Slätthult
veda
Rosenforsen
Fårbo
Uthammar
Fallebo
Figeholm
Fagerhult
Stora Aby
Mossebo
Saxtorp
Bråbo
Östantorp
a
l
m
Stensjö
Brånäs
Skrikebo
Virkvarn
Virbo
innerstad
Tveta
Mörlunda
St. Bölö
Applekulla
Ekö
Byrum
Björnhult
Draget
St. Kättelsö
Karlsborg
Lockebo
Karstorp
Skafterna
Ruda
Åkerö
Hermansmåla
Ingebo
Flathult
Saltvik
Gransmåla
Näshult
Äshult
Döderhult
Ryningsnäs
Furö
OSKARSHAMN
Bockara
Korsvägen
Hammarsbo
Århult
Lagmanskvarn
Forsby
Karlshamn
Tränshult
Basebo
Mysingsö
Pa2
Lillsjödal
Bohult
Tjustasa
Fågelfors
Forsaryd
Blankan
Berga
Slåthult
Skärshult
Möckhult
Stångehamn
Sörvik
Kronobo
Dragaryd
Boda
Blackudd
Gamlehult
Storö
Virstad
Skorpetorp
Vånevik
Högsby
Hökhult
Skrika
Grönskog
S. Fagerhult
Kolsrum
Staby
Finsjö
Påskallavik
Runnö
St. Berga
Kumlemar
Massemåla
Emmekalv
Emsfors
Mjösebo
Gillberga
Bankeberg
Fågelsjö
Em
Pa3
Ruda gård
Fliseryd
Norstö
Vållö
Öjemåla
Slåthult
Bössehäll
Ruda
28c
29a
90
29b
29c
91
30a
Bötterum
Långemåla
Alebo
Solberga
Gelebo
Nygård

30a
Västervik
30b
109
30c
31a
31b
Bråtviken
Krokö
Samsvik
Lindödjupet
Idö
Ytterhult
Målången
Ob2
Augustenborg
Björkskärsdjupet
Kungsgrundets fyr
Åldersbäck
Händelöp
Nävelsö
Gällerskulla
Rössle
Västrum
Skaftet
Hultö
Hökhallen
Östersjön
Helgerums slott
Ormdjupet
St. Järö
Äskestock
Eknö
Ob3
Blankaholm
Storö
Skälö
Solstadström
Örö
Kalliviken
Hamnö
Hunö
Skavdö
Hälvik
Kallsebo
Virum
Adriansnäs
Lindnäs
N. Uvö
Älö
Misterhults naturreservat
Strupö
Flivik
Koviksnäs
Klintemåla
Vinö
Strupö Ljungskär
Tjustgöl
Lekaremåla
Gersebo
Grönö
Boskär
Misterhult
Marsö
Gässhult
Upplångö
Utlångo
Mederhult
Pa1
St Basthult
Ävrö
Ekerum
Simpevarps kärnkraftverk
Värnamo
101
Släthult
Fårbo
Uthammar
Figeholm
Figeholmsfjärden
Ölands norra udde Långe Erik
Grankullaviken
Neptuni åkrar
Nabbelund
Trollskogen
Virbo
Ekö
Grankullavik
Byxelkrok
Grankulla
Draget
St. Kättelsö
Skafterna
Böda
Enerum
Mellby
Hunderum
Böda kronopark
Ängjärnsudden
Saltvik
Furö
Bödabukten
Mossen
Finnrevet
Hagskog
Pa2
Böda
Mysingsö
Blå Jungfrun
Skäftekärr
Mellböda
Nationalpark Blå Jungfrun
Stångehamn
Norrböda
Byrum
Alvara
Byrums Sandvik
Hornssjön
Glabo
Raukar
Hornsudden
Vedborm
Öland
Binnerbäck
Storö
Vedby
Sandby
Kesnäsudden
Runnö
Kristinelund
Löttorp
Sandviken
Högby
Hagaby
Bläsinge
Pa3
Norstö
Hagelstad
Vållö
Källa
Gillberga
91
Källahamn
Jordhamn
Nygård

S
Ellös
Gullholmen
Hättan fyr
Stora Härmanö
Stocken
Hällevikstrand
Käringön
Måseskär fyr
Mollösund
Lyr
Skärhamn
Klädesholmen
Rönnäng
Tjörn
Marstrand
Carlstens fästning
Instön
Koön
Klåveröн
Kungälv
Kode
Stenungsund
Myggenäs
Svanesund
Ödsmål
Jörlanda
Kärna
Säve
Nolvik
Öckerö
Hönö
Torslanda
Hisingen
Göteborg
Älvsborg
Tynnered
Frölunda
Högsbo
Mölndal
Kållered
Lundby
Tuve
Backa
Styrsö
Donsö
Brännö
Vrångö
Vinga fyr
Vinga
Trubaduren
Billdal
Skagerrak
Hakefjord
Orust
Pater Noster skären
Rörö
Hyppeln
Källö-Knippla
Hälsö
Björkö
Fotö
Göteborg City Airport
Arendal
Nya Älvsborg
Säröy
19a
19b
19c
20a
20b
20c
21a
Oa3
Ob1
Ob2
Ob3
96
104
115

S
21a
21b
116
21c
22a
22b
Utby
Sjölanda
Velanda
Berg
Främmestad
Backamo
Sollum
Åsbräcka
Sjuntorp
Slätterna
Hjärtum
Rommele
Kalvhed
Svalehult
Rolken
Nos
Hasteröd
Tösslanda
Ålstad
Upphärad
Koberg
Knutstorp
Glossbo
Svenshögen
Huvered
Lilla Edet
Häggån
Bjurdammen
Hede
Ö. Jordala
Ubby
Gendalen
Svartehallen
Björndalen
Lagmansered
Stora Mellby
Sköllunga
Sannersby
Göta
Sollebrunn
Kyrkås
Grössbyn
Prässebo
Erska
Bjärlanda
Sandbäck
Ucklum
Dal
Tåsteröd
Västerlanda
Hålbacka
Kärra
Bredhult
Anstorp
Mjölsered
Magra
Morlanda
Ränne
Äskekärr
Oa3
Simontorp
Livered
Tunge
Gräfsnäs
Frishulan
Berg
Nygård
Ale-Skövde
Skaggata
Porten
Lo
Lärkemossen
Svenseröd
Torskog
Balltorp
Verle
Kvarnabo
Attholmen
Kolbäck
Röra
Hålt
Hålanda
Musei-järnväg
Långared
Bergstena
Lödöse
Sandåker
Höga
Hällnäs
Fullestad
Skår
Alvhem
Alsbo
Arlid
Börta
Lunden
Signehög
Färdsle
Drängedalen
Risveden
Vänga
Lena
Östadkulle
Vårgårda
Stubbhält
Kattleberg
Skepplanda
Hålan
Aspenäs
Antens kapell
Lagmanshölm
Brehålt
Norrmannebo
Skogstorp
Ålanda
Tubbetorp
Gunntorp
Alvängen
Vittene
Bäne
Röttorp
Fly
Björröd
Lysegården
Ostad säteri
Hjällnäs
Horla
Torp
Björkekärr
Torp
Ob1
Diseröd
Kilanda
Vikaryd
ALINGSÅS
Rödene
Kareby
Starrkärr
Balinge
Rishammar
Bostock
Bräcke
Kollanda
Östad
Kärtared
Sannum
Lövekulle
Bollestad
Nödinge-Nol
Sjövik
Simmenäs
Oryd
Skår
103
KUNGÄLV
Backa
Ryd
Ångsmossen
Buaholm
Buhult
Mjörn
Maryd
Alefjäll
Bohus fästning
Sunnerö
Bokö
Hjälmared
Larsbo
Bönabo
Tolsjöhult
Björboholm
Bergsjödal
V. Bodarna
Uddabo
Tarabo
Rödbo
G
Aggetorp
Annekärr
Sundet
Hulabäck
Lygnö
Rösbo
Rördalen
Hästeryd
Vättlefjäll
Hjällsnäs
Ingared
Ryd
Edsås
Halleröd
Ytterstad
Öjared
Hemsjö
Gråbo
Edshult
Ingebäck
Gunnared
Bergum
Stannum
Olstorp
Närsbo
Bohult
Gröneslätt
Olofstorp
Uddared
Näs Slott
Hökhult
Gantarås
Tollered
Ödenäs
Lärjedalen
Furåsen
Björsared
Slätthult
Floda
Tagene
Mossberget
Angered
Fagerhult
Valsjö
Lövhult
Hedared
Ryggebol
Örsbråten
Brandsbo
Risa
Kortedala
Ob2
Lugnvik
Slätthult
Töllsjö
Backa
Kåhög
LERUM
Olofsered
Torstad
Aspen
Jonsered
Björkered
Jordås
Holmared
Öxeryd
Mörjhult
Fattabo
Näs
Sandhult
Härlanda
PARTILLE
Härskogen
Hena
Helgesås
Pålsbo
Härkeshult
Nedflo
Örgryte
GÖTEBORG
Tubbared
Öregärde
Vatthult
Gråslid
Önneröd
Kläddegärde
Gesebol
Nordtorp
Skårtorp
Hallen
Landvetter
Härryda
Rya
Tullebo
Hestra
Bårhult
Snäckered
Hindås
Sandared
Slätthult
Hultafors
Vikhult
Björröd
Göteborg Landvetter Airport
Sundshult
Bollebygd
Gunnebo
Olsfors
Skällsjöås
MÖLNLYCKE
Rävlanda
MÖLNDAL
Risbacka
St.Bugärde
Eningsnäs
Övre Näs
Hunared
Låddekärrsbu
Bolås
Buarås
Björketorp
Holmen
Sandsbacka
Sundet
Holmen
Hasselerås
L
Ob3
Kållered
Vrestaby
Bertshult
Upptröst
Björkhult
Ö. Hunghult
Greggered
Rannered
Eskilsberg
Hjorthall
Egypten
Smedstorp
Stockabäck
Kättered
Knipered
Snugga
LINDOME
Hällesåker
Inseros
Eskilsby
Hägnen
Hällingsjö
Habäck
Lönnhult
Jäxviken
Gronered
Svaneholm
Hassungared
Bosgården
Skrimhult
Öjersbo
Grimmered
Hessered
21a
96
21b
21c
22a
22b
Berga
Sjöbo
Ubbhult
Dukared
Bogryd
Olofsred
Svenshult
Självared
Sälgered
Kinn
Sävsjövik

Herrljunga
Vedum
Falköping
Floby
Fristad
BORÅS
Dalsjöfors
Ulricehamn
Gällstad
Viskafors
Mösseberg
106
97
98
117
22a
22c
23a
23b
23c
24a
Oa2
Oa3
Ob1
Ob2
Ob3

S
24a
24b
24c
118
25a
25b
25c
Hjo
Stenstorp
Segerstad
Dala
Brobacken
Vreten
Edhems ka
Västorp
Blikstorp
Mölebo
Långeruder
N. Hulan
Abrahamstorp
N. Fågelås
Kyrka
Sänneryd
Orleka
Fröjered
Hökensås
Korsgården
Almnäs
Gudhem
Valtorp
Högstena
Kungslena
Hömb
Kavlås
Oa2
Flittorp
Varvsberget
Friggeråker
Falköping
Tiarp
Varv
Ekedalen
Acklinga
Isleryd
Äskelid
Åsle
Långgården
Tidaholm
Mobacken
S. Fågelås
Mularp
Gerumsberget
Dimbo
Ottravad
Siggestorp
Hjällö
Gate
Karleby
Käl????
Anneberg
Baltak
Munkaskog
Skörstorp kyrka
Ö.Gerum
Madängsholm
Målareskogen
Saleby
Alleberg
Skörstorp
Folkabo
Daretorp
Kleven
Rinkabäcken
Slöta
Valstad
Suntak
Orreholmen
Hangsdala
Gälleberg
Baggebolet
Vartofta
Kälvene
Ettak
Hadang
Velinga
Huvudshemmet
Oa3
Bäck
Vättak
Näs
Kymbo
Skämningfors
Brandstorp
Öja
Vartofta-Åsaka
Mon
Gimmene
Sjogerdala
Alvasjön
Visingsö norra fyr
Härja
Häldeholm
Yllestad
Åsaka
Torp
Badene
Fridhem
Älekärr
Hökensås naturreservat
Björnhult
Säby
Kyrkeslätt
Kättilstorp
Utvängstorp
Torp
Kumlaby
Tunnerstad
Åsarp
Ljunghem
Rödån
Rökinge
Vistorp
Visingsö
Brahekyrkan
Visingsborg slott
Slättered
Dintestorp
Klämmestorp
Vitared
Baskarp
Svedåns hamn
Grimstorp
Stigby
Gränna
Solberga
Fagerhult
Sandhem
Härstorp
Näs
Näs slottsruin
Haboskogen
Åsebygd
Röttle
Visingsö södra fyr
Broholm
Mon
Järphult
Västanå slott
Tunarp
Hunared
Åryd
105
Fivlered
Källebäcken
Vättershus
Gustav Adolf
Nabben
Svarteskogen
Flatered
Öland
Tuveryd
Källeryd
Mullsjö
Simonstorp
Ryd
Ånaryd
Ob1
Kölingsholm
Margreteholm
Furusjö
Habo
Hovaskog
Ingeryd
Kölingared
Ryfors
Slätthult
Munkaskog
Tokeryd
Vättersmålen
Ölmstad
Holmen
Flättinge
Västerkärr
Fiskebäck
Hillinge
Hylsåsen
Nunnered
Habo Timmerkyrka
Fiskebäcks kapell
Säby
Siringe
Strackeryd
Bjurbäck
Brännåsen
Ljunga
Daräng
Skärstad
Berghem
Lyckås
Risbro
Ebbarp
Bankeryd
Drättinge
Apelskift
Kaxholmen
Llared
Granshult
Korphult
Drottningstorp
Strömsholm
Tolabo
Trånghalla
Gissebo
Svansö
Tokebo
Nackebo
Älgafall
Månseryd
Ramsjöholm
Knutstorp
Nåthult
Björneberg
Norrängen
Brunstorp
Sjögared
Tokeryd
Prästeryds mosse
Rud
Bet
Olsbo
Dumme mosse
JÖNKÖPING
Hakarp
Järstorp
Hultseryd
Roestorp
Strängsered
Bottnaryd kyrka
Vätterslund
Ob2
Torhult
Bottnaryd
Lomsjö
Axamo
HUSKVARNA
Sjöryd
Rönjäne
Älgaryd
Jönköpings flygplats
Lekeryd
Brunnstorp
Holmö
Svinhult
Sandseryd
Ljungarum
Tevrida udde
Löckna
Jära
Tokared
Ryd
Svinhult
Hovslätt
Västansjö
Riddersberg
Rogberga
Ulvsnäs
Heda
Fagerhult
Äsebo
Mulseryd
Bashult
Öggestorp
Komosse
Harphult
Norrahammar
Odensjö
Mörkö
Barnarp
Tenhult
Rommelsjö
Trehörningen
Arvidabo
Karshult
Elsabo
Taberg
Ubbarp
TABERG
Målen
Bohestra
Röksberg
Munkabo
Målskog
Lovsjö
Angerdshestra
Ob3
Hundshult
Fagerslätt
Stenseryd
Agutarem
Månsarp
Västraby
Sjöberg
98
99
Algrena
Bos
Svensjö
Hyltena
Gullåkra
Store
Hiegöl
Finntorp
Tranhult

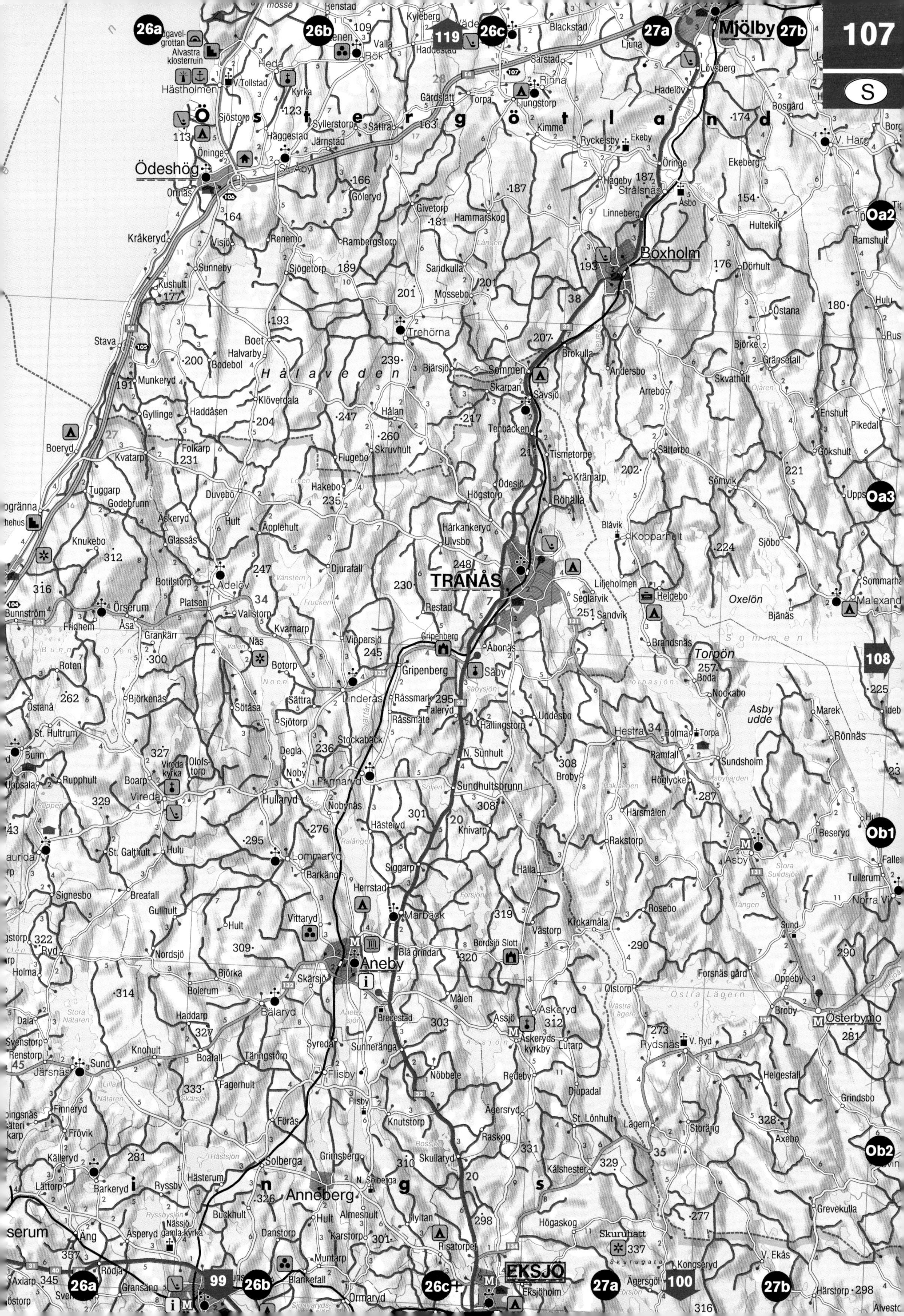

S

Östergötland
27c
28a
120
28b
28c
29a
Kapperstad
Mörby
Gismestad
Sturefors
Styvinge
Sturefors slott
Värnäs
Björkö
Björsäter
Sjöberga
Mulstad
Museijärnväg
Gammalkil
Kolaryd
Hässleberg
Skog
Hovetorp
Norrby
Värna
Krångestad
Bröby
Tuna
Skeda udde
Stavsätter
Skälstorp
Grebo
Nykil
Tolebo
Rödsten
Horn
Borg
Spellinge
Åbysätter
Långnäs
Bjärka-Säby
Missmyra
V. Harg
Häggebo
Visätter
Knoppetorp
Bollebo
Kögenäs
N. Båtvik
Älvsbo
Rössla
Svartmåla
Bersbo
Koppargruva
Åserum
Arnebo
Mörketorp
Målbäck
Örsnäs
Skinnarhagen
Västerby
Vårdnäs
Bestorp
Torp
Tiggesbo
Önnebo
Ännebo
Dockebo
Stensvassa
Föltorp
Rösätter
Örsätter
Skälstorp
Kävelsbo
Ramshult
Fagerhult
Gissbo
Berg
Kopparhult
Sandebo
Brokind
Sätra
Gavel
Närstad
Fågelkulla
N. Fjälla
Kristineberg
Smedstorp
Hulu
Hulta
S. Fjälla
Briteborg
Gissebo
Tranebo
Åtvidaberg
Adelsnäs
S. Hägebo
Åsorp
Törnevik
Rustorp
Gärdala
Beta
Äntorp
Forsaström
Kvistrum
Bäck
Eksjöhult
Träind
Långnäs
Björksfall
Opphem
Muggebo
Långsbo
Östjömålen
Viresjö
Enshult
Pikedal
Rimforsa
Värna
Holmen
Ulrika
Skederid
Fallvik
Norrby
Sjövik
Tjärstad
Gökshult
Amtefall
Äfsinge
Krågedal
Gälby
Valla
Kättilstad
Drögsnäs
Hovstad
Sävsjömåla
Uppsalatorp
Viprössle
Hägerstad
Vikshölm
Söderö
Vena
Vilebo
Tolemåla
Kulla
Ljungebo
Kärtorp
Änestad
Fulmestad
Vånga
Ängeulnd
Önhult
Skankebo
Väsby
Högtomta
Ulvesund
Ömelsbo
Galmsås
Fagerdal
Gammalskeda
Sommarhagen
Bankevid
Malexander
Mjölsefall
Krogsfall
Ärteryd
Vada
Örsebo
Svärdsvik
Oppeby
Risebo
Svalsjö
Hökhult
Utdala
Sätra
Björkfors
Tyllinge
Örneström
Yxefall
Östorp
Hovby
V. Eneby
Håredal
Pinnarp
Kisa
Näs
Ryda
Dymle
Drabo
Örsgänge
Marek
Idebo
Kättestorp
Björkeryd
Killingevid
Kärra
Misterfall
Rönnäs
Fyllingsbo
Yxmedshult
Fjärdingsbo
Svenningeby
Gumhem
Långebro
Boda
Ålhult
Lidhult
Bromhult
Merhult
Ärteflod
Rumma
Ekeby
Korpklev
Boda
St. Olof
Tidersrum
Rothult
Greby
Hornsberg
Härna
Ekhult
Hult
Beseryd
Ekeknoga
Ramshult
Orremåla
Skinnarsbo
Hycklinge
Böle
Säldefall
Hult
Österby
Mölestad
Kulla
Fallerås
Hökhult
Åbyboda
Gröninge
Vårdslunda
Tullerum
Bjärkefall
Verveln
Ödesjöboda
Applerum
Horn
Tjuserum
Norra Vi
Fröåsa
Njölhult
Hökhult
Tallsebo
Lönningehult
Bränntorp
Finede
Kila
Brunebo
Lodhult
Norrhult
Källemåla
Björkhult
Bränna
Bockrössle
Mala
Hökhult
Erstorp
Skutterstad
Österbymo
Säleboberg
Örsås
Flaka
Söderhult
Ålhult
Bålstocken
Björka
Hamra
Gullringen
Vrå
Fundsboda
Ydrefors
Ramsefall
Ål
Locknevi
Grindsbo
Trångrössle
Torebo
Björkesnäs
Höghult
Fundshult
Hallersrum
Dabbetorp
Vrångfall
N. Kvills nat. park
Laxbo
Älö
Djursdala kyrka
Bäckhult
Slitshult
Fängebo
Svinhult
Norrhult
Dacka
Högen
Lidhem
Vånstad
Idhult
Snararp
Kåbbo
Bofall
Sund
Gransebo
Orremåla
Höslätt
Grevekulla
Grönsved
Södra Vi
Skänninge
Sjösbo
Snokebo
Solhult
Krönbaden
Sjundhult
Ventzelholm
Ödestorp
Toverum
Hamra
N. Fågelhem
Skäfshult
Kulla
Katthult
Kennebjörk
Solbacka
Halsebo
Mjöhult
Fröding
Frödingehult
Alvestorp
Kalmar
107
100
101
27b
27c
28a
28b
28c
29a
Oa2
Oa3
Ob1
Ob2

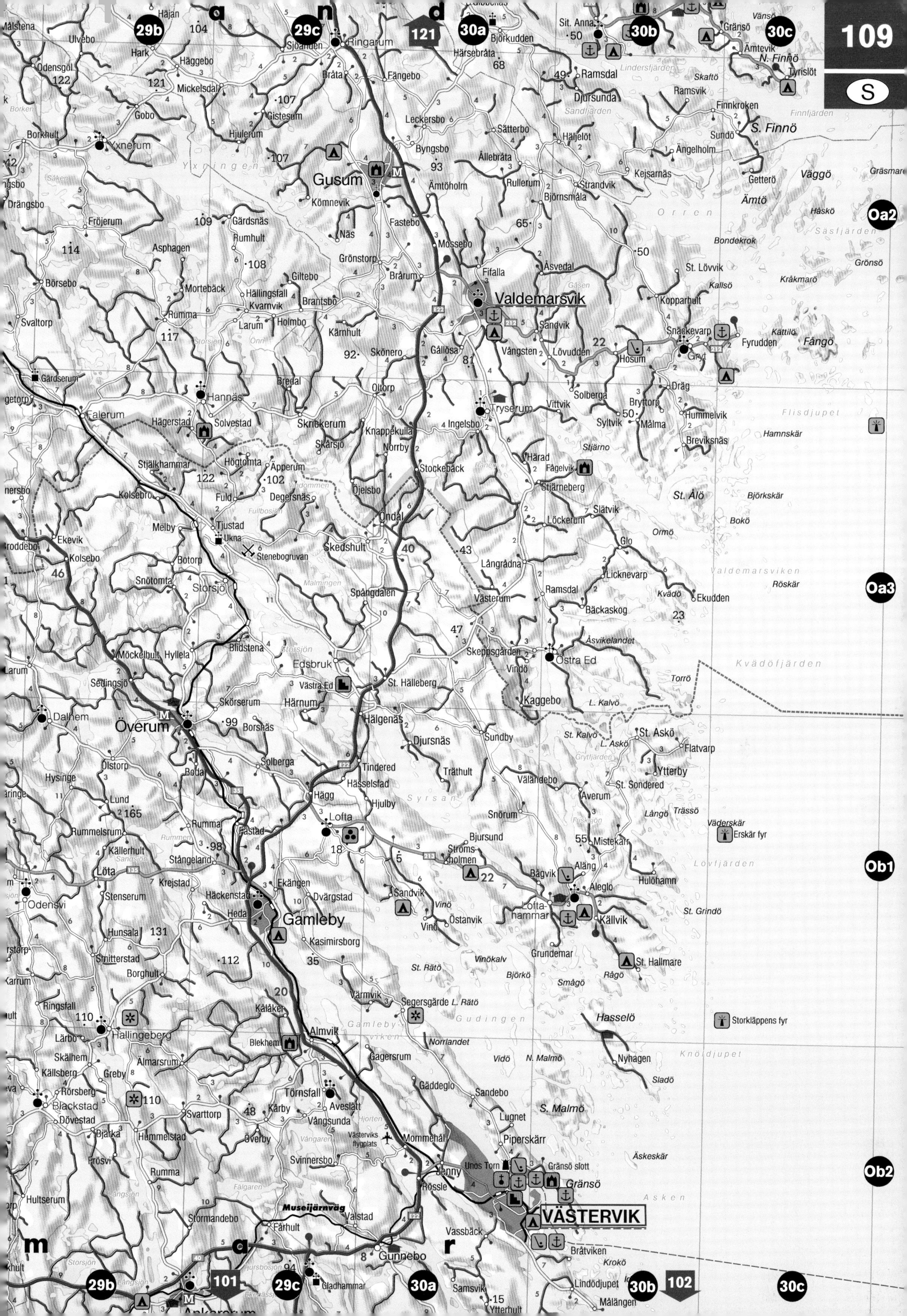

7c 8a 124 8b 8c

Oa2

Oa3

Ob1

Ob2

8a 8b 8c 9a 9b

N O R D S J Ø E

Kydland

Spjodevatn

Stapnes Lædre Bodvelt

Mong Avendal 44

Birkeland Ripland

Vatland

Nesvåg Rekef

Lille Prestskjær fy

N
9a
9b
9c
125
10a
10b
10c
Oa1
Oa2
Oa3
Ob1
112
11a
Kondalsheia
Orrestad
Lund
Tronvik
Ersdal
Kleivi
Urdal
Høydalsh
Barstad
Herveland
Løtoft
Ålgård
Nedre Myssa
Skåland
Skogan
Osen
Rygg
Årstol
Frøytlog
Mydland
Kjellesvik
Sira
Bakke
Narvestad
Sirnes
Eige
Heggeland
Gyland
Risvaldheia
469
Hauge
Åmot
Bjånes
Kisthei
546
Slетthei
454
Hellemork
Kvelland
Navrestad
Bjørkevoll
Røyseland
Tjørnhom
Vatland
24
Tellnes
Årstad
Sogndalsstranda
388
452
Solbjørg
Åsmyr
Linknuten
451
Lindeland
445
510
Løland
534
Kalvstøl
Breimoen
Gjersdalsmyra
Øvstefjellsa
Solandsvarden
453
Klungland
Bu
Li
Dydland
Eivé
Flikka
Drange
Sandvatn
Jerstad
Espeland
Åna-Sira
Log
Loga
Glendranga
Meland
Seland
A
g
Moi
Austerheim
Allestad
Flekkefjord
Hamre
Roligheta
Vatland
Stradebakken
Åsnes
Hogstad
Kvanvik
Midtfjellsæ
Tjørsvå
Sveiga
Seland
Lona
Kvinesdal
Liknes
Åmot
Eikeland
Hundsbit
Bergheia
615
Fidsel
Vardefjell
378
Fjellså
Djupvik
Elkenes
Frøytlandsveten
535
Frøytland
Røydland
Itland
Tjærland
Netland
Svindland
Feda
Hitra
Prestøya
Hidrasund
Festevoll
Hasvik
Kvelland
Abelnes
Launes
Andabeløy
Bjelland
Øye
Ågedal
Dragøya
Rasvåg
Hidra
Slåtta
Skranefjell
Rørvik
Førland
Storheia
499
Fidjest
Håland
Andabeløya
Sandvik
Ulland
Vatland
Vatlandstunnelen 3185m
Solvang
Brådland
Gjervollstad
Grimestad
Sæveland
Rørdal
20
Tjomsland
Vintland
412
Stålåsen
Skjerland
Hompland
Hanskeknipen
392
Vikane
Elle
Salslottet
Storfjellet
346
Åpta
Svindal
Drange
Seland
Tosås
Kvåle
Eikeland
Veggja
Toptela
Snekkestø
Heskestad
Rudjord
Lista
Jølle
Tomstad
Ulgjell
Logedulen
Breidfjellet
391
Skårdal
Hårikstad
Foss
Øysteinslan
Herrvoll
Sudland
Trøyborg
Sande
Herad
Skoland
Rødland på Heia
Ramneheia
360
Hoveland
Skrelia
Røyseland
Bjerga
Dragedal
Rom
Lyngdal
Lista fyr
Borhaug
Vestbygd
Tjørve
Gullsmedbakk
Frøyland
Eitland
Frestad
Dalland
Sæveland
Meland
Lastad
Årnes
Alleen
Opedal
Home
Lene
Vanse
Helvik
Spabbe
Hanersund bru
Fulland
Grabu
Dårøy
Ramsdalen
Kvavik
Myran
Nesheim
Kviljo
Austhasselstrand
Rauna
Farsund
Kjørrefjord
Håvik
Bjørnestad
Sævik
Espeland
Farbrot
Kølevoll
Agnefest
Svenevik
Skomrak
Lunde
Skjolnes
Birkenes
Spind
Eiasland
Augland
17
Hauge
136
Loshovn
Helle
Børnevåg
Kvålsvik
Hakestad
Austad
Nyland
Trolleskei
Langøy
Lyngsvåg
Skarvøya
Viestad
Tranevåg
Høyland
Hovda
Jåsund
Tjortela
Hesteland
Belland
Nakkestad
Ullerøya
Hausvik
Grønsfjord
Midbø
Spangereid
Rema
Korshamn
Kjøpsøy
Revøy
Jørenstad
Ramsland
Høllen
Svennevik
Åvik
Seløy
25
Imsøyene
Svinør
Stusvik
Lindesnes
Gauksum
Lillehavn
Våre
Lindesnes fyr
Udvåre
Listafjorden
Fedafjorden
Lyngdalsfjorden
Grønsfjorden
Lyngn
9c
10a
10b
10c
11a

N
11a
11b
126
11c
12a
12b
Oa1
Oa2
Oa3
Ob1
111
Høydalsheii 510
Hadde
Kniepstøl
Årstøl
Galldal
Blåberg 686
Bryggeså
Øygarden
Vatne
Eiken
Hobbåsland
Skeie
Håberg
Grostøl
Landdalen
Verdal
Verdalsfjellet 635
Vassbot
Åmland
Tuptin
Ørnemyrfjellet 578
Mjåland
Høgehei 567
Kvåle
Nedrestøl
Flottorp
Håland
535
Smedsland
Sveindal
Butveit
Lunden
Skåreheia 515
Steinsland
Bjørndalen
Stavedalen
Abusdalsknuten 596
Abusdal
Abusland
Kalland
valdheia 469
Tjørnhom
Vatland
Løland 534
Kalvstøl
Breimoen
Kvinesdal
Heddan
Røydland
Bloka
Fåland
Lauen
Hommen
Steinsland
Bjerum
Grindheim
Selandsdalen
Åsan
Foss
Valebrokk
Byremo
Øvre Øydna
Gloanheia 490
Nautarheii 449
Sandvatn
Jerstad
Espeland
Moi
Hamre
Bakken
Birkeland
Torshei 625
Blomliknuten 547
Røynesdal
Haugland
Ytre Øydna
Bjerland
Bjelland
Rydlendet
Tønnesland
Koland
Øygarden
Kvinesdal
Liknes
Åmot
Eikeland
Hundsbit
Røydland
Hægebostad
Guttughei 552
Snartemo
Mydland
Nagelstad
Kvestad
Jådland
Bergheia 615
Ågedalstøi
Åpåse
Tvørsland
Høvarsland
Brokka
Sundbø
Sandtven
Nygard
Vikstøl
Hitra
Audnedal
Strisland
Kråkeland
Homme
Helland
Røyrås
Åmsland
Førland
Skogeknuten 452
Helle
Brauskeland
Skogen
Mannflå
Moland
Ågedal
Førland
Storheia 499
Birkeland
Fidjestøl
Kvås
Åbestad
Konsmo
Agset
Aukland
Fløystøl
Finsland
Haugland
Hønemyr
Grindeland
Ropstad
Solvang
Hestad
Brådland
Basteli
Hægeland
Fidja
Strøde
Frikstad
Leipstand
Skjerland
Hompland
Vivlemo
Birkeland
Laudal
Lausland
Brandsvoll
Øveland
Spikkeland
Vintland
412
Stålåsen
Hanskeknipen 392
Moi
Brasstad
393
Ørneknipen
Røydland
Laudal
Storehagen
Finnsådal
Dynestøl
Kilen
Vatneli
Greibesland
Eikeland
Veggia
Toptland
Øysteinsland
Vatland
Tryland
Kalland
Mjunåsen
Røysland
Stupsad
Stallemo
Skårdal
Hårikstad
Foss
Skoland
Vigmostad
Seland
Bjåstad
Marnardal
Hommen
Leland
Hægebostad
Homestad
Bue
Hellandsmoen
Høye
Bjelland
Åsen
Bjørnstøl
Underåsen
Bjerga
Dragedal
Rom
Lyngdal
Fidja
Opsal
Oppsal
Surteland
Lastad
Årnes
Alleen
Optedal
Homeland
Lene
Gåseland
Eikedal
Einarsmo
Kleiva
Tjomsland
Mannerák
Helland
Gangså
Høye Sør
Bredland
Ramsdalen
Kvåvik
Agnefest
Myran
Skomrak
Svenevik
Døble
Grisledal
Spilling
Vågestad
Mydland
Øyslebø
Sjævesland
Birkeland
Eikså
Eiåsland
Augland
Hakestad
Hagen
Erseid
Mæresland
Engeland
Eikeland
Nome
Ausland
Tronstad 248
Austad
Nyland
Trolleskei
Buhølen
Mjølhus
Røyseland
Skarstad
Holmesland
Solås
Ramsland
Solås
Myran
Nodeland
Greipstad
Høyland
Hovda
Jåsund
Tjorteland
Fossimo
Skofteland
Birkeland
Fuskeland
Brinsdal
Brunnvath
Kleivsel
Svemmeland
Belland
Nakkestad
Hesteland
Vigeland
Vassli
Holum
Nomedal
Vardeheia 244
Repstad
Grønsfjord
Midbø
Spangereid
Rema
Lone
Rødberg
Trædal
Gjervolstad
Skrøvje
Krossen
Nøding
Røyseland
Fidje
Eikestøl
Revøy
Høllen
Ramsland
Svennevik
Åvik
Lonestranda
Fasseland
Valle
Eikeland
Spetteland
Bjørkland
Skadberg
Sodland
Lindland
Helle
Døle bru
Fjell
Vatne
Skagestad
Holmen
Lunde
Søg
Jørenstad
Revøy
Imsøyene
Svinør
Tjøm
Lunde
Sjøbodvik
Skogsfjord
Hjorteland
Greipsland
Valand
Røyseland
Rosstad
Vige
Trysnes
Høllen
Stokkel
Stusvik
Lindesnes
Gauksum
Lillehavn
Lindesnes fyr
Våre
Hillesund
Hille
Udvåre
Valle
Sånum
Mandal
Gismerøya
Ormestad
Ime
Mønnesland
Harkmark
Lian
Eid
Osnes
Fuvik
Ås
Ålo
Selskjer
Borøya
Skarpøya
Hundsøyfjorden
Homsvika
Kige
Tregde
Skjernøya
Hatholmen fyr
Skjernøy
Farestad
Skogsøy
Landøy
Kåløy
Hærholmane
Udvår
Songvår
Songvår fyr
Udøy
Valløy
Ryvingen fyr
Hellersøy
Sandøy
Pysen
11a
11b
11c
12a
12b
12c

N
12c
13a
127
13b
13c
14a
Nb3
Oa1
Oa2
Oa3
114
Gjegningfj 571
Hovland
Vegusdal
Ormtjørnknuten 372
Ytre Lauvrak
Laufland
Askland
Kalderassheia 531
Tvørefjellet 450
Engesland
Vegusdal
Stemlona
Gauslå
Hinnebu
Baseland
Vånne
Stolpemyr
Stemtjørnheia 494
Dovland
Belland
Furholt
Bratteland
Vardeheia 485
Håland
Rausheia 471
Ås
Fidjetun
Landeheia 352
Herefoss
Øynaheia 368
Mjåvatn
Blåfjell 260
Hornesund
Ljosland
Uetrhus
Årikstad
Brekka
Lande
Bjorvaln
Brubakken
Froland
Nateland
Birketveit
Iveland
Odderstøl
Grossås
Fjermedal
Løland
Håstølknuten 429
Kylland
Holtebu
Engebu
Høien
Osedalen
Froland verk
Geisbøl
Skreros
Toplandsheia 365
Topland
Lunden
Fjermeros
Ivedal
Færevad
Møkjåland
Oggevatn
Heimdal
Væting
Støveland
Stie
Fotvardsheia 255
Neset
Træsnes
Øyna
Gasellå
Åsen
Søre Herefoss
Birkedal
Hunsdal
Høyte
Reiersøl
Bise
Tveit
Skaiå
Svengestøl
Vatnestrøm
Risbu
Igland
Hellerslia
Håland
Tønnesøl
Nævesdal
Furre
Løddesøl
Grautemyr
Sennumstad
377 Rislåknuten
Håland bru
Tjønntveit
Leesland
Mykland
Refstad
Kærestøm
Lindveit
Tykkrisl
Gjennes
d
Langeland
Røyknes
Vassbotn
Myrvang
Lia
Flå
Tolleholmen
Skiftenes
Kroken
Ryken
Steinsvann
Hundland
Grøsle
Vestermoen
Gurebo
Bjørnetrø
Lunde
Kviks
Reiarsdal
Lauvdalen
Ramselia
Åmdal
Slettane
Jamsland
Vinsland
Tjarrandsplassen
Bringsvær
Trålum
Årdalen
Håbbesland
Beisland
Imenes
Samkom
Skjerkedalen
Nyhus
Birkeland
Fjære
Skarpengland
Hammen
Steinsland
322
Flakk
Nygrenda
Stømne
Furuly
Rosholt
Engeland
Loland
Grovane
Verås
Mollestad
Reddal
Lunden
Røresand
Frivoll
Ugland
Vik
Moy
Grefs
Rønningen
Rosseland
Landvik
Eskedal
Drivenes
Liane
Ludeflaten
Eikeland
Birkenes
Froholt
Grimenes
Dolholt
Homsteane
319
Modeidmoen
Vennesla
16
Tveide
Høyelt
Rugsland
Vatne
Inntjore
Tjore
Molland
Rønnes
Grimstad
Hesnesøya
Grua
Eikeland
Gitmark
Østerhus
Vikeland
Kleivane
Lømsland
Åbål
Røynås
Øygarden
Støle
Håøya
Lunden
Abål
Nordbø
Storemyr
Lindtveit
Foss
Drangsholt
Torkelsbuene
Vestre Moland
Helldal
Svennevik
Bjorøya
Høye
Kvarstein
Ålefjær
Hombor
Bufjord
Mosby
Flaten
Glamsland
Møglestu
Dypvik
Årnevik
Eide
Aukland
Tveit
Boen
Bjelland
Lillesand
Homborsund
Dønnestad
Sangereid
Fjelldal
Skuggevik
Flørenes
Strai
260
Justvik
Kjevik
Kristiansand lufthavn
Skalle
Stranda
Homborsund fyr
Homborøya
Justnes
Steindal
Espevika
Skauerøya
Urdalen
Frøe
Kosvik
Nodelandsheia
Hamre
Vallesverd
Justøy
Mebo
Fagerholt
Justøya
Isefær
Kjøpmannsvik
Brekkestø
Holte
Kongsgård
Øresland
Timenes
Krossen
Åkerøya
Lund
Opseng
Strømme
Kvåse
Høvåg
Furøya
Hellemyr
Kalvøya
Drange
Søm
Hestevika
Bliksund
Vågsbygda
Odderøya fyr
Korsvik
Ådnevik
Hæstad
Tronderøyene
Randesund
Eftevåg
Dvergsnestangen
STIANSAND
Bragdøya
Ribe
Robbersvik
Kvarnes
Skottevik
Ramsøya
Dvergsøya
Kongshavn
Herøya
Voie
Kroodden
Randøya
Sødefjed
Ulvøysund
Ulvøya
Torsøya
Skålevik
Kjere
Mebø
Tjamsøya
Oksøy fyr
Grønningen fyr
Flekkerøya
S K A G E R R A K
13a
13b
13c
14a
14b

14b
14c
15a
15b
15c
128
Nb3
Oa1
Oa2
113
Oa3
14b
14c
15a
15b
15c
16a

ARENDAL
Tvedestrand

Olsbu
Tosemyr
Nesgrenda
Lundeskar
Åkvåg
Risøya
Dypvåg
Kråkvåg
Lyngør fyr
Lyngør
Sagesund
Dipvåg
Gjesøya
Askerøya
Skattereidknuten
Bøylefoss
Logmannsringen
Godderstad
Sandøyfjorden
Sandøya
Myglerød
Sleikbekk
Bøylestad
Moen
Tverrdals-øya
Dyngøy
Hauketangen
Bratteland
Vjomås
Dalsmo
Våje
Bjorndalen
Borås
Børøykilen
Ripåsen
Brekkedalen
Staubø
Borøya
Utgardsstranda
Brubakken
Froland
Austre Moland
Bjomes
Fløystad
Vatnebu
Blekestrand
Holmsund
Kilsund
Hølen
Øsedalen
Seljåsen
Brømnes
Brovoll
Sagene
Dalen
Tveite
Strengereid
Flosta
Brårvik
Hurv
Gullknapp
Midsløl
Vika
Langerød
Garta
Narestø
Flostaøya
Blakstad
Eikås
Longum
Haugereid
Eydehavn
Neset
Assæ
Odden
Helle
Stokken
Øyna
Tromøysundet
Træsnes
Libru
Rise
Brastad
Saltrød
Skipevik
Reiersel
Stoa
Dyvik
Kongshamn
Amdal
Skarestrand
Åmholt
Solberg
Gjerstad
Sandnes
Tromøy
Furre
Lødesøl
Pussnes
Færvik
Kolbjørnsvik
Vrengen
Tromøy
Hove
Tromøy
Lindveit
Gjennestad
Revesand
Hoveskogen
Tykkris
Nederies
Hisøy
Merdø
Havsøya
Bjørnetro
Rykene
Kvikshaug
Lunde
Tralum
Espenes
Torungen fyr
Bringsvær
Spærholmene
Vik Moy
Moner
Grefstad
Ryvingen
Eskedal
Valøyene
Rønnes
Hesnesøya

S
18c
130
19a
19b
19c
131
20a
20b
Västra Götalands Län
Tanumshede
Hamburgsund
Fjällbacka
Hunnebostrand
Kungshamn
Smögen
Lysekil
Fiskebäckskil
Munkedal
UDDEVALLA
Brastad
Stångenäs
Bokenäs
Herrestad
Sunningen
Ammenäs
Henån
Ellös
Ljungskile
Grebbestad
Sotenäs
Bovallstrand
Rabbalshede
Kynnefjäll
Hedekas
Hogstorp
Dingle
Kville
Väjern
Hovenäset
Gullholmen
Hättan fyr
Stora Härmanö
Stocken
Morlanda
Orust
N. Väderöarna
S. Väderöarna
Soteskär
Tryggö
Stora Kornö
Grundsund
Skaftölandet
Kungsviken
Dragsmark
Skredsvik
Torp
Myckleby
Väderöfjorden
Malmö fjord
Saltö fjord
Havstensfjord
Byfjorden
Klätteleden
Tanum
Hällristningar
Herrestadsfjället
116
103
Nb2
Nb3
Oa1
Oa2
20c

S
20c
21a
132
21b
21c
22a
Nb2
Nb3
Oa1
Oa2
115
104
22
UDDEVALLA
VÄNERSBORG
TROLLHÄTTAN
Mellerud
Brålanda
Färgelanda
Ljungskile
Vargön
Frändefors
Högsäter
Bäckefors
Håverud
Åsensbruk
Dals Rostock
Dalskog
Kroppefjäll
Vänersnäs
Naturreservat
Torp
Gillanda
Berg
Kårböle
Brene
Kvarnekas
Högen
Bäcke
Kårud
Bäcken
Ödebyn
Ränsliden
Hallebäck
Liane-fjället
Hallersbyn
Rыr
Ransberg
Rotö
Kolsäter
Lommelanda
Nordsäter
Starlanda
V. Lerkvilla
Lerdal
Råggärd
Arnebyn
Uschet
Teaker
Bränna
Skållerud
Källhult
Eriksbyn
Kärr
Köpmannebro
Snaben
Ö. Lerkvilla
Steneryr
Bergane
Madbråten
Tegen
Årbol
Medebön
Ryrane
Härslätt
Hallebo
Grösäter
Mungärderud
Sandviken
Framnäs
Söbbön
Pjäxeröd
Bäckenäs
St. Skällsäter
Järbo
Gunnersbyn
Kabbo
Önne
Ånnerud
St.Torp
Gunnarsnäs
Rännelanda
Kåtebol
Högsbyn
Holm
Sanne
Grönlanda
Tvetane
Härsänger
Höghus
Illesäter
Hult
Restad
Vassbotten
Bärby
Forsebol
Gatan
Gerdsrud
Vita Sandar
Hedekas
Ed
Bergeröd
Häreholm
Jolsäter
Åsmule
Ör
Svecklingebyn
Järn
Brasäter
Hedene
Gunvarbyn
Kasängen
Krokfors
Höghult
Skallsjö
Rösäter
Forminne
Ö. Järn
Rådane
Näs
Korsha
Milleryr
Önne
Edstena
Gudhem
Ekarebol
Torp
Klöveskogs kapell
Strand
Säter
Högen
Bön
Hagen
Udden
V. Bleken
Hällan
Åttingsberg
Sandviken
Grinstad
Stockenäs
Bandene
Hjärtsäter
Buxåsen
Ö. Bleken
Erikstad
Myckeläng
Blikserud
Åsebro
Hede
Stigen
Bollungen
S. Bleken
Holmerud
Tåsterud
Kårebyn
Dalaborg
Kvantenburg
Sundals-Ryr
Sundals-Ryrs gamla kyrka
Hillingsäter
Ödeborg
Bolstad
Hägnan
Råskog
Gestad
Boda
N. Rådane
Björserud
Ellenö
Rådanefors
Fagerskog
Torsbyn
Tegen
Änulvsbäcken
Röstorp
Skerrud
Kyrkebyn
Stuveryr
Grunsbo
Rörvik
Bråten
Skarbo
Kalsrud
Bön
Gällnäs
Sikhall
Gälle udde fyr
Dykälla
Tveten
Timmervik
Kopperud
Rösebo
Holmen
Tolbo
Binäs
Boshult
Ekenäs
Källebråten
Fagerhult
Brasmerud
Flybo
Bäsingebo
Hönsemaden
Frugården
Sätenäs
Kopperöd
Lane-Ryr
S. Siviken
Snappstakan
Liden
N. Siviken
Nordmanneröd
Köperöd
Skogen
Nordkroken
Gaddessanda
Vänersnäs
Karaby
Kilja
Margreteberg
Ramnered
Halleberg
Nybölet
Kyrkebyn
Ängebacken
Gundlebo
Råsseröd
Lilleskog
Kleven
Sal
Gustafsberg
Vassända
Naglums kapell
Onsjö
Nygård
Salstad
Flo
Sund
Skogshöjden
Trollhättan-Vänersborgs flygplats
Astrarna
Håberg
Bratteröd
Köperöd
Stenshult
Gråsvikens kap.
Björndalen
Grottorna
Hunneberg
V Tunhem
Forshälla
Djurhult kap.
Tengene
Jättesås
Läresbo
Garnviken
Hästen
Ryra
Metholmen
Öresjö
Härstad
Börsle
Norra Björke
Toften
N. Hagen
Trökörna
Aröd
Intagan
Brunnered
Ulvesund
Artorp
Väne-Åsaka
Bredäng
Frambo
Ekland
Heden
Gärdhem
Främmestads gamla kyrka
Bredfjället
Sålebo
Velanda
Främmestad
Utby
Sjölanda
Berg
Korsviken
Sollum
Baggeryr
Slätterna
Velanda
Grinneröd
Backamo
Åsbräcka
Sjuntorp
Hjärtum
Kalvhed
Svalehult
Rolken

22b
22c
23a
133
23b
23c
Kalvön
Eskilsäters skärgård
Hökflagan
Djurö nationalpark
Lurö skärgård
Husön
Vänern
Dalbosjön
Nb2
Ekens skärgård
Ekens skärgård
Naven fyr
Stor-Eken
Spiken
Kållandsö
Sankta Maria
Läckö slott
Lövhörnet
Traneberg
Otterstad
Rackeby skärgård
Spårön
Torsängen
Odensvik
Donslund
Bösshamn
Hindens rev
Sandviken
Byskog
Degeberg
Stola
Botten
Rackeby
Kinneviken
Främjan
Skalunda hög
Sunnersberg
Svalnäs
Skalunda
Gösslunda
Tolsjö
Fästa
Främmestadfjorden
Söne
Stenhammar
Källstorp
Örslösa
Råda
Råda flygplats
Marbogården
Månsfunda
LIDKÖPING
Tådene
N. Kedum
Sjövik
Friel
Tranum
Väla
Mellby
Siggetorp
Lidköpings flygplats
Gillstad
Kållands Åsaka
Arvidstorp
Hovby
Tun
Lovene
Backa
N. Härene
Lavad
Sörby
Häggesled
Trässberg
Håle-Tängs kyrka
Hinnerstorp
Dumö
Håle
Järpås
Slädene
Sparlösa kyrka
Smedtofta
Göttorp
Hede
Härjevad
Saleby
Skallmeja
Synnerby
Torkelstorp
Lanna
Uvered
Ulvstorp
St. Levene
Hällum
Jung
St. Levene
Håkantorp
Åsa
Kvänum
Öttum
Long
Skårstad
Ekedal
Ryda
Helås
Åsen
Vara
Fyrunga
Önum
Bjärtorp
Skulltorp
Emtunga
Arentorp
Naum
Södra Kedums kyrka
Östtorp
Tråvad
Skogsbo
Edsvära
Jungatorp
Kedumsbergen
Hillebo
Rangeltorp
Tumleberg
Borga
Åsen
22c
23a
105
23b
23c
24a
Hällekis
Hällekis Säteri
Råbäck
Forshem
Klingetorp
Gössäter
Vässäter
Kinnekulle
Hökastaden
Medelplana
Fullösa
Österplana
Västerplana
Kinnekulle-leden
Kestad
Kinne-Vedum
Sandtorp
Blomberg
Kinne-Kleva
Husaby kyrka
Lasses Grotta
Husaby
Lilla Flyhov
Silboholm
Götene
Källby
Runstenar
Skälvum
Vättlösa
Filsbäck
Skeby
Broby
Sunträlje
Ova
Mariedal
Barockslott
Lundsbrunn
Ledsjö
Hangelösa
Säväre
Vinninga
Lindärva
Museijärnväg
Erikstorp
Ölanda
Hasslösa
Skånings-Åsaka
Mårene
Händene
Skara
Skara Sommarland
Brunnsbo
Domkyrkan
Axvall
Norra Ving
N.Lundby
Ardala
Västra Gerum
Marum
Stenum
Vinköl
Härlunda
Flian
Bjärklunda kyrka
Trestena
St. Skattegården
Broddetorp
Källegården
Höberg
Hornborga
Dagsnäs
Norra Vånga
Botorp
Rösjömossen
Trandansen
Bjurum
Sätuna
Gammeltorp
St. Bjurum
Heden
Håkantorp
Näs
Sjögerås
Ugglum
Klosterruin
Nb3
118
Oa1
Oa2
Lidan

S
24a
24b
24c
134
25a
25b
Nb2
Nb3
Oa1
Oa2
117
106
Mariestad
Leksberg
Töreboda
Hova
SKÖVDE
Tibro
Hjo
Timmersdala
Stöpen
Skultorp
Moholm
Tidan
Sjötorp
Lyrestad
Askeviksbaden
Mosstorp
Midskog
Mälltorp
Kroppfjäll
Bjärke
Bråta
Vallsjöbol
Valeholm
Gårdsjö
Håhult
Blomsterhult
Moviken
Kåhult
Råglanda
Harnäsudde
Slättevalla
Storkila
Brestorp
Fagerlid
Åstorp
Rudet
Hult
Fröåkra
Gasstorp
Storhult
Älgarås
Älgarås kyrka
Pjungserud
Kalvöarna
Brommösund fyr
Brommö
Brommösund
Fågelö
Torsö
Klippingsberg
Smörhättan fyr
Nolby
Sundet
Hässlestad
Boda
Skeberga
Sundsören
Sundsmarken
Örvallsbron
Börstorp
Guntorp
Enåsa
Solberga
Norrkvarn
Björkulla
Lindåsen
Valkeberg
Rävsnäs
Hajstorp
Riksberg
Slätte
Kyrketorps kapell
Bålerud
Högshult
Habelsbolet
Bredebolet
Hassle
Berga
Färed
Fredsbergs mosse
Västeräng
Mjöserud
Myrhult
Mariestadssjön
Onsö
Dillö
Viknäsudde
Domkyrka
Ymsjöholom
Bäck
Borrud
Ängels mosse
Hallansberg
Månsarud
Gullsjö
Sjöberg
Åsen
Årnäs
Björsäter
Ullervad
Jula
Sötåsen
Åkersberg
Trälket
Sätra
Klingetorp
Österäng
Bredsäter
Lugnås
Prästkvarn
Svaneberg
Säckestad
Stenkälla
Trästena
Riddarhagen
Halna
Björstorp
Viken
Askekärr
Qvarnstensgruvan Minnesfjället
Rörsås
Utby
Jula mosse
Fägre
Åsen
Näset
Lugnås
Vallby
Ekby
Ek
St. Ek
Smeby
Holmen
Bjurbäcken
Åvikstrand
Lövåsa
Boterstena
Ribbenäs
Sveneby
Hjälstad
Ulvstorp
Ekeskog
Sörboda
Tåtorp
Rosendala
Sannum
Brännebrona
Slättebråten
Myggeberg
Dyrenäs
Styrud
Frölunda
Tidavad
Askeberga
Bällefors
Magderyd
Kinne-Vedum
Kårtorp
Enebacken
Holmestad
Århult
Sjöberga
Vristulven
Böja
Odensåker
Skalarike
Flistad
Möckeltorp
Ryholm
Beateberg
Abberud
Lindåsen
Svenstorp
Lastad
Råstad
Götlunda
Lagerfors
St. mosse
Braxbolet
Vättlösa
Hökatorp
Binneberg
Rör
Bankälla
Horn
Greby
Stormossen
Höghult
L.Bjurum
Sparresäter
Berg
Väring
Frösve
Viken
Söroset
Kvarnabacken
Lerdala
Orresäter
Långesäter
Brännemo
Degermossen
Locketorp
Sånna
Eriksberg
Flämslätt
Säter
Ulvåker
Kylvanäs
Hönsa
Spethult
Lakenäs
Ölanda
Mölltorp
Källem
Kulabäck
Örlen
Ransberg
Fagersanna
Istrum
Skövde flygplats
Torsrud
Kroppetorp
Noltorp
Eggby
Öglunda
Blängsmossen
Suntorps kapell
Nycklamon
Skärvalången
Suntetorp
Skärv
Fröstorp
Axvall
Varnhem
Björstorp
Skallhult
Norra Ving
Klosterruin
Vämb
Igelstorp
Kungsryd
Forsby
Ruder
Roå
N.Lundby
Degramossen
Billingen
Öm
Nybo
Spannefalla
Nylund
Jubberud
Agarås
Ulvhult
Hornborgasjön
Lycke
Salen
Mofalla kyrka
Mofalla
Spånhult
Ekhammar
Grevbäck
Bjällum
Hagelberg
Axtorp
Värsås
Bolum
Häggum
Klagstorp
Lanna
Varola
Djursätra
Svebråta
Smedstorp
Munkeberg
Broddetorp
Hornborga
Sjogerstad
Hallum
Hanstad
Mullsjön
Brunnhemsberget
Borgunda
Brobacken
Torestorp
Korsberga
Bengtstorp
Grebban
Såtuna
Ekornavallen
Fridene
Långeruder
Edåsa
Vreten
Västorp
Blikstorp
Mölebo
Brunnhem
Stenstorp
Håkantorp
Edhems ka
Sänneryd
N. Hulan
Segerstad
Dala
N. Fågelås
Kyrka
Klosterruin
Sudhem
Leden
Ås-Åsaka

25c
134
26a
26b
135
26c
27a
Finnerödja
Karamossen
Långsmon
N. Hunna
Läggesta
Ingelsby
Falla
Mortsjön
Rönneshytta
Bråten
Hävden
Björkemarken
Stenboda
Skuru
Starketorp
Sagersta
Välltorp
Bergshult
Mörthult
Markebäck
Dalen
Dohnafors
Askersund
Åmmeberg
Gruvhälsomer
Dunsjö
Slottsbol
Västansjö
Barrud
Davidstorp
Mosshult
Håkantorp
St. Björstorp
Edö
Stjärnsund
Långvik
Mariedamm
Björnfall
Ramsnäs
Bjurtärnen
Häggeboda
Åviken
Tikanäs
Hammar
Dalby
Zinkgruvan
Tylö-skog
Knalla
Marmorbrott
Tjälltorp
Åboholm
Bosjön
Baggekärr
St. Ykullen
Stubbetorp
Bastedalen
Sänna
Harge
Aspa bruk
Algrena
Tived
St. Aspön
Stappe-gården
Skagen
Skaga kapell
Kungsbacken
Tivedstorp
Olshammar
Godegård
Godegårda Säteri
Hälla
Mellantorp
Vylkhytta
Nb1
Nb2
Tivedens nationalpark
Lindbergslid
Svanhult
Öjönäs
St. Forsa
Dalmark
Kettstaka
Röknasundet
L. Röknen
St. Röknen
Igelstad
Havsmon
Skeppshult
Stenkällegården
Igelbäcken
Rå
Nydalen
V. Rödja
De Geersfors
Vishult
Västanvik
Medevi
Undenäs
Källebacken
Höghult
Bocksjö
Sörhamn
Glättenäs
Ryd
St. Ingesby
Gopön
Åsandby
Bona
Granvik
Dansby
Salstersvik
Karlsby
Sjökärret
V. Ny
Nykyrka
Järsätter
Burnäset
Nordsjö
Lid
Verner von Heidenstams grav
Sjölunda
Storkelsby
Skalleby
Perstorp
Svanvik
Övralid
L. Hals
Lindenäs
Djurkälla
Offerby
Ervasteby
Kritsberg
Vaberget
Karlsborg
Sandön
Brigittas Kapp
Boren
Brånshult
Karlsborgs Fästning
Mellön
Fjuk fyr
MOTALA
Ulvåsa
Borensberg
Vedemö
Ekebyborna
Mörby
Vinnerstad
Ask
Österstad
Olofstorp
Mölltorp
Gräshult
Sjöhamra
Norrsten
Snarlunda
Sandby
Rocklunda
Sjökumla
Skärstad
Lönsås
Skeppstad
Fröskärr
Store-mossen
Kråksviken
Jungfrun
Jungfrun fyr
Domarring
Medhamra
Stenby
Långskogen
Älvan
Östnässja
Hageby
Nässja
Blåkyrkan
Järnevid
Hagebyhöga
Grepstad
Fägelsta
Östervarv
Fornåsa
Vadstena
Museijärnväg
Styra
Varv
Ullevi
Vadsena Slott
Örberga
Fivelstad
Götala
Melstad
Götevi
Skeppsås
Försjö
Häckenäs
Kedevad
Risberga
Hassla
Narvered
Nederlösa
Vilsberga
Strå
Orlunda
Vallerstad
Biskopsberge
Oa1
Hageby
Broby
Stavlösa
Vårfrukyrkan
Skänninge
Normlösa
Borghamn
Herrestad
Åbylund
Sta. Ingrid
Karleby
Hov kyrka
Älgsjö
Järstad
Sandby
Rogslösa
Källstad
Hov
Ullevi
Herrberga
Gottlösa
Skorteby
Skedet
Bjälbo
Högby-stenen
Ljunga
Mantorp
Veta
Omberg
Väversunda
Tåkern
Furåsa
Appuna
Högby
Spångsholm
Dags-mosse
Svanshals
Kumla
Hogstad
Renstad
Kyleberg
Väderstad
Blackstad
Mjölby
Rödgavel-grottan
Alvastra klosterruin
Rökstenen
Valla
Rök
Haddestad
Ljuna
Oa2
Heda
Särstad
Lunnarp
26a
26b
107
26c
27a
27b
Hästholmen
V. Tollstad
Kyrka
Gärdslätt
Torpa
Rinna
Hadelöv
Lövsberg
Härsnäs
Nb3
120
Vättern
Unden
Tiveden

S
27b
27c
28a
136
28b
28c
29a
Nb1
Nb2
Nb3
Oa1
Oa2
119
108
Eketorp
Haddebo
Averby
Bo
Boskulla
Torpa
Roltorp
Skedevi
Björnhult
Sörtorp
Beckershov
Hävla
Ekeby
Brenäs
Nora
Mulsätter
Ödestorp
Regnaholm
Perstorp
Öv. Hävla
Hjortkvarn
Gryts bruk
Kattala
Börstorp
Regna
Öjetorp
Kängstorp
Björn-
hammaren
Björnfall
Algustorp
Selesjö
Sila
Stora
mossen
Gultebo
Folkström
Stora mossen
Igelfors
Björke
Åndenäs
Brånntorp
Kalbo
Tjälltorp
Boka
Tvartorp
Rejmyre
Frogeto
Torsjö
Koppeltorp
Grytgöl
Annastinefors
Hälla
Bremyra
Jönsberg
Torp
Rommetorp
Börgöl
Tjuttorp
Mottorp
Älgsjöbron
Slätten
Rådåsa
Stappe-
gården
Ansebo
Ljusfalls-
hammar
Simonstorp
Högsfall
Sontorp
Sandudden
Flasbjörke
Lämneå
Barketorp
Stigstorp
Häradstorp
Isefall
Prästköp
Småängen
Rippestorp
Sävsebo
Kopparfall
Vylkhyttan
Und
Hällestad
Sonstorp
Näfstorp
Hult
Borggård
Falla
Lotorp
Brestorp
FINSPÅNG
Näs
Lämmetorp
Vishult
Tjällmo
Hindstorp
Dråsa
Sundsjö
Boda
Båtstorp
Lämmenäs
Trosby
Ubbetorp
Rösjö
Valstorp
Berg
Köpma
Risinge
Vistinge
Hättorp
Ysunda
Sjögesätter
Labbetorp
Malmstorp
Hårketorp
St'a Maria ka
Melby
Koppetorp
Köp
Gomma
Katterum
Gösebo
Mäselköp
Solklint
Karlslund
Ryggestorp
Eliantorp
Kvarn
Skäftesfall
Svärtinge
Nordsjö
Stråken
Olivehult
Ålmesbo
Olskeppetorp
Doverstorp
Dövesta
Ringst
Svärtinge gård
Glansgruvan
Skalleby
Mörstorp
Tolskepp
Svärdst
Glan
Djupsjöhult
Axhult
Stenstorp
Marieberg
Viudden
Kritsberg
Borensberg
Grytstorp
Skärblacka
Sörby
Bränshult
Bjärka
Hult
Säldekärr
Gettorp
Vånga
Kullerstad
Tallebo
Bulltorp
Gottorp
Brink
Jogestorp
Viggesätter
Greby
Näs
Banorp
Högsäter
Bjäsätter
Löfstad
Brunneby
Kottorp
Stjärnorps slott
Roxenbaden
Fröjerum
Kimstad
Alsät
Olofstorp
Råby
Stjärnorp
Grensholm
Snarlunda
Korskrog
Rågårda
Ljung
Ljungsbro
Göten
Grensholm slott
Norsholm
Lönsås
Klockrike
Snavudden
Roxen
Melby
Kungsbro
Grytudden
Frö
Ludd
Älvan
Maspelösa
Berg
Ö. Skrukeby
Öjeby
Fornåsa
Hanorp
Flistads kyrka
Flistad
Vreta kloster
Bergs slussar
Ö. Harg
Lillkyrka
Lundb
Berga
Roxtuna
Grimstad
Täljestad
Härna
Högby
Tägneby
Försjö
Kaga kyrka
Gistad
Bäckeby
Karlslund
Skeppsås
Björkeberg
Ekängen
Skälv
Kullersbro
Sättuna
Hattorp
Älvestad
Rystad
Skärkind
Krange
Gärstad
Kaga
Törnevalla
Gistad
Ledberg
Nederlösa
Ås
Egeby
Malmslätt
Skäggetorp
Tallboda
Linghem
Överstad
Göstad
Normlösa
Kärna
Ryd
Domkyrka
LINKÖPING
Västerlösa
Dömestad
Karleby
Spärringe
Rappestad
Vårdsberg
Askeby
Örtomta
Kallsätter
Göstorp
Skorteby
Luntan
Johannelund
Harstorp
Gottlösa
Sälla
Vikingstad
Gälstad
Jägarvallen
Svenneby
Rogestad
Ljunga
Viby
Lambohov
Lerboga
Höversby
Mantorp
Sjögestad
Kvarstad
Landeryd
Erikstad
Bankekind
Ekenäs
Veta
Vikingstad
Slaka
Bjärstad
Sångsholm
Harg
Bo
Tollstorp
Ralstorp
Edsberga
Stubbetorp
Karlebo
Ekhult
Ö. Tollstad
Gälstad-Lundby
Skeda
Sörby
Sya
Ö
s
t
e
r
g
ö
Kapperstad
Mörby
Ånväga
Sturefors
Fillinge
Gismestad
Styvinge
Björkö
Björsäter
Värnäs
Höstbäck
Lunnarp
Gammalkil
Sturefors slott
Sjöberga
Kolaryd
Mathem
Norrby
Värna
Mulstad
Krångestad
Bröby
Tuna
Hässleberg
Skog
Hovetorp
Härsnäs
Skälstorp
Grebo
Stavsätter
Skoda udde
Musei-
järnväg

121
S
29b
29c
137
30a
30b
30c
Nb1
Nb2
Nb3
122
Oa1
109
NYKÖPING
NORRKÖPING
Söderköping
Åby
Krokek
Stigtomta
Kolmården
Vikbolandet
Bettna
Vrena
Björkvik
Stavsjö
Strömsfors
Jönåker
Lunda
Gammelsta
Ålberga
Kila
Råsta
Husby-Oppunda
Ramsta
Sörby
Blacksta
Åspånga
Tuvekärr
Sittuna
Glippsta
Lundby
Bo hage
Åkerö
Svärdsta
Torp
Aspudden
Farneby
Tärnö
Binklinge
Kälkesta
Hälla
Hagbyberga
Sandvik
Danbyholm
Mota
Ottekil
Björkviks flygplats
Valinge
Vik
Brottninge
Nyberga
Rällinge
Skavsta flygplats
Fjällskär
Kisång
Helgesta
Skåra
Nykyrka
Hormesta
Ekeby
Årnammar
Bärbo
Näs
Täckhammar
Kristineholm
Råby-Rönö
Udden
Stavvik
Oppeby
Forssjö
Gustavsvik
Ericsberg
Myrkärr
Broby
Harlinge
Claestorp
Bjurstorp
Forsa
Gribäcken
Hagby
Remröd
Hönstorp
Strångsjö
Toltorp
Fingängen
Sjöboda
Vikstorp
Ändebol
Fall
Brannkärr
Hult
Glindran
Hjulbo
Nästorp
Nylingstorp
Tagnetorp
Linddalen
Djupvik
Mjälnäs
Simonstorp
Tummetorp
Skogsby
Myckelmossa
Virå
St. Brevik
Yxdetorp
Brogetorp
Näkna
Klingstad
Traversfors
Skriketorp
Loddby-näset
Böksjö
Lövhålla
Gårdstenstorp
Hustorp
Lundaskog
Norrtorp
Hällfallstorp
Fjällmossen
Gräsdalen
Björnsnäs
Jursla
Kvillinge
Loddby
Krusenhov
Herstadberg
Esterön
Djurön
Svindra
Fågelhalm
Järstad
Skenäs
Timmergata
Stugubråten
Smedskärr
Kvarsebo
Djupvik
Lövvik
Nävekvarn
Skeppsvik
Uttervik
Skara
Tunaberg
Koppartorp
Busk-hyttan
Nyäng
Frankhyttan
Kärrboda
Fredön
Bötet
Vinter-hyttan
Gälkhyttan
Brogetorp
Harsta
Bränn-Ekeby
St. Ben
Enstaberga
Tuna
Svalsta
Bergs-hammar
Lindö
St. Sidus
Beteby
Dagsberg
Norrköping flygplats
Hedvigs-ka
Ljunga
Krongården
Ö. Stenby
Konungsund
Brogsten
Selingstad
Fyrby
Flämminge
Vreta
Allonö
Rotenberg
Järnvalla
Tuna
Utantorp
Mauritsberg
Linnäs
Fyren
Lönö
Hult
Yxnö
Mögö
Hargö
Bosjöfjärden
Ö. Husby
Boberga
Härads-hammar
Hylinge
Såneby
Svenneby
Bråxvik
Reseberga
Skogsby
Åsvittinge
Örminge
Grinneby
Furingstad
Lundby
Styrstad
Ensjön
Åkemossen
Kårtorp
Åselstad
Restad
Ludden
Grönhög
Tingstad
Marksgärdet
Fristad
Kuddby
Lundby
Rippetorp
Kättinge
Utsätter
Hovgren
Björnö
Jonsberg
Sandviken
Gränsö
Korsö
Önsätter
Hageby
Hjärterum
Täby
Hagsätter
Snöveltorp
Loddby
Ramunders-borg
Harsby
Mem
Å
Ring
Södermem
Östra Ny
Tobo
Gåsätter
Viddviken
Holma
Häggebo
Öbnebo
Arkö
Arkösund
Isnäs
Björsätter
Sköldvik
V. Husby
Varby
St. Laurenti
Berga
Göta kanal
Hylinge
Närby
Lund
Hov
Husby
Mogata
Udden
Sjöhagen
Djupdalen
Grindtorp
Evelund
Norrkrog
Merum
Stegeborg
Spinkenäs
Skällvik
Segerbo
Skälläng
Rönö
Mörje
Håkantorp
Vintersbo
Djupvik
Hummelvik
Svanfjärden
Klovöja
L. Rimmö
Aspöjafjärden
Aspöja
Kåreholm
Eknön
Degerhov
St. Rimmö
Äspholm
Djursö
Risö
Vrångö
Trännofjärden
Munk-hammaren
Gottsten
Össby
Sörby
Kårtorpet
Fyrby
Ö. Ryd
Björsätter
Bondängen
Kil
Hälla
Dyhult
Rässla
Gölja
Kulefall
Harsbo
Bresätter
Hösterum
Nartorp
Bråta
Arentorp
Bottna
Yxnö
Skärnäs
Svekersholm
Fillingerum
Ytterby
Gibbenäs
Torönsborg
Torön
Lagnö
Marö
Kallsö
Hålfjärden
Hälfjärden
Vänsö
Gränsö
Håjan
Målstena
Ulvebo
Borrum
Björkudden
Sit. Anna
Sjöänden
Ringarum
Härsebråta
Ämtevik
N. Finnö
Missjö
Tyrislöt
Skaftö
Hark
Häggebo
Odensgöl
Mickelsdal
Bråta
Fängebo
Ramsdal
Djursunda
Ramsvik
l
a
n
d

124
N
7a
7b
7c
141
8a
8b
Nb1
Nb2
Nb3
Oa1
Oa2
110
8c
9a
Jørpeland
Håstein
Buøya
Sunde
Madla
Slokka
Svithun Dom
Hundvågtunnelen
Lindøy
Hellesøy
Kalvøy
Idse
Øvrabø
Idsal
Svinn
Kvalåg
Tananger
Rott
Flatholmen fyr
Hillevåg
Uskjo
Tangen
Vier
STAVANGER
Risa
Tjøra
Kolnes
Tjør
Hinna
Breivig
Riska
Li
Helli
Kolaby
Sørnes
Gausel
Hommersåk
Bergsagel
Sande
Sola
Frøyland
Dale
Stavanger lufthavn
Forus
Horve
Ådnøya
Høle
Vigdel
Ølbør
Ims
Hellestø
Hogstad
Stranda
Reke
Gimra
SANDNES
Dansen
Høle
Gjestaland
Lauvvik
Helleland
Harvaland
Stangaland
Hana
Vatne
Hommeland
Feistein fyr
Byberg
Hegre
Vatnekrossen
Austrått
Kylles
Auglend
Rullefjellet
549
Skas
Sele
Høyland
Gjesholen
Sviland
Seldal
Bynut
671
Ganddal
Bore
Hetland
Verdalen
Olteda
Jæren
Borsåk
Tjessheim
Hodne
Reve
Friestad
Kleppe
Kvernaland
Lomeland
Klepp
Figgjo
Horpestad
Åsland
Ålgård
Lima
Ramndal
Kåsen
Gjesdal
Bjelland
Tjøtta
Orre
Bryne
Nevlandshei
Håland
Helland
Brekko
Pollestad
Time
Lyefjell
Orre
Line
Vik
Skeie
Eidland
Haraland
Høyland
Jæren
Tårland
Kringeli
Oppsal
Søyland
Taksdal
Foss
Nærland
Nesheim
Mossige
Risa
Sikvaland
Nordåsen
Hå
Garborg
Obrestad fyr
Obrestad
Nærbø
Vigre
Nedrebø
Reime
Kvia
Hetland
Søyland
Grødeland
Rongjø
Oppstad
Høgjæren
Osland
Bue
Ånestad
Myrane
Myrebø
Nord Varhaug
Kartavoll
Moi
Vaule
Varhaug
Ualand
Øyga
Revsland
Skjeveland
Storamos
Kydland
Synesvarden
360
Laksesvelafjellet
561
Odland
Elgane
Varhaug
Husvegg
Vikeså
Madland
Hållandsholen
Topdal
Brusali
Årsland
Håland
Evestad
Eikeland
Åmot
Vigrestad
Engjane
Matnisdal
Ognedal
Holmen
Horr
Åsane
Ore
Kvassheim
Bjelland
Vettaland
Eikjeland
Røysland
Odland
Kvassheim fyr
Fuglestad
Heresvela
Gravdal
Versland
Bjerkreim
Brusand
Ognadalen
Skiftingsholen
Mjølhus
Ognabukta
Hetland
Hettland
Åsen
Ogna
Varp
Hylland
Tveiti
Sirevåg
Tengesdal
Skjerpe
Buarskog
Eike
Helleland
Birkeland
Haver
Hegrestad
Gjermestad
Sleveland
Bekkjarviga
Drange
Øygrei
Møgedal
Hellvik
Fotland
Trosavik
Tengs
Nordragaber
Kjerrvall
Eigelifjellet
425
Nordre Eigerøya
Slettebø
Mjølhus
Eikjeland
Segleim
Skadberg
Egersund
Veshovda
Nodland
Eigerøy fyr
Ystebrød
Sæstad
Skora
Løyning
Hyoland
Søre Eigerøya
Auglend
Hellaren
Tyslandsvad
Åse
Heggedal
Refsla
Kydland
Svånes
Stapnes
Lædre
Rodvelt
Mong
Avendal
Ripland

N
8c
9a
9b
142
9c
10a
Na3
Nb1
Nb2
126
Nb3
Oa1
111
10b
10c
Hardhausen
Daladalen
Svalafjellet
948
Lyse
Lysebotn
Lysefjorden
1109
Brattliknuten
763
Songesand
Kosen
Jossang
Botne
Preikestolhytta
Preikestolen
706
Ryfylke
Skåpknuten
952
Fossmork
Eidadalen
Kiragg
1140
Bergeheia
975
Gaupefjellet
1126
Langavatn
Store Lodanvatnet
Adner
858
Vikastakken
645
Levik
Haukali
842
Øvre Espedal
Oaland
Forsandhagen
Rettedal
.935
Indredalen
Vassleia
1032
Blåfjell
1116
Sinneskulo
1188
1061
Bergeheii
1071
Blåfjellenden
Espedalsvatnet
.831
Skåreheia
1035
Kleppa
Espedalen
Eikjeland
.782
Helle
Mele
Stordalsknuten
692
Frafjordhatten
815
1118
Fidjanutane
Hunnefjell
1131
Hunnedalen
Storeknut
1021
Fidjeland
Haugen
Sinnes
Svartevatn
Neset
Hönes
Frafjorden
Dirdal
Øyren
Håland
Eikeskog
Frafjord
Brådland
1055
Tverra
Øvstabøstølen
Gravatnet
Tjørhom
Solheim
Handeland
Storekvævfjell
965
Gilja
.811
Vådlandsknuten
Øvstabødalen
37
Øvstabø
.1018
Mjåland
Motland
Byrkjedal
Skredå
Åmli
Ausdal
Ausdalsdalen
Skredådalen
Øvre Sirdal
Vinjekula
907
Øvre Maudal
985
946
971
Bergeheii
Veen
Hoyland
Nedre Maudal
.764
Trollakyrkja
Sandvassfjellet
889
Svartevassknuten
.937
Sundvor
Espeland
.780
Støle
30
Lindeland
Malmeim
Nesdal
Grotteland
Søre Kvitladalen
864
857
Urdevassheii
804
Liland
Lilandsdalen
Rosstöl
Guddal
Salmeli
Austrumdal
Brattabø
Holmaheia
870
Skuteheii
784
Hompland
Rambjørheia
Eik
Hovland
Bjordal
Vassbø
Ørsdalen
843
Bjordalen
Mjåvassknuten
Sirdalen
Gjosdalsdalen
Gjosdal
Berland
Tonstad
Finsnes
Ørsdalsvatnet
Lauperak
Store Skykula
906
Bjørnestad
Mydland
Espetveit
Hamarsmork
764
744
Stakkhomfjellet
Bergeheii
826
Knaben
Eikjelandsdalen
41
Skineldalen
Gyadalen
Navarsheia
725
Gya
Rygla
736
Terland
.735
Kvitingen
Åvedal
Stakkhomheii
632
21
Jødestøl
Visland
790
Grønheii
787
Risnes
Knabedale
Heiefjell
815
Nordbø
Håland
Netland
Netlandsnes
845
Dalane
Bjømemo
Høgeknuten
709
Rusdal
Yksnedal
Hæstad
Byrkjemo
Mysing
Refsland
580
Refslands-knuten
Bilstad
Ollestad
Steinberg
Flatestøl
Liland
Vidrak
Haughom
Moland
19
Lindefjell
Heskestad
Ramstad
Røyseland
Steinsland
Åmdal
Støla
Grøsfjell
Dybing
Eide
Kjørmo
Hestheii
656
Sætra
Øykjaheia
670
Eik
Hove
Handeland
Jendal
Oftedal
Slettafjellsheii
661
Ramsli
Sporkland
Seland
Lindeland
Novassheii
581
Eikjeland
Bergesli
Eptestol
Hardbakken
Røynebu
Kvinlog
Fjotland
577
Høghei
541
Gråhei
618
656
Drange
Skieggestad
Drangsdalen
Grønhaug
631
25
Moen
Moi
Reinsheia
565
Espetveit
Kråkeland
Åsemoen
Eida
Steine
Lund
Mjåsund
Byrkjeland
Gråhei
598
Sandvatn
13
Eiåsland
Aamland
Høydalsheii
510
Årlia
Haddeland
492
Kondalsheia
Orrestad
Tronvik
Sandsmork
Modal
Kleivi
Urdal
Nedre Kvinlog
17
Foss bru
Skåland
Skogan
Ersdal
Rygg
Årstol
Kniepstøl
Barstad
Herveland
Løtoft
Ågard
Nedre Myssa
Frøytlog
Mydland
Ellesvik
Osen
Narvestad
Galldal
Fine
Sirnes
Bakke
Heggeland
Bisvaldheia

126
N
10b
10c
11a
143
11b
11c
Na3
Nb1
Nb2
Nb3
Oa1
125
112
12a
12b
Taumevatn
Sirdalsheii
Beinleinuten
1303
Uppstad
1115
Ørnefjell
963
1193
Rosskreppfjorden
975
Brokke
Nomeland
Hovet
Bjørgom
Hylestad
Evardalen
Bergsdalen
958
Ådneram
Flogdalen
Urdvassheii
1183
Myklestøyl
Sinneskulo
1188
243
1089
Helle
Besteland
Hilleknuten
1210
Bergeknuten
1022
Fidjeland
Grubba
1184
Kvævemoen
Reinshornheii
1162
Krakefjell
1056
Langeid
Austad
Granheim
Storeknut
1021
Haugen
Sinnes
1038
Storeknuten
Svartevatn
Neset
Hönestölen
Stora Kviheii
932
Tjørhom
Solheim
Dansarfjellet
1008
Gaukhei
Langsvassheii
1017
Rustfjell
1059
Handeland
468
Storekvævfjell
965
Kvinen
Logndalen
Ausdalsdalen
Åmli
Ausdal
Josephsbu
Ånebjør
Øvre Sirdal
971
Bergeheii
Sunndalsheii
978
.974
Rukkåknutan
Sandvassfjellet
889
Skrivaknuten
985
Helleren
932
Tjørndalsknuten
1025
·882
935
Lakkenstova
Gloppedal
Bortelid
Rosstöl
Salmeli
Geitheii
926
Skuteheii·784
Skorl
1041
Ljosland
Tjaldal
840
Hakefjellet
873
e
s
t
872
Bredland
Åknes
Espeli
Bergeheii
826
994
923·
Røynli
Grunnevassknuten
971
871
Hellersheii
Eikil
Knutsli
Knaben
753·
790
Risnes
Knabedalen
For
Grønheii
787
Heiefjell
815
856
Hodna
Høgeheii
769
Nordbø
Oddevassheii
966
Håvestøl
Netland
Netlandsnes
Håland
Vetrhus
845·
Skjerkedalsrindan
Røysland
Smedland
Tverrfjellet
708
Moland
Kissvassheii
920
465
19
Lindefjell
Sjåvassknuten
834
Øvre Dåsvatn
698
Flofjellet
768
Øyvassheii
912
Åseral
Åsland
Ytre Dåsvatn
916
Svaba
645
Seland
Eikjeland
Svodfjell
846
Eptestøl
Lindeland
Bergesli
455
Flystveit
Novassheii
581
Røynebu
Hardbakken
Homstøldalen
Kvinlog
Rossevatn
Fiskland
Ekså
Ulleberg
555·
Fjotland
577
Skjerka
Handeland
Åsemoen
Risheii
760
Eikjerapen
Geitskardet
Tveit
Snøfjellet
653
Eiåsland
Øyuvstad
Kylland
617·
Aamland
Høydalsheii
510
Årlia
23
Haddeland
42
Vassbotnen
Åmland
Tuptin
Matkroni
Nedre Kvinlog
Haddeland
Bryggeså
Stavedalen
Kniepstøl
Øygarden
Vatne
Eiken
Verdal
Vordalsfjellet
635
Ørnemyrfjellet
578
Mjåland
Steinsland
Bjørndalen
Årstøl
Landdalen
Narvestad
Galldal
Blåberg
686
Hobbåsland
Skeie
Høgeheii
567
Flottorp
Sveindal
Butveit
Lunden
Skåreheia
Abusdalsknuten
596
Kvinesdal

N
12b
Nystøyl
12c
873
Borgi
144
13a
Fyresdal
Verpe
906
13b
13c
1198
Fyresdalsheiane
Moland
Grasstølfjellet
970
765
978
Fardal
887
Napevatnet
999
Okstjørnheii
971
Nutevasshytta
Momrak
66
Smedalsfjellet
940
Dale
Fjone
Moen
904
Breivik
355
949
Kvævenuten
872
Nesod
Sandvassheii
909
Kile
916
Hengeltjørnloftet
Skomdal
Na3
Trontveit
Søtefjell
982
Bergstadfjell
936
Valebjørg
Kronfjell
925
935
Tverhommen
Hovassfjell
963
Gränbustøyl
854
798
Vik
951
909
Ytretjømfjell
920
Sundsli
Heistad
Moi
Austad
Ose
Vika
Brasstølkilen
Hovassheii
Bindalen
Trolhølene
Ervedalsfjellet
808
Årak
Reiskvæven
937
922
Klovsteinen
811
Moen
Stordalsheia
717
Treungen
Lauvland
Sandnes
Åraksbø
Frøysnes
Vindilhytta
Mjåvasshytta
Sundstøyl
Gjevden
908
Skurvenut
816
Stordale
761
Furunusteren
Tjønnefoss
Såheim
Gjevdeli
Rukkedalen
Smedland
Urdeheii
905
Eikhom
97
Skåmedal
Storrfjellet
929
Haugsjås
Dunsevallheii
825
Leirbekkheia
608
Regnbogeheia
516
Nb1
Ellingstjørn
Grønnetjørnsbu
Jørundland
Jordalsbø
Dale
Kalddalsfjell
823
Mjåland
Slettheia
819
Årli
128
Hamreheii
861
Bygland
Svåbassvarden
815
Gjøvdal
Amland
Lyseheii
850
Mjåland
Vestfjellet
726
Austenå
Harstveit
Liheia
502
Storliheia
872
A
755
Lauvdal
u
777
s
t
Oland
Skarsvassbu
Randå
Hillestad
762
Homdrom
Vardeheia
636
Hunemo
Støylen
Øvre Ramse
Frøyrak
700
Tveit
Olstad
Seljås
Sandvikfjellet
721
Dale
Longerak
579
Kallingsheia
703
Skjeggedal
Ytre Ramse
Åmli
Tveit
Bjørnstigfjellet
635
Tveitå
Bergetjørnheii
715
Årdal
Grendi
Hovstad
Skjeggedalsheii
558
Blåmyrknatten
603
Nb2
Vallekilen
Stangemyr
Gjermundnes
Bø
Eppeland
Tverrstøl
Sigridnes
Kaunberget
Skorva
658
Bås
Rostveit
Tviland
Dølemo
Senum
Byglandsfjord
Hommedal
Vehusheia
Mamoen
413
415
Nonnut
470
emhei
668
Moseid
Gautestad
Vatne
Risdal
Mofjell
Austad
Mo
Bjorå
Vehus
Lauvrak
14
Voreheia
501
Moen
12
Lauvskardfjellet
443
Olandsbu
Himmelsyna
649
Myre
Flåt
Mjåland
Myklandsdalen
567
Åvesland
Nela
rustovheia
Evje
500
Skarveheia
602
Langebergsheia
485
Mykland
10
Flateland
Oland
Galteland
Åneland
Bjorland
22
Lislevatn
Flateland
Moripen
Rosseland
Kleveland
Myklebostad
Hovland
Svenes
Heldalsmo
Jomås
414
Åmdalsmoen
Hornnes
Hovlandsdalen
11
388
Vågsdalsheia
42
Ormtjørnknuten
372
Hynnekleiv
Laufland
Gjegningheia
571
511
Vegusdal
Ytre Lauvrak
Nb3
Askland
Kalderassheia
531
A
Tvørefjellet
450
113
g
d
12c
Vatne
Vånne
Engesland
13a
Vegusdal
Dovland
Stemlona
13b
325
13c
Gauslå
Hinnebu
Baseland
14a
Myglerød

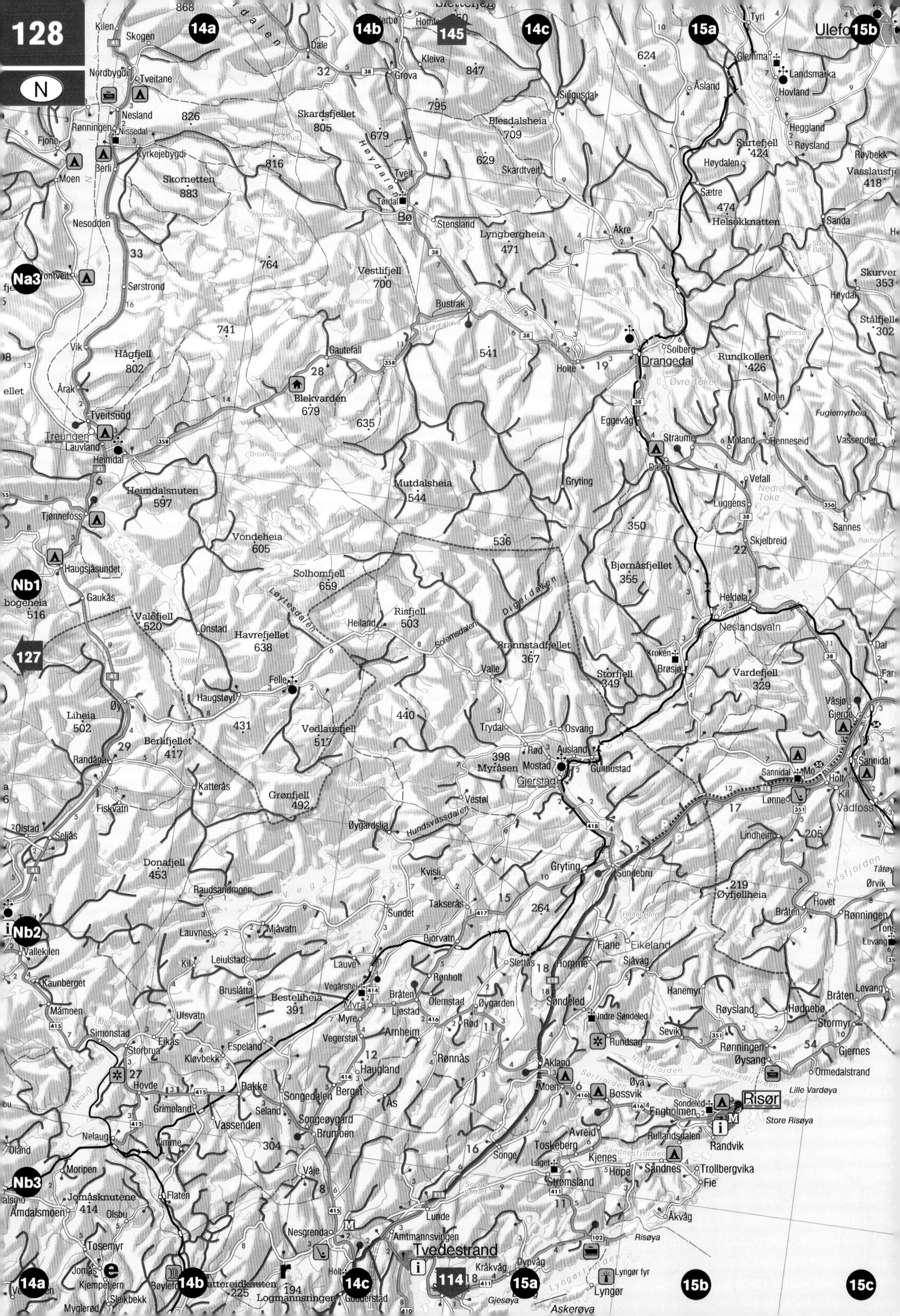
N
14a
14b
145
14c
15a
15b
Ulefoss
Na3
Nb1
Nb2
Nb3
127
114
15c
Drangedal
Treungen
Gjerstad
Tvedestrand
Risør
Bø
Nissedal
Vegårshei
Myra
Sundebru
Søndeled
Kilen
Skogen
Dale
Grova
Kleiva
Tyri
Glemma
Landsmarka
Hovland
Ásland
Nordbygdi
Tveitane
Nesland
Rønningen
Fjone
Kyrkjebygdi
Berli
Moen
Skornetten
883
Nesodden
Sørstrond
Vik
Hågfjell
802
Årak
Tveitsund
Lauvland
Heimdal
Heimdalsnuten
597
Tjønnefoss
Haugsjåsundet
Gaukås
Valefjell
520
Onstad
Havrefjellet
638
Liheia
502
Haugstøyl
Felle
Øy
Berlifjellet
417
Randåna
Katterås
Grønfjell
492
Fiskvatn
Olstad
Seljås
Donafjell
453
Raudsandmoen
Lauvnes
Mjåvatn
Vallekilen
Kil
Leiulstad
Kaunberget
Bruslåtta
Besteliheia
391
Måmoen
Simonstad
Ufsvatn
Storbrua
Eikås
Espeland
Kløvbekk
Hovde
Bakke
Songedalen
Grimeland
Seland
Vassenden
Nelaug
Vimme
Songeøygard
Brumoen
Moripen
Flaten
Jomåsknutene
414
Amdalsmoen
Olsbu
Tosemyr
Jomås
Kjempetjern
Sleikbekk
Myglerød
Bøylefoss
Nattereidknuten
225
Logmannsringen
194
Goderstad
Holt
Nesgrenda
Våje
Lunde
Amtmannsvingen
Kråkvåg
Dypvåg
Gjesøya
Askerøya
Lyngør
Lyngør fyr
Skardsfjellet
805
Høydalen
Tveit
Tørdal
Stensland
Vestlifjell
700
Bustrak
Gautefall
Blekvarden
679
Mutdalsheia
544
Vondeheia
605
Solhomfjell
659
Løytesdalen
Heiland
Risfjell
503
Solemsdalen
Vedlausfjell
517
Blesdalsheia
709
Skardtveit
Lyngbergheia
471
Åkre
Holte
Solberg
Øvre Toke
Eggevåg
Straume
Dalen
Gryting
Digerdalen
Brannstadfjellet
367
Valle
Trydal
Osvang
Røed
Ausland
Mostad
Myråsen
Gunnustad
Vestøl
Øygardslia
Hundsvassdalen
Kvisli
Takserås
Sundet
Bjorvatn
Lauve
Rønholt
Bråten
Olemstad
Ljøstad
Øygarden
Røed
Myre
Vegerstøl
Arnheim
Rønnås
Haugland
Berget
Ås
Slettås
Homme
Fiane
Eikeland
Sjåvag
Indre Søndeled
Rundsag
Akland
Moen
Bossvik
Øya
Engholmen
Avreid
Toskeberg
Kjenes
Songe
Laget
Strømsland
Hope
Sandnes
Trollbergvika
Fie
Åkvåg
Risøya
Randvik
Rullandsdalen
Sondeled
Store Risøya
Singusdal
Surtefjell
424
Heggland
Røysland
Høydalen
Sætre
Helsokknatten
Sanda
Vasslausfjell
418
Røybekk
Skurven
353
Høydal
Stålfjell
302
Rundkollen
426
Moen
Fuglemyrheia
Moland
Henneseid
Vassenden
Vefall
Nedre Toke
Luggens
Skjelbreid
Sannes
Bjørnåsfjellet
355
Heldøla
Neslandsvatn
Kroken
Brøsjø
Storfjell
349
Vardefjell
329
Dal
Våsjø
Gjerde
Sannidal
Mo
Holt
Kil
Vadfoss
Lønne
Lindheim
Gryting
Øyfjellheia
Hovet
Bråten
Rønningen
Ørvik
Levang
Hanemyr
Røysland
Hødnebø
Stormyr
Sevik
Rønningen
Øysang
Gjernes
Ormedalstrand
Lille Vardøya
Sandnesfjorden
Søndeledfjorden
Nordfjorden
Sørfjorden
Lyngørfjorden
Kilsfjorden
Vegå
Høydalen
Tåtøy
Tons
Bråten

N
SKIEN
PORSGRUNN
SANDEFJORD
LARVIK
Stavern
Brevik
Stathelle
Kragerø
Langesund
Bamble
Helgeroa
Grenland
Skagerrak
Langesundsbukta
Jomfruland
Jomfruland fyr
Svenner fyr
146
130
15c
16a
16b
16c
17a
17b
Na2
Na3
Nb1
Nb2

Ramnes
Gulåsen
Klopp
Linnestad
Jarberg
Bjune
Eikeberg
Skibrekk
Barkåker
Slagen
Eik
Hassum
Rørås
Rom
Slagentangen
Skallevoll
Åsgårdstrand
147
Vear
TØNSBERG
Valløy
Husvik
Torgersøya
Melsom
Melsomvik
Borgheim
Husøy
Føynland
Nesbrygga
Nøtterøy
Bolærne
Hvaløy
Bjerkøy
Gåsøy
Torød
Årøysund
Søndre
Rauer
Snipetorp
Tenvik
Kjøpmannskjær
Veierland
Måkerøy
Mågerø
Hoitane
Grimestad
Burø
Færder
nasjonal-
park
Tjøme
Ildverket
Ormelet
Brøtsø
Bustein
Hvasser
Sandøy
Mo
Helgerød
Verdens Ende
Store Færder
Kløvningen
Færder fyr
Stulen
Gravdal
Berg
Åsen
Arnadal
Fossnes
Panne
Skjelland
Holt
Holmen
Skoglы
Gjein
Anholt
Toverød
Galles
Gjelstad
Omdal
Skjee
Sørby
Rismyr
Dalen
Stokke
Var
Haughem
Sandefjord lufthavn
Feen
Torp
Råstad
Skravestad
Haukerød
Framnes
SANDEFJORD
Åröy
Jåberg
Hui
Hem
Skogan
Langeby
Østerøya
Vesterøya
Kjerringvik
Ula
129
Rauer
Fuglevik
Evje
Kirkegrend
Rygge
Halmstad
Fredskjær
Grimstad
Kure
Larkollen
Hallingsås
Eldøya
Grefsrod
Oven
Store Sletter
Karlshus
Berg
Tomb
Akeberg
Enebekk
Råde
Åsgård
Slangsvoll
Solli
Hauge
Eidet
Spetalen
Saltnes
Rørfjell
Ørmen
Grettland
Skjeløya
Lervik
Kjærre
Engalsvikøya
Huseby
Engalsvik
Elingård
Onsøy
Rostadneset
Rolvsøy
Veum
Rauer
Vikene
Gressvik
Glemmen
Sellebakk
Hankø
Slevik
FREDRI
Dale
Viker
Kråkerøy
Øyenkilen
Alshus
Søndre Missingen
Strømtangen fyr
Trolldalen
Humlekjær
Ramsøy
Tangen
Kjøkøya
Furuholmen
Revholmen
Norde
Søster
Søndre
Papper
Seiløy
Hauge
Papperhavn
Øgarden
Spjærøy
Hvaler
Tjeldholmen
Vesterøy
Utgård
Rød
Spjær
Korshavn
Dammyr
Akersundet
Akerøy
Asmaløy
Ytre Hvaler nasjonalpark
Svanekil
Viker
Hvaler
Kirkøy
Skjærhale
Homlungen fyr
Lauer
Torbjørnskjær fyr
Tisler
Heia
Herføl
SKAGERRAK
Nord Koster
Långegärde
Ekenäs
Syd Koster
Kyrkosund
Ursholmen
Ramsö
Kosterh
national
Oslofjorden
Tønsbergfjorden
Mefjorden
Sandefjordsfjorden
Rauerfjorden
Krogstadfjorden
Skinnerflo
Løperen
Kosterfjorden
N
S

131
N
19a
19b
19c
20a
20b
148
Rakkestad
Gjølstad
Øymark
Buer
Vengsfjell
Furuholmen
Hovden
Buråsen
184
Jelsnes
Sørby
Torp
Granerød
Fløvik
Boda
Foxen
Trøsken
Tunøya
Kolstad
Holleby
Varteig
Hen
Øverby
Berg
Degernes
Tjernes
Linnekleppen
325
Bjørnland
Kalnes
Berby
Breidholt
Horntjernåsen
231
Heier
Ådalen
Damholtet
Øtteid
Grislingås
Båstnäs
Na1
SARPSBORG
Ise
Hafslund
Skjebergdal
Vatvet
Sandbek
Høgnipa
191
Bøen
Strømsfoss
Bergstrøm
Slora
Fange
Lennartsfors
Källsbyn
N. Vik
Årum
Rånes
Borgen-
haugen
Bergrøten
258
Rive
Grunnerud
Gunnarbyn
Töresbyn
Trankil
166
Haga
Skjelin
Tveter
Guttersrød
Yelund
Tolsby
Skenhall
Stordal
Skjeberg
Sandbekk
Aremark
Hallesby
Rod
Sjærvika
STAD
Skjeberg
Lilleby
Akselåsen
183
Kråkgullåsen
236
Na2
Torsnes
Holm
Hornes
Kjørkeliåsen
200
Østerbo
Fossby
Trollhøgda
234
164
Borrebo
Ingedal
168
Rokke
Eng
Kjølen
Håkenbyfjellet
241
246
19
Skotsberg
Årbu
Berg
Torsø
Løkkevika
Høgås
235
Håkenby
Rahaugen
Mørk
Kvister
Dalen
245
240
Båtv
Venås
Karlsøya
Grimsøy
126
Veggesdal
Mosserød
Aspestrand
Ingerud
Kölviken
237
HALDEN
Berg
Sønstegård
Asak
Ingerøy
Brekkesluser
Østensvik
Säm
Singløya
Svalerød
Løkkeberg
Tistedal
Blæsehøgda
214
Holmegil
Allingmo
Solum
Spärnas
Jaren
Nössemark
Sund
Isebakke
Øberg
Blankefjell
225
Lund
Rörviken
Sponvika
Svinesund
166
Stumberg
Kleppen
Skårefjellet
222
Vikansjö
230
Saltbacken
Lervik
Skogar
Tange
Idd
Vevlen
132
Nordby
Hälle
Lommeland
Hafsrod
Høgestang
274
Lunneviken
Sundby
123
Rasshult
Ramberget
167
Fagerholt
Aspedammen
Kallsbo
Valsebo
Vetteberget
166
Ytten
Ramberget
Norgård
130
Høgdal
28
Bomarken
120
Boråsg
Osdalen
Na3
Kungbäck
Mälleg
Vardeåsen
214
Dyne
Vässby
Nåsinge
130
222
Hallerødåsen
259
Tresticklan
275
nationalpark
Sten
159
Asslerud
Hällestrand
Bjørnerød
Krokstrands
kapell
Bakke
Krokstrand
Buer
Hisåsen
238
Rävmarken
Lokhölmen
Gröneög
Strömmen
Källvik
103
94
Brekke
Enningdal
Blomsholm
Fläghult
Prestebakke
Strömstad
85
Jörlov
Glenne
Søtholmen
Sanderødmoen
Hallerød
Holmvattnet
Anneröd
Hällristningar
Buar
185
Tostensetåsen
232
Bellerød
Gunnarsbyn
Knipan
Högstad
38
Mardal
Berby
Gruvmon
262
Assgärdebyn
Hävedalen
Tyslingmoen
Skjeggerød
Gunnarsnäs
Klevmarken
228
Stare
84
Skee
Grålös
Välle
St. Åseröd
Rød
Paulsbo
Fagernäs
Valberg
Lund
Daftö
Valö
Daftön
Valex
Diersteinsåsen
219
Kornsjø
Högen
Liden
48
Bålerød
125
21
240
Tolvmanstegen
188
197
S. Enningdal
Tavlan
242
Nb1
Tjärnö
Ed
Vassanda
61
207
202
Mon
248
Sannerud
Älleien
Norane
Hökedalen
Bastor
56
Vik
Björke
Hämmen
Ejgde
Bästorp
Backen
Överby
30
Vassbotten
Bondemon
13
Mellbyn
Hindaleby
189
Möre
Grubberød
202
233
Anneröd
Tormoseröd-
fjället
Amunderöd
Sögård
Ö. Buane
20
152
194
Högen
Hästum
Vassby
Rör
Holkekärr
Töftedal
Rud
Hästhagen
Lur
120
Fagerhult
Koxeröd
Töftesäter
Röland
Bön
Kragenäs
Hovsäter
Brunnberg
Böle
Torbal
Svenseröd
156
Björnäs
Torim
Skrammestad
Björnbyn
Torp
Raftötången
Sögard
Smeberg
179
Keddebo
Ringstad
Hallefjäll
178
Ek
Nordkas
Skackestad
Flötemarken
Gillanda
Kårbö
60
Mjölkeröd
107
Ostad
Nb2
Tova
Hagen
Gesäter
Berg
201
115
Naverstad
Backen
Röane
116
20c
Sannäs
Edsäm
Näs
Lommelanda
Nordsäter

S
20c
21a
21b
149
21c
22a
22b
Na1
Na2
131
Na3
Nb1
Nb2
116
Årjäng
Mölnerud
Holmerud
Tvärdalen
Huken
S. Ström
Långelanda
Åslanda
Granmon
Rämåna
Kolsjöfors
Söpple
Älmheden
Gängene
Bocklerud
Gröttnäs
Fölsbyn
Foxen
Tjärn
Sundstabyn
Furskog
Kyrkerud
Ängebäck
Åsebyn
Tenvik
Sillegårdsed
Tegen
Finntorp
Nordtorp
Museums-bahn (Draisine)
Lysed
Ö. Boda
Leverhögen
Sanda
Kestad
Brännåsen
Övre Lofterud
Lönnskog
Stenbyn
Speke
Järnsjön
Nås
Vik
Låbbyn
Slämtegen
Häljebyn
Gängene
Sillerud
Källsbyn
Torkilsbyn
N. Viker
Ingebyn
Berg
Fjäll
Botten
Stora Bör
Trubbyn
Tokil
Tränkil
Töresbyn
Näresbyn
Öbyn
Trättlanda
Breviken
Risviken
Bäcken
Finnerud
Blomma
Blomskog
Västra Silen
Myrås
Norane
Björketjärn
Torp
Bråtarne
Signebyn
Tobyn
Sillebotten
Bräckan
Lisslerud
Harnäs
Sucka
Älgåna
Esbjörbyn
Långserud
Backa
Nysäter
Hult
Bottnane
Sundsbyn
Vammerviken
Galteviken
Kettilsbyn
Sillingebyn
Byn
Hjällen
Borrebo
Brätnäs
Häljelund
Lofterud
Grinsbyn
Källås
Ekenäs
Näs
Grällsbyn
Torgelsbyn
Rök
Högstakan
Rållsbyn
Hallanda
V. Smedbyn
Båtviken
Fjus
Egenäs
Östra Silen
Flatebyn
Kölviken
Ramsbyn
Gustavsfors
Rollsbyn
Gaterud
Skogen
Skäggebyn
N. Skarbol
Fjäll
Vårvik
Krokfors
Känsbyn
Torrskog
Bön
Hökenäs
Gaterudsfjällen
Rud
Lillegård
Gälnäs
Svanskog
Rörkärr
Sund
Foland
Kråkviken
Gårdsjö
Bollsbyn
Gransjön
Vassbotten
Vickersrud
Gammbol
Höboda
Barkerud
Svartjärn
Låbyn
Låbytorp
Kallskog
Sjöby
Ängebodarne
Kallhem
Alsbyn
Höglund
Kroken
Herrenäs
Äckre
Tegane
Lerbyn
Århult
Skåre
Strandhulten
Museums-bahn
Äsketan
Kallsbo
Valsebo
Kvarnviken
Solvik
Sundginge
Byn
Mo
Gärdsbyn
Strand
Östby
Kärsbyn
Hedalen
Lund
Rådviken
Prästerud
Varsrud
Asslerud
Åspenäs
Halne
Forsbacka
St. Berga
Kasenberg
Korsbyn
Sannerud
Årbol
Bengtsforsen
Backa
Edsleskog
Larsbol
Åmål
Bön
Ärtemark
Skåpafors
Rud
Laxarby
Risane
Skällebyn
Olasbyn
Edsviken
Heden
Fogdens fyr
Tostebo
Stommerud
Assgärdebyn
Backen
Djupviken
Klon
Knyttkärr
Hult
Billingsholm
Billingsfors
Söderbodane
Bjäkebol
Lund
Håbol
Näs
Fengersfors
Sotebyn
Fröskogs kryka
Fröskog
Hannebol
Bredvik
Bergane
Baldersnäs
Kättilsbo
Gamla
Nya
Sandön
Tösse
Gåserud
Åsen
Ekebol
Värnebo
Spätthult
Ed
Asslebyn
Steneby
Tranerud
Tybybäcken
Vassända
Sandviken
Dingelvik
Liden
Sandbol
Hult
Vammen
Bastorp
Slädekärr
Dals Långed
Högen
Tisselskog
Åsen
Gyltungebyn
Hindalebyn
Berg
Högsbyn
Fagerhult
Orsbyn
Flaterud
Ramdalen
Animskog
Kroken
Asketveten
Hästhagen
Tollesbyn
Salebol
Ödskölt
Passbo
Böle
Ö. Bodane
Fagerliden
Slobol
Rånsliden
Rotö skog
Torp
Lianefjället
Kårböle
Kvarnekas
Håverud
Brene
Hallebäck
Bäckefors
Bäcke
Kärud
Hallersbyn
Ryr
Nordsäter

Stavnäs
Fjöle
Ekebol
Björkhol
Gansbyn
Rolfsbol
Värmskog
Bråten
Skasås
Byn
Gärsnäs
Gärdsvik
Grinsbol
Skärmnäs
192
151
Kisterud
Tollesrud
Björnö
Hagbråten
Värmerud
Älvvik
163
Överud
Häljebol
N. Borgvik
Borgvikfjället
125
Skäggebol
Odenstad
Borgvik
Byfjället
160
Bjurten
Dragsön
Byn
Galtebol
166
Gårdsjö
156
Segoltan
Backa
149
Ström
164
Knöstad
170
Djupviken
Bränningen
Ö. Skrussrud
Bynsberg
Backa
Hammar
Kila
Harnäs
Kärrholmen
136
Ö. Takene
Ed
Källerud
86
Björrud
Valnäs
Smärslid
Säffle
Huggenäs kyrka
Krokstad
By kyrka
Back
S. Skane
Sjögerås
Hulta
Hargene
84
Råglanda
70
Öken
Skallerud
Torpstöd
Rudsta
Bryngelsrud
Ö. Tolerud
Edsvalla
Lång
132
Fisketjärn
Portilla
Trossnäs
Skane
Skallerud
Nor
Norsbron
Vålberg
Flokerud
Åshammar
Medskog
Grums
Liljenäs
Frubacka
Kärra
Segerstad
Grums
Grumsfjorden
Hasselnäset
Abborrtan
Karterud
Solberg
Bråte
Ås
Ed
Källerud
Körsvik
Segmon
Liljedal
120
Åsundatorp
Åsundaön
Rudsviken
Onsön
Segerstads skärgård
Bärön
Kattfjorden
Mässvik
Ingrirud
126
Gädolvik
Stiserud
Värmlandsbro
Brosäter
Stavikens fyr
Kocklanda
Stavik
Hällbostad
Rördalen
Södra Ny kyrka
Sjönnebol
Uggelsäter
93
Dalen
81
Kvaldersrud
Finnestad
Torserud
Järnerud
Bäckudden
Finserud
63
Botilsäter
76
Grimbråten
Rud
Olserud
62
53
Olserud
N. Åverstad
Hökhult
Byn
68
Knappa
49
Värmlandsnäs
Bärön
Hult
Millesvik
Gaperhult
Godås
Bäcken
Dåverud
Millesviks skärgård
Eskilsäter
48
Rosenborg
Hällristningar
59
Ekenäs
Kalvön
Eskilsäters skärgård
Vänern
Djurö
Djurö skärgård
Brommösund
128
Rudskogen
Botorp
Lindberget
Vallargärdet
Grönäs
Hynboholm
Grava
Rud
Skåre
104
Backa
Alstern
Stormoss
Edsgatan
109
Långenäs
Göstahult
Sunds
Karlstads flygplats
Bråne
Härtsöga
L. Vänsberg
Önnerud
Domkyrkan
KARLSTAD
Hertön
Jäverön
Bomstad
Randviken
Långudden
17
Tye
Kärrholmen
Hammarö
Skoghall
Lindenäs
Rud
Hovlanda
Ängen
Sättersholmarna
Holken
Söökojans fyr
V. Skagene
Hammarön
57
Fiskvik
Takene
Skagene fyr
22c
23a
23b
23c
24a
24b
150
Na1
Na2
Na3
Nb1
134
117

24b
24c
151
25a
25b
25c
Na1
Na2
Na3
Nb1
133
118
KARLSTAD
KRISTINEHAMN
Vänern
Värmlandsskärgårdens naturreservat
Skattkärr
Väse
Ölme
Östervik
Björneborg
Bäckhammar
Gullspång
Kyrksten
Lundsberg
Furuvik
Lungsund
Sibberön
Rammholmen
Raholmarna
Furholmarna
Söökojans fyr
Brommösund fyr
Picasso skulptur
Visnums-Kil
Värmlands Säby
Rudskoga
S. Råda
Otterbäcken
Skagersvik
Amnehärad
Finnerödja
Degerfors
Arnön
Hultön
Mjöviksudd
Kärrholmen
Sättersholmarna
Jonsbol
Glumstorp
Rödmossen
Heden
Mosserud
Flatvik
Algåmossen
Sörby
Lundedet
Linnebäck
Gottebol
Stråbergsmyren
Högeberg
Kvarntorp
Fågelmossen
Järsberg
Strandudden
Vålön
Falla
Bobacken
Revsand
Hult
Sörgården
Brattsand
Järsta
Tolstorp
Mosserud
Krontorp
Blaxmo
Torpa
Elinerud
Medhamn
Berg
Källviken
Dyrön
Lövön
Bjurvik
Runnäs
Vattenberg
By
Rud
Ålön
Haddån
Ålösund
Sanden
Storön
Torsvid
Torpa
Askeviksbaden
Blomsterhult
Moviken
Kalvöarna
Mosstorp
Midskog
Bråta
Bjärke
Kroppfjäll
Mälltorp
Hulan
Vallsjöbol
Skagern
Gårdsjö
Högsås
Hävden
Bråten
Nyborg
Valmossen
Karsmossen
Delebäck
Delebäckstorp
Ribbingfors
Mo
Nysund
Åtorp
Kvarntorp
Sirbomark
Vårbo
Grannäs
Gökhult
Fallet
Däldenäs
Råbäck
Trehörningen
Bjärnhult
S. Åsmossen
Julösmossen
Lämås
Gässjömossen
Kållaråsen
Fågelåsen
Billinge
Stormossen
Hålunda
Klippan
Mobråten
Håkanbol
Högberg
Olsboda
Skäggebol
Konsterud
Gjordsbol
Väglösa
Brotorp
Skottlanda
Kolerud
Fornäs
Frosterud
Ugglebol
Gottbol
Nybble
Krolpiljor
Visnum
Ed
Åsviken
Strandvik
Hultsberg
Ulvsjö
Nore
Kroksvik
Mårön
Bråten
Rudsnäset
Ekholmen
Kärne
Herrön
Rud
Grän
Stavnäs
Östra Fågelvik
Röd
Lund
Spånga
Sundstorp
Göstahult
Långenäs
Edsgatan
Backa
Ön
Hult
Öckna
Kappstad
Stormossen
Maxstad
Bregården
Bäck
Hult
Söre
Kleven
Glumserud
Västenå
Lövhöjden
Backa
Buxerud
Hedetången
Ölmskog
Rud
Träfors
Lämås
Labberud
Markvattnet
Hulteby
Broby
Vall
Skånum
Lerdala
Niklasdamm
Nyäng
Viggetorp
Äspelund
Näs
Bergsjö
Arvidstorp
Kväggen
Käxsundet
Kojnäset
Vassgårda
Björkebol
Sundet
Mörviken
Boviken
Åsbergsviken
Stensviken
Tåbäcken
S. Ullvettern
Bjurtjärn
Bresätter
Lövnäset
Dalbäcken
Sindret
Råglanda
Slåbråten
Bjurön
Äsphöjden
Alkvettern
Nolås
Äspedalen
Forsby
Lämås
Lindenäs
Ängen
Sättersholmsfjorden
Åråsviken
Fågelön
Årås
Kilsviken
Gatan
Järsberg-stenen
E18
E20
26
26
237
240
243
200
204
205
27
20
14
15
16
17
23
28
31
36
48
50
51
53
66
67
78
79
88
95
99
100
102
104
106
109
110
119
122
123
130
133
134
136
137
155
158
168
174
185
188
189
192
195
206
211
214
216
220
222
224
228
234
242
249
266

S
26a
26b
26c
152
Nora
27a
27b
Rockesholm
Grecksåsar
Striberg
N.Husby
S.Husby
Blexbergsåsen
Finnhagen
Västgöthyttefors
Fogdhyttan
Gytttorp
Södra Ås
Brostorp
Yxe
Vedevåg
Högstaboda
Hällsjötorp
Nor
Knapptorp
Lejonbacken
Bondebyn
Lysfalla
V. Sund
Ö. Sund
Kedjeåsen
Gamla Viker
Nyttorp
Nya Viker
Bengtstorp
Fingerboda
N. Klysna
Munkaboda
Mossberga
Viker
Järle
Boängen
S. Klysna
Älvhyttegården
Älvhyttan
Dalsmund
Karlsdal
Ramshyttan
Torpa
Basketorp
Skärmarboda
Norsebäck
Lersjötorp
Dalkarlsberg
Museijärnväg
Ervalla
Avdala
Na1
Granbergsdal
Öfalla
Lockhyttan
Dylta
Källmo
Högfors
Bocksboda
N. Billinge
Ervalla station
Forsnäsatorp
Rådehult
Prästtorp
Ölmbrotorp
Fiskartorpet
Leràngen
Klockhammar
Falla
Broby
Nävesta
Långbyn
Dammsätter
Gropvik
Sibberboda
Blackstahyttan
Kil
Röcklinge
Axberg
Tjugesta
Utterbäck
KARLSKOGA
Nytorp
Blacksta
Ännaboda
Dammen
Frösvidal
Rännesta
Ättinge
Hovsta
Ramstena
Möckeln
Ekers ka.
Ekersby
ÖREBRO
Götavi
Nästa
Östervik
Vätsjötorp
Hättinge
Egersta
Glanshammar
Garphyttan
Runnaby
Solberga
Rinkaby
Brännebacken
Garphyttans nat. park
Vivalla
Myro
Åsplunda
Svenshyttan
Arvaby
Tysslinge
Ringstorp
Latorpsbruk
Gräve
Ölsdalen
Lekeberg
Klunkhyttan
Källtorp
Nikolai-kyrkan
Sörby
Hjälmarsberg
Holmstorp
Framnäs
136
Lekhyttan
Ekeby-Almbyo
Sundby
Hidinge
Lanna
St. Ulvgryt
Mark
Spånga
Vintrosa
Ingvaldstorp
Kinkhyttan
Torget
Ribbohyttan
Råberga
Örebro flygplats
Marieberg
Norra Bro
Stortorp
Na2
Brohyttan
Gryt
Tryggeboda
Farbrorstorp
Vekhyttan
Östa
Täby
Dyringe
Fällersta
Hidingsta
Knista
Eketorp
N. Folkavi
Mosås
Råby
Sixtorp
Ökna
Åsen
Fjugesta
S. Bro
Torhyttan
Skeppsta
Mosjö kyrka
Kvistbro kyrka
Kräcklinge
Falkenå
Gällersta
Saltorp
Finntorp
Frommesta
Nynäs
Mullhyttan
Kvistbro
Nalavi
Hult
Binninge
Riseberga kloster
Vallersta
Ekeby
Torsta
Träda
Torp
Hemsjön
Bo
Hörsta
Folkatorp
Sköllersta kyrka
Edsberg
Björka
Skagershulta-mossen
Tångeråsa kyrka
Bärsta
Åbytorp
Kvarntorp
Sköllersta
Sörby
Norrby
Julsta
Testa
Bålby
Hackvad
Tångeråsa
KUMLA
Hortsberga gravfält
Hällabrottet
Hälgesta
Öja
Hardemo
Skagershults gamla kyrka
Trystorp
Nybble kyrka
Byrsta
Sannahed
Åkerby
Hasselfors
Alavi
Hidingsta
Rala
Tarsta
Tarstaborg
Värnsta
Nälberg
Norrby
Domarringar
Hallsberg
Sättra
Jogan
Boda
Väla
Högsätter
Stensbo
Na3
Toften
Viby
Hallsberg
Fagerbjörk
Geråsen
Samsala
Pålsboda
Östansjö
Baggegärdet
Ågrena
Porla Brunn
Skrubby
Vretstorp
Ormhult
Tunbohässle
Hultsjön
Gillberga
Bållby
Tisarbaden
Svennevad
Laxå
Skarbyholm
Tycke
Karintorp
Tisarstrand
Skogaholm
Åsbro
Hamra
Törntorp
Luckebo
Estabo
N. Nyckelhult
Kortorp
Sjölunda
N. Torpa
Snavlunda
Rosendal
Hult
N. Glottra
Lerbäck
Kårberg
Rude
Ässböle
Bavlinge
Röfors
Svinnersta
Skyllberg
Mörtsjön
Karamossen
Langsmon
Falla
Nb1
N. Hunna
Rönneshytta
Svaldre
Munkerud
Eketorp
Läggesta
Ingelsby
Skuru
Starketorp
119
Stenboda
Folketorp
Haddebo
27c
Välltorp
Sagersta
Knutstorp
Berg
Emme

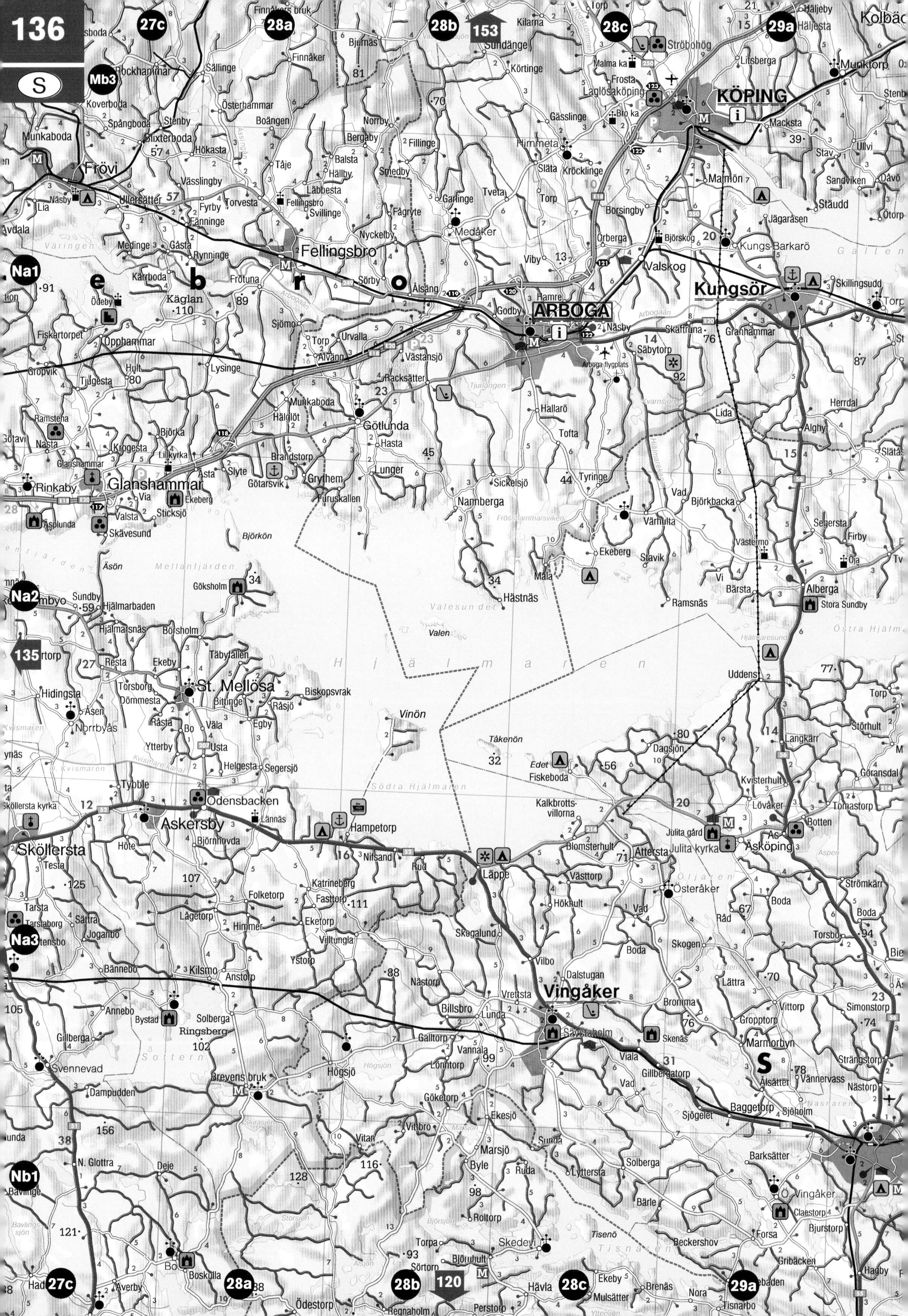
S
27c
28a
28b
153
28c
29a
Mb3
Na1
Na2
Na3
Nb1
135
120
KÖPING
ARBOGA
Kungsör
Fellingsbro
Frövi
Glanshammar
St. Mellösa
Odensbacken
Askersby
Sköllersta
Vingåker
Hjälmaren
Mellanfjärden
Södra Hjälmaren
Östra Hjälmaren
Valen
Vinön
Tåkenön
Björkön
Äsön
Valesundet
Arbogaån
Väringen
Galten
Sottern
Tisnaren
Högsjön
Oljaren
Kvismaren
Kvismare kanal
Hjälmarbaden
Hjälmarsnäs
Sundby
Resta
Torsborg
Dömmesta
Hidingsta
Åsen
Norrbyås
Ytterby
Usta
Helgesta
Segersjö
Tybble
Lännäs
Hampetorp
Nifsand
Rud
Läppe
Blomsterhult
Atterstа
Julita gård
Julita kyrka
Äsköping
Österåker
Hökhult
Västtorp
Skogalund
Vilbo
Dalstugan
Vrettsta
Lunda
Billsbro
Säfstaholm
Skenäs
Viala
Gillbergatorp
Sjögelet
Baggetorp
Sjöholm
Marmorbyn
Ålsätter
Vännervass
Barksätter
Ö. Vingåker
Claestorp
Bjurstorp
Forsa
Gribäcken
Hagby
Beckershov
Brenäs
Nora
Tisnarbo
Ekeby
Mulsätter
Hävla
Perstorp
Skedevi
Björnhult
Sörtorp
Torpa
Regnaholm
Ödestorp
Boskulla
Averby
Hadd
Bo
Bavlingen
N. Glottra
Deje
Dampudden
Svennevad
Gillberga
Annebo
Bystad
Solberga
Ringsberg
Brevens bruk
Högsjö
Galltorp
Vannala
Lönntorp
Göketorp
Vittbro
Vitan
Ekesjö
Marsjö
Byle
Ruda
Roltorp
Sunda
Lyttersta
Bärle
Kilsmo
Anstorp
Bännebo
Joganbo
Tarsta
Tarstaborg
Sättra
Testa
Höte
Björnhovda
Folketorp
Lågetorp
Himmer
Katrineberg
Fasttorp
Eketorp
Villtungla
Ystorp
Nästorp
Kalkbrotts-villorna
Edet
Fiskeboda
Dagsjön
Lövåker
Tomastorp
Botten
Kvisterhult
Göransdal
Langkärr
Störhult
Uddens
Rasta
Bo
Väla
Egby
Bittinge
Råsjö
Biskopsvrak
Täbyfallen
Ekeby
Börsholm
Göksholm
Skävesund
Valsta
Sticksjö
Via
Ekeberg
Äsplunda
Rinkaby
Glanshammar
Krogesta
Lillkyrka
Björka
Nasta
Ramstena
Tjugesta
Hult
Lysinge
Gropvik
Fiskartorpet
Opphammar
Ödeby
Kärrboda
Käglan
Frötuna
Sjömo
Torp
Alväng
Urvalla
Västansjö
Racksätter
Munkaboda
Hälglöt
Götlunda
Hasta
Brandstorp
Lunger
Grythem
Götarsvik
Slyte
Åsta
Furuskallen
Sickelsjö
Nannberga
Hallarö
Tofta
Tyringe
Ekeberg
Mala
Hästnäs
Slavik
Ramsnäs
Värhulta
Vad
Björkbacka
Vi
Bärsta
Alberga
Stora Sundby
Västermo
Öja
Segersta
Firby
Lida
Alghyt
Herrdal
Säbytorp
Arboga flygplats
Skaftruna
Granhammar
Näsby
Hamre
Godby
Ålsäng
Sörby
Nyckelby
Medåker
Tveta
Torp
Viby
Örberga
Borsingby
Björskog
Valskog
Kungs-Barkarö
Skillingsudd
Jägaråsen
Malmön
Stäudd
Sandviken
Himmeta
Släta
Kröcklinge
Gässlinge
Bro ka
Laglösaköping
Frosta
Malma ka
Ströbohög
Torp
Kilarna
Sundänge
Körtinge
Litsberga
Häljeby
Häljesta
Munktorp
Macksta
Stav
Ullvi
Kolbäck
Finnåkers bruk
Bjurnäs
Finnåker
Norrby
Bergaby
Fillinge
Balsta
Hällby
Smedby
Garlinge
Fågryte
Tåje
Läbbesta
Fellingsbro
Svillinge
Boängen
Österhammar
Sällinge
Rockhammar
Koverboda
Spångboda
Stenby
Blixterboda
Hökasta
Munkaboda
Vässlingby
Fyrby
Torvesta
Ullersätter
Fänninge
Näsby
Lia
Medinge
Gåsta
Rynninge
Avdala

137
S
29b
29c
30a
30b
30c
31a
154
121
Mb3
Na1
Na2
Na3
Nb1
138
ESKILSTUNA
STRÄNGNÄS
KATRINEHOLM
Torshälla
Hällbybrunn
Skogstorp
Hälleforsnäs
Malmköping
Flen
Valla
Sköldinge
Fogdön
Årla
Åkers styckebruk
Barkarö
Dingtuna
Säby
Vändle
Strömsholm
Kvicksund
Munkhammar
Tumbo
Sundbyvik
Ängsholmen
Kullersta
Sundbyholm
Sundby-Holm
Mora
Almby
Bjorsund
Nybble
Rällinge
Vik
Lundby
Kungsberg
Tosterön
Sanda
Vansö
Hyvena
Eskilstuna flygplats
Lövlund
Hugelsta
Odlaren
Barva
Rosöga
Härad
Lindholm
Bondökna
Hällberga
Ribbingelund
Nästorp
Prostökna
Kyng
Nytorp
Tobo
Norrlänna
Merlänna
Lånna
Berga
Lida
Grundbro
Malmby
Löt
Djupvik
Abborberget
Karlsborg
Rocklänna
Söderlänna
Lindvreten
Täbylund
Björklida
Björknäs
Eklund
Skottvång
Nybyttan
Solvik
Blacksta
Pungsund
Avla
Ullsta
Gryt
Solbacka
Stjärnhov
Graneberg
Jordanstorp
Fejbol
Sparreholm
Sparreholms slott
Björkhult
Hyltinge
Hosjö
Dunker
Ekensholm
Strömshammar
Ånhammar
Öllösa kvarn
Åkersnäs
Smedstorp
Smedsta
Målby
Röl
Ekeby
Stubbetorp
Södra Norrlång
Björndammen
Stålboga
Kälidalen
Åsängen
Kvarntorp
Eklången
Rinkesta
Medje
Örbäcken
Slytan
Årla
Axnäs
Kälbro
Bälgviken
Hällsta
Årby
Näshulta
Heden
Åstorp
Haneberg
Svalboviken
Holmsjön
Fräkentorp
Bråhovda
Bronäs
Starrsäter
Flenmo
Baggetorp
Fornebo
Stav
Mellösa
Harpsund
Yxtaholm
Orrhammar
Tälja
Skebokvarn
Gäversnäs
Skedevi
Hall
Ådö
Helgesta
Hagen
Hasselö
Frönäs
Jälund
Rockelsta slott
Ulvsund
Ullaberg
Bjursnäs
Kleva
Sofielund
Hacksjön
Ämtvik
Edeby
Sandvik
Ripsa
Berga
Näsby
Vibyholm
Ärdala
Mälby
Sörby
Spikstenen
Oppeby
Tuvekärr
Stäringe
Rävsnes
Ålspånga
Blacksta
Vadsbro
Sofielund
Forssa
Finnsta
Malstanäs
Spånga
Torp
Hedenlunda
Öja
Hålbonäs
Varbro
Årsta
Stenhammar
Ekenäs
Lindbro
Kanntorp
Sköldinge kyrka
Fimta
Knutsta
Speteby
Hässle
Lerbo
St. Malm
Sund
Gustavsvik
Forssjö
Myrkärr
Glippsta
Sågmon
Götterstä
Vallmotorp
Vegersberg
Flodafors
Floda kyrka
Himlinge
Grysta
Abbotnäs
Öknaby
Granhed
Fjällskäfte
Löten
Lörstorp
Ålsatter
Kvisslan
Hedlandet
Lövön
Nabben
Bilby
Gillberga
Vargarn
Böcklinge
Lista
Vallby
Dalhagen
Husby-Rekarne
Stenkvista
Vingsleör
Åsby
Råby-Rekarne
Broby
Horn
Stora Ekeby
Rytterne kyrka
Åkerby
Vikhus
Tidö
Tidö-Lindö
Lövsta
Askö
Löpdal
Gruffets holme
Strömsholm slott
Lundby
Enhagen
Ekbacken
Fullerö
Gångholmen
Björnö
Almö-Lindö
Gillberga
Springsta
Lindö
Tegelbruk
Kärrbo
Råstock
Nybynäs
Lybeck
Fröholmen
Mårtenshamn
Ridön
Torpstaden
Aggarön
Fagerön
Ängsön
Tjärn
Långholmen
Hallingen
Granfjärden
Mälaren
Lilla Blacken
Trossön
Nyckelön
Skutterön
Blacken
Sundbyholmsön
Nysslingen
Silverhällarna
Hässelbyholm
Norrfjärden
Torparudden
Edeby
Brunnsåker
Björktorp
Morrarö
Runsö
Överselö kyrka
Tynnelsö
Djupvik
Logarn
Aspö
Husby
Gislestenen
Hörn
Marby
Oknön
Märsön
Kohlmen
Tedarön
Nybyholm
Hjulsta
Brunnsholm
Sorfjärden
Stadsskogen
Hellingsholm
Fiholm
Jäder
Kjulaås
Bränne
Helgarö
Vårfruberga klosterruin
Bergshammar
Ostra
Sundby
Sigurdsristningen
Vallby
L. Lövhulta
Hammarby
Torsborg
Fjällveden
Båven
Veckeln
Uren
Bärsten
St. Grytsjön
Flensjon
Barron
Näshultasjön

S
31a
31b
31c
32a
32b
32c
155
Bålsta
Råby
Bro
Nygård
KUNGSÄNGEN
Kallhäll
JAKOBSBERG
Rotebro
Viksjö
Barkarby
Kista
Tensta
Spånga
SUNDBYB
Hässelby
Lovön
Royal Domain of Drottningholm
STOCH
Mb3
Na1
Na2
Na3
Nb1
Mälaren
Selaön
STRÄNGNÄS
Stallarholmen
Munsön
Adelsön
Hovgården
Adelsö kyrka
Färingsö
Stenhamra
Birka
Björkö
Ekerön
EKERÖ
Skärholmen
BOTKYRKA
SÖDERTÄLJE
Salem
Östertälje
RÖNNINGE
TUMBA
Fleminsgb
Mariefred
Gripsholms slott
Åkers styckebruk
137
Läggesta
Nykvarn
Pershagen
Vårsta
Järna
Ytterjärna
Gnesta
Björnlunda
Hölö
Mörkö
Vagnhärad
122
Grödby
Ösmo
Sorunda ka
Stora Vika
Kungsdalen
Kagghamra

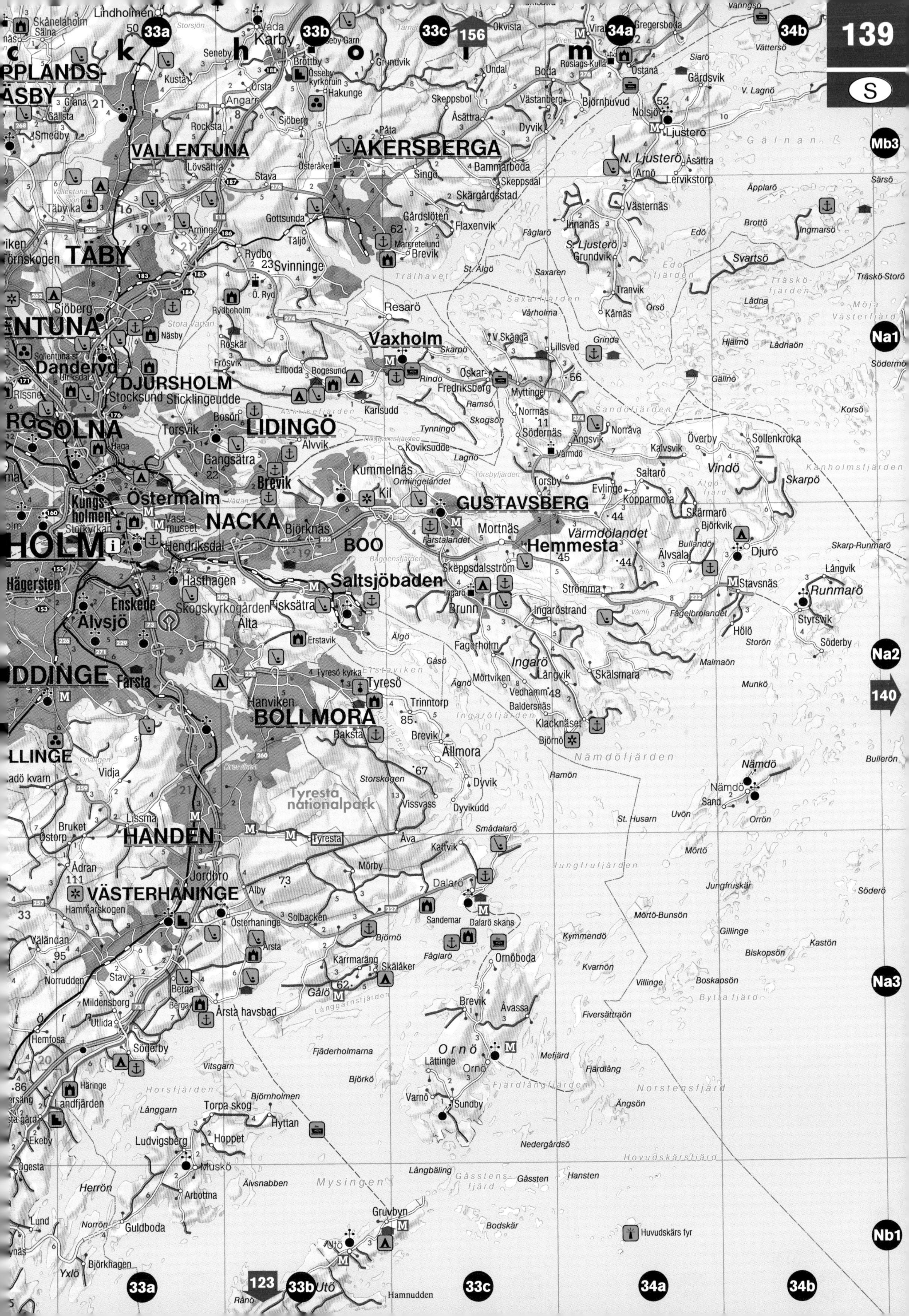
S
Mb3
Na1
Na2
140
Na3
Nb1
33a
33b
33c
34a
34b
156
123
Lindholmen
Skånelaholm
Sälna
Storsjön
Vada
Karby
Seneby
Kusta
Brottby
Össeby kyrkoruin
Hakunge
Grundvik
Okvista
Vira
Gregersboda
Roslags-Kulla
Östanå
Boda
Siarö
Gärdsvik
Västanberg
Björnhuvud
Nolsjö
Ljusterö
V. Lagnö
Gälnan
Vättersö
UPPLANDS-VÄSBY
Grana
Gällsta
Smedby
Orsta
Angarn
Rocksta
Sjöberg
Skeppsbol
Åsättra
Dyvik
Påta
VALLENTUNA
ÅKERSBERGA
Lövsättra
Österåker
Stava
Singö
Bammarboda
Skeppsdal
Skärgårdsstad
N. Ljusterö
Arnö
Åsättra
Lervikstorp
Västernäs
Äpplarö
Särsö
Täby kyrkby
Gottsunda
Arninge
Täljö
Gårdslöten
Flaxenvik
Margretelund
Brevik
Linanäs
Fågelö
Edö
Brottö
Ingmarsö
TÄBY
Rydbo
Svinninge
S:t Ljusterö
Grundvik
Trälhavet
St. Älgö
Saxaren
Svartsö
Träskö-Storö
Tranvik
Ö. Ryd
Rydboholm
Resarö
Saxarfjärden
Vårholma
Kårnäs
Örsö
Lådna
Sjöberg
VALLENTUNA
Näsby
Stora Värtan
Vaxholm
Skarpö
V. Skägga
Lillsved
Grinda
Hjälmö
Lådnaön
Söderm
Röskär
Danderyd
DJURSHOLM
Frösvik
Ellboda
Bogesund
Rindö
Oskar-Fredriksborg
Myttinge
Gällnö
Stocksund
Sticklingeudde
Karlsudd
Askrikefjärden
Ramsö
Skogsön
Norrnäs
Södernäs
Sandöfjärden
Korsö
SOLNA
LIDINGÖ
Bosön
Torsvik
Alvvik
Tynningö
Koviksudde
Lagnö
Ängsvik
Norråva
Värmdö
Kalvsvik
Överby
Sollenkroka
Haga
Gangsätra
Brevik
Kummelnäs
Ormingelandet
Torsbyfjärden
Torsby
Evlinge
Saltarö
Vindö
Kopparmora
Skarpö
Kanholmsfjärden
Östermalm
Kungsholmen
NACKA
Kil
GUSTAVSBERG
Vasa museet
Björknäs
Skärmarö
Björkvik
HOLM
Hendriksdal
BOO
Farstalandet
Mortnäs
Värmdölandet
Hemmesta
Bullandö
Djurö
Skarp-Runmarö
Älvsala
Baggensfjärden
Hägersten
Hästhagen
Saltsjöbaden
Skeppsdalsström
Strömma
Stavsnäs
Långvik
Runmarö
Enskede
Skogskyrkogården
Fisksätra
Ingarö
Brunn
Ingaröstrand
Fågelbrolandet
Styrsvik
Älvsjö
Älta
Hölö
Storön
Söderby
Erstavik
Älgö
Fagerholm
Ingarö
Gåsö
Mörtviken
Vedhamn
Långvik
Skälsmara
Malmaön
Farsta
Tyresö kyrka
Tyresö
Ågnö
Baldersnäs
Munkö
HUDDINGE
Hanviken
BOLLMORA
Trinntorp
Ingaröfjärden
Klacknäset
Bakösta
Brevik
Björnö
Allmora
Nämdöfjärden
Bullerön
Orlången
Vidja
Storskogen
Dyvik
Ramön
Nämdö
Tyresta nationalpark
Vissvass
Dyvikudd
Sand
Orrön
St. Husarn
Uvön
Lissma
Bruket
Östorp
HANDEN
Tyresta
Åva
Smådalarö
Kattvik
Mörtö
Ådran
Jordbro
Mörby
Jungfrufjärden
VÄSTERHANINGE
Alby
Dalarö
Jungfruskär
Söderö
Hammarskogen
Solbacken
Sandemar
Dalarö skans
Mörtö-Bunsön
Österhaninge
Björnö
Kymmendö
Gillinge
Ålanden
Årsta
Fågelarö
Ornöboda
Kastön
Biskopsön
Kärrmaräng
Skälåker
Kvarnön
Norrudden
Stav
Villinge
Boskapsön
Berga
Gålö
Bytta fjärd
Mildensborg
Årsta havsbad
Brevik
Åvassa
Fiversättraön
Utlida
Långgarnsfjärden
Hemfosa
Ornö
Mefjärd
Söderby
Fjäderholmarna
Vitsgarn
Lättinge
Fjärdlång
Häringe
Björkö
Fjärdlångsfjärden
Norstensfjärd
Horsfjärden
Björnholmen
Landfjärden
Långgarn
Torpa skog
Varnö
Sundby
Ängsön
Hyttan
Ekeby
Ludvigsberg
Hoppet
Nedergårdsö
Huvudskärsfjärd
Ogesta
Muskö
Långbälinge
Gåsstensfjärd
Gåssten
Hansten
Herrön
Älvsnabben
Mysingen
Arbottna
Gruvbyn
Lund
Norrön
Guldboda
Bodskär
Utö
Huvudskärs fyr
Björkhagen
Yxlö
Rånö
Hamnudden

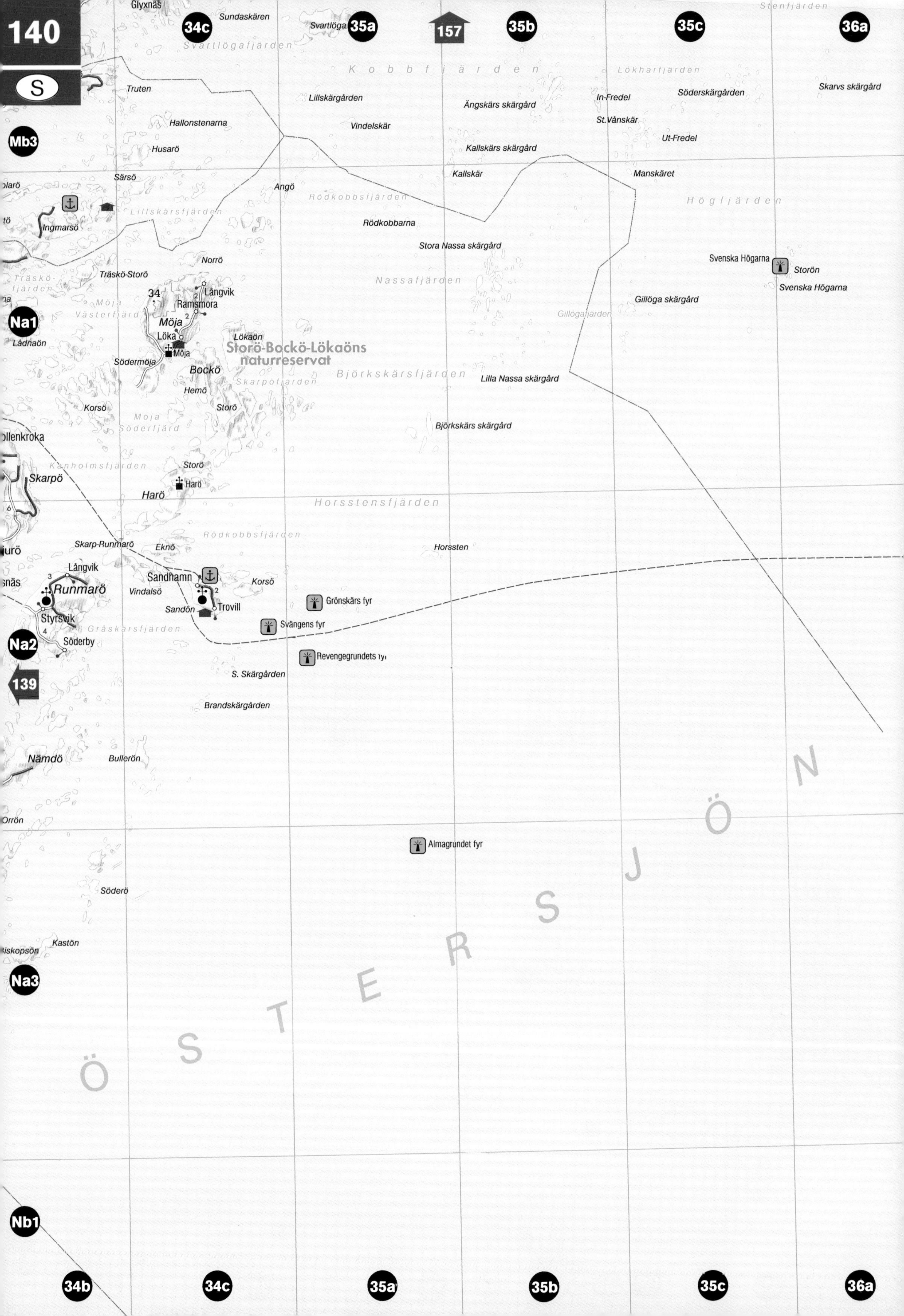

Mb3

Na1

Na2

139

Na3

Nb1

34c **35a** **157** **35b** **35c** **36a**

Glyxnäs

Sundaskären

Svartlöga

Svartlögafjärden

Kobbfjärden

Stenfjärden

Lökharfjärden

Truten

Lillskärgården

Ängskärs skärgård

In-Fredel

Söderskärgården

Skarvs skärgård

Hallonstenarna

Vindelskär

St.Vånskär

Husarö

Kallskärs skärgård

Ut-Fredel

Särsö

Kallskär

Manskäret

Angö

Rödkobbsfjärden

Högfjärden

Ingmarsö

Rödkobbarna

Svenska Högarna

Storön

Norrö

Stora Nassa skärgård

Svenska Högarna

Träskö-fjärden

Träskö-Storö

Nassafjärden

Gillöga skärgård

Möja
Västerfjärd

34 Långvik

Ramsmora

Lådnaön

Möja

Löka **2**

Lökaön

Gillögafjärden

Södermöja

Möja

Bockö

Storö-Bockö-Lökaöns naturreservat

Björkskärsfjärden

Lilla Nassa skärgård

Hemö

Skarpöfjärden

Korsö

Storö

Möja
Söderfjärd

Björkskärs skärgård

ollenkroka

Kanholmsfjärden

Storö

Skarpö

Harö

Horsstensfjärden

Harö

Skarp-Runmarö

Rödkobbsfjärden

Eknö

Horssten

urö

Långvik

Sandhamn

Korsö

snäs **3**
Runmarö

Vindalsö

Grönskärs fyr

2

1

Styrsvik

Sandön

Trovill

Svängens fyr

4

Gråskärsfjärden

Söderby

Revengegrundets fyr

Na2

139

S. Skärgården

Brandskärgården

Nämdö

Bullerön

Orrön

Almagrundet fyr

Söderö

Kastön

iskopsön

Na3

Ö S T E R S J Ö N

Nb1

HAUGESUND
Kopervik
Åkrahamn
Skudeneshavn
Karmøya
Førdesfjorden
Aksdal
Randaberg
STAVANGER
Rennesøya
Utsira
Vestre Bokn
Austre Bokn
Kvitsøy
Ydstebøhamn
Tananger
Boknafjorden
Skudenesfjorden
Karmsundet
Sveio
Skjold
Haugesund lufthavn
Avaldsnes
Tysvær
Mosterøy
Utstein Kloster
Røvær
Feøy
Geitungen fyr
Kvitsøy fyr
Fjøløy fyr
Utsira fyr
Røværsholmen fyr
Flatholmen fyr
Karmøytunnelen 8900 m
Byfjordtunnelen 5875
Mastrafjordtunnelen 4424 m
Rogfasttunnelen (proj.)

N
8b
8c
159
9a
9b
9c
Sauda
Saudasjøen
Svandal
770
Ølen
Stangaland
Basnes
637
559
532
Ølsvåg
Gjerdevika
Viland
Frønsdal
Heggjabø
Olalia
Bjørndalssvida
883
Grindeimsvatnet
12
Aurdal
Steinsland
8
Hauganuten
755
Bjordal
590
Helgaland
Roaldkvam
1188
Hustveitsåta
62
1169
Mb3
Skjold
Krakk
5
Sandeid
Hålandsdalen
Hundseid
Døldarheia
736
Vonheim
Storskjær
Skorvenuten
1124
Bjergafjellet
537
Lysenuten
812
Fatland
961
Tysselandsdalen
Ryfylke
Vats
17
Gjerdesdalsvatnet
10
Vatne
Elstveit
828
Haugland
556
Løland
Lølandsnuten
Vanvik
Tengesdal
Åmsosen
Kjort
605
Stokkadal
Vikedal
Hustveit
29
Gjerdefjellet
906
Tangen
Vallsko
Hogganvik
Imsland
Hovåsen
332
Aksland
Storøyna
Suldalseidet
1086
Mårheinuten
Na1
Vidastraumen
Raudnes
415
Yrkefjorden
Vindafjorden
Ropeid
Sand
1106
Sothei
860
Suldal
Ørna
454
Vassendvik
531
Helland
Grytenuten
863
Fjetlandsnuten
716
Fjetland
Grov
Tjøsteim
Suldalslågen
Stølsvik
Vassenden
Yrkje
Lammanuten
631
Vormestrand
Reppsbygda
Solland
Marvik
639
Ringja
461
Borgøya
Lysevatnet
578
Landråk
444
Askvika
Tveita
Jårvik
Lovraeidet
Lovrafjorden
Skardnuten
902
931
Reinsnu
Klungtveit
Nedstrand
Øvrabø
Amdal
Høyvik
Sørhus
946
Espevik
Ringstveit
Hindaråvåg
Ternaland
Nedstrand
Tveit
Leiranger
Hebnes
Slåtta
Berakvam
514
Skipet
700
Hålandsdalen
930
Børnevik
366
Vik
Foldøyna
Jelsa
Økstra
Jelsa
Markusvika
Barkeland
477
Vik
Hålandsosen
Erfjord
Fjellberg
Blåfjell
815
Ulladalen
Na2
Toftøya
Nedstrandfjorden
Jelsafjorden
Erfjord
Erøyna
Landsnes
Bogsholmen
Ternnes
707
837
Sjernarøyane
Bjergøyna
Kyrkjøy
Nordheim
Nesheim
Sjernarøy
Audbø
Skjelsnes
Tjul
Tandravollen
Bergaland
513
Jørstad
Seltveit
Bjerga
Ombo
Haug
265
Knutsvika
Skiftun
Ombofjorden
Gunlanuten
839
Vindsvik
Eidane
Vadla
Hauga
Skuteheia
795
Nordraheia
804
Jøsenfjorden
141
Helgøy
Talgje
Talgje
Nord - Hidle
Eidsund
Vestresjø
Skor
Nesvik
Vormeland
Tøtlandsvik
544
Funningsland
Øksnafjellet
759
Garsundfjorden
Randøya
Øye
Sande
Hjelmelandsvågen
Hjelmeland
Vikestølheia
832
Finnøy
Halsnøya
Halsne
Randa
373
Hetlevika
Askvika
Espeland
Husstøl
Meland
Kleivaland
1102
Melands-Grønahei
Hesby
Eike
Sandang
Kolleåsen
720
Judaberg
Mjølhus
Bokn
Børøya
Djupedalen
Lastein
Fister
Ingvaldstad
815
870
Byre
Fisterfjorden
Årdalsheiene
Bratthetland
Riskadal
652
Brunfjellet
839
Trollatysdal
Nordalen
980
Talgjefjord/Finnøy-tunnelen
5685 m
Fogn
Soleng
Ytrevoll
Hanasand
Nordskor
Nessa
Årdal
Na3
Talgje
Søravåg
Helgøyna
Østabø
Talgje
Hovda
Bøn
Valeim
Viglesdal
Fognafjorden
Årdalsfjorden
Døvik
Svadberg
Øvre Tysdalsvatnet
Nes
Østhusvik
Brimse
Sørskor
Fiskå
Rivjaland
Kjølevigå
Alsvik
Vedland
595
Ullestad
Høgehei
675
819
1080
Musdalen
Hodne
Voster
Tysdal
Tveit
Hillefjorden
R
Holta
o
g
a
l
a
Klubbafjellet
992
Åmøy
Lunde
Kvam
Bjøreimsbygda
Tysdalstunnelen
4530 m
Reinaknuten
787
Eide
Hallahorten
1108
Tau
Hidle
2019
Austre Åmøy
Hyrfylketunnelen
Strand
Tjøsseim
Vaula
Tysdalsvatnet
Husaheia
745
Lyngsvatnet
Heng
Solbakk
Heia
447
Dalen
Heiahornet
772
Krokvatnet
Sandvatnet
985
1027
Vassøy
Nag
Barka
Jørpeland
Tungland
828
Hardhausen
Svalafjellet
948
Lindøy
Hellesøy
23
Idsefjorden
Daladalen
Nb1
Kalvøy
Idse
Øvrabø
Svinnes
Brattlikhuten
763
Songesand
Kosen
Lysebotn
Uskjo
8c
Tangen
Idsal
Idsal
Kvaløg
9a
Preikestolhytta
Preikestolen
706
125
9b
9c
10a
Botne
Vier

10a
10b
160
10c
11a
11b
N
Mb2
Mb3
144
Na1
Na2
12a
10b
10c
11a
126
11b
11c
Skaulen
1538
Svinstølnutane
1345
Mælen
1573
Kvanndalshytta
Fitjanuten
1504
Holmevasshytta
Nesflaten
Roaldkvam
Veneheia
827
Hongsnuten
1208
Bleskestadmoen
Storhellerfjelli
1421
Sloaros
Hestfjellet
934
Bråtveit
Uravassnutane
1362
Kaldsfjelli
1242
Veggine
1323
Førsvassfjelli
1271
Mosstølen
Dyrskarnuten
1154
Snønuten
1604
Skoranutane
1425
Setesdalsheiene
Storenut
1171
Hovden
Kvilldal
Kjetilstad
Kolbeinstveit
Leirnuten
1486
Såta
1423
Steinheii
1332
Krossvatn
Sandsa
Stranddalen
Skorpe
1313
Sletteskurven
1381
Svånuten
1367
Napen
1351
Nyastølheia
961
Skreinuten
1216
Berdalen
Snjoheinuten
1438
Hoslemo
Byklеheiene
Glitb
Stora Blåfjell
1254
Hovatn
Strondefjell
1394
Bykle
Storsteinheii
1225
Storsteinen
Eidavatn
Lusaheia
Grasdalen
Steinheii
1421
Nasefjell
1084
Voilenuten
1343
Støyldalen
Ljosådalen
Storådalen
Smalevasseggi
Kringlevatn
1244
Auråhorten
1290
Nilsebu
Skrumleknuten
1235
Litle Auradalen
Rjuven
Skammefjell
1418
Røysland
Rygnestad
Flateland
Urddalsknuten
1443
Stavskardhytta
Bossbu
Svarvarnuten
1377
Valle
Berg
Storevatn
Lysekammen
1304
1200
Grautheller
Holmevassheii
996
Svartenut
Dalaknuten
1109
Lysedalen
Taumevatn
Sirdalsheiane
Beinleinuten
1303
Uppstad
Ørnefjell
963
Brokke
Hovet
Botsvatn
Hylsdalen
Suldalsvatnet
Suldalsheiane
Blåsjø
Bratteleiv
Otra

N
11c
12a
12b
12c
13a
161
143
127
Mb2
Mb3
Na1
Na2
Na3
Kvæven
Urbø
Løyning
Haukeligrend
Edland
Tveitegrend
Grungedal
Øverland
Arabygdi
Vådalen
Vå
Husnuten
1609
1568
Spjotar
Skulestaul
Mostaul
Rauland
Kjellingtveit
Gardsjordet
Totak
Krossen
Austbø
Brunuten
1203
Kråmøyi
Haug
Kromviki
1096
Skinnarland
Førsvatn
Sæsnuten
1392
1298
1219
1414
Grunge
Bekkimillom
Fossenut
1209
Heii
Smørklepp
Smørkleppdalen
Våmmartveit
939
Olsnes
Kostveit
Øyi
Lognvik
Sæsvatn
1262
Bjåen
Kaldsfjelli
1242
1299
Berbufjellet
1275
Storemidtfjell
1385
914
Vinje
Vinjesvingen
Høgetveit
Tjørnegrend
Damtjørnnuten
1294
1245
Vehuskjerringi
1356
Storesåta
1358
1195
1396
Vinjerudalen
1380
Ormeggine
Fjellhovdane
954
Særendsgrend
Hylland
Stuvetrå
Tjørnbrotbu
1455
Kvannefjellet
1537
Byrtedalen
Øvre Byrte
Ytre Byrte
Åmot
979
Øyfjell
Mogen
1530
Korpenuten
1345
1141
Rautefjell
1361
Gøytil
Nesland
Bessefjell
1156
Raudsinu
1066
Berdalen
Berdalsbu
Klippingdalen
1221
1490
Nautesberdalen
Mo
Froland
Tveiten
Ofte
Høydalsmo
Førstøyl
Eidsborg
Glitbjørg
Dalen
Holtebru
1520
Urdenosi
1014
1020
Heimdal
Veggine
1032
Grimdalen
Skafså
Lauvvikfjell
994
Triset
Lårdal
1257
Holfjell
1294
1468
Borsæ
Bjørnevasshytta
46
767
Åmdals Verk
935
897
1246
Napuren
1284
Krossli
Vråliosen
957
Homme
Aslestad
Øysteinsfjell
1172
1069
Berrfjell
1060
936
817
Hauggrend
Røysland
Rygnestad
Regnådalsheii
1253
Flateland
Hæstad
Rotemo
1206
Homme
Hovstøyl
Veum
Roan
1192
Espetveit
Valleheiane
Valle
Tjørnefjell
1065
1141
Li
Åslandsgrend
739
Hestekvævnuten
1160
Brottveit
Berg
Gaukåsfjell
1048
Torsdalsbu
Ljomsnuten
1269
Bjørnerud
Tåråldi
933
863
Hegglandsgrend
955
1008
873
Borgi
Nystøyl
Verpe
906
Uppstad
1198
854
Moland
Fyresdal
Grasstølfjellet
970
Nomeland
Hovet
Fyresdalheiane
765
978
Otra

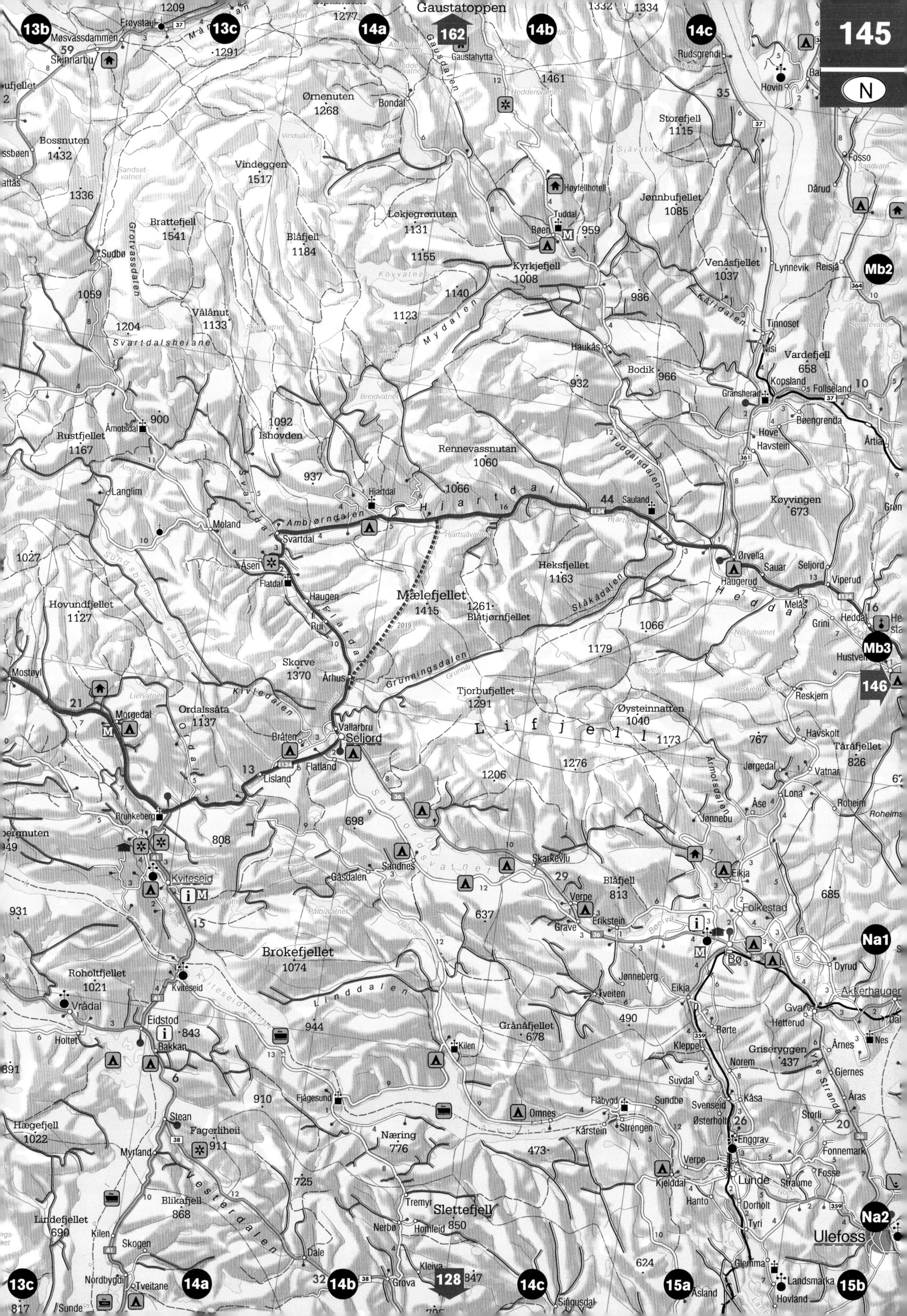
N
13b
13c
14a
14b
14c
162
Gaustatoppen
Gaustahytta
Gausdalen
Frøystaul
Møsvassdammen
Skinnarbu
Bossnuten
1432
1336
Sudbø
1059
1204
Svartdalsheiane
Vålånut
1133
Vindeggen
1517
Brattefjell
1541
Grotvassdalen
Ørnenuten
1268
Bondal
1461
Heddersvatnet
Høyfjellhotell
Tuddal
Bøen
959
Løkjegrønuten
1131
Blåfjell
1184
1155
Kovvatnet
1140
1123
Mydalen
Kyrkjefjell
1008
986
Rudsgrendi
Storefjell
1115
Sjåvatnet
Jønnbufjellet
1085
Venåsfjellet
1037
Kåldalen
Hovin
Fosso
Sandvatn
Dårud
Lynnevik
Reisjå
Mb2
Tinnoset
Nisi
Vardefjell
658
Kopsland
Follsèland
Gransherad
Bøengrenda
Hove
Havstein
Årtia
Haukås
Bodik
966
932
Rustfjellet
1167
Åmotsdal
900
1092
Ishovden
Breidvatnet
Rennevassnutan
1060
Tuddalsdalen
Langlim
937
Hjartdal
1066
Hjartdal
44
Sauland
Køyvingen
673
Moland
Ambjørndalen
Svartdal
Hjartsjåvatnet
Åsen
Flatdal
Ørvella
Sauar
Seljord
Viperud
Haugerud
Heksfjellet
1163
1027
Sundsbarmvatnet
Haugen
Mælefjellet
1415
1261
Blåtjørnfjellet
Slåkådalen
Heddal
Melås
Grini
16
Hovundfjellet
1127
Rui
1066
Nystulvatnet
Mb3
Hustveit
Mostøyl
Skorve
1370
Århus
Grunningsdalen
1179
Flatsjå
146
Reskjem
21
Liervatnet
Kvivedalen
Tjorbufjellet
1291
Øysteinnatten
1040
Morgedal
Ordalssåta
1137
Vallarbru
Seljord
Bråten
Lifjell
1173
767
Havskolt
Tårafjellet
826
1276
Flatland
Lisland
13
1206
Jørgedal
Vatnar
Lona
Roheim
Brunkeberg
698
Åse
Jønnebu
Årmotsdalen
808
Seljordsvatnet
Kviteseid
Skarkevju
Eikja
Sandnes
Gåsdalen
29
Blåfjell
813
685
931
Verpe
Erikstein
Grave
Folkestad
15
637
Brokefjellet
1074
Bø
Na1
Dyrud
Akkerhaugen
Roholtfjellet
1021
Kviteseid
Jønneberg
Eikja
Tveiten
Vrådal
Linddalen
Gvarv
Eidstod
843
944
490
Grånåfjellet
678
Holtet
Bakkan
Kviteseidvatnet
Kilen
Børte
Hetterud
Årnes
Nes
Kleppe
Griseryggen
437
891
Norem
Gjernes
Suvdal
6
Fjågesund
910
Omnes
Flåbygd
Sundbø
Svenseid
Kåsa
Åras
Stean
Strengen
Karstein
Østerholt
26
Storli
20
Hægefjell
1022
Fagerliheii
911
Næring
776
473
Enggrav
Fonnemark
Myrland
Vesterdalen
Verpe
Fosse
725
Kjelddal
Lunde
Straume
Lindefjellet
690
Blikafjell
868
Tremyr
Slettefjell
850
Hanto
Dorholt
Na2
Kilen
Nerbø
Homleid
Tyri
Ulefoss
Skogen
Dale
624
Glemma
Nordbygdi
Tveitane
32
Grova
Kleiva
128
847
Landsmarka
Sunde
Singusdal
Åsland
Hovland
817
13c
14a
14b
14c
15a
15b

N
15b
15c
163
16a
16b
16c
Butjernseter
Gjuvnes
Eriksbu
Dagali...
Gjerde
Ingebu
Tingelstad
Linderud
Kopland
Jellstad
Haugfoss
Blåberg
Mjaugerud
Lande
Vatnebrynsvatnet
Flesberg
Kvernan
Nykirke
Bingen
Fosso
Sandvatn
Hoppestadvatnet
Høymyr
Vangestad
Grønbu
Dokka
Gjellerud
Bringe
Fønset
Vestbyvarden
670
Refsal
Åmot
Verp
Bletoppen
1341
Værås
Asland
Vålvatnet
Lampeland
Steinsrud
Dårud
Sigridsbu
Krøkla
922
Tveiten
Fjøse
Myrehogget
705
Skotselv
Leversby
Holte
Bakke
Knive
Blefjell
Numedal
Moen
Holtefjell
Blestua
Surtvarden
668
Mb2
Fosse
Svene
Stenset
Buru
Flåtebakkfjellet
842
Øygarden
Garder
Grøsland
Blestølen
Grasåsen
512
Ullern
Helleberg
Varlo
Lifjell
812
Buene
Aslaksrud
Hokksund
Horgen
Ormemyr
Bolkesjø
Lia
Kasa
Haug
Gorud
Ormåsen
Follsjå
Dalvika
Lofthus
Skjennåsknatten
656
Steinberg
Follseland
Jondalsåsen
579
Lurdalen
Jungeren
Smørgrav
Jondalen
Gravningsgrend
Pikerfoss
Vik
Jonrud
Skjellbred
Hegstad
Vestfossen
Årtia
Follsæråsen
Stengelsrud
Selslinatten
808
Selsli
Fiskum
Darbu
Sirikjerr
635
Bevergrenda
Vassbotn
Såsen
Skavanger
Mork
Jonsknutten
902
Knutehytta
Raen
Skarud
Hea
413
Grønvollfoss
Basserud
Baksteval
Østerud
KONGSBERG
Diseplass
Krekling
Vega
Gunhildrud
Majorplassen
Hassel
Lisleherad
Hove
Meheia
Sølvgruvene
Teigen
Gunhildrudknatten
567
Landsverk
Fjellstulfjellet
788
Heia
Kolknuten
681
Moane
Grosvoll
Viperud
Mb3
Bøen
Kongsgard
Verb
Nesfjell
599
Tryterud
Heddal
Saggrenda
Skollenborg
Grini
Heddal stavkirke
Skogen
Hedenstad
Hvamsal
Hakavik
145
Sem
Sætre
Berg
Hvam
Hostvet
Yli
Hillestad
Sørby
Vollen
Hevre
Notodden
Mark
Evju
Bjerknes
Gjestrud
Ljøterud
Senning
Orevika
Havskolt
Breidset
539
Tåråfjellet
826
Strand
Ramberg
Breidsethytta
Li
Sveinsbufjellet
733
Lifjell
556
Hov
Skibergfjellet
631
Simones
Lindum
Efteløt
Vatnar
673
Ådalen
Holmevatnet
Tjørnås
Orgetangen
Skrim
854
Skrimfjella
Styggmann
869
Buaren
564
Heddalsvatnet
Vines
Roheim
Roheimsheia
Hogsrud
Hjukse
Omholt
Hajeråsen
576
Store Stølevann
Ivarsbu
Meskestad
Hæm
Sørmyrsetra
Passebekk
Rud
Tuftfjellet
475
Vardefjell
814
Arud
Holte
Sørmyr
Komnes
Finnvollen
Omholtfjellet
672
Hvål
Solumfjellet
800
685
Klevar
Tuft
Godal
Skoli
Myklesæter
Kolsrud
Hvittingfoss
Na1
Eid
Sauherad
Bestul
Storåsen
564
Skinnesfjellet
500
Dyrud
Pikstein
636
Presteseter
Otterstad
Nordagutu
Akkerhaugen
Kviberg
Dalen
Luksfjell
Nes
Dale
Svanstul
Kollen
Brufoss
Årnes
Haukvik
Rauberflaket
584
Nysefjell
555
Hortafjell
660
Grorud
Hellingsrud
Vergedal
Herland
Gjernes
Grindlia
Blåfjell
674
Svarstad
Hukstrøm
Skalla
424
Åras
Hortensæter
Oppsalfjellet
534
Storli
Spiredalen
De brendte fjella
574
Gavalstad
Barlindkollen
421
428
Skum
606
Smukkestad
Gjetrang
Hval
Fonnemark
Vanebu
Engelstad
Hoppefjell
520
Reipeknuten
642
De brendte åsane
538
Gåserud
Holtan
Hvala
Valebø
Vale
Helgeland
Solverød
Vindfjell
619
Svartvannsætra
Styrvoll
Grini
Na2
Stulen
Dansaren
527
Opdalen
Hogstad
Tveiten
Naug
Ulefoss
Søve
Solberg
Mo
Prestgardsæter
Lofstad
Vierød
Einarsrød
Fen
Febakke
Geitebuvarden
514
Tveiten
Svartevassåsen
354
Åmtveit
Dyrkoll
Skrehelle
547
Hoyset
Silja
Steinsholt
Holtehedde
401
Dalsroa
15b
15c
16a
129
16b
16c
17a
369
Store Nipe
Helgen
Fjelldalen
Holte
Øvre
Haugen
Røsholt
Bergan
Virgenes
Vestfold

17a
17b
164
17c
18a
18b
N
OSLO
Holmenkollen
Tryvasshøgda
529
Nordberg
Grini
Haslum
Smestad
Sinsen
Furuset
Bærums Verk
Rykkin
Kolsås
379
342
Bekkestua
Stabekk
Skøyen
Slott
Oslo Domkirke
Lysaker
Bygdøy
Akershus
Hovedøya
Oppsal
Bryn
Ryen
Bekkelaget
Mb1
Lambertseter
Nordstrand
Hauketo
Ljan
Klemetsrud
Østmarkkapellet
Lindøya
Sjursøya
Malmøya
NESODDTANGEN
Oksval
Helvik
Fornebu
Snarøya
Østøya
Flaskebekk
Sjøstrand
Nesøya
Brønnøya
Gåsøya
Langåra
Ildjernet
SANDVIKA
Slependen
Holmen
Tanum
Vøyenenga
Skui
420
Vestmarka
Vestergyllen
426
ASKER
Sem
Skaugum
Blakkstad
Vollen
Bjerkøya
Alværn
Berger
Torget
Steilene fyr
220
Nesodden
Fjellstrand
Fjell
Bomansvik
Svartskog
Hasle
20
Svestad
27
188
Spro
Garder
Brevik
Kolbotn
Sværsvann
Myrvoll
Siggerud
Bru
Vevelstad
Oppegård
Langhus
Mb2
Togrenda
Vinterbru
Kjærnes
Bekkevoll
Nordby
Berger
Holtbråten
Hallangen
Digerud
Aspond
Fagerstrand
Gjøfell
Dal
SKI
148
Follo
Hellgesta
Frogn
Melleby
Øttarsrud
Huseby
Heer
Horgen
Dyrløkke
Bakker
ÅS
Holstad
Kråkstad
Rustad
Asper
Skotbu
Korsegården
Haver
Solberg
DRØBAK
Oscarsborg
Slottet
Storsand
Varden
230
Håøya
Sætre
Kongsdelene
Oslofjordtunnelen 7230 m
Hogstvet
Kroer
Reitvet
Brekke
Elvestad
Bråte
Verbet
Kjensli
Vestby
Pepperstad skog
Hvitsten
Eltorp
Bilitt
Bierve
Hobøl
Hobølva
203
Garder
Torp
Berg
Kroken
Kjenn
Stubberud
Ringvoll
Holo
Mb3
Bærø
Skjelfoss
Kjøvangen
Mørk
Son
Hølen
Såner
Sonsveien
Kure
Tveiter
Veidal
Gylder
Brevik
Store
81
Kåbøl
Våler
Kirkebygda
172
Sjønnerød
14
Rød
98
Teksnes
Jeløya
Nes
Ås
Kambo
Fuglvika
140
Tronvika
Alby
MOSS
Kallum
Dillingøya
Ros
Unum
Gressøya
Na1
20
Spjøt
Kjærnes
Burumøya
Værnekloster
Huggenes
Fuglevik
Evje
Kirkegrenda
Fredskjær
Halmstad
Eskelund
Grimstad
Rygge
Kure
Danserfjella
125
Gillingsrød
Slangsvold
Karlshus
Hallingsås
Larkollen
18c
Åsgård
18b
18a
130
DRAMMEN
Lierbyen
Tranby
Lyngås
Spiraltoppen
Pukerud
Solbergelva
Krokstadelva
Landfallhytta
Tverken
Frogner
Kjellstad
Reistad
Grinderud
Konnerud
Gullaug
Spikkestad
Dagslett
Røyken
Grette
Bjørnstad
Lahell
Sølum
Solumstrand
Hyggen
Villingstadåsen
356
Heggedal
Brennåsen
361
Kjekstadmarka
Dikemark
Kjenner
Bjørkås
Slemmestad
Nærsnes
Båtstø
Sundby
Åros
Jerdal
Tørkopp
Tangen
Nordby
Drammensfjorden
Kuven
305
Rørvik
Selvik
Sandungen
Stikkvannskollen
361
Klokkarstua
Hurum
Verket
Sæteråsen
396
Svelvik
Knem
Kinn
Knivsfjellet
310
Hoyen
316
Berger
Holmsbu
Lilltvet
Kana
Grønsletta
Delåsen
264
Rød
Filtvet
Huseby
Tronstad
Mørkassel
Rødtangen
Skjøttelvik
207
Sagene
Tofte
Bjerkøya
Breiangen
Tofteholmen
Bevøya
Langøya
Mølen
Løvøya
Østøya
Gullholmen
Falkensten
Åsen
Nykirke
Setterød
161
Pauli
Semb
HORTEN
Borre
Borrevannet
Revlingen
Bastøy
Skoppum
Undrumsdal
Løs
Loeret
Åsgårdstrand
Gullerød
Skibrek
Barkåker
Rørås
Rom
Eikeberg
Bjune
Holmestrand
Gullhaug
Gaupås
Botne
Mulvika
Helland
Smørstein
Kvan
Strange
Holtung
Sørby
Brekkåsen
Våle
Svinevoll
Fon
Revetal
Verp
Fossan
Askjer
193
Høyjord
Gran
Ramnes
Storås
284
Kirkevoll
Klopp
Linnestad
Dal
Gulåsen
197
Jarberg
Stulen
Sukke
Gravdal
Andebu
17b
17c
Flagret
620
Horn
Brevik
Hovlandsfjellet
675
Finnemarka
Rustan
Røyne
Drag
Sponnevollen
Hørtekollen
495
Kyllerud
Hørte
Gjevlekollen
602
Svarvestolen
Solberg
Sylling
Enger
Asdøl
Neverkollen
575
Tronstad
Bordvika
Trættekollen
611
Sjåstad
Meren
Oppsal
Sørsdal
Kraftkollen
481
Øksne
Egge
Eiksetra
Skoger
Klever
Preste-Slettåsen
568
559
320
Andorsrud
Svingen
347
Gutudalen
Gutu
Eikeberg
Galleberg
Veberg
Sande
Berg
Rød
Bondiseteråsen
366
Herstad
Kaståsen
276
Selvik
Orvika
Holm
Eplerød
Hvittingen
404
249
Fogstad
Dokka
Hillestad
Sundbyfoss
Grennes
Kronlia
Rundtjernåsen
235
Vassås
Skarrebo
Gran
Soænga
Barkost
211
Sjue
Berg
Ryksåsen
240
Revo
Kornto
Bakstvål
Ryk
307
Skotvet
Vivestad
Låne
225

N
18c
19a
19b
19c
20a
20b
165
147
131
Mb1
Mb2
Mb3
Na1
OSLO
Lillestrøm
Strømmen
Fjellhamar
Lørenskog
Fetsund
Sørumsand
Skedsmokorset
Kjeller
Skjetten
Romsås
Sinsen
Furuset
Oppsal
Bekkelaget
Lambertseter
Klemetsrud
Rælingen
Skårer
Ramstadslottet
394
Akershus
Aursmoen
Aurskog
Bjørkelangen
Blaker
Rånåsfoss
Lystad
Sletta
Børgen bru
Åkrene
Bjørnholen
347
Aurskog varde
285
Gåsebrenna
364
Klovehøgda
330
Ringkollen
370
Elgheia
385
Kaståsen
322
Runddelen
393
Flateby
Vardåsen
374
Østmarka
Sørmarka
Ytre Enebakk
Enebakk
SKI
Follo
Mjærskogkollen
300
Tomter
Spydeberg
ASKIM
Mysen
Rakkestad
Skiptvet
Svinndal
Skjønhaug
Hemnes
Høland
Løken
Himdalen
Hølands Varde
350
Vardehøgda
335
Viktjernhøgda
330
Oppskot
302
Slavasshøgda
336
Stangevarde
290
Rødenessjøen
Ørje
Hobølvarde
203
Spydeberg
254
Trollerudåsen
230
Taraldrudåsen
225
Sameia
207
Gastgiveren
216
Buråsen
184
Jarshøgda
238
Glomma
Eidsberg
Kallak
Lund
Hærland
Momarken
Slitu
Knappstad
Hovin
Bøler
Burstad
Heiås
Båstad
Ringstad
Kolstad
Mørkved
Hoøl
Øymark
Kasbu
Tjernes
Torp
Sørby

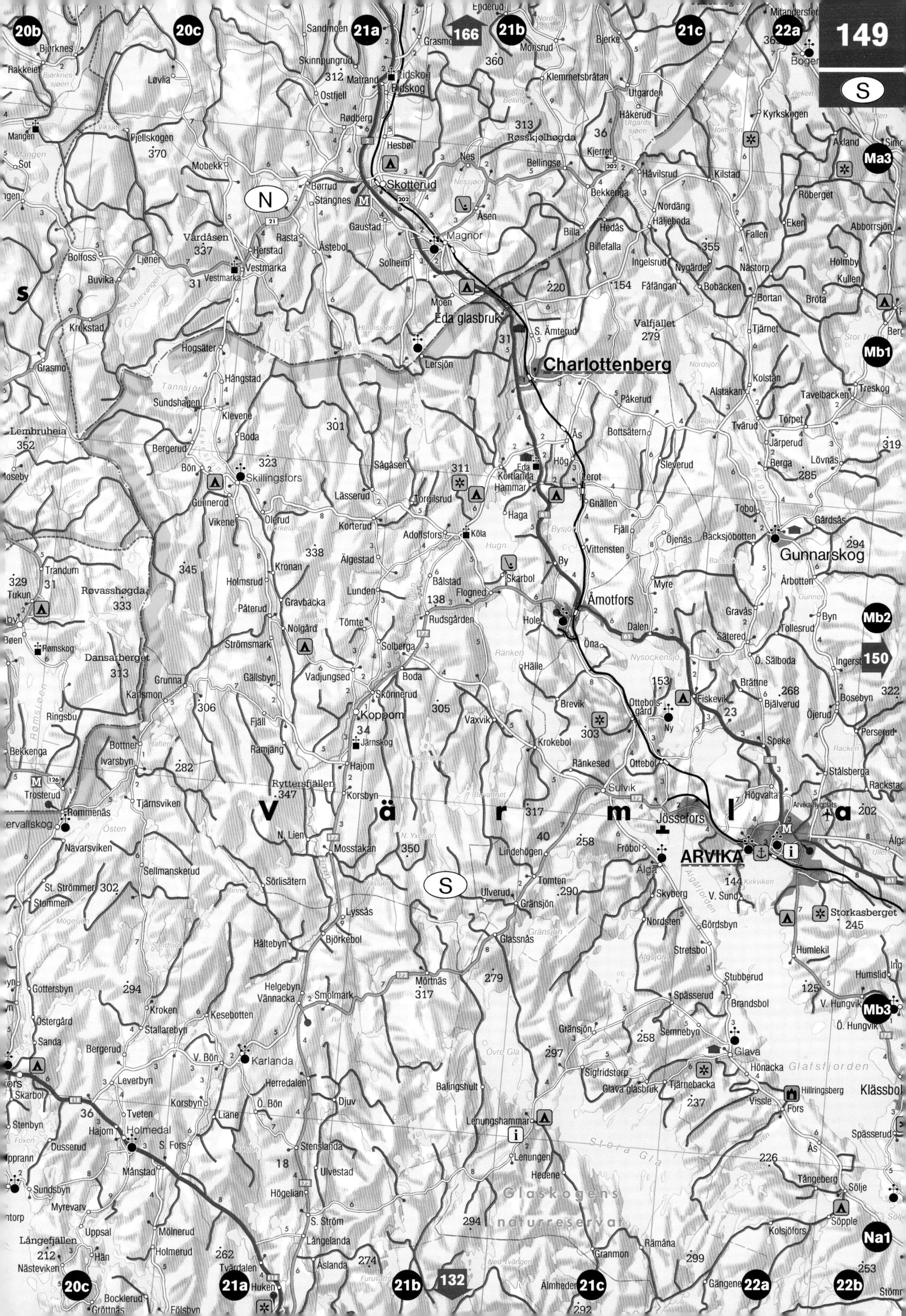

S
20b
20c
21a
166
21b
21c
22a
Ma3
Mb1
Mb2
150
Mb3
Na1
22b
132
Charlottenberg
Skotterud
Eidskog
Magnor
Eda glasbruk
Lersjön
Vestmarka
Herstad
Vardåsen
Skillingsfors
Gunnarskog
Åmotfors
Koppom
Järnskog
Jössefors
ARVIKA
Glava
Glava glasbruk
Karlanda
Holmedal
Rømskog
Rommenäs
Gåsåsen
Glaskogens naturreservat
Stora Gla
Värmland
Sandmoen
Matrand
Gaustad
Mangen
Fjellskogen
Mobekk
Bjørknes
Rakkeiet
Løvlia
Monsrud
Klemmetsbråtan
Bjerke
Utgarden
Håkerud
Røsskjølhøgda
Kjerret
Hävilsrud
Kilstad
Bogen
Kyrkskogen
Axland
Röberget
Abborrsjön
Holmby
Kullen
Bröta
Tjärnet
Valfjället
Kolstan
Alstakan
Tavelbacken
Treskog
Påkerud
Bottsätern
Tvärud
Torpet
Järperud
Berga
Lövnäs
Sleverud
Lerot
Gnällen
Korflanda
Hammar
Haga
Köla
Adolfsfors
Torgilsrud
Sågåsen
Lässerud
Korterud
Älgestad
Lunden
Bålstad
Flogned
Skarbol
Rudsgården
Tömte
Solberga
Boda
Skönnerud
Vadjungsed
Gällsbyn
Grunna
Karlsmon
Hajom
Korsbyn
Ryttersfjällen
Mosstakan
Sörlisätern
Lyssås
Björkebol
Håltebyn
Helgebyn
Vännacka
Smolmark
Mörtnäs
Glassnås
Gränsjön
Ulverud
Tomten
Lindehögen
Sulvik
Fröbol
Älgå
Skyberg
Nordsten
Gördsbyn
Stretsbol
Stubberud
Spässerud
Brandsbol
Semnebyn
Hönacka
Glafsfjorden
Hillringsberg
Klässbol
Vissle
Fors
Tångeberg
Sölje
Söpple
Kolsjöfors
Rämåna
Granmon
Gängene
Älmheden
Lenungshammar
Lenungen
Hedene
Balingshult
Sigfridstorp
Tjärnebacka
Storkasberget
Humlekil
Högvalta
Stålsberga
Speke
Bjälverud
Fiskevik
Ottebol
Ottebolsgård
Krokebol
Vaxvik
Brevik
Ränkesed
Dalen
Öna
Hälle
Hole
By
Vittensten
Fjäll
Öjenäs
Backsjöbotten
Myre
Gravås
Sätered
Ö. Sälboda
Tollesrud
Byn
Årbotten
Gårdsås
Bosebyn
Öjerud
Perserud
Rackstad
Brättne
Sundshagen
Hångstad
Klevene
Hogsäter
Bergerud
Bön
Gunnerod
Vikene
Olerud
Kronan
Holmsrud
Päterud
Gravbacka
Nolgård
Strömsmark
Fjäll
Rämjäng
Bottner
Ivarsbyn
Tjärnsviken
N. Lien
Navarsviken
Sellmanskerud
St. Strömmer
Stommen
Gottersbyn
Östergård
Sanda
Kroken
Kesebotten
Stallarebyn
Bergerud
V. Bön
Leverbyn
Herredalen
Ö. Bön
Djuv
Korsbyn
Liane
Tveten
Stenbyn
Hajom
Dusserud
S. Fors
Stenslanda
Ulvestad
Högelian
Månstad
Sundsbyn
Myrevarv
Uppsal
Mölnerud
Holmerud
Långefjällen
Hän
Nästeviken
Tvärdalen
Huken
Bocklerud
Gröttnäs
Fölsbyn
S. Ström
Långelanda
Åslanda
Lembruheia
Moseby
Trandum
Tukun
Røvasshøgda
Dansarberget
Ringsbu
Bekkenga
Trosterud
Krokstad
Grasmo
Bolfoss
Buvika
Ljøner
Rasta
Åstebol
Solheim
Moen
S. Ämterud
Nes
Åsen
Bellingsø
Bekkenga
Billa
Hedås
Billefalla
Ingelsrud
Nygärdet
Nästorp
Fåfängan
Bobäcken
Bortan
Håljeboda
Nordäng
Fallen
Eken
Börrud
Stangnes
Hesbøl
Rødberg
Ostfjell
Skinnpungrud
Gräsmo
Enderud
Mitandersfors
Vilåsen
Ingerst
V. Hungvik
Ö. Hungvik
Humslid
V. Sund
Gränsjön
Arvika flygplats
Ränken
Hugn
Bysjön
Nysockensjön
Backsjön
Gunnern
Rackan
Kirkviken
Älgsjön
Stora Gla
Övre Gla
Rinnen
N. Yxesjön
Nassjön
Östen
Mögesjön
Rømsjøen
Tannsjön
Fjällsjön
Holmsjön
Helgesjøen
Skjervangen
Viksjøen
Bjørknessjøen
Nessjøen
Storesen
Utgardssjøen
Lilleken
Söndre Bellingen
Nordre Bellingen
Glaaken
Ned Tvängen
Furuvattnet

S
ARVIKA
Sunne
Forshaga
Kil
Edane
Lysvik
Deje
Klässbol
Gleberget
Lönnhöjden
Fryksdalshöjden
Tossebergsklätten
Hinnershöjden
Skallbergen
Ransätershöjden
Storkasberget
Mårbacka
Rottneros Park
Stamfrände-monumentet
Östra Ämtervik
Uddheden
Gräsmarks kyrka
Glafsfjorden
Vänmeln
167
149
133

24a
24b
24c
168
25a
25b
Aamäckhöjden
Buda
Bockfall
Edet
Ängen
Mossen
Harkfallet
St.Lönnhöjden
Linnerhöjden
Oforsen
Olshöjden
Ämtbjörk
Gunnerud
Ängåsen
S. Tollåsen
Sätersta
Traneberg
Kvarnhöjden
Laggsundet
Edebäck
Skålviken
Gustav Adolf
Grödal
Täppan
Hagfors
Värmlandsgården
Rämsberget
Rämsberg
Djuprämmen
Gustavsström
Hökhöjden
Bäckåsarna
Uddeholm
Deglundsbäcken
Myren
Nordvik
Östervik
Mörttjärn
Ma3
Gumhöjden
Vålberget
Mörtviken
Näset
Rämmen
Vattbäcken
Yxtjärnshöjden
Älvsjöheden
Torrakberget
Eskil
Siksjön
Älvsjöhyttan
Råda
Risberg
Rissäter
Manen
Ullshyttan
Tappåsen
Klintberget
Sundsjön
Villastaden
Myren
Lakheden
Ullsberg
Skallberg
Brushöjden
Lesjöfors
Blockenhus
Kvarnen
Igelhöjden
Backa
Torkhus
Mannikhöjden
Mögrevsände
Omsberg
Prästbol
Hattersbol
Storfallshöjden
Ängkärret
Skymnäs
Lidsbron
Motjärnshyttan
Älgviken
Franstorp
Lisselgården
Getberg
Eknäs
Höje
Lid
Sandsjön
Dalen
Mb1
Väsby
Sunnemo
Kötjärnsberget
Åsarna
Vintersjöhöjden
Rishöjden
Långbansände
Pilgrimsleden
Brånberg
Gåsborn
Örlingen
Munkfors
Viljamsbol
Gräs
Milberget
Rud
Grundsjön
Långban
Silvergr
Nordmark
Fallet
Bosjön
Mångstorp
Skåltjärn
Knisshöjden
Haborshyttan
Finngårdarna
152
Stormossen
Mon
Fogdhyttan
Horssjön
Västanå
Runnberget
Stöpsjöhyttan
Bryggan
Dammhyttan
Lervik
Saxån
Kuthöj
Forshyttan
Skarpåsarna
Östanås
Persberg
Bären
Butorp
Älvsbacka
Paradisgård
Yngshyttan
Ås
Stenåsen
Änghöjden
Torskbäcken
Mb2
Mjönäs
Län
Filipstad
Västerrud
Lungen
Örtenäs
Björntjärn
N. Viken
Lungstorp
Bergskalhyttan
Hennickehammar
Färnsviken
Torrakhöjden
Bålhyttan
Herrån
Björsk
Smedstorpshöjden
Gammalkroppa
Näs
Tidafors
Brattfors
Mölnbacka
N. Rådom
Grännäset
Duvenäs
Storåsen
Lerfallet
Hornkullen
S. Rådom
Daglösen
Molkom
Dalbotorp
Asphyttan
Nykroppa
Krakerud
Blombacka
Bengtstorp
Skarphyttan
Hult
Fageråsen
Åstorpsmos.
Sutterhöjden
Stormossen
Hättälven
Bjurbäcken
Mosserud
Laskerud
Norum
Lungstorp
Getebol
Bäckelid
Rishöjden
Mb3
Hedås
Sundstorp
Laggartorp
Hasselbol
Rådatorp
Bäckelid
Svedenäs
Viberg
Ämten
Forsbron
Gaperud
Arviken
Lindås
Tågås
Storfors
Finnsnäs
Göranstorp
N. Fristjärn
Flatvik
Mosserud
Lungsund
Heden
Glumstorp
Älgåmossen
Alster
Jonsbol
Rödmossen
Euruvik
Råglanda
Brandsbol
Glumserud
Lundsberg
Bregården
Västenå
134
Hult
Hulteby
Sindret
Bjurön
25c

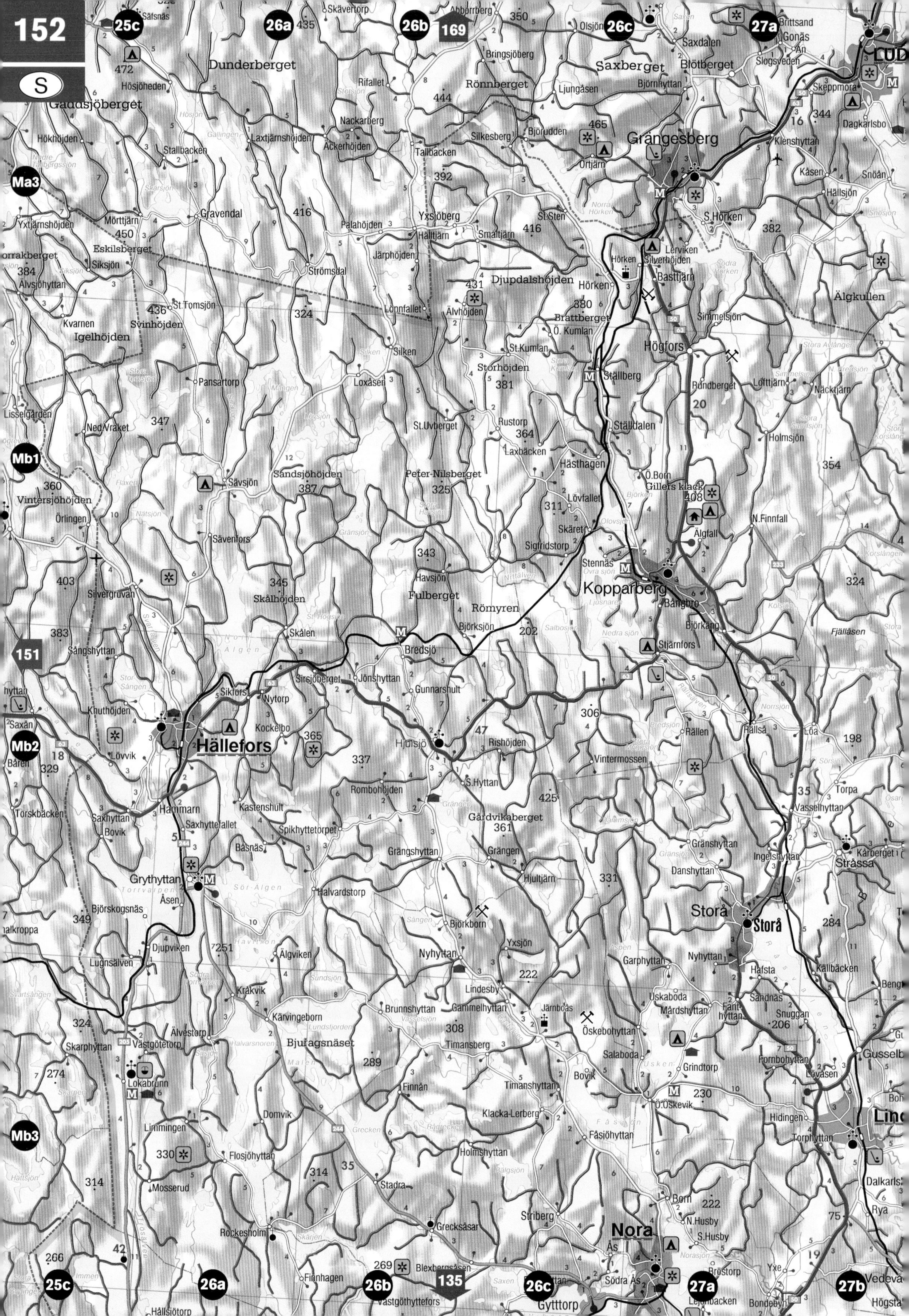
S
25c
26a
26b
169
26c
27a
Säfsnäs
Skävertorp
Abborrberg
Olsjön
Saxen
Brittsand
Gonäs
LUD
Dunderberget
Bringsjöberg
Saxberget
Saxdalen
Blötberget
Slogsveden
Hösjöheden
Gaddsjöberget
Rifallet
Rönnberget
Ljungåsen
Björnhyttan
Skeppmora
Dagkarlsbo
Nackarberg
Silkesberg
Björudden
Grängesberg
Klenshyttan
Hökhöjden
Stallbacken
Laxtjärnshöjden
Ackerhöjden
Tallbacken
Ortjärn
Kåsen
Snöån
Ma3
Hällsjön
Mörttjärn
Gravendal
Palahöjden
Yxsjöberg
Hälltjärn
Smaltjärn
St.Sten
S.Hörken
Yxtjärnshöjden
Eskilsberget
Järphöjden
Lerviken
orrakberget
Siksjön
Strömsdal
Hörken
Silverhöjden
Basttjärn
Älvsjöhyttan
Djupdalshöjden
Älgkullen
St.Tomsjön
Lönnfallet
Älvhöjden
Brattberget
Ö. Kumlan
Simmelsjön
Kvarnen
Svinhöjden
Igelhöjden
St.Kumlan
Högfors
Silken
Storhöjden
Ställberg
Pansartorp
Loxåsen
Rundberget
Lofttjärn
Näcktjärn
Lisselgården
Ned Vraket
Rustorp
Laxbäcken
St.Uvberget
Ställdalen
Holmsjön
Mb1
Sandsjöhöjden
Peter-Nilsberget
Hästhagen
Ö.Born
Gillers klack
Vintersjöhöjden
Sävsjön
Lövfallet
Örlingen
Skäret
N.Finnfall
Sävenfors
Sigfridstorp
Älgfall
Havsjön
Stennäs
Silvergruvan
Skålhöjden
Fulberget
Römyren
Kopparberg
Bångbro
Björkang
Fjällåsen
Skålen
Björksjön
Stjärnfors
Sångshyttan
151
Bredsjö
Sirsjöberget
Jönshyttan
Gunnarshult
Siktors
Nytorp
Khuthöjden
Kockelbo
Saxån
Hällefors
Hjulsjö
Rishöjden
Rällen
Rällså
Löa
Mb2
Lövvik
Baren
Vintermossen
Rombohöjden
S.Hyttan
Torpa
Hammarn
Kastenshult
Vasselhyttan
Torskbäcken
Saxhyttan
Bovik
Saxhyttefallet
Spikhyttetorpet
Gårdvikaberget
Bäsnäs
Grängshyttan
Grängen
Gränshyttan
Ingelshyttan
Kårberget
Strässa
Grythyttan
Hjultjärn
Danshyttan
Åsen
Halvardstorp
Björskogsnäs
Björkborn
Storå
alkroppa
Djupviken
Yxsjön
Nyhyttan
Garphyttan
Hafsta
Källbäcken
Lugnsälven
Älgviken
Lindesby
Uskaboda
Sandnäs
Kråkvik
Kärvingeborn
Brunnshyttan
Gammelhyttan
Järnboås
Mårdshyttan
Fanthyttan
Snuggan
Öskebohyttan
Älvestorp
Västgötetorp
Bjurägsnäset
Timansberg
Salaboda
Gusselb
Skarphyttan
Grindtorp
Fornbohyttan
Lövåsen
Lokabrunn
Finnån
Timanshyttan
Bovik
Ö.Öskevik
Domvik
Klacka-Lerberg
Hidingen
Lin
Limmingen
Mb3
Flosjöhyttan
Holmshyttan
Fåsjöhyttan
Torphyttan
Mosserud
Stadra
Dalkarls
Born
N.Husby
Rya
Striberg
Rockesholm
Grecksåsar
Nora
S.Husby
Skärjen
Ås
Bröstorp
Yxe
Finnhagen
Blexbergsäsen
Södra Ås
Vedeva
135
Västgöthyttefors
Gytttorp
Lejonbacken
Bondebyn
Högsta
Hällsjötorp
27b

S
Smedjebacken
Uvberget
Vikersvik
Norrbärke
Söderbärke
Vanberget
Nor
Norberg
Kallmora
Kolningberg
Flängan
Trättsbo
Rosendal
Museijärnväg
Livsdal
Hönsgärdet
FAGERSTA
Prästberget
Engelsberg Ironworks
Ängelsberg
Västervåla
Karbenning
Brearna
Virsbo
Gammelby
Skinnskatteberg
Västmanland
Gunnilbo
Färna
Ramnäs
Riddarhyttan
Malingsbo
Bondberget
Lumsberget
Skallberget
Åstjärnsberget
Skräddarberget
Högfors
Godkärra
Ramsberg
Hed
Bernshammar
Kolsva
Odensvi
V.Skedvi
Finnåkers bruk
Spannarboda
Grönbo
Stormossen
Sura fornborg
Häljesta
Munktorp
KÖPING
Strömsholm
Rockhammar
Sällinge
Sundänge
Körtinge
Laglösaköping
27b
27c
28a
28b
28c
29a
170
136
154
Ma3
Mb1
Mb2
Mb3

AVESTA
SALA
Heby
VÄSTERÅS
HALLSTAHAMMAR
Surahammar
Skultuna
Västerfärnebo
Möklinta
Tärnsjö
Ramnäs
Kolbäck
Färnebofjärdens nationalpark
Vitmossen
Höskovs-mossen
Sätra brunn
Salas silvergruva
Fjärdhundra
Irsta
Gryta
Bäckby
Hökåsen
Tillberga
Romfartuna
Kumla kyrkby
Tärna

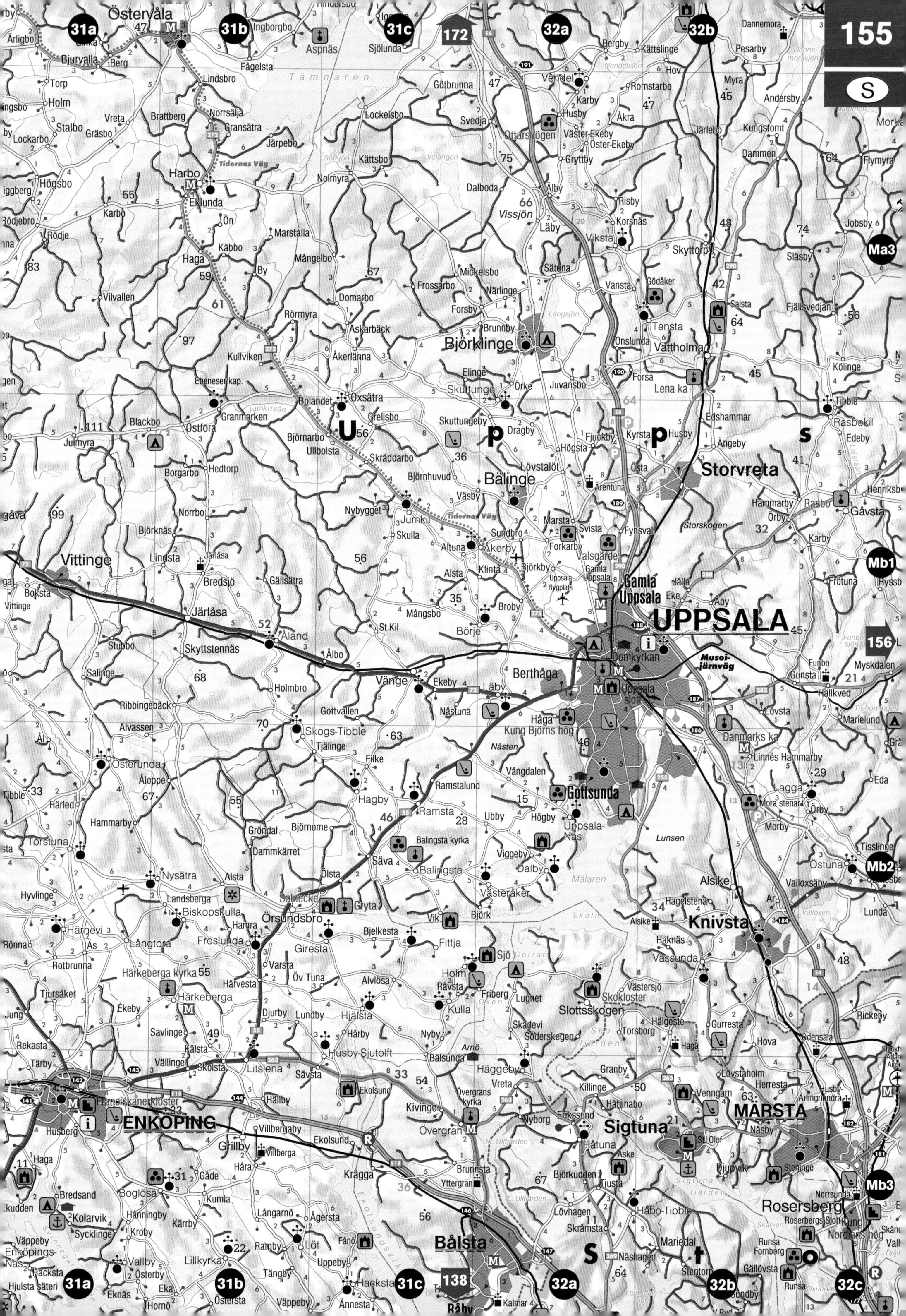
S
Östervåla
Ärligbo
Bjurvalla
Berg
Torp
Holm
Stalbo
Gräsbo
Vreta
Lockarbo
Högsbo
Rödje
Lindsbro
Brattberg
Norrsälja
Gransätra
Järpebo
Harbo
Tidernas Väg
Eklunda
Karbo
Ön
Marstalla
Kåbbo
Haga
By
Vilvallen
Ingborgbo
Aspnäs
Sjölunda
Fågelsta
Tämnaren
Göttbrunna
Lockelsbo
Svedja
Kättsbo
Nolmyra
Dalboda
Vissjön
Mångelbo
Frossarbo
Mickelsbo
Närlinge
Forsby
Domarbo
Rörmyra
Askarbäck
Brunnby
Björklinge
Åkerlänna
Kullviken
Ebeneser kap.
Granmarken
Östfora
Blackbo
Julmyra
Bolandet
Oxsätra
Grellsbo
Björnarbo
Ullbolsta
Skräddarbo
Björnhuvud
Skuttunge
Skuttungeby
Elinge
Örke
Dragby
Bälinge
Väsby
Nybygget
Jumkil
Skulla
Altuna
Åkerby
Sundbro
Klinta
Alsta
Broby
Mångsbo
Börje
St.Kil
Hedtorp
Borgarbo
Norrbo
Björknäs
Lindsta
Järlåsa
Bredsjö
Gällsätra
Vittinge
Boksta
Stubbo
Skyttstennäs
Åland
Ålbo
Vänge
Ekeby
Läby
Nästuna
Salinge
Holmbro
Ribbingebäck
Alvassen
Gottvallen
Skogs-Tibble
Tjälinge
Filke
Österunda
Åloppe
Härled
Hammarby
Torstuna
Nysätra
Alsta
Hyvlinge
Landsberga
Biskopskulla
Härnevi
Rönna
Ås
Rotbrunna
Härkeberga kyrka
Härkeberga
Tjursåker
Ekeby
Savlinge
Jung
Rekasta
Tärby
Kälsta
Vällinge
Skolsta
Litslena
Hagby
Ramstalund
Ramsta
Gröndal
Björnome
Dammkärret
Säva
Balingsta kyrka
Balingsta
Ölsta
Salnecke
Gryta
Örsundsbro
Hamra
Fröslunda
Långtora
Giresta
Bjelkesta
Fittja
Varsta
Härvesta
Öv Tuna
Alvlösa
Djurby
Lundby
Hjälsta
Hårby
Husby-Sjutolft
Sävsta
Ekolsund
Hällby
ENKÖPING
Franciskanerkloster
Husberg
Villbergaby
Villberga
Grillby
Ekolsund
Hara
Krägga
Gäde
Boglösa
Bredsand
Kolarvik
Kumla
Hanningby
Kroby
Sycklinge
Kärrby
Långarnö
Ägersta
Löt
Ramby
Väppeby
Enköpings-Näs
Vallby
Österby
Lillkyrka
Hacksta
Hjulsta säteri
Eknäs
Hornö
Eka
Östersta
Tängby
Uppeby
Väppeby
Ännesta
Bålsta
Råby
Kalmar
Vendel
Bergby
Kättslinge
Hov
Romstarbo
Karby
Husby
Åkra
Ottarsnögen
Väster-Ekeby
Öster-Ekeby
Gryttby
Alby
Läby
Risby
Korsnäs
Viksta
Sätuna
Vansta
Gödåker
Tensta
Onslunda
Vattholma
Forsa
Lena ka
Juvansbo
Fjuckby
Kyrsta
Husby
Högsta
Lövstalöt
Östa
Ärentuna
Marsta
Svista
Forkarby
Fynsvall
Valsgärde
Björkby
Gamla Uppsala
Uppsala flygplats
UPPSALA
Domkyrkan
Uppsala Slott
Berthåga
Håga
Kung Björns hög
Nästen
Vångdalen
Gottsunda
Ubby
Högby
Uppsala-Näs
Viggeby
Dalby
Västeråker
Mälaren
Vik
Björk
Sjö
Holm
Råvsta
Friberg
Lugnet
Kulla
Slottsskogen
Skokloster
Västersjö
Skadevi
Söderskogen
Torsborg
Nyby
Bälsunda
Arnö
Häggeby
Vreta
Övergrans kyrka
Kivinge
Övergran
Nyborg
Brunnsta
Yttergran
Granby
Killinge
Hatunabo
Erikssund
Sigtuna
Håtuna
Aske
Björkudden
Tjusta
Lövhagen
Skråmsta
Håbo-Tibble
Mariedal
Näshagen
Stentorp
Sundby
Dannemora
Pesarby
Myra
Andersby
Järlebo
Kungstomt
Dammen
Flymyra
Morka
Jobsby
Skyttorp
Släsby
Salsta
Fjällsvedjan
Kölinge
Tibble
Edshammar
Ängeby
Rasbokil
Edeby
Storvreta
Storskogen
Hammarby
Rasbo
Örby
Gåvsta
Henriksberg
Karby
Jälla
Eke
Åby
Frötuna
Ryssby
Funbo
Gunsta
Myskdalen
Hallkved
Museijärnväg
Lövsta
Marielund
Danmarks ka
Linnés Hammarby
Eda
Lagga
Mora stenar
Örby
Morby
Lunsen
Tisslinge
Östuna
Alsike
Valloxsäby
Lunda
Hagelstena
Alsike
Knivsta
Haknäs
Vassunda
Gurresta
Hälgesta
Haga
Hova
Odensala
Rickeby
Lövstaholm
Herresta
Venngarn
Husby
Arlingnundra
MÄRSTA
Näsby
St Olof
Djupvik
Steninge
Norrsunda
Rosersberg
Rosersbergs Slott
Runsa
Fornborg
Gällövsta
Runsa
Kungs hög
Nordens

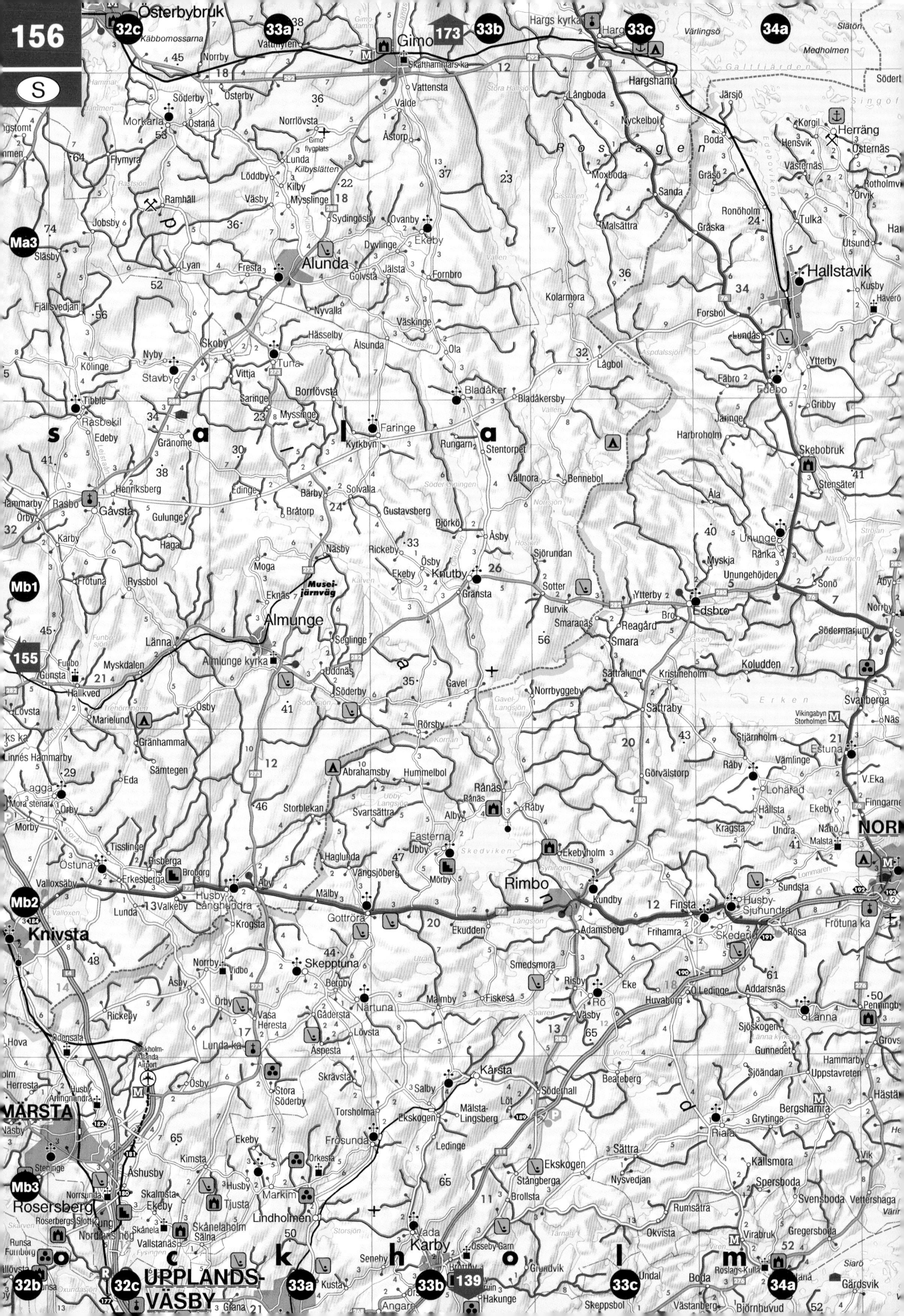
S
Österbybruk
Gimo
Hargs kyrka
Hargshamn
Skäfthammars ka
Vattensta
Långboda
Järsjö
Herräng
Morkarla
Östanå
Söderby
Österby
Norrby
Norrlövsta
Gimo flygplats
Åstorp
Valde
Lunda
Kilbyslätten
Löddby
Kilby
Väsby
Mysslinge
Ramhäll
Jobsby
Sydingösby
Ovanby
Ekeby
Dyvlinge
Alunda
Jälsta
Golvsta
Fornbro
Fresta
Lyan
Släsby
Fjällsvedjan
Nyvalla
Väskinge
Hässelby
Ålsunda
Ola
Skoby
Nyby
Stavby
Kölinge
Tuna
Vittja
Tibble
Rasbokil
Edeby
Borrlövsta
Saringe
Myssinge
Faringe
Kyrkbyn
Bladåker
Bladåkersby
Rungarn
Stentorpet
Gränome
Henriksberg
Edinge
Bärby
Solvalla
Vällnora
Bennebol
Hammarby
Rasbo
Gåvsta
Gulunge
Örby
Karby
Haga
Brätorp
Gustavsberg
Björkö
Åsby
Sjörundan
Näsby
Rickeby
Ösby
Moga
Ekeby
Knutby
Frötuna
Ryssbol
Musei-järnväg
Eknäs
Gränsta
Sotter
Almunge
Burvik
Smaranäs
Ytterby
Edsbro
Reagård
Smara
Länna
Seglinge
Funbo
Gunsta
Myskdalen
Almunge kyrka
Uddnäs
Hallkved
Söderby
Gavel
Norrbyggeby
Sättralund
Kristineholm
Sättraby
Lövsta
Marielund
Ösby
Rörsby
Gränhammar
Linnés Hammarby
Sämtegen
Abrahamsby
Hummelbol
Görvälstorp
Eda
Lagga
Mora stenar
Örby
Morby
Storblekan
Svartsättra
Rånäs
Råby
Alby
Fasterna
Ubby
Ekebyholm
Tisslinge
Risberga
Haglunda
Vängsjöberg
Mörby
Östuna
Erkesberga
Broborg
Valloxsäby
Husby-Långhundra
Lunda
Valkeby
Mälby
Gottröra
Rimbo
Kundby
Finsta
Husby-Sjuhundra
Ekudden
Adamsberg
Frihamra
Skederid
Rösa
Frötuna ka
Knivsta
Krogsta
Skepptuna
Norrby
Vidbo
Smedsmora
Risby
Rö
Eke
Åsby
Bergby
Närtuna
Malmby
Fiskesä
Huvaborg
Ö.Ledinge
Addarsnäs
Örby
Vasa
Heresta
Gäddersta
Lövsta
Väsby
Rickeby
Sjöskogen
Länna
Penningby
Hova
Odensala
Lunda ka
Äspesta
Gunnedet
Stockholm-Arlanda Airport
Skrävsta
Kårsta
Beateberg
Sjöändan
Uppstavreten
Hammarby
Herresta
Husby-Ärlinghundra
Ösby
Stora Söderby
Salby
Söderhall
Märsta
Torsholma
Ekskogen
Mälsta-Lingsberg
Löt
Bergshamra
Grytinge
Riala
Frösunda
Ledinge
Ekeby
Kimsta
Orkesta
Sättra
Steninge
Åshusby
Ekskogen
Källsmora
Stångberga
Nysvedjan
Spersboda
Svensboda
Vettershaga
Rosersberg
Norrsunda
Husby
Skalmsta
Ekeby
Tjusta
Markim
Brollsta
Rumsätra
Roserbergs Slott
Kung
Nordians hög
Skänela
Skånelaholm
Sälna
Lindholmen
Vada
Okvista
Virabruk
Gregersboda
Vallstanäs
Karby
Osseby-Garn
Runsa
Fornborg
Senehy
Grundvik
Roslags-Kulla
Upplands-Väsby
Kusta
Brottby
Hakunge
Undal
Boda
Gärdsvik
Skeppsbol
Västanberg
Björnhuvud
Angarn
Grana
Kolarmora
Forsbol
Lundås
Hallstavik
Kusby
Häverö
Ytterby
Fäbro
Edebo
Gribby
Järinge
Harbroholm
Skebobruk
Stensäter
Åla
Ununge
Rånka
Myskja
Ungehöjden
Sonö
Åby
Norrby
Södermarjum
Kolудden
Svanberga
Erken
Vikingabyn Storholmen
Stjärnholm
Estuna
Råby
Vämlinge
Lohärad
V.Eka
Hållsta
Ekeby
Finngarne
Kragsta
Undra
Malsta
Nänö
Sundsta
Lommaren
Moxboda
Sanda
Malsättra
Gräska
Gräsö
Boda
Ronöholm
Nyckelbol
Tulka
Korgil
Hensvik
Västernäs
Östernäs
Rotholmvi
Örvik
Utsund
Värlingsö
Slätön
Medholmen
Roslagen
Upsala län
Stockholms län
Mb1
Mb2
Mb3
Ma3
32b
32c
33a
33b
33c
34a
155
173
139

34b
34c
35a
35b
35c
36a
157
S

Svartklubben

Backby

Singö

Fogdö

otholma

Bromskär

Ekbacken
Byholma
Grisslehamn

marskogen
Klämmesudden

Tomta
Fjällbostrand

Norrby
Söderäng
Fjällboholmarna

13
Trästa
Fjäll

Ålands hav

Havsskogen

Björkkulla
Norrbyle
Nothamn

Semmersby
Havsängen

Edeby
Väddö
Mälbyhamn

Ortala
Mälby

Bornan
Väddö
Sandviken

Massum
Älmsta

Toftinge
Senneby
Sennebyhaken

Gåsvik
Nor

Rangarnö
Ytterskär

Boda

Brevik
Barnens ö

Råda
Nyby

Ekeby
Rörvik
Salnö
Skäret

37
Bäcka
Simpnäsklubb fyr

Björkö
Lervik

Harö

Söderby-
Nor
Ropnäs
Vika
Simpnäs

erby-
Bredsättra
Gryta

Gråtsjön
Björköfjärden
Björkö
Arholma

Björköhvan

Marum
Batteri Arholma

Osmaren
Anderssvedja
Arholma

Roslags-
Bro
Vätöhuvud
Villösan

Värnberg
Norrveda
Prästudden
Skeppsmyra

Röcksta
Vätö
Vätö
Norrviken

Grimsättra
Idö
Håkanskär

42
Nysättra
Haig
Karlsängen
Lidöfjärden
Tjärven

Utål
Utveda

Uddeböö
Bergsvik
Håknäs
Edsgarn
Lidön
Tyvön
Vattungarna

TÄLJE
Utlunda
Norrtäljeviken
Lidö
Gisslingö

Långgarn
Björkööören
Mjölskären
Söderarm

Hattudden
Rådmanby
Gräddö
Tjocko

Björknäs
Södersvik
Rävsnäs
Lerskären
Hallskäret

sthamra
Kaggeboda
Rådmansö
Koholma
Fejan
Rammskärsfjärden

Baltora
Sänsjö
Västanvik
Granhamnsfjärden
Långskär

ngeholms
lats
Åkerö
Aspnäs
Kapellskär
Rammskären

21
Insjövägen
S. Spjutstens-
fjärden

Osbyholm
Håtö
Håtöviken
Östernäs

Näset
Spillersboda
Marö
Ådskärsfjärden

Spraggaboda
Humlö
Stomnarö
Gräskö
Sundskär

Grovstanäs
Svartnö
Furusundsfjärden
Vidinge
Udd-djupet

Vasterf
Högmarsö
Furusund
Köpmanholm
Norröra
Gräsköfjärden
Kudoxa

Hemmarö
Eknäs
Norr-
fjärden
Vidingefjärden

Lögla
Kolsvik
Oxhalsö
Söderöra
Kudoxafjärden

Gärdsnäs
Yxlö
Stämmarsund

Ängsö
Förängen
Granö
Norrpada skärgård
Svenska Björn

*Ångsö
nationalpark*
Yxlan
Blidö
Storskär

öparö
Blidö
Alsvik
Rödlöga skärgård
Långskär
Skrakfjärden
Röder
Fladen

Norr-
fjärden
Storvik
Enskär
Rödlöga
Storskäret
Stenfjärden

Vagnsunda
Glyxnäs
Sundaskären

Vamban
Själbottna
Svartlöga

ättersö
Svartlögafjärden

Ma3

Mb1

Mb2

Mb3

140

34b
Ö. Lagnö
34c
35a
35b
35c
36a
Truten
Lillskärgården
In-Fredel
Söderskärgården

6a　6b　6c　174　7a　7b　7c

Vikso　Store Skorpa　Eidsvika
Bjørvika

Stora Kalsøy　Skorpo　Nordstrønø　Hovland
Marstein fyr　Sandtorr　Skeiøseno
Bakkasund　Skår　Lepsøy
Kalve　Hundvåko　Toranger　Hufthammar　Søre Øyane
Sørstrøno
Trolana　546　Birkeland　Røtinga
Austevoll-　Austevoll
hella

Ma3　Horgo　Austevoll　Storebø
Møkstrafjorden
Rostøy Rostøy
Møkster　Drøni　Haukanes　Kaldafoss　Eldholm
Drøni　24　Gjøvåg　Høpe　Liland
Litla Kalsøyi　Blåsternes　236　306
Fugløyi　Hevrøyi　Hestavik　Heiamark-　Bruntveit
Lunnøyi　Kolbeinsvik　pollen
Møkster　546　Huftarøy　Reksteren
Stongoland　Salthella　Bekkjarvik　Husavik　Reksteren　Ersvær
Mb1　Stolmen　Våge　Selbjørn　Vinnes　Flygansvær　Haukafær
Furen　Eversvik
Gauksheim　Færavåg
Støkken

Selbjørnsfjorden　Skumsnes　Sandvika　Håland
Amlandstø
Landa
Fonno　Vistvika　Kongsvik
Siglo　Naset
Hanøya　Raunholmen
Slåtterøy fyr　Ivarsøy　Vestbøstad　Fitjar　Midtfjellet　14
Gisøya　Selsøya　498
Brandasund　Vik　Mehammar
Risøya　Tranøya　749
Vikøya　Rolvsnes　Ålforo　Tveita　Klovskardfjellet
Klubbo　Helland　555
Goddo　Koløyhamn　Røydland　Jektavik
Mb2　Katla　Ervik　Gjøseter　Aga　545　Stord　Agdestein
Rogøya　288　703
Stongarvåg　Rubbestadneset　28　Grov
Urangsvågen　Sele　Skardet　16
Økland　541　Petarteigen　500　Presthaug
Måkesteinen　542　Stord　Haugland
Bremnes　Svortland　Folderøy　lufthamn　Vatna　Rommet
Melandsvågen　Bømlo　Stokken　Dyvik　M　Leir
Sønstabøvågen　Meland　Almas　Hysstad
Alsvåg　Gilje　542　M
Erstand　11　Stord
Tormodsætre　Siggjarvågen　Eldøy
Sakseid　Siggjo　Håvik　Kåravika
Hiskjo　Steinsvåg　473　Nautøya　Digernes　Skjersholmane
Hiskjo　542　Føyno
Tverrborgvika　Røyksund　Bømlafjordtunnelen
Vågen　Børøya　4　7890 m
Lykling　Børøyklampen　Moster　5　Spyssøya　Otterøya　Hauge
Skotningen　28　179　Eidsvåg
Børøy　Rutsøya　Moster　Einstapvoll
Lyngøya　Moster　Valevåg　Valebygda
Mosterhamn　Totland　432　Bjorga
Holsøyane　Holme　Midtøya　Valestrand
Gisøya　Vihovda　Valestrand　Svolland
Andal　Straumøy　M
Mb3　Nordøyane　Auklandshamn　25　Staupe　Asbø
541　Tindeland
Bømlo　Eikeland　Vika　Gangstø　Steinsl
Langevågkaien　Tjernagel　Vestvik　Fagerland　Arvik
Espevær　Langevåg　Emberland　Førde　Bjørkehau
Eidesvik　Kalava　Buavågen　240　Vestre Vikebygd　Kvame
Bømlahamn　167　Lier　Austre
Raudholmane　Røykjenes　Vikebygd　Vikebygd
Eltravåg　Rød
Na1　Lyngøya　Nordskog　Haukas　Vikefjell
Låtersøya　Ryvarden fyr　Vandaskog　Sveio　47　Trovåg　621
6b　6c　7a　141　Vandaskog　Mølstre　Krossleitet　Drå　Bakken　Bjordal
Ramsholmane　7b　11　11　Kvalvåg　Flatnes　7c　8a

N
Osøyro
Hattvik
Tonjaneset
Gjerdavik
Fusa
Fusafjellet
Skjørsand
Håvik
Rein
Skåte
Strandvik
Vinnes
Lunde
Bjørnen
Eide
Holdhus
Rødsfjell
590
Drageid
Kilen
Sævareid
Våganipen
820
Mjåneset
Revna
Revnestrand
Kleppe
Mundheim
Nes
Furhovda
Skår
Femanger
Hjartnes
Horga
674
Hjartåker
Lygre
Austefjord
Sundvord
Store Godøya
Tegland
Gåsavika
Malkenes
Lunde
Sunde
Tysnes
Våge
Humlevik
Holtekje
Uggdal
Myrdal
753
Dalen
Tysnessåta
Nymark
Vevatn
Stussvik
Nystølen
Fosså
Vardegga
357
Gjermundshamn
Hatlestrand
Tysnesøya
728
Hovland
Hamarhaug
Håvik
Ølve
Husa
Tufta
Teigen
Troppa
Ulvanes
Solheim
Meland
Vattedal
Koste
Onarheim
Øyjorda
368
Espevik
Skorpo
Ånuglo
Seløya
Herøysund
Tveit
Hellvik
Uskedalen
Gulholmen
Josnes
Hodnanes
Nord-Huglo
218
Haukanes
Huglo
Sør-Huglo
Laukhammar
Langgåta
Husnes
Røyrvikvåg
Helland
Opsanger
Bjelland
Teigen
Sundsteigen
Sunde
Valen
Ranavika
Halsnøy kloster
Hille
Eidsvik
Sæbøvik
Eid
Landa
Fjelland
Gravdal
Høylandsbygda
Mjelkevik
Stølsvik
Sjoangen
Ådnavik
Fjelbergøya
Nordhus
Fjelberg
Aksdal
463
Kika
Sundnes
Halsnøya
Sæbø
Øvrabø
Gjerde
Bjølleb ø
Taraldsøya
Mortveit
Leiknes
610
Skånevik
Tungesvik
Gardvik
Lauuvik
Bjoa
Apalvik
Romsa
Sandvik
Glopsøya
Haugsgjerd
Helleland
635
Haugsfjellet
741
Mækjevik
Bjorkjenes
Holmaseid
Vaka
Dreganes
Bjørgjo
Ulvanes
Båsnes
Hamre
526
Stangaland
Berge
559
Ølsvågen
Gjerdevika
Ølen
Viland
Heggjabø
Aurdal
Steinsland
Fjøsna
Fitja
Etne
Kambe
Støla
Håfoss
Grindeim
Gjerde
Vågen
Osnes
Meland
Hovland
Rame
Stølehetta
776
938
532
Olalia
Bjørndalssvida
Hauganuten
755
Englafjell
1200
Ulvanosa
1247
Fridheim
Indre Matre
Okstveit
Giskafjellet
550
Holmedal
Utåker
Sunde
726
Bauge
Sloke
Vannes
Søllesvik
Hjellflot
Ytre Matre
669
Åkra
Brekke
Vågsnes
Haugen
965
Kyrping
908
Haland
Lunda
Frette
Flote
Kvammen
Lykilsvatnhytta
Bordheia
1074
Rosendal
Nes
Kvinnherad
Seimsfoss
Guddal
Dimmelsvik
Hjelmeland
Landa
409
Snilstveitøy
Melderskin
1426
Lofallsstranda
Årsnes
Nordlifjellet
972
Ænes
Gygrastolen
1350
1347
Varaldsøyna
Øyarhamn
Sandvika
600
Øyefjellet
Haukanes
Varaldsøy
Åkre
Gjuvsland
691
Omastranda
Dysvik
Bakka
Linga
Eide
Ljones
Belsnes
Øydjorda
1075
Grotnes
Skiparvika
1272
Hamaren
Dumben
753
Årvika
1190
Grønhaug
Flatebø
Øyre
Årsand
Hessvika
Eikenes
Ripessåta
1085
Sunndal
Gjerde
Tveitnes
1146
1310
1454
Breidablikk
Fonnabu
1411
Svartavasshorga
1662
Folgefonna
nasjonalpark
1638
1222
Vardafjell
1099
Blådalshorga
1302
1168
Svartenut
1153
Kvanndalsnuten
1090
Tysse
Mosnes
Eljarvika
Fjæra
Skrumme
Rullestad
Viskjer
Saghaugen
Sauanuten
1207
Simlebu
Markhus
1137
Sandvasshytta
Røldal
Reinsnuten
1026
Blomstølen
Helgedalsnuten
1436
Øyna
1294
Storaheinuten
1252
Åbødalen
1036
Nip
Hellandsbygda
809
Øvstestølsnuten
Sauda
Saudasjøen
Svandal
770
Skånevikfjorden
Etnefjorden
Stordalsvatnet
Hissfjorden
Maurangsfjorden
Sildafjorden
Kvinnheradsfjorden
Husnesfjorden
Matresfjorden
Uskedalen
Amvikedalen
Ænesdalen
Furebergsdalen
Sandvikedalen
Nordstølsdalen
Slettedalen
Akrafjordtunnelen 7404m
Jondalstunnelen 10050m
8a
8b
8c
9a
9b
9c
10a
175
142
160
Ma2
Ma3
Mb1
Mb2
Mb3

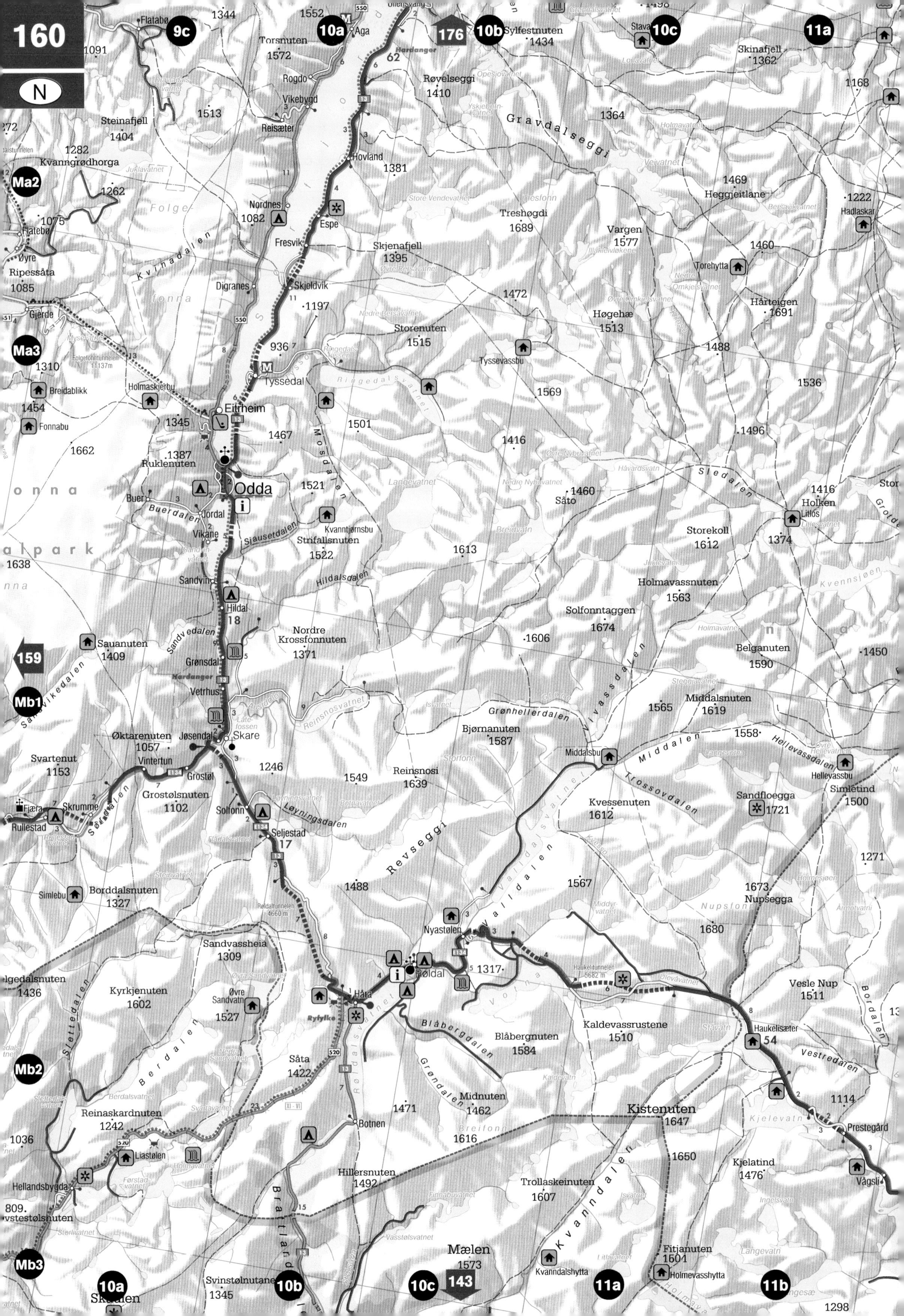
N
9c
10a
176
10b
10c
11a
Ma2
Ma3
159
Mb1
Mb2
Mb3
143
11b
Flatabø
1344
1552
Aga
Torsnuten
1572
Sylfestnuten
1434
Stavali
Skinafjell
1362
1091
Rogdo
Røvelseggi
1410
Hardanger
62
1168
Vikebygd
Reisæter
1513
Steinafjell
1404
Gravdalseggi
1364
1282
Kvanngrødhorga
Hovland
1381
1262
Folge
1075
Flatebø
Øyre
Ripessåta
1085
Nordnes
1082
Espe
Fresvik
Skjenafjell
1395
Treshøgdi
1689
Vargen
1577
1469
Heggjeitlane
1222
Hadlaskar
1460
Torehytta
Kvinadalen
Digranes
Skjeldvik
1197
fonna
Gjerde
1310
Folgefonntunnelen
11137m
Breidablikk
1454
Fonnabu
Holmaskjerbu
1345
936
Tyssedal
Eitrheim
Storenuten
1515
Ringedalsvatnet
Tyssevassbu
1472
Høgehæ
1513
Hårteigen
1691
1488
1536
1569
1501
1467
Mosdalen
1416
1496
1662
1387
Ruklenuten
Odda
Buer
Buerdalen
Jordal
Vikane
Sandvin
Slausetdalen
Kvanntjørnsbu
Strifallsnuten
1522
1521
Langevatnet
1460
Såto
Sledalen
1416
Holken
Litlos
1374
Storekoll
1612
alpark
1638
onna
nna
1613
Sandvin
Hildal
18
Hildalsdalen
Holmavassnuten
1563
Solfonntaggen
1674
Sauanuten
1409
Sandvedalen
Nordre
Krossfonnuten
1371
1606
Belganuten
1590
1450
Grønsdal
Vetrhus
Låtefossen
Skare
Reinsnosvatnet
Grønhellerdalen
Bjørnanuten
1587
Ivassdalen
1565
Middalsnuten
1619
1558
Hellevassdalen
Middalsbu
Middalen
Hellevassbu
Økteranuten
1057
Jøsendal
Svartenut
1153
Vintertun
Grostøl
Grostølsnuten
1102
1246
1549
Reinsnosi
1639
Kvessenuten
1612
Trossovdalen
Sandfloegga
1721
Simletind
1500
Fjæra
Skrumme
Rullestad
Sørdalen
Solfonn
Løyningsdalen
Seljestad
17
Revseggi
1271
Simlebu
Borddalsnuten
1327
1488
Røldaltunnelen
4660 m
1567
Valldalen
1673
Nupsegga
Nupsfonn
Nyastølen
1680
Sandvassheia
1309
Røldal
1317
Haukelitunnelen
5682 m
Vesle Nup
1511
lgedalsnuten
1436
Kyrkjenuten
1602
Øvre
Sandvatn
1527
Håra
Ryfylke
Blåbergdalen
Blåbergnuten
1584
Kaldevassrustene
1510
Haukelisæter
54
Bordalen
Vestredalen
Sletteldalen
Berdalen
Såta
1422
Grøndalen
Midnuten
1462
Reinaskardnuten
1242
1471
Botnen
Breifonn
1616
Kistenuten
1647
1114
Prestegård
1036
Liastølen
Hellandsbygda
Hillersnuten
1492
Trollaskeinuten
1607
1650
Kjelatind
1476
Vågsli
809
vstestølsnuten
Brattlandsdalen
Kvanndalen
Mælen
1573
Fitjanuten
1601
Kvanndalshytta
Holmevasshytta
Svinstølnutane
1345
Skaulen
1298

N
11b
Berakupen
1531
Store Bjoreinuten
1280
11c
Dyranutane
1363
12a
Dyranut
Steinbunuten
1370
177
1230
Midnuten
1288
1238
12b
1334
12c
1383
Store Grønenutan
Bjoreidalen
Sildabudalen
Langvassdalen
Bjoreidalshytta
Stigstuvdalen
Skaupsjøbrotet
1404
1268
1257
Heinseterhytta
1294
Ma1
1334
1539
Høgahæ
1401
1340
Midtselstjønnhovda
1286
Store
ananutane
1345
1613
Hardangervidda
1414
Skaupsjønuten
Heinberget
1298
Numedalslågen
Tormodbrotet
1325
1413
1322
Langevatnet
Nordvatnet
Tinnhølen
Austre Bakkatjørn
Vestre Bakkatjørn
Kleivshøvd tjørnane
1414
Rauhellern
Høljabrotet
1322
1352
Ma2
Olavsdalen
Langesjøen
Skrykken
Trondavadnutane
1385
Skrovet
1315
Store Skrekken
1429
1324
Nordmannslågen
Sandhaug
Geitvassdalen
Krossvatn
Høgevarden
1471
1414
1369
1468
Kosadalsnutan
1420
Lågen
Skjoredalen
Bjornesfjorden
Eidsjøen
1375
1415
1422
Austre Hettehove
1412
Vestre Hettehove
Hettefjorden
Valgardsvatnet
1424
Valgardsnutane
Fjellsjåegge
1407
Lågaros
Viuvasshovdun
1428
Blyvarden
1452
1404
Skardbuåsen
1406
1443
1474
Vikbekkfjellet
Kvennedalen
Låven
1342
1392
162
Sandvatn
Kringlesjåen
Skardvatnet
Kringlesjånuten
1413
Mjågevatn
Gruvsjåen
Ma3
Nedre Bjørnavatnet
Øvre Bjørnavatnet
Brasfetnuten
1361
Briskevatn
Gyslehovda
1378
1484
Storfjell
1443
Reksjåen
Reksjåegga
1478
Stordalsbu
1453
1475
Vollevatnet
Kvenna
Mogen
Viervatnet
Greytefjot
Skipafjell
1450
1335
1260
Setenuten
1430
Saurflott
Mofjellet
1447
1343
Såtanutane
1462
Tommedalen
Vesle Meinsvatn
Skar
1486
Stordalsn
Vassdalseggi
1361
Vassdalen
Urevatn
Juvikfjellet
1571
1409
Grasdalen
Ugletjønn
Ormeggene
1463
Store Meinsvatn
Hamrefjellet
1522
1302
Trålsbuvatnet
1487
1525
Kolsnutgrysline
Berunuten
1287
Kostvejtvatnet
Mb1
Bordalseggi
Songavatnet
Tuddeltjørn
Bågåfjellet
1411
1474
Kvamsfjellet
Skinvatnet
Stokkholmen
1601
Gluggvarden
1321
Valasjådalen
Fliseggi
1630
Grotvassdalen
Hovden
1204
Godokkeggi
1543
Mosstrand
Møsvatnet
1113
Songa
Bitdalen
Mellomøyi
Varland
Kvæven
Urbø
Løyning
Øygarden
Kråmøyi
Haug
Kromviki
Bitdalsvatnet
Arabygdi
1096
Møsvassdar
Edland
Haukeligrend
Mb2
11c
12a
12b
144
12c
13a
Skinnarland
Bjørnsbufj
1142
13b
Tveitegrend
Husnuten
1609
Vå

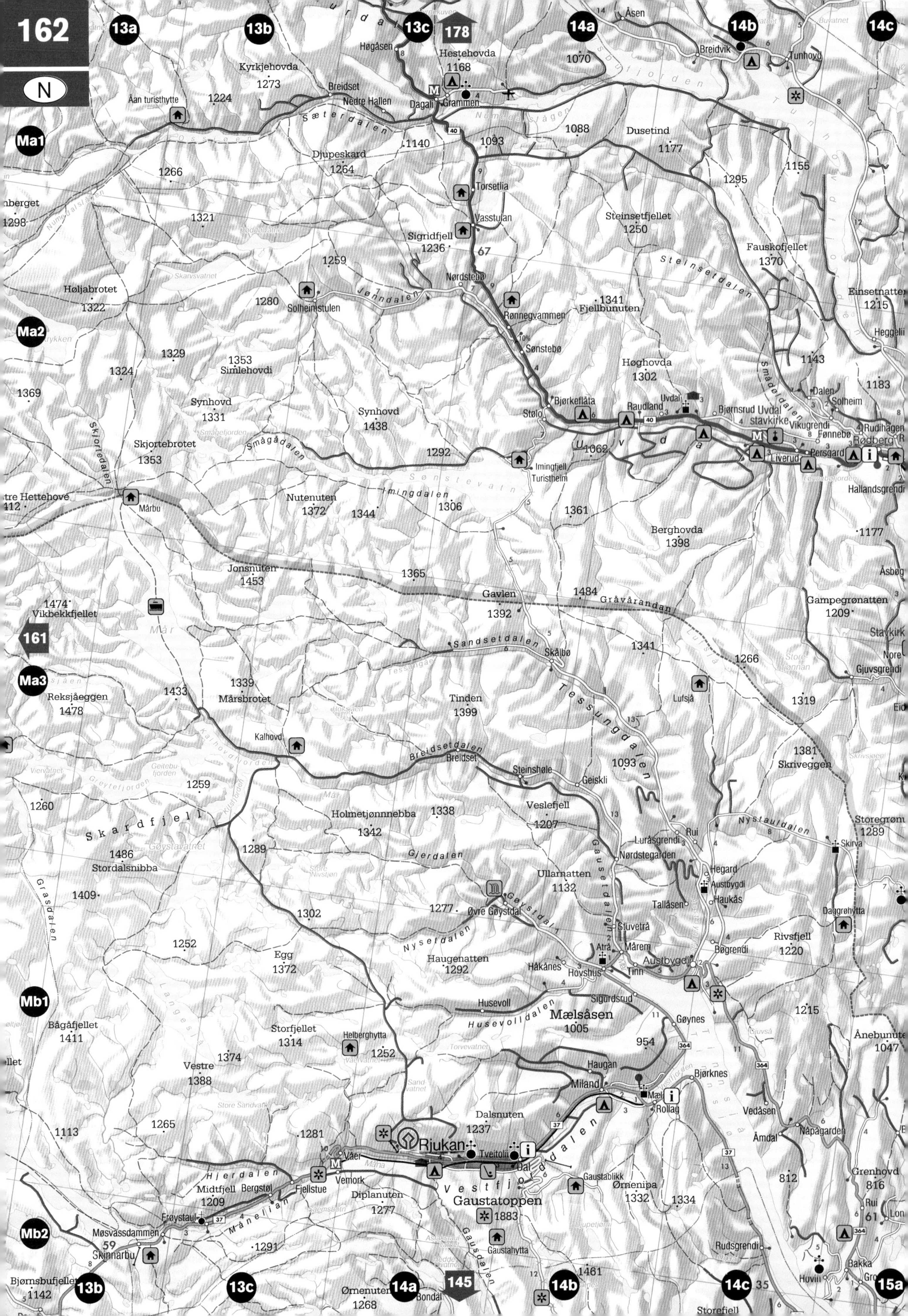
N
13a
13b
13c
178
14a
14b
14c
Ma1
Ma2
Ma3
Mb1
Mb2
161
145
15a
Høgåsen
Hestehovda
1168
Åsen
1070
Breidvik
Tunhovd
Kyrkjehovda
1273
Breidset
Nedre Hallen
Dagali
Grammen
Åan turisthytte
1224
Sæterdalen
Numedalslågen
Buvatnet
1088
Dusetind
1177
Djupeskard
1264
.1140
1093
1155
1266
1295
Torsetlia
Vasstulan
1298
1321
Steinsetfjellet
1250
Sigridfjell
1236
67
Fauskofjellet
1370
1259
Nørdstebø
Steinsetdalen
Høljabrotet
1322
1280
Solheimstulen
Jønndalen
Rønnegvammen
1341
Fjellbuuten
Einsetnatten
1215
Heggelii
Sønstebø
1329
1353
Simlehovdi
1324
Høghovda
1302
1143
1183
1369
Synhovd
1331
Synhovd
1438
Bjørkefláta
Stølo
Raudland
Uvdal
Bjørnsrud Uvdal stavkirke
Vikugrendi
Dalen
Solheim
Rudihagen
Fønnebø
Rødberg
Skjortebrotet
1353
Smågådalen
1292
Skjorledalen
1062
Uvdal
Liverud
Persgard
Imingfjell Turistheim
Sønstevatn
Hallandsgrendi
Hettehove
Mårbu
Nutenuten
1372
1344
Imingdalen
1306
1361
Berghovda
1398
1177
Jonsnuten
1453
1365
Gavlen
1392
1484
Gråvårandan
Gampegrønatten
1209
Åsbøg
1474
Vikbekkfjellet
Mår
Sandsetdalen
Skålbø
1341
1266
Stavkirk
Nore
Gjuvsgrendi
Reksjåeggen
1478
1433
1339
Mårsbrotet
Tinden
1399
Lufsjå
1319
Kalhovd
Breidsetdalen
Breidset
Tessungdalen
1093
1381
Skriveggen
Steinshøle
Geiskli
1259
1260
Veslefjell
1207
Holmetjønnebba
1342
1338
Skardfjell
Rui
Nystauldalen
Storegronu
1289
Skirva
1486
Stordalsnibba
1289
Gjerdalen
Luråsgrendi
Nørdstegarden
Hegard
Austbygdi
Haukås
Ullarnatten
1132
Tallåsen
1409
1277
Øvre Gøystdal
Geystdal
Daggrøhytta
Rivsfjell
1220
1302
Stuvetrå
Atrå
Mårem
Austbygdi
Bøgrendi
1252
Egg
1372
Nysetdalen
Haugenatten
1292
Håkånes
Hovshus
Tinn
Husevoll
Husevolldalen
Sigurdsrud
Mælsåsen
1005
Gøynes
1215
Ånebunute
1047
Bågåfjellet
1411
Storfjellet
1314
Helberghytta
1252
954
1374
Vestre
1388
Haugan
Miland
Mæl
Bjørknes
Rollag
Vedåsen
Dalsnuten
1237
Åmdal
Nápågarden
1113
1265
1281
Rjukan
Tveitoli
Dal
Vær
Vemork
Hjerdalen
Fjellstue
Midtfjell
1209
Bergstøl
Diplanuten
1277
Vestfjorddalen
Gaustablikk
Ørnenipa
1332
1334
812
Grenhovd
816
Gaustatoppen
1883
Frøystaul
Måneliam
Møsvassdammen
Skinnarbu
1291
Gaustahytta
Gausdalen
Rudsgrendi
Rui
Lon
Bakka
Huvin
1461
Bjørnsbufjellet
1142
Ørnenuten
1268
Bondal
Storefjell

N
15a
15b
179
15c
16a
16b
Hovde
Sanden
Nordhagen
Bromma
Sverig
208
1213
Aurdalsætra
Halli
N. Sevre
Bergheim
Storekrakkoia
Storrustefjellet
Trekna
1315
Hallingnatten
Kolsrud
1284
Kristnatten
1077
Sørbølfjellet
1216
Vidalen
Gislerud
Rime
Anfinnnatten
1130
Stavn
Austvoll
Kvi
Trøstheim
90
Fla
Tollefsrud
Reiarskard
Åsen
Sørbølsetran
Bukollen
1121
Ma1
S. Rud
Bårdsplassen
1276
Flatvollen
928
Listøl
Roppe
Tollefsrudfjellet
1144
Gulsvik
Buvasskoia
1263
Berghammaren
Åvestrudseter
Gandrud
Haglebu
1278
Haglebunatten
Toveseter
Sønsteby
761
Lauvskardfjellet
Åmot
Buin
Veteren
718
Gråfjell
1466
Nordli
Bekkjeset
Skjønne
122
Medalen
Høgevarde
1459
Høgevarde
1069
Lindelia
Såta
676
1232
Torskardfjellet
1092
Fjellstad
Lesteberg
Økledalen
Nord Skare
Tempelseter
Storås
682
Ørgenvika
Hovland
Eggedal
Ljosdalen
Bøle
Frøvoll
1341
Augunshaug
Ringnes
Enderud
Haugerud
Rallerud
940
818
Surteberg
Veikåker
Teigen
Øgnesprangfjellet
1003
1044
792
Havikskogen
Ma2
Raustå
Ørpen
Redalen
660
Sandum
1071
Søtelifjellet
Kopseng
Sole
731
Rishovd
Sollli
Gvåle
938
164
Tryterud
Fosslia
Nore
Noresund
681
Grønhovd
Tangen
287
Kverndalen
Runnskogen
Heslia
Olberg
Leir
Slevika
Skarplisæten
Grønknutkoia
Venlifjella
958
Kravik
Hamremoen
680
Grønknuten
Nedre Eggedal
Tretjernhøgda
519
Enger
Andersnatten
733
Nedalen
Råen
Skinnes
Hervik
Åsly
972
Vest Grimeli
Skogstad
Fyran
S. Vassendrud
Skagoset
Kvisle
Slettefjell
905
Narum
Fyran
414
Krøderen
Ulberg
575
Røvsåhogda
Glesne
Bogstrand
Hole
Berganvarden
542
Sætre
Eiddal
Veggli
Bergerud
Rud
Strand
Ma3
Kløftefoss
Gladheim
Fulsås
Rollagvegen
Tukudalen
Saueton
28
350
Bruhaug
Rollag stavkirke
Flågan
Sigdal
Reistad
58
Sandsbråtan
Fetjan
Tråen
897
Raudsteinvarden
Bjørnerud
Prestfoss
Nattjernåsen
642
Korsbøen
Gubberud
612
Finnerud
Landsverk
825
Grågalten
735
Kolbotn
Hundstad
Åmot
Rollag
Velstad
Nerstad
Seteråsen
280
Stærnes
Bergangrenda
Senhovd
1142
Tekslehogget
718
Grøterud
Snarum
Kjomme
Jokstad
Vrågå
788
Bergerud
Vasslia
Kvisle
Sysle
Hære
Asmundr
Bergseid
Sørkjeseter
Tuko
Vatnas
Gren
Kolsrud
479
Solumsmoen
Øverby
Blenuten
1215
Bjørkeset
Lag
Grønset
Vikersund
Ingeburud
Modum
Helle
Teigen
Holtan
Gørrtjernåsen
563
Bendiksby
Bjørndalen
Åklinuten
1246
Vestre Spone
Mb1
Butjernseter
Dalgarden
Ingebu
Geithus
Gjuvnes
Dåset
Lyngdal
Gjerde
Tingelstad
Kopland
Jellstad
Heggen
Eriksbu
Linderud
Haugfoss
15b
Blåberg
Mjaugerud
15c
Flesberg
Lande
146
16a
Kvernan
16b
Bingen
Nykirke
16c

N
HØNEFOSS
OSLO
Jevnaker
Brandbu
Jaren
Vikersund
Geithus
Ringerike
Hadeland
Nordmarka
Krokskogen
Holleia
Ådalen
Soknedalen
Vikerfjellet
Høgfjell
Tyrifjorden
Randsfjorden
Sokna
Hallingby
Hval
Nes
Vassenden
Skillerøyskollen
Sørum
Gran
Ringstad
Lunner
Roa
Grua
Harestua
Sundvollen
Steinsåsen
Sandvika
Kistefoss
Haugsbygda
Ringkollen
Norderhov
Tyristrand
Holmenkollen
Sørkedalen
Bærums Verk
Kolsås
Modum
Heggen
Elnesvåga
Kikut
Tryvasshøgda
Sollia
Øverby
Utvika
Sønsterud
Skaret
16c
17a
17b
17c
18a
18b
180
147
163
Ma1
Ma2
Ma3
Mb1

N
181
166
148
18b
18c
19a
19b
19c
20a
20b
Lb3
Ma1
Ma2
Ma3
Nyhusknappen
793
720
Kronborgsætra
Borgen
Torsæterkampen
841
Torssætra
Østby
Akselstua
Kjellsvea
Tangen
Oppsal
Brenna
Skaberud
Espa
Hestenes
Kvitberget
561
Kvitsand
708
Øverbygda
Sandvika
Frodalen
Skurven
691
Steinsjø
Stefferud
Fagernes
Knukberget
612
Nilsberg
Bergsjøen
H
e
Fløtbakken
Malungen
Orrkjølen
641
N. Rasan
Rasaaksla
510
Søndre Rasan
Romsæterberget
612
Strandlykkja
Bjørnåsen
825
Dalen
Garsjøen
Bergvatn
Røyse
Feiring
Melby
Flesvik
Mjøsstrand
Trautskogen
Spetalen
531
Svartkjølen
Holsætra
736
Skimten
Skrukkelia
Fjellsjøkampen
812
Flaen
Melby
Svenstad
Ulvin
Morskogen
Brøhaug
Skyrud
Nordgarden
Bråten
Skabland
Hurdal Verk
547
Tangen
Hanskollen
Arneskollen
612
Brustad
Bjørndal
Tosterud
Tangen
Brattlia
Knaibråten
Hurdal
Nordenga
Klokkermoen
Dalsrud
Ø. Holtet
Rovelstad
Korsholen
Bruvoll
Knapper
Ringkilen
Rud
Rudsve
Rognhaugen
720
Prestegardshagan
Haraldvangen
Byrud
Holtet
Langset
Engerfjellet
567
Føsker
Skjepestad
Austad
Mo
Gardvik
Brennhaugen
646
Rudsgardane
Sjurstud
Nordre Eidsæter
663
Minnesund
Holt
Habbarstadvangen
Løkker
Sand
348
Lønsåsen
Gullenhaugen
759
26
Østerud
Tømte
Mistberget
Bjørnstad
Habbarstad
Sjøberg
Gullverket
Holsæter
Storbråten
Neset
Svenneby
Øverbakken
Lykkja
Bergset
Rustadbruk
408
Sandsnessætra
Langton
Hemli
Maurbråten
Hammarstad
Elstad
Songnes
Geitrabben
501
Songkjølen
505
Kuggerud
Marifjell
717
24
Sandsnes
Brensmork
Eidsvoll
Bårlidalen
Finnbråten
Styrigrenda
Bjelker
21
Sollia
Tømte
Bårli
Eidsvoll Verk
Jøndal
Suterud
Nordbyvik
Asakskogen
Flod
Maura
Steinsgard
Gata
Sagmoen
Bøn
Finstad
Seim
Sundby
Råholt
Kjera
Våler
Strand
Morstad
Østvoll
Vardehøgda
410
Fallet
480
Ellingskjølen
Aulli
Oppstad
Vålaug
Laum
Kopperud
Nordmokorset
Linderud
Døli
32
Kringler
Granlund
Teigebyen
Bjørke
Sesvoll
Risebru
Dal
Bergli
Rud
348
Sjøli
Heiberg
328
Korsmo
Melbybyen
Moreppen
Slovik
Sjensrud
Rullnes
Hogset
Åserud
Borgesrud
Ingeborgrud
Skarnes
Tronbøl
Aukner
Rustadmoen
Kjønstad
Nannestad
Kneppe
Nygard
Mogreina
Kopperud
Moen
Spiksen
Holen
Rotterudmoen
Homle
Enger
Garder
Oslo lufthavn Gardermoen
Elstad
Svindal
Skoyen
Kampa
Ingeborgrudmoen
Nordli
211
Steinsrud
Ullerhaugen
Ulleren
382
Mangsethøg
Langerud
Gardermoen
Åsgreina
Vassenga
Brårud
Fosserud
Fenstad
Strøm
Brudal
Ås
Løvstad
Røgler
Viberg
Hauerseter
Nordkisa
Holen
Smedstad
Rustad
Skarning
Disenå
Romedal
Bjørningstad
49
Trugstadholtet
Sannerud
Jødal
Flakstad
Sundbyhagen
Oppåkermoen
Verket
Holter
Sand
Vestlykkja
Gislevoll
Løkenfeltet
Hovin
JESSHEIM
Tronrud
Furuset
Hoynes
Finstad
Arnestad
Nes
Unes
18
Sundet
Høgholen
Sætersagen
Hakadalsverk
Eltonåsen
Krokfoss
Algarheim
Søberg
Groheim
Vormsund
Seterstøa
Haugslia
Grønvoll
Romeriksåsene
Hakadal
Grani
Hagamoen
Gystad
Ekornrud
Onsrud
Kjølstad
Husmo
28
Skøyen
213
Barbakken
Finstad
Kjærstad
Vestby
Dragvoll
Romerike
Dalstua
Rød
Vansum
Rotnes
Årnes
361
Almåsen
401
Flinkopp
Eikeberg
Fossum
Plogstad
Auli
391
Lønndalshøgda
Åneby
Bekkeberga
Heni
Gjerdrum
Stanger
Borgen
Lund
Hvam
Smedstua
Trinborg
Furukollen
Grønnerud
Sæterlisjøen
Nittedal
Grønlundfjellet
Kråkvål
Gjerdrum
Solheim
Ullensaker
Snippen
Vettal
277
Udnes
Folvell
Ask
Kløfta
Lauten
12
Rotnes Haug
Sørum
Gamlekløfta
Stokker
Holt
Berg
22
23
Fjellfoten
Bodung
Stensrud
Tveiten
Holterkollen
455
Bråte
Refsum
Egner
Flakstad
Henni
Bjørkeli
Gaustad
Sagen
Grindbakken
Engebråten
Haga
Sletner
Kjul
Leikvoll
Sørknes
Lindeberg
Hellesjø
Mjønerud
Grøndalen
Kjussæter
Slattum
Solberg
Frogner
Gjester
Neslerud
Aulifeltet
304
Nittedal
Skedsmokorset
Nordli
Moen
Lørenfallet
Rånåsfoss
Tranbu
Haukelia
Skytta
Leirsund
Sørum
Brautersæter
Romsås
Kjeller
Branderud
Bjørnholen
347
Sørumsand
Blaker
Staurhaugen
Rakkeiet
Skjetten
Strømmen
Lillestrøm
Hogsetfeltet
Rennespellet

N
20a
20b
20c
182
21a
21b
21c
Lb3
Ma1
Ma2
Ma3
165
149
22a
e
d
m
a
r
k
Våler
Grønland
Eid
Haslemoen
Kilerud
Sjøli
Søbøl
Råtebekken
Kilen
Holtet
Fossheim
Linna
Sønsterud
Kjellmyra
Bakken
Tårneby
Kjølaberget
434
Knappom
Peistorpet
Sjurderud
Solbakken
Haslerud
Åsnes
Flisa
Østaberget
452
Losåsen
Velta
Finnskogvegen
Tyskeberget
617
Eidsfjellet
632
Orrkjølen
641
Sønsteby
Vestheim
Klokken
482
Husubekk
Furuli
Elgeki
Ramsli
Tyseng
508
Storberget
Gråbe
Branterud
Snaltoa
N. Sætre
Åslia
Myra
606
Råknappen
Knappen
462
Kløfta
Arneberg
Nysæter
Hof Finnskog
480
Lindberget
Husu-
berget
Oppåsen
Kvisler
Rønne
Hof
Jammerdal
Bonsak
Eierholen
Branes
Korsmo
Holsætra
Stampen
Nordset
330
Grautsjøberget
Kirkemofjellet
548
Sjørbotn
Solør
Renstad
Skyrud
Smiholen
Hokåsberget
457
Finnskogene
Jonsokberget
522
Knapper
Namna
Monsrud
Rusvekk
Kveset
512
Rudsvellhøgda
Hemsæter
Snapa
Grøset
378
Torsberget
Ringkilen
Rud
Mikkelsberget
570
Våltorp
Kirkenær
Bergesida
Risberget
Grue Kila
Mo
Tjura
Sagerud
Oppset
581
Skasberget
Svennisi
Oppåker
Skasenden
Møystadsæter
Svullrya
32
50
Grinder
Austvatn
Nysæter
514
Skaraberget
Nes
Brennhaugen
Songnes
Øyen
36
Kuggerud
Slåstadbråten
Nesberget
414
Meldalen
Furuberget
Overåsberget
Neskvern
Ramsøya
Velstsætra
Skrivilberget
457
Bjelker
Kvisla
Vestby
Bingen
Nor
Hedenhøgda
513
Åranc
Nyheim
Holmen
Foss
Hanestad
521
Langholsberget
Årnes
Seim
Brandval
Viker
576
Rafjellet
Auli
Haugen
Sjøli
442
Sjøvika
527
Granberget
Digernes
Oppstad
Berg
Lundersæter
Slåstad
Sander
328
N. Umrum
Bærli
Korsmo
Døli
Rymoen
Hokkåsen
21
13
Linna
Spiksen
Skarnes
Slomarka
N. Bolstad
Sørroa
473
Tronbøl
Kjaberg
Odals Verk
Holtbakk
Ronkanstorpet
Rotnemoen
Aukner
Mangset
Røverud
437
Ullerhaugen
Svanstrud
Ulleren
Sander
Sætersætra
Brøderud
Homsjøen
Riksåsen
Øyermoen
382
Mangsethøgda
N. Esper
Øyset
Disenå
Skårer
N. Sæter
Glåmberget
474
Øyeråsen
Sønsterud
Verket
Kroksrud
Mersrud
Sætersagen
Ási
379
Pålrudmoen
Enger
Mengkroken
16
Viker
KONGSVINGER
Skansgarden
Femoen
Skinnarbøl
20
Lebiko
458
213
Barbakken
401
Flinkopp
Heiberg
463
Brakalsvåla
Jammerdal
391
Lier
Sjøli 364
Tangen
Lønndalshøgda
Giermshus
358
Møkeråsen
Batikken
Sæterlisjøen
Masterud
Speismark
Melby
Solberg
Bekken
Kartbråtan
Finnholt
Åbogen
Holmen
Malmerberget
389
Pramhussætra
Skullerud
26
Pramhus
Holmen
Austmarka
Buholtet
428
Bråta
366
Maurbakken
Tålloberget
Godtjernlia
Haug
Åserud
Mitandersfors
Børli
Malmer
Enderud
Haukelia
Sandmoen
Grasmo
Bjerke
369
Bjørknes
Monsrud
Rakkeiet
360
Bogen
Skinnpungrud
Løvlia
312
Matrand
Eidskog
Klemmetsbråtan
Utgarde
Rødberg
Håkerud
Kyrkskogen

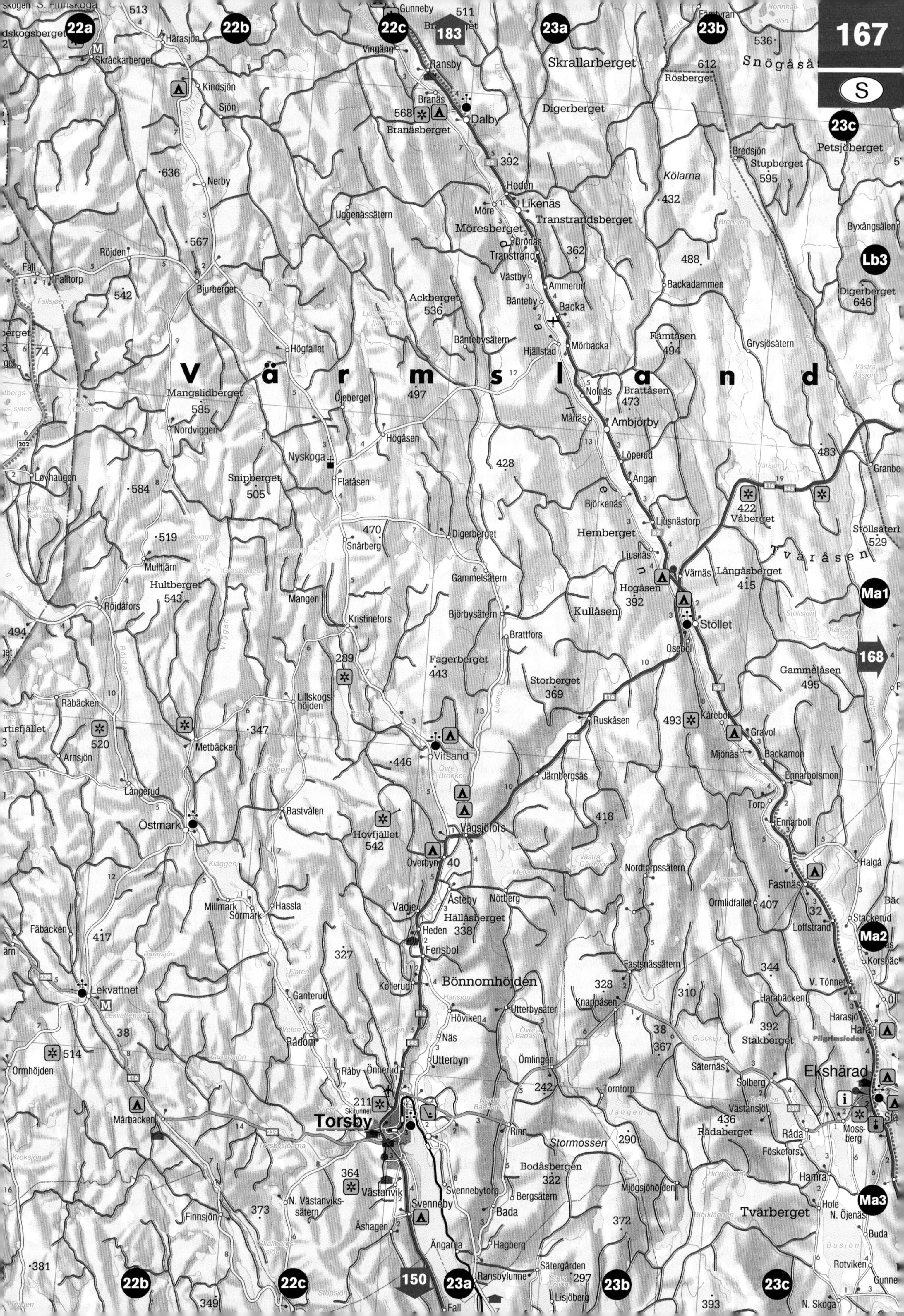

S
Värmsland
22a
22b
22c
23a
23b
23c
183
150
168
Lb3
Ma1
Ma2
Ma3
Gunneby
Härasjön
Skräckarberget
Kindsjön
Sjön
Vingäng
Ransby
Branäs
568
Branäsberget
Dalby
392
Skrallarberget
Digerberget
Rösberget
612
536
Snögåsås
Bredsjön
Petsjöberget
Stupberget
595
Kölarna
432
Byxångsälen
636
Nerby
Uggenässätern
Heden
Likenäs
Möre
Möresberget
Transtrandsberget
Brönäs
Transtrand
362
488
567
Röjden
Fall
Falltorp
542
Bjurberget
Västby
Ammerud
Bänteby
Backa
Backadammen
Digerberget
646
Ackberget
536
Bäntebysätern
Hjällstad
Mörbacka
Fämtåsen
494
Grysjösätern
Högfallet
74
Mangslidberget
585
Öjeberget
497
Nolnäs
Brattåsen
473
Nordviggen
Månäs
Ambjörby
Högåsen
Nyskoga
Löperud
483
Løvhaugen
202
Snipberget
505
Flatåsen
428
Ängan
Granbe
584
Björkenäs
422
Våberget
Ljusnästorp
Hemberget
Stöllsäter
529
519
470
Snårberg
Digerberget
Tväråsen
Multjärn
Ljusnäs
Värnäs
Långåsberget
415
Hultberget
543
Gammelsätern
Hogåsen
392
Röjdåfors
Mangen
Kullåsen
Björbysätern
Stöllet
Kristinefors
Brattfors
Osebol
494
289
Fagerberget
443
Gammelåsen
495
Storberget
369
Råbäcken
Lillskogshöjden
Ruskåsen
Kårebol
493
Gravol
520
Metbäcken
347
Vitsand
Mjönäs
Backamon
Arnsjön
446
Järnbergsås
Ennarbolsmon
Långerud
Torp
Östmark
Bastvålen
418
Ennarboll
Hovfjället
542
Vägsjöfors
Överbyn
40
Halgå
Nordtorpssätern
Fastnäs
Millmark
Sörmark
Hassla
Vadje
Åsteby
Nötberg
Ormlidfallet
407
Stackerud
32
Fäbacken
417
Hällåsberget
338
Loffstrand
Heden
327
Fensbol
Korsbäc
Fastsnässätern
344
Lekvattnet
Bönnomhöjden
328
310
V. Tönnet
Ganterud
Kollerud
Knappåsen
Haråbäcken
Höviken
Utterbysäter
38
Harasjö
Rådom
Näs
38
392
Hara
514
367
Stakberget
Pilgrimsleden
Utterbyn
Ömlingen
Säternäs
Ormhöjden
Råby
Önnerud
Ekshärad
242
Torntorp
Solberg
211
Västansjöl
Mårbacken
Torsby
Skitunnel
Rinn
Stormossen
290
436
Rådaberget
Råda
Mossberg
Föskefors
364
Västanvik
Bodåsbergen
322
Svennebytorp
Bergsätern
Mjögsjöhöjden
Hamra
N. Västanviksätern
373
Finnsjön
Svenneby
Bada
Tvärberget
Hole
N. Öjenäs
Åshagen
372
Buda
Ängarna
Hagberg
Sätergården
297
Rotviken
381
Ransbylunne
Lisjöberg
393
N. Skoga
349
Fall

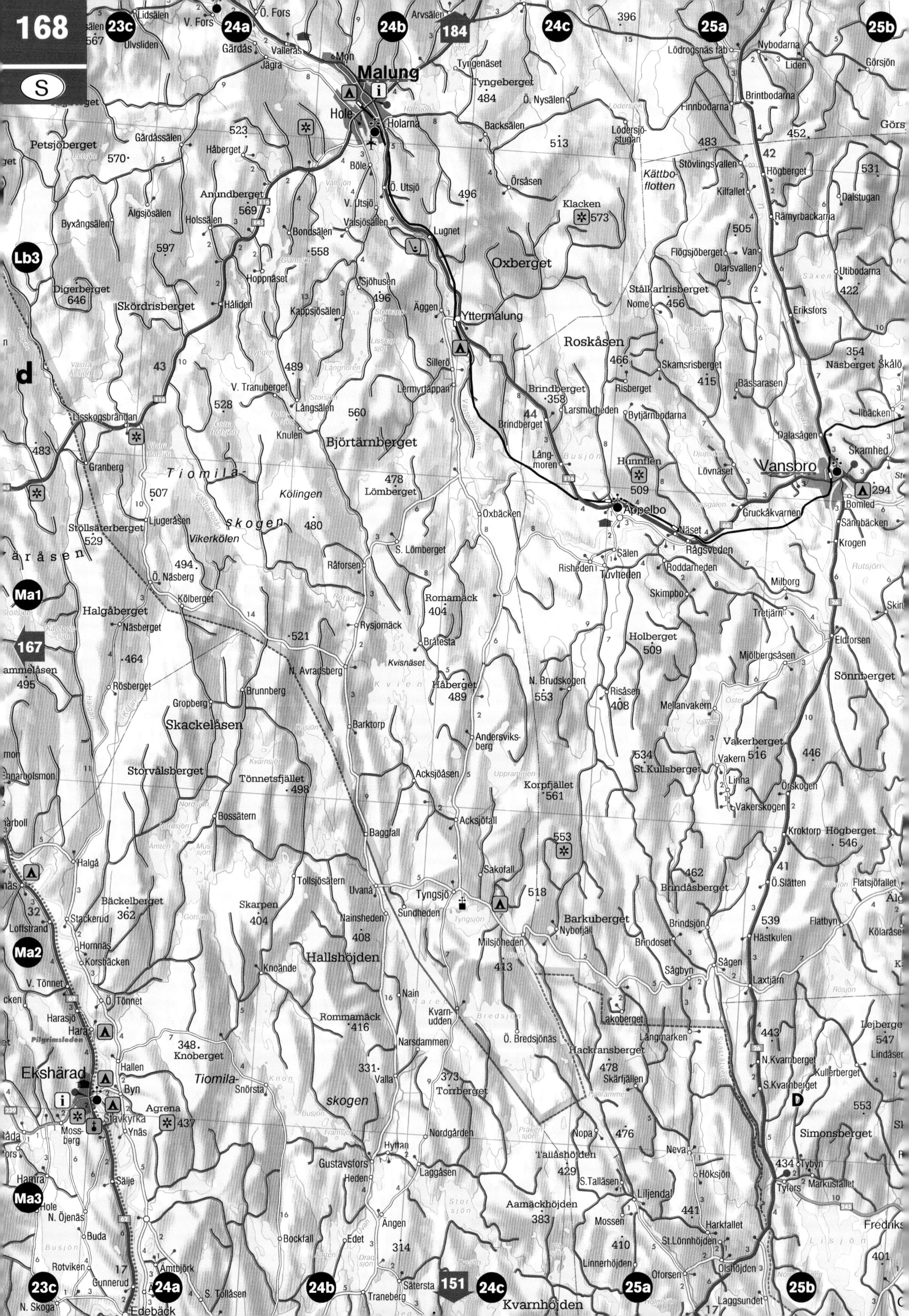
23c
24a
24b
184
24c
25a
25b
Lidsälen
V. Fors
Ö. Fors
Arvsälen
396
Ulvsliden
Gärdås
Valleräs
Jägra
Mon
Malung
Hole
Holarna
Tyngenäset
Tyngeberget
484
Ö. Nysälen
Backsälen
Lödersjö-stugan
513
Lödrogsnäs fäb
Nybodarna
Liden
Görsjön
Brintbodarna
Finnbodarna
452
483
Petsjöberget
570
Gärdåssälen
523
Håberget
Böle
Ö. Utsjö
V. Utsjö
Valsjösälen
Lugnet
496
Örsåsen
Kättbo-flotten
Stövlingsvallen
Högberget
Kilfallet
531
Dalstugan
Rämyrbackarna
Anundberget
569
Älgsjösälen
Byxångsälen
Holssälen
Bondsälen
558
Klacken
573
Oxberget
505
Flögsjöberget
Van
Olarsvallen
Utibodarna
422
Lb3
597
Hoppnäset
Sjöhusen
496
Digerberget
646
Skördrisberget
Håliden
Kappsjösälen
Äggen
Yttermalung
Stålkarlrisberget
Nome
456
Eriksfors
Roskåsen
Sillerö
466
Skamsrisberget
415
354
Näsberget
Skålö
d
43
489
Lermyrtäppan
Brindberget
358
Risberget
Bässarasen
V. Tranuberget
528
Långsälen
560
Larsmorheden
Bytjärnbodarna
Lisskogsbrändan
Knulen
Björtärnberget
Brindberget
Ilbäcken
483
Dalasågen
Skamhed
Granberg
Tiomila-skogen
Lång-moren
Hunnflen
Vansbro
Lövnäset
478
Lömberget
509
294
507
Kölingen
Äppelbo
Bomled
Stöllsäterberget
529
Ljugeråsen
Vikerkölen
480
Oxbäcken
Gruckåkvarnen
Sännbäcken
Näset
Rågsveden
Krogen
S. Lömberget
Sälen
Risheden
Tuvheden
Roddarheden
494
Ö. Näsberg
Råforsen
Milborg
Ma1
Kölberget
Romamäck
404
Skimpbo
Halgåberget
Näsberget
Tretjärn
167
521
Rysjomäck
Holberget
509
Eldforsen
Bråtesta
Mjölbergsåsen
464
Kvisnäset
N. Avradsberg
Sönnberget
495
Håberget
489
N. Brudskogen
553
Risåsen
408
Rösberget
Brunnberg
Gropberg
Mellanvakern
Skackelåsen
Barktorp
Andersviks-berg
Vakerberget
516
534
446
St.Kullsberget
Vakern
Storvålsberget
Tönnetsfjället
498
Acksjöåsen
Korpfjället
561
Linna
Örskogen
Vakerskogen
Bossätern
Acksjöfall
Baggfall
553
Kroktorp
Högberget
546
Halgå
Sakofall
462
Brindåsberget
41
Ö. Slätten
Flatsjöfallet
Tollsjösätern
Uvanå
Tyngsjö
518
Bäckelberget
362
Sundheden
Barkuberget
539
Flatbyn
32
Stackerud
Skarpen
404
Nainsheden
Nybofjäll
Brindsjön
Hästkulen
Loffstrand
408
Milsjöheden
Brindoset
Ma2
Hornnäs
Korsbäcken
Hallshöjden
413
Sågen
Sågbyn
Laxtjärn
Knoände
V. Tönnet
Ö. Tönnet
Nain
Harasjö
Hara
Rommamäck
416
Kvarn-udden
Lakoberget
Pilgrimsleden
348
Knoberget
Narsdammen
Ö. Bredsjönäs
Långmarken
443
Lejberget
547
Hackransberget
478
N.Kvarnberget
Lindåsen
Ekshärad
Hallen
331
Valla
373
Torrberget
Skärfjällen
Kullerberget
S.Kvarnberget
Tiomila-skogen
Snörsta
Byn
D
553
Agrena
437
Stavkyrka
Ynäs
Mossberg
Hyttan
Nordgården
Nopa
476
Simonsberget
Gustavsfors
Heden
Laggåsen
Tallåshöjden
429
Neva
Höksjön
Tybyn
434
Säljе
Tyfors
Markusfallet
Ma3
Hamra
S.Talläsen
Liljendal
Hole
N. Öjenäs
Aamäckhöjden
383
Ängen
441
Harkfallet
Fredriks
Buda
Mossen
Bockfall
Edet
314
410
St.Lönnhöjden
401
Rotviken
Ämtbjörk
Linnerhöjden
Oforsen
Olshöjden
Gunnerud
Sätersta
151
24c
25a
25b
23c
24a
24b
N. Skoga
Edebäck
S. Tolläsen
Traneberg
Kvarnhöjden
Laggsundet

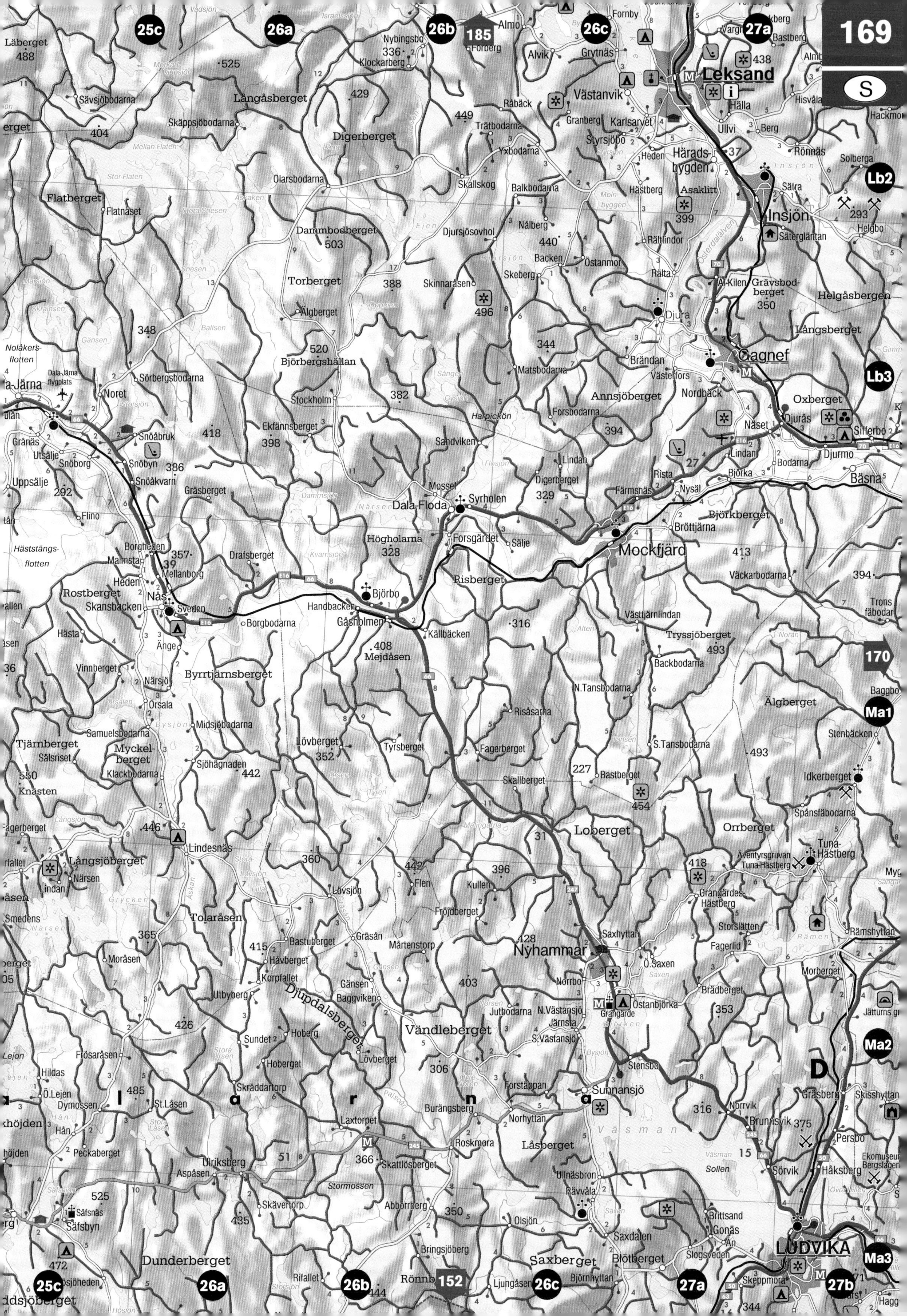
S
25c
26a
26b
185
26c
27a
Leksand
Västanvik
Karlsarvet
Hälla
Ullvi
Berg
Hisvåla
Rönnäs
Solberga
Häradsbygden
Heden
Styrsjöbo
Granberg
Grytnäs
Alvik
Fornby
Almo
Forberg
Nybingsbo
Klockarberg
Läberget
488
Sävsjöbodarna
404
Långåsberget
Skäppsjöbodarna
Digerberget
429
449
Råbäck
Trätbodarna
Yxbodarna
Skallskog
Olarsbodarna
Balkbodarna
Asaklitt
399
Insjön
Sätra
Säterglänтан
Helgbo
293
Lb2
Flatberget
Flatnäset
Dammbodberget
503
Djursjösovhol
Nålberg
440
Backen
Östanmor
Rältlindor
Rälta
Al-Kilen
Grävsbodberget
350
Helgåsbergen
Torberget
388
Skinnaråsen
496
Skeberg
Djura
Älgberget
520
Björbergshällan
348
Nolåkersflotten
Dala-Järna
Dala-Järna flygplats
Sörbergsbodarna
Noret
Stockholm
382
344
Matsbodarna
Brändan
Västerfors
Gagnef
Långsberget
Lb3
Nordbäck
Annsjöberget
Oxberget
Djurås
Näset
Sifferbo
Forsbodarna
394
Harpickön
Ekfännsberget
398
Sandviken
418
Snöåbruk
Snöbyn
386
Snöborg
Utsälje
Gränäs
Uppsälje
292
Snöåkvarn
Lindan
Rista
Bodarna
Djurmo
Bäsna
Digerberget
329
Färmsnäs
Nysäl
Björka
Mossel
Syrholen
Dala-Floda
Gräsberget
Flino
Hästängsflotten
Borgheden
357
Malmsta
39
Mellanborg
Drafsberget
Högholarna
328
Forsgärdet
Sälje
Björkberget
Bröttjärna
Mockfjärd
413
Väckarbodarna
394
Trons fäbodar
Heden
Rostberget
Skansbacken
Näs
Sveden
Borgbodarna
Björbo
Handbacken
Gåsholmen
Risberget
316
Källbäcken
Västtjärnlindan
Tryssjöberget
493
170
Hästa
Änge
408
Mejdåsen
Backbodarna
Vinnberget
Byrrtjärnsberget
Närsjö
Orsala
N.Tansbodarna
Älgberget
Ma1
Risåsarna
Samuelsbodarna
Midsjöbodarna
Tjärnberget
Sälsriset
Myckelberget
Klackbodarna
Sjöhägnaden
442
Lövberget
352
Tyrsberget
Fagerberget
S.Tansbodarna
Stenbäcken
493
550
Knästen
227
Bastberget
Skallberget
454
Idkerberget
Spånsfäbodarna
446
Lindesnäs
Långsjöberget
Närsen
Lindan
Loberget
31
Orrberget
Tuna-Hästberg
Äventyrsgruvan Tuna-Hästberg
360
442
Flen
396
Kullen
418
Grangärde-Hästberg
Lövsjön
Smedens
Tolaråsen
Fröjdberget
Storslätten
Rämshyttan
365
Bastuberget
Gräsån
Mårtenstorp
428
Nyhammar
Saxhyttan
Ö.Saxen
Fagerlid
415
Hävberget
Moråsen
Korpfallet
Gänsen
Baggviken
403
Norrbo
Grangärde
Östanbjörka
Brädberget
353
Morberget
Utbyberg
Djupdalsberget
Jutbodarna
N.Västansjö
Järnsta
S.Västansjö
Ma2
426
Sundet
Hoberg
Vändleberget
Lövberget
306
Stensbo
Frösaråsen
Hoberget
Hildas
Ö.Lejen
485
Dymossen
St.Låsen
Skräddartorp
Forstäppan
Sunnansjö
Gräsberg
Skisshyttan
316
Norrvik
Brunnsvik
375
Persbo
Burängsberg
Norhyttan
Laxtorpet
Hån
Peckaberget
51
366
Skattlösberget
Roskmora
Låsberget
15
Sörvik
Håksberg
Ekomuseum Bergslagen
Ulriksberg
Aspåsen
Stormossen
Ullnäsbron
525
Säfsnäs
Säfsbyn
Skävertorp
435
Abborrberg
350
Olsjön
Rävvåla
Brittsand
Gonäs
Saxdalen
Ån
Ludvika
Ma3
472
Dunderberget
Bringsjöberg
Saxberget
Blötberget
Slogsveden
Skeppmora
Rifallet
444
Rönnb
152
Ljungåsen
Björnhyttan
344
Hagg
27b

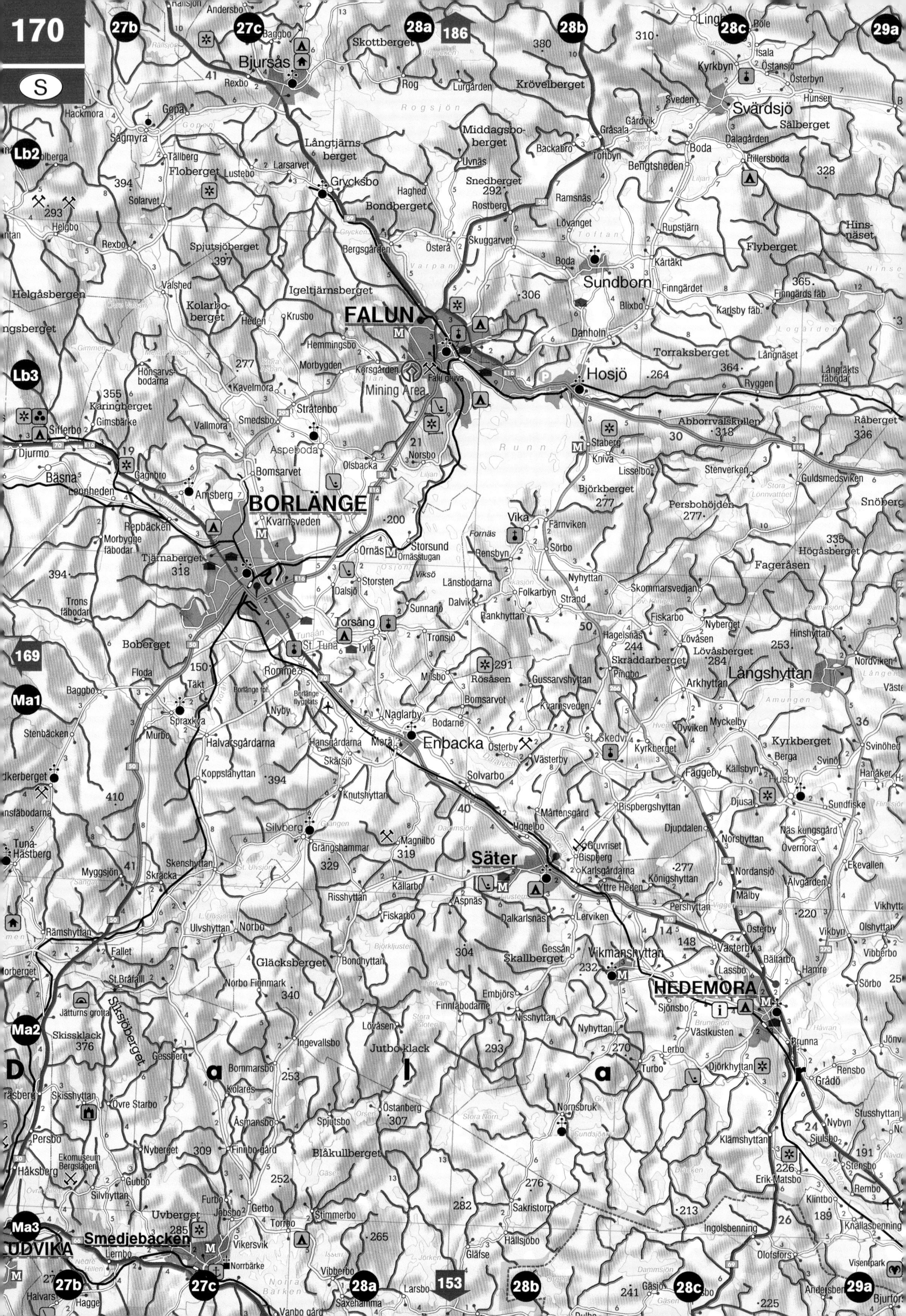
S
27b
27c
28a
186
28b
28c
29a
Lb2
Lb3
Ma1
Ma2
Ma3
169
153
Bjursås
Baggbo
Andersbo
Rexbo
Gopa
Hackmora
Sågmyra
Tällberg
Floberget
Lustebo
Larsarvet
Långtjärnsberget
Grycksbo
Skottberget
Rog
Lurgården
Krövelberget
Rogsjön
Middagsberget
Backabro
Uvnäs
Snedberget
Haghed
Bondberget
Rostberg
Ramsnäs
Lövånget
Toftan
Skuggarvet
Östera
Bergsgården
Varpan
Boda
Sundborn
Lingbo
Bole
Isala
Östansjö
Österbyn
Kyrkbyn
Svärdsjö
Sveden
Hunsen
Sälberget
Gårdvik
Gråsala
Tofsbyn
Dalagården
Boda
Bengtsheden
Hillersboda
Rupstjärn
Kårtäkt
Flyberget
Hinsnäset
Finngärdet
Blixbo
Finngärds fäb
Karlsby fäb.
Danholn
Torraksberget
Långnäset
Hosjö
Ryggen
Långtäkts fäbodar
Abborrvalskullen
Råberget
Staberg
Kniva
Lisselbo
Stenverken
Guldsmedsviken
Björkberget
Persbohöjden
Snöberg
Högåsberget
Fageråsen
Helgbo
Rexbo
Solarvet
Spjutsjöberget
Helgåsbergen
Valshed
Kolarboberget
Heden
Igeltjärnsberget
Krusbo
FALUN
Hemmingsbo
Morbygden
Korsgården
Falu gruva
Mining Area
Runn
Hönsarvsbodarna
Kavelmora
Stråtenbo
Käringberget
Gimsbärke
Sifferbo
Djurmo
Vallmora
Smedsbo
Aspeboda
Olsbacka
Norsbo
Liljan
Bäsna
Gagnbro
Lennheden
Bomsarvet
Amsberg
BORLÄNGE
Kvarnsveden
Repbäcken
Morbygge fäbodar
Tjärnaberget
Ornäs
Ornässtugan
Storsund
Vika
Fornäs
Färnviken
Rensbyn
Sörbo
Storsten
Dalsjö
Viksö
Länsbodarna
Nyhyttan
Skommarsvedjan
Folkarbyn
Strand
Dalvik
Rankhyttan
Trons fäbodar
Sunnanö
Torsång
Tronsjö
Fiskarbo
Nyberget
Hagelsnäs
Lövåsen
Hinshyttan
Boberget
St. Tuna
Tylla
Lövåsberget
Skräddarberget
Nordviken
Pingbo
Långshyttan
Floda
Romme
Milsbo
Rösåsen
Gussarvshyttan
Arkhyttan
Täkt
Borlänge flygplats
Bomsarvet
Baggbo
Nyby
Kvarnsveden
Naglarby
Bodarne
Spraxkya
Stenbäcken
Murbo
Halvarsgårdarna
Hansgårdarna
Mora
Enbacka
Österby
Dyviken
Myckelby
St. Skedvi
Kyrkberget
Svinöhed
Västerby
Skärsjö
Dalälven
Berga
Svinö
Koppslahyttan
Solvarbo
Fäggeby
Källsbyn
Hanåker
Husby
Knutshyttan
Mårtensgård
Djusa
Sundfiske
Bispbergshyttan
Tuna-Hästberg
Silvberg
Uggelbo
Djupdalen
Näs kungsgård
Gångshammar
Magnilbo
Gruvriset
Bispberg
Norshyttan
Övernora
Myggsjön
Skenshyttan
Skräcka
Säter
Karlsgårdarna
Könighyttan
Nordansjö
Ekevallen
Källarbo
Yttre Heden
Älvgården
Risshyttan
Aspnäs
Pershyttan
Målby
Vikhyttan
Fiskarbo
Dalkarlsnäs
Lerviken
Ulvshyttan
Norbo
Österby
Vikbyn
Olshyttan
Rämshyttan
Fallet
Gläcksberget
Bondhyttan
Gessån
Skallberget
Vikmanshyttan
Västerby
Bältarbo
Vibberbo
St. Bråfall
Siksjöberget
Norbo Finnmark
Embjörs
Lassbo
Hamre
Sörbo
HEDEMORA
Jätturns grotta
Finnfabodarne
Nisshyttan
Sjönsbo
Västkusten
Skissklack
Lövåsen
Ingevallsbo
Jutbo klack
Nyhyttan
Brunna
Gessberg
Bommarsbo
Lerbo
Turbo
Björkhyttan
Rensbo
Grådö
Kolarés
Övre Starbo
Skisshyttan
Östanberg
Spjutsbo
Åsmansbo
Norrsbruk
Stora Norn
Stusshyttan
Nybyn
Sjulsbo
Persbo
Nyberget
Finnbo gärd
Blåkullberget
Klämshyttan
Ekomuseum Bergslagen
Håksberg
Gubbo
Silvhyttan
Stensbo
Erik-Matsbo
Rembo
Furbo
Jobsbo
Getbo
Stimmerbo
Sakristorp
Klintbo
Knallasbenning
Uvberget
Torrbo
Ingolsbenning
Smedjebacken
Lernbo
Vikersvik
Hällsjöbo
Gläfse
Olofsfors
Visentpark
LUDVIKA
Norrbärke
Vibberbo
Saxehamma
Larsbo
Gäsjö
Andersbo
Bjurfors
Halvars
Hagge
Vanbo gård
Dalälven
D
a
l
a
r
E16
E16
50
69
70
293
30
36
40
41
24
26
66

GÄVLE
SANDVIKEN
VALBO
Storvik
Hofors
Torsåker
Årsunda
Järbo
Hedesunda
Österfärnebo
Horndal
Fors
Näs bruk
AVESTA
Tärnsjö
Gävleborg
Färnebofjärdens nationalpark
Storsjön
Kungsberg
Kungsberget
Kungsfors
Medskog
Lendsberget
Vettåsen
Sneåsen
Åshammar
Kungsgården
Västerberg
Mackmyra
Forsbacka
Lund
Lemstanäs flygplats
Forsbacka by Gävle-Sandvikens flygplats
Körbergsklack
Hammarby
Gysinge
Karinmossen
Tidernas Väg
Jordbärsmuren
Garpenberg
Grytnäs
Folkärna
Dalkarlsberget
Ballsberget
Svensjöberget
Krånkåsen
Lumsheden
Fageråsberget
Killingberget
Gudsberga kloster
Hedesunds kyrka
Högbo bruk
Ockelbo
172
187
154
29b
29c
30a
30b
30c
31a
Lb2
Lb3
Ma1
Ma2
S

S
31a
31b
31c
188
32a
32b
32c
Eskön
Harkskärsfjärden
Utnora
Harkskär
Oppala
Björke
Mårdäng
Hillesjön
Utvalnäs
Vitgrund
Lövgrund
Åbyggeby
Hillsjöstrand
Bönan
Holmudden
Engesberg
Eggegrund
Lb2
Gävlebukten
Forsby
GÄVLE
Engeltofta
Limön
Karskär
Orama
Sikvik
Billudden
Furuvik
Ytter-Harnäs
Långsand
Sågarbo
Allmänninge
VALBO
Sjötorp
Trösken
Själgrund
Skutskär
Kniven
Stackbo
Sälgsjön
Överboda
Gårdskär
Mårtsbo
Kubbo
Lb3
Sörfjärden
Lövstabukten
Rossholm
Vastanån
Älvkarleby
Storsand
Glamsen
Hästbo
Hanåsen
Sikhjälma
Jordåsen
Tärterviken
Åsberga
Fagerviken
Edsätra
Gråäsen
Älvkarleö
Holmsånger
Hästskär
Julö
Hållnäs
Glamsen
Verkebro
Åsbo
Karlholmsbruk
Grönö
Kessmansbo
Snöskär
Fallet
Snatra
Ledskär
Kvarnbo
Gräsbäcken
Ambricka
Storfjärden
Askholm
Nynäs
Sandby
Kårbo
Malmberget
Marma
Sund
Skållbo
Myrbo
Sätra
171
Storön
Marma by
Konradslund
Flaten
Maln
Vidväg
Väla
Skärplinge
Griggebo
Gällbo
Finnböle
Kågbo
Västland
Kärve
Lövåsen
Rämsön
N.Kvarnön
Mehedeby
Försäter
Lågbo
Österlövsta
Lill-Kä
Ma1
Österänge
Ölbo
Grimsarbo
Väd
Långbron
Hedesunda
Jörsön
Untra
Uppsala
Åkerby
Lövstabruk
Dorkarby
Elinge
Strömsberg
Ö.Verken
Hamptyan
Söderfors
Akerbysjön
Ullanda
Östveda
Landa
Bramsöfjärden
Hedesund kyrka
Ersta
Tolfta
Norrby
Valparbo
Fäbodarna
Bondebo
Bäcklösen
Tierp
Fäboljärden
Ingstarbo
Gillberga
Ralbo
Hillebola
Ingsån
Skämsta
Fälaren
Stönnansbo
Vallby
Dalkarlsbo
Ansgarii ka
Fäcklinge
Mickelsbo
Kalvsbo
Juganssbo
Sevallbo
Munga
Esarby
Göksby
Väster-Ensta
Tierps kyrka
Hadeholm
Djupa
Strömaren
Ingsjön
Kyrkbyn
Sixarby
Florarna
Frebro
Gryttjom
Eskesta
Prästarby
Toften
Onskarby
Alfors
Yttrö
Fastebo
Tobo
Tegelsmora
Ma2
Rudden
Botarbo
Sibbo
Dansbo
Smedby
Horsskog
Krogen
Mänkarbo
Upplanda
Film
Västersälja
Örbyhus
Ettingbo
Runnebo
Skogbo
Ubblixbo
Östervåla
Stärte
Hindersbo
Örbyhus
Österbybruk
Iggelbo
Dannemora
Ingborgbo
Dannemora
Ärligbo
Ginka
Aspnäs
Sjölunda
Bergby
Kättslinge
Pesarby
Bjurvalla
Berg
Fågelsta
Tämnaren
Hov
Dannemorasjön
Ma3
Torp
Lindsbro
Vendel
Romstarbo
Holm
155
Karby
Andersby
Vreta
Brattberg
Norrsälja
Lockelsbo
Husby
Åkra
E16
E4
76
196
509
291
195
194
292
193
192
191
290

33a
33b
33c
34a
34b
Lb2
Lb3
Ma1
Ma2
34c
Bottenhavet
Björn
Argos grund
Gåskänningen
Örskär fyr
Örskär
Oskarsundet
Grundkallen
Fluttuskären
Engelska grundet
Öregrundsgrepen
Tallhällen
Formsmarks Kärnkraftverk
Forsmark
Norrboda
Möskäret
Sjöäng
Söderboda
Skaten
Öster-Mörtarö
Mårtensboda
Kovik
Gällfjärden
Klockarboda
Kallboda
Skogsvreten
Gräsö
Söder-Gåsgrund
Norr-Gället
Klacken
Västerbyn
Österbyn
Rosten
Tålingen
Stenskär
Valudden
Öregrund
Svepholmen
Kallerö
Simundö
Östansjö
Elvisjö
Snesslinge
Sund
Kavarö
Rävsten
Bjurön
Norrsten
Lindersvik
Söderby
Söderby-Karlsäng
Kavaröskaten
Klyxen
St. Risten
Östhammar
Norrskedika
Storbyn
Alnön
Sladdarön
Ormön
Vässarö kap.
Vässarön
Stor-Roten
Långalma
Färgarde
Nolsterbystrand
Nolsterby
Lackevik
Sundsveden
Börstil
Sandika
Tuskö
Yttersby
Älvsnäs
Länsö
Fälön
Uppskedika
Marka
Fageröm
Tvärnö
Raggarön
Raggaröfjärden
Löhammar
Hargs kyrka
Harg
Värlingsö
Slätön
Singö
Backby
Svartklubben
Ellan
Medholmen
Gällfjärden
Hargshamn
Järsjö
Singöfjärden
Söderby
Nyckelbol
Gimo
Skäfthammars kyrka
Vattensta
Valde
Stora Hallsjön
Vattmyren
Norrby
Österby
Norrlövsta
Höknuvud
Väddika
Björsta
Sandby
Gubbo
Svalsbo
Rovsättra
Ånö
Ytternuttö
Annö
Barkö
Bol
Valö kyrka
Valö
Lundsvedja
Stummelbo
Strömsbro
Vigelsbo
Mångsholmen
Gräsbo
Skälbo
Vamsta
Gålarmora
Berkinge
Imundbo
Aspö
Bruksdammen
S. Asjön
N. Asjön
Björnbo
Stenmo
Årböle
Rångsand
Kullen
Skaten
Göksnåre
Rundskär
Ängskär
Flottskär
Vavd
Gudinge
Gudingefjärden
Storsten
Slada
Klungsten
Enskär
Hammarviken
Hällen
Slutmossen
Engelsundet
Kallrigafjärden
Älglösa
Olandsån

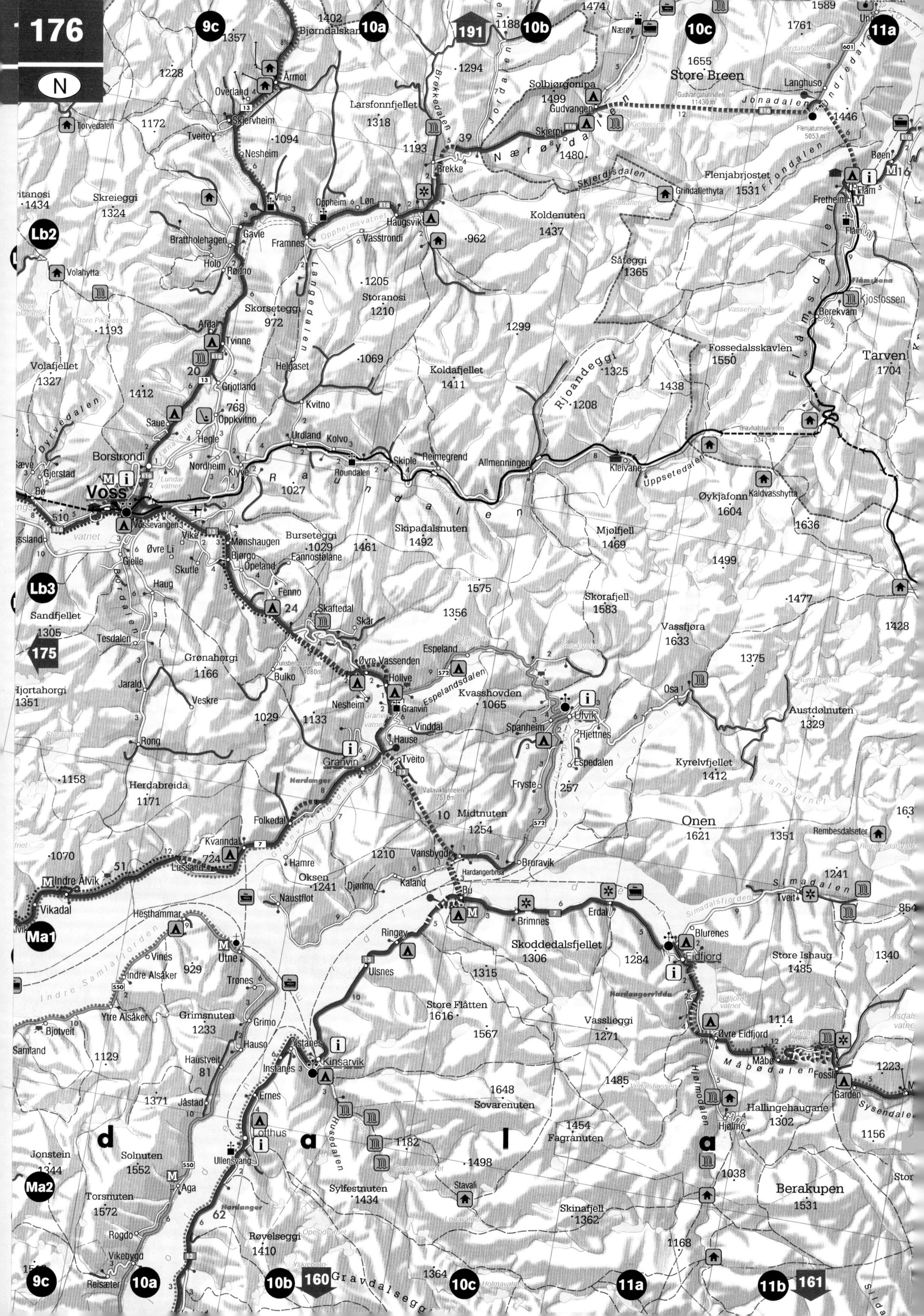

177
N
11b
11c
12a
192
12b
12c
Prest
1484
Aurlandsvangen
Kvamsdalen
1809
1595
Norddalshøgdi
1605
Håstarren
1722
Øyridalen
1686
Grindi
1544
1589
Stardalsfjellet
Geitanosi
1450
Nordalen
Furedalen
Midjedalen
Torskardnuten
1649
1639
1665
Grånosi
1712
Sanddalen
Bjordalen
Skålanosi
1562
1484
Steine
Vassbygdi
1601
1714
Lærdalseinaren
Bjordalsbu
1769
Store Liahovden
1763
Aurlandsdalen
1136
Grimsete
Stondalen
Langedalen
Lavidalen
Stondalstunnelen 2230 m
Berdalstunnelen 4250 m
Nesbotunnelen 2480 m
Hundhus
1669
Fødalen
1697
1818
Raudbergskarvet
Lb1
Knutseggi
1635
1612
Klovafjell
Østerbø
1531
1724
Haldalshøgde
1765
Haldalen
Julsennuten
1656
1540
Stemberdalen
1654
1658
Store Øljuvatnet
Iungsdalshytta
1544
1547
Storskavollan
1729
Kongshelleren
1590
Dyranosi
1693
1438
Bolhovdskarvet
1699
1675
Skorpa
1668
1561
1156
Alvsnosi
1708
Urdvassnutane
1771
Blåberge
1802
Reines
1789
1640
Skomanosi
1625
1611
Geitryggtunnelen
91
Sveingardsbotn
Lb2
1710
Såtedalen
Geiterygghytta
Såtegge
1416
Flishovd
1417
Ryssefjellet
1195
1274
Strandavatnet
Austre
1491
1453
Sankt Pål
1695
1168
Bølhovd
1272
178
Finsetunnelen
Finsenuten
1599
Hallingskarvet
Raggsteindalen
Myrland
1292
1584
Finsehytta
Halvfardokki
1243
Brenthe
1729
Ramnabergnuten
1393
Hellevassfonne
1933
Folarskardnuten
Byrkjedalen
Storeskuta
1870
Bry
Hovet
Rue
Hogner
Nordre Kongsnuten
1616
Hallingskarvet nasjonalpark
1905
Demmevasshytta
Hardangerjøkulen
Søre Kongsnuten
1738
Storetunga
1509
Lengjedalen
Storurdi
1431
1217
1672
Store Tresnut
Rallarvegen
1857
Prestholtskarvet
Budalen
Lb3
1126
1636
Matskardnipa
1531
1496
1359
Havsdalen
Haugastøl
Geilo
Feten
Slåtte
1472
1270
Leirhalsen
1289
1452
1247
Ustevatnet
Ustaoset
1347
Store Kjeldenuten
Krækkja
Hardangervidda
Hornbustølan
Kjeldebu
Sysenvatnet
1324
Hovde
Dyraheii
1300
Halne
Fagerheim
Monsbuhæe
1286
Ustetind
1376
Nedrestølen
Skurdal
d
1351
Tuvaturisthytte
Midnuten
1288
1238
Krækkjahæe
1334
Ma1
Dyranutane
1363
104
Steinbunuten
1370
1230
1282
Dyranut
1383
Store Grønenutan
Kyrkjehovda
1273
Bjoreidalen
Øvre Hein
Halnefjorden
11c
1334
12a
Skaupsjøbrotet
1404
12b
1268
161
12c
Heinseterhytta
1294
13a
1382
Åan turisthytte
1224
162
13b

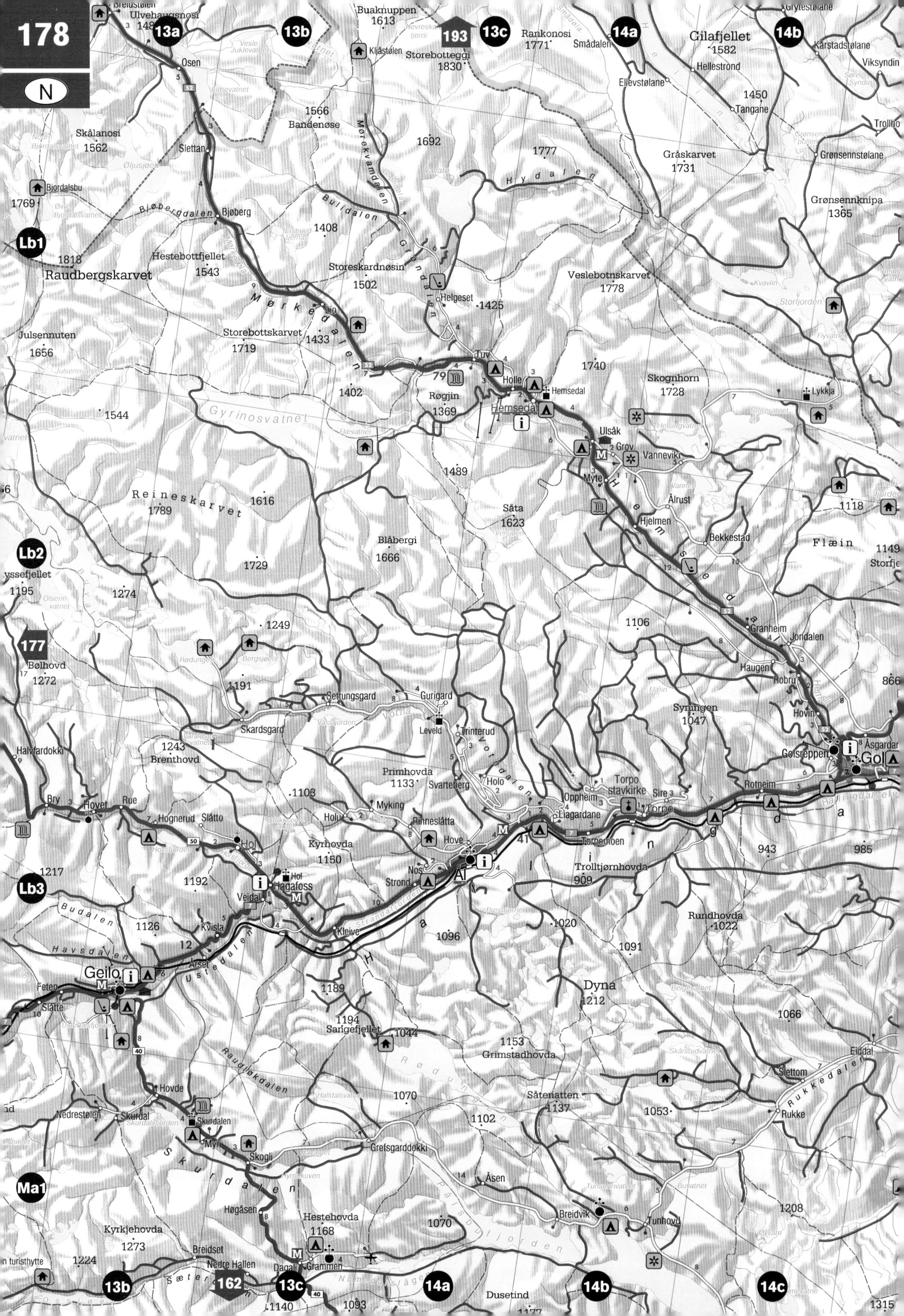
N
13a
13b
13c
14a
14b
14c
193
162
177
Lb1
Lb2
Lb3
Ma1
Ulvehaugsnosi
Buaknuppen
1613
Rankonosi
1771
Smådalen
Gilafjellet
1582
Kjåstølen
Storebotteggi
1830
Osen
Hellestrond
Ellevstølane
Tangane
1450
Skålanosi
1562
1566
Bandenøse
Mørekvamdalen
1692
1777
Slettan
Gråskarvet
1731
Grønsennstølane
Hydalen
Bjordalsbu
1769
Bjøberg
Bjøbergdalen
Bulidalen
1408
Grønsennknipa
1365
1818
Raudbergskarvet
Hestebottfjellet
1543
Storeskardnøsin
1502
Veslebotnskarvet
1778
Helgeset
1425
Mørkedalen
Lio
Julsennuten
1656
Storebottskarvet
1719
1433
Tuv
1740
Skognhorn
1728
Holle
Hemsedal
79
Røgjin
1369
1402
Lykkja
1544
Gyrinosvatnet
Ulsåk
Grøv
Vanneviki
Myte
1489
Ålrust
Reineskarvet
1789
1616
Såta
1623
Hjelmen
Bekkestad
1118
Blåbergi
1666
Flæin
1149
1729
1195
1274
1106
1249
Granheim
Jondalen
Bølhovd
1272
Haugen
Robru
1191
Settungsgard
Gurigard
Skardsgard
Leveld
Trinterud
Syningen
1047
Hovin
Halvfardokki
1243
Brenthovd
Primhovda
1133
Svarteberg
Holo
Votndalen
Torpo stavkirke
Sire
Oppheim
Torpo
Liagardane
Golsreppen
Gol
Ågardar
Rotneim
Bry
Hovet
Rue
Hognerud
Slåtto
1103
Myking
Holu
Rinneslåtta
Hove
Torpomoen
Hallingdalselva
943
985
Kyrhovda
1150
Ål
Trolltjørnhovda
909
1217
1192
Hol
Hagafoss
Veidal
Nos
Strond
Strandafjorden
Budalen
1126
Kvisla
Kleive
1096
1020
Rundhovda
1022
Havsdalen
Ustedalen
Årset
Geilo
Feten
Slåtte
1189
1091
Dyna
1212
1066
1194
Sangefjellet
1044
1153
Grimstadhovda
Eiddal
Slettom
Rukkedalen
Raudljøkdalen
Hovde
Rødungen
1070
Såtenatten
1137
1053
Rukke
Nedrestølen
Skurdal
Skurdalen
1102
Mylli
Skogli
Grefsgarddokki
Åsen
Skurdalen
Pålsbufjorden
Høgåsen
Hestehovda
1168
Breidvik
Tunhovd
1208
Kyrkjehovda
1273
1070
1224
Breidset
Nedre Hallen
Dagali
Grammen
Sæterdalen
Numedalslågen
Dusetind
1140
1093
1315

N
14c
15a
15b
15c
16a
16b
194
Rundemellen
1345
Slidre
Rogne
Røe
Neste
842
Tuv
Kollstad
Mellsennstølan
Trillestølen
Øyjar
Åsheim
Røn
Meisdalen
1071
1007
Lenningen
Synnfjell
Spåtind
1414
Fossheim
1137
Skrautvål
Bakke
Kruk
Steinsetbygdi
Elvesætri
1139
Vaset
Døvre
Tollehaugen
Nordre
Etnedal
Stølen
Ulnes
Hilmed
910
Fagernes lufthavn
Gamlestølen
Hugulia
La3
1050
Steinde
1160
Rye
Fagernes
Svenes
Ranheimsbygdi
Syni
1137
Follonglo
Heggelund
Leira
Måno
Brusvei
Graneim
Håvrud
Hådel
1165
1024
Nordåker
12
Fjellenden
1141
907
Flatøygarden
Åbjør
Danebu
Øvre Øverlibygdi
Vestringsbygdi
Aurdal
Ølslykkja
Flæin
Sundvoll
989
941
Turrtind
Rundborgbygdi
1057
1139
Espelibygdi
Bjørgo
Byfellii
Robøle
Tisleidalen
Høvda
Merket
Bruflat
Lb1
Fløten
965
Rognås
Bruflat
812
Vadsetdansen
Liastølen
Makalausfjellet
1090
Brenna
Tonsåsen
42
Golsfjellet
Stavedal
Huldrastølen
Reinli
Bergåsen
Gurihus
Rødang
Bagn
37
888
Rekkjeset
Etnedalen
35
Matsstuga
Maslangrud
Rosenberg
Brattrud
Stavkirke
Breidablikk
880
Høljerast
Hallingen
Kolbu
180
Bjødalsfjellet
1159
Dalen
Leirskogen
Tomtin
Dølvi
Skaran
Nystølvarden
1295
Nystølsfjella
Storskardhøgda
894
Bjødalen
Olmhus
Rauddalsfjellet
1205
Gladhaug
Fønnhus
Høvreslii
Høvreslia
Tronhus
Lb2
Herad
Holtelifjellet
1151
Haugen
Øyvasshøgdi
917
Åsen
Eid
Veikulnatten
1037
Stegerud
Høvren
Høgberget
827
Garthus
733
1182
Vardefjell
Rustbakke
Begnadalen
955
Svenkerud
672
Vesleåsen
762
942
Høgdefjellet
1055
Grimsrud
Todalen
Åsli
Haugsrud
Skjong
Rud
Hedal stavkirke
Nerby
Begnadal
Sørum
Begna Bruk
844
Skurveknatten
509
Puttekollen
Tilifjell
1065
Strøslifjellet
1107
827
Omsrudkollen
Strømmen
Lb3
1041
Svang
Roløkken
Slafjellet
1091
Hallum
Blåfjell
1154
1135
Sæterknatten
1148
Manfjellet
Landsenden
762
Storskardhøgda
Liodden
Li
Fossholt
Hovde
Heggerudstad
Sanden
Nordhagen
1047
Holmen
Fossheim
Lunde
Bromma
Aurdalsætra
Sverig
Bergheim
Halli
N. Sevre
Storekrakkoia
Treknatten
1101
5a
15b
15c
163
16a
16b
16c
1284
1216
Kolsrud
Kristnatten
Sørbølfjellet

N
16b
16c
17a
195
17b
17c
18a
Goplesætra
N.Synnsætra
1098
S.Synnsætra
Gardsætra
Kinnkjøllen
842
Mælum
Fåberg
Fliflet
Nord
Gropmarka
Skjellbreida
1070
Lundgard
Jørstadmoen
Lysgårdsbakkene
LILLEHAMMER
Synnfjell
Spåtind
1414
Saksumdal
Saksum
Sørlia
Avskåkålia
Maihaugen
Vingnes
Øyre
La3
Høgkamp-
flæene
Krokhølen
Roterud
12
Gamlestølen
Hugulia
Nylsfjellet
1018
812
Sjoga
Vingrom
Fryjordet
Lismarka
Lismark
Vismundsætra
Rinddal
Hinnkleiv
Skartlia
993
Nordbygda
Vingrom
Øverbygda
30
Bergseng
Ulverga
Brukro
Fagerlund
Åmot
Møllerstua
Jøronlia
Vålhovd
Aust-Torpa
Brøttum
Freng
936
Ohovde
Vinjar
941
Turrtind
Tollevsrud
Sjåheim
Stumlia
Ekren
Lb1
Vest-Torpa
Frøysli
Felle
Røste
Liereng
Hegge
Lunde
Haugli
Kinn
Harstad
Lia
Bergsodden
Ommelstad
Snertingdalen
Åsgårdshaugen
806
Klomstein
Biri
Gullor
Lunden
12
Skogen
762
Alset
Leppdalen
Brudalen
Nykirke
Hansvea
Smedmoen
Gurihus
Kirkerud
Hogne
Elton
39
Segard
Matsstugua
Rosenberg
Dælibygda
Berg
Elvedalen
Skogheim
Redalen
Stokke
Austsinni
Nøs
Høljerast
Sandmoen
Nordsinni
Skinnerud
Fossum
Kolbu
Annkaltrud
Lyshaug
Kol
Bardalen
Dokka
Vølstad
Brennhaugen
Kjenset
Hom
Skauverud
605
565
179
Aurlund
545
Solvang
Landåsen
750
Skyberg
Nordenga
17
Storskardhøgda
894
Mælum
Kverndalskroken
Brua
Vestrumsbygda
695
Vardal
Åkersjøen
Odnes
Ålstad
Varpbakken
Mælum
Bråstad
Tranhaug
Røen
607
Skogheim
Mustad
Lb2
Bybrua
Tobru
Viflat
Hunn
Brubakken
Bergegarda
Bergstugua
Hågåsvea
Fluberg
43
Hassvalsætra
638
Rostberget
24
Gillerhaugen
Skonhovd
Hunndalen
GJ
Høgberget
827
Skjellingshovde
856
30
Korsvegen
Varr
Nordråk
Ersrud
Breiskallen
Skansen
Flikkeshaug
Bjørnerud
Lausgarda
Osbakken
436
Masstugua
Landheim
672
Skjeskroken
Skriverhaugen
Raufoss
Elton
Øverby
Vesleåsen
762
Kumpelia
Bradal
Østvoll
Ringvoll
718
Hov
669
Engelia
Haugsrud
Bjørlia
Sagvollen
Drøger
Helset
Eriksrud
Toten
Vassenden
Amsrud
Skjellerud
722
Lauvhøgda
Myrvang
Sørum
Begna Bruk
Åmot
Persvehaugen
617
Brakar
Fall
Stor Kyset
Granvang
Gotterud
Holmen
Reinsvoll
Holte
Puttekollen
509
Ringelia
Granum
Furusethagen
Rudssvea
Vestre Toter
Strømmen
Skute
Bøverbru
Ås
Breidvika
Heksum
Kvernbråtan
Steinvarden
772
Stubbodden
Søre
Sålås
Bruflat
Lb3
Hengslet
Halmrast
Storhaugen
Fiskevollen
Sivesin
Narum
Eina
Glæserud
Trevatn
Storskardhøgda
Gravlimoen
Øksne
Dal
Lomsdalsætra
Lomsdalen
Moldstad
Heggerudstad
Nes
750
Haug
Kalbakken
o
p
p
l
a
Fossholm
Lunde
Enger
503
Blili
Rud
566
Larssæterhaugen
Torgunrud
Lundby
Dyste
Søfferud
Vassenden
495
Skilleroyskollen
Grime
Korsen
Eina
Sangnes
Bjonevika
Struksnes
Støa
512
Kvitingen
722
Tandsætra
93
Sønsteby
Dotset
Mjørlund
1101
16c
17a
Dammen
17b
Bjøneroa
164
44
17c
18a
Strande
18b
Dyrud
Sørum
Teiterud

N
18b
18c
19a
196
19b
19c
20a
La2
La3
Lb1
Lb2
Lb3
182
165
20b
Raud-
fjellet
Hovdedalen
Sætre
Ygle
Holmbu
Osmoen
Ulvåvollen
Sjusjøen
Snørvillen
995
Birkebeiner-
vegen
Mesnali
Bjørkhaugen
716
Bergundhaugen
Fuglsengsæter
Tomssætra
Åsheim
28
Hardbyenga
Åsmarka
Busmundrud
537
Arneberg
Kompåsen
694
Buviksaga
Næroset
595
Fløtlia
Kvernstubrua
Svensvea
Gundersvea
Monssvea
Kjos
Simenstad
Byflaten
Finnstad
Torsætra
Mauset
Åset
Ringsaker
Rudshøgda
Kampen
Veldre
Narud
Bjørge
Eriksrud
Økelsrud
Øverkvern
Putter
Hersau
Steinberg
Brumunddal
Rognlia
Gaupen
Sau
Kvarberg
Mørkved
Gjerlu
Hellerud
Tvelt
Korslund
Liberget
486
Hove
Nydal
Jevanol
Jølstad
Solbergåsen
445
Nes
Nerlia
Furnes
Jesnes
Krokstad
Kvernvollen
Hanestad
Stavsjø
Kjonerud
Myre
Helset
Gorum
Hulberg
Hilstad
Grefsheim
Kise
Balleshol
Myr
Grini
Tingnes
Helgøy
Bergvika
Helgøya
Eksberget
331
Hovinsholm
Solvang
Kapp
Bakke
Evenrud
Søkstad
Rustad
Lena
Østre Toten
Ørud
Håjen
Bilitt
Hensvollen
Balke
Nykleby
Krabysanden
282
Skreia
Lensbygda
Kronborg
Hamborg
Rua
Farås
Alm
Totenvik
Hammastad
Smedby
Stange
Øverskreia
Skreifjella
Fjellhaug
Nyhusknappen
793
720
Kronborgsætra
Borgen
Torsæterkampen
841
Torssætra
708
Hemmelfjellet
884
Bjørnåsberget
857
Skramstadsætra
Skramstad
Rena
Åmot
Kåsa
Kåsmoen
Snippen
Nyberget
437
Nabbsetåsen
449
Bolstadenga
Vivelstadsvea
Blikberget
Bergslia
Østre Åbu
Nysætra
Åstra
Lindberget
Kråkberget
632
Gautsætra
Gitvola
852
825
Holshaugen
674
31
Rustad
Målia
Nordhue
767
Målifjellet
728
Ansteb
Økset
669
Brattberget
Svea
Svanåsen
Øksndalen
Odden
Horndalen
Stenfjellet
760
Budor
Kolbulia
498
Sveva
Gryllingsætra
Hernes
Finstad
Grundset
Bånerud
Grinda
663
Vangsåsen
Gåsbu
Vollmogrenda
Nordbekk
Petersborg
Kvernhuslykkja
Sørstugrenda
Løvbergsmoen
Skjeset
Torvet
Slåtten
Ringnes
Rogstad
Sagabakken
Terninga
Gålås
Narmo
Ås
Alderslyst
Tomte
Ebru
Terningmoen
ELVERUM
Vangsås
Hanstad
330
Trehørningen
Tomter
Ingeberg
Oppsal
Rømma
Myklegard
Alfheim
Snarud
Kallerud
Furuberget
Karset
Lund
Helstad
Vindhol
Slettmoen
Svarttjennshaugen
374
Mostu
Furuknappen
Svarttjernkoia
Vang
Fuglset
Løvhaugen
Løten
Berger
Åsen
Hedmarken
Lovisenberg
Høingstad
Berg
Hamar
Hjellum
Gile
Bergum
Hagasætra
Heradsbygd
Granberg
Sanderud
Haukstad
Ådalsbruk
Vealund
Sandvika
Bekkelaget
Klæpa
Oset
Klevfos
Ilseng
Vollmo
Lindberg
Benningstad
Bjølset
Gubberud
Herset
Roko
Ottestad
Arneberg
Løken
Nøttestad
Vevla
Jønsberg
Romedal
Rennebrua
Skallberget
458
Ottestad
Solberg
Fredsvollfeltet
Hekne
Sakslund
Romedal
Olehusa
Gillundstranda
Stange
Starhellinga
Oppegård
Gjermundstua
Åsvang
Korsbakken
Haukåsen
Glennberget
528
Nøkleholm
Sørum
Såstad
Vallset
Sørholte
Tuvberget
559
Gata
Håkårud
Austad
Foss
Sørtensæter
Ekeberg
Haraset
Støa
Kjellsvea
Kvitberget
561
Gransjøberget
625
Østby
Akselstua
Tangen
Kvitsand
Oppsal
Brenna
Skaberud
Eidsfjell
632
Orrkjølen
Fløtbakken
Hestenes

20a
20b
20c
197
21a
21b
Østre Æra
Berget
Sagbakken
Kjølstad
Tuvmyra
Raskiftet
809
Volla
Ulvåvollen
Ørneset
Gjevaldshaugen
Munksjøberget
817
Ulvsjøberget
854
Vestby
Majorstua
Grinddal
Grøndalen
Grønberget
722
Nybergsund
Kretten
Digerberget
576
Trysil flyplass
Hammaren
Ulvsjøfjellet
809
Nyberget
743
Søre Osen
Nyhus
Grønli
Ifarneset
663
Vestsjøberget
649
Tørberget
Fønsberget
699
Blikberget
Bjørbekksætra
Graslandet
Grinda
Harvika
Østenheden
Midtskogberget
Tallhaugsætra
La3
Lindberget
751
Sjøenden
Tjernmoen
632
Stavberget
644
Lauvhaugsætra
Styggberget
677
Storsvea
Oteråsen
693
Rysjølla
Veggersætra
Kankesætra
Skavhaugen
Nymoen
Bjørnåssætra
Styggberget
Grorud
711
Bergeberget
Nedreberg
Godbakken
Berge
654
Höljberget
542
630
Bastuknappen
Aspberget
Ersberg
Væringsåsen
Horndalen
Strukkbekk
705
Høgknøsen
603
Ulvåsen
Kolbulia
498
Sveva
Litleberg
Nordli
Sætre
Sørskogbygda
Kynnberget
Hestberget
596
Lb1
Hernes
Finstad
Grinda
181
Nordbekk
630
Bukkåsen
512
Uggleheden
Løvbergsmoen
Lykkja
Storbergshallen
Storberget
Siljuberget
Hemberget
644
ELVERUM
Hanstad
330
Alfheim
524
Svartberget
Risbergmarka
S
N
Olastua
Gravberget
Furuknappen
Ø. Mostu
Risberget
481
Berger
Åsen
Sagbakken
Flotsberget
603
648
Stordigerheden
638
Granberg
Heradsbygd
Melåsberget
Flotta
Hakaskallen
561
Holstad
Koien
Støpen
Jømna
Lindberg
Myrvoll
Bjølset
611
Juvbergshetta
Skallberget
458
Solberg
Bronka
560
Järpliden
Olehusa
43
Lb2
Knøsen
Tørråsen
565
Rogberget
554
Glennberget
528
Braskereidfoss
Lundeby
Skjæret
Finnskogene
Strandli
Possåsen
Skåråholen
Braskerud
Gisli
Bru
Siljubergåsen
457
Tuvberget
559
Stræte
Eriksmoen
Åbakken
Strætkvern
Kvernhaugen
Storberget
552
Gjerdrum
Glorvika
Vermundsjøen
Finnskog
514
Gyllerud
Østby
Gjesåsen
Skansen
Karlstad
633
Blåenga
Våler
Grønland
Sjøli
Haslemoen
Smørbøl
Bråtebekken
Kilen
Rønnesætra
Fossheim
Linna
Vermundstorpet
Medskogen
Medskog
602
Eid
Kilerud
Sønsterud
Holtet
Lb3
Kjellmyra
Bakken
Tårneby
Kjølaberget
434
Velta
Peistorpet
Knappom
Sjurderud
Tyskeberget
617
Elgeklinten
Eidsfjellet
632
Solbakken
166
Flisa
Østaby
Finnskogvegen
Furuli
21c
Sønsteby
Klokken
482
Husubbekk

Transtrandsfjällen
Sälen
Transtrand
Lima
Limedsforsen
Rörbäcksnäs
Höljes
Bograngen
Finnskoga
Tandådalen
Grundforsen
Østby
Grønli
Støa
Flermoen
Gränsbo
Ängesåsen
Mobergskölen
Orrliden
Gusjösätern
Färdkällan
Gubbmyran
Digernäs
Köarskär
Lindvallen
Röen
Kråkbrickan
Kinnvallsjösätrarna
Hemfjällstangen
Fjällåsen
Gammalsätern
Fiskarheden
Bolheden
Gusjön
Laxvadet
Hammarsbyn
Gråheden
Risheden
Sörnäs
Limhön
Strandkölen
Husom
Åkra
Bergsvalla
Biskopsbyn
V. Ärnäs
Heden
Ytternäs
Rissätra
V. Lillmon
Ö. Lillmon
V. Ofors
Ö. Ofors
V. Tandö
Ö. Tandö
Sjöarberget
Örviken
Bäsjösätern
Örsjöbergsätern
Vännässätern
Tisjölandet
Stavåsnäs
S. Löten
Örsjön
Vallsjön
Kroksätern
Lutnes
Långflon
Bustad
Grønøset
Plassen
Skogli
Galåsen
Solvang
Nesvollberget
Båtstad
Spistorp
Båtstadberg
Kärrbackstrand
Bäckaskog
Skyllbäcksätern
Brattmon
Brattmoviken
Letafors
Sundhult
Skyllbäck
Svansåsen
Gunneby
Vingäng
Ransby
Branäs
Branäsberget
Dalby
Häråsjön
Skråckarberget
Kindsjön
Torstäkten
Fiskemaskstugan
Fämtberget
Almberget
Fämtyran
Gammalsälen
Ulvsliden
Lidsä
Nordvallsä
Graberget
Snögåsåsen
Rösberget
Skrallarberget
Mosstjärnberget
Persby-Gillersberget
Averåfjället
Bårberget
Langsätern
Långberget
Ömtberget
Letteråsen
Tandövarden 775
Trångvarden 748
Rönnkleven 681
Digerberget 653
Röknölen 677
Brånberget 691
Vardberget 654
Hundfjället 926
Storfjället 910
Ö. Kalven 903
Synddalskläppen
Öjskogsfjället
Lägerdalsfjället
Ö. Granfjället 949
St. Närfjället 931
St. Moberget 716
Elgshaugen 821
Borveggen 650
Risberget 612
Firiberget 609
Nedre Tandberget
Tandberget 614
Hormundb. 687
Enberget 654
Rangen 696
Avundsåsberget 621
Pilgrimsleden
Klarälven
Letten
Tisjön
198
184
167
22a
22b
22c
23a
23b
23c
La2
La3
Lb1
Lb2
S
D

184
S
23c
24a
199
24b
24c
25a
La2
La3
183
Lb1
Lb2
D
I
a
Älvdalen
Malung
Rot
Evertsberg
Sälen
Transtrand
Lima
Limedsforsen
Öje
Ytterbygget
Gessilbodarna
Ringnäs
Billingsbodarna
Stor-åsen
Mattskölen
Bredvad
Färjan
Åsen
Brunnsberg
Stopsbodarna
Lokgnup
Lågon
Granberg
Ribbåsen
Göransbodarna
Torrlid
Floj
Häden
Skålästugan
Esum
Björnskåsen
Sälberg
Sälen
Karlsarvet
Loka
Liden
Klitten
Kittan
Hyk
Hykjeberg
Månsta
Näset
Ugsisberg
Okbodarna
Dåråberg
Danielsriskojan
Styppelbrokojorna
Ädbodarna
Rämma
Kåtilla
Västermyckeläng
Bossel-Anderskitt
Skärklitt
Nybolet
Fastheden
Marddal
Vålberg
Väsa
Väsberg
Käringberg
Hållberg
Tennberg
Hältby
Gnupen
Gåsvarv
Skinnarbo
Vallsjöbo
Blyberget
Blyberg
Röen
Huskölen
Ö. Långstrand
Vasselbodarna
Mattisfjot
Näsbodarna
Dysberg
Åsen
Berga
Dysbodarna
Tvåråberg
Stuguberg
Mellanjsön
Sjurby
Björnarvet
Oxberg
Gopshus
Fiskarheden
Branäs
Mångsbodarna
Tennänget
Risberg
Ålderberg
Hållans fäbod
Bosseldal
Bolheden
Häden
Dragtjärnåsen
Hartjärnb.
Filiberget
Fageråsen
Gusjön
Laxvadet
Nydalen
Myckelberg
Hormundb.
Gråheden
N. Fenningberget
Mattsåsen
Fenningberget
Buråberg
Tiberget
Åsberget
Hästfljoten
Krångdalen
Sjurberget
Risheden
Limnön
Gåstjämkölen
Norrgårdssälen
S. Fenningberget
Änäset
Husom
Kråggberget
Hemulsjö
Stutt
Venjan
Tandsjökölen
Hällan
Akra
Biskopsbyn
Bergsvalla
V. Ärnäs
Hisåsen
Hållberget
Gammbodarna
Solbodarna
Järpesbo
Hällindan
Stenissälsberget
Acksi
Heden
Ytternäs
Rissätra
Bolberget
Sjöändan
Bu-Lyberget
Torsjöåsen
Matsäl
Gummeberget
V. Lillmon
Ö. Lillmon
Lyberget
Kyrkberget
Rismyran
V. Ofors
Ö. Ofors
Västersälen
Norberget
Stavaheden
Ogviken
Rullbo
V. Tandö
Ö. Tandö
Öjs-Lyberget
Hisälen
Hårdeberget
Öndalen
Råbäck
Dillflöten
Råberget
Gravberget
Lyån
Fallet
Johannisholm
Kättbo
Vimosäge
Bole
Knubbfljoten
Vålberget
Kvillssälen
Ladkölen
Nysälen
Ålidberget
Graberget
Nordvallssälen
Momyckelberget
Öjsberget
Lännviken
Myckelåsen
Landbobyn
Gävunda
Finngruvan
Gammalsälen
Lidsälen
V. Fors
Ö. Fors
Arvsälen
Öje villa
Ulvsliden
Gärdås
Valleräs
Jägra
Mon
Tyngenäset
Tyngeberget
Lödrogsnäs fäb
Nybodarna
Liden
Görsjön
Älgberget
Hole
Holarna
Ö. Nycälen
Backsälen
Lödersjöstugan
Finnbodarna
Brintbodarna
Petsjöberget
Gärdåssälen
Håberget
168
25b
Görsj

25b
25c
26a
200
26b
26c
27a
S
Bösjövarden
688
Klittberget
Näckådalen
Unnådal
602
Mässingberget
544
Fjäsko
Vidam
Flickran
Ämådalen
Misan
Tandberget
549
533
461
Myrberget
Ödarv
538
468
418
571
585
Bleeket
566
Kallbolsfloten
593
419
Höghed
Ängen
Skräddar-Djurberga
487
Brännvinsbe
373
Ärteråsberget
468
Ärteråsen
Vasselnäs
Ryfsäl
Lindor
Helvetsfallet
Kväkköl
La2
Lindbodarn
312
Grasåsb.
Nybodberget
Ljothed
Grönklitt
Hornberga
Tallhed
Orsa flygplats
Torsmo
Bjönsaberg
Näsberg
Överberg
445
Fryksås
Nissbo
Bjönsaberget
485
Fyriberg
Rädbjörka
Skattungen
Skattungbyn
268
Kallmora
29
Joksäl
Näset
Furudal
Furudal
Nordvik
Indnäs
Heden
Indor
Bäck
Björkvassla
Bäcka
Hansjö
Åberga
428
Näverbrunnsmyren
Kruppa
Täktsberget
Arvet
418
Garberg
Våmhus
Kansbol
Grönsberg
377
Orsbleck
Stackmora
Ernåberg
Dödbyn
Gravberg
Storflot
Ore
Slättberg
Orsa
Grunuflot
Kumbelnäs
Dalhed
Dalbyn
40
Spjutmo
Börka
Hökberget
Heden
Oljonsbyn
Lindorna
V. Grunuberg
Ö. Grunuberg
387
Ämmeråsen
Bäckmyren
Lisselhed
Torrvål
S. Grunuberg
Bonäs
385
Säs
Läde
Maggås
16
Hättberg
331
Äskåsen
372
416
La3
Gulleråsen
210
Gutdalen
Vattnäs
Risa
Hästfloten
317
Sunnanåkern
Krångåsen
Östnor
Krakberg
Bergkarlås
Daddbodarna
Eldris
Selja
Sälen
Brunnvassel-bodarna
Änderåsen
186
N. Bomansberg
Hommanbodarna
Mora-kyrkan
295
Rostberg
N. Selbäck
MORA
Färnäs
Rättviksmyren
Rostberget
516
Mellan-Selbäck
Utmeland
S. Bomansberg
Gamla Larsbodarna
374
S. Selbäck
Åmåsäng
Ingärdningsbodarna
334
Tammeråsen
Berihol
Vinäs
Västanå
N. Vika
Siljans flygplats
Nusnäs
Fåsås
Fuläberg
Vinäsfjärden
Fudal
374
Östbjörka
Vika
Stenis
Björnudden
Dalhalla
Nedre Gärdsjö
Åmberg
S. Vika
Isunda
Klikthed
Fåsåsflot
Röjeråsen
Holen
Granmor
Leksberget
457
Ryssa
Sollerön
Garsås
37
Västbjörka
Backa
Västberg
39
Bråmåbo
Öja
Vikarbyn
Sjätra
Siljansfors
362
Bodarna
Rullbodarna
213
Lb1
Gesunda
Sjurberg
Österängarna
416
Bosberget
534
Gesundaberget
Stumsnäs
Rättviken
Rättvik
347
Gruvorna
Borrberg
Mångberg
Davalberget
503
Rossberg
441
Björka
Utby
Gärdebyn
Lindor
Rossberget
550
Åsen
Siljan
Laknäs
Kullsbjörken
Söderås
Kvällsberg
Sälen
Lövberg
Moåsen
Trutsudden
Tällberg
Östergrav
Gottland
Hjulbäcks-Åsen
Västgärdet
Mårtanberg
495
596
Flenberg
524
Digernäs
Bergsäng
Nedre Garberg
Flenarna
Lundbjörken
Björkberget
345
Hjulbäck
Plintsberg
365
Sjugare
Lindberg
522
Hjortnäs
Mon
Sätra
Oradtjärnberg
538
Olsnäs
Siljansnäs
Ytterboda
Överboda
460
Risholen
Lima
Sunnanäng
Torrberg
Slättberg
475
Almo
Fornby
Björkberg
Säterbodarna
Läberget
488
Nybingsbo
336
Förberg
Alvik
Grytnäs
Vargnäs
Bastberg
Lb2
525
Klockarberg
438
Almberg
Kilen
Leksand
Sävsjöbodarna
Långåsberget
429
Råbäck
Västanvik
Hisvåla
Hälla
25c
Skäppsjöbodarna
26a
26b
169
Trätbodarna
26c
Karlsarvet
27a
Ullvi
Berg
27b
Hackmora
Digerberget
Styrsjöbo

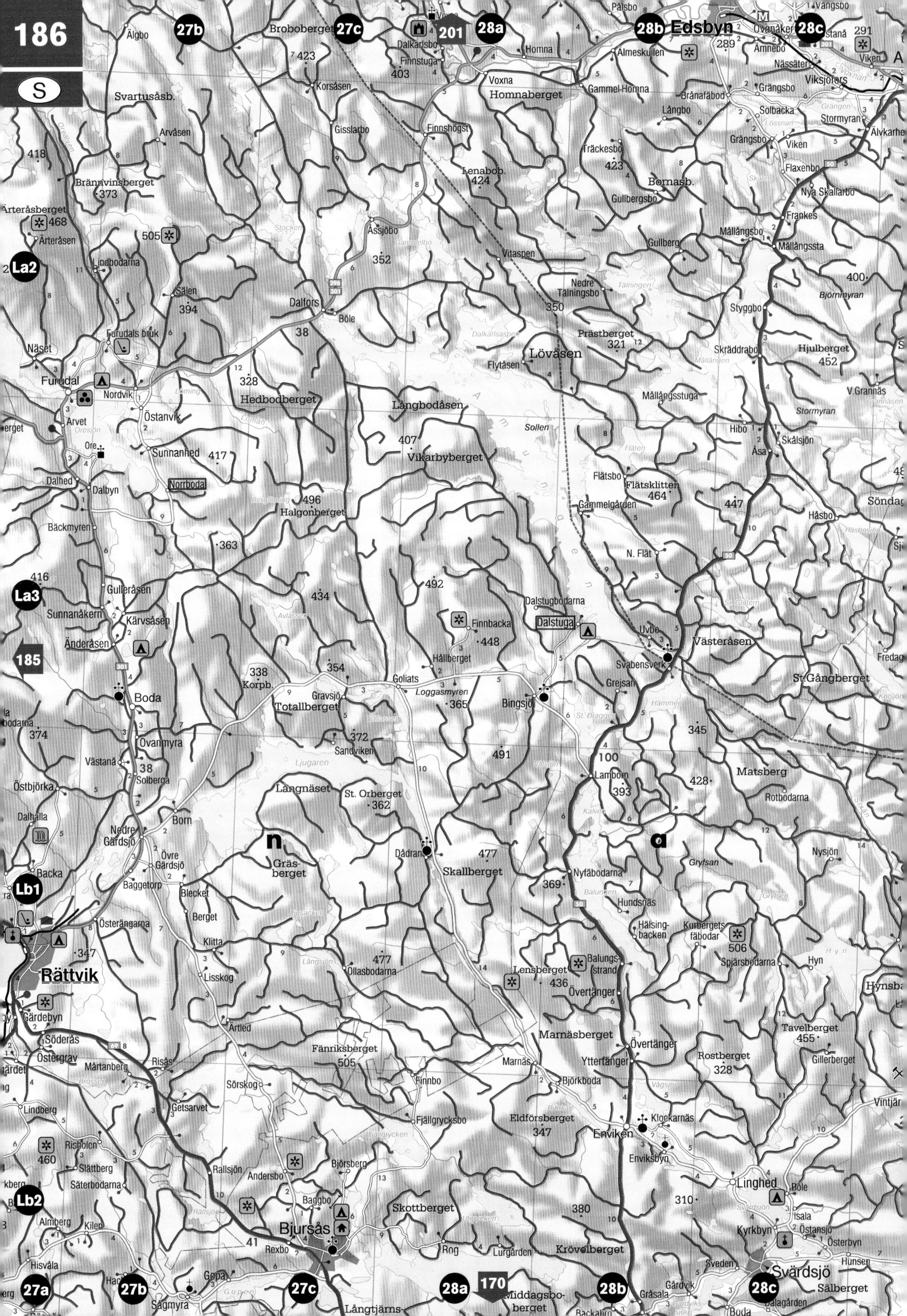
S
27b
Brobobergets
27c
201
28a
28b
Edsbyn
28c
Älgbo
423
Dalkarlsbo
Finnstuga
403
Homna
Almeskullen
289
Ovanåker
Åmnebo
Viken
Voxna
Korsåsen
Homnaberget
Gammel-Homna
Nässäter
Viksjöfors
Svartusåsb.
Grängsbo
Brånafäbod
Solbacka
Långbo
Stormyran
Älvkarhed
Gisslarbo
Finnshögst
Arvåsen
Träckesbo
423
Grängsbo
Viken
418
Lenabob.
424
Flaxenbo
Bornasb.
Brännvinsberget
373
Gullbergsbo
Nya Skallarbo
Årteråsberget
468
Frankes
Årteråsen
505
Åssjöbo
Mållångsbo
Mållångssta
Gullberg
La2
Lindbodarna
352
Vitaspen
400
Björnmyran
Sälen
394
Nedre Tälningsbo
Dalfors
Böle
350
Styggbo
Furudals bruk
38
Prästberget
321
Skräddrabo
Hjulberget
452
Näset
Lövåsen
Flytåsen
Furudal
328
Nordvik
Hedbodberget
Långbodåsen
Mållångsstuga
V.Grannäs
Östanvik
Arvet
Sollen
Stormyran
Hibo
Skålsjön
Åsa
Ore
Sunnanhed
417
407
Vikarbyberget
Dalhed
Dalbyn
Norrbodal
Flätsbo
Flätsklitten
464
Halgonberget
496
Gammelgården
447
Söndag
Håsbo
Bäckmyren
363
N. Flät
416
La3
Gulleråsen
434
492
Dalstugbodarna
Sunnanåkern
Kärvsåsen
Finnbacka
Dalstuga
Uvbo
Västeråsen
Änderåsen
448
Svabensverk
Fredag
185
Hållberget
354
338
Korpb.
Goliats
St.Gångberget
Boda
Gravsjö
Loggasmyren
Grejsan
Totallberget
365
Bingsjö
374
Ovanmyra
372
345
Sandviken
491
Västanå
38
Ljugaren
100
Lamborn
Matsberg
Östbjörka
Solberga
428
Långnäset
St. Orberget
362
393
Rotbodarna
Dalhalla
Born
Nedre Gärdsjö
Övre Gärdsjö
Dådran
477
Nysjön
Gräsberget
Skallberget
Backa
Gryfsan
Lb1
Baggetorp
Blecket
369
Nyfäbodarna
Hundsnäs
Berget
Österängarna
Hälsingbacken
Kurbergets fäbodar
506
347
Klitta
477
Lensberget
Balungsstrand
Spjärsbodarna
Hyn
Rättvik
Ollasbodarna
436
Lisskog
Övertänger
Hynsba
Gärdebyn
Ärtled
Marnäsberget
Tavelberget
455
Söderås
Östergrav
Fänriksberget
505
Övertänger
Ytterfänger
Rostberget
328
Gillerberget
Mårtanberg
Risås
Marnäs
Björkboda
Sörskog
Finnbo
Lindberg
Getsarvet
Vintjär
Fjällgrycksbo
Eldförsberget
347
Klockarnäs
Enviken
460
Risholen
Enviksbyn
Slättberg
Rallsjön
Andersbo
Björsberg
Säterbodarna
Linghed
Böle
Lb2
310
Baggbo
Skottberget
380
Almberg
Kilen
Isala
Bjursås
Kyrkbyn
Östansjö
41
Österbyn
Rexbo
Rog
Lurgården
Krövelberget
Hisvåla
Hunsen
Sveden
Svärdsjö
27a
Gopa
27b
27c
28a
170
28b
28c
Hac
Gårdvik
Sälberget
Sågmyra
Långtjärns
Middagsbo-berget
Gråsala
Dalagården
Backarn
Boda

S
29a
29b
29c
202
30a
30b
30c
BOLLNÄS
Bolleberget
Björktjära
St. Torrberget
322
Ö. Höle
Österböle
Rengsjö
Åkre
Glössbo
Hisjö
Visbodarna
178
Trönbyn
Daglösa
Önneberg
Näsby
Norrby
Gäddvik
Eriknäsbo
Runemo
Säverstabor
Vevlinge
Pålberg
Björtomta
Överbo
Sörång
S.Kyrkbyn
Kilens
Sörbo
Freluga
Edstuga
Stocksätter
Varpen
Sunnerstaholm
Fjäle
Mödänge
Nyänge
Gåsjötorpet
Skogberget
309
Florhed
Nolhed
228
98
Mossbo
254
Voxsjön
Voxsätter
Ljusnan
Ranbo
Kyrkbyn
Tyby
Kilbo
Boåsen
Sunnansjö
Gässlingsbo
Hertsjö
Görtsbo
308
Flugberget
Ricknäs
Viggberget
Böle
Bäckänge
Djupa
254
Mobodarne
Mohed
177
Berga
Söderala
Marmaskogen
Mokorset
Marmaverken
Finnfara
Börs
Ecklingsbo
Granbo
Nedra Herten
Herte
Acktjära
Hargå
Segersta
Norrfly
Sörfly
Hargåberget
Hanebo
Vannsätter
Bergvik
Annefors
Sjörsbo
296
Stor-Flugen
Östansjö
116
Storön
Bergviken
155
Lynäs
Dåbo
Marmen
Edsäng
Verkmyra
Hå
Kilafors
Bellsbo
320
Bellsåsen
Flugbo
Hällbo
Lotan
Hallen
Bofara
Sibo
Löten
Gullberg
Ö.Öjungsbo
Svartbo
Ånget
Knisselbo
St.Blyberget
284
Sandsveden
311
Jörnberg
Myckelängarna
Gusbo
316
Digerberget
Hamnäs
27
Norrbo
155
Lövtjära
91
Gullgruva
Grannäs
Östansjöbor
Rickebo
Varstubäcken
Röstbodarna
252
Strand
Skog
Bodarna
Kallbäck
Löten
Sveden
Nygården
Nordansjö
394
374
335
Norråsen
Gällsjön
Tönsen
Väster-Håkanbo
Henninge
Härnebo
Rimsbo
Linnåsen
426
444
Stugubacken
Håkanbo
Holmsveden
Sagberg
185
Tönnånger
Själstuga
78
66
Gruvberget
Storberget
Klockåsen
37
Älgnäs
Mossviken
Staffanskyrkan
Holmsbo
376
Västby
Långviken
Svedjorna
Katrineberg
Jansbo
258
La3
188
La2
Lingbo
Östervik
152
Tönnebro
Ö.Falläsen
Jon-Matsbo
351
Klubbäcken
Romsen
Hällfors
408
Lövtjärn
Grönviken
Knottåsen
141
Nykolan
Ödmården
Högbacka
Baståsen
Tidernas Väg
Ekbo
Jonsbo
Kallbäck
304
Spaksjön
321
Källsjön
Hedsjön
Mörtebo
Skärpan
Viksjö
Svartandal
Åmot
Svartsbo
Långänget
Storrönningen
Kvarnåsen
Mörtåsen
343
Västerbo
Strand
Tomtnäs
Karlsviken
Nilslarsberg
Rönnbacken
Norrbo
Kattmuren
Latåsen
Båtpers
Svartnäs
Gåsbo
Vallsbo
Åkrarna
Mo
154
Langberget
Sjökalla
Gammelfäbodarna
Rönnåsen
Åbyggeby
Österbacken
459
Norråsen
357
Vreten
Stenbäcken
Medskog
Lb1
Ulvsta
Vansbron
454
St.Björnmossen
Häståsen
291
Ockelbo
Östby
17
Vittersjö
88
L.Björnmossen
Granbo
Ryssjön
330
Jädraås
Åbron
Kolforsen
Vittersjö
Räkenberget
Hällåsen
Brattfors
Sallakmyren
Gammelboning
15
167
Råhällan
109
Ulvtorp
Mårtensklack
274
Björnbackberget
373
Ivantjärn
288
Lendsberget
Sneåsen
Vettåsen
261
Medskog
Lb2
Smörnäs
Oslättfors
Kungsberg
309
Kungsberget
Kungsfors
Västanfäbodarna
Kalltjärn
Brattberget
295
294
259
171
Järbo
Staback
Säveränge

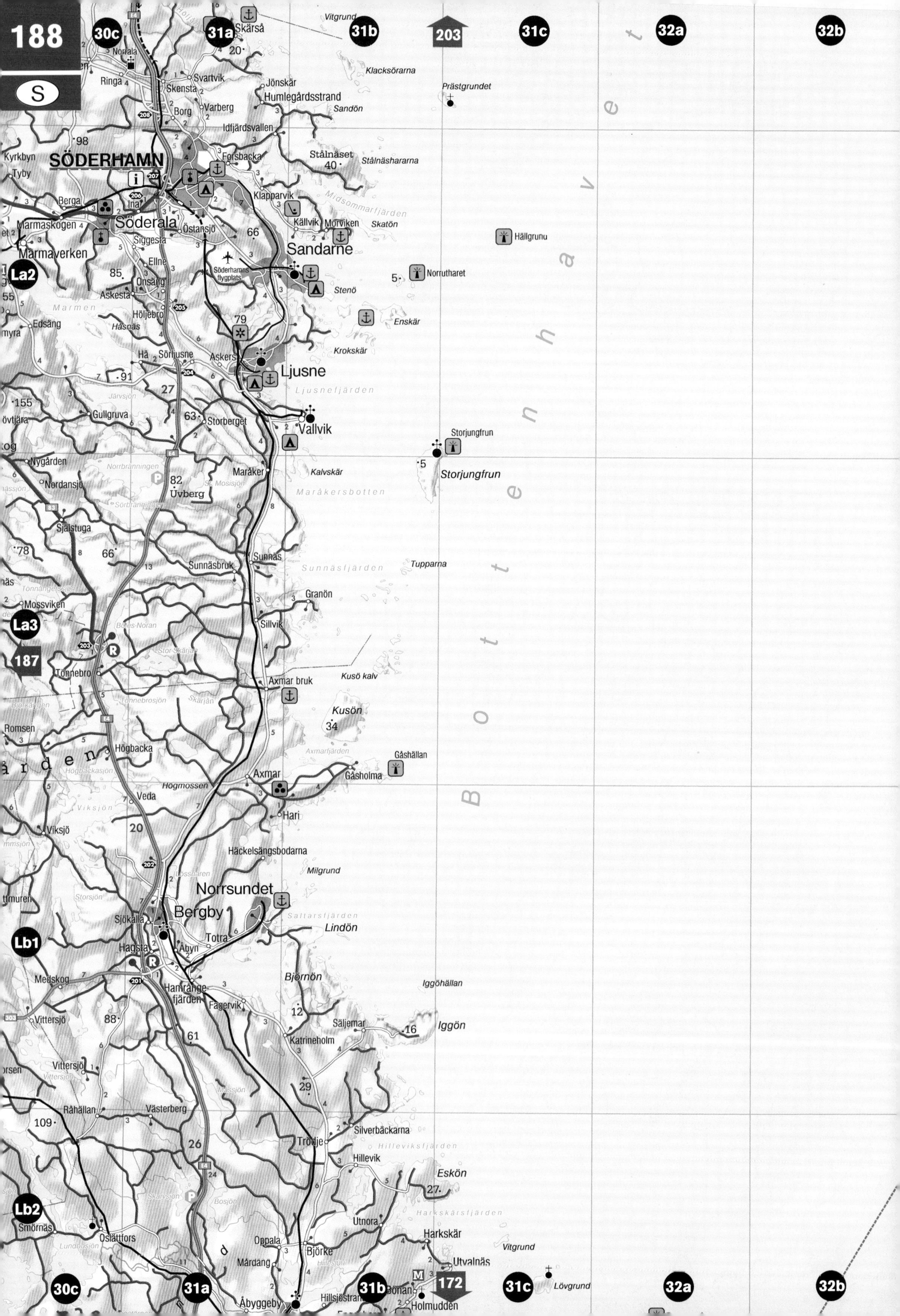
30c
31a
31b
203
31c
32a
32b
Skärså
Vitgrund
Norrala
Ringa
Svartvik
Skensta
Jönskär
Humlegårdsstrand
Klacksörarna
Prästgrundet
Borg
Varberg
Sandön
Idfjärdsvallen
Kyrkbyn
Tyby
SÖDERHAMN
Forsbacka
Stålnäset
Stålnäshararna
Berga
Ina
Söderala
Marmaskogen
Marmaverken
Siggesta
Östansjö
Klapparvik
Midsommarfjärden
Källvik
Morviken
Skatön
Sandarne
Hällgrunu
Norrutharet
Söderhamns flygplats
Ellne
Onsång
Askesta
Höljebro
Marmen
Hasnäs
Edsäng
Stenö
Enskär
Krokskär
Hå
Sörljusne
Askersl
Ljusne
Ljusnefjärden
Järvsjön
Gullgruva
Storberget
Vallvik
Storjungfrun
Nygården
Norrbränningen
Nordansjö
Maråker
Kalvskär
Uvberg
Sö. Mosisjön
Maråkersbotten
Sjästuga
Sunnäsbruk
Sunnäs
Sunnäsfjärden
Tupparna
Mossviken
Tonnängelsjön
Granön
Sillvik
Bottenhavet
Tönnebro
Tönnebrosjön
Stor-Skärjån
Skärjån
Axmar bruk
Kusö kalv
Kusön
Romsen
Axmarfjärden
Högbacka
Högbackasjön
Gåshällan
Gåsholma
Axmar
Högmossen
Veda
Viksjön
Hari
Viksjö
Häckelsängsbodarna
Milgrund
Storsjön
Norrsundet
Bergby
Saltarsfjärden
Sjökalla
Totra
Lindön
Hagsta
Åbyn
Medskog
Björnön
Hamrånge-fjärden
Fagervik
Iggöhällan
Vittersjö
Säljemar
Iggön
Katrineholm
Rähällan
Västerberg
Silverbäckarna
Trödje
Hilleviksfjärden
Hillevik
Eskön
Bosjön
Harkskärsfjärden
Smörnäs
Oslättfors
Lundbosjön
Oppala
Utnora
Harkskär
Vitgrund
Björke
Mårdang
Utvalnäs
Lövgrund
Bönan
Holmudden
Hillsjöstrand
Åbyggeby
La2
La3
187
Lb1
Lb2
172

189
N
5b
5c
6a
6b
6c
7a
204
190
174
La2
La3
Lb1
Lb2
6a
6b
6c
7a
7b
7c
Atløyna
Alden
Norskehesten 460
Hærland
Gjerdvika
636
Skredvarden
Askvoll
Kumle
Sauesund
Vilnes
Sandøyna
Bulandet
Melværet
Hittun
Værlandet
Kvitingane
Raudøyna
Sørværet
Geitene
Geita fyr
Araldon
Grytøyra
Eina
Våge
Fure
193
Håvågen
Kysneset
Hellevika
Lone
Lammetu
Lutelandet
Folkestad
Korssundet
Seljevoll
Bordvika
Saksrisøyna
Bjørnestad
439
Drausdal
Skiveneset
Rutle
Eide
Vassenden
Sørbøvågen
Salbu
Øn
Smilla
Buefjorden
Ospa
Ospefjellet 111
Færøyna
Buskøyna
Drevøyna
Gåsværet
Saltskoren
Vassøyna
Leknessundet
Skjerdingen
Huvøyna
278
Kråkesteinen
Lågøyfjorden
472
Skorpa
575
Hersvik
Lågøyna
Olderøyna
Hågøyna
Stranda
Vaulen
Engevika
452
Meinova
Lifjell
777
Lekva
Færøyna
Storøyna
Gylta
Dumba
Krakhella
Losna
Risnes
Helleim
Hagen
Yttrøyna
Steinsundøyna
Pollatinden 546
Eidet
Vetefjellet 569
433
Losnegard
Losnelia
Netteland
Risnesøyna
Sågnes
Ytre Sula
Vardefjellet 315
Rånøyna
Lia
Kråkevåg
Sula
Utvær fyr
Utvær
Begla
Gjønnøyvåg
Daløy
Solnes
Steinsund
Hop
Hardbakke
Leinvågen
198
Nesje
Rysjeda
Indreværr
Husøy
203
Nesøyna
Sygnefest
Rutle
Rutledalen
Brossvika
Fallbø
Kolgrov
Rørdalen
Nåra
Tungodden
Breidvika
Nautøyna
Sognesjøen
Dingja
Brossviksåta 722
Ytre Hjartholm
Hille
658
Indre Hjartholm
Hiserøyna
Straume
Hjartås
313
Nordgulen
Tveit
Blåfjellet 695
Gulen
Grønevika
Eivindvik
Undertun
38
Storesvalene
Kvernøyna
Vatnøyna
Vassøyna
Floli 547
Nese
585
Hauge
Austgulen
Koksøyna
79
Leversund
Hanntveit
Kversøyna
Skjerjehamn
Grima
Veten 471
Glossvika
Mjømna
Brandanger
Brandsdal
Vikane
Norddal
Uppdalsøyra
610
240
Dalsøyra
Oska
Djupusen
Byrknes
Randal
Selvågen
Dale
Blåfjellet 647
Furenes
Vyrkesdal
Byrknesøyna
Veten 193
Midtbø
Ånneland
245
Åsen
573
Grinde
Glenja
558
Holmengrå fyr
Røytinga
Knarrvik
Byrkeland
Brimnes
Sandøyna
Tangedal
Gråvika
Høyvika
Steire
Lii
Innesøyane
Fensfjorden
Krossøyni
Kittelsvik
Sande
Sløvåg
Rambjørg
Kjerdal
Kvamsdalen
Fossheim
Skipevika
Steine
Haugsdal
Frøyset
Øyri
Storestongi
Halsvika
Risnes
527
Molland
Floteviki
Leirvåg
Fedje
Sævrøyni
Fonnes
Mongstad
Hosteland
Reknesen
Lund
Rebnor
Mastrevikane
Kaland
Ådnekvamme
Fedje
Åras
Keila
Haugsøyni
Vikedalen
Stormark
Austrheim
Bakkøyni
Dyrøyni
Duesund
Hellisøy fyr
Solend
Knarriki
Holsnøyni
Totland
Raunøyni
Arekletten
Andviki
Fosnesøyni
Bakka
Sandnes
Masfjorden
Hopland
739
Rossnes
Mongslaupen
Keilegavlen
Lauvås
Amundsbotnen
Ådnebur
Fedjeosen
Sørnjøri
Risasjøen
Jermundsberget
Litlelindås
Kvamsøyni
Risøyni
223
Fonnebost
Kvamsfjellet
Villanger
Sirset
396
Kolåsfjellet
Ellviki
Mjånger
Kvingedalen
Straume
43
Hope
Sylta
Marøy
Lindås
Vadbu
Nordrekvingo
Nordøyni
Hordabø
Bøvågen
Fjellsende
Sævrås
Bakken
Noranger
Natås
Hordabø
Vallersneset
Vågseidet
Hodneland
Sørekvingo
Kvalheim
Hetve
Kvalvågneset
Ones
Hauge
Skauo
Hodnakvamme
Hellesøyni
Hellesundet
Radøyni
Ytstebø
Lurøyni
Utluro
Hurtigruten
Straumsfjorden
Gulafjorden
Austfjorden
Masfjorden

190
N
7a
7b
7c
205
8a
8b
8c
La2
La3
Lb1
Lb2
189
175
9a
Ringstad
Holmedal
Eikeneset
Dalsfjorden
Vårdal
Helle
Straumsnes
Leitet
Åsnes
Tysse
Dalsøyna
Bortheim
Dale
Setenes
Laukeland
Kvamshesten
1209
Kårstad
Kleppe
Bygstad
Hjelmeland
Førde lufthavn
Bringeland
Langeland
Masdalen
Masdalsgjerdet
Bruland
Haugland
584
590
Skaddalen
Håland
Bjørvika
37
Osen
Skilbrei
46
18
Kysneset
459
Gjølanger
Tyssedalen
Hellevika
Håvågen
Fure
193
455
Eikeskogen
Flekke
Rennestraum
Myklebost
Sunndalen
Slottelandsstolen
Vassdalen
Øvrebø
Sygna
Solås
Sande
Foss
Selstad
Gaularfjellet
Hestad
Vågen
Indrebø
22
Lunde
Myrmel
716
1050
Kvanndalen
888
Lone
Seljevoll
439
Liane
Home
40
Ramsgrønova
590
Espedalen
Hellebost
664
Styggeheia
791
697
Drausdal
Rutle
Eide
Vassenden
Sørbøvågen
Salbu
Øn
Hydalen
Hovland
517
Bjordal
Nautsundet
Boga
Steinset
Stordalen
Senneset
964
Florsheia
909
Snøheia
1141
Sundbotnen
Smilla
575
Skor
26
Hovlandsdalen
Skoraheia
753
Guddal
Karlstad
Dyngsøyra
Guddalen
Heggeim
Langeland
905
Ykslaand
942
Lonestølen
Bergsheia
537
Øverås
14
Yttredalen
Markeset
Lifjell
777
Lekva
Hyllestad
Saetre
Systad
Espeland
Nordstrand
Kvanngrødfjellet
920
Røyrvika
Indredalen
970
Høyang
Risnes
Helleim
Risnesøyna
Kolgrov
Søgnes
Løland
Sørestrand
726
Strandosen
Avedalen
Vadheim
Ullebøen
Haslelifjellet
780
Bogstunnellen 3460 m
Mullurdfjellet
844
878
Handalen
Bø
Leirvik
Heggebøen
Rysjedalsvika
Nesje
Bruland
Lavikdalen
Mølmesdalen
Bøssdalen
Aven
43
Nordrevik
Vattekår
Tverrhaugentunnelen 2510 m
Torvund
Afsneset
Frivik
Kyrkjebø
Austreim
Nordeide
Berge
Bugeheii
722
Rutle
Rutledalen
Lavik
Brennsdalen
Bekken
Indre Hellebø
Massneset
Svartemyr
Åkre
Kvernhusneset
Fuglsbø
Vambråka
Instevik
Måren
Breidvika
Ytre Hjartholm
Indre Hjartholm
Botn
Tveit
Blåfjellet
695
Takle
Ytre Oppedal
546
Indre Oppedal
Tredal
722
Ikjen
Øystrebø
Osland
Hest
Bjordal
Søreide
Dyrdal
Blåfjellet
1168
Mjølsvika
Stølsfjellet
670
Ortneset
Brekke
Asseim
Blåfjellet
822
Smalliegga
888
Førde
Systølen
Øystrebø
Sørebø
Sørebødalen
Brydalen
Flogedal
Nese
Hauge
585
Austgulen
Engeset
Hanntveit
Uppdalsøyra
806
Instefjord
Hestdalen
610
695
Verkland
Yndesdalen
Flordsdalen
Svadfjellet
877
839
Stordalsstølen
987
Sundagsfjellet
1257
Runderabben
1292
Norddalshytta
Blåfjellet
647
Byrkeland
676
Jernfjelltunnelen 2260 m
Vågset
Kallhovda
Haugsvær
722
Vardadalsbu
1207
1200
Norddalen
Stølsdalen
Heimdal
Sleire
Lii
Kvamsdalen
Fossheim
Øyri
Solheim
612
44
Stølsheimen
Matre
855
913
1045
Storevasseggi
Masfjorden
527
Molland
Hosteland
Reknesen
Lund
Ådnekvamme
815
Haugsdalen
791
Masfjordtunnelen 3780 m
Storfjellet
1259
Gråsida
1166
827
1245
Vikedalen
Duesund
Totland
Andviki
739
Ådneburen
833
Torhaugen
Fjon Fjellkrike
Haukeland
1028
Høganipa
Skavlabu
Straume
Øvrehelland
Sandnes
Masfjorden
895
851
Blåfjellet
Mo
Nedrehelland
Modalen
1264
Skjerjevasshovden
Mjanger
Kvingedalen
Ellviki
43
Hope
Nordrekvingo
827
957
Sørdalsnuten
Grønhaug
Modalentunnelen 3520 m
1020
Dyrkolbotn
Romarheimsdalen
Bakken
320
936
Heviki
Flatkvål
Eksingedal
Brakestad
1036
Bergo
Nesheim
Sørekvingo
784
48
Laviki
Hodnakvamme

191
N
9a
9b
9c
206
10a
10b
10c
La1
La2
La3
Lb1
192
176
11a
Moskog
Kvamsfjellet
1034
Styggevassegga
1436
1549
Sygnestad-
nipa
Gaularfjellet
Åsen
Fletene
Holsen
Nyddalen
Sandegga
1093
Nyddalsstølen
28
Rørvik
Hårklau
Haukedal
Frøyslandsstølen
Grøning
Årskog
Gaula
Haukedalsvatnet
Svarteknibba
1151
Venevassegga
1024
Vikum
Rundenova
1256
1509
Jostefonni
Vik
Halstad
Råeim
Lauvavatnet
Vallestad
Nes
Eldalen
g
Gotopphesten
1492
F
Skarvedalsbreen
Mjell
1192
48
Skarvedalsvatnet
Nystølen
Oppedal
Bordalen
Melsnipa
Mel
1547
1176
1354
1354
Vatneskredfjellet
1403
1696
Meland
1432
Ulvastad
1406
Johannesberg
1448
Trollabotseggi
Gautingsdalen
Dalsdalen
Ekrene
Dale
Havren
1230
Eiriksdalsstølen
Sværen
Torsnes
Vetlefjorden
Menes
Langedalsfjellet
1276
Langedalsbreen
1399
Farnes
Høyangertunnelen
7543 m
Draget
1300
Balestrandstølen
Esebotn
Tjugatoten
1099
Storholten
1457
Hestfjellet
1360
1025
Låne
72
1311
Ese
Tjugum
Hella
Kollangsneset
Kongsnes
Skorfjellet
1120
745
Balestrand
976
Dalheim
Thue
Suppham
Grindsdalen
Flesje
987
Vangsnes
Hest
1062
Nessane
Stokkabø
917
Målsnes
Kvamme
Kvamsøy
Nybø
Ortnevik
Airek
970
Øksdal
Rinde
Feios
Hanekamb
Sylvarnes
Volavik
Djupvik
857
Slettamo
Ligtvor
Kleivfjellet
1315
Svardalen
Limesand
Vikøyri
Finnen
Fagerdalsnipi
1245
Fjerestad
992
Fosse
Bøadalen
Øvri
Ovrisdalen
Vatnane
Arnafjord
Arnafjorden
Fenne
1144
Refsdal
Bruavoll
1640
Seljedalen
1313
Urdeggi
1334
Framfjord
1158
Framfjord
1153
Åsedalen
1034
1197
Målset
Hallsetvatnet
1177
Urdeggi
1266
59
Vikafjellsvegen
Nipane
1143
Selhamar
1155
1196
1251
Grøndalsfjellet
1376
1395
1348
1402
Bjørndalskamben
1357
Blyfjell
1237
1228
Årmot
Gullbrå
Ekse
Overland
Torvedalen
1172
Skjervheim
1094
Nesheim
Larsfonnfjellet
1318
1193
Bjørnalægskarven
1565
Bøyadalen
Tverrdalen
Bøyane
Skarestad
Horpedal
1393
Stølaholmen
Mundal
Fjærland
Homradalen
Distad
Berge
58
Jorddalsdalen
Jorddal
j
Fjærlandsfjorden
Brevasshytta
Supphella
Kvitlanovi
1430
Tuftene
Steindalsbreen
Torstadnakken
1565
Tugga
1205
Selseng
Vatnasete
Dalavatnet
1599
Romhesten
1217
Skjerdingane
1604
1547
Synnøveskjer
1397
Hollekve
Orrasta
Kollsete
942
Sogndalsdalen
1319
Friksdalen
Nyastøl
Dalsete
Flyane
1001
Henjadalen
Lereim
855
Øvretun
Øvstedalen
Skriki
1227
Fardal
Grinde
Leikanger
Hermansverk
Njøs
35
Slinde
Norum
Fimreite
Nornes
Hol
Fimreiteåsen
768
986
Bårlog
Grinddal
Lunde
Vidasethovden
1227
Haugasete
Nyasetdalen
1303
Rambera
Haugasetdalen
Gullsetdalen
Vigdal
Moldbakkefjellet
1568
Hovsfjellet
1389
Mulakamben
613
Fresvik
Flelene
Storedalen
Engi
Skard
Simlenes
Frønningen
Fresvikbreen
Syringefjellet
1543
Nonhaugfjellet
1460
Svinadalsholtane
1563
Tundalen
1148
1610
Tverrbotnnuten
Styvisdalen
Styvisdalseggi
Blåfjell
1548
Fresvikfjorden
Vassetnipa
1499
Skogafjellet
1299
Fyresnipa
1459
Berdalen
Grånosi
1589
1474
1188
Nærøy
1761
Undredal
1294
1655
Store Breen
Solbjørgonipa
1499
Gudvangen
Jonadalen
Langhuso
Gudvangatunnelen
11430 m
1446
Brekkedalen
Jordalen
Skjerpi
Nærøydalen
1480
Bøen

Fessenipa 1640
Supphella
Vårstolen
Neset
Veitastrond
Såta 1701
Kvitlanovi 1430
Storebukken 1583
Tuftene
Tuftanovi 1643
Kvam
Asbjørnnosi 1610
Leirdal
Leirmo
Husøy
Fossøy
Vigdalsstølen
Buskrednosi 1505
Kattøyro 1411
Fivla
Fivlenosi 1466
Sage
Kinnfokfjellet 1406
Skjolden
Fortun
Opptun
Osen
Dalen
Mørkri
Skurvenosi 1336
Tussen 1232
Fast
Vorfjellet 1194
Rysete
Grånosi 1346
Navarsete
Dale
Luster
Alme
Nobbafjelli 1540
Berdalseter
Gaupne
Joranger
Marifjøra
Nes
Fet
Veo
Molden 1115
Vedvik
Kroken
Sørheim
Feigom
Eggjene 1520
1468
Falkanosi 1559
Rivenosi 1339
Gruvefjellet 1519
Åsete
Kvitaberg 1404
Torstadnakken 1565
Krokberg 1356
Tugga 1205
Selseng
Vatnasete
Navarsetfjellet 1128
Svedal
Hollekve
Tylderingen 1104
Orrastad
Kollsete 942
Hauge
Hillestad
Hafslo
Eikjaberg
Solvorn
Ornes
Surnasetnosi 1262
Ingebjørgsfjellet 1452
Middagsfjellet 1052
Dalastøl
Solvornnipa 1031
Ølnes
Årøy
Kvam
Barsnes
Ugla
Lereim
Sogndalsfjøra
Kinsedal
Reinspelnosi 1394
Trongenosi 1288
Feninga
Haug
Øvre Årdal
1120
Byttegjuvet 1321
Store Haugmelen 1172
Øvretun
Steinde
Kjørnes
Øyre
Fardal
Skriki 1227
Norum
Slinde
Fimreite
Nornes
Hol
Fimreiteåsen 768
986
Eide
Hovland
920
Helebrandseggi
Kaupanger
Storehaugfjellet 1179
Rud
Amla
Kvalen
Trondskogen
Kiphaug 934
Dalen
Åsete
Gjerdesnosi 1252
Seim
Mastrehaugfjellet 950
Ofredal
Årdalstangen
Sogndal lufthamn
Haukås
Mannheller
Naddvik
Raudbergnuten 1805
Bermålsnosi 1256
Revsnes
Fodnes
Vikadalen
Frønningen
Åsen
Hausafjellet 1344
Vindedalen
Vetanosi 1136
Høganosi 1520
Mulakamben 613
Fresvik
Beia 1718
Grånosi 1210
Hauge
Lærdalsøyri
Skjer
Hågnosi 1574
Skvettebottshøgdene 1536
Kråkebergnosi 1560
Simlenes
Skard
1180
Glipsfjellet
Kvigno
Store Grånosi 1566
Såta 1408
Eri
Nordnosi 1558
Borhøgdi 1644
Grånosi 1566
Tønjum
Blåflat
Bjørkum
Ljøsne
Galdane
Horgeheimane 1503
Steinklepp
Bring 1617
1148
Kaldeklettane 1463
Tynjadalen
Mo
Husum
Borgund
Borgund stavkirke
Tingstovnosi 1476
Grytingen 1623
Nisedalsfjellet 1379
Grønafjellet 1631
Grånosi 1589
Undredal
1761
1809
1595
1836
1578
Okken 1686
Grindi 1544
Prest 1484
Norddalshøgdi 1605
Langhuso
1446
Aurlandsvangen
Håstarren 1722
Grånosi 1712
Geitanosi 1450
Bøen
1484
1665
Midjedalen
Lærdalstunnelen 24 510 m
Flenjatunnel 5053 m
207
191
177

193
N
12b
12c
13a
13b
13c
14a
208
Kb3
La1
La2
La3
194
178
Jotunheimen
Jotunheimen nasjonalpark
Aust Jotunheimen
Sognefjellet
Dumhøe
1634
Krosshøe
1626
Krossbu
Sognefjellet
Breidsæterdalen
Smørstabbtindan
2208
Skardstinden
2373
2469
2150
Spiterstulen
1995
Bukkehøe
2314
2032
2460
2143
Leirhøe
2330
Fannaråki
2025
2069
Fannaråkhytta
1532
Hervassbu
1519
Storebjørn
2223
Leirvassbu
2162
2214
2214
Bukkeholstindan
2104
1881
Memurutindan
2364
2267
Veotindan
Heilstugutindan
2339
2346
Surtningssui
2368
Gravdalstinden
2115
Kyrkja
2032
Visbretinden
2235
Guridalen
1658
1765
1697
1623
Storutladalen
Skagastølstindane
2149
2405
2387
Skagastølsbu
2153
Rauddalstindane
Skogadalsnosi
1869
2087
Skogadalsbøen
Skogadalen
Semeltinden
2236
1918
Besshøe
2258
1951
1516
Skardalseggje
2159
Olavsbu
Storådalshøe
1888
Memurubu
1500
Memurutunga
Rauddalseggje
2136
Urdanosi
2041
Mjølkedalstinden
Snøholtinden
2142
Friken
1503
1483
Stølsmaradalen
1642
Knuts
Gjendebu
Urdanostinden
2157
1968
Storegut
Fleskedalen
Stølsnostinden
2074
Langeskavlen
1876
1754
Tjørnholstinden
2329
Knutsholstinden
2341
Vettismorki
Falketind
2067
1618
Storådalen
Svartdalen
Vesleådalen
Leirungsdalen
Ulsanosi
1232
Koldedalstinden
1927
Fondsbu
Eidsbugarden
1472
2163
Mesmogtinden
2264
Hjelle
Fremre Hjelledalen
Tronteigen
Galdeberget
2075
2208
2108
Raudenibba
1661
Breidkvamsnosi
1720
Tyinholmen
1547
Torfinnstindane
2119
Moadalen
Hovden
1486
1553
Skinneggi
1607
1564
Torfinnsbu
Hestevollen
Holsbrustøylen
Tyineggi
1481
Skolten
1516
Vølodalen
Heirsnosi
1469
Store Knipen
1547
Skjeldrane
Bygdisheim
1540
Yksendalsbu
Sletterust
Tyinosen
Tyin
22
Loppebolegge
1444
Ykesendal
Djupebotteggi
1541
Oleifjorden
Ole
Sletningsbui
Tyinstølen
Krekanosi
1555
Dingledalen
Store Sendehornet
1503
Bitihorn
1608
Sleipestølen
Hornstølen
Sletningsegge
1524
Målegge
1440
Tyin
dalseken
1814
Horntind
1454
Hundesteineggi
1626
1638
1738
Oddestølen
Lykkja
Frostdalen
Skjeltrun
1387
Tyinkrysset
Øvre Dalen
Ionsgardsfølen
Mugnestølen
St.Thomaskyrkja
20
Kyrkjestølane
Nystova
1256
1657
Kjosastølen
1612
Valdresdalen
Børrenosi
1297
Sanddalen
Sletteljellet
Nedre Dalen
Skyrifjellet
1556
Kvamsnosi
1201
Eidsbru
Skutshorn
1628
Vennisfjellet
1777
Grønstølane
Rysndalen
Røddalen
Eltun
Øye
Lo
Liastølane
27
1362
Gamlestogofjellet
Sulebu
1456
Vangsmjøse
Hæn
Hænsås
Kjørlii
Suletinden
1780
1812
Sulefjellet
Salen
1588
Maristova
Oddedalen
Bergsfjellet
1607
1596
Vennis
Kvam
Høre
Kvie
962
Vevle
Kvismoen
Rytoss
Borlaugtunnelen
Borlo
Bleia
1821
Soleistølen
Storeknippa
1648
Skakadalen
Vang
Grindaheim
Bergstølen
Eikishornane
1554
1678
Skoddetinden
Veslestøl
Fossegrov
Grindane
1724
Langehage
Syndisstølane
Mørkedalen
Eråksstølen
1531
Øyre
1674
Høgeloft
1920
Grovstølen
Åstadstølane
1127
Breidstølen
Ulvehaugsnosi
1485
Buaknuppen
1613
Grytestølane
1589
Stardalsfjellet
Kljåstølen
Storebotteggi
1830
Rankonosi
1771
Smådalen
Gilafjellet
1582
Karstadstølane
Viksyndin
Osen
Hellestrond
Ellevstølane
1450
Tangane
1666
Bandenøse
Skålanosi
1562
Slettan
1692
1777
Gråskarvet
Grønsennstølane
14b
14c

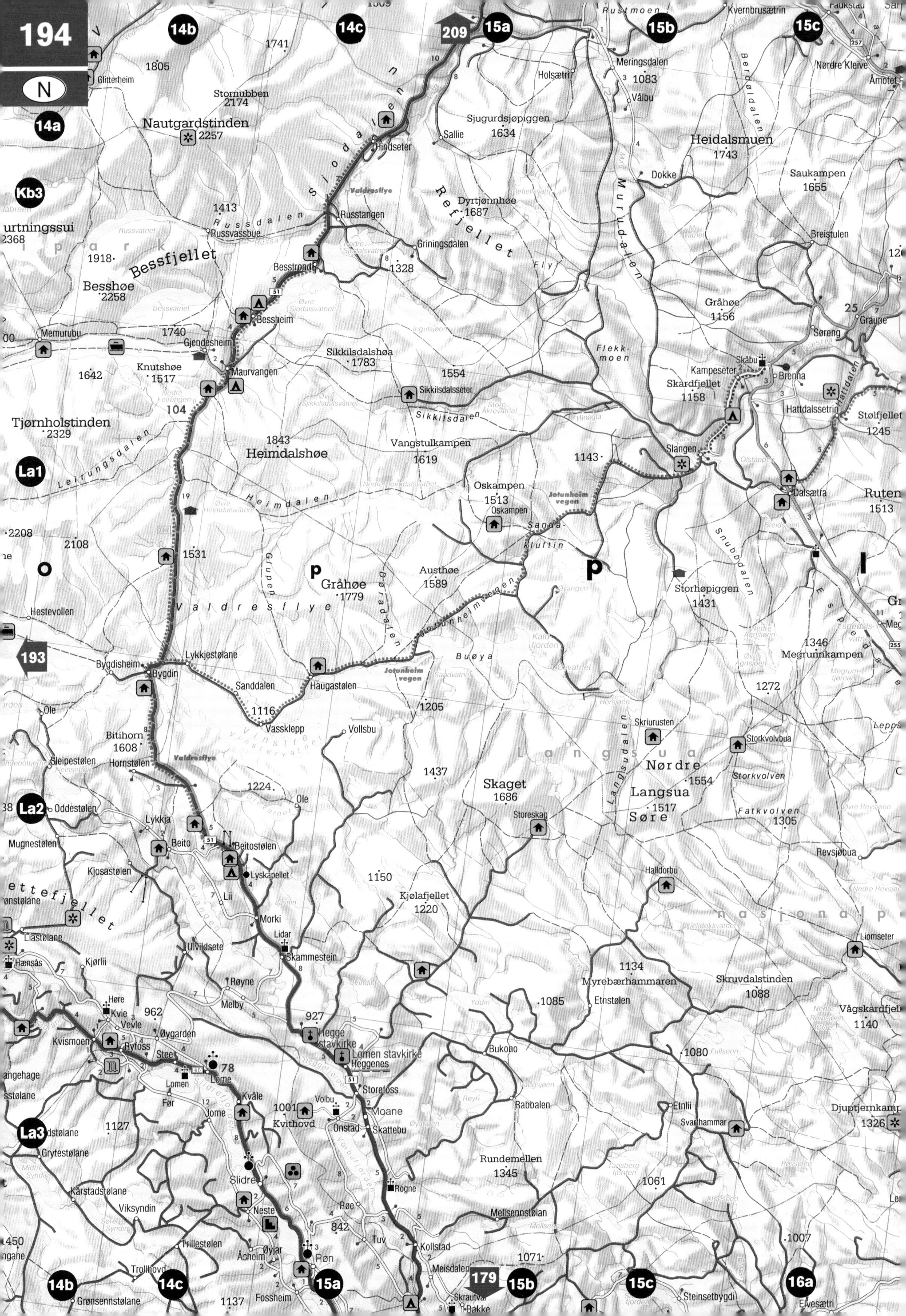
194
N
14b
14c
209
15a
15b
15c
14a
Kb3
La1
La2
La3
193
179
16a
Glitterheim
1805
1741
Stornubben
2174
Nautgardstinden
2257
Sjodalen
Valdresflye
Hindseter
Rustmoen
Kvernbrusætrin
Meringsdalen
1083
Holsætri
Vålbu
Nordre Kleive
Åmotet
Berdøldalen
Sjugurdsjøpiggen
1634
Sallie
Heidalsmuen
1743
Dokke
Saukampen
1655
Murudalen
Refjellet
Dyrtjønnhøe
1687
1413
Russdalen
Russvatnet
Russtangen
Russvassbue
urtningssui
2368
Bessfjellet
1918
Griningsdalen
1328
Besstrond
Besshøe
2258
Bessheim
Breistulen
Gråhøe
1156
Graupe
Søreng
Memurubu
1740
Gjendesheim
Knutshøe
1517
1642
Maurvangen
Sikkilsdalshøa
1783
1554
Sikkilsdalsseter
Sikkilsdalen
Flekkmoen
Skåbu
Kampeseter
Brenna
Skardfjellet
1158
Hattdalssetrin
Hattdalen
Stølfjellet
1245
104
Tjørnholstinden
2329
1843
Heimdalshøe
Vangstulkampen
1619
Slangen
1143
Leirungsdalen
Heimdalen
Oskampen
1513
Jotunheimvegen
Sandakluftin
Dalsætra
Ruten
1513
2208
2108
1531
Gluppen
Gråhøe
1779
Dørådalen
Austhøe
1589
Snubbdalen
Storhøpiggen
1431
Hestevollen
Valdresflye
Bygdisheim
Bygdin
Lykkjestølane
Sanddalen
Haugastølen
Buøya
1346
Megrunnkampen
1272
1116
Vasskleppen
Vinstre
Vollsbu
1205
Ole
Bitihorn
1608
Skriurusten
Storkvolvbua
Langsua
Nørdre
1554
Storkvolven
Sleipestølen
Hornstølen
1437
Skaget
1686
Langsudalen
Langsua
1517
Søre
Fatkvolven
1305
1224
Ole
Oddestølen
Lykkja
Storeskag
Beito
Beitostølen
Mugnestølen
Lyskapellet
Revsjøbua
Kjosastølen
Lii
1150
Halldorbu
Kjølafjellet
1220
ettefjellet
Morki
Lidar
Skammestein
Liastølane
Ulvildsete
Liomseter
Hænsås
Kjørlii
1134
Myrebærhammaren
Skruvdalstinden
1088
Røyne
Høre
Kvie
962
Melby
1085
Etnstølen
Vågskardfjell
1140
Vevle
Øygarden
927
Kvismoen
Rytoss
Hegge stavkirke
Lomen stavkirke
Heggenes
Bukono
1080
angehage
Steen
78
Lome
Lomen
Storefoss
sstølane
Før
Kvåle
1001
Volbu
Moane
Rabbalen
Etnlii
Djuptjernkamp
1326
Jome
Kvithovd
Onstad
Skattebu
Svarthammar
dstølane
1127
Grytestølane
Rundemellen
1345
Slidre
Rogne
1061
Kårstadstølane
Viksyndin
Røe
Neste
Mellsennstølan
842
Tuv
1450
Trillestølen
Øyjar
Kollstad
1007
Åsheim
Røn
1071
Trollhovd
Meisdalen
Grønsennstølane
1137
Fossheim
Skrautvål
Bakke
Steinsetbygdi
Elvesætri

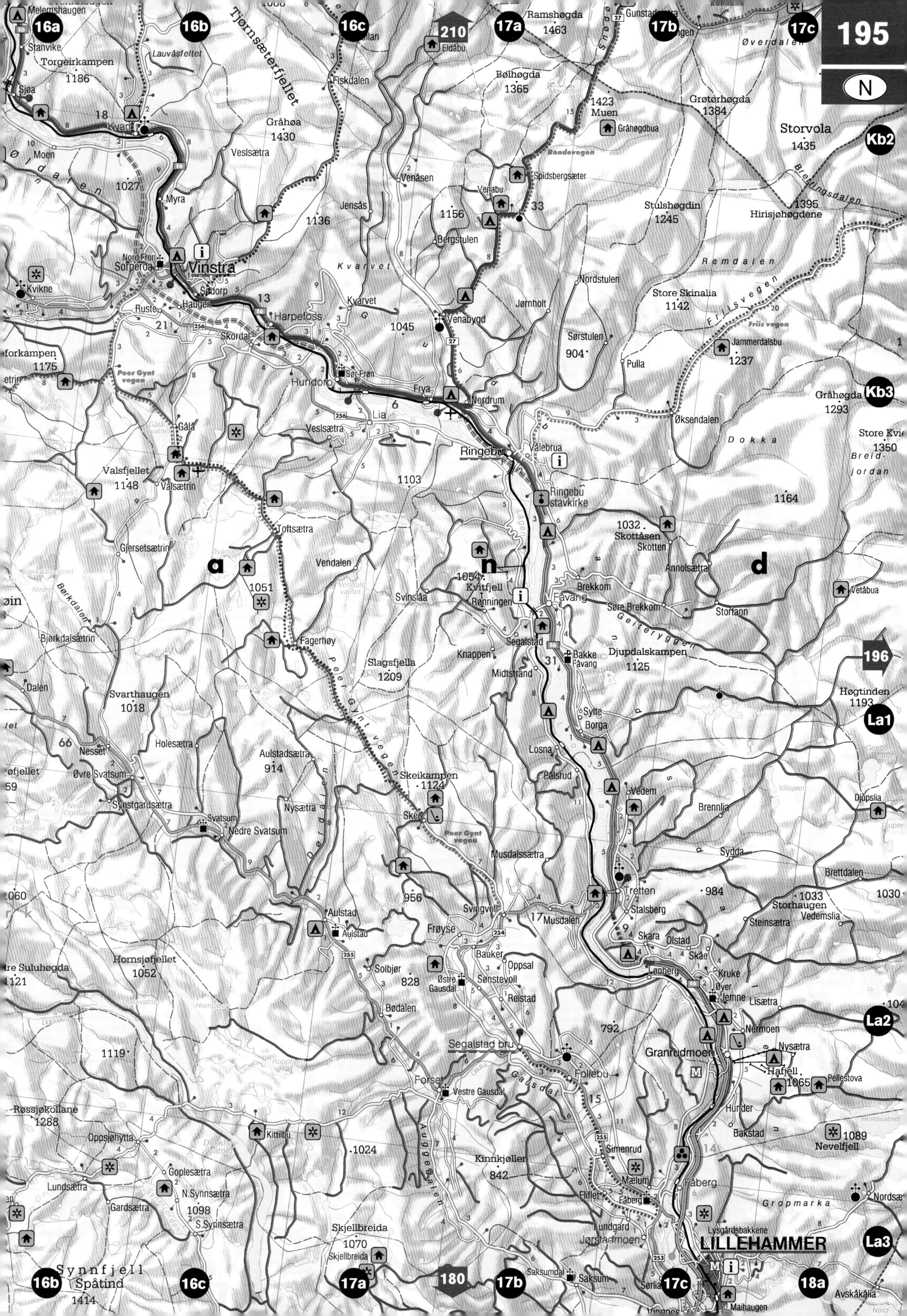
N
16a
16b
16c
210
17a
17b
17c
Melemshaugen
Stanvike
Torgeirkampen
1186
Lauvåsfeltet
Tjørnsæterfjellet
Ramshøgda
1463
Gunstad
Øverdalen
Eldåbu
Fiskdalen
Bølhøgda
1365
Grøtørhøgda
1384
Sjøa
Kvam
18
Gråhøa
1430
1423
Muen
Gråhøgdbua
Storvola
1435
Kb2
Moen
Veslsætra
Rondevegen
Spidsbergsæter
1027
Venåsen
Venabu
Bredingsdalen
1395
Myra
Jensås
1136
1156
33
Stulshøgdin
1245
Hirisjøhøgdene
Bergstulen
Kvarvet
Remdalen
Nord-Fron
Sorperoa
Vinstra
Kvikne
Sødorp
Haugen
13
Ruste
Harpefoss
Kvarvet
1045
Venabygd
Nordstulen
Jørnholt
Store Skinalia
1142
Friisvegen
21
Skordal
Sørstulen
904
Jammerdalsbu
1237
forkampen
1175
Peer Gynt vegen
Sør-Fron
Hundorp
Pulla
Frya
Nordrum
Gråhøgda
1293
Kb3
Gåla
Lia
Veslsætra
Øksendalen
Dokka
Ringebu
Valebrua
Store Kvie
1350
Breidjordan
Valsfjellet
1148
Valsætrin
1103
Ringebu stavkirke
1164
Toftsætra
1032
Skottåsen
Skotten
Gjersetsætrin
a
n
d
Vendalen
Annolsætra
1051
1054
Kvitfjell
Svinslåa
Rønningen
Fåvang
Brekkom
Søre Brekkom
Stortann
Vetåbua
Børkdalen
Bjørkdalsætrin
Fagerhøy
Segalstad
Knappen
Bakke
Fåvang
Djupdalskampen
1125
196
Slagsfjella
1209
Midtstrand
31
Gelteryggen
Dalen
Svarthaugen
1018
Peer Gynt vegen
Sylte
Borga
Høgtinden
1193
La1
66
Nesset
Holesætra
Aulstadsætra
914
Losna
Pålsrud
Øvre Svatsum
Skeikampen
1124
Vedem
Brennlia
Djupslia
Synstgardsætra
Nysætra
Skei
Svatsum
Nedre Svatsum
Dørdalen
Musdalssætra
Sydda
Brettdalen
Tretten
984
956
Svingvoll
1033
Storhaugen
Vedemslia
1030
Aulstad
Musdalen
17
Stalsberg
Steinsætra
Frøyse
Skara
Olstad
Skåe
Hornsjøfjellet
1052
Bauker
Oppsal
Solbjør
828
Lønberg
Kruke
Øyer
Jemne
Lisætra
Suluhøgda
1121
Østre Gausdal
Sønstevoll
Reistad
Bødalen
792
Nermoen
La2
Segalstad bru
Nysætra
1119
Granrudmoen
Follebu
Hafjell
1065
Pellestova
Forset
Vestre Gausdal
Gausdal
15
Hunder
Røssjøkollane
1288
Oppsjøhytta
Kittilbu
1024
Simenrud
Bakstad
1089
Nevelfjell
14
Goplesætra
Kinnkjøllen
842
Lundsætra
Mælum
N.Synnsætra
1098
Fåberg
Gardsætra
Flifet
Fåberg
Gropmarka
Nordsæ
S.Synnsætra
Skjellbreida
1070
Lundgard
Jørstadmoen
Lysgårdsbakkene
LILLEHAMMER
Skjellbreida
La3
Synnfjell
Spåtind
1414
16b
16c
17a
180
17b
Saksumdal
Saksum
Sørlia
17c
18a
Maihaugen
Avskåkålia

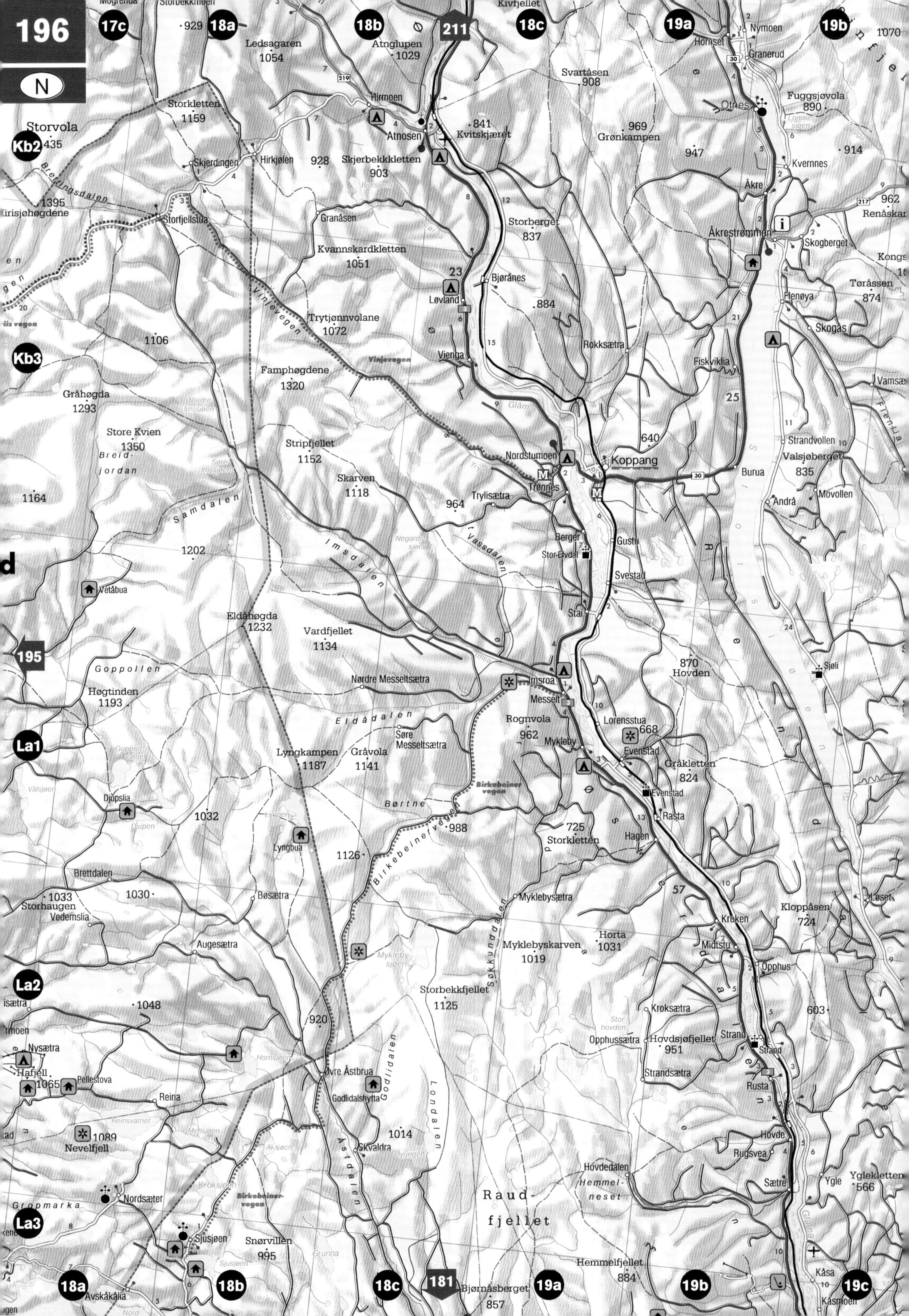
N
17c
18a
18b
211
18c
19a
19b
Kb2
Kb3
La1
La2
La3
195
181
Storvola
Ledsagaren
1054
Atnglupen
1029
Storkletten
1159
Hirkjølen
Skjerdingen
Storfjellstua
Breitingsdalen
Atnosen
Kvitskjæret
Skjerbekkkletten
903
Granåsen
Kvannskardkletten
1051
Trytjønnvolane
1072
Famphøgdene
1320
Gråhøgda
1293
Store Kvien
1350
Stripfjellet
1152
Skarven
1118
Samdalen
Imsdalen
Vinjevegen
Vetåbua
Eldåhøgda
1232
Vardfjellet
1134
Goppollen
Høgtinden
1193
Nordre Messeltsætra
Eldådalen
Søre Messeltsætra
Lyngkampen
1187
Gråvola
1141
Djupslia
Lyngbua
Birkebeinervegen
Brettdalen
Storhaugen
Vedemslia
Bøsætra
Augesætra
Nysætra
Hafjell
Pellestova
Reina
Nevelfjell
Nordsæter
Sjusjøen
Snørvillen
Avskåkålia
Øvre Åstbrua
Godlidalshytta
Godlidalen
Skvaldra
Åstdalen
Londalen
Raud-
fjellet
Bjørnåsberget
Storbekkfjellet
1125
Søkkundalen
Myklebysætra
Myklebyskarven
1019
Horta
1031
Storkletten
Hagen
Rasta
Evenstad
Gråkletten
824
Mykleby
Rognvola
962
Lorensstua
Imsroa
Messelt
Stai
Svestad
Stor-Elvdal
Gustu
Berger
Vassdalen
Trylisætra
Trønnes
Nordstumoen
Koppang
Rokksætra
Vienga
Løvland
Bjøranes
Storberget
837
Svartåsen
908
Grønkampen
Hornset
Nymoen
Granerud
Otnes
Fuggsjøvola
890
Kvernnes
Åkre
Åkrestrømmen
Skogberget
Renåskar
Tøråssen
874
Flenøya
Skogås
Fiskviklia
Vamsæ
Strandvollen
Valsjøberget
835
Movollen
Andrå
Burua
Storsjøen
Sjøli
870
Hovden
Kroken
Midtstu
Opphus
Kloppåsen
724
Kroksætra
Hovdsjøfjellet
951
Opphussætra
Strandsætra
Strand
Rusta
Hovde
Rugsvea
Sætre
Ygle
Yglekletten
566
Hovdedalen
Hemmelneset
Hemmelfjellet
884
Kåsa
Kasmoen
Glåma

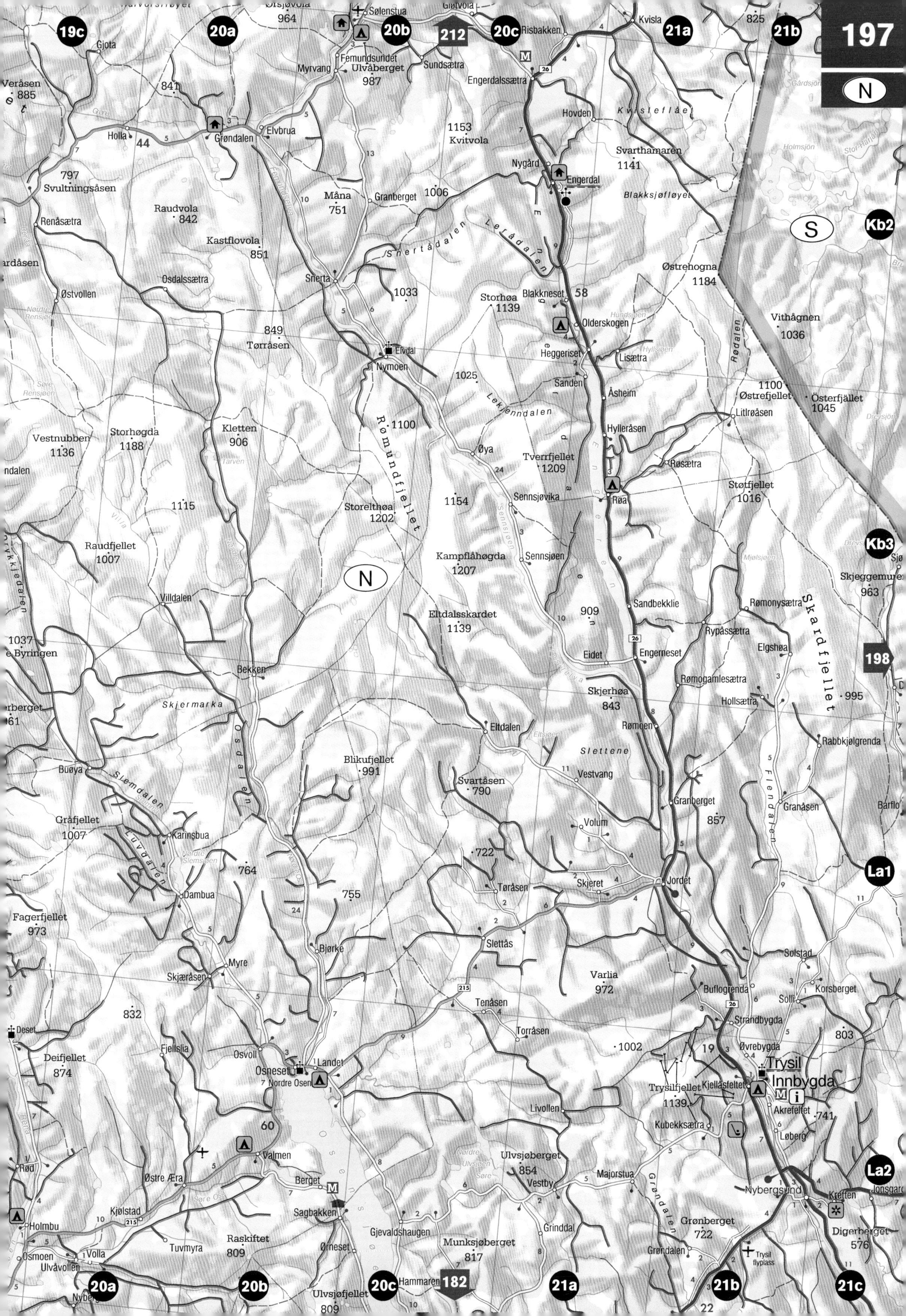
19c
20a
20b
212
20c
21a
21b
N
S
Kb2
Kb3
198
La1
La2
Sølenstua
Femundsundet
Ulvåberget
987
Myrvang
Sundsætra
Risbakken
Kvisla
Engerdalssætra
Grøndalen
Elvbrua
Holla
Gjota
Veråsen
885
841
797
Svultningsåsen
Renåsætra
Raudvola
842
Kastflovola
851
Måna
751
Granberget
1006
1153
Kvitvola
Hovden
Kvisleflået
Svarthamaren
1141
Nygård
Engerdal
Blakksjøfløyet
Snertådalen
Leråddalen
Snerta
1033
Osdalssætra
Østvollen
849
Tørråsen
Elvdal
Nymoen
Storhøa
1139
Blakkneset
58
Olderskogen
Heggeriset
Lisætra
Sanden
Åsheim
Hylleråsen
Østrehogna
1184
Vithågnen
1036
Rødalen
1100
Østrefjellet
Österfjället
1045
Litlrøåsen
Røsætra
Støtfjellet
1016
1025
Lekjenndalen
Rømundfjellet
1100
Øya
Tverrfjellet
1209
Sennsjøvika
Røa
1154
Storelthøa
1202
Vestnubben
1136
Storhøgda
1188
Kletten
906
1115
Raudfjellet
1007
Kampflåhøgda
1207
Sennsjøen
909
Sandbekklie
Skjeggemure
963
Skardfjellet
Rømonysætra
Rypåssætra
Elgshøa
Villdalen
1037
Byringen
Eltdalsskardet
1139
Eidet
Engerneset
Bekken
Skjermarka
Skjerhøa
843
Rømogamlesætra
Hollsætra
995
Rømoen
Eltdalen
Slettene
Rabbkjølgrenda
Blikufjellet
991
Buøya
Slemdalen
Vestvang
Svartåsen
790
Granberget
857
Flendalen
Granåsen
Gråfjellet
1007
Karinsbua
Luvdalen
Volum
Osdalen
722
764
Tøråsen
Skjeret
Jordet
Dambua
755
Fagerfjellet
973
Slettås
Bjørke
Myre
Skjæråsen
Varlia
972
Solstad
Korsberget
Solli
Buflogrenda
Strandbygda
832
Deset
Tenåsen
Torråsen
1002
Øvrebygda
803
Fjellslia
Deifjellet
874
Osvoll
Landet
Osneset
Nordre Osen
Trysil
Innbygda
Trysilfjellet
1139
Kjellåsfeltet
Akrefeltet
741
Kubekksætra
Livollen
Løberg
60
Valmen
Ulvsjøberget
854
Majorstua
Røa
Østre Æra
Berget
Vestby
Nybergsund
Kreften
Sagbakken
Grøndalen
Grønberget
722
Digerberget
576
Kjølstad
Holmbu
Raskiftet
809
Tuvmyra
Gjevaldshaugen
Munksjøberget
817
Grinddal
Osmoen
Volla
Ulvåvollen
Ørneset
Grøndalen
Trysil flyplass
Nyberg
Ulvsjøfjellet
809
Hammaren
182
21c
22

198
S
21b
21c
22a
22b
22c
23a
213
Storbo
709
Tranuberget
731
Idre flygplats
Idre
Sundbäcken
Synnanät
594
655
Grötholen
57
Drosbacken
Foskvallen
Höstet
786
Eksjöberget
Drevdagen
Åsen
Vegaråsen
636
Storkölen
Öguvallen
814
Knittarna
Byggningsåsen
788
Orebäcken
Kb2
854
818
Granåsen
825
Rörmyrvallen
Siksjöberget
791
Heden
Bergsvallen
18
Myrvallen
Vithågnen
1036
Hedarbustan
Strömsillret
Storbäcken
Tjärnvallen
Heden
Nordor
Särna
1100
Österfjället
1045
Ivarhön
919
Lillådalen
Getsjöhön
933
Mörkret
Nysätervallen
668
Lemsjövallen
642
Slättberget
Stormorvallen
Galsjövallen
Drevfjället
Gördalen
Fulufjällets
Grönsåsen
Bruket
Byggeva
Björsjö
562
Örevallen
Kb3
Sjöli
Skjeggemuren
963
Harrsjöhön
983
Klorhön
945
Strandvallen
602
Läsjöåsen
636
Sidvallen
Kvarne
Brattfjället
1042
nationalpark
Rømonysætra
Skardfjellet
Lissåvallen
Sidan
Linnes
Elgshøa
197
Drevfjellet
1025
Brattfjellet
1027
Fulufjället
Storhön
1039
Bornåsjösätern
Nyheim
995
Drevdalen
Skäråsen
565
Vålhåvallen
Göljåfjället
995
Skora
Rabbkjølgrenda
996
Fregn
1006
Slottet
1047
Bergådalen
Ljørdalen
Tangåfjället
984
Hållvallen
Morbäckssätern
Flendalen
Granåsen
1003
Fulufjellet
563
Husvallgölen
Barflo
N
Drevjedalen
Summelfjället
954
906
Östertangen
Hägnåsen
Åsbo
Hållb
Fulufjellet nasjonalpark
Lövåssätern
913
La1
Bjørneby
893
Västertangen
971
511
470
Buvalheden
Drevjesætra
Hammarsbo
Sörsjön
Våtkölsätern
Hjölbrokölen
566
Solstad
Tekta
868
Storgnollen
806
Storagen
Korsberget
Ljørdalen
Veslgrøndalen
Solli
Näsfjällåsen
Horrmundsåsen
Tektgnollen
873
Furuset
Näsfjället
905
803
Digernäsåsen
889
Sandnäs
Skjerholla
Trysil
Bjørnbergsætra
Mellanfjället
Innbygda
553
Solberg
Kvernmosætra
Akrefeltet
741
Olsbo
Faksfjellet
887
Skarsåsen
Hästnäs
Løberg
793
Ersbo
Fjellbygda
Faksen
Fulunäs
411
Horrmund
700
830
La2
Nybergsund
Jonsgard
Kretten
Grønli
Grundforsen
Digerberget
576
703
Østby
Elgshaugen
821
850
631
32
Støa
Trysil flyplass
Nesvollberget
Ö. Granfjället
949
859
Synddalsklapp
Öjskogsfjället
183
21c
22a
22b
22c
23a
St. Moberget
St. Närfjället
Lägerdalsfjället
Källsätern

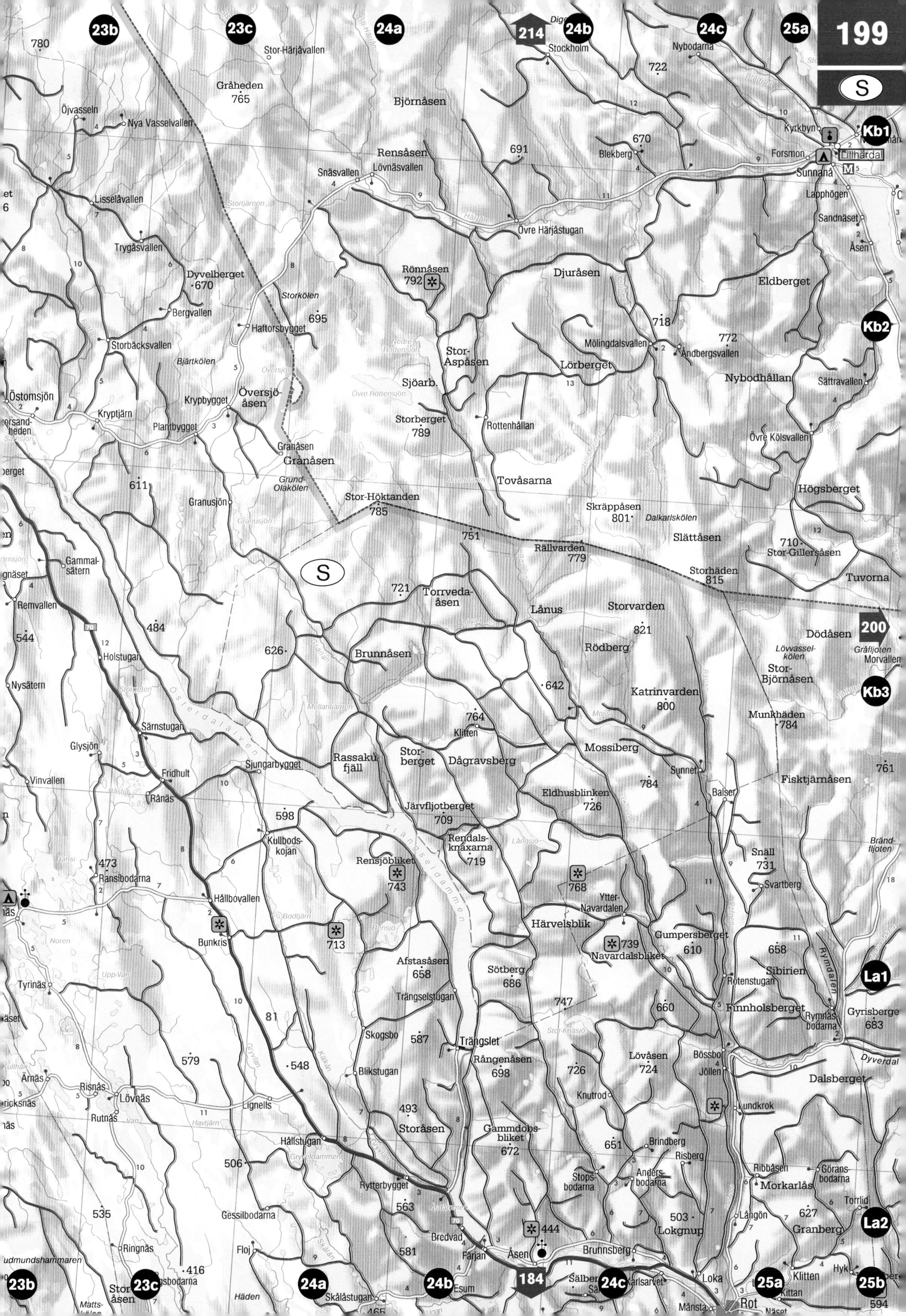
23b
23c
24a
214
24b
24c
25a
S
Stor-Härjåvallen
Stockholm
Nybodarna
780
Gråheden
765
Björnåsen
722
Öjvasseln
Nya Vasselvallen
Kyrkbyn
Kb1
Lillhärdal
Forsmon
Sunnanå
670
Blekberg
691
Rensåsen
Snäsvallen
Lövnäsvallen
Lisselåvallen
Stortjärnen
Lapphögen
Sandnäset
Åsen
Övre Härjåstugan
Trygåsvallen
Dyvelberget
670
Rönnåsen
792
Djuråsen
Eldberget
Bergvallen
Storkölen
695
Haftorsbygget
718
Kb2
Storbäcksvallen
Bjärtkölen
Nedre Rottensjön
Stor-Aspåsen
Mölingdalsvallen
Åndbergsvallen
772
Översjön
Lörberget
Nybodhållan
Sättravallen
Östomsjön
Sjöarb.
Övre Rottensjön
Krypbygget
Översjö-åsen
Kryptjärn
Plantbygget
Storberget
789
Rottenhållan
Övre Kölsvallen
Granåsen
Granåsen
611
Grund-Olakölen
Tovåsarna
Högsberget
Granusjön
Stor-Höktanden
785
Skräppåsen
801
Dalkarlskölen
751
Slättåsen
Rällvarden
779
710
Stor-Gillersåsen
Gammal-sätern
Storhäden
815
Tuvorna
Remvallen
721
Torrveda-åsen
Lånus
Storvarden
484
200
821
Dödåsen
544
Holstugan
626
Brunnåsen
Rödberg
Lövvassel-kölen
Gråfljoten
Morvallen
Stor-Björnåsen
Nysätern
642
Katrinvarden
800
Kb3
Österdalälven
Mellantjärnen
Munkhäden
784
764
Klitten
Särnstugan
Glysjön
Rassaku-fjäll
Stor-berget
Dågravsberg
Mossiberg
Sjungarbygget
Sunnet
761
Vinvallen
Fridhult
Rånäs
784
Fisktjärnåsen
Balser
Eldhusblinken
726
Järvfljotberget
709
598
Kullbods-kojan
Rendals-knaxarna
719
Rensjöbliket
743
Snäll
731
473
Ransibodarna
768
Svartberg
Hållbovallen
Ytter-Navardalen
Bunkris
713
Härvelsblik
Gumpersberget
610
739
Navardalsbliket
658
Sibirien
Afstasåsen
658
Sötberg
686
Rymdalen
La1
Tyrinäs
Rotenstugan
Trängselstugan
747
660
Finnholsberget
Rymnäs-bodarna
Gyrisberget
683
81
Skogsbo
587
Trängslet
Rångenåsen
698
Bössbo
Jöllen
Dyverdal
579
548
Blikstugan
726
Lövåsen
724
Dalsberget
Årnäs
Risnäs
Lövnäs
Knutrod
Lignells
Rutnäs
Havtjärn
493
Lundkrok
Storåsen
Gammdobs-bliket
672
651
Brindberg
Hällstugan
Gryvelsdammen
Risberg
506
Ribbåsen
Görans-bodarna
Stops-bodarna
Anders-bodarna
Rytterbygget
Morkarlås
563
Torrlid
627
535
Gessilbodarna
503
Lokgnup
Långön
La2
Granberg
Bredvad
444
Ringnäs
581
Brunnsberg
Floj
Färjan
Åsen
Hyk
Klitten
416
184
Sälber
Karlsarvet
Loka
Kittan
594
Skålåstugan
Häden
Esum
Månsta
Rot
Näset
25b

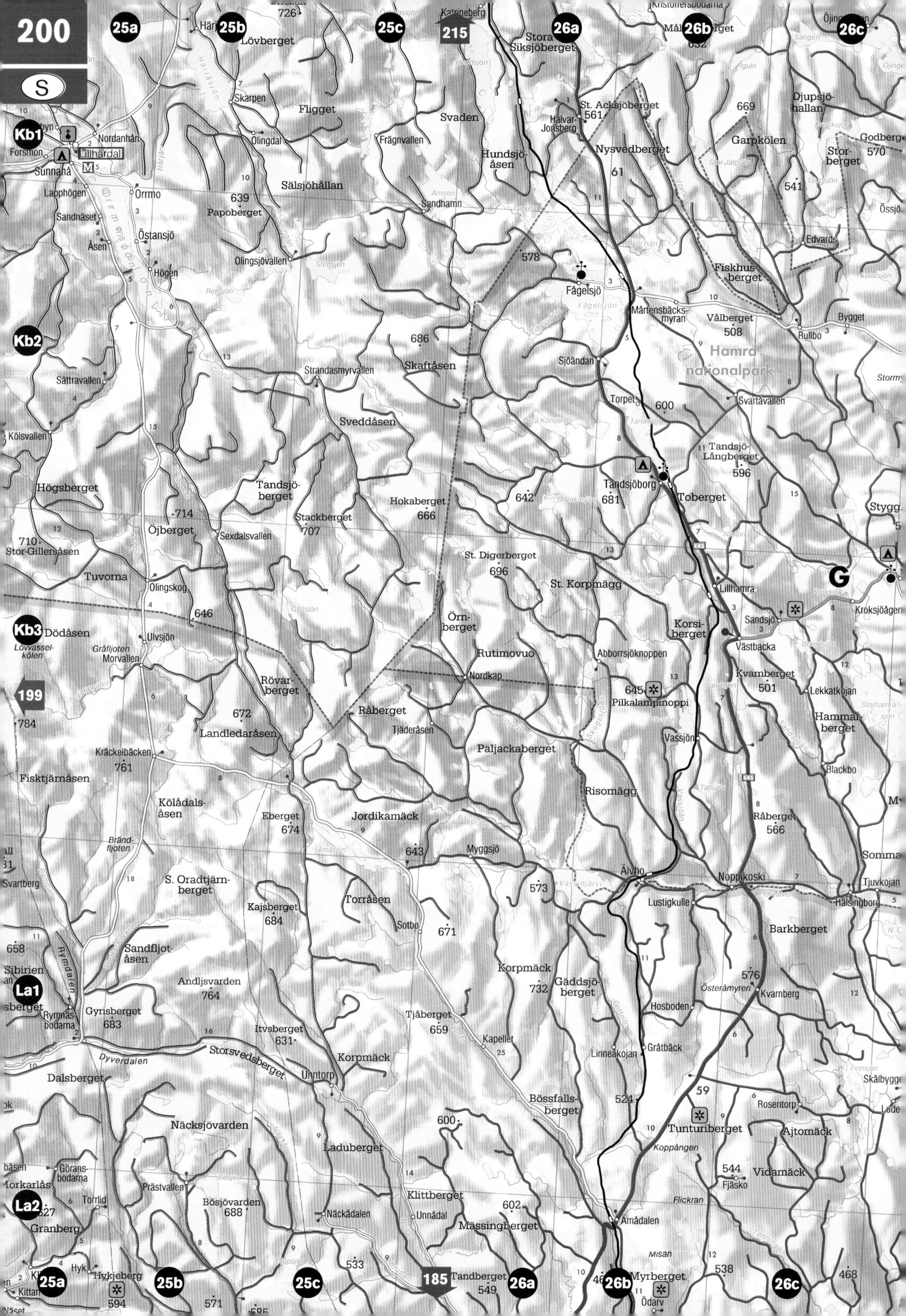
S
25a
25b
25c
215
26a
26b
26c
Lövberget
Stora Siksjöberget
Skarpen
Fligget
Svaden
St. Acksjöberget
561
Halvar-Jonsberg
Djupsjö-hallan
669
Kb1
Nordanhån
Forsmon
Lillhärdal
Sunnanå
Ölingdal
Frägnvallen
Hundsjö-åsen
Nysvedberget
Garpkölen
Godberg
570
Stor-berget
Lapphögen
Orrmo
639
Papoberget
Sälsjöhållan
Sandhamn
61
541
Sandnäset
Åsen
Östansjö
Högen
Olingsjövallen
578
Fågelsjö
Edvards
Fiskhus-berget
Mårtensbäcks-myran
Vålberget
508
Rullbo
Bygget
Kb2
686
Skaftåsen
Sjöändan
Hamra nationalpark
Sättravallen
Strandasmyrvallen
Torpet
600
Svartåvallen
Sveddåsen
Kölsvallen
Tandsjö-Långberget
596
Högsberget
Tandsjö-berget
Hokaberget
666
642
Tandsjöborg
681
Toberget
714
Öjberget
Stackberget
707
710
Stor-Gillersåsen
Sexdalsvallen
St. Digerberget
696
Tuvorna
Olingskog
St. Korpmägg
Lillhamra
G
646
Sandsjö
Kroksjöågen
Kb3
Dödåsen
Ulvsjön
Örn-berget
Korsi-berget
Västbacka
Gråfljoten
Morvallen
Rutimovuo
Abborrsjöknoppen
Kvarnberget
501
Lekkatkojan
199
Rövar-berget
Nordkap
645
Pilkalampinoppi
Hammar-berget
784
672
Råberget
Tjäderåsen
Landledaråsen
Paljackaberget
Vassjön
Blackbo
Kräckelbäcken
761
Fisktjärnåsen
Risomägg
Kölådals-åsen
Eberget
674
Jordikamäck
Råberget
566
643
Myggsjö
S. Oradtjärn-berget
573
Älvho
Noppikoski
Tjuvkojan
Hälsingborg
Svartberg
Torråsen
Kajsberget
684
Lustigkulle
Sotbo
671
Barkberget
658
Sandfljot-åsen
Sibirien
Andljsvarden
764
Korpmäck
732
Gäddsjö-berget
576
Östernmyren
Kvarnberg
La1
Rymnäs-bodarna
Gyrisberget
683
Tjåberget
659
Hosboden
Itvsberget
631
Kapellet
Linneakojan
Gråtbäck
Dyverdalen
Storsvedsberget
Korpmäck
Unntorp
Dalsberget
524
59
Skålbygget
Bössfalls-berget
Rosentorp
Näcksjövarden
600
Tunturiberget
Ajtomäck
Laduberget
Koppången
Görans-bodarna
544
Fjäsko
Vidamäck
Prästvallen
Bösjövarden
688
Torrlid
La2
Klittberget
602
Mässingberget
Näckådalen
Unnådal
Ämådalen
Granberg
Flickran
Hyk
Hykjeberg
594
533
Misan
538
468
185
Tandberget
549
Myrberget
Ödarv
571

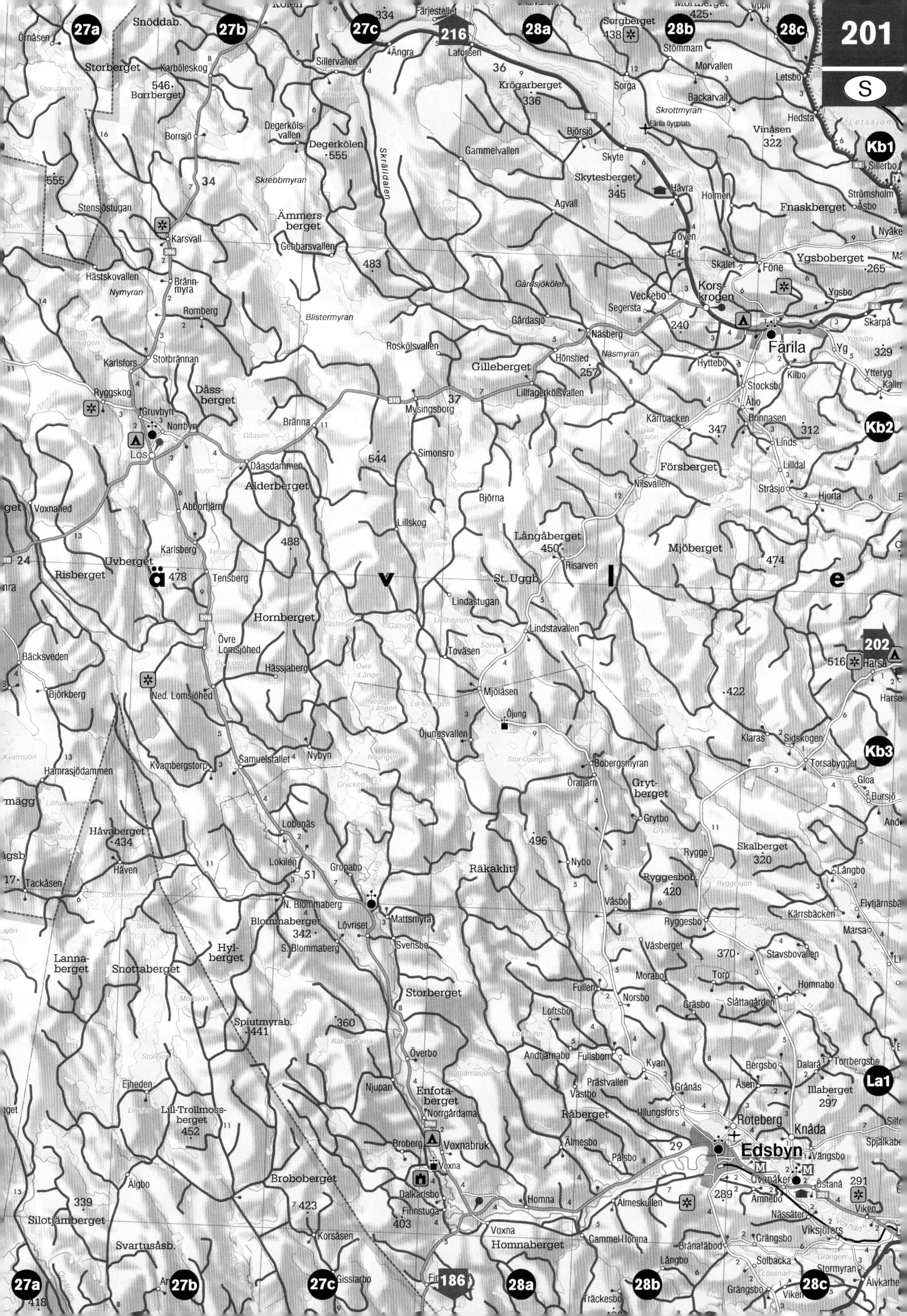
27a
27b
27c
216
28a
28b
28c
Kb1
Kb2
202
Kb3
La1
186
Snöddab.
Storberget
Karböleskog
Borrberget
Färjestället
Ängra
Laforsen
Sillervallen
Sorgberget
Stömmarn
Morvallen
Letsbo
Krögarberget
Sorga
Backarvall
Skrottmyran
Färila flygplats
Hedsta
Vinåsen
Degerkölsvallen
Degerkölen
Borrsjö
Björsjö
Gammelvallen
Skyte
Skrälldalen
Skrebbmyran
Stensjöstugan
Skytesberget
Hävra
Holmen
Sillerbo
Strömsholm
Åsbo
Karsvall
Ämmersberget
Agvall
Fnaskberget
Nyåker
Gebbarsvallen
Töven
Ed
Hästskovallen
Nymyran
Brännmyra
Skalet
Föne
Ygsboberget
Gårdsjökölen
Ygsbo
Veckebo
Korskrogen
Romberg
Blistermyran
Segersta
Gårdasjö
Skarpå
Näsberg
Färila
Yg
Roskölsvallen
Karlsfors
Storbrännan
Hönshed
Näsmyran
Hyttebo
Gilleberget
Kilbo
Ytteryg
Ryggskog
Dåssberget
Lillfagerkölsvallen
Stocksbo
Gruvbyn
Mysingsborg
Åbo
Norrbyn
Bränna
Kärrbacken
Brinnasen
Los
Dåasen
Linds
Simonsro
Dåasdammen
Lilldal
Försberget
Alderberget
Nilsvallen
Stråsjö
Hjorta
Voxnahed
Abbortjärn
Björna
Lillskog
Långåberget
Karlsberg
Mjöberget
Uvberget
Risarven
Risberget
Tensberg
St. Uggb.
ä v l e
Lindastugan
Hornberget
Övre Lomsjöhed
Lindstavallen
Bäcksveden
Toväsen
Hässjaberg
Harsa
Björkberg
Ned. Lomsjöhed
Mjölåsen
Öjung
Harsen
Öjungsvallen
Klaras
Sidskogen
Samuelsfallet
Nybyn
Kvambergstorp
Bobergsmyran
Torsabygget
Hamrasjödammen
Öratjärn
Grytberget
Gloa
Bursjö
Lobonäs
Grytbo
Håvaberget
Rygge
Skalberget
Håven
Lokilen
Gropabo
Räkaklitt
Nybo
Ryggesbob
Långbo
Tackåsen
N. Blommaberg
Våsbo
Flytjärnsbo
Mattsmyra
Blommaberget
Lövriset
Ryggesbo
Kärrsbäcken
S. Blommaberg
Svensbo
Våsberget
Marsa
Lannaberget
Snottaberget
Hylberget
Stavsbovallen
Morabo
Torp
Storberget
Fullen
Norsbo
Homnabo
Spiutmyrab.
Loftsbo
Gräsbo
Slåttagården
Överbo
Andtjärnabo
Fullsborn
Kyan
Bergsbo
Dalarå
Torrbergsbo
Njupan
Prästvallen
Åsen
Ejheden
Enfotaberget
Västbo
Grånäs
Illaberget
Norrgårdama
Råberget
Ullungsfors
Lill-Trollmossberget
Roteberg
Knåda
Broberg
Voxnabruk
Älmesbo
Edsbyn
Vängsbo
Voxna
Pålsbo
Ovanåker
Östanå
Älgbo
Broboberget
Dalkarlsbo
Homna
Almeskullen
Ämnebo
Viken
Finnstuga
Nässäter
Silotjämberget
Korsåsen
Voxna
Gammel-Homna
Grängsbo
Viksjöfors
Svartusåsb.
Hornnaberget
Brånafäbod
Solbacka
Långbo
Stormyran
Gisslarbo
Älvkarhed
Grängsbo
Träckesbo

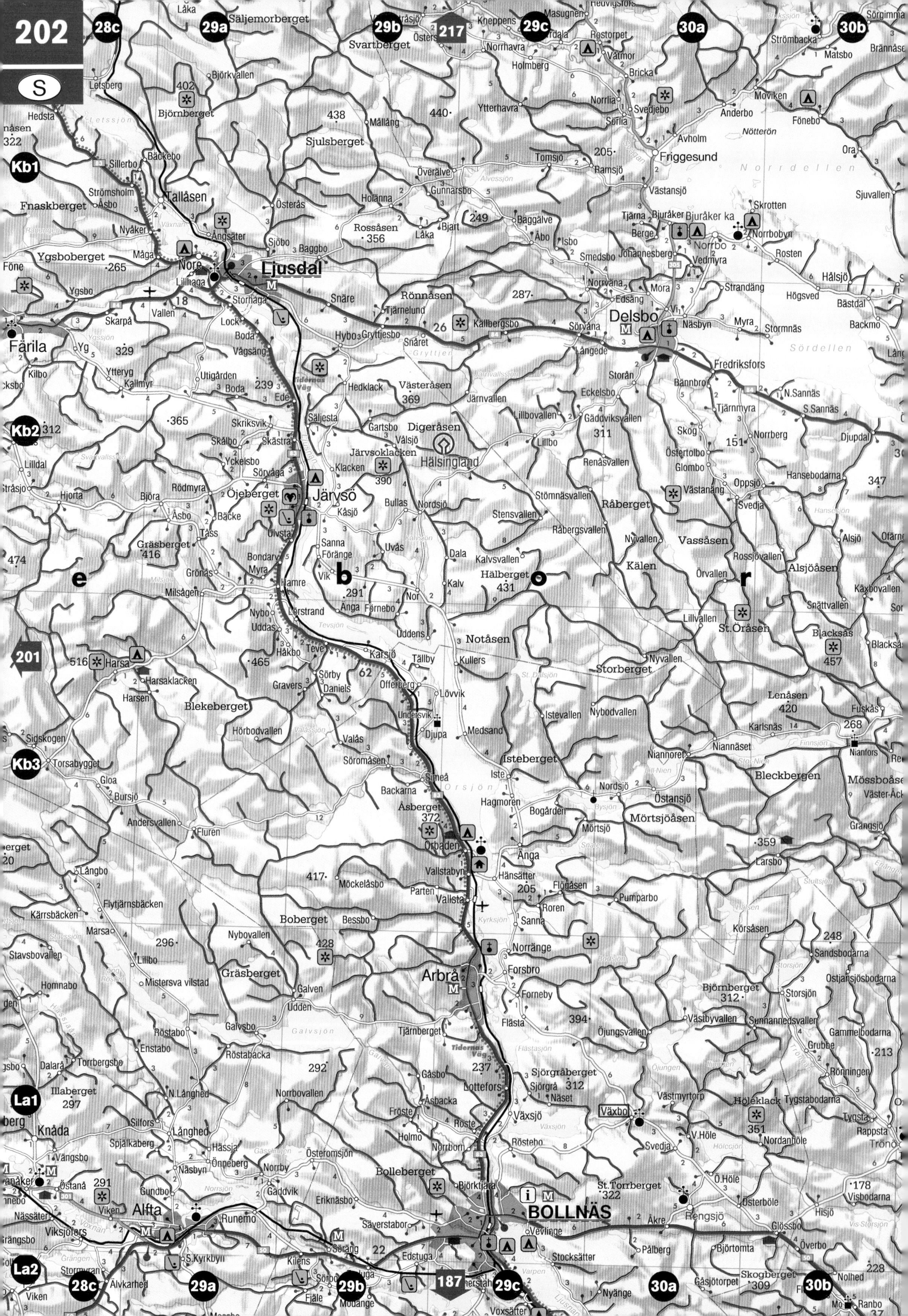

202
S
28c
29a
29b
217
29c
30a
30b
Kb1
Kb2
Kb3
La1
La2
201
187
Ljusdal
Delsbo
Järvsö
Arbrå
BOLLNÄS
Alfta
Färila
Friggesund
Tallåsen
Nore
Säljemorberget
Svartberget
Masugnen
Rostorpet
Kneppens
Norrhavra
Holmberg
Bricka
Vätmor
Strömbacka
Matsbo
Letsberg
Björkvallen
Björnberget
Hedsta
Mållång
Sjulsberget
Ytterhavra
Norrlia
Svedjebo
Sörlia
Moviken
Anderbo
Fönebo
Avholm
Nötteröm
Norrdellen
Ora
Tomsjö
Ramsjö
Västansjö
Sjuvallen
Sillerbo
Bäckebo
Överälve
Gunnarsbo
Strömsholm
Åsbo
Fnaskberget
Östersås
Holånna
Baggälve
Skrotten
Tjärna
Bjuråker
Bjuråker ka
Norrbobyn
Berge
Rossåsen
Läka
Bjärt
Åbo
Isbo
Nyåker
Ångsäter
Sjöbo
Baggbo
Smedsbo
Johannesberg
Norrbo
Vedmyra
Rosten
Ygsboberget
Måga
Lillhaga
Hålsjö
Föne
Ygsbo
Storhaga
Snäre
Rönnåsen
Norrvåna
Edsäng
Mora
Strandäng
Högsved
Bästdal
Vallen
Skarpå
Lock
Tjärnelund
Källbergsbo
Sörvåna
Vi
Näsbyn
Myra
Stormnäs
Backmo
Hybo
Gryttjesbo
Snåret
Boda
Vägsång
Längede
Sördellen
Fredriksfors
Yg
Kilbo
Ytteryg
Kallmyr
Utigården
Hedklack
Västeråsen
Storån
Bännbro
Eckelsbo
N.Sannäs
S.Sannäs
Ede
Järnvallen
Lillbovallen
Gäddviksvallen
Tjärnmyra
Skriksvik
Säljesta
Gartsbo
Digeråsen
Vålsjö
Lillbo
Skog
Norrberg
Djupdal
Skålbo
Skästra
Hälsingland
Renåsvallen
Östertolbo
Glombo
Lilldal
Yckelsbo
Sörvåga
Järvsoklacken
Klacken
Västanäng
Hansebodarna
Stråsjo
Hjorta
Björa
Rödmyra
Öjeberget
Stömnäsvallen
Oppsjö
Råberget
Svedja
Åsbo
Bäcke
Bullas
Nordsjö
Kåsjö
Stensvallen
Tass
Ulvsta
Råbergsvallen
Gräsberget
Sanna
Förånge
Uvås
Dala
Nyvallen
Vassåsen
Alsjö
Ofärne
Kalvsvallen
Rossjövallen
Grönås
Bondarv
Myra
Kälen
Alsjöåsen
Hälberget
Örvallen
Kåxbovallen
Milsågen
Hamre
Vik
Kalv
Nor
Snättvallen
Nybo
Uddas
Lörstrand
Ånga
Förnebo
Lillvallen
St.Öråsen
Uddens
Notåsen
Blacksås
Harsa
Håkbo
Teve
Karsjö
Tällby
Kullers
Nyvallen
Storberget
Harsaklacken
Harsen
Sörby
Daniels
Gravers
Offerberg
Lövvik
Lenåsen
Fuskås
Blekeberget
Undersvik
Djupa
Medsand
Istevallen
Nybodvallen
Hörbodvallen
Valås
Karlsnäs
Niannäset
Nianfors
Sidskogen
Torsabygget
Söromåsen
Isteberget
Niannoret
Simeå
Iste
Bleckbergen
Mössboåse
Väster-Äck
Gloa
Bursjö
Backarna
Nordsjö
Hagmoren
Östansjö
Bogården
Mörtsjöåsen
Åsberget
Andersvallen
Fluren
Mörtsjö
Grängsjö
Orbaden
Änga
Larsbo
Vallstabyn
Hänsätter
Långbo
Möckelåsbo
Parten
Flogåsen
Vallsta
Pumparbo
Flytjärnsbäcken
Roren
Kärrsbäcken
Boberget
Bessbo
Sanna
Marsa
Körsåsen
Nybovallen
Norränge
Stavsbovallen
Sandsbodarna
Lillbo
Forsbro
Mistersva vilstad
Gräsberget
Homnabo
Björnberget
Ostjansjösbodarna
Galven
Storsjön
Forneby
Udden
Västbyvallen
Sunnannedsvallen
Galvsbo
Tjärnberget
Flästa
Östabo
Gammelbodarna
Enstabo
Öjungsvallen
Grubbe
Röstabacka
Dalarå
Torrbergsbo
Sjörgråberget
Rönningen
Gåsbo
Sjörgrå
Illaberget
Lottefors
Näset
Västmyrtorp
Höleklack
Tygstabodarna
N.Langhed
Norrbovallen
Åsbacka
Växsjö
Växbo
Tygsta
Rappsta
Fröste
Knåda
Silfors
Roste
V.Höle
Trönö
Långhed
Spjälkaberg
Holmo
Röstebo
Svedja
Nordanhöle
Hässja
Norrborn
Vängsbo
Österomsjön
Önneberg
Näsbyn
Norrby
Bolleberget
Ö.Höle
Östanå
Gundbo
Gäddvik
Björktjära
St.Torrberget
Visbodarna
Vanåker
Viken
Eriknäsbo
Österböle
Runemo
Hisjö
Nässäter
Viksjöfors
Säverstabor
Åkre
Rengsjö
Glössbo
Vevlinge
Överbo
Grängsbo
Söräng
Stormyran
Pålberg
Björtomta
S.Kyrkbyn
Kilens
Edstuga
Stocksätter
Älvkarhed
Sörbo
Gåsjötorpet
Skogberget
Nolhed
Viken
Fjäle
Nyänge
Ranbo
Modänge
Voxsätter
Tidernas Väg

HUDIKSVALL
Sörforsa
Iggesund
Harmånger
SÖDERHAMN
Stocka
Strömsbruk
Njutånger
Enånger
Hornslandet
Bålsön
Bergön
Agön
Jättholmarna
Kuggörarna
Långvinds bruk
Hälsingtuna
Forsa
Delsbo
Mellanfjärden
Lönnångersfjärden
Hudiksvallsfjärden
Enhammarsfjärden
Långvindsfjärden
Hälsängesfjärden
Enångersfjärden

Klovningen

Veststeinen

Vetvika

Såta
440

Veten
527
Steinfjellet
681
Bremang

Grotle
Hauge

Bremangerpollen

Nesje
Bremnes
Nøtset
Ryland

Frøya
379
Vågane
438

Frøya

Kalvåg
Nigardsøyna
Steinset
Smørhamn
Liset

Gåsøyna

Nordbotnen
Sørbotnen

Kvannhovden fyr
Hovdevåg

Hovden 311

Husefest
Grø

Batalden
Kjetangen
Barekstad

492
Sunnarvåg

Fanøya
Vevlingen
Årebrotet

Nærøyane
Store Te

Skorpa
Blåkollen
393
Annøyane
Stabben fyr
Rota
Florø

Ytterøyane fyr
Nærøyane
Skorpa

Kinn
Nekkøyane
M

Kinn
316
Rognaldsvåg
Rekstad
Færøya
Florø lufthavn
Solhei

Reksta
Andalen

Stårøyane
Oddane

Kvalsteinen

Hammarset
Askrova

Valvika
219

Æsøyna
Sunde
Bruffjorde

Tansøyna
Mårøya
Erikstad

Grepland
Sva
Vågsøyna
235
Kvalstad Svar
Trædet

Stavfjorden

Stubseidvågen
Grimelia
Staves
Tor

Smelvær
Holevika
Stubseid

Ryggsteinen
451

Moldøyna

Heggøyna
Størdal

Håsteinen
Raudøyna
Folvåg

Hinnøyna
Heggøyosen
Eidmind

Tvibyrge
367
Hovden
Høyvika
537
756

192
Hærland
Ringstad

Alden
Norskehesten
460
Atløyna
636
Glervika
Hø

Hamnen
Skredvarden
Askvoll

Sandøyna
Hittun
Kumle
Melen

Bulandet
Melværet
Sauesund
Helle

Værlandet
Vilnes
Vårdal
Strau

Sørværet
Kysneset

Kvitingane
Raudøyna
Villnesfjorden

Geitene
Grytøyra
Havågen

Geita fyr
Eina
193

Lammetu
Våne

Ryggsteinhavet

Ryggsteinosen

Håsteinosen

Aldefjorden

Stongfjorden

Rekstafjorden

Skorpefjorden

Hellefjorden

N
7a
7b
7c
219
8a
8b
Måløy
Vågsvåg
Holevika
Deknepollen
Tennebø
Husevåg
Tytingvågen
Gangsøya
Oldeide
Lågeide
Dalsbotn
Håvik
Nordpollen
Sørpollen
Synnevåhornet
Myklebust
Totland
Bryggja
Nave
Maurstad
Eldevika
Hellebust
Sunndalen
Almklov
Åmelfoten
Kvanndalsegga
Snøgjøltinden
Lefdal
Navestøylen
Eikåsen
Sigrona
Lundavarden
Smørdal
Hjelmeland
Kjøldalen
Tømmerstøl
Starheim
Reksnes
Torvika
Haugen
Naustdal
Kb1
Rugsundøya
Hamnen
Skorpa
Klubben
Hornelen
Rugsund
Elde
Endal
Davik
Bakken
Dombestein
Lisete
Langevasshornet
Berle
Leirgulen
Blålida
Marøya
Bortnen
Vingekvarven
Bortnedalen
Dombesteinseggene
Isane
Hamnneset
Hornet
Hundeidet
Taklo
Torheim
Hundvika
Hennøya
Aksla
Myklebustsætra
Ålfoten
Vik
Hundvikfjorden
Sørdalen
Førde
Hyeneset
Skjerdingane
Hesten
Eikenes
Skjerdal
Høfledal
Nesbø
Dyrstad
Sande
Svelgen
Eikeland
Birkeli
Mulehamn
Midtgulen
Ytrehus
Indrehus
Hjelmen
Snønyken
Blånibba
Mullia
Sørgulen
Myklebust
Keipen
Plogen
Ålfotbreen
Gjegnalundsbreen
Gjølsvorh
Kleppenes
Grøfjellet
Blåbrebu
Gjegnabu
Gråfjellet
Seltuftnibba
Magnhildskartunnelen
Haukåbøra
Storebotsnipa
Fessebu
Straumsbotnen
Kaldevassnykane
Hyen
Hope
Holme
Kb2
Sessegga
Grytadalsbu
Tå
Børabu
Grøndalen
206
Klauva
Hauka
Straumneset
Norddal
Midbø
Sunndalen
Røyrvika
Heimseta
Selda
Ommedal
Grønenga
Grov
Midbønipa
Nesholmen
Hjorteset
Bleikegga
Rongkleiv
Gjengedalstøylane
Sandvika
Seljeset
Tonheim
Kvalvik
Hovland
Eikefjord
Blånipa
Eidet
Solheim
Emhjella
Dalheim
Holmesund
Høyvik
Barlindbotn
Kalsvik
Fagerheim
Hellevik
Vika
Hopen
Knappstad
Endestad
Storfjorden
Blånipa
Varliegga
Åstøylsfjellet
Austredalen
Sunnarvik
Storebru
Bru
Stavang
Skålefjell
Litle
Store Høydal
Osen
Ramsdal
Åmot
Herstad
Savland
Nes
Svorstølen
Kalland
Fimland
Nedre Standal
Svortevik
Øvre Standal
Håsteinen
Svardal
Steindalsfjellet
Steindalen
Hydalen
Kvellestad
Håsteindalen
Naustdaltunnelen
Sandfjellet
Kb3
Vevring
Blåfjellet
Naustdalstølane
Jonstad
Hove
Husket
Åse
Kleppstølen
Blåfjellet
Krunene
Flokeneset
Redalsgrend
Kringla
Naustdal
Øydbost
Indrebø
Botnen
Vågane
Skarven
Leknes
Kvammen
Selvika
Frammarsvik
Helle
Kråkeneset
Furevika
Kvål
Grimeland
Skjerlia
Norddalen
Førdefjorden
Bjørkedal
Erdalen
Steinheia
Tjørnaland
Tindefjellet
Portafjellet
Hestvika
Ervika
Hellevang
Ulltangen
Førde
Ramstad
Lia
Vassenden
Blægja
Øygarden
Fauskevarden
Solheimsdalen
Eikås
Jølstra
Kvamsfjellet
Kvamshesten
Bruland
Moskog
Viskedalen
Rivedal
Eikeneset
Laukeland
Setenes
Sunde
Lia
Åsen
La1
Dalsøyna
Dale
Bortheim
Kårstad
Kleppe
Bygstad
Hjelmeland
Førde lufthavn
Langeland
Masdalen
Fletene
Leitet
Tysse
Haugland
Skaddalen
Håland
Bjørvika
Bringeland
Skilbrei
Masdalsgjerdet
Byrkjefloten
Nyddalen
Holsen
Tyssedalen
190
Osen
Lunde
Myrmel
Kvanndalen
Sandegga
191
9a
Eikeskogen
Flekke
Myklebost
8c
Gaularfjellet

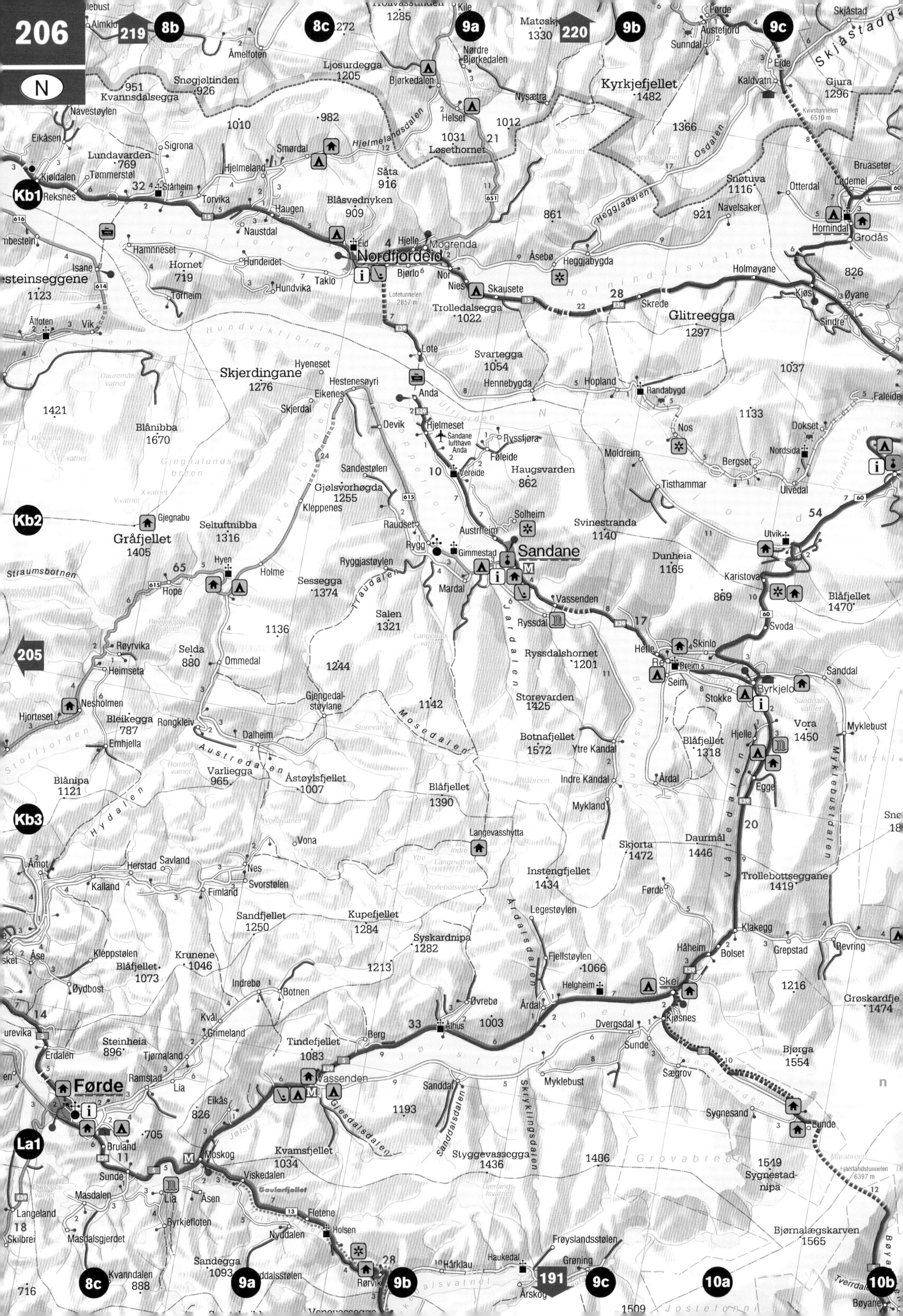

206
N
219
8b
8c
9a
220
9b
9c
Almklov
Åmelfoten
Snøgjøltinden
926
951
Kvannsdalsegga
Navestøylen
Eikåsen
Lundavarden
769
Sigrona
Kjøldalen
Tømmerstøl
Reksnes
Kb1
Stårheim
Torvika
Hjelmeland
Smørdal
Hjelmelandsdalen
Ljosurdegga
1205
Bjørkedalen
Nørdre Bjørkedalen
1285
Kile
Matøski
1330
Helset
Løsethornet
1031
1012
Nysætra
Kyrkjefjellet
1482
1366
Osdalen
Førde
Austefjord
Sunndal
Skjåstad
Skjåstaddalen
Eide
Kaldvatn
Gjura
1296
Kvivstunnelen 6510 m
Bruaseter
Lødemel
Otterdal
Snøtuva
1116
Navelsaker
921
Heggjadalen
861
Hornindal
Grodås
Såta
916
Blåsvednyken
909
Haugen
Naustdal
Eidsfjorden
Eid
Hjelle
Mogrenda
Nordfjordeid
Åsebø
Heggjabygda
Hamnneset
Hornet
719
Hundeidet
Isane
Torheim
Hundvika
Taklo
Bjørlo
Nor
Nies
Skausete
Hornindalsvatnet
Holmøyane
826
Kjøs
Øyane
steinseggene
1123
Ålfoten
Vik
Lotetunnelen 2857 m
Trolledalsegga
1022
Skrede
Glitreegga
1297
Sindre
Hundvikfjorden
Lote
Svartegga
1054
Hennebygda
Hopland
Randabygd
1037
Skjerdingane
1276
Hyeneset
Hestenesøyri
Eikenes
Anda
Faleide
1421
Skjerdal
Devik
Utfjorden
1133
Blånibba
1670
Hjelmeseten
Sandane lufthavn Anda
Ryssfjøra
Føleide
Nos
Dokset
Moldreim
Nordsida
Bergset
Gjegnalundsbreen
Sandestølen
Gloppefjorden
Vereide
Haugsvarden
862
Tisthammar
Ulvedal
Gjølsvorhøgda
1255
Kleppenes
Innvikfjorden
Kb2
Gjegnabu
Gråfjellet
1405
Seltuftnibba
1316
Raudset
Austrheim
Solheim
Svinestranda
1140
54
Utvik
Rygg
Gimmestad
Sandane
Dunheia
1165
Straumsbotnen
Hyen
Holme
Ryggjastøylen
Karistova
Hope
Sessegga
1374
Mardal
Vassenden
869
Blåfjellet
1470
Traudalen
Salen
1321
Ryssdal
Svoda
1136
Jardalen
Hetle
Skinlo
Røyrvika
Selda
880
Ryssdalshornet
1201
Re
Breim
205
Heimseta
Ommedal
1244
Seim
Sanddal
Byrkjelo
Nesholmen
Gjengedalstøylane
1142
Stokke
Storevarden
1425
Hjorteset
Bleikegga
787
Rongkleiv
Mosedalen
Vora
1450
Myklebust
Emhjella
Dalheim
Hjelle
Storfjorden
Botnafjellet
1572
Ytre Kandal
Blåfjellet
1318
Austredalen
Breimsvatnet
Blånipa
1121
Varliegga
965
Åstøylsfjellet
1007
Blåfjellet
1390
Indre Kandal
Årdal
Egge
Kb3
Mykland
Myklebustdalen
Hydalen
Vonavatnet
Langevasshytta
Vona
Skjorta
1472
Daurmål
1446
20
Våtedalen
Åmot
Herstad
Savland
Nes
Trollebottseggane
1419
Kalland
Svorstølen
Fimland
Instengfjellet
1434
Førde
Sandfjellet
1250
Kupefjellet
1284
Legestøylen
Syskardnipa
1282
Klakegg
Åse
Kleppstølen
Blåfjellet
1073
Krunene
1046
1213
Ardalsdalen
Fjellstøylen
1066
Håheim
Bolset
Grepstad
Bevring
1216
Øydbost
Indrebø
Botnen
Helgheim
Skei
Grøskardfjellet
1474
14
Kvål
Grimeland
Øvrebø
Ålhus
1003
Årdal
Dvergsdal
Kjøsnes
Steinheia
896
Tjørnaland
33
Berg
Tindefjellet
1083
Jølstravatnet
Sunde
Bjørga
1554
Erdalen
Førde
Ramstad
Lia
Vassenden
Sanddal
Myklebust
Sægrov
Kjøsnesfjorden
Eikås
826
1193
Sygnesand
Lunde
La1
705
Bruland
Kvamsfjellet
1034
Gjesdalsdalen
Sanddalsdalen
Skryklingsdalen
Styggevassegga
1436
1406
Grovabreen
1549
Sygnestadnipa
Hjærlandstunnelen 6397 m
Moskog
Sunde
Lia
Viskedalen
Gaularfjellet
Masdalen
Åsen
Langeland
18
Byrkjefloten
Fletene
Holsen
Skilbrei
Masdalsgjerdet
Nyddalen
Frøyslandsstølen
Bjørnalægskarven
1565
Sandegga
1093
Hårklau
Haukedal
Grøning
191
716
Kvanndalen
888
Rørvik
28
Årskog
Haukedalsvatnet
Jostefonn
1509
10a
10b
Bøyane
Tverrdalen

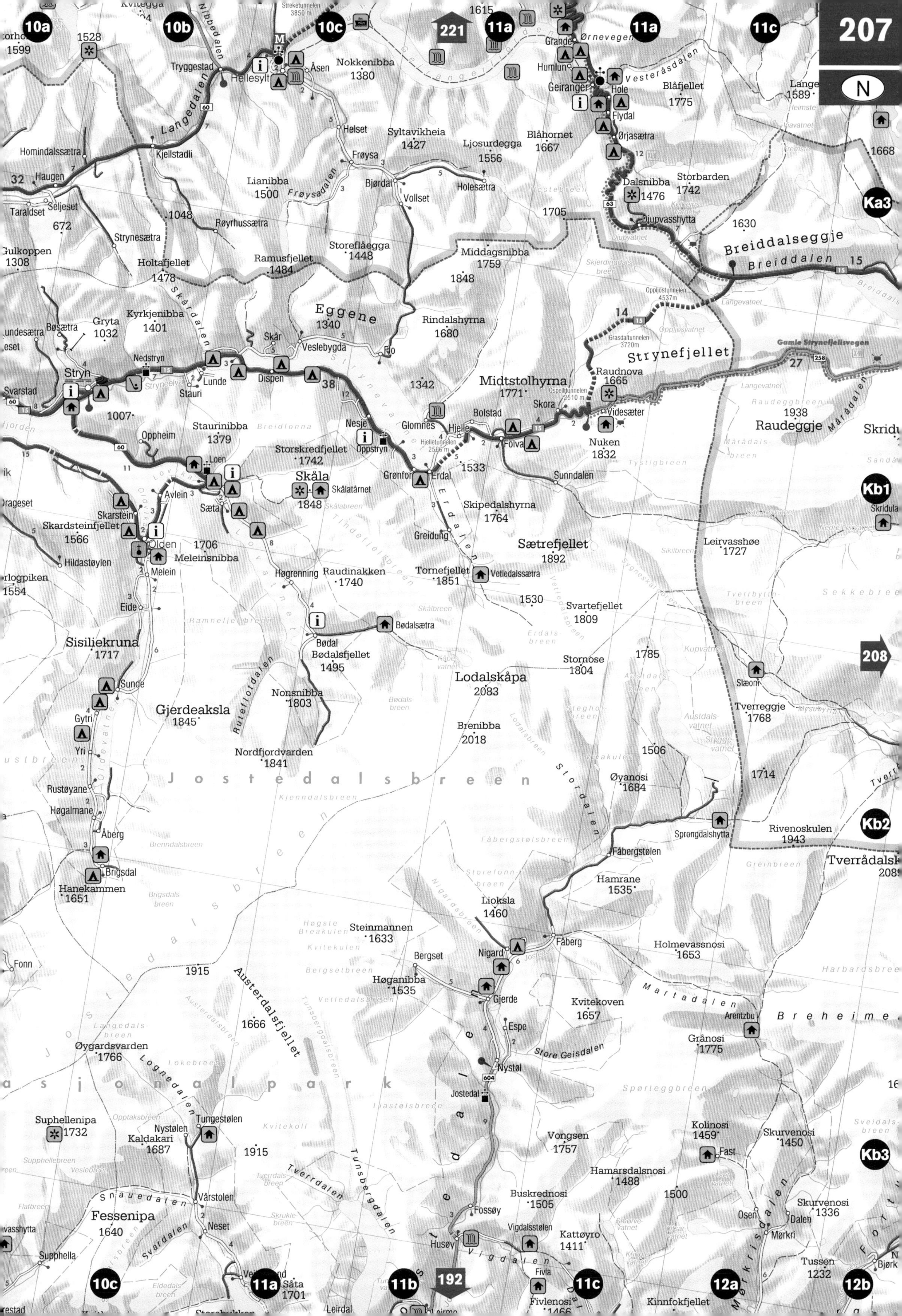

Jostedalsbreen
Strynefjellet
Breiddalseggje
Stryn
Loen
Olden
Geiranger
Hellesylt
Lodalskåpa
2083
Skåla
1848
Jostedal
Nasjonalpark

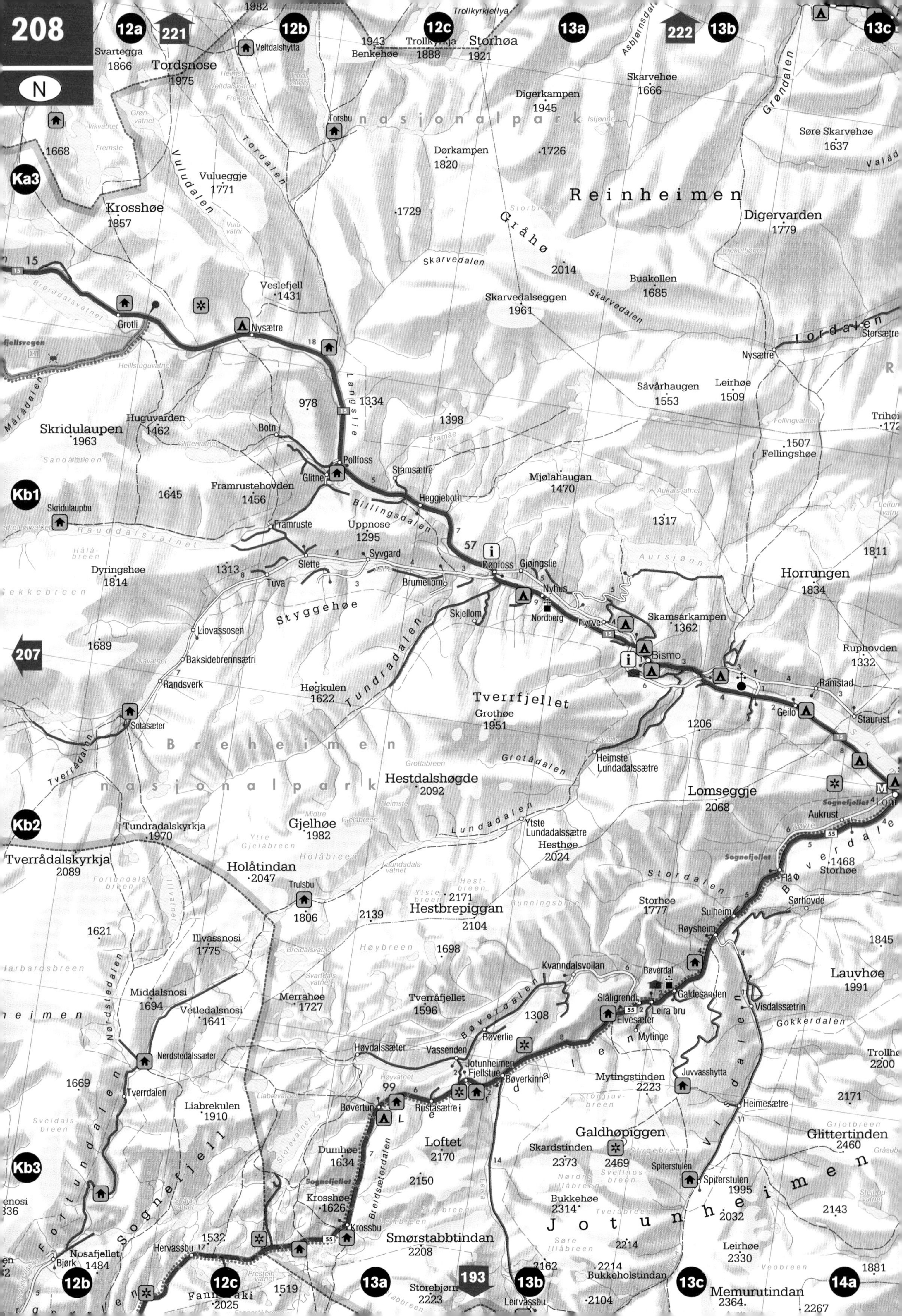
N
12a
221
12b
12c
13a
222
13b
13c
Ka3
Kb1
Kb2
Kb3
207
193
14a
Svartegga
1866
Tordsnose
1975
Veltdalshytta
1982
Trollkyrkjeflya
1943
Trollkyrkja
1888
Benkehøe
Storhøa
1921
Asbjørnsdal
Skarvehøe
1666
Grøndalen
Digerkampen
1945
Torsbu
nasjonalpark
Søre Skarvehøe
1637
1668
Dørkampen
1820
1726
Vuludalen
Vulueggje
1771
Tordalen
Reinheimen
Krosshøe
1857
1729
Gråhø
Digervarden
1779
Skarvedalen
2014
Buakollen
1685
Veslefjell
1431
Skarvedalseggen
1961
Grotli
Nysætre
Lordalen
Storsætre
Nysætre
Måradalen
978
1334
Langslie
Såvårhaugen
1553
Leirhøe
1509
Skridulaupen
1963
Huguvarden
1462
Botn
1398
Trihø
Pollfoss
Glitre
Stamsætre
1507
Fellingshøe
Mjølahaugan
1470
Framrustehovden
1456
1645
Heggjebotn
Skridulaupbu
Billingsdalen
1317
Framruste
Uppnose
1295
Rauddalsvatnet
57
1811
Syvgard
Dønfoss
Gjøingslie
Aursjøen
Dyringshøe
1814
1313
Slette
Tuva
Brumellom
Nyhus
Horrungen
1834
Nordberg
Styggehøe
Skjellom
Flyrvo
Skamsarkampen
1362
Liovassosen
1689
Bismo
Ruphovden
1332
Baksidebrennsætri
Ramstad
Randsverk
Høgkulen
1622
Tundradalen
Tverrfjellet
Sotasæter
Grothøe
1951
Geilo
Staurust
1206
Breheimen
Tverrådalen
Heimste Lundadalssætre
Grotådalen
Hestdalshøgde
2092
Lomseggje
2068
nasjonalpark
Tundradalskyrkja
1970
Gjelhøe
1982
Ytste Lundadalssætre
Lundadalen
Aukrust
Tverrådalskyrkja
2089
Holåtindan
2047
Hesthøe
2024
Bøverdalen
Sognefjellet
Flåø
1468
Storhøe
Stordalen
Trulsbu
1806
2171
Hestbrepiggan
2104
2139
Storhøe
1777
Sulheim
Sørhovde
1621
Røysheim
1845
Illvassnosi
1775
Høybreen
1698
Kvanndalsvollan
Bøverdal
Lauvhøe
1991
Middalsnosi
1694
Merrahøe
1727
Tverråfjellet
1596
Slåligrendi
Galdesanden
Leira bru
Vetledalsnosi
1641
1308
Elvesæter
Visdalssætrin
Mytinge
Gokkerdalen
Nørdstedalen
Høydalssæter
Vassenden
Bøverlie
Nordstedalssæter
Jotunheimen Fjellstue
Bøverkinna
Trollhø
2200
1669
Tverrdalen
99
Mytingstinden
2223
Juvvasshytta
Liabrekulen
1910
Bøvertun
Rustasætre
Heimesætre
2171
Fortundalen
Loftet
2170
Galdhøpiggen
Glittertinden
2460
Dumhøe
1634
Skardstinden
2373
2469
Spiterstulen
1995
Visdalen
2150
Krosshøe
1626
Bukkehøe
2314
Jotunheimen
2032
2143
Sognefjell
Breidsæterdalen
Krossbu
Smørstabbtindan
2208
1532
Leirhøe
2330
Nosafjellet
1484
Hervassbu
2214
2162
2214
Bukkeholstindan
1881
Bjørk
Fannaråki
2025
1519
Storebjørn
2223
Leirvassbu
2104
Memurutindan
2364
2267

N
14a
222
14b
14c
15a
223
15b
Sandgro
Lund
Lesjaverk
Sæterhøe
1540
Ylsbotn
1481
Sørhella
Kvita
Gautsjøen
Sjong
Skamsdalen
Storhorrungen
1572
Tandsætre
Filling
Hatten
1729
Mjogsjøbotn
1837
Mjogsjøhøe
Mjogsjødalen
Kjeslungdalen
Svanåtindan
2215
Skredahøin
2004
Maribui
Einøvlingseggen
1676
Grisungdalen
Grisungknatten
1449
Ka2
1403
Vålåsjø
Åsvangen
Tverrfjellet
1473
Gudbrandsdalen
Lora
Haukruste
Brenna
Lesja
Molie
Bjørknesætre
1485
Grøndalen
Svartdalsætrin
Grønhoe
1417
Gardsenden
Grønætrin
Andbergshøe
1180
Svartdalen
Bottheim
Bøsætre
Kjøremsgrende
Joramo
Dombås
Hågåsætre
Vålåsjø
Nysætre
Furuhauglie
31
Blåhøin
Fokstugu
Foksadalen
Kongeveien
Fokstuguhøe
1716
Høgstgråhøin
1622
1338
Ka3
Skardådraget
.1866
Gråhøe
Kjølen
Skjervekroken
Skardtind
1883
Blaestergrende
Grønhøe
1579
Skjervedalen
Rundkollan
1874
1732
1849
1437
Korsvoll
Einbuggdalen
Vardhøe
1347
Fjellheimkafe
nasjonalpark
Gjerdingsdalen
Gravdalshalsen
1546
Nonshaugen
1288
Gråhøe
1489
Gjerdinghøe
1754
1478
Skardshøe
Muslidalen
Dovre
Andgard
Finndalen
Breidstulen
Sterringje
Jønndalen
Storhøe
1381
Jønndalen
Heimare
Veslfjellet
1216
210
Øvste
Storsteppingshogget
1264
1539
Skaihøe
1590
Skårvangen
Skogbygde
1332
Brånåhøe
Øyadalen
Jettdalen
Rindal
44
1452
Sletthøe
1577
1370
Jetta
1566
Dovreskogen
Grjotheim
Flatmo
Viki
Liasætrin
Graffer
Fossbergom
Vestsætre
Trolldalen
Nistingen
Bukkehaugen
1046
Vågåmo
1618
Blåhøe
Kvannsladalen
Kb1
Høvringen
Brimi
Garmo
25
Vågåvatnet
Nordherad
Meadalssætrin
1331
Eklesætri
Strond
Sunde
Sjårdalen
Rosti
Tessand
Strondsæterhøe
1144
Synstlie
Tordkampen
1166
Rustdalen
Karihaugen
1277
Puttensæter
Skarvhøe
1741
Gråvåhøe
1765
Sålell
Grov
Endsætre
Moasætrin
1246
Bringsfjellet
Sel
Nord Sel
Formo
.1882
Nordsætrin
Byrtnes
19
Kvitingslie
Veslvassfjellet
1192
Lalm
37
Brennum
Grjothovden
1748
Kvitingskjølen
2064
Tessefjellet
1684
Haldorpiggen
1119
Fossætre
Gråhøe
1282
1164
1028
Åsåren
Sel
Selsverk
Skardåi
Nordigard
1370
Trollhøe
Nåvårsætrin
Smørlie
1550
1579
Smådalssætre
Smådalen
Dale
Otta
Smådalshøe
1888
957
Larsbusætre
Randsverk
Skogbygde
Bjølstad
Heidal
Ranglarkampen
1262
852
Prillargurikampen
Kb2
Kringen
Rundhøe
1475
1162
Rindhovda
Leirflaten
Sjolie
Ekre
31
Heranoshøe
.1660
Fugelsætrin
Veofjellet
1509
Gråhøe
1120
Storhøe
1353
Svartkampen
1365
Rustmoen
Kvernbrusætrin
Faukstad
Sandbu
Melemshaugen
1741
Meringsdalen
1083
Stanvike
1805
Glitterheim
Holsætri
Vålbu
Nørdre Kleive
Åmotet
Sjoa
Stornubben
2174
Nautgardstinden
2257
Sjugurdsjøpiggen
1634
Heidalsmuen
1743
Hindseter
Sallie
194
14b
14c
15a
15b
15c
16a
Moen

S
23b
23c
24a
24b
24c
Ka1
Ka2
Ka3
Kb1
213
199
25a
Hovden
683
Långåvålen
864
Gravar-
åsarna
Stor-Fr
794
687
726
Vemdalsskalet
Gästgivar-
gården
Långå
Vettaberget
Säterberget
Gammel-
vallberget
Brynnan
Stomakers
Åsen
Vemdalen
Stockåvallen
778
59
Röstarna
Husberget
Vikar-
berget
704
574
Bergsvallen
Rutsvallen
Hede
Norr-Hede
Grönkällan
Skorvo-
fjället
1009
Orrskallen
Vitåsarna
794
Haraldsåsen
Hedlanda flygplats
Hedeviken
Stor-
Galberget
Björnrike
Digerberget
Hemsjö-
knätten
Remmet
Sörviken
Vikarsjön
Östiåsen
Gammelnipan
Vålkojan
Gråberget
Blästermyren
Brännvallen
Lövåsen
Kvarnån
Västvallen
Kölvallen
Kölen
Sandviken
Älgnäs-
åsen
441
Kvisthån
Stöpsjövålen
893
Nedsjövålen
903
668
842
Rannsundet
Gällrödvålen
Tjärnvallen
Juvan
Diger-
berget
836
Vallen
Hammaren
Synderkölen
Håberget
Grimstjär-
nuggen
Skärsjövålen
Nysätern
Gråsidan
1194
Sånfjället
1278
Ortholmen
Skalvålen
Långberget
Sånfjällets nationalpark
Östmon
Stor-Rånddalen
Ortkammen
Vändtjärn-
berget
556
Hammarslövålen
932
Korpflyet
1176
Rånddalen
749
903
Näsvallen
Knippel-
berget
Nävjarna
Hovdhållan
Översjön
Ytersjön
Dalsvallen
Halvardflovålen
889
679
Brummankölen
894
Öster-
Rishöjden
Västertjärnen
Bölberget
Torrberget
627
Dörrsvålen
Ransjö
Norderåsen
623
Digervålen
1032
Tvillingvålen
926
60
Mossavålen
Sätervålen
Brändskogen
Linsell
Linsellsjön
Hovärken
1125
Glötesvålen
Västvallen
Östberget
Strådalen
Lofsdalen
Linkvarnen
463
Svartåsvallen
Dravagsvålen
Västvallen
Glissjöberg
Röstvallen
Glöte
Gödvärlden
Fagerhån
Lofssjön
Linsell-Nybodarna
Brunnskölen
Dravagen
Sandbäcken
Mosätt
Lofsåsen
Glötesåsen
870
Svanhågna
J
ä
m
Granåsen
573
Tolberget
Ävenskojan
Sömlinghågna
1195
Häggingåsvallen
Skalet
685
Lillhammaren
Tillberget
Risvålen
Karlsryen
Rammberget
Fonnfjället
1096
Häggingfjället
Häggingdalsvallen
Djursvallen
Morvallen
Botbergen
695
Gästgivargården
740
Djursvålen
899
V. Lågheden
Gammelvallen
Älgsstadremmet
Mellersta
Lågheden
Vackerkölen
Flågeläskojan
Dravagsåsen
696
Knulbygget
Stor-Uckuvålen
1082
Stor-Hackåsen
Lövhatten
Varghöjden
Milstenshågna
Tovåsen
Bladjan
Bladjenässtugan
Oxvålen
901
Vedungfjället
1019
Stormyrvallen
Grimsjöremmet
Granåskölen
Stor Brättan
Digerflon
780
Stor-Härjåvallen
Stockholm
Nybodarna
722
Gråheden
765
Björnåsen
Öjvasseln
Nya Vasselvallen
670
Kyrkbyn
Rensåsen
Lövnäsvallen
Blekberg
Forsmon
Lillhärdal
Nordan

S
Storhågna
Sångbäckvallen
Utanbergsvallarna
Stabergsvallen
Torrvallen
Morvallen
Röjvallen
Röjan
Böle
Rätansbyn
Sandnäs
Rätan
Nybodarna
Rätans-Digerberget
Brattforsen
Handsjön
Strandgårdarna
Klöppberget
Långsillremon
Överturingen
Länsterån
Mullberget
590
Gräsmyrberget
728
Högberget
Nederhögen
Söderhögen
Bryngelhögen
Rammsjö-berget
571
Tokberget
Störberget
Godberget
Sörbodvallen
Rönnberget
Näsbodarna
499
Hällorna
Vitvattnet
Hoppet
Knätten
Sörtjärn
Björnberget
663
Frägn-berget
Hortesberget
Håkansvallen
Enskälflötarna
Furuberget
Nörd-berget
Kvarnarna
Gumjans
Jonk
Heden
Prinsbacken
Kettilsberget
Digerberget
Holmsvallen
Överhogdal
Svantjämåsen
Tröskflyet
Himmels-flöten
Holmskojan
Hus-berget
Gommers-träden
Vrångbo
394
613
675
Råberget
Grundviks-berget
Risberget
Västerhållan
Oxflöten
667
Linatorpet
Esbjör-berget
Hällberget
Ryggen
Finnebo
Storflöten
Åsarna
Västbodarna
Knätten
Bäckvallen
Rosstjärnberget
Granåsen
Avmätarkojan
Tällberget
Kölsätravallen
Näsberget
Västansjö
Ytterhogdal
Östansjö
Prästholmen
Osvallen
Digerberget
687
Sveaborg
Tällbergsvallen
Movallen
606
Remmet
Bådhus-hammaren
Duvberg
Bådhusvallarna
Härjedalen
Svedberget
Andåsen
Storbod-berget
Sänna
Flor
Linnberget
Storberget
626
Gagneds-berget
Ytterberg
Överberg
Ebbeholmen
Sundsätt
Övermon
Svegs flygplats
Hammarsberget
Sätern
Älvros
Aspan
Strömbakken
Aspsveden
Sveg
Nilsvallen
Rismyr
Ulvkälla
Eggarna
Herrö
Byvallen
Flåcksberget
Bynoret
Kolsätter
Krokströmmen
Haberget
Habergsvallen
Fröberget
Remmen
Vansjöbodarna
Nyhem
643
Risbrunns-berget
Risbrunn
Suaberget
632
Aspåsen
Ängersjöberget
Ängersjö
Vänsjö
Messuhöjen
570
Messubodarna
Bodarsjön
Härjåbron
Sålnbergsbodarna
Siksjön
Målingen
Sålnberget
Brickan
726
Katrineberg
Kristoffersbodarna
Ängersjökölen
Öjingsvallen
Härjåsjön
Lövberget
Stora Siksjöberget
Målingsberget
632
Örnåsen
Storberget
Skarpen
Fligget
Svaden
St. Acksjöberget
561
Halvar-Jonsberg
669
Djupsjö-hallan
Garpkölen
Godberget
570
Olingdal
Hundsjö-åsen
25a
25b
25c
26a
26b
26c
27a
Ka1
Ka2
Ka3
Kb1
216
200

S
27a
27b
27c
28a
28b
28c
Ka1
Ka2
Ka3
Kb1
215
201
Ånge
Alby
Östavall
Säter
Ramsjö
Kårböle
Hennan
Hästberget
Kaffepannberget
Messuberget
Tvärberget
Björnberget
Lekåsen
Riberget
Granberget
Långsveberget
Brunnsberget
Sotbrännan
Grytberget
Blisterb.
Våsbergets
Burseberget
Stormyrberget
Skansberget
Storkullen
Prästskogs-
höjden
Stor-Grötvallsb.
Storberget
Borrberget
Fröberget
Gagneds-
berget
Hällberget
Vallen
Viken
Torpet
Fåssjö
Fåssjödal
Flor
Känne
Stor-
Kännberget
Nötberget
Messukölen
Messubodarna
Kerstaberget
Köllen
Ängra
Laforsen
Sorga
Björsjö
Letsbo
Hedsta
Sillerbo
Våtansjö
Nybo
Rotnäset
Tovåsen
Råsjö
Lillberget
Bodberget
Fågberget
Portberget
Ruffens
Grundsjön
Sågen
Nylandet
Hedsjö
Mellansjö
Klabbtorpet
Orrnässtugan
Norrberg
Tvärinsb.
Björntjärnsberg
Brassberget
Ulvaskölen
Holmsveden
Sund
Tallnäs
Hjärtvallen
Fridhem
Hälsingenybo
Gåda
Gådaberget
Gussjövallsb.
Dalskölen
Huskanäs-
bergen
Akinvallen
Lövingen
Mörtberget
Sorgberget
Backarvall
Vinåsen
Färila flygplats
Skrottmyran
Skyte
Degerkölen
Degerköls-
vallen
Sillervallen
Färjestellet
Enskogen
Boaberget
Finneby
Tevansjö
Skarpen
Gillerberget
Gåssjö
Björnberget
Huskölsberget
Huskölen
Karlstrand
Öjeforsen
Storån
Alastansheden
Florbodarna
Osvallen
Strömbakken
Ursjöberget
Grubban
Getkölen
Lerbäcken
Söromsjön
Felberget
Gränings-
åsen
Gräningsvallen
Långberget
Stor-
Mullberget
Stensån
Minne
Esbjör-
berget
Grundviks-
berget
Nybodarna
Sågsveden
Korsnäs Stor-
klacken
Linåsen
Märrviken
Torrflonäs
Norsbodb.
Häxtjärnb.
Malsjöbodarna
Strömnäset
Svedjetorpet
Haverö
Mickel-Pers
Västibacken
Tysknäset
Ytterturingen
Endasnäset
Bursnäs
Länsterån
Säteråsen
Eldnäset
Kölsillre
Sandbodarna
Vassnäs
Holmsnäset
Krog
Albybyn
Borsjöbodarna
Tjärusjöstugan
Byberget
Springan
Snöberg
Bäckänget
Björn-
berget
Felåsen
Västisveden
Ovansjö
Ringdalen
Forsön
Brännorna
Sörsidan
Strömmen
Fällås-
berget
Erikslund
Byn
Önsta
Västerede
Stordalsb.
Nedergårdarna
Julåsen
Stormyrberget
Fjället
Alberget
Väster
Mällsjö
Kilsveden
Flottstaden
Välje
Bäckan
Oppli
Hamran
Stömmarn
Morvallen
Letsberg
Krögarberget
Kroknäs
Viken
Huskasnäs
Skålvallen
Karböleskog
Borrsjö
Örnåsen
Snöddab.
Nyvallen
Ljusnan
Tidernas Väg
Vämtansjö
V ä s t e
d ä l s i n g
86 g

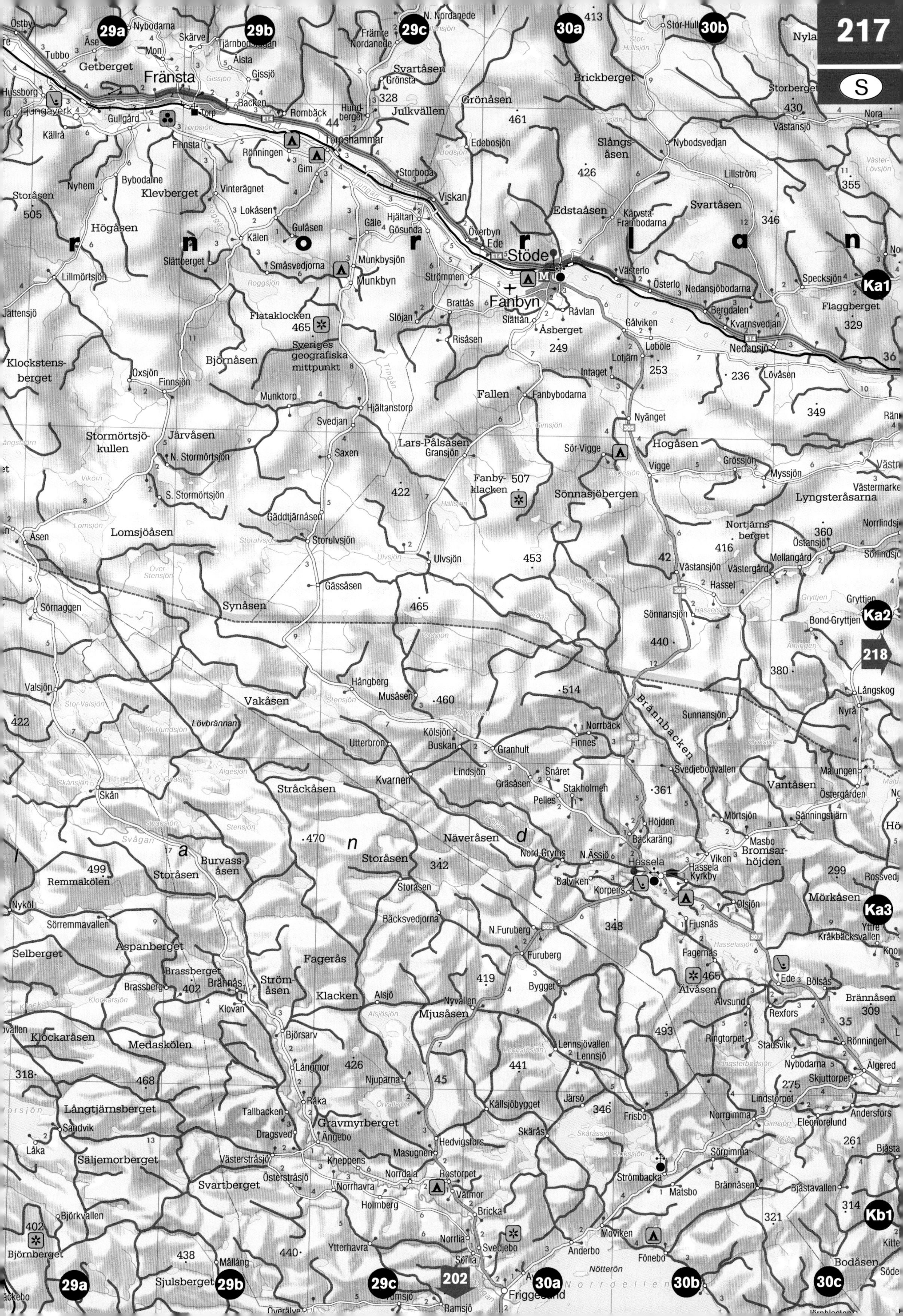
S
29a
29b
29c
30a
30b
30c
Ka1
Ka2
Ka3
Kb1
218
202
Östby
Nybodarna
Skärve
Tjärnbodsbygan
N. Nordanede
Främre Nordanede
Stor-Hull
Nyla
Tubbo
Åse
Mon
Ålsta
Getberget
Fränsta
Gissjö
Svartåsen
Grönsta
Brickberget
Storberget
Hussborg
Ljungaverk
Backen
Rombäck
Hundberget
Julkvällen
Grönåsen
Nora
Västansjö
Gullgård
Torp
Källrå
Finnsta
Torpshammar
Rönningen
Gim
Edebosjön
Slångsåsen
Nybodsvedjan
Lillström
Storåsen
Nyhem
Bybodarne
Klevberget
Vinterägnet
Storboda
Viskan
Lokåsen
Gulåsen
Gäle
Hjältan
Gösunda
Överbyn
Ede
Edstaåsen
Kärvsta-Frambodarna
Svartåsen
Högåsen
Kälen
Stöde
Slättberget
Småsvedjorna
Munkbysjön
Munkbyn
Strömmen
Västerlo
Österlo
Nedansjöbodarna
Specksjön
Lillmörtsjön
Fanbyn
Rävlan
Brattås
Bergdalen
Kvarnsvedjan
Flaggberget
Jättensjö
Flataklocken
Slöjan
Slättan
Gålviken
Åsberget
Risåsen
Loböle
Nedansjö
Sveriges geografiska mittpunkt
Björnåsen
Lotjärn
Intaget
Lövåsen
Klockstensberget
Oxsjön
Finnsjön
Fallen
Fanbybodarna
Munktorp
Hjältanstorp
Nyänget
Svedjan
Stormörtsjökullen
Järvåsen
N. Stormörtsjön
Saxen
Lars-Pålsåsen
Gransjön
Sör-Vigge
Hogåsen
Vigge
Grössjön
Myssjön
Fanbyklacken
Sönnasjöbergen
Västermarke
Lyngsteråsarna
S. Stormörtsjön
Gäddtjärnåsen
Nortjärnsberget
Norrlindsjö
Åsen
Lomsjöåsen
Storulvsjön
Ulvsjön
Östansjö
Mellangård
Sörlindsjö
Västansjön
Västergård
Hassel
Gässåsen
Synåsen
Sörnaggen
Sönnansjön
Gryttjen
Bond-Gryttjen
Valsjön
Hångberg
Musåsen
Vakåsen
Brännbacken
Långskog
Nyrå
Lövbrännan
Kölsjön
Buskan
Granhult
Norrbäck
Finnes
Sunnansjön
Utterbron
Lindsjön
Snåret
Gräsåsen
Stakholmen
Svedjebodvallen
Malungen
Vantåsen
Östergården
Skån
Stråckåsen
Kvarnen
Pelles
Mörtsjön
Sänningstjärn
Höjden
Bäckaräng
Masbo
Bromsarhöjden
Näveråsen
Nord Gryms
N. Ässjö
Hassela
Viken
Hassela Kyrkby
Remmakölen
Burvassåsen
Storåsen
Dalviken
Korpens
Rossvedj
Mörkåsen
Olsjön
Nyköl
Fjusnäs
Sörremmavallen
Bäcksvedjorna
N. Furuberg
Yttre Kråkbäcksvallen
Selberget
Aspanberget
Fagerås
Furuberg
Fagernäs
Brassberget
Strömåsen
Bygget
Ålvåsen
Ede
Bölsås
Brännås
Brassberg
Klacken
Alsjö
Nyvallen
Alvsund
Rexfors
Brännåsen
Klovan
Mjusåsen
Klockaråsen
Medaskölen
Björsarv
Lennsjövallen
Lennsjö
Ringtorpet
Stadsvik
Rönningen
Långmor
Njuparna
Nybodarna
Skjuttorpet
Algered
Långtjärnsberget
Tallbacken
Råka
Källsjöbygget
Järsö
Frisbo
Lindstorpet
Norrgimma
Eleonorelund
Andersfors
Sandvik
Dragsved
Gravmyrberget
Ängebo
Hedvigsfors
Skärås
Låka
Västerstråsjö
Kneppens
Masugnen
Sörgimma
Bjästa
Säljemorberget
Österstråsjö
Norrdala
Rostorpet
Strömbacka
Brännåsen
Matsbo
Bjästavallen
Svartberget
Norrhavra
Holmberg
Vätmor
Björkvallen
Bricka
Moviken
Björnberget
Norrlia
Svedjebo
Anderbo
Fönebo
Ytterhavra
Mållång
Sörlia
Nötteron
Norrdellen
Bodåsen
Sjulsberget
Friggesund
Omsjö
Ramsjö
Överälven
Mjölkbäcken

S
30c
31a
31b
31c
32a
32b
Sulå
Brattfallet
Gravtjärn
Högsjö
Krånge
Åse
Östanskär
Bottnarna
Bergeforsen
Hässjö
Sunnansjö
Svarv
Sunne
Bye
Lindomsbölle
Skällom
Sundsvall-Härnösands flygplats
Lagmansören
Stromås
Knipan
Hällan
Indalsälven
Storbränna
Krången
Gälltjärn
Nora
Västansjö
Bjärme
Lill-Bandsjön
Överkovland
Sättna flygplats
Lövsätt
Kovland
Sättna
Norrbäcken
Byn
Östanå
Laggarberg
Orsil
TIMRÅ
Klingerfjärden
Söråker
Gryttjom
Byn
Strind
Öngård
Västerå
Åvikebruk
Backås
Storsand
Malviken
Hovid
Hörningsholm
Skäggsta
Stacke
Rosböle
Fagersand
Myckling
Oxviken
Åvikebukten
Röde
Alnön gamla ka
Våle
Stångrid
Skilsåker
Berge
Tynderö
Sundsbruk
Gudmundsbyn
Oxsta
Johannedal
Ås
Släda
Granön
Bäräng
Åstön
Åkerö
Skeppshamn
Storhamn
Norrhuljen
Huljen
Specksjön
Böle
Kvarsätt
SUNDSVALL
Tunadal
Vi
Gustavsberg
Alnön
Hartungviken
Grönviken
Sörsidan
Orrberget
Hjässberget
Flaggberget
Selånger
Kolsta
Västeråsen
Söderåsen
Löva
Skönsmon
Alnösundet
Ankarsvik
Bänkås
Rödön
Havstoviken
Krokviken
Spikarna
Vattjom
Lövåsen
Österdälje
Lundänget
Sköle
Matfors
Rännö
Lunde
Runsvik
Långsjön
Tuna
Sörnacksta
Midskogsbron
S. Stadsberget
Bredsand
Draget
Rippsand
Hästhagen
Stockvik
Bro
Bergom
Attmarka
Västmarksgrottorna
Speckstad
Myssjön
Västermarken
Lyngsteråsarna
Klingsta
Berge
Allsta
Vivsta
Midskogsberget
Tunbyn
Svartvik
Hamn
Hamnsbådarna
Essvik
Skottsund
Sundsvallsbukten
Marmen
Lucksta
Granbacken
Ljungan
Kvissleby
Juniskär
Åkersviken
Juniskären
Norrlindsjö
Östansjö
Sörfors
Skedvik
Harv
Högåsen
Vitberget
Killingskäret
Mellangård
Sörlindsjö
Sör-Fjolsta
Vikarn
Klappvik
Dingersjö
Berga
Marna
Bergafjärden
Lappmoberget
Långsjön
Njurundabommen
Gryttjen
Malstabodarna
Bunsta
Ängom
Rotvik
Norrvikssand
Bond-Gryttjen
Noren
Norrböle
Öjen
Veda
Övansjö
Björkvik
Junibodsand
Lörudden
Björkön
Björkön
Ljusviken
Prämviken
Rönnhamn
Brämön
Stormyran
Västerböle
Bolomssjön
Åstjämsberget
Skärsätt
Gästa
Torrsjö
Baggböle
Långskog
Bredbyn
Myrbodarna
Brämösundet
Vikarbodarna
Nyrå
Grimåsen
Torringen
Södergård
Näset
Orrsjön
Skatan
Kalven
Sörböle
Nyråviken
Lubban
Malungen
Ortsjö
Skedlobodstrand
Vantåsen
Östergården
Norrbovallen
Järnåsen
Armsjön
Sörskog
Galtström
Sänningstjärn
Åsbodarna
Åsnorrbodarna
Högbackarna
Villsjön
Gårdsjön
Årskogen
Havsviken
Oxsand
Annsjövall
Gällstavallen
Storsveden
Vallenbodarna
Ragvaldsnäs
Rossvedjan
Annsjön
Åsvallen
Fågelharen
Mörkåsen
Olbjörnsnäs
Bäcksand
S.Vitberget
Tjärnvik
Yttre Kråkbäcksvallen
Svartvik
Dyrån
Moningssand
Knoppe
Vallbo
Åsvallen
Nyslätt
Vallen
Gryttje
Ede
Bölsås
Bosta
Haddäng
Norrfjärden
Brännåsen
Västergrängsjö
Byn
Gnarp
Husta
Rexfors
Östergrängsjö
Gnarps masugn
Gränsfors
Gällsta
Lillbodarna
Rönningen
Gammsätter
Sörfjärden
Ulvberget
Bäling
Nybodarna
Älgered
Mugg
Fiskvik
Skjuttorpet
Nytäkten
Gran
Östertanne
Hamre
Andersfors
Vitörarna
Eleonorelund
Bjästa
Berge
Högdals
Härte
Bergsjö
Bjästabodarna
Ungrick
Jättendal
Hallan
Bredåker
Edsäng
Älvsta
Kvarnmor
Sundet
Storsjön
Sundsbovallen
Bjästavallen
Tennsätter
Mellanfjärden
Högen
Lönnånger
Jättholmarna
Nordanå
Ravik
Hänick
N.Kitte
Skarvtjärn
Lönnångersfjärden
Kitte
Ingesarven
Forsa
Harmånger
Bodåsen
Söderåsen
Yttre
Röstas
Rönningen
Eusäter
Vattrång
Morängsvik
Rönnskär
Stocka
Vattlång
Svedja
217
203
Ka1
Ka2
Ka3
Kb1

6b
6c
7a
7b
7c
8a
N
Jb3
Ka1
Ka2
Ka3
220
205
206
Runde fyr
Grasøyane fyr
Runde
Goksøyr
Varden
333
Mulen
Kvalsvik
Remøya
Nerlandsøya
Svinøy fyr
Skorpa
432
Kvalsund
Koparstad
Fosnavåg
363
Leine
Bø
Torvika
Frøystad
Flåvær fyr
Bergsøya
Nautøya
Herøyfjorden
Moldtustranda
Herøy
Veten
556
Tjørvågane
Gurskøya
Helland
Sandsøya
369
Sandshamn
Skare
Sande
Gjerde
Sandanger
Hestefjellet
621
Myrvågane
518
Rjåhornet
599
Stadhavet
Sanden
Stålet
Kvamsøya
Ristesund
Stad
497
Kjerringa
Honningsvåg
Årvika
Bringsinghaug
273
Voksa
Gursken
Storetua
592
Nupen
Sætre
Leikanger
Ervik
Eltvika
Åram
Larsnes
23
Almestad
Jøsok
Haugsholmen fyr
Færstad
Stadlandet
Borgund
Borgundvågen
Dalsbøen
503
Krakset
600
Nystøylhornet
Arset
Årvik
Skrede
Sandvika
Sørbrandal
Koparnes
Syvdsnes
Rovde
Sundnes
Velsvika
Rovdefjorden
Hoddevika
Signalen
441
707
Bjørlykkjehornet
Leikanger
Flugevåg
Krokevika
Fure
Drage
Sandnes
Skåla
1008
516
Storebøra
785
Skåratinden
999
Skor
Sighaug
Hundsnes
Myklebust
Fiskå
Eidså
Eide
Snøhornet
1025
Kråkenes fyr
Teige
434
Skongenes fyr
154
Sankta Sunniva kloster
Selja
201
Tarvaldsegga
646
18
Sandvika
Tunheim
Vanylven
Vik
Syvden
Myklebost
Vardehornet
1107
Vedvik
Silda
Barmøya
Selje
Årsheim
Stokkeneset
Slagnes
19
842
Vidnes
Sylte
Sørdalen
Aksneset
Eikreim
Åheim
Berget
Langenes
Refvika
Kvalheim
Nord-Vågsøy
Raudeberg
Myklebust
Svinivik
Røyset
545
Salt
Litlesalt
Eide
Berstad
Hatleneset
775
Skorge
Einehaugen
Vågsøy
Kvalheimsvika
Åsmundvåg
Barmen
Venøya
Rundareim
Kjøde
Gusdal
Ripsdalssætra
Blæja
1142
Hendanes fyr
Nord Oppedalen
Færestrand
Hagevik
Flister
570
10
Flatraket
30
Hellebust
Sunndalen
Almklov
613
13
Vågsvåg
Måløy
Holevika
Husevåg
652
Deknepollen
Sørpollen
689
Nordpollen
Myklebust
Nave
Åmelfoten
Ljosu
8b
8c
Hurtigruten
Vanylvsgapet
Vanylvsfjorden
Sildegapet
Ulvesundet
Sylteføjorden
Haugsfjorden
Hallefjorden
Syvdsfjorden
Norddalen
Bøvatnet
Beksle-vatnet
Hurtigruten
Leinøya
Rundefjorden
Rundesundet
Hoga
Sur
Vatte
Ske
127

220
N
8b
8c
9a
9b
9c
10a
227
Jb3
Ka1
Ka2
Ka3
219
206
207
10b
Storholmen fyr
Haramsøya
Ulla fyr
Fjørtofta
Fjørtoft
Ulla
Ura
Helletun
Kongsnese
Davika
Haram
Mannen
347
493
Nogva
Longva
Skuløya
Rogne
Hellevik fyr
Hellevik
490
Løvsøya
Rønstad
Austnes
Kjerstad
Hestøya
Lausund
Midøya
Midttun
Dryna
Drynjasund
Tennøya
Molnes
Roald
Vigra
Erkna fyr
Røssvika
Synes fyr
Synes
Hildrestranda
Brattvåg
Helland
Lunden
Skjeltene
Gamlemsveten
791
Løvik
Hildrehesten
Storfjellet
Strand
950
Bjørnøya
Gåmlem
Tverrfjellet
749
Håvik
Bjørlykk-haugen
Gjøsund
Valderøya
Kalvøya
Terøya
Søvik
Giske
Skjong
Nordstranda
Gryta
Hamnsund
Engeset
Gjerset
Nygjerdet
Slyngstad
Eidsvika
Vatne
Alnes fyr
Alnes
Godøya
Valderøy
Valderøytunnelen
Godøytunnelen
Nes
Lorgja
Ellingsøya
Taftasundet
Stavset
Valkveet
Dyb
Godøya
ÅLESUND
Hovland
Vik
Volstad
Stett
Vernøya
Ellingsøytunnelen
Grasøyane fyr
Breidsundet
Nørvasund
Mørkeset
Langøya
Utvika
Borgund
Eltraneset
Brusdalen
Svorta
Valle
Glomset
Langevåg
Fiskarstranda
Spjelkavik
Vasstrand-fjellet
561
Rundafjorden
Flø
Kvitneset
629
Sula
Sandvika
Humla
Tørla
Glomset
Sneldelida
633
Hareidlandet
Branddal
Tverrfjellet
776
Nøringset
Mauseidvågen
Vegsundet
Emleim
Magerholm
Leinøya
Vattøya
Ulstein
Sulesund
Høghaugen
Sunde
Flisneset
Skafjellet
573
Bø
Torvika
Skeide
Eikrem
Hareid
Sandvikshornet
876
Løset
Ulsteinvik
Bigset
Holsekdalen
Hatlemark
Tusvika
Ørsneset
Andestad
Andestadvatnet
Hjørungavåg
Melshornet
668
Hjørneset
Jarnes
Eidem
Aurdal
Rømeri
866
Høgåsen
240
Morka
Ikornnes
Sykkylven
Hasund
Sundgota
Festøya
Barstadvika
Skarbøen
Hundeidvik
Blindheim
Sætre
Fjella
579
Kvamen
Ulset
Nordre Vartdal
Masdal
Gjevenes
Skopphornet
1226
Erstad
977
916
Erdalen
Saltre
Masdalshornet
Tannstad
Haddal
Blåtind
697
Vartdal
Sætre
Vartdalssætra
Jønshornet
1419
Årsneset
Leikanger
Bergehornet
1024
Grøthornet
1013
1091
Middagshornet
Sunnavindsnipa
1367
Straumsgjerdet
Flåvika
Ytre Standal
1056
Urfjellet
1267
Rjåneset
Liahornet
1035
Eiksund
Eika
Åvasstinden
1233
Romedalstinden
1295
Blåbretinden
1476
Dravlaus
Velledalen
Drotning
Hole
Hjorthol
Brunstad
Liadalen
Yksnøya
Eiksundtunnelen
7765 m
Jøsok
Steinneset
Kolåstinden
1432
Store Standal
Hjelledals-tindane
1586
Nes
Berkneset
Steinnes
Saudehornet
1303
Trandal
Lystad
Hagen
Ørsta
Vallasætra
Urkedals-tindane
1534
Mosætra
Kolås
Velsvika
Berkvika
Digernes
Dalagubben
1344
Vellesætra
Sætretinda
1476
623
909
Skåla
1008
Lauvstad
Myklebust
Flatneset
Sæbø
Hovdebygda
Hjørundfjord
Brekketind
1578
Mork
Mele
Ekset
Høgebruna
Kvistad
Hustad
Lekneset
Urke
Sætre
Volda
Blåtind
1217
Stokke
Norangsfjorden
Patchellhytta
Snøhornet
1025
807
Årflot
Stenes
Kornberget
Rotevatn
Brautaset
Rekkedal
Bondalen
Smørskred-tindane
1630
Øye
Dalsfjord
Lørika
577
Skår
Skårasalen
1542
Skylstad
Folkestad
Vassbotnen
Vatne
Eide
1212
Jakta
1589
Vardehornet
1107
Rotsethorntunnelen
3926 m
938
Skruven
1584
Hjarthaug-bygda
Snøhornet
1308
Storetind
1408
Dukhornet
1412
Viddal
Aksneset
Sandhornet
1064
Ullaland
Finnes
Leira
Dale
Straumshamn
Kilsfjorden
Bjørnaset
Austefjorden
Årset
Høydalen
Storfjorden
Kalveskrednipa
1488
Trollvasstinden
1205
Botnen
Kile
Geitvik
Skjåstad
Skjåstaddalen
Sætredalsfje
1424
Kvitegga
1704
1272
Maløskja
1330
Førde
Austefjord
Sunndal
Storhorn
1599
1528
Nibbedalen
Ljosurdegga
1205
Bjørkedalen
Eide
Tryggestad
Hurtigruten

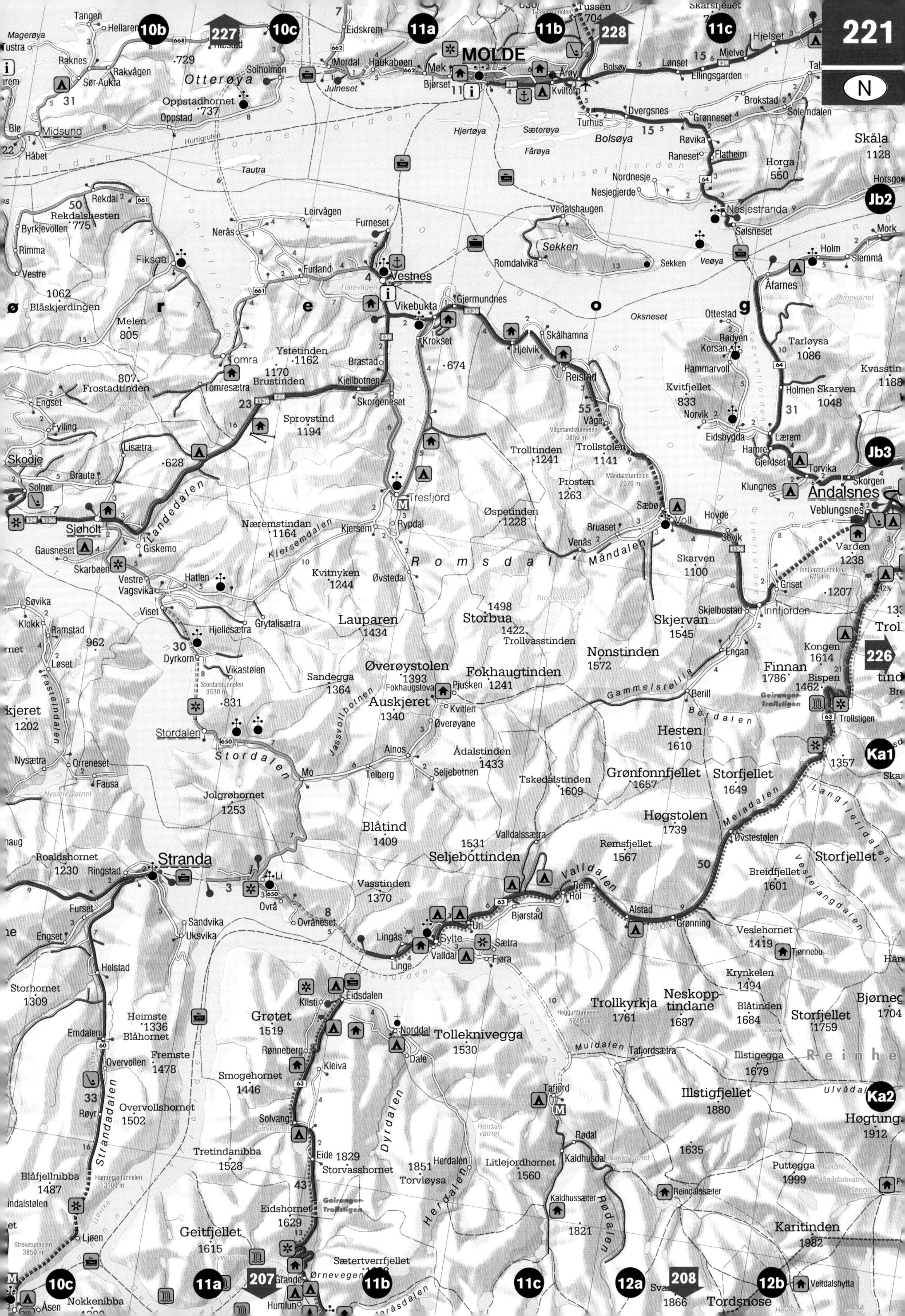

N
12b
228
12c
13a
13b
229
13c
Jb2
Jb3
Ka1
Ka2
221
208
209
14a
Fossbak
Litl-Gusjåsen
Skredin
666
Raudsand
Mulvik
Halsan
Sotåa
Ullaland
Åfløy
Sagtrøa
Skjøsetra
Sotnakken
Grønfjellet
656
Røttås
Skard
Havdalen
Seljebøbotnen
Ålvur
Snøfjellet
853
Storhaugen
681
Gammelsetra
Tjelle
Rød
Høvika
Hagen
Toven
Eidsøra
Eidsvåg
Stubøen
Meisalfjellet
807
Langset
Meisal
Ballsneset
1175
Smisetnebba
Skåla
128
Barsteinen
Hjellen
Bakta
Jordals-grenda
Horsgora
Gaupror
Langfjellet
907
1147
Flånebba
Bogge
Langa
Myklebostad
Skorga
Skorgedalen
Mork
Mittetdale
Staurset
946
Slemmå
835
Sandviks-botnen
1012
Trolltinden
1396
Oppdøl
Bøneset
Øksendalsøra
Fulåne
Dale
Hellesetra
Øygarden
Snarketinden
1149
Nonshaugen
1094
Stranddalen
Erstadbotnen
Mittetdalen
Langadalen
Oppdal
Nauste
Nordmørs-skaret
Måsvassbu
1154
Kjøvdalen
Syltebøen
Frisvoll
1548
Ryssdalsnebba
1618
Børset
Kvasstinden
1188
1203
Loftskarstinden
Ljøsådalen
Vasstindbu
Horndalen
Bjørnes
Skjorta
1711
Sur
Snortungen
1193
Horne
Øksendalen
1245
Kjøvskartinden
1552
Kvitfjellet
1381
Øverås
Ljøsåbotnen
Kleppen
1534
Meringdalen
Hjellbønebba
1557
Litlkalkinn
1648
Skorgen
Tokle
Isfjorden
Helvetestinden
1373
Nebba
1477
Nordre
1569
Åndalsnes
Kavli
Svartvassbu
Grøvdal
Grøtta
Grøvdalen
Steinbruhøa
1535
1880
Storkalkin
Setnesmoen
Moen
Stølen
Gjuratinden
1712
Breitela
Vikesoksa
1809
Reinstinden
1706
Søre
Varden
1238
Madshaug
Unjemsbotnen
Dalsbygda
Bjørnabotn-høgda
Hoem
1736
Hoemtinden
Vike
Reinsvassbua
1473
Stortågkollen
1551
Bronnsletta
Sogge
Erstaddalen
Vikebotnen
1335
Troll-
Trollveggen
1788
tindan
Fiva
Store Venjetinden
1852
Hauduken
Mardalsbotnen
Slotthøa
1833
Blåbotnen
Vardfjell
1686
Litledalen
Romsdalshornet
1550
1573
1519
Midthøin
Styggdalen
1207
Litltågkollen
Raudbergstella
Breitinden
1797
Horgheim
Kalskråtinden
1799
Mardalen
Trollstigen
Grøttabotnen
Rangåhøgda
1768
Reitan
Eikesdal
Trolltinden
1601
Gråhøa
1592
Purka
1377
Alnesdalen
Medalen
Kors
Remmem
Mongefossen
357
Skarfjellet
1723
Eikesdalen
Ytste
Vakkerdalen
Storpurka
1614
Romsdalen
39
Middagshaugen
1394
Digerurda
Ramnåhøa
1564
Inste
Torbusnyta
1476
Torbudalen
Salhøa
1639
Remmemsdalen
Dønttinden
1676
Dønt-botnen
Fossafjellet
1783
Bruåbotnen
Tverrgrov-botnen
Finnset
Bruåbottmillom
1810
Kleneggen
1960
Aursjøhytta
Torbuvollen
Stordalen
Bukkeskreden
Løypåvollen
Sandgrov-botnen
1561
Vermedalen
Vermevatnet
Børa
1915
Gravdalen
Storfiåen
Seljefonnene
Kroshøa
1349
Håkodalstela
Hånådalstinden
1806
Vetlbotnen
Hattan
1624
Kaldhøa
1640
Pikstein-botnen
Brunhøe
1616
Bjørnegga
1704
Midthøa
1700
Mebotnen
Øverdalen
Raudmyrhøa
1617
Isløypet
Borga
1573
Svarthøe
1883
Aursjøhøe
1478
Grovaskarsbotnen
Mehøe
1780
Vakkerstølen
Skirifjellet
1480
Kleiva
Stuguflotten
Kollhøe
1401
Storhøe
1868
Vangsbotn
Høgtunga
1912
Brøstdalen
Bjorli
Grønhøa
1482
Merratind
1701
Vangshøe
1660
Gåsbue
Pyttbua
Pyttbudalen
Rånåkollen
1160
Morki
Råna
Kvernhushøe
1316
Lesjaskog
Bjølverud
1207
Åheim
Merra-botnen
Trollkyrkjeflya
Asbjørnsdalen
1943
1888
1921
Sandgr
Lund
Sæterhøe
Ylsbotn
E136

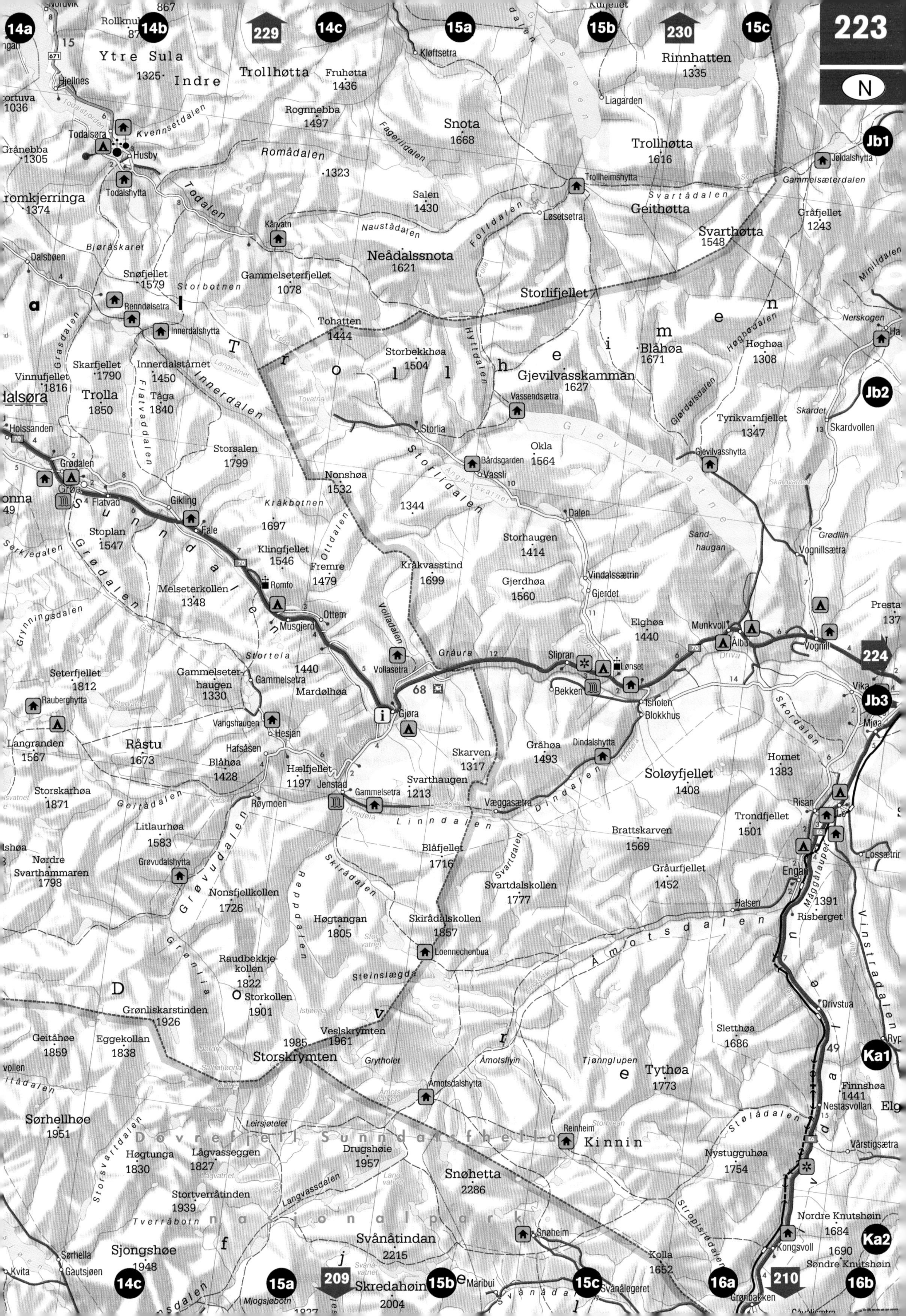
223
N
14a
14b
229
14c
15a
15b
230
15c
Ytre Sula
1325
Indre
Trollhøtta
Fruhøtta
1436
Rinnhatten
1335
Kløftsetra
Liagarden
Hjellnes
Todalsøra
Husby
Todalshytta
Kvennsetdalen
Grånebba
1305
Rognnebba
1497
Snota
1668
Trollhøtta
1616
Jb1
Jøldalshytta
Gammelsæterdalen
Romådalen
Fagerlidalen
1323
Trollheimshytta
Svartådalen
Geithøtta
Gråfjellet
1243
Salen
1430
Løsetsetra
Todalen
Kårvatn
Naustådalen
Folldalen
Svarthøtta
1548
Bjøråskaret
Neådalssnota
1621
Dalsbøen
Snøfjellet
1579
Storbotnen
Gammelseterfjellet
1078
Storlifjellet
Renndølsetra
Innerdalshytta
Tohatten
1444
Storbekkhøa
1504
Hyttdalen
Blåhøa
1671
Høghøa
1308
Nerskogen
Høghødalen
Skarfjellet
1790
Innerdalstårnet
1450
Trollheimen
Gjevilvasskamman
1627
Vinnufjellet
1816
Trolla
1850
Tåga
1840
Innerdalen
Flatvaddalen
Vassendsætra
Jb2
Holssanden
Storlia
Gjevilvassdalen
Tyrikvamfjellet
1347
Skardet
Skardvollen
Grødalen
Storsalen
1799
Okla
1564
Gjevilvasshytta
Gjevillvatne
Bårdsgarden
Vassli
Nonshøa
1532
Storlidalen
Flatvad
Gikling
Kråkbotnen
1344
Dalen
Fale
1697
Storhaugen
1414
Sandhaugen
Grødlin
Vognillsætra
Stoplan
1547
Klingfjellet
1546
Fremre
1479
Kråkvasstind
1699
Serkjedalen
Grødalen
Romfo
Sunndalen
Ottdalen
Gjerdhøa
1560
Vindalssætrin
Gjerdet
Melseterkollen
1348
Ottem
Musgjerd
Volladalen
Elghøa
1440
Munkvoll
Ålbu
Vognill
224
Grynningsdalen
Stortela
1440
Gråura
Slipran
Lønset
Driva
Seterfjellet
1812
Gammelseterhaugen
1330
Gammelsetra
Mardølhøa
Vollasetra
68
Bekken
Isholen
Blokkhus
Vika
Jb3
Rauberghytta
Vangshaugen
Hesjan
Gjøra
Skordalen
Mjøa
Langranden
1567
Råstu
1673
Hafsåsen
Blåhøa
1428
Hælfjellet
1197
Skarven
1317
Gråhøa
1493
Dindalshytta
Soløyfjellet
1408
Hornet
1383
Storskarhøa
1871
Geitådalen
Røymoen
Jenstad
Gammelsetra
Svarthaugen
1213
Væggasætra
Dindalen
Risan
Linndalen
Trondfjellet
1501
Litlaurhøa
1583
Brattskarven
1569
Nordre Svarthammaren
1798
Grøvudalshytta
Grøvudalen
Blåfjellet
1716
Svartdalen
Gråurfjellet
1452
Engan
Møggåaupet
Lossætrin
Nonsfjellkollen
1726
Skirådalen
Reppdalen
Svartdalskollen
1777
1391
Risberget
Halsen
Vinstradalen
Høgtangan
1805
Skirådalskollen
1857
Åmotsdalen
Grønlia
Loennechenbua
Raudbekkjekollen
1822
Steinslægda
Storkollen
1901
Drivstua
Grønliskarstinden
1926
Veslskrymten
1961
1985
Slettthøa
1686
Geitåhøe
1859
Eggekollan
1838
Storskrymten
Grytholet
Åmotsflyin
Tjønnglupen
Tythøa
1773
Ka1
Amotsdalshytta
Finnshøa
1441
Nestasvollan
Sørhellhøe
1951
Leirsjøtelet
Reinheim
Kinnin
Støldalen
Dovrefjell Sunndalsfjella nasjonalpark
Vårstigsætra
Høgtunga
1830
Lågvasseggen
1827
Drugshøie
1957
Nystugguhøa
1754
Storsvartdalen
Snøhetta
2286
Langvassdalen
Stortverråtinden
1939
Stroplsjødalen
Tverråbotn
Nordre Knutshøin
1684
Snøheim
Ka2
Sørhella
Sjongshøe
1948
Svånåtindan
2215
Kolla
1652
Kongsvoll
1690
Søndre Knutshøin
Kvita
Gautsjøen
14c
15a
209
Skredahøin
15b
Maribui
15c
Svånålegeret
16a
210
16b
Grønbakken
Mjogsjøbotn
2004

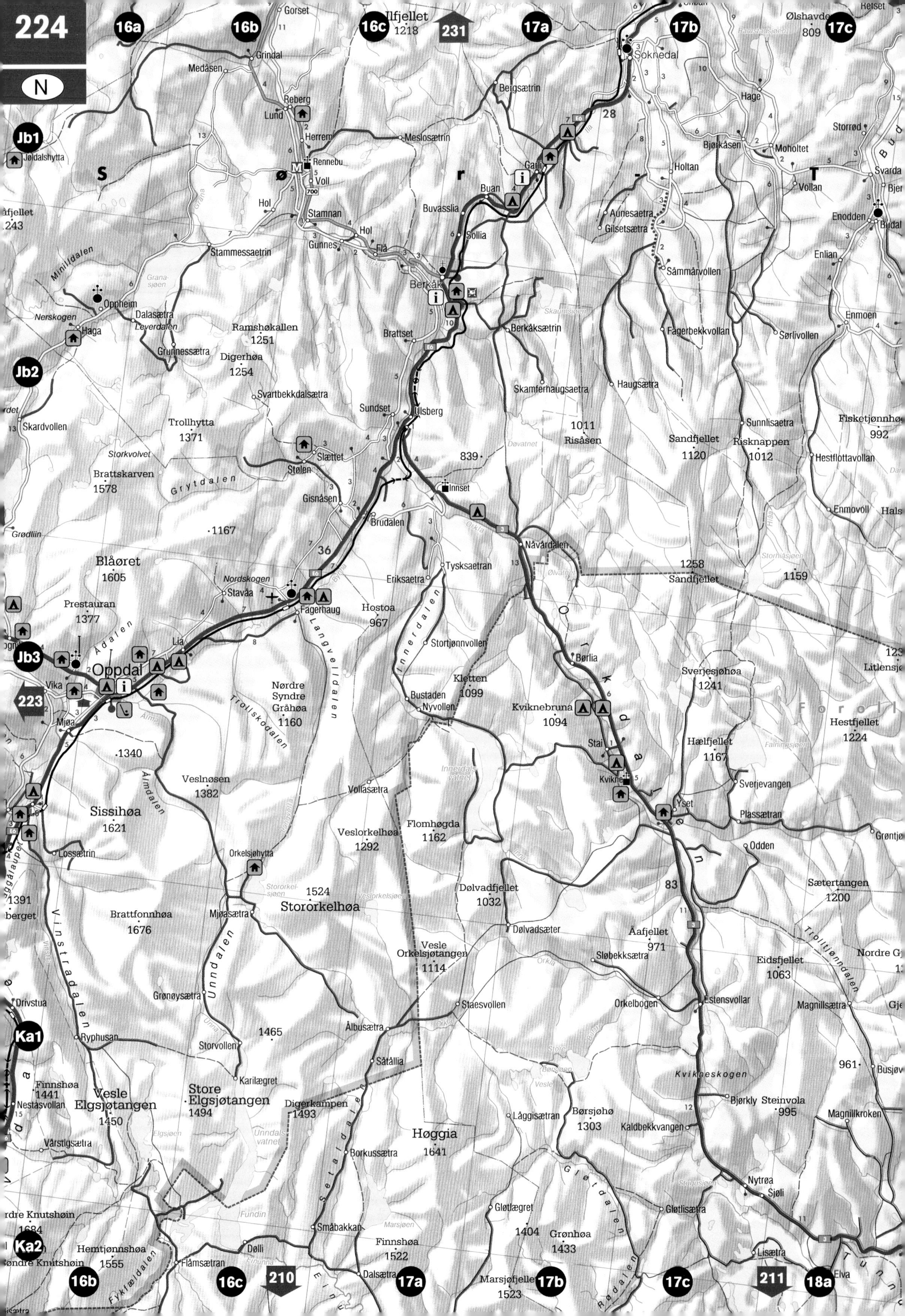

224
N
16a
16b
16c
231
17a
17b
17c
Jb1
Jb2
Jb3
223
Ka1
Ka2
210
211
18a
Gorset
Ilfjellet
1218
Ølshavde
809
Grindal
Medåsen
Reberg
Lund
Herrem
Meslosætrin
Rennebu
Voll
Hol
Stamnan
Gunnes
Flå
Stammessaetrin
Minilldalen
Oppheim
Nerskogen
Haga
Dalasætra
Leverdalen
Grunnessætra
Ramshøkallen
1251
Digerhøa
1254
Svartbekkdalsætra
Jøldalshytta
Søknedal
Bergsætrin
28
Gari
Buan
Buvasslia
Sollia
Berkåk
Brattset
Berkåksætrin
Skamferhaugsaetra
Skaumsjøen
Hage
Bjørkåsen
Moholtet
Holtan
Storrød
Svarda
Vollan
Enodden
Budal
Aunesaetra
Gilsetsætra
Såmmårvollen
Enlian
Enmoen
Fagerbekkvollan
Sørlivollen
Haugsætra
Sunnlisaetra
Fisketjønnhø
992
Sandfjellet
1120
Risknappen
1012
Hestflottavollan
1011
Risåsen
839
Døvatnet
Sundset
Ulsberg
Trollhytta
1371
Skardvollen
Storkvolvet
Brattskarven
1578
Grytdalen
Slættet
Stølen
Gisnåsen
Innset
Brudalen
Enmovoll
Grødliin
1167
Blåøret
1605
Nordskogen
Stavåa
36
Tysksaetran
Eriksaetra
Nåvårdalen
1258
Sandfjellet
1159
Prestauran
1377
Fagerhaug
Hostoa
967
Adalen
Oppdal
Vika
Mjøa
Lia
Langvelldalen
Innerdalen
Stortjønnvollen
Børlia
Orkdalen
Kletten
1099
Bustaden
Nyvollen
Kviknebruna
1094
Sverjesjøhøa
1241
Litlensjø
Nordre
Syndre
Gråhøa
1160
Trollskodalen
1340
Veslnøsen
1382
Sissihøa
1621
Ålmdalen
Lossætrin
Vollasætra
Flomhøgda
1162
Innerdalsvatnet
Stai
Kvikne
Yset
Hælfjellet
1167
Hestfjellet
1224
Sverjevangen
Plassætran
Grøntjø
Veslorkelhøa
1292
Orkelsjøhytta
Stororkelhøa
1524
Dølvadfjellet
1032
Odden
83
Sætertangen
1200
1391
berget
Brattfonnhøa
1676
Mjøasætra
Unndalen
Dølvadsæter
Vesle
Orkelsjøtangen
1114
Åafjellet
971
Sløbekksætra
Eidsfjellet
1063
Trolltjønndalen
Nordre G
Drivstua
Vinstradalen
Grønøysætra
Staesvollen
Orkelbogen
Estensvollar
Magnillsætra
Ryphusan
1465
Storvollen
Ålbusætra
Såtållia
Kvikneskogen
961
Busjøv
Finnshøa
1441
Nestasvollan
Vesle
Elgsjøtangen
1450
Store
Elgsjøtangen
1494
Karilægret
Digerkampen
1493
Børsjøhø
1303
Låggisætran
Kaldbekkvangen
Bjørkly
Steinvola
995
Magnillkroken
Vårstigsætra
Høggia
1641
Borkussætra
Setaldalen
Gløtdalen
Nytrøa
Sjøli
Gløtlægret
Gløtlisætra
Fundin
Småbakkan
1404
Grønhoa
1433
ordre Knutshøin
1684
Hemtjønnshøa
1555
Søndre Knutshøin
Dølli
Flåmsætran
Fykfældalen
Finnshøa
1522
Dalsætra
Marsjøfjellet
1523
Rødalen
Lisætra
Elva
Tunn

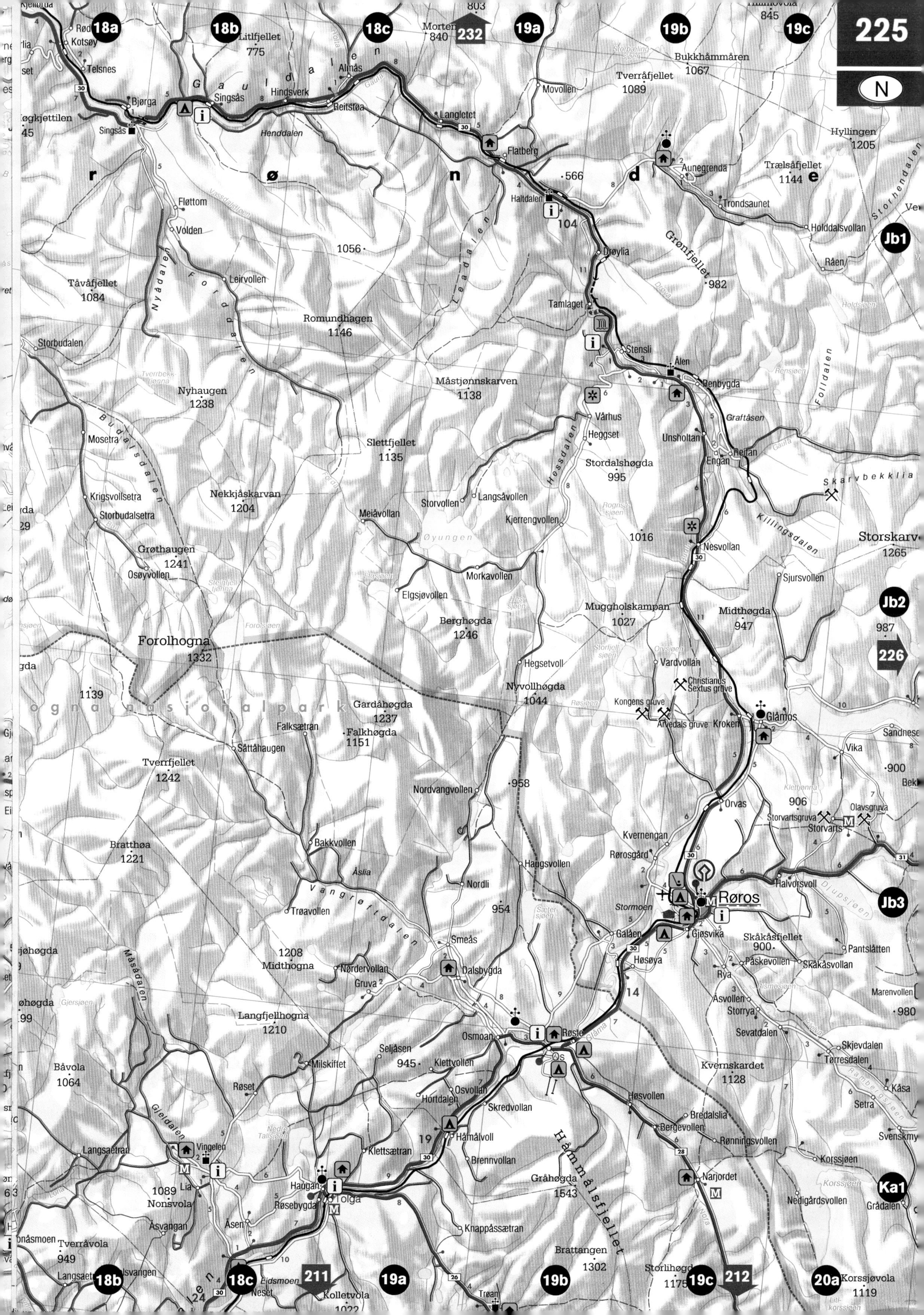
N
18a
18b
18c
19a
19b
19c
232
211
212
226
Jb1
Jb2
Jb3
Ka1
20a
Rød
Kotsøy
Telsnes
Bjørga
Singsås
Litlfjellet
775
Singsås
Hindsverk
Almås
Reitstøa
Morten
840
803
Gauldalen
Henddalen
Langletet
Movollen
Tverråfjellet
1089
Bukkhåmmåren
1067
845
Flatberg
Haltdalen
566
Aunegrenda
Trondsaunet
Hyllingen
1205
Trælsåfjellet
1144
Holddalsvollen
Råen
Storhendalen
Trøndelag
Fløttom
Volden
1056
104
Drøylia
Grønfjellet
982
Tåvåfjellet
1084
Leirvollen
Nyådalen
Forddalen
Leadalen
Tamlaget
Romundhagen
1146
Storbudalen
Stensli
Ålen
Renbygda
Nyhaugen
1238
Måstjønnskarven
1138
Folldalen
Budalsdalen
Mosetra
Vårhus
Heggset
Hessdalen
Unsholtan
Graftåsen
Engan
Reitan
Gaula
Slettfjellet
1135
Stordalshøgda
995
Skarvbekklia
Krigsvollsetra
Storbudalsetra
Nekkjåskarvan
1204
Storvollen
Langsåvollen
Meiåvollen
Kjerrengvollen
1016
Killingsdalen
Nesvollan
Øyungen
Grøthaugen
1241
Osøyvollen
Elgsjøen
Morkavollen
Storskarv
1265
Elgsjøvollen
Sjursvollen
Muggholskampan
1027
Midthøgda
947
987
Berghøgda
1246
Forolhogna
1332
Forolsjøen
Hegsetvoll
Vardvollan
Christianus Sextus gruve
1139
Nyvollhøgda
1044
Forolhogna nasjonalpark
Kongens gruve
Arvedals gruve
Kroken
Glåmos
Gardåhøgda
1237
Falksætran
Falkhøgda
1151
Såttåhaugen
Tverrfjellet
1242
Sandnes
Vika
900
958
906
Nordvangvollen
Orvas
Kletjønna
Olavsgruva
Storvartsgruva
Storvarts
Bratthøa
1221
Kvernengan
Bakkvollen
Rørosgård
Haugsvollen
Åslia
Halvorsvoll
Djupsjøen
Nordli
Vangrøftdalen
Røros
Trøavollen
954
Stormoen
Galåen
Gjøsvika
Skåkåsfjellet
900
Pantslåtten
Sæterstjøen
Smeås
Høsøya
Påskevollen
Skåkåsvollen
1208
Midthogna
Nørdervollan
Dalsbygda
Rya
Måsådalen
Gruva
Marenvollen
Gjersjøen
Åsvollen
Storrya
980
Langfjellhogna
1210
Sevatdalen
Osmoan
Røste
Glåma
Os
Skjevdalen
Tørresdalen
Seljåsen
945
Klettvollen
Milskiftet
Kvernskardet
1128
Båvola
1064
Røset
Osvollan
Hortdalen
Skredvollan
Høsvollen
Kåsa
Setra
Rambergsjøen
Gjeldalen
Bredalslia
Bergevollen
Hålåvoll
Rønningsvollen
Svenskmy
Langsætran
Vingelen
Nedre Tallsjøen
Klettsætran
Brennvollan
Håmmålsfjellet
Korssjøen
1089
Nonsvola
Lia
Haugan
Tolga
Røsebygda
Gråhøgda
1543
Narjordet
Nedigårdsvollen
Gråddalen
Åsvangan
Åsen
Knappåssætran
Tverråvola
949
Brattangen
1302
Storlihøgda
1175
Langsæt
Eidsmoen
Neset
Kolletvola
1022
Trøan
Korssjøvola
1119

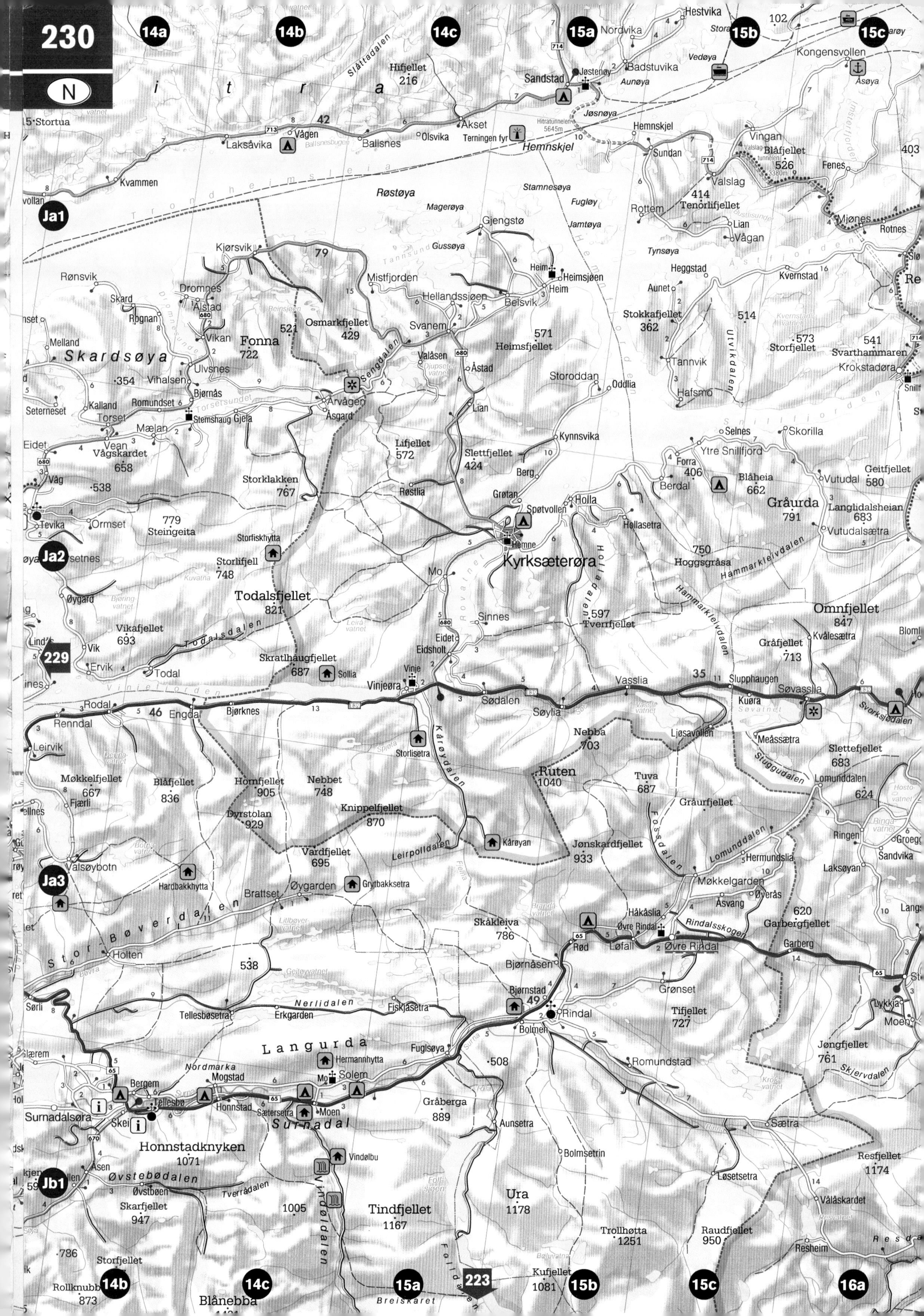
N
14a
14b
14c
15a
15b
15c
Hestvika
Nordvika
Badstuvika
Sandstad
Jøstenøy
Aunøya
Vedøya
Kongensvollen
Asøya
Hifjellet
216
Sláttadalen
Stortua
Laksåvika
Vågen
Ballsnes
Olsvika
Akset
Terningen fyr
Hitratunnelen
Hemnskjel
Sundan
Vingan
Blåfjellet
526
Fenes
Valslag
Kvammen
Trondheimsleia
Ja1
Røstøya
Magerøya
Stamnesøya
Fugløy
Jamtøya
Rottem
414
Tenorlifjellet
Lian
Vågan
Mjønes
Rotnes
Gjengstø
Gussøya
Tynsøya
Heggstad
Kvernstad
Kjørsvik
79
Rønsvik
Skard
Dromnes
Alstad
Rognan
Mistfjorden
Hellandssjøen
Belsvik
Heim
Heimsjøen
Aunet
Stokkafjellet
362
514
573
Storfjellet
541
Svarthammaren
Krokstadøra
Melland
Skardsøya
Vikan
Fonna
722
521
Osmarkfjellet
429
Svanem
571
Heimsfjellet
Ulvsnes
Vihalsen
354
Valåsen
Åstad
Storoddan
Oddlia
Tannvik
Utvikdalen
Hafsmo
Kalland
Torset
Romundset
Bjørnås
Arvågen
Åsgard
Sengdalen
Seterneset
Stemshaug
Gjela
Lian
Mælan
Eidet
Vean
Vågskardet
658
Lifjellet
572
Slettfjellet
424
Kynnsvika
Selnes
Skorilla
Ytre Snillfjord
Forra
406
Blåheia
662
Geitfjellet
580
Vutudal
Våg
538
Storklakken
767
Røstlia
Berg
Berdal
Grøtan
Holla
Gråurda
791
Langlidalsheian
683
Vutudalsætra
Tevika
Ormset
779
Steingeita
Spøtvollen
Hollasetra
Storfiskhytta
Hemne
Kyrksæterøra
750
Hoggsgråsa
Hammarkleivdalen
Ja2
Storlifjell
748
Mo
Øygard
Todalsfjellet
821
Hollandalen
597
Tverrfjellet
Omnfjellet
847
Kvålesætra
Sinnes
Vikafjellet
693
Todalsdalen
Eidet
Eidsholt
Gråfjellet
713
229
Vik
Ervik
Todal
Skratlhaugfjellet
687
Sollia
Vinje
Vinjeøra
Vinjefjorden
Vasslia
35
Slupphaugen
Søvasslia
Rodal
46
Engdal
Bjørknes
Sødalen
Søylia
Kuøra
Svorksjødalen
Renndal
Leirvik
Storlisetra
Kårøydalen
Nebba
703
Ljøsavollen
Meåssætra
Slettefjellet
683
Stuggudalen
Møkkelfjellet
667
Blåfjellet
836
Hornfjellet
905
Nebbet
748
Ruten
1040
Tuva
687
Lomunddalen
624
Fjærli
Dyrstolan
929
Knippelfjellet
870
Gråurfjellet
Ringen
Kåøyan
Leirpolldalen
Jønskardfjellet
933
Fossdalen
Hermundslia
Sandvika
Valsøybotn
Vardfjellet
695
Laksøyan
Ja3
Hardbakkhytta
Brattset
Øygarden
Grytbakksetra
Møkkelgarden
Øyerås
Åsvang
620
Garbergfjellet
Stor-Bøverdalen
Skåkleiva
786
Håkåslia
Øvre Rindal
Rindalsskogen
Løfall
Rød
Garberg
Holten
538
Bjørnåsen
Grønset
Sørli
Tellesbøsetra
Erkgarden
Nerlidalen
Fiskjasetra
Bjørnstad
49
Rindal
Bolmen
Tifjellet
727
Lykkja
Moen
Langurda
Hermannhytta
Fuglsøya
508
Romundstad
Jøngfjellet
761
Skjervdalen
Nordmarka
Mogstad
Solem
Bergem
Tellesbø
Surnadalsøra
Honnstad
Sætersetra
Moen
Skei
Gråberga
889
Aunsetra
Sætra
Surnadal
Honnstadknyken
1071
Vindølbu
Bolmsetrin
Resfjellet
1174
Asen
Jb1
Øvstebødalen
Øvstbøen
Tverrådalen
Løsetsetra
Våltåskardet
Skarfjellet
947
1005
Tindfjellet
1167
Ura
1178
Vindøldalen
Trollhøtta
1251
Raudfjellet
950
Resheim
786
Storfjellet
Rollknubb
873
223
Kufjellet
1081
Foldalen
Blånebba
Breiskaret
15a
15b
15c
16a

16a
16b
16c
17a
17b
17c
Hb3
Ja1
Ja2
Ja3
232
224
18a
TRONDHEIM
Vernes
Musdal
Musdalsvik
Kallurddals-
brotet
436
Grønningen
Blåheia
393
Rissa
Leira
Mo
Ålmo
Breilia
Dalsaunet
Kjerringklumpen
601
Hestd
Asly
Uddu
Sollia
Storvatnet
Mevatnet
Gråfjellet
545
Størdal
Kvithylla
Reins kirke
Saur
Hermstad
Kvernsjølia
.538
Hindrem
Seter
525
Belstad
Stranda
Asknes
Vanvikan
Selnes
Steinsdal
Hestgrovheia
670
Langrøheia
531
359
397
Lensvik
Landrø
Selbekken
Bradden
Ersland
Tørstad
Hassåker
Stadsbygda
Rørvika
Brøskift
Rein
Trangan
Raudbergneset
Solem
Ølstran
Tennel
Øyangen
Flakkfjorden
Trondheimsfjorden
Ingdalen
Grostad
Geita
Kjørmo
Kjøra
Flakk
Trolla
Lade
Rye
Tømmerdalen
553
Langørjan
Nidaros Dom
Charlottenlund
Ranheim
Bymarka
Esp
Storheia
564
Byåsen
Kolstad
Sluppen
Tiller
Vikås
Kleiva
Snilldal
538
Ausetknubben
437
Austvasslifjellet
Rabboren
518
Klomstein
Korsfjorden
Våvasslifjellet
631
Vargheia
611
Kvearmoen
Geitastrand
Hangeråsen
Myrsund
Gaustad
Strindamarka
Litløya
Songli
Åstan
Viggja
Byneset
Spongdal
Ringvål
Lieåsen
429
Engelsås
.592
Orkdalsfjorden
Ælistranda
Børsa
Brå
Heimdal
Skjetlein
Ekla
Bratsberg
Råbygda
Gjølme
Sjetnan
Hammer
Einan
Øysandan
Leinstrand
Esp
Løvåsen
Sætran
Storugla
Haukåse
Snausen
Gagnås
Orkanger
Buvika
Illhaugen
Brekka
Øyås
Klett
Torgarden
Nideng
Solem
Ustjåren
Ustan
437
Våttån
445
Havdal
Garberg
Tanem
Gullsiberget
537
Klæbu
Gildalen
Fannrem
Orkdal
Varmbu
Gimsan
Svorkåsen
Fossan
Torshus
Svorkland
Eggkleiva
Onsøya
Melhus
By
Fuglåsen
Kvåle
Skaun
Vigdalan
Holem
Rakbjørga
Vassfjellet
710
Mo
Bjørkli
Korsmo
Hyttfossen
Målsjøen
Brøttem
Solbu
Alvåsen
512
Aunan
Hove
Kvål
Vormstad
Øyan
Monset
Egga
Orkland
Solsjøbygda
Kjørkflå
Aspøl
Skogna-kjølen
Grevskott
Sjølberg
534
Elgshøgds
514
Branem
Le
Flå
Brungfjellet
637
Rønningen
Svorkmo
Mjøa
Solem
Løkken
Sundet
Åmon
Blokkom
Korsvegen
Valdan
Ballfjellet
566
Kråkfjellet
816
Konstad
Almås
Ven
Lundamo
556
Veik Kjølen
Horg
Våttån
517
Grefstad
Midtskogen
533
Gåsbakken
Storneve
Helonda
Sunnsetkjølen
Lundadalen
Hovin
Skarvan
586
Dambu
813
Grefstadfjellet
Meldal
Tømmesdalen
Lauvåsen
488
Smidalen
650
Krokstad
627
Halvtonnehaugen
Vedløset
578
Høgknippen
756
Stavådalen
Mannfjellet
662
Støren
Soknes
Hamran
638
Samsjøen
870
592
Follstad
Burufjellet
870
Resell
Jerpstad
Grut
Brekksætra
Rognes
Fjellvollsætra
Gorset
fjellet
1218
Ølshavden
809
Refset
Kjellbrua
Kotsøy
Sørlia
Søgan
45

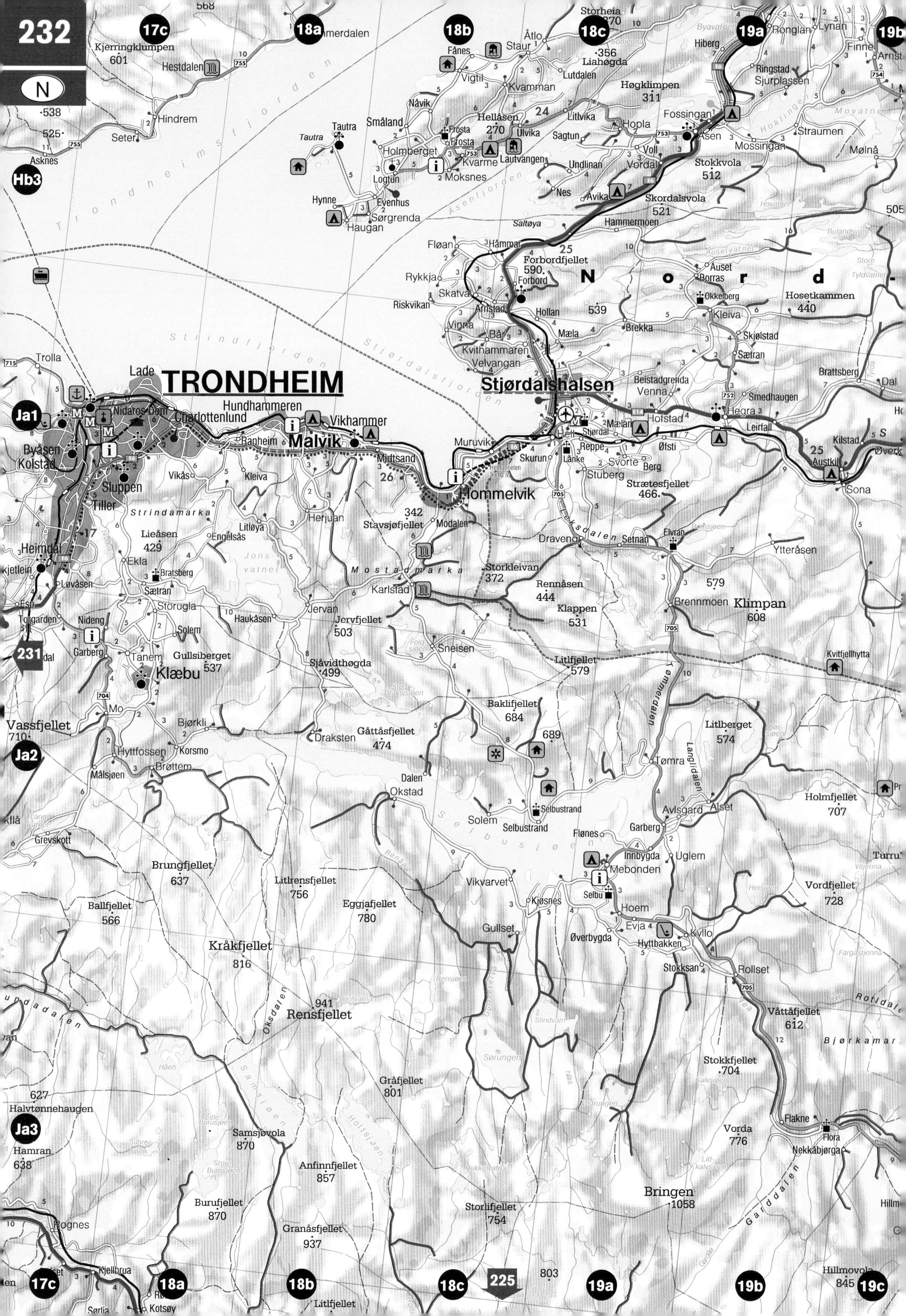

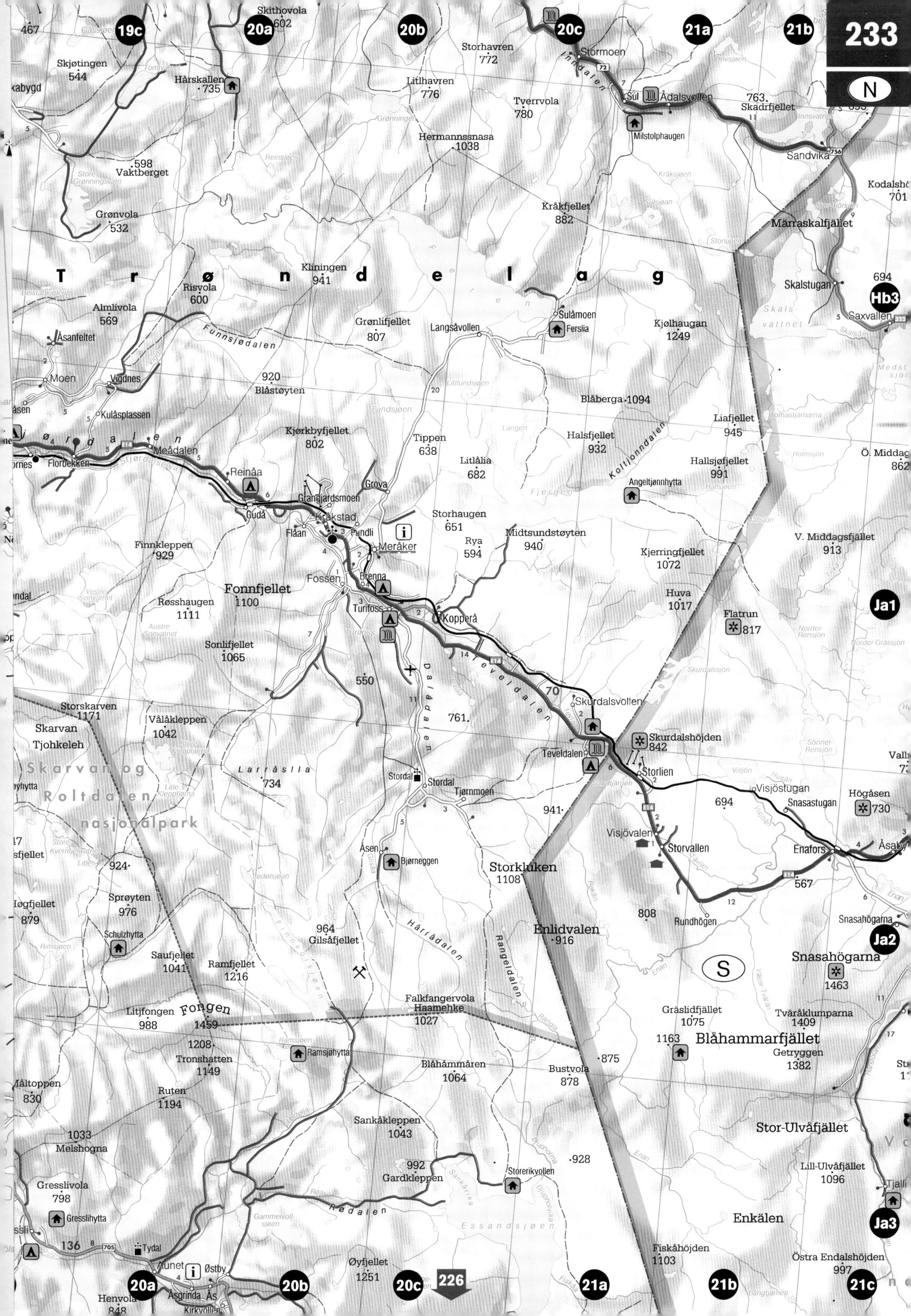
Trøndelag
Skithovola 602
Skjøtingen 544
Hårskallen 735
Storhavren 772
Litlhavren 776
Tverrvola 780
Hermannssnasa 1038
Stormoen
Innddalen
Sul
Ådalsvollen
Milstolphaugen
763 Skadrfjellet
Sandvika
Kodalshö 701
598 Vaktberget
Grønvola 532
Kråkfjellet 882
Märraskalfjället
Skalstugan
694
Saxvallen
Skalsvattnet
Klinigen 941
Risvola 600
Almlivola 569
Åsanfeltet
Funnsjødalen
Grønlifjellet 807
Langsåvollen
Sulåmoen
Ferslia
Kjølhaugan 1249
Moen
Vigdnes
920 Blåstøyten
Kulåsplassen
Blåberga 1094
Kjørkbyfjellet 802
Tippen 638
Halsfjellet 932
Koltjonndalen
Liafjellet 945
Meådalen
Florbekken
Reinåa
Litlålia 682
Hallsjøfjellet 991
Angeltjønnhytta
Ö. Middag 862
Grova
Grangjardsmoen
Guda
Kråkstad
Flåan
Fundli
Meråker
Storhaugen 651
Rya 594
Midtsundstøyten 940
Finnkleppen 929
Kjerringfjellet 1072
V. Middagsfjället 913
Fossen
Brenna
Fonnfjellet 1100
Røsshaugen 1111
Turifoss
Kopperå
Huva 1017
Flatrun 817
Sonlifjellet 1065
Teveldalen
550
Dalådalen
Skurdalsvollen
761
Storskarven 1171
Skarvan
Tjohkeleh
Vålåkleppen 1042
Skarvan og Roltdalen nasjonalpark
Larråslla 734
Stordal
Tjørnmoen
Skurdalshöjden 842
Storlien
Visjöstugan
694
Snasastugan
Högåsen 730
941
Visjövalen
Storvallen
Enafors
Åsaby
567
Åsen
Bjørneggen
924
Sprøyten 976
Storkluken 1108
808
Rundhögen
Snasahögarna
Schulzhytta
964 Gilsåfjellet
Hårrådalen
Enlidvalen 916
Rangeldalen
Saufjellet 1041
Ramfjellet 1216
Snasahögarna 1463
Litjfongen 988
Fongen 1459
Falkfangervola Haamehke 1027
Gräslidfjället 1075
Tvåråklumparna 1409
1208
Ramsjøhytta
1163
Blåhammarfjället
Getryggen 1382
Tronshatten 1149
Blåhammåren 1064
.875
Bustvola 878
Ruten 1194
Måltoppen 830
1033 Melshogna
Sankåkleppen 1043
Stor-Ulvåfjället
992 Gardkleppen
Storerikvollen
.928
Lill-Ulvåfjället 1096
Gresslivola 798
Gresslihytta
Rødalen
Essandsjøen
Enkälen
Tydal
Aunet
Østby
Øyfjellet 1251
Fiskåhöjden 1103
Östra Endalshöjden 997
Henvola 848
Åsgrinda
Ås
Kirkvollen
19c
20a
20b
20c
21a
21b
Hb3
Ja1
Ja2
Ja3
21c
226
N
S

236
FIN
Raatikainen
Pöytyä
Kaulanperä
Karhunoja
Jalkala
Kyrö
Tortinmäki
Juotola
Puho
Auvainen
Heikinsuo
Aura
Suutarla
Ikkala
Pälvästö
Pitkäniitty
Auran kk.
Horinen
Liedonperä
Tarvasjoki
Prunkila
Liedon as.
Yliskulma
Jäkärlä
Vintala
Mäentaka
Pokkola
Pyhältö
Lieto
Suksela
Kaleva
Tapiola
Oinila
Loukinainen
Hepojoki
Paimio
Linnasuo
TURKU
Littoinen
Kevola
Piikkiö
Viukkala
Valkoja
Nummenpää
Kaarina
Toivonlinna
Huso
Harvaluoto
Paimionselkä
Lautkankare
Vähäkylä
Rövarnäs
Sauvo
Ruonlahti
Lielaxön
Lielax
Krooka
Ruskulla
Haanniemi
Lemlaxön
Lemlahdensaari
Karuna
Sydänmaa
Laitamäki
Lemlax
Kupiluoto
Rajalahti
Halslahti
Lappal
Lappdalsfjärden
Sandö
Santasaari
Mielisholm
Mjösund
Eknäs
Gästerby
Degertal
Tjuda
Strömma
Helgeboda
Gräsböle
Nordvik
Kimito
Kemiö
Vreta
Påvalsby
Torsböle
Skinnarvik
Kimitoön
Kemiönsaari
Pedersä
Östermark
Förby
Storön
Skånpusten
Nivelax
Vestlax
Överölmös
Kulla
Björkboda
Dragsfjärd kby
Kärra
Sundvik
Västanfjärd
Labbnäs
Lammala
Långnäs
Illo
Bodbacken
Dalsbruk
Taalintehdas
Brändön
Bergön
Norstö
Biskopsö
Vänoxa
Högsåra
Kaxskäla
Stora Ängesön
Botax
Kasnäs
Storlandet
Östra skären
Söderön
Långholmen
Hitis
Hiitinen
Snaldön
Rosalandet
Rosala
Sommarön
Örö
Bodöarna
Hangö västra fjärd
Hangon Läntinen selkä
Örö fjärden
Tryskärs djupet
Vähäperä
Kuusjoki
Isoperä
Linturahka
Metsäkulma
Hevonlinnan harju
Rahkio
Seljänkulma
Verhonkulma
Vähä-Ollila
Halikkola
Ollila
Maunula
Kuusisto
Letikonkellari
Haapasuo
Marttila
Heikinla
Toivola
Pampari
Sauvonkylä
Taviola
Vaskio
Perälä
Kyto
Märynummi
Mustisi
Halikko
Hajala
Kaninkola
Koski
Korpela
Kokkila
Vartsalan-saari
Vartsala
Marike
Tali
Angelniemi
Kirjakkala
Teijo
Perniön as.
Metsäkulma
Kila
Matilda
Mathildedal
Haarla
Nurkkila
Ylönkylä
Laukka
Finnari
Pruukki
Sjölax
Norrby
Särkisalo
Finby
Isoluoto
Storö
Kvigos
Kuivasto
Malarby
Trollshovda
Ulkoluoto
Utö
Ramsö
Luolat
Pettu
Skata
Padva
Orvlax
Bromarv
Rilax
Riilahti
Vättlax
Bredvik
Porsö
Horsön
Hanko
Hangö
Täktom
Hankoniemi
Hangö udd
Oksyssuo
Saarikko
Maaniitunkulma
Urmaankulma
Vähä-Sorvasto
Koski Tl
Patakoski
Värmälä
Tapala
Reksuo
Kauraketo
Hongisto
Kerkola
Satopäänkulma
Nummen-kulma
Kuusjoenperä
Häntälä
Talvisilta
Kanunki
Raatala
Kuusjoki
Mäenala
Lähde
Pertteli
Inkere
Hähkänä
Romsila
Salo
Aarnionperä
Valkjärvi
Muurla
Hakamäki
Pullola
Kaukola
Pohjankylä
Tuohittu
Ristinkulma
Ylikulma
Haikassuo
Kaukuri
Torkkila
Ervelä
Perniö
Aijala
Pyykylä
Lupaja
Vihiniemi
Laiterla
Päkapyöli
Kelkkala
Svenskby
Hiidenkirnu
Kulla
Siggby
Bergby
Tenala
Tenhola
Ingvalsby
Flatbergen
Gundby
Prästkulla
Hylta
Trollböle
Leksvall
Hemdal
Hangist
Luola
Harparskog
Öby
Basafjärden
Bengtsår
Skogby
Lappohja
Lappvik
Santala
Koverhar
Hermansö
Hästö Busö
Tvärminne
Rehumäki
Kallio
Torronsuon kansallispuisto
Torro
Paltta
Letku
Liesjärven kansallisp.
Sylvänä
Pitkäjärvi
Pyöli
Pikku-Joensuu
Pajula
Myllyn-kulma
Valkeavitta
Kultela
Salkola
Ihamäki
Hirsjärvi
Vesanoja
Somero
Keltiäinen
Levonketo
Uusi-Hirvelä
Somerniemi
Jakkula
Terttilä
Oinasjärvi
Kaskisto
Kärkelä
Hirvelä
Rekijoki
Leppäkorpi
Yähä-Hiisi
Iso-Hiisi
Kiikala
Hitola
Myllykulma
Peltola
Silva
Kettula
Rotomänty
Pyölinkulma
Suomusjärvi
Suomusjärven kk.
Vilikkala
Sammatti
Kurkela
Lohilampi
Härjänvatsa
Torholankulma
Nummijärvi
Kisko
Vetio
Karjalohja
Särkiä
Saarenpää
Tallaa
Ansku
Antskog
Linhamari
Romsarby
Manibacka
Haraböle
Kuovila
Skogböle
Fiskari
Fiskars
Backgränd
Pohja
Pojo
Pinjainen
Billnäs
Nyby
Meltola
Köpskog
Karis
Karjaa
Grabbacka
Skrittskog
Raseborg
Raasepori
Ekenäs
Tammisaari
Sköldargård
Fagernäs
Snappertuna
Langansböle
Höstnäs
Gammel-boda
Västervik
Degerö
Box
Rösund
Gullö
Torsö
Skärlandet
Skäldö
Sandöfjärden
Bylandet
Älgö
Jussarö
Jussaari
Ekenäs skärgårds nationalpark
Tammisaaren saariston kansallispuisto
41
42
43
44

Hyvinkää
Jokela
Kellokoski
Järvenpää
Kerava
Karkkila
Nurmijärvi
Rajamäki
Tuusula
Sipoo
Sibbo
Nummi-Pusula
Vihti
Klaukkala
Korso
VANTAA
VANDA
Nummela
Nuuksion kansallisp.
Noux nationalpark
Hakunila
Håkansböle
Myyrmäki
Malmi
Veikkola
Haaga
Itäkeskus
Vuosaari
Lohja
Lojo
Leppävaara
ESPOO
ESBO
Virkkala
Kirkkonummi
Kyrkslätt
Siuntio
Sjundeå
HELSINKI
HELSINGFORS
Fortress of Suomenlinna
Inkoo
Porkkala
Porkalafjärden
Porkkalanselkä
Mickelskärsfjärden
Kaunissaari
Fagerö
238

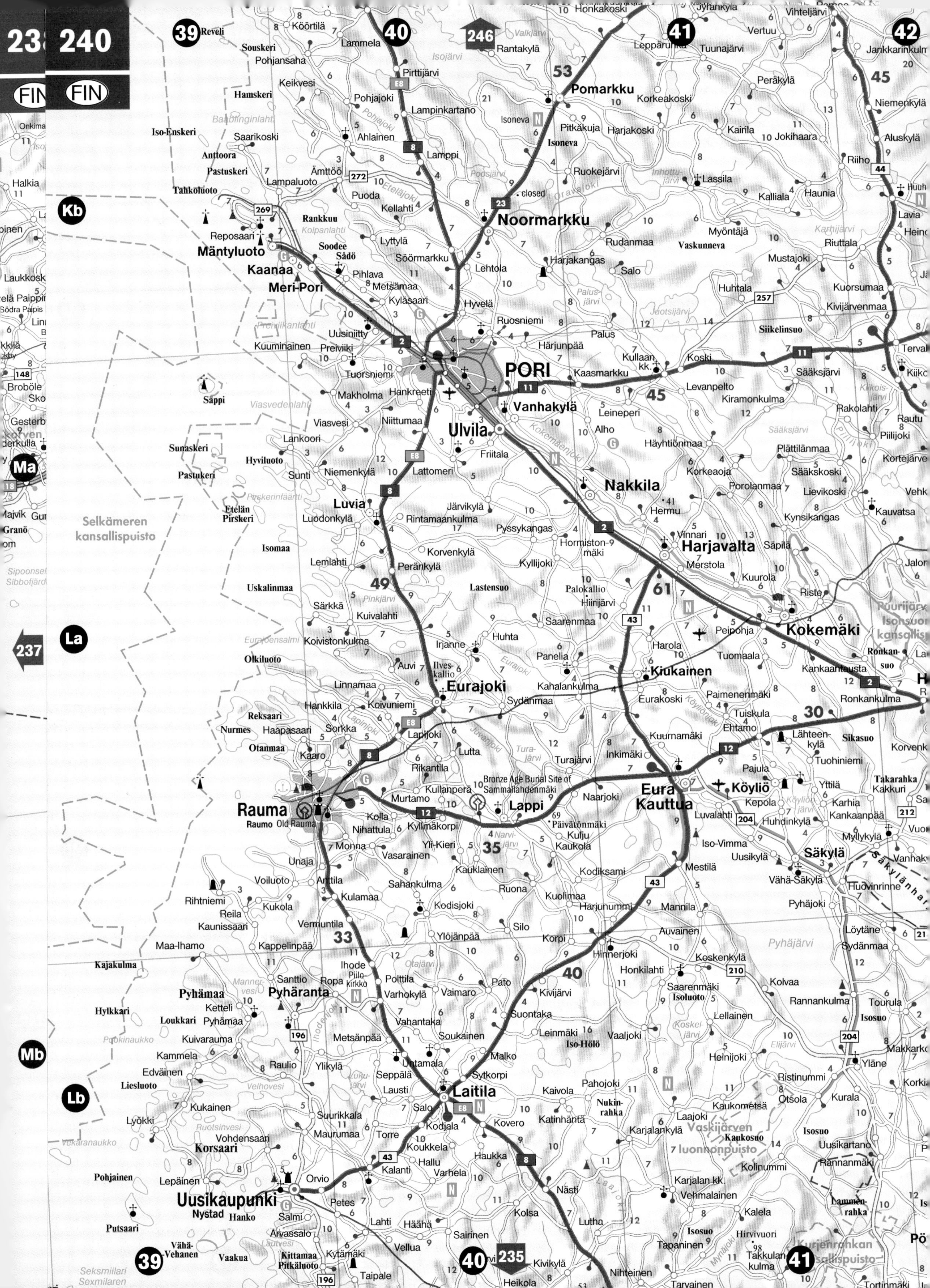

240
FIN
39
Reveli
Köörtilä
Souskeri
Pohjansaha
Lammela
40
246
Rantakylä
Honkakoski
41
Vihteljärvi
42
Leppäruhta
Vertuu
Tuunajärvi
Jankkarinkulm
Pirttijärvi
Isojärvi
53
Pomarkku
Peräkylä
45
Keikvesi
Hamskeri
Pohjajoki
Korkeakoski
Niemenkylä
Lampinkartano
Isoneva
Baabinginlahti
Iso-Enskeri
Saarikoski
Ahlainen
Pitkäkuja
Harjakoski
Kairila
Jokihaara
Aluskylä
Anttoora
Pastuskeri
Lamppi
Riiho
Ämttöö
Ruokejärvi
Lassila
Halkia
Tahkoluoto
Lampaluoto
Puoda
Etelajoki
Poosjärvi
closed
Kalliala
Haunia
Kb
Rankkuu
Kellahti
Noormarkku
Lavia
Reposaari
Mäntyluoto
Kolpanlahti
Lyttylä
Rudanmaa
Myöntäjä
Vaskunneva
Riuttala
Soodee
Sädö
Söörmarkku
Harjakangas
Mustajoki
Laukkoski
Kaanaa
Pihlava
Lehtola
Salo
Meri-Pori
Metsämaa
Huhtala
Kuorsumaa
Kyläsaari
Hyvelä
Kivijärvenmaa
Preiviikanlahti
Uusiniitty
Ruosniemi
Siikelinsuo
Kuuminainen
Preiviiki
Härjunpää
Palus
Kullaan kk.
Koski
Tuorsniemi
PORI
Kaasmarkku
Sääksjärvi
Levanpelto
Säppi
Makholma
Hankreetí
Vanhakylä
Kiramonkulma
Viasvedenlahti
Leineperi
Rakolahti
Gesterby
Viasvesi
Niittumaa
Ulvila
Alho
Rautu
Lankoori
Häyhtiönmaa
Piilijoki
Sunaskeri
Friitala
Plättilänmaa
Hyviluoto
Kokemäenjoki
Kortejärvi
Ma
Pastukeri
Sunti
Niemenkylä
Lattomeri
Korkeaoja
Sääkskoski
Porolanmaa
Pirskerinfäärtti
Nakkila
Lievikoski
Luvia
Järvikylä
Hermu
Kauvatsa
Etelän Pirskeri
Luodonkylä
Rintamaankulma
Kynsikangas
Selkämeren kansallispuisto
Pyssykangas
Vinnari
Isomaa
Hormiston-mäki
Harjavalta
Säpilä
Korvenkylä
Lemlahti
Peränkylä
Kyllijoki
Merstola
Uskalinmaa
Lastensuo
Palokallio
Kuurola
Hiirijärvi
Pinkjärvi
Särkkä
Riste
Kuivalahti
Saarenmaa
237
La
Kokemäki
Koivistonkulma
Eurajoensalmi
Huhta
Peipohja
Irjanne
Harola
Tuomaala
Olkiluoto
Panelia
Auvi
Ilveskallio
Kiukainen
Kankaantausta
Eurajoki
Kahalankulma
Linnamaa
Ronkansuo
Paimenenmäki
Sydänmaa
Eurakoski
Ronkankulma
Koivuniemi
Hankkila
Reksaari
Tuiskula
Nurmes
Haapasaari
Sorkka
Ehtamo
Lapijoki
30
Lähteenkylä
Sikasuo
Kuurnamäki
Otamaa
Turajärvi
Inkimäki
Kaaro
Lutta
Tuohiniemi
Rikantila
Bronze Age Burial Site of Sammallahdenmäki
Pajula
Kullanperä
Eura
Köyliö
Yttilä
Takarahka
Kakkuri
Naarjoki
Kauttua
Kepola
Karhia
Rauma
Raumo
Old Rauma
Murtamo
Lappi
Luvalahti
Kankaanpää
Kolla
Kyllmäkorpi
Päivätönmäki
Huhdinkylä
Nihattula
Kulju
Myllykylä
Yli-Kieri
Narvijärvi
Iso-Vimma
Monna
35
Kaukola
Säkylä
Uusikylä
Vasarainen
Unaja
Kauklainen
Kodiksami
Mestilä
Voiluoto
Anttila
Sahankulma
Vähä-Säkylä
Huovinrinne
Rihtniemi
Kulamaa
Ruona
Kuolimaa
Reila
Kukola
Kodisjoki
Harjunummi
Mannila
Pyhäjoki
Kaunissaari
Vermuntila
Silo
Ylöjänpää
Auvainen
Löytäne
33
Maa-Ihamo
Kappelinpää
Korpi
Pyhäjärvi
Sydänmaa
Hinnerjoki
Kajakulma
Ihode
Otajärvi
Koskenkylä
Santtio
Ropa
Piilokirkko
Polttila
Pato
Honkilahti
40
Mannervesi
Saarenmäki
Kolvaa
Pyhämaa
Pyhäranta
Varhokylä
Vaimaro
Kivijärvi
Isoluoto
Rannankulma
Tourula
Hylkkari
Ketteli
Vahantaka
Suontaka
Lellainen
Loukkari
Pyhämaa
Isosuo
Soukainen
Leinmäki
Vaaljoki
Koskeljärvi
Kuivarauma
Metsänpää
Iso-Hölö
Mb
Kammela
Untamala
Malko
Heinijoki
Makkarko
Raulio
Ylikylä
Yläne
Edväinen
Seppälä
Sytkorpi
Ristinummi
Liesluoto
Velhovesi
Lausti
Laitila
Pahojoki
Korki
Lb
Kukainen
Salo
Kaivola
Nukinrahka
Kaukometsä
Otsola
Kurala
Suurikkala
Kodjala
Kovero
Katinhäntä
Laajoki
Lyökki
Ruotsinvesi
Karjalankylä
Vaskijärven luonnonpuisto
Kaukosuo
Vekaranaukko
Vohdensaari
Maurumaa
Torre
Isosuo
Koukkela
Uusikartano
Korsaari
Hallu
Haukka
Rannanmäki
Kolinummi
Pohjainen
Lepäinen
Orvio
Kalanti
Varhela
Karjalan kk.
Uusikaupunki
Nystad
Hanko
Petes
Nästi
Vehmalainen
Lammenrahka
Salmi
Lahti
Häähä
Kolsa
Lutha
Kalela
Putsaari
Arvassalo
Sairinen
Isosuo
Hirvivuori
Väkä-Vehanen
Vaakua
Kittamaa
Kytämäki
Vellua
Tapaninen
Kurjenrahkan kansallispuisto
39
Pitkäluoto
Taipale
40
235
Kivikylä
Takkulankulma
41
Seksmilari
Sexmilaren
Heikola
Nihteinen
Tarvainen
Tortinmäki

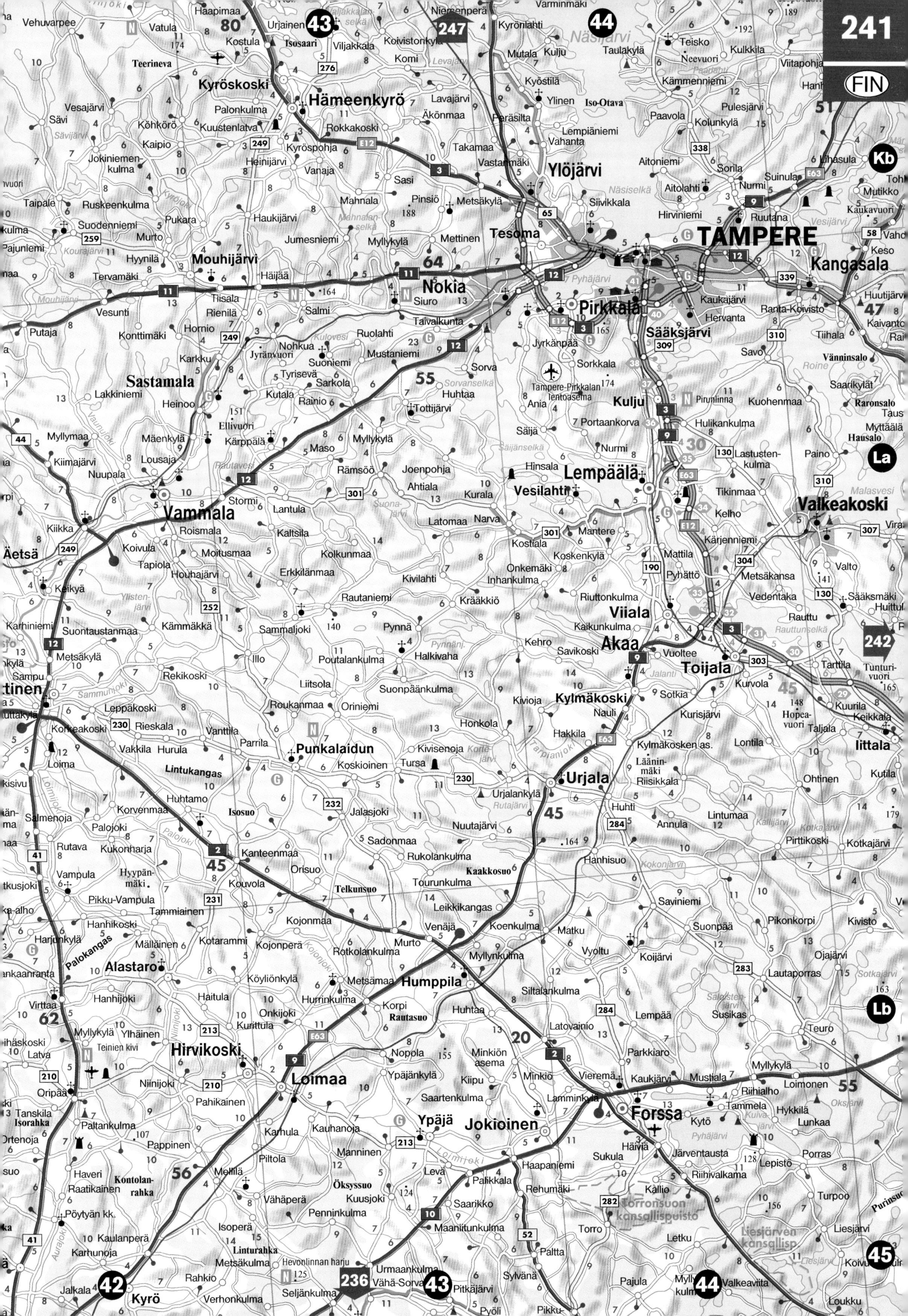
Hämeenkyrö
Kyröskoski
Ylöjärvi
TAMPERE
Kangasala
Nokia
Pirkkala
Sääksjärvi
Sastamala
Mouhijärvi
Vammala
Lempäälä
Vesilahti
Valkeakoski
Viiala
Akaa
Toijala
Kylmäkoski
Urjala
Punkalaidun
Iittala
Alastaro
Humppila
Hirvikoski
Loimaa
Ypäjä
Jokioinen
Forssa
Kyrö
Tesoma
Tampere-Pirkkalan lentoasema
Torronsuon kansallispuisto
Liesjärven kansallisp.

Orivesi
Kiikanmäki
Yliskylä
Pitkäjärvi
Solala
Pukarankulma
248
Patavesi
Karklampi
Ruolahti
Myllykylä
Päijälä
Leppäkoski
Koppala
Leväslahti
Neulaniemi
Koivuniemi
Naappila
Siitama
Hirtolahti
Vedentausta
Sinivuoren luonnonp.
Kuhmoinen
Hahmajärvi
Solkerinvuori
Tehi
Iso-Juures
Sarvisalo
Sarviniemi
Tehinselkä
Eräjärvi
Uiherla
Järvenpää
Pajula
Eräsalo
Rekisalo
Kähärinsaari
Lihasula
Kylkilathi
Vihasjärvi
Ponsa
Längelmävesi
Kivisalmi
Isosaari
Vehkajärvi
Sappee
Salonsaari eli Hiukkolansaari
Purola
Harmoinen
Päijänne
Päijätsalo
Tohkala
Mutikko
Pispala
Eskola
Puntari
Kukavuori
Kuhmalahden kk.
Pohja
Vehkajärvi
Vähäsalo
Tupsuvuori
Rapala
Vesijärvi
Vahderpää
Sahalahti
Kuhmalahti
Korkee
Alho
Torittu
Virmailansaari
Virmaila
Keso
Ylitalo
Lepola
Kasiniemi
Majuanvuori
Kellosalmi
Paatsalo
Kangasala
Majaalahti
Ahdinvuori
Pakkala
Kilpijärvi
Ämmätsä
Vehkoo
Seitniemi
Huutijärvi
Tursola
Kaukela
Arrakoski
Kelvenne
Päijänteen kansallispuisto
Rautajärvi
Romonkulma
Tiihala
Kaivanto
Pohjalahti
Salmentaka
Raikku
Kyynärö
Sappee
Haltia
Porasa
Pajulahti
Padasjoki
Vänninsalo
Sappeenvuori
Luikala
Nuijasodan muistomerkki
Nyystölä
Hinttolan saari
Roine
Pälkänevesi
Padankoski
Vesijako
Takaperä
Saarikylät
Uusikylä
Holja
Luopioinen
Evinsalo
Raronsalo
Kukkola
Tausti
Kiikkeräkivi
Ala-Porasa
Auttoinen
Onkkaala
Aitoo
Kukkia
Myttäälä
Hausalo
Kaukkala
Kuohijoki
Aamonkulma
Maakeski
Vähä-Äiniö
Pälkäne
Iltasmäki
Koivulahti
Siperia
Paino
Arajärvi
Puutikkala
Myllykselä
Harhala
Nerosjärvi
Vihavuosi
Porraskoski
Malasvesi
Pikku-Mustila
Iso-Äiniö
Asikkalan kk.
Valkeakoski
Laitikkala
Vuolijoki
Syrjäntaus
Viranmaa
Torvoila
Kuohijärvi
Kurhila
Tykölä
Miehoila
Isomäki
Evo
Hillitä
Valto
Uskila
Ilmoila
Mustila
Rantala
Pyssymäki
Rukkoila
Vähä-Evo
Alvettula
Taipale
Kruunun puisto
Viitaila
Sääksmäki
Retula
Hyömäki
Hauho
Porras
Jokivarrenkulma
Iso-Evo
Takamaa
Huittula
Mälkiäinen
Juttila
Lieso
Pyhäjärvi
Rauttu
Ritvala
Soljala
Sulastenkulma
Sairiala
Kostila
Vehkosaari
Tyrväntö
Okerla
Kokkila
Manskivi
Tarttila
Tunturivuori
Hauhontaka
Tuittula
Tuulos
Sankola
Ylänne
Vanajavesi
Lepaa
Metsäkulma
Pohjoinen
Orma-järvi
Lammi
Putula
Lahdenpohja
Hopeavuori
Kuurila
Mervi
Pikku-Mervi
Lakkola
Tanttila
Päijärvi
Hollolan kirkons
Keikkala
Taljala
Teuro
Karutta
Syrjäntausta
Käikälä
Palomaa
Iittala
Rahkoila
Eteläinen
Etola
Järventausta
Hattula
Tenhiälä
Pekola
Kahvilankulma
Jahkola
Hämeenkoski
Hatsina
Ohtinen
Kutila
Pelkola
Katinala
Kataloinen
Poikmetsä
Sairakkala
Lehijärvi
Parola
Töykkylä
Hyväneula
Huljala
Aimajärvi
Hakimäki
Nihattula
Kankainen
Metsämaa
Salpausselkä
Tennilä
Pirttikoski
Kotkajärvi
Lamminpää
HÄMEENLINNA
Saloinen
Pihkasalmi
Korkee
Hyrvälä
Arrankorpi
Miehola
Maavehmaa
Takajärvi
Harviala
Heinäjoki
Isojärvi
Kärkölän kk.
Inkala
Alajärvi
Myllykylä
Vuohiniemi
Hiidenj.
Rastila
Janakkala Turenki
Hietoinen
Konkorpi
Kivisto
Myllykylä
Mallinkainen
Löyttymäki
Saapaskylä
Kärkölä Järvelä
Virala
Korvenkylä
Ojajärvi
Mommila
Tienmutka
Renko
Janakkalan kk.
Tanttala
Jokimaa
Sotkajärvi
Haapamäki
Hyvikkälä
Leppäkoski
Lappila
Oinaala
Haarajoenkulma
Rehakka
Kernaalanjärvi
Haminankylä
Koukunmaa
Uhkoila
Mommila
Nummenkylä
Haapajärvi
Ryttylä
Turkhauta
Puujaa
Nikinoja
Hongisto
Teuro
Ojalankulma
Tervakoski
Lavinto
Hallakorpi
Hausjärvi Oitti
Ahoinen
Kukkolankulma
Rutajärvi
Loimonen
Lietsa
Nummenpää
Siirtola
Isosuo
Sulkava
Hausjärven kk.
Hikiä
Hykkilä
Oksjärvi
Ourajoki
Vähikkälä
Lunkaa
Vojakkala
Punkka
Launonen
Kormu
Selänoja
Sällnkää
Topeno
Ojajärvi
Kaartjärvi
Riutta
Riihimäki
Kaukalampi
Porras
Loppi
Riihelänkulma
Kuru
Räyskälä
Hallankulma
Hiivola
Herajoki
Soukkio
Lukko
Turpoo
Purinsuo
Jokiniemi
Kaanaa
Monni
Anttila
Ylentola
Liesjärvi
Myllykylä
Hevosoja
Luitasuo
Loppijärvi
Sajaniemi
Hirvijärvi
Retkioja
Arolampi
Ridasjärvi
Kaidanpää
Punelia
Hirvijärvi
Koivusenkulma
Järventausta
Hallberginmaki
Hyvinkää
Metsäkulma
Hirvihaara
Karhulankulma
Loukku
Teväntö
Sääksjärvenkulma
Pilpala
Läyliäinen
Nuijamäki
Vantaankylä
Kytäjä
Kaukas
Palopuro
Ohkola
237
241

Aidanpää
48
Hartola
Koti-salo
Urrion-saari
49
249
Kaupinmäki
50
Tiilikkala
Monikkala
Liikola
Taipale
Yölintu
Mikkaner
Hotila
Isosuo
Riihiniemi
Hartosenpää
Toivola
Mynttilä
612
Metsäkoski
Murakka
Pertunmaa
368
413
423
Mansikkamäki
Huhtamäki
Pitkäsilta
Tikkala
Valittula
Vehkalahti
Ruuttila
Poitti
Särkemäki
Halla-Aho
Selänkylä
Nipuli
426
Vihantasalmi
88
Sysmä
Otamo
Kyhkylä
419
Mäntyharju
Haarajoki
Kalho
Kumu
Kuivajärvi
Mäntyharjun kk.
Kuortti
Saarenkylä
Ositunkulma
Koirakivi
Luhtanen
381
Nuoramoinen
Lepsala
Virtaa
410
Varpanen
Nordenlund
Kirkkeinu
Onkiniemi
314
Hietaniemi
Jäniskylä
Enonlahti
Komeankylä
Sipilä
Kukkolanmäki
Paaso
Lahdenpohja
Outinen
Kinni
Kousa
Soidinkangas
Lauhijoki
Koskenmylly
Suomennurmi
Pääsinniemi
Pärnämäki
Nurmaa
Mouhu
La
Ravioskorpi
Karilanmaa
Ahvenisto
Kesiö
Imjärvi
Vaippilainen
Voikoski
Vahto
Riihilahti
Lusi
Paljakka
Leppäniemi
Kalkkinen
Marjoniemi
Hietalahti
Hirvisalo
368
E75
Hevos-saari
Repoveden kansallispuisto
Kinansaari
Heinolan kk.
Särkijärvi
46
Hillosensalmi
Ruotsalainen
Mustjärvi
Heinola
Tornio
Ikkila
Konni-saari
Ansalahti
Huhdasjärvi
Mäkelä
Rutalahti
Silon-saari
Salo
Vuorenmylly
Sinilähde
Uimila
Hartola
Vekaranjä
Karhumänty
Salonsaari
Hevosoja
Vääksy
Läpiä
Myllyoja
Iso-saari
Rautkoski
Siikakoski
Vuohijärvi
Kääpälä
Myllykylä
Vesivehmaa
Jaakkola
65
369
Pihlajasaari
24
313
Siikava
Nisus
Suur-Selänpää
Urajärvi
Vierumäki
Joenkulma
Härkälä
Verla
Vuolenkoski
Koskenniska
Pukkila
Anttila
Verla Groundwood and Board Mill
363
Vaania
Korkee
Jaala
369
Paimela
363
Pyhäntaka
Keisanmäki
Kalaksue
15
Arkiomaa
Ruuhijärvi
Kimola
Salonsaari
Anttila
140
Mäkelä
46
Lamminkylä
244
Kalliola
Metsäkylä
Lammi
Multamäki
Toikkala
Hersala
Heinlammi
Luhtaanmaa
Iso-Aho
Oravala
Hautala
368
Isosaari
Ahtiala
Kymentaka
Hyyry
Immilä
Kaunisto
Kipparila
Kytölä
362
Löyttilä
Miettula
Hollola
Kumia
Kuusankoski
Valkeala
Salpakangas
LAHTI
Säyhtee
Sitikkala
Iitin kk.
Nastola
Anhavainen
Villähde
Sipilänmäki
Radansuu
Autio
Utti
312
Mankala
60
Hyppälä
Okeroinen
296
Haravakylä
12
Uusikylä
Tillola
Keltti
Aitomäki
Nostava
Salpausselkä
Hiisiö
Haapasuo
Sampola
Iitti
Kouvola
Haukkasuo
Renkomäki
Kausala
Tupala
Hangas-mäki
Pensuo
367
Pasina
Kuivanto
Havukka
Pennala
Perheniemi
Oivonoja
Koria
Lapotti
Heinämaa
Sääskjärvi
Saaranen
Soppi
Värälä
Rautakor
Lb
Miekkiö
167
Myllylä
Hangassuo
Sepänjoki
Koskunen
Metsälä
Takamaa
Takamaa
Haapa-Kimola
359
Virenoja
Montari
Myllykoski
Viljaniemi
Hietana
Teuroinen
Järvikylä
Ummeljoki
Pyörähtälä
360
371
140
Ratula
Keltakangas
Orimattila
Villikkala
Taasia
172
Huhdanoja
Niinikoski
Muikkula
Mustila
Pitkäoja
164
Junkkari
Elimäki
Inkeroinen
Artjärvi
174
Korvenkylä
Karkkula
Uusikartano
Suurikylä
Villikkala
75
Anjala
48
Muhniemi
354
Marinkylä
Sammalisto
Pakaa
Hiitelä
Kimonkylä
Isoaho
Mallusjoki
Pappilan-mäki
Hevonoja
174
Mettälä
Raussila
Huruksela
Halmaa
Vähä-Mallusjoki
Pukaro
Pockar
Ratula
15
Mätkistö
Porlammi
Porlom
Ahvio
Sakkara
Myllykylä
Hautjärvi
Kurunkulma
Myrskylä
Mörskom
Koskisto
Joensuu
Vastila
357
Käkikoski
Lindkoski
Ruotsinkylä
Svenskby
Juurikorp
Möyrynpää
Kantele
Suntianmäki
Laukka-kallio
Stormossen
Niemistö
Laajakoski
Ingermansby
Lapinjärvi
Lappträsk
Kuninkaankylä
Kungsböle
Savijoki
Pukkila
Mickelspiltom
Näsby
Pernoo
Haukkavuori
Harjunkylä
tsälä
Torppi
162
Kankkila
Kankböle
167
Jaakkola
Labbom
Ingermaninkylä
Heikinkylä
Valkmusan kansallisp.
Äggmossen
KOTKA
Metsäkylä
Skogsbyn
Metsäkulma
Syvänoja
Liljendal
6
Kurittula
176
Lapinkylä
Labby
Pakila
Backböle
Hyövinkylä
Övitsböle
Reimans-backen
Länsikylä
Västerby
Korttia
Hopom
Ruotsinpyhtää
Strömfors
Siltakylä
Broby
Juornaankylä
238
49
Pyhtää kk.
Pyttis kby
50
Puhar-Onkimaa
Purola
Malmgård
Forsslätt
Garpom
Vähä-Ahvenkoski
Lillabborrfors
E18
Heinlahti
Nalkkila
Österby
Hardom

FIN
Ristiina
Pellosniemi
Lintuniemi
Kuomiokoski
Särkemäki
Halla-Aho
Kirkkovuori
Karkaus
Halisenkylä
Kauria
Suomenniemi
Luotolahti
Pajulahti
Sipilä
Kinni
Velma
Kiesilä
Suomenkylä
Halmeniemi
Vanonen
Valtola
Laivolathi
Huuhilo
Aho-Nikki
Savitaipale
Heituinlahti
Äkkäri
Tornio
Parola
Vekaranjärvi
Hevosoja
Kääpälä
Tuohikotti
Pihlajasaari
Metsä-Rämä
Anttila
Inkerilä
Mauno
Rasi
Toikkala
Pasi
Tirva
Hyyry
Kipparila
Miettula
Kiuri
Valkeala
Utti
Metso
Autio
Hyppälä
Aitomäki
Kouvola
Haukkasuo
Savero
Havukka
Rautakorpi
Hangassuo
Myllykoski
Keltakangas
Pitkäoja
Junkkari
Inkeroinen
Anjala
Huruksela
Sakkara
Juurikorpi
Tavastila
Laajakoski
Pernoo
Haukkavuori
Metsäkylä
Skogsbyn
Kurittula
Siltakylä
Broby
KOTKA
Kuutsalo
Heinlahti
Karhula
Hevossaari
Summa
Neuvoton
Hillo
Hamina
Fredrikshamn
Salmenkylä
Rajasuo
Husula
Reitkalli
Ylänummi
Luoperinvuori
Lelu
Vilniemi
Pyötsaari
Majasaari
Kuorsalo
Häppilä
Mäntlahti
Matinmäki
Klamila
Järvenkylä
Ravijoki
Virolahden kk.
Siikasaari
Santio
Mustamaa
Kattilainen
Uski
Huosiossuo
Ylä-Pihlaja
Ala-Pihlaja
Pyterlahti
Virojoki
Yläpää
Korpela
Vaalimaa
Torfjanovka
Торфяновка
o. Bol'. Pograničnyj
о. Бол. Пограничный
Kotola
Säkäjärvi
Mässelinmäki
Nopala
Onkamaa
Kuttusuo
Paijärvi
Myllykylä
Vehkajärvi
Metsakylä
Metsäkulma
Kajasuo
Marinkylä
Muurilanmäki
Ihakkasuo
Kannusjärvi
Ihamaa
Yläpää
Liikkala
Sippola
Kitula
Hirvelä
Viitala
Haapala
Saittara
Porkankulma
Enäjärvi
Kelkka
Rautoja
Kaipiainen
Enäsuo
Saaves
Saaramaa
Lankila
Turkia
Pyhältö
Purho
Joenpolvi
Lapjärvi
Muurola
Patolahti
Luotola
Heimala
Lakiasuo
Kaitjärvi
Luumäki
Taavetti
Suurisuo
Niemenkylä
Suoknuuti
Laapas
Suo-Anttila
Suur-Miehikkälä
Miehikkälä
Maaskola
Pitkäkoski
Rongas
Saivikkala
Pekkola
Kasari
Hostikka
Ylijärvi
Kaitai
Hujakkala
Väkeva
Muurikkala
Hurttala
Ylämaa
Korpela
Leino
Myttilä
Mylly
Hyttilä
Villala
Mättö
Pentinkylä
Sirkjärvi
Rumpu
Säämälä
Hovi
Kälvelä
Rikkilä
Laivavuori
Tani
Anola
Raippo
Simola
Melkkola
Pulsa
Vilkjärvi
Hytti
Korkia-aho
Piutula
Kasukkala
Hanhijärvi
Sinkkola
Kuusela
Törölä
Pesu
LAPPEENRANTA
Rutola
Sammonlahti
Lauritsala
Tuosa
Muukko
Linnahovi
Sudensalmi
Sikosalo
Vehkatipale
Vehkasalo
Kuivaketvele
Saimaanharju
Heposalo
Nikkilä
Merenlahti
Juvola
Kuukanniemi
Remunen
Iitiä
Lemi
Ruomi
Hurtanmaa
Toikkala
Kännätsalo
Suursaari
Jurvala
Husula
Luumäen kk.
Kotalathi
Salosaari
Lökänen
Monola
Peräkylä
Niemikylä
Kapiala
Olkkonen
Huttula
Salmenkylä
Pumpula
Kylliälä
Ruisniemensuo
Löyttylä
Lantta
Niinimäki
Laari
Repovuori
Kunttula
Munne
Inkilä
Viuhkola
Sarkalahti
Nikkari
Salmi
Nurkankylä
Kannuskoski
Ahostenmaa
Venä
Kivijärvi
Salpausselkä
Sääjärvi
Ylätupa
Kaihtula
Kaskei
Marttila
Hyrkkälä
Lehtisensaari
Kuolimo
Lamposaari
Survaja
Kuusenhako
Partakoski
Lapinsalo
Kuivainen
Pettilä
Pönniälä
Solkei
Pönniälänkangas
Koivula
Kuhala
Saikkola
Levänen
Haikkaanlahti
Kirkkosaari
Heikkola
Taipalsaari
Riutanselkä
Rehula
Saikon Pakkala
Märkälä
Kattelussaari
Pieni Jänkäsalo
Suuri Jänkäsalo
Suur-Saimaa
Iso-Vitsai
Saimaa
Hentula
Suikka
Kyläniemi
Suuri Lintusaari
Junnikkala
Puttola
Utula
Kietävälä
Peräkylä
Luukkolansaari
Niinisaari
Kurensalo
Lintusalo
Maunola
Hiidenkimu
Äyrätsalo
Petraselkä
Liimattalansaari
Lintusalo
Luukola
Kokkosalo
Ruokotaipale
Liukkosenmäki
Ruokovesi
Ollila
Otasalo
Rahikkala
Venäjänsaari
Värrätsaari
Hietasaari
Laamalansaari
Laamala
Lahnasalo
Liiansaari
Kaijatsaari
Himalansaari
Nikinsalmi
Suurlahti
Salmela
Toijola
Heiniemi
Yövesi
Käenniemenselkä
Nirkonkylä
Suomijärvi
Ieselkä
Kallavesi
Herajärvi
Korpijärvi
Vilmajärvi
Rautjärvi
Lovasjärvi
Luujärvi
Tihvetjärvi
Lentusjärvi
Hangasjärvi
Hiijärvi
Ala-Kivijärvi
Rautjärvi
Rapojärvi
Haapajärvi
Kannusjärvi
Urpalanjärvi
Hanhijärvi
Haapajärvi
Ottojärvi
Pukalus
Vaalimaanjoki
Vakevanjärvi
Tyllinjärvi
Virolahti
Hellitöksenselkä
Uolionselkä
Suuri-Musta
Kuolimo
Kond
Конд
Mylly
Ojala
Kipu
Utula
Karv
Jo
Sipilä
La
Lb
Kouvola
Haukkasuo
Saittara
FIN
E18
M10
2018
250
243
239
50
51
52
53

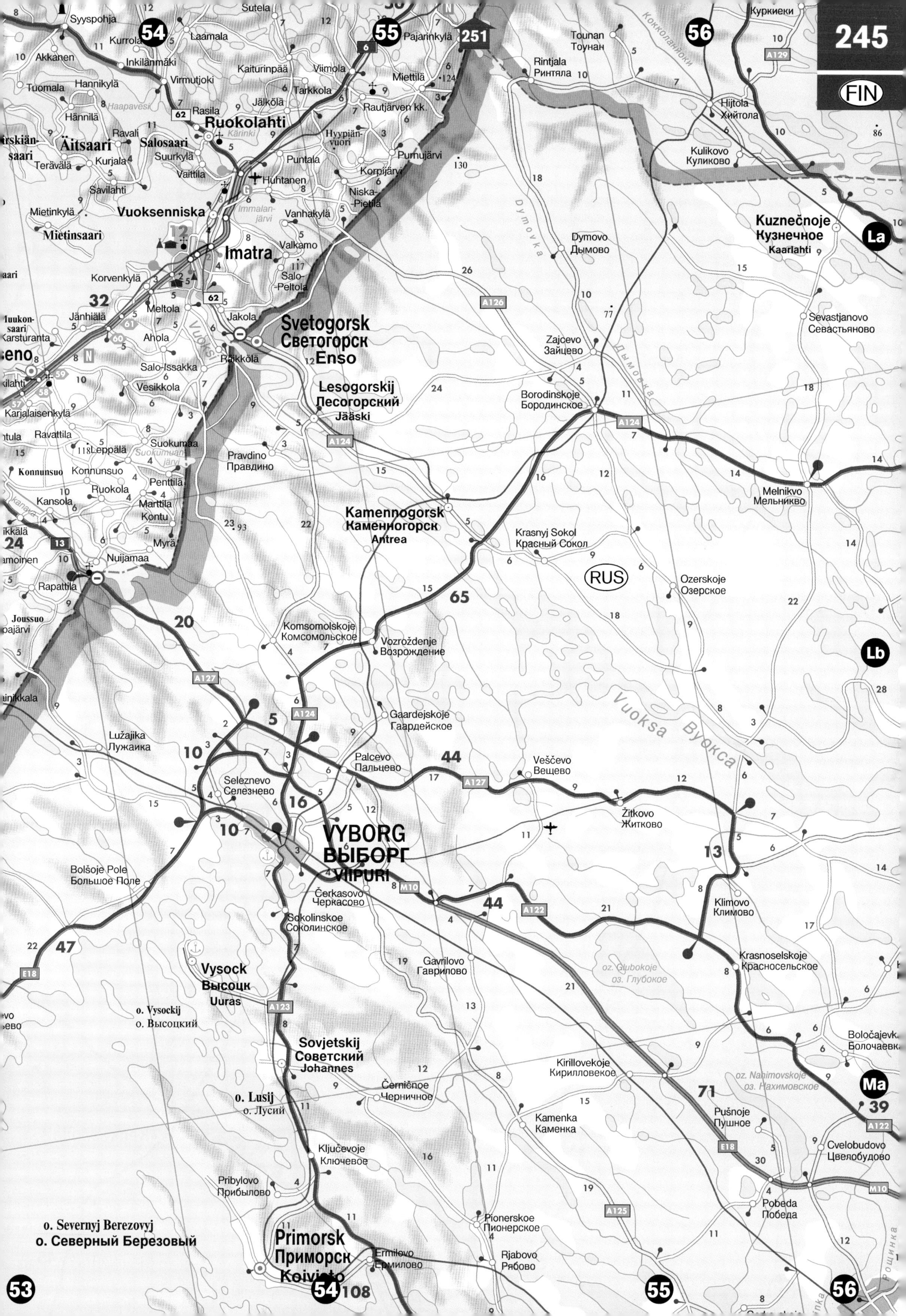
FIN
RUS
Syyspohja
Sutela
Kurkijoki
Куркиеки
Tounan
Тоунан
Akkanen
Kurrola
Laamala
Pajarinkylä
Inkilänmäki
Rintjala
Ринтяла
Kaiturinpää
Viimola
Miettilä
Tuomala
Hannikylä
Virmutjoki
Tarkkola
Haapavesi
Rautjärven kk.
Hijtola
Хийтола
Hännilä
Rasila
Jälkölä
Ruokolahti
Kärinki
Äitsaari
Ravali
Salosaari
Hyypiän-vuori
Kulikovo
Куликово
Suurkylä
Puntala
Purnujärvi
Teräväla
Kurjala
Vaittila
Korpijärvi
Huhtanen
Savilahti
Niska-Pietilä
Mietinkylä
Vuoksenniska
Immalanjärvi
Vanhakylä
Kuznečnoje
Кузнечное
Kaarlahti
Mietinsaari
Dymovka
Dymovo
Дымово
Valkamo
Imatra
Korvenkylä
Salo-Peltola
Meltola
Jakola
Sevastjanovo
Севастьяново
Jänhiälä
Svetogorsk
Светогорск
Enso
Karsturanta
Ahola
Zajcevo
Зайцево
Vuoksi
Räikkölä
Salo-Issakka
Дымовка
Vesikkola
Lesogorskij
Лесогорский
Jääski
Borodinskoje
Бородинское
Karjalaisenkylä
Ravattila
Suokumaa
Leppälä
Suokumaanjärvi
Pravdino
Правдино
Konnunsuo
Penttilä
Melnikvo
Мельникво
Ruokola
Kansola
Marttila
Kontu
Kamennogorsk
Каменногорск
Antrea
Myrä
Krasnyj Sokol
Красный Сокол
Nuijamaa
Ozerskoje
Озерское
Rapattila
Joussuo
Komsomolskoje
Комсомольское
Vozroždenje
Возрождение
Vuoksa
Вуокса
Gaardejskoje
Гаардейское
Lužajika
Лужайка
Palcevo
Пальцево
Veščevo
Вещево
Seleznevo
Селезнево
Žitkovo
Житково
VYBORG
ВЫБОРГ
VIIPURI
Bolšoje Pole
Большое Поле
Čerkasovo
Черкасово
Klimovo
Климово
Sokolinskoe
Соколинское
Gavrilovo
Гаврилово
oz. Glubokoje
оз. Глубокое
Krasnoselskoje
Красносельское
Vysock
Высоцк
Uuras
o. Vysockij
о. Высоцкий
Boločajevka
Болочаевка
Sovjetskij
Советский
Johannes
Kirillovekoje
Кирилловекое
oz. Nahimovskoje
оз. Нахимовское
Černičnoe
Черничное
o. Lusij
о. Лусий
Kamenka
Каменка
Pušnoje
Пушное
Ključevoje
Ключевое
Cvelobudovo
Цвелобудово
Pribylovo
Прибылово
Pobeda
Победа
Pionerskoe
Пионерское
o. Severnyj Berezovyj
о. Северный Березовый
Primorsk
Приморск
Koivisto
Ermilovo
Ермилово
Rjabovo
Рябово
Рощинка
A124
A126
A127
A122
A123
A125
A129
M10
E18
La
Lb
Ma
53
54
55
56
251

246
FIN
257
40
41
258
42
Jb
Ka
Kb
39
240
53
45
32
21
101
190
Närpes
Närpiö
Teuva
Jurva
Kurikka
Kauhajoki
Kristinestad
Kristiinankaupunki
Kaskinen
Kasko
Lappfjärd
Lapväärtti
Tjöck
Tjukka
Isojoki
Honkajoki
Karvia
Merikarvia
Kankaanpää
Pomarkku
Niinisalo
Sideby
Siipyy
Ömossa
Metsälä
Kasala
Kasaböle
Lauhanvuoren kansallispuisto
Kauhanevan-Pohjankankaan kansallispuisto
Pohjankangas
Brändskogen
Frönäs
Viitaniemi
Södra Lamossen
Stubb
Pörtom
Pirttikylä
Metsäkylä
Pyörni
Koskimäki
Niemenkylä
Tainuunmäki
Nopankylä
Koskenkorva
Asevelikylä
Kivinjemenmäki
Pojanluoma
Unkuri
Mantilanmäki
Bodbacka
Risnäsmossen
Arstu
Sidbäck
Närvijoki
Riihiluomanpää
Tupenkylä
Järvenpää
Kesti
Rauhaneva
Viitala
Panttila
Tuiskula
Rahkavuori
Kampinkylä
Saarenkylä
Tuulianneva
Santavuori
Kyrönneva
Högback
Räfsbäcken
Valsmossen
Övermark
Ylimarkku
Långviken
Ömossen
Rangsby
Pilkoonneva
Kurpanneva
Juonenkylä
Mietaankylä
Kanjoni
Luopa
Oppaanmäki
Polvenkylä
Myllykylä
Horonkylä
Tolftmossen
Hiidenkirnuja
Pontus
Hangasneva
Hirvelänpää
Valkianeva
Norinkylä
Hakuni
Lohiluoma
Ahonkylä
Jokipii
Kompassberget
Västra Yttermark
Östra Yttermark
Karvamossen
Vargberget
Lammasneva
Selkäsaarenneva
Kurjenneva
Pitkämönkylä
Petäys
Pirttimaa
Kannonkylä
Nämpnäs
Nåveråsen
Kauppila
Riippi
Piikkilä
Hangaskylä
Harjankylä
Käpylänmaa
Palloneva
Kasakkamäki
Mantila
Kalax
Svartbäcken
Äystö
Kainasto
Aronkylä
Tjärlax
Perälä
Kainastonjoki
Ikkelänjoki
Iso Korvaneva
Keskikylä
Bäckby
Granon
Kytölänloukko
Pikku-Parra
Peräkylä
Kokonkylä
Lustila
Sahankylä
Varsala
Keevelinneva
Koskenkylä
Rahikka
Ikkeläjärvi
Liikaluoma
Järvöfjärden
Böle
Iso Peni
Luola
Mäkelä
Niemenloukko
Penijärvi
Nirva
Järvön
Ståbacka
Pjelax
Bredmossen
Myrkky
Luovankylä
Mustaisneva
Päntäne
Ratuskylä
Iso Koihnanneva
Vasikkaneva
Ilvesjoki
Svedan
Eteläpää
Klobben
Stångbränn
Välikylä
Närpesfjärden
Cneiffin kivi
Österfjärden
Järvikylä
Ylikylä
Puskankylä
Hyyppä
Panttikylä
Koivumäki
Storön
Möykkykylä
Nummilahti
Nummijärvi
Rummukkaperä
Karijoki
Kariluoma
Järviharju
Isoneva
Juonikylä
Rotolankylä
Hormaneva
Sara
Alkava
Gävskäret
Iso Kaivoneva
Rajamäenkylä
Pyhävuori
Alakylä
Tarkka
Nummikoski
Tuimalankoski
Ohrikylä
Uuro
Hukankeidas
Kauhaneva
Karviankylä
Perus
Dagsmark
Ådgrund
Haahkaluoto
Heikkilänneva
Kauhajärvi
Kauhakorpi
Härkmerifjärden
Holmmossen
Vanhakylä
Korsbäck
Heikkilä
Möykky
Ahonpää
Ämmälä
Mustakoski
Sarvela
Dalbacken
Träskvik
Villamo
Leppikylä
Lauhanvuori
Mustakeidas
Mattila
Nuottaneva
Boberget
Härkmeri
Uttermossa
Hanhikeidas
Pettukylä
Sarviluoma
Aumakivi
Perä-Hyyppä
Suomijärvi
Sandskäret
Kärjenkoski
Vakkurinkylä
Prunnineva
Västra ändan
Skaftung
Henriksdal
Pakankylä
Kankaanpäänkulma
Jyllinkoski
Rannankylä
Stånggrund
Långfors
Högmossen
Kortteenkylä
Vahokoski
Kantti
Kilgrund
Vesijärvi
Suojoki
Koppelonkylä
Iivarinkylä
Karvianjoki
Tempakankeidas
Marjakeidas
Pukara
Stormossen
Kodesjärvi
Katko
Piikkilänkylä
Kaurakeidas
Heden
Kalträsk
Saunakylä
Isokeidas
Storsjö
Peurainneva
Mäntylänkulma
Pesämäenkylä
Huidankeidas
Kivikeidas
Prinkkikylä
Fladan
Sideby udd
Honkajärvi
Kuivakangas
Korvaluoma
Siltaneva
Kurkikeidas
Hakala
Leppijärvi
Antila
Rynkäinen
Riispyy
Kuvaskangas
Lauttijärvi
Vatajankylä
Santaskylä
Syndeskeri
Trolssi
Kiirinneva
Malskeri
Pyntäinen
Sammi
Siikaisjärvi
Samminjoki
Koivistonkeidas
Ala-Honkajoki
Sydänmaa
Pohjaranta
Annankeidas
Hirvijärvi
Kivineva
Siikainen
Mustakeidas
Jokivarsi
Kräsoora
Tuorila
Itäjärvi
Vuorijärvi
Leväjärvi
Lohikoski
Halluskeri
Merikarvianjoki
Venesjärvi
closed
Vihu
Alakylä
Otamo
Strikka
Korpi
Venesjärvi
Hapua
Vitameri
Lankoski
Peippu
Leväsjoki
Saarikoski
Jylli
Veneskoski
Hameenkangas
Pooskeri
Filppula
Viisarinmäki
Honkakoski
Jyränkylä
Kuninkaanlähde
Vihteljärvi
Kiviniemi
Reveli
Köörtilä
Lammela
Valkjärvi
Leppäruhka
Vertuu
Souskeri
Pohjansaha
Rantakylä
Tuunajärvi
Jankkarinkulma
Isojärvi
Pirttijärvi
Keikvesi
Peräkylä
Hamskeri
Pohjajoki
Korkeakoski
Niemenkylä
Baabelinginlahti
Iso Enskeri
Kartano
Isoneva
Pitkäkuja
Harjakoski
Kairila
Jalasjärvi
E8
E12
8
67
3
19
23
44
270
273
274
261
661
663
664
672
673
676
682
685
687
689
662

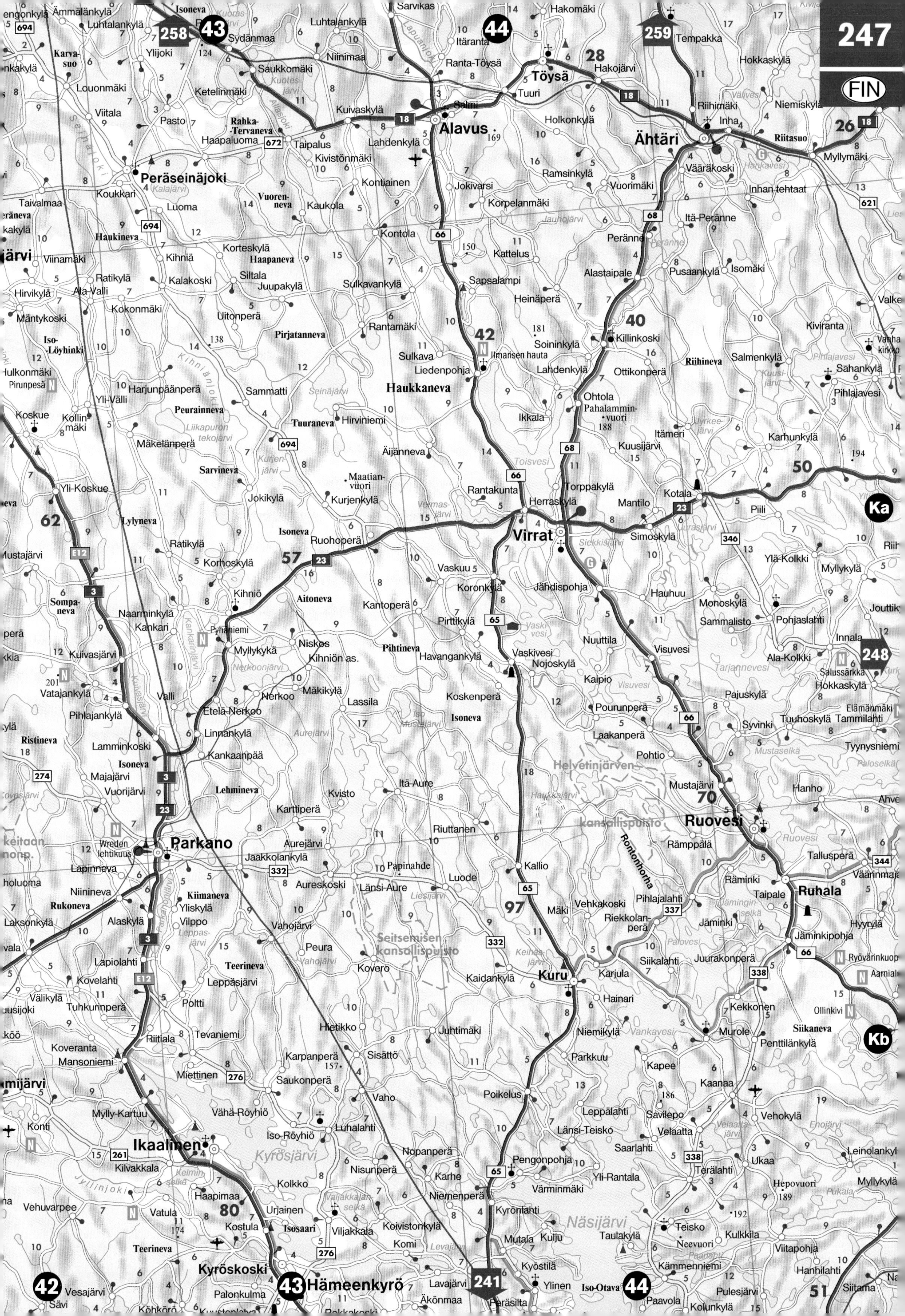
Alavus
Ähtäri
Töysä
Peräseinäjoki
Virrat
Ruovesi
Parkano
Kuru
Ikaalinen
Kyröskoski
Hämeenkyrö
Ruhala
Haukkaneva
Helvetinjärven kansallispuisto
Seitsemisen kansallispuisto
Näsijärvi
Kyrösjärvi
258
259
248
241
Ka
Kb

248
FIN
Sikasuo
Väätäiskylä
Maaherransuo
Tuhkio
Myllymäki
Majasuo
Hirvikylä
Liesjärvi
Soutujoki
Valkeajärvi
Kiviranta
Sahankylä
Pihlajavesi
Pihlajaveden as.
Simsiö
Ylätalo
Haapamäki
Kumpulampi
Lammasperä
Keuruu
Asunta
Huttula
Petäjävesi
Petäjävesi Old Church
JYVÄSKYLÄ
Kukko
Sikosuo
Lehtomäki
Utusuo
Sipilänperä
Rotkolaakso
Kulhanvuori
Pirttisuo
Konttimäki
Hoikankylä
Hirvikangas
Mäkikylä
Palsankylä
Rantakylä
Haukimäki
Kelloperä
Uurainen
Kyynämöinen
Koivula
Hankasuo
Nikaranperä
Kokkosuo
Vehkoo
Karhila
Moilasmäki
Joensuonkangas
Linnanmäki
Sahrajärvi
Peurala
Piilonperä
Karjosuo
Karhunahdas
Töysänperä
Multia
Kopola
Tarhapää
Suojärvi
Lihjamo
Lavikko
Isojärvi
Jukojärvi
Virtalankoski
Ampiala
Pengerjoki
Kuivasmäki
Kumpu
Kintaus
Kaistinmäki
Kuohu
Vesanka
Honkola
Koivisto
Kangashäkki
Hitonhauta
Hirvaskylä
Valkola
Kutula
Vehniä
Alapohja
Jokihaara
Höytiä
Tikkakoski
Sakari
Hepopera
Ylä-Kintaus
Nyrölä
Puuppola
Matinmäki
Humalaperä
Saarenmaa
Räiha
Valkealahti
Pohjoislahti
Mäkikylä
Riiho
Myllykylä
Jouttikylä
Pohjaslahti
Innala
Kolho
Valkeaniemi
Lehtosaari
Kankaanpää
Onnelanmäki
Hevossaari
Häkkiskylä
Roosinpohja
Riihijärvi
Porkkakylät
Maakasperä
Laksinperä
Mäkelänvuori
Salussärkkä
Hokkaskylä
Elämänmäki
Tuuhoskylä
Tammilahti
Huhtijärvi
Tyynysniemi
Vilppula
Mänttä
Mäntänvuori
Rantakylä
Raja-aho
Elimäki
Otsavuori
Vedenpää
Hopsu
Haavisto
Valkealuomi
Huhtia
Vekkula
Koskenpää
Niinimäki
Hirvimäki
Korpiaho
Kalmavirta
Sahloinen
Mäkikylä
Jousmäki
Piesalankylä
Metsäkulma
Kukkaro
Sillanpää
Tuohikumpu
Parkkola
Tikkala
Kalliokylä
Saukkola
Isolahti
Rannankylä
Muurame
Viljaspohja
Vihtalahti
Moksi
Savipohja
Korpilahti
Lahdenvuori
Hyrkkölä
Saakoski
Saalahti
Kumina
Puolakka
Oravavuori
Struve Geodetic Arc
Ahvenus
Juokslahti
Lahdenkylä
Jämsänkoski
Patajoki
Sammallahti
Jämsänniemi
Paatsalo
Himosvuori
Asemanmäki
Jämsä
Matkasvuori
Partala
Alhojärvi
Olkkola
Kaipola
Turkinkylä
Rappuvuori
Taivasalo
Tyry
Vaheri
Hanho
Kivilahti
Ahveninen
Ylä-Vääri
Talluspera
Väärinmaja
Ruhala
Vessarinkulma
Kivimäki
Kavala
Kolonkulma
Lahdenkylä
Kerte
Myllykylä
Palsina
Holiseva
Heräkulma
Suinula
Valkamanperä
Halli
Pihlaisto
Juupavaara
Lyly
Hyyrylä
Jäminkipohja
Ryövärinkuoppa
Aarnialue
Hyytiälä
Arboretum
Pirttikangas
Hirvijärvi
Laajanpohja
Haukilahti
Ylä-Partala
Eväjärvi
Okskulma
Ristijärvi
Juupajoki
Kopsamo
Korkeakoski
Lakkasuo
Ollinkivi
Siikaneva
Salokunta
Ouninpohja
Hassi
Arvaja
Haukkasalo
Judinsalo
Mustassalo
Keihäsniemi
Talviainen
Länkipohja
Rostinmäki
Hiukkaa
Isojärven kansallisp.
Puukkoinen
Harjunsalmi
Pihlajakoski
Kotakoski
Närvä
Porvola
Hirsilä
Leppähammas
Eräslahti
Uuhiniemi
Längelmäen kk.
Leinolankylä
Holma
Laasola
Myllykylä
Orivesi
Pitkäjärvi
Solala
Vinnisaari
Pukarankulma
Lahnajärvi
Kylämä
Kylmäkangas
Soiniemi
Kilkanmäki
Västilä
Yliskylä
Koppala
Leväslahti
Päijälä
Leppäkoski
Patavesi
Karklampi
Myllykylä
Ruolahti
Neulaniemi
Hanhilahti
Siitama
Naappila
Koivuniemi
Hirtolahti
Vedentausta
Eräjärvi
Hahmajärvi
Kuhmoinen
Solkerinvuori
Sarviniemi
Tehi
Sarvisalo
Iso-Juures
Keurusselkä
Ukonselkä
Paloselkä
Ruovesi
Pukala
Iso-Längelmävesi

FIN
Hänniskylä
Äijälä
Tervatehdas
Kuusaa
Lehtomäki
Leinola
Laukaa
Vihtavuori
Vihtasilta
Leppävesi
Kuusisaari
Vuontte
Puttola
Savio
Kaunisharju
Vaajakoski
Leppälahti
Metsolahti
Iilvesvuori
Ruuhimäki
Kotaniemi
Heiska
Ilmopohja
Säynätsalo
Kortepelto
Majalahti
Toivakka
Viisarimäki
Baijerin laakso
Vaaterinvuori
Haukanmaa
Vihijärvi
Paloskylä
Nisula
Rutalahti
Päiväkunta
Palokangas
Synsiä
Selänpohia
Leivonmäen kansallisp.
Aukeasuo
Kivisuo
Haapasuo
Putkilahti
Savenaho
Tammijärvi
Tammimäki
Pappinen
Lempää
Laurila
Vuorenkylä
Rusi
Kammiovuori
Vintturi
Hirvipohja
Vehmaa
Leppäkoski
Siltasuo
Ruskeala
Aidanpää
Ylemmäinen
Hartola
Kotisalo
Liikola
Taipale
Hotila
Isosuo
Metsäkoski
Pitkäsilta
Tikkala
Valittula
Pirttimäki
Säkinmäki
Ristimäki
Ohenmäki
Kirkkokivi
Lankamaa
Kuusvedenranta
Simunankoski
Venekoski
Laukkavirta
Simuna
Paanalansaari
Saarilampi
Rantalankylä
Hyyppäänvuori
Mäkelä
Lievestuore
Majavuori
Niemisjärvi
Halttula
Hoho
Palosenmäki
Kankainen
Häppälänmäki
Makkola
Särkimäki
Kuvasmäki
Tikanmäki
Taka-Ikola
Havumäki
Mestänsuo
Tallimäki
Etu-Ikola
Leivonmäki
Pajumäki
Höystösensuo
Kortesalmi
Kälä
Martinkylä
Valaspelto
Nurmaansaari
Angesselkä
Tammipaara
Tammilahti
Joutsa
Ruokoranta
Rieppola
Juotsaari
Pärnämäki
Kanervomäki
Marjotaipale
Mankinsaari
Haminanmäki
Niemistenkylä
Autio
Uimaniemi
Nokka
Isosuo
Vehkasalo
Ruorasmäki
Sauvuori
Joutsjärvi
Urrionsaari
Yölintu
Riihiniemi
Murakka
Vehkalahti
Mansikkamäki
Selänkylä
Sapeli
Mehtiönkoski
Hankavesi
Oksalansaari
Hiidenvuori
Peltola
Piippaharju
Hankasalmi
Kankainen
Kallioaho
Sauvomäki
Ristilä
Hankasalmen as.
Ruokomäki
Kauppila
Rutakoski
Koittila
Kokonkylä
Synsiö
Salmenkylä
Hännilä
Kaihlamäki
Äkry
Pylvänälä
Kangasniemi
Laitiala
Reskula
Haapasaari
Puulasalo
Hirvenlahti
Mainiemi
Olli
Kuitula
Tuukkala
Hämeenmäki
Herranmäki
Konnasaari
Rajaniemi
Ruoni
Sahinmäki
Kaupinmäki
Pertunmaa
Ruuttila
Nipuli
Koimäki
Vanaja
Mataramäki
Pätinsuo
Lahnanen
Pahkakangas
Paltanen
Venetmäki
Pyhäjärvi
Hietamäki
Ristimäki
Kylmämäki
Neuvola
Halkokumpu
Kutkylä
Korhola
Kutemajärvi
Haarajoki
Reinikkala
Harjunmaa
Luusjoki
Teurineva
Vuojalahti
Vaimosniemi
Hokka
Ukonniemi
Simpiänniemi
Koveronsaari
Puula
Jakara
Puukonsaari
Väisälänsaari
Eteläkylä
Suonsalmi
Vilkonharju
Pöyry
Hirvensalmi
Kissakoski
Ripatti
Nironkylä
Tiilikkala
Mikkanen
Hartosenpää
Toivola
Vihantasalmi
Huhtamäki
Poitti
Suontee
Haapakoski
Raapiosuo
Isokylä
Ringinsuo
Linnakivi
Nenonpelto
Vaalijala
Laaninsuo
Naarajärvi
Pieksämäki
Pirttimäki
Etelä-Niskamäki
Suurenaukeansuo
Nykälä
Pohjalahti
Lamminmäki
Loukolampi
Pölkky
Kantala
Hepöjärvi
Kurkisensaari
Hutinsuo
Letkunkylä
Häkkilä
Haukivuori
Emäsalo
Saksalanha
Luusniemi
Tolkinniemi
Porosaari
Kyyvesi
Hiirenmaa
Rauhasalmi
Läsänkoski
Pulliala
Moilala
Pajulankylä
Juuvinkylä
Ihastjärvi
Tornimäki
Kakriala
Viljakkalansaari
Santara
Harjunmaa
Vanhamäki
Porkkala
Launinsuo
Kovala
Nykäsenkylä
Kekkola
Pääskynsaari
Korpijärvi
Korpikoski
Rantakylä
Akkala
Tokero
Kirjala
Syväsmäki
Otava
Vatila
Merrasmäki
Hietanen
Kilkinkylä
Lahnaniemi
Koivakkala
Sattila
Häyrysenkylä
Närhilä
Monikkala
Mynttilä
Kuomiolahti
Oilikko
Särkemäki
Jäppilä
Kotamäki
Salvonen
Heinämäki
Vehmaskylä
Montola
Maavus
Ka
Kb
La
E63 9 23 13 4 E75 5 72 447 446 616 618 428 431 429
48 49 50 51 88 118 128 30 39 35 76
260 261 250 243

250
FIN
Ruuhilampi
Sorsakoski
261
Takkula
52
Tanskansaari
Soisalo
Alakylä
53
Vesteri
262
Koivumäki
Raaminmäki
54
Sormula
Niittysalo
Poijinpelto
Unnukka
Tiheäsalo
Niinimäki
Kilpimäki
Karhilantaival
Huhtimäki
Timonsalo
Timola
Mustinsalo
Säynelahti
Malkkila
Mäntysa
Jäppilä
Käpry
Kurikkamäki
Pussilanjoki
Sarkamäki
Mäkiaho
Kukkolanhauta
Tihusniemi
Pyylinsaari
Salvonen
Niemenkylä
Varkaus
Kurola
Rauhamäki
Kangaslampi
Itkon harjualue
Kurenlahti
Sompasaari
Pyyli
Heinämäki
Rummukka
Syvänsi
Könönpelto
Harijärvi
Hevonlahti
Kivela
Harjuranta
Kukkolanmäki
Pisamaniemi
Viljolahti
Siikamäki
39
Kuvansi
Hynnilänsaari
Hallamäki
Erolansaari
Yrjölä
Härmäsaari
Maavesi
Palviainen
Jänissalo
Kuivisto
Tappuniemi
Maavuskylä
Kolma
Kostonsaari
Pohjoiskylä
Kuokanselkä
Toivosaari
Tiemassaari
Ahvensalmi
Hankasalo
Huutokoski
Vuorisaari
Ka
Kiekka
Kotkatlahti
Tiemassalo
Voinsalmi
Vehmaskylä
Joroinen
Oravi
Sorsasalo
Linnansaari
Längelmäki
Koskenkylä
Kerisalonsaari
Torasalo
Niinisaari
Haukivesi
Hurskaala
Savuniemi
Joroisniemi
Salonpää
Iso Virkasaari
Laattaansaari
Montola
Tikkalanmäki
Haapaniemi
Ritalahti
kansallispuisto
Loukolampi
Kerisalo
Rantasalmi
Pölkky
Virtasalmi
Katajamäki
Vuotsinsuo
Lahdenkylä
Asikkala
Laivo
Haukiniemi
Kantala
Väisälä
Sydänmaa
Kolkontaipale
Vaahersalo
Salmenkylä
Lahnalahti
47
Osikonmäki
Hevossalo
Hällinmäki
Kolkonjoki
Heinäselkä
Putkisalonsaari
Hepöjärvi
Ankele
Eteläkylä
Salonkylä
Keskikylä
Tuhkula
Pirttisaa
Kaitainen
Pirilä
Rantasalmen as.
Parkumäki
Mähölä
Hutinsuo
Letkunkylä
Paunola
Tuusmäki
Eteläkylä
Alanko
Hiismäki
Tammen
Narila
Hetnäsuo
Pakinmaa
Ronkala
Hiltula
Korhola
Karkeamaa
Kaatronsuo
Vuorenmaa
Kohiseva
62
Massilanmäki
Kallislah
Haukivuori
Jyrinaho
Suurniemi
Halttula
Emäsalo
Nevaintausta
Kivikangas
Konnusjoensuo
Härkälä
Hartikkala
Saksalanharju
Nevainsivu
Poksansuo
Halla-aho
Paatela
Tunnila
Rantakylä
Soinvuori
Pihlajalahti
Ihantee
Pitkäaho
Iso-Huppio
Hyötyy
Vehmaa
Juva
Sipilä
Kasala
249
Kaukola
Kaivomäki
Näärinki
Hatsola
Kiiskilä
Otavanniemi
Pulliala
Moilala
Kalvitsa
Tiuhtsalo
Kettula
Kyrsyä
Kuhakoski
Iisalo
Juuvinkylä
76
Loukee
Karhuvuori
Järvenpää
Väätälänmäki
Mustasalo
Ihastjärvi
Suursuo
Remöjärvi
Inkilä
Kurkiselkä
Tellanpelto
Sulkava
Rauhaniemi
Kilpola
Ollikkala
Pieksänlahti
Heikkurila
Häppälä
Nuutilanmäki
Teivaa
Lauteala
Kaskii
Harjunmaa
Vehmaskylä
Maivala
Lampila
Koikkalanmylly
Ruokoniemi
Porkkala
Launinsuo
Hiirola
Paajalankylä
43
Ruottila
Kaartilankoski
Kuvaala
Auvila
Siikakoski
Partalansaari
Koikkala
Karjulanmäki
Kovala
Suonsaari
Rämälä
Asila
Vuorilahti
Auvila
Kb
Rahula
Hännilä
Maarala
Pihlajasalo
Rantuu
Heretinharju
Ryhälä
Neitvuori
Tupala
Norola
Kaislajärvi
Kietävälä
Korpikoski
Visulahti
Pulkkila
Papinsalo
Risulahti
Keriniemi
MIKKELI
Huosiosalo
Haapaselkä
Rantakylä
Luonteri
Auvila
Akkala
Tokero
Kokkosenlahti
Pitkälahti
Korvensaari
Loketononkalo
Tuukkala
Saukonsalo
Limasalo
Tiimola
Saha
Luukkosenkylä
Otava
Parkkila
Paajalansaari
Kaarnavuori
122
Sepänkylä
Porrassalmi
Heinälahti
Anttola
Hirvensalo
Miettula
Puumala
Vatila
Harmola
Ankkoinsalo
Kummakivi
Taaveli
Kylälathi
Hauhala
Rakokivet
Kaartee
Savela
Sattila
26
Tarhola
Muuramäki
Koivakkala
Hangastenmaa
Löytö
Niittylathi
Rokansalo
Huuhkala
Huttula
Lietvesi
Häyrysenkylä
Harapansalo
Hurissalo
Rokansaari
Närhilä
Ristiina
Ihalainen
Konninsalo
Niinisaari
Luukola
Karkia
Salmela
Liimattalansaari
Lintusalo
Pellosniemi
Toijola
Suurlahti
Niinisaari
Peräkylä
Kuomiolahti
Nikinsalmi
Ruokotaipale
Luukkolansaari
Lintuniemi
Himalansaari
Liukkosenmäki
Lintusalo
Kurensalo
Kietävälä
Utula
Oilikkala
Heiniemi
Kaijatsaari
Äyrätsalo
Maunola
51
Himalansaari
244
52
Ollila
Otasalo
Hiidenkirnu
53
Kuomiokoski
Kirkkovuori
Särkemäki
Puttola
Junnikkala

Savonlinna
Kerimäki
Punkaharju
Parikkala
Rautjärvi
Ruokolahti
Kitee
Kesälahti
Enonkoski
Orivesi
Puruvesi
Pyhäjärvi
Pihlajavesi
Savonranta
Elisenvaara
Елисенваара
Kurkijoki
Куркиеки
Hijtola
Хийтола
Sukonohja
Суконохья
Rajvio
Райвио
Sjuvjaoro
Сювяоро
Tounan
Тоунан
Rintjala
Ринтяла
RUS

22
23
24
268
Bodsjöedet
Lövsta
Åreskutan
1420
Mullfjället
1031
Krok
Svarthögen
652
Offerdal
Duved
Åre
Forsaberget
661
Tångböle
Gevsjön
Saumyrhöjden
Ånn
Bonäset
571
Järpbyn
Järpen
Helgesjövallen
Renfjället
980
Storflor
157
Klugshön
499
Nordbyn
Kougsta
Kluk
Tann
Alsen
Bleckåsen
Högåsen
Andersböle
Semlan
Ede
Edsåsdalen
Undersåker
Hålland
Mörsil
Mattmar
Handöl
Skärrvalen
Henåvallen
569
Välliste
1025
Trillevallen
Gammalvalen
647
Nybyn
Öcke
Ytterocke
Kvissle
Brasta
Rödberget
782
Ottfjället
Rekdalen
Ottsjö
Sällsjö
Hottögsrun
691
Häckrenlägret
Häckrenmagasinet
Ja
Bunnerfjällen
1501
Ö. Bunnerstöten
Buondantjakke
Kyrkstensfjället
1394
Vålådalen
Spatja
Aumen
1106
Hottögsfjället
Hitteke
Ån
Över-hallen
Kungsböle
Mårdsunds-bodarna
Västerfjället
Tjallingklumpen
1254
Lill-Stensdalsfjället
Vielålkentjakke
1413
Gestvalen
Tjieste
Falkvalen
Gierkebärre
Bydalen
Hallbodarna
Vålådalens naturreservat
Smällhogarna
1192
Stor-Anahögen
Sjlärna
1423
Anarisstugan
944
Duorpe
Drommen
1140
Höglekardalen
Gåsenstugorna
Huike
1131
Vålåvalenstugorna
Lunndörrsstugan
Anaristfjällen
Härjångsfjällen
Giebnentjakke
1442
Gråsjöfjället
Råfatjuolentjakke
Prästlekarfjället
Svaletjakke
Österfjället
Bantiijakke
1167
Gräftåvallen
Lunndörsfjällen
Lövhögen
Välle
1174
Duoresvare
Övikfjällen
Krustjärnstöten
Garensåjja
1097
Vålåsjöfjället
N. Storådöffjället
1527
Prånneke
1206
Hundhögen
Vintjuvelke
1371
Helagsstugorna
Väster-Arådalen
Busjöfjället
Dunsjöfjället
Vålen
Rairesbaune
Skrållan
1122
Husvålen
Tjärron
Storåkläppen
1015
Lövberget
Dallesvana
908
Bäckebo
715
Ljungdalen
Fittjebodarna
Dalsjöberget
Skärkdalen
Storsjö
Torsborg
Svedjebodarna
721
Galåbodarna
Jb
Stor-Axhögen
1321
Sjieldate
1018
Osvallen
Gumpen
Digerberget
Råberget
Namyrmo
619
Flatruet
Väster-Stoljan
1085
Börtnan
Brännbodberget
882
Styggshuvudet
Mittådalen
Smolet
837
Lövkläppen
Henvålen
1083
Remsberget
Messlingen
Kappruet
Brändåsen
Aloppkölen
Storflyet
Håsjöruet
807
Tävjeåsen
611
Fotingen
Särvsjön
Särvfjället
1170
Annfjället
1301
906
Ånåsberget
Anåfjället
Håsjövålen
958
Nysätern
Köpmankölen
Landaråsen
Funäsdalen
Grundsjövålen
969
Vemkölen
Säteråsen
708
Lillfjället
1099
762
Ryn
Lunnäset
Ljusnedal
Klövsjöfjällen
Oxsjövålen
1024
628
Ristflon
Svartåsen
713
Rödstensflon
Näsvallen
Tvaruberget
985
Tramsberget
816
803
Sätervallen
Näsberget
819
Ka
166
Hovden
683
Stor Frägnen
687
Vemdalsskalet
Tännäs
Gräl-Oxberget
809
Långå
794
Sångbäckvallen
Vikarberget
704
Vemdalen
Medskogs-bygget
778
Bergsvallen
Norr-Hede
Skorvdalsfjället
E14
336
321
315
84

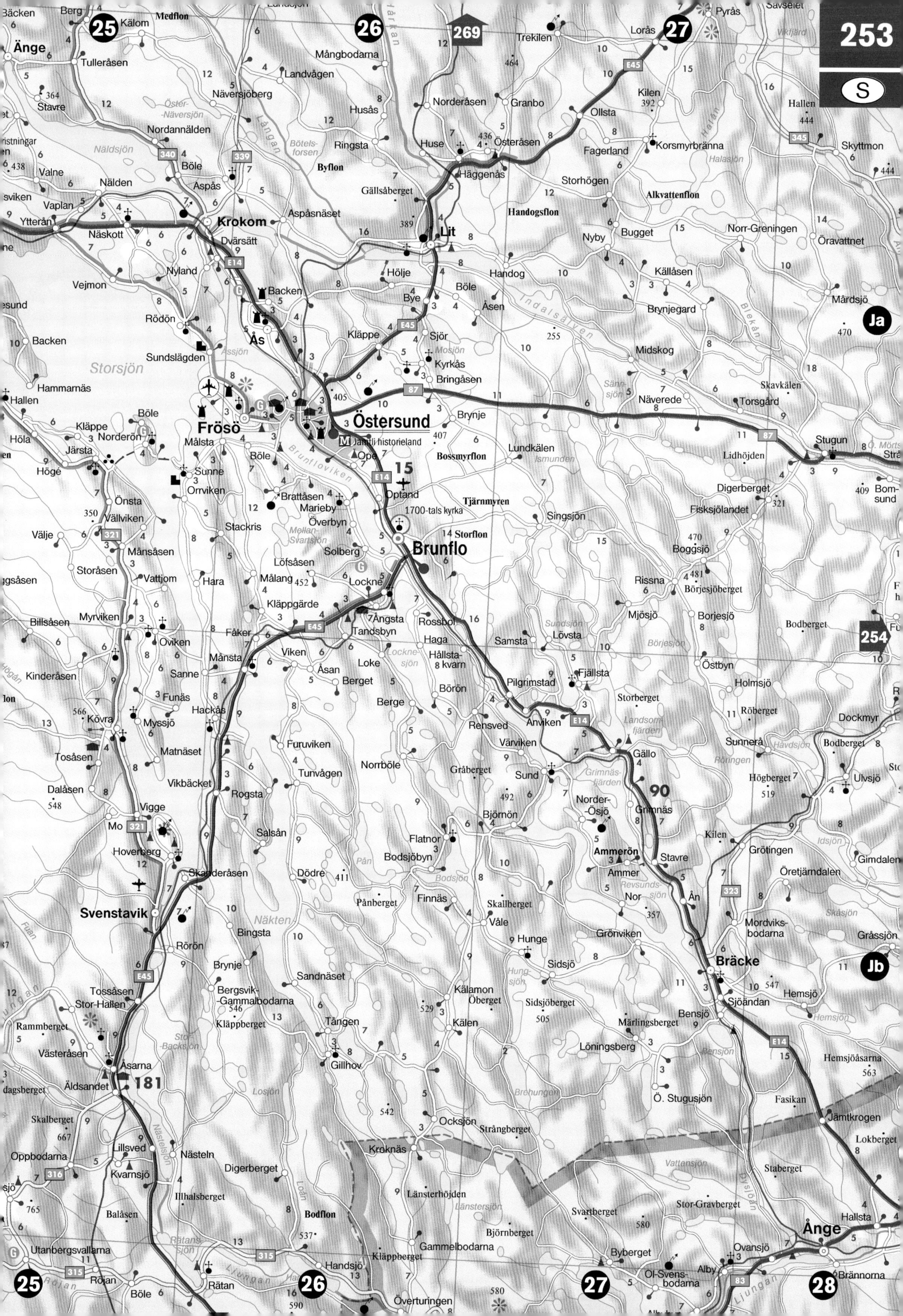
253
S
269
254
25
26
27
28
Ja
Jb
Bäcken
Berg
Kälom
Medflon
Änge
Tulleråsen
Stavre
Näversjöberg
Landvågen
Mångbodarna
Trekilen
Lorås
Pyrås
Norderåsen
Granbo
Kilen
Ollsta
Hallen
Nordannälden
Husås
Ringsta
Byflon
Huse
Österåsen
Fagerland
Korsmyrbränna
Skyttmon
Valne
Böle
Aspås
Nälden
Gällsåberget
Häggenås
Storhögen
Alkvattenflon
Vaplan
Ytterån
Krokom
Aspåsnäset
Näskott
Dvärsätt
Lit
Handogsflon
Nyby
Bugget
Norr-Greningen
Öravattnet
Nyland
Vejmon
Hölje
Handog
Källåsen
Backen
Bye
Böle
Åsen
Brynjegard
Mårdsjö
Rödön
Klåppe
Sjör
Ås
Kyrkås
Midskog
Sundslägden
Storsjön
Bringåsen
Hammarnäs
Hallen
Näverede
Torsgård
Skavkälen
Frösö
Östersund
Brynje
Böle
Kläppe
Norderön
Hölа
Järsta
Målsta
Jamtli historieland
Opé
Bossmyrflon
Lundkälen
Stugun
Lidhöjden
Högé
Sunne
Brunfloviken
Orrviken
Brattåsen
Marieby
Optand
1700-tals kyrka
Tjärnmyren
Digerberget
Bomsund
Önsta
Vällviken
Överbyn
Fisksjölandet
Stackris
Singsjön
Välje
Storflon
Månsåsen
Solberg
Brunflo
Boggsjö
Storåsen
Löfsåsen
Vattjom
Hara
Målang
Lockne
Rissna
Börjesjöberget
Kläppgärde
Billsåsen
Myrviken
Ångsta
Mjösjö
Borjesjö
Rossbol
Tandsbyn
Fåker
Lövsta
Bodberget
Oviken
Haga
Samsta
Månsta
Viken
Hällsta-kvarn
Loke
Åsan
Östbyn
Kinderåsen
Sanne
Berget
Fjällsta
Pilgrimstad
Holmsjö
Börön
Funäs
Berge
Storberget
Hackås
Röberget
Dockmyr
Kövra
Myssjö
Rensved
Anviken
Furuviken
Värviken
Gällo
Sunnerå
Bodberget
Tosåsen
Matnäset
Norrböle
Tunvågen
Gråberget
Sund
Högberget
Ulvsjö
Dalåsen
Vikbäcket
Rogsta
Norder-Östjö
Grimnäs
Vigge
Björnön
Mo
Salsån
Flatnor
Kilen
Grötingen
Hoverberg
Ammerön
Ammer
Stavre
Gimdalen
Bodsjöbyn
Skanderåsen
Dödre
Örtjärndalen
Pånberget
Finnäs
Nor
Svenstavik
Skallberget
Ån
Mordviks-bodarna
Våle
Näkten
Bingsta
Hunge
Grönviken
Gråssjön
Rörön
Bräcke
Brynje
Sidsjö
Sandnäset
Sjöändan
Hemsjö
Tossåsen
Stor-Hallen
Bergsvik-Gammalbodarna
Kälamon
Öberget
Sidsjöberget
Bensjö
Rammberget
Kläppberget
Tången
Kälen
Märlingsberget
Hemsjöåsarna
Västeråsen
Löningsberg
Gillhov
Åsarna
Äldsandet
Ö. Stugusjön
Fasikan
Jämtkrogen
Skalberget
Ocksjön
Strångberget
Lokberget
Oppbodarna
Lillsved
Nästeln
Kroknäs
Staberget
Kvarnsjö
Digerberget
Länsterhöjden
Illhalsberget
Bodflon
Svartberget
Stor-Gravberget
Balåsen
Hallsta
Björnberget
Ånge
Utanbergsvallarna
Gammelbodarna
Byberget
Ovansjö
Handsjö
Kläppberget
Röjan
Rätan
Ol-Svens-bodarna
Alby
Brännorna
Böle
Överturingen
E45
E14
87
321
340
339
345
323
316
315
83
90
181
15

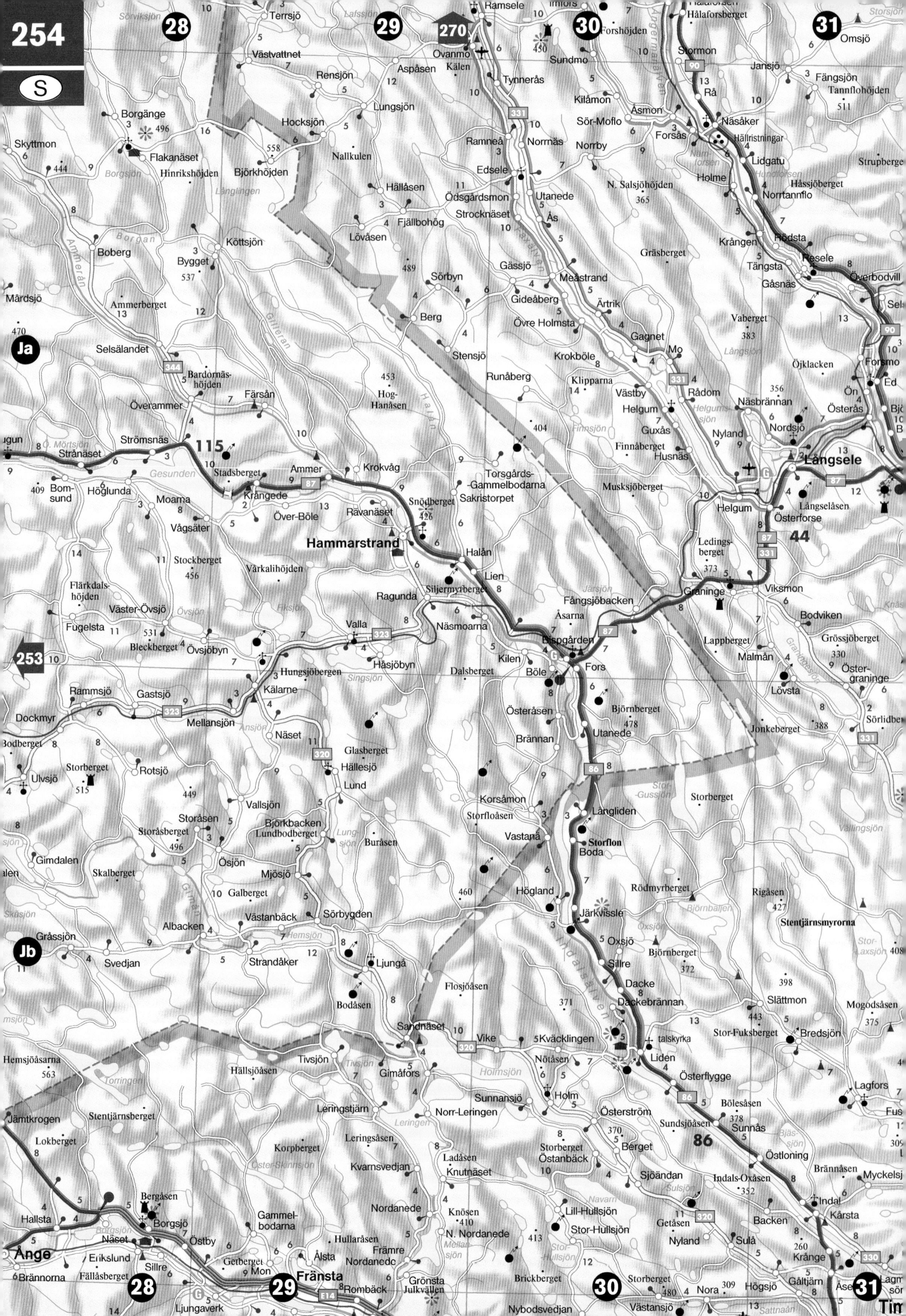

254
S
28
29
270
30
31
Ja
Jb
253
Terrsjö
Ramsele
Håloforsberget
Västvattnet
Rensjön
Aspåsen
Ovanmo
Kälen
Forshöjden
Sundmo
Stormon
Omsjö
Jansjö
Fängsjön
Tannflohöjden
Rå
Tynnerås
Kilåmon
Åsmon
Sör-Moflo
Forsås
Näsåker
Hällristningar
Borgänge
Hocksjön
Lungsjön
Skyttmon
Flakanäset
Hinrikshöjden
Björkhöjden
Nallkulen
Ramneå
Norrnäs
Norrby
Lidgatu
Strupberget
Edsele
N. Salsjöhöjden
Holme
Hässjöberget
Norrtannflo
Hällåsen
Ödsgårdsmon
Utanede
Ås
Strocknäset
Fjällbohög
Lövåsen
Köttsjön
Boberg
Bygget
Gässjö
Meåstrand
Gräsberget
Krången
Rödsta
Resele
Tängsta
Gåsnäs
Överbodvill
Mårdsjö
Ammerberget
Sörbyn
Gideåberg
Ärtrik
Berg
Övre Holmsta
Gagnet
Vaberget
Selsälandet
Stensjö
Krokböle
Mo
Forsmo
Öjklacken
Bardornäs-höjden
Runåberg
Klipparna
Hog-Hanåsen
Västby
Rådom
Näsbrännan
Ed
Färsån
Överammer
Helgum
Nordsjö
Österås
Guxås
Nyland
Strömsnäs
Stranäset
Finnåberget
Husnäs
Långsele
Stadsberget
Ammer
Krokvåg
Torsgårds-Gammelbodarna
Bomsund
Höglunda
Gesunden
Krångede
Sakristorpet
Musksjöberget
Moarna
Snödberget
Rävanäset
Över-Böle
Vågsäter
Hammarstrand
Halån
Österforse
Långselåsen
Ledingsberget
Stockberget
Vårkalihöjden
Lien
Flärkdalshöjden
Ragunda
Siljemyrberget
Fångsjöbacken
Graninge
Viksmon
Väster-Övsjö
Åsarna
Bodviken
Fugelsta
Bleckberget
Övsjöbyn
Valla
Näsmoarna
Bispgården
Lappberget
Grössjöberget
Malmån
Öster-graninge
Håsjöbyn
Hungsjöbergen
Dalsberget
Kilen
Böle
Fors
Rammsjö
Gastsjö
Kälarne
Lövsta
Björnberget
Österåsen
Dockmyr
Mellansjön
Näset
Utanede
Jonkeberget
Sörlidberget
Bodberget
Glasberget
Brännan
Storberget
Rotsjö
Ulvsjö
Hällesjö
Lund
Vallsjön
Korsåmon
Storfloåsen
Långliden
Storåsen
Storåsberget
Björkbacken
Lundbodberget
Buråsen
Vastanå
Storflon
Boda
Gimdalen
Skalberget
Mjösjö
Ösjön
Galberget
Högland
Rödmyrberget
Rigåsen
Stentjärnsmyrorna
Albacken
Västanbäck
Sörbygden
Järkvissle
Gråssjön
Svedjan
Strandåker
Ljungå
Oxsjö
Sillre
Björnberget
Flosjöåsen
Dacke
Dackebrännan
Slättmon
Mogodsåsen
Bodåsen
Sandnäset
Vike
Kväcklingen
talskyrka
Liden
Stor-Fuksberget
Bredsjön
Hemsjöåsarna
Tivsjön
Hällsjöåsen
Gimåfors
Nötåsen
Österflygge
Lagfors
Holm
Sunnansjö
Leringstjärn
Norr-Leringen
Österström
Jämtkrogen
Stentjärnsberget
Bölesåsen
Sundsjöåsen
Sunnås
Lokberget
Leringsåsen
Korpberget
Ladåsen
Knutnäset
Storberget
Östanbäck
Berget
Östloning
Kvarnsvedjan
Sjöändan
Indals-Oxåsen
Brännåsen
Myckelsjö
Bergåsen
Borgsjö
Nordanede
Knösen
N. Nordanede
Lill-Hullsjön
Stor-Hullsjön
Getåsen
Backen
Indal
Kårsta
Hallsta
Näset
Gammelbodarna
Östby
Hullaråsen
Främre Nordanede
Ålsta
Nyland
Sulå
Krånge
Ånge
Erikslund
Sillre
Getberget
Mon
Fränsta
Brännorna
Fällåsberget
Grönsta
Julkvällen
Brickberget
Storberget
Nora
Högsjö
Gåltjärn
Rombäck
Ljungaverk
Nybodsvedjan
Västansjö

Grundjärn
Naverlandet
Remmarbäcken
Båtnusberget
32
Agnsjön
Hällvattnet
Skalmsjö
Ruberget
Kubbe
271
Gäddtjärnkullen
373
33
308
Bjorna
Gide
Leding
34
Svedje
Brännan
Björnbäck
Björnsjö
Ledingssjön
Grytsjö
Hermansjö
Håberget
Sörflärke
Bredbyn
Högliden
Bureåborg
Anundsjö
256
Storkullen
Västerlandsjö
Hermansjön
Lövsjön
Landsjösjön
Sörlidberget
1400-talskyrka
Anundsjön
Gottne
272
Räckeberget
Önskan
422
Klåberget
Mellansel
Östansjö
Fors
Utanlandsjö
Aspeå
Aspeåkullen
Byvattnet
Lännäs
Galasjö
Flärke
348
Åliden
352
Faresta-bodarna
Torsböle
Skorped
Uberg
Moliden
Mo
228
Klingre
Täfteå
437
Storsjö-höjden
342
Näverkäl
Krooksta-liden
Angsta
Byggdö
144
Bärmsjön
22
Avaberget
Djupsjö
Norrbäcksjö
Nordanås
433
Degersjö
Degersjön
Nybyn
Västerbillsjö
Billsta
Västerhus
Övervike
Gimåt
Bäcksjön
Lilltannsjö-berget
Lidberget
Billsjösjön
Butsjöböle
Österbillsjö
Själevad
M3
Arnäsvall
V. Ållsjön
Björkån
Åkvisslan
Sidensjö
335
Gärdal
Örnsköldsvik
Idbyn
Plankåsen
Brandberget
Anundsböle
Näs
Brynge
167
Överhörnäs
Drömme
Norrtjärn
Ja
371
335
33
258
Mjäla
Bergom
Utby
Norrvåge
Sillvik
Björksjön
345
Torråsen
Koltjärn-höjden
Önnsjön
Örnvik
Eden
Kornsjö
Fågelberget
Bäckfjärden
238
Nötbo-landet
Lidberget
Rössjö
Bjällsta
Bjästa
Åmynnet
267
Genesön
270
Västerstrinne
Sånga
Rödåsen
304
Selshöjden
Fjällåkern
Råskärsön
Häggbränna
335
Överlännäs
Stor-Degersjön
Nätra Fjällskog
Gärden
E4
Köpmanholmen
Järvön
Klöstan
Grilom
Klapp
Bjursta
Storhöjden
Risnäs
366
Skule
Näske
207
Nätrafjärden
Älgön
Skadom
Suberstа
Björkåbäck
295
Svinåsen
Bote
Fålasjö
Östmarkum
Skubban
Enhalla
Fanom
Oråsen
Undrom
Gålsjönäs
Gålsjön
Skuleskogens nationalpark
Skata-udden
Strangöarna
274
Karberget
Mångsån
Idsjön
Vamme
312
Magd-bäcken
Källsjön
Hällsjö
Kärr
Styrnäs
Ronön
Prästmon
334
Almsjönäs
Dynäs
Tunsjön
Tunsjön
Dal
Vik
Idsjö-höjden
Dockstа
Sund
140
N. Ulvön
188
13
Sandslån
Högkälen
236
Mjältön
55
Nyland
Ed
Hjältans-bodarna
Ullånger
256
Västansjö
Forsed
M
333
Saltsjön
Ullångersfjärden
Vitberget
Angsta
Bollstabruk
Marieberg
Bjärtrå
Finnkå-torna
281
Mjällom
S. Ulvön
430
Säter
313
Grössjö
Röksta
Högkiinton
Västervalto
Norrfällsviken
Herrsjön
Sandviken
Ångermanälven
Överveda
Omne
Ön
Omnefjärden
Björsta-bodarna
334
Jappling
Dala
Åsäng
Nordingrå
Björnberget
Mjövattnet
Hällan
Latberget
Lugnvik
Herrskog
Rävsön
Kramfors
Frånö
332
Ryd
Gavik
Hansjöliden
Flikberget
Klockestrand
Salteå
Gräta
Eden
Bönhamn
421
Lunde
281
Gaviksfjärden
Näsänget
Kvissle
Skullersta
Ådal
Sprängsviken
245
Bergdal
Fällsvikshamn
411
Björnland-höjden
90
Utvik
Ramsta
Lillsela
Norafjärden
Bölesta
Ramvik
Svartnora
Kärrby
Hornön
240
Berghamn
Gåltjärn
Bybodarna
Sands-vedjan
Grönsvik
Jb
Hundsjö
Storfjärden
Veda
285
Viksjö
Stordalen
Utansjö
Åbordsön
Storön
22
Furuhult
Byn
Nordanå
Aspnäs
Nordanö
Vålånger
Hemsö
Skog
259
Sörgården
Solum
Kojbacken
Stor-Vegsjön
Prästhushamn
Mjällån
E4
Rö
Starred
Hemsön
208
317
Risnäs
Östersjä-land
Berge
Kullarmark
Sanna
Stor-Tunberget
Mjällåsen
Gussjön
Ålandsbro
Ulvik
Vägnön
Edsta
Jällviks-bodarna
Brunne
Lungön
331
Säbrå
Lillroten
Billsta
Härnösand
Sunne
M
Ed
Gånsvik
315
Åsäng
175
Solum
Ojesjön
Solumshamn
Stavre
Bars-bäcken
Bottenhavet
196
Härnön
Dal
Bye
54
Sjö
Svarvar-böle
Stavre-viken
E4
Högsnäs
134
Häggdånger
Västerå
Åvikebruk
32
33
34
Söråker
Backås
Barsviken
Klingerfjärden

Skallbergs-grottorna
Gideå
Gideå-bruk
Väster--Eldsmark
Räckeberget
272
sterlandsjö
tanlandsjö
Torsböle
Stybbersmark
Gidböle
Godmersta
Grundsunda
Täfteå
ngsta
144
Byggdom
Högbyn
E4
Husum
Tävra
Idbyn
Banafjäl
Ultrå
Långholmen
Ja
Burön
Sillviken
Allön
Bergön
rvåge
Nötbo-landet
Genesön
Malmön
Råskärsön
Skeppsmalen
Råskärsön
Klösan
High Coast

Nyland
35
Saluliden
Störmyran
Skademark
Himmersundet
Salubble
Drivan
Nabben
Öden
199
Långron

Gabriels-berget
222
Ava
Perstorp
Tännstrand
Stor-Sandskäret
Järholmarna
Degefjärden
Fanbyviken
43
Själnön
Klubben
Skede

Nordmalings-fjärden
272
Bäcknäset
36
Järnäs
Sörkråken
Järnäsklubb
Järnäsudden
Örefjärden
Snöan
Stor-Husskär
Bonden

37
Gunvorsgrund

255

Jb

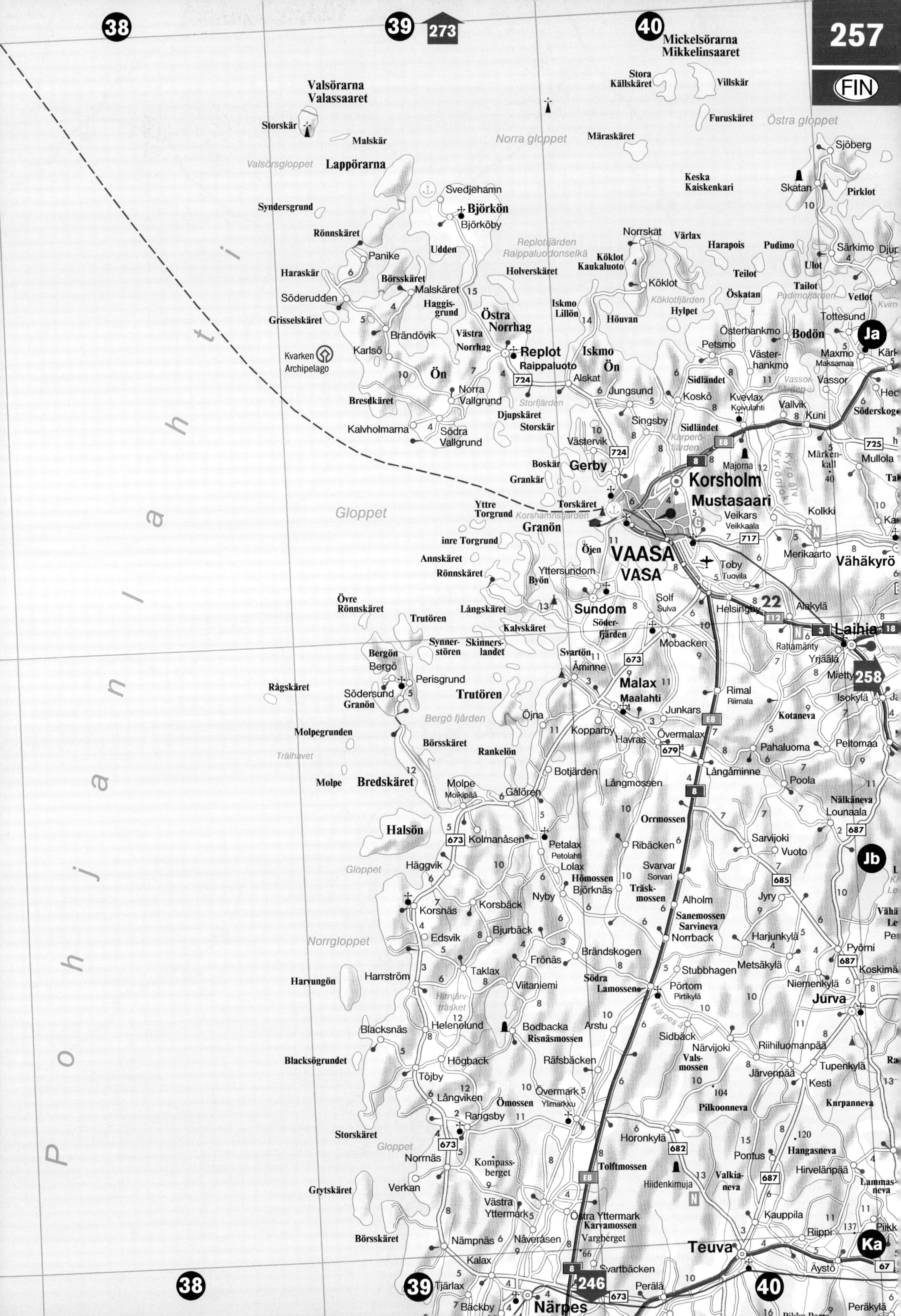
FIN
38
39
273
40
Mickelsörarna
Mikkelinsaaret
Stora Källskäret
Villskär
Valsörarna
Valassaaret
Storskär
Malskär
Norra gloppet
Märaskäret
Furuskäret
Östra gloppet
Valsörsgloppet
Lappörarna
Sjöberg
Keska
Kaiskenkari
Skatan
Pirklot
Svedjehamn
Björkön
Björköby
Syndersgrund
Rönnskäret
Norrskat
Värlax
Harapois
Pudimo
Särkimo
Replotfjärden
Raippaluodonselkä
Panike
Udden
Köklot
Kaukaluoto
Haraskär
Holverskäret
Teilot
Ulot
Börsskäret
Köklot
Tailot
Söderudden
Malskäret
Öskatan
Pudimofjärden
Vetlot
Köklotfjärden
Haggis-grund
Iskmo
Lillön
Hylpet
Grisselskäret
Östra Norrhag
Höuvan
Tottesund
Brändövik
Österhankmo
Bodön
Ja
Västra Norrhag
Petsmo
Karlsö
Replot
Raippaluoto
Iskmo
Ön
Väster-hankmo
Maxmo
Maksamaa
Kvarken Archipelago
Ön
Alskat
Sidländet
Vassor
724
Vassorfjärden
Norra Vallgrund
Jungsund
Koskö
Kvevlax
Koivulahti
Vallvik
Kuni
Bredskäret
Storfjärden
Söderskog
Djupskäret
Singsby
Kalvholmarna
Södra Vallgrund
Storskär
Sidländet
Karperöfjärden
E8
725
Västervik
Mullola
724
Märkenkall
Kyro älv
Kyrönjoki
Boskär
Gerby
8
Majorna
Grankär
Korsholm
Mustasaari
Kolkki
Yttre Torgrund
Torskäret
Korshamnsfjärden
Veikars
Veikkaala
Gloppet
Granön
717
inre Torgrund
Öjen
VAASA
VASA
Merikaarto
Vähäkyrö
Annskäret
Rönnskäret
Yttersundom
Byön
Toby
Tuovila
Övre Rönnskäret
Sundom
Solf
Sulva
Helsingby
22
Alakylä
Långskäret
Trutören
Söderfjärden
E12
3
Laihia
18
Kalvskäret
Mobacken
Rahamänty
Synner-stören
Skinners-landet
Svartön
Yrjäälä
Bergön
Bergö
Åminne
673
Mietty
258
Perisgrund
Malax
Maalahti
Rågskäret
Södersund
Granön
Trutören
Rimal
Riimala
Isokylä
Junkars
Bergö fjärden
Öjna
Kotaneva
E8
Kopparby
Molpegrunden
Havras
Övermalax
Börsskäret
679
Pahaluoma
Peltomaa
Trälhavet
Rankelön
Långåminne
Botjärden
Poola
Molpe
Bredskäret
Molpe
Moikipää
Gålören
Långmossen
8
Nälkäneva
Lounaala
Orrmossen
Halsön
673
Kolmanåsen
Petalax
Petolahti
Ribäcken
Sarvijoki
687
Vuoto
Jb
Gloppet
Häggvik
Lolax
Svarvar
Sorvari
Hömossen
Björknäs
Träsk-mossen
685
Nyby
Alholm
Jyry
Korsnäs
Korsbäck
Sanemossen
Sarvineva
Bjurbäck
Edsvik
Norrback
Harjunkylä
Norrgloppet
Brändskogen
Pyörni
Frönäs
687
Stubbhagen
Metsäkylä
Koskimä
Taklax
Harvungön
Harrström
Södra Lamossen
Viitaniemi
Niemenkylä
Pörtom
Pirtikylä
Jurva
Hirvijärv-träsket
Närpes å
Blacksnäs
Helenelund
Bodbacka
Risnäsmossen
Arstu
Sidbäck
Närvijoki
Riihiluomanpää
Blacksögrundet
Högback
Räfsbäcken
Vals-mossen
Tupenkylä
Töjby
Järvenpää
Kesti
104
Långviken
Övermark
Ylimarkku
Pilkoonneva
Kurpanneva
Ömossen
Rangsby
Horonkylä
120
Storskäret
Gloppet
673
682
Hangasneva
Pontus
Norrnäs
Kompass-berget
Tolftmossen
Hirvelänpää
Hiidenkirnuja
Valkia-neva
687
Lammas-neva
Grytskäret
Verkan
E8
Västra Yttermark
Östra Yttermark
Karvamossen
Kauppila
Börsskäret
Nämpnäs
Nåveråsen
Vargberget
Riippi
137
Teuva
Ka
Kalax
Svartbäcken
Äystö
67
38
39
Tjärlax
246
Perälä
673
40
Bäckby
Närpes
Peräkylä
Pohjanlahti

41
42
274
43
23
Monäs
Hästmossen
Munsala
Suni
Ytterjeppo
Markby
Marken
Stenmossen
Sandnabba
Larvomossen
Kåtamossen
Brännorna
Sääksjärvi
Latukka
Kerttua
Kerttuanjärvi
Teerineva
Roviosaari
Vasikka-aho
Evijärvi
Saukkokä
Sarkona
Kantlax
Hirvlax
Storön
Jeppo
Jepua
Åvist
Storbacka
Karvonen
Jussila
Överjeppo
Jungar
Stormossen
Isoneva
Vilobacka
Ilveskivi
Kielinen
Mönki
Jokikylä
Stora Kalkskär
Monå
Sjöberg
Monåfjärden
Saarijärvi
Lepistönmäki
Haapajärvenkylä
Kilismossen
Rajaneva
Rintatalo
Porkholma
Harjux
Pensala
Aspnäs
Kalotan
Seiplax
Oravaisfjärden
Pirklot
Ekola
Kojola
Perkiömäki
Fräntilä
Kortesjärvi
Norra Heplot
Strandby
Oravais
Oravainen
Österby
Penkkinava
Heikkilä
Voltti
Plakkarinneva
Pirttinen
Koski
Purmojoki
Purmojärvi
Pellinen
Lampakanneva
Lammi
Särkimo
Djupsund
Oxkangar
Hällnäs
Åkantmossen
Vakkuri
Hanhimäki
Teerineva
Ulot
Kvimo
Karvat
Kaitsor
Paljakanneva
Alahärmä
Härmän
Kakkurinneva
Ylikylä
Tyynismaa
Vuorenkuru
Tarvola
Vetlot
Kvimofjärden
Tottesund
Kimo
Rintala
Peräneva
Ohraneva
Mustikkasalo
Lantela
Maxmo
Maksamaa
Kärklax
Bertby
Karvsor
Kovik
Kuckus
Baggas
Kuoppala
Komossa
Eko
Lahdenkylä
Perämäki
Hakoneva
Kankaanpää
Pääjärvi
Vassor
Palvis
Kalapää
Röukas
Tuckur
Sorvisto
Raunionmäki
Ahvenvuori
Viinika
Hirvineva
Karvala
Peuraneva
Hedorna
Lotlax
Brannars
Nörrmossen
Teinimossen
Ylihärmä
Perälä
Mäenpää
Karjanlahti
Kuni
Söderskogen
Keskis
Varvas
Huhmarkoski
Lummukka
Savonkylä
Kärkinehällorna
Vörå
Vöyri
Rökiö
Vörsmossen
Pettersbacka
Kleemola
Kettula
Kantola
Huhmarneva
Ahola
Märkenkall
Mullola
Kaurajärvi
Vesiluoma
Pernaa
Kangas
Kauhava
Luostari
Takaneva
Rejpelt
Peräkylä
Heikkola
Kosola
Pelkkikangas
Kolkki
Karjakatu
Kyromossen
Hyyppä
Tulisalo
Hangasneva
Lehmäjoki
Luoma
Orava
Honkiniemi
Kauhajärvi
Vähäkyrö
Selkämäki
Untamala
Ala-Hella
Hellanmaa
Höopaaka
Riihineva
Mustamaa
Alakylä
Kampinneva
Ojala
Kokkoneva
Tuurala
Isokyrö
Jaurinneva
Laurola
Ylistaron Jauri
Rajamäki
Myllykoski
Löyhinkineva
Alapää
Sikkomaa
Hirvijoki
Menkijärvi
Lapua
Laihia
Tervajoki
Napue
Hanhikoski
Yli-Hella
Haapakoski
Ahonperä
Kytölä
Orismala
Ylistaro
Honkirämäkkö
Malkamäki
Simpsiö
Ala-Nurmo
Männikkö
Suokko
Lakaluoma
Sikaneva
Tampparinkylä
Miettylä
Tuomaanmäki
Hiidenkirnu
Isokylä
Jakkula
Naarajoki
Tehtaanmäki
Kitinoja
Hirvilammi
Ruha
Niskasuonenneva
Paavola
Tiistenjoki
Salmi
Kylänpää
Teerineva
Seljänkangas
Orisberg
Alhojoki
Jääskänjoki
Viitikko
Halkosaari
Alapää
Mäenkylä
Peltomaa
Ylikylä
Ruona
Jokikylä
Läntinneva
Vittinki
Munakka
Isovuori
Tiisjärvi
Kuortaneenjärvi
Nälkäneva
Lounaala
Jokisalo
Ooperi
Uljaistenkylä
Seittu
Heikkilä
Paukaneva
Nurmo
Keski-Nurmo
Hirvijärven tekojärvi
Peräneva
Länsiranta
Pettuvuori
Jokiperä
Järvenneva
Alajoki
Sutikanneva
Kiikerinkylä
Harjunmäki
Kyrönjoki
Seinäjoki
Veneskoski
Ruismäki
Levaneva
Levalammen tekojärvi
Ahonkylä
Viitalankylä
Kurjenneva
Nurmonjoki
Hynnilä
Huissinkylä
Ilmajoki
Tömävä
Tuomikylä
Savusmäki
Isoneva
Koura
Kuljunneva
Vähä Levaneva
Äijänpelto
Peräkylä
Kalajaismaa
Kiviniemenmäki
Rengonkylä
Ämmälänkylä
Kivenmäki
Pyörni
Nopankylä
Luhtalankylä
Isoneva
Rissa
Kuoasjärvi
Luhtalankylä
Koskimäki
Tainuunmäki
Koskenkorva
Pojanluoma
Sydänmaa
Jurva
Asevelikylä
Viitala
Unkuri
Mantilanmäki
Honkakylä
Karvasuo
Ylijoki
Niinimaa
Saukkomäki
Rahkavuori
Panttila
Tuulianneva
Santavuori
Pikku-Kerus
Louonmäki
Ketelinmäki
Kuotesjärvi
Tupenkylä
Rauhaneva
Tuiskula
Kampinkylä
Saarenkylä
Viitala
Pasto
Kuivask
Kesti
Kurikka
Juonenkylä
Kanjoni
Kyrönneva
Rahka-Tervaneva
Haapaluoma
Taipalus
Kurpanneva
Mietaankylä
Luopa
Oppaanmäki
Luopajärvi
Peräseinäjoki
Kalajärvi
Kivistönmäki
Polvenkylä
Myllykylä
Penttikylä
Koukkari
Vuorenneva
Kaukola
Norinkylä
Hakuni
Ahonkyla
Jokipii
Taivalmaa
Peraneva
Luoma
Lohiluoma
Kurjenneva
Sikakylä
Haukineva
Lammasneva
Selkäsaarenneva
Pitkämönkylä
Petäys
Jalasjärvi
Viinamäki
Korteskylä
Haapaneva
Kihniä
Hangaskylä
Harjankylä
Pirttimaa
Kannonkylä
Ratikylä
Kalakoski
Siltala
Juupakylä
Sulkava
Piikkilä
Hirvikylä
Ala-Valli
Käpylänmaa
Kasakkamäki
Mäntykoski
Kokonmäki
Äystö
Kainasto
Aronkylä
Palloneva
Mantila
Uitonperä
Pirjatanneva
246
247
Iso Korvaneva
Iso-Löyhinki
Ikkelänjoki
Kainastonjoki
Jalasjoki
Peräkylä
Lustila
Sahankylä
Keskikylä
Hulkonmäki
257
Ja
Jb
64
29
63
56
45
26
23
49
50
32
21
E8
E12
8
19
16
18
3
67

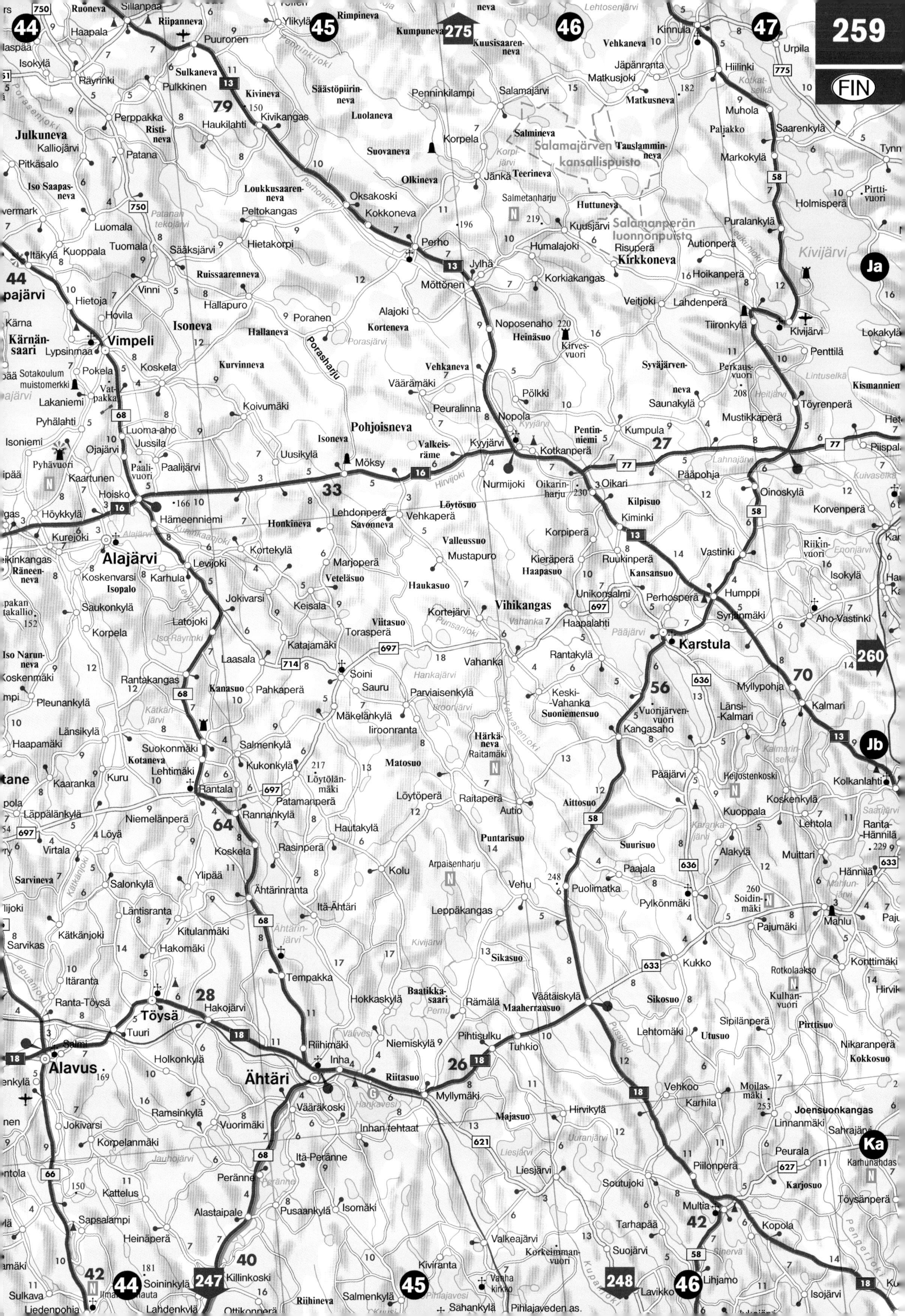
Ruoneva
Sillanpää
Ylikylä
Rimpineva
Kumpuneva
275
Kuusisaarenneva
Lehtosenjärvi
Kinnula
Vehkaneva
Urpila
44
45
46
47
Haapala
Riipanneva
Puuronen
Isokylä
Räyrinki
Sulkaneva
Pulkkinen
Kivineva
Säästöpiirinneva
Penninkilampi
Salamajärvi
Jäpänranta
Matkusjoki
Hiilinki
Matkusneva
Muhola
Paljakko
Saarenkylä
Tynn
Perppakka
Ristineva
Haukilahti
Kivikangas
Luolaneva
Korpela
Salmineva
Salamajärven kansallispuisto
Tauslamminneva
Markokylä
Julkuneva
Kalliojärvi
Patana
Pitkäsalo
Suovaneva
Jänkä
Teerineva
Iso Saapasneva
Olkineva
Loukkusaarenneva
Oksakoski
Kokkoneva
Peltokangas
Salmetanharju
Huttuneva
Salamanperän luonnonpuisto
Puralankylä
Holmisperä
Pirttivuori
Luomala
Tuomala
Sääksjärvi
Hietakorpi
Perho
Kuusjärvi
Humalajoki
Risuperä
Autionperä
Kivijärvi
Itäkylä
Kuoppala
Kirkkoneva
Jylhä
Korkiakangas
Hoikanperä
Ja
Ruissaarenneva
Möttönen
Hietoja
Vinni
Hallapuro
Alajoki
Veitjoki
Lahdenperä
Hovila
Poranen
Korteneva
Noposenaho
Heinäsuo
Kirvesvuori
Tiironkylä
Lokakylä
Kärnä
Kärnänsaari
Vimpeli
Lypsinmaa
Isoneva
Hallaneva
Porasharju
Porasjärvi
Penttilä
Koskela
Kurvinneva
Vehkaneva
Syväjärvenneva
Perkausvuori
Sotakoulumuistomerkki
Pokela
Vatpakka
Lakaniemi
Väärämäki
Pölkki
Saunakylä
Heitjärvi
Lintuselkä
Kismannien
Koivumäki
Peuralinna
Nopola
Kyyjärvi
Töyrenperä
Pyhälahti
Luoma-aho
Jussila
Pohjoisneva
Mustikkaperä
Isoniemi
Ojajärvi
Isoneva
Valkeisräme
Pentinniemi
Kumpula
Pyhävuori
Paalivuori
Paalijärvi
Uusikylä
Möksy
Kotkanperä
Piispala
Kaartunen
Hirvijoki
Nurmijoki
Oikarinharju
Oikari
Lahnajärvi
Pääpohja
Oinoskylä
Kuivaselkä
Hoisko
Höykkylä
Hämeenniemi
Löytösuo
Kilpisuo
Korvenperä
Kurejoki
Alajärvi
Lehdonperä
Savonneva
Vehkaperä
Kiminki
Honkineva
Kummaanjoki
Valleussuo
Korpiperä
Vastinki
Riikinvuori
Enonjärvi
Räneenneva
Kortekylä
Mustapuro
Kieräperä
Haapasuo
Ruukinperä
Kansansuo
Isokylä
Koskenvarsi
Isopalo
Levijoki
Karhula
Marjoperä
Veteläsuo
Haukasuo
Unikonsalmi
Perhosperä
Humppi
Saukonkylä
Jokivarsi
Keisala
Kortejärvi
Vihikangas
Haapalahti
Syrjänmäki
Aho-Vastinki
Korpela
Latojoki
Iso-Räyrinki
Viitasuo
Torasperä
Punsanjoki
Vahanka
Pääjärvi
Karstula
260
Iso Narunneva
Koskenmäki
Laasala
Katajamäki
Vahanka
Rantakylä
Rantakangas
Soini
Sauru
Hankajärvi
Parviaisenkylä
Keski-Vahanka
Suoniemensuo
Myllypohja
Pleunankylä
Kanasuo
Pahkaperä
Mäkelänkylä
Iiroonjärvi
Iiroonranta
Vuorijärvenvuori
Kangasaho
Länsi-Kalmari
Kalmari
Kätkänjärvi
Länsikylä
Härkäneva
Raitamäki
Jb
Haapamäki
Suokonmäki
Salmenkylä
Kukonkylä
Matosuo
Kalmarinselkä
Kotaneva
Lehtimäki
Löytölänmäki
Pääjärvi
Heilostenkoski
Kolkanlahti
Kaaranka
Kuru
Rantala
Patamanperä
Löytöperä
Raitaperä
Aittosuo
Koskenkylä
Läppälänkylä
Niemelänperä
Rannankylä
Autio
Kuoppala
Lehtola
Ranta-Hännilä
Löyä
Virtala
Koskela
Hautakylä
Rasinperä
Puntarisuo
Suurisuo
Alakylä
Muittari
Hännilä
Mahlunjärvi
Sarvineva
Salonkylä
Ylipää
Ähtärinranta
Kolu
Arpaisenharju
Vehu
Paajala
Puolimatka
Pylkönmäki
Soidinmäki
Mahlu
Läntisranta
Itä-Ähtäri
Leppäkangas
Pajumäki
Kätkänjoki
Kitulanmäki
Ähtärinjärvi
Kivijärvi
Sarvikas
Hakomäki
Sikasuo
Kukko
Konttimäki
Itäranta
Tempakka
Rotkolaakso
Lapuanjoki
Ranta-Töysä
Töysä
Hakojärvi
Hokkaskylä
Baatikkasaari
Rämälä
Maaherransuo
Väätäiskylä
Sikosuo
Kulhanvuori
Hirvik
Tuuri
Salmi
Riihimäki
Niemiskylä
Pihtisulku
Tuhkio
Lehtomäki
Utusuo
Sipilänperä
Pirttisuo
Holkonkylä
Inha
Riitasuo
Nikaranperä
Kokkosuo
Alavus
Ähtäri
Myllymäki
Vehkoo
Karhila
Moilasmäki
Joensuonkangas
Ramsinkylä
Vuorimäki
Vääräkoski
Majasuo
Hirvikylä
Linnanmäki
Sahrajärvi
Jokivarsi
Korpelanmäki
Inhan tehtaat
Uuranjärvi
Ka
Jauhojärvi
Itä-Peränne
Liesjärvi
Peuralа
Karhunahdas
Kattelus
Peränne
Soutujoki
Piilonperä
Karjosuo
Sapsalampi
Alastaipale
Pusaankylä
Isomäki
Multia
Töysänperä
Heinäperä
Valkeajärvi
Tarhapää
Kopola
Korkeimmanvuori
Suojärvi
Kiviranta
Vanha kirkko
Killinkoski
Soininkylä
247
248
Lihjamo
Pengerjoki
Sulkava
Riihineva
Salmenkylä
Lavikko
Isojärvi
Liedenpohja
Lahdenkylä
Sahankylä
Pihlajaveden as.

47
48
49
50
276
Variskylä
Louhuranta
Kanalanmäki
Lappamäki
Harmaalanranta
Tossavanlahti
Viinikkala
Jylhä
Pielavesi
Honkamäki
Linnanperä
Ilosjoki
Kolima
Kolkku
Tienhaara
Säviä
Hirvimäki
Purala
Paloranta
Kuorekoski
Koirakylä
Hemminki
Länsi-Säviä
Honkakoski
Tynnyriperä
Ulppanmäki
Löytänä
Autio
Pasala
Kumpumäki
Keitele
Taipale
Koivuniemi
Kotvala
Keitelepohja
Matoselkä
Pirttivuori
Lökkö
Kärnä
Pahkamäki
Ikälänkylä
Viitajärvi
Viitakangas
Heinä-Suvanto
Koutajärvi
Nilakka
Nurkkaperä
Pirttikangas
Toulat
Hevosjärvi
Siilinsalo
Taimoniemi
Hyödynkylä
Jauhiala
Jokijärvi
Kymönkoski
Järvenpää
Rimminsuo
Kummunkylä
Ja
Luotolansaari
Kennää
Keihärinkoski
Ylä-Keitele
Kurkela
Viitasaari
Kymönselkä
Permoskylä
Mäntylä
Hamula
Elosaari
Utrian
Lokakylä
Isomäki
Lätinranta
Isoaho
Kiminki
Suotajärvi
Tukiaisselkä
Äyskoski
Penttilä
Sipilä
Terelä
Jurvansalo
Onaskylä
Niinivesi
Kivikylä
Hautolahti
Kämäri
Kismanniemi
Huopana
Huopanankoski
Suovanlahti
Haarala
Hautomäki
Vuoskoski
Niinivedenranta
Hetoperä
Pyydysmäki
Ilmolahti
Kokonselkä
Karimäki
Piispala
Hilmonkoski
Vuosjärvi
Vesanto
Vesamäki
Kuivaselkä
Kannonkoski
Vuorilahti
Emonen
Vesijärvi
Korvenperä
Mannilankylä
Kallioniemi
Harinkaa
Ahveninen
Vesannonranta
Tiitilänkylä
Alamaa
Näremäki
Niinilahti
Horonpää
Kuuslahti
Kannonsaha
68
Aroniemi
Keitele
Helemosaari
Horonkylä
Pesäneva
Lakomäki
Pyhänsalo
Sonkari
Isokylä
Haukiperä
Kannonjärvi
Heinäpohja
Iisjärvi
Kalaniemi
Naakelinmäki
Pängätsalo
Hautsalo
Närhilä
Rokkapohja
Aho-Vastinki
Koivuselkä
Toikkalankylä
Kiesimä
Salmenniemi
Pyhä-Häkin kansallisp.
Maso
Pyhälahti
Lavianselkä
Karvasmäki
Kohmu
Iitsalo
Patasalo
Särkisalo
Kolarinsaari
Pohjois-Konnevesi
259
Kömi
Konginkangas
Horo
Peltokylä
Häkkilä
Rautaharju
Kalmari
Kertonselkä
Viitakylä
Heintaival
Kekkilä
Kurkisuo
Salonsaari
Hirvaanmäki
Pyydyskylä
Juohtikylä
Istunmäki
Julmatlammit
Nikarainen
Liimattala
Rautionmäki
Varuskunta
Pakarilansalo
Jb
Kolkanlahti
Pyhäjärvi
Järvenpää
Telttimäki
Ala-Keitele
Unelmakallio
Rantakylä
Peltola
Saarijärvi
Hietalahti
Hässössaari
Kytänsalo
Pynnönsaari
Hitonhauta
Silmutjoki
90
Ranta-Hännilä
Laajaranta
Syvälahti
Sumiainen
Mäkäräniemi
Linna
Loukkuvuori
Konnevesi
Siikakoski
Hännilä
Leuhu
Känkänmäki
Mämmenkylä
Vihijärvi
Mäkelänkylä
Sumiainen
Tarvaala
Summanen
Parantala
Saarikas
Hytölä
Kellankoski
Kyyränkylä
Äänekoski
Iso-Jurvo
Töhkerönmäki
Mahlu
Pajupuro
Rumpsunperä
Tärttävuori
Hietama
Rotkola
Tankolampi
Hännänniemi
Lannevesi
Suolahti
Peltomäki
Sirkkamäki
Syrjänkangas
Konttimäki
Mäkikylä
Honkola
Kärkkäälä
Hoikankylä
Lannevesi
Niinivesi
Hänniskylä
Pirttimäki
Hirvikangas
Rantakylä
Koivisto
Äijälä
Palsankylä
Kangashäkki
Vatia
Pikanselkä
Säkinmäki
Uurainen
Ohenmäki
Haukimäki
Hitonhauta
Tervatehdas
Ristimäki
Nikaranperä
Kokkosuo
Kelloperä
Hirvaskylä
Hankavesi
Kyynämöinen
Kuusaa
Kirkkokivi
Oksalansaari
Lehtomäki
Valkola
Koivula
Hankasuo
Multamäki
Leinola
Lankamaa
Piippaharju
39
Kutula
Kuusvedenranta
Kynsivesi
Sahrajärvi
Esan Petäjä
Vehniä
Alapohja
Haarala
Laukaa
Jokihaara
Rajajärvi
Simunankoski
Venekoski
Hankasalmi
Höytiä
Tikkakoski
Laukkavirta
Simuna
Paanalansaari
Kalliojoki
Ka
Karhunahdas
Sakari
Vihtavuori
Töysänperä
Hepopera
Kuikka
Vihtasilta
Saarilampi
Rantalankylä
Ylä-Kintaus
Nyrölä
Puuppola
Matinmäki
Lehesvuori
Leppävesi
Kuusisaari
Vuontte
Puttola
Hyyppäänvuori
Mäkelä
Niemisjärvi
Pengerjoki
Ylä-Kintaus
Kuivasmäki
248
Humalaperä
Saarenmaa
249
Majavuori
Savio
Lievestuore
Kaunisharju
Räihä
Kumpu
Halttula

Katajamäki
Korkeakoski
Vianta
Juurikka
277
52
Konttimäki
Kihanmi
53
Tuovilanlahti
Pajuskylä
Pohjois-Haatala
Ahkiolahti
Tölvä
Alapitkä
Naarvanlahti
Kolmisoppi
Sänkimäki
Sahinpuro
Vuotjärvi
Vuotlahti
Haluna
Pelonniemi
Pajulahti
Kuuslahti
Pöljä
Panka
Maaninka
Kyntinen
Varpasmaa
Kinnulanlahti
Aappola
Juankoski
Nousionmäki
Lähteenkorva
Kesämäki
Pellonpää
Sinikivi
Hamula
Pulkonkoski
Siilinjärvi
Murtolahti
Säyneinen
Käärmelahti
Kurolanlahti
Ala-Ruokovesi
Akonvesi
Muuruvesi
Karhonvesi
Akonpohja
Västinniemi
Ristinen
Leinolanlahti
Kasurilanmäki
Väänälänranta
Arabia
Juurusvesi
Kotasalmi
Pitkämäki
Luola
Talluskylä
Toivala
Jännevirta
Hirvilahti
Eteläkylä
Kehvo
Vuorela
Uuhimäki
Melavesi
Ryönä
Pyöräkkä
Kallavesi
Liikkanen
Riuttala
Niemisjärvi
Lamperila
Vehkalampi
Riistavesi
Laukka-aho
Lähemäki
Koivujärvi
Laivonsaari
Savulahti
Tuusjä
Petronneva
Paljakanvuori
Salonkulma
Hirvijärvi
Itä-Karttula
Korpisalo
Puijo
Vaajasalo
Kortejoki
Hiidenlahti
Kivijärvi
Koivulahti
Asuma
Säyneensalo
Rötikko
554
Kivimäki
Kaislastenlahti
KUOPIO
Ritoniemi
Kitula
Karttula
Salonsaari
Levänen
Hemmonranta
Iivarinsalo
Mustasalo
Kohma
Papinsalo
551
Petonen
Kallavesi
Jb
Kuttajärvi
Syvänniemi
Pihkainmäki
Rytky
Vuorisalo
Roikanvesi
Käpysaari
Linnonsaari
Hiltulanlahti
Vanuvuori
Rytökylä
Tervasalo
Vehmersalmi
Litmaniemi
Virmasvesi
Koskenkylä
Lumpeela
Vuorimäki
Punnonmäki
Pellesmäki
Kuhanen
Mäntysalo
Jänissalo
Taipale
548
Kurkimäki
Kinno
Iisvesi
Kuninkaansaari
Iso-Lauss
Rieponlahti
Virmaanpää
Airaksela
Vehmasmäki
Räsälä
Enonlahti
Mustinlahti
Etelä-Saikari
Kivijärvi
Puutosmäki
Sotkanselkä
Sotkanniemi
Humalajoki
Niivesi
Korholanmäki
Leppämäki
262
Suvasvesi
Kotassari
Mustolanmäki
Valkeamäki
Rastunsuo
Vaajasalmi
Kärkkäälä
Kutunjärvi
Salminen
Kutunkylä
Länsi-Saamainen
Tuppurinmäki
Tuohisalo
Liuko
Iso-Rasti
Purola
545
Lempyy
Iso Hirvimäki
Paukarlahti
Itä-Saamainen
Leppämäki
Puponmäki
Liimatala
Pukkiharju
Koskelovesi
Iisvesi
Lyytilänmäki
Hanhisalo
Keinälänmäki
Reinikkala
Haapamäki
Rautalampi
Rajalanniemi
Kirjosuo
Suonenjoki
531
Halola
Petromäki
Särkijärvi
Kurjala
Hovinpelto
Vehvilä
Oravikoski
Näpinsalo
Kanava ja koski
Konnuslahti
Kolarinpelto
Konnekoski
Levä
Karhulanmäki
Suihkola
Jalkala
Pölkynvuori
Palokangas
Hankamäki
Kolarinsaari
Hankavesi
Kalajanvuori
Hoikankylä
Kutumäki
Kuvansi
Laitilanniemi
Tynnörivuori
Leppäsalo
Orinoron rotko
Mustinmäki
Hanhitaipale
Leppävirta
Suontienselkä
Paasvesi
Mustansalo
534
Riihiranta
Moninmäki
Hankamäki
Keurunmäki
Vippero
Pörölänmäki
Hulkkola
Sorsavesi
Savonjoki
Paljakkavesi
Eteläselkä
Suontee
Ruuhilampi
Takkula
Tanskansaari
Soisalo
Alakylä
Hietakylä
Vihtaselkä
Sorsakoski
Unnukka
Myhinpää
Mehtiönkoski
Haapakoski
Sormula
Niittysalo
Osmajärvi
Poijinpelto
Tiheäsalo
Niinimä
Vahvanen
Ahveninen
Raapiosuo
Huhtimäki
533
Timonsalo
Timola
Mustinsalo
Vihtanen
Kotamäki
Pussilanjoki
Peltola
Mataramäki
Isokylä
Kurikkamäki
Sarkamäki
Ka
Koimäki
Pätinsuo
Ringinsuo
Jäppilä
Käpry
Tihusniemi
Rauhamäki
Vanaja
Linnakivi
Lahnanen
Nenonpelto
Salvonen
Niemenkylä
453
Varkaus
Kurola
Vaalijala
Pieksäjärvi
Heinämäki
Rummukka
Syvänsi
Könönpelto
Harijärvi
Kankainen
Pahkakangas
Laaninsuo
Kivela
Harjuranta
Kukkola
Naarajärvi
Siikamäki
Hallamäki
Kuvansi
Hynnilänsaari
Paltanen
Pieksämäki
Maavesi
Palviainen
Sauvomäki
Venetmäki
Pyhäjärvi
Maavuskylä
455
Kolma
Kostonsaari
Pohjoisk
Hietamäki
Pirttimäki
Huutokoski
Joroisselkä
464
Tiemassalo
Salmen as.
Pyhäjärvi
Ristimäki
Naarajärvi
Sikalanselkä
Kotkatlahti
Ruokomäki
Lamminmäki
Kiekka
Maavesi
Joroinen
249
Etelä-Niskamäki
Vehmaskylä
Längelmäki
250
447
Koskenkylä
Kerisalonsaari
Hurskaala
Savuniemi
50
51
52
53

FIN
Losomäki
54
Tiiskinsuo
Petrovaara
278
55
Timovaara
Järvikylä
56
Aittomäki
Luvekylä
Kajoo
Otravaara
Martonvaara
Tuopanjoki
Kopravaara
Heraniemi
Hirvijärvi
Rakkonekoski
Kuusivaara
Harivaara
Savola
Puso
Moskuunsuo
Lipasvaara
Juankoski
Pullinmäki
Rantakylä
Rasimäki
Ylä-Vehkalahti
Kortteinen
Suovaara
Sammakkovaara
Pettola
Romppala
Ja
Niinivaara
Multimäki
Niemikylä
Ruvaslahti
Hovila
Kelosaari
Onnivaara
Haapa-aho
Larinsuo
Oriniemi
Venejoki
Heisk
Teyrisaari
Akonpohja
Hanhivaara
Lahtolahti
Sivakkavaara
Nuottiranta
Petkellahti
Lehtovaara
Riihiaho
Pitkämäki
Kaavi
Keltinvuori
Lentokivi
Hukkala
Huutokoski
Ruopansaari
Mattilanmäki
Haapovaara
Varparanta
Hukkasaari
Saarivaara
Kinahmo
Jängänranta
Luikonlahti
Polvijärvi
Kintainen
Konttimäki
Rauventaipale
Laukka-aho
Alakylä
Mutkanvaara
Höytiäinen
Loukeinen
Horsmanaho
Kuorevaara
Jouhteninen
Tuusjärvi
Kuivinniemi
Maarianvaara
Kontiolahti
Sola
Huhmarinen
Ohtaanniemi
Keikko
Töriseva
Koivulahti
Louhivaara
Kontioniemi
Pajumäki
Liukonpelto
Rikkavesi
Kokonvaara
Vuonos
Tuusniemi
114
Kunnasniemi
Rikkaranta
Viinijärvi
Sotkuma
Kohma
Paakkila
Murtoniemi
Puntarikoski
Pahkasalo
Lähtevä
Jaamankangas
Saunaniemi
Tiheänsaari
Outokumpu
Harmaasalo
Saariniemi
Jb
Varislahti
Härkinvaara
Vaivio
Onttola
Pärnävaara
Litmaniemi
Juurikkamäki
Valkeavaara
Ahonkylä
Kuusijärvi
Kuusjärvi
Ulla
Käsämä
Ylämylly
Noljakka
Maljasalmi
Viinijärvi
Mustinjärvi
Ruskila
Viurusuo
Leppilampi
27
Ristonkangas
Perhos-Botania
Kojanlahti
Jäätsalo
Pohjoiskylä
Mattisenlahti
JOENSUU
Mustinlahti
Kompero
Juojärvi
Kosula
Viuruniemi
Kaarnalampi
Salokylä
Mienanmäki
Ranta-Kosula
Häyrynlahti
Pyhäselkä
261
Levälahti
Luutsalo
Ristinpohja
Puromäki
Iso Pyhäsaa
Ristinkylä
Kaatamo
Laukansalo
Heposelkä
Tuohisalo
Pouhansaari
Lintulan luostari
Valamon luostari
Karpanrimpi
Liperi
Liukonpelto
Juurikka
Korpivaara
Teerisuo
Roukalahti
Palokki
Matinsaari
Rusinvirta
Varistaipale
Luusvuori
Suurmäki
Siikasaari
Pesolansaari
Haapamäki
Majamäki
Lajunlahti
Karvio
Kivimäki
Liperinsalo
Ruunalehto
Niinikkosaari
Lepikkomäki
Suurijoki
Kolehmala
Tutjunniemi
Kypäräjärvi
94
Viitalahti
Petrumantaival
Sarvikumpu
Telmo
Kolarinpelto
Hentulansaari
Salonnenä
Haapasenpää
Viitasaari
Petruma
Sakastinmäki
Leppälahti
Kenälä
Haapalathi
Turpeisensaari
Lammu
Näätänmaa
Saarimäki
Kermajärvi
Kermanranta
Särkelä
Hyytsaari
Rummukkala
Heinävesi
Savonselkä
Oravisalo
Hirvimäki
Latvalampi
Kökönmäki
Tetrivaara
Hypönniemi
Oravisalo
Rääk
Kuittua
Kerma
Vihtari
Pyöriinlahti
Koivumäki
Alakylä
Vesteri
Raaminmäki
Sappu
Varpasalo
Timonmäki
Rönkönvaara
Varpasalo
Leivonmäki
Voiniemi
Salokylä
Kilpimäki
Niinimäki
Karhilantaival
Sönkkä
Ahmosaari
Säynelahti
Malkkila
Pölläkkä
Säimen
Orivesi
Pötsö
Mäntysalo
Mäkiaho
Kukkolanhauta
Kakonvuori
Harkons
Pyylinsaari
Koloveden kansallisp.
Rauhamäki
Kangaslampi
Itkon harjualue
Sompasaari
Pyyli
Vaajasalo
Leipämäki
Huuhi
Hankavaara
Ka
Kurenlahti
Heinoniemi
Hevonlahti
Pisamaniemi
Kukkolanmäki
Viljolahti
Savonranta
Paasselkä
Vihtav
Yrjölä
Erolansaari
Härmäsaari
Jänissalo
Härkki
Hanhivirta
Oravuori
Leino
Kuivisto
Tappuniemi
Ihamaniemi
Kuokanselkä
Toivosaari
Pohjoiskylä
Kokkolahti
Humm
Tiemassaari
Hankasalo
Tiemassalo
Vuorisaari
Ahvensalmi
Kuoppasalo
Muhonmäki
Matko
Korvenniemi
Voinsalmi
Hyypiänniemi
Paakkunala
Oravi
Sorsasalo
Enonkoski
Pistala
Torasalo
53
250
Linnansaaren
Linnansaari
54
251
Luotojärvi
55
Raikuu
Niinisaari
Haukivesi
Laasala
Kattilanmäki
Pihlaja

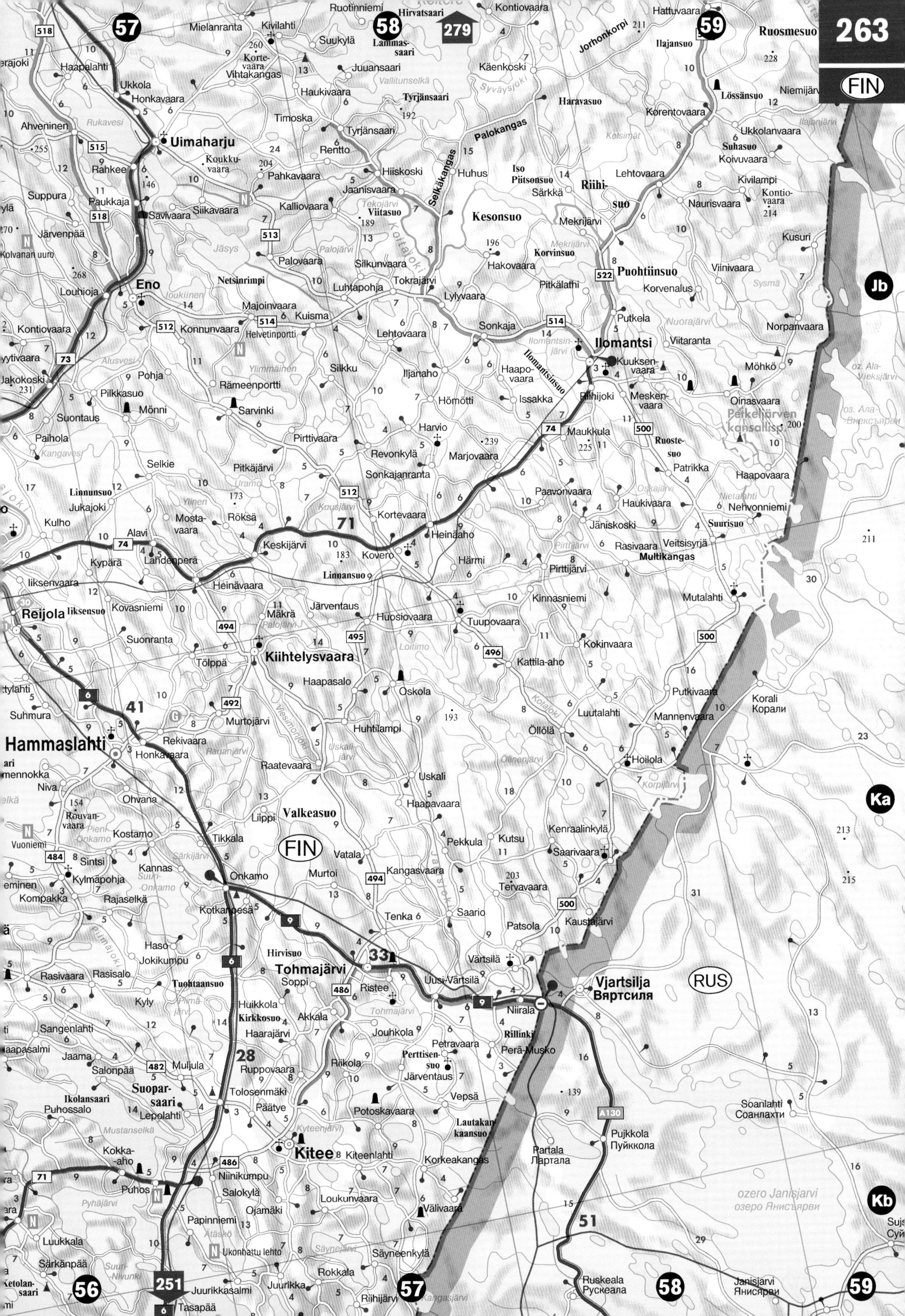

12

13

14

Ha

Hb

Ja

NORSKE H

Nordøya

Risøyan

Ytre Gjæsingen

Vingleia fyr

Gjæsinghavet

Hjertøya

Måøya

Sula fyr

Sula

Skogsøya

Tarvah

Sulfjorden

Lyngværet

Rottingen

6

Hellesvikan

Skjelvika
Gurviksdalen

5   4

Vågøya

5

Uttian

Frøyhavet

Sandvika

4

3   4

Kvisten

Tuvneset

716

Kjørkdalsvatnet

Inntian

Nordskaget

2

Sistranda

Bustvika

8

Frøya

Slettringen fyr

Titran

4

714

7

716

Fillingsneset

Frøyatunnelen
5 305 m

Gapet

8

Ulvøya

Dolmøya

Ulvan

Herøya

Frøyfjorden

Hjertøya

4

Nordbotn

Torsøya

Langøya

2

8

Kråk

Bispøyan

3   2

714

4   5

Burøya

6

180

714

Fjellværsøya

Edøya

Helgbustadøya

Hokkeltinden

2

Haugjegla fyr

3

3   5

Veiholmen

Kvenvær

3

Hitra

669

Grefsnes

713

Veiahølen

9

270

8

Straum

12   148

Skårøya

9

Hernes

Sagvatnet

Eldsfjellet
313

6   148

Sæbuøya

3

714

Hestvika

Steinsøya

Hummelvika

H   i   t   r   a

8

Sandstad   3

102

Hopen

7

Badstuvika

Dyrnes   10   Frostaheia

4

Nordvika

Akset   13

713

Trondheimslei

Vingan

Steinsøyneset

7

Stortua
315

Laksåvika

7   Ballsnes

Terningen fyr

Smøla

10

11

713

Valslåg

Tenørlifjellet
403

Ersneset

4   7

Lya

Forsnes

15

Hemnskjel

Fugløya   3

669

10

713

Restøya

Gjengstø

Rottem   Våga

Jøstølen

6

Kjørsvik

680

Jamtøya   Astfjo

Jøa

Dromnes

4

17

Belsvik

Nerdvika

Alstad

Svanem   6   Heimsfjellet
567

Rossvolløya

Fonna
722

Lesund

Skardsøya

Tannvik

669

Tyrhaug fyr

Grisvågøya

Ulvsnes

Lifjellet
572

Oddan

Hafsmo

Ja

Kuli

Edøya   229

Svinvika

354

Gjela

14   230   Snill

Korsvollen

Torset

Stemshaug 13

Vean   658

Kynnsvika

Griphølen

Gjerdavika

Eidet   7   Vågskardet

12

13

14

15

15
16
17
Kya fyr
N
Hasvåg
Håstad
Oksbåsheia
Buholmråsa fyr
Seter
Bøle
Hestdalen
Osheia
Gb
Raudøyan
Ramsøya
Vingsand
Hopen
Svesfjorden
Hepsøya
Strand
Hellenstninger
Halsfjellet
Skjervøyan
Brattjer
Osen
Børøya
Sandøya
Mostervika
Vik
Stein
Magnhild-fjellet
Bessaker
Storvika
Kaura fyr
Terningen
Bessaker-fjellet
Åsegg
Blåheia
Kvernland
Værøya
Sumstad
Brandsfjorden
Hofstad
Allmenningen
Utro
Brandsøya
Roan
Fagerdal
Elgdjøen
Halten
Halten fyr
Hongsand
Middags-fjellet
Elgsjøheia
Kiran
Kiransfjellet
Nordskjørin
Lonin
Flesafjorden
Stokkøya
Harbak
Harbak-fjellet
Skjørafjorden
Joskjør
Storlysen
Svenningsneset
Steinheia
Måmyra
Daapma
Stokknes
Tørrvika
Høvika
Ha
Sauøya
Froan
Linesøya
Stokksund
Lines
Haukvassheia
Morka-moen
Bjørnabakk-klumpen
Børmarka
Storheia
Herfjorden
Grøttingen
Stokkslettmyra
Norddalen
Storfjell-klumpen
Linesfjorden
Frohavet
Sela
Ratvika
Morkamoen
Åfjord
Årnes
Haravassheia
By
Rømma
Stordalen
Stordalselva
Åsenvagøy fyr
Tårnes
Lauvøya
Monstad
Stordalsvatnet
Dragseid
Røgndalsheia
Skråfjorden
Lauvøyfjorden
Selavatnet
266
Skjørøya
Lysøya
Vorpbukta
Osa
Morrvollen
Klumpen
Hurtigruten
Valsøya
Lysøysundet
Selnes
Mørriaunet
Brulivatnet
Trevass-heia
Fauskan
Jøssund
Tarva
Været
Melem
Koet
Teksdalen
Tverrlia
Ormsetvatnet
Nyvassdals-heian
Teksdalsvatnet
Austdalen
Tarva
Valsneset
Karlsøya
Staurheia
Løsvatnet
Nordsetra
Verrasundet
Steinviks-fjellet
Djupfest
Tarvafjorden
Rødsjøen
Røssheia
Gjølga
Foser
Botngard
Vardheia
Verrabotn
Bjugn
Kringsvatnet
Skorven
Skavdalen
Lyngholmråsa
Kjeungskjær fyr
Opphaug
Ospli-kammen
Råkvågen
Hårfjellet
Uthaug
Holsundet
Mælan
Saltvikham
Høybakken
Austrått
Melungvatnet
Stor-knuken
Storfosna
Sletta
Brekstad
Austråttborgen
Saga
Slipra
Frengen
Neset
Korpbei-klumpen
Stjørnfjorden
Fevåg
Olsøyheia
Storsalen
Stoan
Skaudalen
Olsøy
vågfjorden
Langen
Leksvik
Musdal
Blåheia
Kristivika
Gronningen
Storvatnet
Kongensvollen
Åsøya
Årnset
Kjerringklumpen
Tømmerdalen
Staur
Ålmo
Liahøgda
Hb
Botnen
Kvamman
Terningsheia
Størdalen
Kvithylla
Hermstad
Hindrem
Småland
Hellåsen
Vanvikan
Hestgrovheia
Kvarme
Steinsdal
Bradden
Vordal
Åstan
Ersland
Trondheimsfjorden
Øyangsvatnet
Selbekken
Solem
Haugan
Åsenfjorden
Fløan
Tennel
Nonsheia
Rein
Rørvika
Remmafjellet
Forbordfjellet
Øyangen
Skatval
Ingdalen
Flakkfjorden
Vinna
Kvithammaren
Grostad
TRONDHEIM
Trolla
Krokstadøra
Lade
Strindfjorden
Snilldal
Stjørdalshalsen
Nidaros Dom
Hundhammeren
Storfjellet
Vikhammer
Rye
Kjøra
Rabboren
Skorilla
231
Storheia
Kolstad
Nidaros Dom
Charlotten-lund
Malvik
232
18
Hell
Kvearmoen

TRONDHEIM
Steinkjer
Namsos
Levanger
Verdalsøra
Stjørdalshalsen
Inderøya
Fosen
Trondheimsfjorden
Beitstadfjorden
Verrasundet
Skaudalen
Norddalen
Stordalen
Austdalen
Inndalen
Ytterøya
Leksvik
Mosvik
Vestvika
Skjelstad
Tua
Follafoss
Sela
Kjåppan
Osen
Roan
Vingsand
Hopen
Strand
Brattjer
Mostervika
Vik
Bessaker
Storvika
Sumstad
Hofstad
Fagerdal
Lonin
Måmyra
Kiran
Hongsand
Nordskjørin
Joskjør
Stokkslettmyra
Børmarka
Årnes
Monstad
Osa
Morrvollen
Mørriaunet
Tverrlia
Nordsetra
Rødsjøen
Skorven
Verrabotn
Stoan
Hindrem
Vanvikan
Haugan
Småland
Kvarme
Staur
Kvamman
Hopla
Åsen
Vordal
Fløan
Skatval
Vinna
Kvithammaren
Hegra
Hell
Malvik
Hundhammeren
Vikhammer
Lade
Kolstad
Trolla
Markabygd
Arnstad
Ronglan
Falstad
Skogn
Alstadhaug
Matberg
Ersås
Heir
Rinnan
Hello
Nes
Buran
Tromsdalen
Stiklestad
Vuku
Steine
Sende
Lund
Haug
Lyng
Lein
Hylla
Røra
Sparbu
Mære
Vist
Hafstad
Bruem
Henning
Veimo
Sem
Rognan
Aksnes
Asp
Bardal
Byafossen
Fossem
Heltuv
Følling
Kne
Stod
Reitlo
Sunnan
Røysing
Vattan
Gulin
Vellamelen
Tørring
Hatlinghus
Namdalseid
Buvarp
Dorrås
Fosslia
Sjøåsen
Vassmoen
Sverkmoen
Hølstad
Romstad
Solem
Snautua
Bangsund
Klinga
Fjær
Reitan
Altin
Fjellset
Sævik
Spillum
Selnes
Hovika
Morka
Aunet
Tøttdal
Fjell
Dala
Hoddøya
Gongfjellet
Laukvika
Jøssund
Hestdalen
Bøle
Uran
Håstad
Hasvåg
Kvaløya
Kvaløyseteren
Vik
Kilan
Glasøya
Stein
Åsegg
Kvernland
Aunet
Kya fyr
Kaura fyr
Oksbåsheia
Buholmråsa fyr
Seter
Raudøyan
Ramsøya
Hepsøya
Skjervøyan
Børøya
Sandøya
Terningen
Værøya
Brandsøya
Utro
E6
E14
17
18
19
20
280
265
Ha
Hb
Gb

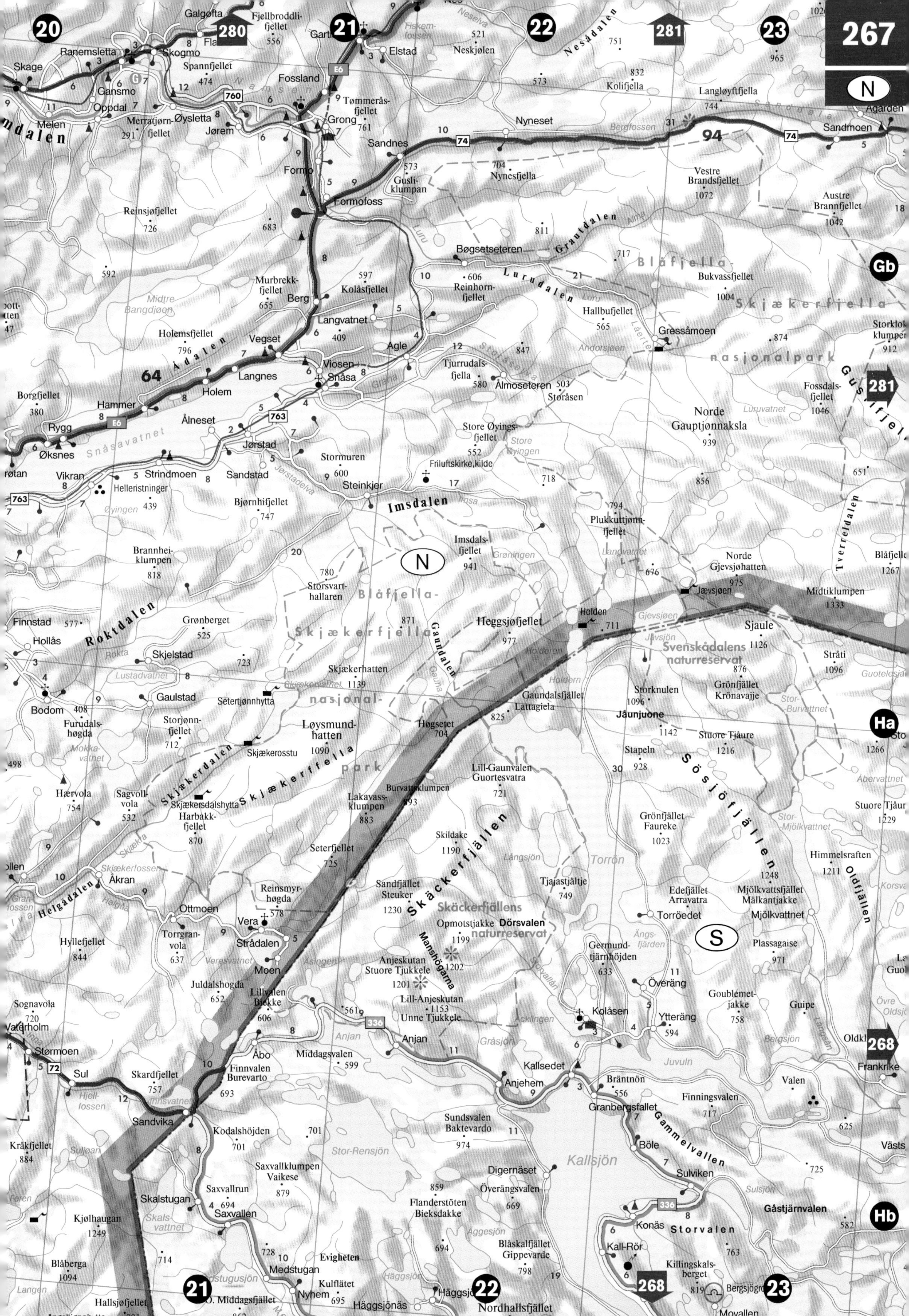
20
21
22
23
280
281
N
Galgøfta
Fjellbroddli-
fjellet
556
Gartland
Elstad
Fiskem-
fossen
Neselva
521
Neskjølen
Nesådalen
751
965
Ranemsletta
Skogmo
Skage
Spannfjellet
474
Gansmo
Fossland
E6
832
Kolifjella
573
Langløyftfjella
744
Sandøla
Agarden
Oppdal
Melen
Merratjørn-
fjellet
291
Øysletta
Jørem
760
Grong
Tømmerås-
fjellet
761
Nyneset
Bergfossen
94
74
Sandmoen
ndalen
Sandnes
573
Formo
Gusli-
klumpan
704
Nynesfjella
Vestre
Brandsfjellet
1072
Austre
Brannfjellet
1042
Formofoss
Reinsjøfjellet
726
683
Luru
811
Grautdalen
Bøgsetseteren
717
Blåfjella-
Gb
592
Murbrekk-
fjellet
655
597
Kolåsfjellet
606
Reinhorn-
fjellet
Lurudalen
21
Bukvassfjellet
1004
Skjækerfjella
Midtre
Bangdjøen
Berg
Langvatnet
409
Hallbufjellet
565
Låeta
Gressåmoen
874
Storklok
klumpen
912
Holemsfjellet
796
Ådalen
Vegset
Agle
Stalaselva
847
Andorsjøen
nasjonalpark
64
Langnes
Holem
Viosen
Snåsa
Grana
Tjurrudals-
fjella
580
Ålmoseteren
503
Storåsen
Fossdals-
fjellet
1046
Gusfjell
Borgfjellet
380
Hammer
Rygg
Øksnes
Snåsavatnet
Ålneset
763
Jørstad
Store Øyings-
fjellet
552
Store
Øyingen
Norde
Gauptjønnaksla
939
Luruvatnet
rotan
Vikran
Strindmoen
Sandstad
Jørstadelva
Stormuren
600
Friluftskirke,kilde
718
856
651
Helleristninger
439
Øyingen
Steinkjer
17
Imsa
Imsdalen
Bjørnhifjellet
747
794
Plukkuttjønn-
fjellet
Tverrelldalen
Brannhei-
klumpen
818
20
780
Storsvart-
hallaren
Imsdals-
fjellet
941
Grøningen
Langvatnet
676
Norde
Gjevsjøhatten
975
Jævsjøen
Midtiklumpen
1333
Blåfjelle
1267
Finnstad
577
Roktdalen
Grønberget
525
Blåfjella-
871
Skjækerfjella
Gaundalen
Heggsjøfjellet
977
Holden
711
Gjevsjøen
Jävsjön
Sjaule
1126
Hollås
Rokta
Skjelstad
723
Holderen
Svenskådalens
naturreservat
Stråti
1096
Lustadvatnet
Skjækerhatten
1139
Gauna
Holdern
876
Grönfjället
Krönavajje
Guoteles
Bodom
Gaulstad
408
Setertjønnhytta
nasjonal-
Gaundalsfjället
Lattagiela
Storknulen
1096
Stor-
Burvattnet
Furudals-
høgda
Storjønn-
fjellet
712
Løysmund-
hatten
1090
Høgsetet
704
825
Jåunjuone
1142
Stuore Tjåure
1216
Ha
1266
498
Mokka-
vatnet
Skjækerdalen
Skjækerosstu
park
Stapeln
928
30
Hærvola
754
Sagvoll-
vola
532
Skjækersdalshytta
Skjækerffella
Harbakk-
fjellet
870
Lakavass-
klumpen
883
Burvattklumpen
893
Lill-Gaunvalen
Guortesvatra
721
Sösjöfjällen
Abervattnet
Stuore Tjåur
1229
Skjækra
Seterfjellet
725
Skildake
1190
Skäckerfjällen
Grönfjället
Faureke
1023
Stor-
Mjölkvattnet
Himmelsraften
1211
Oldfjällen
Skjækerfossen
10
Åkran
Helgådalen
Helgåa
Reinsmyr-
høgda
578
Sandfjället
Steuker
1230
Längsjön
Torrön
Tjajastjältje
749
1248
Edefjället
Arravatra
Mjölkvattsfjället
Mälkantjakke
Korsvå
Ottmoen
Torrgran-
vola
637
Vera
Strådalen
Moen
Hyllefjellet
844
Sköckerfjällens
naturreservat
Opmotstjakke
1199
Dörsvalen
Manshögarna
1202
Torröedet
Mjölkvattnet
Ängs-
fjärden
S
Germund-
tjärnhöjden
633
Plassagaise
971
Veresvatnet
Äsingen
Anjeskutan
Stuore Tjukkele
1201
Juldalshogda
652
Lillvalen
Biekke
606
Lill-Anjeskutan
1153
Unne Tjukkele
Överäng
Goublemet-
jakke
758
Guipe
Sognavola
720
Vaterholm
561
336
Anjan
Acklingen
Kolåsen
Ytteräng
594
Stormoen
72
Sul
Åbo
Middagsvalen
599
Gråsjön
Bergsjön
Oldkl
268
Frankrike
Skardfjellet
757
Finnvalen
Burevarto
693
Kallsedet
Anjehem
Juvuln
Bräntnön
556
Hjellfossen
Innsvatnet
Sandvika
Granbergsfallet
Finningsvalen
717
Valen
625
Kråkfjellet
884
Suljøan
Kodalshöjden
701
701
Sundsvalen
Baktevardo
974
Stor-Rensjön
Gammelvallen
Böle
Kallsjön
Västs
Saxvallklumpen
Vaikese
879
Digernäset
Överängsvalen
669
859
Flanderstöten
Bieksdakke
Sulviken
Sulsjön
725
Skalstugan
Saxvallrun
694
Saxvallen
Skals-
vattnet
Kjølhaugan
1249
Äggesjön
Konäs
Storvalen
Gåstjärnvalen
Hb
582
694
Blåskalfjället
Gippevarde
798
Kall-Rör
763
Killingskals-
berget
819
714
728
Evigheten
Blåberga
1094
Medstugan
Medstugusjön
Kulflätet
695
Häggsjön
Nyhem
O. Middagsfjället
Häggsjönäs
Nordhallsfjället
Bergsjögrd
Movallen
Langen
Hallsjøfjellet

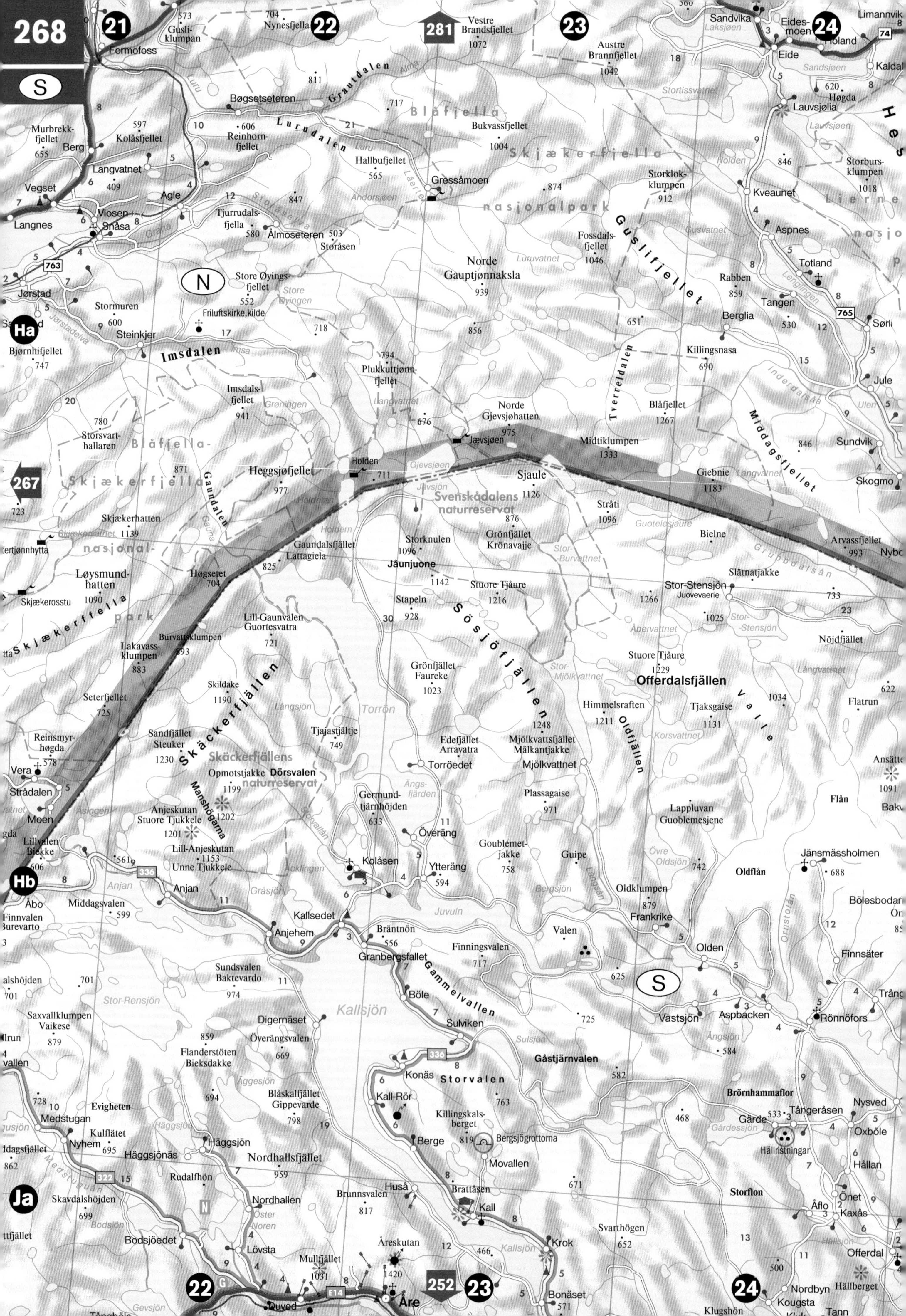
S
21
22
23
24
281
267
252
N
Ha
Hb
Ja
Formofoss
Gusli-
klumpan
Nynesfjella
Vestre
Brandsfjellet
1072
Austre
Brannfjellet
1042
Sandvika
Laksjøen
Eides-
moen
Holand
Eide
Limannvik
Kaldal
Sandsjøen
Stortissvatnet
Høgda
Lauvsjølia
Lauvsjøen
Hes
Grautdalen
Bøgsetseteren
Blåfjella-
Bukvassfjellet
1004
Skjækerfjella
Lurudalen
Murbrekk-
fjellet
655
Kolåsfjellet
597
Berg
Reinhorn-
fjellet
606
Hallbufjellet
565
Gressåmoen
Langvatnet
409
Vegset
Agle
Andorsjøen
nasjonalpark
Storklok-
klumpen
912
Storburs-
klumpen
1018
Kveaunet
Lierne
Langnes
Viosen
Snåsa
Tjurrudals-
fjella
580
Ålmoseteren
503
Storåsen
Fossdals-
fjellet
1046
Gusvatnet
Guslifjellet
Aspnes
Totland
Rabben
859
Tangen
Berglia
763
765
Sørli
Jørstad
Stormuren
600
Store Øyings-
fjellet
552
Store
Øyingen
Friluftskirke, kilde
Norde
Gauptjønnaksla
939
Luruvatnet
Steinkjer
Imsdalen
Bjørnhifjellet
747
Killingsnasa
690
Tverrelldalen
Inderdalsån
Jule
Ulen
Plukkuttjønn-
fjellet
Imsdals-
fjellet
941
Grøningen
Langvatnet
Norde
Gjevsjøhatten
975
Blåfjellet
1267
Middagsfjellet
Sundvik
Storsvart-
hallaren
780
Jævsjøen
Midtiklumpen
1333
Skogmo
Holden
Gjevsjøen
Heggsjøfjellet
977
Sjaule
1126
Giebnie
1183
Langvatnet
Jävsjön
Svenskådalens
naturreservat
Stråti
1096
Gaundalen
Skjækerhatten
1139
Storknulen
1096
Grönfjället
Krönavajje
Guotelesjaure
Bielne
Arvassfjellet
993
Nybo
Gaundalsfjället
Lattagiela
825
Stor-
Burvattnet
Jåunjuone
Slätnatjakke
Gruvdalsån
Løysmund-
hatten
1090
Høgsetet
704
Stuore Tjåure
1216
Stor-Stensjön
Juovevaerie
Skjækerosstu
Skjækerfjella
Stapeln
928
Sösjöfjällen
Lill-Gaunvalen
Guortesvatra
721
Abervattnet
Stor-
Stensjön
Nöjdfjället
Burvattsklumpen
893
Lakavass-
klumpen
883
Stuore Tjåure
1229
Offerdalsfjällen
Stor-
Mjölkvattnet
Grönfjället
Faureke
1023
Skildake
1190
Himmelsraften
1211
Tjaksgaise
1131
Valle
Flatrun
Seterfjellet
725
Längsjön
Torrön
Tjajastjältje
749
Oldfjällen
Korsvattnet
Reinsmyr-
høgda
578
Sandfjället
Steuker
1230
Skäckerfjällen
Edefjället
Arravatra
Mjölkvattsfjället
Målkantjakke
Ansätt
Vera
Skäckerfjällens
Dörsvalen
naturreservat
Opmotstjakke
1199
Torröedet
Mjölkvattnet
Strådalen
Manshögarna
Ångs-
fjärden
Plassagaise
971
Flån
Moen
Anjeskutan
Stuore Tjukkele
1202
Germund-
tjärnhöjden
633
Lappluvan
Guoblemesjene
Lillvalen
Biekke
606
Lill-Anjeskutan
1153
Unne Tjukkele
Överäng
Goublemet-
jakke
758
Guipe
Jänsmässholmen
688
Ytteräng
594
Kolåsen
Acklingen
Övre
Oldsjön
742
Oldflån
Anjan
Åbo
Middagsvalen
599
Finnvalen
Burevarto
Gråsjön
Juvuln
Bergsjön
Oldklumpen
879
Frankrike
Bölesbodar
Kallsedet
Anjehem
Bräntnön
556
Valen
Olden
Finnsäter
Granbergsfallet
Finningsvalen
717
Gammelvallen
Sundsvalen
Baktevardo
974
Kallsjön
Böle
Vastsjön
Aspbacken
Rönnöfors
Trång
Stor-Rensjön
Saxvallklumpen
Vaikese
879
Digernäset
Överängsvalen
669
Sulviken
Sulsjön
Ångsjön
584
Flanderstöten
Bieksdakke
Konäs
Storvalen
Gåstjärnvalen
Brörnhammarflor
Nysved
Medstugan
Evigheten
Kulflätet
Ågesjön
Blåskalfjället
Gippevarde
798
Kall-Rör
Killingskals-
berget
763
Gärde
Tångeråsen
Oxböle
Nyhem
Häggsjönäs
Häggsjön
Nordhallsfjället
959
Berge
Bergsjögrottorna
Movallen
Gärdessjön
Hällristningar
Hållan
Rudalfhön
Brattåsen
Storflon
Önet
Skavdalshöjden
699
Nordhallen
Öster
Noren
Huså
Brunnsvalen
817
Kall
Åflo
Kaxås
Bodsjön
Bodsjöedet
Lövsta
Åreskutan
1420
Mullfjället
1031
Krok
Kallsjön
Svarthögen
652
Offerdal
Hällberget
Nordbyn
Kougsta
Duved
Åre
Bonäset
571
Klugshön
Tann
Gevsjön
E14
336
322

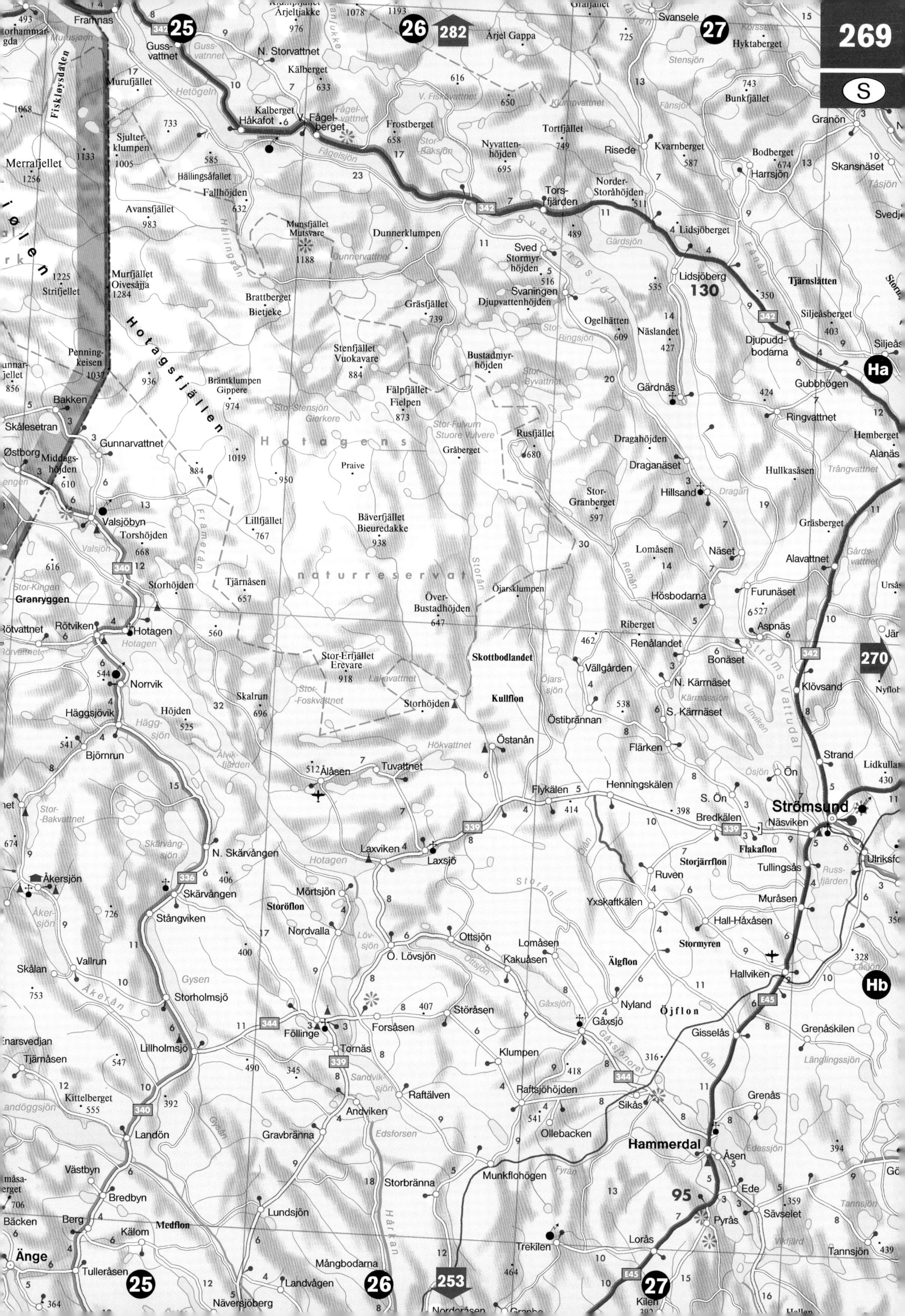

S
Framnäs
Gussvattnet
N. Storvattnet
Kälberget
Årjeltjakke
Årjel Gappa
Svansele
Hyktaberget
Murufjället
Hetögeln
Kalberget
Håkafot
V. Fågelberget
Fågelsjön
Frostberget
V. Fiskåvattnet
Klumpvattnet
Tortfjället
Risede
Kvarnberget
Bunkfjället
Granön
Bodberget
Harrsjön
Skansnäset
Tåsjön
Fiskløysdalen
Merrafjellet
Sjulterklumpen
Hällingsåfallet
Fallhöjden
Avansfjället
Munsfjället
Mutsvare
Dunnerklumpen
Dunnervattnet
Nyvattenhöjden
Torsfjärden
Norder-Storåhöjden
Lidsjöberget
Gärdsjön
Sved
Stormyrhöjden
Svaningen
Djupvattenhöjden
Svaningssjön
Lidsjöberg
Tjärnslätten
Siljeåsberget
Murfjället
Oivesåjja
Strifjellet
Hotagsfjällen
Brattberget
Bietjeke
Gräsfjället
Ogelhätten
Näslandet
Djupuddbodarna
Gubbhögen
Stor-Ringsjön
Penningkeisen
Bräntklumpen
Gippere
Stenfjället
Vuokavare
Bustadmyrhöjden
Stor-Byvattnet
Gärdnäs
Ringvattnet
Bakken
Skålesetran
Stor-Stensjön
Gierkere
Fälpfjället
Fielpen
Stor-Fulvum
Stuore Vulvere
Rusfjället
Dragahöjden
Hemberget
Alanäs
Gunnarvattnet
Hotagens naturreservat
Gråberget
Draganäset
Hullkasåsen
Trångvattnet
Østborg
Middagshöjden
Praive
Hillsand
Dragån
Stor-Granberget
Valsjöbyn
Torshöjden
Lillfjället
Främerån
Bäverfjället
Bieuredakke
Gräsberget
Valsjön
Lomåsen
Näset
Alavattnet
Gårdsvattnet
Stor-Kingen
Granryggen
Storhöjden
Tjärnåsen
Storån
Öjarsklumpen
Renån
Hösbodarna
Furunäset
Över-Bustadhöjden
Aspnäs
Rötvattnet
Rötviken
Hotagen
Riberget
Renålandet
Bonäset
Stor-Erfjället
Erevare
Skottbodlandet
Vällgården
Ströms Vattudal
Norrvik
Lakavattnet
Stor-Foskvattnet
N. Kärrnäset
Kärrnässjön
Klövsand
Nyfloh
Häggsjövik
Skalrun
Höjden
Häggsjön
Kullflon
Storhöjden
Östibrännan
S. Kärrnäset
Linviken
Björnrun
Hökvattnet
Östanån
Flärken
Strand
Lidkullan
Ålviksfjärden
Ålåsen
Tuvattnet
Öjarsjön
Ön
Flykälen
Henningskälen
S. Ön
Strömsund
Stor-Bakvattnet
Bredkälen
Näsviken
Skärvångsjön
N. Skärvången
Laxviken
Laxsjö
Hotagen
Flakaflon
Ulriksfors
Storjärrflon
Tullingsås
Russfjärden
Åkersjön
Skärvången
Mörtsjön
Ruven
Yxskaftkälen
Muråsen
Stångviken
Storöflon
Nordvalla
Ottsjön
Hall-Håxåsen
Åkersjön
Lövsjön
Ö. Lövsjön
Lomåsen
Kakuåsen
Stormyren
Skålan
Vallrun
Älgflon
Hallviken
Läsjön
Gysen
Åkerån
Storholmsjö
Gåxsjön
Nyland
Öjflon
Föllinge
Forsåsen
Storåsen
Gåxsjö
Gisselås
Grenåskilen
Enarsvedjan
Tjärnåsen
Lillholmsjö
Tornäs
Klumpen
Gåxsjönoret
Öjån
Länglingssjön
Sandviksjön
Raftälven
Raftsjöhöjden
Sikås
Grenås
Kittelberget
Landöggsjön
Andviken
Ollebacken
Hammerdal
Edessjön
Landön
Gravbränna
Edsforsen
Åsen
Västbyn
Bredbyn
Storbränna
Munkflohögen
Fyrån
Ede
Sävselet
Tannsjön
Bäcken
Berg
Lundsjön
Medflon
Pyrås
Kälom
Hårkan
Trekilen
Lorås
Vikfjärd
Tannsjön
Änge
Tulleråsen
Mångbodarna
Landvågen
Näversjöberg
Kilen
Norderåsen
25
26
27
282
Ha
Hb
270
253
130
95
342
340
336
339
344
E45

S
Strömsund
Dorotea
Hoting
Backe
Ramsele
Junsele
Flåsjön
Gäddsjömyran
Tallmyran
Stormyran
E45
90
92
345
346
331
73
31
49
141
283
269
254
28
29
30
31
Ha
Hb
Ja

271
S
Tången
Mårdsjöberg
Råberg
Hötjärnmyran
Kroksjö
284
Ledåberg
Bratten
Rörmyran
Hedlunda
Tannsele
32
33
34
Gideåkroken
Hundberget
Granliden
Norrfors
Vägsele
Rålidberget
Cigån
Hemberget
Sandsjö
Storberget
Ledningsvall
Ledningsmark
Ytterfors
Granliden
Rödingträsk
Knaften
Tuggenliden
Norrgård
Näversjöberget
Holmsjömyran
Björkliden
Attonträsk
Stormyran
Svanamyran
Mittiliden
Hornmyr
Vänjaurbäckliden
Insjö
Valliden
Gäddträsk
Gärdsjöberget
Stormyran
N. Insjö
Rönnliden
Västermyrriset
Sörsjö
Sörmyran
Svartliden
Vaksjön
Torvsjön
Torvsjö
S. Insjö
Stugusjö
Brånamyran
Långbäcken
Vänjaurbäck
Söträrnliden
Näsberget
Siksjö
Lillögda
Tallberget
Grantrásket
Granliden
Nyby
Tallberget
Byssträsk
Stor-Kvackmyran
Hemberget
Korsmyran
Siksjön
Rörmyran
Vittjärnberget
Granträsk
Storliden
Stormyran
Vänjaurträsk
Långsele
Granberget
Åliden
Björkliden
Skangselberget
Nordanås
Lövås
Vinberget
Tallberg
Yxsjö
Stormyran
365
Stensjö
Bastuberget
Flakaträsk
Brånaberget
Ha
Spruten
Tensjö
Lavberget
Tallberget
Vallberget
Volmsjö
Norrfors
Stormyran
Stor-Skardberget
90
Forsvik
Tallberget
Trehörningen
Lögdån
Hultet
Vargträsk
Älgsjö
Stor-Rotliden
Skarda
Svartbäcken
92
Borgsjö
Storberget
Baksjöberg
Stenliden
Kälberget
Högasberget
Bomsjö
Storsjön
Baksjöliden
Stor-Svartliden
Vargån
Åsele
Skalberget
Mevallsberget
353
Kvällträsk
Tallsjö
Sundmon
Lögda
Björkliden
Västra Örträsk
Basarmyran
Cigån
Åliden
Rönnliden
Åtjarnliden
Lögdasjön
Borgen
Kebbeberget
Granliden
Andersmyran
Babelsberget
Käringberget
Fårberg
Österoret
Oxvattnet
Fredrika
Mossavattnet
Nordansjöberget
Näsliden
Klippen
Vikasjön
Lövnäs
Vispsjön
Fjälltuna
Näverberget
Storliden
Rönnliden
Överrissjö
Ytter-Rissjön
Oxliden
131
Lögdasund
Kvalån
Baktoberget
Svedjan
Ytterrissjö
Elakliden
Rivarliden
Ö. Gafsele
Häggsjömon
Långseleforsen
Häggsjöliden
272
Björnlandets nationalpark
Holmstrand
Långvattnet
352
Holmarna
Storberget
Storberget
Mesjöliden
Rönberget
Stor-Holmsjön
Övre Nyland
Hälla
Hedlunda
Tegelträsk
Sexberget
Tegelträsket
Skallberget
Lakasjö
Stennäs
Mesjödalen
Stångsjöberget
Holmträsk
Nytjärn
Gideälven
Bredträsk
Karlsbäck
Storsjön
Norrtjärn
Flarkån
Bågaliden
Kalvbäcken
Östansjö
Storsjö
Tjärn
Kal
Gårmyrberget
Siberget
Remmarn
Aspsele
Strömåker
Sörberget
Mjösjöby
Tretjärnberget
Grubbe
Lägsta
Älghult
Långbroberget
Sjö
348
Trattberget
Långstaån
Åselliden
Kullberget
Mjösjö
Rödsand
Locksta
Hemliden
Solberg
Studsviken
Överlögda
Storberget
Stortjärn
Degersjö
Klocken
Bågaliden
Korsbyn
Rocksjöliden
Angsta
Kullen
Kärrsjö
Kantsjö
Åliden
Hb
Nyåker
Storsele
Åbosjö
Sunnersta
Solbergsån
Djuptjärn
Stormyran
Fagerkälsliden
Nyliden
Medskogen
Innertällmo
Movattsliden
Borgarliden
Storborgarn
Trehörningsjö
Lemesjön
Holmsjö
Pengsjö
Tällvattensberget
Översjön
Berg
Storborgarn
Stor-Tägsjön
Järvberget
Yttertällmo
Björk
Gålberget
Movattnet
Långvattnet
Hemling
Näset
Degersjöberget
Östersel
Fällkäl
Bergsjöån
Långviksmon
Flyggsjö
Västanbäck
Hemliden
Mellansjö
Källmyrberget
Mattarbodum
Tagberget
Myckelgensjö
Brattsjö
Stormoliden
Innerlidberget
Torrvattnet
Klocken
Seltjärn
N. Anundsjöån
Hemsjö
Uttersjö
Gide
Grundjärn
Naverlandet
Remmarbäcken
Hädenberg
Björna
Bätnusberget
Storfors
Agnsjön
Gäddtjärnkullen
Leding
Svedje
Rullnäs
Hallvattnet
Skalmsjö
Ruberget
Kubbe
Björnsjö
Ledingssjön
Brännan
Björnbäck
255
Sunnansjö
Hermansjö
Håberget
Sörflärke
Grytsjö
Höglidén

Ekorrträsk
Bjursele
Abborrträsk
285
Ekträsk
Tallträsk
Rotsjön
Avaborg
Slipstensjön
Västanträsk
Kvarnbyn
Bygdeträsk
Norrgård
Stormabben
Ekorrsele
Stenträsk
Mört-berget
Blåliden
Storsävarträsk
Rörmyran
Insjö
Valliden
Lillsele
Stryckfors
Yttersjön
Malkälen
Skavvik-berget
Sjöbotten
Bjurfors
Gäddträsk
Umeälven
Vindelälven
Strycksele
Gladaberg
Degernäs
Lidsjön
Rödnings-heden
Skålboda
Risliden
Edlunda
Hjukskälen
Bergnäs
Brännan
Granliden
Sötjärn-liden
Kvarnbrånet
Kamsjö
Byssträsk
Vammyran
Surkällen
Storsandsjö
Ytteråträsk
Selsfors
Gulltjärn
Högberget
Hällnäs
Fäbodliden
Långsele
Skangsel-berget
Granberget
Nymyran
Kussjö
Brattåkers-berget
Böjem
Risliden
Höggravu-liden
Strandåker
Tällberget
Granö
Renberget
Abborrtjärn
Buberget
Botsmark
Åkull
Nyliden
Västanå
Norrfors
Ö. Kryckeltjärn
Vindel-Ånäset
Ytterstmark
Stor-Skardberget
Mullkälen
Salsberget
Krokån
Skurträsk
Stor-Ralberget
Västomån
Vindeln
Häggnäs
Ottonträsk
Kulbäcksliden
Gravfors
Rosinedal
Sörfors
Bastuselet
Skärträsk
Örträsk
Västra Örträsk
Degerön
Överröda
Sundö
Hälsingborg
Gravmark
Malberget
Strömsjönäs
Skivsjön
Rödålund
Utifällan
Fäbodliden
Kvarntorp
Äglund
Rödånäs
Norrby
Dånaberget
Fårberget
Nyåkerstjärn
Tvärålund
Rödåsel
Kroksjö
Åkerbäck
Sunnansjö
Heden
Torberget
Fagerlund
Varmvattnet
Furunäs
Pålvattsliden
Västensjö
Ramsele
Selsliden
Selet
Tavelsjö
Västeråker
Sör-Grundbäck
Ström
Storarmsjö
Forsbacka
Västerbacka
Bullmark
Provåker
Sand
Tallberg
Flummyr-berget
Tavelsjö-berget
Trehörningen
Harrselsfors
Bastuträsk
Långviken
Bodbyn
Storliden
271
Sunnanå
Harrsele
Sunnansjö
Haddingen
Flurkmark
Sappnäset
Tväråbäck
Jämteböle
Vänn-fors
Näsmark
Kolksele
Västansjö
Åbyn
Hällfors
Hissjön
Backfors
Strömsund
Spöland
Balberget
Pengfors
Kassjö
Fällforsån
Övre Nyland
Bjurholm
Bracksele
V. Pengfors
Vännäsby
Håkmark
Balsjö
Högås
Lidknoppen
Brattby
Långsjö
Klintsjö
Vännäs
Brån
Norrfors
Vitvattnet
Balfors
Älskanäs
Hal-berget
Skavdal
Strand
Sörfors
Ersmark
Nedre Nyland
Nyland
Vännäs
Lågsjö
Pengsjö
Överboda
Anumark
Brännland
Angnäs
Rödtjärn
Klabböle
Röbäck
UMEÅ
Nordansjö
Hössing-berget
Degersjön
Innertavle
Långbro-berget
Bjärten
Höglidpusten
Björnlands-bäck
Mosjö
Skravelsjö
Yttersjö
Stöcksjö
Mjösjö
Brattsbacka
Hörnsjö
Tallberg
Degernäs
Överlögda
Norrfors
Grönnäs
Nyåker
Hössjö
Djäkneböle
Gamla Brattsbacka
Gräsmyr
Bösta
Ansmark
Åliden
Nordsjö
Nordanbäck
Portvist-berget
Småbrännorna
Stöcke
Obbola
Holms
Hummelholm
Nyland
Västansjö
Åliden
Stugunäs
Strömbäck
Lomviken
Orrböle
Torrböle
Mullsjö
Bjännberg
Sörmjöle
Obbolaön
Bredskär
Lemesjön
Häggnäs
Stenviken
Storliden
Lemesjö
Långviken
Örsbäck
Brännäset
Normjöle
Tarv
Mjölefjärden
Brattfors
Hörneå
Ängersjö
Bergsjö
Sunnansjö
Ledusjö
Hörnefors
Vakta
Flyggsjö
Byviken
Storris-berget
Långed
Torsmyran
Dravik
Abborrtjärn
Flärke
Olofsfors
Håknäs
Rönnskär
Norrbyn
144-tals kyrka
Nordmaling
Lögdeå
Öre
Rundvik
Bredvik
Hundsjö
Gabriels-berget
Nedre Öre
Nyland
Nordmalings-fjärden
Bäcknäset
Öretjärden
Rullnäs
Skallbergs-grottorna
Ava
Saluliden
Perstorp
Stor-Husskär
Gunvorsgrund
Stormyran
Tännstrand
Järholmarna
256
Sörkråken
Snöan
Gideå
Gideå-bruk
Himmersundet
Järnäs
Nabben
E12
E4
35
36
37
24
20
Ha
Hb
92
353
363
364

S
Bodbyn
Bursiljum
Vallen
Önnesmark
Uttersjöbäcken
Bjuröklubb
Grundskatan
Svarttjärn
Mårtensboda
Hökmark
Näset
Bjurön
Fäbodarna
Bissjön
Stor-Lövvattnet
Högfjärden
Mångbyn
Månberget
Hässjemyrberget
Vebomark
Broänge
Blomrotet
Blacke
Björkåsudden
Andersvattnet
Kålaboda
Broträsk
Lövånger
Söderby
Mårtsmarken
Blackhamn
Brände
Lövsele
Kallviken
Blackkallen
Jonasmarken
Långberget
Estersmark
Klippskatan
Korssjön
Munkviken
Grimsmark
Flarken
Pålholmen
Brattliden
Änäset
Skäran
Buafors
Östbyn
Granån
Gumboda
Hertsånger
Överklinten
Gumbodahamn
Ytterklinten
Robertsfors
Ytterklint-fäboda
Nya Storbäcken
Högskäret
Sikeå
Sikeå hamn
Vännskär
Yttre Storbäcken
Gamla Storbäcken
Lågdviken
Sandviken
Rickleå
Rickleskäret
Övre-Åkulla
Rickleån
Ytter-Åkulla
Bäck
Näs
Västervik
Bygdeå
Dalkarlså
Bygdeträsk
Bygdefjärden
Stor-Skogberget
Bobacken
Djäkneboda
Ratan
Rata Storgrund
Långrataudden
Ratu
Johannesfors
Vitnäsudden
Nyhamnsfjärden
Gryssjön
N. Norum
Norrfjärden
Ivarsboda
Ytterboda
Ostnäs
Östön
St. Fjäderägg
Holmön
Holmöarnas naturreservat
Skeppsvik
Västra Kvarken
Ledskär
Ängesön
Östra Kvarken
Rössgrunden
Grossgrunden
Gaddströmmen
Norrgadden
Merenkurkku
Nordvalen
Kvarken
Lillskäret
Mickelsörarna
Mikkelinsaaret
Stora Källskäret
Villskär
Svarörarna
Jöusan
Ha
Hb

38 39 40 286 274 257

274
FIN
41
42
287
43
44
Ha
Hb
Ja
273
258
Pohjanlahti
Letonn
Kalajoen
Hiekkasärkät
Rahjan saaristo
Hevoskari
Siironen
Pappilan-kari
Roukala
Himankakylä
Ohla
Rautila
Kuninkaankivi
Eteläniemi
64
Ohtakari
Käräjä-luoto
Iso-Mansikka
Himanka
Ruoho-kari
Pusinperä
Palokari
Rannanperä
Kannuskylä
Ala-Viirre
Hillilä
Vattajanniemi
Erkkiperä
Lohtaja
Tomujoki
775
Karhi
Kero
Järvineva
Sorto
Väli-Viirre
Poroluoto
Renö
Pirskeri
Marinkainen
Uusikylä
Ohteenneva
E8
Koskenkylä
Vuolle
Ruotsalo
51
Tankar
Djupörarna
Norra Hamnskäret
Trullevi
Trullön
Jatkojoki
Södra Hamnskäret
Kokkola
Karleby
Riippa
Börsskär
Kätölandet
Kälviä
Ison-Seljäsneva
Stockön
Rimmi
Kallbergloppet
Äspskäret
Mjosund
Peltokorpi
Passoja
Kräkilä
Graftonin muistomerkki
Kirilahti
Kirilax
Väha-Kotka
Hilli
Ahmaneva
Norra ön
Bosund
Öja
757
Orrskäret
Västerbyn
749
Eugmo
Knivsund
Stor-kohmo
Välikylä
Tolvmansgrundet
Gertruds
Lahnakoski
Fallskäret
Oivu
Åivo
Rita
Ristmosen
Ristineva
Kotoräme
Larsmosjön
Luodonjärvi
27
Hällören
Larsmo
Luoto
Ventjärvi
Sokoja
Såka
Sandbacka
Jolkka
Örarna
Hälsingön
Brätobyn
Kiimaneva
Hästö-landet
Fagernäs
Nedervetil
Alaveteli
Seljesharju
Grev
Ytterbråtö
Brännkär
Högön
Kalv-holmen
Hopsala
Merjärv
Paasila
Risö
Kronoby
Kruunupyy
Jämnmossen
748
Söderby
Ullavanjoki
Adön
Norrby
Drycksbäck
44
Viitavesi
Jakobstad
Pietarsaari
Lepplax
Stormossen
Pirttiniemi
Snåre
Storsand-grundet
Fäboda
Kållby
Kolppi
Jöusen
Salonkylä
Jylhä
68
Edsevö
747
Krasslandet
741
Ytteresse
Bäckby
Kulan
Nikula
Grisselören
Viiperi
Torsön
Katternö
Holmmossen
Kolam
13
Puumala
Karby
Sundby
Bennäs
Pännäinen
Pedersöre
Pedersören kunta
Esse
Ähtävä
Hästbacka
Terjärv
Teerijärvi
Sandören
Stora Alören
Forsby
Gökbacka
Soklot
Tornberget
Ähtävänjoki
Källmossbacken
Hackas
Djups
Frösön
Yttre ändan
Purmo
Skogsbyn
26
Kovjoky
Långören
Lappfors
Torrmossen
Vitsjö
Högnabba
746
Hägnaden
Andra sjön
46
Lillskäret
Stora Sandören
Nykarleby
Uusikaarlepyy
Purmo norra å
Bovekan
Ina
Haltas
Svartnäs
Vexala
Forsby
Stor-mossen
Lillby
Rouvi
23
Små
Soineva
Roviosaari
Sääksjärvi
Mejmossen
Markby
Marken
Kerttua
Vasikka-aho
63
Svarörarna
Monäs
Ytterjeppo
Kåta-mossen
Latukka
Visti
Hästmossen
Munsala
Kerttuanjärvi
Evijärvi
Byrkskäret
Suni
Stenmossen
Sandnabba
Narssjön
Teerineva
Saukkoka
Jöusan
Sarkona
19
Larvomossen
Brännorna
Karvonen
Kantlax
Jeppo
Åvist
Storbacka
Evijärvi

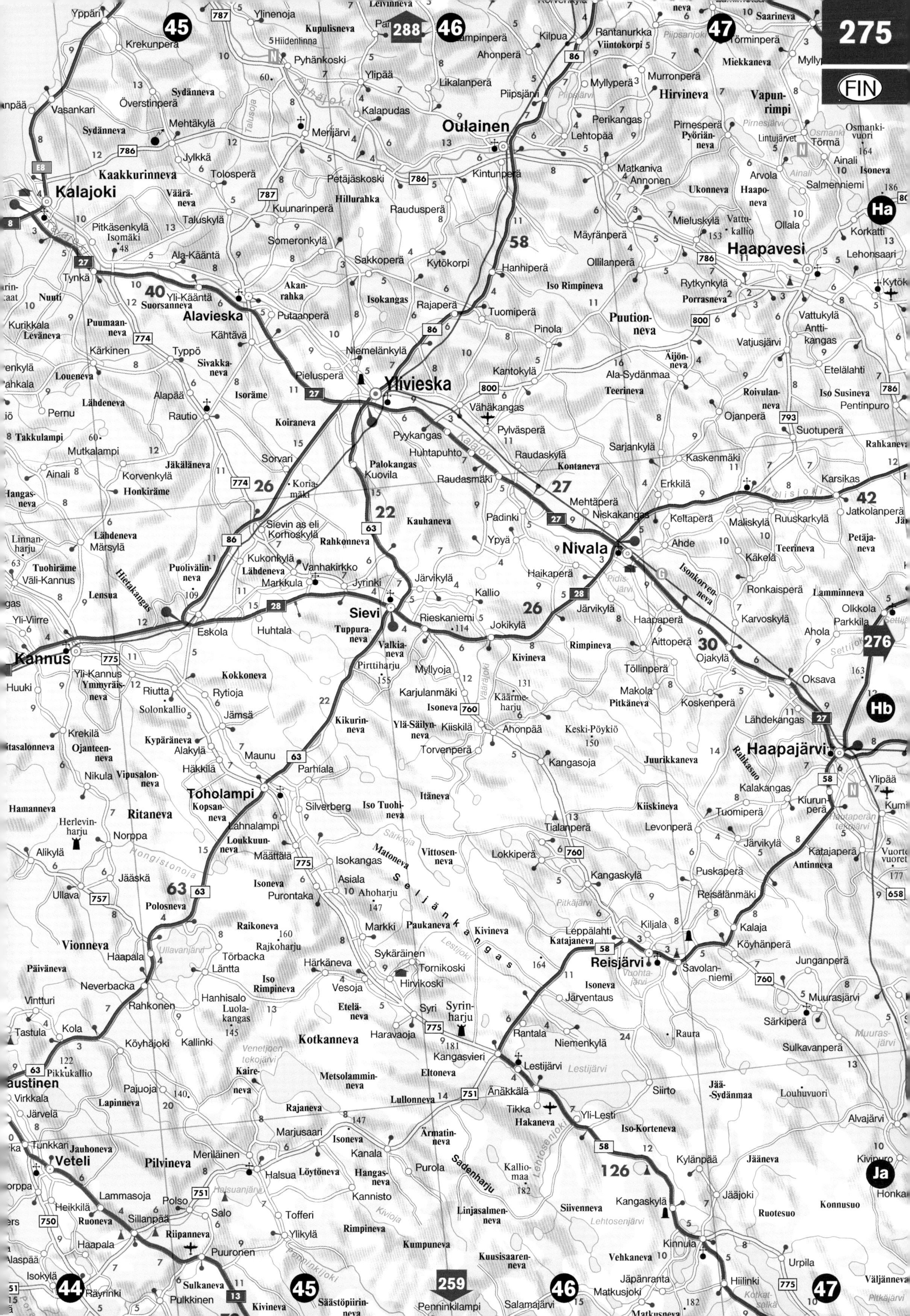

48
49
50
289
Pulkkila
Piippola
Kärsämäki
Pyhäntä
Kantola
Vuolijoki
Haapajärvi
Pyhäjärvi
Pyhäsalmi
Kiuruvesi
Pihtipudas
Pyhäjärvi
Pielavesi
Ahokylä
Konnunsuo
Leskelä
Lehtineva
Hyvärilä
Majanperä
Pihkalanranta
Heponeva
Lievoperä
Hyvölänranta
Kokkoneva
Möykkylänperä
Matilanneva
Kallionperä
Varsineva
Käkilahti
Käkisaari
Sorsa
Kolkanneva
Lämpsänneva
Karmitunneva
Kiuasaho
Alipää
Tavastkenkä
Sarvineva
Pyymaanneva
Rahkaneva
Junnonoja
Osmankivuori
Ainali
Isoneva
Paskoneva
Kangaskylä
Ahvenjärvenneva
Perukka
Kontiokangas
Sauvasuo
Pöntösuo
Kytökoski
Ojakylä
Alipää
Peltoperä
Kuljunneva
Ojalankylä
Lamujoki
Kansanneva
Kituperä
Kivisuo
Kaakkurisuo
Saaresmäki
Paloneva
Piipsanneva
Lassinneva
Killisevä
Korkiakallio
Joutenneva
Muuraisuo
Lehonsaari
Kytökylä
Kotaneva
Telinneva
Hämeenkangas
Jyleneva
Teerineva
Autio
Lamu
Tattarineva
Kallioneva
Juutinen
Iso Pajusuo
Rajasuo
Koivikko
Onkineva
Heinäneva
Kamula
Hangasneva
Leppiperä
Harakkaneva
Aittokylä
Pyrrönperä
Lamminneva
Saviselkä
Junnonperä
Iso Hangasneva
Kivenneva
Linnaharju
Pirttimäki
Etelälahti
Koirikivi
Porkkala
Iso Susineva
Pentinpuro
Ojalehto
Alajoki
Lauttaneva
Patasuo
Nissilä
Rahkaneva
Pihlajaneva
Miiluranta
Sydänmaankylä
Saarisuo
Heinäperä
Pihlajamäki
Rotimojoki
Marttisenjoki
Karsikas
Hankilanneva
Hallanperä
Ruhankangas
Kärsämäenneva
Kurkisuo
Viitamäki
Ahmaneva
Tihilänkangas
Rikkasuo
Lapinsalo
Hukkasuo
Lehtoranta
Jatkolanperä
Järvineva
Kivineva
Hautajoki
Halmemäki
Kärpineva
Hämeenlahti
Petäjäneva
Kurkisuo
Iso Lintusuo
Kivisuo
Huttula
Jokela
Pirttiperä
Kuusaa
Ruhaperä
Venetpalo
Lahnanen
Salahmi
Olkkola
Jokelankylä
Haudanmäki
Nuttuperä
Haudanneva
Mesiäisneva
Remeskylä
Tyrsävä
Parkkila
Kaarlonmäki
Siltaneva
Lahnavuori
Remesjoki
Kaikonsuo
Amerikka
Nurmesperä
Ruhkaperä
Murronneva
Korpineva
Lahnajoki
Rönkönaho
Koposperä
Herukkamäki
Turhala
Luupuvesi
Savimäki
Jokikylä
Lohvanperä
Korpijoki
Osmanki
Tapelinperä
Peräsuo
Paskoneva
Kurkineva
Häranta
Parkkima
Liittoperä
Luupujoki
Lahdenperä
Ojakylä
Särkineva
Kytöranta
Koskenjoki
Taivallahti
Hietakylä
Osmankisuo
Honkaperä
Kuusenmäki
Aittojärvi
Hallaperä
Hapakumpu
Alajoki
Valta
Kuona
Tontanneva
Ylipää
Eskoperä
Komu
Kumiseva
Juurikkaneva
Ruotanen
Niemiskylä
Ryönänjoki
Honkaranta
Aittosuo
Sivakkaneva
Emolahti
Lippikylä
Hautakylä
Hynynkylä
Kirkonkylä
Lamminaho
Salmelanperä
Kalliokylä
Rapakkojoki
Runni
Vuortenvuoret
Pitkäkangas
Rannankylä
Heinäkylä
Paasla
Latvanen
Tervaneva
Emoniemi
Egypti
Oravankylä
Niinimäki
Kätkytniemi
Vuohtomäki
Uusitalo
Riitama
Selkäydenmäki
Kaukelonneva
Hiidenkylä
Jokelaisneva
Rytky
Sulkavanjärvi
Ruotaa
Pitäjänmäki
Huutoperä
Syrjälä
Pihlajamäki
Kojola
Kokkomäki
Haapamäki
Koivujärvi
Kortekylä
Pieni-Sulkava
Kannas
Iso Asikkamäki
Kohisevan lähteet
Pattosuo
Murtomäki
Sulkava
Seikka
Pyytneva
Suurisuo
Koivujärvi
Elämäjärvi
Varisvuori
Salmenkylä
Peninki
Mörninsuo
Saukon lähde
Petäjäkylä
Laukkala
Lampaanjärvi
Honkaneva
Liitonjoki
Kumpuselkä
Karankamäki
Hirvikylä
Vaaraslahti
Alvajärvi
Eteläkylä
Saanijärvi
Pajuneva
Rönnynkylä
Löytynmäki
Kokkomäki
Liitonmäki
Pohja
Räsysuo
Hovinkylä
Saarela
Salonsaari
Kivipuro
Juotsenniemi
Penttilänlahti
Honkaranta
Kärväskylä
Korppinen
Kanalanmäki
Türinsuo
Sulkavanjärvi
Konnusuo
Variskylä
Kurkisuo
Louhuranta
Seläntaus
Harmaalanranta
Lappamäki
Tossavanlahti
Viinikkala
Jylhä
Väljänneva
Linnanperä
Ilosjoki
Purala
Kolkku
Tienhaara
Kolima
47
48
260
49
50
275
Ha
Hb
Ja
E75
4
27
28
88
599
560
561
595
658
760
786
794
800
822
879

Kajaani
Hoikankangas
Korvanniemi
290
Korholanmäki
Vuokatti
Sotkamo
Salonsaari
Saijansaari
Iso-Kiimanen
Pirttijärvi
Iso Sapsojärvi
Sapsoranta
Heikkilänkylä
Tipasoja
Herttua
Nuasjärvi
Maunuksenmäki
Vuoreslahti
Nuottipuro
Kontiosuo
Vuottoniemi
Uimaniemi
Ounas
Postisuo
Salinsuo
Tomperi
Vuottolahti
Itäranta
Koski
Mainua
Siltalanperä
Kalliovaara
Suurisuo
Autiomäki
Akkovaara
Lehtovaara
Kontinjoki
Parkua
Losonvaara
Känttäjä
Mainuanvaara
Murtomäki
Koivusuo
Otanmäki
Humpinsuo
Vatisuo
Hyyrönsuo
Suurisuo
Alasuo
Isokangas
Pirkonsuo
Karsikkovaara
Tuhkakylä
Sopenvaara
Taattola
Takkula
Pahavaara
Kiantaperä
Lykintö
Lontta
Suomi
Pahkosuo
Vaarankylä
Varpuniemi
Juurikkalahti
Sapsoperä
Alajärvi
Kiantajärvi
Jormasjärvi
Mustinjoki
Joutensuo
Hatulanmäki
Varissuo
Rasimäki
Lahnasjärvi
Martikanvaara
Pirttimäki
Talvivaara
Rönkönlehto
Teerivaara
Lappavaara
Heitto
Muuttola
Maanselkä
Oravivaara
Kotukasuo
Rajavaara
Saukko
Ällävaara
Kokkojoki
Kortesuo
Ruokosuo
Halla-aho
Raudansuo
Raudanvesi
Kivijärvi
Juotensuo
Naulavaara
Kalliomäki
Somerokoski
Kilposuo
Järvenpää
Kortekangas
Sukeva
Sukevanjärvi
Kinttusalmensuo
Lasinsuo
Tapposuo
Rumo
Hanhisuo
Verkkoj
Karankamäki
Kauppilanranta
Akonsuo
Vahtisuo
Laakajärvi
Hiidenvaara
Hiisi
Rasimäki
Heinäsuo
Kaarakkala
Kölkkä
Kiltuanjärvi
Ahola
Kusiaissuo
Pitkämäki
Hb
Laakajärvi
Jauhosuo
Jyrkkä
Pöllösensuo
Leppimäki
Lehtomäki
Soidinsuo
Palosenjärvi
Hirvijärvi
Kulvemäki
Suurisuo
Haapajärvi
Koppelo
Hiirikylä
Nieminen
Kainuunmäki
Rytisuo
Haajaistenjärvi
Uuranholin rotko
Sompasuo
Tiilikkajärven kansallisp.
Maaselänmäki
Hiirenjoki
Rikuli
Sonkakoski
Vieremä
Turula
Koivumäki
Oinasjärvi
Kortimomäki
Lievisenmäki
278
Kauppilanmäki
Aittokoski
Suojärvensuo
Niinimäki
Pumpulikirkko
Porrasmäki
Metsäkartano
Sonkajärvi
Häsuo
Sammakkola
Ylä-Keyritty
Valkeiskylä
Ryhälänmäki
Harvanmäki
Petäys
Vehmasjärvi
Koirakoski
Saarmäki
Kettulanmäki
Soinlahti
Issakka
Mustolanmäki
Akkosuo
Haajainen
Partala
Iso-Ii
Matalalahti
Mansikkavirta
Luomanen
Tiilikkajoki
Raiskio
Vehkasuo
Kurenpolvi
Madesalmi
Ihottu
Haatainmäki
Joutsenjoki
Pitkäkoski
Paisua
Vuorimäki
Sälevä
Itäkoski
Rautavaara
Keyrittynjoki
Iisalmi
Porovesi
Hernejärvi
Nieminen
Niikinmäki
Rasimäki
Riihivaara
Peltosalmi
Honkakoski
Petays
Otramäki
Älänne
Suurisuo
Angervikko
Paljaka
Keyritty
Korpimäki
Höylä
Siikalahti
Laidinmäki
Horsmanmäki
Lehtomäki
Juminen
Korpinen
Syvärinpää
Itäaho
Rannankylä
Nurmeslahti
Nerohvirta
Ohenmäki
Taipale
Pällikäs
Haukilahti
Keskimmäinen
Siikakoski
Kangaslahti
Pirttipuro
Kotikylä
Leppämäki
Laakamäki
Jonsa
Nurmesjärvi
Järvenpää
Hankamäki
Suurisuo
Nerkoonniemi
Nerkoo
Heinäaho
Lahdenperä
Lammake
Pitkämäki
Karsalanlahti
Roopela
Pentumäki
Erkoismetsä
Varpaisjärvi
Ja
Mankonmäki
Pörsänmäki
Martikkala
Viitasaari
Lapinlahti
Urimolahti
Aholansaari
Keyritty
Palonurmi
Rummakko
Keski-Siikajärvi
Kari
Nerkoonjärvi
Mäkikylä
Haukimäki
Lappetelä
Rantala
Ulmansaari
Suurimäki
Reittiö
Tahkomäki
Levämäki
Raatti
Syväri
Ala-Siikajärvi
Mäntylahti
Etelä-Reittiö
Lehtomäki
Hirvisuo
Autio
Hietasalo
Pirunkellari
Säyneinen
Leppälahti
Myhkyrinsaari
Pajujärvi
Pyöreinen
Venetmäki
Onkivesi
Karvasalmi
Lastulahti
Pisa
Ala-Siikajärvi
Pisankoski
Katajamäki
Pajujärvi
Juurikka
Saarvonmäki
Konttimäki
Kihanmi
Nilsiä
Lastukoski
Jyrinlahti
Löytynmäki
Korkeakoski
Koivumäki
Vianta
Alapitkä
Tuovilanlahti
Pohjois-Haatala
Ahkiolahti
Tölvä
Naarvanlahti
261
Kolmisoppi
Sänkimäki
Sahinpuro
Vuotjärvi
Hirvisaari
Pajuskylä

FIN
Heposuo
Kuikkavaara
Hargasvaara
Kiekinkoski
Jämäs
Katerma
Tikkala
Raiskio
Kurimussuo
Jyrkänkylä
Murtovaara
Yli-Jyrkkä
Haukela
Korkea
Lehtovaara
Ulvinsalon luonnonpuisto
Riihisuo
Kuoreniemi
Näverinsuo
Iso-Teerisuo
Jauho-vaara
Raatesuo
Kesselinkylä
Vetko
Paljakan-vaara
Maijan-kangas
Tipasoja
Herttuankylä
Niva
Hepovaara
Lontta
Riihisuo
Risteli
Isosuo
Rytisuo
Rastinkylä
Jämäs-vaara
Sivakka
Taistelumuistomerkki
Saunajärvi
Vaskivaara
Riihivaara
Surmansuo
Lylysuo
Vepsä
Törmä
Hepo-vaara
Saarela
Nevonsuo
Kivivaara
Issakka
Lummesuo
Hirvisuo
Jäkäläsuo
Nimisen-kangas
Kallio
Lauvuskylä
Kannas
Toivonsuo
Honkasuo
Louhivaara
Iso Varpusuo
Isosuo
Lososuo
Raate-vaara
Urpovaara
Karsikkosuo
Saukko
Ällävaara
Höyhensuo
Hiidenportin kansallisp.
Portinsalo
Pääski-vaara
Mujejärvi
Nuotti-vaara
Jonkeri
Ukonvaara
Kivisuo
Vasikkasuo
Kaihlasuo
Teljo
Otrosvaara
Varpo-vaara
Kanerva-vaara
Murtovaara
Näätävaara
Hanhisuo
Rumo
Sivakka
Verkkojoki
Kalliokoski
Puukari
Lampare-vaara
Koiravaara
Losovaara
Vaarakylä
Saramo
Tolkee
Rasvasuo
Sivakkajoki
Nuolijärvi
Peurasuo
Purtovaara
Savijärvi
Kivivaara
Tojvasen-vaara
Petäiskylä
Tetrisuo
Hattusel
Ylä-Valtimo
Ritola
Lippi
Koppelo
Valtimo
Ronkeli
Luola
Koivu-vaara
Petäjä-vaara
Ylikylä
Tervapuro
Putkiaho
Tetrivaara
Kuohatti
Viitakoski
Rämeelä
Terva-vaara
Sirkeissuo
Kuokanvaara
Siltavaara
Nurmijärvi
Pajukoski
Karhunpää
Egyptinkorpi
Ahmovaara
Jokikylä
Porokylä
Lehtovaara
Kuikka
Savolanvaara
Metsäkartano
Loukkusärkkä
Nurmes
Hyvärilä
Kannelkoski
Oravi-suo
Kettulanmäki
Vinkerranta
Lipinlahti
Murtovaara
Lieksan-vaara
Vieki
Petäjä-vaara
Savikylä
Jurtti-vaara
Keträvaara
Pankajärvi
Höljäkkä
Saarivaara
Mätäsvaara
Korkala
Koriseva
Retusaari
Salmenkylä
Kissanlahti
Varpanen
Tainio-vaara
Kynsisaari
Kylänlahti
Jamali
Kotala
Louhivaara
Porosaari
Riihi-vaara
Höylä
Vars-vaara
Länsi-Vuokko
Kertonsaari
Lieksa
Suurisuo
Hiekkaranta
Kalkinlahti
Viensuu
Etelä-Vuokko
Vuokko
Paalasmaa
Iso Ristisaari
Kutku-saari
Sarkkila
Ylä-Luosta
Vihtasuo
Toinen-saari
Sipolan-saari
Kuivasalmi
Luostanlinna
Ikosensuo
Karhu-saari
Paalasmaa
Pieni Ristisaari
Kannaksenkylä
Siikasuo
Suurisuo
Pielinen
Liklamo
Kaunis-saari
Koveron-i saari
Hattusaari
Vaikko
Sorveus
Juuka
Satjanko
Lehtovaara
Lahovaara
Matara
Vuonislahti
Kari
Kuormu-vaara
Ahmonmäki
Piisma
Nunnanlahti
Larinsaari
Lahnalampi
Ala-Kelvä
Ala-Siikajärvi
Leppävaara
Halolanpää
Kelvänsaari
Raholanvaara
Polvela
Koli
Pirunkirnu
Säyneinen
Sumukka
Koli
Läpikäytävä
Pisankoski
Pääkylä
Ahmovaara
Ryynäskylä
Venäänaho
Timovaara
Järvikylä
Saastamala
Losomäki
Tiiskinsuo
Petrovaara
Luvekylä
Aittomäki
Hirvisaari
Vitaniemi
Kajoo
Heraniemi
Martonvaara
Tuopanjoki
Kopravaara
Rakkonekoski
Otravaara
Hirvijärvi
Harivaara
277
291
262

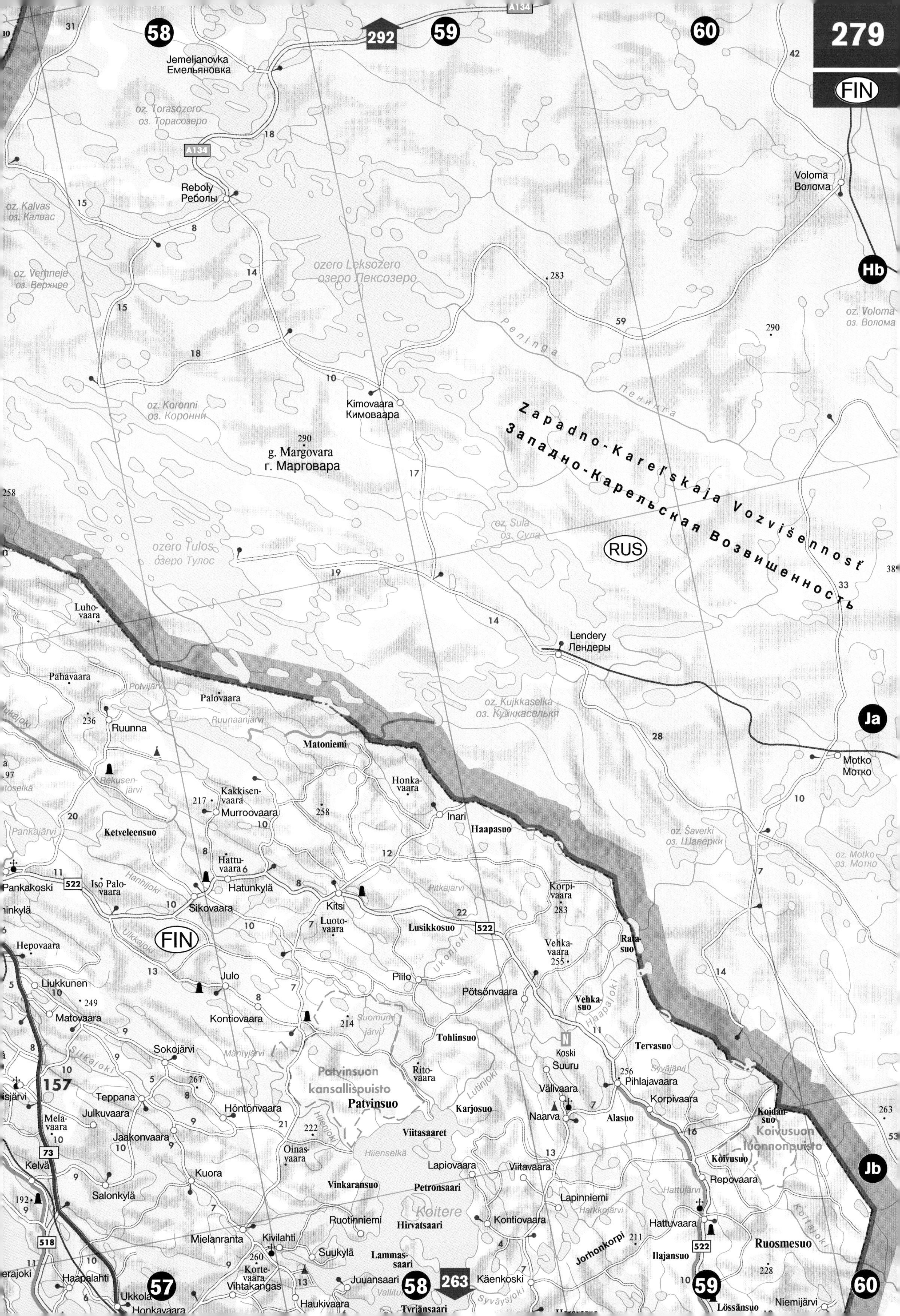

58

292

59

60

31

Jemeljanovka
Емельяновка

oz. Torasozero
оз. Торасозеро

18

Voloma
Волома

42

Reboly
Реболы

oz. Kalvas
оз. Кальвас

15

8

14

.283

Hb

oz. Verhneje
оз. Верхнее

15

18

oz. Leksozero
озеро Лексозеро

59

oz. Voloma
оз. Волома

290

Peninga
Пенинга

10

oz. Koronni
оз. Коронни

Kimovaara
Кимоваара

290

g. Margovara
г. Марговара

17

Zapadno-Karel'skaja Vozvišennosť
Западно-Карельская Возвишенность

258

oz. Sula
оз. Сула

RUS

33

ozero Tulos
озеро Тулос

19

38

n

14

Luho-
vaara

Lendery
Лендеры

Ja

Pahavaara

Polvijärvi

Palovaara

oz. Kujkkaselka
оз. Куйккаселькя

Jukajok

236

Ruunna

Ruunaanjärvi

Motko
Мотко

28

Bekusen-
järvi

Matoniemi

217

Kakkisen-
vaara

Honka-
vaara

Murroovaara

258

Inari

Haapasuo

oz. Šaverki
оз. Шаверки

10

97

20

oz. Motko
оз. Мотко

Pankajärvi

Ketveleensuo

10

12

Hattu-
vaara

6

Korpi-
vaara
.283

7

Pankakoski

522

Iso Palo-
vaara

Hatunkylä

8

Rata-
suo

inkylä

10

Sikovaara

Pitkäjärvi

Vehka-
vaara
255

FIN

Kitsi

Luoto-
vaara

22

6

Luoto-
vaara

Lusikkosuo

522

14

Hepovaara

13

Julo

7

Piilo

Vehka-
suo

Haapalojoki

11

5

Liukkunen

10

8

7

Pötsönvaara

Tervasuo

Syväjärvi

249

Kontiovaara

N

256

Matovaara

214

Koski
Suuru

Pihlajavaara

Siikajoki

Sokojärvi

Mäntyjärvi

Tohlinsuo

Korpivaara

Koidar-
suo

263

157

5

267

Patvinsuon
kansallispuisto

Karjosuo

Välivaara

7

Koivusuon
luonnonpuisto

sjärvi

Teppana

8

Ritova

Patvinsuo

Naarva

Alasuo

53

Mela-
vaara

10

Julkuvaara

21

Höntönvaara

Viitasaaret

16

Koivusuo

Jb

73

Jaakonvaara

222

Oinas-
vaara

Hiienjoki

Lapiovaara

13

Viitavaara

Repovaara

Kelvä

9

Kuora

Hiienselkä

Petronsaari

Lapinniemi

Harkkojoki

Hattujärvi

211

192

9

Salonkylä

7

Vinkaransuo

Kontiovaara

Hattuvaara

522

518

Ruotinniemi

Hirvatsaari

Koitere

11

10

Mielanranta

Kivilahti

Suukylä

Lammas-
saari

4

Jormonkorpi

Ilajansuo

10

Ruosmesuo

228

rajoki

9

260

Korte-
vaara
Vihtakangas

13

Juuansaari

Vallitus

Syväysjoki

Lössänsuo

Niemijärvi

Haapalahti

Ukkola
Honkavaara

57

58

263

Tyriänsaari

Käenkoski

59

60

6

Haukivaara

N
18
19
293
20
21
Helløya
Torga
Torghatten
38
Berg
Sandværet
Sømnesøya
Mardal
Kvalvik
Vik
Kjøsvikfjellet
454
Olsvika
Sande
Våg
Sandekra
Gimsa
Gimsafjorden
Vågøya
Meisteinfjorden
Kvaløya
Lyngværfjorden
Rossvika
17
Hjelmset
Vennesund
Bindalsfjorden
Sklinna
Sklinna fyr
Hortavær
Ga
Melsteinen
Gimlinga
Røingen
Solstad
620
Holm
Holmsfjellet
Otervika
Leknesøyan
Grovafjellet
588
Nord-Gutvika
Storheil
455
Kvaløy
Gravhaug
Leka
Skei
Lekafjorden
771
Kveina
Frøvika
418
Solsem
Hulemalerier
Sør-Gutvika
Rossvikfjellet
538
802
Kjelda
Heilhornet
1058
786
Madsøya
Årset
Valen
Raudøya
Frelsøyan
Sandøya
Kvaløya
Austra
Dolma
Skotnes
Blåtfjellet
524
801
Arsand
Breivik
Kalvøya
Borgan
Sandøyan
Lyngsneset
Risværfjorden
Fjølvika
Kil
670
Forneset
Sandværet
Ramstad
Hattland
Tennfjord
Hulemalerier
Gravik
635
Kollbotnet
Elterfjorden
Grønlandsfjellet
Ytter-Vikna
173
Lysøya
Gjerdinga
Haltussen
593
Valøya
Drag
Langsundet
Lauvøya
Elvåsen
Sør-Eitran
Foldereid
Austafjord
Mellom-Vikna
770
Buøya
Lødding
Hansvika
Rødseidet
Skavdalsfjellet
362
Nubbdal
Årfora
Binnerøya
Fornes
Vattafjellet
162
Eidshaug
Kreklingan
Innerfolda
Kålåfjellet
595
Heimsfjellet
Vågøya
Ofstad
Torstad
Kvingra
Osen
Bogan
Hunnestad
137
Inner-Vikna
Rørvik
329
Høgråna
Søraa
Finnemoen
614
Slettfjellet
580
Karstenøya
Svinøya
Sørsalten
Kolvereid
Mølnfjellet
436
Skjolden
Storvatnet
Ryem
Ottersøya
Vattin
Bondøya
Brønnøyfjorden
143
Stokksøya
249
Hoflesja
Sandvatnet
Kvisten
Nærøya
Lundring
769
Lepptinden
Gaskevaerie
Kvitfjellet
805
Arnøyan
Strandvalen
Geisnes
Risvika
358
Synnes
526
Grinna fyr
Måøya
Arnøyfjorden
Hamland
Øksninga
Stadsøya
Heimsøya
776
Salsbruket
Mjosundfjellet
Gb
Ramstad
768
237
Hundhammarfjellet
Lund
383
Hagafjellet
Mjosundvatnet
Rosendal
Gjæslingan fyr
Storøya
Klungset
Harraneset
Smineset
Skrøyvstad
Grønkleppen
765
Abelvær
Kvernvika
Storøya
Straumen
Skrøyvdalen
Bjørlia
Øyvatnet
Hurtigruten
266
Gravvikfjellet
Salsvatnet
Durmålsfjellet
505
Salen
Brakstad
Fosnes
Gyltfjellet
297
Folda
Svartåsen
433
Breivika
Grønningfjella
Aglen
Dun
Faksdal
Seierstad
457
Røyklifjellet
Almåsgrønningen
Flått
Skingen
Kystfort
Grøndskardfjellet
419
Finnanger
Jøa
Storengfjellet
586
Storgrønningen
390
Haugåsen
Ramstad
Utvorda
Ølhammaren
538
Bjørøya
Sandmoen
Skorstad
Holvika
777
Myrvika
Høylandet
Frøsendal
Innvordfjellet
343
Andvikklumpen
Duna
Almdalen
Kvernøya
Feøya
354
Sitter
Namsfjorden
Otterøya
Elvalandet
Brikengfjorden
Leirvika
Ekornfjella
648
Mevassvika
195
Leitet
Leirfjorden
Survika
Ytterby
Lødding
Grongstadvatnet
775
766
Lauvsnes
Lauvsnesvatnet
Hamnes
Skomsvoll
Alhus
463
Storfjellet
Setran
Åvassmarka
Glasøya
Gongfjellet
488
423
Dyravassklumpen
306
Heiafjellet
Galgøfta
Fjellbroddifjellet
556
Vik
Statland
Hoddøya
767
Engan
Hovika
Namsos
Ranemsletta
Skogmo
Flasnes
Gartland
Kilan
Dala
Tøttdal
Skage
Spannfjellet
474
Jøssundfjorden
Hundavassheia
540
Skierpøya
Gansmo
Fossland
E6
Ha
Fjell
424
Morka
Selnes
Spillum
406
Strandfjellet
Namdalen
Oppdal
760
Tømmeråsfjellet
Hemnafjellet
685
Sævik
Melen
Merratjørnfjellet
291
Øysletta
Jørem
Grong
761
Aunet
309
Laukvika
Beingårdsheia
611
Klinga
Forma
Jøssund
Altin
Løgnin
Bangsund
Kveldnakken
Fjellset
Finnkallen
533
Rapheia
554
Fjær
341
Rcitan
Aunet
Storelva
Aunkrona
548
472
Brannfjellet
Bongna
Reinsjøfjellet
726
683
Formofoss
Romstad
Sjøåsen

281
N
Røyrmarka
Sømna
Hommelstø
Håkaunet
Hombor-
neset
Hongset
Sausfjellet
Saus
Olderbakk-
fjellet
Hovøya
Straumsfjellet
Lande
Tuvfjellet
Søbergslia
Stavøya
Imøya
Seternesfjellet
Oksen
Skråvafjellet
Snøfjellet
Jordbrufjellet
Etasjegrotten
Holmvassdalen
Tosbotn
Tosentunnelen
5 857 m
Middags-
tinden
Mosvasstinden
Blåfjellet
Svenningdal
Nonstindan
Fiplingkroken
Brenna
Luspient-
jahke
Svenningvik
Tøymskardlia
Gælvienjuenie
Svenningrund
Simskardet
Simskardfjellet
Sijdurrentjahke
Sørgård
Kappfjellet
Gebppie
Børgefjellet
Byrkije
Seterfjellet
Kviktinden
Voenjelensnjurhtjie
Gapsfjella
Gahpesåejjie
Majafjellet
Dunfjellet
Dåvnes
Majavatn
Maja-
haugen
Sklettfjellet
Urrehketjahke
Børgefjell nasjon
Storelvdalen
Jengelvatnet
Viermafjellet
Viermetjahke
Kløftfjellet
Sloeptjenguevtele
Stortjørnlia
Løytnants-
klumpen
Smalåsen
Tunnurfjellet
Store Børgefjell
Kløvfjellet
Lotterfjellet
Lohtere
Skaanje
Granbostad-
fjellet
Langfjellet
Terråk
Heimen
Aunet
Fuglstad
Frøyningsdalen
Båtfjellet
Frøyningsfjellet
Steinåmoen
Gisen
Fuglstadfjellet
Nesafjellet
Namsvatn
Nurstjellet
Noeresfiellie
Grøtesådalen
Drottendalsfjellet
Blåfjellet
Håpnes
Namsskogan
Myrheim
Skånalia
Vektarlia
Røyrvik
Mealhkoe
Myrmo
Kjærnes
Vallervatnet
Storfjället
Aunet
Årfjellet
Lona
Lonfjellet
Bjørhusdalen
Bjørhusdal-
fjellet
Stormulen
Støørje
Steinfjellet
Nesan
Finnvollan
Brekkvasselv
Gjersvika
Seterfjellet
Nygård
Ornes
Stora Blåsjön
Strompdals-
aksla
Domåsen
Snuhkie
Nyvika
Slåttvik
Sör-Blasjön
Strompdalen
Tromsdalen
Store
Tromsfjellet
Tunnsjørørvika
Gjersvik-
klumpen
Jomafjellet
Kjølstadfjellet
Namsskogan
familiepark
Trones
Lindsetmoen
Vestre
Mokkelvikfjellet
Mariafjellet
Furutangvika
Østvika
Jormlifjället
Jormliklumpen
Vallarna
Vestre
Grøndalsfjellet
Gudfjelløya
Litlfjelløya
Tunnsjøen
Dåtnejaevrie
Storfjellet
Limingdalen
Åsarna
Jormvattnet
Klumplid-
klumpen
Åssveet
Åsmulen
Namdalen
Fjerdingøya
Heimdal-
haugen
Skorovatn
Stallvika
Jordskred-
fjellet
Søre Grøndals-
fjellet
Ingelsvatnet
Steinfjellet
Vollheim
Seterhaugen
Storfjället
Viken
Moruet
Blåsjön
Rola
Aunet
Nes
Havdals-
klumpen
Storfjellet
Vågen
Storhögen
Björkvattnet
Sandnäset
Havdalsfjellet
Nesådalen
Neskjølen
Kolifjella
Portfjället
Lindahlsfjällgard
Lermon
Junsterklumpen
Synkmyren
Gasterfjellet
Langløyftfjella
Kvelia
Kvemoen
Ågarden
Nyneset
Sandmoen
Brattland
Lillfjället
Kveeidet
Nynesfjella
Vestre
Brandsfjellet
Sandvika
Holands-
fjellet
Limannvika
Eides-
moen
Holand
Storhammar-
høgda
Frammas
Austre
Brannfjellet
Eide
Kaldal
Grautdalen
Bøgsetseteren
Lauvsjølia
Høgda
Murufjället
22
23
24
25
294
268
282
Ga
Gb
Ha
S
E6
76
773
764
74
83
135
94

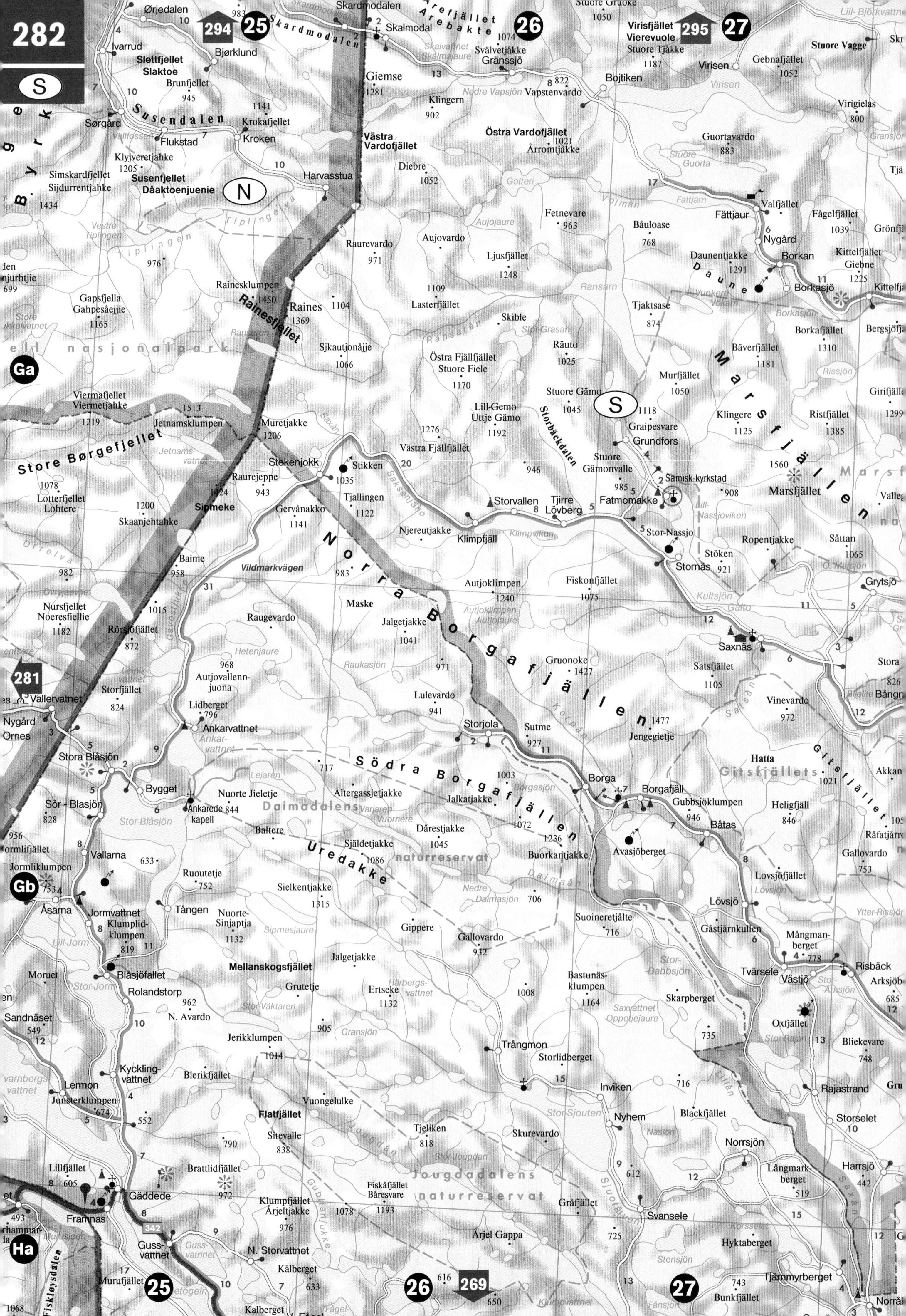

S
294
25
26
295
27
Ørjedalen
Skardmodalen
Skalmodal
Skardmodalen
Arefjället
Arebakte
Ivarrud
Bjørklund
Slettfjellet
Slaktoe
Brunfjellet
945
Gänssjö
Svälvetjåkke
1074
Stuore Gruoke
1050
Virisfjället
Viervuole
Stuore Tjåkke
1187
Virisen
Gebnafjället
1052
Stuore Vagge
Lill-Björkvattnet
Giemse
1281
Klingern
902
Nedre Vapsjön
Vapstenvardo
Bojtiken
Virigielas
800
Susendalen
Sørgård
Flukstad
Krokafjellet
Kroken
1141
Västra Vardofjället
Östra Vardofjället
1021
Årromtjåkke
Guortavardo
883
Klyjveretjahke
1205
Simskardfjellet
Sijdurrentjahke
1434
Susenfjellet
Dåaktoenjuenie
N
Harvasstua
Diebre
1052
Gotteri
Stuore Guorta
Valfjället
Fättjaur
Fågelfjället
1039
Vojmån
Fetnevare
963
Båuloase
768
Vestre Tiplingen
Tiplingen
Aujojaure
Aujovardo
Raurevardo
971
Nygård
Borkan
Daunenjakke
1291
Kittelfjället
Giebne
1225
Ljusfjället
1248
976
Raineskumpen
1450
Rainesfjellet
Raines
1369
1104
1109
Lasterfjället
Ransarn
Tjaktsaše
874
Borkasjö
Gapsfjella
Gahpesåejjie
1165
Daune
Vunkere
Vokam
Skible
Sjkautjonåjje
1066
Östra Fjällfjället
Stuore Fiele
1170
Räuto
1025
Borkafjället
1310
Bergsjöfjället
Ransaren
Ransarån
Stor-Grasan
Bäverfjället
1181
Ga
Murfjället
1050
Marsfjällen
Viermafjellet
Viermetjahke
1219
1513
Jetnamsklumpen
Muretjakke
1206
Lill-Gemo
Uttje Gämo
1192
Stuore Gämo
1045
Storbäckdalen
S
1118
Graipesvare
Grundfors
Klingere
1125
Ristfjället
1385
Girifjället
1299
Store Børgefjellet
Jetnams-vattnet
Stekenjokk
Stikken
1035
Västra Fjällfjället
1276
20
Stuore Gämonvalle
985
Samisk-kyrkstad
908
1560
Marsfjället
1078
Lotterfjellet
Lohtere
Raurejeppe
943
1424
Sipmeke
Tjallingen
1122
Storvallen
Tjirre
Lövberg
Fatmomakke
Lill-Nassjoviken
1200
Skaanjehtahke
Gervånakko
1141
Njereutjakke
Klimpfjäll
Klimpviken
Stor-Nassjo
Ropentjakke
Såttan
1065
Orrelva
Baime
958
982
Vildmarkvägen
983
Norra Borgafjällen
Stornäs
Stöken
921
Fiskonfjället
1075
Grytsjö
Nursfjellet
Noeresfjellie
1182
1015
Maske
Autjoklimpen
1240
Autjoklimpen
Autjojaure
Kultsjön
Raugevardo
Jalgetjakke
1041
Saxnäs
Rörsjöfjället
872
Hetenjaure
Raukasjön
971
Gruonoke
1427
Satsfjället
1105
Stora
826
Bångn
281
968
Autjovallennjuona
Storfjället
824
Lulevardo
941
Vinevardo
972
Vallervatnet
Lidberget
796
Ankarvattnet
Ankarvattnet
Storjola
Sutme
927
1477
Jengegietje
Nygård
Ornes
Stora Blåsjön
717
Södra Borgafjällen
Hatta
Gitsfjällets
Gitsfjället
1021
Akkan
Bygget
Nuorte Jieletje
844
Ankarede kapell
Lejaren
Altergassjetjakke
1003
Borgasjön
Borga
Borgafjäll
Gubbsjöklumpen
946
Heligfjäll
846
Sör-Blasjön
828
Stor-Blåsjön
Daimadalens
Varjaren
Vuornere
Jalkatjakke
1072
Båtas
Råfatjarro
956
Ormlifjället
Baltere
Dårestjakke
1045
1236
Buorkantjakke
Avasjöberget
Vallarna
633
Själdetjakke
1086
naturreservat
Uredakke
Gallovardo
753
Jormliklumpen
Gb
753
Ruoutetje
752
Sielkentjakke
1315
Nedre Daimasjön
706
Lovsjöfjället
Lövsjön
Åsarna
Jormvattnet
Klumplidklumpen
819
Tången
Nuorte-Sinjaptja
1132
Sipmesjaure
Gippere
Gallovardo
932
Suoineretjålte
716
Lövsjö
Gåstjärnkullen
Ytter-Rissjön
Lill-Jorm
Mångmanberget
778
Moruet
Blåsjöfallet
Mellanskogsfjället
Jalgetjakke
Stor-Dabbsjön
Tvärsele
Västjö
Risbäck
Arksjön
Stor-Jorm
Rolandstorp
962
N. Avardo
Grutetje
Ertseke
1132
Härbergsvattnet
1008
Bastunäsklumpen
1164
Saxvattnet
Oppotjejaure
Skarpberget
Stor-Arksjön
685
Sandnäset
549
Stor-Väktaren
905
Gransjön
735
Oxfjället
Stor-Rajan
Bliekevare
748
Jerikklumpen
1014
Trångmon
Storlidberget
Kycklingvattnet
Blerikfjället
Inviken
716
Lillån
Rajastrand
Varnbergsvattnet
Lemon
Junsterklumpen
674
552
Vuongelulke
Flatfjället
Stor-Sjouten
Nyhem
Blackfjället
Storselet
790
Sitevalle
838
Tjeliken
818
Jougdån
Skurevardo
Nåsjön
Norrsjön
Stor-Jougdan
Lillfjället
605
Brattlidfjället
972
Jougdadalens naturreservat
612
Långmarkberget
519
Harrsjö
442
Gäddede
Frannas
493
Fiskåfjället
Båresvare
1193
Klumpfjället
Årjeltjakke
976
1078
Gråfjället
Svansele
342
Gussvattnet
Gussvattnet
Gubbanjukke
Årjel Gappa
725
Sjoutälven
Korsselet
Hyktaberget
Ha
N. Storvattnet
Kälberget
633
Stensjön
Fiskløysdalen
Murufjället
25
26
616
269
650
Tjärnmyrberget
743
Bunkfjället
27
Norrål
1068
Kalberget

283
S
28
29
30
31
295
296
284
270
Ga
Gb
E12
E45
360
Forsmark
Gardiken
Umnäs
Nordanås
Getarhobben
Blaiken
Lövberget
Gardsjönäs
Slussfors
Stentrasket
Kroksjön
Storberget
Abborrberg
Åbacka
Skärfonäset
Vatjobe
Akkan
Flakaträsk
Rönnberget
Storjuktan
Jipmokberget
Storliden
Harrberget
Buornatjäkke
Holmträsket
Norra Gardfjället
Gierte
Gälta
Älsoliden
Stenträskliden
Stenvikberget
Kvarnberget
Gardsjöbäcken
Talltraskbrånnan
Smilaliden
Abborrberget
Kanan
Matsdal
S. Ripfjället
Grapsan
Mårkan
Bastanliden
Ankarsund
Södra Gardfjället
Klippfjället
Skansnäs
Sjöberg
Harrsjö
Grannäs
Strömsund
Olofsberg
Sandås
Lillblaiken
Järtaberget
Klitvallen
Sörliden
Harrvik
Grönfjäll
Kyrkberget
Daikanberget
Ullisjaur
Björkenäs
Rådlösmyran
Daikanberg
N. Umstrand
Kyrkberg
Blaiken
Storblaiken
Erikslund
Dikanäs
Snödberget
Vackerliden
Gaskeluokt
Storuman
Granberget
Bergland
Sunnansjö
Fristad
Laisbäck
Vardo
Västansjö
Rönnberget
Knosken
Atjiken
Daikanvik
Stormyran
Brattåker
Sördal
Storstenberget
Svärttrask
Mörrösjöliden
Bäckstrand
Kalvberget
Långvattsbergen
Luspholmen
Fjällmyran
Långsjöby
Storuman
Luspberget
Stenselberget
Stensele
Långmyran
S. Långvattnet
Skog
Lubbträsk
Sabotsliden
Blaikliden
Eriksberg
Vojmsjön
V. Hansbo
Kalvberget
Norrberg
Forsvik
Nysele
Måsjöberget
Liden
Nyliden
Dorris
Måsberget
Torsdagsmyran
Barsele
Byssberget
S.-Stalonberget
Storberget
Västerberget
Skarvsjöby
L. Njakafjäll
Stalon
Långstrand
Kultsjön
Stormyran
Revelmyran
Stor-Dainan
Näsberget
Gråtanliden
Råbäckmyran
Harrbäcken
Åshem
Skarvmyran
Bergsäter
Markusberget
Heligfjället
Västenbäck
N. Tresund
Sjulsmark
Hästliden
Norråker
Dainakullarna
Heligfjäll
Frostberget
Mörtmyran
S. Tresund
Vildmarksvägen
Huvudsjöberget
Simiskilä
Lövnäs
Rekanberget
Sjöberg
Luspberget
Giddes
Bergnäs
Golesmyran
N. Lugnet
Datikberget
Björnberget
Storseleby
Råftberget
Grundsjömyran
Bergmyran
Granliden
Strömnäs
Granhöjden
Nästansjö
Grundsjö
Streikmyra
Koismyran
Siksjönäs
Bredvikmyran
Rönnäs
Strandkullen
Ulvoberg
Brännåker
Insjön
Nästansjön
Bäverhusmyran
Gopagele
Stor-Granberg
Rönnäsmyran
Nordanrå
L. Annevare
Slagermyran
Mark
Rönnberget
Aronsjöliden
Mötingselberget
Aronsjö
Volgsele
Granberget
Vojmån
Bäsksjö
Skog
Övre Malgonäs
Lomsjökullen
Skansholm
Storberget
Bremsberget
Bäsksjöån
Skällmyran
Malgonäset
Nedre Malgonäs
Maksjön
Lövliden
Hidberget
N. Latikberg
Storbäck
Latikberger
Granberget
Stekflaken
Malgovik
Vilhelmina
Kyrkstugor
Latikberg
Djursjö
Långfors
Granberget
Laxbäcken
Granberg
Bäsksele
Bomsjön
Järvsjö
Stutvattenberget
Rembacka
Karlsbacka
Holmsjökullarna
Olofsbäck
Volgsjön
Siksjöberget
Forsnäs
Laksbäcken
Kullen
Svannäs
Siksjön
Högland
Järvsjöån
Hacksjöberget
Kroksjö
Stormyran
Bredsele
Lövåsen
Dalasjö
Grubbmyran
Djupdal
Granberget
Siksjö
Blaikfjället
Volgsjöfors
Dalsjöfors
Surberget
Valsjöberget
Långtjärn
Tången
Selesmyran
Statsås
Björklidberget
Sjöberget
Bränna
Trettondagsberget
Rönnberget
Valsjön
Nyland
Gäddsjömyran
Maselberget
Ormnäset
Mesjön
Meselefors
Idvattnet
Idbacka
Stormyran
Näversjö
Cigan

S
31
32
33
34
296
297
283
271
Ga
Gb
Ha
Stensund
Getingberget
Stensundsberget
Stalobergett
Stor-Smalaken
638
Kåtaliden
Sunnanå
Ledvattsfors
Grundträskliden
153
Krutträsk
Amboträsket
Aha
Mossaberget
Gränsgård
S. Skidnäs
Storholmen
566
Vägamyrberget
Nya Bastuselet
Mausjaur
Krokträsk
Olsberget
708
Övre Saxnäs
Nedre Saxnäs
Jörboken
Lill-Ahaberget
Bockträsk
Brännlund
Storgranberget
Bastuselet
Lönås
Mausber
Hedbe
Harrberget
E45
363
Abmoberget
668
Kvarnbränna
Vindelälven
Verboberget
684
Högbränna
590
Malåberget
Jakobslund
Tjärnmyran
Brännliden
Ruttjeliden
Björkland
Reutoberget
Staggträsk
Hemsjön
Gargån
V. Verbosjön
Asplund
Hundberg
Kvorbevare
Kokträsket
Abborrberget
Storänget
Huftaliden
Verboliden
Granliden
Malåliden
Adak
Stennäs
Järtaberget
Blattniksele
Lerudden
Nyhem
Hemsjön
Gargnäs
Stora Krutberget
565
Stormyran
Granberget
Spetsberget
Tjärnberg
Stormyran
Kokträsk
Blaiksjön
Sikselberget
Sandsele
Rågoliden
Sappetsele
Rävaberget
Juktån
Näverliden
Malån
Matsberg
Storblaiken
747
Övre Lomfors
Gargbro
Holmsjö
Fnöskberget
624
Hemnäs
Stensand
V. Lainejaur
Sandsjönäs
Sandberget
551
Råstrand
Holmfors
Malåvännäs
Blausjaurliden
370
Sandsjön
Bökaberget
Släppliden
Bölheden
389
St. Skäppträsket
Granberget
518
Gammhemberget
Malåträsket
Näsudd
Gammhem
Lomselenäs
Sadiliden
Sjölunda
Stor Rågoberget
Malå
Övre Gunnasjön
Gubbträsk
Isbergsmyran
Grästorp
Nölberget
E45
566
Stor Boktjon
Lomträsket
Kälvarmyran
Näverliden
Sörliden
Släppträsket
N. Fårträsk
Sördal
Storstenberget
Svärtträsk
Tvåråträsk
Storlandet
Släppträsk
S. Fårträsk
Innimyran
Ytterberg
Stormyran
Skoträsk
Mutterliden
Fäbodliden
521
Bjurås
Vindelgransele
Gransellliden
Hornträsket
Storuman
Stor Orrliden
369
Hornberget
Nådamyran
409
Stenselberget
Nordängesberget
Lycksamyran
Öresund
Storforsen
561
Aspliden
Stensele
Forsvik
Nysele
Barsele
Grundfors
Forsheden
Stormyrliden
Kristineberg
Rökå
483
Rökåb
Lycksaliden
Juktån
Lycksaberget
489
Lycksaberg
Vindelälven
389
Norrliden
Björkås
Ummeälven
E12
Lumsberget
429
Byssberget
Barsele-Storberget
604
Gunnarn
Björnberget
Vackerberget
Toskberget
Stenträsk
Björksele
Brånan
Vormbäcken
Skarvsjöby
Grundfors
Kovallberget
Rånäset
Bäckliden
Granliden
Arlalund
516
Dobbmanberget
Brunneberget
418
Svartliden
Lidsbrinke
329
Knäberget
Åshem
Bergsäter
Börtingberg
Blåviken
Brånaberget
390
Norrbyberg
Linaforsen
Vormträsket
Skarvmyran
Åskiljeby
Jåvanberget
Råberget
Vormsele
Hästliden
Norråker
Åskilje
Barmon
394
Mösupberget
Vormselforsen
Vormheden
Rostberget
Pausele
Tjuvberget
Paulund
Blåvik
Gravmark
Kåtaberget
Simiskilå
829
Brånaberg
Mankberget
Nya Rusele
Rusele
Ruseleberget
Hästliden
Brännan
305
Ruskliden
Färjstugan
Bergnäs
Pauliden
639
Toskfors
Ummeälven
Råftberget
Pauträsk
Pauträsket
Storträsket
Ruskträsk
428
Paubäcken
Bastutjärnliden
Falträsk
Altarliden
493
Streikmyran
Sjöliden
Björkås
Medelås
Ulvoberg
Stöttingfjället
Svartliden
Rusberget
489
Stormyran
Åtjärn
Storberget
Järvvik
Risliden
Kattisavan
Ruskträsket
Granberg
Slagermyran
Risträsk
Björnberget
Örnträsk
Husbondliden
Abborträsket
Norrbäck
Sandås
Rusfors
Karlsgård
288
360
269
365
Storberget
Bremsberget
Bäsksjöån
Högås
482
Stor-Skorvliden
Umgransele
Dallund
Abborrträsk
367
Björkberg
Öran
716
Alsberget
Norditjärnsb.
Nirak
Granberget
606
Djursjöberg
559
Granberget
Vinliden
Brånaliden
Brännland
Inner-B
Araliden
Lyckan
Arvliden
Järvsjö
Lillgodliden
Öravan
Åliden
Betsele
Norrvik
Tallträsk
Bäverträsk
Norrlunda
Lycksele
Stor-Arasjön
Älgträsk
Normalm
Oxberget
Fäbodliden
Tannträsk
Hacksjöberget
557
476
Rentträskliden
Hacksjö
Vallsmyran
Bjurträsk
454
Svanamyran
Storberget
Tuvträsk
Berglunda
193
Gransjön
N. Spettliden
700
Ledåberg
Bratten
Hedlunda
Karonsbo
Tången
Mårdsjöberg
Höljärnmyran
Råberg
Kroksjö
Norrån
Rörmyran
Tannsele
627
Granliden
465
Rålidberget
Storbäcksjön
Dalskogberget
Nyland
Gideåkroken
Hundberget
Vägsele
Öran
Tuggensel
Idbacka
Hemberget
Storberget
Norrfors
Ledningsvall
Ledningsmark
Ytterfors
Granliden
Rödingträsk
503
Tuggen
Näversjö
Gideån

S
Slevliden
Kalvträsk
Knipmyran
Gråträsk
Gråträsket
Tallberget
Nygård
Stor-Blåliden
441
Borgsjö
Brunmyrheden
Vågträskliden
Aspliden
Ånäs
Abborrträsk
Forsnäs
Donkaberget
Sundsnäs
Stor-Risberget
Littlock-berget
Skällberget
Fetmyran
N. Kroktjärn
Bäcknäs
Brännliden
Grundträsk
Skatträsket
Nyvall
Hålberget
Pettersberg
Tjäckerberget
Risnabben
Högbacken
Storlångträsk
Långträsk
Stor-Flötuberget
Storgranliden
Bredträskberget
Banfors
Finnliden
Krutbergen
Rismyrheden
Brännet
Hålberg
Baktsjaur
Näverliden
Kåtaseletet
Kaxliden
Granholmsberget
Tallberget
Rönnliden
Stor-Sandberget
Snödbränna
Brattberget
Byskeälven
Holmfors
Pite-Byske
Myrheden
Utterliden
Moräng
Stormyrliden
Lillträsk
Granberg
Högbränna
Glommersträsk
Nörd Blanko
Mörttjärn
Samarien
Springliden
S. Sandträsk
Ullbergsträsket
Ullbergsträsk
Hobergsknösen
Lejontorp
Brännliden
Åselet
Nörd Sveneberget
Vargmyran
Brännbergsmyran
Sågdammet
Brattberget
Järvträsk
Missenträsk
Åkerheden
Stensträsk
Andersträsk
Rentjärn
Bäcksmyrliden
Grönbo
Skellefteälven
Vithatten
Stormyran
Storträsk
Torrberget
Nyboberget
Svanmyran
Långträsk
Fågelliden
Rörträsk
Vargträsk
Granberget
Melsträsk
Tvärberget
Degerträsk
Strömfors
Grundträsk
Haraliden
Hörnan
Storklinta
Näsberget
Näsliden
Brännudden
Högberg
Granbergsträsk
Brännäs
Smygheden
Nord Klöverberget
Klöverfors
Rentjärn
Mensträsket
Granbergsliden
Lillträsk
Granliden
Nygård
Ö. Åliden
Mensträsk
Långnäs
Björkliden
Jörn
Petikträsk
Stavaträsk
Renmossaheden
Österjörn
Lundbacka
Åmliden
Gölpberget
Norrbränna
S. Menträsk
Vargforsdammen
Vargfors
Kvarnfors
Nyträsk
Skaggträskberget
Ö. Högkulla
Örträsk
Myrgård
Hornsträsk
Fjällboda
Åmliden
Gransjö
Lillholmträsk
Bjurfors
Svansele
Rörmyran
Bjurliden
Bjurträsk
Mälån
Sjulsberget
Nilsliden
Oxberget
Gissträsk
Bäverhult
Udden
Gumboda
Klockträsk
Häbberslid
Gevliden
Stor-Kvammarn
Stor-Ragosjön
Norsjövallen
Bastutjärn
Kusfors
Mångberget
Storselet
Petiknäs
Kankberg
Heden
Renström
Rörmyran
Finnäs
Norsjö
Bodberg
Brännberget
Ö. Stavträsk
Bastuträsket
Trollberget
Anderstjärn
Norsjön
Rismyrliden
Renfors
Torrberget
Näset
Holmträsk
Bjurvattnet
Karträsket
Sunnanåberget
Övre Båtfors
Boliden
Bjursele
Avaliden
Kölen
Åliden
Långträsk
Svanström
Korsmyran
Kattisberg
Rönnfällan
Fraukälen
Svartnäs
Myrberg
Rutberget
Bastuträsks by
Långselet
N. Grundfors
Brutorp
Åliden
Fagerkälen
Norr-Lidträsket
Lidberget
Holmfors
Ajaursjön
Risliden
Brännmyrliden
Riskälen
Bastuträsk
Finnforsfallet
Kamheden
Lillberget
Hemmingen
Bjärkliden
Risberg
Arnträsket
Röjnoret
Finnfors
Forsbacka
Lillå
Forsholm
Ajaur
Krångfors
Blekberget
Gråberg
Kattisträsk
Djupgroven
Granträsket
Granström
Grönliden
Bergliden
Tallberget
Sikselberg
Lappselsberget
Mastatjärn
Manjaur
Jurfors
Stor-Holmträsk
Siksele
Nyliden
Långvattnet
Bureälven
Brännkälen
Vallberget
Brännan
Kalvträsk
Fisktjärnliden
S.-Blåbergsliden
Storliden
Brännforsliden
Holmträsket
Sikmyran
Mårdsele
Risliden
Degerlund
Hällberget
Nedre Burliden
Brännforssund
Maltberget
Brattberget
Ytter-Busjö
Vittjärnliden
Stavträsk
Åsträsk
Sörbyn
Maltträsk
Holmträsk
Åsen
Hölgidheden
Ljusvattnet
Granberget
Holmträsket
Sävsjön
Salberg
Villvattnet
Brännvattnet
N. Å
Arvträsk
Hansmyrberget
Mörttjärn
Petisträsk
Stenbäcken
S. Åbyn
Bastuliden
Långträsk
Lubboträsket
Sörbyn
Sikån
Risån
Storbrännan
Västomsundet
Åmsele
Andersfors
Ekorrträsk
Vinberget
Bjursele
Stor-Ektrasket
Ekträsk
Tallträsket
Tallträsk
Rotsjön
Avaborg
Innansjön
Abborrträsk
Ekorrträsket
Slipstensjön
Amträsket
Brokberget
Västanträsk
Kvarnbyn
Lidberget
Bygdeträskliden
Vitberget
Ekorrsele
Blåliden
Storsaviken
Bygdeträsk
35
36
37
297
298
272
286
95
135
365
370
373
364
Ga
Gb
Ha

286
S
38
298
39
35
Rosvik
40
299
Germandön
Manilid
Svallfors
Vitberget
Brattknabben
Stridholm
Furuberget
Lakafors
Pålmark
Kyrkstad
Alhamn
Antnäs-Börstskäret
Åträsk
Torrberget
Pålberget
Långviken
Alskatan
Kunnön
Keupan
Yttersta
Norrbodarna
374
Norrfjärden
Trundavan
Lillpiteälven
Piteälven
Stor-Flötuberget
Snöbergen
Böle
Granön
Brändholmen
Fårön
Mannön
Berkön
Gråberget
Lillpite
Långnäs
Sandön
Trundön
Storfjärden
Kallfjärden
Dussen
Roknäs
Nörd-Fårön
Nötön
Mjoön
Nörd-Mörön
Baggen
Öjebyn
Renön
Finnliden
Pålsboda
Önusberget
373
Svensbyfj.
Piteå
Svensbyn
Rokån
Nörd-Haraholmen
Pite-Byske
Kälen
Kalaträsket
Knöppelberget
Bergsviken
Degerberget
Byskeselet
Dammmyran
Hortlax
Vargön
Mörttäskliden
E4
Blåsmark
Kallfors
Knöppeln
Piteå havsbad
Bräntberget
Hemmingsmark
Högsböle
Mellerstön
Selet
Vargmyran
Klubbfors
Brännfors
Jävreträsket
Bondön
Lill-Räbben
Nörd Sveneberget
Kälen
Stor-Räbben
Bondöfjärden
Ga
Grönbo
Ronningarna
Brännland
Malkälliden
Jävre
Hedfors
Jävreholmen
Nyboberget
Jakobsfors
Pitmanliden
Grännässlätten
Jävrefjärden
Abyälven
Melsträsk
Fällfors
Finnträsket
Kälen
Bergön
Ålund
Tväråberget
Gagsmark
Degerträsk
Krokliden
Kälfors
Finnträsk
Jävrebodarna
Kälen
76
Jävre Sandön
Aspliden
Nord Klöverberget
Källbomark
Storbrännan
Långsjön
Kinnbäcksfjärden
Klöverfors
Selsmoren
Åbyn
Stavaträsk
Segerlund
Selet
Rönnskär
Renholmen
Buskön
Kvarnfors
Norrlångträsk
Bjurselet
Tåme
Åbyfjärden
Nyträsk
Lillkågeträsk
Byskeälven
Tåmfjärden
285
Storkågeträsk
Stormark
Byske
Bastulidberget
Selsvik
Tåmsvarten
Häbbersliden
Ytterstfors
Ostträsket
Byskefjärden
Storselet
Nylund
N. Bastuträsk
Drängsmark
Furuögrund
Bodarna
Romelsön
Sandfors
Kågeälven
Ostvik
Åliden
Kusmark
Ersmarksbodarna
Halsön
Frostkåge
Östanbäck
Önnänget
Långnäset
Ersmark
Östnäset
Kåge
Pålstrandudden
Kågeliden
Lövlund
Kågefjärden
Åliden
Varuträsk
Boviken
Holmfors
95
Stor-Snäckhamnen
Torrliden
Myckle
Boviksbadet
Gb
Forsbacka
Medle
Skellefteå
Kågnäset
Kågnäsudden
Sillskatan
Krångfors
Hälfjärden
Blekberget
Gråberg
Viken
Bergsbyn
Ursviken
Klutmark
Bergliden
Djupgroven
Lidberget
Kroksjön
Rönnbäcken
Innervik
372
Skelleftehamn
Bjurfors
Finnforsån
Inbyn
Gummark
364
Brännkälen
Örviken
Ö. Skråmträsk
Gummarksnoret
Bodaträsket
Yttervik
Buröm
Hällberget
Långviken
Skelleftebukten
Klappen
Nedre Burliden
Gamla Falmark
Bureå
Sjöbotten
Tällön
Järvtjärn
S. Ragvaldsträsk
Ersmyrliden
Ljusvattnet
Falmark
Burvik
Skallön
V. Hjäggböle
N. Åbyn
Ö. Hjäggböle
Istermyrliden
Karlstorp
Holmsvattnet
Nedre Bäck
S. Åbyn
Kvarnvrån
Holmsvattnet
Ljusvattnet
Storön
Västomsundet
Mjövattnet
Holmsvattsberget
Käsböle
Risböle
Burträsk
Andersfors
Lappvattnet
Svarttjärn
Brattjärn
Övre Bäck
Bjuröfjärden
Innansjön
Bodbyn
Bursiljum
Vallen
Önnesmark
Bjuröklubb
Ha
Uttersjöbäcken
Göksjön
Lidberget
Svarttjärn
Mårtensboda
Näset
Bjurön
Grundskatan
Kvarnbyn
Bygdeträskliden
38
Hökmark
273
39
Fäbodarna
40
Bygdeträsk
Hässjemyr-
Bissjön
Månberget
Botten v
Bottenviken

S

41 299 42 43 300 44

Sör-Brändöfjärden

Norr-Äspen

Sandgrönnfjärden

Sör-Äspen
Sandgrönnorna

Rödkallen

i k e n

Ga

288

Gb

Sör-Brändöfjärden

Norr-Äspen

Sandgrönnfjärden

Sör-Äspen
Sandgrönnorna

Ha

41 42 274 43 44

45   300   Isonkivenletto   46   Paska-Kraasukka   47   Karhu   301
                                                                    Alaranta
                                                           Tangonsaari Pihla jakari Ii
                                                                    Ojakylä   Paasonperä
                                                        Praavanlahti
                                                           Praava   Sorosenperä
                                                        Röyttä   Pitkäkari   E8
                                                                    Vesisuo
                                                    Satakari   Halosenniemi   Onkamo
                                                    Ukkolanperä   E75
Ga   Martinniemi   847
                                                    Laitakari   Jokikylä   84
                                                                    15
                                                            847
Isoniemi   Takkuranta   Lintumaan-   suo
                                        Haukipudas
Hoikka-Hiue   Kello   4   14
                        Kiviniemi   847
                        Hietakari   Kraaseli   13
                        Kotakari   Pateniemi   Kaijon   12
                                                11

                    816   Santonen   Varjakansaari   OULU   19
            Ojakylä   Oulunselkä   Varjakka   10
    Marjaniemi   16   Riutunkari   8
            Ojakylänlahti   Vaski   Pajuniemi   Kempeleen-lahti   Kaakkuri
    Hailuoto   Salonpää
        7   4   Keskipiiri
    Hailuoto   Hanhisjärven-   816   815
        4   suo   847
    Pöllä   Oulunsalo
                                        Kempele
    Isomatala   Lumijoenselkä

                                            Liminganlahti   Tupos
                Säärenperä   Varjakka
                        Räinääro   Selkämaa
287   Varessäikkä
        Turpeenperä   Karinkanta   10   Lappi   4
                            Lumijoki
Ulkonokan   Alapää   12   Huhtaneva   813   Virkkula
hietikko   Siikajoen kk.   Vähäneva   Liminka
        813   Kivivaara   Ylipää   N
Tauvonniemi   Keskikylä   45   Leviämaa   E8   Lapinkang
Tauvo   Merikylä   6   Haarasuo   20   8   Tikkaperä
Yrjänänlahti   Ylipää   Lumisuo   86   Kilonne
Yrjänä   807   52   Heinijärvi   Hirvineva
            15   Pahaneva   Revonneva
        813   Lahtiranta   Hirvineva   Kii
Gb   Murkonneva   E8   Revonlahti   10
        Olkijoki   Revonlahti   Siikajoki   Matoneva   47   Rahkaneva
    Pattijoki   19   Ruukki   807   Katinhäntä
Raahe   8   Navettaneva   Olkineva   Huumola
        10   12   Relletinsua   Saanikoski
Iso-Kraaseli   Jokela   Tuomioja   Päävola
Lapaluoto   2   Ylipää   Tuohinnonperä   Koivum
Salojnen   5   Haapasdaren-   Korsunperä   Vuolunperä   Luohua
            neva   Ojalanperä   Taarinneva   Heinolanperä   Jussin-
Äyrinmäki   88   Kopsa   35   saarenneva   8
Arkkukari   4   Mattilänperä   Möykkyperä   86
Ketunperä   Nahkakattio   Pahaneva   Rukkisperä   Rankinen
Haapajoki   6   Vesineva   107   12   86
Piehinki   Mäntylänperä   Ohimaanperä   Yli-Rankinen
    Ylipää   Lylynneva   Vihanti
    E8   Lukkaroistenperä   Myllyperä   Varesneva   Jokela   88
Maunus   56   4   Antinneva   Perukka   790   Alpua
Parhalahti   8   Teerelänpuhto   Kivineva   Rakeenperä   Märsyn-   neva   8
Pyhäjoki   Kopisto   Valkeus   Honka-   Lampinsaari   Lumimetsä
Etelänkylä   5   790   Keskikylä   neva   Verkaperä   Saari
Ulko-Harmi   Liminka-   12   Korvenkylä   Kuuhkamon-   neva
Viirre   10   kylä   Rantanurkka   Piipsjoki
Ha   Pirttikoski   Leivinneva   Korvenkylä   Viintokorpi   Törminper
Yppäri   787   Ylinenoja   Pahkasalo   Kilpua   86   Miekkaneva
Rahkaneva   5   Kupulisneva   Lampinperä   Murronperä   Vapu
Krekunperä   Hiidenlinna   N   Ahonpera   ri
44   45   Sydänneva   275   Ylipää   46   Myllyperä   Hirvineva   47
Juolanpää   Vasankari   13   Överstinperä   Pyhänkoski   Likperä   Piipsjärvi   Kalapudas

FIN
Maalismaa
Isosuo
Iso Pilhajasuo
Iso Leväsuo
Sammalsuo
Panuma
Iso-Vuorma
Ruottisenha
Näättisuo
Takasuo
Panumanjärvi
Ruunasuo
Somerovaara
Koivusuo
Kuusisuo
Häikiönniemi
Hiidenvaara
Räytänsuo
Hirvisuo
Juurikka-aho
Hetekylä
Jaurakainen
Keinäsperä
Martimojoki
Ojala
Hattusuo
Oravisuo
Koirasuo
Olvassuon luommonpuisto
Kotajärvi
Loukkojärvi
Kuohusuo
Tervasuo
Mäkisuo
Arkala
Värkkisuo
Viinikoski
Määtänperä
Olvassuo
Ahmasuo
Kortesuo
Kallasuo
Pilttuanjoki
Iso Olvasjärvi
Iso Palovaara
Takalonkylä
Hannusperä
Joloskylä
Jolosjoki
Varpasuo
Porrassalmi
Kaliosuo
Nuorittajoki
Kiiskisuo
Kälväsvaara
Kiiminki
Vainiosuo
Marttisjärvi
Kärppäsuo
Perttula
Nuoritta
Iso Särkisuo
Leväsuo
Kalhamajärvi
Jylmänsuo
Sorsuanoja
Vasikkasuo
Jääli
Huttukylä
Säävälä
Joki-Kokko
Mustasuo
Kivijärvi
Virtasuo
Lehto
Makkarasuo
Laivakangas
Välikylä
Pekka Vesainen
Juopuli
Siiransuo
Kivijärvi
Iso Tilansuo
Korvenkylä
Lamula
Rekikylä
Vesala
Ylikiiminki
Hirvisuo
Ala-Vuotto
Erkansuo
Kaakkurisuo
Juorkuna
Kiiminginjoki
Kurimo
Korvensuora
Loppula
Isokangas
Luohela
Iso Lavasuo
Kasala
Särkijärvi
Jylhänkylä
Jokela
Isokangas
Juorkuna
Jokikylä
Itäsuo
Joutsensuo
Vepsänjoki
Yli-Vuotto
Mustikkasuo
Kapustasuo
Maikkula
Sanginjoki
Jakusuo
Vepsä
Ylikylä
Sanginsuu
Kassinen
Laaji
Iso-Joutensuo
Vähä-Vuotto
Sapilassuo
Iso Joutensuo
Sääskisuo
Mämmisuo
Sanginjoki
Tuppela
Tervolankylä
Madekoski
Pitkäselkä
Aittokylä
Järvelä
Pontema
Lapinkangas
Iso-Matinsuo
Ahvensuo
Harju
Suuri Hillasuo
Varpusuo
Oulujoki
Sanginjärvi
Sanginkylä
Utosjoki
Juurussuo
Räkäsuo
Palovaara
Itäsuo
Päivärinne
Honkanen
Itkusuo
Pikkarala
Leppiniemi
Lääväsuo
Pyhänsivu
Kontionsuo
Latvasuo
Juurikkasuo
Häikkiö
Ketolanperä
Kosulankylä
Laukka
Iso-Kivijärvi
Autio
Lapiosuo
Kopsa
Pälli
Pilkkasuo
Mälässuo
Kivisuo
Potku
Matinsuo
Murto
Kapustasuo
Potkunjoki
Potkunsuo
Kumpusuo
Sotkajärvi
Utosjoki
Kivisuo
Velholanperä
Muhos
Jokisilta
Utoslahti
Iso Hetesuo
Säippäsuo
Patinjärvi
Alaperänsuo
Utajärvi
Punaniemi
Kedonperä
Ängeslevä
Pirunsuo
Patinjärvi
Markkula
Tuuru
Utanen
Heposuo
Mikkola
Murronkylä
Tyrnävä
Naamanjoki
Naamankylä
Anttila
Ala-Temmes
Peurasuo
Ala-Niska
Oterma
Ojanvarsi
Porrasuo
Niskansuo
Otermanjärvi
Ylipää
Ruostesuo
Leikonsuo
Alakylä
Isosuo
Kukkolanvaara
Tuppu
Muhosjoki
Ruostesuo
Kormunkylä
Kutujoki
Keskikylä
Löytösuo
Niska
Iso Tolkansuo
Iso Sarvisuo
Pihlajasuo
Hirsijärvi
Lapinsalmi
Ängesleväjoki
Kurjensuo
Mällinen
Tikkalansuo
Huikola
Seppälänniemi
Ojakylä
Kivisuo
Ahmasjärvi
Ylisuvanto
Vaivaissuo
Järvineva
Syrjävaara
Leppijoki
Järvikylä
Tuohikorpi
Petäikkö
Ahmas
Kivisuo
Pahaneva
Meijerinkylä
Suutarinkylä
Karjosuo
Partalankylä
Lohisuo
Mustasuo
Kankari
Tyrnävänjoki
Rautionkylä
Isoneva
Koskela
Rokuanvaara
Jylhämä
Vaala
Itäranta
Ritoneva
Saunasuo
Rokuan kansallisp.
Rukuanjärvi
Nuojua
Ylipää
Sarvineva
Halmepuronsuo
Väätäjä
Mankilanjärvi
Kylmälä
Nimisjärvi
Pelsonsuo
Loukkuneva
Honkinen
Kaarresalo
Hättiönneva
Lautaneva
Tamma-aro
Pelso
Kangaskylä
Neittävä
Kärsämä
Veneneva
Suuri Veneneva
Pikku-Pelso
Kuostonsaari
Niskanselkä
Ollakka
Kärsämänjoki
Lammenneva
Savaloja
Kupukkoneva
Rantsila
Suutarinkylä
Alakylä
Säräisniemi
Viirinneva
Tuulisuo
Hirsineva
Ylikylä
Männistö
Ouluneva
Karesjärvi
Ylispistonselkä
Nuutila
Veneheitto
Porkanranta
Myllyneva
Haaraoja
Leiviskänranta
Puronräme
Saarenranta
Kurunneva
Siikajoki
Neittävänjoki
Laiskanselkä
Puroranta
Manamansalo
Hyttikoski
Mankisenneva
Kydönperä
Kerälä
Kurranjärvi
Vahtineva
Mäläskä
Neittävänvaara
Rumala
Teryonrimpi
Niemelä
Kelloneva
Kuoppala
Liikkiöneva
Sipola
Mustamaa
Enonkylä
Kestilä
Koskenkylä
Kivineva
Heinineva
Kuvaja
Salmenranta
Unelanperä
Peuraneva
Pelkoperä
Terskanperä
Jousineva
Hirvirimpi
Heiniojanperä
Taikkoneva
Vorna
Parkkisenrimpi
Kankaalanperä
Viitanen
Jylhänranta
Turkkisuo
Rivinperä
Ojanperä
Huhanneva
Järvikylä
Uljuan tekojärvi
Kotilaisenneva
Pöljä
Käkisaari
Karhukangas
Pihkalanranta
Lehtineva
Kokkoneva
Heponeva
Lamujoki
Matilanneva
Sorsa
Myllyperä
Lievoperä
Hyvölänranta
Kallionperä
Varsineva
Käkilahti
Möykkylänperä
Selkäneva
Hyvärilä
Pulkkila
Majanperä
Viitajoki
Pyymaanneva
Latva
Kolkanneva
Lämpsänneva
Vuolijoki
Ga
Gb
Ha
290
276
301
302
48
49
50
51
69
84
144

290
FIN
51
52
302
53
54
223
Jaalanka
Honka-vaara
Ilovaara 220
Turpeisen-vaara 269
Mäntylä
Korpinen
Vaarala
Suolijärvi
Harmajapää 226
Polviniemi
Vaaraniva
Junnosuo
closed
Honka-vaara
Matovaara
Hattuvaara
Vääkiönvaara
Kuurtola
Jaurakkajärvi
Siikavaara
Toivola
Porttivaara
Naamankajärvi
Suoliperä
272
Koistilan-vaara
Parkkila
897
Särkisuo
Koirasuo
Olvassuon luonnonpuisto
Viimasuo
Jaurakka-vaara 345
Talkkuna-harju 330
384
800
Kiehtäjä
Syrjävaara
Löytölä
Pirttijärvi
Viitaperä
Ahmasuo
187
Iso Karkasuo
Iso Palo-vaara
369
Askanmäki
Heinävaara
Näljänkäjoki
Näljänkäjärvi
Tervavaara
Käkelä
Alajärvi
Ga
179
Vellisuo
Vattuperä
Metsosuo
Välivaara 378
Joukokylä
24
Isosuo
Ala-Näljänkä
closed
Itävaara
Kälväsvaara
Luppoperä
Pyssyperä
302
Pesiönranta
Kärppäsuo
Murtoperä
Takkavaara
Leväsuo
Kaihamajärvi
Polven-suo
Lippoperä
78
Äylö
Naulaperä
Jouten-vaara
Pesiöjärvi
Auhojärvi
Murtovaara
Takkajärvi
Pesiökylä
Virtasuo
Neulikko
Nurmi-vaara
305
Siikaranta
Makkarasuo
Juurikkasuo
Auho
Housu-vaara 244
Kuorejoki
Leväsvaara
Losovaara
Kouerjärvi
Kolkonjärvi
Iso Honka-vaara
Iso Tilansuo
800
Lylykylä
Rientola
Suom
Kurimo
Aittokylä
Pitkälänvaara
Kauhasuo
Lylyjärvi
Laaja
Korpikylä
Kiiminginjoki
Ruostesuo
Kalliuskoski
Isosuo
Särkijärvi
133
Vilpusjärvi
Kuiri-vaara 373
Varissuo
Laajajoki
Ronin-vaara
Varsasuo
Itäsuo
Niskanperä
Puolanka
Kuikka-suo
Putosuo
218
837
Isosuo
Häikiö
Hevos-vaara 185
Suovaara
Sääskisuo
Puolankajoki
Leipivaara
Äikän-vaara
891
Kurtto
325
892
Löytösuo
Kuikkavaara
Rasinkylä
Väli-Lehto
Tarkku-vaara
Halla
800
Peurosuo
Hepokönkäs
387
Isoaho
Iso Tuomi-vaara
Utosjoki
Varpusuo
Utavaara 231
Vihajärvi
Rimpisuo
Lauttakylä
Väisälä
891
Hoikka
Riihivaara
Akan-vaara 226
Kurikka-vaara 300
Latvasuo
Juurikkasuo
Vortikka
351
Kangaskylä
Siikalahti
Pitonginjärvi
Kalliojärvi
Paljakan luonnonpuisto
Hyrynjärvi
Hirvi-vaara
Väyrylä
Hetesuo
Murto-vaara
Puokio
Puokio-vaara
Hepovaara
Lietejoki
Hyrynsalmi
Potkunsuo
Kalpio
Latva-vaara 330
Lamminsuo
Lietekylä
Nouttikylä
Gb
Kelholanperä
800
Puokiojärvi
Paatinjärvi
Patosuo
Sarvisuo
Pesäkylä
Paljakka
Lumivaara
Harju
Nuottijärvi
904
Kaarre
289
Kotila
Oravivaara
E63
Pirunsuo
Paatinjärvi
Iso Joutensuo
Nalkki
888
Latva
Pieni-Paljakka
Peuravaara
Housu-vaara
Iso Pölhö-vaara
Anttila
Somere
Hongikko-kangas
78
Karpinvaara
Oterma
Hiekkaniemi
Latvajoki
Vuorijoki
Ritala
Otermanjärvi
Iso Luoteensuo
Kulju
Kalliojärvi
Leppäsuo
Kallio
Leveäsuo
Pihlajavaara
Lapinsalmi
Pihlajasuo
Kantosuo
Uva
Matkavaara
Kivisuo
Halolansuo
Katvela
Kangas
Kivi-kangas
Varsa-vaara 286
Keilovaara 246
Karjo-vaara
Myhkyri
Koniva
Vaivais-suo
Vanhajoki
Iso Lehmisuo
Kongasjärvi
Tolosenjoki
Jokikylä
Louhensuo
Järventaus
Kongasmäki
Törmänmäki
Iivaara
888
Kaihlainen
Emäjoki
Koskenkylä
231
Tervajoki
Joutensuo
Uvanniemi
Ristijärvi
Vanhakylä
285
Rostasuo
Kankari
Jaalanka
Osmankajärvi
269
Julkuvaara
Kotiniemi
Saarinen
Iijärvi
Iso-Pyhäntä
Kytkinlehto
Itäranta
Tervolan-niemi
Liminpuro
Raappananmäki
221
Taliharju
Pyhäntä
Niemelä
Hau
Väätäjä
22
Likasuo
Lakkasuo
Hukkalansalo
Uura
Saukko-vaara 325
Hiekansuo
Ahvenniemi
Karjalanvaara
Leppi-vaara
Kaarresalo
13
Petäis-kangas
Petäjälahti
Kivesjärvi
Kives-vaara 295
Vaarankylä
Heinisuo
78
Tahvi
Hiisivaara
E63
Saukkovaara
Revonkanta
Kivioja
Kiveslahti
Leimu
248
Laahtaskoski
Setisuo
Kivesjärvi
89
Lumikylä
Härmänmäki
Hiisijärvi
Kuostonsaari
Poronsaari
Rinski
Lehtomäki
22
Paltamo
Mieslahti
89
Vasikkasuo
Teerisuo
Selkälä
Oikarilankylä
Melalahti
Mieslahti
15
22
Miesjoki
Pitänränsuo
Hiisijoki
Niskanselkä
Kaivanto
Jökaläsuo
Kuuskanlahti
Koijolan-saari
Tiittola
Lehmi-vaara 216
Kontiomäki
Horjunvaara
888
Karesjärvi
Koitto
Tevä
Ykspistonselkä
Manamansalo
Särkkä
Liejunperä
Varisniemi
Sipinen
Pehkolanlahti
Paltaselkä
Hannusranta
Saviniemi
Lemetinvaara
Puroranta
Manamansalo
Vakaran-niemi
Puistola
Torvela
199
Jormua
Paakinmäki
Loso
Ha
Perälä
Kelloneva
Neuvosenniemi
Toukka
Paltaniemi
Kuluntalahti
21
899
Leppilä
Tuulimäki
Suovaara
Unelanperä
Kantola
Kuotaniemi
Kirkkoaho
Oulujärvi
Ärjänsaari
Nakertaja
Sokajärvi
Anttila
Korvan-vaara
Kuusanjoki
Kaitainsalmi
Kaarenranta
Parkinniemi
Ojanperä
Purovaara 181
Naapurinvaara
879
Käkisaari
Maunuksen-mäki 172
Vuoreslahti
Nuottipuro
Kajaani
Rehja
Korvanniemi
899
Salon-saari
888
Hoikankangas
Nuasjärvi
Sorsa
Vuottoniemi
5
Kontiosuo
Korholanmäki
Vuokatti
Pirttijärvi
76
Sotkamo
Varsineva
Käkilahti
Kuusiranta
Ounas
Uimaniemi
277
Iso Sapsojärvi
326
50
Vuolijoki
51
Postisuo
Tompeni
Vuottolahti
Salinsuo
52
Kontinjoki
27
6
53
Vuokatti
Sapso
870
899
Varpuniemi
Itäranta
Suurisuo

FIN
RUS
Gb
Ha
Hb
303
292
278
Suomussalmen kk.
Kuhmo
Tyynelä
Pärsämönranta
Puppo
Saarisuo
Kaikosuo
Lappi
Myllylahti
Kiantajärvi
Lonkka
Ristisuo
Nissisenvaara
Aittovaara
Puhkansuo
Raatesuo
Porasjärvi
Kulju
Hiitovaara
Hietaselkä
Käkimäki
Kariniemi
Riihivaara
Tiikkajansuo
Näätävaara
Puras
Erkkilä
Palovaara
Kotiranta
Jauhovaara
Parvavaara
Raate
Saukkosuo
Yliluhdansuo
Sanginaho
Säynäjäsuo
Lomansuo
Kevättijärvi
Koiravaara
Malahvianvaara
Viianki
Kontiovaara
Ala-Vuokki
Vängänkylä
Mäkelänranta
Apaja
Varpuvaara
Rytisuo
Järvelänranta
Viionsuo
Marjokylä
Iso Honkavaara
Karsikkosuo
Hietajärvi
Lososuo
Pyykkälänvaara
Pölhölänvaara
Jumaliskylä
Ruokolanranta
Sarvisuo
Saarivaara
Kellonkylä
Kuivajärvi
Löytösuo
Lantto
Murtovaara
Lapinsuo
Veihtivaara
Teerisuo
Mulkkuvaara
Keskinen
Hakokylä
Viitavaara
Vaarala
Särkänsuo
Liekinvaara
Kukkuri
Joutensuo
Isosuo
Hiidenkirkko
Saarikylä
Heikkisenvaara
Autio
Kurkivaara
Koikero
Kuumu
Kiimavaara
Teerelä
Moisiovaara
Nahkasuo
Kokkola
Laitala
Iso Palovaara
oz. Kamennoje
оз. Каменное
Tulisuo
Pekankylä
Luvenjärvi
Ollilanniemi
Mikitanjoki
Pieni Hirvivaara
Vartius
Kuohuvaara
Kypärävaara
Seppälänniemi
Mikitänpää
Hirvivaara
Heinälä
Lahdenkylä
Ypykkävaara
Julmasuo
Änättijärvi
Petro
Tapanikylä
Isosuo
Vehmaskylä
Lentiira
Lokkisuo
Tapanivaara
Luhtavaara
Iivantiira
Lentiira
Iso Katajavaara
Korkana
Kuusamonkylä
Isovaara
Pitämävaara
Isasuo
Härmänkylä
Nypläskylä
Keikko
Laskiaisvaara
Ruunasuo
Saarensalmi
Valkeissuo
Haapasärkkä
Kylmänsärkät
Haukilahti
Juttuanvaara
Maaselkä
Tulivaara
Iso Riitavaara
Särkivaara
Vuosanka
Koirivaara
Lehtovaara
Porttivaara
Kalliojoki
Rimpisuo
Löytölä
Mertajärvi
Niva
Sumsa
Juolunka
Kuivikkovaara
Juntinsalo
Juntinvaara
Koskenmäki
Karhovaara
Salonsaari
Kotasaari
Riihisuo
Santavaara
Timoniemenvaara
Romuvaara
Pellinkangas
Huuhilonkylä
Juonto
Lentua
Kuivaniemi
Ahmovaara
Petäjävaara
Louhivaara
Mustavaara
Timoniemi
Varajoki
Rajala
Polvikangas
Kusianjärvi
Iso-Rommakko
Lentuankoski
Hirvelä
Itävaara
Oinassuo
Ala-Vieksi
Hietaperä
Poroselkä
Kuikkavaara
Niemiskylä
Aittojärvi
Likosaari
Pappilanvaara
Siikalahti
Kärenjärvi
Multikangas
Särkijärvi
Varissu
Viitavaara
Määttä
Kortevaara
Pyöreäsuo
Sumsa
Ontojärvi
Ylä-Honkinen
Lammasjärvi
Soidinvaara
Ala-Honkinen
Heposuo
Kuikkavaara
Hargasvaara
Jämäs
Särkijärvi
Lapinniemi
Haukela
Korkea
Iso-Kiimanen
Ontojoki
Katerma
Jyrkänkylä
Saijansaari
Tikkala
Raiskio
Murtovaara
Lehtovaara
Kurimussuo
Raatesuo
Yli-Jyrkkä
Kesselinkylä
Vetko
Heikkilänkylä
Iso-Teerisuo
Näverinsuo
Jauhovaara
Paljakanvaara
Maijankangas

58
59
304
60
61
oz. Kento
оз. Кенто
Lahna
Лахна
g. Ruvinvara
г. Рувинвара
277
242
Gb
RUS
Kostomukša
Костомукша
Zarečnyj
Заречный
ozero Njuk
озеро Нюк
185
oz. Luvozero
оз. Лувозеро
291
Luvozer
Лувозер
272
oz. Kimasozero
оз. Кимасозеро
Kimasozero
Кимасозеро
Minozero
Минозеро
293
Veräinen
Kylmänsärkät
Viiksimonjärvi
Hamarakangas
Viiksimo
Ha
Juntinsalo
Juntinvaara
Roninsuo
Elimyssalo
Ahmovaara
Kokkamo
308
FIN
Heinäsuo
Rahkosuo
Varissuo
Rasivaara
Hukkajärvi
Pirttijärvi
Kiekinkoski
oz. Rovkul'skoje
оз. Ровкульское
A134
Korkea
Rokonsuo
Ulvinsalon luonnonpuisto
Ulvinsalo
Ulvinvaara
Riihisuo
Jemeljanovka
Емельяновка
Kälkänen
Maijankangas
oz. Torasozero
оз. Торасозеро
57
58
279
59
60

N
Verholmen
Lovund
Svenningen
Moflaget
Buøya
Nordåsværfjorden
Risvær
Tomfjorden
Åsvær fyr
Åsvær
Tommeidet
Forsland
Tomma
Breitinden
Husby
Stigfjorden
Sørásværfjorden
Rølvåg
Dønnes
Havsteinen
Vandved
Stavseng
Hov
Løkta
Hugla
Glein
Buskøya
Slapøya
Horn
Koppardal
Djupna
Vikafjorden
Skaga
Korsmo
Holand
Dalsvågfjellet
Fagervika
Lifjell
Gåsvær
Bjørn
Ulvangen
Reinesfjellet
Ulvangen
Bøen
Sandstrak
Dønna
Hestad
Hogtuven
Skorpa
Ytterholmen fyr
Seløy
Skard
Leines
Vardøya
Sandnessjøen
Dønnessundet
Leirfjorden
Brunsvik
Hjartøya
Ytre Øksningan
Engan
Hellesvika
Lillegård
Storklubben
Nord-Herøy
Kirkhelleren
Silvalen
Botnfjorden
Sør-Herøy
Herøy
Botnkrona
Husværfjorden
Andøya
Stokka
Sjusøstre
Kvalnes
Husvær
Austbo
Alsta
Tennvalen
Søvika
Vestvågan
Prestøya
Altra
Hamnes
Kovfjellet
Vefsnfjorden
Blomsøyråsa
Alstahaug
Skålvær
Offersøya
Aspvikfjellet
Sandvika
Lund
Nordre Rosøya
Bærøya
Svinnes
Omnøya
Tjøtta
Hestøy
Halsan
Blåfjellet
Kilværfjorden
Kilværet
Russisk kirkegård
Rødøya
Søndre Rosøya
Skotsvær
Tjøtta
Husvika
Halsfjorden
Ervika
Tro
Grytåfjellet
Mykkelbostad
Stokkasjøen
Mindnes
Mindlandet
Stokkahatten
Vågsodden
Vistnes
Stor-finnkneet
Mindværfjorden
Helleristninger
Visthus
Risøya
Hongset
Valla
Sundvoll
Vegsteinen
Hurtigruten
Søla
Gladstad
Igerøy
Hamnøya
Forvika
Finnknefjellan
Gullvågsfjellet
Igerøya
Svalvik
Ferset
Vågøya
Vega
Rørøya
Høyholmstindan
Stigfjellet Gaskevaerie
The Vega Archipelago
Ylvingen
Bremstein fyr
Vika
Eidem
Ylvingsfjorden
Hestvika
Ylvingen
Odden
Vistfjellan Seatervaerie
Anddalsvågen
Snøfjelltinden
Storvassfjellet Stoerreva
Horn
Nordre Vistvatnet
Innerhatten
Vegafjorden
Kirkeruin
Mosaksla
Velfjorden
Sildkovtuva
Stortorgnes
Vistkjerr Væstang
Lisltorgnes
Mossem
Storfjorden
Lomsdal-Visten
Sauren
Skille
Burøya
Tofte
Brønnøysund
Dyråsfjellet
Brakdjupet
Torget
Veddal
Seterlandet
Dyrneset
Skillbotnfjorden
Sæterfjellet
Storbørja
Ytter-Torga
Stranden
Nevernes
Inner-Torga
Rodal
Velfjord
Råkfjellet
Helløya
Torghatten
Røymarka
Sømna
Sørfjorden
Langfjorden
Midtre Breivatnet
Berg
Hommelstø
Sandværet
Sømnesøya
Håkaunet
Lysingen
Mardal
Fa
Fb
Ga
294
305
280
281
60
38

N
Stigen
22
Aldra
Strand-
tindan
23
tinden
1025
306
Høgtuva
1276
24
Raudsandaksla
25
Grønligrotta
Helgåvatnet
Raudskreda
1219
Litltuva
1033
Myrvoll
Ravnåga
Haugland
Kystfort
Nonstinden
Stokkvågen
Tortenvik-
tinden
1023
Sila
Flostrand
Nordfjorden
Sjon-
hagen
Fuglstad
Botnfjellet
Sjonbotn
55
Røytvika
17
Hammarneset
Femfjellet
1023
Bjørnåga
Ravntinden
624
Langvatnet
546
Langvatnet
Risfjellet
510
E6
Nordfjellet
556
Nevernes
Øvre Lang
Skonseng
Sellåt
Handnesøya
Handstein
Stokka-
tinden
599
Skaga
Forsland
Tomma
Breitinden
818
Tomma
Handnes
Straumbotn
12
Slettafjellet
Alter-
marken
Mo i Rana
Alteren
34
Bustnes
653
Laupen
Longset
Nordvikfjellet
848
Skog
29
Herset
Hammarøy-
fjellet
Buvika
Skardtinden
459
Straumen
Brennberget
Andfiskåga
Vestre
Mofjellet
Illgruben
Reinfjellet
661
Hauknestinden
799
37
E12
Hugla
Vik
Hugl-
tinden
624
Nesna
767
Hamarøya
Bardal
589
Hestnesfjellet
Hemneshalvøya
Hemnesberget
Veten
702
Dalselv
992
Tverråmarka
Dalselvdalen
Fa
Ytterhus
Horn
Levang
808
Vassdals-
fjellet
679
Leirvika
Fineidfjord
899
Rostafjellet
Stormuren
Hellerfjellet
1077
Langtjørnlia
677
Kvann-
fjellet
Fagervika
848
Lifjellan
Kangeli-
tinden
692
Sørfjorden
Bjerka
Tverrosta-
fjellet
1046
Måltinden
969
Storakers-
vatnet
Rund-
fjellet
815
Tovåsen
Bøen
Vatnet
Leira
Leland
Nordtoven
995
Toven
Røssåga
687
Selhornet
Seljelia
Elsfjord
Svarttjørn-
fjellet
636
Stormål-
vatnet
Lernäset
Grasfjellet
1412
Toventunnelen
10 665 m
Midtretoven
843
Drevvassbygda
502
Luktvatnet
Osen
Korgfjelltunnelen
8510 m
85
Korgen
Grønfjellet
1005
Kjennsvatnet
Kjennsvasshytta
Grasvatnet
Graesiejaevrie
Miese
Enget
Kveldstuva
765
Toven
684
Murfjellet
Leirskarddalen
1259
Tverråga
Tverrfjellet
1280
Hellesvika
687
Remnes
Villtova
760
Høgtoven
Forsmoen
Drevjedalen
Lukttinden
1343
Straumen
Bollermoen
985
Bryggfjellet
1056
Leirbotnhytta
Gressvasshytta
Skullen
1128
806
Innerdalen
Okstindbreen
Okstindan
1872
Okshornet
1522
Oksfjellstua
Lomtjørn
Simafjellet
882
964
Stormyr-
bassenget
Hellfjellet
809
Holandsvika
Straum
Hundåla
Vikdals-
fjellet
726
293
Baåga
Fustvatnet
Stigfjellet
Stijjentjahke
1060
Ånes
Brekka
Skorsmyra
640
Varde-
fjellet
Kulstad
Bleikvatnet
Bleikvasslia
Kongsfjellet
1123
Kongsdalen
Røssvassbukta
Kongsdalen
Tuven
Nonshaugen
776
Jørntinden
1038
Lifjellet
Mortensvika
Hjartfjellet
Jierhtetjahke
1458
Artfjellet
Aartegevaerie
1204
Steikfjellet
1212
Raudlia
1204
Mosjøen
Skjåmoen
Austerbygd
Almdalen
Rismålsfjellet
912
Nergarden
Lijkievaerie
Tustervatnet
860
Bakketun
Varntresk
Sivertsgården
Brakfjellet
Braahkoevaartoe
990
Sørdalen
Elvdals-
fjellet
807
Øyfjellgrotten
Aufles
Fb
Langvatnet
Tolvtuva
831
Hundålvassfjellet
616
Holmvatnet
Geittinden
1556
Røssvatnet
Reevhtse
Jamtfjell-
tinden
1252
1230
1001
Grøvfjellet
Gierkievaerie
Fokstad
Øksendalen
Eiterstraum
Fallmoen
Krutfjellet
Kruvhtegenvaerie
1405
Greipfjellet
879
Joes
788
Ørfjellet
Grannes
Røssvassholmen
Sååle
Krutneset
735
720
Nygård
850
Holmfjellet
589
Krutåga
43
Krutvatnet
Grönd
Atofjä
Vistfjellan
Seatervaerie
Storvassfjellet
Stoerrevaerie
918
Eiteråfjellet
Daelienjaarke
42
Reinfjellet
Appfjellet
Aapije
Skjåvika
73
Auster
kroken
14
Raudvatnet
Sjarrettjåkke
994
941
Laksfors
14
Granefjellet
Gaajsvearnga
813
769
Granmo
Vågvassdalen
Sætren
Vagfjellet
Vaekie
1134
Vadfjellet
Vaadtije
Hatten
1128
Skogmo
994
Grane
758
Pilfjellet
Dårretje
Hattfjelldal
1037
Moskefjellet
Storvollen
780
1239
Vistkjerringa
Væstangåmma
Neversletta
Fellingfors
Trofors
495
33
823
632
Breidablikk
Nerli
Storburs-
tinden
1023
Øvre
Elsvatnet
1004
Naireke
Kvitfjellet
1248
Austervefsn
749
Båfjellet
Kløvimoen
Skinnfjellet
Raavkoentjahke
1335
Vasshaugen
804
Pantdals-
fjellet
850
Sandøreng
Arevattnet
Arajaure
Arefjellet
1300
Stuore Tjåkke
1230
Ga
Hjortskardmoen
20
Moen
Svenningdalen
Kløvfossen
Tjønna
Midfjellet
983
Skardmodalen
1211
Arefjäll
Arebak
Skalmodal
Skalvattnet
Blåfjellet
1293
Nonstindan
1119
Svenningdal
Ørjedalen
Skardmodalen
23
Jordbrufjellet
1050
Brenna
281
Fiplingkroken
24
Luspient-
jahke
1328
Ivarrud
Slettfjellet
Slaktoe
Brunfjellet
Bjørklund
25
282
Giemse
26

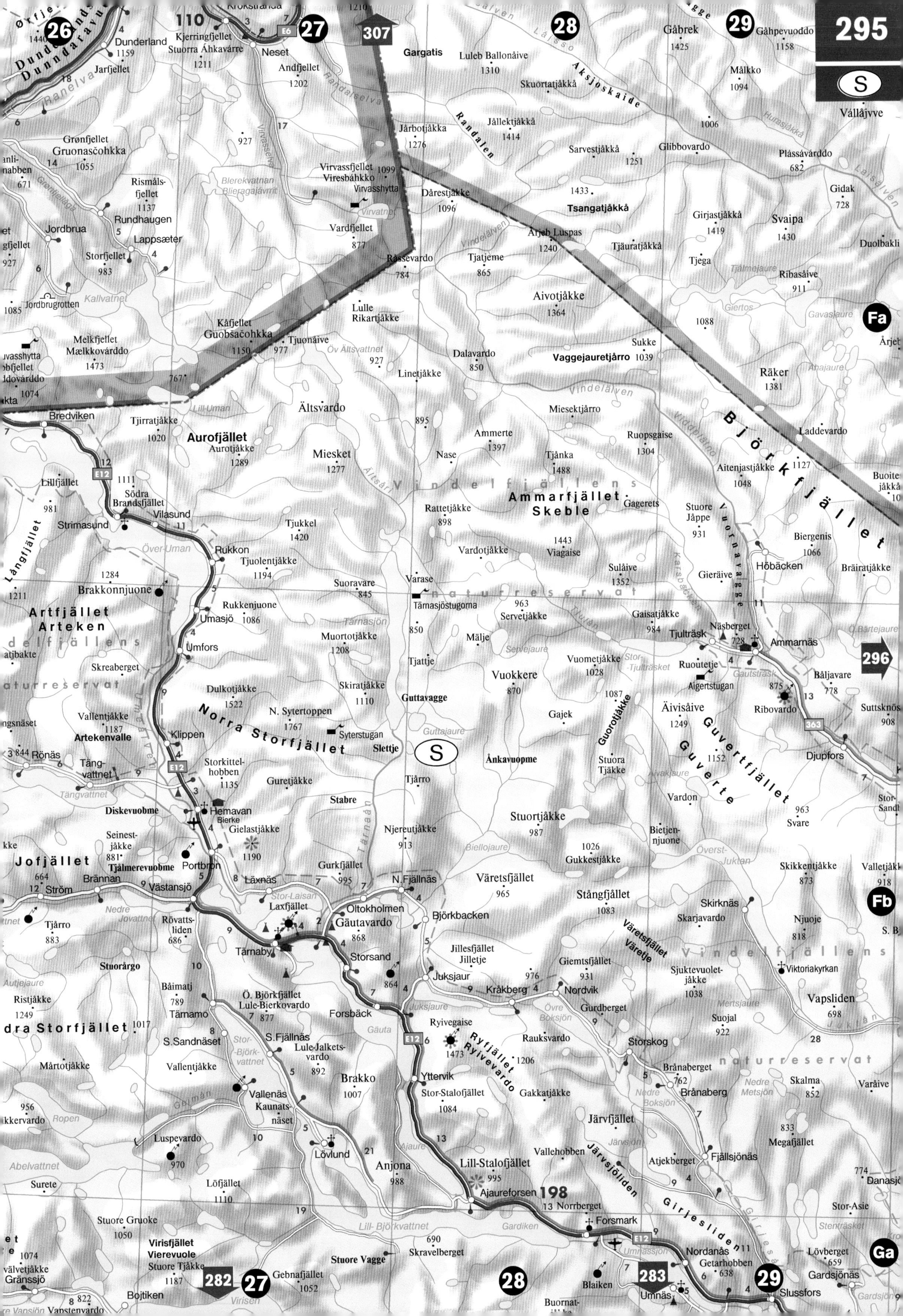

26
27
28
29
307
S
Dunderland
Kjerringfjellet
Stuorra Áhkavárre
Neset
Andfjellet
Gargatis
Luleb Ballonâive
Skuortatjåkkå
Gåbrek
Gåhpevuoddo
Målkko
Vållåjvve
Grønfjellet
Gruonasčohkka
Rismålsfjellet
Rundhaugen
Jordbrua
Lappsæter
Storfjellet
Jordbrugrotten
Kallvatnet
Virvassfjellet
Viresbáhkko
Virvasshytta
Vardfjellet
Rássevardo
Jårbotjåkka
Jållektjåkkå
Dårestjåkke
Sarvestjåkkå
Glibbovardo
Plåssåvårddo
Tsangatjåkkå
Arjeb Luspas
Tjatjeme
Tjäuratjåkkå
Girjastjåkkå
Svaipa
Gidak
Duolbakli
Tjega
Ribasåive
Aivotjåkke
Fa
Kåfjellet
Guobsačohkka
Tjuonâive
Lulle Rikartjåkke
Melkfjellet
Mælkkovárddo
Dalavardo
Vaggejauretjårro
Sukke
Räker
Linetjåkke
Bredviken
Tjirratjåkke
Ältsvardo
Aurofjället
Aurotjåkke
Miesket
Miesektjårro
Ammerte
Nase
Tjånka
Ruopsgaise
Laddevardo
Björkfjället
Aitenjastjåkke
E12
Lillfjället
Södra Brandsfjället
Vilasund
Strimasund
Rattetjåkke
Vindelfjällens naturreservat
Ammarfjället
Skeble
Gagerets
Stuore Jåppe
Vuornavagge
Tjukkel
Rukkon
Tjuolentjåkke
Vardotjåkke
Viagaise
Biergenis
Höbäcken
Bräiratjåkke
Långfjället
Brakkonjuone
Suoravare
Varase
Tärnasjöstugorna
Servetjåkke
Sulåive
Gieräive
Artfjället
Arteken
Rukkenjuone
Umasjö
Umfors
Muortotjåkke
Tjattje
Målje
Gaisatjåkke
Tjulträsk
Näsberget
Ammarnäs
296
Vuometjåkke
Ruoutetje
Aigertstugan
Båljavare
Skreaberget
Dulkotjåkke
Skiratjåkke
Guttavagge
Vuokkere
Ribovardo
Suttsknös
Vallentjåkke
Artekenvalle
Norra Storfjället
N. Sytertoppen
Syterstugan
Slettje
Gajek
Guorotjåkke
Äivisåive
Guvertfjället
Guverte
Djupfors
Klippen
Rönäs
Tängvattnet
Storkittelhobben
Guretjåkke
Stabre
Tjårro
Ånkavuopme
Stuora Tjäkke
Vardon
Diskevuobme
Hemavan
Bierke
Gielastjåkke
Seinestjåkke
Njereutjåkke
Stuortjåkke
Bietjennjuone
Svare
Jofjället
Tjålmerevuobme
Portbron
Gukkestjåkke
Skikkentjåkke
Valletjåkk
Strõm
Brännan
Västansjö
Läxnäs
Gurkfjället
N.Fjällnäs
Väretsfjället
Stångfjället
Fb
Laxfjället
Oltokholmen
Björkbacken
Skirknäs
Skarjavardo
Njuoje
Tjårro
Rövattsliden
Gäutavardo
Väretsfjället Väretje
Tärnaby
Storsand
Jillesfjället
Jilletje
Giemtsfjället
Viktoriakyrkan
Sjuktevuoletjåkke
Stuorårgo
Juksjaur
Kråkberg
Nordvik
Vapsliden
Båimatj
Ö. Björkfjället
Lule-Bierkovardo
Tärnamo
Forsbäck
Gurdberget
Suojal
Ristjåkke
Storfjället
S.Sandnäset
S.Fjällnäs
Lule-Jalketsvardo
Ryivegaise
Ryfjället
Ryivevardo
Rauksvardo
Storskog
Mårtotjåkke
Vallentjåkke
Brakko
Yttervik
Stor-Stalofjället
Gakkatjåkke
Brånaberget
Brånaberg
Skalma
Varåive
Vallenås
Kaunatsnäset
Järvfjället
Megafjället
Luspevardo
Lövlund
Anjona
Lill-Stalofjället
Vallehobben
Järvsjöliden
Atjekberget
Fjällsjönäs
Danasjö
Surete
Löfjället
Ajaureforsen
198
Norrberget
Girjesliden
Stor-Asie
Stuore Gruoke
Forsmark
Virisfjället
Vierevuole
Stuore Tjåkke
Skravelberget
Stuore Vagge
Lövberget
Nordanås
Getarhobben
Ga
Gränssjö
282
Gebnafjället
Blaiken
283
Umnäs
Slussfors
Gardsjönäs
Bojtiken
Vapstenvardo

S
Fa
Fb
295
30
31
308
32
30
283
31
32
284
Ribretjalvek
Ringselet
Sädvaluspen
Sädvaluspe
Illitjåive
Ellitjåjvve
Vållåjvve
874
Pieljekaise
Gájsátj
1046
Jäkkvik
Jäggeluoktta
Jäggesuolo
542
758
Áigávárre
Tjidtjåkvålle
884
Riebnes
Riebnestjavelk
Tjuorguk
Råbmo
Árdnasvárre
Labbas
Gålljotjavelk
886
Vattåive
Vaddåjvve
18
Biessetjåhkkå
685
Gaskastjåhkkå
671
Sundnäs
Rapen
Rahppen
Biessevárre
Ábmo
Badje-Måskkejávrre
Skerutj
598
Vuotsas
828
Piteälven
Suhpevárr
730
Stor-Mattaure
Suobddekvárre
704
Lövnäs
Åjlesvárre
720
Harnä
Tjållasvárddo
Vuolep
Tjållasjávrre
Gidak
728
Laisälven
nationalpark
Pieljekaise
Beljijgejse
1138
Rimobäcken
Biessetj
632
Svart-berget
Vakssamvárre
561
Allebuovdda
827
Råhpavárátj
705
711
Vuordnestjåhkkå
709
95
Crutaure
Fabmoberget
13
Hássávárre
775
Duolbaklida
Adolfsström
Gauto
Gávtto
Tjäksa
1092
Storberget
729
Hällbacken
Jutis
Juhtas
N. Laisvik
Laisvikberget
Lájsovárre
705
Guorbbavárre
545
Nuorttabuovdda
804
Sâmmárvárre
740
Maddåive
Krappesvare
Årjeb Järte
1036
Gärrestjåkkå
535
Hembergen
Ö. Subbek
S. Laisvik
475
598
27
Lulep Iksják
801
Svartberget
Tjähpsåjvve
728
745
Måffe
Låddek
1037
Tjelkesjaure
Gardevare
17
Lulep Jutas
Jutastjåkkå
670
Björklund
Bassegielas
542
703
Rebakudden
Hornavan
Vuolddávárre
590
25
Tjamuk
Njerebäive
950
Luspejaure
Lulle-Naddok
Laisvall
217
Gáldes-buovdda
800
Buoitest-jåkkå
1055
Stuor-Tjaivek
864
Nuort-Krama
905
Laisan
Såvvovare
Laisvalls by
Juvdåbäktte
784
Akkelis
Áhkális
Östansjö
Girak
775
Assjatj
Aisjaure
Ajsjávrre
Ullakberget
Tjäpsåive
Tjähpsájvve
Tjuolmatjåkkå
1007
Dellikávren
Diellekjåkkå
Grabtatjåkkå
853
Niepsurt
919
Snätjekvare
550
Båtsjaur
Knutberget
607
Arjeplog
Árjepluovve
Kakel
Gáhkal
Korsträsk
Fluka
Fluvka
Öberget
Renberget
628
Bräiratjåkke
Gauravuopme
Lule-Järpetjåkke
865
842
Stainak
819
Luspevare
604
Dårestjavelg
Nauraure
Kurrokvejk
Gräunavagge
Gardetjåkke
970
Uddjaure
Bärtejaure
Stor-Åino
879
419
Såkekåbbå
780
Gelgo
Uijabuouda
Gupmetjåkke
Sliktfjället
885
Suttsjaure
Ratsknösen
715
Blaiken
Stuorape
Voxborg
Uljajaure
Kåttjok
Sjeunjesåive
Miesagaske
Suttsknösen
908
Remtliden
Björklid-stormyran
Innervik
Lill-Skarjak
Ånge
Vuovosjaure
598
Laisälven
Maskaur
Gieriåive
Bellonäs
Välbma
Välbmabuolda
710
Kullberget
Jille Råvo
869
Gvorgoliden
Tjålmliden
Björkliden
Maskaure
Myrås
Myrheden
Kraddsele
746
Stor-Sandberget
Övre Sandsele
Jille Tsåtse
Jillesnåle
Varåive
856
Bergnäs
Bråna-liden
Blåsberget
Biekkasaiva
628
Lillgran-berget
Marielund
Mullholm
Bellovare
Makaure
Kasker
Vallsta
Tallberg
Mellanström
Vindelälven
Svarttjärn
Hällnäs-berget
Forsbacka
Trindmyran
Blåsbergen
Ormvik
Dväljan-vare
Valletjåkke
918
Mossaberget
Kyrkberget
Nedre Giertsbäcken
Medmyran
Stor-Gidna
Stor-Naddok
Brännäs
Harrurliden
Dväljan
Gopsis-berget
Siebnesjaure
Gotthardsberg
363
Storsjö
Suobdek-liden
Rebak
Storberget
Siebnesbuouda
714
Kallön
Stor-Varåive
783
S. Björkberget
802
Låktaberget
Skansnäs
Stor-vindeln
Guouteles-gielas
676
Stormyran
Mjölkberget
Övre Mullejaure
Gargaur
Stormyran
Tallås
Storav
Granberget
Matsorliden
Rakkosjön
Biriberget
661
Granåker
Gertsåive
537
Grannäs
Granselet
Gargaure
Tjäkkjokk
Gasa
Bergr
Labbetmyrarna
Karlslund
Osaliden
Nalovardo
763
Oksåive
Storsten-myran
Nyby
Gargovare
665
679
Fjällsjönäs
Fjosoken
Forsnäs
Laisheden
Fjällnäs
Nyliden
Sjulnäs
Varåive
Koberget
Groddnaliden
Örnässudden
Aresåive
Naustajaure
Abborrsjö-liden
Abborrsjön
Fjällmyran
Stor-Dobblon
Sorvatliden
Gautsträsket
Norra Örnäs
Nedre
Hällbäck-berget
Källmyran
Slagnäs
860
Berglunda
Lars-Ersblaiken
Råbmomyran
Liltjaur
Kåtamyran
Norrsele
Björkberget
Norr-Svergo-berget
Heden
Bure
Danasjö
Höjden
Jiltjaur
666
Råbmovare
Jiltjaurberget
Lostråsket
Sörberget
Stridsmark
Sorsele
E45
Stormyran
Gargån
V.Högbrännan
Holmträsket
Rönnliden
Storberget
777
Arvliden
Abborrberg
Kroksjön
Norra Stensund
543
Stalоberget
Stor-Smalaken
638
Kåtaliden
Åbacka
Skärfonäset
Vatjoberget
Geting-berget
Stensund
Stensunds-berget
153
Krutträsk
Aha
Mossaberget
Gränsgård
Flakaträsk
Rönnberget
Akkan
Gardsjön
Storjuktan
Olsberget
708
Övre Saxnäs
Ambotråsk
Nedre

297
S
309
33
34
35
36
Fa
Fb
298
284
285
Raketskjutfält
Arvidsjaur
Vállátj
Vuolvonåjvve
Njabbak
Dálvek
Guordakåhpe
Gasukvárre
Tjavelkvárre
Goahtåhpe
Tjåhppisoajvve
Tjårrnjunnje
Riggenjunnje
Ruoutape
Ruovdåhpe
Unnabuovdda
Lullåive
Lilloajvve
Tårrajaur
Dárrájávrre
Majtum
Májddum
Näsberg
Stuortjåkkå
Stuortjåhkkå
Slättkullen
Rätjelandet
Stenträsk
Roavvevárásj
Luottåive
Luohttoajvve
Kuoratjåive
Guorásjoajvve
Yttervik
Kartevåre
Gárddevárre
Bergnäsviken
Suppevare
Låmok
Gållábuovdda
Talvatisåive
Dálvvadisoajvve
Tjiegarvárre
Tjiektjåhpe
Gåbddååhpe
Fatjatj
Fáhtsasj
Stormyran
Ö. Partaåive
Lillberget
Gittun
Giddun
Guorkåhpe
Udtjávárre
Pälkåive
Bälkoajvve
Tsågåhpe
Tsågajåbbå
Dajtávárre
Allovárátj
Allovare
Forsnäs
Tattar
Dáhtar
Nammatis
Kuoute
Guovdde
Åjttevárátj
Sjlåsjkasåhpe
Palja-ape
Bálljaåhpe
Soahkevárre
Buornnanjunnje
Slåttes-tjärnheden
Björkberget
Kuoletis
Guoledis
Stor-Sarkasvare
Kittajaur
Gidájávrre
Kuorpavaratj
Guorbbavárátj
Varto
Várddo
Roavekvárre
Såltoåhpe
Rijbmo
Gadtsavárre
Tjirsavárre
Gättekvárre
Buldanberget
Njallaberget
Lill-Ståkke
Gardevaratj
Gárddevárásj
Reurivare
Revrrivárre
Årjeptjåhkkå
Buoktjåärre
Lulep Låmenåjvve
Sågbergen
Alep Tjievtjenåjvve
Viejtekvárre
Kuorpavare
Varjisträsk
Varggá
Guobbeltvárre
Jäkna
Njallavare
Tjärgetvare
Guvrivárre
Suorke
Suorgge
Björk-berget
Jäknatjavelk
Abraure
Trollberget
Abmonåive
Heden
Tabmokåive
Åberget
Norrstrand
N.Nimtekberget
Kaska
Gangsja
Brännholmen
Udden
Vassjnje-berget
Ljussels-stugan
Svanaberget
Granberget
Peiperåive
Björnheden
Skållberget
Bållovaratj
Jerfojaur
Innervik
Åsen
Suobdekvare
Vuoddasvare
Östansjö
Suddesjaur
Erik-Larsaberget
Bergnäs
Åmans-berget
Storheden
Moskosel
Granberget
Guossavare
Bellunåive
Argåive
Tabmokåive
Ljusträsk
Stuor-Gåptje
Tjappsåive
Råvetjåkkå
Fälloheden
Krutaberget
Strittjomvare
Storberget
Storliden
Stormyrheden
Ausjur-liden
Tallsund
Tjuorre
Skirvo
Åberget
Svallmyran
Sör-Döttern
Tjuorre
St. Tallberg
Auktsjaur
Rättsel
Njallejaur
Gaddabe
Sidnovare
Storön
Vuostok
Tjuorremyran
Norrmalm
Tjapsåive
Gausjovare
Kronogård
Knivberget
Rönnberg
Slättmyran
Blister-berget
Tjipko
Långudden
Ö. Långträsk
Hornliden
Nuortejaure
Utterträsk
Guorpa-liden
Vuotner
Brännan
Glottje
Ravenjaur
Lauker
Renviken
Gullön
Björkliden
Grandal
Akkavare
Bäcklund
Aspliden
Sjönäs
Ravenberget
Dunberget
Stormyran
Tallmo
Renvallen
Rukasvare
Deppis
Guortesliden
Grannäs
Bådovare
Avaviken
Kläppen
Norrmyran
Fjällbonäs
Renträsk
Stormyran
Fiskträsk
Granliden
Sotberget
Holm-berget
Sjöträsk
Olovslund
Harrejaur-liden
Nyträsk
N. Holmnäs
Storbränna
Skidnäs-berget
Ledvattstjällen
Mörtliden
Akkanålke
Storberget
Pjesker
Mjölaberget
Lindås
Abborrträsk-liden
Grundträsk-liden
Storberg
Börstberget
Njauka-myran
Ledvattsfors
Storholmen
S. Skidnäs
Vägamyr-berget
Mausjaur
Krokträsk
Borgsjö
Knipmyran
Slevliden
Kalvträsk
Gråträsk
Nya Bastuselet
Brännlund
Brunmyr-heden
Vågträskliden
Aspliden
Ånäs
Abborrträsk
Forsnäs
Donka
Sundsnäs
Mausberget
E45
95
94

S
37
38
310
39
Porsi
Norrvik
Vuollerim
Vuolleriebme
Bomyrberget
Lommimyran
Granlandet
Rádjeáhpe
Tjoarvekáhpe
Tjuorvvomgåbbå
Pålkem
Bålggem
Storspiken
Svartberget
Mörtberg
Kaitberget
Mörtberget
Pajeltis
Bajeldis
Karsberget
Tjerkisberget
Kåskatsjön
Varjekträsket
Storbacken
Soinakberget
Fräkenmyran
Rimjokk
Gåjrávárre
Ätnakåbbå
Ädnagåbbå
Luottåive
Luohttoajvve
Kåpponis
Gåhpånis
Kåikul
Furunäs
Luleälven
Lövberget
Årroberget
Stormyran
Költräsket
Risberget
Granberget
Mårdsel
Gallaberget
Blåkölen
Sudok
Suovdok
Subbat
Suobbat
Storsand
Stor-Spikberget
Myrberget
Gårdberget
Lakaträsk
Grenholmforsen
Långhedberget
Kuoratjåive
Guorásjoajvve
Tallberget
Tuortapemyran
Tuortaure
Duordávrre
Bodträskån
Garsiberget
Lillå
Överedet
Edefors
Rödekornberget
Holmsvattenberget
Råneälven
Fa
Kvarnberget
Björkberget
Kuoletis
Guoledis
Pieski
Biesske
Puottaure
Buohttávrre
Lietsonåhpe
Krokfors
Sörviksudden
Degerliden
Gullträsk
Åmellanberget
Klingersel
Övre Flåsjön
Åbojen
Björnberget
Flarkån
Snipalandet
Holmträsket
Rudnåsjberget
Tällberget
Kroktjärn
Kåbdalis
Goabddális
Gáttekvárre
Snesudden
Nivsak
Klusån
Bjässanden
Grundträsk
Sandträsk
Långberget
Degervattnet
Björnbergen
Haradskölen
Åträsk
Abramsån
Säbmurimvárre
Storspiken
Spikberg
Korgen
Bodträskfors
Harads
164
Granberget
Gransjö
Grankölen
Svanisträsket
163
Årojvárre
Gåjkåhpe
Stormyran
Kvarnå
Djupträsk
S. Harads
Stor-Klöverhuvudet
Svannäs
Allekberget
Kvarnån
V. Bovallen
Svartlå
S. Gyttjeå
374
Vitbergsträsket
Brattberget
Långberget
Urstjärnälven
Storklinten
Petbergen
Suorke
Suorgge
Johannestorp
Njalleberget
Storberget
Österby
Åkerby
Holmsvattnet
Kangesberget
Överäng
Kvarnträsk
Vitbäcken
Vargajänkä
Njalle
Njalla
Vitberget
Brånnspiken
Slättberget
Övre Bredåker
297
Anders-Persaberget
Peiperåive
St.-Globerget
Varvliden
Degerträsket
Junkerkölen
Smalaberget
Södra Bredåker
Norra Bredåker
Storberget
Benbryteforsen
Lillberget
Stor-Granberget
Åkerholmen
Punktberget
Buddbyträsket
Benbryteberget
Åkerselkölen
Björkberg
Storliden
Åkerholmsträsket
Långsjön
Vittjärv
97
Pitälven
Gransel
Bredsel
Storforsen
Vidsel
Luleälven
Lule-Storberget
Vitträsk
Karlberg
Istråsk
Nörd-Tällberget
Granberget
Aldersmyrberget
Heden
Ljusträsket
Rörmyrberget
Stenträsket
Tällberg
Snårkölen
Brännberg
Bränd-berget
Stor-berget
Västaheden
Östrand
Fällforsberget
Degernäs
Långberget
Pilträsk
Skirvo
Regnberget
Riddarberg
Övre Tvåråsel
Stockfors
Slytjärnmyran
Altträsket
V. Råbäcken
Mockträsk
Ö. Granberg
Manjärv
Edet
356
Lillberg
Stor-Alberget
Altråsk
Fb
Brännberget
Vistån
Falkberget
Nystrand
Timfors
Hällan
Krokträsk
Pite-Altervattnet
Njallejaur
Gaddaberget
Nattberget
Muskus
142
Brännberget
Vistbäcken
Nattberget
Vistheden
Rackberget
Älvsbyn
94
Åkroken
Sarvasåjve
S. Vistträsk
Fleviken
Korsträsk
Högheden
Klöverträsk
Bredträskberget
Grundsel
Storliden
Korsberget
Karlsborg
Petbergsliden
Stor-Kanisberget
Pålsträsk
Bjurträsk
Lauker
Nakteberget
Finnträsket
Stor-Teuger
Asplövberget
Alterälven
Sjönäs
Åselet
Brännberget
Björnberg
Hällträskberget
Stor-Fällberget
Norrdubbla
Yttre Arvidsträsket
Bådovare
Stor-Arbost
Teugerträsk
Stor-Myrberget
Tvärån
Backträsk
Ö. Kikkejärure
Storsund
Granträsk
Stor-Älgberget
Sikfors
Kålen
Sjulsmark
Fällträsk
Bänkerberget
Lindås
Färskberget
Bänkerträsk
Bänkerträsket
Brännheden
Holmträsk
Nybyn
Abborrträskliden
Kolerträsk
Tällträsk
Krokatråskliden
Krokträsk
Selsborg
Arnemark
Ytterbyn
Abyälven
Granliden
Nygård
Kolerberget
Lyckoträsket
Vitberget
Pålmark
Furuberget
Ga
Tallberget
Stor-Blåliden
Stromnäs
Maniliden
Svallfors
Brattknabben
Stridholm
Lakafors
Kyrkstad
Ersträsk
Åträsk
Torrberget
Pålberget
36
37
Skällberget
285
38
Storslyet
286
Yttersta
39
374
Norrfjärden
Littlock-
Keupan

S
40
41
42
43
311
Tallberget
Stormyran
Småtall-berget
Västhammar
Alsjärvs-berget
Alsån
Vännäsberget
Kuiva-vaara
Puostijärvi
Häst-berget
Stor-Kinsberget
Gyljen
Nybyn
Läss
Torrik-berget
Hällberget
Kölmjärv
Bönälven
Sandjärv
Tallvik
Pojmis
Flakabergsåsen
Sådemvärre
Bönnäset
Sands-berget
Hedens-byn
Överkalix
Stor-Muggberget
Boheden
Storrovas-myran
Ektors
Laitamaa
Songan-kirova
Dockasberg
Yttre Dockas-berget
Muggträsket
Sandudden
Snårbergen
Sydsjön
Riutta-vaara
Liehittäja
Rekhultet
Tansjärv
Ö. Kesasjärv
Tallberg
Stor-Gran-berget
Storberget
Svartbyn
Pesa-berget
Svartberget
Eini-vaara
Talljärv
Vitån
Kälvjärv
Pesaträsk
Kuusilakl
Littiäinen
Storkrok-berget
Väster-dalen
Granträsket
Storsvedjan
Räktfors
Kattis-berget
Fa
Brändheden
Kälvjärv
Räktjärv
Kypasjärv
Salmi
Långsel
Stor-Malungs-berget
Mjöträsk
Rödberget
Mickel-kölen
Kölmyholmen
Tjäruträsk-kälen
Pallakkavaara
Forshed
Rudtjärn-berget
Tjäruträsket
Kukas-vaara
Satta
Lillberg
Fors-berget
Lomben
Kouta
Röråkölen
Hovlös-sjön
Tjäruträsk
Västannäs
Övermorjärv
Kukasjärvi
Nygården
Kvarnberg
Ö. Granträsk
Socken-berget
Grubbnä-sudden
Rörån
Bjuråfors
Mjöträsk-kölen
Forsbyn
Klinten
Sangisälven
Kamlunge-kölen
Storsien
Vitvattnet
Hataskölen
Morjärv
Kamlungeträsket
Forsnäs
Revel-berget
Grundfors-backen
Töreälven
Lassbyn
Tällberget
Avafors
Kamlungeforsen
Orrträsk
Korpikå
Sörbyn
Kamlunge
Lillberget
Lilla Lappträsk
Niemisel
Degerselet
Fällträsket
Eliskölen
Långfors
Forshuvudet
Stor-Kilberget
Stor-Renmyran
Hömyrfors
Niemiselet
Kalixälven
Mjöträsket
Snöberget
Korpikån
Nedre Flåsjön
Vitåfors
Hällkölen
Långtjärn
Orrbyn
Kölen
Brännan
Bondersbyn
Nygårds-heden
Törböle
Borjelsbyn
Gammel-gården
Holmträsk
Kälsjärv
Töre
Högsön
Vitåträsket
Åskogen
Inbyn
Svart-bäcken
Dammet
Månsbyn
Kalix
Lantjärv
300
Ön
Strömsund
Ubbyn
Råneälven
Siknäs
Siknäsfjärden
Jämtön
Rolfs
Vallen
Bredviken
Våna-fjärden
Buddbyn
Skogså
Råneå
Lill-Fåron
Påläng
Risögrund
Risön
Jämtö-Avan
Viken
Råneфjärden
Tjärnmyr-berget
Vibbyn
Nyborg
Boden
Edet
Smedsbyn
Rånkölen
Rörbäck
Sandöskatan
Karlsborg
Båtön
Stor-Fårön
Rånäsudden
Ryssbält
Börjels-landet
Nördnäsudden
Laxön
Trollön
Grassmyr-berget
Sundom
Bockön
Rånöfjärden
Östanfjärden
Fälesön
Långören
Repskäret
Persöfjärden
Ängesbyn
Avasundet
Fb
Gruvberget
Bocköfjärden
Granskäret
Siksundsön
Lägenön
Beckas
Halsörfjärden
Tistersöarna
Persön
Gussön
Bergön
Rånön
Storön
Storören
Skagsudden
Övrebodarna
Markberget
Sävastnäs
Sigfridsön
Kölen
Örarna
Fuksjöfjärden
Fjuksön
Degerö-Börstskäret
Unbyn
Brändön
Nagelskäret
Hastaskäret
Norra Sunderbyn
Luleälven
Båtön
Likskär
Rutvik
Avan
Selet
Svartön
Stor-Furuön
Renskär
Granön
Hamnön
Bensbyn
Båtöharun
Church Town
Kyrkstad
Kolkallberget
S. Sunderbyn
Björkön
Gammelstaden
Bälinge
Lappön
Alvikstråsk
Risön
Harufjärden
Bälings-berget
Ytterstön
Björkön
Ale
Bälingsträsket
LULEÅ
Gräsön
Hindersön
Degerön
Esterön
Hertsön
Hindersöfjärden
Långberget
Bergnäset
Harrviken
Saxskäret
Uddskäret
Alvik
Antnäs
Innerbodarna
Klubben
Sandön
Långön
Smålsön
Måttsund
Kallax
Likskäret
Mjoön
Ersnäs
Granön
Kallviken
Storbrändön
Kallaxön
Ersnäsfjärden
Mörön
Halsön
Sandöklubban
Bergön
Sörberget
Mörön
Junköfjärden
Ga
Junkön
Vallen
Germandön
Sör-Brändöfjärden
Rosvik
Alhamn
Norr-Äspen
Antnäs-Börstskäret
Långviken
Sandgrönnfjärden
Trundavan
Alskatan
286
Kunnön
287
Sör-Äspen
E4
E10
49
50
78
356
383
398
97
94
98

300
FIN
44
45
312
46
47
Tengeliö
Portimojärvi
Koivistonpää
Aavasaksa
Talonenmi
Haarasaajo
Lalvikon-vuoma
Kilsiaapa
Teerilaki
Mukkala
Pronkor
Koivulehto
Kuijasvaara
Kapusta
Kierovaara
Haukka-vaara
Matala
Pisavaara
Pisavaaran luonnonpuisto
Viisavaara
Heinivuoma
Mikkolan-jänkkä
Ylitornio
Iso-Kallijärvi
Kivilompolo
Kivijärvi
Mustamaa
Koskela
Leive
Laitamaa
Songan-kirova
Niemis
Nieminen
Revásvaara
Nuottionranta
Armassaari
Pietinvaara
Väystäjä
Alainenvuoma
Varajärvi
Valkiavaara
Kätkävaara
Luppo-vaara
Kätkä-vaara
Kiima-aapa
Hirviaapa
Pikkukyl
Martimo
Ristivuoma
Sorvasvaara
Eini-vaara
Hedenäset
Hietaniemi
Kontiovaara
Kainuunkylä
Martimojoki
Jokivuoma
Laukku-vuoma
Kaisavaara
Sihtuuna
Sivakkajoki
Ryömyaapa
Ylijänkä
Peura
Koivu
Littiäinen
Tuore-vaara
Pekanpää
Loue
Loma
Koivukylä
Vuomajärvi
Martimo
Katajavuoma
Kolopetäjä
Varejoki
Mattinen
Vitsaniemi
Risudden
Potila
Kaakama-vaara
Laitilan-vaara
Kaisajoki
Kurvilansaari
Runkausjoki
Fa
Pallakkavaara
Penikka-järvi
Korpikylä
Nivanpää
Pukinlehto
Törmä-vaara
Hastin-kangas
Korpela
Lapinjänkä
Tervola
Venekumo
Rakkaviida
Ruotuvaara
Korpikylä
Kaartivuoma
Nahkiaisoja
Lainkumpu
Niva-vaara
Ryynäsenpää
Aapajärvi
Ollakka
Sattajärvi
Lakanaapa
Jääkäri patsas
Koutajärvi
Sarvivaara
S
Aaronpää
Tieva
Palorova
Lehmikumpu
Hauki-järvi
Koijuvuoma
Karungi
Karunki
Ylivaara
Karunki
Aapajoki
Korpijärvi
Kummunmäki
Lahdenperä
Yli-Paakkola
Suuripää
Pahtaoja
Kangas
Keräsvaara
Yli-Kukkola
Aapajoki
Nikunmäki
Arpela
Kantojärvi
Hallikontio
Könölä
Raatikanperä
Jouttiaapa
Lappträsk
Torrberget
Långbacken
Keräsjänkkä
Leipijärvi
Kuusimaa
Mölönperä
Iso Petäjämaa
Keräsjoki
Kukkola
Kukkola
Talonmäki
Nosanmma
Lautamaa
Viitakoski
Itäkoski
Ala-Paakkola
Saarijänkä
Pykälä
Puukkokumpu
Stor-Renmyran
Aavajärvi
Kattilasaari
Vesijänkkä
Yli-Vojakkala
Yli-Liakka
Korkiamaa
Länsi-koski
Törmä
Långträsk
Ned. Vojakkala
Ala-Vojakkala
Liakka
Kalkkimaa
Härkönen
Keski-Penikka
Björkfors
Parviainen
Pränti-järvi
Koijumaa
Tieksonjoki
Liedakkala
Maula
Koroiskylä
Ilmola
Levajänkä
Hirmula
Kivalo
Helkkusenvaara
Akkunusjoki
299
Sangijärvi
Tervajänkkä
Marielund
Haparanda
Tornio
Hyypiö
Juokuanvaara
Lantjärv
Sangis
Harrioja
Korva
Vuono
Laurila
Keminmaa
Lautiosaari
Pömiö
Kilnäset
Bredviksheden
Säivis
Bodön
V. Nikkala
Staffans
Nikkala
Puuluoto
Kaakamo
Kirvesaapa
Kestilä
Torosuo
Risön
Seskaröfjärden
Revässaari
Vasikkasaari
Kraaseli
Herakari
Kemi
Båtskärsnäs
Paaskeri
Trollön
Fb
Repskäret
Pitkäkari
Röyttä
Kuusiluoto
Selkäsaari
Musta-aapa
Puutteenperä
Kittilänjärvi
Vilmin
Malininpe
Granön
Seskarö
Torne-Furö
Skomakarfjärden
Veitsiluoto
Maksniemi
Iso Leipiö
Viantie
Simo
Lägenön
Halsörfjärden
Stora Hamnskär
Katafa
Iso-Hulturi
Ajos
Hepola
Simoniemi
Simonkylä
Halsön
Skomakaren
Perämeren kansallispuisto
Karsikko
Koivuluoto
Montaja
Korkia-kari
Tiuranen
Harvakari
Puukkofjärden
Enskär
Haru
Sarvenselkä
Ajoskrunni
Byskär
Seskar-Furö
Haparanda skärgårds nationalpark
Selkä-Sarvi
Selkäkari
Sandskär
Malören
Maakrunni
Ulkokrunni
Isonkivenletto
Ga
43
287
44
45
288
46

48
Perunka-vaara
Narkaus
313
49
Vaski-kivalo
Siika-Kämä
50
Pohjaslahti
Petäjävaara
Lamuriaapa
Kakari-aapa
Kilvenaapa
Rantakumpu
Siikavaara
Jaatilansaari
Veijola
Välijoki
Paloaapa
Rantapalo
Lapioaapa
Haukitaipale
Kuusiluoto
Nuuskan-suo
Ruonanniemi
926
Vammavaara
Metsoaapa
Tuiskukivalo
Kokkosuo
Roomisuo
78
Palovaara
Fa
Poikkimaan-aapa
Lintupirtti
Kontti-kivalo
Matala
Ruonakoski
Pyhäporttí
Suukoski
Reutuaapa
Kivalo
Kuoppelikko
Portimo
Korttenperä
Kortesalmi
942
Saukkojärvi
Vähäjoki
Tarinaharju
Ahmavaara
Kelukka-vaara
Tupakkisuo
Mutka
Runkauksen luonnonpuisto
Kokala
Rynkkä
Kaarlejärvi
Sääskisuo
Toivakka
Pahalehto
Tolja
Runkaus-vaara
Saariaapa
Peurajärvi
Nuupas
Pentillä
Koivikko
Kortesuo
Suoperänsuo
Juurikkasuo
Pajusuo
Mauru
Raiskio
Kinnula
Ahma-aapa
924
154
Ketola
Kumpula
Jänesaapa
Lumivaara
Ranua
Korpikangas
Palo-ojanaapa
Lumiaapa
Iso Paju-vaara
Tainijoki
Leppiaho
Rovastinaho
Palosuo
Lämsäkoski
Tainivaara
Kuha
941
Latva-aapa
Käärme-vaara
Näätäaapa
Latvaheinioja
Heinisuo
Kuiva Luolavaara
Kiukka
Honkivaara
Kuusijärvi
Isoaapa
Hosio
Lapiosuo
Juntinsuo
Lalva-aapa
Liejula
Ojala
Palosuo
Sääskisuo
Kälkkäjävaara
Näverrys
Asmuntin-suo
Petäjäjärvi
Kuuka
923
Tainiemi
858
Hurtansuo
Varesaapa
Hyöteikkö
Karhusuo
Tervonsuo
Sankala
Saarikoski
Fb
Leväaapa
Valaja
Kaihua-vaara
Alaniemi
Rinteenpää
Majovakylä
849
Hillikkosuo
Ristiaapa
Valajanaapa
Huhtala
Yli-Kärppä
Asmunti
Telkkälä
Tuore Kärväs-vaara
302
Turkkisuo
Pikku Rakkamaa
Lähdesuo
Luola-aapa
Käärmeaapu
Ala-Korpivaara
Kääpäkorpi
Matala
Ruonasuo
Kokkokylä
Soikko
Jänesuo
Särkijärvi
Isosuo
Liikanen
Ruonasuo
Saukkomaa
Myllinkivikangas
Jääkärimuistomerkki
Iso Åijönsuo
Kairavaara
Veska
Liekokylä
Harjula
Konttila
Pekkasuo
Hamari
Koivuniemi
Klaavunharju
Sumusuo
Luujoki
Oijärvi
Toppiaho
Klaavunsuo
Pikku Rautasuo
Ruohola
Yli-Siurua
Lavasuo
Sumusuo
Soidinsuo
Hyry
Kapusta-suo
Iso Hirviaapa
Vasikkasuo
Tynnyrisuo
Purola
Virtala
Heinikoski
Lamminperä
Lammela
Tuliaapa
Polvisuo
Matkasuo
Laminsuo
Pitkäsuo
Hepokangas
Kuivaniemi
Puolakkavaara
Oravisuo
Iso Saarisuo
Puolakkasuo
Ikosenniemi
Palovaara
Suomela
Kaihuan-vaara
Hirvas-vaara
Latvala
Metso
Tuomela
Ala-Siurua
Hietala
Halttula
Myllykangas
Herva
Palosuo
Saarikoski
Ala-Liv
Yli-Olhava
Viitasuo
Kalliosuo
Muukala
Tyräsuo
Kuivikko
Ritamaa
855
Kuikkasuo
Iso Kalliosuo
Karhusuo
Taipale
Yli-Tannila
E75
Väli-Olhava
Leuanjoki
Tannila
Siliäkangas
Aittojärvi
Leipisuo
Erkkilä
Kyngäs
Maunula
Ruukinlahti
4
Tultasuo
Rautiola
Latvavaara
Kahasuo
Olhava
Iso Rytisuo
Kotalanperä
Sammakkosuo
Vengasaho
Havula
Kärppäsuo
Ypykkäjärvi
Seljänperä
Kiuttuperä
Ga
Muhosuo
Tyykiluoto
Kapsussuo
Iso Jännesuo
Lampisuo
Valkiais-harju
Laitakari
Yli-Ii
Pahkala
Hirvelä
Sarvela
Kollaja
Keskikylä
Kantola
Vesisuo
Kierikki
Hautasuo
Konttila
Hiue
Karjalankylä
Hongikon-suo
Haapakoski
Haukkasuo
Riepula
Turkkisuo
Taipaleenh
Pirttikari
Pohjois-Ii
Yliranta
Jakkukylä
Maalismaa
Kipinä
Syväoja
20
Karhu
Alaranta
851
Isosuo
Iso Pilhajasuo
Sammal-suo
Iso Leväsuo
Panuma
Tangonsaari
Pihla-jakari
Ii
Paasonperä
Turtinen
Jakkuranta
Ruunasuo
Takasuo
Iso-Vuorma
47
Ojakylä
288
48
Somerovaara
49
289
Kuusisuo
50
Röyttä
Pitkäkari
E8
Eteläsuo
Hiiden-vaara
Räytänsuo
Häikiönniemi
Hirvisuo
Hetekylä

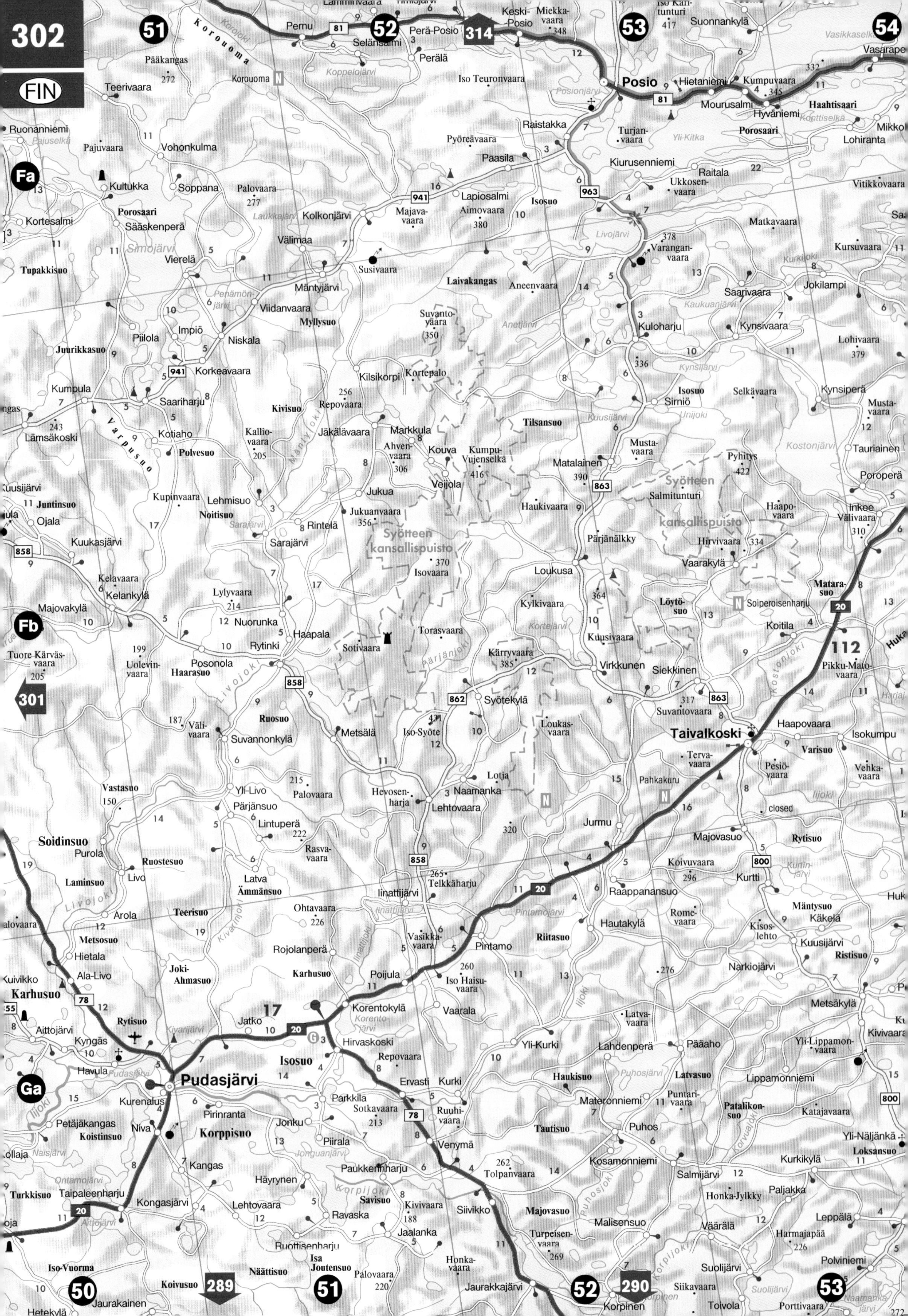
FIN
Posio
Taivalkoski
Pudasjärvi
Syötteen kansallispuisto
Kuloharju
Sirniö
Matalainen
Loukusa
Virkkunen
Siekkinen
Syötekylä
Iso-Syöte
Naamanka
Lehtovaara
Pintamo
Jurmu
Korentokylä
Hirvaskoski
Kurenalus
Jukua
Sarajärvi
Nuorunka
Haapala
Rytinki
Posonola
Kelankylä
Ojala
Kuukasjärvi
Mäntyjärvi
Viidanvaara
Niskala
Korkeavaara
Saariharju
Kotiaho
Kumpula
Lämsäkoski
Kortesalmi
Kultukka
Soppana
Vohonkulma
Kolkonjärvi
Välimaa
Vierelä
Pernu
Selänsalmi
Perä-Posio
Perälä
Keski-Posio
Hietaniemi
Kumpuvaara
Mourusalmi
Hyväniemi
Raistakka
Paasila
Lapiosalmi
Kiurusenniemi
Raitala
Saarivaara
Jokilampi
Kynsivaara
Kynsiperä
Tauriainen
Poroperä
Koitila
Haapovaara
Isokumpu
Majovasuo
Kurtti
Käkelä
Kuusijärvi
Narkiojärvi
Metsäkylä
Pääaho
Yli-Kurki
Lahdenperä
Materonniemi
Puhos
Kosamonniemi
Salmijärvi
Honka-Jylkky
Väärälä
Suolijärvi
Siikavaara
Toivola
Korpinen
Jaurakkajärvi
Siivikko
Venymä
Ervasti
Kurki
Parkkila
Jonku
Piirala
Paukkerinharju
Kangas
Kongasjärvi
Taipaleenharju
Niva
Havula
Kyngäs
Aittojärvi
Ala-Livo
Hietala
Arola
Livo
Purola
Yli-Livo
Pärjänsuo
Lintuperä
Suvannonkylä
Metsälä
Jaalanka
Ravaska
Lehtovaara
Jatko
Iinattijärvi
Poijula
Vaarala
Raappanansuo
Hautakylä
Koivuvaara
Pahkakuru
Suvantovaara
Vaarakylä
Soiperoisenharju
Yli-Näljänkä
Kurkikylä
Paljakka
Leppälä
Polvinieml
Porttivaara
Vasarape
Lohiranta
Mikkol
Vitikkovaara
Suonnankylä
50 51 52 53 54 289 290 301 314 112
Fa Fb Ga

FIN
Kuusamo
Oivanki
Nissinvaara
Tuovila
Mäkelä
Vuokinvaara
Meskusvaara
Majavasuo
Saarivaara
Kivisuo
Salmela
Majava
Tuomaala
Siprunvaara
Tavela
Juusola
Salmivaara
Oijusluoma
Iso Siikavaara
Kuolio
Penttilänvaara
Mustavaara
Visavaara
Käsmä
Isosuo
Vasikkavaara
Kirvesvaara
Elehvä
Kuusivaara
Pelli
Särkelä
Isosua
Irni
Iminniemi
Heikkisenniva
Kulju
Vaaraperä
Rinneaho
Hietaranta
Julma Ölkky
Valkeisenvaara
Kattaisenvaara
Kylmäluoma
Murtovaara
Luolavaara
Jokijärvi
Suojansuo
Tyrävaara
Siltaneva
Tyrämäki
Lehtovaara
Honkavaara
Moilasenvaara
Soidinvaara
Pisto
Rinneasuo
Peranka
Koiravaara
Lesovaara
Selkoskylä
Välisuo
Ohtavaara
Kylmälä
Perangan-niemi
Peranganvaara
Korvua
Pyhäkylä
Härkövaara
Vasara
Ketola
Piispajärvi
Haapovaara
Piilisuo
Riuskanselkä
Ahola
Suoniemi
Salovaara
Mustavaara
Murhivaara
Tervasselkä
Ahjola
Raiskio
Kylmävaara
Pohjanvaara
Haarala
Hiisivaara
Kiannanniemi
Keträvaara
Huutoniemi
Salonniemi
Junnosuo
Hankovaara
Matovaara
Hattuvaara
Väkiönvaara
Kuurtola
Lappi
Losonvaara
Karhunsaari
Tyynelä
Honkisaari
Puppo
Salonsaari
Myllylahti
Saarisuo
Pärsämönranta
Toravaara
Kaikosuo
Kortesuo
Kieliövaara
Pyykköskylä
Paukuttaja
Rasinvaara
Pirttivaara
Palovaara
Hukkasuo
Juntusranta
Itävaara
Lehtovaara
Martinselkonen
Tormua
Lavala
Tulivaara
Mustikkavaara
Tervosenpuoli
Saarikylä
Hinkusuo
Pajuvaara
Vieremänsuo
Väinölä
Kukkarosuo
Hossa
Mäntyniemi
Iso Harsuvaara
Teeriranta
Säynäjäsuo
Mutkala
Romevaara
Kurvinen
Salmela
Rajavaara
Kontiokangas
Heinävaara
Karvonen
Murtovaara
Rytisuo
Närängänvaara
Mustavaara
Ölkynvaara
Isovaara
Aholа
Jokivaara
Kontiosuo
Kuparivaara
Soivio
Penikkajärvi
Ahvenniemi
Siikalainen
Poussu
Niskavaara
Joutsenkylä
Hiltunen
Mustavaara
Kemilä
Haukiniemi
Törmäsenvaara
Muovaara
Onnela
Porosaari
Kylmälä
Kajava
Purnunsuo
Rajasaari
Säynälä
Heikkilä
Uusitalo
Niemitalo
Juurikkavaara
Vaarala
Reposuo
Kapustavaara
Vesala
Päiväniemi
Olkivaara
Valtanen
Maivala
Riekki
Likolampi
Taipale
Kirpisto
Pikku Kiviranta
Nevalanvaara
Kärpänkylä
Koskenkylä
Jämsä
Kortesalmi
Lämsänkylä
Hautavaara
Lusminki
Iivaara
Tammela
Polvivaara
Maikku
Laihavaara
Mattila
g. Kjatkavara
г. Кяткевара
g. Hankovara
г. Ханковара
RUS
Vojnica
Kuržma
Куржма
closed
E63
5
20
81
866
843
897
223
55
56
57
54
315
304
290
291
Fb
Ga

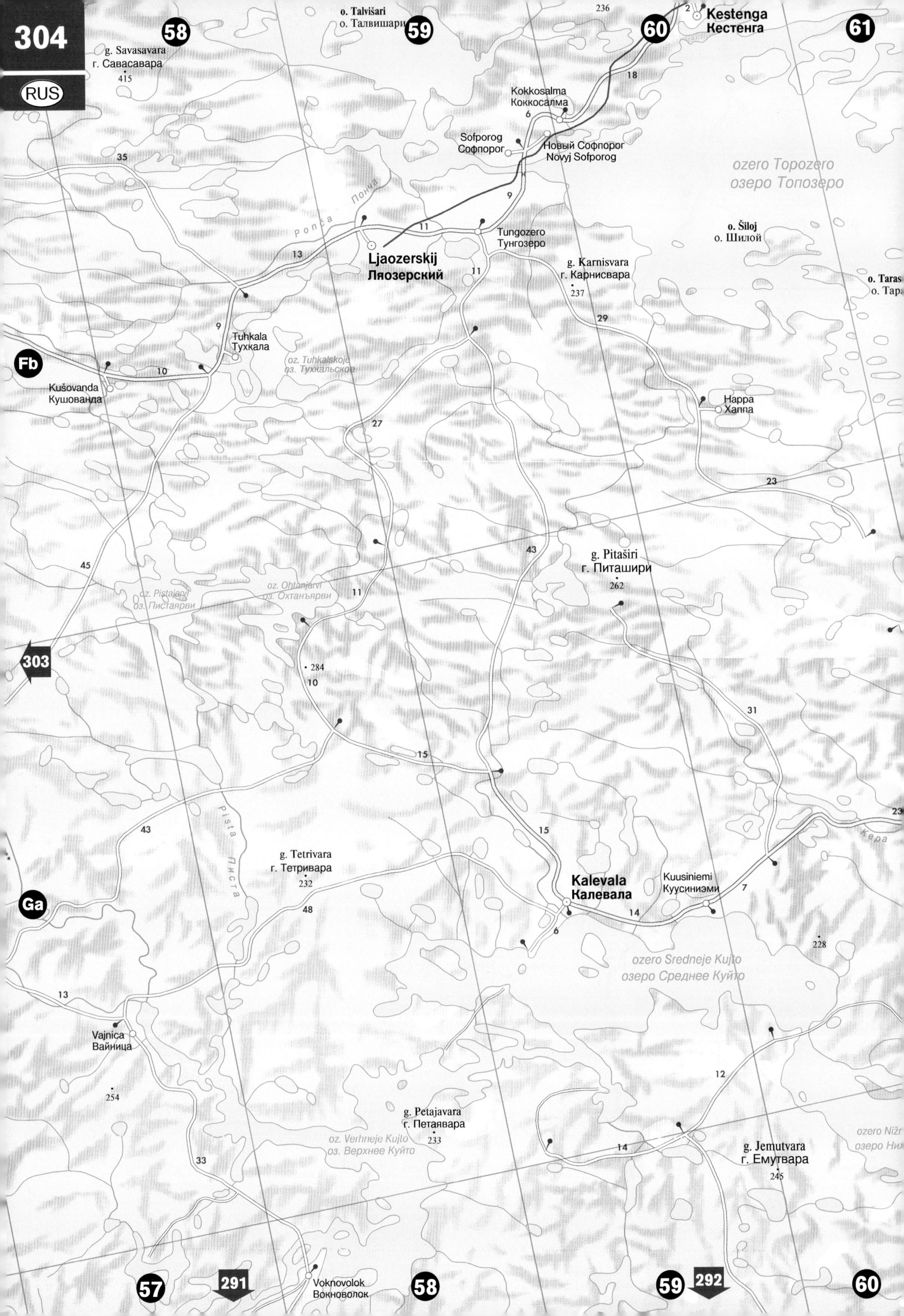

o. Talvišari
о. Талвишари

Kestenga
Кестенга

g. Savasavara
г. Савасавара
415

Kokkosalma
Коккосалма

Sofporog
Софпорог

Новый Софпорог
Novyj Sofporog

ozero Topozero
озеро Топозеро

o. Šiloj
о. Шилой

Tungozero
Тунгозеро

Ljaozerskij
Ляозерский

g. Karnisvara
г. Карнисвара
237

o. Taras
о. Тар

Pon'a
Понья

Pon'a
Понья

Tuhkala
Тухкала

oz. Tuhkalskoje
оз. Тухкальское

Happa
Хаппа

Kušovanda
Кушованда

Fb

oz. Pistajärvi
оз. Пистярви

oz. Ohtanjärvi
оз. Охтанъярви

g. Pitaširi
г. Питашири
262

284

303

g. Tetrivara
г. Тетривара
232

Ga

Kalevala
Калевала

Kuusiniemi
Куусиниэми

Kera

228

ozero Srednjeje Kujto
озеро Среднее Куйто

Vajnica
Вайница

254

g. Petajavara
г. Петаявара
233

oz. Verhneje Kujto
оз. Верхнее Куйто

ozero Nižn
озеро Ниж

g. Jemutvara
г. Емутвара
245

Voknovolok
Вокноволок

Ea

306

Eb

Norskehavet

Myken fyr

Gurafjorden

Lyngvær   Blikværfjorden

Selvær   Nordnesøya

Nesøya   5
Sørnesøya   2   Hestmona
Storseløy
Træna   Buøya   4
Hes

Trænstaven
Husøya

Nesøyfjorden

Trænfjorden

Træna fyr   Måværfjorden

Lurøy
85
Fa
Lurøy

Verholmen   6
Svenningen   Solvær   Ørnvika
Lovund   194
Lovund   Lovundvika
623   Moflaget   4

Buøya

N
22
23
317
24
Helligvær
Kvalvika
25
Rypdalstinden
803
Sørvær
Grytøy fyr
Landegode
Fenes
Klevika
Tennholmen fyr
Bliksvær
Bliksvær
Bodø
Ea
Straumø
Seines
Alsvik
Sandvika
Ersvika
Skolm
Skånland fjellet
573
Fleinvær
Nordarnøya
Sørarnøya
Mårnes
Følvika
Finnset
656
Fleina
Sørarnøy
Sandhornet
993
226
Hustad
Horsdal
Saura
540
Ertenvå
Evja
Sandhornøya
Fleinværfjorden
Fugløya
Sørfugløy
766
Fugløyvær
Sund
Gildeskål
Inndyrfjellet
500
Kjøpstad
819
Høgfje
Femris
Inndyr
Kumra
608
Forstranda
838
Tind
Memaurtinden
1332
Grønfjorden
Fugløyfjorden
Morsdalsfjorden
Norvika
Skauvoll
Finnes
Høgnakken
1045
Novika
Kunna
599
Kunna
Storvika
Storvika
Oppsal
592
Hestdalsfjellet
Sundsfjorden
Stabifjorden
Kalsholmen fyr
Støtt
Skogreina
Bautastein
727
Breitinden
Marka
849
Sokumfjellet
174
Helløya
Gåsværet
Teksmona
Reipå
Lysvatnet
Kvittinden
1068
Sokumvatnet
Årstaddalen
305
Ternholmfjorden
255
Ørnes
Spilderdalen
Storvatnet
Urdfjellet
1049
Gåsværfjorden
Meløya
Messøya
Istinden
1194
Glombreen
Valværfjorden
Meløy
582
Meløytinden
Meløysund
Skjerpa
Meløyfjorden
17
12
Ruffen
1182
Bolga
Bolga
Sætvik
Glomfjord
Glomfjorden
Låhku
Eb
Jektvika
Amnøya
Amnøyhamma
648
Vassdalsvik
Kjelddalstinden
1027
Saura
Glomssteet
1129
nasjonalpark
Synkhøgda
800
Svinvær
Skardstinden
Stamnes
Bjerangen
Svartisentunnelen
7624 m
Nordre Glomvassfjellet
1305
Sleipnes
Skardsfjorden
Forøya
Halsa
Holandsfjellet
582
Botntinden
1277
Oterværfjorden
Ågskardet
Vågaholmen
831
Kilvika
Gjessøya
Rodøya
699
Rismålstinden
Braset
Nordfjorden
Holandsfjorden
1454
Helgalandsbukken
Blikværfjorden
440
Storglomvatnet
Spidstinden
1564
Losvik
Rønvik
Tjongsfjorden
Tjong
Rødøyfjorden
Værnestinden
688
Straumsvika
1032
Blokktinden
Flatfjellet
976
Terskaldfjellet
963
Gjerdøya
Esjeholmen
Reppa
Bogvatnet
Nesøya
Nordnesøya
Sundøya
Øya
Renga
Jektvika
Nedre Bogfjellet
1268
Saltfjellet-Svartisen
1594
Snøtinden
1572
Istinden
Vågvangen
Nordfjordbreen
Nordfjordbotnen
Hestmona
Storseløy
Selsøyvika
Rangsundøya
Telnestinden
973
745
Hanvikfjellet
555
Svartheitinden
1471
Bjørnefossvatnet
Svartisen
Bloksberg
1310
Nesøyfjorden
Hestmona
Tonnesfjellet
471
Steinsland
Melfjorden
Glomdalen
Glomåga
1532
Austerdalsisen
Blakkådalshytta
Ytterkvarøya
Tonnes
Kvannlitinden
878
Melfjorden
1162
Kamptinden
Blakkåtinden
1300
Innerkvarøya
Stigen
Kilboghamn
Oldervika
Storvasstinden
941
Fisktjørna
Svartisvatnet
Storfjellet
1085
Måværfjorden
Lurøy
685
380
Stigen
Eldhaugen
Gjervalhatten
1180
Burfjellet
1082
Raudsandtinden
989
Lurøy
Aldra
Rundtinden
947
Sendseltinden
1025
Østerdalen
Høgtuvbreen
Berget
Svartisdalen
Kuhaugfjellet
1113
Ørnvika
194
Strand
Høgtuva
1276
Raudsandaksla
Ravnåga
Grønligrotta
Onøya
Sjonøya
Aldersundet
1173
Helgåvatnet
Raudskreda
1219
Litltuva
1033
Myrvoll
Bjørnå
Ravntind
624
Langvatnet
546
Kystfort
955
Hauglan
tindan
Nonstinden
Tortenvik
294
Nordfjorden
Isvatnet
Hammarneset
Femfjellet
Langvatnet
E6
Fa

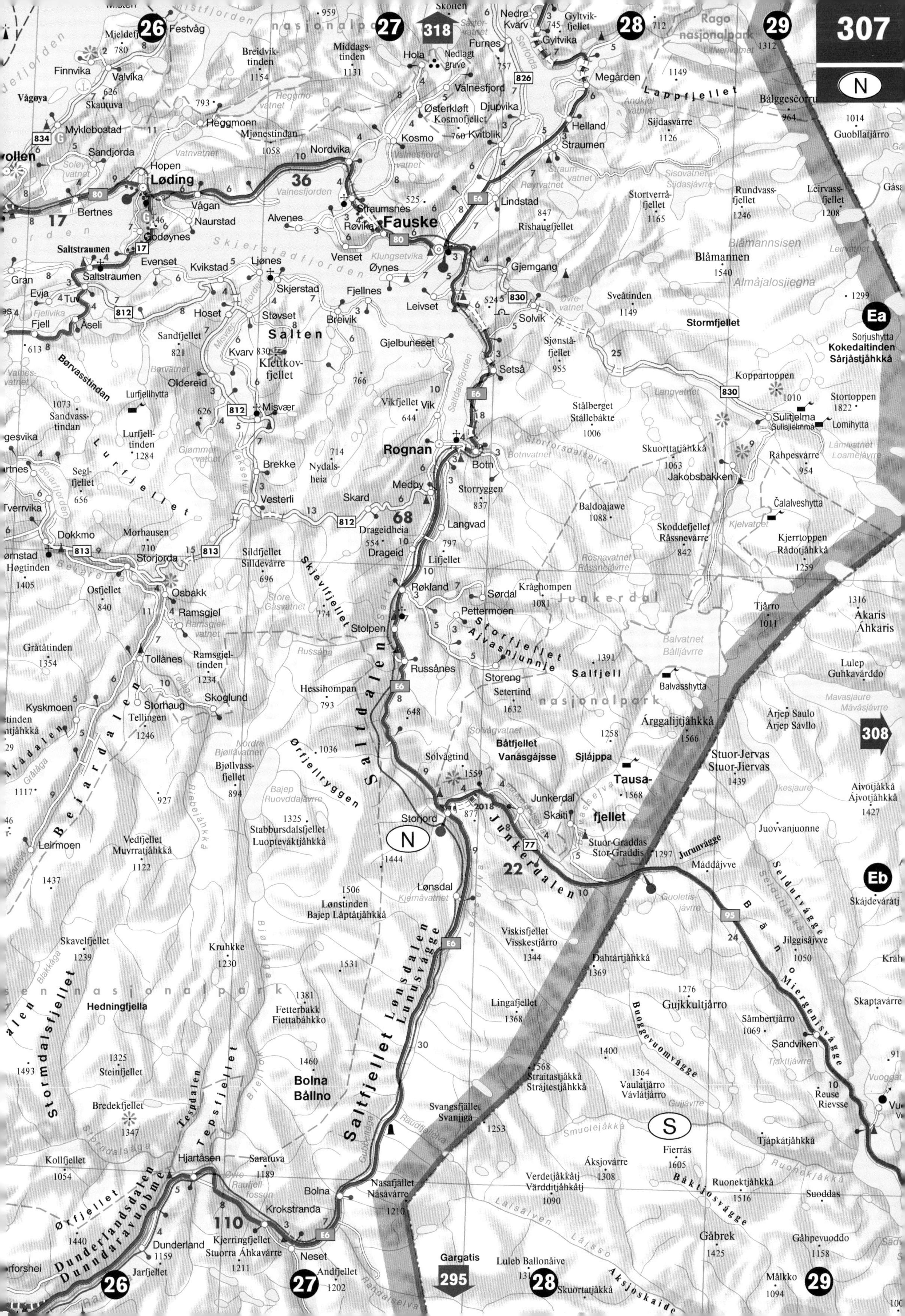

26
27
318
28
29
N
Festvåg
Mjeldet
Finnvika
Valvika
Vågøya
Skautuva
Myklebostad
Sandjorda
Breidviktinden
Middagstinden
Hola
Nedlagt gruve
Nedre Kvarv
Gyltvikfjellet
Gyltvika
Furnes
Megården
Rago nasjonalpark
Lappfjellet
Bálggesčorru
Valnesfjord
Østerkløft
Kosmofjellet
Djupvika
Heggmoen
Mjønestindan
Kosmo
Kvitblik
Helland
Straumen
Sijdasvárre
Guobllatjárro
Nordvika
Hopen
Løding
36
Valnesfjorden
Straumsnes
Fauske
Lindstad
Rishaugfjellet
Stortverråfjellet
Rundvassfjellet
Leirvassfjellet
Bertnes
Vågan
Naurstad
Alvenes
Røvika
Godøynes
Saltstraumen
Venset
Øynes
Gjemgang
Blåmannsisen
Blåmannen
Almåjalosjiegna
Evenset
Kvikstad
Ljønes
Skjerstad
Fjellnes
Leivset
Solvik
Sveåtinden
Stormfjellet
Ea
Sorjushytta
Kokedaltinden
Sårjåstjåhkkå
Gran
Evja
Tuv
Hoset
Støvset
Breivik
Fjell
Åseli
Salten
Sandfjellet
Kvarv
Klettkovfjellet
Gjelbuneset
Sjønståfjellet
Setså
Børvasstindan
Oldereid
Lurfjellhytta
Koppartoppen
Stortoppen
Sandvasstindan
Misvær
Vikfjellet
Vik
Stålberget
Stállebákte
Sulitjelma
Lomihytta
Lurfjelltinden
Rognan
Botn
Skuorttatjåhkkå
Ráhpesvárre
Jakobsbakken
Segl-fjellet
Brekke
Nydalsheia
Medby
Storryggen
Lurfjellet
Vesterli
Skard
68
Baldoajawe
Čalalveshytta
Dragiedheia
Dragteid
Langvad
Skoddefjellet
Råssnevárre
Kjerrtoppen
Rádotjåhkkå
Dokkmo
Morhausen
Høgtinden
Storjorda
Sildfjellet
Silldevárre
Lifjellet
Skjevlfjellet
Røkland
Sørdal
Kråghompen
Junkerdal
Osfjellet
Osbakk
Ramsgjel
Pettermoen
Tjårro
Åkaris Áhkaris
Stolpen
Storfjellet Ajvasnjunnje
Balvatnet Bálljávrre
Gråtåtinden
Tollånes
Ramsgjeltinden
Russånes
Storeng
Salfjell
Lulep Guhkavárddo
Hessihompan
Setertind
nasjonalpark
Balvasshytta
Kyskmoen
Storhaug
Tellingen
Skoglund
Saltdalen
Árggalijtjåhkkå
Árjep Saulo Árjep Sávllo
308
Ørfjellryggen
Båtfjellet Vanásgájsse
Sjlájppa
Stuor-Jervas Stuor-Jiervas
Bjøllvassfjellet
Solvågtind
Tausa-fjellet
Aivotjåkkå Ájvotjåhkkå
Beiardalen
Stabbursdalsfjellet Luoptevåktjåhkkå
Storjord
Junkerdal
Skaiti
Junkerdalen
77
Stuor-Graddas Stor-Graddis
Juovvanjuonne
Jurunvágge
Leirmoen
Vedfjellet Muvrratjåhkkå
22
Máddåjvve
Eb
Skåjdevárátj
Lønsdal
Lønstinden Bajep Láptåtjåhkkå
Bádovággi
95
Jilggisåjvve
Skavelfjellet
Kruhkke
Viskisfjellet Visskestjárro
Dahtártjåhkkå
Lønsdalen Lunusvágge
Hedningfjella
Fetterbakk Fiettabáhkko
Lingafjellet
Gujkkultjárro
Miergenisvágge
Skaptavárre
Stormdalsfjellet
Steinfjellet
Bolna Bållno
Buoggevuomvágge
Sámbertjárro
Sandviken
Straitastjåkkå Strájtestjåhkkå
Vaulatjårro Vávlátjárro
Reuse Rievsse
Bredekfjellet
Tespdalen
Tepsfjellet
Saltfjellet
Svangsfjället Svanjjga
S
Tjåpkåtjåhkkå
Kollfjellet
Hjartåsen
Saratuva
Fierrås
Åksjovárre
Ørfjellet
Verdetjåkkåtj Várdditjåhkkåtj
Ruonektjåhkkå
Suoddas
Dunderlandsdalen Dunnaravuobme
Bolna
Nasafjället Násávárre
Båktjosvágge
110
Krokstranda
Kjerringfjellet Stuorra Áhkavárre
Dunderland
Neset
Gábrek
Gåhpevuoddo
Jarfjellet
Andfjellet
Gargatis
295
Luleb Ballonåive
Skuortatjåkkå
Aksjoskaide
Målkko

308
S
29
30
31
32
319
Árasvárre
Lådejåkkåsfugan
Mulkka
1264
Stuorra
Báravárásj
Låvdaktjåhkkå
1145
Gavelberget
1928
Skanátjåhkkå
1767
Padjelanta nationalpark
Vuojatvárásj
1348 Allak
1467
Máhttoajvve
2089
Sarektjåhkkå
Virihaure
Virihávrre
Stuorsuoloj
Miellädno
Arasluoktastugan
Guohpervágge
Ruohtes
1804
1976
Sarek
Gukkesvágge
1014
Guobllatjårro
Gásakjávrre
Padjelanta
Badjelánnda
Álátjåhkkå
1572
Álájávrre
Alkavare kapell
Álggajávrre
Ráhpajåhkå
Guohperjåhkå
Áhkátjåhkkå
Áhkájiegŋa
1974
Álkatj
Oalgásj
1354
Bielatjåhkkå
Áhpár
1914
Leirvassfjellet
1208
Gásaktjåhkkå
1345
Sierkatjåkkå
Sierggatjåhkkå
Staloluokta kyrka
Stuor
Liemak
Rissávárre
Sareks nationalpark
1830
Skájdetjåhkkå
Tielma
Dielmmá
Stuor
Skoarkki
Skårki
Skoarkki
1719
Leinavatnet
Kapasåive
Gáhpesoajvve
Tuottar
Duottar
1132
Sårjåsjávrre
Stáloiåhkå
1568
Kierkevare
Gierggevárre
Viejevágge
Festajávrre
1743
1875
Luohttotjåhkkå
Sarvesjåhkå
Piellorieppe
Bielloriehppe
Rapaselet
Rapadalen
1299
Ea
Sorjushytta
Kokedaltinden
Sårjåstjåhkkå
Stáddájávrre
Jeknaffo
Jiegŋáffo
1836
Kaisekietj-tjåkkåh
Gájssegiesjtjåhkkå
1544
Stádák
1385
Tjåkkok
Tsåhkkok
1852
Tsahtsa
Luohttoláhko
Kåtoktjåkkå
Gådoktjåhkkå
Skájdetjågåsj
Låptåvákk-jávrre
Låptåtjåhkkå
1545
Bårddetjåhkkå
2005
Pårte
Bårdde
Gádokvágge
Vaikantjåhkkå
Vájggántjåhkkå
1307
Stortoppen
1822
Lomihytta
Silitelma
Sullidálbmá
1607
Háddit
Rávejávrre
Skållotjåhkkå
1320
Skållojávrre
Gárddevárre
Tjuollda
1412
1692
Tjievrra
Njoatsosvágge
Stuor Jierttá
1335
Ivarlako
Ijvvárláhko
Lámavatnet
Loamejávrre
954
1208
Labbá
Tsähkkok
1564
Fierro
1108
Darreiåhkå
Tarradalen
Ruonas
Tjuoldavágge
Tjårok
1125
Gallakvárre
N
Lájrro
1000
Stuor
Varvvek
Vájmok
Tjievrak
Vistek
Tarrekaise
Darregájsse
1827
Tjoares
774
Pieskehaurestugan
S
Válleväge
Garvek
Tjoallta
1259
Talput
Dálbut
Jieňak
1430
1325
1794
Staika
Stájggá
1410
Njuovtjajåhkkå
Dárrávrre
Gájmak
Stuor Dahtá
Stuortjåhkkå
1188
1316
Ákaris
Áhkaris
Bieskeháwrre
Juotsa
Jutsá
Ruopsokåjvve
1300
Miettoajvve
Áhkalmtjåhkkå
1012
Darrhaädno
Vállevárre
749
Kvikkjokk
Huhttán
Sjnjerak
Sjnjierák
Nuor
307
Lulep
Guhkavárddo
Kuotko
Guotko
Radtja
Rádjá
974
Gadjsatj
1406
1496
Råhtjuris
Ruopsok
Vuogájávrásj
1248
Nammásj
Gassavárre
957
17
Mavasjaure
Mávásjávrre
Saulo
Sávllo
Arjevarto
Arjevárddo
846
Kaskaure
Gaskávrre
Låddávrre
Miekak
Fiehtar
1462
1551
Sjiellabuollda
Rávgga
Saggat
Sakkat
789
Arrenjarka
Oarren
Nádiba
Aivotjåkkå
Ájvotjåhkkå
1427
Tjierbmak
Njarkalis
Njárggális
Njárggálisjávrre
Tsjielekjåhkå
Tsappekvárre
Biehtse
Stuor-Gibdna
Kaisenjuonetjåkkå
Gájsenjuontjåhkkå
Guoblatjåhkkå
1188
Guorbba
Ráskka
1456
Sjpietjamválle
1020
Peuraure
Bievrávrre
Árfotjårro
Nåstte
1185
Njuohner-jávrre
Fálesjávrre
Skieltavare
Skielldavárre
Eb
Skájdevárátj
Kustar
Gusttar
1425
Skálbmo
1269
Bäjvvåtjåhkkå
Hárrok
829
Skiell
Árfobåktte
1244
Sálvotjåhkkå
Oarjep
Sáddermjåhkkå
Västerfjäll
Biellok
1050
Kråhpesvárre
Máranjávrre
Sjlievtjot-jåhkkå
1142
Kaisatj
Gáisásj
1046
Gåbråk
1118
Akkasekaska
Tjåka
Tsåhka
1275
Árdná
1035
Lulep
Rissátjåhkkå
828
Sadjemáhpe
Skaptavárre
1066
Sjvirttjitjåhkkå
Alep
Luoitávrre
Bállonåjvve
Lulep
Gálddo
1187
Áhkábåktte
Áhkájávrre
Njiässjjá
Bergenisvágge
viken
911
Tjidtjåkgájsse
1587
Namátistjåhkkå
1160
Tjidtják
1048
Nåjddabåktte
Bartaure
Bártávrre
Tuolpak
Duolbak
Örnvik
Aleldis
Bartutte
10
Reuse
Rievsse
Vuoggatjålmjávrre
Vuoggatjålme
Vuoggatjålbme
Väddunistjårro
1164
Kietsekaise
Gádtsegájsse
Tjeggelvas
Tjieggelvas
Rávdvárddo
870
Lulep
Gárvatjåhkkå
939
922
11
Muŋkajávrre
Saddegavva
3
Návlla
830
Vuoktanj
1008
Alep Stárra
Stenudden
Gibdno
Tjåresvárre
Suoddas
Fa
95
25
Bárggá
Riebnesgájsse
1136
Riebnes
Bårtek
Girvvim
Jåbmå
886
Skierfajávrre
Vuotsas
828
Tjakttjajávrre
Ribretjalvek
758
Áigávárre
Vattåive
Vaddåjvve
Sädvajaure
Sádvvajávrre
Gáhpevuoddo
1158
5
Ringselet
Tjldtjåkválle
884
Riebnestjavelk
18
Ábmo
Tjuorguk
Sädvaluspen
Sádváluspe
296
Råbmo
Badje-Máskkejávrre
1002
874
Illitjåive
Ellitjávvre
Jäggesuolo
Árdnasvárre
Biessetjåhkkå

S
Sjöfallstugan
Kirjaluokta
Girjjáluokta
Aluokta
Áluokta
Ultevistuottar
Ulldevisduottar
Karmas
Gármmas
Ripakluokta
Ribákluokta
Stora Lulevatten
Ålloluokta
Qalloluokta
Renhagen
Pieggaluokta
Bieggaluokta
Luspebryggan
Siejdevárre
Porjus
Bårjås
Porjusberget
Harsprånger
Njoammelsasskam
Tjåmotis
Tjåmodis
Njavve
Nautijaur
Návdahávrre
Koberget
Björkholmen
Björknäs
Randijaur
Rádnávrre
Klubbudden
Slubbonjárgga
Lullekietje
Luiiegiehtje
Purkijaur
Burgávrre
Erikslund
Karats
Gárásj
Luvos
Piertinjaure
Nårvejaur
Puornak
Buornak
Brändön
Jokkmokk
Dálvvadis
Polcirkelns-semesterby
Vajmat
Tårrajaur
Dárrájávrre
Vajkijaur
Vájgájávrre
Säitevare
Säjddevárre
Arvestuottar
Árvesduoddar
Jarre
E45
Ea
Eb
Fa
33
34
35
36
320
297
108
310

S
Gällivare
Váhtjer
Malmberget
Malmivaara
Koskullskulle
Jokkmokk
Dálvvadis
Muddus nationalpark
Porjusberget
Harsprånger
Njoammelsasskam
Aspudden
Suhpegádde
Skaitekojan
Nattavaara
Nahtavárri
Nattavaara by
Nuortikon
Nuortigon
Kilvo
Gilvvo
Ripats
Ribásj
Rudna
Rudná
Urtimjaur
Urddajávrre
Harrejaur
Hárrejávrre
Sarkavare
Sárggavárre
Njetsavare
Njietsavárre
Messaure
Miessávrre
Högträsk
Fatjas
Fáhtsas
Juggijaur
Juggijávrre
Vajkijaur
Vájgájávrre
N. Mattisudden
Mattisudden
Lenatorp
Kåskats
Goaskásj
Kåskats-berget
Padjerim
Badjerièbme
Vuollerim
Vuolleriebme
Norrvik
Porsi
Sanden
Kalludden
Nedre Kuouka
Nedre Guovggá
Palkijaur
Bálggrijávrre
Vuotnajaur
Vuodnajávrre
Polcirkeln
Olofsberg
Murjek
Muorjek
Palovaara
Koski-vaara
Tidnokenttä
Didnogiedde
Purnu
Buornna
Hakkas
Sammakko
Palohuornas
Björkberget
Leipojärvi
Dokkas
Mettä Dokkas
Ampiaislantto
Suorra
Liikavaara
Hällan
Kaddivaara
Nietsak
Jutsarova
Jutsáraovve
Luspebryggan
Latnivaara
Látnijevárri
Allavaara
Tjautjas
Čavččas
Avvakko
Skaulo
Sávdijávri
Puoltikasvaara
Buoldavárri
Nilivaara
Njallavárri
Markitta
Márkit
Muorjevaara
Muorjevárri
Peiniskojan
Härkmyran
Hiergáhpe
Slättberg
Buollnja
Storbacken
Porjus
Hájkak
Sör-Tjalmejaure
Stora Luleälven
Lilla Luleälven
Råneälven
Linaälven
E45
E10
97
394
37
38
39
40
36
321
298
309
Ea
Eb
Fa

311
S
322
42
43
41
Putaanvuoma
Kaymajärvi
Sammakkovaara
325
Kaunisvaara
Sahavaara
Ahvenvuoma
Salmivuoma
Poitajavaara
Muotkavuoma
Mustirova
Kursuvaara
Vinsavaara
283
Lautakoski
Tärendöälven
Kääntöjärvi
Saittajärvi
289
Ruokovaara
Saittarova
Naisvaara
244
Laurikkavaara
Kiimamaa
186
Käryvaara
265
Jupukkavuoma
Saukkovuoma
Käymäjoki
Ruotovuoma
Jupukka
277
Maunuvaara
Kurkkionvaara
Loukasvuoma
Klimavuoma
Jukkasvaara
279
Oravavuoma
Huhanvuoma
Anttis
Peräjävaara
Torneälven
Ylikoanvuoma
Takanenvaara
Kielisenvuoma
Antinrova
Ranta-Peräjävaara
Juhonpieti
Rytivaara
Kieksiäisvaara
Törmäsni
Syvänojanjänkkä
Kelloniem
Orotusvaara
Männikkö
Peräjävuoma
Köngäsenranta
Pajala
Koinujoki
Unnasenlevä
Jukkasjoki
Hirvirova
234
Mettä-Peräjävaara
Liviöjoki
Kenttä-Kuusivaara
Rasi
288
Kengis
Ea
577
rotunturi
Koinuvuoma
Koinuvaara
400
Mustamaa
Karijoenvuoma
Talinen
Liviöjärvi
Tauluvuoma
Lappea
Ristivaara
Narkausjoki
Onttovaara
Ruokovaara
Pikku Pounuvaara
Kuoppavuoma
Tärendö
Deargget
Mäntyvaaranvuoma
Suorsapakka
324
Saarilehto
Kuusipää
521
Häivävaara
Rovavaara
Äihämärova
178
Ahvenvuoma
Vihvilövuoma
Rissavaara
526
Selkävaara
363
Isonahonvuoma
Kuusivaara
Umpivaara
Ähkärä
Granhult
334
Repovaara
Ekorrbäcken
Joukhaisvuoma
Äihämäjoki
Lintuvuoma
283
Tupovaara
Tupojoki
Sattajärvi
Lehtirova
Itävaara
301
193
Saarisuannonvaara
Isovaara
308
341
Karhuvaara
Ruumiskarovuoma
Ängesån
Nytorp
Kompelusvaara
Mestosvuoma
Palovaara
Kalixälven
234
Jäkälälaki
Kiilarova
Lylyvuoma
Kirnujärvi
Haapavuoma
Pentäsjärvi
Päävaara
Pieruvuoma
409
Kihuvaara
Ulmavaara
Ullatti
Ullát
Kainulasjärvi
Mestosforsarna
Pentäsjoki
Nuolivaara
237
Selkäjärvi
Iso Luuva
Petäjävaara
308
Haukivuoma
Narken
Narkaus
Nuksujärvi
Nuksuvaara
Kuusivaara
Jierijärvi
305
Kuusilaki
Maevaara
Peuravuoma
Aksuvaara
397
Narkån
Brobacken
Lahenpää
192
Pimpiöjoki
Ohtanajärvi
338
Kulmunkirova
Aapua
312
Toravaara
Pempelijärvi
Iso Kiilavaara
Yrttivaara
Satter
Toravuoma
Lahnajärvi
Lahnavaara
Iso Puolamajärvi
Puolamarova
376
Korpilombolo
Dállogilli
Apuravaara
Päävaara
Taka-Aapua
405
Karravaara
Rapasvaarat
Lahnajoki
Teurajärvi
Luovaara
253
Suaningi
Eb
Pirttiniemi
E10
Särkivaara
426
Särkivaara
298
Paharova
Kåtaberget
Lahnasuando
Teuravaara
Limingoån
Salmi
Teurajärvi
Vankajärvi
Haisuvaara
Grantorp
Rautiorova
Kutkuavaara
Rahajärvi
353
Skröven
Iso Pannivaara
Stråkaberget
Jockselet
Kaijavaara
Markusvuoma
Kivijärvi
Pitkäkuusikko
Kautujärvi
Talvirova
Ängesån
Karhuvaara
Vinsa
Kuusivaara
269
Heikinvaara
Kuusivaara
325
Mukkavaara
Kattån
Torrivaara
Skrövån
Furuuddberget
Stora Turpasberget
Liminkajärvi
Limingojärvi
Penttäjä
129
Övre Lansjärv
Vallsjärv
Jockfall
Rygberget
Ruokovaara
303
Mukkajärvi
Ansavaara
Ylinen
Lansjärv
Valheden
Brakarberget
Svartberget
Gårdforsen
Grangärdan
Alasenpäävaara
Kängelberget
Kåtaberget
Sistkostberget
V. Ansvar
Ansvarsforsen
274
S. Markberget
Siekasjärvi
Västerån
Yttre Lansjärv
Yttre Lansjärv
Furuberget
Orrfors
Granberget
Rönsjärv
Jänkisjärvi
Jänkisjärvi
Hällberget
Karkea
Böntrasket
Bänäjärvre
Joikomberget
Juojggam
Neitaskaide
Niejdaskájdde
Ertsjärv
Pönäset
Korsberget
185
N. Rödupp
Isovinsa
Askasmyran
Naisheden
Lansån
Vilkos
Kattisberget
Viitavaara
192
Puostijoki
397
Flakaberg
Sádek
Raurakberget
Naisjärv
Sistkosforsen
Storbäcken
Åberget
Långlandsberget
258
Stormyran
Vittakero
301
Heijomyran
Suoineåive
Suojnneájvve
Lansån
Långberget
217
Långforsselet
Röddup
Rudjärvberget
Snårberget
Posjärv
Hirvijärvi
Hirvijärvi
Lillsaivis
Unna Sájvva
Skravelberget
Bönälven
Kopparsheden
Lomträsk
Svedjeberget
Fa
Kierasåive
Gierisájvve
Storsaivis
Stuor Sájvva
370
Storsaivis
Stuor Sájvva
454
Marsjärv
181
Brändberget
Stormyran
Tväran
Stråkan
Alsjärv
Västhammar
Björnberget
49
Raitajoki
Puostijärvi
Papinpoa
vaara
Kuivavaara
262
Tallberget
153
Småtallberget
221
Alsjärv
Alsjärvsberget
Alsån
Hästberget
224
330
Vuottas
Stor-Kinsberget
Bönälven
Ängesån
235
Vännäsberget
Nybyn
Puostijärvi
Orjas
Puost
vaara
253
40
Torrikberget
Flakabergsåsen
Hällberget
Kölmjärv
299
Gyljen
Sandjärv
Sands-
Hedens-
Tallvik
Pojmis
Miekojärvi
Läss
270
Storspiken
E10
392
394
395
98
99
403

FIN
Kolari
Teuravuoma
Sieppijärvi
Lappea
Pello
Övertorneå
Aalistunturi
Mustitunturi
Lohiniva
Majanen
Romakkajärvi
Palojärvi
Turtola
Juoksenki
Meltosjärvi
Kaulinranta
Aavasaksa
Tengeliö
Struve Geodetic Arc
S
311
323
300

313
FIN
48
49
50
51
324
Ristonmännikkö
Vitsavaaranaapa
Lismanaapa
Tuulusvaara
Syväjärvi
Syvävaara
Heinäperä
Kierinki
Metsä-Rutovaara
Murtomma
Hervuolevinaapa
Riengamoaapa
Kauppi
Yli-Luosto
Raivaajapatsas
Torvinen
Luosto
Kitinen
Karjalahti
952
Uimaniemi
Lentovaara
Peuraselkä
Riukanaapa
Seipäjärvi
Vitsa-aapa
Lehtovaara
Sadinselkä
Pyhä-Luoston kansallispuisto
Mairivaara
Porosaari
Unari
Peura-vaara
Kukasvaara
Kukasjärvi
Vierelä
Vasaselkä
Suikeloaapa
Vuojärvi
Aapalahden-aapa
Latvavaara
962
Pyhäjärvi
Ea
Siurunaapa
Takavaara
Takajärvi
Huhtala
Iso Vitsavaara
Pyhätunturi
Iso Kosan-selkä
Käärmelehto
Niesi-vaara
Erkkilä
E75
Raudanjoki
101
Isoaapa
Kaitaselkä
Osma
Niesi
Hirvas-Napit
Malja-aapa
Haikara-aapa
Hyypiö-vaara
Perttausjoki
Seipäniemi
Tuore-Köngäs-selkä
Varsatunturi
Perttaus
Purnuselkä
Käyrämö
Käyrästunturi
Poojärvi
Saittanulkki
Javarus
Särkijärvi
Meltausjoki
Saittajärvi
Kutuselkä
Kursujoki
Saarenpään-vaara
Utsakka-vaara
Vuonisvaara
Korteaapa
Kortejänkä
Karvas-vaara
Korvala
Kiristäjäselkä
Enijärvi
Kuusivaara
Petäjäselkä
Alajärvi
Suopajärvi
Majava
Köngäs
Vianjoki
934
Jouttiselkä
Tulkaselkä
Eb
Patokoski
Palovaara
Niinijärvi
Saarijärvi
Hauta-vaara
Vianselkä
79
Yli-Nampajärvi
Kalliovaara
Koukkulanaapa
Lapuaapa
Yli-Nampa
Purnujärvi
Etelälaki
Iisinki
Perunkaselkä
Palovaara
Rovajärvi
Hyypiö
Mukkalahti
Nampavaara
Iso Hirvasjärvi
56
Uusi-Rovala
314
Marraskoski
Ala-Nampa
Heinu-vaara
Vitsay
Palokivalo
Perunkajärvi
Isoaapa
Maunu-vaara
Heiskarinniemi
Toramo-kivalo
Iso Toramojärvi
Perunkajoki
Kaljosalmi
Iso-Kärväs-vaara
Kuusivaara
Tuhnaja
Kuoksajärvi
Tapionkylä
82
Lauta-tunturi
Tervasselkä
Terva-aapa
Misi
Kärväsjärvi
Toramo-selkä
Taka-Lautavaara
Pohtinolampi
Lautavaara
Norvajoki
Vikajärvi
Venejärvi
Aittaniemi
Sortoaapa
Poikajärvi
Sinettä
Norvajärvi
Nuuks-vaara
Salmen-vaara
Männikkö-Rakkakumpu
Vika
Misijärvi
Misi-Raaka
83
Köyry
Junkualahti
Jankua-aapa
Raajärvi
Laaksola
Norvajärvi
Olkkajärvi
Vikajoki
Vianaapa
Sinetänsalmi
21
Vesalanperä
Rovaniemen lentoasema
26
Matovaara
Santa-vaara
Rytivuoma
Outola
Sinettäjärvi
Viiksjärvi
Nivankylä
Ounasjoki
Olkkajärvi
Iso Olkka-vaara
Viipua-aapa
Mäntykangas
Venni-vaara
81
Inuma-aapa
Kelovaara
Koskenkylä
Somosen kirkko
Permantokoski
Kulusselkä
Vanttausjärvi
Iso Kaarni
Rovaniemi
Ounasvaara
Pikku-Kulus
Vanttausjärvi
Niemivaara
Oikarainen
Jyrhämäjärvi
Luppojärvi
Korpimaa
Merkkiaapa
Sierijärvi
Jyrhämä-vaara
Ternuvuoma
Niskanperä
Paavalniemi
Kurivaara
Tannivaara
Tennilä
Viirinkylä
Vanttauskoski
Kaihuan-vaara
Aita-Merkki-vaara
926
78
Kemijoki
Kaihua
Fa
Rautionsaari
Komottavaara
Tulkkiaapa
Jokela
Veitsivaara
Pekkala
Hirvas
Valajaskoski
Mäntyvaara
Heikkilä
Hiidenkirnut
Lapin sodan muistomerkki
Kuohunki
Namalikko-kivalo
Koskenranta
Kampsa-aapa
Juotas
Muurola
Kuusiselkä
Välikangas
Kivalo
Reutuvaara
Kampsala
Isokivalo
Mustavaara
Ulkula
Niesikivalo
942
Mutkanperä
Kivitaipale
Tienhaara
Kuohunki-vaara
Piittisjärvi
Pronkonperä
Perunkajärvi
Perunka-vaara
Paattinkijärvi
Mukkala
Petäjävaara
Narkaus
Särki-Kämä
Siika-Kämä
Pohjaslahti
Petäjäinen eli Petäjäskoski
Suolijärvi
Lamuriaapa
Kakari-aapa
Vaski-kivalo
Rantakumpu
Siikavaara
47
Jaatilansaari
Välijoki
301
Jaatila
Lapioaapa
Paloaapa
Näskäjärvi

314
FIN
Kairala
Tuhka-aapa
Sokanaapa
965
52
Rahkavaara
325
Akanvaara
440
53
54
Huutoaapa
Saija
Pulkk
Kemijoki
104
Kilpiaapa
Rauhala
Parnavaara
Käyläselkä
Vuotos-tunturi
453
Kuppiaapa
Juotsenaapa
Hotakka-aa
Pelkosenniemi
Kokonvaara
Siulioaapa
Pettelmä-vaara
Kaita-aapa
Mairivaara
356
Vuotosselkä
Löytöjänkä
Tuohivaara
295
Korvakumpu
Kokonaapa
Haapakumpu
Kouteloaapa
Ea
Pyhäjärvi
373
Soutaja
Saunavaara
Varvikko
Tuohikylä
Varpuselkä
Kivivaara
Kuusi-vaara
237
Ahvenselkä
Tiukuselkä
Kelloselkä
Kurinjoki
540
Pyhätunturi
Tunturikylä
Raateaapa
Korpela
Lehtiniemi
Vittikko
Kutrikko
Vallovaara
Lohiaapa
Vuostimojärvi
Suvastunturi
415
327
Vaadinselkä
Vuostimo
Pahkakumpu
380
Moitaselkä
Mattilanmäki
Ukonaapa
428
Jaurutunturi
Isoaapa
Matovaara
Tunturipalo
266
Varsatunturi
405
305
Iso Nuolivaara
Mälävaara
Viljusaapa
Käsmänjoki
Iso Souru-vaara
Salla
Tapionniemi
Oinas
407
291
Talvinko-vaara
324
Salmivaara
82
Mäntyvaara
Luokka-aapa
Kalkiainen
Ahma-aapa
299
Isohalme
Paljakka
63
392
Hataja-vaara
Iso Pyhä-tunturi
478
Sallatunturi
462
Lamminaapa
Korteaapa
E63
Varrio
Saukoaapa
Junnikka
279
950
Leväranta
Kursu
Lapajärvi
Peura-tunturi
407
Koiransuolikkoaapa
Ruuhitunturi
472
Tarsavaara
350
Kummunkylä
Kostamo
Kyrönaapa
Kummun-vaara
355
Pääväara
Eb
Karvakkoselkä
Rajala
Tohmo
Kaitaselkä
Mäkelä
Moita-aapa
Vilmatunturi
432
Aikipetsi
Kemijärvi
Ketola
Kallaanvaara
Joutsijärvi
313
Hanhikoski
Pöyliönperä
Isokylä
344
Untamovaara
29
Isoaapa
Vilmanpaloaapa
Miehinkä-vaara
385
267
Vitsavaara
Kotivaara
Halosenranta
255
Porovaara
Soppela
Vilmavaara
358
Nuottakumpu
FIN
Kelloniemi
312
Isovaara
Ämmän-nieni
Ämmälä
Iso Hirvas-vaara
Rytylahti
Käsmänperä
Lehtovaara
Puonima-vaara
Alatalo
Aholan
Lauta-tunturi
Ruopsa
Juottivaara
Palojärvi
944
Ruopsan-niemi
Kallioranta
Lehtola
Suomu
Räisälä
410
Suomu-tunturi
Tonkopuro
Jatkola
Taival-vaara
358
Hirvasvaara
Morottaja
Salmela
Askantunturi
383
Askanperä
Mutalahden-vaara
Portinniska
Paloselät
Karhujärvi
Ritakorkia
452
440
Isoaapa
Kuusi-vaara
Laaksola
Reinikansaari
Karsimus
Matovaara
Huhtavaara
Iso Huhtavaara
Paloperä
Maaninkavaara
Luusua
Itäranta
Iso Severi-vaara
290
Autiosaari
407
Peniön-tunturi
945
Vierustunturi
399
Nolimo
Nolimon-vaara
338
947
Kontiovaara
Tuon
Päiväjoki
Hoppula
Seita-vaara
Iso Petäjä-vaara
340
Mourujärvi
Niemivaara
Jumisko
Koivuaho
Aittaniemi
357
Jokelanranta
Juujärvi
358
Ristilä
Honkaranta
Nuottisuo
Nuotti-vaara
Pohkeavaara
394
Kaihuan-vaara
360
Kaihua
Pajuvaara
Oiva
Niirokumpu
Pirttikoski
Fa
Pekkala
Outovaara
Kovavaara
Koivula
Autio-vaara
Suorsa
Autti
Juotasniemi
81
Auttikongäs
Lehtiniemi
Koivusaari
Karjalaisenniemi
Riisitunturin kansallispuisto
466
Lemmon-tunturi
Palotunturi
391
Tolvanvaara
415
Viitaranta
942
Juotasjärvi
182
Nokela
Piittisjärvi
Elättivaara
Lamminvaara
Timisjärvi
Keski-Posio
Miekka-vaara
348
Tuomela
Iso Kari-tunturi
417
Suonnankylä
Pohjaslahti
Korouoma
Pernu
Perä-Posio
Selänsalmi
Perälä
Pääkangas
272
Putkivaara
Palovaara
50
51
302
52
Iso Teuronvaara
Posio
53
Kumpuvaara
345
Mourusalmi
Korouoma

Vuorela
Kerekkäsuo
va-Törmä
82
olvivaara
atsinki
Petser-
vaara
Muotkavaara
Onkamo
Tuhka-
-aapa
Hossoaapa
uja
Hossovaara
Selkälä
Haapavaara
Kallunki
Kallunki-
vaara
Niemelä
Palotunturi
Uksema-aapa
Tahko-
vaara
950
Hautajärvi
apa
Leusjärvi
Leusaapa
Halivaara
Oulanka
Kivimäki
Sarvivaara
Määninka-
vaara
Ruvanaho
Sukerijärven
luonnonpuisto
äki
Lavasuo
Ollila
Isosuo
105
Koramoniemi
Vallioniemi
950
Patoniemi
Airisniemi
Virranniemi
olva
Keski-Kitka
Kivilahti
Virrankylä
Lososaari
Rönnynranta
Kantojoki
uri
Ruka
Säynäjä-
vaara
Teerisuo
Kuontivaara
E63
Salminen
Rukajärvi
G
Päiväniemi
Erkkoranta
Vesala
5
Jäkäläniemi
Naatikka-
vaara
Vaarala
Reposuo
asikkaselkä
Vasaraperä
81
tisaari
54 Haataja 55 Tuovila 303 56 57

Kuolajärvi
Куолаярви
Kajraly
Кайралы
Alakurtti
Алакуртти
g. Rohmojva
г. Рохмойва
Vuorijärvi
Вуориярви
Тумча
Eb
Onkamojärvi
Kallunkijärvi
Kieskisjärvi
Luopula-aapa
Tuore
Sammakkovaara
Savinajoki
Selkosjänkä
Harjula
Saviaapa
Oulangan kansallispuisto
Rupakivi
Isokuusikko
Ristikalio
Kiutavaara
Ronttivaara
Kallunkijärvi
Tiermas
Käylä
Kitkanjoki
Kurtinvaara
Säkkilä
Porontima
Virkkula
Kuontijärvi
Rukatunturi
Tahkolanranta
Hukkavaara
Vaimosuo
Määttälänvaara
Juurikka-
vaara
Niemitalo
Nissinvaara
Oivanki
Kapusta-

g.Sieppi tunturi
г. Сиэппи тунтури
g. Lunos
г. Лунос
RUS
Kauttio
Кауттио
Liikasenvaara
Oulankajok
Juuma
Myllykoski
Kitkanniemi
Saunavaara
Paljakka
Kuusinkijok
Laajusvaara
Vapavaara
Suorajärvi
Vuotunki
Jyrkänkoski
Kuntivaara
Heponiemi
Raivio
Lehto
Särkiluoma
Kivipera
Riekki
Olkivaara
Maivala
Valtanen
Likolampi
Suininki
Säynälä
Heikkilä
Taipale

oz. Panajarvi
оз. Панаярви
Fa
Olanga
g. Kuorunen
г. Куорунен
oz. Tavajarvi
оз. Таваярви
Fb

18 19 20 21

Da

Db

Norskehavet

Værøy
S
Kv

Røsthavet

Røst
Røstlandet
5

Storfjellet

Skomvær fyr

Ea

L o f o t e n

Kvalnes
Sandøya
Eggum
Borgvåg   Vonheim
Skrådals-   Nesje   Haveren
tinden   808
Unnstad   771   Bøstad   Steira
Borge   Smorten
Vestvågøya   Himmel-   Håtinden
tindan   E10   Sundklakk
Steinsfjorden   Utakleiv   964   762   Barstranda
Vik   Blåtinden   Malnes   Klepstad
Myrland   436   604   731
Flakstadøya   565   Offersøya   Oppdøl   Valberg   Rørvika   816   Orsvåg
Napp   Storfjorden   942
Vareid   **Leknes**   815   Vågakallen
Flakstad   Gravdal   817   Helle   Festvåg
Kvalvika   Ramberg   Andøps-   Gura-   Henningsvær   Moholmen fyr
Fredvang   hesten   Rams-   tinden   509
Ulvstinden   866   652   vika   Sennesvika   Steine
Krystad   Vitting   671   Ure
Moskenesøya   902   Finnbyen   Kilan   Skot-   Mortsund
Selfjorden   931   tinden
Selfjorden   Stjern-   Ballstad
Solbjørn-   tinden
vatnet   Nusfjord
Kjerkfjorden   Klokk-   Sund   Vestre Nesland
Storskiva   tinden   10   Henningsværstraumen
848   863   E10
Vindstad   775   Hamnøya
Mengelsdals-   Reine
tinden   Moskenes
826   Sørvågen
Å
Hellsegga   **Lofotodden**
Refsvikhula   600

155

Gimsøya
371   Gimsøy   Brenna
Vik   Årrstranda   Sydalsfjellet
736   Eidet
12   755

Storkongs-
vatnet
5   Kabe

Da

318→

Moskstraumen

Mosken

Nordland
Røssnesvågen
Måløy-Skarholmen fyr
Db

Helligvær   Kvalvika   Landegode fyr
Rypdals-   Kvig
tinden   Finnvika
803   **Landegode**
Grytøy fyr   Sørvær   Klevika   Vågøya   **Ea**

N
26
27
327
28
29
Austvågøya
Delp
Fjord-mannen
Strøna
Svartsund-tindan
1050
Raften
Blåtinden
608
Bukketinden
Bukta
837
Fjellheim
Løding-aksla
569
85
Lødingen
Durmål-stuva
496
Tjeldnes
Odden
Grunnførfjorden
E10
Higravtindan
Trolltindan
Tennstrand
Vardtinden
708
Øksneshavn
Sandfjell-tindan
Åndervåg
Vestbygda
Dalheim
Ytterstad-fjellet
446
Rinøya
Rindbø
Rotvær fyr
Barøya fyr
Barøya
Skarstad
Brenna
Eidet
Vestpollen
Sydalsfjellet
736
Rundfjellet
803
Rulten
1062
Nordmarka
Digermulen
Holand
Ulvågen
Årsteinen
Selsøya
Flaget
Heggstad
Offersøya
832
Valletinda
Vallasa
Madsvik
Stormolla
Heggedals-tinden
751
Haversund
Svolvær
Kabelvåg
Orsvåg
Brettesnes
535
Litlmolla
Korsnes
Hierenjárgga
Tysnes
Dassnagiehtje
Tysnesheia
332
Bognes
Skrovkjosen
Råbejukso
Skardb
Da
Moholmen fyr
Skrova fyr
Skrova
Skrovsvedet
Ofoten
Vestfjorden
Tranøy fyr
Tranøya
Tannøya
Dattajsuoloj
Hatten
Kaldvika
Nordkil
850
Both
Haukøyh
Buvåg
Kjakkel marka
Hopøya
Brennvik
250
Hamlot
Hund-holmen
Hamarøya
Hamsund
895
265
32
81
Presteidfjorden
Ulsvåg
Ulsváhke
Kjerrfjellet
Gállávárre
405
Skilvassbekk
Oppeid
Presteid
Kaldvåg
Frulia
Vågsfjellet
948
Langbakkan
Kallstad
Kaldvågtuva
530
Haugen
Kaldvåg
334
Drag
Ájluokta
827
Hulløya
Vuollna
Veten
675
Hulløysundet
Fagernes-fjellet
472
Helland
Ájládde
Vetefjellet
389
Øksundet
Skutvika
Lund-tinden
803
Lundøya
Brunes
Nesberg
Gullskogheia
240
Håkonhals
Øverås
Finnøya
Dirvik
E6
Røttangan
Husøya
Skardet
Batterie Dietl
Mjelde
Skagstadsundet
Engeløya
Flatøy fyr
Flatøya
Lauvøya
Steigen
646
Ålstad
560
Hakvåg
Røtnes
Sagfjorden
Sirines
Store Forra
1157
1227
Veggfjellan
Innhavet
Tverråsen
566
Sagelva
Spisstinden
1149
317
835
Straum-fjorden
Store Skjolden
876
Dyping
Holkestad
360
Skånland
Bogen
Kvalnes
Laukbakken
533
Liland
Nordskot
Skotsfjorden
Skjelvareid
Stokkvass-tinden
904
1180
Strinda
Storvatnet
Stortinden
1105
Gågjivárre
1036
Hestdalstuva
856
Knedalen
Balkjosen
Lund
Måløya
Saursfjord
Daltinden
700
Alvnes
Hopfjellet
Hopen
911
Hopvatnet
Vestre-fjellan
Kråkmo
916
Kråkmo-tinden
Db
Andholmfjorden
Alpøya
Sund
Myklebostad
Nordfold
1104
106
Ros
Lensfjorden
Leiranger
Husøya
Helnessund
Hustoft
Åsjorda
Skoglund
Breidvika
Mørsvikfjorden
Murgovsvuodna
Reinviktinden
1215
Røntinden
1074
134
Ájavárre
1232
Livsse
Laukvik-tinden
990
Håsand
Nordfolda
Vinkfjorden
Fárrikká
Ingridtinden
794
Mørsvikbotn
928
Brennvika
Brennsund
Laukvika
Hjartøya
1108
Multindan
Titinden
1038
Storeidet
Sildhopen
Sildhopfjellet
1018
Gjerdalen
Reinoksfjellet
Hierggegájs
238
Mulfjorden
Blåfjellet
1000
21
Folda
Prestmåsøya
Trollvatnet
Horndal
Storkorken
1219
1226
Kviturdfjellet
260
800
Sagfjorden
Grønfjellet
793
Helløya
Eidet
Karlsøyvær
Karlsøya
Eidetinden
1020
Tårnvika
Bonåsjøen
Viejega
Sørfjordskardet
Strandå
977
Rundtinden
Styrkesnes
Kati
933
Sårjås
1126
Rido
Hurre
Alsos
Blåfjellet
681
Nevelsfjorden
Sommarset
769
Langvatnet
Gukkesjávrre
Krokvika
Øyjorda
972
Skeistinden
Styrksvika
Kalviktuva
Sørfolda
834
Breid-fjellet
737
Trolltinden
927
Steinshøgda
747
Rastesvárre
Misten
Sjunkhatten nasjonalpark
Røsvik
Ospfjorden
Ea
959
Skolten
502
Nedre Kvarv
Gyltvik-fjellet
745
Lakshola
Gråfjellet
712
Rago nasjonalpark
Mjeldefjellet
780
Festvåg
Mistfjorden
Breidvik-tinden
1154
Middags-tinden
1131
Hola
Nedlagt gruve
Furnes
757
Gyltvika
1312
Rago
Finnvika
Valvika
826
307
1149
Vågøya
626
Skautuva
793
Valnesfjord
Lappfjellet
Bálggesčorru

N
Narvik
Ankenes
328
30
31
32
33
Evenes
Kjeldebotn
Hekkelstrand
819
Finnvika
Karihaugen
Vargfjellet
Håfjellet
817
Ballangen
Bálák
Elvesletta
Langvågen
Kjerringvika
E6
Sætran
Bjørkåsen
95
Råna
Vidrek
Håkvika
Fagernes
Fagernes-
fjellet
Fagerjorda
1270
Grindjorda
Mattisjorda
Beisfjord
Durmålsfjellet
Ruvssotčohkka
871
Skamdalen
Sildvik-
tinden
1360
Bjørnfjell
1051
Katterat
1043
Branten
Hunddalen
Riksgränsen
Rånkeipen
1200
Skjomtinden
1575
Munklia
Lengenes
Sandvika
1543
Sebmulvárre
1341
Tverrfjellet
Doaresoaivve
1371
Forsa
Nerdal
Skjåfjellet
621
827
Kobbeneset
1004
Kobbenes-
tinden
Rånvassbotn
1416
Reintind
Skjomen
Elvegården
Mátta-
čorru
1457
Storfjellet
1633
Ristačohkka
1688
Oallavággi
Storsteinsfjellet
1893
Stuor-Kärpel
Stuor Gearbil
1327
1446
1296
Da
942
Frostisen
Ruosstajiegna
810
Reines-
fjellet
Gamnes
Skjomdalen
1318
Gangnesaksla
664
Langstrand-
kollen
Stefjordbotn
1392
Stetinden
Stádda
Fjellbu
1211
Loasevárri
18
Durmålstinden
1727
Čáihnavárri
1381
Gállanbuolda
1301
1481
Kalanvare
Gállanvárri
Isfjellet
Jietnjevárre
1437
Rundtinden
1455
Storriten
Stuorrarijda
1498
13
Hundhovudet
1302
Austerdalen
Nes
Mierffastat
1131
Muohkiris
1307
Ažik
1416
Alisvággi
Trehakfjellet
Rássevárri
1512
1355
1361
Geittinden
Segltindan
Bárijåsa
1108
936
Pauketjåkka
Bávkečohkka
Gauteli-
fjellet
1251
1329
Tjäktjatjåkkå
Čeakčačohkka
1481
Alip
Juovvačorru
Perka
Bierká
886
Rádje-
njunni
1019
Luohtti-
čohkka
1126
Bjørntoppen
Biernatjåhkkå
1520
933
1232
Rāpetjåkkå
Robečohkka
Mannfjellet
1052
1337
1191
Njunis
1288
Juovvačorru
1484
Biessegáma
1251
1057
1445
Marko
Márggo
Ingátjårro
1086
Rássebákti
1209
Sälka
Sealggá
Rikkek
892
1115
Alitoaivi
1584
Skielda
1075
Ráktas
Stuortjåhkkå
1196
Gårssåtjåhkkå
899
Kalavarta
Gálavárddo
Tjehpuris
781
Lihtti
1048
Ceakčavággi
Skaitevare
Skåjdevárre
1121
1082
Sitasjaurestugorna
Kåtjåive
Gähtjoajvve
1708
Rusjka
Stuor Ruška
708
Gallo-
tjåhkkå
Canyon
Njárgga-
várre
Gáidumčohkka
S
1278
1354
Hellmobotn
Tjårok
1374
Valldatjavelk
Stuor-Seukok
Stuor Sievgok
1166
19
1422
Stuor-Ji
1543
320
Rautåive
Rávdoajvve
1345
Ražebákti
1677
Nulpotjåkkå
Nulppučohkka
1405
Sánjarčohkka
Åjetjåkkå
Oajetjåhkkå
1142
Råhtjåt-
tjåhkkå
700
Ritsem
Biervveda
1281
Urttičohkka
1202
Db
Langfjellet
1266
Akkajaure
Áhkájávrre
1810
Kallaktjåkkå
Gállaktjåhkkå
Slådotjåhkkå
1741
1457
1405
Stora Sjöfallets
Livamtj
Livamc
1367
Stuora Jålle
1145
Ruonas
Stipok
Stibok
1244
Muorki
1098
Pålnotjåkkå
Boalnotjåhkkå
Siebertjåhkkå
967
32
nationalpark
1677
Råhpattjårro
Mávgovárre
931
1130
Kåtotjåkkå
Gådotjåhkkå
965
1628
Akka
Áhkká
1963
875
749
860
Sjnjuvtjudis
Karnjel
Garŋŋel
1634
Vakkotavare
Vákkudavárre
Radtjevárátja
Njunnjása
Dujbbe
742
Svártinjunjes
Svártitjåhkkå
1040
Kisuris
Gisuris
1664
Vårdotjåhkkå
1230
Stuor
Stuodak
986
Stuor Åtjek
1380
Suorva
1460
Loadásj
994
Árranoajvve
Luvddo
1187
Niak
Nijak
1922
Tjievrra
Hállji
1358
Vuosskelvágge
Ládejåkkåsfugan
Stora Sjöfallet
Alep
Gierkav
986
Sjöfa
Árasvárre
Mulkka
1264
Stuorra
Báravárásj
Låvdaktjåhkkå
1145
Gavelberget
1928
Skanátjåhkkå
1767
Guhkesvágge
2089
Sarektjåhkkå
Ea
1348
Allak
1467
Máhttoajvve
308
Ruohtes
1804
1976
Slugga
1061
1328

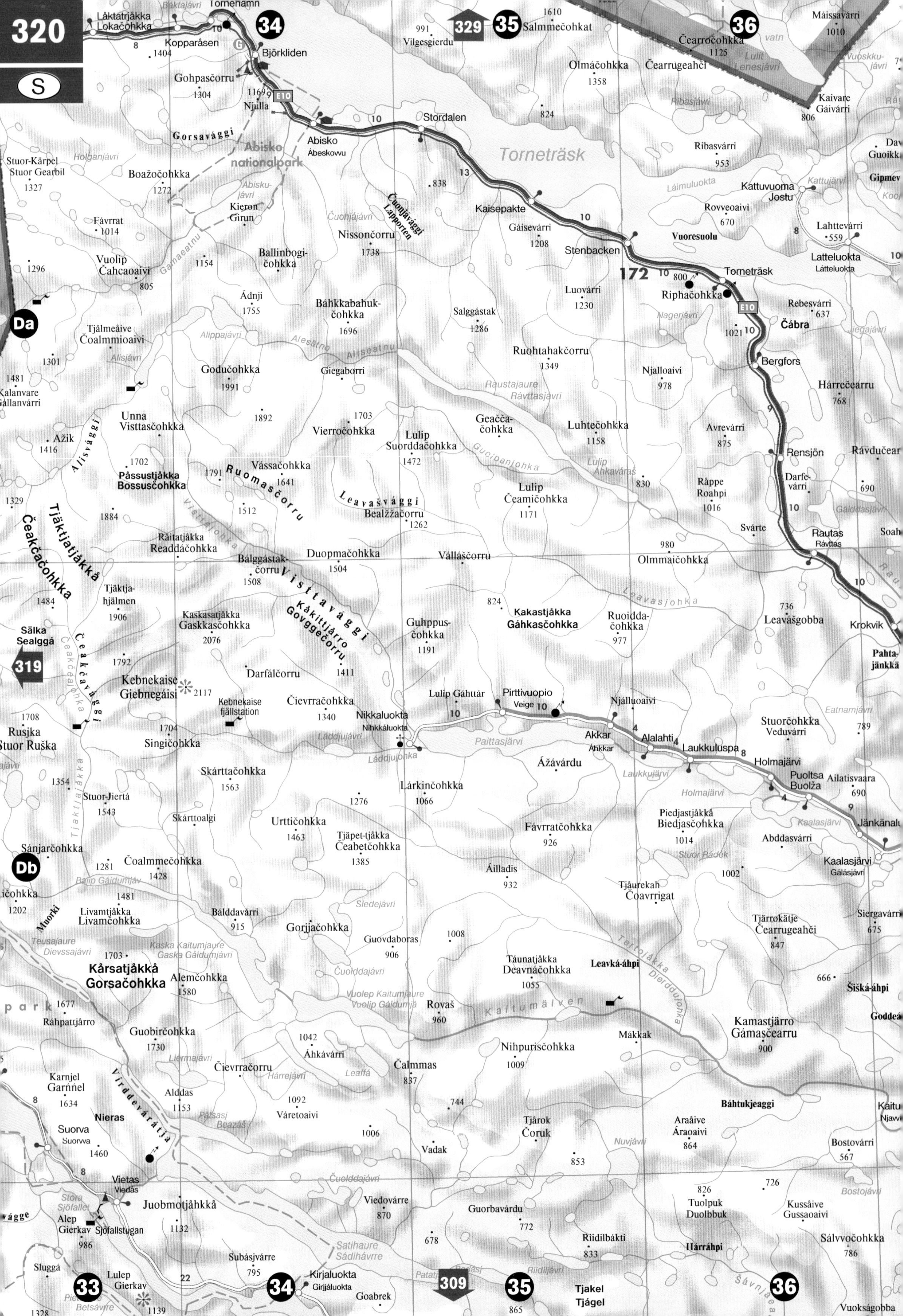
S
Láktatjåkka
Lokačohkka
Báktajávri
Tornehamn
34
329
35
Salmmečohkat
1610
991
Vilgesgierdu
36
Máissavárri
1010
Kopparåsen
1404
Björkliden
Čearročohkka
1125
Lulit Lenesjávri
Vuoskkujávri
Gohpasčorru
1304
1169
Njulla
E10
Olmáčohkka
1358
Čearrugeahči
Ribasjávri
Kaivare
Gáivárri
806
824
Stordalen
Abisko
Ábeskovvu
Gorsavággi
Abisko nationalpark
Torneträsk
Ribasvárri
953
Stuor-Kärpel
Stuor Gearbil
1327
Holganjávri
Boažočohkka
1272
Abisku-jávri
Kieron
Girun
838
13
Cuonjávággi
Lapporten
Čuohjájávri
Láimuluokta
Kattuvuoma
Jostu
Kattujávri
Gipmev
Kaisepakte
Rovveoaivi
670
Fávrrat
1014
Nissončorru
1738
Gáisevárri
1208
10
Stenbacken
Vuoresuolu
Lahttevárri
559
Latteluokta
Látteluokta
Vuolip
Čahcaoaivi
805
1296
Gamaeatnu
1154
Ballinbogi-
čohkka
172
800
Torneträsk
Riphačohkka
Luovárri
1230
Ádnji
1755
Báhkkabahuk-
čohkka
1696
Salggástak
1286
Nagerjávri
Rebesvárri
637
Čábra
1021
Da
Tjålmeåive
Čoalmmioaivi
Alippajávri
Alesátno
Aliseatnu
Alisjávri
1301
Ruohtahakčorru
1349
Bergfors
1481
Kalanvare
Gállanvárri
Godučohkka
1991
Giegaborri
Raustajaure
Rávttasjávri
Njalloaivi
978
Hárrečearru
768
Unna
Visttasčohkka
1892
1703
Vierročohkka
Lulip
Suorddačohkka
1472
Geačča-
čohkka
Luhtečohkka
1158
Avrevárri
875
Ažik
1416
Alisvággi
1702
Påssustjåkka
Bossusčohkka
1791
Ruomasčorru
Vássačohkka
1641
Guoibanjohka
Lulip Áhkavárás
830
Rensjön
Rávdučear
Leavašvággi
Bealžžačorru
1262
Lulip
Čeamičohkka
1171
Råppe
Roahpi
1016
Darfe-
várri
690
1329
1884
1512
Tjäktjatjåkkå
Čeakčačohkka
Visttasjohka
Svárte
Rautas
Rávttas
Räitatjåkka
Readdáčohkka
Duopmačohkka
1504
Válláščorru
980
Olmmaičohkka
Bálggástak-
čorru
1508
Visttavággi
Kåkittjärro
Govggečorru
Tjäktja-
hjälmen
1906
Leavasjohka
1484
Kaskasatjåkka
Gaskkasčohkka
2076
824
Guhppus-
čohkka
1191
Kakastjåkka
Gáhkasčohkka
Ruoidda-
čohkka
977
736
Leavášgobba
Krokvik
Sälka
Sealggá
319
Čeakčavággi
1792
1411
Pahta-
jänkkä
Kebnekaise
Giebnegáisi
2117
Darfálčorru
Kebnekaise fjällstation
Čievrračohkka
1340
Nikkaluokta
Nihkkáluokta
Lulip Gáhttár
Pirttivuopio
Veige
Njálluoaivi
Eatnamjávri
1708
Rusjka
Stuor Ruška
1704
Singičohkka
Láddjujávri
Láddjujohka
Paittasjärvi
Akkar
Áhkkar
Alalahti
Laukkuluspa
Stuorčohkka
Veduvárri
789
Holmajärvi
Puoltsa
Buolža
Ailatisvaara
690
Skárttačohkka
1563
Lárkinčohkka
1066
Ážávárdu
Laukkujärvi
Holmajärvi
1354
Stuor-Jiertá
1543
1276
Skárttoalgi
Urttičohkka
1463
Tjäpet-tjåkka
Čeabetčohkka
1385
Fávrratčohkka
926
Piedjastjåkkå
Biedjasčohkka
1014
Kaalasjärvi
Jänkänalu
Abddasvárri
Kaalasjärvi
Gálásjávri
Sánjarčohkka
Db
1281
Čoalmmečohkka
1428
Áilladis
932
Stuor Rádek
1002
Tjåurekah
Čoavrrigat
Bajip Gáidumjávri
1481
1202
Muorki
Livamtjåkka
Livamčohkka
Bálddavárri
915
Siedejávri
Gorjjačohkka
1008
Guovdaboras
906
Tjärrokåtje
Čearrugeahči
847
Siergavárri
675
Teusajaure
Dievssajávri
1703
Kaska Kaitumjaure
Gaska Gáidumjávri
Čuolddajávri
Táunatjåkka
Deavnáčohkka
1055
Leavká-áhpi
Teitojåkka
Dierddujohka
666
Šiškå-áhpi
Kårsatjåkkå
Gorsačohkka
Alemčohkka
1580
Vuolep Kaitumjaure
Vuolip Gáldumjá
Rovaš
960
Kaitumälven
park
1677
Ráhpattjårro
Kamastjärro
Gámasčearru
900
Goddea
Guobirčohkka
1730
Liermajávri
1042
Áhkavárri
Nihpuriščohkka
1009
Mákkak
Karnjel
Garňnel
1634
Virddevárátja
Čievrračorru
Hárrejávri
Leaffá
Čalmmas
837
Alddas
1153
1092
Váretoaivi
744
Báhtukjeaggi
Kaitu
Njavvi
Nieras
Suorva
Suorwa
1460
Pålsasj
Beazáš
1006
Vadak
Tjårok
Čoruk
Nuvjávri
Araåive
Áraoaivi
864
853
Bostovárri
567
Vietas
Viedás
Čuolddajávri
Stora Sjöfallet
Alep
Gierkav
986
Sjöfallstugan
Juobmotjåhkkå
1132
Viedovárre
870
Guorbavárdu
772
678
826
Tuolpuk
Duolbbuk
726
Bostojávri
Kussåive
Gussaoaivi
Satihaure
Sádihávrre
Riidilbákti
833
Hárráhpi
Sálvvočohkka
786
Sluggá
Subásjvárre
795
Lulep
Gierkav
33
34
Kirjaluokta
Girjjáluokta
309
35
Tjakel
Tjágel
Riidiljávri
Sávnjaea
36
Goabrek
Betsávrre
1328
1139
865
Vuokságobba

S
37
38
330
39
40
Nammoaivi
Rágesčuolma
Kåntetjåkka
732
Dávvajohka
Kamse
540
557
Vartavare
542
Aihtajoki
Vuomavárri
659
773
Puoltsa-
vare
577
Laurakas
Vassijärvi
Rágesjávri
Harrikero
559
Stuorahåive
518
Idivuorna
Adevuopmi
Ripavuoma
712
Ripakåive
Simåive
743
Kuortovaara
712
Tjåura
743
Pulsujoki
Kentä-
koski
Kurrakka-
vaara
Jårkastaka
Jorgástak
550
Rovavaara
456
Lulip Heainna-
čohkka
722
Luossajärvi
Linjavaara
582
Jierivaara
569
Pirttimysvuoma
Pirttimysjärvi
Jäkelåive
729
Lulep Åggo
Pirtavarto
607
Åggojåkka
Kurrankkalinka
Sämmäräinen
577
980
Rágesvárri
Skierevare
727
463
Niskavaara
494
Salmi
Čoalmmi
795
Buollánčearru
Maitokaltion-
vaara
588
Lainioälven
Anteruksen-
vuoma
Da
Vuomavaara
Lulip
Stálujávri
Stuora Čohkka
834
Birtimesätno
Ärasvaras
Rienakka-
vuoma
Harrivaara
Rikkis-
vuoma
E45
Patsajäkel
Báhčajeagi
782
Bogi Várdu
Ylinen
Sekkuvaara
Rasekkåppah
Rienakjärvi
541
Selkävaara
573
Pikku
Koivuvaara
Kuormakkajärvi
Davip
Vuolusjávri
Kuoivel
670
582
Vittangijärvi
Sekkuvaara
620
Sekku-
vuoma
Sekkujärvi
Kärkeåive
608
Tjiuru
675
Övre Soppero
Badje-Sohppar
Lauluvaara
440
Ylinen
Kuusivaara
478
Nedre Soppero
Vuolle-Sohppar
Lannavaara
Lattevárri
Pällel
Davip Beallil
647
Oarjjip
Goavvu
Ussavuoma
577
707
Ylinen
Sevujärvi
Alajärvi
Kievavuoma
Kevusvaara
445
Kautis
611
Karittimen-
vaara
517
132
Buollan
Čearruvárri
578
Hukkavaara
502
Taavinunnanen
780
Siljas-
järvi
Kulos-
vuoma
16
Pounuvuoma
Lulip
Máida
573
Lulip
Vuolusjávri
Vakokuoika
503
Alanen
Vuoksuvaara
Viessavuoma
Härkävaara
523
Sattavuoma
Váhkujávri
Latnivaara
470
Mánty-
nunnanen
Saivovuoma
Koivulaki
453
Kurravaara
Gurravárri
565
Harrikiveliö
Paanikielinen
Sekkujoki
Ounis-
tunturi
589
506
Saarivaara
479
24
Vittangiälven
Skaite-
vaara
465
322
Kurravaara
604
616
Kuusi
Sautusvaara
Esrange
Lehtojänkkä
Ripakainen
Palojänkkä
574
Sakkara-
vaara
Oinakka-
järvi
Sautusjärvi
Pikku
Sattavaara
Ylinen
Maltosrova
445
Kapukielisen-
vuoma
Jukkasjärvi
Čohkkiras
1700 tals kyrka
Nuoskaskielinen
453
Sappisaasi-
vaara
Kulivuoma
370
Laxforsen
Kiskama-
vuoma
Rautusakara
637
Kiskamavaara
Maltos-
koski
Kokka-
vaara
Ripakaisenvuoma
395
Jukkasjärvi
Kiruna-
vaara
Kiruna
Giron
Ylinen
Aptasvaara
614
Alttavaara
Alttajärvi
Áldejávri
561
Čoatneluoitin
Nälkävuoma
Vathanvaara
Airivaara
Kuusi-
Pasmavaara
417
Db
E10
Isovuoma
Paurankivaara
449
Anterus-
vuoma
Nälkävuoma
Makkara-
vaara
495
Stohkkeoaivi
595
Kuosajänkkä
Torneälven
Nunasvaara
Kannasvuoma
Palovaara
358
Mertas-
vuoma
Mertainen
628
375
Soitola-
vaara
Ounisvaara
350
Kalixälven
Vuotnavárri
579
Ainasjärvi
Karhakka-
vuoma
Pysävaara
Vittangi
Vazáš
Liukattijoki
333
Nutukka-
vaara
Porokoski
Pahtavaara
588
Mielluoaivi
Saurusvaara
Svappavaara
Veaikevárri
Äijärova
450
Kuoksu
Guoksu
395
Ylijänkkä
Äijäjärvi
Laiparivuoma
Jupukka
Sjisjka
Šiška
716
Ganiáhpi
552
Ylinenlaki
658
Naanki-
jänkkä
Lappberg
Vuottasjohka
556
Iso Mitas-
vaara
Tunturijärvi
Koiravaara
Palolaki
514
Naanki-
tunturi
Merasvaara
Liukatti-
vuoma
Luongastunturi
Alanenlaki
Merasjärvi
Pikku
Kurravaara
619
Stuor Njuorat
667
Palo
Tervasvaara
Mettä
Sattavaara
Isovaara
Killinge
Gillam
Hihpaš
659
Nunasvaara
579
Piilijärvi
Halmeenperän-
vaara
389
Gáidumeatnu
Skaite-
vuoma
Lappeasuanto
Ronas-
vaara
Parakka
Bárrek
Laurivaara
490
Loahpešjávri
Pahtavaara
Kalixälven
Sálatisvárri
616
Kuusikko-
vuoma
Kaitumälven
Kurkkio-
koski
Vaikkovaara
339
Soutuvaara
556
Jormivaara
529
Tarilair
Roavvegobba
606
Kuusipuoli-
vaara
Soutujärvi
Puoltikasvaara
Buoldavárri
Haapa-
vuoma
Vettas-
järvi
Ämmäs-
vaara
Ea
Nilimännikko
Jollakainen
Salmivaara
Skaulo
Savdijávri
Marsivaara
Rapukkavaara
488
Kääntöjärvi
Mustirova
657
Bálggesoaivvi
668
Paukijärvi
Bávkijávrre
755
Bávkiduottar
757
310
58
Akkavaara
Vettasjärvi
Veahtasjávri
Piilivarto
Kääntö-
järvi
Akkajärvi
Avvakko-

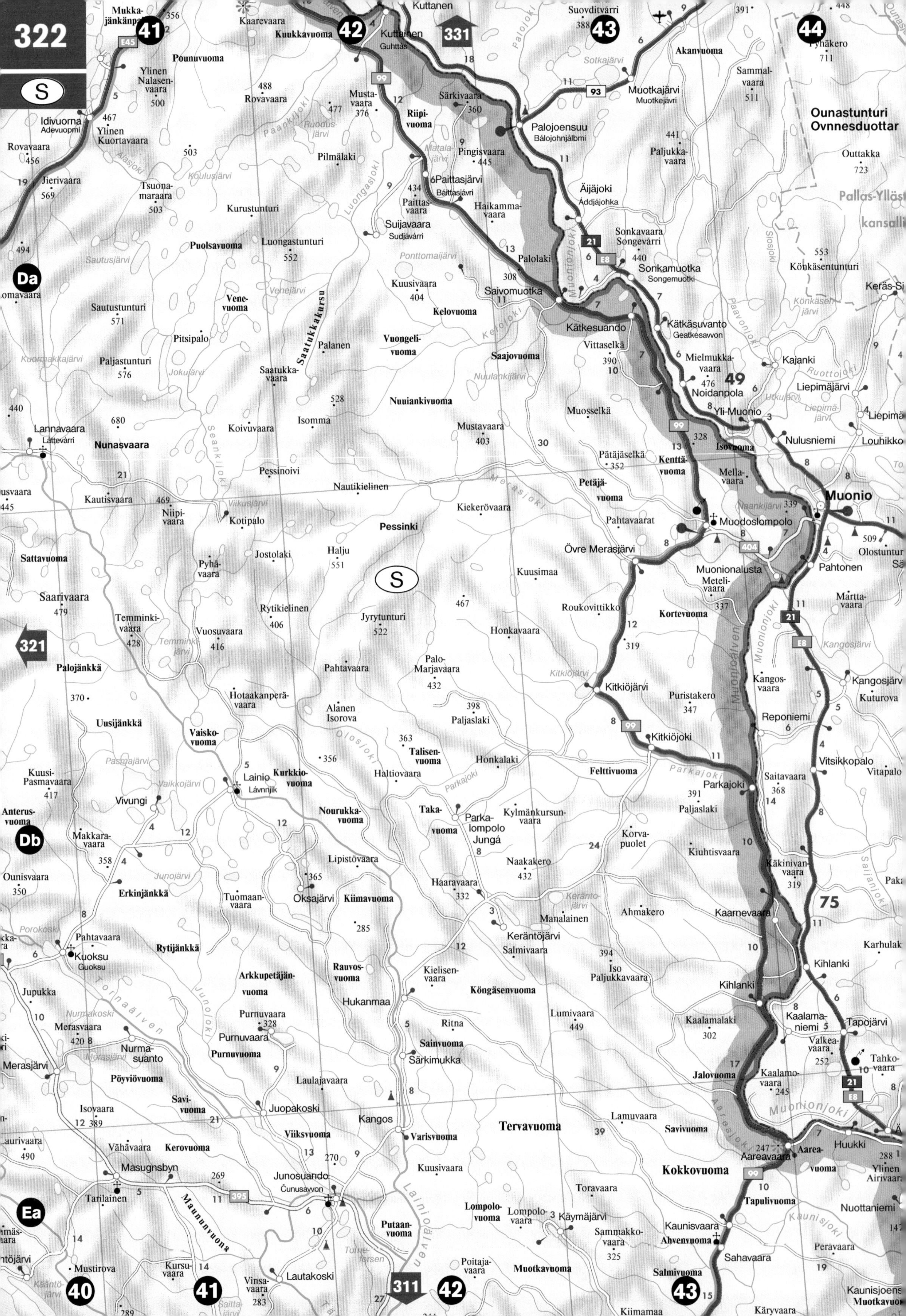
S
Kuttanen
Kuttainen
Guhttás
331
Suovditvárri
Kaarevaara
Kuukkavuoma
Pounuvuoma
Rovavaara
Idivuorna
Adevuopmi
Ylinen Kuortavaara
Ylinen Nalasenvaara
Särkivaara
Riipivuoma
Pingisvaara
Paittasjärvi
Báittasjávri
Palojoensuu
Bálojohnjálbmi
Muotkajärvi
Muotkejávri
Akanvuoma
Sammalvaara
Ounastunturi
Ovnnesduottar
Outtakka
Pallas-Yllästunturin kansallispuisto
Jierivaara
Tsuonamaraara
Kurustunturi
Luongastunturi
Puolsavuoma
Suijavaara
Sudjávárri
Haikammavaara
Äijäjoki
Áddjájohka
Paljukkavaara
Sonkavaara
Songevárri
Sonkamuotka
Songemuotki
Könkäsentunturi
Palolaki
Saivomuotka
Kätkesuando
Kätkäsuvanto
Geatkesavvon
Kajanki
Mielmukkavaara
Noidanpola
Yli-Muonio
Liepimäjärvi
Liepimä
Sautustunturi
Venevuoma
Kelovuoma
Vuongelivuoma
Palanen
Saatukkakursu
Saajovuoma
Vittaselkä
Paljastunturi
Pitsipalo
Saatukkavaara
Isomma
Nuuiankivuoma
Mustavaara
Muosselkä
Lannavaara
Lättevárri
Nunasvaara
Koivuvaara
Isovuoma
Nulusniemi
Louhikko
Pessinoivi
Pätäjäselkä
Kenttävuoma
Mellavaara
Muonio
Kautisvaara
Niipivaara
Nautikielinen
Kiekerövaara
Petäjävuoma
Kotipalo
Pessinki
Pahtavaarat
Muodoslompolo
Sattavuoma
Jostolaki
Halju
Övre Merasjärvi
Muonionalusta
Olostunturi
Pahtonen
Pyhävaara
Kuusimaa
Metelivaara
Saarivaara
Rytikielinen
Jyrytunturi
Roukovittikko
Kortevuoma
Märttavaara
Temminkivaara
Vuosuvaara
Honkavaara
Muonionjoki
Muonionälven
321
Palojänkkä
Pahtavaara
Palo-Marjavaara
Kitkiöjärvi
Kangosvaara
Kangosjärvi
Kuturova
Hotaakanperävaara
Alanen Isorova
Paljaslaki
Puristakero
Reponiemi
Uusijänkkä
Vaiskovuoma
Talisenvuoma
Kitkiöjoki
Vitsikkopalo
Vitapalo
Kuusi-Pasmavaara
Lainio
Lávnnjik
Kurkkiovuoma
Haltiovaara
Honkalaki
Felttivuoma
Saitavaara
Parkajoki
Vivungi
Anterusvuoma
Nourukkavuoma
Takavuoma
Parkalompolo
Jungá
Kylmänkursunvaara
Paljaslaki
Makkaravaara
Korvapuolet
Kiuhtisvaara
Ounisvaara
Lipistövaara
Naakakero
Käkinivanvaara
Erkinjänkkä
Tuomaanvaara
Oksajärvi
Kiimavuoma
Haaravaara
Ahmakero
Manalainen
Kaarnevaara
Pahtavaara
Rytijänkkä
Keräntöjärvi
Salmivaara
Kuoksu
Guoksu
Karhulaki
Kihlanki
Jupukka
Arkkupetäjänvuoma
Rauvosvuoma
Kielisenvaara
Köngäsenvuoma
Iso Paljukkavaara
Hukanmaa
Merasvaara
Purnuvaara
Ritna
Lumivaara
Kaalamalaki
Kaalamaniemi
Tapojärvi
Nurmasuanto
Merasjärvi
Purnuvuoma
Sainvuoma
Särkimukka
Valkeavaara
Tahkovaara
Pöyviövuoma
Laulajavaara
Jalovuoma
Kaalamovaara
Savivuoma
Juopakoski
Isovaara
Tervavuoma
Lamuvaara
Kangos
Varisvuoma
Viiksvuoma
Aareavaara
Aareavuoma
Huukki
Vähävaara
Kerovuoma
Kokkovuoma
Ylinen Airivaara
Masugnsbyn
Junosuando
Čunusavvon
Tarilainen
Mauniunvuoma
Kuusivaara
Toravaara
Tapulivuoma
Nuottaniemi
Lompolovuoma
Lompolovaara
Käymäjärvi
Kaunisvaara
Ahvenvuoma
Putaanvuoma
Sammakkovaara
Kaunisjoki
Peravaara
Mustirova
Kursuvaara
Lautakoski
Poitajavaara
Muotkavuoma
Salmivuoma
Sahavaara
Vinsavaara
Kaunisjoensuu
Muotkavuoma
Käryvaara
Kiimamaa
Lainioälven
311
Da
Db
Ea
40
41
42
43
44
49
75
E45
E8
21
99
93
395
404

323
FIN
45
46
47
48
332
Siettelönvuoma
Almunarova
451
390
Uurrekarkia
Ketomella
Rássegieddemielli
Ketojärvi
Nunisvaara
427
Puljutunturi
471
Rääpyspalo
Raijankiselkä
Taatsin seita
Kilinlatvavuoma
389
Pulju
Syvä Tepastojoki
Kaalimaa
Naatsukka-aapa
22
Kuopsuvaara
Loueaapa
Piernakanselkä
Pokka
Salmijärvet
956
Kitinen
15
Näätäselänvuoma
Salanki
Silasselkä
367
304
Punakivilaki
366
Salankiselkä
398
Kaunismaa
Kapsajoki
Rovaselkä
Mujuriselkä
Yli-Kyrö
662
Lumikero
Kuiva Tepastojoki
955
Da
Raattama
Ráhtan
Särkijärvi
Sarvivuoma
373
Sahmistonvuoma
Niemelä
16
Lompolo
Mieliö
378
Outa-Perttunen
Jatkovaara
406
Suoskongelo
Taivaskero
17
Kurkkiovaara
317
Kurkkio
Korpela
Tieva
807
Purnuvuoma
Törmäsvaara
336
33
14
Kuortanovuoma
Kellolaki
309
400
Pallasjärvi
Bállasjávri
Lusmavuoma
Kivijoki
Pahasjänkkä
Seurukarkea
Vuontisjärvi
646
Vierelä
Katajaselkä
Tepasto
Lehtirova
443
Lohivaara
369
Leppäniemi
Ruosteaapa
Lismajoki
Tepsanjänkkä
Paljukka
400
562
Nalsuvuoma
11
Ounasjoki
Ukonvuoma
Toras-Sieppi
Hanhimaa
Rouravaara
Pietarila
613
Keimiötunturi
Kusivaara
Sikkolanvuoma
Lintula
957
Jerisjärvi
Koivarova
Kulkuvuoma
Marjavuoma
Sinoselkä
330
Pöntsö
79
Munajärvi
Särkijärvi
Jerisjärvi
Kielisenvuoma
Kiistala
Junkonniemi
Rauhala
Kapsajoki
Rautuskylä
Isosaari
Mustakero
Naulavaara
Köngäs
Lehto
Akanvuoma
Mantovaara
Loukinen
Leppävuoma
Veitservasa
341
Särkitunturi
492
Muotkavaara
78
Petäjäselkä
Kulkujoki
Hossa
Hanhilaki
347
940
FIN
Leppävuoma
Sirkka
Rastinjärvi
19
Db
Kolvakero
445
Äkäsjärvi
Yli-Vainio
Vesmajärvi
Akanvaara
Porkonen
406
Levi
Kuivasalmi
263
Palkasvaara
439
Korhola
Länsiranta
505
Kätkätunturi
530
Levijoki
324
Lonnakko
Pahtavaara
Mäki-Kokko
Kumpu-tunturi
Riikonkumpu
Nilivaara
Sotkajärvi
Jeesiöjärvi
581
467
Aakenusjärvi
Katajavaara
Sokostovuoma
Sikavaara
508
Äkäskero
Hanhivuoma
Siitonen
Palovaara
Rovanperä
20
Jeesiöjoki
Vittakumpu
Majavakumpu
Hauresрää
417
Suoppamanselkä
Iso Kukasvaara
Aakenustunturi
Aakenusjoki
Pahkavaara
Säynäjävaara
Tiurajärvi
Yli-Kittilä
530
Moloslaki
495
80
407
Kotakumpu
Puistikko
Isovaara
Kittilä
Kuusajoki
Isomaa
250
297
Tiuraselkä
Myllypalo
Pallas-Yllästunturin kansallispuisto
Paartoselkä
Pahkavuoma
Hormakumpu
Kuplajärvi
Lainiotunturi
613
Tepsa
Silmäsvuoma
Tollovuoma
Kesänki
519
Iso Lalvavuoma
Ahvenvuoma
Pakajärvi
Kuertunturi
446
Äkäslompolo
Koskama
Kelontekemäjärvi
Venejoki
Kirkkopahta
343
Vesikkovaara
Ruopasvuoma
Kallovaara
Iso Nilipää
320
Kelontekemä
Ylläs
718
Malmivaara
69
Rovaselkä
Lainiojoki
Palvivuoma
318
Iso-Sotka
Sotkavuoma
Rautula
Hannukainen
Rautuvaara
Luosu
Ylläsjärvi
Ylläsjärvi
Isovaara
270
Mäntyrinne
Kaukonen
Sotkajärvi
Tapojoki
Kusselänvuoma
Tarula
Ylievuoma
Loimiselkä
Koivula
Niesaselkä
Tupakkivuoma
Näätävuoma
Kuusimaa
Juuvanvuoma
Myllyvuoma
Sarvivuoma
Maunuvaara
Ea
Porttivuoma
Raasuvuoma
Paloselkä
341
261
Kallovaara
Kallo
Palo-Petajävaara
Isovuoma
Kurtakko
Luuvaara
Ylipää
Kurtakkoselkä
Ranta-Haisuvuoma
Ristivaara
305
Ukonvuoma
Maunujärvi
Löysänkiaapa
Saaripudas
Kattilamaa
Haisuvuoma
Alakylä
Raaterova
233
Teurejärvi
Ylijärvenvaara
246
Haisujupukka
Molkojärvi
Kivijärvenvuoma
Teurajärvi
Tiehaaranmännikkö
Riivinvaara
Kortonlehdonvuoma
Kokkovuoma
Kokkovaara
Peittoselkä
Molkojärvi
Kierinki
Kolari
Teuravuoma
Viitalaki
312
Ollimaanräme
Iso-Kelhu
Kerpuanvaara

FIN
49
333
50
51
Da
Db
Ea
323
48
49
313
50
51
Näätäselkä
333
Vassamaselkä
Mäkäräaapa
Purnumukka
Burdnomohkki
Männistö
Tankavaara
468
Tankavaara
367
Vosavaara
Urho Kekkosen kansallispuisto
Sompion luonnonpuisto
Terävä Nattanen
544
Nattaset
Nättašduottar
508
Pyhä-Nattanen
Valla-
Törmäsvaara
332
Liittoräme
Tossarivaara
Rimpiaapa
Vuotso
Vuohčču
Naatsukka-aapa
Pokka
Kitinen
Pikku Oviselät
Suoaapa
Nalka-aapa
Vaa
Kuontalonpalo
297
Kaadinvaara
Porttipahdan tekojärvi
Tankajoki
Kussuolinki-vaara
Mujuriselkä
Särästölehto
Roivainen
Simuna-aapa
Sarvivuoma
Uuromajänkä
Salmurinvaara
158
E75
427
Riskaskama
Järviijoki
Kuorajoki
Kirakka-aapa
Siltaharju
Suksivaarat
Körköaapa
Lohiaapa
Jatkovaara
406
Vyöttörmäaapa
320
Kunnasen-vaara
Uutela
Tieva
353
Pomoaapa
Äältöaapa
Ruosseljänaapa
Jäkälämaa
Lokan t
33
400
Palo-Karjala
365
Seurukarkea
aselkä
Sotkaselkä
Pomokaira
Kuusi-Lomavaara
Maaselkä
Kaitak
Puruaapa
391
Isolaki
421
Pomovaara
Madetkoski
Iso Postoaapa
Napavaara
Koitelaisenkaira
Paljukka
400
Soasvuoma
Eksymäselkä
Rovapää
402
Rookiaapa
Pikku Kiviaapa
Peurasuvanto
Koitelanen
408
Kustruotomanaapa
Soasaapa
Kaita-aapa
Sinoselkä
330
Paistipuolet
428
Luiro
Tarpomapää
379
Hämäläinen
Lätäk
341
Mukkajärven-aapa
Lautakkoaapa
Jousiaapa
Petäjäselkä
Kuopsusaapa
Kolholaki
Takaltama-aapa
Vajukosken allas
Vesmajärvi
Soasjoki
Sippiöaapa
Vuotavaara
Ponostama-aapa
Mätäsaapa
Porkonen
406
Palo-Naakiselkä
Vajukoski
Korhola
Naakivuoma
Ala-Postojoki
Petkula
Satovaara
Ilmakkiaapa
Selkäaapa
Nuttiot
Kannusvaara
318
Sokka-Vuota-vaara
Sattanen
Rovalaki
257
Saiveljärvi
Rimpiaapa
Souvaselkä
Postovaara
379
Enon Kota-vaara
Haurespää
417
Lomajärvi
Rajala
Koskenkylä
Moskuvaara
Keulakkopää
425
Sattas-vaara
370
Vanttioselkä
Suksivaara
339
Suksiaapa
Palola
Kuusivaara
Kersilö
407
Hookana
Särkivaara
286
Vanttioaapa
Puistikko
Heinälammin-vuoma
Isolaki
407
Asentopalo
Ollila
13
Kupiajärvi
Kaarestunturi
Kitinen
Vasavaaranaapa
340
Värttiö-vaara
315
Sisnakka-aapa
385
Puolakkovaara
Tepsa
83
80
20
Välitalo
Sukuvaara
275
Kuusivaara
230
Viiankiaapa
Koivulehto
ilmäsvuoma
Kuoninki-vaara
279
Myllykylänpää
Vaarala
370
Kokko
Jeesiöjoki
16
Sattanen
Kotiaapa
Eliasaapa
Kelujärvi
Laukkuvaara
Kelontekemä-järvi
Koivikko
Jeesiö
Kelujoki
Kallovaara
Siurunmaa
Matalajärvi
Kelontekemä
Mikkola
Pittiövaara
325
967
315
Nopannenän-jänkä
Saariaapa
Palkisvaara
Sotka-vuoma
Kotamaa
317
Kommatti-vaara
Kantoselkä
320
323
Sodankylä
Härkä-vaara
Vaalajärvi
Vaalajärvi
Vanha kirkko
Orakylä
Seunuvaara
Oratunturi
455
Isosaari
Heinäpää
Länsiranta
Ahven-vaara
Jänkävuopajanaapa
Härkäjoki
Palsselkä
Tähtelä
Orajärvi
E63
Näätävuoma
Sotkajoki
Akkalanselkä
Juntinaapa
Orajärvi
Sallinkiaapa
Välisuvanto
Joukhaisselkä
340
Iso Luoppelovaara
280
Nuutamo
Kaarto
Riipi
952
Tinaselkä
Routus-vaara
Porttikoski
Hinganmaa
Aska
Kurkiaapa
Riipijärvi
387
Tongosoiva
Aapajärvi
Löysänkiaapa
Kiviperänaapa
Kulvakko-selkä
339
Juppurat
Yli-Raudanjoki
Raaterova
233
Leviäaapa
Kaunisvaara
Syväjärvi
Ristonmännikkö
350
Tuulusvaara
Lismanaapa
Vitsavaaranaapa
Syvävaara
Keinoaapa
Sassali
Heinäperä
Kulvakkojärvi
Kauppi
Yli-Luosto
315
Kierinki
Hervuolevinaapa
Raivaajapatsas
Vaiskojoki
Kitinen
Metsa-Rutovaara
Komma
Riengamoaapa
Torvinen
962
Suvanto
Luosto
Ahma-aapa

FIN
52
53
334
54
55
Korvatunturi
Bealljeduottar
Kopsuskuusikko
Auhtijoenselkä
Keskiselkä
Rauhanpaalu
Lamminaapa
Nummerusaapa
Peskiselät
Iso Kolsanmurusta
Pajuaapa
345
Vasan
Purnuselkä
Vieriaapa
Kotiaapa
Luiro
Marivaara
Peskiaapa
Naltiotunturi
430
Marjavaara
Jaara-aapa
Rannisvaara
382
352
Kemihaara
Ätimysvaara
417
Pihtijoki
Vouruaapa
Kärekäaapa
Muotkarova
Mukkajoenrovat
Uurto-oivi
Rouvoiva
Korvasvaara
Uura-aapa
27
Jooseppi-
tunturi
468
Haukijärven-
aapa
Nuortti
Maskaselkä
Muotka-
vaara
Sorvortan-
tunturi
423
Uuravaara
Kemijoki
Ketseaapa
Sokli
Vuollos-
vaara
Kielta
Kuttusvaarat
5
Tulppio
11
Yla-Nuortti
Db
Niekka
445
Marja-
vaara
Vuollistunturi
481
Satkovaara
Kaitajoki
Suurkovanselkä
Lokka
Partisaanien
hävittämä kylä
526
Painopää
Mustavaara
8
Jänesaapa
Sotajoki
Suksenaapa
Iso Saijan-
vaara
4
Lattuna-
vaara
351
9
391
Lätäkkö-
vaara
Kaartola
Vuoltinen
Lattuna
413
Maaimmainen
Sotatunturi
Kalko-
vaara
Tulppionlatva-
-aapa
429
Sormijoki
Konnotti-
vaara
7
Tunturiaapa
Vintilä-
tunturi
389
Ruuvaoja
Kuruvaara
Iso Angee-
vaara
360
39
Vintilänkaira
Ahmatunturi
162
Kairijoki
Luuhaaranaapa
Rovala
Vaklivaara
Siyliövaara
404
Kellovuotso
Uniaapa
Verkkoma
selkä
301
Leukkuhamaran-
vaara
326
Siyliönaapa
Vuonnelo-
vaara
Siuruvaara
286
Värriöjoki
Kipittivaara
301
Iso Marja-
vaara
412
13
Hukka-aapa
Vanehaaranoiva
460
Viitavaaran-
jänkä
Nillitsemäaapa
Seitajärvi
Isojänkä
Kieroselkä
313
Myllyvaara
Mutajärven-
selkä
Mantola
Aita-Kaakkuri-
vaara
432
Moukavaara
Arajärvi
Angelvaara
Alimmainen
340
14
Yli-Arajoki
Kintasaapa
Iso Letsan-
selkä
Saukkojänkä
Koukku-
tunturi
441
Tanhua
Kariaapa
21
Martti
Jauratsivuotso
Hietavaara
Joutsi-
tunturi
538
Värriö
Liljala
Saariaapa
Korteaapa
Nunneroaapa
Peuratunturi
Maltiotunturi
478
Pahkavaara
268
10
Korpela
Ala-Arajoki
Routsukainen
410
Maltion luonnonpuisto
Suoltioiva
464
Maaseljän-
jänkä
12
Kemijoki
Putkiaapa
Aravaara
342
Hihnavaara
Vuospajan-
selkä
Kuusi-
-Kappalevaara
Kaunisvaara
Naruskajoki
Koivula
Kilpelä
Vuospajanaapa
Aartojänkä
Ea
Puruvaara
Kuisvaara
967
Vuossoiva
Takatunturi
460
Purkavaa
409
Pyhäkuru
Vasatunturi
425
Ahkio-
jänkä
Lavaselkä
471
29
Lämsänaapa
15
Savukoski
Rikkiaapa
Nivatunturi
460
Iso Marja-
vaara
343
Sattovaara
321
Pyhäjoki
Karhutunturi
519
965
Kuosku
Särjenävaara
Latvavaara
Mukkavaara
Hirvasvaara
Politimar
vaara
395
Sakkala-aapa
Ukonvaara
Tenniöjoki
Maltiojoki
Norovuotson-
vaara
Ulmojan-
vaara
278
Murtoaapa
Kairanaapa
Saukko-
vaara
Korteaapa
Kuutsivaara
Naruska
Luiro
Nousu
Sudenvaara
248
23
Huutoaapa
Perälä
Akanvaara
440
Pulkkaviita
Vuorela
Kairala
Rahkavaara
Saija
Kerekkäsuo
Tuhka-
-aapa
Sokanaapa
Hotakka-aapa
Vuotos-
tunturi
453
314
Kuppiaapa
Mukkala
104
Parnavaara
Käyläselkä
Juotsenaapa
Rauhala

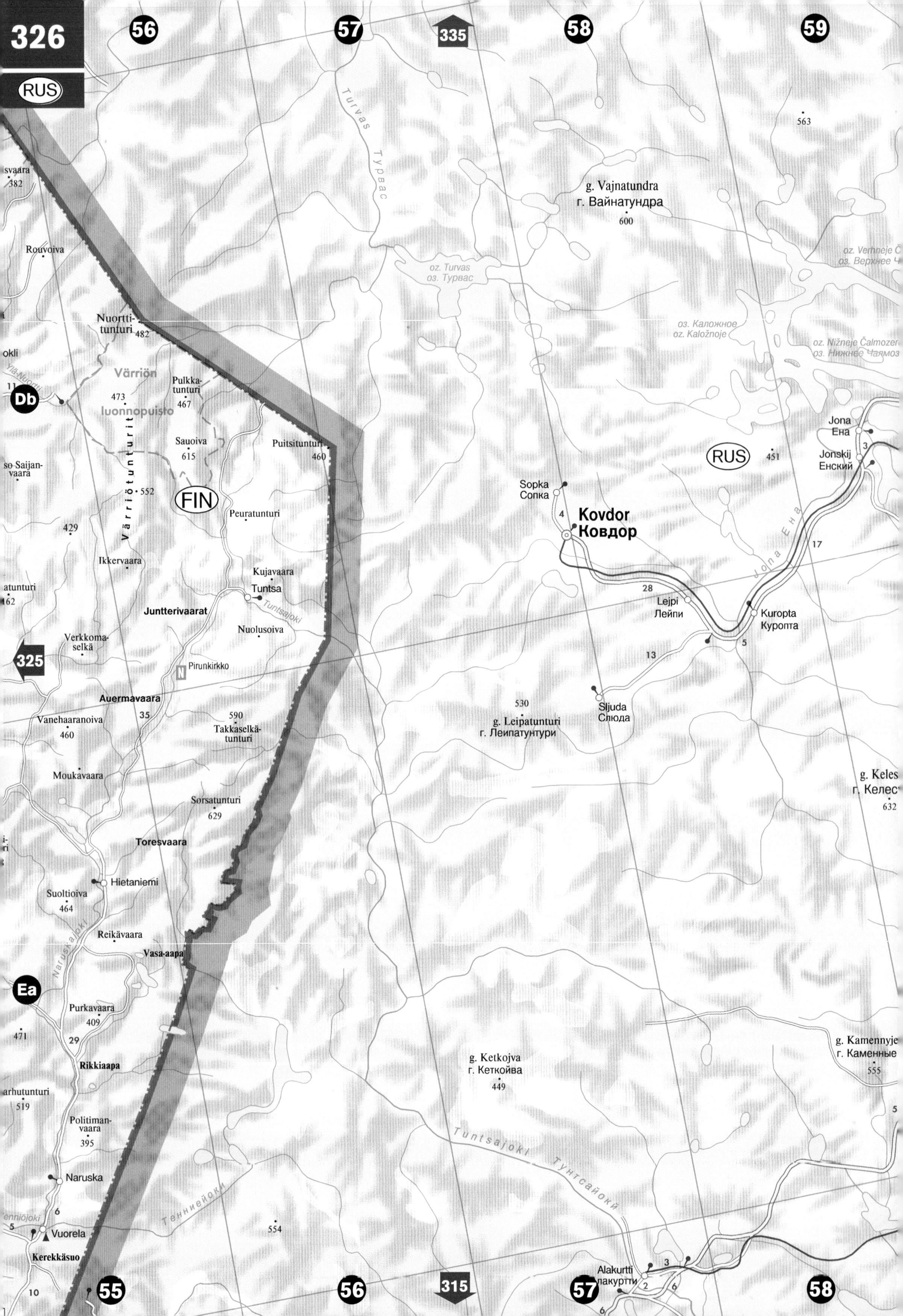

56　　　57　　335　　58　　59

563

с. Turvas
Турвас

g. Vajnatundra
г. Вайнатундра
600

oz. Verhneje Č
оз. Верхнее Ч

oz. Kaložnoje
оз. Каложное

oz. Nižneje Čalmozer
оз. Нижнее Чалмоз

svaara
·382

Rouvoiva

okli

Db
11

so Saijan-
vaara

atunturi
·162

Nuortti-
tunturi ·482

Värriön
luonnopuisto
·473

Pulkka-
tunturi
·467

Sauoiva
·615

Puitsitunturi
·460

FIN

·552

Peuratunturi

·429

Ikkervaara

Kujavaara

Tuntsa

Juntterivaarat

Nuolusoiva

Verkkoma-
selkä

Tuntsajoki

325

Pirunkirkko
N

Auermavaara
·35

590

Vanehaaranoiva
·460

Takkaselkä-
tunturi

Moukavaara

Sorsatunturi
·629

Toresvaara

Suoltioiva
·464

Hietaniemi

Reikävaara

Vasa-aapa

Ea

Purkavaara
·409

·471

·29

Rikkiaapa

arhutunturi
·519

Politiman-
vaara
·395

Naruska

enniöjoki ·6

·5

Vuorela

Kerekkäsuo

·10

Jona
Ена

3

Jonskij
Енский

3

RUS
·451

17

Sopka
Сопка

·4

**Kovdor
Ковдор**

Lejpi
Лейпи

28

Kuropta
Куропта

5

13

530

Sljuda
Слюда

g. Leipatunturi
г. Леипатунтури

g. Keles
г. Келес
·632

g. Kamennyje
г. Каменные
·555

·5

g. Ketkojva
г. Кеткойва
·449

Tuntsajoki　Тунтсайоки

·554

Alakurtti
Алакуртти

3

2 ·6

·6

25
26
27
28
N
Andenes
Bleik
Kjølhaugen
Trolltinden
436
Finnebogen
Stave
Arnipa
336
Skogvoll
Skogvollvatnet
Kvalnes
Ca
Nordmela
Steinsvatnet
Dverberg
Myre
413
Skavdal
Åberget
578
Nøss
Åbergsjorda
Åsnesvatnet
Å
Bø
Bøheia
378
Andøya
Vågræt
Bjørnskinn
94
Ramnskogheia
559
Risøyhamn
Åknes
Tranes
Dragnes
Svindalen
Reinhaugsheia
485
817
Skredfjellet
Kinn
Ånessletta
Gavltinden
662
Frikjerke
Bleiksvatnet
Risøysundet
328
Meby
589
Forfjorden
Durmålstinden
883
Gapøya
Elda
Stamnes
Myrland
Røyknes
Godfjorden
Reinsnes
711
Høgfjellet
Reinstad
749
Tretindan
Bjørnerå
869
Cb
Kvæøya
Leirbogen
Godfjordbotn
Anda fyr
Stø
313
Langenes
Nyksund
Kjølen
Vesterålen
654
Jenskardtinden
Prestfjorden
Gisløya
Strengelvåg
Gavlefjorden
Meløya
Instøya
Store Sandnes
Skogsøya
707
Stigkollen
Myre
Alsvågvatnet
Alsvåg
Hjellsund
Hjellsandøya
Øksnes
Smines
Staven
604
Lønskogen
Holm
Børrøyfjorden
Tindsøya
Børrøya
666
Saltberget
Lia
456
Grønlikollen
Bremnes
Dyrøya
Spikartinden
607
Hovden
Malnesfjorden
Utskor
Stortinden
566
821
Bogen
Gåsfjorden
Nykvåg
Vindhamran
568
Nærøya
Sandset
Kavåsen
Elvenes
536
Vikheia
Skjelfjordeidet
Kråkberget
576
653
Gandtinden
Frøskeland
Annfjorden
820
Åsanfjorden
Malnes
Vikeidet
Langøya
Rise
Jørlandsjøen
Breitinden
605
Grytting
569
Holmstad
503
442
Skredtinden
Straume
Valfjord
Sortland
Strand
Osvoll
767
Hognfjorden
Førepollen
Vea
Uvåg
Guvåg
Jørnfjorden
Eidsfjorden
Bøblåheia
610
Blåheia
766
Ytre Eidsfjord
Skata
748
Kjerringnes
18
964
Middagstinden
Nordheia
816
Holand
Middagstinden
Revsnes
Kjengsnes
Flesnes
Veten
467
Straumsnes
Moen
Kleiva
Sigerfjord
Gambogen
Reinfjellet
906
Finnvika
Gaukværøya
Fleinnes
Sigerfjorden
Austpollen
Forøya
Bø
Vik
Hallartinden
Grytting
Djupfjord
822
1021
Stortinden
Langvassbukt
Steinsvika
Litløy fyr
Sandnes
533
Langøysundet
44
Rausanda
Fiskefjorden
Blokktindan
866
Gullholmen
Trollfjellet
825
Vesterålsfjorden
Røyrvika
Stokmarknes
Kvitnes
Snytindhytta
13
Våtvoll
Eidet
Heggedalen
656
Motinden
625
969
978
Fiskefjorden
Utbjør
Hadsel
Lekang
Kaljord
Totinden
981
Møysalen
1262
Møysalen nasjonalpark
958
Vestbotntinden
Gullesfjordbotn
Kanstadbotn
Strandtinden
1076
61
Hadseløya
Melbu
Hanøyvika
Lonkan
Brottøya
Hadselfjorden
Hanøy
Sørdaltunnelen 6380 m
Erikstadfjordfjellet
552
Djupfest
Austre Kanstad
Myrlandsbotn
E10
Sanden
Fiskebøl
Kongselva
47
Svartskardtindan
880
999
980
Bukketinden
Erikstadfjorden
Kjersvika
Grunnførfjorden
906
Strøna
Delp
Fjordmannen
810
Svartsundtindan
1050
Raften
Blåtinden
608
Fjellheim
Lødingaksla
569
Da
Laukvika
Myrvang
692
Sandfjelltindan
Bukta
Tjeldsundet
Tjeldnes
Durmåstuva
496
Nordpollen
Matmora
788
Grunnførfjorden
Austvågøya
Øksfjorden
837
Dalheim
Kanstadfjorden
Lødingen
Odden
Raftsundet
1161
Higravtindan
318
Øksneshavn
Åndervåg
Ytterstadfjellet
446
Rinøya
Rindbø
Rotvær fyr
29
Barøya
Brenna
Vardtinden
Vestbygda

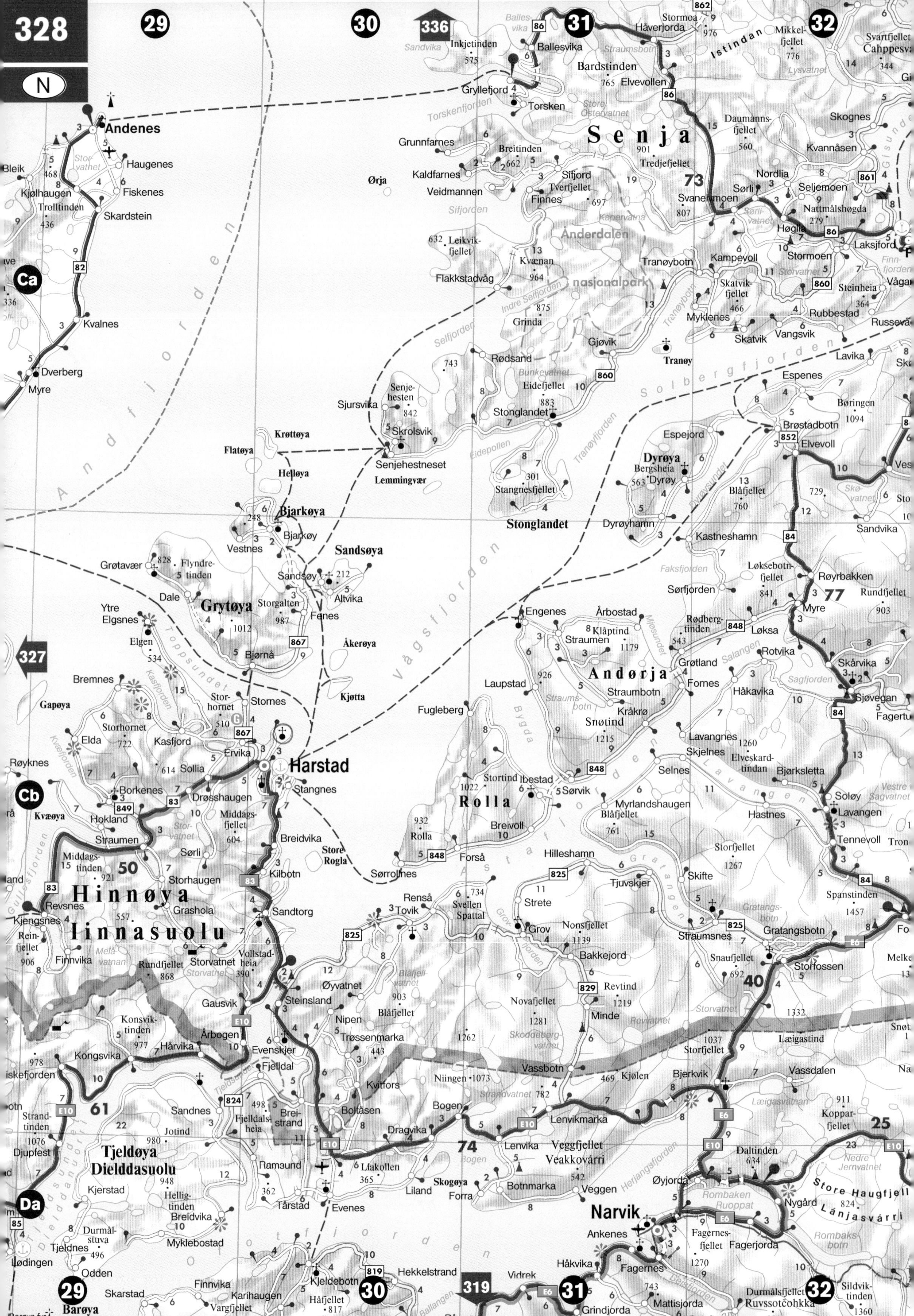
N
29
30
336
31
32
Andenes
Haugenes
Fiskenes
Bleik
Kjølhaugen
Trolltinden
436
468
Skardstein
82
Ca
Kvalnes
Dverberg
Myre
Andfjorden
Inkjetinden
575
Ballesvika
86
Gryllefjord
Torsken
Torskenfjorden
Stormoa
Håverjorda
862
976
Bardstinden
765
Elvevollen
Istindan
Mikkelfjellet
776
Lysvatnet
Svartfjellet
Cahppesvárri
344
Senja
Grunnfarnes
Breitinden
662
Kaldfarnes
Veidmannen
Ørja
Sifjord
Tverfjellet
697
Finnes
Sifjorden
Tredjefjellet
901
Daumannsfjellet
560
73
Skognes
Kvannåsen
Nordlia
Seljemoen
861
Sørli
Svanelvmoen
807
Nattmålshøgda
279
Høglia
Laksfjord
Stormoen
Finnfjorden
Ånderdalen
nasjonalpark
Leikvikfjellet
632
Kvænan
964
Flakkstadvåg
Tranøybotn
Kampevoll
Skatvikfjellet
466
Myklenes
Skatvik
Vangsvik
Rubbestad
Steinheia
364
Vågan
860
Russevåg
Grinda
875
Selfjorden
Indre Selfjorden
Gjøvik
Tranøy
Rødsand
743
Bunkevatnet
Eidefjellet
883
Stonglandet
Senjehesten
842
Sjursvika
Skrolsvik
Senjehestneset
Lemmingvær
Krøttøya
Flatøya
Helløya
Eidepollen
Stangnesfjellet
301
Stonglandet
Solbergfjorden
Tranøyfjorden
Lavika
Espenes
Børingen
1094
Brøstadbotn
852
Elvevoll
Espejord
Dyrøya
Bergsheia
563
Dyrøy
Dyrøyhamn
Dyrøysundet
Blåfjellet
760
729
Skøvatnet
Sandvika
Kastneshamn
84
Faksfjorden
Løksebotnfjellet
841
Røyrbakken
Sørfjorden
Rundfjellet
903
77
Myre
Bjarkøya
Bjarkøy
248
Vestnes
Sandsøya
Sandsøy
212
Altvika
Grøtavær
828
Flyndretinden
Dale
Grytøya
Storgalten
987
1012
Fenes
867
Bjørnå
Åkerøya
Kjøtta
Vågsfjorden
Engenes
Årbostad
Klåptind
1179
Straumen
Rødbergtinden
543
848
Løksa
Andørja
Grøtland
Salangen
Rotvika
Skårvika
Sagfjorden
Sjøvegan
Fagertun
Fornes
Håkavika
Laupstad
926
Straumsbotn
Straumbotn
Kråkrø
Snøtind
1215
Fugleberg
Bygda
Lavangnes
Skjelnes
1260
Elveskardtindan
Bjørksletta
Selnes
Ytre Elgsnes
Elgen
534
Toppsundet
327
Bremnes
Gapøya
Storhornet
Stornes
510
Kasfjorden
Storhornet
722
Elda
Kasfjord
Ervika
Harstad
Stangnes
Røyknes
Sollia
614
Borkenes
849
83
Drøsshaugen
Middagsfjellet
604
Storvatnet
Cb
Kvæøya
Hokland
Straumen
Sørli
Breidvika
Middagstinden
921
50
Storhaugen
Kilbotn
Store Rogla
Hinnøya
Iinnasuolu
Revsnes
Kjengsnes
Grashola
557
Reinfjellet
906
Finnvika
Sandtorg
Stortind
1022
Ibestad
Sørvik
Rolla
932
Rolla
Breivoll
Forså
Sørrollnes
Myrlandshaugen
Blåfjellet
761
Astafjorden
Lavangen
Hastnes
Soløy
Lavangen
Vestre Sagvatnet
Tennevoll
Tron
Hilleshamn
825
Tjuvskjer
Gratangen
Skifte
Storfjellet
1267
Spanstinden
1457
Rensa
Tovik
734
Svellen
Spattal
Strete
Grov
Nonsfjellet
1139
Bakkejord
Straumsnes
Gratangsbotn
Snaufjellet
692
Storfossen
E6
Melkevik
Melavatnan
Rundfjellet
868
Storvatnet
Vollstadheia
390
Øyvatnet
Blåfjellvatnet
903
Blåfjellet
829
Revtind
1219
Novafjellet
1281
Minde
Revtvatnet
40
Skoddebergvatnet
1262
1332
Lægigastind
Storvatnet
1037
Storfjellet
Konsviktinden
977
Gausvik
Steinsland
Nipen
Trøssenmarka
443
Årbogen
Hårvika
Kongsvika
978
Ulvskefjorden
Evenskjer
Fjelldal
E10
Tjeldsundet
Kvitfors
Niingen
1073
782
Strandvatnet
Vassbotn
469
Kjølen
Bjerkvik
Vassdalen
Lægigasvatnan
911
Kopparfjellet
25
61
Strandtinden
1076
Djupfest
Sandnes
824
498
Fjelldalsheia
Breistrand
Boltåsen
Dragvika
Bogen
Lenvikmarka
Lenvika
74
Bogen
Veggfjellet
Veakkovárri
542
Veggen
Daltinden
634
Nedre Jernvatnet
Tjeldøya
Dielddasuolu
Jotind
980
948
Hellig-tinden
Breidvika
Ramsund
Liakollen
365
Liland
Skogøya
Forra
Botnmarka
Øyjorda
Rombaken
Ruoppat
Store Haugfjell
Lánjasvárri
824
Nygård
Narvik
Ankenes
Fagernesfjellet
1270
Fagerjorda
Rombaksbotn
Kjerstad
362
Tårstad
Evenes
Da
85
Durmålstuva
496
Myklebostad
Tjeldnes
Lødingen
Odden
Ofotfjorden
819
Hekkelstrand
Kjeldebotn
Håfjellet
817
Karihaugen
Vargfjellet
Finnvika
Skarstad
Barøya
Barøya fyr
319
Vidrek
Håkvika
Fagernes
743
Mattisjorda
Grindjorda
Beisfjorden
Durmålsfjellet
Russotčohkka
Sildviktinden
1360
Ballangen

329
N
33
34
35
36
337
330
320
Ca
Cb
Da
Rossfjord
Slettnes
Bukkeskinn-fjellet
Rossfjord-straumen
Sultid
Langnes
Tårnelvmoen
Sandnes
Kistefjellet
Vasshaug
Finnfjordeidet
Fagerfjellet
Finnfjordbotn
Rønning
Karlstad
Rossvoll
Hemmingsjord
Lysheia
Storlia
Sørreisa
Vakkerhumpen
Lyshaug
Middags-fjellet
Sørfossbogen
Rabbåsdalen
Matfjellet
Lynghaug
Sørhus
Krokelva
Kvannfjellet
Middagsnes
Malangseidet
Skutvik-vatnet
Sand
Sætermoen
Skutvika
Korris
Målsnes
Skog
Aursfjord-gården
Hamnvåg
Vakkerheia
Mestervik
Lanes
Nordbyvatnet
Haugafjellet
Nedre Kjerresnes
Aursfjellet
Holt
Aursfjordbotn
Mårfjellet
Storjorda
Lunneborg
Furudal
Petersborg
Nordfjordbotn
Balsaka
Storsteinnes
Svartnestinden
Hestnes
Kantornes
Balsfjord
Fugltinden
Skjæret
Helland
Kjøleng
Laksvatn
Litletinden
Lakselvdalen
Durmålstinden
Storvass-tinden
Bergeneset
Nordkjosbotn
Halvorsfjellet
Sørkjos
Øvergård
Storfjord
Bogefjell
Fjelldal
Manntfjellet
Signaldalen
Lemetfjellet
Lemmetgáisi
Fagermo
Harkinn
Målselv
Olsborg
Sollitinden
Buktmoen
Myre
Finntuva
Heia
Strupfjellet
Kongsberg
Kvittinden
Bjørkli
Takvatnet
Strømsli
Håhttagáisi
Rognmoen
Tamokdalen
Dápmotvuovdi
Rostafjellet
Andselv
Bardufoss
Rognmoen
Myrefjellet
Mauken
Stormauken
Melkelvlia
Målselvfossen
Skjold
Holt
Østlia
Rostanes
Heggelia
Elverom
Rundhaug
Øverbygd
Blomli
Rosta
Tverrelvmo
Rostadalen
Isdalsfjella
Čorrovátge
Kampen
Fjellstad
Istindan
Ryeng
Alappen
Iselvmoen
Kjerrelvdalen
Ruten
Langfjellet
Habafjellet
Luneborg
Lulit
Čavárri
Høglikka
Haugli
Rønningen
Storala
Brøran
Kirkesdalen
Gråfjellet
Bjørkåsen
Dødesvatn
Devddesjávri
Regoheapmi
Prestbakken
Kistefossen
Østhagen
Setermoen
Blåberget
Hestryggen
Iselvdalen
Tuvslettfjellet
Høgskard-fjellet
Høgskardhus
Devdisfjellet
Dividalen
Divaidvuovdi
Buošši
Sørskogen
Dypdal
Brandvoll
Fagerheim
Riiddagierdu
Storfjellet
Frihetsli
Canyon
Forset
Lifjellet
Bjørnfjellet
Skinskardtinden
Strømsmoen
Njunis
Dregg-fjellet
Skaktardalen
Liveltskardet
Lunde
Sørdalselva
Salangsdalen
Snøhetta
Polar Zoo
Østerdalen
Grønfjellet
Gaibagáisi
Jerta
Øvre Dividal nasjonalpark
Innset
Čoalbmeoaivi
Navsti
Julosvárri
Bones
Eatnannjoaskke-čohkka
Innsetfossen
Namahisvárri
Doarrovárri
Isdalen
Sørdalen
Stordalen
Storklettan
Salvasskardfjellet
Altevatnet
Kistefjell
Havgajávri
Čuovža-várri
Rohkunborri nasjonalpark
Rohkunborri
Skádjaoaivvit
Vadvetjåkka nationalpark
Lappjordhytta
Stuora Jierta
Sánjavárri
Jokkevuolli
Bihppáš
Sárevuopmi
Mannančearru
Čoalmmo-aivi
Jiebren-čohkka
Kuokkel
Lulip Guokkil
Stuora Áldas
Leina-
Riksgränsen
Låktatjåkka
Lokačohkka
Tornehamn
Salmmečohkat
Vilgesgierdu
Katterjåkk
Gáttejohka
Katterat
Kopparåsen
Björkliden
Čearročohkka
Máissavárri
Vássečohkka
Gohpasčorru
Njulla
Olmáčohkka
Čearrugeahči
Kaivare
Gáivárri
S

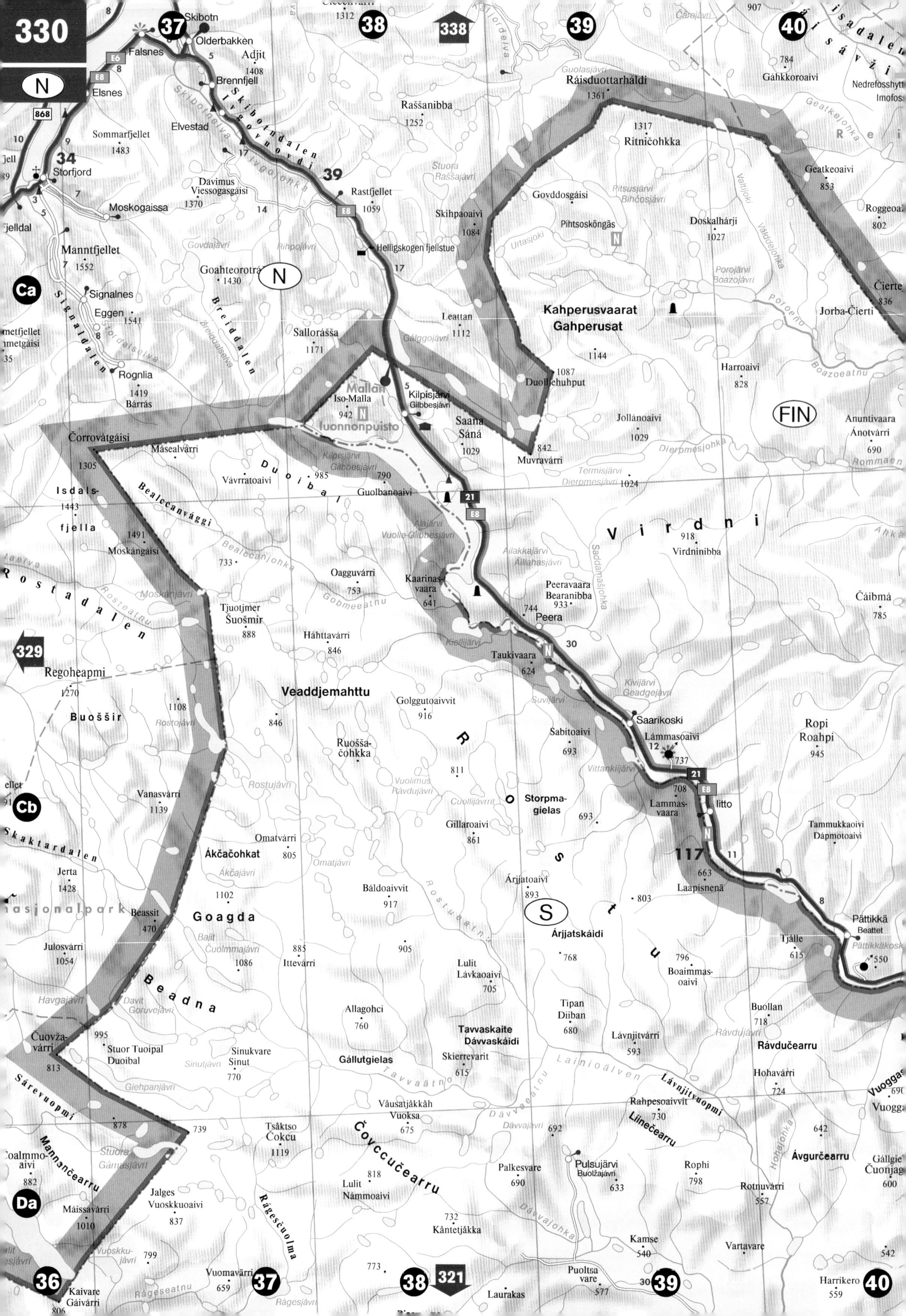
N
37
38
338
39
40
Skibotn
Olderbakken
Falsnes
Adjit
1408
Brennfjell
Elsnes
868
E6
E8
Skibotndalen
Ivgovuovdi
Elvestad
Sommarfjellet
1483
34
Storfjord
Davimus
Viessogasgáisi
1370
Moskogaissa
Manntfjellet
1552
Goahteorotrá
1430
Signalnes
Eggen
1541
Signaldalen
Rognlia
1419
Bárrás
Sallorášša
1171
Breiddalen
Rastfjellet
1059
Raššanibba
1252
Helligskogen fjellstue
Leattan
1112
Skihpaoaivi
1084
Ráisduottarháldi
1361
1317
Ritničohkka
Govddosgáisi
Pihtsoskōngās
Doskalhárji
1027
Geatkeoaivi
853
Roggeoaivi
802
Gáhkkoroaivi
784
Nedrefosshytta
Imofoss
Kahperusvaarat
Gahperusat
1144
1087
Duolljehuhput
Harroaivi
828
Jorba-Čierti
836
Mallan
luonnonpuisto
Iso-Malla
942
Kilpisjärvi
Gilbbesjávri
Saana
Sána
1029
842
Muvravárri
Jollánoaivi
1029
FIN
Anuntivaara
Ánotvárri
690
Čorrovátgáisi
1305
Máseálvárri
Duoibal
985
Vávrratoaivi
790
Guolbanoaivi
21
1024
Isdals-
1443
fjella
Bealccanvággi
1491
Moskángáisi
733
Virdni
918
Virdninibba
Rostadalen
Oagguvárri
753
Kaarinas-
vaara
641
Peeravaara
Bearanibba
933
744
Peera
Čáibmá
785
Tjuotjmer
Šuošmír
888
Háhttavárri
846
Taukivaara
624
30
329
Regoheapmi
1270
Buoššir
1108
Veaddjemahttu
846
Golggutoaivvit
916
Saarikoski
Sabitoaivi
693
Lámmasoaivi
737
Ropi
Roahpi
945
Ruošša-
čohkka
811
Rosta
Vanasvárri
1139
Storpma-
gielas
693
708
Lammas-
vaara
Iitto
Tammukkaoivi
Dápmotoaivi
Gillaroaivi
861
Omatvárri
805
Ákčačohkat
117
Skaktardalen
Jerta
1428
663
Laapisnenä
1102
Báldoaivvit
917
Árjjatoaivi
893
803
Goagda
Beassit
470
S
Árjjatskáidi
Pättikkä
Beattet
Tjälle
615
550
Julosvárri
1054
885
Ittevárri
1086
905
768
Lulit
Lávkaoaivi
705
796
Boaimmas-
oaivi
Beadna
Allagohci
760
Tipan
Diiban
680
Buollan
718
Rávdučearru
Čuovža-
várri
813
995
Stuor Tuoipal
Duoibal
Sinukvare
Sinut
770
Gállutgielas
Tavvaskaite
Dávvaskáidi
Skierrevarit
615
Lávnjitvárri
593
Hohavárri
724
Lainioälven
Lávnjitvuopmi
Sárevuopmi
878
739
Tsåktso
Čokcu
1119
Vâusatjåkkåh
Vuoksa
675
Čovccučearru
692
Rahpesoaivvit
730
Liinečearru
642
Ávgurčearru
Gállgie
Čuonjag
600
Mannančearru
882
Máissavárri
1010
Jalges
Vuoskkuoaivi
837
Rágesčuolma
818
Lulit
Námmoaivi
732
Kåntetjåkka
Palkesvare
690
Pulsujärvi
Buolžajávri
633
Rophi
798
Rotnuvárri
557
Kamse
540
Vartavare
542
799
Vuomavárri
659
773
321
Laurakas
Puoltsa
vare
577
Harrikero
559
36
Kaivare
Gáivárri
806
Ca
Cb
Da

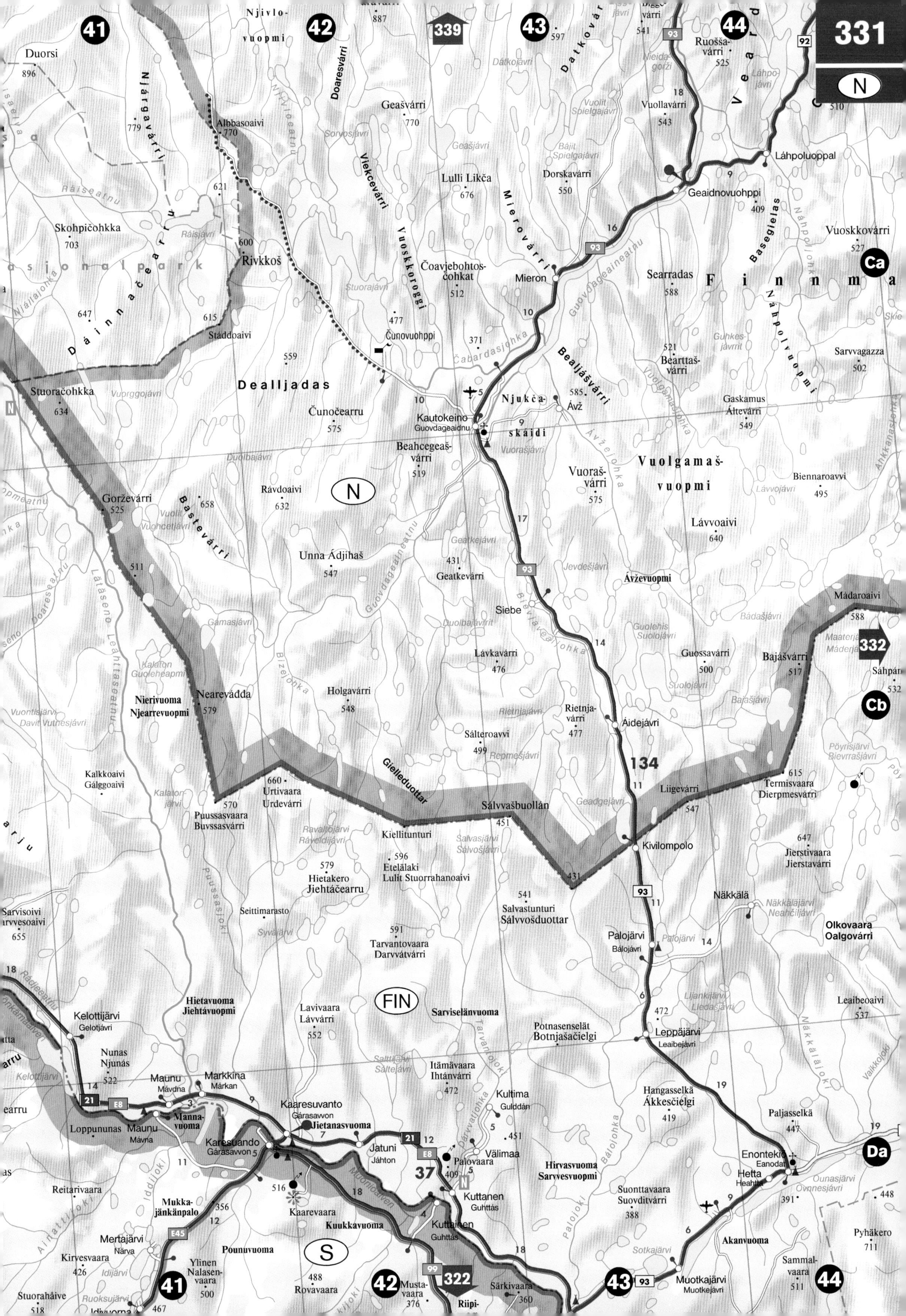
Kautokeino
Guovdageaidnu
Dealljadas
Vuolgamaš vuopmi
Kivilompolo
Palojärvi
Leppäjärvi
Enontekiö
Hetta
Kaaresuvanto
Karesuando
Kelottijärvi
Muotkajärvi
Finnmark
N
FIN
S

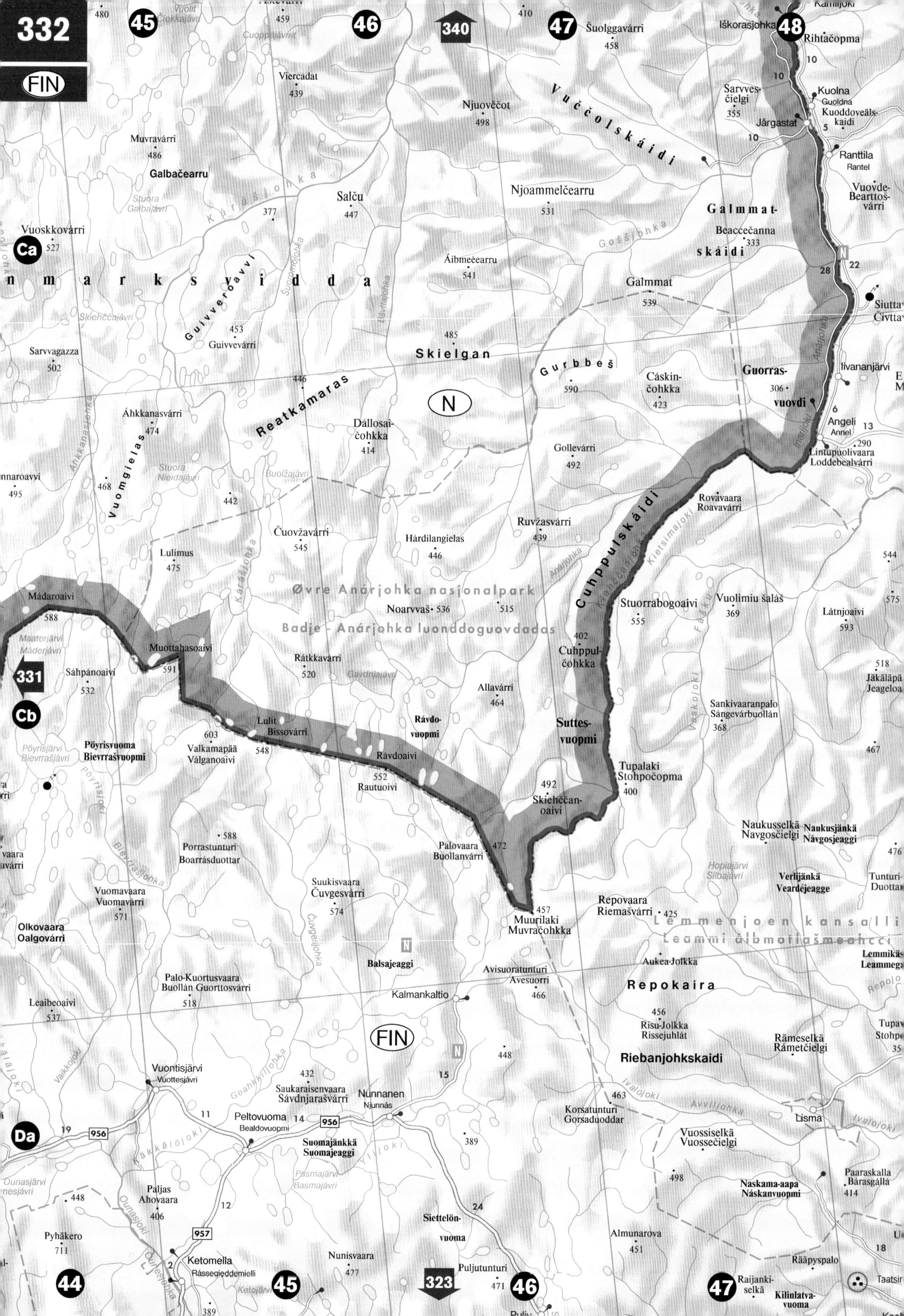
45
46
340
47
48
Čiekkajávri
Cuoppajávrit
459
410
Šuolggavárri
458
Iškorasjohka
Rihtačopma
Viercadat
439
Njuovččot
498
Vuččolskáidi
Sarvvescielgi
355
Kuolna
Guoldna
Kuoddoveälskaidi
Jårgastat
Ranttila
Rantel
Muvravárri
486
Galbačearru
Stuora Galbajávri
Kárášjohka
Salču
447
377
Njoammelčearru
531
Vuovde-Bearttošvárri
Galmmatskáidi
Beaccečanna
333
Vuoskkovárri
527
Ca
Šuoŋjohka
Goššjohka
Áibmeeearru
541
nmarksvidda
Guivveroavvi
Bávttajohka
Galmmat
539
Siutta
Čivtta
Skiehččajávri
453
Guivvevárri
485
Skielgan
Sarvvagazza
502
Gurbbeš
590
Cáskinčohkka
423
Guorrasvuovdi
306
Iivananjärvi
Anárjohka
446
Reatkamaras
N
Áhkkanasvárri
474
Dállosaičohkka
414
Angeli
Annel
290
Lintupuolivaara
Loddebealvárri
Inarijoki
Ahkkanasjohka
Vuomgielas
Stuora Nieidajávri
Buolžajávri
Gollevárri
492
nnaroavvi
495
468
442
Rovávaara
Roavavárri
Ruvžasvárri
439
Čuovžavárri
545
Hárdilangielas
446
Lulimus
475
Kárášjohka
Anárjohka
Kletsimajoki
Kietsimäjoki
544
Mádaroaivi
588
Øvre Anárjohka nasjonalpark
Noarvvaš 536
515
Cuhppulskáidi
Stuorrabogoaivi
555
Vuolimiu šaláš
369
Látnjoaivi
593
575
Materjärvi
Máderjávri
Badje - Anárjohka luonddoguovdadas
402
Cuhppulčohkka
Muottahasoaivi
591
331
Sáhpánoaivi
532
Rátkkavárri
520
Gavdnjajávri
Cb
Allavárri
464
518
Jäkäläpä
Jeageloa
Suttesvuopmi
Vaskojoki
Sankivaaranpalo
Sángevárbuollán
368
Lulit Bissovárri
Rávdovuopmi
603
Valkamapää
Válganoaivi
548
Pöyrisjärvi
Bievrrašjávri
Pöyrisvuoma
Bievrrašvuopmi
Rávdoaivi
552
Rautuoivi
467
Tupalaki
Stohpočopma
400
492
Skiehččanoaivi
Pöyrisjoki
Naukusselkä
Navgoščielgi
Naukusjänkä
Návgosjeaggi
588
Porrastunturi
Boarrásduottar
Palovaara
Buollanvárri
472
476
Bievrrašjohka
Hopiajärvi
Silbajávri
Verlijänkä
Veardéjeagge
Tunturi-Duottar
Vuomavaara
Vuomavárri
571
Suukisvaara
Čuvgesvárri
574
Repovaara
Riemašvárri
425
457
Muurilaki
Muvračohkka
Lemmenjoen kansallis
Leammi álbmotlašmeahcci
Olkovaara
Oalgovárri
Čuŋgesjohka
Balsajeaggi
Aukea-Jolkka
Lemmikä
Leammeg
Palo-Kuortusvaara
Buollán Guorttosvárri
518
Avisuoratunturi
Avesuorri
466
Repokaira
Repojoki
Leaibeoaivi
537
Kalmankaltio
456
Risu-Jolkka
Rissejuhlát
FIN
448
Rämeselkä
Rámetčielgi
Tupa
Stohp
35
Riebanjohkskaidi
Vuontisjärvi
Vuottesjávri
Valkkojoki
432
15
Saukaraisenvaara
Sávdnjarašvárri
Nunnanen
Njunnás
463
Korsatunturi
Gorsaduoddar
Ivalojoki
Avviljohka
Lisma
11
Peltovuoma
Bealdovuopmi
14
956
Da
19
Käkkälöjoki
389
Suomajänkkä
Suomajeaggi
Vuossiselkä
Vuossečielgi
Ylijoki
Pasmajärvi
Basmajávri
Ounasjärvi
498
Paaraskalla
Bárasgállá
414
448
Paljas
Ahovaara
406
12
Naskama-aapa
Náskanvuopmi
Ounasjoki
24
957
Siettelönvuoma
Pyhäkero
711
Almunarova
451
18
2
Ketomella
Rásseqieddemielli
Nunisvaara
427
Ketojärvi
Puljutunturi
471
Rääpyspalo
323
44
45
46
47
Raijankiselkä
Kilinlatvavuoma
Taatsi
389

333
FIN
49
Muotkatunturit
Muotkeduoddarat
50
51
52
341
Kaamasjoki
Hanhijänkä
92
461
Stuorraoaivi
Peltoaivi
Bealdoaivi
567
Peltojärvi
Peäldujävri
Länsiranta
Kaamanen
Gámas
Palovaara
Puállamvääri
267
174
Väylä
Vävli
971
Akuvaara
Malkasalmi
Koutukinsaari
Ca
Tuorpumapää
Tuárbumoaivádš
436
Kuárvikozzâ
590
470
Gáisávárri
545
Tuárisuáivi
Veskoniemi
Haapalehto
E75
Terstonsuu
Mutusjärvi
Muddusjävri
Viimassaari
Viimaš
Varttasaari
Varttaasuálui
Palkissaari
Pietarintupa-
vaara
199
Davit Sáddevárri
Balloaivvit
479
Muotkavaarat
274
Tirro
Moushads
Sikovuono
Siggavuona
340
Luosma
Luoutasmadš
Pielpajärven
erämaakirkko
Ukonselkä
Äijihjorna
Leviä
Petäjäsaari
Kasariselkä
Skállujorna
Riutula
Pieni
Jääsaari
Hoikka
Petäjäsaari
Mattit Sáddevárri
Vaskojoki
Junnas
Inari
Anár
Aanaar
Nanguvuononselkä
iutusvaara
Rivdošvárri
418
Otsamo
Otsoomádš
12
Ritakoski
13
70
Mahlatti
Mahladaš
Jääluola
Laitavaara
Koskenniska
Lusmaniemi
Lusmenjarga
955
Paatari
Päádáár
Solojärvi
Karhunpesäkivi
Ranta
Mielgnjarga
äjärvi
Joukhaisvaara
Nukkumapää
Oaddioaivádš
433
Akku
Ákku
326
Nunnaro-
saari
Joensuu-
selkä
Veskoniemi
Veskoonjarga
Cb
Paltsavaara
Muáddáváárááš
412
Nurkkavaara
Nurkkevääri
20
Ukko
Äijih
Rahajärvi
Ráhájävri
Isovaara
Siskeli
969
419
Lemmenliekki
Kuivajärvi
Koškamjävri
arestatunturit
Márástat
Tervaspää
Tiervasmuoroaivâš
469
367
Kenkipää
320
Koppelo
Koappil
Keväjärvi
Mellanaapa
Akujärvi
Áhujävri
Njurkulahti
Njurggoluokta
353
Lammaspää
Sávzavárri
Menesjärvi
Menešjávri
Hammasjärvi
Pánnijávri
Lapiopäät
431
347
Ivalo
Avvil
Avveel
91
Rajankangas
Akupää
Áhuoaivâš
Hanhipäät
Cuonjoaivvit
480
341
Lemmenjoki
Leammi
534
Joenkielinen
Jogagielas
460
Jursulannokat
Pasasjärvi
Passašjávri
Kirakkajoki
Karehjuuha
Ravadasputoukset
502
Ráhpesoaivi
Teponmäki
Törmänen
334
521
Viipustunturit
Viibosduoddarat
599
Morgam-Viipus
385
Tivivaara
Diievárri
Appistunturit
Áhpesduoddarat
Hammastunturi
Pänniordo
531
Välipää
11
Alttivaara
Auskotti-
vaara
Palkisoja
Tolonen
Iso Peura-
vaara
Paleltumapää
Galmmiidanoaivi
402
Vaskistunturi
Veaikketduottar
Avviljohka
Liirin
muistomerkki
37
Jänispäät
Njoammelvárri
459
Kehäpää
491
Kultala
Ivalojoki
438
Tolospää
Tolosjoki
Alajoenpää
401
418
Jomppavaarat
Jomppávárit
Patatunturi
402
Kaunispää
438
Harripäät
Kivipää
uisto
Litmuorvaara
Lihttomuorvárri
455
Matinpäät
Máhteoaivvit
419
Ristiinamorosto
384
Saariselkä
Suoločielgi
454
Kyläaapa
Harrijänkä
Laanila
Piispankivi
Riebanjohka
Repojoki
Kuttura
Guhtur
39
Kulasjoki
Naalivuoma
Njálajeaggi
Hirvipäät
380
Suomen Latu Kiilopää
Kiilopää
546
Kutturapäät
Köysivaara
359
321
Kakslauttanen
Da
Raututunturit
955
Sormusaapa
Suorpmasjeaggi
Karhuaapa
Guovžáhpi
Ivalon Matti
Avvil-Mahtte
Katramorosto
Nalkäaapa
514
Terävänkivenpää
Rulla-aapa
Rullajeaggi
Allijänkä
Állejeaggi
Palo-Peuravaara
Tankapirtti
Sota-aapa
Peselmäaapa
Sammakko-
selkä
336
Kiviaapa
Tankajoki
Purnumukka
Burdnomohkki
Vosavaara
Vassamaselkä
Näätäselkä
333
Männistö
Tankavaara
468
Sompion
Luonnonpuisto
Terävä Nattanen
544
24
Vaulojoki
367
Mäkäräaapa
Siikajoki
Tankavaara
Nattaset
Náttašduottar
Törmäsvaara
332
48
Liittoräme
49
324
50
Tossarivaara
51
52
Vuotso
508
Pyhä-Nattanen

342
333
325
Rajakoski
Раякоски
Janiskoski
Янискоски
Kajtakoski
Кайтакоски
Виртаниеми
Virtaniemi
Virdáánjarga
Nellim
Njellim
Siikavaarat
Šapšvääráäh
Pyhävaara
Pasevääri
Mustikkavaara
Sarrevääri
Kessijärvi
Majavaselkä
Järvensuu
Naamajänkä
Iso-Roiro
Roiro
Varttasaari
Varttaasuálui
Tavessari
Mannerssari
Tervassari
Kaamassaari
Kamessuálui
Lusmasaari
Pieni Jääsaari
Leppävaara
Pajulahti
Laitavaara
Einari
Mustola
Koiravaara
Koddoohčielgi
Kontos-tunturi
Ulkuselkä
Sarmitunturi
Čaarmaoaiváäh
Siskeli
Vellivaara
Keväjärvi
Akujärvi
Áhujärvi
Santapää
Uusipää
Uddapottoaivâdš
Akupää
Áhuoaiváš
Kurupää
Ruohokangas
Suorsapää
Cuášáš
Vuoksiselkä
Raja-Jooseppi
Rájijovsset
Mäskivaara
Iso Peura-vaara
Luppokuru-vaara
Kiertämäpäät
Svetlij
Светлий
oz. Hihnajarvi
оз. Хихнаярви
oz. Ilja-Njannam`jarvi
оз. Иля-Няннамъярви
oz. Vuernis`jaur
оз. Вуэнисьяур
oz. Madsaš`jaur
оз. Мадсашьяур
Lotta
RUS
FIN
g. Jonn-Njugoajv
г. Ионн-Ньюгоайв
Kivipää
Puilakkapää
Urho Kekkosen kansallispuisto
Kaarnepää
Ruopimapäät
Kuikkapää
Kutturapäät
Raututunturit
Lupukkapää
Saariselkä
Suoločielgi
Urho Kekkosen álbmotlašmeahcci
г. Талккунапя
Taikkunapaa
Sokosti
Ampupäät
Vintilätunturi
Vuomapää
Kaihtimipää
Iso Kokkopää
Korvatunturi
Bealljeduottar
Keskiselkä
Rauhanpaalu
Auhtijoenselkä
Kopsuskuusikko
Valla-aapa
Lamminaapa
Pajuaapa
Peskiselät
Iso Kolsanmurusta

g.Vijtvid
г, Вийтвид
·451

oz. Alla-
-Akkajarvi
оз. Алла-
-Аккаярви

oz. Hulojavr
оз. Хутоявр

·39

232

65

64

P11

Cb

k`jaur
ккьяур

·378

Акким Акким

20

155

Verhnetulomskoje
Vodohranilišče

Верхнетуломское
Водохранилище

50

P11

·226

RUS

32

Da

·639

·495

29

g. Njurmtundra
г. Нюрмтундра
·653

g. Čul'tal'd
г. Чультальд
·907

aur
няур

38

Яурийоки

·334

301

Mola Hola
Нола Нола

Vuva
Вува

Vuva Вува

·390

Db

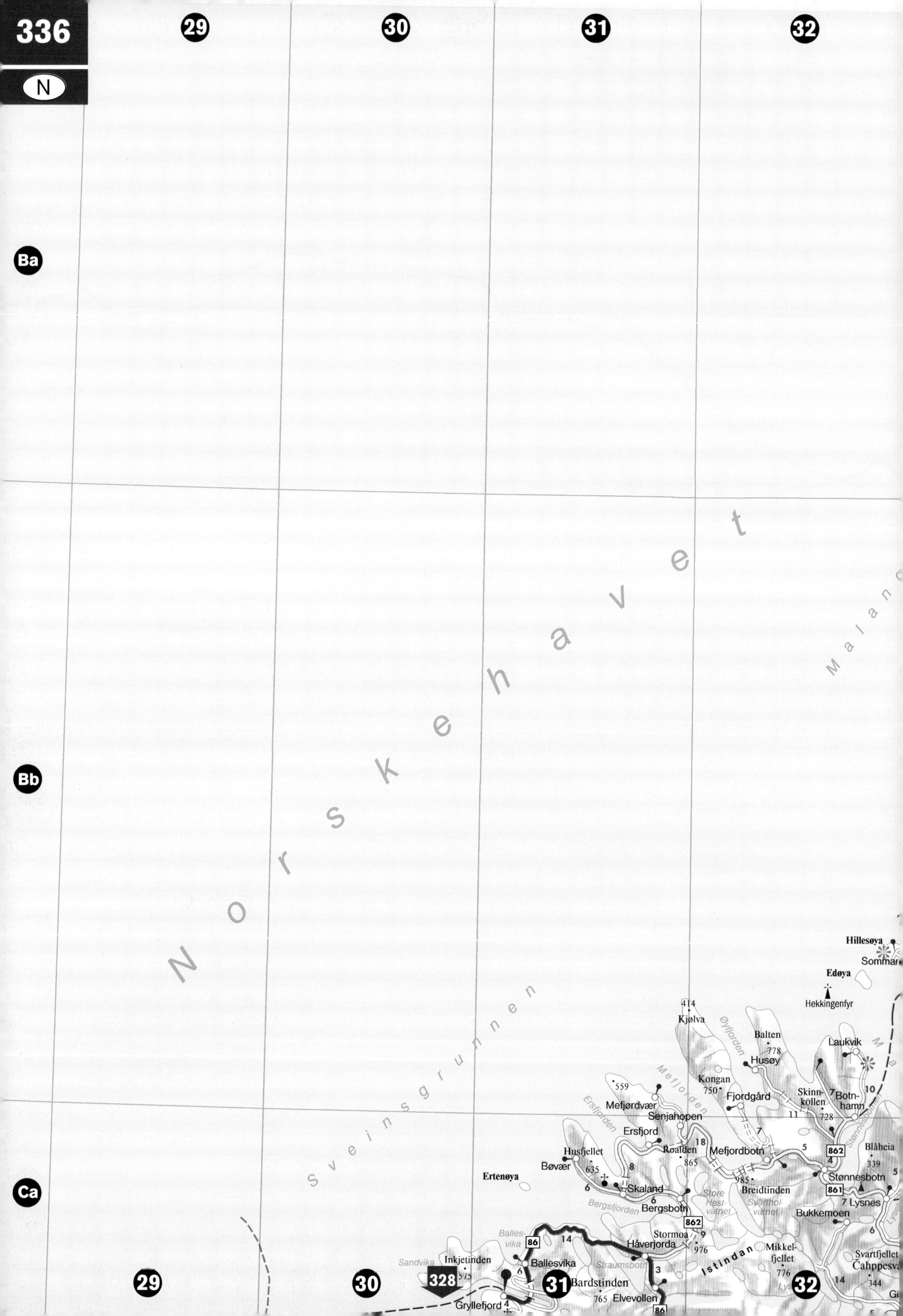

29　　　30　　　31　　　32

Ba

Bb

Norskehavet

Malang

Hillesøya

Sommar◊

Edøya

Hekkingenfyr

·414

Kjølva

Øyfjorden

Balten
·778

Laukvik

Husøy

Mefjorden

Kongan
750

Fjordgård

Skinn-
kollen

7 Botn-
hamn

·559

Mefjørdvær

Ersfjorden

Senjahopen

11

728

10

Ersfjord

7

Sveinsgrunnen

Husfjellet

Røalden

18

Mefjordbotn

5

862

Blåheia
·339

Bøvær
635

·865

985

4

Stønnesbotn

5

Ertenøya

8

Svartholvatnet

861

Ca

Bergsfjorden

6

Skaland

6

Store
Nest-
vatnet

Breidtinden

Bukkemoen

7 Lysnes

Bergsbotn

862

Svartfjellet

Balles-
vika

Stormoa
976

9

Istindan

Čáhppesva

Sandvika

Inkjetinden

86

Ballesvika

Håverjorda

Mikkel-
fjellet
·776

344

14

Straumsbotn

3

14

Gi

328

575

6

31 Bardstinden

86

Gryllefjord 4

765 Elvevollen

86

33
34
35
36
N
Nakkesletta
Burøya
Tvinnaren
757
Burøysund
Fugløyfjorden
Rossmålen
550
Rekvika
Vannareid
Kval-
kjeften
609
342
Ba
Mæsveret
Nordkvaløya
Hamrefjorden
Skipfjorden
Store Skorøya
Grotøya
545
Grøtøyaksla
Grøtøysundet
736
Storalangen
Råsa
Storheia
486
Helgøy
Helgøya
Einarstrand
164
Bekkestrand
Vannøya
Lille Skorøya
Kristoffervalen
Andammen
314
Nord-
kollen
Hersøya
Sørfugløya
Storvika
Bårdsetsundet
Helgøysundet
Vanntinden
1031
Mellomjorda
Fakkekeila
Vannvåg
Bromnes
Fugløysveet
Rebbenesøya
432
676
Ruobbá
Helvetes-
tinden
Rebbenesbotn
Mikkelvik
Dåvøya
Skåningen
Kvalshausvik
Sandøya
427
Mjølvik
Engvika
Skagøysundet
Keipen
676
Dåfjorden
373
Vannsundet
Grunnfjord
Karlsøya
Karlsøy
Skogsfjord
Nattmåls-
tinden
429
Labukta
Hårskoltan
942
Grunnfjord-
botn
Reinsvollen
Risøya
107
Måsvik
Stordal
Steinsund
Bjørnskard-
fjellet
357
Hansnes
Nord-
fjellet
655
Skarsfjorden
Skogsfjord-
vatnet
875
Elve-
bakken
Hessfjorden
Stakkvik
Langsundet
Silan
Gråtinden
Oarrevárri
587
Svartevatnet
Gusmorjávri
Rakkenes
Rundfjellet
Hamneset
Lyngøyleia
Ringvassøya
Ráneš
610
Gammnes
Reinøya
Eidstranda
Gåsvær
Ytre
Kårvika
Ressmåls-
fjellet
Reinskard-
tinden
Søreidet
Musvær
Skalltinden
903
884
Grøtnesdalen
338
Kibergneset
Inner
Kårvika
595
Isvatnan
Jamteby
Hesjebukta
Vengsøya
Naustbukt
Steinaldergraver
Bjørnskard
Styrmannstøa
Nord-
tinden
640
Hestvika
Raknes
Simavika
824
Finnkrokan
Reindalen
Sarvvasvággi
765
Vengsøya
Skulsfjorden
Stortinden
Solstad
Røsnes-
åsen
Veidal
Vengsøyfjorden
Futrikelva
Austeråsfjellet
Jerremas
467
Snarby
Ullstinden
1094
Svingen
Bjørnøya
636
Grøtfjord
Bårdsvik
Tromvik
Bellvika
Grøtsundet
Skittenelv
540
Lattervika
Botn
1121
Bb
Sessøyfjorden
Kaldfjorden
Kvakneset
Oldervik
Store
Blåmann
1044
Stor-
vatnet
Kjølen
790
Tønsvik
Johanfjellet
483
Ullsfjorden
657
Sessøya
Skamtinden
883
Rekvik
Blåmannsvik
Finnvik
Finnes
Tromsøya
Movik
Trolldalen
Trollvatnet
Jægervatnet
Koppangsbreen
Ersfjorden
Ersfjordbotn
Olderdalen
Selnes
Kroken
Rundfjellet
778
Finnheim-
fjellet
1048
365
Stortinden
1512
Breidtinden
843
Skitntinden
1042
Sandnessundet
Breivikeidet
302
Vasstrand
Kvaløya
Eidkjosen
Domkirke
Tromsø
Hov
Nymo
Svensby
Lyngsfjella
Hakøya
Tromsdalen
Sandegen
Nakkefjellet
Náhkkevárri
Sofia-
tinden
1237
Storsteinnes
Kattfjorden
Norsfjordbotn
Sállir
Langlitinden
959
Breidvikelva
Storelva
Skarmunken
Kjosen
Kjosbreen
Sandneshamn
Synnøvjorda
Mjeldskard-
tinden
952
Grønnlibruna
401
Kaldsletta
Bønntuva
776
Sattern
Forsnes
Hillesøy
Sjøtun
Kvitfjellet
566
Bergskog
Nakke-
vatnet
Olderbakken
1477
Berg
646
Rismålheia
27
Ryrøya
Balsnes
Indre
Berg
Lauksletta
Fagernes
Bjørnskard-
tinden
1358
Reier-
vika
Leir-
bukta
Durmålsfjellet
Kvalvikfjellet
1289
Sandvik
Straumsfjorden
Vikran
Sandvika
Ramfjorden
Hjellnes
Namdalen
Sjursnes
Sørfjorden
Ullsfjord
Greipstad
13
Middags-
tinden
1103
Brokskard
Skognesbukta
Fornesbreen
Andersdal
Durmålen
1019
Sørbotn
Blåisen
Store
Rieppefjell
1295
Skognes
Holmen
Vestbreen
Polleid
Tennskjær
Måskos
1047
Kobbvågneset
Finnjorda
1265
Store
Rieppevatnet
Jiehkkevárri
1833
Hundberg
Rødbergshamn
Aglapsvik
Jøvik
Stornes
Sarasteinen
1320
Lyngsdalen
Lenvik
Solstad
Fiskefjellet
828
Selnes
Moskavuotna
Stordal
Sydbreen
Furuflaten
Ca
Bláheia
478
Sandselva
Malangen
Kvannfjellet
1011
Middagsnes
Gjømmer-
tinden
1097
Lakselv-
tindane
1616
Gaskačohkka
1516
Store Årnes
767
Krokelva
Skutvik-
vatnet
Malangseidet
Svartnestinden
1214
Helland
1032
Rossfjord
Slettnes
Bukkeskin-
fjellet
507
Sand
Hestnes
Kantornes
Kjøleng
Laksvatn
Steindalsbreen
Storeng
Rossfjord-
straumen
Skutvika
Korris
Sætermoen
Nordbyvatnet
329
Haugafjellet
Balsfjorden
Litletinden
1219
Durmålstinden
Elvevoll
Elsnes
E8
E6
30
54
91
858
862
863
68

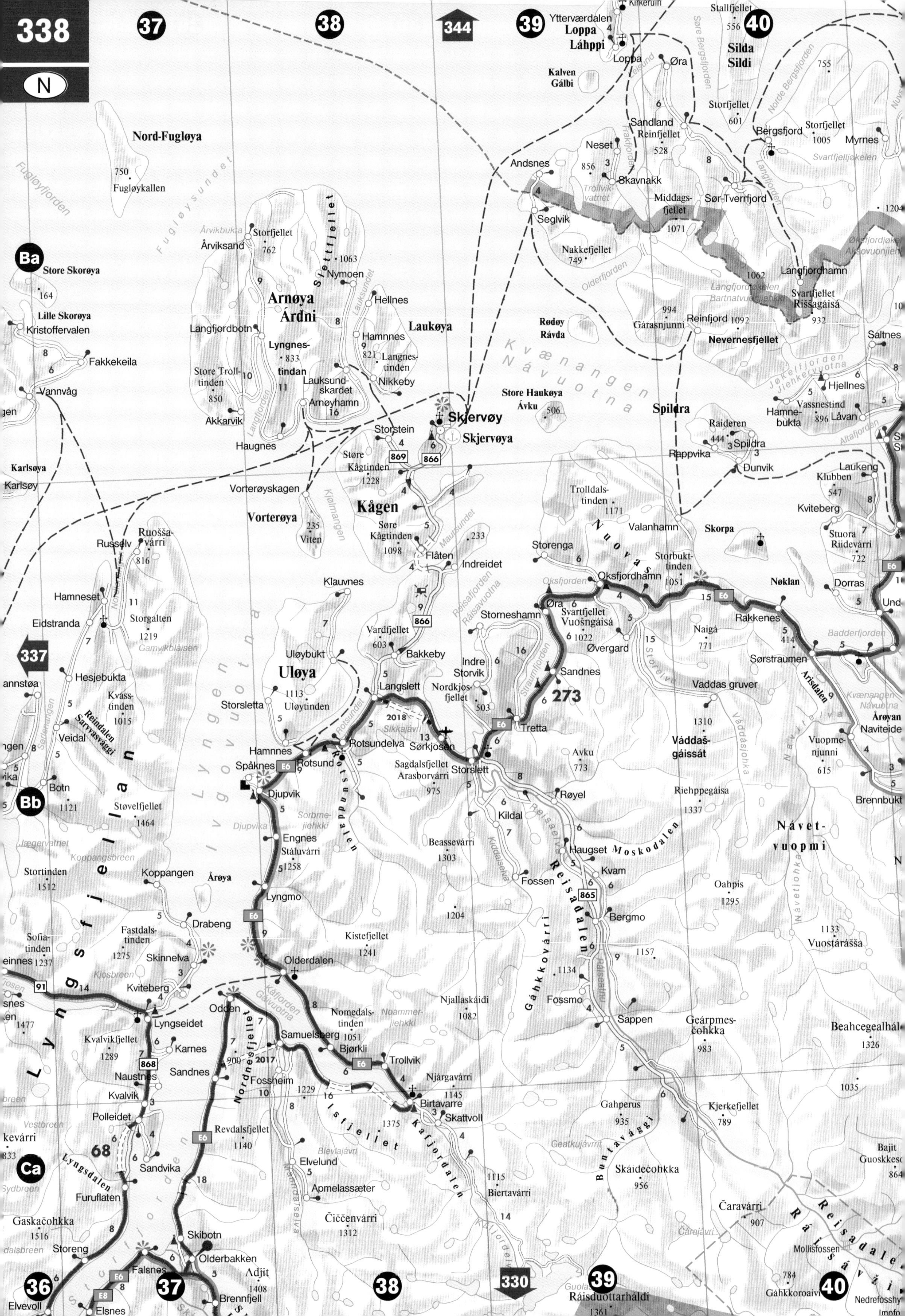

338
N
37
38
344
39
40
Ytterværdalen
Loppa
Láhppi
Kalven
Gálbi
Øra
Silda
Sildi
Stallfjellet
556
755
Storfjellet
601
Sandland
Reinfjellet
528
Bergsfjord
Storfjellet
1005
Myrnes
Neset
856
Skavnakk
Andsnes
Seglvik
Middagsfjellet
1071
Sør-Tverrfjord
Nakkefjellet
749
Olderfjorden
Langfjordhamn
1062
Svartfjellet
Riššagáisá
932
994
Gárasnjunni
Reinfjord
1092
Nevernesfjellet
Saltnes
Nord-Fugløya
750
Fugløykallen
Fugløyfjorden
Fugløysundet
Årvikbukta
Storfjellet
Årviksand
762
Slettfjellet
1063
Nymoen
Hellnes
Arnøya
Árdni
Laukøya
Rødøy
Rávda
Ba
Store Skorøya
164
Lille Skorøya
Kristoffervalen
Fakkekeila
Vannvåg
Langfjordbotn
Lyngnestindan
833
Hamnnes
821
Langnestinden
Nikkeby
Store Trolltinden
850
Lauksundskardet
Arnøyhamn
Akkarvik
Haugnes
Kvænangen
Návuotna
Store Haukøya
Ávku
506
Spildra
Hjellnes
Vassnestind
896
Låvan
Hamnebukta
Raideren
444
Spildra
Rappvika
Dunvik
Skjervøy
Skjervøya
Storstein
869
866
Store Kågtinden
1228
Karlsøya
Karlsøy
Vorterøyskagen
Vorterøya
235
Viten
Kjølmangen
Kågen
Søre Kågtinden
1098
233
Flåten
Indreidet
Maursundet
Trolldalstinden
1171
Valanhamn
Skorpa
Laukeng
Klubben
547
Kviteberg
Stuora Riidevárri
722
Nuovas
Storenga
Storbukttinden
1051
Oksfjordhamn
Oksfjorden
Nøklan
Dorras
Russelv
Ruoššavárri
816
Hamneset
Eidstranda
Storgalten
1219
Gamvikblåisen
Klauvnes
Vardfjellet
603
Bakkeby
Reisafjorden
Ráisavuotna
Storneshamn
Øra
Svartfjellet
Vuošngáisá
1022
Øvergard
Rakkenes
Naigá
771
Sørstraumen
Badderfjorden
337
Hesjebukta
Kvasstinden
1015
Reindalen
Sarrvasvaggi
Uløybukt
Uløya
1113
Uløytinden
Storsletta
Langslett
Indre Storvik
Nordkjosfjellet
503
Sandnes
273
Straumfjorden
Vaddas gruver
1310
Váddašgáisát
Arisdalen
Kvænangen
Návuotna
Áröyan
Naviteide
Vuopmenjunni
615
Veidal
Sørfjorden
Lyngen
Ivgovuotna
Hamnnes
Spåknes
Rotsund
Rotsundelva
Sikkajávri
2018
Sørkjosen
Sagdalsfjellet
Arasborvárri
975
Storslett
Tretta
Avku
773
Røyel
Riehppegáisa
1337
Brennbukt
Bb
Botn
1121
Støvelfjellet
1464
Djupvik
Sorbmejiehkki
Djupvika
Rotsundalen
Kildal
Beassevárri
1303
Haugset
Moskodalen
Kvam
Návetvuopmi
Jægervatnet
Koppangsbreen
Stortinden
1512
Koppangen
Årøya
Engnes
Stáluvárri
1258
Lyngmo
Fossen
Kildalselva
865
Oahpis
1295
Bergmo
Drabeng
Fastdalstinden
1275
Sofiatinden
1237
Skinnelva
Kjosbreen
Kviteberg
Lyngsfjellan
91
E6
Olderdalen
Kistefjellet
1241
1204
1157
1134
Gáhkkovárri
Reisadalen
Ráisaeatnu
Návetjohka
1133
Vuostárášša
Odden
Kåfjorden
Gáivuotna
Nomedalstinden
1051
Noammerjiehkki
Njallaskáidi
1082
Fossmo
Sappen
Geárpmesčohkka
983
Beahcegealhái
1326
1477
Lyngseidet
Kvalvikfjellet
1289
868
Karnes
Naustnes
Sandnes
Nordnesfjellet
900
2017
Samuelsberg
Bjørkli
Trollvik
Fossheim
1229
Njárgavárri
1145
Birtavarre
Skattvoll
Isfjellet
1375
1035
Kvalvik
Polleidet
Vestbreen
68
Revdalsfjellet
1140
Gahperus
935
Kjerkefjellet
789
Ca
Sandvika
Lyngsdalen
Furuflaten
Elvelund
Bievlajávri
Apmelassæter
Kåfjordalen
Buntavággi
Geatkujávrri
Skáidečohkka
956
Bajit Guoskkesc
864
Gaskačohkka
1516
Storeng
Čiččenvárri
1312
1115
Biertavárri
Čaravárri
907
Čárajávri
Reisadalen
Ráisávži
Mollisfossen
Skibotn
Olderbakken
Adjit
1408
Brennfjell
Falsnes
Storfjorden
36
37
38
330
39
40
Elvevoll
Elsnes
E8
Guolas
Ráisduottarháldi
1361
784
Gáhkkoroaivi
Nedrefosshy
Imofo

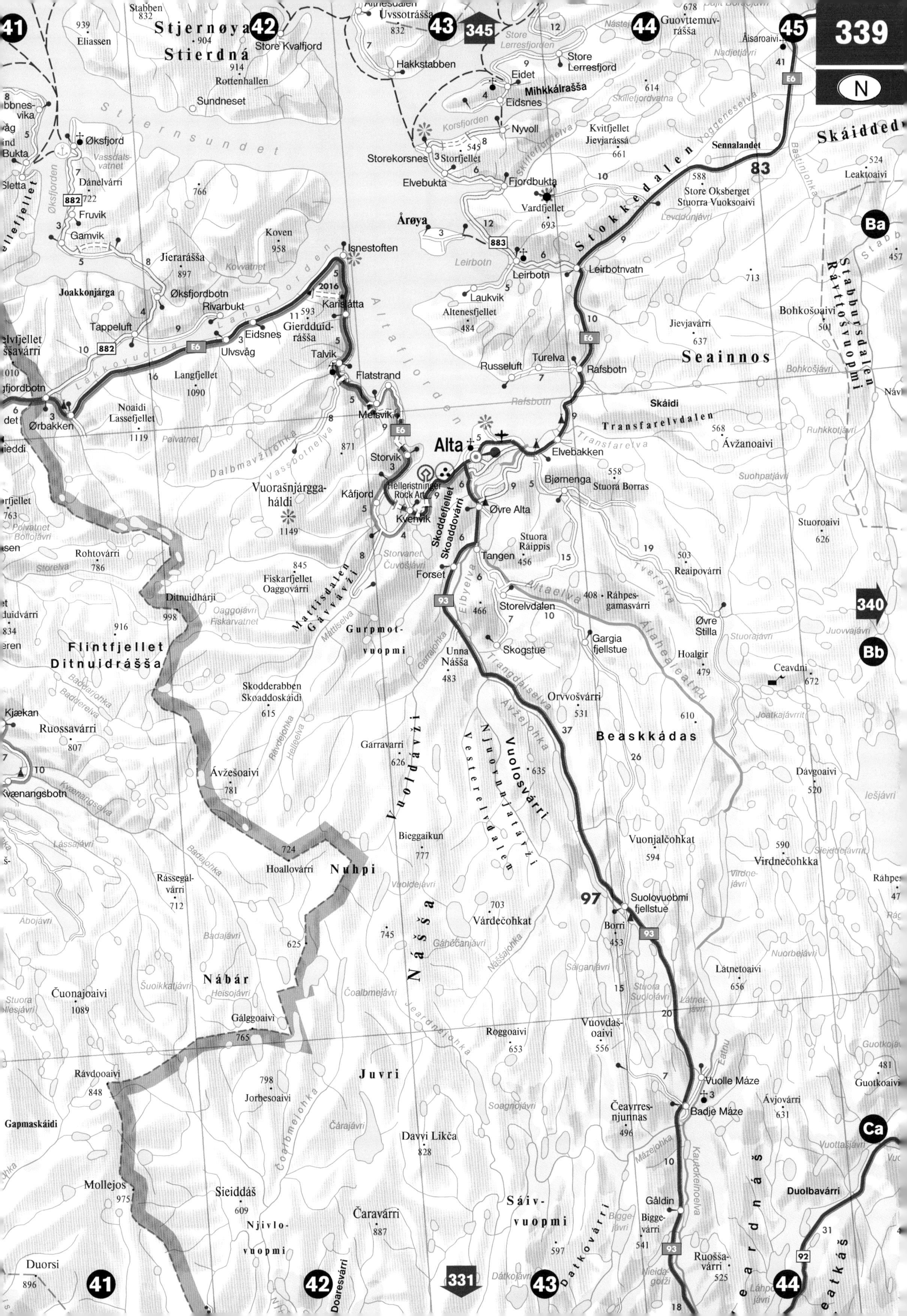
Alta
Stjernøya
Stierdná
Altafjorden
Stokkedalen
Seainnos
Transfarelvdalen
Beaskkádas
Vuolosvárri
Flintfjellet
Ditnuidrášša
Nuhpi
Nábár
Juvri
Náššá
Vuolddávži
Juovvatnjárga
Kvænangsbotn
Øksfjord
Talvik
Kåfjord
Rafsbotn
Leirbotn
Øvre Alta
Storelvdalen
Gargia fjellstue
Suolovuobmi fjellstue
Vuolle Máze
Badje Máze
Gáldin
Stabbursdalen
Ráttosvuopmi
Skáidi
Sennalandet
Mattisdalen
Gurpmotvuopmi
Sáivvuopmi
Njivlovuopmi
Hoallovárri
Gálggoaivi
Davvi Likča
Čaravárri
Sieiddáš
Mollejos
Duorsi
Duolbavárri
Ceavdni
345
340
331

S
46
47
346
48
49
Skáiddeduottar
Gáradak
Goarahat
Ikkaldas
Olggut
Mámmal
Alešoaivi
527
Coagan
Stabbursnes
Čohkavuolli
Valddak
Leaktoaivi
524
Bátnalás
502
Nuorttat
Njeaiddán
518
Hávdna
Hamnbukt
Čahppilvárri
606
Goasovárri
609
Solggotoaivi
694
Vuonja
Vilgesr.
784
Mearraduottar
Vuotnabahskáidi
Reatkájohkskáidi
Ba
Stabburselva
Duolbarášša
619
Lakselv
Leavdnja
Nedre
Brennelv
Časkilbekk
Gussarášša
807
Fossestrand
Vapmaoaivi
715
Stabbursdalen
Rávttošvuopmi
Stabbursdalen
nasjonalpark
645
Lávkaoaivi
Soldatnes
Mearde-
várri
488
Stelletoaivi
389
Guivverášša
936
Luostegáisa
866
Návkaoaivi
604
Čohkarášša
1007
Gáissát
Jorbasuoidne-
oaivi
783
Stuorra
Gagga
856
Porsanger-
moen
Oppardasrášša
1006
417
Silba-
čohkka
Skoganvarri
Skuvvanvárri
Ráksavárri
582
Ráktoaivi
477
Gákkanjunis
431
Váddásgáisá
1026
672
Atnevárri
108
Giellavárri
402
71
Váddevárri
424
436
Davit Ástevárri
Gironoaivi
602
Gottetvárri
369
Lássevárri
377
Valjok
Válljohka
970
Nuorpiniemi
Nuorbenjarga
Sieiddenjunis
491
339
Bb
Vuomegielas
Giellanoaivi
520
627
Čearru
Stiippan-
várri
549
Stuorra
Gállovárri
397
Ádjatskáidi
391
Outakoski
Vuovdaguoik
Vuovdavárri
464
N
Likčačearru
508
Akukoski
Áhkuuoika
E6
Nieiddaid-
várri
387
Gimešvárri
421
Vuopme-
Biesvárri
460
Ráhpesvárri
479
458
Mollešoaivi
Stuorra
Cástenoaivi
516
Piesjoki
Biesjohka
Nedre Mollisjok
fjellstue
420
Ravnastua
fjellstue
424
Geaimmevárri
Karasjok
Kárášjohka
Njárgasaš
390
Rovisuvanto
Roavesavvon
Bážasvárri
Rágesvárri
516
Čorotoaivi
495
382
Ássebákti
Svineng
Badjenjárga
Báhkiljohknjárga
Holganjárga
396
Dákteroavvi
970
Áilikas
Áilegas
Liidnebeahcán-
várri
418
92
Dorvonjárga
322
Karigasniemi
Gáregasnjárga
481
Guotkoaivi
Jalgesvárri
439
Jergol
94
Skáidi
Stuorra
Doigesvadda
398
Báhkilvárri
466
Bieskkenjárga
Dilljaskáidi
Gámehiseana
Buoidats-
káidi
Bálggesvárri
474
Ca
Šuoššjávri
422
Áitevárri
333
Nuhppir
516
Iškoras
643
Vuottašvarbohki
Luonzi
480
Skáidečorru
444
Ástevárri
459
Buortnavárri
410
Kamiljoki
Iškorasjohka
Rihtačopma
Geatkáš
Šuolggavárri
458
45
46
332
47
48
Viercadat
439
Kuolna
Sarvves-
čielgi

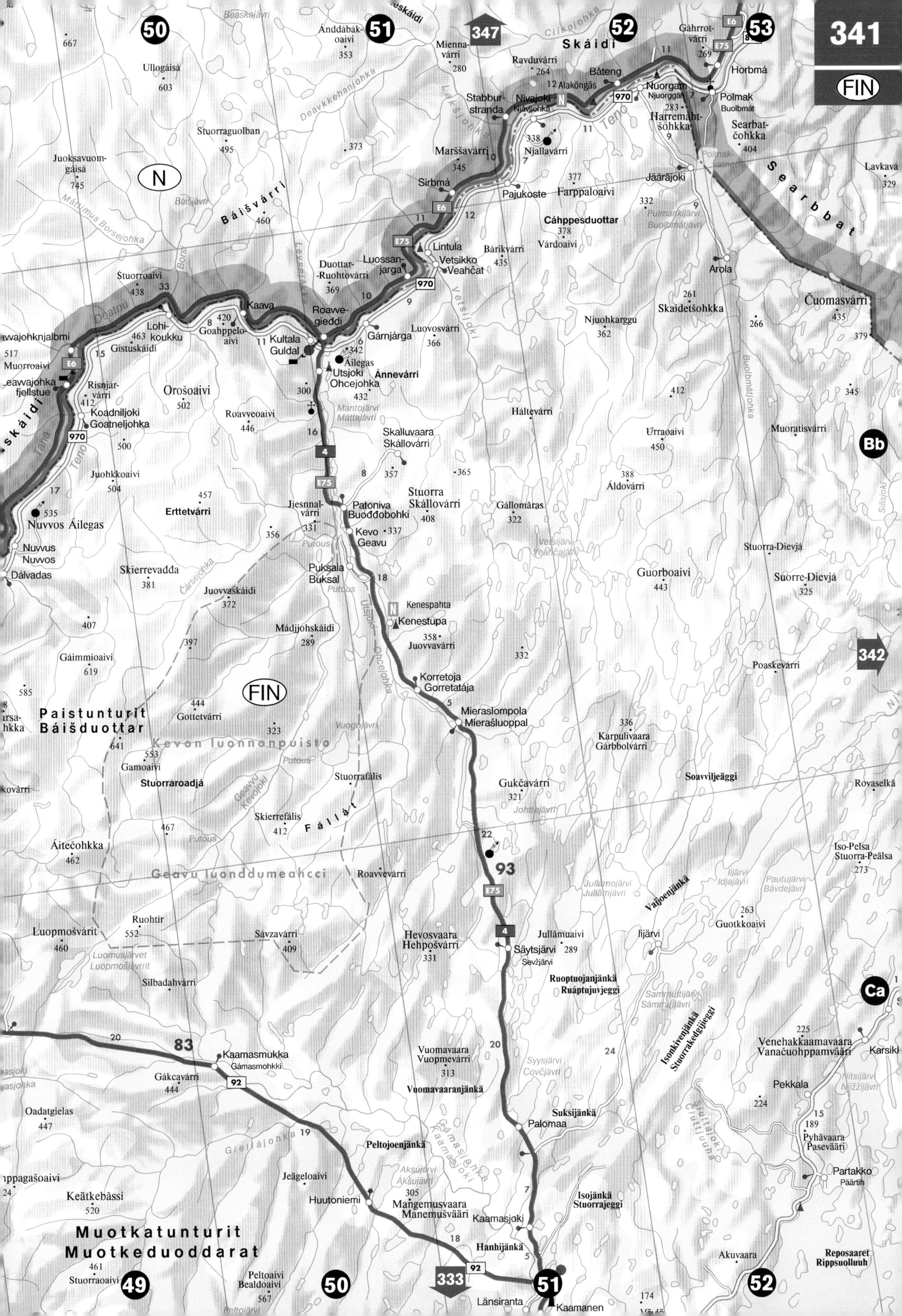
Skáidi
Ánddábák-oaivi 353
Mienna-várri 280
Ravduvárri 264
Gáhrrot-várri 269
Horbmá
Polmak
Buolbmát
Nuorgam
Njuorggán
Bâteng
Alakõngäs
Nivajoki
Njávtiohka
Stabbur-stranda
Harremaht-šohkka
Searbat-čohkka 404
Njallavárri
Marššavárri 345
Sirbmá
Pajukoste
Farppaloaivi
Jääräjoki
Lavkavá 329
Searbbat
Pulmankijärvi
Buolbmátjávri
Polmak-vatnet
Cáhppesduottar 378
Várdoaivi
Bárikvárri 435
Lintula
Vetsikko
Veahčat
Arola
Ullogáisá 603
Stuorraguolban 495
Juoksavuom-gáisá 745
Báišjávri
Báišvárri 460
Mátrimus Borsejohka
Deavkkehanjohka
Leavssajohka
Duottar-Ruohtovárri 369
Luossan-jarga
Stuorroaivi 438
Kaava
Roavve-gieddi
Gárnjárga
Luovosvárri 366
Vetsijoki
Njuohkarggu 362
Skaidetšohkka 261
Čuomasvárri 435
Lohi-koukku
Goahppelo-aivi 420
Gistuskáidi 463
Kultala
Guldal
Áilegas 342
Utsjoki
Ohcejohka 432
Ánnevárri
Muorroaivi 517
Leavvajohka fjellstue
Risnjár-várri 412
Orošoaivi 502
Koadniljoki
Goatneljohka
Roavveoaivi 446
Mantojärvi
Máttajávri
Háltevárri
Urraoaivi 450
Muoratisvárri
Buolbmátjohka
Juohkkoaivi 504
Tana
Teno
Skalluvaara
Skállovárri 357
Stuorra Skállovárri 408
Áldovárri 388
Erttetvárri 457
Nuvvos Áilegas 535
Jiesnnal-várri 331
Patoniva
Buođđobohki
Kevo
Geavu 337
Gállomáras 322
Vetsijärvi
Veahčajávri
Stuorra-Dievjá
Nuvvus
Nuvvos
Dálvadas
Skierrevadđa 381
Čárséjohka
Juovvaskáidi 372
Puksala
Buksal
Putous
Guorboaivi 443
Suorre-Dievjá 325
Kenespahta
Kenestupa
Juovvavárri 358
Mádjjohskáidi 289
Gáimmioaivi 619
Korretoja
Gorretatája
Poaskevárri
Paistunturit
Báišduottar
Gottetvárri 444
Mieraslompola
Mierašluoppal
Karpulivaara
Gárbbolvárri 336
Kevon luonnonpuisto
Gamoaivi 553
Stuorraroadjá
Vuogojárvi
Stuorrafális
Gukčavárri 321
Soavviljeäggi
Royaselkä
Geavu Kevojoki
Johttejávri
Skierrefális 412
Fállát
Áitečohkka 462
Iso-Pelsa
Stuorra-Peälsa 273
Geavu luonddumeahcci
Roavvevárri
Jullamojärvi
Jullámjávri
Iijärvi
Idjajávri
Pautujärvi
Bávdejávri
Vaijoenjänkä
Guotkkoaivi 263
Ruohtir 552
Luopmošvárit 460
Sávzavárri 409
Hevosvaara
Hehpošvárri 331
Jullámuaivi 289
Säytsjärvi
Sevžjärvi
Luomusjärvet
Luopmošjávrrit
Silbadahvárri
Ruoptuojanjänkä
Ruáptujuvjeggi
Sammultijärvi
Sámmuljávri
Isonkivenjänkä
Stuorrakeđgijeggi
Venehakkaamavaara
Vanačuohppamvääri 225
Karsikk
Kaamasmukka
Gámasmohkki
Gákcavárri 444
Vuomavaara
Vuopmevárri 313
Vuomavaaranjänkä
Syysjärvi
Covčjávri
Nitsijärvi
Niižžijávri
Pekkala 224
Oadatgielas 447
Gielájohka
Suksijänkä
Palomaa
Pyhävaara
Paseväärí 189
Peltojoenjänkä
Jeägeloaivi
Aksujärvi
Áksujávri
Gámasjohka
Kaamasjoki
Partakko
Päärtih
Keätkebássi 520
Huutoniemi
Mangemusvaara
Manemusväári 305
Isojänkä
Stuorrajeggi
Kaamasjoki
Hanhijänkä
Muotkatunturit
Muotkeduoddarat
Stuorraoaivi 461
Peltoaivi
Bealdoaivi 567
Länsiranta
Kaamanen
Akuvaara
Reposaaret
Rippsuolluuh
E6
E75
970
4
92
93
83
347
342
333
50
51
52
53
49
Bb
Ca
N
FIN

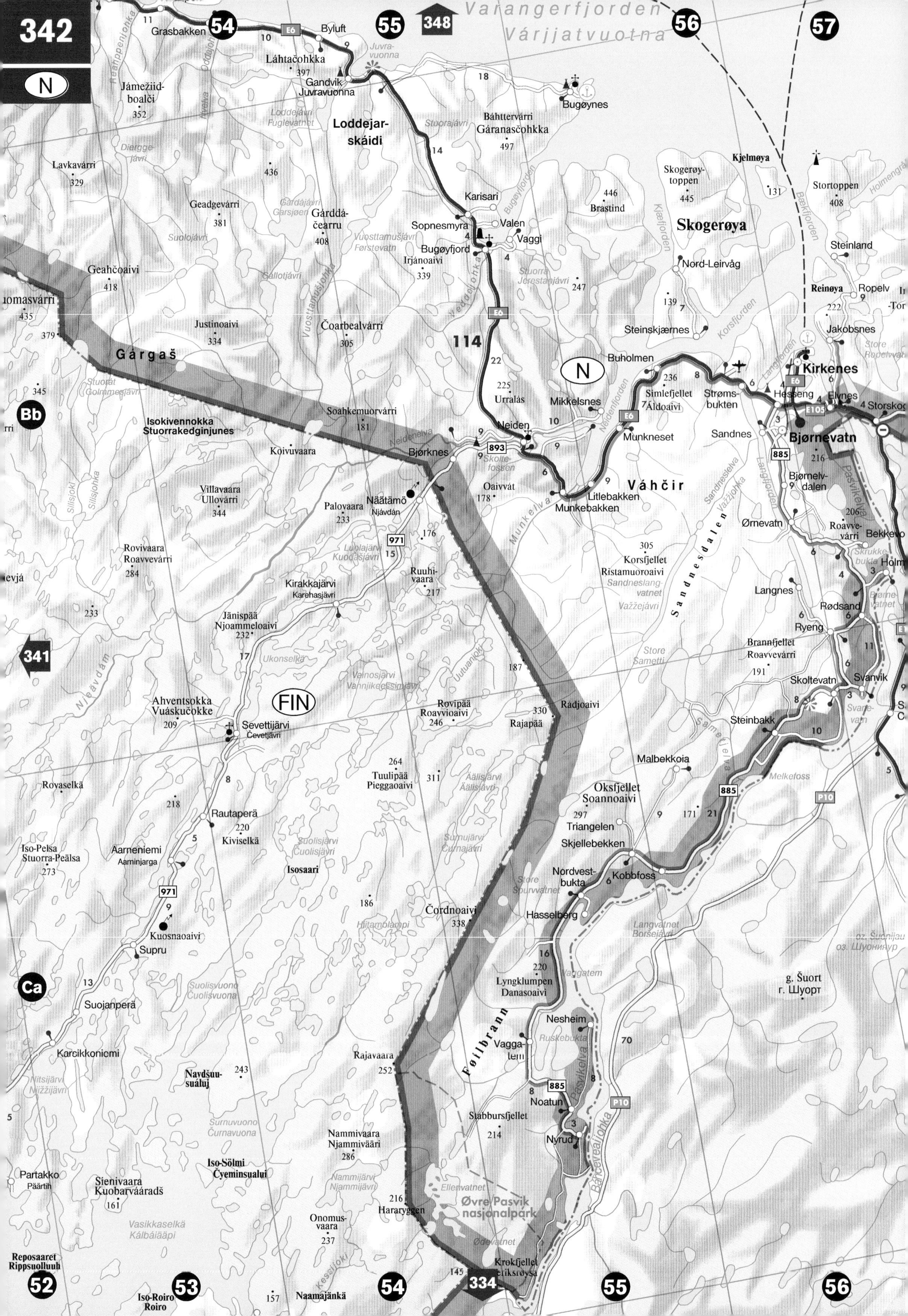

N
Varangerfjorden
Várjjatvuotna
348
Grasbakken
Byluft
Láhtačohkka
Gandvik
Juvravuonna
Jámežiid-boalči
Loddejar-skáidi
Báhttervárri
Gáranasčohkka
Bugøynes
Lavkavárri
Geadgevárri
Karisari
Gárddá-čearru
Sopnesmyra
Valen
Vaggi
Bugøyfjord
Irjánoaivi
Brastind
Skogerøy-toppen
Skogerøya
Kjelmøya
Stortoppen
Steinland
Nord-Leirvåg
Reinøya
Ropelv
Jakobsnes
Geahčoaivi
Justinoaivi
Čoarbealvárri
Steinskjærnes
Gárgaš
Buholmen
Kirkenes
Simlefjellet
Áldoaivi
Strøms-bukten
Hesseng
Elvnes
Storskog
Urralás
Mikkelsnes
Isokivennokka
Stuorrakedginjunes
Soahkemuorvárri
Neiden
Munkneset
Sandnes
Bjørnevatn
Koivuvaara
Bjørknes
Skoltefossen
Oaivvát
Váhčir
Litlebakken
Munkebakken
Bjørnelv-dalen
Villavaara
Ullovárri
Paloyaara
Näätämö
Njávdán
Ørnevatn
Roavve-várri
Bekkevo
Rovivaara
Roavvevárri
Korsfjellet
Ristamuoroaivi
Sandnesdalen
Langnes
Kirakkajärvi
Karehasjävri
Ruuhi-vaara
Rødsand
Ryeng
Jänispää
Njoammeloaivi
Brannfjellet
Roavvevárri
341
Skoltevatn
Svanvik
FIN
Ahventsokka
Vuáskučokke
Sevettijärvi
Čevetjävri
Rovipää
Roavvioaivi
Rajapää
Rádjoaivi
Steinbakk
Malbekkoia
Royaselkä
Tuulipää
Pieggaoaivi
Oksfjellet
Soannoaivi
Triangelen
Rautaperä
Kiviselkä
Skjellebekken
Iso-Pelsa
Stuorra-Peälsa
Aarneniemi
Aaminjarga
Isosaari
Nordvest-bukta
Kobbfoss
Čordnoaivi
Hasselberg
Kuosnaoaivi
Supru
g. Šuort
г. Шуорт
Lyngklumpen
Danasoaivi
Suojanperä
Nesheim
Karcikkoniemi
Vagga-tem
Rajavaara
Føllbrann
Navdšu-suáluj
Noatun
Stabbursfjellet
Nyrud
Nammivaara
Njammivääri
Iso-Sölmi
Čyeminsualui
Partakko
Päärtih
Sienivaara
Kuobarvááradš
Ellenvatnet
Øvre Pasvik nasjonalpark
Hararyggen
Onomus-vaara
Reposaaret
Rippsuolluuh
Krokfjellet
Iso-Roiro
Roiro
Naamajänkä
334
52
53
54
55
56
57

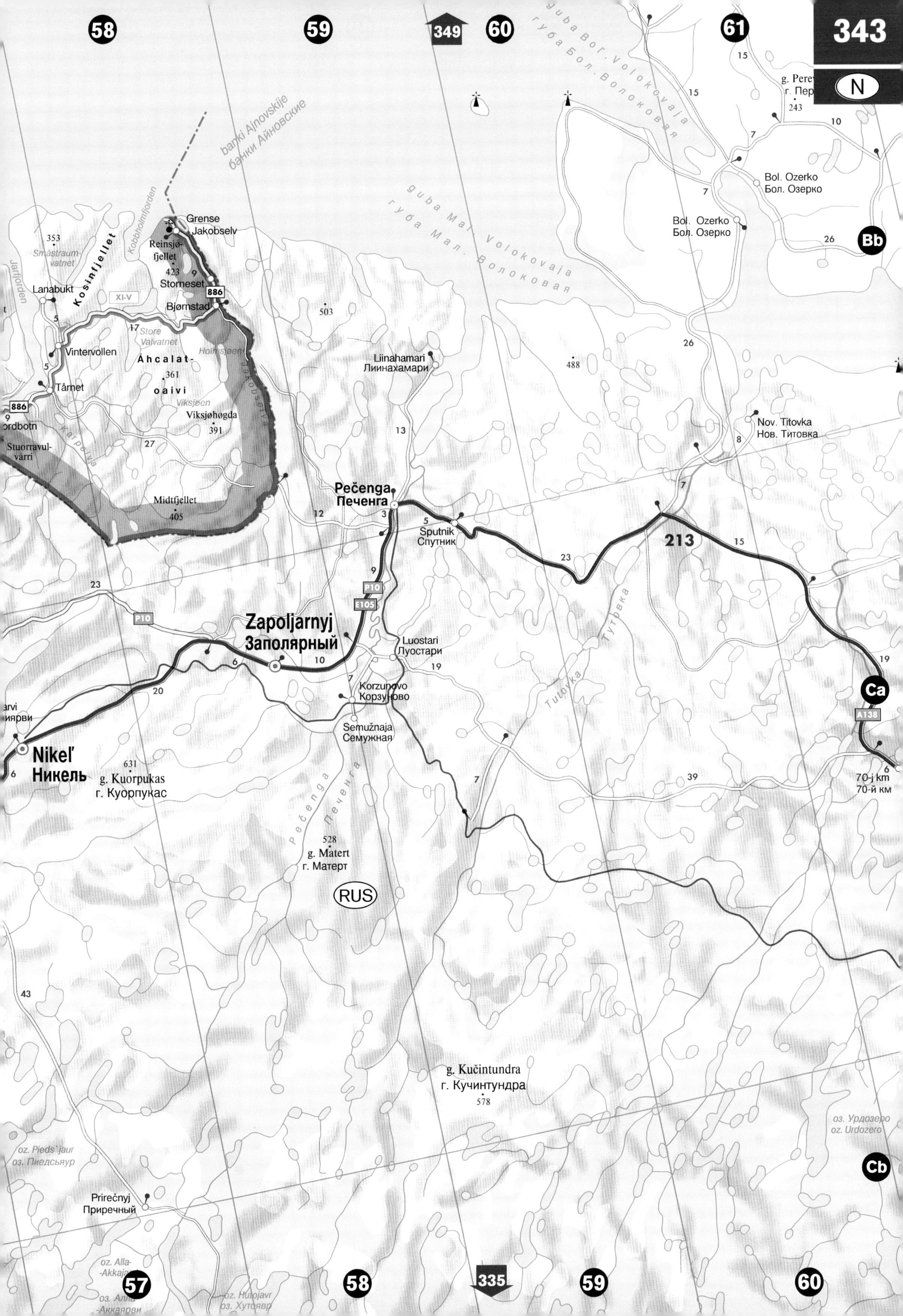

Bb

guba Bol. Volokovaja
губа Бол. Волоковая

g. Perev
г. Пер
243

Bol. Ozerko
Бол. Озерко

Bol. Ozerko
Бол. Озерко

26

15
7
10
7

guba Mal. Volokovaja
губа Мал. Волоковая

26

banki Ajnovskije
банки Айновские

Smastraum-
vatnet
353

Kosinfjellet

Kobbholmfjorden
Grense
Jakobselv

Reinsjø-
fjellet
423
9
Storneset
886
Bjørnstad

Lanabukt

Jarfjorden
5

XI-V
17
Store
Valvatnet

503

Vintervollen
5

886
Tårnet

oaivi

Áhcalat-
361

Viksjøen

Holmsjøen

Jakobselva

488

Liinahamari
Лиинахамари

Nov. Titovka
Нов. Титовка

ordbotn
886

Viksjøhøgda
391

8

Stuorravul-
várri

27

Midtfjellet
405

13

7

23

Pečenga
Печенга

213

15

12
3

Sputnik
Спутник
5

23

Pečenga Печенга

9

23

P10

P10
E105

Zapoljarnyj
Заполярный

Luostari
Луостари

Ca

19

A138

6
10

Korzunovo
Корзуново

19

20

arvi
 иярви

Semužnaja
Семужная

39

70-j km
70-й км
6

Nikeľ
Никель

6

631
g. Kuorpukas
г. Куорпукас

7

oz. Urdozero
оз. Урдозеро

Pečenga Печенга

Pečenga Печенга

528
g. Matert
г. Матерт

RUS

43

g. Kučintundra
г. Кучинтундра
578

Cb

oz. Pieds'jaur
оз. Пиедсьяур

Prirečnyj
Приречный

oz. Alla-
-Akkajā
оз. Алла-
-Аккаярви

oz. Hutojavr
оз. Хутоявр

38   39   40   41

Aa

Ab

Norskehavet

Sandfjorden

Boteifjorden

Alfjorden

Sørvær

Himmel-
haugen

5

· 401

Markeila

14

358

*Store
Eggevatn*

Breivikbotn

Breivikbotn

Rivan

882

· 476

16

Hasfjord

491

7

Hasvik

Ba

Loppa
Láhppi

Kirkeruin

Ytterværdalen

4

Stallfjellet

556

939

Eliass

Loppa

1

Silda
Sildi

Kalven
Gálbi

Øra

755

8

42
43
44
45
46
N
Aa
Ab
Ba
346
339
Hjelmsøya
Sandfjordfjellet
302
Akkarfjorden
Breidsundet
Fruholmen fyr
Ingøya
Fávle-Iččat
Ingøy
Gásnes
Mafjorden
Mafjord-
fjellet
332
Mafjordhamn
Trollsundet
Havøya
Havøysund
Havøysundet
388
Nipfjellet
Tufjord Nord
Tufjord
Gunnarnes
Kallen
283
Valfjorden
Langfjorden
Rolvsøya
Gádde-Iččat
Skoltefjellet
314
490
31
Bakfjorden
Rolvsøysundet
Reinøya
Snefjorden
Finnkone-
toppen
367
Muv
čohk
336
Báhkajávri
471
Vestre
Burstadfjellet
889
Store Kamøya
301
Kjøtvikfjellet
319
Kjøtvikbukta
Garnvikfjorden
Finnfjorden
Finnvik
Bismarvik
Akkarfjorden
Sandøy-
Sandøya
fjorden
472
Hårfjellet
Nova
385
201
Skarvfjord
Stipperneset-
fjorden
445
Snefjord
290
Gávnnes-
várri
Slåtten
Revsbotn
Lillefjord
Rappes-
várri
396
Revsneshamn
Stuora
Njeaiddán
596
Galtefjorden
Reppafjellet
509
Hellefjord
Forsøl
Millet
Kvalfjorden
377
Rugelfjell
Sandøybotn
Skille-
fjellet
475
Båtsfjord
Langstrand
Melkøya
Hammerfest
Vestfjell-
dammen
Kultfjellet
321
Ytre
Torskefjorden
Dønnesfjorden
Storelv
Håja
294
Struve
Geodetic Arc
418
Kvaløya
Fálá
Guomma-
jávri
Mastarelv
Kokelv
Selk
678
Guohca-
várri
405
Sørøya
Sállan
Slettnes
Akkarfjord
Straums-
neset
Svartfjell
Muvrarášša
630
Tjukkfjellet
360
Straumen
557
Indre
Brennsvik
Erdalsfjellet
Heargerášša
681
Store Vinna
608
Sandvik-
fjellet
94
Kjerringholmen
Storbukt
Sammelsundet
Klubbukt
Hønseby-
fjellet
556
Eidvågeid
Skjåholmen
Kårhamn
Stortinden
627
Komagaksla
659
Vatnhamn
Husfjorden
Skreifjorden
Jøfjorden
Hønsebybotn
Storvatnet
592
Hammernes
Kvalsund
Beritsfjord
54
Fiskevik
Nussir
592
Djupelv
Oldernes
Repparfjorden
Riehpovuotna
Čikajávri
Činkarášša
490
E6
Skáldi
Huefjellet
763
Trollvatnan
Duolbarášša
Seiland
Sievju
Seiland
nasjonalpark
Seilands-
tuva
1079
539
Neverfjord
Skinnfjellet
Njahkkerášša
710
Nussir-
Suolojávri
Riehpovuotna
Repparfjorddalen
Doggejávri
Breiddalstua
Muvrarášša
568
Čohtti
440
Porsa
Saraby
Gosviktind
Várggočohkka
628
Vargsundet
Kårravárri
836
Bårdfjorden
Melkevatna
Stuora-
várri
705
Láhku
Repparfjordelva
Nordfjorden
688
Stabben
832
Stjernøya
Stierdná
904
914
Rottenhal
Store Kutfjorden
Altnesdalen
Uvssotrášša
832
Rognsundet
Store Kvalfjord
Hakkstabben
Lille Lerresfjord
Store
Lerresfjorden
Store
Lerresfjord
12
Nástejávri
Bjørnstadvatnet
Bajit Borsejávri
678
Guovttemuv-
rášša
Nadjetjávri
Áisaroaivi
41
490
Čáhppesvárri
516
Skáidi
Mihkkálrašša
614
Gaččalangielas
Ale

46 47 48 49 50

Aa

Ba

Nordkapp

Hjelmsøya

Storstappen
283

Gjesvær
Russe-
pollen

Vestfjord-
fjellet
331
12
X-IV
Skarsvåg
Trollvik-
fjellet
394

Sandfjordfjellet
302
Lyngpollen

417
Gråkallfjellet

Magerøya
Máhkarávju
21
258

346

Kamøyvær

Helnes fyr

Laukvik-
fjellet
376

Måsøya
Muoáidsuolo
290
Máday

391
Ákšovárri
6
Dukšfjorden

E69
Guhkes-
gielas
10
Honningsvåg
2
5
Nordvågen

Breidsundet

Nípfjellet
388
Havøysund

Nuorrevárri
27
Store Altsula
389

Nordkapptunnelen
6875 m

Kulfjorden

490

Njoalohárji
336

Store Kobbøya

Kåfjord

31

Bakfjorden

Báhkajávri

Storfjellet
376

Fisketind
491

Finnkone-
toppen
367
Muvra-
čohkka
336

889

Store
Børa
343

Skuohtanjárga
211
Jalggavárri

21

Lille Tamsøya

Sværholthalvøya
Spierttanjárga

Tømmervikfjellet
Muvroaivi
406

439
Flatvik-
fjellet

Middagsfjellet
463

Ab

Snefjord
290
4
Gávnnes-
várri
Slåtten

345

9

Lillefjord

Ráppes-
várri
14
396

Beatnatrášša

457

Ávževárri
402

Ávžejávri

Rášsáláhkojávrit

Øretind
394
Bealjájávri

Strandbukta
4
Repvåg
Reifvakki
Ørretvatnet

E69

Store Tamsøya
Dávdnesálla

65

Sávzavárri
577

Reatkavárri
480

Lille Porsangen
Skiessuotna

Veidneset

Virošgielas

116

24
Ytre
Svartvika

Guhttor-
várri
435

25

255

Gulponjunis

Selkopp
Gårdevárri
634

Sturena-
njunni
399

Njukča-
čohkka
214

Reinbenkan

Lille Porsangfjellet
Ráhkojohka

521

Veidnesdalen

Mastarelv
3
Kokelv
678

Guohca-
várri
405

18
Russelvdalen
Ruošsávággi

Fanccajávrrit

457
Siedgoáivvit

Ytre
Nordmannset

Ytre Kjæs
Dážagieddi

Kjæsvatnet
Keaisajávri

13

Orušoaivi
501

Porsangerfjorden Porsáŋgguvuotna

Oručoaivi

889

Smierrvuotna
Smørfjord
395

Indre Brenna

Staloaivi
463

Liinnavárri
420

Muotke-
jávri

13

Smørfjord

E69
3
Nasbakken

Lealbevuotna
Olderfjord
Cáhkan

11

Stuorra
Biršooaivi
229

Duoddaraš

22

Činkarášša
490

E6
Ráksevárri
460

8
Leaibevuotna
Olderfjord
Čudegiehvárri
347
6

Kistrand
Čuđegieddi

Ytre Leirpollen

Stuorra
Áillegašjávri

Láppnjunis
366

Alloaivi
398

Máhtos
jávri

Oldernes
7

Skaidi

Čáhppesvárri
516

Cohttil
440

Jovnnaoaivi
391

Ytre Billefjord
Njárgajávri

Fiskevatn
3

Rinjárgohppi
Veinesjorda

4
E6
Oterberget

7

395

Billávuotna
Indre Billefjord
Gottejávri

Indre
Sandvik

Trollholmen
Trollholmsund
Činavuohppi
Reinøya
Vasis

Vieksa
369

Gieddi
Leirpollen

Kjerringvik
4

Gahpir
224

Børselv
Bissojohka
10

Veahkir

Stuorra
Sitnooaivi
418

Njunnás

Gottetvárri
568

98

Njunnás

Gáicačohkat
469

Kolvikvatn
5

Kolvik

4
63

112

Vuonjalskáidi

Áškkasgáisá
639

Ikkaldas
Olggut
5

Mámmal

28

Čáhppilvárri
606

Goasovárri

Alešoaivi

Vuonjalrášša

N
Nordkinn
Reipnakk-tinden
308
Mehamnfjorden
Donjevuotna
Gamvik
Steinvåg-aksla
220
Mehamn
Bjørnviktuva
320
Skjøtningberg
313
Smørbringa
Oksfjord
Kjøllefjord
Gartefjellet
303
Kifjord
Dyfjord
Blåfjellet
334
Nordkinnhalvøya
Čorgašnjárga
Vestfjellet
Koifjordfjellet
Vuokkarášša
464
370
Juohkoaivi
326
380
Kvitnesfjellet
Goahtu
308
406
Vuohppe-rášša
Breidvik
Skjånes
Hopseidet
Hopsfjorden
Nuorttat Nuorevuotna
Eidsfjorden
Oarjjit Nuorevuotna
384
Skuohki
Kartøya
Stohkkasuolu
Mårøya
216
339
431
Skogfjord-fjellet
305
Baikačearru
437
Storfjellet
Langfjordnes
450
Digermulen
Slettfjellet
555
Goalserášša
Oalunvakrášša
442
Storholmen
Slipsteinfjellet
Dahkočearru
537
434
Stohpu-gielas
Nervei
Bearalgáisá
639
Svartberga
Langfjordbotn
518
Baehkkirrášša
427
Uffirvárri
600
348
Laksefjorden
Lágesvuotna
Tanafjorden
Deanuvuotna
Store Brattholmen
319
Bekkarfjord
Kalak
Duolbagáisá
673
Hanglefjellet
Haknalančea
600
Langholmen
Ratnjan
Lebesby
Blåfjellet
Davvesiiddrášša
487
Digermulfjellet
Beatnatgáisá
620
Gávesluokta
Skjåholmen
Vannja
Torhop
Tanafjellet
Alggašvárri
570
Langnes
Skuvgi
330
Giemaš
454
Leirpollen
Rypøya
Čoatni
Gárgogeahči
Dážajohk-čohkka
407
378
Bonjákas
Bjørkestrand
390
Mádduottar-čohkka
Trollbukta
Bondøya
Gierbá
Ifjord
Idjavuotna
Eaštoroaivi
410
Devkkeš-skáidi
Vestertana
Smalfjord
Ruostefielbma
Gáhkobálki
Tverr-fjellet
352
Friarfjorden
Ifjordfjellet
Idjavuonduottar
Boftsa
434
Brattholmen
410
200
Landersfjorden
431
Jerkkon
Underfossen
Divgoaivi
479
Juovvagielas
403
Holmfjell
280
Mákká-oaivi
296
Lievlanoaivi
Máskejohka
Lievollan
354
Riggásvárri
236
Botnjalanoaivi
316
Gáres-gielas
365
372
Gárenvárri
363
Luovttejohka
Hanaelva
Lagesduottar
Hánaskáidi
250
Sáttovárri
Nyborg
Ruksesbák-čohkka
396
Dærdnojavrre
Juovvajár-oaivi
359
Gieddoaivi
340
Tana bru
Máskevárri
300
Urraalåš
225
Skiippagurra
Varangerbotn
Vuonnabahta
Čillit
122
Karlebotn
Sirddagohppi
229
Gurteskáidi
Ánddábák-oaivi
353
Gáhrrot-várri
269
Čorro-várri
273
667
Ullogáisá
603
Mienna-várri
280
341
Ravduvárri
264
Skáidi
Báteng
Horbmá
Nuorgam
Polmak
50
51
52
53
54
Ab
Ba
Rákkočearru

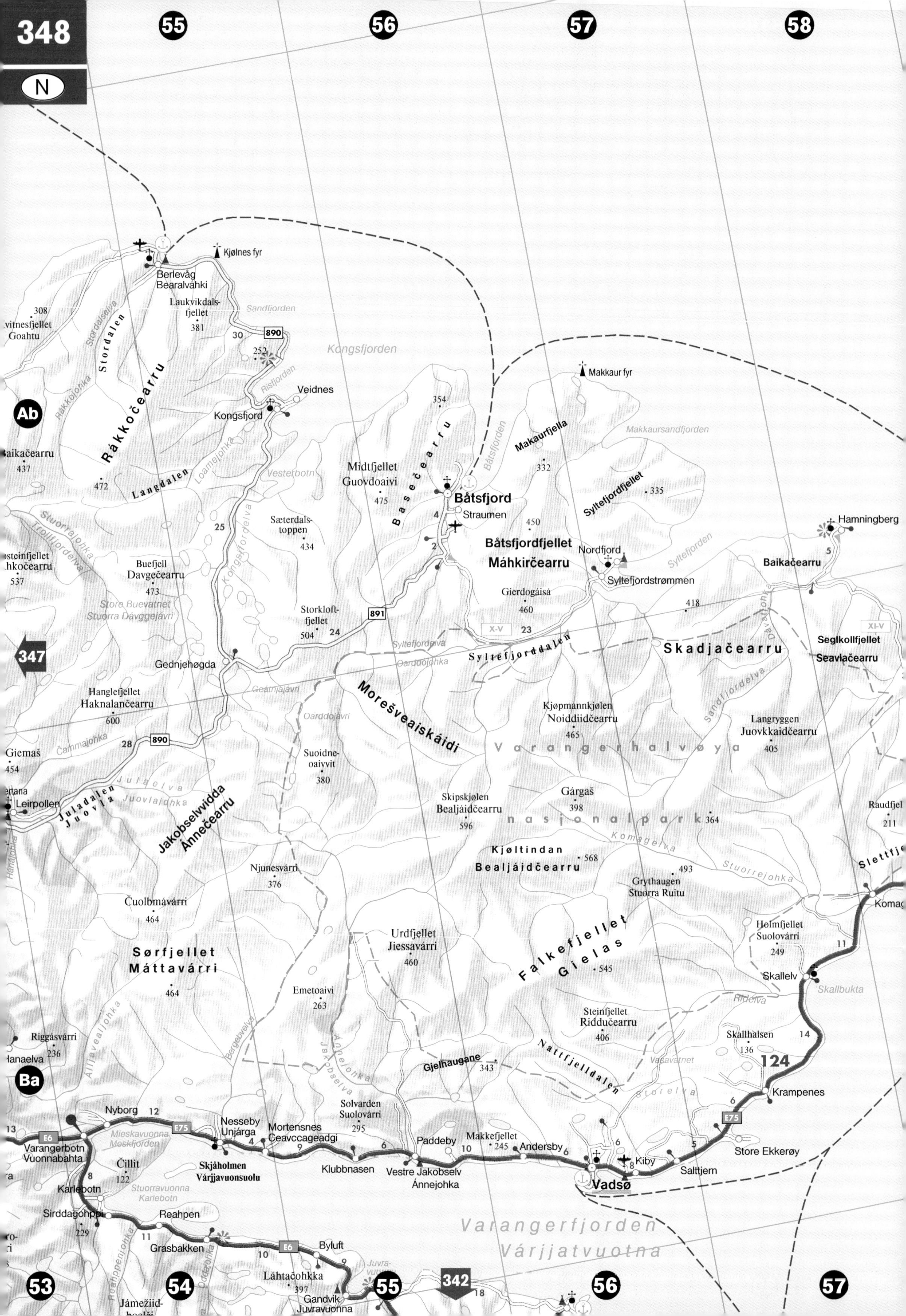
55
56
57
58
N
Ab
Ba
347
342
53
54
55
56
57
Berlevåg
Bearalváhki
Kjølnes fyr
Laukvikdals-
fjellet
381
Sandfjorden
890
Kongsfjorden
Risfjorden
Veidnes
Kongsfjord
Stordalen
Rákkočearru
Langdalen
Loamejohka
Vestertbotn
Midtfjellet
Guovdoaivi
475
Basečearru
Båtsfjorden
Båtsfjord
Straumen
Makkaur fyr
Makaurfjella
332
Makkaursandfjorden
Syltefjordfjellet
335
Båtsfjordfjellet
Máhkirčearru
450
Nordfjord
Syltefjordstrømmen
Hamningberg
Baikačearru
Sæterdals-
toppen
434
Buefjell
Davgečearru
473
Store Buevatnet
Stuorra Dávggejávri
Storkloft-
fjellet
504
891
Gierdogáisa
460
Gednjehøgda
Syltefjordalen
Skadjačearru
Segkollfjellet
Seavlačearru
Hanglefjellet
Haknalančearru
600
Morešveaiskáidi
Kjøpmannkjølen
Noiddiidčearru
465
Langryggen
Juovkkaidčearru
405
Varangerhalvøya nasjonalpark
Giemaš
454
Leirpollen
Juladalen
Juovla
Suoidne-
oaivvit
380
Jakobselvvidda
Ánnečearru
Skipskjølen
Bealjáidčearru
596
Gárgaš
398
364
Raudfjel
211
Kjøltindan
Bealjáidčearru
568
Njunesvárri
376
Grythaugen
Stuorra Ruitu
493
Čuolbmávárri
464
Urdfjellet
Jiessavárri
460
Falkefjellet
Gielas
545
Holmfjellet
Suolovárri
249
Skallelv
Skallbukta
Sørfjellet
Máttavárri
464
Emetoaivi
263
Steinfjellet
Riddučearru
406
Skallhalsen
136
124
Riggásvárri
236
Gjelhaugane
343
Nattfjelldalen
Krampenes
Nyborg
Nesseby
Unjárga
Mortensnes
Ceavccageadgi
Solvarden
Suolovárri
295
Makkefjellet
245
Paddeby
Andersby
Kiby
Store Ekkerøy
Varangerbotn
Vuonnabahta
Skjåholmen
Várjjavuonsuolu
Klubbnasen
Vestre Jakobselv
Ánnejohka
Vadsø
Salttjern
Čillit
122
Karlebotn
Stuorravuonna
Karlebotn
Sirddagohppi
229
Reahpen
Varangerfjorden
Várjjatvuotna
Grasbakken
Byluft
Láhtačohkka
397
Gandvik
Juvravuonna
E6
E75

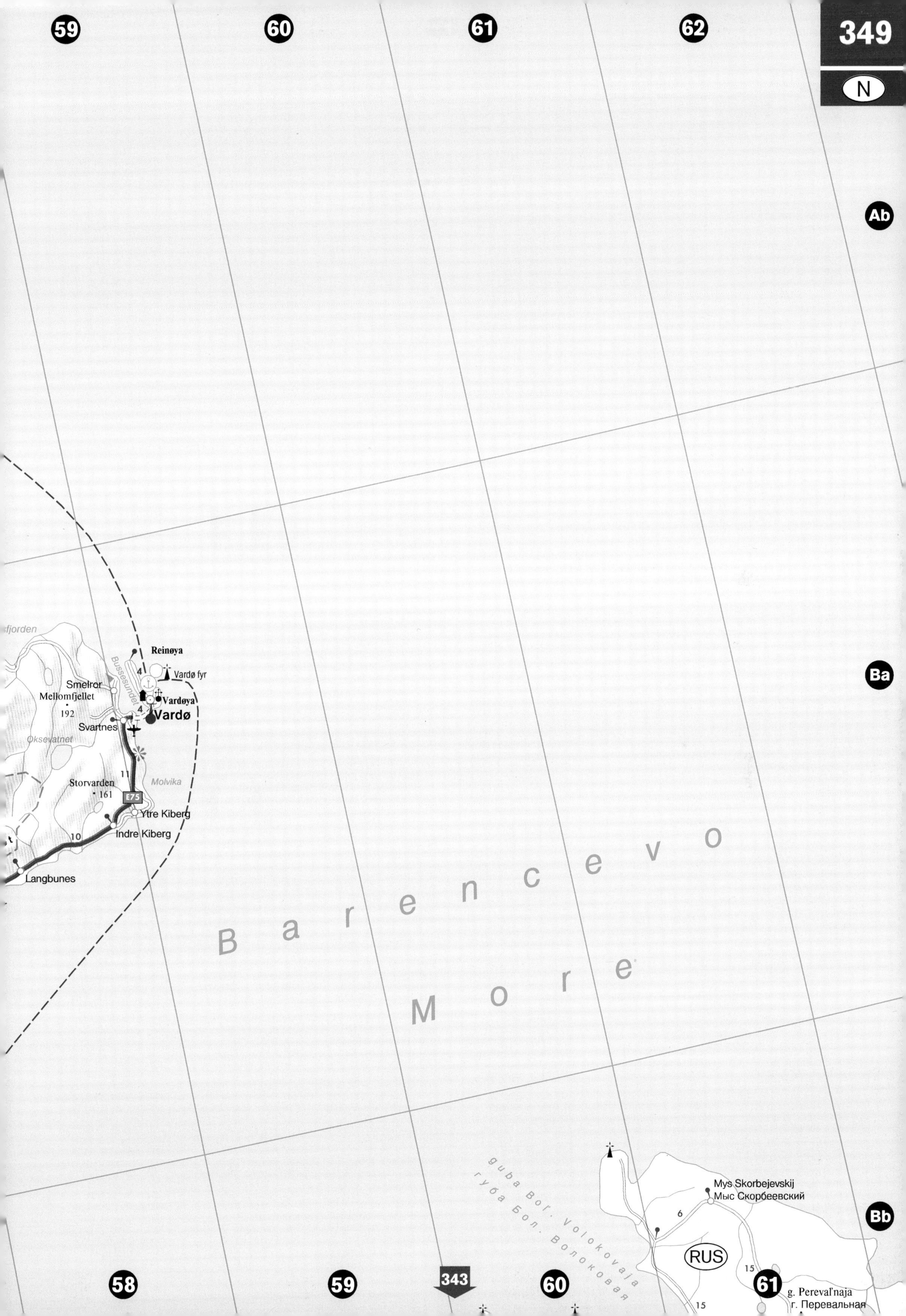

Ba

Bb

Reinøya
Vardø fyr
Smelror
Mellomfjellet
192
Svartnes
Vardøya
Vardø
Oksevatnet
Storvarden
161
E75
Molvika
Ytre Kiberg
10   Indre Kiberg
Langbunes
sfjorden
Bussesundet

B a r e n c e v o
M o r e

guba Bol. Volokovaja
губа Бол. Волоковая

Mys Skorbejevskij
Мыс Скорбеевский
6
RUS
15
g. Pereval'naja
г. Перевальная
15

350 Aabenraa

Give

DK

DK

43 098 km² +45
København 5 614 000

A

6200 Aabenraa 58 Ra 15
9440 Aabybro 67 Pa 16
9000 Aalborg 67 Pa 16
9620 Aalestrup 63 Pb 15
9520 Aarestrup 67 Pb 16
9600 Aars 67 Pb 16
8000 Aarhus 63 Qa 17
5560 Aarup 58 Ra 17
4060 Abbetved 73 Qb 3 21a
6270 Abild 57 Rb 14
4560 Abildøre 78 Qb 2 20c
6400 Adsbøl 58 Rb 16
2650 Advedøre Holme 73 Qb 3 21c
6753 Agerbæk 57 Qb 14
5450 Agernæs 59 Qb 17
6534 Agerskov 58 Ra 15
4230 Agersø 72 Ra 2 19c
9330 Agersted 67 Pa 17
4700 Agerup 72 Ra 2 20b
3230 Aggebo 78 Qa 3 21b
7770 Agger 66 Pb 13
9670 Aggersund 67 Pa 15
8881 Aidt 63 Qa 16
8340 Ajstrup 63 Pb 17
4450 Akselholm 72 Qb 3 20a
2620 Albertzslund 73 Qb 3 21c
4791 Alebæk 71 Rb 1 21c
4682 Algestrup 60 Ra 21
4850 Algestrup 71 Rb 1 21a
4340 Algestrup 72 Qb 3 20c
4682 Algestrup 73 Ra 1 21a
4720 Allerslev 71 Ra 3 21a
4320 Allerslev 73 Qb 3 21a
4593 Alleshave 72 Qb 2 19c
4100 Allindelille 72 Qb 3 20c
4100 Allindemagle 72 Qb 3 20c
8961 Allingåbro 63 Qa 17
3230 Alme 78 Qa 3 21b
3630 Almholm 78 Qb 1 21a
6051 Almind 58 Qb 15
4920 Alminde 70 Rb 2 19c
4200 Almindkrog 72 Ra 1 19c
9560 Als 63 Pb 17
6240 Alslev/Løgumkloster 57 Ra 15
6800 Alslev/Varde 57 Qb 13
3400 Alsønderup 78 Qb 1 21b
4173 Alsted 72 Ra 1 20b
4840 Alstrup 70 Rb 1 20c
3390 Amager Huse 78 Qb 1 21a
4720 Ambæk 71 Ra 3 21b
4720 Ammendrup 71 Ra 3 21a
3200 Ammendrup 78 Qa 3 21b
4652 Ammerup 73 Ra 1 21b
4930 Anderstrup 70 Rb 2 20b
7080 Andkær 58 Qb 16
8592 Anholt 64 Pb 20
3200 Annisse 78 Qb 1 21b
3200 Annisse Nord 65 Qb 21
8643 Ans 63 Qa 16
6823 Ansager 57 Qb 14
9510 Arden 63 Pb 16
9460 Arentsminde 67 Pa 16
4262 Arløse 72 Ra 2 20b
4390 Arnakke 72 Qb 2 20c
7400 Arnborg 62 Qa 14
4983 Arninge 70 Rb 2 19c
4460 Arnøje 73 Ra 2 21c
6510 Arnum 57 Ra 14
6520 Arrild 57 Ra 14
9340 Asaa 67 Pa 17
8990 Asferg 63 Pb 16
4792 Askeby 60 Rb 21
4792 Askeby 71 Rb 1 21b
4930 Askø By 70 Rb 1 20b
4700 Askov Huse 73 Ra 2 21a
3600 Asminderød 78 Qb 2 21b
4400 Asmindrup 72 Qb 2 19c
4550 Asnæs 77 Qb 2 20b
7600 Asp 62 Qa 14
4895 Assenbølle 70 Rb 2 20b
4623 Assendrup 73 Qb 3 21b
9550 Assens 63 Pb 17
5610 Assens/Fyn 58 Ra 16
8900 Assentoft 63 Qa 17
4295 Assentorp 72 Qb 3 20b
3300 Asserbo 78 Qa 3 21a
4850 Astrup 71 Rb 1 21b
9510 Astrup/Arden 63 Pb 16
9800 Astrup/Hjørring 67 Pa 17
6900 Astrup/Skjern 62 Qa 14
4293 Atterup 72 Qb 3 20b
4242 Atterup 72 Ra 2 19c
4640 Atterup 73 Ra 2 21b
4571 Atterup 77 Qb 2 20b
9460 Attrup 67 Pa 15
6440 Augustenborg 58 Rb 16
7490 Aulum 62 Qa 14
8963 Auning 63 Qa 17
5800 Aunslev 59 Ra 18
4300 Avdebo 77 Qb 2 20b
2980 Avderød 78 Qb 1 21c
2650 Avedøre 73 Qb 3 21c
4690 Aversi 73 Ra 1 20c

B

5935 Bagenkop 53 Rb 18
2880 Bagsværd 73 Qb 2 21c
3210 Bakkebjerg 78 Qa 3 21b
4760 Bakkebølle 71 Rb 1 21a
4281 Bakkendrup 72 Qb 3 19c
4440 Bakkerup 72 Qb 3 20b
2640 Baldersbronde 73 Qb 3 21b
8444 Balle 64 Qa 18
8305 Ballen 59 Qb 18
2750 Ballerup 73 Qb 2 21c
7860 Balling 62 Pb 14
4941 Bandholm 70 Rb 1 20b
4800 Bangsebro 71 Rb 2 21a
3630 Barakkerne 78 Qb 1 21a
6920 Barde 62 Qa 14
7150 Barrit 58 Qb 16
4850 Barup 71 Rb 1 21a
4653 Barup 73 Ra 2 21b
4700 Basnæs 70 Ra 3 20c
4230 Basnæs 72 Ra 2 20a
4400 Bastrup 72 Qb 3 19c
3540 Bastrup 78 Qb 2 21b
8330 Beder 63 Qa 17
4100 Bedsted Overdrev 73 Ra 1 20c
7755 Bedsted/Hurup 66 Pb 13
6240 Bedsted/Løgumkloster 58 Ra 15
4720 Bedridge 71 Ra 3 21a
5250 Bellinge 59 Ra 17
4250 Bendslev 72 Ra 2 20b
3400 Bendstrup 78 Qb 1 21b
4440 Bennebo 72 Qb 3 20a
4990 Berritsgard 70 Rb 2 20b
6541 Bevtoft 58 Ra 15
9440 Biersted 67 Pa 16
4200 Bildsø 72 Ra 1 19c
6852 Billum 57 Qb 13
7190 Billund 58 Qb 15
4070 Biltris 73 Qb 2 21a
9881 Bindslev 67 Ob 17
4130 Birkede 73 Qb 3 21a
9440 Birkelse 67 Pa 16
4874 Birkemose 71 Rb 3 21a
4400 Birkendegård 72 Qb 3 19c
3460 Birkerød 78 Qb 1 21c
4943 Birket 70 Rb 1 20a
9240 Bislev 67 Pb 16
2400 Bispebjerg 73 Qb 2 22a
4243 Bisserup 72 Ra 2 20b
4243 Bisserup 72 Ra 2 20b
4780 Bissinge 71 Rb 1 21b
5700 Bjerebby 59 Rb 18
9800 Bjergby/Hjørring 67 Ob 17
7950 Bjergby/Thisted 66 Pb 14
4480 Bjerge 72 Qb 3 19c
4480 Bjerge Nordstrand 72 Qb 3 19c
4480 Bjerge Sydstrand 72 Qb 3 19c
4920 Bjergeskov 70 Rb 2 20a
4534 Bjergesø 77 Qb 2 20a
4450 Bjergsted 72 Qb 3 20a
6200 Bjerndrup 58 Rb 15
4895 Bjernæs 70 Rb 3 20a
4895 Bjernæs Husby 70 Rb 3 20a
8781 Bjerre 58 Qb 16
4682 Bjerrede 73 Ra 1 21a
9632 Bjerregrav 63 Pb 15
8850 Bjerringbro 63 Qa 16
6091 Bjert Strand 58 Ra 16
4200 Bjærup 72 Ra 1 20a
4632 Bjæverskov 60 Ra 21
4632 Bjæverskov 73 Ra 1 21a
4400 Bjørnstrup 77 Qb 2 19b
4800 Bjørup 71 Rb 2 21a
6400 Blans 58 Rb 16
9520 Blenstrup 67 Pb 17
3230 Blistrup 78 Qa 3 21b
9492 Blokhus 67 Pa 16
5491 Blommenslyst 59 Ra 17
3450 Blovstrød 78 Qb 1 21c
7330 Blåhøj 62 Qb 15
6857 Blåvand 57 Qb 13
4850 Blæsebjerg 71 Rb 1 21a
7760 Boddum 62 Pb 13
4224 Boeslunde 72 Ra 2 19c
4660 Boestofte 73 Ra 2 21c
5400 Bogense 58 Qb 17
4300 Bognæs 72 Qb 2 20c
4793 Bogø By 71 Rb 1 21a
6392 Bolderslev 58 Rb 15
9690 Bonderup 67 Pa 15
4700 Bonderup 72 Ra 2 20c
4640 Bonderød 73 Ra 2 21b
7620 Bonnet 62 Pb 13
7500 Borbjerg 62 Qa 14
7441 Bording 62 Qa 15
6893 Bork Havn 62 Qb 13
4791 Borre 60 Rb 21
4230 Borreby 72 Ra 2 20a
4780 Borren 71 Rb 1 21b
6900 Borris 62 Qb 14
3100 Borsholm 78 Qa 3 21c
4140 Borup 73 Ra 1 21a
3320 Borup 78 Qb 1 21b
9240 Borup/Løgstør 67 Pb 15
4140 Borup/Ringsted 60 Ra 20
5953 Botofte 70 Rb 1 19a
5800 Bovense 59 Ra 18
6200 Bovrup 58 Rb 16
6000 Bramdrupdam 58 Qb 15
6740 Bramming 57 Ra 14
7330 Brande 62 Qb 15
4700 Brandelev 72 Ra 2 20c
4900 Branderslev 70 Rb 1 19c
6535 Branderup 58 Ra 15
4970 Brandstrup 70 Rb 2 20a
4295 Brandstrup 72 Qb 3 20b
4840 Brarup 70 Rb 1 20c
7120 Bredal 58 Qb 16
2830 Brede 73 Qb 2 22a
6261 Bredebro 57 Ra 14
4300 Bredetved 73 Qb 2 20c
4970 Bredfjed 70 Rb 2 20a
7182 Bredsten 58 Qb 15
7000 Bredstrup 58 Qb 16
3250 Bregnerød 78 Qa 3 21c
3460 Bregnerød 78 Qb 1 21c
5970 Bregninge 59 Rb 17
4990 Bregninge 70 Rb 2 20c
4871 Bregninge 71 Rb 2 21a
7080 Brejning 58 Qb 16
7600 Bremdal 62 Pb 14
5464 Brenderup 58 Ra 16
7870 Breum 62 Pb 15
4100 Bringstrup 72 Ra 1 20c
6310 Broager 58 Rb 16
4180 Broby Overdrev 72 Ra 1 20b
5672 Brobyværk 58 Ra 17
6360 Broderup 58 Rb 15
4400 Brokkebjerg 72 Qb 2 19c
4160 Broksø 72 Ra 2 20c
4450 Brokøb 72 Qb 3 20a
4621 Brordrup 73 Qb 3 21b
4350 Brorfelde 72 Qb 3 20b
4262 Brorup 72 Ra 2 20b
9460 Brovst 67 Pa 16
3480 Brunemark 78 Qb 1 21c
4800 Bruntofte 71 Rb 2 20c
4873 Bruserup 71 Rb 2 21a
4880 Brydebjerg 70 Rb 2 20b
5690 Brylle 58 Ra 17
8654 Bryrup 63 Qa 16
4690 Bråby 73 Ra 2 21a
4690 Bråby Stationsby 73 Ra 2 21a
4560 Bråde 78 Qb 2 20c
2970 Brådebæk 78 Qb 1 22a
8740 Brædstrup 63 Qb 16
5700 Brændeskov 59 Ra 18
4350 Brændholt 72 Qb 3 20b
6630 Brændstrup 58 Ra 15
4560 Brændt 77 Qb 1 20b
4733 Brøderup 71 Ra 2 21a
2660 Brøndby Strand 73 Qb 3 21c
2605 Brøndbyøster 73 Qb 3 21c
4050 Brønde 73 Qb 2 20c
9700 Brønderslev 67 Pa 16
6780 Brøns 57 Ra 14
2980 Brønsholm 78 Qb 1 22a
2700 Brønshøj 73 Qb 2 22a
6650 Brørup 58 Ra 15
2860 Budding 73 Qb 2 22a
4470 Buerup 72 Qb 3 20a
4970 Bukkehave 70 Rb 2 20a
4340 Bukkerup 72 Qb 3 20c
5320 Bullerup 59 Ra 17
4900 Bulskov 70 Rb 1 19c
7570 Bur 62 Qa 13
4930 Bursø 70 Rb 2 20b
4791 Busemarke 71 Rb 1 22a
4791 Busene 71 Rb 1 22a
4160 Buske 72 Ra 1 20c
4420 Butterup 72 Qb 2 20b
4050 Bybjerg 78 Qb 2 20c
6372 Bylderup-Bov 58 Rb 15
9940 Byrum 68 Pa 18
4863 Byskov 70 Rb 1 20c
6622 Bække 58 Qb 15
3200 Bækkekrog 78 Qa 3 21b
4733 Bækkeskov/Brøderup 73 Ra 2 21a
4892 Bækkeskov/Nysted 70 Rb 2 20c
7660 Bækmarksbro 62 Qa 13
9574 Bælum 67 Pb 17
4230 Bøgelunde 72 Ra 2 20a
7000 Bøgeskov 58 Qb 16
4913 Bøgeskov 70 Rb 1 19c
4700 Bøgesø 73 Ra 2 21a
5600 Bøjden 58 Ra 17
6900 Bølling 62 Qb 14
8585 Bønnerup Strand 64 Pb 18
4871 Bønnet 71 Rb 2 21b
4720 Bønsvig 71 Ra 3 21b
9760 Børglum 67 Pa 16
7080 Børkop 58 Qb 16
4960 Bøsserup 70 Rb 2 20b
4500 Bøsserup 78 Qb 1 20c
4270 Bøstrup/Løve 72 Ra 1 19c
5953 Bøstrup/Snøde 70 Ra 3 19b
4200 Bøstrup/Sørbymalge 72 Ra 1 20a
5874 Bøsøre 59 Ra 18
3100 Bøtterup Bistrup 78 Qa 3 21c
7650 Bøvlingbjerg 62 Qa 13
5450 Bårdesø 59 Qb 17
5466 Båring 58 Ra 16
4720 Bårse 71 Ra 3 21a
4340 Bårup 72 Qb 3 20c
4230 Båslunde 72 Ra 2 20a

C

2920 Charlottenlund 73 Qb 2 22a
6070 Christiansfeld 58 Ra 15
2300 Christianshavn 73 Qb 2 22a
3630 Christiansminde 78 Qb 1 21a

D

5953 Dageløkke 70 Ra 3 19a
4690 Dalby-Borup 73 Ra 2 21a
4690 Dalby/Fakse 73 Ra 2 21a
3630 Dalby/Frederikssund 60 Qb 20
4690 Dalby/Haslev 60 Ra 21
3630 Dalby/Lyngerup 78 Qb 2 21a
5380 Dalby/Munkebo 59 Qb 18
8970 Dalbyover 63 Pb 17
4261 Dalmose 72 Ra 2 20a
4780 Damsholte 71 Rb 1 21b
4983 Dannemare 70 Rb 2 19c
3480 Danstrup 78 Qb 1 21c
4000 Darup 73 Qb 3 21a
8721 Daugård 58 Qb 16
8420 Dejret 63 Qa 17
8620 Demstrup 63 Qa 15
4293 Dianalund 60 Qb 19
4293 Dianalund 72 Qb 3 20b
5600 Diernæs 59 Ra 17
9280 Dokkedal 67 Pb 17
4300 Dragerup 72 Qb 2 20c
4534 Dragsholm 77 Qb 2 20a
3250 Dragstrup 78 Qa 3 21c
2791 Dragør 73 Qb 3 22a
4420 Dramstrup 72 Qb 3 20b
5700 Drejø 59 Rb 17
5300 Drigstrup 59 Ra 18
9330 Dronninglund 67 Pa 17
3120 Dronningmølle 78 Qa 3 21c
4632 Druestrup 73 Ra 1 21a
8400 Dråby 64 Qa 18
4200 Drøsselbjerg 72 Ra 1 19c
4850 Dukkerup 71 Rb 1 21a
7870 Durup 62 Pb 14
4750 Dybsø 70 Ra 3 20c
9352 Dybvad 67 Pa 17
5600 Dyreborg 58 Ra 17
4720 Dyrlev 71 Ra 3 21a
4700 Dysted 73 Ra 2 21a
4180 Døjringe 72 Ra 1 20b
4990 Døllefjelde 70 Rb 2 20c
3230 Dønnevælde 78 Qa 3 21b
9500 Døstrup/Hobro 63 Pb 16
6780 Døstrup/Skærbæk 57 Ra 14

E

4500 Ebbeløke 77 Qb 1 20b
5631 Ebberup 58 Ra 16
4330 Ebberup 73 Qb 3 20c
4640 Ebbeskov 73 Ra 2 21b
8400 Ebeltoft 64 Qa 18
8700 Egebjerg/Horsens 63 Qb 16
4800 Egebjerg/Nyføbing Falster 71 Rb 2 21a
4500 Egebjerg/Vig 64 Qb 20
4500 Egebjerg/Vig 78 Qb 1 20c
6760 Egebæk 57 Ra 14
4840 Egelev 71 Rb 1 20c
4895 Egelund 70 Rb 3 20b
4140 Egemose 73 Qb 3 21a
6430 Egen 58 Rb 16
9280 Egense 67 Pb 17
4840 Egense 70 Rb 1 20c
6320 Egernsund 58 Rb 16
4230 Egerup 72 Ra 2 19c
7000 Egeskov 58 Qb 16
4800 Eget 71 Rb 2 21a
4230 Eggeslev-magle 72 Ra 2 20a
4230 Eggesleville 72 Ra 2 20a
4230 Eggeslevmagle 59 Ra 19
6040 Egtved 58 Qb 15
4070 Ejby/Holbæk 73 Qb 2 20c
2600 Ejby/København 73 Qb 2 21c
4623 Ejby/Køge 60 Ra 21
5592 Ejby/Nørre Aaby 58 Ra 16
4623 Ejby/Ølby Lyng 73 Ra 1 21a
3230 Ejlstrup 78 Qa 3 21b
7830 Ejsing 62 Pb 14
7361 Ejstrupholm 62 Qb 15
4872 Elkenøre 71 Rb 2 21a
9900 Elling 68 Pa 17
3390 Ellinge 78 Qb 1 21a
4560 Ellinge Kongepart 77 Qb 1 20b
4780 Elmelunde 71 Rb 1 21c
4983 Emb 70 Rb 2 19c
8660 Emborg 63 Qa 16
5953 Emmerbølle 70 Ra 3 19a
4720 Endegårde 71 Ra 3 21a
8700 Endelave By 59 Qb 17
4652 Endeslev 73 Ra 1 21b
3480 Endrup 78 Qb 1 21c
4720 Engelholm 71 Ra 3 21a
4171 Engelstofte 72 Ra 1 20b
4733 Engelstrup 73 Ra 2 21a
4571 Engelstrup 77 Qb 2 20b
7442 Engesvang 63 Qa 15
4060 Englerup 73 Qb 3 20c
5953 Ennebølle 70 Ra 3 19b
8983 Enslev 63 Pb 17
4230 Erdrup 72 Ra 2 20a
4930 Erikstrup 70 Rb 2 20a
4895 Errindlev 70 Rb 3 20b
4895 Errindlev Havn 70 Rb 3 20b
7000 Erritsø 58 Qb 16
6700 Esbjerg 57 Ra 13
3250 Esbønderup 65 Qa 21
4593 Eskebjerg 72 Qb 2 20a
4863 Eskilstrup 54 Rb 20
4560 Eskilstrup/Egebjerg 77 Qb 1 20b
4683 Eskilstrup/Fakse 73 Ra 2 21a
4863 Eskilstrup/Ønslev 71 Rb 1 21a
5760 Espe 59 Ra 17
3060 Espergærde 65 Qb 22
3250 Espønderup 78 Qa 3 21c
3230 Esrum 78 Qa 3 21c
4100 Estrup 72 Ra 1 20c
4880 Ettehave 70 Rb 2 20b
4733 Everdrup 60 Ra 20
4733 Everdrup 73 Ra 2 21a
3370 Evetofte 78 Qb 1 21a

F

5600 Faaborg 58 Ra 17
4750 Faksinge 71 Ra 3 21a
5642 Faldsled 58 Ra 17
4871 Falkerslev 71 Rb 2 21a
8560 Fannerup 64 Qa 18
6720 Fanø Vesterhavsbad 57 Ra 13
4100 Farendløse 73 Ra 1 21a
7323 Farre/Give 62 Qb 15
8472 Farre/Hammel 63 Qa 16
9240 Farstrup 67 Pb 15
9640 Farsø 67 Pb 15
3520 Farum 78 Qb 2 21c
7330 Fasterholt 62 Qa 15
4460 Favrbo 72 Qb 2 20a
4640 Faxe 73 Ra 2 21b
4654 Faxe Ladeplads 73 Ra 2 21b
8420 Fejrup 63 Qa 18
8410 Feldballe 64 Qa 18
7540 Feldborg 62 Qa 14
6200 Felsted 58 Rb 16
4700 Fensmark 72 Ra 2 20c
7620 Ferring 62 Pb 13
5863 Ferritslev 59 Ra 18
4050 Ferslev 73 Qb 2 21a
7200 Filskov 62 Qb 15
4874 Fiskebæk 71 Rb 3 21a
7620 Fjaltring 62 Qa 13
4990 Fjelde 70 Rb 2 20b
3250 Fjellenstrup 78 Qa 3 21c
9260 Fjellerad 67 Pb 17
8585 Fjellerup 64 Pb 18
5463 Fjelsted 58 Ra 17
6933 Fjelstervang 62 Qa 14
6100 Fjelstrup 58 Ra 16
9620 Fjelsø 63 Pb 15
4173 Fjenneslev 72 Ra 1 20b
4173 Fjenneslevmagle 72 Ra 1 20b
9690 Fjerritslev 67 Pa 15
4100 Fjællebro 73 Ra 1 21a
7900 Flade 66 Pb 14
4200 Flakkebjerg 72 Ra 2 20a
9330 Flauenskjold 67 Pa 17
4250 Flemstofte 72 Ra 2 20b
4480 Flinterup 72 Qb 3 19c
4891 Flintinge 70 Rb 2 20c
2640 Flong 60 Qb 21
7800 Fly 62 Qa 14
4894 Flårupmelle 70 Rb 2 20b
4682 Fløjterup 73 Ra 1 21a
4700 Fodby 72 Ra 2 20b
8382 Folby 63 Qa 17
6510 Fole 57 Ra 14
4241 Forlev 72 Ra 1 19c
4400 Forsinge 72 Qb 3 19c
8162 Framlev 63 Qa 17
4200 Frankerup/Flakkebjerg 72 Ra 2 20a
4400 Frankerup/Rørby 72 Qb 3 19c
5220 Fraugde 59 Ra 17
3480 Fredensborg 78 Qb 1 21c
3480 Fredensborg Slot 78 Qb 1 21c
7000 Fredericia 58 Qb 16
7470 Frederiks 62 Qa 15
2000 Frederiksberg 60 Qb 21
4180 Frederiksberg 60 Ra 20
2000 Frederiksberg/København 73 Qb 2 22a
4180 Frederiksberg/Sorø 72 Ra 1 20b
9900 Frederikshavn 68 Pa 18
7183 Frederikshåb 58 Qb 15
3600 Frederikssund 78 Qb 2 21a
3300 Frederiksværk 78 Qb 1 21a
4900 Fredsholm 70 Rb 2 19c
3400 Freeslev 78 Qb 1 21b
9200 Frejlev 67 Pa 16
4892 Frejlev 70 Rb 2 20c
4640 Frenderup/Dalby 73 Ra 2 21a
4571 Frenderup/Herrestrup 77 Qb 2 20b
4100 Frenderup/Stenlille 72 Qb 3 20b
6780 Frifelt 57 Ra 14
4220 Frølunde 59 Ra 19
5871 Frørup 59 Ra 18
4660 Frøslev 73 Ra 2 21c
7900 Frøslev/Nykøbing Midtjylland 66 Pb 14
4660 Frøslev/Store Heddinge 60 Ra 21
7741 Frøstrup 66 Pa 14
4250 Fuglebjerg 60 Ra 20
4250 Fuglebjerg 72 Ra 2 20b
5900 Fuglsbølle 59 Rb 18
4960 Fuglse 70 Rb 2 20b
8600 Funder Kirkeby 63 Qa 15
4262 Fyrendal 72 Ra 2 20b
4591 Føllenslev 59 Qb 19
4591 Føllenslev 72 Qb 2 20a
4690 Førslev/Haslev 73 Ra 1 21a
4250 Førslev/Hyllinge 72 Ra 2 20b
4250 Førslevgård 72 Ra 2 20b
6818 Fåborg 57 Qb 14
4200 Fårdrup 72 Ra 2 20a
4540 Fårevejle Kirkeby 77 Qb 2 20a
4540 Fårevejle Stationsby 77 Qb 2 20a
8990 Fårup 63 Pb 16
4700 Fårup 71 Ra 3 21a
8882 Fårvang 63 Qa 16

G

7321 Gadbjerg 58 Qb 15
3400 Gadevang 78 Qb 1 21c
4621 Gadstrup 73 Qb 3 21b
8464 Galten 63 Qa 16
4050 Gamløse 73 Qb 2 20c
4600 Gammel Hastrup 73 Ra 1 21b
4622 Gammel Havdrup 73 Qb 3 21b
4960 Gammel Holeby 70 Rb 2 20a
2840 Gammel Holte 78 Qb 1 22a
4771 Gammel Kalvehave 71 Rb 1 21b
4320 Gammel Lejre 73 Qb 3 21a
4750 Gammel Lundby 71 Ra 3 21a
8680 Gammel Rye 63 Qa 16
4470 Gammel Svebølle 72 Qb 3 20a
4340 Gammel Tølløse 72 Qb 3 20c
4130 Gammel Viby 73 Qb 3 21a
4241 Gammel Vorlev 72 Ra 1 19c
4920 Gammelgård 70 Rb 2 20a
4140 Gammerød 73 Qb 3 21a
9362 Gandrup 67 Pa 17
4700 Gangesbro 72 Ra 2 20c
3660 Ganløse 78 Qb 2 21b
8981 Gassum 63 Pb 16
4874 Gedesby 54 Rb 20
4874 Gedser 71 Rb 3 21a
9631 Gedsted 63 Pb 15
8751 Gedved 63 Qb 16
5591 Gelsted 72 Ra 2 20c
6230 Genner 58 Ra 15
2820 Gentofte 73 Qb 2 22a
4200 Gerlev/Forlev 72 Ra 1 20a
3630 Gerlev/Jægerspris 78 Qb 2 21a
4970 Gerringe 70 Rb 2 20a
4050 Gershøj 73 Qb 2 21a
6621 Gesten 58 Qb 15
4000 Gevninge 73 Qb 3 21a
4660 Gevnø 73 Ra 2 21c
4270 Gierslev 72 Ra 1 20a
4100 Giesegård 73 Ra 1 21a
3250 Gilleleje 78 Qa 3 21c
4261 Gimlinge 72 Ra 2 20a
5854 Gislev 59 Ra 18
4532 Gisling 72 Qb 2 20b
4532 Gislinge 60 Qb 20
4690 Gisselfeld 73 Ra 2 21a
9260 Gistrup 67 Pb 16
7323 Give 62 Qb 15

Givskud  Kvissel 351
DK

7323 Givskud 62 Qb 15
7400 Gjellerup 62 Qa 15
8983 Gjerlev 63 Pb 17
8883 Gjern 63 Qa 16
8500 Gjerrild 64 Pb 18
8500 Gjerrild Nordstrand 64 Pb 18
8963 Gjesing 63 Qa 17
4672 Gjorslev 73 Ra 1 21c
9440 Gjøl 67 Pa 16
2860 Gladsaxe 73 Qb 2 22a
5620 Glamsbjerg 58 Ra 17
6752 Glejbjerg 57 Qb 14
8585 Glesborg 64 Qa 18
4000 Glim 73 Qb 3 21a
4983 Gloslunde 70 Rb 2 19c
2600 Glostrup 73 Qb 3 21c
8700 Glud 63 Qb 17
7361 Gludsted 62 Qa 15
4983 Glukse 70 Rb 2 19c
4171 Glumsø 72 Ra 1 20c
7870 Glyngøre 66 Pb 14
4230 Glænø 72 Ra 2 20a
4894 Godsted 70 Rb 2 20b
9230 Godthåb 67 Pb 16
4450 Godthåb 72 Qb 2 20a
6510 Gram 58 Ra 15
8600 Grauballe 63 Qa 16
6040 Gravens 58 Qb 15
6771 Gredstedbro 57 Ra 14
7100 Grejs 58 Qb 16
8500 Grenaa 64 Qa 18
2670 Greve 73 Qb 3 21b
2670 Greve Strand 60 Qb 21
4532 Grevinge 77 Qb 2 20b
6818 Grimstrup 57 Qb 14
4930 Grimstrup 70 Rb 2 20b
7200 Grindsted/Billund 57 Qb 14
9380 Grindsted/Hjallerup 67 Pa 17
4750 Grumløse 71 Ra 3 21a
4683 Grunderup 73 Ra 2 21a
2670 Grve Strand 73 Qb 3 21c
4242 Gryderup 72 Ra 2 19c
6300 Gråsten 58 Rb 16
4891 Grænge 70 Rb 2 20c
6840 Grærup 57 Qb 13
4760 Græsbjerg 71 Ra 3 21a
3600 Græse 65 Qb 21
3600 Græse 78 Qb 1 21b
3600 Græse Bakkeby 78 Qb 1 21b
4983 Græshave 70 Rb 2 19c
3230 Græsted 78 Qa 3 21c
7323 Grønbjerg/Give 62 Qb 15
6971 Grønbjerg/Spjald 62 Qa 14
4140 Grønholt/Borup 73 Ra 1 21a
3480 Grønholt/Fredensborg 78 Qb 1 21c
7470 Grønhøj 62 Qa 15
4983 Grønnegade/Dannemare 70 Rb 2 19c
4892 Grønnegade/Herritslev 70 Rb 2 20c
2970 Grønnegade/Usserød 78 Qb 1 21c
4180 Grøtte 72 Ra 1 20b
5892 Gudbjerg 59 Ra 18
6430 Guderup 58 Rb 16
4520 Gudmandstrup 72 Qb 2 20a
5874 Gudme 59 Ra 18
4573 Gudmindrup 77 Qb 1 20b
4200 Gudum 72 Ra 1 20a
9280 Gudumholm 67 Pb 17
4862 Guldborg 70 Rb 1 20c
4632 Gummersmarke 73 Ra 1 21a
4700 Gunderslevholm 72 Ra 2 20b
2970 Gunderød 78 Qb 1 21c
4571 Gundestrup 77 Qb 2 20b
4840 Gundslev 71 Rb 1 21a
4000 Gundsølille 73 Qb 2 21b
4000 Gundsømagle 73 Qb 2 21b
4300 Gurede 72 Qb 2 20b
3000 Gurre 78 Qa 3 22a
4920 Gurreby 70 Rb 2 19c
4200 Gyldenholm 72 Ra 1 20a
8300 Gylling 63 Qb 17
4100 Gyrstinge 72 Ra 1 20c
9900 Gærum 68 Pa 17
4000 Gøderup 73 Qb 3 21a
4684 Gødstrup 73 Ra 2 21a
6690 Gørding 57 Ra 14
4281 Gørlev 72 Qb 3 19c
3330 Gørløse 78 Qb 1 21b
4100 Gørslev 73 Ra 1 21a
9690 Gøttrup 66 Pa 15
7080 Gårslev 58 Qb 16
4400 Gåsetofte 72 Qb 2 19c

H

5683 Haarby 58 Ra 17
9690 Haderslev/Fjerritslev 67 Pa 15
6100 Haderslev/Kolding 58 Ra 15
7540 Haderup 62 Qa 14
8370 Hadsten 63 Qa 17
9560 Hadsund 63 Pb 17
9560 Hadsund Syd 63 Pb 17
4591 Hagendrup 72 Qb 2 20a
3550 Hagerup 78 Qb 2 21b
4300 Hagested 72 Qb 2 20b
3360 Hald 78 Qb 1 21a
7840 Hald/Skive 62 Pb 15
8983 Hald/Spentrup 63 Pb 17
4250 Haldagerlille 72 Ra 2 20b
8700 Haldrup 63 Qb 16
8382 Haldum 63 Qa 17
4200 Halkevad 72 Ra 2 20a
4470 Halleby Ore 72 Qb 3 20a
4200 Hallelev 72 Ra 1 20a
4281 Hallenslev 72 Qb 3 20a
9700 Hallund 67 Pa 17
9370 Hals 67 Pb 17
4220 Halseby 72 Ra 1 19c
4871 Halskov 71 Rb 2 21a
4220 Halsskov 72 Ra 1 19c
4900 Halsted 53 Rb 19
4900 Halstedkloster 70 Rb 1 19c
9460 Halvrimmen 67 Pa 16
8450 Hammel 63 Qa 16
6500 Hammelev 58 Ra 15
4700 Hammer 71 Ra 3 20c
4700 Hammer Torup 71 Ra 3 21a
3400 Hammershølt 78 Qb 1 21c
8830 Hammershøj 63 Qa 16
7400 Hammerum 62 Qa 15
7362 Hampen 63 Qa 15
7830 Handbjerg 62 Qa 14
4880 Handermelle 70 Rb 3 20b
8990 Handest 63 Pb 16
4891 Hanemose 70 Rb 2 20c
4420 Hanerup 72 Qb 3 20b
7730 Hanstholm 66 Pa 14
4100 Haraldsted 72 Ra 1 20c
7673 Harboøre 62 Pb 13
3230 Haregab 78 Qa 3 21c
3500 Hareskovby 73 Qb 2 21c
3320 Harløse 78 Qb 1 21b
6200 Harndrup 58 Ra 17
4912 Harpelunde 70 Rb 1 19c
4200 Harrested 72 Ra 1 20a
2740 Harrestrup 73 Qb 2 21c
8900 Harridslev 63 Pb 17
4690 Haslev 73 Ra 2 21a
8900 Haslund 63 Qa 17
5450 Hasmark Strand 59 Qb 17
3480 Hasselrød 78 Qb 1 21c
4873 Hasselø By 71 Rb 2 21a
4873 Hasselø Plantage 71 Rb 2 20c
4720 Hastrup 71 Ra 3 21a
8700 Hatting 63 Qb 16
9600 Havbro 67 Pb 15
4100 Havbyrd 72 Ra 1 20c
4622 Havdrup 73 Qb 3 21b
9610 Haverslev 67 Pb 16
4941 Havløkke 70 Rb 2 20a
8970 Havndal 63 Pb 17
6792 Havneby 57 Ra 14
4583 Havnebyen 77 Qb 1 20a
6373 Havnelev 60 Ra 21
4673 Havnelev 73 Ra 2 21c
4400 Havnemark 72 Qb 2 19b
4700 Havnskov 72 Ra 2 20b
7400 Havnstrup 62 Qa 14
4591 Havnsø 59 Qb 19
4591 Havnsø/Føllenslev 77 Qb 2 20a
4840 Havnsø/Gundslev 71 Rb 1 21a
4200 Havrebjerg 72 Ra 1 20a
3100 Havreholm 78 Qa 3 21c
4913 Hede 70 Rb 1 19c
2640 Hedehusene 73 Qb 3 21b
5750 Heden 59 Ra 17
8722 Hedensted 58 Qb 16
6950 Hee 62 Qa 13
4140 Hegnede/Borup 73 Qb 3 21a
4780 Hegnede/Stege 71 Ra 3 21c
6094 Hejls 58 Ra 16
6094 Hejlsminde 58 Ra 16
4682 Hejnerup 73 Ra 1 21a
4200 Hejninge 72 Ra 1 20a
7250 Hejnsvig 58 Qb 14
4990 Hejrede 70 Rb 2 20b
6100 Hejsager 58 Ra 16
3150 Hellebæk 79 Qa 3 22a
2900 Hellerup 73 Qb 2 22a
4652 Hellested 73 Ra 2 21b
5953 Helletofte 70 Ra 3 19a
6230 Hellevad 58 Ra 15
4920 Hellinge 70 Rb 1 19c
9740 Hellum 67 Pa 17
5631 Helnæs By 58 Ra 17
3200 Helsinge 78 Qa 3 21b
3000 Helsingør 79 Qa 3 22a
8900 Helstrup 63 Qa 16
7800 Hem 62 Pb 14
4241 Hemmeshøj 72 Ra 1 20a
6893 Hemmet 62 Qb 13
6854 Henne Stationsby 57 Qb 13
6854 Henne Strand 57 Qb 13
6920 Herborg 62 Qa 14
4681 Herfølge 73 Ra 1 21b
2730 Herlev 73 Qb 2 21c
4270 Herlsev 72 Qb 3 20a
4160 Herluflille 72 Ra 1 20c
4160 Herlufmagle 72 Ra 2 20c
7400 Herning 62 Qa 14
4571 Herrestrup/Grevinge 77 Qb 2 20b
4293 Herrestrup/Skellebjerg 72 Qb 3 20a
4040 Herringløse 73 Qb 2 21b
4880 Herritslev 70 Rb 2 20b
7830 Herrup 62 Qa 14
4000 Herslev 73 Qb 2 21a
4000 Herslev//Roskilde 60 Qb 20
7000 Herslev/Fredericia 58 Qb 16
2620 Herstedvester 73 Qb 2 21c
2620 Herstedøster 73 Qb 2 21c
4690 Hesede 73 Ra 2 21a
4850 Hesnæs 71 Rb 2 21b
5874 Hesselager 59 Ra 18
4920 Hestehave 70 Rb 2 19c
4920 Hestehave Huse 73 Ra 1 21b
5750 Hillerslev/Ringe 59 Ra 17
7700 Hillerslev/Thisted 66 Pa 14
3400 Hillerød 78 Qb 1 21c
4930 Hillested 70 Rb 2 20a
4960 Hillestolpe 70 Rb 2 20b
4872 Hillestrup 71 Rb 2 21a
4600 Himlingøje 73 Ra 1 21b
8382 Hinnerup 63 Qa 17
9850 Hirtshals 67 Ob 16
9320 Hjallerup 67 Pa 17
7741 Hjardemål Klit 66 Pa 14
6580 Hjarup 58 Ra 15
4780 Hjelm 60 Rb 21
4780 Hjelm/Damsholte 71 Rb 1 21b
4990 Hjelm/Sakskøbing 70 Rb 2 20c
4160 Hjelmsølille 72 Ra 1 20c
4100 Hjelmsømagle 72 Ra 1 20c
4450 Hjembæk 72 Qb 2 20a
7560 Hjerm 62 Qa 14
4780 Hjertebjerg 71 Rb 1 21c
6710 Hjerting 57 Qb 13
6230 Hjordkær 58 Ra 15
9690 Hjortdal 67 Pa 15
2730 Hjortespring 73 Qb 2 21c
8530 Hjortshøj 63 Qa 17
5800 Hjulby 59 Ra 18
7362 Hjøllund 63 Qa 15
9800 Hjørring 67 Pa 16
9500 Hobro 63 Pb 16
4983 Hoby 70 Rb 2 19c
4983 Hobyskov 70 Rb 2 19c
7490 Hodsager 62 Qa 14
4300 Holbæk 60 Qb 20
8950 Holbæk 63 Pb 17
4300 Holbæk 72 Qb 2 20c
6340 Holbøl 58 Rb 15
4960 Holeby 70 Rb 2 20b
4953 Holleby 70 Rb 2 19c
4300 Holløse/Regstrup 72 Qb 2 20b
4700 Holløse/Skelby 72 Ra 2 20b
3210 Holløse/Tibirke 78 Qa 3 21b
6430 Holm 58 Ra 16
4684 Holme-Olstrup 72 Ra 2 20c
4684 Holmegaard 72 Ra 2 20c
4450 Holmstrup 72 Qb 3 20a
7500 Holstebro 62 Qa 14
6670 Holsted 57 Qb 14
6670 Holsted Stationsby 57 Ra 14
4243 Holsteinborg 72 Ra 2 20a
2840 Holte/Farum 78 Qb 2 21c
4571 Holte/Herrestrup 77 Qb 2 20b
4660 Holtug 73 Ra 1 21c
4560 Honsinge 77 Qb 1 20b
6100 Hoptrup 58 Ra 15
4871 Horbelev 71 Rb 2 21a
4300 Horby 72 Qb 2 20c
7171 Hornborg 63 Qb 16
3100 Hornbæk 65 Qa 21
9850 Horne 67 Ob 16
5600 Horne/Faaborg 58 Ra 17
6800 Horne/Tistrup 57 Qb 14
3100 Horneby 78 Qa 3 21c
3100 Hornebæk 78 Qa 3 21c
8543 Hornslet 63 Qa 17
3630 Hornsved 78 Qb 1 21a
8783 Hornsyld 58 Qb 16
9600 Hornum 67 Pb 15
4800 Horreby 71 Rb 2 21a
8700 Horsens 63 Qb 16
3100 Horserød 78 Qa 3 22a
4100 Horsetofte 72 Ra 1 20c
4913 Horslunde 70 Rb 1 19c
7130 Hosby 58 Qb 17
6200 Hostrupskov 58 Ra 15
9370 Hou 67 Pa 17
8870 Houlbjerg 63 Qa 16
5953 Hov 72 Ra 3 19b
8700 Hov/Horsens 63 Qb 17
5953 Hov/Lohals 59 Ra 18
6682 Hovborg 57 Qb 14
2765 Hove 73 Qb 2 21b
8732 Hovedgård 63 Qb 16
6880 Hoven 62 Qb 14
6230 Hovslund Stationsby 58 Ra 15
8860 Hroslev 63 Qa 16
4241 Hulby 72 Ra 2 19c
3120 Hulerød 78 Qa 3 21c
4800 Hullebæk 71 Rb 2 21a
5932 Humble 53 Rb 18
3050 Humlebæk 78 Qb 1 22a
7600 Humlum 62 Pb 14
4983 Hummingen 70 Rb 2 19c
7700 Hundborg 66 Pb 14
3390 Hundested 78 Qb 1 20c
2670 Hundige 73 Qb 3 21c
8350 Hundslund 63 Qb 17
5762 Hundstrup 59 Ra 17
4930 Hunseby 70 Rb 2 20b
7760 Hurup 66 Pb 13
4983 Husby 70 Rb 2 19c
6261 Husum-Ballum 57 Ra 14
9640 Hvalpsund 62 Pb 15
9620 Hvam Stationsby 63 Pb 15
4000 Hvedstrup 73 Qb 2 21b
7790 Hvidbjerg 62 Pb 14
6960 Hvide Sande 62 Qa 13
2650 Hvidovre 73 Qb 3 21c
9500 Hvilsom 63 Pb 16
8762 Hvirring 63 Qb 16
9500 Hvornum 63 Pb 16
4990 Hydesby 70 Rb 2 20c
4970 Hyldtofte 70 Rb 3 20a
4970 Hyldtofte Fæland 70 Rb 3 20a
4970 Hyldtofte Østersøbad 70 Rb 3 20a
8660 Hylke 63 Qb 16
4683 Hyllede 73 Ra 2 21a
8400 Hyllested 64 Qa 18
4261 Hyllested 72 Ra 2 20a
4700 Hyllinge 72 Ra 2 20b
4173 Hylstrup 72 Ra 1 20b
4920 Hæsø 70 Rb 2 20a
3200 Høbjerg 78 Qa 3 21b
4900 Høfjelde 70 Rb 1 19c
7400 Høgild 62 Qa 14
4250 Højbjerg 72 Ra 2 20b
4320 Højby/Lejre 73 Qb 3 21a
4573 Højby/Nykøbing Sjælland 64 Qb 20
5260 Højby/Odense 59 Ra 17
4573 Højby/Stårup 77 Qb 1 20b
2630 Høje Taastrup 73 Qb 3 21b
4623 Højelse 73 Ra 1 21b
3230 Højelt 78 Qa 3 21b
9990 Højen 68 Ob 18
6280 Højer 57 Rb 14
4660 Højerup 73 Ra 2 21c
4873 Højet 71 Rb 2 21a
4920 Højreby 70 Rb 2 19c
4920 Højrebylund 70 Rb 2 20a
7840 Højslev 62 Pb 15
7840 Højslev Stationsby 62 Pb 15
4912 Højsmarke 70 Rb 1 19b
4591 Højsted 72 Qb 2 20a
4753 Hølby Lyng 77 Qb 1 20b
4500 Hølkerup 78 Qb 2 20c
4100 Høm 72 Ra 1 20c
4270 Høng 72 Qb 3 20a
4300 Hørby 60 Qb 20
9500 Hørby/Hobro 63 Pb 16
9300 Hørby/Sæby 67 Pa 17
4300 Hørbygård 72 Qb 2 20b
7752 Hørdum 66 Pb 13
9600 Hørning/Randers 63 Qa 17
8362 Hørning/Århus 63 Qa 17
2970 Hørsholm 78 Qb 1 22a
3550 Hørup 78 Qb 1 21b
6470 Høruphav 58 Rb 16
4534 Hørve 77 Qb 2 20a
4735 Høvdingsgård 71 Ra 3 21b
4550 Høve Strand 77 Qb 1 20b
4550 Høve/Asnæs 77 Qb 2 20b
4261 Høve/Dalmose 72 Ra 2 20a
3450 Høvelte 78 Qb 1 21c
4792 Hårbølle 60 Rb 21
4792 Hårbølle 71 Rb 1 21b
4930 Håred 70 Rb 2 20a
4652 Hårlev 73 Ra 1 21b
5471 Hårslev 58 Qb 17
4262 Hårslev 72 Ra 2 20b
5600 Håstrup 58 Ra 17

I

4872 Idestrup 71 Rb 2 21a
7500 Idom 62 Qa 13
4300 Igelsø 72 Qb 3 20b
7430 Ikast 62 Qa 15
7300 Ildved 63 Qb 15
4400 Illerup 72 Qb 2 19c
7451 Ilskov 62 Qa 15
9480 Ingstrup 67 Pa 16
7430 Isenvad 62 Qa 15
2635 Ishøj 73 Qb 3 21c
2635 Ishøj Landsby 73 Qb 3 21c
2610 Islev 73 Qb 2 21c
4400 Istebjerg 72 Qb 2 19c

J

6851 Janderup 57 Qb 13
7870 Jebjerg 62 Pb 15
6500 Jegerup 58 Ra 15
7790 Jegind 62 Pb 14
7300 Jelling 58 Qb 15
6630 Jels 58 Ra 15
4070 Jenslev 73 Qb 2 21a
4700 Jenstrup 72 Ra 2 20b
7100 Jerlev 58 Qb 15
6771 Jernved 57 Ra 14
4623 Jersie 73 Qb 3 21b
2680 Jersie Strand 73 Qb 3 21b
4490 Jerslev 72 Qb 3 19c
9740 Jerslev/Brønderslev 67 Pa 17
4490 Jerslev/Ubby 59 Qb 19
5400 Jersore 58 Qb 17
9981 Jerup 67 Ob 17
4640 Jomfruens Egede 73 Ra 2 21b
3500 Jonstrup/Tikøb 78 Qa 3 21c
4350 Jonstrup/Ugerløse 72 Qb 3 20b
4900 Jordbjerg 70 Rb 2 19b
5683 Jordløse 58 Ra 17
6064 Jordrup 58 Qb 15
4470 Jorløse 72 Qb 3 20a
7130 Juelsminde 58 Qb 17
4720 Jungshoved By 71 Ra 3 21b
6792 Juvre 57 Ra 14
4450 Jyderup 59 Qb 19
4640 Jyderup/Fakse 73 Ra 2 21a
4450 Jyderup/Stigs Bjergby 72 Qb 3 20a
4560 Jyderup/Vig 77 Qb 1 20b
4040 Jyllinge 73 Qb 2 21b
4174 Jystrup 73 Qb 3 20c
3630 Jægerspris 78 Qb 1 21a
3550 Jørlunde 78 Qb 2 21b
7900 Jørsby 66 Pb 14

K

3200 Kagerup 65 Qb 21
4420 Kagerup/Mørkøv 72 Qb 3 20b
3200 Kagerup/Skærød 78 Qb 1 21b
4160 Kagstrup/Skelby 72 Ra 2 20c
4100 Kagstrup/Ørslev 73 Ra 1 21a
4684 Kalby 72 Ra 2 20c
4593 Kaldred 72 Qb 2 19c
4880 Kallehave 70 Rb 2 20b
4400 Kallerup 72 Qb 2 19b
4990 Kallø 70 Rb 1 20b
4400 Kalundborg 72 Qb 2 19b
4400 Kalundborg Lyng 72 Qb 3 19c
4771 Kalvehave 71 Rb 1 21b
4682 Kanderød 73 Ra 1 21b
9990 Kandestederne 67 Ob 17
5450 Kappendrup 59 Qb 17
7960 Karby 66 Pb 14
4653 Karise 73 Ra 2 21b
4653 Karise-Olstrup 73 Ra 2 21b
2980 Karlebo 78 Qb 1 21c
4800 Karleby 71 Rb 2 21a
2690 Karlslunde 73 Qb 3 21b
4621 Karlstrup 73 Qb 3 21b
4000 Karnstrup 73 Qb 3 21b
4736 Karrebæksminde 72 Ra 2 20b
4736 Karrebækstorp 72 Ra 2 20b
3300 Karsemose 78 Qb 1 21a
6933 Karstoft 62 Qb 14
4990 Kartofte 70 Rb 2 20b
7470 Karup 62 Qa 15
4913 Kastager 70 Rb 1 19c
4760 Kastrup 71 Ra 3 21a
2770 Kastrup 73 Qb 3 22a
4300 Kastrup 77 Qb 2 20b
4000 Kattinge 73 Qb 3 21a
4780 Keldbylille 71 Rb 1 21c
4780 Keldbymagle 60 Rb 21
4952 Keldernæs 70 Rb 1 20a
4952 Kelderæsskov 70 Rb 1 20a
4470 Kelleklinte 72 Qb 3 19c
4560 Kelstrup 77 Qb 2 20b
6100 Kelstrup Strand 58 Ra 16
5300 Kerteminde 59 Ra 18
4892 Kettinge 54 Rb 20
2970 Kettinge/Blovstrød 78 Qb 1 21c
4892 Kettinge/Frejlev 70 Rb 2 20c
2850 Kgs Lyngby 60 Qb 21
6933 Kibæk 62 Qa 14
3390 Kikhavn 78 Qb 1 21a
2670 Kildebrønde 73 Qb 3 21b
4500 Kildehuse 78 Qb 1 20b
9900 Kilden 68 Pa 17
4990 Killerup 70 Rb 2 20b
4200 Kindertofte 72 Ra 1 20a
4735 Kindvig 71 Ra 3 21b
4200 Kirke 59 Ra 19
4360 Kirke Eskilstrup 72 Qb 3 20c
4180 Kirke Flinterup 72 Ra 1 20b
4281 Kirke Helsinge 72 Qb 3 19c
4330 Kirke Hvalsø 73 Qb 3 20c
4070 Kirke Hyllinge 73 Qb 2 21a
4340 Kirke Sonnerup 73 Qb 3 20c
4200 Kirke Stillinge 72 Ra 1 19c
4130 Kirke Syv 73 Qb 3 21a
4060 Kirke Såby 73 Qb 3 20c
3500 Kirke Værløse 78 Qb 2 21c
4230 Kirkehavn 72 Ra 2 19c
3400 Kirkelte 78 Qb 1 21c
4000 Kirkerup/Grundsømagle 73 Qb 2 21b
4200 Kirkerup/Sørbymagle 72 Ra 1 20b
4640 Kissendrup 73 Ra 2 21b
4330 Kisserup/Kirke Hvalsø 73 Qb 3 21a
4300 Kisserup/Udby 78 Qb 2 20c
7800 Kjeldbjerg 62 Qa 15
8620 Kjellerup 63 Qa 15
2930 Klampenborg 73 Qb 2 22a
4760 Klarskov 71 Ra 3 20c
9270 Klarup 67 Pa 17
9280 Klattrup 67 Pb 17
9500 Klejtrup 63 Pb 16
9690 Klim 66 Pa 15
7620 Klinkby 62 Pb 13
4500 Klint 77 Qb 1 20b
5450 Klintebjerg 59 Ra 17
4700 Klinteby 72 Ra 2 20b
4791 Klintholm 71 Rb 1 22a
4791 Klintholm Havn 60 Rb 21
6200 Kliplev 58 Rb 15
4672 Klippinge 73 Ra 1 21c
7700 Klitmøller 66 Pa 13
9320 Klokkerholm 67 Pa 17
6950 Kloster 62 Qa 13
8765 Klovborg 63 Qb 15
4400 Klovby 72 Qb 3 19c
4440 Knabstrup/Mørkøv 72 Qb 3 20b
4440 Knabstrup/Ramstrup 72 Qb 3 20b
3660 Knardrup 73 Qb 2 21c
8420 Knebel 63 Qa 17
4900 Knubbeløkke 70 Rb 2 19b
8831 Knud 62 Pb 15
4760 Knudsskov 70 Ra 3 20c
4180 Knudstrup/Broby Overdrev 72 Ra 1 20b
4270 Knudstrup/Løve 72 Ra 1 19c
2980 Kokkedal 78 Qb 1 22a
4792 Kokseby 71 Rb 1 21b
8305 Kolby Kås 59 Qb 18
7752 Koldby 66 Pb 14
6000 Kolding 58 Ra 15
8560 Kolind 64 Qa 18
4560 Kollekolle 77 Qb 1 20b
7323 Kollemorten 63 Qb 15
3450 Kollerød 78 Qb 1 21c
6340 Kollund 58 Rb 15
3200 Kolsbæk 78 Qa 3 21b
8361 Kolt 63 Qa 17
2800 Kongens Lyngby 73 Qb 2 22a
9293 Kongerslev 67 Pb 17
4660 Kongeskov 73 Ra 2 21c
6792 Kongsmark 57 Ra 14
4293 Kongsted 72 Qb 3 20a
4683 Kongsted-Borup 73 Ra 2 21a
4400 Kongstrup 72 Qb 2 19b
5600 Korinth 59 Ra 17
8762 Korning 63 Qb 16
4220 Korsør 72 Ra 2 19c
4920 Korterup 70 Rb 2 20a
5210 Korup 59 Ra 17
4750 Kostræde 70 Ra 3 20c
4050 Krabbesholm 73 Qb 2 21a
8723 Kragelund 63 Qa 15
8600 Kragelund 63 Qb 16
4900 Kragemose 70 Rb 1 19c
4943 Kragenes 59 Rb 19
4943 Kragenæs 70 Rb 1 20a
4970 Kramnitse 70 Rb 2 19c
4791 Kraneled 71 Rb 1 22a
4891 Krattet 70 Rb 2 20c
3300 Kregme 78 Qb 1 21a
5900 Krensitz 29 Va 21
7200 Krogager 57 Qb 14
3630 Krogstrup 78 Qb 2 21a
4250 Krummerup 72 Ra 2 20b
7500 Krunderup 62 Qa 14
4990 Krungerup 70 Rb 2 20c
6340 Kruså 58 Rb 15
4990 Kråurup 70 Rb 2 20b
4200 Krænkerup 72 Ra 1 20a
4180 Krøjerup/Sorø 72 Ra 1 20b
4420 Krøjerup/Sønder Jernløse 72 Qb 3 20b
4930 Krønge 70 Rb 2 20b
4983 Kuditse 70 Rb 2 19c
4270 Kulby 72 Qb 3 20a
3630 Kulhuse 78 Qb 1 21a
4520 Kundby 72 Qb 2 20b
4300 Kvanløse 72 Qb 3 20b
3550 Kvinderup 78 Qb 1 21b
4262 Kvislemark 72 Ra 2 20b
9900 Kvissel 67 Pa 17

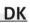

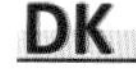

Arabia Hausjärvi Oitti 355

FIN

71800 Arabia 261 Ja 52
36600 Arajärvi 242 La 45
22010 Arkala 289 Ga 49
Arkiomaa 243 La 48
92110 Arkkukari 288 Gb 45
95610 Armassaari 300 Fa 44
Arola/Jääräjoki 341 Bb 53
Arola/Pudasjärvi 302 Fb 50
11130 Arolampi 242 Lb 46
Aroniemi 260 Jb 48
Aronkylä 246 Ka 41
95590 Arpela 300 Fa 45
17530 Arrakoski 242 La 47
16900 Arrankorpi 242 Lb 47
Arstu 257 Jb 40
16200 Artjärvi 243 Lb 49
Artukka 235 Ma 41
42100 Arvaja 248 Kb 47
23500 Arvassalo 235 Lb 39
Arvola 275 Ha 47
Asemamäki 248 Kb 47
99660 Asentopalo 324 Db 50
61330 Asevelikylä 258 Jb 41
Asiala 275 Hb 45
58900 Asikkala 250 Ka 53
17320 Asikkala Vääksy 243 La 48
17430 Asikkalan kk. 242 La 47
51720 Asila 250 Kb 52
99550 Aska 324 Ea 50
21240 Askainen 235 Lb 40
39300 Askanmäki 290 Ga 52
98420 Askanperä 314 Eb 52
07500 Askola 238 Lb 48
97700 Asmunti 301 Fb 50
Aspnäs 258 Ja 42
Asterholma 235 Ma 39
Asuma 261 Jb 52
42700 Asunta 248 Ka 46
21600 Attu 235 Ma 41
89200 Auho 290 Gb 52
62760 Aukimaa 312 Eb 46
21380 Aura 236 Lb 42
21380 Auran kk. 236 Lb 42
39700 Aurejärvi 247 Ka 43
39700 Aureskoski 247 Kb 43
19650 Autio/Joutsa 249 Kb 49
45360 Autio/Kouvola 243 Lb 50
Autio/Kuumu 291 Gb 56
Autio/Piippola 276 Ha 49
43490 Autio/Raitaperä 259 Jb 46
91620 Autio/Utajärvi 289 Gb 50
44610 Autio/Viitasaari 260 Ja 48
87100 Autiomäki 277 Ha 52
43800 Autionperä 259 Ja 46
Autiosaari 314 Fa 51
97655 Autti 314 Fa 51
17610 Auttoinen 242 La 47
21860 Auvainen/Aura 236 Lb 42
20400 Auvainen/Turku 235 Lb 41
27100 Auvi 240 La 40
52200 Auvila/Puumala 250 Kb 53
50100 Auvila/Silkakoski 250 Kb 52
52830 Auvila/Sulkava 250 Kb 53
99800 Avveel=Ivalo=Avvil 333 Cb 52
99800 Avvil=Ivalo=Avveel 333 Cb 52
73130 Avvil-Mahtte=Ivalon Matti 333 Da 48

B

Baggas 258 Ja 42
99460 Bálojávri=Palojärvi 331 Cb 43
99450 Bálojohnjálbmi=Palojoensuu 322 Da 43
22220 Bamböle 234 Ma 36
10270 Barösund 237 Mb 44
22310 Bastö 234 Ma 36
07600 Backböle=Pakila 243 Lb 48
10300 Backgränd 236 Ma 44
99420 Bealdovuopmi=Peltovuoma 332 Da 45
99490 Beattet=Pättikkä 330 Cb 40
06950 Bengtsby 238 Ma 48
68910 Bennäs=Pännäinen 274 Hb 42
10520 Bergby 236 Ma 43
22220 Bergö/Finström 234 Ma 36
66220 Bergö/Malax 257 Jb 39
66660 Bertby 258 Ja 41
Biesjohka=Piesjoki 340 Bb 48
10330 Billnäs=Pinjainen 236 Ma 44
66280 Bjurbäck 257 Jb 39
Bjurböle 238 Ma 48
22220 Bjärström 234 Ma 36
25860 Björkboda 236 Ma 42
66140 Björknäs 257 Jb 40
21770 Björkö/Storpensor 235 Ma 39
22840 Björkö/Torsholma 234 Ma 38
65870 Björköby 257 Ja 39
07955 Björnvik 238 Ma 49
66295 Blacksnäs 257 Jb 39
Boberget 246 Ka 39
64610 Bodbacka 257 Jb 39
25870 Bodbacken 236 Ma 41
02940 Bodom 237 Ma 46
02400 Bondarby 237 Ma 46
04130 Borgby=Linnanpelto 237 Ma 47
06100 Borgå=Porvoo 238 Ma 48
68555 Bosund 274 Hb 42
Botjärden 257 Jb 39
22240 Bovik 234 Ma 36
10710 Box 236 Mb 44
Brannars 258 Ja 42
10570 Bredvik 236 Mb 42
Broböle 237 Ma 47
10570 Bromarv 236 Mb 43
04130 Brusas 237 Ma 47
66270 Brändskogen 257 Jb 39
22920 Brändö 235 Ma 39
65920 Brändövik 257 Ja 39
68410 Brännkär 274 Hb 43
68500 Bråtobyn 274 Hb 42
22710 Bråttö 234 Mb 37
38330 Burdnomohkki=Purnumukka 333 Da 51
Bällby 237 Ma 44
64200 Bäckby 257 Ka 39
68830 Bäckby/Pedersöre 274 Hb 43
02580 Böle/Kirkkonummi 237 Ma 45
64240 Böle/Närpes 246 Ka 39
21720 Böle/Ruma 235 Ma 40
10710 Båsa 236 Mb 44

Č

99930 Čevetjävri=Sevettijärvi 342 Bb 54

D

64320 Dagsmark 246 Ka 40
64460 Dalbacken 246 Ka 39
25900 Dalsbruk=Taalintehdas 236 Ma 42
11020 Dálvadas 341 Bb 49
22710 Degerby/Dagerö 234 Ma 37
10140 Degerby/Siuntio 237 Ma 45
22270 Degersand 234 Ma 36
Degertal 236 Ma 42
10140 Degerö 237 Ma 45
68700 Djupsjöbacka 274 Hb 44
Djupsund 258 Ja 41
22130 Djurvik 234 Ma 36
21600 Domarby 235 Ma 41
25870 Dragsfjärd 236 Ma 41
68500 Drycksbäck 274 Hb 43
22340 Dånö 234 Ma 36

E

99400 Eanodat=Enontekiö 331 Da 44
06200 Ebbo=Epoo 238 Ma 48
68870 Edsevö 274 Hb 42
66200 Edsvik 257 Jb 39
23500 Edväinen 240 Lb 39
74630 Egypti 276 Hb 50
81950 Egyptinkorpi 278 Hb 56
27710 Ehtamo 240 La 41
11010 Einari 334 Cb 53
10600 Ekenäs=Tammisaari 236 Mb 43
25700 Eknäs 236 Ma 42
62300 Eko 258 Ja 42
Ekola 258 Ja 42
93400 Elehvä 303 Fb 54
47200 Elimäki/Anialankoski 243 Lb 49
35800 Elimäki/Mänttä 248 Ka 46
44910 Elämäjärvi 276 Ja 48
86810 Emolahti 276 Hb 48
44530 Emonen 260 Jb 48
Emoniemi 276 Hb 48
58550 Enanlahti 251 Kb 55
22830 Enklinge 234 Ma 38
23210 Ennyinen 235 Lb 40
81200 Eno 263 Jb 57
58175 Enonkoski 251 Ka 54
91760 Enonkylä 289 Ha 50
52700 Enonlahti/Koirakivi 243 La 50
71310 Enonlahti/Tuppurinmäki 261 Jb 53
99400 Enontekiö=Eanodat 331 Da 44
46450 Enäjärvi 244 Lb 51
06200 Epoo=Ebbo 238 Ma 48
56210 Erajärvi 251 La 54
85500 Erkkilä/Nivala 275 Hb 47
99510 Erkkilä/Raudanjoki 313 Ea 49
Erkkilä/Suomussalmi 291 Gb 55
Erkkilä/Yli-Ii 301 Ga 48
38270 Erkkilänmaa 241 La 43
Erkkiperä 274 Ha 43
93600 Erkkoranta 315 Fa 55
79520 Erolansaari 250 Ka 53
97170 Ervasti 302 GA 51
25500 Ervelä 236 Ma 43
35220 Eräjärvi 242 Kb 46
42100 Eräslahti 248 Kb 46
69150 Eskola/Kannus 275 Hb 45
36420 Eskola/Sahalahti 242 Kb 45
Eskoperä 276 Hb 48
02100 Espoo 237 Ma 46
68820 Esse=Ähtävä 274 Hb 43
04130 Etelä Paippinen=Södra Paipis 237 Ma 47
Etelä-Nerkoo 247 Ka 43
76850 Etelä-Niskamäki 249 Ka 51
73300 Etelä-Reittiö 277 Ja 52
Etelä-Saikari 261 Jb 50
23360 Etelä-Vartsala 235 Lb 39
Etelä-Vuokko 278 Ja 55
14770 Eteläinen 242 La 46
77330 Eteläkylä/Juva 250 Ka 52
52550 Eteläkylä/Kirjala 249 Kb 50
71650 Eteläkylä/Kuopio 261 Jb 51
44860 Eteläkylä/Pihtipudas 276 Ja 47
58900 Eteläkylä/Rantasalmi 250 Kb 53
86680 Etelälahti 275 Hb 47
86100 Etelänkylä 288 Ha 45
Eteläpää 246 Ka 40
16800 Etola 242 La 47
41770 Etu-Ikola 249 Kb 49
68555 Eugmo 274 Hb 42
27510 Eura Kauttua 240 La 41
27100 Eurajoki 240 La 40
Eurakoski 240 La 41
62500 Evijärvi 258 Ja 43
02520 Evitskog 237 Ma 45
Evo 242 La 47
35400 Eväjärvi 248 Kb 46
22270 Eckerö 234 Ma 36

F

21600 Fagerkulla 236 Ma 41
68570 Fagernäs 274 Hb 42
Fagernäs 236 Ma 44
Fagersta 238 Ma 48
10250 Fagervik 237 Ma 44
29760 Filppula 246 Kb 40
25630 Finby=Särkisalo 236 Ma 42
22530 Finby 234 Ma 37
Finnari 236 Ma 42
Finnpada 237 Ma 44
22220 Finström 234 Ma 36
10470 Fiskari=Fiskars 236 Ma 44
10470 Fiskars=Fiskari 236 Ma 44
22930 Fiskö 234 Ma 38
Fladan 246 Kb 39
22610 Flaka 234 Ma 37
07700 Forsby= Koskenkylä 238 Ma 48
66900 Forsby/Nykarleby 274 Ja 42
68920 Forsby/Pedersöre 274 Hb 42
30100 Forssa 241 Lb 44
Forsslätt 238 Lb 48
49400 Fredrikshamn 244 Lb 51
10140 Fremböle 237 Ma 45
02400 Friggesby 237 Ma 45
Friitala 240 La 40
62420 Fräntilä 258 Ja 43
66270 Frönäs 257 Jb 39
68620 Fäboda 274 Hb 42
22710 Föglö 234 Ma 37
25640 Förby 236 Ma 42

G

21710 Galtby 235 Ma 40
99910 Gámas=Kaamanen 333 Ca 51
99910 Gámasmohkki=Kaamasmukka 341 Ca 50
Gammelboda 236 Mb 43
07230 Gammelgård=Vanhamoisio 238 Ma 48
99470 Gárasavvon=Kaaresuvanto 331 Da 41
99950 Gáregasnjárga=Karigasniemi 340 Ca 48
74310 Gárnjárga 341 Bb 51
07880 Garpom 238 Lb 49
99320 Geatkesavvon=Kätkäsuvanto 322 Da 43
99490 Gelotjávri=Kelottijärvi 331 Cb 41
65280 Gerby 257 Ja 40
68555 Gertruds 274 Hb 42
04130 Gesterby 237 Ma 47
22340 Geta 234 Ma 36
99490 Gilbbesjávri=Kilpisjärvi 330 Ca 38
Gislom 238 Ma 49
22410 Godby 234 Ma 36
22240 Gottby 234 Ma 36
Grabbacka 236 Ma 44
22610 Granboda 234 Ma 37
Granon 246 Ka 39
68570 Grev 274 Hb 42
66900 Grisselören 274 Hb 41
Grundsjö 236 Ma 44
22550 Grundsunda 234 Ma 37
25700 Gräsböle 236 Ma 42
22340 Gröndal 234 Ma 36
23360 Grönvik=Viherlahti 235 Lb 39
99460 Guhttás=Kuttanen 331 Da 42
99830 Guhtur=Kuttura 333 Da 49
99470 Gulddán=Kultima 331 Da 42
01150 Gumbostrand 237 Ma 47
10520 Gundby 236 Mb 43
99950 Guoldna=Kuolna 332 Ca 48
07350 Gäddrag 238 Ma 48
25700 Gästerby 236 Ma 42
Gökbacka 274 Hb 43
22150 Gölby 234 Ma 36
Gålören 257 Jb 39

H

00320 Haaga 237 Ma 46
74210 Haajainen 277 Hb 50
21590 Haanniemi 236 Ma 42
83855 Haapa-aho 262 Jb 55
47310 Haapa-Kimola 243 Lb 49
92220 Haapajoki 288 Gb 45
62500 Haapajärvenkylä 258 Ja 43
53100 Haapajärvi/Lappeenranta 244 Lb 53
85800 Haapajärvi/Nivala 275 Hb 47
02880 Haapajärvi/Veikkola 237 Ma 45
62100 Haapakoski/Lapua 258 Jb 43
77520 Haapakoski/Pieksämäki 261 Ka 51
93190 Haapakoski/Yli-Ii 301 Ga 49
74700 Haapakumpu/Kiuruvesi 276 Hb 50
98900 Haapakumpu/Salla 314 Ea 52
46710 Haapala/Anialankoski 244 Lb 51
68370 Haapala/Kaustinen 275 Hb 45
93240 Haapala/Nuorunka 302 Fb 51
69820 Haapala/Veteli 275 Ja 44
43500 Haapalahti/Karstula 259 Jb 46
81295 Haapalahti/Uimaharju 263 Jb 57
79700 Haapalathi/Heinävesi 262 Ka 54
99910 Haapalehto 333 Ca 51
61180 Haapaluoma 258 Jb 43
42800 Haapamäki/Keuruu 248 Ka 45
79830 Haapamäki/Kypäräjärvi 262 Jb 53
72210 Haapamäki/Tervo 261 Jb 50
86810 Haapamäki/Vuohtomäki 276 Hb 49
32100 Haapaniemi/Jokioinen 241 Lb 43
58900 Haapaniemi/Rantasalmi 250 Ka 53
85500 Haapaperä 275 Hb 47
26200 Haapasaari 240 La 39
82300 Haapasalmi 263 Ka 56
82180 Haapasalo 263 Ka 57
Haapasenpää 262 Jb 53
Haapavaara 263 Ka 57
86600 Haapavesi 275 Ha 47
39500 Haapimaa 247 Kb 43
22018 Haapovaara/Ahola 303 Ga 55
82820 Haapovaara/Ilomantsi 263 Jb 58
82140 Haapovaara/Ilomantsi 263 Jb 59
83700 Haapovaara/Polvijärvi 262 Jb 55
93400 Haapovaara/Taivalkoski 302 Fb 53
14300 Haarajoenkulma 242 Lb 45
51200 Haarajoki/Kangasniemi 249 Ka 50
19700 Haarajoki/Sysmä 243 La 48
82600 Haarajärvi 263 Ka 57
Haarala/Kiannanniemi 303 Ga 54
41340 Haarala/Laukaa 260 Ka 48
44670 Haarala/Viitasaari 260 Jb 49
92520 Haaraoja 289 Ha 49
95690 Haarasaajo 312 Fa 45
Haarjärvi 236 Ma 44
Haarla 236 Ma 43
93680 Haataja 302 Fa 54
42330 Haavisto/Jämsänkoski 248 Kb 47
03600 Haavisto/Karkkila 237 Lb 45
17800 Hahmajärvi 242 Kb 47
Haikaperä 275 Hb 46
54920 Haikkaanlahti 244 La 52
90480 Hailuoto 288 Ga 46
03400 Haimoo 237 Ma 45
34300 Hainari 247 Kb 44
Haitula 241 Lb 42
25240 Hajala 236 Ma 42
Hakala 246 Kb 41
24130 Hakamäki 236 Ma 43
13880 Hakimäki 242 La 45
23310 Hakkenpää 235 Lb 40
Hakkila 241 La 44
63680 Hakojärvi 259 Jb 44
89400 Hakokylä 291 Gb 54
63600 Hakomäki 259 Jb 44
15820 Hakosilta 243 Lb 48
82915 Hakovaara 263 Jb 58
61370 Hakuni 246 Jb 41
01200 Hakunila=Håkansböle 237 Ma 47
24800 Halikko 236 Ma 43
31500 Halikkola 236 Lb 43
52830 Halisenkylä 244 La 51
07190 Halkia 237 Lb 47
31760 Halkivaha 241 La 43
77240 Halkokumpu 249 Ka 50
60560 Halkosaari 258 Jb 42
Halla 290 Gb 54
Halla-Aho 243 La 50
51900 Halla-aho/Juva 250 Kb 52
74340 Halla-aho/Rasimäki 277 Hb 52
12400 Hallakorpi 242 Lb 46
Hallamäki 250 Ka 52
12700 Hallankulma 242 Lb 45
86710 Hallanperä 276 Hb 48
74700 Hallaperä 276 Hb 50
62800 Hallapuro 259 Ja 45
11710 Hallberginmäki 242 Lb 46
35600 Halli 248 Kb 46
23600 Hallu 240 Lb 40
16450 Halmaa 243 Lb 48
52850 Halmeniemi 244 La 51
79150 Halola 261 Jb 52
Halolanpää 278 Ja 56
90860 Halosenniemi 288 Ga 47
98100 Halosenranta 314 Eb 51
21570 Halslahti 236 Ma 42
69510 Halsua 275 Ja 45
Haltas 274 Ja 44
36760 Haltia 242 La 46
58700 Halttula/Juva 250 Kb 53
41490 Halttula/Lievestuore 249 Ka 49
95100 Halttula/Simo 301 Fb 47
73350 Haluna 261 Ja 53
95255 Hamari 301 Fb 47
49400 Hamina 244 Lb 51
12130 Haminankylä 242 Lb 47
19650 Haminanmäki 249 Kb 49
22240 Hammarland 234 Ma 36
22320 Hamnsund 234 Ma 37
44670 Hamula/Niinivesi 260 Ja 49
71890 Hamula/Siilinjärvi 261 Ja 52
61840 Hangaskylä 246 Jb 41
15700 Hangasmäki 243 Lb 48
52340 Hangastenmaa 250 Kb 51
01150 Hangelby 238 Ma 47
10660 Hangist 236 Mb 43
10900 Hangö=Hanko 236 Mb 42
Hanhijoki 241 Lb 42
53100 Hanhijärvi 244 La 53
32610 Hanhikoski/Alastaro 241 La 42
98100 Hanhikoski/Kemijärvi 314 Eb 51
61460 Hanhikoski/Ylistaro 258 Jb 42
Hanhilahti 241 Kb 45
99190 Hanhimaa 323 Db 47
62300 Hanhimäki 258 Ja 42
86510 Hanhiperä 275 Ha 46
68390 Hanhisalo 275 Hb 45
31760 Hanhisuo 241 La 44
77700 Hanhitaipale 261 Jb 50
58180 Hanhivirta 251 Ka 54
35750 Hanho 247 Ka 45
16500 Hankaa 243 Lb 47
79100 Hankamäki/Leppävirta 261 Jb 52
77700 Hankamäki/Rautalampi 261 Jb 50
73900 Hankamäki/Ylä-luosta 277 Ja 53
41500 Hankasalmen as. 249 Ka 49
41520 Hankasalmi 249 Ka 49
82300 Hankavaara 262 Ka 55
41520 Hankavesi 260 Ka 49
27100 Hankkila 240 La 40
10900 Hanko=Hangö 236 Mb 42
Hankreeti 240 La 40
Hannikylä 245 La 54
95900 Hannukainen 323 Db 44
Hannula 235 Lb 40
Hannunranta 312 Eb 45
22010 Hannusperä 289 Ga 48
87910 Hannusranta 290 Ha 52
38700 Hapua 246 Kb 41
Haraböle 236 Ma 44
22410 Haraldsby 234 Ma 37
15540 Haravakylä 243 Lb 48
07910 Haravankylä=Råfsby 238 Ma 49
Haravaoja 275 Hb 45
07900 Hardom 238 Lb 49
36600 Harhala 242 La 45
78200 Harijärvi 250 Ka 52
72300 Harinkaa 260 Jb 49
81160 Harivaara 262 Jb 56
29600 Harjakangas 240 Kb 40
29630 Harjakoski 240 Kb 41
61800 Harjankylä 246 Jb 41
29200 Harjavalta 240 La 41
89400 Harju/Hyrynsalmi 290 Gb 53
91620 Harju/Jervelä 289 Gb 50
98995 Harjula/Hautajärvi 315 Eb 55
Harjula/Oijärvi 301 Fb 48
32610 Harjunkylä/Alastaro 241 Lb 42
66320 Harjunkylä/Jurva 257 Jb 40
49270 Harjunkylä/Pyhtää 243 Lb 50
51440 Harjunmaa/Kangasniemi 249 Kb 50
50100 Harjunmaa/Mikkeli 249 Kb 51
60800 Harjunmäki 258 Jb 42
61650 Harjunpäänperä 247 Ka 43
17840 Harjunsalmi 248 Kb 47
Harjunummi 240 La 41
79480 Harjuranta 250 Ka 53
Harjux 258 Ja 41
44950 Harmaalanranta 276 Ja 48
83500 Harmaasalo 262 Jb 55
17780 Harmoinen 242 La 47
Harmola 250 Kb 52
27430 Harola 240 La 41
Harparskog 236 Mb 43
66290 Harrström 257 Jb 39
07850 Harsböle 238 Lb 49
92400 Hartaanselkä 289 Gb 47
Hartikkala 250 Kb 53
47760 Hartola/Heinola 243 La 50
19600 Hartola/Joutsa 249 Kb 49
19430 Hartosenpää 249 Kb 50
21500 Harvaluoto 236 Ma 41
74300 Harvanmäki 277 Hb 52
13330 Harviala 242 Lb 46
82710 Harvio 263 Jb 58
82360 Haso 263 Ka 57
42100 Hassi 248 Kb 47
22710 Hastersboda 234 Ma 38
95300 Hastinkangas 300 Fa 46
15880 Hatsina 242 La 47
51820 Hatsola 250 Kb 52
13880 Hattula 242 La 45
81950 Hattuselkonen 278 Hb 57
81650 Hattuvaara/Pihlajavaara 279 Jb 59
39570 Hattuvaara/Suomussalmi 290 Ga 54
87100 Hatulanmäki 277 Hb 51
81750 Hatunkylä 279 Ja 58
Hauhala 250 Kb 52
14700 Hauho 242 La 46
Hauhontaka 242 La 46
Hauhula 237 Ma 44
34800 Hauhuu 247 Ka 44
41660 Haukanmaa 249 Ka 48
74230 Haukela 291 Ha 57
38490 Haukijärvi 241 Kb 43
35400 Haukilahti/Halli 248 Kb 46
74100 Haukilahti/Iisalmi 277 Ja 51
54100 Haukilahti/Joutseno 245 La 53
69910 Haukilahti/Kivikangas 259 Ja 45
30430 Haukilahti/Kuhmo 291 Ha 55
73100 Haukimäki/Lapinlahti 277 Ja 52
41230 Haukimäki/Uurainen 260 Jb 47
Haukiniemi/Kuusamo 303 Fb 55
57310 Haukiniemi/Savonlinna 250 Ka 54
43340 Haukiperä 260 Jb 47
90830 Haukipudas 288 Ga 47
97670 Haukitaipale 301 Fa 48
82830 Haukivaara/Ilomantsi 263 Jb 58
81430 Haukivaara/Uimaharju 263 Jb 58
51600 Haukivuori 249 Ka 51
Haukka 240 Lb 40
56310 Hauklappi 250 La 54
38670 Haunia 240 Kb 41
91930 Haurukylä 289 Gb 48
12210 Hausjärven kk. 242 Lb 46
12210 Hausjärvi Oitti 242 Lb 47

356 Hautajoki Imatra

FIN

86710 Hautajoki 276 Hb 48
98995 Hautajärvi 315 Eb 55
74700 Hautakylä/Kiuruvesi 276 Hb 50
63890 Hautakylä/Kukonkylä 259 Jb 45
25560 Hautakylä/Taivalkoski 302 Ga 52
Hautala 243 Lb 50
04600 Hautjärvi 243 Lb 47
72210 Hautolahti 260 Jb 50
72210 Hautomäki 260 Jb 50
34710 Havangankylä 247 Ka 44
21890 Haveri 241 Lb 42
Havras 257 Jb 40
Havukka 243 Lb 50
Havula 302 Ga 50
41770 Havumäki 249 Kb 49
Hackas 274 Hb 44
64440 Heden 246 Ka 39
66640 Hedorna 258 Ja 41
62710 Heikinkangas 259 Jb 44
07850 Heikinkylä 243 Lb 49
21840 Heikinsuo 236 Lb 42
Heikkila 303 Fb 56
62310 Heikkilä/Alahärmä 258 Ja 42
64850 Heikkilä/Kauhajoki 246 Ka 40
69700 Heikkilä/Kaustinen 275 Ja 44
97675 Heikkilä/Kuohunki 313 Fa 49
60420 Heikkilä/Nurmo 258 Jb 42
03400 Heikkilä/Vihti 237 Ma 45
88600 Heikkilänkylä 277 Ha 54
Heikkisenniva 303 Fb 55
89400 Heikkisenvaara 291 Gb 55
54920 Heikkola/Taipalsaari 244 La 53
62375 Heikkola/Ylihärmä 258 Ja 42
58700 Heikkurila 250 Kb 53
21490 Heikola/Marttila 236 Lb 42
23210 Heikola/Vehmaa 235 Lb 40
54530 Heimala 244 Lb 52
52420 Heiniemi 244 La 51
21900 Heinijoki 240 Lb 41
39200 Heinijärvi/Hämeenkyrö 241 Kb 43
91930 Heinijärvi/Liminka 288 Gb 47
Heinikoski 301 Fb 47
92700 Heiniojanperä 289 Ha 49
Heinisuo 301 Fb 49
49200 Heinlahti=Heinlax 238 Ma 50
15230 Heinlammi 243 La 48
49200 Heinlax=Heinlahti 238 Ma 50
18100 Heinola 243 La 49
18100 Heinolan kk. 243 La 49
Heinolankulma 240 Kb 42
92430 Heinolanperä 288 Gb 47
82490 Heinoniemi 262 Ka 56
38100 Heinoo 241 La 42
77700 Heintaival 260 Jb 50
82710 Heinäaho/Kovero 263 Jb 58
73100 Heinäaho/Lapinlahti 277 Ja 52
14200 Heinäjoki 242 Lb 46
74630 Heinäkylä 276 Hb 50
Heinälathi 250 Kb 51
Heinälä 291 Ha 56
16330 Heinämaa 243 Lb 48
76100 Heinämäki/Pieksämäki 261 Ka 51
72400 Heinämäki/Pielavesi 276 Ja 50
73260 Heinämäki/Sotkamo 290 Ha 54
34980 Heinäperä/Kattelus 247 Ka 44
85100 Heinäperä/Pihlajamäki 276 Hb 50
99740 Heinäperä/Syväjärvi 324 Ea 48
43170 Heinäpohja 260 Jb 48
Heinäselkä 250 Ka 53
89320 Heinävaara/Juokokylä 290 Ga 53
82110 Heinävaara/Kiihtelysvaara 263 Jb 57
81100 Heinävaara/Kontiolahti 262 Jb 56
79700 Heinävesi 262 Ka 54
41660 Heiska 249 Ka 49
81200 Heiskalankylä 262 Jb 56
97290 Heiskarinniemi 313 Eb 47
88120 Heitto 277 Hb 53
54770 Heituinlahti 244 La 52
66290 Helenelund 257 Jb 39
25700 Helgeboda 236 Ma 42
62130 Hellanmaa 258 Ja 42
21160 Hellemaa 235 Ma 40
22730 Hellsö 235 Mb 38
97420 Helppi 312 Ea 46
65520 Helsingby 257 Ja 40
00100 Helsingfors=Helsinki 237 Ma 46
00100 Helsingfors=Helsinki 237 Ma 46
00100 Helsinki=Helsingfors 237 Ma 46
23310 Helsinki 235 Lb 39
00100 Helsinki=Helsingfors 237 Ma 46
Hemdal 236 Mb 43
72600 Hemminki 260 Ja 49
Hemmola 235 Lb 41
71310 Hemmonranta 261 Jb 53
64460 Henriksdal 246 Ka 39
56310 Hentula 244 La 53
21500 Hepojoki 236 Ma 42
94830 Hepola 300 Fb 46
Heponiemi 315 Fa 56
Hepopera 248 Ka 47
Hepovaara 290 Gb 52
Hepöjärvi 250 Ka 51
81260 Herajoki/Puso 262 Jb 56
11910 Herajoki/Riihimäki 242 Lb 46
81260 Heraniemi 262 Ja 56
04660 Herman=Onkimaa 237 Lb 47
29200 Hermu 240 La 41
74100 Hernejärvi 277 Hb 51
Heroja 258 Jb 44
16500 Herrala 243 Lb 47
34800 Herraskylä 247 Ka 44
16730 Hersala 243 La 48
88600 Herttuankylä 278 Ha 54
58200 Herttuansaari 251 Kb 55
74700 Herukkamäki 276 Hb 49
95160 Herva 301 Fb 48
Hervanta 241 La 44
Heräkulma 248 Kb 47
39300 Hetekylä 289 Ga 50
43300 Hetoperä 260 Ja 47
Hetta-Heahtta 331 Da 44
79480 Hevonlahti 250 Ka 54
07600 Hevonoja 243 Lb 48
44740 Hevosjärvi 260 Ja 48
12700 Hevosoja/Loppi 242 Lb 45
47900 Hevosoja/Tuohikotti 243 La 50
89210 Hiekkaniemi 290 Gb 51
Hiekkaranta 278 Ja 56
85410 Hiekkasärkät=Kalajoen 274 Ha 44
Hietajarvi 291 Gb 57
Hietakorpi 259 Ja 45
77570 Hietakylä/Jäppilä 261 Ka 51
86810 Hietakylä/Pyhäjärvi 276 Hb 48
Hietala 302 Ga 50
18100 Hietalahti/Heinola 243 La 49
43100 Hietalahti/Saarijärvi 260 Jb 47
44170 Hietama 260 Jb 48
77110 Hietamäki 249 Ka 50
16200 Hietana 243 Lb 49
52510 Hietanen/Rantakylä 249 Kb 51
95900 Hietanen/Väylänpää 312 Ea 44
73660 Hietaniemi/Kotala 326 Ea 55
52700 Hietaniemi/Mäntyharju 243 La 50
97900 Hietaniemi/Posio 302 Fa 53
88900 Hietaperä 291 Ha 55
Hietaranta 303 Fb 55
39410 Hietikko 247 Kb 43
12170 Hietoinen 242 Lb 47
62800 Hietoja 259 Ja 44
98800 Hihnavaara 325 Ea 53
44910 Hiidenkylä 276 Hb 48
71310 Hiidenlahti 261 Jb 53
43900 Hiilinki 259 Ja 47
51600 Hiirenmaa 250 Kb 51
29200 Hiirijärvi 240 La 41
83900 Hiirikylä 277 Hb 54
51520 Hiirola 250 Kb 51
88460 Hiisijärvi 290 Ha 54
47460 Hiisiö 243 Lb 49
81450 Hiiskoski 263 Jb 58
58900 Hiismäki 250 Kb 53
16200 Hiitelä 243 Lb 48
25940 Hiitinen=Hitis 236 Mb 42
11710 Hiivola 242 Lb 46
12240 Hikiä 242 Lb 46
68300 Hilli 274 Hb 44
68150 Hillilä 274 Ha 44
Hillitä 242 La 47
49460 Hillo 244 Lb 51
52920 Hillosensalmi 243 La 50
43300 Hilmonkoski 260 Jb 47
58900 Hiltula 250 Kb 53
70870 Hiltulanlahti 261 Jb 52
Hiltunen 303 Fb 56
52420 Himalansaari 244 La 52
68100 Himanka 274 Ha 44
68100 Himankakylä 274 Ha 44
23210 Himoinen 235 Lb 40
07110 Hindhĺr=Hinthaara 238 Ma 47
04130 Hindsby 237 Ma 47
99740 Hinganmaa 324 Ea 48
27600 Hinnerjoki 240 Lb 40
Hinsala 241 La 44
07110 Hinthaara=Hindhĺr 238 Ma 47
945 00 Hirmula 300 Fb 46
91500 Hirsijärvi 289 Gb 49
35320 Hirsilä 248 Kb 45
31470 Hirsjärvi 236 Lb 44
35220 Hirtolahti 242 Kb 46
43170 Hirvaanmäki 260 Jb 48
97130 Hirvas 313 Fa 47
74420 Hirvaskoski 302 GA 51
41180 Hirvaskylä 260 Ka 48
98760 Hirvasvaara 314 Eb 54
93190 Hirvela 301 Ga 49
46710 Hirvelä/Anjalankoski 244 Lb 51
88900 Hirvelä/Kuhmo 291 Ha 56
25390 Hirvelä/Somero 236 Lb 44
61840 Hirvelänpää 246 Jb 40
52620 Hirvenlahti 249 Kb 49
52550 Hirvensalmi 249 Kb 50
04600 Hirvihaara 237 Lb 47
62260 Hirvijoki/Lapua 258 Jb 43
09430 Hirvijoki/Nummi-Pusula 237 Ma 45
73500 Hirvijärvi 262 Ja 53
29810 Hirvijärvi/Kankaanpää 246 Kb 40
72100 Hirvijärvi/Karttula 261 Jb 50
12630 Hirvijärvi/Riihimäki 242 Lb 46
74360 Hirvijärvi/Sonkakoski 277 Hb 51
35540 Hirvijärvi/Talviainen 248 Kb 46
41270 Hirvikangas 260 Jb 47
Hirvikoski 275 Hb 45
32300 Hirvikoski 241 Lb 42
61600 Hirvikylä/Jalasjärvi 247 Ka 42
72710 Hirvikylä/Laukkala 276 Ja 50
42700 Hirvikylä/Pihtisuiku 259 Ka 46
71650 Hirvilahti 261 Ja 51
Hirvilammi 258 Jb 42
41800 Hirvimäki 248 Ka 47
79940 Hirvimäki/Heinävesi 262 Ka 54
33580 Hirviniemi/Tampere 241 Kb 44
34910 Hirviniemi/Virrat 247 Ka 43
19600 Hirvipohja 249 Kb 48
83676 Hirvisalo 243 La 49
88950 Hirvivaara 291 Gb 55
66970 Hirvlax 258 Ja 41
25940 Hitis=Hiitinen 236 Mb 42
Hitola 236 Ma 44
Hiukkaa 248 Kb 46
58520 Hiukkajoki 251 Kb 56
41400 Hoho 249 Ka 49
Hoikankangas 290 Ha 52
77700 Hoikankylä/Rautalampi 261 Jb 50
41270 Hoikankylä/Uurainen 260 Jb 47
43800 Hoikanperä 259 Ja 47
89430 Hoikka 290 Gb 54
82760 Hoilola 263 Ka 58
62940 Hoisko 259 Ja 44
51200 Hokka 249 Kb 50
35700 Hokkaskylä/Vilppula 248 Ka 45
63920 Hokkaskylä/Ähtäri 259 Jb 45
41800 Holiseva 248 Kb 46
36760 Holja 242 La 46
63610 Holkonkylä 259 Jb 44
15860 Hollola Salpakangas 243 Lb 48
16710 Hollolan kirkons 242 La 47
Holma 248 Kb 45
43390 Holmisperä 259 Ja 47
12100 Hongisto/Hausjärvi Oitti 242 Lb 47
03600 Hongisto/Karkkila 237 Lb 45
31500 Hongisto/Koski Tl 236 Lb 43
38950 Honkajoki 246 Kb 41
29940 Honkajärvi 246 Kb 40
29640 Honkakoski/Kankaanpää 246 Kb 41
74100 Honkakoski/Peltosalmi 277 Hb 52
44740 Honkakoski/Vitajärvi 260 Ja 48
60760 Honkakylä 258 Jb 42
Honkamäki 260 Ja 50
90440 Honkanen 289 Gb 48
86810 Honkaperä 276 Hb 49
74610 Honkaranta/Kiuruvesi 276 Hb 50
44860 Honkaranta/Pihtipudas 276 Ja 47
97895 Honkaranta/Posio 314 Fa 53
82200 Honkavaara/Pyhäselkä 263 Ka 57
81280 Honkavaara/Uimaharju 263 Jb 57
27650 Honkilahti 240 Lb 41
Honkiniemi 258 Ja 43
31760 Honkola/Urjala 241 La 43
44150 Honkola/Äänekoski 260 Jb 48
99660 Hookana 324 Db 49
Hoppula 314 Fa 51
Hopsala 274 Hb 42
42440 Hopsu 248 Kb 47
21450 Horinen 236 Lb 42
99270 Hormakumpu 323 Db 47
29250 Hormistonmäki 240 La 40
38100 Hornio 241 La 42
72300 Horonkylä/Närhilä 260 Jb 49
66370 Horonkylä/Teuva 246 Jb 40
Horonpää 260 Jb 49
07750 Horslök 238 Ma 48
83780 Horsmanaho 262 Jb 55
74100 Horsmanmäki 277 Ja 52
74400 Hosio 301 Fb 48
99130 Hossa/Sirkka 323 Db 46
93780 Hossa/Teeriranta 303 Ga 56
98980 Hossovaara 315 Eb 55
54460 Hostikka 244 Lb 52
19600 Hotila 249 Kb 48
38200 Houhajärvi 241 La 43
21710 Houtsala 235 Ma 40
21760 Houtskari=Houtskär 235 Ma 39
21760 Houtskär=Houtskari 235 Ma 39
54410 Hovi 244 Lb 53
81160 Hovila/Polvijärvi 262 Jb 56
62800 Hovila/Vimpeli 259 Ja 44
Hovinkylä 276 Ja 49
Hovinpelto 261 Jb 51
16300 Huhdanoja 243 Lb 48
47760 Huhdasjärvi 243 La 50
Huhdinkylä 240 La 41
Huhmarinen 262 Jb 56
62240 Huhmarkoski 258 Ja 43
27110 Huhta 240 La 40
31640 Huhtaa/Humppila 241 Lb 43
37310 Huhtaa/Nokia 241 La 43
95255 Huhtala/Kemi 301 Fb 47
38600 Huhtala/Pori 240 Kb 41
69150 Huhtala/Sievi 275 Hb 45
99530 Huhtala/Sodankylä 313 Ea 50
31900 Huhtamo 241 La 42
52700 Huhtamäki 243 La 50
56510 Huhtanen 245 La 54
Huhtapuhto 275 Ha 46
31760 Huhti 241 La 44
42440 Huhtia 248 Ka 47
35700 Huhtijärvi 248 Ka 45
82180 Huhtilampi 263 Ka 57
77570 Huhtimäki 261 Ka 52
81450 Huhus 263 Jb 58
82500 Huikkola 263 Ka 57
91500 Huikola 289 Gb 49
60800 Huissinkylä 258 Jb 41
32700 Huittinen 241 La 42
Huittula 242 La 45
54430 Hujakkala 244 Lb 52
74230 Hukkajärvi 292 Ha 57
52400 Hukkala/Latvajärvenperä 303 Ga 54
83830 Hukkala/Polvijärvi 262 Jb 55
37560 Hulikankulma 241 La 44
Huljala 242 Lb 47
77600 Hulkkola 261 Jb 51
Hulkonmäki 246 Ka 42
22530 Hulta 234 Ma 37
69980 Humalajoki/Möttönen 259 Ja 46
71460 Humalajoki/Petonen 261 Jb 52
41930 Humalaperä 248 Ka 47
21250 Humikkala 235 Lb 41
22550 Hummelvik 234 Ma 37
22710 Hummersö 234 Mb 37
82460 Hummovaara 251 Ka 56
43640 Humppi 259 Jb 46
31640 Humppila 241 Lb 43
12700 Hunsala 237 Lb 45
44580 Huopana 260 Ja 48
44580 Huopanankoski 260 Ja 48
82710 Huosiovaara 263 Ka 57
27910 Huovinrinne 240 La 41
52230 Hurissalo 250 La 52
92220 Hurnasperä 288 Gb 45
32270 Hurrinkulma 241 Lb 43
77320 Hurskaala 250 Ka 51
53850 Hurtanmaa 244 Lb 52
49720 Hurttala 244 Lb 52
46930 Huruksela 243 Lb 50
Hurula 241 La 42
21530 Huso 236 Ma 42
54530 Husula/Luumäki 244 Lb 52
49510 Husula/Salmenkylä 244 Lb 51
Husupää 251 La 55
90900 Huttukylä 289 Ga 48
52340 Huttula/Anttola 250 Kb 52
41970 Huttula/Keuruu 248 Ka 47
54710 Huttula/Savitaipale 244 La 52
74340 Huttula/Tihilänkangas 276 Hb 49
Huuhi 262 Ka 55
52850 Huuhilo 244 La 51
87950 Huuhilonkylä 291 Ha 55
52200 Huuhkala 250 La 53
69100 Huuki 275 Hb 44
92430 Huumola 288 Gb 47
36200 Huutijärvi 242 La 45
79620 Huutokoski/Joroinen 250 Ka 52
83700 Huutokoski/Poivijärvi 262 Jb 55
99910 Huutoniemi/Kaamasjoki 341 Ca 50
Huutoniemi/Kiannanniemi 303 Ga 55
73100 Huutoperä 276 Hb 49
07590 Huuvari 238 Lb 48
31300 Hykkilä 241 Lb 44
10660 Hylta 236 Mb 43
63130 Hynnilä 258 Jb 43
86810 Hynynkylä 276 Hb 48
45410 Hyppälä 243 Lb 50
82300 Hypönniemi 262 Ka 55
54800 Hyrkkälä 244 La 52
03850 Hyrkkölä/Karkkila 237 Lb 44
41800 Hyrkkölä/Korpilahti 248 Kb 48
09430 Hyrsylä 237 Ma 45
13880 Hyrvälä 242 Lb 45
Hyry 301 Fb 47
04300 Hyrylä 237 Ma 47
89400 Hyrynsalmi 290 Gb 53
54310 Hytti 244 Lb 53
92500 Hyttikoski 289 Ha 48
Hyttilä 244 Lb 53
44330 Hytölä 260 Jb 49
28200 Hyvelä 240 Kb 40
14240 Hyvikkälä 242 Lb 46
05800 Hyvinkää 237 Lb 46
16800 Hyväneula 242 Lb 47
97900 Hyväniemi 302 Fa 53
75500 Hyvärilä/Nurmes 278 Hb 55
92600 Hyvärilä/Piippola 276 Ha 48
72210 Hyvölä 260 Jb 50
92700 Hyvölänranta 289 Ha 49
38470 Hyynilä 241 Kb 42
58175 Hyypiänniemi 251 Ka 54
Hyypiö/Kemijärvi 313 Eb 50
Hyypiö/Lautiosaari 300 Fb 46
61940 Hyyppä/Kauhajoki 246 Ka 41
61500 Hyyppä/Vörä 258 Ja 41
46430 Hyyry 244 Lb 50
35750 Hyyrylä 248 Kb 45
Hyytiälä 248 Kb 45
72600 Hyödynkylä 260 Ja 49
Hyömäki 242 La 45
09810 Hyönölä 237 Ma 44
Hyöteikkö 301 Fb 50
51900 Hyötyy 250 Kb 52
07600 Hyövinkylä=Övitsböle 238 Lb 48
02400 Häggesböle 237 Ma 45
Häggvik 257 Jb 39
25190 Hähkänä 236 Ma 43
38420 Häijää 241 La 43
Häikiö 290 Gb 52
90240 Häikiönniemi 289 Ga 49
91620 Häikkiö 289 Gb 51
30100 Häiviä 241 Lb 44
51600 Häkkilä/Haukivuori 249 Ka 51
43170 Häkkilä/Saarijärvi 260 Jb 47
69300 Häkkilä/Toholampi 275 Hb 45
41900 Häkkiskylä 248 Ka 46
77330 Hällinmäki 250 Ka 52
58200 Hälvä 251 Kb 55
Hälvälä 251 Kb 54
16800 Hämeenkoski 242 La 47
39100 Hämeenkyrö 241 Kb 43
Hämeenlampi 276 Hb 50
13100 Hämeenlinna 242 Lb 45
52610 Hämeenmäki 249 Kb 50
62940 Hämeenniemi 259 Ja 44
97420 Hämälä 312 Ea 47
73800 Hämäläinen 324 Db 50
51335 Hännilä/Kangasniemi 249 Kb 49
50100 Hännilä/Mikkeli 250 Kb 52
56140 Hännilä/Ruokolahti 245 La 54
43100 Hännilä/Saarijärvi 260 Jb 47
44330 Hänniskylä 260 Jb 49
Hännänniemi 260 Jb 50
25410 Häntälä/Salo 236 Ma 44
31450 Häntälä/Somero 236 Lb 43
49860 Häppilä 244 Lb 51
Häppälä 250 Kb 51
51380 Häppälänmäki 249 Ka 49
Häranta 276 Hb 48
28100 Härjunpää 240 La 40
09120 Härjänvatsa 236 Ma 44
Härkinvaara 262 Jb 56
58180 Härkki 251 Ka 54
64460 Härkmeri 246 Ka 39
10070 Härkäjoki 324 Ea 51
51940 Härkälä/Juva 250 Kb 53
19110 Härkälä/Lahti 243 La 48
69410 Härkäneva 275 Hb 45
07750 Härkäpää=Härpe 238 Ma 48
Härkölahti 248 Ka 48
95315 Härkönen 300 Fb 46
Härmi 263 Jb 58
62300 Härmän 258 Ja 42
88900 Härmänkylä 291 Ha 55
73220 Härmänmäki 290 Ha 53
07750 Härpe=Härkäpää 238 Ma 48
68700 Hästbacka 274 Hb 43
29250 Häyhtiönmaa 240 La 41
74200 Häyrynen 302 GA 51
Häyrynlahti 262 Jb 55
52100 Häyrysenkylä 250 Kb 51
Häähä 235 Lb 40
66295 Högback 257 Jb 39
22520 Högbolstad 234 Ma 37
68700 Högnabba 274 Ja 44
02940 Högnäs 237 Ma 46
25960 Högsåra 235 Mb 41
75990 Höljäkkä 278 Ja 55
82915 Hömötti 263 Jb 58
81700 Höntönvaara 279 Ja 57
10710 Höstnäs 236 Mb 44
62710 Höykkylä 259 Ja 44
73900 Höylä 278 Ja 54
41220 Höytiä 248 Ka 47
Hööpaaka 258 Ja 42
01200 Hĺkansböle=Hakunila 237 Ma 47

I

52230 Ihalainen 250 La 52
49660 Ihamaa 244 Lb 51
58180 Ihamaniemi 251 Ka 54
31400 Ihamäki 236 Lb 44
Ihantee 250 Kb 54
50100 Ihastjärvi 249 Kb 51
27320 Ihode 240 Lb 40
Ihottu 277 Hb 52
91100 Ii 301 Ga 47
73210 Iijärvi 341 Ca 52
80260 Iiksenvaara 263 Jb 56
93277 Iinattijärvi 302 Ga 52
Iiroinen 235 Lb 40
43430 Iiroonranta 259 Jb 45
74100 Iisalmi 277 Hb 51
97340 Iisinki 313 Eb 47
77800 Iisvesi 261 Jb 51
47540 Iitin kk. 243 Lb 49
47520 Iitti Kausala 243 Lb 49
99490 Iitto 330 Cb 39
99950 Iivananjärvi 332 Cb 48
88900 Iivantiira 291 Ha 55
Iivarinkylä 246 Ka 41
39500 Ikaalinen 247 Kb 43
21380 Ikkala/Aura 235 Lb 41
03810 Ikkala/Karkkila 237 Ma 45
34950 Ikkala/Virrat 247 Ka 44
61820 Ikkeläjärvi 246 Ka 42
57230 Ikoinniemi 251 Kb 54
93180 Ikosenniemi 301 Fb 50
72600 Ikälänkylä 260 Ja 49
82915 Iljanaho 263 Jb 58
07280 Illby=Ilola 238 Ma 48
25830 Illo/Dragsfjärd 236 Ma 42
38200 Illo/Punkalaidun 241 La 43
60800 Ilmajoki 258 Jb 42
56210 Ilmajärvi 251 La 54
21350 Ilmarinen 235 Ma 41
14680 Ilmoila 242 La 45
Ilmola 300 Fb 46
44530 Ilmolahti 260 Jb 48
40800 Ilmopohja 249 Ka 48
07280 Ilola=Illby 238 Ma 48
82900 Ilomantsi 263 Jb 58
44800 Ilosjoki 260 Ja 48
Iltasmäki 242 La 45
61760 Ilvesjoki 246 Ka 42
55100 Imatra 245 La 54

Imjärvi
Kannuskoski 357
FIN

18100 Imjärvi 243 La 49
01150 Immersby 237 Ma 47
15560 Immilä 243 Lb 49
08100 Immula 237 Ma 45
97820 Impiö 302 Fb 51
62500 Ina 274 Ja 44
81750 Inari 279 Ja 58
99870 Inari=Anár= Aanaar
333 Cb 51
07800 Ingermaninkylä=
Ingermansby 243 Lb 49
07800 Ingermansby=
Ingermaninkylä
243 Lb 49
10520 Ingvalsby 236 Ma 43
10210 Ingå=Inkoo 237 Ma 45
63920 Inha 259 Jb 45
63700 Inhan tehtaat 247 Ka 45
37830 Inhankulma 241 La 44
23390 Iniö 235 Ma 39
Inkala 242 Lb 45
93400 Inkee 302 Fb 54
25190 Inkere 236 Ma 43
Inkerilä 244 La 51
46800 Inkeroinen 244 Lb 50
54770 Inkilä/Luumäki Taavetti
244 La 51
51900 Inkilä/Mikkeli 250 Kb 52
Inkilänmäki 251 La 54
Inkimäki 240 La 41
10210 Inkoo=Ingå 237 Ma 45
42850 Innala 247 Ka 45
10210 Innanbäck 237 Ma 45
27110 Irjanne 240 La 40
Irni 303 Fb 55
6702 Irninniemi 303 Fb 55
22340 Isaksö 234 Ma 36
21160 Iskola 235 Ma 40
07750 Isnäs 238 Ma 48
Iso-Aho 243 Lb 50
16960 Iso-Evo 242 La 47
Iso-Hiisi 236 Ma 43
39410 Iso-Röyhiö 247 Kb 43
27800 Iso-Vimma 240 La 41
17450 Iso-Äiniö 242 La 47
47200 Isoaho/Elimäki 243 Lb 49
44500 Isoaho/Viitasaari 260 Ja 48
98600 Isohalme 314 Eb 52
64900 Isojoki 246 Ka 40
42600 Isojärvi 248 Ka 46
69330 Isokangas 275 Hb 45
99830 Isokumpu 302 Fb 53
Isokuusikko 315 Fa 55
43340 Isokylä/Karstula 259 Jb 47
98400 Isokylä/Kemijärvi
314 Eb 52
66450 Isokylä/Laihia 258 Jb 41
Isokylä/Pieksämäki
261 Ka 51
92500 Isokylä/Rantsilä 289 Ha 47
69820 Isokylä/Veteli 259 Ja 44
61500 Isokyrö 258 Jb 41
40950 Isolahti 248 Ka 48
63780 Isomäki 247 Ka 45
Isoniemi 259 Ja 44
32300 Isoperä 241 Lb 42
82820 Issakka/Ilomantsi
263 Jb 58
73900 Issakka/Raunavaara
277 Hb 53
44350 Istunmäki 260 Jb 49
34550 Itä-Aure 247 Ka 43
72100 Itä-Karttula 261 Jb 51
63780 Itä-Peränne 247 Ka 45
79150 Itä-Saamainen 261 Jb 52
63660 Itä-Ähtäri 259 Jb 45
73900 Itäaho 277 Ja 53
00980 Itäkeskus 237 Ma 47
95370 Itäkoski/Lautiosaari
300 Fb 46
74100 Itäkoski/Vehmasjäri
277 Hb 52
62660 Itäkylä 259 Ja 44
01100 Itälsalmi Östersundom
237 Ma 47
42870 Itämeri 247 Ka 45
98230 Itäranta/Kemijärvi
314 Fa 51
63300 Itäranta/Töysä 259 Jb 44
88210 Itäranta/Vuolijoki
277 Ha 51
Itäranta/Väätäjä
289 Gb 51
Itävaara 291 Ha 54
99800 Ivalo=Avvil=Avveel
333 Cb 52
73130 Ivalon Matti=Avvil-Mahtte
333 Da 48

J

Jaakkola 243 La 48
07600 Jaakkola=Labbom
243 Lb 48
39700 Jaakkolankylä 247 Kb 43
81700 Jaakonvaara 279 Ja 57
47710 Jaala 243 La 49
91740 Jaalanka/Paltamo
290 Gb 51
39300 Jaalanka/Pudasjärvi
302 GA 51
82335 Jaama 263 Ka 56
Jaanisvaara 263 Jb 58
97170 Jaatila 301 Fa 47
Jaatilansaari 301 Fa 47
16900 Jahkola 242 La 47
99470 Jáhton=Jatuni 331 Da 42
Jakara 249 Kb 50
07320 Jakari=Jackarby 238 Ma 48
91210 Jakkukylä 301 Ga 48
66450 Jakkula/Laihia 258 Jb 41
31470 Jakkula/Somero 236 Lb 44
91210 Jakkuranta 301 Ga 48
68600 Jakobstad=Pietarsaari
274 Hb 42
81220 Jakokoski 263 Jb 56
55610 Jakola 245 La 54
31900 Jalasjoki 241 La 43
61600 Jalasjärvi 246 Ka 42
21880 Jalkala/Aura 236 Lb 42
77600 Jalkala/Suonenjoki
261 Jb 51
32800 Jalonoja 240 La 42
81700 Jamali 278 Ja 56
14240 Janakkala Turenki 242 Lb 46
14240 Janakkalan kk. 242 Lb 46
38700 Jankkarinkulma 246 Kb 42
08100 Jantoniemi 237 Ma 45
95720 Jarhoinen 312 Eb 44
Jatko 302 GA 51
Jatkojoki 274 Hb 43
98760 Jatkola 314 Eb 54
Jatkolanperä 275 Hb 47
99470 Jatuni=Jáhton 331 Da 42
72600 Jauhiala 260 Ja 49
39600 Jaurakainen 289 Ga 50
93350 Jaurakkajärvi 290 Ga 52
98980 Javarus 313 Eb 50
07320 Jackarby=Jakari 238 Ma 48
99770 Jeesiö 324 Db 49
99230 Jeesiöjärvi 323 Db 47
66850 Jeppo=Jepua 258 Ja 42
66850 Jepua=Jeppo 258 Ja 42
99130 Jerisjärvi 323 Db 45
Jermo 235 Ma 41
10250 Joddböle 237 Ma 44
Joenkulma 243 La 48
37310 Joenpohja 241 La 43
Joenpolvi 244 Lb 52
47150 Joensuu/Elimäki 243 Lb 50
80100 Joensuu/Reijola 262 Jb 56
05400 Jokela/Kellokoski 237 Lb 46
74340 Jokela/Lapinsalo 276 Hb 50
97330 Jokela/Marrasjärvi
312 Eb 46
92140 Jokela/Raahe 288 Gb 46
97675 Jokela/Rovaniemi
313 Fa 49
86400 Jokela/Vihanti 288 Ha 47
91300 Jokela/Ylikiiminki
289 Gb 49
85820 Jokelankylä 276 Hb 48
97645 Jokelanranta 314 Fa 50
07190 Jokelanseutu 237 Lb 47
91300 Joki-Kokko 289 Ga 49
38600 Jokihaara/Riiho 240 Kb 41
41210 Jokihaara/Uurainen
248 Ka 47
99830 Jokijärvi/Taivalkoski
303 Fb 54
72400 Jokijärvi/Tervo 260 Ja 50
Jokikumpu 263 Ka 56
03400 Jokikunta 237 Ma 45
90840 Jokikylä/Haukipudas
288 Ga 47
88440 Jokikylä/Hyrynsalmi
290 Gb 53
39820 Jokikylä/Kihniö 247 Ka 43
61450 Jokikylä/Laihia 258 Jb 41
62500 Jokikylä/Lappajärvi
258 Ja 44
92530 Jokikylä/Meijerinkylä
289 Gb 48
75500 Jokikylä/Nurmes
278 Hb 54
91640 Jokikylä/Puolanka
289 Gb 51
74940 Jokikylä/Pyhäjärvi
276 Hb 48
85410 Jokikylä/Sievi 275 Hb 46
97895 Jokilampi 302 Fb 54
14200 Jokimaa 242 Lb 46
39195 Jokiniemenkulma
241 Kb 42
12700 Jokiniemi 242 Lb 45
31600 Jokioinen 241 Lb 43
03100 Jokipelto 237 Ma 45
61450 Jokiperä 258 Jb 41
61280 Jokipii 246 Jb 42
61450 Jokisalo 258 Jb 41
92320 Jokisilta 289 Gb 48
32700 Jokisivu 241 La 42
Jokivarrenkulma 242 La 47
63660 Jokivarsi/Alajärvi 259 Jb 45
63300 Jokivarsi/Alavus 247 Jb 44
38840 Jokivarsi/Jämijärvi
246 Kb 42
95790 Jolanki/Lampsijärvi
312 Eb 46
97250 Jolanki/Ristioja 312 Eb 46
68410 Jolkka 274 Hb 43
90240 Joloskylä 289 Ga 49
22150 Jomala 234 Ma 36
22150 Jomalby 234 Ma 36
62100 Jonkeri 278 Hb 56
Jonku 302 GA 51
73200 Jonsa 277 Ja 52
87950 Jormua 290 Ha 53
79600 Joroinen 250 Ka 52
79600 Joroisniemi 250 Ka 52
56610 Jorosensoppi 251 La 55
82600 Jouhkola 263 Ka 57
89320 Joukokylä 290 Ga 53
19650 Joutsa 249 Kb 49
74120 Joutsenjoki 277 Hb 51
Joutsenkylä 303 Fb 55
54100 Joutseno 245 La 53
98710 Joutsijärvi 314 Eb 52
19460 Joutsjärvi 249 Kb 49
Jouttiaapa 300 Fb 47
35700 Jouttikylä 248 Ka 45
73500 Juankoski 261 Ja 53
Judinsalo 248 Kb 48
34330 Juhtimäki 247 Kb 43
Jukajoki 263 Jb 57
56440 Jukajärvi 251 Kb 54
42700 Jukojärvi 248 Ka 46
39260 Jukua 302 Fb 52
Julkuvaara 279 Ja 57
81750 Julo 279 Ja 58
89610 Jumaliskylä 291 Gb 55
39170 Jumesniemi 241 Kb 43
74100 Juminen 277 Ja 52
97870 Jumisko 314 Fa 53
22950 Jumo 235 Ma 39
44880 Junganperä 275 Hb 47
66850 Jungar 258 Ja 42
Jungsund 257 Ja 40
Junkars 257 Jb 40
Junkkari 243 Lb 50
Junkonniemi 323 Db 45
Junkualahti 313 Eb 50
56310 Junnikkala 244 La 53
73099 Junnonoja 276 Ha 48
Junnonperä 276 Ha 49
99600 Juntinaapa 324 Ea 50
30700 Juntinvaara 292 Ha 57
21037 Juntusranta 303 Ga 55
44280 Juohtikylä 260 Jb 49
95640 Juoksenki 312 Eb 44
42140 Juokslahti 248 Kb 47
Juokuanvaara 300 Fb 46
Juolanpää 275 Ha 44
Juolunka 291 Ha 56
61370 Juonenkylä 258 Jb 41
61940 Juonikylä 246 Ka 41
88900 Juonto 291 Ha 55
91300 Juopuli 289 Ga 49
91630 Juorkuna 289 Gb 50
07680 Juornaankylä 238 Lb 48
97655 Juotasniemi 314 Fa 50
21860 Juotola 236 Lb 42
72710 Juotsenniemi 276 Ja 50
22950 Jurmo 235 Lb 39
93420 Jurmu 302 Fb 52
66300 Jurva 257 Jb 40
54530 Jurvala 244 Lb 52
44500 Jurvansalo 260 Ja 48
62950 Jussila/Alajärvi 259 Ja 44
66840 Jussila/Nykarleby 258 Ja 42
14870 Juttila 242 La 46
Juttuanvaara 291 Ha 56
81430 Juuansaari 263 Jb 58
97645 Juujärvi 314 Fa 51
83900 Juuka 278 Ja 55
93850 Juuma 315 Fa 55
35540 Juupajoki 248 Kb 45
61650 Juupakylä 247 Ka 43
Juurakonperä 247 Kb 45
71800 Juurikka/Alapitkä 277 Ja 52
82580 Juurikka/Kitee 263 Kb 57
71200 Juurikka/Suomäki
262 Jb 54
Juurikka-aho 289 Ga 49
88120 Juurikkalahti 277 Ha 53
71260 Juurikkamäki 262 Jb 53
88270 Juurikkaranta 277 Ha 51
82580 Juurikkasalmi 263 Kb 57
49340 Juurikorpi 244 Lb 50
Juurussuo 289 Gb 48
Juusola 303 Fb 55
97420 Juustovaara 312 Ea 46
92920 Juutinen 276 Ha 50
50100 Juuvinkylä 249 Kb 51
51900 Juva 250 Kb 52
57310 Juvola 250 Ka 54
69600 Jylhä/Kaustinen 274 Hb 44
69980 Jylhä/Möttönen 259 Ja 46
72550 Jylhä/Tienhaara 260 Ja 50
91700 Jylhämä 289 Gb 50
91300 Jylhänkylä 289 Gb 48
92600 Jylhänranta 289 Ha 48
Jylkkä 275 Ha 45
38950 Jyllinkoski 246 Ka 41
Jyrhämäjärvi 313 Fa 49
Jyrinaho 250 Kb 52
85340 Jyrinki 275 Hb 45
Jyrinlahti 277 Ja 53
74300 Jyrkkä 277 Hb 52
93940 Jyrkänkoski 315 Fa 56
74230 Jyrkänkylä 291 Ha 56
33980 Jyrkänpää 241 La 44
Jyry 257 Jb 40
38750 Jyränkylä 246 Kb 41
40100 Jyväskylä 248 Ka 48
40250 Jyväskylän mlk 248 Ka 48
34800 Jähdispohja 247 Ka 44
Jäkäläniemi 315 Fa 54
39260 Jäkälävaara 302 Fb 52
20460 Jäkärlä 235 Lb 41
56510 Jälkölä 245 La 54
38800 Jämijärvi 247 Kb 42
34450 Jäminki 247 Kb 45
34450 Jäminkipohja 247 Kb 45
42100 Jämsä/Jämsänkoski
248 Kb 47
Jämsä/Koskenkylä
303 Fb 56
69300 Jämsä/Toholampi
275 Hb 45
42300 Jämsänkoski 248 Kb 47
42100 Jämsänniemi 248 Kb 47
88900 Jämäs 291 Ha 55
Jänganranta 262 Jb 56
54100 Jänhiälä 245 La 54
82830 Jäniskoski 263 Jb 58
52700 Jäniskylä 243 La 50
Jänissalo 261 Jb 53
69950 Jänkä 259 Ja 46
70940 Jännevirta 261 Jb 52
77570 Jäppilä 261 Ka 51
43900 Jäpänranta 259 Ja 46
22160 Järsö 234 Ma 37
69600 Järvelä/Kaustinen
275 Hb 44
91620 Järvelä/Utajärvi 289 Gb 50
89830 Järvelänranta 291 Gb 55
49860 Järvenkylä 244 Lb 52
23310 Järvenperä 235 Lb 40
81200 Järvenpää/Eno 263 Jb 57
73900 Järvenpää/Hankamäki
277 Ja 53
66360 Järvenpää/Jurva 257 Jb 40
51900 Järvenpää/Juva 250 Kb 52
03600 Järvenpää/Karkkila
237 Lb 45
04400 Järvenpää/Kerava
237 Ma 47
09810 Järvenpää/Nummi-Pusula
236 Ma 44
35220 Järvenpää/Pohja 242 Kb 46
74340 Järvenpää/Sukeva
277 Hb 51
44640 Järvenpää/Viitasaari
260 Ja 49
43170 Järvenpää/Äänekoski
260 Jb 48
11012 Järvensuu 334 Ca 53
91740 Järventaus/Kaihlainen
290 Gb 51
82710 Järventaus/Kiihtelysvaara
263 Jb 57
82600 Järventaus/Kitee 263 Ka 57
69440 Järventaus/Reisjärvi
275 Hb 46
30100 Järventausta/Forssa
241 Lb 44
15880 Järventausta/Hollola
242 La 47
12700 Järventausta/Loppi
237 Lb 45
Järviharju 246 Ka 41
85900 Järvikylä/Haapajärvi
275 Hb 47
Järvikylä/Martonvaara
278 Ja 55
85500 Järvikylä/Nivala 275 Hb 46
64350 Järvikylä/Närpes 246 Ka 40
16300 Järvikylä/Orimattila
243 Lb 48
85410 Järvikylä/Sievi 275 Hb 46
29250 Järvikylä/Ulvila 240 La 40
91700 Järvikylä/Utajärvi
289 Gb 50
92700 Järvikylä/Vuolijoki
289 Ha 50
02580 Järvinummi 237 Ma 45
95800 Järvirova 312 Ea 45
21760 Järvis 235 Ma 39
69439 Jätinmaa 240 Kb 42
43900 Jääjoki 275 Ja 47
90940 Jääli 289 Ga 48
99990 Jääräjoki 341 Ba 52
68370 Jääskä 275 Hb 44
61400 Jääskänjoki 258 Jb 42
97340 Jääskö 312 Ea 47
68500 Jöusen 274 Hb 43

K

94430 Kaakamo 300 Fb 45
90150 Kaakkuri 288 Gb 48
95900 Kaalamaniemi 322 Db 44
99195 Kaalimaa 323 Da 48
99910 Kaamanen=Gámas
333 Ca 51
73590 Kaamasjoki 341 Ca 51
99910 Kaamasmukka=
Gámasmohkki 341 Ca 50
04740 Kaanaa/Mäntsälä
242 Lb 47
28840 Kaanaa/Mäntyluoto
240 Kb 40
34270 Kaanaa/Velaatta 247 Kb 44
74340 Kaarakkala 277 Hb 51
95780 Kaaraneskoski 312 Eb 45
63100 Kaaranka 259 Jb 44
99470 Kaaresuvanto=Gárasavvon
331 Da 41
20780 Kaarina 235 Ma 41
Kaarlejärvi 301 Fa 49
83400 Kaarnalampi 262 Jb 55
26100 Kaaro 240 La 40
Kaarre 290 Gb 54
Kaartee 250 Kb 53
58700 Kaartilankoski 250 Kb 53
57230 Kaartilanmäki 250 Kb 54
01350 Kaarto 324 Ea 48
99645 Kaartola 325 Db 52
62900 Kaartunen 259 Ja 44
29310 Kaasmarkku 240 La 41
83330 Kaatamo 262 Jb 55
74170 Kaava Lommamökit
341 Bb 50
73600 Kaavi 262 Jb 53
Kabböle 238 Ma 49
27430 Kahalankulma 240 La 40
Kahvilankulma 242 La 46
34300 Kaidankylä 247 Kb 44
05950 Kaidanpää 242 Lb 47
91740 Kaihlainen 290 Gb 51
51335 Kaihlamäki 249 Kb 50
54800 Kaihtula 244 La 52
97625 Kaihua 313 Fa 50
90570 Kaijonharju 288 Ga 48
Kaikunkulma 241 La 44
61820 Kainasto 246 Ka 41
95610 Kainuunkylä 300 Fa 44
74200 Kainuunmäki 277 Hb 51
46400 Kaipiainen 244 Lb 51
39195 Kaipio/Kyröskoski
241 Kb 42
34800 Kaipio/Virrat 247 Ka 44
42220 Kaipola 248 Kb 47
98560 Kairala 325 Ea 51
29680 Kairila 240 Kb 41
95330 Kaisajoki 300 Fa 46
51900 Kaislajärvi 250 Kb 53
71520 Kaislastenlahti 261 Jb 51
49720 Kaitai 244 Lb 52
79690 Kaitainen 250 Ka 52
88600 Kaitainsalmi 290 Ha 53
95690 Kaitajärvi 312 Fa 46
Kaitarainen 235 Lb 41
46550 Kaitjärvi 244 Lb 51
66710 Kaitsor 258 Ja 41
56410 Kaiturinpää 251 La 54
88340 Kaivanto/Kajaani
290 Ha 51
36520 Kaivanto/Tamperew
242 La 45
23800 Kaivola 240 Lb 40
51900 Kaivomäki 250 Kb 51
87100 Kajaani 290 Ha 52
99130 Kajanki 322 Da 44
Kajava 303 Fb 56
83880 Kajoo 262 Ja 55
58580 Kakonsalo 251 Kb 54
51130 Kakriala 249 Kb 50
99830 Kakslauttanen 333 Da 51
85900 Kalaja 275 Hb 47
61340 Kalajaismaa 258 Jb 41
85410 Kalajoen=Hiekkasärkät
274 Ha 44
85100 Kalajoki 275 Ha 44
85800 Kalakangas 275 Hb 47
61650 Kalakoski 247 Ka 43
47650 Kalaksue 243 La 49
59710 Kalalahti 251 Kb 57
44400 Kalaniemi 260 Jb 48
23600 Kalanti 240 Lb 40
86230 Kalapudas 275 Ha 46
Kalapää 258 Ja 41
64210 Kalax 257 Ka 39
23100 Kalela 240 Lb 41
Kaleva 236 Ma 42
19700 Kalho 243 La 48
Kaljula 251 La 55
56610 Kaljunen 251 La 55
98450 Kalkiainen 314 Eb 52
81820 Kalkinlahti 278 Ja 56
Kalkkimaa 300 Fb 45
17240 Kalkkinen 243 La 48
01180 Kalkstrand 238 Ma 47
Kallaanvaara 314 Eb 52
38670 Kalliala 240 Kb 41
86220 Kallio/Forssa 241 Lb 44
Kallio/Katvela 290 Gb 52
34300 Kallio/Kuru 247 Kb 44
88600 Kallio/Ninisenkangas
278 Hb 55
85410 Kallio/Sievi 275 Hb 46
41520 Kallioaho 249 Ka 49
88950 Kalliojoki 291 Ha 57
69820 Kalliojärvi 259 Ja 44
74770 Kalliokylä/Kiuruvesi
276 Hb 49
41800 Kalliokylä/Muurame
248 Ka 47
17110 Kalliola 243 La 48
74340 Kalliomäki 277 Hb 51
44530 Kallioniemi 260 Jb 48
88270 Kallionperä 289 Ha 50
98420 Kallioranta 314 Eb 52
98100 Kalliosalmi 313 Eb 50
Kalliosuo 301 Fb 49
81350 Kalliovaara 263 Jb 58
58810 Kallislahti 250 Kb 54
99120 Kallo 323 Ea 46
64440 Kallträsk 246 Ka 40
98980 Kallunki 315 Eb 54
99430 Kalmankaltio 332 Da 46
43270 Kalmari 259 Jb 47
42440 Kalmavirta 248 Ka 47
89210 Kalpio 290 Gb 52
38220 Kaltsila 241 La 43
51540 Kalvitsa 250 Kb 51
14500 Kalvola 242 La 45
99950 Kamiljoki 340 Ca 48
23500 Kammela 240 Lb 39
61300 Kampinkylä 258 Jb 41
97675 Kampsala 313 Fa 49
92930 Kamula 276 Ha 49
69510 Kanala 275 Ja 45
44970 Kanalanmäki 276 Ja 48
Kanervomäki 249 Kb 49
Kangas 290 Gb 52
74200 Kangas/Pudasjärvi
302 Ga 50
62220 Kangas/Ylihärmä 258 Ja 42
43490 Kangasaho 259 Jb 46
36200 Kangasala 241 La 45
41290 Kangashäkki 260 Jb 48
Kangaskoski 251 La 55
89400 Kangaskylä/Hyrtynsalmi
290 Gb 53
43900 Kangaskylä/Kylänpää
275 Ja 46
92620 Kangaskylä/Piippola
276 Ha 49
85930 Kangaskylä/Reisjärvi
275 Hb 46
91760 Kangaskylä/Vaala
289 Ha 50
73900 Kangaslahti 277 Ja 53
79480 Kangaslampi 262 Ka 53
51200 Kangasniemi 249 Kb 50
85410 Kangasoja 275 Hb 46
Kangasvaara 263 Ka 57
69440 Kangasvieri 275 Hb 46
99360 Kangosjärvi 322 Db 44
24800 Kaninkola 236 Ma 42
92700 Kankaalanperä 289 Ha 49
06530 Kankaanmäki 238 Ma 48
62300 Kankaanpää/Alahärmä
258 Ja 42
38700 Kankaanpää/Jämijärvi
246 Kb 41
41900 Kankaanpää/Mänttä
248 Ka 46
39810 Kankaanpää/Parkano
247 Ka 43
27710 Kankaanpää/Säkylä
240 La 41
Kankaanpäänkulma
246 Ka 40
32560 Kankaanranta 240 Lb 42
32800 Kankaantausta 240 La 41
41520 Kankainen/Hankasalmi
249 Ka 50
13220 Kankainen/Hämeenlinna
242 La 46
41410 Kankainen/Lievestuore
249 Ka 49
39820 Kankari/Kuivasjärvi
247 Ka 43
91730 Kankari/Vaala 289 Gb 51
07960 Kankböle=Kankkila
243 Lb 48
07960 Kankkila=Kankböle
243 Lb 48
83900 Kannaksenkylä 278 Ja 55
Kannas/Lauvuskylä
278 Hb 56
59100 Kannas/Parikkala
251 Kb 56
82350 Kannas/Pyhäselkä
263 Ka 57
25440 Kannas/Suomussalmi
290 Gb 54
Kannas/Syrjälä 276 Hb 48
81950 Kannelkoski 278 Hb 56
Kannisto 275 Ja 45
43340 Kannonjärvi 260 Jb 47
43300 Kannonkoski 260 Jb 47
Kannonkylä 246 Jb 42
43300 Kannonsaha 260 Jb 47
69100 Kannus 275 Hb 44
49570 Kannusjärvi 244 Lb 51
46530 Kannuskoski 244 Lb 51

358 Kannuskylä Kolkki

FIN

Kannuskylä 274 Ha 44
53300 Kansola 245 La 53
77380 Kantala 249 Ka 51
31900 Kanteenmaa 241 La 42
07560 Kantele 243 Lb 48
66970 Kantlax 258 Ja 41
Kantojoki 315 Fa 55
95520 Kantojärvi 300 Fb 45
84100 Kantokylä 275 Ha 46
91100 Kantola/Ii 301 Ga 47
87100 Kantola/Kajaani 290 Ha 52
62200 Kantola/Kauhava 258 Ja 43
92930 Kantola/Piippola 276 Ha 49
95660 Kantomaanpää 312 Fa 45
Kantoperä 247 Ka 44
39940 Kantti 246 Ka 42
02460 Kantvik 237 Ma 45
Kanunki 236 Lb 43
34270 Kapee 247 Kb 44
54710 Kapiala 244 La 52
Kappelinpää 240 La 39
95690 Kapusta 300 Fa 45
74340 Karankamäki 277 Hb 51
Karby 274 Hb 42
99930 Karehasjärvi=Kirakkajärvi 342 Bb 54
39310 Karhe 247 Kb 43
68210 Karhi 274 Hb 43
Karhia 240 La 41
42600 Karhila 259 Ka 46
Karhilantaival 262 Ka 53
Karhiniemi 241 La 42
1315 Karhujärvi 314 Fa 53
86480 Karhukangas 289 Ha 47
62740 Karhula/Alajärvi 259 Jb 44
48770 Karhula/Kotka 239 Lb 50
32200 Karhula/Loimala 241 Lb 43
12700 Karhulankulma 237 Lb 45
77600 Karhulanmäki 261 Jb 51
01900 Karhunkorpi 237 Ma 46
42870 Karhunkylä 247 Ka 45
21840 Karhunoja 236 Lb 42
75700 Karhunpää 278 Hb 54
73900 Kari 277 Ja 53
99950 Karigasniemi=Gáregasnjárga 340 Ca 48
64350 Karijoki 246 Ka 40
19320 Karilanmaa 243 La 48
Kariluoma 246 Ka 40
89600 Kariniemi 291 Gb 54
92330 Karinkanta 288 Gb 46
10300 Karis=Karjaa 236 Ma 44
03850 Karisjärvi 237 Lb 45
10300 Karjaa=Karis 236 Ma 44
Karjakatu 258 Ja 41
Karjalahti 313 Ea 48
54100 Karjalaisenkylä 245 La 53
97900 Karjalaisenniemi 314 Fa 53
23100 Karjalan kk. 240 Lb 41
23100 Karjalankylä/Laitila 240 Lb 41
91200 Karjalankylä/Yli-Ii 301 Ga 48
88300 Karjalanvaara 290 Ha 52
09120 Karjalohja 236 Ma 44
62200 Karjanlahti 258 Ja 43
34300 Karjula 247 Kb 44
58700 Karjulanmäki/Ryhälä 250 Kb 53
Karjulanmäki/Toholampi 275 Hb 46
52830 Karkaus 244 La 51
51850 Karkeamaa 250 Ka 51
52200 Karkia 250 La 53
03600 Karkkila 237 Lb 45
38100 Karkku 241 La 43
16300 Karkkula 243 Lb 48
17800 Karklampi 248 Kb 47
67100 Karleby=Kokkola 274 Hb 43
Karlsö 257 Ja 39
39410 Karpanperä 247 Kb 43
95645 Karpinpää 312 Eb 44
89400 Karpinvaara 290 Gb 53
74670 Karsalanlahti 277 Ja 52
86690 Karsikas 275 Hb 47
95230 Karsikko 300 Fb 46
11022 Karsikkoniemi 342 Ca 53
74340 Karsikkovaara 277 Ha 52
98230 Karsimus 314 Eb 51
02580 Karskog 237 Ma 45
08480 Karstu 237 Ma 44
43500 Karstula 259 Jb 46
54100 Karsturanta 245 La 54
39700 Karttiperä 247 Ka 43
72100 Karttula 261 Jb 50
21590 Karuna 236 Ma 42
95530 Karunki 300 Fa 45
Karutta 242 La 46
62630 Karvala 258 Ja 44
71920 Karvasalmi 277 Ja 51
66800 Karvat 258 Ja 41
39930 Karvia 246 Ka 42
39960 Karviankylä 246 Ka 42
58175 Karvila 251 Ka 54
79820 Karvio 262 Jb 54
93760 Karvonen/Ahola 303 Fb 55
62500 Karvonen/Mönki 258 Ja 43
85580 Karvoskylä 275 Hb 47
66710 Karvsor 258 Ja 41
29920 Kasaböle=Kasala 246 Kb 39
29920 Kasala=Kasaböle 246 Kb 39
91630 Kasala/Juorkuna 289 Gb 50
58700 Kasala/Savonlinna 250 Kb 53
Kasari 244 Lb 52
17740 Kasiniemi 242 La 46
Kaskei 244 La 52
Kaskenmäki 275 Hb 47
51900 Kaskii 250 Kb 53
Kaskila 251 Kb 55
64260 Kaskinen=Kasko 246 Ka 39
09810 Kaskisto 236 Lb 44
64260 Kasko=Kaskinen 246 Ka 39
25930 Kasnäs 236 Mb 41
Kassinen 289 Gb 48
22520 Kastelholm 234 Ma 37
53100 Kasukkala 244 Lb 53
71800 Kasurilanmäki 261 Ja 52
79680 Katajamäki/Joroinen 250 Ka 52
72400 Katajamäki/Löytynmäki 277 Ja 51
85800 Katajaperä 276 Hb 47
Katajaselkä 323 Db 48
16900 Kataloinen 242 La 46
73270 Katerma 291 Ha 55
13800 Katinala 242 La 45
23800 Katinhäntä/Laitika 240 Lb 40
92400 Katinhäntä/Ruukki 288 Gb 47
38950 Katko 246 Ka 41
22240 Kattby 234 Ma 36
63320 Kattelus 247 Ka 44
Katternö 274 Hb 42
Kattila-aho 263 Ka 58
49860 Kattilainen 244 Lb 51
95990 Kattilamaa 323 Ea 45
58200 Kattilanmäki 251 Ka 55
Katvela 290 Gb 52
61800 Kauhajoki 246 Ka 41
61910 Kauhajärvi/Karvia 246 Ka 41
62295 Kauhajärvi/Lapua 258 Ja 43
Kauhakorpi 246 Ka 41
32200 Kauhanoja 241 Lb 43
62200 Kauhava 258 Ja 43
Kaukajärvi 241 La 44
04600 Kaukalampi 242 Lb 47
05510 Kaukas 237 Lb 47
17530 Kaukela 242 La 47
Kaukjärvi 241 Lb 44
36720 Kaukkala 242 La 46
27220 Kauklainen 240 La 40
63370 Kaukola/Alavus 247 Jb 43
27300 Kaukola/Lappi 240 La 40
51600 Kaukola/Pitkäaho 250 Kb 51
25130 Kaukola/Salo 236 Ma 43
Kaukometsä 240 Lb 41
99110 Kaukonen 323 Ea 46
25460 Kaukuri 236 Ma 43
23120 Kaulakko 235 Lb 40
21840 Kaulanperä 236 Lb 42
95635 Kaulinranta 312 Fa 44
Kaunisharju 249 Ka 48
984 91 Kaunisjoensuu 312 Ea 44
99170 Kaunismaa 323 Da 46
Kaunissaari 240 La 39
Kaunisto 243 Lb 49
98550 Kaunisvaara 324 Ea 50
19430 Kaupinmäki 249 Kb 49
99540 Kauppi 324 Ea 50
51200 Kauppila/Lievestuore 249 Ka 50
64700 Kauppila/Teuva 246 Jb 40
74270 Kauppilanmäki 277 Hb 51
Kauppilanranta 277 Hb 51
62395 Kaurajärvi 258 Ja 42
31520 Kauraketo 236 Lb 43
52830 Kauria 244 La 51
23360 Kaurissalo 235 Lb 39
Kaustajärvi 263 Ka 58
69600 Kaustinen 274 Hb 44
32920 Kauvatsa 240 La 42
95640 Kauvosaarenpää 312 Fa 44
35600 Kavala 248 Kb 46
25930 Kaxskäla 236 Mb 41
Kedonperä 289 Gb 48
37380 Kehro 241 La 44
71800 Kehvo 261 Jb 52
44580 Keihärinkoski 260 Ja 48
21900 Keihäskoski 240 Lb 42
40900 Keihäsniemi 248 Kb 48
Keikkala 242 La 45
73670 Keikko/Outokumpu 262 Jb 54
30430 Keikko/Saarensalmi 291 Ha 56
29700 Keikvesi 240 Kb 40
32730 Keikyä 241 La 42
01750 Keimola=Käinby 237 Ma 46
79150 Keinälänmäki 261 Jb 52
91620 Keinäsperä 289 Ga 50
63800 Keisala 259 Jb 45
Keisanmäki 243 La 50
07955 Keitala 238 Ma 49
72600 Keitele 260 Ja 49
44740 Keitelepohja 260 Ja 48
16510 Keituri 243 Lb 47
43100 Kekkilä 260 Jb 47
50670 Kekkola 249 Kb 50
34450 Kekkonen 247 Kb 45
56730 Kekäleniemi 251 La 55
97785 Kelankylä 302 Fb 51
33880 Kelho 241 La 44
40500 Keljonkangas 248 Ka 48
56310 Kelkanmäki 250 La 53
46570 Kelkka 244 Lb 51
25500 Kelkkala 236 Ma 43
29700 Kellahti 240 Kb 40
90820 Kello 288 Ga 47
04500 Kellokoski 237 Lb 47
98100 Kelloniemi/Kemijärvi 314 Eb 52
95900 Kelloniemi/Kolari 312 Ea 44
Kellonkylä 291 Gb 56
41230 Kelloperä 260 Jb 47
17500 Kellosalmi 242 La 47
Kelloselkä 314 Eb 54
99290 Kelontekemä 323 Db 48
99490 Kelottijärvi=Gelotjávri 331 Cb 41
46800 Keltakangas 243 Lb 50
85500 Keltaperä 275 Hb 47
31470 Keltiäinen 236 Lb 44
45740 Keltti 243 Lb 50
99620 Kelujärvi 324 Ea 51
81570 Kelvä 279 Ja 57
94100 Kemi 300 Fb 46
Kemihaara 325 Db 54
98100 Kemijärvi 314 Eb 51
Kemilä 303 Fb 56
94400 Keminmaa 300 Fb 46
25700 Kemiö=Kimito 236 Ma 42
90440 Kempele 288 Gb 48
56210 Kemppilä 251 La 54
Kenestupa 341 Bb 51
44740 Kennää 260 Ja 47
Kenraalinkylä 263 Ka 58
95660 Kenttämaa 312 Fa 45
Kenälä 262 Ka 56
58220 Keplakko 251 Kb 55
27710 Kepola 240 La 41
04200 Kerava 237 Ma 47
58200 Kerimäki 251 Kb 55
Keriniemi 250 Kb 53
79600 Kerisalo 250 Ka 52
06530 Kerkkoo=Kerko 238 Ma 48
06530 Kerko=Kerkkoo 238 Ma 48
31450 Kerkola 236 Lb 43
77700 Kerkonkoski 260 Jb 50
79910 Kerma 262 Ka 54
Kermanranta 262 Ka 54
68240 Kero 274 Hb 44
99660 Kersilö 324 Db 50
Kerte 248 Kb 46
62500 Kerttua 274 Ja 43
92500 Kerälä 289 Ha 48
99130 Keräs-Sieppi 322 Da 44
18100 Kesiö 243 La 49
93840 Keski-Kitka 315 Fa 54
60760 Keski-Nurmo 258 Jb 42
01590 Keski-Posio 314 Fa 53
81700 Keski-Siikajärvi 277 Ja 53
43560 Keski-Vahanka 259 Jb 46
82120 Keskijärvi 263 Jb 57
61680 Keskikylä/Jalasjärvi 246 Ka 42
86110 Keskikylä/Pyhäjoki 288 Ha 46
92320 Keskikylä/Raahe 288 Gb 46
58900 Keskikylä/Rantasalmi 250 Ka 53
91800 Keskikylä/Tyrnävä 289 Gb 48
91200 Keskikylä/Yli-Ii 301 Ga 48
73120 Keskimmäinen 277 Ja 51
89400 Keskinen 291 Gb 55
90460 Keskipiiri 288 Gb 47
62375 Keskis 258 Ja 42
36200 Keso 242 La 45
88900 Kesselinkylä 278 Hb 57
11012 Kessijärvi 334 Ca 54
66360 Kesti 257 Jb 40
Kestilä/Kemi 300 Fb 46
92700 Kestilä/Koskenky 289 Ha 49
59410 Kesusmaa 251 Kb 56
59800 Kesälahti 251 Kb 56
73460 Kesämäki 261 Ja 53
Ketelinmäki 258 Jb 43
98100 Ketola/Kemijärvi 314 Eb 51
97700 Ketola/Ranua 301 Fb 50
89760 Ketola/Vasara 303 Ga 54
90440 Ketolanperä 289 Gb 48
99340 Ketomella=Rássegieddemielli 323 Da 45
21037 Keträvaara/Huutoniemi 303 Ga 55
81700 Keträvaara/Lieksa 278 Ja 56
23500 Ketteli 240 Lb 39
51900 Kettula/Juva 250 Kb 52
62200 Kettula/Kauhava 258 Ja 43
25410 Kettula/Nummi-Pusula 236 Ma 44
Kettulanmäki 277 Hb 54
Ketunperä 288 Gb 46
42700 Keuruu 248 Ka 46
23360 Kevo 235 Lb 39
74920 Kevo Geavu 341 Bb 51
21530 Kevola 236 Ma 42
99800 Keväjärvi 333 Cb 52
73810 Keyritty 277 Ja 53
Kiannanniemi 303 Ga 55
Kiantaperä 277 Hb 53
Kiehtäjä 290 Ga 53
74230 Kiekinkoski 292 Ha 57
Kiekka 250 Ka 52
62420 Kielinen 258 Ja 43
91200 Kierikki 301 Ga 48
97390 Kierinki 313 Ea 48
Kieräperä 259 Jb 46
52830 Kiesilä 244 La 51
77700 Kiesimä 260 Jb 50
58700 Kietävälä/Auvila 250 Kb 53
56310 Kietävälä/Junnikkala 244 La 53
95950 Kihlanki 322 Db 44
61650 Kihniä 247 Ka 43
39820 Kihniö 247 Ka 43
39820 Kihniön as. 247 Ka 43
82140 Kiihtelysvaara 263 Ka 57
25390 Kiikala 236 Ma 44
Kiikanmäki 248 Kb 45
60800 Kiikerinkylä 258 Jb 42
38300 Kiikka 241 La 42
38360 Kiikoinen 240 La 42
38300 Kiimajärvi 241 La 42
88930 Kiimavaara 291 Gb 56
90900 Kiiminki 289 Ga 48
31600 Kiipu 241 Lb 43
51900 Kiiskilä/Juva 250 Kb 53
85410 Kiiskilä/Sievi 275 Hb 46
91930 Kiiskilänkylä 288 Gb 47
99250 Kiistala 323 Db 47
Kila Kiila=Kila Kiila 236 Ma 42
Kila Kiila=Kila Kiila 236 Ma 42
Kiljala 275 Hb 46
05200 Kiljava 237 Lb 46
52550 Kilkinkylä 249 Kb 50
34980 Killinkoski 247 Ka 44
Killisevä 276 Ha 48
98800 Kilpelä 325 Ea 53
Kilpijärvi 242 La 46
06850 Kilpilahti=Sköldvik 238 Ma 48
79700 Kilpimäki 262 Ka 53
99490 Kilpisjärvi=Gilbbesjávri 330 Ca 38
51760 Kilpola 250 Kb 52
86400 Kilpua 288 Ha 46
Kilsikorpi 302 Fb 52
39510 Kilvakkala 247 Kb 42
Kilvenaapa 301 Fa 49
43520 Kiminki/Humppi 259 Jb 46
44640 Kiminki/Viitasaari 260 Ja 48
25700 Kimito=Kemiö 236 Ma 42
66810 Kimo 258 Ja 41
47650 Kimola 243 La 49
47350 Kimonkylä 243 Lb 49
83825 Kinahmo 262 Jb 56
97420 Kinisjärvi 312 Ea 47
40900 Kinkomaa 248 Ka 48
82730 Kinnasniemi 263 Ka 58
52700 Kinni 243 La 50
Kinno 261 Jb 52
Kinnula 301 Fb 50
43900 Kinnula 275 Ja 46
71730 Kinnulanlahti 261 Ja 51
41920 Kintaus 248 Ka 47
Kintunperä 275 Ha 46
93140 Kipinä 301 Ga 50
46430 Kipparila 244 Lb 50
99930 Kirakkajärvi=Karehasjärvi 342 Bb 54
Kiramonkulma 240 La 41
67100 Kirilahti=Kirilax 274 Hb 43
67100 Kirilax=Kirilahti 274 Hb 43
21660 Kirjais 235 Ma 40
25570 Kirjakkala 236 Ma 42
52550 Kirjala 249 Kb 50
59410 Kirjavala 251 Kb 56
Kirkkoaho 290 Ha 52
Kirkkokivi 260 Ka 49
02400 Kirkkonummi=Kyrkslätt 237 Ma 45
73100 Kirkonkylä 276 Hb 48
Kirpisto 303 Fb 56
05840 Kirvunkylä 237 Lb 46
25460 Kisko 236 Ma 43
52550 Kissakoski 249 Kb 50
75500 Kissanlahti 278 Ja 55
82500 Kitee 263 Ka 57
82500 Kiteenlahti 263 Ka 57
61470 Kitinoja 258 Jb 42
81750 Kitsi 279 Ja 58
99100 Kittilä 323 Db 46
94700 Kittilänjärvi 300 Fb 46
21760 Kittuis 235 Ma 39
72100 Kitula/Karttula 261 Jb 50
49570 Kitula/Salmenkylä 244 Lb 51
63600 Kitulanmäki 259 Jb 44
92910 Kituperä 276 Ha 50
Kiuasaho 276 Ha 50
27430 Kiukainen 240 La 41
Kiukka 301 Fb 48
Kiuri 244 Lb 51
99640 Kiurujärvi 324 Ea 51
85800 Kiurunperä 275 Hb 47
Kiurusenniemi 302 Fa 53
74700 Kiuruvesi 276 Hb 50
95295 Kiuttuperä 301 Ga 48
Kivela 250 Ka 52
63210 Kivenmäki 258 Jb 43
56310 Kiventaus 250 La 54
88350 Kivesjärvi 290 Ha 51
88350 Kiveslahti 290 Ha 51
58650 Kiviapaja 251 Kb 54
38600 Kivijärvenmaa 240 Kb 41
71310 Kivijärvi/Kuopio 261 Jb 53
23880 Kivijärvi/Laitila 240 Lb 40
91630 Kivijärvi/Puolanka 289 Ga 50
43800 Kivijärvi/Tiironkylä 259 Ja 47
69910 Kivikangas 259 Ja 45
98980 Kivikuja 315 Eb 54
23100 Kivikylä/Mynämäki 235 Lb 40
72210 Kivikylä/Niinivesi 260 Jb 50
Kivilahti/Ruka 315 Fa 54
81430 Kivilahti/Uimaharju 279 Jb 58
37380 Kivilahti/Vesilahti 241 La 43
35700 Kivilahti/Vilppula 248 Kb 46
82960 Kivilampi 263 Jb 59
99460 Kivilompolo 331 Cb 43
95690 Kivilompolo 300 Fa 45
83330 Kivimäki/Liperi 262 Jb 55
98780 Kivimäki/Oulanka 315 Fa 54
72400 Kivimäki/Säviä 260 Ja 50
Kiviniemenkulma 246 Kb 42
Kiviniemenmäki 258 Jb 42
90820 Kiviniemi 288 Ga 47
49270 Kiviniemi=Stensnäs 238 Ma 50
Kivioja/Kiveslahti 290 Ha 51
31760 Kivioja/Kylmäkoski 241 La 44
93920 Kivipera 315 Fa 56
Kivipuro 276 Ja 47
Kiviranta 247 Ka 45
36810 Kivisalmi 242 Kb 45
Kivisenoja 241 La 43
Kivisto 242 Lb 45
63370 Kivistönmäki 258 Jb 43
41770 Kivisuo 249 Kb 48
97670 Kivitaipale 313 Fa 48
81950 Kivivaara/Hattuselkonen 278 Hb 57
52190 Kivivaara/Metsäkylä 302 Ga 53
Klaavunharju 301 Fb 48
49860 Klamila 244 Lb 51
01800 Klaukkala 237 Ma 46
Klaukkalan=Metsäkylä 237 Ma 46
62220 Kleemola 258 Ja 42
64250 Klobben 246 Ka 39
68550 Knivsund 274 Hb 42
22610 Knutsboda 234 Ma 37
74170 Koadniljoki Goatneljohka 341 Bb 49
99800 Koappil=Koppelo 333 Cb 52
64930 Kodesjärvi 246 Ka 41
27300 Kodiksami 240 La 40
27310 Kodisjoki 240 La 40
23800 Kodjala 240 Lb 40
Koenkulma 241 Lb 43
51900 Kohiseva 250 Kb 52
71310 Kohma 261 Jb 53
43170 Kohmu 260 Jb 48
31130 Koijärvi 241 Lb 44
51900 Koikkala/Tellanpelto 250 Kb 52
03400 Koikkala/Vihti 237 Ma 45
Koikkalanmylly 250 Kb 52
Koimäki 261 Ka 50
52700 Koirakivi 243 La 50
74300 Koirakoski 277 Hb 52
Koirakylä 260 Ja 49
97340 Koiramännikkö 312 Ea 47
89770 Koiravaara/Lesovaara 303 Ga 55
75700 Koiravaara/Sivakka 278 Hb 55
Koirikivi 276 Ha 48
09430 Koisjärvi 237 Ma 45
93400 Koitila 302 Fb 53
51200 Koittila 249 Ka 50
88310 Koitto 290 Ha 52
52100 Koivakkala 250 Kb 51
99130 Koivarova 323 Db 45
Koivikko/Haapavesi 276 Ha 48
97700 Koivikko/Ranua 301 Fb 50
99280 Koivikko/Sodankylä 324 Db 48
44200 Koivisto 260 Jb 48
Koivistonkulma 240 La 40
39310 Koivistonkylä 247 Kb 43
95660 Koivistonpää 312 Fa 44
95355 Koivu 300 Fa 47
97895 Koivuaho 314 Fa 53
74770 Koivujärvi/Haapamäki 276 Hb 49
72210 Koivujärvi/Karttula 261 Jb 50
72400 Koivujärvi/Petäjäkylä 276 Ja 49
57810 Koivukanta 251 Kb 54
95355 Koivukylä/Tervola 300 Fa 47
01360 Koivukylä/Vantaa 237 Ma 47
97895 Koivula/Posio 314 Fa 52
54930 Koivula/Taipalsaari 244 La 53
99640 Koivula/Tanhua 325 Ea 52
41230 Koivula/Uurainen 260 Ka 47
38200 Koivula/Vammala 241 La 42
95990 Koivula/Ylläsjärvi 323 Ea 45
66530 Koivulahti=Kvevlax 257 Ja 40
36760 Koivulahti/Pälkäne 242 La 46
71310 Koivulahti/Tuusniemi 261 Jb 53
Koivulehto 300 Fa 45
99620 Koivulehto 324 Ea 51
95800 Koivumaa 312 Ea 44
92530 Koivumaanperä 288 Gb 47
71800 Koivumäki/Aappola 277 Ja 52
79700 Koivumäki/Heinävesi 262 Ka 54
61910 Koivumäki/Sara 246 Ka 42
74300 Koivumäki/Sonkajärvi 277 Hb 52
62990 Koivumäki/Vimpeli 259 Ja 45
27100 Koivuniemi/Eurajoki 240 La 40
Koivuniemi/Kuivaniemi 301 Fb 48
35300 Koivuniemi/Orivesi 242 Kb 45
Koivusenkulma 237 Lb 44
82960 Koivuvaara 263 Jb 59
71280 Kojanlahti 262 Jb 54
62440 Kojola/Alahärmä 258 Ja 42
44880 Kojola/Seikka 276 Hb 47
Kojonmaa 241 Lb 43
32260 Kojonperä 241 Lb 43
Kokala 301 Fa 49
32800 Kokemäki 240 La 41
82865 Kokinvaara 263 Ka 58
82430 Kokka-aho 251 Ka 56
16610 Kokki-Henna 243 Lb 47
24800 Kokkila/Halikko 236 Ma 42
14700 Kokkila/Myllykulma 242 La 46
Kokko 324 Db 48
93195 Kokkokylä 301 Fb 50
67100 Kokkola=Karleby 274 Hb 43
89400 Kokkola 291 Gb 55
58300 Kokkolahti 251 Ka 55
Kokkomäki 276 Hb 48
Kokkoneva 259 Ja 45
50100 Kokkosenlahti 250 Kb 52
97420 Kokkovaara 312 Ea 46
51200 Kokonkylä/Kangasniemi 249 Ka 50
61800 Kokonkylä/Kauhajoki 246 Ka 41
Kokonmäki 247 Ka 43
83550 Kokonvaara 262 Jb 55
69600 Kola 275 Hb 44
68700 Kolam 274 Hb 43
95900 Kolari 312 Ea 44
Kolarinpelto 261 Jb 53
95990 Kolarinsaari 323 Ea 44
Kolehmala 262 Ka 55
35990 Kolho 248 Ka 46
83960 Koli 278 Ja 56
Kolinummi 240 Lb 41
21250 Koljola 235 Lb 41
43100 Kolkanlahti 260 Jb 47
66510 Kolkki 257 Ja 40

Kolkko  Kylmälä/Kuusamo 359

FIN

39500 Kolkko 247 Kb 43
44630 Kolkku 260 Ja 49
58900 Kolkonjoki 250 Ka 53
97820 Kolkonjärvi 302 Fa 52
58900 Kolkontaipale 250 Ka 53
Kolkunmaa 241 La 43
26560 Kolla 240 La 40
93140 Kollaja 301 Ga 50
Kollinmäki 247 Ka 42
79620 Kolma 250 Ka 52
Kolmanåsen 257 Jb 39
02820 Kolmiranta 237 Ma 46
71800 Kolmisoppi 261 Ja 52
35600 Kolonkulma 248 Kb 46
68800 Kolppi=Kållby 274 Hb 42
Kolsa 240 Lb 40
43490 Kolu 259 Jb 45
34240 Kolunkylä 241 Kb 44
27650 Kolvaa 240 Lb 41
Komeankylä 243 La 49
39360 Komi 241 Kb 43
58770 Kommerniemi 250 Kb 54
66820 Komossa 258 Ja 42
82290 Kompakka 263 Ka 56
Kompero 262 Jb 55
Komu 276 Hb 49
74200 Kongasjärvi 302 GA 51
89110 Kongasmäki 290 Gb 51
44400 Konginkangas 260 Jb 48
77700 Konnekoski 261 Jb 50
44300 Konnevesi 260 Jb 49
54100 Konnunsuo 245 La 54
81200 Konnunvaara 263 Jb 57
79150 Konnuslahti 261 Jb 52
Konti 247 Kb 42
63370 Kontiainen 247 Jb 43
87100 Kontinjoki 277 Ha 52
82580 Kontiola 251 Kb 57
81100 Kontiolahti 262 Jb 56
88470 Kontiomäki 290 Ha 53
Kontioniemi 262 Jb 56
81750 Kontiovaara/Julo 279 Ja 58
81220 Kontiovaara/Kontiolahti 263 Jb 56
81470 Kontiovaara/Käenkoski 279 Jb 58
Kontola 247 Ka 43
95760 Konttajärvi 312 Eb 45
74490 Konttila/Pudasjärvi 301 Ga 49
93190 Konttila/Ranua 301 Fb 50
71200 Konttimäki/Kaavi 262 Jb 53
38460 Konttimäki/Mouhijärvi 241 La 42
73300 Konttimäki/Nilsiä 277 Ja 52
43220 Konttimäki/Saarijärvi 259 Jb 47
54230 Kontu 245 Lb 54
86110 Kopisto 288 Ha 45
42600 Kopola 248 Ka 46
85820 Koposperä 276 Hb 47
35300 Koppala 242 Kb 45
66100 Kopparby 257 Jb 40
99800 Koppelo=Koappil 333 Cb 52
75700 Koppelo 277 Hb 54
Koppelonkylä 246 Ka 40
83950 Kopravaara 262 Ja 56
91500 Kopsa/Muhos 289 Gb 48
92260 Kopsa/Raahe 288 Gb 46
35540 Kopsamo 248 Kb 45
98780 Koramoniemi 315 Fa 54
74420 Korentokylä 302 GA 51
82960 Korentovaara 263 Jb 59
51200 Korhola/Kangasniemi 249 Ka 50
99230 Korhola/Kuivasalmi 323 Db 48
58830 Korhola/Savonlinna 250 Kb 54
88610 Korholanmäki/Kajaani 277 Ha 52
72100 Korholanmäki/Suonenjoki 261 Jb 51
63880 Korhoskylä=Sievin as eli Korhoskylä 275 Hb 45
Korhoskylä 247 Ka 43
45610 Koria 243 Lb 50
81700 Koriseva 278 Ja 56
Korkala 278 Ja 55
Korkana 291 Ha 57
86600 Korkatti 275 Ha 47
Korkea 291 Ha 57
82500 Korkeakangas 263 Ka 57
32700 Korkeakoski/Huittinen 241 La 42
35500 Korkeakoski/Orivesi 248 Kb 45
29630 Korkeakoski/Pomarkku 240 Kb 41
29250 Korkeaoja 240 La 41
Korkeasilta 248 Ka 48
Korkeavaara 302 Fb 51
16500 Korkee/Kärkölä 242 Lb 47
19110 Korkee/Lahti 243 La 48
14700 Korkee/Sappee 242 La 46
53100 Korkia-aho 244 Lb 53
69980 Korkiakangas 259 Ja 46
21900 Korkiakoski 240 Lb 41
12520 Kormu 242 Lb 46
91600 Kormunkylä 289 Gb 49
Koroiskylä 300 Fb 46
Koronkylä 247 Ka 44
41870 Korospohja 249 Kb 48
62750 Korpela/Alajärvi 259 Jb 44
69970 Korpela/Jänkä 259 Ja 46
54410 Korpela/Luumäki Taavetti 244 Lb 52
21570 Korpela/Sauvo 236 Ma 42
99600 Korpela/Tanhua 325 Ea 52
95300 Korpela/Tervola 300 Fa 46
99160 Korpela/Vierelä 323 Da 47
49900 Korpela/Virolahti 244 Lb 52
98900 Korpela/Vittikko 314 Eb 53
63300 Korpelanmäki 247 Jb 44
32270 Korpi/Humppila 241 Lb 43
39750 Korpi/Kankaanpää 246 Kb 41
27600 Korpi/Laitila 240 Lb 40
41800 Korpiaho 248 Ka 47
74740 Korpijoki 276 Hb 49
50670 Korpijärvi/Rantakylä 249 Kb 51
95590 Korpijärvi/Tervola 300 Fa 45
56710 Korpijärvi/Vuoksenniska 245 La 55
50100 Korpikoski 249 Kb 51
15880 Korpikylä/Hollola 242 Lb 47
95540 Korpikylä/Martimo 300 Fa 44
89600 Korpikylä/Suomussalmi 290 Gb 54
41800 Korpilahti 248 Ka 48
Korpimaa 313 Fa 50
73900 Korpimäki 277 Ja 53
93350 Korpinen/Jaurakkajärvi 290 Ga 52
74100 Korpinen/Varpaisjärvi 277 Ja 52
43520 Korpiperä 259 Jb 46
83330 Korpivaara/Liperi 262 Jb 55
81470 Korpivaara/Pihlajavaara 279 Ja 59
21710 Korpo=Korppoo 235 Ma 40
21720 Korpoström 235 Ma 40
44970 Korppinen 276 Ja 48
21710 Korppoo=Korpo 235 Ma 40
74920 Korretoja Gorretatája 341 Bb 51
64320 Korsbäck/Dagsmark 246 Ka 40
66230 Korsbäck/Korsnäs 257 Jb 39
65610 Korsholm=Mustasaari 257 Ja 40
66200 Korsnäs 257 Jb 39
01300 Korso 237 Ma 47
92260 Korsunperä 288 Gb 46
22920 Korsö 235 Ma 38
71130 Kortejoki 261 Jb 52
32920 Kortejärvenmaa 240 La 42
43560 Kortejärvi 259 Jb 45
74340 Kortekangas 277 Hb 51
62920 Kortekylä/Alajärvi 259 Jb 45
86810 Kortekylä/Pihlajamäki 276 Ja 49
40800 Kortepelto 249 Ka 48
Kortesalmi/Korttenperä 301 Fa 50
51330 Kortesalmi/Kuusamo 303 Fb 56
19650 Kortesalmi/Kälä 249 Kb 49
62420 Kortesjärvi 258 Ja 43
61650 Korteskylä 247 Ka 43
82710 Kortevaara/Kovero 263 Jb 58
74230 Kortevaara/Kuhmo 291 Ha 56
64930 Kortteenkylä 246 Ka 41
73600 Kortteinen 262 Ja 54
Korttenperä 301 Fa 50
07500 Korttia 238 Lb 48
98500 Korvakumpu 314 Ea 51
Korvala 313 Eb 49
38840 Korvaluoma 246 Kb 42
88610 Korvanniemi 290 Ha 52
82960 Korvenalus 263 Jb 59
46960 Korvenkylä/Anjalankoski 243 Lb 50
32700 Korvenkylä/Huittinen 241 La 42
55100 Korvenkylä/Imatra 245 La 54
16610 Korvenkylä/Kärkölä 242 Lb 47
29100 Korvenkylä/Luvia 240 La 40
86400 Korvenkylä/Oulainen 288 Ha 47
91300 Korvenkylä/Oulu 289 Ga 48
69100 Korvenkylä/Rautio 275 Ha 45
32700 Korvenmaa 241 La 42
58350 Korvenniemi 251 Ka 56
Korvenperä 260 Jb 47
90100 Korvensuora 289 Ga 48
23100 Korvensuu 235 Lb 40
52400 Korvua 303 Ga 54
39300 Kosamonniemi 302 Ga 52
99290 Koskama 323 Db 48
62600 Koskela/Lappajärvi 258 Ja 44
97140 Koskela/Mustamaa 300 Fa 47
63890 Koskela/Rasinperä 259 Jb 45
92500 Koskela/Tyrnävä 289 Gb 48
62800 Koskela/Vimpeli 259 Ja 44
74700 Koskenjoki 276 Hb 50
61330 Koskenkorva 258 Jb 41
Koskenky 289 Ha 49
07700 Koskenkylä=Forsby 238 Ma 48
27650 Koskenkylä/Eura-Kauttua 240 Lb 41
79600 Koskenkylä/Joroinen 250 Ka 52
71570 Koskenkylä/Karttula 261 Jb 51
61800 Koskenkylä/Kauhajoki 246 Ka 41
93990 Koskenkylä/Kuusamo 303 Fb 56
68210 Koskenkylä/Marinkainen 274 Hb 44
13023 Koskenkylä/Rajala 324 Db 49
88400 Koskenkylä/Ristijärvi 290 Ha 53
96700 Koskenkylä/Rovaniemi 313 Eb 48
43240 Koskenkylä/Saarijärvi 259 Jb 46
37830 Koskenkylä/Viiala 241 La 44
19210 Koskenmylly 243 La 49
30430 Koskenmäki/Löytölä 291 Ha 55
63100 Koskenmäki/Pleunenkylä 259 Jb 44
11100 Koskenniska/Inari 333 Cb 49
47650 Koskenniska/Vierumäki 243 La 49
85580 Koskenperä/Haapajärvi 275 Hb 47
34710 Koskenperä/Vaskivesi 247 Ka 44
42440 Koskenpää 248 Ka 47
91200 Koskenranta 313 Fa 47
62740 Koskenvarsi 259 Jb 44
62420 Koski/Alahärmä 258 Ja 43
21570 Koski/Halikko 236 Ma 42
31500 Koski/Otanmäki 277 Ha 51
25500 Koski/Perniö 236 Ma 43
29340 Koski/Pori 240 La 41
31500 Koski Tl 236 Lb 43
61300 Koskimäki 258 Jb 40
31850 Koskioinen 241 La 43
Koskiperä 246 Ka 42
Koskisto 243 Lb 49
61720 Koskue 247 Ka 42
16280 Koskunen 243 Lb 48
65650 Koskö 257 Ja 40
62375 Kosola/Kauhava 258 Ja 42
57230 Kosola/Punkaharju 251 Kb 55
98450 Kostamo/Kemijärvi 314 Eb 51
82200 Kostamo/Pyhäselkä 263 Ka 57
37370 Kostiala 241 La 44
16900 Kostiala 242 La 47
Kostula 247 Kb 43
71280 Kosula 262 Jb 54
91500 Kosulankylä 289 Gb 48
90820 Kotajärvi 289 Ga 48
17970 Kotakoski 248 Kb 47
99100 Kotakumpu 323 Db 47
81700 Kotala/Lieksa 278 Ja 56
98950 Kotala/Salla 315 Ea 55
42870 Kotala/Virrat 247 Ka 45
91200 Kotalanperä 301 Ga 48
Kotalathi 244 La 52
99710 Kotamaa 324 Ea 49
77570 Kotamäki 261 Ka 51
41400 Kotaniemi 249 Ka 48
32440 Kotarammi 241 Lb 42
71160 Kotasalmi 261 Jb 52
95680 Kotasenpää 312 Fa 45
97700 Kotiaho 302 Fb 51
74100 Kotikylä 277 Ja 51
89140 Kotila 290 Gb 52
Kotiniemi 290 Gb 52
89600 Kotiranta 291 Gb 55
48100 Kotka 239 Ma 50
14500 Kotkajärvi 241 La 45
Kotkanperä 259 Ja 46
Kotkanpesä 263 Ka 57
79600 Kotkatlahti 250 Ka 52
49930 Kotola 244 Lb 52
44790 Kotvala 260 Ja 47
Koukkari 247 Jb 43
Koukkela 240 Lb 40
16599 Koukunmaa 242 Lb 47
61160 Koura 258 Jb 43
18100 Kousa/Heinola 243 La 49
59800 Kousa/Kesälahti 251 Kb 56
72600 Koutajärvi 260 Ja 49
39260 Kouva 302 Fb 52
31900 Kouvola/Alastaro 241 La 42
45100 Kouvola/Kuusankoski 243 Lb 50
50100 Kovala 250 Kb 51
Kovasniemi 263 Jb 57
39610 Kovelahti 247 Kb 42
Koveranta 247 Kb 42
Koverhar 236 Mb 43
82710 Kovero/Kiihtelysvaara 263 Jb 58
23800 Kovero/Laitila 240 Lb 40
39410 Kovero/Parkano 247 Kb 43
Kovik 258 Ja 41
66900 Kovjoky 274 Hb 42
Krasslandet 274 Hb 43
69100 Krekilä 275 Hb 44
Krekunperä 288 Ha 45
64100 Kristiinankaupunki= Kristinestad 246 Ka 39
64100 Kristinestad= Kristiinankaupunki 246 Ka 39
22320 Kroklund 234 Ma 36
68500 Kronoby=Kruunupyy 274 Hb 43
21570 Krooka 236 Ma 42
68500 Kruunupyy=Kronoby 274 Hb 43
37380 Krääkkiö 241 La 43
07900 Kuggom 238 Ma 49
97700 Kuha 301 Fb 50
58700 Kuhakoski 250 Kb 53
54930 Kuhala 244 La 53
70870 Kuhanen 261 Jb 52
36810 Kuhmalahden kk 242 La 46
36810 Kuhmalahti 242 La 46
88900 Kuhmo 291 Ha 56
17800 Kuhmoinen 242 Kb 47
95690 Kuijasvaara 312 Fa 45
75500 Kuikka/Nurmes 278 Hb 55
41160 Kuikka/Tikkakoski 248 Ka 48
89430 Kuikkavaara 290 Gb 54
81330 Kuisma 263 Jb 57
79700 Kuittua 262 Ka 54
52620 Kuitula 249 Kb 50
52830 Kuivainen 244 La 52
19230 Kuivajärvi/Hartola 243 La 49
70130 Kuivajärvi/Saarivaara 291 Gb 57
38950 Kuivakangas/Ala-Honkajoki 246 Kb 41
95630 Kuivakangas/Ylitornio 312 Fa 44
54920 Kuivaketvele 244 La 53
27170 Kuivalahti/Eurajoki 240 La 40
21100 Kuivalahti/Naantali 235 Ma 41
95100 Kuivaniemi 301 Fb 47
16280 Kuivanto 243 Lb 48
23500 Kuivarauma 240 Lb 39
99240 Kuivasalmi/Kittilä 323 Db 47
81820 Kuivasalmi/Lieksa 278 Ja 56
39750 Kuivasjärvi 247 Ka 42
63360 Kuivaskylä 258 Jb 43
41900 Kuivasmäki 248 Ka 47
10520 Kuivasto=Kvigos 236 Ma 43
93140 Kuivikko 301 Ga 50
71240 Kuivinniemi 262 Jb 54
23500 Kuivinen 240 Lb 39
73470 Kukasjärvi 313 Ea 48
41800 Kukkaro 248 Ka 47
43430 Kukko 259 Jb 46
36600 Kukkola/Pälkäne 242 La 45
95520 Kukkola/Tornio 300 Fb 45
Kukkolanhauta 262 Ka 53
14300 Kukkolankulma 242 Lb 45
19370 Kukkolanmäki/Sysmä 243 La 48
79480 Kukkolanmäki/Varkaus 250 Ka 53
27340 Kukola 240 La 39
32610 Kukonharja 241 La 42
63880 Kukonkylä/Rantala 259 Jb 45
68100 Kukonkylä/Sievi 275 Hb 45
26930 Kulamaa 240 La 40
Kulan 274 Hb 43
58430 Kulennoinen 251 Kb 55
80910 Kulho 263 Jb 56
27300 Kulju/Lappi 240 La 40
37560 Kulju/Tampere 241 La 44
34140 Kulju/Ylöjärvi 247 Kb 44
34260 Kulkkila 247 Kb 44
25870 Kulla/Dragsfjärd 236 Ma 42
10520 Kulla/Ekenäs 236 Ma 43
29340 Kullaan kk. 240 La 41
27230 Kullanperä 240 La 40
06850 Kullo=Kulloo 238 Ma 47
06850 Kulloo=Kullo 238 Ma 47
97895 Kuloharju 302 Fb 53
73130 Kultala 333 Cb 50
Kultala Guldal 341 Bb 51
Kultela 236 Lb 44
99470 Kultima=Gulddán 331 Da 42
Kultukka 302 Fa 51
87950 Kuluntalahti 290 Ha 52
74300 Kulvemäki 277 Hb 52
15550 Kumia 243 Lb 48
85800 Kumiseva 276 Hb 47
22820 Kumlinge 234 Ma 38
98100 Kummunkylä/Kemijärvi 314 Eb 51
72600 Kummunkylä/Viitasaari 260 Ja 49
Kummunmäki 300 Fa 45
41900 Kumpu/Jyväskylä 248 Ka 47
59710 Kumpu/Niukkala 251 Kb 56
43700 Kumpula/Oikari 259 Ja 46
97700 Kumpula/Ranua 302 Fb 51
Kumpulampi 248 Ka 45
44630 Kumpumäki 260 Ja 49
58260 Kumpuranta 251 Kb 55
72400 Kumpuselkä 276 Ja 49
19230 Kumu 243 La 49
69100 Kungas 274 Hb 44
07980 Kungsböle=Kuninkaankylä 243 Lb 49
66580 Kuni 257 Ja 40
07980 Kuninkaankylä=Kungsböle 243 Lb 49
38700 Kuninkaanlähde 246 Kb 42
80510 Kunnasniemi 262 Jb 56
54770 Kunttula 244 La 52
75500 Kuohatti 278 Hb 55
36200 Kuohenmaa 241 La 45
14980 Kuohijoki 242 La 46
41930 Kuohu 248 Ka 47
97675 Kuohunki 313 Fa 49
75500 Kuokanvaara 278 Hb 55
97290 Kuoksajärvi 313 Eb 48
Kuolimaa 240 La 40
Kuolio 303 Fb 54
99950 Kuolna=Guoldna 332 Ca 48
52780 Kuomiokoski 244 La 51
52780 Kuomiolahti 244 La 51
85800 Kuona 276 Hb 48
13026 Kuontivaara 315 Fa 55
70100 Kuopio 261 Jb 52
62300 Kuoppala/Alahärmä 258 Ja 42
62660 Kuoppala/Lappajärvi 259 Ja 44
43440 Kuoppala/Pylkönmäki 259 Jb 46
92520 Kuoppala/Sipola 289 Ha 48
81700 Kuora 279 Ja 57
44630 Kuorekoski 260 Ja 48
Kuoreniemi 278 Ha 55
83720 Kuorevaara 262 Jb 55
38600 Kuorsumaa 240 Kb 42
63100 Kuortane 258 Jb 44
19410 Kuortti 243 La 49
98850 Kuosku 325 Ea 53
87100 Kuotaniemi 290 Ha 52
10420 Kuovila=Skogböle 236 Ma 43
Kuovila 275 Ha 45
93780 Kuparivaara 303 Fb 55
37370 Kurala/Vesilahti 241 La 43
21900 Kurala/Yläne 240 Lb 41
62710 Kurejoki 259 Jb 44
Kurenalus 302 Ga 50
79480 Kurenlahti 262 Ka 53
74120 Kurenpolvi 276 Hb 50
17430 Kurhila 242 La 47
61300 Kurikka 258 Jb 41
85410 Kurikkala 275 Ha 44
Kurikkamäki 261 Ka 52
Kurimo 290 Gb 51
Kurinjoki 314 Eb 54
37960 Kurisjärvi 241 La 44
48100 Kurittula/Kotka 244 Lb 50
32200 Kurittula/Loimaan kunta 241 Lb 42
79255 Kurjala/Leppävirta 261 Jb 53
56140 Kurjala/Ruokolahti 245 La 54
34770 Kurjenkylä 247 Ka 43
25460 Kurkela/Salo 236 Ma 44
44500 Kurkela/Viitasaari 260 Ja 48
93290 Kurki 302 Ga 52
89670 Kurkikylä 302 Ga 53
71480 Kurkimäki 261 Jb 51
51900 Kurkiselkä 250 Kb 52
Kurkisensaari 249 Ka 51
99150 Kurkkio 323 Da 46
Kurola 261 Ka 53
71670 Kurolanlahti 261 Ja 51
56210 Kurrola 251 La 54
98600 Kursu 314 Eb 53
95990 Kurtakko 323 Ea 45
52400 Kurtti 302 Ga 53
Kurtto 290 Gb 53
34300 Kuru 247 Kb 44
63530 Kuru/Kuortane 259 Jb 44
12240 Kuru/Riihimäki 242 Lb 46
Kurunkulma 243 Lb 48
Kurvilansaari 300 Fa 46
93780 Kurvinen 303 Fb 56
Kurvola 241 La 44
23360 Kustavi 235 Lb 39
82980 Kusuri 263 Jb 59
16730 Kutajoki 242 La 47
38140 Kutala 241 La 43
51200 Kutemajärvi 249 Ka 50
Kutila 242 La 45
Kutkylä 249 Ka 50
98900 Kutrikko 314 Eb 54
Kutsu 263 Ka 58
99460 Kuttanen=Guhttás 331 Da 42
99830 Kuttura=Guhtur 333 Da 49
Kutula 260 Ka 47
77600 Kutumäki 261 Jb 51
77630 Kutunkylä 261 Jb 51
54850 Kuukanniemi 244 La 52
97700 Kuukasjärvi 302 Fb 50
82900 Kuuksenvaara 263 Jb 59
28660 Kuuminainen 240 La 40
88940 Kuumu 291 Gb 56
Kuunarinperä 275 Ha 45
14500 Kuurila 241 La 45
Kuurnamäki 240 La 41
32800 Kuurola 240 La 41
39570 Kuurtola 290 Ga 54
86710 Kuusaa/Kärsämäki 276 Hb 48
41340 Kuusaa/Laukaa 260 Ka 48
99100 Kuusajoki 323 Db 47
93600 Kuusamo 303 Fb 55
88900 Kuusamonkylä 291 Ha 55
45700 Kuusankoski 243 Lb 50
53650 Kuusela 244 La 53
52830 Kuusenhako 244 La 52
86810 Kuusenmäki 276 Hb 49
38800 Kuusijoki 246 Kb 42
83450 Kuusijärvi/Joensuu 262 Jb 55
97700 Kuusijärvi/Ranua 301 Fb 50
52500 Kuusijärvi/Taivalkoski 302 Ga 53
42870 Kuusijärvi/Virrat 247 Ka 44
Kuusiluoto 301 Fa 48
Kuusimaa 300 Fb 45
88270 Kuusiranta 276 Ha 51
86460 Kuusirati 288 Ha 47
Kuusisto 236 Lb 43
98100 Kuusivaara/Kemijärvi 313 Eb 51
83880 Kuusivaara/Otravaara 262 Ja 55
13023 Kuusivaara/Sodankylä 324 Db 49
25330 Kuusjoenperä 236 Lb 43
25330 Kuusjoki/Pertteli 236 Lb 43
32100 Kuusjoki/Ypäjä 241 Lb 43
69980 Kuusjärvi/Humalajoki 259 Ja 46
83630 Kuusjärvi/Outokumpu 262 Jb 54
88340 Kuuskanlahti 290 Ha 51
71840 Kuuslahti/Siilinjärvi 261 Ja 52
72300 Kuuslahti/Vesanto 260 Jb 49
39100 Kuustenlatva 241 Kb 43
41340 Kuusvedenranta 260 Ka 49
51720 Kuvaala 250 Kb 51
78880 Kuvansi 250 Ka 52
29940 Kuvaskangas 246 Kb 40
51200 Kuvasmäki 249 Ka 49
Kuckus 258 Ja 41
Kvarnbacka 236 Ma 44
07955 Kvarnby=Myllykylä 238 Ma 49
66530 Kvevlax=Koivulahti 257 Ja 40
10520 Kvigos=Kuivasto 236 Ma 43
66640 Kvimo 258 Ja 41
Kvisto 247 Ka 43
Kvivlax 235 Ma 40
Kydönperä 289 Ha 50
19410 Kyhkylä 243 La 49
Kylkilathi 242 Kb 45
Kyllijoki 240 La 40
54800 Kylliälä 244 La 52
Kyllmäkorpi 240 La 40
37910 Kylmäkosken as. 241 La 44
37910 Kylmäkoski 241 La 44
52400 Kylmäluoma 303 Fb 54
Kylmälä/Kuusamo 303 Fb 56

360 Kylmälä/Nuutila

Lippikylä

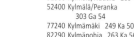

FIN

91500 Kylmälä/Nuutila 289 Gb 49
52400 Kylmälä/Peranka 303 Ga 54
77240 Kylmämäki 249 Ka 50
82290 Kylmäpohja 263 Ka 56
Kyly 263 Ka 56
Kylälathi 250 Kb 51
17800 Kylämä 248 Kb 47
81820 Kylänlahti 278 Ja 56
43900 Kylänpää/Jääjoki 275 Ja 46
61450 Kylänpää/Laihia 258 Jb 41
28760 Kyläsaari 240 Kb 40
47520 Kymentaka 243 Lb 49
44640 Kymönkoski 260 Ja 48
93140 Kyngäs 302 Ga 50
32920 Kynsikangas 240 La 41
97895 Kynsiperä 302 Fb 53
97895 Kynsivaara 302 Fb 53
Kyntinen 261 Ja 50
80910 Kypärä 263 Jb 56
79480 Kypäräjärvi 262 Jb 53
89400 Kypärävaara 291 Gb 54
02400 Kyrkslätt=Kirkkonummi 237 Ma 45
66600 Kyromossen 258 Ja 41
58700 Kyrsyä 250 Kb 53
21800 Kyrö 236 Lb 42
34140 Kyrönlahti 247 Kb 44
39200 Kyröskoski 241 Kb 43
39200 Kyröspohja 241 Kb 43
88930 Kytkinlehto 290 Ha 54
25240 Kyto 236 Ma 42
05800 Kytäjä 237 Lb 46
23500 Kytämäki 235 Lb 39
Kytö 241 Lb 44
86510 Kytökorpi 275 Ha 46
88200 Kytökoski 276 Ha 51
92930 Kytökylä 276 Ha 47
15100 Kytölä/Lahti 243 La 48
66400 KytöläLaihia 258 Jb 41
Kytölänloukko 246 Ka 40
Kytöranta 276 Hb 49
43700 Kyyjärvi 259 Ja 46
41240 Kyynämöinen 260 Ka 47
36930 Kyynärö 242 La 46
41270 Kyyränkylä 260 Jb 47
34130 Kyöstilä 241 Kb 44
82960 Käenkoski 263 Jb 58
85210 Kähtävä 275 Ha 45
Käikälä 242 La 47
01750 Käinby=Keimola 237 Ma 46
52500 Käkelä/Kuusjärvi 302 Ga 53
85500 Käkelä/Nivala 275 Hb 47
39100 Käkelä/Suomussalmi 290 Ga 54
Käkikoski 243 Lb 49
88270 Käkilahti 289 Ha 50
Käkölä 235 Ma 41
21660 Käldinge 235 Ma 41
Källmossbacken 274 Hb 42
Kälvelä 244 Lb 53
68300 Kälviä 274 Hb 43
19650 Kälä 249 Kb 49
34240 Kämmenniemi 241 Kb 44
32730 Kämmäkkä 241 La 42
43300 Kämäri 260 Ja 47
Känttäjä 277 Ha 52
Käpylänmaa 246 Ka 41
Käringsundby 234 Ma 36
64820 Kärjenkoski 246 Ka 40
37860 Kärjenniemi 241 La 44
Kärkelä 236 Ma 43
85150 Kärkinen 275 Ha 45
44330 Kärkkäälä/Ristimäki 260 Jb 49
77800 Kärkkäälä/Suonenjoki 261 Jb 51
66640 Kärklax 258 Ja 41
03850 Kärkölä 237 Lb 44
16610 Kärkölä Järvelä 242 Lb 47
16500 Kärkölän kk. 242 Lb 47
62600 Kärna 259 Ja 44
44610 Kärnä 260 Ja 48
Kärpe=Kärppä 238 Ma 48
Kärppä=Kärpe 238 Ma 48
38140 Kärppälä 241 La 43
93990 Kärpänkylä 303 Fb 56
25870 Kärra 236 Ma 41
92500 Kärsämä 289 Gb 48
86710 Kärsämäki 276 Hb 48
44950 Kärväskylä 276 Ja 48
Käsmä 303 Fb 54
Käsmänperä 314 Eb 52
83430 Käsämä 262 Jb 55
63430 Kätkänjoki 259 Jb 44
99320 Kätkäsuvanto=Geatkesavvon 322 Da 43
95340 Kätkävaara 300 Fa 46
Käyhkää 251 La 54
93850 Käylä 315 Fa 55
Käyrämö 313 Eb 49
Kääpäkorpi 301 Fb 50
46110 Kääpälä 244 La 50
57230 Käärmelahti/Punkaharju 251 Kb 55
71720 Käärmelahti/Siilinjärvi 261 Ja 51
73470 Käärmelehto 313 Ea 48
39195 Köhkörö 241 Kb 43
22730 Kökar 234 Mb 38
66999 Köklot 257 Ja 40
Kökönmäki 262 Ka 53
74300 Kölkkä 277 Hb 52
43170 Kömi 260 Jb 48
6436 Köngäs/Kemijärvi 313 Eb 50
99140 Köngäs/Sirkka 323 Db 46
95520 Könölä 300 Fb 45
Könönpelto 261 Ka 52
10330 Köpskog 236 Ma 44
69660 Köyhäjoki 275 Hb 44
85900 Köyhänperä 275 Hb 47
27710 Köyliö 240 La 41
32260 Köyliönkylä 241 Lb 42
29760 Köörtilä 246 Kb 40
68800 Källby=Kolppi 274 Hb 42

L

25610 Laaja 290 Gb 53
48720 Laajakoski 244 Lb 50
Laajanpohja 248 Kb 46
44150 Laajaranta 260 Jb 48
Laaji 289 Gb 49
23100 Laajoki 240 Lb 41
74390 Laakajärvi 277 Hb 53
Laakamäki 277 Ja 52
34870 Laakanperä 247 Ka 44
98420 Laaksola 314 Eb 51
52420 Laamala/Lahnasalo 244 La 52
56210 Laamala/Ruokolahti 251 La 54
99830 Laanila 333 Da 51
54530 Laapas 244 Lb 52
54770 Laari 244 La 51
63800 Laasala/Alajärvi 259 Jb 45
58175 Laasala/Juvola 251 Ka 54
Laasola 248 Kb 45
Labbnäs 236 Ma 41
07600 Labbom=Jaakkola 243 Lb 48
07850 Labby=Lapinkylä 238 Lb 49
07170 Laha 237 Ma 47
62300 Lahdenkylä/Alahärmä 258 Ja 42
63300 Lahdenkylä/Alavus 259 Jb 44
42140 Lahdenkylä/Jämsänkoski 248 Kb 47
35800 Lahdenkylä/Mänttä 248 Kb 46
58900 Lahdenkylä/Rantasalmi 250 Ka 53
88930 Lahdenkylä/Vartius 291 Ha 56
34950 Lahdenkylä/Virrat 247 Ka 44
82110 Lahdenperä/Joensuu 263 Jb 57
73120 Lahdenperä/Lapinlahti 277 Ja 51
85800 Lahdenperä/Pyhäjärvi Pyhäsalmi 276 Hb 48
95300 Lahdenperä/Tervola 300 Fa 46
43800 Lahdenperä/Tiironkylä 259 Ja 46
Lahdenperä/Yli-Kurki 302 Ga 52
16790 Lahdenpohja/Lammi 242 La 47
19370 Lahdenpohja/Sysmä 243 La 48
Lahdinko 235 Lb 40
Lahikoski 251 Kb 54
74940 Lahnajoki 276 Hb 49
Lahnajärvi 248 Kb 46
67100 Lahnakoski 274 Hb 43
79680 Lahnalahti 250 Ka 52
Lahnalampi/Koli 278 Ja 56
69330 Lahnalampi/Toholampi 275 Hb 45
77110 Lahnanen/Pieksämäki 261 Ka 50
74940 Lahnanen/Remeskylä 276 Hb 49
Lahnaniemi 249 Kb 50
52420 Lahnasalo 244 La 52
74340 Lahnasjärvi 277 Hb 52
02970 Lahnus 237 Ma 46
39610 Laholuoma 246 Kb 42
Lahovaara 278 Ja 54
15100 Lahti/Nastola 243 Lb 48
23600 Lahti/Vehmaa 235 Lb 40
92350 Lahtiranta 288 Gb 46
81200 Lahtolahti 262 Jb 55
74100 Laidinmäki 277 Hb 51
66400 Laihia 257 Jb 41
56730 Laikko 251 La 55
Lainkumpu 300 Fa 46
89400 Laitala 291 Gb 54
21570 Laitamäki 236 Ma 42
25500 Laiterla 236 Ma 43
51200 Laitiala 249 Kb 50
36660 Laitikkala 242 La 45
23800 Laitila 240 Lb 40
Laitilanniemi 261 Jb 52
Laivolathi 244 La 51
79820 Lajunlahti 262 Jb 54
62170 Lakaluoma 258 Jb 43
62840 Lakaniemi 259 Ja 44
Lakisto 237 Ma 46
38210 Lakkiniemi 241 La 42
Lakkola 242 La 46
44590 Lakomäki 260 Jb 48
Laksinperä 248 Ka 45
Laksonkylä 247 Kb 42
Lammake 277 Ja 51
Lammala 236 Ma 42
69700 Lammasoja 275 Ja 44
Lammasperä 248 Ka 46
29760 Lammela 246 Kb 40
Lammela 301 Fb 50
47650 Lammi/Kuusankoski 243 La 49
62600 Lammi/Lappajärvi 258 Ja 44
16900 Lammi/Tanttila 242 La 47
86810 Lamminaho 276 Hb 48
39700 Lamminkoski 247 Ka 43
31600 Lamminkylä/Forssa 241 Lb 44
45940 Lamminkylä/Kuusankoski 243 Lb 50
81700 Lamminkylä/Lieksa 278 Ja 57
76780 Lamminmäki 249 Ka 51
95160 Lamminperä 301 Fb 48
Lamminpää 242 La 45
97820 Lamminvaara 314 Fa 52
83100 Lammu 262 Ka 55
72400 Lampaanjärvi 277 Ja 50
Lampaluoto 240 Kb 40
71650 Lamperila 261 Jb 51
51720 Lampila 250 Kb 51
Lampinkartano 240 Kb 40
86300 Lampinperä 288 Ha 46
86440 Lampinsaari 288 Ha 47
29720 Lamppi 240 Kb 40
95790 Lampsijärvi 312 Eb 46
92620 Lamu 276 Ha 49
92930 Lamujoki 276 Ha 49
91300 Lamula 289 Ga 48
01100 Landbo 237 Ma 47
10640 Langansböle 236 Mb 44
41340 Lankamaa 260 Ka 49
49660 Lankila 244 Lb 51
95770 Lankojärvi 312 Eb 45
29100 Lankoori 240 La 39
29790 Lankoski 246 Kb 40
41270 Lannevesi 260 Jb 47
62600 Lantela 258 Ja 44
Lantta 244 La 52
89830 Lantto 291 Gb 55
38220 Lantula 241 La 43
98600 Lapajärvi 314 Eb 53
92180 Lapaluoto 288 Gb 45
27150 Lapijoki 240 La 40
07800 Lapinjärvi=Lappträsk 243 Lb 49
91900 Lapinkangas/Liminka 288 Gb 47
90310 Lapinkangas/Oulu 289 Gb 48
07850 Lapinkylä=Labby 238 Lb 49
02520 Lapinkylä=Lappböle 237 Ma 45
73100 Lapinlahti/Varpaisjärvi 277 Ja 51
39660 Lapinneva 247 Kb 42
88900 Lapinniemi/Kuhmo 291 Ha 56
81470 Lapinniemi/Vitavaara 279 Jb 59
04150 Lapinsalmi 289 Gb 51
74340 Lapinsalo 276 Hb 50
97670 Lapioaapa 301 Fa 48
39700 Lapiolahti 247 Ka 42
Lapiosalmi 302 Fa 52
Lapiovaara 279 Ja 58
49760 Lapjärvi 244 Lb 51
Lapotti 243 Lb 50
62600 Lappajärvi 258 Ja 44
Lappal 236 Ma 42
Lappamäki 276 Ja 49
02520 Lappböle=Lapinkylä 237 Ma 45
95900 Lappea 312 Ea 44
53100 Lappeenranta 244 La 53
02590 Lappers 237 Ma 45
73110 Lappetelä 277 Ja 51
64300 Lappfjärd=Lapväärtti 246 Ka 40
68820 Lappfors 274 Hb 43
27230 Lappi/Eurajoki 240 La 40
91980 Lappi/Kempele 288 Gb 47
39570 Lappi/Kuurtola 291 Ga 55
16670 Lappila 242 Lb 47
22840 Lappo 235 Ma 38
10820 Lappohja=Lappvik 236 Mb 43
07800 Lappträsk=Lapinjärvi 243 Lb 49
10820 Lappvik=Lappohja 236 Mb 43
62100 Lapua 258 Jb 43
64300 Lapväärtti=Lappfjärd 246 Ka 40
Larinsaari 278 Ja 56
68570 Larsmo=Luoto 274 Hb 42
29680 Lassila/Noormarkku 240 Kb 41
39820 Lassila/Parkano 247 Ka 43
73300 Lastukoski 277 Ja 53
73300 Lastulahti 277 Ja 53
33880 Lastustenkulma 241 La 44
43560 Latojoki 259 Jb 44
37370 Latomaa 241 La 43
31620 Latovainio 241 Lb 43
28580 Lattomeri 240 La 40
Lattuna 325 Db 54
Latukka 258 Ja 43
89140 Latva/Kotila 290 Gb 52
32500 Latva/Oripää 241 Lb 42
93225 Latva/Pudasjärvi 302 Fb 51
92600 Latva/Pulkkila 276 Ha 48
Latvaheinioja 301 Fb 49
52400 Latvajärvenperä 302 Ga 53
Latvala 301 Fb 50
79940 Latvalampi 262 Ka 55
85900 Latvanen 276 Hb 47
32700 Lauhankylä 240 La 42
Lauhijoki 243 La 48
41340 Laukaa 249 Ka 48
58450 Laukansaari 251 Kb 55
71280 Laukansalo 262 Jb 54
91500 Laukka/Muhos 289 Gb 48
25500 Laukka/Perniö 236 Ma 43
73470 Laukka-aho 261 Jb 53
72740 Laukkala 276 Ja 50
41340 Laukkavirta 249 Ka 49
07150 Laukkoski 238 Ma 47
21250 Laulainen 235 Lb 41
12540 Launonen 242 Lb 46
23360 Laupunen 235 Ma 39
19650 Laurila/Joutsa 249 Kb 48
93600 Laurila/Kemi 300 Fb 46
53100 Lauritsala 244 La 53
Laurola 258 Jb 41
21420 Laustee 235 Lb 41
23840 Lausti 240 Lb 40
Lautamaa 300 Fb 45
31230 Lautaporras 241 Lb 44
51900 Lauteala 250 Kb 53
93600 Lautiosaari 300 Fb 46
21570 Lautkankare 236 Ma 42
32700 Lauttakylä/Huittinen 241 La 42
89400 Lauttakylä/Hyrynsalmi 290 Gb 53
29940 Lauttijärvi 246 Kb 40
88900 Lauvuskylä 278 Hb 56
39380 Lavajärvi 241 Kb 43
93780 Lavala 303 Ga 56
Lavamäki 235 Lb 41
38600 Lavia 240 Kb 42
42700 Lavikko 248 Ka 46
12350 Lavinto 242 Lb 46
99440 Leaibejärvi=Leppäjärvi 331 Cb 43
43560 Lehdonperä 259 Jb 45
08100 Lehmijärvi 237 Ma 45
Lehmikumpu 300 Fa 47
93250 Lehmisuo 302 Fb 51
80710 Lehmo 262 Jb 56
61520 Lehmäjoki 258 Ja 41
86650 Lehonsaari 276 Ha 48
63500 Lehtimäki 259 Jb 44
98900 Lehtiniemi/Kursu 314 Eb 52
97840 Lehtiniemi/Posio 314 Fa 52
57100 Lehtiniemi/Savonlinna 251 Kb 54
90900 Lehto/Kiiminki 289 Ga 48
99250 Lehto/Kiistala 323 Db 47
93920 Lehto/Ruka 315 Fa 56
98420 Lehtola 314 Eb 52
29570 Lehtola/Pori 240 Kb 40
43240 Lehtola/Saarijärvi 259 Jb 47
43430 Lehtomäki/Kukko 259 Jb 46
74390 Lehtomäki/Leppimäki 277 Hb 53
73300 Lehtomäki/Nilsiä 277 Ja 52
58260 Lehtoniemi 251 Kb 56
Lehtopää 275 Ha 46
74340 Lehtoranta 276 Hb 50
Lehtovaara/Juntusranta 303 Ga 56
87100 Lehtovaara/Karsikkovaara 277 Ha 52
82960 Lehtovaara/Naurisvaara 263 Jb 59
75500 Lehtovaara/Nuurmes 278 Hb 55
89770 Lehtovaara/Pisto 303 Ga 55
83830 Lehtovaara/Polvijärvi 262 Jb 55
74200 Lehtovaara/Pudasjärvi 302 GA 51
99540 Lehtovaara/Sodankylä 313 Ea 50
83900 Lehtovaara/Säyneinen 278 Ja 54
25160 Lehtovaara/Taivalkoski 302 Fb 52
82960 Lehtovaara/Tokrajärvi 263 Jb 58
30430 Lehtovaara/Vuosanka 291 Ha 55
23310 Leikluoto 235 Lb 40
Leimu 290 Ha 52
29310 Leineperi 240 La 41
23800 Leinmäki 240 Lb 40
54410 Leino 244 Lb 53
41340 Leinola 260 Ka 49
35300 Leinolankylä 248 Kb 45
71660 Leinolanlahti 261 Ja 51
82490 Leinovaara 251 Ka 56
89200 Leipivaara 290 Gb 52
58300 Leipämäki 262 Ka 54
97170 Leive 300 Fa 47
92700 Leiviskänranta 289 Ha 49
41770 Leivonmäki/Joutsa 249 Kb 49
58390 Leivonmäki/Vihtari 262 Ka 55
10660 Leksvall 236 Mb 43
27650 Lellainen 240 Lb 41
Lelu 244 Lb 51
73800 Lemetinvaara 290 Ha 54
54710 Lemi 244 La 52
29100 Lemlahti 240 La 40
22610 Lemland 234 Ma 37
21630 Lemlax 235 Ma 41
33480 Lempiäniemi 241 Kb 44
Lempola 237 Ma 45
77630 Lempyy 261 Jb 51
30100 Lempää/Forssa 241 Lb 44
19910 Lempää/Tammijärvi 249 Kb 48
33880 Lempäälä 241 La 44
21230 Lemu 235 Lb 40
88930 Lentiira 291 Ha 56
Lentuankoski 291 Ha 56
14610 Lepaa 242 La 45
79820 Lepikkomäki 262 Ka 54
Lepistö 241 Lb 44
62500 Lepistönmäki 258 Ja 43
Lepola 242 La 46
82500 Lepolahti 263 Ka 56
74400 Leppiaho 301 Fb 48
29810 Leppijärvi 246 Kb 40
64850 Leppikylä/Heikkilä 246 Ka 41
71543 Leppikylä/Otanmäki 276 Ha 51
Leppilampi 262 Jb 55
Leppilä 290 Ha 53
74390 Leppimäki 277 Hb 53
91500 Leppiniemi 289 Gb 49
92920 Leppiperä 276 Ha 50
68530 Lepplax 274 Hb 42
35300 Leppähammas 248 Kb 45
99440 Leppäjärvi=Leaibejávri 331 Cb 43
86810 Leppäkangas 259 Jb 45
09810 Leppäkorpi 236 Ma 44
19600 Leppäkoski/Hartola 249 Kb 48
32700 Leppäkoski/Huittinen 241 La 42
12380 Leppäkoski/Janakkala 242 Lb 46
83100 Leppälahti/Liperi 262 Ka 55
34180 Leppälahti/Poikelus 247 Kb 44
85900 Leppälahti/Reisjärvi 275 Hb 46
41450 Leppälahti/Vaajakoski 249 Ka 48
72400 Leppälahti/Vianta 277 Ja 51
Leppälampi 237 Ma 46
55100 Leppälä/Joutseno 245 La 54
89670 Leppälä/Vaaraniva 302 Ga 53
77630 Leppämäki/Suonenjoki 261 Jb 51
79255 Leppämäki/Tuppurinmäki 261 Jb 53
73120 Leppämäki/Varpaisjärvi 277 Ja 52
99150 Leppäniemi/Tepasto 323 Db 46
52960 Leppäniemi/Voikoski 243 La 50
Leppäruhka 246 Kb 41
Leppäsjärvi 247 Kb 43
Leppävaara 278 Ja 55
02700 Leppävaara=Alberga=Alberga 237 Ma 46
41310 Leppävesi 249 Ka 48
79100 Leppävirta 261 Ka 52
19510 Lepsala 243 La 49
01800 Lepsämä 237 Ma 46
23500 Lepäinen 240 Lb 39
92620 Leskelä 276 Ha 48
89770 Lesovaara 303 Ga 55
69440 Lestijärvi 275 Hb 46
30100 Letku 236 Lb 44
51600 Letkunkylä 249 Ka 51
91200 Leuanjoki 301 Ga 48
43100 Leuhu 260 Jb 47
Leukumanpää 312 Fa 45
98995 Leusjärvi 315 Eb 54
Levanpelto 240 La 41
04940 Levanto 243 Lb 47
62920 Levijoki 259 Jb 44
Levonketo 236 Lb 44
85900 Levonperä 275 Hb 47
77600 Levä/Suonenjoki 261 Jb 51
32100 Levä/Ypäjä 241 Lb 43
38760 Leväjärvi 246 Kb 41
71280 Levälahti 262 Jb 53
Levämäki 277 Ja 53
70800 Levänen/Kuopio 261 Jb 52
54930 Levänen/Taipalsaari 244 La 52
98100 Leväranta 314 Eb 51
29880 Leväsjoki 246 Kb 40
35220 Leväslahti 242 Kb 46
Levävaara 290 Gb 53
95420 Liakka 300 Fb 45
95310 Liedakkala 300 Fb 46
21360 Liedon as. 236 Lb 41
21450 Liedonperä 236 Lb 42
Liejula 301 Fb 50
70130 Liekinvaara 291 Gb 56
93195 Liekokylä 301 Fb 49
81700 Lieksa 278 Ja 57
21630 Lielahti=Lielax 236 Ma 41
21630 Lielax=Lielahti 236 Ma 41
Liepimä 322 Da 44
99130 Liepimäjärvi 322 Da 44
31350 Liesjärvi/Forssa 241 Lb 44
42700 Liesjärvi/Myllymäki 248 Ka 46
Lieso 242 La 46
Lietekylä 290 Gb 53
21420 Lieto 236 Lb 41
14300 Lietsa 242 Lb 45
41400 Lievestuore 249 Ka 49
32920 Lievikoski 240 La 41
74390 Lievisenmäki 277 Hb 53
58620 Lieviskä 251 Kb 54
08100 Lieviö 237 Ma 45
92700 Lievoperä 276 Ha 49
36120 Lihasula 242 Kb 45
42600 Lihjamo 248 Ka 46
Liikaluoma 246 Ka 42
Liikamaa 312 Ea 45
95160 Liikanen 301 Fb 49
93850 Liikasenvaara 315 Fa 56
46750 Liikkala 244 Lb 51
Liikkanen 261 Jb 51
19700 Liikola 249 Kb 48
77700 Liimatala 261 Jb 50
44420 Liimattala 260 Jb 48
Liippi 263 Ka 57
58620 Liistonsaari 250 Kb 54
44920 Liitonjoki 276 Ja 48
44970 Liitonmäki 276 Ja 48
31810 Liitsola 241 La 43
74940 Liittoperä 276 Hb 49
86300 Likalanperä 275 Ha 46
93990 Likolampi 303 Fb 56
Liljala 325 Ea 53
07880 Liljendal 238 Lb 49
07970 Lillabborrfors=Vähä-Ahvenkoski 238 Ma 49
68940 Lillby 274 Ja 43
08700 Lilltötär=Vähä-Teutarr 237 Ma 44
91900 Liminka 288 Gb 47
92500 Liminkakylä 288 Ha 46
91740 Liminpuro 290 Gb 51
07800 Lindkoski 243 Lb 49
Linhamari 236 Ma 44
04500 Linjamäki 237 Lb 47
Linkulla 237 Ma 44
43100 Linna 260 Jb 47
53400 Linnahovi 244 La 53
27100 Linnamaa 240 La 40
39810 Linnankylä 247 Ka 43
42600 Linnanmäki 259 Ka 46
04130 Linnanpelto=Borgby 237 Ma 47
44800 Linnanperä 260 Ja 48
Lintula 341 Bb 51
99950 Lintula 323 Db 47
Lintumaa 241 La 44
52420 Lintuniemi 244 La 51
93225 Lintuperä 302 Fb 51
95355 Lintupirtti 301 Fa 48
52200 Lintusalo 250 La 53
83855 Lipasvaara 262 Ja 55
83100 Liperi 262 Jb 55
83100 Liperinsalo 262 Ka 55
75500 Lipinlahti 278 Hb 55
Lippamonniemi 302 Ga 53
75500 Lippi 278 Hb 55
Lippikylä 276 Hb 49

Lippoperä Murtomma 361

FIN

89200 Lippoperä 290 GA 51
07840 Lismá=Lisma 332 Da 47
07840 Lisma=Lismá 332 Da 47
99540 Lismanaapa 324 Ea 50
Listersby 234 Ma 37
71260 Litmaniemi 261 Jb 53
20780 Littoinen 235 Ma 41
Liukkosenmäki 244 La 52
81700 Liukkunen 279 Ja 57
Liukonpelto 262 Jb 53
71240 Liukonpelto 262 Jb 54
93220 Livo 302 Fb 50
95680 Lohijärvi 312 Fa 45
38700 Lohikoski 246 Kb 41
74170 Lohikoukku 341 Bb 50
58620 Lohilahti 251 Kb 54
Lohilampi 236 Ma 44
61370 Lohiluoma 246 Jb 41
97420 Lohiniva 312 Ea 46
97940 Lohiranta 302 Fa 54
08100 Lohja=Lojo 237 Ma 45
68230 Lohtaja 274 Ha 44
74940 Lohvanperä 276 Hb 49
58810 Loikansaari 251 Kb 54
Loima 241 La 42
32200 Loimaa 241 Lb 43
Loimonen 241 Lb 44
08100 Lojo=Lohja 237 Ma 45
43390 Lokakylä 260 Ja 47
23450 Lokalahti 235 Lb 39
99645 Lokka 325 Db 52
85930 Lokkiperä 275 Hb 46
Lolax 257 Jb 39
Loma 300 Fa 47
73660 Lomajärvi 324 Db 48
99160 Lompolo 323 Da 46
Lonkka 291 Ga 55
99100 Lonnakko 323 Db 46
37960 Lontila 241 La 44
88600 Lontta 278 Hb 54
12700 Loppi 242 Lb 45
91300 Loppula 289 Ga 48
21600 Loskarnäs 235 Ma 41
Loso 290 Ha 53
73730 Losomäki 278 Ja 54
Losovaara 290 Gb 53
66600 Lotlax 258 Ja 41
95340 Loue 300 Fa 46
97140 Louejärvi 312 Fa 47
58220 Louhi 251 Kb 55
99130 Louhikko 322 Da 44
81210 Louhioja 263 Jb 57
83500 Louhivaara 262 Jb 54
51540 Loukee 250 Kb 51
Loukeinen 262 Jb 53
21420 Loukinainen/Lieto
235 Ma 41
21350 Loukinainen/Turku
235 Lb 41
22010 Loukkojärvi 289 Ga 48
Loukku 237 Lb 44
73900 Loukkusärkkä 278 Hb 54
77350 Loukolampi 249 Ka 51
82500 Loukunvaara 263 Ka 57
93440 Loukusa 302 Fb 52
61450 Lounaala 257 Jb 40
61100 Louonmäki 258 Jb 42
Lousaja 241 La 42
07900 Loviisa=Lovisa 238 Ma 49
07900 Lovisa=Loviisa 238 Ma 49
39410 Luhalahti 247 Kb 43
19950 Luhanka 249 Kb 48
15230 Luhtaanmaa 243 La 48
63210 Luhtalankylä/Alavus
258 Jb 43
61160 Luhtalankylä/Seinäjoki
258 Jb 43
52700 Luhtanen 243 La 50
81330 Luhtapohja 263 Jb 58
Luhti 238 Lb 47
16510 Luhtikylä 243 Lb 47
36450 Luikala 242 La 45
73670 Luikonlahti 262 Jb 54
98560 Luiro 325 Ea 52
92500 Lukkaroistenperä
288 Ha 46
Lukko 242 Lb 47
91980 Lumijoki 288 Gb 47
88380 Lumikylä 290 Ha 53
86470 Lumimetsä 288 Ha 47
62240 Lummukka 258 Ja 43
22630 Lumparland 234 Ma 37
Lumpeela 261 Jb 51
Lunkaa 241 Lb 44
34530 Luode 247 Kb 44
29100 Luodonkylä 240 La 40
91300 Luohela 289 Gb 49
92450 Luohua 288 Gb 47
98350 Luokka-aapa 314 Eb 51
62375 Luoma/Lapua 258 Ja 42
61100 Luoma/Peräseinäjoki
247 Jb 43
62830 Luoma-aho 259 Ja 44
62600 Luomala 259 Ja 44
61230 Luopa 258 Jb 42
61270 Luopajärvi 258 Jb 42
36760 Luopioinen 242 La 46
75680 Luostanlinna 278 Ja 54
62200 Luostari 258 Ja 43
99555 Luosto 313 Ea 50
95900 Luosu 323 Db 45
68570 Luoto=Larsmo 274 Hb 42
58200 Luotojärvi 251 Ka 55
54530 Luotola 244 Lb 52
52830 Luotolahti 244 La 52
64700 Luovankylä 246 Ka 40
25500 Lupaja 236 Ma 43
91620 Luppoperä 290 GA 51
19210 Lusi 243 La 49
Lusminki 303 Fb 56
Lustila 246 Ka 41
Lutha 235 Lb 40
27100 Lutta 240 La 40
Luujoki 301 Fb 47
Luukkala 251 Ka 56
52200 Luukkosenkylä 250 Kb 53
52200 Luukola 250 La 53
54530 Luumäen kk. 244 Lb 52
54530 Luumäki=Taavetti
244 Lb 52
74700 Luupujoki 276 Hb 50
74700 Luupuvesi 276 Hb 50
Luusjoki 249 Ka 50
51440 Luusniemi 249 Kb 50
98230 Luusua 314 Fa 51
82870 Luutalahti 263 Ka 58
27800 Luvalahti 240 La 41
Luvekylä 278 Ja 54
29100 Luvia 240 La 40
88600 Lykintö 277 Ha 54
35530 Lyly 248 Kb 45
89200 Lylykylä 290 Gb 53
Lylymaa 312 Eb 46
82915 Lylyvaara 263 Jb 58
62800 Lypsinmaa 259 Ja 44
29700 Lyttylä 240 Kb 40
53300 Lyytikkälä 245 La 53
Lyytilänmäki 261 Jb 51
23500 Lyökki 240 Lb 39
Lähdekangas 275 Hb 47
Lähemäki 261 Jb 53
Lähteenkorva 261 Ja 53
27750 Lähteenkylä 240 La 41
21290 Lähteenmäki 235 Lb 41
Lähtevä 262 Jb 54
97700 Lämsäkoski 301 Fb 50
35400 Längelmäen kk. 248 Kb 46
Längelmäki 250 Ka 51
35400 Länkipohja 248 Kb 46
34530 Länsi-Aure 247 Kb 43
43270 Länsi-Kalmari 259 Jb 46
79150 Länsi-Saamainen 261 Jb 52
72550 Länsi-Säviä 260 Ja 50
34180 Länsi-Teisko 247 Kb 44
83900 Länsi-Vuokko 278 Ja 55
94500 Länsikoski 300 Fb 46
63530 Länsikylä 259 Jb 44
49220 Länsikylä=Västerby
238 Lb 50
73590 Länsiranta/Inari 333 Ca 51
63130 Länsiranta/Kuortane
258 Jb 43
Länsiranta/Mäki-Kokko
323 Db 45
99710 Länsiranta/Sodankylä
324 Ea 49
51330 Länsänkylä 303 Fb 56
63600 Läntisranta 259 Jb 44
Läntta 275 Hb 45
81570 Läpikäytävä 279 Ja 57
Läpiä 243 La 49
63100 Läppälänkylä 259 Jb 44
50100 Läsänkoski 249 Kb 50
44580 Lätinranta 260 Ja 48
12600 Läyliäinen 237 Lb 45
44740 Lökkö 260 Ja 48
54530 Lökänen 244 La 52
22550 Lövö 234 Ma 37
47540 Löyttilä 243 Lb 49
54770 Löyttylä 244 La 52
14200 Löyttymäki 242 Lb 46
72400 Löytynmäki 277 Ja 50
27800 Löytäne 240 Lb 41
44740 Löytänä 260 Ja 48
52100 Löytö 250 Kb 51
Löytölä/Koskenmäki
291 Ha 55
Löytölä/Suomussalmi
290 Ga 54
Löytöperä 259 Jb 45
63450 Löyä 259 Jb 44
22430 Långbergsöda 234 Ma 37
64480 Långfors 246 Ka 39
Långmossen 257 Jb 40
25870 Långnäs/Dragsfjärd
236 Ma 41
22630 Långnäs/Mariehamn
234 Ma 37
02400 Långvik 237 Ma 46
Långviken 257 Jb 39
66160 Långåminne 257 Jb 40

M

23500 Maa-Ihamo 240 La 39
35990 Maakasperä 248 Ka 45
17470 Maakeski 242 La 47
12600 Maakylä 237 Lb 46
66100 Maalahti=Malax 257 Jb 40
91210 Maalismaa 301 Ga 48
Maaniitunkulma 241 Lb 43
71750 Maaninka 261 Ja 51
98780 Maaninkavaara 314 Fa 53
20900 Maanpää 235 Ma 41
88690 Maanselkä 277 Hb 53
51900 Maarala 250 Kb 52
22100 Maarianhamina=
Mariehamn 234 Ma 36
73670 Maarianvaara 262 Jb 54
88950 Maaselkä 291 Ha 56
49700 Maaskola 244 Lb 51
58200 Maastari 251 Ka 55
Maavehmaa 242 Lb 47
77460 Maavesi 250 Ka 52
77460 Maavuskylä 250 Ka 51
90310 Madekoski 289 Gb 48
74100 Madesalmi 277 Hb 51
73800 Madetkoski 324 Db 50
43220 Mahlu 259 Jb 47
39120 Mahnala 241 Kb 43
97340 Maijanen 312 Ea 47
Maikku 303 Fb 57
90240 Maikkula 289 Gb 48
52620 Mainiemi 249 Kb 50
87100 Mainua 277 Ha 51
87100 Mainuanvaara 277 Ha 51
51810 Maivala/Kilpola 250 Kb 52
93920 Maivala/Kuusamo
303 Fa 56
Majaalahti 242 La 45
Majajärvi 247 Ka 42
41660 Majalahti 249 Ka 48
Majanperä 276 Ha 48
Majava/Kemijärvi
313 Eb 50
97895 Majava/Kuusamo
303 Fb 54
99240 Majavakumpu 323 Db 47
93600 Majavasuo 303 Fb 55
81330 Majoinvaara 263 Jb 57
97785 Majovakylä 301 Fb 50
52400 Majovasuo 302 Ga 53
01100 Majvik 237 Ma 47
28660 Makholma 240 La 40
Makkarkoski 241 Lb 42
51380 Makkola/Kangasniemi
249 Ka 49
58150 Makkola/Kerimäki
251 Kb 54
Makola 275 Hb 46
66640 Maksamaa=Maxmo
258 Ja 41
95230 Maksniemi 300 Fb 46
70130 Malahvianvaara 291 Gb 56
10520 Malarby 236 Ma 43
66100 Malax=Maalahti 257 Jb 40
Malininperä 300 Fb 47
93350 Malisensuo 302 Ga 52
85640 Maliskylä 275 Hb 47
83630 Maljasalmi 262 Jb 54
61470 Malkamäki 258 Jb 42
79700 Malkkila 262 Ka 54
23800 Malko 240 Lb 40
14200 Mallinkainen 242 Lb 46
16450 Mallusjoki 243 Lb 48
07700 Malmgård 238 Lb 48
00700 Malmi 237 Ma 47
Malmsby 238 Ma 49
65920 Malskäret 257 Ja 39
88340 Manamansalo 290 Ha 51
Manibacka 236 Ma 44
47490 Mankala 243 Lb 49
92530 Mankila 289 Gb 47
73100 Mankonmäki 277 Ja 51
82760 Mannenvaara 263 Ka 58
27670 Mannila 240 La 41
Mannilankylä 260 Jb 47
32100 Manninen 241 Lb 43
19430 Mansikkamäki 243 La 49
74300 Mansikkavirta 277 Hb 51
16790 Manskivi 242 La 47
39500 Mansoniemi 247 Kb 42
37830 Mantere 241 La 44
61680 Mantila 246 Ka 42
60760 Mantilanmäki
258 Jb 42
42870 Mantilo 247 Ka 44
39260 Mantola 325 Db 53
07955 Marby=Marinkylä
238 Ma 49
22100 Mariehamn=
Maarianhamina
234 Ma 36
21570 Marike 236 Ma 42
68210 Marinkainen 274 Hb 43
46800 Marinkylä 244 Lb 50
07955 Marinkylä=Marby
238 Ma 49
90480 Marjaniemi 288 Ga 46
70130 Marjokylä 291 Gb 56
18300 Marjoniemi 243 La 48
63800 Marjoperä 259 Jb 45
19650 Marjotaipale 249 Kb 49
82820 Marjovaara 263 Jb 58
69510 Marjusaari 275 Ja 45
99490 Márkan=Markkina
331 Da 41
68940 Markby 274 Ja 42
68940 Marken 274 Ja 42
69410 Markki 275 Hb 45
99490 Markkina=Márkan
331 Da 41
39260 Markkula/Kouva 302 Fb 52
85320 Markkula/Sievi 275 Hb 45
91800 Markkula/Tyrnävä
289 Gb 48
43940 Markokylä 259 Ja 47
97320 Marrasjärvi 312 Eb 47
97290 Marraskoski 313 Eb 47
73100 Martikkala 277 Ja 51
95590 Martimo/Kivipolmolo
300 Fa 45
95615 Martimo/Nivanpää
300 Fa 44
Martinkylä 249 Kb 49
90830 Martinniemi 288 Ga 47
83855 Martonvaara 262 Ja 55
98830 Martti 325 Ea 53
21490 Marttila/Aura 236 Lb 42
54230 Marttila/Joutseno
245 La 54
16610 Marttila/Kärkölä 242 Lb 47
03850 Marttila/Nummi-Pusula
237 Lb 44
54800 Marttila/Savitaipale
244 La 52
Marttisenjoki 276 Hb 50
74230 Marttisenjärvi 276 Hb 50
91620 Marttisjärvi 289 GA 51
02400 Masaby=Masala
237 Ma 46
02400 Masala=Masaby
237 Ma 46
44400 Maso/Konginkangas
260 Jb 48
37310 Maso/Vammala 241 La 43
58810 Massilanmäki 250 Kb 54
97140 Matala/Loue 300 Fa 47
Matala/Portimo 301 Fa 49
95255 Matala/Simo 301 Fb 47
97970 Matalainen 302 Fb 53
74100 Matalalahti 277 Hb 51
83900 Matara 278 Ja 55
76100 Mataramäki 261 Ka 50
Materonniemi 302 Ga 52
25660 Mathildedal=Matilda
236 Ma 42
25660 Matilda=Mathildedal
236 Ma 42
Matinlompolo 312 Eb 45
49860 Matinmäki/Hamina
244 Ma 51
41120 Matinmäki/Jyväskylä
248 Ka 48
86510 Matkaniva 275 Ha 47
88930 Matkavaara 290 Gb 54
Matko 251 Ka 55
58550 Matkonmäki 251 Kb 56
31110 Matku 241 Lb 44
43900 Matkusjoki/Jäpänranta
259 Ja 46
32610 Matkusjoki/Säkylä
241 La 42
83855 Matovaara 279 Ja 57
39930 Mattila/Karvia 246 Ka 42
37830 Mattila/Lempäälä
241 La 44
04600 Mattila/Mäntsälä
237 Lb 47
Mattila 303 Fb 56
73600 Mattilanmäki/Kaavi
262 Jb 54
6387 Mattilanmäki/Salla
314 Eb 53
92230 Mattilanperä 288 Gb 46
95340 Mattinen/Tervola
300 Fa 47
23500 Mattinen/Uusikaupunki
235 Lb 39
Mattisenlathi 262 Jb 56
21660 Mattnäs 235 Ma 40
82820 Maukkula 263 Jb 58
Maula 300 Fb 46
46430 Mauno 244 Lb 51
52200 Maunola 244 La 53
Maunu 275 Hb 45
99490 Maunu=Mávdna 331 Da 41
97420 Maunujärvi 323 Ea 47
31500 Maunula/Koski Tl
236 Lb 43
91200 Maunula/Yli-li 301 Ga 48
97470 Maunuvaara 323 Ea 46
74400 Mauru 301 Fb 48
23500 Maurumaa 240 Lb 39
99490 Mávdna=Maunu 331 Da 41
66640 Maxmo=Maksamaa
258 Ja 41
21760 Medelby 235 Ma 39
86220 Mehtäkylä 275 Ha 45
85500 Mehtäperä 275 Hb 46
92400 Meijerinkylä 289 Gb 48
82900 Mekrijärvi 263 Jb 58
88310 Melalahti 290 Ha 52
54330 Melkkola 244 Lb 53
58210 Melkoniemi 251 Kb 55
95690 Mellajärvi 312 Fa 46
95690 Mellakoski 312 Fa 45
32300 Mellilä 241 Lb 42
97340 Meltaus 313 Eb 47
55100 Meltola/Imatra 245 La 54
10300 Meltola/Karis 236 Ma 44
95675 Meltosjärvi 312 Eb 46
73640 Menesjärvi=Menešjávri
333 Cb 49
73640 Menešjávri=Menesjärvi
333 Cb 49
62760 Menkijärvi 258 Jb 44
53400 Mentula 244 La 53
53850 Merenlahti 244 La 53
28600 Meri-Pori 240 Kb 40
86220 Merijärvi 275 Ha 45
66510 Merikaarto 257 Ja 40
29900 Merikarvia 246 Kb 39
92320 Merikylä 288 Gb 46
69510 Meriläinen 275 Ja 45
21160 Merimasku 235 Ma 40
23120 Meripää 235 Lb 40
68500 Merjärv 274 Hb 43
52510 Merrasmäki 249 Kb 50
29200 Merstola 240 La 41
21290 Merttelä 235 Lb 41
Mervi 242 La 45
82900 Meskenvaara 263 Jb 58
93600 Meskusvaara 303 Fa 54
27670 Mestilä 240 La 41
49220 Metsakylä=Skogsbyn
243 Lb 50
49540 Metsäkylä/Salmenkylä
244 Lb 51
Metso 244 Lb 51
41400 Metsolahti 249 Ka 49
Metsä-Rämä 244 La 51
37850 Metsäkansa 241 La 44
Metsäkartano 277 Hb 54
19600 Metsäkoski 243 Kb 49
14700 Metsäkulma/Hauho
242 La 46
04530 Metsäkulma/Kellokoski
237 Lb 47
31500 Metsäkulma/Koski Tl
236 Lb 43
04600 Metsäkulma/Mäntsälä
243 Lb 47
25570 Metsäkulma/Perniö
236 Ma 42
49540 Metsäkulma/Salmenkylä
244 Lb 51
41900 Metsäkulma/Tikkala
248 Ka 47
03100 Metsäkulma/Veikkola
237 Ma 45
03250 Metsäkulma/Vihti
237 Ma 45
03850 MetsäkulmaKarkkila
237 Lb 45
Metsäkylä=Klaukkalan
237 Ma 46
32700 Metsäkylä/Huittinen
241 La 42
66320 Metsäkylä/Jurva 257 Jb 40
07190 Metsäkylä/Järvenpää
237 Lb 47
15550 Metsäkylä/Nastola
243 La 49
52190 Metsäkylä/Taivalkoski
302 Ga 53
33480 Metsäkylä/Ylöjärvi
241 Kb 44
64440 Metsälä=Ömossa
246 Ka 40
25160 Metsälä/Lehtovaara
302 Fb 51
47450 Metsälä/Uusikylä
243 Lb 49
28760 Metsämaa 240 Kb 40
32270 Metsämaa/Humppila
241 Lb 43
16900 Metsämaa/Hämeenlinna
242 Lb 46
28800 Metsämaa/Pori 240 Kb 40
23800 Metsänpää 240 Lb 40
37100 Mettinen 241 Kb 43
47200 Mettälä 243 Lb 49
49700 Miehikkälä 244 Lb 52
Miehoila 242 La 46
16800 Miehola 242 Lb 47
Miekkiö 243 Lb 48
81430 Mielanranta 279 Jb 57
Mielgnjarga 334 Cb 52
21660 Mielis 235 Ma 40
99340 Mieliö 323 Da 45
86550 Mieluskylä 275 Ha 47
74920 Mieraslompola=
Mierašluoppal
341 Bb 51
74920 Mierašluoppal=
Mieraslompola
341 Bb 51
88380 Mieslahti 290 Ha 52
61370 Mietaankylä 258 Jb 41
56140 Mietinkylä 245 La 54
23120 Mietoinen 235 Lb 40
56710 Miettilä 245 La 55
39590 Miettinen 247 Kb 43
52200 Miettula/Puumala
250 Kb 53
95100 Miettula/Simo 301 Fb 47
46430 Miettula/Valkeala
243 Lb 50
66450 Miettylä 258 Jb 41
86760 Miiluranta 276 Hb 49
Mikitänpää 291 Gb 55
52700 Mikkanen 249 Kb 50
50100 Mikkeli 250 Kb 51
99710 Mikkola/Sodankylä
324 Ea 49
91600 Mikkola/Utajärvi
289 Gb 50
Mikkolanhurju 302 Fa 54
Mikkolanmäki 237 Ma 46
59530 Mikkolanniemi 251 Kb 56
31600 Minkiö 241 Lb 43
Minkiön asema 241 Lb 43
97580 Misi 313 Eb 50
07880 Mickelspiltom 243 Lb 49
Mjosund 274 Hb 42
25730 Mjösund 236 Ma 41
65450 Mobacken 257 Jb 40
49240 Mogenpört=Munapirtti
238 Ma 50
66210 Moikipää=Molpe 257 Jb 39
20900 Moikoinen 235 Ma 41
Moilala 250 Kb 51
57230 Moinniemi 251 Kb 55
57230 Moinsalmi 251 Kb 55
20400 Moisio 235 Lb 41
89400 Moisiovaara 291 Gb 55
Moitusmaa 241 La 42
41800 Moksi/Korpilahti 248 Ka 47
03400 Moksi/Vihti 237 Ma 45
97420 Molkojärvi 312 Ea 47
66210 Molpe=Moikipää
257 Jb 39
Mommila 242 Lb 47
12130 Mommila 242 Lb 47
52550 Monikkala 249 Kb 50
79100 Moninmäki 261 Ka 53
Monna 240 La 40
11100 Monni 242 Lb 46
07230 Monninkylä 238 Ma 48
54770 Monola 244 La 52
34800 Monoskylä 247 Ka 45
16280 Montari 243 Lb 48
77350 Montola 250 Ka 51
66970 Monäs 274 Ja 41
66980 Monå 258 Ja 41
Morottaja 314 Eb 53
99660 Moskuvaara 324 Db 50
21770 Mossala 235 Ma 39
81230 Mostavaara 263 Jb 57
38460 Mouhijärvi 241 Kb 42
52960 Mouhu 243 La 50
97895 Mourujärvi 314 Fa 53
Mourusalmi 302 Fa 53
99910 Moushads=Tirro 333 Cb 50
46960 Muhniemi 243 Lb 50
43940 Muhola/Hiilinki 259 Ja 47
58175 Muhola/Juvola 251 Ka 54
58175 Muhonmäki 251 Ka 55
91500 Muhos 289 Gb 48
47310 Muikkula 243 Lb 49
43240 Muittari 259 Jb 47
75940 Mujejärvi 278 Hb 55
97140 Mukkala/Jaatila 300 Fa 47
98950 Mukkala/Kotala 314 Ea 54
74130 Mukkalahti 313 Eb 47
Mukkavaara 325 Ea 53
82380 Muljula 263 Ka 56
66500 Mullola 258 Ja 41
45360 Multamäki 243 Lb 50
42600 Multia 248 Ka 46
Multimäki 262 Ja 54
60450 Munakka 258 Jb 42
49240 Munapirtti=Mogenpört
238 Ma 50
Munne 244 La 51
23100 Munnuinen 235 Lb 40
66950 Munsala 274 Ja 41
99300 Muonio 322 Db 44
99400 Muotkajärvi=Muotkejávri
322 Da 43
99360 Muotkavaara 323 Db 45
99400 Muotkejávri=Muotkajärvi
322 Da 43
19610 Murakka 243 Kb 49
89670 Murhivaara 303 Ga 53
34410 Murole 247 Kb 44
91600 Murronkylä 289 Gb 49
85200 Murronperä 275 Ha 47
81750 Murroovaara 279 Ja 58
27230 Murtamo 240 La 40
31640 Murto/Humppila 241 Lb 43
38470 Murto/Mouhijärvi
241 Kb 42
92320 Murto/Tyrnävä 289 Gb 48
Murtoi 263 Ka 57
82140 Murtojärvi 263 Ka 57
73350 Murtolahti 261 Ja 52
Murtomma 313 Ea 48

362 Murtomäki/Hatulanmäki Oitbacka=Oitmäki

FIN

87100 Murtomäki/Hatulanmäki 277 Ha 52
72740 Murtomäki/Rytky 276 Ja 50
83500 Murtoniemi 262 Jb 55
89200 Murtoperä 290 Ga 52
70130 Murtovaara/Saarivaara 291 Gb 56
93760 Murtovaara/Soivio 303 Fb 55
81850 Murtovaara/Vieki 278 Ja 56
38600 Mustajoki 240 Kb 41
39750 Mustajärvi/Karviankylä 247 Ka 42
34640 Mustajärvi/Ruovesi 247 Ka 45
39960 Mustakoski 246 Ka 42
63210 Mustamaa/Lapua 258 Ja 43
92830 Mustamaa/Nuutila 289 Ha 50
97140 Mustamaa/Tervola 300 Fa 46
Mustaniemi 241 La 43
79130 Mustansalo 261 Ka 52
43560 Mustapuro 259 Jb 45
65610 Mustasaari=Korsholm 257 Ja 40
Mustavaara 291 Ha 55
21037 Mustavaara 303 Ga 54
Mustiala 241 Lb 44
43800 Mustikkaperä 259 Ja 47
47200 Mustila/Elimäki 243 Lb 49
14700 Mustila/Sappee 242 La 46
Mustinjärvi 262 Jb 53
71380 Mustinlahti 262 Jb 53
79100 Mustinmäki 261 Ka 52
79100 Mustinsalo 261 Ka 53
10360 Mustio=Svartå 237 Ma 44
Mustisi 236 Ma 42
17130 Mustjärvi 243 La 48
11010 Mustola 334 Cb 53
73900 Mustolanmäki/Rautavaara 277 Hb 53
72100 Mustolanmäki/Suonenjoki 261 Jb 51
34140 Mutala 241 Kb 44
73300 Mutalahti 263 Ka 59
36200 Mutikko 242 Kb 45
95355 Mutka 301 Fa 47
Mutkala 303 Fb 56
69100 Mutkalampi 275 Ha 44
97140 Mutkanperä 313 Fa 47
83780 Mutkanvaara 262 Jb 55
Muukala 301 Ga 49
53400 Muukko 244 La 53
40950 Muurame 248 Ka 48
52200 Muuramäki 250 La 53
44880 Muurasjärvi 275 Hb 47
49730 Muurikkala 244 Lb 52
Muurilanmäki 244 Lb 51
25130 Muurla 236 Ma 43
49700 Muurola/Miehikkälä 244 Lb 52
97140 Muurola/Rovaniemi 313 Fa 47
73460 Muuruvesi 261 Ja 53
88120 Muuttola 277 Hb 53
77700 Myhinpää 261 Ka 50
Myllinkivikangas 301 Fb 48
54410 Mylly 244 Lb 53
39500 Mylly-Kartuu 247 Kb 42
62710 Myllykangas/Alajärvi 259 Ja 44
95100 Myllykangas/Halttula 301 Fb 47
46800 Myllykoski/Anjalankoski 243 Lb 50
61400 Myllykoski/Lapua 258 Jb 42
17450 Myllykselä 242 La 47
25390 Myllykulma/Kiikala 236 Ma 43
39820 Myllykykä/Niskos 247 Ka 43
07955 Myllykylä=Kvarnby 238 Ma 49
31300 Myllykylä/Forssa 241 Lb 44
42830 Myllykylä/Haapamäki 248 Ka 45
19110 Myllykylä/Heinola 243 La 48
14300 Myllykylä/Hämeenlinna 242 Lb 45
17800 Myllykylä/Kuhmoinen 248 Kb 47
61230 Myllykylä/Kurikka 258 Jb 41
16500 Myllykylä/Kärkölä Järvelä 242 Lb 47
07600 Myllykylä/Lapinjärvi 243 Lb 48
09220 Myllykylä/Lohja 237 Ma 44
02580 Myllykylä/Lohja 237 Ma 45
32500 Myllykylä/Loimaan kunta 241 Lb 42
12920 Myllykylä/Loppi 242 Lb 45
35800 Myllykylä/Mänttä 248 Kb 46
37100 Myllykylä/Nokia 241 Kb 43
35300 Myllykylä/Orivesi 248 Kb 45
49410 Myllykylä/Salmenkylä 244 Lb 51
38700 Myllykylä/Säkylä 240 La 41
20960 Myllykylä/Turku 235 Ma 41
01590 Myllykylä/Tuusula 237 Ma 46
37310 Myllykylä/Vammala 241 La 43
Myllykylänpää 324 Ea 50
Myllylahti 291 Ga 55
Myllylä 243 Lb 49
38210 Myllymaa 241 La 42
63900 Myllymäki 259 Jb 45
31640 Myllynkulma/Humppila 241 Lb 43
30100 Myllynkulma/Somero 236 Lb 44
19110 Myllyoja/Heinola 243 La 48
85410 Myllyoja/Sievi 275 Hb 46
85200 Myllyperä/Oulainen 275 Ha 46
86480 Myllyperä/Pulkkila 289 Ha 47
86400 Myllyperä/Vihanti 288 Ha 46
43270 Myllypohja 259 Jb 47
08100 Mynterlä 237 Ma 45
Mynttilä 249 La 50
23100 Mynämäki 235 Lb 40
64370 Myrkky 246 Ka 40
07600 Myrskylä=Mörskom 243 Lb 48
Myrä 245 Lb 54
Myttilä 244 Lb 53
Myttäälä 242 La 45
01600 Myyrmäki 237 Ma 46
38670 Myöntäjä 240 Kb 41
Mäenala 236 Ma 43
60550 Mäenkylä/Seinäjoki 258 Jb 42
38100 Mäenkylä/Vammala 241 La 42
Mäenpää 258 Ja 43
21450 Mäentaka 236 Lb 42
Mähölä 250 Ka 51
41400 Mäkelä/Lievestuore 249 Ka 49
15230 Mäkelä/Ahtiala 243 La 48
47850 Mäkelä/Hundasjärvi 243 La 50
64700 Mäkelä/Kauhajoki 246 Ka 40
98600 Mäkelä/Kursu 314 Eb 53
93600 Mäkelä/Kuusamo 303 Fa 55
44280 Mäkelänkylä/Konnevesi 260 Jb 49
63800 Mäkelänkylä/Sauru 259 Jb 45
61720 Mäkelänperä 247 Ka 43
89610 Mäkelänranta 291 Gb 55
Mäki 247 Kb 44
Mäki-Kokko 323 Db 45
Mäkiaho 262 Ka 53
42440 Mäkikylä/Jyväskylä 248 Ka 47
41900 Mäkikylä/Keuruu 248 Ka 46
73100 Mäkikylä/Lapinlahti 277 Ja 52
39820 Mäkikylä/Niskos 247 Ka 43
41270 Mäkikylä/Uurainen 260 Jb 47
Mäkrä 263 Jb 57
44350 Mäkäräniemi 260 Jb 50
37720 Mälkiäinen 242 La 45
91800 Mällinen 289 Gb 48
32440 Mälläinen 241 Lb 42
92700 Mäläskä 289 Ha 49
98100 Mälävaara 314 Eb 53
44150 Mämmenkylä 260 Jb 48
95645 Mämmilä 312 Eb 44
62100 Männikkö 258 Jb 43
Männistö 289 Ha 48
Männistönperä 312 Ea 44
95830 Männistönpää 312 Ea 45
49400 Mäntlahti 244 Lb 51
04600 Mäntsälä 242 Lb 47
35800 Mänttä 248 Ka 46
52700 Mäntyharju 243 La 50
Mäntyharjun kk. 243 La 50
97820 Mäntyjärvi/Posio 302 Fb 52
74210 Mäntyjärvi/Sonka 312 Eb 47
Mäntykangas 313 Fa 50
Mäntykoski 247 Ka 42
73110 Mäntylahti 277 Ja 51
Mäntyluoto 240 Kb 39
93350 Mäntylä/Korpinen 290 Ga 52
44670 Mäntylä/Viitasaari 260 Ja 49
29940 Mäntylänkulma 246 Ka 40
Mäntylänperä 288 Gb 46
Mäntyniemi 303 Ga 56
99120 Mäntyrinne 323 Ea 46
54920 Märkälä 244 La 53
07900 Märlax=Määrlathi 238 Ma 49
69100 Märsylä 275 Hb 44
25250 Märynummi 236 Ma 43
81700 Märäjälahti 278 Ja 57
Mässelinmäki 244 Lb 52
Mätkistö 243 Lb 49
54410 Mättö 244 Lb 52
81850 Mätäsvaara 278 Ja 56
63130 Mäyry 258 Jb 44
86510 Mäyränperä 275 Ha 47
07900 Määrlathi=Märlax 238 Ma 49
Määttä 291 Ha 55
69330 Määttälä 275 Hb 45
93920 Määttälänvaara 315 Fa 56
91620 Määtänperä 289 Ga 50
82980 Möhkö 263 Jb 59
62990 Möksy 259 Ja 45
Mölönperä 300 Fb 46
Mönki 258 Ja 43
81230 Mönni 263 Jb 57
22240 Mörby 234 Ma 36
07600 Mörskom=Myrskylä 243 Lb 48
07450 Mörtnäs 238 Ma 48
69980 Möttönen 259 Ja 46
64850 Möykky 246 Ka 40
61940 Möykkykylä 246 Ka 41
92700 Möykkylänperä 276 Ha 50
92430 Möykkyperä 288 Gb 46
Möyrynpää 243 Lb 49
22530 Mångstäkta 234 Ma 37

N

93290 Naamanka 302 Fb 52
91600 Naamankylä 289 Gb 50
95750 Naamijoki 312 Eb 44
21100 Naantali 235 Ma 41
35300 Naappila 242 Kb 45
88610 Naapurinvaara 290 Ha 53
61500 Naarajoki 258 Jb 41
Naarajärvi 249 Ka 51
58520 Naaranlahti 251 Kb 56
Naarjoki 240 La 40
39820 Naarminkylä 247 Ka 43
81470 Naarva 279 Ja 59
Naarvanlathi 261 Ja 51
21660 Nagu=Nauvo 235 Ma 40
Nahkela 237 Ma 46
Nahkiaisoja 300 Fa 45
57810 Naistenlahti 251 Kb 54
87830 Nakertaja 290 Ha 52
29250 Nakkila 240 La 41
84220 Nalkki 290 Gb 52
07500 Nalkkila 238 Lb 48
61500 Napue 258 Jb 41
51860 Narila 250 Ka 52
97675 Narkaus 313 Fa 49
52190 Narkiojärvi 302 Ga 53
98960 Naruska 326 Ea 55
37370 Narva 241 La 44
15550 Nastola 243 Lb 48
89200 Naulaperä 290 Gb 52
Nauli 241 La 44
82960 Naurisvaara 263 Jb 59
21660 Nauvo=Nagu 235 Ma 40
21600 Nederkirjala 235 Ma 41
68410 Nedervetil=Alaveteli 274 Hb 43
82140 Nehvonniemi 263 Jb 59
92830 Neittävä 289 Gb 50
99860 Nellim=Njellim 334 Cb 53
Nenonpelto 261 Ka 51
39820 Nerkoo/Mäkikylä 247 Ka 43
73120 Nerkoo/Peltosalmi 277 Ja 51
Nerkoonniemi 277 Ja 51
74100 Nerohvirta 277 Ja 51
Neulaniemi 242 Kb 45
89200 Neulikko 290 Gb 52
77240 Neuvola 249 Ka 50
30820 Neuvosenniemi 290 Ha 51
49490 Neuvoton 244 Lb 51
Nevainsivu 250 Kb 52
51850 Nevaintausta 250 Kb 51
Nevalanvaara 303 Fb 56
68370 Neverbacka 275 Hb 44
98980 Niemelä/Hautajärvi 315 Eb 55
17120 Niemelä/Lahti 242 La 47
07840 Niemelä/Lompolo 323 Da 46
97330 Niemelä/Pasmajärvi 312 Ea 46
88400 Niemelä/Pyhäntä 290 Ha 53
91760 Niemelä/Salmenranta 289 Ha 50
84100 Niemelänkylä 275 Ha 45
63450 Niemelänperä 259 Jb 44
20960 Niemenkulma/Moikoinen 235 Ma 41
21200 Niemenkulma/Naantali 235 Lb 41
02580 Niemenkylä=Näsby 237 Ma 45
66320 Niemenkylä/Jurva 257 Jb 40
38600 Niemenkylä/Lavia 240 Kb 42
54530 Niemenkylä/Luumäki 244 Lb 52
29100 Niemenkylä/Luvia 240 La 40
77570 Niemenkylä/Pieksämäki 261 Ka 51
69440 Niemenkylä/Reisjärvi 275 Hb 46
Niemenloukko 246 Ka 40
82200 Niemennokka 263 Ka 56
39310 Niemenperä 247 Kb 43
82960 Niemijärvi 263 Jb 59
73640 Niemikylä/Kaavi 262 Jb 54
34300 Niemikylä/Kuru 247 Kb 44
54710 Niemikylä/Lemi 244 La 52
82290 Nieminen/Rääkkylä 263 Ka 56
74200 Nieminen/Vieremä 277 Hb 51
71650 Niemisjärvi/Karttula 261 Jb 51
41490 Niemisjärvi/Lievestuore 249 Ka 49
74720 Niemiskylä/Kiuruvesi 276 Hb 50
88900 Niemiskylä/Kuhmo 291 Ha 57
63920 Niemiskylä/Ähtäri 259 Jb 45
19650 Niemistenkylä 249 Kb 49
07980 Niemistö=Näsby 243 Lb 50
28855 Niemitalo 315 Fa 55
73470 Niesi 313 Ea 48
13880 Nihattula/Hattula 242 La 45
26560 Nihattula/Rauma 240 La 40
23100 Nihteinen 235 Lb 41
73900 Niikinmäki 277 Ja 53
32200 Niinijoki 241 Lb 42
16350 Niinikoski 243 Lb 48
82500 Niinikumpu 263 Ka 57
44480 Niinilahti 260 Jb 48
63210 Niinimaa 258 Jb 43
54770 Niinimäki/Heituinlahti 244 La 51
42440 Niinimäki/Korpilahti 248 Ka 47
79410 Niinimäki/Mustinsalo 262 Ka 53
74300 Niinimäki/Sonkajärvi 277 Hb 52
73100 Niinimäki/Vuohtomäki 276 Hb 49
39660 Niinineva 247 Kb 42
52200 Niinisaari 250 La 53
38840 Niinisalo 246 Kb 41
73645 Niinivaara 262 Ja 54
72300 Niinivedenranta 260 Jb 50
72310 Niinivesi 260 Jb 49
82675 Niirala 263 Ka 58
97895 Niirokumpu 314 Fa 53
28580 Niittumaa 240 La 40
82220 Niittylahti/Reijola 263 Jb 56
57310 Niittylahti/Savonlinna 251 Kb 54
52340 Niittylahti/Anttola 250 Kb 52
42660 Nikaranperä 260 Jb 47
12130 Nikinoja 242 Lb 47
52300 Nikinsalmi 250 La 52
Nikkari 244 La 51
19320 Nikkaroinen 243 La 48
04130 Nikkilä=Nickby 237 Ma 47
53850 Nikkilä 244 La 53
69100 Nikula/Kannus 275 Hb 44
69600 Nikula/Kaustinen 274 Hb 44
Nikunmäki 300 Fa 45
99240 Nilivaara 323 Db 47
73300 Nilsiä 277 Ja 53
88600 Nimisenkangas 278 Hb 54
91700 Nimisjärvi 289 Gb 50
19410 Nipuli 243 La 49
Nirkonkylä 244 La 52
Nironkylä 249 Kb 50
Nirva 246 Ka 41
91600 Niska 289 Gb 50
56550 Niska-Pietilä 245 La 55
Niskakangas 275 Hb 46
39360 Niskala 302 Fb 51
89200 Niskanperä/Puolanka 290 Gb 52
96700 Niskanperä/Rovaniemi 313 Fa 48
39820 Niskos 247 Ka 43
74250 Nissilä 276 Hb 50
93600 Nissinvaara 303 Fa 55
41660 Nisula 249 Ka 48
39310 Nisunperä 247 Kb 43
47850 Nisus 243 La 50
Niukkala 251 Kb 56
88600 Niva/Herttuankylä 278 Ha 54
88900 Niva/Kuhmo 291 Ha 56
74200 Niva/Pudasjärvi 302 Ga 50
82200 Niva/Pyhäselkä 263 Ka 56
99990 Nivajoki=Njävijohka 341 Ba 52
85500 Nivala 275 Hb 46
74260 Nivankylä 313 Eb 48
95540 Nivanpää 300 Fa 44
25840 Nivelax 236 Ma 42
04130 Nickby=Nikkilä 237 Ma 47
99940 Njávdán=Näätämö 342 Bb 55
99860 Njellim=Nellim 334 Cb 53
99430 Njunnás=Nunnanen 332 Da 46
99990 Njuorggán=Nuorgam 341 Ba 52
73640 Njurggoluokta=Njurkulahti 333 Cb 49
73640 Njurkulahti=Njurggoluokta 333 Cb 49
99990 Njávijohka=Nivajoki 341 Ba 52
38100 Nohkua 241 La 43
99320 Noidanpola 322 Da 43
34710 Nojoskylä 247 Ka 44
Nokela 314 Fa 52
37100 Nokia 241 La 44
19600 Nokka 249 Kb 49
Nolimo 314 Fa 53
80140 Noljakka 262 Jb 56
29600 Noormarkku 240 Kb 40
49980 Nopala 244 Lb 51
61340 Nopankylä 258 Jb 41
Nopanperä 247 Kb 43
32100 Nopola/Loimaa 241 Lb 43
43700 Nopola/Pölkki 259 Ja 46
43700 Noposenaho 259 Ja 46
05200 Noppo 237 Lb 46
Nordenlund 243 La 48
25700 Nordvik 236 Ma 42
61840 Norinkylä 246 Jb 41
50100 Norola 250 Kb 51
82980 Norpanvaara 263 Jb 59
68370 Norppa 275 Hb 44
04130 Norra Paipis=Pohjois-Paippinen 237 Ma 47
65920 Norra Vallgrund 257 Ja 39
66270 Norrback 257 Jb 40
22630 Norrboda 234 Ma 37
25630 Norrby/Kimito 236 Ma 42
68500 Norrby/Kronoby 274 Hb 42
64530 Norrnäs 257 Jb 39
66999 Norrskat 257 Ja 40
74950 Norvajärvi 313 Eb 48
Nostava 243 Lb 48
Nousiala 251 Kb 56
73500 Nousionmäki 261 Ja 53
98950 Nousu 325 Ea 54
89400 Nouttikylä 290 Gb 54
02820 Noux=Nuuksio 237 Ma 46
97330 Nuasniemi 312 Eb 46
54230 Nuijamaa 245 Lb 54
12600 Nuijamäki 237 Lb 45
05450 Nukari 237 Lb 46
99130 Nulusniemi 322 Da 44
Numlathi 237 Ma 46
03100 Nummela 237 Ma 45
Nummenkulma 236 Lb 43
14300 Nummenkylä 242 Lb 45
05100 Nummenpää/Nurmijärvi 237 Ma 46
21530 Nummenpää/Piikkiö 236 Ma 42
12310 Nummenpää/Riihimäki 242 Lb 46
09810 Nummi/Nummi-Pusula 237 Ma 44
21250 Nummi/Nuosiainen 235 Lb 41
04300 Nummi/Tuusula 237 Ma 46
09810 Nummi-Pusula 237 Ma 44
09120 Nummijärvi/Karjalohja 236 Ma 44
61910 Nummijärvi/Nummilahti 246 Ka 41
Nummikoski 246 Ka 42
61940 Nummilahti 246 Ka 41
01800 Nummimäki 237 Ma 46
04660 Numminen 237 Lb 47
99430 Nunnanen=Njunnás 332 Da 46
83940 Nunnanlahti 278 Ja 55
91790 Nuojua 289 Gb 50
75700 Nuolijärvi 278 Hb 54
19370 Nuoramoinen 243 La 48
Nuorbenjarga=Nuorpiniemi 340 Bb 48
99990 Nuorgam=Njuorggán 341 Ba 52
Nuoritta 289 Ga 49
Nuorpiniemi=Nuorbenjarga 340 Bb 48
93250 Nuorunka 302 Fb 51
21250 Nuosiainen 235 Lb 41
Nuottakumpu 314 Eb 53
95860 Nuottavaara 312 Ea 45
95600 Nuottionranta 300 Fa 44
87100 Nuottipuro 290 Ha 52
83825 Nuottiranta 262 Jb 56
02820 Nupurböle=Nupuri 237 Ma 46
02820 Nupuri=Nupurböle 237 Ma 46
54530 Nurkankylä 244 Lb 51
43390 Nurkkaperä 260 Ja 47
25610 Nurkkila 236 Ma 43
52960 Nurmaa 243 La 50
75500 Nurmes 278 Hb 55
73900 Nurmeslahti 277 Ja 53
86710 Nurmesperä 276 Hb 48
37550 Nurmi/Lempäälä 241 La 44
36110 Nurmi/Tampere 241 Kb 44
Nurmijoki 259 Ja 45
81950 Nurmijärvi/Pankajärvi 278 Hb 56
01900 Nurmijärvi/Rajamäki 237 Ma 46
60550 Nurmo 258 Jb 42
74940 Nuttuperä 276 Hb 48
02820 Nuuksio=Noux 237 Ma 46
Nuupala 241 La 42
97700 Nuupas 301 Fa 49
31160 Nuutajärvi 241 La 43
92830 Nuutila 289 Ha 49
51760 Nuutilanmäki 250 Kb 52
34800 Nuuttila 247 Ka 44
99910 Nuvvus Nuvvos 341 Bb 49
10300 Nyby/Karis 236 Ma 44
66240 Nyby/Lolax 257 Jb 39
06950 Nyby/Porvoo 238 Ma 47
Nygård 238 Ma 48
66900 Nykarleby=Uusikaarleppy 274 Hb 42
51670 Nykälä 249 Ka 50
50100 Nykäsenkylä 249 Kb 51
Nypläskylä 291 Ha 55
41930 Nyrölä 248 Ka 47
21230 Nyynäinen 235 Lb 41
17500 Nyystölä 242 La 47
22240 Näfsby 234 Ma 36
99460 Näkkälä 331 Cb 44
64510 Nämpnäs 257 Jb 39
72300 Närhilä/Ahveninen 260 Jb 49
52100 Närhilä/Mäntyharju 249 Kb 51
64200 Närpes=Närpiö 257 Ka 39
64200 Närpiö=Närpes 257 Ka 39
82590 Närsäkkälä 251 Kb 57
58620 Närtesalo 250 Kb 54
66370 Närvijoki 257 Jb 40
17850 Närvä 248 Kb 47
22320 Näs 234 Ma 37
02580 Näsby=Niemenkylä 237 Ma 45
07980 Näsby=Niemistö 243 Lb 50
02400 Näse 237 Ma 45
23800 Nästi 240 Lb 40
Näverrys 301 Fb 48
51900 Näärinki 250 Kb 52
99940 Näätämö=Njávdán 342 Bb 55
Näätänmaa 262 Ka 53
89600 Näätävaara 291 Gb 55
22160 Nåtö 234 Ma 36
Nåveråsen 257 Jb 39

O

02470 Obbnäs=Upinniemi 237 Ma 45
Ohenmäki 277 Ja 51
21250 Ohensaari 235 Lb 40
Ohimaanperä 288 Ha 47
04530 Ohkola 237 Lb 47
64350 Ohrikylä 246 Ka 40
71200 Ohtaanniemi 262 Jb 54
Ohtakari 274 Ha 43
14500 Ohtinen 241 La 44
34950 Ohtola 247 Ka 44
Ohvana 263 Ka 56
89760 Oijusluoma 303 Fb 55
95160 Oijärvi 301 Fb 48
97610 Oikarainen 313 Fa 49
43700 Oikari 259 Jb 46
88310 Oikarilankylä 290 Ha 52
52700 Oilikkala 243 La 51
14300 Oinaala 242 Lb 45
98450 Oinas 314 Eb 51
03100 Oinasjoki 237 Ma 45
31400 Oinasjärvi/Somero 236 Lb 44
74300 Oinasjärvi/Sonkajärvi 277 Hb 52
82980 Oinasvaara 263 Jb 59
Oinila 236 Ma 42
43500 Oinoskylä 259 Jb 46
02400 Oitbacka=Oitmäki 237 Ma 46

Oitmäki=Oitbacka

Pirttikylä 363
FIN

02400 Oitmäki=Oitbacka 237 Ma 46
41880 Oittila 249 Kb 48
97895 Oiva 314 Fa 53
93600 Oivanki 303 Fa 55
45610 Oivonoja 243 Lb 50
67100 Oivu=Livo 274 Hb 43
62940 Ojajärvi/Alajärvi 259 Ja 44
31230 Ojajärvi/Lautaporras 241 Lb 45
03250 Ojakkala 237 Ma 45
85580 Ojakylä/Haapajärvi 275 Hb 47
92620 Ojakylä/Haapavesi 276 Ha 48
90480 Ojakylä/Hailuoto 288 Ga 46
91100 Ojakylä/Ii 288 Ga 47
86710 Ojakylä/Pyhäjärvi 276 Hb 48
91600 Ojakylä/Utajärvi 289 Gb 50
62295 Ojala/Alajärvi 258 Ja 43
22010 Ojala/Kiiminki 289 Ga 49
97700 Ojala/Liejula 301 Fb 50
54270 Ojala/Vanikkala 244 Lb 53
14300 Ojalankulma 242 Lb 45
Ojalankylä 276 Ha 49
Ojalanperä 288 Gb 46
86710 Ojalehto 276 Ha 48
82500 Ojamäki 263 Ka 57
86690 Ojanperä/Nivala 275 Ha 47
88270 Ojanperä/Vuolijoki 289 Ha 50
91800 Ojanvarsi 289 Gb 48
Okerla 242 La 46
15800 Okeroinen 243 Lb 48
69920 Oksakoski 259 Ja 45
85820 Oksava 275 Hb 47
42100 Okskulma 248 Kb 47
91140 Olhava 301 Ga 47
86230 Olkijoki 288 Gb 46
97610 Olkkajärvi 313 Eb 49
03400 Olkkala 237 Ma 45
42220 Olkkola/Jämsä 248 Kb 47
85820 Olkkola/Parkkila 276 Hb 47
54710 Olkkonen 244 La 52
95300 Ollakanojanperä 300 Fa 47
92500 Ollakka/Kärsämä 289 Gb 48
98570 Ollakka/Sattajärvi 300 Fa 45
Ollala 275 Ha 47
Olli 249 Kb 50
51900 Ollikkala 250 Kb 52
52230 Ollila/Hurissalo 244 La 52
21560 Ollila/Koski Tl 236 Lb 42
28076 Ollila/Ruka 315 Fa 55
99650 Ollila/Sodankylä 324 Db 50
89400 Ollilanniemi 291 Gb 54
86600 Ollilanperä 275 Ha 47
Ollilanvaara 313 Eb 47
22340 Olofsnäs 234 Ma 36
72300 Onaskylä 260 Ja 49
49700 Onkamaa 244 Lb 51
90840 Onkamo/Haukipudas 288 Ga 48
98980 Onkamo/Kivikuja 315 Eb 55
82360 Onkamo/Tohmajärvi 263 Ka 57
Onkemäki 241 La 44
32270 Onkijoki 241 Lb 43
04660 Onkimaa=Herman 237 Lb 47
19230 Onkiniemi 243 La 49
Onkkaala 242 La 45
Onnela 303 Fb 56
35990 Onnelanmäki 248 Ka 46
23310 Onnikmaa 235 Lb 40
73640 Onnivaara 262 Jb 54
88640 Ontojoki 278 Ha 54
80510 Onttola 262 Jb 56
Ooperi 258 Jb 41
61230 Oppaanmäki 258 Jb 42
95750 Orajärvi/Pello 312 Eb 45
99600 Orajärvi/Sodankylä 324 Ea 50
99600 Orakylä 324 Ea 50
62200 Orava 258 Ja 43
66800 Oravainen=Oravais 258 Ja 41
66800 Oravais=Oravainen 258 Ja 41
45940 Oravala 243 Lb 50
86810 Oravankylä 276 Hb 48
40800 Oravasaari 249 Ka 48
58130 Oravi 250 Ka 54
71470 Oravikoski 261 Jb 52
82300 Oravisalo 262 Ka 56
89400 Oravivaara/Hyrynsalmi 290 Gb 53
93400 Oravivaara/Taivalkoski 302 Fb 54
16300 Orimattila 243 Lb 48
83835 Oriniemi/Polvijärvi 262 Jb 56
31810 Oriniemi/Punkalaidun 241 La 43
32500 Oripää 241 Lb 42
61550 Orisberg 258 Jb 41
61550 Orismala 258 Jb 41
31960 Orisuo 241 La 43
35300 Orivesi 248 Kb 45
08700 Orsnäs=Osuniemi 237 Ma 44
21880 Ortenoja 241 Lb 42
Orvio 240 Lb 39
10570 Orvlax 236 Mb 42
Osikonmäki 250 Ka 53
Osítunkulma 243 La 48
82160 Oskola 263 Ka 57
73470 Osma 313 Ea 48
74700 Osmanki 276 Hb 49
23360 Osnäs=Vuosnainen 235 Lb 39
08700 Osuniemi=Orsnäs 237 Ma 44
03400 Otalampi 237 Ma 46
29860 Otamo/Merikarvia 246 Kb 40
19700 Otamo/Sysmä 243 La 48
88200 Otanmäki 276 Ha 51
50670 Otava 249 Kb 51
58770 Otavanniemi 250 Kb 54
91720 Oterma 289 Gb 51
Otramäki 277 Ja 52
83880 Otravaara 262 Ja 55
21900 Otsola 240 Lb 41
Ottikonperä 247 Ka 44
86300 Oulainen 275 Ha 46
98995 Oulanka 315 Fa 54
90100 Oulu 288 Ga 48
90460 Oulunsalo 288 Gb 47
88210 Ounas 277 Ha 51
35400 Ouninpohja 248 Kb 46
Ourajoki 242 Lb 45
Outakoski=Vuovdaguoika 340 Bb 48
Outamo 237 Ma 44
52700 Outinen 243 La 50
83500 Outokumpu 262 Jb 55
Outola 313 Eb 50
66730 Oxkangar 258 Ja 41

P

43440 Paajala 259 Jb 46
50100 Paajalankylä 250 Kb 51
88470 Paakinmäki 290 Ha 53
71240 Paakkila 262 Jb 54
58180 Paakkunala 251 Ka 55
83910 Paalasmaa 278 Ja 55
62950 Paalijärvi 259 Ja 44
Paasila 274 Hb 43
Paasila 302 Fa 52
Paaslahti 276 Hb 50
19260 Paaso 243 La 49
91100 Paasonperä 301 Ga 47
51900 Paatela 250 Kb 53
91720 Paatinjärvi 290 Gb 51
21330 Paattinen 235 Lb 41
Paavalniemi 313 Fa 48
62165 Paavola/Lapua 258 Jb 43
92430 Paavola/Ruukki 288 Gb 47
34240 Paavola/Tampere 241 Kb 44
82820 Paavonvaara 263 Jb 58
36930 Padankoski 242 La 46
17500 Padasjoki 242 La 47
85540 Padinki 275 Hb 46
10570 Padva 236 Mb 42
66160 Pahaluoma 257 Jb 40
88120 Pahavaara 277 Hb 53
Pahikainen 241 Lb 42
98600 Pahkakumpu 314 Eb 52
68100 Pahkala/Himanka 275 Ha 44
91200 Pahkala/Yli-Ii 301 Ga 48
97330 Pahkamaa 312 Eb 46
72600 Pahkamäki 260 Ja 49
63500 Pahkaperä 259 Jb 45
86230 Pahkasalo 288 Ha 46
81280 Pahkavaara 263 Jb 57
23800 Pahojoki 240 Lb 40
Pahtaoja 300 Fb 47
99130 Pahtonen 322 Db 44
80850 Paihola 263 Jb 56
49640 Paijärvi 244 Lb 51
17120 Paimela 243 La 48
Paimenenmäki 240 La 41
21530 Paimio 236 Ma 42
37600 Paino 241 La 45
21250 Paistanoja 235 Lb 41
74100 Paisua 277 Hb 52
56730 Pajarinkylä 251 La 55
71920 Pajujärvi 277 Ja 51
75700 Pajukoski 278 Hb 54
74170 Pajukoste 341 Ba 52
27710 Pajula/Köyliö 240 La 41
36880 Pajula/Pohja 242 Kb 46
31400 Pajula/Somero 236 Lb 44
99860 Pajulahti/Nellim 334 Cb 53
17530 Pajulahti/Padasjoki 242 La 47
52830 Pajulahti/Savitaipale 244 La 51
71840 Pajulahti/Siilinjärvi 261 Ja 52
50100 Pajulankylä 249 Kb 51
41770 Pajumäki/Kangasniemi 249 Kb 49
43220 Pajumäki/Mahlu 259 Jb 46
71200 Pajumäki/Tuusniemi 262 Jb 53
90460 Pajuniemi/Keskipiiri 288 Gb 47
38600 Pajuniemi/Muohijärvi 241 Kb 42
Pajuoja 275 Hb 45
43100 Pajupuro 260 Jb 47
34870 Pajuskylä/Ruovesi 247 Ka 45
72400 Pajuskylä/Säviä 261 Ja 50
93780 Pajuvaara 303 Ga 56
16390 Pakaa 243 Lb 48
95950 Pakajärvi 323 Db 44
Pakankylä 246 Ka 40
Pakapyöli 236 Ma 43
77700 Pakarila 260 Jb 50
07600 Pakila=Backböle 243 Lb 48
51900 Pakinmaa 250 Kb 52
95670 Pakisjärvi 312 Eb 45
36420 Pakkala 242 La 45
08100 Paksalo 237 Ma 45
97340 Paksukumpu 313 Eb 47
Palikkala 241 Lb 43
89670 Paljakka/Kurkikylä 302 Ga 53
89140 Paljakka/Latva 290 Gb 53
47760 Paljakka/Nurmaa 243 La 50
93940 Paljakka/Ruka 315 Fa 56
73110 Palkisoja 333 Cb 52
99450 Palojoensuu=Bálojohnjálbmi 322 Da 43
32700 Palojoki/Huittinen 241 La 42
01900 Palojoki/Tuusula 237 Ma 46
99460 Palojärvi=Bálojávri 331 Cb 43
98100 Palojärvi/Kemijärvi 314 Eb 51
97240 Palojärvi/Sinettä 312 Eb 47
03100 Palojärvi/Veikkola 237 Ma 45
71470 Palokangas 261 Jb 52
79830 Palokki 262 Jb 54
Palola 324 Db 49
95400 Palolompolo 312 Eb 46
73590 Palomaa/Kasmasjoki 341 Ca 51
16790 Palomaa/Lammi 242 La 47
08100 Paloniemi 237 Ma 44
39100 Palonkulma 241 Kb 43
73810 Palonurmi 277 Ja 53
Paloperä 314 Fa 53
05860 Palopuro 237 Lb 46
Paloranta 260 Ja 48
98570 Palorova 300 Fa 45
74200 Palosenjärvi 277 Hb 51
41400 Palosenmäki 249 Ka 49
41660 Paloskylä 249 Ka 49
81330 Palovaara/Eno 263 Jb 57
Palovaara/Matala 301 Fa 49
89600 Palovaara/Suomussalmi 291 Gb 55
91620 Palovaara/Utajärvi 289 Gb 50
41270 Palsankylä 260 Jb 47
41800 Palsina 248 Kb 46
99720 Palsselkä 324 Ea 49
88300 Paltamo 290 Ha 52
77110 Paltanen 249 Ka 50
87850 Paltaniemi 290 Ha 52
32500 Paltankulma 241 Lb 42
Paltta 236 Lb 43
29350 Palus 240 Kb 41
78880 Palviainen 250 Ka 52
66600 Palvis 258 Ja 41
25260 Pampari 236 Lb 42
27430 Panelia 240 La 40
Panike 257 Ja 39
72400 Panka 261 Ja 50
81700 Pankajärvi 278 Ja 57
81750 Pankakoski 279 Ja 57
61940 Panttikylä 246 Ka 41
61310 Panttila 258 Jb 41
90240 Panuma 301 Ga 49
82430 Papinniemi 251 Ka 56
73790 Pappilanvaara 291 Ha 54
19920 Pappinen/Joutsa 249 Kb 48
32200 Pappinen/Loimaan kunta 241 Lb 42
21600 Parainen=Pargas 235 Ma 41
44190 Parantala 260 Jb 48
23360 Parattula 235 Lb 39
21600 Pargas=Parainen 235 Ma 41
86110 Parhalahti 288 Ha 45
Parhiala 275 Hb 45
59100 Parikkala 251 Kb 55
39700 Parkano 247 Ka 43
Parkinniemi 290 Ha 52
Parkkiaro 241 Lb 44
85820 Parkkila/Haapajärvi 276 Hb 47
Parkkila/Hattuvaara 290 Ga 53
50350 Parkkila/Mikkeli 250 Kb 51
74200 Parkkila/Pudasjärvi 302 GA 51
86710 Parkkima 276 Hb 48
41800 Parkkola 248 Ka 47
34320 Parkkuu 247 Kb 44
87100 Parkua 277 Ha 52
58830 Parkumäki 250 Kb 54
46110 Parola 244 La 51
Parrila 241 La 43
11022 Partakko=Päärtih 341 Ca 52
52830 Partakoski 244 La 52
74100 Partala/Iisalmi 277 Hb 51
42100 Partala/Jämsä 248 Kb 47
91700 Partalankylä 289 Gb 50
70700 Parvavaara 291 Gb 56
63800 Parviaisenkylä 259 Jb 45
44610 Pasala 260 Ja 48
46430 Pasi 244 Lb 51
Pasina 243 Lb 48
95860 Pasmajärvi 312 Ea 45
68300 Passoja 274 Hb 44
61180 Pasto 258 Jb 43
42100 Patajoki 248 Kb 47
31500 Patakoski/Koski Tl 236 Lb 43
97340 Patakoski/Paksukumpu 313 Eb 47
Patamanperä 259 Jb 45
69850 Patana 259 Ja 44
17800 Patavesi 248 Kb 47
90100 Pateniemi 288 Ga 47
23880 Pato 240 Lb 40
54530 Patolahti 244 Lb 52
93840 Patoniemi 315 Fa 54
74120 Patoniva Buođđobohki 341 Bb 51
82140 Patrikka 263 Jb 59
82655 Patsola 263 Ka 58
92140 Pattijoki 288 Gb 46
71460 Paukarlahti 261 Jb 52
81270 Paukkaja 263 Jb 57
74440 Paukkerinharju 302 GA 51
Paukuttaja 303 Ga 56
Paunola 250 Ka 52
68910 Pedersöre=Pedersören kunta 274 Hb 42
68910 Pedersören kunta=Pedersöre 274 Hb 42
25700 Pedersâ 236 Ma 42
Peera 330 Cb 39
88340 Pehkolanlahti 290 Ha 51
32800 Peipohja 240 La 41
29900 Peippu 246 Kb 40
89400 Pekankylä 291 Gb 55
56440 Pekanmäki 251 La 55
95615 Pekanpää 300 Fa 44
97655 Pekkala 313 Fa 50
Pekkala/Karsikkoniemi 341 Ca 52
Pekkola 244 Lb 52
82140 Pekkula 263 Ka 58
13900 Pekola 242 La 45
62200 Pelkkikangas 258 Ja 43
Pelkola 242 La 45
86480 Pelkoperä 289 Ha 48
98500 Pelkosenniemi 314 Ea 52
71480 Pellesmäki 261 Jb 52
Pelli 303 Fb 54
Pellinen 258 Ja 43
07370 Pellinge=Pellinki 238 Ma 48
07370 Pellinki=Pellinge 238 Ma 48
95700 Pello 312 Eb 45
Pellonpää 261 Ja 51
52420 Pellosniemi 250 La 51
Pelonniemi 261 Ja 53
92830 Pelso 289 Gb 49
69920 Peltokangas 259 Ja 45
68300 Peltokorpi 274 Hb 43
43170 Peltokylä 260 Jb 47
Peltola/Hankasalmi 261 Ka 50
25390 Peltola/Kiikala 236 Ma 44
58580 Peltola/Kiviapaja 251 Kb 54
44350 Peltola/Konnevesi 260 Jb 49
61450 Peltomaa 257 Jb 40
Peltomäki 260 Jb 49
92620 Peltoperä 276 Ha 48
74510 Peltosalmi 277 Hb 51
99420 Peltovuoma=Bealdovuopmi 332 Da 45
41900 Pengerjoki 248 Ka 47
34180 Pengonpohja 247 Kb 44
Penikkajärvi 303 Fb 56
44920 Peninki 276 Ja 48
16320 Pennala 243 Lb 48
Penninkilampi 259 Ja 45
Penninkulma 241 Lb 43
66840 Pensala 258 Ja 42
15540 Pensuo 243 Lb 48
Pentillä 301 Fa 50
54410 Pentinkylä 244 Lb 53
86710 Pentinpuro 276 Ha 48
61270 Penttikylä 246 Jb 42
55100 Penttilä/Joutseno 245 La 54
43800 Penttiläkivijärvi 259 Ja 47
34450 Penttilänkylä 247 Kb 45
72400 Penttilänlahti 276 Ja 50
89760 Penttilänvaara 303 Fb 55
73810 Pentumäki 277 Ja 53
89760 Peranganniemi 303 Ga 54
89770 Peranka 303 Ga 55
47450 Perheniemi 243 Lb 49
69950 Perho 259 Ja 45
43500 Perhosperä 259 Jb 46
85200 Perikangas 275 Ha 47
66220 Perisgrund 257 Jb 39
62440 Perkiömäki 258 Ja 42
Permantokoski 313 Fa 49
44640 Permoskylä 260 Ja 48
62220 Pernaa 258 Ja 42
07930 Pernaja=Pernå 238 Ma 49
25500 Perniö 236 Ma 43
25500 Perniön as. 236 Ma 43
48410 Pernoo 244 Lb 50
68100 Pernu/Himanka 275 Ha 44
97815 Pernu/Posio 314 Fa 52
07930 Pernå=Pernaja 238 Ma 49
69830 Perppakka 259 Ja 44
73470 Perttaus 313 Ea 48
25360 Pertteli 236 Ma 43
05400 Perttu 237 Lb 46
01860 Perttula/Nurmijärvi 237 Ma 46
91300 Perttula/Ylikiiminki 289 Ga 49
19430 Pertunmaa 243 Kb 49
92910 Perukka/Pyhäntä 276 Ha 49
86400 Perukka/Vihanti 288 Ha 46
74950 Perunkajärvi 313 Eb 48
64300 Perus 246 Ka 40
58210 Peruspohja 251 Kb 55
61910 Perä-Hyyppä 246 Ka 41
82600 Perä-Musko 263 Ka 58
97820 Perä-Posio 314 Fa 52
61300 Peräkylä/Jurva 258 Jb 41
38600 Peräkylä/Kankaanpää 240 Kb 41
61820 Peräkylä/Kauhajoki 246 Ka 41
54710 Peräkylä/Lemi 244 La 52
56310 Peräkylä/Utula 250 La 53
62395 Peräkylä/Vöra 258 Ja 42
25250 Perälä/Halikko 236 Ma 43
64720 Perälä/Närpes 246 Ka 40
97820 Perälä/Posio 302 Fa 52
99500 Perälä/Rauhala 325 Ea 52
62375 Perälä/Ylihärmä 258 Ja 42
Perämäki 258 Ja 42
29100 Peränkylä 240 La 40
63770 Peränne 247 Ka 44
61100 Peräseinäjoki 258 Jb 43
Peräsilta 241 Kb 44
89640 Pesiökylä 290 Gb 54
89640 Pesiönranta 290 Gb 54
95670 Pessalompolo 312 Fa 45
53100 Pesu 244 Lb 53
84490 Pesäkylä 290 Gb 52
Pesämäenkylä 246 Ka 41
66240 Petalax=Petolahti 257 Jb 39
Petays 277 Ja 52
07230 Peterinkulma 238 Lb 47
Petes 240 Lb 40
73670 Petkellahti 262 Jb 54
99670 Petkula 324 Db 50
66240 Petolahti=Petalax 257 Jb 39
70820 Petonen 261 Jb 52
82600 Petravaara 263 Ka 57
Petro 291 Gb 54
79150 Petromäki 261 Jb 52
83880 Petrovaara 278 Ja 55
79895 Petruma 262 Ka 54
Petrumantaival 262 Ka 54
66540 Petsmo 257 Ja 40
62395 Pettersbacka 258 Ja 42
52830 Pettilä 244 La 52
Pettola 262 Jb 56
Pettukylä 246 Ka 40
91500 Petäikkö 289 Gb 49
75930 Petäiskylä 278 Hb 55
97170 Petäjäinen eli=Petäjäskoski 301 Fa 47
97700 Petäjäjärvi/Ranua 301 Fb 50
72400 Petäjäjärvi/Säviä 260 Ja 50
Petäjäkangas 301 Ga 50
72400 Petäjäkylä 276 Ja 49
88350 Petäjälahti 290 Ha 51
86210 Petäjäskoski 275 Ha 46
97170 Petäjäskoski=Petäjäinen eli 301 Fa 47
87950 Petäjävaara 291 Ha 54
56320 Petäjävesi 248 Ka 47
61280 Petäys/Jalasjärvi 246 Jb 42
74300 Petäys/Sonkajärvi 277 Hb 52
95355 Peura/Tervola 300 Fa 47
39700 Peura/Vahojärvi 247 Kb 43
Peurajärvi 301 Fa 49
42600 Peurala 248 Ka 46
43700 Peuralinna 259 Ja 45
73800 Peurasuvanto 324 Db 50
Peuravaara 290 Gb 53
92220 Piehinki 288 Gb 45
76100 Pieksämäki 249 Ka 51
Pieksänlathi 250 Kb 53
72400 Pielavesi 260 Ja 50
84100 Pielusperä 275 Ha 45
74640 Pieni-Sulkava 276 Ja 50
41900 Piesalankylä 248 Ka 47
Piesjoki=Biesjohka 340 Bb 48
99190 Pietarila 323 Db 46
68600 Pietarsaari=Jakobstad 274 Hb 42
Pietilä 237 Ma 44
71570 Pihkainmäki 261 Jb 51
92700 Pihkalanranta 289 Ha 49
Pihkasalmi 242 Lb 47
35600 Pihlaisto 248 Kb 46
17850 Pihlajakoski 248 Kb 47
34600 Pihlajalahti/Ruovesi 247 Kb 44
58770 Pihlajalahti/Savonlinna 250 Kb 53
86810 Pihlajamäki/Kortekylä 276 Hb 49
85100 Pihlajamäki/Lapinsalo 276 Hb 50
58260 Pihlajaniemi 251 Ka 56
39750 Pihlajankylä 247 Ka 42
46110 Pihlajasaari 244 La 50
81470 Pihlajavaara/Naarva 279 Ja 59
88400 Pihlajavaara/Riistijärvi 290 Gb 53
42910 Pihlajaveden as. 248 Ka 45
42910 Pihlajavesi 247 Ka 45
28800 Pihlava 240 Kb 40
44800 Pihtipudas 276 Ja 48
63900 Pihtisulku 259 Jb 45
64700 Piikkilä 246 Jb 40
Piikkilänkylä 246 Ka 40
21500 Piikkiö 236 Ma 42
42870 Piili 247 Ka 45
32920 Piilijoki 240 La 42
Piilo 279 Ja 58
97820 Piilola 302 Fb 51
Piilonperä 248 Ka 46
41520 Piippaharju 260 Ka 49
92620 Piippola 276 Ha 48
86300 Piipsjärvi 275 Ha 46
74440 Piirala 302 GA 51
83900 Piisma 278 Ja 54
89760 Piispajärvi 303 Ga 55
43300 Piispala/Hetoperä 260 Ja 47
10360 Piispala/Virkkala 237 Ma 44
Piittisjärvi 313 Fa 50
90310 Pikkarala 289 Gb 48
Pikku Kiviranta 303 Fb 56
31400 Pikku-Joensuu 236 Lb 44
Pikku-Kulus 313 Fa 49
Pikku-Mervi 242 La 45
Pikku-Mustila 242 La 46
21250 Pikku-Palo 235 Lb 41
Pikku-Vampula 241 La 42
95355 Pikkukylä 301 Fa 47
31230 Pikonkorpi 241 Lb 44
81230 Pilkkasuo 263 Jb 57
12700 Pilpala 237 Lb 45
Piltola 241 Lb 42
02460 Pilvijärvi 237 Ma 45
23210 Pinipaju 235 Lb 40
10330 Pinjainen=Billnäs 236 Ma 44
84650 Pinola 275 Ha 46
39150 Pinsiö 241 Kb 43
93290 Pintamo 302 Ga 52
58580 Piojärvi 251 Kb 54
58900 Pirilä 250 Ka 53
74200 Pirinranta 302 GA 51
38100 Pirkkala 241 La 44
86510 Pirnesperä 275 Hb 47
66270 Pirtikylä=Pörtom 257 Jb 40
82830 Pirttijärvi/Kokinvaara 263 Jb 58
29720 Pirttijärvi/Lamppi 240 Kb 40
35530 Pirttikangas/Ruhala 248 Kb 45
44640 Pirttikangas/Viitasaari 260 Ja 49
97645 Pirttikoski/Autti 314 Fa 51
86160 Pirttikoski/Pyhäjoki 288 Ha 45
14500 Pirttikoski/Urjala 241 La 44
Pirttikylä 247 Ka 44

FIN

Reskula
Saviselkä

FIN

Reskula 249 Kb 50
11710 Retkioja 242 Lb 46
09430 Retlahti 237 Ma 45
14680 Retula 242 La 45
95355 Reutuaapa 301 Fa 48
88460 Revonkanta 290 Ha 53
81390 Revonkylä 263 Jb 58
92350 Revonlahti 288 Gb 46
66140 Ribäcken 257 Jb 40
05820 Ridasjärvi 242 Lb 47
93920 Riekki 315 Fa 56
34600 Riekkolanperä 247 Kb 44
38420 Rienilä 241 La 43
Rientola 290 Gb 53
72100 Rieponlahti 261 Jb 50
52620 Rieppola 249 Kb 49
74490 Riepula 301 Ga 49
32700 Rieskala 241 La 42
85410 Rieskaniemi 275 Hb 46
27340 Rihtniemi 240 La 39
12540 Riihelänkulma 242 Lb 46
81160 Riihiaho 262 Jb 56
31300 Riihialho 241 Lb 44
Riihijoki 263 Jb 58
41900 Riihijärvi/Häkkiskylä 248 Ka 46
82580 Riihijärvi/Kitee 263 Kb 57
17240 Riihilahti 243 La 48
66370 Riihiluomanpää 257 Jb 40
Riihimaa 235 Lb 39
11100 Riihimäki/Hyvinkää 242 Lb 46
63700 Riihimäki/Ähtäri 259 Jb 45
19430 Riihiniemi 249 Kb 49
79100 Riihiranta 261 Ka 52
89400 Riihivaara/Hyrynsalmi 290 Gb 54
89547 Riihivaara/Saunajärvi 278 Hb 57
89600 Riihivaara/Suomussalmi 291 Gb 55
30100 Riihivalkama 241 Lb 44
42820 Riiho/Haapamäki 248 Ka 45
38600 Riiho/Lavia 240 Kb 42
99100 Riikonkumpu 323 Db 47
10570 Riilahti=Rilax 236 Mb 43
65450 Riimala=Rimal 257 Jb 40
99720 Riipi 324 Ea 49
01760 Riipilä=Ripuby 237 Ma 46
95750 Riipisenvaara 312 Eb 45
68300 Riippa 274 Hb 44
64770 Riippi 246 Ka 40
14500 Riisikkala 241 La 44
29920 Riispyy 246 Kb 39
71160 Riistavesi 261 Jb 53
89400 Riitakylä 290 Gb 54
74630 Riitamäki 276 Hb 50
39580 Riitiala 247 Kb 42
Rikantila 240 La 40
83500 Rikkaranta 262 Jb 54
54330 Rikkilä 244 Lb 53
Rikuli 277 Hb 51
10570 Rilax=Riilahti 236 Mb 43
65450 Rimal=Riimala 257 Jb 40
67100 Rimmi 274 Hb 43
57310 Rinkilä 251 Kb 54
Rinne 312 Ea 45
Rinski 290 Ha 51
62420 Rintala 258 Ja 43
Rintamaankulma 240 La 40
62440 Rintatalo 258 Ja 42
97700 Rinteenpää 301 Fb 50
Rintelä 302 Fb 51
52550 Ripatti 249 Kb 50
01760 Ripuby=Riipilä 237 Ma 46
21660 Risis 235 Ma 40
Rissa 258 Jb 43
Riste 240 La 41
82600 Ristee 263 Ka 57
88900 Risteli 278 Ha 55
52100 Ristiina 250 Kb 51
88400 Ristijärvi/Paltamo 290 Ha 53
35420 Ristijärvi/Talviainen 248 Kb 46
41520 Ristilä/Lievestuore 249 Ka 49
97895 Ristilä/Posio 314 Fa 53
41520 Ristimäki/Hankasalmi 260 Ka 49
77120 Ristimäki/Pieksämäki 249 Ka 50
72400 Ristinen 261 Ja 50
25500 Ristinkulma 236 Ma 43
83330 Ristinkylä 262 Jb 55
83330 Ristinpohja 262 Jb 55
21900 Ristinummi 240 Lb 41
99310 Ristioja 312 Eb 46
Ristonkangas 262 Jb 55
99520 Ristonmännikkö 324 Ea 49
51900 Risulahti 250 Kb 52
43800 Risuperä 259 Ja 46
68570 Risö 274 Hb 42
67100 Rita 274 Hb 43
58900 Ritalahti 250 Ka 53
Ritola 278 Hb 54
71310 Ritoniemi 261 Jb 52
37720 Ritvala 242 La 45
69100 Riutta/Kannus 275 Hb 45
11100 Riutta/Riihimäki 242 Lb 46
03400 Riutta/Vihti 237 Ma 45
72100 Riuttala/Karttula 261 Jb 51
38600 Riuttala/Lavia 240 Kb 42
34550 Riuttanen 247 Ka 44
37830 Riuttonkulma 241 La 44
73210 Riutula 333 Cb 50
92700 Rivinperä 289 Ha 49
Roavesavvon=Rovisuvanto 340 Ca 48
38200 Roismala 241 La 42
73800 Roivainen 324 Da 51
Rojolanperä 302 GA 51
52200 Rokansalo 250 La 53
39200 Rokkakoski 241 Kb 43
82580 Rokkala 263 Kb 57
44640 Rokkapohja 260 Jb 49
95790 Romakkojärvi 312 Eb 46
6060 Romonkulma 242 La 47
81160 Romppala 262 Jb 56
10360 Romsarby 236 Ma 44
25190 Romsila 236 Ma 43
Rongas 244 Lb 52
85500 Ronkaisperä 275 Hb 47
51940 Ronkala 250 Kb 53
Ronkankulma 240 La 42
75930 Ronkeli 278 Hb 55
93850 Ronttivaara 315 Fa 55
Roopela 277 Ja 53
41900 Roosinpohja 248 Ka 46
Ropa 240 Lb 40
25950 Rosala 236 Mb 41
21760 Roslax 235 Ma 39
Rostinmäki 248 Kb 46
85100 Rotimojoki 276 Hb 50
Rotkola 260 Jb 48
Rotkolankulma 241 Lb 43
61940 Rotolankylä 246 Ka 41
68100 Roukala 274 Ha 44
83150 Roukalahti 262 Ka 56
31900 Roukanmaa 241 La 43
73260 Rouravaara 323 Db 47
08100 Routio 237 Ma 45
Rouvi 274 Ja 43
98830 Rovala 325 Db 54
96700 Rovaniemi 313 Fa 48
Rovannpää 312 Eb 45
99230 Rovanperä 323 Db 47
95295 Rovastinaho 301 Fb 49
Roviosaari 274 Ja 43
Rovisuvanto=Roavesavvon 340 Ca 48
29600 Rudanmaa 240 Kb 41
62190 Ruha 258 Jb 42
34600 Ruhala 247 Kb 45
86710 Ruhankangas 276 Hb 48
86710 Ruhaperä 276 Hb 48
74940 Ruhkaperä 278 Hb 48
58550 Ruhvana 251 Kb 55
63130 Ruismäki 258 Jb 43
93600 Ruka 315 Fa 55
93600 Rukajärvi 315 Fa 55
92430 Rukkisperä 288 Gb 47
14700 Rukkoila 242 La 46
Rukolankulma 241 La 43
21710 Rumar 235 Ma 40
Rummakko 277 Ja 53
77570 Rummukka 250 Ka 51
79700 Rummukkala 262 Ka 53
Rummukkaperä 246 Ka 42
75790 Rumo 277 Hb 54
43130 Rumpsunperä 260 Jb 47
54410 Rumpu 244 Lb 53
74595 Runni 276 Hb 50
99800 Ruohokangas 334 Cb 52
95160 Ruohola 301 Fb 48
Ruohoperä 247 Ka 43
29630 Ruokejärvi 240 Kb 41
59810 Ruokkee 251 Kb 56
95850 Ruokojärvi 312 Ea 45
54230 Ruokola 245 La 54
58200 Ruokolahti/Kerimäki 251 Kb 55
56100 Ruokolahti/Vuoksenniska 245 La 54
Ruokolanranta 291 Gb 55
51200 Ruokomäki 249 Ka 50
58700 Ruokoniemi 250 Kb 54
19650 Ruokoranta 249 Kb 49
52230 Ruokotaipale 250 La 52
17870 Ruolahti/Kuhmoinen 248 Kb 47
37180 Ruolahti/Nokia 241 La 43
54710 Ruomi 244 La 52
63150 Ruona/Kuortane 258 Jb 43
27260 Ruona/Lappi 240 La 40
97330 Ruonajärvi 312 Ea 46
Ruonakoski 301 Fa 49
Ruonanniemi 301 Fa 50
19430 Ruoni 249 Kb 50
21570 Ruonlahti 236 Ma 42
98100 Ruopsa 314 Eb 51
19460 Ruorasmäki 249 Kb 49
28200 Ruosniemi 240 Kb 40
74100 Ruotaanmäki 277 Ja 50
86810 Ruotanen 276 Hb 49
Ruotinniemi 279 Jb 58
68320 Ruotsalo 274 Hb 43
07990 Ruotsinkylä=Svenskby 243 Lb 49
01590 Ruotsinkylä 237 Ma 46
07970 Ruotsinpyhtää=Strömfors 238 Lb 49
58700 Ruottila 250 Kb 53
39600 Ruottisenharju 302 GA 51
34600 Ruovesi 247 Kb 45
82500 Ruppovaara 263 Ka 57
19650 Rusi 249 Kb 49
Rusinvirta 262 Jb 54
19600 Ruskeala 249 Kb 49
38470 Ruskeenkulma 241 Kb 42
04300 Ruskela/Järvenpää 237 Ma 47
04300 Ruskela/Klaukkala 237 Ma 46
71260 Ruskila 262 Jb 53
21290 Rusko 235 Lb 41
21590 Ruskulla 236 Ma 42
Rutajärvi 242 Lb 47
51380 Rutakoski 249 Ka 49
17150 Rutalahti/Asikkala Vääksy 243 La 48
41710 Rutalahti/Viisarimäki 249 Kb 48
32610 Rutava 241 La 42
53830 Rutola 244 La 53
15580 Ruuhijärvi/Nastola 243 La 49
97330 Ruuhijärvi/Pello 312 Eb 46
77570 Ruuhilampi 261 Ka 51
41440 Ruuhimäki 249 Ka 49
Ruukinperä 259 Jb 46
79895 Ruunalehto 262 Jb 54
81750 Ruunna 279 Ja 57
85640 Ruuskarkylä 275 Hb 47
36110 Ruutana 241 Kb 45
19430 Ruuttila 243 La 50
98830 Ruuvaoja 325 Db 54
28076 Ruvanaho 315 Fa 54
83835 Ruvaslahti 262 Jb 56
52270 Ryhälä 250 Kb 53
74270 Ryhälänmäki 277 Hb 51
21140 Rymättylä 235 Ma 40
Rynkkä 301 Fa 58
38950 Rynkäinen 246 Kb 41
93240 Rytinki 302 Fb 51
Rytioja 275 Hb 45
74670 Rytky/Kiuruvesi 276 Hb 50
70800 Rytky/Kuopio 261 Jb 51
86600 Rytkynkylä 275 Ha 47
12310 Ryttylä 242 Lb 46
98420 Rytylahti 314 Eb 52
71310 Rytökylä 261 Jb 52
95540 Ryynäsenpää 300 Fa 45
Ryynäskylä 278 Ja 56
71160 Ryönä 261 Jb 53
74700 Ryönänjoki 276 Hb 50
07910 Räfsby=Haravankylä 238 Ma 49
64610 Räfsbäcken 257 Jb 40
Räiha 248 Ka 47
55100 Räikkölä 245 La 54
98720 Räisälä 314 Eb 52
75700 Rämeelä 278 Hb 54
Rämeenportti 263 Jb 57
Räminki 247 Kb 45
Rämppälä 247 Kb 44
37370 Rämsöö 241 La 43
50100 Rämälä/Mikkeli 250 Kb 51
63900 Rämälä/Myllymäki 259 Jb 45
71330 Räsälä 261 Jb 52
69820 Räyrinki 259 Ja 44
12920 Räyskälä 242 Lb 45
82300 Rääkkylä 262 Ka 56
02580 Rödjan=Raivio 237 Ma 45
Rökiö 258 Ja 41
82120 Röksä 263 Jb 57
Rönkönaho 276 Hb 50
88120 Rönkönlehto 277 Hb 53
58390 Rönkönvaara 262 Ka 55
44800 Rönnynkylä 276 Ja 48
Rönnynranta 315 Fa 54
07750 Rönnäs 238 Ma 49
10710 Rösund 236 Mb 44
71310 Rötikko 261 Jb 53
62375 Röukas 258 Ja 41
21630 Rövarnäs 236 Ma 42
05100 Röykkä 237 Ma 46
02940 Röylä/Myyrmäki 237 Ma 46
08100 Röylä/Nummela 237 Ma 45
95400 Röyttä 300 Fb 45
21140 Röölä 235 Ma 40

S

41820 Saakoski 248 Kb 47
41820 Saalahti 248 Kb 47
16670 Saapaskylä 242 Lb 47
46570 Saaramaa 244 Lb 51
47450 Saaranen 243 Lb 49
Saarela 303 Fb 54
72840 Saarela/Petäjäkylä 276 Ja 49
89547 Saarela/Rastinkylä 278 Hb 56
59510 Saaren kk. 251 Kb 56
61300 Saarenkylä/Kurikka 258 Jb 41
43940 Saarenkylä/Markokylä 259 Ja 47
19700 Saarenkylä/Sysmä 243 La 48
27430 Saarenmaa/Eurajoki 240 La 40
40100 Saarenmaa/Jyväskylä 248 Ka 48
Saarenmäki 240 Lb 41
09120 Saarenpää 236 Ma 44
Saarenranta 289 Ha 50
30430 Saarensalmi 291 Ha 56
71543 Saaresmäki 276 Ha 50
59510 Saari/Kirjavala 251 Kb 56
04600 Saari/Mäntsälä 243 Lb 47
97700 Saariharju 302 Fb 51
62420 Saarijärvi/Kortesjärvi 258 Ja 43
43100 Saarijärvi/Äänekoski 260 Jb 47
44280 Saarikas 260 Jb 49
32100 Saarikko 241 Lb 43
99490 Saarikoski/Iitto 330 Cb 39
28900 Saarikoski/Meri-Pori 240 Kb 39
29880 Saarikoski/Pomarkku 246 Kb 40
92440 Saarikoski/Pudasjärvi 301 Ga 50
92430 Saarikoski/Ruukki 288 Gb 47
95270 Saarikoski/Yli-Kärppä 301 Fb 48
23027 Saarikylä/Ahola 303 Ga 55
89400 Saarikylä/Hakokylä 291 Gb 54
36520 Saarikylät 242 La 45
41400 Saarilampi 249 Ka 49
Saarimäki 262 Ka 53
88300 Saarinen 290 Gb 52
83430 Saariniemi 262 Jb 55
82600 Saario 263 Ka 57
95920 Saaripudas 323 Ea 44
99830 Saariselkä=Suoločielgi 333 Da 51
97895 Saarivaara/Jokilampi 302 Fb 53
70130 Saarivaara/Kuumu 291 Gb 56
82655 Saarivaara/Niirala 263 Ka 58
81850 Saarivaara/Nurmes 278 Ja 56
83840 Saarivaara/Polvijärvi 262 Jb 55
34260 Saarlahti 247 Kb 44
75700 Saarmäki 277 Hb 53
20100 Saaro 235 Ma 41
Saartenkulma 241 Lb 43
73300 Saarvonmäki 277 Ja 52
Saastamala 278 Ja 56
Saaves 244 Lb 51
31950 Sadonmaa 241 La 43
Saha 250 Kb 53
36420 Sahalahti 242 La 45
03850 Sahankulma/Karkkila 237 Lb 45
27310 Sahankulma/Rauma 240 La 40
42910 Sahankylä/Haapamäki 248 Ka 45
61910 Sahankylä/Kauhajoki 246 Ka 41
73300 Sahinpuro 261 Ja 53
42440 Saholinen 248 Ka 47
42660 Sahrajärvi 248 Ka 47
98950 Saija 314 Ea 54
77910 Saikari 261 Jb 50
54920 Saikkola 244 La 53
Saikon Pakkala 244 La 53
54915 Saimaanharju 244 La 53
15880 Sairakkala 242 Lb 47
14870 Sairiala 242 La 46
23600 Sairinen 235 Lb 40
17430 Saitta 242 La 47
46710 Saittara 244 Lb 51
49700 Saivikkala 244 Lb 52
12630 Sajaniemi 242 Lb 45
41220 Sakari 248 Ka 47
46930 Sakkara 243 Lb 50
86510 Sakkoperä 275 Ha 46
49300 Saksala 244 Lb 50
07930 Saksala=Saxby 238 Ma 48
51600 Saksalanharju 250 Kb 51
74230 Salahmi 276 Hb 50
69970 Salamajärvi 259 Ja 46
99170 Salanki 323 Da 46
31470 Salkola 236 Lb 44
98900 Salla 314 Eb 54
98600 Sallatunturi 314 Eb 54
98760 Salmela/Karhujärvi 314 Eb 53
93780 Salmela/Kurvinen 303 Fb 56
93600 Salmela/Kuusamo 303 Fb 54
52300 Salmela/Ristiina 250 La 52
Salmelanperä 276 Hb 49
42870 Salmenkylä/Haapamäki 247 Ka 45
49410 Salmenkylä/Hamina 244 Lb 51
51200 Salmenkylä/Kangasniemi 249 Ka 50
72400 Salmenkylä/Kortekylä 276 Ja 49
75500 Salmenkylä/Nurmes 278 Ja 54
63880 Salmenkylä/Rantala 259 Jb 45
54710 Salmenkylä/Savitaipale 244 La 52
77330 Salmenkylä/Virtasalmi 250 Ka 51
86600 Salmenniemi/Haapavesi 275 Ha 47
43340 Salmenniemi/Saarijärvi 260 Jb 47
Salmenoja 241 La 42
91760 Salmenranta 289 Ha 50
36450 Salmentaka 242 La 45
63300 Salmi/Alavus 259 Jb 44
63160 Salmi/Kuortane 258 Jb 43
46530 Salmi/Luumäki 244 Lb 51
38420 Salmi/Mouhijärvi 241 La 43
23500 Salmi/Uusikaupunki 240 Lb 39
89330 Salmijärvi 302 Ga 52
13026 Salminen/Ruka 315 Fa 54
77630 Salminen/Suonenjoki 261 Jb 51
98660 Salmivaara 314 Eb 53
17320 Salo/Asikkala Vääksy 243 La 48
24100 Salo/Halikko 236 Ma 43
23800 Salo/Laitila 240 Lb 40
29600 Salo/Pori 240 Kb 41
69750 Salo/Veteli 275 Ja 45
55800 Salo-Issakka 245 La 54
55800 Salo-Peltola 245 La 54
14200 Saloinen/Janakkala 242 Lb 46
92100 Saloinen/Raahe 288 Gb 45
35540 Salokunta 248 Kb 45
59800 Salokylä/Kesälahti 251 Kb 56
82500 Salokylä/Kitee 263 Ka 57
58210 Salokylä/Melkoniemi 251 Kb 55
82300 Salokylä/Rääkkylä 262 Ka 56
83130 Salokylä/Ylämylly 262 Jb 55
71650 Salonkulma 261 Jb 51
63430 Salonkylä/Alavus 259 Jb 44
69600 Salonkylä/Kaustinen 274 Hb 44
81570 Salonkylä/Kelvä 279 Ja 57
09430 Salonkylä/Nummi-Pusula 237 Ma 45
58900 Salonkylä/Pirilä 250 Ka 52
58260 Salonkylä/Ylä-Kuona 251 Ka 55
83100 Salonnenä 262 Ka 55
79600 Salonpää/Joroinen 250 Ka 53
90460 Salonpää/Keskipiiri 288 Gb 47
82500 Salonpää/Tolosenmäki 263 Ka 56
62600 Salonpää/Vimpeli 259 Ja 44
47850 Salonsaari 243 La 50
38700 Salopäänkulma 240 La 42
21037 Salovaara 303 Ga 55
22430 Saltvik 234 Ma 37
77570 Salvonen 261 Ka 51
73900 Sammakkola 277 Hb 53
83700 Sammakkovaara 262 Jb 55
16300 Sammalisto/Orimattila 243 Lb 48
34800 Sammalisto/Virrat 247 Ka 45
38270 Sammaljoki 241 La 43
Sammallahti 248 Kb 47
95810 Sammalvaara 312 Ea 45
09220 Sammatti/Härjänvatsa 236 Ma 44
61720 Sammatti/Kurjenkylä 247 Ka 43
29830 Sammi 246 Kb 41
53850 Sammonlahti 244 La 53
47520 Sampola/Iitti Kausala 243 Lb 49
63100 Sampola/Kuortane 258 Jb 44
20800 Samppa 235 Ma 41
32700 Sampu 241 La 42
21660 Samslax 235 Ma 40
68410 Sandbacka 274 Hb 43
68940 Sandnabba 258 Ja 43
82335 Sangenlahti 263 Ka 56
Sanginaho 291 Gb 55
91500 Sanginjoki 289 Gb 49
91620 Sanginkylä 289 Gb 50
90650 Sanginsuu 289 Gb 48
95270 Sankala 301 Fb 48
16900 Sankola 242 La 46
07310 Sannainen=Sannäs 238 Ma 48
07310 Sannäs=Sannainen 238 Ma 48
00860 Santahamina 237 Ma 47
Santala 236 Mb 43
51130 Santara 249 Kb 50
38910 Santaskylä 246 Kb 41
23960 Santtio 240 Lb 39
Sapeli 260 Ka 50
17800 Sappee/Pohja 242 Kb 46
14700 Sappee/Pälkäne 242 La 46
36450 Sappee/Tampere 242 La 45
79910 Sappu 262 Ka 54
63340 Sapsalampi 247 Ka 44
88600 Sapsoperä 277 Ha 54
88600 Sapsoranta 277 Ha 53
39980 Sara 246 Ka 42
56440 Sarajärvi/Rautjärvi 251 Kb 55
93250 Sarajärvi/Rytinki 302 Fb 51
75890 Saramo 278 Hb 55
85500 Sarjankylä 275 Ha 47
46530 Sarkalahti 244 La 51
79100 Sarkamäki 261 Ka 53
Sarkkila 278 Ja 56
37180 Sarkola 241 La 43
Sarkona 258 Ja 41
39960 Sarvela/Karvia 246 Ka 42
74490 Sarvela/Konttila 301 Ga 49
66340 Sarvijoki 257 Jb 40
72400 Sarvijärvi 276 Ja 50
63130 Sarvikas 259 Jb 44
79895 Sarvikumpu 262 Ka 55
07830 Sarvilahti=Sarvlax 238 Ma 49
64900 Sarviluoma 246 Ka 41
Sarviniemi 242 Kb 47
81360 Sarvinki 263 Jb 57
Sarvivaara 315 Fa 54
07830 Sarvlax=Sarvilahti 238 Ma 49
07750 Sarvsalö 238 Ma 48
39130 Sasi 241 Kb 43
99750 Sassali 313 Ea 48
31500 Satopäänkulma 236 Lb 43
95330 Sattajärvi 300 Fa 45
99650 Sattanen 324 Ea 50
52100 Sattila 250 Kb 51
88600 Saukko 278 Hb 54
Saukkojärvi 301 Fa 49
62500 Saukkokangas 258 Ja 44
41800 Saukkola/Jyväskylä 248 Ka 47
09430 Saukkola/Nummi-Pusula 237 Ma 44
93195 Saukkomaa 301 Fb 50
61160 Saukkomäki 258 Jb 43
95645 Saukkoriipi 312 Eb 45
Saukkovaara 290 Ha 53
62750 Saukonkylä 259 Jb 44
39410 Saukonperä 247 Kb 43
58580 Saukonsaari 251 Kb 54
77700 Saunajärvi 278 Hb 56
39940 Saunakylä/Karvia 246 Ka 41
43800 Saunakylä/Kumpula 259 Ja 46
Saunaniemi 262 Jb 53
98500 Saunavaara 314 Ea 52
63800 Sauru 259 Jb 45
21570 Sauvo 236 Ma 42
41520 Sauvomäki 249 Ka 50
Sauvonkylä 236 Lb 42
Sauvuori 249 Kb 49
92500 Savaloja 289 Gb 48
52100 Savela 250 Kb 51
41770 Savenaho 249 Kb 49
46710 Savero 244 Lb 50
07560 Savijoki 243 Lb 48
75530 Savijärvi 278 Hb 56
05200 Savikko 237 Lb 46
37910 Savikoski 241 La 44
59310 Savikummunsalo 251 Kb 56
75500 Savikylä 278 Hb 54
56140 Savilahti/Imatra 245 La 54
59800 Savilahti/Kesälahti 251 Kb 56
Savilepo 247 Kb 44
74200 Savimäki 276 Hb 50
87910 Saviniemi/Kajaani 290 Ha 52
31130 Saviniemi/Urjala 241 Lb 44
41400 Savio 249 Ka 49
41800 Savipohja 248 Ka 48
86710 Saviselkä 276 Ha 49

366 Savitaipale Tammela/Kuusamo

FIN

54800 Savitaipale 244 La 52
81280 Savivaara 263 Jb 57
36200 Savo 241 La 44
Savola 262 Jb 56
85900 Savolanniemi 275 Hb 46
Savolanvaara 278 Hb 56
Savonjoki 261 Jb 50
62640 Savonkylä 258 Ja 44
57100 Savonlinna 251 Kb 54
58300 Savonranta 251 Ka 55
98800 Savukoski 325 Ea 53
71160 Savulahti 261 Jb 53
77480 Savuniemi 250 Ka 52
60720 Savusmäki 258 Jb 42
07930 Saxby=Saksala 238 Ma 48
22810 Seglinge 234 Ma 38
58200 Seikanlampi 251 Kb 55
Seikka 276 Hb 47
60100 Seinäjoki 258 Jb 42
66800 Seiplax 258 Ja 41
99520 Seipäjärvi 313 Ea 49
98820 Seitajärvi 325 Db 52
07450 Seitlahti=Seitlax 238 Ma 48
07450 Seitlax=Seitlahti 238 Ma 48
17500 Seitniemi 242 La 47
Seittu 258 Jb 42
61550 Seljänkangas 258 Jb 41
31500 Seljänkulma 236 Lb 43
91140 Seljänperä 301 Ga 47
03400 Selki 237 Ma 46
81230 Selkie 263 Jb 57
89770 Selkoskylä 303 Ga 55
98980 Selkälä/Kallunki 315 Eb 55
30820 Selkälä/Paltamo 290 Ha 51
91910 Selkämaa 288 Gb 47
Selkämäki 258 Ja 41
Selkäydenmäki 276 Ja 50
Selänkylä 243 La 49
Selänoja 242 Lb 46
Selänpohja 249 Kb 48
97815 Selänsalmi 302 Fa 52
44860 Seläntaus 276 Ja 47
Seppälä 240 Lb 40
Seppälänmäki 251 La 55
Seppälänniemi/Ahmes 289 Gb 49
89400 Seppälänniemi/Mikitänpää 291 Gb 55
Sepänjoki 243 Lb 48
52200 Sepänkylä 250 Kb 53
99930 Sevettijärvi=Čevetjävri 342 Bb 54
74920 Sevžjärvi=Säytsjärvi 341 Ca 51
04130 Sibbo=Sipoo 237 Ma 47
Sidbäck 257 Jb 40
64490 Sideby=Siipyy 246 Ka 39
21610 Siekkinen 302 Fb 53
95800 Sieppijärvi 312 Ea 44
85410 Sievi 275 Hb 46
63880 Sievin as eli Korhoskylä=Korhoskylä 275 Hb 45
73210 Siggavuona=Sikovuono 333 Cb 50
Siggby 236 Ma 43
Siggböle=Sikilä 238 Lb 48
95300 Sihtuuna 300 Fa 46
97685 Siika-Kämä 301 Fb 49
29810 Siikainen 246 Kb 40
Siikajoen kk. 288 Gb 46
92400 Siikajoki Ruukki 288 Gb 47
02860 Siikajärvi 237 Ma 46
58700 Siikakoski/Sulkava 250 Kb 53
47900 Siikakoski/Suur-Selänpää 243 La 50
73120 Siikakoski/Varpaisjärvi 277 Ja 52
51900 Siikakoski/Vuorilahti 250 Kb 52
03600 Siikala 237 Lb 45
89400 Siikalahti/Hyrynsalmi 290 Gb 54
88900 Siikalahti/Kuhmo 291 Ha 55
34300 Siikalahti/Murole 247 Kb 44
74100 Siikalahti/Peltosalmi 277 Hb 50
Siikalainen 303 Fb 55
77430 Siikamäki 250 Ka 51
89600 Siikaranta 290 Gb 54
83100 Siikasaari 262 Ka 55
83855 Siikasuo 278 Ja 57
47710 Siikava 243 La 49
Siikavaara/Pohjaslahti 301 Fa 50
81280 Siikavaara/Uimaharju 263 Jb 57
71800 Siilinjärvi 261 Ja 52
Siimes 312 Ea 45
04300 Siipoo/Tuusula 237 Ma 46
03400 Siipoo/Vihti 237 Ma 45
64490 Siipyy=Sideby 246 Ka 39
85410 Siironen 274 Ha 44
Siirto 275 Ja 46
12310 Siirtola 242 Lb 46
35300 Siitama 242 Kb 45
99240 Siitonen 323 Db 47
33480 Siivikkala 241 Kb 44
39300 Siivikko 302 Ga 52
61600 Sikakylä 246 Jb 42
Sikilä=Siggböle 238 Lb 48
Sikovaara 279 Ja 57
73210 Sikovuono=Siggavuona 333 Cb 50
81390 Silkku 263 Jb 57
Silkunvaara 263 Jb 58
41900 Sillanpää/Keuruu 248 Ka 47
69750 Sillanpää/Veteli 275 Ja 44
44300 Silmutjoki 260 Jb 49
27310 Silo 240 La 40
Siltaharju 324 Db 50
61650 Siltala 247 Ka 43
Siltalankulma 241 Lb 44
87100 Siltalanperä 277 Ha 51
Siltaneva 303 Ga 54
Siltasuo 249 Kb 48
81950 Siltavaara 278 Hb 56
Silva 236 Ma 44
69300 Silverberg 275 Hb 45
58420 Silvola 251 Kb 55
58175 Simanala 251 Ka 54
95200 Simo 300 Fb 47
54330 Simola 244 Lb 53
21660 Simonby/Nagu 235 Ma 41
21600 Simonby/Pargas 235 Ma 41
95220 Simoniemi 300 Fb 46
95200 Simonkylä 300 Fb 47
42870 Simoskylä 247 Ka 44
51200 Simpiänniemi 249 Kb 50
Simsiö 248 Ka 45
41400 Simuna 249 Ka 49
97220 Sinettä 313 Eb 47
74950 Sinetänsalmi 313 Eb 47
65710 Singsby 257 Ja 40
Sinikivi 261 Ja 51
18100 Sinilähde 243 La 48
53100 Sinkkola 244 La 53
82290 Sintsi 263 Ka 56
51900 Sipilä/Juva 250 Kb 53
52700 Sipilä/Mäntyharju 244 La 51
44580 Sipilä/Viitasaari 260 Ja 47
Sipilänmäki 243 Lb 49
42600 Sipilänperä 259 Jb 46
73800 Sipinen 290 Ha 54
92520 Sipola 289 Ha 48
04130 Sipoo=Sibbo 237 Ma 47
46710 Sippola 244 Lb 51
54410 Sirkjärvi 244 Lb 52
99130 Sirkka 323 Db 46
95780 Sirkkakoski 312 Eb 45
44320 Sirkkamäki 260 Jb 49
97970 Sirniö 302 Fb 53
Siskeli 333 Cb 52
39410 Sisättö 247 Kb 43
47520 Sitikkala 243 Lb 49
02580 Siuntio=Sjundeĺ 237 Ma 45
02580 Siuntion kk.=Sjundeĺ kby 237 Ma 45
37200 Siuro 241 La 43
99600 Siurunmaa 324 Ea 50
88900 Sivakka/Kuhmo 278 Hb 56
75700 Sivakka/Sivakkajoki 278 Hb 55
95300 Sivakkajoki/Tervola 300 Fa 46
75700 Sivakkajoki/Valtimo 278 Hb 54
73640 Sivakkavaara 262 Jb 54
02580 Sjundeĺ=Siuntio 237 Ma 45
02580 Sjundeĺ kby=Siuntion kk. 237 Ma 45
66640 Sjöberg 257 Ja 41
64480 Skaftung 246 Ka 39
99910 Skalluvaara Skállovárri 341 Bb 51
22240 Skarpnåtö 234 Ma 36
Skata 236 Ma 42
Skatan 257 Ja 41
07750 Skavarböle 238 Ma 48
22270 Skeppsvik 234 Ma 36
25870 Skinnarvik 236 Ma 41
22710 Skogboda 234 Ma 38
10680 Skogby/Ekenäs 236 Mb 43
01800 Skogby/Klaukkala 237 Ma 46
10420 Skogböle=Kuovila 236 Ma 43
Skogsby 237 Ma 47
68700 Skogsbyn 274 Hb 43
49220 Skogsbyn=Metsäkylä 243 Lb 50
Skrittskog 236 Ma 43
08100 Skräddarla 237 Ma 44
Sköldargård 236 Ma 43
06850 Sköldvik=Kilpilahti 238 Ma 48
10600 Skåldö 236 Mb 43
25860 Skånpusten 236 Ma 42
68700 Småbönders 274 Ha 44
10710 Snappertuna 236 Mb 44
68500 Snåre 274 Hb 43
99600 Sodankylä 324 Ea 50
73790 Soidinvaara 291 Ha 54
95255 Soikko 301 Fb 47
63800 Soini 259 Jb 45
19700 Soiniemi 248 Kb 48
34980 Soininkylä 247 Ka 44
74170 Soinlahti 277 Hb 51
93730 Soivio 303 Fb 55
Sokli 325 Db 55
66900 Soklot 274 Hb 42
67100 Sokoja=Sĺka 274 Hb 43
81700 Sokojärvi 279 Ja 57
83760 Sola 262 Jb 55
Solala 248 Kb 46
10140 Solberg 237 Ma 45
65450 Solf=Sulva 257 Ja 40
54940 Solkei 244 La 52
73640 Solojärvi 333 Cb 50
84220 Somere 290 Gb 52
31400 Somerniemi 236 Lb 44
31400 Somero 236 Lb 44
74340 Somerokoski 277 Hb 52
85200 Someronkylä 275 Ha 45
22010 Somerovaara 289 Ga 49
Sompujärvi 300 Fb 47
07750 Sondby 238 Ma 48
99450 Songemuotki=Sonkamuotka 322 Da 43
97240 Sonka 313 Eb 47
82915 Sonkaja 263 Jb 58
82710 Sonkajanranta 263 Jb 58
74300 Sonkajärvi 277 Hb 52
74360 Sonkakoski 277 Hb 51
99450 Sonkamuotka=Songemuotki 322 Da 43
72300 Sonkari 260 Jb 50
22710 Sonnboda 234 Ma 37
82580 Sopeke 251 Kb 57
Soppana 302 Fa 51
98400 Soppela 314 Eb 52
45610 Soppi/Koria 243 Lb 50
82600 Soppi/Tohmajärvi 263 Ka 57
Soramäki 243 Lb 47
Sorila 241 Kb 44
26100 Sorkka 240 La 40
33980 Sorkkala 241 La 44
Sormula 261 Ka 51
91100 Sorosenperä 288 Ga 47
Sorsa 290 Ha 50
79130 Sorsakoski 261 Ka 52
Sorto 274 Hb 43
37120 Sorva 241 La 43
66260 Sorvari=Svarvar 257 Jb 40
Sorvari 275 Ha 45
58550 Sorvasranta 251 Kb 55
83900 Sorveus 278 Ja 55
62375 Sorvisto 258 Ja 42
Sotajoki 325 Db 54
Sotjala 242 La 46
91600 Sotkajärvi 289 Gb 49
88600 Sotkamo 290 Ha 53
Sotkanniemi 261 Jb 52
Sotkia 241 La 44
83750 Sotkuma 262 Jb 55
22720 Sottunga 234 Ma 38
23840 Soukainen 240 Lb 40
04740 Soukkio 242 Lb 47
42600 Soutujoki 248 Ka 46
06850 Söderveckoski=Ali-Vekkoski 238 Ma 47
06850 Spjutsund 238 Ma 47
49270 Stensnäs=Kiviniemi 238 Ma 50
68940 Storbacka 258 Ja 43
22270 Storby 234 Ma 36
38220 Stormi 241 La 43
64490 Storsjö 246 Ka 39
Strandby 258 Ja 41
Strikka 246 Kb 40
07970 Strömfors=Ruotsinpyhtää 238 Lb 49
25650 Strömma 236 Ma 42
Stubbhagen 257 Jb 40
57230 Sturzelbronn 241 Kb 45
02580 Störsvik 237 Ma 45
64240 Ståbacka 246 Ka 39
64140 Stångbränn=Välikylä 246 Ka 40
53300 Sudensalmi 244 La 53
82210 Suhmura 263 Ka 56
77600 Suihkola 261 Jb 51
56310 Suikka 244 La 53
35600 Suinula/Halli 248 Kb 46
36120 Suinula/Tampere 241 Kb 45
74340 Sukeva 277 Hb 51
21430 Suksela 236 Ma 42
Sukula 241 Lb 44
Sulastenkulma 242 La 46
04740 Sulkava/Hausjärvi 242 Lb 47
58700 Sulkava/Kaartilankoski 250 Kb 53
Sulkava/Liedenpohja 247 Ka 44
74640 Sulkava/Vaaraslahti 276 Ja 50
74640 Sulkavanjärvi/Sulkava 276 Ja 50
72840 Sulkavanjärvi/Tossavanlahti 276 Ja 49
63350 Sulkavankylä 247 Ka 44
44880 Sulkavanperä 275 Hb 47
65450 Sulva=Solf 257 Ja 40
44280 Sumiainen 260 Jb 49
49480 Summa 244 Lb 51
88950 Sumsa/Kuhmo 291 Ha 56
73790 Sumsa/Sotkamo 291 Ha 54
83940 Sumukka 278 Ja 55
22520 Sund 234 Ma 37
68690 Sundby 274 Hb 42
65410 Sundom 257 Ja 40
Sundvik 236 Ma 42
66970 Suni 258 Ja 41
Sunnanberg 235 Ma 41
Sunnanvik 237 Ma 45
Sunti 240 La 40
07600 Suntianmäki 243 Lb 48
54530 Suo-Anttila 244 Lb 52
38510 Suodenniemi 241 Kb 42
11022 Suojanperä 342 Ca 53
64900 Suojoki 246 Ka 40
Suojärvi 248 Ka 46
Suokko 258 Jb 43
54530 Suoknuuti 244 Lb 52
63500 Suokonmäki 259 Jb 44
55100 Suokumaa 245 La 54
44200 Suolahti 260 Jb 48
89330 Suolijärvi 290 Ga 53
39570 Suoliperä 290 Ga 53
99830 Suoločielgi=Saariselkä 333 Da 51
09430 Suomela/Karkkila 237 Ma 45
91150 Suomela/Yli-Olhava 301 Fb 48
52830 Suomenkylä 244 La 51
52830 Suomenniemi 244 La 51
19320 Suomennurmi 243 La 48
88600 Suomi 277 Hb 54
Suomies 237 Lb 46
39920 Suomijärvi 246 Ka 42
98720 Suomu 314 Eb 53
25410 Suomusjärven kk. 236 Ma 44
25410 Suomusjärvi 236 Ma 44
89600 Suomussalmen kirkonkylä 291 Gb 55
89600 Suomussalmi 291 Gb 54
77600 Suonenjoki 261 Jb 51
21037 Suoniemi/Ahola 303 Ga 55
37180 Suoniemi/Nokia 241 La 43
97920 Suonnankylä 314 Fa 53
Suonpää 241 Lb 44
Suonpäänkulma 241 La 43
80910 Suonranta 263 Jb 57
Suonsaari 250 Kb 51
52610 Suonsalmi 249 Kb 50
23880 Suontaka 240 Lb 40
32700 Suontaustanmaa 241 La 42
77690 Suontee 261 Ka 51
74130 Suopajärvi 313 Eb 48
19700 Suopelto 242 La 48
93940 Suorajärvi 315 Fa 55
97655 Suorsa 314 Fa 51
86690 Suotuperä 275 Ha 47
73645 Suovaara/Niinivaara 262 Jb 55
73800 Suovaara/Sotkamo 290 Ha 53
44670 Suovanlahti 260 Ja 49
81200 Suppura 263 Jb 57
Supru 342 Ca 53
54800 Survaja 244 La 51
31230 Susikas 241 Lb 44
56410 Sutela 251 La 54
95760 Suukoski/Pello 312 Eb 45
1902 Suukoski/Tervola 301 Fa 47
Suukylä 279 Jb 58
49760 Suur-Miehikkälä 244 Lb 52
47830 Suur-Selänpää 243 La 50
Suurijoki 262 Ka 55
23500 Suurikkala 240 Lb 39
16200 Suurikylä/Elimäki 243 Lb 49
59810 Suurikylä/Kesälahti 251 Kb 56
71800 Suurimäki 277 Ja 52
58650 Suurkylä/Kiviapaja 251 Kb 54
56510 Suurkylä/Ruokolahti 245 La 54
52300 Suurlahti 250 La 52
79895 Suurmäki 262 Jb 54
51900 Suurniemi 250 Kb 53
91800 Suutarinkylä/Tyrnävä 289 Gb 48
92830 Suutarinkylä/Veneheitto 289 Ha 50
21840 Suutarla 236 Lb 42
93225 Suvannonkylä 302 Fb 51
98550 Suvanto 314 Ea 51
02380 Suvisaaristo Suommaröarna 237 Ma 46
Svartbäck 238 Ma 47
49240 Svartbäck=Purola 238 Ma 50
64200 Svartbäcken 257 Ka 39
Svartnäs 274 Ja 41
22310 Svartsmara 234 Ma 36
10360 Svartå=Mustio 237 Ma 44
66260 Svarvar=Sorvari 257 Jb 40
64250 Svedan 246 Ka 39
Sveden 234 Ma 37
10520 Svenskby 236 Ma 43
07990 Svenskby=Ruotsinkylä 243 Lb 49
21600 Sydmo 235 Ma 41
61160 Sydänmaa/Alavus 258 Jb 43
27100 Sydänmaa/Eurajoki 240 La 40
79600 Sydänmaa/Joroinen 250 Ka 52
38800 Sydänmaa/Kankaanpää 246 Kb 42
21570 Sydänmaa/Sauvo 236 Ma 42
27800 Sydänmaa/Säkylä 240 Lb 42
72550 Sydänmaa/Taipele 260 Ja 50
86760 Sydänmaankylä 276 Hb 49
69410 Sykäräinen 275 Hb 45
31400 Sylvänä 236 Lb 43
Syndeskeri 246 Kb 39
41880 Synsiä 249 Kb 48
51380 Synsiö 249 Ka 50
69420 Syri 275 Hb 45
Syrjälä 276 Hb 48
43500 Syrjänmäki 259 Jb 46
Syrjäntaus 242 La 47
Syrjäntausta 242 La 46
19700 Sysmä 243 La 48
Sytkorpi 240 Lb 40
34640 Syvinki 247 Ka 45
99740 Syväjärvi 324 Ea 48
44260 Syvälahti 260 Jb 48
71570 Syvänniemi 261 Jb 51
07560 Syvänoja 243 Lb 48
77570 Syvänsi 250 Ka 52
93140 Syväoja 301 Ga 50
74100 Syvärinpää 277 Ja 52
52550 Syväsmäki 249 Kb 50
56310 Syyspohja 251 La 54
93290 Syötekylä 302 Fb 52
37550 Säijä 241 La 44
82300 Säimen 262 Ka 55
41520 Säkinmäki 260 Ka 49
93850 Säkkilä 315 Fa 55
27800 Säkylä 240 La 41
49900 Säkäjärvi 244 Lb 52
04740 Sälinkää 242 Lb 47
Sänkimäki 261 Ja 52
32830 Säpilä 240 La 41
Särkelä 303 Fb 54
Särkelä 262 Ka 54
52700 Särkemäki 243 La 50
17240 Särkijärvi/Asikkala Vääksy 243 La 48
07590 Särkijärvi/Askola 238 Lb 48
95160 Särkijärvi/Harjula 301 Fb 48
88900 Särkijärvi/Kuhmo 291 Ha 56
79100 Särkijärvi/Leppävirta 261 Jb 53
73470 Särkijärvi/Meltaus 313 Eb 48
99130 Särkijärvi/Muonio 323 Db 44
91640 Särkijärvi/Puolanka 289 Gb 51
62500 Särkikylä 258 Ja 44
58580 Särkilahti/Piojärvi 251 Kb 55
19700 Särkilahti/Sysmä 249 Kb 48
93920 Särkiluoma 315 Fa 56
66640 Särkimo 257 Ja 41
51200 Särkimäki 249 Ka 49
44880 Särkiperä 275 Hb 47
59310 Särkisalmi 251 Kb 55
44280 Särkisalo 260 Jb 49
25630 Särkisalo=Finby 236 Ma 42
09120 Särkiä 236 Ma 44
27170 Särkkä/Luvia 240 La 40
82900 Särkkä/Mekrijärvi 263 Jb 58
88340 Särkkä/Paltamo 290 Ha 51
58350 Särkänpää 251 Ka 56
91760 Säräisniemi 289 Ha 50
39195 Sävi 241 Kb 42
72550 Säviä 260 Ja 50
16100 Säyhtee 243 Lb 49
82500 Säyneenkylä 263 Kb 57
73770 Säyneinen/Nilsiä 278 Ja 53
71800 Säyneinen/Siilinjärvi 261 Ja 52
79910 Säynelahti 262 Ka 54
6804 Säynälä 303 Fa 55
40900 Säynätsalo 249 Ka 48
74920 Säytsjärvi=Sevžjärvi 341 Ca 51
12700 Sääksjärvenkulma 237 Lb 45
32920 Sääksjärvi/Kullaa 240 La 41
68940 Sääksjärvi/Lilby 274 Ja 43
04600 Sääksjärvi/Mäntsälä 237 Lb 47
34240 Sääksjärvi/Pirkkala 241 La 44
62800 Sääksjärvi/Vimpeli 259 Ja 44
32920 Sääkskoski 240 La 41
37700 Sääksmäki 242 La 45
54410 Säämälä 244 Lb 53
54800 Säänjärvi 244 La 52
92330 Säärenperä 288 Gb 46
Sääskenperä 302 Fa 51
47450 Sääskjärvi 243 Lb 49
91300 Säävälä 289 Ga 49
Söderby 274 Hb 43
07955 Söderby/Loviisa 238 Ma 50
07370 Söderby/Ölandet
01150 Söderkulla 238 Ma 47
66220 Södersund 257 Jb 39
22130 Södersunda 234 Ma 36
65920 Söderudden 257 Ja 39
04130 Södra Paipis=Etelä Paippinen 237 Ma 47
65930 Södra Vallgrund 257 Ja 39
Sönkkä 262 Ka 55
29570 Söörmarkku 240 Kb 40
67100 Sĺka=Sokoja 274 Hb 43
22240 Sålis 234 Ma 36

T

25900 Taalintehdas=Dalsbruk 236 Ma 42
95860 Taapajärvi 312 Ea 46
Taasia 243 Lb 49
88120 Taattola 277 Ha 53
Taaveli 250 Kb 51
54530 Taavetti=Luumäki 244 Lb 52
Tahkolanranta 315 Fa 55
Tahvi 290 Ha 52
44500 Taimoniemi 260 Ja 48
95270 Tainiemi 301 Fb 48
Tainijoki 301 Fb 48
95860 Tainiovaara 312 Ea 46
61300 Tainuunmäki 258 Jb 41
19700 Taipale/Hartola 249 Kb 48
16940 Taipale/Lammi 242 Lb 46
93990 Taipale/Likolampi 303 Fb 56
38510 Taipale/Muohijärvi 241 Kb 42
95100 Taipale/Olhava 301 Fb 47
73130 Taipale/Peltosalmi 277 Ja 51
72550 Taipale/Pielavesi 260 Ja 50
72100 Taipale/Rieponlahti 261 Jb 50
34450 Taipale/Ruhala 247 Kb 45
23500 Taipale/Uusikaupunki 235 Lb 40
74200 Taipaleenharju 302 Ga 50
54920 Taipalsaari 244 La 53
63370 Taipalus 258 Jb 43
93400 Taivalkoski 302 Fb 53
Taivalkunta 241 La 43
Taivallahti 276 Hb 50
61270 Taivalmaa 247 Jb 42
23310 Taivassalo 235 Lb 40
41770 Taka-Ikola 249 Kb 49
48310 Takakylä 239 Ma 50
Takala 312 Ea 45
Takalonkylä 289 Ga 48
Takamaa 242 La 47
45610 Takamaa/Kooia 243 Lb 50
45610 Takamaa/Myllykoski 243 Lb 50
33480 Takamaa/Ylöjärvi 241 Kb 44
Takaperä 242 La 47
02980 Takkula=Tackskog 237 Ma 46
88120 Takkula/Pahavaara 277 Hb 53
79130 Takkula/Sorsakoski 261 Ka 52
23100 Takkulankulma 235 Lb 41
90820 Takkuranta 288 Ga 47
66280 Taklax 257 Jb 39
21570 Tali 236 Ma 42
Taliharju 290 Ha 53
Taljala 242 La 45
09120 Tallaa 236 Ma 44
71640 Talluskylä 261 Ja 50
34600 Tallusperä 247 Kb 45
12600 Talola 237 Lb 45
95660 Taloniemi 312 Fa 44
Talonmäki 300 Fb 45
85200 Taluskylä 275 Ha 45
35420 Talviainen 248 Kb 46
Talvisilta 236 Lb 43
31300 Tammela/Forssa 241 Lb 44
Tammela/Kuusamo 303 Fb 56

Tammenlahti Varistaipale 367

FIN

58830 Tammenlahti 250 Kb 54
32440 Tammiainen 241 Lb 42
Tammihaara 249 Kb 49
19910 Tammijärvi 249 Kb 48
19650 Tammilahti/Joutsa 249 Kb 49
35700 Tammilahti/Vilppula 248 Ka 45
10600 Tammisaari=Ekenäs 236 Mb 43
33100 Tampere 241 La 44
62170 Tampparinkylä 258 Jb 43
99640 Tanhua 325 Db 52
54330 Tani 244 Lb 53
38330 Tankapirtti 333 Da 51
99695 Tankavaara 333 Da 51
41390 Tankolampi 260 Jb 49
91240 Tannila 301 Ga 48
Tanskila 241 Lb 42
Tanttala 242 Lb 46
16900 Tanttila 242 La 46
31500 Tapala 236 Lb 43
89400 Tapanikylä 291 Ha 55
23100 Tapaninen 235 Lb 41
30210 Tapanivaara 291 Ha 55
74700 Tapelinperä 276 Hb 50
25260 Tapiola/Paimio 236 Ma 42
38200 Tapiola/Vammala 241 La 42
74210 Tapionkylä 313 Eb 47
98350 Tapionniemi 314 Eb 51
95920 Tapojoki 323 Db 44
95940 Tapojärvi 322 Db 44
Tappuniemi 250 Ka 53
42600 Tarhapää 248 Ka 46
Tarhola 250 Kb 51
Tarkka 246 Ka 41
56410 Tarkkola 245 La 55
59510 Tarnala 251 Kb 56
37770 Tarttila 241 La 45
Tarula 323 Ea 46
43130 Tarvaala 260 Jb 47
23100 Tarvainen 235 Lb 41
21450 Tarvasjoki 236 Lb 42
Tarvaslampi 251 Kb 55
62600 Tarvola 258 Ja 44
Tasapää 251 Kb 56
69600 Tastula 275 Hb 44
34260 Taulakylä 241 Kb 44
Tauriainen 302 Fb 54
03810 Tausta 237 Ma 45
Tausti 242 La 45
92320 Tauvo 288 Gb 46
49300 Tavastila 244 Lb 50
92910 Tavastkenkä 276 Ha 49
Tavela 303 Fb 54
Taviola 236 Ma 42
Tavola 237 Ma 44
02980 Tackskog=Takkula 237 Ma 46
Teerelä 291 Gb 54
Teerelänpuhto 288 Ha 45
68700 Teerijärvi=Terjärv 274 Hb 44
93780 Teeriranta 303 Fb 56
83330 Teerisuo/Liperi 262 Jb 55
13020 Teerisuo/Ruka 315 Fa 54
Teerivaara/Putkivaara 302 Fa 51
Teerivaara/Rönkönlehto 277 Hb 53
21195 Teersalo 235 Ma 40
17870 Tehi 242 Kb 47
Tehtaanmäki 258 Jb 42
25570 Teijo 236 Ma 42
34260 Teisko 247 Kb 44
51900 Teivaa 250 Kb 52
58620 Telataipale 251 Kb 54
62100 Teljo 278 Hb 56
97700 Telkkälä 301 Fb 50
51900 Tellanpelto 250 Kb 52
63660 Tempakka 259 Jb 45
10520 Tenala=Tenhola 236 Ma 43
95620 Tengeliö 312 Fa 44
Tenhiälä 242 La 45
10520 Tenhola=Tenala 236 Ma 43
82600 Tenka 263 Ka 57
16630 Tennilä/Hollola 242 Lb 47
97675 Tennilä/Rovaniemi 313 Fa 49
99150 Tepasto 323 Db 46
Teponmäki 333 Cb 52
81700 Teppana 279 Ja 57
99280 Tepsa 324 Db 48
44580 Terelä 260 Ja 47
68700 Terjärv=Teerijärvi 274 Hb 44
04390 Terrisuo 237 Ma 46
Terskanperä 289 Ha 48
99910 Terstonsuu 333 Ca 50
31400 Terttilä 236 Lb 44
Terva-Törmä 315 Eb 55
38360 Tervahauta 240 La 42
66440 Tervajoki 258 Ja 41
Tervakari 312 Ea 46
12400 Tervakoski 242 Lb 46
38460 Tervamäki 241 Kb 42
75500 Tervapuro 278 Hb 55
21037 Tervasselkä 303 Ga 54
41340 Tervatehdas 260 Ka 49
Tervavaara/Suomussalmi 290 Ga 53
Tervavaara/Tohmajärvi 263 Ka 58
72210 Tervo 260 Jb 50
95300 Tervola 300 Fa 46
91620 Tervolankylä 289 Gb 50
23027 Tervosenpuoli 303 Ga 55
21600 Tervsund 235 Ma 41
34260 Terälahti 247 Kb 44
Terävälä 245 La 54
07955 Tesjoki=Tessjö 238 Ma 49
33300 Tesoma 241 Kb 44
07955 Tessjö=Tesjoki 238 Ma 49
79940 Tetrivaara 262 Ka 55
95990 Teurajärvi 323 Ea 45
31250 Teuro/Forssa 241 Lb 44
14810 Teuro/Lammi 242 La 46
47200 Teuroinen 243 Lb 49
64700 Teuva 246 Ka 40
39590 Tevaniemi 247 Kb 43
12700 Teväntö 237 Lb 45
85930 Tialanperä 275 Hb 46
Tiehaaranmännikkö 323 Ea 44
58900 Tiemassaari 250 Ka 53
97670 Tienhaara//Ulkula 313 Fa 48
72550 Tienhaara/Sävia 260 Ja 50
Tienhaarakylä 251 Kb 54
16610 Tienmutka 242 Lb 47
Tiensuu 278 Ja 57
28891 Tiermas 315 Fa 55
Tieva/Katajaselkä 323 Da 48
95900 Tieva/Vaattojärvi 312 Ea 45
74980 Tihilänkangas 276 Hb 49
77570 Tihusniemi 261 Ka 52
Tiihala 241 La 45
52700 Tiilikkala 249 Kb 50
52200 Tiimola 250 Kb 53
43800 Tiironkylä 259 Ja 47
Tiisala 241 Kb 43
62165 Tiistenjoki 258 Jb 43
72300 Tiitilänkylä 260 Jb 50
48110 Tiittola 290 Ha 52
41770 Tikanmäki 249 Ka 49
37600 Tikinmaa 241 La 44
69440 Tikka 275 Ja 46
41160 Tikkakoski 248 Ka 48
88900 Tikkala/Kuhmo 291 Ha 55
41800 Tikkala/Muurame 248 Ka 47
19700 Tikkala/Sysmä 243 Kb 48
82350 Tikkala/Tohmajärvi 263 Ka 57
Tikkalanmäki 250 Ka 51
27010 Tikkaperä 288 Gb 47
Tillola 243 Lb 49
Timisjärvi 314 Fa 52
78400 Timola 261 Ka 52
88930 Timoniemi 291 Ha 55
Timonmäki 262 Ka 54
81280 Timoska 263 Jb 58
83940 Timovaara 278 Ja 55
99720 Tinaselkä 324 Ea 49
88600 Tipasoja 277 Ha 54
99910 Tirro=Moushads 333 Cb 50
46430 Tirva 244 Lb 51
51900 Tiuhtsalo 250 Kb 52
98900 Tiukuselkä 314 Eb 53
95970 Tiurajärvi 323 Db 45
25700 Tjuda 236 Ma 42
22330 Tjudö 234 Ma 36
64140 Tjukka=Tjöck 246 Ka 39
64210 Tjärlax 257 Ka 39
64140 Tjöck=Tjukka 246 Ka 39
65520 Toby=Tuovila 257 Ja 40
Tofferi 275 Ja 45
35300 Tohkala 242 Kb 45
82600 Tohmajärvi 263 Ka 57
98310 Tohmo 314 Eb 51
69300 Toholampi 275 Hb 45
37800 Toijala 241 La 44
52300 Toijola 250 La 52
54530 Toikkala/Luumäki 244 Lb 52
45360 Toikkala/Valkeala 243 Lb 50
21240 Toivainen 235 Lb 40
Toivakka/Ranua 301 Fa 50
41660 Toivakka/Viisarimäki 249 Ka 49
70900 Toivala 261 Jb 52
52700 Toivola/Huhtamäki 243 La 50
89330 Toivola/Suolijärvi 290 Ga 53
25260 Toivola/Vaskio 236 Lb 43
21500 Toivonlinna 236 Ma 42
50670 Tokero 249 Kb 51
81350 Tokrajärvi 263 Jb 58
Tolja 301 Fa 50
62100 Tolkee 278 Hb 56
06750 Tolkinen=Tolkis 238 Ma 48
Tolkinniemi 249 Kb 51
06750 Tolkis=Tolkinen 238 Ma 48
73130 Tolonen/Ivalo 333 Cb 51
97340 Tolonen/Meltaus 312 Eb 47
88400 Tolosenjoki 290 Gb 52
82380 Tolosenmäki 263 Ka 57
85200 Tolosperä 275 Ha 45
97925 Tolva 315 Fa 54
97925 Tolvanniemi/Kuusamo 315 Fa 54
57100 Tolvanniemi/Savonlinna 251 Kb 54
Tomperi 277 Ha 51
Tomujoki 274 Ha 44
Tonkopuro 314 Eb 53
12920 Topeno 242 Lb 45
Toppiaho 301 Fb 50
99130 Toras-Sieppi 323 Db 44
58900 Torasalo 250 Ka 53
Torasperä 259 Jb 45
Toravaara 303 Ga 56
Torholankulma 236 Ma 43
17710 Torittu 242 La 47
25500 Torkkila 236 Ma 43
23030 Tormua 303 Ga 56
Tornikoski 275 Hb 45
18100 Tornio/Heinola 243 La 48
95400 Tornio/Keminmaa 300 Fb 45
54770 Tornio/Niinimäki 244 La 51
58200 Toroppala 251 Kb 55
22270 Torp/Eckerö 234 Ma 36
22240 Torp/Mariehamn 234 Ma 36
69700 Torppa 275 Ja 44
Torppakylä 247 Ka 44
07560 Torppi 243 Lb 48
23800 Torre 240 Lb 40
30100 Torro 241 Lb 44
56440 Torsanpää 251 La 55
56610 Torsansalo 251 La 55
56440 Torsantaka 251 La 54
25700 Torsböle 236 Ma 42
22910 Torsholma 235 Ma 39
21340 Tortinmäki 235 Lb 41
Torvela 290 Ha 52
68100 Torvenkylä 274 Ha 44
Torvenperä 275 Hb 46
99540 Torvinen 313 Ea 50
14690 Torvoila 242 La 46
72600 Tossavanlahti 260 Ja 49
66640 Tottesund 257 Ja 41
37310 Tottijärvi 241 La 43
44640 Toulat 260 Ja 48
21900 Tourula 240 Lb 42
Tourunkulma 241 La 43
22530 Tranvik 234 Ma 37
Trollböle 236 Mb 43
Trollshovda 236 Ma 43
29900 Trolssi 246 Kb 39
01180 Träskby 238 Ma 47
64320 Träskvik 246 Ka 40
88120 Tuhkakylä 277 Ha 53
63900 Tuhkio 259 Jb 45
Tuhkula 250 Ka 53
Tuhkurinperä 247 Kb 42
74210 Tuhnaja 313 Eb 47
27710 Tuiskula/Eura Kauttua 240 La 41
61300 Tuiskula/Kurikka 258 Jb 41
14700 Tuittula 242 La 46
61500 Tulisalo 258 Ja 41
Tulppio 325 Db 55
69700 Tunkkari 275 Ja 44
58700 Tunnila 250 Kb 53
73660 Tuntsa 326 Db 56
Tunturikylä 314 Ea 51
46110 Tuohikotti 244 La 51
Tuohikylä 314 Eb 54
27750 Tuohiniemi 240 La 41
Tuohinnonperä 288 Gb 46
25130 Tuohittu 236 Ma 43
32800 Tuomaala/Kokemäki 240 La 41
97895 Tuomaala/Kuusamo 303 Fb 54
56310 Tuomaala/Syyspohja 245 La 54
62800 Tuomaala/Vimpeli 259 Ja 44
23310 Tuomarainen 235 Lb 40
97895 Tuomela/Kuusamo 302 Fb 54
97920 Tuomela/Posio 314 Fa 53
91150 Tuomela/Suomela 301 Fb 48
60720 Tuomikylä 258 Jb 42
98780 Tuomimäki 314 Fa 54
92400 Tuomioja 288 Gb 47
85800 Tuomiperä/Haapajärvi 275 Hb 47
84540 Tuomiperä/Ylivieska 275 Ha 46
83950 Tuopanjoki 262 Ja 56
29790 Tuorila 246 Kb 40
Tuorsniemi 240 La 40
65520 Tuovila=Toby 257 Ja 40
Tuovila 303 Fa 55
71775 Tuovilanlahti 261 Ja 51
47520 Tupala/Iitti Kausala 243 Lb 49
50100 Tupala/Mikkeli 250 Kb 51
Tupenkylä 257 Jb 40
91910 Tupos 288 Gb 47
Tuppela 289 Gb 49
91500 Tuppu 289 Gb 49
79180 Tuppurinmäki 261 Jb 52
27510 Turajärvi 240 La 40
74700 Turhala 276 Hb 50
12350 Turkhauta 242 Lb 46
Turkia 244 Lb 51
Turkinkylä 248 Kb 47
20100 Turku=Åbo 235 Ma 41
92320 Turpeenperä 288 Gb 46
Turpoo 241 Lb 44
31860 Tursa 241 La 43
Tursola 242 La 45
Turtinen 301 Ga 48
95645 Turtola 312 Eb 44
73200 Turula 277 Hb 51
49240 Tuskas=Tuuski 238 Ma 50
83150 Tutjunniemi 262 Ka 56
34640 Tuuhoskylä 247 Ka 45
52610 Tuukkala/Hirvensalmi 249 Kb 50
50100 Tuukkala/Mikkeli 250 Kb 51
39920 Tuulenkylä 246 Ka 42
97420 Tuuliharju 312 Ea 46
73800 Tuulimäki 290 Ha 53
14820 Tuulos 242 La 46
38680 Tuunajärvi 246 Kb 41
82730 Tuupovaara 263 Ka 58
66440 Tuurala 258 Ja 41
63610 Tuuri 259 Jb 44
91600 Tuuru 289 Gb 49
71210 Tuusjärvi 262 Jb 53
49240 Tuuski=Tuskas 238 Ma 50
51940 Tuusmäki 250 Kb 53
71200 Tuusniemi 262 Jb 53
04300 Tuusula 237 Ma 47
66600 Tuckur 258 Ja 41
10820 Tvärminne 236 Mb 43
38800 Tykköö 246 Kb 42
14680 Tykölä 242 La 45
85140 Tynkä 275 Ha 45
Tynnyriperä 260 Ja 47
74210 Typpyrä 312 Eb 47
85150 Typpö 275 Ha 45
Tyrisevä 241 La 43
59100 Tyrjä 251 Kb 56
81430 Tyrjänsaari 263 Jb 58
91800 Tyrnävä 289 Gb 48
Tyrsävä 276 Hb 50
14610 Tyrväntö 242 La 45
42100 Tyry 248 Kb 47
52600 Tyrämäki 303 Ga 54
52400 Tyrävaara 303 Ga 54
91100 Tyykiluoto 301 Ga 47
Tyynelä 303 Ga 55
62470 Tyynismaa 258 Ja 43
35700 Tyynysniemi 248 Ka 45
10210 Tähtelä=Täkter 237 Ma 45
99600 Tähtelä 324 Ea 50
10210 Täkter=Tähtelä 237 Ma 45
10900 Täktom 236 Mb 43
44320 Töhkerönmäki 260 Jb 49
66295 Töjby 257 Jb 39
85500 Töllinperä 275 Hb 47
Tölppä 263 Ka 57
71910 Tölvä 261 Ja 51
69510 Törbacka 275 Hb 45
83500 Töriseva 262 Jb 55
86470 Törminperä 288 Ha 47
86600 Törmä/Haapavesi 275 Ha 47
95315 Törmä/Kemi 300 Fb 46
95780 Törmä/Pello 312 Eb 45
88900 Törmä/Vepsä 278 Hb 55
81590 Törmälä 278 Ja 57
38580 Törmänen 333 Cb 51
97340 Törmänki 312 Eb 46
89110 Törmänmäki 290 Gb 52
Törmäsenvaara 303 Fb 55
95660 Törmäsjärvi 312 Fa 45
95900 Törmäsniska 312 Ea 44
60220 Törnävä 258 Jb 42
53850 Törölä 244 La 53
16800 Töykkylä 242 Lb 47
43800 Töyrenperä 259 Ja 47
63600 Töysä 259 Jb 44
41220 Töysänperä 248 Ka 47

U

12400 Uhkoila 242 Lb 46
Uhlu 235 Lb 40
Uiherla 242 Kb 46
81280 Uimaharju 263 Jb 57
19650 Uimaniemi/Joutsa 249 Kb 49
88210 Uimaniemi/Otanmäki 277 Ha 51
73470 Uimaniemi/Unari 313 Ea 48
47710 Uimila 243 La 49
58580 Uitonniemi 251 Kb 55
Uitonperä 247 Ka 43
34270 Ukaa 247 Kb 45
23210 Ukkila 235 Lb 40
81290 Ukkola 263 Jb 57
90860 Ukkolanperä 288 Ga 47
Ukkolanvaara 263 Jb 59
Ukonaapa 314 Eb 52
Ukonlahti 262 Jb 53
51200 Ukonniemi 249 Kb 50
60450 Uljaistenkylä 258 Jb 42
97670 Ulkula 313 Fa 49
83630 Ulla 262 Jb 54
68370 Ullava 275 Hb 44
28400 Ulvila 240 La 40
46800 Ummeljoki 243 Lb 50
26910 Unaja 240 La 40
73470 Unari 313 Ea 48
88340 Unelanperä 290 Ha 51
43500 Unikonsalmi 259 Jb 46
60760 Unkuri 258 Jb 42
23840 Untamala/Laitila 240 Lb 40
61400 Untamala/Ylistaro 258 Ja 42
02470 Upinniemi=Obbnäs 237 Ma 45
17150 Urajärvi 243 La 48
73200 Urimolahti 277 Ja 52
39200 Urjainen 247 Kb 43
31760 Urjala 241 La 44
31760 Urjalankylä 241 La 43
31500 Urmaankulma 236 Lb 43
43900 Urpila 275 Ja 47
82170 Uskali 263 Ka 57
49980 Uski 244 Lb 51
14680 Uskila 242 La 45
91600 Utajärvi 289 Gb 49
91600 Utanen 289 Gb 49
91600 Utoslahti 289 Gb 49
58550 Utrasniemi 251 Kb 55
72210 Utrianlahti 260 Ja 50
99950 Utsjoki Ohcejohka 341 Bb 51
64820 Uttermossa 246 Ka 40
45410 Utti 244 Lb 50
56310 Utula 244 La 53
95770 Utuvaara 312 Eb 45
Uuhimäki 261 Jb 52
35420 Uuhiniemi 248 Kb 46
59710 Uukuniemen kk. 251 Kb 57
88300 Uura 290 Ha 52
41230 Uurainen 260 Ka 47
61980 Uuro 246 Ka 41
25380 Uusi-Hirvelä 236 Lb 43
98100 Uusi-Rovala 313 Eb 50
82660 Uusi-Värtsilä 263 Ka 57
66900 Uusikaarlepyy=Nykarleby 274 Hb 42
16390 Uusikartano/Orimattila 243 Lb 48
21930 Uusikartano/Pöytyä 240 Lb 41
23500 Uusikaupunki 240 Lb 39
05510 Uusikylä/Hyvinkää 237 Lb 47
68240 Uusikylä/Marinkainen 274 Hb 44
16100 Uusikylä/Nastola 243 Lb 48
36600 Uusikylä/Pälkäne 242 La 45
27800 Uusikylä/Säkylä 240 La 41
62990 Uusikylä/Vimpeli 259 Ja 45
Uusiniitty 240 Kb 40
28862 Uusitalo/Kuusamo 303 Fa 56
Uusitalo/Pyhäjärvi Pyhäsalmi 276 Hb 48
73800 Uutela 324 Db 50
88400 Uva 290 Gb 53

V

63830 Vaadinselkä 314 Eb 54
40800 Vaajakoski 249 Ka 48
77910 Vaajasalmi 261 Jb 50
91700 Vaala 289 Gb 50
99710 Vaalajärvi 324 Ea 49
77570 Vaalijala 261 Ka 51
49930 Vaalimaa 244 Lb 52
27650 Vaaljoki 240 Lb 41
17120 Vaania 243 La 48
58520 Vaara 251 Kb 56
75890 Vaarakylä/Saramo 278 Hb 55
93400 Vaarakylä/Taivalkoski 302 Fb 53
93290 Vaarala/Pudasjärvi 302 Ga 52
93600 Vaarala/Ruka 315 Fa 55
99620 Vaarala/Sodankylä 324 Ea 51
89400 Vaarala/Viitavaara 291 Gb 55
89670 Vaaraniva 302 Ga 53
88120 Vaarankylä/Juurikkalahti 277 Ha 53
88300 Vaarankylä/Paltamo 290 Ha 52
Vaaraperä 303 Fb 55
72710 Vaaraslahti 276 Ja 50
65100 Vaasa=Vasa 257 Ja 40
95830 Vaattojärvi 312 Ea 45
08700 Vabby=Vappula 237 Ma 45
43560 Vahanka 259 Jb 46
33480 Vahanta 241 Kb 44
Vahantaka 240 Lb 40
36200 Vahderpää 242 Kb 45
42100 Vaheri 248 Kb 47
39410 Vaho 247 Kb 43
39700 Vahojärvi 247 Kb 43
Vahokoski 246 Ka 41
07955 Vahterpää 238 Ma 49
17240 Vahto/Asikkala 243 La 48
21310 Vahto/Turku 235 Lb 41
83900 Vaikko 278 Ja 54
23840 Vaimaro 240 Lb 40
Vaimosniemi 249 Kb 50
Vaimosuo 315 Fa 55
54270 Vainikkala 244 Lb 53
18300 Vaippilainen 243 La 48
Vaittila 245 La 54
88270 Vaivaissuo 276 Ha 50
83450 Vaivio 262 Jb 55
Vajukoski 324 Db 50
32700 Vakkila 241 La 42
07500 Vakkola 238 Lb 48
62300 Vakkuri 258 Ja 42
Valaja 301 Fb 48
95270 Valajanaapa 301 Fb 48
97130 Valajaskoski 313 Fa 47
19650 Valaspelto 249 Kb 49
19700 Valittula 243 Kb 48
35600 Valkamanperä 248 Kb 46
Valkamo 245 La 54
42910 Valkeajärvi 248 Ka 45
37600 Valkeakoski 241 La 45
45360 Valkeala 243 Lb 50
42700 Valkealahti 248 Ka 46
42440 Valkealuomi 248 Ka 47
Valkeamäki 261 Jb 53
Valkeaniemi 248 Ka 46
82590 Valkeavaara/Kesälahti 251 Kb 57
83630 Valkeavaara/Outokumpu 262 Jb 54
30100 Valkeaviita 236 Lb 44
74210 Valkeiskylä 277 Hb 51
56210 Valkiamäki 251 La 54
01860 Valkjärvi/Klaukkala 237 Ma 46
25130 Valkjärvi/Salo 236 Ma 43
07910 Valko=Valkom 238 Ma 49
21530 Valkoja 236 Ma 42
41360 Valkola 260 Ka 48
07910 Valkom=Valko 238 Ma 49
Valli 247 Ka 43
98780 Vallioniemi 315 Fa 54
Vallvik 257 Ja 40
21340 Valpperi 235 Lb 41
Valta 276 Hb 50
93920 Valtanen 303 Fa 56
75700 Valtimo 278 Hb 54
Valto 241 La 45
16373 Valtola 244 La 51
38200 Vammala 241 La 42
32610 Vampula 241 La 42
77140 Vanaja/Hankasalmi 261 Ka 50
39200 Vanaja/Hämeenkyrö 241 Kb 43
01200 Vanda=Vantaa 237 Ma 47
Vanhakirkko 275 Hb 45
05800 Vanhakylä/Hyvinkää 237 Lb 46
55800 Vanhakylä/Imatra 245 La 54
64810 Vanhakylä/Isojoki 246 Ka 40
04400 Vanhakylä/Kellokoski 237 Ma 47
88100 Vanhakylä/Nummela 237 Ma 45
88930 Vanhakylä/Ristijärvi 290 Ha 54
38700 Vanhakylä/Säkylä 240 La 42
28400 Vanhakylä/Ulvila 240 La 40
07230 Vanhamoisio=Gammelgård 238 Ma 48
51130 Vanhamäki 249 Kb 50
03400 Vanjärvi 237 Ma 45
52850 Vanonen 244 La 51
01200 Vantaa=Vanda 237 Ma 47
Vanttausjärvi 313 Fa 50
97625 Vanttauskoski 313 Fa 50
31930 Vanttila 241 La 42
93940 Vapavaara 315 Fa 56
08700 Vappula=Vabby 237 Ma 45
88930 Varajoki 291 Ha 56
95300 Varajärvi 300 Fa 46
23450 Varanpää 235 Lb 39
95300 Varejoki 300 Fa 46
22550 Vargata 234 Ma 37
23600 Varhela 240 Lb 40
27320 Varhokylä 240 Lb 40
Varila 275 Hb 44
Variskylä 276 Ja 48
83660 Varislahti 262 Jb 54
34270 Varisniemi 290 Ha 52
79820 Varistaipale 262 Jb 54

368 Varjakka/Liminka Äkönmaa

FIN

90470 Varjakka/Liminka 288 Gb 47
90460 Varjakka/Oulu 288 Gb 47
78200 Varkaus 261 Ka 52
Varmo 251 Kb 56
73200 Varpaisjärvi 277 Ja 52
81820 Varpanen/Lieksa 278 Ja 56
52700 Varpanen/Mäntyharju 243 La 50
81100 Varparanta/Kontiolahti 262 Jb 56
57310 Varparanta/Savonlinna 251 Kb 54
82300 Varpasalo 262 Ka 55
70910 Varpasmaa 261 Ja 51
Varpuniemi 277 Ha 53
Varpuselkä 314 Eb 54
98450 Varrio 314 Eb 51
Varsala 246 Ka 40
88930 Vartius 291 Ha 56
Vartsaari 235 Lb 39
24130 Vartsala 236 Ma 43
44350 Varuskunta 260 Jb 49
62200 Varvas 258 Ja 42
98900 Varvikko 314 Eb 53
65100 Vasa=Vaasa 257 Ja 40
85100 Vasankari 275 Ha 44
89760 Vasara 303 Ga 54
26740 Vasarainen 240 La 40
93680 Vasaraperä 302 Fa 54
08100 Vasarla 237 Ma 45
62500 Vasikka-aho 274 Ja 43
Vaski 288 Ga 46
03600 Vaskijärven as. 237 Lb 45
03600 Vaskijärvi 237 Lb 45
25260 Vaskio 236 Ma 43
34710 Vaskivesi 247 Ka 44
34730 Vaskuu 247 Ka 44
Vassböle 237 Ma 45
Vassor 257 Ja 40
Vastanmäki 241 Kb 44
49290 Vastila 243 Lb 50
43660 Vastinki 259 Jb 46
38950 Vatajankylä/Kankaanpää 246 Kb 41
39750 Vatajankylä/Pihlajankylä 247 Ka 42
82600 Vatala 263 Ka 57
41360 Vatia 260 Jb 48
50100 Vatila 250 Kb 51
86680 Vatjusjärvi 275 Ha 47
86600 Vattukylä 275 Ha 47
91620 Vattuperä 290 Ga 52
39500 Vatula 247 Kb 42
74170 Veahčat=Vetsikko 341 Bb 51
Vedenpää 248 Kb 46
37850 Vedentaka 241 La 44
35220 Vedentausta 242 Kb 46
23310 Vehas 235 Lb 40
Vehka-alho 241 La 42
49410 Vehkajärvi/Salmenkylä 244 Lb 51
36880 Vehkajärvi/Sappee 242 Kb 46
38300 Vehkakorpi 241 La 42
34300 Vehkakoski 247 Kb 44
19430 Vehkalahti 243 Kb 49
71130 Vehkalampi 261 Jb 52
43560 Vehkaperä 259 Jb 45
53300 Vehkataipale 244 La 53
42600 Vehkoo/Karhila 259 Jb 46
17530 Vehkoo/Padasjoki 242 La 47
19600 Vehmaa/Hartola 249 Kb 48
51900 Vehmaa/Juva 250 Kb 52
23210 Vehmaa/Mynämäki 235 Lb 40
23210 Vehmaan kk. 235 Lb 40
23100 Vehmalainen 240 Lb 41
74300 Vehmasjärvi 277 Hb 52
30170 Vehmaskylä/Kuhmo 291 Ha 56
77460 Vehmaskylä/Kuhmo 250 Ka 51
51520 Vehmaskylä/Mikkeli 250 Kb 51
70870 Vehmasmäki 261 Jb 52
71310 Vehmersalmi 261 Jb 53
41180 Vehniä 260 Ka 48
34270 Vehokylä 247 Kb 45
86810 Vehu 259 Jb 45
39195 Vehuvarpee 247 Kb 42
77600 Vehvilä 261 Jb 51
70130 Veihtivaara 291 Gb 56
39260 Veijola/Kouva 302 Fb 52
97670 Veijola/Välijoki 301 Fa 48
66520 Veikars=Veikkaala 257 Ja 40
66520 Veikkaala=Veikars 257 Ja 40
02880 Veikkola/Espoo 237 Ma 45
89600 Veikkola/Suomussalmi 290 Ga 54
Veitjoki 259 Ja 46
99130 Veitservasa 323 Db 46
94830 Veitsiluoto 300 Fb 46
82140 Veitsisyrjä 263 Jb 59
46140 Vekaranjärvi 244 La 50
42330 Vekkula 248 Ka 47
34270 Velaatta 247 Kb 44
91720 Velholanperä 289 Gb 51
21195 Velkua 235 Ma 40
23600 Vellua 235 Lb 40
Velma 244 La 51
92830 Veneheitto 289 Ha 50
81160 Venejoki 262 Jb 56
95830 Venejärvi 312 Ea 45
41520 Venekoski 249 Ka 49
95300 Venekumottu 300 Fa 47
38760 Venesjärvi 246 Kb 41
38750 Veneskoski/Kankaanpää 246 Kb 41
60760 Veneskoski/Seinäjoki 258 Jb 43
77120 Venetmäki/Hankasalmi 249 Ka 50
72400 Venetmäki/Löytynmäki 277 Ja 50
86710 Venetpalo 276 Hb 48
95900 Venetti 312 Ea 44
74490 Vengasaho 301 Ga 49
67100 Ventjärvi 274 Hb 43
Venymä 302 GA 51
Venäjä 241 Lb 43
Venäläisenkylä 244 Lb 51
73770 Venäänaho 278 Ja 53
82600 Vepsä/Kitee 263 Ka 57
88900 Vepsä/Lauvuskylä 278 Hb 55
91300 Vepsä/Ylikiiminki 289 Gb 49
Verkan 257 Jb 39
Verkaperä 288 Ha 47
75790 Verkkojoki 277 Hb 54
47850 Verla 243 La 50
26930 Vermuntila 240 La 40
38720 Vertuu 246 Kb 41
39195 Vesajärvi 241 Kb 42
13026 Vesala/Ruka 315 Fa 54
830 90 Vesala/Ylikiiminki 289 Ga 49
74440 Vesalanperä 313 Eb 48
72300 Vesamäki 260 Jb 49
41940 Vesanka 248 Ka 48
Vesannonranta 260 Jb 50
31470 Vesanoja 236 Lb 44
72300 Vesanto 260 Jb 49
17630 Vesijako 242 La 47
72300 Vesijärvi/Ahveninen 260 Jb 49
64900 Vesijärvi/Suojoki 246 Ka 40
54100 Vesikkola 245 La 54
37470 Vesilahti 241 La 44
62375 Vesiluoma 258 Ja 42
17130 Vesivehmaa 243 La 48
Veska 301 Fb 48
99800 Veskoniemi=Veskoonjarga 333 Cb 52
99910 Veskoniemi 333 Ca 50
99800 Veskoonjarga=Veskoniemi 333 Cb 52
69410 Vesoja 275 Hb 45
Vessarinkulma 248 Kb 46
Vesteri 262 Ka 55
25700 Vestlax 236 Ma 42
Vestra=Västra 237 Ma 46
38460 Vesunti 241 La 42
69700 Veteli 275 Ja 44
25460 Vetio 236 Ma 44
88900 Vetko 278 Hb 57
74170 Vetsikko=Veahčat 341 Bb 51
66950 Vexala 274 Ja 41
71775 Vianta 277 Ja 51
95225 Viantie 300 Fb 46
28660 Viasvesi 240 La 40
81850 Vieki 278 Ja 56
81820 Viensuu 278 Ja 56
99160 Vierelä/Köngäs 323 Db 47
97820 Vierelä/Niskala 302 Fa 51
73470 Vierelä/Unari 313 Ea 48
30100 Vieremä/Forssa 241 Lb 44
74200 Vieremä/Iisalmi 277 Hb 51
19110 Vierumäki 243 La 48
Vihajärvi 290 Gb 52
52700 Vihantasalmi 243 La 50
86400 Vihanti 288 Ha 46
35220 Vihasjärvi 242 Kb 46
36760 Vihavuosi 242 La 46
23360 Viherlahti=Grönvik 235 Lb 39
44260 Vihijärvi/Suolahti 260 Jb 48
41660 Vihijärvi/Säynätsalo 249 Ka 49
Vihiniemi 236 Ma 43
81280 Vihtakangas 263 Jb 57
41800 Vihtalahti 248 Ka 48
79940 Vihtari 262 Ka 55
73485 Vihtasilta 249 Ka 48
83915 Vihtasuo 278 Ja 55
82490 Vihtavaara 251 Ka 56
41330 Vihtavuori 249 Ka 48
38720 Vihteljärvi 246 Kb 42
03400 Vihti 237 Ma 45
12600 Vihtijärvi/Nurmijärvi 237 Lb 46
23210 Vihtijärvi/Vehmaa 235 Lb 40
38800 Vihu 246 Kb 42
Viiainen 235 Lb 40
37830 Viiala 241 La 44
70700 Viianki 291 Gb 57
Viidanvaara 302 Fb 51
88950 Viiksimo 292 Ha 57
56710 Viimola 251 La 55
61600 Viinamäki 247 Ka 42
83400 Viinijärvi 262 Jb 55
62240 Viinika 258 Ja 43
72600 Viinikkala 260 Ja 49
91620 Viinikoski 289 Ga 50
82960 Viinivaara 263 Jb 59
69600 Viiperi 274 Hb 43
97625 Viirinkylä 313 Fa 50
86170 Viirre 288 Ha 45
41660 Viisarimäki 249 Ka 49
Viisarinmäki 246 Kb 40
17410 Viitaila 242 La 47
44500 Viitajärvi 260 Ja 48
44500 Viitakangas 260 Ja 48
95315 Viitakoski/Keminmaa 300 Fb 46
81950 Viitakoski/Nurmijärvi 278 Hb 57
44280 Viitakylä 260 Jb 49
49570 Viitala/Anjalankoski 244 Lb 51
61300 Viitala/Kurikka 258 Jb 41
61100 Viitala/Peräseinäjoki 258 Jb 42
79700 Viitalahti 262 Ka 54
61160 Viitalankylä 258 Jb 43
74980 Viitamäki 276 Hb 49
Viitanen 289 Ha 48
66270 Viitaniemi/Frönäs 257 Jb 39
73710 Viitaniemi/Säyneinen 262 Ja 53
91620 Viitaperä 290 Ga 52
34240 Viitapohja 247 Kb 45
82900 Viitaranta/Ilomantsi 263 Jb 59
97925 Viitaranta/Posio 314 Fa 54
44500 Viitasaari 260 Ja 48
81470 Viitavaara/Lapiovaara 279 Jb 58
73800 Viitavaara/Sotkamo 291 Ha 54
89610 Viitavaara/Suomussalmi 291 Gb 55
68410 Viitavesi 274 Hb 43
Viitikko 258 Jb 42
98420 Vika 313 Eb 49
97510 Vikajärvi 313 Eb 49
21660 Vikom 235 Ma 40
25460 Vilikkala 236 Ma 43
39310 Viljakkala 247 Kb 43
16300 Viljaniemi 243 Lb 48
41800 Viljaspohja 248 Ka 47
79480 Viljolahti 250 Ka 53
54390 Vilkjärvi 244 Lb 52
54410 Villala/Mylly 244 Lb 53
58350 Villala/Särkänpää 251 Ka 56
64900 Villamo 246 Ka 40
47200 Villikkala/Elimäki 243 Lb 50
16200 Villikkala/Orimattila 243 Lb 49
07320 Villmans 238 Ma 48
15540 Villähde 243 Lb 48
86460 Vilminko 288 Ha 47
95255 Vilminperä 301 Fb 47
49400 Vilniemi 244 Lb 51
68940 Vilobacka 258 Ja 43
Vilppo 247 Kb 43
35700 Vilppula 248 Ka 46
62800 Vimpeli 259 Ja 44
Vinkerranta 278 Hb 55
29200 Vinnari 240 La 41
62800 Vinni 259 Ja 44
21360 Vintala 236 Lb 41
19700 Vintturi/Hartola 249 Kb 48
69600 Vintturi/Kaustinen 275 Hb 44
Vippero 261 Jb 51
14240 Virala 242 Lb 46
37600 Viranmaa 242 La 45
99860 Virdáánjarga=Virtaniemi 334 Cb 53
16300 Virenoja 243 Lb 48
08700 Virkby=Virkkala 237 Ma 44
68600 Virkkala 275 Hb 44
08700 Virkkala=Virkby 237 Ma 44
92320 Virkkula/Liminka 288 Gb 47
93940 Virkkula/Ruka 315 Fa 55
70600 Virkkunen 302 Fb 52
72100 Virmaanpää 261 Jb 51
17500 Virmaila 242 La 47
56210 Virmutjoki 245 La 54
49900 Virolahden kk. 244 Lb 52
49900 Virolahti 244 Lb 52
13020 Virrankylä 315 Fa 54
Virranniemi 315 Fa 54
34800 Virrat 247 Ka 44
19700 Virtaa 243 La 48
63450 Virtala/Kuortane 259 Jb 44
93190 Virtala/Pudasjärvi 301 Fb 50
99860 Virtaniemi=Virdáánjarga 334 Cb 53
Virtanotko 251 Kb 55
77330 Virtasalmi 250 Ka 51
32560 Virttaa 241 Lb 42
Vistbacka 274 Ja 44
Visulathi 250 Kb 51
34870 Visuvesi 247 Ka 44
21230 Vitikainen 235 Lb 40
Vitikkala 248 Ka 48
95970 Vitsikkopalo 322 Db 44
68390 Vitsjö 274 Ja 43
99100 Vittakumpu 323 Db 47
98900 Vittikko 314 Eb 53
95750 Vittikkovuoma 312 Eb 45
Vittinki 258 Jb 42
46530 Viuhkola 244 La 51
21500 Viukkala 236 Ma 42
83500 Viurunniemi 262 Jb 54
16900 Vlänne 242 La 47
23500 Vohdensaari 240 Lb 39
Vohonkulma 302 Fa 51
52920 Voikoski 243 La 50
26950 Voiluoto 240 La 39
Voiniemi 262 Ka 55
58900 Voinsalmi 250 Ka 53
12920 Vojakkala 242 Lb 45
02520 Vols 237 Ma 45
62310 Voltti 258 Ja 42
92610 Vorna 289 Ha 48
25700 Vreta 236 Ma 42
47900 Vuohijärvi 243 La 50
14300 Vuohiniemi 242 Lb 45
73100 Vuohtomäki 276 Hb 49
99690 Vuohčču=Vuotso 324 Da 51
51440 Vuojalahti 249 Kb 50
99530 Vuojärvi 313 Ea 50
88610 Vuokatti 290 Ha 53
83900 Vuokko 278 Ja 55
55100 Vuoksenniska 245 La 54
07450 Vuolahti=Vĺlax 238 Ma 48
47650 Vuolenkoski 243 La 49
88270 Vuolijoki/Otanmäki 276 Ha 51
36660 Vuolijoki/Pälkäne 242 La 45
Vuolle 274 Hb 44
37910 Vuoltee 241 La 44
Vuolunperä 288 Gb 46
81590 Vuonisjärvi 279 Ja 57
81590 Vuonislahti 278 Ja 56
83500 Vuonos 262 Jb 55
99410 Vuontisjärvi=Vuottesjávri 332 Da 45
41400 Vuontte 249 Ka 48
70910 Vuorela/Kuopio 261 Jb 52
73200 Vuorela/Pulkkaviita 325 Ea 55
19600 Vuorenkylä 249 Kb 48
51850 Vuorenmaa/Juva 250 Kb 52
38700 Vuorenmaa/Säkylä 240 La 42
17130 Vuorenmylly 243 La 48
87100 Vuoreslahti 290 Ha 51
29810 Vuorijärvi/Kankaanpää 246 Kb 40
39700 Vuorijärvi/Parkano 247 Ka 42
44590 Vuorilahti/Huopanankoski 260 Jb 48
51900 Vuorilahti/Mikkeli 250 Kb 52
74100 Vuorimäki/Iisalmi 277 Hb 52
63610 Vuorimäki/Ähtäri 247 Jb 44
58580 Vuoriniemi 251 Kb 55
00980 Vuosaari 237 Ma 47
30430 Vuosanka 291 Ha 55
43300 Vuoskoski 260 Ja 47
23360 Vuosnainen=Osnäs 235 Lb 39
98360 Vuostimo 314 Eb 52
Vuostimojärvi 314 Eb 51
03600 Vuotinainen 237 Lb 45
73300 Vuotjärvi 261 Ja 53
73500 Vuotlahti 261 Ja 53
Vuoto 257 Jb 40
99690 Vuotso=Vuohčču 324 Da 51
99410 Vuottesjávri=Vuontisjärvi 332 Da 45
88210 Vuottolahti 277 Ha 51
93940 Vuotunki 315 Fa 56
Vuovdaguoika=Outakoski 340 Bb 48
Vyoltu 241 Lb 44
12400 Vähikkälä 242 Lb 46
07970 Vähä-Ahvenkoski=Lillabborrfors 238 Ma 49
16940 Vähä-Evo 242 La 46
67100 Vähä-Kotka 274 Hb 43
Vähä-Laukkoski 238 Ma 47
16450 Vähä-Mallusjoki 243 Lb 48
21560 Vähä-Ollila 236 Lb 42
39410 Vähä-Röyhiö 247 Kb 43
31500 Vähä-Sorvasto 236 Lb 43
Vähä-Säkylä 240 La 41
08700 Vähä-Teutarr=Lilltötär 237 Ma 44
91300 Vähä-Vuotto 289 Gb 50
17450 Vähä-Äiniö 242 La 47
95355 Vähäjoki 301 Fa 47
84540 Vähäkangas 275 Ha 46
Vähäkylä 236 Ma 42
66500 Vähäkyrö 258 Ja 41
Vähäperä 241 Lb 42
Väinölä 303 Ga 56
89400 Väisälä/Hyrynsalmi 290 Gb 53
77330 Väisälä/Pieksämäki 250 Ka 51
Väkeva 244 Lb 53
69100 Väli-Kannus 275 Hb 44
Väli-Lehto 290 Gb 53
91140 Väli-Olhava 301 Ga 47
68240 Väli-Viirre 274 Hb 44
97670 Välijoki 301 Fa 48
97675 Välikangas 313 Fa 49
64140 Välikylä=Stångbränn 246 Ka 40
68300 Välikylä/Kälviä 274 Hb 44
91300 Välikylä/Oulu 289 Ga 48
39610 Välikylä/Parkano 247 Kb 42
99470 Välimaa/Kuttanen 331 Da 42
97820 Välimaa/Mäntyjärvi 302 Fa 52
Välisuvanto 324 Ea 50
10080 Välitalo 324 Db 49
82500 Välivaara/Kitee 263 Ka 57
81470 Välivaara/Naarva 279 Ja 59
70130 Vängänkylä 291 Gb 56
34180 Värminmäki 247 Kb 44
Värmälä 236 Lb 43
98820 Värriö 325 Ea 52
82655 Värtsilä 263 Ka 58
45610 Värälä 243 Lb 50
Väsby 235 Ma 40
25830 Västanfjärd 236 Ma 42
10210 Västankvarn 237 Ma 44
22130 Västansunda 234 Ma 36
49220 Västerby=Länsikylä 238 Lb 50
68555 Västerbyn 274 Hb 42
66550 Västerhankmo 257 Ja 40
10710 Västervik/Ekenäs 236 Mb 44
65280 Västervik/Vaasa 257 Ja 40
22610 Västeränga 234 Ma 37
35270 Västilä 248 Kb 46
73470 Västinniemi 261 Jb 53
Västra=Vestra 237 Ma 46
64220 Västra Yttermark 257 Jb 39
Västra ändan 246 Ka 39
10570 Vättlax 236 Mb 42
11012 Vävli=Väylä 333 Ca 52
11012 Väylä=Vävli 333 Ca 52
84490 Väyrylä 290 Gb 52
95610 Väystäjä 300 Fa 45
39570 Vääkiönvaara 290 Ga 54
71800 Väänälänranta 261 Ja 51
35750 Vääränmaja 248 Kb 45
63700 Vääräkoski 259 Jb 45
Väärälä 302 Ga 53
43700 Väärämäki 259 Ja 45
43430 Väätäiskylä 259 Jb 46
Väätäjä 289 Gb 50
58700 Väätälänmäki 250 Kb 53
66600 Vörå=Vöyri 258 Ja 41
66600 Vöyri=Vörå 258 Ja 41
07450 Vĺlax=Vuolahti 238 Ma 48
21600 Våno 235 Ma 41
22550 Vårdö 234 Ma 37

Y

Ylemmäinen 249 Kb 48
Ylentola 242 Lb 46
32200 Ylhäinen 241 Lb 42
07840 Yli- Kittilä 323 Db 46
62130 Yli-Hella 258 Jb 42
91200 Yli-Ii 301 Ga 48
88900 Yli-Jyrkkä 278 Ha 56
69100 Yli-Kannus 275 Hb 45
27220 Yli-Kieri 240 La 40
61720 Yli-Koskue 247 Ka 42
Yli-Kurki 302 Ga 52
99340 Yli-Kyrö 323 Da 45
95270 Yli-Kärppä 301 Fb 48
85200 Yli-Kääntä 275 Ha 45
69450 Yli-Lesti 275 Ja 46
95315 Yli-Liakka 300 Fb 45
93225 Yli-Livo 302 Fb 51
20400 Yli-Maaria 235 Lb 41
99310 Yli-Muonio 322 Da 44
97530 Yli-Nampa 313 Eb 49
89670 Yli-Näljänkä 302 Ga 53
91150 Yli-Olhava 301 Fb 48
95300 Yli-Paakkola 300 Fa 46
86460 Yli-Rankinen 288 Ha 47
34180 Yli-Rantala 247 Kb 44
93190 Yli-Siurua 301 Fb 50
95295 Yli-Tannila 301 Ga 49
99240 Yli-Vainio 323 Db 47
69100 Yli-Viirre 275 Hb 44
95315 Yli-Vojakkala 300 Fb 45
91300 Yli-Vuotto 289 Gb 50
61720 Yli-Välli 247 Ka 42
62375 Ylihärmä 258 Ja 42
63130 Ylijoki/Kuortane 258 Jb 44
61160 Ylijoki/Seinäjoki 258 Jb 43
54460 Ylijärvi 244 Lb 52
06200 Ylike 238 Ma 48
91300 Ylikiiminki 289 Ga 49
25500 Ylikulma 236 Ma 43
62420 Ylikylä/Alahärmä 258 Ja 43
64350 Ylikylä/Karijoki 246 Ka 40
62165 Ylikylä/Kuortane 258 Jb 43
21140 Ylikylä/Naantali 235 Ma 40
75530 Ylikylä/Nurmes 278 Hb 55
23950 Ylikylä/Pyhäranta 240 Lb 39
91760 Ylikylä/Säräisniemi 289 Ha 50
69510 Ylikylä/Veteli 275 Ja 45
91300 Ylikylä/Ylikiiminki 289 Gb 49
64610 Ylimarkku=Övermark 257 Jb 39
34130 Ylinen 241 Kb 44
86160 Ylinenoja 288 Ha 45
62640 Ylipää/Alajärvi 258 Ja 44
97470 Ylipää/Alakylä 323 Ea 46
85800 Ylipää/Haapajärvi 276 Hb 47
91500 Ylipää/Kylmälä 289 Gb 49
91980 Ylipää/Liminka 288 Gb 47
86230 Ylipää/Oulainen 275 Ha 46
92350 Ylipää/Pattijoki 288 Gb 46
92220 Ylipää/Pyhäjoki 288 Gb 45
91980 Ylipää/Raahe 288 Gb 46
91800 Ylipää/Tyrnävä 289 Gb 48
63430 Ylipää/Töysä 259 Jb 44
91100 Yliranta 301 Ga 47
21430 Yliskulma 236 Lb 42
35300 Yliskylä/Orivesi 248 Kb 45
39700 Yliskylä/Parkano 247 Kb 43
61400 Ylistaro 258 Jb 42
61400 Ylistaron Jauri 258 Ja 41
13750 Ylisuvanto 289 Gb 50
Ylitalo 242 La 45
95600 Ylitornio 300 Fa 44
84100 Ylivieska 275 Ha 46
95980 Ylläsjärvi 323 Db 45
41930 Ylä-Kintaus 248 Ka 47
42830 Ylä-Kolkki 247 Ka 45
58200 Ylä-Kuona 251 Kb 55
75680 Ylä-Luosta 278 Ja 54
42100 Ylä-Partala 248 Kb 46
49900 Ylä-Pihlaja 244 Lb 52
75700 Ylä-Valtimo 278 Hb 54
73500 Ylä-Vehkalahti 262 Ja 53
35750 Ylä-Vääri 248 Kb 45
54410 Ylämaa 244 Lb 53
80400 Ylämylly 262 Jb 56
21900 Yläne 240 Lb 41
Ylänummi 244 Lb 50
49570 Yläpää/Anjalankoski 244 Lb 51
49900 Yläpää/Virolahti 244 Lb 52
Ylätalo 248 Ka 46
Ylätupa 244 La 52
27310 Ylöjänpää 240 La 40
33470 Ylöjärvi 241 Kb 44
25610 Ylönkylä 236 Ma 42
86170 Yppäri 288 Ha 45
Ypykkäjärvi 301 Ga 50
88930 Ypykkävaara 291 Ha 56
89670 Ypykänvaara 303 Ga 53
85540 Ypyä 275 Hb 46
32100 Ypäjä 241 Lb 43
32100 Ypäjänkylä 241 Lb 43
Yrjäälä 257 Jb 40
Yrjölä 250 Ka 53
68500 Ytterbråtö 274 Hb 43
22150 Ytterby 234 Ma 37
68810 Ytteresse 274 Hb 42
66850 Ytterjeppo 274 Ja 42
65410 Yttersundom 257 Ja 40
27750 Yttilä 240 La 41
Yttre ändan 274 Hb 42
Yähä-Hiisi 236 Ma 43
19510 Yölintu 249 Kb 49

Ä

32740 Äetsä 241 La 42
63700 Ähtäri 259 Jb 45
63660 Ähtärinranta 259 Jb 45
99450 Äijäjoki=Áddjájohka 322 Da 43
41390 Äijälä 260 Jb 49
34910 Äijänneva 247 Ka 44
54770 Äkkäri 244 La 51
51335 Äkry 249 Kb 49
95920 Äkäsjokisuu 322 Ea 44
95970 Äkäslompolo 323 Db 45
39200 Äkönmaa 241 Kb 43

Ällävaara Bergset/Bud 369

FIN

N

88600 Ällävaara 277 Hb 54
39930 Ämmälä/Karvia 246 Ka 42
98420 Ämmälä/Kemijärvi 314 Eb 52
Ämmälänkylä 258 Jb 42
36930 Ämmätsä 242 La 46
29700 Ämttöö 240 Kb 40
91800 Ängeslevä 289 Gb 48
69440 Änäkkälä 275 Hb 46
Äsplund 234 Ma 38
Äylö 290 Gb 52
92110 Äyrinmäki 288 Gb 46
72210 Äyskoski 260 Ja 50
64770 Äystö 246 Ka 40
44100 Äänekoski 260 Jb 48

Ö

10660 Öby 236 Mb 43
22320 Ödkarby 234 Ma 36
68550 Öja 274 Hb 42
Öjna 257 Jb 39
Ölkynvaara 303 Fb 56
82750 Öllölä 263 Ka 58
64440 Ömossa=Metsälä 246 Ka 40
22140 Önningby 234 Ma 37
07700 Österby/Forsby 238 Lb 48
21660 Österby/Kirjais 235 Ma 41
02400 Österby/Kirkkonummi 237 Ma 45
66840 Österby/Pensala 258 Ja 42
Östergeta 234 Ma 36
66560 Österhankmo 257 Ja 40
25700 Östermark 236 Ma 42
21760 Östra Saverkeit 235 Ma 39
64220 Östra Yttermark 257 Jb 39
66850 Överjeppo 258 Ja 42
66140 Övermalax 257 Jb 40
64610 Övermark=Ylimarkku 257 Jb 39
62660 Övermark 259 Ja 44
Överstinperä 275 Ha 45
22710 Överö 234 Ma 38
25870 Överölmös 236 Ma 41
07600 Övitsböle=Hyövinkylä 238 Lb 48

Å

Ålkila 237 Ma 45
20100 Åbo=Turku 235 Ma 41
22430 Åsgårda 234 Ma 37
22940 Åva 235 Ma 39
66100 Åminne 257 Jb 40
67100 Åivo=Oivu 274 Hb 43
68820 Åhtävä=Esse 274 Hb 43
68940 Åvist 258 Ja 42

N

323 759 km² +47
Oslo 5 084 000

A

Abal 113 Oa 2 12c
Abbedisso 174 Lb 3 7a
Abelsnes 111 Oa 2 10a
7950 Abelvær 280 Gb 19
Abusdal 112 Oa 1 12a
Abusland 112 Oa 1 12a
Adal 147 Na 1 17c
Adnevik 113 Oa 3 13b
Afdal 176 Lb 2 9c
6947 Afsneset 190 La 3 8c
5776 Aga/Lofthus 176 Ma 2 10a
Aga/Rubbestadneset 158 Mb 1 7b
5414 Agdestein 158 Mb 1 8a
9372 Aglapsvik 337 Ca 33
7761 Agle 267 Ha 22
7746 Aglen 280 Gb 19
Agnalt 131 Na 1 19a
Agnefest 112 Oa 3 11a
Agnes 129 Na 3 17a
9520 Áidejávri fjellstue 331 Cb 43
8270 Ájládde=Helland 318 Da 29
9650 Akkarfjord 345 Ab 44
3812 Akkerhaugen 146 Na 1 15b
4994 Akland 128 Nb 2 15a
Akrefeltet 197 La 2 21b
5570 Aksdal/Haugesund 141 Na 1 7c
Aksdal/Leirvik 159 Mb 2 8a
Akselstua 181 Lb 3 19b
Akset 230 Ja 1 14c
7246 Akset 264 Ja 14
Aksland 142 Na 1 9a
7650 Aksnes 266 Hb 20
Aksnes/Haugesund 141 Na 1 7c
Aksnes/Norheimsund 175 Ma 2 9b
Aksneset/Brøskja 229 Jb 1 13c
Aksneset/Dale 220 Ka 3 8c
Alaksrud 148 Mb 3 19b
Alby 147 Na 1 18a
Alderslyst 181 Lb 1 19b
Alfheim 181 Lb 1 20a
2056 Algarheim 165 Ma 3 19b
Algrøy 174 Ma 1 6c
7800 Alhus 280 Gb 20
Alleen 112 Oa 3 11a
Allestad 111 Oa 2 10a
Allingmo 131 Na 3 20b
Allmenningen 176 Lb 2 10c
Allum 129 Na 3 17a
Alm 180 Lb 2 18b
Alm 181 Lb 3 18c
Almas 158 Mb 2 7c
8659 Almdalen 294 Fb 24
Alme 192 La 1 12a
Almestad 219 Ka 2 8b
Almklov 219 Kb 1 8a
7190 Almlia/Follafoss 266 Ha 19
7790 Almlia/Tørring 266 Ha 19
Almås/Korsvegen 231 Ja 3 17a
Almås/Singsås 225 Jb 1 18c
6055 Alnes 220 Ka 1 8c
Alnos 221 Ka 1 11b
8534 Alpøya 318 Db 26
Alrek 191 La 3 9b
Alset/Mebonden 232 Ja 2 19a
1675 Alshus 130 Na 2 18c
8220 Alsos 318 Db 26
Alstad/Dromnes 229 Ja 1 14b
6690 Alstad/Dromnes 264 Ja 14
Alstad/Tafjord 221 Ka 2 11c
8883 Alstahaug 293 Fb 21
Alsvik 142 Na 3 8c
8100 Alsvik/Finnset 306 Ea 25
Alsvåg 158 Mb 2 7b
8432 Alsvåg 327 Cb 27
9501 Alta 339 Bb 43
9161 Alteidet 338 Ba 41
8616 Alteren 294 Fa 25
8616 Altermarken 294 Fa 24
7790 Altin 266 Ha 19
9532 Altnesdalen 345 Ba 43
9402 Altvika 328 Cb 30
2560 Alvdal 211 Ka 3 18a
Alveim 174 Lb 3 6b
8215 Alvenes 307 Ea 27
5911 Alver 174 Lb 3 7b
Alverstraumen 174 Lb 3 7b
8286 Alvnes 318 Db 27
Alværn 147 Mb 2 18a
Alvøy 174 Ma 1 7b
Amdal/Hervik 141 Na 2 8a
Amdal/Nedstrand 142 Na 1 8c
Amla 192 La 2 11b
Amland 127 Nb 1 13c
Amlandstø 158 Mb 1 7c
0904 Ammerud 148 Mb 1 18c
Amsrud 180 Lb 2 17c
Amtmannsvingen 128 Nb 3 14c
Amundrud/Brandbu 164 Ma 1 18a
Amundrud/Spydeberg 148 Mb 19a
Amundrød 129 Na 3 17a
Amundsbotnen 189 Lb 2 7b
Amundøya 228 Ja 3 12b
Anda 206 Kb 1 9a
4434 Andabeløy 111 Oa 2 10b
Andal 158 Mb 3 7b
Andalen 204 Kb 3 7a
8900 Anddalsvågen 293 Fb 21
3158 Andebu 130 Na 2 17b
8480 Andenes 328 Ca 29
9800 Andersby 348 Ba 56
9050 Andersdal 337 Bb 35
Andersgard 180 Lb 2 18b
Andestad 220 Ka 1 10a
8610 Andfiskåga 294 Fa 25
Andgard 209 Kb 1 15b
Andorsrud 147 Mb 2 17a
Andrå 196 Kb 3 19b
9325 Andselv 329 Ca 34
9186 Andsnes 338 Ba 39
Andviki 190 Lb 2 7c
Angeltveit 174 Ma 1 6c
6636 Angvika 229 Jb 1 13a
Anholt 130 Na 2 17b
8513 Ankenes 328 Da 31
9147 Ankerlia 338 Ca 38
2870 Annkaltrud 180 Lb 1 17a
Annolsætra 195 La 1 17c
Anstuh 181 Lb 1 19c
Anvik 129 Nb 1 16c
Apalvik 159 Mb 3 8b
9062 Apmelassæter 338 Ca 38
Arabrot 141 Na 1 7b
Arabygdi 144 Mb 2 12b
Arasvika 229 Ja 3 13c
Arekletten 189 Lb 2 7b
4801 Arendal 114 Oa 1 14b
2364 Arneberg 181 Lb 1 18b
2266 Arneberg 181 Lb 2 19b
Arnes 148 Mb 1 19a
Arnestad 165 Ma 3 19c
Arnevik 113 Oa 2 13c
Arnheim 128 Nb 2 14c
7201 Arnstad 266 Hb 19
Arnstad/Markabygd 232 Hb 3 19b
Arnstad/Stjørdal 232 Hb 3 18c
Arset 219 Ka 2 8a
5561 Arsvågen 141 Na 3 7c
Arud 146 Na 1 15b
Asak 131 Na 3 19c
Asakskogen 165 Ma 2 18c
Asdøl 147 Mb 1 17b
5307 Ask/Erdal 174 Ma 1 7b
Ask/Grønlundfjellet 165 Ma 3 19a
Askedalen 129 Na 3 16c
Askeland/Austmarka 174 Lb 3 7a
Askeland/Tysso 174 Lb 3 7c
1370 Asker 147 Mb 2 17c
Askerud 148 Na 1 20b
1800 Askim 148 Mb 3 19a
Askje 141 Na 3 8b
3175 Askjer 147 Na 1 17b
Askjum 164 Ma 1 17c
Askland 127 Nb 3 13c
Asknes 231 Hb 3 17b
Askvika/Nedstrand 142 Na 1 8c
Askvika/Årdal 142 Na 2 9a
6980 Askvoll 204 La 1 7a
Askvågen 227 Jb 1 11a
Aslaksrud 146 Mb 2 16b
Asland 146 Mb 1 16a
Aslestad 144 Na 2 12c
Asmarvik 141 Na 3 8a
7724 Asp 266 Ha 20
6630 Aspa 228 Ja 3 12c
Aspedammen 131 Na 3 19c
Asper 147 Mb 3 18c
Aspestrand 131 Na 2 20b
Aspnes 268 Ha 24
Aspum 129 Na 2 15c
Aspøl 231 Ja 2 16b
Asseim 190 La 3 8a
Assæ 114 Oa 1 14b
Astad 228 Jb 1 12b
Astveit 174 Ma 1 7b
Astveitskogen 174 Ma 1 7b
2477 Atnbrua 210 Kb 1 17b
Atndalen 211 Kb 2 18a
Atndalsnysætra 211 Kb 2 18a
2476 Atnosen 196 Kb 2 18b
Audbø 142 Na 2 8c
Audnedal 112 Oa 2 11c
Auen/Skien 129 Na 2 16c
Auen/Stathelle 129 Na 3 16b
8658 Aufles 294 Fb 23
Augesætra 196 La 2 18b
4645 Augland/Hortemo 112 Oa 2 12c
Augland/Lyngdal 112 Oa 3 11b
4370 Auglend/Egersund 124 Oa 1 8c
4308 Auglend/Sandnes 124 Nb 1 8c
Aukan 229 Ja 2 13b
Aukland/Førdesfjorden 141 Na 1 8a
Aukland/Konsmo 112 Oa 2 11c
Aukland/Kristiansand 113 Oa 2 12c
5561 Aukland/Skudeneshavn 141 Na 2 7c
5551 Auklandshamn 158 Mb 3 7c
Aukner 166 Ma 2 20b
6480 Aukra 227 Jb 2 10c
Aukrust 208 Kb 2 14a
1929 Auli/Skarnes 165 Ma 2 20a
Auli/Årnes 165 Ma 3 20a
Aulifeltet 165 Ma 3 19c
Aulstad 195 La 2 17a
Aulstadsætra 195 La 1 16c
Auma 211 Ka 2 18a
Aumdalen 211 Ka 3 18a
Aunan 231 Ja 2 17a
Aunegrenda 225 Jb 1 19b
Aunesætra 224 Jb 1 17b
7590 Aunet/Gressli 233 Ja 3 20a
7980 Aunet/Heimen 281 Ga 22
7790 Aunet/Jøssund 266 Ha 18
7985 Aunet/Kongsmoen 281 Gb 21
Aunet/Melkestad 229 Ja 1 13c
7790 Aunet/Namsos 280 Ha 19
7870 Aunet/Nes 281 Gb 22
Aunet/Tannvik 230 Ja 1 15b
Aunlivangan 211 Ka 2 18c
Aunsetra 230 Jb 1 15a
2910 Aurdal/Fagernes 179 Lb 1 15c
Aurdal/Skjold 142 Mb 3 8b
Aurdal/Sykkylven 220 Ka 1 10a
Aurdal/Vikebygd 159 Mb 3 8a
Aurdalsætra 179 Lb 3 16b
Aure/Elnesvågen 227 Jb 2 11a
6690 Aure/Torsetnes 229 Ja 2 14a
5745 Aurlandsvangen 177 Lb 1 11b
Aurlund 180 Lb 2 17a
9325 Aursfjordbotn 329 Ca 34
9054 Aursfjordgården 329 Ca 34
Aursjøbekken 211 Kb 1 18c
Aursmoen 148 Mb 1 19c
4440 Ausdal 126 Nb 2 10b
Auset 232 Hb 3 19a
Ausland/Gierstad 128 Nb 1 15a
Ausland/Nodeland 112 Oa 3 12b
Austad/Bygland 127 Nb 1 12b
Austad/Hausvik 174 Ma 1 8a
Austad/Korsholen 165 Ma 1 20a
Austad/Lauvrak 127 Nb 2 13b
Austad/Lyngdal 112 Oa 3 11a
Austad/Skien 129 Na 2 16b
Austad/Tangen 181 Lb 3 19b
7900 Austafjord 280 Gb 18
5281 Austbygdi/Hausvik 174 Ma 1 8a
3650 Austbygdi/Rjukan 162 Mb 1 14b
Austbø 144 Mb 2 13a
8854 Austbø/Sandnessjøen 293 Fb 21
Austefjord 159 Ma 3 8c
6110 Austefjord 220 Ka 3 9b
Austenå 127 Nb 2 13a
Auster kroken 294 Fb 25
Austerbygd 294 Fb 23
Austerheim 111 Oa 2 9c
Austgulen 190 Lb 1 7b
Austhasselstrand 111 Oa 3 10b
Austkil 232 Ja 1 19b
5938 Austmarka 174 Lb 3 7b
6290 Austnes 220 Jb 3 9b
9321 Austpollen 327 Cb 28
9442 Austre Kanstad 327 Da 28
Austre Åmøy 141 Na 3 8b
6995 Austreim 190 La 3 8c
Austrheim 206 Kb 2 9b
4389 Austrumdal 125 Nb 2 9c
4328 Austrått 124 Nb 1 8b
7127 Austrått 265 Hb 16
2134 Austvatn 166 Ma 1 20b
Austvoll 163 Ma 1 15c
Autentjernet 148 Mb 3 19c
8413 Auvåg 327 Cb 26
4262 Avaldsnes 141 Na 1 7b
6947 Avedalen 190 La 3 8a
6947 Aven 190 La 3 8a
Avlein 207 Kb 1 10b
Avlsgard 232 Ja 2 19a
Avreid 128 Nb 2 15a
Avskåkålia 180 La 3 18a
Ávž 331 Ca 43

B

Ba 228 Ja 3 12a
9162 Badderen 338 Bb 41
9730 Badje Máze 339 Ca 44
9730 Badjenjárga= Báhkiljohknjárga 340 Ca 47
Badstuvika 230 Hb 3 15a
6690 Badstuvika 264 Hb 15
2930 Bagn 179 Lb 2 16a
9730 Báhkiljohknjárga= Badjenjárga 340 Ca 47
Bakka/Grov 145 Mb 1 15a
5749 Bakka/Omastranda 175 Ma 2 9a
Bakka/Årås 189 Lb 2 7a
Bakkan 145 Na 2 14a
Bakkane 129 Na 3 16c
5385 Bakkasund 174 Ma 3 7a
Bakkavik 141 Na 2 8a
Bakke/Fagernes 179 La 3 15b
Bakke/Fåvang 195 La 1 17b
Bakke/Kapp 181 Lb 2 18c
Bakke/Porsgrunn 129 Na 3 16c
Bakke/Prestebakke 131 Na 3 19c
Bakke/Vassenden 128 Nb 2 14b
9180 Bakkeby 338 Bb 38
9446 Bakkejord 328 Cb 31
Bakken 182 Lb 3 21c
Bakken 269 Ha 25
Bakken/Brandbu 164 Ma 1 17c
Bakken/Hagebostad 112 Oa 1 11b
6730 Bakken/Kjøldalen 205 Kb 1 8a
Bakken/Sandnes 174 Lb 2 7c
Bakken/Sveio 141 Mb 3 7c
Bakker 147 Mb 2 18b
Bakkesætrin 210 Ka 3 16c
8690 Bakketun 294 Fb 25
Bakkfjellet 210 Ka 3 17b
Bakkvollen 225 Jb 3 18c
Baksidebrennsætri 208 Kb 1 12b
Bakstad 195 La 2 17c
Baksteval 146 Mb 2 16c
3178 Bakstvål 147 Na 1 17b
Bakta 222 Jb 2 13a
6899 Balestrand 191 La 2 10a
6899 Balestrandstølen 191 La 2 9b
8533 Ballangen Bálák 319 Da 30
Balleshol 181 Lb 2 18c
9381 Ballesvika 328 Ca 31
Ballsnes 230 Ja 1 14c
7246 Ballsnes 264 Ja 14
8373 Ballstad 317 Da 24
9050 Balsfjord 329 Ca 35
9194 Balsnes 337 Bb 34
Bamble/Skogen 129 Na 3 16a
3967 Bamble/Stathelle 129 Na 3 16a
7822 Bangsund 266 Ha 19
Barbakken 165 Ma 3 20a
7724 Bardal/Steinkjer 266 Ha 19
8897 Bardal/Tovåsen 294 Fa 23
2870 Bardalen 180 Lb 2 17a
9325 Bardufoss 329 Ca 34
6916 Barekstad 204 Kb 3 6c
Barflo 198 La 1 21c
Barka 142 Na 3 9a
Barkald 211 Kb 1 18c
Barkeland 142 Na 1 9a
3080 Barkost 147 Na 1 17b
3157 Barkåker 130 Na 2 17c
Barlindbotn 205 Kb 3 7c
6715 Barmen 219 Kb 1 7b
Barset 231 Hb 3 16a
Barsnes 192 La 2 11a
4380 Barstad 111 Oa 1 9b
6174 Barstadvika 220 Ka 1 9b
Barsteinen 222 Jb 2 12b
8314 Barstranda 317 Da 25
Bassebu 129 Na 3 16b
Basserud 146 Mb 2 16b
Basteli 112 Oa 2 11a
6631 Batnfjordsøra 228 Jb 1 12b
Bauge 159 Mb 2 8c
Baugslia 211 Ka 3 18a
Baugtveit 174 Ma 1 7b
Bauker 195 La 2 17a
8664 Baåga 294 Fb 23
Begna Bruk 179 Lb 3 16c
Beiningen 141 Na 3 7b
8522 Beisfjord 319 Da 32
Beisland 113 Oa 1 13c
Beistadgrenda 232 Ja 1 19a
Beitingen 174 Lb 3 7a
2952 Beito 194 La 2 14c
2953 Beitostølen 194 La 2 14c
9982 Bekkarfjord 347 Ab 51
Bekkeberga 165 Ma 3 19a
Bekkedalssætra 212 Ka 3 21a
0137 Bekkelaget 147 Mb 1 18b
Bekkelaget 181 Lb 2 19a
Bekken 166 Ma 3 21c
Bekken/Gjerdet 223 Jb 3 15b
Bekken/Lavik 190 La 3 7c
Bekken/Villdalen 197 La 1 20b
Bekkenga/Magnor 149 Mb 1 21c
1950 Bekkenga/Östervallskog 149 Mb 2 20b
Bekkestad 178 Lb 2 14b
9135 Bekkestrand 337 Ba 36
1318 Bekkestua 147 Mb 1 18a
Bekkevoll 147 Mb 2 18b
9925 Bekkevoll 342 Bb 57
Bekkimillom 144 Mb 2 12b
Bekkjarviga 124 Oa 1 8b
Bekkjarvik 158 Mb 3 7b
Bekkjeset 163 Ma 2 15a
Bekkosen 226 Jb 3 20a
Bele 229 Ja 3 14a
Belland/Engesland 113 Nb 3 13a
Belland/Lyngdal 111 Oa 3 11a
Bellerød 131 Nb 1 20a
Bellingmo 211 Ka 3 18b
Bellingsø 149 Mb 1 21b
9107 Bellvika 337 Bb 34
Belsnes 175 Ma 2 9b
7125 Belstad 231 Hb 3 17b
Belsvik 230 Ja 1 15a
6690 Belsvik 264 Ja 15
7822 Benan 266 Ha 19
Bendiksby 163 Mb 1 16b
Benningstad 181 Lb 2 19c
Berakvam 142 Na 1 9a
Berby/Prestebakke 131 Nb 1 19c
1730 Berby/Sarpsborg 131 Na 2 19b
Berdal 230 Ja 2 15b
7510 Berdal 264 Ja 15
Berdalen 143 Na 1 11c
Berdalseter 192 La 1 12b
Berekvam 176 Lb 2 11a
Berford 174 Lb 3 7a
Berg/Andebu 129 Na 2 17a
Berg/Aulifeltet 165 Ma 3 19c
Berg/Bybrua 180 Lb 1 17c
Berg/Dagernes 131 Na 1 19c
Berg/Eidsfoss 147 Mb 3 17a
Berg/Fredrikstad 131 Na 3 19a
9001 Berg/Greipstad 337 Bb 33
Berg/Halmstad 130 Na 1 18b
Berg/Hillestad 146 Mb 3 16a
Berg/Krokstadøra 231 Ja 1 16a
Berg/Kyrkseterøra 230 Ja 2 15a
Berg/Løten 181 Lb 2 19c
8658 Berg/Rodal 280 Ga 21
Berg/Roverud 166 Ma 2 21b
Berg/Sundbyfoss 147 Na 1 17a
Berg/Svorte 232 Ja 1 19a
Berg/Valle 144 Na 2 12a
Berg/Vassenden 206 Kb 3 9a
7761 Berg/Vegset 267 Ha 21
Berg/Vestby 147 Mb 3 18b
Bergaland 142 Na 2 9a
Bergan/Siljan 129 Na 2 16c
Bergan/Skien 129 Na 2 15c
3626 Bergangrenda 163 Mb 1 15c
Berge/Aspa 228 Jb 1 12c
Berge/Elverum 182 Lb 1 20b
6995 Berge/Høyanger 190 La 2 8c
Berge/Mundal 191 La 1 10b
Berge/Ølen 159 Mb 3 8b
Bergeberget 182 La 3 20b
Bergegarda 180 Lb 2 17b
Bergem/Surnadalsøra 229 Jb 1 14b
Bergem/Tingvoll 229 Jb 1 13a
5001 Bergen 174 Ma 1 7c
9050 Bergeneset 329 Ca 35
Berger 181 Lb 2 20a
Berger 196 Kb 3 19a
Berger/Askim 148 Mb 3 19b
3075 Berger/Svelvik 147 Mb 3 17c
Berger/Togrenda 147 Mb 2 18b
Berger/Torget 147 Mb 2 18b
Berger/Ørje 148 Mb 3 20a
Bergerud/Prestfoss 163 Mb 1 16a
Bergerud/Veggli 163 Ma 3 15b
Bergesida 166 Ma 1 21a
Bergesli 126 Nb 3 10c
Berget 128 Nb 2 14c
8615 Berget 306 Fa 24
Berget/Alvdal 211 Ka 2 18a
Berget/Nymoen 211 Kb 2 19a
Berget/Osneset 197 La 2 20b
Berget/Sylta 219 Ka 3 8b
Bergevollen 225 Ka 1 19c
Bergheim 163 Ma 1 15b
Bergli 165 Ma 2 19b
Berglia 268 Ha 24
9151 Bergmo 338 Bb 39
Bergo 175 Lb 2 9a
4308 Bergsagel 124 Nb 1 8c
9381 Bergsbotn 336 Ca 31
3626 Bergseid 163 Mb 1 15b
2372 Bergseng 180 La 3 18a
Bergset 165 Ma 1 19a
Bergset/Bud 227 Jb 1 10c

374 Gjølga Hassvalsætra

N

7127 Gjølga 265 Hb 17
7310 Gjølme 231 Ja 2 16b
Gjølstad 148 Na 1 19c
Gjøn 175 Ma 2 8c
Gjønnøyvåg 189 La 3 6a
6613 Gjøra 223 Jb 3 15a
Gjøseter 158 Mb 1 7b
Gjøsund 220 Jb 3 9a
Gjøsvika 225 Jb 3 19c
Gjøvdal 127 Nb 1 13b
2800 Gjøvik 180 Lb 2 18b
8480 Gjøvik/Tranøybotn 328 Ca 31
Gjøvåg 158 Ma 3 7c
Gladhaug 179 Lb 2 16b
Gladheim 163 Ma 3 15a
8900 Gladstad 293 Fb 20
Glamsland 113 Oa 2 13c
8285 Glein 293 Fa 22
Glemma 128 Na 2 15a
Glemmen 130 Na 2 18c
Glendranga 111 Oa 2 10b
Glenja 189 Lb 1 7a
Glenne 131 Nb 1 20a
Glennetangen 148 Na 1 19b
5381 Glesvær 174 Ma 2 7a
Glitbjørg 144 Na 1 11c
Glitne 208 Kb 1 12c
8160 Glomfjord 306 Eb 24
Glomnes 207 Kb 1 11a
Glomset 220 Ka 1 10a
Gloppedal 126 Nb 1 11c
Glorvika 182 Lb 220c
Glosli 130 Na 2 19a
Glossvika 189 Lb 1 7a
Glærem 229 Jb 1 14a
Glæserud 180 Lb 3 18b
Gløtlisætra 224 Ka 1 17c
Gløtlægret 224 Ka 1 17b
Gløtvola 212 Kb 1 20c
7372 Glåmos 225 Jb 2 19c
Goa 141 Nb 1 8a
Godal 146 Na 1 16a
Godbakken 182 Lb 1 20b
Godderstad 114 Nb 3 14c
8448 Godfjordbotn 327 Cb 28
Godheim 148 Mb 3 19a
Godtjernlia 166 Ma 3 21a
5179 Godvik 174 Ma 1 7b
6055 Godøya 220 Ka 1 9a
8020 Godøynes 307 Ea 26
Goksøyr 219 Ka 1 8a
3550 Gol 178 Lb 2 14c
Golma 228 Ja 3 12c
Golsreppen 178 Lb 2 14c
Golta 174 Ma 2 7a
3530 Gomnes 164 Ma 3 17b
Gon 129 Na 3 17a
Gonsholt 129 Na 2 16b
Goplesætra 195 La 3 16c
Gorset 231 Jb 1 16b
Gorud 146 Mb 2 16c
Gorum 181 Lb 2 18c
Gossland 175 Lb 3 9c
Gotterud 180 Lb 2 18a
Grabu 111 Oa 3 10c
Graffer 209 Kb 1 14b
Grammen 162 Ma 1 13c
Gran/Hvittingfoss 147 Na 1 17a
Gran/Høyjord 147 Na 1 17a
2750 Gran/Ringstad 164 Ma 1 18a
8256 Gran/Seines 307 Ea 25
Granberg 181 Lb 2 20a
Granberget/Engerdal 197 Kb 2 20b
Granberget/Jordet 197 La 1 21a
Grande/Geiranger 207 Ka 3 11b
Grandheim 178 Lb 2 14b
Grane 294 Fb 23
2890 Graneim 179 Lb 1 16a
Granerud 211 Kb 2 19a
Granerød 131 Na 1 20b
Grangjardsmoen 233 Ja 1 20b
Granheim 126 Nb 1 12a
Grani 165 Ma 3 19a
Granlund 165 Ma 2 19a
Granmo 294 Fb 24
Grannes 294 Fb 24
2636 Granrudmoen 195 La 2 17c
Granum 180 Lb 3 17c
Granvang 180 Lb 2 18b
Granvika 211 Kb 1 18c
5736 Granvin 176 Lb 3 10b
Granåsen/Atnosen 196 Kb 2 18b
Granåsen/Jordet 197 La 1 21b
Grasbakken 348 Ba 54
Grasdal 174 Lb 3 7b
8448 Grashola 328 Cb 29
Graslandet 182 La 3 20b
Grasmo/Eidskog 166 Ma 3 21a
Grasmo/Tangen 149 Mb 1 20b
Gratangsbotn 328 Cb 32
Graupe 194 Kb 3 16a
Grautemyr 113 Oa 1 12c
Gravbekklia 210 Ka 2 16b
Gravdal/Andebu 130 Na 2 17b
Gravdal/Bergen 174 Ma 1 7b
4387 Gravdal/Bjerkreim 124 Nb 3 8c
8372 Gravdal/Leknes 317 Da 24
Gravdal/Sæbovik 159 Mb 2 8b
Grave 145 Na 1 14c
8658 Gravfjorden 281 Ga 21
Gravlimoen 180 Lb 3 17a
Gravningsgrend 146 Mb 2 15c
7893 Gravvik 280 Gb 20
Grefsgarddokki 178 Ma 1 13c
Grefsheim 181 Lb 2 18c
Grefsrod 130 Na 2 18b
3533 Grefsrud 164 Ma 3 17a
Grefstad 114 Oa 1 14b
Grefstad 231 Ja 3 16b
4715 Greibesland 112 Oa 2 12b
Greidung 207 Kb 1 11a
Greipsland 112 Oa 3 12a
9001 Greipstad 337 Bb 33
Gren 163 Mb 1 16b
4742 Grendi 127 Nb 2 12c
Grennes 147 Na 1 17a
9925 Grense Jakobselv 343 Bb 58
Grepland 204 La 1 7a
Grepperud 148 Mb 2 19c
Grepstad 206 Kb 3 10a
Gressli 233 Ja 3 19c
1620 Gressvik 130 Na 2 18c
7761 Gressåmoen 268 Ha 23
Grette 147 Mb 2 17c
Grettland 130 Na 2 18c
Grevskott 231 Ja 2 17c
Grimdalen 144 Na 1 12c
Grime 180 Lb 3 17c
Grimeland 128 Nb 2 14b
Grimeland 206 La 1 8c
Grimelia 204 La 1 7a
Grimenes 113 Oa 2 13c
Grimestad/Sandvik 111 Oa 2 10b
Grimestad/Tjøme 130 Na 3 17c
5777 Grimo 176 Ma 1 10a
2582 Grimsbu 210 Ka 3 17b
Grimseid 174 Ma 2 7b
Grimsete 177 Lb 1 11b
Grimsrud/Brandbu 164 Ma 1 17c
2936 Grimsrud/Nes 179 Lb 3 16b
Grimsrud/Skjønhaug 148 Mb 3 19c
4876 Grimstad/Fevik 113 Oa 1 14a
Grimstad/Halmstad 147 Na 1 18b
Grimstad/Hundven 174 Lb 2 7b
Grimstad/Mathopen 174 Ma 2 7b
Grimstad/Nastad 229 Ja 3 13a
Grimsøy 131 Na 3 19b
Grinda/Løvbergsmoen 182 Lb 1 20a
Grinda/Sjøenden 182 La 3 20c
Grindaheim 193 La 3 14a
Grindal 224 Jb 1 16b
Grindbakken 165 Ma 3 19b
Grinddal/Feios 191 La 3 10b
Grinddal/Majorstua 197 La 2 21a
Grinde 141 Na 1 7c
Grinde/Glenja 189 Lb 1 7a
Grinde/Hermansverk 191 La 2 10b
Grindeim 159 Mb 3 9a
4646 Grindeland 112 Oa 2 12b
2264 Grinder 166 Ma 1 21a
Grinderud 147 Mb 2 17a
8001 Grindjorda 319 Da 31
Grindlia 146 Na 1 16a
2720 Grindvoll 164 Ma 2 17c
Grindåker 164 Ma 1 17c
0756 Grini 147 Mb 1 18a
Grini/Fetsund 148 Mb 1 19a
Grini/Hamar 181 Lb 2 18c
Grini/Notodden 145 Mb 3 15a
Grini/Svarstad 146 Na 2 16c
Grini/Trømborg 148 Mb 3 19c
Griningsdalen 194 Kb 3 15a
Griset 221 Jb 3 12a
Grisledal 112 Oa 3 11c
Grislingås 131 Na 1 20b
Grisvågen 229 Ja 2 13c
Grjotheim 209 Kb 1 14a
Grjotland 176 Lb 2 9c
6763 Grodås 206 Kb 1 10a
Groegga 230 Ja 3 16a
Groheim 165 Ma 3 19c
7870 Grong 280 Ha 21
7246 Gronningen 265 Hb 16
Groravika 228 Jb 1 11b
Grorud 146 Na 1 16b
Grorud 182 La 3 20b
Grossås 113 Oa 1 12c
Grostad 231 Ja 1 16c
7246 Grostad 265 Ja 16
Grostøl/Byremo 112 Oa 1 11b
Grostøl/Skare 160 Mb 1 10a
Grosvoll 146 Mb 3 16b
6727 Grotle 204 Kb 1 5c
2695 Grotli 208 Ka 3 12b
Grotnes 159 Ma 2 9a
4389 Grotteland 125 Nb 2 9c
Grov/Bakka 145 Mb 1 15a
Grov/Hemsedal 178 Lb 1 14a
9446 Grov/Hilleshamn 328 Cb 31
5414 Grov/Leirvik 158 Mb 1 8a
Grov/Sand 142 Na 1 9c
Grov/Straumneset 205 Kb 3 7b
Grov/Tessand 209 Kb 2 15a
Grova 128 Na 2 14b
Grova 233 Ja 1 20b
Grovane 113 Oa 2 13a
Grovstølen 193 La 3 14a
2742 Grua/Roa 164 Ma 2 18a
Grua/Vennesla 113 Oa 2 13a
Grue Finnskog 166 Ma 1 21c
Grundset 181 Lb 1 20a
Grunge 144 Mb 2 12b
Grunnessætra 224 Jb 2 16b
9395 Grunnfarnes 328 Ca 30
9138 Grunnfjord 337 Ba 36
9132 Grunnfjordbotn 337 Bb 36
8322 Grunnførfjorden 327 Da 26
Grut 231 Jb 1 16b
Gruva 225 Jb 3 19a
9380 Gryllefjord 328 Ca 31
Gryllingsætra 181 Lb 1 19b
Grymyr 164 Ma 1 17c
Gryta 220 Jb 3 9c
Grytalisætra 221 Ka 1 11a
Grytestølane 193 La 3 14b
Gryting/Drangedal 128 Na 3 15a
Gryting/Gjerstad 128 Nb 2 15a
8408 Grytting/Frøskeland 327 Cb 27
8450 Grytting/Kleiva 327 Cb 27
Grytøyra 189 La 2 7a
6612 Grøa 223 Jb 3 14b
Grødalen 223 Jb 3 14b
Grødeim 141 Na 3 8a
Grødeland 124 Nb 3 8a
Grønbakken 210 Ka 2 16a
Grønbu 146 Mb 1 16a
Grøndalen 165 Ma 3 19c
Grøndalen/Holla 197 Kb 2 20a
Grøndalen/Midbø 205 Kb 2 8a
Grøndalen/Nybergsund 182 La 2 21b
Grønenga 205 Kb 3 7a
Grönevika 189 Lb 1 7a
Grønfor 207 Kb 1 11a
Grønhaug 190 Lb 2 8b
Grønhovd 163 Ma 2 15c
Grøning 191 La 1 9c
Grønland 182 Lb 3 20b
Grønli/Kvilvangen 212 Ka 1 19c
Grønli/Nybergsund 182 La 2 21b
Grønli/Østby 198 La 2 21c
Grønlundfjellet 165 Ma 3 19a
Grønnerud 165 Ma 3 20a
Grønneset 228 Jb 2 11c
Grønning 221 Ka 2 12a
Grønningen 231 Hb 3 16b
Grønsdal/Skare 160 Mb 1 10a
Grønsdal/Vaksdal 175 Ma 1 8c
Grønsennstølane 178 La 3 14b
Grønset 163 Mb 1 16b
Grønset 230 Ja 3 15b
Grønsfjord 112 Oa 3 11a
Grønsletta 147 Mb 3 18a
Grønstølane 193 La 2 14a
Grøntjørnan 225 Jb 3 18a
Grønvoll/Hallingby 164 Ma 2 17b
Grønvoll/Løvstad 165 Ma 3 18c
Grønvollfoss 146 Mb 3 15b
Grønætrin 209 Ka 3 15a
Grønøset 183 La 3 22a
Grønøysætra 224 Ka 1 16c
Grøset 166 Ma 1 21a
4376 Grøsfjell 125 Oa 1 9b
Grøsland 146 Mb 2 16c
Grøsle 113 Oa 1 14a
Grøssviki 175 Lb 2 8b
Grøtan 230 Ja 2 15a
7822 Grøtan 266 Ha 20
9423 Grøtavær 328 Cb 29
Grøtegga 211 Kb 1 18c
Grøten 211 Kb 1 18c
Grøterud 163 Mb 1 15c
9107 Grøtfjord 337 Bb 34
9419 Grøtland 328 Cb 31
9130 Grøtnesdalen 337 Bb 36
Grøtta 222 Jb 3 12b
7168 Grøttingen 265 Hb 17
Grøtådalsætra 212 Ka 2 21b
Grøvdal 222 Jb 3 12c
Grådalen 226 Ka 1 20a
Grådalssetra 212 Ka 1 20b
Grånesvollen 212 Ka 3 20c
9180 Gråsand 338 Bb 38
Gråvika 189 Lb 1 6c
Gubberud/Hamar 181 Lb 2 19a
Gubberud/Vikersund 163 Ma 3 16c
Guddal/Dimmelsvik 159 Mb 1 9a
4440 Guddal/Tonstad 125 Nb 2 10b
5717 Gudvangen 176 Lb 1 10c
Gudå 233 Ja 1 20a
Gui 129 Na 3 16c
7822 Guin 266 Ha 20
Gule 227 Jb 1 10c
Gulholmen 159 Mb 1 8c
Gullaug 147 Mb 2 17b
Gullbrå 175 Lb 2 9b
Gullerud 164 Ma 1 17c
Gullerød 147 Na 1 17c
9442 Gullesfjordbotn 327 Cb 28
Gullhaug 147 Na 1 17b
9442 Gullholmen 327 Cb 28
4820 Gullknapp 114 Nb 3 14b
Gullor 180 Lb 1 18a
Gullset 232 Ja 2 18c
Gullsmedbakk 111 Oa 3 10b
Gullstein 229 Ja 2 13a
Gullverket 165 Ma 1 19c
Gulstøa 205 Kb 2 7a
Gulsvik 163 Ma 1 16a
Gunbjørrud 164 Ma 1 17a
2380 Gundersvea 181 Lb 1 18c
Gunhildrud 146 Mb 2 16c
9670 Gunnarnes 345 Ab 45
Gunnerenga 164 Ma 317c
Gunnes 224 Jb 1 16c
Gunnustad 128 Nb 1 15a
Gunstadsætra 210 Kb 2 17b
Guovdageaidnu=Kautokeino 331 Ca 43
Gurebo 113 Oa 1 14a
Gurigard 178 Lb 2 14a
Gurihus 180 Lb 1 16c
7982 Gurviksdalen 264 Hb 14
Gusdal 219 Ka 3 8a
Gustu 196 Kb 3 19a
Guttersrød 131 Na 2 19c
Gutu 147 Mb 3 17b
Gutu 212 Ka 3 21a
8413 Guvåg 327 Cb 26
3810 Gvarv 145 Na 1 15b
3629 Gvåle 163 Ma 3 15a
4376 Gya 125 Nb 3 9c
Gyl 229 Jb 1 13a
Gylder 147 Mb 3 18b
Gyllerud 182 Lb 2 20b
Gylta 189 La 3 6c
Gyltvika 318 Ea 28
Gymmeland 174 Ma 2 7c
Gystad 165 Ma 3 19b
Gytri 207 Kb 2 10b
Gøynes 162 Mb 1 14b
Gøytil 144 Mb 3 13a
9730 Gåldin 339 Ca 44
2646 Gålå 195 Kb 3 16b
Gålås 181 Lb 1 19a
Gåmlem 220 Jb 3 9b
9700 Gåradak Goarahat 346 Ba 47
Gåsavika 159 Ma 3 8a
7213 Gåsbakken 231 Ja 3 16c
Gåsbu 181 Lb 1 19b
Gåsbue 222 Ka 2 14b
Gåsdalen 145 Na 1 14b
Gåseby 148 Mb 3 20a
Gåseland 112 Oa 3 11b
Gåsellå 113 Oa 1 12c
Gåserud 146 Na 1 16c
9690 Gåsnes 345 Aa 45
Gåssand 174 Ma 2 7c
Gåvålisætra 210 Ka 2 16a

H

Habbarstad 165 Ma 1 19b
Habbarstadvangen 165 Ma 1 19b
6064 Haddal 220 Ka 2 8c
Haddeland/Kniepstøl 126 Oa 1 11a
Haddeland/Rossevatn 126 Nb 3 11a
8450 Hadsel 327 Cb 26
6869 Hafslo 192 La 2 11b
1738 Hafslund 131 Na 2 19a
Hafsmo 230 Ja 1 15b
7510 Hafsmo 264 Ja 15
Hafsrod 131 Na 3 20a
Hafstad 266 Hb 20
Hafsåsen 223 Jb 3 14c
Haga 224 Jb 2 16a
Haga/Aulifeltet 165 Ma 3 19c
Haga/Borgen 131 Na 2 19a
Haga/Sandve 141 Na 2 7b
Haga/Tysse 175 Ma 1 8b
Hagamoen 165 Ma 3 19a
Hagan 229 Ja 3 13a
Haganes 174 Ma 2 7a
Hagasætra 181 Lb 2 20a
Hagavik 174 Ma 2 7c
Hagavika 226 Jb 3 20c
Hage 224 Jb 1 17c
5281 Hagebø 174 Lb 3 8a
Hagen 112 Oa 3 11c
Hagen/Eidsvåg 229 Jb 2 13a
Hagen/Hardbakke 189 La 3 6c
Hagen/Rasta 196 La 1 19a
6150 Hagen/Ørsta 220 Ka 2 9a
6718 Hagevik 219 Kb 1 7a
Hagland 141 Na 1 7b
Haglebu 163 Ma 1 15b
Hagnes 129 Na 2 17a
1488 Hakadalsverk 165 Ma 3 18b
Hakanes 175 Lb 3 8a
Hakavik 146 Mb 3 16c
Hakestad 112 Oa 3 11a
Hakkloa 164 Ma 3 18a
9532 Hakkstabben 339 Ba 43
5915 Hakset 174 Lb 3 7c
Hakvåg 318 Db 27
4265 Haland 141 Na 2 7b
1752 Halden 131 Na 3 19c
Haljem 158 Ma 3 7c
Hallandsgrendi 162 Ma 2 14c
Hallangen 147 Mb 2 18a
Halle 129 Na 3 16c
Hallerød 131 Nb 1 20b
Hallesby 131 Na 2 20b
Halli 163 Ma 1 15b
3525 Hallingby 164 Ma 2 17b
Hallingen 179 Lb 2 15a
Hallingsås 130 Na 1 18b
Hallom 164 Ma 2 18a
Hallset 228 Jb 1 12b
Hallum 179 Lb 3 16b
Halmrast 180 Lb 3 17c
Halmstad 147 Na 1 18b
3596 Halne 177 Ma 1 12b
Hals/Innerberg 229 Ja 3 13b
Hals/Kanestraum 229 Ja 3 13a
Halsa 229 Ja 3 13b
8178 Halsa/Braset 306 Eb 24
8883 Halsan/Sandvika 293 Fb 22
Halsan/Ålvund 229 Jb 1 14a
Halsen 223 Ka 1 16a
Halsne 142 Na 2 8c
Halsnes 148 Mb 2 20a
Halstad 191 La 1 9a
Halsvika 189 Lb 1 7a
Halvfardokki 177 Lb 3 13a
Halvorsvold 225 Jb 3 19c
Halåsen 228 Jb 1 11c
2301 Hamar 181 Lb 2 19a
Hamaren 159 Ma 2 9a
Hamarhaug 159 Ma 3 8b
4440 Hamarsmork 125 Nb 3 10a
Hamarøya 294 Fa 23
Hamborg 181 Lb 3 19a
7950 Hamland 280 Gb 19
Hamlot 318 Da 28
7724 Hammar 266 Ha 19
Hammaren 182 La 2 20c
Hammarland 175 Ma 2 8b
8614 Hammarneset 294 Fa 24
Hammarset 204 Kb 3 6c
Hammarstad 165 Ma 2 19b
Hammarvoll 221 Jb 3 11c
Hammastad 181 Lb 2 18b
Hammastad 181 Lb 3 19a
Hammen 113 Oa 2 13a
Hammer 231 Ja 2 17a
7701 Hammer 267 Ha 21
9600 Hammerfest 345 Ab 44
Hammermoen 232 Hb 3 18c
9650 Hammernes 345 Ab 44
8900 Hamn 293 Fb 21
Hamna/Atnbrua 210 Kb 2 17b
Hamna/Hogset 228 Jb 1 12b
9161 Hamnebukta 338 Ba 40
6719 Hamnen/Rugsundøya 205 Kb 1 7b
6986 Hamnen/Værlandet 204 La 2 6b
8883 Hamnes/Alstahaug 293 Fb 22
9034 Hamnes/Eidstranda 338 Bb 37
7746 Hamnes/Skomsvoll 280 Gb 19
Hamneslia 229 Jb 1 13c
9990 Hamningberg 348 Ab 58
9034 Hamnnes/Storsletta 338 Bb 38
Hamnneset/Isane 205 Kb 1 8b
Hamnneset/Tornes 227 Jb 2 10c
Hamnsund 220 Jb 3 9b
9054 Hamnvåg 329 Ca 34
8260 Hamnøya 317 Db 23
Hamre 176 Ma 1 10a
Hamre 221 Jb 3 12a
Hamre/Klokkarvik 174 Ma 2 7a
Hamre/Kristiansand 113 Oa 2 13a
Hamre/Liknes 112 Oa 2 11a
Hamre/Ølen 159 Mb 3 8b
Hamremoen 163 Ma 3 16b
8290 Hamsund 318 Da 28
Hana 124 Nb 1 8b
9934 Hanaelva 347 Ba 53
Hanasand 141 Na 3 8b
Handalen 190 La 3 7c
4463 Handeland/Moi 125 Nb 3 10a
4440 Handeland/Åmli 126 Nb 1 10b
Handeland/Åsland 126 Nb 3 11c
8723 Handnes 294 Fa 22
Handstein 294 Fa 22
1930 Haneborg 148 Mb 1 20a
Hanekamb 191 La 3 9b
Hanemyr 128 Nb 2 15b
Hanersund bru 111 Oa 3 10b
Hanes 129 Na 2 15c
2478 Hanestad 211 Kb 2 18c
Hanestad/Brandval 166 Ma 2 21a
Hanestad/Gjøvik 181 Lb 2 18c
Hanevik 174 Ma 1 7a
Hangeråsen 231 Ja 1 17a
Hanntveit 189 Lb 1 7b
Hannåsmoen 113 Nb 3 12b
9130 Hansnes 337 Bb 36
Hanstad 181 Lb 1 20a
Hansvea 180 Lb 1 18a
7900 Hansvika 280 Gb 19
3825 Hanto 145 Na 2 15a
8056 Hanøy 327 Da 27
Hanøyna 174 Ma 1 7a
Haraland 124 Nb 2 8c
Haraldvangen 165 Ma 1 19a
6290 Haram 220 Jb 3 9b
Haraset 181 Lb 3 19c
7176 Harbak 265 Ha 17
6924 Hardbakke 189 La 3 6c
Hardbakken 126 Nb 3 10c
2365 Hardbyenga 181 La 3 18b
6060 Hareid 220 Ka 1 9a
2743 Harestua 164 Ma 2 18b
1930 Hareton 148 Mb 1 19c
Harkestad 174 Lb 3 6b
Harkinn 329 Ca 36
4516 Harkmark 112 Oa 3 12a
Harpefoss 195 Kb 3 16c
7960 Harraneset 280 Gb 20
Harrsjøvollen 211 Kb 1 19a
Harstad 180 Lb 1 17a
9402 Harstad 328 Cb 30
Harstveit 127 Nb 1 13c
Harvaland 124 Nb 2 8a
Harvasstua 282 Ga 25
Harvika 182 La 3 20c
6487 Harøyburet 227 Jb 2 9c
Harøysund 227 Jb 1 10c
9593 Hasfjord 344 Ab 41
Hasle 147 Mb 2 18b
Haslemoen 182 Lb 3 20b
Haslerud 166 Lb 3 20b
Haslestad 147 Mb 3 17a
1305 Haslum 147 Mb 1 18a
Hasløya 228 Ja 3 11c
Hassel 146 Mb 3 16b
Hasselberg 342 Ca 55
Hassum 130 Na 2 17c
Hassvalsætra 180 Lb 2 17c

Håvardsholm Kollstad/Røn 377
N

Håvardsholm 158 Mb 3 8a
9381 Håverjorda 328 Ca 31
Håvestøl 126 Nb 2 12a
Håvik/Brattvåg 220 Jb 3 9c
Håvik/Farsund 111 Oa 3 10c
Håvik/Hamarhaug 159 Ma 3 8b
6717 Håvik/Nordpollen 205 Kb 1 7b
Håvik/Sagvåg 158 Mb 2 7b
Håvik/Skjold 141 Mb 3 7c
Håvik/Sævareid 159 Ma 2 8b
Håvnas 148 Mb 3 19c
Håvrud 179 Lb 1 15a
Håvågen 189 La 2 7a

I

9446 Ibestad 328 Cb 31
Idsal 124 Nb 1 8c
Ifarneset 182 La 3 20c
9775 Ifjord Idjavuotna 347 Ba 51
8900 Igerøy 293 Fb 21
Igland 113 Oa 1 13c
Igulsrud 164 Ma 2 17c
5962 Ikjen 190 La 3 8a
9700 Ikkaldas 340 Ba 46
6222 Ikornnes 220 Ka 1 10a
Ilebekk 148 Mb 1 20a
Illgruben 294 Fa 25
Illhaugen 231 Ja 2 17a
2344 Ilseng 181 Lb 2 19b
4515 Ime 112 Oa 3 12a
Imenes 113 Oa 1 14a
4308 Ims 124 Nb 1 8c
Imsroa 196 La 1 19a
5778 Indre Alsåker 176 Ma 1 10a
5888 Indre Arna 174 Ma 1 7c
9194 Indre Berg 337 Bb 34
9715 Indre Brenna 346 Ab 48
9650 Indre Brennsvik 345 Ab 45
Indre Hellebø 190 La 3 7c
Indre Hjartholm 190 La 3 7b
Indre Kandal 206 Kb 3 9c
9960 Indre Kiberg 349 Ba 58
Indre Matre 159 Mb 1 8c
Indre Oppedal 190 La 3 8a
9700 Indre Sandvik 346 Ba 47
9180 Indre Storvik 338 Bb 39
Indre Ålvik 175 Ma 1 9c
9372 Indre Årnes 336 Ca 33
6973 Indrebø/Sande 190 La 2 8c
Indrebø/Vassenden 206 Kb 3 9a
Indrehus 205 Kb 2 7b
Ingdalen 231 Ja 1 16c
7246 Ingdalen 265 Ja 16
Ingeberg 181 Lb 2 19a
Ingeborgrudmoen 165 Ma 2 20a
Ingebu 163 Mb 1 16b
Ingeburud 163 Mb 1 16a
Ingelsvatnet 281 Gb 23
Ingerøy 131 Na 3 19b
Ingiersvollen 211 Ka 2 19a
Ingvaldstad 142 Na 2 9a
9672 Ingøy 345 Aa 45
Innbjoa 159 Mb 3 8a
Innbygda/Mebonden 232 Ja 2 19a
2420 Innbygda/Nybergsund 197 La 2 21b
9107 Inner Kårvika 337 Bb 34
Innerberg 229 Ja 3 13b
Innerdalen 294 Fa 24
8900 Inner-Torga 293 Ga 21
6315 Innfjorden 221 Ka 1 12a
8260 Innhavet 318 Db 28
Innreitan 229 Ja 3 13b
Innset 329 Cb 34
Inntjore 113 Oa 2 14a
6793 Innvik 206 Kb 1 10a
5781 Instanes 176 Ma 1 10b
Instefjord 190 Lb 1 7c
5962 Instevik 190 La 3 9a
Io 174 Lb 3 7a
Isane 205 Kb 1 8b
5914 Isdal 174 Lb 3 7b
5914 Isdalsstø 174 Lb 3 7b
1730 Ise 131 Na 2 19b
Isebakke 131 Na 3 19b
Isefær 113 Oa 2 13b
Iselvmoen 329 Cb 34
6320 Isfjorden 222 Jb 3 12b
Isholen 223 Jb 3 15c
Iskleiva 148 Mb 3 19c
Iškorasjohka=Iškorasjohka 340 Ca 48
Iškorasjohka=Iškorasjohka 340 Ca 48
9540 Isnestoften 339 Ba 42
Istad 228 Jb 2 12b
Isvik 141 Na 1 8a
Itland 111 Oa 2 10a
Ivarrud 282 Ga 24
4724 Ivedal 113 Oa 1 12c
4724 Iveland 113 Oa 1 12c

J

Jakobsbakken 307 Ea 29
9925 Jakobsnes 342 Bb 57
Jammerdal 166 Lb 3 21a
Jammerdal 166 Ma 2 21b
Jamsland 113 Oa 1 13b
9130 Jamteby 337 Bb 35
Jarald 176 Lb 3 9c
Jarberg 130 Na 2 17b
2770 Jaren/Brandbu 164 Ma 1 18a
Jaren/Fetsund 148 Mb 1 19a
9900 Jarfjordbotn 342 Bb 57
Jarnes 220 Ka 1 10a
5414 Jektavik 158 Mb 1 8a
9050 Jektevik 337 Bb 36
8724 Jektvika/Saura 306 Eb 23
8750 Jektvika/Straumsvika 306 Eb 23
Jektvika/Tømmervåg 229 Ja 2 12c
Jellstad 163 Mb 1 16c
4234 Jelsa 142 Na 1 9a
Jelsnes 131 Na 1 19a
Jemne 195 La 2 17c
Jendal 125 Nb 3 10a
6409 Jendem 227 Jb 2 11a
Jenstad 223 Jb 3 15a
Jensås 195 Kb 3 16c
Jensåsvoll 226 Jb 2 20a
Jerdal 147 Mb 2 17c
9730 Jergol 340 Ca 46
Jermundsberget 189 Lb 2 7b
7335 Jerpstad 231 Jb 1 16b
Jerstad 112 Oa 1 11a
Jervan 232 Ja 1 18a
Jesnes 181 Lb 2 18c
2050 Jessheim 165 Ma 3 19b
Jevanol 181 Lb 1 18c
3520 Jevnaker 164 Ma 2 17c
Jokstad 163 Mb 1 16b
Jome 194 La 3 14c
Jomås 114 Nb 3 14a
Jonasvollen 212 Ka 2 20c
5627 Jondal 175 Ma 2 9b
Jondalen 178 Lb 2 14c
Jonrud 146 Mb 2 15b
Jonsgard 198 La 2 21c
2977 Jonsgardstølen 193 La 2 13c
Jonstad 205 Kb 3 8b
Joramo 209 Ka 3 15a
5750 Jordal 160 Ma 3 10a
Jordal 174 Lb 2 7c
Jordalen 174 Ma 1 7c
Jordalsbø 127 Nb 1 12c
Jordalsgrenda 222 Jb 2 13b
Jorddal 191 La 2 10b
Jordet 129 Na 3 17a
2430 Jordet 197 La 1 21a
Jorsbrua 295 Fa 26
Jorstad 164 Ma 1 18a
7176 Joskjør 265 Ha 17
Josnes 159 Mb 1 8c
Jossang 125 Nb 1 9a
Jotunheimen Fjellstue 208 Kb 3 13a
4160 Judaberg 142 Na 2 8c
Jule 268 Ha 24
Junkerdal 307 Eb 28
Justnes 113 Oa 2 13a
Justvik 113 Oa 2 13a
Jødal 165 Ma 2 19b
4440 Jødestøl 125 Nb 3 10b
Jølle 111 Oa 3 10a
Jølsen 164 Ma 1 18a
Jølstad 181 Lb 1 18b
Jømna 182 Lb 2 20b
Jøndal 165 Ma 2 19b
Jønndalen 209 Kb 1 15b
Jønneberg 145 Na 1 14c
Jønnebu 145 Na 1 15a
Jønnes 164 Ma 1 17c
Jønsberg 181 Lb 2 19b
7870 Jørem 280 Ha 21
Jørenstad 112 Oa 3 11a
Jørenvåg 229 Ja 3 12c
Jørgedal 145 Na 1 15a
8413 Jørlandsjøen 327 Cb 26
Jørneviki 175 Lb 3 9a
Jørnholt 195 Kb 3 17a
Jøronlia 180 Lb 1 16c
4100 Jørpeland 142 Na 3 9a
Jørstad 142 Na 2 8c
7701 Jørstad/Strindmoen 267 Ha 21
2617 Jørstadmoen 180 La 3 17c
Jörundland 127 Nb 1 13b
Jøsendal 160 Mb 1 10a
Jøsok 219 Ka 2 8b
7114 Jøssund 265 Hb 16
7790 Jøssund 266 Ha 18
6570 Jøstølen 229 Ja 1 12c
6690 Jøstølen 264 Ja 12
9043 Jøvik 337 Ca 33
Jåberg 130 Na 3 17b
Jådland 112 Oa 2 11b
Jårgastat 332 Ca 48
Jårvik 142 Na 1 9a
5777 Jåstad 176 Ma 1 10a
Jåsund 112 Oa 3 11b
Jåvall 148 Mb 3 20a

K

8310 Kabelvåg 318 Da 25
9700 Kakselv Leavdnja 340 Ba 46
9982 Kalak 347 Ab 51
Kaland 174 Ma 2 7c
Kaland 176 Ma 1 10b
Kaland 189 Lb 2 7a
5229 Kalandseidet 174 Ma 2 7c
Kalava 158 Mb 3 7b
Kalbakken 180 Lb 3 18b
Kaldafoss 158 Ma 3 7c
Kaldal 268 Ha 24
Kaldbekkvangen 224 Ka 1 17c
9395 Kaldfarnes 328 Ca 30
Kaldhusdal 221 Ka 2 11c
9057 Kaldsletta 337 Bb 34
Kaldvatn 206 Ka 3 9c
Kaldvika 318 Da 29
Kaldvåg 318 Da 28
8447 Kaljord 327 Cb 27
Kallak 148 Mb 3 20a
Kalland/Abusdal 112 Oa 1 12b
Kalland/Haugesund 141 Na 1 7c
Kalland/Marnardal 112 Oa 2 11c
Kalland/Naustdal 205 Kb 3 8c
Kalland/Stamneshagen 175 Lb 2 8b
Kalland/Torset 229 Ja 2 14a
5281 Kalleklauv 175 Lb 3 8a
Kallerud 181 Lb 2 19b
Kallestad/Ekra 174 Ma 2 7a
Kallestad/Gisholt 129 Na 3 15c
5983 Kallhovda 190 Lb 1 7c
8294 Kallstad 318 Da 28
4264 Kallstø 141 Na 1 7b
Kallum 147 Na 1 18b
Kalnes 131 Na 2 19a
Kalset 229 Ja 3 13b
Kalsvik 205 Kb 3 7c
Kalve 158 Ma 3 7a
Kalvsjø 164 Ma 2 18a
Kalvstøl 112 Oa 1 11a
6729 Kalvåg 204 Kb 2 6c
Kambe 159 Mb 2 8c
Kambo 147 Na 1 18b
Kammerud 164 Ma 1 17c
Kampa 165 Ma 2 19c
2380 Kampen 181 Lb 1 18c
2643 Kampeseter 194 Kb 3 15c
8480 Kampevoll 328 Ca 32
Kamsvåg 229 Ja 3 13a
3483 Kana 147 Mb 3 17c
Kanestraum 229 Ja 3 13a
Kankesætra 182 La 3 21c
9442 Kanstadbotn 327 Cb 28
9050 Kantornes 329 Ca 35
2849 Kapp 181 Lb 2 18c
9730 Kárášjohka=Karasjok 340 Ca 48
9730 Karasjok=Kárášjohka 340 Ca 48
8543 Karihaugen 319 Da 30
Karilægret 224 Ka 1 16c
Karinsbua 197 La 1 20a
Karisari 342 Bb 55
9540 Karislåtta 339 Ba 42
6825 Karistova 206 Kb 2 10a
9930 Karlebotn Sirddagohppi 348 Ba 54
Karlshus 130 Na 1 18c
Karlstad 182 Lb 2 21a
Karlstad/Boga 190 La 2 8a
Karlstad/Hommelvik 232 Ja 1 18b
9322 Karlstad/Rossvoll 329 Ca 33
Karlsvika 229 Ja 3 13b
9138 Karlsøy 337 Bb 36
9060 Karnes 338 Bb 37
Karset 181 Lb 2 19a
Karstø 141 Na 2 8a
Kartavoll 124 Nb 3 8c
Kartbråtan 166 Ma 3 21c
Kartveit 174 Lb 3 7a
Kasa 146 Mb 215c
Kasbu 148 Na 1 20b
9402 Kasfjord 328 Cb 29
Kastet 129 Na 3 17a
9419 Kastneshamn 328 Cb 31
Katla 158 Mb 1 7a
Katterås 128 Nb 1 14b
Kaunberget 127 Nb 2 14a
Kaupang 129 Na 3 17a
6854 Kaupanger 192 La 2 11b
Kautokeino=Guovdageaidnu 331 Ca 43
Kavli 222 Jb 3 12c
8408 Kavåsen 327 Cb 27
Keila 189 Lb 2 7a
Keilegavlen 189 Lb 2 7a
9730 Kentan 340 Ca 47
9960 Kiberg 349 Ba 58
9107 Kibergneset 337 Bb 34
9845 Kiby 348 Ba 56
9782 Kifjord 347 Ab 51
4516 Kige 112 Oa 3 12a
Kika 159 Mb 2 8b
7893 Kil 280 Ga 20
Kil/Lauvnes 128 Nb 2 14b
Kil/Vadfoss 128 Nb 1 15b
8380 Kilan/Vareid 317 Da 23
7800 Kilan/Vik 280 Ha 18
Kilbokhamn 306 Fa 23
9430 Kilbotn 328 Cb 30
9151 Kildal 338 Bb 39
Kile 220 Ka 3 9a
Kile/Breidvik 127 Na 3 12c
Kile/Åsen 112 Oa 1 12b
Kilen 211 Ka 3 19a
Kilen/Omastranda 159 Ma 2 8c
Kilen/Skogen 145 Na 2 13c
Kilen/Sønsterud 182 Lb 3 21b
Kilen/Vatnell 112 Oa 2 12b
Kilerud 182 Lb 3 20b
Killingstrømmen 164 Ma 1 17a
Kilsfjorden 220 Ka 3 9a
Kilstad 232 Ja 1 19b
Kilsti 221 Ka 2 11a
Kilsund 114 Nb 3 15a
8647 Kilvika 306 Eb 24
Kimmerud 164 Mb 1 17b
Kinn 147 Mb 3 17c
Kinn 180 Lb 1 17a
8484 Kinn/Myrland 327 Cb 28
Kinna 228 Jb 1 12c
5780 Kinsarvik 176 Ma 1 10b
Kinsedal 192 La 2 11c
7176 Kiran 265 Ha 17
Kirkebygda 147 Na 1 18c
Kirkegrenda 147 Na 1 18b
9900 Kirkenes 342 Bb 57
2260 Kirkenær 166 Ma 1 21a
Kirkerud 180 Lb 1 17c
Kirkevoll 147 Na 1 17b
Kirkjevik 174 Ma 1 7b
Kirkvollen 226 Ja 3 20b
Kise 181 Lb 2 18b
Kismul 174 Ma 2 7c
Kiste 129 Na 2 16b
Kistefoss 164 Ma 2 17c
Kistefossen 329 Cb 33
9710 Kistrand Euđegieddi 346 Ba 47
Kittelsrud 164 Ma 2 17c
Kittelsvik 189 Lb 1 6c
Kittisland 163 Ma 3 15a
Kjaberg 166 Ma 2 20c
7893 Kjelda 280 Ga 21
Kjelddal 145 Na 2 15a
8543 Kjeldebotn 319 Da 30
Kjelkvika 319 Da 29
Kjellbotnen 221 Jb 3 11a
Kjellbrua 231 Jb 1 18a
2007 Kjeller 148 Mb 1 19a
Kjellesvik 111 Oa 1 10a
1930 Kjellingmo 148 Mb 1 19c
Kjellingtveit 144 Mb 2 12c
Kjellmyra 182 Lb 3 21a
Kjellstad 147 Mb 2 17b
Kjellstadli 207 Ka 3 10b
Kjellsvea 181 Lb 3 19b
Kjellåsfeltet 197 La 2 21b
Kjelsås 147 Mb 1 18b
Kjempetjern 114 Nb 3 14a
Kjemsjølla 210 Ka 3 17c
Kjenes 128 Nb 2 15a
8448 Kjengsnes 327 Cb 29
Kjenn 147 Mb 3 18b
Kjenner 147 Mb 2 17b
Kjenset 180 Lb 2 16c
Kjensli 147 Mb 3 18b
Kjerdal 189 Lb 1 7b
4625 Kjere 113 Oa 3 13a
Kjerkevågen 228 Ja 3 12a
7650 Kjerknesvågen 266 Hb 19
Kjerrengvollen 225 Jb 2 19b
Kjerret 149 Ma 3 21c
984 01 Kjerringholmen 345 Ab 44
9321 Kjerringnes 327 Cb 27
Kjerringvik 130 Na 3 17b
9107 Kjerringvik 346 Ba 47
9442 Kjerringvika 319 Da 30
4370 Kjervall 124 Oa 1 9a
Kjersem 221 Ka 1 11a
6292 Kjerstad 220 Jb 3 9b
9442 Kjerstad 328 Da 29
Kjetangen 204 Kb 3 6c
Kjetilstad 143 Na 1 10a
4657 Kjevik 113 Oa 2 13a
3626 Kjomme 163 Mb 1 15b
Kjonerud 181 Lb 2 18c
Kjos 181 Lb 1 18b
Kjosastølen 194 La 2 14b
Kjose 129 Na 3 16c
8290 Kjukkelmarka 318 Da 28
Kjul 165 Ma 3 18c
Kjussæter 165 Ma 3 20a
9162 Kjækan 339 Bb 41
Kjærnes 281 Gb 24
Kjærnes/Halmstad 147 Na 1 18b
Kjærnes/Togrenda 147 Mb 2 18b
Kjærre 130 Na 2 18b
Kjærstad 165 Ma 3 19a
6740 Kjøde 219 Kb 1 7c
Kjøkkelvik 174 Ma 1 7b
6776 Kjøldalen 205 Kb 1 8a
Kjølen 131 Na 2 19c
9042 Kjøleng 337 Ca 35
Kjøleviga 142 Na 3 8c
8481 Kjølhaugen 328 Ca 29
9790 Kjøllefjord 347 Ab 51
Kjøllsætra 210 Ka 2 17b
Kjølstad 165 Ma 3 19c
Kjølstad 197 La 2 20a
7976 Kjølstad 280 Gb 21
Kjønstad 165 Ma 2 19a
3141 Kjøpmannskjær 130 Na 2 17c
Kjøpmannsvik 113 Oa 2 13c
8100 Kjøpstad 306 Ea 25
Kjøpsvik=Gásluokta 319 Da 29
Kjøra 231 Ja 1 16c
6690 Kjøra 265 Ja 16
Kjøremsgrende 209 Ka 3 15a
Kjørkflå 231 Ja 2 17c
Kjørlii 194 La 2 14b
4462 Kjørmo 125 Nb 3 9c
Kjørmo 231 Ja 1 16c
Kjørnes 192 La 2 11a
Kjørrefjord 111 Oa 3 10b
6699 Kjørsvik 230 Ja 1 14b
7510 Kjørsvik 264 Ja 14
Kjørsvika 228 Ja 3 12b
Kjøs 164 Ma 1 17c
Kjøs 206 Kb 1 9c
Kjøsnes/Gullset 232 Ja 2 18c
Kjøsnes/Skei 206 Kb 3 9c
Kjøvangen 147 Mb 3 18b
7190 Kjåppan 266 Ha 18
Kjårrnes 318 Da 29
6843 Klakegg 206 Kb 3 10a
Klapperdalen 174 Lb 3 7b
Klasvollen 226 Jb 2 20a
Klauva 205 Kb 3 7b
9034 Klauvnes 338 Bb 38
Kleiva/Bjoneroa 164 Ma 1 17b
Kleiva/Bjorli 222 Ka 2 13a
Kleiva/Bø 128 Na 2 14b
Kleiva/Eidsdalen 221 Ka 2 11a
9321 Kleiva/Sortland 327 Cb 27
Kleiva/Stjørdal 232 Hb 3 19a
7520 Kleiva/Stjørdal 266 Hb 19
Kleiva/Trondheim 232 Ja 1 18a
Kleiva/Vigeland 112 Oa 3 11c
Kleivaland 142 Na 2 9c
Kleivane 113 Oa 2 13a
Kleivane 176 Lb 2 10c
5915 Kleivdal 174 Lb 3 7b
Kleive 178 Lb 3 13c
6453 Kleive 228 Jb 2 12a
Kleiveland 175 Lb 3 8a
Kleivi 125 Oa 1 10b
Kleivsel 112 Oa 3 12b
Klekken 164 Ma 317c
1212 Klemetsrud 147 Mb 1 18c
Klemmetsbråtan 149 Ma 3 21b
Klepp/Bergstad 129 Na 3 16b
4357 Klepp/Bryne 124 Nb 2 8b
Kleppa 125 Nb 1 9b
Kleppan 147 Na 1 17a
Kleppe/Bygstad 205 La 1 8a
Kleppe/Fotlandsvåg 175 Lb 3 8a
3825 Kleppe/Gvarv 145 Na 1 15a
Kleppe/Klokkarvik 174 Ma 2 7a
4358 Kleppe/Kvernaland 124 Nb 2 8a
Kleppe/Revnestrand 159 Ma 3 8b
Kleppenes 206 Kb 2 8c
Klepper 131 Na 3 19c
5300 Kleppestø 174 Ma 1 7b
Kleppstølen 205 Kb 3 8c
8314 Klepstad 317 Da 25
7083 Klett 231 Ja 2 17b
Kletten 229 Ja 3 13c
Klettsætra/Tynset 211 Ka 2 19a
Klettsætra/Unnset 211 Ka 3 19a
Klettsætran 225 Ka 1 19a
Klettvollen/Koian 226 Jb 3 20b
Klettvollen/Os 225 Ka 1 19a
Klevar 146 Na 1 15b
Kleveland 127 Nb 3 12c
Klever 147 Mb 3 17b
Klevfos 181 Lb 2 19c
8056 Klevika 306 Ea 25
Klinga 266 Ha 19
Klinkenberg 164 Ma 2 17c
Klokk 221 Ka 1 10b
3490 Klokkarstua 147 Mb 3 17c
5378 Klokkarvik 174 Ma 2 7a
Klokkermoen 165 Ma 1 19a
Klomstein/Bin 180 Lb 1 18a
Klomstein/Kjøra 231 Ja 1 16c
Klopp 147 Na 1 17b
Klovdal 129 Na 2 15c
Klovholt 129 Na 2 16a
6719 Klubben 205 Kb 1 7b
9930 Klubbnasen 348 Ba 55
9582 Klubbnesvika 339 Ba 41
Klubbo 158 Mb 1 7a
9650 Klubbukt 345 Ab 45
Klungland 111 Oa 1 10b
Klungnes 221 Jb 3 12a
7950 Klungset 280 Gb 19
Klungtveit 142 Na 1 8b
Klyve 175 Ma 1 9b
Klyve 176 Lb 3 10a
7540 Klæbu 231 Ja 2 17c
Klæpa 181 Lb 2 19c
2040 Kløfta 165 Ma 3 19a
Kløfta 166 Lb 3 21a
Kløftefoss 163 Ma 3 16c
Kløftet 211 Ka 2 19a
Kløftsetra 223 Jb 1 15a
Kløvbekk 128 Nb 2 14b
Kløvfossen 294 Ga 24
Kløvimoen 294 Fb 24
Kløvset 229 Ja 3 13b
Klåstad 129 Na 3 17b
4473 Knaben 126 Nb 3 11a
Knaibråten 165 Ma 1 19a
Knappen 195 La 1 17a
Knapper 165 Ma 1 20a
Knappom 166 Lb 3 21a
Knappskog 174 Ma 1 7a
Knappstad 148 Mb 3 19a
Knappstad 205 Kb 3 7c
Knappåssætran 225 Ka 1 19a
Knarrdalstranda 129 Na 3 16a
5355 Knarrevik 174 Ma 1 7a
Knarriki 189 Lb 2 7a
Knarrvik 189 Lb 1 7a
5914 Knarvik 174 Lb 3 7b
7822 Kne 266 Ha 20
8286 Knedalen 318 Db 27
Knem 147 Mb 3 17c
Kneppe 165 Ma 2 19a
Kniepstøl 126 Oa 1 11a
Knive 146 Mb 1 16c
Knurrestad 148 Mb 19a
Knutset 228 Jb 1 12b
Knutsli 126 Nb 2 12a
Knutsvika 142 Na 2 9a
Knøsen 182 Lb 220c
Kobbeneset 319 Da 30
9325 Kobbevågneset 337 Ca 34
9925 Kobbfoss 342 Ca 56
Kobesvik 174 Ma 1 7a
3245 Kodal 129 Na 2 17a
Koian 226 Jb 3 20b
Koien 182 Lb 1 21b
9715 Kokelv 346 Ab 46
Kolabygda 124 Nb 1 9a
Koland 112 Oa 1 12a
Kolavåg 174 Ma 1 7a
Kolbeinstveit 143 Mb 3 10a
5394 Kolbeinsvik 158 Ma 3 7b
Kolberg 180 Lb 1 18b
4816 Kolbjørnsvik 114 Oa 1 14b
1410 Kolbotn 147 Mb 2 18b
Kolbotn/Prestfoss 163 Ma 3 16a
2121 Kolbu/Bøverbru 180 Lb 3 18b
Kolbu/Tomtin 179 Lb 2 16b
Kolbulia 181 Lb 1 20a
Kolevoll 111 Oa 3 10c
6957 Kolgrov/Leirvik 190 La 3 7b
6928 Kolgrov/Ytre Sula 189 La 3 6b
Kolkinn 164 Ma 2 18a
Kollangsneset 191 La 3 9b
Kollen 146 Na 1 16b
Kollsete 192 La 2 11a
Kollstad/Manger 174 Lb 3 7a
Kollstad/Røn 179 La 3 15b

Leavvajohka fjellstue

Meland/Lyngdal 379

9982 Leavvajohka fjellstue 341 Bb 49
9982 Leavvajohknjalbmi 341 Bb 49
Leesland 113 Oa 1 13a
Lefdal 205 Kb 1 8a
Legestøylen 206 Kb 3 9b
6750 Leikanger/Drage 219 Ka 3 7b
6863 Leikanger/Hermansverk 191 La 2 10b
Leiknes 159 Mb 2 8c
9300 Leiknes 328 Ca 33
Leikvoll 165 Ma 3 19a
Lein 232 Hb 2 19b
7690 Lein/Levanger 266 Hb 19
7650 Lein/Verdalsøra 266 Hb 20
3530 Leine 164 Ma 3 17b
Leine 219 Ka 1 8b
8285 Leines 293 Fa 22
Leinvågen 189 La 3 6b
Leipstand 112 Oa 2 12b
Leir 163 Ma 3 16a
Leira bru 208 Kb 2 13b
2920 Leira/Fagernes 179 Lb 1 15b
Leira/Hyttneset 229 Ja 2 13a
Leira/Leland 294 Fa 23
Leira/Storfjorden 220 Ka 3 10a
7100 Leira/Årnset 231 Hb 3 17a
9443 Leirangen 318 Db 26
Leiranger 142 Na 2 8b
9321 Leirbogen 327 Cb 28
9532 Leirbotn 339 Ba 43
9532 Leirbotnvatn 339 Ba 44
9050 Leirbukta 337 Bb 36
Leirdal 192 La 1 11b
Leirfall 232 Ja 1 19b
7746 Leirfjorden 280 Gb 19
Leirflaten 209 Kb 2 15a
Leirgulen 205 Kb 1 7b
Leirmo 192 La 1 11b
8150 Leirmoen 307 Eb 26
9982 Leirpollen 347 Ba 54
2015 Leirsund 165 Mb 1 19a
Leirvassbu 193 Kb 3 13b
5401 Leirvik 158 Mb 2 8a
6953 Leirvik/Lavik 190 La 3 7c
Leirvik/Nerdvika 229 Ja 1 13a
Leirvik/Renndal 229 Ja 3 14a
8897 Leirvika/Bardal 294 Fa 23
7800 Leirvika/Lødding 280 Gb 20
Leirvollen 225 Jb 1 18b
Leirvåg/Kaland 189 Lb 2 6c
Leirvåg/Tømmervåg 229 Ja 3 12c
Leirvågen 221 Jb 3 10c
Leitet 205 La 1 7b
7800 Leitet 280 Gb 18
Leiulstad 128 Nb 2 14b
Leivestad 174 Lb 3 7b
8210 Leivset 307 Ea 27
8450 Lekang 327 Cb 26
8370 Leknes 317 Da 24
5915 Leknes/Knarrviki 174 Lb 3 7c
Leknes/Kvammen 205 La 1 7c
Lekneset 220 Ka 2 10a
Leknessundet 189 La 2 6c
7120 Leksvik 266 Hb 18
Lekum 148 Mb 3 19b
6957 Lekva 190 La 3 7b
Leland 112 Oa 2 11b
8285 Lelend 294 Fa 22
2850 Lena 181 Lb 2 18b
Lene 112 Oa 3 11b
8001 Lengenes 319 Da 31
Lenningen 195 La 3 16b
Lensbygda 181 Lb 3 18c
7316 Lensvik 231 Hb 3 16b
9372 Lenvik 337 Ca 33
8530 Lenvika 328 Cb 31
8530 Lenvikmarka 328 Cb 31
5216 Lepsøy 158 Ma 3 7c
7234 Ler 231 Ja 2 17b
Lereim 192 La 2 11a
Lerstang 129 Na 3 16b
Lervik 130 Na 2 18b
2665 Lesja 209 Ka 3 14c
2668 Lesjaskog 222 Ka 2 13c
2667 Lesjaverk 209 Ka 2 14a
Lesteberg 163 Ma 2 15a
6698 Lesund 229 Ja 2 13c
6690 Lesund 264 Ja 13
Letningsvollan 211 Ka 2 19b
Levang 128 Nb 2 15c
8890 Levang 294 Fa 23
7600 Levanger 266 Hb 19
Leversby 146 Mb 1 16c
Leversund 189 Lb 1 7b
Levik 125 Nb 1 9a
Li 146 Mb 3 16b
6212 Li 221 Ka 2 11a
Li/Bjørnerud 144 Na 2 12c
Li/Haganes 174 Ma 2 7a
4380 Li/Hauge 111 Oa 2 9c
4311 Li/Hommersåk 124 Nb 1 8b
Li/Jessheim 165 Ma 2 19b
Li/Nesbyen 179 Lb 3 15b
Li/Svarstad 146 Na 1 16c
Li/Tysse 175 Ma 1 8b
Lia/Birkeland 113 Oa 1 13b
Lia/Bruland 205 La 1 8c
Lia/Buene 146 Mb 215c
8432 Lia/Elvenes 327 Cb 27
Lia/Førde 205 La 1 8c
Lia/Hardbakke 189 La 3 6c
Lia/Hundorp 195 Kb 3 16c
Lia/Lunden 180 Lb 1 17b
Lia/Oppdal 224 Jb 3 16b
Lia/Osøyro 174 Ma 2 8a
2542 Lia/Tolga 225 Ka 1 18c
Liabø 229 Ja 3 13b
6150 Liadalen 220 Ka 2 9a
Liagardane 178 Lb 3 14a
Liagarden 223 Jb 1 15b
4516 Lian 112 Oa 3 12a
Lian/Kyrkseterøra 230 Ja 1 15a
Lian/Vågan 230 Ja 1 15b
Liane 113 Oa 2 13a
Liane 190 La 2 7b
Liastølane 193 La 2 14b
Liastølen 179 Lb 1 15c
Liasætrin 209 Kb 1 14b
4848 Libru 114 Oa 1 14b
Lidarås 174 Ma 2 7c
3400 Lier/Førde 158 Mb 3 7c
Lier/Kongsvinger 166 Ma 3 21a
Lierbyen 147 Mb 2 17b
Liereng 180 Lb 1 17c
1930 Lierfoss 148 Mb 1 20a
Ligtvor 191 La 3 10a
Lii/Kvamsdalen 189 Lb 1 7b
Lii/Morki 194 La 2 14c
Lii/Veslsætri 210 Ka 3 16c
4480 Liknes 112 Oa 2 10c
8534 Liland/Bogen 318 Db 27
8534 Liland/Dragvika 328 Da 30
4440 Liland/Tonstad 125 Nb 2 10b
4438 Liland/Tonstad 125 Nb 3 10b
Liland/Tysnes 158 Ma 3 7c
Liland/Voss 175 Lb 3 9b
Lilleby 131 Na 2 19b
9714 Lillefjord 346 Ab 46
8854 Lillegård 293 Fb 22
2600 Lillehammer 180 La 3 17c
Lillehavn 112 Ob 1 11a
Lillehol 148 Mb 1 20a
4790 Lillesand 113 Oa 2 13c
2000 Lillestrøm 148 Mb 1 19a
Lilltvet 147 Mb 3 17c
Lima 124 Nb 2 8c
Limesand 191 La 3 9c
Limingdalen 281 Gb 24
Limmanvika 281 Ha 24
Lindberg 182 Lb 2 20b
Lindberget 182 La 3 20a
Lindeberg 165 Ma 3 19a
4473 Lindefjell 125 Nb 3 10c
Lindeland/Flejkkefjord 111 Oa 1 10b
4473 Lindeland/Kvinlog 126 Nb 3 10c
4440 Lindeland/Tonstad 125 Nb 2 10b
Lindelia 163 Ma 2 16b
Linderud/Råholt 165 Ma 2 19b
Linderud/Åmot 146 Mb 1 16b
Lindheim 128 Nb 1 15b
4519 Lindland 112 Oa 3 12a
Lindset 228 Jb 2 11b
7976 Lindsetmoen 281 Gb 22
Lindstad 307 Ea 27
Lindtveit 113 Oa 2 13c
Lindum 146 Mb 3 16b
Lindveit 113 Oa 1 14a
Lindås/Eines 229 Ja 2 14a
5955 Lindås/Vågseidet 174 Lb 2 7a
Line 124 Nb 2 8a
7176 Lines 265 Ha 16
7176 Linesøya 265 Ha 16
Linga 175 Ma 2 9a
Linge 221 Ka 2 11b
Lingås 221 Ka 2 11b
Linna 166 Ma 2 21c
Linna 182 Lb 2 21c
Linnes 198 Kb 3 21c
Linnestad 147 Na 1 17b
Linvågen 229 Ja 2 12c
Lio 178 Lb 1 13b
Liodden 179 Lb 3 15b
Liovassoen 208 Kb 1 12b
6729 Liset 204 Kb 2 6c
6727 Lisete 205 Kb 1 7a
Lisland 145 Na 1 14a
Lislevatn 127 Nb 3 13a
8900 Lisltorgnes 293 Ga 21
2616 Lismarka 180 La 3 18a
Listøl 163 Ma 1 16a
Lisætra/Elva 224 Ka 1 18a
Lisætra/Granrudmoen 195 La 2 17c
Lisætra/Skodje 221 Jb 3 10c
Lisætra/Åsheim 197 Kb 2 21a
Litlbu 212 Kb 1 21a
Litle 205 Kb 3 7b
Litle Bjørndalen 174 Ma 1 8a
Litlebakken 342 Bb 56
Litleberg 182 Lb 1 20b
Litlebergen 174 Lb 3 7b
Litlelindås 189 Lb 2 6c
Litlesalt 219 Ka 3 7c
Litletveiten 174 Lb 2 6c
Litl-Gusjåsen 228 Jb 2 12b
Litloksa 174 Lb 3 7b
Litlråsen 197 Kb 3 21b
Litlvika 232 Hb 3 18c
Litløya 232 Ja 1 18a
Liverud 162 Ma 2 14c
Livollen 197 La 2 21a
1169 Ljan 147 Mb 1 18b
Ljones 175 Ma 2 9a
Ljosdalen 163 Ma 2 15a
Ljosland/Gloppedal 126 Nb 1 11c
Ljosland/Iveland 113 Oa 1 12c
Ljøen 221 Ka 3 10c
Ljøner 149 Mb 1 20c
8215 Ljønes 307 Ea 26
2425 Ljørdalen 198 La 1 22b
Ljøsavollen 230 Ja 2 15c
Ljøsno 192 La 3 12a
Ljøsnåvollen 226 Ka 1 20c
Ljøstad 128 Nb 2 14c
Ljøsøya 228 Ja 3 11c
Ljøterud 146 Mb 3 16a
Ljøvika 227 Jb 1 10b
Lo/Husum 192 La 3 12b
2977 Lo/Nedre Dalen 193 La 3 13c
Lo/Oppdal 223 Jb 3 16a
Lo/Storås 230 Ja 3 16a
Loeret 147 Na 1 17c
Lofallsstranda 159 Ma 3 9a
Lofstad 146 Na 2 16c
Lofthus/Kasa 146 Mb 215c
5781 Lofthus/Kinsarvik 176 Ma 2 10a
Log 111 Oa 2 9c
Loga 111 Oa 2 10b
Logedulen 111 Oa 3 10b
Lognvik 144 Mb 2 13b
Logtun 232 Hb 3 18c
4715 Loland 113 Oa 2 12c
2686 Lom 208 Kb 2 14a
2967 Lome 194 La 3 14c
Lomeland 124 Nb 2 8c
Lomsdalen 180 Lb 3 17b
Lomsdalsætra 180 Lb 3 17b
2640 Lomsetrin 194 Kb 3 16a
1930 Lomsnes 148 Mb 1 19c
Lomtjørn 294 Fb 24
Lomunddalen 230 Ja 2 15c
7976 Lona 281 Gb 21
Lona/Folkestad 145 Na 1 15a
Lona/Liknes 111 Oa 2 10c
Lone 112 Oa 3 11b
Lone 190 La 2 7b
Lonestranda 112 Oa 3 11b
6996 Lonestølen 190 La 2 8c
5282 Lonevåg 174 Lb 3 7c
Longerak 127 Nb 2 12c
Longset 294 Fa 23
Longum 114 Nb 3 14b
6293 Longva 220 Jb 3 9b
Lonin 162 Mb 1 15a
7176 Lonin 266 Hb 18
8447 Lonkan 327 Cb 27
Lonåsmoen 224 Ka 1 18a
9586 Loppa 338 Ba 39
2666 Lora 209 Ka 3 14b
Lorensstua 196 La 1 19a
Lorgja 220 Jb 3 9b
Losby 148 Mb 1 18c
Loshamn 111 Oa 3 10c
Losna 195 La 1 17b
Losnegard 189 La 3 7a
Losnelia 189 La 3 7a
Lossætrin 224 Jb 3 16a
8647 Losvik 306 Eb 23
6778 Lote 206 Kb 1 9a
5561 Loten 141 Na 3 7c
Lovisenberg/Bekkelaget 181 Lb 2 19b
Lovisenberg/Kragerø 129 Nb 1 15c
Lovraeidet 142 Na 1 9b
8764 Lovund 293 Fa 21
Ludeflaten 113 Oa 2 13a
Luggens 128 Na 3 15b
Luktvatnet 294 Fa 24
Lund 113 Oa 3 13a
7650 Lund/Aksnes 266 Hb 20
Lund/Borgen 165 Ma 3 19b
Lund/Hamar 181 Lb 2 19a
8883 Lund/Hamnes 293 Fb 21
Lund/Hemnes 148 Mb 2 20a
Lund/Herrem 224 Jb 1 16b
Lund/Lesjaverk 209 Ka 2 13c
Lund/Moi 125 Oa 1 10a
Lund/Nesttun 174 Ma 2 8a
Lund/Nössemark 131 Na 3 20b
Lund/Sandnes 190 Lb 1 7c
Lund/Skien 129 Na 2 16a
Lund/Skiptvet 148 Na 1 19a
7818 Lund/Smineset 280 Gb 20
7724 Lund/Steinkjer 266 Ha 19
8534 Lund/Sund 318 Db 26
Lund/Ørje 148 Mb 3 20a
Lunda 159 Mb 2 9a
7232 Lundamo 231 Ja 3 17b
Lundby 180 Lb 3 18b
4640 Lunde 112 Oa 3 12b
Lunde/Brevik 129 Na 3 16b
Lunde/Buøy 141 Nb 1 8b
Lunde/Farsund 111 Oa 3 10b
Lunde/Fevik 114 Oa 1 14b
Lunde/Grinddal 191 La 3 10b
Lunde/Larvik 129 Na 3 17a
Lunde/Mandal 112 Oa 3 11c
Lunde/Myrdal 159 Ma 3 8a
Lunde/Nes 180 Lb 3 17a
Lunde/Osøyro 159 Ma 3 7c
6973 Lunde/Sande 190 La 1 8b
Lunde/Skei 206 Kb 3 10a
Lunde/Stryn 207 Kb 1 10c
Lunde/Strømsmoen 329 Cb 34
Lunde/Tau 141 Na 3 8b
Lunde/Tvedestrand 128 Nb 3 14c
3825 Lunde/Ulefoss 145 Na 2 15a
Lundeby/Braskereidfoss 182 Lb 2 20b
Lundeby/Trømborg 148 Mb 3 19c
Lunden/Brattvåg 220 Jb 3 9c
Lunden/Byremo 112 Oa 1 11c
Lunden/Grimstad 113 Oa 1 13c
Lunden/Heimdal 113 Oa 1 13b
Lunden/Vennesla 113 Oa 2 12c
Lunden/Ålset 180 Lb 1 17b
Lunder 148 Na 1 18c
Lundesætra 207 Kb 1 10a
Lundgard 195 La 3 17c
7950 Lundring 280 Gb 19
Lundsætra 195 La 3 16b
Luneborg 329 Cb 36
9322 Lunneborg 329 Ca 34
2730 Lunner 164 Ma 2 18a
9826 Luossanjarga 341 Bb 51
9934 Luovttejohka 347 Ba 53
8766 Lurøy 306 Fa 22
Luråsgrendi 162 Ma 3 14b
Lussand 176 Ma 1 10a
6872 Luster 192 La 1 11c
Lutdalen 232 Hb 3 18c
Lutnes 183 La 3 22a
Lyefjell 124 Nb 2 8b
Lygna 164 Ma 1 18a
Lygre 159 Ma 3 8b
Lykkja/Beito 194 La 2 14b
Lykkja/Brustad 165 Ma 1 19a
Lykkja/Elverum 182 Lb 1 20b
Lykkja/Storås 230 Ja 3 16a
Lykkjemoen 164 Ma 2 17a
Lykkjestølane 194 La 2 14c
Lykling 158 Mb 2 7b
Lynan 232 Hb 3 19b
7690 Lynan 266 Hb 19
7650 Lyng 266 Hb 20
Lyngbø 174 Lb 2 7b
4580 Lyngdal 112 Oa 3 11a
Lynghaug 329 Ca 33
9151 Lyngmo 338 Bb 38
9060 Lyngseidet 338 Bb 37
7900 Lyngsneset 280 Gb 19
Lyngstad/Atnbrua 210 Kb 1 17c
6493 Lyngstad/Eide 228 Jb 1 11c
Lyngsvåg 111 Oa 3 11a
8314 Lyngværstranda 317 Da 25
Lyngør 114 Nb 3 15a
Lyngås 147 Mb 2 17b
Lynnevik 145 Mb 2 15a
1324 Lysaker 147 Mb 1 18a
Lysebo 129 Na 3 16c
Lysebotn 142 Na 3 10a
Lyshaug 180 Lb 1 17a
Lyshaug 329 Ca 33
9384 Lysnes 336 Ca 32
Lystad 148 Mb 1 19b
6150 Lystad 220 Ka 2 9a
7168 Lysøysundet 265 Hb 16
4370 Lædre 124 Oa 1 9a
688 Lærdalsøyri 192 La 3 11c
Lærem 221 Jb 3 12a
Løberg 129 Na 2 16b
Løberg 197 La 2 21b
Løddesøl 114 Oa 1 14a
7800 Lødding/Alhus 280 Gb 20
7900 Lødding/Rørvik 280 Gb 19
Lødemel 206 Kb 1 10a
8020 Løding 307 Ea 26
9442 Lødingen 327 Da 28
Løfall 230 Ja 3 15b
1960 Løken/Fosser 148 Mb 2 19c
Løken/Ilseng 181 Lb 2 19b
Løken/Skjønhaug 148 Mb 3 19b
3530 Løken/Sundvollen 164 Ma 3 17b
Løkenfeltet 165 Ma 3 19a
Løkkeberg 131 Na 3 19b
7332 Løkken 231 Ja 3 16b
Løkker 165 Ma 1 19c
Løkkevika 131 Na 3 19b
Løksa 328 Cb 32
Løland 190 La 3 7c
Løland/Brekka 113 Oa 1 13b
Løland/Liknes 112 Oa 1 11a
Løland/Vanvik 142 Mb 39c
Lømsland 113 Oa 2 13a
Løn 176 Lb 2 10a
Lønberg 195 La 2 17c
5818 Lønborg 174 Ma 1 7b
Lønne 128 Nb 1 15b
Lønningen 174 Ma 2 7b
Lønsdal 307 Eb 27
Lønset 228 Jb 2 11c
8432 Lønskogen 327 Cb 27
Lørenfallet 165 Ma 3 19b
1470 Lørenskog 148 Mb 1 18c
Lørika 220 Ka 3 8c
Lørviki 174 Lb 3 7a
Løs 147 Na 1 17c
Løset/Elnesvågen 227 Jb 1 11a
Løset/Opphus 196 La 1 19c
Løset/Ramstad 220 Ka 1 10b
Løset/Sykkylven 221 Ka 1 10b
Løsetsetra 223 Jb 2 15b
Løsetsetra 230 Jb 1 15c
2340 Løten 181 Lb 2 19c
4380 Løtoft 125 Oa 1 9c
5285 Løtveit 175 Lb 3 8a
Løvbergsmoen 181 Lb 2 20a
Løve 129 Na 3 17a
Løvhaugen 167 Ma 1 22a
Løvhaugen 181 Lb 2 19c
Løvik 220 Jb 3 9b
Løvjomås 114 Nb 3 14a
Løvland 196 Kb 3 18c
Løvlia 149 Ma 3 20c
Løvstad/Åneby 165 Ma 3 18c
Løvstad/Åsgreina 165 Ma 3 18c
Løvåsen 231 Ja 1 17c
Løyning/Bjork 141 Na 2 8a
Løyning/Edland 161 Mb 2 12a
4370 Løyning/Egersund 124 Oa 1 8c
Løyningdalen 174 Ma 2 8a
Løypåvollen 222 Ka 1 13c
6719 Lågeide 205 Kb 1 7a
Låggisætran 224 Ka 1 17b
7690 Lågsand 266 Hb 19
Låne 147 Na 1 17a
Låne 191 La 2 9b
Lårvika 164 Ma 317c
9161 Låvan 338 Ba 40

M

Madland/Oltedal 124 Nb 2 9a
Madland/Vigrestad 124 Nb 3 8a
Madshaug 222 Jb 3 12c
8322 Madsvik 318 Da 26
9672 Mafjordhamn 345 Aa 44
Magerholm 220 Ka 1 10a
Magnillkroken 224 Ka 1 18a
Magnillsætra 224 Ka 1 18a
2240 Magnor 149 Mb 1 21b
Majahaugen 281 Ga 23
Majavatn 281 Ga 23
Majorplassen 146 Mb 3 16b
Majorstua 197 La 2 21a
9054 Malangseidet 329 Ca 34
9925 Malbekkoia 342 Ca 56
Male 227 Jb 1 11a
Malkenes 159 Ma 3 8b
7790 Malm 266 Ha 19
Malme 228 Jb 2 11b
Malmedalen 228 Jb 2 11b
6445 Malmefjorden 228 Jb 2 11b
4389 Malmeim 125 Nb 2 9b
Malmer 166 Ma 3 21a
8413 Malnes/Rise 327 Cb 26
8312 Malnes/Smorten 317 Da 25
Malungen 165 Lb 3 20a
7563 Malvik 232 Ja 1 18a
7563 Malvik 265 Ja 18
4501 Mandal 112 Oa 3 11c
5936 Manger 174 Lb 3 7a
Mangset 166 Ma 2 20b
Manneråk 112 Oa 2 12a
Mannflå 112 Oa 2 12a
Mannheller 192 La 3 11c
Mardal 206 Kb 2 9b
8658 Mardal/Berg 280 Ga 21
Mardalen 222 Ka 1 13a
Maribui 209 Ka 2 15b
Maridalen 229 Ja 2 13c
6873 Marifjøra 192 La 1 11b
Marikoven 174 Ma 1 7b
6889 Maristova 193 La 3 13a
Mark/Skiptvet 148 Mb 3 19a
Mark/Skollenborg 146 Mb 3 16b
8150 Marka 306 Eb 24
7622 Markabygd 232 Hb 3 19b
7201 Markabygd 266 Hb 19
9595 Markeila 344 Ab 41
6996 Markeset 190 La 2 8c
5596 Markhus 159 Mb 2 9b
Markusvika 142 Na 2 9a
Marnadal 112 Oa 2 12a
Martavollen 226 Jb 2 20c
Marvik 142 Na 1 9a
Masdal 220 Ka 1 9b
Masdalen 205 La 1 8c
Masdalsgjerdet 190 La 1 8c
9934 Máskejohka 347 Ba 53
Maslangrud 179 Lb 2 16b
5962 Massneset 190 La 3 8b
Masstugua 180 Lb 2 17b
9650 Mastarelv 346 Ab 46
Masterud 166 Ma 3 21b
Mastrevikane 189 Lb 2 6c
7600 Matberg 266 Hb 19
5174 Mathopen 174 Ma 1 7b
Matkroni 126 Nb 3 12a
4265 Matland 141 Na 2 7b
Matnisdal 124 Nb 3 8b
2235 Matrand 149 Ma 3 21a
5984 Matre 190 Lb 1 8a
Matsstuga 180 Lb 1 16c
8522 Mattisjorda 319 Da 31
2032 Maura 165 Ma 2 19a
Maurbakken 166 Ma 3 21c
Maurbråten 165 Ma 1 19c
Maurset 176 Ma 1 11c
Maurstad 205 Kb 1 7c
Maurvangen 194 La 1 14c
6036 Mauseidvågen 220 Ka 1 9b
2380 Mauset 181 Lb 1 19a
Meadalssætrin 209 Kb 2 14a
Mebo 113 Oa 2 13c
7580 Mebonden 232 Ja 2 19a
9321 Meby 327 Cb 28
4625 Mebø 113 Oa 3 13a
Medalen 163 Ma 2 15b
Medalen 222 Ka 1 12c
Medby/Rognan 307 Ea 27
Medåsen 224 Jb 1 16b
9384 Mefjordbotn 336 Ca 32
9389 Mefjordvær 336 Bb 31
2658 Megrund 194 La 1 16a
Megården 307 Ea 28
5414 Mehammar 158 Mb 1 7c
9770 Mehamn 347 Aa 52
Meheia 146 Mb 3 15c
Meisal 222 Jb 2 13b
Meisdalen 179 La 3 15b
6628 Meisingset 229 Jb 1 13b
Meiåvollan 225 Jb 2 18c
Mek/Eide 228 Jb 1 12a
Mek/Molde 227 Jb 2 11a
Mekjarvik 141 Na 3 8a
Mel 191 La 1 10a
Mela 226 Jb 2 20c
Meland 159 Mb 1 8b
Meland 191 La 2 10a
Meland/Bremnes 158 Mb 2 7b
Meland/Etne 159 Mb 3 8c
Meland/Flekkefjord 111 Oa 2 10b
Meland/Kleivaland 142 Na 2 9c
Meland/Lyngdal 111 Oa 3 11a

N

380 Melandsvågen Nes/Nordstranda

Melandsvågen 158 Mb 2 7a
Melau 129 Na 3 17a
8445 Melbu 327 Da 26
Melby 165 Ma 1 19a
Melby 194 La 2 14c
Melby/Hurdal Verk 165 Ma 1 19a
Melby/Skullerud 166 Ma 3 21b
Melbybyen 165 Ma 2 18c
7336 Meldal 231 Ja 3 16b
Meldalen 166 Ma 1 21c
Mele/Austbygdi 174 Ma 1 8a
Mele/Oltedal 125 Nb 1 9a
6150 Mele/Ørsta 220 Ka 2 9a
Melein 207 Kb 2 10b
7114 Melem 265 Hb 16
Melemshaugen 209 Kb 2 16a
Melen 204 La 1 7a
7977 Melen 280 Ha 20
8182 Melfjorden 306 Eb 24
7224 Melhus 231 Ja 2 17b
Melkelvlia 329 Ca 35
Melland 229 Ja 1 14a
Melleby 147 Mb 2 18b
Melleby/Skiptvet 148 Na 1 19b
Melleby/Trømborg 148 Mb 3 19c
Mellesdalen 175 Lb 2 8b
Mellesdalstøl 175 Lb 2 8b
9135 Mellomjorda 337 Ba 36
Mellsennstølan 194 La 3 15b
Melsom 130 Na 2 17c
Melsomvik 130 Na 2 17c
9518 Melsvik 339 Ba 43
Meltveit 129 Na 3 16a
8175 Meløy 306 Eb 23
8175 Meløysund 306 Eb 24
Melås 145 Mb 3 15a
Melåsberget 182 Lb 2 20b
Memurubu 193 La 1 14a
Menes 191 La 2 10a
Mengkroken 166 Ma 2 21b
Mengshol 180 Lb 2 18b
Menstad 129 Na 3 16a
Meren 147 Mb 1 17b
Meringdalen 222 Jb 3 13a
Meringsdalen 209 Kb 3 15b
Merje 129 Na 3 16c
Merket 179 Lb 1 15b
Mersrud 166 Ma 2 21a
7530 Meråker 233 Ja 1 20b
Meskestad 146 Mb 3 16c
Meslosætrin 224 Jb 1 16c
2610 Mesnali 181 La 3 18b
Messelt 196 La 1 19a
9054 Mestervik 329 Ca 34
7870 Mevassvika 280 Gb 21
Meådalen 233 Ja 1 19c
Meådalen 266 Ja 19
Meåssætra 230 Ja 2 15c
Midbø 112 Oa 3 11a
Midbø 205 Kb 3 8a
9325 Middagsnes 337 Ca 34
Midskog 148 Mb 1 19b
Midsløl 114 Nb 3 14b
6475 Midsund 227 Jb 2 10b
Midsætre 174 Ma 2 8a
Midtbø 189 Lb 1 6c
Midtdal 212 Ka 2 20b
Midtfjellsæ 111 Oa 2 10a
Midtsand 232 Ja 1 18b
7510 Midtsand 266 Ja 18
Midtskogberget 182 La 3 21a
Midtskogbrua 211 Ka 3 18c
Midtskogen/Løkken 231 Ja 3 16b
Midtskogen/Nymoen 211 Ka 3 18c
Midtstrand 195 La 1 17b
Midtstu 196 La 2 19b
Midtsætre 211 Ka 3 17c
5281 Midttun/Austbygdi 174 Ma 1 8a
6745 Midttun/Midsund 220 Jb 3 10a
Mieron 331 Ca 43
Mikkelsnes 342 Bb 56
9107 Mikkelvik 337 Ba 35
3658 Miland 162 Mb 1 14b
Milde 174 Ma 2 7b
Milskiftet 225 Ka 1 18c
9446 Minde 328 Cb 31
8900 Mindnes 293 Fb 21
Minne 174 Ma 1 8a
2092 Minnesund 165 Ma 1 19b
Misje 174 Ma 1 6c
8220 Misten 318 Ea 26
Mistfjorden 230 Ja 1 14c
8100 Misvær 307 Ea 27
6363 Mittetdale 222 Jb 2 12b
3620 Mjaugerud 146 Mb 1 15c
Mjelda 174 Ma 1 8a
8159 Mjelde 318 Db 27
Mjelkevik 159 Mb 2 8b
Mjell 191 La 1 9b
5281 Mjelstad 174 Lb 3 7c
Mjelve 228 Jb 2 11c
6693 Mjosund 229 Ja 2 14a
Mjunåsen 112 Oa 2 12a
Mjærskog 148 Mb 19a
Mjøa/Løkken 231 Ja 3 16a
Mjøa/Oppdal 224 Jb 3 16a
Mjøasætra 224 Ka 1 16c
4370 Mjølhus/Egersund 124 Oa 1 9a
Mjølhus/Ogna 124 Nb 3 8b
Mjølhus/Vigeland 112 Oa 3 11c
Mjølhus/Årdal 142 Na 2 9a
5136 Mjølkeråen 174 Ma 1 7b
5962 Mjølsvika 190 La 3 9a
9107 Mjølvik 337 Ba 34
3050 Mjøndalen 147 Mb 2 17a
Mjønerud 165 Ma 3 19b
Mjønes 230 Ja 1 15c
Mjørk 129 Na 3 17a
Mjørlund 164 Lb 3 18b
Mjøsstrand 165 Ma 1 19a
Mjåland/Austenå 127 Nb 1 13a
Mjåland/Byremo 112 Oa 1 11c
Mjåland/Gjøvdal 127 Nb 1 13b
Mjåland/Lauvrak 127 Nb 3 13b
4335 Mjåland/Motland 125 Nb 2 9c
Mjåneset 159 Ma 2 8b
Mjånger 189 Lb 2 7c
Mjåsund 125 Oa 1 10b
Mjåvatn/Bratteland 113 Nb 3 14a
Mjåvatn/Myra 128 Nb 2 14b
8601 Mo i Rana 294 Fa 25
Mo/Bjorå 127 Nb 2 13c
Mo/Harestua 164 Ma 2 18b
Mo/Kil 128 Nb 1 15b
Mo/Klæbu 231 Ja 2 17c
Mo/Kyrkseterøra 230 Ja 2 15a
Mo/Lærdalsøyri 192 La 3 12a
Mo/Sand 165 Ma 1 20a
Mo/Skien 146 Na 2 16a
Mo/Stordalen 221 Ka 1 11a
Mo/Tjøme 130 Na 3 17c
7100 Mo/Ålmo 231 Hb 3 17a
Moa 192 La 2 12b
Moan/Moskardet 210 Ka 2 17b
Moan/Tynset 211 Ka 2 18b
Moane 146 Mb 3 16a
2943 Moane 194 La 3 15a
Moasætrin 209 Kb 2 15a
Mobekk 149 Mb 1 20c
7590 Mobrua 226 Jb 1 20b
Modal 125 Oa 1 10b
Modalen 232 Ja 1 18b
Modeidmoen 113 Oa 2 12c
Modum 163 Mb 1 16c
2390 Moelv 180 Lb 1 18b
Moen/Bjorå 127 Nb 2 13c
1930 Moen/Bjørkelangen 148 Mb 1 20a
Moen/Bossvik 128 Nb 2 15a
Moen/Dal 233 Ja 1 19c
Moen/Drangedal 128 Na 3 15b
Moen/Eda glasbruk 149 Mb 1 21b
Moen/Elnesvågen 228 Jb 1 11b
Moen/Erikstad 129 Na 2 15c
Moen/Frogner 165 Ma 3 19a
Moen/Isfjorden 222 Jb 3 12c
Moen/Kampa 165 Ma 2 19c
Moen/Kvam 195 Kb 3 16a
Moen/Lampeland 146 Mb 2 15c
Moen/Moi 125 Oa 1 10a
Moen/Nesodden 128 Na 3 13c
6653 Moen/Solem 230 Jb 1 14c
9620 Moen/Store Lerresfjord 345 Ba 44
Moen/Storås 230 Ja 3 16a
Moen/Strådalen 267 Hb 21
Moen/Sundsli 127 Nb 1 13b
Moen/Svenningdal 294 Ga 23
Moen/Våje 114 Nb 3 14b
9321 Moen/Ytre Eidsfjord 327 Cb 26
Mofjell 127 Nb 2 13b
8647 Moflaget 293 Fa 22
Mogen 144 Mb 3 13b
Mogrenda/Nordfjordeid 206 Kb 1 9a
Mogrenda/Storbekkmoen 210 Kb 2 17c
Mogstad 230 Jb 1 14c
Moholt 129 Na 2 16b
Moholtet 224 Jb 1 17c
Moi/Bygland 127 Nb 1 12b
Moi/Kvås 112 Oa 2 11b
Moi/Liknes 112 Oa 1 11a
Moi/Osland 124 Nb 3 8c
4460 Moi/Sira 125 Oa 1 10a
Moksnes 232 Hb 3 18c
Moland/Drangedal 128 Na 3 15b
Moland/Førland 112 Oa 2 12b
4473 Moland/Netland 126 Nb 3 10c
Moland/Seljord 145 Mb 3 13c
6400 Molde 227 Jb 2 11a
Moldreim 206 Kb 2 9c
Moldstad 180 Lb 3 18b
6076 Moldtustranda 219 Ka 2 8a
Molia 212 Ka 2 20a
Molland 113 Oa 2 14a
Molland 189 Lb 1 7b
Mollestad 113 Oa 2 13b
Molnes 220 Jb 3 9a
Molstad 229 Ja 1 13a
Molviki 175 Lb 3 8a
Moløkka 164 Ma 3 17b
Momarken 148 Mb 3 19b
Momoen 148 Mb 2 19c
Momrak 127 Na 3 13a
4370 Mong 110 Oa 1 9a
Mongslaupen 189 Lb 2 7a
Mongstad/Austmarka 174 Lb 3 7b
5954 Mongstad/Kaland 189 Lb 2 7a
Monset 231 Ja 2 16b
Monsrud 166 Ma 1 21a
Monsrud 166 Ma 3 21b
2380 Monssvea 181 Lb 1 18c
7168 Monstad 265 Hb 17
6409 Mordal 227 Jb 2 10c
Moreppen 165 Ma 2 19a
Morgedal 145 Na 13c
Moripen 128 Nb 3 14a
Mork/Eide 228 Jb 1 12a
Mork/Grønvollfoss 146 Mb 3 15b
Mork/Hogsetfeltet 148 Mb 1 19c
Mork/Volda 220 Ka 3 9a
Mork/Åfarnes 222 Jb 2 12a
Morka 220 Ka 1 8c
7800 Morka 280 Ha 19
7176 Morkamoen 265 Ha 17
7168 Morkamoen 265 Hb 17
Morkavollen 225 Jb 2 19a
Morki/Bjorli 222 Ka 2 13b
Morki/Skammestein 194 La 2 14c
Morlandsstøa 174 Ma 1 7a
7168 Morrvollen 265 Hb 17
Morskogen 165 Ma 1 19b
Morstad 165 Ma 2 19c
Morsund 227 Jb 2 9c
Mortavika 141 Na 3 8a
9930 Mortensnes Ceavccageadgi 348 Ba 54
8647 Mortensvika 294 Fb 25
8340 Mortsund 317 Da 24
Mortveit 159 Mb 2 8c
5122 Morvik 174 Ma 1 7b
Morvollan 229 Ja 1 13c
4619 Mosby 113 Oa 2 12c
Moseby 149 Mb 2 20b
Moseid 127 Nb 3 12b
Mosetra 225 Jb 2 18a
8665 Mosjøen 294 Fb 23
Moskardet 210 Ka 2 17b
8390 Moskenes 317 Db 23
Moskog 206 La 1 9a
9062 Moskogaissa 330 Ca 37
Mosnes 159 Mb 1 9c
1503 Moss 147 Na 1 18b
8900 Mossem 293 Ga 21
Mosserød 131 Na 2 20b
Mossige 124 Nb 2 8b
Mossingan 232 Hb 3 19a
Mostad 128 Nb 1 15a
Mostaul 144 Mb 2 13a
Moster 158 Mb 2 7c
5440 Mosterhamn 158 Mb 2 7c
7190 Mostervika 265 Ha 17
Mostøl 144 Mb 3 13b
Mostøyl 145 Na 1 13b
7690 Mosvik 266 Hb 19
Mosætra 220 Ka 2 9b
4335 Motland 125 Nb 2 9c
Moum 131 Na 2 19a
9020 Movik 337 Bb 35
Movollen/Flatberg 225 Jb 1 19a
Movollen/Koppang 196 Kb 3 19b
Moy Moner 114 Oa 1 14b
Muggsjølia 226 Ka 1 21a
Mugnestølen 193 La 2 14b
Mulehamn 205 Kb 2 7a
Mullia 205 Kb 2 7a
3080 Mulvika 147 Na 1 17c
6848 Mundal 191 La 1 10b
Mundheim 159 Ma 3 8c
Munkebakken 342 Bb 55
8001 Munklia 319 Da 32
Munkneset 342 Bb 56
Munkvoll 223 Jb 3 15c
Muruvik 232 Ja 1 18c
7510 Muruvik 266 Ja 18
Musdal 231 Hb 3 16a
6690 Musdal 265 Hb 16
Musdalen 195 La 2 17b
Musdalssætra 195 La 2 17b
Musdalsvik 231 Hb 3 16a
Musgjerd 223 Jb 3 14c
Mustad 180 Lb 2 17c
4380 Mydland/Hauge 111 Oa 1 9c
Mydland/Hægebostad 112 Oa 1 11b
4440 Mydland/Tonstad 125 Nb 3 10a
Mydland/Øyslebø 112 Oa 3 11c
Myglerød 114 Nb 3 14a
5957 Myking 174 Lb 2 6c
Myking 178 Lb 3 13c
8900 Mykkelbostad 293 Fb 21
4832 Mykland 113 Oa 1 12c
Mykland 206 Kb 3 9c
Myklandsdalen 127 Nb 3 13b
Myklebost/Dale 190 La 2 7c
Myklebost/Syvden 219 Ka 3 8b
Myklebostad 127 Nb 3 13a
6364 Myklebostad 222 Jb 2 12c
9442 Myklebostad 328 Da 29
9443 Myklebostad/Skoglund 318 Db 27
8020 Myklebostad/Storvollen 307 Ea 26
Myklebust/Barmen 219 Ka 3 7b
Myklebust/Bryggja 205 Kb 1 7c
Myklebust/Byrkjelo 206 Kb 2 10a
Myklebust/Fiskå 219 Ka 3 8a
6488 Myklebust/Harøyburet 227 Jb 2 9c
Myklebust/Skei 206 Kb 3 9c
Myklebust/Svelgen 205 Kb 2 7b
6150 Myklebust/Ørsta 220 Ka 2 9b
Myklebustsætra 205 Kb 2 8a
Mykleby 196 La 1 19a
Myklebysætra 196 La 1 19a
Myklegard 181 Lb 1 19c
8480 Myklenes 328 Ca 32
Myklestøyl 126 Na 3 11c
Myklesæter 146 Na 1 16b
Myllsbråtan 164 Ma 2 18a
Myr 181 Lb 2 18c
Myra 195 Kb 3 16b
Myra/Flisa 166 Lb 3 21a
Myra/Haugland 128 Nb 2 14c
Myra/Kragerø 129 Nb 2 15c
Myran/Lyngdal 112 Oa 3 11a
Myran/Nodeland 112 Oa 3 12b
Myrane 124 Nb 3 8b
5718 Myrdal 159 Ma 3 8a
Myre 197 La 1 20b
8488 Myre/Dverberg 327 Ca 28
Myre/Flateland 127 Nb 3 13c
Myre/Hamar 181 Lb 2 18c
9054 Myre/Heia 329 Ca 35
Myre/Jevnaker 164 Ma 2 17c
8430 Myre/Lønskogen 327 Cb 27
Myre/Medby 328 Cb 32
Myre/Myra 128 Nb 2 14c
Myrebø 124 Nb 3 8b
Myrheim 228 Ja 3 11c
Myrheim 281 Gb 24
Myri 178 Ma 1 13b
Myrland/Eidstod 145 Na 2 14a
Myrland/Hovet 177 Lb 3 12c
8448 Myrland/Napp 317 Da 23
8448 Myrland/Reinstad 327 Cb 28
8056 Myrlandsbotn 327 Da 27
9419 Myrlandshaugen 328 Cb 31
6973 Myrmel 190 La 1 8b
Myrmo 281 Gb 24
9584 Myrnes 338 Ba 41
Myrset 231 Ja 1 16a
Myrsund 231 Ja 1 17b
Myrvang 212 Kb 2 20b
Myrvang/Birkeland 113 Oa 1 13b
Myrvang/Lena 180 Lb 2 18b
8056 Myrvang/Åndervåg 327 Da 27
7746 Myrvika 280 Gb 19
8615 Myrvoll 294 Fa 24
Myrvoll/Heradsbygd 182 Lb 2 20b
Myrvoll/Oppegård 147 Mb 2 18b
Myrvågane 219 Ka 2 8b
1850 Mysen 148 Mb 3 19b
4376 Mysing 125 Nb 3 9b
Myster 175 Lb 2 8c
2674 Mysusæter 210 Kb 2 16b
Myte 178 Lb 2 14a
Mytinge 208 Kb 2 13b
Mækjevik 159 Mb 3 8b
Mæla 232 Ja 1 18c
7114 Mælan 265 Hb 17
Mælan/Stjørdal 232 Ja 1 18c
Mælan/Torset 229 Ja 2 14a
Mæle 175 Ma 1 9c
Mælingen 164 Ma 3 17b
Mælum 129 Na 2 15c
Mælum/Bybrua 180 Lb 2 18a
Mælum/Dokka 180 Lb 2 17a
Mælum/Lillehammer 195 La 3 17c
Mære 266 Hb 19
Mæresland 112 Oa 3 11c
Mæstad 175 Lb 2 9a
Mø 164 Ma 1 17c
4376 Møgedal 124 Nb 3 9a
Møglestu 113 Oa 2 13c
Møkjåland 113 Oa 1 13a
Møkkelgarden 230 Ja 3 15c
Mølen 129 Nb 1 16b
2372 Møllerstua 180 La 3 18a
6947 Mølmesdalen 190 La 3 8a
Mølnå 232 Hb 3 19b
Mølstre 141 Mb 3 7b
Mølstrevåg 141 Mb 3 7b
Mønnesland 112 Oa 3 12a
Mønshaugen 176 Lb 3 10a
Mørje 129 Na 3 16c
Mørk/Halden 131 Na 3 19c
Mørk/Heiås 148 Mb 3 19b
Mørk/Momoen 148 Mb 2 19c
Mørk/Son 147 Mb 3 18b
Mørkassel 147 Mb 3 17c
Mørkedalen 229 Ja 3 13a
Mørkeset 220 Ka 1 9c
Mørkfoss 148 Mb 3 19b
Mørkri 192 Kb 3 12a
Mørkved/Askim 148 Mb 3 19b
2380 Mørkved/Brumunddal 181 Lb 1 18c
7168 Mørriaunet 265 Hb 17
8266 Mørsvikbotn 318 Db 28
Møst 228 Ja 3 12b
Møsvassdammen 162 Mb 2 13b
Møvik 174 Ma 2 7a
Møystadsæter 166 Ma 1 21b
Møyåvollen 212 Ka 3 19c
Måbø 176 Ma 1 11b
Måkerøy 130 Na 3 17c
9325 Målselv 329 Ca 34
Målset 191 Lb 1 10a
Målsjøen 231 Ja 2 17c
Målsnes 191 La 3 10a
9325 Målsnes/Lunneborg 329 Ca 34
6700 Måløy 205 Kb 1 7a
Måmoen 127 Nb 2 14a
7176 Måmyra 266 Ha 18
Måna 211 Ka 3 18a
Måno 179 Lb 1 15b
Månvangan 211 Ka 2 18c
Mårem 162 Mb 1 14b
Måren 190 La 3 9a
8100 Mårnes 306 Ea 25
Måstad 148 Mb 3 20a
9107 Måsvik 337 Bb 34
9765 Måsøy 346 Aa 47

N

Naddvik 192 La 2 12a
Nag 142 Na 3 8c
Nagelstad 112 Oa 1 11b
3533 Nakkerud 164 Ma 3 17a
9136 Nakkesletta 337 Ba 36
Nakkestad 112 Oa 3 11a
Nalum 129 Nb 1 16c
7790 Namdalseid 266 Ha 19
Namna 166 Ma 1 21a
7800 Namsos 280 Ha 20
7890 Namsskogan 281 Gb 23
Namsvatn 281 Gb 24
8382 Napp 317 Da 23
Nappen 174 Lb 3 7b
Napphaug 129 Na 2 16b
Narestø 114 Nb 3 14c
Narjordet 225 Ka 1 19c
Narmo 181 Lb 1 19a
Narravik 141 Na 1 8a
2380 Narud 181 Lb 1 18c
Narum/Gran 164 Ma 2 18a
Narum/Kolbu 180 Lb 3 18b
Narum/Nedre Eggedal 163 Ma 3 15c
Narvestad 111 Oa 1 10c
8501 Narvik 328 Da 31
9710 Nasbakken 346 Ba 47
Naset 158 Mb 1 7c
6630 Nastad 228 Ja 3 12c
Nateland 113 Oa 1 12c
Natås 174 Lb 2 7b
Naug 146 Na 2 16c
8020 Naurstad 307 Ea 26
9107 Naustbukt 337 Bb 34
6817 Naustdal/Førde 205 Kb 3 8c
Naustdal/Nordfjordeid 206 Kb 1 8c
Naustdalstølane 205 Kb 3 8b
6470 Nauste 222 Jb 2 13a
Naustermoen 211 Ka 2 17c
Naustflot 176 Ma 1 10a
9060 Naustnes 338 Bb 37
Nautnes 174 Lb 3 6b
Nautsundet 190 La 2 7c
Nave 205 Kb 1 7c
Navelsaker 206 Kb 1 9c
Navestøylen 205 Kb 1 8a
9162 Naviteidet 338 Bb 40
Navrestad 111 Oa 1 10a
Nedalen 163 Ma 3 15c
Nedby 211 Ka 2 18b
4823 Nedenes 114 Oa 1 14b
Nedigårdsvollen 225 Ka 1 20a
5729 Nedrahelland 190 Lb 2 8c
9716 Nedre Brennelv=Veahkir 340 Ba 47
2977 Nedre Dalen 193 La 2 13c
3358 Nedre Eggedal 163 Ma 3 15c
Nedre Esper 166 Ma 2 20c
Nedre Hallen 162 Ma 1 13c
9302 Nedre Kjerresnes 329 Ca 34
Nedre Kvarv 318 Ea 28
Nedre Kvinlog 126 Oa 1 10c
4335 Nedre Maudal 125 Nb 2 9b
4380 Nedre Myssa 111 Oa 1 9c
Nedre Standal 205 Kb 3 7b
2657 Nedre Svatsum 195 La 2 16c
4389 Nedrebø 124 Nb 2 9a
Nedrestøl 112 Oa 1 11c
Nedrestølen 178 Ma 1 13b
5560 Nedstrand 142 Na 1 8c
9930 Neiden 342 Bb 55
Nekkjølsaetra 211 Ka 3 19b
Nekkåbjørga 232 Ja 3 19c
Neksjølia 211 Ka 3 19b
4863 Nelaug 128 Nb 3 14a
Nennset 129 Na 3 16a
Nerbolga 228 Ja 3 12b
Nerby 179 Lb 3 16b
Nerbø 145 Na 2 14b
9442 Nerdal 319 Da 30
Nerdvika 229 Ja 1 13a
6690 Nerdvika 264 Ja 13
Nerebøen 227 Jb 2 10c
Nerenga 180 Lb 1 18b
Nerengvangen 211 Ka 2 18c
8659 Nergarden 294 Fb 24
Nergård 210 Ka 3 17b
Nerland 228 Jb 1 11a
Nerli 294 Fb 25
Nerlia 181 Lb 2 18c
Nermoen 195 La 2 17c
Nerstad 163 Ma 3 16b
9771 Nervei 347 Ab 52
Nerås 221 Jb 3 10c
Nes/Andebu 146 Na 2 17a
7870 Nes/Aunet 281 Gb 22
Nes/Fredrikstad 130 Na 2 19a
Nes/Grinder 166 Ma 1 21a
Nes/Halstad 191 La 1 9a
3523 Nes/Heggerudstad 180 Lb 3 16c
Nes/Hemnes 148 Mb 2 19c
7632 Nes/Hopla 232 Hb 3 18c
Nes/Kleive 228 Jb 2 12a
Nes/Nordstranda 220 Jb 3 9b

Nes/Omastranda

Petersborg 381

Nes/Omastranda 159 Ma 3 8c
Nes/Rosendal 159 Mb 1 9a
Nes/Skjold 141 Na 1 8a
Nes/Skodje 220 Jb 3 10b
2350 Nes/Skotterud 149 Mb 1 21b
Nes/Son 147 Na 1 18a
Nes/Sundvollen 164 Ma 3 17b
Nes/Svorstølen 206 Kb 3 8c
Nes/Trandal 220 Ka 2 9c
Nes/Tørrnes 319 Da 29
7650 Nes/Verdalsøra 266 Hb 20
Nes/Årdal 142 Na 3 9c
7976 Nesan 281 Gb 22
8290 Nesberg 318 Da 27
Nesbrygga 130 Na 2 17c
3540 Nesbyen 179 Lb 3 15a
Nesbø/Svelgen 205 Kb 2 7a
Nesbø/Vikaneset 174 Lb 2 7c
4389 Nesdal 125 Nb 2 9a
Nese 174 Ma 2 7a
Nese/Eivindik 189 Lb 1 7b
Nese/Heviki 175 Lb 2 8c
Neset 211 Ka 1 18c
Neset/Atnbrua 210 Kb 1 17a
Neset/Austmarka 174 Lb 3 7b
Neset/Blakstad 113 Oa 1 14a
Neset/Krokstranda 295 Fa 27
9545 Neset/Langfjordbotn 338 Ba 37
Neset/Sand 165 Ma 1 20a
Neset/Sinnes 126 Nb 1 10c
9586 Neset/Skavnakk 338 Ba 39
7260 Neset/Sletta 265 Hb 15
7710 Neset/Veimo 266 Hb 20
Neset/Veitastrond 192 La 1 10c
Nesgrenda 128 Nb 3 14c
Nesheim 142 Na 2 8c
Nesheim/Bergo 175 Lb 2 9a
Nesheim/Granvin 176 Lb 3 10b
Nesheim/Haugesund 141 Na 1 7c
Nesheim/Norheimsund 175 Ma 1 9b
Nesheim/Nærbø 124 Nb 2 8a
Nesheim/Tveito 176 Lb 2 9c
Nesheim/Vaggatem 342 Ca 55
Nesheim/Vanse 111 Oa 3 10b
Nesholmen 205 Kb 3 8b
6729 Nesje/Bremanger 204 Kb 2 6c
Nesje/Glomnes 207 Kb 1 11a
Nesje/Leirvik 190 La 3 7b
8312 Nesje/Vonheim 317 Da 24
Nesjegjerde 221 Jb 2 11c
Nesjestranda 221 Jb 2 11c
Neskvern 166 Ma 1 20c
Nesland 128 Na 2 14a
3760 Neslandsvatn 128 Nb 1 15b
Neslerud 165 Ma 3 19b
Nesmoen 211 Ka 2 18c
8700 Nesna 294 Fa 23
Nesodden/Torget 147 Mb 2 18b
Nesodden/Tveitsund 128 Na 3 14a
1450 Nesoddtangen 147 Mb 1 18b
Nessa 142 Na 3 9a
Nessane 191 La 3 9b
9930 Nesseby Unjárga 348 Ba 54
Nesset 195 La 1 16b
Nestasvollan 223 Ka 1 16a
Neste 194 La 3 14c
5221 Nesttun 174 Ma 2 7c
Nesvik 142 Na 2 9b
Nesvollan 225 Jb 2 19c
Nesvollberget 183 La 2 22a
4380 Nesvåg 110 Oa 1 9b
Neteland 175 Ma 1 9a
Netland/Feda 111 Oa 2 10b
4473 Netland/Moland 126 Nb 3 10c
Netteland 189 La 3 7a
9620 Neverfjord 345 Ba 44
8960 Nevernes/Hommelstø 293 Ga 22
Nevernes/Rundhaugen 294 Fa 26
Neversletta 294 Fb 23
Nevlandshei 124 Nb 2 9a
Nevlunghavn 129 Nb 1 16c
Nideng 231 Ja 2 17c
Nies 206 Kb 1 9a
Nigard 207 Kb 3 11b
Nilsberg 165 Lb 3 19b
Nip 159 Mb 2 9c
8536 Nipen 328 Cb 30
Nisi 145 Mb 2 15a
1482 Nittedal 165 Ma 3 18c
Njøs 191 La 2 10c
5281 Njåstad 175 Lb 3 8a
Noatun 342 Ca 55
Noddeland 114 Nb 3 14c
4645 Nodeland 112 Oa 3 12c
4645 Nodelandsheia 113 Oa 3 12c
4370 Nodland 124 Oa 1 9a
Nogva 227 Jb 2 9c
Nome 112 Oa 3 12a
4516 Nomedal 112 Oa 3 12a
Nomeland 126 Na 3 12a
Nor 166 Ma 1 21a
Nor 206 Kb 1 9a
Noranger 174 Lb 2 6c
6710 Nord Oppedalen 219 Kb 1 7a
Nord Sel 209 Kb 1 15c
Nord Skare 163 Ma 2 15b
Nord Varhaug 124 Nb 3 8a
3820 Nordagutu 146 Na 1 15b
Nordbekk 182 Lb 1 20a
Nordberg 147 Mb 1 18b
9655 Nordbotn 264 Hb 15
Nordbotnen 204 Kb 2 6c
1930 Nordby/Bjørkelangen 148 Mb 1 20a
Nordby/Fetsund 148 Mb 1 19b
Nordby/Flateby 148 Mb 1 19a
Nordby/Jevnaker 164 Ma 2 17c
Nordby/Ski 147 Mb 2 18b
Nordby/Skiptvet 148 Na 1 19a
Nordby/Svelvik 147 Mb 2 17c
2880 Nordbygda 180 La 3 16c
Nordbygdi 128 Na 2 14a
9054 Nordbyvatnet 329 Ca 34
Nordbyvik 165 Ma 2 19a
4260 Nordbø/Avaldsnes 141 Na 1 7b
Nordbø/Lillesand 113 Oa 2 13b
4473 Nordbø/Moland 126 Nb 3 10c
Nordbø/Vikevåg 141 Na 3 8b
Norddal 129 Na 3 16b
6214 Norddal/Eidsdalen 221 Ka 2 11b
Norddal/Eivindvik 189 Lb 1 7b
Nordenga 165 Ma 1 19a
Nordenga 180 Lb 2 18a
Norderhov 164 Ma 3 17b
9990 Nordfjord 348 Ab 57
9054 Nordfjordbotn 329 Ca 35
6770 Nordfjordeid 206 Kb 1 8c
Nordfjorden 294 Fa 23
8286 Nordfold 318 Db 27
Nordgarden 165 Ma 1 18c
Nordgulen 189 La 3 7b
7980 Nord-Gutvika 280 Ga 20
Nordhagen 179 Ma 1 15a
Nordheim 142 Na 2 8c
Nordheim/Soleim 229 Ja 2 13b
Nordheim/Voss 176 Lb 3 10a
Nordherad 209 Kb 1 15a
Nord-Huglo 159 Mb 1 8a
Nordhus 159 Mb 2 8b
Nordigard 209 Kb 2 15a
Nordkil 318 Da 28
2055 Nordkisa 165 Ma 2 19b
9040 Nordkjosbotn 329 Ca 36
8392 Nordland 317 Db 22
9934 Nord-Leirvåg 342 Bb 56
Nordli/Brudal 165 Ma 2 20a
Nordli/Dalsbygda 225 Jb 3 19a
Nordli/Elverum 182 Lb 1 20b
Nordli/Lørenfallet 165 Ma 3 19b
Nordli/Sokna 163 Ma 1 16c
Nordli/Vikaneset 175 Lb 2 8a
8480 Nordlia/Sørli 328 Ca 32
8324 Nordmarka 318 Da 26
8489 Nordmela 327 Ca 28
Nordmokorset 165 Ma 2 19a
5281 Nordmyking 175 Lb 3 8a
5776 Nordnes 160 Ma 2 10a
Nordnesje 221 Jb 2 11c
8750 Nordnesøya 305 Eb 22
6717 Nordpollen 205 Kb 1 7b
8322 Nordpollen/Eidet 318 Da 25
Nordre Eidsæter 165 Ma 1 19a
Nordre Rasan 165 Lb 3 20a
Nordre Rivlian 211 Ka 3 18c
Nordre Rolstad 166 Ma 2 21a
Nordre Sevre 163 Ma 1 15b
Nordre Sæter 166 Ma 2 21a
Nordre Sætre 166 Lb 3 21a
Nordre Umrum 166 Ma 2 21a
Nordrekvingo 174 Lb 2 7c
6947 Nordrevik 190 La 3 8b
Nordrum 195 Kb 3 17a
Nordråk 180 Lb 2 17b
Nordset 166 Lb 3 21a
7168 Nordsetra 265 Hb 17
7260 Nordskaget 264 Hb 14
7176 Nordskjørin 265 Ha 17
Nordskog 158 Mb 3 7c
Nordskor 142 Na 3 9a
8534 Nordskot 318 Db 26
1112 Nordstrand 147 Mb 1 18b
6947 Nordstrand 190 La 2 8a
6050 Nordstranda 220 Jb 3 9a
Nordstrøno 174 Ma 3 7c
Nordstulen 195 Kb 3 17b
Nordstumoen 196 Kb 3 19a
Nordsæter 196 La 2 18a
Nordsætrin 209 Kb 2 14c
Nordvangvollen 225 Jb 3 19a
Nordvestbukta 342 Ca 55
Nordvik 141 Na 2 6c
Nordvik 229 Jb 1 14a
Nordvika/Badstuvika 230 Hb 3 15a
8215 Nordvika/Fauske 307 Ea 27
Nordvika/Furubakken 226 Ka 1 20c
6690 Nordvika/Hopen 264 Ja 13
9760 Nordvågen 346 Ab 49
Nordåker 179 Lb 1 15c
Nordåsen 124 Nb 2 9a
Nore 163 Ma 2 16a
3629 Nore 163 Ma 3 15a
3825 Norem 145 Na 1 15a
3536 Noresund 163 Ma 2 16a
Norgård 131 Na 3 20a
5542 Norheim 141 Na 1 7b
5600 Norheimsund 175 Ma 1 9a
Nornes 191 La 3 10c
9373 Norsfjordbotn 337 Bb 33
Norvik 221 Jb 3 11c
8647 Norvika 306 Eb 24
Nos/Berg 180 Lb 1 17c
Nos/Hopland 206 Kb 1 9c
Nos/Ål 178 Lb 3 14a
3671 Notodden 146 Mb 3 15b
8647 Novika 306 Eb 24
7940 Nubbdal 280 Gb 20
5281 Nunnås 174 Lb 3 8a
Nupen 219 Ka 2 8a
8380 Nusfjord 317 Da 23
9582 Nuvsvåg 338 Ba 41
Nyastøl 191 La 2 10c
Nyastølen 160 Mb 1 10c
Nyberget 181 La 3 20a
2422 Nybergsund 197 La 2 21b
Nyborg/Skogmo 269 Ha 24
9840 Nyborg/Varangerbotn Vuonnabahta 348 Ba 54
Nybø 191 La 3 9a
Nydal 181 Lb 1 19a
Nyddalen 191 La 1 9a
Nyddalsstølen 191 La 1 9a
Nygard/Sandtven 112 Oa 1 12b
Nygard/Teigebyen 165 Ma 2 19a
Nygjerdet 220 Jb 3 10a
Nygrenda 113 Oa 1 13c
Nygård 148 Mb 3 19a
Nygård 197 Kb 2 20c
Nygård/Fagerjorda 328 Da 32
Nygård/Grane 294 Fb 23
Nygård/Kjærnes 281 Gb 24
Nyheim 166 Ma 1 21b
Nyheim/Skora 198 Kb 3 22a
Nyheim/Surnadalsøra 229 Jb 1 13c
Nyhus/Bergstad 129 Na 3 16a
Nyhus/Birkeland 113 Oa 1 13b
2693 Nyhus/Bismo 208 Kb 1 13a
Nyhus/Haugerud 164 Ma 1 17a
Nyhus/Tørberget 182 La 2 21a
3180 Nykirke 147 Na 1 17c
Nykleby 181 Lb 3 18b
8438 Nyksund 327 Cb 27
8413 Nykvåg 327 Cb 25
Nyland 112 Oa 3 11a
Nymark 159 Ma 3 8b
9050 Nymo 337 Bb 36
Nymoen 164 Ma 2 17b
2485 Nymoen/Granerud 211 Kb 2 19a
Nymoen/Midtskogen 211 Ka 3 18c
Nymoen/Snerta 197 Kb 3 20b
Nymoen/Styggberget 182 La 3 20b
7761 Nyneset 267 Ha 22
Nyrud 342 Ca 55
Nystolen 159 Ma 3 8b
Nystova 193 La 2 13a
Nystrand 129 Na 3 16b
6871 Nystøl 207 Kb 3 11b
Nystølen/Tungestølen 207 Kb 3 10c
Nystølen/Årskog 191 La 1 9c
Nysæter 166 Lb 3 21b
Nysætra/Granrudmoen 195 La 2 18a
Nysætra/Heiset 206 Kb 1 9b
Nysætra/Horndalen 212 Kb 1 19c
Nysætra/Nedre Svatsum 195 La 1 16c
Nysætra/Stordalen 221 Ka 1 10b
Nysætre/Dombås 209 Ka 3 15b
Nysætre/Grotli 208 Ka 3 12b
Nysætre/Storsætre 208 Ka 3 13c
Nytrøa 224 Ka 1 17c
Nyvika 281 Gb 24
9620 Nyvoll 339 Ba 43
Nyvollen 224 Jb 3 17a
Nzgård 328 Da 32
4365 Nærbø 124 Nb 3 8a
Nærland 124 Nb 2 8a
2364 Næroset 181 Lb 1 18b
3478 Nærsnes 147 Mb 2 18a
Nævesdal 113 Oa 1 14a
Nøding 112 Oa 3 12a
Nøkleby 164 Ma 2 17b
Nøklegård 129 Na 3 16c
Nøkleholm 181 Lb 2 19b
Nørdervollan 225 Jb 3 18c
Nørdre Bjørkedalen 206 Ka 3 9a
Nørdre Kleive 209 Kb 2 15c
Nørdre Messeltsætra 196 La 1 18b
Nørdre Synnsætra 195 La 3 16c
Nørdstebø 162 ma 2 13c
Nørdstegarden 162 Ma 3 14b
Nøringset 220 Ka 1 9a
Nørvasund 220 Ka 1 9b
8488 Nøss 327 Ca 28
6727 Nøtset 204 Kb 2 6c
Nøttestad 181 Lb 2 19a
Nøttveit 174 Lb 3 7a
Nåpågarden 162 Mb 1 14c
6928 Nåra 189 La 3 6b
Nåvik 232 Hb 3 18c
7398 Nåvårdalen 224 Jb 2 17a
Nåvårsætrin 209 Kb 2 14c

O

Oaland 125 Nb 1 9b
4110 Oanes 125 Nb 1 9a
Obrestad 124 Nb 3 8a
Odals Verk 166 Ma 2 20c
Odberg 129 Na 2 16c
5750 Odda 160 Ma 3 10a
6690 Oddan 264 Ja 15
Odden/Arendal 114 Oa 1 14b
Odden/Elverum 181 Lb 1 20a
9164 Odden/Samuelsberg 338 Bb 37
9442 Odden/Tjeldnes 318 Da 29
3145 Odden/Ylvingen 293 Fb 21
Odden/Yset 224 Jb 3 17c
Odderstøl 113 Oa 1 12c
Oddestølen 193 La 2 14b
Oddlia 230 Ja 1 15b
4387 Odland/Bjerkreim 124 Nb 3 9a
Odland/Varhaug 124 Nb 3 8a
Odnes 180 Lb 2 17b
Odnåsen 174 Lb 3 7c
9442 Offersøya/Heggstad 318 Da 28
8370 Offersøya/Leknes 317 Da 24
Ofredal 192 La 2 12a
7900 Ofstad 280 Gb 19
Ofte 144 Na 1 13b
4440 Oftedal 125 Nb 3 10b
Oggevatn 113 Oa 1 13a
Ogna 124 Nb 3 8b
Ognedal 124 Nb 3 9a
Oklungen 129 Na 2 16b
9790 Oksfjord 347 Ab 51
Oksneset 174 Lb 3 6c
Okstad 232 Ja 2 18b
Okstveit 159 Mb 1 9a
Oksval 147 Mb 1 18b
7650 Oksål 266 Hb 19
9164 Oladalen 338 Bb 37
Oland/Åmdalsmoen 127 Nb 3 14a
Oland/Åmli 127 Nb 2 13c
Olastua 182 Lb 1 21b
Olasvea 180 La 3 18b
Olberg 163 Ma 3 16a
6727 Oldeide 205 Kb 1 7a
6788 Olden 207 Kb 2 10b
9050 Olderbakken/Sattern 337 Bb 36
9143 Olderbakken/Skibotn 330 Ca 37
9146 Olderdalen/Eidkjosen 337 Bb 34
9164 Olderdalen/Lyngmo 338 Bb 38
8100 Oldereid 307 Ea 26
9709 Oldernes 345 Ba 45
Olderskogen 197 Kb 2 20c
9034 Oldervik 337 Bb 36
Oldervika 306 Eb 23
Ole/Beitostølen 194 La 2 14c
Ole/Sleipestølen 193 La 2 14b
Olehusa 181 Lb 2 20a
Olemstad 128 Nb 2 14c
Ollestad 125 Nb 3 9c
Olmhus 179 Lb 2 16a
9325 Olsborg 329 Ca 34
Olsbu 128 Nb 3 14b
3890 Olsnes 144 Mb 2 12c
Olsneset 175 Ma 1 8b
Olstad 127 Nb 2 14a
Olstad 195 La 2 17c
Olsvika 230 Ja 1 14c
7980 Olsvika 280 Ga 21
Olsvoll 174 Lb 3 7a
7168 Olsøy 265 Hb 17
4333 Oltedal 124 Nb 2 9a
Oltesvika 125 Nb 1 9a
Olum 164 Ma 2 18a
Olve 159 Mb 1 8b
5632 Omastranda 175 Ma 2 8c
Omberg 148 Mb 19a
Omdal 130 Na 2 17b
Omholt 146 Mb 3 16b
Ommedal 206 Kb 2 8c
Ommelstad 180 Lb 1 17a
Omnes 145 Na 2 14c
Omsa 228 Ja 3 12c
Omsland 129 Na 3 16c
5694 Onarheim 159 Mb 1 8a
Ones 174 Lb 2 7b
Onglavika 174 Ma 1 7a
Oni 174 Lb 3 6c
Ono 129 Na 3 17a
Onsaker 164 Ma 2 17c
Onsrud 165 Ma 3 19b
Onstad 128 Nb 1 14a
Onstad 194 La 3 15a
Onsøy 130 Na 2 18c
Onsøya 231 Ja 2 17b
Opdalen 146 Na 2 16a
Opeland 176 Lb 3 10a
Oppdal/Nauste 222 Jb 2 13a
7340 Oppdal/Vognill 224 Jb 3 16b
7977 Oppdal/Øysletta 280 Ha 20
6620 Oppdøl 222 Jb 2 14a
8360 Oppdøl/Leknes 317 Da 24
Oppedal 191 La 2 9b
1415 Oppegård 147 Mb 2 18b
8294 Oppeid 318 Da 28
7127 Opphaug 265 Hb 16
Oppheim 178 Lb 2 14b
Oppheim/Dalasætra 224 Jb 2 16a
6789 Oppheim/Stryn 207 Kb 1 10b
Opphus 196 La 2 19b
Opphussætra 196 La 2 19a
Oppkvitno 176 Lb 2 9c
Oppsal 195 La 2 17b
Oppsal/Ingeberg 181 Lb 2 19b
Oppsal/Oslo 147 Mb 1 18c
8150 Oppsal/Storvika 306 Eb 24
Oppsal/Sylling 147 Mb 1 17b
Oppsal/Tangen 181 Lb 3 19c
Oppsal/Tyristrand 164 Ma 3 17a
Oppsal/Øyslebø 112 Oa 2 11c
Oppsal/Ålgård 124 Nb 2 8c
Oppset 166 Ma 1 21a
Oppsjøhytta 195 La 3 16b
Oppstad 124 Nb 3 8b
Oppstad 227 Jb 2 10b
Opptun 192 La 1 12b
Oppåker 166 Ma 1 21a
Oppåkermoen 165 Ma 2 20a
Oppåsen 166 Lb 3 20b
Opsal 112 Oa 3 11b
Opsanger 159 Mb 1 8b
Opseng 113 Oa 2 13b
Optedal 112 Oa 3 11b
Or 228 Ja 3 12c
Ora 228 Ja 3 12c
Orderud 148 Mb 3 20a
4387 Ore 124 Nb 3 9a
Orevika 146 Mb 3 17a
Orgetangen 146 Mb 3 16a
7300 Orkanger 231 Ja 2 16c
Orkelbogen 224 Ka 1 17c
Ormedalstrand 128 Nb 2 15c
Ormelet 130 Na 3 17c
Ormemyr 146 Mb 2 15b
Ormestad 112 Oa 3 12a
Ormset/Aure 229 Ja 2 14a
Ormset/Tingvoll 229 Jb 1 13b
Ormåsen 146 Mb 2 16b
Ornes 281 Gb 24
Orra 175 Ma 2 8c
Orrastad 192 La 2 11a
Orre 124 Nb 2 8a
Orreneset 221 Ka 1 10c
4380 Orrestad 125 Oa 1 9c
Orrevål 147 Na 1 17a
8314 Orsvåg 318 Da 25
5961 Ortneset 190 La 3 7c
Orvas 225 Jb 3 19c
Orvik 220 Jb 3 10a
Orvika 147 Mb 3 17b
2550 Os 225 Ka 1 19b
Osa 176 Lb 3 11a
7168 Osa/Nordsetra 265 Hb 17
8150 Osbakk 307 Eb 26
Osdalen 131 Na 3 19c
Osdalssætra 197 Kb 2 20a
Ose 127 Nb 1 12b
4820 Osedalen 114 Nb 3 14a
Osen 111 Oa 1 10b
Osen 193 Lb 1 13a
Osen/Bygstad 190 La 1 8b
7818 Osen/Kreklingan 280 Gb 20
Osen/Luktvatnet 294 Fa 24
Osen/Mørkri 207 Kb 3 12a
7190 Osen/Stein 266 Ha 18
Osen/Svardal 205 Kb 3 7c
Oskeland 141 Na 1 8a
Osland 124 Nb 3 8c
5962 Osland 190 La 3 8b
0101 Oslo 147 Mb 1 18b
Osmoan 225 Ka 1 19b
Osmoen 181 La 2 19c
Osnes/Etne 159 Mb 3 8c
4516 Osnes/Mandal 112 Oa 3 12a
2460 Osneset 197 La 2 20b
Ospfjorden 318 Ea 28
5993 Ostereido 174 Lb 3 7c
Ostfjell 149 Ma 3 21a
Ostvoll 165 Ma 2 19b
Osvang 128 Nb 1 15a
Osvoll 197 La 2 20b
9321 Osvoll 327 Cb 27
Osvollan 225 Ka 1 19a
Osøyro 174 Ma 2 7c
Osøyvollen 225 Jb 2 18b
9710 Oterberget 346 Ba 47
7980 Otervika 280 Ga 20
Oteråsen 182 La 3 21b
Otnes 196 Kb 2 19b
2670 Otta 209 Kb 2 16a
Ottem 223 Jb 3 15a
Otterdal 206 Kb 1 9c
Otterstad 146 Na 1 17a
7940 Ottersøya 280 Gb 19
2312 Ottestad 181 Lb 2 19a
Ottestad 221 Jb 3 11c
7660 Ottmoen 267 Hb 21
Oven 130 Na 2 18b
Overland 176 Lb 1 9c
Overvollen 221 Ka 2 10c
Overåsberget 166 Ma 1 20c
1930 Ovlien 148 Mb 1 20b
Ovri 191 La 3 10a
6212 Ovrå 221 Ka 2 11a
Ovråneset 221 Ka 2 11a

P

Panne 130 Na 2 17b
Pantslåtten 225 Jb 3 20a
Papper 130 Na 3 18c
Papperhavn 130 Na 3 18c
3648 Passebekk 146 Mb 3 16b
3185 Pauli 147 Na 1 17c
Paulsbo 131 Nb 1 20a
Peistorpet 166 Lb 3 21c
Pepperstad skog 147 Mb 3 18b
Persgard 162 Ma 2 14c
Petarteigen 158 Mb 2 7c
Petersborg 181 Lb 1 19c

N

N

N

Torp/Helgeroa Vatne/Skodje 387

Torp/Helgeroa 129 Nb 1 16c
Torp/Stokke 130 Na 2 17b
Torp/Vestby 147 Mb 3 18b
Torpet 226 Jb 3 20b
3759 Torpo 178 Lb 3 14b
Torpomoen 178 Lb 3 14b
Torrud 146 Mb 3 17a
Torråsen 197 La 2 21a
Torset 229 Ja 2 14a
6690 Torset 264 Ja 14
Torsetlia 162 Ma 1 13c
Torsetnes 229 Ja 2 14a
Torshov 148 Mb 2 19b
Torshus 231 Ja 2 16b
9381 Torsken 328 Ca 31
Torsnes 191 La 2 10a
Torssætra 165 Lb 3 18c
7900 Torstad 280 Gb 19
Torsteinsvik 174 Ma 1 6c
Torsvoll 226 Jb 2 20c
2380 Torsætra 181 Lb 1 18c
Torsø 131 Na 3 19a
Torvet 181 Lb 1 19b
6777 Torvika 206 Kb 1 8b
6639 Torvika/Batnfjordsøra 228 Jb 1 12c
6090 Torvika/Fosnavåg 219 Ka 1 8b
Torvika/Åndalsnes 221 Jb 3 12a
6947 Torvund 190 La 3 8a
7982 Tosbotn 281 Ga 22
Tosebygda 148 Mb 3 19b
Tosemyr 128 Nb 3 14a
Tosevarde 131 Na 2 19a
Tosevika 164 Ma 1 17a
Toska 174 Lb 3 6c
Toskeberg 128 Nb 2 15a
Toskedalen 175 Lb 3 8b
Toso 164 Ma 2 17c
Tosterud 165 Ma 1 19b
Tosås 111 Oa 2 10c
Totland 190 Lb 2 7c
Totland 268 Ha 24
Totland/Mosterhamn 158 Mb 2 7c
Totland/Nesttun 174 Ma 2 7c
Toven 229 Jb 2 13a
Toven 294 Fa 23
1930 Toverud 148 Mb 1 19c
Toverød 130 Na 2 17b
9445 Tovik 328 Cb 30
8890 Tovåsen 294 Fa 23
Tranbu 165 Ma 3 19c
3408 Tranby/Lierbyen 147 Mb 2 17b
Tranby/Sokna 164 Ma 2 16c
6183 Trandal 220 Ka 2 10a
1950 Trandum 149 Mb 2 20b
9321 Tranes 327 Cb 28
Tranevåg 111 Oa 3 10c
Trangan 231 Ja 1 17a
Tranhaug 180 Lb 2 17a
Tranøya 318 Da 28
8480 Tranøybotn 328 Ca 32
5962 Tredal 190 La 3 8a
Trefall 175 Lb 2 9b
4516 Tregde 112 Oa 3 12a
Trehørningen 181 Lb 2 19a
Tremyr 145 Na 2 14b
Trengereid/Indre Arna 175 Ma 1 8a
Trengereid/Tysse 175 Ma 1 8a
5263 Trengereid/Tælavåg 174 Ma 2 7a
6391 Tresfjord 221 Jb 3 11a
9151 Tretta 338 Bb 39
2635 Tretten 195 La 2 17b
3855 Treungen 128 Na 3 14a
Trevatn 180 Lb 3 17c
Triangelen 342 Ca 55
Trillestølen 179 La 3 14c
Trinborg 165 Ma 3 20a
Trinterud 178 Lb 2 14a
Triset 144 Na 1 13b
8865 Tro 293 Fb 22
8680 Trofors 294 Fb 23
Trolana 158 Ma 3 7a
7018 Trolla 231 Ja 1 17b
7510 Trolla 265 Ja 17
Trollbergvika 128 Nb 2 15b
9775 Trollbukta 347 Ba 51
Trolldalen 130 Na 3 18c
Trolldalen 209 Kb 1 14c
Trolleskei 112 Oa 3 11a
9700 Trollholmsund=Činavuohppi 346 Ba 47
Trollhovd 178 La 3 14c
9144 Trollvik 338 Bb 38
7650 Tromsdalen/Steine 266 Hb 20
9020 Tromsdalen/Tromsø 337 Bb 34
9001 Tromsø 337 Bb 34
9107 Tromvik 337 Bb 33
Tromøy 114 Oa 1 14c
Tronbøl 166 Ma 2 20b
7000 Trondheim 231 Ja 1 17c
7004 Trondheim 265 Ja 17
Trondsaunet 225 Jb 1 19c
Trondsjø 211 Ka 2 18b
Trondskogen 192 La 2 11c
Trondsvangan 211 Ka 3 18b
5777 Trones 176 Ma 1 10a
7892 Trones 281 Gb 22
8150 Trones 307 Eb 26
Tronhus 179 Lb 2 16b
Tronrud 165 Ma 3 19b
Tronsmyra 226 Jb 3 20b
Tronstad/Kana 147 Mb 3 17c
4645 Tronstad/Nordeland 112 Oa 3 12b
Tronstad/Sylling 147 Mb 1 17b
Tronteigen 193 La 2 12c
Trontveit 128 Na 3 13c
Tronvik 125 Oa 1 10a
Tronvika 147 Na 1 18a
Troppa 159 Mb 1 8b
Trosavik 124 Oa 1 8c
5561 Trosnavåg 141 Na 2 7c
Trosterud 149 Mb 3 20b
Trovåg 141 Mb 3 8a
Trugstadholtet 165 Ma 3 19a
Trulserud 164 Ma 1 18a
Trydal 128 Nb 1 14c
Tryggestad 207 Ka 3 10b
Tryland 112 Oa 2 11c
Trylisætra 196 Kb 3 18c
Trysnes 112 Oa 3 12b
Tryterud/Hakavik 146 Mb 3 16c
3629 Tryterud/Veggli 163 Ma 3 15a
Trædal 112 Oa 3 11c
Trædet/Holme 174 Lb 3 7a
Trædet/Svanøy 204 La 1 7a
Trælavika 174 Ma 2 7a
8766 Trænstaven 305 Fa 21
Træsnes 114 Oa 1 14a
Trøavollen 225 Jb 3 18c
Trøe 113 Oa 2 13b
Trøen 210 Ka 3 17a
1880 Trømberg 148 Mb 3 19c
Trønnes 196 Kb 3 19a
Trøsken 131 Na 1 19a
9442 Trøssenmarka 328 Cb 30
Trøstheim 163 Ma 1 15c
Trøyborg 111 Oa 3 10b
Tråen 163 Ma 3 15b
Tråk 129 Na 3 16a
Trålum 114 Oa 1 14b
7120 Tua 266 Hb 19
9670 Tufjord 345 Ab 44
9672 Tufjord Nord 345 Ab 44
2555 Tufsingdal 212 Ka 2 20b
Tufta 159 Ma 3 8c
4376 Tuftene 125 Nb 3 9b
Tuftene 192 La 1 10c
Tuko 163 Mb 1 16a
1950 Tukun 149 Mb 2 20b
Tungestølen 207 Kb 3 10c
Tungesvik 159 Mb 2 9a
Tungland 112 Na 3 9a
Tunheim 219 Ka 3 8a
Tunhovd 178 Ma 1 14b
Tunnsjørørvika 281 Gb 23
Tuptin 126 Nb 3 11c
9517 Turelva 339 Ba 43
6457 Turhus 228 Jb 2 11b
Turifoss 233 Ja 1 20b
Turtagrø 193 La 1 12b
Turøyna 174 Ma 1 6c
Tustervatnet 294 Fb 24
Tustra 227 Jb 2 10a
Tusvika 220 Ka 1 9c
Tutanrud 164 Ma 2 17b
Tuv/Hemsedal 178 Lb 1 13c
Tuv/Røn 179 La 3 15a
8100 Tuv/Saltstraumen 307 Ea 26
Tuva 208 Kb 1 12c
Tuven 294 Fb 24
Tuvmyra 182 La 2 20a
7260 Tuvneset 264 Hb 14
4901 Tvedestrand 114 Nb 3 14c
Tveidalen 129 Na 3 16c
Tveide 113 Oa 2 13b
5783 Tveit 176 Ma 1 11b
Tveit 189 La 3 7b
Tveit/Bø 128 Na 3 14b
Tveit/Haga 175 Ma 1 8b
Tveit/Herøysund 159 Mb 1 8b
Tveit/Kristiansand 113 Oa 2 13a
Tveit/Nedstrand 142 Na 2 8b
Tveit/Osøyro 174 Ma 2 8a
4724 Tveit/Skaiå 113 Oa 1 12c
Tveit/Skjeggedal 127 Nb 2 13b
Tveit/Åmli 127 Nb 2 14a
Tveit/Årdal 142 Na 3 9b
Tveit/Åsland 126 Nb 3 11c
Tveita/Fitja 158 Mb 1 7c
Tveita/Hebnes 142 Na 1 9a
Tveita/Orsjø 175 Ma 2 8c
Tveitan 129 Na 2 17a
Tveitane 128 Na 2 14a
Tveitaskog 141 Na 1 7c
Tveite 114 Nb 3 14c
Tveitegrend 144 Mb 2 12a
Tveiten/Gvarv 145 Na 1 14c
Tveiten/Haga 165 Ma 3 19c
Tveiten/Jondal 175 Ma 2 9a
Tveiten/Lampeland 146 Mb 2 15c
Tveiten/Siljan 146 Na 2 16b
Tveiten/Svarstad 146 Na 2 16c
Tveiten/Triset 144 Na 1 13b
Tveiter 148 Mb 3 18c
4376 Tveiti 124 Nb 3 9a
Tveitnes 159 Ma 3 9b
Tveito 176 Lb 2 9c
Tveito 176 Lb 3 10b
Tveitolii 162 Mb 1 14a
Tveitovåg 174 Ma 1 7a
3855 Tveitsund 128 Na 3 14a
Tveitå 127 Nb 2 12b
Tvelt 181 Lb 1 19a
Tverfjella 228 Jb 1 11b
Tverhommen 127 Nb 1 12b
Tverrborgvika 158 Mb 2 7b
Tverrbotn 113 Oa 2 12c
Tverrdalen 208 Kb 3 12b
Tverrelvmo 329 Cb 36
Tverrlisaetre 210 Ka 3 16b
Tverrstøl 127 Nb 2 13c
8100 Tverrvika 307 Ea 26
4335 Tverrå 125 Nb 1 10a
Tverråga 294 Fa 25
Tverråmarka 294 Fa 25
Tveter 131 Na 2 19b
Tviland 127 Nb 2 13c
Tvinik 129 Na 3 17a
Tvinne 176 Lb 2 9c
Tvørsland 112 Oa 1 12a
Tyin 193 La 2 13b
Tyinholmen 193 La 1 13b
2985 Tyinkrysset 193 La 2 13b
Tyinosen 193 La 2 13a
Tyinstølen 193 La 2 13b
Tykkris 114 Oa 1 14a
Tynjadalen 192 La 3 11c
2500 Tynset 211 Ka 2 18b
3825 Tyri 145 Na 2 15a
3533 Tyristrand 164 Ma 3 17a
Tysdal 142 Na 3 9b
Tyseng 166 Lb 3 21c
Tyskhus 129 Na 3 16c
Tysksaetran 224 Jb 2 17a
4370 Tyslandsvad 124 Oa 1 9a
Tyslingmoen 131 Nb 1 19c
5680 Tysnes 159 Ma 3 8a
9442 Tysnes Dassnagiehtje 318 Da 28
Tyssdal 174 Ma 2 7c
Tysse 205 La 1 7b
Tysse/Haga 175 Ma 1 8b
Tysse/Markhus 159 Mb 1 9b
5770 Tyssedal 160 Ma 3 10a
Tyssedalen 190 La 2 7b
Tysso/Dale 175 Lb 3 8c
5284 Tysso/Tollandsvåg 175 Lb 3 8a
6700 Tytingvågen 205 Kb 1 7a
Tælavåg 174 Ma 2 6c
7201 Tømmerdalen 265 Hb 18
Tømmerdalen/Leksvik 232 Hb 3 18a
Tømmerdalen/Trolla 231 Ja 1 17b
Tømmerstøl 205 Kb 1 8b
6590 Tømmervåg 229 Ja 3 12c
Tømra 232 Ja 2 19a
Tømte/Maura 165 Ma 2 19a
Tømte/Minnesund 165 Ma 1 19b
Tønnerud 164 Ma 1 17c
Tønnesland 112 Oa 1 12a
Tønnesøl 113 Oa 1 14a
3101 Tønsberg 130 Na 2 17c
9020 Tønsvik 337 Bb 35
2429 Tørberget 182 La 3 21a
Tørkopp 147 Mb 2 17c
Tørla 220 Ka 1 9b
1950 Tørnby 149 Mb 2 20b
Tørresdalen 225 Jb 3 20a
7790 Tørring 266 Ha 19
Tørrnes 319 Da 29
7176 Tørrvika 265 Ha 16
Tørråsen 182 Lb 220c
7105 Tørstad 231 Hb 3 17a
Tørvik 175 Ma 2 9a
Tørvikbygd 175 Ma 2 9b
Tøråsen 197 La 1 20c
Tøtlandsvik 142 Na 2 9c
7800 Tøttdal 280 Ha 19
Tøymskardlia 281 Ga 24
Tå 205 Kb 3 7b
Tårland 124 Nb 2 8a
Tårneby 182 Lb 3 20b
9300 Tårnelvmoen 329 Ca 33
7168 Tårnes 265 Hb 16
9900 Tårnet 343 Bb 57
8220 Tårnvika 318 Db 27
8535 Tårstad 328 Da 30
Tåråldli 144 Na 2 13a

U

4463 Ualand 124 Nb 3 8b
7100 Uddu 231 Hb 3 16c
Uetrhus 113 Oa 1 13a
Ufsvatn 128 Nb 2 14b
5685 Uggdal 159 Ma 3 8a
Ugla 192 La 2 11a
Ugland 113 Oa 1 14a
Uglem 232 Ja 2 19a
Uksvika 221 Ka 2 10c
Ula 129 Na 3 17b
Ulberg 163 Ma 3 15c
Uleberg 126 Nb 3 12b
3830 Ulefoss 146 Na 2 15b
Ulgjell 111 Oa 3 10b
Ulla 220 Jb 2 9b
Ullaland/Kleive 228 Jb 2 12a
Ullaland/Volda 220 Ka 3 9b
6996 Ullebøen 190 La 2 8b
Ulleland 111 Oa 2 10c
Ulleren 164 Ma 3 17a
Ullerhaugen 165 Ma 2 20a
Ullern 146 Mb 2 16c
Ullestad 142 Na 3 9b
Ullevållsæter 164 Ma 3 18b
Ulltangen 205 La 1 8b
Ulriken 174 Ma 1 7c
7397 Ulsberg 224 Jb 2 16c
Ulsberget 164 Ma 1 17c
Ulset 220 Ka 2 9a
Ulsmåg 174 Ma 2 7c
5780 Ulsnes 176 Ma 1 10b
Ulsrud 148 Mb 2 19b
Ulstein 220 Ka 1 8b
6065 Ulsteinvik 220 Ka 1 8c
Ulsvåhke=Ulsvåg 318 Da 28
Ulsvåg=Ulsvåhke 318 Da 28
Ulsåk 178 Lb 1 14a
9655 Ulvan 264 Hb 15
Ulvanes/Troppa 159 Mb 1 8c
Ulvanes/Ølen 159 Mb 3 8b
8285 Ulvangen 293 Fa 22
Ulvastad 191 La 2 10a
Ulvedal 206 Kb 2 10a
Ulven 174 Ma 2 7c
7650 Ulven 266 Hb 19
2372 Ulveroa 180 La 3 18a
Ulverud 148 Mb 2 19b
Ulveset 174 Ma 2 7a
5730 Ulvik 176 Lb 3 10c
Ulvika 232 Hb 3 18c
Ulvika 318 Da 29
Ulvildsete 194 La 2 14c
Ulvilla 266 Hb 20
Ulvin 165 Ma 1 19b
Ulvsnes 229 Ja 1 14b
6690 Ulvsnes 264 Ja 14
9540 Ulvsvåg 339 Ba 42
Ulvøysund 113 Oa 3 13b
8328 Ulvågen 318 Da 26
Ulvåvollen 181 La 2 20a
9034 Uløybukta 338 Bb 38
Umbukta 294 Fa 26
9162 Undereidet 338 Bb 40
9742 Underfossen 347 Ba 50
Undertun 189 Lb 1 7a
4645 Underåsen 112 Oa 2 12b
Undlinan 232 Hb 3 18c
5746 Undredal 192 Lb 1 11a
Unes 165 Ma 3 19c
Unneland 174 Ma 1 7c
2487 Unnset 211 Kb 1 19a
8360 Unnstad 317 Da 24
Unsholtan 225 Jb 2 19c
Unum 148 Na 1 18c
Uppdalsøyra 189 Lb 1 7b
Uppstad 143 Na 3 12a
Ura 220 Jb 2 9b
7746 Uran 266 Ha 18
Urangsvågen 158 Mb 2 7b
Urbø 161 Mb 2 12b
Urdal 125 Oa 1 10c
Urdalen 113 Oa 2 13b
Urdland 176 Lb 2 10a
Urdskardsætran 211 Ka 3 18b
8340 Ure 317 Da 24
Uri 221 Ka 2 11b
Urke 220 Ka 2 10a
5463 Uskedalen 159 Mb 1 8c
Ustan 231 Ja 2 16b
Ustaoset 177 Ma 1 13a
Ustjåren 231 Ja 2 16b
8360 Utakleiv 317 Da 24
Utbjoa 158 Mb 2 8a
8450 Utbjør 327 Cb 26
Utgarden 149 Ma 3 21c
Utgardsstranda 114 Nb 3 15a
Utgård 130 Na 3 18c
7142 Uthaug 265 Hb 16
Utluro 174 Lb 2 7a
5778 Utne 176 Ma 1 10a
7180 Utro 265 Ha 17
8413 Utskor 327 Cb 26
Utskot 175 Ma 2 8a
Utvika 164 Ma 3 17b
Utvika 220 Ka 1 10a
7746 Utvorda 280 Gb 18
Utåker 159 Mb 2 8c

V

Vadbu 189 Lb 2 7b
9144 Vaddas gruver 338 Bb 40
Vadfoss 128 Nb 1 15c
6996 Vadheim 190 La 2 8b
Vadla 142 Na 2 9c
Vadsetdansen 179 Lb 1 15b
Vadsteinsvika 228 Ja 3 12b
9800 Vadsø 348 Ba 56
Vaggatem 342 Ca 55
Vaggi 342 Bb 55
Vagsvika 221 Ka 1 10c
Vaka 159 Mb 3 8b
5725 Vaksdal 175 Ma 1 8b
4516 Valand 112 Oa 3 12a
9187 Valanhamn 338 Bb 40
8340 Valberg 317 Da 24
Valdalen 212 Ka 3 21b
Valdan 231 Ja 3 17b
9700 Valddak 340 Ba 46
6050 Valderøy 220 Ka 1 9a
Vale 146 Na 2 15c
Valebjørg 127 Na 3 13b
Valebrokk 112 Oa 1 12a
Valebygda 158 Mb 2 7c
Valebø 146 Na 2 15c
Valeim 142 Na 3 9b
5451 Valen 159 Mb 2 8b
Valen/Karisari 342 Bb 55
7893 Valen/Kjelda 280 Ga 20
Valestrand 158 Mb 2 7c
5281 Valestrandfossen 174 Ma 1 7c
5281 Valestrandsfossen 174 Ma 1 7c
Valevåg 158 Mb 2 7c
8408 Valfjord 327 Cb 27
Valjok=Válljohka 340 Bb 48
Valkveet 220 Ka 1 9a
5227 Valla 174 Ma 2 7c
8900 Valla 293 Fb 20
Vallarbru 145 Na 1 14a
6150 Vallasætra 220 Ka 2 9b
Valldalssætra 221 Ka 1 11c
Valle Glomset 220 Ka 1 10b
4747 Valle/Espetveit 144 Na 2 12a
Valle/Gjerstad 128 Nb 1 14c
Valle/Kragerø 129 Nb 1 16a
Valle/Mandal 112 Oa 3 11c
Vallekilen 127 Nb 2 14a
Valler 129 Na 3 16b
Vallersneset 174 Lb 2 7a
Vallervatnet 281 Gb 24
Vallestad 191 La 1 9b
Vallesverd 113 Oa 2 13b
Válljohka=Valjok 340 Bb 48
Vallskor 142 Mb 39c
Valløy 130 Na 2 18a
Valmen 197 La 2 20b
Valmestad 147 Na 1 17a
8056 Valnes 307 Ea 25
8215 Valnesfjord 307 Ea 27
Valset/Torpet 226 Jb 3 20b
Valslag 230 Ja 1 15b
7510 Valslåg 264 Ja 15
7114 Valsneset 265 Hb 16
Valsætrin 195 La 1 16b
6686 Valsøybotn 229 Ja 3 14a
Valvika 204 Kb 3 6c
8020 Valvika/Myklebostad 307 Ea 26
7900 Valøya 280 Gb 18
Valåsen 230 Ja 1 14c
5962 Vambråka 190 La 3 8c
Vamma 148 Mb 3 19b
Vamsætra 196 Kb 3 19b
Vandaskog 141 Mb 3 7b
8264 Vandved 293 Fa 21
Vanebu 146 Na 1 16b
Vang/Jevnaker 164 Ma 2 17c
9372 Vang/Lysnes 337 Ca 33
Vang/Roa 164 Ma 2 18a
Vang/Skiptvet 148 Na 1 19b
Vangdal 175 Ma 2 9a
3620 Vangestad 146 Mb 1 15c
7120 Vangshylla 266 Hb 19
6894 Vangsnes 191 La 3 10a
9304 Vangsvik 328 Ca 32
Vangsås 181 Lb 1 19b
9136 Vannareid 337 Ba 36
Vannes 159 Mb 2 8c
Vanneviki 178 Lb 1 14b
9135 Vannvåg 337 Ba 36
Vansbygdi 176 Ma 1 10c
4560 Vanse 111 Oa 3 10b
Vansum 165 Ma 3 19c
4209 Vanvik 142 Mb 39c
7125 Vanvikan 231 Hb 3 17b
7125 Vanvikan 265 Hb 17
Vanylven 219 Ka 3 8a
Var 130 Na 2 17b
9840 Varangerbotn Vuonnabahta 348 Ba 54
Varden 141 Na 3 7b
Varden 229 Ja 2 13b
Vardsætra 211 Ka 3 17c
Vardvollan 225 Jb 2 19b
9950 Vardø 349 Ba 59
Vare 175 Lb 3 8a
8382 Vareid 317 Da 23
4360 Varhaug 124 Nb 3 8a
Varholen 228 Jb 1 11b
Varland 161 Mb 2 13a
Varlo 146 Mb 2 16c
Varmbu 231 Ja 2 17b
Varnes 180 Lb 2 18b
8690 Varntresk 294 Fb 25
4387 Varp 124 Nb 3 9a
Varpbakken 180 Lb 2 17c
6727 Varpe 205 Kb 1 7a
6170 Vartdal 220 Ka 2 9a
Vartdalssætra 220 Ka 2 9b
1735 Varteig 131 Na 1 19b
Vaset 179 La 3 15a
Vassbotn/Birkeland 113 Oa 1 13a
Vassbotn/Jonrud 146 Mb 2 15b
Vassbotn/Larvik 129 Na 3 16c
8530 Vassbotn/Minde 328 Cb 31
Vassbotnen 126 Nb 3 11c
Vassbotnen 220 Ka 3 9a
Vassbygdi 177 Lb 1 11c
4389 Vassbø 125 Nb 3 9c
Vassdal/Dalen 129 Na 2 15c
Vassdal/Stanghelle 175 Lb 3 8a
Vassdalen 328 Cb 32
8175 Vassdalsvik 306 Eb 24
Vasselen 229 Ja 3 13a
Vassenden/Bakke 128 Nb 2 14b
6847 Vassenden/Førde 206 La 1 9a
Vassenden/Hov 180 Lb 2 17c
Vassenden/Nedstrand 142 Na 1 8b
Vassenden/Nes 180 Lb 3 17a
Vassenden/Rustasætre 208 Kb 3 13a
Vassenden/Sandane 206 Kb 2 9b
Vassenden/Sandnes 128 Na 3 15b
Vassenden/Sørbøvågen 190 La 2 7b
Vassendvik 142 Na 1 8b
Vassenga 165 Ma 2 19a
9300 Vasshaug 329 Ca 33
Vasshaugen 294 Fb 25
Vassklepp 194 La 2 14c
Vassli 223 Jb 2 15b
Vasslia/Bergerud 163 Mb 1 16a
Vasslia/Dalen 231 Ja 2 16a
Vasslia/Kyrksæterøra 230 Ja 2 15b
Vasslia/Vigeland 112 Oa 3 11b
7790 Vassmoen 266 Ha 19
9373 Vasstrand 337 Bb 33
Vasstrandfjellet 220 Ka 1 9c
Vasstrondi 176 Lb 2 10a
Vasstulan 162 Ma 1 13c
Vaterholm 266 Hb 20
Vatland/Breimoen 112 Oa 1 11a
Vatland/Feda 111 Oa 2 10c
Vatland/Flekkefjord 111 Oa 2 9c
4380 Vatland/Hauge 110 Oa 1 9b
Vatland/Topteland 112 Oa 2 11b
5414 Vatna 158 Mb 2 7c
Vatnar 145 Mb 3 15a
Vatnas 163 Mb 1 16a
Vatnasete 191 La 2 10c
Vatne/Døle bru 112 Oa 3 12a
Vatne/Evje 113 Nb 3 12c
Vatne/Lillesand 113 Oa 2 13c
Vatne/Risdal 127 Nb 3 13a
Vatne/Sandnes 124 Nb 1 8b
Vatne/Skjold 142 Na 1 8b
6265 Vatne/Skodje 220 Jb 3 10a

N

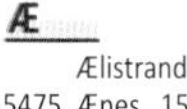

Østby/Nybergsund
Alby 389

2423 Østby/Nybergsund 198 La 2 22a
Østby/Rakkestad 148 Na 1 19b
Østby/Tangen 181 Lb 3 19b
Østby/Trømborg 148 Mb 3 19c
Østenheden 182 La 3 20c
Østensvik 131 Na 3 20a
Østerbo 131 Na 2 19c
Østerbø 177 Lb 2 12a
3825 Østerholt 145 Na 2 15a
Østerhus 113 Oa 2 14a
Østerkøft 307 Ea 27
Østerud 146 Mb 2 16c
Østerud 165 Ma 1 19a
Østhagen 329 Cb 33
Østhusvik 141 Na 3 8b
Østlia 329 Ca 36
Østre Bergsund 164 Ma 2 17a
Østre Halsen 129 Na 3 17a
Østre Toten 181 Lb 2 18c
Østre Æra 197 La 2 20a
Østre Åbu 181 La 3 19c
Østvika 281 Gb 24
Østvoll 180 Lb 2 18a
Østvollen 197 Kb 2 19c
Øttarsrud 147 Mb 2 18a
Øtteid 131 Na 1 20b
Øveland 112 Oa 2 12b
Øverbakken 165 Ma 1 18c
Øverbo 129 Na 2 16b
1892 Øverby/Dagernes 131 Na 1 19c
Øverby/Geithus 163 Mb 1 16b
Øverby/Raufoss 180 Lb 2 18a
Øverby/Sundvollen 164 Ma 3 17b
9334 Øverbygd 329 Cb 35
Øverbygda 165 Lb 3 19a
Øverbygda/Hoem 232 Ja 2 19a
Øverbygda/Nordbygda 180 La 3 17a
6330 Øverdalen 222 Ka 2 13a
9144 Øvergard 338 Bb 39
9054 Øvergård 329 Ca 36
Øverkil 232 Ja 1 19b
7510 Øverkil 266 Ja 19
2380 Øverkvern 181 Lb 1 18c
Øverland 144 Mb 2 12b
2890 Øverlibygdi 179 Lb 1 16a
2544 Øversjødalen 212 Ka 2 19c
Øverskreia 181 Lb 3 18c
Øverøyane 221 Ka 1 11b
Øverås/Håkonhals 318 Db 28
Øverås/Meringdalen 222 Jb 3 13a
Øverås/Systad 190 La 2 7c
Øverås/Øvre Rindal 230 Ja 3 15c
Øvrabø/Fjellberg 159 Mb 2 8b
5561 Øvrabø/Foresvik 141 Na 2 7c
Øvrabø/Jørpeland 142 Nb 1 8c
Øvrabø/Nedstrand 142 Na 1 8c
9518 Øvre Alta 339 Bb 43
Øvre Byrte 144 Mb 3 12b
2977 Øvre Dalen 193 La 2 13c
Øvre Dåsvatn 126 Nb 3 12a
5784 Øvre Eidfjord 176 Ma 1 11a
Øvre Espedal 125 Nb 1 9b
Øvre Gøystdal 162 Ma 3 14a
Øvre Holtet 165 Ma 1 19b
Øvre Kolvet 210 Ka 3 17c
Øvre Langfjell 294 Fa 25
Øvre Li 176 Lb 3 9c
4335 Øvre Maudal 125 Nb 2 9c
Øvre Mostu 181 Lb 2 20a
Øvre Ramse 127 Nb 2 13b
6658 Øvre Rindal 230 Ja 3 15b
Øvre Standal 205 Kb 3 7b
9518 Øvre Stilla 339 Bb 44
Øvre Svatsum 195 La 1 16b
Øvre Vassenden 176 Lb 3 10b
Øvre Øydna 112 Oa 1 11c
6884 Øvre Årdal 192 La 2 12b
Øvre Åstbrua 196 La 2 18b
Øvrebygda 197 La 2 21b
Øvrebø 175 Ma 1 8b
6973 Øvrebø/Sande 190 La 2 8b
Øvrebø/Vassenden 206 Kb 3 9b
Øvredalen 174 Ma 2 8a
Øvrehelland 190 Lb 1 8c
Øvretun 192 La 2 10c
Øvretveito 174 Lb 3 7b
Øvrum 129 Na 2 16b
4335 Øvstabø 125 Nb 2 9c
4335 Øvstabøstølen 125 Nb 1 10a
Øvstbøen 229 Jb 1 14b
Øvstedal 221 Ka 1 11b
Øvstefjellsa 111 Oa 2 10a
Øvstestølen 221 Ka 1 12a
Øy 128 Nb 1 14a
Øya 128 Nb 2 15b
Øya/Ljøsnåvollen 226 Jb 3 20c
8750 Øya/Losvik 306 Eb 23
Øya/Sennsjøvika 197 Kb 3 20c
Øyan 231 Ja 2 16b
Øyane/Grodås 206 Kb 1 10a
Øyane/Stamneshagen 175 Lb 2 8b
Øyangen 231 Ja 1 16b
7246 Öyangen 265 Ja 16
Øyarhamn 159 Ma 3 8c
Øydbost 205 Kb 3 8c
Øydjorda 175 Ma 2 9b
Øye/Hjelmelandsvågen 142 Na 2 9a
Øye/Liknes 111 Oa 2 10c
6196 Øye/Skylstad 220 Ka 2 10a
Øye/Torvika 228 Jb 1 12c
Øyenkilen 130 Na 2 18c
Øyermoen 166 Ma 2 21c
Øyeråsen 166 Ma 2 21c
4389 Øygard 124 Nb 3 9a
Øygard 229 Ja 2 14a
Øygarden/Arabygdi 161 Mb 2 12b
Øygarden/Aure 229 Ja 2 13c
Øygarden/Brattset 230 Ja 3 14c
Øygarden/Førde 205 La 1 8a
Øygarden/Grimstad 113 Oa 2 14a
Øygarden/Koland 112 Oa 1 12a
Øygarden/Lome 194 La 3 14c
Øygarden/Lyngstad 228 Jb 1 11c
Øygarden/Myklebostad 222 Jb 2 12c
Øygarden/Svene 146 Mb 2 15c
Øygarden/Søndeled 128 Nb 2 14c
Øygarden/Vatne 126 Oa 1 11b
Øygardsgrendi 162 Ma 2 14c
Øygardslia 128 Nb 2 14c
4370 Øygrei 124 Oa 1 9a
Øyi 144 Mb 3 13a
Øyjar 179 La 3 15a
8220 Øyjorda/Alsos 318 Ea 27
8501 Øyjorda/Nygård 328 Da 32
Øyjorda/Onarheim 159 Mb 1 8a
Øyjorda/Uggdal 159 Mb 1 8a
Øyna/Arendal 114 Nb 3 14c
Øyna/Frette 159 Mb 2 9b
Øyna/Iveland 113 Oa 1 12c
Øynes 307 Ea 27
Øyre 159 Ma 3 9b
Øyre/Lillehammer 180 La 3 17c
Øyre/Sogndalsfjøra 192 La 2 11a
4335 Øyren 125 Nb 1 9b
Øyri 189 Lb 1 7b
Øysandan 231 Ja 2 17b
Øysang 128 Nb 2 15b
Øyset 166 Ma 2 20c
Øyslebø 112 Oa 3 12a
7977 Øysletta 280 Ha 21
Øystedalen 175 Lb 3 8c
Øysteinsland 112 Oa 2 11b
5610 Øystese 175 Ma 1 9b
5962 Øystrebø 190 La 3 8b
5962 Øystrebø 190 La 3 8c
Øyuvstad 126 Nb 3 11c
9423 Øyvatnet 328 Cb 30
Øyås 231 Ja 2 17b

Å

Å 231 Jb 1 16b
8488 Å/Myre 327 Ca 28
7168 Å/Stokkslettmyra 265 Hb 17
8392 Å/Sørvågen 317 Db 22
Åbakken 182 Lb 220c
Åberg 207 Kb 2 10b
8485 Åbergsjorda 327 Ca 28
4525 Åbestad 112 Oa 2 11b
Åbjør 179 Lb 1 15b
2220 Åbogen 166 Ma 3 21a
Åby 129 Nb 1 16a
Åbåll 113 Oa 2 13b
1798 Ådalen 131 Na 1 19c
Ådalen 266 Ja 19
Ådalsbruk 181 Lb 2 19b
Ådalsvollen 233 Hb 3 21a
Ådland 174 Lb 3 7a
Ådland 175 Ma 2 8b
Ådlandsviki 174 Lb 3 7a
Ådnavik 159 Mb 2 8b
Ådnekvamme 190 Lb 2 7c
Ådneram 126 Na 3 10c
6360 Åfarnes 221 Jb 3 12a
Åfloy 228 Jb 2 12b
Åfoss 129 Na 2 16a
7882 Ågarden 281 Ha 23
Ågedal 112 Oa 2 11a
Ågedalstøi 112 Oa 1 11c
5363 Ågotnes 174 Ma 1 7a
Ågset 112 Oa 2 12a
8184 Ågskardet 306 Eb 23
6146 Åheim/Fiska 219 Ka 3 8a
Åheim/Lesjaskog 222 Ka 2 13c
Åkeberg 130 Na 2 18c
Åkerådalen 212 Kb 1 20a
Åknes 126 Nb 2 12a
9321 Åknes 327 Cb 27
5499 Åkra 159 Mb 2 9a
4270 Åkrahamn 141 Na 2 7b
Åkran 267 Hb 21
Åkre/Drangedal 128 Na 3 15a
5962 Åkre/Osland 190 La 3 8b
Åkre/Otnes 196 Kb 2 19b
Åkre/Ænes 159 Ma 3 9a
Åkrene 148 Mb 1 19a
2482 Åkrestrømmen 196 Kb 2 19b
Åkvika 229 Ja 2 13c
Åkvåg 128 Nb 3 15b
3570 Ål 178 Lb 3 14a
Ålberg 266 Hb 19
Ålbu 223 Jb 3 15c
Ålbusætra 224 Ka 1 17a
Ålefjær 113 Oa 2 13a
6000 Ålesund 220 Ka 1 9b
4380 Ålgård/Hauge 111 Oa 1 9c
4330 Ålgård/Kvernaland 124 Nb 2 8c
Ålmo/Fuglvåg 229 Ja 2 13c
7100 Ålmo/Hermstad 231 Hb 3 17a
7125 Ålmo/Hermstad 265 Hb 17
7761 Ålmoseteren 267 Ha 22
7701 Ålneset 267 Ha 21
Ålo 112 Oa 3 12b
Ålrust 178 Lb 2 14b
Ålset 180 Lb 1 17b
Ålstad 180 Lb 2 17c
8392 Ålstad 318 Db 27
6622 Ålvund 229 Jb 2 14a
Åmdal/Arendal 114 Oa 1 14c
Åmdal/Austbygdi 162 Mb 1 14c
4463 Åmdal/Heskestad 125 Nb 3 9c
Åmdal/Vennesla 113 Oa 2 13a
3882 Åmdals Verk 144 Na 1 13a
Åmdalsmoen 128 Nb 3 14a
Åmelfoten 206 Kb 1 8c
Åmholt 114 Oa 1 14b
Åmland 126 Nb 3 11c
Aamland 126 Oa 1 10c
4440 Åmli 125 Nb 1 10b
8185 Åmnøyhamma 306 Eb 23
Åmon 231 Ja 3 16c
Åmot 205 Kb 3 8b
Åmot/Bjørkelangen 148 Mb 1 20b
3340 Åmot/Geithus 146 Mb 1 16c
4380 Åmot/Hauge 111 Oa 1 9c
Åmot/Hov 180 Lb 3 17b
Åmot/Liknes 112 Oa 2 11a
Åmot/Lindelia 163 Ma 1 16c
Åmot/Skien 129 Na 2 16a
3370 Åmot/Tyristrand 164 Ma 3 17a
Åmot/Vigrestad 124 Nb 3 8c
3887 Åmot/Vinje 144 Mb 3 12c
Åmotet 209 Kb 2 16a
Åmsland 112 Oa 1 12a
Åmsosen 142 Na 1 8b
Åmtveit 129 Na 2 15c
4420 Åna-Sira 111 Oa 2 9c
Åndal 228 Jb 1 12a
6300 Åndalsnes 222 Jb 3 12b
8056 Åndervåg 318 Da 27
Ånebjør 126 Nb 1 12a
1484 Åneby 165 Ma 3 18c
Åneland 127 Nb 3 12c
Ånes 229 Ja 2 13c
8659 Ånes 294 Fb 23
8484 Ånessletta 327 Cb 28
Ånestad 124 Nb 3 8a
5977 Ånneland 189 Lb 1 6c
7980 Ånnvika 280 Ga 21
Åpta 111 Oa 2 10b
Åpåse 112 Oa 1 11c
3855 Årak 128 Na 3 14a
Åraksbø 127 Nb 1 12b
Årandsberget 166 Ma 1 22a
Åras 145 Na 1 15b
9441 Årbogen 328 Cb 30
9419 Årbostad 328 Cb 31
Årbu 131 Na 2 20b
4137 Årdal 142 Na 3 9b
Årdal/Byrkjelo 206 Kb 2 9c
Årdal/Skei 206 Kb 3 9c
Årdalen 113 Oa 1 13b
6885 Årdalstangen 192 La 2 12b
Årebrotet 204 Kb 3 7a
6150 Årflot 220 Ka 2 9b
7818 Årfora 280 Gb 20
Århus 145 Mb 3 14a
Århus 175 Lb 2 9a
Årikstad 113 Oa 1 13a
5652 Årland 175 Ma 1 8b
Årli 127 Nb 1 13b
Årlia 126 Oa 1 10c
Årmot 176 Lb 1 9c
Årnes 229 Jb 1 14a
Årnes/Akkerhaugen 145 Na 1 15b
9372 Årnes/Indre Årnes 337 Ca 33
Årnes/Lyngdal 112 Oa 3 11a
Årnes/Roverud 166 Ma 2 21a
2150 Årnes/Vormsund 165 Ma 3 19c
Årnes/Ørje 148 Na 1 20a
7100 Årnset 231 Hb 3 16c
7246 Årnset 265 Hb 16
Åros/Helgeroa 129 Na 3 16c
3474 Åros/Sætre 147 Mb 2 18a
8314 Årrstranda 317 Da 25
Årsand 159 Ma 3 9a
7893 Årsand/Forneset 280 Ga 21
Årset 178 Lb 3 13b
Årset 220 Ka 3 9b
7893 Årset 280 Ga 20
Årsheim 219 Ka 3 7c
6818 Årskog 191 La 1 9c
Årsland 124 Nb 3 8a
Årsnes 159 Ma 3 9a
Årsneset 220 Ka 2 9c
Årstad 111 Oa 1 9b
Årstol 126 Oa 1 10c
Årsund 229 Ja 3 13a
Årtia 146 Mb 2 15a
Årum 131 Na 2 19a
Årvik 219 Ka 2 8a
Årvik/Kopervik 141 Na 2 8a
Årvik/Vikebygd 158 Mb 3 8a
Årvika 159 Ma 3 9a
Årvika 219 Ka 2 7b
Årvågen 230 Ja 1 14c
7510 Årvågen 264 Ja 14
Årøy/Molde 228 Jb 2 11b
Årøy/Sogndalsfjøra 192 La 2 11a
Årøysund 130 Na 2 17c
5943 Årås 189 Lb 2 6c
Ås/Aunet 233 Ja 3 20a
Ås/Bøverbru 180 Lb 3 18b
Ås/Disenå 165 Ma 2 20a
Ås/Elnesvågen 227 Jb 1 11a
Ås/Engesland 113 Nb 3 13a
Ås/Løten 181 Lb 1 19b
Ås/Mandal 112 Oa 3 12b
Ås/Moss 147 Na 1 18a
1430 Ås/Ski 147 Mb 3 18b
Ås/Tvedestrand 128 Nb 2 14c
Åsa 164 Ma 317c
Åsan 112 Oa 1 12a
Åsane 124 Nb 3 8b
Åsanfeltet 233 Hb 3 19c
Åsbygda 164 Ma 2 17c
Åsbø/Frommereid 174 Ma 1 7a
Åsbø/Vikebygd 158 Mb 3 8a
Åsbøen 227 Jb 1 11a
Åsbøgrend 162 Ma 2 14c
Åse/Bø 145 Na 1 15a
4370 Åse/Egersund 124 Oa 1 9a
5914 Åse/Knarrviki 174 Lb 3 7b
Åse/Møvik 174 Ma 2 7a
Åse/Naustdal 205 Kb 3 8b
Åsebø/Nordfjordeid 206 Kb 1 9b
Åsebø/Rossland 174 Lb 3 7a
7190 Åsegg 266 Ha 18
8100 Åseli 307 Ea 26
Åsemoen 126 Nb 3 10c
Åsen/Andebu 130 Na 2 17b
Åsen/Anneland 189 Lb 1 7a
Åsen/Bagn 179 Lb 2 16b
Åsen/Breidvik 178 Ma 1 14a
4387 Åsen/Egersund 124 Nb 3 9a
Åsen/Flå 163 Ma 1 15b
Åsen/Førde 206 La 1 9a
Åsen/Hellesylt 207 Ka 3 10c
Åsen/Heradsbygd 182 Lb 2 20a
Åsen/Iveland 113 Oa 1 12c
Åsen/Kaupanger 192 La 3 11a
4715 Åsen/Kristiansand 112 Oa 2 12b
Åsen/Magnor 149 Mb 1 21b
7630 Åsen/Okkelberg 232 Hb 3 19a
7201 Åsen/Mossingen 266 Hb 19
3180 Åsen/Nykirke 147 Na 1 17c
Åsen/Seljord 145 Mb 3 14a
Åsen/Skien 129 Na 2 16a
Åsen/Stordal 233 Ja 2 20b
Åsen/Surnadalsøra 229 Jb 1 14b
Åsen/Tolga 225 Ka 1 18c
Åsene 129 Na 3 15c
Åseng 211 Ka 1 18c
Åsengen 148 Mb 3 19c
4540 Åseral 126 Nb 3 11c
Åserud/Bjørkelangen 148 Mb 2 20b
Åserud/Brårud 165 Ma 2 19c
Åserud/Momoen 148 Mb 2 19c
Åserud/Skullerud 166 Ma 3 21c
2380 Åset 181 Lb 1 19a
Åsete/Kroken 192 La 1 12a
Åsete/Øvre Årdal 192 La 1 12b
Åsete/Årdalstangen 192 La 2 12a
Åsgard 230 Ja 1 14c
Åsgardan 178 Lb 2 14c
2033 Åsgreina 165 Ma 2 18c
Åsgrinda 233 Ja 3 20a
Åsgård 130 Na 1 18c
3167 Åsgårdstrand 147 Na 1 17c
Åsheim/Fotlandsvåg 174 Lb 3 7c
Åsheim/Lisætra 197 Kb 3 21a
2365 Åsheim/Mesnali 181 La 3 18b
Åsheim/Røn 179 La 3 14c
Åsholmen 232 Hb 3 18c
9443 Åsjorda 318 Db 27
Åsland/ 128 Na 2 15a
Åsland/Kvernaland 124 Nb 2 8b
Åsland/Åseral 126 Nb 3 11c
Åslandsgrend 144 Na 2 13a
Åsli/Kongsvinger 166 Ma 2 20c
Åsli/Nes 179 Lb 3 16a
Åslia 166 Lb 3 21a
Åsly 163 Ma 3 15a
7100 Åsly 231 Hb 3 16c
2365 Åsmarka 181 La 3 18b
7976 Åsmulen 281 Gb 22
Åsmundrud 164 Mb 1 16c
6718 Åsmundvåg 219 Kb 1 7b
Åsmyr 111 Oa 1 10b
Åsnes 190 La 2 7b
1930 Åsnes/Aursmoen 148 Mb 1 20a
Åsnes/Flekkefjord 111 Oa 2 10a
Åspong 229 Jb 1 13c
Åsrum 129 Na 3 17a
Åsskardtrøa 229 Ja 3 13c
7976 Åssveet 281 Gb 22
Åstad 230 Ja 1 15a
Åstadstølane 193 La 3 14b
7510 Åstan 265 Ja 16
Åstan/Steiasdal 230 Ja 1 16a
Åstan/Viggja 231 Ja 1 16c
Åstebol 149 Mb 1 21a
Åstøysund 229 Ja 1 13b
2332 Åsvang 181 Lb 2 19c
Åsvang 230 Ja 3 15c
Åsvangan 225 Ka 1 18b
Åsvangen 209 Ka 2 14a
Åsvollen 225 Jb 3 19c
Åsåren 209 Kb 2 15c
Åtlo 232 Hb 3 18c
7870 Åvassmarka 280 Gb 21
4440 Åvedal 125 Nb 3 10b
4380 Åvendal 110 Oa 1 9b
Åvesland 127 Nb 3 12c
Åvestrudseter 163 Ma 1 15c
Åvik 112 Oa 3 11b
Åvika 232 Hb 3 18c

S

449 964 km² · +46
Stockholm · 9 593 000

A

957 94 Aapua 312 Eb 44
984 91 Aareavaara 322 Ea 43
953 92 Aavajärvi 300 Fb 44
274 56 Abbekås 75 Ra 1 24a
549 93 Abberud 118 Nb 3 25b
340 10 Abbeshult 86 Pb 3 23c
380 30 Abbetorp 90 Pb 1 29a
645 93 Abborberget 137 Na 1 31a
370 12 Abborramåla 82 Qa 1 27a
343 93 Abborraslätt 87 Pb 3 24c
770 12 Abborrberg 169 Ma 3 26b
923 99 Abborrberg/Gardsjöbäcken 296 Ga 30
820 50 Abborrsjöknoppen 200 Kb 3 26b
670 35 Abborrsjön 150 Mb 1 22a
873 91 Abborrsjön/Bollstrabruk 254 Ja 31
660 50 Abborrtan 133 Na 1 23b
914 92 Abborrtjärn/Nordmaling 272 Hb 35
922 92 Abborrtjärn/Vindeln 272 Ha 36
922 75 Abborrträsk/Åmsele 285 Ha 35
930 82 Abborrträsk/Arvidsjaur 285 Ga 35
921 99 Abborrträskliden 284 Gb 34
820 50 Abbortjärn 201 Kb 2 27b
641 97 Abbotnäs 137 Na 3 29b
725 95 Aberga 154 Mb 2 30a
981 07 Åbeskovvu=Abisko 320 Da 34
310 50 Abild 86 Pb 1 22b
981 07 Abisko=Åbeskovvu 320 Da 34
579 92 Aboda 90 Pa 3 28c
762 95 Abrahamsby 156 Mb 2 33b
544 94 Abrahamstorp 106 Oa 2 25b
961 97 Abramsån 298 Fa 40
930 86 Abraure 297 Fa 34
247 92 Abusa 75 Qb 2 23c
522 93 Acklinga 106 Oa 224c
792 91 Acksi 184 Lb 1 25b
780 54 Acksjöåsen 168 Ma 1 24b
780 54 Acksjöfall 168 Ma 2 24c
821 91 Acktjära 187 La 2 29c
930 72 Adak 284 Ga 34
762 91 Adamsberg 156 Mb 2 33c
761 93 Addarsnäs 156 Mb 2 34a
568 92 Addebo 98 Pa 1 24c
570 15 Adelfors 100 Pa 1 27b
573 98 Adelöv 107 Oa 3 26b
178 92 Adelsö 138 Na 1 32a
980 16 Adevuopmi=Idivuorna 322 Da 41
670 40 Adolfsfors 149 Mb 2 21b
930 93 Adolfsström 296 Fa 30
572 95 Adriansnäs 102 Ob 3 30a
280 10 Adseke 80 Qa 3 24b
382 96 Agebo 90 Pb 2 28c
294 93 Agerum 81 Qa 3 26a
280 20 Aggarp/Bjärnum 80 Qa 2 24a
260 70 Aggarp/Färingtofta 80 Qa 3 23c
266 91 Aggarp/Munka-Ljungby 79 Qa 2 23a
233 93 Aggarp/Svedala 74 Ra 1 23b
570 80 Aggatorp 100 Pa 2 28a
443 40 Aggetorp 104 Ob 1 21b
330 17 Agnaryd 88 Pa 3 25c
330 10 Agnetaryd 98 Pa 3 24a
824 01 Agö hamn 203 Kb 3 31c
341 77 Agunnaryd 87 Pb 2 25a
277 57 Agusa 75 Qb 2 25a
560 25 Agutarem 98 Ob 3 24b
820 42 Agvall 201 Kb 1 28a
920 70 Aha 284 Ga 32
981 29 Áhkkar=Akkar 320 Db 35
921 91 Ajaur 285 Gb 35
920 64 Ajaureforsen 295 Fb 28
620 20 Ajmunds 92 Pa 1 33b
620 12 Ajsarve 92 Pa 2 33b
621 92 Akebäck 94 Ob 3 33c
820 46 Akinvallen 216 Ka 3 28b
923 99 Akkan 283 Ga 30
981 29 Akkar=Áhkkar 320 Db 35
933 91 Akkavare 297 Fb 35
620 23 Ala/Buttle 93 Pa 1 34a
312 93 Ala/Laholm 86 Pb 3 23a
981 29 Alalahti 320 Db 36
833 96 Alanäs 270 Ha 28
590 95 Aläng 109 Ob 1 30b
840 90 Alastansheden 216 Ka 3 27a
833 95 Alavattnet 269 Ha 28
694 93 Alavi 135 Na 3 28c
840 67 Albacken 254 Jb 29
640 40 Alberga 136 Na 2 29a
330 31 Albo 98 Pa 2 24b
524 96 Alboga 105 Ob 1 23b
380 65 Albrunna 84 Qa 2 29c
841 94 Alby 253 Jb 27

N
S

841 94 Alby/Ånge 216 Ka 1 27c
380 62 Alby/Hulterstad 84 Qa 1 30a
620 34 Alby/Lärbro 95 Ob 2 34c
762 96 Alby/Rimbo 156 Mb 2 33b
136 91 Alby/Västerhaninge 139 Na 3 33b
841 94 Albybyn 216 Ka 1 27c
841 94 Albybyn 253 Ka 27
981 92 Áldejávri=Alttajärvi 321 Db 38
830 80 Aldernäset 270 Ha 28
975 91 Ale 299 Fb 40
570 76 Alebo/Ruda 90 Pa 3 29a
826 94 Alebo/Trönö 203 La 1 30c
590 95 Aleglo 109 Ob 1 30b
930 90 Aleldis=Örnvik 308 Eb 32
822 01 Alfta 202 La 1 29a
543 92 Algarås 118 Oa 1 25b
568 92 Algebo 98 Pa 1 25a
736 91 Alghyt 136 Na 1 29a
640 61 Algö 138 Na 1 31a
514 62 Algrena/Norra Unnaryd 98 Ob 3 24b
696 93 Algrena/Olshammar 119 Nb 2 26b
330 27 Algustorp/Hestra 98 Pa 1 24a
612 95 Algustorp/Regna 120 NB 1 28a
284 92 Algustorp/Röke 80 Qa 2 23c
386 90 Algutsrum 91 Pb 2 30a
514 91 Algutstorp 98 Ob 3 23c
523 94 Alhammar 105 Ob 2 23c
975 92 Alhamn 286 Ga 40
441 01 Alingsås 104 Ob 1 22a
691 91 Alkvettern 134 Na 1 25c
343 92 Allamåla 88 Qa 1 25c
312 92 Allared 86 Pb 3 23b
295 91 Allarp/Bromölla 81 Qa 3 26a
260 70 Allarp/Hallaröd 80 Qa 3 23c
260 23 Allarp/Konga 79 Qb 1 23b
260 70 Allarp/Ljungbyhed 79 Qa 3 23b
355 95 Allatorp 88 Pb 2 26b
982 99 Allavaara 310 Ea 37
311 96 Allberg 85 Pb 1 22a
260 35 Allerum 79 Qa 3 22b
570 01 Allgunnaryo 99 Pa 2 26a
361 95 Allgunnås 89 Pb 3 27c
579 92 Allgunnen 90 Pa 3 28c
818 92 Allmänninge 172 Lb 3 31a
930 90 Allovare 297 Fa 34
570 01 Allsarp 99 Pa 2 26a
855 90 Allsta 218 Ka 2 31b
293 91 Alltidhult 81 Qa 2 25c
212 91 Almåsa 74 Qb 3 23a
793 91 Almberg 185 Lb 2 27a
780 64 Almberget 183 Lb 2 23b
635 05 Almby 137 Na 1 30b
430 30 Almedal 96 Pa 2 21b
314 91 Almeliden 86 Pb 1 23c
510 21 Almered 96 Ob 3 21c
571 92 Almeshult 107 Ob 2 26c
151 52 Almnäs 138 Na 3 32a
793 97 Almo 185 Lb 2 26c
910 60 Almsele 270 Ha 31
870 32 Almsjönäs 255 Ja 33
740 10 Almunge 156 Mb 1 33a
593 95 Almvik 109 Ob 2 29c
370 33 Alnaryd 82 Qa 1 27c
956 92 Alsån 299 Fa 42
577 92 Alsarp 101 Ob 3 29a
620 16 Alsarve 93 Pa 1 34b
605 97 Alsätter 121 Nb 3 29a
446 93 Alsbo 104 Oa 3 21c
666 92 Alsbyn 132 Na 3 21b
830 44 Alsen 252 Ja 24
741 92 Alsike 155 Mb 2 32b
956 92 Alsjärv 311 Fa 42
820 62 Alsjö/Brännäs 217 Ka 3 29c
382 96 Alsjö/Emmaboda 90 Pb 3 28b
820 64 Alsjö/Sörforsa 202 Kb 2 30b
820 46 Alsjövallen 216 Ka 3 28c
755 92 Alsta/Bälinge 155 Mb 1 31c
740 82 Alsta/Örsundsbro 155 Mb 2 31b
598 94 Alsta/Vimmerby 101 Ob 2 28c
231 95 Alstad 74 Ra 1 23b
670 35 Alstakan 149 Mb 1 22a
655 90 Alster 133 Na 1 24a
380 44 Alsterbro 90 Pb 1 28c
360 75 Alsterfors 89 Pb 1 28a
360 75 Alstermo 89 Pb 1 28a
313 91 Alstorp 86 Pb 1 22c
760 18 Alsvik 157 Mb 3 34c
285 93 Altaböke 87 Pb 3 24a
961 95 Alträsk 298 Fb 39
981 92 Alttajärvi=Áldejávri 321 Db 38
755 92 Altuna/Bälinge 155 Mb 1 31c
740 83 Altuna/Fjärdhundra 154 Mb 2 30c
747 01 Alunda 156 Ma 3 33a
982 60 Aluokta=Áluokta 309 Ea 34
620 12 Alva 92 Pa 2 33c
710 41 Alväng 136 Na 1 28a
380 74 Alvara 102 Pa 2 31a
566 93 Alvasjön 106 Oa 3 25a
740 83 Alvassen 155 Mb 2 31a
599 93 Alvastra 107 Oa 2 26a
575 96 Alversjö 99 Ob 3 26c
730 30 Alvesta/Kolsva 153 Mb 3 28b
342 01 Alvesta/Växjö 88 Pb 1 26a
570 31 Alvestorp 100 Ob 2 27c
446 91 Alvhem 104 Oa 3 21a
793 97 Alvik 185 Lb 2 26c
975 92 Alvik/Luleå 299 Fb 40
178 92 Alviken 138 Na 1 32a
975 94 Alviksträsk 299 Fb 40
380 62 Alvlösa/Degerhamn 84 Qa 1 29c
740 82 Alvlösa/Örsundsbro 155 Mb 2 31c
621 97 Alvne 94 Pa 1 33b
680 52 Ambjörby 167 Lb 3 23b
514 93 Ambjörnarp 97 Pa 1 23b
430 22 Ambjörntorp 96 Pa 2 21b
310 38 Amböke 86 Pb 2 23a
814 95 Ambricka 172 Lb 3 31c
314 93 Amfrebo 86 Pa 3 23b
920 75 Ammarnäs 295 Fb 29
696 03 Ammeberg 119 Nb 1 27a
451 91 Ammenäs 115 Oa 2 20b
840 50 Ammer/Bräcke 253 Jb 27
840 70 Ammer/Hammarstrand 254 Ja 29
680 63 Ammerud 167 Lb 3 23a
620 13 Ammunde 92 Pa 2 34a
745 99 Amnö 138 Na 1 31c
982 92 Ampiaislantto 310 Ea 39
781 95 Amsberg 170 Lb 3 27c
450 84 Amunderöd 131 Nb 1 20a
512 93 Amundtorp 97 Ob 3 23b
842 92 Andåsen 215 Ka 3 26a
820 62 Anderbo 202 Kb 1 30a
774 93 Andersbenning 153 Ma 3 29a
590 14 Andersbo/Arrebo 107 Oa 3 27a
790 21 Andersbo/Bjursås 186 Lb 2 27c
748 92 Andersbo/Vigelsbo 173 Ma 2 32c
796 90 Andersbodarna 199 La 2 24c
830 04 Andersböle 252 Ja 24
748 93 Andersby 155 Ma 3 32c
310 31 Andersfällt 86 Pb 3 22c
820 70 Andersfors 218 Kb 1 30c
937 95 Andersfors/Burträsk 285 Gb 37
231 73 Anderslöv 74 Ra 1 23b
830 80 Andersnäset 270 Ha 29
761 75 Anderssvedja 157 Mb 1 34c
935 92 Anderstjärn 285 Gb 35
260 70 Anderstorp/Färingtofta 80 Qa 3 23c
334 01 Anderstorp/Gislaved 98 Pa 2 24a
930 55 Andersträsk 285 Ga 36
820 40 Andersvallen 202 Kb 3 29a
937 94 Andersvattnet 273 Ha 38
780 54 Andersviksberg 168 Ma 1 24c
277 57 Andrarum 61 Qb 24
829 91 Andtjärnabo 201 La 1 28a
830 60 Andviken 269 Hb 26
382 96 Anebo 90 Pb 3 28c
578 01 Aneby 107 Ob 1 26b
620 30 Aner 95 Ob 2 34b
521 94 Anfastorp 105 Oa 2 23c
620 23 Anga 95 Pa 1 34b
186 91 Angarn 139 Mb 3 33b
341 94 Angelstad 87 Pb 2 24b
424 57 Angered 104 Ob 2 21a
280 22 Anglarp 80 Qa 2 24a
621 94 Anglarve 94 Ob 3 33b
916 91 Angnäs 272 Hb 35
430 10 Angryd 96 Pa 3 22a
570 12 Angseboda 99 Pa 2 26b
280 63 Angseröd 81 Qa 2 25b
891 95 Angsta/Arnäsvall 255 Ja 34
873 91 Angsta/Bolstabruck 255 Ja 32
890 50 Angsta/Nyliden 271 Hb 33
830 05 Anjan 267 Hb 22
830 05 Anjehem 267 Hb 22
264 93 Ankarlöv 79 Qa 3 23b
590 90 Ankarsrum 101 Ob 2 29c
923 99 Ankarsund 283 Ga 30
865 51 Ankarsvik 218 Ka 1 31c
830 93 Ankarvattnet 282 Gb 25
275 92 Anklam 75 Qb 3 24b
590 40 Annastinefors 120 Nb 2 28b
570 23 Anneberg/Eksjö 107 Ob 2 26b
434 96 Anneberg/Kungsbacka 69 Ob 21
434 96 Anneberg/Kungsbacka 96 Ob 3 21a
522 92 Anneberg/Tidaholm 106 Oa 3 24b
697 92 Annebo 136 Na 3 27c
686 91 Annefors 150 Mb 1 23c
821 92 Annefors 187 La 2 29a
443 72 Annekär 104 Ob 1 21b
261 93 Annelöv 79 Qb 1 23a
512 65 Annelsred 97 Pa 2 22c
524 42 Annelund 105 Ob 1 23a
455 92 Anneröd 115 Oa 1 20b
340 12 Annerstad 87 Pb 2 24b
465 97 Annestad 116 Oa 2 22b
513 96 Annestorp 105 Ob 1 23a
620 16 Anningåkre 93 Pa 1 34a
742 92 Annö 173 Ma 2 33b
820 77 Annsjövall 218 Ka 3 31a
620 20 Ansarve 92 Pa 1 33b
610 10 Ansebo 120 Nb 2 27c
905 82 Ansmark 272 Hb 37
715 95 Anstorp/Askersby 136 Na 3 28a
466 91 Anstorp/Sollebrunn 104 Oa 3 21c
984 91 Antinrova 311 Ea 42
975 92 Antnäs 299 Fb 40
984 91 Anttis 311 Ea 42
460 64 Anulvsbäcken 116 Nb 3 21b
905 95 Anumark 272 Hb 37
670 10 Anunderud 149 Mb 3 20b
895 91 Anundsböle 255 Ja 33
895 91 Anundsjö 255 Ja 33
840 50 Anviken 253 Jb 27
566 91 Apelskift 106 Ob 1 24c
665 91 Apertin 150 Mb 3 23c
374 94 Aplakärr 82 Qa 2 26c
504 95 Aplakulla 105 Ob 2 22c
516 50 Aplared 105 Ob 3 23a
273 93 Appeltorp 75 Qb 3 25a
380 40 Applaryd 89 Pb 1 28b
570 91 Applekulla 101 Pa 2 29b
388 91 Applerum 90 Pb 3 29a
385 93 Appleryd 83 Qa 2 28c
590 21 Appuna 119 Oa 1 26c
620 35 Ar/Fårösund 95 Ob 1 34c
741 71 Ar/Knivsta 155 Mb 2 32b
512 95 Ararp 97 Pa 1 23a
270 33 Araskoga 75 Qb 2 24b
291 75 Araslöv 80 Qa 3 25a
387 96 Arbelunda 91 Pb 1 30c
732 01 Arboga 136 Na 1 28c
148 95 Arbottna 139 Nb 1 33a
820 10 Arbrå 202 La 1 29c
388 94 Arby 90 Pb 3 29a
532 95 Ardala 117 Oa 1 23c
360 73 Arebro 89 Pa 3 27b
418 78 Arendal/Göteborg 103 Ob 2 20c
457 91 Arendal/Tanumshede 115 Nb 2 19b
614 97 Arentorp/Bottna 121 Oa 1 30b
534 94 Arentorp/Vara 117 Oa 2 22c
260 43 Arild 79 Qa 2 22a
930 90 Arjeplog=Árjepluovve 296 Fa 32
930 90 Árjepluovve=Arjeplog 296 Fa 32
281 97 Arkelstorp/Hässleholm 80 Qa 2 24c
290 37 Arkelstorp/Knislinge 81 Qa 2 25b
783 93 Arkhyttan 170 Ma 1 28c
860 40 Arklo 218 Jb 3 31a
921 95 Arlalund 284 Gb 33
441 91 Arlid 104 Oa 3 21c
232 01 Arlöv 74 Qb 3 23a
957 91 Armasjärvi 300 Fa 44
862 95 Armsjön 218 Ka 3 31c
669 91 Arnäs 150 Mb 3 23c
516 96 Arnäsholm 97 Ob 3 22c
330 26 Arnåsholm 96 Pa 2 23c
891 96 Arnäsvall 255 Ja 34
585 96 Arnebo/Bestorp 108 Oa 2 28a
744 91 Arnebo/Heby 154 Mb 1 30b
686 91 Arneby 150 Mb 1 23b
668 94 Arnebyn 116 Nb 2 21a
943 31 Arnemark 298 Ga 39
187 66 Arninge 139 Na 1 33a
184 97 Arnö/Ljusterö 139 Na 1 34a
611 46 Arnö/Nyköpng 122 Nb 2 31a
645 93 Arnöberg 138 Na 1 31b
824 93 Arnöviken 203 Kb 2 31c
685 97 Arnsjön 167 Ma 2 22a
686 92 Arnstorp 150 Mb 1 23b
442 93 Arntorp 103 Ob 1 20c
523 94 Arnungared 105 Ob 2 23b
459 31 Aröd 116 Oa 2 20c
442 97 Aröd och Timmervik 103 Ob 1 20b
912 92 Aronsjö 283 Gb 30
386 96 Arontorp 91 Pb 3 30a
590 14 Arrebo 107 Oa 3 27a
235 94 Arrie 74 Qb 3 23a
461 95 Artorp 116 Oa 2 21c
719 91 Arvaby 135 Na 2 26c
790 70 Arvåsen 186 La 2 27b
343 97 Arveka 87 Pb 3 24b
830 02 Arvesund 252 Ja 25
790 70 Arvet 185 La 3 27a
330 26 Arvidabo/Burseryd 97 Pa 2 23c
562 91 ArvidaboTaberg 106 Ob 2 24c
933 01 Arvidsjaur 297 Fb 35
681 94 Arvidstorp/Kristinehamn 134 Na 1 25b
531 96 Arvidstorp/Lidköping 117 Oa 1 23a
671 60 Arvika 149 Mb 3 22a
660 60 Arviken 151 Mb 3 24b
921 99 Arvliden 284 Gb 34
782 91 Arvsälen 184 Lb 2 24b
921 99 Arvträsk 285 Gb 35
360 30 Asa 99 Pa 26b
374 02 Asarum 81 Qa 2 26c
360 30 Asaryd 99 Pa 2 26c
360 73 Asby/Lenhovda 89 Pa 3 27b
570 60 Asby/Norra Vi 107 Ob 1 27b
450 84 Aseröd 115 Nb 2 20a
310 50 Asige 86 Pb 1 22b
260 24 Ask/Billinge 79 Qb 1 23b
591 91 Ask/Motala 119 Nb 3 27a
151 92 Aska 138 Na 2 31c
514 55 Askåker 98 Ob 3 24a
740 30 Askarbäck 155 Ma 3 31c
360 44 Askeberga 88 Pb 2 26c
590 62 Askeby 120 Oa 1 28c
343 97 Askenäs 87 Pb 3 24c
242 97 Askeröd 75 Qb 2 24a
820 20 Askers 188 La 2 31a
715 94 Askersby 136 Na 3 27c
696 01 Askersund 119 Nb 1 26c
578 93 Askeryd 107 Ob 2 27a
578 93 Askeryds kyrkby 107 Ob 2 26c
826 92 Askesta 188 La 2 31a
668 95 Asketveten 132 Nb 1 21b
540 66 Askeviksbaden 134 Nb 1 25a
810 65 Askholm 172 Lb 3 32b
436 39 Askim 69 Ob 20
447 93 Asklanda 105 Ob 1 22c
725 91 Askö 137 Mb 3 29c
310 58 Askome 97 Pa 3 22b
740 71 Askskär 173 Ma 1 33c
450 46 Askum 115 Oa 1 19c
423 73 Asmundstorp 103 Ob 2 20c
261 75 Asmundstorp 65 Qb 22
261 75 Asmundtorp 79 Qb 1 22c
696 93 Aspa bruk 119 Nb 2 26b
711 93 Aspa/Lindesberg 153 Mb 2 27b
611 91 Aspa/Tystberga 122 Nb 1 31a
711 93 Aspafallet 153 Mb 2 27b
840 90 Aspan 215 Ka 3 26c
372 97 Aspan 82 Qa 2 27c
450 53 Aspång 115 Nb 3 20a
835 94 Aspås 253 Ja 25
880 40 Aspåsen 254 Ja 29
842 93 Aspåsen/Älvros 215 Kb 1 26c
770 12 Aspåsen/Ulriksberg 169 Ma 2 26a
835 92 Aspåsnäset 253 Ja 26
830 51 Aspbacken 268 Hb 24
680 65 Aspberget 182 La 3 21c
895 97 Aspeå 255 Ja 31
791 93 Aspeboda 170 Lb 3 28a
860 33 Aspen 255 Jb 31
430 80 Asperö 103 Ob 3 20b
597 96 Asphagen 109 Oa 2 29b
682 92 Asphyttan 151 Mb 3 25b
930 82 Aspliden/Arvidsjaur 285 Ga 35
934 95 Aspliden/Fällfors 286 Ga 38
920 40 Aspliden/Kristineberg 284 Ga 34
961 97 Aspliden/Valvträsk 298 Fa 40
920 73 Asplund 284 Ga 33
870 10 Aspnäs/Härnösand 255 Jb 32
760 15 Aspnäs/Rådmansö 157 Mb 2 35a
781 93 Aspnäs/Säter 170 Ma 2 28a
833 95 Aspnäs/Strömsund 269 Ha 27
742 94 Aspö/Östhammar 173 Ma 2 33b
570 15 Aspö/Vetlanda 100 Pa 1 27b
890 50 Aspsele 271 Hb 33
840 90 Aspsveden 215 Ka 3 26c
640 33 Aspudden 121 Nb 1 30b
962 99 Aspudden=Suhpegádde 310 Eb 36
512 94 Assambro 97 Pa 1 23a
305 94 Assarp 86 Pb 3 22c
231 72 Assartorp 74 Ra 1 23c
512 65 Asserbo 97 Pa 1 22c
668 91 Assgärdebyn 132 Nb 1 20c
578 93 Assjö 107 Ob 2 26c
668 92 Asslebyn 132 Nb 1 21a
668 91 Asslerud 132 Na 3 20c
467 92 Astranna 116 Oa 1 22a
910 94 Atjiken 283 Ga 28
620 23 Atlingbo 94 Pa 1 33c
373 00 Attanäs 83 Qa 2 28c
281 92 Attarp/Hässleholm 80 Qa 3 24c
282 92 Attarp/Perstorp 80 Qa 3 23c
288 93 Attarp/Vinslöv 80 Qa 3 24c
310 38 Attavara 86 Pb 2 23b
441 91 Attholmen 104 Oa 3 22a
524 95 Attorp/Molla 105 Ob 1 23a
524 96 Attorp/Öra 105 Ob 1 23b
360 51 Attsjö 89 Pb 1 27a
277 45 Attusa 75 Qb 3 25a
590 93 Augustenborg 101 Ob 2 30a
933 91 Auktsjaur 297 Fb 35
914 92 Ava 272 Hb 35
937 94 Avaborg 285 Ha 37
955 99 Avafors 299 Fa 41
935 91 Avaliden 285 Gb 35
961 93 Avan 299 Fb 40
910 60 Avasjö 270 Ha 30
952 91 Avasundet 299 Fb 43
917 91 Avaträsk 270 Ha 29
933 99 Avaviken 297 Fb 34
718 94 Avdala 135 Na 1 27b
661 94 Avelsäter 132 Na 3 22b
671 95 Avelsbol 150 Mb 3 22b
697 93 Averby 120 Nb 1 27c
590 95 Averum 109 Ob 1 30b
593 95 Aveslätt 109 Ob 2 29c
774 01 Avesta 154 Ma 3 29b
820 62 Avholm 202 Kb 1 30a
640 50 Avla 138 Na 3 31a
842 92 Avmätarkojan 215 Ka 3 25c
982 99 Avvakko 310 Ea 38
640 50 Axala 138 Na 3 31b
555 94 Axamo 106 Ob 2 25a
570 02 Axaryd 99 Pa 2 26a
570 60 Axebo 107 Ob 2 27b
512 94 Axelfors 97 Pa 1 23a
269 92 Axelstorp 79 Qa 1 22c
289 90 Axeltorp/Hjärsås 81 Qa 2 25b
295 74 Axeltorp/Näsum 81 Qa 3 26a
260 23 Axelvold 79 Qb 1 23a
590 78 Axhult 120 Nb 3 28a
670 35 Axland 149 Ma 3 22a
571 97 Axlarp 99 Ob 2 26a
817 94 Axmar 188 La 3 31a
817 94 Axmar bruk 188 La 3 31a
635 19 Axnäs 137 Na 2 30a
430 33 Axtorp/Förlanda 96 Pa 1 21b
521 93 Axtorp/Kinnarp 105 Oa 3 23c
541 93 Axtorp/Skövde 118 Oa 1 24c
532 02 Axvall 117 Oa 1 24a

B

680 52 Backa/Ambjörby 167 Lb 3 23a
666 92 Backa/Bengtsfors 132 Na 3 21c
661 95 Backa/Gillberga 133 Na 2 22c
422 46 Backa/Göteborg 103 Ob 2 20c
655 93 Backa/Karlstad 133 Na 1 24a
434 93 Backa/Kungsbacka 69 Pa 20
434 93 Backa/Kungsbacka 96 Pa 1 21a
449 70 Backa/Kungälv 104 Ob 1 21a
519 93 Backa/Källsjö 97 Pa 2 22b
686 97 Backa/Lysvik 150 Mb 1 23a
531 96 Backa/Norra Härene 117 Oa 1 23a
661 96 Backa/Nysäter 132 Na 2 22b
683 92 Backa/Råda 151 Mb 1 24b
795 91 Backa/Rättvik 185 Lb 1 27a
760 40 Backa/Rörvik 157 Mb 1 34c
590 80 Backa/Södra Vi 108 Ob 2 28c
661 93 Backa/Värmlandsbro 133 Na 2 22c
660 57 Backa/Väse 134 Na 1 24c
512 95 Backabo/Håcksvik 97 Pa 2 23b
518 90 Backabo/Sjömarken 104 Ob 2 22b
790 23 Backabro 170 Lb 2 28b
680 52 Backadammen 167 Lb 3 23b
459 91 Backamo 104 Oa 2 20c
680 51 Backamon 167 Ma 1 23c
820 11 Backarna 202 Kb 3 29b
827 95 Backarvall 201 Kb 1 28b
370 11 Backaryd 82 Qa 1 27a
812 90 Backberg 171 Lb 3 30a
780 40 Backbodarna 169 Ma 1 27b
760 45 Backby 173 Ma 2 34b
880 50 Backe 270 Hb 29
666 91 Backen/Bengtsfors 132 Nb 1 21a
840 12 Backen/Fränsta 217 Ka 1 29b
793 92 Backen/Leksand 169 Lb 3 26c
450 84 Backen/Naverstad 115 Nb 2 20a
860 25 Backen/Timrå 254 Jb 31
452 95 Backen/Tjärnö 131 Nb 1 19b
840 40 Backen/Östersund 253 Ja 25
830 43 Backen/Östersund 253 Ja 26
916 93 Backfors 272 Hb 35
695 93 Backgården 134 Nb 1 26a
820 64 Backmo 202 Kb 2 30b
670 35 Backsjöbotten 149 Mb 2 22a
782 91 Backsälen 168 Lb 2 24c
945 92 Backträsk 298 Fb 39
276 45 Backåkra 76 Ra 1 25b
860 35 Backås 218 Jb 3 32a
860 35 Backås 255 Jb 32
685 92 Bada 167 Ma 3 23a
360 70 Badeboda 100 Pa 3 27b
521 95 Badene 106 Oa 3 24b
960 30 Badjeriebme=Padjerim 310 Fa 37
980 14 Badje-Sohppar=Övre Soppero 321 Da 40
790 21 Baggbo/Bjursås 186 Lb 2 28a
781 93 Baggbo/Borlänge 170 Ma 1 27b
827 93 Baggbo/Ljusdal 202 Kb 1 29b
739 91 Baggbron 153 Mb 1 28a
862 95 Baggböle 218 Ka 2 31b
610 60 Baggebol 122 Nb 1 31b
566 93 Baggebolet 106 Oa 3 25b
697 91 Baggegärdet 135 Na 3 27b
695 97 Baggekärr 119 Nb 2 26a
461 98 Baggeryr 116 Oa 2 21b
642 91 Baggetorp/Hälleforsnäs 137 Na 3 30a
641 94 Baggetorp/Katrineholm 136 Na 3 29a
795 92 Baggetorp/Rättvik 186 Lb 1 27b
572 96 Baggetorp/Stensjö 101 Pa 1 29c
780 54 Baggfall 168 Ma 2 24b
813 95 Bagghyttan 171 Ma 1 29c
770 12 Baggviken 169 Ma 2 26b
739 91 Baggå 153 Mb 1 28a
820 60 Baggälve 202 Kb 1 29c
980 16 Báittasjávri=Paittasjärvi 322 Da 42
960 30 Bájeldis-Pajeltis 298 Fa 39
341 95 Bakarebo 87 Pb 1 24b
910 50 Baksjöberg 271 Ha 33
910 50 Baksjöliden 271 Ha 33
930 81 Baktsjaur 285 Ga 35
830 60 Bakvattnet 269 Hb 25
660 10 Baldersnäs/Billingsfors 132 Nb 1 21b

Baldersnäs/Brunn

Björkered/Knäred 391

S

134 69 Baldersnäs/Brunn 139 Na 2 33c
916 92 Balfors 272 Hb 35
960 30 Bálggrjávrre=Palkijaur 310 Eb 38
441 92 Balinge 104 Ob 1 22a
670 20 Balingshult 149 Mb 3 21b
755 91 Balingsta 155 Mb 2 31c
610 60 Baljesta 122 Nb 1 31b
340 13 Balkarp 87 Pb 2 24b
793 92 Balkbodarna 169 Lb 2 26c
271 93 Balkåkra 75 Ra 1 24b
281 97 Ballingslöv 80 Qa 2 24c
535 93 Ballstorp 105 Oa 2 23b
460 11 Balltorp 104 Oa 3 21b
291 94 Balsby 81 Qa 3 25b
796 99 Balser 199 Kb 3 24c
916 92 Balsjö 272 Hb 35
710 41 Balsta 136 Na 1 28a
761 92 Baltora 157 Mb 2 34c
790 26 Balungsstrand 186 Lb 1 28b
840 30 Balåsvallen 215 Ka 1 25c
184 91 Bammarboda 139 Mb 3 33c
891 96 Banafjäl 256 Ja 35
458 91 Bandene 116 Nb 3 20c
620 20 Bander 94 Pa 1 33b
942 05 Banfors 285 Ga 37
570 76 Bankeberg 101 Pa 3 29b
585 93 Bankekind 120 Oa 1 28b
564 01 Bankeryd 106 Ob 1 25a
590 41 Bankevid 108 Oa 3 28a
540 15 Bankälla 118 Nb 3 24c
620 34 Banne 95 Ob 2 34b
230 40 Bara 61 Qb 23
620 23 Bara/Ekeby 95 Ob 3 34a
230 40 Bara/Malmö 74 Qb 3 23b
360 24 Barkaboda 89 Pb 3 27b
177 38 Barkarby 138 Na 1 32c
620 10 Barkarve 92 Pa 3 33b
725 91 Barkarö 137 Mb 3 30a
454 91 Barkedal 115 Oa 1 20a
666 91 Barkerud 132 Na 3 21a
571 94 Barkeryd 107 Ob 2 26a
610 11 Barketorp 120 Nb 2 28a
343 92 Barkhult/Lönsboda 88 Pb 3 25c
282 94 Barkhult/Tyringe 80 Qa 2 24a
813 91 Barkhyttan 171 Lb 3 29c
810 65 Barknåre 172 Ma 1 32c
641 91 Barksätter 136 Nb 1 29a
780 54 Barktorp 168 Ma 1 24b
578 91 Barkäng 107 Ob 1 26b
742 92 Barkö 173 Ma 2 33b
621 78 Barlingbo 94 Ob 3 33c
555 92 Barnarp 106 Ob 2 25b
465 95 Barne-Åsaka 105 Oa 3 22c
980 10 Bárrek=Parakka 321 Ea 40
695 93 Barrud 119 Nb 1 25c
860 33 Barsbäcken 255 Jb 31
246 57 Barsebäck 74 Qb 2 22c
246 57 Barsebäckshamn 61 Qb 22
246 57 Barsebäckshamn 74 Qb 2 22c
923 96 Barsele 284 Ga 31
620 30 Barshage 95 Ob 2 34b
871 91 Barsviken 218 Ka 1 32b
871 91 Barsviken 255 Ka 32
290 34 Barum 81 Qa 3 25c
579 90 Basebo 101 Pa 2 29a
555 92 Bashult 106 Ob 2 25b
566 92 Baskarp 106 Oa 3 25a
272 94 Baskemölla 76 Qb 3 25b
511 92 Baskered 97 Ob 3 22c
718 95 Basketorp 135 Na 1 27b
340 10 Bassarås 86 Pb 2 23c
568 92 Basseberg 98 Pa 1 24c
266 95 Bassholma 79 Qa 2 23a
291 92 Bassköp 80 Qa 3 24c
439 92 Bassås 96 Pa 1 20c
793 90 Bastberg 185 Lb 2 27a
780 40 Bastberget 169 Ma 1 26c
696 94 Bastedalen 119 Nb 2 26c
312 98 Bastena 79 Qa 1 23b
810 20 Bastfallet 171 Ma 1 30b
579 92 Basthult 90 Pa 3 29a
737 91 Bastmora 153 Mb 1 28c
668 92 Bastorp 132 Nb 1 21a
772 94 Basttjärn 152 Ma 3 26c
770 12 Bastuberget 169 Ma 2 26a
680 65 Bastuknappen 182 Lb 1 21b
922 93 Bastuselet 272 Ha 36
935 91 Bastutjärn 285 Gb 36
930 61 Bastuträsk by 285 Gb 36
916 93 Bastuträsk/Bjurholm 272 Ha 35
930 61 Bastuträsk/Norsjö 285 Gb 37
685 97 Bastvålen 167 Ma 2 22c
790 23 Baståsen/Spaksjön 187 Lb 1 29a
735 91 Baståsen/Surahammar 153 Mb 2 29a
697 93 Bavlinge 135 Nb 1 27c
340 10 Bavra 86 Pb 2 23c
762 93 Beateberg 156 Mb 3 33c
952 91 Beckas 299 Fb 42
641 91 Beckershov 136 Nb 1 29a
231 76 Beddingestrand 75 Ra 1 23c
245 91 Beden/Bara 74 Qb 3 23b
274 62 Beden/Rydsgård 75 Qb 3 24a
710 41 Belgaby 136 Na 1 28b
930 92 Bellonäs 296 Fb 32
821 92 Bellsbo 187 La 2 29b
917 91 Bellvik 270 Ha 29
570 32 Bellö 100 Ob 3 27b
620 23 Bendes 95 Pa 1 34b
342 90 Benestad 88 Pb 1 26a
360 51 Bengstorp 89 Pb 2 27b
711 93 Bengtesfall 152 Mb 2 27b
774 99 Bengtsbo 171 Ma 2 30a
562 91 Bengtsbryna 98 Ob 3 24c
666 00 Bengtsfors 132 Na 3 21b
790 23 Bengtsheden 170 Lb 2 28c
713 92 Bengtstorp/Gyttorp 135 Na 1 26c
544 92 Bengtstorp/Korsberga 118 Oa 2 25b
682 92 Bengtstorp/Storfors 151 Mb 3 25a
740 12 Bennebol 156 Mb 1 33c
975 96 Bensbyn 299 Fb 41
840 60 Bensjö 253 Jb 27
266 94 Berchshill 79 Qa 2 23a
514 91 Berg//Tranemo 97 Pa 1 23c
451 91 Berg/Ammenäs 115 Oa 2 20c
895 93 Berg/Björna 271 Hb 33
681 93 Berg/Bäckhammar 134 Na 3 24c
667 91 Berg/Deje 150 Mb 3 24a
880 41 Berg/Edsele 254 Ja 29
696 96 Berg/Emma 120 Nb 1 27b
668 93 Berg/Gesäter 116 Nb 2 20c
734 91 Berg/Hallstahammar 154 Mb 3 29a
612 93 Berg/Hälstad 120 Nb 2 28a
451 96 Berg/Högas 115 Oa 2 20a
793 91 Berg/Leksand 169 Lb 2 27a
661 96 Berg/Långserud 133 Na 2 22a
360 30 Berg/Moheda 99 Pa 26b
570 21 Berg/Nässjö 99 Ob 3 26a
881 94 Berg/Sollefteå 254 Ja 31
444 94 Berg/Stenungsund 104 Oa 3 20c
813 96 Berg/Torsåker 171 Lb 3 29c
686 98 Berg/Uddheden 150 Mb 1 22c
461 95 Berg/Väne-Åsaka 116 Oa 2 21c
597 91 Berg/Åtvidaberg 108 Oa 2 29a
830 51 Berg/Änge 269 Ja 25
668 95 Berg/Ödsköld 132 Nb 1 21b
740 46 Berg/Östervåla 172 Ma 2 31a
725 96 Berga/Björksta 154 Mb 3 30b
590 32 Berga/Flistad 120 Oa 1 27c
670 35 Berga/Gunnarskog 149 Mb 1 22a
579 90 Berga/Högsby 101 Pa 2 29a
471 71 Berga/Jörlanda 103 Oa 3 20b
437 91 Berga/Lindome 96 Ob 3 21a
776 97 Berga/Långshyttan 170 Ma 1 28c
542 92 Berga/Mariestad 118 Nb 2 24c
862 96 Berga/Njurundabommen 218 Ka 3 31c
155 91 Berga/Nykvarn 138 Na 2 31c
826 92 Berga/Söderala 187 La 2 30c
614 90 Berga/Söderköping 121 Oa 1 29b
780 68 Berga/Transtrand 183 La 3 23b
137 91 Berga/Västerhaninge 139 Na 3 33a
686 95 Berga/Västra Ämtervik 150 Mb 2 23a
640 34 Berga/Ådö 137 Na 3 30c
640 60 Berga/Åkers styckebruk 137 Na 2 31a
810 22 Berga/Årsunda 171 Lb 3 30b
862 96 Bergafjärden 218 Ka 2 31c
311 95 Bergagård 85 Pb 1 22a
512 94 Bergagärde 97 Pa 1 23a
660 10 Bergane/Bengtsfors 132 Nb 1 21b
450 54 Bergane/Lerdal 115 Nb 2 20b
817 02 Bergby/Norrsundet 188 Lb 1 31a
195 93 Bergby/Skepptuna 156 Mb 2 33a
748 95 Bergby/Vendel 172 Ma 2 32a
872 98 Bergdal 255 Jb 33
360 51 Bergdala 89 Pb 1 27b
860 13 Bergdalen 217 Ka 1 30b
820 70 Berge/Bergsjö 203 Kb 1 31a
830 21 Berge/Brunflo 253 Jb 26
820 62 Berge/Delsbo 202 Kb 1 30a
870 10 Berge/Härnösand 255 Jb 32
820 71 Berge/Ilsbo 218 Kb 1 31a
855 90 Berge/Matfors 218 Ka 2 31b
860 35 Berge/Tinderö 218 Ka 1 32a
830 05 Berge/Undersåker 268 Hb 23
860 33 Bergeforsen 218 Jb 3 31c
860 33 Bergeforsen 255 Jb 31
670 43 Bergerud/Skillingsfors 149 Mb 1 20c
672 94 Bergerud/Töckfors 149 Mb 3 20b
450 54 Bergeröd 116 Nb 3 20c
795 92 Berget 186 Lb 1 27b
830 22 Berget/Brunflo 253 Jb 26
860 41 Berget/Liden 254 Jb 30
981 29 Bergfors 320 Da 36
374 92 Bergfors 82 Qa 1 26c
872 98 Berghamn 255 Jb 33
561 91 Berghem 69 Pa 22
561 91 Berghem/Kaxholmen 106 Ob 1 25c
341 91 Berghem/Kånna 87 Pb 2 24c
792 97 Bergkarlås 185 La 3 26a
385 01 Bergkvara 83 Qa 1 29a
910 94 Bergland 283 Ga 29
931 96 Bergliden 285 Gb 37
920 70 Berglunda/Abborberg 296 Fb 30
921 92 Berglunda/Lycksele 284 Gb 34
930 91 Bergnasudden 296 Fb 33
933 86 Bergnäs/Arvidsjaur 297 Fb 35
920 70 Bergnäs/Sorsele 296 Fb 31
923 98 Bergnäs/Storuman 284 Gb 31
922 73 Bergnäs/Vindeln 272 Ha 35
972 53 Bergnäset 299 Fb 41
930 90 Bergnäsviken 297 Fa 33
864 91 Bergom 218 Ka 3 31a
893 92 Bergom/Bjästa 255 Ja 34
590 77 Bergs slussar 120 Oa 1 28a
828 91 Bergsbo 201 La 1 28c
933 54 Bergsbyn 286 Gb 39
791 91 Bergsgården 170 Lb 3 28a
611 95 Bergshammar 121 Nb 2 30c
760 10 Bergshamra 156 Mb 3 34a
696 92 Bergshult/Askersund 119 Nb 1 26b
285 93 Bergshult/Markaryd 86 Pb 3 24a
775 96 Bergshyttan/Avesta 154 Ma 3 29c
711 94 Bergshyttan/Lindesberg 153 Mb 2 27c
880 51 Bergsjö/Bovattnet 270 Hb 29
820 70 Bergsjö/Harmånger 218 Kb 1 31a
681 94 Bergsjö/Kyrksten 134 Na 1 25b
890 54 Bergsjö/Nordmaling 272 Hb 35
441 60 Bergsjödal 104 Ob 1 21c
833 93 Bergsjöåsen 270 Hb 29
682 91 Bergskalhyttan 151 Mb 2 25a
370 33 Bergsmåla 82 Qa 1 27c
574 92 Bergsnärle 100 Pa 1 27a
441 92 Bergstena 104 Oa 3 22a
780 64 Bergsvalla 183 Lb 1 23c
840 93 Bergsvallen 252 Ka 23
840 93 Bergsvallen/Hede 214 Ka 1 23b
790 90 Bergsvallen/Heden 198 Kb 2 22c
760 21 Bergsvik 157 Mb 2 34c
941 48 Bergsviken 286 Ga 39
840 40 Bergsvik-Gammalbodarna 253 Jb 26
683 92 Bergsäng/Eksharad 168 Ma 3 24a
793 90 Bergsäng/Leksand 185 Lb 2 27a
923 98 Bergsäter 283 Gb 31
685 92 Bergsätern/Bada 167 Ma 3 23a
780 64 Bergsätern/Limedsforsen 183 Lb 1 23b
780 68 Bergtjärn 183 La 3 23b
370 30 Bergtorp 83 Qa 2 28c
355 93 Bergunda 88 Pb 1 26b
790 90 Bergvallen 199 Kb 2 23c
820 23 Bergvik 187 La 2 30c
910 60 Bergvik/Meselefors 270 Ha 30
670 35 Bergö 150 Mb 1 22a
824 94 Bergön/Hudiksvall 203 Kb 2 31c
343 71 Bergön/Älmhult 87 Pb 3 25b
891 96 Bergön/Örnsköldsvik 256 Ja 35
792 91 Berihol 185 Lb 1 25c
810 65 Berkinge 173 Ma 1 33a
730 30 Bernshammar 153 Mb 2 28b
373 02 Berntorp 83 Qa 2 28b
597 93 Bersbo 108 Oa 2 29a
621 90 Bertels 94 Ob 3 33b
752 60 Berthåga 155 Mb 1 32a
277 55 Bertilstorp 75 Qb 2 25a
438 93 Bertshult 104 Ob 3 21b
590 40 Beseryd 107 Ob 1 27b
360 70 Beskvarn 100 Pa 2 27c
820 11 Bessbo 202 Kb 3 29b
242 91 Bessinge 75 Qb 2 24b
590 55 Bestorp 108 Oa 2 28b
562 91 Bet/Bondstorp 98 Ob 3 24c
560 25 Bet/Bottnaryd 106 Ob 2 24c
585 95 Beta 108 Oa 2 28c
380 62 Beteby/Mörbylånga 84 Qa 1 29c
605 91 Beteby/Norrköping 121 Nb 3 29c
921 93 Betsele 284 Gb 34
640 33 Bettna 121 Nb 1 30a
775 96 Betvallen 154 Ma 3 29b
314 91 Bexet 86 Pb 1 23b
385 95 Bidalite 83 Qa 1 28c
641 96 Bie 136 Na 3 29b
982 60 Bieggaluokta=Pieggaluokta 309 Ea 36
960 24 Biesske=Pieski 298 Fa 37
635 13 Bilby 137 Na 2 29c
427 41 Billdal 103 Ob 3 20c
260 21 Billeberga 79 Qb 1 23a
673 91 Billefalla 149 Mb 1 21c
260 50 Billesholm 79 Qa 3 22c
730 30 Billingbo 153 Mb 3 28a
693 94 Billinge/Bäckhammar 134 Na 3 25c
241 03 Billinge/Höör 79 Qb 1 23c
780 69 Billingsbodarna 184 La 2 23c
660 11 Billingsfors 132 Nb 1 21b
660 11 Billingsholm 132 Nb 1 21b
643 91 Billsbro 136 Na 3 28b
777 93 Billsjön 153 Mb 1 28a
871 93 Billsta/Härnösand 255 Jb 32
894 91 Billsta/Västerhus 255 Ja 34
830 24 Billsåsen 253 Jb 25
790 26 Bingsjö 186 La 3 28a
274 54 Bingsmarken 75 Ra 1 23c
840 40 Bingsta 253 Jb 26
610 56 Binklinge 121 Nb 1 30a
380 44 Binnaretorp 90 Pb 1 29a
380 74 Binnerbäck 102 Pa 2 30c
716 91 Binninge 135 Na 3 26b
460 64 Binäs 116 Oa 1 21a
371 93 Biskopsberg 83 Qa 2 28b
596 92 Biskopsberge 119 Oa 1 27a
780 64 Biskopsbyn 183 Lb 1 23c
740 82 Biskopskulla 155 Mb 2 31b
293 91 Biskopsmåla 81 Qa 2 26a
715 92 Biskopsvrak 136 Na 2 28a
783 90 Bispberg 170 Ma 1 28b
783 93 Bispbergshyttan 170 Ma 1 28b
840 73 Bispgården 254 Ja 30
930 10 Bissjön 273 Ha 39
715 92 Bittinge 136 Na 2 28a
289 90 Bivaröd 81 Qa 2 25b
827 93 Bjart 202 Kb 1 29b
740 82 Bjelkesta 155 Mb 2 31c
370 34 Bjurabygget 83 Qa 1 28b
680 61 Bjurberget 167 Lb 3 22b
671 96 Bjurbäcken/Gunnarskog 150 Mb 1 22b
688 91 Bjurbäcken/Storfors 151 Mb 3 25b
546 93 Bjurbäcken/Undenäs 118 Nb 3 25b
460 21 Bjurdammen 104 Oa 3 21c
774 93 Bjurfors 154 Ma 3 29a
937 96 Bjurfors/Bygdsiljum 272 Ha 37
935 93 Bjurfors/Norsjö 285 Gb 36
931 96 Bjurfors/Skellefteå 285 Gb 38
916 01 Bjurholm 272 Hb 35
730 30 Bjurnäs 153 Mb 3 28b
935 91 Bjursele/Norsjö 285 Gb 36
922 75 Bjursele/Åmsele 285 Gb 35
930 47 Bjurselet 286 Ga 39
640 50 Bjursnäs 138 Na 3 31a
881 93 Bjursta 255 Ja 31
641 92 Bjurstorp 136 Nb 1 29b
590 95 Bjursund 109 Ob 1 30a
790 21 Bjursås 170 Lb 2 27c
664 95 Bjurten 133 Na 2 22c
975 91 Bjurträsk/Luleå 298 Fb 40
921 93 Bjurträsk/Lycksele 284 Gb 32
935 93 Bjurträsk/Norsjö 285 Gb 36
695 96 Bjurtärnen 119 Nb 2 26a
521 94 Bjurum/Ugglum 117 Oa 2 23c
430 20 Bjurum/Väröbacka 96 Pa 2 21b
740 46 Bjurvalla 155 Ma 2 31a
936 92 Bjurvattnet 285 Gb 37
681 92 Bjurvik/Rudskoga 134 Na 3 25b
574 94 Bjurvik/Vetlanda 99 Pa 1 26c
955 95 Bjuråfors 299 Fa 41
820 62 Bjuråker 202 Kb 1 30a
920 42 Bjurås 284 Ga 33
930 10 Bjuröklubb 286 Ha 40
740 71 Bjurön 173 Ma 3 34a
930 10 Bjurön/Lövånger 273 Ha 40
794 90 Bjus 185 La 2 26a
267 01 Bjuv 79 Qa 3 22c
260 23 Bjårnarp 79 Qb 1 23b
820 70 Bjåsta 218 Kb 1 31a
820 70 Bjåstabodarna 218 Kb 1 30c
820 70 Bjåstavallen 218 Kb 1 30c
662 98 Bjäkebol 132 Na 3 22b
596 91 Bjälbo 119 Oa 1 27a
286 92 Bjälkabygget 79 Qa 1 23b
570 33 Bjälkerum 100 Ob 3 27c
270 33 Bjälkhult 75 Qb 2 24b
360 10 Bjällerhult 81 Qa 1 26a
893 91 Bjällsta 255 Ja 33
521 98 Bjällum 118 Oa 1 24a
671 92 Bjälverud/Arvika 149 Mb 2 22a
686 93 Bjälverud/Lysvik 150 Mb 1 23a
910 20 Bjännberg 272 Hb 36
915 92 Bjännfors 272 Ha 37
595 92 Bjänäs 107 Oa 3 27b
290 11 Bjära/Linderöd 80 Qb 1 24c
288 33 Bjära/Vinslöv 80 Qa 3 24c
280 40 Bjärabygget 80 Qa 1 23c
294 93 Bjäraryd 81 Qa 3 26a
262 94 Bjärbolund 79 Qa 2 22b
380 62 Bjärby/Karlösa 84 Qa 1 29c
386 94 Bjärby/Runsten 91 Pb 2 30b
269 96 Bjäred 79 Qa 1 22c
620 20 Bjärges/Eksta 92 Pa 2 33a
620 23 Bjärges/Guldrupe 92 Pa 1 33c
620 13 Bjärges/Lye 92 Pa 2 34a
590 94 Bjärka/Blackstad 109 Ob 2 29b
590 75 Bjärka/Borensberg 120 Nb 3 27c
576 91 Bjärkaryd 99 Pa 1 26a
590 55 Bjärka-Säby 108 Oa 2 28b
548 92 Bjärke 134 Nb 1 25b
590 40 Bjärkefall 108 Ob 1 28a
577 93 Bjärkhult 101 Pa 1 29a
466 94 Bjärlanda 104 Oa 3 22a
291 95 Bjärlöv 80 Qa 3 25a
860 25 Bjärme 218 Jb 3 31a
341 95 Bjärnaryd 87 Pb 1 24c
291 92 Bjärnhult 80 Qa 3 24c
280 20 Bjärnum 80 Qa 2 24b
237 01 Bjärred 74 Qb 2 23a
534 92 Bjärrtorp 117 Oa 2 23a
264 93 Bjärröd/Klippan 79 Qa 2 23b
280 10 Bjärröd/Sösdala 80 Qa 3 24b
621 98 Bjärs 94 Ob 3 33a
340 10 Bjärseryd 86 Pb 2 23c
573 99 Bjärsjö 107 Oa 3 26c
275 95 Bjärsjölagård 75 Qb 2 24b
585 93 Bjärstad 120 Oa 1 28c
914 93 Bjärten 272 Hb 35
872 96 Bjärtrå 255 Jb 32
960 24 Bjässanden 298 Fa 38
360 23 Bjässebohult 89 Pb 3 27b
893 01 Bjästa 255 Ja 34
590 78 Bjäsätter 120 Nb 3 28a
792 96 Bjönsaberg 185 La 2 25b
820 40 Björa 202 Kb 2 29a
780 45 Björbo/Dala-Floda 169 Ma 1 26b
777 91 Björbo/Smedjebacken 153 Ma 3 27c
443 72 Björboholm 104 Ob 1 21b
685 94 Björbysätern 167 Ma 1 23a
514 53 Björdal 98 Ob 3 23c
761 76 Björhövda 157 Mb 1 34c
895 93 Björk 271 Hb 33
774 99 Björk/Näs bruk 171 Ma 2 30a
755 91 Björk/Västeråker 155 Mb 2 32a
578 92 Björka/Aneby 107 Ob 2 26b
575 95 Björka/Eksjö 100 Ob 3 27a
780 41 Björka/Gagnef 169 Lb 3 27a
705 97 Björka/Glanshammar 136 Na 1 27c
711 93 Björka/Lindesberg 153 Mb 3 27b
598 94 Björka/Locknevi 108 Ob 2 29a
692 93 Björka/Sköllersta 135 Na 3 27b
792 90 Björka/Sollerön 185 Lb 1 26a
260 35 Björka/Ödåkra 79 Qa 3 22b
640 61 Björkbacka 136 Na 2 29a
388 98 Björkbacken 90 Pb 2 29a
840 64 Björkbacken/Lund 254 Jb 29
920 64 Björkbacken/Tärnaby 295 Fb 28
820 51 Björkberg/Hamra 201 Kb 3 27a
793 90 Björkberg/Leksand 185 Lb 2 27a
921 93 Björkberg/Lycksele 284 Gb 32
942 92 Björkberg/Älvsbyn 298 Fb 38
980 41 Björkberget 310 Ea 39
790 26 Björkboda 186 Lb 2 28b
713 94 Björkborn 152 Mb 2 26b
740 22 Björkby 155 Mb 1 32a
595 92 Björke/Boxholm 107 Oa 3 27b
805 97 Björke/Gävle 172 Lb 2 31b
640 10 Björke/Igelfors 120 Nb 1 29a
452 94 Björke/Lur 131 Nb 1 19b
620 23 Björke/Norrlanda 95 Ob 3 34a
620 23 Björke/Roma 94 Ob 3 33c
610 75 Björke/Trosa 122 Nb 1 32a
590 47 Björkeberg 120 Oa 1 27c
280 10 Björkeberga 80 Qa 3 24b
511 92 Björkebo 97 Pa 1 22c
672 93 Björkebol/Karlanda 149 Mb 3 21a
681 91 Björkebol/Kristinehamn 134 Na 2 25b
360 10 Björkebråten 81 Qa 1 26b
290 60 Björkefall 81 Qa 1 26a
441 91 Björkekärr 104 Ob 1 21c
571 94 Björkelund 99 Ob 3 26a
695 94 Björkemarken 119 Nb 1 26a
385 96 Björkemåla 83 Qa 1 28b
910 94 Björkenäs 283 Ga 29
680 51 Björkenäs/Ambjörby 167 Ma 1 23b
665 93 Björkenäs/Högboda 150 Mb 3 23a
373 00 Björkenäs/Jämjö 83 Qa 3 28c
374 96 Björkenäs/Karlshamn 82 Qa 2 26c
375 91 Björkenäs/Mörrum 81 Qa 2 26b
578 92 Björkenäs/Åsa 107 Ob 1 26a
310 20 Björkered/Knäred 86 Pb 3 23c

517 93 Björkered/Töllsjö 104 Ob 2 22a
574 95 Björkeryd/Eknässjön 100 Ob 3 27a
370 30 Björkeryd/Fridlevstad 82 Qa 2 28a
590 40 Björkeryd/Kisa 108 Ob 1 28a
283 91 Björkerås 87 Qa 1 24c
280 64 Björkeröd/Glimåkra 81 Qa 2 25b
263 93 Björkeröd/Jonstorp 79 Qa 2 22b
590 80 Björkesnäs 108 Ob 2 28c
661 96 Björketjärn 132 Na 2 22a
519 02 Björketorp 96 Pa 1 22a
590 41 Björkfors 108 Oa 3 28c
952 94 Björkfors/Kalix 300 Fb 43
148 91 Björkhagen/Nynäshamn 123 Nb 1 33a
260 83 Björkhagen/Vejbystrand 79 Qa 2 22b
570 15 Björkholm/Holsbybrunn 100 Pa 1 27b
430 20 Björkholm/Veddige 96 Pa 2 21c
962 98 Björkholmen 309 Eb 35
360 44 Björkholmen 88 Pb 2 27a
515 93 Björkhult 69 Ob 22
590 81 Björkhult/Horn 108 Ob 1 28b
280 70 Björkhult/Olofström 81 Qa 2 25b
640 34 Björkhult/Sparreholm 137 Na 3 30b
515 93 Björkhult/Viskafors 104 Ob 3 22b
830 76 Björkhöjden 254 Ja 29
881 94 Björking 254 Ja 31
760 40 Björkkulla 157 Ma 3 34b
930 72 Björkland 284 Ga 34
645 91 Björklida 137 Na 2 30c
286 91 Björkliden 79 Qa 2 23b
930 55 Björkliden/Granliden 285 Ga 36
10090 Björkliden/Marielund 296 Fb 31
740 30 Björklinge 155 Ma 3 32a
930 90 Björklund 296 Fa 31
820 65 Björkmo 203 Kb 3 30c
962 99 Björknäs 309 Eb 35
820 75 Björknäs/Harmånger 203 Kb 1 31b
133 42 Björknäs/Nacka 139 Na 2 33b
761 92 Björknäs/Norrtälje 157 Mb 2 34c
740 21 Björknäs/Vittinge 155 Mb 1 31b
647 92 Björknäs/Åkers styckebruk 137 Na 2 31a
598 96 Björksebo 101 Ob 3 28c
920 41 Björksele/Kristineberg 284 Gb 34
910 60 Björksele/Åsele 270 Hb 31
590 53 Björksfall 108 Oa 3 27c
579 93 Björkshult 89 Pa 3 28b
712 91 Björksjön 152 Mb 1 26b
881 92 Björksjön 255 Ja 32
830 80 Björksjönäset 270 Ha 29
570 30 Björksnäs 100 Ob 3 28a
725 96 Björksta 154 Mb 3 30b
821 35 Björktjära 202 La 1 29c
645 93 Björktorp 137 Na 1 30c
614 99 Björkudden/Gusum 121 Oa 1 30a
197 93 Björkudden/Sigtuna 155 Mb 3 32a
545 92 Björkulla 118 Nb 2 25b
827 93 Björkvallen 217 Kb 1 29a
792 96 Björkvassla 185 La 3 25c
830 90 Björkvattnet 281 Gb 24
520 24 Björkvik/Böne 105 Ob 1 24a
139 54 Björkvik/Djurö 139 Na 2 34a
862 96 Björkvik/Njurundabommen 218 Ka 2 32a
640 20 Björkvik/Stigtomta 121 Nb 2 30a
614 96 Björkvik/Östra Ryd 120 Oa 1 29a
360 70 Björkå 100 Pa 3 28a
893 91 Björkåbäck 255 Ja 33
923 98 Björkås/Pauträsk 284 Gb 32
920 39 Björkås/Rökå 284 Ga 34
714 93 Björkäng/Kopparberg 152 Mb 1 27a
430 10 Björkäng/Morup 96 Pa 3 21c
585 95 Björkö/Grebo 120 Oa 2 28c
740 12 Björkö/Knutby 156 Mb 1 33b
430 94 Björkö/Torslanda 103 Ob 2 20b
760 42 Björkö-Arholma 157 Mb 1 35a
574 95 Björköby 99 Ob 3 26c
862 96 Björkön 218 Ka 2 32a
760 15 Björköören 157 Mb 2 34c
820 42 Björna 201 Kb 2 28a
890 50 Björna 271 Hb 34
382 94 Björnahult 89 Pb 2 28b
355 92 Björnamo 88 Pb 1 27a
740 22 Björnarbo 155 Mb 1 31c
792 94 Björnarvet 184 La 3 25a
382 96 Björnasjö 89 Pb 3 28b
277 57 Björnastad 75 Qb 2 24c
942 93 Björnberg 298 Fb 39
742 94 Björnbo 173 Ma 1 33a
668 93 Björnbyn 131 Nb 2 20b
895 92 Björnbäck 255 Hb 31
461 59 Björndalen/Trollhättan 116 Oa 2 21b
460 21 Björndalen/Upphärad 104 Oa 3 21b
640 32 Björndammen 137 Na 3 30b
555 94 Björneberg 106 Ob 2 25a
671 95 Björnebol 150 Na 1 22c
680 71 Björneborg/Kristinehamn 134 Na 2 25b
730 50 Björneborg/Skultuna 154 Mb 2 29c
36051 Björneke 89 Pb 1 27b
452 93 Björneröd 131 Na 3 19c
696 96 Björnfall 119 Nb 1 27b
697 93 Björnhammaren 120 Nb 1 27c
711 93 Björnhammarn 153 Mb 3 27c
930 90 Björnheden 297 Fb 34
715 94 Björnhovda 136 Na 3 28a
566 93 Björnhult/Brandstorp 106 Oa 3 25b
572 91 Björnhult/Döderhult 101 Pa 2 29b
330 15 Björnhult/Gällaryd 99 Pa 3 25b
695 93 Björnhult/Laxå 134 Nb 1 25c
570 84 Björnhult/Mörlunda 101 Pa 1 29a
643 94 Björnhult/Skedevi 136 Nb 1 28c
740 22 Björnhuvud/Bälinge 155 Mb 1 31c
184 91 Björnhuvud/Åkersberga 139 Mb 3 34a
772 90 Björnhyttan 152 Ma 3 27a
264 94 Björnkärr 79 Qa 2 23a
911 94 Björnlandsbäck 272 Hb 36
790 91 Björnliden 213 Ka 3 21c
640 50 Björnlunda 138 Na 3 31a
740 82 Björnome 155 Mb 2 31c
840 92 Björnrike 214 Ka 1 24c
840 92 Björnrike Ka 24
830 60 Björnrun 269 Hb 25
890 50 Björnsjö 255 Hb 33
615 93 Björnsmåla 109 Oa 2 30a
616 90 Björnsnäs 121 Nb 3 29b
240 13 Björnstorp 75 Qb 3 23c
682 92 Björntjärn 151 Mb 2 25b
792 77 Björnudden 185 Lb 1 26a
280 70 Björnvik 81 Qa 2 25c
511 94 Björnås 97 Pa 1 22b
457 91 Björnäs 131 Nb 2 19b
134 67 Björnö/Bollmora 139 Na 2 34a
661 95 Björnö/Borgvik 133 Na 1 22c
360 30 Björnö/Lammhult 99 Pa 2 26a
380 30 Björnö/Lingsdal 90 Pb 2 29c
840 50 Björnön 253 Jb 27
661 93 Björrud 133 Na 2 22c
442 96 Björröd/Diseröd 103 Ob 1 20c
438 93 Björröd/Landvetter 104 Ob 2 21b
424 71 Björsared 104 Ob 2 21a
820 62 Björsarv 217 Ka 3 29b
790 21 Björsberg 186 Lb 2 27c
777 93 Björsbo/Fagersta 153 Mb 1 28b
734 91 Björsbo/Surahammar 154 Mb 2 29b
730 70 Björsbo/Västerfärnebo 154 Ma 3 29b
310 58 Björsered 86 Pb 1 22b
460 65 Björserud 116 Nb 3 21b
310 61 Björshult 97 Pa 2 22c
820 42 Björsjö/Korskrogen 201 Kb 1 28a
777 93 Björsjö/SDöderbärke 153 Ma 3 27c
712 94 Björskogsnäs 152 Mb 2 25c
742 95 Björsta/Gimo 173 Ma 2 33b
148 91 Björsta/Ösmo 138 Nb 1 32c
872 92 Björstabodarna 255 Jb 32
340 13 Björstorp/Hamneda 87 Pb 2 24c
512 92 Björstorp/Holsljunga 97 Pa 1 22c
284 91 Björstorp/Perstorp 80 Qa 3 23c
541 92 Björstorp/Skövde 118 Oa 1 24c
546 94 Björstorp/Undenäs 118 Nb 3 25c
280 22 Björstorp/Vittsjö 80 Qa 1 24b
382 97 Björstorp/Örsjö 89 Pb 3 28b
635 05 Björsund 137 Na 1 30b
614 95 Björsäter/Grebo 120 Oa 1 29a
542 95 Björsäter/Mariestad 118 Nb 3 24b
610 27 Björsätter/Rönö 121 Oa 1 30b
614 92 Björsätter/Söderköping 121 Oa 1 29c
821 98 Björtomta 187 La 1 30a
772 90 Björudden 152 Ma 3 26c
820 50 Blackbo/Noppikoski 200 Kb 3 26c
740 21 Blackbo/Vittinge 155 Mb 1 31a
930 10 Blacke 273 Ha 39
523 94 Blackered 105 Ob 2 23b
930 10 Blackhamn 273 Ha 39
646 91 Blacksta/Björnlunda 138 Na 3 31a
705 92 Blacksta/Garphyttan 135 Na 1 27a
642 95 Blacksta/Vadsbro 137 Nb 1 30a
590 94 Blackstad/Hallingeberg 109 Ob 2 29b
590 21 Blackstad/Mjölby 119 Oa 2 26c
705 92 Blackstahyttan 135 Na 1 26c
820 60 Blacksåsvallen 202 Kb 3 30b
574 98 Bladekulla 100 Pa 1 27b
740 12 Bladåker 156 Ma 3 33b
740 12 Bladåkersby 156 Ma 3 33b
923 99 Blaiken 283 Ga 30
910 88 Blaikliden 283 Ga 28
590 91 Blankaholm 101 Ob 3 30a
579 92 Blankan 101 Pa 2 28c
571 92 Blankefall 99 Ob 2 26b
310 20 Blankered 86 Pb 3 23b
920 72 Blattniksele 284 Ga 32
577 92 Blaxhult 101 Ob 3 29a
681 92 Blaxmo 134 Na 3 25b
795 92 Blecket/Rättvik 186 Lb 1 27b
792 96 Blecket/Älvdalen 185 La 2 25c
830 44 Bleckåsen 252 Ja 24
840 80 Blekberg 199 Kb 1 24c
471 96 Bleket 103 Ob 1 20a
270 35 Blentarp 61 Qb 24
270 35 Blentarp 75 Qb 3 24a
713 92 Blexbergsåsen 135 Mb 3 26c
520 24 Blidsberg 105 Ob 1 23c
590 98 Blidstena 109 Oa 3 29c
760 17 Blidö 157 Mb 3 34c
464 92 Blikserud 116 Nb 3 21c
544 93 Blikstorp 118 Oa 2 25a
796 99 Blikstugan 199 La 1 24a
620 33 Blindhagen 94 Ob 2 34a
295 94 Blistorp 81 Qa 2 25c
790 15 Blixbo 170 Lb 3 28c
718 91 Blixterboda 136 Na 1 27c
311 97 Blixtorp 85 Pb 1 22b
960 24 BÍlggem=Pålkem 298 Fa 40
680 96 Blockenhus 151 Mb 1 25b
660 60 Blombacka 151 Mb 3 24b
533 93 Blomberg 117 Nb 3 23b
382 93 Blomkulla 90 Pb 2 28c
672 92 Blomma 132 Na 2 20c
930 10 Blomrotet 273 Ha 39
452 92 Blomsholm 131 Nb 1 19b
540 66 Blomsterhult/Hova 118 Nb 1 25a
643 95 Blomsterhult/Österåker 136 Na 3 28c
384 01 Blomstermåla 90 Pb 1 29c
982 60 BÍrjÍs=Porjus 309 Eb 36
796 91 Blyberg 184 La 3 25b
578 94 Blå grindar 107 Ob 1 26c
621 98 Blåhäll 94 Ob 3 33a
922 92 Blåliden 272 Ha 36
830 90 Blåsjöfallet 282 Gb 25
944 92 Blåsmark 286 Ga 39
921 95 Blåvik 284 Gb 33
340 30 Blädingeås 88 Pb 1 25c
840 80 Blädjenässtugan 214 Kb 1 24b
598 93 Blägda 101 Ob 3 29a
620 34 Bläse 95 Ob 1 34c
360 60 Bläsemåla 89 Pb 3 27c
386 96 Bläsinge/Gårdby 91 Pb 3 30b
380 74 Bläsinge/Löttorp 102 Pa 3 31a
824 93 Blästa 203 Kb 2 31b
276 35 Blästorp 76 Ra 1 25b
362 94 Blötan 82 Qa 1 27a
771 94 Blötberget 152 Ma 3 27a
360 24 Blötvik 89 Pb 3 27b
640 33 Bo hage 121 Nb 1 30a
716 91 Bo/Fjugesta 135 Na 3 28c
697 93 Bo/Hjortkvarn 120 NB 1 28a
715 91 Bo/Stora Mellösa 136 Na 2 28a
574 95 Bo/Vetlanda 100 Pa 1 26c
590 48 Bo/Vikingstad 120 Oa 1 27c
293 93 Boa 81 Qa 2 26a
578 92 Boafall/Anneberg 107 Ob 2 26b
293 72 Boafall/Jämshög 81 Qa 2 25c
372 95 Boahaga 82 Qa 2 27c
280 64 Boalt/Glimåkra 81 Qa 1 25a
280 22 Boalt/Vittsjö 80 Qa 1 24b
286 92 Boalt/Örkelljunga 80 Qa 1 23b
293 93 Boamark 81 Qa 2 26a
360 23 Boamåla 89 Pb 3 27b
523 97 Boared 105 Ob 2 24a
269 94 Boarp/Båstad 86 Qa 1 22b
520 10 Boarp/Gällstad 105 Ob 2 23c
280 23 Boarp/Hästveda 80 Qa 2 24c
242 92 Boarp/Hörby 75 Qb 1 24b
314 92 Boarp/Långaryd 97 Pa 3 23c
568 91 Boarp/Skillingaryd 99 Pa 1 25b
341 91 Boarp/Södra Ljunga 87 Pb 2 24c
523 90 Boarp/Ulricehamn 105 Ob 2 24a
567 92 Boarp/Vaggeryd 98 Ob 3 25a
288 90 Boarp/Vinslöv 80 Qa 3 24c
578 92 Boarp/Vireda 107 Ob 1 26a
266 91 Boarp/Östra Ljungby 79 Qa 2 23a
341 76 Boaryd/Ljungby 87 Pb 2 25a
330 21 Boaryd/Smålandsstenar 98 Pa 3 24a
360 14 Boaryd/Väckelsång 88 Pb 3 27a
370 33 Boasjö 82 Qa 1 27c
343 93 Boastad 87 Pb 3 25a
524 92 Boatorp 105 Oa 3 23a
681 93 Bobacken 134 Na 2 25a
918 94 Bobacken 273 Ha 38
830 76 Boberg 254 Ja 28
311 92 Boberg 85 Pb 1 22a
610 31 Boberga 121 Nb 3 30a
828 99 Bobergsmyran 201 Kb 3 28b
430 33 Bobygd 96 Ob 3 21b
670 35 Bobäcken 149 Mb 1 21c
360 60 Bockabo 83 Qa 1 28a
579 90 Bockara 101 Pa 2 29a
360 75 Bockaskruv 89 Pb 1 28b
568 92 Bockebo 98 Pa 1 25a
570 80 Bockeskögle 100 Pa 2 28a
683 91 Bockfall 168 Ma 3 24b
152 95 Bockholmssättra 138 Na 2 32a
672 94 Bocklerud 132 Na 1 20c
594 94 Bockrössle 108 Ob 1 29a
705 92 Bocksboda 135 Na 1 26c
314 91 Bockshult 86 Pb 1 23b
546 95 Bocksjö 119 Nb 2 26a
920 70 Bockträsk 284 Ga 33
825 96 Boda bruk 203 Kb 3 30c
361 93 Boda glasbruk 89 Pb 2 28b
333 92 Boda/Broaryd 97 Pa 3 23b
572 93 Boda/Doderhult 101 Pa 2 29b
825 96 Boda/Enånger 203 Kb 3 30c
695 95 Boda/Hasselfors 135 Na 3 26b
763 91 Boda/Herräng 156 Ma 3 34a
573 94 Boda/Hestra 107 Ob 1 27a
570 81 Boda/Hultsfred 100 Pa 1 28a
590 41 Boda/Hycklinge 108 Ob 1 28c
610 12 Boda/Hällestad 120 Nb 2 28a
825 92 Boda/Iggesund 203 Kb 3 31a
820 40 Boda/Järvsjö 202 Kb 2 29a
671 95 Boda/Klässbol 150 Mb 3 22c
670 41 Boda/Koppom 149 Mb 2 21b
570 10 Boda/Korsberga 100 Pa 1 27a
360 30 Boda/Lammhult 99 Pa 2 25c
827 94 Boda/Ljusdal 202 Kb 2 29a
860 41 Boda/Långliden 254 Jb 30
571 95 Boda/Nässjöredriks 99 Ob 3 26a
594 94 Boda/Odensvi 108 Ob 1 29a
380 30 Boda/Rockneby 90 Pb 2 29c
795 96 Boda/Rättvik 186 La 3 27b
760 40 Boda/Rörvik 157 Mb 1 34c
670 43 Boda/Skillingsfors 149 Mb 1 21a
790 15 Boda/Sundborn 170 Lb 3 28b
514 52 Boda/Svenljunga 97 Ob 3 23b
790 23 Boda/Svärdsjö 170 Lb 2 28c
458 91 Boda/Torp 116 Nb 3 20c
340 12 Boda/Torpa 87 Pb 2 24a
542 91 Boda/Torsö 118 Nb 2 24b
670 10 Boda/Töcksfors 131 Na 1 20b
310 83 Boda/Unnaryd 87 Pb 1 23c
643 93 Boda/Vingåker 136 Na 3 28c
504 96 Boda/Vänga 105 Ob 1 22c
184 91 Boda/Åkersberga 139 Mb 3 34a
384 92 Boda/Ålem 90 Pb 1 29c
640 25 Boda/Äsköping 136 Na 3 29a
641 96 Boda/Äsköping 136 Na 3 29b
590 96 Boda/Överum 109 Ob 1 29c
571 06 Bodafors 99 Ob 3 26b
360 24 Bodaholm 88 Pb 2 27a
934 94 Bodarna 286 Gb 38
780 41 Bodarna/Gagnef 169 Lb 3 27a
825 32 Bodarna/Iggesund 203 Kb 3 31a
820 29 Bodarna/Skog 187 La 2 30b
792 90 Bodarna/Sollerön 185 Lb 1 26a
290 34 Bodarna/Sölvesborg 81 Qb 1 25c
783 95 Bodarne/Enbacka 170 Ma 1 28a
737 91 Bodarne/Virsbo 153 Mb 1 28c
288 93 Bodarp/Nävlinge 80 Qa 3 24b
283 95 Bodarp/Osby 80 Qa 1 24c
842 94 Bodarsjön 215 Kb 1 26a
574 97 Bodaryd 100 Pa 1 27c
935 91 Bodberg 285 Gb 36
937 93 Bodbyn/Burträsk 286 Ha 38
905 95 Bodbyn/Sävar 272 Ha 37
374 94 Boddestorp 82 Qa 2 26c
599 91 Bodebol 107 Oa 3 26a
961 01 Boden 299 Fb 40
512 95 Boderås 97 Pa 1 23a
665 92 Bodetta 150 Mb 3 23a
385 91 Bodhyltan 83 Qa 1 28c
840 50 Bodsjöbyn 253 Jb 26
830 15 Bodsjöedet 267 Ja 22
960 24 Bodträskfors 298 Fa 38
880 51 Bodum 270 Hb 29
882 95 Bodviken 254 Ja 31
813 95 Bodås 171 Ma 1 29c
952 72 Bodön 300 Fb 44
563 91 Boeryd 107 Oa 3 26a
360 71 Boestad 100 Pa 2 27b
599 92 Boet 107 Oa 3 26b
590 80 Bofall 108 Ob 2 28b
823 91 Bofara 187 La 2 29c
671 95 Bofasterud 150 Mb 3 22b
620 20 Bofride 92 Pa 2 33b
472 93 Bogane 115 Oa 2 20b
620 30 Boge 95 Ob 2 34b
670 35 Bogen 166 Ma 3 22a
840 50 Boggsjö 253 Ja 27
745 97 Boglösa 155 Mb 3 31b
680 61 Bograngen 183 Lb 2 22a
515 60 Bogryd 97 Ob 3 22b
820 11 Bogården 202 Kb 3 29c
711 93 Bohagen 152 Mb 3 27b
956 93 Boheden 299 Fa 42
523 96 Bohestra 105 Ob 2 24a
579 90 Bohult/Högsby 101 Pa 2 29a
314 91 Bohult/Kinnared 97 Pa 3 23a
340 10 Bohult/Lidhult 86 Pb 2 23c
517 94 Bohult/Töllsjö 104 Ob 1 22b
343 73 Bohult/Västra Torsås 88 Pb 3 25c
810 22 Bohällan 171 Lb 3 30b
910 94 Bojtiken 282 Ga 26
610 11 Boka 120 Nb 2 28a
451 97 Bokenäs 115 Oa 2 20a
382 96 Bokhultet 89 Pb 2 28b
744 95 Boksta 155 Mb 1 31a
372 92 Bokön 82 Qa 2 27b
311 94 Bol/Vinberg 85 Pb 1 22a
742 94 Bol/Östhammar 173 Ma 2 33a
740 30 Bolandet/Björklinge 155 Mb 1 31c
744 91 Bolandet/Heby 154 Mb 1 30c
621 76 Bolarve 94 Ob 3 33c
780 64 Bolberget 184 Lb 1 23c
792 92 Bole 184 Lb 2 25a
578 92 Bolerum 107 Ob 2 26b
780 68 Bolheden 183 La 3 23b
590 91 Bolhult 101 Ob 3 29c
936 01 Boliden 285 Gb 37
370 34 Bollasjö 82 Qa 1 28a
585 96 Bollebo 108 Oa 2 28a
517 01 Bollebygd 104 Ob 2 22a
273 94 Bollerup 75 Ra 1 25a
442 95 Bollestad 103 Ob 1 20c
135 40 Bollmora 139 Na 2 33b
821 01 Bollnäs 202 La 1 29c
662 96 Bollsbyn 132 Na 3 22a
873 01 Bollstabruk 255 Jb 32
460 65 Bollungen 116 Nb 3 21b
340 13 Bolmaryd 87 Pb 2 24b
341 94 Bolmen 87 Pb 2 24b
341 95 Bolmstad/Rataryd 87 Pb 1 24b
341 95 Bolmstad/Tannåker 87 Pb 1 24b
341 95 Bolmsö 87 Pa 3 24b
464 93 Bolstad 116 Nb 3 21c
841 92 Boltjärn 216 Jb 3 28b
521 98 Bolum 118 Oa 2 24a
435 39 Bolås 104 Ob 3 21b
668 91 Bomarken 131 Na 3 20c
780 50 Bomled 168 Lb 3 25b
777 90 Bommarsbo 170 Ma 2 27c
153 95 Bommersvik/Gnesta 138 Na 3 31b
153 95 Bommersvik/Nykvarn 138 Na 3 31c
780 67 Bompasätra 183 La 2 23b
781 95 Bomsarvet/Borlänge 170 Lb 3 27c
783 95 Bomsarvet/Enbacka 170 Ma 1 28a
910 60 Bomsjö 271 Ha 31
653 46 Bomstad 133 Na 1 23c
830 76 Bomsund 254 Ja 28
591 97 Bona 119 Nb 3 27a
510 22 Bonared 97 Ob 3 22a
277 55 Bonaröd 75 Qb 2 25a
335 93 Bondarp 98 Pa 1 24b
820 40 Bondarv 202 Kb 2 29a
774 97 Bondarvet 171 Ma 2 29b
777 93 Bondberget 153 Mb 1 27c
815 91 Bondebo 172 Ma 1 31c
713 91 Bondebyn 135 Mb 3 27a
668 93 Bondemon 131 Nb 1 20b
952 92 Bondersbyn 299 Fb 42
575 95 Bonderyd 100 Ob 3 27a
737 90 Bondfallet 153 Mb 1 29a
864 92 Bond-Gryttjen 217 Ka 2 30c
781 93 Bondhyttan 170 Ma 2 28a
562 91 Bondstorp 98 Ob 3 24c
782 91 Bondsälen 168 Lb 3 24a
614 92 Bondängen 121 Oa 1 29b
635 04 Bondökna 137 Na 2 30b
260 70 Bonnarp/Ljungbyhed 79 Qa 3 23b
262 93 Bonnarp/Strövelstorp 79 Qa 2 22c
290 37 Bonnslätt 81 Qa 2 25b
620 10 Bonsarve 92 Pb 1 33b
665 91 Bonserud 150 Mb 3 23c
277 56 Bontofta 75 Qb 2 24c
686 96 Bonäs/Deje 115 Ob 2 23b
792 95 Bonäs/Mora 185 La 3 25c
830 05 Bonäset/Mörsil 252 Ja 23

962 99 Brändön/Jokkmokk 309 Eb 36
975 97 Brändön/Luleå 299 Fb 41
912 90 Bränna 283 Gb 30
590 42 Bränna/Horn 108 Ob 1 28b
820 50 Bränna/Los 201 Kb 2 27c
464 40 Bränna/Åsensbruk 116 Nb 2 21c
930 27 Brännan/Burträsk 285 Gb 35
840 73 Brännan/Hammarstrand 254 Jb 30
820 46 Brännan/Hedsjö 216 Ka 2 28b
933 91 Brännan/Lauker 297 Fb 36
921 91 Brännan/Lycksele 284 Gb 33
880 40 Brännan/Ramsele 270 Hb 30
955 96 Brännan/Råneå 299 Fb 41
260 40 Brännan/Viken 79 Qa 2 22a
922 92 Brännan/Vindeln 272 Ha 36
920 64 Brännan/Västansjö 295 Fb 26
310 44 Brännarp 85 Pb 2 22b
961 95 Brännberg 298 Fb 39
635 05 Bränne 137 Na 1 30b
693 91 Brännebacken 135 Na 2 26a
533 97 Brännebrona 118 Nb 3 24a
611 95 Bränn-Ekeby 122 Nb 2 30c
269 96 Bränneslätt 79 Qa 1 22c
930 81 Brännet 285 Ga 35
944 93 Brännfors 286 Ga 38
922 75 Brännforsliden 285 Gb 35
922 75 Brännforssund 285 Gb 35
946 92 Brännheden 298 Fb 38
930 86 Brännholmen 297 Fb 34
343 96 Brännhult 87 Qa 1 24c
661 93 Bränningen 133 Na 2 22c
937 92 Brännkälen 285 Gb 38
916 91 Brännland/Bjurholm 272 Hb 35
921 91 Brännland/Lycksele 284 Gb 33
930 47 Brännland/Piteå 286 Ga 39
930 72 Brännlund 284 Ga 33
820 50 Brännmyra 201 Kb 2 27b
273 95 Brännorma/Sankt Olof 75 Qb 3 25a
841 91 Brännorna 253 Jb 28
841 92 Brännorna/Ånge 216 Jb 3 28b
590 42 Bränntorp/Horn 108 Ob 1 28b
616 91 Bränntorp/Kalbo 120 Nb 1 29a
935 93 Brännudden 285 Ga 35
840 93 Brännvallen 213 Ka 1 23a
937 95 Brännvattnet 285 Gb 37
917 99 Brännåker 283 Gb 28
820 62 Brännås 217 Ka 3 29b
820 62 Brännåsen/Bergsjö 217 Kb 1 30b
565 91 Brännåsen/Mullsjö 106 Ob 1 24c
672 95 Brännåsen/Sillerud 132 Na 1 21c
930 92 Brännäs/Arjeplog 296 Fb 32
930 55 Brännäs/Boliden 285 Ga 37
905 83 Brännäset 272 Hb 37
430 85 Brännö 103 Ob 3 20b
314 97 Brännögård 86 Pa 3 23a
370 30 Bränteknuva 82 Qa 2 28a
620 34 Bräntings 95 Ob 2 34c
671 92 Brättne 149 Mb 2 22a
590 48 Bröby 108 Oa 2 27c
310 38 Bröda 86 Pb 2 23a
290 60 Brödhult 81 Qa 2 26a
268 90 Brödåkra 79 Qb 1 23a
281 91 Brödåkra 80 Qa 3 24c
370 45 Brömsebro 83 Qa 2 28c
281 92 Brönnestad 80 Qa 3 24b
680 52 Brönäs 167 Lb 3 23a
981 93 Brörkliden 329 Da 34
277 03 Brösarp/Kivik 76 Qb 2 25a
270 33 Brösarp/Sjöbo 75 Qb 2 24b
713 91 Bröstorp 135 Mb 3 27a
670 35 Bröta/Charlottenberg 149 Mb 1 22a
147 91 Bröta/Grödby 138 Na 3 32c
330 10 Bröttjestad 98 Pa 3 24b
780 40 Bröttjärna 169 Lb 3 27a
386 96 Bröttorp 91 Pb 3 30b
430 22 Bua 69 Pa 21
456 91 Bua/Kungshamn 115 Oa 1 19c
430 22 Bua/Väröbacka 96 Pa 2 21a
915 91 Buafors 273 Ha 38
443 74 Buaholm 104 Ob 1 21c
452 93 Buar 131 Nb 1 19c
430 31 Buared 96 Pa 1 21a
438 93 Buarås 104 Ob 3 21b
515 93 Buastrand 97 Ob 3 22b
280 23 Bubbarp 80 Qa 2 24b
922 92 Buberget 272 Ha 36
740 45 Buckarby 171 Ma 2 31a
571 92 Buckhult 107 Ob 2 26b
680 50 Buda 168 Ma 3 24a
961 42 Buddbyn 299 Fb 40
562 91 Buddebo 98 Ob 3 24c
439 91 Buerås 96 Pa 1 20c
370 34 Buggamåla 83 Qa 1 28a
360 60 Buggehult 89 Pb 3 28b
571 63 Buggeryd 99 Pa 1 26c
830 30 Bugget 253 Ja 27
449 90 Buhult 104 Ob 1 21b
820 40 Bullas 202 Kb 2 29b
918 92 Bullbäcken 272 Ha 38
918 92 Bullmark 272 Ha 37
260 51 Bullstofta 79 Qb 1 23a
512 94 Bullsäng 97 Pa 1 23a
590 75 Bulltorp 120 Nb 3 27c
780 64 Bu-Lyberget 184 Lb 1 24a
230 44 Bunkeflostrand 61 Qb 22
230 44 Bunkeflostrand 74 Qb 3 22c
796 99 Bunkris 199 La 1 23c
563 93 Bunn 107 Ob 1 25c
563 92 Bunnström 107 Oa 3 25c
862 94 Bunsta 218 Ka 2 31b
960 24 Buohttávrre=Puottaure 298 Fa 37
982 05 Buoldavárri=Puoltikasvaara 321 Ea 39
982 06 Buollnja=Slättberg 310 Eb 39
981 29 Buolža=Puoltsa 320 Db 36
980 40 Buolžajávri=Pulsujärvi 330 Da 39
962 99 Buornak=Puornak 309 Eb 35
980 41 Buornna=Purnu 310 Eb 39
920 70 Bure 296 Fb 32
930 15 Bureå 286 Gb 39
895 97 Bureåborg 255 Ja 32
962 99 Burgávrre=Purkijaur 309 Eb 36
620 11 Burge/Hablingbo 92 Pa 2 33b
620 11 Burge/Havdhem 92 Pa 3 33b
620 33 Burge/Lummelunda 94 Ob 2 33c
620 10 Burgsvik 92 Pa 3 33b
232 91 Burlöv 74 Qb 3 23a
591 96 Burnäset 119 Nb 3 27a
620 13 Burs 92 Pa 2 33c
330 26 Burseryd 97 Pa 2 23b
937 93 Bursiljum 286 Ha 38
820 40 Bursjö 202 Kb 3 28c
840 24 Bursnäs 215 Ka 1 26c
937 01 Burträsk 286 Gb 38
740 12 Burvik 156 Mb 1 33c
930 15 Burvik 286 Gb 39
792 93 Buråberg 184 La 3 24b
770 12 Burängsberg 169 Ma 2 26c
620 30 Busarve/Gothem 95 Ob 3 34b
620 30 Busarve/Lärbro 95 Ob 2 34b
777 93 Busjön 153 Ma 3 28a
774 98 Buska 171 Ma 2 29c
370 34 Buskahult/Eringsboda 82 Qa 1 27c
360 13 Buskahult/Urshult 88 Pb 3 26b
820 78 Buskan 217 Ka 2 29c
570 30 Buskebo 100 Ob 3 28a
611 95 Buskhyttan 121 Nb 3 30c
373 00 Bussevik 83 Qa 3 28b
271 99 Bussjö 75 Ra 1 24b
669 92 Butorp/Alvsbäcka 151 Mb 2 24a
664 91 Butorp/Grums 133 Na 1 23a
894 93 Butsjöböle 255 Ja 33
620 23 Buttle 92 Pa 1 34a
780 69 Buvalheden 198 La 1 23a
660 57 Buxerud 134 Na 1 24c
460 65 Buxåsen 116 Nb 3 21a
547 91 By/Gullspång 134 Nb 1 25b
740 47 By/Haga 155 Ma 3 31b
684 93 By/Mjönäs 151 Mb 1 24a
312 94 By/Rännäslöv 86 Qa 1 23b
686 93 By/Sunne 150 Mb 1 23a
670 40 By/Åmotfors 149 Mb 2 21c
841 94 Byberget 216 Jb 3 27b
841 94 Byberget 253 Jb 27
870 16 Bybodarna 255 Jb 32
840 12 Bybodarne 217 Ka 1 29a
830 01 Bydalen 252 Ja 24
860 35 Bye 218 Jb 3 32b
860 35 Bye/Söråker 255 Jb 32
830 30 Bye/Östersund 253 Ja 26
570 31 Bygdas 100 Ob 3 27c
937 94 Bygdeträsk 272 Ha 38
937 94 Bygdeträskliden 272 Ha 38
918 02 Bygdeå 273 Ha 38
937 33 Bygdsiljum 272 Ha 38
891 95 Byggdom 256 Ja 34
830 76 Bygget/Hammarstrand 254 Ja 28
820 50 Bygget/Hamra 200 Kb 2 26c
820 78 Bygget/Hassela 217 Ka 3 30a
310 38 Bygget/Oskarström 86 Pb 2 23b
372 92 Bygget/Ronneby 82 Qa 2 27b
830 93 Bygget/Stora Blåsjön 282 Gb 25
790 90 Byggevallen 198 Kb 3 23a
340 10 Byholma/Annerstad 87 Pb 2 24a
760 45 Byholma/Grisslehamn 157 Ma 3 34b
643 94 Byle 136 Nb 1 28b
860 35 Byn 218 Jb 3 32a
671 94 Byn/Edane 150 Mb 2 22b
680 50 Byn/Ekshärad 168 Ma 2 24a
661 95 Byn/Gillberga 133 Na 2 22c
820 77 Byn/Gnarp 218 Ka 3 31b
670 35 Byn/Gunnarskog 149 Mb 2 22a
871 92 Byn/Härnösand 255 Jb 32
860 25 Byn/Kovland 218 Ka 1 31a
661 96 Byn/Långserud 132 Na 2 22a
662 91 Byn/Mo 132 Na 3 22a
671 95 Byn/Stavnäs 133 Na 1 22b
841 96 Byn/Ånge 216 Jb 3 28c
661 91 Byn/Ölserud 133 Na 3 23b
810 40 Byn/Österfärnebo 171 Ma 1 30c
610 40 Byngsbo 109 Oa 2 30a
842 94 Bynoret 215 Ka 3 25c
661 93 Bynsberg 133 Na 2 22c
290 11 Byrhult 80 Qb 1 24c
692 93 Byrsta 135 Na 3 27a
380 74 Byrum/Löttorp 102 Pa 2 30c
570 84 Byrum/Mörlunda 101 Pa 2 28b
380 74 Byrums Sandvik 102 Pa 2 30c
730 30 Bysala 153 Mb 2 28b
930 47 Byske 286 Gb 39
531 98 Byskog 117 Nb 3 23a
921 92 Byssträsk 272 Ha 34
780 54 Bytjärnbodarna 168 Lb 3 25a
774 68 Byvalla 171 Ma 1 29c
842 94 Byvallen 215 Ka 3 25c
895 97 Byvattnet 255 Ja 32
890 54 Byviken 272 Hb 35
380 75 Byxelkrok 102 Pa 2 31a
782 90 Byxångsälen 168 Lb 3 23c
842 94 Bådhusvallarna 215 Ka 3 25b
360 53 Bågsjö 89 Pb 3 27c
590 95 Bågvik 109 Ob 1 30b
695 95 Bålby 135 Na 3 26b
360 60 Båldön 83 Qa 1 28a
545 92 Bålerud 118 Nb 2 25b
452 97 Båleröd 131 Nb 1 19b
682 91 Bålhyttan 151 Mb 2 25a
690 45 Bållby 135 Na 3 28c
746 93 Bålsta 155 Mb 3 32a
670 40 Bålstad 149 Mb 2 21b
714 37 Bångbro 152 Mb 1 27a
912 99 Bångnäs 283 Gb 28
733 99 Bår 154 Ma 3 29c
310 44 Bårarp 85 Pb 2 22b
380 62 Bårby 84 Pb 3 29c
682 92 Båren 151 Mb 2 25c
438 91 Bårhult 104 Ob 2 21b
511 97 Bårred 97 Ob 3 22a
343 97 Bårshult 87 Pb 3 24c
253 74 Bårslöv 65 Qa 22
253 74 Bårslöv 79 Qa 3 22b
712 93 Båsnäs 152 Mb 2 26a
269 01 Båstad 65 Qa 22
506 32 Båstad/Borås 105 Ob 2 22c
269 01 Båstad/Östra Karup 86 Qa 1 22c
670 10 Båstnäs 131 Na 1 20c
917 99 Båtas 282 Gb 27
620 23 Båtels 94 Ob 3 34a
790 23 Båtpers 187 Lb 1 29a
930 90 Båtsjaur 296 Fa 31
952 95 Båtskärsnäs=Paaskeri 300 Fb 43
680 65 Båtstad 183 Lb 1 22a
680 65 Båtstadberg 183 Lb 1 22b
612 93 Båtstorp 120 Nb 2 28b
666 91 Båtviken 132 Na 2 20c
386 96 Bäck/Alguterum 91 Pb 2 30a
330 26 Bäck/Burseryd 97 Pa 2 23b
310 83 Bäck/Femsjö 86 Pb 1 23c
522 92 Bäck/Folkabo 106 Oa 3 24b
340 13 Bäck/Hamneda 87 Pb 2 24c
918 94 Bäck/Robertsfors 273 Ha 38
655 94 Bäck/Skattkärr 134 Na 1 24b
661 92 Bäck/Säffle 133 Na 3 22c
545 90 Bäck/Töreboda 118 Nb 2 25a
590 53 Bäck/Ulrika 108 Oa 3 27c
567 91 Bäck/Vaggeryd 99 Pa 1 25b
792 96 Bäck/Vämhus 185 La 3 25c
794 90 Bäcka 185 La 3 26a
570 10 Bäckaby 99 Pa 2 26c
310 38 Bäckalt 86 Pb 2 23b
686 92 Bäckalund 150 Mb 1 23b
310 20 Bäckamot 86 Pb 3 23b
820 46 Bäckan 216 Ka 3 28c
340 13 Bäckaryd 87 Pb 2 24c
820 78 Bäckaräng 217 Ka 3 30b
824 93 Bäckaränge 203 Kb 2 31b
680 65 Bäckaskog/Båtstad 183 Lb 2 22b
290 34 Bäckaskog/Kristianstad 81 Qa 3 25c
360 13 Bäckaskog/Ryd 88 Qa 1 26b
615 92 Bäckaskog/Östra Ed 109 Oa 3 30b
842 93 Bäckbo 213 Ka 3 22c
724 74 Bäckby 154 Mb 3 29c
820 40 Bäcke 202 Kb 2 29a
380 44 Bäckebo/Abbetorp 90 Pb 1 29a
827 95 Bäckebo/Ljusdal 202 Kb 1 28c
382 46 Bäckebo/Nybro 90 Pb 2 28c
830 24 Bäckebo/Svenstavik 252 Jb 25
810 20 Bäckebo/Österfärnebo 171 Ma 2 30b
686 95 Bäckebron 150 Mb 3 23b
585 94 Bäckeby 120 Oa 1 28c
668 94 Bäckefors 116 Nb 2 21a
730 91 Bäckegruvan 153 Mb 2 27c
660 60 Bäckelid/Laskerud 151 Mb 3 24c
655 94 Bäckelid/Lindås 151 Mb 3 24c
830 51 Bäcken 269 Ja 25
668 94 Bäcken/Bäckefors 116 Nb 2 21b
661 91 Bäcken/Eskilsäter 133 Nb 1 23b
672 95 Bäcken/Sillerud 132 Na 2 21a
450 63 Bäckenäs 116 Nb 2 21a
681 83 Bäckhammar 134 Na 3 25b
590 80 Bäckhult 108 Ob 2 28b
920 51 Bäckliden 284 Gb 32
933 91 Bäcklund 297 Fb 35
815 91 Bäcklösen 172 Ma 1 31c
825 93 Bäckmora 203 Kb 3 30c
790 70 Bäckmyren 186 La 3 27b
930 81 Bäcknäs 285 Ga 35
914 91 Bäcknäset 272 Hb 36
620 33 Bäcks 95 Ob 2 34a
820 77 Bäcksand 218 Ka 3 31c
881 92 Bäcksjön 255 Ja 31
912 99 Bäckstrand 283 Ga 29
820 51 Bäcksveden 201 Kb 3 27a
820 78 Bäcksvedjorna 217 Ka 3 29c
842 92 Bäckvallen 215 Ka 2 26a
260 13 Bäckviken 79 Qb 1 22b
683 40 Bäckåsarna 151 Ma 3 24a
823 93 Bäckänge 187 La 2 30a
841 94 Bäckänget 216 Ka 1 27c
340 12 Bägaryd 87 Pb 3 24a
387 93 Bägby 91 Pb 2 30b
745 95 Bäjeby 154 Mb 2 30c
620 30 Bäl 95 Ob 3 34a
578 92 Bälaryd 107 Ob 2 26b
370 12 Bälganet 82 Qa 1 27a
635 18 Bälgviken 137 Na 2 29c
820 77 Bäling 218 Ka 3 31b
740 22 Bälinge/Björklinge 155 Mb 1 32a
975 94 Bälinge/Södra Sunderbyn 299 Fb 40
284 92 Bälinge/Örkelljunga 80 Qa 2 23c
361 94 Bälshult/Eriksmåla 89 Pb 2 28a
314 92 Bälshult/Unnaryd 86 Pb 1 23c
310 61 Bälshult/Ätran 97 Pa 3 23a
740 82 Bälsunda 155 Mb 3 31c
776 90 Bältarbo 170 Ma 2 28c
447 95 Bäne 104 Ob 1 22b
942 98 Bänkerträsk 298 Fb 37
865 92 Bänkås 218 Ka 1 31c
820 60 Bännbro 202 Kb 2 30a
733 99 Bännbäck 171 Ma 2 30a
697 91 Bännebo/Sköllersta 136 Na 3 27c
733 93 Bännebo/Tärna 154 Mb 2 30b
590 75 Bänorp 120 Nb 3 27c
680 52 Bänteby 167 Lb 3 23a
680 52 Bäntebysätern 167 Lb 3 23a
731 92 Bäppeby 153 Mb 3 29a
611 94 Bärbo 121 Nb 1 30c
740 10 Bärby/Almunge 156 Mb 1 33a
450 52 Bärby/Dingle 115 Nb 3 20a
450 63 Bärby/Högsäter 116 Nb 2 21a
273 71 Bäretofta 75 Qb 3 24c
450 52 Bärfendal 115 Nb 3 19c
643 92 Bärle 136 Nb 1 29a
810 20 Bärrek 171 Ma 2 30b
716 91 Bärsta 135 Na 3 28c
640 40 Bärsta 136 Na 2 29a
860 35 Bäräng 218 Ka 1 32b
775 96 Bäsinge 154 Ma 3 29c
460 64 Bäsingebo 116 Oa 1 21c
780 64 Bäsjösätern 183 Lb 1 23a
912 90 Bäsksele 283 Gb 30
912 93 Bäsksjö 283 Gb 31
781 95 Bäsna 170 Lb 3 27b
780 50 Bässarasen 168 Lb 3 25a
820 64 Bästdal/Hälsjö 202 Kb 2 30b
824 94 Bästdal/Strömsbruk 203 Kb 1 31b
360 36 Bästerna 88 Pa 3 25c
314 98 Bästhult 86 Pb 1 22c
668 93 Bästorp 131 Nb 1 20b
935 93 Bäverhult 285 Gb 35
921 93 Bäverträsk 284 Gb 33
686 96 Bävik 150 Mb 2 23b
474 96 Bö/Mollösund 103 Oa 3 20a
471 95 Bö/Skärhamn 103 Oa 3 20a
640 40 Böcklinge 137 Na 2 29b
380 74 Böda 102 Pa 2 31a
310 21 Bögilt 86 Qa 1 23c
280 70 Böglarehult 81 Qa 1 25b
922 73 Böjern 272 Ha 36
333 92 Böjeryd 97 Pa 3 23a
574 94 Bökarp 99 Pa 1 26c
314 91 Bökeberg/Femsjö 86 Pb 1 23c
233 94 Bökeberg/Svedala 74 Qb 3 23b
283 91 Bökeberga 80 Qa 1 25a
374 95 Bökemåla/Backaryd 82 Qa 1 27a
376 93 Bökemåla/Svängsta 81 Qa 2 26b
372 94 Bökenäs 82 Qa 3 27c
260 23 Böketofta 79 Qa 3 23a
361 91 Bökevara 89 Pb 2 27c
372 91 Bökevik 82 Qa 3 27a
280 22 Bökholm 80 Qa 1 24a
312 92 Bökhult/Tönnersjö 86 Pb 3 23a
310 83 Bökhult/Unnaryd 87 Pb 1 23c
360 42 Böksholm 100 Pa 3 27a
618 33 Böksjö 121 Nb 29c
340 10 Bökö 86 Pb 2 23c
312 92 Bölarp 86 Pb 3 23a
842 91 Bölberget 214 Ka 2 23c
840 73 Böle/Bispgården 254 Ja 30
380 30 Böle/Bölebro 90 Pb 1 29b
790 70 Böle/Dalfors 186 La 2 27c
832 93 Böle/Fröse 253 Ja 26
830 05 Böle/Kallsedet 268 Hb 23
821 91 Böle/Kilafors 187 La 2 30a
835 92 Böle/Krokom 253 Ja 25
790 23 Böle/Lingheed 186 Lb 2 28c
830 30 Böle/Lit 253 Ja 26
782 91 Böle/Malung 168 Lb 3 24b
855 90 Böle/Matfors 218 Ka 1 31a
832 94 Böle/Norderön 253 Ja 25
943 31 Böle/Piteå 286 Ga 39
840 30 Böle/Rätan 215 Ka 1 25c
840 30 Böle/Rätan 253 Ka 25
668 93 Böle/Rölanda 132 Nb 2 21a
590 40 Böle/Tidersrum 108 Ob 1 27c
810 65 Böle/Vavd 172 Ma 1 32c
380 30 Bölebro 90 Pb 1 29b
380 44 Bölemåla 90 Pb 1 28c
830 60 Bölesbodarna 269 Hb 25
872 98 Bölesta 255 Jb 33
930 70 Bölheden 284 Ga 34
312 98 Bölinge 79 Qa 1 23b
340 13 Bölminge 87 Pb 2 24b
311 93 Bölse 85 Pb 1 21c
343 74 Bölsnäs 87 Pb 2 25b
820 70 Bölsås 217 Ka 3 30c
666 91 Bön/Bengtsfors 132 Na 3 21a
460 65 Bön/Brålanda 116 Nb 3 21c
668 91 Bön/Ed 132 Na 3 20c
464 93 Bön/Mellerud 116 Nb 3 21c
668 93 Bön/Rötlanda 131 Nb 1 20c
670 43 Bön/Skillingsfors 149 Mb 2 20c
450 54 Bön/Svarteborg 115 Nb 3 20b
666 93 Bön/Torrskog 132 Na 2 21a
330 27 Bönabo 98 Pa 1 23c
805 95 Bönan 172 Lb 2 31b
432 92 Bönarp 96 Pa 2 21c
620 13 Bönde 93 Pa 2 34a
520 24 Böne 105 Ob 1 24a
449 70 Bönebo 104 Ob 1 21a
870 30 Bönhamn 255 Jb 33
242 96 Bönhult 75 Qb 2 24c
612 95 Börgöl 120 Nb 2 28b
755 92 Börje 155 Mb 1 32a
952 92 Börjelsbyn 299 Fb 42
975 98 Börjelslandet 299 Fb 41
792 94 Börka 185 La 3 25c
312 97 Börkered 79 Qa 1 23a
233 91 Börringe 61 Qb 23
821 92 Börs 187 La 2 29a
597 97 Börsebo 109 Oa 2 29b
715 92 Börsholm 136 Na 2 28a
461 95 Börsle 116 Oa 2 21c
542 92 Börstorp 118 Nb 2 24c
640 10 Börstorp 120 Nb 1 28b
451 95 Börsås 115 Oa 1 20a
441 91 Börta 104 Oa 3 22a
923 98 Börtingberg 284 Gb 31
840 31 Börtnan 252 Jb 24
834 97 Börön 253 Jb 26
570 80 Bösebo 100 Pa 2 28b
310 38 Böshult 86 Pb 2 23a
269 92 Böskestorp 79 Qa 1 22b
796 99 Bössbo 199 La 1 25a
579 92 Bössehäll 90 Pa 3 28c
531 99 Bösshamn 117 Nb 3 23b
905 86 Bösta 272 Hb 36
231 92 Böste läge 74 Ra 1 23b
310 60 Bösteshult 97 Pa 2 22b
579 92 Böta kvarn 90 Pa 3 29a
570 76 Bötterum 90 Pa 3 29a

C

983 03 Čavččas=Tjautjas 310 Ea 38
670 50 Charlottenberg 149 Mb 1 21b
981 29 Čoalmmi=Salmi 321 Da 37
981 91 Čohkkiras=Jukkasjärvi 321 Db 38
980 62 Čunusavvon=Junosuando 322 Ea 42

D

590 80 Dabbetorp 108 Ob 2 28b
860 41 Dacke 254 Jb 30
860 41 Dackebrännan 254 Jb 30
792 97 Daddbodarna 185 La 3 26c
312 91 Daggarp 86 Pb 3 23a
771 94 Dagkarlsbo 152 Ma 3 27b
826 95 Daglösa 203 La 1 30c
682 92 Daglösen 151 Mb 3 25b
640 25 Dagsjön 136 Na 2 28c
430 33 Dagsnäs 96 Pa 1 21c
244 93 Dagstorp 79 Qb 2 23a
430 10 Dagsås 69 Pa 21
430 10 Dagsås 96 Pa 3 21c
923 99 Daikanberg 283 Ga 29
912 99 Daikanvik 283 Ga 29
873 92 Dal/Bollstabruk 255 Ja 32
871 91 Dal/Härnösand 255 Jb 32
511 94 Dal/Mjöbäck 97 Pa 2 22b
444 94 Dal/Stenungsund 104 Oa 3 20c
430 33 Dal/Vickan 96 Pa 1 21b
430 30 Dala/Gällinge 96 Pa 1 21b
820 40 Dala/Järvsö 202 Kb 2 29b
872 97 Dala/Kramfors 255 Jb 33

Dala/Stenstorp  Ekeby/Horn 395

S

520 50 Dala/Stenstorp 106 Oa 2 24b
560 28 Dala/Svarttorp 107 Ob 2 26a
570 80 Dala/Virserum 100 Pa 2 27c
780 44 Dala-Floda 169 Lb 3 26b
790 23 Dalagården 170 Lb 2 28c
780 51 Dala-Järna 169 Lb 3 25c
290 60 Dalanshult 81 Qa 1 26a
828 91 Dalarå 201 La 1 28c
130 54 Dalarö 139 Na 3 33c
912 90 Dalasjö 283 Gb 30
780 50 Dalasågen 168 Lb 3 25b
740 30 Dalboda 155 Ma 3 32a
682 91 Dalbotorp 151 Mb 3 25a
240 10 Dalby/Lund 61 Qb 23
240 10 Dalby/Staffanstorp 74 Qb 3 23c
680 60 Dalby/Sysslebäck 167 Lb 3 22c
755 91 Dalby/Västeråker 155 Mb 2 32a
696 96 Dalby/Zinkgruvan 119 Nb 2 27a
790 70 Dalbyn 186 La 3 27a
688 92 Dalbäcken 134 Na 1 25c
696 92 Dalen/Askersund 119 Nb 1 26b
450 52 Dalen/Dingle 115 Nb 3 20a
680 96 Dalen/Gåsborn 151 Mb 1 25b
668 91 Dalen/Nössemark 131 Na 2 20b
670 10 Dalen/Töcksfors 148 Mb 3 20b
670 40 Dalen/Åmotfors 149 Mb 2 21c
661 91 Dalen/Ölserud 133 Na 3 23b
812 94 Dalfors/Åshammar 171 Lb 3 30a
790 70 Dalfors/Östanvik 186 La 2 27c
813 95 Dalgränsen 171 Ma 1 29c
635 13 Dalhagen 137 Na 2 29c
795 91 Dalhalla 185 Lb 1 27a
790 70 Dalhed 186 La 3 27a
620 23 Dalhem/Hörsne 94 Ob 3 34a
594 92 Dalhem/Överum 109 Ob 1 29b
918 94 Dalkarlsa 273 Ha 38
713 92 Dalkarlsberg 135 Na 1 26c
828 93 Dalkarlsbo/Voxnabruk 201 La 1 28a
740 46 Dalkarlsbo/Österfärnebo 172 Ma 2 31a
711 91 Dalkarlshyttan 153 Mb 3 27b
783 90 Dalkarlsnäs 170 Ma 2 28b
980 60 Dállogilli=Korpilompolo 311 Eb 43
921 91 Dallund 284 Gb 34
591 99 Dalmark 119 Nb 2 26c
660 10 Dals Långed 132 Nb 1 21b
464 91 Dals Rostock 116 Nb 2 21c
577 93 Dalsebo 101 Pa 1 29a
516 92 Dalshestre 105 Ob 2 23b
284 92 Dalshult 80 Qa 2 23c
781 94 Dalsjö/Borlänge 170 Ma 1 28a
640 50 Dalsjö/Gnesta 138 Nb 1 31b
646 92 Dalsjö/Vagnhärad 122 Nb 1 31b
516 01 Dalsjöfors 105 Ob 2 23a
912 90 Dalsjöfors/Vilhelmina 283 Gb 30
464 95 Dalskog 116 Nb 2 21b
775 96 Dalslund 154 Ma 3 29b
691 92 Dalsmund 135 Na 1 26a
514 06 Dalstorp 98 Ob 3 24a
790 26 Dalstuga 186 La 3 28b
780 50 Dalstugan/Högberget 168 Lb 3 25b
643 95 Dalstugan/Vingåker 136 Na 3 28c
790 26 Dalstugbodarna 186 La 3 28a
842 91 Dalsvallen 214 Ka 2 24a
811 91 Dalsäng 171 Lb 3 30b
520 25 Dalum 105 Ob 1 23c
791 92 Dalvik 170 Ma 1 28b
820 78 Dalviken 217 Ka 3 30a
962 99 Dálvvadis=Jokkmokk 309 Eb 36
840 40 Dalåsen 253 Jb 25
719 41 Dammen/Garphyttan 135 Na 2 26c
743 94 Dammen/Österbybruk 155 Ma 3 32b
950 40 Dammet 299 Fb 42
682 92 Dammhyttan 151 Mb 2 25b
740 82 Dammkärret 155 Mb 2 31b
705 91 Dammsätter 135 Na 1 27b
734 92 Dammtorpet 154 Mb 3 29b
697 92 Dampudden 136 Na 3 27c
923 99 Danasjö 296 Fb 30
640 20 Danbyholm 121 Nb 2 30a
182 01 Danderyd 139 Na 1 33a
791 96 Danholn 170 Lb 3 28b
333 92 Danhult 97 Pa 3 23b
820 40 Daniels 202 Kb 3 29b
796 91 Danielsriskojan 184 La 2 24b
748 93 Dannemora 172 Ma 2 32c
516 94 Dannike 105 Ob 2 23b
330 12 Dannäs 98 Pa 3 24c
815 95 Dansbo 172 Ma 2 31c
591 97 Dansby 119 Nb 3 26c
310 20 Dansbygget 86 Qa 1 23b
711 96 Danshyttan 152 Mb 2 27a
820 64 Dansjöbodarna 203 Kb 2 30c
571 92 Danstorp 107 Ob 2 26b
522 91 Daretorp 106 Oa 3 25a
310 63 Darhult 97 Pa 2 22c
739 91 Darsbo 153 Mb 1 28b
566 91 Daräng 106 Ob 1 25a
570 21 Davidstorp/Bodafors 99 Ob 3 26a
695 96 Davidstorp/Västansjö 119 Nb 1 26a
370 12 Davramåla 82 Qa 1 27a
591 98 De Geersfors 119 Nb 2 27a
980 61 Deargget=Tärendö 311 Ea 42
531 98 Degeberg 117 Nb 3 23a
297 95 Degeberga sommarby 76 Qb 2 25b
240 13 Degeberga/Genarp 75 Qb 3 23c
297 94 Degeberga/Höröd 76 Qb 2 25a
693 01 Degerfors 134 Na 2 25c
362 91 Degerhaga 88 Pb 3 26c
380 65 Degerhamn 84 Qa 1 29c
614 97 Degerhov 121 Oa 1 30a
385 92 Degerhyltan 83 Qa 1 28c
570 10 Degerkölsvallen 201 Kb 1 27b
937 95 Degerlund 285 Gb 37
693 91 Degernäs 134 Na 2 25c
961 95 Degernäs/Boden 298 Fb 39
905 80 Degernäs/Umeå 272 Hb 37
922 92 Degernäs/Vindeln 272 Ha 36
955 95 Degerselet 299 Fa 40
895 97 Degersjö/Bredyn 255 Ja 32
895 99 Degersjö/Solberg 271 Hb 31
905 87 Degersjön 272 Hb 36
343 91 Degersnäs/Älmhult 87 Pb 3 25b
590 98 Degersnäs/Öndal 109 Oa 3 29c
930 55 Degerträsk 285 Ga 37
922 92 Degerön 272 Ha 36
578 91 Degla 107 Ob 1 26b
683 91 Deglundsbäcken 151 Ma 3 24c
269 91 Dejarp 85 Qa 1 22b
697 92 Deje/Bo 136 Nb 1 27c
669 01 Deje/Forshaga 150 Mb 3 23c
343 95 Delary 87 Pb 3 24c
733 91 Delbo 154 Ma 3 30b
282 91 Deleberga 80 Qa 3 24a
548 92 Delebäck 134 Nb 1 25b
548 92 Delebäckstorp 134 Nb 1 25b
820 60 Delsbo 202 Kb 2 30a
933 91 Deppis 297 Fb 36
774 97 Dicka 171 Ma 2 29b
982 06 Didnogiedde=Tidnokenttä 310 Eb 38
685 94 Digerberget/Ambjörby 167 Ma 1 23a
780 40 Digerberget/Mockfjärd 169 Lb 3 26c
830 76 Digerberget/Stugun 253 Ja 28
840 24 Digerberget/Svenstavik 253 Jb 26
780 67 Digernäs 183 La 2 23b
830 05 Digernäset 267 Hb 22
780 69 Digernäsåsen 198 La 1 23b
313 91 Digeshult 86 Pb 1 22c
620 10 Digrans 92 Pb 1 33b
910 94 Dikanäs 283 Ga 28
780 64 Dillflöten 184 Lb 2 23c
522 93 Dimbo 106 Oa 2 24b
660 10 Dingelvik 132 Nb 1 21b
862 41 Dingersjö 218 Ka 2 31c
450 52 Dingle 115 Nb 3 20a
725 92 Dingtuna 154 Mb 3 29c
450 53 Dingvall 115 Nb 3 20a
560 42 Dintestorp 106 Oa 3 24b
442 77 Diseröd 104 Ob 1 21a
620 23 Diskarve 94 Ob 3 33c
343 71 Diö 87 Pb 3 25b
620 20 Djauvik 92 Pa 2 33a
820 11 Djupa/Karsjö 202 Kb 3 29b
823 93 Djupa/Kilafors 187 La 2 30a
815 91 Djupa/Tierp 172 Ma 2 31b
578 93 Djupadal 107 Ob 2 27a
820 64 Djupdal 202 Kb 2 30b
912 91 Djupdal/Vilhelmina 283 Gb 29
783 93 Djupdalen/Säter 170 Ma 1 28c
614 90 Djupdalen/Södeköping 121 Oa 1 30a
840 97 Djupdalsvallen 226 Jb 2 21c
735 91 Djupebo 153 Mb 2 29a
294 94 Djupekås 81 Qa 3 26b
920 70 Djupfors 295 Fb 29
931 97 Djupgroven 286 Gb 38
737 92 Djupkärra 153 Ma 3 28b
680 96 Djuprämmen 151 Ma 3 25b
895 97 Djupsjö 255 Ja 33
590 75 Djupsjöhult 120 Nb 3 27c
890 54 Djuptjärn 271 Hb 34
960 24 Djupträsk 298 Fa 38
833 96 Djupuddbodarna 269 Ha 27
645 93 Djupvik/Abborberget 137 Na 1 31a
620 34 Djupvik/Fleringe 95 Ob 1 34c
618 93 Djupvik/Kvarsebo 121 Nb 3 30b
195 92 Djupvik/Märsta 155 Mb 3 32b
774 99 Djupvik/Näs bruk 171 Ma 2 29c
610 27 Djupvik/Rönö 121 Oa 1 30b
640 20 Djupvik/Simonstorp 121 Nb 2 29b
645 94 Djupvik/Strängnäs 138 Na 1 31a
387 91 Djupvik/Öland 91 Pa 3 30b
666 32 Djupviken/Bengtsfors 132 Nb 1 21b
712 94 Djupviken/Grythyttan 152 Mb 2 25c
661 93 Djupviken/Kila 133 Na 2 22c
790 31 Djura 169 Lb 3 27a
573 97 Djurafall 107 Oa 3 26b
362 94 Djuramåla 82 Qa 1 27a
341 94 Djurarp 87 Pb 2 24b
745 96 Djurby 155 Mb 2 31b
591 96 Djurkälla 119 Nb 3 26c
780 41 Djurmo 169 Lb 3 27b
291 92 Djurröd 80 Qb 1 24c
182 05 Djursholm 139 Na 1 33a
912 93 Djursjöberg 284 Gb 31
793 92 Djursjösovhol 169 Lb 3 26b
590 98 Djursnäs 109 Ob 1 30a
387 91 Djurstad 91 Pb 1 30c
610 40 Djursunda 109 Oa 2 30b
842 91 Djursvallen 214 Ka 3 24a
385 97 Djursvik 83 Qa 1 29a
541 98 Djursätra 118 Oa 2 25a
374 96 Djurtorp 82 Qa 2 27a
780 41 Djurås 169 Lb 3 27a
130 40 Djurö 139 Na 2 34b
776 97 Djusa 170 Ma 1 28c
672 91 Djuv 149 Mb 3 21a
574 95 Djuvanäs 99 Pa 1 26c
918 93 Djäkneboda 273 Ha 38
905 87 Djäkneböle 272 Hb 37
371 93 Djäknemåla 83 Qa 2 28b
776 93 Djörkhyttan 170 Ma 2 28c
962 99 Dirrájávrre=Tårrajaur 297 Fa 36
955 99 Dockasberg 299 Fa 41
590 52 Dockebo 108 Oa 2 27c
370 12 Dockemåla 82 Qa 1 27a
840 64 Dockmyr 254 Jb 28
870 33 Docksta 255 Ja 33
696 92 Dohnafors 119 Nb 1 26b
982 92 Dokkas 310 Ea 39
740 30 Domarbo 155 Ma 3 31c
340 14 Domaryd 87 Pb 1 24c
620 11 Domerarve 92 Pa 3 33b
252 30 Domsten 79 Qa 3 22a
712 95 Domvik 152 Mb 3 26a
730 30 Donmora 153 Mb 2 28b
531 98 Donslund 117 Nb 3 23a
423 82 Donsö 103 Ob 3 20b
815 92 Dorkarby 172 Ma 1 32a
776 98 Dormsjö 171 Ma 1 29b
917 01 Dorotea 270 Ha 29
912 99 Dorris 283 Gb 28
745 94 Dorsilla 154 Mb 3 30c
287 91 Dotebygd 87 Pb 3 24b
661 94 Dottebol 132 Na 3 22b
612 93 Doverstorp 120 Nb 3 28b
590 41 Drabo 108 Ob 1 29a
516 91 Draered 105 Ob 2 23a
780 53 Drafsberget 169 Ma 1 26a
330 10 Draftinge 98 Pa 3 24b
833 94 Draganäset 269 Ha 27
341 94 Dragaryd 87 Pb 2 24c
740 30 Dragby 155 Mb 1 32a
373 02 Dragdö 83 Qa 2 28b
579 92 Drageryd/Högsby 101 Pa 2 28c
576 91 Drageryd/Sävsjö 99 Pa 1 26a
260 23 Dragesholm 79 Qa 3 23a
572 92 Draget/Oskarshamn 101 Pa 2 30a
439 94 Draget/Rydet 96 Pa 1 21a
740 83 Dragmansbo 154 Mb 1 30b
451 97 Dragsmark 115 Oa 2 20a
574 74 Dragsnäs 100 Pa 2 26c
820 62 Dragsved 217 Kb 1 29b
362 91 Drakamåla 88 Pb 3 26c
430 20 Drared 96 Pa 2 21c
842 91 Dravagen 214 Ka 3 24a
890 37 Dravik 272 Hb 35
330 10 Dravö 98 Pa 3 24a
790 91 Drevdagen 198 Kb 2 21c
563 93 Drevseryd 106 Ob 1 25c
790 91 Drosbacken 198 Kb 2 21c
178 02 Drottningholm 138 Na 2 32c
370 22 Drottningskär 82 Qa 3 28a
566 91 Drottningstorp 106 Ob 1 25a
590 34 Dråsa 120 Nb 2 27c
615 91 Dräg 109 Oa 3 30b
385 93 Dräglabo 83 Qa 1 28c
512 93 Drägved 97 Pa 1 23b
446 93 Drängedalen 104 Oa 3 21c
597 95 Drängsbo 109 Oa 2 29a
314 98 Drängsered 97 Pa 3 22c
934 96 Drängsmark 286 Gb 38
824 93 Drässviken 203 Kb 2 31c
360 42 Drättinge/Braås 88 Pa 3 27a
561 91 Drättinge/Kaxholmen 106 Ob 1 25c
590 41 Drögsnäs 108 Oa 3 28a
295 94 Drögsperyd 81 Qa 2 26a
895 91 Drömme 255 Ja 33
510 22 Dukared 96 Ob 3 21c
777 94 Dulbo 153 Ma 3 28b
531 93 Dumbo 117 Oa 1 23a
620 23 Dune 94 Ob 3 34a
640 32 Dunker 137 Na 2 30b
737 90 Dunshammar 153 Mb 1 29a
360 13 Dunshult 88 Pb 3 26b
690 45 Dunsjö 119 Nb 1 27a
960 30 Duordávrre=Tuortaure 298 Fa 37
946 91 Dussen 286 Ga 39
670 10 Dusserud 149 Na 1 20c
842 94 Duvberg 215 Ka 3 25b
573 98 Duvebo 107 Oa 3 26b
830 15 Duved 252 Ja 22
693 91 Duvedalen 134 Na 2 25c
430 33 Duvehed 96 Pa 1 21b
260 23 Duveke 79 Qb 1 23a
382 96 Duvemålen 89 Pb 3 28b
660 60 Duvenäs 151 Mb 3 24b
523 97 Duvered 105 Ob 2 24a
260 24 Duveskog 79 Qb 1 23b
280 70 Duvhult 81 Qa 1 25b
594 93 Dvärgstad 109 Ob 1 29c
830 41 Dvärsätt 253 Ja 25
330 21 Dye 98 Pa 2 24a
386 96 Dyestad 91 Pb 2 30b
614 90 Dyhult/Hösterum 121 Oa 1 29c
340 10 Dyhult/Odensjö 87 Pb 1 24a
460 64 Dykälla 116 Oa 1 21b
718 97 Dylta 135 Na 1 27b
590 41 Dymle 108 Ob 1 28c
770 10 Dymossen 169 Ma 2 25c
452 92 Dyne 131 Na 3 19b
385 99 Dynekärr 83 Qa 1 29a
870 33 Dynäs 255 Ja 33
542 94 Dyrenäs/Ek 118 Nb 3 24b
519 95 Dyrenäs/Sätila 96 Pa 1 21c
705 94 Dyringe 135 Na 27a
820 77 Dyrån 218 Ka 3 31c
796 91 Dysberg 184 La 3 24c
792 93 Dysbodarna 184 La 3 24a
667 91 Dyvelsten 150 Mb 3 23c
148 97 Dyvik/Nynäshamn 122 Nb 1 32b
184 91 Dyvik/Åkersberga 139 Mb 3 34a
135 69 Dyvik/Ällmora 139 Na 2 33c
783 93 Dyviken 170 Ma 1 28c
135 69 Dyviksudd 139 Na 2 33c
747 92 Dyvlinge 156 Ma 3 33b
820 50 Dåasdammen 201 Kb 2 27b
820 23 Dåbo 187 La 2 30c
790 26 Dådran 186 Lb 1 28a
362 93 Dångebo 89 Pb 3 27a
796 90 Dåråberg 184 La 2 24c
661 91 Dåverud 133 Nb 1 23a
731 91 Dåvö 136 Na 1 29b
360 42 Dädesjö 89 Pa 3 27a
693 94 Däldenäs 134 Na 3 25c
620 35 Dämba 95 Ob 1 35a
355 93 Dänningelanda 88 Pb 2 26b
794 93 Dödbyn 185 La 3 26b
572 91 Döderhult 101 Pa 2 29c
840 40 Dödre 253 Jb 26
314 91 Dölhult 86 Pb 1 23b
590 47 Dömestad 120 Oa 1 27b
669 91 Dömle 150 Mb 3 23c
715 92 Dömmesta 136 Na 2 27c
280 63 Dönaberga 81 Qa 2 25b
340 15 Dörarp 87 Pb 1 25a
386 96 Dörby 91 Pb 3 30a
590 94 Dörestad 109 Ob 2 29b
595 92 Dörhult 107 Oa 2 27b
240 14 Dörröd 75 Qb 3 23c
244 95 Dösjebro 61 Qb 23
520 24 Döve 105 Ob 1 23c
513 97 Dövedal 105 Ob 1 22c
605 99 Dövestad 121 Nb 3 29a

E

524 92 Ebbared 105 Oa 3 23a
564 91 Ebbarp/Bankeryd 106 Ob 1 25a
312 93 Ebbarp/Laholm 86 Pb 3 23a
266 91 Ebbarp/Munka-Ljungby 79 Qa 2 23a
283 91 Ebbarp/Osby 80 Qa 1 24c
233 92 Ebbarp/Oxie 74 Qb 3 23a
284 91 Ebbarp/Perstorp 80 Qa 3 23c
297 95 Ebbaröd 75 Qb 2 25a
842 94 Ebbeholmen 215 Ka 3 25b
820 60 Eckelsbo 202 Kb 2 30a
574 91 Eckerda 100 Pa 1 27a
567 91 Eckersholm 99 Ob 3 25b
590 42 Eckhult 108 Ob 1 29a
821 92 Ecklingsbo 187 La 2 29b
873 92 Ed/Bolstabruck 255 Ja 32
330 15 Ed/Bor 98 Pa 3 25b
450 54 Ed/Hedekas 116 Nb 3 20c
871 93 Ed/Härnösand 255 Jb 32
661 94 Ed/Kila 133 Na 2 22c
820 42 Ed/Korskrogen 201 Kb 1 28b
454 95 Ed/Rixö 115 Oa 1 19c
668 32 Ed/Rölanda 131 Nb 1 20c
881 94 Ed/Sollefteå 254 Ja 31
681 93 Ed/Visdnums-Kil 134 Na 3 25a
741 93 Eda 156 Mb 2 32c
673 92 Eda glasbruk 149 Mb 1 21b
671 70 Edane 150 Mb 3 22b
820 70 Ede/Bergsjö 217 Ka 3 30c
830 70 Ede/Hammerdal 269 Hb 27
820 40 Ede/Järvsö 202 Kb 2 29a
860 13 Ede/Stöde 217 Ka 1 30a
830 47 Ede/Änge 252 Ja 24
763 91 Edebo 156 Ma 3 34a
860 13 Edebosjön 217 Ka 1 29c
153 92 Edeby/Hölö 138 Na 3 32a
755 95 Edeby/Rasbold 156 Mb 1 32c
647 91 Edeby/Stallarholmen 138 Na 2 31b
645 93 Edeby/Strängnäs 137 Na 1 31a
760 40 Edeby/Väddö 157 Ma 3 34b
611 91 Edeby/Årdala 137 Na 3 30c
669 92 Edeby/Övre Ullerud 150 Mb 2 23c
683 92 Edebäck 151 Ma 3 24a
960 24 Edefors 298 Fa 38
893 91 Eden/Bjästa 255 Ja 33
880 37 Eden/Junsele 270 Hb 31
872 97 Eden/Nordingrå 255 Jb 33
312 95 Edenberga 86 Qa 1 23a
295 36 Edenryd 81 Qa 3 26a
961 91 Edet/Boden 299 Fb 40
669 91 Edet/Deje 150 Mb 3 23c
683 91 Edet/Geijersholm 168 Ma 3 24b
942 91 Edet/Älvsbyn 298 Fb 38
747 93 Edinge 156 Mb 1 33a
922 93 Edlunda 272 Ha 35
880 37 Edsbacken 270 Hb 30
716 91 Edsberg 135 Na 3 28c
585 93 Edsberga 120 Oa 1 28b
686 92 Edsbjörke 150 Mb 1 23b
760 31 Edsbro 156 Mb 1 33c
590 98 Edsbruk 109 Oa 3 29c
194 91 Edsby 138 Mb 3 32c
828 01 Edsbyn 201 La 1 28b
880 41 Edsele 254 Ja 30
655 92 Edsgatan 133 Na 1 24a
743 91 Edshammar 155 Mb 1 32b
575 93 Edshult/HöredaÖdenäs 100 Ob 3 27b
441 96 Edshult/Ödenäs 104 Ob 1 22a
813 91 Edsken 171 Lb 3 29b
662 91 Edsleskog 132 Na 3 21c
824 92 Edsta 203 Kb 2 31a
860 33 Edsta/Timrå 255 Jb 31
450 71 Edsten 115 Nb 3 19b
450 63 Edstena 116 Nb 3 20c
574 97 Edstorp 100 Pa 2 27c
821 93 Edstuga 187 La 2 29b
660 52 Edsvalla 133 Na 1 23b
666 91 Edsviken 132 Na 3 21a
441 95 Edsås 104 Ob 1 22a
830 10 Edsåsdalen 252 Ja 23
457 91 Edsäm 115 Nb 2 19c
820 70 Edsäng/Bergsjö 218 Kb 1 31a
820 23 Edsäng/Bergvik 187 La 2 30c
820 60 Edsäng/Delsbo 202 Kb 2 30a
820 75 Edsäter 203 Kb 1 31b
810 65 Edsätra 172 Lb 3 32b
820 50 Edvards 200 Kb 2 26c
696 92 Edö 119 Nb 1 26c
310 50 Efshult 86 Pb 1 22c
387 95 Egby/Borgholm 91 Pb 1 30b
715 92 Egby/Stora Mellösa 136 Na 2 28a
590 47 Egeby 120 Oa 1 27c
523 96 Egelsvik 138 Nb 1 32b
672 95 Egenäs 132 Na 2 21b
310 20 Egernahult 86 Pb 3 23c
705 93 Egersta 135 Na 27a
842 94 Eggarna 215 Ka 3 25b
532 92 Eggby 118 Oa 1 24a
273 72 Eggelstad 75 Qb 3 24b
447 92 Eggvena 105 Oa 3 22c
312 98 Egla 79 Qa 1 23b
310 60 Egnared 97 Pa 2 22b
430 64 Egypten 104 Ob 3 21c
457 95 Ejgde/Hamburgsund 115 Nb 3 19b
450 84 Ejgde/Vassbotten 131 Nb 1 19c
790 70 Ejheden 201 La 1 27b
542 94 Ek/Ekby 118 Nb 3 24b
457 96 Ek/Tanumshede 131 Nb 2 19c
523 92 Ek/Timmele 105 Ob 1 23c
745 97 Eka 138 Mb 3 31b
519 90 Ekarebo 96 Pa 2 21c
450 63 Ekarebol 116 Nb 3 21a
243 93 Ekastiga 80 Qb 1 23c
242 94 Ekastorp 80 Qb 1 24b
760 45 Ekbacken/Grisslehamn 157 Ma 3 34b
640 61 Ekbacken/Stallarholmen 138 Na 1 31b
816 92 Ekbo 187 Lb 1 30b
542 93 Ekby 118 Nb 3 24c
360 42 Eke/Braås 88 Pa 3 27a
620 11 Eke/Havdhem 92 Pa 2 33c
762 93 Eke/Rimbo 156 Mb 2 33c
755 94 Eke/Uppsala 155 Mb 1 32b
310 31 Ekebacken 86 Pb 3 23a
595 92 Ekeberg/Boxholm 107 Oa 2 27b
732 93 Ekeberg/Hästnäs 136 Na 2 28c
341 77 Ekeboda 87 Pb 2 25a
660 10 Ekebol/Dals Länged 132 Nb 1 21b
671 95 Ekebol/Värmskog 150 Na 1 22c
747 92 Ekeby/Alunda 156 Ma 3 33b
370 11 Ekeby/Backaryd 82 Qa 1 27b
610 56 Ekeby/Bettna 121 Nb 1 30a
260 51 Ekeby/Billesholm 79 Qb 1 22c
745 96 Ekeby/Enköping 155 Mb 2 31a
611 91 Ekeby/Hacksjön 137 Nb 1 31a
260 51 Ekeby/Helsingborg 65 Qb 22
590 42 Ekeby/Horn 108 Ob 1 28c

Finsjö  Fågleboda 397

384 91 Finsjö 101 Pa 3 29b
612 01 Finspång 120 Nb 2 28b
762 92 Finsta 156 Mb 2 33c
640 40 Firby 136 Na 2 29a
560 13 Fiskaby 99 Pa 1 25b
277 57 Fiskabäck 75 Qb 2 24c
783 93 Fiskarbo/Långshyttan 170 Ma 1 28c
781 93 Fiskarbo/Säter 170 Ma 2 28a
780 68 Fiskarheden 183 La 3 23c
705 97 Fiskartorpet 136 Na 1 27c
825 92 Fiskbäcken 203 Kb 3 31b
566 91 Fiskeback 106 Ob 1 25a
640 25 Fiskeboda 136 Na 2 28c
824 93 Fiskeby 203 Kb 2 31a
450 34 Fiskebäckskil 115 Oa 2 19c
780 64 Fiskemaskstugan 183 Lb 2 23b
360 14 Fiskestad 88 Pb 3 26c
762 94 Fiskeså 156 Mb 2 33b
664 91 Fisketjärn 133 Na 1 23a
671 92 Fiskevik 149 Mb 2 21c
830 76 Fisksjölandet 253 Ja 27
133 41 Fisksätra 139 Na 2 33b
930 61 Fisktjärnliden 285 Gb 37
933 99 Fiskträsk 297 Fb 34
820 70 Fiskvik/Bergsjö 218 Ka 3 31a
663 91 Fiskvik/Skoghall 133 Na 2 24a
740 82 Fittja 155 Mb 2 31c
840 31 Fittjebodarna 252 Jb 24
148 96 Fituna 138 Na 3 32b
591 93 Fivelstad 119 Oa 1 27a
743 91 Fjuckby 155 Mb 1 32a
716 93 Fjugesta 135 Na 2 26c
666 92 Fjus 132 Na 2 21b
820 78 Fjusnäs 217 Ka 3 30b
821 93 Fjäle/Bollnäs 187 La 2 29b
825 95 Fjäle/Enånger 203 Kb 3 31a
382 92 Fjälebo 90 Pb 2 29a
290 37 Fjälkinge 81 Qa 3 25b
760 40 Fjäll/Hallstavik 157 Ma 3 34b
661 94 Fjäll/Kila 132 Na 2 22b
670 41 Fjäll/Koppom 149 Mb 2 21a
661 96 Fjäll/Långserud 132 Na 2 22a
671 96 Fjäll/Mangskog 150 Mb 2 22b
670 40 Fjäll/Åmotfors 149 Mb 2 21c
310 83 Fjällandsnäs 86 Pb 1 23c
450 71 Fjällbacka 115 Nb 3 19b
934 94 Fjällboda 285 Gb 37
760 45 Fjällboholmarna 157 Ma 3 34b
880 41 Fjällbohög 254 Ja 29
933 91 Fjällbonäs 297 Fb 35
760 45 Fjällbostrand 157 Ma 3 34b
310 60 Fjällesjö 97 Pa 2 22b
790 21 Fjällgrycksbo 186 Lb 2 28a
840 32 Fjällgården 214 Ka 1 25a
618 92 Fjällmossen 121 Nb 2 30a
840 98 Fjällnäs 226 Jb 3 21b
920 70 Fjällnäs/Sorsele 296 Fb 32
920 70 Fjällsjönäs/Berglunda 296 Fb 30
923 97 Fjällsjönäs/Slussfors 295 Fb 29
641 97 Fjällskäfte 137 Na 3 29c
610 55 Fjällskär 121 Nb 2 30c
840 50 Fjällsta/Brunflo 253 Jb 27
734 92 Fjällsta/Hallstahammar 154 Mb 3 29b
640 61 Fjällsta/Stallarholmen 138 Na 1 31b
747 94 Fjällsvedjan 156 Ma 3 32c
890 94 Fjällsätern 226 Ka 1 21c
910 50 Fjälltuna 271 Ha 33
893 91 Fjällåkern 255 Ja 33
598 93 Fjälster 101 Ob 3 29a
740 83 Fjärdhundra 154 Mb 2 30c
590 41 Fjärdingsbo 108 Ob 1 29a
370 30 Fjärdsjömåla 83 Qa 1 28b
255 92 Fjärestad 79 Qb 1 22c
288 90 Fjärlöv 80 Qa 2 24c
430 33 Fjärås kyrkby 96 Pa 1 21b
794 98 Fjäsko 200 La 1 26c
842 93 Fjätbodarna 213 Ka 3 22c
790 90 Fjätervålen 213 Kb 1 23a
790 91 Fjätvallen 213 Ka 3 22c
671 95 Fjöle 150 Na 1 22b
524 95 Flaberg 105 Ob 1 23a
291 94 Flackarp 81 Qa 3 25b
312 98 Fladalt 79 Qa 1 23a
330 27 Flahult/Hestra 98 Pa 1 24a
330 33 Flahult/Hillerstorp 98 Pa 1 24c
590 81 Flaka 108 Ob 2 28b
961 97 Flakaberg=Sädek 311 Eb 40
960 24 Flakabergsåsen= Sädemvärre 299 Fa 40
830 76 Flakanäset 254 Ja 28
923 99 Flakaträsk/Abborrberg 283 Ga 30
916 95 Flakaträsk/Vargträsk 271 Ha 34
915 96 Flarken 273 Ha 38
612 95 Flasbjörke 120 Nb 2 28b
780 53 Flatbyn 168 Ma 2 25b
661 94 Flatebyn/Kila 132 Na 2 22b
450 54 Flatebyn/Valbo-Ryr 115 Nb 3 20b
579 93 Flatehult 89 Pa 3 28b
810 40 Flaten 172 Ma 1 31b
566 91 Flatered 106 Ob 1 24c
660 10 Flaterud 132 Nb 1 21c
572 91 Flathult/Döderhult 101 Pa 2 29c
570 81 Flathult/Virserum 100 Pa 1 28b
820 64 Flatmo 203 Kb 2 30c
840 50 Flatnor 253 Jb 26
780 51 Flatnäset 169 Lb 3 25c
780 53 Flatsjöfallet 168 Ma 2 25b
340 15 Flattinge 87 Pb 1 25a
590 95 Flatvarp 109 Ob 1 30b
655 94 Flatvik 151 Mb 3 24b
685 94 Flatåsen 167 Ma 1 22c
828 95 Flaxenbo 186 La 2 28c
184 63 Flaxenvik 139 Na 1 33c
141 59 Flemingsberg 138 Na 2 32c
380 40 Flemmingeland 90 Pb 2 28b
642 01 Flen/Malmköping 137 Na 3 30a
770 14 Flen/Nyhammar 169 Ma 2 26b
793 97 Flenarna 185 Lb 2 26a
640 31 Flenmo 137 Na 3 30a
570 30 Flenshutt 100 Pa 1 28a
620 34 Fleringe 95 Ob 1 34c
382 93 Flerohopp 90 Pb 2 28c
942 92 Fleviken 298 Fb 38
286 91 Flinka 79 Qa 2 23b
780 51 Flino 169 Ma 1 25c
578 95 Flisby 107 Ob 2 26b
360 23 Flisehult 89 Qa 1 27b
360 24 Fliselycke 88 Pb 3 27a
380 53 Fliseryd 101 Pa 3 29b
574 94 Flishult 100 Pa 1 26c
590 32 Flistad 120 Oa 1 27c
520 50 Flittorp 106 Oa 2 24b
572 95 Flivik 102 Ob 3 30a
467 96 Flo 116 Oa 1 22a
520 40 Floby 105 Oa 3 23c
781 93 Floda/Bortlänge 170 Ma 1 27b
448 01 Floda/Lerum 104 Ob 2 21c
641 97 Flodafors 137 Na 3 29c
670 40 Flogned 149 Mb 2 21b
510 21 Flohult 96 Ob 3 21c
737 90 Flohäll 153 Mb 1 29a
796 91 Floj 184 La 2 24a
664 91 Flokerud 133 Na 1 23a
840 97 Flon 226 Jb 3 21c
840 90 Flor 215 Ka 3 27a
840 90 Florbodarna 215 Ka 3 27a
826 93 Florhed 187 La 2 30b
281 95 Florröd 80 Qa 2 24b
286 92 Florshult 79 Qa 2 23b
712 95 Flosjöhyttan 152 Mb 3 26a
810 65 Flottskär 173 Ma 1 33a
820 46 Flottstaden 216 Ka 3 28c
790 91 Floåsen 213 Ka 3 21c
821 92 Flugbo 187 La 2 29b
599 91 Flugebo 107 Oa 3 26b
820 11 Fluren 202 Kb 3 29a
905 94 Flurkmark 272 Hb 37
441 92 Fly 104 Ob 1 22a
360 70 Flyahult 89 Pa 3 28a
510 22 Flybacka 96 Ob 3 21c
830 80 Flybacken 270 Ha 29
460 64 Flybo 116 Oa 1 21b
880 40 Flybodarna 270 Hb 29
373 02 Flyeryd 83 Qa 2 28c
890 37 Flyggsjö 271 Hb 34
380 40 Flygsfors 89 Pb 1 28b
240 32 Flyinge 74 Qb 2 23c
830 60 Flykälen 269 Hb 27
748 91 Flymyra 156 Ma 3 32c
830 80 Flyn/Hoting 270 Ha 29
880 40 Flyn/Ramsele 270 Hb 29
822 99 Flytjärnsbäcken 202 Kb 3 28c
828 95 Flytåsen 186 La 2 28a
842 91 Flågelåskojan 214 Kb 1 24a
452 93 Flåghult 131 Nb 1 19c
360 24 Flålycke 89 Pb 3 27a
450 54 Flåvene 115 Nb 3 20b
730 71 Fläckebo 154 Mb 1 29c
610 32 Flämminge 121 Nb 3 29c
540 17 Flämslätt 118 Oa 1 24b
738 91 Flängan 153 Ma 3 28c
890 35 Flärke/Billsta 255 Ja 33
890 37 Flärke/Nordmaling 272 Hb 35
833 92 Flärken 269 Hb 27
820 10 Flästa 202 La 1 29c
828 95 Flätsbo 186 La 3 28b
561 91 Flättinge 106 Ob 1 25c
611 45 Flättna 122 Nb 2 31a
780 50 Flögsjöberget 168 Lb 3 25a
820 11 Flögåsen 202 Kb 3 29c
450 84 Flötemarken 115 Nb 2 20a
790 91 Flötningen 212 Kb 1 21b
360 76 Flöxhult 89 Pa 3 28a
362 91 Flöxmåla 88 Qa 1 26c
242 93 Fogdarp 75 Qb 1 24a
713 92 Fogdhyttan/Gyttorp 135 Mb 3 26c
682 91 Fogdhyttan/Nordmark 151 Mb 2 25a
666 91 Folanda 132 Na 3 21a
621 75 Fole 94 Ob 3 34a
522 92 Folkabo 106 Oa 3 24b
791 92 Folkarbyn 170 Ma 1 28b
573 98 Folkarp 107 Oa 3 26a
692 91 Folkatorp 135 Na 3 27b
620 13 Folke 93 Pa 2 34a
686 95 Folkesgården 150 Mb 2 23a
696 96 Folketorp 119 Nb 1 27b
610 11 Folkström 120 NB 1 28a
360 23 Follsebo 89 Pb 3 27b
260 70 Forestad 80 Qa 3 23c
755 93 Forkarby 155 Mb 1 32a
711 91 Fornbohyttan 152 Mb 3 27a
747 92 Fornbro 156 Ma 3 33b
774 98 Fornby/Horndal 171 Ma 2 29c
793 97 Fornby/Leksand 185 Lb 2 26c
640 32 Fornebo 137 Na 3 30a
820 10 Forneby/Arbrå 202 La 1 29c
733 99 Forneby/Möklinta 154 Ma 3 30a
590 33 Fornåsa 119 Oa 1 27b
693 94 Fornäs 134 Na 3 25c
343 97 Forreryd 87 Pb 3 24b
774 97 Fors/Avesta 171 Ma 2 29b
840 73 Fors/Hammarstrand 254 Ja 30
670 20 Fors/Klässbol 149 Mb 3 22a
891 92 Fors/Örnsköldsvik 255 Ja 34
743 93 Forsa//Björklinge 155 Ma 3 32a
342 93 Forsa/Alvesta 88 Pb 1 25c
516 94 Forsa/Gällstad 105 Ob 3 23b
820 75 Forsa/Harmånger 203 Kb 1 31b
383 91 Forsa/Mönsterås 90 Pa 3 29c
576 91 Forsa/Sävsjö 99 Pa 1 26a
641 91 Forsa/Östra Vingåker 136 Nb 1 29a
579 92 Forsaryd 101 Pa 2 28c
597 97 Forsaström 108 Oa 2 29a
818 42 Forsbacka by 171 Lb 3 30c
818 03 Forsbacka/Sandviken 171 Lb 3 30c
931 97 Forsbacka/Skellefteå 285 Gb 38
920 70 Forsbacka/Sorsele 296 Fb 31
826 91 Forsbacka/Söderhamn 188 La 2 31a
911 91 Forsbacka/Vännäs 272 Ha 36
662 91 Forsbacka/Åmål 132 Na 3 22a
733 99 Forsbo 171 Ma 2 30a
790 31 Forsbodarna 169 Lb 3 26c
763 91 Forsbol 156 Ma 3 34a
820 10 Forsbro 202 La 1 29c
688 31 Forsbron 151 Mb 3 25b
740 30 Forsby/Björklinge 155 Ma 3 32a
740 83 Forsby/Fjärhundra 154 Mb 2 30c
800 02 Forsby/Gävle 172 Lb 2 31a
730 50 Forsby/Hökåsen 154 Mb 2 29c
691 91 Forsby/Karlskoga 134 Na 1 25c
572 93 Forsby/Oskarshamn 101 Pa 2 29c
739 91 Forsbyn 153 Mb 1 28a
952 93 Forsbyn 299 Fa 42
920 64 Forsbäck 295 Fb 27
434 91 Forsbäck 96 Pa 1 21a
464 92 Forsebol 116 Nb 2 21b
873 91 Forsed 255 Ja 32
571 97 Forserum 106 Ob 2 25c
880 50 Forsgården 270 Hb 29
780 44 Forsgärdet 169 Ma 1 26b
667 01 Forshaga 150 Mb 3 23c
955 99 Forshed 299 Fa 41
330 12 Forsheda 98 Pa 3 24c
920 42 Forsheden 284 Ga 33
921 91 Forsholm 285 Gb 35
683 94 Forshult 151 Mb 1 24a
952 93 Forshuvudet 299 Fb 42
682 91 Forshyttan 151 Mb 2 24c
742 94 Forsmark 173 Ma 1 33a
923 97 Forsmark 295 Ga 28
881 91 Forsmo 254 Ja 31
840 80 Forsmon 199 Kb 1 25a
665 93 Forsnor 150 Mb 3 23a
686 98 Forsnäs 150 Mb 1 22c
570 60 Forsnäs gård 107 Ob 1 27b
930 90 Forsnäs/Arjeplog 297 Fa 34
930 82 Forsnäs/Arvidsjaur 285 Ga 36
955 95 Forsnäs/Råneå 299 Fa 41
920 70 Forsnäs/Sorsele 296 Fb 31
912 90 Forsnäs/Vilhelmina 283 Gb 30
910 60 Forsnäs/Åsele 270 Ha 30
691 92 Forsnästorp 135 Na 1 26a
640 34 Forssa 137 Na 3 30b
641 93 Forssjö 137 Nb 1 29b
770 12 Forstäppan 169 Ma 2 26c
546 73 Forsvik 119 Nb 3 25c
923 41 Forsvik/Storuman 283 Ga 31
910 60 Forsvik/Åsele 271 Ha 31
880 30 Forsås 254 Ja 30
830 60 Forsåsen 269 Hb 26
880 50 Forsäs 270 Hb 29
841 34 Forsön 216 Jb 3 28b
215 83 Fosie 74 Qb 3 23a
790 91 Foskros 213 Ka 3 22b
790 90 Foskvallen 198 Kb 1 22c
343 93 Fothult 87 Pb 2 25a
840 31 Fotingen 252 Jb 25
519 96 Fotskäl 96 Pa 1 22a
313 95 Fotstad 86 Pb 2 22c
430 92 Fotö 103 Ob 2 20a
414 74 Fotö 69 Ob 20
467 93 Frambo 116 Oa 2 22a
830 90 Framnas 282 Ha 25
464 94 Framnäs 116 Nb 2 21c
705 95 Framnäs 135 Na 2 27b
828 95 Frankes 186 La 2 28c
611 95 Frankhyttan 121 Nb 2 30c
830 51 Franskbo 268 Hb 24
680 96 Franstorp 151 Mb 1 25b
935 91 Fraukälen 285 Gb 36
815 91 Frebro 172 Ma 2 32a
816 95 Fredagsberget 186 La 3 29a
910 50 Fredrika 271 Ha 33
361 94 Fredriksberg/Eriksmåle 89 Pb 2 28a
770 10 Fredriksberg/Säfsbyn 169 Ma 3 25c
291 94 Fredriksdal/Kristianstad 81 Qa 3 25a
571 91 Fredriksdal/Nässjö 99 Ob 3 26a
820 60 Fredriksfors 202 Kb 2 30a
670 35 Fredros 150 Mb 1 22b
236 91 Fredshög 74 Ra 1 23a
280 20 Fredskog 80 Qa 2 24b
611 95 Fredön 122 Nb 2 30c
821 93 Freluga 187 La 2 29b
450 84 Fressland 115 Nb 2 20a
747 91 Fresta 156 Ma 3 33a
510 22 Friared 97 Ob 3 22a
746 94 Friberg 155 Mb 2 32a
360 10 Fridafors 81 Qa 1 26a
291 94 Fridarp 81 Qa 3 25a
563 91 Fridhem/Gränna 107 Oa 3 26a
820 46 Fridhem/Hälsingenybo 216 Ka 3 28b
522 91 Fridhem/Härja 106 Oa 3 24c
620 16 Fridhem/Ljugarn 93 Pa 1 34b
467 95 Fridhem/Trökörna 116 Oa 2 22b
310 60 Fridhemsberg 97 Pa 3 22b
796 99 Fridhult 199 Kb 3 23c
370 30 Fridlevstad 82 Qa 2 28a
360 44 Fridslund 88 Pb 2 27a
530 30 Friel 117 Oa 1 22b
620 35 Friggars 95 Ob 1 35b
280 60 Friggatofta 81 Qa 2 25a
521 96 Friggeråker 105 Oa 2 24a
620 13 Frigges 93 Pa 2 34a
820 62 Friggesund 202 Kb 1 30a
762 92 Frihamra 156 Mb 2 33c
430 30 Frillesås 69 Pa 21
430 30 Frillesås 96 Pa 2 21b
578 74 Frinnaryd 107 Ob 1 26b
524 95 Frinnestad 105 Ob 1 22c
820 62 Frisbo 217 Kb 1 30b
466 92 Frishulan 104 Oa 3 22a
513 01 Fristad 69 Ob 22
513 01 Fristad/Borås 105 Ob 2 23a
923 99 Fristad/Storuman 283 Ga 30
610 33 Fristad/Söderköping 121 Nb 3 29c
511 06 Fritsla 97 Ob 3 22b
360 13 Froaryd 88 Pb 3 26c
616 91 Frogetorp 120 Nb 1 29a
692 91 Frommesta 135 Na 2 27b
740 30 Frossarbo 155 Ma 3 31c
731 94 Frosta 136 Mb 3 28c
243 93 Frostavallen 80 Qb 1 24a
693 95 Frosterud 134 Na 3 25b
934 92 Frostkåge 286 Gb 39
330 26 Frostnäs 97 Pa 2 23b
710 41 Frotuna 136 Na 1 28a
660 50 Frubacka 133 Na 1 23b
506 70 Frufällan 105 Ob 2 22c
468 90 Frugården 116 Oa 1 22a
577 91 Frukullen 100 Ob 3 28b
568 92 Fryebo 98 Pa 1 25a
331 96 Fryele 98 Pa 2 25a
360 24 Fryggestorp 89 Pb 3 27a
665 91 Frykerud 150 Mb 3 23a
665 91 Fryksta 150 Mb 3 23c
665 92 Frykåsen 150 Mb 3 23b
872 43 Frånö 255 Jb 32
546 94 Fräckestad 119 Nb 2 25c
842 94 Frägnvallen 200 Kb 1 25c
640 32 Fräkentorp 137 Na 2 30a
531 97 Främjan 117 Nb 3 22c
810 40 Främlingshem 171 Lb 3 30c
465 97 Främmestad 116 Oa 2 22b
840 13 Främre Nordanede 217 Jb 3 29c
840 13 Främre Nordanede 254 Jb 29
739 91 Främshyttan 153 Mb 1 28a
460 64 Frändefors 116 Oa 1 21b
597 94 Frängsbo 108 Oa 2 29a
270 33 Fränninge 75 Qb 2 24b
Fränsta 217 Jb 3 29a
Fränsta 254 Jb 29
820 65 Fränö 203 Kb 2 30c
585 94 Frö 120 Nb 3 28c
671 93 Fröbol 149 Mb 3 21c
310 38 Fröböke 86 Pb 2 23a
570 12 Fröderyd 99 Pa 2 26c
598 95 Frödinge 101 Ob 2 29a
598 95 Frödingehult 101 Ob 2 29a
725 97 Fröholmen 137 Mb 3 30b
372 92 Fröjdadal 82 Qa 2 27b
770 14 Fröjdberget 169 Ma 2 26c
544 93 Fröjered 106 Oa 2 25a
617 90 Fröjerum/Skärblacka 120 Nb 3 28c
597 95 Fröjerum/Yxnerum 109 Oa 2 29b
546 91 Frökärt 119 Oa 1 25c
824 92 Frölland 203 Kb 2 30c
310 44 Fröllinge 86 Pb 2 22b
148 96 Frölunda/Grödby 138 Na 3 32b
421 00 Frölunda/Mölndal 103 Ob 3 20c
542 93 Frölunda/Tidavad 118 Nb 3 24c
640 51 Frönäs/Gryt 137 Na 3 30c
148 97 Frönäs/Nynäshamn 123 Nb 1 32b
380 74 Frönäs/Öland 91 Pa 3 30c
273 95 Frörum 75 Qb 3 25a
302 70 Frösakull 85 Pb 2 22b
770 10 Frösaråsen 169 Ma 2 25c
280 22 Frösboholma 80 Qa 1 24a
360 77 Fröseke 89 Pb 1 28b
570 12 Fröset/Fröderyd 99 Pa 2 26b
331 94 Fröset/Värnamo 98 Pa 3 24c
380 44 Fröskelås 90 Pb 1 28c
662 95 Fröskog 132 Nb 1 21c
314 96 Fröslida 86 Pb 1 23a
740 83 Fröslunda/Fjärhundra 154 Mb 2 30c
740 82 Fröslunda/Örsundsbro 155 Mb 2 31b
380 62 Frösslunda 91 Pb 3 30a
821 94 Fröste 202 La 1 29b
740 83 Frösthult 154 Mb 2 30c
380 31 Fröstingstorp 90 Pb 2 29b
524 92 Fröstorp/Annelund 105 Oa 3 23a
543 92 Fröstorp/Tibro 118 Oa 1 25b
186 95 Frösunda 156 Mb 3 33b
590 94 Frösvi 109 Ob 2 29b
705 92 Frösvidal 135 Na 1 27a
185 93 Frösvik 139 Na 1 33b
832 01 Frösö 253 Ja 26
755 96 Frötuna 155 Mb 1 32c
718 01 Frövi 136 Na 1 27c
560 28 Frövik 107 Ob 2 26a
548 93 Fröåkra 118 Nb 2 25a
590 40 Froåsa 108 Ob 1 28a
792 97 Fudal 185 Lb 1 26b
840 64 Fugelsta 254 Ja 28
590 98 Fuld 109 Oa 3 29c
828 91 Fullen 201 La 1 28b
725 91 Fullerö 137 Mb 3 30a
828 91 Fullsborn 201 La 1 28b
774 99 Fullsta 171 Ma 2 30a
590 41 Fulmestad 108 Oa 3 28b
780 67 Fulunäs 198 La 2 23a
385 97 Fulvik 83 Qa 1 29a
792 91 Fulåberg 185 Lb 1 25b
242 94 Fundersed 80 Qb 1 24b
590 40 Fundsboda 108 Ob 2 27c
590 40 Fundshult 108 Ob 2 27c
570 33 Funghult 100 Ob 3 27c
280 23 Funnarp 80 Qa 2 24c
331 93 Funtabo 98 Pa 3 25a
830 24 Funäs 253 Jb 25
840 95 Funäsdalen 226 Jb 3 22a
840 95 Funäsdalen 252 Jb 22
370 34 Fur 82 Qa 1 28a
777 90 Furbo 170 Ma 2 27c
295 94 Furestad 81 Qa 3 25c
605 93 Furingstad 121 Nb 3 29c
672 94 Furskog 132 Na 1 21a
671 92 Furtan 150 Mb 3 22b
820 78 Furuberg 217 Ka 3 30a
296 92 Furuboda 76 Qb 1 25b
360 51 Furuby 88 Pb 1 27a
790 70 Furudal 185 La 2 27a
790 70 Furudals bruk 186 La 2 27b
870 10 Furuhult 255 Jb 32
178 91 Furulid 138 Na 1 32a
244 02 Furulund 74 Qb 2 23a
960 30 Furunäs/Lövberget 298 Fa 38
918 91 Furunäs/Tavelsjö 272 Ha 37
833 95 Furunäset 269 Ha 27
566 91 Furusjö 106 Ob 1 24c
705 98 Furuskallen 136 Na 2 28a
760 19 Furusund 157 Mb 3 34c
804 29 Furuvik/Gävle 172 Lb 3 31b
688 91 Furuvik/Kyrksten 134 Mb 3 25a
830 22 Furuviken 253 Jb 26
930 47 Furuögrund 286 Gb 39
592 92 Furåsa 119 Oa 1 26c
424 70 Furåsen 104 Ob 2 21b
860 33 Fuske 254 Jb 31
825 93 Fuskås 202 Kb 3 30b
340 14 Fylleskog 87 Pb 1 25b
305 94 Fyllinge 86 Pb 3 22c
590 40 Fyllingsbo 108 Ob 1 28b
743 91 Fynsvall 155 Mb 1 32a
710 41 Fyrby/Fellingsbro 136 Na 1 28a
610 32 Fyrby/Östra Husby 121 Nb 3 30a
614 96 Fyrby/Östra Ryd 121 Oa 1 29b
610 28 Fyren 121 Nb 3 30b
792 96 Fyriberg 185 La 2 25c
610 42 Fyrudden 109 Oa 2 30c
534 92 Fyrunga 117 Oa 2 23a
673 91 Fåfängan 149 Mb 1 21c
917 91 Fågelby 270 Ha 29
570 75 Fågelfors 101 Pa 2 28c
610 32 Fågelhalm 121 Nb 3 29c
820 77 Fågelharen 218 Ka 3 31c
590 53 Fågelkulla 108 Oa 2 27c
930 55 Fågelliden 285 Ga 36
370 45 Fågelmara 83 Qa 2 28c
820 50 Fågelsjö/ Martensbäcksmyran 200 Kb 2 26a
570 90 Fågelsjö/Påskallavik 101 Pa 3 29c
591 92 Fågelsta/Motala 119 Oa 1 27a
740 46 Fågelsta/Östervåla 155 Ma 2 31b
380 30 Fågelsudd 90 Pb 1 29c
810 65 Fågelsundet 172 Lb 3 32c
273 95 Fågeltofta 61 Qb 25
825 32 Fågelvik/Iggesund 203 Kb 3 31b
423 53 Fågelvik/Torslanda 103 Ob 2 20b
454 95 Fågelviken 115 Oa 1 19c
693 94 Fågeläsen 134 Na 3 25c
542 91 Fågelö 118 Nb 2 24b
514 95 Fåglabo 98 Pa 1 24a
360 60 Fåglasjö 89 Pb 3 27c
312 98 Fåglasång 79 Qa 1 23b
524 92 Fåglavik 105 Oa 3 23a
579 92 Fåglebo 101 Pa 2 28b
290 60 Fågleboda 81 Qa 1 26a

S

400 Gålsjönäs
Haraldsmåla/Eringsboda

S

870 32 Gålsjönäs 255 Ja 33
585 98 Gålstad 120 Oa 1 28a
860 25 Gåltjärn 218 Jb 3 31a
871 92 Gåltjärn/Härnösand 255 Jb 32
860 25 Gåltjärn/Timrå 254 Jb 31
860 13 Gålviken 217 Ka 1 30a
661 94 Gåmmbol 132 Na 2 22b
266 92 Gånarp 79 Qa 2 22c
519 94 Gångemad 97 Pa 1 22a
507 71 Gånghester 105 Ob 2 23a
725 91 Gångholmen 137 Mb 3 30a
181 61 Gångsätra 139 Na 1 33a
266 91 Gångvad 79 Qa 2 23a
871 93 Gånsvik 255 Jb 33
820 42 Gårdasjö 201 Kb 2 28a
386 92 Gårdby 91 Pb 3 30a
386 92 Gårdby hamn 91 Pb 3 30b
614 95 Gårdeby 120 Oa 1 29a
291 77 Gårds Köpinge 81 Qb 1 25a
519 92 Gårdshorn 96 Pa 2 22a
314 96 Gårdshult/Femsjö 86 Pb 1 23b
310 38 Gårdshult/Simlångsdalen 86 Pb 2 23a
666 92 Gårdsjö/Bengtsfors 132 Na 3 21c
661 95 Gårdsjö/Borgvik 133 Na 2 22c
548 74 Gårdsjö/Hova 118 Nb 1 25b
686 96 Gårdsjö/Sunne 150 Mb 2 23b
820 77 Gårdsjön 218 Ka 3 31b
814 93 Gårdskär 172 Lb 3 32a
184 91 Gårdslöten 139 Na 1 33c
598 94 Gårdspånga 108 Ob 2 29a
382 92 Gårdsryd 90 Pb 2 28c
343 95 Gårdstaköp 87 Pb 3 24c
610 50 Gårdstenstorp 121 Nb 2 30a
380 65 Gårdstorp 84 Qa 1 29c
240 32 Gårdstånga 61 Qb 23
240 32 Gårdstånga 74 Qb 2 23b
661 95 Gårdsvik 133 Na 1 22c
670 35 Gårdsås 149 Mb 2 22a
570 82 Gårdveda 100 Pa 1 28b
790 23 Gårdvik 170 Lb 2 28b
473 91 Gåre 115 Oa 2 20b
880 30 Gårelehöjden 270 Hb 30
455 93 Gårvik 115 Oa 1 20a
371 93 Gåsamåla 83 Qa 2 28b
821 94 Gåsbo/Arbrå 202 La 1 29b
816 94 Gåsbo/Ockelbo 187 Lb 1 30a
682 92 Gåsborn 151 Mb 1 25c
598 96 Gåsefall 101 Ob 3 29b
817 94 Gåsholma 188 La 3 31b
780 45 Gåsholmen 169 Ma 1 26b
646 91 Gåsinge 138 Na 3 31b
821 98 Gåsjötorpet 187 La 2 30a
880 30 Gåsnäs 254 Ja 31
820 46 Gåssjö 216 Ka 3 27c
718 92 Gåsta 136 Na 1 27c
796 91 Gåsvarv 184 La 2 25a
760 40 Gåsvik 157 Mb 1 34b
610 27 Gåsätter 121 Nb 3 30b
360 44 Gåtahult 88 Pb 2 27a
342 92 Gåvetorp 88 Pb 1 26a
755 96 Gåvsta 156 Mb 1 32c
830 70 Gåxsjö 269 Hb 27
830 90 Gäddede 282 Gb 25
593 41 Gäddeglo 109 Ob 2 30a
370 17 Gäddegöl 82 Qa 1 27c
725 97 Gäddeholm 137 Mb 3 30a
362 92 Gäddeviksås 82 Qa 1 26c
740 45 Gäddsjö 171 Ma 2 30c
840 13 Gäddtjärnåsen 217 Ka 2 29b
921 92 Gäddträsk 271 Ha 34
822 92 Gäddvik 202 La 1 29a
514 52 Gäddviken 97 Ob 3 23b
820 60 Gäddviksvallen 202 Kb 2 29c
661 93 Gädolvik 133 Na 2 23a
840 13 Gäle 217 Ka 1 29c
610 50 Gälkhyttan 121 Nb 2 30b
285 93 Gällareböke 87 Pb 3 24a
310 61 Gällared 97 Pa 3 22c
330 15 Gällaryd 99 Pa 3 25b
810 65 Gällbo 172 Ma 1 32b
522 91 Gälleberg 106 Oa 3 25a
590 93 Gällerskulla 102 Ob 3 30a
705 94 Gällersta 135 Na 2 27b
594 94 Gällerstorp 109 Ob 1 29a
691 91 Gälleråsen 135 Na 1 26a
430 30 Gällinge 96 Pa 1 21b
982 01 Gällivare=Váhtjer 310 Ea 38
460 65 Gällnäs 116 Oa 1 21c
840 50 Gällo 253 Jb 27
670 41 Gällsbyn 149 Mb 2 21a
821 92 Gällsjön 187 La 3 29c
820 77 Gällsta/Gnarp 218 Ka 3 31b
186 92 Gällsta/Uplands-Väsby 139 Mb 3 32c
520 10 Gällstad 105 Ob 2 23c
820 77 Gällstavallen 218 Ka 3 31a
310 58 Gällsås 97 Pa 3 22b
740 20 Gällsätra 155 Mb 1 31b
291 76 Gälltofta 81 Qb 1 25b
196 92 Gällövsta 138 Mb 3 32b
666 93 Gälnäs 132 Na 3 21b
590 48 Gälstad-Lundby 120 Oa 1 27c
670 20 Gängene/Glava 132 Na 1 22a
672 95 Gängene/Sillerud 132 Na 2 21c
373 02 Gängletorp 83 Qa 2 28b
770 12 Gänsen 169 Ma 2 26b
890 40 Gärdal 255 Ja 33
590 41 Gärdala 108 Oa 2 28b
830 51 Gärde 268 Hb 24
795 36 Gärdebyn 185 Lb 1 27a
893 91 Gärden 255 Ja 33
610 60 Gärdesta 122 Nb 1 31b
830 86 Gärdnäs 269 Ha 27
662 91 Gärdsbyn 132 Na 3 22b
880 37 Gärdsele 270 Hb 31
777 93 Gärdsjöbo 153 Mb 1 27c
590 16 Gärdslätt 107 Oa 2 26c
387 93 Gärdslösa 91 Pb 2 30b
597 96 Gärdsnäs/Gusum 109 Oa 2 29c
760 10 Gärdsnäs/Hästängen 157 Mb 3 34b
184 95 Gärdsvik 139 Mb 3 34a
782 90 Gärdås 184 Lb 2 24a
782 90 Gärdåssälen 168 Lb 3 24a
272 03 Gärsnäs/Simrishamn 76 Qb 3 25b
664 91 Gärsnäs/Värmskog 133 Na 1 22c
582 75 Gärstad 120 Oa 1 28a
513 97 Gärstorp 105 Ob 1 23a
668 91 Gäserud 132 Nb 1 21a
738 91 Gäsjö 153 Ma 3 28c
314 98 Gässelia 86 Pa 3 22c
360 10 Gässemåla 81 Qa 1 26b
572 95 Gässhult/Misterhult 102 Pa 1 30a
340 14 Gässhult/Rydaholm 87 Pb 1 25a
880 41 Gässjö 254 Ja 30
731 96 Gässlinge 136 Mb 3 28c
821 91 Gässlingsbo 187 La 2 29b
840 13 Gässåsen 217 Ka 2 29b
862 95 Gästa 218 Ka 2 31c
840 93 Gästgivar gården 214 Ka 1 23b
842 91 Gästgivargården 214 Ka 3 24c
740 83 Gästre 154 Mb 2 30c
642 91 Gäversnäs 137 Na 3 30b
800 02 Gävle 172 Lb 2 31a
792 92 Gävunda 184 Lb 2 25a
311 97 Gödastorp 85 Pb 1 22a
430 30 Gödatorp 96 Pa 1 21b
571 66 Gödeberg 99 Ob 3 26a
430 10 Gödeby 96 Pa 3 22a
360 77 Gödeshult 89 Pa 3 28b
842 91 Gödvärlden 214 Ka 3 24a
512 92 Göjeholm 97 Pa 1 23a
370 11 Gökadal 82 Qa 1 27b
643 94 Göketorp 136 Na 3 28b
521 92 Gökhem 105 Oa 2 23c
693 94 Gökhult 134 Na 3 25c
740 83 Göksbo 154 Mb 2 31a
748 96 Göksby 172 Ma 2 32b
595 92 Gökshult 107 Oa 3 27b
810 65 Göksnare 173 Ma 1 33a
574 96 Gölberga 100 Pa 1 27c
599 94 Göleryd 107 Oa 2 26b
514 55 Gölingstorp 98 Ob 3 24a
740 83 Gölja/Ransta 154 Mb 2 30b
614 96 Gölja/Östra Ryd 121 Oa 1 29b
370 17 Göljahult/Eringsboda 82 Qa 1 27b
360 24 Göljahult/Tingsryd 88 Pb 3 27a
590 91 Gölpefall 101 Ob 3 29c
520 24 Göpåsen 105 Ob 1 24a
796 90 Göransbodarna 199 La 2 25a
640 25 Göransdal 136 Na 2 29b
660 60 Göranstorp 151 Mb 3 24c
790 90 Gördalen 198 Kb 3 21c
671 93 Gördsbyn 149 Mb 3 22a
792 92 Görsjön 184 Lb 2 25b
263 92 Görslöv 79 Qa 2 22a
821 91 Görtsbo 187 La 2 29c
830 70 Görvik 270 Hb 28
760 31 Görvälstorp 156 Mb 2 33c
610 12 Gösebö 120 Nb 3 28a
570 72 Göshult/Fagerhult 100 Pa 2 28b
285 91 Göshult/Markaryd 87 Qa 1 24b
330 26 Gössbo 97 Pa 2 23b
533 94 Gössäter 117 Nb 3 23c
585 94 Göstad 120 Oa 1 28c
655 94 Göstahult 134 Na 1 24a
571 94 Göstorp/Nässjö 99 Ob 3 26a
312 92 Göstorp/Veinge 86 Pb 3 23a
614 96 Göstorp/Östra Ryd 120 Oa 1 29a
310 21 Göstorpshult 80 Qa 1 23b
840 13 Gösunda 217 Ka 1 29c
463 35 Göta 104 Oa 3 21a
596 92 Götala 119 Oa 1 27a
335 93 Götarp 98 Pa 1 24b
705 98 Götarsvik 136 Na 2 28a
705 96 Götavi 135 Na 1 27b
740 30 Götbrunna 155 Ma 3 31c
400 10 Göteborg 103 Ob 2 20c
617 90 Göten 120 Nb 3 28b
533 01 Götene 117 Nb 3 23c
343 97 Göteryd 87 Pb 3 24c
570 10 Götestorp 100 Pa 2 27a
521 92 Göteve 105 Oa 3 23c
596 92 Götevi 119 Oa 1 27b
732 97 Götlunda/Arboga 136 Na 1 28b
549 91 Götlunda/Moholm 118 Nb 3 25a
640 23 Göttersta 137 Na 3 29c
467 94 Göttorp 117 Oa 1 22b

H

545 92 Habelsbolet 118 Nb 2 25b
842 93 Habergsvallen 215 Ka 3 26c
620 11 Hablingbo 92 Pa 2 33b
566 01 Habo 106 Ob 1 25a
234 34 Haboljung 74 Qb 2 23a
682 93 Haborshyttan 151 Mb 2 25a
430 65 Habäck 104 Ob 3 21c
790 22 Hackmora 170 Lb 2 27b
912 93 Hacksjö 284 Gb 31
611 91 Hacksjön 138 Nb 1 31a
740 81 Hacksta/Bålsta 138 Mb 3 31c
745 92 Hacksta/Enköpings-Näs 137 Mb 3 31a
716 91 Hackvad 135 Na 3 28c
830 23 Hackås 253 Jb 26
578 92 Haddarp 107 Ob 2 26b
697 93 Haddebo 120 Nb 1 27c
590 21 Haddestad 119 Oa 2 26c
922 66 Haddingen 272 Hb 37
547 92 Haddån 134 Na 3 25a
820 77 Haddång 218 Ka 3 31c
570 31 Haddås 100 Ob 2 27c
599 91 Haddåsen 107 Oa 3 26a
740 46 Hadeholm 172 Ma 2 31a
595 92 Hadelöv 107 Oa 2 27a
522 92 Hadäng 106 Oa 3 24c
711 96 Hafsta 152 Mb 2 27a
683 92 Haftersbol 151 Mb 1 24b
790 90 Haftorsbygget 199 Kb 2 23c
380 62 Haga park 90 Pb 3 29c
755 96 Haga/Almunge 156 Mb 1 32c
834 97 Haga/Brunflo 253 Jb 26
269 91 Haga/Båstad 85 Qa 1 22b
745 93 Haga/Enköping 155 Mb 3 31a
825 95 Haga/Enånger 203 Kb 3 31a
360 70 Haga/Fagerhult 89 Pa 3 28a
740 47 Haga/Harbo 155 Ma 3 31b
380 31 Haga/Läckeby 90 Pb 2 29b
512 92 Haga/Revesjö 97 Pa 1 22c
670 40 Haga/Åmotfors 149 Mb 2 21b
387 92 Hagaberg 91 Pb 1 30a
380 74 Hagaby 102 Pa 3 31a
560 13 Hagafors 99 Pa 1 25c
382 96 Hagalund 90 Pb 3 28c
280 60 Haganäs 80 Qa 2 24c
686 91 Hagarnå 150 Ma 3 23a
685 92 Hagberg 167 Ma 3 23a
661 95 Hagbråten 133 Na 1 22c
388 96 Hagby/Arby 90 Pb 3 29b
387 93 Hagby/Gärdslösa 91 Pb 2 30b
641 92 Hagby/Katrineholm 121 Nb 1 29b
730 50 Hagby/Skultuna 154 Mb 2 29c
740 20 Hagby/Uppsala 155 Mb 2 31c
640 20 Hagbyberga 121 Nb 1 30a
388 94 Hagbyhamn 90 Pb 3 29b
388 96 Hagbytorp 90 Pb 3 29b
620 20 Hage 94 Pa 1 33b
590 15 Hageby/Boxholm 107 Oa 2 27a
592 94 Hageby/Hagebyhöga 119 Oa 1 26c
592 92 Hageby/Herrestad 119 Oa 1 26b
610 30 Hageby/Östra Ny 121 Nb 3 30a
592 94 Hagebyhöga 119 Oa 1 26c
791 92 Hagelsnäs 170 Ma 1 28b
570 82 Hagelsrum 101 Pa 1 28c
380 74 Hagelstad 102 Pa 3 30c
741 92 Hagelstena 155 Mb 2 32b
335 92 Hagelstorp 98 Pa 1 24a
450 84 Hagen/Gesäter 115 Nb 2 20b
464 93 Hagen/Grinstad 116 Nb 3 22a
640 34 Hagen/Ådö 137 Na 3 30c
360 42 Hagerås 89 Pb 1 27a
360 76 Hageskruv 89 Pa 3 28a
276 45 Hagestad 76 Ra 1 25a
276 45 Hagestadborg 76 Ra 1 25b
683 01 Hagfors 151 Ma 3 24b
771 90 Hagge 153 Ma 3 27b
243 94 Haggenäs 80 Qb 1 24a
791 91 Haghed 170 Lb 2 28a
762 95 Haglunda 156 Mb 2 33a
231 96 Haglösa 74 Ra 1 23b
820 11 Hagmoren 202 Kb 3 29c
812 94 Hagmuren 171 Lb 3 29c
280 23 Hagnarp 80 Qa 2 24c
360 42 Hagreda 100 Pa 3 27a
620 11 Hagsarve 92 Pa 2 33b
568 93 Hagshult 99 Pa 1 25b
380 75 Hagskog 102 Pa 2 30c
817 40 Hagsta 188 Lb 1 31a
340 32 Hagstad/Kalvsvik 88 Pb 2 26a
284 92 Hagstad/Oderljunga 80 Qa 2 23c
614 95 Hagsätter 121 Nb 3 29b
744 91 Hagtorpet 154 Mb 1 30c
620 23 Hajdeby 93 Pa 1 34b
672 94 Hajom/Holmedal 149 Na 1 20c
511 97 Hajom/Kinna 97 Ob 3 22a
670 41 Hajom/Koppom 149 Mb 2 21a
545 90 Hajstorp 118 Nb 2 25a
362 92 Hakafors 82 Qa 1 26c
370 10 Hakarp/Bräkne-Hoby 82 Qa 2 27a
330 21 Hakarp/Smålandsstenar 98 Pa 2 24a
573 97 Hakebo 107 Oa 3 26b
980 41 Hakkas 310 Eb 40
741 91 Haknäs 155 Mb 2 32b
186 97 Hakunge 139 Mb 3 33b
374 95 Halahult 82 Qa 2 26c
620 13 Halbjäns 93 Pa 2 34a
680 50 Halgå 168 Ma 2 23c
640 34 Hall 137 Na 3 30b
434 92 Halla Heberg 69 Pa 20
434 92 Halla Heberg 96 Pa 1 20c
447 94 Halla/Ljur 105 Ob 1 22c
620 23 Halla/Sjonhem 94 Ob 3 33c
516 96 Halla/Viskafors 97 Ob 3 22c
514 93 Hallabo 98 Pa 1 23c
370 12 Hallabro 82 Qa 1 27a
314 91 Hallaböke/Femsjö 86 Pb 1 23b
343 96 Hallaböke/Hallaryd 87 Qa 1 24c
524 96 Hallanda/Broddarp 105 Oa 3 23b
662 96 Hallanda/Svanskog 132 Na 2 22a
545 90 Hallansberg 118 Nb 2 25a
370 23 Hallarna 82 Qa 3 27c
340 12 Hallarp 87 Pb 2 24a
733 99 Hallarsbo 154 Ma 3 30b
744 93 Hallarsjöbro 154 Ma 3 30b
373 00 Hallarum/Jämjö 83 Qa 2 28c
373 00 Hallarum/Torshamn 83 Qa 3 28b
343 96 Hallaryd 87 Qa 1 24c
732 91 Hallarö 136 Na 1 28c
240 36 Hallaröd 80 Qb 1 23c
269 91 Hallavara 85 Qa 1 22b
620 13 Hallbjänne 93 Pa 2 34b
830 01 Hallbodarna 252 Ja 24
824 92 Hallbovallen 203 Kb 2 30c
450 63 Hallebo 116 Nb 2 21a
464 95 Hallebäck 132 Nb 2 21b
680 50 Hallen/Ekshärad 168 Ma 2 24a
433 50 Hallen/Göteborg 104 Ob 2 21a
823 91 Hallen/Kilafors 187 La 2 29a
830 01 Hallen/Östersund 253 Ja 25
464 95 Hallersbyn 116 Nb 2 21b
590 80 Hallersrum 108 Ob 2 28c
545 92 Hallerud 118 Nb 2 25c
442 90 Halleröd 104 Ob 2 20c
571 94 Hallhult 99 Ob 3 26a
833 92 Hall-Håxåsen 269 Hb 27
454 92 Hallinden 115 Oa 1 20a
620 11 Hallinge 92 Pa 3 33c
594 91 Hallingeberg 109 Ob 2 29b
573 93 Hallingstorp 107 Ob 1 26c
755 97 Hallkved 155 Mb 1 32c
380 74 Hallnäs 91 Pa 3 30c
620 34 Halls fiskeläge 95 Ob 1 34b
620 13 Hallsarve 93 Pa 2 34a
694 01 Hallsberg 135 Na 3 27a
340 15 Hallsjö 87 Pb 1 25a
574 74 Hallsnäs 99 Pa 2 26c
725 94 Hallsta/Romfartuna 154 Mb 2 30a
178 92 Hallsta/Stenhamra 138 Na 1 31c
841 92 Hallsta/Ånge 216 Jb 3 28b
841 92 Hallsta/Ånge 254 Jb 28
734 01 Hallstahammar 154 Mb 3 29b
763 01 Hallstavik 156 Ma 3 34a
387 92 Halltorp/Rälla 91 Pb 2 30a
388 97 Halltorp/Söderåkra 83 Qa 1 29a
541 94 Hallum 118 Oa 224c
620 13 Hallute 93 Pa 2 34a
833 92 Hallviken 269 Hb 27
301 01 Halmstad/Gullbrandstorp 86 Pb 2 22c
301 01 Halmstad/Haverdal 65 Pb 22
260 23 Halmstad/Svalöv 79 Qb 1 23a
576 91 Halmåkra 99 Pa 1 25c
662 91 Halne 132 Na 3 22a
472 94 Hals 103 Oa 3 20b
471 91 Halsbäck 103 Oa 3 20a
590 80 Halsebo 100 Ob 2 28b
310 60 Halsetorp 97 Pa 3 22b
824 93 Halsta 203 Kb 2 31a
599 92 Halvarby 107 Oa 3 26b
712 95 Halvardstorp 152 Mb 2 26a
842 94 Halvar-Jonsberg 200 Kb 1 26a
771 94 Halvars 153 Ma 3 27b
738 91 Halvarsbenning 153 Ma 3 28b
781 96 Halvarsgårdarna 170 Ma 1 27c
737 90 Halvarsviken 153 Mb 1 28c
840 70 Halån 254 Ja 29
450 70 Hamburgsund 115 Nb 3 19b
670 40 Hammar/Charlottenberg 149 Mb 2 21b
276 46 Hammar/Löderup 75 Ra 1 25a
661 93 Hammar/Värmlandsbro 133 Na 2 22c
696 94 Hammar/Zinkgruvan 119 Nb 2 26c
910 60 Hammar/Åsele 271 Ha 31
646 91 Hammarbosätter 138 Na 2 31b
380 65 Hammarby/Degerhamn 84 Qa 1 29c
761 93 Hammarby/Länna 156 Mb 3 34b
812 90 Hammarby/Storvik 171 Lb 3 30a
755 96 Hammarby/Storvreta 155 Mb 1 32b
740 82 Hammarby/Österunda 155 Mb 2 31a
383 91 Hammarglo 91 Pa 3 30a
424 37 Hammarkullen 104 Ob 2 21a
240 35 Hammarlunda 75 Qb 2 23c
712 94 Hammarn/Hällefors 151 Mb 2 26a
711 93 Hammarn/Lindesberg 153 Mb 3 27c
830 02 Hammarnäs 253 Ja 25
620 23 Hammars/Kräklingbo 95 Pa 1 34b
620 23 Hammars/Norrlanda 95 Ob 3 34b
620 34 Hammars/Slite 95 Ob 2 34c
572 91 Hammarsbo/Döderhult 101 Pa 2 29b
780 69 Hammarsbo/Sörsjön 198 La 1 23a
780 64 Hammarsbyn 183 La 3 23b
577 91 Hammarsebo 101 Pa 1 28b
590 16 Hammarskog 107 Oa 2 26c
763 94 Hammarskogen/Grisslehamn 157 Ma 3 34b
137 36 Hammarskogen/Västerhaninge 139 Na 3 33a
360 24 Hammarsnäs 89 Pb 2 27b
840 70 Hammarstrand 254 Ja 29
810 65 Hammarviken 173 Lb 3 33a
734 91 Hammaräng 154 Mb 3 29b
276 02 Hammenhög 76 Qb 3 25a
151 92 Hammerby 138 Na 2 31c
830 70 Hammerdal 269 Hb 27
646 93 Hammersta 138 Na 3 31a
148 91 Hammersta gård 139 Na 3 32c
862 91 Hamn 218 Ka 2 31c
340 13 Hamneda 87 Pb 2 24c
862 91 Hamnsbådarna 218 Ka 2 31c
457 97 Hamnsundet 131 Nb 2 19b
820 29 Hamnäs 187 La 2 30b
715 93 Hampetorp 136 Na 3 28b
810 65 Hamptyan 172 Ma 1 32b
330 10 Hamra/Bredaryd 98 Pa 2 24a
680 50 Hamra/Ekshärad 167 Ma 3 23c
820 51 Hamra/Kroksjöågen 200 Kb 3 27a
598 92 Hamra/Rumskulla 100 Ob 2 27c
694 92 Hamra/Svennevad 135 Nb 1 27b
840 98 Hamra/Tänndalen 226 Jb 3 21b
620 10 Hamra/Vamlingbo 92 Pb 1 33b
590 40 Hamra/Ydrefors 108 Ob 2 27c
740 82 Hamra/Örsundsbro 155 Mb 2 31b
827 95 Hamran 216 Kb 1 28c
820 51 Hamrasjödammen 201 Kb 3 27a
732 95 Hamre/Arboga 136 Na 1 28c
820 70 Hamre/Bergsjö 218 Kb 1 31a
776 90 Hamre/Hedemora 170 Ma 2 29a
820 40 Hamre/Järvsö 202 Kb 2 29a
453 91 Hamre/Lysekil 115 Oa 1 20a
820 64 Hamre/Sörforsa 203 Kb 2 30c
817 93 Hamrångefjärden 188 Lb 1 31a
280 72 Hamsarp 81 Qa 1 25a
514 94 Hanabo 97 Pa 1 23b
311 96 Hanarp 85 Pb 1 22a
289 50 Hanaskog 81 Qa 3 25a
780 45 Handbacken 169 Ma 1 26b
136 01 Handen 139 Na 2 33a
830 30 Handog 253 Ja 27
840 24 Handsjö 253 Ka 26
840 24 Handsjön 215 Ka 1 26b
310 21 Handskholmen 86 Qa 1 23c
830 15 Handöl 233 Ja 2 21c
830 15 Handöl 252 Ja 21
620 30 Hangre 95 Ob 3 34b
620 34 Hangvar 95 Ob 1 34b
434 98 Hanhals 96 Pa 1 21a
285 91 Hannabad 86 Qa 1 24a
276 55 Hannas 75 Ra 1 25a
662 95 Hannebol 132 Nb 1 22a
665 92 Hannäs/Kil 150 Mb 3 23b
597 96 Hannäs/Strickerum 109 Oa 3 29b
590 32 Hanorp 120 Oa 1 27b
310 58 Hansabo 97 Pa 3 22b
571 91 Hansarp 99 Ob 3 26c
776 97 Hansbyn 170 Ma 1 29a
820 64 Hansebodarna 202 Kb 2 30b
781 93 Hansgårdarna 170 Ma 1 28a
794 90 Hansjö 185 La 3 26a
872 92 Hansjöliden 255 Jb 32
520 50 Hanstad 118 Oa 2 24b
151 52 Hanstavik 138 Na 2 32a
135 50 Hanviken 139 Na 2 33b
776 97 Hanåker 170 Ma 1 29a
805 91 Hanåsen 172 Lb 3 31b
953 01 Haparanda 300 Fb 45
680 50 Hara 168 Ma 2 23c
830 23 Hara/Östersund 253 Ja 25
680 50 Harabäcken 167 Ma 2 23c
960 24 Harads 298 Fa 38
730 50 Haraker 154 Mb 2 29c
370 33 Haraldsmåla/Eringsboda 82 Qa 1 27b

Haraldsmåla/Ålem  Holmshyttan 401

380 30 Haraldsmåla/Ålem 90 Pb 1 29c
840 93 Haraldsåsen 214 Ka 1 24a
930 55 Haraliden 285 Ga 36
680 50 Harasjö 168 Ma 2 23c
291 92 Harastorp/Djurröd 80 Qb 1 24c
282 93 Harastorp/Röke 80 Qa 2 24a
511 92 Haratången 97 Pa 1 22b
740 47 Harbo 155 Ma 3 31b
640 50 Harbro 138 Na 3 31b
763 91 Harbroholm 156 Mb 1 34a
388 98 Harby 90 Pb 2 29a
286 91 Harbäckshult 79 Qa 2 23b
692 93 Hardemo 135 Na 3 27a
361 95 Harebo 89 Pb 3 27c
442 74 Harestad 103 Ob 2 20c
742 95 Harg/Gimo 173 Ma 2 33c
590 51 Harg/Vikingstad 120 Oa 1 27c
760 21 Harg/Vätö 157 Mb 2 34c
696 94 Harge 119 Nb 2 26c
661 92 Hargene 133 Na 3 22c
742 95 Hargshamn 156 Ma 3 33c
823 91 Hargå 187 La 2 30a
817 94 Hari 188 Lb 1 31a
614 96 Hark 121 Oa 2 29b
680 96 Harkfallet 168 Ma 3 25a
370 10 Harkniven 82 Qa 2 27a
805 95 Harkskär 172 Lb 2 31b
640 33 Harlinge 121 Nb 1 30a
240 35 Harlösa 75 Qb 2 24a
820 75 Harmånger 203 Kb 1 31b
661 93 Harnäs/Kila 133 Na 2 22c
376 92 Harnäs/Ringamåla 81 Qa 1 26b
672 95 Harnäs/Sillerud 132 Na 2 21b
242 95 Harphult/Huaröd 75 Qb 1 24c
555 93 Harphult/Taberg 106 Ob 2 24c
310 40 Harplinge 85 Pb 2 22b
640 31 Harpsund 137 Na 3 29c
912 99 Harrbäcken 283 Gb 30
640 25 Harreberg 137 Na 2 29b
982 06 Harrejaur=Hárrejávrre 310 Eb 38
982 06 Hárrejávrre=Harrejaur 310 Eb 38
953 92 Harrioja 300 Fb 44
911 94 Harrsele 272 Hb 36
911 91 Harrselsfors 272 Ha 36
923 99 Harrsjö/Harrvik 283 Ga 29
830 81 Harrsjö/Kroksjö 282 Gb 28
830 86 Harrsjön 269 Ha 27
923 99 Harrvik 283 Ga 29
974 39 Harrviken 299 Fb 41
982 99 Harrå 310 Ea 37
820 40 Harsa 202 Kb 3 28c
820 40 Harsaklacken 202 Kb 3 29a
614 93 Harsbo 121 Oa 1 29c
614 31 Harsby 121 Oa 1 29c
820 40 Harsen 202 Kb 3 29a
360 42 Harshult 100 Pa 3 27a
982 60 Harsprånger= Njoammelsasskam 309 Eb 36
610 50 Harsta 121 Nb 2 30c
388 99 Harstensbomåla 89 Pb 3 28b
614 96 Harstorp 120 Oa 1 29a
865 92 Hartungviken 218 Ka 1 32a
864 92 Harv 218 Ka 2 31a
335 91 Haryd 98 Pa 2 24b
761 75 Harö 157 Mb 1 34c
864 92 Hassel 217 Ka 2 30b
820 78 Hassela 217 Ka 3 30b
820 78 Hassela kyrkby 217 Ka 3 30b
655 93 Hasselbol 151 Mb 3 24a
438 93 Hasselerås 104 Ob 3 21b
695 85 Hasselfors 135 Na 3 26a
660 50 Hasselnäset 133 Na 1 23b
372 92 Hasselstad 82 Qa 2 27b
572 96 Hasselås 101 Pa 1 29c
640 34 Hasselö 137 Na 3 30c
596 92 Hassla/Skänninge 119 Oa 1 27a
590 32 Hassla/Östmark 167 Ma 2 22c
542 92 Hassle 118 Nb 2 24c
370 23 Hasslö 82 Qa 3 27c
531 71 Hasslösa 117 Oa 1 23b
312 97 Hasslöv 86 Qa 1 23a
504 95 Hassmundshult 105 Ob 3 22c
730 71 Hassmyra 154 Mb 1 29c
437 91 Hassungared 104 Ob 3 21a
732 98 Hasta 136 Na 1 28b
463 91 Hasteröd 104 Oa 3 21a
455 92 Hattefjäll 115 Oa 1 20b
585 94 Hattorp 120 Oa 1 29a
761 94 Hattudden 157 Mb 2 34c
620 35 Hau/Fårö 95 Ob 1 35a
620 35 Hau/Fårösund 95 Ob 1 34c
620 23 Haugbro 94 Pa 1 33c
578 92 Haurida 107 Ob 1 26a
274 91 Havberg 75 Qb 3 23c
620 11 Havdhem 92 Pa 3 33c
310 42 Haverdal 85 Pb 2 22b
280 70 Havhult 88 Qa 1 25c
575 92 Havik 100 Ob 3 27b
571 66 Havsjö 99 Ob 3 26b
712 91 Havsjön 152 Mb 1 26b
546 95 Havsmon 119 Nb 2 25c
833 95 Havsnäs 270 Ha 28
760 40 Havsskogen 157 Ma 3 34b
457 72 Havstenssund 115 Nb 2 19b
865 92 Havstoviken 218 Ka 1 32a
820 77 Havsviken 218 Ka 3 31c
760 40 Havsängen 157 Ma 3 34c
311 96 Heberg 85 Pb 1 22a
733 99 Hebo 154 Ma 3 30a
744 01 Heby 154 Mb 1 30c
730 30 Hed/Kolsva 153 Mb 2 28b
594 91 Heda 109 Ob 1 29c
560 25 Heda/Botnaryd 106 Ob 2 24c
599 94 Heda/Ödeshög 107 Oa 2 26b
268 90 Hedagården 79 Qb 1 23a
666 91 Hedalen 132 Na 3 21a
790 90 Hedarbustan 198 Kb 2 22b
504 92 Hedared 104 Ob 2 22b
686 97 Hedarna 150 Mb 1 23b
933 99 Hedberg 284 Ga 34
730 70 Hedbo 154 Mb 1 29b
458 91 Hede/Färgelanda 116 Nb 3 20c
450 54 Hede/Hedekas 115 Nb 3 20b
840 93 Hede/Hedeviken 214 Ka 1 24a
840 93 Hede/Hedeviken 252 Ka 24
774 98 Hede/Horndal 171 Ma 2 29c
531 93 Hede/Härjevad 117 Oa 1 23a
733 99 Hede/Möklinta 154 Ma 3 30a
466 93 Hede/Sollebrunn 104 Oa 2 22a
273 93 Hedeberga 75 Qb 3 25a
450 54 Hedekas 115 Nb 3 20b
776 01 Hedemora 170 Ma 2 28c
666 92 Heden/Bengtsfors 132 Na 3 21c
961 46 Heden/Boden 298 Fb 40
792 95 Heden/Bonäs 185 La 3 25c
791 94 Heden/Falun 170 Lb 3 27c
685 93 Heden/Fensbol 167 Ma 2 23a
683 91 Heden/Gustavsfors 168 Ma 3 24b
521 94 Heden/Håkantorp 117 Oa 2 24a
655 94 Heden/Karlstad 134 Na 1 24b
793 92 Heden/Leksand 169 Lb 2 26c
680 63 Heden/Likenäs 167 Lb 3 23a
780 64 Heden/Limedsforsen 183 Lb 1 23c
930 86 Heden/Moskosel 297 Fa 35
935 92 Heden/Norsjö 285 Gb 35
780 53 Heden/Nås 169 Ma 1 25c
635 17 Heden/Näshulta 137 Na 2 29c
920 70 Heden/Sorsele 296 Fb 32
790 90 Heden/Särna 198 Kb 2 23a
461 91 Heden/Trollhättan 116 Oa 2 21b
310 60 Heden/Ullared 97 Pa 3 22b
922 94 Heden/Vindeln 272 Ha 36
792 96 Heden/Våmhus 185 La 3 25c
840 90 Heden/Ytterhogdal 215 Ka 2 26b
790 90 Heden/Örebäcken 198 Kb 2 22c
840 24 Heden/Överturingen 215 Jb 3 26c
450 63 Hedene/Högsäter 116 Nb 3 21a
670 20 Hedene/Lenungen 149 Na 1 21c
642 94 Hedenlunda 137 Nb 1 30a
725 95 Hedensberg 154 Mb 2 30a
956 91 Hedensbyn 299 Fa 42
740 45 Hedenslund 154 Ma 3 30c
332 92 Hedenstorp 98 Pa 1 24a
957 95 Hedenäset=Hietaniemi 300 Fa 44
271 99 Hedeskoga 75 Ra 1 24b
810 40 Hedesunda 171 Ma 1 31a
646 93 Hedetorp 138 Na 3 31b
683 94 Hedetorp 151 Mb 1 23c
660 57 Hedetången 134 Na 1 24c
840 93 Hedeviken 214 Ka 1 24b
840 93 Hedeviken Ka 24
930 47 Hedfors 286 Ga 38
820 40 Hedklack 202 Kb 2 29b
737 92 Hedkärrra 153 Mb 1 28b
647 92 Hedlandet 138 Na 2 31b
921 92 Hedlunda/Lycksele 284 Gb 34
910 60 Hedlunda/Åsele 271 Hb 32
820 46 Hedsjö 216 Ka 2 28b
816 92 Hedsjön 187 Lb 1 30b
827 95 Hedsta/Ljusdal 201 Kb 1 28c
820 65 Hedsta/Sörforsa 203 Kb 3 30c
740 21 Hedtorp 155 Mb 1 31b
276 46 Hedvigsdal 75 Ra 1 25a
820 62 Hedvigsfors 217 Kb 1 29c
673 91 Hedås/Charlottenberg 149 Mb 1 21c
667 91 Hedås/Forshaga 150 Mb 3 23c
660 60 Hedås/Molkom 151 Mb 3 24b
450 70 Heestrand 115 Nb 3 19b
273 71 Heinge 75 Qb 2 24c
273 71 Heingeberg 75 Qb 2 24c
620 20 Hejde 92 Pa 1 33c
621 76 Hejdeby 94 Ob 3 33c
620 33 Hejnum 95 Ob 2 34a
153 92 Hejste 138 Na 3 32a
793 41 Helgbo 170 Lb 3 27b
590 12 Helgebo 107 Oa 3 27a
672 93 Helgebyn 149 Mb 3 21a
289 90 Helgedal 81 Qa 3 25a
384 93 Helgesbo 90 Pb 1 29b
570 60 Helgesfall 107 Ob 2 27b
830 10 Helgesjövallen 252 Ja 23
610 55 Helgesta/Stigtomta 121 Nb 2 30b
715 91 Helgesta/Stora Mellösa 136 Na 2 28a
443 92 Helgesås 104 Ob 2 21b
882 93 Helgum/Långsele 254 Ja 30
882 93 Helgum/Västby 254 Ja 30
912 99 Helgfjäll 283 Gb 29
291 92 Heljestad 80 Qa 3 24c
620 34 Hellvi 95 Ob 2 34c
331 91 Helmershus 98 Pa 3 25a
250 02 Helsingborg 79 Qa 3 22b
534 96 Helås 117 Oa 2 22c
920 66 Hemavan/Bierke 295 Fb 27
780 68 Hemfjällstangen 183 La 3 23b
137 93 Hemfosa 139 Na 3 32c
890 51 Hemling 271 Hb 34
731 92 Hemlinge 153 Mb 3 29a
242 96 Hemmeneköp 75 Qb 2 24c
331 96 Hemmershult 98 Pa 2 25b
139 01 Hemmesta 139 Na 2 33c
270 35 Hemmestorp 75 Qb 3 24a
280 20 Hemmeströ 80 Qa 2 24b
935 91 Hemmingen 285 Gb 36
740 45 Hemmingsbo 154 Ma 3 30c
791 94 Hemmingsbo 170 Lb 3 28a
944 93 Hemmingsmark 286 Ga 39
362 93 Hemmingsmåla 89 Pb 3 27b
560 28 Hemmingstorp 107 Ob 1 26a
620 23 Hemmungs/Anga 95 Pa 1 34b
620 20 Hemmungs/Klintehamn 92 Pa 1 33b
930 70 Hemnäs 284 Ga 34
620 12 Hemse 92 Pa 2 33c
777 94 Hemshyttan 153 Ma 3 28a
293 91 Hemsjö 81 Qa 2 26b
895 93 Hemsjö/Bredbyn 271 Hb 33
840 60 Hemsjö/Bräcke 253 Jb 28
716 94 Hemsjön 135 Na 3 26a
870 10 Hemsö 255 Jb 33
792 94 Hemulsjö 184 Lb 1 25b
820 46 Hennan 216 Ka 3 28c
682 92 Hennickehamman 151 Mb 2 25b
823 92 Henninge 187 La 3 30b
833 92 Henningskälen 269 Hb 27
755 96 Henriksberg 156 Mb 1 32c
131 32 Henriksdal 139 Na 2 33b
270 21 Henriksfät 75 Ra 1 25a
242 91 Henset 75 Qb 2 24b
362 94 Hensmåla 88 Pb 3 27a
760 49 Hensvik 156 Ma 3 34a
517 93 Henå 104 Ob 2 22a
473 01 Henån 115 Oa 2 20b
830 10 Henåvallen 252 Ja 23
957 23 Hepokangas 312 Eb 44
596 93 Herberga 119 Oa 1 27b
880 37 Hermansjö 255 Ja 31
572 92 Hermansmåla 101 Pa 2 29c
361 94 Hermanstorp/Boda glasbruk 89 Pb 2 28a
360 44 Hermanstorp/Hovmantorp 88 Pb 2 27a
736 91 Herrdal 136 Na 1 29a
672 91 Herredalen 149 Mb 3 21a
666 91 Herrenäs 132 Na 3 21b
195 93 Herresta/Märsta 155 Mb 3 32b
647 91 Herresta/Stallarholmen 138 Na 2 31b
331 95 Herrestad 98 Pa 2 24c
592 92 Herrestad/Källstad 119 Oa 1 26b
451 94 Herrestad/Uddevalla 115 Oa 1 20c
260 70 Herrevadskloster 79 Qa 3 23b
149 92 Herrhamra 123 Nb 2 32b
524 01 Herrljunga 105 Oa 3 23a
873 91 Herrsjön 255 Jb 32
872 97 Herrskog 255 Jb 33
578 94 Herrstad 107 Ob 1 26c
620 16 Herrvik 93 Pa 1 34c
360 73 Herråkra 89 Pb 1 27b
660 60 Herrån 151 Mb 2 24b
760 49 Herräng 156 Ma 3 34a
842 94 Herrö 215 Ka 3 25b
656 71 Herrön 134 Na 1 24b
602 38 Herstadberg 121 Nb 3 29b
821 92 Herte 187 La 2 29c
310 38 Hertered 86 Pb 2 23a
821 91 Hertsjö 187 La 2 29c
915 94 Hertsånger 273 Ha 39
515 93 Hessered 97 Ob 3 22a
574 92 Hester 100 Pa 1 27a
517 92 Hestra/Bollebygd 104 Ob 2 22a
330 27 Hestra/Gnosjö 98 Pa 1 24a
512 64 Hestra/Holsljunga 97 Pa 1 23a
514 91 Hestra/Svenljunga 97 Ob 3 23b
573 94 Hestra/Tranås 107 Ob 1 27a
513 93 Hestra/Tämta 105 Ob 1 22c
570 02 Hetseryd 99 Pa 2 26a
828 95 Hibo 186 La 2 28c
512 64 Hiddig 97 Pa 1 23a
620 34 Hide 95 Ob 2 34c
711 91 Hidingen 152 Mb 3 27b
705 95 Hidingsta 135 Na 2 27c
692 93 Hidingsta 135 Na 3 27a
560 27 Hiegöl 99 Ob 3 25c
960 24 Hiergáhpe=Härkmyran 310 Eb 39
957 95 Hietaniemi=Hedenäset 300 Fa 44
770 10 Hildas 169 Ma 2 25c
261 91 Hildesborg 79 Qb 1 22b
512 03 Hillared 97 Ob 3 23b
280 20 Hillarp/Bjärnum 80 Qa 2 24a
266 92 Hillarp/Munka-Ljungby 79 Qa 2 22c
534 94 Hillebo 105 Oa 2 22c
815 92 Hillebola 172 Ma 1 32b
790 23 Hillersboda 170 Lb 2 28c
370 33 Hillerslätt 82 Qa 2 27c
330 33 Hillerstorp 98 Pa 2 24c
310 38 Hilleshult 86 Pb 2 23b
179 96 Hilleshög 138 Na 1 32b
261 92 Hilleshög 79 Qb 1 22c
805 96 Hillevik 188 Lb 2 31b
360 70 Hillhult 100 Pa 2 27c
561 91 Hillinge 106 Ob 1 25c
458 91 Hillingsäter 116 Nb 3 20c
833 94 Hillsand 269 Ha 27
805 97 Hillsjöstrand 172 Lb 2 31b
430 10 Himle 96 Pa 3 21c
641 97 Himlinge 137 Na 3 29c
715 95 Himmer 136 Na 3 28a
914 92 Himmersundet 256 Ja 35
731 96 Himmeta 136 Na 1 28c
668 92 Hindalebyn 132 Nb 1 20c
524 95 Hindared 105 Ob 1 22c
274 92 Hindberget 75 Qb 3 24a
740 46 Hindersbo 172 Ma 2 31b
331 93 Hindsekind 98 Pa 2 25a
590 34 Hindstorp 120 Nb 2 27c
430 63 Hindås 104 Ob 2 21c
530 30 Hinnerstorp 117 Oa 1 22c
287 93 Hinneryd 87 Pb 3 24a
770 70 Hinshyttan 170 Ma 1 29a
956 92 Hirvijärvi 311 Fa 43
310 21 Hishult 86 Qa 1 23b
331 96 Hisinge 99 Pa 2 25b
826 95 Hisjö 202 La 1 30b
360 30 Hisshult 99 Pa 2 26b
903 45 Hissjön 272 Hb 37
282 94 Hissmossa 80 Qa 3 24a
647 91 Hista 138 Na 2 31b
793 91 Hisvåla 169 Lb 2 27a
780 64 Hisåsen 184 Lb 1 23c
780 61 Hisälen 184 Lb 1 24b
252 84 Hittarp 79 Qa 3 22a
512 64 Hiå 97 Pa 1 22c
544 01 Hjo 118 Oa 2 25b
820 41 Hjorta 201 Kb 2 28c
260 24 Hjortaröd 79 Qb 1 23b
590 91 Hjorted 101 Ob 3 29b
438 93 Hjorthall 104 Ob 3 21b
697 93 Hjortkvarn 120 Nb 1 27c
793 90 Hjortnäs 185 Lb 2 26c
342 93 Hjortsberga 88 Pb 1 25c
370 17 Hjortseryd/Eringsboda 82 Qa 1 27b
340 10 Hjortseryd/Vrå 86 Pb 2 23c
260 34 Hjortshög 79 Qa 3 22b
330 17 Hjortsjö 88 Pb 1 25b
240 36 Hjortsås 80 Qb 1 23c
511 97 Hjorttorp 97 Ob 3 22a
523 97 Hjortåsen 105 Ob 2 23c
360 30 Hjulatorp 88 Pa 26b
641 96 Hjulbo 121 Nb 1 29b
594 93 Hjulby 109 Ob 1 30a
793 97 Hjulbäck 185 Lb 2 26c
793 97 Hjulbäcks-Åsen 185 Lb 2 26b
610 41 Hjulerum 109 Oa 2 29c
712 91 Hjulsjö 152 Mb 2 26b
745 92 Hjulsta säteri 137 Mb 3 31a
712 91 Hjultjärn 152 Mb 2 26c
330 27 Hjulvhult 98 Pa 1 24b
423 40 Hjuvik 103 Ob 2 20b
905 95 Hjåggmark 272 Hb 37
243 92 Hjällaröd 80 Qa 3 24a
672 95 Hjällen 132 Na 2 21b
441 91 Hjällnäs 104 Ob 1 21c
443 73 Hjällsnäs 104 Ob 1 21b
680 52 Hjällstad 167 Lb 3 23a
544 94 Hjällö 106 Oa 2 25b
434 97 Hjälm 96 Pa 1 21b
705 95 Hjälmarbaden 136 Na 2 27c
434 96 Hjälmared 69 Ob 21
441 95 Hjälmared/Alingsås 104 Ob 1 22a
434 96 Hjälmared/Anneberg 96 Ob 3 21a
705 95 Hjälmarsberg 135 Na 2 27b
715 92 Hjälmarsnäs 136 Na 2 27c
330 12 Hjälmaryd 98 Pa 3 24b
370 10 Hjälmsa 82 Qa 2 27a
576 91 Hjälmseryd/Bringetofta 99 Pa 1 26a
373 00 Hjälmseryd/Jämjö 83 Qa 2 28c
576 91 Hjälmseryd/Stockaryd 99 Pa 2 25c
260 35 Hjälmshult 79 Qa 3 22b
264 94 Hjälmslund 79 Qa 2 23a
387 91 Hjälmstad 91 Pa 3 30c
330 17 Hjälmsänga 87 Pb 1 25b
810 65 Hjälmunge 172 Lb 3 32c
450 71 Hjälpesten 115 Nb 3 19c
331 93 Hjälshammar 98 Pa 3 25a
740 82 Hjälsta 155 Mb 2 31c
840 13 Hjältan 217 Ka 1 29c
872 96 Hjältansbodarna 255 Ja 32
840 13 Hjältanstorp 217 Ka 1 29c
570 13 Hjältaryd 99 Pa 1 26c
570 32 Hjältevad 100 Ob 3 27c
266 97 Hjärnarp 65 Qa 22
266 97 Hjärnarp 79 Qa 2 22c
289 90 Hjärsås 81 Qa 2 25a
342 92 Hjärtanäs 88 Pb 1 26a
514 61 Hjärtared 98 Ob 3 24a
610 33 Hjärterum 121 Nb 3 29c
576 92 Hjärtlanda 99 Pa 1 26b
576 92 Hjärtnäs 99 Pa 1 26b
370 11 Hjärtonemåla 82 Qa 2 27b
458 93 Hjärtsäter 116 Nb 3 21a
571 66 Hjärtsöla 99 Ob 3 26a
524 96 Hjärttorp 105 Ob 1 23b
463 75 Hjärtum 104 Oa 2 21a
820 46 Hjärtvallen 216 Ka 3 28b
245 02 Hjärup 74 Qb 2 23a
242 97 Hjärås 75 Qb 2 24b
780 69 Hjölbrokölen 198 La 1 23a
310 20 Hjörnered 86 Pb 3 23b
813 94 Ho 171 Ma 1 30a
770 12 Hoberg 169 Ma 2 26a
770 12 Hoberget 169 Ma 2 26a
276 60 Hoby 76 Ra 1 25b
830 80 Hocksjö 270 Ha 29
880 40 Hocksjön 254 Ja 29
813 01 Hofors 171 Lb 3 29b
246 51 Hofterup 61 Qb 20
246 51 Hofterup 74 Qb 2 22c
473 98 Hoga 103 Oa 3 20b
450 52 Hogeröd 115 Nb 2 20a
457 93 Hoghem 115 Nb 2 19c
820 71 Hogland 203 Kb 1 31a
621 96 Hogrän 94 Ob 3 33b
595 93 Hogstad 119 Oa 2 27a
451 95 Hogstorp 115 Oa 1 20b
670 43 Hogsäter/Skillingsfors 149 Mb 1 20c
280 22 Hojalen 80 Qa 2 24a
560 13 Hok 99 Ob 3 25b
374 92 Hoka 81 Qa 2 26c
441 93 Hol 104 Ob 1 22a
782 34 Holarna 168 Lb 2 24b
782 35 Hole 168 Lb 2 24b
680 50 Hole/Hamra 167 Ma 3 23c
670 40 Hole/Åmotfors 149 Mb 2 21c
795 95 Holen 185 Lb 1 26c
310 61 Holkakulla 97 Pa 3 22c
570 03 Holkaryd 99 Pa 2 25c
450 84 Holkekärr 131 Nb 2 20a
663 92 Holken 133 Na 2 24a
343 73 Holkya 87 Pb 3 25b
355 91 Hollstorp 88 Pb 1 26c
473 97 Holm 103 Oa 3 20a
824 92 Holm 203 Kb 2 31a
300 12 Holm/ Halmstad 86 Pb 2 22c
620 35 Holm/Fårö 95 Ob 1 35c
300 12 Holm/Halmstad 65 Pb 22
576 92 Holm/Hultsjö 99 Pa 2 26b
570 10 Holm/Korsberga 100 Pa 2 27a
860 41 Holm/Liden 254 Jb 30
740 82 Holm/Slottsskogen 155 Mb 2 31c
740 45 Holm/Tärnsjö 155 Ma 3 31a
570 80 Holm/Virserum 100 Pa 2 28a
610 27 Holma 121 Oa 1 30b
454 91 Holma/Brastad 115 Oa 1 20a
571 91 Holma/Grimstorp 99 Ob 3 26b
573 96 Holma/Hestra 107 Ob 1 27a
560 28 Holma/Svarttorp 107 Ob 2 26a
362 93 Holmahult 89 Pb 3 27b
981 29 Holmajärvi 320 Db 36
517 93 Holmared 104 Ob 2 22a
916 92 Holmarna 271 Hb 34
277 45 Holmarna 76 Qb 3 25a
360 51 Holmaryd 88 Pb 1 27a
820 62 Holmberg 217 Kb 1 29c
597 96 Holmbo 109 Oa 2 29c
740 20 Holmbro 155 Mb 1 31b
670 35 Holmby 150 Mb 1 22a
880 30 Holme 254 Ja 30
672 94 Holmedal 149 Na 1 20c
233 94 Holmeja 74 Qb 3 23b
465 93 Holmen/Bårne-Åsaka 105 Oa 3 22b
460 64 Holmen/Frändefors 116 Oa 1 21b
820 41 Holmen/Korskrogen 201 Kb 1 28c
437 91 Holmen/Kållerred 104 Ob 3 21a
545 93 Holmen/Moholm 118 Nb 3 25a
566 91 Holmen/Mullsjö 106 Ob 1 24c
362 91 Holmen/Tingsryd 88 Pb 3 27a
590 53 Holmen/Ulrika 108 Oa 3 27c
515 93 Holmen/Viskafors 104 Ob 3 22b
460 65 Holmerud/Brålanda 116 Nb 3 21b
672 94 Holmerud/Årjäng 149 Na 1 20c
386 90 Holmetorp 91 Pb 2 30a
942 05 Holmfors/Långträsk 285 Ga 37
936 91 Holmfors/Skellefteå 285 Gb 38
920 73 Holmfors/Sorsele 284 Ga 33
620 10 Holmhällar 92 Pb 1 33b
821 94 Holmo 202 La 1 29b
816 95 Holmsbo 187 La 3 29b
730 30 Holmsbovallen 153 Mb 2 28c
343 95 Holmseryd 87 Pb 3 24c
713 93 Holmshyttan 152 Mb 3 26c

S

402 Holmsjö Häljebyn
S

370 34 Holmsjö 82 Qa 1 28a
840 50 Holmsjö/Bräcke 253 Jb 27
930 70 Holmsjö/Malå 284 Ga 33
895 92 Holmsjö/Solberg 271 Hb 31
640 30 Holmsjön/Hälleforsnäs 137 Na 2 29c
714 91 Holmsjön/Näcktjärn 152 Mb 1 27a
570 80 Holmskog 100 Pa 2 28a
840 90 Holmskojan 215 Ka 2 26b
841 94 Holmsnäset 216 Ka 1 27c
670 41 Holmsrud 149 Mb 2 21a
719 92 Holmstorp 135 Na 27a
910 60 Holmstrand 271 Hb 31
913 01 Holmsund 272 Hb 37
840 90 Holmsvallen 215 Ka 2 26a
931 93 Holmsvattnet 286 Gb 39
823 92 Holmsveden 187 La 3 30b
820 46 Holmsveden 216 Ka 2 28b
810 64 Holmsånger 172 Lb 3 32a
730 91 Holmtorp 153 Mb 2 28a
952 94 Holmträsk/Kalix 299 Fb 43
930 61 Holmträsk/Norsjö 285 Gb 36
945 92 Holmträsk/Rosvik 298 Fb 39
895 99 Holmträsk/Solberg 271 Hb 32
922 75 Holmträsk/Åmsele 285 Gb 35
805 95 Holmudden 172 Lb 2 31b
840 97 Holmvallen 226 Jb 2 22a
668 93 Holmvattnet 131 Nb 1 20b
524 96 Holmåkra 105 Ob 1 23b
523 91 Holmö 106 Ob 2 24b
283 91 Holmö 80 Qa 1 24c
918 03 Holmön 273 Hb 38
570 15 Holsbybrunn 100 Pa 1 27b
512 64 Holsljunga 69 Pa 22
512 64 Holsljunga 97 Pa 1 22c
782 91 Holssälen 168 Lb 3 24a
790 90 Holstugan 199 Kb 3 23b
827 93 Holänna 202 Kb 1 29b
621 99 Home 94 Ob 3 33b
611 93 Homesta 122 Nb 2 31a
795 91 Hommanbodarna 185 La 3 27a
828 92 Homna 201 La 1 28a
828 91 Homnabo 201 La 1 28c
148 95 Hoppet 139 Na 3 33a
840 30 Hoppet 215 Ka 1 26b
782 91 Hoppnäset 168 Lb 3 24a
330 18 Horda 87 Pa 3 25b
340 30 Horgeboda 88 Pb 3 26a
343 73 Hormeshult 88 Pb 3 25c
610 56 Hormesta 121 Nb 1 30b
341 95 Horn/Bolmsö 87 Pa 3 24b
597 92 Horn/Grebo 108 Oa 2 28c
590 42 Horn/Hycklinge 108 Ob 1 28c
611 93 Horn/Nyköping 122 Nb 2 31a
725 92 Horn/Strömsholm 137 Mb 3 29b
296 91 Horna 81 Qb 1 25b
360 42 Hornaryd 99 Pa 3 26b
794 90 Hornberga 185 La 2 26a
521 98 Hornborga/Broddetorp 118 Oa 2 24a
530 10 Hornborga/Vedum 105 Oa 2 22c
774 04 Horndal 171 Ma 2 29c
820 65 Horne 203 Kb 3 30c
680 90 Hornkullen 151 Mb 3 25b
921 93 Hornmyr 271 Ha 33
680 50 Hornnäs 168 Ma 2 23c
590 42 Hornsberg 108 Ob 1 28c
340 13 Hornsborg 87 Pb 3 24b
930 55 Hornsträsk 285 Ga 37
570 31 Hornsved 100 Ob 3 27c
384 91 Hornsö 90 Pa 3 29b
745 98 Hornö 138 Mb 3 31b
872 94 Hornön 255 Jb 32
611 93 Horra 122 Nb 2 31a
519 01 Horred 96 Pa 1 21c
780 69 Horrmund 198 La 2 23a
280 10 Horröd/Sösdala 80 Qa 3 24a
340 13 Horsaberga 87 Pb 2 24c
312 98 Horsabäck 86 Qa 1 23b
744 91 Horsbo 154 Mb 1 30c
332 91 Horshaga 98 Pa 2 23c
343 73 Horshult 88 Pb 3 25c
682 92 Horssjön 151 Mb 2 25b
740 46 Horsskog 172 Ma 2 31a
330 10 Horsöja 98 Pa 3 24a
944 91 Hortlax 286 Ga 39
570 03 Horveryd 99 Pa 1 25c
794 98 Hosboden 200 La 1 26b
640 32 Hosjö 137 Na 3 30b
791 47 Hosjö 170 Lb 3 28b
812 90 Hosjön 171 Lb 3 29c
813 94 Hosjöstrand 171 Ma 1 30b
615 91 Hosum 109 Oa 2 30b
830 60 Hotagen 269 Hb 25
830 80 Hoting 270 Ha 29
592 92 Hov 119 Oa 1 26c
269 01 Hov/Båstad 65 Qa 22
269 91 Hov/Båstad 85 Qa 1 22b
614 90 Hov/Söderköping 121 Oa 1 29c
341 95 Hov/Tannåker 87 Pb 1 24b
748 94 Hov/Österbybruk 155 Ma 2 32b
548 01 Hova 118 Nb 1 25b
195 92 Hova 155 Mb 2 32b
563 93 Hovaskog 106 Ob 1 25c
590 40 Hovby 108 Oa 3 28b
291 91 Hovby 81 Qb 1 25b
341 94 Hovdinge 87 Pb 1 24c
456 42 Hovenäset 115 Oa 1 19b
840 40 Hoverberg 253 Jb 25
830 80 Hoverudden 270 Ha 28
590 55 Hovetorp 108 Oa 2 28b
610 26 Hovgren 121 Nb 3 30b
430 16 Hovgård/Tvååker 96 Pa 3 21c
360 76 Hovgård/Älghult 89 Pa 3 28a
865 91 Hovid 218 Ka 1 31c
663 42 Hovlanda 133 Na 2 24a
376 92 Hovmansbygd 81 Qa 1 26b
360 51 Hovmantorp 89 Pb 2 27a
774 99 Hovnäs 171 Ma 2 30a
567 92 Hovsarp 98 Ob 3 25a
556 26 Hovslätt 106 Ob 2 25a
514 52 Hovsnäs 97 Ob 3 23b
705 91 Hovsta 135 Na 1 27b
590 41 Hovstad 108 Oa 3 28b
450 84 Hovsäter 131 Nb 2 20a
824 93 Hovsätter 203 Kb 2 31b
297 93 Huaröd 75 Qb 1 24c
141 01 Huddinge 139 Na 2 32c
744 92 Huddunge 154 Ma 3 30c
524 92 Hudene 105 Oa 3 23a
521 97 Hudened 105 Oa 3 24a
824 01 Hudiksvall 203 Kb 2 31a
635 02 Hugelsta 137 Na 1 30a
661 92 Huggenäs kyrka 133 Na 3 23a
777 93 Huggnora 153 Ma 3 28a
962 99 Huhttán=Kvikkjokk 308 Eb 32
980 63 Hukanmaa 322 Db 42
672 91 Huken 132 Na 1 21a
441 95 Hulabäck 104 Ob 1 22a
548 91 Hulan 134 Nb 1 25b
514 50 Hulared 98 Ob 3 23c
310 60 Hule 97 Pa 2 22b
340 30 Hulevik 88 Pb 3 26a
340 14 Hulje 87 Pb 1 25a
860 13 Huljen 218 Ka 1 30c
578 91 Hullaryd 107 Ob 1 26b
340 30 Hullingsved 88 Pb 2 25c
269 96 Hulrugered 79 Qa 1 22c
282 93 Hulshult 80 Qa 2 23c
573 98 Hult/Adelöv 107 Oa 3 26b
386 90 Hult/Algutsrum 91 Pb 2 30a
342 93 Hult/Alvesta 88 Pb 1 25c
578 91 Hult/Aneby 107 Ob 1 26b
571 92 Hult/Anneberg 107 Ob 2 26b
640 20 Hult/Björkvik 121 Nb 1 29c
681 93 Hult/Björneborg 134 Na 2 25a
660 60 Hult/Blombacka 151 Mb 3 24b
504 96 Hult/Borås 105 Ob 2 22c
464 92 Hult/Dals Rostock 116 Nb 2 21c
575 92 Hult/Eksjö 100 Ob 3 27a
661 91 Hult/Eskilsäter 133 Nb 1 23b
612 92 Hult/Finspång 120 Nb 2 28c
430 30 Hult/Frillesås 96 Pa 2 21b
305 94 Hult/Fyllinge 86 Pb 2 23a
705 97 Hult/Glanshammar 136 Na 1 27c
450 54 Hult/Hede 115 Nb 3 20b
590 42 Hult/Horn 108 Ob 1 28c
668 91 Hult/Håbol 132 Nb 1 21a
610 28 Hult/Jonsberg 121 Nb 3 30b
655 94 Hult/Karlstad 134 Na 1 24b
310 20 Hult/Knäred 86 Qa 1 23b
716 94 Hult/Kvistbro 135 Na 3 26b
360 70 Hult/Lenhovda 89 Pb 1 27b
711 94 Hult/Lindesberg 153 Mb 3 27c
590 75 Hult/Ljungsbro 120 Nb 3 28a
548 93 Hult/Lyrestad 118 Nb 2 25a
590 40 Hult/Norra Vi 108 Ob 1 27b
360 70 Hult/Norrhult-Klavreström 89 Pa 3 27b
340 36 Hult/Ormesberga 88 Pa 26b
450 52 Hult/Svarteborg 115 Nb 3 20a
360 24 Hult/Tingsryd 88 Pb 3 27a
590 34 Hult/Tjällmo 120 Nb 2 27b
511 92 Hult/Torestorp 97 Pa 1 22b
662 98 Hult/Tösse 132 Nb 1 22a
686 98 Hult/Uddheden 150 Mb 1 22c
310 83 Hult/Unnaryd 87 Pb 1 24a
655 94 Hult/Vallargårdet 134 Na 1 24b
360 60 Hult/Vissefjärda 89 Pb 3 28a
340 15 Hult/Vittaryd 87 Pb 1 24c
666 93 Hult/Vårvik 132 Na 2 21a
690 45 Hult/Åsbro 135 Nb 1 27a
360 70 Hult/Åseda 100 Pa 2 27c
335 93 Hult/Åsenhöga 98 Pa 1 24b
310 61 Hult/Ätran 97 Pa 2 22c
585 96 Hulta 108 Oa 2 28a
242 95 Hulta 80 Qb 1 24c
510 21 Hulta/Sätila 96 Ob 3 21c
661 94 Hulta/Åmål 133 Na 3 22b
574 94 Hultaby 100 Pa 1 27a
517 96 Hultafors 104 Ob 2 22b
517 96 Hultafors 69 Ob 22
576 91 Hultagård 99 Pa 1 26b
288 90 Hultahagen 80 Qa 3 25a
360 13 Hultalycke 88 Pb 3 26b
360 70 Hultanäs 100 Pa 2 27c
571 91 Hultarp 99 Ob 3 26b
681 94 Hulteby 134 Na 1 25a
595 92 Hultekil 107 Oa 2 27b
686 97 Hulten 150 Mb 1 23b
380 62 Hulterstad 84 Qa 1 30a
434 97 Hultet 96 Ob 3 21b
570 33 Hultna 100 Ob 3 27c
660 57 Hultsberg 134 Na 1 24c
616 90 Hultsbruk 121 Nb 2 29a
590 94 Hultserum 109 Ob 2 29b
560 28 Hultseryd 106 Ob 2 25c
241 95 Hultseröd 80 Qb 1 23c
577 01 Hultsfred 101 Pa 1 28c
576 92 Hultsjö 99 Pa 2 26b
694 92 Hultsjön 135 Na 3 27b
579 92 Hultsnäs 90 Pa 3 29a
570 10 Hultsvik 100 Pa 2 27a
504 96 Hultås 105 Ob 1 22c
595 91 Hulu 108 Oa 2 27b
578 91 Hulu/Haurida 107 Ob 1 26a
523 94 Hulu/Vegby 105 Ob 2 23b
570 12 Huluboda/Bäckaby 99 Pa 2 26c
570 10 Huluboda/Korsberga 100 Pa 2 27b
512 93 Hulåkra 97 Ob 3 23b
780 51 Hulån 169 Lb 3 25b
590 95 Hulöhamn 109 Ob 1 30b
265 90 Humlarp 79 Qa 3 22c
826 91 Humlegårdsstrand 188 La 1 31a
671 91 Humlekil 149 Mb 3 22a
512 61 Humlered 97 Pa 2 23a
282 93 Humlesjö 80 Qa 2 24a
776 98 Hummelbo 171 Ma 1 29b
762 96 Hummelbol 156 Mb 2 33b
914 90 Hummelholm 272 Hb 36
745 94 Hummelsta 154 Mb 3 30c
590 94 Hummelstad 109 Ob 2 29b
615 91 Hummelvik/Gryt 109 Oa 3 30b
611 93 Hummelvik/Oxelösund 122 Nb 3 31a
610 27 Hummelvik/Rönö 121 Oa 1 30b
671 96 Humsjön 150 Mb 2 22c
671 95 Humslid 150 Mb 3 22b
517 33 Hunared/Bollebygd 104 Ob 3 23a
560 42 Hunared/Sandhem 106 Ob 1 24b
930 72 Hundberg 284 Ga 33
840 13 Hundberget 217 Ka 1 29c
646 92 Hundby 138 Nb 1 31c
380 75 Hunderum 102 Pa 2 30c
560 27 Hundshult 99 Ob 2 25b
890 37 Hundsjö/Gideå 272 Hb 35
870 16 Hundsjö/Härnösand 255 Jb 32
790 26 Hundsnäs 186 Lb 1 28b
670 35 Hundviken 150 Mb 1 22b
840 60 Hunge 253 Jb 27
340 32 Hunna 88 Pb 2 26a
514 93 Hunnabo 97 Pa 1 23b
362 92 Hunnamåla/Ryd 82 Qa 1 26c
370 12 Hunnamåla/Öljehult 82 Qa 1 27a
450 46 Hunnebostrand 115 Oa 1 19b
430 10 Hunnestad 69 Pa 21
594 91 Hunsala 109 Ob 1 29b
571 93 Hunseberg 99 Ob 2 26b
790 23 Hunsen 170 Lb 2 29a
360 13 Hunshult 88 Pb 3 26b
686 96 Hurpletorp 150 Mb 2 23c
241 94 Hurva 75 Qb 2 23c
533 95 Husaby 117 Nb 3 23c
341 95 Husaby 87 Pb 1 24b
745 91 Husberg 155 Mb 3 31a
840 93 Husberget 214 Ka 1 24a
921 91 Husbondliden 284 Gb 34
776 97 Husby 170 Ma 1 29a
186 93 Husby/Lindholmen 156 Mb 3 33a
611 93 Husby/Nyköping 122 Nb 2 31a
743 91 Husby/Storvreta 155 Mb 1 32b
645 93 Husby/Strängnäs 137 Na 1 31a
748 95 Husby/Vendel 155 Ma 3 32a
741 95 Husby-Långhundra 156 Mb 2 33a
761 91 Husby-Sjuhundra 156 Mb 2 34a
740 81 Husby-Sjutolft 155 Mb 3 31c
830 30 Huse 253 Ja 26
370 34 Husgöl 82 Qa 1 28a
343 92 Husjönäs 88 Qa 1 26a
820 46 Huskasnäs 216 Ka 3 28b
561 01 Huskvarna 106 Ob 2 25b
840 90 Huskölen 216 Ka 3 27b
882 93 Husnäs 254 Ja 30
780 64 Husom 183 Lb 1 23c
840 10 Hussborg 217 Jb 3 29a
860 30 Hussjö 218 Jb 3 32a
820 77 Husta 218 Ka 3 31b
610 50 Hustorp 121 Nb 2 30a
890 35 Husum 256 Ja 35
780 69 Husvallgölen 198 La 1 23a
260 13 Husvik 79 Qb 1 22b
830 05 Huså 268 Ja 23
830 30 Husås 253 Ja 26
240 36 Huttarp 80 Qb 1 23c
984 91 Huukki 322 Ea 44
762 92 Huvaborg 156 Mb 2 33c
444 97 Huveröd 104 Oa 3 20c
522 91 Huvudshemmet 106 Oa 3 25a
611 93 Hybble 122 Nb 2 31a
827 93 Hybo 202 Kb 2 29b
590 42 Hycklinge 108 Ob 1 28c
330 15 Hyggestorp 87 Pa 3 25b
340 10 Hyhult 86 Pb 2 23b
796 90 Hyk 184 La 2 25b
605 96 Hylinge/Söderköping 121 Oa 1 29a
610 29 Hylinge/Östra Husby 121 Nb 3 30a
590 96 Hyllela 109 Oa 3 29b
216 23 Hyllie 74 Qb 3 22c
265 90 Hyllinge 65 Qa 22
265 90 Hyllinge 79 Qa 3 22c
264 93 Hyllstofta 79 Qa 3 23b
523 91 Hylsåsen 106 Ob 1 24a
280 63 Hylta 81 Qa 2 25b
571 92 Hyltan 107 Ob 2 26c
233 92 Hyltarp 74 Qb 3 23b
514 93 Hylte 97 Pa 1 23b
314 01 Hyltebruk 86 Pa 3 23b
555 92 Hyltena 99 Ob 3 25b
511 93 Hyltenäs 97 Pa 1 22a
340 13 Hyltåkra 87 Pb 3 24c
790 25 Hyn 186 Lb 1 28c
655 91 Hynboholm 133 Na 1 23c
512 62 Hyndarp 97 Pa 2 22c
280 22 Hyngarp 80 Qa 1 24b
430 96 Hyppeln 103 Ob 2 20a
467 95 Hyringa 117 Oa 2 22b
512 92 Hyrsås 97 Pa 1 22c
594 92 Hysinge 109 Ob 1 29b
510 22 Hyssna 69 Ob 22
510 22 Hyssna 97 Ob 3 22a
683 91 Hyttan 168 Ma 3 24b
148 95 Hyttan/Muskö 139 Na 3 33b
733 91 Hyttan/Sala 154 Mb 1 30a
575 94 Hytte 100 Ob 3 27a
820 41 Hyttebo 201 Kb 2 28b
645 92 Hyvena 137 Na 1 30c
740 83 Hyvlinge 155 Mb 2 31a
340 13 Hå 87 Pb 3 24c
821 92 Hå/Kilafors 187 La 2 29c
820 20 Hå/Ljusne 188 La 2 31a
467 92 Håberg 116 Oa 2 22a
782 91 Håberget/Malung 168 Lb 3 24a
840 91 Håberget/Vemhån 214 Ka 2 25a
668 91 Håbol 132 Nb 1 21a
197 93 Håbo-Tibble 155 Mb 3 32a
455 91 Håby 115 Oa 1 20a
512 95 Håcksvik 97 Pa 2 23a
430 30 Håfors 96 Pa 1 21b
752 63 Håga 155 Mb 1 32a
830 24 Häggåsen 252 Ja 25
280 20 Hågnarp 80 Qa 2 24a
840 97 Hågnvallen 226 Jb 2 21c
840 95 Hågnvallen 252 Jb 21
548 74 Håhult 118 Nb 1 25b
830 90 Håkafot 269 Ha 25
823 92 Håkanbo 187 La 3 30b
693 92 Håkanbol 134 Na 2 25c
295 91 Håkanryd 81 Qa 3 26a
233 91 Håkanstorp 74 Qb 3 23c
840 91 Håkansvallen 215 Ka 2 25b
610 27 Håkantorp 121 Oa 1 30b
293 93 Håkantorp 81 Qa 2 26a
696 92 Håkantorp/Askersund 119 Nb 1 26b
521 94 Håkantorp/Falköping 106 Oa 2 24a
534 73 Håkantorp/Stora Levene 117 Oa 2 22c
820 40 Håkbo 202 Kb 3 29a
524 93 Håkentorp 105 Oa 3 23b
335 93 Håkentorp 98 Pa 1 24c
905 91 Håkmark 272 Hb 37
760 21 Håknäs 157 Mb 2 34c
914 96 Håknäs 272 Hb 36
771 36 Håksberg 169 Ma 2 27b
880 30 Hålaforsen 270 Hb 30
446 93 Hålan/Skepplanda 104 Oa 3 21b
599 91 Hålan/Trehörna 107 Oa 3 26c
446 96 Hålanda 104 Oa 3 21b
460 12 Hålbacka 104 Oa 3 21b
930 81 Hålberg 285 Ga 36
640 24 Hålbonäs 137 Na 3 30a
598 93 Hålbäckshult 101 Ob 3 29a
467 91 Håle 117 Oa 1 22b
266 98 Hålebäckseröd 79 Qa 1 22c
370 43 Hålevik 83 Qa 3 28a
330 26 Hålgryte 97 Pa 2 23b
782 91 Håliden 168 Lb 3 24a
880 37 Hålla 270 Hb 30
780 64 Hållan 184 Lb 1 23c
840 95 Hållan 226 Jb 3 21c
830 51 Hållan 268 Hb 24
830 10 Hålland 252 Ja 23
792 94 Hållans fäbod 184 La 3 25a
796 91 Hållberg 184 La 2 24c
790 26 Hållberget 186 La 3 28a
796 99 Hållbovallen 199 La 1 23c
810 65 Hållen 173 Lb 3 32c
520 24 Hållestorp 105 Ob 1 23c
792 93 Hållindan 184 Lb 1 25a
810 65 Hållnäs 172 Lb 3 32c
691 92 Hållsjötorp 135 Na 1 26a
619 92 Hållsnäs 122 Nb 1 32a
824 93 Hållsta 203 Kb 2 31a
646 92 Hållsta/Gnesta 138 Na 3 31b
761 72 Hållsta/Lohärad 156 Mb 2 34a
633 70 Hållsta/Skogstorp 137 Na 2 29c
834 97 Hållstakvarn 253 Jb 26
796 99 Hållstugan 199 La 2 24a
790 90 Hållvallen 198 Kb 3 23a
739 92 Hålsbo 153 Mb 2 28c
820 64 Hålsjö 202 Kb 1 30b
825 95 Hålsänge 203 Kb 3 31a
444 93 Hålt/Spekeröd 104 Oa 3 21a
463 93 Hålt/Tunge 104 Oa 3 21a
442 95 Hålta 103 Ob 1 20c
796 91 Håltby 184 La 2 24c
672 93 Håltebyn 149 Mb 3 21a
693 92 Hålunda 134 Na 2 25c
572 95 Hålvik 101 Ob 3 30a
770 10 Hån/Fredriksberg 169 Ma 2 25c
670 10 Hån/Töcksfors 148 Mb 3 20b
820 78 Hångberg 217 Ka 2 29c
331 94 Hånger 98 Pa 3 24c
360 30 Hångeryd 99 Pa 2 26b
670 43 Hångstad 149 Mb 1 20c
820 75 Hånick 203 Kb 1 31a
745 98 Hånningby 155 Mb 3 31a
610 60 Hånö säteri 122 Nb 2 31c
740 81 Håra 155 Mb 3 31b
310 38 Håralt 86 Pb 2 23b
646 92 Hårby/Gnesta 138 Nb 1 31c
740 81 Hårby/Hjälsta 155 Mb 2 31c
343 92 Hårdahult 88 Qa 1 25c
590 40 Håredal 108 Oa 3 27c
355 96 Hårestorp 88 Pb 2 26b
573 98 Hårkankeryd 107 Oa 3 26c
612 93 Hårketorp 120 Nb 2 28b
473 97 Hårleby 103 Oa 3 20a
744 91 Hårsbäck 154 Mb 1 30c
280 22 Hårsjö 80 Qa 2 24a
611 93 Hårsta 122 Nb 1 31a
820 76 Hårte 218 Kb 1 31c
828 95 Håsbo 186 La 3 28c
840 64 Håsjöbyn 254 Ja 29
235 91 Håslöv 74 Ra 1 23a
291 94 Håstad 81 Qa 3 25b
461 95 Håsten 116 Oa 2 21c
260 20 Håstenslöv 79 Qb 1 23a
197 93 Håtuna 155 Mb 3 32a
193 91 Håtunabo 155 Mb 3 32a
761 92 Håtö 157 Mb 2 34c
761 92 Håtöviken 157 Mb 2 34c
770 12 Håvberget 169 Ma 2 26a
828 93 Håven 201 Kb 3 27a
464 62 Håverud 116 Nb 2 21c
673 91 Håvilsrud 149 Mb 1 21c
820 42 Håvra 201 Kb 1 28b
934 94 Häbbersliden 285 Gb 37
817 92 Häckelsängsbodarna 188 Lb 1 31a
594 91 Häckenstad 109 Ob 1 29c
592 92 Häckenäs 119 Oa 1 26b
830 04 Häckrenlägret 252 Ja 24
895 93 Hädenberg 271 Hb 33
331 92 Hädinge 98 Pa 2 24c
621 92 Hägdarve 94 Ob 3 33c
361 93 Hägerhult 89 Pb 2 28a
730 91 Hägernäs 153 Mb 2 27c
597 96 Hägerstad/Hannäs 109 Oa 3 29b
590 41 Hägerstad/Rimforsa 108 Oa 3 28b
126 09 Hägersten 139 Na 2 32c
730 50 Hägervallen 154 Mb 2 29c
355 93 Hägeryd 88 Pb 1 26b
594 93 Hägg 109 Ob 1 29c
576 92 Häggatorp 99 Pa 2 26b
881 95 Häggbränna 255 Ja 32
871 91 Häggdånger 255 Jb 32
590 52 Häggebo/Nykil 108 Oa 2 27c
610 26 Häggebo/Rönö 121 Oa 1 30b
614 96 Häggebo/Yxnerum 109 Oa 2 29b
695 97 Häggeboda 119 Nb 2 26a
746 94 Häggeby 155 Mb 3 32a
775 96 Häggebäcken 154 Ma 3 29b
384 93 Häggemåla 90 Pb 1 29b
830 30 Häggenås/Lit 253 Ja 26
280 64 Häggeryda 81 Qa 2 25a
599 94 Häggestad 107 Oa 2 26b
842 91 Häggingdalsvallen 214 Ka 3 23c
842 91 Häggingåsvallen 214 Ka 3 23c
910 20 Häggnäs/Hörnefors 272 Hb 36
922 92 Häggnäs/Vindeln 272 Ha 36
790 90 Häggsberget 213 Ka 3 23a
910 60 Häggsjömon 271 Hb 32
830 15 Häggsjön 267 Hb 22
830 15 Häggsjönäs 267 Hb 22
830 60 Häggsjövik 269 Hb 25
520 50 Häggum 118 Oa 2 24b
460 21 Häggån 104 Oa 3 21b
917 99 Häggås 270 Ha 30
280 10 Häglinge 80 Qb 1 24b
460 65 Hägnan 116 Nb 3 21b
430 64 Hägnen 104 Ob 3 21c
780 69 Hägnåsen 198 La 1 23a
620 23 Hägvalds/Bjärges 92 Pa 1 34a
620 12 Hägvalds/Gerum 92 Pa 2 33b
620 30 Hägvalds/Valstena 95 Ob 3 34a
614 96 Häjan 121 Oa 1 29b
370 11 Häjan 82 Qa 1 27a
510 21 Häkankila 96 Ob 3 21c
524 95 Häla 105 Ob 1 23a
566 93 Häldeholm 106 Oa 3 25b
620 33 Hälge 94 Ob 2 34a
590 98 Hälgenäs 109 Ob 1 29c
716 91 Hälgesta 135 Na 3 28c
193 91 Hälgeste 155 Mb 2 32b
705 98 Hälglöt 136 Na 1 28a
610 60 Hälgö 122 Nb 2 31b
284 92 Häljalt 80 Qa 2 23c
310 61 Häljared 97 Pa 3 22c
269 94 Häljarp 65 Qb 22
269 94 Häljarp/Båstad 86 Qa 1 22b
261 93 Häljarp/Landskrona 79 Qb 1 22c
263 93 Häljaröd 79 Qa 2 22b
673 91 Häljeboda 149 Mb 1 21c
661 95 Häljebol 133 Na 1 22b
731 92 Häljeby 153 Mb 3 29a
672 95 Häljebyn 132 Na 1 21b

672 92 Häljelund 132 Na 2 21a
610 40 Häljelöt 109 Oa 2 30b
793 91 Hälla 169 Lb 2 27a
910 60 Hälla 271 Hb 31
578 96 Hälla/Aneby 107 Ob 1 27a
612 95 Hälla/Finspång 120 Nb 2 28b
591 98 Hälla/Godegård 119 Nb 2 27a
614 90 Hälla/Söderköping 121 Oa 1 29c
692 92 Hällabrottet 135 Na 3 27b
330 26 Hällabäck 97 Pa 2 23b
458 93 Hällan 116 Nb 3 21a
982 92 Hällan/Gallivare 310 Ea 38
820 76 Hällan/Harmånger 218 Kb 1 31b
872 92 Hällan/Kramfors 255 Jb 32
860 25 Hällan/Timrå 218 Jb 3 31b
942 92 Hällan/Älvsbyn 298 Fb 38
570 02 Hällaryd/Bringetofta 99 Pa 1 26a
374 70 Hällaryd/Karlshamn 82 Qa 2 26c
930 93 Hällbacken 296 Fa 30
635 19 Hällberga 137 Na 2 30a
823 91 Hällbo 187 La 2 29c
661 92 Hällbostad 133 Na 3 23a
740 81 Hällby/ Grillby 155 Mb 3 31b
710 41 Hällby/Fellingsbro 136 Na 1 28a
725 95 Hällby/Romfartuna 154 Mb 2 30a
635 10 Hällbybrunn 137 Na 1 29c
452 93 Hälle/Halden 131 Na 3 19c
670 40 Hälle/Åmotfors 149 Mb 2 21b
451 97 Hällebäck 115 Oa 1 20a
312 98 Hällede 79 Qa 1 23b
712 01 Hällefors 152 Mb 2 26a
640 30 Hälleforsnäs 137 Na 3 30a
669 92 Hällekil 150 Mb 2 23c
533 04 Hällekis 117 Nb 3 23c
471 73 Hällene/Myggenäs 103 Oa 3 20a
471 92 Hällene/Skärhamn 103 Oa 3 20a
598 93 Hällerum 101 Ob 3 29a
311 93 Hällerup 85 Pb 1 22a
840 64 Hällesjö 254 Jb 29
380 44 Hälleskalla 90 Pb 1 28c
610 12 Hällestad 120 Nb 2 28a
452 90 Hällestrand 131 Nb 1 19b
945 93 Hälleström 298 Fb 40
437 92 Hällesåker 104 Ob 3 21b
437 92 Hällesåker 69 Ob 21
427 51 Hällesås 96 Ob 3 20c
450 53 Hällevadsholm 115 Nb 3 20a
294 92 Hällevik 81 Qa 3 26b
474 94 Hälleviksstrand 103 Oa 3 19c
610 50 Hällfallstorp 121 Nb 2 30a
816 95 Hällfors 187 La 3 29a
975 91 Hällfors/Luleå 298 Fb 40
911 91 Hällfors/Vännäs 272 Hb 36
514 91 Hällhult 98 Pa 1 23c
620 23 Hällinge 94 Pa 1 34a
597 96 Hällingsfall 109 Oa 2 29c
430 64 Hällingsjö 104 Ob 3 21c
441 91 Hällnäs 104 Oa 3 22a
930 90 Hällnäs/Arjeplog 296 Fa 33
922 73 Hällnäs/Vindeln 272 Ha 36
740 45 Hällnäset 171 Ma 2 30c
840 30 Hällorna 215 Ka 1 25c
340 13 Hällorna 87 Pb 3 24c
661 95 Hällsback 133 Na 1 22b
873 92 Hällsjö 255 Ja 32
777 94 Hällsjöbo 170 Ma 3 28b
790 91 Hällsjöfors 213 Ka 3 22a
772 90 Hällsjön 152 Ma 3 27a
772 90 Hälltjärn 152 Ma 3 26b
620 20 Hälltorp 92 Pa 1 33c
450 54 Hällungstad 115 Nb 3 20b
830 80 Hällvattnet 270 Hb 29
880 41 Hällåsen 254 Ja 29
686 93 Hälserud 150 Mb 1 23a
790 26 Hälsingbacken 186 Lb 1 28b
794 98 Hälsingborg 200 La 1 26c
922 93 Hälsingborg 272 Ha 36
820 46 Hälsingenybo 216 Ka 3 28c
561 91 Hälsingstorp 106 Ob 1 25c
430 93 Hälsö 103 Ob 2 20a
360 76 Hältekärr 89 Pa 3 28a
452 94 Hämmen 131 Nb 1 19c
672 94 Hän 149 Na 1 20c
532 96 Händene 117 Oa 1 23c
243 91 Hänninge 80 Qb 1 23c
820 11 Hänsätter 202 Kb 3 29c
645 91 Härad/Strangnäs 137 Na 1 30c
615 95 Härad/Tryserum 109 Oa 3 30a
793 92 Häradsbygden 169 Lb 2 27a
343 92 Häradsbäck 88 Pb 3 25c
610 29 Häradshammar 121 Nb 3 30a
612 91 Häradstorp 120 Nb 2 28c
568 92 Häradsö 98 Pa 2 25a
680 61 Härasjön 183 Lb 2 22b
450 63 Häreholm 116 Nb 3 20c
522 91 Härja 106 Oa 3 24c
745 99 Härjarö 138 Na 1 31c
531 93 Härjevad 117 Oa 1 23a
842 94 Härjåbron 215 Kb 1 25b
842 94 Härjåsjön 215 Kb 1 25b
745 96 Härkeberga 155 Mb 2 31b
438 91 Härkeshult 104 Ob 2 21b
960 24 Härkmyran=Hiergáhpe 310 Eb 39
416 72 Härlanda 104 Ob 2 21a
360 36 Härlatorp 88 Pb 1 25c
740 83 Härled 155 Mb 2 31a
532 94 Härlunda 117 Oa 2 23c
523 99 Härna 105 Ob 1 23b
590 42 Härna/Hycklinge 108 Ob 1 28c
590 76 Härna/Ljungsbro 120 Oa 1 28a
823 92 Härnebo 187 La 3 30b
296 91 Härnestad 81 Qb 1 25b
740 83 Härnevi 155 Mb 2 31a
262 95 Härninge 79 Qa 2 22c
590 98 Härnum 109 Ob 1 29c
871 01 Härnösand 255 Jb 32
438 92 Härryda 104 Ob 2 21b
242 92 Härröd 75 Qb 1 24b
614 99 Härsebråta 121 Oa 1 30a
443 38 Härskogen 104 Ob 2 21c
450 63 Härslätt 116 Nb 2 20c
261 92 Härslöv 79 Qb 1 22c
573 96 Härsmålen 107 Ob 1 27a
595 91 Härsnäs 107 Oa 2 27b
260 24 Härsnäs 79 Qa 3 23b
461 93 Härstad 116 Oa 2 21c
570 34 Härstorp 100 Ob 2 27b
560 42 Härstorp 106 Ob 1 24b
450 63 Härsänger 116 Nb 2 21a
655 91 Härtsöga 133 Na 1 23c
740 82 Härvesta 155 Mb 2 31b
740 83 Härvsta 154 Mb 2 30c
747 93 Hässelby/Alunda 156 Ma 3 33b
165 01 Hässelby/Sundbyberg 138 Na 1 32b
374 96 Hässeldala port 82 Qa 2 27a
374 96 Hässeldalen 82 Qa 2 27a
291 94 Hässelkärr 81 Qa 3 25b
594 93 Hässelsfad 109 Ob 1 29c
560 13 Hässelås/Svenarum 99 Pa 1 25c
822 92 Hässja 202 La 1 29a
820 50 Hässjaberg 201 Kb 3 27b
560 28 Hässlarp 106 Ob 2 25c
640 23 Hässle 137 Nb 1 29c
360 50 Hässle/Lessebo 89 Pb 2 27b
570 15 Hässle/Vetlanda 100 Pa 1 27b
585 97 Hässleberg 108 Oa 2 28a
360 36 Hässleberg 99 Pa 3 25c
281 01 Hässleholm 80 Qa 3 24b
310 83 Hässlehult/Jälluntofta 87 Pa 3 24a
293 92 Hässlehult/Jämshög 81 Qa 2 26a
542 91 Hässlestad 118 Nb 2 24b
311 93 Hässlås 85 Pb 1 21c
780 53 Hästa 169 Ma 1 25c
793 92 Hästberg 169 Lb 2 26c
770 13 Hästberg 169 Ma 2 27a
805 91 Hästbo/Gävle 172 Lb 3 31a
813 95 Hästbo/Torsåker 171 Ma 1 29c
738 92 Hästbäck 153 Mb 1 29a
360 53 Hästebäck 89 Pb 3 27c
571 95 Hästerum 107 Ob 2 26b
578 94 Hästeryd/Frinnaryd 107 Ob 1 26c
441 96 Hästeryd/Ingared 104 Ob 1 21c
423 41 Hästevik 103 Ob 2 20b
132 52 Hästhagen 139 Na 2 33a
855 90 Hästhagen 218 Ka 1 31b
668 93 Hästhagen/Ed 132 Nb 1 20c
714 03 Hästhagen/Kopparberg 152 Mb 1 26c
599 93 Hästholmen 107 Oa 2 26a
280 22 Hästhult/Bjärnum 80 Qa 2 24a
314 91 Hästhult/Hyltebruk 86 Pb 1 23b
340 10 Hästhult/Torpa 86 Pb 2 23c
780 50 Hästkulen 168 Ma 2 25b
735 91 Hästlösa 153 Mb 2 29a
385 96 Hästmahult 83 Qa 1 28b
780 69 Hästnäs 198 La 2 23b
621 90 Hästnäs/ 94 Ob 3 33c
732 91 Hästnäs/Arboga 136 Na 2 28b
647 93 Hästnäs/Mariefred 138 Na 2 31b
148 97 Hästnäs/Nynäshamn 122 Nb 1 32b
820 50 Hästskovallen 201 Kb 2 27a
810 65 Hästskår 172 Lb 3 32b
457 96 Hästum 131 Nb 2 19c
280 23 Hästveda 80 Qa 2 24c
820 71 Hästås 203 Kb 1 30c
760 10 Hästängen 156 Mb 3 34b
792 92 Hättberg 185 La 3 26b
705 93 Hättinge 135 Na 27a
590 34 Hättorp 120 Nb 2 27b
680 90 Hättälven 151 Mb 3 25b
695 93 Hävden 119 Nb 1 25c
452 94 Hävedalen 131 Nb 1 19c
643 94 Hävla 120 Nb 1 28c
535 93 Höberg 117 Oa 2 23b
666 91 Höboda 132 Na 3 21a
920 75 Höbäcken 295 Fa 29
570 33 Hög 100 Ob 3 27c
670 40 Hög/Charlottenberg 149 Mb 1 21c
520 43 Hög/Åsarp 105 Oa 3 24a
446 96 Höga/Hålanda 104 Oa 3 21b
442 73 Höga/Kärna 103 Ob 2 20b
570 30 Högagård 100 Ob 3 28a
360 13 Högagärde 88 Qa 1 26c
285 91 Högaholma 87 Qa 1 24b
280 20 Högahult/Bjärnum 80 Qa 2 24b
361 93 Högahult/Eriksmåla 89 Pb 2 27c
360 23 Högahult/Rävemåla 89 Pb 3 27c
570 15 Högakult 100 Pa 1 27b
310 38 Högalt 86 Pb 2 23b
263 01 Höganäs 79 Qa 2 22a
451 96 Högas 115 Oa 2 20b
575 91 Högaskog 107 Ob 2 27a
817 92 Högbacka 188 La 3 30c
942 05 Högbacken 285 Ga 37
930 55 Högberg 285 Ga 36
693 92 Högberg/Degerfors 134 Na 2 25c
686 96 Högberg/Östra Ämtervik 150 Mb 2 23b
780 50 Högberget 168 Lb 3 25a
811 93 Högbo bruk 171 Lb 2 30b
665 93 Högboda 150 Mb 3 23a
930 81 Högbränna/Glommersträsk 285 Ga 36
920 73 Högbränna/Sorsele 284 Ga 33
833 93 Högbränna/Strömsund 270 Hb 28
596 91 Högby 119 Oa 1 27a
590 32 Högby/Malmslätt 120 Oa 1 27c
755 91 Högby/Uppsala 155 Mb 2 32a
891 95 Högbyn 256 Ja 34
820 76 Högdals 218 Kb 1 31b
830 01 Högé 253 Ja 25
691 93 Högeberg 134 Na 2 25c
388 93 Högebo/Ljungbyholm 90 Pb 2 28c
382 92 Högebo/Nybro 90 Pb 2 28c
672 91 Högelian 149 Na 1 21a
598 94 Högen 108 Ob 2 29a
820 70 Högen/Bergsjö 218 Kb 1 31a
668 94 Högen/Bäckefors 116 Nb 2 21a
668 92 Högen/Ed 131 Nb 1 20c
668 92 Högen/Ed 132 Nb 1 21a
464 92 Högen/Erikstad 116 Nb 3 21b
840 80 Högen/Lillhärdal 200 Kb 2 25b
686 93 Högen/Sunne 150 Mb 1 23a
668 92 Högen/Töftedal 131 Nb 1 20b
671 95 Högerud 150 Mb 3 22b
570 81 Högeruda 100 Pa 1 28a
685 99 Högfallet 167 Lb 3 22b
714 91 Högfors/Grängesberg 152 Mb 1 27a
691 92 Högfors/Karlskoga 135 Na 1 26a
738 92 Högfors/Norberg 153 Ma 3 29a
739 91 Högfors/Skinnskatteberg 153 Mb 1 28a
686 98 Högfors/Uddheden 150 Mb 1 22c
473 92 Höggeröd 115 Oa 2 20b
794 90 Höghed 185 La 2 26b
942 93 Högheden 298 Fb 39
450 54 Höghult/Hedekas 115 Nb 3 20c
543 94 Höghult/Karlsborg 118 Nb 3 25b
590 42 Höghult/Locknevi 108 Ob 2 28c
511 95 Höghult/Mjöbäck 97 Pa 1 22b
313 91 Höghult/Oskarström 86 Pb 1 22c
546 95 Höghult/Undenäs 119 Nb 3 25c
598 93 Höghult/Vimmerby 101 Ob 3 29a
343 91 Höghult/Älmhult 87 Pb 3 25b
260 35 Höghult/Ängelholm 79 Qa 2 22b
450 63 Höghus 116 Nb 2 21a
621 48 Högklint 94 Ob 3 33b
860 41 Högland/Järkvissle 254 Jb 30
917 99 Högland/Storbäck 283 Gb 28
830 01 Höglekardalen 252 Ja 24
666 92 Höglund 132 Na 3 21b
739 91 Höglunda 153 Mb 1 28b
830 76 Höglunda 254 Ja 28
573 94 Höglycke 107 Ob 1 27a
370 30 Högsbergstorpet 83 Qa 1 28b
421 00 Högsbo 103 Ob 3 20c
740 45 Högsbo 155 Ma 3 31a
579 01 Högsby 101 Pa 2 29a
464 95 Högsbyn/Dals Rostock 116 Nb 2 21b
660 10 Högsbyn/Tisselskog 132 Nb 1 21c
944 91 Högsböle 286 Ga 40
610 11 Högsfall 120 Nb 2 28a
545 92 Högshult 118 Nb 2 25b
330 31 Högshult 98 Pa 2 24b
640 10 Högsjö 136 Na 3 28a
860 25 Högsjö 218 Jb 3 31a
860 25 Högsjö/Sundsvall 254 Jb 31
280 64 Högsma 81 Qa 2 25b
871 91 Högsnäs 218 Jb 3 32b
871 91 Högsnäs 255 Jb 32
755 93 Högsta/Bälinge 155 Mb 1 32a
733 96 Högsta/Västerfärnebo 154 Mb 1 29c
711 92 Högstaboda 135 Mb 3 27b
452 94 Högstad 131 Nb 1 19b
672 95 Högstakan 132 Na 2 21c
520 50 Högstena 106 Oa 2 24b
573 98 Högstorp 107 Oa 3 26c
360 51 Högstorp 88 Pb 2 27a
820 64 Högsved 202 Kb 2 30b
548 74 Högsås 118 Nb 1 25c
590 75 Högsäter 120 Nb 3 28a
450 63 Högsäter/Färgelanda 116 Nb 3 21a
661 95 Högsäter/Gillberga 133 Na 1 22b
694 92 Högsätter 135 Na 3 27b
955 92 Högsön 299 Fb 41
590 98 Högtomta/Hannäs 109 Oa 3 29c
590 40 Högtomta/Kisa 108 Oa 3 28a
960 30 Högträsk 310 Eb 38
671 91 Högvalta 149 Mb 2 22a
890 94 Högvålen 213 Ka 2 22c
916 92 Högås/Bjurholm 272 Hb 35
921 93 Högås/Vinliden 284 Gb 32
685 94 Högåsen 167 Ma 1 22c
691 93 Högåsen/Degerfors 134 Na 2 25c
665 92 Högåsen/Frykerud 150 Mb 3 23b
830 47 Högåsen/Mattmar 252 Ja 24
262 93 Höja 65 Qa 22
286 92 Höjaholm 80 Qa 1 23c
820 78 Höjden 217 Ka 3 30b
684 95 Höje 151 Mb 1 24a
370 34 Höjemåla 82 Qa 1 28a
360 73 Hökaskruv 89 Pb 1 27b
710 41 Hökasta 136 Na 1 27c
533 94 Hökastaden 117 Nb 3 23c
533 91 Hökatorp 118 Nb 3 24a
385 91 Hökatorpet 83 Qa 1 28c
792 94 Hökberget 185 La 3 25b
668 92 Hökedalen 131 Nb 1 20c
666 92 Hökenäs 132 Na 2 21b
523 04 Hökerum 105 Ob 1 23b
598 96 Hökhult/Ankarsrum 101 Ob 2 29a
570 12 Hökhult/Bäckaby 99 Pa 2 26c
380 53 Hökhult/Fliseryd 101 Pa 2 29b
590 42 Hökhult/Horn 108 Ob 1 28c
590 40 Hökhult/Kisa 108 Oa 3 28a
360 73 Hökhult/Lenhovda 89 Pa 3 27c
590 40 Hökhult/Tidersrum 108 Ob 1 27c
517 94 Hökhult/Töllsjö 104 Ob 2 22a
643 95 Hökhult/Vingåker 136 Na 3 28c
516 96 Hökhult/Viskafors 105 Ob 3 23a
590 81 Hökhult/Ydrefors 108 Ob 2 27c
661 91 Hökhult/Ölserud 133 Na 3 23b
747 95 Hökhuvud 173 Ma 2 33b
770 10 Hökhöjden 152 Ma 3 25c
930 10 Hökmark 273 Ha 39
775 96 Hökmora 154 Ma 3 29a
155 31 Hökmossen 138 Na 3 31c
680 96 Höksjön 168 Ma 3 25a
722 31 Hökåsen 154 Mb 2 30a
280 72 Hökön 87 Qa 1 25b
235 94 Hököpinge 74 Ra 1 23a
830 01 Höla 253 Ja 25
824 93 Hölick 203 Kb 3 31c
830 30 Hölje 253 Ja 26
826 92 Höljebro 188 La 2 31a
680 65 Höljes 183 Lb 1 22b
236 41 Höllviken 74 Ra 1 22c
341 95 Hölminge 87 Pb 1 24b
310 50 Hölseböke 86 Pb 1 22c
130 37 Hölö/Djurö 139 Na 2 34b
153 07 Hölö/Järna 138 Na 3 32a
522 93 Hömb 106 Oa 224c
952 94 Hömyrfors 299 Fb 43
670 20 Hönacka 149 Mb 3 22a
291 34 Hönedal 81 Qa 3 25b
340 30 Hönetorp 88 Pb 2 25c
543 91 Hönsa 118 Oa 1 25b
781 95 Hönsarvsbodarna 170 Lb 3 27b
468 90 Hönsemaden 116 Oa 1 22a
738 92 Hönsgärdet 153 Ma 3 28c
820 42 Hönshed 201 Kb 2 28a
284 91 Hönsholma 80 Qa 3 23c
231 73 Hönsinge 74 Ra 1 23c
641 93 Hönstorp 121 Nb 1 29b
386 90 Hönstorp 91 Pb 3 30a
730 50 Hönäs 154 Mb 1 29b
430 91 Hönö 103 Ob 2 20a
820 40 Hörbodvallen 202 Kb 3 29a
242 01 Hörby 80 Qb 1 24a
343 72 Hörda/Eneryda 87 Pb 2 25b
340 14 Hörda/Lagan 87 Pb 1 25a
360 44 Hörda/Åryd 88 Pb 2 26c
574 74 Höreda 99 Pa 2 26c
575 95 Höreda/Eksjö 100 Ob 3 27a
560 28 Höreda/Lekeryd 106 Ob 2 25c
282 94 Hörja 80 Qa 2 24a
574 74 Hörjesås 100 Pa 2 27a
772 94 Hörken 152 Ma 3 26c
283 91 Hörlinge 80 Qa 1 24c
281 93 Hörlinge gård 80 Qa 2 24b
380 74 Hörlösa 91 Pa 3 30c
645 93 Hörn 137 Na 1 31a
930 55 Hörnan 285 Ga 36
910 20 Hörnefors 272 Hb 36
910 20 Hörneå 272 Hb 36
387 90 Hörninge 91 Pb 1 30b
865 91 Hörningsholm 218 Ka 1 31c
914 90 Hörnsjö 272 Hb 36
730 70 Hörnsjöfors 154 Mb 1 29b
275 92 Hörr 75 Qb 3 24b
297 95 Hörröd/Brösarp 75 Qb 2 25a
280 23 Hörröd/Farstorp 80 Qa 2 24b
291 95 Hörröd/Sörby 80 Qa 3 25a
340 15 Hörset 87 Pb 1 24c
620 23 Hörsne 95 Ob 3 34a
692 93 Hörsta 135 Na 3 27a
614 96 Hörstorp 121 Oa 1 29a
620 13 Hörte 93 Pa 2 34a
294 74 Hörvik 81 Qa 3 26b
370 30 Höryda 82 Qa 2 28a
833 94 Hösbodarna 269 Ha 27
770 10 Hösjöheden 152 Ma 3 25c
598 94 Höslätt 108 Ob 2 29a
905 86 Hössjö 272 Hb 36
340 36 Hössjö 88 Pa 3 26a
833 93 Hössjön 270 Hb 28
523 97 Hössna 105 Ob 2 24a
597 94 Höstbäck 120 Oa 2 29a
310 58 Höstena 97 Pa 3 22a
614 90 Hösterum 121 Oa 1 30a
790 91 Höstsätern 213 Kb 1 22a
715 94 Höte 136 Na 3 27c
585 94 Höversby 120 Oa 1 29a
520 40 Höverö 105 Oa 3 23b
685 92 Höviken 167 Ma 2 23a
471 70 Höviksnäs 103 Oa 3 20b
243 01 Höör 80 Qb 1 24a

I

240 14 Idala 61 Qb 23
430 30 Idala 69 Pa 21
240 14 Idala/Genarp 75 Qb 3 24a
430 30 Idala/Gällinge 96 Pa 1 21b
912 99 Idbacka 270 Ha 31
891 96 Idbyn 256 Ja 34
590 40 Idebo 108 Ob 1 27b
360 76 Ideboås 89 Pa 3 28b
388 99 Idehult 90 Pb 3 28c
362 94 Idemåla 88 Pb 3 27a
826 91 Idfjärdsvallen 188 La 2 31a
590 40 Idhult 108 Ob 2 27c
384 93 Idhult 90 Pb 1 29b
980 16 Idivuorna=Adevuopmi 322 Da 41
781 99 Idkerberget 170 Ma 1 27b
790 91 Idre 213 Kb 1 22b
790 91 Idrefjäll 213 Kb 1 22b
820 71 Idsjön 203 Kb 1 31a
870 32 Idsjön 255 Ja 32
912 99 Idvattnet 270 Ha 31
696 93 Igelbäcken 119 Nb 2 26b
612 95 Igelfors 120 Nb 1 28b
546 95 Igelstad 119 Nb 2 25c
541 92 Igelstorp 118 Oa 1 24c
388 96 Igelösa 90 Pb 3 29a
388 93 Igersdela 90 Pb 3 28c
815 95 Iggelbo 172 Ma 2 31c
825 01 Iggesund 203 Kb 3 31a
281 92 Ignaberga 80 Qa 3 24b
780 51 Ilbäcken 168 Lb 3 25b
385 91 Ilingetorp 83 Qa 1 28c
665 91 Illberg 150 Mb 3 23c
450 63 Illesäter 116 Nb 2 21a
277 57 Illstorp 75 Qb 2 24c
820 71 Ilsbo 203 Kb 1 31a
880 40 Imfors 270 Hb 30
280 63 Immeln 81 Qa 2 25b
810 65 Imundbo 173 Ma 1 32c
826 91 Ina 188 La 2 31a
961 91 Inbyn/Boden 299 Fb 40
931 96 Inbyn/Skellefteå 286 Gb 38
860 40 Indal 254 Jb 31
792 96 Indnäs 185 La 3 25c
792 96 Indor 185 La 3 25c
441 65 Ingared 104 Ob 1 21c
574 94 Ingarp 99 Pa 1 26c
134 68 Ingaröstrand 139 Na 2 33c
570 31 Ingatorp 100 Ob 3 27c
740 45 Ingbo 154 Ma 3 30c
733 91 Ingborgbo/Sala 154 Mb 1 30a
740 46 Ingborgbo/Östervåla 172 Ma 2 31b
579 90 Ingebo/Bockara 101 Pa 2 29a
385 91 Ingebo/Söderåkra 83 Qa 1 28c
286 91 Ingeborrarp 79 Qa 2 23b
672 92 Ingebyn 132 Na 2 21a
425 65 Ingebäck 104 Ob 2 20c
615 95 Ingelsbo 109 Oa 3 30a
690 45 Ingelsby 119 Nb 1 26c
711 97 Ingelshyttan 152 Mb 2 27a
673 91 Ingelsrud 149 Mb 1 21c
388 98 Ingelsryd 90 Pb 2 29a
273 94 Ingelstad/Hammenhög 75 Qb 3 25a
360 44 Ingelstad/Uråsa 88 Pb 2 26c
340 15 Ingelstad/Vittaryd 87 Pb 1 24c
577 91 Ingelstorp/Hultsfred 100 Ob 3 28b
280 23 Ingelstorp/Hästveda 80 Qa 2 24c
395 90 Ingelstorp/Smedby 90 Pb 2 29b
263 91 Ingelsträde 65 Qa 22
263 91 Ingelsträde 79 Qa 2 22a
671 95 Ingersbyn/Edane 150 Mb 3 22b
671 92 Ingersbyn/Gunnarskog 149 Mb 2 22a
668 91 Ingerud 131 Na 3 20b
563 93 Ingeryd 106 Ob 1 25c
820 70 Ingesarven 203 Kb 1 31a
514 52 Ingestorp 97 Ob 3 23b

S

404 Ingetorp Kedevad

442 96 Ingetorp 103 Ob 1 20c
777 90 Ingevallsbo 170 Ma 2 27c
686 92 Ingmär 150 Mb 1 23b
774 93 Ingolsbenning 170 Ma 3 28c
661 93 Ingrirud 133 Na 2 23a
810 65 Ingstarbo 172 Ma 1 32c
815 91 Ingsån 172 Ma 2 31b
716 94 Ingvaldstorp 135 Na 2 26a
792 97 Ingärdningsbodarna 185 Lb 1 26c
937 94 Innansjön 285 Ha 38
975 93 Innerbodarna 299 Fb 40
921 99 Inner-Busjö 284 Gb 34
905 96 Innertavle 272 Hb 37
895 93 Innertällmo 271 Hb 32
930 90 Innervik/Arjeplog 296 Fb 32
930 90 Innervik/Arvidsjaur 297 Fb 34
931 91 Innervik/Skellefteå 286 Gb 39
437 92 Inseros 104 Ob 3 21b
921 92 Insjö 271 Ha 34
793 04 Insjön 169 Lb 2 27a
761 92 Insjövägen 157 Mb 2 34c
461 91 Intagan 116 Oa 2 21b
860 13 Intaget 217 Ka 1 30a
520 10 Intorp 105 Ob 3 23c
776 98 Intränget 171 Ma 2 29a
576 91 Intäkt 99 Pa 2 25c
830 86 Inviken 282 Gb 27
374 92 Ire Dalfors 82 Qa 1 26c
730 30 Ire/Billingbo 153 Mb 3 28a
620 34 Ire/Hellvi 95 Ob 2 34c
620 33 Irevik 95 Ob 1 34a
725 97 Irsta 154 Mb 3 30b
740 45 Isaks 171 Ma 2 30c
282 91 Isakstorp 80 Qa 3 24a
790 23 Isala 186 Lb 2 28c
333 91 Isberga 98 Pa 2 23c
820 60 Isbo 202 Kb 1 29c
590 34 Isefall 120 Nb 2 27b
386 95 Isgärde 91 Pb 2 30a
570 91 Ishult/Kristdala 101 Pa 1 29b
264 93 Ishult/Vedby 79 Qa 2 23b
544 94 Isleryd 106 Oa 2 25b
387 93 Ismantorp 91 Pb 2 30b
610 25 Isnäs 121 Oa 1 30c
980 60 Iso Puolamajärvi 311 Eb 42
620 20 Isome 92 Pa 1 33c
810 20 Ista 171 Ma 2 30b
294 94 Istaby 81 Qa 3 26a
820 11 Iste 202 Kb 3 29c
930 15 Istermyrliden 286 Gb 39
820 11 Istevallen 202 Kb 3 29c
519 90 Istorp 96 Pa 1 21c
532 96 Istrum 118 Oa 1 24a
942 92 Isträsk 298 Fb 38
620 23 Isums 94 Pa 1 33c
792 91 Isunda 185 Lb 1 26a
571 92 Isåsa 99 Ob 3 26b
816 91 Ivantjärn 187 Lb 2 30a
686 92 Ivarsbjörke 150 Mb 1 23a
918 32 Ivarsboda 273 Hb 38
670 10 Ivarsbyn 149 Mb 2 20c
340 13 Ivla 87 Pb 2 24c

J

640 50 Jakobsberg/Gnesta 138 Na 3 31b
175 04 Jakobsberg/Sollentuna 138 Na 1 32b
930 47 Jakobsfors 286 Ga 38
930 70 Jakobslund 284 Ga 33
370 33 Jakobstorp 82 Qa 2 27c
620 12 Jaksarve 92 Pa 2 33c
816 95 Jansbo 187 La 3 29c
880 30 Jansjö 254 Ja 31
640 61 Janslunda 138 Na 1 31a
274 91 Janstorp 75 Qb 3 24a
872 97 Jappling 255 Jb 33
668 91 Jaren 131 Na 3 20c
984 92 Jarhois 312 Eb 44
275 91 Jarskog 75 Qb 3 24b
593 43 Jenny 109 Ob 2 30a
374 92 Jeppshoka 82 Qa 2 26c
930 90 Jerfojaur 297 Fb 34
980 60 Jierijärvi 311 Eb 43
920 70 Jillesnåle 296 Fb 30
920 70 Jiltjaur 296 Fb 30
777 90 Jobsbo/Smedjebacken 170 Ma 3 27c
735 91 Jobsbo/Surahammar 154 Mb 2 29a
747 94 Jobsby 156 Ma 3 32c
294 92 Jockarp 81 Qa 3 26a
956 92 Jockfall 311 Eb 42
956 92 Jockselet 311 Eb 42
840 97 Jo-Ersbygget 226 Jb 2 21b
920 64 Joesjö 294 Fb 26
697 91 Joganbo 136 Na 3 27c
617 90 Jogestorp 120 Nb 3 28b
855 90 Johannedal 218 Ka 1 31c
582 58 Johannelund 120 Oa 1 28b
820 60 Johannesberg 202 Kb 1 30a
918 91 Johannesfors 273 Hb 38
942 95 Johannestorp 298 Fa 37
792 92 Johannisholm 184 Lb 2 25a
372 95 Johannishus 82 Qa 2 27c
361 93 Johansfors/Emmaboda 89 Pb 2 28a
313 92 Johansfors/Oskarström 86 Pb 1 22c
962 99 Jokkmokk=Dálvvadis 309 Eb 36
794 91 Joksäl 185 La 2 26c
450 63 Jolsäter 116 Nb 3 21a
915 96 Jonasmarken 273 Ha 38
840 90 Jonk 215 Ka 2 26b
816 95 Jon-Matsbo 187 La 3 29a
610 26 Jonsberg 121 Nb 3 30b
816 95 Jonsbo 187 Lb 1 30b
330 12 Jonsbo 98 Pa 3 24c
340 15 Jonsboda 87 Pb 1 24b
681 91 Jonsbol/Björneborg 134 Na 2 25b
655 94 Jonsbol/Karlstad 134 Na 1 24b
671 95 Jonsbol/Klässbol 150 Na 1 22c
388 94 Jonsdal 90 Pb 3 29b
433 75 Jonsered 104 Ob 2 21b
433 75 Jonsered 69 Ob 21
430 20 Jonsjö 96 Pa 2 21c
465 95 Jonslund 105 Oa 3 22c
263 02 Jonstorp 79 Qa 2 22b
444 92 Jordal 103 Ob 1 20c
640 51 Jordanstorp 137 Na 3 30c
136 50 Jordbro 139 Na 3 33a
444 95 Jordhammar 103 Oa 3 20c
517 92 Jordås 104 Ob 2 22a
805 91 Jordåsen 172 Lb 3 31a
980 14 Jorgástak=Järkastaka 321 Da 39
830 90 Jormvattnet 282 Gb 25
385 93 Juanslycke 83 Qa 1 28c
543 93 Jubberud 118 Oa 1 25b
733 91 Jugansbo/Enåker 154 Ma 3 30b
740 46 Jugansbo/Österfärnebo 172 Ma 2 31a
962 99 Juggijaur=Juggijávrre 310 Eb 37
962 99 Juggijávrre=Juggijaur 310 Eb 37
984 91 Juhonpieti 311 Ea 43
930 90 Juhtas=Jutis 296 Fa 31
981 91 Jukkasjärvi=Čohkkiras 321 Db 38
920 64 Juksjaur 295 Fb 28
920 51 Juktån 284 Ga 32
542 93 Jula 118 Nb 3 24c
775 95 Jularbo 154 Ma 3 29b
280 64 Jularp/Glimåkra 81 Qa 1 25a
243 93 Jularp/Höör 80 Qb 1 24a
744 91 Julmyra 155 Mb 1 31a
692 93 Julsta 135 Na 3 27a
530 10 Jultorp 105 Oa 3 23a
841 96 Julåsen 216 Ka 1 28b
810 65 Julö 172 Lb 3 32c
740 22 Jumkil 155 Mb 1 31c
535 92 Jung 117 Oa 1 23a
745 96 Jung 155 Mb 2 31a
535 93 Jungatorp 105 Oa 2 23b
862 96 Junibodsand 218 Ka 2 32a
862 91 Juniskär 218 Ka 2 31c
776 91 Junkarbo 171 Ma 1 29a
980 62 Junosuando=Čunusavvon 322 Ea 42
880 37 Junsele 270 Hb 30
957 23 Juoksengi 312 Eb 44
980 62 Juopakoski 322 Db 41
922 92 Juovevaerie=Stor-Stensjön 268 Hb 24
616 34 Jursla 121 Nb 3 29a
620 30 Jusarve 95 Ob 3 34b
430 20 Jutatorp 96 Pa 2 22a
770 14 Jutbodarna 169 Ma 2 26c
930 90 Jutis=Juhtas 296 Fa 31
982 99 Jutsároavve=Jutsarova 310 Ea 37
982 99 Jutsarova=Jutsároavve 310 Ea 37
740 30 Juvansbo 155 Ma 3 32a
370 34 Juvansmåla 82 Qa 1 28a
880 37 Juvanådammet 270 Hb 31
980 14 Järkastaka=Jorgástak 321 Da 39
635 05 Jäder 137 Na 1 30b
811 93 Jäderfors 171 Lb 2 30b
816 91 Jädraås 187 Lb 1 29c
584 22 Jägarvallen 120 Oa 1 28a
736 93 Jägaråsen 136 Na 1 29a
243 94 Jägersbo 80 Qb 1 24a
930 90 Jäggeluoktta=Jäkkvik 296 Fa 30
782 90 Jägra 184 Lb 2 24a
930 90 Jäkkvik=Jäggeluoktta 296 Fa 30
930 86 Jäkna 297 Fa 35
520 40 Jäla 105 Oa 3 23c
776 98 Jälken 171 Ma 2 29b
755 94 Jälla 155 Mb 1 32b
524 95 Jällby 105 Oa 3 22c
310 83 Jälluntofta 98 Pa 3 24a
860 33 Jällviksbodarna 255 Jb 31
747 92 Jälsta 156 Ma 3 33b
640 51 Jälund 137 Na 3 31a
387 93 Jämjö/Gärdslösa 91 Pb 2 30b
373 00 Jämjö/Karlskrona 83 Qa 2 28c
343 97 Jämnhult 87 Pb 3 24c
572 96 Jämserum 101 Pa 1 29c
293 02 Jämshög 81 Qa 2 26a
370 33 Jämsunda 82 Qa 2 27c
911 91 Jämteböle 272 Hb 36
841 97 Jämtkrogen 253 Jb 28
955 92 Jämtö-Avan 299 Fb 42
955 92 Jämtön 299 Fb 42
957 91 Jänkisjärvi 311 Eb 43
981 29 Jänkänalusta 320 Db 36
830 51 Jänsmässholmen 268 Hb 24
560 25 Jära 106 Ob 2 24c
276 45 Järahusen 76 Ra 1 25b
310 83 Järanäs 87 Pb 1 24a
246 55 Järavallen 74 Qb 2 22c
450 63 Järbo 116 Nb 2 21a
811 02 Järbo 171 Lb 2 30a
833 95 Järilvattnet 270 Ha 28
763 91 Järinge 156 Mb 1 34a
860 41 Järkvissle 254 Jb 30
713 91 Järle 135 Na 1 27b
748 93 Järlebo 155 Ma 3 32b
740 21 Järlåsa 155 Mb 1 31b
464 93 Järn 116 Nb 2 22a
153 95 Järna 138 Na 3 32a
370 10 Järnavik 82 Qa 2 27a
685 94 Järnbergsås 167 Ma 2 23a
820 71 Järnblasten 203 Kb 1 30c
568 93 Järnboda 99 Pa 1 25b
661 91 Järnerud 133 Na 3 23a
592 93 Järnevid 119 Oa 1 26b
570 81 Järnforsen 100 Pa 1 28a
770 14 Järnsta 169 Ma 2 26c
599 94 Järnstad 107 Oa 2 26b
610 31 Järnvalla 121 Nb 3 30a
820 60 Järnvallen 202 Kb 2 29c
430 10 Järnvirke 96 Pa 3 21c
914 91 Järnäs 256 Ja 36
914 91 Järnäsklubb 256 Ja 36
830 05 Järpbyn 252 Ja 23
740 47 Järpebo 155 Ma 3 31b
830 05 Järpen 252 Ja 23
670 35 Järperud 149 Mb 1 22a
792 93 Järpesbo 184 Lb 1 25a
566 92 Järphult 106 Ob 1 25a
772 90 Järphöjden 152 Ma 3 26b
680 61 Järpliden 182 Lb 2 21c
531 94 Järpås 117 Oa 1 22c
272 92 Järrestad 76 Qb 3 25b
681 91 Järsberg 134 Na 2 25a
288 90 Järseke 80 Qa 3 24c
763 91 Järsjö 156 Ma 3 34a
560 28 Järsnäs 107 Ob 2 26a
681 93 Järsta 134 Na 2 25a
830 01 Järsta/Frösö 253 Ja 25
596 93 Järstad 119 Oa 1 27b
610 32 Järstad 121 Nb 3 29c
555 94 Järstorp 106 Ob 2 25a
277 57 Järstorp 75 Qb 2 24a
591 97 Järsätter 119 Nb 3 26c
820 62 Järsö 217 Kb 1 30a
895 93 Järvberget 271 Hb 32
830 80 Järvnäset 270 Ha 28
833 95 Järvsand 270 Ha 28
912 93 Järvsjö/Vilhelmina 283 Gb 31
820 40 Järvsö 202 Kb 2 29b
937 92 Järvtjärn 286 Gb 38
930 81 Järvträsk 285 Ga 35
921 91 Järvvik 284 Gb 34
360 14 Jät 88 Pb 2 26c
820 76 Jättendal 218 Kb 1 31b
840 12 Jättensjö 217 Ka 1 28c
459 93 Jättesås 116 Oa 2 21a
361 94 Jättingsholm 89 Pb 2 27c
944 94 Jävre 286 Ga 39
944 94 Jävrebodarna 286 Ga 39
430 64 Jäxviken 104 Ob 3 21b
796 99 Jöllen 199 La 1 25a
550 02 Jönköping 106 Ob 2 25b
696 96 Jönsberg 120 Nb 2 27b
568 93 Jönshult 99 Pa 2 25b
712 91 Jönshyttan 152 Mb 2 26b
826 91 Jönskär 203 La 1 31a
242 96 Jönstorp 75 Qb 2 24c
776 92 Jönvik 170 Ma 2 29a
610 50 Jönåker 121 Nb 2 30b
444 92 Jörlanda 103 Ob 1 20c
452 94 Jörlov 131 Nb 1 19c
930 55 Jörn 285 Ga 37
671 60 Jössefors 149 Mb 2 22a

K

981 29 Kaalasjärvi=Gálásjávri 320 Db 37
984 99 Kaarnevaara 322 Db 44
984 92 Kaartinen=Kardis 312 Eb 44
385 98 Kabbetorp 83 Qa 1 29a
464 95 Kabbo 116 Nb 2 21b
270 22 Kabusa 75 Ra 1 25a
290 37 Kaffatorp 81 Qa 2 25b
585 99 Kaga 120 Oa 1 28a
615 92 Kaggebo 109 Oa 3 30a
761 92 Kaggeboda 157 Mb 2 34b
147 91 Kagghamra 138 Na 3 32b
980 60 Kainulasjärvi 311 Ea 41
981 07 Kaisepakte 320 Da 35
982 99 Kaitum=Njavvi 321 Db 37
620 34 Kajlungs 95 Ob 2 34b
830 70 Kakuåsen 269 Hb 26
620 35 Kalbjärga 95 Ob 1 35b
616 91 Kalbo 120 Nb 1 29a
283 91 Kalhult 80 Qa 1 25a
952 01 Kalix 299 Fb 43
982 99 Kalixfors 321 Db 37
640 25 Kalkbrotts-villorna 136 Na 3 28c
386 93 Kalkstad 91 Pb 3 30a
647 93 Kalkudden 138 Na 2 31b
830 05 Kall 268 Ja 23
361 95 Kallamåla 89 Pb 3 27c
314 96 Kallarp 86 Pb 1 23a
975 95 Kallax 299 Fb 41
740 71 Kallboda 173 Ma 1 33c
820 29 Kallbäck 187 La 3 30b
816 95 Kallbäck 187 Lb 1 29c
457 93 Kalleby 115 Nb 3 19c
387 95 Kalleguta 91 Pb 1 30b
385 96 Kallemåla 83 Qa 1 28b
742 94 Kallerö 173 Ma 1 33b
944 92 Kallfors 286 Ga 39
423 63 Kallhed 103 Ob 2 20b
666 92 Kallhem 132 Na 3 21b
175 04 Kallhäll 138 Na 1 32b
738 91 Kallmora 153 Ma 3 28c
794 93 Kallmora 185 La 2 26b
827 94 Kallmyr 202 Kb 2 28c
611 91 Kallmyra 122 Nb 1 31a
830 05 Kall-Rör 268 Hb 23
668 91 Kallsbo 131 Na 3 20c
514 92 Kallsebo/Ambjörnarp 97 Pa 1 23b
572 95 Kallsebo/Misterhult 101 Ob 3 30a
830 05 Kallsedet 268 Hb 22
570 12 Kallsjö/Bäckaby 99 Pa 2 26c
661 94 Kallskog 132 Na 3 22b
811 95 Kalltjärn 171 Lb 2 30b
960 30 Kalludden 310 Eb 38
590 93 Kallviken 102 Ob 3 30a
975 95 Kallviken/Luleå 299 Fb 41
930 10 Kallviken/Lövånger 273 Ha 39
930 90 Kallön 296 Fb 33
390 02 Kalmar 90 Pb 2 29c
473 94 Kalseröd 115 Oa 2 20b
460 64 Kalsrud 116 Nb 3 21b
820 40 Kalv 202 Kb 2 29b
512 61 Kalv 97 Pa 2 23a
895 99 Kalvbäcken 271 Hb 32
460 20 Kalvhed 104 Oa 2 21b
686 98 Kalvhöjden 150 Mb 1 22b
810 65 Kalvsbo 172 Ma 2 32b
355 96 Kalvshaga 88 Pb 2 26b
343 96 Kalvshult 87 Qa 1 24c
813 96 Kalvsnäs 171 Ma 1 29c
820 40 Kalvsvallen 202 Kb 2 29c
139 90 Kalvsvik 139 Na 1 34a
355 96 Kalvsvik 88 Pb 2 26b
930 82 Kalvträsk/Arvidsjaur 297 Ga 35
930 27 Kalvträsk/Burträsk 285 Gb 38
620 33 Kambs 94 Ob 2 33c
921 91 Kamheden 285 Gb 34
952 93 Kamlunge 299 Fa 42
382 96 Kammarbo 89 Pb 3 28b
314 98 Kammarebo 86 Pb 1 22c
362 94 Kampingemåla 88 Pb 3 27a
922 92 Kamsjö 272 Ha 36
388 99 Kanagärde 90 Pb 3 28c
910 94 Kanan 283 Ga 28
952 96 Kangas 300 Fa 44
980 63 Kangos 322 Ea 42
733 99 Kanikbo 154 Ma 3 30a
936 91 Kankberg 285 Gb 37
640 24 Kanntorp 137 Na 3 29c
792 96 Kansbol 185 La 3 25c
562 91 Kanshestra 98 Ob 3 24c
571 94 Kansjö 99 Ob 3 26a
890 54 Kantsjö 271 Hb 34
794 98 Kapellet 200 La 1 26a
760 15 Kapellskär 157 Mb 2 35a
620 34 Kappelshamn 95 Ob 1 34b
590 48 Kapperstad 120 Oa 2 27c
782 91 Kappsjösälen 168 Lb 3 24b
655 94 Kappstad 134 Na 1 24b
530 30 Karaby 116 Oa 1 22b
330 10 Karaby 98 Pa 3 24b
360 60 Karamåla 89 Pb 3 28a
360 13 Karatorp 88 Pb 3 26b
962 99 Karats=Gárásj 309 Eb 34
738 92 Karbenning 153 Ma 3 29a
738 92 Karbenningby 153 Ma 3 29a
740 47 Karbo 155 Ma 3 31a
186 70 Karby 139 Mb 3 33b
755 96 Karby/Gåvsta 155 Mb 1 32c
748 95 Karby/Vendel 155 Ma 3 32a
820 43 Karböleskog 216 Kb 1 27b
984 92 Kardis=Kaartinen 312 Eb 44
442 93 Kareby 103 Ob 1 20c
980 16 Karesuando=Gárasavonn 331 Da 41
280 72 Karhult 87 Qa 1 25a
690 45 Karintorp 135 Na 3 27a
512 94 Karkashult 97 Pa 1 23a
957 94 Karkea 312 Eb 43
519 93 Karl Gustav 96 Pa 2 22a
272 97 Karlaby 76 Qb 3 25b
672 93 Karlanda 149 Mb 3 21a
240 40 Karlarp 80 Qb 1 24a
961 95 Karlberg 298 Fb 39
775 96 Karlbo 154 Ma 3 29b
585 93 Karlebo 120 Oa 1 28c
725 98 Karleby/Kungsåra 154 Mb 3 30b
521 91 Karleby/Luttra 106 Oa 3 24a
596 93 Karleby/Normlösa 119 Oa 1 27b
386 93 Karlevi 90 Pb 3 29c
810 64 Karlholmsbruk 172 Lb 3 32a
793 92 Karlsarvet/Leksand 169 Lb 2 26c
796 90 Karlsarvet/Älvdalen 184 La 2 24c
912 91 Karlsbacka 283 Gb 30
820 50 Karlsberg/Los 201 Kb 2 27b
530 10 Karlsberg/Vedum 105 Oa 2 23a
546 01 Karlsborg/Mölltorp 119 Nb 3 26a
570 84 Karlsborg/Mörlunda 101 Pa 2 28c
952 71 Karlsborg/Nyborg 299 Fb 43
645 93 Karlsborg/Strängnäs 138 Na 1 31a
942 92 Karlsborg/Älvsbyn 298 Fb 38
591 96 Karlsby 119 Nb 3 27a
790 15 Karlsby fäbodar 170 Lb 3 28c
916 92 Karlsbäck 271 Hb 34
691 92 Karlsdal 135 Na 1 26b
820 50 Karlsfors 201 Kb 2 27a
921 91 Karlsgård 284 Gb 34
783 90 Karlsgårdarna 170 Ma 1 28b
579 90 Karlshamn/Högsby 101 Pa 2 29a
374 01 Karlshamn/Mörrum 81 Qa 2 26c
385 97 Karlshult 83 Qa 1 28c
691 01 Karlskoga 135 Na 2 26a
371 01 Karlskrona 83 Qa 2 28a
920 70 Karlslund/Grannäs 296 Fb 31
585 94 Karlslund/Skärkind 120 Oa 1 29a
605 98 Karlslund/Svärtinge 120 Nb 3 29a
670 41 Karlsmon 149 Mb 2 20c
360 52 Karlsmåla 89 Pb 2 27c
825 93 Karlsnäs 202 Kb 3 30b
281 91 Karlsnäs/Broby 80 Qa 2 24c
388 96 Karlsnäs/Voxtorp 90 Pb 3 29b
840 10 Karlsro 217 Ka 1 28c
842 91 Karlsryen 214 Ka 3 24a
651 01 Karlstad 133 Na 1 24a
937 92 Karlstorp 286 Gb 38
313 92 Karlstorp/Oskarström 86 Pb 1 22b
271 96 Karlstorp/Sövestad 75 Qb 3 24b
840 90 Karlstrand 216 Ka 3 27b
185 93 Karlsudd 139 Na 1 33b
816 93 Karlsviken 187 Lb 1 30c
760 21 Karlsängen 157 Mb 2 34c
730 30 Karmansbo 153 Mb 2 28b
982 60 Karmas=Gármmas 309 Ea 35
921 99 Karonsbo 284 Gb 34
291 92 Karpalund 80 Qa 3 25a
594 94 Karrum 109 Ob 1 29b
360 42 Karryd 100 Pa 3 27a
361 94 Karsahult/Kosta 89 Pb 2 28a
360 10 Karsahult/Ryd 81 Qa 1 26b
738 91 Karsbo 153 Ma 3 28c
385 93 Karsbo 83 Qa 2 28c
574 74 Karsebo 100 Pa 2 27a
343 92 Karsemåla 88 Pb 3 26a
284 92 Karsholm 80 Qa 2 23c
555 93 Karshult 106 Ob 2 25a
332 91 Karshult 98 Pa 2 23c
820 40 Karsjö 202 Kb 3 29b
385 92 Karsjö 90 Pb 3 28c
434 97 Karsjö 96 Ob 3 21b
804 26 Karskär 172 Lb 2 31b
571 92 Karstorp 107 Ob 2 26c
572 91 Karstorp/Döderhult 101 Pa 2 29c
574 95 Karstorp/Ekenässjön 99 Pa 1 26c
260 91 Karstorp/Förslöv 79 Qa 1 22b
820 50 Karsvall 201 Kb 1 27b
660 50 Karterud 133 Na 2 23b
372 97 Kartorp 82 Qa 2 27c
269 94 Karu 86 Qa 1 22b
661 94 Karud 133 Na 3 22b
387 92 Karum 91 Pb 2 30b
953 93 Karungi=Karunki 300 Fa 44
953 93 Karunki=Karungi 300 Fa 44
270 35 Karup 75 Qb 3 24a
450 54 Kasebo 115 Nb 2 20b
662 91 Kasenberg 132 Na 3 22b
153 93 Kasholmen 138 Nb 1 32a
594 93 Kasimirsborg 109 Ob 1 29c
930 92 Kasker 296 Fb 33
984 92 Kassa 312 Ea 44
905 93 Kassjö 272 Hb 37
240 36 Kastberga 79 Qb 1 23c
442 93 Kastellegården 103 Ob 1 20c
712 93 Kastenshult 152 Mb 2 26a
360 10 Kastensmåla 81 Qa 1 26b
380 62 Kastlösa 84 Qa 1 29c
450 63 Kasängen 116 Nb 3 21a
577 94 Katebo 100 Ob 3 28a
715 93 Katrineberg/Askersby 136 Na 3 28a
816 95 Katrineberg/Gruvberget 187 La 3 29b
842 94 Katrineberg/Sveg 215 Kb 1 26a
805 96 Katrineholm/Bergby 188 Lb 1 31b
641 01 Katrineholm/Valla 136 Nb 1 29b
697 93 Kattala 120 NB 1 28a
280 23 Kattarp/Hästveda 80 Qa 2 24c
512 65 Kattarp/Mjöbäck 97 Pa 2 22c
260 38 Kattarp/Ödåkra 79 Qa 3 22b
981 94 Katterjåkk=Gáttejohka 329 Da 33
610 12 Katterum 120 Nb 3 28a
620 16 Katthammarsvik 93 Pa 1 34c
598 92 Katthult 100 Ob 2 28a
953 92 Kattilasaari 300 Fb 44
921 91 Kattisavan 284 Gb 33
935 91 Kattisberg 285 Gb 35
930 61 Kattisträsk 285 Gb 36
446 97 Kattleberg 104 Ob 1 21a
816 93 Kattmuren 187 Lb 1 30c
981 07 Kattuvuoma Jostu 320 Da 36
130 54 Kattvik 139 Na 3 33c
269 91 Kattvik 85 Qa 1 22b
980 41 Kattån 311 Eb 40
984 91 Kaunisvaara 322 Ea 43
620 20 Kauparve/Hejde 92 Pa 1 33c
620 34 Kauparve/Lärbro 95 Ob 2 34c
740 71 Kavarö 173 Ma 2 33c
740 71 Kavaröskaten 173 Ma 2 33c
791 94 Kavelmora 170 Lb 3 27c
451 96 Kavlanda 115 Oa 2 20a
296 35 Kavrö 81 Qb 1 25b
360 23 Kavsjömåla 89 Pb 3 27b
388 93 Kaxgärde 90 Pb 3 28c
561 46 Kaxholmen 106 Ob 1 25b
930 55 Kaxliden 285 Ga 37
830 51 Kaxås 268 Ja 24
452 90 Kebal 131 Nb 1 19a
668 93 Keddebo 131 Nb 2 20b
592 92 Kedevad 119 Oa 1 26c

S

Kedjebo

Kronoberg 405

737 91 Kedjebo 153 Mb 2 28c
691 92 Kedjeåsen 135 Na 1 25c
615 93 Kejsarnäs 109 Oa 2 30b
984 92 Kengis 311 Ea 43
598 94 Kennebjörk 101 Ob 2 28c
957 94 Keroniemi 312 Eb 44
660 50 Kerra 133 Na 1 23b
740 45 Kerstinbo 171 Ma 2 30c
980 62 Keräntöjärvi 322 Db 42
953 91 Keräsjänkkä 300 Fb 44
672 93 Kesebotten 149 Mb 3 21a
805 91 Kessmansbo 172 Lb 3 31a
672 91 Kestad 132 Na 1 21b
661 96 Kettilsbyn 132 Na 2 22a
591 99 Kettstaka 119 Nb 2 27a
946 92 Keupan 286 Ga 38
360 36 Kexås 88 Pa 3 25c
288 90 Kialt 80 Qa 3 24c
984 91 Kieksiäisvaara 311 Ea 44
984 99 Kihlanki 322 Db 43
980 61 Kiilarova 311 Ea 42
661 95 Kik 133 Na 2 22b
665 01 Kil/Forshaga 150 Mb 3 23b
132 36 Kil/Lidingö 139 Na 1 33b
614 96 Kil/Östra Ryd 121 Oa 1 29b
590 42 Kila/Horn 108 Ob 1 28c
733 94 Kila/Sala 154 Mb 1 30a
661 94 Kila/Säffle 133 Na 2 22b
594 92 Kila/Överum 108 Ob 1 29a
823 91 Kilafors 187 La 2 30a
446 95 Kilanda 104 Ob 1 21b
730 30 Kilarna 153 Mb 3 28c
820 41 Kilbo/Färila 201 Kb 2 28c
826 93 Kilbo/Mohed 187 La 2 30b
747 91 Kilby 156 Ma 3 33a
840 73 Kilen/Hammarstrand 254 Ja 30
830 30 Kilen/Hammerdal 253 Ja 27
793 91 Kilen/Leksand 186 Lb 2 27b
810 22 Kilen/Årsunda 171 Ma 1 30b
821 93 Kilens 187 La 1 29b
780 50 Kilfallet 168 Lb 3 25a
880 30 Kilforsen 270 Hb 30
280 64 Kilinge 81 Qa 2 25a
530 30 Kilja 116 Oa 1 22b
280 72 Killeberg 87 Qa 1 25a
193 91 Killinge 155 Mb 3 32a
982 99 Killinge=Gillam 321 Db 37
590 40 Killingevid 108 Ob 1 28b
862 91 Killingskäret 218 Ka 2 31c
952 94 Kilnäset 300 Fb 43
715 95 Kilsmo 136 Na 3 28a
880 40 Kilsta 270 Hb 30
673 91 Kilstad 149 Mb 1 21c
820 46 Kilsveden 216 Ka 3 28c
982 06 Kilvo=Gilvvo 310 Eb 39
880 30 Kilåmon 254 Ja 30
590 16 Kimme 107 Oa 2 26c
195 96 Kimsta 156 Mb 3 32c
610 20 Kimstad 120 Nb 3 28c
824 94 Kimsundet 203 Kb 2 31c
385 96 Kindbäcksmåla 89 Pb 3 28b
830 24 Kinderåsen 253 Jb 25
314 97 Kindhult 97 Pa 3 23a
680 61 Kindsjön 167 Lb 3 22b
260 51 Kingelstad 79 Qb 1 22c
719 93 Kinkhyttan 135 Na 2 26b
511 01 Kinna 97 Ob 3 22b
360 23 Kinnanäs 89 Qa 1 27b
523 97 Kinnared 105 Ob 2 24a
314 05 Kinnared 97 Pa 3 23a
521 03 Kinnarp 105 Oa 3 24a
515 92 Kinnarumma 97 Ob 3 22c
930 47 Kinnbäcksfjärden 286 Ga 39
984 92 Kinnulanpää 312 Ea 44
780 64 Kinnvallsjösätrarna 183 La 3 23a
982 60 Kirjaluokta=Girjjáluokta 309 Ea 34
984 92 Kirnujärvi 311 Ea 43
212 20 Kirseberg 74 Qb 3 23a
981 01 Kiruna=Giron 321 Db 37
590 40 Kisa 108 Ob 1 28a
192 67 Kista 139 Na 1 32c
661 95 Kisterud 133 Na 1 22b
610 55 Kisäng 121 Nb 2 30b
984 99 Kitkiöjoki 322 Db 43
984 99 Kitkiöjärvi 322 Db 43
960 24 Kittajaur=Gidájávrre 297 Fa 36
796 90 Kittan 184 La 2 25a
820 70 Kitte 203 Kb 1 30c
910 94 Kittelfjäll 282 Ga 28
980 60 Kivijärvi 311 Eb 43
277 01 Kivik 76 Qb 2 25b
746 93 Kivinge 155 Mb 3 31c
733 94 Kivsta 154 Mb 2 30a
290 34 Kjuge 81 Qa 3 25c
635 06 Kjulaås 137 Na 1 30b
153 91 Kjulsta 138 Na 3 32a
621 90 Kjälltorp 94 Ob 3 33b
820 46 Klabbtorpet 216 Ka 2 28a
905 87 Klabböle 272 Hb 37
713 93 Klacka-Lerberg 152 Mb 3 26c
825 92 Klackarna 203 Kb 3 31b
571 97 Klackarp 106 Ob 2 25c
780 53 Klackbodarna 169 Ma 1 26a
820 40 Klacken 202 Kb 2 29b
360 42 Klackhult 99 Pa 3 26b
134 69 Klacknäset 139 Na 2 34a
246 53 Klagshamn 74 Qb 3 22c
541 93 Klagstorp 118 Oa 1 24c
295 94 Klagstorp/Näsum 81 Qa 3 25c
231 09 Klagstorp/Smygehamn 74 Ra 1 23c
373 00 Klakebäck 83 Qa 2 28c
275 91 Klamby 75 Qb 2 24b
570 21 Klappa 99 Ob 3 26a
826 91 Klapparvik 188 La 2 31a
820 40 Klaras 201 Kb 3 28c
680 65 Klaråsen 182 Lb 1 21c
360 13 Klasamåla 88 Pb 3 26b
270 33 Klasaröd 75 Qb 2 24c
340 36 Klasentorp 88 Pa 3 26a
432 91 Klastorp 96 Pa 3 21c
665 92 Klaxås 150 Mb 3 23b
771 94 Klenshyttan 152 Ma 3 27a
310 58 Klev 97 Pa 3 22b
380 62 Kleva 90 Pb 3 29c
640 50 Kleva/Björnlunda 137 Na 3 31a
590 94 Kleva/Blackstad 109 Ob 2 29b
522 91 Kleven/Daretorp 106 Oa 3 25a
467 96 Kleven/Flo 116 Oa 1 22a
660 57 Kleven/Väse 134 Na 1 24c
670 43 Klevene 149 Mb 1 20c
668 91 Klevmarken 131 Nb 1 20b
568 92 Klevshult 98 Pa 1 25a
912 98 Klimpfjäll 282 Ga 26
605 97 Klinga 120 Nb 3 29a
961 97 Klingersel 298 Fa 39
533 97 Klingetorp 118 Nb 3 24a
891 95 Klingre 255 Ja 34
855 90 Klingsta 218 Ka 2 31b
616 91 Klingstad 121 Nb 2 29b
260 70 Klingstorp 80 Qa 3 23c
243 91 Klingstorp 80 Qb 1 23c
755 92 Klinta 155 Mb 1 32a
380 65 Klinta/Degerhamn 84 Qa 1 29c
243 95 Klinta/Ormanäs 80 Qb 1 23c
774 91 Klintbo 170 Ma 2 29a
620 30 Klinte/Boge 95 Ob 2 34b
621 91 Klinte/Visby 94 Ob 3 33c
620 20 Klintebys 92 Pa 1 33b
620 20 Klintehamn 92 Pa 1 33b
572 95 Klintemåla 102 Ob 3 30a
952 93 Klinten 299 Fa 43
576 91 Klinthult 99 Pa 2 25c
911 94 Klintsjö 272 Hb 36
693 92 Klippan 134 Na 2 25c
264 01 Klippan 79 Qa 3 23a
264 92 Klippans bruk 79 Qa 3 23a
286 92 Klippebygget 79 Qa 2 23b
910 50 Klippen/Fredrika 271 Ha 32
880 30 Klippen/Junsele 270 Hb 30
920 66 Klippen/Tärnaby 295 Fb 27
542 92 Klippingsberg 118 Nb 2 24c
360 60 Klippingsbo 89 Pb 3 28b
795 92 Klitta 186 Lb 1 27b
796 90 Klitten/Rot 184 La 2 25a
796 90 Klitten/Ytter-Navardalen 199 Kb 3 24b
579 93 Klo 89 Pa 3 28b
793 97 Klockarberg 185 Lb 2 26b
775 96 Klockarbo 154 Ma 3 29c
740 71 Klockarboda 173 Ma 1 33c
790 26 Klockarnäs 186 Lb 2 28b
895 93 Klocken/Bredbyn 271 Hb 32
895 92 Klocken/Solberg 271 Hb 32
872 64 Klockestrand 255 Jb 32
705 92 Klockhammar 135 Na 1 27a
387 91 Klockholm 91 Pa 3 30c
590 32 Klockrike 120 Oa 1 27c
936 91 Klockträsk 285 Gb 37
660 10 Klon 132 Nb 1 21b
776 98 Kloster 171 Ma 1 29b
714 91 Kloten 153 Mb 1 27b
820 62 Klovan 217 Ka 3 29b
934 95 Kloverfors 286 Ga 38
975 92 Klubben 299 Fb 40
944 93 Klubbfors 286 Ga 38
962 99 Klubbudden=Slubbonjárgga 309 Eb 36
816 92 Klubbäcken 187 La 3 30b
830 44 Kluk/Mörsil 252 Ja 24
830 47 Kluk/Ånge 252 Ja 24
830 60 Klumpen 269 Hb 26
810 65 Klungsten 173 Lb 3 33a
719 93 Klunkhyttan 135 Na 2 26b
960 24 Klusån 298 Fa 38
931 97 Klutmark 286 Gb 38
790 91 Klutsjön 213 Ka 3 22c
742 93 Klyxen 173 Ma 2 33c
430 63 Klåddegärde 104 Ob 2 21c
230 41 Klågerup 74 Qb 3 23b
820 65 Klångsta 203 Kb 2 30c
291 92 Klårröd 80 Qa 3 24c
260 23 Klåveröd 79 Qa 3 23a
471 51 Klädesholmen 103 Ob 1 20a
274 91 Kläggeröd 75 Qb 3 24a
512 61 Klägghult 97 Pa 2 23a
312 95 Klägstorp 86 Qa 1 23a
560 42 Klämmestorp 106 Oa 3 24c
760 45 Klämmesudden 157 Ma 3 34b
776 92 Klämshyttan 170 Ma 2 28c
881 93 Kläpp 255 Ja 32
430 31 Kläppa 96 Pa 1 21a
830 01 Kläppe/Frösö 253 Ja 25
831 91 Kläppe/Östersund 253 Ja 26
933 99 Kläppen/Arvidsjaur 297 Fb 34
931 95 Kläppen/Skellefteå 286 Gb 38
830 22 Kläppgärde 253 Ja 26
387 95 Kläppinge 91 Pb 1 30b
880 37 Kläppsjö 270 Hb 31
864 92 Kläppvik 218 Ka 2 31b
671 95 Klässbol 150 Mb 3 22b
360 60 Klätttorp 89 Pb 3 28a
340 14 Klövaryd 87 Pb 1 25a
570 81 Klövdala 100 Pa 1 28a
599 92 Klöverdala 107 Oa 3 26b
975 91 Klöverträsk 298 Fb 39
833 95 Klövsand 269 Hb 27
840 32 Klövsjö 253 Jb 25
598 91 Knabbarp 101 Ob 3 28b
921 92 Knaften 271 Ha 34
696 96 Knalla 119 Nb 2 27a
774 91 Knallasbenning 170 Ma 2 29a
310 38 Knalleberg 86 Pb 1 23b
360 24 Knapanäs 89 Pb 2 27a
661 91 Knappa 133 Nb 1 23b
615 94 Knappekulla 109 Oa 3 29c
713 92 Knapptorp 135 Na 1 26c
680 50 Knappåsen 167 Ma 2 23b
454 93 Knarrevik 115 Oa 1 19c
621 48 Kneippbyn 94 Ob 3 33b
820 62 Kneppens 217 Kb 1 29c
270 35 Knickarp 75 Qb 3 24b
668 91 Knipan 131 Nb 1 20c
861 91 Knipan 218 Jb 3 31b
437 91 Knipered 104 Ob 3 21a
289 01 Knislinge 80 Qa 2 25a
823 91 Knisselbo 187 La 2 29c
791 96 Kniva 170 Lb 3 28b
573 73 Knivarp 107 Ob 1 26c
380 44 Knivingaryd 90 Pb 1 29a
570 30 Knivshult 100 Pa 1 27c
741 01 Knivsta 155 Mb 2 32b
570 10 Knixhult 100 Pa 2 27a
578 92 Knohult 107 Ob 2 26a
312 98 Knopparp 79 Qa 1 23b
820 70 Knoppe 218 Ka 3 30c
590 52 Knoppetorp 108 Oa 2 28a
816 95 Knottåsen 187 La 3 29b
343 92 Knoxhult 88 Pb 3 25c
683 91 Knoände 168 Ma 2 24b
563 91 Knukebo 107 Oa 3 26a
842 91 Knulbygget 214 Kb 1 24c
782 91 Knulen 168 Lb 3 24b
740 12 Knutby 156 Mb 1 33b
712 93 Knuthöjden 152 Mb 2 25c
840 13 Knutnäset 254 Jb 29
796 90 Knutrod 199 La 1 24c
621 72 Knuts 94 Ob 2 33c
781 93 Knutshyttan 170 Ma 1 28a
640 23 Knutsta 137 Na 3 29c
575 91 Knutstorp/Anneberg 107 Ob 2 26c
696 96 Knutstorp/Emme 119 Nb 1 27b
561 93 Knutstorp/Huskvarna 106 Ob 2 25b
260 23 Knutstorp/Kågeröd 79 Qb 1 23a
466 93 Knutstorp/Sollebrunn 104 Oa 2 22a
456 91 Knutsvik 115 Oa 1 19b
662 91 Knyttkärr 132 Na 3 22b
828 94 Knåda 201 La 1 28c
272 95 Knäbäckshusen 76 Qb 3 25b
457 91 Knäm 115 Nb 2 19b
310 20 Knäred 86 Pb 3 23b
523 91 Knätte 105 Ob 1 24a
842 94 Knätten/Sveg 215 Ka 2 25b
840 30 Knätten/Vitvattnet 215 Ka 1 26b
661 93 Knöstad 133 Na 2 22c
312 98 Koarp 79 Qa 1 23a
466 91 Koberg 104 Oa 3 21c
712 93 Kockelbo 152 Mb 2 26a
661 92 Kocklanda 133 Na 3 23a
514 55 Kockö 98 Ob 3 24b
442 97 Kode 103 Ob 1 20c
270 35 Kogshult 75 Qb 3 24a
760 15 Koholma 157 Mb 2 35a
560 13 Kohult 99 Pa 1 25c
870 10 Kojbacken 255 Jb 33
681 91 Kojnäset 134 Na 1 25b
930 70 Kokträsk 284 Ga 34
774 97 Kolarbo 171 Ma 2 29b
777 90 Kolares 170 Ma 2 27c
740 12 Kolarmora 156 Ma 3 33c
512 93 Kolarp 97 Ob 3 23a
745 98 Kolarvik 155 Mb 3 31a
590 52 Kolaryd 108 Oa 2 27c
840 93 Kolbenshån 213 Ka 1 22c
840 93 Kolbenskojan 213 Ka 1 22c
388 96 Kolboda 90 Pb 3 29b
447 91 Kolbäck 104 Oa 3 22b
730 40 Kolbäck 154 Mb 3 29b
942 98 Kolerträsk 298 Fb 37
693 95 Kolerud 134 Na 3 25b
816 93 Kolforsen 187 Lb 1 30c
911 94 Kolksele 272 Hb 36
446 95 Kollanda 104 Ob 1 21b
266 93 Kollebäckstorp 79 Qa 2 23a
685 93 Kollerud 167 Ma 2 23a
453 93 Kolleröd 115 Oa 2 19c
465 01 Kollsholmen 104 Oa 2 22b
472 93 Kollungeröd 103 Oa 2 20b
733 91 Kolmanstorp 154 Mb 1 30a
725 96 Kolmsta 154 Mb 3 30b
738 91 Kolningberg 153 Ma 3 28c
777 94 Kolpebo 153 Ma 3 28b
733 99 Kolpelle 154 Ma 3 30a
590 96 Kolsebo 109 Oa 3 29b
590 98 Kolsebro 109 Oa 3 29b
370 17 Kolshult 82 Qa 1 27c
670 20 Kolsjöfors 149 Na 1 22a
579 92 Kolsrum 101 Pa 3 29a
855 90 Kolsta 218 Ka 1 31b
670 35 Kolstan 149 Mb 1 22a
575 93 Kolstorp 100 Ob 3 27b
730 30 Kolsva 153 Mb 3 28c
760 18 Kolsvik 157 Mb 3 34c
668 93 Kolsäter 116 Nb 2 20b
842 93 Kolsätter 215 Ka 3 26b
760 31 Koludden 156 Mb 1 34a
330 17 Kolvarp 88 Pa 3 25b
451 97 Kolvik 115 Oa 2 20a
830 05 Kolåsen 268 Hb 22
982 03 Kompelusvaara 311 Ea 41
293 91 Komperskulla 81 Qa 2 26a
360 10 Kompersmåla 81 Qa 1 26b
523 94 Komskälet 105 Ob 2 23b
272 96 Komstad/Gärsnäs 76 Qb 3 25a
576 91 Komstad/Sävsjö 99 Pa 1 26a
362 40 Konga/Dångebo 89 Qa 1 27a
260 23 Konga/Kågeröd 79 Qb 1 23b
260 23 Kongaö 79 Qa 3 23b
575 92 Kongseryd 100 Ob 2 27a
774 68 Konnsjön 171 Ma 2 29c
810 65 Konradslund 172 Ma 1 32c
693 95 Konsterud 134 Na 3 25b
388 98 Konungaryd 90 Pb 2 29a
610 33 Konungsund 121 Nb 3 29c
560 27 Konungsö 99 Ob 3 25b
830 05 Konäs 268 Hb 23
714 01 Kopparberg 152 Mb 1 26c
370 30 Kopparemåla 83 Qa 1 28a
590 34 Kopparfall 120 Nb 2 27c
590 12 Kopparhult 107 Oa 3 27a
590 41 Kopparhult/Rimforsa 108 Oa 2 28a
615 91 Kopparhult/Valdemarsvik 109 Oa 2 30b
139 53 Kopparmora 139 Na 1 34a
956 91 Kopparsheden 311 Fa 41
611 95 Koppartorp 121 Nb 3 30c
981 93 Kopparåsen 329 Da 34
696 96 Koppartorp 120 Nb 2 27b
460 64 Kopperud 116 Oa 1 21a
451 93 Kopperöd 116 Oa 1 20c
610 12 Koppetorp/Hällestad 120 Nb 2 28a
598 93 Koppetorp/Vimmerby 101 Ob 2 28c
670 41 Koppom 149 Mb 2 21a
374 94 Kopprarp 82 Qa 2 26c
781 96 Koppslahyttan 170 Ma 1 27c
760 49 Korgil 156 Ma 3 34a
362 92 Kornalycke 82 Qa 1 26c
343 96 Kornberga 87 Qa 1 24c
310 21 Kornhult 86 Qa 1 23c
893 91 Kornsjö 255 Ja 33
382 97 Korpahult 89 Pb 2 28b
384 92 Korpemåla 90 Pb 1 29c
820 78 Korpens 217 Ka 3 30b
770 12 Korpfallet 169 Ma 2 26a
565 92 Korphult 106 Ob 1 24b
953 93 Korpikylä 300 Fa 44
952 93 Korpikå 299 Fb 43
980 60 Korpilompolo=Dällogilli 311 Eb 43
590 40 Korpklev 108 Ob 1 28a
360 24 Korrö 89 Pb 3 27b
375 91 Korsamo 81 Qa 2 26b
372 94 Korsanäs 82 Qa 3 27b
240 40 Korsaröd 80 Qb 1 24a
570 10 Korsberga 100 Pa 2 27a
544 92 Korsberga 118 Oa 2 25a
890 50 Korsbyn 271 Hb 33
672 93 Korsbyn/Karlanda 149 Mb 3 21a
670 41 Korsbyn/Koppom 149 Mb 3 21a
662 91 Korsbyn/Åmål 132 Na 3 22a
680 50 Korsbäcken 168 Ma 2 23c
544 94 Korsgården 106 Oa 2 25b
791 94 Korsgården 170 Lb 3 28a
464 93 Korshamnen 116 Nb 3 22a
777 94 Korsheden 153 Ma 3 28a
590 33 Korskrog 120 Nb 3 27b
775 96 Korskrogen 154 Ma 3 29b
820 42 Korskrogen 201 Kb 2 28b
830 30 Korsmyrbränna 253 Ja 27
740 30 Korsnäs 155 Ma 3 32a
841 93 Korsnäs 216 Ka 2 27a
917 91 Korssele 270 Ha 29
915 91 Korssjön 273 Ha 38
930 90 Korsträsk/Arjeplog 296 Fa 31
942 92 Korsträsk/Älvsbyn 298 Fb 38
459 91 Korsviken 115 Oa 2 20c
579 90 Korsvägen 101 Pa 2 29a
790 15 Korså bruk 171 Lb 3 29a
860 41 Korsåmon 254 Jb 30
790 70 Korsåsen 186 La 2 27c
415 10 Kortedala 104 Ob 2 21a
670 40 Korterud 149 Mb 2 21a
673 92 Kortlanda 149 Mb 1 21b
694 92 Kortorp 135 Nb 1 27b
953 92 Korva 300 Fb 44
982 06 Koskivaara 310 Eb 38
983 41 Koskullskulle 310 Ea 38
360 52 Kosta 89 Pb 1 27c
590 75 Kottorp 120 Nb 3 28a
830 44 Kougsta 252 Ja 24
957 95 Koutajärvi 300 Fa 43
920 51 Kovallberget 284 Gb 32
718 92 Koverboda 136 Mb 3 27c
740 71 Kovik 173 Ma 1 33c
442 71 Kovikshamn 103 Ob 1 20b
572 95 Koviksnäs 102 Ob 3 30a
134 32 Koviksudde 139 Na 1 33c
860 25 Kovland 218 Ka 1 31a
511 92 Kovra 97 Pa 1 22b
668 93 Koxeröd 131 Nb 1 20b
330 26 Krabby 97 Pa 2 23c
920 70 Kraddsele 296 Fb 30
457 91 Kragenäs 131 Nb 2 19b
761 72 Kragsta 156 Mb 2 34a
515 92 Krakaviken 97 Ob 3 22c
660 60 Krakerud 151 Mb 3 24a
620 23 Krakfot 95 Ob 3 34b
872 01 Kramfors 255 Jb 32
360 30 Kramphult 99 Pa 3 26a
388 92 Krankelösa 90 Pb 3 29a
594 92 Krejstad 109 Ob 1 29c
860 35 Krigsbyn 218 Jb 3 32a
264 92 Krika 79 Qa 3 23a
590 32 Kristberg 119 Nb 3 27b
570 91 Kristdala 101 Pa 1 29b
370 45 Kristianopel 83 Qa 2 29a
291 01 Kristianstad 81 Qa 3 25a
920 40 Kristineberg 284 Ga 34
590 55 Kristineberg/Brokind 108 Oa 2 28b
241 93 Kristineberg/Eslöv 74 Qb 2 23c
570 82 Kristineberg/Mörlunda 101 Pa 1 28b
238 37 Kristineberg/Oxie 74 Qb 3 23a
264 94 Kristinedal 79 Qa 2 23a
685 94 Kristinefors 167 Ma 1 22c
681 01 Kristinehamn 134 Na 2 25a
760 31 Kristineholm/Edsbro 156 Mb 1 33c
611 94 Kristineholm/Nyköping 122 Nb 2 30c
380 74 Kristinelund/Löttorp 102 Pa 2 30c
273 92 Kristinelund/Tomelilla 75 Qb 3 24c
252 30 Kristinelund/Viken 79 Qa 3 22a
242 95 Kristinetorp 80 Qb 1 24c
842 93 Kristoffersbodarna 215 Kb 1 26b
382 91 Kristvalla 90 Pb 2 29a
382 91 Kristvallabrunn 90 Pb 2 29a
745 98 Kroby 155 Mb 3 31a
841 94 Krog 216 Ka 1 27c
780 50 Krogen 168 Ma 1 25b
620 34 Krogen/Lärbro 95 Ob 2 34c
740 46 Krogen/Östervåla 172 Ma 2 31c
705 97 Krogesta 136 Na 2 27c
310 61 Krogsered 69 Pa 22
310 61 Krogsered/Gällared 97 Pa 3 22c
310 63 Krogsered/Älvsered 97 Pa 2 22b
590 41 Krogsfall/Kisa 108 Oa 3 28a
598 93 Krogsfall/Vimmerby 101 Ob 3 29a
312 98 Krogshult 86 Qa 1 23b
370 45 Krogsnäs 83 Qa 2 29a
747 93 Krogsta 156 Mb 2 33a
295 36 Krogstorp 81 Qa 3 25c
830 05 Krok 268 Ja 23
511 92 Krok 97 Pa 1 22b
288 93 Krokaröd 80 Qa 3 24b
882 93 Krokböle 254 Ja 30
671 93 Krokebol 149 Mb 2 21c
618 92 Krokek 121 Nb 29c
662 91 Kroken/Mo 132 Na 3 22a
672 94 Kroken/Töcksfors 149 Mb 3 20b
668 95 Kroken/Ödsköl 132 Nb 1 21b
960 24 Krokfors 298 Fa 38
666 92 Krokfors/Vårvik 132 Na 2 21b
464 92 Krokfors/Ör 116 Nb 3 21c
934 94 Krokliden 286 Ga 38
820 46 Kroknäs 216 Ka 3 28b
840 60 Kroknäs/Ocksjön 253 Jb 26
835 01 Krokom 253 Ja 25
744 93 Kroksbo 154 Ma 3 30c
570 91 Krokshult/Kristdala 101 Pa 1 29a
360 77 Krokshult/Kråksmåla 90 Pb 1 28c
917 99 Kroksjö/Högland 283 Gb 28
921 93 Kroksjö/Lycksele 284 Gb 32
382 96 Kroksjö/Oskar 89 Pb 3 28b
905 94 Kroksjö/Tavelsjö 272 Ha 37
382 97 Kroksjö/Örsjö 89 Pb 3 28b
931 95 Kroksjön 286 Gb 38
820 50 Kroksjöågen 200 Kb 3 26c
573 96 Kroksmåla 107 Ob 1 27a
385 96 Kroksmåla 83 Qa 1 28b
661 94 Krokstad 133 Na 3 22c
891 92 Krokstaliden 255 Ja 34
516 96 Krokstorp 97 Ob 3 23a
572 96 Krokstorp/Misterhult 101 Pa 1 29c
383 92 Krokstorp/Mönsterås 90 Pa 3 29c
452 93 Krokstrand 131 Na 3 19c
840 90 Krokströmmen 215 Ka 3 26c
621 98 Krokstäde 94 Pa 1 33a
681 95 Kroksvik 134 Na 2 25a
780 64 Kroksätern 183 La 3 22b
960 24 Kroktjärn 298 Fa 37
780 50 Kroktorp 168 Ma 2 25b
933 99 Krokträsk/Malå 284 Ga 34
946 92 Krokträsk/Piteå 298 Ga 38
942 93 Krokträsk/Älvsbyn 298 Fb 39
981 29 Krokvik 320 Db 37
865 92 Krokviken 218 Ka 1 31c
840 70 Krokvåg 254 Ja 29
918 91 Krokån 272 Ha 37
294 75 Krokås 81 Qa 3 26b
671 94 Kronan/Edane 150 Mb 2 22b
670 41 Kronan/Skillingsfors 149 Mb 2 21a
242 94 Kronekull 80 Qb 1 24a
610 33 Krongården 121 Nb 3 29c
352 63 Kronoberg 88 Pb 1 26b

S

Kärvingeborn

Linna 407

S

712 95 Kärvingeborn 152 Mb 3 26a
860 13 Kärvsta-Frambodarna 217 Ka 1 30a
795 96 Kärvsåsen 186 La 3 27b
287 92 Käskhult 87 Pb 3 24b
984 95 Kätkesuando 322 Da 43
792 92 Kättbo 184 Lb 1 25b
437 91 Kättered 104 Ob 3 21a
590 40 Kättestorp 108 Ob 1 28a
388 99 Kättilhult 90 Pb 3 28c
660 10 Kättilsbo 132 Nb 1 21c
370 45 Kättilsboda 83 Qa 2 28c
371 93 Kättilsmåla 83 Qa 2 28b
590 41 Kättilstad 108 Oa 3 28b
521 95 Kättilstorp/Sandhem 106 Oa 3 24b
521 95 Kättilstorp/Vartofta 105 Oa 3 24a
610 27 Kättinge 121 Nb 3 30b
372 91 Kättorp 82 Qa 2 27b
740 30 Kättsbo 155 Ma 3 31c
748 95 Kättslinge 172 Ma 2 32a
597 91 Kävelsbo 108 Oa 2 29a
244 01 Kävlinge 74 Qb 2 23a
860 40 Kävsta 218 Jb 3 31a
820 64 Käxbovallen 202 Kb 2 30b
681 91 Käxsundet 134 Na 1 25b
984 99 Käymäjärvi 322 Ea 42
980 45 Kääntöjärvi 311 Ea 40
780 67 Köarskär 183 La 3 23a
590 41 Kögenäs 108 Oa 2 28b
242 92 Köinge/Hörby 75 Qb 1 24b
310 60 Köinge/Okome 97 Pa 3 22a
343 95 Kölaboda 87 Pb 3 25a
780 53 Kölaråsen 168 Ma 2 25b
782 91 Kölberget 168 Ma 1 24a
935 91 Kölen 285 Gb 35
565 93 Kölingared 106 Ob 1 24a
747 94 Kölinge 156 Ma 3 32c
565 93 Kölingsholm 106 Ob 1 24b
260 70 Kölleberga 79 Qa 3 23b
956 99 Kölmjärv 299 Fa 41
950 42 Kölmyholmen 299 Fa 41
842 99 Kölosen 213 Ka 3 22c
841 93 Kölsillre 216 Ka 1 27b
820 78 Kölsjön 217 Ka 2 29c
731 92 Kölsta 153 Mb 3 29a
842 92 Kölsätravallen 215 Ka 3 26a
840 93 Kölvallen 214 Ka 1 23c
840 97 Kölvallen 226 Jb 3 21c
666 91 Kölviken 131 Na 2 20c
610 40 Kömnevik 109 Oa 2 29c
984 91 Köngäsenranta 311 Ea 43
776 90 Königshyttan 170 Ma 1 28c
612 92 Köp 120 Nb 2 28c
733 91 Köpalla 154 Mb 1 30a
374 96 Köpegårda 82 Qa 2 27a
451 93 Köperöd/Fagerhult 116 Oa 1 21a
451 91 Köperöd/Uddevalla 116 Oa 2 20c
731 01 Köping 136 Mb 3 29a
312 91 Köpinge/Laholm 86 Pb 3 23a
284 91 Köpinge/Perstorp 80 Qa 2 23c
270 22 Köpingebro 75 Ra 1 24c
387 96 Köpingsvik 91 Pb 1 30b
612 93 Köpma 120 Nb 2 28b
760 18 Köpmanholm 157 Mb 3 34c
893 92 Köpmanholmen 255 Ja 34
464 71 Köpmannebro 116 Nb 2 22a
523 91 Köpmanstorp 105 Ob 1 24a
640 50 Körnstörp 138 Na 2 31a
310 20 Körsveka 86 Pb 3 23b
660 40 Körsvik 133 Na 2 23a
826 95 Körsåsen/Västbyvallen 202 Kb 3 30b
731 96 Körtinge 136 Mb 3 28b
523 96 Köttkulla 105 Ob 2 24a
830 76 Köttsjön 254 Ja 28
312 96 Kövlinge 86 Qa 1 23a
830 24 Kövra 253 Jb 25

L

733 98 Labacken 154 Mb 2 30a
360 70 Labbemåla 89 Pa 3 27c
681 94 Labberud 134 Na 1 25a
590 34 Labbetorp 120 Nb 2 27c
742 91 Lackevik 173 Ma 2 34a
782 91 Ladkölen 184 Lb 2 24b
611 93 Ladänge 122 Nb 3 31a
820 42 Laforsen 216 Kb 1 28a
340 14 Lagan 87 Pb 1 24c
744 92 Lagbo 155 Ma 3 31a
310 20 Lagered 86 Pb 3 23b
549 93 Lagerfors 118 Nb 3 25a
860 33 Lagfors 254 Jb 31
755 98 Lagga 155 Mb 2 32c
861 91 Laggarberg 218 Ka 1 31b
739 92 Laggarbo 153 Mb 2 28a
688 91 Laggartorp 151 Mb 3 25a
680 96 Laggsundet 151 Ma 3 25b
683 91 Laggåsen 168 Ma 3 24c
466 91 Lagmansered 104 Oa 3 21c
514 55 Lagmanshaga 98 Ob 3 24a
447 95 Lagmansholm 104 Oa 3 22b
572 91 Lagmanskvarn 101 Pa 2 29c
860 33 Lagmansören 218 Jb 3 31b
860 33 Lagmansören 254 Jb 31
614 98 Lagnö 121 Oa 1 30b
619 92 Lagnöviken 122 Nb 1 32a
980 60 Lahenpää 311 Eb 43
956 98 Lahnajärvi 311 Eb 41
980 60 Lahnasuando 311 Eb 42
312 01 Laholm 86 Pb 3 23a
917 32 Laiksjö 270 Ha 30
980 10 Lainio=Lávnnjik 322 Db 41
923 99 Laisbäck 283 Ga 31
920 70 Laisheden 296 Fb 32
930 93 Laisvall 296 Fa 31
930 93 Laisvalls by 296 Fa 31
957 91 Laitamaa 300 Fa 44
945 31 Lakafors 298 Ga 39
910 60 Lakasjö 271 Hb 32
961 92 Lakaträsk 298 Fa 39
740 45 Lakbäck 154 Ma 2 30c
683 94 Lakene 150 Mb 1 23c
683 94 Lakenestorp 151 Mb 1 23c
543 94 Lakenäs 118 Oa 1 25b
683 92 Lakheden 151 Mb 1 24a
793 94 Laknäs 185 Lb 1 27a
780 50 Lakoberget 168 Ma 2 25a
730 30 Laksta 153 Mb 3 28b
514 93 Lalabo 98 Pa 1 23c
474 96 Lalleröd 103 Oa 3 20a
790 26 Lamborn 186 Lb 1 28b
360 30 Lammhult 99 Pa 2 26a
574 93 Lammåsa 100 Pa 1 27b
810 40 Landa 172 Ma 1 31a
430 30 Landa 96 Pa 1 21b
792 92 Landbobyn 184 Lb 2 25a
314 04 Landeryd 97 Pa 3 23b
148 91 Landfjärden 139 Na 3 32c
740 82 Landsberga 155 Mb 2 31b
570 12 Landsbro 99 Pa 1 26c
261 01 Landskrona 79 Qb 1 22b
438 01 Landvetter 104 Ob 2 21b
835 92 Landvågen 253 Ja 26
830 51 Landön 269 Hb 25
290 34 Landön 81 Qb 1 25c
451 93 Lane-Ryr 116 Oa 1 21a
451 96 Lanesund 115 Oa 1 20b
621 50 Langs hage 94 Ob 3 33b
780 64 Langsätern 183 Lb 2 23a
330 10 Lanna 98 Pa 2 24b
531 93 Lanna/Saleby 117 Oa 1 23a
541 93 Lanna/Varola 118 Oa 1 24c
719 93 Lanna/Vintrosa 135 Na 2 26c
980 10 Lannavaara=Láttevárri 321 Da 40
956 98 Lansjärv 311 Eb 41
956 91 Lansån 311 Fa 41
952 94 Lantjärv 299 Fb 43
982 99 Lappberg 321 Db 37
982 05 Lappeasuanto 321 Ea 39
840 80 Lapphögen 200 Kb 2 25a
952 96 Lappträsk 300 Fa 43
937 93 Lappvattnet 286 Gb 38
620 30 Larsarve 95 Ob 3 34a
790 20 Larsarvet 170 Lb 2 27c
441 94 Larsbo 104 Ob 1 22b
777 94 Larsbo 153 Ma 3 28a
825 96 Larsbo 202 Kb 3 30b
662 91 Larsbol 132 Na 3 22a
780 54 Larsmorheden 168 Lb 3 24c
447 92 Larstorp 105 Oa 3 22c
597 96 Larum/Hannäs 109 Oa 2 29c
594 92 Larum/Överum 109 Oa 3 29b
530 10 Larv 105 Oa 2 23a
513 97 Laryd 105 Ob 1 23a
660 60 Laskerud 151 Mb 3 24c
776 93 Lassbo 170 Ma 2 28c
961 97 Lassbyn 299 Fa 40
311 95 Lastad 85 Pb 1 22a
912 94 Latikberg 283 Gb 31
982 99 Látnijevárri=Latnivaara 310 Ea 37
982 99 Latnivaara=Látnijevárri 310 Ea 37
719 95 Latorpsbruk 135 Na 2 26c
981 07 Latteluokta=Látteluokta 320 Da 36
981 07 Látteluokta=Latteluokta 320 Da 36
980 10 Láttevárri=Lannavaara 321 Da 40
620 13 Lau 93 Pa 2 34a
933 91 Lauker 297 Fb 36
981 29 Laukkuluspa 320 Db 36
980 62 Lautakoski 311 Ea 41
620 35 Lauter 95 Ob 1 35a
530 30 Lavad 117 Oa 1 22c
980 10 Lávnnjik=Lainio 322 Db 41
917 94 Lavsjö 270 Ha 30
620 30 Laxare 95 Ob 2 34b
590 81 Laxbo 108 Ob 2 28b
714 92 Laxbäcken 152 Mb 1 26c
912 91 Laxbäcken 283 Gb 29
981 92 Laxforsen 321 Db 37
830 60 Laxsjö 269 Hb 26
780 50 Laxtjärn 168 Ma 2 25b
770 10 Laxtjärnshöjden 152 Ma 3 26a
770 12 Laxtorpet 169 Ma 2 26b
780 68 Laxvadet 183 La 3 23b
305 95 Laxvik 86 Pb 3 22c
830 60 Laxviken 269 Hb 26
695 01 Laxå 135 Nb 1 26a
733 99 Leckenbo 154 Ma 3 30a
610 40 Leckersbo 109 Oa 2 30a
585 99 Ledberg 120 Oa 1 27c
890 50 Leding 271 Hb 34
186 96 Ledinge 156 Mb 3 33b
370 34 Ledja 83 Qa 1 28a
921 93 Ledningsmark 271 Ha 33
921 99 Ledningsvall 271 Ha 33
810 65 Ledskär 172 Lb 3 32b
914 91 Ledusjö 272 Hb 35
933 99 Ledvattsfors 297 Ga 34
921 93 Ledåberg 284 Gb 33
280 22 Lehult 80 Qa 2 24a
953 91 Leipijärvi 300 Fb 44
982 92 Leipojärvi 310 Ea 39
312 93 Lejeby 86 Pb 3 23a
713 91 Lejonbacken 135 Mb 3 27a
930 55 Lejontorp 285 Ga 37
572 95 Lekaremåla 102 Ob 3 30a
620 20 Lekarve 92 Pa 1 33a
342 92 Lekaryd 88 Pb 1 26a
719 93 Lekeberg 135 Na 2 26b
560 28 Lekeryd 106 Ob 2 25c
719 93 Lekhyttan 135 Na 2 26b
820 50 Lekkatkojan 200 Kb 3 26c
774 99 Leknäs 171 Ma 2 30a
793 01 Leksand 185 Lb 2 27a
542 94 Leksberg 118 Nb 2 24b
685 91 Lekvattnet 167 Ma 2 22b
812 90 Lem 171 Lb 3 30a
890 54 Lemesjö 272 Hb 35
286 92 Lemmeshult 79 Qa 2 23b
570 10 Lemnhult 100 Pa 2 27b
790 90 Lemsjövallen 198 Kb 3 22c
962 99 Lenatorp 310 Eb 37
665 93 Lene 150 Mb 3 23a
360 73 Lenhovda 89 Pb 1 27b
672 92 Lennartsfors 132 Na 2 20c
196 93 Lennartsnäs 138 Na 1 32b
781 95 Lennheden 170 Lb 3 27b
820 62 Lennsjö 217 Ka 3 30a
820 62 Lennsjövallen 217 Ka 3 30a
386 93 Lenstad 91 Pb 3 30a
670 20 Lenungen 149 Na 1 21c
670 20 Lenungshammar 149 Mb 3 21c
263 51 Lerberget 79 Qa 2 22a
776 93 Lerbo/Hedemora 170 Ma 2 28c
640 23 Lerbo/Katrineholm 137 Nb 1 29c
585 93 Lerboga 120 Oa 1 28c
662 91 Lerbyn 132 Na 3 22a
430 33 Lerbäck 96 Pa 1 21b
820 46 Lerbäcken 216 Ka 2 28a
512 63 Lerbäcksbo 97 Pa 1 23a
450 63 Lerdal 116 Nb 2 20c
540 17 Lerdala/Stöpen 118 Oa 1 24b
681 94 Lerdala/Ölme 134 Na 1 25a
686 91 Lerdalen 150 Mb 1 23b
660 60 Lerfallet 151 Mb 3 24b
516 94 Lergered 105 Ob 2 23b
620 34 Lergrav 95 Ob 2 34c
260 41 Lerhamn 78 Qa 2 22a
840 13 Leringstjärn 254 Jb 29
386 94 Lerkaka 91 Pb 2 30b
434 93 Lerkil 96 Pa 1 20c
830 90 Lermon 281 Gb 25
782 91 Lermyrtäppan 168 Lb 3 24b
771 90 Lernbo 153 Ma 3 27b
670 40 Lerot 149 Mb 2 21c
673 92 Lersjön 149 Mb 1 21b
691 92 Lersjötorp 135 Na 1 26a
920 72 Lerudden 284 Ga 32
443 01 Lerum 104 Ob 2 21b
760 40 Lervik 157 Mb 1 34c
260 91 Lervik 79 Qa 1 22b
682 92 Lervik/Persberg 151 Mb 2 25b
452 92 Lervik/Strömstad 131 Na 3 19b
772 90 Lerviken 152 Ma 3 27a
783 35 Lerviken 170 Ma 2 28b
184 95 Lervikstorp 139 Mb 3 34a
370 11 Leryd 82 Qa 1 27b
372 97 Leråkra 82 Qa 2 27c
691 92 Lerängen 135 Na 1 26a
680 96 Lesjöfors 151 Mb 1 25b
830 80 Lesjötorp 270 Hb 29
360 50 Lessebo 89 Pb 2 27b
680 60 Letafors 183 Lb 2 22b
519 90 Letebo 96 Pa 1 21c
376 92 Letesmåla 81 Qa 1 26b
827 95 Letsberg 216 Kb 1 28c
827 95 Letsbo 216 Kb 1 28c
672 94 Leverbyn 149 Mb 3 20b
672 91 Leverhögen 132 Na 1 21b
290 60 Levershult 81 Qa 2 26a
620 12 Levide/Eksta 92 Pa 2 33b
621 93 Levide/Roma 94 Ob 3 33c
777 93 Lexsjöbo 153 Mb 1 28a
718 92 Lia 135 Na 1 27c
310 60 Lia/Fagered 97 Pa 2 22b
310 58 Lia/Vessigebro 86 Pb 1 22b
672 93 Liane/Karlanda 149 Na 1 21a
686 95 Liane/Västra Ämtervik 150 Mb 2 23a
523 91 Liared 106 Ob 1 24a
290 11 Liarum 80 Qb 1 24b
343 74 Liatorp/Diö 87 Pb 2 25b
372 95 Liatorp/Fridlevstad 82 Qa 2 27c
620 33 Lickershamn 94 Ob 2 34a
615 92 Licknevarp 109 Oa 3 30b
611 91 Lid 122 Nb 1 30c
591 97 Lid/Nykyrka 119 Nb 3 26c
683 95 Lid/Sunnemo 151 Mb 1 24b
330 26 Lida/Bruseryd 97 Pa 2 23b
570 10 Lida/Korsberga 100 Pa 2 27a
640 40 Lida/Kungsör 136 Na 1 29a
447 94 Lida/Nårunga 105 Ob 1 22b
341 95 Lida/Tannåker 87 Pb 1 24b
640 60 Lida/Åkers styckebruk 138 Na 2 31a
668 91 Liden/Ed 131 Nb 1 20c
792 92 Liden/Görsjön 184 Lb 2 25b
796 90 Liden/Rot 184 La 2 25a
912 99 Liden/Storuman 283 Ga 30
860 41 Liden/Timrå 254 Jb 30
660 10 Liden/Tisselskog 132 Nb 1 21c
462 91 Liden/Vänersborg 116 Oa 1 21b
880 30 Lidgatu 254 Ja 30
598 94 Lidhem 108 Ob 2 29a
360 14 Lidhem 88 Pb 3 26c
287 93 Lidhult/Hinneryd 87 Pb 3 24a
590 40 Lidhult/Norra Vi 108 Ob 1 27c
340 10 Lidhult/Odensjö 86 Pb 2 23c
181 01 Lidingö 139 Na 1 33a
531 01 Lidköping 117 Nb 3 23a
340 36 Lidnäs 88 Pa 3 26a
683 95 Lidsbron 151 Mb 1 24b
830 86 Lidsjöberg 269 Ha 27
937 96 Lidsjön 272 Ha 37
782 75 Lidsälen 184 Lb 2 23c
920 34 Lidträsk 284 Gb 34
957 91 Liehittäja 299 Fa 43
840 70 Lien 254 Ja 29
281 91 Lien 80 Qa 2 24c
796 99 Lignells 199 La 1 24a
982 92 Liikavaara 310 Ea 39
680 63 Likenäs 167 Lb 3 23a
660 40 Liljedal 133 Na 2 23a
590 12 Liljeholmen 107 Oa 3 27a
680 96 Liljendal 168 Ma 3 25a
660 50 Liljenäs 133 Na 1 23b
330 12 Liljenäs 98 Pa 3 24b
912 93 Lilla Annevare 283 Gb 31
533 91 Lilla Bjurum 118 Oa 1 24a
790 23 Lilla Björnmossen 187 Lb 1 29b
504 93 Lilla Bosnäs 105 Ob 2 22c
463 32 Lilla Edet 104 Oa 3 21a
380 62 Lilla Frö 90 Pb 3 29c
620 35 Lilla Gasmora 95 Ob 1 35b
591 96 Lilla Hals 119 Nb 3 26c
236 91 Lilla Hammar 74 Ra 1 22c
244 91 Lilla Harrie 74 Qb 2 23b
514 91 Lilla Hinkelsbo 98 Pa 1 23c
380 74 Lilla Horn 91 Pa 3 30c
231 99 Lilla Jordberga 74 Ra 1 23c
621 72 Lilla Klintegårde 94 Ob 2 33c
952 93 Lilla Lappträsk 299 Fb 43
635 07 Lilla Lövhulta 137 Na 1 30a
282 95 Lilla Oberöd 80 Qa 3 24b
233 93 Lilla Svedala 74 Ra 1 23b
312 91 Lilla Tjärby 86 Pb 3 23a
655 91 Lilla Vänsberg 133 Na 1 23c
340 12 Lillarp 87 Pb 2 24b
243 91 Lillasäte 80 Qb 1 23c
382 96 Lillaverke 90 Pb 3 28c
861 91 Lill-Bandsjön 218 Ka 1 31b
955 95 Lillberg/Gunnarsbyn 299 Fa 41
942 93 Lillberg/Älvsbyn 298 Fb 39
841 93 Lillberget 216 Ka 1 28a
820 60 Lillbo/Delsbo 202 Kb 2 29c
822 99 Lillbo/Edsbyn 202 La 1 29a
820 70 Lillbodarna 218 Ka 3 31a
820 60 Lillbovallen 202 Kb 2 29c
820 41 Lilldal 201 Kb 2 28c
423 53 Lilleby 103 Ob 2 20b
666 91 Lillegård 132 Na 3 20c
297 95 Lillehem 76 Qb 2 25a
468 90 Lilleskog 116 Oa 1 21c
820 42 Lillfagerkölsvallen 201 Kb 2 28a
842 93 Lillfjäten 213 Kb 1 22c
921 99 Lillgodliden 284 Gb 32
827 01 Lillhaga 202 Kb 2 29a
842 91 Lillhammaren 214 Ka 3 24c
820 50 Lillhamra 200 Kb 3 26b
830 60 Lillholmsjö 269 Hb 25
935 92 Lillholmträsk 285 Ga 35
860 13 Lill-Hullsjön 254 Jb 30
725 93 Lillhärad 154 Mb 3 29c
840 80 Lillhärdal 199 Kb 1 25a
745 97 Lillkyrka/Kungs-Husby 138 Mb 3 31b
585 94 Lillkyrka/Östra Skrukeby 120 Oa 1 28c
934 94 Lillkågeträsk 286 Gb 38
810 65 Lill-Kärven 172 Ma 1 32c
840 12 Lillmörtsjön 217 Ka 1 29a
946 92 Lillpite 286 Ga 39
871 92 Lillroten 255 Jb 32
960 24 Lillsaivis=Unna Sájvva 311 Fa 40
870 16 Lillsela 255 Jb 32
922 95 Lillsele 272 Ha 35
579 92 Lillsjödal 101 Pa 2 28c
820 42 Lillskog 201 Kb 2 27c
685 94 Lillskogshöjden 167 Ma 1 22c
860 13 Lillström 217 Ka 1 30b
139 90 Lillsved 139 Na 1 33c
840 31 Lillsved/Åsarna 253 Jb 25
930 55 Lillträsk/Granbergsliden 285 Ga 36
930 55 Lillträsk/Högbränna 285 Ga 36
820 60 Lillvallen 202 Kb 3 30a
960 24 Lillå/Bodträskfors 298 Fa 38
921 99 Lillå/Lycksele 285 Gb 34
790 90 Lillådalen 198 Kb 3 21c
621 78 Lillåkre 94 Ob 3 34a
840 97 Lillåsvallen 226 Jb 2 21c
744 91 Lillängen 154 Ma 3 30c
370 30 Lillö 83 Qa 2 28b
910 60 Lillögda 271 Ha 32
780 64 Lima 183 Lb 1 23c
780 64 Limedsforsen 184 Lb 1 23c
216 12 Limhamn 74 Qb 3 22c
956 92 Limingojärvi=Liminkajärvi 311 Eb 42
980 60 Limingoån 311 Eb 42
956 92 Liminkajärvi=Limingojärvi 311 Eb 42
514 40 Limmared 98 Ob 3 23c
712 95 Limmingen 152 Mb 3 26a
733 98 Limsta 154 Mb 2 30a
793 97 Limå 185 Lb 2 26b
184 97 Linanäs 139 Na 1 34a
840 90 Linatorpet 215 Ka 2 26c
830 90 Lindahlsfjällgård 281 Gb 24
780 53 Lindan 169 Ma 2 25c
780 41 Lindan/Gagnef 169 Lb 3 27a
780 40 Lindan/Mockfjärd 169 Lb 3 26c
820 42 Lindastugan 201 Kb 3 28a
793 90 Lindberg 185 Lb 2 27a
655 93 Lindberget 133 Na 1 24a
546 94 Lindbergslid 119 Nb 2 25c
790 70 Lindbodarna 186 La 2 27a
640 24 Lindbro 137 Na 3 29c
178 92 Lindby 138 Na 1 32a
380 65 Lindby/Grönhögen 84 Qa 2 29c
387 94 Lindby/Gärdslösa 91 Pb 2 30b
616 91 Linddalen 121 Nb 2 29a
620 12 Linde 92 Pa 2 33c
360 14 Lindeberg 88 Pb 2 26b
825 96 Lindefallet 203 La 1 30c
361 31 Lindehult/Emmaboda 89 Pb 3 28a
382 97 Lindehult/Orrefors 89 Pb 2 28b
360 10 Lindehult/Ryd 88 Qa 1 26b
671 93 Lindehögen 149 Mb 3 21c
591 96 Lindenäs/Motala 119 Nb 3 26c
663 92 Lindenäs/Skoghall 133 Na 2 24a
742 93 Lindersvik 173 Ma 2 33b
573 97 Linderås 107 Ob 1 26b
290 11 Linderöd 80 Qb 1 24b
711 01 Lindesberg 152 Mb 3 27b
713 94 Lindesby 152 Mb 3 26c
780 53 Lindesnäs 169 Ma 2 26a
598 91 Lindhem 101 Ob 3 28c
186 94 Lindholmen 156 Mb 3 33a
313 91 Lindhult/Getinge 86 Pb 1 22c
546 94 Lindhult/Töreboda 119 Nb 2 25c
598 95 Lindhult/Vimmerby 101 Ob 3 29a
311 93 Lindhult/Vinberg 85 Pb 1 22a
343 90 Lindhult/Älmhult 87 Pb 3 25b
572 95 Lindnäs 102 Ob 3 30a
437 40 Lindome 96 Ob 3 21a
871 91 Lindomsbölle 218 Jb 3 32b
792 92 Lindor/Kättbo 185 Lb 2 25c
794 90 Lindor/Skattungbyn 185 La 2 26b
197 91 Lindormsnäs 138 Na 1 32a
792 92 Lindorna/Kättbo 184 Lb 1 25b
794 92 Lindorna/Orsa 185 La 3 26b
514 62 Lindrum 98 Ob 3 24a
820 41 Linds 201 Kb 2 28c
740 46 Lindsberg 155 Ma 3 31b
380 30 Lindsdal 90 Pb 2 29b
360 71 Lindshammar 100 Pa 2 27a
380 44 Lindshult 90 Pa 3 28b
820 78 Lindsjön 217 Ka 3 30a
740 21 Lindsta 155 Mb 1 31b
331 93 Lindstad 98 Pa 2 25a
820 41 Lindstavallen 201 Kb 3 28a
820 70 Lindstorpet 217 Kb 1 30c
780 67 Lindvallen 183 La 3 23b
640 60 Lindvreten 137 Na 2 31a
688 91 Lindås 151 Mb 3 25a
933 99 Lindås 298 Fb 36
382 94 Lindås/Nybro 89 Pb 2 28b
340 30 Lindås/Vislanda 88 Pb 2 25c
343 94 Lindås/Älmhult 87 Pb 3 25a
770 10 Lindåsen/Fredriksberg 168 Ma 2 25c
549 93 Lindåsen/Karlsborg 118 Nb 3 25b
545 92 Lindåsen/Älgarås 118 Nb 2 25b
531 71 Lindärva 117 Oa 1 23b
725 97 Lindö Tegelbruk 154 Mb 3 30b
610 25 Lindö/Jonsberg 121 Oa 1 30c
603 65 Lindö/Norrköping 121 Nb 3 29b
611 93 Lindö/Runtuna 122 Nb 1 31a
593 93 Lindödjupet 102 Ob 2 30b
824 93 Lingarö 203 Kb 2 31b
816 92 Lingbo/Ockelbo 187 La 3 30b
810 22 Lingbo/Årsunda 171 Ma 1 30b
790 25 Linghed 186 Lb 2 28c
590 62 Linghem 120 Oa 1 28b
310 21 Linghult 79 Qa 1 23b
430 22 Lingome 96 Pa 2 21a
620 11 Lingvide 92 Pa 3 33c
384 93 Linjelund 90 Pb 1 29b
842 91 Linkvarnen 214 Ka 3 24b
580 01 Linköping 120 Oa 1 28a
780 50 Linna 168 Ma 1 25a

Löberöd

Moghult 409

240 33 Löberöd 75 Qb 2 24a
615 92 Löckerum 109 Oa 3 30b
560 25 Löckna 106 Ob 2 24c
340 10 Löckna 87 Pb 1 24a
747 91 Löddby 156 Ma 3 33a
246 01 Löddeköpinge 74 Qb 2 23a
782 91 Lödersjöstugan 168 Lb 2 24c
276 04 Löderup 75 Ra 1 25a
276 45 Löderups strandbad 75 Ra 1 25a
792 92 Lödrogsnäs fäb 184 Lb 2 25a
463 71 Lödöse 104 Oa 3 21a
830 21 Löfsåsen 253 Ja 26
387 91 Löfta 91 Pa 3 30c
430 30 Löftaskog 96 Pa 2 21b
910 50 Lögda 271 Ha 33
910 50 Lögdasund 271 Ha 34
914 92 Lögdeå 272 Hb 35
860 33 Lögdö bruk 218 Jb 3 31c
860 33 Lögdö bruk 255 Jb 31
760 10 Lögla 157 Mb 3 34b
742 95 Löhammar 173 Ma 2 33c
130 43 Löka 140 Na 1 34c
330 17 Lökaryd/Rydaholm 88 Pa 3 25b
570 10 Lökaryd/Södra Solberga 100 Pa 2 27a
442 95 Lökeberg 103 Ob 1 20b
386 95 Lökenäs 91 Pb 2 30a
452 91 Lökholmen 131 Nb 1 19a
277 57 Lönhult 75 Qb 2 25a
840 60 Löningsberg 253 Jb 27
577 94 Lönneberga 100 Ob 3 28b
772 90 Lönnfallet 152 Ma 3 26b
515 93 Lönnhult 104 Ob 3 22b
512 62 Lönnhult 97 Pa 2 22c
590 42 Lönningehult 108 Ob 1 28c
661 96 Lönnskog 132 Na 1 22a
268 90 Lönnstorp 79 Qb 1 23a
643 91 Lönntorp 136 Na 3 28b
820 75 Lönnånger 218 Kb 1 31b
820 75 Lönnångersfjärden 203 Kb 1 31b
280 70 Lönsboda 81 Qa 1 25b
360 13 Lönsbygd 88 Pb 3 26b
280 22 Lönsholma 80 Qa 1 24a
287 93 Lönshult 86 Pb 3 24a
590 33 Lönsås 119 Nb 3 27b
576 92 Lönås 99 Pa 2 26b
930 72 Lönås/Adak 284 Ga 34
330 17 Löpaskog 87 Pa 3 25b
725 92 Löpdal 137 Mb 3 29c
680 52 Löperud 167 Ma 1 23b
294 94 Lörby 81 Qa 3 26b
294 94 Lörbykladd 81 Qa 3 26b
294 94 Lörbyskog 81 Qa 3 26b
641 94 Lörstorp 137 Na 3 29b
820 40 Lörstrand 202 Kb 3 29b
862 96 Lörudden 218 Ka 2 32a
387 96 Löt 91 Pb 1 30c
740 81 Löt/Bålsta 155 Mb 3 31b
186 96 Löt/Kårsta 156 Mb 3 33b
645 94 Löt/Strängnäs 137 Na 1 31a
594 92 Löta 109 Ob 1 29b
641 97 Löten 137 Na 3 29c
823 91 Löten/Kilafors 187 La 2 30a
820 29 Löten/Skog 187 La 3 30c
380 74 Löttorp 102 Pa 3 30c
790 15 Lövanget 170 Lb 2 28b
516 92 Lövaskog 105 Ob 2 23b
792 90 Lövberg 185 Lb 2 26a
930 71 Lövberg 284 Ga 34
833 95 Lövberga 270 Hb 28
780 45 Lövberget 169 Ma 1 26b
770 12 Lövberget 169 Ma 2 26b
960 30 Lövberget/Storsand 298 Fa 38
441 91 Lövekulle 104 Ob 1 21c
273 71 Lövestad 75 Qb 3 24c
714 92 Lövfallet 152 Mb 1 26c
197 93 Lövhagen 155 Mb 3 32a
340 32 Lövhult 88 Pb 2 25c
448 96 Lövhult/Floda 104 Ob 2 21c
571 92 Lövhult/Nässjö 99 Ob 3 26b
618 95 Lövhälla 121 Nb 29c
660 57 Lövhöjden 134 Na 1 24c
827 95 Lövingen 216 Kb 1 28b
912 92 Lövliden 283 Gb 30
635 06 Lövlund 137 Na 1 30b
931 98 Lövlund/Skellefteå 286 Gb 38
920 64 Lövlund/Tärnaby 295 Fb 27
670 35 Lövnäs 150 Mb 1 22a
780 69 Lövnäs 199 La 1 23c
912 97 Lövnäs/Granliden 283 Gb 28
910 50 Lövnäs/Lögdasund 271 Ha 34
930 90 Lövnäs/Sundnäs 296 Fa 32
688 92 Lövnäset 134 Na 1 25b
780 69 Lövnäset/Lövnäs 198 La 1 23b
780 50 Lövnäset/Vansbro 168 Lb 3 25a
840 80 Lövnäsvallen 199 Kb 2 24a
828 93 Lövriset 201 La 1 27c
595 92 Lövsberg 107 Oa 2 27a
930 10 Lövsele 273 Ha 39
576 92 Lövshult 99 Pa 2 26b
917 99 Lövsjö 282 Gb 27
770 12 Lövsjön 169 Ma 2 26b
725 92 Lövsta/Barkarö 137 Mb 3 29c
840 50 Lövsta/Brunflo 253 Ja 27
882 95 Lövsta/Långsele 254 Ja 31
151 92 Lövsta/Nykvarn 138 Na 2 31c
762 91 Lövsta/Skepptuna 156 Mb 2 33a
755 97 Lövsta/Uppsala 155 Mb 1 32b
610 74 Lövsta/Vagnhärad 138 Nb 1 31c
830 15 Lövsta/Åre 267 Ja 22
810 65 Lövstabruk 172 Ma 1 32c
195 92 Lövstaholm 155 Mb 3 32b
755 93 Lövstalöt 155 Mb 1 32a
917 91 Lövstrand 270 Ha 29
860 25 Lövsätt 218 Ka 1 31a
186 97 Lövsättra 139 Mb 3 33a
820 29 Lövtjära 187 La 2 30c
816 95 Lövtjärn 187 La 3 29b
615 91 Lövudden 109 Oa 2 30b
618 93 Lövvik 121 Nb 3 30b
712 30 Lövvik 152 Mb 2 25c
820 11 Lövvik 202 Kb 3 29b
640 25 Lövåker 136 Na 3 29a
812 94 Lövåker 171 Lb 2 29c
930 10 Lövånger 273 Ha 39
504 96 Lövås 105 Ob 1 22b
910 50 Lövås 271 Ha 33
334 91 Lövås/Anderstorp 98 Pa 2 24a
574 74 Lövås/Bäckaby 99 Pa 2 26c
533 97 Lövåsa 118 Nb 3 24a
880 41 Lövåsen/Hammarstrand 254 Ja 29
810 40 Lövåsen/Hedesunda 172 Ma 1 31b
711 91 Lövåsen/Lindesberg 152 Mb 3 27b
783 93 Lövåsen/Långshyttan 170 Ma 1 28c
860 13 Lövåsen/Nedansjö 217 Ka 1 30b
733 95 Lövåsen/Sala 154 Mb 1 29c
781 93 Lövåsen/Säter 170 Ma 2 28a
912 90 Lövåsen/Vilhelmina 283 Gb 30
780 69 Lövåssätern 198 La 1 22c

M

242 95 Maa/Linderöd 80 Qb 1 24c
310 63 Maa/Älvsered 97 Pa 2 22b
957 92 Maahera 312 Fa 44
818 92 Mackmyra 171 Lb 3 30c
731 98 Macksta 136 Mb 3 29a
360 70 Mada 100 Pa 3 27c
450 63 Madbråten 116 Nb 2 21a
382 96 Madesjö-Granö 89 Pb 2 28b
522 91 Madängsholm 106 Oa 3 24c
640 25 Magda 136 Na 2 29b
870 33 Magdbäcken 255 Ja 33
549 93 Magderyd 118 Nb 3 25b
794 92 Maggås 185 La 3 26a
260 60 Maglaby 79 Qa 3 23a
297 95 Maglehem 76 Qb 2 25a
288 93 Maglehult/Djurröd 80 Qa 3 24c
282 91 Maglehult/Matteröd 80 Qa 3 24a
260 23 Magleröd 79 Qa 3 23a
280 10 Maglö 80 Qa 3 24a
280 22 Magnarp 80 Qa 1 24b
781 93 Magnilbo 170 Ma 1 28a
466 92 Magra 104 Oa 3 22a
360 73 Magseryd 89 Pb 1 27a
310 38 Mahult 86 Pa 2 23b
962 99 Májddum=Majtum 297 Fa 36
285 93 Majenfors 86 Qa 1 23c
620 10 Majstre 92 Pb 1 33a
962 99 Majtum=Májddum 297 Fa 36
370 17 Makrilla 82 Qa 1 27b
280 20 Mala 80 Qa 2 24b
590 14 Malexander 107 Oa 3 27b
570 91 Malghult 101 Pa 1 29b
912 91 Malgovik 283 Gb 29
777 93 Malingsbo 153 Mb 1 27c
922 92 Malkälen 272 Ha 36
686 97 Mallbacken 150 Mb 1 23b
805 91 Malmberget 172 Ma 1 31b
983 01 Malmberget=Malmivaara 310 Ea 38
762 94 Malmby/Kårsta 156 Mb 2 33b
645 94 Malmby/Strängnäs 137 Na 2 31a
570 21 Malmbäck 99 Ob 3 25c
382 97 Malmen 89 Pb 2 28b
983 01 Malmivaara=Malmberget 310 Ea 38
640 32 Malmköping 137 Na 3 30b
620 34 Malms 95 Ob 2 34c
640 32 Malmsjöberg 137 Na 3 30b
646 92 Malmsjöstugan 138 Nb 1 31b
582 46 Malmslätt 120 Oa 1 28a
780 53 Malmsta 169 Ma 1 25c
610 12 Malmstorp 120 Nb 2 28a
882 95 Malmån 254 Ja 31
200 10 Malmö 74 Qb 3 23a
450 54 Malmön 115 Oa 1 19c
731 37 Malmön 136 Na 1 29a
810 65 Maln 172 Ma 1 32b
513 93 Malryd 105 Ob 1 22c
280 22 Malseröd 80 Qa 1 24b
841 93 Malsjöbodarna 216 Ka 1 27c
824 94 Malsta 203 Kb 2 31b
864 92 Malstabodarna 218 Ka 2 31a
642 93 Malstanäs 137 Na 3 30b
742 95 Malsättra 173 Ma 3 33c
380 31 Maltorp 90 Pb 2 29b
921 99 Maltträsk 285 Gb 35
782 01 Malung 168 Lb 2 24b
820 78 Malungen 218 Ka 3 30c
782 02 Malungsfors 184 Lb 2 24a
871 91 Malviken 218 Jb 3 32b
930 70 Malå 284 Ga 34
930 70 Malåliden 284 Ga 33
930 70 Malåvännäs 284 Ga 33
683 92 Manen 151 Mb 1 24b
685 94 Mangen 167 Ma 1 22c
671 96 Mangskog 150 Mb 2 22b
922 75 Manjaur 285 Gb 35
242 94 Mannarp 80 Qb 1 24a
680 96 Mannikhöjden 151 Mb 1 25a
291 92 Mansdala 80 Qb 1 25a
598 96 Mantebo 101 Ob 2 29a
590 17 Mantorp 120 Oa 1 27b
331 92 Maramo 98 Pa 2 24c
531 97 Marbogården 117 Oa 1 22c
645 93 Marby 138 Na 1 31a
305 94 Marbäck 86 Pb 2 23a
578 94 Marbäck/Aneby 107 Ob 1 26c
523 93 Marbäck/Ulricehamn 105 Ob 2 23c
310 38 Marbäckshult 86 Pb 2 23a
452 94 Mardal 131 Nb 1 19c
262 93 Mardal 79 Qa 2 22c
796 91 Marddal 184 La 2 24b
590 40 Marek 107 Ob 1 27b
468 90 Margreteberg 116 Oa 1 22a
310 40 Margreteberg 86 Pb 2 22b
565 91 Margreteholm 106 Ob 1 24b
266 98 Margretetorp 79 Qa 1 22c
570 32 Marhult 100 Ob 3 27b
360 73 Marhult 89 Pa 3 27b
570 30 Mariannelund 100 Ob 3 28a
872 96 Marieberg/Bollstabruk 255 Jb 32
617 31 Marieberg/Skärblacka 120 Nb 3 28c
702 31 Marieberg/Örebro 135 Na 2 27b
834 98 Marieby 253 Ja 26
197 92 Mariedal 155 Mb 3 32b
696 96 Mariedamm 119 Nb 1 27b
647 01 Mariefred 138 Na 2 31b
240 30 Marieholm/Eslöv 79 Qb 1 23a
330 33 Marieholm/Gnosjö 98 Pa 1 24c
240 30 Marieholm/Svalöv 61 Qb 23
953 31 Marielund 300 Fb 45
310 40 Marielund/Getinge 86 Pb 2 22b
755 97 Marielund/Lagga 156 Mb 1 32c
647 92 Marielund/Mariefred 138 Na 2 31b
930 90 Marielund/Mjölkberg 296 Fb 32
370 24 Marielund/Nättraby 82 Qa 2 28a
542 01 Mariestad 118 Nb 2 24b
610 75 Marietorp 122 Nb 1 31c
571 72 Marietorp 99 Ob 3 26c
705 95 Mark 135 Na 2 27b
912 91 Mark 283 Gb 29
521 92 Marka 105 Oa 3 23c
742 92 Marka 173 Ma 2 33c
285 01 Markaryd 87 Qa 1 24a
696 91 Markebäck 119 Nb 1 26b
575 95 Markestad 100 Ob 3 27a
186 93 Markim 156 Mb 3 33a
982 91 Márkit=Markitta 310 Ea 40
982 91 Markitta=Márkit 310 Ea 40
355 93 Marklanda 88 Pb 1 26b
605 95 Marksgärdet 121 Nb 3 29b
770 10 Markusfallet 168 Ma 3 25b
382 93 Markustorp 90 Pb 2 28c
681 94 Markvattnet 134 Na 1 25a
814 95 Marma 172 Ma 1 31c
814 95 Marma by 172 Ma 1 31c
820 26 Marmaskogen 187 La 2 30c
820 26 Marmaverken 187 La 2 30c
696 94 Marmorbrott 119 Nb 2 27a
641 95 Marmorbyn 136 Na 3 29a
862 96 Marna 218 Ka 2 31c
790 26 Marnäs 186 Lb 1 28a
822 99 Marsa 202 La 1 28c
360 76 Marshult 89 Pa 3 27c
956 91 Marsjärv 311 Fa 41
643 94 Marsjö 136 Nb 1 28b
340 12 Marsjö 87 Pb 2 24b
755 93 Marsta 155 Mb 1 32a
740 47 Marstalla 155 Ma 3 31b
440 30 Marstrand 103 Ob 1 20a
330 33 Marsås 98 Pa 2 24c
620 33 Martebo 94 Ob 2 33c
760 42 Marum 157 Mb 1 35a
441 95 Maryd 104 Ob 1 22a
277 45 Maryd 75 Qb 3 25a
820 20 Maråker 188 La 3 31a
335 91 Marås 98 Pa 1 24b
820 78 Masbo/Hassela 217 Ka 3 30b
824 94 Masbo/Hudiksvall 203 Kb 2 31a
930 90 Maskaur 296 Fb 32
590 76 Maspelösa 120 Oa 1 27c
360 70 Massamåla 100 Pa 2 28c
579 92 Massemåla 101 Pa 3 28c
760 40 Massum 157 Mb 1 34b
921 99 Mastatjärn 285 Gb 35
523 98 Mastunga 105 Ob 2 23b
820 62 Masugnen 217 Kb 1 29c
980 10 Masugnsbyn 322 Ea 41
864 01 Matfors 218 Ka 1 31a
590 17 Mathem 108 Oa 2 27b
830 24 Matnäset 253 Jb 25
930 70 Matsbo 284 Ga 34
820 62 Matsbo 217 Kb 1 30b
790 31 Matsbodarna 169 Lb 3 26c
910 94 Matsdal 283 Ga 28
792 93 Matsäl 184 Lb 1 24b
890 51 Mattarbodum 271 Hb 34
280 20 Matteröd/Bjärnum 80 Qa 2 24b
282 91 Matteröd/Sösdala 80 Qa 3 24a
287 92 Mattisholm 87 Pb 3 24b
962 99 Mattisudden 310 Eb 36
830 02 Mattmar 252 Ja 24
828 93 Mattsmyra 201 La 1 27c
780 68 Mattsåsen 184 Lb 1 23c
374 94 Matvik 82 Qa 2 26c
980 16 Maunu=Mávna 331 Da 41
610 31 Mauritsberg 121 Nb 3 30b
930 70 Mausjaur 284 Ga 34
980 16 Mávna=Maunu 331 Da 41
655 94 Maxstad 134 Na 1 24b
450 54 Medebön 115 Nb 2 20b
921 91 Medelås 284 Gb 33
572 95 Mederhult 102 Pa 1 30a
591 99 Medevi 119 Nb 2 26c
681 93 Medhamn 134 Na 3 24c
592 94 Medhamra 119 Oa 1 26c
718 92 Medinge 136 Na 1 27c
640 43 Medje 137 Na 2 30b
931 98 Medle 286 Gb 38
360 60 Medlen 89 Pb 3 28b
820 40 Medsand 202 Kb 3 29c
816 90 Medskog/Bergby 187 Lb 1 30c
816 90 Medskog/Järbo 187 Lb 2 30b
664 91 Medskog/Vålberg 133 Na 1 23a
686 96 Medskog/Östra Ämtervik 150 Mb 2 23b
680 61 Medskogen/Södra Finnskoga 182 Lb 2 21c
840 93 Medskogen/Tännäs 213 Ka 1 22c
840 93 Medskogsbygdet 252 Ka 23
840 93 Medskogsbygget 213 Ka 1 23a
830 15 Medstugan 267 Hb 21
732 96 Medåker 136 Na 1 28b
815 93 Mehedeby 172 Ma 1 31c
395 90 Melby 90 Pb 2 29b
610 20 Melby/Kimstad 120 Nb 3 29a
590 98 Melby/Storsjö 109 Oa 3 29b
612 91 Melby/Svärtinge 120 Nb 2 28c
780 53 Mellanborg 169 Ma 1 25c
824 91 Mellanbyn 203 Kb 2 31b
820 76 Mellanfjärden 218 Kb 1 31c
864 92 Mellangård 217 Ka 2 30c
388 92 Mellanmon 90 Pb 3 29b
890 42 Mellansel 255 Ja 33
792 91 Mellan-Selbäck 185 Lb 1 25c
820 46 Mellansjö 216 Ka 2 28b
895 93 Mellansjö/Bredbyn 271 Hb 33
840 64 Mellansjön 254 Jb 29
930 92 Mellanström 296 Fb 33
591 98 Mellantorp 119 Nb 2 27a
780 50 Mellanvakern 168 Ma 1 25a
380 74 Mellby/Byxelkrok 102 Pa 2 31a
380 65 Mellby/Hulterstad 84 Qa 1 30a
575 94 Mellby/Höreda 100 Ob 3 27a
312 96 Mellby/Laholm 86 Qa 1 22c
531 96 Mellby/Lidköping 117 Oa 1 23a
668 93 Mellbyn 131 Nb 1 20c
312 60 Mellbystrand 86 Pb 3 22c
380 75 Mellböda 102 Pa 2 31a
464 01 Mellerud 116 Nb 2 21c
570 91 Mellingerum 101 Pa 1 29b
380 65 Mellstaby 84 Qa 2 30a
640 31 Mellösa 137 Na 3 30a
596 92 Melstad 119 Oa 1 27b
930 55 Melsträsk 285 Ga 38
387 95 Melösa 91 Pb 1 30b
935 93 Mensträsk 285 Ga 35
980 10 Merasjärvi 322 Db 40
590 42 Merhult 108 Ob 1 28c
645 91 Merlänna 137 Na 2 30c
980 16 Mertajärvi=Närva 331 Da 41
610 30 Merum 121 Oa 1 30a
912 90 Meselefors 270 Ha 30
960 30 Messaure=Miessávrre 310 Eb 37
840 95 Messlingen 252 Jb 22
820 43 Messubodarna 216 Kb 1 27a
685 97 Metbäcken 167 Ma 2 22b
461 91 Metholmen 116 Oa 2 21b
982 92 Mettä Dokkas 310 Ea 39
880 40 Meåfors 270 Hb 30
880 41 Meåstrand 254 Ja 30
621 72 Mickelgårds 94 Ob 2 33c
840 24 Mickel-Pers 216 Ka 1 27a
620 23 Mickels 94 Pa 1 33c
740 30 Mickelsbo 155 Ma 3 31c
748 96 Mickelsbo 172 Ma 2 32a
614 96 Mickelsdal 109 Oa 2 29c
450 84 Mickelskogen 115 Nb 2 20a
362 92 Midingsbråte 81 Qa 1 26c
360 13 Midingstorp 81 Qa 1 26b
780 53 Midsjöbodarna 169 Ma 1 26a
548 92 Midskog 134 Nb 1 25a
830 76 Midskog/Östersund 253 Ja 27
855 90 Midskogsbron 218 Ka 1 31b
960 30 Miessávrre=Messaure 310 Eb 37
153 91 Mikaelsgården 138 Na 3 32a
820 65 Mikje 203 Kb 2 30c
370 45 Milasten 83 Qa 2 29a
780 50 Milborg 168 Ma 1 25b
137 91 Mildensborg 139 Na 3 33a
372 94 Millegarne 82 Qa 3 27c
450 63 Milleryt 116 Nb 3 20c
661 91 Millesvik 133 Nb 1 23a
570 10 Milletorp 100 Pa 2 27b
685 93 Millmark 167 Ma 2 22b
781 94 Milsbo 170 Ma 1 28a
780 54 Milsjöheden 168 Ma 2 24c
820 40 Milsågen 202 Kb 2 29a
840 90 Minne 216 Ka 2 27b
231 95 Minnesberg 74 Ra 1 23b
930 55 Missenträsk 285 Ga 36
597 94 Missmyra 108 Oa 2 29a
590 95 Mistekärr 109 Ob 1 30b
590 40 Misterfall 108 Ob 1 27c
572 95 Misterhult 101 Pa 1 30a
822 99 Mistersva vilstad 202 La 1 29a
670 35 Mitandersfors 166 Ma 3 22a
840 95 Mittådalen 252 Jb 22
956 93 Miöträsk 299 Fa 42
330 33 Mjogaryd 98 Pa 1 24c
893 92 Mjäla 255 Ja 33
340 12 Mjäla 87 Pb 2 24a
314 96 Mjälahult 86 Pb 1 23b
520 40 Mjäldrunga 105 Oa 3 23b
294 92 Mjällby 81 Qa 3 26b
314 93 Mjälleryd 86 Pa 3 23b
870 31 Mjällom 255 Jb 33
860 33 Mjällåsen 255 Jb 31
616 91 Mjälnäs 121 Nb 2 29b
287 91 Mjäryd/Strömsnäsbruk 87 Pb 3 24b
341 91 Mjäryd/Södra Ljunga 87 Pb 2 24c
512 65 Mjöbäck 97 Pa 2 22c
680 50 Mjögsjöhöjden 167 Ma 3 23b
598 92 Mjöhult 100 Ob 2 28b
331 96 Mjöhult/Hagshult 99 Pa 2 25b
263 93 Mjöhult/Jonstorp 79 Qa 2 22b
255 91 Mjöhult/Viken 79 Qa 3 22a
780 50 Mjölbergsåsen 168 Ma 1 25b
595 01 Mjölby 119 Oa 2 27a
570 76 Mjölerum 90 Pa 3 29b
282 91 Mjölkalånga 80 Qa 3 24a
930 90 Mjölkberg 296 Fb 32
457 91 Mjölkeröd 115 Nb 2 19b
830 51 Mjölkvattnet 268 Hb 23
590 40 Mjölsefall 108 Oa 3 28a
466 95 Mjölsered 104 Oa 3 22a
828 99 Mjölåsen 201 Kb 3 28a
680 51 Mjönäs 167 Ma 1 23c
290 37 Mjönäs 81 Qa 2 25b
684 92 Mjönäs/Munkfors 151 Mb 1 24a
669 92 Mjönäs/Älvsbacka 151 Mb 2 24a
514 93 Mjörkhult 97 Pa 1 23c
579 92 Mjösebo 101 Pa 3 28c
545 91 Mjöserud 118 Nb 2 25b
590 91 Mjöshult 101 Ob 3 29b
504 96 Mjöshult 105 Ob 1 22c
840 50 Mjösjö/Brunflo 253 Ja 27
840 67 Mjösjö/Sörbygden 254 Jb 29
914 93 Mjösjö/Trehörningsjö 271 Hb 34
916 62 Mjösjöby 271 Hb 34
931 93 Mjövattnet/Burträsk 286 Gb 38
872 92 Mjövattnet/Kramfors 255 Jb 32
660 57 Mjöviksudd 134 Na 1 24b
816 94 Mo 187 Lb 1 30b
894 95 Mo/Billsta 255 Ja 33
342 93 Mo/Hjortsberga 88 Pb 1 25c
880 37 Mo/Junsele 270 Hb 30
882 93 Mo/Långsele 254 Ja 30
360 47 Mo/Nöbbele 88 Pb 2 27a
693 94 Mo/Rudskoga 134 Na 3 25c
576 91 Mo/Rörvik 99 Pa 2 25c
840 40 Mo/Svenstavik 253 Jb 25
450 84 Mo/Tanumshede 115 Nb 2 20a
662 91 Mo/Åmål 132 Na 3 22a
830 76 Moarna 254 Ja 28
519 93 Moatånga 97 Pa 2 22b
522 94 Mobacken 106 Oa 2 25a
780 64 Mobergskölen 183 La 2 22c
826 93 Mobodarne 187 La 2 30b
693 92 Mobråten 134 Na 2 25c
671 96 Mobäck 150 Mb 1 22a
780 40 Mockfjärd 169 Lb 3 26c
961 93 Mockträsk 298 Fb 40
360 36 Moeboda 88 Pa 3 25c
544 92 Mofalla 118 Oa 1 25a
740 10 Moga 156 Mb 1 33a
512 95 Moga 97 Pa 2 23b
614 90 Mogata 121 Oa 1 29c
512 65 Moghult 97 Pa 2 22c
514 95 Moghult 98 Ob 3 24a

S

410 Mohed Nieminen=Niemis

S

826 92 Mohed 187 La 2 30c
340 36 Moheda 88 Pa 3 26a
549 02 Moholm 118 Nb 3 25a
826 92 Mokorset 187 La 2 30c
270 33 Moleröd 75 Qb 2 24c
894 03 Moliden 255 Ja 33
660 60 Molkom 151 Mb 3 24b
524 95 Molla 105 Ob 1 23a
524 95 Mollaryd 105 Ob 1 23a
474 70 Mollösund 103 Oa 3 19c
744 91 Molnebo 154 Mb 1 30c
150 21 Molstaberg 138 Na 3 31c
593 96 Mommehål 109 Ob 2 30a
782 91 Momyckelberget 184 Lb 2 24b
782 91 Momyckelberget 184 Lb 2 24b
668 93 Mon/Ed 131 Nb 1 20b
840 12 Mon/Fränsta 217 Jb 3 29a
840 12 Mon/Fränsta 254 Jb 29
683 95 Mon/Gräs 151 Mb 2 24b
793 97 Mon/Leksand 185 Lb 2 26c
782 33 Mon/Malung 184 Lb 2 24b
560 42 Mon/Sandhem 106 Ob 1 24c
890 94 Mon/Tännäs 213 Ka 1 22a
820 77 Moningssand 218 Ka 3 31c
820 60 Mora/Delsbo 202 Kb 2 30a
783 50 Mora/Enbacka 170 Ma 1 28a
635 08 Mora/Eskilstuna 137 Na 1 30a
792 01 Mora/Orsa 185 La 3 26a
828 91 Morabo 201 La 1 28b
771 92 Morberget 169 Ma 2 27b
755 98 Morby 155 Mb 2 32b
791 94 Morbygden 170 Lb 3 28a
781 95 Morbygge fäbodar 170 Lb 3 27b
780 69 Morbäckssätern 198 La 1 22c
840 60 Mordviksbodarna 253 Jb 27
579 92 Morebo 100 Pa 2 28b
737 91 Moren 153 Mb 1 28b
744 02 Morgongåva 154 Mb 1 30c
950 42 Morjärv 299 Fa 42
748 91 Morkarla 156 Ma 3 32c
645 93 Morrarö 137 Na 1 31a
774 98 Morshyttan 171 Ma 2 29c
597 96 Mortebäck 109 Oa 2 29b
139 36 Mortnäs 139 Na 2 33c
388 91 Mortorp 90 Pb 3 29a
311 93 Morup 85 Pb 1 21c
840 95 Morvallen/Funäsdalen 226 Jb 3 21c
842 91 Morvallen/Gammelvallen 214 Ka 3 24a
827 95 Morvallen/Korskrogen 216 Kb 1 28b
840 32 Morvallen/Rätan 215 Ka 1 25b
796 99 Morvallen/Ulvsjön 200 Kb 3 25b
826 91 Morviken 188 La 2 31b
780 53 Moråsen 169 Ma 2 25c
153 95 Moräng 138 Na 3 31c
930 81 Moräng/Glommersträsk 285 Ga 36
820 74 Morängsviken 203 Kb 1 31c
620 33 Mos 94 Ob 2 34a
361 91 Moshult/Emmaboda 89 Pb 3 27c
314 96 Moshult/Oskarström 86 Pb 1 23a
310 50 Moshult/Torup 86 Pb 1 22c
361 91 Moshultamåla 89 Pb 3 27c
911 93 Mosjö 272 Hb 36
930 86 Moskosel 297 Fb 35
576 91 Mossaryd 99 Pa 1 26a
895 99 Mossaträsk 271 Hb 31
910 60 Mossavattnet 271 Ha 32
680 50 Mossberg 168 Ma 3 23c
691 92 Mossberga 135 Na 1 26a
424 71 Mossberget 104 Ob 2 21a
822 92 Mossbo 187 La 2 29a
332 91 Mossebo/Bosebo 97 Pa 2 23c
590 16 Mossebo/Boxholm 107 Oa 2 26c
388 98 Mossebo/Lindsdal 90 Pb 2 29a
570 84 Mossebo/Mörlunda 101 Pa 1 28c
598 91 Mossebo/Pelarne 100 Ob 3 28b
615 94 Mossebo/Valdemarsvik 109 Oa 2 30a
780 44 Mossel 169 Lb 3 26b
380 75 Mossen 102 Pa 2 31a
680 96 Mossen 168 Ma 3 25a
681 93 Mosserud/Bäckhammar 134 Na 3 25a
667 91 Mosserud/Forshaga 151 Mb 3 24a
665 93 Mosserud/Högboda 150 Mb 3 23a
655 94 Mosserud/Molkom 151 Mb 3 24c
712 95 Mosserud/Storfors 152 Mb 3 26a
597 97 Mosshult 108 Oa 3 29a
562 91 Mosshult/Bondstorp 98 Ob 3 24c
695 96 Mosshult/Tived 119 Nb 1 26a
670 41 Mosstakan 149 Mb 3 21a
548 92 Mosstorp 118 Nb 1 25a
823 92 Mossviken 187 La 3 30c
571 64 Mostorp/Bodafors 99 Pa 1 26b
310 44 Mostorp/Getinge 86 Pb 1 22b
705 94 Mosås 135 Na 27a
780 64 Mosätern 183 Lb 1 23b
842 91 Mosätt 214 Ka 3 25a
640 20 Mota 121 Nb 29c
591 01 Motala 119 Nb 3 27a
683 91 Motjärnshyttan 151 Mb 1 24c
612 91 Mottorp 120 Nb 2 28c
842 92 Movallen 215 Ka 3 26a
830 05 Movallen 268 Hb 23
890 51 Movattnet 271 Hb 34
540 66 Moviken 118 Nb 1 25a
820 62 Moviken 202 Kb 1 30a
742 95 Moxboda 156 Ma 3 33c
793 97 Moåsen 185 Lb 2 26b
820 77 Mugg 218 Ka 3 31b
590 41 Muggebo 108 Oa 3 28a
360 52 Muggehult 89 Pb 1 28a
360 60 Muggetorp 89 Pb 3 28a
957 91 Mukkajärvi 311 Eb 43
521 91 Mularp 106 Oa 3 24b
360 70 Mulatorp 100 Pa 2 27b
620 20 Mulde 92 Pa 1 33b
594 94 Mulestad 108 Ob 1 29a
716 94 Mullhyttan 135 Na 3 26b
565 01 Mullsjö 106 Ob 1 24c
914 90 Mullsjö/Hörnefors 272 Hb 36
685 97 Mulltjärn 167 Ma 1 22b
597 94 Mulstad 108 Oa 2 29a
643 94 Mulsätter 120 Nb 1 28c
725 94 Munga/Skultuna 154 Mb 2 30a
815 91 Munga/Tierp 172 Ma 2 31c
450 63 Mungärderud 116 Nb 2 21a
562 91 Munkabo 106 Ob 2 24c
718 91 Munkaboda/Frövi 135 Na 1 27c
710 41 Munkaboda/Götlunda 136 Na 1 28a
268 90 Munkagårda 79 Qb 1 23a
266 01 Munka-Ljungby 79 Qa 2 22c
360 13 Munkanäs 88 Pb 3 26b
243 91 Munkarp 80 Qb 1 23c
544 94 Munkaskog/Brandstorp 106 Oa 3 25b
566 91 Munkaskog/Habo 106 Ob 1 25a
840 13 Munkbyn 217 Ka 1 29c
840 13 Munkbysjön 217 Ka 1 29c
544 91 Munkeberg 118 Oa 1 25c
261 76 Munkebäck 79 Qb 1 22c
455 01 Munkedal 115 Oa 1 20b
696 96 Munkerud 135 Nb 1 27b
599 91 Munkeryd 107 Oa 3 26a
830 60 Munkflohögen 269 Hb 26
684 01 Munkfors 151 Mb 2 24a
635 11 Munkhammar 137 Na 1 29b
614 92 Munkhammaren 121 Oa 1 29b
731 92 Munktorp 136 Mb 3 29a
840 13 Munktorp 217 Ka 1 29b
930 10 Munkviken 273 Ha 39
178 91 Munsö 138 Na 1 32a
571 92 Muntarp 99 Ob 2 26b
984 95 Muodoslompolo 322 Db 43
984 95 Muonionalusta 322 Db 44
960 30 Muorjek=Murjek 310 Fa 38
982 99 Muorjevaara=Muorjevárri 310 Ea 38
982 99 Muorjevárri=Muorjevaara 310 Ea 38
621 72 Muramaris 94 Ob 2 33c
781 93 Murbo 170 Ma 1 27b
730 70 Muren 154 Mb 1 29b
960 30 Murjek=Muorjek 310 Fa 38
524 95 Murum 105 Ob 1 23b
833 92 Muråsen 269 Hb 28
942 91 Muskus 298 Fb 38
148 03 Muskö 139 Nb 1 33a
340 36 Musteryd 88 Pa 3 26a
820 78 Musåsen 217 Ka 2 29c
792 94 Myckelberg 184 La 3 25b
776 97 Myckelby 170 Ma 1 28c
895 92 Myckelgensjö 271 Hb 32
616 91 Myckelmossa 121 Nb 2 29a
860 40 Myckelsjö 254 Jb 31
792 92 Myckelåsen 184 Lb 2 25a
464 92 Myckeläng 116 Nb 3 21c
823 91 Myckelängarna 187 La 2 30a
931 98 Myckle 286 Gb 38
472 93 Myckleby 115 Oa 2 20b
860 35 Myckling 218 Ka 1 32a
542 94 Myggeberg 118 Nb 3 24a
471 60 Myggenäs 103 Oa 3 20b
794 98 Myggsjö 200 Kb 3 26a
781 27 Myggsjön 170 Ma 1 27b
748 93 Myra 155 Ma 3 32b
820 60 Myra/Delsbo 202 Kb 2 30a
820 40 Myra/Järvsö 202 Kb 2 29a
282 91 Myrarp 80 Qa 3 24a
930 61 Myrberg 285 Gb 36
814 95 Myrbo 172 Ma 1 31c
862 96 Myrbodarna 218 Ka 2 31c
812 90 Myrbyvallen 171 Lb 3 30a
670 40 Myre 149 Mb 2 21c
620 33 Myre 94 Ob 2 34a
680 96 Myren/Lesjöfors 151 Ma 3 25a
683 93 Myren/Råda 151 Mb 1 24a
570 13 Myresjö 99 Pa 1 26c
672 94 Myrevarv 149 Na 1 20c
930 55 Myrgård 285 Gb 37
930 92 Myrheden/Arjeplog 296 Fb 32
930 55 Myrheden/Glommersträsk 285 Ga 37
545 92 Myrhult 118 Nb 2 25b
641 93 Myrkärr 121 Nb 1 29c
790 90 Myrvallen 198 Kb 2 23a
830 24 Myrviken 253 Jb 25
620 33 Myrvälder 94 Ob 2 34a
672 95 Myrås 132 Na 2 21c
930 92 Myrås 296 Fb 32
380 62 Mysinge 90 Pb 3 29c
820 42 Mysingsborg 201 Kb 2 27c
572 63 Mysingsö 101 Pa 2 30a
755 97 Myskdalen 156 Mb 1 32c
760 31 Myskja 156 Mb 1 34a
747 93 Myssinge 156 Mb 1 33a
830 24 Myssjö 253 Jb 25
860 13 Myssjön 217 Ka 2 30b
747 91 Mysslinge 156 Ma 3 33a
425 65 Mysterna 69 Ob 20
139 90 Myttinge 139 Na 1 33c
827 91 Måga 202 Kb 1 29a
590 42 Måla/Horn 108 Ob 1 28b
732 93 Måla/Hästnäs 136 Na 2 28c
830 22 Målang 253 Ja 26
544 94 Målareskogen 106 Oa 3 25a
276 37 Målarhusen 76 Ra 1 25b
341 76 Målaskog 87 Pb 1 25b
597 91 Målbäck 108 Oa 2 28c
578 93 Målen/Aneby 107 Ob 2 26c
360 30 Målen/Asa 99 Pa 2 26c
360 30 Målen/Gällaryd 99 Pa 3 25c
385 98 Målen/Rödeby 83 Qa 1 28b
570 01 Målen/Rörvik 99 Pa 2 26a
560 27 Målen/Tenhult 106 Ob 2 25c
380 42 Målerås 89 Pb 1 28a
725 96 Målhammar 154 Mb 3 30c
570 82 Målilla 101 Pa 1 28b
827 93 Mållång 202 Kb 1 29b
828 95 Mållångsbo 186 La 2 28c
828 95 Mållångssta 186 La 2 28c
828 95 Mållångsstuga 186 La 2 28b
615 91 Målma 109 Oa 3 30b
555 93 Målskog 106 Ob 2 25a
335 91 Målskog 98 Pa 2 24b
516 77 Målsryd 105 Ob 2 23a
832 93 Målsta 253 Ja 26
597 94 Målstena 120 Oa 1 29a
593 93 Målängen 102 Ob 2 30b
290 60 Månasken 81 Qa 2 26a
792 90 Mångberg 185 Lb 1 26a
830 30 Mångbodarna 253 Ja 26
930 10 Mångbyn 273 Ha 39
740 30 Mångelbo 155 Ma 3 31c
686 98 Mången 150 Mb 1 22b
755 92 Mångsbo 155 Mb 1 31c
792 93 Mångsbodarna 184 La 3 24a
748 92 Mångsholmen 173 Ma 2 33a
683 95 Mångstorp 151 Mb 2 24b
870 52 Mångsån 255 Ja 32
815 03 Månkarbo 172 Ma 2 31c
382 93 Månsamåla 90 Pb 2 28c
545 91 Månsarud 118 Nb 2 25b
953 91 Månsbyn 299 Fb 42
564 91 Månseryd 106 Ob 2 25a
531 97 Månslunda 117 Oa 1 23a
277 56 Månslunda 75 Qb 3 24c
796 90 Månsta 184 La 2 25a
830 22 Månsta/Frösö 253 Jb 26
672 94 Månstad/Holmedal 149 Na 1 20c
514 53 Månstad/Länghem 98 Ob 3 23c
574 91 Månstorp/Ekenässjön 100 Ob 3 27a
284 91 Månstorp/Perstorp 80 Qa 2 23c
830 01 Månsåsen 253 Ja 25
680 52 Månäs 167 Lb 3 23a
686 96 Mårbacka 150 Mb 2 23b
685 91 Mårbacken 167 Ma 3 22b
512 62 Mårdaklev 97 Pa 2 22c
960 24 Mårdsel 298 Fa 39
922 75 Mårdsele 285 Gb 35
713 94 Mårdshyttan 152 Mb 3 27a
917 99 Mårdsjö/Dorotea 270 Ha 30
830 76 Mårdsjö/Hammarstrand 253 Ja 28
912 99 Mårdsjöberg 284 Gb 31
830 01 Mårdsundsbodarna 252 Ja 24
805 97 Mårdäng 172 Lb 2 31a
314 96 Mårenäs 86 Pb 1 23a
923 99 Mårkan 283 Ga 29
280 20 Mårnarp 80 Qa 2 24b
795 90 Mårtanberg 186 Lb 2 27b
740 71 Mårtensboda 173 Ma 1 33c
930 10 Mårtensboda 273 Ha 38
820 50 Mårtensbäcksmyran 200 Kb 2 26b
783 90 Mårtensgård 170 Ma 1 28b
725 97 Mårtenshamn 137 Mb 3 30b
330 27 Mårtenstorp/Norra Unnaryd 98 Ob 3 24b
770 12 Mårtenstorp/Nyhammar 169 Ma 2 26b
805 92 Mårtsbo 172 Lb 3 31b
744 91 Mårtsbo/Heby 155 Mb 1 31a
733 99 Mårtsbo/Möklinta 154 Ma 3 29c
733 97 Mårtsbo/Sala 154 Mb 1 29c
915 96 Mårtsmarken 273 Ha 38
681 95 Mårön 134 Na 2 24c
370 33 Måstad 82 Qa 2 27c
370 33 Måstadtorp 82 Qa 1 27c
975 95 Måttsund 299 Fb 40
810 40 Mälbo 171 Ma 1 30c
646 92 Mälby/Gnesta 138 Na 3 31c
762 95 Mälby/Gottröra 156 Mb 2 33a
776 90 Mälby/Hedemora 170 Ma 1 28c
640 32 Mälby/Malmköping 137 Na 2 30b
760 40 Mälby/Ortala 157 Mb 1 34b
730 70 Mälby/Västerfärnebo 154 Ma 3 29b
640 33 Mälby/Årdala 137 Nb 1 30c
760 40 Mälbyhamn 157 Ma 3 34c
519 96 Mällby 96 Pa 1 22a
330 21 Mällby 98 Pa 3 24a
452 93 Mälleg 131 Na 3 19c
548 92 Mälltorp 134 Nb 1 25b
186 96 Mälsta-Lingsberg 156 Mb 3 33b
980 61 Männikkö 311 Ea 41
714 91 Mänttorp 153 Mb 1 27b
980 41 Mäntyvaara 311 Eb 40
532 96 Märene 117 Oa 1 23c
840 24 Märrviken 216 Ka 2 27a
195 01 Märsta 155 Mb 3 32c
745 92 Märsön 137 Mb 3 31a
340 12 Mäseboda 87 Pb 2 24a
612 93 Mäselköp 120 Nb 2 28b
430 17 Mäshult 96 Pa 2 22a
269 93 Mäsinge 85 Qa 1 22b
568 92 Mässeberg 98 Pa 1 24c
661 93 Mässvik 133 Na 2 23a
370 30 Mästaremåla 83 Qa 1 28a
620 20 Mästerby 94 Pa 1 33b
312 92 Mästocka 86 Pb 3 23b
360 42 Mästreda 89 Pa 3 27a
590 96 Möckelhult 109 Oa 3 29b
343 71 Möckelsnäs 87 Pb 3 25a
549 93 Möckeltorp 118 Nb 3 25a
820 11 Möckelåsbo 202 Kb 3 29b
579 90 Möckhult 101 Pa 2 29b
571 67 Möcklamo 99 Ob 3 26b
360 73 Möcklehult/Kosta 89 Pb 1 27c
360 30 Möcklehult/Lammhult 99 Pa 3 25c
343 93 Möcklehult/Pjätteryd 87 Pb 3 25a
373 02 Möcklö 83 Qa 3 28b
821 93 Mödänge 187 La 2 29b
680 96 Mögrevsände 151 Mb 1 25b
733 99 Möklinta 154 Ma 3 30a
544 92 Mölebo 118 Oa 2 25a
840 80 Mölingdalsvallen 199 Kb 2 24c
260 38 Möllarp 79 Qa 3 22b
260 42 Mölle 78 Qa 2 21c
283 95 Möllegården 80 Qa 1 24c
280 63 Möllehem 81 Qa 2 25b
372 95 Mölleryd 82 Qa 2 27c
241 95 Mölleröka 79 Qb 1 23b
546 02 Mölltorp/Karlsborg 119 Oa 1 25c
541 91 Mölltorp/Stöpen 118 Oa 1 24c
669 92 Mölnbacka 151 Mb 3 24a
150 21 Mölnbo 138 Na 3 31c
431 01 Mölndal 104 Ob 3 21a
512 63 Mölneby 97 Pa 2 23a
620 20 Mölner 92 Pa 1 33b
672 94 Mölnerud 149 Na 1 20c
435 01 Mölnlycke 104 Ob 3 21a
383 92 Mölstad 90 Pa 3 29c
521 92 Mönarp 105 Oa 3 23c
520 24 Möne 105 Ob 1 23c
383 01 Mönsterås 90 Pa 3 29c
260 34 Mörarp 79 Qa 3 22c
680 52 Mörbacka 167 Lb 3 23a
591 95 Mörby 119 Nb 3 27a
294 92 Mörby 81 Qa 3 26a
136 91 Mörby/Dalarö 139 Na 3 33b
620 33 Mörby/Lokrume 94 Ob 2 34a
585 98 Mörby/Slaka 120 Oa 1 28a
380 65 Mörbylilla 84 Qa 2 29c
380 62 Mörbylånga 90 Pb 3 29c
450 84 Möre 131 Nb 1 20a
680 63 Möre 167 Lb 3 23a
567 91 Mörhult/Vaggeryd 99 Pa 1 25b
340 32 Mörhult/Västra Torsås 88 Pb 2 25c
610 27 Mörje 121 Oa 1 30b
517 93 Mörjhult 104 Ob 2 22a
590 55 Mörketorp 108 Oa 2 28b
310 20 Mörkhult 86 Pb 3 23b
790 90 Mörkret 198 Kb 3 22b
523 96 Mörkö 106 Ob 2 24b
153 93 Mörkö 138 Na 3 32a
466 91 Mörlanda 104 Oa 3 22a
570 84 Mörlunda 101 Pa 2 28c
375 05 Mörrum 81 Qa 2 26b
830 04 Mörsil 252 Ja 24
590 75 Mörstorp 120 Nb 3 27c
960 30 Mörtberg 298 Fa 39
816 93 Mörtebo 187 Lb 1 30b
572 96 Mörtfors 101 Ob 3 29c
696 92 Mörthult 119 Nb 1 26b
370 10 Mörtjuk 82 Qa 2 27a
672 93 Mörtnäs 149 Mb 3 21b
820 11 Mörtsjö 202 Kb 3 29c
690 45 Mörtsjön 135 Nb 1 27a
820 78 Mörtsjön 217 Ka 3 30b
830 60 Mörtsjön 269 Hb 26
370 30 Mörtsjöåsen 83 Qa 2 28b
770 10 Mörttjärn/Gravendal 152 Ma 3 25c
680 96 Mörttjärn/Lesjöfors 151 Ma 3 25b
930 70 Mörttjärn/Malå 285 Ga 35
922 75 Mörttjärn/Åmsele 285 Gb 35
134 69 Mörtviken 139 Na 2 33c
680 96 Mörtviken 151 Ma 3 25a
691 93 Mörviken 134 Na 1 25c
975 92 Mörön 299 Ga 40
360 70 Mösjöhult 100 Pa 3 28a
740 71 Möskäret 173 Ma 1 33c
912 92 Mötingselberget 283 Gb 30

N

380 75 Nabbelund 102 Pa 1 31a
635 13 Nabben 137 Na 2 29b
516 92 Nabben/Dalsjöfors 105 Ob 2 23b
520 43 Nabben/Kölingared 106 Ob 1 24a
372 92 Nabben/Ronneby 82 Qa 2 27b
370 43 Nabben/Sturkö 82 Qa 3 28a
131 01 Nacka 139 Na 2 33b
772 90 Nackarberg 152 Ma 3 26a
260 24 Nackarp 79 Qa 3 23b
730 50 Nackby 154 Mb 2 29c
560 25 Nackebo 106 Ob 2 24c
430 10 Nackhälle 96 Pa 3 21c
737 91 Naddebo 153 Mb 1 28c
830 80 Nagasjökälen 270 Hb 29
840 12 Naggen 217 Ka 2 28c
783 50 Naglarby 170 Ma 1 28a
982 06 Nahtavárri=Nattavaara 310 Eb 38
683 91 Nain 168 Ma 2 24b
683 91 Nainsheden 168 Ma 2 24b
956 98 Naisheden 311 Eb 41
956 98 Naisjärv 311 Eb 41
716 92 Nalavi 135 Na 3 27a
388 97 Namnerum 90 Pb 3 29a
305 92 Nannarp 86 Pb 2 22c
732 91 Nannberga 136 Na 2 28b
597 94 Nannersbo 109 Oa 3 29a
820 65 Nansfa 203 Kb 2 30c
917 91 Nappsjö 270 Ha 29
980 60 Narkaus=Narken 311 Eb 42
980 60 Narken=Narkaus 311 Eb 42
683 91 Narsdammen 168 Ma 2 24c
614 97 Nartorp 121 Oa 1 30a
596 92 Narveryd 119 Oa 1 27b
880 40 Nassjö 270 Hb 29
705 96 Nasta 135 Na 2 27c
640 43 Nastorp 137 Na 2 30b
982 07 Nattavaara by 310 Eb 39
982 06 Nattavaara=Nahtavárri 310 Eb 38
942 91 Nattberget 298 Fb 37
962 99 Nautijaur=Návdahávrre 309 Eb 35
670 10 Navarsviken 149 Mb 3 20b
670 10 Navarsvikkroken 149 Mb 3 20b
962 99 Návdahávrre=Nautijaur 309 Eb 35
450 84 Naverstad 115 Nb 2 20a
519 94 Navåsen 96 Pa 1 21c
266 95 Ned Århult 79 Qa 2 23a
860 13 Nedansjö 217 Ka 1 30b
860 13 Nedansjöbodarna 217 Ka 1 30b
331 93 Nederby 98 Pa 2 25a
841 92 Nedergårdarna 216 Ka 1 28c
840 30 Nederhögen 215 Ka 1 25c
596 93 Nederlösa 120 Oa 1 27b
517 92 Nedflo 104 Ob 2 21c
665 91 Nedre Bondestad 150 Mb 3 23b
937 92 Nedre Burliden 286 Gb 38
930 15 Nedre Bäck 286 Gb 39
961 91 Nedre Flåsjön 299 Fb 40
792 90 Nedre Garberg 185 Lb 2 25c
960 30 Nedre Guovggá=Nedre Kuouka 310 Eb 38
795 92 Nedre Gärdsjö 186 Lb 1 27b
960 30 Nedre Kuouka=Nedre Guovggá 310 Eb 38
820 50 Nedre Lomsjöhed 201 Kb 3 27b
912 92 Nedre Malgonäs 283 Gb 29
916 92 Nedre Nyland 272 Hb 34
920 72 Nedre Saxnäs 284 Ga 32
980 10 Nedre Soppero=Vuolle-Sohppar 321 Da 40
880 40 Nedre Strömnäs 270 Hb 30
780 67 Nedre Tandberget 183 La 3 23a
828 95 Nedre Tälningsbo 186 La 2 28b
953 91 Nedre Vojakkala 300 Fb 45
712 93 Nedre Vraket 152 Mb 1 25c
914 96 Nedre Öre 272 Hb 36
957 93 Neistenkangas 312 Eb 44
961 97 Neitaskaide=Niejdaskájdde 311 Eb 40
330 21 Nennesmo 98 Pa 2 24a
680 61 Nerby 167 Lb 3 22b
680 96 Neva 168 Ma 3 25a
820 11 Niannoret 202 Kb 3 30a
820 11 Niannäset 202 Kb 3 30a
730 30 Nibbarsbo 153 Mb 3 28b
153 91 Nibble 138 Na 3 32a
774 97 Nickarvet 171 Ma 2 29b
744 95 Nickbo 154 Mb 1 30c
738 92 Nickebo 155 Ma 3 29a
380 31 Nickebo 90 Pb 2 29b
725 96 Nicktuna 154 Mb 3 30b
961 97 Niejdaskájdde=Neitaskaide 311 Eb 40
955 95 Nieminen=Niemis 300 Fa 44

Niemis=Nieminen  Nybo/Östavall 411

955 95 Niemis=Nieminen 300 Fa 44
955 95 Niemisel 299 Fa 40
982 99 Nietsak 310 Ea 37
715 93 Nifsand 136 Na 3 28b
981 29 Nihkkáluokta=Nikkaluokta 320 Db 35
953 95 Nikkala 300 Fb 44
981 29 Nikkaluokta=Nihkkáluokta 320 Db 35
681 94 Niklasdamm 134 Na 1 25a
982 99 Nilimännikko 321 Ea 38
982 91 Nilivaara=Njallavárri 310 Ea 40
665 91 Nilsby 150 Mb 3 23c
790 23 Nilslarsberg 187 Lb 1 29a
934 94 Nilsliden 285 Gb 37
820 41 Nilsvallen/Färila 201 Kb 2 28b
842 93 Nilsvallen/Sveg 215 Ka 3 25c
921 91 Nirak 284 Gb 34
957 23 Niskanpää 312 Eb 44
335 92 Nissafors 98 Pa 1 24a
314 93 Nissaryd 86 Pa 3 23b
313 92 Nissaström 86 Pb 1 23a
794 90 Nissbo 185 La 2 26a
620 11 Nisse 92 Pa 3 33b
620 11 Nisseviken 92 Pa 3 33b
783 90 Nisshyttan 170 Ma 2 28b
523 99 Nitta 105 Ob 2 23b
514 61 Nittorp/Dalstorp 98 Ob 3 24a
514 54 Nittorp/Limmared 98 Ob 3 23c
942 95 Njalla=Njalle 298 Fb 37
982 91 Njallavárri=Nilivaara 310 Ea 40
942 95 Njalle=Njalla 298 Fb 37
933 99 Njallejaur 297 Fb 36
962 99 Njavve 309 Eb 33
982 99 Njavvi=Kaitum 321 Db 37
960 30 Njetsavare=Njietsavárre 310 Eb 37
960 30 Njietsavárre=Njetsavare 310 Eb 37
982 60 Njoammelsasskam=Harsprånger 309 Eb 36
828 93 Njupan 201 La 1 27c
820 62 Njuparna 217 Ka 3 29c
280 60 Njura 80 Qa 2 25a
862 02 Njurundabommen 218 Ka 2 31c
825 92 Njutånger 203 Kb 3 31a
590 42 Njölhult 108 Ob 1 28b
578 91 Noby 107 Ob 1 26b
578 91 Nobynäs 107 Ob 1 26b
573 94 Nockabo 107 Ob 1 27a
290 10 Nockarp 80 Qa 3 24b
450 73 Nockeröd 115 Nb 3 20a
294 95 Nogersund 81 Qa 3 26b
731 92 Nogsta 153 Mb 3 29a
442 96 Nolby/Kode 103 Ob 1 20c
542 91 Nolby/Torsö 118 Nb 2 24b
670 41 Nolgård 149 Mb 2 21a
826 93 Nolhed 187 La 2 30b
546 91 Nolkärr 119 Oa 1 25c
740 30 Nolmyra 155 Ma 3 31c
680 52 Nolnäs 167 Lb 3 23a
184 95 Nolsjö 139 Mb 3 34a
742 91 Nolsterby 173 Ma 2 34a
742 91 Nolsterbystrand 173 Ma 2 34a
546 91 Noltorp/Fagersanna 118 Oa 1 25c
530 10 Noltorp/Vedum 105 Oa 2 22c
423 63 Nolvik 103 Ob 2 20b
691 91 Nolås 134 Na 1 25c
780 50 Nome 168 Lb 3 25a
680 96 Nopa 168 Ma 2 25a
794 98 Noppikoski 200 La 1 26c
840 50 Nor/Bräcke 253 Jb 27
713 92 Nor/Gytttorp 135 Na 1 26c
820 40 Nor/Järvsö 202 Kb 2 29b
812 90 Nor/Storvik 171 Lb 3 30a
761 75 Nor/Söderby-Karl 157 Mb 1 34c
777 94 Nor/Söderbärke 153 Ma 3 28a
760 40 Nor/Älmsta 157 Mb 1 34c
825 96 Nora/Enånger 203 La 1 31a
713 01 Nora/Gytttorp 135 Mb 3 27a
641 91 Nora/Katrineholm 120 Nb 1 29a
860 25 Nora/Kovland 218 Ka 1 30c
860 25 Nora/Sundsvall 254 Ka 30
672 95 Norane/Sillerud 132 Na 2 21c
668 93 Norane/Töftedal 131 Nb 1 20b
738 02 Norberg 153 Ma 3 28c
780 61 Norberget 184 Lb 1 24b
781 96 Norbo 170 Ma 2 27c
781 96 Norbo Finnmark 170 Ma 2 27c
737 91 Norbyn 153 Mb 1 28c
820 78 Nord Gryms 217 Ka 3 30a
914 94 Nordanbäck 272 Hb 35
840 13 Nordanede 254 Jb 29
840 80 Nordanhån 200 Kb 1 25a
826 95 Nordanhöle 202 La 1 30b
880 40 Nordankäl 270 Hb 29
835 92 Nordannälden 253 Ja 25
912 99 Nordanrå 283 Gb 29
776 90 Nordansjö 170 Ma 1 28c
820 29 Nordansjö 187 La 3 30c
914 93 Nordansjö/Bjärten 272 Hb 35
576 91 Nordanskog 99 Pa 1 26a
820 75 Nordanå 218 Kb 1 31b
245 93 Nordanå 74 Qb 3 23a
871 92 Nordanå/Timra 255 Jb 31
910 50 Nordanås/Fredrika 271 Ha 33
923 97 Nordanås/Vilhelmina 283 Ga 29
891 92 Nordanås/Västerhus 255 Ja 34
775 95 Nordanö 154 Ma 3 29b
870 10 Nordanö/Härnösand 255 Jb 33
452 92 Nordby 131 Na 3 19b
830 44 Nordbyn 252 Ja 24
780 41 Nordbäck 169 Lb 3 27a
830 30 Norderåsen 253 Ja 26
832 94 Norderön 253 Ja 25
840 50 Norder-Ösjö 253 Jb 27
683 91 Nordgården 168 Ma 3 24c
830 15 Nordhallen 267 Ja 22
870 30 Nordingrå 255 Jb 33
820 50 Nordkap 200 Kb 3 26a
457 91 Nordkas 131 Nb 2 19c
468 30 Nordkroken 116 Oa 1 21c
914 01 Nordmaling 272 Hb 35
451 93 Nordmanneröd 116 Oa 1 21a
682 93 Nordmark 151 Mb 1 25a
790 90 Nordomsjön 198 Kb 2 23a
578 92 Nordsjö/Aneby 107 Ob 1 26a
820 11 Nordsjö/Arbrå 202 Kb 3 30a
591 96 Nordsjö/Borensberg 119 Nb 3 27b
820 40 Nordsjö/Järvsö 202 Kb 2 29b
882 91 Nordsjö/Långsele 254 Ja 31
914 93 Nordsjö/Västansjö 272 Hb 35
671 93 Nordsten 149 Mb 3 21c
450 63 Nordsäter 116 Nb 2 20c
670 20 Nordtorp/Gängene 132 Na 1 22a
518 90 Nordtorp/Sjömarken 104 Ob 2 22b
680 51 Nordtorpssätern 167 Ma 2 23b
830 60 Nordvalla 269 Hb 26
782 75 Nordvallssälen 184 Lb 2 23c
680 61 Nordviggen 167 Ma 1 22b
680 96 Nordvik 151 Ma 3 25a
790 70 Nordvik 186 La 2 27b
920 64 Nordvik 295 Fb 28
770 70 Nordviken 170 Ma 1 29a
673 91 Nordäng 149 Mb 1 21c
681 94 Nore 134 Na 1 25a
827 30 Nore 202 Kb 1 29a
780 51 Noret 169 Lb 3 25c
880 50 Noret/Backe 270 Hb 29
830 80 Norg 270 Ha 28
770 12 Norhyttan 169 Ma 2 26c
294 76 Norje 81 Qa 3 26b
294 76 Norjeboke 81 Qa 3 26b
340 10 Norlid 87 Pb 2 24a
596 93 Normlösa 119 Oa 1 27b
776 95 Nornsbruk 170 Ma 2 28b
780 69 Nornäs 199 La 1 23b
774 92 Norr Nävde 170 Ma 2 29a
840 13 Norra Nordanede 217 Jb 3 29c
730 91 Norra Allmänningbo 153 Mb 2 28a
782 91 Norra Avradsberg 168 Ma 1 24b
934 94 Norra Bastuträsk 286 Gb 38
705 92 Norra Billinge 135 Na 1 27a
373 00 Norra Binga 83 Qa 2 28c
777 93 Norra Bisen 153 Mb 1 27c
277 55 Norra Björstorp 75 Qb 2 25a
514 55 Norra Björstorp 98 Ob 3 24a
828 93 Norra Blommaberg 201 Kb 3 27c
792 97 Norra Bomansberg 185 La 3 26b
664 95 Norra Borgvik 133 Na 1 22c
961 98 Norra Bredåker 298 Fb 39
705 94 Norra Bro 135 Na 2 27b
780 54 Norra Brudskogen 168 Ma 1 24c
810 40 Norra Brunn 171 Ma 1 30c
780 67 Norra Brändan 183 La 3 23b
597 94 Norra Båtvik 108 Oa 2 29a
314 92 Norra Ekeryd 98 Pa 3 23c
314 92 Norra Fagerhult 97 Pa 3 23c
780 64 Norra Fenningberget 184 Lb 1 23c
714 91 Norra Finnfall 152 Mb 1 27a
671 95 Norra Fjäll 150 Mb 3 22b
585 96 Norra Fjälla 108 Oa 2 28a
920 64 Norra Fjällnäs 295 Fb 27
828 95 Norra Flät 186 La 3 28b
716 92 Norra Folkavi 135 Na 27a
688 91 Norra Fristjärn 151 Mb 3 25c
820 78 Norra Furuberg 217 Ka 3 30a
590 80 Norra Fågelhem 108 Ob 2 28b
544 94 Norra Fågelås 106 Oa 2 25b
930 70 Norra Fårträsk 284 Ga 34
792 94 Norra Garberg 184 La 3 25b
697 92 Norra Glottra 136 Nb 1 27c
936 91 Norra Grundfors 285 Gb 37
385 91 Norra Gullabo 83 Qa 1 28c
388 94 Norra Hagby 90 Pb 3 29b
461 91 Norra Hagen 116 Oa 2 21a
285 93 Norra Haghult 87 Pb 3 24a
570 21 Norra Hiarum 99 Ob 3 26a
933 99 Norra Holmnäs 297 Fb 36
544 94 Norra Hulan 106 Oa 2 25b
568 91 Norra Hult 99 Pa 1 25b
696 91 Norra Hunna 135 Nb 1 26c
713 91 Norra Husby 152 Mb 3 27a
531 92 Norra Härene 117 Oa 1 23a
910 60 Norra Insjö 271 Ha 31
531 97 Norra Kedum 117 Oa 1 22c
820 70 Norra Kitte 203 Kb 1 30c
230 43 Norra Klagshamn 61 Qb 22
718 94 Norra Klysna 135 Na 1 27b
930 82 Norra Kroktjärn 285 Ga 35
770 10 Norra Kvarnberget 168 Ma 2 25b
380 62 Norra Kvinneby 91 Pb 3 30a
833 94 Norra Kärrnäset 269 Hb 27
930 90 Norra Laisvik 296 Fa 31
912 94 Norra Latikberg 283 Gb 31
670 41 Norra Lien 149 Mb 3 21a
532 93 Norra Lundby 118 Oa 1 24a
822 92 Norra Långhed 202 La 1 29a
297 95 Norra Lökaröd 76 Qb 2 25a
962 99 Norra Mattisudden 310 Eb 37
737 91 Norra Morsjön 153 Mb 1 28b
386 96 Norra Möckleby 91 Pb 3 30b
840 13 Norra Nordanede 254 Jb 29
918 93 Norra Norum 273 Hb 38
690 45 Norra Nyckelhult 135 Nb 1 27a
293 91 Norra Näbbeboda 81 Qa 2 25c
386 92 Norra Näsby 91 Pb 3 30b
148 96 Norra Rangsta 138 Na 3 32c
458 92 Norra Rådane 116 Nb 3 21a
660 60 Norra Rådom 151 Mb 3 24a
280 72 Norra Rågeboda 87 Qa 1 25b
956 92 Norra Rödupp 311 Eb 42
243 92 Norra Rörum 80 Qa 3 24a
820 60 Norra Sannäs 202 Kb 2 30b
792 37 Norra Selbäck 185 La 3 26a
462 91 Norra Siviken 116 Oa 1 21b
662 96 Norra Skarbol 132 Na 2 22a
680 50 Norra Skoga 150 Ma 3 23c
830 60 Norra Skärvången 269 Hb 25
361 94 Norra Stamphult 89 Pb 2 28a
920 70 Norra Stensund 296 Fb 31
840 12 Norra Stormörtsjön 217 Ka 2 29a
830 90 Norra Storvattnet 269 Ha 25
774 99 Norra Strandmora 171 Ma 2 29c
288 90 Norra Strö 80 Qa 3 25a
961 93 Norra Sunderbyn 299 Fb 40
573 73 Norra Sunhult 107 Ob 1 26c
382 94 Norra Sävsjö 89 Pb 2 28b
780 40 Norra Tansbodarna 169 Ma 1 26c
694 94 Norra Torpa 135 Nb 1 26c
912 99 Norra Tresund 283 Gb 30
923 99 Norra Umstrand 283 Ga 30
560 25 Norra Unnaryd 98 Ob 3 24b
572 95 Norra Uvö 102 Ob 3 30a
340 30 Norra Vare 88 Pb 1 25c
590 40 Norra Vi 108 Ob 1 27c
792 91 Norra Vika 185 Lb 1 25c
660 60 Norra Viken 151 Mb 2 24b
672 92 Norra Viker 132 Na 2 20c
770 14 Norra Västansjö 169 Ma 2 26c
685 91 Norra Västanvikssätern 167 Ma 3 22c
686 98 Norra Västerrottna 150 Mb 1 22c
231 73 Norra Åby 74 Ra 1 23b
937 92 Norra Åbyn 286 Gb 38
355 92 Norra Åreda 88 Pb 1 26c
291 91 Norra Åsum 81 Qb 1 25a
661 91 Norra Åverstad 133 Na 3 23a
820 78 Norra Åssjö 217 Ka 3 30a
680 50 Norra Öjenäs 168 Ma 3 24a
920 70 Norra Örnäs 296 Fb 31
310 21 Norra Össjö 86 Qa 1 23c
260 22 Norraby/Ottarp 79 Qb 1 22c
360 40 Norraby/Rottne 88 Pa 3 26b
280 64 Norraryd/Lönsboda 81 Qa 1 25b
360 10 Norraryd/Ryd 88 Qa 1 26b
923 98 Norrberg 283 Ga 30
820 60 Norrberg/Delsbo 202 Kb 2 30a
820 46 Norrberg/Hedsjö 216 Ka 2 28a
820 62 Norrbo/Delsbo 202 Kb 1 30a
770 14 Norrbo/Nyhammar 169 Ma 2 26c
816 94 Norrbo/Ockelbo 187 Lb 1 30a
820 29 Norrbo/Skog 187 La 2 30c
740 21 Norrbo/Vittinge 155 Mb 1 31b
820 62 Norrbobyn 202 Kb 1 30a
740 71 Norrboda 173 Ma 1 33c
790 70 Norrboda 186 La 3 27b
946 92 Norrbodarna 286 Ga 39
821 94 Norrborn 202 La 1 29c
822 92 Norrbovallen/Alfta 202 La 1 29b
820 70 Norrbovallen/Östergården 218 Ka 3 30c
388 97 Norrbro 83 Qa 1 29a
935 92 Norrbränna 285 Ga 35
822 92 Norrby/Alfta 202 La 1 29a
880 41 Norrby/Edsele 254 Ja 30
710 41 Norrby/Fellingsbro 136 Mb 3 28b
585 95 Norrby/Grebo 120 Oa 2 28b
734 91 Norrby/Hallstahammar 154 Mb 3 29a
763 94 Norrby/Hallstavik 157 Ma 3 34b
811 95 Norrby/Järbo 171 Lb 2 30a
692 93 Norrby/Kumla 135 Na 3 28c
195 92 Norrby/Skepptuna 156 Mb 2 32c
761 74 Norrby/Söderby-Karl 156 Mb 1 34b
922 67 Norrby/Tavelsjö 272 Ha 37
815 92 Norrby/Tierp 172 Ma 1 32a
635 05 Norrby/Torshälla 137 Na 1 30b
615 94 Norrby/Tryserum 109 Oa 3 30a
610 60 Norrby/Tystberga 122 Nb 1 31b
597 91 Norrby/Åtvidaberg 108 Oa 3 29a
748 91 Norrby/Österbybruk 156 Ma 2 32c
921 95 Norrbyberg 284 Gb 33
762 96 Norrbyggeby 156 Mb 1 33b
760 40 Norrbyle 157 Ma 3 34b
774 99 Norrbyn 171 Ma 2 29c
820 50 Norrbyn 201 Kb 2 27b
910 20 Norrbyn/Hörnefors 272 Hb 36
620 34 Norrbys/Hangvar 95 Ob 1 34b
620 34 Norrbys/Lärbro 95 Ob 2 34b
705 95 Norrbyås 136 Na 2 27c
733 92 Norrbäck 154 Mb 1 30b
820 78 Norrbäck 217 Ka 2 30a
921 99 Norrbäck/Björkberg 284 Gb 32
860 25 Norrbäcken 218 Ka 1 31a
891 92 Norrbäcksjö 255 Ja 34
380 74 Norrböda 102 Pa 2 31a
864 92 Norrböle 218 Ka 2 31a
840 50 Norrböle/Brunflo 253 Jb 26
820 62 Norrdala 217 Kb 1 29c
335 91 Norrebo 98 Pa 1 24b
880 50 Norr-Edsta 270 Hb 29
376 93 Norremark 81 Qa 2 26b
864 92 Norr-Fjolsta 218 Ka 2 31a
820 77 Norrfjärden 218 Ka 3 31c
945 31 Norrfjärden/Piteå 286 Ga 40
918 93 Norrfjärden/Umeå 273 Hb 38
823 91 Norrfly 187 La 2 30a
922 95 Norrfors/Granö 272 Ha 35
914 93 Norrfors/Nordmaling 272 Hb 34
910 50 Norrfors/Trehörningen 271 Ha 33
921 93 Norrfors/Vägsele 271 Ha 33
905 92 Norrfors/Vännäs 272 Hb 37
870 31 Norrfällsviken 255 Jb 34
620 30 Norrgarde 95 Ob 3 34a
820 70 Norrgimma 217 Kb 1 30b
830 76 Norr-Greningen 253 Ja 27
921 92 Norrgård 271 Ha 34
828 93 Norrgårdama 201 La 1 28a
744 91 Norrgården 154 Ma 3 30c
792 93 Norrgårdssälen 184 Lb 1 24b
355 92 Norrgårdå 88 Pb 1 26c
730 70 Norrgärsbo 154 Mb 1 29b
820 62 Norrhavra 217 Kb 1 29c
860 13 Norrhuljen 218 Ka 1 30c
590 90 Norrhult/Ankarsrum 101 Ob 2 29b
577 91 Norrhult/Hultsfred 101 Ob 3 28c
598 92 Norrhult/Rumskulla 108 Ob 2 28a
590 40 Norrhult/Ydrefors 108 Ob 1 28a
360 71 Norrhult-Klavreström 100 Pa 3 27b
330 31 Norrhyltan 98 Pa 2 24c
730 70 Norrhörende 154 Mb 1 29b
610 30 Norrkrog 121 Oa 1 30a
548 93 Norrkvarn 118 Nb 2 25a
600 02 Norrköping 121 Nb 3 29b
620 23 Norrlanda 95 Ob 3 34b
840 13 Norr-Leringen 254 Jb 29
820 62 Norrlia 202 Kb 1 30a
864 92 Norrlindsjö 218 Ka 2 30c
921 93 Norrlunda 284 Gb 34
934 95 Norrlångträsk 286 Ga 38
645 91 Norrlänna 137 Na 2 30c
747 91 Norrlövsta 156 Ma 3 33a
933 99 Norrmalm/Arvidsjaur 297 Fb 34
921 99 Norrmalm/Lycksele 284 Gb 34
442 92 Norrmannebo 104 Ob 1 21a
905 82 Norrmjöle 272 Hb 37
139 50 Norrnäs 139 Na 1 33c
880 41 Norrnäs/Edsele 254 Ja 30
880 51 Norrnäs/Rossön 270 Hb 29
730 70 Norrsalbo 154 Mb 1 29b
920 70 Norrsele 296 Fb 31
830 81 Norrsjön 282 Gb 27
742 93 Norrskedika 173 Ma 2 33b
149 92 Norrskog 123 Nb 1 32c
731 93 Norrslyta 153 Mb 3 28c
591 92 Norrsten 119 Nb 3 27a
930 86 Norrstrand 297 Fb 34
817 30 Norrsundet 188 Lb 1 31a
740 47 Norrsälja 155 Ma 3 31b
880 30 Norrtannflo 254 Ja 30
895 99 Norrtjärn/Solberg 271 Hb 33
894 93 Norrtjärn/Överhörnäs 255 Ja 34
610 50 Norrtorp 121 Nb 2 30a
340 12 Norrtorpa 87 Pb 2 24a
646 91 Norrtuna 138 Na 3 31b
761 01 Norrtälje 156 Mb 2 34b
137 94 Norrudden 139 Na 3 32c
620 34 Norrvange/Hangvar 95 Ob 2 34b
620 34 Norrvange/Lärbro 95 Ob 2 34b
760 21 Norrveda 157 Mb 2 34c
771 92 Norrvik 169 Ma 2 27a
921 99 Norrvik/Björkberg 284 Gb 32
830 60 Norrvik/Häggsjövik 269 Hb 25
960 30 Norrvik/Vuollerim 298 Fa 38
192 70 Norrviken/Täby 138 Na 1 32c
760 21 Norrviken/Vätö 157 Mb 2 34c
862 96 Norrvikssand 218 Ka 2 32a
892 92 Norrvåge 255 Ja 34
820 60 Norrväna 202 Kb 2 29c
830 81 Norråker/Hoting 270 Ha 28
923 98 Norråker/Storuman 284 Gb 31
730 70 Norrål 154 Mb 1 29b
744 92 Norråmyra 154 Ma 3 30c
139 90 Norråva 139 Na 1 34a
820 10 Norränge 202 La 1 29c
561 93 Norrängen 106 Ob 2 25b
733 38 Norrängen 154 Mb 1 30b
620 34 Nors/Fleringe 95 Ob 1 34c
620 35 Nors/Fårö 95 Ob 1 35b
828 91 Norsbo/Edsbyn 201 La 1 28b
791 93 Norsbo/Falun 170 Lb 3 28a
149 91 Norsbol 123 Nb 1 32c
660 50 Norsbron 133 Na 1 23b
718 94 Norsebäck 135 Na 1 27b
610 21 Norsholm 120 Nb 3 28c
776 90 Norshyttan 170 Ma 1 28c
935 01 Norsjö 285 Gb 35
935 92 Norsjövallen 285 Gb 35
824 93 Norsta 203 Kb 2 31b
725 96 Nortuna 154 Mb 2 30b
660 60 Norum 151 Mb 3 24b
465 01 Nossebro 104 Oa 2 22b
760 40 Nothamn 157 Ma 3 34c
980 60 Nuksujärvi 311 Eb 42
565 92 Nunnered 106 Ob 1 24b
242 94 Nunnäs 80 Qb 1 24a
982 06 Nuortigon=Nuortikon 310 Eb 38
982 06 Nuortikon=Nuortigon 310 Eb 38
984 91 Nuottaniemi 322 Ea 44
980 10 Nurmasuanto 322 Db 41
792 77 Nusnäs 185 Lb 1 26a
671 94 Nussviken 150 Mb 3 22c
933 99 Nya Bastuselet 284 Ga 34
921 95 Nya Rusele 284 Gb 33
828 95 Nya Skallarbo 186 La 2 28c
915 92 Nya Storbäcken 273 Ha 38
790 90 Nya Vasselvallen 199 Kb 1 23b
713 92 Nya Viker 135 Na 1 26b
314 92 Nyarp 97 Pa 3 23b
681 92 Nybble 134 Na 3 25b
645 92 Nybble 137 Na 1 30b
610 55 Nyberga 121 Nb 2 30b
783 93 Nyberget 170 Ma 1 28c
777 91 Nyberget 170 Ma 2 27c
793 97 Nybingsbo 185 Lb 2 26b
828 91 Nybo/Edsbyn 201 Kb 3 28a
820 40 Nybo/Järvsö 202 Kb 3 29a
790 91 Nybo/Storsätern 213 Ka 3 21c
541 98 Nybo/Tibro 118 Oa 1 25a
841 93 Nybo/Östavall 216 Ka 1 27c

S

412 Nyboda Olstorp
S

570 19 Nyboda 100 Pa 1 27c
820 70 Nybodarna/Bergsjö 217 Ka 3 30c
841 97 Nybodarna/Fränsta 217 Jb 3 29a
841 93 Nybodarna/Fåssjödal 216 Ka 2 27a
812 94 Nybodarna/Järbo 171 Lb 2 29c
840 80 Nybodarna/Lillhärdal 214 Kb 1 24c
792 92 Nybodarna/Malung 184 Lb 2 25a
840 30 Nybodarna/Rätan 215 Jb 3 26a
840 90 Nybodarna/Ytterhogdal 215 Ka 2 26c
860 13 Nybodsvedjan 217 Ka 1 30b
860 13 Nybodsvedjan 254 Ka 30
820 11 Nybodvallen 202 Kb 3 29c
780 54 Nybofjäll 168 Ma 2 24c
570 16 Nyboholm 100 Pa 1 28a
796 91 Nybolet 184 La 2 25b
952 50 Nyborg 299 Fb 43
197 93 Nyborg/Bålsta 155 Mb 3 32a
695 93 Nyborg/Finnerödja 134 Nb 1 26a
822 92 Nybovallen 202 La 1 29a
382 01 Nybro 90 Pb 2 28c
270 22 Nybrostrand 75 Ra 1 24c
781 96 Nyby/Borlänge 170 Ma 1 27c
740 82 Nyby/Kulla 155 Mb 2 31c
312 96 Nyby/Laholm 86 Qa 1 23a
830 30 Nyby/Lit 253 Ja 27
314 92 Nyby/Långaryd 97 Pa 3 23c
761 75 Nyby/Rörvik 157 Mb 1 34c
930 90 Nyby/Sorsele 296 Fb 32
747 94 Nyby/Stavby 156 Ma 3 32c
916 95 Nyby/Vänjaurbäck 271 Ha 33
740 22 Nybygget 155 Mb 1 31c
266 97 Nybygget/Hjärnarp 79 Qa 2 22c
264 92 Nybygget/Klippan 79 Qa 3 23b
745 92 Nybyholm 137 Mb 3 31a
776 92 Nybyn 170 Ma 2 29a
820 50 Nybyn 201 Kb 3 27c
895 91 Nybyn/Billsta 255 Ja 33
830 04 Nybyn/Mörsil 252 Ja 24
945 92 Nybyn/Öjebyn 298 Ga 39
956 92 Nybyn/Överkalix 299 Fa 42
725 97 Nybynäs 137 Mb 3 30b
467 96 Nybölet 116 Oa 1 22a
742 95 Nyckelbol 156 Ma 3 33c
710 41 Nyckelby 136 Na 1 28b
711 98 Nyckelbäcken 153 Mb 2 27b
570 03 Nydala/Hagshult 99 Pa 2 25c
383 91 Nydala/Mönsterås 90 Pa 3 29c
591 99 Nydalen 119 Nb 2 26c
792 94 Nydalen 184 La 3 24c
574 98 Nye 100 Pa 1 27b
384 91 Nyebo 90 Pb 1 29c
314 96 Nyebro 86 Pb 1 23a
296 92 Nyehusen 76 Qb 1 25b
771 90 Nyfors 153 Mb 1 27b
790 26 Nyfäbodarna 186 Lb 1 28b
620 33 Nygranne 94 Ob 2 33c
984 01 Nygård/Borken 282 Ga 27
942 98 Nygård/Långträsk 298 Ga 38
155 93 Nygård/Mariefred 138 Na 2 31b
383 91 Nygård/Mönsterås 91 Pa 3 30a
460 11 Nygård/Skepplanda 104 Oa 3 21b
934 94 Nygård/Stavaträsk 285 Ga 37
468 90 Nygård/Vänersborg 116 Oa 1 21c
820 29 Nygården 187 La 3 30c
955 95 Nygården/Gunnarsbyn 299 Fa 41
910 60 Nygården/Åsele 270 Ha 31
620 23 Nygårds/Buttle 92 Pa 1 34a
620 13 Nygårds/Etelhem 92 Pa 1 33c
620 13 Nygårds/Lau 93 Pa 2 34a
955 91 Nygårdsheden 299 Fb 41
380 65 Nygärde 84 Qa 2 29c
673 91 Nygärdet 149 Mb 1 21c
593 93 Nyhagen 109 Ob 2 30b
711 94 Nyhammar/Gusselby 153 Mb 2 27c
770 14 Nyhammar/Sunnansjö 169 Ma 2 26c
833 95 Nyhamn 270 Ha 28
260 41 Nyhamnsläge 79 Qa 2 22a
260 41 Nyhamsläge 65 Qa 22
388 91 Nyhem 90 Pb 3 29a
920 72 Nyhem/Blattniksele 284 Ga 32
840 12 Nyhem/Fränsta 217 Ka 1 29a
830 86 Nyhem/Svansele 282 Gb 27
830 15 Nyhem/Åre 267 Hb 21
842 93 Nyhem/Älvros 215 Ka 3 26c
571 63 Nyholm/Bodafors 99 Pa 1 26b
568 92 Nyholm/Skillingaryd 98 Pa 1 24c
640 50 Nyhyttan/Hammarbo-sätter 138 Na 3 31a
783 90 Nyhyttan/Hedemora 170 Ma 2 28b
713 94 Nyhyttan/Hjulsjö 152 Mb 2 26b
711 96 Nyhyttan/Storå 152 Mb 2 27a
791 92 Nyhyttan/Vika 170 Lb 3 28b
730 70 Nyhyttan/Västerfärnebo 153 Mb 1 29a
590 52 Nykil 108 Oa 2 27c
816 92 Nykolan 187 La 3 30b
680 90 Nykroppa 151 Mb 3 25b
155 01 Nykvarn 138 Na 2 31c
591 97 Nykyrka 119 Nb 3 26c
820 46 Nyköl 217 Ka 3 28c
611 00 Nyköping 122 Nb 2 31a
860 25 Nyland 218 Jb 3 30c
905 86 Nyland/Bjurholm 272 Hb 36
870 52 Nyland/Bolstabruck 255 Ja 32
830 70 Nyland/Hammerdal 269 Hb 27
860 25 Nyland/Indal 254 Jb 30
830 41 Nyland/Krokom 253 Ja 25
882 91 Nyland/Långsele 254 Ja 30
890 35 Nyland/Nordmaling 272 Hb 35
912 99 Nyland/Vilhelmina 271 Ha 31
911 94 Nyland/Vännäs 272 Hb 36
820 46 Nylandet 216 Ka 2 28b
881 93 Nylandsån 255 Ja 31
916 95 Nyliden/Bjurholm 272 Ha 35
930 91 Nyliden/Sorsele 296 Fb 32
923 98 Nyliden/Storuman 283 Ga 31
890 50 Nyliden/Trehörningsjö 271 Hb 33
616 91 Nylingstorp 121 Nb 1 29a
543 93 Nylund 118 Oa 1 25b
380 53 Nylund 90 Pa 3 29b
934 94 Nylund/Kåge 286 Gb 38
290 34 Nymö 81 Qa 3 25b
295 73 Nymölla 81 Qa 3 25c
692 91 Nynäs 135 Na 2 27b
810 64 Nynäs 172 Lb 3 32a
149 01 Nynäshamn 123 Nb 1 32c
621 90 Nyplings 94 Ob 3 33c
240 36 Nyrup/Hallarod 80 Qb 1 23c
260 41 Nyrup/Höganäs 79 Qa 2 22a
864 92 Nyrå 218 Ka 2 30c
862 96 Nyråviken 218 Ka 2 31c
455 92 Nyröd 115 Nb 3 20b
923 96 Nysele 284 Ga 31
598 93 Nyshult 101 Ob 2 28c
790 25 Nysjön 186 Lb 1 28c
820 77 Nyslätt 218 Ka 3 31a
942 92 Nystrand 298 Fb 38
830 51 Nysved 268 Hb 25
760 10 Nysvedjan 156 Mb 3 33c
780 41 Nysäl 169 Lb 3 27a
782 75 Nysälen 184 Lb 2 24a
661 95 Nysäter 132 Na 2 22b
840 93 Nysätern 252 Jb 23
790 90 Nysätern/Glysjön 199 Kb 3 23b
840 93 Nysätern/Hede 214 Ka 2 23c
790 90 Nysäternvallen 198 Kb 3 22b
740 82 Nysätra 155 Mb 2 31b
761 76 Nysättra 157 Mb 2 34c
895 99 Nytjärn 271 Hb 32
640 43 Nytorp 137 Na 2 30b
705 92 Nytorp/Garphyttan 135 Na 1 27a
712 93 Nytorp/Hällefors 152 Mb 2 26a
982 03 Nytorp/Kompelusvaara 311 Ea 41
933 99 Nyträsk/Arvidsjaur 297 Fb 36
934 94 Nyträsk/Stavaträsk 285 Ga 37
713 92 Nyttorp 135 Na 1 26b
380 30 Nyttorp 90 Pb 1 29c
820 70 Nytäkten 218 Ka 3 31a
930 81 Nyvall 285 Ga 35
747 93 Nyvalla 156 Ma 3 33a
820 60 Nyvallen/Delsbo 202 Kb 2 30a
820 62 Nyvallen/Furuberg 217 Ka 3 30a
820 43 Nyvallen/Kårböle 216 Kb 1 27c
820 60 Nyvallen/Lillvallen 202 Kb 3 30a
265 90 Nyvång 79 Qa 3 22c
827 91 Nyåker 202 Kb 1 28c
830 81 Nyåker/Hoting 270 Ha 28
914 94 Nyåker/Nordmaling 272 Hb 35
895 93 Nyåker/Solberg 271 Hb 32
922 93 Nyåkerstjärn 272 Ha 35
242 92 Nyåkra 75 Qb 1 24b
611 95 Nyäng 121 Nb 3 30b
681 94 Nyäng 134 Na 1 25a
823 93 Nyänge 187 La 2 30a
860 13 Nyänget 217 Ka 1 30b
793 92 Nålberg 169 Lb 3 26c
761 73 Nånö 156 Mb 2 34a
447 94 Nårunga 104 Ob 1 22b
962 99 Nårvejaur 309 Eb 35
780 53 Nås 169 Ma 1 25c
740 20 Nåstuna 155 Mb 1 31c
523 91 Nåtared 105 Ob 1 24a
560 25 Nåthult 106 Ob 2 24b
671 95 Näbbol 150 Mb 3 22b
774 99 Näckenbäck 154 Ma 3 30a
825 93 Näcksjö 203 Kb 3 30c
714 91 Näcktjärn 152 Mb 1 27a
794 90 Näckådalen 200 La 2 25c
612 91 Näfstorp 120 Nb 2 28c
341 94 Näglinge 87 Pb 2 24b
616 91 Näkna 121 Nb 2 29a
692 93 Nälberg 135 Na 3 27a
830 44 Nälden 253 Ja 25
274 91 Nällevad 75 Qb 3 23c
640 61 Nällsta 138 Na 1 31b
130 36 Nämdö 139 Na 2 34b
620 13 När 93 Pa 2 34a
310 60 Näraby 97 Pa 3 22b
273 91 Närabytorp 75 Qb 3 24c
614 92 Närby 121 Oa 1 29b
672 92 Näresbyn 132 Na 2 21a
594 94 Näringe 108 Ob 1 29a
740 30 Närlinge 155 Ma 3 32a
546 94 Närlunda 118 Nb 2 25c
640 50 Närlundasäteri 138 Na 3 31a
441 95 Närsbo 104 Ob 1 22a
780 53 Närsen 169 Ma 2 25c
780 53 Närsjö 169 Ma 1 26a
597 92 Närstad 108 Oa 2 28c
762 94 Närtuna 156 Mb 2 33a
980 16 Närva=Mertajärvi 331 Da 41
774 99 Näs bruk 171 Ma 2 29c
776 96 Näs kungsgård 170 Ma 1 29a
573 98 Näs/Adelöv 107 Ob 1 26b
342 91 Näs/Alvesta 88 Pb 1 26a
895 91 Näs/Billsta 255 Ja 33
521 94 Näs/Bjurum 105 Oa 2 23c
590 32 Näs/Borensberg 120 Nb 3 27b
314 97 Näs/Drängsered 97 Pa 3 23a
241 92 Näs/Eslöv 79 Qb 1 23b
612 91 Näs/Finspång 120 Nb 2 28c
730 71 Näs/Fläckebo 154 Mb 1 29b
668 93 Näs/Gesäter 116 Nb 2 20b
560 34 Näs/Gränna 106 Oa 3 25b
620 11 Näs/Grötlingbo 92 Pa 3 33b
610 40 Näs/Gusum 109 Oa 2 29c
668 91 Näs/Håbol 132 Nb 1 21a
281 97 Näs/Hässleholm 80 Qa 2 24c
464 93 Näs/Järn 116 Nb 3 22a
147 92 Näs/Järna 138 Na 3 32b
590 40 Näs/Kisa 108 Oa 3 28b
671 95 Näs/Klässbol 150 Na 1 22c
688 91 Näs/Kyrksten 134 Na 1 25b
672 92 Näs/Lennartsfors 132 Na 2 21a
660 60 Näs/Molkom 151 Mb 3 24b
733 99 Näs/Möklinta 154 Ma 3 30a
761 73 Näs/Norrtälje 156 Mb 1 34b
918 94 Näs/Robertsfors 273 Ha 38
504 91 Näs/Sjömarken 104 Ob 2 22b
611 94 Näs/Stigtomta 121 Nb 1 30c
812 90 Näs/Storvik 171 Lb 3 30a
457 91 Näs/Tanumshede 115 Nb 2 19b
685 92 Näs/Torsby 167 Ma 2 23a
513 93 Näs/Tämta 105 Ob 1 22c
546 94 Näs/Undenäs 118 Nb 3 25c
666 92 Näs/Vårvik 132 Na 2 21b
671 95 Näs/Värmskog 150 Na 1 22c
343 95 Näs/Älmhult 87 Pb 3 24c
792 96 Näsberg/Hansjö 185 La 2 25c
820 42 Näsberg/Korsbergen 201 Kb 2 28a
962 99 Näsberg/Majtum 297 Fa 36
782 91 Näsberget 168 Ma 1 23c
796 91 Näsbodarna/Evertsberg 184 La 3 24a
840 30 Näsbodarna/Rätan 215 Ka 1 25b
523 93 Näsboholm 105 Ob 2 23c
882 91 Näsbrännan 254 Ja 30
740 10 Näsby/Almunge 156 Mb 1 33a
732 95 Näsby/Arboga 136 Na 1 28c
380 65 Näsby/Grönhögen 84 Qa 2 29c
360 73 Näsby/Lenhovda 89 Pb 1 27b
195 92 Näsby/Märsta 155 Mb 3 32b
155 91 Näsby/Nykvarn 138 Na 2 31c
273 72 Näsby/Sjöbo 75 Qb 3 24b
610 60 Näsby/Tystberg 122 Nb 1 31a
574 94 Näsby/Vetlanda 100 Pa 1 27a
640 34 Näsby/Ådö 137 Na 3 30c
822 92 Näsbyn/Alfta 202 La 1 29a
820 60 Näsbyn/Delsbo 202 Kb 2 30a
890 51 Näset/Björnå 271 Hb 34
821 95 Näset/Bollnäs 202 La 1 29c
330 12 Näset/Dannäs 98 Pa 3 24b
841 97 Näset/Fränsta 254 Jb 28
790 70 Näset/Furudal 185 La 2 27a
780 41 Näset/Gagnef 169 Lb 3 27a
840 64 Näset/Kälarne 254 Jb 29
680 96 Näset/Lesjöfors 151 Ma 3 25a
930 10 Näset/Lövånger 273 Ha 39
421 66 Näset/Mölndal 103 Ob 3 20c
862 95 Näset/Njurundabommen 218 Ka 2 31b
761 92 Näset/Norrtälje 157 Mb 2 34b
935 91 Näset/Norsjö 285 Gb 35
796 90 Näset/Rot 184 La 2 25a
833 94 Näset/Strömsund 269 Ha 27
820 65 Näset/Sörforsa 203 Kb 2 30c
545 91 Näset/Undenäs 118 Nb 3 25b
841 97 Näset/Ånge 216 Jb 3 28c
813 94 Näset/Årsunda 171 Ma 1 30a
780 54 Näset/Äppelbo 168 Ma 1 25a
780 69 Näsfjällåsen 198 La 1 22c
197 92 Näshagen 138 Mb 3 32b
570 72 Näshult/Fagerhult 100 Pa 3 28a
570 84 Näshult/Mörlunda 101 Pa 2 28c
360 70 Näshult/Åseda 100 Pa 2 27c
635 17 Näshulta 137 Na 2 29c
893 91 Näske 255 Ja 34
830 44 Näskott 253 Ja 25
930 70 Näsliden 285 Ga 35
916 93 Näsmark 272 Hb 35
840 70 Näsmoarna 254 Ja 30
733 99 Nässelbo 154 Ma 3 29c
744 95 Nässelsta 154 Mb 1 30c
310 83 Nässja/Unnaryd 87 Pb 1 24a
592 93 Nässja/Vadstena 119 Oa 1 26b
810 20 Nässja/Österfärnebo 171 Ma 2 30b
571 01 Nässjö 99 Ob 3 26b
828 95 Nässäter 201 La 1 28c
331 95 Nästa 98 Pa 2 24c
912 92 Nästansjö 283 Gb 30
840 31 Nästeln 253 Jb 25
672 94 Nästeviken 132 Na 1 20c
640 20 Nästorp/Björkvik 121 Nb 1 29c
670 35 Nästorp/Charlottenberg 149 Mb 1 22a
641 96 Nästorp/Katrineholm 136 Na 3 29b
643 91 Nästorp/Vingåker 136 Na 3 28b
153 91 Nästäppan 138 Na 3 32a
930 70 Näsudden 284 Ga 34
295 04 Näsum 81 Qa 2 26a
842 91 Näsvallen 214 Ka 2 24b
840 92 Näsvallen 252 Jb 24
820 64 Näsviken 203 Kb 2 30c
833 92 Näsviken/Strömsund 269 Hb 28
880 30 Näsåker 254 Ja 30
870 30 Näsänget 255 Jb 33
382 92 Nättrabo 90 Pb 2 28c
370 24 Nättraby 82 Qa 2 28a
610 54 Nävekvarn 121 Nb 3 30b
570 12 Nävelsjö 99 Pa 1 26c
794 91 Näverbrunnsmyren 185 La 3 26b
830 76 Näverede 253 Ja 27
891 92 Näverkäl 255 Ja 34
730 30 Näverkärret 153 Mb 3 28a
930 81 Näverliden 285 Ga 36
835 92 Näversjöberg 253 Ja 25
910 60 Näversjöberget 271 Ha 31
705 91 Nävesta 135 Na 1 27b
288 93 Nävlinge 80 Qa 3 24c
370 34 Nävragöl 82 Qa 1 28a
578 95 Nöbbele/Aneby 107 Ob 2 26c
360 44 Nöbbele/Ingelstad 88 Pb 2 26c
360 14 Nöbbele/Kalvsvik 88 Pb 2 26c
360 47 Nöbbele/Linneryd 88 Pb 2 27a
330 21 Nöbbele/Reftele 98 Pa 3 24a
360 40 Nöbbele/Rottne 99 Pa 3 26b
355 94 Nöbbele/Vederslöv 88 Pb 2 26b
355 93 Nöbbele/Växjö 88 Pb 1 26b
280 60 Nöbbelöv/Broby 80 Qa 2 25a
241 93 Nöbbelöv/Eslöv 74 Qb 2 23b
291 91 Nöbbelöv/Tollarp 80 Qb 1 25a
511 97 Nödinge 96 Pa 1 22a
449 01 Nödinge-Nol 104 Ob 1 21a
575 92 Nödjehult 100 Ob 3 27b
574 95 Nömmeholm 99 Ob 3 26c
955 91 Nördnäsudden 299 Fb 41
523 92 Nöre 105 Ob 1 23c
668 91 Nössemark 131 Na 3 20c
310 60 Nösslinge 69 Pa 22
474 96 Nösund 103 Oa 3 20a
240 13 Nötabo 74 Qb 3 23c
374 91 Nötabråne 82 Qa 2 26c
685 94 Nötberg 167 Ma 2 23a
892 92 Nötbolandet 255 Ja 34
233 91 Nötesjö 74 Qb 3 23c
730 70 Nötmarken 154 Ma 3 29c
151 92 Nöttesta 138 Na 2 31c
340 13 Nöttja 87 Pb 2 24b

O

982 60 Oalloluokta=Ålloluokta 309 Ea 36
962 99 Oarrenjárgga=Årrenjarka 308 Eb 33
310 60 Obbhult/Fagered 97 Pa 2 22b
430 16 Obbhult/Tvååker 96 Pa 3 22a
913 02 Obbola 272 Hb 37
830 04 Ocke 252 Ja 24
816 01 Ockelbo 187 Lb 1 30b
840 60 Ocksjön 253 Jb 26
524 96 Od 105 Ob 1 23b
668 94 Odebyn 116 Nb 2 21b
715 01 Odensbacken 136 Na 3 28a
521 92 Odensberg 105 Oa 3 23c
597 94 Odensgöl 109 Oa 2 29a
340 10 Odensjö/Unnaryd 87 Pb 1 24a
340 32 Odensjö/Vislanda 88 Pb 2 24a
355 94 Odenslanda 88 Pb 2 26b
661 95 Odenstad 133 Na 1 22b
731 93 Odensvi/Köping 153 Mb 3 28c
594 94 Odensvi/Överum 109 Ob 1 29b
594 94 Odensviholm 109 Ob 1 29a
531 99 Odensvik 117 Nb 3 23b
540 15 Odensåker 118 Nb 3 24c
284 92 Oderljunga 80 Qa 2 23c
291 94 Odersberga 81 Qa 3 25b
523 96 Odla 105 Ob 2 24a
633 49 Odlaren 137 Na 1 30a
620 10 Odvalds 92 Pa 3 33b
820 11 Offerberg 202 Kb 3 29b
591 96 Offerby 119 Nb 3 27a
830 51 Offerdal 268 Ja 25
830 47 Offne 252 Ja 25
680 96 Oforsen 151 Ma 3 25a
820 64 Ofärne 202 Kb 2 30c
153 95 Ogan 138 Na 3 31c
745 94 Ogesta/Hummelsta 154 Mb 3 30c
148 91 Ogesta/Ösmo 139 Nb 1 32c
792 93 Ogviken 184 Lb 1 24c
980 60 Ohtanajärvi 311 Eb 43
796 90 Okbodarna 184 La 2 24c
310 58 Okome 97 Pa 3 22b
980 10 Oksajärvi 322 Db 41
760 10 Okvista 156 Mb 3 33c
740 12 Ola 156 Ma 3 33b
563 93 Oland 106 Ob 1 25c
793 92 Olarsbodarna 169 Lb 2 26a
780 50 Olarsvallen 168 Lb 3 25a
668 91 Olasbyn 132 Na 3 20c
289 90 Olastorp/Arkelstorp 81 Qa 3 25b
280 23 Olastorp/Hästveda 80 Qa 2 24c
735 91 Olberga 154 Mb 2 29b
820 70 Olbjörnsnäs 218 Ka 3 31a
830 51 Olden 268 Hb 24
685 92 Oleby 167 Ma 3 23a
670 43 Olerud 149 Mb 2 21a
842 94 Olingdal 200 Kb 1 25b
842 94 Olingsjövallen 200 Kb 2 25b
840 80 Olingskog 200 Kb 3 25b
590 32 Olivehult 120 Nb 3 27b
794 92 Oljonsbyn 185 La 3 26a
984 92 Olkamangi 312 Eb 44
620 10 Ollajvs 92 Pa 3 33b
790 91 Ollarsliden 213 Ka 3 21b
790 26 Ollasbodarna 186 Lb 1 27c
830 70 Ollebacken 269 Hb 27
830 30 Ollsta 253 Ja 27
824 01 Olmen 203 Kb 3 31c
960 30 Olofsberg/polcirklen 310 Eb 39
923 99 Olofsberg/Storuman 283 Ga 30
311 91 Olofsbo 85 Pb 1 21c
912 91 Olofsbäck 283 Gb 29
441 95 Olofsered 104 Ob 2 22a
774 93 Olofsfors 153 Ma 3 29a
914 91 Olofsfors/Nordmaling 272 Hb 35
510 22 Olofsred 97 Ob 3 22a
590 33 Olofstorp 120 Nb 3 27b
442 08 Olofstorp 69 Ob 21
424 08 Olofstorp/Lerum 104 Ob 2 21b
341 96 Olofstorp/Ryssby 87 Pb 1 25a
432 92 Olofstorp/Tofta 96 Pa 3 21c
578 92 Olofstorp/Vireda 107 Ob 1 26a
293 01 Olofström 81 Qa 2 26a
620 10 Olovs 92 Pa 3 33b
933 91 Olovslund 297 Fb 35
791 93 Olsbacka 170 Lb 3 28a
738 92 Olsbenning 153 Ma 3 29a
560 25 Olsbo/Bottnaryd 106 Ob 2 24c
780 69 Olsbo/Hästnäs 198 La 1 23b
733 95 Olsbo/Sala 154 Mb 1 29c
388 97 Olsbo/Voxtorp 90 Pb 3 29a
693 73 Olsboda 134 Na 2 25c
471 98 Olsby 103 Ob 1 20a
661 91 Olserud 133 Na 3 23b
297 95 Olseröd 76 Qb 2 25a
517 95 Olsfors 104 Ob 2 22b
696 93 Olshammar 119 Nb 2 26b
776 91 Olshyttan 170 Ma 2 29a
680 96 Olshöjden 151 Ma 3 25a
772 90 Olsjön 169 Ma 3 26c
820 78 Olsjön 217 Ka 3 30b
617 90 Olskeppetorp 120 Nb 3 28a
471 98 Olsnäs 103 Ob 1 20b
793 97 Olsnäs 185 Lb 2 26b
594 92 Olstorp 109 Ob 1 29b

S

781 95 Repbäcken 170 Lb 3 27c
185 94 Resarö 139 Na 1 33c
388 91 Resby 90 Pb 3 29a
610 29 Reseberga 121 Nb 3 30a
382 93 Resebo 90 Pb 2 28c
880 30 Resele 254 Ja 31
380 62 Resmo 90 Pb 3 29c
715 92 Resta 136 Na 2 27c
450 54 Restad/Hedekas 115 Nb 2 20b
442 95 Restad/Kode 103 Ob 1 20c
312 91 Restad/Laholm 86 Pb 3 22c
614 94 Restad/Norrköping 121 Nb 3 29b
573 92 Restad/Tranås 107 Oa 3 26c
450 54 Restadtegen 115 Nb 2 20b
459 94 Resteröd 115 Oa 2 20c
230 41 Resåkra 74 Qb 3 23c
514 50 Reutersberg 98 Ob 3 23c
512 94 Revesjö 97 Pa 1 23a
247 92 Revinge 75 Qb 2 23c
681 93 Revsand 134 Na 2 25a
380 30 Revsudden 90 Pb 2 29c
790 21 Rexbo/Bjursås 170 Lb 2 27c
793 41 Rexbo/Ingsjön 170 Lb 3 27b
820 70 Rexfors 217 Ka 3 30c
760 10 Riala 156 Mb 3 34a
982 60 Ribákluokta=Ripakluokta 309 Ea 35
982 06 Ribásj=Ripats 310 Eb 38
542 93 Ribbenäs 118 Nb 3 24c
740 21 Ribbingebäck 155 Mb 1 31b
640 43 Ribbingelund 137 Na 2 30b
547 92 Ribbingfors 134 Nb 1 25a
571 97 Ribbingsnäs säteri 107 Ob 2 26a
716 93 Ribbohyttan 135 Na 2 26b
796 90 Ribbåsen 199 La 2 25a
860 33 Ribodarna 218 Jb 3 31c
290 10 Rickarum 80 Qb 1 24b
821 92 Rickebo 187 La 2 29b
195 92 Rickeby/Knivsta 156 Mb 2 32c
740 12 Rickeby/Knutby 156 Mb 1 33b
576 91 Rickelstorp 99 Pa 1 26a
915 93 Rickleå 273 Ha 38
821 92 Ricknäs 187 La 2 29c
942 92 Riddarberg 298 Fb 38
545 93 Riddarhagen 118 Nb 3 25a
730 91 Riddarhyttan 153 Mb 2 28a
555 92 Riddersberg 106 Ob 2 25b
770 12 Rifallet 152 Ma 3 26b
545 90 Riksberg 118 Nb 2 25a
981 94 Riksgränsen 329 Da 33
146 33 Riksten 138 Na 2 32c
762 01 Rimbo 156 Mb 2 33c
590 41 Rimforsa 108 Oa 3 28b
960 30 Rimjokk 298 Fa 38
930 90 Rimobäcken 296 Fa 31
816 95 Rimsbo 187 La 3 29b
360 10 Rimshult 81 Qa 1 26b
610 30 Ring 121 Oa 1 30a
826 94 Ringa 203 La 1 30c
376 92 Ringamåla 81 Qa 1 26b
610 41 Ringarum 121 Oa 1 29c
841 44 Ringdalen 216 Jb 3 28a
302 70 Ringenäs 85 Pb 2 22b
512 93 Ringestena 97 Ob 3 23a
780 69 Ringnäs 184 La 2 23c
311 72 Ringsegård 85 Pb 1 22a
930 90 Ringselet 296 Fa 30
594 94 Ringsfall 109 Ob 1 29b
310 83 Ringshult 86 Pa 3 23c
830 30 Ringsta 253 Ja 26
605 99 Ringstad 120 Nb 3 29a
665 91 Ringstad/Frykerud 150 Mb 3 23a
668 93 Ringstad/Gesätter 131 Nb 2 20c
703 69 Ringstorp 135 Na 2 27b
820 70 Ringtorpet 217 Ka 3 30b
833 96 Ringvattnet 269 Ha 27
620 35 Ringvida 95 Ob 1 35b
705 96 Rinkaby/Ganshammar 135 Na 2 27c
388 92 Rinkaby/Rinkabyholm 90 Pb 3 29b
355 95 Rinkaby/Växjö 88 Pb 2 26c
291 14 Rinkaby/Åhus 81 Qb 1 25b
394 77 Rinkabyholm 90 Pb 3 29b
544 94 Rinkabäcken 106 Oa 3 25b
640 43 Rinkesta 137 Na 2 30b
685 92 Rinn 167 Ma 3 23a
590 16 Rinna 107 Oa 2 26c
671 96 Rinnen 150 Mb 2 22b
311 72 Rinsegård 69 Pb 22
982 60 Ripakluokta=Ribákluokta 309 Ea 35
544 91 Ripanäs 118 Oa 1 25c
982 06 Ripats=Ribásj 310 Eb 38
612 91 Rippestorp 120 Nb 2 28c
610 27 Rippetorp 121 Nb 3 30b
865 92 Rippsand 218 Ka 1 31c
504 92 Risa 104 Ob 2 22b
792 97 Risa 185 La 3 26a
668 91 Risane 132 Na 3 20c
820 41 Risarven 201 Kb 2 28a
571 92 Risatorpet 99 Ob 2 26c
438 94 Risbacka 104 Ob 3 21c
930 61 Risberg 285 Gb 36
796 91 Risberg/Evertsberg 184 La 3 24b
683 40 Risberg/Hagfors 151 Mb 1 24a
796 90 Risberg/Rot 199 La 2 24c
591 93 Risberga 119 Oa 1 27a
741 94 Risberga 156 Mb 2 32c
780 54 Risberget 168 Lb 3 25a
566 91 Risbro 106 Ob 1 25a
842 94 Risbrunn 215 Kb 1 25b
740 30 Risby/Björklinge 155 Ma 3 32a
762 93 Risby/Rimbo 156 Mb 2 33c
984 01 Risbäck 282 Gb 28
930 10 Risböle/Burträsk 286 Gb 39
915 92 Risböle/Robertsfors 273 Ha 38
260 70 Riseberga 79 Qa 3 23b
716 91 Riseberga kloster 135 Na 3 28c
594 92 Risebo 108 Oa 3 29a
830 86 Risede 269 Ha 27
260 50 Risekatslösa 79 Qa 3 22c
820 46 Riset 216 Ka 2 28b
442 93 Rishammar 103 Ob 1 20c
780 64 Risheden/Limedsforsen 183 Lb 1 23c
780 54 Risheden/Äppelbo 168 Ma 1 24c
793 90 Risholen 186 Lb 2 27b
712 91 Rishöjden 152 Mb 2 26c
360 43 Risinge/Furuby 88 Pb 1 26c
380 62 Risinge/Mörbylånga 84 Qa 1 29c
930 61 Riskälen 285 Gb 36
937 95 Risliden/Burträsk 285 Gb 37
935 91 Risliden/Norsjö 285 Gb 35
922 92 Risliden/Vindeln 272 Ha 36
842 92 Rismyr 215 Ka 3 26b
780 64 Rismyran 184 Lb 1 24a
933 99 Rismyrheden 285 Ga 34
942 05 Risnabben 285 Ga 36
780 69 Risnås 199 La 1 23c
870 33 Risnäs/Bjästa 255 Ja 33
871 92 Risnäs/Härnösand 255 Jb 32
781 93 Risshyttan 170 Ma 1 28a
840 50 Rissna 253 Ja 27
683 93 Rissäter 151 Mb 1 24a
780 64 Rissätra 184 Lb 1 23c
780 41 Rista 169 Lb 3 27a
921 99 Risträsk 284 Gb 31
830 80 Risudden 270 Ha 28
957 95 Risudden=Vitsaniemi 300 Fa 44
620 34 Risungs 95 Ob 2 34c
666 72 Risviken 132 Na 2 21a
795 90 Risås 186 Lb 2 27b
780 40 Risåsarna 169 Ma 1 26c
860 13 Risåsen/Stöde 217 Ka 1 29c
890 94 Risåsen/Tännäs 213 Ka 1 22c
780 54 Risåsen/Äppelbo 168 Ma 1 25a
890 94 Risåvallen 213 Ka 1 22a
952 95 Risögrund 299 Fb 43
982 99 Ritsem 319 Db 31
454 93 Rixö 115 Oa 1 19c
291 75 Roalöv 80 Qa 3 25a
512 92 Roasjö 97 Ob 3 22c
915 01 Robertsfors 273 Ha 38
813 36 Robertsholm 171 Lb 3 29b
712 95 Rockesholm 152 Mb 3 26a
718 91 Rockhammar 136 Mb 3 27c
591 95 Rocklunda 119 Nb 3 27a
731 92 Rocklunda 153 Mb 3 29a
645 91 Rocklänna 137 Na 2 30c
380 30 Rockneby 90 Pb 2 29c
186 91 Rocksta 139 Mb 3 33b
840 97 Rockvallen 226 Jb 3 21c
620 11 Rodarve 92 Pa 2 33b
780 54 Roddarheden 168 Ma 1 25a
616 91 Rodga 120 Nb 2 29a
620 11 Roes 92 Pa 3 33b
560 28 Roestorp 106 Ob 2 25c
790 21 Rog 186 Lb 2 28a
585 92 Rogestad 120 Oa 1 28b
592 93 Rogslösa 119 Oa 1 26b
830 23 Rogsta 253 Jb 26
946 91 Roknäs 286 Ga 39
830 90 Rolandstorp 282 Gb 25
952 93 Rolfs 299 Fb 43
671 95 Rolfsbol 133 Na 1 22c
430 16 Rolfstorp 96 Pa 3 21c
666 92 Rollsbyn 132 Na 2 21b
241 94 Rolsberga 75 Qb 2 23c
360 24 Rolsmo 89 Pb 3 27a
280 64 Rolstorp 81 Qa 2 25b
643 94 Roltorp 136 Nb 1 28b
450 52 Rom 115 Nb 3 20a
620 23 Roma 94 Ob 3 33c
820 50 Romberg 201 Kb 2 27b
712 91 Rombohöjden 152 Mb 2 26b
340 12 Romborna 87 Pb 2 24b
671 95 Rombotten 150 Mb 3 22c
840 12 Rombäck 217 Ka 1 29b
840 13 Rombäck 254 Ka 29
725 94 Romfartuna 154 Mb 2 30a
781 93 Romme 170 Ma 1 27c
460 20 Rommele 104 Oa 2 21b
560 27 Rommelsjö 106 Ob 2 25c
570 21 Rommenås 99 Ob 3 25c
670 10 Rommenäs 149 Mb 3 20b
610 11 Rommetorp 120 Nb 2 28a
816 93 Romsen 187 La 3 30c
748 94 Romstarbo 155 Ma 3 32a
523 98 Romsås 105 Ob 2 23b
620 12 Rone 92 Pa 2 33c
620 12 Ronehamn 92 Pa 2 33c
372 01 Ronneby 82 Qa 2 27b
372 80 Ronneby hamn 82 Qa 2 27b
763 91 Ronöholm 156 Ma 3 34a
761 75 Ropnäs 157 Mb 1 34c
360 51 Ropudden 89 Pb 2 27a
820 11 Roren 202 Kb 3 29c
770 10 Rosahöjden 169 Ma 2 25c
620 33 Rosarve/Tingstäde 95 Ob 2 34a
621 93 Rosarve/Vall 94 Ob 3 33c
385 97 Rosatorpet 90 Pb 3 28c
860 35 Rosböle 218 Ka 1 32a
573 96 Rosebo 107 Ob 1 27a
661 91 Rosenborg 133 Nb 1 23b
744 93 Rosendal/Huddunge 154 Ma 3 30c
380 31 Rosendal/Läckeby 90 Pb 2 29b
738 91 Rosendal/Norberg 153 Ma 3 28c
570 80 Rosendal/Virserum 100 Pa 2 28b
694 50 Rosendal/Åsbro 135 Nb 1 26c
546 93 Rosendala 118 Nb 3 25c
382 96 Rosenfors 90 Pb 3 28c
570 83 Rosenforsen 101 Pa 1 28c
147 91 Rosenhill 138 Na 3 32c
570 12 Rosenhölms säteri 99 Pa 1 26c
514 40 Rosenlund 97 Ob 3 23c
691 91 Rosensjö 134 Na 1 25c
794 98 Rosentorp 200 La 1 26c
826 94 Rosenvall 203 La 1 31a
195 04 Rosersberg 156 Mb 3 32c
260 51 Rosersberg 79 Qb 1 22c
460 64 Roshult/Frändefors 116 Oa 1 21a
310 38 Roshult/Simlångsdalen 86 Pb 2 23b
922 92 Rosinedal 272 Ha 36
770 12 Roskmora 169 Ma 2 26b
820 42 Roskölsvallen 201 Kb 2 27c
761 75 Roslags-Bro 157 Mb 1 34b
233 92 Roslätt 74 Qb 3 23b
792 90 Rossberg 185 Lb 1 25c
774 98 Rossberga 171 Ma 2 29c
834 97 Rossbol 253 Ja 26
774 99 Rosse 171 Ma 2 30a
810 65 Rossholm 172 Lb 3 32c
730 70 Rosshyttan 154 Ma 3 29c
820 60 Rossjövallen 202 Kb 2 30b
774 68 Rosslandet 171 Ma 2 29c
820 70 Rossvedjan 218 Ka 3 30c
880 51 Rossön 270 Hb 29
792 94 Rostberg/Mora 185 Lb 1 25b
790 15 Rostberg/Sundborn 170 Lb 2 28b
740 71 Rosten 173 Ma 1 34a
820 64 Rosten 202 Kb 1 30b
442 91 Rostock 104 Ob 1 21a
598 91 Rostorp 100 Ob 3 28b
820 62 Rostorpet 217 Kb 1 29c
945 02 Rosvik 286 Ga 40
645 91 Rosöga 137 Na 1 30c
796 90 Rot 184 La 2 25a
385 98 Rotavik 83 Qa 1 29a
790 26 Rotbodarna 186 Lb 1 28c
745 96 Rotbrunna 155 Mb 2 31a
828 33 Roteberg 201 La 1 28c
192 68 Rotebro 138 Na 1 32c
563 92 Roten 107 Ob 1 26a
610 32 Rotenberg 121 Nb 3 30a
796 99 Rotenstugan 199 La 1 25a
921 99 Rotenträsk 284 Gb 34
760 49 Rotholma 156 Ma 3 34b
760 49 Rotholmviken 156 Ma 3 34b
590 40 Rothult 108 Ob 1 28b
841 93 Rotnäset 216 Ka 1 27c
840 64 Rotsjö 254 Jb 28
937 95 Rotsjön 285 Ha 37
840 80 Rottenhållan 199 Kb 2 24b
360 40 Rottne 88 Pa 3 26b
686 94 Rottneros 150 Mb 2 23a
862 96 Rotvik 218 Ka 2 31c
680 50 Rotviken 151 Ma 3 24a
957 32 Rova 300 Fa 44
957 94 Rovakka 312 Eb 44
620 20 Rovide 92 Pa 2 33b
747 95 Rovsättra 173 Ma 2 33a
590 78 Roxenbaden 120 Nb 3 28a
582 75 Roxtuna 120 Oa 1 28a
544 91 Roå 118 Oa 1 25c
715 93 Rud(Vingåker 136 Na 3 28b
666 92 Rud/Bengtsfors 132 Na 3 21c
560 25 Rud/Bottnaryd 106 Ob 2 24c
547 91 Rud/Gullspång 134 Nb 1 25b
665 92 Rud/Kil 150 Mb 3 23b
661 94 Rud/Kila 132 Na 2 22b
683 95 Rud/Munkfors 151 Mb 1 24b
669 92 Rud/Ransäter 150 Mb 2 23c
660 57 Rud/Skattkärr 134 Na 1 24b
663 92 Rud/Skoghall 133 Na 2 24a
655 91 Rud/Skåre 133 Na 1 23c
668 93 Rud/Töftedal 131 Nb 1 20c
660 57 Rud/Väse 134 Na 1 24c
661 91 Rud/Ölserud 133 Na 3 23a
579 92 Ruda gård 101 Pa 3 29a
570 76 Ruda/Högsby 90 Pa 3 29a
570 84 Ruda/Mörlunda 101 Pa 2 28c
643 94 Ruda/Vingåker 136 Nb 1 28c
467 91 Rudberga 116 Oa 1 22b
815 91 Rudden 172 Ma 2 31c
696 96 Rude 135 Nb 1 27b
543 93 Ruder 118 Oa 1 25b
540 66 Rudet 118 Nb 2 25a
982 06 Rudna=Rudná 310 Eb 38
982 06 Rudná=Rudna 310 Eb 38
670 40 Rudsgården 149 Mb 2 21b
667 91 Rudshult 150 Mb 3 24a
833 93 Rudsjön 270 Hb 29
693 95 Rudskoga 134 Na 3 25b
655 91 Rudskogen 150 Na 1 23c
681 95 Rudsnäset 134 Na 2 25a
660 52 Rudsta 133 Na 1 23b
660 50 Rudsviken 133 Na 2 23b
335 91 Rudö 98 Pa 2 24b
840 12 Ruffens 216 Ka 1 28c
260 70 Ruggaröd 80 Qa 3 23c
380 30 Ruggstorp 90 Pb 1 29b
920 66 Rukkon 295 Fa 27
574 74 Rulla 99 Pa 2 26c
282 94 Rullabygget 80 Qa 2 24a
820 50 Rullbo/Bygget 200 Kb 2 26c
792 93 Rullbo/Kättbo 184 Lb 1 25a
792 90 Rullbodarna 185 Lb 1 26a
615 93 Rullerum 109 Oa 2 30a
890 37 Rullnäs 256 Hb 34
597 96 Rumhult 109 Oa 2 29c
331 98 Rumleborg 99 Pa 2 25b
590 90 Rumma/Ankarsrum 109 Ob 2 29b
594 92 Rumma/Gamleby 109 Ob 1 29b
597 96 Rumma/Gusum 109 Oa 2 29b
590 42 Rumma/Horn 108 Ob 1 28b
594 92 Rummelsrum 109 Ob 1 29b
280 70 Rumpeboda 81 Qa 1 25c
598 92 Rumskulla 100 Ob 2 28a
820 65 Rumsta 203 Kb 2 30c
760 10 Rumsätra 156 Mb 3 33c
714 91 Rundberget 152 Mb 1 27a
830 15 Rundhögen 233 Ja 2 21b
810 65 Rundskär 173 Ma 1 33a
914 05 Rundvik 272 Hb 35
822 92 Runemo 202 La 1 29a
740 12 Rungarn 156 Mb 1 33b
645 92 Rungsberga 137 Na 1 30c
744 93 Runhällen 154 Ma 3 30b
340 13 Runkarp 87 Pb 2 24c
705 92 Runnaby 135 Na 27a
620 20 Runne/Klintehamn 92 Pa 1 33a
620 20 Runne/Sanda 92 Pa 1 33b
740 46 Runnebo 172 Ma 2 31b
547 91 Runnäs 134 Na 3 25b
386 93 Runsbäck 90 Pb 3 29c
386 94 Runsten 91 Pb 2 30b
864 91 Runsvik 218 Ka 1 31a
640 61 Runsö 137 Na 1 31a
388 93 Runtorp 90 Pb 3 28c
611 93 Runtuna 122 Nb 1 31a
882 93 Runåberg 254 Ja 30
578 92 Rupphult 107 Ob 1 26a
790 15 Rupstjärn 170 Lb 2 28c
921 95 Rusele 284 Gb 33
921 91 Rusfors 284 Gb 33
880 37 Rusksand 270 Hb 30
921 94 Rusksele 284 Gb 34
921 91 Ruskträsk 284 Gb 34
685 99 Ruskåsen 167 Ma 1 23b
575 95 Russnäs 100 Ob 3 26c
595 91 Rustorp 108 Oa 2 27b
714 92 Rustorp 152 Mb 1 26b
780 69 Rutnås 199 La 1 23c
840 93 Rutsvallen 214 Ka 1 23c
975 96 Rutvik 299 Fb 41
780 50 Rutån 168 Ma 1 25b
360 24 Ruveboda 89 Pb 3 27a
833 92 Ruven 269 Hb 27
273 71 Ry/Lövestad 75 Qb 2 24c
243 91 Ry/Ormanäs 80 Qb 1 23c
311 97 Ry/Årstad 86 Pb 1 22b
286 91 Rya/Eket 79 Qa 2 23a
430 33 Rya/Förlanda 96 Pa 1 21c
520 40 Rya/Grolanda 105 Oa 3 23c
310 61 Rya/Gällared 97 Pa 3 22c
510 22 Rya/Hyssna 97 Ob 3 22a
438 92 Rya/Härryda 104 Ob 2 21c
711 91 Rya/Lidesberg 152 Mb 3 27b
432 92 Rya/Tofta 96 Pa 2 21c
290 10 Rya/Tollarp 80 Qb 1 25a
282 94 Rya/Tyringe 80 Qa 2 24a
310 38 Ryaberg 86 Pb 2 23b
434 96 Ryared 96 Ob 3 21b
297 72 Rybogård 81 Qb 1 25a
590 15 Ryckelsby 107 Oa 2 27a
260 33 Rycketofta 79 Qa 3 22c
341 77 Ryd/Agunnaryd 87 Pb 2 25b
360 75 Ryd/Alstermo 89 Pb 1 28b
334 91 Ryd/Anderstorp 98 Pa 2 24a
560 25 Ryd/Bottnaryd 106 Ob 2 24c
370 24 Ryd/Drottningskär 82 Qa 3 28a
332 91 Ryd/Gislaved 98 Pa 2 23c
386 95 Ryd/Glömminge 91 Pb 2 30a
331 94 Ryd/Hånger 98 Pa 3 24c
441 96 Ryd/Ingared 104 Ob 1 22a
570 81 Ryd/Järnforsen 100 Pa 1 28a
360 10 Ryd/Kyrkhult 81 Qa 1 26b
562 48 Ryd/Linköping 120 Oa 1 28a
372 94 Ryd/Listerby 82 Qa 3 27c
340 36 Ryd/Moheda 88 Pb 1 26a
591 97 Ryd/Nykirka 119 Nb 2 27a
449 90 Ryd/Nödinge-Nol 104 Ob 1 21b
560 28 Ryd/Svarttorp 107 Ob 1 26a
385 97 Ryd/Söderåkra 83 Qa 1 29a
530 10 Ryd/Trävattna 105 Oa 2 23b
870 30 Ryd/Åsäng 255 Jb 33
563 93 Ryd/Ölmstad 106 Ob 1 25c
506 32 Ryda/Borås 105 Ob 2 22c
590 41 Ryda/Oppeby 108 Ob 1 28c
510 21 Ryda/Sätila 96 Ob 3 21c
330 17 Rydaholm 88 Pb 1 25b
511 70 Rydal 97 Ob 3 22b
181 91 Rydbo 139 Na 1 33b
514 91 Rydbo 98 Pa 1 23c
515 71 Rydboholm 105 Ob 3 22c
257 01 Rydebäck 79 Qb 1 22b
439 95 Rydet 96 Pa 1 20c
274 62 Rydsgård/Rydsgård 75 Qb 3 24a
274 03 Rydsgård/Skurup 75 Ra 1 24a
570 60 Rydsnäs 107 Ob 2 27a
314 42 Rydöbruk 86 Pb 1 23a
376 93 Ryedal/Karlshamn 81 Qa 2 26b
294 93 Ryedal/Norje 81 Qa 3 26a
275 94 Ryet/Harlösa 75 Qb 2 24a
266 97 Ryet/Hjärnarp 79 Qa 2 22c
297 93 Ryet/Huaröd 75 Qb 2 24c
565 91 Ryfors 106 Ob 1 24b
792 96 Ryfsäl 185 La 2 25b
621 75 Ryftes 94 Ob 3 34a
430 33 Rygga 96 Pa 1 21b
361 93 Ryggamo 89 Pb 3 28a
828 91 Rygge 201 Kb 3 28b
443 39 Ryggebol 104 Ob 2 21c
791 96 Ryggen 170 Lb 3 28c
828 91 Ryggesbo 201 La 1 28b
610 12 Ryggestorp 120 Nb 3 28a
820 50 Ryggskog 201 Kb 2 27a
598 95 Ryggåsen 101 Ob 3 29a
549 93 Ryholm 118 Nb 3 25b
457 93 Ryk 115 Nb 2 19c
796 99 Rymnäsbodarna 199 La 1 25a
840 93 Ryn 252 Jb 23
271 94 Rynge 75 Ra 1 24a
575 95 Ryningsholm 100 Ob 3 26c
570 84 Ryningsnäs 101 Pa 2 28c
710 41 Rynninge 136 Na 1 27c
450 54 Ryr/Sanne 116 Nb 2 20c
464 71 Ryr/Åsensbruk 116 Nb 2 21c
459 93 Ryra 116 Oa 2 21a
450 63 Ryrane 116 Nb 2 20c
782 91 Rysjomäck 168 Ma 1 24b
792 92 Ryssa 185 Lb 1 25c
755 96 Ryssbol 156 Mb 1 32c
571 94 Ryssby 107 Ob 2 26a
341 76 Ryssby 87 Pb 1 25a
952 91 Ryssbält 299 Fb 43
570 32 Ryssebo 100 Ob 3 27c
790 23 Ryssjön 187 Lb 1 29a
796 99 Rytterbygget 199 La 2 24b
591 99 Rå 119 Nb 2 26c
880 30 Rå 254 Ja 30
813 96 Råbacka 171 Lb 3 29c
291 94 Råbelöv 81 Qa 3 25b
921 93 Råberg 284 Gb 32
705 94 Råberga 135 Na 27a
782 75 Råberget 184 Lb 2 24a
820 60 Råbergsvallen 202 Kb 2 30a
295 91 Råby/Bromölla 81 Qa 3 26a
746 93 Råby/Bålsta 138 Mb 3 32a
242 92 Råby/Hörby 75 Qb 1 24b
705 94 Råby/Kumla 135 Na 27a
590 75 Råby/Ljungsbro 120 Nb 3 27c
761 72 Råby/Lohärad 156 Mb 2 34a
762 96 Råby/Rimbo 156 Mb 2 33b
685 93 Råby/Torsby 167 Ma 3 22c
725 96 Råby/Västerås 154 Mb 2 30b
611 94 Råby-Rönö 121 Nb 1 30c
533 94 Råbäck/Hällekis 117 Nb 3 23c
793 92 Råbäck/Leksand 169 Lb 2 26b
693 94 Råbäck/Rudskoga 134 Na 3 25c
685 97 Råbäcken/Arnsjön 167 Ma 1 22a
961 93 Råbäcken/Boden 299 Fb 40
792 92 Råbäcken/Kättbo 184 Lb 1 25b
385 95 Råbäcksmåla 83 Qa 1 28b
640 25 Råd 136 Na 3 29a
761 74 Råda/Boda 157 Mb 1 34b
680 50 Råda/Ekshärad 167 Ma 3 23c
683 93 Råda/Hagfors 151 Ma 3 24a
531 96 Råda/Lidköping 117 Oa 1 23a
464 93 Rådane 116 Nb 3 22a
458 92 Rådanefors 116 Nb 3 21a
660 60 Rådatorp 151 Mb 3 24b
382 93 Råddemåla 90 Pb 2 28c
691 92 Rådehult 135 Na 1 26a
761 94 Rådmanby 157 Mb 2 34c
761 94 Rådmansö 157 Mb 2 34c
685 93 Rådom 167 Ma 2 22c
882 93 Rådom/Långsele 254 Ja 30
666 92 Rådviken 132 Na 3 21c
696 96 Rådåsa 120 Nb 2 27b
782 91 Råforsen 168 Ma 1 24b
782 91 Råforsen 168 Ma 1 24b
434 96 Rågdal 96 Ob 3 21b
450 63 Råggärd 116 Nb 2 21a

416 Segenässätern
Skoghult

S

680 51 Segenässätern 167 Ma 2 23b
610 27 Segerbo 121 Oa 1 30b
934 95 Segerlund 286 Ga 38
593 92 Segersgärde 109 Ob 1 30a
715 93 Segersjö 136 Na 2 28a
640 40 Segersta/Alberga 136 Na 2 29a
823 93 Segersta/Kilafors 187 La 2 30a
820 42 Segersta/Korskrogen 201 Kb 2 28b
660 50 Segerstad/Grums 133 Na 1 23b
520 50 Segerstad/Stenstorp 106 Oa 2 24b
504 96 Segerstorp 105 Ob 2 22c
148 91 Segersäng 138 Na 3 32c
573 93 Seglarvik 107 Oa 3 27a
740 10 Seglinge 156 Mb 1 33a
730 60 Seglingsberg 154 Mb 2 29a
515 93 Seglora 97 Ob 3 22b
660 40 Segmon 133 Na 2 23a
660 40 Segoltan 133 Na 2 23a
616 91 Selesjö 120 Nb 1 28c
930 47 Selet/Byske 286 Ga 38
961 93 Selet/Södra Sunderbyn 299 Fb 40
911 92 Selet/Tavelsjö 272 Ha 36
610 32 Selingstad 121 Nb 3 29c
792 94 Selja 185 La 3 25c
956 98 Selkäjärvi 311 Eb 41
670 10 Sellmanskerud 149 Mb 3 20b
942 94 Selsborg 298 Fb 39
915 92 Selsfors 272 Ha 37
880 30 Selsjön 254 Ja 31
930 47 Selsmoran 286 Ga 38
930 47 Selsvik 286 Gb 39
830 76 Selsälandet 254 Ja 28
895 93 Seltjärn 271 Hb 32
830 04 Semlan 252 Ja 24
760 40 Semmersby 157 Ma 3 34b
670 20 Semnebyn 149 Mb 3 22a
824 93 Semvik 203 Kb 2 31c
186 91 Seneby 139 Mb 3 33b
313 31 Sennan 86 Pb 2 22c
760 40 Senneby 157 Mb 1 34c
760 40 Sennebyhaken 157 Mb 1 34c
953 94 Seskarö 300 Fb 44
725 95 Sevalla 154 Mb 2 30b
740 46 Sevallbo 172 Ma 2 31a
513 92 Sevred 105 Ob 1 22c
840 80 Sexdalsvallen 200 Kb 3 25b
512 02 Sexdrega 97 Ob 3 23a
373 00 Sibbaboda 83 Qa 3 28c
361 95 Sibbahult 89 Pb 3 27c
360 53 Sibbamåla/Emmaboda 89 Pb 3 27c
371 92 Sibbamåla/Karlskrona 83 Qa 2 28b
524 96 Sibbared 105 Ob 1 23a
513 91 Sibbarp/Frisatad 105 Ob 1 23a
295 94 Sibbarp/Näsum 81 Qa 2 25c
283 91 Sibbarp/Osby 80 Qa 1 24c
430 10 Sibbarp/Tvååker 96 Pa 3 22a
511 95 Sibbarp/Öxabäck 97 Pa 1 22b
691 94 Sibberboda 135 Na 1 26a
570 76 Sibbetorp 90 Pa 3 29b
280 63 Sibbhult 81 Qa 2 25b
147 92 Sibble 138 Na 3 32b
748 92 Sibbo 172 Ma 2 32c
823 91 Sibo 187 La 2 30a
732 91 Sickelsjö 136 Na 2 28b
893 95 Sidensjö 255 Ja 33
840 60 Sidsjö 253 Jb 27
820 40 Sidskogen 201 Kb 3 28c
790 90 Sidvallen 198 Kb 3 23a
957 94 Siekasjärvi 312 Eb 43
982 06 Siekavaara 310 Eb 39
780 41 Sifferbo 170 Lb 3 27b
620 20 Sigdarve 92 Pa 2 33b
620 10 Sigfride 92 Pa 3 33c
670 20 Sigfridstorp/Arvika 149 Mb 3 21c
714 93 Sigfridstorp/Kopparberg 152 Mb 1 26c
343 92 Siggaboda 81 Qa 1 26a
578 94 Siggarp 107 Ob 1 26c
570 03 Siggaskog 99 Pa 1 25c
740 45 Siggberg 155 Ma 3 31a
665 91 Siggerudsnäs 150 Mb 3 23c
740 83 Siggesta 154 Mb 2 30c
826 92 Siggesta 188 La 2 31a
522 34 Siggestorp 106 Oa 224c
531 96 Siggetorp 117 Oa 1 23a
620 23 Siggur 94 Ob 3 34a
620 11 Siglajvs 92 Pa 2 33b
672 95 Signebyn 132 Na 2 21b
442 92 Signehög 104 Ob 1 21a
560 28 Signesbo 107 Ob 1 26a
620 10 Sigrajvs 92 Pb 1 33b
620 11 Sigsarve/Grötlingbo 92 Pa 3 33c
620 34 Sigsarve/Hangvar 95 Ob 2 34b
193 01 Sigtuna 155 Mb 3 32b
620 20 Sigvards 94 Pa 1 33a
915 93 Sikeå 273 Ha 38
915 93 Sikeå hamn 273 Ha 38
712 93 Sikfors 152 Mb 2 26a
942 94 Sikfors 298 Fb 39
460 65 Sikhall 116 Oa 1 21c
810 65 Sikhjälma 172 Lb 3 32c
950 40 Siknäs 299 Fb 42
921 91 Sikselberg 285 Gb 35
921 99 Siksele 285 Gb 35
912 99 Siksjö/Vilhelmina 283 Gb 31
910 60 Siksjö/Åsele 271 Ha 32
680 96 Siksjön 152 Ma 3 25c
842 94 Siksjön 215 Kb 1 26a
912 99 Siksjönas 283 Gb 29
805 92 Sikvik 172 Lb 3 31b
830 70 Sikås 269 Hb 27
616 91 Sila 120 Nb 1 29a
533 96 Silboholm 117 Nb 3 23c
822 92 Silfors 202 La 1 29a
824 94 Silja 203 Kb 2 31a
792 92 Siljansfors 185 Lb 1 25c
793 60 Siljansnäs 185 Lb 2 26c
833 96 Siljeåsen 270 Ha 28
712 91 Silken 152 Mb 1 26b
772 94 Silkesberg 152 Ma 3 26b
361 93 Sillamåla 89 Pb 2 28b
277 57 Sillaröd 75 Qb 2 24c
744 92 Sillbo/Huddunge 154 Ma 3 30c
739 92 Sillbo/Skinnskatteberg 153 Mb 2 28b
672 95 Sillebotten 132 Na 2 21c
672 91 Sillegårdsed 132 Na 1 21a
370 34 Sillemåla 82 Qa 1 28a
827 95 Sillerbo 202 Kb 1 28c
672 95 Sillerud 132 Na 2 21b
820 42 Sillervallen 216 Kb 1 27c
782 91 Sillerö 168 Lb 3 24b
274 94 Sillesjö 74 Ra 1 23c
661 96 Sillingebyn 132 Na 2 22a
841 97 Sillre 216 Jb 3 28c
860 41 Sillre/Timrå 254 Jb 30
841 97 Sillre/Ånge 254 Jb 28
931 56 Sillskatan 286 Gb 39
820 20 Sillvik 188 La 3 31a
891 96 Sillviken 256 Ja 34
372 91 Silpinge 82 Qa 2 27b
620 11 Silte 92 Pa 2 33b
781 93 Silvberg 170 Ma 1 27c
805 96 Silverbäckarna 188 Lb 2 31b
577 51 Silverdalen 100 Ob 3 28b
712 93 Silvergruvan 152 Mb 1 25c
635 05 Silverhällarna 137 Na 1 30b
772 94 Silverhöjden 152 Ma 3 26c
777 91 Silvhyttan 170 Ma 2 27b
770 71 Silvhytteå 171 Ma 1 29b
820 11 Simeå 202 Kb 3 29b
310 38 Simlångsdalen 86 Pb 2 23a
314 92 Simmarydsnäs 98 Pa 3 23c
771 90 Simmelsjön 152 Ma 3 27a
441 91 Simmenäs 104 Ob 1 21c
382 92 Simnatorp 90 Pb 2 28c
820 42 Simonsro 201 Kb 2 27c
670 35 Simonstorp/Bogen 150 Ma 3 22a
566 92 Simonstorp/Habo 106 Ob 1 25a
610 11 Simonstorp/Hällestad 120 Nb 2 28a
616 91 Simonstorp/Kalbo 121 Nb 2 29a
641 96 Simonstorp/Katrineholm 136 Na 3 29b
280 64 Simontorp/Glimåkra 81 Qa 1 25b
266 98 Simontorp/Hjärnarp 79 Qa 1 22c
460 11 Simontorp/Hålanda 104 Oa 3 21b
283 91 Simontorp/Osby 80 Qa 1 24c
270 35 Simontorps säteri 75 Qb 3 24a
760 42 Simpnäs 157 Mb 1 35a
231 92 Simremarken 74 Ra 1 23b
272 91 Simris 76 Qb 3 25b
272 01 Simrishamn 76 Qb 3 25c
620 20 Simunde 92 Pa 1 33c
742 94 Simundö 173 Ma 1 33b
620 12 Sindarve 92 Pa 2 33c
688 92 Sindret 134 Na 1 25b
360 73 Singelstorp 89 Pa 3 27b
340 10 Singeshult 86 Pb 2 23c
831 91 Singsjön 253 Ja 27
760 45 Singö/Grisslehamn 157 Ma 3 34b
184 91 Singö/Åkersberga 139 Mb 3 33c
579 92 Sinnerbo 90 Pa 3 29a
570 84 Sinnerstad 101 Pa 1 28b
693 94 Sirbomark 134 Na 3 25c
260 22 Sireköpinge 79 Qb 1 22c
561 91 Siringe 106 Ob 1 25c
712 91 Sirsjöberget 152 Mb 2 26a
982 99 Šiška=Sjisjka 321 Db 37
148 91 Sittesta 138 Nb 1 32c
640 33 Sittuna 121 Nb 1 30b
825 96 Sivik 203 La 1 31a
748 96 Sixarby 172 Ma 2 32b
716 94 Sixtorp 135 Na 2 26a
620 16 Sjaustru 93 Pa 1 34b
982 99 Sjisjka=Šiška 321 Db 37
982 06 Sjnjirrá=Snjirra 310 Eb 38
522 92 Sjogerdala 106 Oa 3 24c
541 93 Sjogerstad 118 Oa 2 24b
620 23 Sjonhem 94 Pa 1 34a
821 92 Sjorsbo 187 La 2 29b
793 90 Sjugare 185 Lb 2 27a
343 97 Sjuhult/Göteryd 87 Pb 3 24c
343 96 Sjuhult/Hallaryd 87 Qa 1 24b
930 91 Sjulnäs 296 Fb 33
776 92 Sjulsbo 170 Ma 2 29a
945 93 Sjulsmark/Södra Sunderbyn 298 Fb 39
912 99 Sjulsmark/Vilhelmina 283 Gb 30
598 94 Sjundhult 108 Ob 2 28c
796 99 Sjungarbygget 199 Kb 3 23c
288 90 Sjunkaröd 80 Qa 3 24c
571 92 Sjunnaryd 99 Ob 3 26b
570 15 Sjunnen 100 Pa 1 27b
243 93 Sjunnerup 80 Qb 1 24a
460 20 Sjuntorp 104 Oa 2 21b
795 32 Sjurberg 185 Lb 1 27a
792 94 Sjurby 184 La 3 25a
820 64 Sjuvallen 202 Kb 1 30b
894 91 Själevad 255 Ja 34
820 29 Själstuga 187 La 3 30c
621 72 Själsö 94 Ob 2 33c
515 93 Självared 97 Ob 3 22a
795 91 Sjätra 185 Lb 1 27a
871 91 Sjö/Härnösand 255 Jb 32
895 99 Sjö/Junsele 271 Hb 31
570 10 Sjöagård 100 Pa 2 27a
312 98 Sjöalt 79 Qa 1 23b
570 16 Sjöarp 100 Pa 1 27c
360 13 Sjöaryd 88 Pb 3 26b
640 61 Sjöbacka 138 Na 1 31b
923 99 Sjöberg/Ankarsund 283 Ga 29
187 70 Sjöberg/Sollentuna 139 Na 1 33a
560 27 Sjöberg/Tenhult 99 Ob 2 25c
912 99 Sjöberg/Vilhelmina 283 Gb 29
186 91 Sjöberg/Åkersberga 139 Mb 3 33b
542 95 Sjöberg/Årnäs 118 Nb 2 24a
585 95 Sjöberga 108 Oa 2 28c
540 16 Sjöberga 118 Nb 3 24b
240 40 Sjöberga 80 Qb 1 24a
568 91 Sjöbo/Hagshult 99 Pa 1 25b
590 14 Sjöbo/Kopparhult 107 Oa 3 27b
380 31 Sjöbo/Kristvalla 90 Pb 1 29a
434 96 Sjöbo/Lindome 96 Ob 3 21b
827 93 Sjöbo/Ljusdal 202 Kb 1 29a
275 01 Sjöbo/Tolånga 75 Qb 3 24b
331 94 Sjöbo/Tånnö 98 Pa 3 25a
641 92 Sjöboda 121 Nb 1 29a
314 98 Sjöbol 97 Pa 3 22c
931 92 Sjöbotten/Bureå 286 Gb 39
922 92 Sjöbotten/Tavelsjö 272 Ha 37
661 94 Sjöbyn 132 Na 3 22b
568 91 Sjöeryd 98 Pa 1 25b
516 96 Sjögabo 105 Ob 3 23a
511 95 Sjögarden 97 Pa 1 22b
523 91 Sjögared 106 Ob 2 24a
641 94 Sjögelet 136 Na 3 29a
661 94 Sjögerås/Säffle 133 Na 3 22c
521 94 Sjögerås/Vilske-Kleva 105 Oa 2 23c
590 48 Sjögestad 120 Oa 1 27c
605 98 Sjögesätter 120 Nb 2 29a
599 94 Sjögetorp 107 Oa 2 26b
523 98 Sjögården/Murum 105 Ob 1 23b
523 98 Sjögården/Ulricehamn 105 Ob 2 23b
737 91 Sjöhagen/Fagersta 153 Mb 1 28c
614 90 Sjöhagen/Östra Ny 121 Oa 1 30a
591 92 Sjöhamra 119 Nb 3 26c
641 94 Sjöholm 136 Na 3 29a
280 40 Sjöholma 80 Qa 2 23c
240 36 Sjöholmen 80 Qb 1 23c
286 92 Sjöhultet 80 Qa 2 23c
782 91 Sjöhusen 168 Lb 3 24b
442 71 Sjöhåla 103 Ob 1 20b
780 53 Sjöhägnaden 169 Ma 1 26a
817 92 Sjökalla 188 Lb 1 31a
591 92 Sjökumla 119 Oa 1 27a
591 97 Sjökärret 119 Nb 3 26c
460 20 Sjölanda 116 Oa 2 21b
923 98 Sjöliden 284 Gb 31
591 96 Sjölunda 119 Nb 3 27a
694 92 Sjölunda/Svennevad 135 Nb 1 27b
920 72 Sjölunda/Tväråträsk 284 Ga 32
815 95 Sjölunda/Östervåla 172 Ma 2 31c
518 02 Sjömarken 105 Ob 2 22c
281 97 Sjömellet 80 Qa 2 24c
710 41 Sjömo 136 Na 1 28a
680 61 Sjön 167 Lb 3 22b
310 58 Sjönevad 86 Pb 1 22b
661 92 Sjönnebol 133 Na 3 23a
776 93 Sjönsbo 170 Ma 2 28c
933 91 Sjönäs 297 Fb 36
831 91 Sjör 253 Ja 26
821 95 Sjörgrå 202 La 1 29c
281 35 Sjörröd 80 Qa 3 24b
740 12 Sjörundan 156 Mb 1 33c
231 95 Sjörup/Alstad 74 Ra 1 23b
271 94 Sjörup/Ystad 75 Ra 1 24a
523 91 Sjöryd 106 Ob 2 24b
611 93 Sjösa 122 Nb 2 31a
598 92 Sjösbo 108 Ob 2 27c
760 10 Sjöskogen 156 Mb 2 34a
571 97 Sjöstorp/Forserum 99 Ob 3 25c
599 93 Sjöstorp/Ödeshög 107 Oa 2 26b
790 91 Sjöstugan 213 Ka 3 21b
816 95 Sjösveden 186 La 3 29a
360 42 Sjösås 100 Pa 3 27a
514 94 Sjötofta 97 Pa 1 23b
802 57 Sjötorp/Gävle 172 Lb 3 31b
281 97 Sjötorp/Hässleholm 80 Qa 2 24c
573 97 Sjötorp/Linderås 107 Ob 1 26b
540 66 Sjötorp/Lyrestad 118 Nb 1 24c
340 30 Sjötorp/Vislanda 88 Pb 2 25c
933 99 Sjöträsk 297 Fb 34
443 74 Sjövik/Alingsås 104 Ob 1 21c
530 30 Sjövik/Friel 117 Oa 1 22b
590 53 Sjövik/Ulrika 108 Oa 3 27c
387 95 Sjöåsen 91 Pb 1 30c
760 10 Sjöändan/Bergshamra 156 Mb 3 34a
840 60 Sjöändan/Bräcke 253 Jb 27
780 64 Sjöändan/Limedsforsen 184 Lb 1 24a
820 50 Sjöändan/Tandsjöborg 200 Kb 2 26a
860 41 Sjöändan/Timrå 254 Jb 30
610 41 Sjöänden 121 Oa 2 29c
740 71 Sjöäng 173 Ma 1 33c
450 84 Skackestad 131 Nb 2 20a
686 96 Skacksjö 150 Mb 2 23b
890 35 Skademark 256 Ja 35
746 94 Skadevi 155 Mb 2 32a
881 93 Skadom 255 Ja 32
576 91 Skaftarg 99 Pa 1 26a
330 17 Skaftarp 88 Pa 3 25b
572 92 Skafterna 102 Pa 2 30a
590 93 Skaftet 102 Ob 3 30a
546 94 Skagen 119 Nb 2 25c
695 93 Skagern 134 Nb 1 25c
547 93 Skagersvik 134 Nb 1 25a
446 96 Skaggata 104 Oa 3 21b
360 73 Skahus 89 Pb 1 27c
962 99 Skaitekojan 310 Eb 37
540 15 Skalarike 118 Nb 3 24c
820 41 Skalet 201 Kb 1 28b
453 92 Skalhamn 115 Oa 2 19c
571 97 Skallarp 99 Ob 3 25c
770 14 Skallberget 169 Ma 1 26c
590 32 Skalleby 119 Nb 3 27b
665 92 Skallerud/Kil 150 Na 1 23a
664 91 Skallerud/Vålberg 133 Na 1 23a
546 91 Skallhult 118 Oa 1 25c
531 91 Skallmeja 117 Oa 1 23b
450 63 Skallsjö 116 Nb 3 21a
793 92 Skallsjö 169 Lb 2 26b
910 94 Skalmodal 294 Ga 26
895 92 Skalmsjö 255 Hb 32
195 96 Skalmsta 156 Mb 3 32c
830 15 Skalstugan 233 Hb 3 21b
830 15 Skalstugan 267 Hb 21
780 51 Skamhed 168 Lb 3 25b
780 50 Skamsrisberget 168 Lb 3 25a
840 40 Skanderåsen 253 Jb 25
660 52 Skane 133 Na 1 23b
590 41 Skankebo 108 Oa 3 28a
780 53 Skansbacken 169 Ma 1 25c
912 91 Skansholm 283 Gb 29
920 70 Skansnäs/Granåker 296 Fb 31
912 99 Skansnäs/Sjöberg 283 Ga 29
830 81 Skansnäset 270 Ha 28
239 01 Skanör med Falsterbo 74 Ra 1 22c
532 01 Skara 117 Oa 1 23c
611 95 Skara 122 Nb 3 30c
287 92 Skararp 87 Pb 3 24b
460 64 Skarbo 116 Oa 1 21a
670 10 Skarbol/Töcksfors 149 Na 1 20c
670 40 Skarbol/Åmotfors 149 Mb 2 21b
695 91 Skarbyholm 135 Nb 1 26b
916 95 Skarda 271 Ha 34
573 91 Skarpan 107 Oa 3 26c
842 94 Skarpen 200 Kb 1 25b
680 90 Skarphyttan 152 Mb 3 25c
820 41 Skarpå 202 Kb 2 28c
780 67 Skarsåsen 198 La 2 22c
923 98 Skarvsjöby 283 Gb 31
730 50 Skarvsta 154 Mb 2 29c
820 75 Skarvtjärn 203 Kb 1 31b
671 95 Skasås 133 Na 1 22b
862 96 Skatan 218 Ka 2 32a
343 94 Skateboda 87 Pb 3 24c
231 76 Skateholm 75 Ra 1 23c
810 65 Skaten/Rundskär 173 Ma 1 33a
740 71 Skaten/Söderboda 173 Ma 1 33c
740 71 Skaten/Öregrund 173 Ma 1 33b
656 71 Skattkärr 134 Na 1 24b
770 12 Skattlösberget 169 Ma 2 26a
744 95 Skattmansö 155 Mb 1 31a
794 91 Skattungbyn 185 La 2 26c
982 04 Skaulo=Savdijávri 310 Ea 39
313 92 Skavböke 86 Pb 2 23a
911 93 Skavdal 272 Hb 36
455 92 Skaveröd 115 Oa 1 20b
917 99 Skavåsen 270 Ha 30
281 91 Skea 80 Qa 2 24c
793 92 Skeberg 169 Lb 3 26c
542 91 Skeberga 118 Nb 2 24b
763 93 Skebobruk 156 Mb 1 34a
642 91 Skebokvarn 137 Na 3 30b
585 97 Skeda udde 108 Oa 2 28a
341 95 Skeda/Bolmsö 87 Pa 3 24b
360 70 Skeda/Norrhult-Klavreström 100 Pa 3 27b
585 97 Skeda/Slaka 120 Oa 1 28a
305 93 Skedala 86 Pb 2 22c
574 93 Skede 100 Pa 1 27b
891 96 Skede/Örnsköldsvik 256 Ja 35
762 92 Skederid/Norrtälje 156 Mb 2 34a
590 41 Skederid/Rimforsa 108 Oa 3 28b
592 93 Skedet 119 Oa 1 26b
643 94 Skedevi/Vingåker 136 Nb 1 28c
640 34 Skedevi/Ådö 137 Na 3 30b
862 96 Skedlobodstrand 218 Ka 2 31c
380 44 Skedsbygd 90 Pb 1 28c
590 98 Skedshult 109 Oa 3 29c
512 90 Skedskamma 105 Ob 3 23b
387 95 Skedstad 91 Pb 1 30b
864 92 Skedvik 218 Ka 2 31a
452 94 Skee 131 Nb 1 19b
340 12 Skeen 87 Pb 2 24b
231 93 Skegrie 74 Ra 1 23a
283 91 Skeingen säteri 80 Qa 1 24c
932 01 Skelleftehamn 286 Gb 39
931 01 Skellefteå 286 Gb 38
511 02 Skene 97 Pa 1 22a
672 92 Skenhall 131 Na 2 20c
781 96 Skenshyttan 170 Ma 1 27c
740 83 Skensta 154 Mb 2 30c
826 91 Skensta 203 La 1 31a
610 31 Skenäs 121 Nb 3 30a
511 74 Skephult 97 Ob 3 22c
262 91 Skepparkroken 65 Qa 22
262 91 Skepparkroken 79 Qa 2 22b
576 92 Skepperstad 99 Pa 1 26b
446 40 Skepplanda 104 Ob 1 21b
771 94 Skeppmora 152 Ma 3 27a
184 91 Skeppsbol 139 Mb 3 33c
184 91 Skeppsdal 139 Na 1 33c
139 36 Skeppsdalsström 139 Na 2 33c
615 92 Skeppsgården 109 Oa 3 30a
860 35 Skeppshamn 218 Ka 1 32b
546 95 Skeppshult 119 Nb 2 25c
333 93 Skeppshult 97 Pa 3 23c
891 96 Skeppsmalen 256 Ja 35
760 42 Skeppsmyra 157 Mb 2 35a
705 94 Skeppsta 135 Na 27a
640 50 Skeppsta 138 Na 3 31a
591 92 Skeppstad 119 Oa 1 26c
423 98 Skeppstadsholmen 103 Ob 2 20b
610 54 Skeppsvik 121 Nb 3 30b
918 32 Skeppsvik/Umeå 273 Hb 38
596 92 Skeppsås 119 Oa 1 27b
195 93 Skepptuna 156 Mb 2 33a
460 65 Skerrud 116 Nb 3 21c
571 91 Skieryd 99 Ob 3 26a
340 12 Skifteryd 86 Pb 2 23c
380 31 Skillerhult 90 Pb 1 29a
598 91 Skillingarum 101 Ob 3 28b
568 01 Skillingaryd 98 Pa 1 25a
276 03 Skillinge 76 Ra 1 25b
370 24 Skillingenäs 82 Qa 2 28a
670 43 Skillingsfors 149 Mb 2 21a
736 92 Skillingsudd 136 Na 1 29a
860 35 Skilsåker 218 Ka 1 32a
780 54 Skimpbo 168 Ma 1 25a
570 72 Skinberga 100 Pa 2 28a
284 92 Skingeröd 80 Qa 2 23c
796 91 Skinnarbodarna 184 La 2 25b
590 52 Skinnarhagen 108 Oa 2 27c
310 60 Skinnarlyngen 97 Pa 3 22a
590 40 Skinnarsbo 108 Ob 1 28b
780 50 Skinnarvallen 168 Ma 1 25b
793 92 Skinnaråsen 169 Lb 3 26b
330 10 Skinnebo 87 Pb 1 24a
287 93 Skinnersböke 86 Pb 3 23c
686 93 Skinnerud 150 Mb 1 23a
739 01 Skinnskatteberg 153 Mb 2 28b
310 40 Skintaby 85 Pb 2 22b
920 70 Skirknäs 295 Fb 29
570 16 Skirö 100 Pa 1 27c
771 92 Skisshyttan 170 Ma 2 27b
450 71 Skistad 115 Nb 3 19c
274 02 Skivarp 75 Ra 1 24a
667 91 Skived 150 Mb 3 22b
922 93 Skivsjön 272 Ha 35
567 92 Skjutebo 98 Ob 3 25a
671 95 Skjutsbol 150 Mb 3 22b
820 70 Skjuttorpet 218 Ka 3 30c
747 91 Skoby 156 Ma 3 33a
820 29 Skog/Bergvik 187 La 3 30c
820 60 Skog/Delsbo 202 Kb 2 30a
310 61 Skog/Gällared 97 Pa 3 22c
870 10 Skog/Härnösand 255 Jb 32
340 36 Skog/Moheda 99 Pa 3 26a
923 98 Skog/Storuman 283 Ga 30
590 55 Skog/Sturefors 108 Oa 2 28b
912 91 Skog/Vilhelmina 283 Gb 29
671 94 Skog/Västra Ämtervik 150 Mb 2 23a
312 93 Skogaby 86 Pb 3 23b
694 92 Skogaholm 135 Na 3 27b
715 94 Skogalund 136 Na 3 28b
452 93 Skogar 131 Na 3 19b
680 50 Skogaängarna 150 Ma 3 23c
740 46 Skogbo 172 Ma 2 31b
620 16 Skogby 93 Pa 1 34b
730 70 Skogby 154 Mb 1 29c
672 95 Skogen/Svanskog 132 Na 2 21c
341 95 Skogen/Tannåker 87 Pb 1 24b
643 93 Skogen/Vingåker 136 Na 3 29a
462 93 Skogen/Vänersborg 116 Oa 1 21b
286 92 Skogen/Örkelljunga 79 Qa 2 23b
663 01 Skoghall 133 Na 2 23c
380 44 Skoghult 90 Pb 1 28c

Skoghus Sommen 417

260 35 Skoghus 79 Qa 3 22b
291 93 Skoglösa 80 Qa 3 25a
620 20 Skogs 94 Pa 1 33b
534 92 Skogsbo 105 Oa 2 23a
796 99 Skogsbo 199 La 1 24a
386 93 Skogsby 90 Pb 3 30a
616 91 Skogsby/Simonstorp 121 Nb 2 29b
610 33 Skogsby/Östra Husby 121 Nb 3 29c
260 23 Skogsgård 79 Qb 1 23a
360 44 Skogshill 88 Pb 2 27a
621 76 Skogsholm 94 Ob 3 33c
461 91 Skogshöjden 116 Oa 2 21b
360 24 Skogsryd 89 Pb 2 27b
740 20 Skogs-Tibble 155 Mb 2 31b
446 94 Skogstorp 104 Ob 1 21b
633 09 Skogstorp 137 Na 2 29c
311 33 Skogstorp 85 Pb 1 21c
740 71 Skogsvreten 173 Ma 1 33c
961 91 Skogså 299 Fb 40
519 90 Skogsåkra 96 Pa 1 21c
780 64 Skogsätern 183 La 3 22c
745 96 Skolsta 155 Mb 3 31b
783 93 Skommarsvedjan 170 Ma 1 28c
796 91 Skord 185 La 3 25b
895 97 Skorped 255 Ja 32
572 93 Skorpetorp 101 Pa 2 29c
590 17 Skorteby 120 Oa 1 27b
620 12 Skote 92 Pa 2 33c
920 42 Skoträsk 284 Ga 33
523 90 Skottek 105 Ob 2 23c
693 95 Skottlanda 134 Na 3 25b
312 96 Skottorp 86 Qa 1 22c
862 34 Skottsund 218 Ka 2 31c
862 91 Skottsund 218 Ka 2 31c
640 50 Skottvång 138 Na 2 31a
450 84 Skrammestad 131 Nb 2 20a
576 91 Skrapstad 99 Pa 1 26b
905 87 Skravelsjö 272 Hb 37
311 97 Skrea 69 Pb 22
311 97 Skrea strand 85 Pb 1 22a
615 94 Skrickerum 109 Oa 3 29c
380 53 Skrika 101 Pa 2 29c
572 92 Skrikebo 101 Pa 1 29c
616 90 Skriketorp 121 Nb 2 29a
820 40 Skriksvik 202 Kb 2 29a
515 93 Skrimhult 97 Ob 3 22b
330 17 Skriperyd 87 Pb 1 25b
360 70 Skrivaretorp 100 Pa 2 27c
820 62 Skrotten 202 Kb 1 30a
694 93 Skrubby 135 Na 3 28c
360 53 Skruv/Emmaboda 89 Pb 2 27c
360 71 Skruv/Norrhult-Klavreström 100 Pa 3 27a
385 96 Skruvemåla 83 Qa 1 28b
599 91 Skruvhult 107 Oa 3 26b
680 61 Skråckarberget 183 Lb 2 22a
840 35 Skrållan 252 Jb 22
197 93 Skråmsta/Bålsta 155 Mb 3 32a
730 50 Skråmsta/Skultuna 154 Mb 2 29c
781 96 Skräcka 170 Ma 1 27c
740 22 Skräddarbo/Bälinge 155 Mb 1 31c
733 99 Skräddarbo/Möklinta 154 Ma 3 30a
794 90 Skräddar-Djurberga 185 La 2 26c
360 23 Skräddaremåla 89 Pb 3 27b
770 12 Skräddartorp 169 Ma 2 26a
828 95 Skräddrabo 186 La 2 28c
360 53 Skrämbohult 89 Pb 2 27c
373 02 Skrävle 83 Qa 2 28c
186 95 Skrävsta 156 Mb 3 33a
686 94 Skrötingerud 150 Mb 2 23a
980 41 Skröven 311 Eb 40
243 92 Skuddarp 80 Qa 3 24a
790 15 Skuggarvet 170 Lb 3 28b
340 30 Skulatorp 88 Pb 2 26a
893 91 Skule 255 Ja 33
740 22 Skulla 155 Mb 1 31c
575 91 Skullaryd 107 Ob 2 26c
872 96 Skullersta 255 Jb 33
535 91 Skulltorp/Kvänum 117 Oa 2 23b
541 93 Skulltorp/Skövde 118 Oa 1 24b
730 50 Skultuna 154 Mb 2 29c
312 96 Skummeslövsstrand 86 Qa 1 22c
370 17 Skumpamåla 82 Qa 1 27c
361 95 Skurebo/Långasjö 89 Pb 3 27c
574 98 Skurebo/Nye 100 Pa 1 27b
916 95 Skurträsk 272 Ha 35
690 45 Skuru 119 Nb 1 27a
274 01 Skurup 75 Ra 1 24a
814 01 Skutskär 172 Lb 3 31c
590 94 Skutterstad 108 Ob 1 29a
740 30 Skuttunge 155 Mb 1 32a
740 30 Skuttungeby 155 Mb 1 32a
595 92 Skvathult 107 Oa 3 27b
512 95 Skyarp 97 Pa 2 23b
671 93 Skyberg 149 Mb 3 21c
360 14 Skye 88 Pb 2 26c
690 45 Skyllberg 135 Nb 1 27a
680 60 Skyllbäck 183 Lb 2 22c
680 60 Skyllbäckssätern 183 Lb 2 22b
620 34 Skymnings 95 Ob 1 34c
282 95 Skyrup 80 Qa 3 24b
820 42 Skyte 201 Kb 1 28b
830 76 Skyttmon 253 Ja 28
743 94 Skyttorp 155 Ma 3 32b
740 21 Skyttstennäs 155 Mb 1 31b
179 75 Skå Edeby 138 Na 1 32b
840 31 Skålan/Svenstavik 253 Jb 25
830 60 Skålan/Änge 269 Hb 25
523 95 Skålarp 105 Ob 1 23b
824 93 Skålbo/Hudiksvall 203 Kb 2 31b
820 40 Skålbo/Järvsö 202 Kb 2 29a
922 95 Skålboda 272 Ha 35
794 98 Skålbygget 200 La 1 27a
712 93 Skålen 152 Mb 1 26a
810 65 Skållbo 172 Ma 1 32c
442 96 Skålldal 103 Ob 1 20c
828 95 Skålsjön 186 La 3 28c
682 91 Skåltjärn 151 Mb 2 25a
820 42 Skålvallen 216 Kb 1 28a
683 92 Skålviken 151 Ma 3 24a
796 91 Skålåstugan 184 La 2 24a
780 51 Skålö 168 Lb 3 25b
820 62 Skån 217 Ka 3 29a
280 40 Skånes-Fagerhult 80 Qa 1 23c
280 40 Skånes-Värsjö 80 Qa 1 23c
273 92 Skåne-Tranås 75 Qb 3 24c
532 96 Skånings-Åsaka 117 Oa 1 24a
277 45 Skånsbäck 76 Qb 3 25a
681 94 Skånum 134 Na 1 25a
666 40 Skåpafors 132 Na 3 21b
441 44 Skår/Alingsås 104 Ob 1 21c
442 92 Skår/Lödöse 104 Oa 3 21a
446 92 Skår/Skepplanda 104 Oa 3 21b
521 94 Skår/Vilske-Kleva 105 Oa 2 23c
610 55 Skåra 121 Nb 2 30b
271 91 Skårby 75 Ra 1 24b
434 95 Skårby 96 Ob 3 21a
635 50 Skåre 133 Na 1 23c
231 93 Skåre 74 Ra 1 23a
511 94 Skårebo 97 Pa 2 22b
615 94 Skårsjö 109 Oa 3 29c
360 42 Skårtaryd 88 Pb 1 27a
438 92 Skårtorp 104 Ob 2 21b
520 40 Skårum 105 Oa 3 23c
340 12 Skäckarp 87 Pb 2 24a
590 80 Skäfshult 101 Ob 2 28b
612 92 Skäftesfall 120 Nb 3 28c
736 91 Skäftruna 136 Na 1 29a
340 32 Skäggalösa 88 Pb 2 26a
733 92 Skäggebo 154 Mb 1 30b
661 95 Skäggebol/Borgvik 133 Na 1 22c
693 73 Skäggebol/Degerfors 134 Na 3 25c
662 96 Skäggebyn 132 Na 2 22a
284 91 Skäggestorp 80 Qa 2 23c
586 44 Skäggetorp 120 Oa 1 28a
860 35 Skäggsta 218 Ka 1 32a
810 65 Skälbo 173 Ma 1 33a
733 91 Skälby 154 Mb 1 30b
240 14 Skälbäck 75 Qb 3 23c
266 94 Skälderhus 79 Qa 2 23a
594 91 Skälhem 109 Ob 2 29b
360 51 Skälholmsryd 89 Pb 2 27b
610 75 Skällberga 122 Nb 1 31c
388 91 Skällby 90 Pb 3 29a
284 91 Skälleberga 80 Qa 3 23c
662 91 Skällebyn 132 Na 3 22a
384 91 Skälleryd 90 Pb 1 29c
430 17 Skällinge 96 Pa 2 21c
871 91 Skällom 218 Jb 3 32b
438 93 Skällsjöås 104 Ob 3 21b
310 60 Skällstorp 97 Pa 3 22b
610 27 Skälläng 121 Oa 1 30b
290 60 Skälmershult 81 Qa 1 25c
570 72 Skälsbäck 100 Pa 2 28a
282 91 Skälsböke 80 Qa 3 24a
572 96 Skälsebo 101 Pa 1 29c
134 65 Skälsmara 139 Na 2 34a
590 55 Skälstorp/Sturefors 108 Oa 2 28b
597 91 Skälstorp/Åtvidaberg 108 Oa 2 29a
585 91 Skälv 120 Oa 1 28b
516 91 Skälvarås 105 Ob 2 23a
442 93 Skälvisered 103 Ob 1 20c
533 95 Skälvum 117 Nb 3 23c
136 91 Skäläker 139 Na 3 33b
566 93 Skämningfors 106 Oa 3 25b
815 92 Skämsta 172 Ma 2 32a
598 94 Skänninge 108 Ob 2 28c
596 01 Skänninge 119 Oa 1 27a
516 91 Skänstad 105 Ob 2 23a
793 92 Skäppsjöbodarna 169 Lb 2 26a
620 35 Skär 95 Ob 1 35b
260 70 Skäralid 79 Qa 3 23b
915 94 Skäran 273 Ha 39
617 01 Skärblacka 120 Nb 3 28c
574 74 Skärbäck 99 Pa 3 26b
512 93 Skäremo 97 Pa 1 23b
260 41 Skäret/Arild 79 Qa 2 22a
760 40 Skäret/Björkö-Arholma 157 Mb 1 35a
714 93 Skäret/Kopparberg 152 Mb 1 26c
680 96 Skärfjällen 168 Ma 2 25a
184 70 Skärgårdsstad 139 Na 1 33c
471 31 Skärhamn 103 Ob 1 20a
127 31 Skärholmen 138 Na 2 32c
840 35 Skärkdalen 252 Jb 22
310 38 Skärkered 86 Pb 2 23a
585 94 Skärkind 120 Oa 1 28c
796 91 Skärklitt 184 La 2 25a
380 62 Skärlöv 84 Qa 1 30a
713 91 Skärmarboda 135 Na 1 27a
139 54 Skärmarö 139 Na 1 34a
664 91 Skärmnäs 133 Na 1 22c
614 96 Skärnäs 121 Oa 1 29b
816 93 Skärpan 187 Lb 1 30b
810 65 Skärplinge 172 Ma 1 32b
340 12 Skärseryd 86 Pb 2 24a
280 23 Skärseröd 80 Qa 2 24c
579 90 Skärshult/Högsby 101 Pa 2 29b
360 30 Skärshult/Rörvik 99 Pa 2 25c
310 60 Skärshult/Ullared 97 Pa 2 22b
578 92 Skärsjö/Aneby 107 Ob 2 26b
781 93 Skärsjö/Enbacka 170 Ma 1 28a
576 92 Skärsjö/Sävsjö 99 Pa 1 26b
740 45 Skärsjö/Tärnsjö 171 Ma 2 30c
840 93 Skärsjövålen 214 Ka 2 23c
661 94 Skärsmyr 132 Na 3 22b
290 37 Skärsnäs 81 Qa 2 25c
561 91 Skärstad/Kaxholmen 106 Ob 1 25c
591 94 Skärstad/Motala 119 Oa 1 27a
826 91 Skärså 203 La 1 31a
862 95 Skärsätt 218 Ka 2 31b
022 67 Skärträsk 272 Ha 37
520 24 Skärum 105 Ob 1 24a
532 92 Skärv 118 Oa 1 24a
790 91 Skärvagen 212 Kb 1 21b
840 12 Skärve 217 Jb 3 29b
335 93 Skärvhult 98 Pa 1 24c
388 99 Skärvsjölund 90 Pb 3 28b
520 40 Skärvum 105 Oa 3 23c
830 60 Skärvången 269 Hb 25
570 03 Skärvälla 99 Pa 2 25c
340 12 Skärvö 87 Pb 2 24a
820 62 Skärås 217 Kb 1 30a
790 91 Skäråsen 213 Kb 1 21c
820 40 Skästra 202 Kb 2 29a
290 10 Skättiljunga 80 Qb 1 24c
770 12 Skävertorp 169 Ma 3 26a
705 97 Skävesund 136 Na 2 27c
725 93 Skävsta 154 Mb 3 29c
360 70 Skögle 100 Pa 2 27c
736 92 Sköldby 136 Na 1 29b
640 24 Sköldinge 137 Na 3 29c
343 95 Sköldsbygd 87 Pb 3 24c
342 94 Sköldstad 88 Pb 1 26a
610 25 Sköldvik 121 Oa 1 30c
864 91 Sköle 218 Ka 1 30c
697 02 Sköllersta 135 Na 3 27c
444 94 Sköllunga 104 Oa 3 20c
524 93 Skölvene 105 Oa 3 23a
291 91 Skönabäck/Norra Åsum 81 Qb 1 25b
274 91 Skönabäck/Skurup 75 Qb 3 24a
615 95 Skönero 109 Oa 2 30a
372 91 Skönevik 82 Qa 2 27b
670 41 Skönnerud 149 Mb 2 21b
854 61 Skönsmon 218 Ka 1 31b
811 92 Skönvik 171 Lb 2 30b
385 92 Skörebo 83 Qa 1 28c
370 11 Skörje 82 Qa 1 27a
375 91 Skörsemo 81 Qa 2 26b
590 96 Skörserum 109 Ob 1 29c
521 91 Skörstorp 106 Oa 3 24b
541 01 Skövde 118 Oa 1 24c
810 65 Slada 173 Lb 3 32c
840 85 Slagavallen 213 Ka 3 23a
570 80 Slagdala 100 Pa 1 28a
380 62 Slagerstad 84 Pb 3 30a
570 10 Slageryd 99 Pa 2 26c
360 12 Slagesnäs 81 Qa 1 26a
930 91 Slagnäs 296 Fb 33
725 93 Slagårda 154 Mb 2 29c
585 98 Slaka 120 Oa 1 28a
380 30 Slakmöre 90 Pb 1 29c
745 99 Slaktebo 138 Na 1 31c
570 31 Slammarp 100 Ob 3 27c
824 93 Slasta 203 Kb 2 31a
360 10 Slattesmåla 81 Qa 1 26a
673 92 Sleverud 149 Mb 1 21c
922 92 Slipstensjön 272 Ha 36
620 30 Slite 95 Ob 2 34b
590 80 Slitshult 108 Ob 2 28b
662 97 Slobol 132 Nb 1 22a
671 96 Slobyn 150 Mb 2 22b
771 94 Slogsveden 169 Ma 3 27a
671 94 Slorud 150 Mb 2 22c
450 70 Slottet 115 Nb 3 19b
548 74 Slottsbol 119 Nb 1 25c
664 40 Slottsbron 133 Na 2 23a
178 54 Slottshagen 138 Na 2 32b
746 96 Slottsskogen 155 Mb 2 32a
962 99 Slubbonjärgga=Klubbudden 309 Eb 36
514 53 Slumsvik 98 Ob 3 23c
330 33 Slungsås 98 Pa 1 24c
473 92 Slussen 115 Oa 2 20b
923 97 Slussfors 283 Ga 29
521 93 Slutarp 105 Oa 3 24a
810 65 Slutmossen 173 Lb 3 32c
640 43 Slytan 137 Na 2 30a
705 98 Slyte 136 Na 2 28a
828 91 Slåttagården 201 La 1 28c
533 97 Slåttebråten 118 Nb 3 24a
688 91 Släbråten 134 Mb 3 25b
865 91 Släda 218 Ka 1 31c
662 98 Slädekärr 132 Nb 1 22a
280 72 Slähult 81 Qa 1 25a
672 92 Slämtegen 132 Na 2 21a
430 17 Släne 96 Pa 2 22a
930 70 Släppträsk 284 Ga 34
519 93 Slärýd 97 Pa 3 22a
747 94 Släsby 155 Ma 3 32c
731 96 Släta 136 Na 1 28c
385 93 Slätafly 83 Qa 1 28c
333 92 Släthult/Broaryd 97 Pa 3 23b
579 90 Släthult/Högsby 101 Pa 2 29a
572 95 Släthult/Misterhult 101 Pa 1 30a
570 76 Släthult/Ruda 101 Pa 3 29a
360 14 Slättamåla 88 Pb 3 26c
260 93 Slättaröd 85 Qa 1 22a
793 90 Slättberg/Leksand 185 Lb 2 27b
794 93 Slättberg/Orsa 185 La 3 26a
982 06 Slättberg=Buollnja 310 Eb 39
840 13 Slättberget 217 Ka 1 29b
545 91 Slätte 118 Nb 2 25b
570 81 Slättemossa 100 Pa 1 28a
616 91 Slätten 120 Nb 2 29a
521 95 Slättered 106 Oa 3 24b
461 95 Slätterna 116 Oa 2 21c
571 94 Slätteryd/Nässjö 99 Ob 3 26a
560 27 Slätteryd/Ödestugu 99 Ob 3 25c
274 91 Slätteröd 75 Qb 3 24a
540 66 Slättevalla 118 Nb 2 25a
517 92 Slätthult/Bollebygd 104 Ob 2 22a
360 50 Slätthult/Eriksmåla 89 Pb 2 27c
443 39 Slätthult/Lerum 104 Ob 2 21c
566 91 Slätthult/Mullsjö 106 Ob 1 24c
517 94 Slätthult/Töllsjö 104 Ob 2 22b
511 95 Slätthult/Öxabäck 97 Pa 1 22b
382 93 Slättingebygd 90 Pb 1 28c
860 33 Slättmon 254 Jb 31
284 92 Slättsjö 80 Qa 2 23c
231 99 Slättåkra/Anderslöv 74 Ra 1 23c
570 15 Slättåkra/Holsbybrunn 100 Pa 1 27b
313 91 Slättåkra/Oskarström 86 Pb 2 22c
860 13 Slättån 217 Ka 1 30a
280 20 Slättaröd 80 Qa 2 24b
360 30 Slättö 99 Pa 2 25c
615 92 Slätvik 109 Oa 3 30b
736 91 Slätåsen 136 Na 1 29b
310 50 Slöinge 85 Pb 1 22b
860 13 Slöjan 217 Ka 1 29c
772 94 Smaltjärn 152 Ma 3 26b
760 31 Smara 156 Mb 1 33c
760 31 Smaranäs 156 Mb 1 33c
450 84 Smeberg 131 Nb 2 20a
549 92 Smeby 118 Nb 3 24c
370 11 Smedamåla 82 Qa 2 27a
732 96 Smedby/Fellingsbro 136 Na 1 28b
395 90 Smedby/Kalmar 90 Pb 2 29b
748 96 Smedby/Tegelsmora 172 Ma 2 32a
194 92 Smedby/Upplands-Väsby 139 Mb 3 32c
780 53 Smedens 169 Ma 2 25c
280 40 Smedhult 80 Qa 1 23c
777 90 Smedjebacken 153 Ma 3 27c
260 23 Smedjebacken 79 Qa 3 23a
335 93 Smedjebo 98 Pa 1 24b
730 71 Smedsbo 154 Mb 1 29c
791 94 Smedsbo/Borlänge 170 Lb 3 27c
820 60 Smedsbo/Delsbo 202 Kb 1 29c
975 98 Smedsbyn 299 Fb 41
451 94 Smedseröd 115 Oa 1 20b
618 93 Smedskärr 121 Nb 3 30b
762 91 Smedsmora 156 Mb 2 33c
640 32 Smedsta 137 Na 3 30b
544 92 Smedstorp/Hjo 118 Oa 1 25b
640 32 Smedstorp/Hälleforsnäs 137 Na 3 30a
260 41 Smedstorp/Höganäs 79 Qa 2 22a
590 52 Smedstorp/Nykil 108 Oa 2 27c
430 64 Smedstorp/Rävlanda 104 Ob 3 21c
273 04 Smedstorp/Tomelilla 76 Qb 3 25a
810 40 Smedsäng 171 Ma 1 30c
534 93 Smedtofta 117 Oa 1 22c
450 84 Smeviken 115 Nb 2 20a
620 12 Smiss/Gerum 92 Pa 2 33b
620 20 Smiss/Hejde 92 Pa 1 33b
620 13 Smiss/När 93 Pa 2 34a
620 12 Smissarve 92 Pa 2 33c
594 91 Smitterstad 109 Ob 1 29b
672 93 Smolmark 149 Mb 3 21a
231 05 Smygehamn 74 Ra 1 23c
914 95 Småbrännorna 272 Hb 36
671 94 Småd al 150 Mb 3 22c
288 90 Smålanden 80 Qa 3 24c
333 01 Smålandsstenar 98 Pa 3 23c
840 13 Småsvedjorna 217 Ka 1 29b
610 10 Småängen 120 Nb 2 27c
661 94 Smärslid 133 Na 3 22b
450 43 Smögen 115 Oa 1 19b
805 98 Smörnäs 187 Lb 2 30c
450 54 Snaben 116 Nb 2 20b
462 91 Snappstakan 116 Oa 1 21b
598 92 Snararp 108 Ob 2 27c
590 33 Snarlunda 120 Nb 3 27b
280 64 Snarrarp 81 Qa 2 25b
572 96 Snarås 101 Pa 1 29c
830 15 Snasahögarna 233 Ja 2 21c
830 15 Snasastugan 233 Ja 2 21b
810 64 Snatra 172 Lb 3 32a
620 13 Snausarve 93 Pa 2 34a
694 94 Snavlunda 135 Nb 1 26c
590 78 Snavudden 120 Nb 3 28a
742 93 Snesslinge 173 Ma 2 33b
611 91 Snesta 122 Nb 1 31a
960 24 Snesudden 298 Fa 37
620 11 Snevide 92 Pa 3 33c
571 97 Sniparp 99 Ob 3 25c
982 06 Snjirra=Sjnjirrá 310 Eb 38
275 93 Snogeholm 75 Qb 3 24b
243 95 Snogeröd 80 Qb 1 23c
598 94 Snokebo 108 Ob 2 28c
153 95 Snorp 138 Na 3 32a
438 93 Snugga 104 Ob 3 21b
711 91 Snuggan 152 Mb 3 27b
738 92 Snytsbo 153 Mb 1 29a
438 91 Snåkered 104 Ob 2 21b
685 94 Snårberg 167 Ma 1 22c
661 94 Snåre 132 Na 3 22b
820 78 Snåret/Hassela 217 Ka 3 30a
827 93 Snåret/Ljusdal 202 Kb 2 29b
620 34 Snäckers 95 Ob 1 34b
610 42 Snäckevarp 109 Oa 2 30b
825 92 Snäckmor 203 Kb 3 31a
287 93 Snällsböke 87 Pb 3 24a
827 93 Snäre 202 Kb 2 29b
343 97 Snärhult 87 Pb 3 24c
280 22 Snärshult 80 Qa 1 24a
840 80 Snäsvallen 199 Kb 2 24a
820 64 Snättvallen 202 Kb 2 30b
841 94 Snöberg 216 Jb 3 27c
780 51 Snöborg 169 Lb 3 25c
780 51 Snöbyn 169 Lb 3 25c
930 81 Snödbränna 285 Ga 36
290 60 Snöfleboda 81 Qa 2 26a
683 91 Snörsta 168 Ma 2 24b
590 95 Snörum 109 Ob 1 30a
810 64 Snöskär 172 Lb 3 32b
300 48 Snöstorp 86 Pb 2 22c
590 96 Snötomta 109 Oa 3 29b
605 96 Snöveltorp 121 Nb 3 29b
780 51 Snöåbruk 169 Lb 3 25c
780 51 Snöåkvarn 169 Lb 3 25c
771 90 Snöån 152 Ma 3 27b
611 91 Sofielund/Gnesta 137 Na 3 31a
642 95 Sofielund/Spangå 137 Nb 1 30b
314 91 Sofieslätt 86 Pb 1 23b
790 22 Solarvet 170 Lb 2 27b
828 95 Solbacka 186 La 2 28c
571 91 Solbacka 99 Ob 3 26b
640 51 Solbacka/Gryt 137 Na 3 30c
598 92 Solbacka/Rumskulla 100 Ob 2 28a
136 91 Solbacken 139 Na 3 33b
895 03 Solberg/Bredbyn 271 Hb 32
834 98 Solberg/Brunflo 253 Ja 26
680 50 Solberg/Ekshärad 167 Ma 2 23c
660 50 Solberg/Grums 133 Na 2 23b
450 73 Solberg/Hamburgsund 115 Nb 3 19c
880 37 Solberg/Åsele 270 Hb 30
571 92 Solberga/Anneberg 107 Ob 2 26b
289 90 Solberga/Gryt 80 Qa 2 25a
793 41 Solberga/Insjön 170 Lb 2 27b
730 30 Solberga/Kolsva 153 Mb 3 28c
670 41 Solberga/Koppom 149 Mb 2 21b
548 93 Solberga/Lyrestad 118 Nb 2 25a
149 91 Solberga/Nynäshamn 123 Nb 1 32c
795 96 Solberga/Rättvik 186 Lb 1 27b
579 92 Solberga/Sinnarbo 90 Pa 3 28c
715 95 Solberga/Svenneved 136 Na 3 28a
615 91 Solberga/Valdemarsvik 109 Oa 3 30b
643 92 Solberga/Vingåker 136 Nb 1 28c
705 95 Solberga/Örebro 135 Na 2 27b
594 93 Solberga/Överum 109 Ob 1 29c
792 93 Solbodarna 184 Lb 1 25a
450 73 Solhem 115 Nb 3 19c
574 93 Solhester 100 Ob 3 27b
598 94 Solhult 108 Ob 2 28c
733 94 Solinge 154 Mb 1 30a
576 92 Solkaryd 99 Pa 2 26b
612 91 Solklint 120 Nb 2 28c
466 01 Sollebrunn 104 Oa 3 22a
881 01 Sollefteå 254 Ja 31
130 40 Sollenkroka 139 Na 1 34b
191 01 Sollentuna 139 Na 1 32c
792 90 Sollerön 185 Lb 1 26a
463 75 Sollum 104 Oa 2 21a
730 30 Solmyra 153 Mb 2 28c
171 01 Solna 139 Na 1 32c
598 91 Solnebo 101 Ob 3 28c
598 91 Solnehult 101 Ob 3 28c
149 91 Solsa 123 Nb 1 32c
260 93 Solsidan 85 Qa 1 22a
590 91 Solstadström 101 Ob 3 30a
668 91 Solum 131 Na 3 20b
870 10 Solum/Härnösand 255 Jb 32
871 93 Solum/Ålandsbro 255 Jb 32
871 93 Solumshamn 255 Jb 32
740 10 Solvalla 156 Mb 1 33a
783 95 Solvarbo 170 Ma 1 28b
597 96 Solvestad 109 Oa 3 29c
597 94 Solvik 108 Oa 2 29a
666 92 Solvik 132 Na 3 21c
640 50 Solvik 137 Na 3 31a
380 30 Solvik 90 Pb 2 29c
312 96 Sommarbo 86 Qa 1 22c
590 14 Sommarhagen/Malexander 108 Oa 3 27b
733 91 Sommarhagen/Sala 154 Mb 1 30a
341 91 Sommarsäte 87 Pb 2 25a
573 61 Sommen 107 Oa 3 26c

S

S

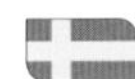

424 Vi/Sundsvall Västanå

S

865 31 Vi/Sundsvall 218 Ka 1 31c
813 94 Vi/Torsåker 171 Lb 3 29c
705 97 Via 136 Na 2 27c
147 92 Viad 138 Na 3 32b
643 92 Viala 136 Na 3 28c
504 94 Viared 105 Ob 2 22c
776 91 Vibberbo/Garpenberg 170 Ma 2 29a
777 94 Vibberbo/Smedjebacken 153 Ma 3 28a
621 48 Vibble 94 Ob 3 33b
961 91 Vibbyn 299 Fb 40
655 94 Viberg 151 Mb 3 24c
598 93 Vibo 101 Ob 3 29a
732 95 Viby/Arboga 136 Na 1 28c
620 30 Viby/Gothem 95 Ob 3 34b
291 50 Viby/Kristianstad 81 Qa 3 25b
590 17 Viby/Mantorp 120 Oa 1 27b
512 61 Vibäcksred 97 Pa 2 23a
439 32 Vickan 96 Pa 1 21a
661 94 Vickersrud 132 Na 3 22b
386 93 Vickleby 90 Pb 3 29c
360 53 Vida 89 Pb 2 27b
274 62 Vidarp 75 Ra 1 24a
148 91 Vidbynäs 138 Nb 1 32c
610 25 Viddviken 121 Nb 3 30c
430 22 Videbergshamn 96 Pa 2 21a
236 91 Videholm 74 Ra 1 22c
241 93 Viderup 74 Qb 2 23b
260 51 Videröra 79 Qb 1 22c
450 71 Vidingen 115 Nb 3 19c
141 91 Vidja 139 Na 2 33a
942 92 Vidsel 298 Fb 38
810 65 Vidväg 172 Ma 1 32b
640 25 Vidökna 136 Na 2 29b
571 91 Viebäck 99 Ob 3 26a
982 60 Viedás=Vietas 320 Ea 33
372 91 Vieryd 82 Qa 2 27a
260 70 Vieröd 79 Qa 3 23b
982 60 Vietas=Viedás 320 Ea 33
744 91 Vigelsbo/Heby 154 Ma 3 30b
733 99 Vigelsbo/Möklinta 154 Ma 3 30a
748 92 Vigelsbo/Österbybruk 173 Ma 2 32c
620 11 Viges 92 Pa 3 33c
242 96 Viggarum 75 Qb 2 24c
860 13 Vigge 217 Ka 2 30b
840 40 Vigge/Svenstavik 253 Jb 25
755 91 Viggeby 155 Mb 2 32a
617 90 Viggesätter 120 Nb 3 28b
688 91 Viggetorp 134 Na 1 25b
340 10 Viggåsa 87 Pb 2 24a
755 91 Vik/Balingsta 155 Mb 2 31c
760 10 Vik/Bergshamra 156 Mb 3 34a
870 52 Vik/Bollstabruk 255 Ja 32
825 91 Vik/Iggesund 203 Kb 3 31a
820 40 Vik/Järvsö 202 Kb 2 29b
618 33 Vik/Krokek 121 Nb 29c
272 95 Vik/Simrishamn 76 Qb 3 25b
610 50 Vik/Stigtomta 121 Nb 2 30b
645 92 Vik/Strängnäs 137 Na 1 30c
452 97 Vik/Tjärnö 131 Nb 1 19b
672 92 Vik/Trättlanda 132 Na 2 21a
519 97 Vik/Öxnevalla 97 Pa 1 22a
760 42 Vika/Björkö-Arholma 157 Mb 1 35a
791 95 Vika/Falun 170 Lb 3 28b
332 92 Vika/Gislaved 98 Pa 1 23c
792 91 Vika/Mora 185 Lb 1 25c
668 91 Vikansjö 131 Na 3 20c
862 96 Vikarbodarna 218 Ka 2 31c
795 95 Vikarbyn 185 Lb 1 27a
824 91 Vikarkvarn 203 Kb 2 31a
441 91 Vikaryd 104 Ob 1 21c
740 45 Vikbolandet 154 Ma 3 30b
776 91 Vikbyn 170 Ma 2 29a
830 23 Vikbäcket 253 Jb 26
620 30 Vike 95 Ob 3 34b
860 41 Vike/Holm 254 Jb 30
828 94 Viken/Alfta 202 La 1 28c
830 22 Viken/Brunflo 253 Jb 26
543 94 Viken/Fagersanna 118 Nb 3 25b
820 78 Viken/Hassela 217 Ka 3 30b
820 46 Viken/Hennan 216 Ka 3 28b
510 22 Viken/Hyssna 97 Ob 3 22a
260 40 Viken/Höganäs 79 Qa 3 22a
830 90 Viken/Lermon 281 Gb 24
820 46 Viken/Ramsjö 216 Ka 3 28b
439 95 Viken/Rydet 96 Pa 1 20c
931 92 Viken/Skellefteå 286 Gb 38
841 93 Viken/Säter 216 Ka 1 27b
950 40 Viken/Töre 299 Fb 42
828 95 Viken/Viksjöfors 186 La 2 28c
830 44 Viken/Änge 252 Ja 25
671 94 Vikene/Edane 150 Mb 3 22c
670 43 Vikene/Skillingsfors 149 Mb 2 21a
713 92 Viker 135 Na 1 26c
620 34 Vikers 95 Ob 1 34b
777 90 Vikersvik 170 Ma 3 27c
380 74 Vikgård 91 Pa 3 30c
517 96 Vikhult 104 Ob 2 22b
725 92 Vikhus 137 Na 1 29c
776 91 Vikhyttan 170 Ma 2 29a
246 32 Vikhög 74 Qb 2 22c
590 47 Vikingstad 120 Oa 1 27c
620 23 Viklau 94 Pa 1 33c
620 11 Viklunde 92 Pa 3 33c
776 02 Vikmannshyttan 170 Ma 2 28c
777 93 Viksberg/Fagersta 153 Mb 1 28b
152 95 Viksberg/Södertälje 138 Na 2 32a
590 41 Vikshölm 108 Oa 3 28b
175 50 Viksjö 138 Na 1 32b
816 93 Viksjö 187 Lb 1 30c
828 95 Viksjöfors 186 La 1 28c
882 95 Viksmon 254 Ja 30
610 75 Viksnäs 122 Nb 2 31c
740 30 Viksta 155 Ma 3 32a
641 92 Vikstorp 121 Nb 1 29b
920 66 Vilasund 295 Fa 26
643 95 Vilbo 136 Na 3 28c
597 91 Vilebo 108 Oa 3 28c
912 01 Vilhelmina 283 Gb 30
262 96 Vilhelmsfält 79 Qa 2 22c
683 95 Viljamsbol 151 Mb 1 24b
956 92 Vilkos 311 Eb 42
680 96 Villastaden 151 Ma 3 25a
740 81 Villbergaby 155 Mb 3 31b
711 94 Villboda 153 Mb 3 27c
231 95 Villie 74 Ra 1 23a
310 41 Villshärad 85 Pb 2 22b
355 94 Villtofta 88 Pb 2 26b
715 93 Villtungla 136 Na 3 28b
937 95 Villvattnet 285 Gb 37
592 92 Vilsberga 119 Oa 1 26b
290 60 Vilshult 81 Qa 1 25c
521 94 Vilske-Kleva 105 Oa 2 23c
744 92 Vilvallen 155 Ma 3 31a
524 93 Vimle 105 Oa 3 23b
570 19 Vimmarp 100 Ob 3 27c
333 93 Vimmelstorp 98 Pa 3 23c
598 01 Vimmerby 101 Ob 2 28c
792 92 Vimosågen 184 Lb 1 25b
771 90 Vinaren 153 Ma 3 27b
311 05 Vinberg 85 Pb 1 22a
920 42 Vindelgransele 284 Ga 33
922 01 Vindeln 272 Ha 36
922 92 Vindel-Ånäset 272 Ha 36
312 98 Vindrarp 79 Qa 1 23a
615 92 Vindö 109 Oa 3 30a
635 14 Vingsleör 137 Na 1 29b
643 91 Vingåker 136 Na 3 28c
680 60 Vingäng 183 Lb 2 22c
598 91 Vinketomta 101 Ob 3 28c
532 94 Vinköl 117 Oa 2 23b
921 93 Vinliden 284 Gb 32
360 23 Vinnamåla 89 Pb 3 27b
780 53 Vinnberget 169 Ma 1 25c
810 40 Vinnersjö 171 Ma 1 30c
531 03 Vinninga 117 Oa 1 23b
230 41 Vinninge 74 Qb 3 23b
291 75 Vinnö 80 Qa 3 25a
956 92 Vinsa 311 Eb 42
520 25 Vinsarp 105 Ob 1 24a
288 01 Vinslöv 80 Qa 3 24c
825 32 Vintergatan 203 Kb 3 31b
611 95 Vinterhyttan 121 Nb 2 30c
714 93 Vintermossen 152 Mb 2 26c
610 27 Vintersbo 121 Oa 1 30b
840 13 Vinterägnet 217 Ka 1 29b
790 23 Vintjärn 186 Lb 2 29a
520 43 Vintorp 105 Oa 3 24a
719 91 Vintrosa 135 Na 2 26c
790 90 Vinvallen 199 Kb 3 23b
792 91 Vinäs 185 Lb 1 26a
594 93 Vinö 109 Ob 1 30a
573 97 Vippersjö 107 Oa 3 26b
590 53 Viprossle 108 Oa 3 27c
184 91 Virabruk 156 Mb 3 34a
572 92 Virbo 101 Pa 1 30a
578 92 Vireda 107 Ob 1 26a
597 91 Viresjö 108 Oa 3 28c
343 73 Virestad 88 Pb 3 25c
920 64 Virisen 282 Ga 27
244 91 Virke 79 Qb 2 23b
572 92 Virkvarn 101 Pa 1 29c
730 61 Virsbo 153 Mb 1 29a
570 80 Virserum 100 Pa 2 28a
360 24 Virsryd 89 Pb 3 27b
579 92 Virstad 101 Pa 2 28c
984 92 Virtala 312 Ea 44
590 91 Virum 101 Ob 3 29c
330 27 Virvhult 98 Pa 1 24c
618 95 Virå 121 Nb 29c
621 72 Vis 94 Ob 2 33c
826 95 Visbodarna 202 La 1 30b
646 93 Visbohammar 138 Na 3 31c
621 01 Visby 94 Ob 3 33b
590 34 Vishult 119 Nb 2 27b
599 91 Visjö 107 Oa 2 26b
910 60 Visjömon 270 Ha 31
830 15 Visjöstugan 233 Ja 2 21b
830 15 Visjövalen 233 Ja 2 21a
515 01 Viskafors 105 Ob 3 22c
515 01 Viskafors 69 Ob 22
860 13 Viskan 217 Ka 1 29c
340 30 Vislanda 88 Pb 2 25c
681 93 Visnums-Kil 134 Na 3 25a
360 60 Vissefjärda 89 Pb 3 28a
283 95 Visseltofta 80 Qa 1 24c
670 20 Vissle 149 Mb 3 22a
230 41 Vissmarlöv 74 Qb 3 23b
135 67 Vissvass 139 Na 2 33c
942 91 Vistbäcken 298 Fb 37
667 31 Visterud 150 Mb 3 23c
942 91 Vistheden 298 Fb 38
612 91 Vistinge 120 Nb 2 28c
590 52 Visätter 108 Oa 2 27c
464 93 Vita Sandar 116 Nb 2 22a
277 36 Vitaby 76 Qb 2 25a
643 94 Vitan 136 Nb 1 28b
522 91 Vitared 106 Oa 3 25a
790 70 Vitaspen 186 La 2 28a
942 95 Vitberget 298 Fb 37
277 45 Vitebro 76 Qb 3 25a
277 32 Vitemölla 76 Qb 2 25b
360 73 Vithult 89 Pa 3 27b
685 94 Vitsand 167 Ma 2 23a
957 95 Vitsaniemi=Risudden 300 Fa 44
980 10 Vittangi=Vazáš 321 Db 40
578 91 Vittaryd 107 Ob 1 26b
340 15 Vittaryd 87 Pb 1 24c
643 94 Vittbro 136 Nb 1 28b
441 92 Vittene 104 Ob 1 22a
670 40 Vittensten 149 Mb 2 21c
816 93 Vittersjö/Medskog 187 Lb 1 30c
817 91 Vittersjö/Råhällan 188 Lb 1 30c
340 36 Vitteryd 99 Pa 3 26a
744 95 Vittinge 155 Mb 1 31a
747 93 Vittja 156 Ma 3 33a
685 91 Vittjärn 167 Ma 2 22a
961 96 Vittjärv 298 Fb 40
641 96 Vittorp 136 Na 3 29a
961 95 Vitträsk 298 Fb 39
240 36 Vittseröd 80 Qb 1 23c
280 22 Vittsjö 80 Qa 1 24b
297 91 Vittskövle/Degeberga 76 Qb 1 25a
268 90 Vittskövle/Svalöv 79 Qb 1 23b
615 95 Vittvik 109 Oa 3 30b
840 30 Vitvattnet 215 Ka 1 26a
916 91 Vitvattnet/Bjurholm 272 Hb 35
952 93 Vitvattnet/Kalix 299 Fa 43
620 16 Vitvär 93 Pa 1 34b
955 96 Vitåfors 299 Fb 41
605 97 Viudden 120 Nb 3 29a
703 70 Vivalla 135 Na 2 27b
840 95 Vivallen 226 Jb 3 21c
733 99 Vivastbo 154 Ma 3 30a
620 20 Vives 92 Pa 1 33b
287 93 Vivljunga 86 Pb 3 24a
864 91 Vivsta 218 Ka 2 31a
980 10 Vivungi 322 Db 41
620 23 Vivungs 92 Pa 1 33c
912 92 Volgsele 283 Gb 30
912 90 Volgsjöfors 283 Gb 30
270 33 Vollsjö 75 Qb 2 24b
910 60 Volmsjö 271 Ha 33
275 94 Vomb 61 Qb 24
920 34 Vormheden 284 Gb 34
920 34 Vormsele 284 Gb 34
921 91 Vormträsk 284 Gb 34
434 95 Voxlöv 96 Ob 3 21a
828 92 Voxna 201 La 1 28a
828 93 Voxnabruk 201 La 1 28a
820 50 Voxnahed 201 Kb 2 27a
821 91 Voxsätter 187 La 2 29c
388 96 Voxtorp 90 Pb 3 29a
504 96 Vralen 105 Ob 2 22c
272 93 Vranarp 76 Qb 3 25b
355 97 Vrankunge 88 Pb 2 26a
610 56 Vrena 121 Nb 1 30b
438 93 Vrestaby 104 Ob 3 21b
340 10 Vret/Odensjö 87 Pb 1 24a
331 93 Vret/Värnamo 98 Pa 2 25a
746 94 Vreta/Häggeby 155 Mb 3 32a
740 46 Vreta/Östervåla 155 Ma 3 31a
610 32 Vreta/Östra Husby 121 Nb 3 29c
737 91 Vretarne 153 Mb 1 28c
541 94 Vreten/Fröjered 118 Oa 224c
811 95 Vreten/Järbo 171 Lb 2 30a
816 94 Vreten/Ockelbo 187 Lb 1 30b
694 03 Vretstorp 135 Na 3 28c
643 91 Vrettsta 136 Na 3 28c
570 03 Vrigstad 99 Pa 1 25c
153 94 Vrå/Hölö 138 Na 3 32a
430 30 Vrå/Idala 96 Pa 1 21c
598 94 Vrå/Locknevi 108 Ob 2 29a
340 10 Vrå/Torpa 86 Pb 2 23c
360 10 Vrångaböke 88 Qa 1 26b
570 81 Vrånganäs 100 Pa 1 28a
842 94 Vrångbo 215 Ka 2 25b
360 24 Vrångebo 89 Pb 3 27a
598 94 Vrångfall 108 Ob 2 29a
360 77 Vrånghult 89 Pa 3 28b
423 83 Vrångö 103 Ob 3 20b
444 92 Vulseröd 103 Ob 1 20c
960 30 Vuodnajávrre=Vuotnajaur 310 Eb 38
930 90 Vuoggatjålbme= Vuoggatjålme 308 Eb 29
930 90 Vuoggatjålme= Vuoggatjålbme 308 Eb 29
960 30 Vuolleriebme=Vuollerim 298 Fa 38
960 30 Vuollerim=Vuolleriebme 298 Fa 38
980 10 Vuolle-Sohppar=Nedre Soppero 321 Da 40
953 92 Vuono 300 Fb 45
960 30 Vuotnajaur=Vuodnajávrre 310 Eb 38
933 91 Vuotner 297 Fb 36
960 24 Vuottas 298 Fa 40
590 34 Vylkhyttan 120 Nb 2 27b
833 93 Vågdalen 270 Hb 28
830 90 Vågen 281 Gb 24
827 94 Vågsäng 202 Kb 2 29a
455 92 Vågsäter 115 Oa 1 20b
830 76 Vågsäter 254 Ja 28
660 50 Vålberg 133 Na 1 23b
796 91 Vålberg 184 La 2 24c
780 61 Vålberget 184 Lb 2 24b
782 91 Vålberget 184 Lb 2 24b
860 35 Våle 218 Ka 1 32a
840 50 Våle 253 Jb 27
780 69 Vålhåvallen 198 Kb 3 23a
840 91 Vålkojan 214 Ka 1 24c
611 93 Vållarö 122 Nb 2 31b
820 40 Vålsjö 202 Kb 2 29b
820 65 Vålsta 203 Kb 2 30c
830 10 Vålådalen 252 Ja 22
830 10 Vålådalen=Spätja 252 Ja 22
870 15 Vålånger 255 Jb 32
792 06 Våmhus 185 La 3 25c
952 71 Vånafjärden 299 Fb 43
572 93 Vånevik 101 Pa 2 29c
372 95 Vång 82 Qa 2 27c
590 41 Vånga/Hägerstad 108 Oa 3 28c
295 94 Vånga/Näsum 81 Qa 2 25c
617 90 Vånga/Skärblacka 120 Nb 3 28b
755 91 Vångdalen 155 Mb 2 32a
725 92 Vångsta 154 Mb 3 29c
615 91 Vångsten 109 Oa 2 30a
593 95 Vångsunda 109 Ob 2 29c
693 94 Vårbo 134 Na 3 25c
646 93 Vårdinge/Gnesta 138 Na 3 31c
646 93 Vårdinge/Vagnhärad 138 Nb 1 31c
585 92 Vårdsberg 120 Oa 1 28b
590 42 Vårdslunda 108 Ob 1 29a
447 01 Vårgårda 105 Oa 3 22b
147 01 Vårsta 138 Na 3 32b
666 92 Vårvik 132 Na 2 21b
820 46 Vås 216 Ka 3 28a
828 91 Våsberget 201 La 1 28b
828 91 Våsbo 201 Kb 3 28b
332 91 Våthult 98 Pa 2 23c
780 69 Våtkölsätern 198 La 1 22c
820 62 Våtmor 217 Kb 1 29c
825 95 Våtnäs 203 Kb 3 31b
691 94 Våtsjötorp 135 Na 2 26a
312 98 Våxtorp 86 Qa 1 23a
330 21 Vä 98 Pa 2 24a
330 21 Väboholm 98 Pa 2 24a
523 99 Väby 105 Ob 1 23b
370 10 Väby 82 Qa 2 27a
370 10 Väbynäs 82 Qa 2 27a
780 41 Väckarbodarna 169 Ma 1 27a
360 14 Väckelsång 88 Pb 3 26c
330 21 Väcklinge 98 Pa 3 24a
747 95 Väddika 173 Ma 2 33b
590 21 Väderstad 119 Oa 2 26c
598 96 Väderum 101 Ob 3 29b
330 12 Väderås 87 Pa 3 24c
287 91 Vägarås 87 Pb 3 24b
243 92 Vägasked 80 Qa 3 23c
360 73 Vägershult 89 Pb 1 27c
241 93 Väggarp 74 Qb 2 23b
290 60 Väghult 81 Qa 1 26a
385 93 Väghyltan 83 Qa 1 28c
343 96 Vägla 87 Qa 1 24b
693 95 Väglösa 134 Na 3 25b
870 10 Vägnön 255 Jb 32
921 93 Vägsele 271 Ha 33
685 94 Vägsjöfors 167 Ma 2 23a
620 34 Vägume 95 Ob 2 34b
456 44 Väjern 115 Oa 1 19b
715 91 Väla/Stora Mellösa 136 Na 2 28a
694 95 Väla/Vretstorp 135 Na 3 28c
815 94 Väla/Österlövsta 172 Ma 1 32a
982 42 Välimaa 311 Ea 40
820 46 Välje 216 Ka 3 28c
830 01 Välje 253 Ja 25
452 94 Välle 131 Nb 1 19c
275 93 Vällerödsdkog 75 Qb 3 24b
833 94 Vällgården 269 Hb 27
145 90 Vällinge/Ekerö 138 Na 2 32b
740 81 Vällinge/Enköping 155 Mb 3 31b
511 74 Vällingebacka 97 Ob 3 22c
740 12 Vällnora 156 Mb 1 33c
695 92 Välltorp 119 Nb 1 26a
830 01 Vällviken 253 Ja 25
824 94 Välsta 203 Kb 2 31b
665 91 Välsätter 150 Mb 3 23c
137 93 Väländan 139 Na 3 32c
590 95 Välåndebo 109 Ob 1 30b
761 73 Vämlinge 156 Mb 2 34a
620 10 Vändburg 92 Pb 1 33b
725 92 Vändle 154 Mb 3 29c
462 01 Vänersborg 116 Oa 1 21b
468 90 Vänersnäs 116 Oa 1 22a
461 91 Väne-Ryr 116 Oa 1 21a
461 95 Väne-Åsaka 116 Oa 2 21c
670 10 Väng 148 Na 1 20b
513 92 Vänga/Fristad 105 Ob 1 22c
441 91 Vänga/Långared 104 Oa 3 22a
740 20 Vänge 155 Mb 1 31c
880 50 Vängel 270 Hb 29
828 94 Vängsbo 201 La 1 28c
762 95 Vängsjöberg 156 Mb 2 33a
646 93 Vängsö 138 Na 3 31b
513 92 Vängtorp 105 Ob 1 22c
916 95 Vänjaurbäck 271 Ha 34
916 95 Vänjaurbäckliden 271 Ha 34
916 95 Vänjaurträsk 271 Ha 34
672 93 Vännacka 149 Mb 3 21a
340 14 Vännaryd 87 Pb 1 24c
287 93 Vänneböke 86 Pb 3 23c
641 94 Vännervass 136 Na 3 29a
911 92 Vännfors 272 Hb 36
916 91 Vännäs/Bjurholm 272 Hb 35
911 01 Vännäs/Röbäck 272 Hb 36
956 92 Vännäsberget 299 Fa 42
911 02 Vännäsby 272 Hb 36
780 64 Vännässätern 183 Lb 1 23b
842 93 Vänsjö 215 Kb 1 27a
388 99 Vänsjö 90 Pb 3 28c
842 93 Vänsjöbodarna 215 Ka 3 26c
620 20 Väntinge 92 Pa 1 33b
745 92 Väppeby/Enköpings-Näs 155 Mb 3 31a
745 99 Väppeby/Veckholm 138 Mb 3 31c
280 63 Värestorp/Knislinge 81 Qa 2 25b
312 95 Värestorp/Ränneslöv 86 Qa 1 23a
711 94 Värhult 153 Mb 3 27c
732 93 Värhulta 136 Na 2 28c
540 15 Väring 118 Nb 3 24c
570 76 Värlebo 90 Pa 3 29b
240 36 Värlinge 80 Qb 1 23c
370 33 Värmansnäs 82 Qa 2 27c
664 95 Värmerud 133 Na 1 22c
330 15 Värmeshult 99 Pa 3 25b
681 92 Värmlands Säby 134 Na 3 25a
661 93 Värmlandsbro 133 Na 2 23a
683 92 Värmlandsgården 151 Ma 3 24c
341 95 Värmsjö 87 Pb 1 24c
671 95 Värmskog 133 Na 1 22c
593 92 Värmvik 109 Ob 1 30a
585 95 Värna/Grebo 108 Oa 2 28c
590 41 Värna/Rimforsa 108 Oa 3 28b
388 97 Värnaby 90 Pb 3 29a
331 01 Värnamo/Bredaryd 98 Pa 2 25a
572 95 Värnamo/Misterhult 101 Pa 1 30a
761 75 Värnberg 157 Mb 2 34b
575 94 Värne 100 Ob 3 27a
660 10 Värnebo 132 Nb 1 21c
694 95 Värnsta 135 Na 3 28c
585 95 Värnäs 120 Oa 2 28c
680 51 Värnäs 167 Ma 1 23b
343 74 Värpeshult/Diö 87 Pb 3 25b
343 72 Värpeshult/Vislanda 88 Pb 2 25c
541 98 Värsås 118 Oa 1 25a
840 50 Värviken 253 Jb 27
430 24 Väröbacka 96 Pa 2 21b
796 91 Väsa 184 La 2 25a
747 91 Väsby/Alunda 156 Ma 3 33a
740 22 Väsby/Bälinge 155 Mb 1 31c
263 91 Väsby/Höganäs 79 Qa 2 22a
590 41 Väsby/Rimforsa 108 Oa 3 28a
725 95 Väsby/Romfartuna 154 Mb 2 30b
762 93 Väsby/Rö 156 Mb 2 33c
733 93 Väsby/Sala 154 Mb 1 30a
683 95 Väsby/Sunnemo 151 Mb 1 24b
660 57 Väse 134 Na 1 24c
330 31 Väset 98 Pa 2 24b
568 93 Väshult 98 Pa 2 25a
621 72 Väskinde 94 Ob 2 33c
747 92 Väskinge 156 Ma 3 33b
387 91 Vässby/Persnäs 91 Pa 3 30c
452 92 Vässby/Strömstad 131 Na 3 19c
534 91 VässbyVedum 105 Oa 2 23a
450 52 Vässje 115 Nb 3 20a
710 41 Vässlingby 136 Na 1 27c
533 94 Vässäter 117 Nb 3 23c
942 91 Västaheden 298 Fb 38
184 91 Västanberg 139 Mb 3 34a
895 92 Västanbäck/Bredbyn 271 Hb 32
840 67 Västanbäck/Fränsta 254 Jb 29
811 92 Västanfäbodarna 171 Lb 2 30b
739 92 Västanhed 153 Mb 2 28b
810 20 Västanhede 171 Ma 1 30b
950 42 Västannäs 299 Fa 42
710 41 Västansjö/Arboga 136 Na 1 28b
873 91 Västansjö/Bollstabruk 255 Ja 31
910 94 Västansjö/Dikanäs 283 Ga 28
680 50 Västansjö/Ekshärad 167 Ma 3 23c
774 97 Västansjö/Fors 171 Ma 2 29b
820 62 Västansjö/Friggesund 202 Kb 1 30a
555 92 Västansjö/Jönköping 106 Ob 2 25b
860 25 Västansjö/Kovland 217 Ka 1 30c
695 94 Västansjö/Laxå 119 Nb 1 26a
914 93 Västansjö/Nordmaling 272 Hb 34
686 94 Västansjö/Rottneros 150 Mb 2 23a
841 93 Västansjö/Säter 216 Ka 1 27c
860 25 Västansjö/Timrå 254 Ka 30
920 64 Västansjö/Tärnamo 295 Fb 27
905 93 Västansjö/Vännäs 272 Hb 37
733 97 Västansjö/Västerfärnebo 154 Mb 1 29c
840 90 Västansjö/Ytterhogdal 215 Ka 2 26c
840 98 Västansjögården 226 Jb 3 21a
864 92 Västansjön 217 Ka 2 30b
242 94 Västantorp 80 Qb 1 24b
937 96 Västanträsk 272 Ha 37
793 92 Västanvik/Leksand 169 Lb 2 26c
685 91 Västanvik/Oleby 167 Ma 3 23a
761 94 Västanvik/Rådmansö 157 Mb 2 34c
922 95 Västanå 272 Ha 35

S

Z

Å

426 Åndbergsvallen Öjersbo

840 80 Åndbergsvallen 199 Kb 2 24c
643 94 Åndenäs 120 Nb 1 28c
730 30 Åndesta 153 Mb 3 28c
590 41 Ånestad 108 Oa 3 28b
611 93 Ånga 122 Nb 2 31b
841 01 Ånge 216 Jb 3 28b
930 90 Ånge/Arjeplog 296 Fb 32
841 01 Ånge/Borgsjö 253 Jb 28
794 90 Ången 185 La 2 26b
830 21 Ångsta 253 Jb 26
827 93 Ångsäter 202 Kb 1 29a
640 51 Ånhammar 137 Na 3 30c
570 80 Ånhultaberg 100 Pa 2 28a
662 97 Ånimskog 132 Nb 1 22a
830 15 Ånn 252 Ja 22
719 41 Ånnaboda 135 Na 1 26c
590 52 Ånnebo 108 Oa 2 27c
450 63 Ånnerud 116 Nb 2 21a
450 54 Ånneröd/Hede 115 Nb 3 20b
457 96 Ånneröd/Lur 131 Nb 1 19b
452 92 Ånneröd/Strömstad 131 Nb 1 19b
585 98 Ånväga 120 Oa 1 28a
930 82 Ånäs 285 Ga 35
780 64 Ånäset 184 Lb 1 24a
915 02 Ånäset 273 Ha 39
742 92 Ånö 173 Ma 2 33b
291 94 Åraslöv/Kristianstad 81 Qa 3 25b
288 90 Åraslöv/Vinslöv 80 Qa 3 24c
343 96 Årbohult 87 Qa 1 24c
666 91 Årbol/Bengtsfors 132 Na 3 21b
464 95 Årbol/Åsensbruk 116 Nb 2 21c
670 35 Årbotten 149 Mb 2 22a
730 40 Årby/Kolbäck 154 Mb 3 29b
635 18 Årby/Skogstorp 137 Na 2 29c
810 65 Årböle 173 Ma 1 32c
640 34 Årdala 137 Nb 1 30b
830 13 Åre 252 Ja 23
355 92 Åreda 88 Pb 1 26c
512 64 Årekulla 97 Pa 1 22c
610 55 Århammar 121 Nb 1 30b
341 77 Århult/Agunnaryd 87 Pb 2 25b
572 91 Århult/Döderhult 101 Pa 2 29b
570 72 Århult/Fagerhult 100 Pa 3 28a
542 94 Århult/Timmersdala 118 Nb 3 24b
662 91 Århult/Åmål 132 Na 3 22b
672 90 Årjäng 132 Na 1 21a
312 93 Årnaberga 86 Pb 3 23a
310 61 Årnakulla 97 Pa 3 22c
305 94 Årnarp 86 Pb 2 22c
533 97 Årnäs 118 Nb 2 24a
432 96 Årnäs 96 Pa 2 21b
447 94 Årred 105 Ob 1 22c
962 99 Årrenjarka=Oarrenjárgga 308 Eb 33
291 92 Årröd/Tollarp 80 Qb 1 24c
286 91 Årröd/Östra Ljungby 79 Qa 2 23b
570 12 Årset 99 Pa 2 26c
340 10 Årshult 86 Pb 2 23c
271 96 Årsjö 75 Qb 3 24b
820 77 Årskogen 218 Ka 3 31c
442 98 Årsnäs 103 Ob 1 20b
640 24 Årsta 137 Na 3 30a
136 91 Årsta havsbad 139 Na 3 33a
311 97 Årstad 85 Pb 1 22b
810 22 Årsunda 171 Lb 3 30b
380 65 Årsvik 84 Qa 1 29c
380 31 Årtebäck 90 Pb 2 29a
590 40 Årteflod 108 Ob 1 28a
590 41 Årteryd 108 Oa 3 28b
374 96 Åryd/Karlshamn 82 Qa 2 27a
520 43 Åryd/Mullsjö 106 Ob 1 24a
360 43 Åryd/Växjö 88 Pb 2 26c
547 91 Årås/Gullspång 134 Na 3 25a
686 94 Årås/Sunne 150 Mb 2 23a
330 10 Ås/Bredaryd 98 Pa 3 24b
673 92 Ås/Charlottenberg 149 Mb 1 21c
665 93 Ås/Fagerås 150 Mb 3 23b
670 20 Ås/Klässbol 149 Mb 3 22a
713 34 Ås/Nora 152 Mb 3 26c
880 41 Ås/Ramsele 254 Ja 30
664 40 Ås/Slottsbron 133 Na 2 23a
432 91 Ås/Varberg 96 Pa 3 21b
865 91 Ås/Vi 218 Ka 1 31c
590 47 Ås/Ålvestad 120 Oa 1 27b
669 92 Ås/Ålvsbacka 151 Mb 2 24a
830 43 Ås/Östersund 253 Ja 26
430 31 Åsa/Frillesås 96 Pa 1 21a
563 92 Åsa/Gränna 107 Oa 3 26a
535 92 Åsa/Kvänum 117 Oa 2 23a
828 95 Åsa/Skålsjön 186 La 3 28c
575 93 Åsa/Vetlanda 100 Ob 3 27b
830 15 Åsabyn 233 Ja 2 21c
330 27 Åsafors 98 Pa 1 24c
521 95 Åsaka/Kättilstorp 106 Oa 3 24b
520 40 Åsaka/Odensberg 105 Oa 3 23c
830 22 Åsan 253 Jb 26
591 97 Åsandby 119 Nb 3 26c
680 96 Åsarna 151 Mb 1 25b
380 30 Åsarna 90 Pb 2 29c
830 90 Åsarna/Jormvattnet 281 Gb 24
840 31 Åsarna/Svenstavik 253 Jb 25
520 43 Åsarp 105 Oa 3 24a
821 94 Åsbacka 202 La 1 29b
805 91 Åsberga 172 Lb 3 31a
792 93 Åsberget 184 La 3 24c
691 93 Åsbergsviken 134 Na 1 25c
805 91 Åsbo/Gävle 172 Lb 3 31b
820 40 Åsbo/Järvsö 202 Kb 2 29a
827 95 Åsbo/Ljusdal 202 Kb 1 28c
780 69 Åsbo/Sörsjön 198 La 1 23a
862 95 Åsbodarna 218 Ka 3 31a
690 45 Åsbro 135 Nb 1 27a
635 14 Åsby/Eskilstuna 137 Na 2 29b
740 12 Åsby/Knutby 156 Mb 1 33b
195 92 Åsby/Skepptuna 156 Mb 2 32c
430 20 Åsby/Veddige 96 Pa 2 21b
810 40 Åsbyvallen 171 Ma 1 30c
860 25 Åse 254 Jb 31
841 97 Åse/Fränsta 217 Jb 3 29a
860 25 Åse/Kovland 218 Jb 3 31a
512 62 Åsebo 97 Pa 2 22c
548 74 Åsebol 118 Nb 2 25c
464 93 Åsebro 116 Nb 3 21c
442 98 Åseby 103 Ob 1 20b
566 92 Åsebygd 106 Ob 1 24c
672 91 Åsebyn 132 Na 1 21b
360 70 Åseda 100 Pa 2 27c
910 60 Åsele 271 Ha 31
930 52 Åselet/Jörn 285 Ga 37
942 98 Åselet/Älvsbyn 298 Fb 37
603 66 Åselstad 121 Nb 3 29b
660 10 Åsen/Dals Långed 132 Nb 1 21b
790 91 Åsen/Drevdagen 198 Kb 2 21c
668 92 Åsen/Ed 132 Nb 1 21a
828 91 Åsen/Edsbyn 201 La 1 28c
332 91 Åsen/Gislaved 98 Pa 2 23c
712 94 Åsen/Grythattan 152 Mb 2 26a
830 70 Åsen/Hammerdal 269 Hb 27
812 93 Åsen/Kungsgården 171 Lb 3 30a
542 95 Åsen/Leksberg 118 Nb 2 24b
340 10 Åsen/Lidhult 87 Pb 2 24a
840 80 Åsen/Lillhärdal 200 Kb 2 25a
511 94 Åsen/Mjöbäck 97 Pa 2 22b
840 12 Åsen/Naggen 217 Ka 2 29a
705 95 Åsen/Norrbyås 136 Na 2 27c
465 94 Åsen/Nossebro 105 Oa 2 22b
792 90 Åsen/Sollerön 185 Lb 2 26a
930 86 Åsen/Suddesjaur 297 Fb 34
450 54 Åsen/Svarteborg 115 Nb 3 20b
780 68 Åsen/Sälen 183 La 3 23b
243 92 Åsen/Sösdala 80 Qa 3 24a
310 60 Åsen/Ullared 97 Pa 3 22b
545 91 Åsen/Undenäs 118 Nb 3 25b
534 96 Åsen/Vara 117 Oa 2 22c
840 92 Åsen/Vemdalen 214 Ka 1 24c
792 93 Åsen/Venjan 184 Lb 1 24c
730 71 Åsen/Västerfärnebo 154 Mb 1 29c
937 95 Åsen/Åsträsk 285 Gb 36
796 90 Åsen/Älvdalen 184 La 2 24b
830 30 Åsen/Östersund 253 Ja 26
511 92 Åsen/Öxabäck 97 Pa 1 22b
335 93 Åsenhöga 98 Pa 1 24b
464 02 Åsensbruk 116 Nb 2 21c
590 52 Åserum 108 Oa 2 28a
450 54 Åseröd 115 Nb 3 20b
685 91 Åshagen 167 Ma 3 23a
664 91 Åshammar 133 Na 1 23a
812 04 Åshammar 171 Lb 3 30a
923 98 Åshem 284 Gb 31
195 95 Åshusby 156 Mb 3 32c
685 97 Åskagsberg 166 Ma 2 22a
920 51 Åskilje 284 Gb 32
920 51 Åskiljeby 284 Gb 32
432 96 Åskloster 96 Pa 2 21b
570 10 Åskog 100 Pa 2 26c
961 91 Åskogen 299 Fb 40
570 91 Åskögle 101 Pa 1 29a
672 91 Åslanda 132 Na 1 21a
330 10 Åslarp 98 Pa 2 24b
521 91 Åsle 106 Oa 2 24b
286 72 Åsljunga 80 Qa 2 23c
777 90 Åsmansbo 170 Ma 2 27c
880 30 Åsmon 254 Ja 30
464 92 Åsmule 116 Nb 2 21b
813 95 Åsmundshyttan 171 Ma 1 29c
862 95 Åsnorrbodarna 218 Ka 3 31b
590 53 Åsorp 108 Oa 2 27c
790 70 Åssjöbo 186 La 2 27c
705 98 Åsta 136 Na 2 28a
387 93 Åstad 91 Pb 2 30b
685 94 Åsteby 167 Ma 2 23a
671 96 Åstenäs 150 Mb 2 22c
471 12 Åstol 103 Ob 1 20a
265 01 Åstorp/Bjuv 79 Qa 3 22c
747 95 Åstorp/Gimo 156 Ma 3 33b
548 91 Åstorp/Hova 118 Nb 2 25b
635 17 Åstorp/Näshulta 137 Na 2 29b
372 95 Åstorp/Ronneby 82 Qa 2 27c
284 91 Åstratorp 80 Qa 3 23c
937 95 Åsträsk 285 Gb 36
341 77 Åståkra 87 Pb 2 25b
275 91 Åsum 75 Qb 3 24b
660 50 Åsundatorp 133 Na 2 23b
520 11 Åsundsholm 105 Ob 3 23b
820 77 Åsvallen 218 Ka 3 31a
820 77 Åsvallen 218 Ka 3 31b
615 91 Åsvedal 109 Oa 2 30a
681 95 Åsviken 134 Na 1 24c
610 33 Åsvittinge 121 Na 3 29c
870 30 Åsäng/Ryd 255 Jb 33
860 33 Åsäng/Timrå 255 Jb 31
645 91 Åsängen 137 Na 2 30c
184 95 Åsättra/Ljusterö 139 Mb 3 34a
184 91 Åsättra/Åkersberga 139 Mb 3 33c
100 90 Åtjärn 284 Gb 33
693 70 Åtorp 134 Na 3 25c
946 92 Åträsk/Piteå 286 Ga 38
961 97 Åträsk/Sörbyn 298 Fa 40
812 94 Åttersta 171 Lb 3 30a
458 91 Åttingsberg 116 Nb 3 20c
921 99 Åttonträsk 271 Ha 33
597 01 Åtvidaberg 108 Oa 2 29a
731 92 Åva/Hallstahammar 153 Mb 3 29a
135 67 Åva/Ållmora 139 Na 2 33c
260 50 Åvarp 79 Qa 3 23a
130 55 Åvassa 139 Na 3 33c
737 91 Åvestbo 153 Mb 1 28c
860 35 Åvikebruk 218 Jb 3 32b
860 35 Åvikebruk 255 Jb 32
696 92 Åviken 119 Nb 2 26c
388 99 Åviken 90 Pb 3 28c
546 93 Åvikstrand 118 Nb 3 25c
523 96 Åxvik 138 Na 3 32b
821 92 Åänget 187 La 2 29c

Ä

770 10 Äckerhöjden 152 Ma 3 26a
666 92 Äckre 132 Na 3 21b
796 91 Ädbodarna 184 La 2 24a
590 41 Äfsinge 108 Oa 3 28b
575 92 Ägersgöl 100 Ob 2 27a
578 93 Ägersryd 107 Ob 2 26c
782 91 Äggen 168 Lb 3 24b
980 61 Äihämärova 311 Ea 42
870 10 Älandsbro 255 Jb 32
740 30 Älby/Björklinge 155 Ma 3 32a
178 53 Älby/Ekerö 138 Na 2 32b
178 53 Älby/Ekerö 138 Na 2 32b
725 97 Älby/Irsta 154 Mb 3 30b
840 31 Äldsandet 253 Jb 25
640 61 Äleby 138 Na 1 31b
387 96 Äleklinta 91 Pb 1 30b
511 94 Älekulla 97 Pa 1 22b
522 91 Älekärr 106 Oa 3 25a
564 91 Älgafall 106 Ob 2 24c
334 91 Älgaren 98 Pa 2 24a
560 25 Älgaryd 106 Ob 2 24b
570 21 Älgaryd 99 Ob 3 26a
360 40 Älgaryd 99 Pa 26b
513 97 Älgarås/Borgstena 105 Ob 1 23a
545 02 Älgarås/Hova 118 Nb 2 25b
780 53 Älgberget 169 Lb 3 26a
790 70 Älgbo 201 La 1 27b
560 27 Älgbäcksryd 99 Ob 3 25b
820 70 Älgered 218 Ka 3 30c
670 40 Älgestad 149 Mb 2 21a
714 91 Älgfall 152 Mb 1 27a
360 76 Älghult 89 Pa 3 28a
890 50 Älghult/Studsviken 271 Hb 33
922 67 Älglund 272 Ha 36
748 92 Älglösa 173 Ma 2 32c
823 92 Älgnäs 187 La 3 30c
596 91 Älgsjö 119 Oa 1 26c
910 60 Älgsjö 271 Ha 31
686 97 Älgsjöberg 150 Ma 3 23b
777 94 Älgsjöbo 153 Ma 3 28b
612 91 Älgsjöbron 120 Nb 2 28c
782 90 Älgsjösälen 168 Lb 3 23c
921 93 Älgträsk 284 Gb 34
712 95 Älgviken/Grythyttan 152 Mb 2 26a
680 96 Älgviken/Lesjöfors 151 Mb 1 25a
671 93 Älgå 149 Mb 3 21c
672 95 Älgåna 132 Na 2 21c
282 93 Äljalt 80 Qa 2 24a
512 63 Ällebäckstorp 97 Pa 2 23a
343 96 Älleböke 87 Qa 1 24c
450 84 Ällelien 131 Nb 1 20a
135 69 Ällmora 139 Na 2 33c
590 90 Älmarsrum 109 Ob 2 29b
360 23 Älmeboda 89 Pb 3 27b
360 70 Älmedal 100 Pa 3 27b
360 30 Älmefall 99 Pa 2 26b
360 13 Älmehult 88 Pb 3 26b
590 75 Älmesbo 120 Nb 3 28a
828 92 Älmesbo 201 La 1 28a
360 73 Älmeshult 89 Pa 3 27b
828 92 Älmeskullen 201 La 1 28b
523 95 Älmestad 105 Ob 1 23c
672 95 Älmheden 132 Na 1 21c
331 98 Älmhult/Fryele 99 Pa 2 25b
360 30 Älmhult/Gällaryd 99 Pa 3 25c
310 20 Älmhult/Knäred 86 Pb 3 23c
579 92 Älmhult/Ruda 90 Pa 3 29a
277 45 Älmhult/Sankt Olof 76 Qb 3 25b
343 01 Älmhult/Strömsnäsbruk 87 Pb 3 25a
760 40 Älmsta 157 Mb 1 34b
374 92 Älmta 82 Qa 2 26c
370 34 Älmtamåla 82 Qa 1 28a
341 77 Älmtåsa 87 Pb 2 25a
916 91 Älskanäs 272 Hb 35
138 01 Älta 139 Na 2 33b
590 33 Älvan 120 Oa 1 27b
313 95 Älvasjö 86 Pb 2 22c
796 01 Älvdalen 184 La 2 25a
590 33 Älvestad 120 Oa 1 27b
712 95 Älvestorp 152 Mb 3 26a
776 96 Älvgården 170 Ma 1 29a
794 98 Älvho 200 La 1 26b
713 92 Älvhyttegården 135 Na 1 26b
714 92 Älvhöjden 152 Ma 3 26b
822 91 Älvkarhed 186 La 2 28c
814 02 Älvkarleby 172 Lb 3 31c
814 94 Älvkarleö 172 Lb 3 31c
178 39 Älvnäs 138 Na 2 32b
842 92 Älvros 215 Ka 3 26a
139 56 Älvsala 139 Na 2 34a
660 60 Älvsbacka 151 Mb 2 24a
590 52 Älvsbo 108 Oa 2 27c
421 71 Älvsborg 103 Ob 2 20c
942 01 Älvsbyn 298 Fb 39
310 63 Älvsered 97 Pa 2 22c
125 01 Älvsjö 139 Na 2 33a
680 96 Älvsjöheden 151 Ma 3 25b
680 96 Älvsjöhyttan 151 Ma 3 25b
742 91 Älvsnäs 173 Ma 2 34a
820 76 Älvsta 218 Kb 1 31b
820 70 Älvsund 217 Ka 3 30b
686 92 Älvsättern 150 Mb 1 23b
661 95 Älvvik 133 Na 1 22b
181 65 Älvvik 139 Na 1 33b
446 32 Älvängen 104 Ob 1 21a
590 80 Älö 108 Ob 2 28b
570 15 Ämmaryd 100 Pa 1 27c
570 82 Ämmenäs 101 Pa 1 28b
794 91 Ämmeråsen 185 La 3 26c
828 94 Ämnebo 201 La 1 28c
376 93 Ämneboda 81 Qa 2 26b
683 92 Ämtbjörk 151 Ma 3 24a
590 53 Ämtefall 108 Oa 3 27c
688 91 Ämten 151 Mb 3 25a
614 98 Ämtevik 121 Oa 1 30c
739 91 Ämthyttan 153 Mb 2 28a
611 91 Ämtvik 138 Nb 1 31a
615 94 Ämtöholm 109 Oa 2 30a
794 98 Ämådalen 200 La 2 26b
641 92 Ändebol 121 Nb 1 29b
795 96 Änderåsen 186 La 3 27b
725 98 Ändesta 154 Mb 3 30b
447 93 Äne 105 Oa 3 22c
571 94 Äng/Forserum 107 Ob 2 26a
474 96 Äng/Mollösund 103 Oa 3 20a
820 11 Änga/Arbrå 202 Kb 3 29c
825 95 Änga/Enånger 203 Kb 3 30c
570 72 Änga/Fagerhult 100 Pa 2 28a
820 40 Änga/Järvsö 202 Kb 3 29b
360 76 Ängaholm 89 Pa 3 27c
680 52 Ängan 167 Ma 1 23b
685 92 Ängarna 150 Ma 3 23a
512 63 Ängasjö 97 Pa 2 22c
780 53 Änge 169 Ma 1 26a
830 51 Änge 253 Ja 25
451 92 Ängebacken 116 Oa 1 21a
820 62 Ängebo 217 Kb 1 29c
666 91 Ängebodarne 132 Na 3 21a
743 91 Ängeby 155 Mb 1 32b
672 94 Ängebäck 132 Na 1 20c
615 93 Ängelholm 109 Oa 2 30b
262 01 Ängelholm 79 Qa 2 22c
737 90 Ängelsberg 153 Mb 1 29a
269 92 Ängelsbäck 79 Qa 1 22b
770 70 Ängelsfors 171 Lb 3 29a
597 91 Ängelund 108 Oa 3 28c
385 91 Ängelund 83 Qa 1 28c
683 91 Ängen/Hagfors 168 Ma 3 24b
663 92 Ängen/Skoghall 133 Na 2 24a
686 98 Ängen/Uddheden 150 Mb 1 22b
820 71 Ängena 203 Kb 1 31a
910 20 Ängersjö 272 Hb 36
842 93 Ängersjöberget 215 Kb 1 26c
975 98 Ängesbyn 299 Fb 41
725 96 Ängesta 154 Mb 2 30b
956 98 Ängesån 311 Eb 41
780 64 Ängesåsen 183 La 3 22b
620 12 Änggårde 92 Pa 2 33c
620 35 Änghult 95 Ob 1 35a
680 96 Ängkärret 151 Mb 1 25b
862 94 Ängom 218 Ka 2 31b
820 42 Ängra 216 Kb 1 27c
243 95 Ängsbyn 80 Qb 1 24a
644 36 Ängsholmen 137 Na 1 29c
370 17 Ängsjömåla 82 Qa 1 27b
810 65 Ängskär 173 Ma 1 33a
810 65 Ängskär 173 Ma 1 33a
810 20 Ängsnäs 171 Ma 1 30a
733 92 Ängsta 154 Mb 1 30b
139 50 Ängsvik 139 Na 1 34a
725 98 Ängsö 137 Mb 3 30c
683 92 Ängsäter 150 Ma 3 24a
740 81 Ännesta 138 Mb 3 31c
597 91 Äntorp 108 Oa 2 28c
570 81 Äntsebo 100 Pa 1 28b
780 54 Äppelbo 168 Ma 1 25a
590 98 Äpperum 109 Oa 3 29c
576 92 Äppleryd 99 Pa 2 26b
573 98 Äpplehult 107 Oa 3 26b
590 42 Äpplerum 108 Ob 1 28b
310 58 Ärafors 97 Pa 3 22b
646 92 Ärendal 138 Nb 1 31b
610 25 Ärkosund 121 Oa 1 30c
640 43 Ärla 137 Na 2 30b
740 45 Ärligbo 171 Ma 2 31a
780 69 Ärnäs 199 La 1 23b
611 93 Ärsta 122 Nb 1 31a
790 70 Ärteråsen 185 La 2 27a
795 92 Ärtled 186 Lb 1 27c
882 93 Ärtrik 254 Ja 30
745 96 Äs/Enköping 155 Mb 2 31a
725 94 Äs/Tillberga 154 Mb 2 30a
640 25 Äs/Äsköping 136 Na 3 29a
560 25 Äsebo 106 Ob 2 24b
572 91 Äshult/Döderhult 101 Pa 2 29b
570 80 Äshult/Virserum 100 Pa 2 28a
430 33 Äskatorp 96 Pa 1 21a
280 23 Äskeberga 80 Qa 2 24c
314 93 Äskebo 97 Pa 3 23b
360 23 Äskebäck/Emmaboda 89 Pb 3 27c
570 72 Äskebäck/Fagerhult 100 Pa 3 28a
533 97 Äskekärr/Bredsäter 118 Nb 3 24a
466 92 Äskekärr/Sollebrunn 104 Oa 3 22b
519 95 Äskekärr/Tostared 96 Pa 1 21c
295 74 Äskekärra 81 Qa 3 25c
544 94 Äskelid 106 Oa 2 25b
573 98 Äskeryd 107 Oa 3 26a
314 96 Äskeryd 86 Pa 3 23a
590 93 Äskestock 102 Ob 3 30a
661 94 Äsketan 132 Na 3 22b
310 38 Äskilt 86 Pb 2 23b
794 92 Äskåsen 185 La 3 26c
640 25 Äsköping 136 Na 3 29a
691 91 Äspedalen 134 Na 1 25c
688 91 Äspelund 134 Na 1 25b
441 91 Äspenäs/Alingsås 104 Oa 3 21c
666 91 Äspenäs/Bengtsfors 132 Na 3 21b
266 93 Äspenäs/Hjärnarp 79 Qa 2 23a
516 92 Äspered 105 Ob 2 23b
571 94 Äsperyd 107 Ob 2 26a
240 36 Äsperöd/Höör 80 Qb 1 23c
450 84 Äsperöd/Naverstad 115 Nb 2 20a
270 31 Äsperöd/Tomelille 75 Qb 3 24c
195 93 Äspesta 156 Mb 2 33a
240 13 Äspet 74 Qb 3 23c
290 11 Äsphult 80 Qb 1 24b
691 91 Äsphöjden 134 Na 1 25c
641 96 Äsplund 136 Na 3 29b
570 12 Äsprilla 99 Pa 2 26c
330 27 Äspås 98 Pa 1 24a
694 92 Ässböle 135 Nb 1 27b
430 10 Ästad 96 Pa 3 22a
310 61 Ätran 97 Pa 3 22c
313 50 Ättarp 86 Pb 2 23a
643 95 Ättersta 136 Na 3 28c
705 91 Ättinge 135 Na 1 27b
842 91 Ävenskojan 214 Ka 3 24c
450 46 Ävja 115 Oa 1 19c
570 80 Ävlingebo 100 Pa 2 28b

Ö

388 92 Öbbestorp 90 Pb 3 29a
610 25 Öbnebo 121 Oa 1 30c
672 92 Öbyn 132 Na 2 20c
430 90 Öckerö 103 Ob 2 20a
655 94 Öckna 134 Na 1 24b
794 90 Ödarv 185 La 2 26b
384 93 Ödebo 90 Pb 1 29c
458 40 Ödeborg 116 Nb 3 20c
620 35 Ödehoburga 95 Ob 1 35a
890 35 Öden 256 Ja 35
441 95 Ödenäs 104 Ob 2 22a
599 01 Ödeshög 107 Oa 2 26a
573 98 Ödesjö 107 Oa 3 26c
590 42 Ödesjöboda 108 Ob 1 28b
640 10 Ödestorp/Regna 120 NB 1 28a
598 94 Ödestorp/Vimmerby 101 Ob 2 28c
560 27 Ödestugu 99 Ob 3 25b
360 40 Ödetofta 99 Pa 3 26b
361 92 Ödevata 89 Pb 3 28a
361 92 Ödevatsmåla 89 Pb 3 28b
430 20 Ödgården 96 Pa 2 21c
395 90 Ödingstorp 90 Pb 2 29b
455 93 Ödsby 115 Oa 1 20a
880 41 Ödsgårdsmon 254 Ja 30
574 91 Ödshult 100 Pa 1 27b
668 95 Ödskölt 132 Nb 1 21b
444 95 Ödsmål/Stenungsund 103 Oa 3 20c
457 91 Ödsmål/Tanumshede 115 Nb 2 19c
519 92 Ödsmåla 96 Pa 2 22a
442 96 Ödsmåls mosse 103 Ob 1 20b
260 35 Ödåkra 79 Qa 3 22b
383 91 Ödängla 91 Pa 3 30a
691 92 Öfalla 135 Na 1 26a
560 27 Öggestorp 106 Ob 2 25c
532 92 Öglunda 118 Oa 1 24b
790 90 Öguvallen 198 Kb 2 23a
387 95 Öj 91 Pb 1 30b
642 93 Öja/Flen 137 Na 3 30a
692 93 Öja/Hackvad 135 Na 3 28c
512 92 Öja/Redslared 97 Pa 1 22c
733 92 Öja/Sala 154 Mb 1 30a
521 97 Öja/Vartofta 106 Oa 3 24a
795 95 Öja/Vikarbyn 185 Lb 1 26c
355 93 Öjaby 88 Pb 1 26b
448 92 Öjared 104 Ob 1 21c
374 95 Öjasjömåla 82 Qa 2 27a
360 50 Öjaströmma 89 Pb 2 27b
376 36 Öjavad 81 Qa 2 26b
780 61 Öje 184 Lb 2 24c
780 61 Öje villa 184 Lb 2 24c
685 94 Öjeberget 167 Lb 3 22c
585 94 Öjeby 120 Oa 1 28c
943 01 Öjebyn 286 Ga 39
820 43 Öjeforsen 216 Ka 3 27b
590 98 Öjelsbo 109 Oa 3 29c
520 24 Öjelunda 105 Ob 1 23c
579 92 Öjemåla 101 Pa 3 28c
670 40 Öjenäs 149 Mb 2 21c
434 96 Öjersbo 96 Ob 3 21b

671 92 Öjerud 149 Mb 2 22a
686 94 Öjervik 150 Mb 2 23a
696 96 Öjetorp 120 Nb 1 27b
343 93 Öjhult/Pjätteryd 87 Pb 2 25a
330 27 Öjhult/Öreryd 98 Pa 1 24b
842 93 Öjingsvallen 215 Kb 1 26c
780 61 Öjs-Lyberget 184 Lb 1 24b
780 61 Öjs-Lyberget 184 Lb 1 24b
821 95 Öjungsvallen/Arbrå 202 La 1 30a
828 99 Öjungsvallen/Nybo 201 Kb 3 28a
790 90 Öjvasseln 199 Kb 1 23b
661 92 Öken 133 Na 3 22c
705 94 Ökna 135 Na 2 27b
610 60 Ökna säteri 122 Nb 1 31a
641 97 Öknaby 137 Na 3 29b
532 96 Ölanda/Eggby 118 Oa 1 24a
524 92 Ölanda/Källunga 105 Oa 3 23a
810 40 Ölbo 172 Ma 1 31a
370 12 Öljehult 82 Qa 1 27a
371 94 Öljersjö 83 Qa 2 28b
291 65 Öllsjö 80 Qa 3 25a
524 91 Ölltorp 105 Oa 3 22c
640 50 Öllösa kvarn 137 Na 3 30c
269 93 Ölöv 79 Qa 1 22b
430 31 Ölmanäs 96 Pa 1 21a
718 97 Ölmbrotorp 135 Na 1 27b
681 94 Ölme 134 Na 1 25a
660 57 Ölmskog 134 Na 1 24c
563 93 Ölmstad 106 Ob 1 25c
693 91 Ölsdalen 135 Na 2 26a
661 91 Ölserud 133 Na 3 23a
733 92 Ölsta/Sala 154 Mb 1 30b
179 98 Ölsta/Stenhamra 138 Na 1 32a
740 82 Ölsta/Örsundsbro 155 Mb 2 31c
521 92 Ölstorp 105 Oa 3 23c
820 65 Ölsund 203 Kb 3 30c
570 30 Ölvedal 100 Ob 3 28a
572 96 Ölvedal 101 Pa 1 29c
388 92 Ölvingstorp 90 Pb 3 29a
274 54 Ölöv 75 Ra 1 24a
541 93 Öm 118 Oa 1 24c
597 91 Ömelsbo 108 Oa 3 28c
680 50 Ömlingen 167 Ma 2 23a
450 71 Ön/Hamburgsund 115 Nb 3 19c
833 92 Ön/Hammerdal 269 Hb 27
740 47 Ön/Harbo 155 Ma 3 31b
655 94 Ön/Karlstad 134 Na 1 24b
310 20 Ön/Knäred 86 Qa 1 23c
870 30 Ön/Nordingrå 255 Jb 33
881 91 Ön/Sollefteå 254 Ja 31
840 24 Ön/Säter 215 Ka 1 26c
457 93 Ön/Tanumshede 115 Nb 3 19c
955 92 Ön/Töre 299 Fb 41
454 91 Öna/Brastad 115 Oa 1 20a
670 40 Öna/Åmotfors 149 Mb 2 21c
590 98 Öndal 109 Oa 3 30a
792 92 Öndalen 184 Lb 1 25b
830 51 Önet 268 Hb 24
860 35 Öngård 218 Jb 3 32a
597 91 Önhult 108 Oa 3 29a
599 91 Öninge 107 Oa 2 26a
260 91 Önnarp/Förslöv 79 Qa 1 22b
282 93 Önnarp/Röke 80 Qa 2 24a
523 97 Önnarp/Ulricehamn 105 Ob 2 24a
450 63 Önne/Färgelanda 116 Nb 3 20c
450 54 Önne/Hedekas 115 Nb 2 20b
822 92 Önneberg 202 La 1 29a
595 91 Önnebo 107 Oa 2 27b
242 98 Önneköp 75 Qb 2 24c
655 91 Önnerud/Lilla Vänsberg 133 Na 1 23c
685 92 Önnerud/Torsby 167 Ma 2 23a
442 72 Önneröd/Kärna 103 Ob 1 20c
438 35 Önneröd/Landvetter 104 Ob 2 21b
930 10 Önnesmark 286 Ha 39
291 93 Önnestad 80 Qa 3 25a
934 91 Önnänget 286 Gb 39
895 97 Önskan 255 Ja 32
841 92 Önsta 216 Jb 3 28b
830 01 Önsta 253 Ja 25
610 28 Önsätter 121 Nb 3 30b
534 91 Önum 117 Oa 2 23a
305 94 Öppinge 86 Pb 2 23a
153 92 Ör/Hölö 138 Na 3 32a
464 92 Ör/Mellerud 116 Nb 2 21c
340 36 Ör/Moheda 88 Pb 1 26b
524 96 Öra 105 Ob 1 23c

282 94 Öraholma 80 Qa 2 24a
284 92 Örahult 80 Qa 2 23c
975 97 Örarna 299 Fb 41
828 99 Örätjärn 201 Kb 3 28b
921 93 Öravan 284 Gb 33
830 76 Öravattnet 253 Ja 28
592 91 Örberga 119 Oa 1 26b
731 97 Örberga 136 Na 1 28c
610 75 Örboholm 122 Nb 1 31c
511 92 Örby 97 Pa 1 22b
741 93 Örby/Lagga 155 Mb 2 32c
195 93 Örby/Skepptuna 156 Mb 2 33a
755 96 Örby/Storvreta 155 Mb 1 32b
748 02 Örbyhus 172 Ma 2 32b
730 70 Örbäck 153 Mb 1 29a
640 43 Örbäcken 137 Na 2 30b
914 96 Öre 272 Hb 36
700 02 Örebro 135 Na 2 27b
790 90 Örebäcken 198 Kb 2 22c
740 71 Öregrund 173 Ma 1 33c
517 92 Öregärde 104 Ob 2 22a
330 27 Öreryd 98 Pa 1 24b
461 91 Öresjö 116 Oa 2 21b
921 95 Öresund 284 Ga 33
840 60 Öretjärndalen 253 Jb 28
790 90 Örevallen 198 Kb 3 23a
412 51 Örgryte 104 Ob 2 21a
590 15 Öringe 107 Oa 2 27a
312 91 Öringe 86 Pb 3 23a
740 30 Örke 155 Ma 3 32a
286 01 Örkelljunga 79 Qa 2 23b
513 97 Örlanda 105 Ob 1 23a
733 99 Örlinge 154 Ma 3 30a
712 93 Örlingen 152 Mb 1 25c
610 30 Örminge 121 Nb 3 30a
450 53 Örmjält 115 Nb 3 20a
274 56 Örmölla 75 Ra 1 24a
276 60 Örnahusen 76 Ra 1 25b
294 76 Örnavik 81 Qa 3 26b
590 40 Örneström 108 Oa 3 27c
891 01 Örnsköldsvik 255 Ja 34
921 91 Örnträsk 284 Gb 32
930 90 Örnvik=Aleldis 308 Eb 32
842 93 Örnåsen 215 Kb 1 27a
920 70 Örnässudden 296 Fb 31
441 95 Örsbråten 104 Ob 2 22a
576 91 Örsby 99 Pa 1 26a
914 90 Örsbäck 272 Hb 36
590 40 Örsebo 108 Oa 3 27c
520 24 Örsered 105 Ob 1 24a
563 91 Örserum 107 Oa 3 26a
590 40 Örsgänge 108 Ob 1 27c
382 97 Örsjö 89 Pb 2 28b
780 64 Örsjöbergsätern 183 Lb 1 23b
780 64 Örsjön 183 La 3 22c
780 50 Örskogen 168 Ma 1 25b
531 97 Örslösa 117 Nb 3 23a
597 92 Örsnäs 108 Oa 2 28c
290 37 Örsnäs 81 Qa 2 25c
186 91 Örsta 139 Mb 3 33b
611 45 Örstingnäs 122 Nb 2 31a
740 82 Örsundsbro 155 Mb 2 31b
590 81 Örsås 108 Ob 2 28b
512 94 Örsås 97 Pa 1 23a
782 91 Örsåsen 168 Lb 3 24c
597 91 Örsätter 108 Oa 2 28c
660 60 Örtenäs 151 Mb 2 24b
772 90 Örtjärn 152 Ma 3 26c
585 94 Örtomta 120 Oa 1 28c
935 93 Örträsk/Bjurfors 285 Ga 36
916 95 Örträsk/Västra Örträsk 272 Ha 34
524 96 Örum 105 Ob 1 23b
276 40 Örum 75 Ra 1 25a
273 91 Örup 75 Qb 3 24c
820 60 Örvallen 202 Kb 2 30a
542 92 Örvallsbron 118 Nb 2 24c
760 49 Örvik 156 Ma 3 34a
780 64 Örviken 183 Lb 1 23a
932 34 Örviken 286 Gb 39
711 98 Ösarhyttan 152 Mb 2 27b
740 11 Ösby/Almunge 156 Mb 1 32c
740 12 Ösby/Knutby 156 Mb 1 33b
195 93 Ösby/Märsta 156 Mb 3 32c
733 91 Ösby/Sala 154 Mb 1 30a
761 92 Ösbyholm 157 Mb 2 34b
287 93 Öshult 87 Pb 3 24a
360 70 Ösjöböl 100 Pa 2 27b
590 53 Ösjömålen 108 Oa 3 27c
840 64 Ösjön 254 Jb 29
695 97 Ösjönäs 119 Nb 2 26a
713 94 Öskebohyttan 152 Mb 3 27a
241 92 Öslöv 79 Qb 1 23b
241 92 Öslövs Ry 79 Qb 1 23b
148 01 Ösmo 138 Nb 1 32c
380 65 Össby/Degerhamn 84 Qa 2 29c
614 95 Össby/Gårdeby 121 Oa 1 29a

614 90 Össby/Söderköping 121 Oa 1 29c
341 91 Össjö/Ljungby 87 Pb 2 25a
266 91 Össjö/Munka-Ljungby 79 Qa 2 23a
287 93 Össjöa 86 Pb 3 23c
287 93 Össjöhult 86 Pb 3 23c
820 50 Össjön 200 Kb 1 26c
340 14 Össlöv 87 Pb 1 24c
716 93 Östa/Fjugesta 135 Na 2 26c
743 91 Östa/Storvreta 155 Mb 1 32b
740 45 Östa/Tärnsjö 154 Ma 3 30b
441 91 Östad säteri 104 Ob 1 21c
450 84 Östad/Naverstad 115 Nb 2 20a
295 94 Östad/Näsum 81 Qa 2 26a
360 14 Östad/Väckelsång 88 Pb 3 26c
441 92 Östadkulle 104 Oa 3 22a
595 92 Östana 107 Oa 2 27b
777 90 Östanberg 170 Ma 2 28a
770 13 Östanbjörka 169 Ma 2 27a
686 91 Östanbjörke 150 Mb 1 23b
725 96 Östanbro 154 Mb 3 30c
811 92 Östanbyn 171 Lb 3 30b
774 92 Östanbyn 171 Ma 2 29b
860 41 Östanbäck/Berget 254 Jb 30
100 90 Östanbäck/Skellefteå 286 Gb 39
280 72 Östanböke 81 Qa 1 25a
952 91 Östanfjärden 299 Fb 43
733 99 Östankil 154 Ma 3 30a
790 31 Östanmor 169 Lb 3 26c
742 93 Östansjö 173 Ma 1 33b
820 11 Östansjö/Arbrå 202 Kb 3 30a
930 90 Östansjö/Arjeplog 296 Fa 32
930 90 Östansjö/Arvidsjaur 297 Fb 34
890 42 Östansjö/Billsta 255 Ja 33
890 50 Östansjö/Bredträsk 271 Hb 33
880 37 Östansjö/junsele 270 Hb 31
821 91 Östansjö/Kilafors 187 La 2 29c
840 80 Östansjö/Lillhärdal 200 Kb 2 25a
770 70 Östansjö/Långshyttan 170 Ma 1 29a
864 92 Östansjö/Matfors 217 Ka 2 30c
790 23 Östansjö/Svärdsjö 186 Lb 2 28c
826 91 Östansjö/Söderhamn 188 La 2 31a
694 93 Östansjö/Vretstorp 135 Na 3 28c
840 90 Östansjö/Ytterhogdal 215 Ka 2 26c
821 92 Östansjöbor 187 La 2 29c
830 80 Östansjön 270 Ha 29
860 40 Östanskär 218 Jb 3 31b
570 91 Östantorp 101 Pa 1 29b
598 95 Östantorp 108 Ob 2 29a
594 93 Östanvik 109 Ob 1 30a
790 70 Östanvik 186 La 3 27b
828 94 Östanå/Edsbyn 201 La 1 28c
184 91 Östanå/Gärdsvik 139 Mb 3 34a
280 60 Östanå/Hästveda 80 Qa 2 25a
748 91 Östanå/Morkarla 156 Ma 3 32c
563 92 Östanå/Reaby 107 Ob 1 26a
860 25 Östanå/Sundsvall 218 Ka 1 31b
830 60 Östanån 269 Hb 26
660 60 Östanås 151 Mb 2 24b
270 35 Östarp 75 Qb 3 24a
280 64 Östaröd 81 Qa 1 25a
841 03 Östavall 216 Ka 1 27c
840 32 Östbackvallen 215 Jb 3 25b
842 91 Östberget 214 Ka 3 24c
795 91 Östbjörka 185 Lb 1 27a
841 97 Östby 254 Jb 28
841 97 Östby/Fränsta 217 Jb 3 28c
824 93 Östby/Hudiksvall 203 Kb 2 31b
816 31 Östby/Ockelbo 187 Lb 1 30b
662 91 Östby/Åmål 132 Na 3 22b
840 50 Östbyn/Brunflo 253 Jb 27
915 91 Östbyn/Robertsfors 273 Ha 38

450 52 Östeby 115 Oa 1 19c
780 67 Östensbo 183 La 2 23b
523 96 Östentorp 105 Ob 2 24a
686 91 Östenås 150 Mb 2 23b
740 92 Öster Länna 154 Ma 3 30c
740 71 Öster Mörtarö 173 Ma 1 33c
782 91 Öster Näsberg 168 Ma 1 24a
730 71 Öster Vrenninge 154 Mb 1 29c
570 80 Österarp 100 Pa 2 28b
816 31 Österbacken 187 Lb 1 30b
895 91 Österbillsjö 255 Ja 33
733 99 Österbo 154 Ma 3 30a
810 22 Österbo 171 Ma 1 30b
810 20 Österbor 171 Ma 1 30b
620 23 Österby/Anga 95 Pa 1 34b
961 95 Österby/Boden 298 Fa 39
783 95 Österby/Enbacka 170 Ma 1 28b
137 94 Österby/Grödby 138 Na 3 32c
776 90 Österby/Hedemora 170 Ma 2 28c
824 94 Österby/Hudiksvall 203 Kb 2 31a
590 42 Österby/Hycklinge 108 Ob 1 28c
770 71 Österby/Långshyttan 171 Ma 1 29a
748 91 Österby/Morkarla 156 Ma 3 33a
745 98 Österby/Vallby 138 Mb 3 31a
748 01 Österbybruk 172 Ma 2 32a
570 60 Österbymo 107 Ob 2 27b
790 23 Österbyn/Svärdsjö 170 Lb 2 28c
430 31 Österbyn/Åsa 96 Pa 1 21a
740 71 Österbyn/Öregrund 173 Ma 1 33c
821 98 Österböle 202 La 1 30a
830 15 Öster-Dalsvallen 233 Ja 2 21c
855 90 Österdälje 218 Ka 1 31a
748 94 Öster-Ekeby 155 Ma 3 32a
739 92 Österflena 153 Mb 2 28c
860 41 Österflygge 254 Jb 30
882 91 Österforse 254 Ja 31
810 20 Österfärnebo 171 Ma 2 30b
910 60 Öster-Gafsele 271 Ha 31
620 16 Östergarn 93 Pa 1 34c
882 95 Östergraninge 254 Jb 31
795 90 Östergrav 185 Lb 1 27a
730 91 Östergruvan 153 Mb 1 28a
820 77 Östergrängsjö 218 Ka 3 31a
670 10 Östergård 149 Mb 3 20b
820 78 Östergården 218 Ka 3 30c
385 91 Östergården 83 Qa 1 28c
710 41 Österhammar 136 Mb 3 28a
136 91 Österhaninge 139 Na 3 33b
388 93 Österhult/Ljungbyholm 90 Pb 3 29a
590 91 Österhult/Misterhult 101 Ob 3 29c
813 95 Österhästbo 171 Ma 1 29c
930 55 Österjörn 285 Ga 37
830 80 Öster-Karbäcken 270 Ha 28
833 93 Österkälen 270 Hb 28
297 95 Österlia 76 Qb 2 25a
860 13 Österlo 217 Ka 1 30b
810 65 Österlövsta 172 Ma 1 32b
114 50 Östermalm 139 Na 1 33a
382 97 Östermålen 90 Pb 2 28b
910 60 Östernoret 271 Ha 31
760 49 Östernäs/Herräng 156 Ma 3 34b
370 43 Östernäs/Jämjö 83 Qa 3 28b
761 94 Östernäs/Rådmansö 157 Mb 2 34c
524 96 Österod 105 Ob 1 23b
822 92 Österomsjön 202 La 1 29b
895 93 Östersel 271 Hb 32
870 10 Östersjäland 255 Jb 32
290 34 Österslöv 81 Qa 3 25b
745 99 Östersta 138 Mb 3 31b
591 95 Österstad 119 Nb 3 27b
820 62 Österstråsjö 217 Kb 1 29b
860 41 Österström 254 Jb 30
831 01 Östersund 253 Ja 26
820 70 Östertanne 218 Ka 3 31a
820 60 Östertolbo 202 Kb 2 30a
151 01 Östertälje 138 Na 2 32a
740 83 Österunda 155 Mb 2 31a
733 99 Östervad 154 Ma 3 30a

670 10 Östervallskog 149 Mb 3 20b
591 94 Östervarv 119 Oa 1 27a
691 94 Östervik/Karlskoga 135 Na 2 26a
681 95 Östervik/Kristinehamn 134 Na 1 25a
680 96 Östervik/Lesjöfors 151 Ma 3 25a
816 92 Östervik/Lingbo 187 La 3 30b
740 46 Östervåla 172 Ma 2 31b
290 10 Östervång 80 Qb 1 24c
791 91 Österå 170 Lb 3 28a
825 96 Öster-Åcka 203 Kb 3 30c
643 93 Österåker 136 Na 3 28c
827 93 Österås 202 Kb 1 29a
341 95 Österås 87 Pb 1 24b
881 91 Österås/Sollefteå 254 Ja 31
840 73 Österåsen/Hammarstrand 254 Jb 30
830 30 Österåsen/Lit 253 Ja 26
533 97 Österäng 118 Nb 3 24a
795 92 Österängarna 186 Lb 1 27b
810 20 Österänge 171 Ma 1 30b
810 65 Österänge 172 Ma 1 32b
740 21 Östfora 155 Mb 1 31b
742 01 Östhammar 173 Ma 2 33c
761 41 Östhamra 156 Mb 2 34b
840 91 Östiberget 214 Ka 2 25a
833 94 Östibrännan 269 Hb 27
830 80 Östibyn 270 Ha 28
840 93 Östiåsen 214 Ka 1 24b
860 40 Östloning 254 Jb 31
685 97 Östmark 167 Ma 2 22b
870 33 Östmarkum 255 Ja 33
840 91 Östmon 214 Ka 2 25a
792 95 Östnor 185 La 3 25c
592 91 Östnässja 119 Oa 1 26c
790 90 Östomsjön 199 Kb 2 23b
141 91 Östorp/Handen 139 Na 3 33a
590 40 Östorp/Kisa 108 Oa 3 28a
460 65 Östra Bleken 116 Nb 3 21b
672 95 Östra Boda 132 Na 1 21c
711 94 Östra Boda 153 Mb 3 27c
382 93 Östra Bondetorp 90 Pb 2 28c
714 92 Östra Born 152 Mb 1 26c
780 54 Östra Bredsjönäs 168 Ma 2 24c
730 91 Östra Byarna 153 Mb 1 28a
825 96 Östra Bölan 203 La 1 30c
672 93 Östra Bön 149 Mb 3 21a
667 91 Östra Deje 150 Mb 3 24a
430 20 Östra Derome 96 Pa 2 21b
615 92 Östra Ed 109 Oa 3 30b
288 93 Östra Ejaröd 80 Qa 3 24c
816 92 Östra Fallåsen 187 La 3 30a
782 75 Östra Fors 184 Lb 2 24a
512 63 Östra Frölunda 97 Pa 1 23a
952 93 Östra Granträsk 299 Fa 42
235 99 Östra Grevie 74 Ra 1 23a
794 91 Östra Grunuberg 185 La 3 26c
585 91 Östra Harg 120 Oa 1 28b
931 94 Östra Hjäggböle 286 Gb 38
515 93 Östra Hunghult 104 Ob 3 22b
671 95 Östra Hungvik 150 Mb 3 22b
610 31 Östra Husby 121 Nb 3 30a
283 91 Östra Hyltan 80 Qa 1 25a
361 93 Östra Hällasjö 89 Pb 2 28a
935 93 Östra Högkulla 285 Ga 36
821 98 Östra Höle 202 La 1 30a
273 94 Östra Ingelstad 75 Qb 3 25a
464 93 Östra Järn 116 Nb 3 22a
333 93 Östra Kallset 98 Pa 3 23c
269 41 Östra Karup 86 Qa 1 22c
956 99 Östra Kesasjärv 299 Fa 41
922 92 Östra Kryckeltjärn 272 Ha 36
714 92 Östra Kumlan 152 Mb 1 26c
930 70 Östra Lainejaur 284 Ga 34
762 92 Östra Ledinge 156 Mb 2 33c
770 10 Östra Lejen 169 Ma 2 25c
450 63 Östra Lerkvilla 116 Nb 2 20c
780 64 Östra Lillmon 184 Lb 1 23c
290 34 Östra Ljungby/Bäckaskog 81 Qa 3 25c
264 02 Östra Ljungby/Klippan 79 Qa 2 23a

780 67 Östra Långstrand 183 La 3 23b
830 60 Östra Lövsjön 269 Hb 26
825 96 Östra Myra 203 Kb 3 31a
361 94 Östra Månsamåla 89 Pb 2 28a
610 30 Östra Ny 121 Oa 1 30a
782 91 Östra Nysälen 168 Lb 2 24c
782 91 Östra Näsberg 168 Ma 1 24a
225 92 Östra Odarslöv 74 Qb 2 23b
780 64 Östra Ofors 184 Lb 1 23c
917 91 Östra Ormsjö 270 Ha 29
286 91 Östra Ringarp 80 Qa 2 23b
614 96 Östra Ryd 121 Oa 1 29a
242 91 Östra Sallerup 75 Qb 2 24b
770 14 Östra Saxen 169 Ma 2 27a
915 92 Östra Sjulsmark 273 Ha 38
585 91 Östra Skrukeby 120 Oa 1 28b
661 93 Östra Skrussrud 133 Na 2 22c
931 96 Östra Skråmträsk 286 Gb 38
780 50 Östra Slätten 168 Ma 2 25b
286 92 Östra Spång 80 Qa 2 23c
361 94 Östra Stamphult 89 Pb 2 28a
936 91 Östra Stavträsk 285 Gb 37
610 32 Östra Stenby 121 Nb 3 29c
305 94 Östra stranden 86 Pb 3 22c
241 91 Östra Strö 75 Qb 2 23c
840 60 Östra Stugusjön 253 Jb 27
713 91 Östra Sund 135 Na 1 27a
670 35 Östra Sälboda 149 Mb 2 22a
297 96 Östra Sönnarslöv 80 Qb 1 25a
661 93 Östra Takene 133 Na 2 22c
780 64 Östra Tandö 184 Lb 1 23c
665 91 Östra Tolerud 133 Na 1 23c
590 17 Östra Tollstad 120 Oa 1 27b
272 93 Östra Tommarp 76 Qb 3 25b
521 94 Östra Tunhem 105 Oa 2 24a
680 50 Östra Tönnet 168 Ma 2 24a
782 91 Östra Utsjö 168 Lb 3 24b
272 97 Östra Vemmerlöv 76 Qb 3 25b
611 93 Östra Verken 172 Ma 1 31b
641 91 Östra Vingåker 136 Nb 1 29a
290 10 Östra Vram 80 Qb 1 25a
930 55 Östra Åliden 285 Ga 37
570 81 Östra Årena 100 Pa 1 28b
686 96 Östra Ämtervik 150 Mb 2 23b
821 92 Östra Öjungsbo 187 La 2 29a
713 94 Östra Öskevik 152 Mb 3 27a
242 97 Östraby/Bjärsjölagård 75 Qb 2 24b
575 92 Östraby/Höreda 100 Ob 3 27a
360 73 Östraby/Lenhovda 89 Pb 1 27c
341 76 Östraby/Ryssby 87 Pb 1 25b
577 93 Östrahult 101 Pa 1 29a
942 92 Östrand 298 Fb 38
662 97 Östre Bodane 132 Nb 1 22a
295 94 Östremark 81 Qa 2 25c
534 91 Östtorp 117 Oa 2 23a
741 94 Östuna 156 Mb 2 32c
810 40 Östveda 172 Ma 1 31a
277 55 Öståkra 76 Qb 2 25a
731 91 Ötorp 136 Na 1 29b
264 92 Övad 79 Qa 3 23b
291 95 Övarp/Fårlöv 80 Qa 3 25a
264 91 Övarp/Östra Ljungby 79 Qa 2 23a
830 76 Överammer 254 Ja 28
842 94 Överberg 215 Ka 3 25b
826 93 Överbo/Bollnäs 187 La 1 30b
921 99 Överbo/Lycksele 284 Gb 34
828 93 Överbo/Voxnabruk 201 La 1 27c
793 90 Överboda/Leksand 185 Lb 2 27a

S

B

B

□ 32 545 km²   ▦ + 32
🚗 Bruxelles/Brussel   🏠 11 195 000

B

430 Wiekevorst Senomaty
B
CZ

2222 Wiekevorst 23 Va 6
3850 Wijer 23 Vb 7
3018 Wijgmaal 22 Vb 6
2110 Wijnegem 22 Va 6
8953 Wijtschate 21 Vb 2
3803 Wilderen 12 Vb 7
2910 Wildert 22 Va 5
2830 Willebroek 22 Va 5
5575 Willerzie 8 Wb 6
5570 Winenne 8 Wa 6
8750 Wingene 21 Va 3
2440 Winkelomheide 23 Va 7
2880 Wintham 22 Va 5
2480 Witgoor 23 Va 7
8640 Woesten 21 Vb 2
1861 Wolvertem 22 Vb 5
2160 Wommelgem 22 Va 6
3350 Wommersom 23 Vb 7
9790 Wortegem 21 Vb 4
2323 Wortel 23 Va 6
8600 Woumen 21 Vb 2
8630 Wulveringem 21 Va 2
2990 Wuustwezel 22 Va 6

X

4432 Xhendremael 12 Vb 7

Y

4550 Yernée-Fraineux 12 Vb 7
5650 Yves-Gomezée 11 Wa 5
5530 Yvoir 8 Wa 6

Z

9080 Zaffelare 22 Va 4
2040 Zandvliet 22 Va 5
1930 Zaventem 22 Vb 5
8210 Zedelgem 21 Va 3
8380 Zeebrugge 21 Va 3
9240 Zele 22 Va 5
3545 Zelem 23 Vb 7
9060 Zelzate 22 Va 4
1980 Zemst 22 Vb 5
9080 Zeveneken 22 Va 4
2300 Zeverdonk 23 Va 6
3271 Zichem 23 Vb 6
8902 Zillebeke 21 Vb 2
9750 Zingem 21 Vb 4
2980 Zoersel 22 Va 6
9930 Zomergem 21 Va 4
8980 Zonnebeke 21 Vb 2
9620 Zottegem 22 Vb 4
3440 Zoutleeuw 23 Vb 7
8210 Zuidwege 21 Va 3
8377 Zuienkerke 21 Va 3
9870 Zulte 21 Vb 3
3690 Zutendaal 23 Vb 8
9630 Zwalm 22 Vb 4
8550 Zwevegem 21 Vb 3
8750 Zwevezele 21 Va 3
2070 Zwijndrecht 22 Va 5

CZ

78 866 km² · +420 · Praha · 10 521 000

A

362 35 Abertamy 19 Wa 22
464 01 Albrechtice u Frýdlantu 20 Vb 27
43155 Andělská 19 Wa 23
364 71 Andělská Hora/Karlovy Vary 19 Wa 22
352 01 Aš 18 Wa 21

B

294 01 Bakov nad Jizerou 20 Wa 26
435 26 Bečov 19 Wa 24
364 64 Bečov nad Teplou 19 Wa 22
294 21 Bělá pod Bezdězem 20 Vb 26
435 26 Bělušice 19 Wa 24
289 22 Benátecká Vrutice 20 Wa 26
294 71 Benátky nad Jizerou 20 Wa 26
407 22 Benešov nad Ploučnicí 20 Vb 25
293 01 Bezděčín 20 Wa 26
471 62 Bezděz 20 Vb 26
294 29 Bezno 20 Wa 26
430 01 Bílence 19 Wa 24
273 74 Bílichov 19 Wa 24
418 01 Bílina 19 Vb 24
463 31 Bílý Kostel nad Nisou 20 Vb 26
281 68 Bitozeves 19 Wa 24
430 01 Blatno/Chomutov 19 Vb 23
439 84 Blatno/Rakovník 19 Wa 23
440 01 Blažim/Louny 19 Wa 24
471 04 Bliževedly 20 Vb 25
439 88 Blšany 19 Wa 23
181 00 Bohnice 20 Wa 25
411 56 Bohušovice nad Ohří 20 Wa 25
364 71 Bochov 19 Wa 23
431 21 Boleboř 19 Vb 23
407 11 Boletice nad Labem 20 Vb 25
294 26 Boreč 20 Wa 26
364 52 Borek/Toužim 19 Wa 23
295 01 Boseň 20 Vb 27
362 51 Boží Dar 19 Wa 22
362 25 Božičany 18 Wa 22
403 40 Božtěšice 20 Vb 25
435 22 Braňany 19 Vb 24
435 47 Brandov 19 Vb 23
250 01 Brandýs nad Labem 20 Wa 26
273 41 Brandýsek 20 Wa 25
273 63 Bratronice 20 Wa 25
471 23 Brenná 20 Vb 26
400 01 Brná 20 Vb 25
471 29 Brniště 20 Vb 26
294 73 Brodce 20 Wa 26
281 68 Brozany 20 Wa 25
407 60 Brtníky 20 Vb 25
294 11 Březina/Turnov 20 Vb 27
431 45 Březno 19 Wa 23
356 01 Březová/Sokolov 18 Wa 22
294 24 Březovice 20 Wa 26
438 01 Břežany/Žatec 19 Wa 23
413 01 Bříza/Roudnice nad Labem 20 Wa 25
439 42 Břvany 19 Wa 24
358 01 Bublava 18 Wa 22
411 18 Budyně nad Ohří 20 Wa 25
293 01 Bukovno 20 Wa 26
441 01 Buškovice 19 Wa 23
273 43 Buštěhrad 20 Wa 25
412 01 Býčkovice 20 Vb 25
417 61 Bystřany 19 Vb 24
277 32 Byšice 20 Wa 26
277 11 Byškovice/Neratovice 20 Wa 25

C

463 48 Cetenov 20 Vb 26
417 32 Cínovec 19 Vb 24
356 01 Citice 18 Wa 22
439 02 Cítoliby 19 Wa 24
277 04 Cítov 20 Wa 25
471 54 Cvikov 20 Vb 26

Č

196 00 Čakovice 20 Wa 26
250 88 Čelákovice 20 Wa 26
439 01 Černčice/Louny 19 Wa 24
439 07 Černochov 20 Wa 25
463 73 Černousy 20 Va 27
430 01 Černovice/Chomutov 19 Wa 23
273 23 Černuc 20 Wa 25
407 21 Česká Kamenice 20 Vb 25
470 01 Česká Lípa 20 Vb 26
282 01 Český Brod 20 Wa 26
463 43 Český Dub 20 Vb 26
436 01 Český Jiřetín 19 Vb 24
411 12 Čížkovice 20 Wa 25

D

182 00 Ďáblice 20 Wa 25
405 02 Děčín 20 Vb 25
362 25 Děpoltovice 19 Wa 22
438 01 Deštnice 19 Wa 24
464 01 Dětřichov/Frýdlant 20 Vb 27
407 03 Dobkovice 20 Vb 25
471 21 Dobranov 20 Vb 26
440 01 Dobroměřice 19 Wa 24
294 41 Dobrovice 20 Wa 26
413 01 Dobříň 20 Wa 25
411 82 Doksany 20 Wa 25
472 01 Doksy 20 Vb 26
273 51 Dolany/Kladno 20 Wa 25
277 01 Dolní Beřkovice 20 Wa 25
295 01 Dolní Krupá/Mnichovo Hradiště 20 Vb 26
356 01 Dolní Nivy 18 Wa 22
190 12 Dolní Počernice 20 Wa 26
407 82 Dolní Poustevna 20 Vb 25
294 78 Dolní Slivno 20 Wa 26
471 57 Dolní Světlá 20 Vb 26
405 02 Dolní Žleb 20 Vb 25
431 51 Domašín/Klášterec nad Ohří 19 Wa 23
439 68 Domoušice 19 Wa 24
360 07 Doubí 19 Wa 22
352 01 Doubrava/Aš 18 Wa 21
441 01 Drahonice/Podbořany 19 Wa 23
360 01 Dražov 19 Wa 22
471 01 Dubá 20 Vb 26
107 00 Dubeč 20 Wa 26
417 01 Dubí/Teplice 19 Vb 24
362 72 Dubina 19 Wa 22
471 26 Dubnice 20 Vb 26
419 01 Duchcov 19 Vb 24
411 82 Dušníky 20 Wa 25
288 02 Dvory 20 Wa 26

F

351 01 Františkovy Lázně 18 Wa 21

H

463 73 Habartice 20 Va 27
357 09 Habartov 18 Wa 22
435 42 Hamr 19 Vb 24
350 02 Hartoušov 18 Wa 21
435 01 Havraň 19 Wa 24
351 32 Hazlov 18 Wa 21
470 02 Heřmanice u Žandova 20 Vb 25
362 13 Hlinky 19 Wa 22
357 51 Hluboká 18 Wa 21
471 01 Holany 20 Vb 25
439 31 Holedeč 19 Wa 24
463 52 Holičky 20 Vb 26
435 46 Hora Svaté Kateřiny 19 Vb 23
431 82 Hora Svatého Šebastiána 19 Vb 23
294 73 Horky nad Jizerou 20 Wa 26
411 85 Horní Beřkovice 20 Wa 25
362 37 Horní Blatná 18 Wa 22
435 43 Horní Jiřetín 19 Vb 24
277 03 Horní Počaply 20 Wa 25
193 00 Horní Počernice 20 Wa 26
357 31 Horní Slavkov 19 Wa 22
252 62 Horoměřice 20 Wa 25
270 04 Hořesedly 19 Wa 24
270 04 Hořovičky 19 Wa 24
277 44 Hostín u Vojkovic 20 Wa 25
253 01 Hostivice 20 Wa 25
417 52 Hostomice/Teplice 19 Vb 24
273 53 Hostouň/Kladno 20 Wa 25
411 72 Hoštka/Štětí 20 Wa 25
471 24 Hradčany 20 Vb 26
463 34 Hrádek nad Nisou 20 Vb 26
289 12 Hradištko 20 Wa 26
351 24 Hranice/Aš 18 Wa 21
417 04 Hrob 19 Vb 24
411 83 Hrobce 20 Wa 25
417 57 Hrobčice 19 Vb 24
362 33 Hroznětín 19 Wa 22
431 43 Hrušovany 19 Wa 23
273 45 Hřebeč/Kladno 20 Wa 25
407 17 Hřensko 20 Vb 25
439 65 Hřivice 19 Wa 24
407 42 Huntířov 20 Vb 25

CH

403 17 Chabařovice 20 Vb 24
431 57 Chbany 19 Wa 23
350 02 Cheb 18 Wa 21
472 01 Chlum/Doksy 20 Vb 26
357 09 Chlum Svatě Maři 18 Wa 22
439 03 Chlumčany/Louny 19 Wa 24
403 39 Chlumec/Ústí nad Labem 20 Vb 24
411 71 Chodouny 20 Wa 25
357 35 Chodov/Karlovy Vary 18 Wa 22
430 01 Chomutov 19 Wa 23
277 37 Chorušice 20 Wa 26
410 02 Chotěšov/Libochovice 20 Wa 25
294 28 Chotětov 20 Wa 26
439 22 Chožov 19 Wa 24
277 15 Chrást/Neratovice 20 Wa 26
463 31 Chrastava 20 Vb 26
407 44 Chřibská 20 Vb 25
281 68 Chvatěruby 20 Wa 25
364 53 Chyše 19 Wa 23

J

294 14 Jablonec 20 Vb 26
471 25 Jablonné v Podještědí 20 Vb 26
362 51 Jáchymov 19 Wa 22
273 72 Jarpice 20 Wa 25
364 71 Javorná/Toužim 19 Wa 22
252 61 Jeneč 20 Wa 25
270 33 Jesenice/Rakovník 19 Wa 23
471 61 Jestřebí/Doksy 20 Vb 26
407 16 Jetřichovice 20 Vb 25
407 01 Jílové/Děčín 20 Vb 25
439 64 Jimlín 19 Wa 24
357 05 Jindřichovice 18 Wa 22
431 11 Jirkov 19 Wa 23
250 90 Jirny 20 Wa 26
407 56 Jiřetín pod Jedlovou 20 Vb 26
407 53 Jiříkov 20 Vb 26
463 53 Jitrava 20 Vb 26
294 31 Jizerní Vtelno 20 Wa 26

K

357 51 Kaceřov/Kynšperk nad Ohří 18 Wa 22
432 01 Kadaň 19 Wa 23
431 55 Kadaňský Rohozec 19 Wa 23
431 32 Kalek 19 Vb 23
471 14 Kamenický Šenov 20 Vb 25
273 01 Kamenné Žehrovice 20 Wa 25
360 01 Karlovy Vary 19 Wa 22
294 25 Katusice 20 Wa 26
197 00 Kbely 20 Wa 26
272 01 Kladno 20 Wa 25
190 14 Klánovice 20 Wa 26
411 16 Klapý 20 Wa 25
431 51 Klášterec nad Ohří 19 Wa 23
250 67 Klecany 20 Wa 25
413 01 Kleneč 20 Wa 25
250 69 Klíčany 20 Wa 25
436 01 Klíny 19 Vb 24
277 41 Kly 20 Wa 26
270 01 Kněževes 19 Wa 24
438 01 Kněžice/Žatec 19 Wa 23
294 02 Kněžmost 20 Wa 27
274 01 Knovíz 20 Wa 25
463 45 Kobyly 20 Vb 27
277 23 Kokořín 20 Wa 26
273 29 Koleč 20 Wa 25
270 02 Kolešovice 19 Wa 24
435 32 Komořany 19 Vb 24
277 14 Kořetopy 20 Wa 26
411 45 Konojedy/Úštěk 20 Vb 25
293 06 Kosmonosy 20 Wa 26
294 41 Kosořice 20 Wa 26
277 13 Kostelec nad Labem 20 Wa 26
357 61 Kostelní Bříza 18 Wa 22
294 76 Kostelní Hlavno 20 Wa 26
289 12 Kostelní Lhota 20 Wa 27
289 21 Kostomlaty nad Labem 20 Wa 26
417 54 Kostomlaty pod Milešovkou 19 Vb 24
417 23 Košťany 19 Vb 24
439 21 Koštice 20 Wa 24
431 51 Kotvina 19 Wa 23
289 15 Kounice 20 Wa 26
270 06 Kounov 19 Wa 24
431 86 Kovářská 19 Wa 23
364 01 Kozlov/Toužim 19 Wa 23
411 87 Krabčice 20 Wa 25
357 08 Krajková 18 Wa 22
356 01 Královské Poříčí 18 Wa 22
407 77 Království 20 Vb 25
278 01 Kralupy nad Vltavou 20 Wa 25
358 01 Kraslice 18 Wa 22
407 46 Krásná Lípa 20 Vb 26
349 01 Krásné Údolí 19 Wa 22
357 31 Krásno 18 Wa 22
439 72 Krásný Dvůr 19 Wa 23
363 01 Krásný Les/Jáchymov 19 Wa 23
403 37 Krásný Les/Ústí nad Labem 20 Vb 24
471 03 Kravaře/Úštěk 20 Vb 25
288 02 Krchleby/Nymburk 20 Wa 27
270 09 Krupá 19 Wa 24
417 41 Krupka 19 Vb 24
439 81 Kryry 19 Wa 23
431 91 Kryštofovy Hamry 19 Wa 23
411 17 Křesín 20 Wa 24
411 48 Křešice 20 Vb 25
430 01 Křimov 19 Wa 23
463 43 Křižany 20 Vb 26
351 34 Křižovatka 18 Wa 21
464 01 Kunratice 20 Vb 27
471 55 Kunratice u Cvikova 20 Vb 26
471 24 Kuřivody 20 Vb 26
273 75 Kutrovice 20 Wa 25
357 51 Kynšperk nad Ohří 18 Wa 22
362 72 Kyselka 19 Wa 23
407 45 Kytlice 20 Vb 26

L

270 61 Lány 20 Wa 24
353 01 Lazy 18 Wa 22
277 08 Ledčice 20 Wa 25
351 31 Libá 18 Wa 21
439 26 Libčeves 19 Wa 24
252 66 Libčice nad Vltavou 20 Wa 25
438 01 Libědice 19 Wa 23
277 21 Liběchov 20 Wa 25
460 01 Liberec 20 Vb 27
411 45 Liběšice/Úštěk 20 Vb 25
438 01 Liběšice/Žatec 19 Wa 24
250 65 Líbeznice 20 Wa 25
294 42 Libichov 20 Wa 26
411 87 Libkovice pod Řípem 20 Wa 25
439 75 Libočany 19 Wa 24
411 03 Libochovany 20 Vb 25
411 17 Libochovice 20 Wa 25
438 01 Liboříce 19 Wa 24
403 35 Libouchec 20 Vb 25
273 06 Libušín 20 Wa 25
471 54 Lindava 20 Vb 26
440 01 Lipenec 19 Wa 24
294 43 Lipník/Benátky nad Jizerou 20 Wa 26
407 81 Lipová/Šluknov 20 Va 25
407 21 Líska 20 Vb 25
270 52 Lišany 19 Wa 24
440 01 Lišťany/Louny 19 Wa 24
363 01 Litoměřice 20 Vb 25
436 03 Litvínov 19 Vb 24
411 16 Lkáň 20 Wa 24
407 82 Lobendava 20 Va 25
357 33 Loket/Sokolov 18 Wa 22
435 11 Lom/Litvínov 19 Vb 24
356 01 Lomnice/Sokolov 18 Wa 22
273 24 Loucká 20 Wa 25
289 37 Loučeň 20 Wa 27
431 91 Loučná 19 Wa 22
363 01 Louny 19 Wa 24
411 45 Lovečkovice 20 Vb 25
410 02 Lovosice 20 Vb 25
439 83 Lubenec 19 Wa 23
270 36 Lubná/Rakovník 19 Wa 24
351 37 Luby/Sokolov 18 Wa 21
364 52 Luka 19 Wa 23
294 42 Luštěnice 20 Wa 26
277 06 Lužec nad Vltavou 20 Wa 25
270 51 Lužná/Rakovník 19 Wa 24
289 22 Lysá nad Labem 20 Wa 26

M

460 01 Machnín 20 Vb 26
273 77 Malíkovice 20 Wa 24
277 31 Malý Újezd 20 Wa 26
471 56 Mařenice 20 Vb 26
431 56 Mašťov 19 Wa 23
294 77 Mečeříž 20 Wa 26
431 84 Měděnec 19 Wa 23
411 15 Medvědice 20 Vb 24
439 31 Měcholupy 19 Wa 24
277 38 Mělnické Vtelno 20 Wa 26
276 01 Mělník 20 Wa 25
362 34 Merklín/Ostrov 19 Wa 22
417 57 Měrunice 19 Wa 24
270 23 Městečko 19 Wa 24
435 13 Meziboří 19 Vb 24
407 79 Mikulášovice 20 Vb 25
419 01 Mikulov/Teplice 19 Vb 24
411 32 Milešov/Bílina 20 Vb 24
353 01 Milhostov 18 Wa 21
350 02 Milíkov/Cheb 18 Wa 22
289 23 Milovice 20 Wa 26
471 24 Mimoň 20 Vb 26
431 58 Místo 19 Wa 23
363 01 Mladá Boleslav 20 Wa 26
400 02 Mnichov/Ústí nad Labem 20 Vb 25
295 01 Mnichovo Hradiště 20 Vb 26
463 31 Mníšek 20 Vb 27
364 52 Močidlec 19 Wa 23
250 87 Mochov 20 Wa 26
417 81 Moldava 19 Vb 24
434 01 Most 19 Vb 24
250 63 Mratín 20 Wa 26
270 64 Mšec 19 Wa 24
411 19 Mšené-lázně 20 Wa 25
277 35 Mšeno 20 Wa 26
417 57 Mukov 19 Vb 24
270 07 Mutějovice 19 Wa 24

N

277 34 Nebužely 20 Wa 26
438 01 Nečemice 19 Wa 24
362 22 Nejdek 18 Wa 22
439 71 Nepomyšl 19 Wa 23
277 11 Neratovice 20 Wa 26
403 31 Neštěmice 20 Vb 25
277 36 Nosálov 20 Wa 26
362 25 Nová Role 18 Wa 22
364 64 Nová Ves/Horní Slavkov 18 Wa 22
277 52 Nová Ves/Kralupy nad Vltavou 20 Wa 25
435 45 Nová Ves v Horách 19 Vb 23
362 21 Nové Hamry 18 Wa 22
357 34 Nové Sedlo 18 Wa 22
271 01 Nové Strašecí 19 Wa 24
417 31 Novosedlice 19 Vb 24
473 01 Nový Bor 20 Vb 26
269 01 Nový Dům 19 Wa 24
351 34 Nový Kostel 18 Wa 21
288 02 Nymburk 20 Wa 27

O

435 21 Obrnice 19 Vb 24
277 42 Obříství 20 Wa 25
439 87 Očihov 19 Wa 23
250 70 Odolena Voda 20 Wa 25
350 02 Odrava 18 Wa 21
471 62 Okna 20 Vb 26
431 51 Okounov 19 Wa 23
350 02 Okrouhlá/Cheb 18 Wa 21
357 07 Oloví 18 Wa 22
273 26 Olovnice 20 Wa 25
270 32 Oráčov 19 Wa 24
463 52 Osečná 20 Vb 26
417 05 Osek/Litvínov 19 Vb 24
363 01 Ostrov/Karlovy Vary 19 Wa 22
431 11 Otvice 19 Wa 23
277 13 Ovčáry/Kostelec nad Labem 20 Wa 26

P

439 05 Panenský Týnec 19 Wa 24
270 21 Pavlíkov 19 Wa 24
289 11 Pečky 20 Wa 27
362 36 Pernink 18 Wa 22
431 63 Perštejn 19 Wa 23
439 07 Peruc 20 Wa 24
439 85 Petrohrad 19 Wa 23
471 25 Petrovice/Jablonné v Podještědí 20 Vb 26
403 37 Petrovice/Jílové 20 Vb 24
273 08 Pchery 20 Wa 25
360 01 Pila 19 Wa 22
281 04 Plaňany 20 Wa 27
351 35 Plesná 18 Wa 21
294 23 Plužná 20 Wa 26
440 01 Pnětluky 19 Wa 24
358 01 Počátky/Kraslice 18 Wa 21
441 01 Podbořanský Rohozec 19 Wa 23
441 01 Podbořany 19 Wa 23
411 15 Podsedice 20 Wa 24
356 01 Podstrání 18 Wa 22
270 55 Pochvalov 19 Wa 24
438 01 Poláky 19 Wa 23
411 47 Polepy/Terezín 20 Vb 25
434 01 Polerady 19 Wa 24
350 02 Pomezí nad Ohří 18 Wa 21
289 14 Poříčany 20 Wa 26
439 42 Postoloprty 19 Wa 24
362 35 Potůčky 18 Wa 22
403 32 Povrly 20 Vb 25
281 68 Pozdeň 20 Wa 24
100 00 Praha 20 Wa 25
353 01 Prameny 18 Wa 22
417 12 Proboštov 19 Vb 24
463 56 Proseč pod Ještědem 20 Vb 27
364 53 Protivec 19 Wa 23
432 01 Prunéřov 19 Wa 23
358 01 Přebuz 18 Wa 22
294 74 Předměřice nad Jizerou 20 Wa 26
281 72 Přišimasy 20 Wa 26
441 01 Pšov/Podbořany 19 Wa 23
364 52 Pšov/Toužim 19 Wa 23

R

411 84 Račiněves 20 Wa 25
411 19 Radešín 20 Wa 25
438 01 Radíčeves 19 Wa 24
281 03 Radim 20 Wa 27
431 55 Radonice 19 Wa 23
411 08 Radouň 20 Wa 25
269 01 Rakovník 19 Wa 24
439 24 Raná/Louny 19 Wa 24
439 67 Ročov 19 Wa 24
432 01 Rokle 19 Wa 23
358 01 Rotava 18 Wa 22
413 01 Roudnice nad Labem 20 Wa 25
252 63 Roztoky/Praha 20 Wa 25
417 62 Rtyně nad Bílinou 19 Vb 24
271 01 Ruda/Nové Strašecí 19 Wa 24
408 01 Rumburk 20 Vb 26
407 14 Růžová 20 Vb 25
407 51 Rybniště 20 Vb 26
403 27 Rýdeč 20 Vb 25
270 62 Rynholec 20 Wa 24
463 53 Rynoltice 20 Vb 26

Ř

403 13 Řehlovice 20 Vb 24
277 33 Řepín 20 Wa 26
270 54 Řevničov 19 Wa 24

S

360 01 Sadov 19 Wa 22
289 12 Sadská 20 Wa 26
403 02 Sebuzín 20 Vb 25
438 01 Sedčice 19 Wa 23
294 46 Semčice 20 Wa 27
270 31 Senomaty 19 Wa 24

Siřejovice Bad Oldesloe 431

410 02 Siřejovice 20 Wa 25
391 71 Skalice u České Lípy 20 Vb 26
351 34 Skalná 18 Wa 21
294 26 Skalsko 20 Wa 26
434 01 Skršín 19 Wa 24
274 01 Slaný 20 Wa 25
439 09 Slavětín/Louny 19 Wa 24
391 71 Sloup v Čechßch 20 Vb 26
273 05 Smečno 20 Wa 25
294 42 Smilovice 20 Wa 26
439 14 Smolnice 19 Wa 24
407 01 Sněžník 20 Vb 25
438 01 Soběchleby/Podbořany 19 Wa 24
356 01 Sokolov 18 Wa 22
440 01 Solopysky 19 Wa 24
431 01 Spořice 19 Wa 23
270 65 Srbeč 19 Wa 24
407 15 Srbská Kamenice 20 Vb 25
439 49 Staňkovice 19 Wa 24
360 01 Stanovice 19 Wa 22
250 01 Stará Boleslav 20 Wa 26
357 35 Stará Chodovská 18 Wa 22
360 17 Stará Role 19 Wa 22
273 42 Stehelčeves 20 Wa 25
155 00 Stodůlky 20 Wa 25
273 03 Stochov 20 Wa 24
289 25 Straky 20 Wa 26
411 84 Straškov-Vodochody 20 Wa 25
463 03 Stráž nad Nisou 20 Vb 27
363 01 Stráž nad Ohří 19 Wa 23
471 27 Stráž pod Ralskem 20 Vb 26
439 86 Strojetice 19 Wa 23
431 14 Strupčice 19 Wa 24
364 71 Stružná 19 Wa 23
471 08 Stružnice 20 Vb 25
252 68 Středokluky 20 Wa 25
471 03 Stvolínky 20 Vb 25
294 06 Sukorady/Dolní Bousov 20 Wa 27
411 62 Sukorady/Úštěk 20 Vb 25
431 11 Sušany 19 Wa 24
357 03 Svatava 18 Wa 22
358 01 Svatý kříž 18 Wa 22
471 24 Svébořice 20 Vb 26
463 46 Svijany 20 Vb 27
270 04 Svojetín 19 Wa 24
471 51 Svor 20 Vb 26

Š
270 31 Šanov/Rakovník 19 Wa 24
250 83 Škvorec 20 Wa 26
407 77 Šluknov 20 Va 25
364 52 Štědrá 19 Wa 23
411 08 Štětí 20 Wa 25

T
289 11 Tatce 20 Wa 26
357 35 Tatrovice 18 Wa 22
407 11 Těchlovice/Ústí nad Labem 20 Vb 25
439 07 Telce 20 Wa 24
403 38 Telnice/Ústí nad Labem 20 Vb 24
415 01 Teplice 19 Vb 24
411 55 Terezín 20 Vb 25
403 36 Tisá 20 Vb 25
282 01 Tismice 20 Wa 26
273 71 Tmaň 20 Wa 25
364 01 Toužim 19 Wa 22
351 34 Tršnice 18 Wa 21
351 34 Třebeň 18 Wa 21
411 13 Třebenice 20 Wa 24
411 15 Třebívlice 19 Wa 24
273 75 Třebíz 20 Wa 24
412 01 Třebušín 20 Vb 25
438 01 Třeskonice 19 Wa 24
440 01 Třtěno 19 Wa 24
471 62 Tubož 20 Wa 26
471 41 Tuhaň 20 Vb 25
273 02 Tuchlovice 20 Wa 24
252 67 Tuchoměřice 20 Wa 25
282 01 Tuchoraz 20 Wa 26
439 69 Tuchořice 19 Wa 24
250 82 Tuklaty 20 Wa 26
277 21 Tupadly/Štětí 20 Wa 25
252 65 Tursko 20 Wa 25

U
431 41 Údlice 19 Wa 23
252 18 Úhonice 20 Wa 25
432 01 Úhošťany 19 Wa 23
273 24 Uhy 20 Wa 25
190 16 Újezd nad Lesy 20 Wa 26
273 51 Unhošť 20 Wa 25
410 02 Úpohlavy 20 Wa 25
400 01 Ústí nad Labem 20 Vb 25
411 45 Úštěk 20 Vb 25
250 82 Úvaly 20 Wa 26
277 45 Úžice 20 Wa 25

V
364 53 Valeč 19 Wa 23
400 01 Vaňov 20 Vb 25
407 47 Varnsdorf 20 Vb 26
411 45 Vědlice 20 Vb 25
431 91 Vejprty 19 Wa 23
411 31 Velemín 20 Vb 24
438 01 Velemyšleves 19 Wa 24
250 63 Veleň 20 Wa 26
289 12 Velenka 20 Wa 26
363 01 Velichov 19 Wa 23
438 01 Velká Černoc 19 Wa 24
273 61 Velká Dobrá 20 Wa 25
403 23 Velké Březno 20 Vb 25
252 64 Velké Přílepy 20 Wa 25
412 01 Velké Žernoseky 20 Vb 25
407 78 Velký Šenov 20 Vb 25
277 35 Velký Újezd/Mělník 20 Wa 26
277 46 Veltrusy 20 Wa 25
273 24 Velvary 20 Wa 25
407 25 Verneřice 20 Vb 25
431 51 Vernéřov 19 Wa 23
295 01 Veselá/Mnichovo Hradiště 20 Wa 26
364 52 Veselov 19 Wa 23
277 21 Vidim 20 Wa 26
431 54 Vilémov/Kadaň 19 Wa 23
431 55 Vinaře 19 Wa 23
273 07 Vinařice/Kladno 20 Wa 25
439 15 Vinařice/Louny 19 Wa 24
190 17 Vinoř 20 Wa 26
463 72 Višňová/Frýdlant 20 Vb 27
356 01 Vítkov/Sokolov 18 Wa 22
463 44 Vlastibořice 20 Vb 27
411 14 Vlastislav 20 Wa 24
294 43 Vlkava 20 Wa 26
431 55 Vojkovice 19 Wa 23
351 34 Vojtanov 18 Wa 21
471 12 Volfartice 20 Vb 25
277 07 Vraňany 20 Wa 25
273 73 Vraný 20 Wa 25
294 26 Vrátno 20 Wa 26
280 02 Vrbčany 20 Wa 26
364 53 Vrbice/Karlovy Vary 19 Wa 23
439 06 Vrbno nad Lesy 19 Wa 24
439 82 Vroutek 19 Wa 23
431 15 Vrskmaň 19 Wa 23
411 47 Vrutice 20 Vb 25
288 02 Všechlapy 20 Wa 27
277 16 Všetaty 20 Wa 26
289 15 Vykáň 20 Wa 26
431 83 Výsluní 19 Wa 23
277 24 Vysoká/Mělník 20 Wa 26
277 38 Vysoká Libeň 20 Wa 26
431 59 Vysoká Pec 19 Vb 23
439 42 Výškov 19 Wa 24

Z
471 01 Zahrádky 20 Vb 26
273 28 Zákolany 20 Wa 25
471 23 Zákupy 20 Vb 26
435 14 Záluží 19 Vb 24
438 01 Zálužice 19 Wa 24
270 35 Zavidov 19 Wa 24
250 66 Zdiby 20 Wa 25
250 91 Zeleneč 20 Wa 26
274 01 Zižice 20 Wa 25
155 21 Zličín 20 Wa 25
273 71 Zlonice 20 Wa 25
273 25 Zvoleněves 20 Wa 25

Ž
417 63 Žalany 19 Vb 24
471 07 Žandov 20 Vb 25
438 01 Žatec 19 Wa 24
472 01 Žďár/Doksy 20 Vb 26
270 33 Žďár/Kralovice 19 Wa 23
294 06 Žiďneves 20 Wa 26
440 01 Židovice 19 Wa 24
438 01 Žiželice 19 Wa 24
364 52 Žlutice 19 Wa 23

D

□ 357 168 km² ☎ +49
Berlin 80 622 000

A
52062 Aachen 13 Vb 9
65326 Aarbergen 14 Wa 13
26954 Abbehausen 45 Ta 13
38871 Abbenrode 28 Ub 18
31234 Abbensen 37 Ua 17
30900 Abbensen/Neustadt am Rübenberge 37 Tb 16
06543 Abberode 28 Ub 19
04769 Ablaß 30 Va 22
37290 Abterode (Meißner) 27 Va 16
99713 Abtsbessingen 28 Va 18
18510 Abtshagen 55 Sa 23
38312 Achim/Börßum 38 Ua 18
28832 Achim/Langwedel 45 Ta 15
49565 Achmer 35 Ua 12
26203 Achternmeer 45 Ta 13
24239 Achterwehr 52 Sa 16
25917 Achtrup 51 Rb 15
31135 Achtum 37 Ua 17
37139 Adelebsen 27 Ub 16
29352 Adelheidsdorf 37 Tb 17
53518 Adenau 13 Wa 10
38528 Adenbüttel 38 Ua 17
21365 Adendorf 47 Ta 17
38838 Aderstedt 28 Ua 19
34519 Adorf/Diemelsee 26 Va 14
09221 Adorf/Dittersdorf 18 Wa 21
08626 Adorf/Markneukirchen 19 Vb 22
25572 Aebtissinwisch 52 Sb 15
53604 Aegidienberg 14 Vb 11
31855 Aerzen 37 Ua 15
58809 Affeln 25 Va 12
31789 Afferde 37 Ua 15
27257 Affinghausen 36 Tb 14
57250 Afholderbach 14 Vb 13
07554 Aga 18 Vb 21
21684 Agathenburg 46 Sb 16
48683 Ahaus 35 Ua 11
27367 Ahausen 46 Ta 15
17375 Ahlbeck/Eggesin 56 Sb 25
17419 Ahlbeck/Heringsdorf 50 Sb 25
29693 Ahlden (Aller) 37 Tb 16
59227 Ahlen 25 Ub 12
21702 Ahlerstedt 46 Ta 15
26197 Ahlhorn 45 Tb 13
48282 Ahlintel 35 Ua 11
04916 Ahlsdorf 28 Ub 19
31275 Ahlten 37 Ua 16
49774 Ahmsen 35 Tb 12
34292 Ahnatal 27 Va 15
29353 Ahnsbeck 37 Tb 17
95176 Ahornberg 18 Wa 20
53506 Ahrbrück 13 Wa 10
17255 Ahrensberg 49 Ta 23
23623 Ahrensbök 53 Sa 18
22926 Ahrensburg 46 Sb 17
15864 Ahrensdorf/Beeskow 41 Ua 25
14974 Ahrensdorf/Ludwigsfelde 40 Ua 23
16356 Ahrensfelde 40 Tb 24
18347 Ahrenshoop 54 Sa 21
45711 Ahsen 25 Ub 11
56459 Ailertchen 14 Vb 12
06385 Aken/Elbe 29 Ub 21
99100 Alach 17 Vb 18
48163 Albachten 25 Ub 12
08280 Albernau 18 Vb 22
25767 Albersdorf 52 Sa 15
48324 Albersloh 25 Ub 12
06268 Albersroda 29 Va 20
06279 Alberstedt 29 Va 20
98529 Albrechts 17 Vb 18
47647 Aldekerk 24 Va 9
52457 Aldenhoven 24 Vb 9
56859 Alf 13 Wa 11
31061 Alfeld (Leine) 27 Ub 16
49594 Alfhausen 35 Ua 12
56828 Alflen 13 Wa 11
27432 Alfstedt 45 Sb 15
53347 Alfter 13 Vb 11
31191 Algermissen 37 Ua 16
36211 Alheim 27 Va 16
31275 Aligse 37 Ua 16
25938 Alkersum 51 Rb 14
59581 Allagen 26 Va 13
35108 Allendorf (Eder) 26 Va 14
35469 Allendorf (Lumda) 15 Vb 14
35398 Allendorf/Linden 15 Vb 14
35753 Allendorf/Mengerskirchen 14 Vb 13
99713 Allmenhausen 28 Va 18
06507 Allrode 28 Ub 18
06542 Allstedt 28 Va 19
59929 Alme 26 Va 14
32699 Almena 36 Ua 15
31079 Almstedt 27 Ua 16
46519 Alpen 24 Ub 10
52477 Alsdorf 13 Vb 9
36304 Alsfeld 15 Vb 15
06425 Alsleben / Saale 29 Ub 20
48683 Alstätte 34 Ua 10
32312 Alswede 36 Ua 14
18233 Alt Bukow 54 Sb 20
24791 Alt Duvenstedt 52 Sa 16
17194 Alt Gaarz 48 Sb 22
21354 Alt Garge 47 Ta 18
18337 Alt Guthendorf 54 Sa 22
17348 Alt Käbelich 49 Ta 23
19288 Alt Krenzlin 47 Ta 19
19069 Alt Meteln 47 Sb 19
16827 Alt Ruppin 40 Tb 22
15910 Alt Schadow 41 Ua 24
17192 Alt Schönau 48 Sb 22
17214 Alt Schwerin 48 Sb 21
17166 Alt Sührkow 48 Sb 22
59955 Altastenberg 26 Va 13
26817 Alt-Burlage 44 Ta 12
03229 Altdöbern 31 Ub 25
18573 Altefähr 55 Sa 23
37293 Altefeld 27 Va 17
58762 Altena 25 Va 12
53505 Altenahr 13 Vb 10
38707 Altenau 28 Ub 17
33184 Altenbeken 26 Ub 14
01773 Altenberg 19 Vb 24
48341 Altenberge 35 Ua 11
27478 Altenbruch 51 Sb 14
59929 Altenbüren 26 Va 14
04600 Altenburg 18 Vb 21
35418 Alten-Buseck 15 Vb 14
29221 Altencelle 37 Tb 17
65624 Altendiez 14 Wa 12
21756 Altendorf 46 Sb 15
27809 Altenesch 45 Ta 14
98701 Altenfeld 17 Vb 18
21039 Altengamme 46 Ta 17
59609 Altengeseke 26 Ub 13
39291 Altengrabow 39 Ua 21
36391 Altengronau 16 Wa 16
17091 Altenhagen/Altentreptow 49 Sb 23
18236 Altenhagen/Neubukow 54 Sa 20
31749 Altenhagen/Obernkirchen 37 Ua 15
31832 Altenhagen/Springe 37 Ua 16
04687 Altenhain 15 Vb 15
04687 Altenhain 29 Va 22
16244 Altenhof/Britz 40 Tb 24
17209 Altenhof/Meyenburg 48 Ta 21
24161 Altenholz 52 Sa 17
18556 Altenkirchen 55 Rb 23
57610 Altenkirchen (Westerwald) 14 Vb 12
57462 Altenkleusheim 25 Va 12
23730 Altenkrempe 53 Sa 18
96264 Altenkunstadt 17 Wa 19
35110 Altenlotheim 26 Va 14
29575 Altenmedingen 47 Ta 18
26169 Altenoythe 44 Ta 12
18445 Altenpleen 55 Sa 22
53842 Altenrath 14 Vb 11
06642 Altenroda 28 Va 20
36358 Altenschlirf 15 Vb 15
63674 Altenstadt/Niddatal 15 Wa 14
23769 Altenteil 70 Rb 3 19c
17087 Altentreptow 49 Sb 23
29633 Altenwahlingen 37 Tb 15
27478 Altenwalde 45 Sb 14
39171 Altenweddingen 28 Ub 20
25845 Alterkoog 51 Sa 14
56288 Alterkülz 14 Wa 11
91481 Altershausen 17 Wa 18
14913 Altes Lager 30 Ua 23
15320 Altfriedland 41 Tb 25
37581 Altgandersheim 27 Ub 17
16259 Altglietzen 41 Tb 25
16247 Althüttendorf 40 Tb 24
26316 Altjührden 45 Ta 13
17179 Altkalen 49 Sb 22
04626 Altkirchen 18 Vb 21
16278 Altkünkendorf 49 Ta 24
15345 Altlandsberg 40 Tb 24
56858 Altlay 14 Wb 11
16775 Altlüdersdorf 49 Ta 23
08233 Altmannsgrün 18 Vb 21
09648 Altmittweida 19 Vb 22
27798 Altmoorhausen 45 Ta 13
04655 Altmörbitz 18 Vb 22
16259 Altranft 41 Tb 25
16259 Altreetz 41 Tb 25
17375 Altwarp 50 Sb 25
61276 Altweilnau 15 Wa 13
63594 Altwiedermus 15 Wa 15
17379 Altwigshagen 49 Sb 24
32683 Alverdissen 36 Ua 15
48351 Alverskirchen 25 Ub 12
25486 Alveslohe 46 Sb 16
63755 Alzenau in Unterfranken 15 Wa 15
59846 Amecke 25 Va 12
48163 Ameisbüren 25 Ub 12
21385 Amelinghausen 46 Ta 17
52455 Ameln 24 Vb 9
37688 Amelunxen 27 Ub 15
41366 Amern 24 Va 9
48691 Ammeloe 34 Ua 10
04683 Ammelshain 29 Va 22
31073 Ammensen 27 Ub 16
22949 Ammersbek 46 Sb 17
35287 Amöneburg 15 Vb 14
27446 Anderlingen 46 Ta 15
56626 Andernach 14 Wa 11
31622 Anderten 37 Tb 15
49832 Andervenne 35 Tb 12
99189 Andisleben 28 Va 18
36304 Angenrod 15 Vb 15
16278 Angermünde 50 Ta 25
39326 Angern 39 Ua 20
36367 Angersbach 16 Vb 15
06179 Angersdorf 29 Va 20
46419 Anholt 24 Ub 9
17219 Ankershagen 49 Ta 22
17389 Anklam 49 Sb 24
49577 Ankum 35 Tb 12
09456 Annaberg-Buchholz 19 Vb 23
06925 Annaburg 30 Ub 23
01994 Annahütte 31 Ub 24
47877 Anrath 24 Va 9
59609 Anröchte 26 Ub 13
09517 Ansprung 19 Vb 23
41569 Anstel 24 Va 10
59939 Antfeld 26 Va 13
08359 Antonsthal 18 Vb 22
36326 Antrifttal 15 Vb 15
53533 Antweiler 13 Vb 10
35274 Anzefahr 15 Vb 14
49716 Apeldorn 35 Tb 11
31552 Apelern 37 Ua 15
27211 Apelstedt 36 Tb 14
26689 Apen 44 Ta 12
38486 Apenburg 38 Tb 19
21641 Apensen 46 Ta 16
99510 Apolda 17 Va 20
48301 Appelhülsen 25 Ub 11
25482 Appen 46 Sb 16
35315 Appenrod 15 Vb 15
26409 Ardorf 44 Sb 12
53533 Aremberg 13 Wa 10
56077 Arenberg 14 Wa 12
39619 Arendsee (Altmark) 38 Tb 19
15518 Arensdorf 41 Ua 25
37318 Arenshausen 27 Va 16
55496 Argenthal 14 Wb 12
26532 Arle 44 Sb 11
98716 Arlesberg 17 Vb 18
21769 Armstorf 45 Sb 15
39596 Arneburg 39 Tb 21
24399 Arnis 52 Rb 16
59755 Arnsberg 25 Va 13
06917 Arnsdorf 30 Ub 22
06917 Arnsdorf 31 Va 26
01477 Arnsdorf bei Dresden 31 Va 24
09477 Arnsfeld 19 Vb 23
07318 Arnsgereuth 17 Vb 19
99310 Arnstadt 17 Vb 18
30966 Arnum 37 Ua 16
31275 Arpke 37 Ua 17
41844 Arsbeck 24 Va 9
28279 Arsten 45 Ta 14
06556 Artern 28 Va 19
21380 Artlenburg 47 Ta 17
95659 Arzberg/Thiersheim 18 Wa 21
04886 Arzberg/Torgau 30 Ub 23
54687 Arzfeld 9 Wa 9
53567 Asbach/Bad Honnef 14 Vb 11
36251 Asbach/Niederaule 16 Vb 16
97708 Aschach 16 Wa 17
59387 Ascheberg 25 Ub 12
24326 Ascheberg (Holstein) 53 Sa 17
24358 Ascheffel 52 Sa 16
49356 Aschen 36 Tb 13
26871 Aschendorf 44 Ta 11
26871 Aschendorf-Moorsiedlung 44 Ta 11
06449 Aschersleben 28 Ub 19
27330 Asendorf/Bücken 36 Tb 15
21271 Asendorf/Jesteburg 46 Ta 16
21435 Ashausen 46 Ta 17
36179 Asmushausen 16 Va 16
47574 Asperden 24 Ub 9
21706 Assel 46 Sb 15
33165 Asseln 26 Ub 14
61194 Assenheim 15 Wa 14
35614 Aßlar 15 Vb 13
38822 Athenstedt 28 Ub 18
33165 Atteln 26 Ub 14
57439 Attendorn 25 Va 12
39443 Atzendorf 29 Ub 20
36286 Aua 16 Vb 16
97631 Aub/Bad Königshofen im Grabfeld 16 Wa 17
04838 Audenhain 30 Va 22
57319 Aue/Bad Berleburg 26 Va 13
06618 Aue/Camburg 18 Va 20
08280 Aue/Lößnitz 18 Vb 22
09392 Auerbach/Gelenau 19 Vb 22
08209 Auerbach/Vogtland 18 Vb 21
09238 Auerswalde 19 Vb 22
27619 Auf dem Löh 45 Sb 14
63607 Aufenau 15 Wa 15
32832 Augustdorf 26 Ub 14
26689 Augustfehn 44 Ta 12
09573 Augustusburg 19 Vb 23
31553 Auhagen 37 Ua 15
24613 Aukrug 52 Sa 16
99765 Auleben 28 Va 18
04523 Auligk 29 Va 21
39615 Aulosen 48 Tb 20
07955 Auma 18 Vb 20
65606 Aumenau 14 Wa 13
21521 Aumühle 46 Sb 17
97773 Aura im Sinngrund 16 Wa 16
26603 Aurich 44 Ta 11
39393 Ausleben 38 Ua 19
54664 Auw an der Kyll 13 Wb 10
54597 Auw bei Prüm 9 Wa 9
47638 Auwel 24 Va 9
31535 Averhoy 37 Tb 16
06922 Axien 30 Ub 22
27729 Axstedt 45 Ta 14

B
18586 Baabe 55 Sa 24
41836 Baal 24 Va 9
06408 Baalberge 29 Ub 20
06388 Baasdorf 29 Ub 20
64832 Babenhausen/Darmstadt 15 Wb 14
23992 Babst 48 Sb 20
55422 Bacharach 14 Wa 12
96528 Bachfeld 17 Wa 18
99636 Bachra 28 Va 19
99625 Backleben 28 Va 19
34454 Bad Arolsen 26 Va 15
27624 Bad Bederkesa 45 Sb 14
48455 Bad Bentheim 35 Ua 11
99438 Bad Berka 17 Vb 19
57319 Bad Berleburg 26 Va 13
95460 Bad Berneck am Fichtelgebirge 17 Wa 20
56864 Bad Bertrich 13 Wa 11
29549 Bad Bevensen 47 Ta 18
06647 Bad Bibra 29 Va 20
07422 Bad Blankenburg 17 Vb 19
97708 Bad Bocklet 16 Wa 17
29389 Bad Bodenteich 38 Tb 18
08648 Bad Brambach 18 Wa 21
24576 Bad Bramstedt 52 Sb 16
53498 Bad Breisig 14 Vb 11
97769 Bad Brückenau 16 Wa 16
65520 Bad Camberg 14 Wa 13
98663 Bad Colberg 17 Wa 18
98663 Bad Colberg-Heldburg 17 Wa 18
18209 Bad Doberan 54 Sa 20
33014 Bad Driburg 26 Ub 15
04849 Bad Düben 29 Ub 22
06231 Bad Dürrenberg 29 Va 21
31707 Bad Eilsen 36 Ua 15
08645 Bad Elster 18 Wa 21
56130 Bad Ems 14 Wa 12
34308 Bad Emstal 26 Va 15
35080 Bad Endbach 15 Vb 13
49152 Bad Essen 36 Ua 13
29683 Bad Fallingbostel 37 Tb 16
06567 Bad Frankenhausen/Kyffhäuser 28 Va 19
16259 Bad Freienwalde (Oder) 41 Tb 25
37581 Bad Gandersheim 27 Ub 17
53177 Bad Godesberg 13 Vb 11
01816 Bad Gottleuba 20 Vb 24
37539 Bad Grund (Harz) 27 Ub 17
38667 Bad Harzburg 28 Ub 18
33014 Bad Hermannsborn 26 Ub 15
36251 Bad Hersfeld 16 Vb 16
61348 Bad Homburg 15 Wa 14
53604 Bad Honnef 14 Vb 11
53557 Bad Hönningen 14 Vb 11
49186 Bad Iburg 35 Ua 13
34385 Bad Karlshafen 27 Ub 15
97688 Bad Kissingen 16 Wa 17
23996 Bad Kleinen 47 Sb 19
07639 Bad Klosterlausnitz 18 Vb 20
97631 Bad Königshofen im Grabfeld 16 Wa 17
06628 Bad Kösen 29 Va 20
07586 Bad Köstritz 18 Vb 21
57334 Bad Laasphe 15 Vb 13
49196 Bad Laer 36 Ua 13
99947 Bad Langensalza 28 Va 18
06246 Bad Lauchstädt 29 Va 20
04651 Bad Lausick 29 Va 22
37431 Bad Lauterberg im Harz 28 Ub 17
36448 Bad Liebenstein 16 Vb 17
04924 Bad Liebenwerda 30 Ub 23
33175 Bad Lippspringe 26 Ub 14
07356 Bad Lobenstein 17 Wa 20
56470 Bad Marienberg (Westerwald) 14 Vb 12
31849 Bad Münder 37 Ua 15
53902 Bad Münstereifel 13 Vb 10
02953 Bad Muskau 31 Ub 26
61231 Bad Nauheim 15 Wa 14
31542 Bad Nenndorf 37 Ua 15
53474 Bad Neuenahr-Ahrweiler 13 Vb 11
97616 Bad Neustadt an der Saale 16 Wa 17
32545 Bad Oeynhausen 36 Ua 14
23843 Bad Oldesloe 47 Sb 17

CZ

D

Borken/Homberg (Elze) Deensen 433

34582 Borken/Homberg (Elze) 26 Va 15
14822 Borkheide 40 Ua 22
19406 Borkow 48 Sb 20
26757 Borkum 43 Sb 10
04774 Börln 30 Va 22
39345 Born 38 Ua 19
18375 Born am Darß 54 Sa 22
04552 Borna/Bad Lausick 29 Va 22
04758 Borna/Oschatz 30 Va 23
39435 Borne 29 Ub 20
01825 Börnersdorf 19 Vb 24
53322 Bornheim 13 Vb 10
24619 Bornhöved 52 Sa 17
56348 Bornich 14 Wa 12
09437 Börnichen 19 Vb 23
16321 Börnicke/Bernau 40 Tb 24
14641 Börnicke/Nauen 40 Tb 22
14469 Bornim 40 Ua 23
06712 Bornitz 29 Va 21
15926 Bornsdorf 30 Ub 24
21039 Börnsen 46 Ta 17
06295 Bornstedt 28 Va 19
39343 Bornstedt 38 Ua 19
31167 Bornum 27 Ub 17
38154 Bornum am Elm 38 Ua 18
17111 Borrentin 49 Sb 22
31860 Börry 37 Ua 15
04451 Borsdorf 29 Va 22
38312 Börßum 38 Ua 18
26725 Borßum 44 Ta 11
39576 Borstel/Stendal 39 Tb 20
27246 Borstel/Sulingen 36 Tb 14
09579 Borstendorf 19 Vb 23
31177 Borsum 37 Ua 17
04703 Börtewitz 30 Va 22
38176 Bortfeld 38 Ua 17
47495 Borth 24 Ub 10
01809 Borthen 19 Vb 24
23715 Bosau 53 Sa 17
24306 Bösdorf 53 Sa 17
37339 Böseckendorf 27 Va 17
26219 Bösel 44 Ta 12
48308 Bösensell 25 Ub 11
32699 Bösingfeld 36 Ua 15
06895 Boßdorf 29 Ub 22
37671 Bossenborn 27 Ub 15
18292 Bossow 48 Sb 21
23936 Bössow 53 Sb 19
29575 Bostelwiebeck 47 Ta 18
27367 Bötersen 46 Ta 15
27386 Bothel 46 Ta 16
06571 Bottendorf 26 Va 14
35080 Bottenhorn 15 Vb 13
39164 Bottmersdorf 28 Ua 19
46236 Bottrop 24 Ub 10
16727 Bötzow 40 Tb 23
53783 Bourauel 14 Vb 11
24796 Bovenau 52 Sa 16
37120 Bovenden 27 Ub 16
02943 Boxberg/Weißwasser (Oberlausitz) 31 Va 26
23715 Braak/Eutin 53 Sa 18
22145 Braak/Trittau 46 Sb 17
41836 Brachelen 24 Va 9
06188 Brachstedt 29 Ub 21
41379 Bracht/Brüggen 24 Va 9
57392 Bracht/Oedingen 25 Va 13
35282 Bracht/Wohratal 15 Vb 14
57399 Brachthausen 25 Va 13
63636 Brachttal 15 Wa 15
06198 Brachwitz 29 Ub 20
21354 Brackede 47 Ta 18
44143 Brackel/Dortmund 25 Ub 12
21438 Brackel/Hanstedt 46 Ta 17
33647 Brackwede 36 Ub 13
25923 Braderup 57 Rb 14
19273 Brahlstorf 47 Ta 18
07554 Brahmenau 18 Vb 21
33729 Brake/Bielefeld 36 Ua 14
26919 Brake/Ovelgönne 45 Ta 13
27249 Brake/Wietzen 36 Tb 14
33034 Brakel 26 Ub 15
06862 Brambach 29 Ub 21
44536 Brambauer 25 Ub 11
49811 Bramsche/Lünne 35 Ua 11
49565 Bramsche/Wallenhorst 35 Ua 12
27628 Bramstedt/Bokel 45 Ta 14
27211 Bramstedt/Syke 36 Tb 14
99310 Branchewinda 17 Vb 18
25364 Brande-Hörnerkirchen 52 Sb 16
14770 Brandenburg an der Havel 39 Ua 22
09618 Brand-Erbisdorf 19 Vb 23
06632 Branderoda 29 Va 20
04821 Brandis 29 Va 22
35647 Brandoberndorf 15 Wa 13
56408 Brandscheid 9 Wa 9
18519 Brandshagen 55 Sa 23
01640 Brandýs 20 Vb 25
03042 Branitz 31 Ub 25
56338 Braubach 14 Wa 12
27404 Brauel 46 Ta 15
36318 Brauerschwend 15 Vb 15
01920 Brauna 31 Va 25
34537 Braunau 26 Va 15
54472 Brauneberg 13 Wb 10
35619 Braunfels 15 Vb 13
07580 Braunichswalde 18 Vb 21
38700 Braunlage 28 Ub 18
06242 Braunsbedra 29 Va 20
38100 Braunschweig 38 Ua 18
15518 Braunsdorf 41 Ua 24
09603 Bräunsdorf-Langhennersdorf 19 Vb 23
52525 Braunsrath 24 Va 9
06648 Braunsroda 28 Va 20
55606 Brauweiler 24 Vb 10
65611 Brechen 14 Wa 13
65207 Breckenheim 15 Wa 13
58339 Breckerfeld 25 Va 11
26897 Breddenberg 44 Tb 12
16845 Breddin 39 Tb 21
27412 Breddorf 45 Ta 15
34431 Bredelar 26 Va 14
24796 Bredenbek 52 Sa 16
37696 Bredenborn 26 Ub 15
17349 Bredenfelde 49 Ta 23
16775 Bredereiche 49 Ta 23
25821 Bredstedt 51 Rb 14
18556 Breege 55 Rb 23
17089 Breest 49 Sb 23
06796 Brehna 29 Ub 21
35236 Breidenbach 15 Vb 13
35216 Breidenstein 15 Vb 13
24797 Breiholz 52 Sa 16
52223 Breinig 13 Vb 9
01825 Breitenau 19 Vb 24
36287 Breitenbach am Herzberg 16 Vb 16
98553 Breitenbach bei Schleusingen 17 Vb 18
34270 Breitenbach/Kassel 27 Va 15
63584 Breitenborn 15 Wa 15
59823 Breitenbruch 25 Va 13
08359 Breitenbrunn/Hittersgrün 18 Wa 22
25524 Breitenburg 52 Sb 16
02708 Breitendorf 31 Va 26
39638 Breitenfeld 18 Wa 21
23881 Breitenfelde 47 Sb 18
39240 Breitenhagen 29 Ub 20
29596 Breitenhees 38 Tb 17
06547 Breitenstein 28 Ub 18
37339 Breitenworbis 28 Va 17
65329 Breithardt 14 Wa 13
35767 Breitscheid 14 Vb 13
40885 Breitscheid 24 Va 10
06536 Breitungen 16 Vb 17
24811 Brekendorf 52 Sa 16
25821 Breklum 51 Rb 14
30900 Brelingen 37 Tb 16
29633 Breloh 46 Ta 17
56370 Bremberg 14 Wa 12
59469 Bremen/Ense 25 Ub 12
28195 Bremen/Oldenburg 45 Ta 14
02929 Bremenhain 31 Va 26
18519 Bremerhagen 55 Sa 23
27568 Bremerhaven 45 Sb 14
27432 Bremervörde 45 Ta 15
37130 Bremke 27 Va 17
32699 Bremke/Hameln 36 Ua 15
56814 Bremm 13 Wa 11
65817 Bremthal 14 Wa 13
03253 Brenitz 30 Ub 24
33142 Brenken 26 Ub 14
19306 Brenz 48 Ta 20
19294 Bresegard 47 Ta 19
18356 Bresewitz 54 Sa 22
21698 Brest 46 Ta 15
01900 Bretnig-Hauswalde 31 Va 25
34479 Breuna 26 Va 15
63679 Breungeshain 15 Vb 15
37647 Brevörde 27 Ub 15
41334 Breyell 24 Va 9
56850 Briedel 13 Wa 11
14778 Brielow 39 Ua 22
14656 Brieselang 40 Tb 23
03096 Briesen/Cottbus 31 Ub 25
14662 Briesen/Friesack 39 Tb 22
15518 Briesen/Fürstenwalde (Spree) 41 Ua 25
01968 Brieske 31 Va 24
15295 Brieskow-Finkenheerd 41 Ua 26
03149 Briesnig 31 Ub 26
21382 Brietlingen 47 Ta 17
17153 Briggow 49 Sb 22
59929 Brilon 26 Va 14
59929 Brilon-Wald 26 Va 14
18055 Brinckmannsdorf 54 Sa 21
34549 Bringhausen 26 Va 14
26835 Brinkum/Holtland 44 Ta 12
28816 Brinkum/Stuhr 45 Ta 14
04509 Brinnis 29 Ub 21
66679 Britten 9 Wb 10
16230 Britz 40 Tb 24
49545 Brochterbeck 35 Ua 12
37115 Brochthausen 27 Ub 17
48346 Brock 35 Ua 12
29356 Bröckel 37 Tb 17
27386 Brockel 46 Ta 16
33803 Brockhagen 36 Ub 13
54552 Brockscheid 13 Wa 10
49448 Brockum 36 Ua 13
26609 Brockzetel 44 Ta 12
56332 Brodenbach 14 Wa 11
18184 Broderstorf 54 Sa 21
16230 Brodowin 41 Tb 24
47638 Broekhuysen 24 Va 9
56754 Brohl 14 Wa 11
56656 Brohl-Lützing 14 Wa 11
38268 Broistedt 37 Ua 17
38122 Broitzem 38 Ua 17
25576 Brokdorf 52 Sb 15
24616 Brokstedt 52 Sb 16
53809 Bröleck 14 Vb 11
38465 Brome 38 Tb 18
59969 Bromskirchen 26 Va 14
03205 Bronkow 31 Ub 24
66663 Brotdorf 9 Xa 10
02979 Bröthen 31 Va 25
98599 Brotterode 16 Vb 17
26899 Brual 44 Ta 11
51580 Brüchermühle 14 Vb 12
59939 Bruchhausen 26 Va 14
27305 Bruchhausen-Vilsen 36 Tb 14
63486 Bruchköbel 15 Wa 14
15370 Bruchmühle 40 Tb 24
32289 Bruchmühlen 36 Ua 13
99955 Bruchstedt 28 Va 18
14822 Brück 40 Ua 22
46569 Bruckhausen 24 Ub 10
19412 Brüel 48 Sb 20
24582 Brügge 52 Sa 17
31033 Brüggen/Eime 37 Ua 16
41379 Brüggen/Schwalmtal 24 Va 9
99869 Brüheim 17 Va 18
50321 Brühl/Hürth 13 Vb 10
39240 Brumby 29 Ub 20
57482 Brün 14 Vb 12
39624 Brunau 38 Tb 19
34466 Bründersen 26 Va 15
28790 Brundorf 45 Ta 14
46499 Brünen 24 Ub 10
09380 Brünlos 19 Vb 22
98673 Brünn 17 Wa 18
17039 Brunn/Altentreptow 49 Sb 23
16833 Brunne 40 Tb 22
49624 Brunnen 35 Tb 12
19372 Brunow 48 Ta 20
25541 Brunsbüttel 51 Sb 15
21524 Brunstorf 47 Ta 17
19071 Brüsewitz 47 Sb 19
17326 Brüssow 50 Ta 25
27404 Brüttendorf 46 Ta 15
39517 Buch 39 Ua 20
96215 Buch am Forst 17 Wa 19
56290 Buch/Kastellaun 14 Wa 11
07751 Bucha 17 Vb 20
95336 Buchau 17 Wa 19
96361 Buchbach/Steinbach am Wald 17 Wa 19
56823 Büchel 13 Wa 11
98693 Bücheloh 17 Vb 18
21514 Büchen 47 Ta 18
35232 Buchenau/Biedenkopf 15 Vb 14
55491 Büchenbeuren 14 Wb 11
36103 Buchenrod 16 Wa 16
63654 Büches 15 Wa 15
29690 Buchholz (Aller) 37 Tb 16
53567 Buchholz (Westerwald) 14 Vb 11
14823 Buchholz bei Treuenbritzen 40 Ua 22
21244 Buchholz in der Nordheide 46 Ta 16
56379 Buchholz/Boppard 14 Wa 12
18461 Buchholz/Franzburg 55 Sa 22
17209 Buchholz/Mirow 48 Ta 22
99762 Buchholz/Nordhausen 28 Ub 18
23911 Buchholz/Ratzeburg 47 Sb 18
39579 Buchholz/Stendal 39 Tb 20
31609 Buchhorst 36 Tb 15
21481 Buchhorst 38 Ua 19
14793 Buckau 39 Ua 21
31675 Bückeburg 36 Ua 15
27333 Bücken 36 Tb 15
15377 Buckow (Märkische Schweiz) 41 Tb 25
15848 Buckow/Beeskow 41 Ua 25
14913 Buckow/Golßen 30 Ub 23
47495 Budberg 24 Ub 10
38372 Büddenstedt 38 Ua 19
24782 Büdelsdorf 52 Sa 16
55257 Budenheim 14 Wa 13
46487 Büderich 24 Ub 10
54610 Büdesheim/Gerolstein 13 Wa 10
61137 Büdesheim/Schöneck 15 Wa 14
63654 Büdingen/Altenstadt 15 Wa 15
66663 Büdingen/Merzig 9 Xa 10
49328 Buer 36 Ua 13
99869 Bufleben 17 Va 18
17398 Bugewitz 49 Sb 24
17440 Buggenhagen 55 Sb 24
15859 Bugk 41 Ua 24
39264 Buhlendorf 29 Ua 21
34434 Bühne 27 Ub 15
31727 Bühren 27 Va 16
50170 Buir 13 Vb 10
33184 Buke 26 Ub 14
48249 Buldern 25 Ub 11
21782 Bülkau 45 Sb 14
18276 Bülow/Güstrow 48 Sb 21
19217 Bülow/Rehna 47 Sb 19
39345 Bülstringen 38 Ua 19
06895 Bülzig 30 Ub 22
32257 Bünde 36 Ua 14
26831 Bunde 44 Ta 11
26831 Bunderhee 44 Ta 11
38667 Bündheim 28 Ub 18
24613 Bünzen 52 Sa 16
57299 Burbach 14 Vb 13
98669 Bürden 17 Wa 18
33142 Büren 26 Ub 14
25712 Burg (Dithmarschen) 52 Sb 15
56843 Burg (Mosel) 13 Wa 11
23769 Burg auf Fehmarn 53 Sa 19
65329 Burg Hohenstein 14 Wa 13
17094 Burg Stargard 49 Ta 23
02979 Burg/Hoyerswerda 31 Va 25
39288 Burg/Magdeburg 39 Ua 20
42651 Burg/Solingen 25 Va 11
03096 Burg/Spreewald 31 Ub 25
56659 Burgbrohl 14 Wa 11
31303 Burgdorf/Hannover 37 Ua 17
38272 Burgdorf/Lesse 37 Ua 17
35091 Bürgeln 15 Vb 14
56332 Burgen 14 Wa 11
35329 Burg-Gemünden 15 Vb 15
96342 Burggrub 17 Wa 19
02979 Burghammer 31 Va 25
34289 Burghasungen 26 Va 15
36151 Burghaun 16 Vb 16
61381 Burgholzhausen/Bad Homburg 15 Wa 14
06648 Burgholzhausen/Naumburg/Saale 28 Va 20
63637 Burgjoß 16 Wa 15
96224 Burgkunstadt 17 Wa 19
97496 Burgpreppach 17 Wa 18
97775 Burgsinn 16 Wa 16
09217 Burgstädt 19 Vb 22
39517 Burgstall 39 Ua 20
48565 Burgsteinfurt 35 Ua 11
35099 Burgwald 15 Vb 14
06667 Burgwerben 29 Va 20
26409 Burhafe 44 Sb 12
26969 Burhave 45 Sb 13
02625 Burk/Kleinwelka 31 Va 25
97705 Burkardroth 16 Wa 16
01906 Burkau 31 Va 25
09623 Burkersdorf/Lichtenberg 19 Vb 23
07570 Burkersdorf/Weida 18 Vb 21
06647 Burkersroda 29 Va 20
01809 Burkhardswalde 19 Vb 24
09235 Burkhardtsdorf 19 Vb 22
46325 Burlo 24 Ub 10
51399 Burscheid 25 Va 11
34346 Bursfelde 27 Ub 16
53909 Bürvenich 13 Vb 10
54568 Buscheich 13 Wa 10
66687 Büschfeld 9 Xa 10
17252 Buschhof 48 Ta 22
53913 Buschhoven 13 Vb 10
14715 Buschow 39 Tb 22
24866 Busdorf 52 Sa 16
35418 Buseck 15 Vb 14
14547 Busendorf 17 Wa 18
25761 Büsum 51 Sa 14
26969 Butjadingen 45 Sb 13
25572 Büttel 52 Sb 15
99439 Buttelstedt 28 Va 19
41564 Büttgen 24 Va 10
36419 Buttlar 16 Vb 16
99628 Buttstädt 28 Va 19
35510 Butzbach 15 Wa 14
21683 Bützfleth 46 Sb 15
18246 Bützow 48 Sb 20
21614 Buxtehude 46 Ta 16
15913 Byhleguhre 31 Ub 25

C

26452 Cäciliengroden 45 Ta 13
21781 Cadenberge 45 Sb 15
03205 Calau 31 Ub 24
39240 Calbe / Saale 29 Ub 20
38547 Calberlah 38 Ua 18
34379 Calden 27 Va 15
35094 Caldern 15 Vb 14
59842 Calle 26 Va 13
09337 Callenberg 18 Vb 22
39359 Calvörde 38 Ua 19
19067 Cambs 47 Sb 20
07774 Camburg 18 Va 20
19246 Camin 47 Ta 18
14822 Cammer 39 Ua 22
09544 Cämmerswalde 19 Vb 24
18195 Cammin 54 Sb 21
49434 Campemoor 36 Ua 13
26736 Campen 44 Ta 11
17255 Canow 49 Ta 22
35043 Capelle 15 Vb 14
59394 Capelle 25 Ub 12
27632 Cappel 45 Sb 14
49692 Cappeln (Oldenburg) 36 Tb 13
59379 Cappenberg 25 Ub 12
14548 Caputh 40 Ua 22
19217 Carlow 47 Sb 18
08325 Carlsfeld 18 Wa 22
17291 Carmzow 50 Ta 25
26409 Carolinensiel 44 Sb 12
17237 Carpin 49 Ta 23
49456 Carum 36 Tb 13
16306 Casekow 50 Ta 25
03229 Casel 31 Ub 25
44575 Castrop-Rauxel 25 Ub 11
04758 Cavertitz 30 Va 23
29221 Celle 37 Tb 17
18292 Charlottenthal 48 Sb 21
29413 Cheine 38 Tb 19
39624 Cheinitz 38 Tb 19
09111 Chemnitz 19 Vb 22
16230 Chorin 40 Tb 24
98547 Christes 16 Vb 17
24799 Christiansholm 52 Sa 15
07580 Chursdorf 18 Vb 21
33442 Clarholz 26 Ub 13
31249 Clauen 37 Ua 17
09623 Clausnitz 19 Vb 23
09249 Claußnitz 19 Vb 22
38678 Clausthal-Zellerfeld 27 Ub 17
29459 Clenze 38 Tb 18
26441 Cleverns-Sandel 44 Sb 12
49661 Cloppenburg 36 Tb 13
39517 Cobbel 39 Ua 20
06869 Cobbelsdorf 29 Ub 22
59889 Cobbenrode 25 Va 13
96450 Coburg 17 Wa 18
56812 Cochem 13 Wa 11
06449 Cochstedt 28 Ub 19
48653 Coesfeld 35 Ub 11
35091 Cölbe 15 Vb 14
39326 Colbitz 39 Ua 20
04680 Colditz 30 Va 22
26817 Collinghorst 44 Ta 12
04758 Collm 30 Va 23
27243 Colnrade 36 Tb 13
17094 Cölpin 49 Sb 23
02694 Commerau/Großdubrau 31 Va 26
02699 Commerau/Königswartha 31 Va 25
31863 Coppenbrügge 37 Ua 16
31091 Coppengrave 27 Ub 16
06408 Cörmigk 29 Ub 20
49457 Cornau 36 Tb 13
36219 Cornberg 27 Va 16
01462 Cossebaude 19 Va 24
01640 Coswig 30 Va 24
06869 Coswig/Anhalt 29 Ub 21
01819 Cotta 20 Vb 24
03042 Cottbus 31 Ub 25
38312 Cramme 38 Ua 17
09465 Cranzahl 19 Vb 22
99947 Craula 28 Va 17
99330 Crawinkel 17 Vb 18
38162 Cremlingen 38 Ua 18
99831 Creuzburg 27 Va 17
08451 Crimmitschau 18 Vb 21
03246 Crinitz 30 Ub 24
08147 Crinitzberg 18 Vb 21
26844 Critzum 44 Ta 11
19089 Crivitz 48 Sb 20
98673 Crock 17 Wa 18
08129 Crossen 18 Vb 21
07613 Crossen an der Elster 18 Vb 20
02694 Crosta 31 Va 25
01920 Crostwitz 31 Va 25
09474 Crottendorf 19 Vb 22
19322 Cumlosen 48 Ta 20
02733 Cunewalde 31 Va 26
01824 Cunnersdorf/Gohrisch 20 Vb 25
09661 Cunnersdorf/Hainichen 19 Vb 23
01920 Cunnewitz 31 Va 25
23617 Curau 53 Sb 18
27472 Cuxhaven 51 Sb 14

D

57567 Daaden 14 Vb 12
19406 Dabel 48 Sb 20
17237 Dabelow 49 Ta 23
15806 Dabendorf 40 Ua 23
16818 Dabergotz 40 Tb 22
42929 Dabringhausen 25 Va 11
06888 Dabrun 30 Ub 22
56340 Dachsenhausen 14 Wa 12
99100 Dachwig 28 Va 18
19294 Dadow 47 Ta 19
25899 Dagebüll 51 Rb 14
58091 Dahl/Ennepetal 25 Va 12
33100 Dahl/Paderborn 26 Ub 14
58762 Dahle 25 Va 12
53949 Dahlem 13 Wa 10
04774 Dahlen/Riesa 30 Va 22
39579 Dahlen/Stendal 39 Tb 20
21368 Dahlenburg 47 Ta 18
42477 Dahlerau 25 Va 11
15827 Dahlewitz 40 Ua 23
37688 Dahlhausen 27 Ub 15
38170 Dahlum 38 Ua 18
15366 Dahlwitz-Hoppegarten 40 Tb 24
23747 Dahme/Lensahn 53 Sa 19
15936 Dahme/Luckau 30 Ub 23
54689 Dahnen 9 Wa 9
14806 Dahnsdorf 39 Ua 22
29413 Dähre 38 Tb 18
35110 Dainrode 26 Va 14
19071 Dalberg-Wendelstorf 47 Sb 19
24635 Daldorf 52 Sa 17
59348 Daldrup 25 Ub 11
54689 Daleiden 9 Wa 9
33165 Dalheim 26 Ub 14
36192 Dalherda 16 Wa 16
17166 Dalkendorf 48 Sb 22
29562 Dalldorf 38 Tb 18
14624 Dallgow-Döberitz 40 Tb 23
19357 Dallmin 48 Ta 20
49744 Dalum 35 Tb 11
19357 Dambeck 48 Ta 20
19374 Damm 48 Ta 20
49401 Damme/Holdorf 36 Tb 13
17291 Damme/Prenzlau 50 Ta 25
29472 Damnatz 47 Ta 19
24351 Damp 52 Rb 16
15936 Damsdorf 30 Ub 23
23948 Damshagen 53 Sb 19
26316 Dangast 45 Ta 13
29488 Dangenstorf 38 Tb 19
24229 Dänisch Nienhof 52 Sa 17
24229 Dänischenhagen 52 Sa 17
58840 Dankelmert 25 Va 12
06493 Dankerode 28 Ub 19
24329 Dannau 53 Sa 18
39649 Dannefeld 38 Tb 19
16259 Dannenberg 41 Tb 24
29451 Dannenberg (Elbe) 47 Ta 19
38524 Dannenbüttel 38 Ua 18
16775 Dannenwalde/Gransee 49 Ta 23
16866 Dannenwalde/Kyritz 48 Ta 21
24867 Dannewerk 52 Sa 16
18337 Dänschenburg 54 Sa 21
19273 Darchau 47 Ta 18
38836 Dardesheim 28 Ub 18
49456 Daren 36 Tb 13
48720 Darfeld 35 Ua 11
19357 Dargardt 48 Ta 20
17498 Dargelin 55 Sa 23
17159 Dargun 49 Sb 22
54552 Darscheid 13 Wa 10
48301 Darup 25 Ub 11
29490 Darzau 47 Ta 18
19372 Darze 48 Ta 20
54689 Dasburg 9 Wa 9
34414 Daseburg 26 Ub 15
18320 Daskow 54 Sa 22
37586 Dassel 27 Ub 16
21521 Dassendorf 47 Ta 17
23942 Dassow 53 Sb 18
24589 Dätgen 52 Sa 16
45711 Datteln 25 Ub 11
37296 Datterode 27 Va 17
56589 Datzeroth 14 Vb 11
02956 Daubitz 31 Va 26
65597 Dauborn 14 Wa 13
27283 Dauelsen 45 Tb 15
54550 Daun 13 Wa 10
35232 Dautphe 15 Vb 14
35232 Dautphetal 15 Vb 14
31595 Deblinghausen 36 Tb 14
27607 Debstedt 45 Sb 14
16833 Dechtow 40 Tb 22
31737 Deckbergen 36 Ua 15
35315 Deckenbach 15 Vb 14
38836 Dedeleben 28 Ua 18
17291 Dedelow 49 Ta 24
29386 Dedelstorf 38 Tb 18
31311 Dedenhausen 37 Ua 17
06295 Dederstedt 29 Ub 20
27612 Dedesdorf 45 Ta 14
37627 Deensen 27 Ub 16

D

D

49843 Gölenkamp 35 Tb 10
29439 Gollau 47 Tb 19
39615 Gollensdorf 39 Tb 20
18246 Göllin 48 Sb 20
17268 Gollin 49 Ta 24
03205 Gollmitz/Calau 31 Ub 24
17291 Gollmitz/Prenzlau 49 Ta 24
14476 Golm/Potsdam 40 Ua 22
16306 Golm/Schwedt/Oder 50 Ta 25
37640 Golmbach 27 Ub 16
07751 Golmsdorf 18 Vb 20
15938 Golßen 30 Ub 24
52399 Golzheim 13 Vb 10
16230 Golzow/Britz 40 Tb 24
14778 Golzow/Lehnin 39 Ua 22
15328 Golzow/Neuhardenberg 41 Tb 25
39245 Gommern 39 Ua 20
14822 Gömnigk 40 Ua 22
01462 Gompitz 19 Va 24
54595 Gondelsheim//Gerolstein 13 Wa 10
54595 Gondenbrett 9 Wa 9
56283 Gondershausen 14 Wa 11
56330 Gondorf 14 Wa 11
35321 Gonterskirchen 15 Vb 15
24340 Goosefeld 52 Sa 16
15328 Gorgast 41 Tb 26
56412 Görgeshausen 14 Wa 12
06862 Göritz/Lutherstadt Wittenberg 29 Ub 21
17291 Göritz/Prenzlau 49 Ta 24
09328 Göritzhain 19 Vb 22
29475 Gorleben 47 Ta 19
02826 Görlitz 31 Va 26
19294 Gorlosen 47 Ta 19
17121 Görmin 55 Sb 23
09405 Gornau/Erzgebirge 19 Vb 23
19294 Görnitz 47 Ta 19
09390 Gornsdorf 19 Vb 22
99765 Görsbach 28 Va 18
65510 Görsroth 14 Wa 13
06369 Görzig 29 Ub 20
14828 Görzke 39 Ua 21
07747 Göschwitz 17 Vb 20
38640 Goslar 28 Ub 17
99837 Gospenroda 16 Vb 17
06773 Gossa 29 Ub 21
99326 Gösselborn 17 Vb 19
96269 Gossenberg 17 Wa 18
97780 Gössenheim 16 Wa 16
97461 Goßmannsdorf 16 Wa 18
15926 Goßmar 30 Ub 24
04639 Gößnitz 18 Vb 21
99867 Gotha 17 Vb 18
07957 Göttendorf 18 Vb 21
37083 Göttingen/Marburg 15 Vb 14
37073 Göttingen/Rosdorf 27 Ub 16
34388 Gottsbüren 27 Ub 16
34399 Gottstreu 27 Ub 16
63303 Götzenhain 15 Wb 14
30890 Göxe 37 Ua 16
15913 Goyatz-Guhlen 31 Ua 25
18181 Graal-Müritz 54 Sa 21
99998 Grabe 28 Va 18
14793 Gräben 39 Ua 21
15741 Gräbendorf 40 Ua 24
19300 Grabow/Ludwigslust 47 Ta 20
17194 Grabowhöfe 48 Sb 22
26345 Grabstede 44 Ta 12
49626 Grafeld 35 Tb 12
97782 Gräfendorf 16 Wa 16
95356 Grafengehaig 17 Wa 20
06773 Gräfenhainichen 29 Ub 21
99330 Gräfenroda 17 Vb 18
98743 Gräfenthal 17 Vb 19
46244 Grafenwald 24 Ub 10
07929 Gräfenwarth 18 Vb 20
38462 Grafhorst 38 Ua 18
98704 Gräfinau-Angstedt 17 Vb 19
42651 Gräfrath 25 Va 11
53501 Grafschaft 13 Vb 11
23883 Grambek 47 Sb 18
17375 Grambin 50 Sb 25
17322 Grambow/Löcknitz 50 Ta 25
19071 Grambow/Schwerin 47 Sb 19
23968 Gramkow 53 Sb 19
18513 Grammendorf 55 Sa 22
17153 Grammentin 49 Sb 22
18195 Grammow 54 Sa 22
17291 Gramzow 50 Ta 25
22946 Grande 47 Sb 17
06679 Granschütz 29 Va 21
16775 Gransee 49 Ta 23
19386 Granzin 48 Sb 20
28879 Grasberg 45 Ta 14
38368 Grasleben 38 Ua 19
39579 Grassau/Stendal 39 Tb 20
96476 Grattstadt 17 Wa 18
01827 Graupa 19 Vb 24

03130 Graustein 31 Ub 25
61279 Grävenwiesbach 15 Wa 13
19374 Grebbin 48 Sb 20
36323 Grebenau 16 Vb 15
37276 Grebendorf 27 Va 17
36355 Grebenhain 15 Wa 15
34393 Grebenstein 27 Va 15
24329 Grebin 53 Sa 17
26736 Greetsiel 44 Ta 11
33428 Greffen 36 Ub 13
47929 Grefrath 24 Va 9
09661 Greifendorf 19 Va 23
06333 Greifenhagen 28 Ub 19
35753 Greifenstein 14 Vb 13
16278 Greiffenberg 50 Ta 24
17489 Greifswald 55 Sa 23
54298 Greimerath 9 Wb 10
07973 Greiz 18 Vb 21
18461 Gremersdorf/Grimmen 55 Sa 22
23758 Gremersdorf/Heiligenhafen 53 Sa 18
56858 Grenderich 13 Wa 11
06803 Greppin 29 Ub 21
66822 Gresaubach 9 Xa 10
18337 Gresenhorst 54 Sa 21
19258 Gresse 47 Ta 18
23968 Gressow 47 Sb 19
29690 Grethem 37 Tb 16
04668 Grethen 29 Va 22
99718 Greußen 28 Va 18
48268 Greven 35 Ua 12
41515 Grevenbroich 24 Va 10
57368 Grevenbrück 25 Va 12
19258 Greven-Granzin 47 Ta 18
59872 Grevenstein 25 Va 13
23936 Grevesmühlen 47 Sb 19
16775 Grieben/Neuruppin 40 Tb 23
39517 Grieben/Tangerhütte 39 Ua 20
18516 Griebenow 55 Sa 23
31855 Grießem 26 Ua 15
03172 Grießen 31 Ub 26
47546 Grieth 24 Ub 9
34295 Grifte 27 Va 15
01737 Grillenburg 19 Vb 24
04668 Grimma 30 Va 22
18507 Grimmen 55 Sa 23
26215 Gristede 45 Ta 13
14974 Gröben 40 Ua 23
06773 Gröbern 29 Ub 21
06184 Gröbers 29 Va 21
06388 Gröbzig 29 Ub 20
25869 Gröde 51 Rb 14
04932 Gröden 30 Va 24
01609 Gröditz 30 Va 23
31860 Grohnde 27 Ua 15
04539 Groitzsch 29 Va 21
23743 Grömitz 53 Sa 18
48599 Gronau 35 Ua 11
31028 Gronau (Leine) 37 Ua 16
59955 Grönebach 26 Va 14
39397 Gröningen 28 Ub 19
22956 Grönwohld 47 Sb 17
26736 Groothusen 44 Ta 11
39326 Groß Ammensleben 38 Ua 20
27449 Groß Aspe 46 Ta 15
14641 Groß Behnitz 40 Tb 22
31855 Groß Berkel 37 Ua 15
49777 Groß Berßen 35 Tb 11
03222 Groß Beuchow 31 Ub 24
39435 Groß Börnecke 28 Ub 19
15848 Groß Briesen 41 Ua 25
19348 Groß Buchholz 48 Ta 20
03058 Groß Döbbern 31 Ub 25
38704 Groß Döhren 28 Ub 17
17268 Groß Dölln 40 Tb 24
02959 Groß Düben 31 Ub 26
31162 Groß Düngen 37 Ua 17
37079 Groß Ellershausen 27 Ub 16
03058 Groß Gaglow 31 Ub 25
39615 Groß Garz 39 Tb 20
03172 Groß Gastrose 31 Ub 26
17192 Groß Gievitz 49 Sb 22
38159 Groß Gleidingen 38 Ua 17
14476 Groß Glienicke 40 Ua 23
19372 Groß Godems 48 Ta 20
19406 Groß Görnow 48 Sb 20
19348 Groß Gottschow 48 Ta 20
23627 Groß Grönau 47 Sb 18
29229 Groß Hehlen 37 Tb 17
29451 Groß Helde 47 Ta 19
49565 Groß Hesepe 35 Tb 11
27243 Groß Ippener 45 Tb 14
03149 Groß Jamno 31 Ub 26
03205 Groß Jehser 31 Ub 24
17495 Groß Kiesow 55 Sa 23
03159 Groß Kölzig 31 Ub 26
18442 Groß Kordshagen 55 Sa 22
15746 Groß Köris 40 Ua 24
19230 Groß Krams 47 Ta 19
23966 Groß Krankow 47 Sb 19
02829 Groß Krauscha 31 Va 26
14550 Groß Kreutz 40 Ua 22
19288 Groß Laasch 47 Ta 20

19417 Groß Labenz 48 Sb 20
31246 Groß Lafferde 37 Ua 17
15913 Groß Leine 31 Ub 25
27232 Groß Lessen 36 Tb 14
15913 Groß Leuthen 31 Ua 25
14913 Groß Liebitz-Lamsfeld 31 Ub 25
15295 Groß Lindow 41 Ua 26
03226 Groß Lübbenau 31 Ub 24
03130 Groß Luja 31 Ub 25
18190 Groß Lüsewitz 54 Sa 21
28816 Groß Mackenstedt 45 Tb 14
27419 Groß Meckelsen 46 Ta 15
17349 Groß Milltzow 49 Sb 24
18445 Groß Mohrdorf 55 Sa 22
19217 Groß Molzahn 47 Sb 18
15868 Groß Muckrow 31 Ua 25
30890 Groß Munzel 37 Ua 15
17094 Groß Nemerow 49 Ta 23
15324 Groß Neuendorf 41 Tb 25
19374 Groß Niendorf 48 Sb 20
29393 Groß Oesingen 38 Tb 17
03058 Groß Oßnig 31 Ub 25
21493 Groß Pampau 47 Sb 18
16928 Groß Pankow 48 Ta 21
17192 Groß Plasten 49 Sb 22
17390 Groß Polzin 49 Sb 24
17237 Groß Quassow 49 Ta 23
38822 Groß Quenstedt 28 Ub 19
19406 Groß Raden 48 Sb 20
02906 Groß Radisch 31 Va 26
48734 Groß Reken 25 Ub 11
24872 Groß Rheide 52 Sa 15
15848 Groß Rietz 41 Ua 25
39240 Groß Rosenburg 29 Ub 20
23627 Groß Sarau 47 Sb 18
02999 Groß Särchen 31 Va 25
03149 Groß Schacksdorf 31 Ub 26
15859 Groß Schauen 41 Ua 24
23860 Groß Schenkenberg 47 Sb 18
06449 Groß Schierstedt 28 Ub 20
37133 Groß Schneen 27 Va 16
16348 Groß Schönebeck 40 Tb 24
39579 Groß Schwechten 39 Tb 20
31241 Groß Solschen 37 Ua 17
21714 Groß Sterneberg 46 Sb 15
23974 Groß Strömkendorf 53 Sb 19
17091 Groß Teetzleben 49 Sb 23
18276 Groß Tessin 48 Sb 21
29584 Groß Thondorf 47 Ta 18
38464 Groß Twülpstedt 38 Ua 18
17217 Groß Vielen 49 Ta 23
24802 Groß Vollstedt 52 Sa 16
23948 Groß Walmstorf 53 Sb 19
19357 Groß Warnow 48 Ta 20
16866 Groß Welle 48 Ta 21
19209 Groß Welzin 47 Sb 19
23858 Groß Wesenberg 47 Sb 18
24361 Groß Wittensee 52 Sa 16
17166 Groß Wokern 48 Sb 21
17168 Groß Wüstenfelde 48 Sb 22
15837 Groß Ziescht 30 Ub 23
16247 Groß Ziethen 41 Tb 24
37247 Großalmerode 27 Va 16
39387 Großalsleben 28 Ub 19
35644 Großaltenstädten 15 Vb 13
04668 Großbardau 29 Va 22
14979 Großbeeren 40 Ua 23
99713 Großberndten 28 Va 18
37345 Großbodungen 28 Va 17
04668 Großbothen 30 Va 22
98701 Großbreitenbach 17 Vb 19
99610 Großbrembach 28 Va 19
30938 Großburgwedel 37 Ua 16
99830 Großburschla 27 Va 17
04460 Großdalzig 29 Va 21
16845 Großderschau 39 Tb 21
04416 Großdeuben 29 Va 21
01665 Großdobritz 30 Va 24
33615 Großdornberg 36 Ua 13
01909 Großdrebnitz 31 Va 25
02694 Großdubrau 31 Va 25
07589 Großebersdorf 18 Vb 20
26629 Großefehn 44 Ta 12
24623 Großenaspe 52 Sb 16
23775 Großenbrode 53 Sa 19
35418 Großen-Buseck 15 Vb 14
99718 Großenehrich 28 Va 18
34582 Großenenglis 26 Va 15
99991 Großengottern 28 Va 18
27624 Großenhain/Bederkesa 45 Sb 14
01558 Großenhain/Nünchritz 30 Va 24
63589 Großenhausen 15 Wa 15
26197 Großenkneten 45 Tb 13
36137 Großenlüder 16 Vb 16
99819 Großenlupnitz 16 Vb 17
32825 Großenmarpe 26 Ub 15
26939 Großenmeer 45 Ta 13
22946 Großensee 46 Sb 17
07580 Großenstein 18 Vb 21
36132 Großentaft 16 Vb 16
31840 Großenwieden 36 Ua 15
24969 Großenwiehe 52 Rb 15

21712 Großenwörden 46 Sb 15
01454 Großerkmannsdorf 31 Va 24
99100 Großfahner 17 Va 18
08541 Großfriesen 18 Wa 21
99706 Großfurra 28 Va 18
06686 Großgörschen 29 Va 21
01936 Großgrabe 31 Va 25
06679 Großgrimma 29 Va 21
22927 Großhansdorf 46 Sb 17
24625 Großharrie 52 Sa 17
01909 Großharthau 31 Va 25
09618 Großhartmannsdorf 19 Vb 23
26532 Großheide 44 Sb 11
02747 Großhennersdorf 20 Vb 26
99518 Großheringen 29 Va 20
53881 Großhüllesheim 13 Vb 10
06242 Großkayna 29 Va 20
07407 Großkochberg 17 Vb 19
50226 Großkönigsdorf 24 Vb 10
06688 Großkorbetha 29 Va 21
01968 Großkoschen 31 Va 25
63538 Großkrotzenburg 15 Wa 15
06184 Großkugel 29 Va 21
54608 Großlangenfeld 9 Wa 9
04420 Großlehna 29 Va 21
06528 Großleinungen 28 Va 19
54534 Großlittgen 13 Wa 10
07751 Großlöbichau 18 Vb 20
15806 Großmachnow 40 Ua 23
56276 Großmaischeid 14 Vb 12
39221 Großmühlingen 29 Ub 20
06925 Groß-Naundorf 30 Ub 22
01936 Großnaundorf 31 Va 24
99625 Großneuhausen 28 Va 19
99439 Großobringen 17 Va 19
09432 Großolbersdorf 19 Vb 23
06348 Großörner 28 Ub 19
06369 Großpaschleben 29 Ub 20
04463 Großpösna 29 Va 22
02692 Großpostwitz 31 Va 25
01983 Großräschen 31 Ub 25
01900 Großröhrsdorf 31 Va 25
34621 Großroppershausen 15 Vb 15
04895 Großrössen 30 Ub 23
09518 Großrückerswalde 19 Vb 23
99195 Großrudestedt 28 Va 19
09603 Großschirma 19 Vb 23
02779 Großschönau 20 Vb 26
02708 Großschweidnitz 20 Va 26
35274 Großseelheim 15 Vb 14
24991 Großsolt 52 Rb 16
04668 Großsteinberg 29 Va 22
04626 Großstöbnitz 18 Vb 21
04932 Großthiemig 30 Va 24
04886 Großtreben 30 Ub 22
99958 Großvargula 28 Va 18
53919 Großvernich 13 Vb 10
09603 Großvoigtsberg 19 Vb 23
09575 Großwaltersdorf 19 Vb 23
99735 Großwechsungen 28 Va 18
04720 Großweitzschen 30 Va 23
99947 Großwelsbach 28 Va 18
95168 Großwendern 18 Wa 21
97702 Großwenkheim 16 Wa 17
16775 Großwoltersdorf 49 Ta 23
14715 Großwudicke 39 Tb 21
06780 Großzöberitz 29 Ub 21
08538 Großzöbern 18 Wa 21
03185 Grötsch 31 Ub 26
96271 Grub am Forst 17 Wa 19
23749 Grube 53 Sa 19
14823 Grubo 29 Ua 22
42781 Gruiten 24 Va 11
01723 Grumbach/Freital 19 Va 24
09477 Grumbach/Königswalde 19 Vb 23
09224 Grüna 19 Vb 22
08223 Grünbach 18 Wa 21
35305 Grünberg 15 Vb 14
63584 Gründau 15 Wa 15
16775 Grüneberg 40 Tb 23
21720 Grünendeich 46 Sb 16
31073 Grünenplan 27 Ub 16
01945 Grünewald 31 Va 24
01975 Grünewalde/Lauchhammer 30 Ub 24
01936 Grüngräbchen 31 Va 24
08358 Grünhain 19 Vb 22
15537 Grünheide/Mark 40 Ua 24
21502 Grünhof 47 Ta 17
15299 Grunow 41 Ua 25
17291 Grünow 50 Ta 24
16230 Grüntal 40 Tb 24
31855 Grupenhagen 36 Ua 15
38524 Grußendorf 38 Tb 18
17213 Grüssow 48 Ta 21
14715 Grütz 39 Tb 21
03172 Guben 31 Ub 26
18190 Gubkow 54 Sa 21
34281 Gudensberg 27 Va 15
23899 Gudow 47 Sb 18
16818 Gühlen-Glienicke 49 Ta 22
19348 Gülitz 48 Ta 20
14715 Gülpe 39 Tb 21

56072 Güls 14 Wa 12
17089 Gültz 49 Sb 23
19273 Gülze 47 Ta 18
21483 Gülzow/Geesthacht 47 Ta 17
18276 Gülzow/Güstrow 48 Sb 21
51643 Gummersbach 25 Va 12
36433 Gumpelstadt 16 Vb 17
24376 Gundelsby 52 Rb 16
99713 Gundersleben 28 Va 18
36381 Gundhelm 16 Wa 16
06567 Günserode 28 Va 19
39393 Gunsleben 28 Ua 19
99631 Günstedt 28 Va 19
06507 Güntersberge 28 Ub 18
37139 Güntersen 27 Ub 16
06254 Günthersdorf 29 Va 21
18445 Günz 55 Sa 22
99735 Günzerode 28 Ub 18
29476 Gusborn 47 Ta 19
39317 Güsen 39 Ua 20
15306 Gusow 41 Tb 25
39624 Güssefeld 38 Tb 19
39439 Güsten 29 Ub 20
21514 Güster 47 Sb 18
54317 Gusterath 9 Wb 10
41517 Gustorf 24 Va 10
17291 Güstow 49 Ta 24
18574 Gustow 55 Sa 23
18273 Güstrow 48 Sb 21
01945 Guteborn 31 Va 24
08538 Gutenfürst 18 Wa 20
16775 Gutengermendorf 40 Tb 23
14532 Güterfelde 40 Ua 23
39264 Güterglück 29 Ub 20
33330 Gütersloh 26 Ub 13
18276 Gutow 48 Sb 21
02694 Guttau 31 Va 26
17506 Gützkow 55 Sb 23
34302 Guxhagen 27 Va 15
27404 Gyhum 46 Ta 15
50374 Gymnich 13 Vb 10

H

42781 Haan 24 Va 11
33181 Haaren 26 Ub 14
03058 Haasow 31 Ub 25
50226 Habbelrath 13 Vb 10
97833 Habichsthal 15 Wa 15
34317 Habichtswald 27 Va 15
29359 Habighorst 37 Tb 17
54597 Habscheid 9 Wa 9
59846 Hachen 25 Va 12
57627 Hachenburg 14 Vb 12
31848 Hachmühlen 37 Ua 15
65589 Hadamar 14 Wa 13
39398 Hadmersleben 28 Ub 19
96126 Hafenpreppach 17 Wa 18
99735 Haferungen 28 Ub 18
46459 Haffen 24 Ub 9
23683 Haffkrug 53 Sa 18
26524 Hage 44 Sb 11
49170 Hagen am Teutoburger Wald 35 Ua 12
27628 Hagen im Bremischen 45 Ta 14
58089 Hagen/Iserlohn 25 Va 11
31535 Hagen/Neustadt am Rübenberge 37 Tb 15
59846 Hagen/Stockum 25 Va 12
21726 Hagenah 46 Sb 15
31558 Hagenburg 37 Ua 15
19230 Hagenow 47 Ta 19
19230 Hagenow Heide 47 Ta 19
02899 Hagenwerder 20 Va 26
33824 Häger 36 Ua 13
26524 Hagermarsch 44 Sb 11
38729 Hahausen 27 Ub 17
56472 Hahn am See 14 Vb 12
56850 Hahn/Traben-Trarbach 13 Wb 11
38640 Hahnenklee 27 Ub 17
02923 Hähnichen 31 Va 26
65623 Hahnstätten 14 Wa 13
04910 Haida 30 Va 23
03130 Haidemühl 31 Ub 25
35708 Haiger 14 Vb 13
36041 Haimbach 16 Vb 16
98631 Haina 16 Wa 18
35114 Haina (Kloster) 26 Va 14
63512 Hainburg 15 Wa 14
57250 Hainchen 14 Vb 13
02779 Hainewalde 20 Vb 26
63584 Hain-Gründau 15 Wa 15
09661 Hainichen/Mittweida 19 Vb 23
04567 Hainichen/Rötha 29 Va 22
07607 Hainspitz 18 Vb 20
65618 Haintchen 14 Wa 13
36154 Hainzell 16 Vb 15
39448 Hakeborn 28 Ub 19
39343 Hakenstedt 38 Ua 19
15757 Halbe 40 Ua 24
02953 Halbendorf 31 Ub 26
38820 Halberstadt 28 Ub 19
32351 Haldem 36 Ua 13
39340 Haldensleben 38 Ua 19
46459 Haldern 24 Ub 9

16945 Halenbeck 48 Ta 21
09526 Hallbach 19 Vb 23
37620 Halle 27 Ub 16
33790 Halle (Westfalen 36 Ua 13
06108 Halle an der Saale 29 Va 20
59969 Hallenberg 26 Va 14
54611 Hallschlag 9 Wa 9
26655 Halsbek 44 Ta 12
09633 Halsbrücke 19 Vb 23
54646 Halsdorf 15 Vb 14
25469 Halstenbek 46 Sb 16
32584 Halstern 36 Ua 14
45721 Haltern 25 Ub 11
58553 Halver 25 Va 12
21646 Halvesbostel 46 Ta 16
97456 Hambach/Niederwerrn 16 Wa 17
52382 Hambach/Niederzier 24 Vb 9
27729 Hambergen 45 Ta 14
29313 Hambühren 37 Tb 16
20095 Hamburg 46 Sb 17
24805 Hamdorf 52 Sa 16
31275 Hämelerwald 37 Ua 17
27324 Hämelhausen 37 Tb 15
31785 Hameln 37 Ua 15
27419 Hamersen 46 Ta 15
39393 Hamersleben 38 Ua 19
22929 Hamfelde 47 Sb 17
57577 Hamm (Sieg) 14 Vb 12
59065 Hamm/Dortmund 25 Ub 12
21714 Hammah 46 Sb 15
97762 Hammelburg 16 Wa 16
17268 Hammelspring 49 Ta 23
17358 Hammer an der Uecker 50 Sb 24
16559 Hammer/Liebenwalde 40 Tb 23
08269 Hammerbrücke 18 Wa 21
63546 Hammersbach 15 Wa 14
09484 Hammerunterwiesenthal 19 Wa 23
46499 Hamminkeln 24 Ub 10
22929 Hammoor 46 Sb 17
63450 Hanau 15 Wa 14
21256 Handeloh 46 Ta 16
24983 Handewitt 52 Rb 15
48167 Handorf 35 Ub 12
21447 Handorf/Winsen (Luhe) 46 Ta 17
25557 Hanerau-Hademarschen 52 Sa 15
15518 Hangelsberg 41 Ua 24
31311 Hänigsen 37 Ua 17
29386 Hankensbüttel 38 Tb 18
56746 Hannebach 13 Wa 11
30159 Hannover 37 Ua 16
34346 Hannoversch Münden 27 Va 16
23936 Hanshagen/Rehna 47 Sb 19
17509 Hanshagen/Wolgast 55 Sa 24
29582 Hanstedt/Ebstorf 46 Ta 17
21271 Hanstedt/Jesteburg 46 Ta 17
23758 Hansühn 53 Sa 18
63667 Harb 15 Wa 14
31097 Harbarnsen 27 Ua 16
29614 Harber 46 Tb 16
39365 Harbke 38 Ua 19
44575 Harburg 46 Ta 16
37181 Hardegsen 27 Ub 16
17268 Hardenbeck 49 Ta 24
31863 Harderode 37 Ua 16
49733 Haren 35 Tb 11
30926 Harenberg 37 Ua 16
60437 Harheim 15 Wa 14
26676 Harkebrügge 44 Ta 12
23942 Harkensee 53 Sb 18
06543 Harkerode 28 Ub 19
23911 Harmsdorf/Ratzeburg 47 Sb 18
23738 Harmsdorf/Wangels 53 Sa 18
21228 Harmstorf 46 Ta 16
27243 Harpstedt 36 Tb 14
31604 Harrienstedt 36 Ua 14
24955 Harrislee 52 Rb 15
21698 Harsefeld 46 Ta 16
33428 Harsewinkel 26 Ub 13
38829 Harsleben 28 Ub 19
31177 Harsum 37 Ua 16
47608 Hartefeld 24 Va 9
51789 Hartegasse 25 Va 11
24628 Hartenholm 52 Sb 17
08118 Hartenstein 18 Vb 22
33142 Harth 26 Ub 14
04746 Hartha 30 Va 22
08107 Hartmannsdorf bei Kirchberg 18 Vb 22
15528 Hartmannsdorf/Grünheide/Mark 40 Ua 24
01762 Hartmannsdorf/Lichtenberg 19 Vb 24
09232 Hartmannsdorf/Limbach-Oberfrohna 19 Vb 22

08233 Hartmannsgrün 18 Vb 21
36355 Hartmannshain 15 Wa 15
32479 Hartum 36 Ua 14
06493 Harzgerode 28 Ub 19
27751 Hasbergen/Delmenhorst 45 Ta 14
49205 Hasbergen/Osnabrück 35 Ua 12
54533 Hasborn 13 Wa 10
96523 Haselbach/Steinach 17 Wa 19
25489 Haseldorf 46 Sb 16
31606 Haselhorn 36 Ua 14
36167 Haselstein 16 Vb 16
25855 Haselund 52 Rb 15
49740 Haselünne 35 Tb 11
24640 Hasenmoor 52 Sb 16
25474 Hasloh 46 Sb 16
31626 Haßbergen 37 Tb 15
27324 Hassel (Weser 37 Tb 15
38899 Hasselfelde 28 Ub 18
63594 Hasselroth 15 Wa 15
63594 Hasselroth 15 Wa 15
97437 Haßfurt 16 Wa 18
96342 Haßlach 17 Wa 19
17291 Haßleben 49 Ta 24
45549 Haßlinghausen 25 Va 11
31559 Haste 37 Ua 15
31789 Hastenbeck 37 Ua 15
26209 Hatten 45 Ta 13
31749 Hattendorf 37 Ua 15
36119 Hattenhof 16 Wa 16
65795 Hattersheim am Main 15 Wa 13
45525 Hattingen/Bochum 25 Va 11
37197 Hattorf am Harz 27 Ub 17
25856 Hattstedt 51 Rb 15
56332 Hatzenport 14 Wa 11
35116 Hatzfeld (Eder 15 Vb 14
36282 Hauneck 16 Vb 16
36166 Haunetal 16 Vb 16
65388 Hausen/Schlangenbad 14 Wa 13
99955 Haussömmern 28 Va 18
49456 Hausstette 36 Tb 13
36119 Hauswurz 16 Wa 15
06577 Hauteroda 28 Va 19
39539 Havelberg 39 Tb 21
14798 Havelsee 39 Tb 21
49401 Haverbek 36 Tb 13
38275 Haverlah 37 Ua 17
52538 Havert 23 Va 8
24875 Havetoftloit 52 Rb 16
48329 Havixbeck 35 Ub 11
06536 Hayn 28 Ub 19
37339 Haynrode 28 Va 17
34590 Hebel 27 Va 15
37249 Hebenhausen 27 Va 16
29640 Heber 46 Ta 16
21755 Hechthausen 46 Sb 15
16259 Heckelberg 40 Tb 24
65614 Heckholzhausen 14 Wa 13
54619 Heckhuscheid 9 Wa 9
39444 Hecklingen 28 Ub 20
38322 Hedeper 38 Ua 18
06458 Hedersleben 28 Ub 19
06295 Hedersleben 29 Ub 20
26892 Heede 44 Tb 11
48619 Heek 35 Ua 11
31622 Heemsen 37 Tb 15
33719 Heepen 36 Ua 14
39590 Heeren 39 Tb 20
27616 Heerstedt 45 Ta 14
47652 Hees 24 Ub 9
01833 Heeselicht 20 Va 25
27404 Heeslingen 46 Ta 15
59073 Heessen 25 Ub 12
65510 Heftrich 14 Wa 13
33142 Hegensdorf 26 Ub 14
37619 Hehlen 27 Ub 15
38446 Hehlingen 38 Ua 18
25746 Heide 51 Sa 15
46359 Heiden/Groß-Reken 24 Ub 10
32791 Heiden/Lage 26 Ub 14
01809 Heidenau/Dresden 19 Vb 24
21258 Heidenau/Tostedt 46 Ta 16
65321 Heidenrod 14 Wa 12
09526 Heidersdorf 19 Vb 23
55262 Heidesheim am Rhein 14 Wb 13
24598 Heidmühlen 52 Sb 17
63869 Heigenbrücken 15 Wa 15
24226 Heikendorf 52 Sa 17
37308 Heilbad Heiligenstadt 27 Va 17
96145 Heilgersdorf 17 Wa 18
18209 Heiligendamm 54 Sa 20
38444 Heiligendorf 38 Ua 18
28857 Heiligenfelde 36 Tb 14
39606 Heiligenfelde 38 Tb 19
16909 Heiligengrabe 48 Ta 21
23774 Heiligenhafen 53 Sa 18
18239 Heiligenhagen 54 Sa 20
42579 Heiligenhaus 14 Vb 11
42579 Heiligenhaus 25 Va 11

27239 Heiligenloh 36 Tb 14
34123 Heiligenrode 27 Va 16
25524 Heiligenstedten 52 Sb 15
06347 Heiligenthal 29 Ub 20
97797 Heiligkreuz/Wartmannsroth 16 Wa 16
52396 Heimbach/Mechemich 13 Vb 9
56566 Heimbach-Weis 14 Wa 12
36269 Heimboldshausen 16 Vb 16
38889 Heimburg 28 Ub 18
53913 Heimerzheim 13 Vb 10
37627 Heinade 27 Ub 16
21726 Heinbockel 46 Sb 15
31162 Heinde 37 Ua 17
36211 Heinebach 27 Va 16
03185 Heinersbrück 31 Ub 26
96515 Heinersdorf 17 Wa 19
15518 Heinersdorf/Müncheberg 41 Ua 25
16303 Heinersdorf/Schwedt/Oder 50 Ta 25
38312 Heiningen 38 Ua 18
16831 Heinrichsdorf 49 Ta 22
17379 Heinrichsruh 49 Sb 24
17379 Heinrichswalde 49 Sb 24
57399 Heinsberg/Birkelbach 25 Va 13
52525 Heinsberg/Erkelenz 24 Va 9
08468 Heinsdorfergrund 18 Vb 21
61279 Heinzenberg 15 Wa 13
33818 Heipke 36 Ua 14
45259 Heisingen 25 Va 11
25492 Heist 46 Sb 16
53639 Heisterbacherrott 14 Vb 11
99713 Helbedündorf 28 Va 18
06311 Helbra 28 Ub 19
57439 Helden 25 Va 12
61130 Heldenbergen 15 Wa 14
37281 Heldra 27 Va 17
06577 Heldrungen 28 Va 19
06295 Helfta 29 Ub 20
59846 Hellefeld 25 Va 13
56479 Hellenhahn-Schellenberg 14 Vb 13
53940 Hellenthal 13 Wa 9
98663 Hellingen 17 Wa 18
27367 Hellwege 46 Ta 15
95233 Helmbrechts 18 Wa 20
33181 Helmern 26 Ub 14
34474 Helminghausen/Marsberg 26 Va 14
34431 Helminghausen/Messinghausen 26 Va 14
21717 Helmste 46 Sb 15
38350 Helmstedt 38 Ua 19
31691 Helpsen 36 Ua 15
33813 Helpup 26 Ub 14
52249 Helrath 13 Vb 9
34298 Helsa 27 Va 16
25709 Helse 51 Sb 15
31535 Helstorf 37 Tb 16
27389 Helvesiek 46 Ta 15
46399 Hemden 24 Ub 10
25485 Hemdingen 46 Sb 16
34346 Hemeln 27 Va 16
58675 Hemer 25 Va 12
31840 Hemeringen 37 Ua 15
25774 Hemme 51 Sa 15
49688 Hemmelte 35 Tb 12
31020 Hemmendorf 37 Ua 16
59427 Hemmerde 25 Ub 12
59602 Hemmern 26 Ub 13
30966 Hemmingen/Hannover 37 Ua 16
25770 Hemmingstedt 51 Sa 15
21745 Hemmoor 45 Sb 15
27386 Hemslingen 46 Ta 16
39638 Hemstedt 38 Tb 19
97640 Hendungen 16 Wa 17
27777 Hengsterholtz 45 Tb 14
98617 Henneberg 16 Wa 17
53773 Hennef (Sieg) 14 Vb 11
58640 Hennen 25 Va 12
14943 Hennickendorf/Luckenwalde 40 Ua 23
15378 Hennickendorf/Rüdersdorf bei Berlin 40 Tb 24
16761 Hennigsdorf 40 Tb 23
29413 Henningen 38 Tb 18
99947 Henningsleben 28 Va 18
25581 Hennstedt/Hohenwestedt 52 Sa 16
25779 Hennstedt/Weddingstedt 52 Sa 15
24558 Henstedt-Ulzburg 46 Sb 17
50189 Heppendorf 24 Vb 10
27412 Hepstedt 45 Ta 15
58452 Herbede 25 Va 11
59387 Herbern 25 Ub 12
35745 Herborn/Wetzlar 15 Vb 13
35745 Herbornseelbach 15 Vb 13
26871 Herbrum 44 Ta 11
99955 Herbsleben 28 Va 18
36358 Herbstein 15 Vb 15
58313 Herdecke 25 Va 11

57562 Herdorf 14 Vb 12
59757 Herdringen 25 Va 12
32049 Herford 36 Ua 14
52396 Hergarten 13 Vb 10
06313 Hergisdorf 28 Ub 19
53937 Herhahn 13 Vb 9
99765 Heringen (Helme 28 Va 18
36266 Heringen (Werra) 16 Vb 17
33184 Heringhausen 26 Va 14
17424 Heringsdorf/Bansin 56 Sb 25
23777 Heringsdorf/Oldenburg in Holstein 53 Sa 19
51465 Herkenrath 25 Vb 11
08543 Herlasgrün 18 Vb 21
34286 Herlefeld 27 Va 16
37293 Herleshausen 16 Va 17
29320 Hermannnsburg 37 Tb 17
09468 Hermannsdorf 19 Vb 22
35041 Hermershausen 15 Vb 14
01945 Hermsdorf bei Ruhland 31 Va 24
01776 Hermsdorf/Altenberg 19 Vb 24
07629 Hermsdorf/Gera 18 Vb 20
02999 Hermsdorf/Spree 31 Va 25
01458 Hermsdorf/Weixdorf 30 Va 24
44623 Herne 25 Ub 11
09419 Herold 19 Vb 22
36381 Herolz 16 Wa 16
47638 Herongen 24 Va 9
98617 Herpf 16 Vb 17
06648 Herrengosserstedt 28 Va 19
32825 Herrentrup 26 Ub 15
50374 Herrig 13 Vb 10
59067 Herringen 25 Ub 12
49163 Herringhausen 36 Ua 13
23923 Herrnburg 47 Sb 18
02747 Herrnhut 20 Va 26
56249 Herschbach 14 Vb 12
56414 Herschbach (Oberwesterwald) 14 Vb 12
98701 Herschdorf 17 Vb 19
58849 Herscheid 25 Va 12
54597 Hersdorf 13 Wa 10
53332 Hersel 13 Vb 11
49774 Herßum 35 Tb 12
33014 Herste 26 Ub 15
45699 Herten 25 Ub 11
02708 Herwigsdorf 20 Va 26
37412 Herzberg am Harz 27 Ub 17
16835 Herzberg/Alt Ruppin 40 Tb 22
15864 Herzberg/Beeskow 41 Ua 25
04916 Herzberg/Elster 30 Ub 23
19374 Herzberg/Lübz 48 Sb 20
33442 Herzebrock-Clarholz 26 Ub 13
59510 Herzfeld/Lippetal 26 Ub 13
19372 Herzfeld/Ludwigslust 48 Ta 20
15378 Herzfelde 40 Ua 24
35232 Herzhausen/Marburg 15 Vb 14
57250 Herzhausen/Netphen 14 Vb 13
25379 Herzhorn 46 Sb 15
49770 Herzlake 35 Tb 12
52134 Herzogenrath 13 Vb 9
16909 Herzsprung 48 Ta 21
59969 Hesborn 26 Va 14
27432 Hesedorf 46 Ta 15
26835 Hesel 44 Ta 12
49565 Hesepe 35 Ua 12
35085 Heskem 15 Vb 14
33775 Hesselteich 36 Ua 13
38835 Hessen 28 Ua 18
37235 Hessisch Lichtenau 27 Va 16
31840 Hessisch Oldendorf 37 Ua 15
31840 Heßlingen 36 Ua 15
66919 Hettenhausen 16 Wa 16
06333 Hettstedt 28 Ub 20
09600 Hetzdorf 19 Vb 23
54523 Hetzerath 13 Wb 10
37284 Hetzerode 27 Va 16
27383 Hetzwege 46 Ta 15
36148 Heubach/Mittelkalbach 16 Wa 16
96524 Heubisch 17 Wa 19
35452 Heuchelheim/Gießen 15 Vb 14
38855 Heudeber 28 Ub 18
63150 Heusenstamm 15 Wa 14
97618 Heustreu 16 Wa 17
59519 Hewingsen 25 Ub 13
01594 Heyda/Diesbar-Seußlitz 30 Va 23
98693 Heyda/Ilmenau 17 Vb 18
37619 Heyen 27 Ua 16
99988 Heyerode 27 Va 17
39175 Heyrothsberge 39 Ua 20

32120 Hiddenhausen 36 Ua 14
18565 Hiddensee 55 Rb 23
32756 Hiddesen 26 Ub 14
27374 Hiddingen 46 Ta 16
48249 Hiddingsel 25 Ub 11
59457 Hilbeck 25 Ub 12
09627 Hilbersdorf 19 Vb 23
66663 Hilbringen 9 Xa 10
57271 Hilchenbach 25 Vb 13
98646 Hildburghausen 17 Wa 18
40721 Hilden 24 Va 10
36115 Hilders 16 Vb 17
31134 Hildesheim 37 Ua 16
41835 Hilfarth 24 Va 9
51399 Hilgen 25 Va 11
27318 Hilgermissen 36 Tb 15
37115 Hilkerode 27 Ub 17
32479 Hille 36 Ua 14
33719 Hillegossen 26 Ub 14
38543 Hillerse 38 Ua 17
34497 Hillershausen 26 Va 14
54576 Hillesheim 13 Wa 10
04936 Hillmersdorf 30 Ub 23
57271 Hillnhütten 14 Vb 13
56204 Hillscheid 14 Wa 12
09429 Hilmersdorf 19 Vb 23
49176 Hilter am Teutoburger Wald 36 Ua 13
48163 Hiltrup 25 Ub 12
29584 Himbergen 47 Ta 18
95502 Himmelkron 17 Wa 20
16798 Himmelpfort 49 Ta 23
21709 Himmelpforten 46 Sb 15
39596 Hindenburg 39 Tb 20
18146 Hinrichshagen/Warnemünde 54 Sa 21
17349 Hinrichshagen/Woldegk 49 Ta 24
06386 Hinsdorf 29 Ub 21
26759 Hinte 44 Ta 11
01855 Hinterhermsdorf 20 Vb 25
17375 Hintersee 50 Sb 25
27432 Hipstedt 45 Ta 14
98553 Hirschbach/Dippoldiswalde 17 Vb 18
01744 Hirschbach/Suhl 19 Vb 24
07927 Hirschberg/Hof 18 Wa 20
59581 Hirschberg/Warstein 26 Va 13
04932 Hirschfeld 30 Va 24
16356 Hirschfelde/Strausberg 40 Tb 24
02788 Hirschfelde/Zittau 20 Vb 26
56729 Hirten/Mayen 13 Wa 11
09496 Hirtstein 19 Vb 23
63697 Hirzenhain//Nidda 15 Wa 15
35713 Hirzenhain/Eschenburg 15 Vb 13
51371 Hitdorf 24 Va 10
21522 Hittbergen 47 Ta 18
21217 Hittfeld 46 Ta 16
29456 Hitzacker 47 Ta 19
37276 Hitzelrode 27 Va 17
63699 Hitzkirchen 15 Wa 15
39279 Hobeck 39 Ua 21
40699 Hochdahl 24 Va 10
25712 Hochdonn 52 Sa 15
53819 Hochhausen 14 Vb 11
97633 Höchheim 16 Wa 17
65239 Hochheim am Main 14 Wa 13
02627 Hochkirch 31 Va 26
48712 Hochmoor 25 Ub 11
63571 Höchst 15 Wa 15
95186 Höchstädt 18 Wa 21
96272 Hochstadt am Main 17 Wa 19
57629 Höchstenbach 14 Vb 12
35510 Hoch-Weisel 15 Wa 14
01774 Höckendorf 19 Vb 24
29693 Hodenhagen 37 Tb 16
52477 Hoengen 13 Vb 9
48231 Hoetmar 25 Ub 12
56472 Hof/Bad Marienberg (Westerwald) 14 Vb 13
95032 Hof/Oberkotzau 18 Wa 20
36145 Hofbieber 16 Vb 16
52156 Höfen 13 Vb 9
29361 Höfer 37 Tb 17
95326 Höferänger 17 Wa 19
53534 Hoffeld 13 Wa 10
34369 Hofgeismar 27 Va 15
65719 Hofheim am Taunus 15 Wa 13
97461 Hofheim in Unterfranken 16 Wa 18
31840 Höfingen 37 Ua 15
57399 Hofolpe 25 Va 13
97486 Hofstetten/Königsberg in Bayern 17 Wa 18
25858 Högel 51 Rb 15
24327 Högsdorf 53 Sa 18
04808 Hohburg 30 Va 22
38700 Hohegeiß 28 Ub 18
17166 Hohen Demzin 48 Sb 22
16540 Hohen Neuendorf 40 Tb 23
19406 Hohen Pritz 48 Sb 20

18299 Hohen Sprenz 54 Sb 21
23996 Hohen Viecheln 47 Sb 20
17194 Hohen Wangelin 48 Sb 21
14913 Hohenahlsdorf 30 Ub 23
35644 Hohenahr 15 Vb 14
25582 Hohenaspe 52 Sb 16
27308 Hohenaverbergen 37 Tb 15
95352 Hohenberg/Marktleugast 17 Wa 20
95691 Hohenberg/Thiersheim 18 Wa 21
39596 Hohenberg-Krusemark 39 Tb 20
01945 Hohenbocka 31 Va 25
30890 Hohenbostel 37 Ua 15
17111 Hohenbrünzow 49 Sb 23
04936 Hohenbucko 30 Ub 23
39167 Hohendodeleben 38 Ua 20
17440 Hohendorf 55 Sa 24
31185 Hoheneggelsen 37 Ua 17
39443 Hohenerxleben 29 Ub 20
18209 Hohenfelde/Bad Doberan 54 Sa 20
25358 Hohenfelde/Krempe 46 Sb 16
24257 Hohenfelde/Schönberg (Holstein) 53 Sa 17
14798 Hohenferchesar 39 Ua 22
16248 Hohenfinow 41 Tb 24
39524 Hohengöhren 39 Tb 21
17291 Hohengüstow 50 Ta 24
57258 Hohenhain 14 Vb 12
31249 Hohenhameln 37 Ua 17
32689 Hohenhausen 36 Ua 14
48329 Hohenholte 35 Ub 11
26434 Hohenkirchen 44 Sb 12
04934 Hohenleipisch 30 Va 24
07958 Hohenleuben 18 Vb 21
58093 Hohenlimburg 25 Va 12
14828 Hohenlobbese 39 Ua 21
25551 Hohenlockstedt 52 Sb 16
17111 Hohenmocker 49 Sb 23
06679 Hohenmölsen 29 Va 21
14715 Hohennauen 39 Tb 21
07570 Hohenölsen 18 Vb 21
04838 Hohenprießnitz 29 Ub 22
16307 Hohenreinkendorf 50 Ta 25
36284 Hohenroda 16 Vb 16
31737 Hohenrode 36 Ua 15
16248 Hohensaaten 41 Tb 25
39307 Hohenseeden 39 Ua 21
14913 Hohenseefeld 30 Ub 23
16306 Hohenselchow 50 Ta 25
15345 Hohenstein/Strausberg 41 Tb 24
65329 Hohenstein/Taunusstein 14 Wa 13
09337 Hohenstein-Ernstthal 18 Vb 22
06188 Hohenthurm 29 Ub 21
15234 Hohenwalde 41 Ua 25
39291 Hohenwarthe 39 Ua 20
14823 Hohenwerbig 30 Ua 22
24594 Hohenwestedt 52 Sa 16
39606 Hohenwulsch 39 Tb 20
29597 Hohenzethen 47 Ta 18
39291 Hohenziatz 39 Ua 21
17237 Hohenzieritz 49 Ta 23
51789 Hohkeppel 25 Vb 11
99441 Hohlstedt 17 Vb 19
56462 Höhn 14 Vb 12
24806 Hohn 52 Sa 15
07985 Hohndorf/Elsterberg 18 Vb 21
09394 Hohndorf/Oelsnitz 18 Vb 22
29362 Hohne 38 Tb 17
31559 Hohnhorst 37 Ua 15
37154 Hohnstedt 27 Ub 16
06179 Höhnstedt 29 Ub 20
01848 Hohnstein 20 Vb 25
21522 Hohnstorf (Elbe) 47 Ta 18
56203 Höhr-Grenzhausen 14 Wa 12
24321 Hohwacht (Ostsee 53 Sa 18
29525 Holdenstedt 38 Tb 18
49451 Holdorf/Bersenbrück 36 Tb 13
19217 Holdorf/Gadebusch 47 Sb 19
37642 Holenberg 27 Ub 16
49134 Hollage 35 Ua 12
31188 Holle 37 Ua 17
06179 Holleben 29 Va 20
26670 Hollen 44 Ta 12
21698 Hollenbeck 46 Ta 15
23883 Hollenbek 47 Sb 18
21279 Hollenstedt 46 Ta 16
53940 Hollerath 13 Wa 9
21723 Hollern-Twielenfleth 46 Sb 16
24876 Hollingstedt 52 Sa 15
97763 Höllrich 16 Wa 16
25488 Holm 46 Sb 16
21244 Holm-Seppensen 46 Ta 16
51597 Holpe 14 Vb 12
32257 Holsen 36 Ua 14
27607 Holßel 45 Sb 14

27729 Holste 45 Ta 14
30974 Holtensen 37 Ua 16
26427 Holtgast 44 Sb 12
49808 Holthausen 35 Tb 11
19075 Holthusen 47 Sb 19
49685 Höltinghausen 36 Tb 13
26835 Holtland 44 Ta 12
26629 Holtrop (Großefehn) 44 Ta 12
24363 Holtsee 52 Sa 16
45721 Holtwick/Haltern 25 Ub 11
48720 Holtwick/Rosendahl 35 Ua 11
37345 Holungen 27 Va 17
56379 Holzappel 14 Wa 12
06926 Holzdorf 30 Ub 23
37632 Holzen/Eschershausen 27 Ub 16
59757 Holzen/Lendringsen 25 Va 12
21400 Holzen/Lüneburg 47 Ta 18
09623 Holzhau 19 Vb 24
56357 Holzhausen auf der Heide 14 Wa 12
99310 Holzhausen/Arnstadt 17 Vb 18
27243 Holzhausen/Bassum 36 Tb 14
35753 Holzhausen/Ehringshausen 14 Vb 13
04454 Holzhausen/Engelsdorf 29 Va 21
34376 Holzhausen/Immenhausen 27 Va 16
16845 Holzhausen/Kyritz 39 Tb 21
32361 Holzhausen/Preußisch Oldendorf 36 Ua 14
35415 Holzheim/Gießen 15 Wa 14
36166 Holzheim/Haunetal 16 Vb 16
41466 Holzheim/Neuss 24 Va 10
27777 Holzkamp 45 Ta 14
37603 Holzminden 27 Ub 15
99713 Holzthaleben 28 Va 18
41812 Holzweiler 24 Va 9
06808 Holzweißig 29 Ub 21
59439 Holzwickede 25 Ub 12
34576 Homberg (Efze 27 Va 15
35315 Homberg (Ohm) 15 Vb 15
46348 Homer 24 Ub 10
24613 Homfeld 52 Sa 16
47574 Hommersum 24 Ub 9
36208 Hönebach 16 Vb 16
52538 Höngen 23 Va 8
24211 Honigsee 52 Sa 17
53506 Hönningen 13 Wa 10
15366 Hönow 40 Tb 24
54538 Hontheim 13 Wa 10
25859 Hooge 51 Rb 14
49846 Hoogstede 35 Tb 10
26434 Hooksiel 45 Sb 13
99428 Hopfgarten 17 Vb 19
15345 Hoppegarten 41 Ua 25
51570 Hoppengarten 14 Vb 12
18292 Hoppenrade 48 Sb 21
48496 Hopsten 35 Ua 12
35745 Hörbach 14 Vb 13
63579 Horbach 15 Wa 15
37412 Hörden 27 Ub 17
38162 Hordorf 38 Ua 18
36369 Hörgenau 15 Vb 15
56593 Horhausen (Westerwald) 14 Vb 12
34513 Höringhausen 26 Va 14
02923 Horka 31 Va 26
06528 Horla 28 Ub 19
09395 Hormersdorf/Stollberg 19 Vb 22
59597 Horn 26 Ub 13
32805 Horn-Bad Meinberg 26 Ub 14
21514 Hornbek 47 Sb 18
38315 Hornburg 28 Ua 18
21400 Horndorf 47 Ta 18
21730 Hörne 45 Sb 15
21640 Horneburg 46 Sb 16
39387 Hornhausen 28 Ua 19
03130 Hornow 31 Ub 26
25997 Hörnum (Sylt) 51 Rb 13
50169 Horrem 13 Vb 10
99819 Hörschel 16 Va 17
54552 Hörschhausen 13 Wa 10
39356 Hörsingen 38 Ua 19
99976 Horsmar 27 Va 17
25358 Horst(Holstein 46 Sb 16
59368 Horst/Bockum-Hövel 25 Ub 12
18519 Horst/Greifswald 55 Sa 23
19258 Horst/Lauenburg (Elbe) 47 Ta 18
59558 Hörste 26 Ub 13
27243 Horstedt 45 Tb 14
63755 Hörstein 15 Wa 15
48477 Hörstel 35 Ua 12
26446 Horsten 44 Ta 12
48612 Horstmar 35 Ua 11

Königsfeld/Niederzissen Linnenbeeke 439

53426 Königsfeld/Niederzissen 13 Wa 11
02829 Königshain/Görlitz 31 Va 26
09306 Königshain/Mittweida 19 Vb 22
09306 Königshain-Wiederau 19 Vb 22
07607 Königshofen/Eisenberg 18 Va 20
16833 Königshorst 40 Tb 22
38154 Königslutter am Elm 38 Ua 18
61462 Königstein/Oberursel (Taunus) 15 Wa 13
01824 Königstein/Pirna 20 Vb 25
09471 Königswalde 19 Vb 23
02699 Königswartha 31 Va 25
53639 Königswinter 14 Vb 11
07336 Könitz 17 Vb 19
06420 Könnern 29 Ub 20
95176 Konradsreuth 18 Wa 20
54329 Konz 9 Wb 10
16845 Koppenbrück 39 Tb 21
61381 Köppern 15 Wa 14
34497 Korbach 26 Va 14
59519 Körbecke/Möhnesee 25 Va 13
34434 Körbecke/Trendelburg 27 Ub 15
54306 Kordel 9 Wb 10
34327 Körle 27 Va 16
52076 Kornelimünster 13 Vb 9
99998 Körner 28 Va 18
41352 Korschenbroich 24 Va 10
17419 Korswandt 56 Sb 25
02923 Kosel 31 Va 26
24354 Kosel 52 Rb 16
06869 Köselitz 29 Ub 21
17459 Koserow 56 Sa 25
52428 Koslar 24 Vb 9
04838 Kospa-Pressen 29 Va 22
04838 Kospa-Pressen 29 Va 22
04849 Kossa 29 Ub 22
04895 Koßdorf 30 Va 23
15848 Kossenblatt 41 Ua 25
01979 Kostebrau 30 Ub 24
22929 Köthel 47 Sb 18
15748 Köthen 30 Ua 24
06366 Köthen / Anhalt 29 Ub 20
02627 Kotitz 31 Va 26
56736 Kottenheim 14 Wa 11
14715 Kotzen 39 Tb 22
16866 Kötzlin 39 Tb 21
06231 Kötzschau 29 Va 21
19077 Kraak 47 Ta 19
17291 Kraatz 49 Ta 24
17329 Krackow 50 Ta 25
07586 Kraftsdorf 18 Vb 20
35647 Kraftsolms 15 Wa 13
99752 Kraja 28 Va 18
18292 Krakow am See 48 Sb 21
47559 Kranenburg 24 Ub 9
99448 Kranichfeld 17 Vb 19
04936 Krassig 30 Ub 23
17237 Kratzeburg 49 Ta 22
02957 Krauschwitz 31 Ub 26
15910 Krausnick 30 Ua 24
99819 Krauthausen 16 Va 17
54673 Krautscheid/Bitburg 9 Wa 9
53567 Krautscheid/Buchholz (Westerwald) 14 Vb 11
02906 Kreba-Neudorf 31 Va 26
37434 Krebeck 27 Ub 17
27308 Kreepen 46 Tb 15
47796 Krefeld 24 Va 9
19386 Kreien 48 Ta 21
37547 Kreiensen 27 Ub 16
01731 Kreischa 19 Vb 24
19205 Krembz 47 Sb 19
16766 Kremmen 40 Tb 23
19300 Kremmin 48 Ta 20
25361 Krempe 46 Sb 15
27607 Krempel 45 Sb 14
16945 Krempendorf 48 Ta 21
23827 Krems II 53 Sb 17
06712 Kretzschau 18 Va 21
52372 Kreuzau 13 Vb 9
57223 Kreuztal 25 Vb 12
39606 Krevese 39 Tb 20
16775 Krewelin 40 Tb 23
06231 Kreypau 29 Va 21
09648 Kriebethal 19 Va 23
17391 Krien 49 Sb 23
17091 Kriesow 49 Sb 23
63850 Kriftel 15 Wa 13
06774 Krina 29 Ub 21
01814 Krippen 20 Vb 25
18198 Kritzmow 54 Sa 21
19386 Kritzow/Lübz 48 Ta 21
23970 Kritzow/Wismar 54 Sb 20
04924 Kröbeln 30 Va 23
35435 Krofdorf-Gleiberg 15 Vb 14
29699 Kroge/Bomlitz 37 Tb 16
49393 Kroge/Diepholz 36 Tb 13
07387 Krölpa 17 Vb 20
97859 Krommenthal 15 Wa 15
96317 Kronach 17 Wa 19
61476 Kronberg im Taunus 15 Wa 14
25709 Kronprinzenkoog 51 Sb 14
23560 Kronsforde 47 Sb 18
24119 Kronshagen 52 Sa 17
18236 Kröpelin 54 Sa 20
24848 Kropp 52 Sa 16
01945 Kroppen 30 Va 24
39397 Kroppenstedt 28 Ub 19
06895 Kropstädt 30 Ub 22
17440 Kröslin 55 Sa 24
04509 Krostitz 29 Va 21
39387 Krottorf 28 Ub 19
54536 Kröv 13 Wb 11
54675 Kruchten 9 Wb 9
39615 Krüden 39 Tb 20
56642 Kruft 14 Wa 11
15913 Krugau 31 Ua 24
09434 Krumhermersdorf 19 Vb 23
01855 Krumhermsdorf 20 Vb 25
17248 Krümmel 48 Ta 22
21732 Krummendeich 46 Sb 15
09633 Krummenhennersdorf 19 Vb 23
23628 Krummesse 47 Sb 18
26736 Krummhörn 44 Ta 11
17440 Krummin 55 Sa 24
06242 Krumpa 29 Va 20
02627 Kubschütz 31 Va 26
18292 Kuchelmiß 48 Sb 21
37235 Küchen 27 Va 16
53881 Kuchenheim 13 Vb 10
41812 Kückhoven 24 Va 9
25712 Kuden 52 Sb 15
25572 Kudensee 52 Sb 15
16928 Kuhbier 48 Ta 21
19322 Kuhblank 48 Tb 20
29416 Kuhfelde 38 Tb 19
19412 Kuhlen 48 Sb 20
39524 Kuhlhausen 39 Tb 21
18311 Kuhlrade 54 Sa 21
18225 Kühlungsborn 54 Sa 20
98547 Kühndorf 16 Vb 17
09496 Kühnhaide 19 Vb 23
99189 Kühnhausen/Elxleben 17 Va 18
04808 Kühren-Burkartshain 30 Va 22
04808 Kühren-Burkartshain 30 Va 22
27624 Kührstedt 45 Sb 14
18276 Kuhs 48 Sb 21
23898 Kühsen 47 Sb 18
27422 Kuhstedt 45 Ta 14
19230 Kuhstorf 47 Ta 19
49326 Küingdorf 36 Ua 13
37359 Küllstedt 27 Va 17
95326 Kulmbach 17 Wa 19
55471 Külz (Hunsrück) 14 Wa 11
19288 Kummer 47 Ta 19
25495 Kummerfeld 46 Sb 16
18442 Kummerow/Barth 55 Sa 22
17139 Kummerow/Malchin 49 Sb 22
15838 Kummersdorf-Gut 40 Ua 23
15938 Kümmritz 30 Ub 24
02829 Kunnersdorf 31 Va 26
16866 Kunow/Bad Wilsnack 39 Tb 21
16306 Kunow/Schwedt/Oder 50 Ta 25
38486 Kunrau 38 Tb 19
33790 Künsebeck 36 Ua 13
58809 Küntrop 25 Va 12
36093 Künzell 16 Vb 16
95362 Kupferberg 17 Wa 20
45257 Kupferdreh 25 Va 11
96328 Küps 17 Wa 19
01737 Kurort Hartha 19 Vb 24
02796 Kurort Jonsdorf 20 Vb 26
09484 Kurort Oberwiesenthal 19 Wa 22
02797 Kurort Oybin 20 Vb 26
51515 Kürten 25 Va 11
18246 Kurzen-Trechow 48 Sb 20
15910 Kuschkow 31 Ua 24
38486 Kusey 38 Tb 19
59964 Küstelberg 26 Va 14
29482 Küsten 38 Tb 19
15328 Küstrin-Kietz 41 Tb 26
27449 Kutenholz 46 Ta 15
06193 Kütten 29 Ub 20
99955 Kutzleben 28 Va 18
54655 Kyllburg 13 Wa 10
16866 Kyritz 39 Tb 21

L

18299 Laage 54 Sb 21
49824 Laar 34 Tb 10
04758 Laas 30 Va 23
29484 Laase 47 Ta 19
19348 Laaslich 48 Ta 20
30880 Laatzen 37 Ua 16
19273 Laave 47 Ta 19
47665 Labbeck 24 Ub 9
23898 Labenz 47 Sb 18
24235 Laboe 52 Sa 17
29331 Lachendorf 37 Tb 17
49549 Ladbergen 35 Ua 12
16321 Ladeburg 40 Tb 24
25926 Ladelund 57 Rb 15
17329 Ladenthin 50 Ta 25
31535 Laderholz 37 Tb 15
48366 Laer 35 Ua 11
32791 Lage/Detmold 26 Ub 14
49828 Lage/Neuenhaus 35 Ua 10
97762 Lager Hammelburg 16 Wa 16
29683 Lager Örbke 37 Tb 16
34639 Lager Schwarzenborn 16 Vb 15
25566 Lägerdorf 52 Sb 16
49479 Laggenbeck 35 Ua 12
32469 Lahde 36 Ua 14
49774 Lähden 35 Tb 12
49757 Lahn 35 Tb 12
35633 Lahnau 15 Vb 14
56112 Lahnstein 14 Wa 12
35094 Lahntal 15 Vb 14
36142 Lahrbach 16 Vb 17
18279 Lalendorf 48 Sb 21
52152 Lammersdorf 13 Vb 9
04758 Lampersdorf 30 Va 23
04758 Lampertswalde 30 Va 23
31195 Lamspringe 27 Ub 17
21769 Lamstedt 45 Sb 15
18586 Lancken-Granitz 55 Sa 24
34454 Landau 26 Va 15
34286 Landefeld 27 Va 16
36367 Landenhausen 16 Vb 15
31628 Landesbergen 36 Tb 15
56814 Landkern 13 Wa 11
23769 Landkirchen auf Fehmarn 53 Sa 19
37136 Landolfshausen 27 Ub 17
06188 Landsberg 29 Ub 21
54526 Landscheid 13 Wb 10
31087 Landwehr 14 Vb 11
34355 Landwehrhagen 27 Va 16
08258 Landwüst 18 Wa 21
24977 Langballig 52 Rb 16
01848 Langburkersdorf 20 Va 25
01465 Langebrück 30 Va 24
26655 Langebrügge 44 Ta 12
33014 Langeland 26 Ub 15
38871 Langeln 28 Ub 18
38685 Langelsheim 27 Ub 17
63225 Langen 15 Wb 14
19067 Langen Brütz 47 Sb 20
19412 Langen Jarchow 48 Sb 20
27607 Langen/Bremerhaven 45 Sb 14
16818 Langen/Fehrbellin 40 Tb 22
49838 Langen/Lengerich 35 Tb 11
29413 Langenapel 38 Tb 18
09636 Langenau/Brand-Erbisdorf 19 Vb 23
95179 Langenbach/Bad Steben 17 Wa 20
08134 Langenbach/Lößnitz 18 Vb 22
33449 Langenberg 18 Vb 21
49451 Langenberg/Holdorf 36 Tb 13
42555 Langenberg/Velbert 25 Va 11
33449 Langenberg/Wadersloh 26 Ub 13
63546 Langen-Bergheim 15 Wa 14
08428 Langenbernsdorf 18 Vb 21
06179 Langenbogen 29 Va 20
29394 Langenbrügge 38 Tb 18
31582 Langendamm 37 Tb 15
65599 Langendernbach 14 Vb 13
29484 Langendorf 47 Ta 19
06268 Langeneichstädt 29 Va 20
25863 Langeneß 51 Rb 14
36433 Langenfeld/Bad Salzungen 16 Vb 17
40764 Langenfeld/Solingen 24 Va 10
15926 Langengrassau 30 Ub 24
30851 Langenhagen 37 Ua 16
56459 Langenhahn 14 Vb 12
61239 Langenhain 15 Wa 14
01819 Langenhennersdorf 20 Vb 25
08439 Langenhessen 18 Vb 21
58802 Langenholthausen 25 Va 12
32689 Langenholzhausen 36 Ua 14
25842 Langenhorn 51 Rb 14
21514 Langenlehsten 47 Sb 18
97657 Langenleiten 16 Wa 16
04618 Langenleuba-Niederhain 18 Vb 22
04938 Langennaundorf 30 Ub 23
07381 Langenorla 17 Vb 20
97737 Langenprozelten 16 Wa 16
04889 Langenreichenbach 30 Va 22
36151 Langenschwarz 16 Vb 16
65307 Langenseifen 14 Wa 13
63505 Langenselbold 15 Wa 15
95326 Langenstadt 17 Wa 19
38895 Langenstein 28 Ub 18
34388 Langenthal 27 Ub 15
39171 Langenweddingen 28 Ua 20
07957 Langenwetzendorf 18 Vb 21
01833 Langenwolmsdorf 20 Va 25
07937 Langenwolschendorf 18 Vb 20
26465 Langeoog 44 Sb 11
52379 Langerwehe 13 Vb 9
15518 Langewahl 41 Ua 25
98704 Langewiesen 17 Vb 18
49377 Langförden 36 Tb 13
35428 Langgöns 15 Wa 14
18279 Langhagen 48 Sb 21
09603 Langhennersdorf 19 Vb 23
26817 Langholt 44 Ta 12
29364 Langlingen 37 Tb 17
23619 Langniendorf 53 Sb 18
18334 Langsdorf 15 Wa 14
24852 Langstedt 52 Rb 15
54308 Langsur 9 Wb 9
99986 Langula 27 Va 17
26969 Langwarden 45 Sb 13
27299 Langwedel 45 Tb 15
24631 Langwedel/Nortorf 52 Sa 16
16359 Lanke 40 Tb 24
40667 Lank-Latum 24 Va 10
44329 Lanstrop 25 Ub 12
51643 Lantenbach 25 Va 12
19309 Lanz 48 Ta 20
29491 Lanze 38 Tb 19
36358 Lanzenhain 15 Vb 15
63599 Lanzingen 15 Wa 15
26723 Larrelt 44 Ta 11
17248 Lärz 49 Ta 22
54612 Lasel 9 Wa 9
19246 Lassahn 47 Sb 18
17440 Lassan 55 Sb 24
49688 Lastrup 35 Tb 12
06408 Latdorf 29 Ub 20
49762 Lathen 44 Tb 11
35321 Laubach/Gießen 15 Vb 14
61279 Laubach/Grävenwiesbach 15 Wa 13
56288 Laubach/Kastellaun 14 Wa 12
56759 Laubach/Ulmen 13 Wa 11
02991 Laubusch 31 Va 25
35789 Laubuseschbach 15 Wa 13
06636 Laucha/Bad Bibra 29 Va 20
99880 Laucha/Seebach 17 Vb 18
01979 Lauchhammer 30 Va 24
99819 Lauchröden 16 Vb 17
37247 Laudenbach/Großalmerode 27 Va 16
56291 Laudert 14 Wa 12
31867 Lauenau 37 Ua 15
37586 Lauenberg 27 Ub 16
27389 Lauenbrück 46 Ta 16
21481 Lauenburg (Elbe 47 Ta 18
37697 Lauenförde 27 Ub 15
31714 Lauenhagen 36 Ua 15
01778 Lauenstein 19 Vb 24
31020 Lauenstein 37 Ua 16
63846 Laufach 15 Wa 15
54533 Laufeld 13 Wa 10
65321 Laufenselden 14 Wa 12
55487 Laufersweiler 14 Wb 11
52074 Laurensberg 12 Vb 9
98724 Lauscha 17 Wa 19
04838 Laußig 29 Ub 22
01936 Laußnitz 31 Va 24
02991 Lauta 31 Va 25
02991 Lautawerk 31 Va 25
38685 Lautenthal 27 Ub 17
96169 Lauter 18 Vb 22
36341 Lauterbach (Hessen) 15 Vb 15
04668 Lauterbach/Kitzscher 29 Va 22
09496 Lauterbach/Marienberg 19 Vb 23
18581 Lauterbach/Rügen 55 Sa 24
36369 Lautertal (Vogelsberg) 15 Vb 15
96486 Lautertal/Sonneberg 17 Wa 18
55483 Lautzenhausen 13 Wb 11
31603 Lavelsloh 36 Ua 14
45721 Lavesum 25 Ub 11
02708 Lawalde 20 Va 26
66822 Lebach 9 Xa 10
06922 Lebien 30 Ub 22
24306 Lebrade 53 Sa 17
15326 Lebus 41 Ua 26
04936 Lebusa 30 Ub 23
50374 Lechenich 13 Vb 10
25917 Leck 51 Rb 14
16767 Leegebruch 40 Tb 23
48612 Leer/Steinfurt 35 Ua 11
26789 Leer/Weener 44 Ta 11
26409 Leerhafe 44 Sb 12
31633 Leese 36 Tb 15
14476 Leest 40 Ua 22
28844 Leeste 45 Tb 14
23816 Leezen/Bad Oldeslohe 52 Sb 17
19067 Leezen/Schwerin 47 Sb 19
19336 Legde 39 Tb 20
48739 Legden 35 Ua 11
26892 Lehe/Dörpen 44 Ta 11
25774 Lehe/Tönning 51 Sa 15
07778 Lehesten/Apolda 17 Vb 20
07349 Lehesten/Wurzbach 17 Wa 19
26180 Lehmden 45 Ta 13
18510 Lehmhagen 55 Sa 23
29559 Lehmke 38 Tb 18
24211 Lehmkuhlen 53 Sa 17
23883 Lehmrade 47 Sb 18
04603 Lehndorf 18 Vb 21
14797 Lehnin 40 Ua 22
16565 Lehnitz 40 Tb 23
38165 Lehre 38 Ua 18
31275 Lehrte 37 Ua 16
19243 Lehsen 47 Ta 19
17219 Lehsten 49 Sb 22
42799 Leichlingen (Rheinland) 24 Va 11
38542 Leiferde 38 Ua 17
53518 Leimbach 13 Wa 10
53501 Leimersdorf 13 Vb 11
98646 Leimrieth 17 Wa 18
99880 Leina 17 Vb 18
37327 Leinefelde 27 Va 17
03226 Leipe 31 Ub 25
04668 Leipnitz 30 Va 22
02991 Leippe-Torno 31 Va 25
04109 Leipzig 29 Va 21
63607 Leisenwald 15 Wa 15
06618 Leislau 29 Va 20
04703 Leisnig 30 Va 22
06667 Leißling 29 Va 20
39279 Leitzkau 29 Ua 20
17209 Leizen 48 Ta 21
34497 Lelbach 26 Va 14
17168 Lelkendorf 48 Sb 22
46286 Lembeck 25 Ub 10
49459 Lembruch 36 Tb 13
49448 Lemförde 36 Ua 13
32657 Lemgo 36 Ua 14
31608 Lemke 36 Tb 15
27809 Lemwerder 45 Ta 14
52355 Lendersdorf 13 Vb 9
34582 Lendorf 27 Va 15
58708 Lendringsen 25 Va 12
38268 Lengede 37 Ua 17
99444 Lengefeld/Blankenhain 17 Vb 19
34497 Lengefeld/Korbach 26 Va 14
09514 Lengefeld/Zschopau 19 Vb 23
27419 Lengenbostel 46 Ta 16
99976 Lengenfeld unterm Stein 27 Va 17
08485 Lengenfeld/Rodewisch 18 Vb 21
49838 Lengerich/Fürstenau 35 Tb 12
49425 Lengerich/Ladbergen 35 Ua 12
37120 Lenglern 27 Ub 16
42897 Lennep 25 Va 11
57368 Lennestadt 25 Va 13
23738 Lensahn 53 Sa 18
24632 Lentföhrden 52 Sb 16
19309 Lenzen 47 Ta 19
17375 Leopoldshagen 49 Sb 24
33818 Leopoldshöhe 36 Ua 14
39615 Leppin 39 Tb 20
17349 Leppin 49 Ta 23
39264 Leps 29 Ub 21
37520 Lerbach 27 Ub 17
38228 Lesse 37 Ua 17
28717 Lesum 45 Ta 14
58642 Letmathe 25 Va 12
15324 Letschin 41 Tb 25
48653 Lette/Nottuln 25 Ub 11
59302 Lette/Rheda-Wiedenbrück 26 Ub 13
63637 Lettgenbrunn 15 Wa 15
06120 Lettin 29 Ub 20
39638 Letzlingen 38 Ua 19
01623 Leuben-Schleinitz 30 Va 23
99610 Leubingen 28 Va 19
08539 Leubnitz/Plauen 18 Vb 21
08412 Leubnitz/Werden 18 Vb 21
09573 Leubsdorf 19 Vb 23
16259 Leuenberg 41 Tb 24
09387 Leukersdorf 19 Vb 22
35638 Leun 15 Vb 13
06237 Leuna 29 Va 21
95191 Leupoldsgrün 18 Wa 20
51570 Leuscheid 14 Vb 12
19288 Leussow 47 Ta 19
07338 Leutenberg 17 Vb 19
02794 Leutersdorf 20 Vb 26
03058 Leuthen 31 Ub 25
51373 Leverkusen 24 Va 11
32351 Levern 36 Ua 13
30989 Leveste 37 Ua 16
50374 Liblar 13 Vb 10
51147 Libur 13 Vb 11
35423 Lich 15 Vb 14
98739 Lichte 17 Vb 19
33165 Lichtenau/Borchen 26 Ub 14
09244 Lichtenau/Frankenberg 19 Vb 22
95192 Lichtenberg/Bad Steben 17 Wa 20
09638 Lichtenberg/Frauenstein 19 Vb 23
01896 Lichtenberg/Pulsnitz 31 Va 24
38228 Lichtenberg/Salzgitter 37 Ua 17
54619 Lichtenborn 9 Wa 9
52070 Lichtenbusch 13 Vb 9
96215 Lichtenfels/Altenkunstadt 17 Wa 19
35104 Lichtenfels/Medebach 26 Va 14
31868 Lichtenhagen 27 Ub 15
01855 Lichtenhain 20 Vb 25
31634 Lichtenhorst 37 Tb 15
63633 Lichtenroth 15 Wa 15
01609 Lichtensee 30 Va 23
09350 Lichtenstein/Zwickau 18 Vb 22
08115 Lichtentanne 18 Vb 21
16230 Lichterfelde 40 Tb 24
34396 Liebenau 26 Va 15
31618 Liebenau/Steyerberg 36 Tb 15
38704 Liebenburg 28 Ua 17
16559 Liebenwalde 40 Tb 23
15868 Lieberose 31 Ub 25
04445 Liebertwolkwitz 29 Va 21
63584 Lieblos 15 Wa 15
07368 Liebschütz 17 Vb 20
01825 Liebstadt 19 Vb 24
65835 Liederbach 15 Wa 13
56290 Lieg 14 Wa 11
01465 Liegau-Augustbad 31 Va 24
32657 Lieme 36 Ua 14
04838 Liemehna 29 Va 22
49536 Lienen 35 Ua 12
16248 Liepe 41 Tb 24
17391 Liepen 49 Sb 23
17375 Liepgarten 50 Sb 25
59329 Liesborn 26 Ub 13
03238 Lieskau 30 Ub 24
01983 Lieske 31 Ub 25
19067 Liessow/Brüel 48 Sb 20
18299 Liessow/Laage 48 Sb 21
18528 Lietzow 55 Sa 24
28865 Lilienthal 45 Ta 14
08491 Limbach/Netzschkau 18 Vb 21
66839 Limbach/Schmelz 9 Xa 10
09212 Limbach-Oberfrohna 18 Vb 22
65594 Limburg an der Lahn 14 Wa 13
63694 Limeshain 15 Wa 15
15864 Limsdorf 41 Ua 25
22959 Linau 47 Sb 17
07580 Linda 18 Vb 21
07819 Linda bei Neustadt/Orla 18 Vb 20
06928 Linda/Elster 30 Ub 23
39264 Lindau 29 Ua 21
24392 Lindau 52 Rb 16
51789 Linde 25 Va 11
25791 Linden 52 Sa 15
35440 Linden/Gießen 15 Vb 14
98646 Linden/Straufhain 17 Wa 18
01945 Lindenau 30 Va 24
15864 Lindenberg/Beeskow 41 Ua 25
17111 Lindenberg/Malchin 49 Sb 23
16321 Lindenberg/Schwanebeck 40 Tb 24
04509 Lindenhayn 29 Ub 22
65551 Lindenholzhausen 14 Wa 13
04466 Lindenthal 29 Va 21
52511 Lindern 24 Vb 9
49699 Lindern (Oldenburg) 35 Tb 12
24969 Lindewitt 52 Rb 15
31698 Lindhorst 37 Ua 15
51789 Lindlar 25 Va 11
15848 Lindow 40 Tb 22
39638 Lindstedt 39 Tb 20
29690 Lindwedel 37 Tb 16
36304 Lingelbach 15 Vb 15
49808 Lingen 35 Tb 11
56291 Lingerhahn 14 Wa 12
32602 Linnenbeeke 36 Ua 14

D

52441 Linnich 24 Vb 9
16831 Linow 49 Ta 22
31636 Linsburg 37 Tb 15
63589 Linsengericht 15 Wa 15
14822 Linthe 40 Ua 22
27624 Lintig 45 Sb 14
40885 Lintorf 24 Va 10
29565 Lintzel 46 Tb 17
16833 Linum 40 Tb 22
53545 Linz am Rhein 14 Vb 11
59510 Lippborg 25 Ub 13
59555 Lipperode 26 Ub 13
09509 Lippersdorf 19 Vb 23
07646 Lippersdorf-Erdmannsdorf 18 Vb 20
59510 Lippetal 25 Ub 13
33129 Lippling 26 Ub 14
37194 Lippoldsberg 27 Ub 16
45721 Lippramsdorf 25 Ub 11
59555 Lippstadt 26 Ub 13
56767 Lirstal 13 Wa 11
34630 Lischeid 15 Vb 15
36199 Lispenhausen 16 Vb 16
04509 Lissa 29 Va 21
54587 Lissendorf 13 Wa 10
25992 List 57 Ra 13
26203 Littel 45 Ta 13
57223 Littfeld 25 Va 12
35719 Lixfeld 15 Vb 13
02708 Löbau 31 Va 26
41334 Lobberich 24 Va 9
07747 Lobeda 17 Vb 20
06193 Löbejün 29 Ub 20
06780 Löberitz 29 Ub 21
38259 Lobmachtersen 38 Ua 17
04509 Löbnitz 29 Ub 21
18314 Löbnitz/Barth 54 Sa 22
04552 Lobstädt 29 Va 21
39279 Loburg 39 Ua 21
57629 Lochum 14 Vb 12
17321 Löcknitz 50 Ta 25
16949 Lockstädt 48 Ta 21
39646 Lockstedt bei Oebisfelde 38 Ua 19
39240 Lödderitz 29 Ub 20
02929 Lodenau 31 Va 26
39446 Löderburg 28 Ub 20
06268 Lodersleben 28 Va 20
37139 Lödingsen 27 Ub 16
97453 Löffelsterz 16 Wa 17
32545 Lohe 36 Ua 14
25746 Lohe-Rickelshof 51 Sa 15
34253 Lohfelden 27 Va 16
35113 Löhlbach 26 Va 14
53797 Lohmar 14 Vb 11
18551 Lohme 55 Rb 24
01847 Lohmen/Heldenau 20 Vb 25
18276 Lohmen/Krakow am See 48 Sb 21
35792 Löhnberg 14 Vb 13
32584 Löhne 36 Ua 14
29416 Lohne 38 Tb 19
49393 Lohne (Oldenburg) 36 Tb 13
34560 Lohne/Gudensberg 26 Va 15
49835 Lohne/Lingen 35 Tb 11
97816 Lohr am Main 16 Wb 16
35102 Lohra 15 Vb 14
63639 Lohrhaupten 16 Wa 15
02999 Lohsa 31 Va 25
17509 Loissin 55 Sa 24
39326 Loitsche 39 Ua 20
17094 Loitz 49 Ta 23
17121 Loitz 55 Sb 23
35457 Lollar 15 Vb 14
01623 Lommatzsch 30 Va 23
53919 Lommersum 13 Vb 10
01458 Lomnitz 31 Va 24
35466 Londorf 15 Vb 14
54472 Longkamp 13 Wb 11
54340 Longuich 9 Wb 10
49624 Löningen 35 Tb 12
04895 Lönnewitz 30 Ub 23
06712 Lonzig 18 Vb 21
26759 Loppersum 44 Ta 11
65391 Lorch/Bacharach 14 Wa 12
26901 Lorup 44 Tb 12
34628 Loshausen 15 Vb 15
66679 Losheim am See 9 Wb 10
06647 Lossa 28 Va 19
07919 Lössau 18 Vb 20
99444 Loßnitz 17 Vb 19
08294 Lößnitz 18 Vb 22
15236 Lossow 41 Ua 26
49504 Lotte 35 Ua 12
47551 Louisendorf 24 Ub 9
41812 Lövenich 24 Va 9
16775 Löwenberg 40 Tb 23
14974 Löwenbruch 40 Ua 23
37696 Löwendorf 27 Ub 15
14959 Löwendorf/Trebbin 40 Ua 23
25864 Löwenstedt 52 Rb 15
17398 Löwitz 49 Sb 24
27612 Loxstedt 45 Ta 14
26180 Loy 45 Ta 13

39291 Lübars 39 Ua 21
06901 Lubast 29 Ub 22
32312 Lübbecke 36 Ua 14
15907 Lübben/Spreewald 31 Ub 24
03222 Lübbenau/Spreewald 31 Ub 24
17099 Lübbersdorf 49 Sb 24
27729 Lübberstedt 45 Ta 14
29488 Lübbow 38 Tb 19
23552 Lübeck 47 Sb 18
19077 Lübesse 47 Ta 19
19288 Lüblow 47 Ta 19
17509 Lubmin 55 Sa 24
23972 Lübow 47 Sb 20
18279 Lübsee 48 Sb 21
19069 Lübstorf 47 Sb 19
19249 Lübtheen 47 Ta 19
19386 Lübz 48 Ta 21
29439 Lüchow (Wendland) 38 Tb 19
37671 Lüchtringen 27 Ub 15
04613 Lucka 29 Va 21
15926 Luckau/Lübbenau/Spreewald 30 Ub 24
29487 Luckau/Wustrow 38 Tb 19
39418 Luckenwalde 40 Ua 23
38173 Lucklum 38 Ua 18
39606 Lückstedt 39 Tb 20
32689 Lüdenhausen 36 Ua 15
58507 Lüdenscheid 25 Va 12
29394 Lüder 38 Tb 18
39517 Lüderitz 39 Tb 20
21379 Lüdersburg 47 Ta 18
23923 Lüdersdorf/Lübeck 47 Sb 18
14943 Lüdersdorf/Trebbin 40 Ua 23
18314 Lüdershagen 54 Sa 22
59348 Lüdinghausen 25 Ub 11
27478 Lüdingworth 45 Sb 14
25585 Lüdjenwestedt 52 Sa 15
36251 Ludwigsau 16 Vb 16
02829 Ludwigsdorf 31 Va 27
26632 Ludwigsdorf/Ihlow 44 Ta 11
14974 Ludwigsfelde 40 Ua 23
19288 Ludwigslust 47 Ta 19
96337 Ludwigsstadt 17 Wa 19
32657 Lüerdissen/Bad Salzuflen 36 Ua 14
37635 Lüerdissen/Eschershausen 27 Ub 16
02797 Luftkurort Lückendorf 20 Vb 26
03238 Lugau 18 Vb 22
03238 Lugau 30 Ub 24
32676 Lügde 27 Ub 15
29416 Lüge 38 Tb 19
21423 Luhdorf 46 Ta 17
17495 Lühmannsdorf 55 Sa 24
31191 Lühnde 37 Ua 16
99885 Luisenthal 17 Vb 18
21266 Lüllau 46 Ta 16
04626 Lumpzig 18 Vb 21
25774 Lunden 51 Sa 15
54597 Lünebach 9 Wa 9
21335 Lüneburg 47 Ta 17
44532 Lünen 25 Ub 12
27616 Lunestedt 45 Ta 14
48480 Lünne 35 Ua 11
16248 Lunow 41 Tb 25
06242 Lunstädt 29 Va 20
29640 Lünzen 46 Ta 16
09328 Lunzenau 18 Vb 22
02694 Luppa/Großdubrau 31 Va 25
04774 Luppa/Kühren 30 Va 22
04808 Lüptitz 30 Va 22
24850 Lürschau 52 Rb 15
49456 Lüsche 36 Tb 13
49086 Lüstringen 36 Ua 13
21483 Lütau 47 Ta 18
26524 Lütetsburg 44 Sb 11
34434 Lütgeneder 26 Ub 15
06295 Lutherstadt Eisleben 28 Ub 20
06886 Lutherstadt Wittenberg 29 Ub 22
37586 Lüthorst 27 Ub 16
24321 Lütjenburg 53 Sa 18
22952 Lütjensee 47 Sb 17
19309 Lütkenwisch 48 Ta 20
17440 Lütow 55 Sa 24
14806 Lütte 39 Ua 22
49424 Lutten 36 Tb 13
38729 Lutter am Barenberge 27 Ub 17
34355 Lutterberg 27 Va 16
04720 Lüttewitz 30 Va 23
42855 Lüttringhausen 25 Va 11
06686 Lützen 29 Va 21
56826 Lutzerath 13 Wa 11
54617 Lützkampen 9 Wa 9
19209 Lützow 47 Sb 19
04469 Lützschena-Stahmeln 29 Va 21
17279 Lychen 49 Ta 23

M

36341 Maar 15 Vb 15
27249 Maasen 36 Tb 14
24404 Maasholm 52 Rb 16
04827 Machern 29 Va 22
38459 Mackendorf 38 Ua 19
37318 Mackenrode 27 Va 17
99755 Mackenrode 28 Ub 18
59929 Madfeld 26 Va 14
99441 Magdala 17 Vb 19
39104 Magdeburg 39 Ua 20
36103 Magdlos 16 Wa 16
27318 Magelsen 37 Tb 15
15831 Mahlow 40 Ua 23
31167 Mahlum 27 Ua 17
39517 Mahlwinkel 39 Ua 20
63814 Mainaschaff 15 Wb 15
63533 Mainhausen 15 Wa 14
95336 Mainleus 17 Wa 19
96224 Mainroth 17 Wa 19
63477 Maintal 15 Wa 14
55116 Mainz 14 Wb 13
17139 Malchin 49 Sb 22
17213 Malchow 48 Ta 21
23714 Malente 53 Sa 18
49565 Malgarten 35 Ua 13
23936 Mallentin 53 Sb 19
19294 Malliß 47 Ta 19
02694 Malschwitz 31 Va 26
34323 Malsfeld 27 Va 16
27446 Malstedt 46 Ta 15
01744 Malter 19 Vb 24
14913 Maltershausen 30 Ua 22
35716 Mandeln 15 Vb 13
31535 Mandelsloh 37 Tb 16
54429 Mandern 9 Wb 10
54531 Manderscheid 13 Wa 10
98693 Manebach 17 Vb 18
50170 Manheim 13 Vb 10
16845 Manker 39 Tb 22
19417 Mankmoos 48 Sb 20
19357 Mankmuß 48 Ta 20
56769 Mannebach 13 Wa 10
39359 Mannhausen 38 Ua 19
08439 Mannichswalde 18 Vb 21
36284 Mansbach 16 Vb 16
15328 Manschnow 41 Tb 26
06343 Mansfeld 28 Ub 19
33154 Mantinghausen 26 Ub 13
36100 Marbach/Hofbieber 16 Vb 16
35037 Marburg 15 Vb 14
31535 Mardorf 37 Ua 15
48734 Maria Veen 25 Ub 11
46509 Marienbaum 24 Ub 9
09496 Marienberg 19 Vb 23
51588 Marienberghausen 14 Vb 11
39365 Marienborn 38 Ua 19
08626 Marieney 18 Wa 21
53804 Marienfeld 14 Vb 11
33428 Marienfeld/Harsewinkel 26 Ub 13
26529 Marienhafe 44 Sb 11
31094 Marienhagen 25 Vb 12
51709 Marienheide 25 Va 12
37696 Marienmünster 26 Ub 15
31535 Mariensee 37 Tb 15
23883 Marienstedt 47 Sb 18
38368 Mariental 38 Ua 18
16775 Marienthal 49 Ta 23
16348 Marienwerder 40 Tb 24
54484 Maring-Noviand 13 Wb 11
98530 Marisfeld 17 Vb 18
36396 Marjoß 16 Wa 16
14641 Markee 40 Tb 22
14913 Markendorf 30 Ub 23
01816 Markersbach/Bad Gottleuba 20 Vb 24
08352 Markersbach/Schwarzenberg 19 Vb 22
02829 Markersdorf 19 Vb 22
15528 Markgrafpieske 41 Ua 24
26169 Markhausen 44 Tb 12
15748 Märkisch Buchholz 40 Ua 24
04416 Markkleeberg 29 Va 21
29690 Marklendorf 37 Tb 16
31608 Marklohe 36 Tb 15
08258 Markneukirchen 18 Wa 21
63546 Marköbel 15 Wa 14
37586 Markoldendorf 27 Ub 16
04420 Markranstädt 29 Va 21
06667 Markröhlitz 29 Va 20
99819 Marksuhl 16 Vb 17
95352 Marktleugast 17 Wa 20
95168 Marktleuthen 18 Wa 20
96364 Marktrodach 17 Wa 19
95509 Marktschorgast 17 Wa 20
49448 Marl/Dielingen 36 Ua 13
45768 Marl/Recklinghausen 25 Ub 11
99310 Marlishausen 17 Vb 19
18337 Marlow 54 Sa 22
53947 Marmagen 13 Wa 10
25709 Marne 51 Sb 15
25724 Marner Neuenkoogsdeich 51 Sb 14

19376 Marnitz 48 Ta 20
96126 Maroldsweisach 17 Wa 18
34431 Marsberg 26 Va 14
21436 Marschacht 46 Ta 17
18442 Martensdorf 55 Sa 22
14943 Märtensmühle 40 Ua 23
27327 Martfeld 36 Tb 15
37308 Martinfeld 27 Va 17
98693 Martinroda 17 Vb 18
21439 Marxen 46 Ta 17
95119 Marxgrün 18 Wa 20
14913 Marzahna 30 Ua 22
14778 Marzahne 39 Tb 22
38126 Mascherode 38 Ua 18
97711 Maßbach 16 Wa 17
03238 Massen 30 Ub 24
34454 Massenhausen 26 Va 14
98666 Masserberg 17 Vb 18
17209 Massow 48 Ta 21
33397 Mastholte 26 Ub 13
19372 Matzlow-Garwitz 48 Ta 20
16909 Maulbeerwalde 48 Ta 21
52223 Mausbach 13 Vb 9
56727 Mayen 14 Wa 11
53894 Mechernich 13 Vb 10
21358 Mechtersen 46 Ta 17
54636 Meckel 9 Wb 10
21217 Meckelfeld 46 Ta 17
53340 Meckenheim/Rheinbach 13 Vb 11
59964 Medebach 26 Va 14
24994 Medelby 58 Rb 15
59964 Medelon 26 Va 14
65207 Medenbach 14 Wa 13
14827 Medewitz 29 Ua 21
01458 Medingen 30 Va 24
17391 Medow 49 Sb 24
96484 Meeder 17 Wa 18
37127 Meensen 27 Va 16
08393 Meerane 18 Vb 21
40667 Meerbusch 24 Va 10
38176 Meerdorf 37 Ua 17
54531 Meerfeld 13 Wa 10
34431 Meerhof 26 Ub 14
17111 Meesiger 49 Sb 22
24799 Meggerdorf 52 Sa 15
04874 Mehderitzsch 30 Ub 23
31008 Mehle 37 Ua 16
53179 Mehlem 13 Vb 11
34549 Mehlen 26 Va 15
08539 Mehltheuer 18 Vb 21
29413 Mehmke 38 Tb 18
46459 Mehr 24 Ub 9
54552 Mehren 13 Wa 10
54346 Mehring 9 Wb 10
06456 Mehringen 28 Ub 20
31249 Mehrum 37 Ua 17
36369 Meiches 15 Vb 15
17291 Meichow 50 Ta 24
17375 Meiersberg 49 Sb 24
04720 Meila 30 Va 23
56584 Meinborn 14 Wa 12
38527 Meine 38 Ua 18
34497 Meineringhausen 26 Va 14
29614 Meinern 46 Tb 16
09390 Meinersdorf 19 Vb 22
38536 Meinersen 38 Ua 17
58540 Meinerzhagen 25 Va 12
06721 Meineweh 18 Va 20
37276 Meinhard 27 Va 17
98617 Meiningen 16 Vb 17
59846 Meinkenbracht 25 Va 13
14913 Meinsdorf 30 Ub 23
54570 Meisburg 13 Wa 10
06463 Meisdorf 28 Ub 19
04838 Meißen 30 Va 23
29308 Meißendorf 37 Tb 16
37290 Meißner 27 Va 16
02894 Melaune 31 Va 26
21406 Melbeck 47 Ta 17
16230 Melchow 40 Tb 24
25704 Meldorf 51 Sa 15
19273 Melkof 47 Ta 19
49324 Melle 36 Ua 13
19309 Mellen 48 Ta 20
30900 Mellendorf 37 Tb 16
15806 Mellensee 40 Ua 23
38489 Mellin 38 Tb 18
99441 Mellingen 17 Vb 19
27249 Mellinghausen 36 Tb 14
97638 Mellrichstadt 16 Wa 17
98634 Melpers 16 Vb 17
56581 Melsbach 14 Wa 11
34212 Melsungen 27 Va 16
04808 Meltewitz 30 Va 22
29593 Melzingen 47 Ta 17
06642 Memleben 28 Va 19
58706 Menden 25 Va 12
56743 Mendig 14 Wa 11
02894 Mengelsdorf 31 Va 26
34454 Mengeringhausen 26 Va 14
55490 Mengerschied 14 Wb 12
96529 Mengersgereuth-Hämmern 17 Wa 19
35794 Mengerskirchen 14 Vb 13
35279 Mengsberg 15 Vb 15
34414 Menne 26 Ub 15
49637 Menslage 35 Tb 12

99996 Menteroda 28 Va 18
16775 Menz 49 Ta 23
59602 Menzel 26 Ub 13
23923 Menzendorf 47 Sb 19
49716 Meppen 35 Tb 11
35799 Merenberg 14 Vb 13
48249 Merfeld 25 Ub 11
52353 Merken 13 Vb 9
35745 Merkenbach 14 Vb 13
52134 Merkstein 24 Vb 9
63628 Mernes 16 Wa 15
52428 Mersch 24 Vb 9
48317 Mersch/Drensteinfurt 25 Ub 12
01612 Merschwitz 30 Va 23
06217 Merseburg 29 Va 20
06618 Mertendorf 29 Va 20
56753 Mertloch 14 Wa 11
99947 Merxleben 28 Va 18
04932 Merzdorf/Gröditz 30 Va 24
14913 Merzdorf/Luckenwalde 30 Ua 23
49586 Merzen 35 Ua 12
52399 Merzenich 13 Vb 10
06369 Merzien 29 Ub 21
66663 Merzig 9 Xa 10
59872 Meschede 26 Va 13
50997 Meschenich 13 Vb 10
39606 Meseberg 39 Tb 20
39326 Meseberg 39 Ua 20
17498 Mesekenhagen 55 Sa 23
16928 Mesendorf 48 Ta 21
08527 Meßbach 18 Wa 21
39624 Meßdorf 39 Tb 20
54636 Messerich 9 Wb 9
49832 Messingen 35 Ua 11
59929 Messinghausen 26 Va 14
19374 Mestlin 48 Sb 20
48432 Mesum 35 Ua 11
48629 Metelen 35 Ua 11
23972 Metelsdorf 47 Sb 19
54675 Mettendorf 9 Wb 9
54634 Metterich 13 Wb 10
53919 Metternich 13 Vb 10
49497 Mettingen 35 Ua 12
66693 Mettlach 9 Xa 10
40822 Mettmann 24 Va 10
16269 Metzdorf 41 Tb 25
29473 Metzingen 47 Ta 18
98744 Meura 17 Vb 19
06905 Meuro 29 Ub 22
98746 Meuselbach-Schwarzmühle 17 Vb 19
04610 Meuselwitz 18 Va 21
28790 Meyenburg/Osterholz-Scharmbeck 45 Ta 14
96247 Michelau in Oberfranken 17 Wa 19
65326 Michelbach/Aarbergen 14 Wa 13
63755 Michelbach/Alzenau 15 Wa 15
36088 Michelsrombach 16 Vb 16
14552 Michendorf 40 Ua 23
29499 Middefeitz 47 Ta 18
27632 Midlum 45 Sb 14
56357 Miehlen 14 Wa 12
53913 Miel 13 Vb 10
39649 Mieste 38 Ua 19
39649 Miesterhorst 38 Ua 19
99826 Mihla 27 Va 17
09456 Mildenau 19 Vb 23
16775 Mildenberg 49 Ta 23
17348 Mildenitz 49 Ta 24
06842 Mildensee 29 Ub 21
25866 Mildstedt 51 Sa 15
18461 Milienhagen 55 Sa 22
09306 Milkau 19 Va 22
02699 Milkel 31 Va 25
46459 Millingen 24 Ub 9
17268 Milmersdorf 49 Ta 24
14715 Milow 39 Tb 21
48231 Milte 35 Ua 12
04205 Miltitz 29 Va 21
18519 Miltzow 55 Sa 23
06246 Milzau 29 Va 20
32423 Minden 35 Ua 14
54310 Minden 9 Wb 9
32425 Minderheide 36 Ua 14
26434 Minsen 44 Sb 12
27432 Minstedt 45 Ta 15
17252 Mirow 49 Ta 22
03205 Missen 31 Ub 25
07926 Mißlareuth 18 Wa 20
18276 Mistorf 48 Sb 21
09224 Mittelbach/Chemnitz 19 Vb 22
59872 Mittel-Berge 25 Va 13
26629 Mittelgroßefehn 44 Ta 12
36148 Mittelkalbach 16 Wa 16
21720 Mittelnkirchen 46 Sb 16
26939 Mittelort 45 Ta 13
07819 Mittelpöllnitz 18 Vb 20
09618 Mittelsaida 19 Vb 23
21770 Mittelstenahe 45 Sb 15
56858 Mittelstrimmig 14 Wa 11
35756 Mittenaar 15 Vb 13
15749 Mittenwalde 40 Ua 24

17268 Mittenwalde/Milmersdorf 49 Ta 24
09648 Mittweida 19 Vb 22
96268 Mitwitz 17 Wa 19
15299 Mixdorf 41 Ua 25
99084 Möbisburg 17 Vb 18
15890 Möbiskruge 41 Ua 26
39291 Möckern 39 Ua 20
01796 Mockethal 20 Vb 24
04838 Mockrehna 30 Ub 22
47441 Moers 24 Va 10
14715 Mögelin 39 Tb 21
56424 Mogendorf 14 Wa 12
06791 Möhlau 29 Ub 21
59519 Möhnesee 26 Va 13
21493 Möhnsen 47 Sb 17
01723 Mohorn 19 Va 23
36433 Möhra 16 Vb 17
98708 Möhrenbach 17 Vb 18
24405 Mohrkirch 52 Rb 16
21647 Moisburg 46 Ta 16
35043 Moischt 15 Vb 14
49696 Molbergen 35 Tb 12
24113 Molfsee 52 Sa 17
14715 Molkenberg 39 Tb 21
46562 Möllen 24 Ub 10
31737 Möllenbeck 36 Ua 15
17237 Möllenbeck/Feldberg 49 Ta 23
37133 Mollenfelde 27 Va 16
17219 Möllenhagen 49 Sb 22
06869 Möllensdorf 29 Ub 22
17091 Mölln/Neubrandenburg 49 Sb 23
23879 Mölln/Ratzeburg 47 Sb 18
99869 Molschleben 17 Va 18
17194 Moltzow 48 Sb 22
29525 Molzen 47 Ta 18
63776 Mömbris 15 Wa 15
02999 Mönau 31 Va 26
41061 Mönchen-Gladbach 24 Va 9
99198 Mönchenholzhausen 17 Vb 19
96472 Mönchröden 17 Wa 19
66663 Mondorf/Merzig 9 Xa 10
53859 Mondorf/Sankt Augustin 13 Vb 11
40789 Monheim/Dormagen 24 Va 10
17375 Mönkebude 50 Sb 24
56729 Monreal 13 Wa 11
52156 Monschau 13 Vb 9
56410 Montabaur 14 Wa 12
54472 Monzelfeld 13 Wb 11
26624 Moordorf 44 Ta 11
22113 Moorfleet 46 Sb 17
36433 Moorgrund 16 Vb 17
26802 Moormerland 44 Ta 11
25436 Moorrege 46 Sb 16
26427 Moorweg 44 Sb 12
64546 Mörfelden 15 Wb 14
08262 Morgenröthe-Rautenkranz 18 Wa 21
37186 Moringen 27 Ub 16
39264 Moritz 29 Ub 21
01468 Moritzburg 30 Va 24
36167 Morles 16 Vb 16
51597 Morsbach 14 Vb 12
57629 Mörsbach 14 Vb 12
34326 Morschen 27 Va 16
56290 Mörsdorf/Beltheim 14 Wa 11
07646 Mörsdorf/Hermsdorf 18 Vb 20
56283 Morshausen 14 Wa 11
34286 Mörshausen 27 Va 16
39343 Morsleben 38 Ua 19
27321 Morsum 45 Tb 15
25980 Morsum (Sylt-Ost) 57 Rb 13
06918 Morxdorf 30 Ub 22
07907 Möschlitz 18 Vb 20
08543 Möschwitz 18 Vb 21
08129 Mosel 18 Vb 21
56254 Moselkern 14 Wa 11
34323 Mosheim 27 Va 15
06847 Mosigkau 29 Ub 21
26131 Moslesfehn 45 Ta 13
35789 Möttau 15 Wa 13
97786 Motten 16 Wa 16
36391 Mottgers 16 Wa 16
15741 Motzen 40 Ua 24
36419 Motzlar 16 Vb 16
07381 Moxa 17 Vb 20
23795 Mözen 52 Sb 17
53804 Much 14 Vb 11
06249 Mücheln 29 Va 20
24238 Mucheln 53 Sa 17
19300 Muchow 48 Ta 20
02906 Mücka 31 Va 26
35325 Mücke 15 Vb 15
29328 Müden 37 Tb 17
38539 Müden (Aller 38 Tb 17
56254 Müden (Mosel) 14 Wa 11
57555 Mudersbach 14 Vb 12
09638 Müdisdorf 19 Vb 23

95145 Oberkotzau 18 Wa 20
54614 Oberlauch 9 Wa 9
97488 Oberlauringen 16 Wa 17
97789 Oberleichtersbach 16 Wa 16
35614 Oberlemp 15 Vb 13
01936 Oberlichtenau 31 Va 24
09353 Oberlungwitz 18 Vb 22
98617 Obermaßfeld-Grimmenthal 16 Vb 17
99996 Obermehler 28 Va 18
34379 Obermeiser 27 Va 15
61239 Ober-Mörlen 15 Wa 14
21787 Oberndorf 45 Sb 15
97225 Obernfeld 27 Ub 17
61273 Obernhain 15 Wa 14
56379 Obernhof 14 Wa 12
31683 Obernkirchen 36 Ua 15
33154 Oberntudorf 26 Ub 14
02744 Oberoderwitz 20 Vb 26
54649 Oberpierscheid 9 Wa 9
53639 Oberpleis 14 Vb 11
56587 Oberraden 14 Vb 12
61389 Oberreifenberg 15 Wa 13
37242 Oberrieden/Bad Sooden-Allendorf 27 Va 16
06528 Oberröblingen 28 Va 19
63517 Oberrodenbach 15 Wa 15
99755 Obersachswerfen 28 Ub 18
35688 Oberscheid 15 Vb 13
54533 Oberscheidweiler 13 Wa 10
09600 Oberschöna 19 Vb 23
98587 Oberschönau 17 Vb 18
06528 Obersdorf 28 Ub 19
D
65527 Oberseelbach 14 Wa 13
63688 Ober-Seemen 15 Wa 15
02763 Oberseifersdorf 20 Vb 26
97791 Obersinn 16 Wa 16
99713 Oberspier 28 Va 18
54570 Oberstadtfeld 13 Wa 10
51491 Obersteeg 25 Vb 11
97640 Oberstreu 16 Wa 17
36208 Obersuhl 16 Vb 17
97723 Oberthulba 16 Wa 16
56357 Obertiefenbach 14 Wa 13
63179 Obertshausen 15 Wa 14
61440 Oberursel (Taunus) 15 Wa 14
57462 Oberveischede 25 Va 12
54636 Oberweiler 9 Wa 9
54636 Oberweis 9 Wb 9
98744 Oberweißbach (Thüringer Wald) 17 Vb 19
97653 Oberweißenbrunn 16 Wa 16
55430 Oberwesel 14 Wa 12
34399 Oberweser 27 Ub 16
35641 Oberwetz 15 Wa 14
08396 Oberwiera 18 Vb 22
36391 Oberzell/Sinntal 16 Wa 16
65589 Oberzeuzheim 14 Wa 13
06268 Obhausen 29 Va 20
26655 Ocholt 44 Ta 12
38154 Ochsendorf 38 Ua 18
21037 Ochsenwerder 46 Ta 17
56299 Ochtendung 14 Wa 11
26489 Ochtersum 44 Sb 12
48607 Ochtrup 35 Ua 11
55437 Ockenheim 14 Wb 12
25842 Ockholm 51 Rb 14
61169 Ockstadt 15 Wa 14
53913 Odendorf 13 Vb 10
51519 Odenthal 25 Va 11
16248 Oderberg 41 Tb 25
15757 Oderin 30 Ua 24
35753 Odersberg 14 Vb 13
21775 Odisheim 45 Sb 14
39646 Oebisfelde 38 Ua 18
36404 Oechsen 16 Vb 17
34399 Oedelsheim 27 Ub 16
09569 Oederan 19 Vb 23
21734 Oederquart 46 Sb 15
46354 Oeding 34 Ub 10
57368 Oedingen 25 Va 13
14913 Oehna 30 Ub 23
59302 Oelde 26 Ub 13
25524 Oelixdorf 52 Sb 16
01734 Oelsa 19 Vb 24
04936 Oelsig 30 Ub 23
08606 Oelsnitz/Plauen 18 Wa 21
09376 Oelsnitz/Zwickau 18 Vb 22
27432 Oerel 45 Ta 15
45739 Oer-Erkenschwik 25 Ub 11
97714 Oerlenbach 16 Wa 17
33813 Oerlinghausen 26 Ub 14
29386 Oerrel/Hankensbüttel 38 Tb 18
29633 Oerrel/Munster 46 Tb 17
24407 Oersberg 52 Rb 16
24568 Oersdorf 46 Sb 16
21409 Oerzen 46 Ta 17
58708 Oesbern 25 Va 12
30880 Oesselse 37 Ua 16
59602 Oestereiden 26 Ub 13
59510 Oestinghausen 25 Ub 13
65375 Oestrich-Winkel 14 Wa 13
32120 Oetinghausen 36 Ua 14
07907 Oettersdorf 18 Vb 20
29588 Oetzen 47 Ta 18
59821 Oeventrop 25 Va 13
24988 Oeversee 52 Rb 15
29303 Offen 37 Tb 16
63065 Offenbach 15 Wa 14
37170 Offensen 27 Ub 16
63303 Offenthal 15 Wb 14
38372 Offleben 38 Ua 19
26607 Ogenbargen 44 Sb 12
03205 Ogrosen 31 Ub 25
25373 Oha 46 Sb 16
51688 Ohl 25 Va 11
38259 Ohlendorf 38 Ua 17
27711 Ohlenstedt 45 Ta 14
48465 Ohne 35 Ua 11
38536 Ohof 37 Ua 17
01896 Ohorn 31 Va 25
29378 Ohrdorf 38 Tb 18
99885 Ohrdruf 17 Vb 18
39393 Ohrsleben 38 Ua 18
38312 Ohrum 38 Ua 18
28857 Okel 45 Tb 14
38640 Oker 28 Ub 17
09526 Olbernhau 19 Vb 23
02785 Olbersdorf 20 Vb 26
99628 Olbersleben 28 Va 19
26121 Oldenburg 45 Ta 13
23758 Oldenburg in Holstein 53 Sa 18
21385 Oldendorf (Luhe) 46 Ta 17
27729 Oldendorf/Bokel 45 Ta 14
33829 Oldendorf/Borgholzhausen 36 Ua 13
21369 Oldendorf/Dahlenburg 47 Ta 18
49324 Oldendorf/Melle 36 Ua 13
21726 Oldendorf/Stade 46 Sb 15
29525 Oldenstadt 47 Tb 18
25870 Oldenswort 51 Sa 14
21436 Oldershausen 46 Ta 17
26802 Oldersum 44 Ta 11
06578 Oldisleben 28 Va 19
25938 Oldsum 51 Rb 13
59399 Olfen 25 Ub 11
99198 Ollendorf 17 Va 19
53913 Ollheim 13 Vb 10
57462 Olpe 25 Va 12
24376 Olpenitzdorf 52 Rb 17
59939 Olsberg 26 Va 13
26670 Oltmannsfehn 44 Ta 12
39130 Olvenstedt 39 Ua 20
54597 Olzheim 9 Wa 9
59493 Opherdicke 25 Va 12
51379 Opladen 24 Va 11
02736 Oppach 20 Va 26
03238 Oppelhain 30 Ub 24
32351 Oppenwehe 36 Ua 14
06188 Oppin 29 Ub 21
02699 Oppitz 31 Va 25
07381 Oppurg 17 Vb 20
06785 Oranienbaum 29 Ub 21
16515 Oranienburg 40 Tb 23
07768 Orlamünde 17 Vb 20
54597 Ormont 9 Wa 9
66693 Orscholz 9 Wb 10
47495 Orsoy 24 Ub 10
63683 Ortenberg 15 Wa 15
23769 Orth 53 Sa 19
01990 Ortrand 30 Va 24
54518 Osann-Monzel 13 Wb 10
54317 Osburg 9 Wb 10
04758 Oschatz 30 Va 23
04924 Oschätzchen 30 Va 23
39387 Oschersleben/Bode 28 Ua 19
24251 Osdorf 52 Sa 17
49074 Osnabrück 35 Ua 13
47495 Ossenberg 24 Ub 10
34414 Ossendorf 26 Ub 15
01920 Oßling 31 Va 25
99510 Oßmannstedt 17 Va 19
48346 Ostbevern 35 Ua 12
26529 Osteel 44 Sb 11
21756 Osten 46 Sb 15
25872 Ostenfeld (Husum) 52 Sa 15
49744 Osterbrock 35 Tb 11
39606 Osterburg (Altmark) 39 Tb 20
24367 Osterby 52 Sa 16
49179 Ostercappeln 36 Ua 13
27404 Ostereistedt 45 Ta 15
49401 Osterfeine 36 Tb 13
06721 Osterfeld 29 Va 20
37431 Osterhagen 28 Ub 17
25836 Osterhever 51 Sa 14
27711 Osterholz-Scharmbeck 45 Ta 14
38228 Osterlinde 37 Ua 17
06386 Osternienburg 29 Ub 21
38835 Osterode 28 Ua 18
37520 Osterode am Harz 27 Ub 17
24783 Osterrönfeld 52 Sa 16
27726 Ostersode 45 Ta 14
27383 Ostervesede 46 Ta 16
31020 Osterwald 37 Ua 16
30826 Osterwald-Oberende 37 Ua 16
39171 Osterweddingen 29 Ua 20
48720 Osterwick 35 Ua 11
38835 Osterwieck 28 Ub 18
26629 Ostgroßefehn 44 Ta 12
99310 Osthausen 17 Vb 19
61130 Ostheim 15 Wa 14
97645 Ostheim vor der Rhön 16 Wa 17
26757 Ostland 43 Sb 10
59494 Ostönnen 25 Ub 13
06193 Ostrau 29 Ub 21
04749 Ostrau 30 Va 23
26842 Ostrhauderfehn 44 Ta 12
02899 Ostritz 20 Va 26
25746 Ostrohe 52 Sa 15
24351 Ostseebad Damp 52 Rb 17
22113 Oststeinbek 46 Sb 17
27308 Otersen 37 Tb 15
38704 Othfresen 27 Ua 17
37671 Ottbergen/Brakel 27 Ub 15
31174 Ottbergen/Dingelbe 37 Ua 17
09648 Ottendorf/Lichtenau 19 Vb 22
01819 Ottendorf/Pirna 19 Vb 24
01844 Ottendorf/Schmölln-Putzkau 20 Va 25
01855 Ottendorf/Sebnitz 20 Vb 25
01458 Ottendorf-Okrilla 30 Va 24
48683 Ottenstein/Ahaus 34 Ua 10
31868 Ottenstein/Bodenwerder 27 Ub 15
21259 Otter 46 Ta 16
21762 Otterndorf 45 Sb 14
31535 Otternhagen 37 Tb 16
28870 Ottersberg 45 Ta 15
28870 Otterstedt 45 Ta 15
04668 Otterwisch 29 Va 22
27374 Ottingen 46 Tb 16
48308 Ottmarsbocholt 25 Ub 12
96484 Ottowind 17 Wa 18
34633 Ottrau 15 Vb 15
31303 Otze 37 Ua 17
26939 Ovelgönne/Brake 45 Ta 13
29313 Ovelgönne/Hambühren 37 Tb 16
21614 Ovelgönne/Neu Wulmstorf 46 Ta 16
39365 Ovelgünne 38 Ua 19
37671 Ovenhausen 27 Ub 15
32469 Ovenstädt 36 Ua 14
21217 Over 46 Ta 17
51491 Overath 14 Vb 11
24811 Owschlag 52 Sa 16
28876 Oyten 45 Ta 15

P

14641 Paaren im Glien 40 Tb 22
24634 Padenstedt 52 Sa 16
33098 Paderborn 26 Ub 14
25794 Pahlen 52 Sa 15
54439 Palzem 9 Wb 9
17322 Pampow/Löcknitz 50 Sb 25
19075 Pampow/Schwerin 47 Sb 19
24321 Panker 53 Sa 18
65326 Panrod 14 Wa 13
01920 Panschwitz-Kuckau 31 Va 25
23689 Pansdorf 53 Sb 18
06543 Pansfelde 28 Ub 19
26871 Papenburg 44 Ta 11
17309 Papendorf/Pasewalk 49 Ta 24
18059 Papendorf/Rostock 54 Sa 21
18510 Papenhagen 55 Sa 22
03099 Papitz 31 Ub 25
39291 Parchau 39 Ua 20
39307 Parchen 39 Ua 21
19370 Parchim 48 Ta 20
39317 Parey 39 Ua 20
16247 Parlow-Glambeck 49 Ta 24
18445 Parow 55 Sa 23
38470 Parsau 38 Tb 18
16248 Parstein 41 Tb 25
97846 Partenstein 16 Wa 16
19243 Parum 47 Sb 19
17309 Pasewalk 50 Sb 24
23992 Passee 54 Sb 20
16306 Passow 50 Ta 25
19386 Passow/Lübz 48 Sb 21
30982 Pattensen 37 Ua 16
21423 Pattensen/Winsen (Luhe) 46 Ta 17
15741 Pätz 40 Ua 24
39240 Patzetz 29 Ub 20
18528 Patzig 55 Sa 23
14641 Paulinenaue 40 Tb 22
07422 Paulinzella 17 Vb 19
07952 Pausa/Vogtland 18 Vb 20
39221 Pechau 39 Ua 20
02957 Pechern 31 Va 26
17237 Peckatel 49 Ta 23
33775 Peckeloh 36 Ua 13
34439 Peckelsheim 26 Ub 15
29413 Peckensen 38 Tb 18
46569 Peddenberg 24 Ub 10
17449 Peenemünde 55 Sa 24
17252 Peetsch 49 Ta 22
54668 Peffingen 9 Wb 9
04523 Pegau 29 Va 21
37619 Pegestorf 27 Ub 16
49696 Peheim 44 Tb 12
31224 Peine 37 Ua 17
06408 Peißen 29 Ub 20
06188 Peißen 29 Ub 21
03185 Peitz 31 Ub 25
59077 Pelkum 25 Ub 12
54331 Pellingen 9 Wb 10
25849 Pellworm 51 Rb 14
54570 Pelm 13 Wa 10
17392 Pelsin 49 Sb 24
23730 Pelzerhaken 53 Sa 18
09322 Penig 18 Vb 22
29451 Penkefitz 47 Ta 19
17328 Penkun 50 Ta 25
31621 Pennigsehl 36 Tb 15
18249 Penzin 54 Sb 20
17217 Penzlin 49 Sb 23
19243 Perdöhl 47 Ta 19
66706 Perl 9 Xa 9
19348 Perleberg 48 Ta 20
53947 Pesch 13 Vb 10
14641 Pessin 39 Tb 22
36100 Petersberg 16 Vb 16
26219 Petersdorf/Bösel 44 Ta 13
23769 Petersdorf/Fehmarn 53 Sa 19
26160 Petersfehn 45 Ta 13
49681 Petersfeld 44 Tb 12
15370 Petershagen/Eggersdorf 40 Tb 24
32469 Petershagen/Minden 36 Ua 14
15236 PetershagenFrankfurt/Oder 41 Ua 25
02906 Petershain 31 Va 26
26725 Petkum 44 Ta 11
14913 Petkus 30 Ub 23
17268 Petznick 49 Ta 24
26736 Pewsum 44 Ta 11
15848 Pfaffendorf/Bad Saarow-Pieskow 41 Ua 25
96126 Pfaffendorf/Maroldsweisach 17 Wa 18
02829 Pfaffendorf/Weinhübel 31 Va 26
34582 Pfaffenhausen 26 Va 15
63637 Pfaffenhausen/Jossgrund 16 Wa 15
61273 Pfaffenwiesbach 15 Wa 14
09526 Pfaffroda bei Sayda 19 Vb 23
47574 Pfalzdorf 24 Ub 9
54293 Pfalzel 9 Wb 10
96176 Pfarrweisach 17 Wa 18
99510 Pfiffelbach 17 Va 19
04860 Pflückuff 30 Ub 23
36269 Philippsthal (Werra) 16 Vb 16
14542 Phöben 40 Ua 22
19230 Picher 47 Ta 19
59394 Piekenbrock 25 Ub 12
52459 Pier 13 Vb 9
15526 Pieskow 41 Ua 25
54498 Piesport 13 Wb 10
06388 Piethen 29 Ub 20
15236 Pillgram 41 Ua 25
07819 Pillingsdorf 18 Vb 20
26736 Pilsum 44 Ta 11
25421 Pinneberg 46 Sb 16
19065 Pinnow/Crivitz 48 Sb 20
03172 Pinnow/Guben 31 Ub 26
01796 Pirna 20 Vb 24
32758 Pivitsheide 26 Ub 14
18276 Plaaz 48 Sb 21
26607 Plaggenburg 44 Sb 12
56637 Plaidt 14 Wa 11
19086 Plate 47 Sb 20
15306 Platkow 41 Tb 25
54518 Platten 13 Wb 10
19395 Plau am See 48 Ta 21
99338 Plaue 17 Vb 18
14774 Plaue 39 Ua 21
08523 Plauen 18 Wa 21
19395 Plauerhagen 48 Ta 21
04425 Plaußig 29 Va 21
09246 Pleißa 18 Vb 22
04928 Plessa 30 Va 24
58840 Plettenberg 25 Va 12
31234 Plockhorst 37 Ua 17
24306 Plön 53 Sa 17
06922 Plossig 30 Ub 22
07907 Plothen 18 Vb 20
06425 Plötzkau 29 Ub 20
39245 Plötzky 29 Ua 20
23936 Plüschow 47 Sb 19
54597 Plütscheid 9 Wa 9
09496 Pobershau 19 Vb 23
09509 Pockau 19 Vb 23
04448 Podelwitz 18 Vb 21
15326 Podelzig 41 Ua 26
18516 Poggendorf 55 Sa 23
31535 Poggenhagen 37 Ua 15
26844 Pogum 44 Ta 11
08543 Pöhl 18 Vb 21
08352 Pöhla 19 Vb 22
37412 Pöhlde 27 Ub 17
31867 Pohle 37 Ua 15
35510 Pohl-Göns 15 Wa 14
35415 Pohlheim 15 Vb 14
56751 Polch 14 Wa 11
23847 Pölitz 47 Sb 17
37647 Polle 27 Ub 15
06295 Polleben 29 Ub 20
31718 Pollhagen 36 Ua 15
07937 Pöllwitz 18 Vb 21
45768 Polsum 25 Ub 11
19303 Polz 47 Ta 19
07554 Pölzig 18 Vb 21
39249 Pömmelte 29 Ub 20
21369 Pommoissel 47 Ta 18
04668 Pomßen 29 Va 22
01561 Ponickau 30 Va 24
04639 Ponitz 18 Vb 21
23684 Pönitz 53 Sa 18
47608 Pont 24 Va 9
18184 Poppendorf bei Rostock 54 Sa 21
97490 Poppenhausen 16 Wa 17
36163 Poppenhausen (Wasserkuppe) 16 Wa 16
97711 Poppenlauer 16 Wa 17
39629 Poritz 38 Tb 20
01814 Porschdorf 20 Vb 25
32457 Porta Westfalica 36 Ua 14
51143 Porz 13 Vb 11
18574 Poseritz 55 Sa 23
08606 Posseck 18 Wa 21
01728 Possendorf 19 Vb 24
07381 Pößneck 17 Vb 20
04626 Posterstein 18 Vb 21
28870 Posthausen 45 Ta 15
17391 Postlow 49 Sb 24
23942 Pötenitz 53 Sb 18
14467 Potsdam 40 Ua 23
26842 Potshausen 44 Ta 12
31840 Pötzen 37 Ua 15
17291 Potzlow 49 Ta 24
04579 Pötzschau 29 Va 21
06774 Pouch 29 Ub 21
15345 Prädikow 41 Tb 25
17094 Pragsdorf 49 Sb 23
17168 Prebberede 54 Sb 21
16928 Preddöhl 48 Ta 21
24211 Preetz 52 Sa 17
97705 Premich 16 Wa 17
14727 Premnitz 39 Tb 21
19357 Premslin 48 Ta 20
16348 Prenden 40 Tb 24
17291 Prenzlau 49 Ta 24
18375 Prerow 54 Sa 22
65385 Presberg 14 Wa 12
03159 Preschen 31 Ub 26
95355 Presseck 17 Wa 20
04849 Pressel 29 Ub 22
96332 Pressig 17 Wa 19
04924 Prestewitz 30 Ub 23
19089 Prestin 48 Sb 20
06922 Prettin 30 Ub 22
29416 Pretzier 38 Tb 19
06909 Pretzsch/Elbe 30 Ub 22
01774 Pretzschendorf 19 Vb 24
32361 Preußisch Oldendorf 36 Ua 13
32369 Preußisch Ströhen 36 Tb 14
29491 Prezelle 38 Tb 19
15752 Prieros 40 Ua 24
03253 Prießen 30 Ub 23
06618 Prießnitz 29 Va 22
01561 Priestewitz 30 Va 24
14715 Prietzen 39 Tb 21
17237 Prillwitz 49 Ta 23
58091 Priorei 25 Va 12
18196 Prisannewitz 54 Sb 21
02633 Prischwitz 31 Va 25
19300 Prislich 48 Ta 20
06667 Prittitz 29 Va 20
14798 Pritzerbe 39 Ua 21
19230 Pritzier 47 Ta 19
16928 Pritzwalk 48 Ta 21
24253 Probsteierhagen 52 Sa 17
07330 Probstzella 17 Vb 19
06725 Profen 29 Va 21
18445 Prohn 55 Sa 23
29465 Proitze 38 Tb 18
54597 Pronsfeld 9 Wa 9
23820 Pronstorf 53 Sb 17
18609 Prora 55 Sa 24
04932 Prösen 30 Va 23
06369 Prosigk 29 Ub 21
19357 Pröttlin 48 Ta 20
15345 Prötzel 41 Tb 24
18356 Pruchten 54 Sa 22
54595 Prüm 9 Wa 9
14797 Prützke 39 Ua 22
18276 Prüzen 48 Sb 21
04828 Püchau 29 Va 22
17429 Pudagla 56 Sb 25
57334 Puderbach/Bad Laasphe 15 Vb 13
56305 Puderbach/Herschbach 14 Vb 12
50259 Pulheim 24 Va 10
25560 Puls 52 Sa 16
01896 Pulsnitz 31 Va 25
39264 Pulspforde 29 Ub 21
02699 Puschwitz 31 Va 25
18581 Putbus 55 Sa 23
18556 Putgarten 55 Rb 23
16949 Putlitz 48 Ta 21
23758 Putlos 53 Sa 18
19243 Püttelkow 47 Sb 19
23769 Puttgarden 53 Sa 19

Q

17237 Quadenschönfeld 49 Ta 23
50127 Quadrath 24 Vb 10
49610 Quakenbrück 35 Tb 12
18249 Qualitz 48 Sb 20
24107 Quarnbek 52 Sa 16
25563 Quarnstedt 52 Sb 16
19249 Quassel 47 Ta 19
02694 Quatitz 31 Va 25
36110 Queck 16 Vb 16
35305 Queckborn 15 Vb 14
06484 Quedlinburg 28 Ub 19
06188 Queis 29 Va 21
06386 Quellendorf 29 Ub 21
06333 Quenstedt 28 Ub 19
38368 Querenhorst 38 Ua 18
06268 Querfurt 29 Va 20
24972 Quern 52 Rb 16
06780 Quetzdölsdorf 29 Ub 21
29476 Quickborn/Danneberg (Elbe) 47 Ta 19
25451 Quickborn/Norderstedt 46 Sb 16
53518 Quiddelbach 13 Wa 10
19336 Quitzöbel 39 Tb 20
19348 Quitzow 48 Ta 20

R

49152 Rabber 36 Ua 13
39615 Räbel 39 Tb 21
14823 Raben 29 Ua 22
19065 Raben Steinfeld 47 Sb 20
01734 Rabenau/Freital 19 Vb 24
35466 Rabenau/Staufenberg 15 Vb 14
35767 Rabenscheid 14 Vb 13
38375 Räbke 38 Ua 18
02627 Rachlau 31 Va 26
06901 Rackith 29 Ub 22
04519 Rackwitz 29 Va 21
21449 Radbruch 46 Ta 17
31604 Raddestorf 36 Ua 14
06917 Rade 30 Ub 22
21629 Rade/Hollenstedt 46 Ta 16
28790 Rade/Schwanewede 45 Ta 14
01454 Radeberg 31 Va 24
01445 Radebeul 30 Va 24
01471 Radeburg 30 Va 24
04509 Radefeld 29 Va 21
06369 Radegast 29 Ub 21
18239 Radegast 54 Sb 20
15837 Radeland 30 Ua 24
29378 Radenbeck 38 Tb 18
15913 Radensdorf 31 Ub 24
16818 Radensleben 40 Tb 22
29367 Räderloh 38 Tb 17
42477 Radevormwald 25 Va 11
14778 Radewege 39 Ua 22
02627 Radibor 31 Va 25
14823 Rädigke 29 Ua 22
06773 Radis 29 Ub 22
19374 Raduhn 48 Ta 20
46348 Raesfeld 24 Ub 10
16818 Rägelin 48 Ta 22
14806 Rägösen 39 Ua 22
15848 Ragow 41 Ua 25
06779 Raguhn 29 Ub 21
32369 Rahden 36 Ua 14
24223 Raisdorf 52 Sa 17
18516 Rakow 55 Sa 23
54310 Ralingen 9 Wb 10
18573 Rambin 55 Sa 23
21220 Ramelsloh 46 Ta 17
53474 Ramersbach 13 Wa 11
25715 Ramhusen 51 Sb 15
17321 Ramin 50 Ta 25
01877 Rammenau 31 Va 25
59909 Ramsbeck 26 Va 13
46342 Ramsdorf 24 Ub 10
49811 Ramsel 35 Tb 11
26683 Ramsloh 44 Ta 12
52525 Randerath 24 Va 9
15834 Rangsdorf 40 Ua 23
07389 Ranis 17 Vb 20
23936 Rankendorf 53 Sb 19
17406 Rankwitz 55 Sb 24
99518 Rannstedt 28 Va 20
97517 Rannungen 16 Wa 17
36284 Ransbach 16 Vb 16

D

444 Saterland Sperenberg

D

26683 Saterland 44 Ta 12
18239 Satow 54 Sb 20
24986 Satrup 52 Rb 16
99848 Sättelstädt 16 Vb 17
09496 Satzung 19 Vb 23
53894 Satzvey 13 Vb 10
06647 Saubach 28 Va 20
21644 Sauensiek 46 Ta 16
65391 Sauerthal 14 Wa 12
01855 Saupsdorf 20 Vb 25
04509 Sausedlitz 29 Ub 21
04895 Saxdorf 30 Ub 23
09619 Sayda 19 Vb 23
29451 Schaafhausen 47 Ta 19
24882 Schaalby 52 Rb 16
24790 Schacht-Audorf 52 Sa 16
23795 Schackendorf 52 Sb 17
06449 Schackenthal 29 Ub 20
06425 Schackstedt 29 Ub 20
06449 Schadeleben 28 Ub 19
24980 Schafflund 52 Rb 15
06255 Schafstädt 29 Va 20
25725 Schafstedt 52 Sa 15
29389 Schafwedel 38 Tb 18
48496 Schale 35 Ua 12
96528 Schalkau 17 Wa 19
25782 Schalkholz 52 Sa 15
58579 Schalksmühle 25 Va 12
57339 Schameder 26 Vb 13
38162 Schandelah 38 Ua 18
48301 Schapdetten 25 Ub 11
48480 Schapen 35 Ua 12
17291 Schapow 49 Ta 24
18569 Schaprode 55 Rb 23
23683 Scharbeutz 53 Sa 18
01665 Scharfenberg 30 Va 24
09435 Scharfenstein 19 Vb 23
27711 Scharmbeckstotel 45 Ta 14
21379 Scharnebeck 47 Ta 18
44328 Scharnhorst/Dortmund 25 Ub 12
29348 Scharnhorst/Eschede 37 Tb 17
26683 Scharrel 44 Ta 12
39291 Schartau 39 Ua 20
37412 Scharzfeld 27 Ub 17
23730 Schashagen 53 Sa 18
34270 Schauenburg 26 Va 15
95197 Schauenstein 18 Wa 20
48356 Scheddebrock 35 Ua 11
37127 Scheden 27 Va 16
27383 Scheeßel 46 Ta 15
98749 Scheibe-Alsbach 17 Wa 19
09481 Scheibenberg 19 Vb 22
59514 Scheidingen 25 Ub 12
01776 Schellerhau 19 Vb 24
31174 Schellerten 37 Ua 17
24211 Schellhorn 52 Sa 17
57023 Schenefeld 46 Sb 16
25560 Schenefeld 52 Sa 15
36088 Schengen 9 Xa 9
03172 Schenkendöbern 31 Ub 26
14532 Schenkenhorst 40 Ua 23
36277 Schenklengsfeld 16 Vb 16
38154 Scheppau 38 Ua 18
30900 Scherenbostel 37 Tb 16
34414 Scherfede 26 Ub 15
46514 Schermbeck 24 Ub 10
39291 Schermen 39 Ua 20
99713 Schernberg 28 Va 18
39517 Schernebeck 39 Ua 20
39579 Schernikau 39 Tb 20
52531 Scherpenseel 24 Vb 9
29229 Scheuen 37 Tb 17
32816 Schieder-Schwalenberg 26 Ub 15
47877 Schiefbahn 24 Va 10
27777 Schierbrok 45 Ta 14
38879 Schierke 28 Ub 18
27619 Schiffdorf 45 Sb 14
03253 Schilda 30 Ub 23
51467 Schildgen 25 Va 11
16552 Schildow 40 Tb 23
24159 Schilksee 52 Sa 17
31303 Schillerslage 37 Ua 16
54429 Schillingen 9 Wb 10
24637 Schillsdorf 52 Sa 17
63776 Schimborn 15 Wa 15
23972 Schimm 48 Sb 20
24214 Schinkel 52 Sa 16
31592 Schinna 36 Tb 15
01993 Schipkau 31 Ub 24
49326 Schiplage 36 Ua 13
02681 Schirgiswalde 20 Va 25
95706 Schirnding 18 Wa 21
26605 Schirum 44 Ta 12
04435 Schkeuditz 29 Va 21
07619 Schkölen 18 Va 20
06773 Schköna 29 Ub 22
06258 Schkopau 29 Va 20
15926 Schlabendorf 30 Ub 24
38315 Schladen 28 Ua 18
51570 Schladern 14 Vb 12
03172 Schlagsdorf/Guben 31 Ub 26
19217 Schlagsdorf/Ratzeburg 47 Sb 18
14822 Schlalach 40 Ua 22
23843 Schlamersdorf 46 Sb 17
33189 Schlangen 26 Ub 14
65388 Schlangenbad 14 Wa 13
38838 Schlanstedt 28 Ua 19
02829 Schlauroth 31 Va 26
49143 Schledehausen 36 Ua 13
06785 Schleesen 29 Ub 21
53937 Schleiden 13 Vb 9
02959 Schleife 31 Ub 26
07907 Schleiz 18 Vb 20
08301 Schlema 18 Vb 22
18320 Schlemmin 54 Sa 22
14913 Schlenzer 30 Ub 23
17337 Schlepkow 49 Ta 24
15910 Schlepzig 31 Ua 24
24256 Schlesen 53 Sa 17
24837 Schleswig 52 Rb 16
09487 Schlettau 19 Vb 22
98553 Schleusingen 17 Vb 18
98553 Schleusingerneundorf 17 Vb 18
31167 Schlewecke 27 Ua 17
04936 Schlieben 30 Ub 23
63636 Schlierbach/Brachttal 15 Wa 15
34599 Schlierbach/Schwalmstadt 15 Vb 15
36110 Schlitz 16 Vb 16
07646 Schlöben 18 Vb 20
33758 Schloß Holte-Stukenbrock 26 Ub 14
33102 Schloß Neuhaus 26 Ub 14
99195 Schloßvippach 28 Va 19
99994 Schlotheim 28 Va 18
01768 Schlottwitz 19 Vb 24
36381 Schlüchtern 16 Wa 16
32469 Schlüsselburg 36 Ua 15
16515 Schmachtenhagen 40 Tb 23
24640 Schmalfeld 52 Sb 16
98574 Schmalkalden 16 Vb 17
57392 Schmallenberg 26 Va 13
04774 Schmannewitz 30 Va 22
29485 Schmarsau 38 Tb 19
17390 Schmatzin 55 Sb 24
66839 Schmelz 9 Xa 10
59597 Schmerlecke 26 Ub 13
14776 Schmerzke 39 Ua 22
52385 Schmidt 13 Vb 9
53949 Schmidtheim 13 Wa 10
01762 Schmiedeberg 19 Vb 24
98711 Schmiedefeld am Rennsteig 17 Vb 18
99518 Schmiedehausen 18 Va 20
23911 Schmilau 47 Sb 18
34454 Schmillinghausen 26 Va 15
99084 Schmira 17 Vb 18
61389 Schmitten 15 Wa 13
03096 Schmogrow 31 Ub 25
29413 Schmölau 38 Tb 18
04626 Schmölln 18 Vb 21
17291 Schmölln/Prenzlau 50 Ta 25
01877 Schmölln-Putzkau 31 Va 25
06268 Schmon 28 Va 20
29493 Schnackenburg 47 Ta 20
97440 Schnackenwerth 16 Wa 17
21481 Schnakenbek 47 Ta 18
32609 Schnathorst 36 Ua 14
08289 Schneeberg 18 Vb 22
15848 Schneeberg 41 Ua 25
31535 Schneeren 37 Tb 15
29378 Schneflingen 38 Tb 18
29465 Schnega 38 Tb 18
49685 Schneiderkrug 36 Tb 13
39435 Schneidlingen 28 Ub 19
99831 Schnellmannshausen 27 Va 17
34296 Schnellrode 27 Va 16
98666 Schnett 17 Wa 18
29640 Schneverdingen 46 Ta 16
96215 Schney 17 Wa 19
15837 Schöbendorf 30 Ua 23
25875 Schobüll 51 Rb 15
35641 Schöffengrund 15 Wa 14
27251 Scholen 36 Tb 14
14715 Schollene 39 Tb 21
63825 Schöllkrippen 15 Wa 15
03229 Schöllnitz 31 Ub 24
01814 Schöna-Reinhardtsdorf 20 Vb 25
97659 Schönau an der Brend 16 Wa 17
99894 Schönau vor dem Walde 17 Vb 18
53902 Schönau/Bad Münstereifel 13 Vb 10
02899 Schönau-Berzdorf auf dem Eigen 20 Va 26
07985 Schönbach/Elsterberg 18 Vb 21
02708 Schönbach/Lawalde 20 Va 26
17349 Schönbeck 49 Sb 24
24217 Schönberg(Holstein 53 Sa 17
16835 Schönberg/Lindow 40 Tb 22
23923 Schönberg/Lübeck 47 Sb 18
22929 Schönberg/Lütjensee 47 Sb 17
08606 Schönberg/Oelsnitz 18 Wa 21
08539 Schönberg/Plauen 18 Vb 20
16866 Schönberg/Wusterhausen (Dosse) 39 Tb 22
24217 Schönbergerstrand 53 Sa 17
03253 Schönborn 30 Ub 24
08648 Schönbrunn/Bad Brambach 18 Wa 21
98667 Schönbrunn/Nahetal 17 Vb 18
54316 Schöndorf/Reinsfeld 9 Wb 10
99427 Schöndorf/Weimar 17 Va 19
16928 Schönebeck 48 Ta 21
39218 Schönebeck/Elbe 29 Ua 20
53567 Schöneberg 14 Vb 11
34369 Schöneberg 27 Ub 15
61137 Schöneck/Karben 15 Wa 14
08261 Schöneck/Oelsnitz 18 Wa 21
54614 Schönecken 9 Wa 9
12529 Schönefeld/Berlin 40 Ua 24
14943 Schönefeld/Luckenwalde 30 Ua 23
14913 Schönefeld/Zahna 30 Ub 22
15566 Schöneiche bei Berlin 40 Ua 24
16352 Schönerlinde 40 Tb 23
16775 Schönermark/Gransee 49 Ta 23
17291 Schönermark/Prenzlau 49 Ta 24
16278 Schönermark/Schwedt/ Oder 50 Ta 25
53937 Schöneseiffen 13 Vb 9
04916 Schönewalde 30 Ub 23
06556 Schönewerda 28 Va 19
29396 Schönewörde 38 Tb 18
39524 Schönfeld 39 Tb 21
16356 Schönfeld/Bernau 40 Tb 24
01474 Schönfeld/Dresden 19 Va 24
01561 Schönfeld/Ebersbach 19 Va 24
09488 Schönfeld/ Ehrenfriedersdorf 19 Vb 22
17291 Schönfeld/Prenzlau 50 Ta 24
15518 Schönfelde 41 Ua 25
08115 Schönfels 18 Vb 21
16567 Schönfließ 40 Tb 23
07646 Schöngleina 18 Vb 20
16866 Schönhagen 39 Tb 21
24398 Schönhagen/Kappeln 52 Rb 17
14959 Schönhagen/Trebbin 40 Ua 23
37170 Schönhagen/Uslar 27 Ub 16
39524 Schönhausen (Elbe) 39 Tb 21
17337 Schönhausen/Strasburg 49 Sb 24
08304 Schönheide 18 Vb 22
57413 Schönholthausen 25 Va 13
37170 Schoningen 27 Ub 16
38364 Schöningen 38 Ua 18
49767 Schöninghsdorf 35 Tb 11
24232 Schönkirchen 52 Sa 17
21465 Schönnigstedt 46 Sb 17
16321 Schönow 40 Tb 24
35091 Schönstadt 15 Vb 14
99947 Schönstedt 28 Va 18
01936 Schönteichen 31 Va 25
97453 Schonungen 16 Wa 17
95173 Schönwald/Selb 18 Wa 21
23744 Schönwalde am Bungsberg 53 Sa 18
14621 Schönwalde/Hennigsdorf 40 Tb 23
15910 Schönwalde/Lübben/ Spreewald 30 Ub 24
16352 Schönwalde/Schönow 40 Tb 23
17291 Schönwerder 49 Ta 24
04509 Schönwölkau 29 Va 21
38170 Schöppenstedt 38 Ua 18
48624 Schöppingen 35 Ua 11
39291 Schopsdorf 39 Ua 21
96482 Schorkendorf 17 Wa 18
39606 Schorstedt 39 Tb 20
26419 Schortens 44 Sb 12
63679 Schotten 15 Vb 15
39619 Schrampe 38 Tb 19
06279 Schraplau 29 Va 20
34637 Schrecksbach 15 Vb 15
08233 Schreiersgrün 18 Vb 21
35066 Schreufa 26 Va 14
35043 Schröck 15 Vb 14
24850 Schuby 52 Rb 15
53520 Schuld 13 Wa 10
38678 Schulenberg im Oberharz 28 Ub 17
30982 Schulenburg 37 Ua 16
29640 Schülern 46 Ta 16
57319 Schüllar 26 Va 13
25764 Schülp 51 Sa 14
16775 Schulzendorf/Gransee 49 Ta 23
16269 Schulzendorf/Wriezen 41 Tb 25
15732 Schulzendorf/Zeuthen 40 Ua 24
48465 Schüttorf 35 Ua 11
57520 Schutzbach 14 Vb 12
18258 Schwaan 54 Sb 21
99869 Schwabhausen/ Waltershausen 17 Vb 18
25876 Schwabstedt 52 Sa 15
27252 Schwaförden 36 Tb 14
49584 Schwagstorf 35 Tb 12
65824 Schwalbach/Frankfurt am Main 15 Wa 14
35641 Schwalbach/Schöffengrund 15 Wa 13
98590 Schwallungen 16 Vb 17
34613 Schwalmstadt 15 Vb 15
41366 Schwalmtal/Brüggen 24 Va 9
36318 Schwalmtal/Romrod 15 Vb 15
17099 Schwanbeck/Friedland 49 Sb 23
39397 Schwanebeck 28 Ub 19
16341 Schwanebeck/Zepernick 40 Tb 24
28790 Schwanewede 45 Ta 14
33184 Schwaney 26 Ub 14
19258 Schwanheide 47 Ta 18
16727 Schwante 40 Tb 23
27327 Schwarme 36 Tb 15
29690 Schwarmstedt 37 Tb 16
17252 Schwarz 29 Ub 20
17252 Schwarz 49 Ta 22
98547 Schwarza 16 Vb 18
01945 Schwarzbach 31 Va 24
36145 Schwarzbach/Hofbieber 16 Vb 16
07427 Schwarzburg 17 Vb 19
03139 Schwarze Pumpe 31 Ub 25
57316 Schwarzenau 26 Va 13
95131 Schwarzenbach am Wald 17 Wa 20
95126 Schwarzenbach an der Saale 18 Wa 20
21493 Schwarzenbek 47 Sb 17
08340 Schwarzenberg 18 Vb 22
34639 Schwarzenborn 16 Vb 15
99891 Schwarzhausen 16 Vb 17
01987 Schwarzheide 30 Va 24
02991 Schwarzkollm 31 Va 25
97450 Schwebenried 16 Wa 17
16303 Schwedt/Oder 50 Ta 25
49716 Schwefingen 35 Tb 11
26936 Schwei 45 Ta 13
54338 Schweich 9 Wb 10
32120 Schweicheln-Bermeck 36 Ua 14
29386 Schweimke 38 Tb 18
36448 Schweina 16 Vb 17
26556 Schweindorf 44 Sb 11
97421 Schweinfurt 16 Wa 17
39279 Schweinitz 39 Ua 21
06928 Schweinitz/Elster 30 Ub 23
16909 Schweinrich 48 Ta 22
35260 Schweinsberg 15 Vb 14
58332 Schwelm 25 Va 11
66663 Schwemlingen 9 Xa 10
29571 Schwemlitz 47 Ta 18
06774 Schwemsal 29 Ub 22
58533 Schwenke 25 Va 11
01936 Schwepnitz 31 Va 24
55444 Schweppenhausen 14 Wb 12
53909 Schwerfen 13 Vb 10
19053 Schwerin 47 Sb 19
27333 Schweringen 37 Tb 15
17398 Schwerinsburg 49 Sb 24
26835 Schwerinsdorf 44 Ta 12
58239 Schwerte 25 Va 12
25813 Schwesing 52 Sa 15
17099 Schwichtenberg 49 Sb 24
39638 Schwiesau 38 Tb 19
21717 Schwinge 46 Sb 15
17139 Schwinkendorf 48 Sb 22
58708 Schwitten 25 Va 12
06295 Schwittersdorf 29 Ub 20
31311 Schwüblingsen 37 Ua 17
38179 Schwülper 38 Ua 17
01855 Sebnitz 20 Vb 25
28816 Seckenhausen 45 Tb 14
14554 Seddin 40 Ua 23
26683 Sedelsberg 44 Ta 12
01968 Sedlitz 31 Ub 25
02960 See 31 Va 26
99991 Seebach/Körner 28 Va 18
99846 Seebach/Wutha-Farnroda 16 Vb 17
16835 Seebeck-Strubensee 40 Tb 23
06118 Seeben 29 Ub 20
37136 Seeburg 27 Ub 17
06317 Seeburg 29 Va 20
23823 Seedorf/Ahrensbök 53 Sa 17
23883 Seedorf/Mölln 47 Sb 18
27404 Seedorf/Selsingen 46 Ta 15
26937 Seefeld/Stadland 45 Ta 13
16356 Seefeld/Werneuchen 40 Tb 24
39365 Seehausen 38 Ua 19
39615 Seehausen (Altmark) 39 Tb 20
28197 Seehausen/Bremen 45 Ta 14
14913 Seehausen/Jüterbog 30 Ub 22
04448 Seehausen/Taucha 29 Va 21
07580 Seelingstädt 18 Vb 21
15306 Seelow 41 Tb 25
53819 Seelscheid 14 Vb 11
30926 Seelze 37 Ua 16
29439 Seerau 47 Tb 19
01594 Seerhausen 30 Va 23
38723 Seesen 27 Ub 17
25371 Seestermühe 46 Sb 16
25878 Seeth 52 Sa 15
21217 Seevetal 46 Ta 17
54636 Seffern 9 Wa 10
16845 Segeletz 39 Tb 22
24814 Sehestedt 52 Sa 16
38279 Sehlde 27 Ua 17
31196 Sehlem 27 Ua 16
18528 Sehlen 15 Va 14
18528 Sehlen/Rügen 55 Sa 23
09465 Sehma 19 Vb 23
31319 Sehnde 37 Ua 16
55444 Seibersbach 14 Wb 12
09648 Seifersbach 19 Vb 23
01774 Seifersdorf/Höckendorf 19 Vb 24
09548 Seiffen 19 Vb 23
02782 Seifhennersdorf 20 Vb 26
34626 Seigertshausen 15 Vb 15
95100 Selb 18 Wa 21
95152 Selbitz 18 Wa 20
06773 Selbitz 29 Ub 22
15859 Selchow 41 Ua 24
24238 Selent 53 Sa 17
52538 Selfkant 23 Va 8
63500 Seligenstadt/Hainburg 15 Wa 14
24884 Selk 52 Sa 16
15938 Sellendorf 30 Ub 24
54608 Sellerich 9 Wa 9
03130 Sellessen 31 Ub 25
18586 Sellin 55 Sa 24
27619 Sellstedt 45 Sb 14
59379 Selm 25 Ub 11
23923 Selmsdorf 53 Sb 18
18246 Selow 54 Sb 20
27446 Selsingen 46 Ta 15
63683 Selters 15 Wa 15
65618 Selters (Taunus) 14 Wa 13
56242 Selters (Westerwald) 14 Vb 12
14715 Semlin 39 Tb 21
18334 Semlow 54 Sa 22
38327 Semmenstedt 38 Ua 18
48308 Senden 25 Ub 11
48324 Sendenhorst 25 Ub 12
01968 Senftenberg 31 Ub 24
26388 Sengwarden 45 Sb 13
33659 Senne 26 Ub 14
33689 Sennestadt 26 Ub 14
97526 Sennfeld/Schweinfurt 16 Wa 17
15754 Senzig 40 Ua 24
59348 Seppenrade 25 Ub 11
54455 Serrig 9 Wb 10
16230 Serwest 41 Tb 24
96145 Seßlach 17 Wa 18
23845 Seth 46 Sb 17
95126 Seulbitz 18 Wa 20
37136 Seulingen 27 Ub 17
47661 Sevelen 24 Va 9
54617 Sevenig (Our) 9 Wa 9
16909 Sewekow 48 Ta 22
06918 Seyda 30 Ub 22
31079 Sibbesse 37 Ua 16
23623 Siblin 53 Sa 18
59581 Sichtigvor 26 Va 13
38173 Sickte 38 Ua 18
33034 Siddessen 26 Ub 15
23847 Siebenbäumen 47 Sb 18
21514 Siebeneichen 47 Sb 18
47574 Siebengewald 24 Ub 9
09634 Siebenlehn 19 Va 23
37412 Sieber 28 Ub 17
06308 Siebigerode 28 Ub 19
17111 Siedenbrünzow 49 Sb 23
27254 Siedenburg 36 Tb 14
29416 Siedenlangenbeck 38 Tb 19
59955 Siedlinghausen 26 Va 13
35768 Siegbach 15 Vb 13
53721 Siegburg 14 Vb 11
57072 Siegen 14 Vb 13
53844 Sieglar 13 Vb 11
22962 Siek 46 Sb 17
32369 Sielhorst 36 Ua 14
03059 Sielow 31 Ub 25
29476 Siemen 47 Ta 19
18465 Siemersdorf 55 Sa 22
23730 Sierksdorf 53 Sa 18
06308 Siersleben 28 Ub 20
14974 Siethen 40 Ua 23
27607 Sievern 45 Sb 14
23714 Sieversdorf/Malente 53 Sa 18
31275 Sievershausen 37 Ua 17
24885 Sieverstedt 52 Rb 15
19376 Siggelkow 48 Ta 20
59955 Silbach 26 Va 13
24887 Silberstedt 52 Rb 15
26419 Sillenstede (Schortens) 45 Sb 12
38855 Silstedt 28 Ub 18
52152 Simmerath 13 Vb 9
55469 Simmern 14 Wb 12
35713 Simmersbach 15 Vb 13
98646 Simmershausen 17 Wa 18
25813 Simonsberg 51 Sa 14
26632 Simonswolde 44 Ta 11
35117 Simtshausen 15 Vb 14
50170 Sindorf 13 Vb 10
56379 Singhofen 14 Wa 12
35764 Sinn 15 Vb 13
50259 Sinnersdorf 24 Va 10
48369 Sinningen 35 Ua 12
36391 Sinntal 16 Wa 16
54675 Sinspelt 9 Wb 9
66706 Sinz 9 Wb 9
53489 Sinzig 14 Vb 11
53925 Sistig 13 Wa 10
27419 Sittensen 46 Ta 16
04889 Sitzenroda 30 Va 22
19370 Slate 48 Ta 20
21388 Soderstorf 46 Ta 17
59494 Soest 25 Ub 13
49751 Sögel 35 Tb 12
08626 Sohl 18 Wa 21
02894 Sohland am Rotstein 31 Va 26
02689 Sohland an der Spree 20 Va 25
31185 Söhlde 37 Ua 17
55487 Sohren 14 Wb 11
34320 Söhrewald 27 Va 16
42659 Solingen 25 Va 11
06774 Söllichau 29 Ub 22
38387 Söllingen 38 Ua 18
06779 Sollnitz 29 Ub 21
99759 Sollstedt 28 Va 18
35606 Solms 15 Vb 13
39638 Solpke 38 Tb 19
29614 Soltau 46 Tb 16
29594 Soltendieck 38 Tb 18
36179 Solz 16 Va 16
63579 Somborn 15 Wa 15
99610 Sömmerda 28 Va 19
16766 Sommerfeld 40 Tb 23
25358 Sommerland 46 Sb 16
39365 Sommersdorf 38 Ua 19
59969 Somplar 26 Va 14
99706 Sondershausen 28 Va 18
96515 Sonneberg 17 Wa 19
32683 Sonneborn 26 Ua 15
96242 Sonnefeld 17 Wa 19
03249 Sonnewalde 30 Ub 24
47665 Sonsbeck 24 Ub 9
36205 Sontra 27 Va 16
36251 Sorga 16 Vb 16
03238 Sorno 30 Ub 24
31135 Sorsum 37 Ua 16
24966 Sörup 52 Rb 16
08326 Sosa 18 Wa 22
53925 Sötenich 13 Vb 10
27367 Sottrum 46 Ta 15
14715 Spaatz 39 Tb 21
27619 Spaden 45 Sb 14
36419 Spahl 16 Vb 16
49751 Spahnharrenstätte 44 Tb 12
17440 Spandowerhagen 55 Sa 24
54529 Spangdahlem 13 Wb 10
34286 Spangenberg 27 Va 16
39624 Späningen 39 Tb 20
17392 Spantekow 49 Sb 24
95234 Sparneck 18 Wa 20
56322 Spay 14 Wa 12
98743 Spechtsbrunn 17 Wa 19
54662 Speicher 13 Wb 10
97786 Speicherz 16 Wa 16
15848 Speichrow 31 Ua 25
48480 Spelle 35 Ua 11
46562 Spellen 24 Ub 10
32139 Spenge 36 Ua 13
15838 Sperenberg 40 Ua 23

Spergau Uhrsleben 445

06237 Spergau 29 Va 21
19348 Spiegelhagen 48 Ta 20
26474 Spiekeroog 44 Sb 12
51515 Spitze 25 Va 11
02794 Spitzkunnersdorf 20 Vb 26
29451 Splietau 47 Ta 19
26215 Spohle 45 Ta 13
06724 Spora 18 Va 21
19372 Spornitz 48 Ta 20
48157 Sprakel 35 Ua 12
29365 Sprakensehl 38 Tb 17
02923 Spree 31 Va 26
15528 Spreenhagen 41 Ua 24
02979 Spreewitz 31 Ub 25
03130 Spremberg 31 Ub 25
31832 Springe 37 Ua 16
45549 Sprockhövel 25 Va 11
21244 Sprötze 46 Ta 16
47533 Spyck 24 Ub 9
15910 Staakow 30 Ua 24
39599 Staats 39 Tb 20
97769 Staatsbad Brückenau 16 Wa 16
23769 Staberdorf 53 Sa 19
06862 Stackelitz 29 Ua 21
21680 Stade 46 Sb 15
61197 Staden 15 Wa 14
29596 Stadensen 38 Tb 18
26935 Stadland 45 Ta 13
53773 Stadt Blankenberg 14 Vb 11
07616 Stadt Bürgel 18 Vb 20
01829 Stadt Wehlen 20 Vb 25
35260 Stadtallendorf 15 Vb 15
31655 Stadthagen 36 Ua 15
99326 Stadtilm 17 Vb 19
54589 Stadtkyll 13 Wa 10
97488 Stadtlauringen 16 Wa 17
36457 Stadtlengsfeld 16 Vb 17
48703 Stadtlohn 34 Ub 10
37627 Stadtoldendorf 27 Ub 16
07646 Stadtroda 18 Vb 20
95346 Stadtsteinach 17 Wa 20
25917 Stadum 51 Rb 15
16766 Staffelde 40 Tb 22
14532 Stahnsdorf 40 Ua 23
07950 Staitz 18 Vb 20
95236 Stammbach 18 Wa 20
52382 Stammeln 13 Vb 9
61197 Stammheim/Altenstadt 15 Wa 14
08147 Stangengrün 18 Vb 21
97705 Stangenroth 16 Wa 16
06543 Stangerode 28 Ub 19
19273 Stapel 47 Ta 18
26670 Stapel/Uplengen 44 Ta 12
38871 Stapelburg 28 Ub 18
22145 Stapelfeld 46 Sb 17
26826 Stapelmoor 44 Ta 11
29416 Stappenbeck 38 Tb 19
04617 Starkenberg 18 Vb 21
06686 Starsiedel 29 Va 21
17252 Starsow 49 Ta 22
39418 Staßfurt 29 Ub 20
01594 Staucha 30 Va 23
01594 Stauchitz 30 Va 23
35460 Staufenberg 15 Vb 14
34560 Staufenberg 27 Va 16
49777 Stavern 35 Tb 11
14715 Stechow 39 Tb 21
39264 Steckby 29 Ub 21
14715 Steckelsdorf 39 Tb 21
52152 Steckenborn 13 Vb 9
57537 Steckenstein 14 Vb 12
27404 Steddorf 46 Ta 15
26427 Stedesdorf 44 Sb 12
19300 Steesow 47 Ta 20
54597 Steffeln 13 Wa 10
35239 Steffenberg 15 Vb 14
16928 Steffenshagen 48 Ta 21
39291 Stegelitz 39 Ua 20
17268 Stegelitz 49 Ta 24
06268 Steigra 29 Va 20
31634 Steimbke 37 Tb 15
38486 Steimke 38 Tb 18
97708 Steinach an der Saale 16 Wa 17
96523 Steinach/Sonneberg 17 Wa 19
36396 Steinau an der Straße 15 Wa 15
96361 Steinbach am Wald 17 Wa 19
36151 Steinbach/Eiterfeld 16 Vb 16
61449 Steinbach/Frankfurt am Main 15 Wa 14
35463 Steinbach/Gießen 15 Vb 14
09477 Steinbach/Hirtstein 19 Vb 23
97816 Steinbach/Lohr am Main 16 Wa 16
01471 Steinbach/Radeburg 30 Va 24
98587 Steinbach-Hallenberg 17 Vb 18
24972 Steinbergkirche 52 Rb 16
54655 Steinborn/Bitburg 13 Wa 10
54550 Steinborn/Daun 13 Wa 10
31603 Steinbrink 36 Ua 14
56244 Steinen/Herschbach 14 Vb 12
27412 Steinfeld 45 Ta 15
49439 Steinfeld (Oldenburg) 36 Tb 13
98646 Steinfeld/Simmershausen 17 Wa 18
24888 Steinfeld/Süderbrarup 52 Rb 16
48565 Steinfurt 35 Ua 11
81231 Steinfurth 15 Wa 14
33803 Steinhagen/Harsewinkel 36 Ua 13
18442 Steinhagen/Stralsund 55 Sa 22
33142 Steinhausen/Büren 26 Ub 14
26345 Steinhausen/Zetel 45 Ta 13
98749 Steinheid 17 Wa 19
32839 Steinheim 26 Ub 15
15518 Steinhöfel 41 Ua 25
29367 Steinhorst 38 Tb 17
31515 Steinhude 37 Ua 15
01904 Steinigtwolmsdorf 20 Va 25
02999 Steinitz 31 Va 25
56479 Stein-Neukirch 14 Vb 13
08432 Steinpleis 18 Vb 21
15898 Steinsdorf 31 Ua 26
96349 Steinwiesen 17 Wa 19
21435 Stelle 46 Ta 17
29664 Stellichte 37 Tb 16
27389 Stemmen/Sittensen 46 Ta 16
31693 Stemmen/Stadthagen 36 Ua 15
39576 Stendal 39 Tb 20
16306 Stendell 50 Ta 25
47647 Stenden 24 Va 9
27721 Stendorf 45 Ta 14
16945 Stepenitz 48 Ta 21
98617 Stepfershausen 16 Vb 17
65366 Stephanshausen 14 Wa 12
36391 Sterbfritz 16 Wa 16
23883 Sterley 47 Sb 18
19406 Sternberg 48 Sb 20
16269 Sternebeck-Harnekop 41 Tb 24
24996 Sterup 52 Rb 16
35094 Sterzhausen 15 Vb 14
97647 Stetten/Fladungen 16 Wa 17
52428 Stetternich 24 Vb 9
06179 Steuden 29 Va 20
39264 Steutz 29 Ub 21
31595 Steyerberg 36 Tb 15
26847 Stickhausen 44 Ta 12
38899 Stiege 28 Ub 18
53639 Stieldorf 14 Vb 11
32278 Stift Quernheim 36 Ua 14
21772 Stinstedt 45 Sb 14
97494 Stöckach 16 Wa 18
23617 Stockelsdorf 53 Sb 18
29378 Stöcken 38 Tb 18
36358 Stockhausen 16 Vb 15
96342 Stockheim 17 Wa 19
38124 Stöckheim 38 Ua 18
31638 Stöckse 37 Tb 15
24326 Stocksee 53 Sa 17
59846 Stockum/Balve 25 Va 12
59368 Stockum/Bockum-Hövel 25 Ub 12
29597 Stoetze 47 Ta 18
06547 Stolberg (Harz) 28 Ub 18
52222 Stolberg (Rheinland) 13 Vb 9
09366 Stollberg 18 Vb 22
26969 Stollhamm 45 Sb 13
19205 Stöllnitz 47 Sb 19
17391 Stolpe/Anklam 50 Sb 24
16866 Stolpe/Kyritz 39 Tb 21
19372 Stolpe/Ludwigslust 48 Ta 20
16278 Stolpe/Oder 41 Tb 25
17406 Stolpe/Usedom 49 Sb 24
24601 Stolpe/Wankendorf 52 Sa 17
01833 Stolpen 20 Va 25
31592 Stolzenau 36 Tb 15
16348 Stolzenhagen 40 Tb 23
04916 Stolzenhain 30 Ub 23
04932 Stolzenhain an der Röder 30 Va 23
50259 Stommeln 24 Va 10
15526 Storkow/Bad Saarow-Pieskow 41 Ua 24
17328 Storkow/Gartz/Oder 50 Ta 25
17268 Storkow/Templin 49 Ta 23
36318 Storndorf 15 Vb 15
06667 Stößen 29 Va 20
27612 Stotel 45 Ta 14
99195 Stotternheim 17 Va 19
53881 Stotzheim 13 Vb 10
21423 Stove 46 Ta 17
06896 Straach 29 Ub 22
26629 Strackholt 44 Ta 12
47638 Straelen 24 Va 9
97618 Strahlungen 16 Wa 17
02747 Strahwalde 20 Va 26
19073 Stralendorf 47 Sb 19
18435 Stralsund 55 Sa 23
24229 Strande 52 Sa 17
17335 Strasburg 49 Sb 24
17255 Strasen-Priepert 49 Ta 23
06493 Straßberg 28 Ub 19
08527 Straßberg/Plauen 18 Wa 21
01936 Straßgräbchen 31 Va 25
01561 Strauch 30 Va 24
98646 Straufhain 17 Wa 18
15913 Straupitz 31 Ub 25
15344 Strausberg 41 Tb 24
99634 Straußfurt 28 Va 18
06862 Streetz 29 Ub 21
39264 Streetz 47 Ta 19
01616 Strehla 30 Va 23
17235 Strelitz Alt 49 Ta 23
98646 Streufdorf 17 Wa 18
65329 Strinz-Margarethä 14 Wa 13
65510 Strinz-Trinitatis 14 Wa 13
38822 Ströbeck 28 Ub 18
14728 Strodehne 39 Tb 21
49419 Ströhen 36 Tb 14
19230 Strohkirchen 47 Ta 19
59302 Stromberg 26 Ub 13
55442 Stromberg/Bingen am Rhein 14 Wb 12
51570 Stromberg/Eitorf 14 Vb 12
54552 Strotzbüsch 13 Wa 10
26683 Strücklingen 44 Ta 12
25821 Struckum 51 Rb 14
01796 Struppen 20 Vb 25
56357 Strüth 14 Wa 12
99976 Struth 27 Va 17
98593 Struth-Helmersdorf 16 Vb 18
24643 Struvenhütten 52 Sb 17
23847 Stubben/Bargtheide 47 Sb 17
27616 Stubben/Bokel 45 Ta 14
17159 Stubbendorf 55 Sb 22
18546 Stubbenkammer 55 Rb 24
96231 Stublang 17 Wa 19
14547 Stücken 40 Ua 23
16845 Stüdenitz 39 Tb 21
17209 Stuer 48 Ta 21
28816 Stuhr 45 Ta 14
28816 Stuhr 45 Ta 14
14943 Stülpe 30 Ua 23
06780 Stumsdorf 29 Ub 21
57614 Stürzelbach 14 Vb 12
08328 Stützengrün 18 Vb 22
98714 Stützerbach 17 Vb 18
24641 Stuvenborn 46 Sb 17
24107 Suchsdorf 52 Sa 17
41749 Süchteln 24 Va 9
19376 Suckow 48 Ta 20
26349 Südbollenhagen 45 Ta 13
26624 Südbrookmerland 44 Ta 11
24392 Süderbrarup 52 Rb 16
29556 Suderburg 38 Tb 17
25845 Süderhafen 51 Sa 14
25727 Süderhastedt 52 Sa 15
25923 Süderlügum 57 Rb 14
26349 Süderschweiburg 45 Ta 13
37176 Sudershausen 27 Ub 17
25879 Süderstapel 52 Sa 15
46399 Suderwick 24 Ub 10
37154 Sudheim 27 Ub 16
29664 Südkampen 37 Tb 15
59394 Südkirchen 25 Ub 12
46354 Südlohn 34 Ub 10
27257 Sudwalde 36 Tb 14
98527 Suhl 17 Vb 18
23843 Sühlen 46 Sb 17
29562 Suhlendorf 38 Tb 18
19079 Sukow 48 Sb 20
23867 Sülfeld/Bad Oldeslohe 46 Sb 17
38442 Sülfeld/Wolfsburg 38 Ua 18
27232 Sulingen 36 Tb 14
19077 Sülstorf 47 Sb 19
19077 Sülte 47 Sb 19
65843 Sulzbach/Frankfurt am Main 15 Wa 14
97528 Sulzdorf an der Lederhecke 16 Wa 18
29303 Sülze 37 Tb 17
98617 Sülzfeld 16 Vb 17
58640 Sümmern 25 Va 12
16567 Summt 40 Tb 23
19273 Sumte 47 Ta 18
32351 Sundern 36 Ua 13
59846 Sundern (Sauerland) 25 Va 13
99735 Sundhausen 28 Va 18
59302 Sünninghausen 26 Ub 13
39343 Süplingen 38 Ua 19
38373 Süpplingen 38 Ua 18
38376 Süpplingenburg 38 Ua 18
04860 Süptitz 30 Ub 22
24229 Surendorf 52 Sa 17
29649 Suroide 46 Tb 16
26903 Surwold 44 Tb 12
56299 Sürzerhof 14 Wa 11
23701 Süsel 53 Sa 18
27305 Süstedt 36 Tb 14
49762 Sustrumermoor 44 Tb 11
49082 Sutthausen 35 Ua 13
53913 Swisttal 13 Vb 10
39524 Sydow 39 Tb 21
28857 Syke 36 Tb 14
25980 Sylt-Ost 57 Rb 13
08548 Syrau 18 Vb 21
45721 Sythen 25 Ub 11

T

27367 Taaken 45 Ta 15
24893 Taarstedt 52 Rb 16
99891 Tabarz 16 Vb 18
54441 Taben-Rodt 9 Wb 10
19348 Tacken 48 Ta 20
21493 Talkau 47 Sb 18
08606 Taltitz 18 Wa 21
99897 Tambach-Dietharz/Thüringer Wald 17 Vb 18
39517 Tangerhütte 39 Ua 20
39590 Tangermünde 39 Tb 20
22889 Tangstedt 46 Sb 17
23623 Tankenrade 53 Sb 18
36142 Tann (Rhön) 16 Vb 17
07922 Tanna 18 Wa 20
38875 Tanne 28 Ub 18
01683 Tanneberg 19 Va 23
09468 Tannenberg 19 Vb 22
08262 Tannenbergsthal 18 Wa 21
26607 Tannenhausen 44 Sb 11
99448 Tannroda 17 Vb 19
16307 Tantow 50 Ta 25
16833 Tarmow 40 Tb 22
27412 Tarmstedt 45 Ta 15
18249 Tarnow 48 Sb 21
24963 Tarp 52 Rb 15
25881 Tating 51 Sa 14
02991 Tätzschwitz 31 Va 25
01665 Taubenheim 20 Va 25
04425 Taucha 29 Va 21
03185 Tauer 31 Ub 25
06628 Taugwitz 29 Va 20
65232 Taunusstein 14 Wa 13
09249 Taura 19 Vb 22
04889 Taura 30 Va 23
07639 Tautenhain 18 Vb 20
54456 Tawern 9 Wb 10
19399 Techentin/Goldberg 48 Sb 20
19288 Techentin/Ludwigslust 47 Ta 19
49545 Tecklenburg 35 Ua 12
07907 Tegau 18 Vb 20
06193 Teicha 29 Ub 20
07407 Teichel 17 Vb 19
07407 Teichröda 17 Vb 19
07989 Teichwolframsdorf 18 Vb 21
37339 Teistungen 27 Va 17
48291 Telgte 35 Ub 12
08355 Tellerhäuser 19 Wa 22
25782 Tellingstedt 52 Sa 15
16949 Telschow-Weitgendorf 48 Ta 21
14513 Teltow 40 Ua 23
17268 Temmen 49 Ta 24
17268 Templin 49 Ta 24
23824 Tensfeld 52 Sa 17
03139 Terpe 31 Ub 25
17094 Teschendorf/Burg Stargard 49 Ta 23
16515 Teschendorf/Oranienburg 40 Tb 23
21395 Tespe 47 Ta 17
19376 Tessenow 48 Ta 20
18195 Tessin 54 Sa 21
19243 Tessin bei Wittenburg 47 Sb 19
19246 Testorf 47 Sb 18
24817 Tetenhusen 52 Sa 16
17166 Teterow 48 Sb 22
96355 Tettau 17 Wa 19
01945 Tettau 30 Va 24
26434 Tettens 44 Sb 12
52441 Tetz 24 Vb 9
06682 Teuchern 29 Va 21
27711 Teufelsmoor 45 Ta 14
15755 Teupitz 40 Ua 24
96358 Teuschnitz 17 Wa 19
99880 Teutleben 17 Vb 18
06179 Teutschenthal 29 Va 20
52511 Teveren 24 Vb 9
29643 Tewel 46 Ta 16
19303 Tewswoos 47 Ta 19
99843 Thal 16 Vb 17
06502 Thale / Harz 28 Ub 19
09380 Thalheim/Erzgebirge 19 Vb 22
34516 Thalitter 26 Va 14
04808 Thallwitz 29 Va 22
04808 Thammenhain 30 Va 22
01737 Tharandt 19 Vb 24
27321 Thedinghausen 45 Tb 15
33824 Theenhausen 36 Ua 13
39291 Theeßen 39 Ua 21
04924 Theisa 30 Ub 23
06727 Theißen 29 Va 21
18195 Thelkow 54 Sa 22
98660 Themar 17 Vb 18
36142 Theobaldshof 16 Vb 17
97531 Theres 16 Wa 17
08541 Theuma 18 Wa 21
01561 Thiendorf 30 Va 24
95707 Thiersheim 18 Wa 21
95199 Thierstein 18 Wa 21
21438 Thieshope 46 Ta 17
06862 Thießen 29 Ub 21
18586 Thiessow 55 Sa 24
07356 Thimmendorf 17 Vb 20
21401 Thomasburg 47 Ta 18
29308 Thören 37 Tb 16
08541 Thoßfell 18 Vb 21
49832 Thuine 35 Tb 11
33154 Thüle 26 Ub 14
59929 Thülen 26 Va 14
18184 Thulendorf 54 Sa 21
09419 Thum 19 Vb 22
04668 Thümmlitzwalde 30 Va 22
56743 Thür 14 Wa 11
17168 Thürkow 48 Sb 22
06779 Thurland 29 Ub 21
08138 Thurm 18 Vb 22
14974 Thyrow 40 Ua 23
38473 Tiddische 38 Tb 18
09661 Tiefenbach/Nossen 19 Va 23
55471 Tiefenbach/Simmern 14 Wb 12
36469 Tiefenort 16 Vb 17
37688 Tietelsen 27 Ub 15
06537 Tilleda (Kyffhäuser 28 Va 19
24644 Timmaspe 52 Sa 16
26629 Timmel 44 Ta 12
23999 Timmendorf 24 Va 9
23999 Timmendorf 53 Sb 19
23669 Timmendorfer Strand 53 Sb 18
06502 Timmenrode 28 Ub 19
49733 Tinnen 35 Tb 11
08606 Tirpersdorf 18 Wa 21
08606 Tirschendorf 18 Wa 21
52445 Titz 24 Va 9
99713 Toba 28 Ta 18
08538 Tobertitz 18 Wa 20
19230 Toddin 47 Ta 19
24819 Todenbüttel 52 Sa 16
24321 Todendorf 53 Sa 18
22965 Todendorf/Ahrensburg 46 Sb 17
23826 Todesfelde 52 Sb 17
32425 Todtenhausen 36 Ua 14
24894 Tolk 52 Rb 16
06231 Tollwitz 29 Va 21
53947 Tondorf 13 Wa 10
47906 Tönisberg 24 Va 10
47918 Tönisvorst 24 Va 9
99958 Tonna 28 Va 18
99438 Tonndorf 17 Vb 19
32369 Tonnenheide 36 Ua 14
25832 Tönning 51 Sa 14
15755 Töpchin 40 Ua 24
95183 Töpen 18 Wa 20
07558 Töppeln 18 Vb 21
38667 Torfhaus 28 Ub 18
04860 Torgau 30 Ub 22
17358 Torgelow 50 Sb 25
06774 Tornau 29 Ub 22
25436 Tornesch 46 Sb 16
15775 Tornow 40 Ua 24
17111 Törpin 49 Sb 23
26969 Tossens 45 Sb 13
21255 Tostedt 46 Ta 16
21371 Tosterglope 47 Ta 18
21224 Tötensen 46 Ta 16
56841 Traben-Trarbach 13 Wb 11
29485 Trabuhn 38 Tb 19
06886 Trajuhn 29 Ub 22
19089 Tramm 48 Sb 20
16230 Trampe 40 Tb 24
17121 Trantow 55 Sb 23
24610 Trappenkamp 52 Sa 17
97633 Trappstadt 17 Wa 18
99326 Traßdorf 17 Vb 19
54441 Trassem 9 Wb 10
17449 Trassenheide 55 Sa 24
23570 Travemünde 53 Sb 18
15848 Trebatsch 41 Ua 25
14959 Trebbin 40 Ua 23
03253 Trebbus 30 Ub 24
29494 Trebel 47 Tb 19
04617 Treben 18 Va 21
02959 Trebendorf 31 Ub 26
95367 Trebgast 17 Wa 20
06909 Trebitz 30 Ub 22
06682 Trebnitz 29 Va 21
15320 Trebnitz/Müncheberg 41 Tb 25
99718 Trebra 28 Va 18
99735 Trebra/Bleicherode 28 Ub 18
04687 Trebsen 30 Va 22
02923 Trebus 31 Va 26
15518 Trebus/Fürstenwalde (Spree) 41 Ua 25
55413 Trechtingshausen 14 Wa 12
99830 Treffurt 27 Va 17
24896 Treia 52 Rb 15
35083 Treisbach 15 Vb 14
56253 Treis-Karden 14 Wa 11
56253 Treis-Karden 14 Wa 11
14641 Tremmen 40 Tb 22
22967 Tremsbüttel 46 Sb 17
34388 Trendelburg 27 Ub 15
18569 Trent 55 Rb 23
15236 Treplin 41 Ua 25
15898 Treppeln 41 Ua 26
38889 Treseburg 28 Ub 18
16816 Treskow 40 Tb 22
08233 Treuen 18 Vb 21
14929 Treuenbrietzen 40 Ua 22
34613 Treysa 15 Vb 15
18465 Tribsees 55 Sa 22
08606 Triebel 18 Wa 21
07950 Triebes 18 Vb 21
01665 Triebischtal 30 Va 23
17259 Triepkendorf 49 Ta 23
54290 Trier 9 Wb 10
54311 Trierweiler 9 Wb 10
16949 Triglitz 48 Ta 21
18320 Trinwillershagen 54 Sa 22
19273 Tripkau 47 Ta 19
07819 Triptis 18 Vb 20
22946 Trittau 47 Sb 17
03253 Tröbitz 30 Ub 23
07646 Tröbnitz 18 Vb 20
07646 Trockenborn-Wolfersdorf 18 Vb 20
06729 Tröglitz 18 Va 21
53844 Troisdorf 13 Vb 11
04880 Trossin 30 Ub 22
37247 Trubenhausen 27 Va 16
99880 Trügleben 17 Vb 18
57072 Trupbach 14 Vb 12
28865 Trupermoor 45 Ta 14
98596 Trusetal 16 Vb 17
39638 Trüstedt 38 Tb 19
03130 Tschernitz 31 Ub 26
96367 Tschirn 17 Wa 19
39307 Tucheim 39 Ua 21
52538 Tüddern 23 Va 8
38474 Tülau 38 Tb 18
99947 Tüngeda 17 Va 18
66693 Tünsdorf 9 Xa 10
50169 Türnich 13 Vb 10
03185 Turnow 31 Ub 25
17129 Tutow 55 Sb 23
99869 Tüttleben 17 Vb 18
17091 Tützpatz 49 Sb 23
27798 Tweelbäke Ost 45 Ta 13
32351 Twiehausen 36 Ua 14
49767 Twist 35 Tb 11
34477 Twiste 26 Va 14
47624 Twisteden 24 Ub 9
34477 Twistetal 26 Va 14
27239 Twistringen 36 Tb 14

U

52531 Übach-Palenberg 24 Vb 9
33699 Ubbedissen 26 Ub 14
54689 Übereisenbach 9 Wa 9
39517 Uchtdorf 39 Ua 20
31600 Uchte 36 Ua 14
97532 Üchtelhausen 16 Wa 17
53773 Uckerath 14 Vb 11
17459 Ückeritz 56 Sa 25
15926 Uckro 30 Ub 24
53940 Udenbreth 9 Wa 9
36323 Udenhausen 16 Vb 15
34393 Udenhausen 27 Va 15
37318 Uder 27 Va 17
54552 Üdersdorf 13 Wa 10
99198 Udestedt 17 Va 19
04938 Uebigau 30 Ub 23
17373 Ueckermünde 50 Sb 25
53945 Uedelhoven 13 Wa 10
47589 Uedem 24 Ub 9
41468 Uedesheim 24 Va 10
49565 Ueffeln 35 Ua 12
38170 Uehrde 38 Ua 18
59609 Uelde 26 Ub 13
49843 Uelsen 35 Ua 10
29525 Uelzen 38 Tb 18
59071 Uentrop 25 Ub 12
19348 Uenze 48 Ta 20
27305 Uenzen 36 Tb 14
27330 Uepsen 36 Tb 14
47800 Uerdingen 24 Va 10
25436 Uetersen 46 Sb 16
31311 Uetze 37 Ua 17
32602 Uffeln 36 Ua 14
07407 Uhlstädt 17 Vb 19
39343 Uhrsleben 38 Ua 19

446 Uhyst Westhausen/Gotha

02999 Uhyst 31 Va 26
15518 Uhyst am Taucher 31 Va 25
06667 Uichteritz 29 Va 20
63667 Ulfa 15 Wa 15
46282 Ulfkotte 24 Ub 10
36396 Ulmbach 15 Wa 15
56766 Ulmen 13 Wa 10
35327 Ulrichstein 15 Vb 15
24897 Ulsnis 52 Rb 16
18569 Ummanz (Insel) 55 Sa 23
33649 Ummeln 26 Ub 13
39365 Ummendorf 38 Ua 19
29369 Ummern 38 Tb 17
98663 Ummerstadt 17 Wa 18
99441 Umpferstedt 17 Vb 19
21274 Undeloh 46 Ta 16
53572 Unkel 14 Vb 11
59423 Unna 25 Ub 12
57648 Unnau 14 Vb 12
39435 Unseburg 28 Ub 20
31787 Unsen 37 Ua 15
97618 Unsleben 16 Wa 17
36414 Unterbreizbach 16 Vb 16
97762 Untererthal 16 Wa 16
07922 Unterkoskau 18 Vb 20
07330 Unterloquitz 17 Vb 19
29345 Unterlüß 37 Tb 17
08606 Untermarxgrün 18 Wa 21
98617 Untermaßfeld 16 Vb 17
52372 Untermaubach 13 Vb 9
37213 Unterrieden 27 Va 16
96253 Untersiemau 17 Wa 18
27356 Unterstedt 46 Ta 15
95369 Untersteinach/ Stadtsteinach 17 Wa 20
98634 Unterweid 16 Vb 17
98744 Unterweißbach 17 Vb 19
07333 Unterwellenborn 17 Vb 19
04626 Untschen 18 Vb 21
23936 Upahl 47 Sb 19
26529 Upgant-Schott 44 Sb 11
28832 Uphusen 45 Ta 15
25923 Uphusum 57 Rb 14
26670 Uplengen 44 Ta 12
63322 Urberach 15 Wb 14
36457 Urnshausen 16 Vb 17
09385 Ursprung 18 Vb 22
36396 Ürzell 15 Wa 15
54539 Ürzig 13 Wb 11
17237 Usadel 49 Ta 23
17406 Usedom 49 Sb 24
17237 Userin 49 Ta 22
61250 Usingen 15 Wa 14
37170 Uslar 27 Ub 16
34508 Usseln 26 Va 14
26556 Utarp 44 Sb 11
19217 Utecht 47 Sb 18
25938 Utersum 51 Rb 13
27628 Uthlede 45 Ta 14
39345 Uthmöden 38 Ua 19
36148 Uttrichshausen 16 Wa 16
17111 Utzedel 49 Sb 23
54579 Üxheim 13 Wa 10

V

36404 Vacha 16 Vb 17
98617 Vachdorf 16 Vb 18
48291 Vadrup 35 Ua 12
38170 Vahlberg 38 Ua 18
37647 Vahlbruch 27 Ub 15
27389 Vahlde 46 Ta 16
58540 Valbert 25 Va 12
56179 Vallendar 14 Wa 12
38159 Vallstedt 37 Ua 17
19246 Valluhn 47 Sb 18
17192 Varchentin 49 Sb 22
26316 Varel 45 Ta 13
48480 Varenrode 35 Ua 11
33397 Varensell 26 Ub 13
32369 Varl 36 Ua 14
27259 Varrel 36 Tb 14
49681 Varrelbusch 44 Tb 13
34519 Vasbeck 26 Va 14
21397 Vastorf 47 Ta 18
38159 Vechelde 38 Ua 17
49377 Vechta 36 Tb 13
38871 Veckenstedt 28 Ub 18
19205 Veelböken 47 Sb 19
28717 Vegesack 45 Ta 14
16727 Vehlefanz 40 Tb 23
31683 Vehlen 36 Ua 15
39291 Vehlitz 39 Ua 20
16866 Vehlow 48 Ta 21
98669 Veilsdorf 17 Wa 18
42549 Velbert 25 Va 11
54472 Veldenz 13 Wb 11
49828 Veldhausen 35 Tb 11
46342 Velen 25 Ub 10
18469 Velgast 55 Sa 22
29582 Velgen 47 Ta 17
19260 Vellahn 47 Ta 18
59269 Vellern 25 Ub 13
34246 Vellmar 27 Va 15
38458 Velpke 38 Ua 18
16727 Velten 40 Tb 23
32457 Veltheim 36 Ua 14
49179 Venne 36 Ua 13
32457 Vennebeck 36 Ua 14
41812 Venrath 24 Va 9
19417 Ventschow 48 Sb 20
19089 Venzkow 48 Sb 20
17111 Verchen 49 Sb 22
27283 Verden (Aller 37 Tb 15
33415 Verl 26 Ub 14
33154 Verne 26 Ub 14
49716 Versen 35 Tb 11
33775 Versmold 36 Ua 13
49456 Vestrup 36 Tb 13
03226 Vetschau 31 Ub 25
53560 Vettelschoß 14 Vb 11
16928 Vettin 48 Ta 21
52391 Vettweiß 13 Vb 10
19303 Vielank 47 Ta 19
08149 Vielau 18 Vb 22
38690 Vienenburg 28 Ub 18
27419 Vierden 46 Ta 16
17309 Viereck 50 Sb 25
02956 Viereichen 31 Va 26
21444 Vierhöfen 46 Ta 17
14715 Vieritz 39 Tb 21
98547 Viernau 17 Vb 18
16306 Vierraden 50 Ta 25
41747 Viersen 24 Va 9
96231 Vierzehnheiligen 17 Wa 19
99198 Vieselbach 17 Va 19
18279 Vietgest 48 Sb 21
19205 Vietlübbe 47 Sb 19
17268 Vietmannsdorf 49 Ta 24
29478 Vietze 47 Ta 19
19230 Viez 47 Ta 19
35410 Villingen/Hungen 15 Vb 14
53343 Villip 13 Vb 11
65606 Villmar 14 Wa 13
59399 Vinnum 25 Ub 11
32839 Vinsebeck 26 Ub 15
39599 Vinzelberg 39 Tb 20
25884 Viöl 52 Rb 15
17209 Vipperow 48 Ta 22
49429 Visbek 36 Tb 13
27374 Visselhövede 46 Tb 16
29416 Vissum 38 Tb 19
19217 Vitense 47 Sb 19
18565 Vitte 55 Rb 23
52396 Vlatten 13 Vb 10
32602 Vlotho 36 Ua 14
06786 Vockerode 29 Ub 21
46562 Voerde 24 Ub 10
17375 Vogelsang/Ueckermünde 50 Sb 25
16792 Vogelsang/Zehdenick 49 Ta 23
99610 Vogelsberg 28 Va 19
15370 Vogelsdorf 40 Tb 24
21360 Vögelsen 46 Ta 17
34516 Vöhl 26 Va 14
08144 Voigtsgrün 18 Vb 21
38474 Voitze 38 Tb 18
56288 Völkenroth 14 Wa 11
97769 Volkers 16 Wa 16
27299 Völkersen 46 Ta 15
34593 Völkershain 16 Vb 15
36404 Völkershausen 16 Vb 17
07924 Volkmannsdorf 18 Vb 20
38104 Volkmarode 38 Ua 18
34471 Volkmarsen 26 Va 15
34346 Volkmarshausen 27 Va 16
58802 Volkringhausen 25 Va 12
31832 Völksen 37 Ua 16
06295 Volkstedt 28 Ub 20
26810 Völlenerfehn 44 Ta 11
27729 Vollersode 45 Ta 14
59519 Völlinghausen 26 Va 13
17194 Vollrathsruhe 48 Sb 21
32549 Volmerdingsen 36 Ua 14
35625 Volpertshausen 15 Vb 14
39393 Völpke 38 Ua 19
37170 Volpriehausen 27 Ub 16
17129 Völschow 49 Sb 23
25693 Volsemenhusen 51 Sb 15
49599 Voltlage 35 Ua 12
37696 Vörden 26 Ub 15
38533 Vordorf 38 Ua 18
59227 Vorhelm 25 Ub 12
29379 Vorhop 38 Tb 18
47918 Vorst 24 Va 9
17109 Vorwerk/Demmin 49 Sb 23
27412 Vorwerk/Tarmstedt 45 Ta 15
47918 Vossenack 13 Vb 9
59757 Voßwinkel 25 Va 12
46446 Vrasselt 24 Ub 9
48691 Vreden 34 Ua 10
49757 Vrees 44 Tb 12

W

24369 Waabs 52 Rb 16
37136 Waake 27 Ub 17
34590 Wabern 27 Va 15
04445 Wachau 29 Va 21
14641 Wachow 40 Tb 22
53343 Wachtberg 13 Vb 11
47669 Wachtendonk 24 Va 9
63607 Wächtersbach 15 Wa 15
49624 Wachtum 35 Tb 12
25596 Wacken 52 Sa 15
29413 Waddekath 38 Tb 18
32791 Waddenhausen 36 Ua 14
26969 Waddens 45 Sb 13
26434 Waddewarden 44 Sb 12
29496 Waddeweitz 47 Tb 18
03130 Wadelsdorf 31 Ub 25
66687 Wadern 9 Wb 10
59329 Wadersloh 26 Ub 13
66687 Wadrill 9 Wb 10
27356 Waffensen 46 Ta 15
49419 Wagenfeld 36 Tb 14
38559 Wagenhoff 38 Tb 18
38110 Waggum 38 Ua 18
36320 Wahlen 15 Vb 15
57614 Wahlrod 14 Vb 12
37194 Wahlsburg 27 Ub 16
14913 Wahlsdorf 30 Ub 23
23812 Wahlstedt 52 Sb 17
27313 Wahnebergen 37 Tb 15
39615 Wahrenberg 39 Tb 20
04924 Wahrenbrück 30 Ub 23
29399 Wahrenholz 38 Tb 18
47608 Walbeck 24 Va 9
39356 Walbeck 38 Ua 19
53322 Walberberg 13 Vb 10
37235 Walburg 27 Va 16
26907 Walchum 44 Tb 11
01561 Walda 30 Va 24
55425 Waldalgesheim 14 Wb 12
56588 Waldbreitbach 14 Vb 11
51545 Waldbröl 14 Vb 12
65620 Waldbrunn/Weilburg 14 Vb 13
15926 Walddrehna 30 Ub 24
34513 Waldeck/Edertal 26 Va 15
65529 Waldems 14 Wa 13
25421 Waldenau 46 Sb 16
08396 Waldenburg/Limbach-Oberfrohna 18 Vb 22
56323 Waldesch 14 Wa 12
52525 Waldfeucht 24 Va 8
35633 Waldgirmes 15 Vb 14
35633 Waldgirmes 15 Vb 14
04736 Waldheim 19 Va 23
37284 Waldkappel 27 Va 16
08485 Waldkirchen/Lengenfeld 18 Vb 21
09437 Waldkirchen/Zschopau 19 Vb 23
56479 Waldmühlen 14 Vb 13
41366 Waldniel 24 Va 9
53322 Waldorf/Bornheim 13 Vb 10
53498 Waldorf/Niederzissen 14 Wa 11
54320 Waldrach 9 Wb 10
35647 Waldsolms 15 Wa 13
74399 Walheim 13 Vb 9
17179 Walkendorf 54 Sb 22
37445 Walkenried 28 Ub 18
57216 Wallau (Lahn) 15 Vb 13
98639 Walldorf/Meiningen 16 Vb 17
64546 Walldorf/Rüsselsheim 15 Wa 14
27283 Walle 46 Tb 15
54570 Wallenborn 13 Wa 10
54675 Wallendorf/Bitburg 9 Wb 9
06254 Wallendorf/Leuna 29 Va 21
96346 Wallenfels 17 Wa 19
49134 Wallenhorst 35 Ua 13
36341 Wallenrod 15 Vb 15
31020 Wallensen 27 Ua 16
96260 Wallersberg 17 Wa 19
54597 Wallersheim 13 Wa 10
06528 Wallhausen 28 Va 19
16837 Wallitz 49 Ta 22
56414 Wallmerod 14 Wa 12
17291 Wallmow 50 Ta 25
65510 Wallrabenstein 14 Wa 13
24980 Wallsbüll 52 Rb 15
29413 Wallstawe 38 Tb 19
65396 Walluf 14 Wa 13
39291 Wallwitz 29 Ub 20
17209 Walow 48 Ta 21
07613 Walpernhain 18 Va 20
57250 Walpersdorf 14 Vb 13
99189 Walschleben 17 Va 18
65510 Walsdorf/Bad Camberg 14 Wa 13
54578 Walsdorf/Hillesheim 13 Wa 10
39606 Walsleben 39 Tb 20
16818 Walsleben 39 Tb 22
29664 Walsrode 37 Tb 16
48317 Walstedde 25 Ub 12
39264 Walternienburg 29 Ub 20
15732 Waltersdorf 40 Ua 24
07980 Waltersdorf bei Berga 18 Vb 21
99880 Waltershausen 17 Vb 18
99102 Waltersleben 17 Vb 19
45731 Waltrop 25 Ub 11
99869 Wandersleben 17 Vb 18
24997 Wanderup 52 Rb 15
16348 Wandlitz 40 Tb 23
37281 Wanfried 27 Va 17
37627 Wangelnstedt 27 Ub 16
23758 Wangels 53 Sa 18
26434 Wangerland 44 Sb 12
21702 Wangersen 46 Ta 15
27637 Wanhöden 45 Sb 14
24601 Wankendorf 52 Sa 17
21776 Wanna 45 Sb 14
44649 Wanne-Eickel 25 Ub 11
06318 Wansleben am See 29 Va 20
39614 Wanzleben 28 Ua 19
31675 Warber 36 Ua 15
38378 Warberg 38 Ua 18
34414 Warburg 26 Va 15
29303 Wardböhmen 37 Tb 16
26203 Wardenburg 45 Ta 13
46509 Wardt 24 Ub 9
17192 Waren (Müritz 48 Sb 22
48231 Warendorf 25 Ub 12
19417 Warin 48 Sb 20
17039 Warlin 49 Sb 23
31606 Warmsen 36 Ua 14
39524 Warnau 39 Tb 21
18119 Warnemünde 54 Sa 21
17168 Warnkenhagen 48 Sb 21
18249 Warnow/Bützow 48 Sb 20
23936 Warnow/Grevesmühlen 53 Sb 19
26802 Warsingsfehn 44 Ta 11
59581 Warstein 26 Va 13
36367 Wartenberg/Fulda 16 Vb 15
06901 Wartenburg 30 Ub 22
17268 Warthe/Templin 49 Ta 24
17406 Warthe/Usedom 55 Sb 24
16306 Wartin 50 Ta 25
38271 Wartjenstedt 37 Ua 17
97797 Wartmannsroth 16 Wa 16
99869 Warza 17 Vb 18
24647 Wasbek 52 Sa 16
34628 Wasenberg 15 Vb 15
41849 Wassenberg 24 Va 9
38871 Wasserleben 28 Ub 18
54332 Wasserliesch 9 Wb 10
97535 Wasserlosen 16 Wa 17
32469 Wasserstraße 36 Ua 15
99718 Wasserthaleben 28 Va 18
15831 Waßmannsdorf 40 Ua 23
23758 Wasserhaus 53 Sa 18
98634 Wasungen 16 Vb 17
38112 Watenbüttel 38 Ua 17
38239 Watenstedt 38 Ua 17
29339 Wathlingen 37 Tb 17
24582 Wattenbek 52 Sa 17
96196 Wattendorf 17 Wa 19
44866 Wattenscheid 25 Va 11
18279 Wattmannshagen 48 Sb 21
35415 Watzenborn-Steinberg 15 Vb 14
54595 Watzerath 9 Wa 9
54649 Waxweiler 9 Wa 9
19412 Weberin 48 Sb 20
99869 Wechmar 17 Vb 18
09306 Wechselburg 18 Va 22
24576 Weddelbrook 52 Sb 16
25795 Weddingstedt 51 Sa 15
22880 Wedel 46 Sb 16
30900 Wedemark 37 Tb 16
19217 Wedendorf 47 Sb 19
06429 Wedlitz 29 Ub 20
39345 Wedringen 38 Ua 19
23795 Weede 53 Sb 17
26826 Weener 44 Ta 11
31096 Weenzen 27 Ua 16
27404 Weertzen 46 Ta 15
24999 Wees 52 Rb 16
24994 Weesby 58 Rb 15
47652 Weeze 24 Ub 9
39365 Wefensleben 38 Ua 19
39356 Weferlingen 38 Ua 19
34537 Wega 26 Va 15
41844 Wegberg 24 Va 9
38828 Wegeleben 28 Ub 19
39359 Wegenstedt 38 Ua 19
57489 Wegeringhausen 25 Va 12
49635 Wehdel/Dinklage 35 Tb 13
27619 Wehdel/Schiffdorf 45 Sb 14
32351 Wehdem 36 Ua 13
32369 Wehe 36 Ua 14
65232 Wehen 14 Wa 13
26215 Wehnen 45 Ta 13
19273 Wehningen 47 Ta 19
47169 Wehofen 24 Ub 10
56653 Wehr/Andernach 14 Wa 11
27259 Wehrbleck 36 Tb 14
49152 Wehrendorf/Bad Essen 36 Ua 13
32602 Wehrendorf/Vlotho 36 Ua 14
37287 Wehretal 27 Va 16
61273 Wehrheim 15 Wa 14
17440 Wehrland 55 Sb 24
02689 Wehrsdorf 20 Va 25
56745 Weibern 13 Wa 11
07570 Weida 18 Vb 21
96479 Weidach 17 Wa 18
35708 Weidelbach 14 Vb 13
04860 Weidenhain 30 Ub 22
35075 Weidenhausen 15 Vb 14
96279 Weidhausen bei Coburg 17 Wa 19
54636 Weidingen 9 Wa 9
02906 Weigersdorf 31 Va 26
09638 Weigmannsdorf 19 Vb 23
02733 Weigsdorf-Köblitz 31 Va 25
36457 Weilar 16 Vb 17
35781 Weilburg 14 Wa 13
53909 Weiler/Vettweiß 13 Vb 10
53919 Weilerswist 13 Vb 10
35789 Weilmünster 15 Wa 13
61276 Weilrod 15 Wa 13
35096 Weimar/Gladenbach 15 Vb 14
99423 Weimar/Jena 17 Vb 19
97650 Weimarschmieden 16 Vb 17
35796 Weinbach 14 Wa 13
01689 Weinböhla 30 Va 24
02827 Weinhübel 31 Va 26
35647 Weiperfelden 15 Wa 14
07806 Weira 18 Vb 20
08538 Weischlitz 18 Wa 21
19322 Weisen 48 Ta 20
66709 Weiskirchen 9 Wb 10
96260 Weismain 17 Wa 19
50999 Weiß 13 Vb 11
06369 Weißandt-Gölzau 29 Ub 21
08121 Weißbach/Schneeberg 18 Vb 22
09439 Weißbach/Zschopau 19 Vb 23
95237 Weißdorf 18 Wa 20
02627 Weißenberg 31 Va 26
09600 Weißenborn/Brand-Erbisdorf 19 Vb 23
34633 Weißenborn/Ottrau 16 Vb 15
37299 Weißenborn/Ringgau 27 Va 17
37345 Weißenborn-Lüderode 28 Ub 17
96369 Weißenbrunn 17 Wa 19
06667 Weißenfels 29 Va 20
36214 Weißenhasel 16 Va 16
23758 Weißenhaus 53 Sa 18
99631 Weißensee/Kölleda 28 Va 19
95163 Weißenstadt 18 Wa 20
56575 Weißenthurm 14 Wa 11
39517 Weißewarte 39 Ua 20
01561 Weißig am Raschütz 30 Va 24
01474 Weißig/Dresden 19 Va 24
07557 Weißig/Gera 18 Vb 21
02957 Weißkeißel 31 Va 26
02999 Weißkollm 31 Va 25
02943 Weißwasser (Oberlausitz) 31 Ub 26
52249 Weisweiler 13 Vb 9
57586 Weitefeld 14 Vb 12
18299 Weitendorf 54 Sb 21
19412 Weitendorf bei Brüel 48 Sb 20
35075 Weitershausen 15 Vb 14
17033 Weitin 49 Sb 23
96479 Weitramsdorf 17 Wa 18
01478 Weixdorf 30 Va 24
53518 Welcherath 13 Wa 10
34414 Welda 26 Va 15
04849 Wellaune 29 Ub 22
52428 Welldorf 24 Vb 9
21261 Welle 46 Ta 16
54441 Wellen 9 Wb 9
29562 Wellendorf 38 Tb 18
25524 Wellenkamp 52 Sb 16
34320 Wellerode 27 Va 16
04758 Wellerswalde 30 Va 23
53773 Wellesberg 14 Vb 11
49326 Wellingholzhausen 36 Ua 13
15898 Wellmitz 31 Ua 26
25782 Welmbüttel 52 Sa 15
54298 Welschbillig 9 Wb 10
57399 Welschen-Ennest 25 Va 13
56412 Welschneudorf 14 Wa 12
31860 Welsede 27 Ua 15
14913 Welsickendorf 30 Ub 23
39221 Welsleben 29 Ua 20
25836 Welt 51 Sa 14
59514 Welver 25 Ub 12
03119 Welzow 31 Ub 25
47652 Wemb 24 Ub 9
38176 Wendeburg 38 Ua 17
99988 Wendehausen 27 Va 17
39615 Wendemark 39 Tb 20
57482 Wenden 14 Vb 12
38110 Wenden/Braunschweig 38 Ua 18
31638 Wenden/Steimbke 37 Tb 15
37215 Wendershausen 27 Va 16
21354 Wendewisch 47 Ta 18
38165 Wendhausen 38 Ua 18
31174 Wendhausen/Diekholzen 37 Ua 17
18513 Wendisch Baggendorf 55 Sa 22
21403 Wendisch Evern 47 Ta 17
19395 Wendisch Priborn 48 Ta 21
19399 Wendisch Waren 48 Sb 21
15864 Wendisch-Rietz 41 Ua 25
31655 Wendthagen 37 Ua 15
06688 Wengelsdorf 29 Va 21
54516 Wengerohr 13 Wb 10
59899 Wenholthausen 26 Va 13
07955 Wenigenauma 18 Vb 20
63688 Wenings 15 Wa 15
23769 Wenkendorf 70 Rb 3 19c
30974 Wennigsen (Deister) 37 Ua 16
25996 Wenningstedt (Sylt) 57 Rb 13
16515 Wensickendorf 40 Tb 23
23827 Wensin 53 Sb 17
21465 Wentorf bei Hamburg 46 Ta 17
38486 Wenze 38 Tb 19
14778 Wenzlow 39 Ua 21
17337 Werbelow 49 Ta 24
03096 Werben 31 Ub 25
03096 Werben 39 Tb 20
14913 Werbig 30 Ub 23
08223 Werda 18 Wa 21
08412 Werdau 18 Vb 21
45239 Werden 25 Va 11
17089 Werder 49 Sb 23
14542 Werder (Havel) 40 Ua 22
58791 Werdohl 25 Va 12
26427 Werdum 44 Sb 12
03253 Werenzhain 30 Ub 24
34560 Werkel 27 Va 15
59457 Werl 25 Ub 12
42929 Wermelskirchen 25 Va 11
04779 Wermsdorf 30 Va 22
61250 Wernborn 15 Wa 14
59368 Werne 25 Ub 12
16356 Werneuchen 40 Tb 24
97737 Wernfeld 16 Wa 16
38855 Wernigerode 28 Ub 18
99102 Werningsleben 17 Vb 19
15537 Wernsdorf 18 Vb 22
15537 Wernsdorf 40 Ua 24
98590 Wernshausen 16 Vb 17
53520 Wershofen 13 Wa 10
46419 Werth 24 Ub 10
99735 Werther 28 Va 18
33824 Werther (Westfalen) 36 Ua 13
49757 Wertle 35 Tb 12
59174 Werve 25 Ub 12
46325 Weseke 24 Ub 10
46483 Wesel 24 Ub 10
17255 Wesenberg 49 Ta 22
29392 Wesendorf 38 Tb 18
25764 Wesselburen 51 Sa 14
25764 Wesselburener Koog 51 Sa 14
50389 Wesseling 13 Vb 11
25746 Wesseln/Heide 51 Sa 15
31162 Wesseln/Holle 37 Ua 17
29640 Wesseloh 46 Ta 16
19089 Wessin 48 Sb 20
48683 Wessum 35 Ua 10
48291 Westbevern 35 Ua 12
29599 Weste 47 Ta 18
27313 Westen 37 Tb 15
98631 Westenfeld 25 Va 13
33129 Westenholz/Delbrück 26 Ub 13
29664 Westenholz/Hodenhagen 37 Tb 16
24259 Westensee 52 Sa 16
23847 Westerau 47 Sb 17
38524 Westerbeck 38 Tb 18
56457 Westerburg 14 Vb 12
26203 Westerburg 45 Ta 13
39448 Westeregeln 28 Ub 19
26632 Westerende-Kirchloog 44 Ta 11
21394 Westergellersen 46 Ta 17
06484 Westerhausen 28 Ub 19
26556 Westerholt 44 Sb 11
27383 Westerholz 46 Ta 15
24977 Westerholz/Glücksburg 52 Rb 16
25364 Westerhorn 52 Sb 16
49492 Westerkappeln 35 Ua 12
25980 Westerland 57 Rb 13
26655 Westerloy 44 Ta 12
23769 Westermarkelsdorf 70 Rb 3 19h
25597 Westermoor 52 Sb 16
57392 Westernbödefeld 26 Va 13
25885 Wester-Ohrstedt 52 Rb 15
26188 Westerscheps 44 Ta 12
26655 Westerstede 44 Ta 12
25849 Westertilli 51 Rb 14
27412 Westertimke 45 Ta 15
27383 Westervesede 46 Ta 16
27386 Westerwalsede 46 Ta 15
33397 Westerwiehe 26 Ub 13
31079 Westfeld 37 Ua 16
99869 Westhausen/Gotha 17 Va 18

D

F

Ugny Gemert 449

U

54870 Ugny 8 Xa 8
02300 Ugny-le-Gay 10 Wb 3

V

59300 Valenciennes 10 Wa 4
08400 Vandy 8 Xa 6
62159 Vaulx-Vraucourt 10 Wa 2
55600 Velosnes 8 Wb 7
02800 Vendeuil 10 Wb 3
62880 Vendin-le-Vieil 10 Wa 2
59213 Vendogies-sur-Ecaillon 10 Wa 4
08160 Vendresse 8 Wb 6
02490 Vermand 10 Wb 3
62980 Vermelles 10 Wa 2
08240 Verpel 8 Xa 6
02800 Versiguy 10 Wb 3
02140 Vervins 10 Wb 4
59232 Vieux-Berquin 21 Vb 2
59690 Vieux-Condé 10 Wa 4
02340 Vigneux-Hocquet 11 Wb 4
59491 Villeneuve-d'Ascq 10 Vb 3
02300 Villequier-Aumont 10 Wb 3
80200 Villers-Carbonnel 10 Wb 2
08140 Villers-Cernay 8 Wb 7
59188 Villers-en-Cauchies 10 Wa 3
02240 Villers-le-Sec/Saint Quentin 10 Wb 4
08430 Villers-le-Tilleul 8 Wb 6
02120 Villers-lès-Guise 10 Wb 4
59142 Villers-Outréaux 10 Wa 3
59600 Villers-Sire-Nicole 11 Wa 5
54190 Villerupt 9 Xa 8
60640 Villeselve 10 Wb 3
08370 Villy 8 Wb 7
55150 Vilosnes-Haraumont 8 Xa 7
62580 Vimy 10 Wa 2
08320 Vireux-Wallerand 11 Wa 6
62156 Vis-en-Artois 10 Wa 2
62490 Vitry-en-Artois 10 Wa 2
08440 Vivier-au-Court 8 Wb 6
54260 Viviers-sur-Chiers 8 Xa 8
57330 Volmerange-les-Mines 9 Xa 9
02140 Voulpaix 10 Wb 4
08400 Vouziers 8 Xa 6
59870 Vred 10 Wa 3
08330 Vrigne-aux-Bois 8 Wb 6

W

57480 Waldwisse 9 Xa 10
59127 Walincourt-Selvigny 10 Wa 3
59135 Wallers 10 Wa 3
59132 Wallers-Trélon 11 Wa 5
59118 Wambrechies 21 Vb 3
59870 Wandignies-Hamage 10 Wa 3
59144 Wargnies-le-Grand 10 Wa 4
08090 Warnécourt 11 Wb 6
59290 Wasquehal 10 Vb 3
02630 Wassigny 10 Wa 4
02830 Watigny 11 Wb 5
59139 Wattignies 10 Vb 3
59150 Wattrelos 21 Vb 3
59136 Wavrin 10 Vb 2
59119 Waziers 10 Wa 3
02120 Wiège-Faty 10 Wb 4
59212 Wignehies 11 Wa 5
02500 Wimy 11 Wb 4
62410 Wingles 10 Wa 2
59670 Winnezeele Vb 2

X

54490 Xivry-Circourt 9 Xa 8

Y

08210 Yoncq 8 Wb 7
62124 Ytres 10 Wa 2

Œ

57100 Œutrange 9 Xa 9

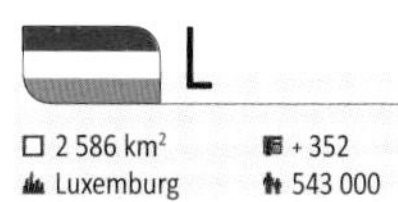

L

☐ 2 586 km² ☎ +352
Luxemburg 543 000

A

6225 Altrier 9 Wb 9
8808 Arsdorf 12 Wb 8
5701 Aspelt 9 Wb 9
9940 Asselborn 9 Wa 8

B

4902 Bascharage 9 Wb 8
9350 Bastendorf 9 Wb 9
9635 Bavigne 12 Wb 8
6310 Beaufort 9 Wb 9
6230 Bech 9 Wb 9
8521 Beckerich 9 Wb 8
9944 Beiler 9 Wa 9
8606 Bettborn 9 Wb 8
3201 Bettembourg 9 Wb 9
9345 Bettendorf 9 Wb 9
6832 Betzdorf 9 Wb 9
7760 Bissen 9 Wb 9
6833 Biwer 9 Wb 9
8710 Boevange-sur-Attert 9 Wb 9
9640 Boulaide 12 Wb 8
5407 Bous 9 Wb 9

C

8303 Capellen 9 Wb 8
4960 Clemency 9 Wb 8
9706 Clervaux 9 Wa 9
6201 Consdorf 9 Wb 9
5310 Contern 9 Wb 9

D

5680 Dalheim 9 Wb 9
9202 Diekirch 9 Wb 9
4501 Differdange 9 Wb 8
4972 Dippach 9 Wb 8
9647 Doncols 12 Wb 8

E

6402 Echternach 9 Wb 9
8531 Ell 9 Wb 8
9364 Ermsdorf 9 Wb 9
4002 Esch-sur-Alzette 9 Xa 8
9650 Esch-sur-Sûre 12 Wb 8
9651 Eschweiler 9 Wb 8
9001 Ettelbrück 9 Wb 9

F

9176 Feulen 9 Wb 9
6925 Flaxweiler 9 Wb 9
9455 Fouhren 9 Wb 9
5751 Frisange 9 Wb 9

G

8353 Garnich 9 Wb 8
9653 Goesdorf 9 Wb 8
6240 Graulinster 9 Wb 9
8818 Grevels 12 Wb 8
6711 Grevenmacher 9 Wb 9
9154 Grosbous 9 Wb 8

H

9655 Harlange 12 Wb 8
9943 Hautbellain 9 Wa 8
7634 Heffingen 9 Wb 9
9156 Heiderscheid 9 Wb 8
9156 Heinerscheid 9 Wa 9
5801 Hespérange 9 Wb 9
8370 Hobscheid 9 Wb 8
9377 Hochscheid 9 Wb 9
9960 Hoffelt 9 Wa 8
9805 Hosingen 9 Wa 9

J

6111 Junglinster 9 Wb 9

K

9662 Kaundorf 12 Wb 8
8280 Kehlen 9 Wb 9
8306 Koerich 9 Wb 8
8180 Kopstal 9 Wb 9

L

7610 Larochette 9 Wb 9
5430 Lenningen 9 Wb 9
3205 Leudelange 9 Wb 9
7440 Lintgen 9 Wb 9
7350 Lorentzweiler 9 Wb 9
1009 Luxembourg 9 Wb 9

M

6850 Manternach 9 Wb 9
9763 Marnach 9 Wa 9
6380 Medernach 9 Wb 9
7410 Mersch 9 Wb 9
9007 Mertzig 9 Wb 9
6695 Mompach 9 Wb 9
3901 Mondercange 9 Wb 8
5601 Mondorf les Bains 9 Wb 9
5331 Moutfort 9 Wb 9

N

6905 Niederanven 9 Wb 9

P

4702 Pétange 9 Wb 8

R

8805 Rambrouch 9 Wb 8
4980 Reckange-sur-Mess 9 Wb 9
8501 Redange 9 Wb 8
9204 Reisdorf 9 Wb 9
5440 Remerschen 9 Xa 9
5422 Remich 9 Wb 9
6955 Rodenbourg 9 Wb 9
3394 Roeser 9 Wb 9
8531 Roodt 9 Wb 8
6406 Rosport 9 Wb 10

S

7471 Saeul 9 Wb 8
5211 Sandweiler 9 Wb 9
4986 Sanem 9 Wb 8
6250 Scheidgen 9 Wb 9
6250 Schieren 9 Wb 9
5367 Schuttrange 9 Wb 9
8395 Septfontaines 9 Wb 8
8410 Steinfort 9 Wb 8
7302 Steinsel 9 Wb 9
1512 Strassen 9 Wb 9

T

9902 Troisvierges 9 Wa 8
7480 Tuntange 9 Wb 9

U

8701 Useldange 9 Wb 8

V

9405 Vianden 9 Wb 9
9188 Vichten 9 Wb 8

W

7680 Waldbillig 9 Wb 9
7201 Walferdange 9 Wb 9
9992 Weiswampach 9 Wa 9
5470 Wellenstein 9 Wb 9
9502 Wiltz 9 Wb 8
9776 Wilwerwiltz 9 Wb 8
9703 Wincrange 9 Wa 8
9696 Winseler 12 Wb 8
5481 Wormeldange 9 Wb 9

NL

☐ 41 526 km² ☎ +31
Amsterdam 16 804 000

A

1431 Aalsmeer 33 Ua 6
5582 Aalst 23 Ub 7
5582 Aalst 23 Va 7
7123 Aalten 34 Ub 10
4527 Aardenburg 21 Va 3
1719 Aardswoud 42 Tb 6
5735 Aarle-Rixtel 23 Ub 8
1391 Abcoude 33 Ua 6
8806 Achlum 42 Ta 7
3791 Achterveld 33 Ua 7
3256 Achthuizen 22 Ub 5
4885 Achtmaal 22 Va 6
9831 Aduard 43 Ta 9
2111 Aerdenhout 33 Ua 6
6913 Aerdt 34 Ub 9
5851 Afferden 24 Ub 9
1921 Akersloot 33 Tb 6
8491 Akkrum 43 Ta 8
8541 Akmarijp 43 Ta 8
7665 Albergen 34 Ua 10
2951 Alblasserdam 32 Ub 6
8495 Aldeboarn 43 Ta 8
8582 Aldegea 42 Tb 8
8582 Aldegea/Sneek 42 Tb 8
8567 Aldemardum 42 Tb 8
9064 Aldtsjerk 43 Ta 8
1811 Alkmaar 33 Tb 6
8758 Allingawier 42 Ta 7
7607 Almelo 34 Ua 10
1312 Almere 33 Ua 7
4286 Almkerk 23 Ub 6
6626 Alphen/Oss 23 Ub 7
5131 Alphen/Tillburg 23 Va 6
2402 Alphen aan den Rijn 33 Ua 6
7927 Alteveer 34 Tb 9
6006 Altweerterheide 23 Va 8
4233 Ameide 33 Ub 6
9446 Amen 43 Tb 10
5966 America 24 Va 8
3958 Amerongen 33 Ub 7
3811 Amersfoort 33 Ua 7
5324 Ammerzoden 23 Ub 7
1181 Amstelveen 33 Ua 6
1012 Amsterdam 33 Ua 6
4281 Andel 23 Ub 7
6673 Andelst 33 Ub 8
1619 Andijk 42 Tb 7
6687 Angeren 34 Ub 8
6986 Angerlo 34 Ub 9
9133 Anjum 43 Ta 9
1244 Ankeveen 33 Ua 7
9467 Anloo 43 Ta 10
4675 Anna Jacobapolder 22 Ub 5
1761 Anna Paulowna 42 Tb 6
9468 Annen 43 Ta 10
7964 Ansen 34 Tb 9
7311 Apeldoorn 34 Ua 8
8426 Appelscha 43 Tb 9
9901 Appingedam 44 Ta 10
5944 Arcen 24 Va 9
4241 Arkel 33 Ub 6
4341 Arnemuiden 22 Ub 4
6811 Arnhem 34 Ub 8
4115 Asch 33 Ub 7
9401 Assen 43 Tb 10
1566 Assendelft 33 Ua 6
5721 Asten 23 Va 8
1633 Avenhorn 33 Tb 6
4571 Axel 22 Va 4

B

7223 Baak 34 Ua 9
4881 Baarle-Nassau 23 Va 6
5991 Baarlo 24 Va 9
3741 Baarn 33 Ua 7
6909 Babberich 34 Ub 9
1171 Badhoevedorp 33 Ua 6
9953 Baflo 43 Ta 10
5761 Bakel 23 Ub 8
8574 Bakhuzen 42 Tb 7
9243 Bakkeveen 43 Ta 9
8561 Balk 42 Tb 8
7707 Balkbrug 34 Tb 9
9162 Ballum 43 Ta 8
8314 Bant 34 Tb 8
7244 Barchem 34 Ua 9
2991 Barendrecht 32 Ub 6
9512 Bareveld 44 Ta 10
7884 Barger-Compascuum 35 Tb 11
3772 Barneveld 33 Ua 8
6634 Batenburg 23 Ub 8
7437 Bathmen 34 Ua 9
4854 Bavel 23 Ub 6
7554 Beckum 34 Ua 10
9781 Bedum 43 Ta 10
7037 Beek/Didam 34 Ub 9
6191 Beek/Heerlen 23 Vb 8
6573 Beek/Nijmegen 24 Ub 8
5741 Beek en Donk 23 Ub 8
7361 Beekbergen 34 Ua 8
5437 Beers 23 Ub 8
9686 Beerta 44 Ta 11
4153 Beesd 33 Ub 7
5954 Beesel 24 Va 9
9044 Beneden-Leeuwen 43 Ta 8
9244 Beetsterzwaag 43 Ta 9
9411 Beilen 43 Tb 10
5951 Belfeld 24 Va 9
9698 Bellingwedde 44 Ta 11
9695 Bellingwolde 44 Ta 11
7156 Beltrum 34 Ua 10
6658 Beneden-Leeuwen 33 Ub 8
2121 Bennebroek 33 Ua 6
6721 Bennekom 33 Ua 8
6871 Renkum 33 Ub 8
3405 Benschop 33 Ua 6
6129 Berg/Born 23 Va 8
6325 Berg/Maastricht 23 Vb 8
6572 Berg-en Dal 24 Ub 8
1861 Bergen 33 Tb 6
5854 Bergen/Venray 24 Ub 9
1865 Bergen aan Zee 33 Tb 6
4611 Bergen op Zoom 22 Va 5
7691 Bergentheim 34 Tb 10
5571 Bergeyk 23 Va 7
7037 Bergh 34 Ub 9
6617 Bergharen 33 Ub 8
5351 Berghem 23 Ub 8
2661 Bergschenhoek 32 Ub 6
2651 Berkel en Rodenrijs 32 Ub 5
5056 Berkel-Enschot 23 Ub 7
2825 Berkenwoude 33 Ub 6
1647 Berkhout 33 Tb 7
8024 Berkum 34 Tb 9
5258 Berlicum 23 Ub 7
5683 Best 23 Ub 7
5835 Beugen 24 Ub 8
6641 Beuningen 33 Ub 8
4112 Beusichem 33 Ub 7
1944 Beverwijk 33 Ua 6
8256 Biddinghuizen 33 Ua 8
9906 Bierum 44 Ta 10
4521 Biervliet 22 Va 4
5084 Biest 23 Ub 7
3721 Bilthoven 33 Ua 7
9111 Birdaard 43 Ta 8
5531 Bladel 23 Va 7
8373 Blankenham 34 Tb 8
1261 Blaricum 33 Ua 7
2665 Bleiswijk 32 Ua 6
9171 Blija 43 Ta 8
9697 Blijham 44 Ta 11
2061 Bloemendaal 33 Ua 6
8356 Blokzijl 34 Tb 8
8635 Boazum 43 Ta 8
2411 Bodegraven 33 Ua 6
5427 Boekel 23 Ub 8
7548 Boekelo 34 Ua 10
9031 Boksum 43 Ta 8
8701 Bolsward 42 Ta 8
9212 Boornbergum 43 Ta 9
7271 Borculo 34 Ua 10
9531 Borger 43 Tb 10
4770 Born 23 Va 8
7622 Borne 34 Ua 10
7627 Bornerbroek 34 Ua 10
4454 Borssele 22 Va 4
2771 Boskoop 33 Ua 6
9545 Bourtange 44 Ta 11
5831 Boxmeer 24 Ub 8
5281 Boxtel 23 Ub 7
5306 Brakel 33 Ub 7
9153 Brantgum 43 Ta 8
4811 Breda 23 Ub 6
7126 Bredevoort 34 Ub 10
6562 Breedeweg 24 Ub 8
1764 Breezand 42 Tb 6
4511 Breskens 21 Va 4
4511 Breskens 21 Va 4
5694 Breugel 23 Ub 8
3621 Breukelen 33 Ua 7
3232 Brielle 32 Ub 5
1152 Broek in Waterland 33 Ua 6
5872 Broekhuizen 24 Va 9
9108 Broeksterwoude 43 Ta 8
4318 Brouwershaven 22 Ub 4
4311 Bruinisse 22 Ub 5
6971 Brummen 34 Ua 9
6441 Brunssum 23 Vb 8
6021 Budel 23 Va 8
9524 Buinerveen 43 Tb 10
9285 Buitenpost 43 Ta 9
6241 Bunde 23 Vb 8
3981 Bunnik 33 Ua 7
3752 Bunschoten 33 Ua 7
9164 Buren 43 Ta 8
4116 Buren 33 Ub 7
9251 Burgum 43 Ta 8
8742 Burgwerd 42 Ta 8
1401 Bussum 33 Ua 7
7481 Buurse 34 Ua 10

C

6267 Cadier en Keer 12 Vb 8
4506 Cadzand-Bad 21 Va 3
1759 Callantsoog 42 Tb 6
2903 Capelle aan dem IJssel 32 Ub 6
5811 Castenray 24 Va 9
1902 Castricum 33 Tb 6
4861 Chaam 23 Ub 6
4567 Clinge 22 Va 5
7741 Coevorden 34 Tb 10
4486 Colijnsplaat 22 Ub 4
8312 Creil 33 Tb 8
5431 Cuijk 24 Ub 8
4101 Culemborg 33 Ub 7

D

7688 Daarle 34 Ua 10
7751 Dalen 34 Tb 10
7721 Dalfsen 34 Tb 9
9104 Damwoude 43 Ta 8
3731 De Bilt 33 Ua 7
8397 De Blesse 43 Tb 9
1795 De Cocksdorp 42 Ta 6
8621 De Gaastmar 42 Tb 8
4655 De Heen 22 Ub 5
8456 De Knipe 43 Tb 8
1796 De Koog 42 Ta 6
7781 De Krim 34 Tb 10
2678 De Lier 32 Ub 5
7587 De Lutte 35 Ua 10
3454 De Meern 33 Ua 7
1701 De Nord 33 Tb 6
7671 De Pollen 34 Ua 10
9493 De Punt 43 Ta 10
1483 De Rijp 33 Tb 6
6994 De Steeg 34 Ua 9
1793 De Waal 42 Ta 6
7957 De Wijk 34 Tb 9
9367 De Wilp 43 Ta 9
2191 De Zilk 32 Ua 6
7701 Dedemsvaart 34 Tb 9
6877 Deelen 34 Ua 8
4158 Deil 33 Ub 7
7491 Delden 34 Ua 10
8508 Delfstrahuizen 43 Tb 8
2611 Delft 32 Ub 5
9934 Delfzijl 44 Ta 10
3258 Den Bommel 22 Ub 5
1791 Den Burg 42 Ta 6
5275 Den Dungen 23 Ub 7
7683 Den Ham 34 Ua 9
1782 Den Helder 42 Tb 6
1797 Den Hoorn 42 Ta 6
1779 Den Oever 42 Tb 7
7591 Denekamp 35 Ua 11
5751 Deurne 23 Va 8
7561 Deurningen 34 Ua 10
7418 Deventer 34 Ua 9
6952 Didam 34 Ub 9
7478 Diepenheim 34 Ua 10
7431 Diepenveen 34 Ua 9
6951 Dieren 34 Ua 9
5087 Diessen 23 Va 7
7981 Diever 43 Tb 9
4671 Dinteloord 22 Ub 5
5473 Dinther 23 Ub 7
7091 Dinxperlo 24 Ub 9
1746 Dirkshorn 42 Tb 6
3247 Dirksland 32 Ub 5
6669 Dodewaard 33 Ub 8
6981 Doesburg 34 Ua 9
7001 Doetinchem 34 Ub 9
9101 Dokkum 43 Ta 9
4357 Domburg 21 Ub 3
9497 Donderen 43 Ta 10
5104 Dongen 23 Ub 6
8435 Donkerbroek 43 Ta 9
3941 Doorn 33 Ua 7
6865 Doorwerth 34 Ub 8
3311 Dordrecht 32 Ub 6
4849 Dorst 23 Ub 6
4527 Draaibrug 21 Va 3
9203 Drachten 43 Ta 9
4315 Dreischor 22 Ub 4
6996 Drempt 34 Ua 9
6621 Dreumel 33 Ub 7
3971 Driebergen-Rijsenburg 33 Ua 7
9688 Drieborg 44 Ta 11
3465 Driebruggen 33 Ua 6
9114 Driesum 43 Ta 9
4267 Drongelen 23 Ub 7
9035 Dronrijp 43 Ta 8
8251 Dronten 34 Tb 8
5151 Drunen 23 Ub 7
6651 Druten 33 Ub 8
8651 Drylts 42 Ta 8
6922 Duiven 34 Ub 9
4271 Dussen 23 Ub 6
7991 Dwingeloo 43 Tb 9

E

8581 Ealahuzen 42 Tb 8
9264 Earnewald 43 Ta 8
8734 Easterein 43 Ta 8
8835 Easterlittens 43 Ta 8
6101 Echt 23 Va 8
4054 Echteld 33 Ub 8
8539 Echtenerbrug 43 Tb 8
1135 Edam 33 Tb 7
6711 Ede 33 Ua 8
9131 Ee 43 Ta 9
7211 Eefde 34 Ua 9
9761 Eelde 43 Ta 10
3755 Eemnes 33 Ua 7
9342 Een 43 Ta 9
9967 Eenrum 43 Ta 9
6961 Eerbeek 34 Ua 9
5521 Eersel 23 Va 7
8347 Eesveen 43 Tb 9
1931 Egmond aan Zee 33 Tb 6
1935 Egmond-Binnen 33 Tb 6
7151 Eibergen 34 Ua 10
6245 Eijsden 12 Vb 8
5611 Eindhoven 23 Va 7
8081 Elburg 34 Ua 8
7916 Elim 34 Tb 10
6011 Ell 23 Va 8
6955 Ellecom 34 Ua 9
4437 Ellewoutsdijk 22 Va 4
9442 Elp 43 Tb 10
5424 Elsendorp 23 Ub 8
5154 Elshout 23 Ub 7
8424 Elsloo 43 Tb 9
6181 Elsloo/Geelen 23 Vb 8
8075 Elspeet 34 Ua 8
6661 Elst/Nijmegen 34 Ub 8
3921 Elst/Veenendaal 33 Ub 8
8301 Emmeloord 34 Tb 8
7811 Emmen 35 Tb 10
7881 Emmer Compascuum 35 Tb 11
7881 Emmer Erfscheidenveen 35 Tb 10
8166 Emst 34 Ua 8
9132 Engwierum 43 Ta 9
1601 Enkhuizen 33 Tb 7
8307 Ens 34 Tb 8
7511 Enschede 35 Ua 10
7468 Enter 34 Ua 10
8161 Epe 34 Ua 8
7887 Erica 35 Tb 10
7843 Erm 34 Tb 10
3851 Ermelo 33 Ua 8
5469 Erp 23 Ub 8
5296 Esch 23 Ub 7
4185 Est 33 Ub 7
4872 Etten-Leur 22 Ub 6
7933 Eursinge 34 Tb 9
4121 Everdingen 33 Ub 7
7875 Exloo 43 Tb 10
8759 Exmorra 42 Ta 7
9891 Ezinge 43 Ta 9

F

9172 Ferwerd 43 Ta 8
4793 Fijnaart 22 Ub 5
9684 Finsterwolde 44 Ta 11
8802 Franeker 42 Ta 8

G

7011 Gaanderen 34 Ub 9
8757 Gaast 42 Ta 7
3886 Garderen 33 Ua 8
9263 Garyp 43 Ta 8
9462 Gasselte 43 Tb 10
9514 Gasselternijveen 43 Tb 10
4931 Geertruidenberg 23 Ub 6
7678 Geesteren 34 Ua 10
5386 Geffen 23 Ub 7
4191 Geldermalsen 33 Ub 7
5664 Geldrop 23 Va 8
6161 Geleen 23 Vb 8
7275 Gelselaar 34 Ua 10
5421 Gemert 23 Ub 8

F

L

NL

450 Genderen Schoonhoven
NL

4265 Genderen 23 Ub 7
7081 Gendringen 24 Ub 9
8281 Genemuiden 34 Tb 9
6591 Gennep 24 Ub 8
9174 Genum 43 Ta 8
6987 Giesbeek 34 Ub 9
3381 Giessenburg 33 Ub 6
9461 Gieten 43 Ta 10
9511 Gieterveen 43 Ta 10
7946 Giethoorn 34 Tb 9
2974 Gijbeland 33 Ub 6
5126 Gilze 23 Ub 6
9756 Glimmen 43 Ta 10
3252 Goedereede 32 Ub 4
4461 Goes 22 Ub 4
5051 Goirle 23 Ub 7
7471 Goor 34 Ua 10
4201 Gorinchem 33 Ub 6
8401 Gorredijk 43 Ta 9
7213 Gorssel 34 Ua 9
2801 Gouda 33 Ua 6
2977 Goudriaan 33 Ub 6
3267 Goudswaard 32 Ub 5
9084 Goutum 43 Ta 8
4569 Graauw 22 Va 5
8277 Grafhorst 34 Tb 8
7783 Gramsbergen 34 Tb 10
5985 Grashoek 24 Va 8
5361 Grave 23 Ub 8
9843 Grijpskerk 43 Ta 9
4364 Grijpskerke 22 Ub 4
4503 Groede 21 Va 4
7141 Groenlo 34 Ua 10
6561 Groesbeek 24 Ub 8
1873 Groet 42 Tb 6
9443 Grolloo 43 Tb 10
9712 Groningen 43 Ta 10
6247 Gronsveld 12 Vb 8
2964 Groot-Ammers 33 Ub 6
9861 Grootegast 43 Ta 9
9001 Grou 43 Ta 8
5971 Grubbenvorst 24 Va 9
6271 Gulpen 12 Vb 8
9061 Gytsjerk 43 Ta 8

H

7481 Haaksbergen 34 Ua 10
6685 Haalderen 34 Ub 8
5076 Haaren 23 Ub 7
7448 Haarle 34 Ua 9
2012 Haarlem 33 Ua 6
5254 Haarsteeg 23 Ub 7
2851 Haastrecht 33 Ub 6
6081 Haelen 24 Va 8
7025 Halle 34 Ub 9
9074 Hallum 43 Ta 8
4661 Halsteren 22 Ub 5
4273 Hank 23 Ub 6
9144 Hantumhuizen 43 Ta 9
5443 Haps 24 Ub 8
7772 Hardenberg 34 Tb 10
3841 Harderwijk 33 Ua 8
9751 Haren 43 Ta 10
7217 Harfsen 34 Ua 9
9617 Harkstede 43 Ta 10
8861 Harlingen 42 Ta 7
3481 Harmelen 33 Ua 6
7135 Harreveld 34 Ub 10
6732 Harskamp 33 Ua 8
8061 Hasselt 34 Tb 9
8051 Hattem 34 Ua 9
8094 Hattemerbroek 34 Ua 9
8433 Haulerwijk 43 Ta 9
1692 Hauwert 33 Tb 7
7971 Havelte 34 Tb 9
2391 Hazerswoude-Dorp 32 Ua 6
5321 Hedel 23 Ub 7
6097 Heel 23 Va 8
1964 Heemskerk 33 Tb 6
2101 Heemstede 33 Ua 6
3218 Heenvliet 32 Ub 5
8181 Heerde 34 Ua 9
8442 Heerenveen 43 Tb 8
1702 Heerhugowaard 33 Tb 6
6411 Heerlen 23 Vb 8
5384 Heesch 23 Ub 8
5473 Heeswijk 23 Ub 7
8111 Heeten 34 Ua 9
5591 Heeze 23 Va 8
6598 Heijen 24 Ub 8
4566 Heikant 22 Va 5
1851 Heiloo 33 Tb 6
4451 Heinkenszand 22 Va 4
8141 Heino 34 Ua 9
5988 Helden 24 Va 9
7447 Hellendoorn 34 Ua 9
3221 Hazerswoude-Dorp 32 Ub 5
5701 Helmond 23 Va 8
5268 Helvoirt 23 Ub 7
1607 Hem 33 Tb 7
3341 Hendrik-Ido-Ambacht 32 Ub 6
7551 Hengelo 34 Ua 10
7255 Hengelo 34 Ua 9
7496 Hengevelde 34 Ua 10
6075 Herkenbosch 24 Va 9
3249 Herkingen 22 Ub 5
5373 Herpen 23 Ub 8
4171 Herwijnen 33 Ub 7
6666 Heteren 33 Ub 8
5256 Heusden 23 Ub 7
6093 Heythuysen 23 Va 8
2181 Hillegom 33 Ua 6
5081 Hilvarenbeek 23 Va 7
1211 Hilversum 33 Ua 7
8713 Hindeloopen 42 Tb 7
4433 Hoedekenskerke 22 Va 4
4542 Hoek 22 Va 4
3151 Hoek van Holland 32 Ub 5
7351 Hoenderloo 34 Ua 8
3871 Hoevelaken 33 Ua 7
4741 Hoeven 22 Ub 6
9173 Hogebeintum 43 Ta 8
7813 Hollandscheveld 34 Tb 10
9161 Hollum 43 Ta 8
7451 Holten 34 Ua 9
9151 Holwerd 43 Ta 8
9905 Holwierde 44 Ta 10
1028 Holysloot 33 Ua 7
8622 Hommerts 43 Tb 8
2675 Honselersdijk 32 Ua 5
2131 Hoofddorp 33 Ua 6
4513 Hoofdplaat 22 Va 4
5095 Hooge Mierde 23 Va 7
4927 Hooge Zwaluwe 23 Ub 6
5528 Hoogeloon 23 Va 7
4631 Hoogerheide 22 Va 5
9423 Hoogersmilde 43 Tb 9
7801 Hoogeveen 34 Tb 10
9601 Hoogezand-Sappemeer 43 Ta 10
9414 Hooghalen 43 Tb 10
1616 Hoogkarspel 33 Tb 7
9745 Hoogkerk 43 Ta 10
3191 Hoogvliet 32 Ub 5
1718 Hoogwoud 33 Tb 6
8896 Hoorn 42 Ta 7
1621 Hoorn 33 Tb 7
4223 Hoornaar 33 Ub 6
6631 Horssen 33 Ub 8
5961 Horst 24 Va 9
3995 Houten 33 Ua 7
7205 Hoven 34 Ua 9
6851 Huissen 34 Ub 8
1271 Huizen 33 Ua 7
6336 Hulsberg 23 Vb 8
4561 Hulst 22 Va 5
6999 Hummelo 34 Ua 9
6999 Hummelo en Keppel 34 Ua 9
6013 Hunsel 23 Va 8
9254 Hurdegaryp 43 Ta 8
1777 Hyppolytushoef 42 Tb 6

IJ

7955 IJhorst 34 Tb 9
1972 IJmuiden 33 Ua 6
8271 IJsselmuiden 34 Tb 8
3401 IJsselstein 33 Ua 7
4515 IJzendijke 22 Va 4

I

1452 Ilpendam 33 Ua 6
8014 Ittersum 34 Ua 9

J

9057 Jelsum 43 Ta 8
9011 Jirnsum 43 Ta 8
9258 Jistrum 43 Ta 9
8501 Joure 43 Tb 8
1788 Julianadorp 42 Tb 6

K

5171 Kaatsheuvel 23 Ub 7
8261 Kampen 34 Tb 8
4493 Kamperland 22 Ub 4
4421 Kapelle 22 Va 4
2225 Katwijk 32 Ua 5
4012 Kerk-Avezaath 33 Ub 7
5331 Kerkdriel 23 Ub 7
6461 Kerkrade 13 Vb 9
5315 Kerkwijk 23 Ub 7
5995 Kessel 24 Va 9
4041 Kesteren 33 Ub 8
8250 Ketelhaven 34 Tb 8
7035 Kilder 34 Ub 9
8821 Kimswerd 42 Ta 7
2957 Kinderdijk 32 Ub 6
3286 Klaaswaal 22 Ub 5
7381 Klarenbeek 34 Ua 9
7891 Klazienaveen 35 Tb 10
9977 Kloosterburen 43 Ta 9
7694 Kloosterhaar 34 Ua 10
4587 Kloosterzande 22 Va 5
4791 Klundert 22 Ub 6
5511 Knegsel 23 Va 7
3628 Kockengen 33 Ua 6
7958 Koekange 34 Tb 9
4576 Koewacht 22 Va 4
1767 Kolhorn 42 Tb 6
9291 Kollum 43 Ta 9
9288 Kootsterille 43 Ta 9
3774 Kootwijkerbroek 33 Ua 8
9864 Kornhorn 43 Ta 9
1241 Kortenhoef 33 Ua 7
4484 Kortgene 22 Ub 4
2396 Koudekerk aan den Rijn 32 Ua 6
4371 Koudekerke 21 Va 4
8723 Koudum 42 Tb 7
4413 Krabbendijke 22 Va 5
8317 Kraggenburg 34 Tb 8
2931 Krimpen aan de Lek 32 Ub 6
2922 Krimpen aan dem IJssel 32 Ub 6
4416 Kruiningen 22 Va 5
4756 Kruisland 22 Ub 5
8374 Kuinre 43 Tb 8

L

6998 Laag-Keppel 34 Ub 9
5094 Lage Mierde 23 Va 7
4926 Lage Zwaluwe 23 Ub 6
1658 Lambertschaag 42 Tb 7
6371 Landgraaf 24 Vb 9
1121 Landsmeer 33 Ua 6
1721 Langedijk 33 Tb 6
9333 Langelo 43 Ta 9
2461 Koudekerk aan dem Rijn 33 Ua 6
8404 Langezwaag 43 Tb 9
8525 Langweer 43 Tb 8
1251 Laren 33 Ua 7
7245 Laren 34 Ua 9
9976 Lauwersoog 43 Ta 9
9351 Leek 43 Ta 9
5595 Leende 23 Va 8
9965 Leens 43 Ta 9
4141 Leerdam 33 Ub 7
3956 Leersum 33 Ua 7
8911 Leeuwarden 43 Ta 8
8326 Leeuwte 34 Tb 8
2312 Leiden 32 Ua 5
2352 Leiderdorp 32 Ua 6
2261 Leidschendam 32 Ua 5
9081 Lekkum 43 Ta 8
8232 Lelystad 33 Tb 7
8148 Lemele 34 Ua 9
8152 Lemelerveld 34 Ua 9
8532 Lemmer 43 Tb 8
4664 Lepelstraat 22 Ub 5
5809 Leunen 24 Ub 8
3831 Leusden 33 Ua 7
6578 Leuth 24 Ub 8
4128 Lexmond 33 Ub 7
7131 Lichtenvoorde 34 Ub 10
5298 Liempde 23 Ub 7
4033 Lienden 33 Ub 8
5715 Lierop 23 Va 8
5737 Lieshout 23 Ub 8
5757 Liessel 23 Va 8
7137 Lievelde 34 Ua 10
1906 Limmen 33 Tb 6
6067 Linne 24 Va 8
3461 Linschoten 33 Ua 6
2161 Lisse 32 Ua 6
5397 Lith 23 Ub 7
7242 Lochem 34 Ua 9
7371 Loenen 34 Ua 9
6941 Loil 34 Ub 9
8823 Lollum 42 Ta 8
9409 Loon 43 Ta 10
5175 Loon op Zand 23 Ub 7
5471 Loosbroek 23 Ub 8
3411 Lopik 33 Ub 6
9919 Loppersum 43 Ta 10
7581 Losser 35 Ua 11
5973 Lottum 24 Va 9
6741 Lunteren 33 Ua 8
8315 Luttelgeest 34 Tb 8
7775 Lutten 34 Tb 10
8105 Luttenberg 34 Ua 9
5575 Luyksgestel 23 Va 7

M

6026 Maarheeze 23 Va 8
3951 Maarn 33 Ua 7
3601 Maarssen 33 Ua 7
9034 Maarsum 43 Ta 8
3738 Maartensdijk 33 Ua 7
6051 Maasbracht 23 Va 8
5993 Maasbree 24 Va 9
2676 Maasdijk 32 Ub 5
3155 Maasland 32 Ub 5
3144 Maassluis 32 Ub 5
6211 Maastricht 12 Vb 8
5367 Macharen 23 Ub 8
4921 Made 23 Ub 6
8423 Makkinga 43 Tb 9
8754 Makkum 42 Ta 7
6581 Malden 24 Ub 8
5398 Maren 23 Ub 7
6269 Margraten 12 Vb 8
5738 Mariahout 23 Ub 8
7692 Marienberg 34 Tb 10
7263 Marienvelde 34 Ua 9
7475 Markelo 34 Ua 10
1156 Marken 33 Ua 7
1536 Markenbinnen 33 Tb 6
8316 Marknesse 34 Tb 8
9073 Marrum 43 Ta 8
9363 Marum 43 Ta 9
4021 Maurik 33 Ub 7
6281 Mechelen 12 Vb 8
1671 Medemblik 42 Tb 7
9651 Meeden 44 Ta 10
4231 Meerkerk 33 Ub 6
5861 Meerlo 24 Ub 9
6231 Meerssen 23 Vb 8
5366 Megen 23 Ub 8
5768 Meijel 23 Va 8
6074 Melick 24 Va 9
3248 Melissant 32 Ub 5
9036 Menaldum 43 Ta 8
7941 Meppel 34 Tb 9
5815 Merselo 24 Ub 8
5964 Meterik 24 Va 9
9123 Metslawier 43 Ta 9
6741 Meulunteren 33 Ua 8
6261 Mheer 12 Vb 8
6587 Middelaar 24 Ub 8
5091 Middelbeers 23 Va 7
4331 Middelburg 22 Va 4
3241 Middelharnis 32 Ub 5
1472 Middelie 33 Tb 7
9991 Middelstum 43 Ta 10
1462 Middenbeemster 33 Tb 6
8881 Midsland 42 Ta 7
9681 Midwolda 44 Ta 11
5731 Mierlo 23 Va 8
3641 Mijdrecht 33 Ua 6
8454 Mildam 43 Tb 9
5763 Milheeze 23 Ub 8
5451 Mill 23 Ub 8
6566 Millingen aan de Rijn 24 Ub 9
6596 Milsbeek 24 Ub 8
9142 Moddergat 43 Ta 9
4781 Moerdijk 22 Ub 6
5066 Moergestel 23 Ub 7
4727 Moerstraten 22 Ub 5
8722 Molkwar 42 Tb 7
1141 Monnickendam 33 Ua 7
2681 Monster 32 Ua 5
3417 Montfoort 33 Ua 6
2841 Moordrecht 33 Ub 6
1398 Muiden 33 Ua 7
1399 Muiderberg 33 Ua 7
8485 Munnekeburen 43 Tb 8
9853 Munnekezijl 43 Ta 9
6151 Munstergeleen 23 Vb 8
9581 Musselkanaal 44 Tb 11

N

2671 Naaldwijk 32 Ub 5
1411 Naarden 33 Ua 7
8308 Nagele 34 Tb 8
1456 Neck 33 Tb 6
1394 Nederhost den Berg 33 Ua 7
6031 Nederweert 23 Va 8
7161 Neede 34 Ua 10
6086 Neer 24 Va 8
4182 Neerijnen 33 Ub 7
5758 Neerkant 23 Va 8
9163 Nes 43 Ta 8
5534 Netersel 23 Va 7
7077 Netterden 24 Ub 9
6991 Neunkirchen-Vörden 36 Ua 13
1688 Nibbixwoud 33 Tb 7
9822 Niekerk 43 Ta 9
7833 Nieuw Amsterdam 35 Tb 10
9521 Nieuw Buinen 44 Tb 10
4568 Nieuw Namen 22 Va 5
7766 Nieuw Schoonebeek 35 Tb 10
7831 Nieuw Weerdinge 44 Tb 10
7938 Nieuw-Balinge 34 Tb 10
3264 Nieuw-Beijerland 32 Ub 5
5854 Nieuw-Bergen 24 Ub 9
4339 Nieuw-en Sint Joosland 22 Va 4
4328 Nieuw-Haamstede 22 Ub 4
8112 Nieuw-Heeten 34 Ua 9
1231 Nieuw-Loosdrecht 33 Ua 7
2151 Nieuw-Vennep 33 Ua 6
4681 Nieuw-Vossemeer 22 Ub 5
4455 Nieuwdorp 22 Va 4
9663 Nieuwe-Pekela 44 Ta 10
3244 Nieuwe-Tonge 22 Ub 5
3434 Nieuwegein 33 Ua 7
4255 Nieuwendijk 23 Ub 6
2415 Nieuwerbrug 33 Ua 6
4306 Nieuwerkerk 22 Ub 4
2912 Nieuwerkerk aan dem IJssel 32 Ub 6
9693 Nieuweschans 44 Ta 11
2421 Nieuwkoop 33 Ua 6
7711 Nieuwleusen 34 Tb 9
9944 Nieuwolda 44 Ta 10
6131 Nieuwstadt 23 Va 8
2441 Nieuwveen 33 Ua 6
4504 Nieuwvliet 21 Va 3
9841 Niezijl 43 Ta 9
9076 Nij Altoenae 43 Ta 8
9245 Nij Beets 43 Ta 9
9217 Nijega 43 Ta 9
7948 Nijeveen 34 Tb 9
3861 Nijkerk 33 Ua 7
3864 Nijkerkerveen 33 Ua 7
8771 Nederhost den Berg 42 Ta 8
6511 Nijmegen 24 Ub 8
5492 Nijnsel 23 Ub 7
7441 Nijverdal 34 Ua 9
4709 Nispen 22 Va 5
5388 Nistelrode 23 Ub 8
9257 Noardburgum 43 Ta 9
9635 Noordbroek 44 Ta 10
8079 Noordeinde 34 Tb 8
2431 Noorden 33 Ua 6
7846 Noordsleen 34 Tb 10
2202 Noordwijk 32 Ua 5
2211 Noordwijkerhout 32 Ua 5
8391 Noordwolde 43 Tb 9
2631 Nootdorp 32 Ua 5
9331 Norg 43 Ta 9
5671 Nuenen 23 Va 8
3281 Numansdorp 22 Ub 5
8071 Nunspeet 34 Ua 8

O

1713 Obdam 33 Tb 6
4051 Ochten 33 Ub 8
3984 Odijk 33 Ua 7
5409 Odiliapeel 23 Ub 8
7871 Odoorn 43 Tb 10
5441 Oeffelt 24 Ub 8
2341 Oegstgeest 32 Ua 5
8167 Oene 34 Ua 9
5808 Oirlo 24 Ub 9
5688 Oirschot 23 Ub 7
5062 Oisterwijk 23 Ub 7
8421 Oldeberkoop 43 Tb 9
8096 Oldebroek 34 Ua 8
9883 Oldehove 43 Ta 9
8375 Oldemarkt 43 Tb 9
7572 Oldenzaal 35 Ua 10
8121 Olst 34 Ua 9
7731 Ommen 34 Tb 9
4032 Ommeren 33 Ub 7
9959 Onderdendam 43 Ta 10
1693 Onderdijk 42 Tb 7
9591 Onstwedde 44 Ta 11
6576 Ooij 24 Ub 8
3257 Ooltgensplaat 22 Ub 5
8899 Oost-Vlieland 42 Ta 7
4501 Oostburg 21 Va 3
5091 Oostelbeers 23 Va 7
6861 Oosterbeek 34 Ub 8
8854 Oosterbierum 42 Ta 8
1696 Oosterblokker 33 Tb 7
8897 Oosterend 42 Ta 7
1794 Oosterend 42 Ta 6
7861 Oosterhesselen 34 Tb 10
4901 Oosterhout/Breda 23 Ub 6
6678 Oosterhout/Nijmegen 34 Ub 8
1609 Oosterleek 33 Tb 7
8097 Oosterwolde 34 Ua 8
8431 Oosterwolde 43 Tb 9
1477 Oosthuizen 33 Tb 6
4356 Oostkapelle 21 Ub 4
5807 Oostrum 24 Ub 9
3233 Oostvoorne 32 Ub 5
9828 Oostwold 43 Ta 9
9682 Oostwold 44 Ta 11
1511 Oostzaan 33 Ua 6
7631 Ootmarsum 35 Ua 10
9218 Opeinde 43 Ta 9
4061 Ophemert 33 Ub 7
4043 Opheusden 33 Ub 8
8453 Oranjewoud 43 Tb 8
6035 Ospel 23 Va 8
5341 Oss 23 Ub 8
4641 Ossendrecht 22 Va 5
4589 Ossenisse 22 Va 4
8376 Ossenzijl 43 Tb 8
1842 Oterleek 33 Tb 6
6595 Ottersum 24 Ub 8
3262 Oud-Beijerland 32 Ub 5
4751 Oud-Gastel 22 Ub 5
1231 Oud-Loosdrecht 33 Ua 7
3612 Oud-Maarsseveen 33 Ua 7
4698 Oud-Vossemeer 22 Ub 5
3253 Ouddorp 32 Ub 4
9665 Oude Pekela 44 Ta 11
9216 Oudega 43 Ta 9
8465 Oudehaske 43 Tb 8
4436 Oudelande 22 Va 4
4731 Oudenbosch 22 Ub 6
3227 Oudenhoorn 32 Ub 5
1191 Ouderkerk aan dem Amstel 33 Ua 6
1792 Oudeschild 42 Ta 6
3421 Oudewater 33 Ua 6
7722 Oudleusen 34 Tb 9
3255 Ouide-Tonge 22 Ub 5
6611 Overasselt 23 Ub 8
7586 Overdinkel 35 Ua 11
5825 Overloon 24 Ub 8
4441 Ovezande 22 Va 4

P

6911 Pannerden 34 Ub 9
5981 Panningen 24 Va 8
3351 Papendrecht 33 Ub 6
8763 Parrega 42 Ta 7
8812 Peins 42 Ta 8
9321 Peize 43 Ta 10
3195 Pernis 32 Ub 5
1755 Petten 42 Tb 6
4553 Philippine 22 Va 4
3265 Piershil 32 Ub 5
2641 Pijnacker 32 Ua 5
2685 Poeldijk 32 Ua 5
6061 Posterholt 24 Va 9
4841 Prinsenbeek 22 Ub 6
1441 Purmerend 33 Tb 6
3882 Putten 33 Ua 8
3297 Puttershoek 32 Ub 6

R

8102 Raalte 34 Ua 9
4944 Raamsdonk 23 Ub 6
9155 Raard 43 Ta 8
9012 Raerd 43 Ta 8
5371 Ravenstein 23 Ub 8
9008 Reduzum 43 Ta 8
5375 Reek 23 Ub 8
2811 Reeuwijk 33 Ua 6
7137 Rekken 34 Ua 10
4325 Renesse 32 Ub 4
3927 Renswoude 33 Ua 8
5541 Reusel 23 Va 7
5953 Reuver 24 Va 9
6991 Rheden 34 Ua 9
9695 Rhederbrug 44 Ta 11
3911 Rhenen 33 Ub 8
3161 Rhoon 32 Ub 5
2982 Ridderkerk 32 Ub 6
5133 Riel 23 Ub 7
5561 Riethoven 23 Va 7
5121 Rijen 23 Ub 6
2231 Rijnsburg 32 Ua 5
4891 Rijsbergen 22 Ub 6
1435 Rijsenhout 33 Ua 6
7461 Rijssen 34 Ua 10
2282 Rijswijk 32 Ua 5
4411 Rilland 22 Va 5
9105 Rinsumageest 43 Ta 8
5764 Rips 23 Ub 8
3235 Rockanje 32 Ub 5
9301 Roden 43 Ta 9
2371 Roelofarendsveen 33 Ua 6
6041 Roermond 24 Va 9
6088 Roggel 24 Va 8
9451 Rolde 43 Tb 10
9983 Roodeschool 43 Ta 10
4701 Roosendaal 22 Ub 5
6116 Roosteren 23 Va 8
5241 Rosmalen 23 Ub 7
7596 Rossum 35 Ua 10
5328 Rossum 23 Ub 7
3011 Rotterdam 32 Ub 5
9221 Rottevalle 43 Ta 9
8461 Rottum 43 Tb 8
7954 Rouveen 34 Tb 9
1437 Rozenburg 33 Ua 6
3181 Rozenburg 32 Ub 5
4715 Rucphen 22 Ub 6
7963 Ruinen 34 Tb 9
7961 Ruinerwold 34 Tb 9
8313 Rutten 12 Vb 7
8313 Rutten 43 Tb 8
7261 Ruurlo 34 Ua 9

S

3295 `s-Gravendeel 22 Ub 6
2511 `s-Gravenhaage (den Haag) 32 Ua 5
4431 `s-Gravenpolder 22 Va 4
2691 `s-Gravenzande 32 Ub 5
7041 `s-Heerenberg 24 Ub 9
4453 `s-Heerenhoek 22 Va 4
5211 `s-Hertogenbosch 23 Ub 7
5836 Sambeek 24 Ub 8
8326 Sankt Jansklooster 34 Tb 9
6070 Sankt Odilienberg 24 Va 9
2701 Santpoort-Noord 33 Ua 6
2082 Santpoort-Zuid 33 Ua 6
4551 Sas van Gent 22 Va 4
2171 Sassenheim 32 Ua 6
9771 Sauwerd 43 Ta 10
6816 Schaarsbergen 34 Ua 8
5556 Schaft 23 Va 7
1741 Schagen 42 Tb 6
1751 Schagerbrug 42 Tb 6
5374 Schaijk 23 Ub 8
7433 Schalkhaar 34 Ua 9
3998 Schalkwijk 33 Ub 7
4322 Scharendijke 32 Ub 4
8517 Scharsterbrug 43 Tb 8
9679 Scheemda 44 Ta 10
1697 Schellinkhout 33 Tb 7
4694 Scherpenisse 22 Ub 5
8483 Scherpenzeel 43 Tb 8
3925 Scherpenzeel 33 Ua 7
2490 Scheveningen 32 Ua 5
3111 Schiedam 32 Ub 5
9166 Schiermonnikoog 43 Ta 9
4721 Schijf 22 Va 6
5482 Schijndel 23 Ub 7
9626 Schildwolde 43 Ta 10
2636 Schipluiden 32 Ub 5
4507 Schoondijke 21 Va 4
7761 Schoonebeek 35 Tb 10
2871 Schoonhoven 33 Ub 6

Schoonloo Mielno/Łeknica 451

9443 Schoonloo 43 Tb 10
7848 Schoonoord 43 Tb 10
4145 Schoonrewoerd 33 Ub 7
1871 Schoorl 33 Tb 6
9551 Sellingen 44 Tb 11
4327 Serooskerke 22 Ub 4
5975 Sevenum 24 Va 9
8647 Sibrandabuorren 43 Ta 8
9628 Siddeburen 44 Ta 10
7064 Silvolde 34 Ub 9
6369 Simpelveld 12 Vb 8
7065 Sinderen 34 Ub 9
4697 Sint Annaland 22 Ub 5
9076 Sint Annaparochie 43 Ta 8
5845 Sint Anthonis 24 Ub 8
9079 Sint Jacobiparochie 43 Ta 8
4564 Sint Jansteen 22 Va 5
1752 Sint Maartensbrug 42 Tb 6
5271 Sint Michielsgestel 23 Ub 7
8521 Sint Nicolaasga 43 Tb 8
5491 Sint Oedenrode 23 Ub 7
6001 Weert 22 Vb 6
6131 Sittard 23 Va 8
8629 Skearnegoutum 43 Ta 8
7841 Sleen 34 Tb 10
4254 Sleeuwijk 33 Ub 6
6277 Slenaken 12 Vb 8
3361 Sliedrecht 33 Ub 6
9621 Slochteren 43 Ta 10
1774 Slootdorp 42 Tb 6
8556 Sloten 42 Tb 8
4524 Sluis 21 Va 3
4541 Sluiskil 22 Va 4
9422 Smilde 43 Tb 9
8603 Sneek 43 Ta 8
6027 Soerendonk 23 Va 8
3762 Soest 33 Ua 7
3769 Soesterberg 33 Ua 7
5711 Someren 23 Va 8
5691 Son 23 Ub 7
8565 Sondel 42 Tb 8
3751 Spakenburg 33 Ua 7
1715 Spanbroek 33 Tb 6
3852 Speuld 33 Ua 8
1641 Spierdijk 33 Tb 6
9909 Spijk 44 Ta 10
3203 Spijkenisse 32 Ub 5
5688 Spoordonk 23 Ub 7
9501 Stadskanaal 44 Tb 10
4754 Stampersgat 22 Ub 5
7951 Staphorst 34 Tb 9
4696 Stavenisse 22 Ub 5
8715 Starum 42 Tb 7
1614 Stede Broec 33 Tb 7
9921 Stedum 43 Ta 10
4651 Steenbergen 22 Ub 5
7221 Steenderen 34 Ua 9
8331 Steenwijk 34 Tb 9
8341 Steenwijkerwold 43 Tb 9
6171 Stein 23 Vb 8
3251 Stellendam 32 Ub 5
6029 Sterksel 23 Va 8
5844 Stevensbeek 24 Ub 8
9051 Stiens 43 Ta 8
2821 Stolwijk 33 Ub 6
1841 Stompetoren 33 Tb 6
6039 Stramproy 23 Va 8
4856 Strijbeek 23 Ub 6
3291 Strijen 22 Ub 6
3292 Strijensas 22 Ub 6
3776 Stroe 33 Ua 8
9871 Stroobos 43 Ta 9
9262 Suameer 43 Ta 9
9231 Surhuisterveen 43 Ta 9
6114 Susteren 23 Va 8
6071 Swalmen 24 Va 9
8255 Swifterbant 33 Tb 8
8442 Sønderborg 58 Rb 16

T

5931 Tegelen 24 Va 9
9791 Ten Boer 43 Ta 10
9792 Ten Post 43 Ta 10
2461 Ter Aar 33 Ua 6
9561 Ter Apel 44 Tb 11
8449 Terband 43 Tb 8
7061 Terborg 34 Ub 9
4844 Terheijden 23 Ub 6
8542 Terkaple 43 Ta 8
6891 Terlet 34 Ua 8
9947 Termunten 44 Ta 11
9145 Ternaard 43 Ta 8
4531 Terneuzen 22 Va 4
7396 Terwolde 34 Ua 9
4847 Teteringen 23 Ub 6
7395 Teuge 34 Ua 9
4691 Tholen 22 Ub 5
6017 Thorn 23 Va 8
4001 Tiel 33 Ub 7
5865 Tienray 24 Va 9
8406 Tijnje 43 Ta 8
5011 Tilburg 23 Ub 7
8458 Tjalleberd 43 Tb 8
9356 Tolbert 43 Ta 9
6916 Tolkamer 24 Ub 9
8309 Tollebeek 33 Tb 8
3899 Sint Maartensbrug 33 Ua 8
7651 Tubbergen 34 Ua 10
8334 Tuk 43 Tb 9
9571 Tweede-Exloërmond 44 Tb 10
7391 Twello 34 Ua 9
1676 Twisk 42 Tb 7
8804 Tzum 42 Ta 8
8084 t Harde 34 Ua 8
1797 't Horntje 42 Ta 6
1756 't Zand 42 Tb 6
9915 t Zandt 43 Ta 10

U

6574 Ubbergen 24 Ub 8
3888 Uddel 34 Ua 8
5401 Uden 23 Ub 8
5071 Udenhout 23 Ub 7
7975 Uffelte 34 Tb 9
7339 Ugchelen 34 Ua 8
1911 Uitgeest 33 Tb 6
1422 Uithoorn 33 Ua 6
9981 Uithuizen 43 Ta 10
9982 Uithuizermeeden 43 Ta 10
7071 Ulft 24 Ub 9
5113 Ulicoten 23 Va 6
9971 Ulrum 43 Ta 9
4851 Ulvenhout 23 Ub 6
9247 Ureterp 43 Ta 9
8321 Urk 33 Tb 8
1645 Ursem 33 Tb 6
9988 Usquert 43 Ta 10
3511 Utrecht 33 Ua 7

V

6291 Vaals 12 Vb 9
8171 Vaassen 34 Ua 8
6301 Valkenburg 12 Vb 8
5554 Valkenswaard 23 Va 7
7876 Valthermond 44 Tb 10
4064 Varik 23 Ub 7
7051 Varsseveld 34 Ub 9
7661 Vasse 34 Ua 10
9641 Veendam 44 Ta 10
3901 Veenendaal 33 Ua 8
9341 Veenhuizen 43 Ta 9
9269 Veenwouden 43 Ta 8
4351 Veere 22 Ub 4
5461 Veghel 23 Ub 8
5501 Veldhoven 23 Va 7
6881 Velp 34 Ub 8
6595 Ven-Zelderheide 24 Ub 9
5428 Venhorst 23 Ub 8
1606 Venhuizen 33 Tb 7
5911 Venlo 24 Va 9
5801 Venray 24 Ub 8
5512 Vessem 23 Va 7
5841 Veulen 24 Va 8
4132 Vianen 33 Ub 7
5821 Vierlingsbeek 24 Ub 9
2141 Vijfhuizen 33 Ua 6
6294 Vijlen 12 Vb 8
3645 Vinkeveen 33 Ua 6
3131 Vlaardingen 32 Ub 5
9541 Vlagtwedde 44 Ta 11
8381 Vledder 43 Tb 9
3451 Vleuten 33 Ua 7
5756 Vlierden 23 Va 8
5251 Vlijmen 23 Ub 7
4381 Vlissingen 21 Va 4
6063 Vlodrop 24 Va 9
6367 Voerendal 23 Vb 8
2114 Vogelenzang 32 Ua 6
4581 Vogelwaarde 22 Va 4
1131 Volendam 33 Ua 7
5408 Volkel 23 Ub 8
8325 Vollenhove 34 Tb 8
2271 Voorburg 32 Ua 5
2251 Voorschoten 32 Ua 5
7383 Voorst 34 Ua 9
3781 Voorthuizen 33 Ua 8
7251 Vorden 34 Ua 9
5476 Vorstenbosch 23 Ub 8
7134 Vragender 34 Ub 10
5816 Vredepeel 24 Ub 8
9481 Vries 43 Ta 10
7671 Vriezenveen 34 Ua 10
7681 Vroomshoop 34 Ua 10
4354 Vrouwenpolder 22 Ub 4
5261 Vught 23 Ub 7

W

5581 Waalre 23 Va 7
5141 Waalwijk 23 Ub 7
4414 Waarde 22 Va 5
3466 Waarder 33 Ua 6
2742 Waddinxveen 33 Ua 6
4014 Wadenoijen 33 Ub 7
9945 Wagenborgen 44 Ta 10
6701 Wageningen 33 Ub 8
6659 Wamel 33 Ub 7
7946 Wanneperveen 34 Tb 9
5446 Wanroij 23 Ub 8
5861 Wanssum 24 Ub 9
8191 Wapenveld 34 Ua 9
1473 Warder 33 Tb 7
9989 Warffum 43 Ta 10
1749 Warmenhuizen 42 Tb 6
2361 Warmond 32 Ua 6
7231 Warnsveld 34 Ua 9
9003 Warten 43 Ta 8
5165 Waspik 23 Ub 6
2242 Wassenaar 32 Ua 5
2291 Wateringen 32 Ua 5
3646 Waverveen 33 Ua 6
9698 Wedde 44 Ta 11
5571 Weebosch 23 Va 7
7814 Weerdinge 35 Tb 10
7595 Weerselo 34 Ua 10
6001 Weert 23 Va 8
1382 Weesp 33 Ua 7
7031 Wehl 34 Ub 9
9024 Weidum 43 Ta 8
9936 Weiwerd 44 Ta 10
6733 Wekerom 33 Ua 8
5855 Well 24 Ub 9
5856 Wellerlooi 24 Ub 9
4424 Wemeldinge 22 Ub 4
7345 Wenum 34 Ua 8
9005 Wergea 43 Ta 8
4251 Werkendam 33 Ub 6
4884 Wernhout 22 Va 6
1693 Wervershoof 33 Tb 7
8124 Wesepe 34 Ua 9
6019 Wessem 23 Va 8
1486 West-Graftdijk 33 Tb 6
8881 West-Terschelling 42 Ta 7
1464 Westbeemster 33 Tb 6
4554 Westdorpe 22 Va 4
8042 Westenholte 34 Tb 9
4328 Westenschouwen 22 Ub 4
5843 Westerbeek 24 Ub 8
9431 Westerbork 43 Tb 10
7676 Westerhaar-Vriezenveensewijk 34 Ua 10
1778 Westerland 42 Tb 6
6931 Westervoort 34 Ub 8
4361 Westkapelle 21 Ub 3
4361 Westkapelle 21 Va 3
3273 Westmaas 32 Ub 5
1617 Westwoud 33 Tb 7
6551 Weurt 23 Ub 8
8091 Wezep 34 Ua 8
7641 Wierden 34 Ua 10
1766 Wieringerwaard 42 Tb 6
1771 Wieringerwerf 42 Tb 7
9141 Wierum 43 Ta 9
7345 Wiesel 34 Ua 8
6601 Wijchen 23 Ub 8
1608 Wijdenes 33 Tb 7
8131 Wijhe 34 Ua 9
1949 Wijk aan Zee 33 Ua 6
3961 Wijk bij Duurstede 33 Ub 7
4261 Wijk en Aalburg 23 Ub 7
8857 Wijnaldum 42 Ta 7
9418 Wijster 34 Tb 10
8026 Wijthmen 34 Ua 9
4797 Willemstad 22 Ub 5
3648 Wilnis 33 Ua 6
7384 Wilp 34 Ua 9
8015 Windesheim 34 Ua 9
1731 Winkel 42 Tb 6
9671 Winschoten 44 Ta 11
6645 Winssen 33 Ub 8
9951 Winsum 43 Ta 10
8831 Winsum 43 Ta 8
5513 Wintelre 23 Va 7
7101 Winterswijk 34 Ub 10
9088 Wirdum 43 Ta 8
4491 Wissenkerke 22 Ub 4
6287 Wittem 12 Vb 8
3441 Woerden 33 Ua 6
3652 Woerdense Verlaat 33 Ua 6
1687 Wognum 33 Tb 7
9946 Woldendorp 44 Ta 11
4471 Wolphaartsdijk 22 Ub 4
8471 Wolvega 43 Tb 9
8731 Wommels 42 Ta 8
8711 Workum 42 Tb 7
1531 Wormer 33 Ua 6
2481 Woubrugge 33 Ua 6
3931 Woudenberg 33 Ua 7
8551 Woudsend 42 Tb 8
4724 Wouw 22 Ub 5
4725 Wouwse Plantage 22 Va 5
9091 Wyns 43 Ta 8
9089 Wytgaard 43 Ta 8

Y

4401 Yerseke 22 Va 5
8633 Ysbrechtum 43 Ta 8
5813 Ysselsteyn 24 Va 8

Z

4543 Zaamslag 22 Va 4
1501 Zaandam 33 Ua 6
5301 Zaltbommel 23 Ub 7
2042 Zandvoort 32 Ua 6
7038 Zeddam 34 Ub 9
5411 Zeeland 23 Ub 8
3891 Zeewolde 33 Ua 8
3474 Zegveld 33 Ua 6
9491 Zeijen 43 Ta 10
3701 Zeist 33 Ua 7
7021 Zelhem 34 Ua 9
7625 Zenderen 34 Ua 10
6671 Zetten 33 Ub 8
6901 Zevenaar 34 Ub 9
4761 Zevenbergen 22 Ub 6
2435 Zevenhoven 33 Ua 6
9354 Zevenhuizen 43 Ta 9
4301 Zierikzee 22 Ub 4
4122 Zijderveld 33 Ub 7
1736 Zijdewind 42 Tb 6
2711 Zoetermeer 32 Ua 5
2381 Zoeterwoude 32 Ua 6
4254 Zondhoven 23 Vb 7
4374 Zoutelande 21 Ub 3
9974 Zoutkamp 43 Ta 9
3284 Zuid-Beijerland 22 Ub 5
9636 Zuidbroek 44 Ta 10
4574 Zuiddorpe 22 Va 4
1566 Zuideinde 33 Ua 6
8278 Zuideinde 34 Ua 8
9801 Zuidhorn 43 Ta 9
3214 Zuidland 32 Ub 5
9471 Zuidlaren 43 Ta 10
7921 Zuidwolde 34 Tb 9
9785 Zuidwolde 43 Ta 10
1027 Zunderdorp 33 Ua 6
4881 Zundert 22 Va 6
7201 Zutphen 34 Ua 9
9270 Zwaagwesteinde 43 Ta 9
1161 Zwanenburg 33 Ua 6
7894 Zwartemeer 35 Tb 11
8064 Zwartsluis 34 Tb 9
7854 Zweeloo 34 Tb 10
3331 Zwijndrecht 32 Ub 6
7864 Zwinderen 34 Tb 10
8011 Zwolle 34 Tb 9

PL

312 685 km² | +48
Warszawa | 38 531 000

B

72 122 Babigoszcz 50 Sb 26
74 202 Babin/Gryfino 50 Ta 26
74 111 Babinek 50 Ta 26
66 432 Baczyna 41 Tb 27
74 110 Banie 50 Ta 26
74 110 Baniewice 50 Ta 26
73 100 Barnim 50 Ta 27
74 400 Barnówko 41 Tb 26
66 460 Białcz 41 Tb 26
66 630 Białków 41 Ua 26
68 344 Biecz/Lubsko 31 Ub 26
59 930 Bielawa Dolna 31 Va 27
74 202 Bielice/Pyrzyce 50 Ta 26
74 520 Bielinek 41 Tb 25
72 012 Binowo 50 Ta 26
72 205 Błotno 50 Sb 27
66 234 Boczów 41 Ua 26
59 920 Bogatynia 20 Vb 26
66 450 Bogdaniec 41 Tb 27
74 407 Boleszkowice 41 Tb 26
74 107 Borzym 50 Ta 26
72 105 Borzysławiec 50 Sb 26
69 200 Brzeźno/Sulęcin 41 Ua 27
68 343 Brody/Lubskie 31 Ub 26
68 320 Bronice 31 Ub 26
74 211 Brzesko/Pyrzyce 50 Ta 27
66 433 Brzeźno/Dębno 41 Tb 26
66 629 Brzozów/Lubsko 31 Ub 26
66 626 Brzózka 31 Ub 27
72 022 Brzózki 50 Sb 25
68 320 Budziechów 31 Ub 27
72 130 Budzieszowce 50 Sb 27
72 003 Buk/Szczecin 50 Ta 25
74 211 Bylice 50 Ta 27
66 614 Bytomiec 41 Ua 26

C

74 520 Cedynia 41 Tb 25
72 342 Cerkwica 56 Sa 27
66 436 Chartów 41 Tb 26
74 422 Chełm Dolny 41 Tb 26
68 300 Chełm Żarski 31 Ub 26
68 219 Chełmica 31 Ub 26
66 624 Chlebowo 31 Ua 26
74 311 Chłopowo 41 Tb 26
68 300 Chocimek 31 Ub 27
74 500 Chojna/Trzcińsko-Zdroj 41 Tb 25
72 405 Chomino 56 Sb 26
74 107 Chwarstnica 50 Ta 26
74 405 Chwarszczany 41 Tb 26
66 630 Cybinka 41 Ua 26
74 404 Cychry 41 Tb 26
68 210 Czaple 31 Ub 26
66 633 Czarnowice 31 Ub 26
66 434 Czarnów 41 Tb 26
74 120 Czarnówko 50 Ta 26
74 500 Czartoryja 41 Tb 26
74 133 Czelin 41 Tb 25
74 100 Czepino 50 Ta 26
72 204 Czermnica 50 Sb 26
74 300 Czerników 41 Tb 26
66 612 Czetowice 41 Ua 27
74 300 Czółnów 41 Tb 26

D

74 311 Dalsze 41 Tb 26
72 132 Danowo 50 Sb 26
72 510 Dargobądź 50 Sb 26
72 130 Darż 50 Ta 27
70 001 Dąbie/Szczecin 50 Ta 26
66 461 Dąbroszyn 41 Tb 26
68 304 Dąbrowa/Lubsko 31 Ub 26
72 200 Dąbrowa Nowogardzka 50 Sb 27
66 019 Debrznica 41 Ua 27
74 300 Derczewo 50 Ta 26
72 212 Dębice/Maszewo 50 Sb 27
68 215 Dębinka 31 Ub 26
74 400 Dębno/Boleszkowice 41 Tb 26
72 220 Długołęka/Nowogard 50 Sb 27
69 200 Długoszyn 41 Ua 27
68 300 Dłużek/Lubsko 31 Ub 26
72 010 Dobieszczyn 50 Sb 25
72 003 Dobra/Szczecin 50 Ta 25
66 632 Dobre/Lubsko 31 Ub 26
68 132 Dobrochów 31 Ub 26
68 132 Dobrzyń/Gozdnica 31 Va 26
74 311 Dolsk/Dębno 41 Tb 26
72 002 Dołuje 50 Ta 25
69 214 Drogomin 41 Ua 27
68 200 Drożków 31 Ub 27
69 100 Drzecin 41 Ua 26
66 630 Drzeniów 41 Ua 26
69 110 Drzeńsko 41 Ua 26
66 470 Drzewice 41 Tb 26
66 626 Dychów 31 Ub 27
59 915 Działoszyn/Bogatynia 20 Vb 26
74 322 Dziedzice 50 Ta 27
74 322 Dzikowo/Barlinek 50 Tb 27
72 122 Dzisna 50 Sb 26
72 420 Dziwnów 56 Sa 26
72 420 Dziwnówek 56 Sa 26

G

72 410 Gadom 50 Sb 26
69 110 Gajec 41 Ua 26
74 106 Gardno 50 Ta 26
66 019 Gądków Wielki 41 Ua 26
72 511 Gąsierzyno 50 Sb 26
72 400 Giżkowo 56 Sb 26
74 304 Giżyn/Myślibórz 41 Tb 27
74 200 Giżyn/Pyrzyce 50 Ta 26
72 100 Glewice 50 Sb 26
74 300 Głazów 41 Tb 26
66 437 Głuchowo/Słońsk 41 Tb 26
74 500 Godków 41 Tb 25
72 212 Godowo 50 Sb 27
74 225 Gogolice 41 Tb 26
72 410 Golczewo 50 Sb 26
74 312 Golenice 41 Tb 26
72 100 Goleniów 50 Sb 26
74 520 Golice/Cedynia 41 Tb 25
66 450 Gostkowice 41 Tb 27
72 403 Gostyń/Kamień Pomorski 56 Sa 26
74 505 Gozdowice 41 Tb 25
74 225 Góralice 41 Tb 26
72 400 Górki/Kamień Pomorski 56 Sb 26
69 113 Górzyca 41 Ua 26
68 304 Górzyn 31 Ub 26
66 629 Grabice 31 Ub 26
72 205 Grabin/Nowogard 50 Sb 27
74 131 Grabowo/Chojna 50 Ta 25
73 100 Grabowo/Stargard Szczeciński 50 Ta 27
68 219 Grabów/Tuplice 31 Ub 26
68 219 Grężawa 31 Ub 26
69 220 Gronów/Ośno Lubuskie 41 Ua 26
68 213 Grotów/Trzebiel 31 Ub 26
74 100 Gryfino 50 Ta 25
74 500 Grzybno/Chojna 50 Ta 26
66 620 Gubin 31 Ub 26
66 620 Gubinek 31 Ub 26

J

68 212 Jagłowice 31 Ub 26
72 400 Jarszewo 56 Sb 26
72 010 Jasienica/Szczecin 50 Sb 26
68 320 Jasień/Lubsko 31 Ub 27
59 922 Jasna Góra 20 Vb 26
66 433 Jastrzębiec/Myślibórz 41 Tb 27
59 900 Jedrzychowice 31 Va 27
72 212 Jenikowo 50 Sb 27
59 900 Jerzmanki 31 Va 27
74 210 Jesionowo 50 Ta 27

K

74 406 Kaleńsko 41 Tb 26
66 461 Kamień Mały 41 Tb 26
72 400 Kamień Pomorski 56 Sb 26
66 461 Kamień Wielki 41 Tb 26
66 632 Kaniów 31 Ub 26
72 343 Karnice 56 Sa 27
72 600 Karsibór/Swinoujście 50 Sb 25
72 200 Karsk 50 Sb 27
73 115 Karsko 41 Tb 27
74 312 Kierzków 50 Tb 26
70 794 Kijewo 50 Ta 26
72 221 Kikorze 50 Sb 27
73 115 Kinice 41 Tb 27
70 780 Kleskowo 50 Ta 26
73 100 Klępino 50 Ta 27
72 105 Kliniska Wielkie 50 Ta 26
70 001 Klucz 50 Ta 26
73 100 Kłęby 50 Ta 27
66 631 Kłopot 41 Ua 26
66 451 Kłopotowo 41 Tb 26
74 133 Kłosów 41 Tb 25
73 108 Kobylanka/Stargard Szczeciński 50 Ta 26
72 518 Kodrąb/Międzyzdroje 56 Sb 26
73 116 Kolin 50 Ta 27
72 013 Kołbacz 50 Ta 26
72 001 Kołbaskowo 50 Ta 25
72 514 Kołczewo 56 Sb 26
68 343 Koło/Lubsko 31 Ub 26
72 306 Kołomąc 50 Sb 27
72 012 Kołowo 50 Ta 26
59 921 Kopaczów 20 Vb 26
72 112 Kopice/Stepnica 50 Sb 26
66 613 Korczyców 41 Ua 26
74 210 Kosin/Pyrzyce 50 Ta 27
66 470 Kostrzyn/Górzyca 41 Tb 26
73 100 Koszewo 50 Ta 26
69 114 Kowalów/Rzepin 41 Ua 26
74 204 Kozielice 50 Ta 26
74 230 Krasne/Lipiany 50 Ta 26
73 116 Krępcewo 50 Ta 27
66 435 Krępiny 41 Tb 27
66 435 Krzeszyce 41 Tb 27
59 915 Krzewina 20 Va 26
74 131 Krzymów/Chojna 41 Tb 25
74 121 Krzywin/Banie 50 Ta 25
72 307 Kukań 56 Sb 27
69 100 Kunice/Słubice 41 Ua 26
69 122 Kunowice 41 Ua 26
73 100 Kunowo/Stargard Szczeciński 50 Ta 26
66 450 Kwiatkowice/Wieprzyce 41 Tb 27

L

72 510 Laska 50 Sb 26
69 113 Laski Lubuskie 41 Ua 26
66 437 Lemierzyce 41 Tb 26
72 350 Lędzin 56 Sa 27
74 240 Lipiany 50 Ta 26
68 213 Lipinki Łużyckie 31 Ub 27
74 131 Lisie Pole 50 Ta 25
69 100 Lisów/Słubice 41 Ua 26
74 111 Lubanowo 50 Ta 26
72 105 Lubczyna 50 Sb 26
74 211 Lubiatowo 50 Ta 27
74 120 Lubicz/Krzywin 50 Ta 25
74 520 Lubiechów Dolny 41 Tb 25
69 214 Lubień/Sulęcin 41 Ua 26
66 234 Lubin/Rzepin 41 Ua 26
72 600 Lubin/Świnoujście 50 Sb 25
66 433 Lubiszyn 41 Tb 26
66 427 Lubno/Wieprzyce 41 Tb 27
66 234 Lubów 41 Ua 26
68 300 Lubsko 31 Ub 26
74 210 Lucin 50 Ta 27

Ł

72 518 Ładzin 56 Sb 26
74 300 Ławy 41 Tb 26
73 112 Łęczyca/Stargard Szczeciński 50 Ta 27
68 208 Łęknica/Trzebiel 31 Ub 26
74 204 Łozice 50 Ta 26
72 122 Łożnica 50 Sb 26
74 520 Łukowice 41 Tb 25
72 600 Łunowo 50 Sb 25

M

66 630 Maczków 41 Ua 26
73 100 Małkocin 50 Ta 27
66 629 Markosice 31 Ub 26
72 130 Maszewo/Goleniów 50 Sb 27
66 614 Maszewo/Krosno Odrzańskie 31 Ua 26
72 407 Mechowo/Gryfice 56 Sb 27
74 520 Mętno 41 Tb 25
74 230 Mielęcin/Pyrzyce 50 Ta 26
68 132 Mielno/Łeknica 31 Ub 27

NL

PL

RUS

□ 17 098 242 km²   ■ +7
⚓ Moskva   ⚐ 143 500 000

PL

RUS

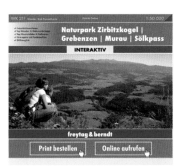
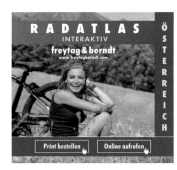

Inhaltsverzeichnis

Content I Sommaire I Inhoud I Obsah I Treść I Innhold I Innehåll I Sisältö I Indhold

Blattübersicht
Key Plan I Tableau d'assemblage I Bladoverzicht I Klad listů I Skorowidzarkuszy
Kartbladoversikt I Bladöversikt I Karttalehdet I Kortbladsoversigt

Legende
Legend I Légende I Legende I Vysvětlivky I Legenda
Tegnforklaring I Teckenförklaring I Merkkien selitykset I Signaturforklaring

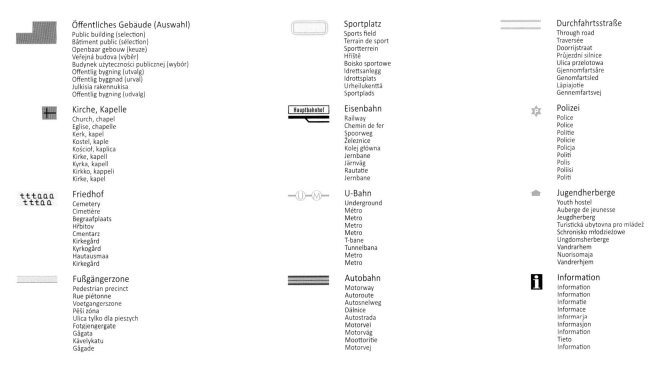

Öffentliches Gebäude (Auswahl)
Public building (selection)
Bâtiment public (sélection)
Openbaar gebouw (keuze)
Veřejná budova (výběr)
Budynek użyteczności publicznej (wybór)
Offentlig bygning (utvalg)
Offentlig byggnad (urval)
Julkisia rakennuksia
Offentlig bygning (udvalg)

Kirche, Kapelle
Church, chapel
Eglise, chapelle
Kerk, kapel
Kostel, kaple
Kościół, kaplica
Kirke, kapell
Kyrka, kapell
Kirkko, kappeli
Kirke, kapel

Friedhof
Cemetery
Cimetière
Begraafplaats
Hřbitov
Cmentarz
Kirkegård
Kyrkogård
Hautausmaa
Kirkegård

Fußgängerzone
Pedestrian precinct
Rue piétonne
Voetgangerszone
Pěší zóna
Ulica tylko dla pieszych
Fotgjengergate
Gågata
Kävelykatu
Gågade

Sportplatz
Sports field
Terrain de sport
Sportterrein
Hřiště
Boisko sportowe
Idrettsanlegg
Idrottsplats
Urheilukenttä
Sportplads

Eisenbahn (Hauptbahnhof)
Railway
Chemin de fer
Spoorweg
Železnice
Kolej główna
Jernbane
Järnväg
Rautatie
Jernbane

U-Bahn
Underground
Métro
Metro
Metro
Metro
T-bane
Tunnelbana
Metro
Metro

Autobahn
Motorway
Autoroute
Autosnelweg
Dálnice
Autostrada
Motorvei
Motorväg
Moottoritie
Motorvej

Durchfahrtsstraße
Through road
Traversée
Doorrijstraat
Průjezdní silnice
Ulica przelotowa
Gjennomfartsåre
Genomfartsled
Läpiajotie
Gennemfartsvej

Polizei
Police
Police
Politie
Policie
Policja
Politi
Polis
Poliisi
Politi

Jugendherberge
Youth hostel
Auberge de jeunesse
Jeugdherberg
Turistická ubytovna pro mládež
Schronisko młodzieżowe
Ungdomsherberge
Vandrarhem
Nuorisomaja
Vandrerhjem

Information
Information
Information
Informatie
Informace
Informarja
Informasjon
Information
Tieto
Information

Amsterdam 1:15 000

1
2
3
A
B
C
D
Centrale
Markthallen
Westelijk Marktkanaal
Oostelijk Marktkanaal
Admiraal de Ruijterweg
Bestevaerstraat
Karel Doormanstr.
Willem de Zwijgerlaan
De Rijpgracht
Sporthal
Joos-Blanckers-Pl.
Jan van Galen-straat
Moskee
Reinier-Claeszepl.
Kostverlorenstr.
Frederik Hendrik Plantsoen
Van Oldenbarneveldtpl.
Nassaukade
Marnixstraat
Marnix-plein
Lindengracht
Westerstraat
Noorderkerk
Noordermarkt
Brouwersgracht
Haarlemmerstraat
Herenmarkt
Multatuli Museum
Anne Frank Huis
Westermarkt
Westerkerk
Homomonument
Theater-museum
Raadhuisstr.
Magna Plaza
Nieuwe Kerk
Koninklijk Paleis Dam
Nationaal Monument
Paleisstraat
Nieuwezijds Voorburgwal
Spuistraat
Damrak
Rokin
Oude Zijds
Rozengracht
Bloemgracht
Lauriergracht
Elandsgracht
Prinsengracht
Keizersgracht
Herengracht
Singel
Felix Meritis Theater
Amsterdams historisch Museum
Begijnhof
Spui
Universiteit van Amsterdam
Bijbels Museum
Munt-plein
Koningsplein
Katten-kabinet
Vijzelstraat
Fodor Museum
Museum van Loon
Kerkstraat
Leidseplein
Stadsschouwburg
Max Euwepl.
Leidsestraat
Weteringschans
Rijksmuseum
Vijzelgracht
Heineken Experience
Stadhouderskade
Hobbemakade
De Clercqstr.
Bilderdijkstraat
Kinkerstr.
Oud-West
Stadsdeelkantoor
De Baarsjes
Overtoom
Vondelstraat
1e Constantijn Huygensstraat
Filmmuseum
Vondelpark
Openlucht-theater
Oud-Zuid
Van Baerlestraat
Paulus Potterstr.
Van Gogh Museum
Stedelijk Museum
Museumplein
Concertgebouw
Concertgebouwplein
Willemsparkweg
Van Eeghenstr.
Koninginneweg
De Lairessestr.
Valeriusplein
Cornelis Krusemanstr.
Amstelveenseweg
Roelof Hartstraat
Roelof Hartpl.
Ceintuurbaan
Albert Cuypstraat
Ferdinand Bolstraat
Sarphatipark
Van Woustraat
Amstelkanaal
Apollolaan
Stadionweg
Olympiaplein
Minervalaan
Beethovenstraat
Churchillaan
Sporthal

1 km

4
5
6
A
B
C
D
HET IJ
De Ruijterkade
CENTRAAL STATION
Stations-plein
M51,53,54
Centraal Station
Nord-Zuid-Metro Under construction
Het Muziekgebouw Bimhuis
Passagiers Terminal
S100
Veemkade
Piet Heinkade
Sumatrakade
Java-eiland
Javakade
Kratontuin
Ijhaven
Oosterdokskade
Stedelijk Museum CS
Scheepvaarthuis
Oosterdok
Museum NEMO
Amsterdam Centrum
Marine Etablissement
Dijksgracht
Prins Hendrikkade
Vereniging Huseumhaven Amsterdam
Nederlands Scheepvaart Museum
Kattenburgerstraat
Kattenburgergracht
Wittenburgergracht
Oostenburgergracht
Windroosplein
Zeeburg
Rietlandterras
Panamalaan
Piet Hein Tunnel
Waag
Nieuwmarkt
St. Nicolaaskerk
Schreierstoren
Valkenburgerstr.
Wertheimpark
Portugese Synagoge
Stadhuis Muziektheater
Waterlooplein
Plantage Middenlaan
Hortus Botanicus
Entrepotdok
Natura Artis Magistra
Planetarium
Aquarium
Weesperstraat
Hermitage
Museum Willet Holthuysen
Amstel
Keizersgracht
Theater Carré
Weesperplein
Sarphatistraat
Mauritskade
Tropenmuseum
Oosterpark
Oost
Onze Lieve Vrouwe Gasthuis
Wibautstraat
Linnaeusstraat
Zeeburgerdijk
Roomtuintjes
Muiderpoort Station
Insulindeweg
Stadhouderskade
Nederlandse Bank
Amsteldijk
Ceintuurbaan
Van Woustraat
Gemeentearchief
Moskee
Middenweg
Linnaeushof
Park Frankendael
Volkstuinenpark Klein Dantzig
Prins Bernhard-park
Gooiseweg
Station Amstel
Berlagebrug
Vrijheidslaan
Rijnstraat
Hugo de Vriesweg
Wethouder Frankeweg

Aarhus 1:14 500

1 km

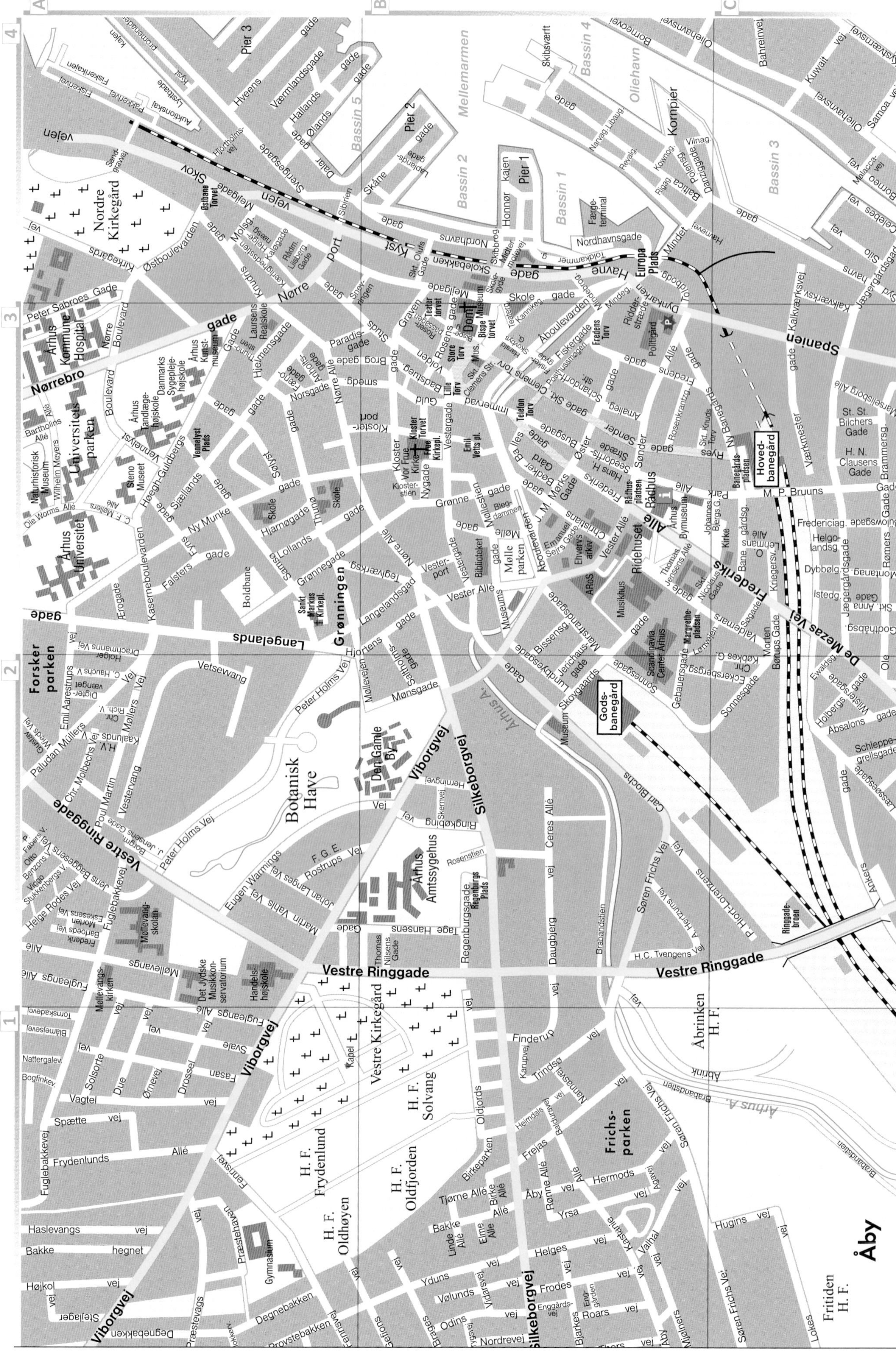
A
B
C
4
3
2
1
Nordre Kirkegård
Århus Kommune Hospital
Nørrebro
Nørre Boulevard
Universitetsparken
Århus Universitet
Forskerparken
Botanisk Have
Den Gamle By
Århus Amtssygehus
Vestre Kirkegård
Vestre Ringgade
Viborgvej
Silkeborgvej
Langelandsgade
Grønningen
Dom
Store Torv
Lille Torv
Rådhus
Rådhuspladsen
Ridehuset
ARoS
Musikhus
Scandinavian Center Århus
Godsbanegård
Hovedbanegård
Banegårdspladsen
M. P. Bruuns Gade
Frederiks Allé
De Mezas Vej
Spanien
Havnegade
Europa Plads
Kyst vejen
Skovvejen
Nørre port
Bassin 1
Bassin 2
Bassin 3
Bassin 4
Bassin 5
Mellemarmen
Olihavn
Pier 1
Pier 2
Pier 3
Kompier
Færge-terminal
Møllevangskolan
Det Jydske Musikkonservatorium
Handelshøjskole
Frichsparken
H. F. Frydenlund
H. F. Solvang
H. F. Oldfjorden
H. F. Oldhøyen
Åbrinken H. F.
Fritiden H. F.
Åby
Gymnasium
Ringgadebroen
Århus Å

Bergen 1:14 500

1 km

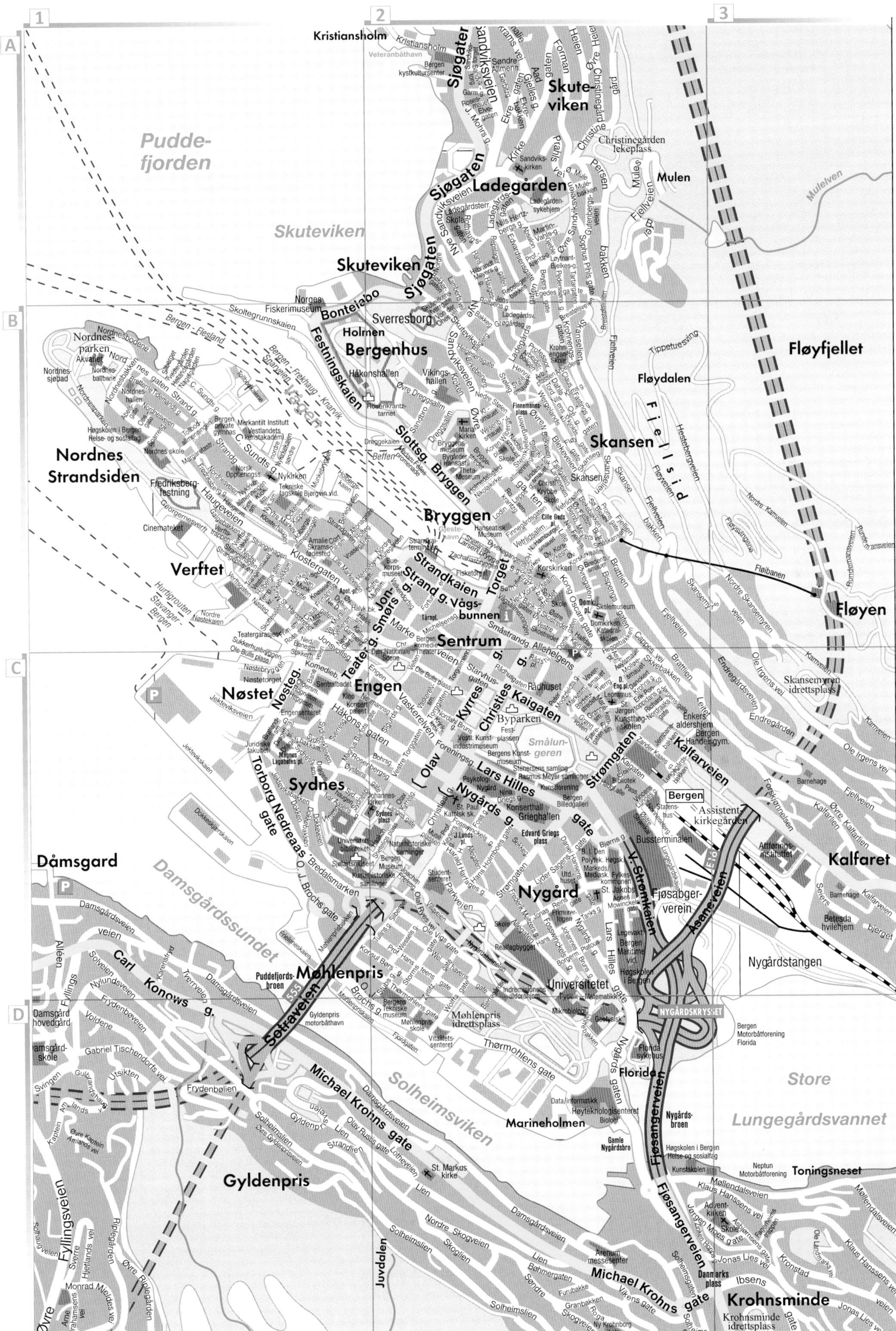
1
2
3
A
B
C
D
Kristiansholm
Sjøgaten
Skuteviken
Ladegården
Mulen
Puddefjorden
Skuteviken
Bonteløbo
Sverresborg
Holmen
Bergenhus
Festningskaien
Håkonshallen
Fløyfjellet
Fløydalen
Fjellsid
Skansen
Nordnes Strandsiden
Nordnesparken
Akvariet
Bryggen
Verftet
Strandkaien
Torget
Vågsbunnen
Sentrum
Fløyen
Fløibanen
Nøstet
Engen
Kaigaten
Byparken
Smålungeren
Strømgaten
Kalfarveien
Sydnes
Bergen
Lars Hilles g.
Nygårds g.
Torborg Nedreaas gate
Dåmsgard
Damsgårdssundet
Kalfaret
Nygård
Fjøsabgerverein
Nygårdstangen
Møhlenpris
Universitetet
Asaneveien
Carl Konows g.
Sotraveien
NYGÅRDSKRYSSET
Florida
Store Lungegårdsvannet
Michael Krohns gate
Solheimsviken
Marineholmen
Fjøsangerveien
Gyldenpris
Toningsneset
Juvdalen
Fyllingsveien
Krohnsminde
Krohnsminde idrettsplass
Møhlenpris idrettsplass
Skansemyren idrettsplass

1 km

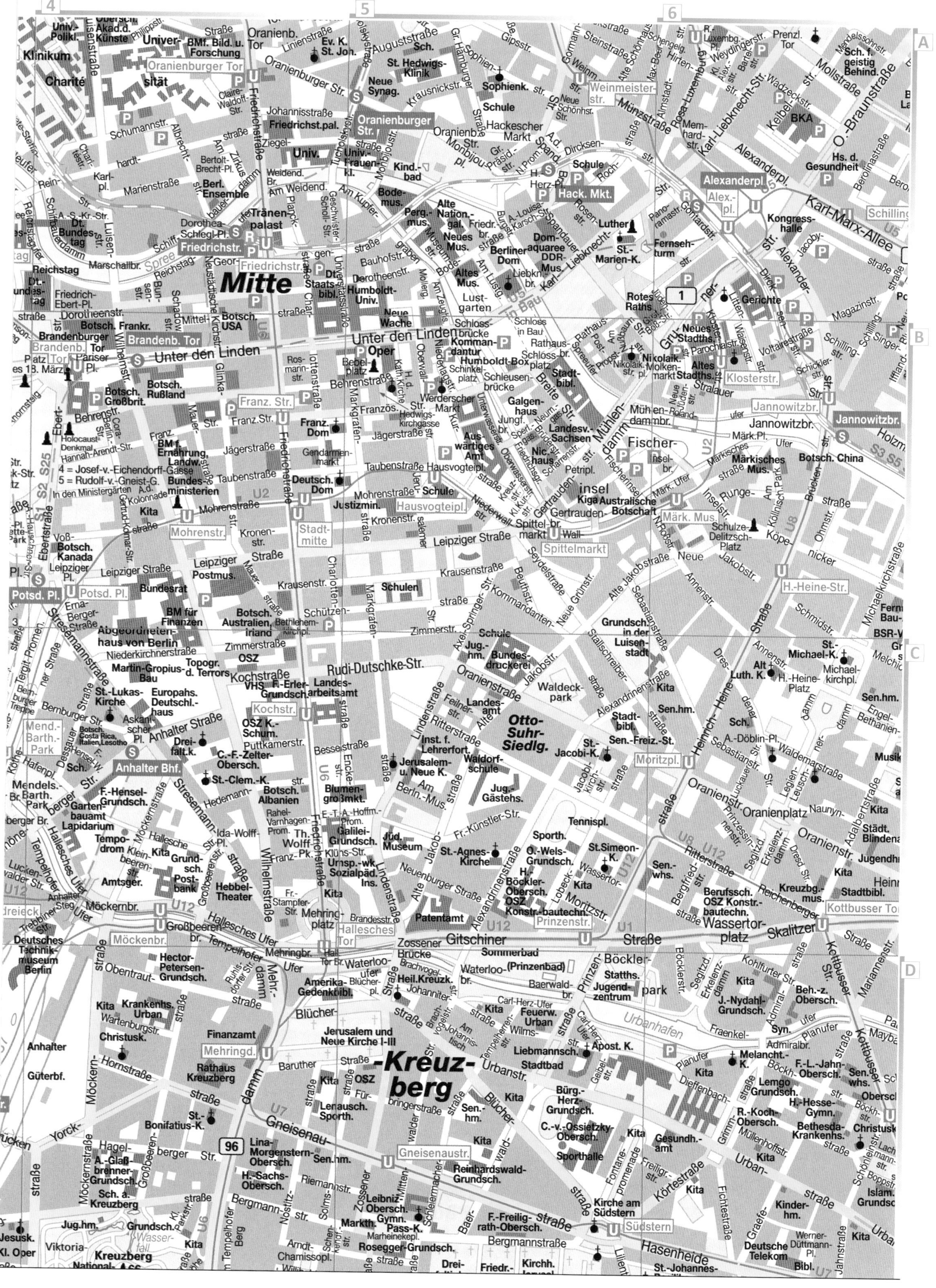

4
5
6
A
B
C
D
Mitte
Kreuzberg
Univ.-Polikl.
Akad.d. Künste
Klinikum
Charité
Univer-sität
BMf. Bild. u. Forschung
Oranienburger Tor
Oranienb. Tor
Linienstraße
Ev. K. St. Joh.
Auguststraße
Sch.
St. Hedwigs-Klinik
Neue Synag.
Oranienburger Str.
Krausnickstr.
Sophienk.
Gipsstr.
Schule
Hackescher Markt
Weinmeister-str.
Münzstraße
Rosa-Luxemburg-Pl.
Karl-Liebknecht-Str.
Prenzl. Tor
Mollstraße
Sch. f. geistig Behind.
Keibelstr.
BKA
O.-Braunstraße
Hs. d. Gesundheit
Alexanderpl.
Alex.-pl.
Karl-Marx-Allee
Kongress-halle
Schilling
Schumannstr.
Albrechtstr.
Johannisstraße
Friedrichst.pal.
Friedrichstraße
Marienstraße
Berl. Ensemble
Univ.
Kind.-bad
Weidend. Br.
Am Weidend.
Bode-mus.
Perg.-mus.
Alte Nation.-gal.
Neues Mus.
Hack. Mkt.
Dircksen-str.
Luther
St.-Marien-K.
Fernseh-turm
Reichstagufer
Dt. Bundes-tag
Tränen-palast
Friedrichstr.
Dorotheenstr.
Reichstag
Marschallbr.
Spree
Dt. Staats-bibl.
Humboldt-Univ.
Berliner Dom
Altes Mus.
Lust-garten
Dom-aquaree
DDR-Mus.
Rotes Raths.
Gerichte
Neue Wache
Unter den Linden
Schloss in Bau
Humboldt-Box
Nikolaik.
Neues Stadths.
Altes Stadths.
Klosterstr.
Stralauer
Jannowitzbr.
Brandenburger Tor
Brandenb. Tor
Pariser Pl.
Botsch. Frankr.
Botsch. USA
Botsch. Großbrit.
Botsch. Rußland
Oper
Kommandantur
Werderscher Markt
Franz. Str.
Franz. Dom
Jägerstraße
Gendarmen-markt
Ausw. Amt
Nic.-haus
Landesv. Sachsen
Fischer-insel
Mühlendamm
Märkisches Mus.
Botsch. China
Holocaust-Denkmal
Hannah-Arendt-Str.
BM f. Ernährung, Landw.
Bundes-ministerien
Deutsch. Dom
Taubenstraße
Hausvogteipl.
Mohrenstraße
Mohrenstr.
Justizmin.
Kita
Stadtmitte
Spittelmarkt
Leipziger Straße
Kiga Australische Botschaft
Märk. Mus.
Köpenicker
H.-Heine-Str.
Botsch. Kanada
Potsd. Pl.
Bundesrat
Postmus.
Krausenstr.
Schulen
BM für Finanzen
Botsch. Australien, Irland
Abgeordnetenhaus von Berlin
Zimmerstraße
OSZ
Topogr. d. Terrors
Kochstraße
Kochstr.
Rudi-Dutschke-Str.
Landes-arbeitsamt
Bundes-druckerei
Grundsch. in der Luisen-stadt
Waldeck-park
Otto-Suhr-Siedlg.
St.-Michael-K.
Luth. K.
Martin-Gropius-Bau
Europahs. Deutschl.-haus
St.-Lukas-Kirche
Anhalter Straße
Anhalter Bhf.
Dreifalt.k.
St.-Clem.-K.
Jerusalem- u. Neue K.
Inst. f. Lehrerfort.
Waldorf-schule
St.-Jacobi-K.
Moritzpl.
Oranienstr.
Oranienplatz
F.-Hensel-Grundsch.
Garten-bauamt Lapidarium
Tempo-drom
Hebbel-Theater
Blumen-großmkt.
Galilei-Grundsch.
Jüd. Museum
St.-Agnes-Kirche
O.-Wels-Grundsch.
St.Simeon-K.
Tennispl.
Möckernbr.
Hallesches Ufer
Hallesches Tor
Mehring-platz
Patentamt
Prinzenstr.
Gitschiner Straße
Wassertor-platz
Skalitzer
Kottbusser Tor
Deutsches Technik-museum Berlin
Hector-Petersen-Grundsch.
Amerika-Gedenkbibl.
Heil.Kreuzk.
Sommerbad (Prinzenbad)
Böckler-park
Jugend-zentrum
Kita
Urbanhafen
Finanzamt
Rathaus Kreuzberg
Mehringd.
Jerusalem und Neue Kirche I-III
Blücher-
Apost. K.
Liebmannsch.
Stadtbad
Melancht.-K.
Anhalter Güterbf.
Yorck-
Bonifatius-K.
Gneisenau-
Gneisenaustr.
Reinhardswald-Grundsch.
Urbanstr.
Gesundh.-amt
Kirche am Südstern
Südstern
Hasenheide
Bergmannstraße
Marheinekepl.
Viktoria-
Kreuzberg
Deutsche Telekom
Christusk.
96
1
U2
U5
U6
U7
U8
U12
S3
S5

Dresden 1:14 500

1 km

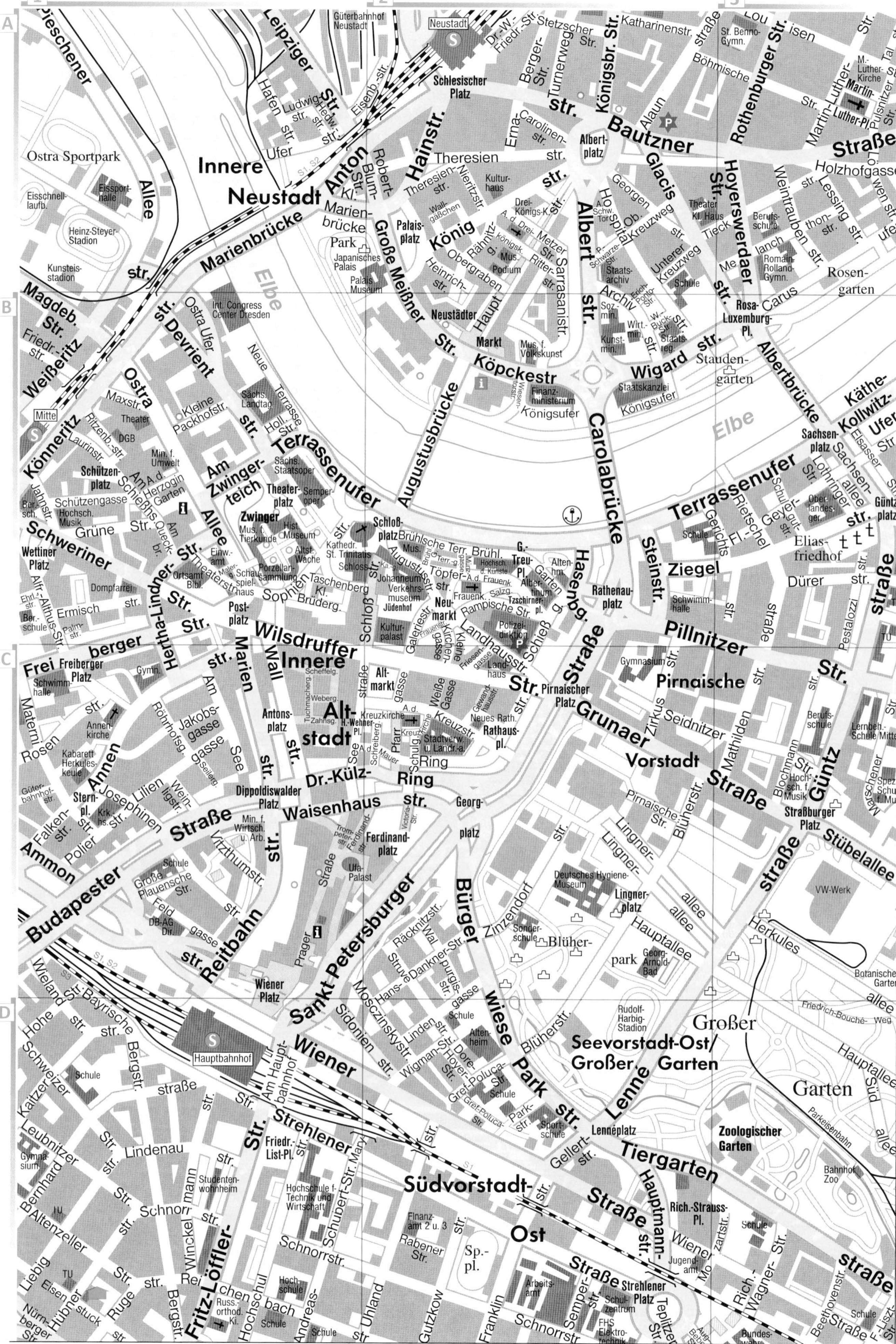
1
2
3
A
B
C
D
Innere Neustadt
Neustadt
Schlesischer Platz
Bautzner Straße
Albertplatz
Königsbr. Str.
Rothenburger Str.
Hoyerswerdaer Str.
Glacis
Hauptstr.
Große Meißner Str.
Königstraße
Palaisplatz
Japanisches Palais
Marienbrücke
Elbe
Ostra Sportpark
Eisspothalle
Heinz-Steyer-Stadion
Int. Congress Center Dresden
Devrient str.
Magdeb. Str.
Weißeritz str.
Könneritz str.
Ostra Allee
Terrassenufer
Augustusbrücke
Carolabrücke
Albertbrücke
Köpckestr
Neustädter Markt
Wigard str.
Rosa-Luxemburg-Pl.
Sachsenplatz
Zwinger
Theaterplatz
Semperoper
Schloßplatz
Brühlsche Terr.
Schloss
Kathedr. St. Trinitatis
Taschenberg
Sophienstr.
Postplatz
Wilsdruffer Str.
Neumarkt
Frauenk.
Landhausstr.
Polizeidirektion
Kulturpalast
Altmarkt
Kreuzkirche
Rathausplatz
Altstadt
Pirnaischer Platz
Pillnitzer Str.
Pirnaische Vorstadt
Grunaer Straße
Rathenauplatz
Hasenberg
Steinstr.
Ziegelstr.
Elias-friedhof
Güntzplatz
Güntzstraße
Straßburger Platz
Stübelallee
VW-Werk
Freiberger Platz
Schwerinerstr.
Wettiner Platz
Annenkirche
Annenstr.
Budapester Straße
Ammonstr.
Marienstr.
Wallstr.
Dr.-Külz-Ring
Dippoldiswalder Platz
Waisenhausstr.
Georgplatz
Ferdinandplatz
Ufa-Palast
Reitbahnstr.
Prager Str.
Sankt Petersburger Str.
Bürgerwiese
Deutsches Hygiene-Museum
Lingnerplatz
Lingnerallee
Blüherpark
Hauptallee
Herkulesallee
Botanischer Garten
Großer Garten
Seevorstadt-Ost/Großer Garten
Zoologischer Garten
Lennéplatz
Lennéstr.
Wiener Platz
Wiener Str.
Hauptbahnhof
Strehlener Str.
Friedr.-List-Pl.
Hochschule f. Technik und Wirtschaft
Südvorstadt-Ost
Tiergarten Straße
Hauptmannstr.
Rich.-Strauss-Pl.
Strehlener Platz
Schnorrstr.
Fritz-Löffler-Str.
Hochschulstr.
Bergstr.
Bayrische Str.
Lindenaustr.
Winckelmannstr.
Studentenwohnheim
Schulzentrum
Teplitzer Str.
Beethovenstr.
Bahnhof Zoo

Düsseldorf 1:14 500

1 km

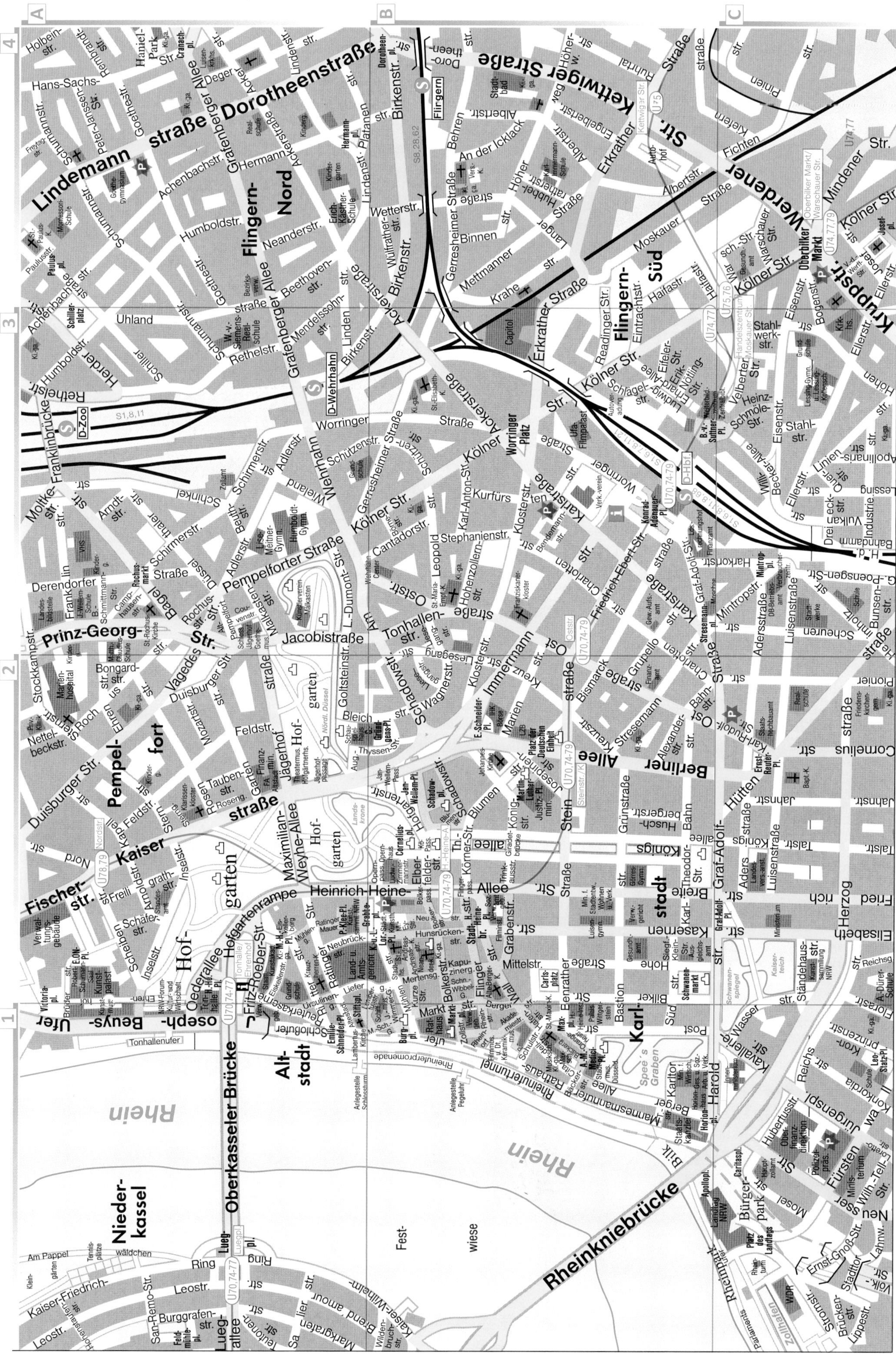

A
B
C
1
2
3
4
Lindemannstraße
Dorotheenstraße
Grafenberger Allee
Flingern-Nord
Flingern-Süd
Kettwiger Straße
Erkrather Straße
Werdener Str.
Kruppstr.
Kölner Str.
Oberbilker Markt
Worringer Platz
Worringer Str.
Karlstraße
Ackerstraße
Birkenstr.
S Flingern
S D-Wehrhahn
S D-Zoo
D-Hbf.
Wehrhahn
Pempelforter Straße
Pempelfort
Prinz-Georg-Str.
Jacobistraße
Tonhallenstr.
Immermann str.
Oststr.
Berliner Allee
Friedrich-Ebert-Str.
Graf-Adolf-Str.
Stresemannstraße
Königsallee
Heinrich-Heine-Allee
Kaiserstraße
Fischerstr.
Hofgarten
Hofgartenrampe
Joseph-Beuys-Ufer
Oberkasseler Brücke
Altstadt
Karlstadt
Rhein
Rheinkniebrücke
Niederkassel
Festwiese
Luegplatz
Luegallee
Kaiser-Wilhelm-Ring
Kasernenstr.
Elisabethstr.
Herzogstr.
Friedrichstr.
Corneliusstr.
Hüttenstr.
Bahnstr.
Harkortstr.
Duisburger Str.
Uhland str.
Schumannstr.
Goethestr.
Rethelstr.
Frankenstr.
Schadowstr.
Marktplatz
Rathausufer
Mannesmannufer
Rheinufertunnel
Spee's Graben
Ständehausstr.
Kaiserteich
Schwanenspiegel
Reichsstr.
Fürstenwall
Jürgensplatz
Landtag NRW
Apolloplatz
Zollhafen
WDR

Erfurt 1:14 500

1 km

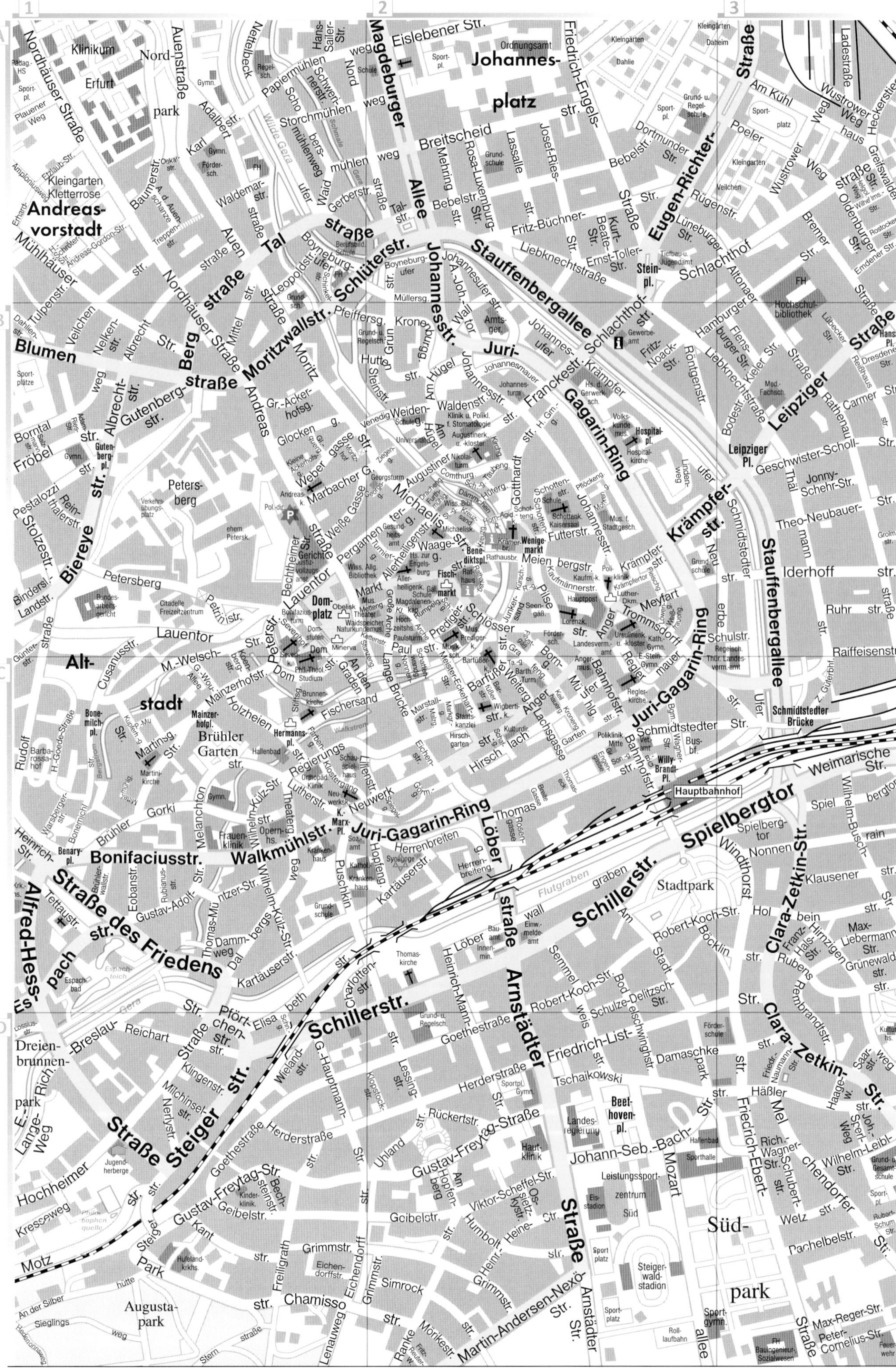
1
2
3
A
B
C
D
Klinikum
Erfurt
Nord-
park
Nordhäuser Straße
Auenstraße
Adalbert str.
Nettelbeck
Papiermühlen weg
Storchmühlen weg
Magdeburger Allee
Eislebener Str.
Johannes-
platz
Ordnungsamt
Friedrich-Engels-str.
Breitscheid str.
Lassalle
Josef-Ries-
Eugen-Richter-Straße
Kleingarten
Kleingarten Kletterrose
Andreas-
vorstadt
Mühlhäuser str.
Waldemar-str.
Gerberstr.
Talstraße
Bebelstr.
Fritz-Büchner-
Liebknechtstraße
Ernst-Toller-Str.
Stein-
pl.
Schlachthof
Schlachthof-str.
Stauffenbergallee
Schlüterstr.
Johannesstr.
Moritzwallstr.
Pfeiffersg.
Bergstraße
Blumen
Gutenberg-str.
Albrecht-str.
Juri-Gagarin-Ring
Krämpfer
Hamburger
Leipziger Straße
Leipziger
Pl.
Andreas
Moritz
Glocken g.
Weber gasse
Marbacher G.
Augustiner
Michaelisstr.
Waldenstr.
Peters-
berg
Petersberg
Bereye str.
Fröbel
Borntal
Pestalozzi
Stolzestr.
Lauentor
Dom-
platz
Dom
Fisch-
markt
Rathaus
Wenige-
markt
Futterstr.
Meyfart
Trommsdorff
Anger
Schlösser
Pilse
Regierungsstr.
Fischersand
Lange Brücke
Marstall-
Barfüßer
Bahnhofstr.
Regler
Schmidtstedter
Schmidtstedter Brücke
Iderhoff str.
Ruhr str.
Raiffeisenstr.
Geschwister-Scholl-
Theo-Neubauer-
Alt-
stadt
Cusanusstr.
M.-Welsch-
Mainzerhofstr.
Holzheien
Brühler
Garten
Hermanns-
pl.
Rudolf
Gorki
Bonifaciusstr.
Walkmühlstr.
Juri-Gagarin-Ring
Löber straße
Hauptbahnhof
Willy-
Brandt-
Pl.
Spielbergtor
Weimarische Str.
Stadtpark
Schillerstr.
Flutgraben
Straße des Friedens
Alfred-Hess-
Heinrich-Str.
Benary-
pl.
Espach-
bad
Kartäuserstr.
Puschkin
Herrenbreiten
Thomas
Thomaskirche
Heinrich-Mann-
Arnstädter Straße
Robert-Koch-Str.
Schulze-Delitzsch-Str.
Clara-Zetkin-Str.
Windthorst
Nonnen
Klausener
Max-
Liebermann-
Str.
Grünewald-
str.
Rembrandtstr.
Rubens
Böcklin
Schillerstr.
Goethestraße
Friedrich-List-
Damaschke
Tschaikowski
Breslau-
Reichart
Dreien-
brunnen-
park
Steiger str.
Straße
Klingenstr.
Milchinsel-str.
Nerlystr.
Wieland-
G.-Hauptmann-
Herderstraße
Lessing-
Gustav-Freytag-Straße
Rückertstr.
Beet-
hoven-
pl.
Landes-
regierung
Johann-Seb.-Bach-Str.
Mozart
Friedrich-Ebert-
Hässler
Wagner-
Str.
Schubert-
Wilhelm-Leibl-
Str.
Hochheimer
Kresseweg
Gustav-Freytag-Str.
Geibelstr.
Kant
Motz
Park
Augusta-
park
Sieglings
Grimmstr.
Eichendorff
Freiligrath
Simrock
Chamisso
Lenauweg
Viktor-Scheffel-Str.
Humboldt
Leistungssport-
zentrum
Süd
Steiger-
wald-
stadion
Süd-
park
Wetz
Pachelbelstr.
Max-Reger-Str.
Peter-
Cornelius-Str.
Martin-Andersen-Nexö-Str.
Mörikestr.
Ranke
Straße

Espoo/Esbo 1:14 500

1 km

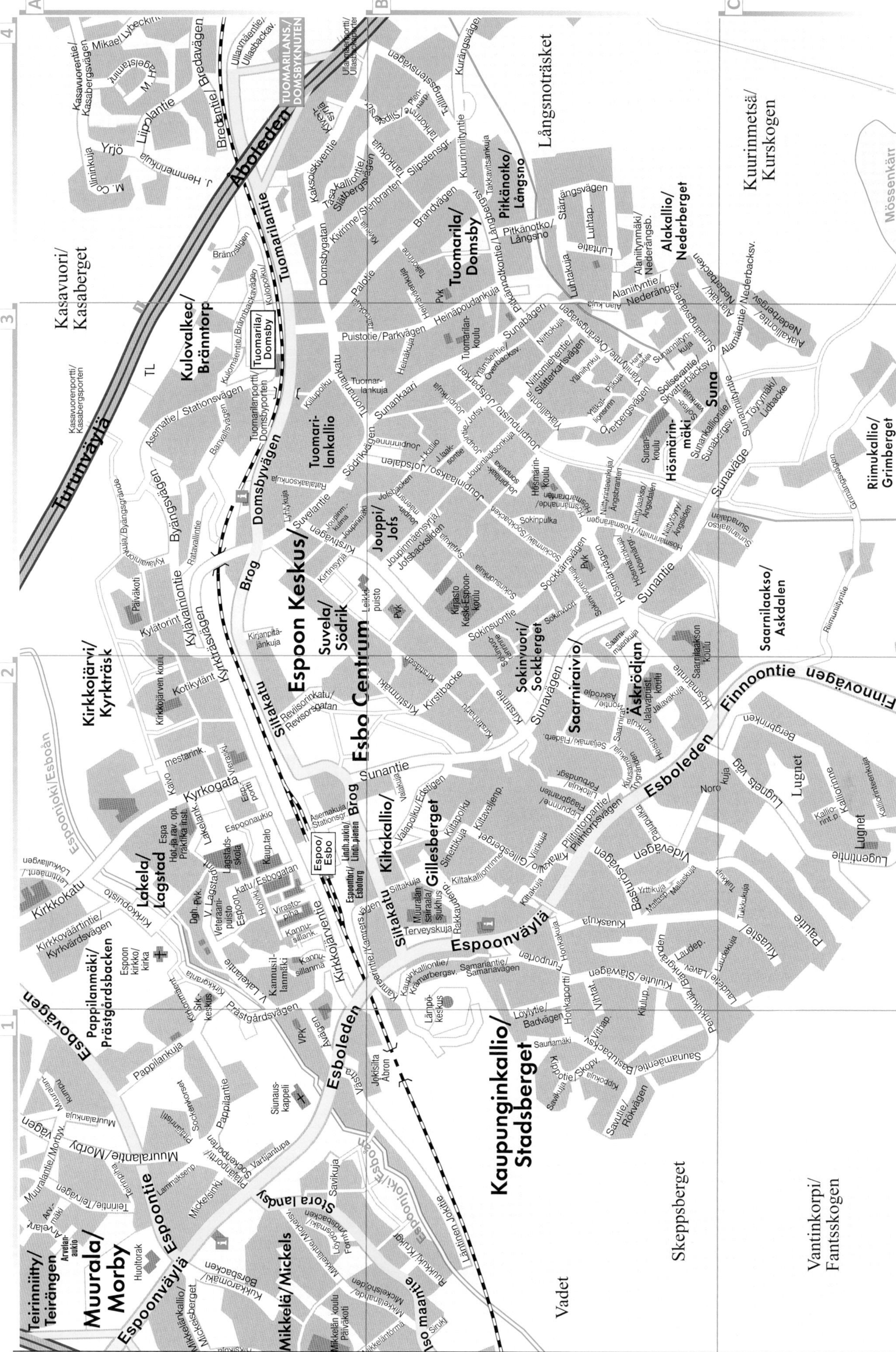

Kasavuori/
Kasaberget
Kulovalkea/
Bränntorp
Turunväylä
Aboleden
Tuomarilantie
Tuomarila/
Domsby
Pitkänotko/
Långsno
Långsnoträsket
Alakallio/
Nederberget
Kuurinmetsä/
Kurskogen
Mössenkärr
Tuomari-
lankallio
Domsbyvägen
Espoon Keskus/
Esbo Centrum
Suvela/
Södrik
Jouppi/
Jofs
Hösmärin-
mäki
Suna
Riimukallio/
Grimberget
Sokinvuori/
Sockberget
Saarniraivio/
Åskrödjan
Saarnilaakso/
Askdalen
Finnoontie
Finnovägen
Esboleden
Lugnet
Kirkkojärvi/
Kyrkträsk
Lakela/
Lagstad
Kiltakallio/
Gillesberget
Espoonväylä
Kaupunginkallio/
Stadsberget
Pappilanmäki/
Prästgårdsbacken
Esbovägen
Muurala/
Morby
Espoontie
Mikkelä/Mickels
Teirinniitty/
Teiränge
Skeppsberget
Vantinkorpi/
Fantsskogen
Vadet

Frankfurt am Main 1:15 000

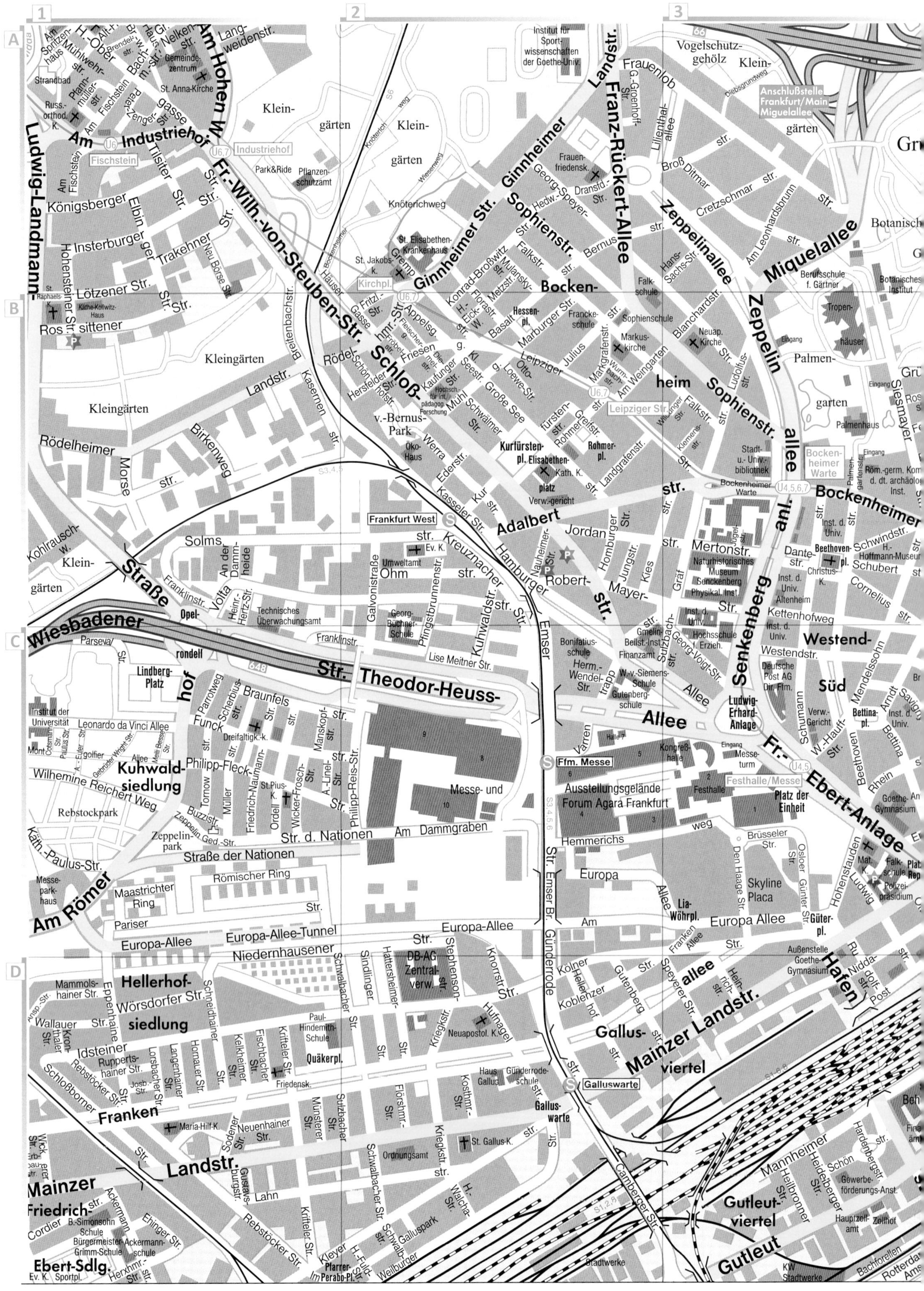
1
2
3
A
B
C
D
Ludwig-Landmann-
Am Industriehof
Industriehof
Fischstein
Königsberger
Insterburger
Lötzener Str.
Rossittener
Kleingärten
Rödelheimer
Landstr.
Birkenweg
Morse
Fr.-Wilh.-von-Steuben-Str.
Am Hohen W.
Langweidenstr.
St. Anna-Kirche
Strandbad
Klein-
gärten
Knöterichweg
St. Elisabethen-Krankenhaus
Kirchpl.
Ginnheimer Landstr.
Ginnheimer Str.
Franz-Rückert-Allee
Sophienstr.
Bocken-
heim
Schloß-
Zeppelinallee
Miquelallee
Zeppelin
allee
Senkenberg
anl.
Frauenlob
Vogelschutz-
gehölz
Anschlußstelle Frankfurt/Main Miquelallee
Botanisch
Palmen-
garten
Leipziger Str.
Kurfürsten-
pl.
Rohmer-
pl.
Bockenheimer Warte
Bockenheimer
Adalbert
str.
Jordan
Robert-
Mayer-
Mertonstr.
Naturhistorisches Museum Senckenberg
Westend-
Süd
Frankfurt West
Solms
Kreuznacher
str.
Hamburger
Str.
Emser
Wiesbadener
Straße
Theodor-Heuss-
Allee
Str.
Opel-
rondell
Lindberg-
Platz
Kuhwald-
siedlung
Rebstockpark
Leonardo da Vinci Allee
Wilhemine Reichert Weg
Philipp-Fleck-
Messe- und
Ausstellungsgelände
Forum Agara Frankfurt
Festhalle
Ffm. Messe
Festhalle/Messe
Messe-
turm
Fr.-Ebert-Anlage
Platz der Einheit
Str. d. Nationen
Am Dammgraben
Straße der Nationen
Römischer Ring
Maastrichter Ring
Pariser
Am Römer
Europa-Allee
Europa-Allee-Tunnel
Europa
Allee
Skyline Plaza
Europa Allee
Niedernhausener
Hellerhof-
siedlung
Wörsdorfer Str.
Idsteiner
Franken
Landstr.
Mainzer
Mainzer Landstr.
Gallus-
viertel
Galluswarte
Gutleut-
viertel
Gutleut
DB-AG Zentral-
verw.
Quäkerpl.
St. Gallus-K.
Camberger Str.
Stadtwerke
Ebert-Sdlg.
Friedrich-
Hafen
Mannheimer
Güterpl.

1 km

4
5
6
A
B
C
D
Miquelallee
Adickes
allee
Nibelungen
allee
Deutsche Nationalbibliothek
Eschersheimer
Landstr.
Eckenheimer
Nordend-
West
Nordend-
Ost
Rothschild
allee
Westend-
Nord
Johann-Wolfgang-Goethe-Universität
Holzhausenstr.
Glauburgstr.
Grüneburgweg
Musterschule
Merianplatz
Westend
Eschenheimer Tor
Alte Oper
Bockenheimer
Landstr.
Bremer
Reuter
weg
Friedberger
Anl.
Seiler
Zeil
Konstabler Wache
Hauptwache
Innen-
stadt
Alt-
stadt
Taunusanlage
Mainzer Landstr.
Taunusanl.
Gallusanl.
Neue Mainzer
Str.
Bahnhofs-
viertel
Hauptbhf.
Willy-Brandt-Pl.
Untermainkai
Main
Untermainbrücke
Schöne Aussicht
Alte Brücke
Obermainbrücke
Flößerbr.
Sachsenhsr.-
Ufer
Deutschherrnufer
Ostendstr.
Hanauer Landstr.
Sonnemannstr.
Ostend
Zoo
Alfred-Brehm-Pl.
Mühlberg
Lokalbf.
Offenbacher-Landstr.
Schweizer Platz
Südbf.
Diesterwegpl.
Schaumain
Kennedyallee
Friedensbrücke
Baseler Pl.
Stresemannallee
Mörfelder Landstr.
Darmstädter Landstr.
Dreieich
W.-Kolb-Str.
Schweizer
Dürerstr.
Gutleut
Westhafen
Rothschildpark
Palmengarten
Römerberg
Rathaus
Paulskirche
Dom
Städel
Museum f. angew. Kunst
Dt. Filmmuseum
D. Architekturmuseum
Museum f. Post u. Kommunikation
Liebieghaus
Holbeinsteg
Eiserner Steg
Kaiserstr.
Münchener Str.
Wilh.-Leuschner-Str.
Hochstr.
Gr. Bockenheimer
Goethepl.
Roßmarkt
Kaiserpl.
Bethmannstr.
Berliner Str.
Battonnstr.
Fahrgasse
Kurt-Schumacher-Str.
K.-Adenauer-Str.
Lange Str.
Obermainanl.
Pfingstweidstr.
Hessen
Sachsenhausen

Göteborg 1:14 500

1 km

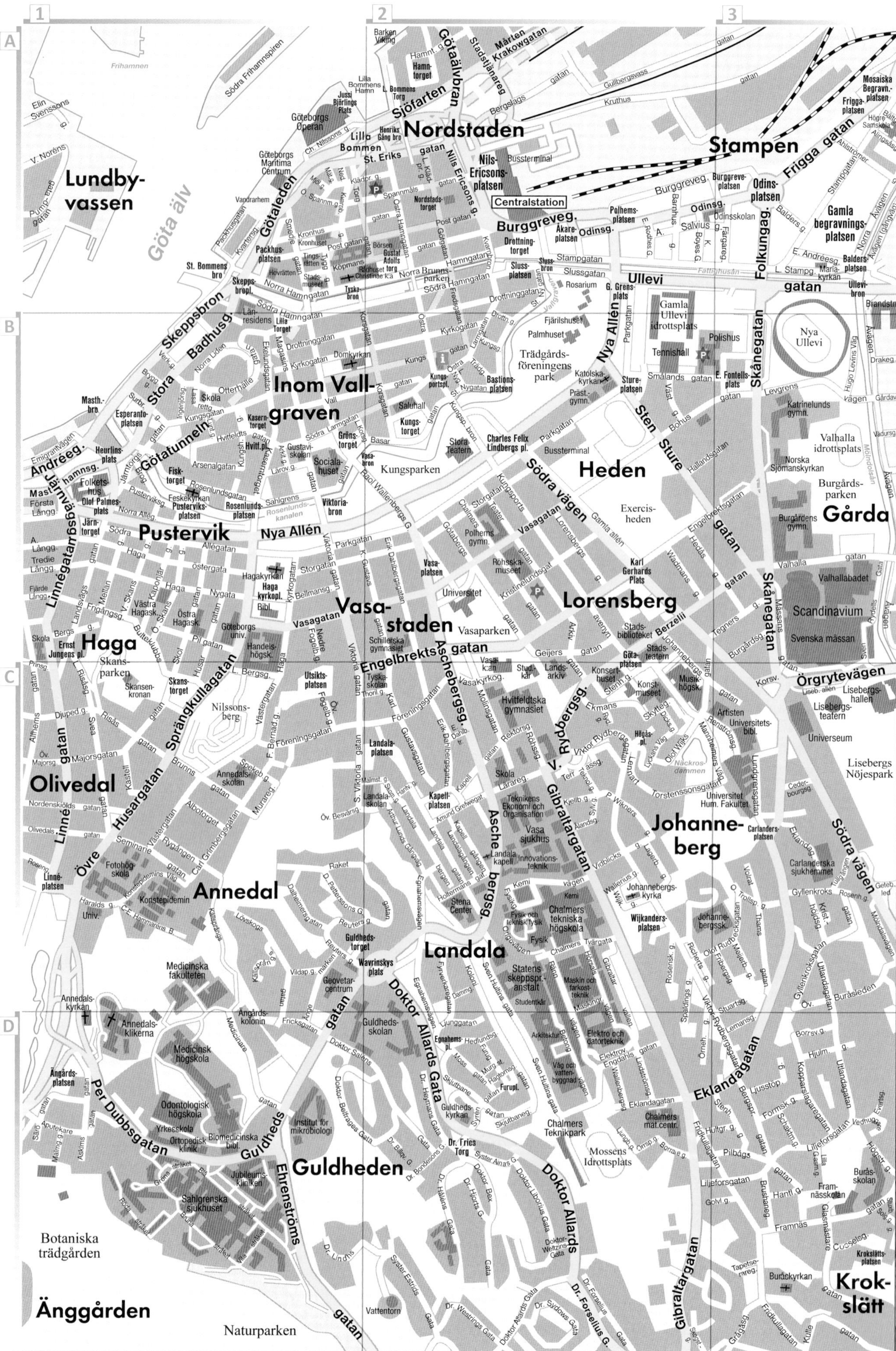

1
2
3
A
B
C
D
Lundby-
vassen
Göta älv
Nordstaden
Centralstation
Stampen
Inom Vall-
graven
Heden
Gårda
Pustervik
Haga
Vasa-
staden
Lorensberg
Olivedal
Annedal
Johanne-
berg
Landala
Guldheden
Krok-
slätt
Änggården
Ullevi
Nya Ullevi
Gamla Ullevi idrottsplats
Trädgårds-
föreningens
park
Kungsparken
Exercis-
heden
Valhalla
idrottsplats
Burgårds-
parken
Scandinavium
Svenska mässan
Valhallabadet
Liseberg Nöjespark
Universeum
Skans-
parken
Nilssons-
berg
Vasaparken
Botaniska
trädgården
Naturparken
Mossens
Idrottsplats
Chalmers
Teknikpark
Chalmers
tekniska
högskola
Sahlgrenska
sjukhuset
Sprängkullsgatan
Linnégatan
Övre Husargatan
Per Dubbsgatan
Guldhedsgatan
Ehrenströms gatan
Doktor Allards Gata
Aschebergsgatan
Gibraltargatan
Södra vägen
Skånegatan
Örgrytevägen
Nya Allén
Sten Sture
Eklandagatan
Vasagatan
Engelbrekts gatan
Götaleden
Göteborgs Operan
Burggreveg.
Folkungag.
Frigga gatan
Sjöfarten
Götaälvbron
Skeppsbron
Stora Badhusg.
Götatunneln
Järnvägsgatan
Bussterminal

1
2
3
A
B
C
D
Welfen-
Universität
Herrenhäuser Allee
Engelbosteler Damm
Schloßwender Str.
Arndt
Celler
straße
Hamburger
Allee
Mitte
Raschplatzhoch str.
Wedekind-
Straße
Bödeker
straße
Berliner
straße
Emmich-
pl.
König
Schiff
graben
Bremer D.
Königs-
worther
Pl.
Brühl
O.-Brenner-
Str.
Königsworther Straße
Calenbgr.
Neust.
Leibniz
Kurt-Schumacher-Str.
Ernst
August
Platz
Haupt-
bahnhof
Kröpcke
Opern-
pl.
Prinzen
Marien
Hildesheimer
Friedrichs
wall
Aegidien-
Str.
Gustav-Bratke-Allee
Waterloo-
platz
Schloß-
ufer
allee
Friederiken-
platz
Willy-Brandt-Allee
Maschpark
Laves
Str.
Schützenplatz
Arthur-Menge-
Ufer
Rudolf-von-Bennigsen-
Südstadt
Stadionbrücke
Stadion
AWD-Arena
Sportpark
Maschsee
Ferdinand-Wilhelm-Fricke-
Weg
Ritter-Brüning-
Altenbekener Damm
Ohedamm
Papageien-
brücke
Bootshäuser

Hamburg 1:15 000

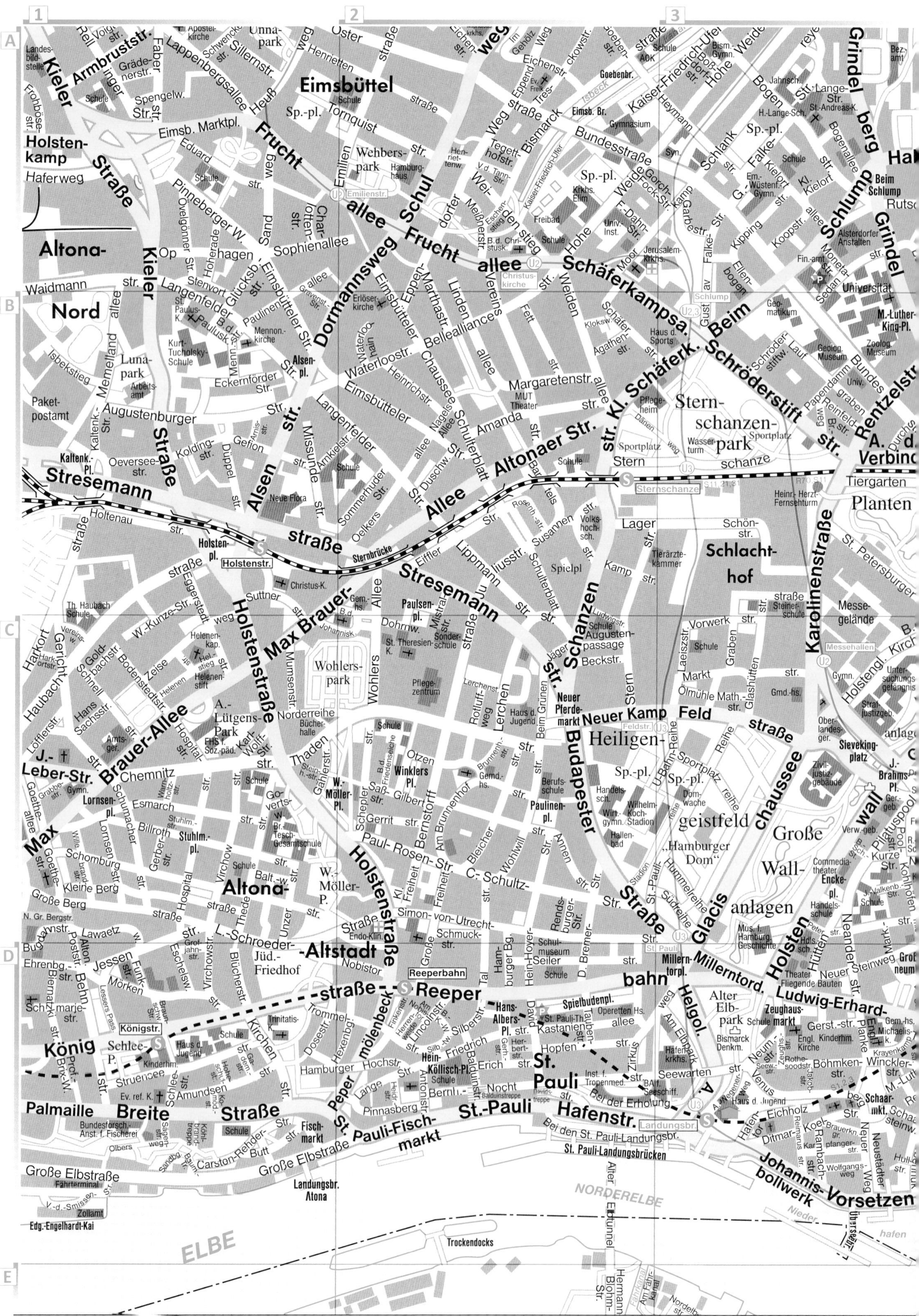
1
2
3
A
B
C
D
E
Eimsbüttel
Altona-
Nord
Altona-
-Altstadt
St.
Pauli
Holsten-
kamp
Haferweg
Kieler
Straße
Armbruststr.
Fruchtallee
Schulweg
Schäferkampsallee
Beim Schröderstift
Stern-
schanzen-
park
Sternschanze
Schlacht-
hof
Karolinenstraße
Planten
Grindelberg
Schlump
Rentzelstr.
Altonaer Str.
Stresemannstraße
Stresemann
Holstenstr.
Holstenstraße
Max Brauer-Allee
Dormannsweg
Alsenstr.
Augustenburger Straße
Luna-
park
Paket-
postamt
Wohlers-
park
Schanzenstr.
Neuer Kamp
Feldstraße
Heiligen-
geistfeld
Budapester Straße
Glacis
Große
Wall-
anlagen
Holstenwall
Messe-
gelände
Reeperbahn
Reeperstraße
Königstr.
König
Palmaille
Breite Straße
Große Elbstraße
St. Pauli Fischmarkt
St.-Pauli Hafenstr.
St. Pauli-Landungsbrücken
Landungsbrücken
Landungsbr.
Altona
Johannis-
bollwerk
Vorsetzen
Ludwig-Erhard-Str.
Millerntorpl.
Helgol.
Alter
Elb-
park
Bismarck
Denkm.
„Hamburger
Dom"
Lebers-Str.
Jüd.-
Friedhof
Trockendocks
ELBE
NORDERELBE
Emilienstr.
Christuskirche
Universität
Fischmarkt
Zollamt
Edg.-Engelhardt-Kai
Fährterminal
Pepermölenbeck
Simon-von-Utrecht-Str.
Paul-Rosen-Str.
C.-Schultz-Str.
Lerchenstr.
Hafenstr.
Sternbrücke
Ludwigstr.
Schule
Sp.-pl.
Zeughausmarkt
Sievekingplatz

1 km

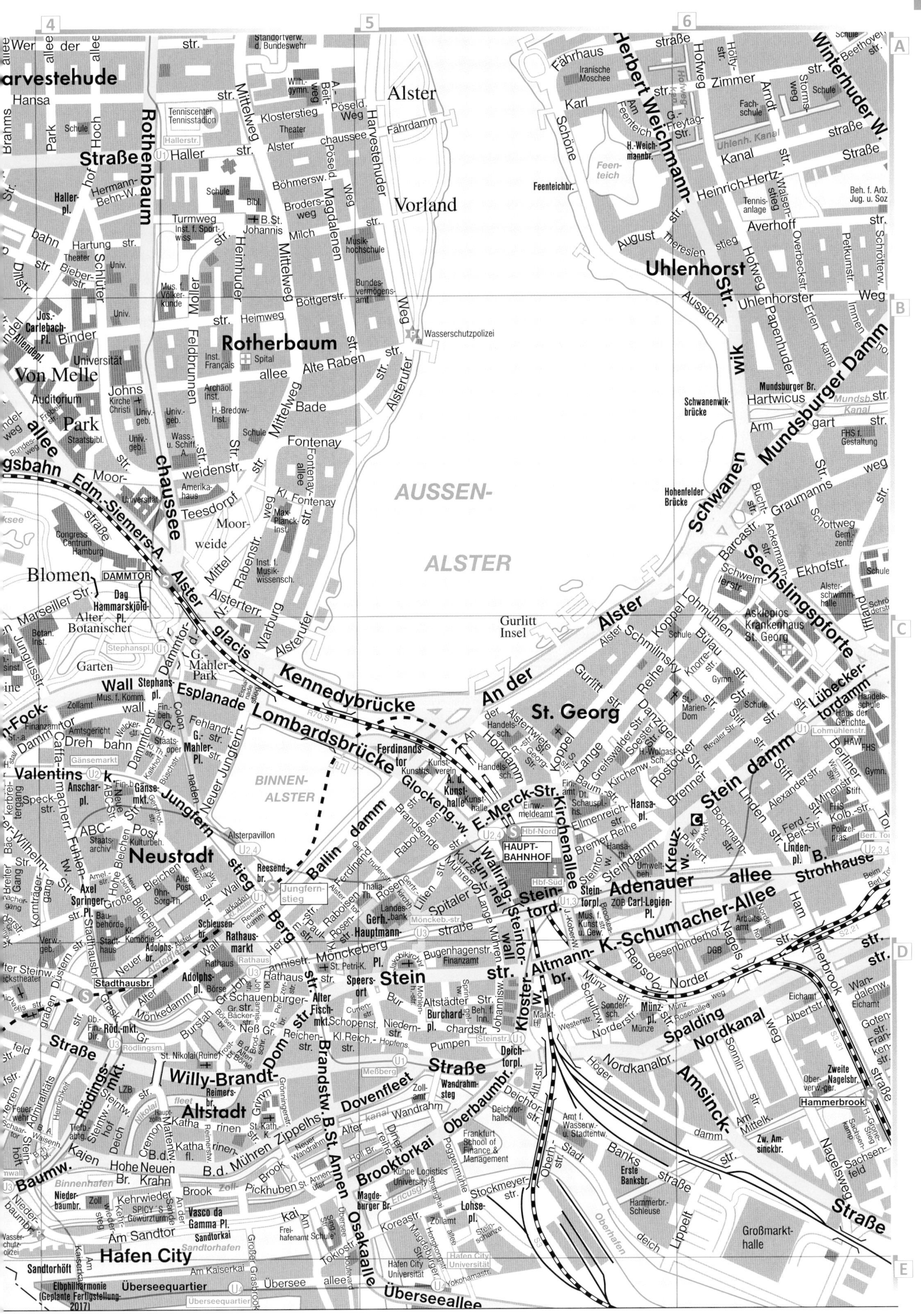

4
5
6
A
B
C
D
E
Harvestehude
Rothenbaum
Rothenbaumchaussee
Rotherbaum
Alster
Vorland
Harvestehuder Weg
Mittelweg
Milchstr.
Pöseldorfer Weg
Magdalenenstr.
Alsterufer
Fontenay
Von Melle Park
Universität
Auditorium
Staatsbibl.
Moorweide
Edm.-Siemers-A.
Congress Centrum Hamburg
Blomen
DAMMTOR
Dag Hammarskjöld-Pl.
Marseiller Str.
Alter Botanischer Garten
Alsterglacis
Wasserschutzpolizei
AUSSEN-ALSTER
BINNEN-ALSTER
Kennedybrücke
Lombardsbrücke
Ferdinandstor
An der Alster
St. Georg
Lange Reihe
Koppel
Kunsthalle
HAUPT-BAHNHOF
Hbf-Nord
Hbf-Süd
Steintorwall
Kirchenallee
Steindamm
Adenauer allee
Strohhause
Stein damm
Lübeckertordamm
Sechslingspforte
Asklepios Krankenhaus St. Georg
Schwanenwik
Mundsburger Damm
Uhlenhorst
Uhlenhorster Weg
Herbert Weichmann-Str.
Winterhuder W.
Iranische Moschee
Feenteich
Feenteichbr.
Schöne Aussicht
Hofweg
Papenhuder
Mundsburger Br.
Schwanenwik-brücke
Hohenfelder Brücke
Gurlitt Insel
Gurlittstr.
Neustadt
Jungfernstieg
Neuer Jungfernstieg
Alsterpavillon
Valentinskamp
Gänsemarkt
Esplanade
Stephansplatz
Wall
Ballindamm
Glockengießerwall
Mönckebergstraße
Spitalerstr.
Rathaus
Rathausmarkt
Alsterfleet
Stadthausbr.
Adolphsplatz
Börse
Großer Burstah
Rödingsmarkt
Willy-Brandt-Straße
Altstadt
Domstr.
Brandstwiete
Speersort
Steinstr.
Deichtorpl.
Deichtorhallen
Klosterwall
Altmannbr.
K.-Schumacher-Allee
Besenbinderhof
Nordkanal
Amsinckstr.
Spaldingstr.
Hammerbrook
Nagelsweg
Großmarkthalle
Banksstraße
Dovenfleet
Brooktorkai
Kühne Logistics University
Frankfurt School of Finance & Management
Hafen City
Sandtorkai
Sandtorhöft
Am Kaiserkai
Elbphilharmonie (Geplante Fertigstellung 2017)
Überseequartier
Überseeallee
Osakaallee
HafenCity Universität
Vasco da Gamma Pl.
Binnenhafen
Baumwall
Kajen
Hohe Brücke

Helsinki 1:14 500

1 km

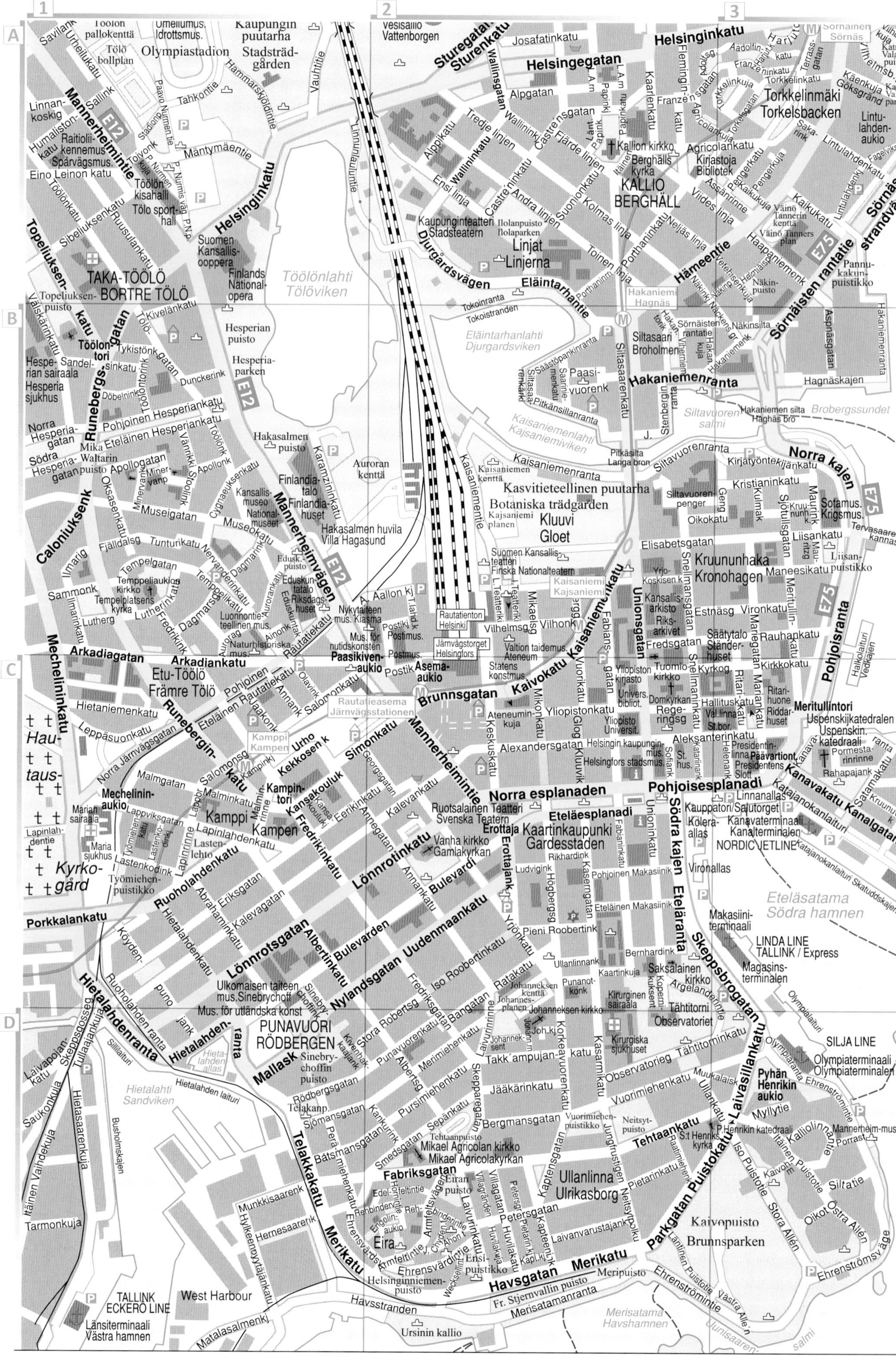
1
2
3
A
B
C
D
Olympiastadion
Kaupungin puutarha
Stadsträdgården
Helsinginkatu
Helsingegatan
Sturegatan
Sturenkatu
Josafatinkatu
Alpgatan
Torkkelinmäki
Torkkelsbacken
Lintulahden-aukio
Kallion kirkko
Berghälls kyrka
Kirjastoja Bibliotek
KALLIO
BERGHÄLL
Mannerheimintie
Helsinginkatu
Töölön kisahalli
Tölö sporthall
Eino Leinon katu
Sibeliuksenkatu
Topeliuksenkatu
Suomen Kansallisooppera
Finlands Nationalopera
TAKA-TÖÖLÖ
BORTRE TÖLÖ
Töölönlahti
Tölöviken
Kaupunginteatteri
Stadsteatern
Linjat
Linjerna
Djurgårdsvägen
Eläintarhantie
Hämeentie
Sörnäisten rantatie
Hakaniemi
Hagnäs
Siltasaari
Broholmen
Hakaniemenranta
Hesperian puisto
Hesperiaparken
Runebergsgatan
Pohjoinen Hesperiankatu
Eteläinen Hesperiankatu
Museigatan
Caloniuksenk
Tempelgatan
Temppeliaukion kirkko
Tempelplatsens kyrka
Kaisaniemenlahti
Kajsaniemiviken
Kaisaniemenranta
Kasvitieteellinen puutarha
Botaniska trädgården
Kluuvi
Gloet
Norra kajen
Kruununhaka
Kronohagen
Unionsgatan
Pohjoisranta
Finlandia-talo
Finlandia-huset
Hakasalmen huvila
Villa Hagasund
Mannerheimvägen
Rautatienton Helsinki
Järnvägstorget Helsingfors
Arkadiagatan
Arkadiankatu
Etu-Töölö
Främre Tölö
Rautatieasema
Järnvägsstationen
Brunnsgatan
Kaivokatu
Kaisaniemenkatu
Yliopistonkatu
Aleksanterinkatu
Meritullintori
Uspenskijkatedralen
Hautausmaa
Kyrkogård
Kamppi
Kampen
Norra esplanaden
Pohjoisesplanadi
Eteläesplanadi
Kaartinkaupunki
Gardesstaden
Södra kajen
Eteläranta
Kanavakatu
Kanalgatan
NORDIC JETLINE
Eteläsatama
Södra hamnen
Porkkalankatu
Ruoholahdenkatu
Lönnrotinkatu
Lönnrotsgatan
Bulevardi
Bulevarden
Uudenmaankatu
Nylandsgatan
Erottaja
LINDA LINE
TALLINK / Express
Skeppsbrogatan
Observatoriet
PUNAVUORI
RÖDBERGEN
Hietalahdenranta
Hietalahti
Sandviken
SILJA LINE
Olympiaterminaali
Olympiaterminalen
Pyhän Henrikin aukio
Mikael Agricolan kirkko
Mikael Agricolakyrkan
Fabriksgatan
Ullanlinna
Ulrikasborg
Telakkakatu
Laivasillankatu
Puistokatu
Parkgatan
Kaivopuisto
Brunnsparken
Merikatu
Havsgatan
Eira
Munkkisaarenk
Hernesaarenk
West Harbour
TALLINK
ECKERÖ LINE
Länsiterminaali
Västra hamnen
Merisatama
Havshamnen
Ursinin kallio
Havsstranden
Merisatamanranta

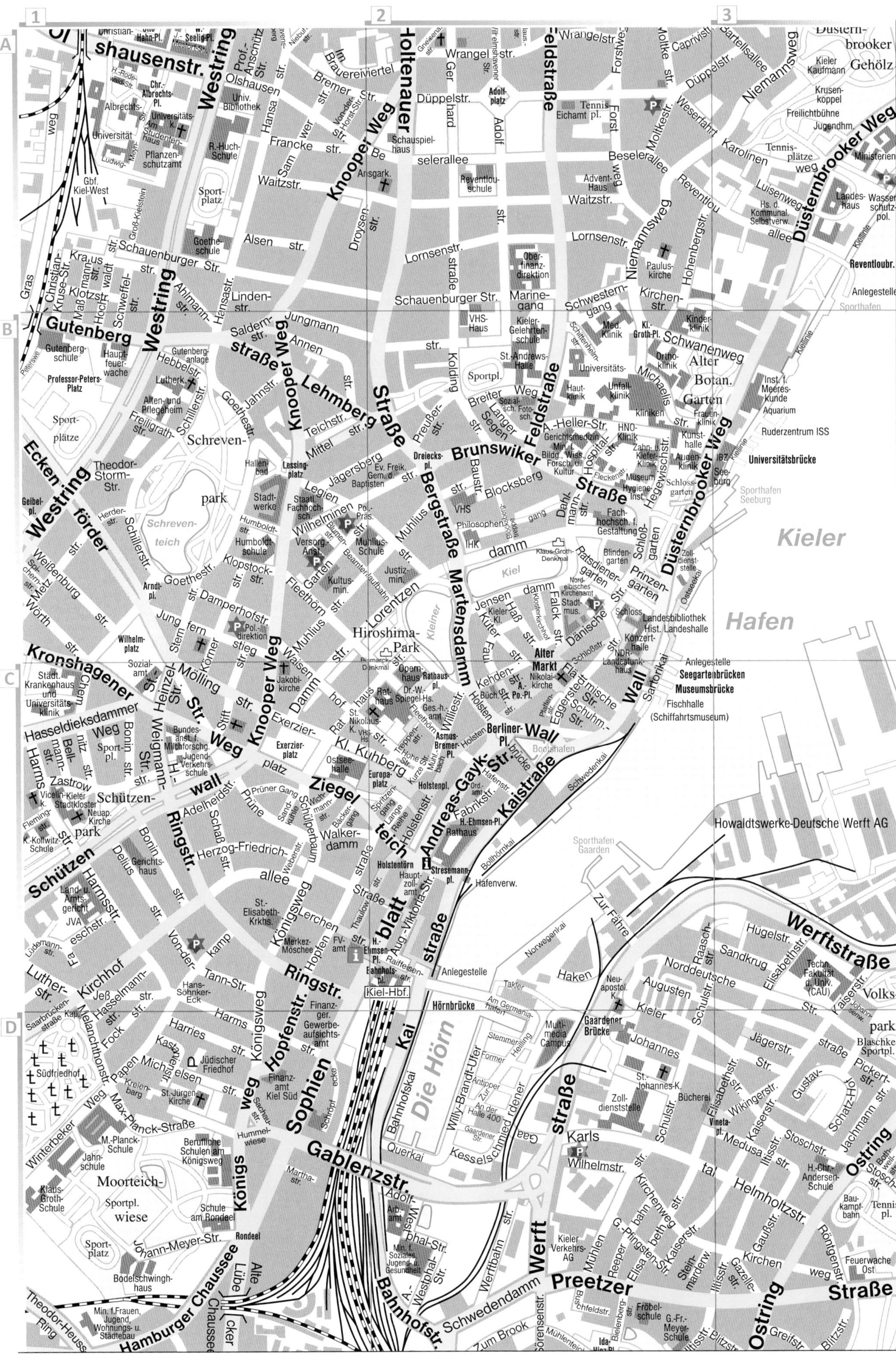
1
2
3
A
B
C
D
Westring
Olshausenstr.
Holtenauer Straße
Knooper Weg
Feldstraße
Düppelstr.
Wrangelstr.
Moltkestr.
Niemannsweg
Düsternbrooker Gehölz
Düsternbrooker Weg
Karolinenweg
Beselerallee
Reventlouallee
Waitzstr.
Lornsenstr.
Alsenstr.
Schauenburger Str.
Francke str.
Universität
Gbf. Kiel-West
Sportplatz
Goetheschule
R.-Huch-Schule
Pflanzenschutzamt
Univ. Bibliothek
Schauspielhaus
Ansgark.
Reventlouschule
Advent-Haus
Tennispl.
Eichamt
Freilichtbühne
Jugendhm.
Tennisplätze
Ministerien
Landeshaus
Paulus-kirche
Oberfinanzdirektion
Marine-gang
Schwesterngang
Kirchenstr.
Kinderklinik
Reventloubr.
Anlegestelle
Sporthafen
Gutenbergstraße
Gutenbergschule
Hauptfeuerwache
Professor-Peters-Platz
Jungmannstr.
Lehmbergstr.
Kieler Gelehrtenschule
St.-Andrews-Halle
VHS-Haus
Sportpl.
Brunswiker Straße
Schwanenweg
Alter Botan. Garten
Universitätsklinik
Unfallklinik
Inst. f. Meereskunde
Aquarium
Ruderzentrum ISS
Universitätsbrücke
Schrevenpark
Schreventeich
Eckernförder Straße
Theodor-Storm-Str.
Lessingplatz
Stadtwerke
Dreiecks-pl.
Bergstraße
Jägersberg
Blocksberg
Philosophengang
Fachhochsch. f. Gestaltung
Humboldtschule
Muhliusschule
Justizmin.
Kultusmin.
Martensdamm
Dänische Str.
Hiroshima-Park
Kleiner Kiel
Klaus-Groth-Denkmal
Stadtmus.
Landesbibliothek Hist. Landeshalle
Kieler Hafen
Alter Markt
Nikolaikirche
Konzerthalle
Kronshagener Weg
Städt. Krankenhaus und Universitätsklinik
Wilhelmplatz
Sozialamt
Jakobikirche
Exerzierplatz
Rathaus
Opernhaus
Rathauspl.
Holstenstr.
Berliner-Wall Pl.
Bootshafen
Anlegestelle
Seegartenbrücken
Museumsbrücke
Fischhalle (Schiffahrtsmuseum)
Schwedenkai
Hasseldieksdammer Weg
Schützenwall
Schützenpark
Ziegelteich
Walkerdamm
Andreas-Gayk-Str.
Kaistraße
Europaplatz
Holstenpl.
Ostseehalle
Herzog-Friedrich-Str.
Ringstr.
Gerichtshaus
Land- u. Amtsgericht
JVA
St.-Elisabeth-Krkhs.
Holstentörn
Stresemannpl.
Hafenverw.
Sporthafen Gaarden
Howaldtswerke-Deutsche Werft AG
Werftstraße
Von-der-Tann-Str.
Kiel-Hbf.
Hörnbrücke
Die Hörn
Sophienblatt
Königsweg
Lerchenstr.
Hopfenstr.
Finanzger.
Jüdischer Friedhof
Südfriedhof
Norwegenkai
Zur Fähre
Haken
Gaardener Brücke
Multimedia Campus
Johannesstr.
Augustenstr.
Norddeutsche Str.
Sandkrug
Hügelstr.
Techn. Fakultät d. Univ. (CAU)
Volkspark
Blaschke-Sportpl.
Zolldienststelle
Bücherei
Karlstal
Wilhelmstr.
Max-Planck-Straße
M.-Planck-Schule
Jahnschule
Moorteichwiese
Klaus-Groth-Schule
Berufliche Schulen am Königsweg
Schule am Rondeel
Rondeel
Gablenzstr.
Werftstraße
Preetzer Straße
Ostring
Helmholtzstr.
H.-Chr.-Andersen-Schule
Baukampfbahn
Feuerwache Ost
Kieler Verkehrs-AG
Schwedendamm
Bahnhofstr.
Hamburger Chaussee
Theodor-Heuss-Ring
Johann-Meyer-Str.
Bodelschwingh-haus
Fröbelschule
G.-Fr.-Meyer-Schule
Zum Brook

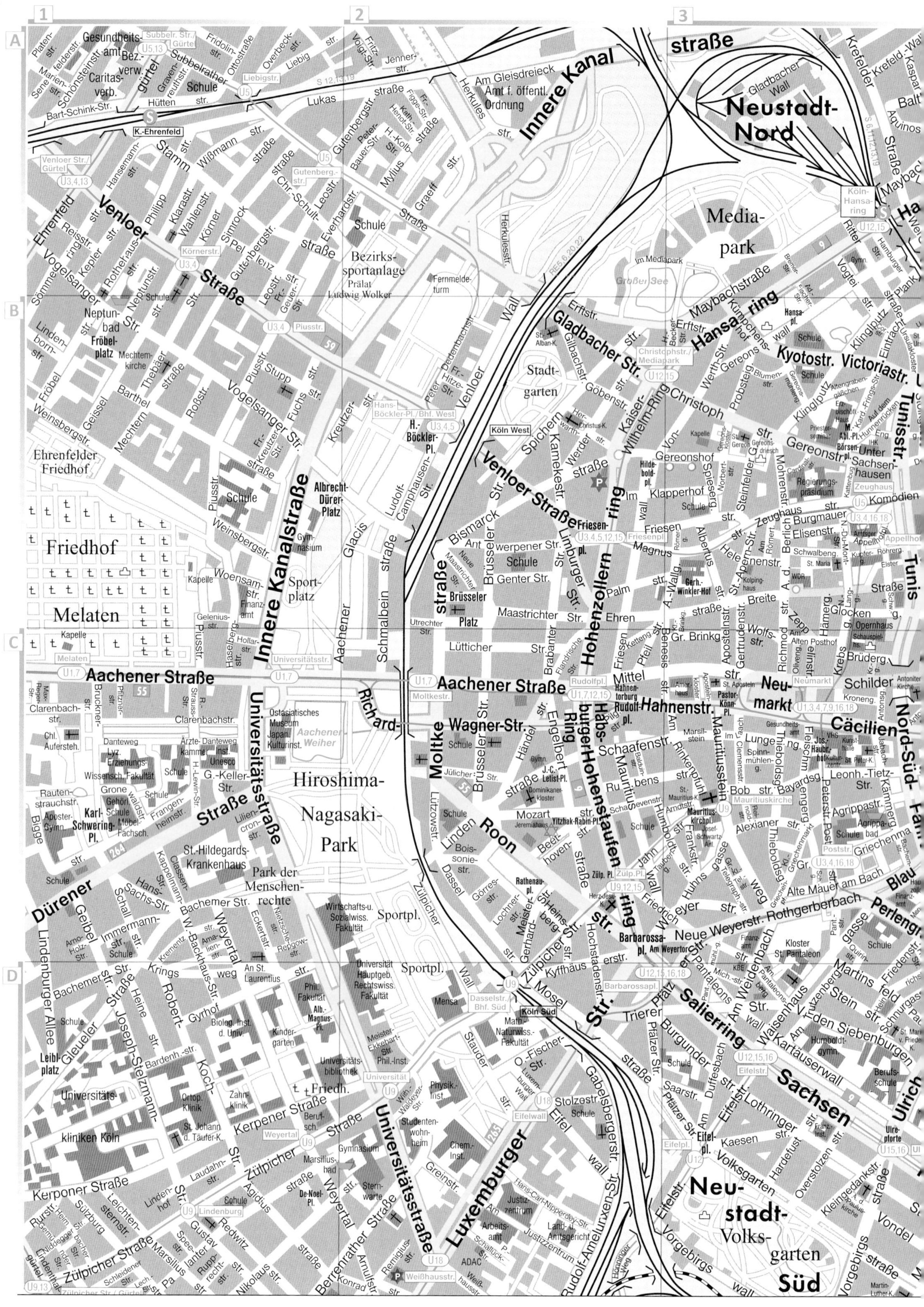
Neustadt-
Nord
Innere Kanal
straße
Media-
park
Hansaring
Venloer
Straße
Ehrenfeld
Vogelsanger Str.
Bezirks-
sportanlage
Prälat
Ludwig Wolker
Stadt-
garten
Gladbacher Str.
Kyotostr.
Victoriastr.
Tunisstr.
Christoph
Kaiser-
Wilhelm-Ring
Gereonshof
Ehrenfelder
Friedhof
Friedhof
Melaten
Innere Kanalstraße
Albrecht-
Dürer-
Platz
Sport-
platz
Venloer Straße
Hohenzollern
ring
Friesen-
pl.
Brüsseler
Platz
Maastrichter Str.
Lütticher Str.
Aachener Straße
Universitätsstraße
Richard-
Wagner-Str.
Hohenstaufen
ring
Habsburger
Ring
Rudolf-
pl.
Hahnenstr.
Neumarkt
Cäcilien
Nord-Süd-Fahrt
Hiroshima-
Nagasaki-
Park
Park der
Menschen-
rechte
Aachener
Weiher
Moltke
straße
Roon
Dürener
Straße
Mittel
Schildergasse
Barbarossa-
pl.
Salierring
Sachsen
Luxemburger
Universitätsstraße
Kerpener Straße
Zülpicher Str.
Universitäts-
kliniken Köln
Neu-
stadt-
Süd
Volks-
garten
Köln West
Köln Süd
K.-Ehrenfeld
Köln-
Hansa-
ring

1 km

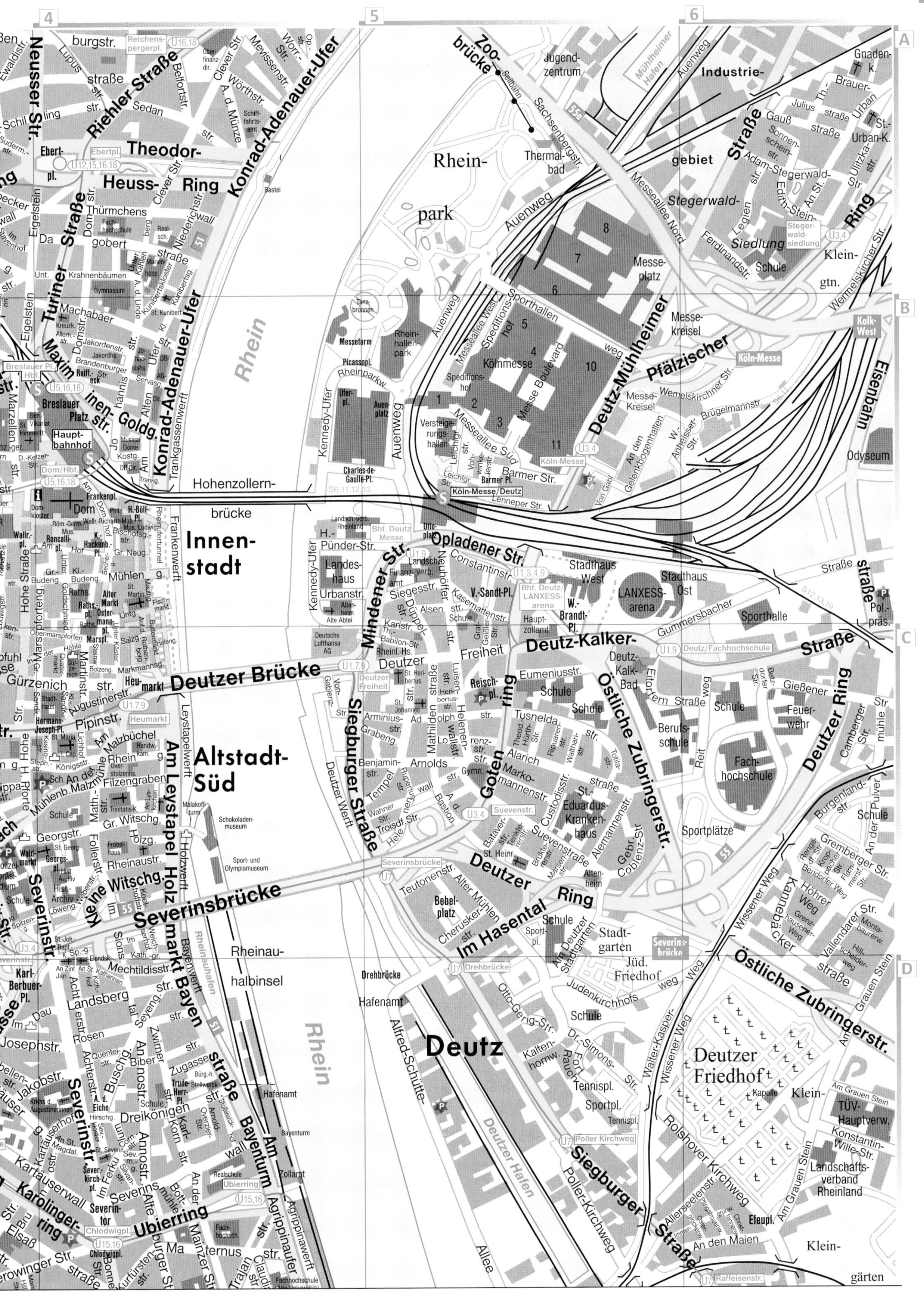
4
5
6
A
B
C
D
Neusser Str.
Riehler Straße
Theodor-
Heuss- Ring
Konrad-Adenauer-Ufer
Turiner Straße
Eigelstein
Machabäer
Maximinen-str.
Goldg.
Breslauer Platz
Hauptbahnhof
Dom
Hohenzollern-
brücke
Rhein
Innen-
stadt
Altstadt-
Süd
Deutzer Brücke
Gürzenich
Heumarkt
Am Leystapel
Holzmarkt
Severinsbrücke
Kleine Witschg.
Severinstr.
Rheinau-
halbinsel
Bayenstraße
Am Bayenturm
Ubierring
Karolinger-
ring
Chlodwigpl.
Rhein-
park
Zoobrücke
Jugend-
zentrum
Thermal-
bad
Sachsenbergstr.
Auenweg
Mülheimer Hafen
Industrie-
gebiet
Stegerwald-
Siedlung
Messeallee Nord
Messe-
platz
Kölnmesse
Messe Boulevard
Messe-
kreisel
Deutz-Mülheimer
Pfälzischer
Köln-Messe
Eisenbahn
Odyseum
Kalk-
West
Messeturm
Rhein-
hallen-
park
Tanz-
brunnen
Kennedy-Ufer
Charles-de-
Gaulle-Pl.
Barmer Str.
Köln-Messe/Deutz
Opladener Str.
Constantinstr.
Mindener Str.
Landes-
haus
Stadthaus
West
Stadthaus
Ost
LANXESS-
arena
Gummersbacher
Sporthalle
Deutz-Kalker-
Straße
Freiheit
Deutzer
Siegburger Straße
Östliche Zubringerstr.
Deutzer Ring
Gießener
Feuer-
wehr
Fach-
hochschule
Goten
ring
Suevenstraße
St.
Eduardus-
Kranken-
haus
Deutzer Ring
Im Hasental
Stadt-
garten
Sportplätze
Jüd.
Friedhof
Drehbrücke
Hafenamt
Deutz
Alfred-Schütte-
Allee
Deutzer Hafen
Deutzer
Friedhof
Siegburger Straße
Poller Kirchweg
Östliche Zubringerstr.
TÜV-
Hauptverw.
Landschafts-
verband
Rheinland
Rolshover Kirchweg
Wissener Weg
Walter-Kasper-
Klein-
gärten

København 1:14 500

1 km

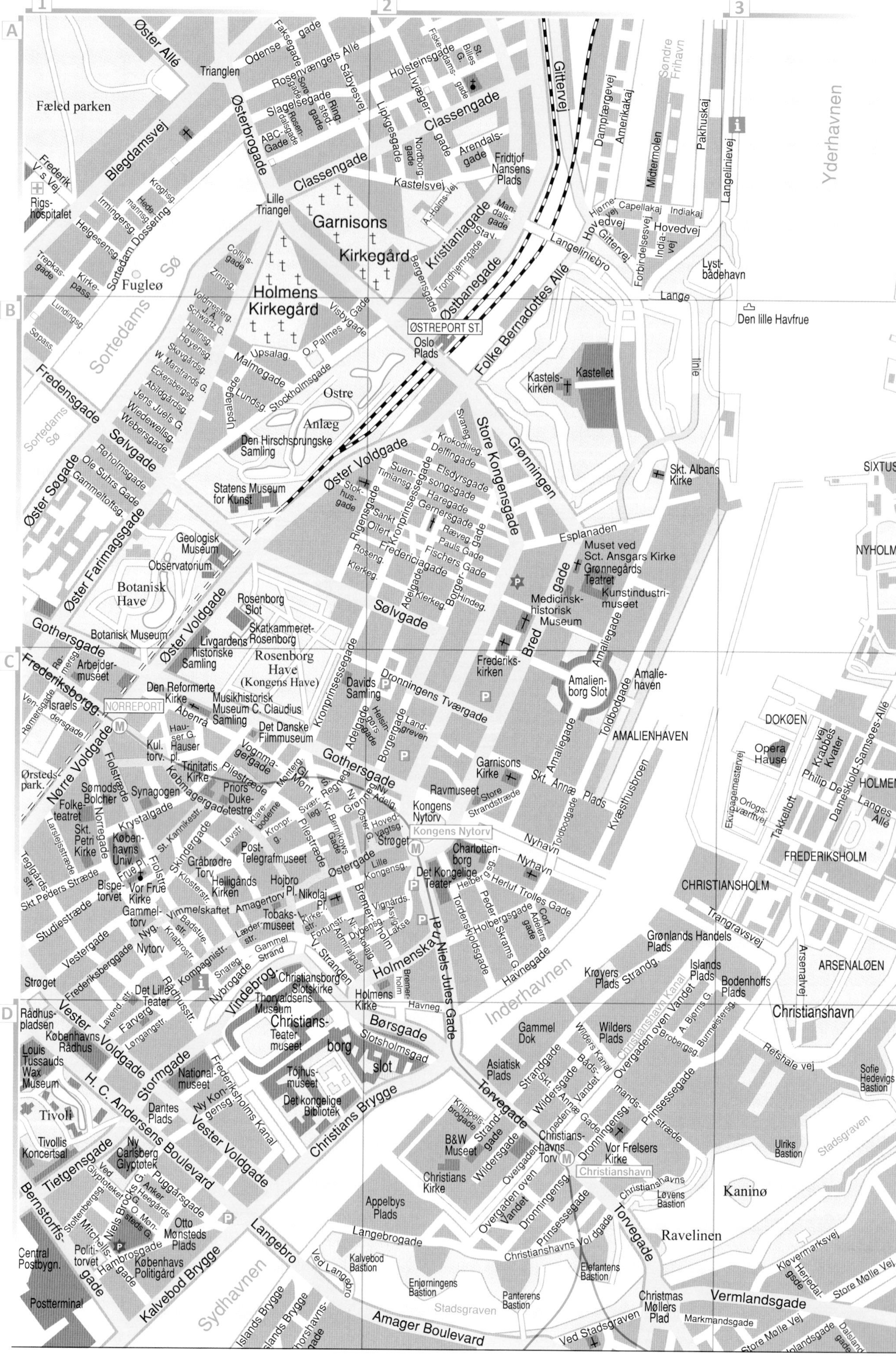
1
2
3
A
B
C
D
Fæled parken
Øster Allé
Trianglen
Odense gade
Faksegade
Rosenvængets Allé
Sabyesvej
Slagelsegade
ABC-Gade
Østerbrogade
Blegdamsvej
Frederik V's Vej
Rigs-hospitalet
Irmingersg.
Sortedam Dossering
Helgesensg.
Trepkasgade
Fugleø
Sortedams Sø
Lundingsg.
Søpass.
Fredensgade
Sortedams Sø
Holsteinsgade
Livjæger-gade
Lipkesgade
Classengade
Nordborg-gade
Arendals-gade
Fridtjof Nansens Plads
Kastelsvej
A. Holms Vej
Lille Triangel
Garnisons Kirkegård
Holmens Kirkegård
Kristianiagade
Trondhjemsgade
Bergensgade
Østbanegade
Gittervej
Dampfærgevej
Amerikakaj
Midtermolen
Pakhuskaj
Langelinievej
Søndre Frihavn
Yderhavnen
Capellakaj
Indiakaj
Hovedvej
Forbindelsesvej
Lyst-bådehavn
Langeliniebro
Lange
Den lille Havfrue
ØSTREPORT ST.
Oslo Plads
Folke Bernadottes Allé
Kastellet
Kastels-kirken
linie
Visbygade
O. Palmes Gade
Upsalag.
Malmøgade
Stockholmsgade
Lundsg.
Upsalagade
Ostre Anlæg
Den Hirschsprungske Samling
Statens Museum for Kunst
Øster Voldgade
Voldmesterg.
Hallinsg.
Høyensg.
Skovgårdsg.
W. Marstrands G.
Eckersbergsg.
Abildgårdsg.
Jens Juels G.
Wiedewelts G.
Webersgade
Sølvgade
Røholmsgade
Ole Suhrs Gade
Gammeltoftsg.
Øster Søgade
Øster Farimagsgade
Geologisk Museum
Observatorium
Botanisk Have
Botanisk Museum
Gothersgade
Rosenborg Slot
Skatkammeret-Rosenborg
Livgardens historiske Samling
Rosenborg Have (Kongens Have)
Store Kongensgade
Grønningen
Skt. Albans Kirke
Esplanaden
Museet ved Sct. Ansgars Kirke
Grønnegårds Teatret
Kunstindustri-museet
Medicinsk-historisk Museum
Bred gade
Amaliegade
Frederiks-kirken
Amalien-borg Slot
Amalie-haven
AMALIENHAVEN
Toldbodgade
Sølvgade
Kronprinsessegade
Fredericiagade
Adelgade
Borgergade
Davids Samling
Dronningens Tværgade
SIXTUS
NYHOLM
DOKØEN
Opera Hause
HOLMEN
FREDERIKSHOLM
CHRISTIANSHOLM
ARSENALØEN
Trangravsvej
Arsenalvej
Frederiksborgg.
Israels
NØRREPORT
Arbejder-museet
Den Reformerte Kirke
Musikhistorisk Museum C. Claudius Samling
Det Danske Filmmuseum
Nørre Voldgade
Ørsteds-park
Kul. torv.
Trinitatis Kirke
Pilestræde
Købmagergade
Priors Duke-testre
Synagogen
Folke teatret
Skt. Petri Kirke
Køben-havns Univ.
Krystalgade
Gothersgade
Garnisons Kirke
Ravmuseet
Kongens Nytorv
Charlotten-borg
Det Kongelige Teater
Nyhavn
Kvæsthusbroen
Skt. Annæ Plads
Grønlands Handels Plads
Post-Telegrafmuseet
Gråbrødre Torv
Helligånds Kirken
Hojbro Pl.
Nikolaj Pl.
Amagertorv
Tobaks-museet
Østergade
Strøget
Holmens Kanal
Niels Juels Gade
Bispe-torvet
Vor Frue Kirke
Gammel-torv
Nytorv
Vimmelskaftet
Studiestræde
Vestergade
Frederiksberggade
Skt Peders Stræde
Strøget
Det Lille Teater
Christiansborg Slotskirke
Thorvaldsens Museum
Christians-borg slot
Teater-museet
Børsgade
Holmens Kirke
Havneg.
Inderhavnen
Krøyers Plads
Islands Plads
Bodenhoffs Plads
Christianshavn
Wilders Plads
Gammel Dok
Asiatisk Plads
Christianshavn Kanal
Overgaden oven Vandet
Strandgade
Torvegade
Refshale vej
Sofie Hedevigs Bastion
Ulriks Bastion
Stadsgraven
Vor Frelsers Kirke
Christians-havns Torv
Christianshavn
Kaninø
Løvens Bastion
Ravelinen
B&W Museet
Christians Kirke
Appelbys Plads
Langebrogade
Kalvebod Bastion
Enjøringens Bastion
Panterens Bastion
Elefantens Bastion
Christianshavns Voldgade
Christmas Møllers Plad
Vermlandsgade
Kløvermarksvej
Store Mølle Vej
Amager Boulevard
Ved Stadsgraven
Rådhus-pladsen
Københavns Rådhus
Louis Tussauds Wax Museum
Vester Voldgade
H. C. Andersens Boulevard
Stormgade
National-museet
Tøjhus-museet
Det kongelige Bibliotek
Christians Brygge
Frederiksholms Kanal
Slotsholmsgad
Dantes Plads
Tivoli
Tivolis Koncertsal
Tietgensgade
Ny Carlsberg Glyptotek
Bernstorffsgade
Central Postbygn.
Politi-torvet
Københavs Politigård
Otto Mønsteds Plads
Posterminal
Kalvebod Brygge
Langebro
Sydhavnen
Islands Brygge
Ved Langebro
Puggårdsgade

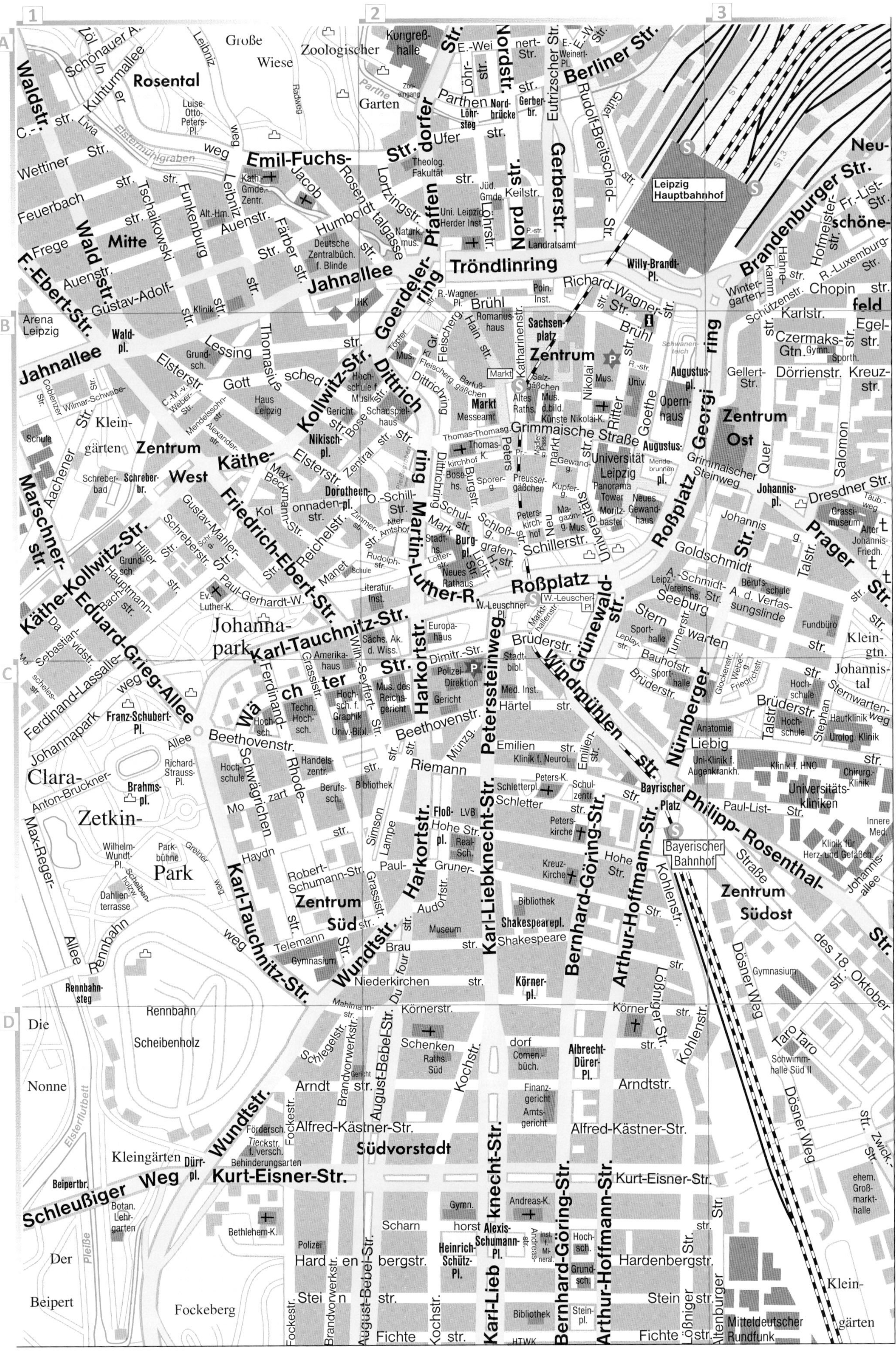

1
2
3
A
B
C
D
Rosental
Große Wiese
Zoologischer Garten
Kongreßhalle
Waldstr.
Kulturmallee
Wettiner Str.
Feuerbach str.
Frege str.
Mitte
Emil-Fuchs-Str.
Tschaikowski str.
Funkenburg str.
Auenstr.
Humboldt str.
Lortzingstr.
Pfaffendorfer Str.
Nordstr.
Gerberstr.
Berliner Str.
Rudolf-Breitscheid-Str.
Eutritzscher Str.
Leipzig Hauptbahnhof
Willy-Brandt-Pl.
Tröndlinring
Jahnallee
Goerdelerring
F.-Ebert-Str.
Gustav-Adolf-Str.
Arena Leipzig
Wald-pl.
Brandenburger Str.
Richard-Wagner-Str.
Brühl
Sachsenplatz
Zentrum
Markt
Augustus-pl.
Opernhaus
Georgiring
Zentrum Ost
Universität Leipzig
Grimmaische Straße
Grimmaischer Steinweg
Dresdner Str.
Prager Str.
Johannis-pl.
Roßplatz
Goldschmidt
Zentrum West
Käthe-Kollwitz-Str.
Friedrich-Ebert-Str.
Dittrichring
Martin-Luther-R.
Thomasius str.
Gottsched str.
Marschnerstr.
Eduard-Grieg-Allee
Johannapark
Karl-Tauchnitz-Str.
Wächter Str.
Harkortstr.
Peterssteinweg
Windmühlen str.
Grünewald-str.
Nürnberger Str.
Bayrischer Platz
Bayerischer Bahnhof
Philipp-Rosenthal-Str.
Beethovenstr.
Ferdinand-Lassalle-Str.
Franz-Schubert-Pl.
Clara-Zetkin-Park
Anton-Bruckner-Allee
Max-Reger-Allee
Riemann str.
Mozart str.
Schwägrichen str.
Zentrum Süd
Wundtstr.
Karl-Liebknecht-Str.
Bernhard-Göring-Str.
Arthur-Hoffmann-Str.
Kohlenstr.
Zentrum Südost
Dösner Weg
Des 18. Oktober Str.
Shakespeare str.
Niederkirchen str.
Körnerstr.
Rennbahn
Scheibenholz
Die Nonne
Kleingärten
Schleußiger Weg
Kurt-Eisner-Str.
Südvorstadt
Arndt str.
Alfred-Kästner-Str.
August-Bebel-Str.
Scharnhorst str.
Hardenbergstr.
Steinstr.
Fichte str.
Der Beipert
Fockeberg
Mitteldeutscher Rundfunk
Kleingärten
Lößniger Str.
Altenburger Str.
Zwickauer Str.

Linköping 1:14 500

1 km

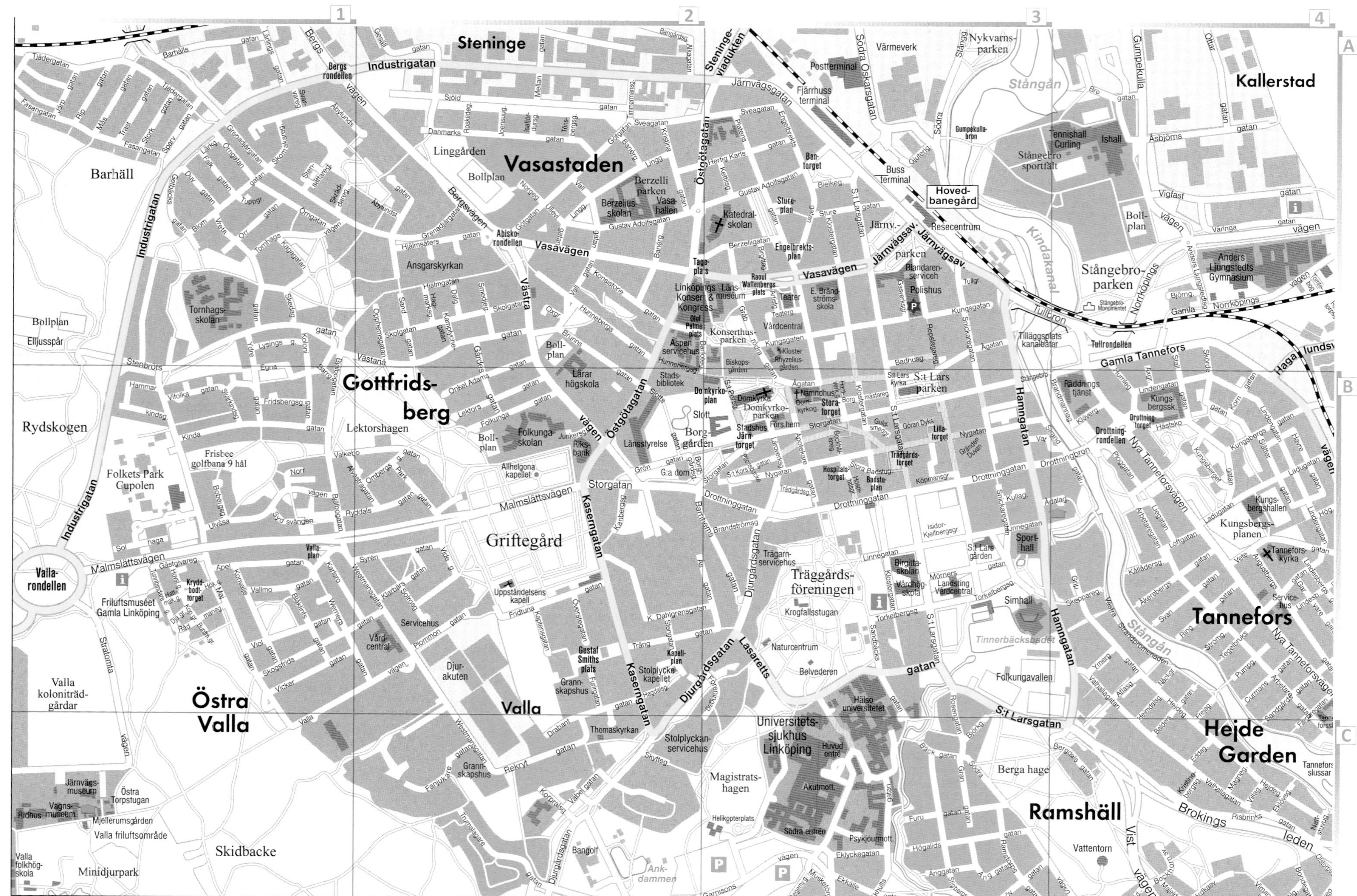

1
2
3
4
A
B
C
Steninge
Industrigatan
Bergsrondellen
Barhäll
Vasastaden
Linggården
Bollplan
Berzelli parken
Berzeliusskolan
Vasahallen
Katedralskolan
Östgötagatan
Steningeviadukten
Järnvägsgatan
Postterminal
Fjärrhuss terminal
Buss terminal
Hovedbanegård
Resecentrum
Värmeverk
Nykvarnsparken
Stångån
Kindakanal
Tennishall Curling
Ishall
Stångebro sportfält
Stångebroparken
Kallerstad
Gumpekulla
Anders Ljungstedts Gymnasium
Abiskorondellen
Vasavägen
Ansgarskyrkan
Västra vägen
Tornhagsskolan
Bollplan
Elljusspår
Gottfridsberg
Lektorshagen
Lärarhögskola
Folkungaskolan
Rydskogen
Folkets Park Cupolen
Frisbee golfbana 9 hål
Valla-rondellen
Friluftsmuseet Gamla Linköping
Valla kolonträdgårdar
Östra Valla
Järnvägsmuseum
Vagnsmuseum
Östra Torpstugan
Mjellerumsgården
Valla friluftsområde
Skidbacke
Minidjurpark
Valla folkhögskola
Griftegård
Malmslättsvägen
Kaserngatan
Storgatan
Valla
Djurakuten
Thomaskyrkan
Stolplyckan servicehus
Magistratshagen
Universitetssjukhus Linköping
Hälso universitetet
Akutmott.
Södra entrén
Ankdammen
Linköpings Läns-museum
Konsert & Kongress
Konserthusparken
Stadsbibliotek
Domkyrkan
Domkyrkoparken
Slott
Borggården
Länsstyrelse
Stora torget
S:t Lars parken
Polishus
Drottninggatan
Hamngatan
Trädgårdsföreningen
Naturcentrum
Belvederen
Sporthall
Simhall
Tinnerbäcksbadet
Folkungavallen
S:t Larsgatan
Berga hage
Ramshäll
Vattentorn
Vist
Brokings leden
Hejde
Gården
Tannefors
Nya Tanneforsvägen
Gamla Tannefors
Tullrondellen
Drottningrondellen
Kungsbergsplanen
Tanneforskyrka

Luxembourg 1:14 500

1 km

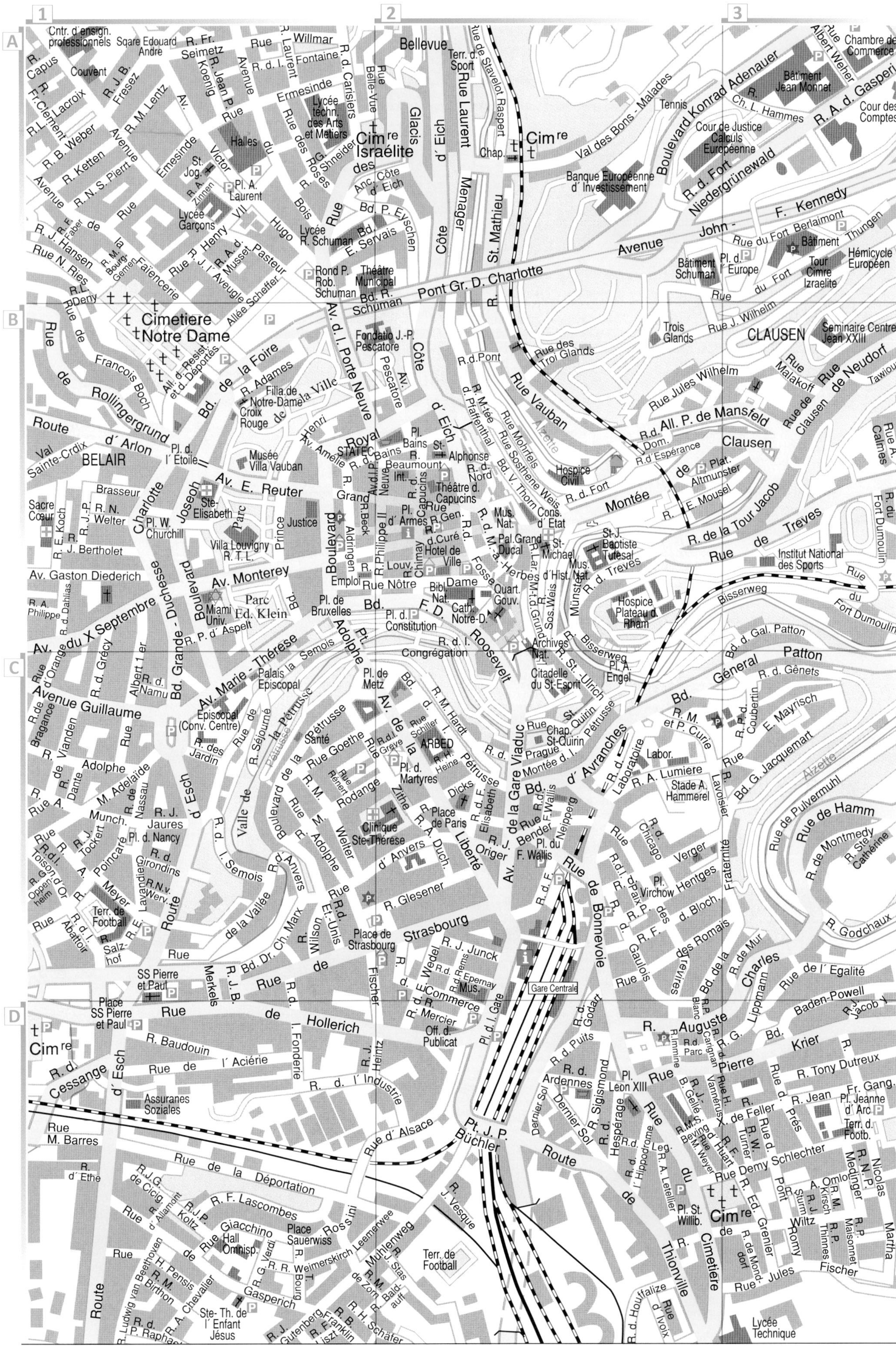
1
2
3
A
B
C
D
Cntr. d'ensign. professionnels
Sqare Edouard André
Couvent
Bellevue
Lycée techn. des Arts et Métiers
Cimre Israélite
Halles
Lycée Garçons
Lycée R. Schuman
Théâtre Municipal
Rond P. Rob. Schuman
Pont Gr. D. Charlotte
Boulevard Konrad Adenauer
Chambre de Commerce
Bâtiment Jean Monnet
Cour des Comptes
Cour de Justice
Calculs Européenne
Banque Européenne d´Investissement
Avenue John - F. Kennedy
Bâtiment Thungen
Hémicycle Européen
Tour Cimre Izraelite
Bâtiment Schuman
Pl. d. l´Europe
Trois Glands
CLAUSEN
Séminaire Centre Jean XXIII
Cimetiere Notre Dame
Allée Scheffer
Fondatio J.-P. Pescatore
Route d´Arlon
BELAIR
Musée Villa Vauban
Bd. de la Foire
Croix Rouge
Av. E. Reuter
Ste-Elisabeth
Pl. W. Churchill
Villa Louvigny R.T.L.
Justice
Parc
Rue Vauban
Hospice Civil
Montée de Clausen
All. P. de Mansfeld
Rue de Neudorf
Alzette
Théâtre d. Capucins
Pl. d´Armes
Hotel de Ville
Pal.Grand Ducal
Mus. Nat.
St-Michael
St-J. Baptiste Tutesal
Hospice Plateau d. Rham
Institut National des Sports
Rue de Treves
Bisserweg
Fort Dumoulin
Av. Gaston Diederich
Av. Monterey
Av. du X Septembre
Miami Univ.
Parc Ed. Klein
Pl. de Bruxelles
Bibl. Nat.
Cath. Notre-D.
Quart. Gouv.
Pl. d. Constitution
Bd. F. D. Roosevelt
Archives Nat.
Citadelle du St-Esprit
Bd. du Gal. Patton
Bd. Général Patton
Avenue Guillaume
Bd. Grande - Duchesse Charlotte
Av. Marie - Thérèse
Palais Episcopal
Episcopal (Conv. Centre)
Pl. de Metz
ARBED
Pl. d. Martyres
Clinique Ste-Therese
Place de Paris
Av. de la Liberté
Av. de la Gare
Viaduc
Bd. d´Avranches
Chap. St-Quirin
Stade A. Hammerel
Rue de Hamm
Route d´Esch
Valle de la Petrusse
Pl. d. Nancy
Terr. de Football
Rue de Bonnevoie
Place de Strasbourg
Rue de Strasbourg
Gare Centrale
SS Pierre et Paul
Place SS Pierre et Paul
Cimre
Rue de Hollerich
Rue de l´Aciérie
Assuranes Soziales
Rue de la Déportation
Rue d´Alsace
Pt. J. P. Büchler
Route de Thionville
Pl. Leon XIII
Rue du Cimetiere
Pl. St. Willib.
Place Sauerwiss
Hall Omnisp.
Terr. de Football
Ste- Th. de l´Enfant Jésus
Lycée Technique
Rue Demy Schlechter
Rue Tony Dutreux
Rue Pierre Krier
Baden-Powell
Rue de l´Egalité

Magdeburg 1:14 500

1 km

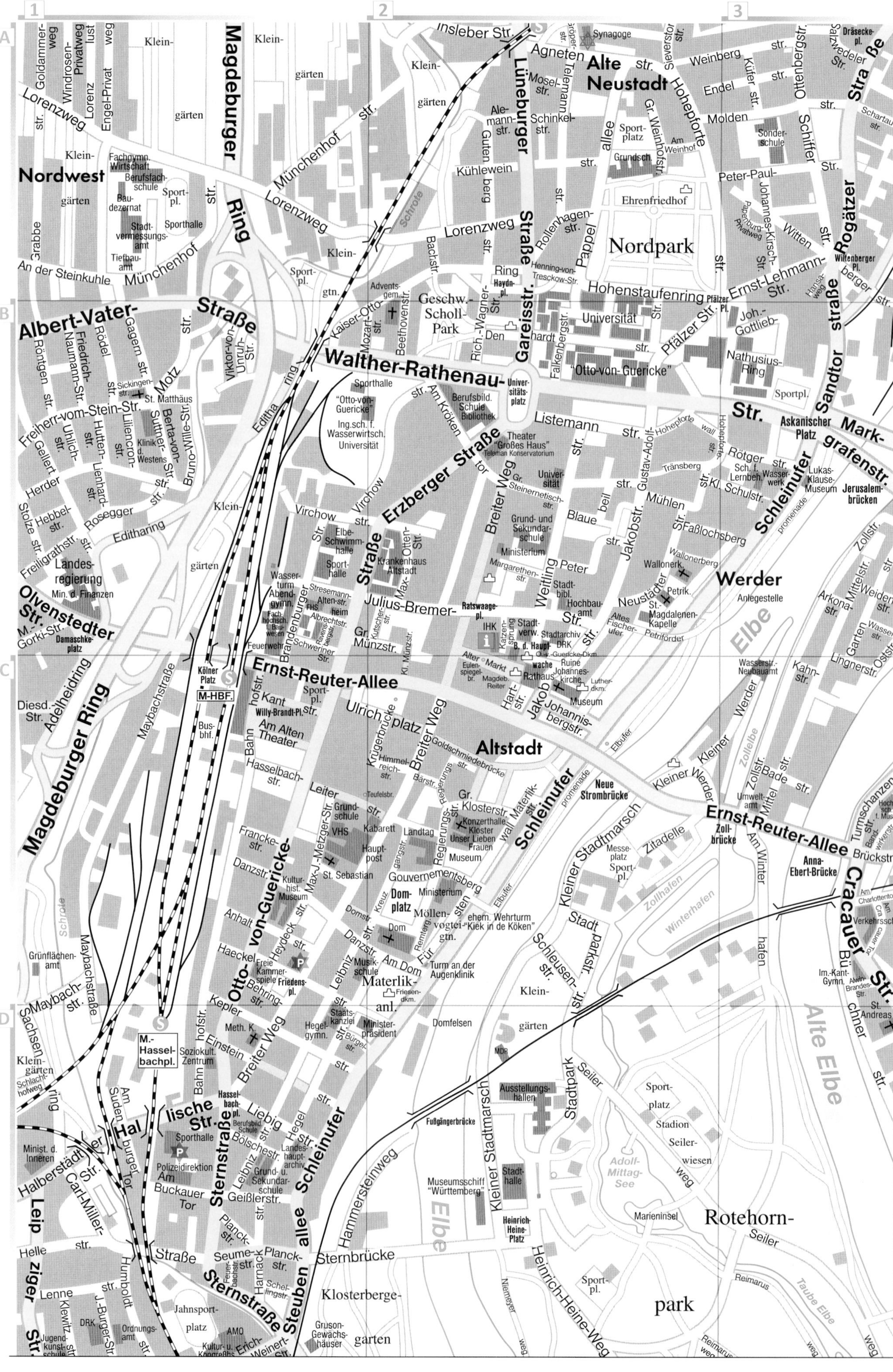
1
2
3
A
B
C
D
Nordwest
Alte Neustadt
Nordpark
Altstadt
Werder
Rotehorn-
park
Magdeburger Ring
Albert-Vater-Straße
Walther-Rathenau-Str.
Ernst-Reuter-Allee
Otto-von-Guericke-Str.
Erzberger Straße
Breiter Weg
Lüneburger Straße
Gareisstr.
Schleinufer
Sternstraße
Halberstädter Str.
Hallische Str.
Steubenallee
Olvenstedter Str.
Editharing
Lorenzweg
Münchenhof
Hohenstaufenring
Universität
"Otto-von-Guericke"
Ehrenfriedhof
Synagoge
Sandtorstraße
Rogätzer Straße
Markgrafenstr.
Jerusalembrücken
Askanischer Platz
Geschw.-Scholl-Park
Theater "Großes Haus"
Kölner Platz
M-HBF.
Bus-bhf.
Willy-Brandt-Pl.
Ulrichplatz
Domplatz
Dom
Landtag
Kloster Unser Lieben Frauen
Museum
Hauptpost
Kabarett
St. Sebastian
Kulturhist. Museum
Materlik-anl.
Staatskanzlei
Ministerpräsident
Rathaus
Johanniskirche
Ratswaage-pl.
IHK
Stadtbibl.
Neue Strombrücke
Zollbrücke
Anna-Ebert-Brücke
Kleiner Werder
Kleiner Stadtmarsch
Zitadelle
Zollhafen
Winterhafen
Elbe
Alte Elbe
Cracauer Str.
Stadtpark
Stadion
Adolf-Mittag-See
Marieninsel
Heinrich-Heine-Weg
Heinrich-Heine-Platz
Stadthalle
Ausstellungshallen
Fußgängerbrücke
Museumsschiff "Württemberg"
Sternbrücke
Klosterberge-garten
Gruson-Gewächshäuser
Hammersteinweg
M.-Hasselbachpl.
Sporthalle
Polizeidirektion
Am Buckauer Tor
Jahnsportplatz
Landesregierung
Min. d. Finanzen
Damaschkeplatz
Maybachstraße
Sachsenring
Leipziger Str.
Humboldtstr.
Kleingärten
Kaiser-Otto-Ring
Virchowstr.
Julius-Bremer-Str.
Jakobstr.
Peterstr.
Weitlingstr.
Liebigstr.
Keplerstr.
Einsteinstr.
Hegelstr.
Danzstr.
Leiterstr.
Hasselbachstr.
Kantstr.
Am Alten Theater

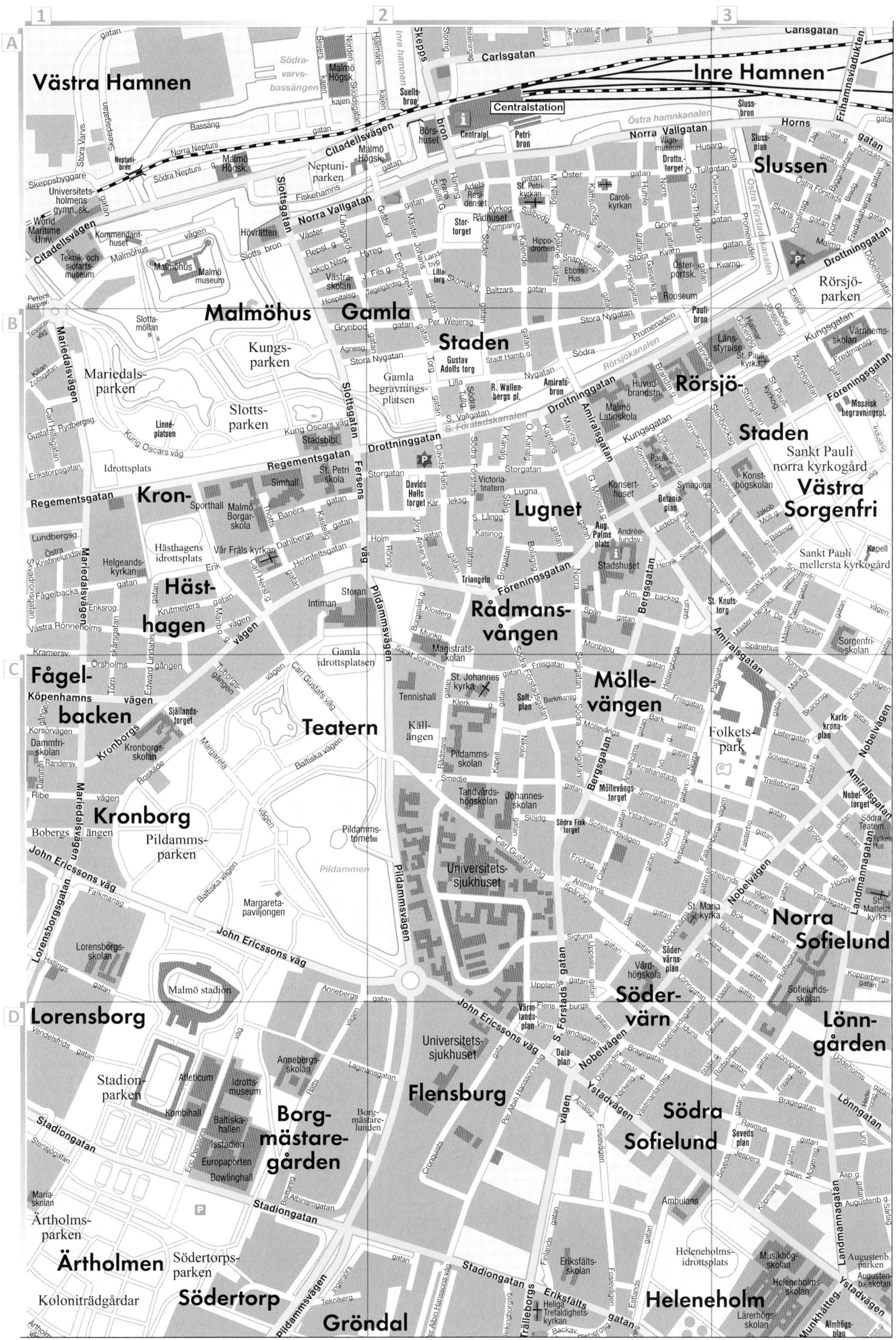
Västra Hamnen
Inre Hamnen
Centralstation
Slussen
Malmöhus
Gamla
Staden
Rörsjö-
Staden
Västra
Sorgenfri
Kron-
Lugnet
Häst-
hagen
Rådmans-
vången
Fågel-
backen
Teatern
Mölle-
vången
Kronborg
Norra
Sofielund
Söder-
värn
Lönn-
gården
Lorensborg
Flensburg
Borg-
mästare-
gården
Södra
Sofielund
Ärtholmen
Södertorp
Gröndal
Helenholm
Kungs-
parken
Mariedals-
parken
Slotts-
parken
Pildamms-
parken
Rörsjö-
parken
Folkets-
park
Malmö stadion
Stadion-
parken
Universitets-
sjukhuset
Gamla
idrottsplatsen
Sankt Pauli
norra kyrkogård
Sankt Pauli
mellersta kyrkogård
Gamla
begravnings-
platsen
Carlsgatan
Norra Vallgatan
Drottninggatan
Kungsgatan
Föreningsgatan
Regementsgatan
Amiralsgatan
Slottsgatan
Pildammsvägen
John Ericssons väg
Stadiongatan
Nobelvägen
Ystadvägen
Landmannagatan
Citadellsvägen
Mariedalsvägen
Bergsgatan
Södra Förstadsgatan

Odense 1:14 500

1 km

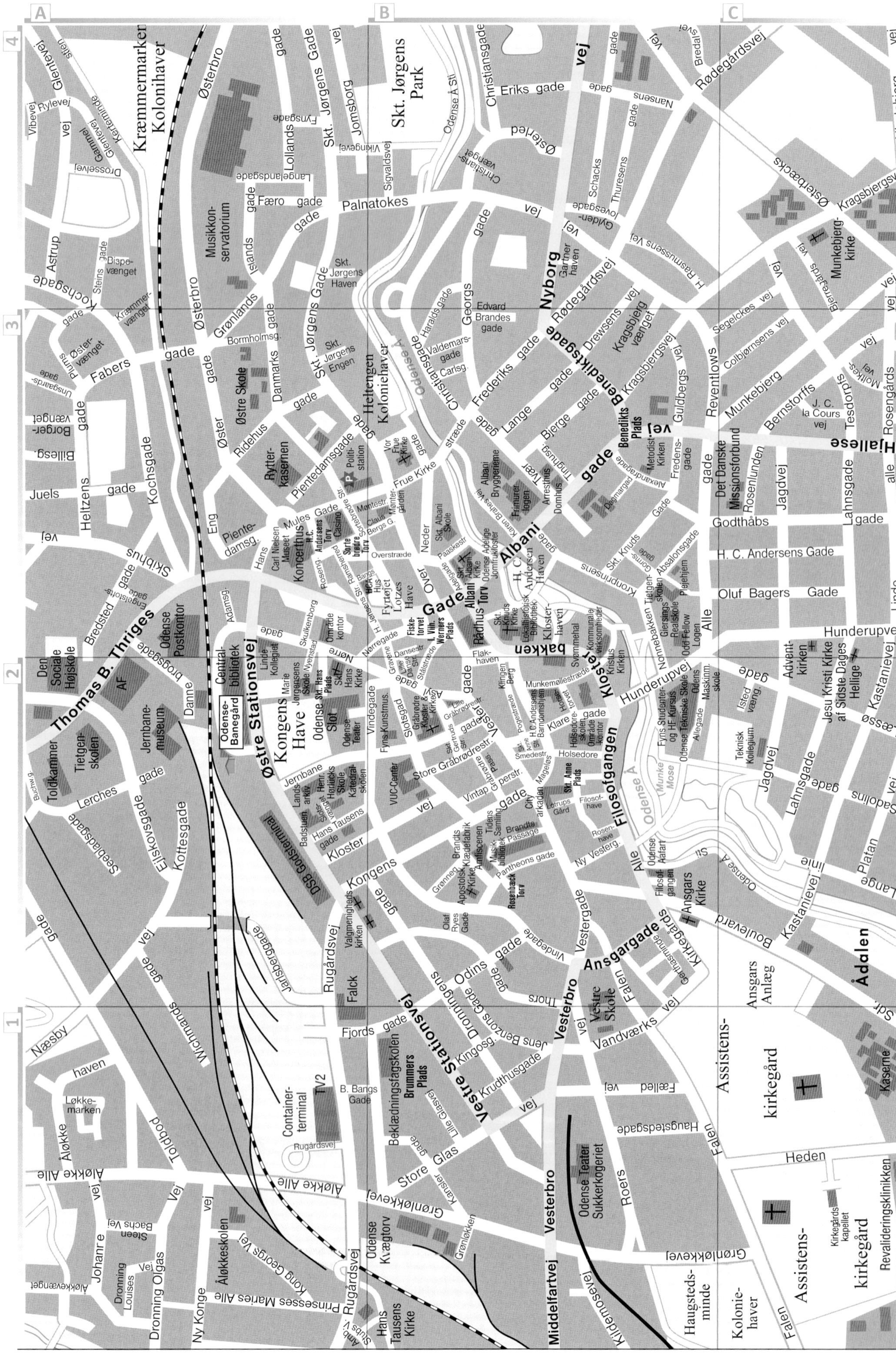

A
B
C
1
2
3
4
Kræmmermarken Kolonihaver
Skt. Jørgens Park
Musikkon-servatorium
Østerbro
Palnatokes gade
Nyborg vej
Rødegårdsvej
Benediktsgade
Heltengen Kolonihaver
Østre Skole
RyttKasernen
Politi-station
Koncerthus
Albani gade
Albani Torv
Rådhus
Klosterbakken
Filosofgangen
Odense Å
Hjallese
Det Danske Missionsforbund
H. C. Andersens Gade
Oluf Bagers Gade
Hunderupvej
Kongens Have
Odense Slot
Odense Banegård
Central-bibliotek
Østre Stationsvej
Odense Postkontor
Thomas B. Thriges gade
Den Sociale Højskole
AF
Tietgen-skolen
Jernbane-museum
Toldkammer
DSB Godsterminal
Vestre Stationsvej
Falck
Container-terminal
TV2
Vesterbro
Ansgargade
Vestre Skole
Ansgars Kirke
Ansgars Anlæg
Assistens-kirkegård
Ådalen
Kaserne
Odense Teater Sukkerkogeriet
Middelfartvej
Haugsteds-minde
Kolonie-have
Revalideringsklinikken
Hans Tausens Kirke
Odense Kvægtorv
Ålokkeskolen
Prinsesses Maries Alle
Dronning Olgas Vej
Ny Kongevej
Rugårdsvej
Åløkke Alle
Næsby
Løkke-marken
Gronløkkevej

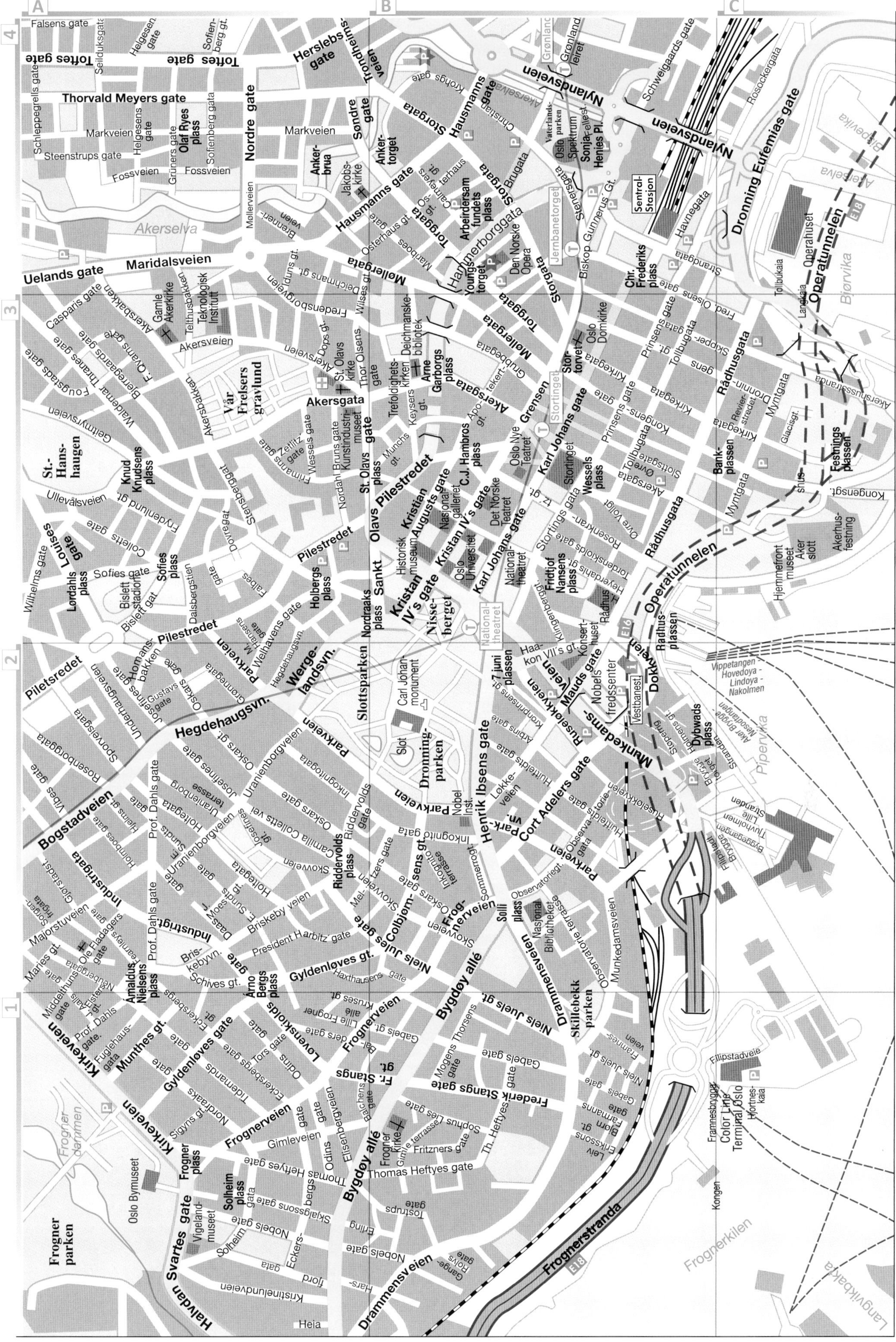
A
B
C
4
3
2
1
Toftes gate
Thorvald Meyers gate
Nordre gate
Herslebs gate
Trondheimsveien
Søndre gate
Markveien
Olaf Ryes plass
Fossveien
Akerselva
Maridalsveien
Uelands gate
Hausmanns gate
Storgata
Nylandsveien
Oslo Spektrum
Sentral-Stasjon
Dronning Eufemias gate
Operahuset
Operatunnelen
Bjørvika
Gamle Akerkirke
Vår Frelsers gravlund
Akersgata
St.-Hans-haugen
Deichmanske bibliotek
Oslo Domkirke
Stortorvet
Karl Johans gate
Grensen
Stortinget
Rådhusgata
Pilestredet
Kristian Augusts gate
Nasjonal-galleriet
Det Norske Teatret
Akershus festning
Rådhus
Rådhusplassen
Nationaltheatret
Slottsparken
Slott
Dronning-parken
Hegdehaugsvn.
Bogstadveien
Parkveien
Munkedamsveien
Henrik Ibsens gate
Cort Adelers gate
Drammensveien
Solli plass
Nasjonal Biblioteket
Bygdøy allé
Frognerveien
Kirkeveien
Gyldenløves gate
Frederik Stangs gate
Frogner plass
Frognerparken
Oslo Bymuseet
Vigeland-museet
Halvdan Svartes gate
Frogner Kirke
Thomas Heftyes gate
Skillebekk parken
Frognerstranda
Color Line Terminal Oslo
Frognerkilen
Langviksbakka
Piperviga
Aker Brygge
Vippetangen
Hovedøya - Lindøya - Nakolmen

Potsdam 1:14 500

1 km

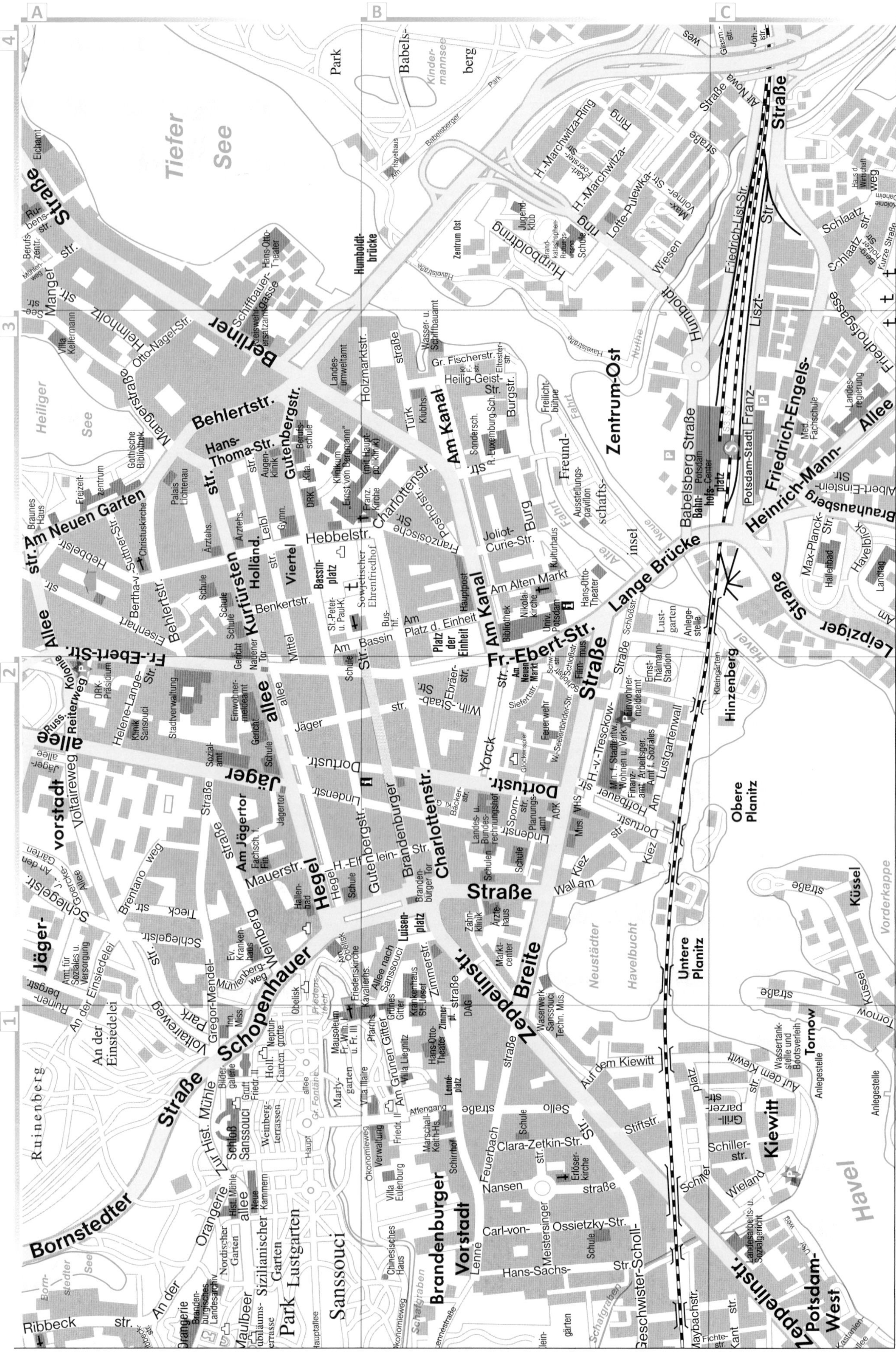

A
B
C
1
2
3
4
Tiefer See
Heiliger See
Berliner Straße
Humboldtbrücke
Behlertstr.
Hans-Thoma-Str.
Gutenbergstr.
Am Neuen Garten
Allee
Fr.-Ebert-Str.
Kurfürsten
Holländ. Viertel
Hebbelstr.
Bassinplatz
Jäger allee
Jägervorstadt
Dortustr.
Lindenstr.
Charlottenstr.
Hegel allee
Brandenburger Str.
Luisenplatz
Schopenhauer Straße
Zeppelinstr.
Breite Straße
Am Kanal
Yorckstr.
Zentrum-Ost
Humboldtring
Lange Brücke
Babelsberg Straße
Potsdam-Stadt
Friedrich-Engels-Str.
Heinrich-Mann-Allee
Leipziger Straße
Friedrich-List-Str.
Hinzenberg
Obere Planitz
Untere Planitz
Neustädter Havelbucht
Küssel
Kiewitt
Tornow
Havel
Potsdam-West
Bornstedter Straße
Park Sanssouci
Lustgarten
Brandenburger Vorstadt
Ruinenberg
Nauener Tor
Platz der Einheit
Freundschaftsinsel
Alter Markt
Nikolaikirche
Hans-Otto-Theater
Am Alten Markt
Ribbeck str.
Carl-von-Ossietzky-Str.
Hans-Sachs-Str.
Geschwister-Scholl-
Clara-Zetkin-Str.

s‘Gravenhage I Den Haag 1:14 500 1 km

A
B
C
1
2
3
4
Malieveld
Koekamp
Koningskade
Rijnstraat
Bezuidenhoutseweg
Prins Bernhardviaduct
Schenkviaduct
Lekstraat
Binckhorstlaan
Utrechtsebaan
Zuid-Hollandlaan
Mauritskade
Parkstraat
Prinsessewal
Lange Voorhout
Lange Vijverberg
Hofweg
Spui
Kalvermarkt
Nieuwe Haven
CENTRUM
STATIONSBUURT
Stationsweg
Huijgenspark
Grote Marktstraat
Jan Hendrikstraat
Torenstraat
Prinsegracht
Westeinde
Lijnbaan
Noordwest Buitensingel
Vaillantlaan
SCHILDERSBUURT
Hoefkade
De Haagse Markt
KWARTIER
TRANSVAAL
De la Reyweg
Loosduinseweg
Loosduinsekade
Dierenselaan
OOST-BROEK
Troelstrakade
Fruitweg
Neherkade
Rijswijkseweg
LAAK
BEDRIJVENTERREIN LAAKHAVEN
Calandstraat
Slachthuislaan
Waldorpstraat
Laakhaven
Erasmusweg
Laakkanaal

Stockholm 1:15 000

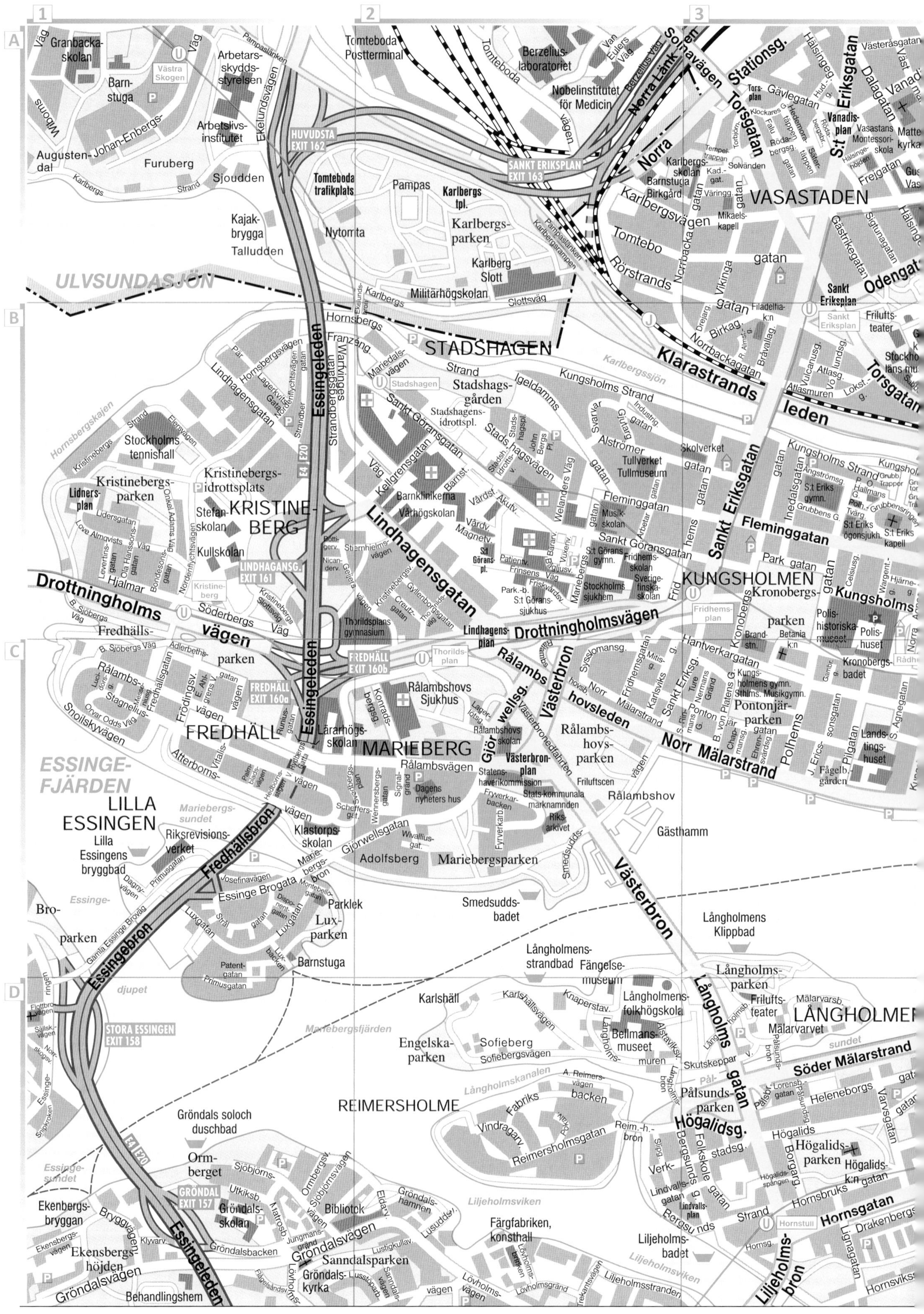
ULVSUNDASJÖN
STADSHAGEN
VASASTADEN
KRISTINEBERG
KUNGSHOLMEN
FREDHÄLL
MARIEBERG
ESSINGEFJÄRDEN
LILLA ESSINGEN
REIMERSHOLME
LÅNGHOLMEN
Essingeleden
Drottningholmsvägen
Västerbron
Klarastrands leden
Norr Mälarstrand
Söder Mälarstrand
Lindhagensgatan
Sankt Eriksgatan
Fleminggatan
Hornsgatan
Essingebron
Fredhällsbron
Långholmsgatan
Högalidsg.

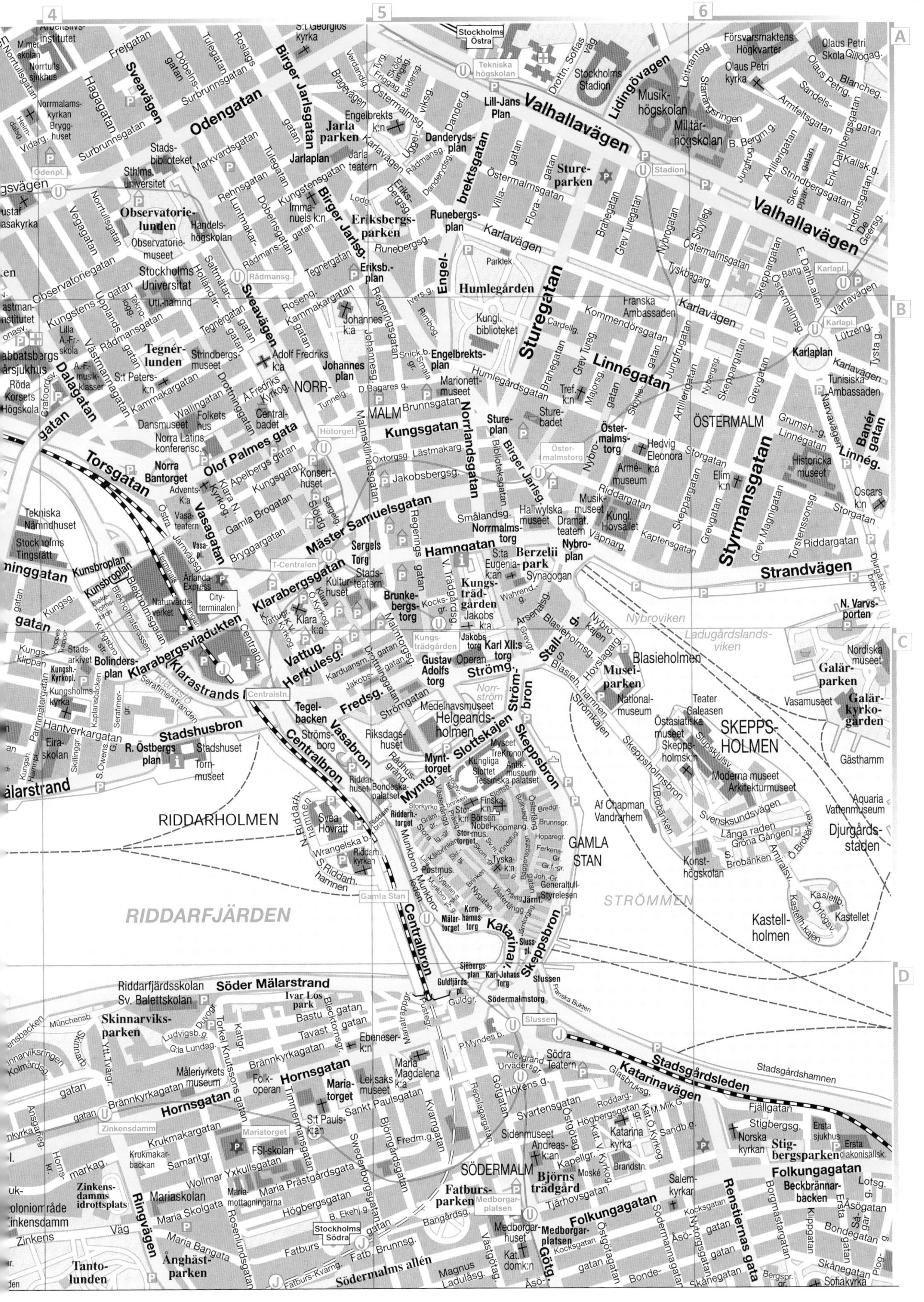
1 km
4
5
6
A
B
C
D
Stockholms Östra
Tekniska högskolan
Stockholms Stadion
Försvarsmaktens Högkvarter
Olaus Petri Skola
Olaus Petri kyrka
Valhallavägen
Lidingövägen
Musik-högskolan
Militär-högskolan
Stadion
Odengatan
Sveavägen
Birger Jarlsgatan
Jarlaplan
Jarla parken
Engelbrekts k:n
Danderyds-plan
Lill-Jans Plan
Sture-parken
Odenpl.
Stadsbiblioteket
Sthlms. universitet
Observatorie-lunden
Observatorie-museet
Handels-högskolan
Stockholms Universitet
Rådmansg.
Eriksbergs-parken
Runebergs-plan
Karlavägen
Humlegården
Kungl. biblioteket
Sturegatan
Karlapl.
Karlaplan
Franska Ambassaden
Linnégatan
Tegnér-lunden
Strindbergs-museet
Adolf Fredriks k:a
Johannes k:a
Johannes plan
Engelbrekts-plan
Marionett-museet
NORRMALM
Dalagatan
Torsgatan
Norra Bantorget
Olof Palmes gata
Hötorget
Kungsgatan
Norrlandsgatan
Stureplan
Sturebadet
Östermalmstorg
Hedvig Eleonora k:a
Armémuseum
ÖSTERMALM
Historiska museet
Styrmansgatan
Banérgatan
Oscars k:n
Vasagatan
Konserthuset
Mäster Samuelsgatan
Sergels Torg
Hallwylska museet
Dramat. teatern
Nybroplan
Berzelii park
Hamngatan
Strandvägen
Kungl. Hovstallet
Tekniska Nämndhuset
Stockholms Tingsrätt
Kungsbroplan
City-terminalen
Klarabergsgatan
Kulturhuset
T-Centralen
Kungsträdgården
Synagogan
Nybroviken
Ladugårdslandsviken
N. Varvsporten
Nordiska museet
Galärparken
Vasamuseet
Galärkyrkogården
Klarabergsviadukten
Centralstn.
Gustav Adolfs torg
Karl XII:s torg
Blasieholmen
Museiparken
Nationalmuseum
Teater Galeasen
Östasiatiska museet
SKEPPSHOLMEN
Moderna museet
Arkitekturmuseet
Gästhamm
Aquaria Vattenmuseum
Djurgårdsstaden
Stadshusbron
R. Östbergs plan
Stadshuset
Helgeandsholmen
Medelhavsmuseet
Riksdagshuset
Slottskajen
Skeppsbron
Kungliga Slottet
Tessinska palatset
Centralbron
Vasabron
RIDDARHOLMEN
Svea Hovrätt
Riddarh. kyrkan
Af Chapman Vandrarhem
GAMLA STAN
Storkyrkan
Tyska k:n
Mälartorget
Kornhamnstorg
Järntorget
Generaltull-Styrelesen
STRÖMMEN
Konsthögskolan
Kastellholmen
Kastellet
RIDDARFJÄRDEN
Gamla Stan
Slussen
Söder Mälarstrand
Riddarfjärdsskolan Sv. Balettskolan
Ivar Los park
Skinnarviksparken
Södermalmstorg
Stadsgårdsleden
Katarinavägen
Stadsgårdshamnen
Hornsgatan
Maria Magdalena k:a
Mariatorget
Södra Teatern
Katarina kyrka
Stigbergsparken
Ersta sjukhus
Zinkensdamm
Mariatorget
FSI-skolan
Sidenmuseet
SÖDERMALM
Björns trädgård
Folkungagatan
Zinkensdamms idrottsplats
Ringvägen
Mariaskolan
Fatbursparken
Medborgarplatsen
Stockholms Södra
Anghäst-parken
Tantolunden
Södermalms allén
Götgatan
Renstiernas gata
Beckbrännarbacken
Sofia kyrka

Schwerin 1:14 500

1 km

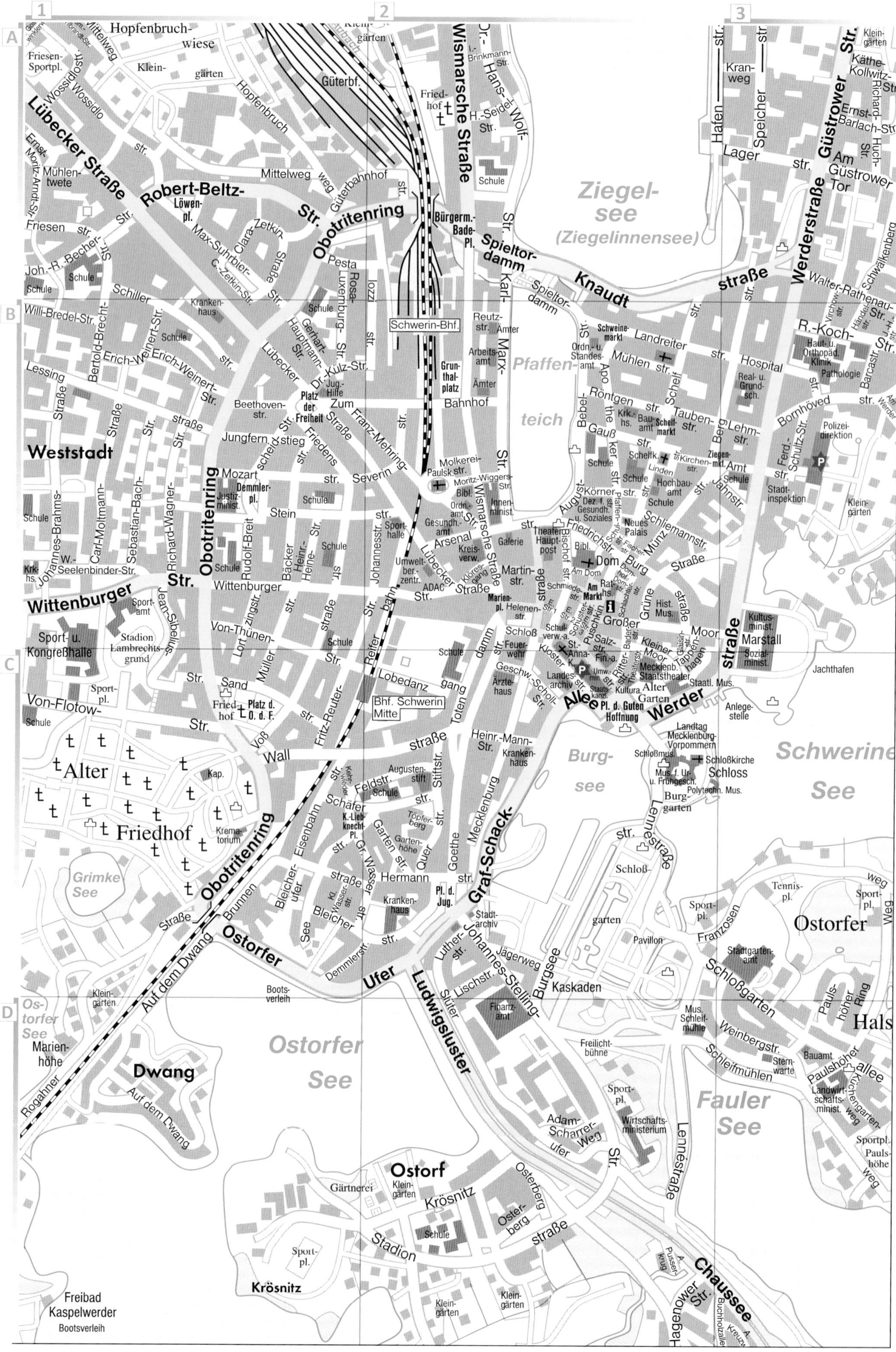

1
2
3
A
B
C
D
Hopfenbruch-wiese
Friesen-Sportpl.
Klein-gärten
Wossidlostr.
Lübecker Straße
Hopfenbruch
Güterbf.
Fried-hof
Wismarsche Straße
Dr.-Hans-Wolf-Str.
H.-Seidel-Str.
Kran-weg
Hafen-str.
Speicher-str.
Lager
Güstrower Str.
Käthe-Kollwitz-Str.
Ernst-Barlach-Str.
Am Güstrower Tor
Mühlen-twete
Robert-Beltz-Str.
Löwen-pl.
Mittelweg
Güterbahnhof
Obotritenring
Bürgerm.-Bade-Pl.
Schule
Ziegel-see
(Ziegelinnensee)
Werderstraße
Spieltor-damm
Knaudt straße
Max-Suhrbier-Str.
Clara-Zetkin-Straße
Friesen str.
Joh.-R.-Becher-Str.
Schiller
Pesta-lozzi-str.
Rosa-Luxemburg-Str.
Kranken-haus
Walter-Rathenau-Str.
Willi-Bredel-Str.
Schwerin-Bhf.
Reutz-str.
Ämter
Arbeits-amt
Karl-Marx-Str.
Landreiter
Schweine-markt
R.-Koch-Str.
Hospital
Ordn.- u. Standes-amt
Mühlen str.
Pfaffen-teich
Gerhart-Hauptmann-Str.
Erich-Weinert-Str.
Dr.-Külz-Str.
Grun-thal-platz
Bahnhof
Lessing
Bertold-Brecht-Str.
Röntgen str.
Tauben-str.
Lehm-str.
Real- u. Grund-sch.
Pathologie
Bornhöved
Platz der Freiheit
Zum Bahnhof
Jug.-Hilfe
Beethoven-str.
Franz-Mehring-Str.
Schelf-markt
Bau-amt
Polizei-direktion
Weststadt
Jungfern-stieg
Friedens-str.
Schelfk.
Ziegen-mkt.
Mozart str.
Severin str.
Molkerei-str.
Paulsk.
Moritz-Wiggers-Str.
Amt
Jahnstr.
Stadt-inspektion
Demmler-pl.
Justiz-minist.
Innen-minist.
Hochbau-amt
Körner-str.
Stein
Bibl.
Sport-halle
Gesundh.-amt
Dez. f. Gesundh. u. Soziales
Neues Palais
Schliemannstr.
Schule
Arsenal
Kreis-verw.
Galerie
Theater
Haupt-post
Friedrichstr.
Johannes-Brahms-Str.
Carl-Moltmann-Str.
Sebastian-Bach-Str.
Richard-Wagner-Str.
Rudolf-Breit.
Bäcker-str.
Heinr.-Heine-Str.
Johannesstr.
Umwelt-ber.-zentr.
Dom
Münz str.
Straße
W.-Seelenbinder-Str.
Wittenburger Str.
Martin-str.
Marien-pl.
Helenen-str.
Am Markt
Großer Moor
Grüne str.
Hist. Mus.
Sport-amt
ADAC
Sport- u. Kongreßhalle
Stadion Lambrechts-grund
Von-Thünen-Str.
Lortzingstr.
Müller str.
Reiter bahn
Schloß str.
Feuer-wehr
Salz-str.
Kultus-minist.
Marstall
Sozial-minist.
Moor
Jean-Sibelius-Str.
Lobedanz gang
Ärzte-haus
St. Anna-Str.
Mecklenb. Staatstheater
Alter Garten
Staatl. Mus.
Jachthafen
Von-Flotow-Str.
Sport-pl.
Sand
Fried-hof
Platz d. O. d. F.
Bhf. Schwerin Mitte
Landes-archiv
Allee
Pl. d. Guten Hoffnung
Werder
Anlege-stelle
Fritz-Reuter-Str.
Toten-damm
Landtag Mecklenburg-Vorpommern
Schloßmus.
Schloßkirche
Schloss
Wall straße
Heinr.-Mann-Str.
Kranken-haus
Burg-see
Schweriner See
Alter Friedhof
Kap.
Augusten-stift
Feldstr.
Schäfer str.
Stiftstr.
Mus. f. Ur- u. Frühgesch.
Polytechn. Mus.
Burg-garten
Krema-torium
K.-Lieb-knecht-Pl.
Töpfer-berg
Garten-höhe
Mecklenburg str.
Lennéstraße
Grimke See
Obotritenring
Eisenbahn str.
Gr. Wasser str.
Quer str.
Goethe str.
Graf-Schack-Allee
Schloß-garten
Hermann str.
Tennis-pl.
Sport-pl.
Bleicher-ufer
Kl. Wasser-str.
Kranken-haus
Pl. d. Jug.
Brunnen straße
Stadt-archiv
Pavillon
Ostorfer
Ostorfer Ufer
Demmlerstr.
Luther-str.
Johannes-Stelling-Str.
Jägerweg
Burgsee
Franzosen weg
Stadtgarten-amt
Auf dem Dwang
Boots-verleih
Lischstr.
Kaskaden
Klein-gärten
Ludwigsluster Chaussee
Schloßgarten
Pauls-höher Ring
Os-torfer See
Marien-höhe
Finanz-amt
Mus. Schleif-mühle
Hals
Freilicht-bühne
Weinbergstr.
Ostorfer See
Schleifmühlen weg
Stern-warte
Bauamt
Paulshöher allee
Dwang
Rogahner
Sport-pl.
Fauler See
Landwirt-schafts-minist.
Küchengarten-weg
Adam-Scharrer-Weg
Wirtschafts-ministerium
Sportpl. Paulshöhe
Ostorf
Gärtnerei
Krösnitz
Osterberg
Oster-berg straße
Stadion
Sport-pl.
A. Pusser-krug
Krösnitz
Hagenower Str.
Freibad Kaspelwerder
Bootsverleih

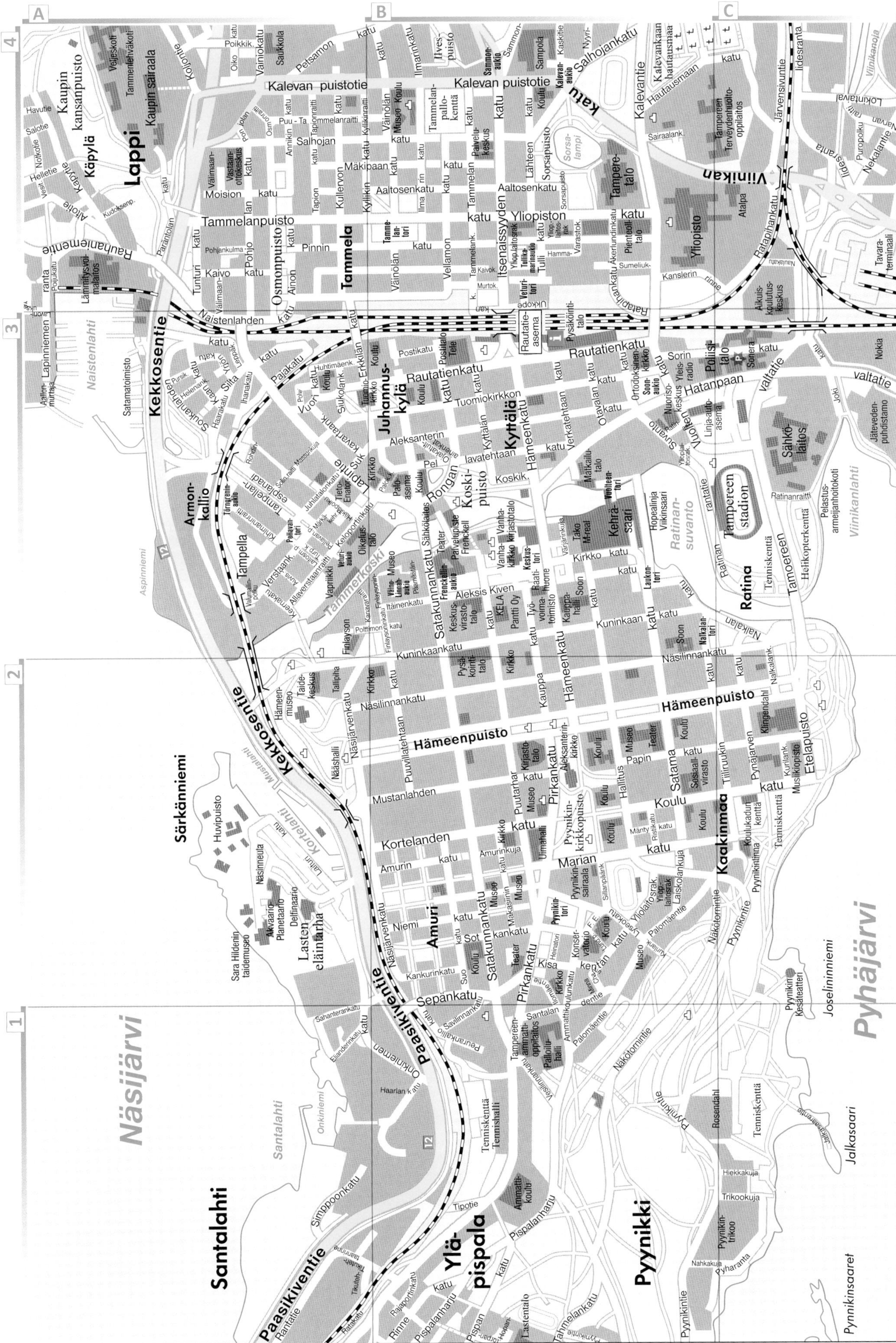

─1 km─

A **B** **C**

4

3

2

1

Näsijärvi

Pyhäjärvi

Santalahti

Ylä-pispala

Pyynikki

Lappi

Käpylä

Tammela

Osmonpuisto

Kekkosentie

Armon-kallio

Tammerkoski

Juhannus-kylä

Kyttälä

Viinikan

Ratina

Hämeenpuisto

Amuri

Kaakinmaa

Kalevan puistotie

Kalevan puistotie

Tammelanpuisto

Naistenlahti

Särkänniemi

Paasikiventie

Trondheim 1:14 500

1 km

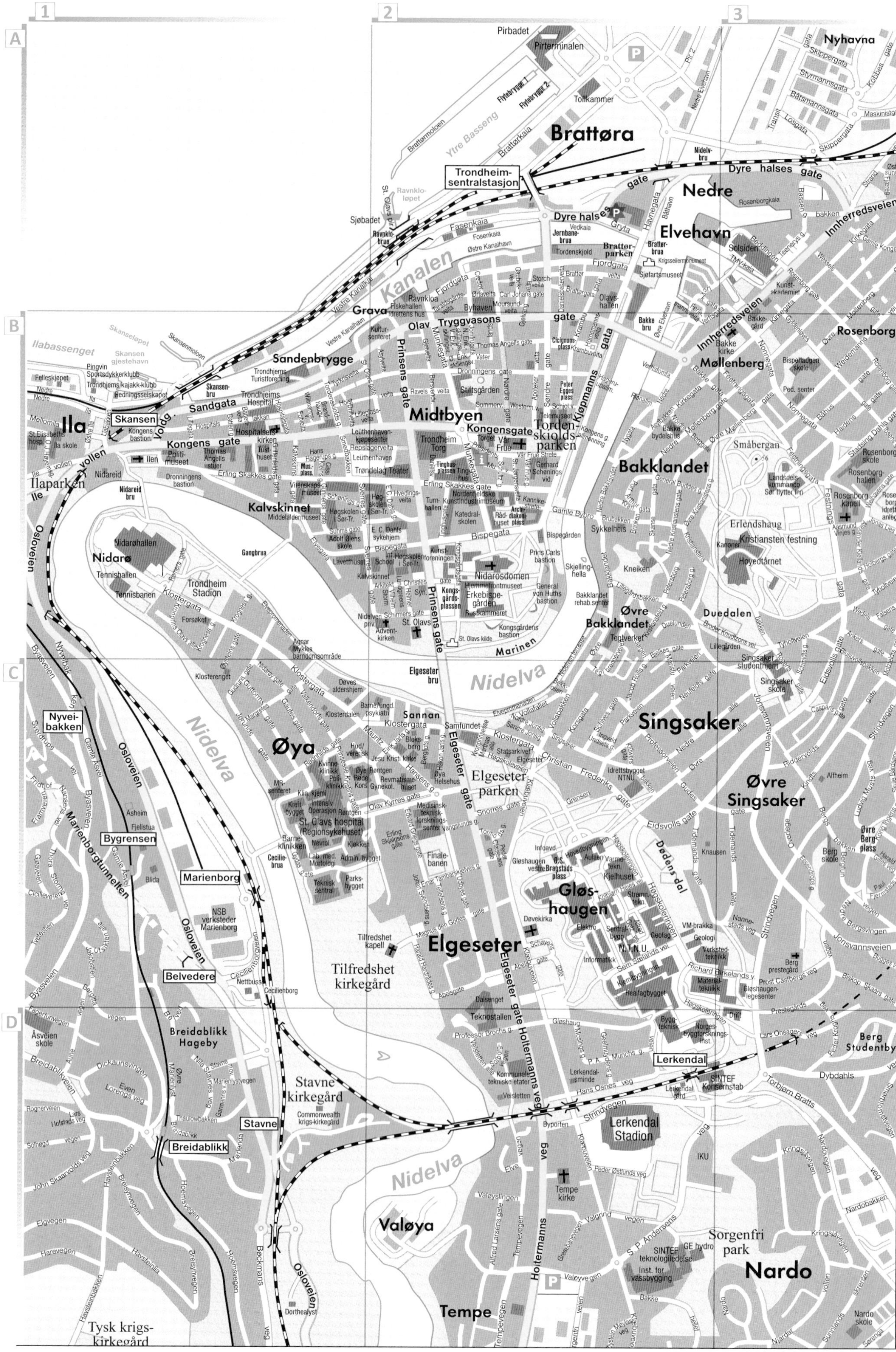
Brattøra
Nedre
Elvehavn
Trondheim-
sentralstasjon
Pirbadet
Pirterminalen
Tollkammer
Nyhavna
Kanalen
Ilabassenget
Sandenbrygge
Skansen
Ila
Ilaparken
Midtbyen
Kongensgate
Trondheim Torg
Tordenskiolds parken
Bakklandet
Møllenberg
Rosenborg
Småbergan
Kristiansten festning
Erlendshaug
Kalvskinnet
Nidarø
Trondheim Stadion
Nidarosdomen
Erkebispe-
gården
Øvre
Bakklandet
Duedalen
Nidelva
Singsaker
Øvre
Singsaker
Øya
Sannan
Elgeseter
parken
St. Olavs hospital
(Regionsykehuset)
Gløs-
haugen
N.T.N.U.
Elgeseter
Tilfredshet
kirkegård
Nyvei-
bakken
Bygrensen
Marienborg
Belvedere
Breidablikk
Hageby
Stavne
kirkegård
Stavne
Breidablikk
Lerkendal
Lerkendal
Stadion
Valøya
Sorgenfri
park
Nardo
Tempe
Tysk krigs-
kirkegård
Oslovegen
Elgeseter gate
Holtermanns veg
Innherredsveien
Dyre halses gate
Prinsens gate
Kjøpmanns gate
Olav Tryggvasons gate
Kongens gate
Dødens dal
Berg
Studentby

Uppsala 1:14 500

1 km

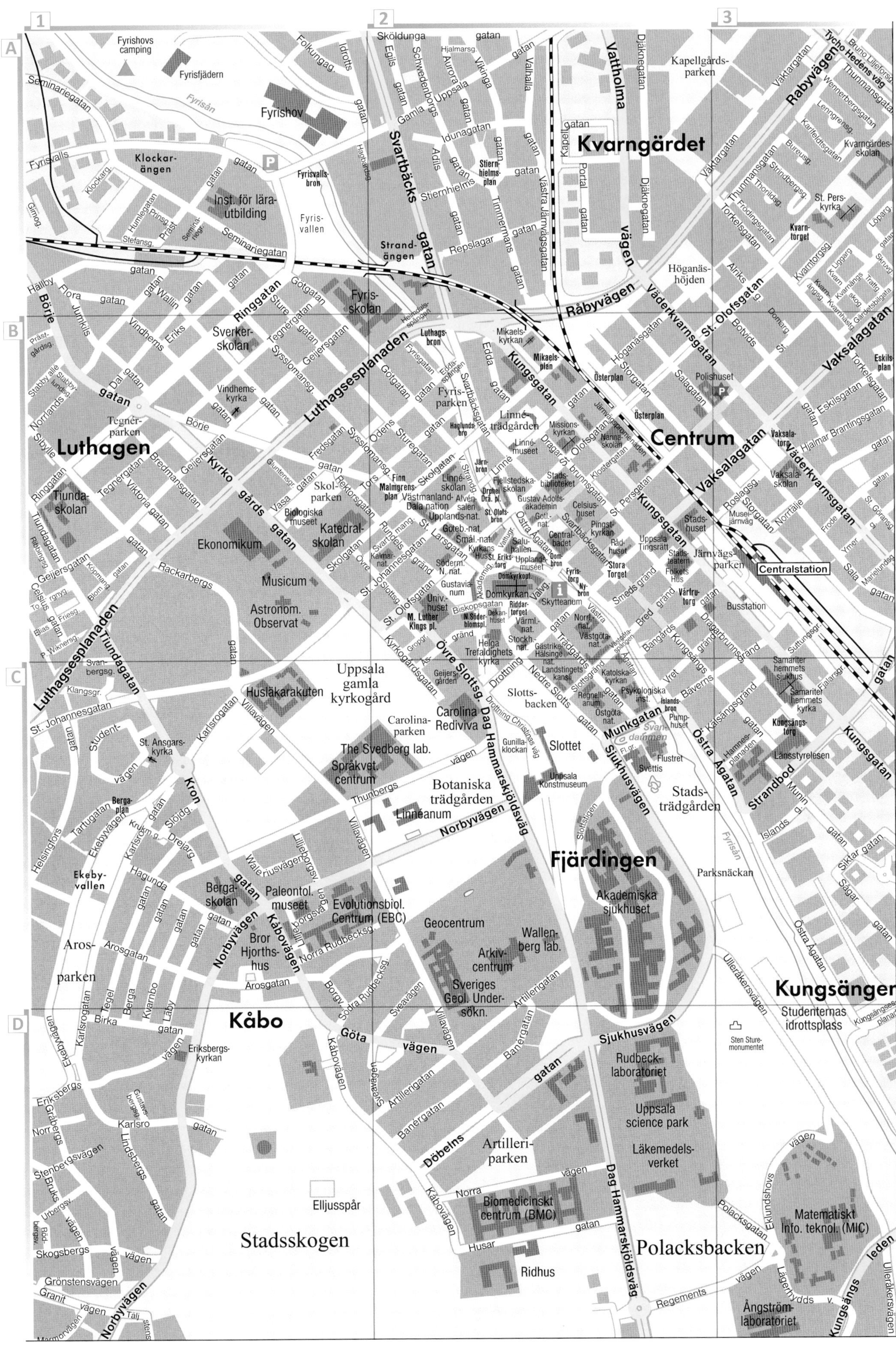

1
2
3
A
B
C
D
Fyrishovs camping
Fyrisfjädern
Fyrishov
Fyrisån
Seminariegatan
Klockarängen
Inst. för lärarutbilding
Fyrisvallen
Fyrisvallsbron
Strandängen
Svartbäcksgatan
Sköldungagatan
Kvarngärdet
Vattholmavägen
Kapellgårdsparken
Rabyvägen
Tycho Hedens väg
Kvarngärdesskolan
St. Pers kyrka
Kvarntorget
Höganäshöjden
Råbyvägen
Väderkvarnsgatan
St. Olofsgatan
Vaksalagatan
Eskilsplan
Polishuset
Österplan
Centrum
Vaksalatorg
Vaksalaskolan
Centralstation
Busstation
Järnvägsparken
Stadshuset
Fyrisskolan
Ringgatan
Sverkerskolan
Luthagsesplanaden
Luthagsbron
Mikaelskyrkan
Mikaelsplan
Kungsgatan
Fyrisparken
Linnéträdgården
Linnémuseet
Missionskyrkan
Luthagen
Tegnérparken
Vindhemskyrka
Tiundaskolan
Kyrkogårdsgatan
Ekonomikum
Musicum
Astronom. Observat
Skolparken
Biologiska museet
Katedralskolan
Domkyrkan
Gustavianum
Univ.huset
Skytteanum
Trefaldighets kyrka
Stora Torget
Uppsala gamla kyrkogård
Husläkarakuten
Carolinaparken
Carolina Rediviva
Slottsbacken
Slottet
The Svedberg lab.
Språkvet. centrum
Botaniska trädgården
Linnéanum
Norbyvägen
Dag Hammarskjöldsväg
Uppsala Konstmuseum
Svandammen
Stadsträdgården
Munkgatan
Sjukhusvägen
Samariterhemmets sjukhus
Kungsängstorg
Länsstyrelsen
Strandbod
Fjärdingen
Akademiska sjukhuset
Parksnäckan
Ekebyvallen
Bergaskolan
Paleontol. museet
Evolutionsbiol. Centrum (EBC)
Geocentrum
Wallenberg lab.
Arkivcentrum
Sveriges Geol. Undersökn.
Bror Hjorthshus
Arosparken
Kåbo
Kåbovägen
Götavägen
Eriksbergskyrkan
Kungsängen
Studenternas idrottsplass
Sten Sture monumentet
Rudbecklaboratoriet
Uppsala science park
Läkemedelsverket
Artilleriparken
Döbelnsgatan
Biomedicinskt centrum (BMC)
Ridhus
Elljusspår
Stadsskogen
Polacksbacken
Matematiskt Info. teknol. (MIC)
Ångströmlaboratoriet
Kungsängsleden
Regementsvägen
Norbyvägen

1 km

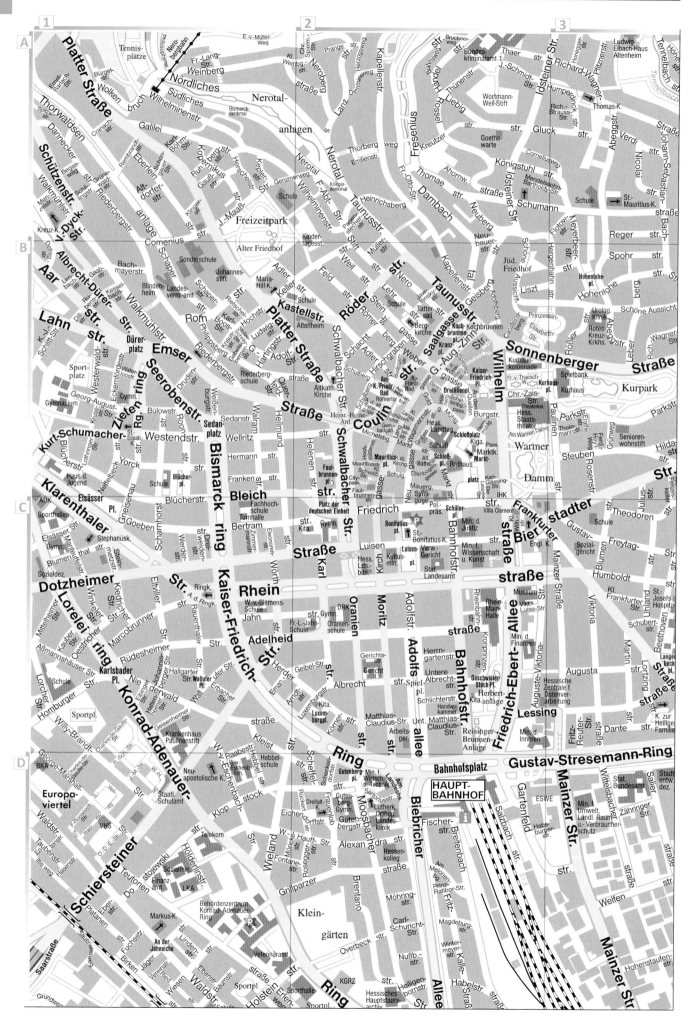

In diesem Straßenverzeichnis scheinen ausschließlich jene Straßen, Gassen, Wege und Plätze auf, die im Kartenteil dargestellt werden.
This street index only includes streets and squares that are shown on the map.
Cet index ne mentionne que les rues, voies, chemins et places représentés sur la carte.
In dit straatnamenregister staan alleen maar straten, steegjes, paden en pleinen die ook op de plattegrond te zien zijn.
V tomto rejstříku jsou uvedeny pouze ty ulice, uličky, cesty a náměstí, které se objevují na mapě.
W niniejszym wykazie ulic ujęte są wyłącznie te ulice, uliczki, drogi i place, które przedstawione zostały w części zawierającej mapę.
Gatefortegnelsen inneholder kun gater, veier og plasser som vises i kartdelen.
I denna vägförteckning visas endast de vägar, gränder, småvägar och platser som finns i kartan.
Tässä katuluettelossa esiintyvät ainoastaan ne kadut, kujat, tiet ja aukiot, jotka on merkitty karttaosaan.
Denne gadefortegnelse omfatter udelukkende de gader, stræder, veje og pladser, der vises i kortdelen.

Amsterdam

Cityplan | City map | Plan de ville | Plattegrond | Plán města | Plan miasta | Bykart | Stadskarta | Kaupunkikartta | Bykort • 3

A

Achter Oosteinde C 4
Achterburgwal A/B 3, A 4
Achtergracht C 4
Admiraal de Rujterweg A/B 1
Admiraliteitstr. B 5
Afrikanerpl. D 5
Agatha Dekenstr. B 1
Alberdingk Thijmstr. B/C 2
Albert Cuypstraat C/D 3
Albert Hahnplantsoen D 1/2
Albert-Luthulistr. D 5
Albrecht Dürerstr. D 2
Alexander Boersstraat C 2
Alexanderkade B/C 5
Alexanderplein C 5
Alexanderstr. C 5
Allard Piersonstr. (A.P.-str.) B 2
Amaliastr. A 2
Ambonpl. C 6
Amstel B 3, B/C 4
Amsteldijk C/D 4
Amstelkade D 3/4
Amstelstr. B 3/4
Amstelveenseweg C/D 1
Amstelveenseweg D 1
Anjeliersstr. A 2/3
Anne Frankstr. B 4
Anthonie (A.) van Dijckstr. D 2
Apollolaan D 1-3
A.P.-str. = Allard Piersonstr. B 2
Arie Biemindstr. C 1
Armst. A 4
A.Spenglerstr. C 1/2
A.v. Bergenstr. B 1
A.v.d.Vondelstr. C 1/2
Avercampstr. D 3

B

Baarsjesweg B/C 1
Bachplein D 2
Bachstr. D 2
Baijersweg C 6
Bakhuys Roozeboomstr. (B.R.-str.) D 6
Bakkersstr. (B.-str.) B 3
Balboastraat B 1
Balistraat C 6
Balthasar Floriszstr. D 2/3
Bankastraat B 6
Banstr. C/D 2
Barndestr. B 3/4
Bart de Ligtstraat (B.d.Ligtstr.) D 5
Bartholomeus Rudolffsstr. D 2
B.d. Ligtstr. = Bart de Ligtstraat D 5
Becquerelstr. D 5
Beethovenstraat D 2
Bel.-dw.-str. = Bellamydwarsstr. B 1
Bellamydwarsstr. (Bel.-dw.-str.) B 1
Bellamyplein B 1
Bellamystraat B 1
Ben Viljoenstr. D 5
Berenstraat B 2/3
Bergstr. A 3
Berkelstr. D 4
Berlagebrug D 5
Bernhard (B.)-Kochstr. D 1
Bertelmanstraat D 1
Bertrand-Russellstr. D 5
Berzeliusstr. D 6
Bessemerstr. D 5
Bestervaerstraat A/B 1
Bethanienstr. B 3
Beukenweg C 5
Beulingstr. B 3
Beurspl. A 3
Beursstr. A 3
Bijltjespad B 5
Bilderdijkkade B 1/2
Bilderdijkpark B 1/2
Bilderdijkstr. B 2
Binnen Bantammerstraat (Binnen Bant.-str.) A 4
Binnen Bant.-str. = Binnen Bantammerstraat A 4
Binnenkant A/B 4
Blacefloorstr. A 1
Blankenstraat B 5/6
Blasiusstraat C 4
Blauwbrug B 4
Blauwburgwal A 3
Blauwhoedenveem A 5
Blindemanstr. (B.-str.) B 3
Bloedstr. B 3/4
Bloemgracht A 2
Bloemstraat A/B 2
Bloys v. Treslongstr. A 1
Boerhaavepl. C 4
Bogortuin A 6
Bonairepl. C 1
Bonairestr. C 1
Bonipl. C 6
Bonistr. C 6
Bonnstr. C 4/5
Boomstraat A 2/3
Bootstr. B 5
Boremastr. C 1/2
Borgerstraat B/C 1
Borneokade B 6
Borneolaan B 6
Borneostraat B/C 6
Borssenburgstraat D 4
Bosboom Tussaintstr. B 2
Botticellistr. D 1
Boulevardpad B 5
Brahmsstr. D 2
Brandweer C 6
Brederodestr. C 1
Bredeweg C/D 6
Breitnerstr. D 2
Breughelstr. D 2
Bronckhorststr. D 2
Brossenbrugplein D 4
Brouwersgracht A 3
B.-str. = Bakkersstr. B 3
B.-str. = Blindenmanstr. B 3
Buiten Bantammerstraat (Buiten Bant.-str.) A 4
Buiten Bant.-str. = Buiten Bantammerstraat A 4
Buiten Kadijken B 5
Bunsenstr. D 6
Burg Tellegenstr. D 3/4
Burmanstr. D 4
Busken-Huetstr. (Busk.-Huetstr.) C 1
Busk.-Huetstr. = Busken-Huetstr. C 1
Buyskade A 2

C

Cabotstr. B 1
Camperstraat D 4/5
Caspar Flickenhofstr. (Casp.Flickh.-str.) B 1
Casp. Flickh.-str. = Caspar Flickenhofstr. B 1
Ceintuurbaan C 4, D 3/4
Celebesstraat B/C 6
Charlotte de Bourbonstr. A 1
Chasséstraat B 1
Chopinstr. D 2
Christiaan de Weltstr. D 5
Churchillaan D 3/4
Ciliersstr. C 5
Cliostraat D 2
Colensostr. D 5
Col.-str. = Columbusstr. B 1
Columbuspl. B 1
Columbusstr. (Col.-str.) B 1
Commelinstraat C 5/6
Compagnierstr. B 5
Concertgebouwplein C 2
Conradstraat B 5/6
Copernicusstr. D 6
Coppelstockstr. A 1
Corellistr. D 2
Cornelis Anthoniszstr. D 2/3
Cornelis (Corn.)- Dirkszstr. B 1
Cornelis Krusemanstr. D 1
Cornelis Schuytstraat C/D 2
Cornelius(C.) Springerstr. D 4
Cornelis Troostplein D 3
Cornelis Trooststr. D 3
Cornelis van d. Lindenstr. D 2/3
Cronjéstr. D 5
Cruquiuskade B 5/6
Cruquiusstr. B 5/6
Cruquiusweg B 6
Crynssenstr. C 1
Czaat Peterstraat B 5/6

D

Da Costakade B 2
Da Costapl. B 2
Da Costastraat B 2
Damstr. B 3
Damrak A 3
Danie Theronstr. D 5
Däniel de Langestr. D 2
Daniël Stalpertstr. C 3
Dapperplein C 5/6
Dapperstraat B/C 5, C 6
David Blesstr. D 4
Davisstr. B 1
D.-Dekkerstr. = Douwes Dekkerstr. B 1
De Clerqstr. B 1/2
De Genestetstr. (D.G.-str.) B 2
De la Reijstr. D 5
De Lairesstr. C 2, D 1/2
Delistr. B 6
Den Texstraat C 3
Derde Helmersstr. B 2
Derde Kostverlorenkade C 1
Derde Oosterparkstr. C/D 4/5
De Rijpgracht A 1
De Rijpstr. A 1
De Ruijterkade A 3/4
De Sitterstr. D 6
Des Presstr. D 1
Deurloostr. D 3
Deymanstr. C 4
D.G.-str. = De Genestetstr. B 2
Diamantstr. D 4
Dijkstr. B 4
Dijsselhofplantsoen D 2
Dirk van Hasseltsstr. A 3
Dirk Vreekenst. B 6
Donker-Curtiusstr. A 2
Dora Tamanapl. D 4
Doselaerstr. C 5/6
Douwes Dekkerstr. (D.-Dekkerstr.) B 1
Droogbak A 3
Dulci Septemberbad C 6
Dusartstr. D 3

E

Eerste Atjehstr. C 6
Eerste Helmersstr. B/C 2, C 1
Eerste Jan Steenstraat D 3
Eerste Jan van d. Heijdenstr. D 3
Eerste Osterparkstr. C 4/5
Eerste Ringdijkstr. D 5
Eerste van Swindenstraat C 5/6
Eerste Weteringdwarsstr. C 3
Egelantiersgracht A 2
Egelantiersstraat A 2/3
Eijkmanstr. D 6
Eikenpl. C 5
Eikenweg C 5
Einthovenstr. D 6
Elandsgracht B 2
Elandsstraat B 2
Elegaststr. A 1
Elisabeth Wolffstraat B 1
Emmalaan D 1
Emmapl. D 1
Emmastr. D 1/2
Engelse Pelgrimsteeg. (E.-P.-st.) B 3.
Engelsest A 3
Entrepotbrug B 6
Entrepotdok B 4/5
Entrepotdoksluis B 5
Entrepothof B 6
Entrepotkade B 6
E.-P.-st. = Engelse Pelgrimsteeg B 3
Evertsenstraat B 1

F

Fagelstraat A 2
Falckstr. C 3
F.C.Dondersstr. D 6
Februaripl. B 4
Ferdinand Bolstr. C/D 3
Fibigerstr. D 6
Filips van Almondestr. B 1
Flammarionstr. D 6
Foeliestr. B 4
Fokke Simonszstraat C 3
Foliedwarsstr. (Foliedw.str.) B 4
Foliedw.str. = Foliedwarsstr. B 4
Formosastr. C 6
Fortuinstr. B 5
Foucaultstr. D 5
Frans Halsstr. C 3
Frans van Mierisstr. D 2
Frauenhoferstr. D 6
Fred Petterlaan A 6
Frederik Hendrik Plantsoen A 2
Frederik Hendrikstraat A/B 2
Frederikspl. C 3/4
Frederiksstr. C 1
Frimburgwal B 3
Fronemanstr. C 6

G

Gabriël Metsustr. C 2
Gaperstr. B 3
Gartmanplantsoen C 2
Geelvincksstr. (G.-str.) B 3
Geldersekade A/B 4
George Westinghousestr. D 5
Gerard Borstkade B/C 1/2
Gerard Brandtstraat C 1
Gerard (G.) Callenburgstr. A 1
Gerard Doupl. C 3
Gerard Doustraat C/D 3
Gerard Terborgstr. D 2/3
Gerrit van der Veenstr. D 1/2
Geuzenkade A/B 1
Geuzenstr. A/B 1
Gijsbrecht van (v.). Aemstelstr. D 4
Gillis van Ledenberchstraat A 2
Glauberweg D 6
Gooisenweg D 5
Gorte Wittenburgestr. B 5
Goudraanstr. D 5
Goudsbloemstr. A 2
Govert Flinckstraat C 3/4, D 3
Graaf Florisstr. D 4
Graham Bellstraat D 5
Granaatstr. D 4
Gravenstr. A 3
Grensstraat D 4
Grocenhoedenveem A 6
Groenburgwal B 3/4
Groenmarktkade B 2
G.-str. = Geelvincksstr. B 3

H

Haarlemmerstraat A 3
Hacquartstr. D 2
Halvemaansbr. B 3
Händelstraat D 2
Harmoniehof D 2/3
Hartenstraat B 3
Haseroekstraat B 1
Hasselaersstr. A 3
Havenstr. D 1
Hazenstr. B 2
H.d.Grootkade = Hugo de Grootkade A/B 2
Heiligenweg B 3
Heintje Hoeksstr. A 3/4
Heinzestr. D 2
Helmersplantsoen (Helmerspl.soen) C 2
Helmerspl.soen = Helmersplantsoen C 2
Hemonystr. C 4
Hendrik Jacobszstr. D 1
Henri Polaklaan B 4
Henrick de Keijserpl. D 3/4
Henrick de Keijserstr. D 3
Henriëtte Romerpl. D 4
Herculesstr. D 1
Herengracht A/B 3, B 4
Herenstr. A 3
Herman (H.) Gorterstr. D 2/3
Hertzogstr. C 5
H.Heijermansweg D 3
Hildebrandstraat (Hildebr.-str.) B 1
Hildebr.-str. = Hildebrandstraat B 1
Hirschpass. C 2
Hobbemakade C/D 3
Hobbemastr. C 2/3
Hofmeyrstr. D 5
Hogesluisbrug C 4
Hogeweg C/D 6
Holbeinstr. (Holb.-str.) D 2
Holb.-str. = Holbeinstr. D 2
Holendrechtstr. D 4
Hollemanstr. D 5
Hondecoeterstr. D 2
Honthorststr. C 2/3
Hoogte Kadijk B 4/5
Hortus Plantsoen B 4
Houtk.-burgwal = Houtkoopersburgwal B 4
Houtkoopersburgwal (Houtk.-burgwal) B 4
Hugo de Grootkade (H.d.Grootkade) A/B 2
Hugo de Grootpl. A 2
Hugo de Vrieslaan D 6
Huidekoperstraat C 3
Huidenstraat B 3
Hygiëaplein D 1
Hygiëastr. D 1

I

Ijselstr. D 3/4
Imogirituin A 5
Ingenhouszhof D 6
Ingogostr. C/D 5
Insulindeweg C 6
Ir. Jakoba Mulderpl. B 5

J

Jacob Burggraafstr. B 5
Jacob Obrechtstr. C/D 2
Jacob van Lennepstraat C 1
Jacob van Wassenaar Obdamstr. (J. v. Wass.-Obdamstr.) B 1
Jacob von Lennepkade B 2
Jakob Olbrechtplein D 2
James Wattstr. D 5
Jan den Haenstr. A 1
Jan Hanzenstr. B 1
Jan Lievensstr. D 4
Jan Luijkenstraat C 2
Jan(J.)-Haringstr. A 1
Jan Pieter Heijestraat B/C 1
Jan van Eijckstr. D 2
Jan van Galenstraat A 1/2
Jan van Goyenkade D 1/2
Jan van Riebeekstr. B 1
Jan Witheijinstr. B 5
Jasper(J.)-Leijnsenstr. A 1
Javakade A 5/6
Javastraat C 6
J. Bernardusstr. D 4/5
J.C. Breenstr. C 6
J.D.Meijerpl. = Jonas Daniël Meijerpl. B 4
Jeltje de Bosch-Kemperpad C 1/2
J.J Cremerpl. C 1
J.J. Cremerstr. C 1
J.J. Viottastraat D 2
Jodenbreestr. B 4
Joh. M. Coenenstr. D 2
Joh. Vermeerstraat C 2/3
Johann Keplerstr. C/D 6
Johanna(Joh.) Westerdijkstr. C 5
Johannapark C 1
Johannes Verhulststraat C 2, D 1/2
Johannes Vermeerpl. C/D 2/3
Jollemannhof A 5
Jonas Daniël Mejerpl. (J.D.Meijerpl.) B 4
Jonge Roelenstr. (J.-R.-str.) B 3
Joos Banckersweg A 1
Joos de Moorstr. A/B 1
Joos-Blanckers-Pl. A 1
Joris van Andringastr. (J. van Andr.-str.) A 1
Joubertstr. D 5
Jozef Israëlskade D 3/4
J.-R.-str. = Jonge Roelenstr. B 3
Julianapl. D 5
J. van Andr.-str. = Joris van Andringastr. A 1
J. van Lennepkade B 2
J. van Lennepstr. B 1/2
J. v. Wass.-Obdamstr. = Jacob van Wassenaar Obdamstr. B 1

K

Kaes Boekestr. D 5
Kalkmarkt B 4
Kalverstr. B 3
Kamerlingh Onneslaan D 5/6
Kanaalstraat C 1
Kapteynstraat D 6
Karel Doormanpl. A 1
Karel Doormanstr. A 1
Karel du Jardinstr. D 3
Karnemelkstr. A 3
Karpenstr. D 1
Karperweg D 1
Karthuizersstr. A 2
Kattenburgergracht B 5
Kattenburgerkade A/B 5
Kattenburgerkruisstr. B 5
Kattenburgerplein B 4/5
Kattenburgerstraat A/B 5
Kattenlaan C 1
Kazernestr. B/C 5
Keerwal B 6
Keizerrijkstr. B 3
Keizersgracht A–C 3, C 4
Kempenaerstr. A 2
Kenp.-str. = Kneppelhoutstr. B 1
Kerkstraat B 2/3
Ketelhuispl. C 1/2
Kinkerstr. B/C 1, B 2
K. Kolk-st. = Korte Kolksteeg A 3
K. Korsje-sp.-st. = Korte Korsjespoortsteeg A 3
Klapmutsenveem A 6
Kleine Leidsekruisstr. C 2/3
Kleine Wittenburgestr. B 5
Kloveniersburgwal B 3/4
Kneppelhoutstr. (Knep.-str.) B 1
Koeriersterspl. B 4
Koestr. B 3/4
Koffestr. A 3
Konijnenstr. B 2
Koninginneweg C/D 1
Koningslaan C/D 1
Koningspl. B 3
Koningsstr. B 4
Kop van Jut A/B 1
Korsiespoortstr. A 3
Korte Blekersstr. B 1
Korte Dijkstr. B 4
Korte Geuzenstr. B 1
Korte Kolksteeg (K. Kolk-st.) A 3
Korte Koningsstr. B 4
Korte Korsjespoortsteeg (K. Korsje-sp.-st.) A 3
Korte Leidsedwarsstraat B/C 2/3
Korte Lepelstraat C 4
Korte Meerhuizenstr. D 4
Korte Reguliersdwarsstr. (K.-R.-str.) B 3
Korte Schimmelstr. (K.S.-str.) B 1
Korte s'Gravesandestr. C 5
Kortenaerpl. B 1
Kortenaerstr. B 1
Korte Nitzel A 4
Kostverlorenstr. A 2
Kraaipanstr. D 5
Kraijenhoffstraat B 5/6
Kratontuin A 6
Krommertstr. B 1
Kromme Waal A 4
K.-R.-str. = Korte Reguliersdwarsstr. B 3
Krugerpl. D 5
Krugerstr. D 5
Kruithuisstr. B 5
K.S.-str. = Korte Schimmelstr. B 1
Kuipersstraat D 3/4
Kwakersstr. B 1/2
Kwalersplein B 1/2

L

Laagte Kadijk B 4/5
Laing's Nekstraat C/D 5
Lamonggracht A 5/6

Lampongstr. B/C 6
Lange Leidsedwarsstraat B/C 2/3
Lange Niezel A 3/4
Langestr. A 3
Laplacestr. C 6
Lauriergracht B 2
Lauriersstraat B 2
Leidsegracht B 2/3
Leidsekade B/C 2
Leidsepl. B/C 2
Leidsestraat B 2/3
Leliegracht A 3
Leonardostr. (Leon.-str.) D 1
Leon.-str. = Leonardostr. D 1
Lepelkruisstraat C 4
Lepelstr. C 4
Iepenplein C 5
Iepenweg C/D 5
Lijnbaansgracht A/B 2, C 3
Lijnbaansstraat B 2
Lijndenstr. B 6
Lindengracht A 2/3
Lindenstraat A 2/3
Linnaeusdwarsstr. D 6
Linnaeushof D 6
Linnaeuskade B/C 6
Linnaeusparkweg C/D 6
Linnaeusplantsoen C 6
Linnaeusstraat C/D 5/6
Lizzy Ansinghstr. D 3
Lodewijk-Boisotstr. B 1
Lodewijk Takstraat D 3/4
Lodewijk Tripstr. A 2
Lomanstraat D 1
Lombokstr. B 6
Looiersgracht B 2
Lootsstr. C 1
Loretzlaan D 6
Luise Wentstr. B/C 5
Lumeijstr. A/B 1
Lutmastr. D 3/4

M

Maarten Harpertszoom-Tromptstr. B 1
Maarten Jansz Kosterstr. (M.J.Kosterstr.) C 4
Maarten (M.) Jansz (J.). Kosterstr. C 4
Maasstr. D 3
Madellevenstr. A 2
Madurastraat C 6
Magere Brug C 4
Magersfonteinstr. C/D 5
Majanggracht A 6
Majubastr. D 5
Malielaan D 5
Manegestr. B/C 4
Marathonweg D 1
Marcantilaan A 1
Marco Polostraat B 1
Marcusstr. D 4
Marie Heinekenpl. C 3
Marinierskade A 5
Maritzstr. D 5
Markenpl. B 4
Marnixkade A 2
Marnixplein A 2
Marnixstraat A/B 2
Mary Zeldenruststr. C 4/5
Matrozenhof B 5
Mauritskade B/C 5, C 4
Mauritsstr. C 4
Mauvestr. D 4
Max Euweplein C 2
Maxwellstr. D 6
Meerhuizenplein D 4
Meerhuizenstraat D 4
Memlingstr. D 2
Mesdagstr. D 3
Michelangelostr. D 2
Middenweg D 6
Minahassastr. C 6
Minckelersstr. D 6
Minervalaan D 2
Minervaplein D 2
M.J. Kosterstr. = Maarten Jansz Kosterstr. C 4
Molenpad B 2
Molenstr. A 4
Monnikenstr. A/B 3/4
Montelbaanstr. (M.-str.) B 4
Moreelsestr. C/D 2
Morsestr. D 5
Mozartkade D 2/3
Mr. P.N. Arntzeniusweg C/D 6
Mr. Treublaan D 5
Mr.Visserplein B 4
M.-str. = Montelbaanstr. B 4
Muntendamstr. C 4
Muntplein B 3
Muzenplein D 2/3
M.v. Bouwdijk (B.)-Bastiaansestr. C 2

N

Nassaukade A/C 2
Nepveustr. C 1
Nes B 3
Newtonstr. C/D 6
Nicolaas de Roeverstr. C 6
Nicolaas (N.). Witsenstr. C 3
Nicolas Beetsplantsoen B/C 1
Nicolas Beetsstr. B/C 1
Nicolas Witsenkade C 3
Nieuwe (N.) Prinsengracht C 4/5
Nieuwe (Nwe.) Batavierstr. B 4
Nieuwe (Nwe.) Foliestr. B 4
Nieuwe Achtergracht C 4
Nieuwe Amstelbrug C 4
Nieuwe Amstelstr. B 4
Nieuwebrugstr. A 4
Nieuwe Doelenstr. B 3
Nieuwe Herengracht B 4
Nieuwe Jonkerstr. A/B 4
Nieuwe Keizersgracht B 4
Nieuwe Kerkstraat B/C 4
Nieuwe Leliestr. A 2
Nieuwe Looiusstraat C 3
Nieuwendijk A 3
Nieuwe Nieuwstr. A 3
Nieuwe Oostenbrugerstr. (Nwe. Oestenb.-str.) B 5
Nieuwe Passeerdersstr. B 2
Nieuwe Ridderstr. A/B 4
Nieuwe Spiegelstr. B/C 3
Nieuwe Uilenburgerstr. B 4
Nieuwevaart B 4/5
Nieuwe Weteringstr. C 3
Nieuwezijds Kolk A 3
Nieuwe Zijds Voorburgwal A/B 3
Nikolaas Maesstr. C/D 2, C 3
Nobelweg D 5/6
Noorderkerkstr. A 3
Noorderstr. C 3
Nwe.Oostenb.-str. = Nieuwe Oostenbrugerstr. B 5

O

Ocertoom C 1/2
Oeselijke Handelskade A 6
Oesteinde C 4
Oesterspoorpl. C 6
Oetenwalerpad C 5/6
Oetenwalerstr. C 5/6
Oetgensdw.str. = Oetgensdwarsstr. C/D 4
Oetgensdwarsstr. (Oetgensdw.str.) C/D 4
Oetgensstr. C/D 4
Okeghemstr. D 1
Oloofsport A 4
Olympiakade D 1
Olympiaplein D 1
Olympiaweg D 1
Onbekendegracht C 4
Oosteinde C 4
Oostenburgerdwarsstr. (Oostenb.-dw.str.) B 5
Oostenb.-dw.str. = Oostenburgerdwarsstr. B 5
Oostenburgergracht B 5
Oostenburgerpark B 5
Oostenburgervoorstr. B 5
Oosterdokskade A 4
Openhartstr. (O.-str.) B 3
Oranke Nassaulaan D 1
Oranke Vrijstaatkade C 6/6
Ornsteinstr. D 5
Osterpark C 5
O.-str. = Openhartstr. B 3
Ostwaldstr. D 6
Oudebrugstr. A 3
Oude Doelenstr. B 3
Oude Hoogstr. B 3
Oude IJselstr. D 4
Oudekerksplein A 3
Oude Leilestr. A 3
Oude Looiersstr. B 2
Oudemanhuispoort B 3
Oude Nieuwestr. A 3
Oude Turfmarkt B 3
Oude Waat A/B 4
Oudeschans B 4
Oudezijds A 4, B 3
Overamstelstr. D 4/5
Overhalsgang B 5
Overtoom C 1/2

P

Paardekraalstr. D 5
Paardenstr. (P.-str.) B 3
Padangstr. B 6
Palamedesstr. C 2
Paleisstraat B 3
Palembangstr. C 6
Palestrinastr. C 2
Panamalaan B 6
Pancrasstr. C 4
Papenbroeksstr. (P.-str.) B 3
Papenburgst. A 3
Parelstr. B 5
Passeerdersgracht B 2
Passeerdersstraat B 2
Pasteurstr. D 6
Paulus Potterstr. C 2
Peperstr. B 4
Pesth.-pl. = Pesthuislaan C 2
Pienemanstr. D 3
Piet Heinkade A 5/6, B 6
Piet Hein Tunnel B 6
Pieter Aertszstraat D 4
Pieter Balststr. D 2/3
Pieter-Cornelisz Hooftstraat C 2
Pieter de Hoochstr. C/D 3
Pieter Heijestraat C 1
Pieter Langendijkstraat C 1
Pieter Lastmankade D 1
Pieter-Nieuwlandstr. C 5/6
Pieter (P.) Pauwstr. C 3
Pieter (P.) van (v.) der (d.) Doesstr. A/B 1
Pieter Vlamingstr. B 5
Pieter Zeemanlaan D 6
Pijlstr. B 3
Pijnackerstr. D 3
Plantage Badlaan B/C 5
Plantage Doklaan B 4/5
Plantage Kerklaan B 4
Plantage Lepellaan B/C 5
Plantage Middenlaan B 4/5, C 5
Plantage Muidergracht B 4/5, C 5
Plantage Parklaan B 4
Plantage Wetermanlaan B 4/5
Plantanenweg D 4/5
Poggenbeekstr. D 3
Polderweg C 5/6
Pontanusstraat B 5/6, C 6
Poolstr. B 5
Populierenweg C/D 5
Postjeskade C 1
Postjesweg B/C 1
Potgieterstr. B 2
President Brandstr. D 5
President Steynplantsoen D 5
President Steynstr. D 5
Pretoriusstr. C/D 5
Prins Hendrikkade A 3/4, B 4
Prins Hendriklaan D 1
Prinsengracht A/B 2/3, C 3/4
Prinsenstr. A 3
Prof. Durrerplantsoen (Prof. Durrerpl.soen) D 2
Prof. Durrerpl.soen = Prof. Durrerplantsoen D 2
Prof. Tulppl. C 4
Prof. Tulpstr. C 4
P.-str. = Paardenstr. B 3
P.-str. = Papenbroeksstr. B 3
Ptolemaeusstr. C 6
Purperhoedenveem A 5/6
Pythagorasstraat C/D 6

Q

Quellijnstraat C 3

R

Raamgracht B 3/4
Raamplein B 2
Raamstr. B 2/3
Radhuisstr. A/B 3
Rapenburgerpl. B 4
Rapenburgerstr. B 4
Raphaëlplein D 1/2
Raphaëlstr. D 2
Ravenstr. B 5
Recht Boomssloot B 4
Reestraat B 2/3
Reggestr. D 4
Regulierdwarsstr. B 3
Reguliersbreestr. B 3
Regutiersgracht C 3
Reijnier Vinkeleskade D 2
Reinier Claeszenstr. A/B 1
Reinwardtstraat C 5/6
Reitzstr. D 5
Rembrandtplein B 3
Renier Claeszepl. A 1
Retiefstraat C/D 5
Reyer Anlostr. C 1
Rhijnvis Flithstr. C 1
Richard Holstr. D 2
Richard (R.) Wagnerstr. D 2
Rietlandterras B 6
Rijnstraat D 4
Riouwstraat C 6
Ritzema Bosstr. D 6
Robert-Kochplantsoen D 6
Rocketstr. D 5
Roelantstr. A 1
Roelof Hartstraat D 2/3
Roelof Hartpl. D 2
Roemer Visscherstr. C 2
Roetersstr. B/C 4
Rokin B 3
Rombout Hogerbeetsstraat A 2
Röntgenstr. D 6
Roomolenstr. A 3
R.B.-str. = Bakhuys Roozebroomstr. D 6
Rozengracht A/B 2
Rozenstraat B 2
Rubensstraat D 2
Rudolf Dieselstr. D 5
Runstraat B 2/3
Rusland B 3
Rustenburgerstraat D 3/4
Ruyschstr. C 4
Ruysdaelkade C/D 3
Ruysdaelstr. D 2/3

S

Saenredamstr. C 3
Saffierstr. D 4
Sajetpl. C 4/5
Saphialaan D 1
Sarphati Park D 3
Sarphatikade C 4
Sarphatistraat B/C 5, C 3/4
Saxenburgerstr. C 1
Saxen-Weimarlaan D 1
Schaepmanstr. (Schaepm.) A 2
Schaepm.-str. = Schaepmanstr. A 2
Schalk Burgerstr. D 5
Schaoenstr. (S.-str.) B 3
Schapenburgerpad C 2
Scheldestr. D 3
Schimmelstr. B 1
Schipbeekstr. D 3
Schippersgracht B 4
Schipperstr. A/B 4
Schlagerlaan D 5
Schollenbrugpad D 4/5
Schollenbrugstr. D 4/5
Schoolmeesterstr. B/C 1
Schoolstr. C 1
Schubertstr. D 2
Schwammerdamstr. C 4
Senefelderstr. D 5
Seranggracht A 6
´s Gravelandse Veer B 3
´s Gravenhekje B 4
´s Gravesandepl. C 5
´s Gravesansandestraat C 5
Sibogastr. C 6
Simon Stevinstr. D 5/6
Simsonstr. D 1
Singel A/B 3
Singelgracht A 2
Sint (St.) Annenstr. A 3
Sint Antoniebreestr. B 4
Sint (St.) Antoniesluis B 4
Sint (St.) Jansstr. B 3
Sint Jorisstr. (S.-J.-str.) B 3
Sint Luciënst. B 3
Sint (St.) Nicolaasstr. A 3
Sint (St.) Pieterspoortstr. B 3
Sint Willibrordusstraat D 4
S.-J.-str. = Sint Jorisstr. B 3
Slaakstr. D 3
Slatuieweg B 1
Slijkstr. B 3
Slingerbeekstr. D 3
Sloestr. D 3
Slootstr. A 2
Sluisstr. D 1
Smaragdpl. D 4
Smaragdstr. D 4
Smitstr. D 5
Snoekjesst. B 4
Spaarpotstr. B 3
Sparrenweg C 5
Speerstr. D 1
Spiegelgracht C 3
Spinhuissteeg B 3
Spinozastr. C 4/5
Spitskopstr. C/D 5
Sportstraat D 1
Spui B 3
Spuistraat A 3/B 3
S.-str. = Schapenstr. B 3
Staalkade B 3
Staalstr. B 3
Stadhouderskade C 2-4
Stadionweg D 2/3
Staringplein C 1
Staringstr. C 1
Stationsplein A 4
Stephensonstraat D 5
Steve Bikopl. D 5
Stoofstr. B 3
Stuyvesantstr. C 1
Sumatrakade A 5/6
Sumatrastraat B/C 6
Swindendwarsstr. (Swindendw.str.) C 5
Swindendw.str. = Swindendwarsstr. C 5

T

Takstr. B 3
Talmastr. D 4
Taman-Sapituin A 6
Ten Katepl. B 1
Ten Katestr. B 1
Teniersstr. C 2/3
Ter Gouwstr. C 6
Ter Haarstr. B 1/2
Tesselschadestraat C 2
Thérèse Schwartzepl. D 3
Theseusstr. D 1
Thorbeckepl. B 3
Tichelstr. A 2
Tilanusstraat C 4/5
Timorpl. B 6
Timorstr. B 6
Tintorellostraat D 1/2
Titiaanstr. D 1/2
Tjerk Hiddes de Vriesstr. (Tj. Hidd. d. Vriesstr.) A 1
Tj. Hidd. d. Vriesstr. = Tjerk Hiddes de Vriesstr. A 1
Tolbrugstr. B 1
Toldwarsstr. D 4
Tollensstr. B 2
Tolstraat D 4
Tominstr. C 6
Topaasstr. D 4
Torontobrug C 4
Tosarituin A 5
Transvaalkade D 5
Transvaalpl. D 5
Transvaalstr. C/D 5
Treeftst. B 3
Tugelaweg C/D 5
Tuinstr. A 2/3
Turnerstr. D 1
Tussen Kadijk B 5
Tweede Atjehstr. C 6
Tweede Constantijn Huygensstr. B/C 2
Tweede Helmersstr. B/C 2
Tweede Jan Steenstraat C 3/4
Tweede Jan van den Heijdenstr. C 4, D 3/4
Tweede Kostverlorenkade B/C 1
Tweede Oosterparkstr. C 4/5
Tweede Weteringdwarsstr. C 3

U

Uilenburgerstr. B 4
Uithoornstr. D 4
Utrechtsedwarsstraat C 3/4
Utrechtsestr. B/C 3, C 4

V

Vaalrivierstr. D 5
Vaartstr. D 1
Vaco da Gamastr. B 1
Valckenierstr. C 4/5
Valeriusplein D 1
Valeriusstraat C 2, D 1/2
Valkenburgerstr. B 4
Van (V.) Alphenstr. B 2
Van Baerlestraat C 2
Van Bossestr. A 1/2
Van-Brakelstr. B 1
Van Breestraat C/D 1, C 2
Van der Helstplein D 3
Van der Kunstraat (V.d. Kunstr.) D 5
Vander Palmkade A 2
Van der Vijverstr. C 6
Van Eeghenlaan C 2
Van Eeghenstr. C 1/2
Van Effenstr. B 1
Van Hallstraat A 2
Van Hilligaertstr. D 3
Van Houweningenstr. A/B 2
Van Kinsbergenstr. B 1
Van Miereveldstr. C 2
Van Musschenbrpekstr. C 4
Van Oldenbarnveldstr. A 2
Van Oldenbarnveldtpl. A 2
Van Ostadestraat D 3/4
Van Rappardstr. A 1/2
Van Reenenstr. (V. Reen.-str.) A 2
Van Reigersbergetstr. A/B 1/2
Van- (V.) Rensselaerstr. C 1
Van Speijkstraat B 1
Van´t Hofflaan D 6
Van Woustraat C/D 4
V.d. Kunstr. = Van der Kunstraat D 5
Vechtstraat D 4
Veemarkt B 6
Veembroederhof A 5
Veemkade A 5/6
Veerstr. D 1
Vemenpl. A 5
Vendelstr. B 3
Verdistr. D 2
Veronesestr. D 2
Verversstr. B 3/4
Vier Heemskinderenstr. A 1
Vijzelgracht C 3
Vijzelstraat B/C 3
Visseringsraat A 1/2
Von Zesenstraat B 5/6, C 5
Vondelkerkstr. C 1
Vondelstraat C 2
Voorburgwal A 3/4, B 3
Voormalige Stadstimmertuin C 4
Vosmaerstr. C 1
Vossiusstraat C 2
V.Reen.-str. = Van Reenenstr. A 2
Vriesseveem A 5
Vrijheidslaan D 4
Vrolikstraat C/D 4/5
V.van Goghstr. D 3

W

Waaigat B 5
Waalsteeg A 4
Waalstraat D 4
Wagenaarstraat C 5/6
Wagenstr. (W.-str.) B 4
Wakkerstraat D 5/6
Waldeck Pyrmontlaan D 1
Wanningstr. C 2
Warmoesstr. A 3/4, B 4
Waterlooplein B 4
Waterstraat B 3
Weesperplein C 4
Weesperstraat B/C 4
Weesperzijde C/D 4
Weijde Heist. B 3
Wenslauerstr. B 1
Wesselsstr. C 6
Westeinde C 3/4
Westerkade A 2
Westerkerk A 3
Westermarkt A 2/3
Westerstraat A 2/3
Weteringschans C 3
Weteringstr. C 3
Wethouder Frankenweg D 6
Wibautstraat C/D 4, D 5
Wijdestr. B 3
Wilhelmina Blombergpl. B/C 5
Wilhelmina (Wilh.) Gasthuispl. B/C 2
Wilhelminastr. C 1
Willaertstr. (Will.-str.) D 1
Willem Beukelstr. D 5
Willem de Zwijgerlaan A/B 1
Willem Pastoorsstr. D 3
Willemsparkweg C/D 1, C 2
Willem Witsenstraat D 2
Will.-str. = Willaertstr. D 1
Windroosplein A/B 5
Withoedenveem A 5
Witte de Withstraat B 1
Wittenbachstraat C 5/6
Wittenburgergracht B 5
Wittenburgerkade B 5
Woltera v. Reesstr. C 5/6
Wolvensstraat B 3
Wouwermanstr. C/D 2
W.-str. = Wagenstr. B 4

Z

Zacharias Jansenstr. D 5/6
Zandpad C 2
Zandstr. B 3/4
Zeeburgerdijk B 5/6
Zeeburgerpad B 5/6
Zeeburgerstr. B 5
Zeedijk A/B 4
Zeilstr. D 1
Zocherstr. C 1
Zoutstr. A 3
Zwanenburgwal B 3/4
Zweerskade D 2

1e Boerhaavestr. C 4
1e Coehoornstr. B 5
1e Constantijn Huygenstraat B/C 2
1e Hugo de Grootstr. A 2
1e Jacob van Campenstraat C 3
1e Kostverlorenkade A 2
1e Laurierdwarsstr. (1e Laurierdw.str.) B 2
1e Laurierdw.str. = 1e Laurierdwarsstr. B 2
1e Leeghwaterstr. B 6
1e Leliedwarsstr. (1e Leliedw.str.) A 2
1e Leliedw.str. = 1e Leliedwarsstr. A 2
1e Rozendwarsstr. (1e Rozendw.str.) B 2
1e Rozendw.str. = 1e Rozendwarsstr. B 2
1e Sweelinckstr. C/D 3
1e van der Helststr. C/D 3
2e Anjeliersdwarsstr. (2e Anjeliersdw.str.) A 2
2e Anjeliersdw.str. = 2e Anjeliersdwarsstr. A 2
2e Boerhaavestraat C 4/5
2e Hugo de Grootstr. A 2
2e Jacob van Campenstraat C 3
2e Kostverlorenkade B 1
2e Laurierdwarsstr. (2e Laurierdw.str.) B 2
2e Laurierdw.str. = 2e Laurierdwarsstr. B 2
2e Leeghwaterstr. B 6
2e Leliedwarsstr. (2e Leliedw.str.) A 2
2e Leliedw.str. = 2e Leliedwarsstr. A 2
2e Marnixplantsoen A 2
2e Rozendwarsstr. (2e Rozendw.str.) B 2
2e Rozendw.str. = 2e Rozendwarsstr. B 2
2e Tuindwarsstr. (2e Tuindw.str.) A 2
2e Tuindw.str. = 2e Tuindwarsstr. A 2
2e van d. Helststr. D 3
2e van Swindenstr. C 5/6
2e Wittenburgerdwarsstr. (2e Wittenburgerdw.-str.)

2e Wittenburgerdw.str. = 2e Wittenburgerd warsstr. B 5
3e H.d. Grootstr. = 3e Hugo de Grootstr. A 2
3e Hugo de Grootstr. (3e H.d. Grootstr.) A 2
3e Leliedwarsstr. (3e Leliedw.str.) A 2
3e Leliedw.str. = 3e Leliedwarsstr. A 2
3e Looiersdwarsstr. (3e Looiersdw.str.) B 2
3e Looiersdw.str. = 3e Looiersdwarsstr. B 2
3e Wittenburgerdwarsstr. (3e Wittenburgerdw.-str.) A/B 5
3e Wittenburgerdw.str. = 3e Wittenburgerd-warsstr. A/B 5

Aarhus

Cityplan | City map | Plan de ville | Plattegrond | Plán města | Plan miasta | Bykart | Stadskarta | Kaupunkikartta | Bykort • 5

A
A. Hertzums Vej B 2
Absalonsgade C 2
Agavej B 1
Amaliegade B 3
Anholtsgade A 3
Ankersgade C 2
Auktionskaj A 4

B
Badstuegade B 3
Bahreinvej C 4
Bakke Allé B 1
Bakkehegnet A 1
Baldursvej B 1
Balticagade B 4
Banegårdsgade C 3
Banegårdspladsen C 3
Bartholins Allé A 3
Birke Allé B 1
Birkeparken B 1
Bispegade B 3
Bispetorvet B 3
Bissensgade B 3
Bjarkesvej B 1
Blegdammen B 3
Blåmejsevej A 1
Bogfinkevej A 1
Borgmester (Borgm.) J. Jensens Gade A 2
Borneovej B/C 4
Brabandstien B/C 1, B 2
Bragesvej B 1
Brammersgade C 3
Broggade A/B 3
Bülowsgade C 3
Busgade B 3
Bødker Balles Gård B 3

C
C. F. Møllers Allé A 3
C. Hauchs Vej A 2
Carl Blochs Gade B 2
Celebesvej C 4
Ceres Allé B 2
Christian (Chr.) Købkes Gade C 2/3
Christian (Chr.) Molbechs Vej A 2
Christian (Chr.) Rich. Vej A 2
Christiansgade B 3

D
Dalargade A 4
Danziggade B 4
Daugbjergvej B 2
De Mezas Vej C 2/3
Degnebakken A 1
Digtervænget A 2
Drosselvej A 1
Duevej A 1
Dybbølgade C 3
Dynkarken B 3/4

E
Eckersbergsgade B/C 2
Elme Allé B 1
Emanuel Sejrs Gade B 3
Emil Aarestrupsvej A 2/3
Emil Vettsplads B 3
Enggården B 1
Enggårdsvej B 1
Eugen Warmings Vej A/B 2
Europa Plads B 4
Ewaldsgade C 2/3

F
F. G. E. Rostrups Vej A 2
Falstersgade A 3
Fasanvej A 1
Fenrisvej A 1
Finderupvej B 1/2
Fiskergade B 3
Fiskergyde B 3
Fiskerikajen A 4
Fiskerivej A 4
Fredens Torv B 3
Fredensgade B 3
Fredericiagade C 3
Frederik Barfoeds Vej A 2
Frederiks Allé B/C 3
Frederiksgade B 3
Frejasvej B 1
Frodesvej B 1
Frue Kirkeplads B 3
Frydenlunds Allé A 1
Fugleangs Allé A 1/2
Fuglebakkevej A 1/2
Fynsgade A 3
Fænogade A 3

G
Gebauersgade B 2/3
Gefionsvej A/B 1
Godthåbsgade C 3
Graven B 3/4
Grønnegade A/B 3
Guldsmedgade A/B 3
Gustav Wieds Vej A 2

H
H. C. Tvengens Vej B 2
H. N. Clausens Gade C 3
Hallandsgade A 4
Hans H. Seedorffs Stræde B 3
Harald Skovbys Gade B 3
Haslevangsvej A 1
Havnegade B 4
Havnevej B/C 4
Heimdalsvej B 1
Helge Rodes Vej A 2
Helgenæsgade A 4
Helgesvej B 1
Helgolandsgade C 3
Hermodsvej B 1
Herningvej B 2
Hjarnøgade A 3
Hjelmensgade A 3
Hjortensgade A/B 3
Hjortholmsvej A 4
Holbergsgade C 2
Holger Drachmanns Vej A 2/3
Honnørkajen B 4
Huginsvej C 1
Hveensgade A 4
Høegh-Guldbergs Gade A 3
Højkolvej A 1

I
Immervad B 3
Istedgade C 3

J
J. M. Mørks Gade B 3
Jens Baggesens Vej A 2
Jerichausgade B 2/3
Johan Langes Vej A 2
Johannes Bjergs Gade B/C 3
Jægergårdsgade C 3/4

K
Kalkværksvej C 3/4
Kaløgade A 4
Kannikegade B 3/4
Karupvej B 1
Kaserneboulevarden A 3
Kastanie Allé B 1
Kirkegårdsvej A 4
Klokkervej A 1
Kloster Torvet B 3
Klostergade B 3
Klosterport A/B 3
Klosterstien B 3
Knudrisgade A 4
Kownogade B 4
Kriegersvej C 3
Kuwaitvej C 4
Kystpromenaden A 4
Kystvejen A/B 4
Kystværnsvej C 4
Kærlighedsstien A 4

L
Langelandsgade A/B 3
Laplandsgade B 4
Libaugade B 4
Lille Torv B 3
Linde Allé B 1
Lokesvej C 1
Lollandsgade A 3
Lundbyesgade B 2/3
Lystbadekajen A 4
Læssøesgade C 2
Lønvejen B/C 2

M
M. P. Bruuns Gade C 3
Malaccavej C 4
Margrethepladsen B 3
Marselisborg Allé C 3
Marstrandsgade B 3
Martin Vahls Vej A 2
Mejlgade A/B 4
Midter-Molevej B 4
Mindebrogade B 3/4
Mindegade B 3/4
Mindet B 4
Mjølnersvej B 1
Molsgade A 4
Montanagade C 3
Morten Børups Gade C 2/3
Morten Eskesens Vej A 2
Museumsgade B 3
Møllegade B 3
Møllestien B 3
Møllevangs Allé A 2
Møllevejen A/B 2
Mønsgade B 2

N
Nannasvej B 1
Narvagade B 4
Nattergalevej A 1
Nordhavnsgade B 4
Nordrevej B 1
Norsgade A 3
Ny Banegårdsgade B/C 3
Ny Munkegade A 3
Nygade B 3
Nørre Allé A/B 3
Nørre Boulevard A 3
Nørrebrogade A 3
Nørreport A 4

O
O. Lehmans Allé C 3
Odinsvej B 1
Oldjordsvej B 1/2
Ole Rømers Gade C 2/3
Ole Worms Allé A 3
Oliehavnsvej B/C 4
Otto Benzons Vej A 2

P
P. Fabers Vej A 2
P. Hiort-Lorenzens Vej B/C 2
Pakkerivej A 4
Paludan Müllers Vej A 2
Paradisgade A/B 3
Park Allé B/C 3
Peter Holms Vej A 2
Peter Sabroes Gade A 3/4
Polensgade B 4
Posthussmøgen B 3
Poul Martin Møllers Vej A 2
Provstebakken A 1
Præstehaven A 1
Præstevagsvej A 1

R
Regenburgs Plads B 2
Regenburgsgade B 2
Revalgade B 4
Ridderstræde B 3/4
Rigagade B 4
Ringgadebroen C 2
Ringkøbingvej B 2
Roarsvej B 1
Rosenkrantzgade B 3
Rosenpassagen B 3
Rosensgade B 3/4
Rosenstien B 2
Ryesgade B/C 3
Rønne Allé B 1
Rådhuspladsen B 3
Rådm. Liisberg Gade A 4

S
Saltholmsgade B 2/3
Samoavej C 4
Samsøgade A 3
Sandgravvej A 4
Sankt Markus Kirkeplads A 3
Schandorffstræde B 3
Schleppegrellsgade C 2
Sibirien A 4
Silkeborgvej B 1/2
Silovej C 4
Sjællandsgade A 3
Skernvej B 2
Skibbrogade B 4
Skolebakken B 4
Skolegade B 4
Skolegyde B 4
Skovgaardsgade B 2/3
Skovvejen A 4
Skt. Anna Gade C 3
Skt. Clemens Torv B 3
Skt. ClemensStræde B 3
Skt. Knuds Torv B/C 3
Skt. Nicolaus Gade B/C 3
Skt. Olufs Gade B 4
Skånegade B 4
Snevringen A 3/4, B 4
Solsortevej A 1/2
Sonnesgade B/C 2
Spanien B/C 3
Spættevej A 1
St. St. Bilchers Gade C 3
Stejlagervej A 1
Store Torv B 3
Studsgade A/B 3, A 4
Svalevej A 1
Sverigesgade A 4
Sydhavnsgade C 4
Søgade C 3
Sølystgade A 3
Sønder Allé B 3
Søndergade B 3
Søren Frichs Vej B 1/2, C1

T
Tage Hansens Gade A/B 2
Teatergade B 3/4
Teatertorvet B 3/4
Teglværksgade A/B 3
Telefon Torv B 3
Thomas Jensens Allé B 3
Thomas Nilsens Gade B 2
Thorsvej B 1
Thunosti en A 3
Thunøgade A 3
Tjørne Allé B 1
Toldbodgade B 4
Toldkammergade B 4
Tornskadevej A 1
Trindsøvej B 1
Trygsvej B 1

V
V. H. Kaalunds Vej A 2
Vagtelvej A 1
Valdemarsgade B/C 3
Valhalvej B 1
Vennelyst Boulevard A 3
Vennelyst Plads A 3
Vester Allé B 3
Vestergade B 3
Vesterport B 3
Vestervang A 2
Vestre Ringgade A-C2
Viborgvej A 1/2, B 2
Vidarsvej B 1
Viggo Stukkenbergs Vej A 2
Vilnagade B 4
Volden B 3
Værkmestergade C 3
Værmlandsgade A 4
Vølundsvej B 1

W
Wilhelm Meyers Allé A 3
Wilstersgade C 2

Y
Ydunsvej B 1
Yrsavej B 1

Æ
Ærogade A 3

Ø
Ølandsgade A/B 4
Ørnevej A 1
Østbane Torvet A 4
Østboulevarden A 4
Østergade B 3

Å
Åboulevarden B 3
Åbrinkvej B 1/2, C1
Åbyvej B 1

Bergen

Cityplan | City map | Plan de ville | Plattegrond | Plán města | Plan miasta | Bykart | Stadskarta | Kaupunkikartta | Bykort • 6

A
Aad Ekregaten A 2
Abelsgate B 1
Absalon Beyersgate A/B 2
Agnes Mowinckelgate C 2
Alleen C 1
Allehelgensg. B/C 2
Allégaten C 2
Altonagaten B 1/2
Amalie Formannsvei A 2
Apot.-pl. B 1
Arb.-plassen B 2
Arbeiderboligen B 2
Arbeiderg. B 2
Arne Abrahamsensvei D 1
Åsaneveien C 2/3
Asbjørnsensgate D 3
Asylpl. C 2
Asylsmauet B/C 2

B
Badstustredet C 2
Baglerg. B 2
Bakkeg. B 2
Banesm. B/C 1
Baneveien C 1
Bankgaten B 2
Berlegården B 1
Bernh. Meyersv. B 2
Birkebeinerg. B 2
Bispengsgaten B 2
Bjerregårdsg. C/D 2
Bjørnsg. C 2
Bl. tr. B 2
Blekebakken B 2
Bohrsg. C 2
Bontelabo A 1/2, B 1
Borgerm. Platousg. C 2
Bratlandsm. C 1
Brattlien B/C 2
Bredalsmarken C 1/2
Bredenb.-smauet B 2
Breistølen A 2
Breistølsveien A/B 2
Bretterne Tidemandsg. B 1
Bryggen B 2
Bryggestredet B 2
Bøhmergaten D 2
Bøkkergaten A 2

C
C. Sundtsg. B 1
Cappesvei B/C 2
Carl Konowsg. C/D 1
Chr. Michelsensg. B/C 2
Christiesg. B/C 2
Christinegård A 2
Christinegården A 2
Cille Gadspl. B 2
Claus Fastingsg. B 2
Claus Frimannsg. B 1
Cort Piil-sm. B 1

D
D. Eng.pl. C 2
Damgårdsveien C/D 1, D 2
Danckert Krohnsg. C 2
Daniel Hansensgate C 2
Danmarksplass D 2/3
Dokkebakken C 1
Dokken C 1
Dokkeskjærskaien C 1
Dokkeveien C 1
Domk. Gaten B/C 2
Domk.pl. B 2
Dragefj.bakk. C 1
Dragefj.tr. C 1
Dragessm. C 1
Dreggekaien B 1/2
Dreggsallm. B 2
Dyvekegangen B 2

E
Edvard Griegs Plass C 2
Edvardsensgate A 2
Egedesgate A 2
Ekrebakken A 2
Elvegaten A 2
Endregården C 3
Endregårdsveien C 3
Engen C 2
Erik Pontoppidansg. C 2

F
Fagerheimstrappen D 3
Festningskaien B 1/2
Finnegårdsgaten B 2
Finnemannsplass B 2
Finv.sm. B 1
Fj.-sm. C 2
Fjellgaten B 2
Fjellien B 2
Fjellveien A/B 2, C 2/3
Fjordgaten D 2
Fjæregaten C 2
Fjøsangerveien C/D 2
Fløygaten B 2
Fløysvingene B 3
Fløyveien B 2
Foreningsg. C 2
Forskjønnelsen C 3
Fortunen B 2
Fosswinckelsg. C 2
Frederik Meltzersg. C 2
Fredriksbergg. B 1
Frieleneskaien C 1
Frim.sm. B 1
Frydenbølien D 1
Frydenbøveien C/D 1
Furubakke D 2
Fyllingsveien C/D 1

G
Gabriel Tischendorfs vei D 1
Galgebakken B 1
Gamle Nygårdsbro D 2
Garm.g. A 2
Gartnerg. B/C 1/2
Gass.g. C 2
Georgernesverft B 1
Gjeble Pederssønsg. A/B 2
Gjellesg. A 2
Gml. Nøsteg. C 1
Granbakken D 2
Grøgårdsg. B 2
Grønnesm. C 2
Grønnevollen C 2
Gulbrandshaug D 1
Gutenbergsveien A 2
Gyldenprisveien D 1
Gørbitzg. A 2

H
H. Fossg. C 2
Haakon Sheteligs plass C 2
Halfdan Kjerulfsg. B/C 2
Halvk.bk. B 1/2
Halvk.sm. B 1/2
Hans Haugesg. A 2
Hans Holmboesgate C 2
Hans Tanksg. C 2
Harald Harfagesg. C 2
Haugesm. B 1
Haugeveien B 1
Haugl.alle C 2
Heggebakken B 2
Heggesm. C 1
Heien A 2
Helgesensgate B 2
Hellandsgården B 1
Hennebysm. B 1/2
Henrik Wergelandsgate B 2
Hestebergveien B 2
Hilbrandt Meyersg. A 2
Holbergsallmenningen B 1
Holbergskaien B 1
Hollenderg. B 2
Holmedalsgård. B 2
Holteg. B 1
Hoppsg. D 2/3
Håkonsgaten C 1/2

I
Ibsensgate D 3
Ivar Aasensg. C 1/2

J
J. Lundspl. C 2
J. Mohrsg. A 2
Jahnebakken D 2
Jektevikbakken C 1
Jektevikskaien C 1
Jekteviksveien C 1
Jens Rolfsensg. A/B 2
Jernbanebakken C 2
Joachim Frielesg. C 2
Johannes Brunsg. C 2

Berlin

Ingeborg-Drewitz-Allee A 3
Inselbrücke B 6
Inselstraße B 6
Invalidenstraße A 3

J
Jacobikirchstraße C 5
Jacobystraße A 6
Jägerstraße B 4/5
Jagowstraße A 1
Jannowitzbrücke B 6
Jebensstraße B/C 1
Jenaer Straße D 1
Jerusalemer Straße B 5
Joachim-Karnatz-Allee A 2/3
Joachimstaler Straße C 1
Johannisstraße A 4
Johanniterstraße D 5
John-Foster-Dulles Allee B 2/3
Josef (J.)-Haydn-Straße B 1
Josef-von (v.)-Eichendorff-G. (4) C 3
Jüdenstraße A/B 6
Jungfernbrücke (Jungf.-br.) B 5

K
Kalckreuthstraße C/D 2
Kantstraße C 1
Kapelleufer A 3/4
Karl-Liebknecht-Straße A 5/6
Karl-Marx-Allee A 6
Karlplatz A 4
Karl-Schrader-Straße D 2
Kastanienallee B 2/3
Kath.-Heinroth-Ufer B 1 – C 2
Katharina (K.)-Paulus-Straße A 3
Katzlerstraße D 3
Keibelstraße A 6
Keithstraße C 2
Kelheimer Straße C 1
Kemperplatz B 3
Kielganstraße C 2
Kirchbachstraße D 3
Kirchstraße A 2
Kleinbeerenstraße C 4
Kleine (Kl.) Alexanderstraße (Alex.-straße) A 6
Kleine (Kl.) Kurstraße B 5
Kleine (Kl.) Parkstraße D 4
Kleiner Stern B 2/3
Kleiststraße C 2
Klingelhöferstraße B/C 2
Klixstraße D 2
Klopstockstraße A/B 1
Klosterstraße A/B 6
Kluckstraße C 3
Köbisstraße B/C 2
Kochstraße C 4
Kohlfurter Straße D 6
Kommandantenstraße B/C 5

Köpenicker Straße B 6
Körnerstraße C 3
Körtestraße D 5/6
Köthener Brücke C 3
Köthener Straße C 3/4
Kottbusser Straße C/D 6
Krausenstraße B 4/5
Krausnickstraße A 5
Krefelder Straße A 1
Kreuzbergstraße D 3/4
Kreuzstraße B 5
Kronenstraße B 4/5
Kulmbacher Straße D 1
Kulmerstraße D 3
Kurfürstendamm C 1
Kurfürstenplatz A/B 3
Kurfürstenstraße C 1-3
Kurmärkische (Kurmärk.) Straße C 2/3
Kurstraße B 5
Kyffhäuserstraße D 2

L
Lachmannstraße D 6
Landgrafenstraße C 2
Landhausstraße D 1
Landshuter Straße D 1
Langenscheidtstraße D 3
Legiendamm C 6
Leipziger Platz B 4
Lennéstraße B 3/4
Lesser-Ury-Weg A 3
Lessingbrücke A 1
Lessingstraße A 1
Leuschnerdamm C 6
Levetzowstraße A 1
Lichtensteinallee B 2
Liebknecht-Brücke A 5
Liechtensteinbrücke B 1
Lietzenburger Straße C 1/2
Lindauer Straße D 2
Lindenstraße C 5
Linienstraße A 4/5
Linkstraße B 4 – C 3
Littenstraße A/B 6
Lobeckstraße C 5
Los-Angeles-Platz C 1
Luckauer Straße C 6
Luckenwalder Straße C 3/4
Ludwig-Beck-Straße (2) B 3
Ludwig-Erhard-Ufer A 3
Luisenstraße A 4
Luitpoldstraße D 1/2
Lüneburger Straße A 2/3
Lutherbrücke A/B 2
Lützowplatz C 2
Lützowstraße C 2/3
Lützowufer C 2/3

M
Maaßenstraße C/D 2
Magazinstraße A 6
Magdeburger Platz C 2/3

Maienstraße C 2
Mansteinstraße D 3
Marburger Straße C 1
Margarete-Steffin-Straße A 3/4
Marheinekeplatz D 5
Mariannenstraße C/D 6
Marienstraße A 4
Markgrafenstraße B/C 5
Märkischer (Märk) Platz B 6
Märkisches (Märk.) Ufer B 6
Marlene-Dietrich-Platz C 3
Marschallbrücke A 4
Martin Luther Straße C/D 2
Matthäikirchplatz B/C 3
Mauerstraße B 4
Max-Beer-Straße A 5/6
Mehringbrücke C/D 4
Mehringdamm (Mehr.-damm) D 4
Mehringplatz C 4/5
Meierottostraße C/D 1
Meinekestraße C 1
Melanchthonstraße A 2
Memhardstraße A 6
Mendelssohnstraße A 6
Michaelkirchplatz C 6
Michaelkirchstraße B 6
Mittelstraße A/B 4
Mittenwalder Straße D 5
Moabiter Brücke A 2
Möckernbrücke C 4
Möckernstraße C/D 4
Mohrenstraße B 4/5
Molkenmarkt B 5/6
Mollergasse A 5
Mollstraße A 6
Moltebrücke A 3
Monbijouplatz A 5
Monbijoustraße A 5
Moritzstraße C 5
Motzstraße C 2 – D 1
Mühlendamm B 5
Mühlendammbrücke B 5
Müllenhoffstraße D 6
Müller-Breslau-Straße B 1
Münchener Straße D 1
Münzstraße A 5/6
Museumstraße A 5

N
Nachodstraße D 1
Naunynstraße C 6
Neue (N.) Roßstraße B 6
Neue Grünstraße B 5
Neue Jakobstraße B 6
Neue Jüdenstraße B 6
Neue Kulmer Straße D 3
Neue Promenade (N. Prom.) A 5
Neue Schönhauser (Schönhsr.) Straße A 5

Neue Steinmetzstraße (Steinm.-straße) D 3
Neuenburger Straße C 5
Neumannsgasse (Neum.-gas.) B 5
Neustädtische Kirchstraße A/B 4
Niederkirchnerstraße C 4
Niederlagstraße B 5
Niederwallstraße B 5
Nikolaikirchplatz (Nikolaik.-platz) B 5
Nikolsburger Platz D 1
Nikolsburger Straße D 1
Nollendorfplatz C 2
Nollendorfstraße C/D 2
Nordbrücke A 3
Nostitzstraße D 4
Nürnberger Platz C/D 1
Nürnberger Straße C 1

O
Obentrautstraße D 4
Oberwallstraße B 5
Oberwasserstraße B 5
Ohmstraße B 6
Olof (O.)-Palme-Platz C 1
Oranienburger (Oranienb.) Straße A 4/5
Oranienplatz C 6
Oranienstraße C 5/6
Otto (O.-)-Braun-Straße A 6
Otto-Dix-Straße A 2/3
Ottoplatz A 1
Ottostraße A 1
Otto-von (v.)-Bismarck-Allee A 3

P
Pallasstraße D 2/3
Panoramastraße B 6
Pariser Platz B 4
Parochialstraße B 6
Passauer Straße C 1
Paul-Löbe-Allee A 3/4
Paulstraße A 2
Penzberger Straße D 1/2
Petriplatz B 5
Planckstraße A 4
Planstraße B 1
Plantanenalle (Plantanena.) B 3
Planufer D 6
Platz der Republik A 3
Platz des 18. März B 3/4
Pohlstraße C 3
Poststraße B 5
Potsdamer (Potsd.) Brücke C 3
Potsdamer Platz B 3/4
Potsdamer Straße B 4 – D 3
Prager Platz D 1
Prager Straße D 1

Prenzlauer Tor A 6
Prinzenstraße C 6 – D 5
Prinzessinenstraße C 6
Prinzregentenstraße D 1
Propststraße B 5
Puttkamerstraße C 4

R
Rahel-Hirsch-Straße A 3
Rahel-Varnhagen-Prom. C 4
Rankeplatz C 1
Rankestraße C 1
Rathausbrücke B 5
Rathausstraße A 6 – B 5
Rauchstraße B 2
Regensburger Straße D 1
Reichenberger Straße C 6
Reichpietschufer C 2/3
Reichstagufer A 3/4
Reinhardtstraße A 4
Riemannstraße D 4/5
Ritterstraße C 5/6
Rochstraße A 5
Rolandufer B 5/6
Rosa (R.)-Luxemburg-Platz A 6
Rosa-Luxemburg-Straße A 6
Rosenheimer Straße D 1/2
Rosenstraße A 5
Rosmarinstraße B 4
Rudi-Dutschke-Straße C 4/5
Rudolf-von (v.)-Gneist-G. (5) C 3
Ruhlsdorfer Straße D 4
Rungestraße B 6
Rüsternallee B 3

S
Salzufer B 1
Schaperstraße C 1
Scharounstraße B 3
Scharrenstraße B 5
Scheidemannstraße A/B 3/4
Schellingstraße C 3
Schengelg. A 5/6
Schenkendorfstraße (Schenkendf.-str.) D 5
Schicklerstraße B 6
Schiffbauerdamm A 4
Schillingstraße A/B 6
Schillstraße C 2
Schinkelplatz B 5
Schleiermacherstraße D 5
Schleswiger Ufer A/B 1
Schleusenbrücke B 5
Schlossbrücke B 5
Schlossplatz B 5
Schmidstraße B 6
Schöneberger Brücke C 4
Schöneberger Straße C 3/4
Schöneberger Ufer C 3
Schönleinstraße D 6
Schulze-Delitzsch-Platz B 6

Schumannstraße A 4
Schützenstraße B 4/5
Schwäbische Straße D 2
Schwerinstraße D 2
Sebastianstraße B 5 – C 6
Segitzdamm (Segitzd.) C/D 6
Seydelstraße B 5
Seydlitzstraße A 2/3
Siegmunds Hof B 1
Sigismundstraße B/C 3
Simsonweg B 3/4
Skalitzer Straße C 6
Solinger Straße A 1
Solmsstraße D 4/5
Sophienstraße A 5
Spandauer Straße A 5 – B 6
Spenerstraße A 2
Sperlingsgasse (Sperl.-gas.) B 5
Speyerer Straße D 2
Spichernstraße C/D 1
Spreeufer B 5
Spreeweg B 2
Stallschreiberstraße B 5 – C 6
Starnberger (Starnbgr.) Straße D 2
Stauffenbergstraße B/C 3
Steinmetzstraße C/D 3
Steinstraße A 5
Stralauer Straße B 6
Stresemannstraße B/C 4
Stromstraße A 1
Stübbenstraße D 1
Stülerstraße B 2

T
Taubenstraße B 4/5
Tauentzienstraße C 1
Tempelherrenstraße D 5
Tempelhofer Berg D 4
Tempelhofer Ufer C/D 4
Tharandter Straße D 1
Thomas (Th.)-Dehler-Straße B 2
Thomasiusstraße A 2
Thusneldaallee A 1
Tiergartenstraße B 2/3
Tiergartenufer B 1/2
Tile-Wardenberg-Straße A 1
Traunsteiner (Traunst.) Straße D 2
Trebbinerstraße C 3/4
Treidelweg A 1
Treuchtlinger Straße D 1
Tucholskystraße A 4/5
Turmstraße A 1-2

U
Universitätsstraße A 4 – B 5
Unter den Linden A 5 – B 4
Unterwasserstraße B 5
Urbanstraße D 5/6

V
Varian-Fry-Straße (1) B 3
Viktoria-Luise-Platz D 1
Voltairestraße B 6
Von (V.)-der (d.)-Heydt-Straße C 2
Vorbergstraße D 2
Voßstraße B 4
Voxstraße B 3

W
Wadzeckstraße A 6
Waisenstraße B 6
Waldemarstraße C 6
Wallstraße B 5/6
Wartenburgstraße D 4
Washingtonplatz A 3
Wassertorplatz C 6
Wassertorstraße C 5/6
Waterloobrücke D 5
Waterlooufer D 5
Wegelystraße B 1
Weidendamm Brücke (Weidend. Br.) A 4
Weinmeisterstraße (Weinm.-straße) A 5
Welserstraße C/D 1
Werderscher Markt B 5
Werftstraße A 2
Westarpstraße D 1
Weydingerstraße A 6
Wichmannstraße C 2
Wikingerufer A 1
Wilhelmstraße B/C 4
Willmanndamm (Willmannd.) D 3
Willy-Brandt-Straße A 3
Wilmsstraße D 5
Wilsnacker Straße A 2
Winterfeldtplatz D 2
Winterfeldtstraße D 1-3
Wittenbergplatz C 1
Wormser Straße C 2
Wullenwebersteg B 1
Wullenweberstraße A/B 1
Würzburger Straße C 1

Y
Yitzhak-Rabin-Straße B 3
Yorck-Brücken D 3/4
Yorckstraße D 3/4

Z
Ziegelstraße A 4/5
Zietenstraße C/D 2
Zimmerstraße B 5 – C 4
Zinzendorfstraße A 1
Zossener Brücke C/D 5
Zossener Straße D 5
Zwinglistraße A 1

B

Bremen

A
Abbentorstr. B/C 1/2
Abbentorswallstr. B/C 1
Adamspforte B 1
Adelinenweg D 3
Adlerstr. C 3
Admiralstr. A/B 2
Albrechtstr. C 3
Alexanderstr. D 3
Altenwall C 2
Am Barkhof B 3
Am (A.) Brill C 1
Am Deich C 1/2
Am Dobben C 3
Am Dom C 2
Am (A.) Landherrnamt (Landh.-amt) C 2
Am Markt C 2
Am Neuen Markt C 1
Am Neustadtsbahnhof C 1
Am Wall C 1/2
Am Wandrahm B 1/2
Am Weidedamm A 2/3
Am Werdeufer D 2
Amalienweg D 3
An der Weide B/C 2/3
An (A.) der (d.) Weserbahn B 1

Andreestr. A 2
Ansbacher Str. A 1/2
Ansgaritorsteinweg B 2
Ansgaritorstr. C 2
Ansgaritorswallstr. C 2
Ansgaritränkpforte (Ansgaritränkpf.) C 2
Antonweg D 2
Arndtstr. A 1
Aßmannshauser Str. D 1
Auf dem Dreieck C 1
Auf dem (d.) Kamp B 1
Auf dem (d.) Rovekamp C 2
Auf den (d) Bleichen D 3
Auf den Häfen C 3
Auf der (d.) Brake C 2
Auf der (d.) Muggenburg B 1
Augsburger Str. A 1/2
Außer der Schleifmühle B/C 3
Auwigstr. D 3

B
B.-weg = Berthaweg
Bachstr. D 1
Bahnhofplatz B 2
Bahnhofstr. B/C 2
Balgebrückstr. C 2
Bamberger Str. A 2

Bastianstr. D 1/2
Bauernstr. C 3
Baumstr. B 1
Bayreuther Str. A 1
Beim Alten Michaelis-kirchhof (B. A. Michaeliskirchh.) B 2
Beim Handelsmuseum B 2
Beim Steinernen Kreuz C 3
Bergerstr. A 1
Bernhardstr. (Bernh.-str.) C 3
Berthaweg (B.-weg) D 3
Biebricher Str. D 1
Bilsestr. B 1/2
Bindwams B 1
Birkenstr. B/C 2
Bischoffstr. (Bisch.-str.) C 3
Bischofsnadel C 2
Bleicherpfad D 3
Bleicherstr. C/D 2/3
Blocklander (Blockl.)-Str. A 2
Blücherstr. B 2
Blumenstr. C 3
Blumenthalstr. B 3
Bodelschwinghstr. A 1
Bodenheimer Str. D 1
Böhmestr. A 1/2
Bohnenstr. C 3

Borgfelder Str. A 2
Borkumstr. A 1
Bornstr. B 2
Böttstr. C 2
Brandtstr. A/B 2
Brautstr. C 1/2
Bredenstr. C 2
Bregenzer Str. A 2
Breitenweg B 1/2
Buchtstr. C 2
Buddestr. A/B 2
Buntentorsteinweg D 1/2
Bürgermeister (Bürgerm.)-Deichmann-Str. B 1
Bürgermeister (Bürgerm.)-Hildebrand-Str. B 1
Bürgermeister (Bürgerm.)-Smidt-Str. C 1/2
Bürgerstr. C 2

C
Calvinstr. A 1
Carl-Ronning (C.-Ronn.)-Str. C 2
Charlottenstr. C 3
Chemnitzer Str. A 2
Christianweg D 2
Christophweg D 2/3

Contrescarpe B/C 1/2/3
Corssengang B/C 1

D
Daniel von (v.) Büren-Str. B 1/2
Dechanatstr. C 2
Deichschartweg D 3
Deichstr. D 3
Delbrückstr. B 3
Delmestr. D 1
Diepenau B/C 1
Domshof C 2
Donaustr. D 1
Dorotheenstr. D 2
Doventor B 1
Doventorscontrescarpe B 1
Doventorsdeich (Doventorsd.) B 1
Doventorsteinweg B 1
Doventorstr. B 1
Dransfelder Str. A 2
Dresdener Str. A 2/3

E
Eduard-Grunow-Str. C 3
Eichenberger Str. A 2
Eickedorfer Str. A 2

Ellhornstr. B 2
Ellmersstr. A/B 1
Erfurter Str. A 2
Erlanger Str. A 1/2
Erlenstr. D 1
Ernst (E.)-Glässel-Str. C 3
Erste Schlachtpforte (Schl.-pf.) C 2
Esslinger-Str. A 3
Euckenstr. D 1

F
Fährweg D 3
Falkenberger Str. A 2
Falkenstr. B 2
Fallingbosteler Str. A 2
Fangturm C 1
Faulenstr. B/C 1
Faulentor B 1
Fedelhören C 3
Ferdinandstr. (Ferd.-str.) B/C 2
Ferdinandweg D 2/3
Findorffallee A 2/3
Findorffstr. A/B 2
Franziskuseck C/D 2
Franziusweg D 2
Freiberger Str. A 2

Freisinger Str. A 1
Friedrich-Ebert-Str. D 1/2
Friedrich (F.)-Garves-Str. C 1
Friedrich (Fr.)-Naumann-Ring B 1
Friedrich-Rauers-Str. B 2
Friedrichstr. C/D 3
Friedrich-Wilhelm-Str. (Fr.-Wilh.-Str.) C/D 1
Frielinger Str. A 1/2
Friesenwerder C 1
Fuldastr. D 2
Fürther Str. A 2

G
Gandersheimer Str. A 2
Gastfeldstr. D 1
Geeren C 1
Geibelstr. A 2
Gerhard (Gerh.)-Iversen-Hof C 2
Gerhardhof C 2
Gertrudenstr. C 3
Geschwornenweg D 1/2
Gießener Str. A 1
Glockengang C 1
Gneisenaustr. D 2
Goebenstr. B 3

Goesselstr. A/B 2
Goethepl. C 3
Gothaer (Goth.)-Str. A 2
Göttinger Str. A 2
Grafenstr. B 1
Graudenzer Str. D 1/2
Grenzstr. A 1
Grohnerstr. A 1
Große Annenstr. C 1
Große (Gr.) Fischerstr. C 1
Große Johannisstr. C/D 1
Große (Gr.) Krankenstr. C/D 1
Große (Gr.) Sortilienstr. C 1
Große (Gr.) Waagestr. C 2
Große (Gr.) Weidestraße B 2
Großenstr. B/C 1
Großer Marienweg D 2/3
Grün B 1
Grünbergstr. A 2
Grünenstr. C 1
Grünenweg C 2
Grützmacherstr. C 1/2
Güntherstr. C 1/2
Gustav Deetjen-Allee B 3

H

Haferkamp B 1
Hakenstr. C 2
Halberstädter Str. A 2/3
Haller Str. A 1/2
Hanewinkelsgang (Hanew.-gang) B/C 1
Hankenstr. C 1/2
Hans-Böckler-Str. B 1
Hanseatenhof C 2
Hansestr. A/B 1
Hardenbergstr. D 2
Häschenstr. C 1
Heerstr. A 1
Hegelstr. D 1
Hegemannstr. A/B 1
Heimlichenstr. C 2
Heinrich (Heinr.)-Bierbaum-Str. C 1
Heinrichstr. C 3
Helene (Hel.)-Kaisen-Weg D 1
Helmstedter Str. A 1
Hemmstr. A 1/2
Herbststr. A/B 2
Herdentor C 2
Herdentorsteinweg B/C 2
Herdentorswallstr. C 2
Hermann-Böse-Str. B 3
Hermann (Herm.)-Heye-Str. D 2
Hermannstr. D 1
Hermannweg (Herm.-weg) D2
Herrlichkeit (Herrlichk.) C 2
Hillmannpl. B/C 2
Hillmannstr. B/C 2
Hinter (H.) der (d.) Holzpforte C 2
Hinter (H.) der (d.) Mauer C 1
Hinter (H.) der (d.) Schütting C 2
Hochstr. B/C 2
Hoffmannstr. D 2
Hoffnungstr. A 1
Hohe Str. C 2
Hohenlohestr. B 3
Hohenpfad C 3
Hohentorspl. C 1
Hohentorstr. C 1
Hollerallee A/B 2/3
Hoppenbank C 3
Hurrelberg C 2
Hutfilterstr. C 2

I

Illerstr. D 1
Imre-Nagy-Weg C 2/3
In (I.) den (d.) Runken D 3
Ingelheimer Str. D 1
Isarstr. D 1

J

Jakobistr. C 2
Jenaer Str. A 1/2
Jippen B 1
Johann (Joh.)-Bornemacher-Str. A 1
Johannesweg D 2/3
Juisstr. A 1
Juliusweg D 2

K

Kahlenstr. C 2
Kalkstr. C 1
Kantstr. D 1
Karlshafener Str. A 2
Karlweg D 2/3
Karolinastr. B 2
Kasseler Str. A 2/3
Kastanienstr. A/B 1/2
Kastningweg A/B 1
Katharinenklosterhof (Kath.-kl.-hof) C 2
Katharinenstr. C 2
Katrepeler Str. A 2
Kaufmannsmühlenkamp B 2
Kielweg B 1
Kirchenstr. C 2
Klangbogen B 2/3
Kleestr. D 1
Kleine (Kl.) Annenstr. C/D 1
Kleine Helle B 2
Kleine (Kl.) Hundestr. C 2
Kleine (Kl.) Johannisstr. C 1
Kleine (Kl.) Meinkenstr. C 3
Kleiner Marienweg D 3
Kneippweg D 2/3
Knochenhauerstr. C 2
Kohlenstr. A 1
Kohlhökerstr. C 2/3
Kolberger Str. D 1/2
Koldeweystr A/B 1
Kolpingstr. C 2
Komturstr. C 2
Köpckenstr. D 3
Korffsdeich B 1
Körnerwall D 3
Kornstr. D 1/2
Kranpforte C 1/2
Krefstr. C 3
Kreuzstr. D 3
Kreyenstr. C 2
Kuhgang C 2
Kuhhirtenweg D 2/3
Kulmbacher Str. A 2
Kumpweg A/B 1
Kurze Wallfahrt C 2

L

Lahnstr. D 1
Lampenweg B/C 1
Landshuter Str. A 2
Landweg C 3
Landwehrstr. A/B 1
Lange Wieren C 2
Langemarckstr. C/D 1
Langenstr. C 1/2
Lehnstedter Str. D 1/2
Leinestr. D 2
Leipziger Str. A 2/3
Lilienthaler Str. A 2
Lindemannstr. A 1
Lloydpassage C 2
Lloydstr. B 1
Lohmannstr. A 2
Löningstr. B/C 3
Löwenhof B 1
Luisenstr. C/D 3
Lutherstr. A 1

M

Magdeburger Str. A 2
Mainstr. D 1
Mallertw. B 1
Marburger Str. A 1
Marktstr. C 2
Marterburg C 2
Martinikirchhof (Martinikirchh.) C 2
Martinistr. C 2
Mauerstr. A/B 1
Meinkenstr. C 3
Meißener Str. A 2
Melanchthonstr. A 1
Mendestr. C 3
Meta-Sattler-Str. B 1
Meyerstr. D 1/2
Milchpfad D 3
Mittelstr. C/D 3
Mittelweg D 3
Möckernstr. D 2
Moselstr. D 1
Mozartstr. C/D 3
Münchener Str. A 1/2
Museumsstr. C 2

N

Nagelspforte (Nagelspf.) C 1/2
Nansenstr. A 1
Neckarstr. C 1
Nettelbeckstr. D 2
Neuenstr. B/C 1
Neukirchstr. A 2
Neustadtscontrescarpe C/D 1
Neustadtswall C/D 1
Nicolaistr. B 1
Nietzschestr. D 1
Norderney-Str. A 1
Northeimer Str. A 2
Nürnbergerstr. A 1

O

Obernstr. C 2
Oberweserstr. D 3
Oldehoffshof D 2
Oldenburgerstr. C 1
Ölmühlenstr. C 1
Orthof C 3
Ostendorpstr. C 3
OsterstraßeC/D 1/2
Ostertor C 2
Ostertorstr. C 2
Ostertorsteinweg C 3
Ostertorswall C 2
Otto-Finsch-Str. A/B 1
Ottostr. D 1
Ottoweg D 2

P

Papagoyenboom D 1
Papenstr. C 2
Pappelstr. D 1
Parallelweg A 1
Parkallee B 3
Parkstr. B 3
Paulskloster D 3
Pelzerstr. C 2
Philosophenweg B 2
Piersigwall D 1
Piperstr. C 2
Plantage A/B 2
Plünkenstr. C/D 1
Poststr. C/D 3
Präsident (Pr.)-Kennedy-Pl. C 2
Prießnitzweg D 2/3
ProbstStr. A 1

Q

Quedlinburger Weg A 2/3
Queerenstr. C 2

R

Rasingstr. D 1
Reederstr. D 3
Regensburger Str. A 2
Rembertikirchweg C 2
Rembertiring C 2/3
Rembertistr. C 2/3
Reuterstr. A 1
Rheinstr. D 1
Richtweg C 2
Rolandstr. C/D 1/2
Rosenkranz B 1
Rosenpl. B 2
Rückertstr. D 1
Rüdesheimer Str. D 1
Rutenstr. C 3

S

Saalfelder Str. A 2
Salvador-Allende-Str. C 3
Sandstr. C 2
Sankt-Pauli-Deich D 2
Schifferstr. A/B 1
Schildstr. C/D 3
Schillerstr. C 2
Schlachte C 1
Schmalkaldener Str. A 1
Schnoor C 2
Schopenhauerstr. D 1
Schulstr. D 1
Schüsselkorb C 2
Sch.-str. = Schüttingstr.
Schüttingstr. (Sch.-str.) C 2
Schwarzburger (Schwarzb.)-Str. A 2
Sedanstr. D 1/2
Seeberger Str. A 2
Seemannstr. C 2
Sengstackepl. A 1
Sielpfad D 3
Slevogtstr. B 3
Sögestr. C 2
Sommerstr. A/B 2
Sonnenstr. C 3
Spitzenkiel C 2
St.-Magnus-Str. A 1
St.-Pauli-Str. C/D 3
Starnberger Str. A 1/2
Stavendamm C 2
Steffensweg A 1
Steinhauserstr. B 1/2
Steinstr. D 2
Stephanikirchhof B 1
Stephanitorsbollwerk B 1
Stephanitorsteinweg B 1
Stephaniwall B 1
Sternenhof B 1
Strandweg D 2/3
Struckmannstr. B 1
Süderstr. C/D 1
Süsterstr. C 2

T

Tarmstedter Str. A 1/2
Teerhof C 1/2
Thedinghauser Str. D 1
Theodor-Heuss-Allee B 2/3
Theodor (Th.)-Körner-Str. C/D 3
Thielenstr. A 2
Tiefer Osterdeich C/D 2/3
Timmersloher Str. A 2
Töferbohmstr. B/C 1
Torgauer Str. A 2
Tübinger Str. A 1

U

U.-Lieb-Fr.-K.-hf. = Unser-Lieb-Frauen-Kirchhof
Uferweg D 2/3
Ulenstein C 2
Unser-Lieb-Frauen-Kirchhof (U.-Lieb-Fr.-K.-hf.) C 2
Utbremer Ring A 3
Utbremer Straße A/B 1

V

Vasmerstr. C 3
Vegesackerstr. A 1
Vietorstr. B 1/2
Violenstr. C 2
Vor Stephanitor B/C 1

W

Wachtstr. C 2
Waiblinger Weg A 3
Waldmannstr. B/C 2/3
Walfischhof B 1
Walldammstr. D 1/2
Walsroder Str. A 2
Wandschneiderstr. C 2
Wartburgpl. A 1
Wartburgstr. A 1
Waßmannw. B 1
Waterloostr. D 1
Weberstr. C/D 3
Weg zum (z.) Krähenberg D 3
Wegesende C 2
Weideweg D 3
Weizenkampstr. C/D 1
Werderstr. D 2
Werrastr. D 2
Weserdeich D 2
Westerstraße C 1
Wichernstr. A 1
Wiesbadener Str. D 1
Wiesenstr. B 2
Wilhadistr. C 2
Wilkenstr. C 2
Willy (W.)-Brandt-Platz B 2/3
Winterstr. A 2
Wittenberger (Wittenb.) Str. A 1
Wolfardstr. B 1
Woltmershauser Allee C 1
Worpsweder Str. A 2
Wulfhoopstr. D 1
Wulwestr. C 3
Würzburger Str. A 1/2
Wüstestätte C 2

Y

Yorckstr. D 2

Z

Zentaurenstr. D 1/2
Zütphenstr. A 1
Zweigstr. B 1
Zweite Schlachtpforte (Schlachtpf.) C 2
Zwickauer Str. A 2
Zwinglistr. A 1

Bruxelles/Brussel

Cityplan | City map | Plan de ville | Plattegrond | Plán města | Plan miasta | Bykort | Stadskarta | Kaupunkikartta | Bykort • 10

A

Abattoir, Bd. de l' B 1
Abattoir, R. de l' B 1
Abodan, R. de l' A 3
Abricotier, R. d. l' D 1
A. Dansaert, R. ;- str. B 1
Adolphe, Bd. B 2
A. Lavallée, R.;str. A 1
Albertine, Pl. de l' C 2
Alexiens, R.d. C 1/2
Andenne, R. d' D 1
Anderlecht, R. d' B 1
Angle, R. de l' A 2
Angleterre, R. d' ; Englandstr. D 1
Anneessens, Pl. ;- plein C 1
Anoul, R. C/D 3
Anspach, Bd.;- laan B/C 1/2
Anvers, Bd. d' A 2
Anvers, Chaussée d' ; Antwerpsesteenweg A 2
Arenberg, R. d' B 2
Argent, R. d' B 2
Argonne, R. de l' C 1
Artois, R. d' C 1
Arts, Av. des; Kunstlaan C 3
Ascension, R. d. l'; Bergopstr. A 3
Astronomie, Av.de l' B 3
Ateliers, R. des A 1
Athénée, R. d. l' D 3
Aunes, R. des 6 D 2
Autonomie, R. d. l' C 1
Avenir, R. de l' A 1

B

Banque, R. d. l. B 2
Barques, Qu. a. A 1
Barricades, Pl. des B 3
Barthélémy, Bd.;- laan B 1
Baudouin, Bd. A 2
Beau Site, R. du D 2
Belliard, R.;- str. C 3
Berckmans, R. ;- str. D 1/2
Berger, R. du;- str. C/D 2
Bériot, R. de B 3
Berlaimont, Bd. de;- laan B 2
Bethléem, Pl. de; Betlehempl. D 1
Bischoffsheim, Bd. ;- laan B 3
Blaes, R.;- str. C/D 1/2
Blanche, R.;- str. D 2
Blanchisserie, R. d. l. B 2
Bodeghem, R. C 1
Bodenbroeck, R. C 2
Bogards, R. d. C 1/2
Boiteux, R. des B 2
Bolivar laan A 2
Bolwerkin, Av.du A 2
Bonte, R. d. l. D 2
Bordeaux, R. de ;- str. D 2
Bosnie, R. de;- str. D 1
Bosquet, R. ;- str. D 2
Botanique, R. ; Kruidtuinstr. A 3
Bouchers, R. des B 2
Boulet, R. du B 1
Bouré, R. D 3
Brabant, R. de; -str. A 2/3
Bréderode, R. ;- str. C 2
Brialmont, R. B 3
Brigittines, R. d. C 1
Briques, Qu. aux ; Baksteenkaai B 1
Brogniez, R. ;- str. C 1
Buanderie, R. de la B 1

C

Camusel, R. ;- str. B 1
Canal, R. du ; Vaartstr. A 1/2
Canon, R. du B 2
Cans, R. D 3
Cantersteen C 2
Capouillet, R. ;- str. D 2
Capt.Crespel, R. D 2
Capucins, R. des ;- str. C 1
Cardinal Mercier, R. du B 2
Caroly, R.;- str. C 3
Caserne, R. de la C 1
Champ de Mars, R. du C 2/3
Champs Elysées, R. de ; Veldenstr. D 3
Chandeliers, R. de C 2
Chantler, R. du A 1/2
Chapelle, Pl. de la C 2
Charbonnages, Qu. des A 1
Charbonniers, R. des A 2
Charité, R. de la ; Liefdadigheidstr. B 3
Charleroise, chaussée de. stwg. D 2
Chartreux, R. des B 1
Chaux, Qu. à la A 1
Cheval Noir, R. du B 1
Chevaliers, R. des C 2
Chien Marin, R. du B 1
Chœur, R. du A 1
Choux, R. aux B 2
Ch.Rogier, Pl. A 2
Christine, R. C 2
Cirque, R. du B 2
Cité, R. d. l. D 3
Coenraets, R. ;- str. D 1
Collège, R. du ;- str. D 3
Colonies, R. des B 2
Colonne, R. de la B 1
Commédiens, R. des B 2
Commerçants, R. des A 1/2
Commerce, Qu. du A 1
Commerce, R. du ; Handelsstr. C 3
Comte de Flandre, R. du A/B 1
Concorde, R. de la ; Eendrachtsstr. D 2
Congrès, R. du B 3
Conseil, R. du D 3
Constitution, R. d. l. A 3
Cornet de Grez, R. A 3
Courtois, R. A 1
Couvent, R. du ; Kloosterstr. D 3
Crickx, R. D 1
Croisades, R. des ; Kruisvaartenstr. A 2
Croix de Fer, R. d. l. B 2/3
Croix, R. de la ; Kruisstr. D 3
Cuerens, R. B 1
Cureghem, R. de B/C 1

D

Dam, R. d. C 1
Damier, R. du B 2
Danemark, R. d. ; Denemarkenstr. D 1
Defacqz, R.;- str. D 2
Dejoncker, R. ;- straat D 2
Deschamph., R. A 1
Dethy, R.;- str. D 1
Dinant, Pl. de C 2
Dixmude, Bd. du A 1
Drapiers, R. des; Lakenweversstr. C/D 2
Dublin, R. de C 3
Ducale, R. ; Hertogstr. B/C 3
Dupont, R. ; Dupontstr. A 3
Duqu., R. C 2

E

E.Allard, R.;- str. C 2
École, R. de l'. ; Schoolstr. A 1
Écosse, R. d. ; Schotlandstr. D 2
Écuyer, R. de l' B 2
Edimbourg, R. d' C 3
Église Saint Gilles, R. de l' D 1
Egmont, R. d. C 3
Elsenestwg D 3
Émile Féron, R. ;- str. D 1
Émile Jacqmain, Bd. A 2
Émile Jacqmainlaan A 2
Enseignement, R. d. l' B 2/3
Épée, R. de l' C 2
Ermitage, R. de l' ; Kluisstr. D 3
Ernest Solvay, R. C/D 2/3
Escalier, R. d. l' C 2
Étudiants, R. des D 1
Étuve, R. de l' B/C 1/2
Évêque, R. de l' B 2
Evers, R. D 1

F

Fabriques, R. des B 1
Faider, R. ;- straat D 2
Faucon Wynants, R. du C/D 1/2
Faucon, R. du C 1
F.Bernier, R.;- str. D 1
Fernand Brunfaut, R.;- str. B 1
Fernard Cocq, Pl. D 3
Fiancée, R. d. l. B 2
Filature, R. d. l. D 1
Flandre, R. de ; Vlaamsesteenweg B 1
F.Gaillard, R. D 1
Fleuristes, R. des C 1
Fleurs, R. aux B 2
Florence, R. de ;- str. D 2
Foin, Qu. au A 1/2
Fonsny, Av.du ;- laan D 1
Fontainas, R. D 1
Foppens, R. B 1
Forest, chaussée de. D 1
Forge, R. d. l. D 1
Fort, R. du ;- str. D 1
Fortifications, R. des D 1
Fossé aux Loups, R. du B 2
Fourche, R. d. l. B 2
Francart, R. C 2
Fraternité, R. d. l. A 2/3
Fripiers, R. d. B 2
Frontispice, R. de A 2

G

G. Defnet, R. ;- str. D 1
Georges Lorand, R. D 3
Gillon, R.; Gillonstr. A 3
Gineste, R. A 2
G. Matheus, R. A 2
God.de Bouillon, R. A 3
Goffart, R. C/D 3
Gouver.Provisoir, R. du B 3
Grand Hospice, R. du B 1/2
Grand Pl. Grote Markt B 2
Grand Sablon, Pl. du C 2
Grd.Cerf, R. du C 2
Grd.Serment, R. du B 1
Grétry, R. B 2
G. Tell, R.; Willem Tellstr. D 1
Guimard, R. C 3
Gulden Vlieslaan C 2

H

H.Bordet, R. D 1
H.Dumont, Pl. D 2
Haecht, chaussée de ; Haachtsesteenweg A 3

Hainaut, Qu. du ;
  Henegouwenk. B 1
Halles, R. d. B 2
Harmonie, R. de l' A 2
Haute, R.; Hoogstr. C/D 1/2
Hektolitre, R. de l' C 1
Héliport, Av. de l' A 2
Hennin, R. de;- str. D 3
Héros, Pl. des ; Heldenpl. D 1
Hollande, R. de; Hollandstr. D 1
Hotel des Monnaies, R. d. l'; Munthofstr. D 1
Houblon, R. du B 1
Hozeau de Lehaie, R. A 1

I
Impératrice, Bd. de l' ;
  Keizerinlaan B 2
Industrie, Qu. de l' B 1
Industrie, R. de l';
  Nijverheidsstr. C 3
Intendant, R. de l' ;
  Opzichterstraat A 1
Ixelles, chaussée d' C/D 2/3

J
Jamar, Bd. ;- laan C 1
Jardin Botanique, Bd. du A/B 2/3
Jardinier, R. du A 1
J. Bouillon, R. D 3
J. d´Ardenne, R.;- str. D 2
J. Dupont, R. C 2
Jennart, R. A 1
Jeu de Balle, Pl. du ;
  Vossenplein C 1
J. Franck, Sq. D 1
J. Jacobs, Pl. D 2
Joseph Claes, R. ;- str. D 1
Jourdan, R. ;- str. D 1/2
J.Stas, R. D 2
J. Van Volsem, R. D 3

K
Keyenveld, R.; -str. D 2

L
Laeken, R. de ; Laekenstraat A/B 2

Laines, R. aux ; Wolstr. C/D 1/2
Lambermont, R. C 3
Langlantier, R. de C 1
Lausanne, R. de;- str. D 2
Lavoir, R. du; Wasserijstr. C 1
L. Coenen, R.; -str D 1
L. Crickx, R. C 1
L. d´Alsace Lorraine C 3
Léon Lepage, R. B 1
Leopold II, Bd. ; laan A 1
Lesbroussart, R. ;- str. D 3
Liberté, Pl. de la B 3
Ligne, R. de la B 2
Limite, R. d. l.; Grensstr. A/B 3
Linière, R. d. l. D 1
Linné, R. ; - str. A 2/3
Livourne, R. de; Livornostr. D 2
Locquenghien, R. B 1
Loi, R. de l. ; Wetstraat B 2/3
Loix , Pl. D 2
Lombard, R. d. B 2
Londres, Pl. de C 3
Longue Haie, R.d.l. D 2
Longue Vie, R. D 3
Louise, Av. ; Louizalaan D 2
Louvain, R. de B 2/3

M
Madou, Pl.; Madouplein B 3
Maes, R. ;- str. D 3
Magasin, R. de A 2
Maj.R.Dubreucq, R. C 3
Malines, R. de C 1
Marais, R. du ; Broekstr. B 2
Marcelis, R. ;- str. D 2/3
Marché a.Herbes, R. du B 2
Marché a.Poulets, R. d. B 1/2
Marché au Charbon, R. d. B 2
Marché, R. du ; Marktstr. A 2
Marcq, R. ;-str. A/B 1
Marnix, Av. ;- laan C 2/3
Martys, Pl. de B 2
Matériaux, Qu. des A 1
Maurice Lemmonier, Bd. ;-
  laan C/D 1
Maxlaan B 2
Meeus, Sq.de C 3

Meiboom, R. d. B 2
Menages, R. des D 1
Merchtem, Chaussée de A 1
Méridien, R. du A/B 3
Métal, R. du; Metaalstr. B 1/2
Mexico, R. de;str. A 1
Midi, Bd. du ; Zuidlaan C/D 1
Midi, R. du; Zuidstraat B 2
Minimes, R. des ; Minimenstr. C 2
Miroir, R. du C 1
Mommaerts, R. A 1
Monnaie, Pl. de l. B 2
Mons, Chaussée de C 1
Mont Blanc, R. d. D 1/2
Montagne aux Herbes
  Portagères, R. B 2
Montagne du Parc, R. B 2
Montenegro, R. de ;- str. D 1
Montoyer, R. ;- str. C 3
Montserrat, R. D 1/2
Moretus, R. C 1
Moulin, R. d. ; Molenstr. A 3
Musin, R. A 3

N
Namur, R. de C 2
Nancy, R. d. C 1
Naples, R. de ; Napelsstr. C 3
Neufchâtel, R. d. ;
  Nieuwburgstr. D 2
Neuve, R. ; Nieuwestraat A/B 2
Neuvième de Ligne, Bd.
  du A 1
Nicolay, R.;-str. A 2
Nieuport, Bd. de A/B 1
Ninove, Pl. de; Ninoofseplein B 1
Nord, Pl. du A 2
Nord, R. du B 3
Notre Seigneur, R. C 2
Nouv.Marché aux Granis, Pl.
  du B 1

O
Ommegang, R. de l' B 2
Ophen, R. d. A/B 1
Otlet, R.;- str. C 1

P
Pachéco, Bd. ; Pachécolaan B 2
Paille, R. d. l. C 2
Paix, R. de l. C/D 3
Palais, R. des ; Paleizen str. A 3
Palais, Pl. des ; Paleizenplein C 2
Paris, R. de C 3
Parme, R. de ; Parmastr. D 1/2
Paroissiens, R. de B 2
Paul Spaak, R. D 3
Pélican, R. d. A 2
Péniches, Qu. des ; Akenkaai A 1
Pépin, R. du; Kernstr. C 2
Pepinière, R. d. l. C 2/3
Persil, R. du B 2
Petit Sablon, Pl. du C 2
Petits Carmes, R. des C 2
Peuple, R. du ; Volksstr. A 2
Ph.de Champagne, R. C 1
Philanthropie, R. de la D 1
Piere, R. A 1
Pieremans, R. D 1
Pierres de Taille, Qu. aux A 1/2
Pierres, R. d. B 1/2
Piers, R. A 1
Plantes, R. d. ; Plantesstr. A 2
Platin, R. ;- str. C 1
Pletinckx, R. B 1
Plume, R. d. l. C/D 1
Poelaert, Pl. ;- plein C 2
Poincaré, Bd. ;- laan C 1
Poincon, R. du C 1
Pont Neuf, R. du A/B 2
Port, Av. du A 1
Porte de Hal, Av. de la C/D 1
Poste, R. de la; Postestr. A 3
Potagère, R. ; Warmoesstr. B 3
Poterie, R. de l. B 1
Poudrières, R. d. l. B 1
Pr.Albert, R. du D 2
Prague, R. de ; Praagstr. D 1
Président, R. du D 2
Prêtres, R. d. D 1/2

Prevoyance, R. d. l D 1/2
Prince Royal, R. du D 2
Progres, R. du A 2
Putterie B 2

Q
Quatrech, R. de A 2/3
Querelle, R. de la C 1

R
Ransfort, R. B 1
Rasière, R. d. l. C/D 1
Ravenstein, R.;- str. C 2
Régence, R. de la C 2
Régent, Bd. du C 2/3
Reine, Pl. de la; Koninginnepl. A 3
Rempart des Moines, R. du B 1
Rhétorique, R. d. l. D 1
Ribaucourt, R. de A 1
Riches Claires, R. des B 1/2
Rivière, R. A 2
Roger van der Weyden,
  R. C 1
Rogier, R. ; - str. A 3
Rome, R. d. D 1
Rosée, R. d. l. B 1
Roue, R. d. l. C 1
Roumanie, R. de D 2
Rouppe, Pl. ;- plein C 1
Royale, Pl. ; Koningspl. C 2
Royale, R. ; Koningsstr. A – C 2/3
R.Pequeur, Sq. C 1
Russie, R. de; Ruslandstr. D 1
Ruysbroeck, R. d. C 2

S
Sables, R. d. B 2
Sablonnière, R. d. l. B 3
Sainctelette, Pl. ;plein A 1
Samar., R. d. C 2
Sans Souci, R. ;- str. D 3
Scailquin, R. B 3
Science, R. de la;
  Wetenschapstr. C 3
Senne, R. de la; Zennestraat B 1

Serrure, R. d. l. B 1
Simon, Bd. A 2
Simons, R. ;-str. A 2
Six Jetons, R. d. B 1
Slachthuislaan B 1
Source, R. de la ; Bronstr. D 2
Souveraine, R. ; Opperstr. D 2
St. Bernard, R. ; Bernardusstr. D 2
St. Christ, R. B 1
St. François, R. A 3
St. Géry, R. B 1
St. Ghislair, R. C 1
St. Gilles, R. D 1
St. Jean, R. C 2
St. Joseph, R. A 1
St. Laurent, R. B 2
St. Lazare, Bd. A 2
St. Lazare, Pl. A 2
St. Lazare, R. A 2
St. Martin, R.; St. Maartenstr. B 1
St. Roche, R. A 2
Ste. Cate., Pl. B 1/2
Steenweg op Gent A/B 1
Ste-Marie, R. A 1
Stéphanie, Pl. ;- plein D 2
Ste.Therèse, R. A 1
Suede, R. de; Zwedenstr. D 1
Suisse, R. de; Zwitserlandstr. D 2

T
Tanneurs, R. des C 1
Tazieaux Presbytère, R. A 1
Temple, R. C 1
Terre Neuve, R. C 1
Théodore Verhaegen, R. ;-
  straat D 1
Tir, R. d. D 1
T´Kint, R. ;- str. B 1
Tolson d´Or, Av. de la D 2
Trône, Pl. de ; Troonplein C 3
Trône, R. du ; Troonstr. C 3
Tulipe, R. de la D 3

U
Ulens, R.; str. A 1
Union, R. d. l'; Uniestr. B 3
Ursulines, R. des C 1/2

V
Van Aa, R.;- str. D 3
Van Artevelde, R.; B 1
Vandenbranden, R. B 1
Vander Elst, R. B 2
Vandermaelen, R. A 1
Vanderschrick, R.;- str. D 1
Vanne, R. d. l.; Verlaastr. D 3
Vautour, R. du C 1
V. Elewyck, R. D 3
Venise, R. d. ; Venetiëstr. D 3
Verdure, R. de la B/C 1
Verte, R. ; Groenstr. A 2/3
Veydt, R. ;- str. D 2
Viaduc, R. du; Viaductstr. D 3
Victoria, Av. A 2
Vierge Noire, R. d. l. B 2
Vierges, R. des C 1
Vieux Marché a. Grains, R. d. B 1
Viktorie, R. de la;
  Overwinningsstr. D 1/2
Violette, R. d. l. B/C 2

W
Waterloo, Bd. de; - laan C/D 2
Waterloo, Chaussée de D 1
Watteeu, R. C 2
Wavre, Chaussée de ;
  Waverse C/D 2/3
Willebroeck, Qu. de ;-kaai A 1/2
Witte de Haelen, R. de A 1
Wynants, R. du D 2

Y
Ypres, Bd.d' A 1

Z
Zinner, R. C 3

4 Bras, R. des C 2

B

D

Dresden

A
Alaunstr. A 2
Albertplatz. A 2
Albertstr. A/B 2
Alfred (Alfr.)-Althus-Str. B/C 1
Altenzeller Str. D 1
Altmarkt C 1/2
Am Hauptbahnhof D 1
Am Queckbrunnen (Queckbr.) B 1
Am Schießhaus (Schießhs.) B 1
Am (A.) Schwarzen (Schw.) Tor A 2
Am See C 1
Am Zwingerteich B 1
Ammonstr. C 1
An der Dreikönigskirche (A. d. Dreikönigsk.) A 2
An der Frauenkirche (A. d. Frauenk.) B 2
An (A.) der (d.) Herzogin Garten B 1
An (A.) der (d.) Kreuzkirche C 2
An (A.) der (d.) Mauer C 1/2
Andreas-Schubert-Str. D 1/2
Annenstr. C 1
Antonsplatz C 1
Antonstr. A 1/2
Archivstr. A/B 2
August (Aug.)-Bebel-Str. D 2/3
Augustusstr. B 2

B
Bautzner Str. A 2/3
Bayrische Str. C/D 1
Beethovenstr. D 3
Bergerstr. D 1

Bernhardtstr. D 1
Blochmannstr. C 3
Blüherstr. C/D 2
Böhmische Str. A 2/3
Brühl. (Brühlscher) Garten B 2
Brühlsche Gasse (Brühl.G.) B 2
Brühlsche Terrasse (Terr.) B 2
Budapester Str. C 1
Bürgerwiese C/D 2

C
Carolaplatz B 3
Carolinenstr. A 2
Carusufer A/B 3
Devrientstr. B 1
Dippoldiswalder Pl. C 1

D
Dore-Hoyer-Str. D 2
Dr.-Külz-Ring C 1/2
Dürerstr. B 3

E
Ehrlichstr. (Ehrl.-str.) B 1
Eisenbahnstr. (Eisenb.-str.) A 1/2
Eisenstuckstr. D 1
Elsasser Str. B 3
Erich-Ponto-Str. A/B 2
Ermischstr. B 1
Erna-Berger-Str. A 2

F
Falkenstr. C 1
Feldgasse C 1
Ferdinandpl. C 2
Ferdinandstr. C 1/2
Florian (Fl.)-Geyer-Str. B 3
Franklinstr. D 2

Franz (F.)-Liszt-Str. D 3
Frauenstr. B 2
Freiberger Pl. C 1
Freiberger Str. B/C 1
Friedrich-Bouché-Weg C/D 3
Friedrich (Friedr.)-List-Pl. D 1
Friedrichstr. (Friedr.-str.) B 1
Friesengasse B/C 2
Fritz-Löffler-Str. D 1

G
Galeriestr. B/C 2
Gellertstr. D 2
Georg (G.)-Treu-Pl. B 2
Georgenstr. A 2
Georgpl. C 2
Gerichtsstr. B 2/3
Gewandhausstr. C 2
Glacisstr. A/B 2/3
Gref-Paluca-Str. D 2
Große Meißner Str. A/B 2
Große Plauensche Str. C 1
Grunaer Str. C 2/3
Grüne Str. B 1
Güntzpl. B 3
Güntzstr. B/C 3
Güterbahnhofstr. C 1
Gutzkowstr. D 2

H
Hafenstr. A 1
Hainstr. A 2
Hans-Dankner-Str. C/D 2
Hasenberg (Hasenbg.) B 2
Hauptallee C/D 2/3
Hauptmannstr. D 2
Hauptstr. A/B 2
Hedwigstr. (Hedw.-str.) A 1
Heinrichstr. B 1
Herbert (H.)-Wehner-Pl. C 1
Herkulesallee C/D 3

Hertha-Lindner-Str. B/C 1
Hochschulstr. D 1
Hohe Str. C/D 2
Holländische (Holl.) Str. B 1
Holzhofg. A 3
Hospitalstr. A/B 2
Hoyerswerdaer Str. A 3
Hübnerstr. D 1

J
Jahnstr. B 1
Jakobsg. C 1
Josephinenstr. C 1

K
Kanzlergäßchen (Ka.-g.) B 2
Kaitzerstr. D 1
Katharinenstr. A 2
Käthe Kollwitz-Ufer B 3
Kleine (Kl.) Brüderg. B 1
Kleine Kirchengasse B/C 2
Kleine (Kl.) Marienbrücke A 1/2
Kleine Packhofstr. B 1
Königsbrücker (Königsbr.) Str. A 2
Königstr. A 2
Königsufer B 2
Könneritzstr. B 1
Köpckestr. B 2
Kreuzstr. C 2

L
Landhausstr. B/C 2
Laurinstr. B 1
Leipziger Str. A 1
Lennépl. C 2
Lennéstr. C/D 2/3
Lessingstr. A 3
Leubnitzer Str. D 1
Liebigstr. D 1

Lilieng. C 1
Lindenaustr. D 1
Lindeng. C/D 2
Lingnerallee C 2/3
Lingnerpl. C 2
Lothringer Str. B 3
Louisenstr. A 2
Löwenstr. A 3
Ludwigstr. A 1

M
Magdeburger (Magdeb.) Str. A/B 1
Malerg. B 1
Marienstr. B/C 1
Marschener Str. C 3
Martin-Luther-Pl. A 3
Martin-Luther-Str. A 3
Mary-Wigman-Str. B 2
Maternistr. C 1
Mathildenstr. C 3
Maxstr. B 1
Melanchthonstr. A 3
Metzer Str. A 2
Mosczinskystr. C/D 2/3
Mozartstr. D 2/3
Münzgasse B 2

N
Neue Terrasse B 1
Neumarkt B 2
Neustädter Markt B 2
Nieritzstr. A 2
Nürnbergerstr. D 1

O
Oberer (Ob.) Kreuzweg A 2
Obergraben A/B 2
Ostra Allee B 1
Ostra Ufer B 1

P
Palaispl. A 2
Palmstr. B/C 1
Parkstr. D 2
Paul (P.)-Schwarze-Str. A 2
Pestalozzistr. B 3
Pfarrg. C 2
Pieschener Allee A 1
Pillnitzer Str. B/C 2/3
Pirnaischer Pl. C 2
Pirnaische Str. C 2
Polierstr. C 1
Postpl. B 1
Prager Str. C 1
Pulsnitzer Str. A 3

R
Rabener Str. D 2
Räcknitzstr. C 2
Rähnitzg. A 2
Rampische Str. B 2
Rathauspl. C 2
Rathenaupl. B 2
Reichenbachstr. D 1/2
Reitbahnstr. C 1
Richard (Rich.)-Strauss-Pl. D 2/3
Richard (Rich.)-Wagner- Str. D 3
Rietschelstr. B 3
Ringstr. C 2
Ritterstr. A 2
Ritzenbergstr. (Ritzenb.-str.) B 1
Robert-Blum-str. A 1/2
Röhrhofsg. C 1
Rosa-Luxemburg-Pl. B 3
Rosenstr. C 1
Rothenburger Str. A 3
Rugestr. D 1

S
Sachsenallee B 3
Sachsenpl. B 3
Salzg. B 2
Sankt Petersburger Str. C/D 1/2
Sarrasanistr. A/B 2
Scheffelg. C 1
Schießg. B/C 2
Schlesischer Pl. A 2
Schloßpl. B 2
Schloßstr. B 1/2
Schnorrstr. D 1/2
Schreiberg. C 1/2
Schulg. C 2
Schulgutstr. B 3
Schützeng. B 1
Schützenpl. B 1
Schweizer Str. D 1
Schweriner Str. B 1
Seestr. C 1/2
Seidnitzer Str. C 1/2
Seilerg. C 1
Semperstr. D 2
Sidonienstr. D 1/2
Sophienstr. B 1
Steinstr. B 2
Sternpl. C 1
Stetzscher Str. A 2
Straßburger Pl. C 3
Strehlener Pl. C 2
Strehlener Str. D 1/2
Struvestr. C/D 2
Stübelallee C 3
Südallee D 3

T
Talstr. A 3
Taschenberg B 1/2
Teplitzer Str. D 2
Terrasseng. (Terr.-g.) B 2

Terrassenufer B 1/2/3
Theaterpl. B 1
Theaterstr. B 1
Theresienstr. A 2
Tieckstr. A 2/3
Tiergartenstr. D 2/3
Töpferstr. B 2

Trompeterstr. C 1/2
Tuchmacherg. C 1
Turnerweg A 2
Tzschirnerpl. B 2

U
Uferstr. A 1

Uhlandstr. D 2
Unterer Kreuzweg A 2

V
Victoriastr. C 2
Vitzthumstr. C 1

W
W.-Buck-Str. B 2
Waisenhausstr. C 1/2
Wallgäßchen A 2
Wallstr. C 1
Walpurgisstr. C/D 2
Weberg. C 1

Weinligstr. C 1
Weintraubenstr. A 3
Weiße Gasse C 2
Weißeritzstr. A/B 1
Wettiner Pl. B 1
Wielandstr. C/D 1
Wiener Pl. C/D 1

Wiener Str. D 1/2/3
Wiesentorstr. B 2
Wigardstr. B 2
Wilsdruffer Str. B/C 1/2
Winkelmannstr. D 1

Z
Zahnsg. C 1
Ziegelstr. B 2/3
Zinzendorfstr. C 2
Zirkusstr. B/C 2

Düsseldorf

Cityplan I City map I Plan de ville I Plattegrond I Plán města I Plan miasta I Bykart I Stadskarta I Kaupunkikartta I Bykort • 12

A
Achenbachstr. A 3/4
Ackerstr. A/B 3/4
Adersstr. C 2/3
Adlerstr. A 3
Akadmiestr. B 1
Albertstr. B 4
Alexanderstr. B 2
Altestadt A 1
Alt-Pempelfort A 3
Am Pappelwäldchen A 1
Am Wehrhahn A/B 3
An der Icklack B 4
Andreasstr. B 2
Anna- (A.)-Maria (M.)-Luisa (L.)-Medici-Pl. B 1
Apollinarisstr. C 3
Arndtstr. A 3
Arnoldstr. A 2
August (Aug.)-Thyssen-Str. A/B 2

B
Bäckerg. B 1
Benedikt (B.)-Schmittmann-Str. A 3
Bertha (B.)-von (v.)-Suttner-Pl. B/C 3
Bäckerstr. B 1
Bagelstr. A 3
Bahnstr. B 2
Bastionstr. B 1/2
Beethovenstr. A 4
Behrenstr. B 4
Bendemannstr. B 3
Benrather Str. B 1/2
Berger Allee B 1
Berger Str. B 1/2
Berliner Allee B 2
Beuthstr. A 3
Bilker Str. B 2
Binnenstr. B 4
Birkenstr. A/B 3/4
Bismarckstr. B 2/3
Bleichstr. A/B 2
Blumenstr. B 2
Bogenstr. C 3/4
Bolkerstr. B 2
Bongardstr. A 2
Börnestr. B 3
Breite Str. B 2
Brend´amourstr. A/B 1
Brückenstr. C 1
Brüderstr. A 1/2
Bunsenstr. C 3
Burggrafenstr. A 1
Burgpl. B 1

C
Camphausenstr. A 3
Cantadorstr. B 3
Caritaspl. C 1
Carlspl. B 2
Charlottenstr. B 2/3
Citadellstr. B 1
Corneliuspl. B 2
Corneliusstr. C 2
Couvenstr. A 3
Cranachpl. A 4

D
Degerstr. A 4
Derendorfer Str. A 3
Dorotheenpl. B 4
Dorotheenstr. A/B 4
Dreieckstr. C 3
Duisburger Str. A 2
Düsselthalerstr. A 3

E
Ernst (E.)-Schneider-Pl. B 2
Ehrenhof A 2
Ehrenstr. A 2
Eifeler Str. B 3
Eintrachtstr. B 3/4
Eisenstr. C 3/4
Eiskellerberg A 2
Eiskellerstr. A 2
Elberfelder Str. B 2
Elisabethstr. C 2
Ellerstr. C 3/4
Emilie-Schneider-Pl. A 1
Engelbertstr. B 4
E.ON-Pl. A 2
Erik-Nölting-Str. B 3
Erkrather Straße B 3/4
Ernst-Gnoß-Str. C 1
Ernst-Reuter-Pl. C 2

F
Feldmühlpl. A 1
Feldstr. A 2
Fichtenstr. C 4
Fischerstr. A 2
Flingerstr. B 2
Florastr. C 1/2
Franklinbrücke A 3
Franklinstr. A 3
Freiligrathstr. A 4
Freytagstr. A 4
Friedrich-Ebert-Str. B 3
Friedrichstr. C 2
Fritz-Roeber-Str. A 1/2
Fürstenwall C 1

G
Gustav (G.)-Gründgens-Pl. B 2
Gustav (G.)-Poensgen-Str. C 3
Gartenstr. A 2
Gerresheimer Str. A 3, B3/4
Giradetbrücke B 2
Goethestr. A 4
Goltsteinstr. A 2
Grabbepl. A/B 2
Grabenstr. B 2
Graf-Adolf-Pl. C 2
Graf-Adolf-Str. B 3/C2
Grafenberger Allee A 3/4, B 3
Grünstraße B 2
Grupellostr. B 2/3

H
Hinter (H.) dem (d.) Bahndamm C 3
Heinrich (H.)-Heine-Pl. B 2
Hafenstr. B 1
Haifastr. B 4
Hans-Sachs-Str. A 4
Harkortstr. B/C 3
Haroldstr. B/C 1/2
Heimholtzstr. C 3
Heinrich-Heine-Allee A/B 2
Heinz-Schmöle-Str. C 3
Helmut-Hentrich-Pl. (H.-He.-Pl.) A 2
Herderstr. A 4/4
Hermannpl. A 4
Hermannstr. A/B 4
Herzogstr. C 2
Hofgartenrampe A 2
Hofgartenstr. B 2
Hohe Str. B 2
Hohenstaufenstr. A 1
Höhenstr. C 3
Hohenzollernstr. B 3
Höherweg B 4
Holbeinstr. A 4
Horionpl. B/C 1
Hubbelratherstr. B 4
Hubertusstr. C 1
Humboldtstr. A 3/4
Hunsrückenstr. B 2
Huschbergerstr. B 2
Hüttenstr. C 2/3

I
Immermannstr. B 2/3
Industriestr. C 3
Inselstr. A 2

J
Josef (J.)-Wimmer-G. B 1/2
Jacobistr. A 3
Jägerhofstr. A 2
Jahnstr. C 2
Jan-Wellem-Pl. B 2
Josefpl. C 4
Josefstr. C 4
Josephinenstr. B 2
Joseph-Beuys-Ufer A 1
Jürgenspl. C 1

K
K.-u.-L.-Lor.-Pl.=Kay-und-Lore-Lorentz-Pl.
Kay-und-Lore-Lorentz-Pl. (K.-u.-L.-Lor.-Pl.) B 2
Kaiser-Friedrich-Ring A 1
Kaiserstr. A 2
Kaiser-Wilhelm-Ring A/B 1
Kapellstr. A 2
Kapuzinerg. B 2
Karl-Anton-Str. B 3
Karlstr. B 3
Karl-Rudolf-Str. C 2
Karl-Theodor-Str. B 2
Karltor B 1
Kasernenstr. B 2
Kavalleriestr. C 1
Kettwiger Str. B 4
Kiefernstr. B/C 4
Klosterstr. B 3/4
Kölner Str. A 3/4
Königsallee B/C 2
Königstr. B 2
Konkordiastr. C 1
Konrad-Adenauer-Pl. B 3
Krahestr. B 4
Kreuzstr. B 2
Kronprinzenstr. C 1
Kruppstr. C 3/4
Kurfürstenstr. C 3
Kurze Str. B 2

L
Louise (L.)-Dumont-Str. A 3
Lahnw. C 1
Lambertusstr. A/B 1/2
Langerstr. B 4
Leopoldstr. B 3
Leo-Statz-Pl. C 1
Leostr. A 1
Lessingstr. C 3
Lieferg. A/B 2
Liesegangstr. B 2/3
Lindemannstr. A 4
Lindenstr. A 3/4

Linienstr. C 3
Lippestr. C 1
Lorettostr. C 1
Ludwig (Ludw.)-Zimmermann-Str. B 2
Ludwig-Erhard-Allee D 3
Luegallee A 1
Luegpl. A 1
Luisenstr. C 2/3

M
Mutter (M.)-Ey-Str. B 2
M.-Sch.-G.=Müller-Schlösser-G.
Müller-Schlösser-G. (M.-Sch.-G.) B 1
Malkastenstr. A 3
Mannesmannufer B 1
Marienstr. B 2/3
Markgrafenstr. A 1
Marktpl. B 1
Marktstr. B 1/2
Martin-Luther-Pl. B 2
Maximilian-Weyhe-Allee A 2
Maxpl. B 1
Mendelssohnstr. A 3/4
Mertensg. B 2
Mettmanner Str. B 4
Milarius-Hilges-Pl. (M.-H.-Pl.) A 2
Mindener Str. C 4
Mintroppl. C 3
Mintropstr. C 3
Mittelstr. B 2
Moltkestr. A 3
Moselstr. C 1
Moskauer Str. B/C 4
Mozartstr. C 2
Mühleng. A 2
Mühlenstr. B 1/2

N
Neanderstr. A 4
Nettelbeckstr. A 2
Neubrückstr. A 2
Neusser Str. C 1
Neustr. B 2
Nordstr. A 2

O
Oberbilker Markt C 4
Oberkasseler Brücke A 1
Oederallee A 1/2
Opernpass. B 1
Orangeriestr. B 1
Oststr. B 2/3

P
Paul (P.)-Klee-Pl. A 2

Parlamentsufer C 1
Pastor-Jääsch-Weg (P.-J.-W.) B 1
Pauluspl. A 4
Paulusstr. A 4
Pempelforter Str. A 3
Peter-Janssen-Str. A 4
Pinienstr. C 4
Pionierstr. C 2
Platanenstr. A 4
Platz der Deutschen Einheit B 2
Platz des Landtags C 1
Poststr. B 1
Prinz-Georg-Str. A 3

Q
Querstr. C 3

R
Rathausufer B 1
Ratinger Mauer A 2
Ratinger Str. A 2
Readingerstr. B 3/4
Reichsg. C 2
Reichsstr. C 1/2
Rembrandtstr. A 4
Rethelstr. A 3
Reuterkaserne A 1/2
Rheinkniebrücke B 1
Rheinort B 1
Rheinstr. B 1
Ritterstr. A 1/2
Rochusmarkt A 3
Rochusstr. A 2/3
Roseng. A 2
Rosenstr. A 2
Ruhrtalstr. B 4

S
Salierstr. A 1
San-Remo-Str. A 1
Schadowpl. B 2
Schadowstr. B 2
Schäferstr. A 2
Scheibenstr. A 2
Scheurenstr. C 3
Schillerpl. A 3
Schillerstr. A 3/4
Schinkelstr. A 3
Schirmerstr. A 3
Schlägelstr. B 3
Schloßufer A 1
Schneider (Schn.)-Wibbel-G. B 2
Schulstr. B 1
Schumannstr. A 3/4
Schützenstr. A/B 3
Schwanenmarkt B 2

Siegfried (Siegf.)-Klein-Str. B 2
Stadtbr. A 2
Stadttor C 1
Stahlstr. C 3
Stahlwerkstr. C 3
Ständehausstr. C 2
Steinstr. B 2
Stephanienstr. B 3
Sterng. A 2
Sternstr. A 2
Stiftspl. A 1/2
Stockkampstr. A 2/3
Stresemannstr. B 2/3
Stresemannpl. B 3
Stromstr. C 1
Südstr. B 1/2

T
Talstr. C 2
Taubenstr. A 2
Teutonenstr. A 1
Theodor (Th.)-Körner-Str. B 2
Thomasstr. (T.-str.) B 1
Tonhallenstr. B 3
Tonhallenufer B 2
Trinkausstr. B 2

U
Uhlandstr. A 3/4
Ursulineng. A 1/2

V
Van (V.)-der (d.)-Werff-Str. C 4
Vagedesstr. A 2/3
Velberter Str. C 3/4
Victoriapl. A 1/2
Völklinger (Völk.)-Str. C 1
Vulkanstr. C 3

W
Wagnerstr. B 2
Wallstr. B 2
Warschauer Str. A 3
Wasserstr. C 1/2
Werdener Str. B/C 4
Wetterstr. B 4
Wielandstr. A 3
Wildenbruchstr. B 1
Wilhelm (Wilh.)-Tell-Str. C 1
Willi-Becker-Allee C 3
Worringer Platz B 3
Worringer Str. A/B 3
Wülfratherstr. B 4

Z
Zollstr. B 1

Erfurt

Cityplan I City map I Plan de ville I Plattegrond I Plán města I Plan miasta I Bykart I Stadskarta I Kaupunkikartta I Bykort • 13

A
Adalbertstr. A 1
Adam-Ries-Str. B 1
Albrechtstr. A/B 1
Alfred-Hess-Str. C/D 1
Allerheiligenstr. B 2
Altonaer Str. A/B 3
Am Hopfenberg D 2
Am Hügel B 2
Am Johannestor (A.-Joh.-tor) A/B 2
Am Kühlhaus A 3
Am Stadtpark C/D 2
Amloniusweg A 1
An den Graden B/C 1/2
An der (A. d.) Auenschanze A 1
An der Silberhütte D 1

Andreasstr. B 1
Andreas-Gordon-Str. A 1
Anger B/C 2
Arnstädter Str. C/D 2
Auenstr. A/B 1
Augustinerstr. B 2

B
Bahnhofstr. C 2
Barfüßerstr. B/C 2
Baumerstr. A 1
Bebelstr. A 2
Bechsteinstr. D 1
Bechtheimer Str. B 1
Beethovenpl. B 1
Benarypl. C 1
Benediktspl. B 2
Bergstr. A/B 1

Biereyestr. B 1
Binderslebener (Bindersl.)-Landstr. B 1
Blumenstr. B 1
Böcklinstr. C 2/3
Bodelschwinghstr. C/D 2
Bodestr. B 3
Bonemilchpl. C 1
Bonemichlstr.
Bonifaciusstr. C 1
Bürgermeister (Bgm.)-Wagner-Str. C 2

C
Carmer Str. B 3
Chamissostr. D 1/2
Charlottenstr. C 1/2
Clara-Zetkin-Str. C/D 3

Comthurg. B 2
Cusanusstr. B/C 1

D
Dahlienstr. B 1
Dalbergsweg C 1
Damaschkestr. D 2/3
Dämmchen B 2
Dammweg C 1
Domplatz B 1
Domstr. C 1
Dortmunder Str. A 2
Dracheng. B 2
Dresdener Str. B 3

E
Eichendorffstr. D 1/2
Eichenstr. C 2

Eislebener Str. A 2
Elisabethstr. C/D 1
Emdener Str. A 3
Eobanstr. C 1
Erhard-Etzlaub-Str. A 1
Ernst (E.)-Lange-Weg D 1
Ernst-Toller-Str. A 2
Espachstr. C 1
Eugen-Richter-Str. A 2/3

F
Farbeng. C 1
Faustgäß. B 2
Fischersand C 1/2
Fischmarkt B 2
Fleischg. B 2
Flensburger Str. B 3
Franckestr. B 2

Franz-Hals-Str. C 3
Freiligrathstr. D 1
Friedrich (Friedr.)-Naumann-Str. D 2
Friedrich-Ebert-Str. D 3
Friedrich-Engels-Str. A 2
Friedrich-List-Str. C/D 2
Fritz-Büchner-Str. A 2
Fritz-Noack-Str. B 2
Fritz-Reuter-Weg D 2
Fröbelstr. B 2
Furthmühlg. B 2
Futterstr. B 2

G
Gerhart (G.)-Hauptmann-Str. D 1
Gerhard (G.)-Wou-Allee C 1

Gartenstr. C 2
Geibelstr. D 1/2
Georgsg. B 2
Gerberstr. A 1/2
Geschwister-Scholl-Str. B 3
Glockenquerg. (Gl.-querg.) B 1
Glockeng. B 1
Goethestr. D 1/2
Gorkistr. C 1
Görmersg. (Görm.-g.) C 2
Gotthardtstr. B 2
Große (Gr.) Engeng. C 2
Große (Gr.)-Ackerhofsg. B 1
Grafeng. B/C 2
Greifswalder Str. A 3
Grimmstr. D 1/2
Grolmannstr. (Grolm.-str.) B 3

Espoo/Esbo

51

Frankfurt am Main

Cityplan I City map I Plan de ville I Plattegrond I Plán města I Plan miasta I Bykart I Stadskarta I Kaupunkikartta I Bykort • 15

A

Ackermann Str. D 1
Adalbertstr. B 2/3
Adickesallee A 4/5
Adlerflychtpl. B 5
Adlerflychtstr. B 5
Affentorpl. D 5
Albert (A.)-Linel-Str. C 1
Albusstr. C 5/6
Alfred-Brehm-Pl. B/C 6
Allerheiligenstr. C 5/6
Allerheiligentor C 6
Alte Brücke C 5
Alte Gasse B 5
Alte Mainzer G. C 4/5
Alte Rothofstr. C 4
Altkönigstr. B 4
Am Dammgraben C 1/2
Am Fischstein A 1
Am Hauptbahnhof (Hbf.)
    C/D 4
Am Hauptgüterbahnhof
    C 2/3
Am Industriehof A 1
Am Leonhardsbrunn A 3
Am Römerhof C 1
Am Spritzenhaus A 1
Am Städelshof C 6
Am Weingarten B 2
An der Dammheide B 1
An der Staufenmauer
    (A.d.Staufenm.) C 5
Annastr. A 5
Anspacher Str.
    (Ansp.-Str.) D 1
Appelsg. B 2
Arndtstr. B/C 3
Auf dem Mühlberg D 6
Auf der Körnerwiese B 4
August (Aug.)-Siebert-Str.
    A/B 4
August-Euler-Str. C 1

B

Bäckerweg B 6
Barckhausstr. B/C 4
Basaltstr. B 2
Baseler Pl. D 4
Baseler Str. D 4
Battonnstr. C 5/6
Baumweg B 6
Baustr. B 4/5
Beethovenpl. B 3
Beethovenstr. B/C 3
Berger Str. B 6
Berliner Str. C 5
Bernusstr. A 2
Bethmannsstr. C 4/5
Bettinapl. C 3
Bettinastr. C 3
Bieberg. C 5
Birkenweg B 1
Blanchardstr. B 3
Bleichstr. B 5
Bleidenstr. C 5
Blittersdorffpl. C 4
Blumenstr. B 5
Bockenheimer Anlage B 4/5
Bockenheimer Landstr.
    B/C 3/4
Bockenheimer Wiesenweg
    A 1/2
Böcklinstr. D 4
Bodenstedtstr. D 5
Böhmerstr. B 4
Bornheimer Landstr. B 6
Bornwiesenweg B 5
Börsenpl. C 5
Börsenstr. C 4/5
Böttgerstr. A 6
Brahmsstr. A 5
Braubachstr. C 5
Braunfelsstr. C 1
Breitenbachstr. A/B 1
Bremer Str. A/B 4
Bremerpl. B 4
Brendelstr. A 1
Brentanostr. B/C 3
Bronnerstr. B/C 5
Broßstr. A 3
Bruchstr. D 5
Brückenstr. D 5
Brückhofstr. (Brückh.-str.)
    C 5
Buchg. C 5

Burgstr. B 6
Butzbacher Str. A 6
Buzzistr. C 1

C

Camberger Str. D 2
Cordierstr. D 1
Corneliusstr. B 3
Cranachstr. D 5
Cretzschmarstr. A 3
Cronstettenstr. A 4/5

D

Dammstr. D 6
Danneckerstr. D 5
Dantestr. B 3
Darmstädter Landstr. D 5/6
David (D.)-Stempel-Str.
    D 5
Deutschherrnufer D 5/6
Diebsgrundweg A 3
Dielmannstr. (Dielm.-str.)
    D 6
Diemelstr. B 2
Diesterwegpl. D 5
Diesterwegstr. D 5
Ditmarstr. A 3
Dominikanerg. (Dominikg.)
    C 5
Dompl. C 5
Domstr. C 5
Dreieichstr. D 6
Duisbergerstr.
    (Duisb.-str.) A 4
Dürerstr. D 4
Düsseldorfer Str. C 3/4

E

Eckenheimer Landstr. A/B 5
Eckhardtstr. C 6
Ederstr. B 2
Egenolffstr. A 6
Ehinger Str. D 1
Eiserne Hand B 5
Elbestr. C 4
Elbinger Str. A 1
Elefanteng. (Elef.-g.) B 5
Elisabethenpl. B 2
Elisabethenstr. B 5
Elkenbachstr. B 6
Elsa (E.)-Brandström-Pl.
    C 4
Elsheimerstr. B 4
Emil-Claar-Str. B 4
Emser Str. C 2
Eppenhainer Str. D 1
Eppsteiner Str. B 4
Erbbaustr. D 1
Eschenheimer Anlage B 5
Eschenheimer Landstr.
    A/B 4/5
Esslingerstr. (Essl.-str.) D 4
Europa Allee C 1–3
Eyssenckstr. A 4

F

Fahrg. C 5
Fahrtor C 5
Falkensteiner Str. A 4/5
Falkstr. A/B 2/3
Feldbergstr. B 3/4
Feststr. B 6
Feuerbachstr. B/C 3/4
Feyerleinstr. A 5
Fichardstr. B 4/5
Fichtestr. B 6
Finkenhofstr. B 5
Fischbacherstr. D 1
Fischerfeldstr. C 5/6
Fleischerg. B 2
Florastr. A/B 2
Flörsheimer Str.
    (Flörshmr.-Str.) D 2
Franken Allee C 3
Frankensteinerstr.
    (Frankenst.-str.) D 6
Franz (Fr.)-Lenbach
    (Lenb.)-Str. D 4
Franz-Rückert-Allee A 2
Frauenlobstr. A 2/3
Frauensteinpl. A 5
Frauensteinstr. A 5
Freiherr (Freih.)-v-Stein-
    Str. B 4
Freseniusstr. A 4

Friedberger Anlage
    B/C 5/6
Friedberger Landstr. B 5/6
Friedbergerpl. B 6
Friedensstr. C 4
Friedrichstr. B 3/4
Friedrich (Fr.)-Ebert-Anlage
    C 3
Friedrich-Naumann-Str.
    C 1
Friedrichstr. B 3/4
Frieseng. B 2
Fritzlarer Str. (Fritzl.-Str.)
    A/B 2
Fröbelstr. B 5
Funckstr. C 1
Fürstenbergerstr. A/B 4/5

G

Gabelsbergerstr. A 6
Gallusanlage C 4
Galluspark D 2
Gartenstr. D 4/5
Gärtnerweg B 4/5
Gaußstr. B 5/6
Geleitsstr. D 6
Gellertstr. A 6
Georg-Speyer-Str. A/B 2/3
Georg-Voigt-Str. C 3
Gerbermühlstr.
    (Gerberm.-str.) D 6
Gerichtsstr. B/C 5
Gervinusstr. B 4
Ginnheimer Landstr. A 2
Ginnheimer Str. A 2
Glauburgpl. A 5
Glauburgstr. A 5/6
Gleimstr. A 5
Gluckstr. A 5
Goethepl. C 4
Goethestr. C 4
Gräfstr. B 3
Greifstr. B 2
Grempstr. A/B 2
Grethenweg (G.-w.) D 5
Große (Gr.) Bockenheimer
    Str. C 4
Große (Gr.) Fischerstr. C 5
Große (Gr.) Gallusstr. C 4
Große (Gr.) Ritterg. C 5/6
Große Seestr. B 2
Großer (Gr.) Hirschgraben
    C 5
Grüne Str. C 6
Grüneburgpl. B 4
Grüneburgweg B 3/4
Guiolettstr. C 3/4
Günderrodestr. C/D 2
Günter (G.)-Groenhoff-
    Str. A 2
Günthersburgallee A/B 6
Gustavsburgstr. D 1
Gutenbergstr. D 2
Güterpl. C 3
Güterstr. C 3
Gutleutstr. D 3/4
Gutzkowstr. D 5

H

Hafenstr. D 3
Hainerweg D 6
Hallgartenstr. A 6
Hamburger Allee B/C 2/3
Hammanstr. A 2
Hammelsg. B 5
Hanauer Landstr. C 6
Händelstr. A 5
Hansaallee A/B 4
Hans-Sachs-Str. A 3
Hansteinstr. (Han.-str.) A 5
Hans-Thoma-Str. D 5
Hardenbergstr. D 3
Hartmann (Hartm.)-
    Ilbach-Str. A 6
Haseng. C 5
Hattersheimer Str. C/D 2
Häuser-Str. A/B 1/2
Hebelstr. B 5
Hedderichstr. D 5
Hedwig-Dransfeld-Str.
    (Hedw.-Dransfd.-Str.)
    A 2
Hegelstr. B 6
Heidelberger Str. D 3
Heidepl. B 6
Heidestr. B 6

Heilbronner Str. D 3
Heiligkreuzg. C 5/6
Heinestr. B 4/5
Heinrich (Heinr.)-Hertz-
    Str. B 1
Heinrichstr. D 3
Heisterstr. D 6
Helgoländer Str. A/B 4
Hellerhofstr. D 2
Hemmerichsweg C 2/3
Herbartstr. B 6
Hermann (Herm.)-
    Wendel-Str. C 2
Hermannstr. B 5
Hermesweg B 6
Hersfelder Str. B 2
Herxheimerstr.
    (Herxhmr.-str.) D 1
Hessenpl. B 2
Hinter der Schönen Aussicht
    (H. d. Sch. Auss.) C 5/6
Hochstr. B/C 4/5
Hofstr. C 4
Hohensteiner Str. A/B 1
Holbeinstr. D 4/5
Holderlinstr. C 6
Holzgraben C 5
Holzhausenstr. A 4/5
Homburger Str. B 2
Hornauer Str. D 1
Hufnagelstr. D 2
Hüherweg D 6
Humboldtstr. A/B 5
Humbrachtstr. A 5
Hynspergstr. A 5

I

Idsteiner Str. D 1/2
Im Sachsenlager B 4
Im Trierischen Hof C 5
Im Trutz Frankfurt B 4
Insterburger Str. A 1

J

Jahnstr. B 5
J.-B.-Str. = Joachim-
    Becher-Str.
Joachim-Becher-Str.
    (J.-B.-Str.) A 4
Johanna (Joh.)-Melber-
    Weg D 6
Jordanstr. B 2/3
Josbacherstr. (Josb.-str.)
    D 1
Jügelstr. B 3
Julius-Heymann-Str.
    (J.-Heym.-Str.) B 6
Juliusstr. B 2
Junghofstr. C 4
Jungstr. B 2
Jürgen-Ponto-Pl. C 4
Justinianstr. A/B 5

K

Kailestr. A 4
Kaiserhofstr. C 4
Kaiserpl. C 4
Kaiserstr. C 4
Kantstr. B 6
Karl-Scheele-Str.
    (K.-Sch.-Str.) A 4
Karlsruher Str. D 4
Karlstr. C 4
Karmeliterg. C 5
Kasernenstr. B 1
Kasseler Str. B 2
Kastanienallee A 5
Käthchen (Käth.)-Paulus-
    Str. C 1
Katzenpforte (Katzenpf.) B 5
Kaufunger Str. B 2
Kaulbachstr. D 5
Kelkheimer Str. D 1
Kennedyallee A 4
Keplerstr. A/B 5
Kettenhofweg B/C 3/4
Kiesstr. B 2/3
Kirchnerstr. C 4
Klapperfeldstr.
    (Klapperf.-str.) C 5
Klapperg. D 5
Klaus-Mann-Pl. B 5
Kleeberg. A 4/5
Kleine (Kl.) Bockenheimer
    (Bockenh.) Str. C 4

Kleine Friedberger Str.
    (Kl.Friedbgr.-Str.) C 5
Kleine (Kl.) Hochstr. C 4
Kleine (Kl.) Seestr. B 2
Kleiner (Kl.) Hirschgraben
    C 5
Kleistr. A 6
Klemensstr. B 3
Klettenbergstr. A 5
Kleyerstr. D 1/2
Klingerstr. C 3
Klüberstr. C 4
Kl. Wiesenau B 3/4
Knorrstr. C/D 2
Koblenzer Str. D 2
Kohlrauschweg B 1
Kölnerstr. C/D 2/3
Königsberger Str. A 1
Königswarterstr. B 6
Konrad (K.)-Adenauer-Str.
    B/C 5
Konrad-Broßwitz-Str. A/B 2
Körnerstr. B 4
Kornmarkt (Kornmkt.) C 5
Koselstr. A 5/6
Kostheimer Str.
    (Kosthmr.-Str.) D 2
Kranichsteiner Str. D 5/6
Kreutzerstr. A 6
Kreuzbacher Str. B 2
Kriegkstr. D 2
Krifteler Str. D 1
Krögerstr. B 5
Kronberger Str. B 4
Kronthaler Str. D 1
Krugg. C 5
Kuhwaldstr. B/C 2
Kurfürstenpl. B 2
Kurfürstenstr. B 2
Kurt (K.)-Schumacher-Str.
    C 5

L

Lahnstr. D 1/2
Landgrafenstr. B 2
Lange Str. C 6
Langenhainer Str. D 1
Langweidenstr. A 1
Laubestr. D 5
Launitzstr. D 5
Leerbachstr. B 4
Leibnitzstr. B 6
Leimenrode B 5
Leipziger Str. B 2/3
Lenaustr. A/B 5
Lersnerstr. B 5
Lessingstr. C 3
Lichtensteinstr.
    (Lichtenst.-str.) A 5
Liebfrauenberg
    (Liebfr.-berg) C 5
Liebigstr. B 4
Lilienthalallee A 2/3
Limburgerg. C 5
Lindenstr. B/C 3
Loenstr. A 5
Lorsbacher Str. D 1
Lortzingstr. A 5
Lötzener Str. A 1
Lübecker Str. A 4
Ludolfusstr. B 3
Ludwig-Landmann-Str.
    A/B 1
Ludwigstr. C 3
Luisenstr. B 6

M

Maastrichter Ring C 1
Mainkai C 5
Mainstr. C 5
Mainzer Landstr. D 1-4
Mammolshainer Str. D 1
Mannheimer Str. D 3/4
Manskopfstr. C 1
Marburger Str. B 2
Mariannenstr. D 6
Marienstr. C 4
Markgrafenstr. B 2
Marschmann (M.-str.) A 5
Martin-Luther-Str. A/B 6
Martin-May-Str. D 5
Mauerweg B 6
Meiseng. C 4
Melemstr. A 4
Mendelssohnstr. B/C 3

Mercatorstr. B 5
Merianstr. B 6
Mertonstr. M 3
Metzlerstr. D 5
Metzstr. A/B 2
Miquelallee A 3
Mittelweg B 5
Mörfelder Landstr. D 5
Morgensternstr. D 4/5
Morsestr. B 1
Moselstr. C/D 4
Mousonstr. B 6
Mozartpl. B 4
Mühlbruchstr. D 6
Mühlg. B 2
Mühlwehrstr. A 1
Mulanksystr A 2
Müllerstr. C 1
Münchener Str. C/D 4
Münsterer Str. D 1
Münzenberger Str.
    (Münzenbgr.-Str.) A 6
Münzg. C 5
Musikantenweg B 6
Myliusstr. B 3

N

Nauheimer Str. B 2
Neckarstr. C 4
Nelkenstr. A 1
Nesenstr. B 5
Neue Kräme C 5
Neue Mainzer Str. C 4
Neue Niedenau C 3
Neue Rothofstr. C 4
Neue Schlesingerg. C 4
Neuenhainer Str. D 1
Neuer Weg D 5/6
Neuhaußstr. A 4
Neuhofstr. A 5/6
Nibelungenallee A 5/6
Niddastr. C/D 3/4
Nidenau C 4
Niedernhausener Str.
    C/D 1/2
Nordendstr. A 5/6
Nordheimerstr.
    (Nrd.-hm.-str.) D 4/5

O

Oberg. A 1
Oberlindau B 4
Obermainanlage C 6
Obermainstr. C 6
Oberweg B 5
Oeder Weg A/B 5
Offenbacher-Landstr. D 6
Ohmstr. B 2
Opernpl. C 4
Oppenheimer Landstr. D 5
Oppenheimer Str. D 5
Oppenheimerpl. D 5
Ordellstr. C 1
Oskar-v-Miller-Str. C 6
Ostendstr. C 6
Otto-Hahn-Pl. D 4
Osloer Str. C 3
Otto-Loewe-Str. B 2
Ottostr. C 3

P

Palmengartenstr. B 3
Palmstr. B 6
Paradiesg. D 5
Parkstr. B 4
Parrotweg C 1
Passavantstr. D 4
Petersstr. B 5
Peter-Zenger-Str. A 1
Pfannmüllerstr. A 5
Pfarrer-Perabo-Pl. D 1/2
Pfingstbrunnenstr. B/C 2
Pfingstweidstr. C 6
Pforzheimerstr. (Pforzhmrstr.)
    D 3/4
Philipp-Fleck-Str. C 1
Philipp-Reis-Str. B/C 2
Platz der Republik C 3
Porzellanhofstr. B/C 5
Poststr. D 3

Q

Quäkerpl. D 1
Querstr. B 5
Quirinsstr. D 6

R

Rahmhofstr. (Rahmh.-str.)
    C 5
Rappstr. B 5
Rat-Beil-Str. A 5/6
Rebstöcker Str. D 1
Rechneigrabenstr. C 5/6
Reineckg. C 5
Rembrandtstr. D 4
Reuterweg B/C 4
Rheinstr. C 3
Richard-Wagner-Str. A 5
Robert-Mayer-Str. B 2/3
Rödelheimer Landstr. B 1
Rödelheimer Str.
    (Rödelhmr.-Str.) C 1/2
Rohmerpl. B 2
Rohmerstr. B 2
Rohrbachstr. A 6
Rossertstr. B 3
Rossittener Str. B 1
Roßmarkt C 4
Rostocker Str. A 4
Rothschildallee A 6
Rotlintstr. A/B 6
Rotteckstr. B 5/6
Rottweiler Str.
    (Rottwlr.-Str.) D 3
Rottweilerpl. D 4
Rubensstr. D 4
Rückertstr. C 6
Rudolfstr. C/D 3
Ruppertshainer Str. D 1
Rüsterstr. C 4

S

Saalg. C 5
Sachsenhäuser (Sachsenhsr.)
    Ufer C/D 5
Sandg. C 5
Sandweg B 6
Savignystr. C 3
Schadstr. D 5
Schäferg. B/C 5
Schaubstr. D 4
Schaumainkai D 4/5
Scheffelstr. B 5
Scherbiusstr. C 1
Schifferstr. D 5
Schillerstr. C 5
Schleidenstr. B 5
Schleiermacherstr. B 6
Schleusenstr. D 3/4
Schloßborner Str. D 1
Schlosserstr. A 5
Schloßstr. B 2
Schneckenhofstr. D 5
Schneidhainer Str. D 1
Schneidwallg. (Schn.-wallg.)
    C 4
Schöne Aussicht C 5/6
Schönhofstr. B 2
Schönstr. D 3
Schopenhauerstr. B 6
Schreyerstr. D 4
Schubertstr. B 3
Schulstr. D 5
Schumannstr. B/C 3
Schützenstr. C 6
Schwalbacher Str. C/D 2
Schwälmer Str. B 2
Schwanenstr. C 6
Schwanthaler Str. D 5
Schwarzburgstr. A 5/6
Schweizer Str. D 5
Schwindstr. B 3
Sebastian (Seb.)-Rinz-Str.
    A 3/4
Seehofstr. D 6
Seilerstr. B/C 5
Senkenberganlage
    B/C 3
Seumestr. B 6
Siemensstr. D 6
Siesmayerstr. B 3
Sindlinger Str. C/D 2
Siolistr. A 4
Sodener Str. D 1
Solmsstr. B 1/2
Sömmerringstr. B 5
Sonnemannstr.
    (Sonnem.-str.) C 6
Sophienstr. A/B 2/3
Souchaystr. (Souch.-str.)
    D 5

Speckbächerg. (Speckb.-g.) C 5
Speicherstr. D 3/4
Speyerer Str. D 3
Spohrstr. A 5/6
Städelstr. D 4/5
Stalburgstr. B 6
Staufenstr. B 4
Stegstr. D 5
Steinlestr. D 4
Steinweg C 5
Stephanstr. B 5
Stephensonstr. C/D 2
Sternstr. B 5
Stettenstr. A 4/5
Stiftstr. B/C 5
Stoltze-Breite-G. C 5/6

Straße (Str.) der (d.) Nationen C 1
Stralsunder Str. A 4
Stresemannallee (Stresem.-allee) D 4
Stuttgarter Str. D 3/4
Sulzbacher Str. D 2
Sulzbachstr. C 3

T
Taubenstr. B/C 5
Taunusanlage C 4
Taunusstr. C 4
Taunustor C 4
Teichstr. D 6
Telemannstr. B 4
Textorstr. D 5

Theobald (Th.)-Christ-Str. C 6
Theodor-Heuss-Allee C 2/3
Theodor (Th.)-Stern-Kai D 4
Thomasiusstr. B 6
Tilsiter Str. A 1
Tischbeinstr. (Tischb.-str.) D 4
Töngesstr. C 5
Tornowstr. C 1
Trakehner Str. A 1

U
Uhlandstr. C 6
Ulmenstr. C 4
Unter der Friedensbrücke D 4

Unterlindau B 4
Untermainanlage C/D 4
Untermainkai C/D 4/5
Unterweg B 5

V
Varrentrappstr. B/C 2
Vilbeler Str. B 5
Voelckerstr. A 4
Vogelsbergstr. A/B 6
Vogtstr. A 4
Voltastr. B 1/2

W
Waldschmidtstr. (Waldschm.-str.) B 6
Wallauer Str. D 1

Wallstr. D 5
Walter (W.)-Kolb-Str. D 5
Walter-vom-Rath-Str. (W.-v.-Rath-Str.) A 4
Wasserweg D 6
Weberstr. A/B 5
Weckmarkt C 5
Weilburger Str. D 2
Weinbergstr. (Weinbg.-str.) A 4
Weißadlerg. C 5
Weißfrauenstr. (Weißfr.-str.) C 4
Wendelsweg D 6
Werftstr. D 4
Werrastr. B 2
Weserstr. C 4

Westendpl. C 3
Westendstr. C 3/4
Wicherer Str. D 1
Wicker-Frosch-Str. C 1
Wielandstr. A 5/6
Wiesbadener Str. B/C 1
Wiesenau B 3/4
Wiesenhüttenpl. D 4
Wiesenhüttenstr. D 4
Wildunger Str. B 3
Wilhelm (W.)-Hauff-Str. C 3
Wilhelm (Wilh.)-Leuschner-Str. D 4
Willemerstr. D 5/6
Willi (W.)-Brandt-Pl. C 4
Windmühlstr. B 6
Wismarer Str. A 4

Wöhlerstr. B 4
Wolfsgangstr. B 4/5
Wörsdorfer Str. D 1
Wurmbachstr. B 2

Z
Zeil C 6
Zeißelstr. A 5/6
Zeppelinallee A/B 3
Ziegelg. C 5
Zimmerweg C 4
Zwingerg. C 4

Göteborg

Cityplan I City map I Plan de ville I Plattegrond I Plán mĕsta I Plan miasta I Bykart I Stadskarta I Kaupunkikartta I Bykort • 17

A
A. Långg. B 1
A. Salviusg. A 2/3
Ahlströmerg. A 3
Albotorget C 1
Alfhemsgatan B/C 1
Alingsåsg. A 3
Amund Grefwegat. C 2
Andréeg. B 1
Ängemarken C/D 1
Ängårdsplatsen D 1
Apotekaregatan D 1
Arkit.g. B 1
Arkivgatan B/C 2
Arsenalgatan B 1
Arthur Lunds Gångväg C 2
Aschebergsg. B/C 2
Askimsgatan D 1

B
Baldersg. A 3
Baldersplatsen A 3
Bältg. A 3
Barnhusg. A 2
Basargatan B 1/2
Bastionsplatsen B 2
Bellmansg. B 1
Bergsg. B 1
Bergslagsgatan A 2
Bergspr. gatan D 3
Berzeliigatan B 2/3
Betongvägen D 2
Blåstråket D 1
Bohusgatan B 2/3
Borrareg. D 2
Borrsv.g. D 3
Brog. B 1
Brunastråket D 1
Brunnsgatan C 1
Brushaneg. D 3
Brygg.g. B 1
Bulteklubbsg. B/C 1
Burggreveg. A 2
Burggreveplatsen A 2/3
Burgårdsg. B 3

C
Carl Grimbergsgatan C 1
Carlandersplatsen C 3
C-E. Hammaréns B/C 1
Cederbourgsg. C 3
Ch.-Nilssonsg. A 1
Chalmers Tvärgata C 2
Chalmersgatan B 2
Charles Felix Lindbergspl. B 2
Cosselsg. D 3

D
D. Petterssons G. C 1/2
Dalheimersgatan C 1
Dammg. C 2
Dicks.g. C 2
Djuped.g. C 1
Doktor BexGata D 2
Doktor Allards Gata C/D 2
Doktor Belfrages Gata D 1/2
Doktor Liborius Gata D 2
Doktor Saléns Gata D 1/2
Doktor Weltzins Gata D 2
Dr. Billqv. G. D 2
Dr. Bondesons G. D 2
Dr. Forselius G. D 2
Dr. Forselius Gata D 2
Dr. Fries Torg D 2

Dr. Håléns Gata D 2
Dr. Heymans Gata D 2
Dr. Hjorts G. D 2
Dr. Lindhs Gata D 1/2
Dr. Sydows Gata D 2
Dr. Westrings Gata D 2
Drakeg. B 3
Drottn.g. A/B 2
Drottninggatan A 2, B 1/2
Drottningtorget A 2

E
E. Andréesg. A 3
E. Dahlb. tr. C 2
E. Fontellsplats B 3
E.-Rodhes-G. A 2
Egnahemspl. D 2
Egnahemsvägen C/D 2
Ehrenströmsgatan D 1
Ekelundsgatan B 1
Eklandag. C 3
Eklandagatan C 3, D 2/3
Ekmansg. C 2
Elektrov. D 2
Elin-Svenssonsg. A 1
Emigrantvägen B 1
Engdahlsgatan D 2
Engelbrektsgatan B 2/3, C1/2
Erik Dahlbergsgatan B/C 2
Ernst Jungenspl. B 1
Esperantoplatsen B 1
Evertsg. D 3

F
F. Bernad.g. C 1
Färgareg. A 3
Fisktorget B 1
Fjärde Långg. B 1
Folkungag. A 3
Föreningsgatan C 1/2
Formsk. g. D 3
Första Långg. B 1
Framnäsgatan D 3
Fredsgatan A/B 2
Fribergsg. D 3
Fricksgatan D 1
Fridkullagatan D 2/3
Friggagatan A 3
Friggaplatsen A 3
Frigång.g. B 1
Furug. D 2
Furupl. D 2
Fyrverkaregatan C/D 2
Fysikg. C 2

G
G.-Grensplats A 2
Gamla allén B 2
Gamlabegravnings-platsen A 3
Geijersgatan B 2
Geteb. led C 3
Gibraltargatan C/D 2
Gibraltarvallen C/D 2
Glasmästaregatan D 3
Golvl. g. D 2/3
Götabergsgatan B 2
Götaleden A 1
Götaplatsen B 2
Götgatan A 2
Grågåsg. D 3
Grönastråket D 1
Grönstorget B 1
Guldhedsgatan C/D 1

Guldhedstorget C 1/2
Gullbergsvassgatan A 2/3
Gustaf-Adolfstorg A 2
Gyllenkroksgatan C 3
Gyllenkroksgatan C 3
Gårdav. B 3

H
Haga Nygata B 1
Hagakyrkogatan B/C 1
Hagakyrkopl. B 1
Hagaöstergata B 1
Hagtornsg. D 2
Hallandsgatan B 2/3
Hamnt.-g. A 2
Hamntorget A 2
Hantl. g. D 3
Hantv. g. C 2
Haraldsg. C 1
Hedlundsg. D 2
Hedåsg. B 2/3
Henriks-Gångbro A 2
Heurlinsplats B 1
Hjulm. g. D 3
Högstr. g. D 3
Högäspl. C 2
Holtermansgat. C 2
Hörsalsvägen C/D 2
Hugo Levins Väg B 3
Hultgr. g. D 2/3
Husargatan B/C 1
Hvitfeldtsgatan B 1

I
Ingenjörsg. B 1

J
Järntorget B 1
Järntorgsgatan B 1
Järnvägsg. B 1
Johannebergsgatan B 2, C 2/3
Jussi-Björlings-Plats A 1

K
K. Gustavsgatan B 1/2, C 2
K.-Boyes-G. A 2
Källsprångsg. C 2
Källsprängsstigen C 1
Kapellgatan C 2
Kapellgången C 2
Kapellplatsen C 2
Kaponjärg. B 1
Karl Gerhards Plats B 2
Karl Gustavsgatan C 2
Kaserntorget B 1
Kastellgatan C 1
Kemivägen C 2
Kjellb.g C 2
Klädpr.-g. A 1/2
Kolonigatan C/D 2
Konstepidemins Väg C 1
Köpmansgatan A 1/2
Kopparslagaregatan D 3
Korsgatan A 1, B 1/2
Korsv. C 3
Krist.-höjdsg. C 3
Kristinelundsgat B 2
Krokslättsplatsen D 3
Kronhusgatan A 1/2
Kruthusgatan A 2/3
Kullegatan D 3
Kungsgatan B 1/2

Kungsh.g. B 1
Kungsp.bron B 2
Kungsportsavenyn B 2
Kungsportspl. B 2
Kungstorget B 2
Kvarnbron A 2
Kvartersg. A 1
Kyrkogatan B 1/2

L
L. Bergsg. C 1
L. Korsg. B 2
L. Kungsg. B 2
L. Nyg. B 2
L. Risåsg. B/C 1
L. Stampg. A 3
L.-Bommens-Torg A 2
L.-Kläd-pr.-g. A 2
L.Korsg. B 1
Lagerb.g. C 2
Landalabergen C 2
Landalagången C 2
Landalagatan C 2
Landalaplatsen C 2
Landsvägsgatan B 1
Lärareg. C 2
Lärov.g. B 1
Lasarettg. B 1
Lemansg. D 3
Lennart Torstenssons-gatan C 2/3
Levgrensvägen B 3
Liljeforsgatan D 2/3
Lilla Glasm. g. D 3
Lilla Torget B 1
Lilla-Bommen A 2
Lilla-Bommens-Hamn A 1/2
Lindströmsg. D 2
Linnégatan B/C 1
Linnéplatsen C 1
Liseb. Allén C 3
Ljungb.g. D 2
Ljunggatan D 2
Ljusstöp.g. D 3
Lorensbergsg. B 2
Lövskogsgatan C/D 1
Lundgrensgatan C 3
Lunt.g. B 1
Lyckans Vägg. C 2

M
Magasinsgatan B 1
Majorsgatan C 1
Malmg. g. D 1
Malmst. g. C 1/2
Mannheimers Väg C 2/3
Maskingr. C/D 2
Mässansgatan B/C 3
Masth.-bro B 1
Masthamnsg. B 1
Mät.g. A 1
Medicinaregatan D 1
Meijerb. g. C 3
Mellang. B 1
Mjöl.g. A 1
Molinsgatan C 2
Mölndalsvägen C 3
Mosaiska Begravn.-platsen A 3
Mossgatan D 2
Murareg. C 1
Murg.st. D 2
Mårten- Krakowgatan A 2

N
Ned.-Kvarnb.g. A 1
Nedre Fogelb.g. B 1
Nils-Ericsonsplatsen A 2
Nils-Ericsonsg. A 2
Nordenskiöldsgatan C 1
Nordstadstorget A 2
Norra Allég. B 1
Norra Liden B 1
Norra Åvägen A 3
Norra-Hamngatan A 1/2
Nya Allén A 1, B 1/2

O
Ö. Skansg. B 1
O. Trollsp. g. C 3
Ö.-Spannm.g. A 1
Odinsg. A 2/3
Odinsplatsen A 3
Olivedalsgatan C 1
Olof Palmesplats B 1
Olof Rudbecksgatan C 2/3
Olof Wijksgatan B/C 2
Örgrytevägen C 3
Origovägen C 2
Örneh.g. C 3/3, D 2
Orrsp.g. D 2
Östra Hamngatan A/B 2
Östra Larmgatan A/B 2
Otterhällegatan B 1
Öv. Besvärsg. C 1/2
Öv. Buråsliden C/D 3
Öv. Majorsg. C 1
Övre Husargatan C 1

P
P. Wiknersg. C 2
Packhusgatan A 1
Packhusplatsen A 1
Parkgatan A 2, B 1/2
Per Dubbsgatan D 1
Pilbågsgatan C 2
Pilgatan B 1
Polhemsplatsen A 2
Postgatan A 1/2
Prinsg. C 1
Pumpgatan A 1
Pusterviksg. B 1
Pusterviksplatsen B 1

R
Raketgatan C 1/2
Rännvägen C/D 2
Raol Wallenbergs G. B 1/2
Rektorsg. C 2
Renströmsg. C 2/3
Reutersg. C 1
Richertsg. C 2/3
Risåsgatan C 1
Rödastråket D 1
Röhssg. C 2
Roseng. C 1
Rosenh. g. C 3
Rosenlundsgatan B 1
Rosenlundsplatsen B 1
Rosensk.g. C 2
Ryd.g. C 2
Rygången C 1

S
S. Viktoriagatan C 1
Sahlgrensgatan B 1
Särögatan D 1
Schaktm. g. D 3

Seminariegatan C 1
Sjöfarten A 2
Skanstorget C 1
Skånegatan A-C 3
Skeppsbron A/B 1
Skeppsbropl. A 1
Skjutbaneg. D 2
Skjutbanegatan D 2
Skogst.-g. D 2
Skolgatan B/C 1
Skom. g. C 2
Skytteg. C 2
Slussbron A 2
Slussgatan A 2
Slussplatsen A 2
Smedjegatan A 1
Smålandsgatan B 2/3
Södra Larmgatan B 1/2
Södra Allégatan B 1
Södra-Frihamnspiren A 1
Södra-Hamngatan A 1/2
Södravägen B 2/3, C 3
Solg. g. D 3
Spaldingsg. C/D 2
Spannmålsgatan A 2
Spekeb.g. C 1
Sprängkullagatan B/C 1
St.-Bommensbro A 1
St.-Eriksgatan A 1/2
St. Nygatan A/B 2
Stadstjänareg. A 2
Stampgatan A 2/3
Sten Sturegatan B 2/3
Stenh. g. D 3
Stenh.g. C 2
Stora Badhusg. A/B 1
Storgatan B 1/2
Stuartsg. C/D 3
Stureplatsen B 2
Stuxb. g. D 3
Surbr.g. B 1
Sveagatan C 1
Sven Hultinsgata C/D 2
Sven Rydells Gata B 3
Sylv.g. C 2
Syréngatan D 2
Syster Ainas G. D 2
Syster Estrids Gata D 2

T
Tapetserareg. D 3
Teatergatan B 2
Tegnersg. B 3
Teknol.g. C 2
Terrassg. C 2
Thoril.g. C 1/2
Torggatan A 1/2
Trädg. B 2
Tredie Långg. B 1
Tullgången C 3
Tygg.g. A 1
Tyskabron A 1

U
Ullevibron A 3
Ullevigatan A 2/3
Utlandagatan C/D 3
Utsiktsplatsen C 1

V
V. Rydbergsg. C 2
V. Skansg. B 1
V.-Norénsgata A 1
Vädursg. B 3

Valhallagatan B 3
Vallgatan B 1/2
Vasabron B 1
Vasagatan B 1/2
Vasakyrkog. C 2
Vasaplatsen B 2
Västergatan C 1
Västg. B 2
Vedhuggareg. D 3
Verk.g. B 1
Vidblicksg. C 2
Viktor Rydbergsgatan C/D 2/3
Viktoriabron B 1
Viktoriagatan B/C 1
Vildap.g. C 1
Vitastråket D 1
Volrat Thamsgatan C 3

W
Wadmansg. B 2
Wallenbergsg. D 2
Walleriusg. C 2
Wavrinksysplats C 1/2
Wijk.g. C 2
Wijkanders-Platsen C 2

Å
Åkareplatsen A 2
Ålandsg. C 2
Åvägen B 3
Åvägen (gångväg) A 3

Ö
Övre Buråsleden C 2

F

G

H

H

A

Adele (A.)-Obermayr-Str. C 2
Adelheidstr. C 2/3
Adickesstr. D 2/3
Adolfstr. C 1
Aegidiendamm C 2
Aegidientorpl. C 2
Akazienstr. C 2
Alexanderstr. B 2
Allerweg C 1
Allmersstr. D 3
Alte Döhrener Str. D 3
Am Archiv B 1
Am Bokemale C 2
Am Graswege C/D 2/3
Am Hohen Ufer B 1
Am Holzgraben A 3
Am Ihmeufer C 1
Am Judenkirchhof A 1
Am Jungfernplan C 3
Am Kanonenwall B 1
Am Klagesmarkt A 1
Am Kleinen Felde A 1
Am (A.) Markte B 2
Am Marstall B 1/2
Am Puttenser Felde A 1
Am Schützenplatz C 1
Am Steintor B 1/2
Am Taubenfelde A/B 1
Am Waterlooplatz C 1
Am Welfenpl. A 2
An der Apostelkirche
    (A.d. Apostelk.) A 2
An der Bismarckschule
    (A.d. Bismarcksch.) D 3
An (A.) der (d.) Christuskirche
    A 1
An (A.) der (d.) Engesohde
    D 3
An der Erlöserkirche
    (A.d. Erlöserk.) C 1
Andertensche Wiese B 1
Andreaestr. B 2
Andreas (A.)-Hermes-Pl.
    A 2/3
Angerstr. A 2
Archivstr. B/C 1
Arndtstr. A 1/2
Arnswaldstr. B 2/3
Arthur-Menge-Ufer
    C 1/2
Asternstr. A 1
Auestr. C 1
Auf dem (d.) Emmerberge
    C 2
Augustenstr. B 2

B

Bäckerstr. B 1
Bahnhofstr. B 2
Ballhofstr. B 1/2
Bandelstr. C 3
Baringstr. B 2
Baumstr. C 3
Behnsenstr. D 1
Bella Vista C 2
Bergmannstr.
    (Bergm.-str.) B 1
Berliner Allee B 3

Bernstr. A/B 3
Bertastr. B 2/3
Beuermannstr. C/D 1
Birkenstr. C 3
Blantyreweg C 2
Bleichenstr. C 2
Blumenauerstr. B/C 1
Blumenstr. B 2
Bödekerstr. A 3
Bodenstedtstr. D 3
Bohlendamm (Bohlend.)
    B 2
Böhmerstr. D 3
Brandstr. B/C 1
Braunstr. B 1
Breite Str. C 2
Bremer Damm (D.) A/B 1
Bristolweg C 2
Bronsartstr. A 2
Bruchmeisterallee C 1/2
Brüderstr. A/B 2
Brühlstr. B 1
Bürgerm. (Bürgermeister)-
    Fink-Str. C 2/3
Burgstr. B 1/2
Bütersworthstr. A 3

C

Calenberger Esplanade
    B/C 1
Calenberger Str. B 1
Celler Str. A 2
Charlottenstr. C/D 1
Clara-Zetkin-Weg C 2
Clemensstr. B 1
Corvinusweg (Corv.-weg) B 2
Culemannstr. C 2

D

Dachsenhausenstr. B/C 1
Deisterstr. C 1
Detmoldstr. C 3
Devrientstr. D 3
Dieterichsstr. B 3
Dreikreuzenstr. D 1
Dreyerstr. B 1
Dunkelberggang
    (Dunkelbg.-gang) C 1
Dürerstr. C 3
Duvehof B 1

E

Ebhardtstr. C 2
Eckerstr. A 2
Eichstr. A/B 3
Emdenstr. B 1
Emmichpl. B 3
Engelbosteler Damm A 1
Erich (E.)-Wegner-Weg D 3
Ernst-August (Aug.)-Pl. B 2
Ernst (E.)-Thoms-Weg B 1
Escherstr. B 1

F

Feldstr. C 3
Ferdinandstr. B 2/3
Ferdinand-Wilhelm-Fricke-
    Weg D 1/2
Fernroderstr. B 2
Feuerwehrstr. B 1

Fischerhof (Fischerhf.) D 1
Fischerstr. B 1
Flüggestr. A 3
Franz-Mock-Weg B 1
Franzstr. C 1
Freiligrathstr. C/D 3
Freytagstr. D 3
Fridastr. A 2
Friederikenplatz B/C 1/2
Friedrichswall C 2
Friesenstraße Fundstr. A 3

G

Galerie Luise B 2
Gartenstr. A 2/3
Gelbelstr. D 2/3
Gellertstr. B 3
Georgspl. B 2
Georgstr. B 2
Georgswall B/C 2
Gerberstr. B 1
Glockseestr. B 1
Gneiststr. C 2
Goethepl. B 1
Goethestr. B 1
Goldener (Gold.) Winkel
    B 1/2
Goseriede B 1/2
Göttinger Str. D 1
Gretchenstr. A 2/3
Grimmstr. C/D 3
Große Barlinge C 3
Große (Gr.) Packhofstr. B 2
Große (Gr.) Pfahlstr. A 2/3
Großkopfstr. C 1
Großmannw. B 2
Grotefendstr. B 1
Grupenstr. B 2
Gustav-Adolf-Str. A 1
Gustav-Bratke-Allee C 1
Gutenberghof B 3

H

Haarstr. C 2
Haasenstr. B 3
Hagenstr. A 2
Hainhölzer Str. A 1
Haller Str. A 2
Hamburger Allee A 2
Hannah-Arendt-Weg C 2
Hanns (H.)-Lilje-Pl. B 2
Hardenbergstr. C 1/2
Hartmannstr. C 3
Hartwigstr. B 1
Haspelmathstr. C/D 1
Hausmannstr. B 1
Hedwigstr. B 2/3
Heiliger Str. B 2
Heinr. (Heinrich)-Kümmel-
    Str. C 2
Heinrichstr. A/B 3
Hengstmannstr. C/D 1
Henry (H.)-Lüders-Str. A 2
Herrenhäuser Allee A 1
Herrenstr. A/B 2
Herschelstr. A 2
Hildesheimer Str. C/D 2/3
Hinrich-Wilhelm-Kopf-Platz
    (H.-W.-Kopf-Pl.) B 2
Hinüberstr. B 2/3

Hiroshimaweg C 2
Hohenzollernstr. A/B 3
Holscherstr. A 3
Höltystr. C 2
Holzmarkt B 2
Humboldtstr. B/C 1
H.-W.-Kopf-Pl. = Hinrich-
    Wilhelm-Kopf-Platz

I

Ifflandstr. C/D 2
Ihmepassage C 1
Im Moore A 1
Im Töge B 1
In (I.) der (d.) Flage A 1

J

Jägerstr. A 1
Joachimstr. B 2
Johanssenstr. B 2/3

K

Kanalstr. B 2
Kapitän (K.)-von (v.)-Müller-
    Str. B 1
Karl-Thiele-Weg C/D 2
Karmarschstr. B 2
Karolinenstr. A 2
Kestnerstr. B 3
Kirchwenderstr. B 3
Klagesmarkt A 1
Kleine (Kl.) Packhofstr. B 2
Kleine (Kl.) Pfahlstr. A 3
Klosterg. B 1
Knochenhauerstr. B 2
Köbelinger Markt B 2
Köbelingerstr. B 2
Kohlrauschstr. A 2
Kokenstr. B 3
Kommandanturstr. B/C 1
Königstr. B 2/3
Königsworther Str. B 1
Königsworthpl. A/B 1
Körnerstr. A/B 1
Kornstr. A 1
Kortumstr. C 2
Kramerstr. B 2
Krausenstr. C 3
Kreuzstr. B 1/2
Kronenstr. A 2
Kröpcke B 2
Kröpckepassage
    (Kröpckepass.) B 2
Kurt-Schumacher-Str. B 2
Kurt-Schwitters-Platz C 2

L

Lammstr. A 2
Lampestr. D 1
Landschaftstr. B 2
Lange Laube B 1
Langensalzastr. C 2
Laportestr. C 1
Lavesallee C 1
Lavesstr. B 2/3
Lehzenstr. C 2
Leibnizufer B 1
Leinstr. B/C 2
Leisewitzstr. B 3
Lemförder Str. C 2

Lenaustr. B 1
Leonhardtstr. B 2/3
Lessingstr. B 3
Lilienstr. A 1
Limburgstr. A 2
Lisbethstr. A 2
Lister Meile (M.) A/B 2/3
Lodemannweg D 1/2
Ludwigstr. A 2
Luisenstr. B 2
Lutherstr. C 3
Lützowstr. B 1

M

Marienstr. B/C 2/3
Marktstr. B 2
Marschener Str. A 1
Maschstr. C 2
Mehlstr. B 2
Meterstr. C 2/3
Milchgang C 1
Minister (Min.)-Stüve-Str.
    C 1
Mithoffstr. B 3
Mittelstr. B/C 1
Molthanstr. C 1
Mommsenstr. D 2/3
Morwegsg. A/B 1
Mozartstr. D 3
Münzstr. B 1

N

Nelkenstr. A 1
Nestroyweg D 3
Neuer Weg B/C 2
Neues Tor B 1
Neustädter (Neust.) Kirchhof
    B 1
Neustädter (Neust.) Markt
    B 1
Neustädter (Neust.) Str. B 1
Nienburger Str. A 1
Nikolaistr. A 2
Nordfelder Reihe A 1/2
Nordmannpassage
    (Nordmannpass.) B 2

O

Obermayr-Str., Adele
    (A.)- C 2
Oberstr. A 1
Odeonstr. B 2
Oeltzenstr. B 1
Ohedamm D 1/2
Opernpl. B 2
Ostermannstr. C 3
Osterstr. B/C 2
Ostwender Str. A 3
Otto (O.)-Brenner-Str. B 1

P

Pänner-Garbe-Weg C 2
Papenstieg C 3
Passerelle B 2
Paulstr. A 1
Perlstr. A 2
Perpignanweg C 2
Peter-Fechter-Ufer B/C 1
Petristr. D 1
Pferdestr. B 1/2

Planckstr. C 2
Platz (Pl.) der (d.) Göttinger
    Sieben B/C 2
Platz der Kaufleute B 3
Platz der Weltausstellung
    B 2
Plinkestr. D 1
Posenweg C 2
Postkamp A 1
Potthof B 2
Prinzenstr. B 2

R

Raiffeisenstr. A 2
Raimundstr. D 3
Rambergstr. A 3
Raschplatz A/B 2
Raschplatzhochstr. A 2/3
Rathenaustr. B 2
Reitwallstr. B 2
Reuterstr. B 1
Ricklinger Stadtweg D 1
Ricklinger Str. C/D 1
Ritter-Brüning-Str. C/D 1
Roesebeckstr. D 1
Roscherstr. B 3
Röselerstr. B 2
Rosenstr. B 2
Rosmarinhof B 1
Roßmühle B 1/2
Rote Reihe B 1
Rouenweg C 2
Rückertstr. B 1
Rudolf-Hillebredt-Pl. C 2
Rudolf-von-Bennigsen-Ufer
    C/D 2/3
Rumannstr. A 3
Runde Str. A/B 2

S

Sallstr. B/C 3
Sauerweinstr.
    (Sauer.-w.str.) A 1
Scharnhorststr. B 3
Scheffelstr. A 1
Schiffgraben B 2/3
Schillerstr. B 2
Schlägerstr. C 3
Schloßstr. B 1/2
Schloßwender Str. A 1
Schmiedestr. B 2
Scholvinstr. B 1/2
Schraderstr. A 1
Schuhstr. B 2
Schützenhausweg C 1
Schützenpl. C 1
Schützenstr. A 2
Schwarzer Bär C 1
Sedanstr. A/B 2
Seestr. C 3
Seifeldstr. C 1
Seilerstr. C 3
Seilwinderstr. B 2
Senior Blumenberggang
    (Blumenbg.-gang) B 2
Seufzerallee C/D 2
Seumestr. A 3
Sextrostr. C 2/3
Siebstr. C 2
Siemensstr. D 3

Sodenstr. A 2
Sophienstr. B 2
Stammestr. D 1
Ständehausstr. B 2
Steintorfeldstr. A 2
Steintorstr. B 2
Stiftstraße B 1
Striehlstr. A 1/2
Strousbergstr. D 1

T

Theaterstr. B 2
Theodor (Th.)-Krüger-Str. B 1
Theodor (Th.)-Lessing-Pl.
    B/C 2
Theodorstr. A/B 1
Thielenpl. B 2
Tiefental B 1/2
Tivolistr. B 2
Tonstr. D 1
Torstr. D 2/3
Trammpl. C 2
Tulpenstr. A 1
Türkstr. A 1

U

Ubbenstr. B 3
Uhlandstr. A 1
Uhlemeyerstr. B 3

V

Veilchenstr. B 3
Viktoria (Vikt.)-Luise-Weg C 1
Volgersweg A/B 2/3

W

Wagnerstr. B/C 1
Walter-Gieseking-Str. B 3
Walter-Wülfing-Ufer D 1
Warmbüchenkamp B 2/3
Warmbüchenstr. B 2/3
Warstr. A 1
Waterloopl. C 1
Waterloostr. C/D 1
Weddigenufer B 1
Wedekindpl. A 3
Wedekindstr. A 2/3
Wedemeyerstr. D 3
Weidendamm A 1
Weinstr. C 2/3
Weißekreuzpl. A 2
Weißekreuzstr.
    (Weißekrz.-str.) A 2
Welfenpl. A 2
Welfenstr. A 2
Wesselstr. D 1
Wielandstr. B 1
Wiesenstr. C/D 2
Wildermuthw. C 3
Wilhelm (Wilh.)-
    Busch-Str. A 1
Wilhelmstr. C 2/3
Willy-Brandt-Allee C 2
Windmühlenstr. B 2
Windthorststr. A 1

Y

Yorckstr. A 3

A

ABC-Str. C 4
Ackermannstr. B 6
Adenauerallee C 5/6
Admiralitätsstr. D 3/4
Adolphspl. D 4
Agathenstr. B 2
Alardusstr. A 2
Albertstr. D 6
Alexanderstr. C 6
Alfred (A.)-Beit-Weg A 4
Alfred (A.)-Wegener-Weg D 3
Allendepl. B 3
Alsenpl. B 1
Alsenstr. B 1
Alsterarkaden C/D 4
Alsterchaussee A 4
Alsterglacis B/C 4

Alsterterrasse (Alsterterr.)
    B/C 4
Alstertor C 4
Alstertwiete C 5
Alsterufer B/C 4/5
Alte Rabenstr. B 4/5
Alter Fischmkt. D 4
Alter Steinweg D 3/4
Alter Wall D 4
Alter Wandrahm D 4/5
Altmannbrücke (Altmannbr.)
    D 5
Altonaer (Alton.) Poststr.
    C/D 1
Altonaer Str. B 2
Altstädter Str. D 5
Am Brunnenhof C 5
Am Feenteich A 5

Am Mittelkanal (Mittelk.) D 6
Am Nobisteich (Nobist.) D 2
Am Sandtorkai D 4
Amandastr. B 2
Amelungstr. (Amel.-str.) C 4
Amsinck-Str. D 6
Amundsenstr. D 1
An der Alster B/C 5
An (A.) der (d.)
    Verbin-dungsbahn B 3/4
Annenstr. C 2
Antonistr. D 2
Armbruststr. A 1
Armgartstr. B 6
Arndtstr. A 6
Arnisstr. B 1
Arnkielstr. B 1/2
Augustenburger Str. B 1

Augusten-Passage C 2
Auguststr. A 5
Averhoffstr. A 6
Axel-Springer-Pl. C 4

B

Bäckerbreitergang C 3/4
Badestr. B 4/5
Balduinstr. D 2
Ballindamm C 4/5
Banksstr. D 5
Barcastr. B 6
Bartelsstr. B 2
Baumanns Treppe
    (Baum.-Tr.) D 1
Baumstr. C 5
Beckstr. C 2
Beethovenstr. A 6

Behnstr. D 1
Bei (B.) dem (d.) Neuen
    Krahn D 4
Bei (B.) den (d.) Kirchhöfen
    C 3
Bei (B.) den (d.) Mühren D 4
Bei (B.) der (d.) Alten
    Börse D 4
Bei (B.) der (d.)
    Christuskirche A 2
Bei (B.) der (d.) Friedenseiche
    C 2
Bei (B.) der (d.) Pauluskirche
    A 2
Bei (B.) St. Annen D 4
Bei (B.) St.Johannis A 4
Bei den St.Pauli-
    Land-ungsbrücken D 2
Bei der Erholung D 2/3

Bei der Johanniskirche
    (B. d. Johannisk.) C 2
Bei der Stadtwassermühle
    (B. d. Stadtw.-m.) C 4
Beim Alten Waisenhaus
    (B. A. Waisenh.) D 3/4
Beim Berliner (Berl.) Tor C 6
Beim Grünen Jäger C 2
Beim Schlump A/B 3
Belleallancestr. B 2
Bergstr. C/D 4
Berliner Tor C 6
Bernhard (Bernh.)-Nocht-
    Str. D 2
Bernstorffstr. C 2
Besenbinderhof C/D 5/6
Bieberstr. A 4
Biernatzkistr. D 1

Billrothstr. C 1
Binderstr. B 4
Bismarckstr. A 2
Bleichenbrücke (Bleichenbr.)
    C 4
Bleicherstr. C 2
Blücherstr. D 1
Böckmannstr. C 6
Bodenstedtstr. C 1
Bogenallee A 3
Bogenstr. A 3
Böhmersweg A 3
Böhmkenstr. D 3
Bornstr. A/B 3
Börsenbrücke (Börsenbr.) D 4
Boßdorfstr. A 3
Böttgerstr. B 4
Brahmsallee A 3/4

H

55

A
A.Aallon kj B 1/2
Aadolfinkatu A 3
Aadolfsg A 3
Abrahaminkatu C 1
Agricolankatu A 2/3
Agricolankuja A 2/3
Ainonk B 1
Albertinkatu C 1
Albertsg D 2
Aleksanterinkatu   C 2/3
Alexandersgatan C 2
Alpgatan A 2
Alppikatu A 2
Andra linjen A 2
Annank C 1
Annankatu C 2
Annegatan C 1/2
Apollogatan B 1
Apollonk B 1
Argelanderintie   C/D 2/3
Arkadiagatan C 1
Arkadiankatu C 1
Armfeltintie D 2
Armfeltsvägen D 2
Aspnäsgatan B 3
Assänrinne A 2/3
Ateneuminkuja C 2
Aurorag B/C 1
Aurorankatu B 1

B
Bangatan C/D 2
Båtsmansgatan   D 1/2
Bergg B 2
Bergmansgatan D 2
Bernhardink C 2
Brunnsgatan C 2
Bulevarden C 1/2
Bulevardi C 2
Busholmskajen D 1

C
Caloniuksenk B 1
Castreninkatu A 2
Castrensgatan A 2
Chydent. D 2
Cygnaeuksenkatu B 1

D
Dagmarink B 1
Dagmarsg B 1
Djurgårdsvägen A 2
Döbelnink B 1
Dunckerink B 1

E
Edelfeltintie D 2
Eduskuntak B 1
Eerikinkatu C 1/2
Eeriksgatan C 1
Ehrenströmintie D 2/3

Ehrenströmsvägen D 3
Ehrensvärdintie D 2
Ehrensvärdsv D 1/2
Eino Leinon katu A 1
Elisabetsgatan B 2/3
Eläintarhantie A 2
Engelinaukio D 2
Ensi linja A 2
Ensipuistikko D 2
Erottajank C 2
Estnäsg B 2/3
Eteläesplanadi C 2
Eteläinen Hesperiankatu B 1
Eteläinen Makasiink C 2
Eteläinen Rautatiekatu C 1
Etelaranta C 2

F
Fabianinkatu C 2
Fabiansgatan B/C 2
Fabriksgatan D 2
Fjälldalsg B 1
Fjärdelinjen A 2
Fleminginkatu A 2
Franzeninkatu A 3
Franzensgatan A 2
Fredrikink B 1
Fredrikinkatu C 1
Fredriksgatan C/D 2
Fredsgatan B 2

G
Geng B 2/3
Georgsgatan C 1/2
Glog Kluuvik C 2

H
Haapaniemenk A 3
Hagnäskajen B 3
Hakan.kuja B 2
Hakan.torik B 2
Hakaniemenk B 2/3
Hakaniemenranka B 3
Hakaniemenranta B 2/3
Halkolaituri Vedkajen C 3
Hallituskatu C 3
Hammerskjöldintie A 1
Harjut.k A 3
Harjutori A 3
Havsgatan D 2
Havsstranden D 1/2
Helenank C 3
Helmiäisp A 3
Helsingegatan A 2
Helsinginkatu A 1, A 2/3
Hernesaarenk D 1
Hietaiahdenranta D 1
Hietalahden laituri D 1
Hietalahdenranta C/D 1
Hietalahdenkatu C 1
Hietaniemenkatu C 1
Hietasaarenkuja D 1
Högbergsg C 2
Hornintie D 2
Humalistonkatu A 1

Huvilakatu D 2
Huvilakuja D 2
Hylkeenpyytäjänkatu D 1
Hämeentie A 2/3

I
Ilmarinkatu B 1
Illmarig B 1
Iso Puistotie D 3
Iso Roobertinkatu C 2
I.Teatteriki B 2
Itäinen A 2
Itäinen Puistotie D 3
Itäinen Vaihdekuja D 1

J
Jaakonk C 1
Joh.kuja D 2
Johann. rn. D 2
Johanneksent D 2
Josafatinkatu A 2
J.Stenberginranta B 2
Juhani Ahon tie D 2
Jungfrustigen D 2
Jääkärinkatu D 2

K
Kaarlenkatu A 2
Kaartinkuja C 2
Kaikukatu A 3
Kaikukuja A 3
Kaisaniemenkatu C 2
Kaisaniemenranta B 2
Kaisaniementie B 2
Kaivoh.m. D 3
Kalevagatan C 1
Kalevankatu C 1
Kalliolinnantie D 3
Kalvokatu C 2
Kampinkj C 1
Kampintori C 1
Kanalgatan C 3
Kanavakatu C 3
Kanavaranta C 3
Kankurink D 2
Kansakouluk C 1
Kansakoulukj C 1
Kapteenink D 2
Kapteenkuja D 2
Kaptensgatan D 2
Karamzininkatu B 1
Kasarmikatu D 2
Kaserngatan C 2
Katajanokanlaituri C 3
Katariinank C 2
Keskuskatu C 2
Kirjatyöntekijänkatu   B 3
Kirkkokatu C 3
Kivelänkatu B 1
Kivenhakkaajank D 1
Kolmas linja A 2
Kopernikuksent C 2
Korkeavuorenkatu D 2
Köydenpuno jank C/D 1

Kristianinkatu B 3
Kruununh.katu B 3
Kruunuvuorenkatu C 3
Kulmak B 3
Kyrkog C 2/3
Käenkuja Göksgränd A 3

L
Laivanvarustajank D 2
Laivapojankatu D 1
Laivasillankatu D 3
Laivurinkatu D 2
Laivurinrinne D 2
Lapinlahdenkatu C 1
Lapinrinne C 1
Lappbr. C 1
Lappviksgatan C 1
Lastenkodink C 1
Lastenkodinkj C 1
Leppäsuonkatu C 1
Liisankatu B 3
Liisanpuistikko B 3
Linnankoskig A 1
Linnunlaulluntie Fågelsångsv   A 1/2
Lintulahdenkatu A 3
Lintulahdenkj A 2
Lönnrotinkatu C 1/2
Lönnrotsgatan C 1
L.Teatteriki B 2
Ludvigink C 2
Lutherg B 1
Lutherinkatu B 1
Länt.Papink A 2
Läntinen Puistotie D 2

M
Mallask D 1
Malmgatan C 1
Malminkatu C 1
Malminrinne C 1
Maneesikatu B 3
Mannerheimintie A 1, C 2
Mannerheimvägen B 1
Mariankatu C 3
Mariegatan B/C 3
Matalasalmenkj D 1
Maurink B 3
Mauritzg B 3
Mechelininkatu B/C 1
Merikatu D 1/2
Merimiehenkatu D 2
Merisatamanranta D 2
Meritullinkatu B/C 3
Meritullintori C 3
Mikaelsg B 2
Mikonkatu C 2
Minervank B 1
Minervanp B 1
Munkkisaarenk D 1
Museigatan B 1
Museokatu B 1
Muukalaisk D 2/3
Myllytie D 3
Mäntymäentie A 1

N
Neitsytpolku D 2
Neljäs linja A 2
Nervanderinkatu B 1
Norra esplanaden C 2
Norra Hesperiagatan B 1
Norra järnvägsgatan C 1
Norra kajen B 1
Nylandsgatan C/D 1/2
Näckens gr B 2/3
Näkinkj A 2
Näkinp A 2/3
Näkinsilta B 3

O
Observatorieg D 2
Oikokatu B 2/3
Oikot D 3
Oksasenkatu B 1
Olavink C 1
Olympialaituri C/D 3
Olympiaranta D 3
Oohjoinen Hesperian-   katu B 1

P
Paasivuorenk B 2
Paevo Nurmen tie A 1
Paevo Nurmis väg A 1
Papinkatu A 2
Papinkj A 2
Parkgatan D 2
Pengerkatu A 3
Pengerkuja A 3
Perämiehenkatu D 1
Petersgatan D 2
Petersgr. D 2
Pieni Roobertink C 2
Pietarinkatu D 2
Pietarinkuja D 2
Pitkänsillanranta B 2
P.Nurmen kuja A 1
Pohjoinen C 1
Pohjoinen Makasiink C 2
Pohjoisesplanadi C 2/3
Pohjoisranta B/C 3
Porkkalankatu C 1
Pormestarinrinne C 3
Porrast D 3
Porthaninkatu A 2
Porthaninm A 2
Postik B 2
Postikj B 2
Puistokatu D 2/3
Punanotkonk C 2
Punavuorenkatu D 2
Pursimiehenkatu D 2
Puutarhak. B 2

R
Raatimiehenk D 2
Rahapajank C 3
Ratakatu C 2
Rauhankatu B 3
Rautatiekatu B/C 1

Regeringsg C 2
Rehbinderintie D 2
Rehbinderv D 1/2
Rikhardink C 2
Ritarikatu C 3
Runeberginkatu C 1
Runebergsgatan A/B 1
Ruohoiahden ranta C/D 1
Ruoholahdenkatu C 1
Ruusulankatu A 1
Rödbergsgatan D 1

S
Saariniemenkatu B 2
Sakarink A 3
Sallink A 1
Salomonkatu C 1
Salomonsg C 1
Sammonk B 1
Sandelsinkatu B 1
Satamakatu C 3
Saukonkuia D 1
Savilank A 1
Sepänkatu D 2
Sibeliuksenkatu A 1
Sillilaituri D 1
Siltasaarenkärki B 2
Siltasaarenkatu B 2
Siltatie D 3
Siltavuorenpenger B 2
Siltavuorenranta B 2/3
Simonkatu C 1/2
Sinebrychoffink C/D 1
Sjömansgatan D 1
Sjötullsgatan B 3
Skatuddskajen C 3
Skeppsbrogatan C/D 2/3
Skeppsgosse C 3
Smedsgatan D 2
Snellmaninkatu C 2
Snellmansgatan B 2
Sofiank C 2
Stadionp A 1
Stoolink B 1
Stora Allén D 3
Stora Robertsg C/D 1/2
Sturegatan A 2
Sturenkatu A 2
Suonionkatu A 2
Säästöpankinranta B 2
Södra Hesperiagatan B 1
Södra kajen C 2
Sörnäisten rantatie A/B 3
Sörnässtrandväg A 3

T
Tahkontie A 1
Takk´ampujankatu D 2
Tarmonkuja D 1
Tehtaankatu D 2
Telakkatu D 1
Tempelgatan B 1
Temppelikatu B 1
Tervasaarenkannas B 3

T.lahd.katu B 2
Toivonk A 1
Tokoinranta B 2
Tokoistranden B 2
Tolnen linja A 2
Topeliuksen katu A/B 1
Torkelsgatan A 3
Torkkelinkatu A 3
Torkkelinkuja A 2/3
Tredje linjen A 2
Tullaajankuja D 1
Tunturikatu B 1
Tykistönk B 1
Työmiehenkatu C 1
Tähtitorninkatu D 2/3
Tölögatan B 1
Töölönk B 1
Töölönkatu A 1
Töölöntori B 1
Töölöntorink B 1

U
Ullankatu D 2/3
Ullanlinnank C 2
Unioninkatu C 2
Unionsgatan C 2
Urheilukatu A 1
Urho Kekkosen katu C 1
Uudenmaankatu C 2

V
Vauhtitie A 1
Vetehisenkuja A 2/3
Vihelmsbergsgr. A 3
Viherniemenk. B 2
Vildes linja A 2/3
Vilhelmsg. B 2
Vilhonk B 2
Vilhonvuorenkatu A 3
Villagatan D 2
Villagränden D 2
Vironkatu B 3
Vuorikatu C 2
Vuorimiehenkatu D 2
Vuorimiehenpuistikko D 2
Välskärinkatu A/B 1
Vänrikki B 1
Västra Allén D 3

W
Wallininkatu A 2
Wallininkj A 2
Wecksellint D 2

Y
Yliopistonkatu C 2
Yrjo-Koskisenkatu B 2
Yrjönkatu C 2

Ö
Östra Allén D 3

A
Adelheidstr. C 1
Adolf (A.)-Westphal-Str. D 2
Adolfplatz A 2
Adolfstr. A 2
Ahlmannstr. A/B 1
Albrechts-Pl., Christian   (Chr.)- A 1
Alsenstr. A 1
Alte Lübecker Chaussee D 1
Am Germaniahafen C/D 2
Am Studentenhaus A 1
An der Halle 400 D 2
Andreas-Gayk-Str. C 2
Anna-Pogwirsch-Pl.   (A.-Po.-Pl.) C 2
Annenstr. B 1
Anschütz-Str., Professor   (Prof.)- A 1
Antipper D 2
Arndtpl. B 1
Arnold (A.)-Heller-Str. B 2
Asmus-Bremer-Pl. C 2

Auguste (Aug.)-Viktoria-   Str. C 2
Augustenstr. C 2, D3

B
Bäckergang C 1
Bahnhofskai D 2
Bahnhofspl. C 2
Bahnhofstr. D 2
Bartellsallee A 3
Baustr. B 2
Beamtenlaufbahn B 1/2
Bellmannstr. C 1
Bergstr. B 2
Berliner-Pl. C 2
Beselerallee A 2
Bielenbergstr. D 2
Blitzstr. D 2/3
Blocksberg B 2
Blocksbergtreppe B 2
Blumenstr. B 1
Bollhörnkai C 2
Boninstr. C 1

Bothwellstr. D 3
Brandt-Ufer, Willy- D 2
Brauereiviertel, Im A 1/2
Breiter Weg B 2
Bremer-Pl., Asmus- C 2
Bremer Str. A 1/2
Brook, Zum D 2
Brunswiker Str. B 2
Buschfeldstr. D 2

C
Caprivistr. A 2
Chemnitzstr. C 1
Christian (Chr.)-Albrechts-   Pl. A 1
Christian-Kruse-Str. A/B 1
Claus.-str. = Clausewitzstr.
Clausewitzstr.   (Claus.-str.) A 2

D
Dahlmannstr. B 2
Dammstr. B/C 1

Damperhofstr. B 1
Dänische Str. B 2
Deliusstr. C 1
Dreieckspl. B 2
Droysenstr. A 1
Düppelstr. A 2/3
Düsternbrooker Weg   A 3, B 2/3

E
Eckenförder Str. B/C 1
Eggerstedtstr. B/C 2
Ehmsen-Pl., Heinrich (H.)-   C 1/2
Elisabethstr. C 3, D2/3
Europapl. C 1/2
Exerzierplatz C 1

F
Fabrikstr. C 2
Faeschstr. C 1
Fähre, Zur C 2
Falckstr. B 2

Faulstr. B/C 2
Feldstr. A/B 2
Flämische Str. C 2
Fleckenstr. B 2
Fleethörn B 1, C2
Flemingstr. C 1
Fockstr. D 1
Former D 2
Forstweg A 2
Franckestr. A 1
Freiligrathstr. B 1
Friedrich-Str., Herzog-   C 1/2

G
Gaardener Ring D 2
Gaardener Str. D 2
Gablenzstr. D 1/2
Gartenstr. B 1
Gaußstr. D 3
Gayk-Str., Andreas- C 2
Gazellestr. D 3
Gelbelpl. B 1

Georg (G.)-Pfingsten-Str.   D 2
Gerhardstr. A 2
Gneisenaustr. A 2
Goethestr. B 1
Grasweg A 1
Greifstr. D 3
Groß-Kielstein A 1
Groth-Pl., Klaus (Kl.)- B 2
Gustav-Schatz-Hof D 3
Gutenbergstr. B 1

H
Hafenstr. C 2
Hahn-Pl., Otto- A 1
Haken C 2
Hamburger Chaussee D 1
Hansastr. A/B 1
Hans-Söhnker-Eck C 1
Harmsstr. C/D 1
Harriesstr. D 1
Hasseldieksdammer Weg   C 1

Hasselmannstr. C/D 1
Haßstr. B 2
Hebbelstr. B 1
Hegewischstr. B 2
Heinrich (H.)-Ehmsen-Pl.   C 1/2
Heinzel-Str., St.- C 1
Heller-Str., Arnold (A.)- B 2
Helmholtzstr. D 3
Herderstr. B 1
Hermann (H.)-Rodewald-   Str. A 1
Hermann (H.)-Weigmann-   Str. C 1
Herzog-Friedrich-Str. C 1/2
Heuss-Ring, Theodor- D 1
Hinz-Pl., Ida- D 2
Hochwaldtstr. A/B 1
Hohe Str. C 2
Hohenbergstr. A 2
Holstenbrücke C 2
Holstenpl. C 2
Holstenstr. C 2

Holstentörn C 2
Holtenauer Str. A/B 2
Hopfenstr. C/D 1
Horst-Str., Von-der- A 1
Hospitalstr. B 2
Hügelstr. C 3
Humboldtstr. B 1
Hummelwiese D 1

I

Ida-Hinz-Pl. D 2
Iltisstr. D 2/3
Im Brauereiviertel A 1/2

J

Jachmannstr. D 3
Jägersberg B 1/2
Jägerstr. D 3
Jahnstr. B 1
Jensendamm B 2
Jeßstr. C 1
Johanna (J.)-Mestorf-Str. A 1
Johannesstr. D 2/3
Johann-Meyer-Str. D 1
Johannsenweg (Johannsenw.) C/D 3
Jungfernstieg B 1
Jungmannstr. B 1/2

K

Kaiserstr. C 3, D2/3
Kaistr. C/D 2
Karlstal D 2
Karolinenweg A 3
Kastanienstr. D 1
Kehdenstr. C 2
Kesselschmied D 2
Kieler Str. C 2, D2/3
Kiellinie A/B 3
Kielstein, Groß- A 1
Kirchenstr. A 2
Kirchenweg D 2/3
Kirchhofallee C 1
Klaus (Kl.)-Groth-Pl. B 2
Kleiner (Kl.) Kuhberg C 1/2
Klopstockstr. B 1
Klosterkirchhof B 2
Klotzstr. A 1
Knooper Weg A 1/2, B/C1
Koldingstr. B 2
Königsweg C/D 1
Körnerstr. B/C 1
Krausstr. A 1
Kreienbarg D 1
Kronshagener Weg B/C 1
Kruse-Str., Christian- A/B 1
Kuhberg, Kleiner (Kl.) C 1/2
Kurze Str. C 2
Küterstr. B/C 2

L

Lange Reihe C 2
Langer Segen B 2
Legienstr. B 1/2
Lehmberg B 1/2
Lerchenstr. C 1
Lessingplatz B 1
Lindenstr. A 1
Lorentzendamm B 1/2
Lornsenstr. A 2
Lübecker Chaussee, Alte D 1
Lüdemannstr. C 1
Ludwig-Meyn-Str. A 1
Luisenweg A 3
Lutherstr. C 1

M

Marinegang A 2
Martensdamm B 2
Marthastr. D 1
Maßmannstr. A/B 1
Max-Planck-Str. D 1
Medusastr. D 3
Melanchthonstr. D 1
Mestorf-Str., Johanna (J.)- A 1
Metzstr. B 1
Meyer-Str., Johann- D 1
Meyn-Str., Ludwig- A 1
Michaelisstr. B 2
Michelsenstr. D 1
Mittelstr. B 1
Möllingstr. C 1
Moltkestr. A 2
Mühlenbach (Mühl.-bach) C 2
Mühlenstr. D 2
Mühlenteich D 2
Muhliusstr. B 1/2

N

Niebuhrstr. A 1
Niemannsweg A 2/3
Norddeutsche Str. C 2/3, D3
Norwegenkai C 2

O

Olshausenstr. A 1
Ostring D 3
Ostseekai B 2
Otto-Hahn-Pl. A 1

P

Papenkamp C/D 1
Peters-Platz, Professor- B 1
Petersweg B 1
Pfaffenstr. C 2
Pfingsten-Str., Georg (G.)- D 2
Philosophengang B 2
Pickertstr. D 3
Planck-Str., Max- D 1
Preetzer Str. D 2/3
Preußerstr. B 2
Prinzengarten B 2
Professor (Prof.)-Anschütz-Str. A 1
Professor-Peters-Platz B 1
Prüne C 1
Prüner Gang C 1

Q

Querkai D 2

R

Raaschstr. C 2
Raiffeisenstr. C 2
Rathauspl. C 2
Rathausstr. C 1/2
Ratsdienergarten B 2
Ravensberg A 1
Reeperbahn D 2
Reventlouallee A 2/3
Ringstr. C 1
Rodewald-Str., Hermann (H.)- A 1
Rondeel D 1
Röntgenstr. D 3

S

Saarbrückenstr. C/D 1
Sachaustr. D 1
Saldernstr. B 1
Samwerstr. A 1
Sandkrug C 2/3
Sandkuhle C 1
St.-Heinzel-Str. C 1
Sartorikai C 2
Schaßstr. C 1
Schatz-Hof, Gustav- D 3
Schauenburger Str. A 1/2
Schillerstr. B 1
Schittenhelmstr. B 2
Schloßgarten B 2
Schloßstr. B/C 2
Schröpfecke D 1
Schuhmacherstr. (Schuhm.-Str.) C 2
Schülperbaum C 1
Schulstr. C/D 2
Schützenwall C 1
Schwanenweg B 2/3
Schwedendamm D 2
Schwedenkai C 2
Schweffelstr. A/B 1
Schwesterngang A/B 2
Seelig-Pl., Wilhelm (W.)- A 1
Söhnker-Eck, Hans- C 1
Sophienblatt C 1/2, D1
Sörensenstr. D 2
Spichernstr. B 1
Spritzengang C 2
Steinmarderweg (Steinmarderw.)
Stemmer D 2
Sternstr. B 1
Stiftstr. B/C 1
Storm-Str., Theodor- B 1
Stoschstr. D 3
Stresemannpl. C 2
Studentenhaus, Am A 1

T

Takler C/D 2
Tann-Str., Von-der- C 1
Teichstr. B 1
Thaulowstr. C 1/2
Theodor-Heuss-Ring D 1
Theodor-Storm-Str. B 1
Treppenstr. C 2

V

Viktoria-Str., Auguste (Aug.)- C 2
Von-der-Horst-Str. A 1
Von-der-Tann-Str. C 1

W

Waisenhofstr. B 1, C 1/2
Waitzstr. A 1/2
Walkerdamm C 1
Wall B/C 2
Weberstr. C 1
Weigmann-Str., Hermann (H.)- C 1
Weißenburgstr. B 1
Werftbahnstr. D 2
Werftstraße C 2/3, D 2
Weserfahrt A 2
Westphal-Str., Adolf (A.)- D 2
Westring A/B 1
Wichmannstr. C 1
Wikingerstr. D 3
Wilhelminenstr. B 1/2
Wilhelmplatz B 1
Wilhelm (W.)-Seelig-Pl. A 1
Wilhelmshavener Str. A 2
Wilhelmstr. D 2
Williestr. C 2
Willy-Brandt-Ufer D 2
Winterbeker Weg D 1
Wörthstr. B 1
Wrangelstr. A 2

Z

Zastrowstr. C 1
Ziegelteich C 1/2
Zum Brook D 2
Zur Fähre C 2
Zur Helling D 2

Köln

A

Aachener Glacis B/C 1/2
Aachener Str. C 1/2
Achterstr. D 4
Adam-Stegerwald-Str. A 6
A.d.Bastian = An der Bastion C 5
Ad.-Fischer-Str. = Adolf-Fischer-Str. A/B 3
Adolf-Fischer-Str. (Ad.-Fischer-Str.) A/B 3
Adolphstr. C 5
Ägidiusstr. D 1
Agrippastr. C 3
Agrippinaufer D 4
Agrippinawerft D 4
Alarichstr. C 5
Albertus-Magnus-Pl. (Alb.-Magnus-Pl) D 1
Albertusstr. B 3
Alb.-Magnus-Pl. = Albertus-Magnus-Pl. D 1
Albrecht-Dürer-Pl. B 1/2
Alemannenstr. C 5
Alexianerstr. C 3
Alfred-Schütte-Allee D 5
Allerheiligenstr. (Allerh.-str.) B 4
Allerh.-str. = Allerheiligenstr. B 4
Allerseelenstr. D 5/6
Alsenstr. B 5
Alte Mauer am Bach C 3
Alteburgerstr. D 4
Altengrabengäßchen B 3
Alter Markt B 4
Alter Mühlenweg C/D 5
Alte Wallg. (A. Wallg.) B 2/3
Am Alten Posthof B/C 3
Am Alten Ufer B 4
Am Bayenturm D 4
Am Deutzer Stadtgarten C/D 5
Am Domhof B 4
Am Duffesbach D 3
Am Gleisdreieck A 2
Am Grauen Stein C/D 6
Am Hof B 4
Am Justizzentrum D 2
Am Leystapel C 4
Am Malzbüchel C 4
Am Pantaleonsberg C/D 3
Am Rinkenpfuhl C 3
Am Römerturm (Römert.) B 3
Am Salzmagazin A/B 3
Am Trutzenberg C/D 3
Am Weidenbach C/D 3
Am Weyertor C 2/3
Amalienstr. C 1
An (A.) den (d.) Dominikanern B 3
An den Maien D 6
An der Bastion (A.d.Bastion) C 5
An der Bottmühle D 4
An (A.) der (d.) Eiche D 4
An der Linde A/B 4
An der Malzmühle C 4
An (A.) der (d.) Münze A 4
An (A.) der (d.) Pauluskirche D 3
An der Pulvermühle C 6
An (A.) der (d.) Rechtschule B 3
An Lyskirchen C 4
An St. Agatha C 4
An St. Katharinen C/D 4
An St. Magdalenen (St.Magdal.) D 4
An St. Urban A 6
An Zint Jan D 4
Andreaskloster (Andreaskl.) B 3
Ankerstr. D 3
Annostr. D 4
Antoniterstr. C 3
Antonsg. C 3
Antwerpenerstr. B 2
Apostelnkloster C 3
Apostelnstr. B/C 3
Appellhofpl. B 3
Aquinostr. A 3
Arminiusstr. C 5
Arndtstr. C 2/3
Arno-Holz-Str. C 1
Arnold-Overzier-Str. D 4
Arnoldsstr. C 5
Arnulfstr. D 2
Atwerpener Str. B 2
Auenpl. B 5
Auenweg A/B 5/6
Auf (A.) dem (d.) Berlich B 3
Auf dem Hunnenrücken B 3
Auf (A.) dem (d.) Rothenberg B/C 4
Augustinerstr. C 4
A.Wallg. = Alte Wallg. B 2/3

B

Bachemer Str. C/D 1
Bachemstr. C 3
Balduinstr. C 2
Balthasarstr. A 3/4
Barbarossapl. C 2/3
Bardenh.-str. = Bardenheuerstr. D 1
Bardenheuerstr. (Bardenh.-str.) D 1
Barmer Pl. B 5
Barmer Str. B 5
Barthelstr. B 1
Bart-Schink-Str. A 1
Bataverstr. C 5
Bayardsg. C 3
Bayenstr. D 4
Bayenwerft C/D 4
Bebelpl. C 5
Becherg. B 4
Beethovenstr. C 2
Belfortstr. A 4
Bendorfer Weg C 6
Benesisstr. B/C 2/3
Benjaminstr. C 5
Berrenrather Str. D 1/2
Betzdorfer Str. C 6
Biberstr. D 4
Biggestr. C 1
Bischofsgartenstr. (Bischofsg.-str.) B 4
Bismarckstr. B 2
Blaubach C 3
Blumenstr. B 3
Bobstr. C 3
Boissoniestr. C 2
Bolzeng. C 4
Bonner Str. D 4
Börsenpl. B 3
Brabanter Str. B/C 2
Brandenburgerstr. B 4
Breite Str. B 3
Bremerstr. A 3
Breslauer Platz B 4
Brückenstr. B/C 3
Brucknerstr. C 1
Brüderg. C 3
Brügelmannstr. B 6
Brükererstr. C 5
Brunostr. D 3/4
Brüsseler Pl. B 2
Brüsseler Str. B/C 2
Burgenlandstr. C 6
Burgmauer B 3
Burgunderstr. D 2/3
Buschg. D 4
Buttermarkt B/C 4

C

Cäcilienstr. C 3
Camberger Str. C 6
Cardinalstr. B 3
Carenbachstr. C 1
Charles-de-Gaulle-Pl. B 4/5
Cheruskerstr. C 5
Chlodwigpl. D 4
Christian-Schult-Str. (Chr.-Schult-Str.) A 1/2
Christophstr. B 3
Christtanneweg D 6
Chr.-Schult-Str. = Christian-Schult-Str. A 1/2
Classen-Kappelmann-Str. C 1
Clemensstr. C 3
Clever Str. A 4
Constantinstr. B 5
Cordulastr. (Cor.-str.) B 3
Corneliusstr. (Corn.-str.) D 4
Corn.-str. = Corneliusstr. D 4
Cor.-str. = Cordulastr. B 3
Custodisstr. C 5

D

Dagobertstr. A 4
Danteweg C 1
Dasselstr. C/D 2
De-Noel-Pl. D 1
Deutzer Brücke C 4
Deutzer Freiheit C 5
Deutzer Ring C 5/6
Deutzer Werft C 4/5
Deutz-Kalker-Str. C 5/6
Deutz-Mühlheimer Str. A 5/6, B 5
D.-Ketzer-Str. = Domprobst-Ketzer-Str. B 3/4
Dr.-Simons-Str. D 5
Domprobst-Ketzer-Str. (D.-Ketzer-Str.) B 3/4
Domstr. A/B 4
Dreikönigenstr. D 4
Drususg. B 3
Düppelstr. B/C 5
Dürener Str. C 1

E

Ebertpl. A 4
Eckertstr. C 1
Edith-Stein-Str. A 6
Efeupl. D 6
Ehrenfeldgürtel A 1
Ehrenstr. B 2/3
Eifelpl. D 3
Eifelstr. D 2/3
Eifelwall D 2
Eigelstein A/B 3/4
Eintrachtstr. A/B 3
Eisenbahnstr. B 6
Eitorfern Str. C 5/6
Elisenstr. B 3
Elsaßstraße D 3/4
Elsterg. B 3
Engelbertstraße C 2
Engg. B 3
Erftstr. A/B 2, B 3
Erna-Schleifer-Str. B 6
Eumeniusstr. C 5
Everhardstr. A 1/2
Ewaldistr. A 3

F

Ferdinandstr. A 6
Filzengraben C 4
Fischmarkt B 4
Flammersfelder Str. (Flammersf.-Str.) C 6
Flammersf.-Str. = Flammersfelder Str. C 6
Flandrische Str. B/C 2
Fleischmengerg. C 3
Follerstr. C 4
Fort Rauch D 5
Fragenheimstr. C 1
Frankenpl. B 4
Frankenwerft B 4
Frankstr. C 3
Franz-Geuer-Str. (Fr.-Geuer-Str.) A/B 1
Franz-Hitze-Str. (Fr.-Hitze-Str.) B 2
Franz-Kreutzer-Str. (Fr.-Kreutzer-Str.) B 1
Fr.-Figge-Str. = Fritz-Figge-Str. A 2
Fr.-Geuer-Str. = Franz-Geuer-Str. A/B 1
Fr.-Hitze-Str. = Franz-Hitze-Str. B 2
Fridolinstr. A 1
Friedenstr. C/D 3
Friedrichstr. C 2/3
Friesenpl. B 2
Friesenstr. B 2/3
Friesenwall B/C 2
Fritz-Figge-Str. (Fr.-Figge-Str.) A 2
Fritz-Voigt-Str. A 2
Fr.-Kreutzer-Str. = Franz-Kreutzer-Str. B 1
Fröbelpl. B 1
Fröbelstr. B 1
Fuchsstr. B 1

G

Gabelsbergerstr. D 2
Gaußstr. A 6
Gebr.-Coblenz-Str. = Gebrüder-Coblenz-Str. C 5
Gebrüder-Coblenz-Str. (Gebr.-Coblenz-Str.) C 5
Geibelstr. C/D 1
Geisselstr. A/B 1
Geleniusstr. B 1
Gemünder Str. D 1
Genter Str. B 2
Georgspl. C 4
Georgstr. C 3/4
Gereonsdriesch B 3
Gereonshof B 2/3
Gereonskloster B 3
Gereonsmühleng. B 3
Gereonstr. B 3
Gereonswall A/B 3
Gerh. Winklerhof B 3
Gertrudenstr. B/C 3
Giessener Str. C 6
Gilbachstr. B 2
G.-Keller-Str. = Gottfried-Keller-Str. C 1
Gladbacher Str. B 2
Gladbacher Wall A 3
Gleueler Str. D 1
Glockeng. B 3
Göbenstr. B 2
Goldg. B 4
Görresstr. C 2
Gotenring C 5
Gottfried-Keller-Str. (G.-Keller-Str.) C 1
Grabeng. C 5
Graeffstr. A 2
Graf-Geißler-Str. B/C 5
Gravenreuthstr. A 1
Greinstr. D 2
Gremberger Str. C 6
Grenzhausener Weg C 6
Griechenpforte (Griechenpf.) C 3
Groenewaldstr. C 1
Große (Gr.) Brinkgasse B/C 3
Große (Gr.) Budeng. B 3/4
Große (Gr.) Neugasse B 4
Große (Gr.) Telegraphenstr. C 3
Große (Gr.) Witschg. C 4
Großer (Gr.) Griechenmarkt C 3
Große Sandkaul (Gr.-Sandk.) C 3/4
Gr.-Sandk. = Große-Sandkaul C 3/4
Gummersbacher Str. B/C 5/6
Gürzenichstr. C 3/4
Gustavstr. D 1
Gutenbergstr. A 1/2
Gyrhofstr. C/D 1

H

Habsburgerring C 2
Hafeng. C 4
Hahnenstr. C 2/3
Hahnentorburg C 2
Hamburger Str. A 3
Hämerg. B/C 3
Händelstr. C 2
Hansapl. B 3
Hansaring A/B 3
Hans-Böckler-Pl. (H.-Böckler-Pl) B 2
Hans-Carl-Nipperdey-Str. D 2
Hansemannstr. A 1
Hans-Sachs-Str. C 1
Hardefuststr. D 3
Haselbergstr. B/C 1
H.-Becker-Str. = Hermann-Becker-Str. B 2/3
H.-Böckler-Pl. = Hans-Böckler-Pl. B 2
Heimbacher Str. D 1
Heinestr. D 1
Heinrich (H.)-Böll-Pl. B 4
Heinrich-Kolb-Str. (H.-Kolb-Str.) A 2
Heinrichstr. D 3
Heinsbergstr. C 2
Helenenstr. B 3
Helenenwallstr. C 5
Herbert-Lewin-Str. (H.-Lewin-Str.) C 1
Heribertusstr. C 5
Herkulesstr. A 2
Hermann-Becker-Str. (H.-Becker-Str.) B 2/3
Hermann-Joseph-Pl. C 3/4
Hermann-Pünder-Str. (H.-Pünder-Str.) B 4/5
Herwarthstr. B 2
Herzogstr. B/C 3
Heumarkt C 4

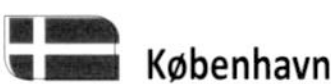

C

Capellakaj A 2
Christians Brygge D 1/2
Christianshavns Voldg. D 2
Christmas Møllers Plad D 2
Classeng. A 1/2
Collinsg. A 1
Cort Adelersgade C 2

D

Dalslandsg. D 3
Dampfærgevej A 2
Dantes Plads D 1
Delfing. B 2
Dronningensg. D 2
Dybensg. C 1/2

E

Eckersbergsg. B 1
Ekvipagemestervej C 3
Elsdyrsg. B 2
Esplanaden B 2

F

Fakseg. A 1
Farverg. D 1
Fiolstræde B/C 1
Fiskedamsg. A 2
Folke Bernadottes Allé A/B 2
Forbindelsesvej A 2
Fortunstr. C 1
Fredensgade B 1
Fredericiag. B 2
Frederik V's Vej A 1
Frederiksbergg. C 1
Frederiksborgg. C 1
Frederiksholms Kanal D 1
Fridtjof Nansens Plads A 2
Frue Pl. C 1

G

Gammel Dok D 2
Gammel Strand C 1
Gammeltoftsg. B 1
Gammeltorv C 1
Gernersg. B 2
Gittervej A 2
Gl. Mønt C 1
Gothersg. B/C 1, C 2
Grønlands Handels Plads C 2/3
Grønneg. C 1/2
Grønningen B 2
Gråbrødre Tory C 1

H

Hallinsg. B 1
Hambrosg. D 1
Hareg. B 2
Hauser G. C 1
Hauserpl. C 1
Havneg. C/D 2
Hedemannsg. A 1
Helbergsg. C 2
Helgesensg. A 1
Helsingørsg. C 2
Herjedalg. D 3
Herluf Trolles Gade C 2
Hindeg. B 2
Hjørnevej A 2
Hojbro Pl. C 1
Holbergsgade C 2
Holmenskanal C 2
Holsteinsgade A 2
Hovedvagtsg. C 2
Hovedvej A 2
Høyensg. B 1

I

Indiakaj A 2
Indiavej A 2
Irmingersg. A 1
Islands Brygge D 1
Islands Plads C 2
Israels Plads C 1

J

J.A.Schwartz G. B 1
Jens Juels G. B 1

K

Kalvebod Brygge D 1
Kastelsvej A 2
Kirkepass. A 1
Kirkestr. C 1
Klareboderne C 1
Klerkeg. B 1/2
Klosterstr. C 1
Kløvermarksvej D 3
Knabrostr. C 1
Købmagerg. C 1
Kompagnistr. C 1
Kongens Nytorv C 2
Kornkaj A 2
Kr. Bernikows Gade C 1
Kristianiag. A 2
Kroghsg. A 1
Kronpr. G. C 1
Krokodilleg. B 2
Kronprinsesseg. B 2, B/C 1
Krøyers Plads C 2
Krystalgade C 1
Kultorv. C 1
Kvæsthusbroen C 2

L

Lakseg. C 2
Landgreven C 2
Langebrog. D 1/2
Langelinevej A 3
Langeliniebro A 2
Larslejsstræde C 1
Lavend.str. C/D 1
Lille Kongensg. C 2
Lille Triangel A 1
Lipkesg. A 2
Livjægerg. A 2
Lundingsg. B 1
Lundsg. B 1
Læderstr. C 1
Løngangstr. D 1
Løvstr. C 1

M

Malmøg. B 1
Mandalsg. A 2
Markmandsg. D 2/3
Mitchellsg. D 1
Mønterg. C 1

N

Niels Brocks G. D 1
Niels Jules Gade C/D 2
Nikolaj Pl. C 1
Nikolajg. C 1/2
Nordborgg. A 2
Noregade C 1
Ny Adelg. C 2
Nyg. C 1
Ny Kongensg. D 1
Ny Øster G. C 1/2
Nybrog. C 1
Nyhavn C 2
Nytorv C 1
Nørre Volgade C 1

O

Odenseg. A 1
Oilert Fischers G. B 2
Ole Suhrs G. B 1
O. Mensteds G. D 1
O. Palmes Gade B 1
Orlogsværftvej C 3
Oslo Plads B 2
Otto Mønsteds Plads D 1
Overgaden neden Vandet D 2
Overgaden oven Vandet C/D 2

P

Pakhuskaj A 2
Peder Skrams G. C 2
Pilestræde B/C 1
Polititorvet D 1
Prinsesseg. D 2
Puggårsg. D 1

R

Refshalevej D 3
Rigensg. B 1/2
Ringstedg. A 1
Rosendalsg. A 1
Roseng. B 1/2
Rosenvængets Allé A 1
Ryesg. A 1
Ræveg. B 2
Røholmsg. B 1
Rømersg. C 1
Rådhuspladsen D 1
Rådhusstr. C/D 1

S

Sábyesvej A 1
Sankt Pauls G. B 2
Silokay A 2
Skinderg. C 1
Skt. Peders Stræde C 1
Skt. Annæ Gade D 2
Skt. Annæ Plads C 2
Skøvgårdsg. B 1
Slagelseg. A 1
Slotsholmsg. D 1/2
Snareg. C 1
Sorøg. A 1
Sortedam Dossering A 1
S. Regneg. C 1
Stav.g. A 2
St. Billes G. A 2
St. Kannikestr. C 1
Stockholmsg. B 1
Stokhusg. B 1
Stoltenbergsg. D 1
Store Kongensgade B 2
Store Melle Vej D 3
Store Strandstræde C 2
Stormg. D 1
Strandg. C/D 2
Strøget C 1
Strøget C 2
Studiestr. C 1
Suensongsg. B 2
Svaneg. B 2
Sværleg. C 1
Sølvg. B 1/2
Sømods Bolcher C 1
Søpass. B 1

T

Teglgårdsstr. C 1
Thorshavnsg. D 1
Tietgensg. D 1
Timiansg. B 2
Toldbodg. C 2
Tordenskjoldsgade C 2
Torveg. D 2
Trepkasg. A 1
Trianglen A 1

U

Uplandsg. D 3
Upsalag. B 1

V

Ved Glyptoteket D 1
Ved Langebro D 1
Ved Stadsgraven D 2
Vendersg. C 1
Vermlandsg. D 3
Vester Volgade D 1
Vestergade C 1
Vignårds. C 2
Vimmelskaftet Amagertorv C 1
Vindebro. C 1
Visbyg. B 1
Vognmagerg. C 1
Voldmesterg. A/B 1
V. Stranden C 1

W

Webersg. B 1
Widersg. D 2
Wiedewellsg. B 1
Wilders Kanal D 2
Wilders Plads D 2
Willemoesgade A 1/2
W. Marstrands G. B 1

Z

Zinnsg. A 1

Ø

Østbanegade A/B 2
Øster Allé A 1
Øster Søgade B 1
Øster Voldg. B 1/2
Østerbrogade A 1
Østerg. C 1/2

Å

Åbenrå C 1

Leipzig

Cityplan | City map | Plan de ville | Plattegrond | Plán města | Plan miasta | Bykart | Stadskarta | Kaupunkikartta | Bykort • 26

A

Aachener Str. B 1
Albrecht-Dürer-Pl. D 2
Alexanderstr. B 1
Alexis-Schumann-Pl. D 2
Alfred-Kästner-Str. D 1/2
Altenburger Str. D 2/3
Alter Amtshof B 2
Andreasstr. D 2
An der Verfassungslinde B 3
Anton-Bruckner-Allee C 1
Arndtstr. D 1/2
Arthur-Hoffmann-Str. C/D 2
Audorfstr. C 2
Auenstr. A 1
August-Bebel-Str. D 1/2
Auguste-Schmidt-Str. B 2/3
Augustuspl. B 2

B

Barfußgäßchen B 2
Bauhofstr. B/C 2
Bayrischer Platz C 2
Beethovenstr. C 1/2
Berliner Str. A 2
Bernhard-Göring-Str. C/D 2
Bosestr. B 1/2
Brahmspl. C 1
Brandenburger Str. A 3
Brandvorwerkstr. D 1
Braustr. C 2
Brüderstr. B/C 2/3
Brühl B 2
Burgpl. B 2
Burgstr. B 2

C

C.-str. = Christianstr.
C.-M.-v.-Weber-Str. = Carl-Maria-von-Weber-Str.
Carl-Maria-von-Weber-Str. (C.-M.-v.-Weber-Str.) B 1
Chopinstr. A 3
Christianstr. (C.-str.) A 1
Coblenzer Str. B 1
Czermaks-Garten (Gtn.) B 3

D

Davidstr. B/C 1
Dimitroff-Str. (Dimitr.-Str.) B/C 2
Dittrichring B 2
Dorotheenpl. B 1/2
Dörrienstr. B 3
Dösner Weg C/D 3
Dresdner Str. B 3
Dufourstr. C 2
Dürrpl. D 1

E

Eduard-Grieg-Allee B/C 1
Edvard-Grieg-Allee B/C 1
Egelstr. B 3
Elsterstr. B 1
Emil-Fuchs-Str. A 1/2
Emilienstr. C 2
Erich (E.)-Weinert-Pl. A 2
Erich (E.)-Weinert-Str. A 2
Eutrizscher Str. A 2

F

Färberstr. A 1
Ferdinand-Lassalle-Str. B/C 1
Ferdinand-Rhode-Str. C 1
Feuerbachstr. A 1
Fichtestr. D 2
Floßpl. C 2
Fockestr. D 1
Franz-Schubert-Pl. C 1
Fregestr. A 1
Friedrich-Ebert-Str. A/B 1
Friedrich (Fr.)-List-Str. A 3
Friedrichstr. C 3
Funkenburgstr. A/B 1

G

Gellert-Str. B 3
Georgiring B 2/3
Gerberstr. A 2
Gewandg. B 2
Goerdelerring A/B 2
Goethestr. B 2
Goldschmidtstr. B 2/3
Gottschedstr. B 1/2
Grassistr. C 1/2
Greinerweg C 1
Grimmaische Str. B 2
Grimmaischer Steinweg B 2/3
Große (Gr.) Fleischerg. A/B 2
Grünewaldstr. B/C 2
Gustav-Adolf-Str. A/B 1
Gustav-Mahler-Str. B 1
Güterstr. A 2

H

Hahnekamm A 3
Hainstr. B 2
Hardenbergstr. D 1/2
Harkortstr. B/C 2
Härtelstr. C 2
Hauptmannstr. B 1
Haydnstr. C 1
Heinrich-Schütz-Pl. D 2
Hillerstr. B 1
Hofmeisterstr. A 3
Hohe Str. C 2
Humboldt Str. A 1/2

J

Jacob Str. A 1/2
Jahnallee A/B 1/2
Johannaparkweg C 1
Johannisallee C 3
Johannisg. B 3
Johannispl. B 3

K

Karl-Liebknecht-Str. C/D 2
Karlstr. A/B 3
Karl-Tauchnitz-Str. B/C 1/2
Katharinenstr. A/B 2
Käthe-Kollwitz-Str. B 1
Keilstr. A 2
Kleine (Kl.) Fleischerg. B 2
Kochstr. D 2
Kohlenstr. C/D 2
Kolonnadenstr. B 1
Körnerpl. C 2
Körnerstr. C/D 2
Kreuzstr. B 3
Kuhturmallee A 1
Kupferg. B 2
Kurt-Eisner-Str. D 1/2

L

Lampestr. C 2
Leipnizstr. A 1
Leipnizweg A 1
Leplaystr. B 2
Lessingsr. B 1
Licht-Str. B 2
Liebigstr. C 2/3
Livia Str. A 1
Löhrstr. A 2
Lortzingstr. A 2
Lößniger Str. C/D 2
Lotterstr. B 2
Luise-Otto-Pl. A 1

M

Mädler-Passage (Pass.) B 2
Magazing. B 2
Mahlmannstr. C/D 1/2
Manetstr. B 1/2
Markgrafenstr. B 2
Markt B 2
Marschnerstr. B 1
Martin-Luther-Ring (R.) B 2
Max-Beckmann-Str. B 1
Max-Reger-Allee C 1
Mendelssohnstr. B 1
Moschelesstr. B/C 1
Mozartstr. C 1/2
Münzgasse C 2

N

Neumarkt B 2
Niederkirchenstr. C 1/2
Nikischpl. B 1
Nikolaistr. A/B 2
Nordstr. A 2
Nürnberger Str. B/C 2/3

O

Otto (O.)-Schill-Str. B 2

P

Parthenstr. A 2
Paul-Gerhardt-W. B 1
Paul-Gruner Str. C 2
Paul-List-Str. C 3
Peterskirchhof B 2
Peterssteinweg B/C 2
Petersstr. B 2
Pfaffendorfer Str. A 2
Philipp-Rosenthal-Str. C 2/3
Prager Str. B 3
Preussergäßchen B 2

Q

Querstr. B 3

R

Reichelstr. B 1
Rennbahnsteg C 1
Rennbahnweg C 1
Richard-Strauss-Pl. C 1
Richard (R.)-Wagner-Pl. A/B 2
Richard-Wagner-Str. A/B 2
Riemann-Str. C 2
Ritterstr. (R.-str.) B 2
Robert-Schumann-Str. C 1
Rosa (R.)-Luxemburg-Str. A 3
Rosentalg. A 1/2
Roßplatz B 2
Rudolf-Breitscheid-Str. A 2
Rudolphstr. B 1/2

S

Sachsenpl. B 2
Salomonstr. B 3
Salzgäßchen B 2
Scharnhorststr. D 2
Scheibenholzw. C 1
Schenkendorfstr. D 2
Schillerstr. B 2
Schlegelstr. D 1
Schletterpl. C 2
Schletterstr. C 2
Schleußiger Weg D 1
Schloßg. B 2
Schönauer Allee (A.) A 1
Schreberstr. B 1
Schulstr. B 2
Schützenstr. A/B 3
Schwägrichenstr. C 1
Sebastian-Bach-Str. B/C 1
Seeburgstr. B 2/3
Shakespearepl. C 2
Shakespearestr. C 2
Simsonstr. C 2
Sporerg. B 2
Steinpl. D 2
Steinstr. D 1/2
Stephanstr. B/C 3
Sternwartenstr. B/C 2/3
Sternwartenweg C 3
Straße des 18.Oktober C 3

T

Talstr. B/C 3
Tarostr. D 3
Täubchenweg (Täub.-weg) B 3
Telemannstr. C 1/2
Thomasg. B 2
Thomasiusstr. B 1
Thomaskirchhof B 2
Tieckstr. D 1
Tröndlinring A 2
Tschaikowskistr. A/B 1
Turnerstr. B/C 2

U

Uferstr. A 2
Universitätsstr. B 2

W

Wächterstr. C 1/2
Waldstr. A 1
Wettiner Str. A 1
Wilhelm (Wilh.)-Seyffert-Str. B/C 1/2
Wilhelm-Wundt-Pl. C 1
Willy-Brandt-Pl. A 2
Wilmar-Schwabe-Str. B 1
Windmühlenstr. C 2
Wintergartenstr. A 3
Wundtstr. C/D 1/2

Z

Zentralstr. B 1/2
Zimmerstr. B 1/2
Zöllnerweg A 1
Zwick-Str. D 3

Linköping

A
Abiskorondellen A 2
Alkagatan A 2
Alvastragatan B 1/2
Anders Ljungstedtsgata A 4
Apelgatan B 1
Apotekaregatan B 3
Arbetaregatan B 4
Artistgatan A 3
Atlasgatan B 4
Augustbergsgatan B 4
Axgränd A/B 4

B
Badhusgatan A 3
Badstuplan B 3
Baldersgatan B/C 4
Bangårdsgatan A 2
Bantorget A 3
Banérgatan A 2
Barfotegatan A 2/3, B 3
Barhällsgatan A 1
Barnhemsgatan B 2/3
Barrgatan A/B 1
Bergdalsgatan C 4
Bergsrondellen A 1
Berzeliigatan A 3
Bergsvägen A 1/2
Bielkegatan A 3
Birgittagatan A 3
Bjälbogatan A/B 1
Björkgatan B/C 3
Blomgatan A 1
Blåklintsgatan B 1
Bobergsgatan B 1
Bockhornsvägen C 4
Bockhållaregatan B 3
Bondegatan C 4
Borggårdsgatan B 2
Borgmästaregatan B 3
Brandmannagatan B 3/4
Brogatan A 4
Brokingsleden C 4
Brunnsgatan A/B 2
Buntmakaregränd (Buntm.gr.) B 1
Bäckgatan C 3

C
Curmansgatan B 4

D
Dalgatan A 2
Danmarksgatan A 2
Djurgårdsgatan B 2/3, C 2
Djäknegränd (Djä.gr.) B 1
Domkyrkogatan B 3
Domkyrkoplan B 2/3
Drabantgatan B/C 2
Drottningbron B 3/4
Drottninggatan B 3
Drottningrondellen B 4
Drottningtorget B 4
Duvgatan A 1

E
Elsa (E.) Brändströmsgata B 3
Eddagatan C 4
Egnahemsgatan A/B 1
Ekhultsgatan C 3
Ekkällegatan C 3
Eklundsgatan (Ekl.g.) C 4
Eklövsgatan C 4
Eklyckegatan C 3
Engelbrektsgatan A 3
Engelbrektsplan A 3

F
Falkgatan A 1
Fanjukaregatan C 2
Fasangatan A 1
Folkungagatan B 2
Frejagatan B 4
Fridsbergsgatan B 1
Fridtunagatan B 2
Furirgatan B 2
Furugatan C 3
Färgaregatan B/C 4
Föreningsgatan B 3

G
Gamla Norrköpingsvägen A 4
Gamla Tanneforsvägen A/B 4
Garnisonsvägen C 3
Garvaregatan B 4
Gasverksgränd A 3
Gesällgatan A 2
Getbäcksgatan A 1
Gjuterigatan A 3
Grangatan C 3
Grenadjärgatan A 1/2
Gripgatan B 4
Gråbrödragatan A/B 3
Gränden Duvan B 3
Gröngatan B 2
Guldsmedgränd B 3
Gumpekullabron A 3
Gumpekullavägen A 4
Gustaf Smithsplats B 2
Gustav Adolfsgatan A 2/3
Gårdesgatan A/B 2
Gästgivaregatan B 1
Göran Dyksgata B 3
Götgatan A 2

H
Hagalundsvägen A 4
Hagdalsgatan B 2
Hagmarksgatan A 2
Hammarkindsgatan B 1
Hamngatan A/B 3/4
Hantverkaregatan (Hantverk.g.) B 3
Hattmakaregatan (Hattmak.g.) B 1
Havregatan B 4
Heimdalsgatan B/C 4
Hejdegatan B/C 4
Hertig Karlsgatan A 3
Hjälmgatan A 2
Hjälmsätersgatan A 2
Hospitalsgränd B 3
Hospitalstorget B 3
Hovslagaregatan (Hovsl.g.) B 1
Humlegatan A/B 4
Hunnebergsgatan A/B 2
Hästskogatan B 4
Högalidsgatan C 3
Högatan B 4
Hökaregatan (Hök.g.) B 1

I
Industrigatan A 1/2, B 1
Isafjördursgatan A 2
Isidor-Kjellbergsgränd B 3

J
Joensuugatan A 2
Junkersgatan B 2
Järntorget B 3
Järnvägsavenyn A 3
Järnvägsgatan A 3
Järpgatan A 1

K
Kagagatan A 1
Kamplgatan A 2
Kanbergsgatan B 2
Kapellplan B 2
Kaptensgatan B 2
Karl (K.) Dahlgrensgatan B 2/3
Karlsrogatan B 1/2
Kaserngatan B/C 2
Kettilsgatan A 3
Kindagatan B 1
Klarbärsgatan B 2
Klostergatan A/B 3
Klövergatan B 4
Kolonigatan A/B 1
Konsistoriegatan A 2
Konvaljegatan B 1
Kopparslageregränd (Kop.gr.) B 1
Korngatan B 4
Korpralsgatan C 2
Kristinagatan A 2
Kristinebergsgatan C 4
Kryddbodttorget B 1
Kullagatan B 3
Kungsberget B 4
Kungsbergsgatan B 4
Kungsgatan A 3
Källådersgatan B 4
Köpmansgränd B 3

L
Ladugatan B 4
Lasarettsgatan B 3
Lektorsgatan B 2
Liegatan B 4
Liljegatan C 4
Lillatorget B 3
Lindengatan B 4
Lindesbergsgatan B 4
Lindesbergsgränd (Lindesb.gr.) B 4
Linggatan A 2
Linnégatan B 3
Loftgatan B 4
Lysingsgatan A 1
Lärkgatan A 1
Lärlingsgatan A 1
Läroverksgatan B 3
Lövgatan C 3

M
Magnegatan C 4
Majeldsvägen C 4
Majgatan B 1
Malmslättsvägen B 1/2
Mellangatan A 2
Musketörgatan C 3
Måsgatan A 1
Mörnersgatan B 3

N
Nattstuvugatan C 4
Norgegatan A 2
Norrköpingsvägen A 4
Norrsvängen B 1
Nya Tanneforsvägen B 4
Nygatan B 3
Näckgränd B 4

O
Olof Palmesplats A 2
Olstorpsgatan C 4
Ombergsgatan B 2
Onkel Adamsgatan A/B 2
Opphemsgatan A 2
Orrgatan A 1
Ottargatan A 4
Oxgränd A 2

P
Parkgatan B 2
Pilensbacke B 3
Pilgatan C 4
Platensgatan A 3
Ploggatan B 4
Plommongatan B 2
Pumpgatan B 4

R
Ramstorpsgatan C 3
Raoul Wallenbergs-plats A 3
Regementsgatan (Regem.g.) C 3
Rekrytgatan C 2
Repslagaregatan A/B 3
Ringgatan B 4
Ripgatan A 1
Risbrinksgatan C 4
Rosengatan B/C 3
Roskildegatan A 2
Ryddalsgatan B 1/2
Rådmansgatan B 1
Råtorpsgatan A 4

S
S:t Korsgatan B 3
S:t Larsgatan A/B 3, C 3/4
S:t Persg. B 3
Sandbäcksgatan B 3
Sandgatan A 2
Sandgårdsgatan B/C 4
Sjöldgatan A 2
Skedagatan A 1
Skepparegatan B 4
Skogsfridsgatan B 1/2
Skolgatan A 2
Skomakaregatan A 1
Skräddaregatan A 1
Skyttegatan C 2
Skärkindsgatan B 1
Skördegatan A/B 4
Slottsgatan B 2
Slåttergatan B 4
Smedjegatan A 2
Snickaregatan A/B 3
Solhaga B 1
Solrosgatan B 2
Sparvgatan A 1
Stallgatan A/B 4
Stenbrötsgatan A/B 1
Stengatan B 2
Steningeviadukten A 3
Stensättaregatan A 1
Stigbergsgatan C 3
Stora Badstugatan B 3
Storatorget B 3
Storgatan B 2/3
Storkgatan A 1
Strandgatan B 3/4
Stratomtavägen B/C 1
Strömgatan B 4
Sturegatan A 3
Stureplan A 3
Stångebro B 3
Svangatan B 4
Svarvaregatan A 1
Sveagatan A 2/3
Sydsvängen B 1
Syréngatan B 2
Södra Oskarsgatan A 3
Södra Stånggatan A 3
Södravägen C 3/4

T
Tageplats A 2/3
Teatergatan A 3
Tegelbruksgatan B 4
Timmermansgatan A 2
Tjädergatan A 1
Tomtebogatan A 4
Torkelbergsgatan B 3
Tornhagsvägen A 1
Trastgatan A 1
Trumslagaregatan C 2
Trädgårdsgatan B 3
Trädgårdstorget B 3
Tränggatan B 2/3
Tullbron A 3/4
Tullgränd A 3
Tullrondellen A 4
Tunnbindaregatan B 1
Tuppgränd A 1
Tönsbergsgatan A 2

U
Ullevigatan A 2
Ulvåsavägen B 1

V
Valhallagatan B/C 4
Valkebogatan B 1/2
Vallaplan B 1
Vallarondellen B 1
Vallavägen B/C 1, B 2
Vallgatan A 2
Vallmogatan B 1
Vasavägen A 2/3
Vattengatan B 3/4
Vetegatan B 4
Vickergatan B 1
Videgatan B 2
Vifolkagatan B 1
Vigfastgatan A 4
Villagatan C 4
Vimansgatan C 4
Violgatan B 1
Vistvägen C 4
Vretagatan A 1
Vådursgatan (Våd.g.) C 4
Vårdkasvägen C 4
Väbelgatan C 2
Väringagatan A 4
Västanågatan A 2
Västra Strandpromenaden B 4
Västravägen A/B 2

W
Wernersgatan B 1/2
Westmansgatan B 1/2, C 2

Y
Ydregatan A/B 1
Ymergatan B 4

Å
Åbylundsgatan A 1/2
Åbylundstorget A 2
Ådalagatan B 3/4
Ågatan A/B 3
Åkersbergsgatan B 4
Åsbjörnsgatan A 4
Åsgatan B 2/3

Ä
Änggatan C 3

Ö
Örngatan A 1
Östgötagatan A 2/3, B 2
Överstegatan B 2

Luxemburg/Luxembourg

A
Abatoir, Rue de la C 1
A. Chevalier, Rue D 1
Aciérie, Rue de l' D 1
Adames, Rue B 1
A. d. Gasperi, Rue A 3
A. d. Musset, Rue A 1
Adolphe, Pont B/C 1
Adolphe, Rue C 1
A. Duch., Rue C 2
Albert1er, Rue B/C 1
Aldringen, Rue B 1
A. Letellier, Rue D 2
Allamont, Rue d' D 1
Alsace, Rue d' D 1/2
Altmunster, Plateau B 2/3
A. Lumière, Rue C 2
Amélie, Avenue B 1
A. Meyer, Rue C 1
A. Munch., Rue C 1
Anvers, Rue d' C 1/2
A. Philippe, Rue B 1
Ardennes, Rue des D 2
Arlon, Route d' B 1
Auguste Charles, Rue C/D 3, D 2
Avranches, Boulevard d' C 2
A. Zinnen, Rue A 1

B
Baden-Powell, Boulevard C/D 3
Bains, Rue des B 1/2
Baldauff, Rue D 1/2
Baudouin, Rue D 1
Beaumont, Rue B 2
Beck, Rue B 1
Belle-Vue, Rue A 1/2
Bender, Rue C 2
B. Franklin, Rue D 1
Bisserweg B/C 2, B 3
Bois, Avenue du A 1
Bonnevoie, Rue de C 2
Bons - Malades, Val des A 2
Bragance, Rue de C 1

C
Capucins, Rue des B 2
Capus, Rue A 1
Carignan, Rue D 2
Carisiers, Rue de A 1
Cessange, Rue de D 1
Chicago, Rue de C 2
Chimay, Rue B 2
Ch. L. Hammes, Rue A 3
Cimetière, Rue du D 3
Clausen, Montée de B 2/3
Commerce, Rue du C/D 2
Congrégation, Rue de la B/C 2
Curé, Rue du B 2

D
Dahlias, Rue des B 1
Dante, Rue C 1
Demy Schlechter, Rue D 2/3
Déportation, Rue de la D 1
Dernier Sol D 2
Dicks, Rue C 2
Dominicains, Rue des B 2
Dr. Ch. Marx, Boulevard C 1

E
Ed. Grenier, Rue D 3
Edouardo Andre, Sqare A 1
Egalité, Rue de l' C 3
Eich, Anc. Côte d' A 1/2
Eich, Côte d' A/B 2
E. Koch, Rue B 1
E. Lavandier, Rue C 1
E. Mayrisch, Rue C 3
E. Mousel, Rue B 2/3
Epernay, Rue d' C 2
E. Reuter, Avenue B 1
Ermesinde, Rue A 1
Esch, Route d' C/D 1
E. Servais, Boulevard A 1/2
Espérance, Rue de l' B 2
Et.-Unis, Rue des C 1
Ethe, Rue d' D 1
E. Wedel, Rue d. C/D 2

F
Faiencerie, Avenue de la A/B 1
F. de Blochhausen, Rue C 2
F. d'Huart, Rue D 2/3
F.D. Roosevelt, Boulevard B/C 2
F. Faber, Rue A 1
F. Lascombes, Rue D 1
F. Liszt, Rue D 1
F. Neipperg, Rue du C 2
Foire, Boulevard de la B 1
Fonderie, Rue de la D 1
Fontaine, Rue de la A 1
Fort Berlaimont, Rue A 3
Fort Dumoulin, Rue du B 3
Fort Elisabeth, Rue du C 2
Fort Niedergrünewald, Rue du A 2/3
Fort Olizy, Rue du B 2
Fort Thungen, Rue du A 2/3
Fossé, Rue du B 2
Fr. Clement, Rue A 1
Francois Boch, Rue de B 1
Fraternité, Boulevard de la C 2/3
F. Wallis, Rue du C 2

G
Gare Viaduc, Avenue de la C 2
Gasperich, Rue de D 1
Gaston Diederich, Avenue B 1
Gaulois, Rue des C 2
Géneral Patton, Boulevard C 2/3
General Patton, Boulevard du B/C 3
Giacchino Rossini, Rue D 1
Girondins, Rue de C 1
G. Jacquemart, Boulevard C 3
Glacis, Rue des A 1/2
Glesener, Rue C 2
G. Lippmann, Rue C/D 3
Godart, Rue de C/D 2
Godchaux, Rue C 3
Goethe, Rue C 1/2
G. Oppenheim, Rue C 1
Grand Rue, B 1/2
Grande - Duchesse Charlotte, Boulevard B/C 1
Grande-Duchesse Charlotte, Pont A 2
Grécy, Rue de B/C 1
Grève, Rue de la C 2
Grund, Montée du B 2
G. Shneider, Rue A 1
G. Verdi, Rue D 1

H
H. Heine, Rue C 2
Henry VII, Rue A 1
Hespérange, Rue d. D 2
Hippodrome, Rue de l' D 2
Hollerich, Rue de D 1/2
Houffalize, Rue d. D 2
H. Pensis,Rue D 1
H. Schäfer, Rue D 1/2
H. Vannérus, Rue D 2/3

I
Immine, Rue D 2
Industrie, Rue de l' D 1/2
Ivoix, Rue d' D 2

J
Jardin, Rue des C 1
J. Bertholet, Rue B 1
J. B. Fresez, Rue A 1
J. B. Gellé, Rue D 2
J. B. Merkels, Rue C/D 1
Jean Fr. Gangler, Rue D 3
Jean P. Koenig, Rue A 1
J. G. de Cicignon, Rue D 1
J. Gutenberg, Rue D 1
J. Hansen, Rue A 1
J. Heintz, Rue D 1/2
J. Jacoby, Rue D 3
J. Jaures, Rue C 1
J. Junck, Rue C 2
J. l'Aveugle, Rue A 1
John F. Kennedy, Avenue A 2/3
J. Origer, Rue C 2
Joseph II, Boulevard B 1
J.P. Brasseur, Rue B 1
J.P. Büchler, Pont D 2
J.P. Koltz, Rue D 1
J. Stas, Rue D 2
J. Sturm, Rue D 3
J. Tockert, Rue C 1
Jules Fischer, Rue D 3
Jules Wilhelm, Rue B 2/3
J. Vesque, Rue D 2
J. Wilhelm, Rue B 2/3

K
Ketten, Rue A 1
Konrad Adenauer, Boulevard A 2/3

L
Laboratoire, Rue de la C 2
Large, Rue B 2
Laurent Menager, Rue A 2
Lavoisier, Rue C 2/3
L. Deny, Rue A 1
Leemerwee D 1/2
Liberté, Avenue de la C 2
L. Lacroix, Rue A 1
Louvigny, Rue B 1/2
Ludwig van Beethoven, Rue D 1

M
M. Adelaide, Rue C 1
Malakoff, Rue B 3

Marché-aux-Herbes, Rue du B 2
Marie - Thérèse, Avenue B/C 1
M. Barres, Rue D 1
M. Birthon, Rue D 1
M. Bourg - Gemen, Rue A 1
M. de Zorn, Rue D 1/2
Mercier, Rue D 2
M. et P. Curie, Rue C 2
M. Hardt, Rue C 2
M. Kirsch, Rue D 3
M. Lentz, Rue A 1
Mohrfels, Rue B 2
Monddorf, Rue de D 3
Monterey, Avenue B 1
M. Rodange, Rue C 1/2
M.S. Beving, Rue D 2
Muhlenweg D 1/2
Münster, Rue B 2
Mur, Rue de C 3

M. Welter, Rue C 1
M. Weyer, Rue D 2

N
Namu, Rue de C 1
Nassau, Rue C 1
Neudorf, Rue du B 3
Nic van Werveke, Rue C 1
Nord, Rue du B 2
Nôtre Dame, Rue B 1/2
N. Ries, Rue A 1
N.S. Pierrt, Rue A 1
N. Welter, Rue B 1

O
Orange, Rue d' C 1

P
Paix, Rue de la C 2
Parc, Rue du D 2
Pasteur, Avenue A 1
P. Blanc, Rue D 2

P. d'Aspelt, Rue B 1
P. de Coubertin, Rue C 3
P. de Mansfeld, Allée B 2/3
Pescatore, Avenue B 2
Pétrusse, Boulevard de la C 1/2
Pétrusse, Montée de la C 2
P. Eyschen, Boulevard A 1/2
Pfaffenthal, Montée de B 2
P. Hentges, Rue C 2
Philippe II, Rue B 2
Pierre Krier, Rue D 2/3
Place A. Engel C 2
Place A. Laurent A 1
Place Bains B 2
Place d. l'Etoile B 1
Place d'Armes B 2
Place de Bruxelles B 1
Place de l'Europe A 3
Place de la Constitution B 2
Place de la Gare C/D 2
Place de Metz C 1/2

Place de Nancy C 1
Place de Paris C 2
Place de Strasbourg C 1/2
Place des Martyres C 2
Place du F. Wallis C 2
Place Jeanne d'Arc D 3
Place Lèon XIII D 2
Place Saint-Willibrord D 3
Place Sauerwiss D 1
Place SS Pierre et Paul D 1
Place Virchow C 2
Place W. Churchill B 1
P. Maisonnet, Rue D 3
Pont Romy, Rue du D 3
Pont, Rue du B 2
Porte Neuve, Avenue de la B 1
Porte Neuve, Avenue de la B 2
Prague, Rue de C 2
P. Raphael, Rue du D 1

Prés, Rue des D 3
Prince Henri, Boulevard B 1
P. Thinnes, Rue D 3
Puits, Rue des D 2
Pulvermuhl, Rue de C 3

R
Rems, Rue d. C 2
Rénert, Rue C 1
Resist.et d. Déportés, Allée B 1
Robert Schuman, Round-point A 1
Rollingergrund, Rue de B 1
Romais, Rue des C 2/3
Roses, Rue des A 1
Royal, Boulevard B 1/2
R. Poincaré, Rue C 1
R. Schuman, Boulevard A/B 1/2
R. Weimerskirch, Rue D 1

S
Saint Mathieu, Rue A 2
Saint Quirin, Rue C 2
Saint Ulrich, Rue C 2
Salzhof, Rue C 1
Scheffer, Allée A/B 1
Schiller, Rue C 2
Séjourné, Rue C 1
Semois, Rue de la B/C 1
Septembre X, Avenue du B 1
Sigismond, Rue D 2
Sosthène-Weis, Rue B 2
Stavelot Raspert, Rue A 2
Strasbourg, Rue de C 1/2

T
T. Bourg, Rue D 1
Thionville, Route de D 2
Toison d'Or, Rue de la C 1
Tony Dutreux, Rue D 3
Tour Jacob, Rue de la B 2/3
Trèves, Rue de B 2/3

Trèvires, Rue des C 2
Troi Glands, Rue des B 2

V
Vallée, Rue de la C 1
Vauban, Rue B 2
Verger, Rue du C 2
Vianden, Rue de C 1
Victor Hugo, Avenue A 1
V. Thorn, Boulevard B 2

W
Willmar, Rue A 1
Wilson, Rue C 2
Wiltz, Rue de D 2/3
W. Turner, Rue D 3

X
X. de Feller, Rue D 2/3

Z
Zithe, Rue C 1/2

Magdeburg

A
Adelheidring C 1
Agnetenstr. A 2
Albert-Vater-Str. A/B 1
Albrechtstr. B 1
Alemannstr. A 2
Alter Markt B/C 2
Altes Fischufer B 2
Alwin-Brandes-Str. C 3
Am Buckauer Tor D 1
Am Charlottentor C 3
Am Cracauer Tor C 3
Am Sudenburger Tor D 1
Am Weinhof A 2
Am Alten Theater C 1
Am Dom C 2
Am Krökentor B 2
Am Winterhafen C 3
An der Steinkuhle A 1
Anhaltstr. C 1
Arkonastr. B 3
Askanischer Pl. B 3

B
Bachstr. A 2
Badestr. C 3
Bahnhofstr. C/D 1,
Bandwirkerstr. C 3
Bärstr. C 2
Beethovenstr. A/B 2
Behringstr. C 1
Bei (B.) der (d.) Hauptwache B/C2
Berta-von-Suttner-Str. B 1
Blaubeilstr. B 2
Bölschestr. D 1
Brandenburger Str. B 1
Breiter Weg B/C 2, C/D1
Brückstr. C 3
Bruno-Wille-Str. B 1

Büchnerstr. C/D 3
Bürgelstr. D 1/2

C
Carl-Miller-Str. D 1
Cracauer Str. C 3

D
Damaschkepl. B 1
Danzstr. C 1/2
Denhardtstr. B 2
Diesdorfer (Diesd.)-Str. C 1
Dompl. C 2
Domstr. C 1/2
Dräsekepl. A 3

E
Editharing B 1
Einsteinstr. D 1
Elbuferpromenade B/C 2, B3
Endelstr. A 2/3
Engel-Privatweg A 1
Erich-Weinert-Str. D 1
Ernst-Lehmann-Str. A 3
Ernst-Reuter-Allee C 1-3
Erzberger Str. B 2

F
Falkenbergstr. B 2
Faßlochsberg B 2/3
Feuerbachstr. D 1
Franckestr. C 1
Freiherr-vom-Stein-Str. B 1
Freiligrathstr. B 1
Friedenspl. C 1
Friedrich-Naumann-Str. B 1
Fürstenwall C 2

G
Gagernstr. B 1
Gareisstr. A/B 2
Gartenstr. B 3
Geißlerstr. D 1
Gellertstr. B 1
Goldammerweg A 1
Goldschmiedebrücke C 2
Gouvernementsberg C 2
Grabbestr. A 1
Gröperstr. A 2
Große (Gr.) Klosterstr. C 2
Große (Gr.) Münzstr. B 1/2
Große (Gr.) Steinernetischstr. B 2
Große (Gr.) Weinhofstr. 2
Gustav-Adolf-Str. B 2
Gutenbergstr. A 2

H
Haeckelstr. C 1
Halberstädter Str. D 1
Hallische Str. D 1
Hammersteinweg D 1/2
Hansaweg A 3
Harnackstr. D 1
Hartstr. C 2
Hasselbachpl. D 1
Hasselbachstr. C 1
Haydnpl. A 2
Hebbelstr. B 1
Hegelstr. D 1
Heinrich-Heine-Pl. D 2
Heinrich-Heine-Weg D 2
Hellestr. D 1
Henning-von-Tresckow-Str. A 2
Herderstr. B 1
Heydeckstr. C 1
Himmelreichstr. C 2

Hohenstaufenring A 2
Hohepfortestr. A/B 2/3
Hohepfortewall B 2
Humboldtstr. D 1
Huttenstr. B 1

I
Insleber Str. A 2

J
Jakobstr. B/C 2
Jean (J.)-Burger-Str. D 1
Johann (Joh.)-Gottlieb-Nathusius-Ring B 3
Johannes-Kirsch-Str. A 3
Johannisbergstr. C 2
Julius-Bremer-Str. B 2

K
Kahnstr. C 3
Kaiser-Otto-Ring A 2, B 1/2
Kantstr. C 1
Katzensprung B 2
Keplerstr. C/D 1
Kleine (Kl.) Münzstr. B/C 2
Kleine (Kl.) Schulstr. B 2/3
Kleiner Stadtmarsch C/D 2
Kleiner Werder C 2/3
Klewitzstr. D 1
Kölner Pl. C 1
Kreuzgangstr. C 2
Krügerbrücke C 2
Küferstr. A 3
Kühleweinstr. A 2
Kutscherstr. B 2

L
Leibnizstr. C 1/2, D1
Leipziger Str. D 1
Leiterstr. C 1/2

Lennestr. D 1
Liebigstr. D 1
Lienhardstr. B 1
Liliencronstr. B 1
Lingnerstr. B/C 3
Listemannstr. B 2
Lorenzlust A 1
Lorenzweg A 1/2
Lüneburger Str. A 2

M
Magdeburger Ring A-C1
Margarethenstr. B 2
Markgrafenstr. B 3
Materlikstr. C 2
Maxim (M.)-Gorki-Str. B 1
Max-Josef (J.)-Metzger-Str. C 1
Max-Otten-Str. B 2
Maybachstr. C/D 1
Mittelstr. B/C 3
Moldenstr. A 2/3
Moselstr. A 2
Motzstr. B 1
Mozartstr. B 1/2
Mühlenstr. B 2
Münchenhofstr. A 1/2

N
Neustädter Str. B 2
Niemeyerweg D 2

O
Olvenstedter Str. B 1
Oststr. B/C 3
Ottenbergstr. A 3
Otto-von-Guericke-Str. B/C 1, B 2

P
Papenburg-Privatweg A 3

Pappelallee A 2
Peter-Paul-Str. A 3
Peterstr. B 2
Petriförder B 2
Pfälzer Str. B 2
Planckstr. D 1

R
Ratswaagepl. B 2
Ravensbergstr. B 1
Regierungsstr. C 2
Reimarusweg D 2/3
Remterg. C 2
Richard (Rich.)-Wagner-Str. A/B 2
Rödelstr. B 1
Rogätzer Str. A 3
Rollenhagenstr. A 2
Röntgenstr. B 1
Roseggerstr. B 1
Rötgerstr. B 3

S
Sachsenring D 1
Salzwedeler Str. A 3
Sandtorstr. A/B 3
Schartaustr. A 3
Schellingstr. D 1
Schifferstr. A 3
Schinkelstr. A 2
Schlachthofweg D 1
Schleinufer D 1, C/D2, B 2/3
Schleusenstr. C 2
Schweriner Str. B/C 1
Seilerweg D 2/3
Seumestr. D 1
Sickingenstr. B 2
Sieverstorstr. A 2
Stadtparkstr. C/D 2
Sternbrücke D 1/2

Sternstr. D 1
Steubenallee D 1
Stolzestr. B 1
Stresemannstr. B 1

T
Telemannstr. A 2
Tränsberg B 2
Turmschanhenstr. C 3

U
Uhlichstr. B 1
Ulrichpl. C 1/2
Universitätspl. B 2

V
Viktor-von-Unruh-Str. B 1
Virchowstr. B 1/2

W
Wallonerberg B 2
Walther-Rathenau-Str. B 1-3
Wasserstr. B 3
Weidenstr. B 3
Weinbergstr. A 2/3
Weitlingstr. B 2
Windrosen-Privatweg A 1
Wiltenberger-Pl. A 3
Willy-Brandt-Pl. C 1
Wittenbergerstr. A 3

Z
Zitadelle C 2
Zollstr. B/C 3

L

M

Malmö

A
Adelsgatan A 2
Agnesg. B 1/2
Ahlmannsgatan C 2
Albinsrogatan D 1
Algatan D 3
Almbacksg. B 2
Almh.g. D 3
Almhögsplan D 3
Amiralsbron B 2
Amiralsgatan B 2/3, C 3
Andréegatan B 3
Andréelundsv. B 2
Annebergsgatan C 1/2, D 2
Asp.g. D 3
Aug. Palmsplats B 2
Augustenb.g. D 3

B
Backav. D 2
Baltiskavägen C 1

Baltzarsgatan A 2
Banérsgatan B 1
Bangatan C 2
Barkgatan C 2
Barkmansg. C 2
Bassängkajen A 1/2
Beijerskajen A 1
Bergsgatan B/C 2
Bertrandg. B 3
Betaniaplan B 2
Bildesg. B 3
Bisittareg. D 1
Björkgatan C 3
Blekingborgsg. D 2
Bokgatan C 3
Bolagsg. B 2
Borgmäst.g. B 2
Bragegatan D 2/3
Brandm.g. C 2
Bredg. A 3
Brobygatan C 3

Brogatan B 2
Byggmästaregatan A 3

C
Carl Gustafsväg C 1/2
Carl Hersl.g. B 1
Carl Hillsgatan B 1
Carlsgatan A 2/3
Centralpl. A 2
Citadellsvägen A 1/2
Claesgatan C 2
Cronquistsgata D 2

D
Dalaplan B 2
Dalslandsg. D 2
Dammfrigången C 1
Davids Hallsgatan B 2
Davids Hallstorget B 2
Disponentgatan B 3
Djäknegatan A 2
Döbelnsgatan A 3

Drottn.-torget A 2
Drottninggatan A 3, B 2/3

E
Edward Lindahlsgatan B/C 1
Engelbrektsgatan A/B 2
Eric Perssonsväg D 1
Erik Dahlbergsgatan B 2/3
Eriksfältsgatan D 2
Eriksrog. B 1
Erikstorpsgatan B 1
Eslövsgatan B/C 3
Estlandsgatan D 2
Exercisgatan A/B 3

F
Falkenbergsvägen C 2/3
Falkmansg. C 1
Falsterbogatan C 3
Fersensväg B 1
Finlandsgatan D 2
Fiskehamnsgatan A 1/2

Flensburgsgatan D 2
Fosievägen D 2
Frans Suells G. A 2
Fredmansg. B 3
Fredriksbergsgatan A 3
Frejag. D 3
Fricksg. C 2
Frihamnsviadukten A 3
Friisgatan C 2
Fågelbacksgatan B 1
Fänriksg. B 2/3
Föreningsgatan B 2/3

G
G. Möllers g. B 2
Gabriel Jönssonsg. A/B 3
Gasverksg. A/B 2
Grynbodgatan B 1/2
Gråbr. g. A 2
Grönegatan A 2/3
Gustaf Rydbergsg. B 1
Gustav Adolfs torg B 2

H
Hallingsgatan C/D 1
Hamng. A 2
Hantverkaregatan B 2/3
Hasselgatan C 3
Hedemorag. D 3
Helmfeltsgatan B 1
Helsingborgsgatan B/C 2
Henrik Smithsgatan B 2/3
Hjalmar Gulbergsg. B 3
Hjälmarekajen A 2
Holmgatan B 2
Hornsgatan A 3
Hospitalsg. A 1
Humlegatan A 2
Husarg. A 2/3
Hyreg. A 1/2
Hörbyg. C 3

I
Idunsgatan D 2/3
Industrig. B 3

Ingenjörsgatan D 1/2
Ivög. C 2

J
J. Filsg. A 1/2
Jakob Möll.g. B 3
Jakob Nilsg. A 1
Jespersgatan D 3
John Ericssons väg C 1/2, D 2
Jons Risbergsg. D 2
Jörg. Ankersgatan B 2

K
Kalendegatan A/B 2
Kamrergatan B 2/3
Kapellgatan B 2
Kaptensgatan B 2
Karlsh.g. C 2
Karlskronaplan C 3
Kasinog. B 2
Kastellg. B 1

Kattsundsg. A 2
Kilian Zollsgatan B 1
Klaragatan C 2/3
Klerkg. C 2
Klosterg. B 2
Kommend.g. B 2
Kompanig. A 2
Konduktorsg. A 3
Kopparbergsgatan C 3
Kornettsgatan B 2/3
Korsg. A 3
Korsörvägen C 1
Kramersv. B/C 1
Kristianstadsgatan C 2/3
Kronborgsvägen B/C 1
Krutmeijersgatan B 1
Kung Oscars väg B 1
Kungsgatan A 3, B 2/3
Kyrkog. A 2
Kärleksg. B 2
Köpenhamnsvägen C 1
Köpmansgatan D 3

L
L. Kvarng. A 2/3
Lagmansgatan D 1/2
Landbyg. A 2
Landmannagatan C/D 3
Ledebursg. B 2
Lilla Nygatan B 2
Lillatorg A 2
Lindgatan D 3
Linjeg. D 2

Linnéplatsen B 1
Listergatan C 3
Lorensborgsgatan C 1
Lugnagatan B 2
Lundbergsg. B 1
Luthersg. C 3
Långgårdsgatan A/B 1/2
Löjtnantsgatan B 2
Lönngatan C/D 2/3

M
M. Danielsgatan B 3
M. Nilsg. A 2
Majorsg. B 2
Malmg. A 3
Malmöhusvägen A 1
Margaretavägen C 1
Mariagatan B/C 3
Maribug. B 1
Mariedalsvägen B/C 1
Marsg. A 2
Merc.g. A 2
Mogensg. D 3
Monbijougatan B/C 2
Mosaiskbegravningspl.
    B 3
Munkg. B 2
Munkhätteg. D 3
Mäster Henriksgatan B 3
Mäster Johansgatan A/B 2
Mäster Palmsgatan B 3
Möllevångsgatan C 2
Möllevångstorget C 2

N
Navig.g. A 2
Neptunibron A 1
Nikolaigatan C 2
Nobeltorget C 3
Nobelvägen C 2/3, D 2
Norden Skioldsgatan A 1
Norra Neptunigatan A 1
Norra Parkgatan C 2/3
Norra Skolgatan B 3, C 2/3
Norra Vallgatan A 1-3
Norregatan A 2
Närkesg. D 2

O
Osbygatan C 3

P
Palmgatan C 2/3, D 3
Paulibron B 2
Paulsg. D 2/3
Per Weijersg. B 2
Per Albin Hanssons väg D 2
Peterstorpsv. A 1
Petribron A 2
Pildammsvägen B 1/2,
    C 2, D 1/2
Porslinsg. A 3

R
R. Wallenbergspl. B 2
Randersv. C 1
Rasmusgatan D 3

Regementsgatan B 1
Repsl. g. A 1
Ribevägen C 1
Rolfsgatan C/D 3
Ronnebygatan B/C 3
Rosenlundsgatan C/D 2
Roskildevägen C 1
Rundelsgatan A 2
Rådmansgatan C 2
Rättsvägen D 1
Rönng. B 2
Rörsjögatan A/B 2

S
S. Förstadsgatan C/D 2
S. Långg. B 2
S. Vallgatan B 2
Sankt Johannesgatan B/C 2
Sankt Knutsväg B 3
Sevedsgatan D 3
Sevedsplan D 3
Skeepsgatan A 1
Sigtunagatan C 2
Simrishamnsgatan C 2/3
Själbodg. A 2
Själlandstorget C 1
Skansgatan A 3
Skanörsg. C 3
Skeppsbron A 2
Skeppsbyggaregatan A 1
Skomak.g. A 2
Skvadronsgatan B 1
Slottsbron A 1

Slottsgatan A/B 1
Slussbron A 3
Slussgatan A 3
Slussplan A 3
Slöjdg. C 2
Smedjegatan C 2
Smål.g. D 2
Snapperupsgatan A/B 2
Sofielundsvägen C 2/3
Solt.-plan C 2
Sorgenfrivägen B 3
Spånehusvägen B/C 3
Spångatan B 2
Spårvägsgatan C 2
St. Knutstorg B 3
St. Paulikyrkog. B 3
Stadiongatan D 1/2
Stadt Hamb.g. B 2
Stenbocksg. B 3
Stensjögatan D 1
Stora Kvarngatan A 2/3
Stora Nygatan A 2, B 1/2
Stora Trädgårdsgatan A 2
Stora Varvsgatan A 1
Storgatan B 1/2
Stormg. A 2
Stortorget A 2
Sturegatan B 3
Stålbr.g. D 2/3
Stålg. B 2
Suellsbron A 2
Särlag. D 3
Södergatan A/B 2

Södervärnsgatan C 2
Södervärnsplan C 2
Södra Fisktorget C 2
Södra Förstadsgatan B 2
Södra Neptunig. A 1
Södra Parkgatan C 2
Södra Promenaden A/B 2
Södra Skolgatan C 2
Södra Tullg. B 2
Sölvesborgsg. C 3

T
Tegelgårdsg. A 1/2
Teknikerg. D 1
Tellusg. A 2
Tessinsväg B 1
Thottsgatan B 1
Torggatan B 2
Trelleborgsgatan C 3
Triangeln B 2
Trälleborgsvägen D 2
Tuborgsgången C 1
Tågmast.g. A 3
Törnskärsgatan B/C 1

U
Uddeholmsgatan D 3
Upplandsgatan C 2
Uppsalagatan C 2
Utställningsg. A 2

V
V. Kanalg. B 2

Varbergsg. C 2
Vendelsfridsgatan D 1
Vintergatan A 2
Värmlandsgatan D 2
Värmlandsplan D 2
Västergatan A 1/2
Västmanlandsg. D 2
Västra Rönneholmsvägen
    B 1

Y
Ystadsgatan
    C 2/3
Ystadvägen D 2/3

Å
Åmålsg. D 2

Ä
Ängelholmsgatan C 2
Ärtholmsväg. D 1

Ö
Ö. Kanalg. B 2
Ö. Tullgatan A 2/3
Örsholmsgången C 1
Östergatan A 2
Österportsg. A 3
Östra Förstadsgatan A 3
Östra Kristinelundsv.
    B 1
Östra Promenaden A 3

Odense — Cityplan I City map I Plan de ville I Plattegrond I Plán města I Plan miasta I Bykart I Stadskarta I Kaupunkikartta I Bykort • **31**

M
O

A
Absalonsgade B 3
Adamsgade A 3
Adelgade B 3
Albani Torv B 3
Albanigade B 3
Alexandragade B 3
Allegade B 2/3
Ambrosius (Amb.)
    Stubs Vej A/B 1
Ansgargade B 2
Astrupvej A 4
Asylgade B 2

B
B. Bangs Gade
    A/B 1
Bangs Boder A/B 3
Benedikts Plads B 3
Benediktsgade B 3
Bernstorffsvej C 3
Bispegata C 4
Billesgade A 3
Bispevænget A 4
Bjergegade B 3
Bjerregårdsvej
    C 3/4
Borgervænget A 3
Bormholmsgade A 3
Brandts Passage B 2
Bredalsvej B 4
Bredstedgade A 3
Brummers Plads B 1
Bryggegangen C 4
Buchwaldsgade (Buchw.g.)
    A 2

C
Carlsgade B 3
Christiansgade B 3/4
Christiansvænget B 4

Claus Bergs Gade B 3
Colbjørnensvej C 3

D
Dagmargad B 3
Danmarksgade A 3/4
Dannebrogsgade A 2/3
Dansestr. B 3
Drewsensvej B 3/4
Dronning Louises Vej A 1
Dronning Olgas Vej A 1
Dronningensgade B 1/2
Drosselvej A 4

E
Edvard Brandesgade B 3/4
Ejlskovsgade A 2
Engelstoftsgade A 3
Enggade A 3
Eriksgade B 4

F
Fabersgade A 3
Falen B/C 1, B 2
Filosofgangen B 2
Filosofhave B 2
Fisketorvet B 3
Fjordsgade A/B 1
Flakhaven B 2/3
Fredensgade B 3
Frederiksgade B 3
Frue Kirkestræde B 3
Fynsgade A 4
Fælledvej B 1
Færogade A 4

G
Gammel Glentevej A 4
Gartnerhaven B 4
Georgsgade B 3/4
Gerthasminde B 2

Glentevej A 4
Godthåbsgade B/C 3
Gormsgade B 3
Gravene B 2/3
Gråbrødre Passagen B 2
Grønlandsgade A 3/4
Grønløkken B 1
Grønløkkevej B/C 1
Grønnegade B 2
Guldbergsvej B 3
Gyldenlovesgade B 4

H
H. C. Andersens Gade C 3
H. C. Andersens Torv A 3
H. Rasmussens Vej B 4
Hans (H.) Jensens Stræde
    A 3
Hans Mules Gade A 3
Hans Tausensgade A 2
Haraldsgade B 3/4
Haugstedsgade B 1
Heden C 1
Heltzensgade A 3
Hjallesevej B/C 3
Hjortebjergvej C 4
Holsedore B 2
Horsetorvet B 2
Hunderupvej B 2/3, C 3

I
I. Vilh. Werners Plads B 3
Islandsgade A 4
Istedvængade C 2

J
J. C. la Coursvej C 3
Jagdvej C 2/3
Jarlsberggade A 2
Jens Benzons Gade B 1/2
Jernbanegade A/B 2

Johannevej A 1
Jomsborgvej A 4
Juelsgade A 3

K
Kanslergade B 1
Karen Brahes Vej B 3
Kastanievej C 2/3
Kertemindestien A 4
Kildemosevej B 1
Kingosgade B 1
Kirkegårds Alle B 2
Klaregade B 3
Klosterbakken B 2/3
Klostervej A/B 2
Kochsgade A 3/4
Kong Georgs Vej A 1
Kongensgade A/B 2
Kottesgade A 2
Kragsbjergsvej
    B 3/4, C 4
Kragsbjergvænget
    B 3/4
Kronprinsensgade B 3
Krudthusgade B 1
Kræmmervænget A 3/4

L
Lahnsgade C 2/3
Langegade B 3
Langelandsgade A 4
Langelinie C 2
Lerchesgade A 2
Lille Danse Str. B 2/3
Lille Glasvej B 1
Lille Gråbrødrestr. B 2
Lindealle A 4
Lollandsgade A 4
Lotrups Gård B 2
Læssøgade C 2
Løkkemarken A 1

M
Mageløs B 2
Middelfartvej B 1
Moltkesvej C 3
Munkebjergvej C 3/4
Munkemøllestræde B 2
Møntestr. A/B 3

N
Nansensgade B 4
Nedergade B 3
Nonnebakken B 2/3
Ny Kongevej A 1
Ny Vestergade B 2
Nyborgvej B 3/4
Nyenstad A 2/3
Næsbyvej A 1/2
Nørregade A 2/3, B 3

O
Odense Å Sti B/C 2, B 4
Odinsgade B 2
Olaf Ryes Gade B 2
Oluf Bagers Gade C 3
Overgade A/B 3
Overstræde A/B 3

P
Paaskestr. B 3
Palnatokesvej A/B 4
Pantheonsgade B 2
Pientedamsgade A 3
Platanvej C 2
Plumsgade A 3
Pogestræde B 2
Prinsesses Maries Alle A 1

R
Ramsherred A 3
Reventlowsvej B 3/4
Ridehusgade A 3

Roersvej B 1
Rosenbæck Torv B 2
Rosengade A 3
Rosengårdsvej C 3/4
Rosenhave B 2
Rosenlunden C 3
Rostachergata C 4
Rugårdsvej A 1/2
Rylevej A 4
Rødegårdsvej
    B 3/4, C 4

S
Sadolinsgade C 2
Schacksgade B 4
Sdr. Boulevard
    B 2, C 1/2
Seebladsgade A 2
Segelckesvej B/C 3, C 4
Sigvaldsvej B 4
Skibhusvej A 3
Skt. Anne Plads B 2
Skt. Anne Str. B 2
Skt. Gertruds Stræde
    B 2
Skt. Hans Plads A 2
Skt. Jørgens Engen A 3
Skt. Jørgens Gade A 3/4
Skt. Jørgens Haven A 4
Skt. Knuds Gade B 3
Skulkenborg A 3
Slotsgad B 2
Slotsvænget A 2
Smedestræde B 2
Sortebrødre Str. A 3
Sortebrødre Torv A/B 3
Stehen Bachs Vej A 1
Steinsgade A 4
Store Glasvej B 1
Store Gråbrødrestr. B 2
Stålstræde B 2/3

T
Tesdorpfsvej C 3/4
Thomas B. Thriges Gade
    A 2/3, B 3
Thorsgade B 2
Thuresensgade B 4
Tinghusgade B 3
Toldbodgade A 1/2
Tværgade B 3

U
Unsgaardsgade A 3

V
Valdemarsgade B 3
Vandværksvej B 1/2
Vesterbro B 1/2
Vestergade B 3
Vestre Stationsvej
    B 1/2
Vibevej A 4
Vikingevej A/B 4
Vindegade B 2
Vintapperstæde B 2

W
Wichmandsgade A 1/2

Ø
Østerbro A 3/4
Østerbæckvej B/C 4
Østergade A 3
Østerled B 4
Østervænget A 3
Østre Stationsvej A 2/3

Å
Ådalen C 2
Åløkke Alle A 1
Åløkkehaven A 1
Åløkkevænget A 1

Oslo — Cityplan I City map I Plan de ville I Plattegrond I Plán města I Plan miasta I Bykart I Stadskarta I Kaupunkikartta I Bykort • **32**

A
Akersbakken
    A 3/4
Akersveien A 3
Amaldus Nielsens plass
    A 1/2
Apotekert gate B 3
Arbeirdersam fundets-
    plass A 1
Arbins gate B 2

Arne Garborgs plass B 3
Arno Bergs plass A 2

B
Balchens gate A 1
Balders gate A/B 1
Biskup Gunnerus Gate
    B 4
Bislett gata A 3
Bjerregaards gate A 3

Bjørn Farmanns gate B 1
Brenneriveien A 4
Briskebyveien A 2
Bygdøy allé A/B 1/2

C
Calmeyers gate B 4
Camilla Colletts veien A 2
Casparis gate A 3/4
Christian Krøghs gate B 4

C. I. Hambros plass B 3
Colbjørnsens gate B 2

D
Daas gate A 2
Dalsbergstien A 3
Deichmans gate A 4
Dokkveien B 2
Donning Eufemias gata
    C 4

Dops gate A 3
Dovre gata A 3
Dronningens gate B/C 3
Dronningparken B 2
Dybwads plass B 2

E
Eckersbergs gate A 1
Elisenbergveien A 1
Elsters gate A 1/2

Erling Skjalgsson gate A 1
E. Sundts gate A 2

F
Falbes gate A 3
Falsens gate A 4
Fearnleys gate A 2
Fossveien A 4
Fougstads gate A 3
F. Qvams gate A 3

Framnesveien B 1
Fred. Olsens gate B/C 3/4
Fredensborgveien A 3/4
Fredensborgveien A 3/4
Frederik Stangs gate A/B 1
Frimanns gate A 3
Frogner plass A 1
Frognerveien A/B 1/2
Frydenlund gate A 3
Fuglehaug gate A 1

G
Gabels gate B 1
Gange-Rolvs gate B 1
Geitmyrsveien A 3
Gimleterrasse B 1
Gimleveien A 1
Gjørstads. A 2
Glacisgate C 3
Grensen B 3
Grubbegata B 3
Grüners gate A 4
Grønlandsleiret B 4
Grønnegata A 2
Gustavs gate A 2
Gyldenløves gate A 1/2

H
H.Heyerdahls gate B 3
Haakon VII´s gate B 2
Halvdan Svartes Gt. A 1
Hammerborggata B 4
Hausmanns gate A/B 4
Havnegata B 4
Havrsfjordgata A/B 1
Haxthausens gate A/B 2
Hegdehaugsveien A 2/3
Heia A 1

Helgesens gate A 4
Henrik Ibsens gata B 2
Herslebsgate A 4
Hjelms gate A 2
Holmboes gate A 2
Holtegata A 2
Homansbakken A 2
Huitfeldts gate B 2

I
Ibsens gate B 4
Iduns gate A 4
Industrigata A 2
Inkognitogata A 2
Inkognitoterrasse B 2

J
J. Aalls gate A 1/2
Josefines gate A 2

K
Karl Johans gate B 3
Keysers gate B 3
Kirkegata B/C 3
Kirkeveien A 1
Klingenberggate B 3
Knud Knudsens plass A 3

Kongensgate C 3
Kristian Augusts gate B 3
Kristian IV´sgate B 3
Kristinelundveien A 1
Kronprinsens gate B 2

L
Leiv Erikssons gate B 1
Louises gate A 3
Løkkeveien B 2
Lørdahls plass A 3

M
M. Hansens gate A 2/3
Majorstuveien A 2
Mariboes gate B 4
Maries gate A 2
Maridalsveien A 4
Markveien A 4
Maudsgate B 2
Meltzers gate A/B 2
Middelthuns gate A 1/2
Moes gate A 2
Mogens Thorsens gate B 1
Munchs gate B 3
Munkedamsveien B 2/3
Munthes gate A 1

Myntgata C 3
Møllerveien A 4

N
Neuberggata A 2
Niels Jules gate A/B 1/2
Nobels gate A 1
Nordahl Bruns gate A 3
Nordraaks gate A 1
Nordre gate A 4

O
Observatoriegata B 2
Odins gate A 1
Olaf Ryes plass A 4
Ole Fladagers gate A 2
Operatunnelen C2-C4
Oskars gate A/B 2
Osterhaus gate A/B 4

P
Parkveien A/B 2/3
Pilestredet A/B 3
President Harbitz gate A/B 2
Prinsens gate B 3/4
Pilestredet A 2

Prof. Dahls gate A 1
Prof. Dahls gate A 1/2

R
Revierstredet C 3
Riddervolds plass A 2
Rosenborggata A 2
Rosenkrantz gate B 3
Ruseløkkveien B 2
Rostockergata C 4
Rådhusgata B/C 3

S
Sankt Olavs Pilestredet B 3
Schives gate A 2
Schleppegrells gate A 4
Schweigaards gata C 4
Schweigaards gate B 4
Seildusksgata A 4
Sigyns gate A 1
Skillebekk plass B 1
Skippergata B/C 3
Skovveien A/B 2
Slottsparken A 2
Sofienberg gata A 4
Sofies gate A 3

Solheim gata A 1
Solheim plass A 1
Sommerrogate B 2
Sophus Lies gate B 1
Sorgenfrigata A 2
Sporveisgata A 2
St.Olavs plass B 3
Steenstrups gata A 4
Stenersgata B 4
Stensberggata A 3
Storgata B 4
Stortings gate B 3
Strandgata B/C 4
Søndregate A 4

T
Telthusbakken A 3/4
Thomas Heftyes gate A/B 1
Thor Olsens gate A 3
Tidemans gate A 1
Toftes gate A 4
Tollbugata B 3/4
Tordenskiolds gate B 3
Torggata B 3/4
Tostrups gate A/B 1
Trondheimsveien A 4

U
Uelands gate A 4
Ullevålsveien A 3
Underhaugsveien A 2
Uranienborgveien A 2

V
Vibes gate A 2

W
Waldemar Thranes gate A 3
Welhavens gate A 2/3
Wergelandsveien A 2/3
Wessels gate A 3
Wessels plass A 3
Wilhelms gate A 3
Wilses gate A 3/4

Z
Zetlitz gate A 3

Ø
Øvre Slottsgate B 3
Øvre Vollgt gate B 3

Potsdam Cityplan | City map | Plan de ville | Plattegrond | Plán města | Plan miasta | Bykart | Stadskarta | Kaupunkikartta | Bykort ◆ **33**

A
Affengang B 1
Albert-Einstein-Str. C 3
Allee nach Sanssouci B 2
Alleestr. A 3
Alt Nowawes B/C 4
Am Alten Markt B 3
Am Babelsberger Park B 4
Am Bassin A/B 3
Am Grünen Gitter B 1/2
Am Havelblick C 3
Am Jägertor A 2
Am Kanal B 3
Am Lustgartenwall B 2
Am Neuen Garten A 3
Am Neuen Markt B 2
Am Obelisk A 2
Am Platz der Einheit B 3
An der Einsiedelei A 1/2
An der Orangerie A 1
Auf dem Kiewitt B/C 1

B
Babelsberger Str. B 3
Bäckerstr. B 2
Bahnhofspl. B 3
Bassinpl. A 3
Behlertstr. A 3
Benkertstr. A 3
Bergholzer Str. C 4

Berliner Str. A 3/4
Bertha-von (v.)-Suttner-Str. A 3
Bornstedter Str. A 1
Brandenburger Str. B 2/3
Brauhausberg C 3
Breite Str. B 2/3
Brentanoweg A 2
Burgstr. B 3

C
Carl-von-Ossietzky-Str. B 1
Charlottenstr. B 2/3
Clara-Zetkin-Str. B 1

D
Dortustr. A/B 2

E
Ebräerstr. B 2
Eisenhartstr. A 3
Eltesterstr. B 3

F
Feuerbachstr. B 1
Fichtestr. B 1
Franz-Liszt-Str. C 3/4
Französische Str. B 3
Friedhofsg. C 3/4

Friedrich (Fr.)-Ebert-Str. A/B 2/3
Friedrich-Engels-Str. C 3/4
Friedrich-List-Str. C 4

G
Geschwister-Scholl-Str. B 1
Glasmeisterstr. (Glasm.-str.) C 4
Gregor-Mendel-Str. A 1/2
Grillparzerstr. B/C 1
Große (Gr.) Fischerstr. B 3
Gutenbergstr. A/B 2/3

H
Hans (H.)-Marchwitza-Ring B 4
Hans-Sachs-Str. B 1
Hans-Thoma-Str. A 3
Hauptallee A 1
Havelstr. B 3/4
Hebbelstr. A 3
Hegelallee A 2
Heilig-Geist-Str. B 3
Heinrich-Mann-Allee C 3
Helene-Lange-Str. A 2
Helmholtzstr. A 3/4

Henning (H.)-von (v.)-Tresckow-Str. B 2/3
Hermann (H.)-Elflein-Str. A/B 2
Hoffbauerstr. B 2
Holzmarktstr. A/B 3
Humboldtring B 3/4

J
Jägerallee A 2
Jägerstr. A/B 2
Johannsenstr. (Joh.-str.) C 4
Joliot-Curie-Str. B 3

K
Kantstr. C 1
Karl-Foerster-Str. B 4
Kastanienallee C 1
Kiezstr. B 2
Kleine Fischerstr. (Kl. F.-str.) B 3
Kleine Gasse (Kl. G.) B 2
Kolonie Daheim C 4
Kurfürstenstr. A 3
Kurze Str. C 4
Küsselstr. C 2

L
Lange Brücke B 3
Leiblstr. A 3

Leipziger Str. C 3
Lennépl. B 1
Lennéstr. B 1/2
Lindenstr. A/B 2
Lotte-Pulewka-Str. B/C 4
Luisenpl. B 2

M
Mangerstr. A 3/4
Mauerstr. A 2
Maulbeerallee A 1
Max-Planck-Str. C 3
Max-Volmer-Str. B 4
Maybachstr. B 1
Meistersingerstr. B 1
Mittelstr. A 2/3
Mühlenbergweg A 2
Mühlenweg A 4

N
Nansenstr. B 1

O
Ökonomieweg B 1
Otto-Nagel-Str. A 3

P
Parkstr. A 1/2
Platz der Einheit B 3
Posthofstr. B 3

R
Reiterweg A 2
Ribbeckstr. A 1
Rubensstr. A 4
Russische (Russ.) Kolonie A 2

S
Schiffbauerg. A 3/4
Schillerpl. B 1
Schillerstr. B/C 1
Schlaatzstr. C 4
Schlaatzweg C 4
Schlegelstr. A 1
Schloßstr. B 2/3
Schopenhauer Str. A 1, A/B 2
Schwertfegerstr. (Schw.-str.) B 2
Seestr. A 3/4
Sellostr. B 1
Siefertstr. B 2
Spornstr. B 2
Stiftstr. B 1

T
Tieckstr. A 2
Tornowstr. C 1/2
Türkstr. B 3

U
Uferweg C 1

V
Voltaireweg A 1/2

W
Wall am Kiez B 2
Weinbergstr. A 2
Werner (W.)-Seelenbinder-Str. B 2
Wielandstr. C 1
Wiesenstr. B/C 4
Wilhelm (Wilh.)-Staab-Str. B 2

Y
Yorckstr. B 2

Z
Zeppelinstr. B 1/2, C1
Zimmerpl. B 1
Zimmerstr. B 2
Zur Historischen (Hist.) Mühle A 1

O

P

S

---

s'Gravenhage/Den Haag Cityplan | City map | Plan de ville | Plattegrond | Plán města | Plan miasta | Bykart | Stadskarta | Kaupunkikartta | Bykort ◆ **34**

A
Abraham Bloemaertstr. B 2
Abraham Van Beyerenstraat B 1/2
Achter Raamstr. A/B 3
Achterom A 3
Agnietenpad A 3
Albert Cuypstr. B 2
Alexanderstraat A 3
Alphenstraat, van C 4
Amaliastr. A 3
Ammunitiehaven B 3
Ammunitiehof B 3
Amstelhof B 4
Amstelstr. B 4
Amsterdamse Veerkade B 3
Anna Bijnslaan B/C 1
Anna Blamanplein B 1
Anna v. Buerenstr. B 4
Annastr. A 3
Antonia Korvezaepark C 3
Apeldoornselaan A 1
Apendans A 3/4
Aprochestr. B 3
Arnold Aletrinoplantsoen B 1
Asmansweg A 2

Assendelftstr. A 2
Assumburgweg C 1

B
Bagijnestr. A/B 3
Bakhulzenstr. A 1/2
Bakkersstr. A 2/3
Barneveldstr. A/B 1
Bassenstr., van A 2
Bautersemstr. A 2
Beatrijsstr. B 1
Beekbergenstr. A 1
Beijersstraat A 1
Berckheydestr. B 2
Beyerinckstr. C 2
Bezemstr. B 3
Bezuidenhoutseweg B 4
Bierkade B 3
Bierstr. B 3
Bij De Westermolens A 2
Bilderdijkstraat A 3
Binckhorstlaan C 3
Binnendoor A 2
Binnenhof A 3
Bleekveld B 3
Bleijenburg A 3
Blekerslaan A 2

Bloemfonteinstraat A/B 1
Bocht van Guinea B 3
Bockstr., de B 1
Boecopkade, v. A 2
Boekhorststraat A/B 2/3
Boer Havestr. C 3
Boerenstr. B 1
Bontekoekade C 3
Bontekoestr. C 3
Boomsluiterkade B 3/4
Boomsluiterskade B 3
Boorlaan A 4
Bosboomstr. B 2
Boschstraat, van d. B/C 4
Boterstr. A 3
Bothastr. A 1
Brandtstraat A 1
Breedstr. A 2/3
Brinckerinckstr. C 1
Brouwersgracht A 2
Brueghelstr. A/B 2
Buitenhof A 3
Buitenom A 2
Buitenom A 2

C
Calandkade C 1/2

Calandplein C 2
Calandstraat C 2
Calliopestr. B 3
Cantaloupenburg A 4
Carolina v. Nassaustr. B/C 4
Casuaristraat A 3/4
Charl. De Bourbonplein B 4
Charl. De Bourbonstr. B 4
Christ. Bruningsstr. B 3
Christiaan de Wetstr. A 1
Christoffel Plantijnstr. B 3
Cilliersstr. A 1
Clioplein B 3
Cliostr. B 3
Colensostr. B 1
Coomhertstr. C 1
Corn. Speelmanstr. A 2
Cort Heyligersstr. A 2
Crispijnstr. A 2
Cronjéstr. A 1
Cruquiuskade C 2/3

D
Da Costastraat A 2
Daendelsstr. B 4
Dagelijkse Groenmarkt A 3
Damhofje A 2

Damstr., v. A 1/2
David Blesstr. B 2
De Haagse Markt B 1
De la Reyweg A/B 1
Delagoastr. A 1
Delftselaan A 1/2
Denneweg A 4
Dierenselaan A 1
Diesenstr., van C 2
Dijckstraat, van B 2
Dintelstr. B 3
Doedijnsstraat B 2
Doelenstr. A 3
Dommelstr. B 3
Dora Tamanastr. A 1
Doubletstr. B 3
Dr. Kuyperstr. A 4
Dunne Bierkade B 3
Durbanstr. B 1
Duynstraat, van der B 3
Dynamostraat B 1

E
Eeckhoutstraat B 2
Eemstr. B 3
Eerbeeklaan A 1
Eerste (1e) de Riemerstr. A 2

Ellekomstraat A 1
Elspeetstr. A 1
Energiestraat B 1
Engelenburgstraat A 1
Enthovenplein C 3
Erasmusweg C 1
Ermelostr. A 1

F
Fabritiusstr. B 1
Fagelstr. B 2
Falckstr. B 2
Fannius Scholtenssstr. B 3
Ferdinand Bolstr. B 2
Ferrandweg C 1
Fijnjekade C 3
Fischerstraat A/B 1
Fluwelen Burgwal B 3
François Valentijnstraat B 4
Frans Halsstraat B 1/2
Frederikstraat A 4
Fronemanstr. A 1
Fruitweg B/C 1

G
Gabriël Metsustraat B 2
Gaslaan A 1

Gedempte Burgwal B 3
Gedempte Gracht B 3
Gedempte Sloot A 2
Geenstr., v. A 2
Geest A 3
Geleenstr. B 3
Gerard Doustraat A/B 2
Geusaustr., von C 4
Glasblazerslaan B 2
Goghstraat, van A 2
Gortmolen B 2/3
Gortstr. A 3
Gouwestr. B 3
Govert Flinckstr. B 1
Gravenstr. A 3
Gravenzandelaan, ,s A 2
Grebbestr. C 3
Griftstr. B 3
Groenesteinstr. A 2
Groenteweg B 1
Groenwegje B 2/3
Grote Halstr. A 3
Grote Markt A 3
Grote Marktstraat A/B 3

H
Haagweide B 3

Hadewychstr. B 1
Halstraat A 3
Hamerstr. B 2
Hannemanplantsoen B 2
Hannemanstr. B 2
Hartogstr. A 3
Hattemlaan A/B 1
Heelsumstraat A 1
Heemstraat, De A/B 1
Heilbronstr. A 1
Hekkelaan B 3
Helena van Doeveren-
plantsoen B 2
Helmersstraat A 2
Helststr., van der B 2
Hemsterhuisstr. A 2
Hendrick Goltiusstraat B 2
Hendrick Hamelstr. B 4
Henrick Hamelplantsoen B 4
Herderinnestr. A/B 2
Herderslaan A/B 2
Herderstr. B 3
Herengracht B 3/4
Herenstr. A 3
Herman Costerstraat A/B 1
Hertzogstraat A 1
Heulstr. A 3
Heumstraat, van C 4
Hillegondastr. A 2
Hobbemaplein A 1
Hobbemastraat A/B 1/2
Hoefkade B 1-3
Hoenderloostr. A 1
Hofje van Nieuwkoop A 2
Hoflandplein B 1
Hofplaats A 3
Hofweg A 3
Hofwijckplein B 3
Hofwijckstr. B/C 3
Hoge Nieuwstr. A 3
Hoge Zand A/B 2
Hogelandsstr., van B 2
Hogendorpstraat, van B 3
Honselersdijkstr. A 2
Honthorststr. B 1
Hooftshofje, ,t A 2
Hooftskade B 1
Hooftskadelaan B 2
Hoog Buurlostr. A 1
Hoogstr. A 3
Hooigracht A 4
Hooikade A 4
Hooistr. A 4
Hoppenbrouwersstr. B 2
Houckgeeststr. B 1
Houtweg A 4
Houtzagerssingel A 2
Huijgenspark B 3
Huijgensstr. B 3
Hulshorststraat A 1
Hunsesstr. B 3

S

I

Ijsselstr. B 4

J

Jacob Catsstraat B 2
Jacob Jordaensplein B 2
Jacob Jordaensstr. B 2
Jacob Marisstraat B 2
Jacob Schorerlaan B 1
Jacob van Campenstr.
(J.v.C.) B 2

Jacobastr. A 2
Jagerstr. A 4
Jan Blankenstr. B 3
Jan de Baenstr. B 2
Jan Evertstr. A 4
Jan Hendrikstr. A 3
Jan Lievensstr. B 2
Jan Ligthartstr. B 2
Jan Pienemanstr. B 2
Jan Pietersz Coenstr. B 4
Jan Staenstr. B 2
Jan Tooropstr. B 2
Jan v. Riebeckplein B 4
Jan v. Riebeckstr. B 4
Jan v. Rodestr. B 1
Jan van Gojenstr. B 2
Jan van Nassaustraat A 4
Johanna Westerdijkplein
C 3
Johannesburgstr. A 1
Joris v. d. Haagenstr. B 1/2
Joubertplantsoen A 1
Joubertstraat A 1
Jozef Israëlslaan A 4
Jozef Israëlsplein A 4
Judith Leysterstr. B 2
Juffrouw Idastr. A 3

K

Kaapseplein B 1
Kaapstraat A/B 1
Kalkoenstr. A 3
Kalvermarkt B 3
Kanonstr. A 4
Karel Roosstr. A 1/2
Katerstraat B 2/3
Kazernestraat A 3
Kemperstr. B 2
Kempstraat A 1
Kerkplein A 3
Kettingstr. A 3
Kikkerstr. B 3
Kissemstr. A 3
Kleine Kazernestr. A 3
Kleine Nobelstraat A 3
Kleine Veenkade A 2
Kneuterdijk A 3
Kockstr. A 1
Koediefstr. B 3
Koekamplaan A 4
Kon. Julianaplein B 4
Kon. Sophiestr. C 4
Koningin Wilhelminalaan
C 4
Koninginnegracht A 4
Koninginnestraat B 2
Koningskade A 4
Koningstraat B 2
Kootwijkstr. A 1
Korte Beestenmarkt A 2
Korte Houtstr. B 3
Korte Koediefstr. B 3
Korte Lombardstraat A 2
Korte Molenstr. A 3
Korte Poten A/B 3
Korte Vijverberg A 3
Korte Vleerstr. A 2/3
Korte Voorhout A 4
Kortenbos A 3
Kraijenhoffstr. B 3
Kranestraat B 3
Kritzingerstraat A 1
Krusemanstr. (Kru.) B 2

L

Laakdiuker C 3
Laakkade C 1
Laakplein C 2/3
Laakweg C 1/2
Laan A 2/3
Laan van Roosen Doom A 4
Lage Nieuwstraat A 2
Lamgroen B 3
Lange Beestenmarkt A/B 2
Lange Houtstr. A 3
Lange Lombardstraat A 2
Lange Poten A 3
Lange Vijverberg A 3
Lange Voorhout A 3
Langnekstraat B 1
Lau Mazirellaan B 1
Laurens Reaelstr. B 4
Lauwersstr. B/C 3
Leeghwaterkade C 3
Leeghwaterplein C 2
Leemansplein C 2/3
Leeuwenhoekstr., van C 3
Lekstraat B 4
Lepelstr. B 2
Lierstr., De A 2
Lijnbaan A 2
Limburg Stirumstr., v. B 3
Lissabon A 3/4
Lissestr., v.d. B 1
Lobattostraat C 2
Looijerstr. B 2/3
Loosduinsekade A 1/2
Loosduinseweg A 1/2
Louis Couperusplein A 3
Louise Henriëttestr. B 4
Lulofsstraat C 2
Lunterenstr. A 1
Luth. Burgwal A/B 3
Lynckerstr. A 1

M

Maanenkade, v. B/C 3
Maasstraat B 3
Mackaystr. A 2
Majubastraat B 1
Maliestr. A 4
Mandelaplein B 1
Marktweg B 1
Mauritskade A 3/4
Meester de Briunplein B 2
Melis Stokelaan B/C 1
Merwedestr. B 4
Mesdagstraat A 4
Meteoorstr. C 3
Miereveltstr., v. B 1
Mierisstraat, van B 2
Mijdrechtstr. B 3
Mijtensstraat B 1
Molenslootstraat C 2/3
Molenstraat A 3
Monstersestr. A 1/2
Muzenplein B 3
Muzenstr. B 3/4

N

Naaldwijksestraat B 2/3
Nassau Bredastr. A 4
Nassau Dillenburgstr. A 4
Nassau Odyckstr. A 4
Nassau Ouwerkerkstr. A 4
Nassau Zuilensteinstr. A 4
Natalstraat A 1

Neerstr., van der A/B 2
Neherkade B 1-3
Netscherstraat A/B 2
Nicolaas Penninghof B 2
Nieuwe Haven B 3
Nieuwe Havendwarsstr. B 3
Nieuwe Molstraat B 3
Nieuwe Schoolstraat A 3/4
Nieuwe Uitleg A 4
Nieuwstr. A 3
Nobelstr. A 3
Noordeinde A 3
Noordstr. A 2
Noordwal A 2/3
Noordwest Buitensingel A 2
Nunspeetlaan A 1

O

Oliënberg A 2
Om En Bij B 2
Oogin't Zeilstr. B 3
Oostduinlaan A 4
Oranjebuitensingel B 4
Oranjelaan B 3
Oranjeplein B 2/3
Oranjerivierstr. A 1
Oranjestr. A 3
Osstr., v. B 2
Ostadestraat, van B 1/2
Oude (O.) Boomgaardstr. A 2
Oude Molstr. A 3

P

Paardenbergstr. A 1
Paleisstraat A 3
Paletplein B 2
Papestr. A 3
Parallelweg B 1/2
Parkstraat A 3
Parnassusplein B 3/4
Pastoorswarande A 3
Paul Krugerlaan A 1
Paul Krugerplein A 1
Paulus Potterstraat B 2
Pavijoensgracht B 3
Pierterstr. A 3
Pieter Bothestr. B 4
Pieter Lastmanstr. B 2
Pieter v.d. Zandestr. A 2
Pietersburgstr. A 1
Plaats A 3
Pletterijkade B 3
Pletterijstraat B 3
Plutostr. C 3
Poeldijksestr. B 3
Pompe v. Meerdervoortstr.
C 4
Porchefstr. B 1
Pretoriusstraat A 1
Prins Bernhardviaduct
B 3/4
Prins Clauslaan B 4
Prins Willem Alexanderhof
B 4
Prins Willem Alexanderweg
B 4
Prinsegracht A 2/3
Prinses Beatrixlaan B/C 4
Prinses Irenepad A 3
Prinses Irenestr. B 4
Prinses Margrietplantsoen
C 4
Prinses Mariestraat A 3/4

Prinses Marijkestr. B 4
Prinsessegracht A/B 4
Prinsessewal A 3
Prinsestr. A 3

R

Raamstr. A 3
Raamstr. A/B 3
Radarstraat B 1
Ravesteinstr., v. B 2
Rechterenstr. C 1
Rederijkerstraat C 1
Regentesselaan A 1
Reggestr. B 3
Reiniershofje B 2
Reitzstraat A 1
Rembrandtstraat A/B 2
Repelaerstraat B 3
Reviusstr. C 1
Rietveltstr. B 2/3
Rijnstraat B 4
Rijswijkseplein B 3
Rijswijksestr. B 2
Rijswijkseweg C 3
Riviervismarkt A 3
Rochussenhof B 2
Rochussenstr. B 2
Rode Leeuwstr. A 2
Rond de Grote Kerk A 3
Rondebosstr. B 1
Rozemarijnstr. B 3
Rozenburgstraat A 2
Rubensstr. A/B 2
Ruijsdaelstraat A 1/2
Ruth Firstplein A 1

S

Saenredamstr. B 1/2
Schaarsbergenstr. A 1
Schalk Burgerplein A 1
Schalk Burgerstraat
A/B 1
Schapenlaan A 2
Scheepersstraat A 1
Scheepmakersstr. B/C 3
Scheldeplein B 3/4
Scheldestraat B 3
Schelfhoutstr. (Sch.) B 2
Schelpkade A 3/4
Schelpstraat A 3/4
Schenkkade C 4
Schenkviadukt B/C 3/4
Schenkweg B 4
Scheveningseveer A 3
Schoolstr. A 3
Schoonhetenstr. C 1
Schoorsteenvegerstr. A 3
Schouwburgstr. A 3
Seghersstr. B 1/2
Severlehofje, van A 3
Sirtemastraat A 2
Slachtuislaan C 2
Slachtuisplein C 2
Slachtuisstr. C 2
Slicherstr. B 2
Slijkeinde A 2
Slijpmolen B 2/3
Smidsplein A 3/4
Smidswater A 4
Smitstraat A 1
Snijdersstraat B 1/2
Snoekstr. A 3
Spaarne Dw.str. B/C 3

Spaarneplein B 3
Spaarnestr. B/C 3
Spekstr. A 4
Spijkermakersstraat A 2
Spinozastr. B 3
Spionkopstr. B 1
Spoorstr. C 4
Springfonteinstr. B 1
Spui A/B 3
Spuiplein B 3
Spuistraat A 3
St. Jacobstr. B 3
Stamkartplein C 2/3
Stamkartstraat C 3
Stationsplein B 3
Stationsweg B 3
Staverdenstr. A 1
Steijnlaan A 1
Stellenboschstraat B 1
Stieltjesstraat C 1/2
Stille Verkade B 3
Stortenbekerstraat B 1/2
Suze Robertsonstr. B 2

T

Tafelbergstr. B 1
Televisiestraat B 1
Telexstraat B 1
Teniersplantsoen B 2
Teniersstr. B 2
Ter Borchstr. B 2
Ter Heydestr. A 1/2
Terletstr. A 1
Terwestenpad B 1
Terwestenstraat B 1
Theodor Stangstr. C 2
Theresiastraat B 4
Til Brugmanplantsoen B 1
Tivolistr. A 2
Tollensstr. A 3
Torenstraat A 3
Tournooiveld A 3
Toussaintkade A 3
Trekvlietplein C 3
Tripstr. A 2
Troelstrakade B/C 1
Troosstraat B 1
Tullinghstr. B 2
Turfmarkt B 3/4
Twentstr. A 2

U

Uddelstr. A 1
Uilebomen B 3
Uitenhagestraat A 1/2
Utrechtse Baan B/C 4

V

Vaalrivierstraat A/B 1
Vaassenstr. B 1
Vaillantlaan A/B 1
Vaillantplein A 2
Varkenmarkt A 2
Vechtstr. B 3
Veenkade A 2/3
Veldestr., van de A 2
Velpsestraat A 1
Veluweplein B 1
Venestraat A 3
Vennestraat, van der B 1/2
Verheeskade C 2
Vermeerstraat B 1/2
Verspronckstr. B 2

Verwerstr. B 3
Viaductweg C 1
Vilegerstraat, De A 1
Viljoenstr. B 1
Visbanken A 3
Vlamingstr. A 3
Vleerstr. A 2
Voldersgracht A 3
Volkerakstr. B 4
Vollevensstr. B 1
Vondelstraat A 3
Voorthuzenstraat A 1
Vos in Tuinstr. A 3/4
Vrijstaathof B 1

W

Waalstr. B 4
Wagenstr. A/B 3
Wagenstr. B 3
Waldorpstraat C 1-3
Warmoezierstr. A 2
Wassenaarseweg A 4
Wateringsestraat A 1/2
Waterloop C 3
Waterloostr. B 2
Weissenbruchstraat A 4
Wellingtonstr. B 2
Wesselsstraat A/B 1
Westeinde A 2/3
Westenbergstr. B 2
Westerbaenstraat A 2/3
Westerlandseplein A 2
Westlandsestr. A 2
Weteringkade B 3/4
Weteringplein B 3/4
Weversplaats A 3
Wijnand Esserhof B 2
Wijnand Nuyenstr.
(W. Nu.) B 2
Wijnhaven B 3
Willem Dreespark C 1
Willem Silvuisstr. B 3
Willemstraat A 3
Wolfhezestr. A 1
Wolmaransstraat A/B 1
Wouwermanstraat B 1/2
Wouwhofje A 2

Z

Zaanstr. B 3
Zamenhofstraat A 2
Zeepziederhof A 2
Z.H.B.-Hoven A 2
Zieken B 3
Zorgvlietstr. A 2
Zoutkeetsingel A 2
Zuid-Hollandlaan A 4
Zuid-Holland-Plein A 4
Zuidwal B 2/3
Zuidwalland B 2
Zuilingstr. A 2
Zusterstraat A 2
Zuydervelthofje A 2
Zuylichemstr. B 3
Zwarteweg B 3/4
Zwetstraat C 3
1 e Laakdwarsweg C 3
1 e Lulofsdwarsstraat C 1/2
1e Haagpoort A 3
1e van der Kunstraat C 2

🇸🇪 **Stockholm** Cityplan | City map | Plan de ville | Plattegrond | Plán města | Plan miasta | Bykart | Stadskarta | Kaupunkikartta | Bykort • **35**

A

Adlerbethsg. C 1
A. Fredriks Kyrkog. B 4
Akutv. B 2
Alstaviksv. D 2/3
Alströmerg. B 2/3
Amarentertrappan C 3
Amiralsv. C 6
Anders (A.) Reimersvägen D 2
Ansgarrieg. D 3/4
Apelbergsg. B 4/5
Armfeltsg. A 6
Arsenalsg. B 5
Artetarg. B 2
Artillerig. A/B 6, B 5
Atlasg. B 3
Atlasmuren B 3
Atterbomsv. C 1

B

Baggensg. C 5
Bågljusv. B 2
Baldersg. A 5
Bältg. A 6
Baltzar (B.) von Platens
Gatan C 3
Banérg. B 6
Bangårdsg. D 5
Bärarv. B 2
Barnst. B 2
Bastug. D 4/5
B.Bergm. g A 6
Beckbrännarbacken D 6
B.Ekehj. g. = Bengt
Ekehjelmsg. D 4/5
Bengt Ekehjelmsg.
(B.Ekehj. g.) D 4/5

Bergarg. D 3
Bergspr. gr. =
Bergsprängargränd
D 6
Bergsprängargränd
(Bergspr. gr.) D 6
Bergsunds Strand D 2/3
Bergsundsg. D 3
Berzellus Väg A 2
Bibl. D 3
Biblioteksg. B 5
Birger Järlsg. A 4/5, B 5
Birger (B.) Sjöbergs Väg
B/C 1
Birkag. B 3
Björngårdsg. D 5
Blancheg. A 6
Blasicholmsg. B/C 5

Blecktornsg. D 4
Blekeholmsbron B 4
Blekholmsg. B/C 4
Blekholmsterassen B/C 4
Bolindurspl. C 5
Bollhusgr. C 5
Bondeg. D 5/6
Bondesonsg. B 1
Borgmästarg. D 6
Böttigerv. B 1/2
Bragevägen A 4/5
Braheg. A/B 5
Brännkyrkag. D 3/4
Brännkyrkag. D 4/5
Bråvallag. B 3
Bredgr. C 5
Brunkebergstorg B 5
Brunnsg. B 5

Brunnsgr. C 5
Brygav. D 1
Bryggarg. B 4

C

Cardellg. B 5
Carl Gustav Lindstedts Gata
(C. G. Lind. G.) B 3
Celsiusg. B 3
Centralbron C 4/5, D 5
Centralpl. B/C 4
C. G. Lind. G. = Carl Gustav
Lindstedts Gata
B 3
Champmansg. C 3
Coldinutrappan C 3
Crafoordsv. B 4
Creutzg. D 2

D

Dagnyv. C 1
Dalag. A/B 3/4
Danderydsg. A 5
Danderydspl. A 5
D. Bagaresg. B 5
De Geersg. A 6
Disponentg. C 1
Djurgårdsbron B 6
Döbelnsg. A 4
Drakenbergsg. D 3
Drejarg. A/B 3
Drottn. Sofiasvag
A 5
Drottningg. C 5
Drottningholmsvägen
B/C 1/2
Duvogr. D 4

E

Eastmansv. A/B 3
Ehrensvärdsg. C 3
Ekelundsborn
A/B 2
Ekelundsvägen A 1
Ekensbergsv. D 1
Eldarv. D 2
Elersvägen B 1
Engelbrektsg. A/B 5
Engelbrektspl. B 5
Eolsg. D 3
Erik Dahlbergs allén
(E. Dahlb.) A/B 6
Erik Dahlbergsg. A 6
Eriksbergsg. A 5
Eriksbergsplan
(Eriksb.-plan) A 5

Schwerin

A

Adam-Scharrer-Weg D 2
Adolf-Wilbrandt-Str. A 1
Am Werder B 3
Am (A.) Kreuzweg D 3
Am (A.) Pusserkrug D 2
Am Güstrower Tor A 3
Am Markt B 2
Am Dom B 2
Amtstr. B 3
Apothekerstr. B 2
Arsenalstr. B 2
Auf dem Dwang C/D 1
August-Bebel-Str. B 2

B

Bäckerstr. B 1
Baderstr. B 2
Barcastr. B 3
Beethovenstr. B 1
Bergstr. A/B 3
Bertold-Brecht-Str.
　A/B 1
Bischofstr. B 2
Bleicherstr. C 1/2
Bleicherufer C 1
Bornhövedstr. B 3
Brunnenstr. C 1
Buchholzallee D 3
Bürgermeister (Bürgerm.)-
　Bade-Pl. A 2
Burgseestr. C 2
Burgstr. B 2

C

Carl-Moltmann-Str. B 1
Clara (C.)-Zetkin-Str. A 1

D

Demmlerpl. B 1
Demmlerstr. C 1
Domhof B 2
Domstr. B 2
Dr.-Hans-Wolf-Str. A 2
Dr.-Külz-Str. B 1

E

Eisenbahnstr. C 1
Enge (E.) Str. 1 B 2
Enge (E.) Str. 2 B 2
Enge (E.) Str. 3 B 2
Erich-Weinert-Str. B 1
Ernst-Barlach-Str. A 3
Ernst-Moritz-Arndt-Str. A 1

F

Feldstr. C 1/2
Ferdinand (Ferd.)-Schultz-
　Str. B 3
Fischerstr. B 2
Franz-Mehring-Str. B 1/2
Franzosenweg C 2/3
Friedensstr. B 1
Friedrichstr. B 2
Friesenstr. A 1
Fritz-Reuter-Str.
　B/C 1, B 2

G

Gartenhöhe C 2
Gartenstr. C 2
Gaußstr. B 2
Gerhart-Hauptmann-Str. B 1
Geschwister (Geschw.)-
　Scholl-Str. C 2

Glaisinstr. B/C 2
Goethestr. B/C 2
Gosewinklerw. A 1
Graf-Schack-Allee C 2
Große (Gr.) Wasserstr. C 1/2
Großer Moor B 2/3
Grüne Str. B 2
Grunthalpl. B 2
Güstrower Str. A 3
Güterbahnhofstr. A 1/2

H

Hafenstr. A 2/3
Hagenower Str. D 2
Händelstr. B 3
Heinrich (H.) Seidel-Str.
　A 2
Heinrich (Heinr.)-Heine-
　Str. B 1
Heinrich (Heinr.)-Mann-
　Str. C 2
Helenenstr. B 2
Hermannstr. C 2
Hopfenbruchweg A 1
Hospitalstr. B 3

I

I.-Brinkmann-Str. A 2

J

Jägerweg C 2
Jahnstr. B 3
Jean-Sibelius-Str. B/C 1
Johannes (Joh.)-R.-Becher-
　Str. A 1
Johannes-Brahms-Str. B 1
Johannes-Stelling-Str. C/D 2

Johannesstr. B 2
Joseph-Haydn-Str.
　(J.-H.-str.) B 3
Jungfernstieg B 1

K

Karl (K.)-Liebknecht-Pl. C 1
Karl-Marx-Str. A/B 2
Käthe-Kollwitz-Str. A 3
Kehrwieder C 1
Kirchenstr. B 2
Kleine (Kl.) Wasserstr. C 1
Kleiner Moor B/C 2
Klöresgang B 2
Klosterstr. B/C 2
Knaudtstr. A 2/3, B 2
Körnerstr. B 2
Kranweg A 3
Krösnitz D 3
Küchengartenweg D 3

L

Lagerstr. A 3
Landreiterstr. B 2/3
Lehmstr. B 3
Lennéstr. C/D 2
Lessingstr. B 1
Lindenstr. B 2
Lischstr. C 2
Lobedanzgang C 2
Lortzingstr. B/C 1
Löwenpl. A 1
Lübecker Str.
　A/B 1, B 2
Ludwigsluster Chaussee
　C/D 2, D3
Lutherstr. C 2

M

Marienpl. B 2
Martinstr. B 2
Max-Suhrbier-Str.
　A/B 1
Mecklenburgstr. B/C 2
Mittelweg A 1
Molkereistr. B 2
Moritz-Wiggers-Str.
　B 2
Mozartstr. B 1
Mühlenstr. B 2
Mühlentwete A 1
Müllerstr. B/C 1
Münzstr. B 2

O

Obotritenring
　A 1/2, B/C1
Osterberg D 2
Ostorfer Ufer C 1/2

P

Paulshöher Ring C/D 3
Paulshöher Weg C/D 3
Pestalozzistr. A 1/2, B 2
Pfaffenstr. B 2
Platz (Pl.) der (d.) Guten
　Hoffnung C 2
Platz der Freiheit B 1
Platz der Jugend
　(Pl. d. Jug.) C 2
Platz der (d.) O. d. F. C 1
Puschkinstr. B 2

Q

Querstr. C 2

R

Reiferbahn B/C 2
Reutzstr. B 2
Richard-Huch-Str. A 3
Richard-Wagner-Str. B 1
Ritterstr. C 2
Robert (R.)-Koch-Str. B 3
Robert-Beltz-Str. A 1
Rogahner Str. C/D 1
Röntgenstr. B 2
Rosa-Luxemburg-Str. A/B 1
Rudolf-Breitscheid-Str. B 1

S

Salzstr. B 2
Sandstr. C 1
Schäferstr. C 1/2
Schelfmarkt B 2
Schelfstr. B 2
Schillerstr. A/B 1
Schlachterstr. B 2
Schleifmühlenweg
　D 2/3
Schliemannstr. B 2
Schloßgartenallee
　C 2/3, D3
Schloßstr. B 2
Schmiedestr. B 2
Schulstr. B 2
Schusterstr. B 2
Schwälkenberg A 3
Schweinemarkt B 2
Sebastian-Bach-Str.
　B 1
Seestr. C 1
Severinstr. B 1/2
Slüterufer C/D 2

Speicherstr. A 3
Spieltordamm A/B 2
Stadionstr. D 2
Steinstr. B 1/2
Stiftstr. C 2

T

Tappenhagen B/C 2
Taubenstr. B 2
Theaterstr. B/C 2
Töpferberg C 2
Totendamm
　B/C 2

V

Virchowstr.
　A/D 3
Von-Flotow-Str. C 1
Von-Thünen-Str. B/C 1
Voßstr. B/C 1

W

Wallstr. C 1/2
Walter-Rathenau-Str. A/B 3
Weinbergstr. D 3
Werderstr. A/B 3, C2/3
Werner (W.)-Seelenbinder-
　Str. B 1
Willi-Bredel-Str. B 1
Wismarsche Str. A/B 2
Wittenburger Str.
　B 1/2
Wossidlostr. A 1

Z

Ziegenmarkt B 2/3
Zum Bahnhof B 1/2

Tampere

A

Aallonmurtaja A 3
Aaltosenkatu B 4
Ainonkatu A 4
Åkerlundinkatu B 4
Aleksanterinkatu B 3
Aleksis Kiven katu B 3
Allaverstaanraitti A 3
Altotie A 4
Ammattikoulunkatu B 1/2
Amurinkatu B 2
Amurinkuja B 2
Annikinkatu A 4
Armonkallio A 3
Auvisenpolku (Auvis.polku)
　A 3

E

Elianderinkatu A 1
Erkkilänkatu A 3
Etelapuisto C 2

F

F. E. Sillanpäänk B 2
Finlaysoninkatu B 3
Finlaysoninkuja B 3
Frenckellinaukio B 3

H

Haarakatu A 3
Haarlankatu B 1
Hallituskatu B 2/3
Hammareninkatu
　(Hammar.katu) B 4
Hatanpaanvaltatie B/C 3
Hautausmaankatu B/C 4
Havutie A 4
Heinatori B 2
Helenank. A 3

H

Helletie A 4
Hiekkakuja C 1
Hopankatu B 1
Huhtimäenkatu A 3
Huvipuisto A 2
Häkiläpolku A 3
Hämeenkatu B 2/3
Hämeenpuisto B/C 2

I

Ihanakatu A 3
Iidesranta C 4
Ilmarinkatu B 4
Ilomäentie B 2
Itainenkatu B 3
Itsenaissyydenkatu B 4

J

Jalkasaarentie C 1
Jokikatu C 3
Juhlatalonkatu A 3
Järvensivuntie C 4

K

Kaankatu A 3
Kaivokatu A/B 4
Kalevanaukio B 4
Kalevanpuistotie A/B 4
Kalevantie B 4
Kanavaraitti A/B 3
Kankurinkatu B 2
Kanslerinrinne B/C 4
Kapytie A 4
Kaskitie B 4
Kauppakatu B 2/3
Keernakatu A 3
Kekkosentie A 2/3
Keloportinkatu A/B 3
Keskustori B 3

Kihlmaninraitti A 3
Kirkkokatu B 3
Kisakentänkatu B 2
Koljontie A 4
Kortelandenkatu B 2
Koskikatu B 3
Koulukatu B/C 2
Kudoksenpolku A 4
Kullervonkatu A 4
Kuninkaankatu B 2/3
Kurilank. B 2
Kyllikinkatu A/B 4
Kyllikinraitti A/B 4
Kyttälänkatu B 3

L

Laiskolankuja B 2
Laitosmiehenpolku
　(Laitosm.p.) A 3
Laiturikatu A 2
Lapinniemenranta A 3/4
Lapintie A 3
Laukontori B 3
Lavoniuksenkatu A 3/4
Leppäkatu A 3
Lokintaival C 4
Lundelininpolku (Lund.p.)
　B 2
Lyseokatu B 2
Lähteenkatu B 4

M

Makasiininkatu B 2
Mariankatu B 2
Massunkuja (Mass.k.) A 3
Minna Chantin katu B 2
Moisionkatu A 4
Murtokatu B 2
Mustanlahdenkatu B 2

Mäkipaankatu A/B 4
Mäntykatu B 2
Märkakehruunpolku
　(Märkäkehr.p.) A 3

N

Nahkakuja B/C 1
Naistenlahdenkatu A 3/4
Nalkalankatu C 2/3, B 3
Nalkalantori B 3
Narvanraitti C 4
Naulakatu C 4
Nekalantie C 4
Niemikatu B 2
Notkotie A 4
Nyyrikintie B 4
Näkötornintie B 1, B/C2
Näsijärvenkatu A/B 2
Näsilinnankatu A/B 2, C 3

O

Oikokatu A 4
Ojakatultäinenkatu B 3
Onkiniemenkatu A/B 1
Osmonraitti A 4
Otavalankatu B 3

P

Paasikiventie A 1/2, B 2
Pajakatu A 3
Palokkunnankatu (Palok.k.)
　B 3
Palomäentie B 1/2
Papinkatu B 2
Paräntolankatu A 4
Pellavanlikanpolku
　(Pellavan.p.) A 3
Pellavantori A 3
Pellavatehtaankatu B 3

Petsamonkatu A/B 4
Peurankalliokatu B 1
Pinninkatu A/B 4
Pirkankatu B 2
Pispalanharju B 1
Pispankatu B 1
Pohjankulma A 4
Pohjolankatu A 4
Poijukatu A 4
Poikkikatu A 4
Polttimonkatu A/B 3
Polvikatu A 3
Ponjolankatu A 4
Postikatu B 3
Puropolku C 4
Pursikatu A 3
Puu-Tammelanraitti A 4
Puutarharkatu B 2/3
Puuvillatehtaankatu B 2/3
Pyharanta B/C 1
Pynäjarvenkatu C 2
Pyynikintie B 1/2, C 2
Pyynikintori B 2
Päämäätänkuja B 3

R

Rajaportinkatu B 1
Rantatie A 1
Ratakatu A 1
Ratapihankatu B 3/4, C 4
Ratinankuja B 3
Ratinanraitti C 3
Ratinanrantatie B/C 3
Rauhaniementie A 4
Rautatienkatu B 3
Rinnekatu B 1
Ristikatu B 2
Rohdinkuja A 3
Rongankatu B 3

S

Sahanterankatu A 1
Sairaalankatu B 4
Salhojankatu A/B 4
Salotie A 4
Sammonaukio B 4
Sammonkatu B 4
Santalandentie B 1/2
Satakunnankatu B 2/3
Satamakatu B 2/3
Savilinnankatu B 1/2
Sepänkatu B 1/2
Siltakatu A 3
Simppoonkatu A 1
Siukolankatu A 3
Solininraitti (Solin.Raitti)
　A 3
Soonaukio B 3
Sorinkatu B/C 3
Sorsapuisto B 4
Sotkankatu B 2
Soukanlahdenkatu A 3
Sukkavartaankatu A 3
Sumeliuksenkatu B 4
Suokatu B 2
Suvantokatu B 3

T

Tahmelankatu B 1
Tammelankatu B 4
Tammelanpuistokatu A/B 4
Tammelantori B 4
Tamoereenvaltatie C 3
Iampellanesplanadi A 3
Tapionkatu A 4
Tapionraitti A 4
Tiiliruukinkatu B/C 2
Tikutehtaankatu A 1
Tikutehtaanrinne A 1

Tipotie B 1
Torpankatu B 1
Trikookuja C 1
Tullikamarinaukio B 4
Tullikatu B 4
Tunturikatu A 4
Tuomiokirkkonkatu B 3
Turpiininkatu (Turp.k.)
　A 3
Törngreninaukio A 3

U

Ukkopekankatu B 3/4

V

Vainiokatu A 4
Valumallinpolku A 3
Varastokatu A 4
Vellamonkatu B 4
Verkatehtaankatu
　B 3
Verstaankatu A 3
Vesilinnankatu B 1
Vesitie A 4
Veturiaukio A 3
Veturitori B 4
Viinikankatu B/C 4
Vuolteentori B 3
Vuoltenkatu B 3
Vuorikatu A 3
Väino-Linnahaukio B 3
Väinölänkatu A 3/4
Välimaankatu A 3/4
Välimaanpolku A 4
Värjärinkuja B 3

Y

Yliopistonkatu B 4
Yrjönkatu A 3

Trondheim

A

Aasmund Vinjesg. B 3
Abelsgate C 2
Alexander Kiellandsgate
　B 3

Alfred Getz'vei C 2
Alfred Larsensgate D 2
Ankersgate B 3
Apot.veita B 2
Apotekerveita B 2

Archidiakoniplass B 2
Arkitekt Christiesgate
　B 2
Asylbakken B 2
Asylvelta B 2

Aunevegen C/D 1

B

Bakkebru B 2
Bakkegata B 2/3

Bakkehellet D 2
Bassengbakken A 3
Batterig. B 1
Batteriveita B 1
Beddingen A 3

Bekkosen C 2
Belvedere C/D 1
Berg Studentby D 3
Bergittavegen C/D 1
Bergljotsg. C 2

Bergsbakken C 3
Bergtunvegen 3
Bersvendv. B 2
Biskop Skaarsgate C/D 3
Bjelkesgate B 2

Uppsala

Cityplan I City map I Plan de ville I Plattegrond I Plán mêsta I Plan miasta I Bykart I Stadskarta I Kaupunkikartta I Bykort ✦ 40

Torgnyg. B 1
Torkelsgatan A/B 3
Torsgatan B 1/2
Trattg. A 3
Trädgårdsgatan B/C 2
Tycho Hedénsväg
  A 3
Täljstensv. D 1

Ulleråkersvägen
  C/D 3
Urbergsv. D 1

V. Strandg. B 2
Vaksalagatan A 3, B 2/3

Vaksalatorg B 3
Valhallagatan A 2
Valvg. B 2
Vasagatan B 1
Vattholmavägen A 2
Vattugr. B 2
Vikingagatan A 2
Viktoriagatan B 1

Villavägen C 1/2, D 2
Vindhemsgatan B 1
Vretgränd B/C 2
Vårfrutorg B 2
Väderkvarnsgatan
  A 2, B 2/3
Väktargatan A 2/3
Västgötaspången B 2

Västra Järnvägsgatan
  A 2
Västra Ågatan B/C 2

Waleriusvägen C 1
Wallingatan A/B 1
Wennerbergsgatan A 3

Ymerg. B 3

Åsgränd B/C 2

Österplan B 2

Östra Ågatan
  B 2, C 2/3, D 3
Övre Slottsg. B 1/2, C 2

Wiesbaden

A
Aarstr. B 1
Abeggstr. A/B 3
Adelheidstr. C 1/2
Adlerstr. B 1/2
Adolfsallee C 2
Adolfsberg B 2
Adolfstr. C 2
Ahornweg A 2
Albrecht-Dürer-Str. B 1
Albrechtstr. C 2
Alexandrastr. D 2
Altdorferstr. A 1
Am Felsenkeller B 3
Am Kaiser (K.)-Friedrich
  (Friedr.)-Bad B 2
Am Landeshaus (Landeshs.)
  D 2
Am Melonenberg
  (Melonenbg.) D 2
Am Römertor B 2
Am Warmen Damm B 2
An (A.) der (d.) alten (alt.)
  Synagoge D 2
An (A.) der (d.) Dreilienquelle
  (Dreililienqu.) B 2
An (A.) der (d.) Ringkirche
  (Ringk.) C 1
An den Quellen B 2
An der Jahneiche D 1
Arndtstr. C 1/2
Aßmannshäuser Str. C 1
Augustastr. C 3
Auguste-Viktoria-Str. C 2

B
Bachmayerstr. B 1
Bahnhofspl. D 2
Bahnhofstr. C 2
Bärenstr. B 2
Baumstr. D 1
Beethovenstr. C 3
Begasweg A 1
Bertramstr. C 1/2
Biebricher Allee D 2
Bierstadter Str. B 3, C 2/3
Birkenstr. D 1
Bismarckring B/C 1
Bleichstr. B 1/2
Blücherpl. B 1
Blücherstr. B/C 1
Blumenstr. C 3
Blumenthalstr. C 1
Bonifatiuspl. C 2
Brahmsweg A 2
Breitenbachstr. D 2
Brentanostr. D 2
Brucknerweg A 2
Büdingenstr. B 2
Bülowstr. B 1
Bürgelstr. A 1
Burgstr. B 2

C
Cansteinsberg B 2
Carl-Schuricht-Str. D 2
Charles-de-Gaulles-Str. C 1
Christian (Chr.)-Spielmann
  (Spielm.)-Str. A 2
Christian (Chr.)-Zais-Str. B 2
City-Passage B 2
Comeniusstr. A/B 1
Corneliusweg A 2/3
Coulinstr. B 2
Cranachstr. A 1

D
Dambachtal A/B 2
Danneckerstr. A 1
Dantestr. C 3
Defreggerstr.
  (Defreg.-str.) B 1

De-Laspée-Str. B 2
Demminsweg A 2
Dillstr. B 2
Dostojewskistr. D 1
Dotzheimer Str. C 1/2
Dreililienpl. B 2
Dreiweidenstr. C 1
Drudenstr. B 1
Dürerpl. B 1

E
Eberleinstr. A 1
Eberstr. D 1
Eckernfördestr. B 1
Eduard (E.)-von (v.)-
  Müller-Weg A 1
Eibenstr. D 1
Eibinger Str. C 1
Eichendorffstr. D 1/2
Eleonorenstr. C 1
Ellenbogeng. B 2
Elsässer Pl. B/C 1
Elsässer Str. C 1
Eltviller Str. C 1
Emanual (Eman.)-
  Geibel-Str. C 1/2
Emilienstr. A 2
Emser Str. B 1/2
Entenstr. D 1
Erathstr. B 3
Erbacher Str. C 1
Erlenweg D 1/2
Ernst-Barlach-Str. A 1

F
Faulbrunnenpl. B 2
Faulbrunnenstr. B 2
Feldstr. B 2
Ferdinand (Ferd.)-
  Hey'l-Weg B 3
Fischerstr. D 2
Flotowstr. A 3
Fontanestr. D 1/2
Frankenstr. B 1
Frankfurter Str. C 2/3
Franklin-Roosevelt-Str.
  (F.-Roosv.-Str.) D 1
Franz (F.)-Abt-Str. A 2
Frauenlobstr. D 2
Freseniusstr. A 2
Friedrich (Fr.)-Lang-Str. A 1
Friedrich (Fr.)-Otto-Str. A 2
Friedrich (Fr.)-von (v.)-
  Thiersch-Weg B 2
Friedrich-Ebert-Allee C 2
Friedrichstr. C 2
Fritz-Kalle-Str. D 2
Fritz-Reuter-Str. C 3
Fuchsstr. D 1

G
Gaabstr. B 1
Gabelsbergerstr. B 1
Galileistr. A 1
Gartenfeldstr. D 2/3
Gaußstr. A 1
Geisbergstr. B 2
Geisenheimer Str. C 1
Gemeindebadgäßchen
  (Gem.-badgäß.) B 2
Genzmerweg A 1/2
Georg-August-Str. B 1
Georg-August-Zinn-Str.
  (G.-Aug.-Zinn-Str.) B 2
George-Marshall-Str. D 1
Gerichtsstr. B 2
Geschwister-Stock-Pl. C 2
Gluckstr. A 2/3
Gneisenaustr. B/C 1
Goebenstr. C 1
Goldg. B 2
Grabenstr. B 2

Grillparzerstr. D 1/2
Grundweg D 1
Grünewaldstr. A 1
Grunweg B 3
Gustav (G.)-Adolf-Str. B 1/2
Gustav-Freytag-Str. C 3
Gustav-Stresemann-Ring
  C/D 2/3
Gutenbergpl. D 2
Gutenbergstr. D 2

H
Habelstr. D 2
Habsburgerstr. D 2/3
Häfnerg. B 2
Hallgarter Str. C 1
Händelstr. A 2
Hartingstr. B 1
Hasenstr. D 1
Hattenheimer Str. C 1
Hebbelstr. C/D 1
Heiligenbornstr. D 2
Heinrichsberg A 2
Helenenstr. B 2
Hellmundstr. B/C 1
Herderstr. C 1/2
Hergenhahnstr. B 3
Hermannstr. B 1
Herrngartenstr. C 2
Herrnmühlg. B 2
Herschelstr. A 1
Herzogsweg A 2
Hildastr. B 3
Hirschgraben B 2
Hochstättenstr. B 2
Hochstr. B 1
Hohenlohepl. B 3
Hohenlohestr. B 3
Hohenstaufenstr. D 3
Höhenstr. A 3
Hölderlinstr. D 1
Holsteinstr. C 1
Homburger Str. C 1
Honeggerstr. A 3
Humboldtstr. C 3
Humperdinckstr. A 3

I
Idsteiner Str. A 2/3
Iltisweg D 1

J
Jägerstr. D 1
Jahnstr. C 1/2
Jawlenskystr. B 2
Jean-Monet-Str.
  (J.-M.-Str.) D 1
Johannes (J.)-Maaß-Str. A 1
Johannisberger Str. C 1
Johann-Sebastian-Bach-Str.
  A/B 3
Jonas (J.)-Schmidt-Str. A 2
Juliusstr. B/C 3

K
Kaiser-Friedrich-Pl. B 2
Kaiser-Friedrich-Ring
  C 1, C/D2
Kapellenstr. A/B 2
Karl (K.)-Josef (J.)-
  Schlitt-Str. B 1
Karl-Böhm-Str. A 1
Karl-Boos-Str. B 1
Karl-Glässing-Str. B 2
Karlsbader Pl. C 1
Karlstr. C 2
Kastellstr. B 1/2
Kauber Str. C 1
Kellerstr. B 1/2
Keplerstr. A 1
Kesselbachstr. B 1
Kiedricher Str. C 1

Kirchg. B/C 2
Klarenthaler Str. B/C 1
Kleine (Kl.) Frankfurter
  Str. C 1
Kleine (Kl.) Kirchg. B 2
Kleine (Kl.) Langg. B 2
Kleine (Kl.) Schwalbacher
  (Schwalb.) Str. B 2
Kleine Weinbergstr. (Kl.
  Weinbg.-str.) A 1/2
Kleine Wilhelmstr.
  (Kl. Wilh.-str.) C 2
Kleiststr. C 1, D2
Klingerstr. A 1
Klopstockstr. D 1/2
Knausstr. B 1
Kochbrunnenpl. B 2
Königstuhlstr. A 2/3
Konrad-Adenauer-Ring
  C/D 1, D2
Kopernikusstr. A 1
Körnerstr. C 2
Kranzpl. B 2
Kreutzerstr. A 2
Kronprinzenstr. C 2
Krusestr. B 1
Kurhauspl. B 2/3
Kurt-Schumacher-Ring
  (Rg.) B 1

L
Lahnstr. B 1
Langenbeckpl. C 3
Langg. B 2
Lanzstr. A 2
Leberberg B 3
Lehrstr. B 2
Lenbachstr. B 1
Lessingstr. C 2/3
Liebigstr. A 2
Lindenstr. D 1
Lisztstr. B 2/3
Lorcher Str. C 1
Loreleiring C 1
Lortzingstr. C 3
Lothringer Str. B 1
Ludwigstr. B 1
Luisenpl. C 2
Luisenstr. C 2
Luxemburgpl. C 2
Luxemburgstr. C 2

M
Magdeburgstr. D 2
Mainzer Str. C/D 3
Manteuffelstr. C 1
Marcobrunnerstr. C 1
Marktpl. B 2
Marktstr. B 2
Martinstr. C 3
Matthias-Claudius-Str. C 2
Mauerg. B 2
Mauritiuspl. B 2
Mauritiusstr. B 2
Mendelssohn-Bartholdy-Str.
  A 2/3
Menzelstr. A 1
Meyerbeerstr. A/B 3
Michelsberg (Michelsbg.)
  B 2
Mittelheimer Str. C 1
Mittelstr. B 2
Möhringstr. B 2
Moosbacher Str. D 2
Mörickestr. D 1/2
Moritzstr. C 2
Mühlg. B 2
Müllerstr. A/B 2

N
Nerobergstr. A 2
Nerostr. B 2

Nettelbeckstr. B 1
Neubauerstr. A/B 2
Neuberg A 2
Neug. B/C 2
Nicolaistr. A 3
Niederwaldstr. C 1
Nördliches Nerotal A 1/2
Nußbaumstr. (Nußb.-str.)
  D 2

O
Oestricher Str. C 1
Oranienstr. C 2
Overbeckstr. D 2
Owight-D.-Eisenhower-Str.
  (O.-D.-E.-E.-Str.) D 1

P
Pagenstecherstr. A 2
Parkstr. B 3
Passage (Pass.) B 2
Paulinenstr. B 3
Pfitznerstr. A 3
Philippsbergstr. B 1/2
Philosophenweg A 1
Platanenstr. D 1
Platter Str. A 1, B 1/2
Platz der deutschen Einheit
  C 2
Prangestr. A 2
Prinzessin-Elisabeth-Str.
  B 2/3
Prinz-Ratibor-Str. D 2

Q
Querfeldstr. B 1

R
Raabestr. C/D 1
Rauenthaler Str. C 1
Regerstr. A 3
Rembrandtstr. A 1
Rheinbahnstr. C 2
Rheinstr. C 1/2
Richard (Rich.)-Strauss-
  Str. A 3
Richard (Rich.)-Wagner-Str.
  A/B 3
Riederbergstr. A/B 1
Riedstr. D 1
Rietschelstr. B 1
Robert-Schumann-Str.
  (R.-Sch.-Str.) C/D 1
Röderstr. B 2
Römerberg B 2
Roonstr. B 1
Roseggerstr. D 2
Rosenstr. B 3
Rosselstr. A 2
Rößlerstr. B 3
Rothstr. B 1
Rubensstr. B 1
Rückertstr. D 2
Rüdesheimer Str. C 1
Ruhbergstr. A 1

S
Saalg. B 2
Saarstr. D 1
Salierstr. A 3
Salzbachstr. D 2
Sartoriusstr. D 2
Sauerwiesweg D 1
Schachtstr. B 2
Schaperstr. B 1
Scharnhorststr. B/C 1
Scheffelstr. C/D 2
Schellenbergpassage
  (Schellenbg.-pass.) B 2
Schenkendorfstr. D 2
Schiersteiner Str. C/D 1
Schillerpl. C 2

Schillingstr. A 1
Schlichterstr. C 2
Schloßpl. B 2
Schöne Aussicht
  A/B 2, B 3
Schongauer Str. A 1
Schubertstr. C 3
Schulberg B 2
Schulg. B 2
Schumannstr. A 2/3
Schützenhofstr. B 2
Schützenstr. A 1
Schwalbacher Str.
  B/C 2
Sedanpl. B 1
Sedanstr. B 1
Seerobenstr. B 1
Simone-Veil-Str.
  (S.-Veil.-Str.) D 1
Sonnenberger Str. B 2/3
Spiegelg. B 2
Spitzwegstr. (Spitzw.-str.)
  A 1
Spohrstr. B 3
Steing. B 2
Steinmetzstr. C 1
Steubenstr. B 3
Stiftstr. A/B 2
Stolze-Schrey-Str. B 1
Südliches Nerotal A 1/2

T
Taubenstr. D 1
Taunusstr. A/B 2
Tennelbachstr. A 3
Teutonenstr. D 1
Thaerstr. A 2
Thelemannstr. B 3
Theodorenstr. C 3
Thomaestr. A 2
Thorbergweg A 2
Thorwaldsenanlage A 1
Thünenstr. A 2
Trumanstr. D 1

U
Uhlandstr. C 3
Untere (Unt.) Matthias-
  Claudius-Str. C 2
Untere Albrechtstr. C 2

V
Van (V.)-Dyck-Str.
  A 1
Verdistr. A 3
Vereinstr. D 1
Viktoriastr. C 3

W
Wagemannstr. B 2
Waldstr. D 1
Walkmühlstr. A/B 1
Wallufer Pl. C 1
Wallufer Str. C 1
Walramstr. B 1
Walter-Hallstein-Str.
  (W.-H.-Str.) D 1
Waterloostr. B 1
Weberg. B 2
Weilstr. B 2
Weinbergstr. A 1/2
Weißenburgstr. B 1
Welfenstr. D 1
Wellritzstr. B 1/2
Werderstr. C 1
Westendstr. B 1
Westerwaldstr. B 1
Wielandstr. D 1
Wiesenstr. D 1
Wilhelm (W.)-Hauff-Str.
  D 1/2
Wilhelminenstr. A 1/2

Wilhelmstr. B/C 2
Willy-Brandt-Str.
  C/D 1
Winkeler Str. C 1
Wintermeyerstr. D 2
Wittelsbacherstr. D 3
Wolfram (W.)-von (v.)-
  Eschenbach-Str.
  C/D 1
Wolkenbruch A 1
Wörthstr. C 1

Y
Yorckstr. B 1

Z
Zähringer Str. D 3
Zietenring B 1
Zimmermannstr. C 1